Collins
English-Malay
Malay-English
Dictionary

HarperCollins Publishers
Westerhill Road
Bishopbriggs
Glasgow
G64 2QT
Great Britain

First Edition 2005

© HarperCollins Publishers 2005

ISBN 0-00-719949-X

Collins® and Bank of English® are registered trademarks of HarperCollins Publishers Limited

www.collins.co.uk

A catalogue record for this book is available from the British Library

Typeset by Jocilla Ooi

Printed in China by Imago

Acknowledgements
We would like to thank those authors and publishers who kindly gave permission for copyright material to be used in the Collins Word Web. We would also like to thank Times Newspapers Ltd for providing valuable data.

All rights reserved. No part of this publication may be reproduced, stored in a retrieval system or transmitted, in any form or by any means, electronic, mechanical, photocopying, recording or otherwise, without the prior permission of the publisher. This book is sold subject to the conditions that it shall not, by way of trade or otherwise, be lent, re-sold, hired out or otherwise circulated without the publisher's prior consent in any form of binding or cover other than that in which it is published and without a similar condition including this condition being imposed on the subsequent purchaser.

Entered words that we have reason to believe constitute trademarks have been designated as such. However, neither the presence nor absence of such designation should be regarded as affecting the legal status of any trademark.

PUBLISHER/PENERBIT
Lorna Knight

SENIOR LEXICOGRAPHER/AHLI LEKSIKOGRAFI SENIOR
Daphne Day

EDITORIAL CONSULTANT/PENASIHAT EDITORIAL
Nigel Phillips

EDITORS/EDITOR
Tan Ling Ling
Azlina Musa
Maggie Seaton

CONCEPT DEVELOPER/PENGHASIL KONSEP
Michela Clari

MALAY READERS/PEMBACA BAHASA MELAYU
Zurina Abu
Hatijah Mazlan

We would like to thank the following individuals for their contributions in compiling this dictionary

Angelina Tan Wan Ling, Foo Khoon Leng, Foong Mun Yee, Noraini Ibrahim, Bob Grossmith, Liz Potter, Russell Jones, Hasmidar Hassan, Jeff Roberts, Ben Murtagh, Chua Siat Sian, Pn. Tailawati and Ramesh Krishamurthy for the grammar section.

CONTENTS / KANDUNGAN

Preface	5	*Prakata* *5*
How to Use the Dictionary	6	*Bagaimana Menggunakan Kamus* *6*
English ~ Malay	17	*Bahasa Inggeris ~ Bahasa Melayu* *17*
English Grammar	525	*Tatabahasa Bahasa Inggeris* *525*
Date	559	*Tarikh* *559*
Time	560	*Masa* *560*
List of Parts of Speech	561	*Senarai Kelas Kata* *561*
Malay ~ English	563	*Bahasa Melayu ~ Bahasa Inggeris* *563*
List of Abbreviations	1087	*Senarai Singkatan* *1087*

Note on trademarks

Words which we have reason to believe constitute trademarks have been designated as such. However, neither their presence nor the absence of such designation should be regarded as affecting the legal status of any trademark.

Nota tentang cap dagang

Perkataan-perkataan yang dianggap merupakan cap dagang telah ditandakan. Walau bagaimanapun, sama ada cap dagang ini ditunjukkan atau tidak ditunjukkan tidak akan menjejaskan status undang-undang mana-mana cap dagang.

PREFACE

It gives me enormous pleasure to offer this dictionary to learners of English. Collins has long published a dictionary of Malay and English, but this is a major event in that it is the first really new concept in Malay-English lexicography for many years.

The dictionary is based on sound pedagogical principles and sets out to help the learner every step of the way. Collins has researched the needs of bilingual dictionary users and has come up with the formula you hold in your hands today - with an exceptionally clear layout, example phrases to clarify every meaning shown, and most important of all, English as it is REALLY used, thanks to our unique language database "the Bank of English".

We at Collins believe that there is no other dictionary that fulfils its purpose for Malay speakers as this one does. I am confident that you will soon agree with me, and I hope you enjoy using it.

Lorna Sinclair Knight
Collins Publishing Director

PRAKATA

Saya amat gembira kerana dapat memperkenalkan kamus ini kepada pelajar-pelajar yang ingin mempelajari bahasa Inggeris. Collins telah lama menerbitkan sebuah kamus bahasa Melayu dan bahasa Inggeris, tetapi projek ini adalah lebih utama kerana ini adalah konsep baru yang pertama dalam bidang perkamusan bahasa Melayu - bahasa Inggeris selama beberapa tahun.

Kamus ini disusun berdasarkan prinsip-prinsip pedagogi yang kukuh dan membantu dalam setiap langkah pembelajaran pelajar. Collins telah membuat kajian tentang keperluan pengguna kamus dwibahasa dan hasilnya ialah kamus yang anda miliki ini, dengan reka letak yang sangat jelas, contoh-contoh yang menunjukkan setiap makna dengan jelas dan yang paling utama menunjukkan penggunaan bahasa Inggeris yang SEBENAR. Penggunaan bahasa Inggeris yang sebenar ini adalah hasil daripada pangkalan data bahasa kami yang unik iaitu, "Bank Bahasa Inggeris".

Kami di Collins percaya bahawa tidak ada kamus lain yang dapat memenuhi matlamat penutur bahasa Melayu seperti kamus ini. Saya yakin bahawa anda akan bersetuju dengan saya dan saya harap anda gembira menggunakannya.

HOW TO USE THE DICTIONARY

Using a dictionary is a skill you can improve with practice and by following some basic guidelines. This section gives you a detailed explanation of how to use this dictionary to ensure you get the most out of it.

The answers to all the checks in this section are on page (10).

▶ MAKE SURE YOU LOOK ON THE RIGHT SIDE OF THE DICTIONARY

The English-Malay side comes first, followed by the Malay-English. At the top of the page, you will see either **English ~ Malay** or **Malay ~ English**, so you know immediately if you are looking up the side you want.

> **Check 1:** Which side of the dictionary would you look up to translate *hati*?

▶ FINDING THE WORD YOU WANT

When looking for a word, for example **fist**, look at the first letter **-f-** and find the **F** section in the English-Malay side. At the top of each page, you'll find the first and last words on that page. When you find the page with the words starting with **fi**, scan down the page until you find the word you want.

If you are looking for a Malay word, the situation is slightly different because Malay words consist of root words and derivatives. Root words are words like **lihat**, **alam**, **ini**, **besar**, **indah** and **ceria**. Derivatives are words that have *prefixes*, *suffixes*, or *circumfixes* for example **mengalami**, **sarapan** and **keindahan**. If the word you are looking for is a root word, all you have to do is find its position in alphabetical order. If the word is a derivative, first of all you need to find out its root word and then look for the word under this root word. For example, the root word of **membesar** is **besar**. You can find the root words at the top of each page.

> **Check 2:** On which page will you find the word *fist*?

▶ MAKE SURE YOU LOOK AT THE RIGHT ENTRY

An entry is made up of a **word**, its *translations* and, often, example phrases to show you how to use the translations. If there is more than one entry for the same word, then there is a warning box to tell you so. Look at the following example entries:

flat KATA NAMA
> rujuk juga **flat** KATA ADJEKTIF

rumah pangsa atau *flat*

flat KATA ADJEKTIF
> rujuk juga **flat** KATA NAMA

[1] *rata*
◊ *a flat board* papan yang rata
[2] *datar*
◊ *a flat surface* permukaan yang datar
- **flat rate** kadar tetap
- **flat shoes** kasut bertumit leper
- **I've got a flat tyre.** Tayar saya pancit.

> **Check 3:** Which entry should you look at if you want to translate the phrase *My car has a flat tyre?*

Always pay attention to information boxes - they tell you if there is more than one entry for the same word, give you guidance on grammatical points, or tell you more about the word or phrase.

If the entries belong to the same part of speech, or one of them doesn't belong to a part of speech, the entries will be numbered. You'll find a lot of these cases in the Malay-English part of the dictionary. For example, the entries for **acu**, **alam** and **come across**.

▶ WORDS WITH TWO DIFFERENT PRONUNCIATIONS

In the English-Malay part, if there is a word with more than one pronunciation, you will see a warning box to tell you this. For example **lead (NOUN)**. On the Malay-English side, if there are two words with the same spelling but different pronunciations, you will see the symbol (´) above the vowel **e** in the word that has the **e taling** sound. For example **lekar** and **lékar**. Remember, the purpose of the symbol is to help you distinguish between the two words, so as to avoid confusion. (In the Malay pronunciation system, there are two pronunciations for **e**, which is called **e pepet** and **e taling**. The e pepet sounds like the **e** in **drummer** and **singer** or the **a** in **Rita** and **sofa**; while the pronunciation of **e taling** is like the vowel in **mate**, **met**, **bait**, **bet** and **lend**).

▶ FINDING THE PAST TENSE AND PAST PARTICIPLE

Most verbs in English have a past tense and a past participle. These usually end in -ed. For example, **walked** is the past tense and past participle of **walk**. This is the regular form, so it is not shown in this dictionary. The only past tenses and past participles given in this dictionary are those of irregular verbs, verbs ending in -o or -y, and verbs that have two forms of past tense and past participle. The past tense and past participle in this dictionary are set out as in the following examples:

IRREGULAR - ...to be (is, was, been)

IRREGULAR - ...to give (gave, given)

END WITH -O ...casino (casinos)

END WITH -Y ...to accompany (accompanied, acompanied)

TWO FORMS ....to smell (smelled or smelt, smelled or smelt)

▶ CHOOSING THE RIGHT TRANSLATION

The main translation of a word is shown on a new line and is underlined to make it stand out from the rest of the entry. If there is more than one main translation for a word, each one is numbered.

Often you will see example phrases in *italics*, preceded by a white diamond ◊. These help you to choose the translation you want because they show how the translation they follow can be used.

> **Check** 4: Use the phrases given at the entry *hard* to help you translate:
> *This bread is hard.*

Words often have more than one meaning and more than one translation. When you are translating from English into Malay or Malay into English, be careful to choose the word that has the particular meaning you want. The dictionary offers you a lot of help with this. Look at the following entry:

trunk KATA NAMA
 1 <u>batang</u> (*pokok*)
 2 <u>belalai</u> (*gajah*)
 3 <u>peti</u>
 4 🚗 <u>but kereta</u>

hulu KATA NAMA
 1 <u>upstream</u> (*sungai*)
 2 <u>handle</u> (*pisau, parang*)

The underlining highlights all the main translations, the numbers tell you that there is more than one possible translation and the word in brackets in *italics* after the translations help you choose which translation you want.

> **Check 5:** How do you translate *the trunk of an oak tree?*

Never take the first translation you see without looking at the others. Always look to see if there is more than one underlined translation.

If there is more than one translation of similar meaning for an entry, this dictionary will choose one of them. For example, the word **if** can equally be translated as **sekiranya, seandainya, jika** and **kalau** but this dictionary chooses **sekiranya** as the translation. However, you will also find entries with two similar **main** translations separated by the word 'atau'. You can choose either one of the translations. They are grouped into three categories, as in the following examples.

1) English words, for which one of the translations is the same word in its Malay form.

   Examples;
   cancer KATA NAMA
   <u>barah</u> **atau** <u>kanser</u>
   scientist KATA NAMA
   <u>ahli sains</u> **atau** <u>saintis</u>
   Christmas KATA NAMA
   <u>Hari Natal</u> **atau** <u>Hari Krismas</u>

2) English/Malay words that can be translated by two interchangeable Malay/English words.

   Examples;
   dad KATA NAMA
   <u>bapa</u> **atau** <u>ayah</u>
   to **arrive** KATA KERJA
   <u>sampai</u> **atau** <u>tiba</u>
   seseorang KATA GANTI NAMA
   <u>somebody</u> **atau** <u>someone</u>

3) Words which have two forms, one the full form, the other an abbreviation. Usually the abbreviation is more common than its full form.

   Examples;
   cinema KATA NAMA
   <u>panggung wayang</u> **atau** <u>pawagam</u>
   cakera padat KATA NAMA
   <u>compact disc</u> **atau** <u>CD</u>

Phrases in **bold type** preceded by a black diamond ♦ are phrases which are particularly common or important. They can also be set structures and compounds. Sometimes these phrases have a completely different translation from the main translation; sometimes the translation is the same. For example:

cancer KATA NAMA
   [1] <u>barah</u> **atau** <u>kanser</u>
   ◊ *He's got cancer.* Dia menghidap barah.
♦ **breast cancer** barah payudara
   [2] <u>Kanser</u>
♦ **I'm Cancer.** Zodiak saya ialah Kanser.

am KATA ADJEKTIF
   <u>general</u>
   ◊ *pengetahuan am* general knowledge
♦ **pada amnya** generally

When you look up a word, make sure you look beyond the main translations to see if the entry includes any **bold phrases**.

▶ WHY DO CERTAIN ENTRIES NOT HAVE A ONE-WORD TRANSLATION

This is because it is not possible to give a direct translation for these words, as it is clear from the following example:

blood sports KATA NAMA JAMAK
sukan seperti pemburuan yang membunuh binatang

peek KATA NAMA
♦ **to have a peek at something** melihat sesuatu sepintas lalu ◊ *I had a peek at your dress and it's lovely.* Saya melihat gaun anda sepintas lalu dan saya dapati gaun itu memang cantik.

kuntum PENJODOH BILANGAN
kuntum *tidak ada terjemahan dalam bahasa Inggeris.*
◊ *dua kuntum bunga* two flowers

pertua KATA NAMA
♦ **Yang Dipertua** Governor ◊ *Yang Dipertua Pulau Pinang* the Governor of Penang

▶ PLURAL FORM (NOUN)

In the English-Malay part you will encounter words that are given plural forms, like **coach** (**coaches**), **casino** (**casinos**), **artery** (**arteries**), **fish** (**fish**), **deer** (**deer**), **wife** (**wives**) and **parenthesis** (**parentheses**). These words are countable nouns that end with -es, -ves when they are changed into plural form, countable nouns that end with -o or -y, countable nouns that have the same singular and plural form and countable nouns which are different from those explained above. Besides that, there are also countable nouns, which have two plural forms. They can be formed from any two of the combinations mentioned above. For example,

> **buffalo** KATA NAMA
> (JAMAK **buffalo** atau **buffaloes**)
> **appendix** KATA NAMA
> (JAMAK **appendices** atau **appendixes**)
> **scarf** KATA NAMA
> (JAMAK **scarfs** atau **scarves**)

In the Malay-English part, only two entries are given the plural form. They are **Muslim** (**Plural: Muslimin**) and **Muslimah** (**Plural: Muslimat**). No other Malay words in the dictionary have specific plural forms. However, some translations that are English countable nouns are given their plural forms as explained above. For example,

> **rusa** KATA NAMA
> *deer* (JAMAK **deer**)
> **obor** KATA NAMA
> *torch* (JAMAK **torches**)

▶ MAKING USE OF THE PHRASES IN THE DICTIONARY

Sometimes when you look up a word you will find not only the word, but the exact phrase you want. For example, you might want to say *What's the date today?* Look up **date** and you will find that exact phrase and its translation.

▶ DON'T OVERUSE THE DICTIONARY

It takes time to look up words so try to avoid using the dictionary unnecessarily. Think carefully about what you want to say and see if you can put it another way, using the words you already know. To rephrase things you can:

Use a word with a similar meaning. This is particularly easy with adjectives, as there are a lot of words which mean "good", "bad", "big" etc and you are sure to know at least one.

Use negatives: if the cake you made was a total disaster, you could just say that it wasn't very good.

Use particular examples instead of general terms. If you are asked to describe the sports facilities in your area, and time is short, you could say something like "In our town there is a swimming pool and a football ground."

> **Check 6:** How could you say *Argentina is huge* in Malay without looking up the word *huge*?

You can also guess the meaning of a word by using others to give you a clue.

> **Check 7:** Try NOT to use the dictionary to work out the meaning of the sentence *Gadis itu sedang menulis surat kepada kawannya*.

▶ USEFUL GRAMMAR PAGES

You will also find a grammar section in the middle of this dictionary (page 525) helpful. This section gives useful information on English grammar. It consists of information on nouns, determiners, adjectives, possessives, pronouns, adverbials, verbs and the passive voice. It is divided into 16 units. You can choose the unit that you want by referring to the list of content on page 526.

▶ ANSWERS

1. the Malay-English side
2. on page (181)
3. the second (ADJECTIVE) entry
4. Roti ini keras.
5. batang pokok oak
6. Negara Argentina besar. or Argentina sebuah negara yang besar.
7. The girl is writing a letter to her friend.

BAGAIMANA MENGGUNAKAN KAMUS INI

Penggunaan kamus merupakan kemahiran yang boleh dipertingkatkan dengan membuat latihan dan mengikuti beberapa garis panduan yang asas. Bahagian ini memberi anda penjelasan yang lengkap tentang cara menggunakan kamus ini supaya anda boleh menggunakannya dengan sebaik-baiknya.

Jawapan kepada semua soalan dalam petak-petak pada bahagian ini terletak pada muka surat (15).

▶ PASTIKAN ANDA MERUJUK BAHAGIAN KAMUS YANG BETUL

Kamus ini bermula dengan bahagian Bahasa Inggeris-Bahasa Melayu, kemudian diikuti dengan bahagian Bahasa Melayu-Bahasa Inggeris. Pada bahagian atas muka surat, anda akan nampak perkataan **B.Inggeris - B.Melayu** atau **B.Melayu - B.Inggeris**, jadi anda akan tahu bahagian yang ingin anda cari.

> **Soalan** 1: Bahagian yang manakah akan anda cari untuk menterjemahkan perkataan *hati*?

▶ MENCARI PERKATAAN YANG ANDA INGINI

Apabila anda mencari satu perkataan, misalnya *fist*, lihat huruf pertamanya -f- dan cari huruf **F** pada bahagian B.Inggeris-B.Melayu. Pada bahagian atas setiap muka surat, anda akan menjumpai perkataan pertama dan perkataan terakhir pada muka surat itu. Apabila anda menjumpai halaman-halaman yang mempunyai perkataan yang bermula dengan **fi**, cari perkataan yang anda inginkan itu pada setiap halaman tersebut sehingga anda berjaya.

Jika anda ingin mencari perkataan bahasa Melayu, keadaannya agak berbeza kerana perkataan bahasa Melayu terdiri daripada kata dasar dan kata terbitan. Kata dasar ialah perkataan-perkataan seperti **lihat, alam, ini, besar, indah**, dan **ceria** manakala kata terbitan pula ialah kata dasar yang mempunyai imbuhan sama ada awalan, akhiran, apitan seperti **mengalami, sarapan** dan **keindahan**. Jika perkataan yang anda cari ialah kata dasar, anda hanya perlu mencarinya mengikut abjad. Jika perkataan itu ialah kata terbitan, anda perlu mengetahui kata dasarnya terlebih dahulu dan mencari perkataan itu di bawah kata dasar tersebut. Misalnya, kata dasar untuk **membesar** ialah **besar**. Anda boleh mencari kata dasar dengan melihat bahagian atas setiap muka surat.

> **Soalan** 2: Pada muka surat berapakah boleh anda temui perkataan *fist*?

▶ PASTIKAN ANDA MELIHAT MASUKAN YANG BETUL

Setiap masukan terdiri daripada **perkataan**, *padanan*, dan ada juga contoh-contoh frasa untuk menunjukkan kepada anda cara menggunakan padanan-padanannya. Jika terdapat lebih daripada satu masukan untuk perkataan yang sama, kotak amaran akan menunjukkannya kepada anda. Lihat contoh masukan berikut:

flat KATA NAMA
> *rujuk juga* **flat** KATA ADJEKTIF

rumah pangsa **atau** *flat*

flat KATA ADJEKTIF
> *rujuk juga* **flat** KATA NAMA

① *rata*
◊ *a flat board* papan yang rata
② *datar*
◊ *a flat surface* permukaan yang datar
♦ **flat rate** kadar tetap
♦ **flat shoes** kasut bertumit leper
♦ **I've got a flat tyre.** Tayar saya pancit.

> **Soalan 3**: Masukan yang manakah patut anda cari untuk menterjemahkan frasa *My car has a flat tyre?*

Beri perhatian kepada kotak-kotak maklumat yang ada kerana kotak tersebut memberitahu anda jika terdapat lebih daripada satu masukan untuk perkataan yang sama, memberikan panduan tentang tatabahasa atau memberikan penjelasan tentang perkataan atau frasa tertentu.

Jika masukan tersebut terdiri daripada golongan kata yang sama atau salah satu daripadanya tidak mempunyai golongan kata, masukan tersebut akan dinombori. Anda akan menjumpai banyak kes seperti ini pada bahagian B.Melayu-B.Inggeris. Sebagai contoh masukan untuk **acu**, **alam** dan **come across**.

▶ PERKATAAN YANG MEMPUNYAI DUA SEBUTAN

Dalam bahagian B.Inggeris-B.Melayu, jika terdapat satu perkataan yang mempunyai lebih daripada satu sebutan, anda akan melihat kotak amaran yang memberitahu anda mengenainya. Contohnya kata masukan **lead** (KATA NAMA). Dalam bahasa Melayu, jika terdapat dua perkataan yang sama ejaan tetapi mempunyai bunyi vokal **e** yang berlainan, huruf **e** yang mempunyai bunyi **e taling** akan ditandakan dengan simbol (´). Sebagai contoh perkataan **lekar** dan **lékar**. Harus diingat bahawa simbol ini hanya bertujuan untuk menunjukkan perbezaan bunyinya kepada anda supaya anda tidak memilih perkataan yang salah. (Dalam sistem ejaan bahasa Melayu, terdapat dua bunyi **e**, iaitu **e pepet** dan **e taling**. Bunyi bagi **e pepet** ialah seperti **emak**, **besar** dan **kerja** manakala bunyi untuk **e taling** pula ialah seperti **ekor**, **peka** dan **leka**.)

▶ MENCARI KALA LEPAS (PAST TENSE) DAN KALA LEPAS PARTISIPEL
  (PAST PARTICIPLE) UNTUK KATA KERJA BAHASA INGGERIS

Kebanyakan kata kerja bahasa Inggeris mempunyai kala lepas dan kala lepas partisipel yang biasanya ditunjukkan dengan akhiran -ed. Sebagai contoh **walked** ialah kala lepas dan kala lepas partisipel bagi perkataan **walk**. Bentuk ini merupakan bentuk yang biasa dan tidak ditunjukkan dalam kamus ini. Kala lepas dan kala lepas partisipel yang ditunjukkan dalam kamus ini adalah bagi kata kerja tak sekata (irregular verb), kata kerja yang mempunyai akhiran -o dan -y dan kata kerja yang mempunyai dua bentuk kala lepas dan kala lepas partisipel. Kala lepas dan kala lepas partisipel dalam kamus ini diletakkan seperti contoh-contoh di bawah:

KATA KERJA TAK SEKATA - ...to be (is, was, been)

KATA KERJA TAK SEKATA - ... to give (gave, given)

KATA KERJA YANG BERAKHIR DENGAN -o- ...casino (casinos)

KATA KERJA YANG BERAKHIR DENGAN -y - ...to accompany (accompanied, acoompanied)

DUA BENTUK - ...to smell (smelled atau smelt, smelled atau smelt)

▶ MEMILIH PADANAN YANG BETUL

Padanan utama untuk sesuatu perkataan ditunjukkan pada baris yang baru dan digaris supaya padanan itu kelihatan lebih jelas. Jika terdapat lebih daripada satu padanan utama untuk satu perkataan, setiap satu padanan akan dinombori.

Biasanya anda akan menjumpai contoh-contoh frasa dalam bentuk *italik* dan didahului dengan daiman putih ◊. Hal ini dapat membantu anda memilih padanan yang ingin anda cari kerana contoh-contoh itu menunjukkan cara masukan itu boleh digunakan.

> **Soalan 4**: Lihat contoh-contoh yang diberikan pada masukan *hard* untuk membantu anda menterjemahkan: *This bread is hard.*

Setiap perkataan biasanya mempunyai lebih daripada satu makna dan lebih daripada satu padanan. Apabila anda menterjemah daripada bahasa Inggeris kepada bahasa Melayu atau sebaliknya, berhati-hati supaya anda dapat memilih perkataan yang mempunyai makna yang ingin anda cari. Kamus ini membantu anda dari segi ini. Lihat masukan berikut:

trunk KATA NAMA
1. *batang* (pokok)
2. *belalai* (gajah)
3. *peti*
4. 🚗 *but kereta*

hulu KATA NAMA
1. *upstream* (sungai)
2. *handle* (pisau, parang)

Garis bawah digunakan supaya padanan-padanan utama kelihatan lebih jelas. Nombor-nombor itu memberitahu anda bahawa terdapat lebih daripada satu padanan dan perkataan-perkataan dalam kurungan yang berbentuk italik selepas padanan membantu anda memilih padanan yang ingin anda cari.

> **Soalan** 5: Bagaimanakah anda menterjemahkan *the trunk of an oak tree*?

Jangan sesekali memilih padanan yang pertama tanpa melihat padanan yang lain. Semak dahulu jika terdapat lebih daripada satu padanan yang bergaris.

Jika terdapat masukan yang boleh mempunyai dua atau lebih padanan yang memberikan makna yang sama, kamus ini hanya memilih salah satu daripadanya. Misalnya perkataan **if** boleh diterjemahkan sebagai **sekiranya, seandainya, jika** dan **kalau**, tetapi kamus ini hanya mengambil salah satu daripadanya iaitu **sekiranya**. Walau bagaimanapun, anda juga akan menjumpai masukan yang mempunyai dua padanan **utama**, yang membawa maksud yang sama. Padanan-padanan ini dipisahkan dengan perkataan 'atau'. Anda boleh memilih salah satu daripada padanan ini. Masukan ini dikategorikan kepada tiga kumpulan seperti berikut.

1) Perkataan bahasa Inggeris, yang salah satu daripada padanannya merupakan kata pinjaman daripada bahasa Inggeris.

   Contoh;
   cancer KATA NAMA
   barah **atau** *kanser*
   scientist KATA NAMA
   ahli sains **atau** *saintis*
   Christmas KATA NAMA
   Hari Natal **atau** *Hari Krismas*

2) Perkataan B.Inggeris/B.Melayu yang boleh diterjemahkan dengan dua perkataan B.Melayu/B.Inggeris yang boleh ditukar ganti.

   Contoh;
   dad KATA NAMA
   bapa **atau** *ayah*
   to **arrive** KATA NAMA
   sampai **atau** *tiba*
   seseorang KATA GANTI NAMA
   somebody **atau** *someone*

3) Perkataan yang mempunyai dua bentuk, iaitu bentuk yang lengkap dan singkatannya. Biasanya perkataan yang berbentuk singkatan lebih biasa digunakan.

   Contoh;
   cinema KATA NAMA
   panggung wayang **atau** *pawagam*
   cakera padat KATA NAMA
   compact disc **atau** *CD*

Contoh-contoh frasa dalam bentuk **huruf tebal** yang didahului dengan daiman hitam ♦ merupakan frasa-frasa yang biasa digunakan atau penting. Contoh-contoh itu juga digunakan untuk menunjukkan struktur-struktur yang tetap dan majmuk. Kadang-kadang frasa-frasa ini mempunyai terjemahan yang lain daripada padanan-padanan utama yang diberikan, kadang-kadang terjemahannya adalah sama. Contoh:

    cancer KATA NAMA
       1 *barah* atau *kanser*
       ◊ He's got cancer. Dia menghidap barah.
    ♦ **breast cancer** barah payudara
       2 *Kanser*
    ♦ **I'm Cancer.** Zodiak saya ialah Kanser.

    am KATA ADJEKTIF
       general
       ◊ *pengetahuan am* general knowledge
    ♦ **pada amnya** generally

Apabila anda mencari sesuatu perkataan, pastikan anda melihat juga contoh-contoh dalam bentuk **huruf tebal** selain daripada padanan utama.

▶ KENAPA SESETENGAH MASUKAN TIDAK MEMPUNYAI PADANAN DALAM SATU PERKATAAN

Ini kerana adalah mustahil untuk memberikan terjemahan langsung kepada perkataan-perkataan seumpama ini, seperti yang dapat dilihat dalam contoh-contoh berikut:

    blood sports KATA NAMA JAMAK
    sukan seperti pemburuan yang membunuh binatang

    peek KATA NAMA
    ♦ **to have a peek at something** melihat sesuatu sepintas lalu ◊ *I had a peek at your dress and it's lovely.* Saya melihat gaun anda sepintas lalu dan saya dapati gaun itu memang cantik.

    kuntum PENJODOH BILANGAN
       kuntum tidak ada terjemahan dalam bahasa Inggeris.
       ◊ *dua kuntum bunga* two flowers

    pertua KATA NAMA
    ♦ **Yang Dipertua** Governor ◊ *Yang Dipertua Pulau Pinang* the Governor of Penang

▶ BENTUK JAMAK (KATA NAMA)

Pada bahagian B.Melayu - B.Inggeris, anda akan menjumpai perkataan-perkataan yang mempunyai bentuk jamak seperti **coach** (**coaches**), **casino** (**casinos**), **artery** (**arteries**), **fish** (**fish**), **deer** (**deer**) dan **parenthesis** (**parentheses**). Perkataan-perkataan ini merupakan kata nama hitung yang mendapat akhiran -es, -ves dalam bentuk jamak, kata nama hitung yang mempunyai akhiran -o atau -y, kata nama hitung yang tidak mempunyai perubahan dalam bentuk tunggal mahupun jamak dan kata nama hitung yang berbeza daripada yang telah diterangkan seperti di atas. Selain itu terdapat juga kata nama hitung yang mempunyai dua bentuk jamaknya. Bentuk ini boleh terdiri daripada mana-mana dua kombinasi bentuk jamak yang tersebut di atas. Misalnya,

    buffalo KATA NAMA
       (JAMAK **buffalo** atau **buffaloes**)
    appendix KATA NAMA
       (JAMAK **appendices** atau **appendixes**)
    scarf KATA NAMA
       (JAMAK **scarfs** atau **scarves**)

Pada bahagian B.Melayu - B.Inggeris, hanya dua masukan diberi bentuk jamak, iaitu **Muslim** (**Muslimin**) dan **Muslimah** (**Muslimat**). Hal ini kerana bentuk jamak kedua-dua perkataan ini berbeza daripada bentuk jamak kata nama yang lain. Walau bagaimanapun, ada padanan-padanan bagi kata nama hitung bahasa Inggeris yang diberikan bentuk jamaknya seperti yang telah diterangkan di atas. Contohnya,

    rusa KATA NAMA
       deer (JAMAK **deer**)
    obor KATA NAMA
       torch (JAMAK **torches**)

▶ MENGGUNAKAN FRASA-FRASA DALAM KAMUS

Kadang-kadang apabila anda mencari sesuatu perkataan, anda bukan hanya akan menjumpai perkataan itu, malah anda mungkin akan menjumpai frasa yang anda benar-benar ingini. Misalnya anda ingin membuat ayat *Merokok membahayakan kesihatan?* Cari **bahaya**, lihat susunan imbuhannya dan kemudian cari **membahayakan**. Anda akan menjumpai frasa tersebut dan juga terjemahannya.

▶ JANGAN TERLALU BERGANTUNG PADA KAMUS

Mencari perkataan memang mengambil masa, jadi elakkan daripada menggunakan kamus jika tidak perlu. Fikir baik-baik tentang perkara yang ingin anda sampaikan dan cuba sampaikannya dengan menggunakan perkataan-perkataan yang anda tahu. Anda boleh menyusun semula ayat dengan cara:

Menggunakan perkataan yang mempunyai makna yang sama. Perkara ini lebih mudah terutama bagi kata adjektif kerana terdapat banyak perkataan yang bermakna "baik", "besar", "cantik" dan lain-lain. Anda pasti tahu sekurang-kurangnya satu perkataan.

Menggunakan kata nafi: Misalnya jika cuaca hari ini mendung dan kelihatan seperti hendak hujan, anda boleh kata cuaca hari ini tidak baik.

Menggunakan contoh-contoh yang tertentu daripada menggunakan perkataan yang umum. Jika anda disuruh memerikan kemudahan sukan di kawasan anda dan masa yang ada terlalu singkat, anda boleh berkata "Di tempat tinggal saya ada kolam renang dan padang bola."

> **Soalan 6:** Bagaimanakah anda hendak membuat ayat *Negara Perancis ialah sebuah negara yang indah* dalam bahasa Inggeris tanpa mencari makna *indah* dalam kamus?

Anda boleh meneka makna sesuatu kata dengan melihat kata-kata yang hadir bersamanya.

> **Soalan 7:** Cuba JANGAN gunakan kamus untuk mencari maksud bagi ayat *The girl is writing a letter to her friend.*

▶ HALAMAN TATABAHASA YANG BERGUNA

Anda juga akan mendapati bahawa halaman tabahasa di bahagian tengah kamus ini (muka surat 525) berguna untuk anda. Bahagian ini memberikan maklumat yang berguna tentang tabahasa bahasa Inggeris yang mengandungi maklumat tentang kata nama, kata penunjuk, kata adjektif, pemilikan, kata ganti nama, adverbial, kata kerja dan ragam pasif. Halaman ini terbahagi kepada 16 unit. Anda boleh memilih unit yang anda kehendaki dengan merujuk kepada senarai kandungan pada muka surat 526.

▶ JAWAPAN

1. pada bahagian B.Melayu-B.Inggeris
2. pada muka surat (181)
3. masukan kedua (KATA ADJEKTIF)
4. Roti ini keras.
5. batang pokok oak
6. France is a beautiful country.
7. Gadis itu sedang menulis surat kepada kawannya.

A

a KATA SANDANG TAK TENTU
  1. *se + penjodoh bilangan*
  ◊ *a pencil* sebatang pensel ◊ *a university* sebuah universiti ◊ *He's a butcher.* Dia seorang penjual daging.
  2. *satu*
  ◊ *a problem* satu masalah
- **a hundred pounds** seratus paun
- **once a week** sekali seminggu
- **a year ago** setahun yang lalu
  Kadang-kadang **a** *tidak diterjemahkan.*
  ◊ *I haven't got a car.* Saya tidak mempunyai kereta.

abacus KATA NAMA
(JAMAK **abacuses**)
sempoa

to **abandon** KATA KERJA
  1. *meninggalkan*
  ◊ *He abandoned his car.* Dia meninggalkan keretanya.
  2. *menghentikan*
  ◊ *The authorities have abandoned the project.* Pihak berkuasa telah menghentikan projek itu.
- **abandoned house** rumah terbiar
- **abandoned baby** bayi terbuang

abattoir KATA NAMA
tempat penyembelihan

abbey KATA NAMA
  1. *biara*
  2. *gereja*

abbreviation KATA NAMA
singkatan

abdomen KATA NAMA
abdomen

to **abet** KATA KERJA
bersubahat
  ◊ *His wife was sentenced to seven years imprisonment for abetting him.* Isterinya dihukum penjara tujuh tahun kerana bersubahat dengannya.

to **abide by** KATA KERJA
mematuhi
  ◊ *They have to abide by the rules.* Mereka harus mematuhi peraturan.

ability KATA NAMA
(JAMAK **abilities**)
kebolehan
  ◊ *to have the ability to do something* mempunyai kebolehan untuk melakukan sesuatu

able KATA ADJEKTIF
boleh
- **to be able to do something** boleh melakukan sesuatu ◊ *Will you be able to come on Saturday?* Bolehkah anda datang pada hari Sabtu?

abode KATA NAMA
kediaman

to **abolish** KATA KERJA
  1. *menghapuskan*
  ◊ *We must abolish superstitions.* Kita mesti menghapuskan kepercayaan karut.
  2. *memansuhkan*
  ◊ *Parliament will abolish the death penalty.* Parlimen akan memansuhkan hukuman mati.

abolition KATA NAMA
penghapusan
  ◊ *the abolition of apartheid* penghapusan sistem aparteid

abortion KATA NAMA
pengguguran bayi
- **to have an abortion** menggugurkan kandungan

about KATA SENDI, KATA ADVERBA
  1. *tentang*
  ◊ *This book is about London.* Buku ini tentang London. ◊ *I don't know anything about it.* Saya tidak tahu apa-apa tentang hal itu.
- **I'm phoning you about tomorrow's meeting.** Saya menelefon anda untuk bertanya tentang mesyuarat esok.
  2. *kira-kira*
  ◊ *The journey takes about ten hours.* Perjalanan tersebut mengambil masa kira-kira sepuluh jam. ◊ *at about 11 o'clock* kira-kira pada pukul sebelas
  3. *sekitar*
  ◊ *to walk about the town* berjalan di sekitar bandar
- **What about me?** Bagaimanakah pula dengan saya?
- **to be about to do something** baru hendak melakukan sesuatu ◊ *I was about to go out.* Saya baru hendak keluar.
- **How about going to the cinema?** Bagaimana kalau kita pergi tengok wayang?
- **How about her?** Bagaimanakah pula dengan dia?

above KATA SENDI, KATA ADVERBA
  1. *di atas*
  ◊ *He put his hands above his head.* Dia meletakkan tangannya di atas kepalanya.
- **the flat above** rumah pangsa di tingkat atas
- **above all** yang penting sekali
  2. *melebihi*
  ◊ *above 40 degrees Celsius* melebihi 40 darjah Celsius

abroad KATA ADVERBA
luar negara
  ◊ *to go abroad* pergi ke luar negara
  ◊ *to live abroad* tinggal di luar negara

abrupt KATA ADJEKTIF

abruptly → academy

1 _kasar_
◊ *He was a bit abrupt with me.* Dia agak kasar dengan saya.
2 _tiba-tiba_
◊ *His abrupt departure aroused suspicion.* Pemergiannya secara tiba-tiba menimbulkan syak wasangka.

abruptly KATA ADVERBA
secara tiba-tiba
◊ *He got up abruptly.* Dia bangun secara tiba-tiba.

abs KATA NAMA JAMAK (= *abdominal muscles; abdominals*)
otot abdomen

to **abscond** KATA KERJA
1 _melarikan diri_
2 _melarikan_
◊ *The bank teller absconded with two million ringgits.* Kerani bank itu melarikan wang sebanyak dua juta ringgit.

absence KATA NAMA
ketiadaan
◊ *in my absence* semasa ketiadaan saya
• **absence from school** tidak hadir ke sekolah

absent KATA ADJEKTIF
tidak hadir

absent-minded KATA ADJEKTIF
pelupa

absolute KATA ADJEKTIF
1 _betul-betul_
◊ *absolute beginners* orang yang betul-betul baru belajar ◊ *the absolute minimum* had yang betul-betul minimum
• **absolute confidence** keyakinan sepenuhnya
2 _mutlak_
◊ *an absolute right* hak mutlak

absolutely KATA ADVERBA
1 _sama sekali_
◊ *I absolutely refuse to do it.* Saya enggan melakukannya sama sekali.
2 _benar-benar_
◊ *She was absolutely terrified.* Dia benar-benar takut.
• **Jill's absolutely right.** Tepat sekali kata-kata Jill itu.
• **It's absolutely delicious!** Sedap betul!
• **They did absolutely nothing to help him.** Mereka tidak membantunya langsung.
• **Do you think it's a good idea? - Absolutely!** Adakah ini satu cadangan yang baik? - Sudah tentu!

to **absorb** KATA KERJA
menyerap
◊ *Plants absorb carbon dioxide from the air.* Tumbuhan menyerap karbon dioksida daripada udara.

absorbed KATA ADJEKTIF
asyik
• **to be absorbed in something** asyik dengan sesuatu

absorption KATA NAMA
penyerapan
◊ *Vitamin C increases the absorption of iron from food.* Vitamin C meningkatkan penyerapan zat besi daripada makanan.

to **abstain** KATA KERJA
menjauhi
◊ *Leon takes care of his health by abstaining from cigarettes and alcohol.* Leon menjaga kesihatannya dengan menjauhi rokok dan arak.

abstract KATA ADJEKTIF
abstrak
◊ *I don't really understand abstract art.* Saya tidak begitu memahami seni abstrak.

absurd KATA ADJEKTIF
tidak munasabah
◊ *That idea is absurd.* Idea itu tidak munasabah.

abundant KATA ADJEKTIF
banyak
◊ *There is an abundant supply of cheap labour.* Terdapat banyak tenaga buruh yang murah.

abuse KATA NAMA
rujuk juga **abuse** KATA KERJA
penyalahgunaan (kuasa, dadah)
• **child abuse** penderaan kanak-kanak
• **to shout abuse at somebody** memaki seseorang

to **abuse** KATA KERJA
rujuk juga **abuse** KATA NAMA
1 _menyalahgunakan_
◊ *She abused her power.* Dia menyalahgunakan kuasanya.
2 _mendera_
◊ *Parents who are under pressure may abuse their children.* Ibu bapa yang tertekan mungkin akan mendera anak-anak mereka.
• **abused children** kanak-kanak yang didera

abuser KATA NAMA
pendera

abusive KATA ADJEKTIF
kesat
◊ *abusive remarks* kata-kata kesat
• **He became abusive.** Dia mula memaki hamun.

academic KATA ADJEKTIF
akademik
◊ *the academic year* tahun akademik

academy KATA NAMA
(JAMAK **academies**)

akademi
◊ *a military academy* sebuah akademi tentera

to **accelerate** KATA KERJA
1. *meningkat dengan pesat* (*pertumbuhan, dll*)
2. *memecut* (*kenderaan*)

accelerator KATA NAMA
pedal minyak

accent KATA NAMA
pelat
◊ *He's got an English accent.* Dia bercakap dengan pelat orang Inggeris.

to **accept** KATA KERJA
menerima
◊ *She accepted the offer.* Dia menerima tawaran itu. ◊ *This telephone accepts ten cent coins only.* Telefon ini menerima duit syiling sepuluh sen sahaja.

acceptable KATA ADJEKTIF
boleh diterima

acceptance KATA NAMA
penerimaan
◊ *the acceptance of a job offer* penerimaan tawaran kerja

accepted KATA ADJEKTIF
yang diterima (*idea, dll*)

access KATA NAMA
capaian (*komputer*)
♦ **to have access to something** boleh mendapatkan sesuatu ◊ *He has access to confidential information.* Dia boleh mendapatkan maklumat sulit.
♦ **to have access to somebody** boleh berjumpa dengan seseorang ◊ *Her ex-husband has access to the children.* Bekas suaminya boleh berjumpa dengan anak-anaknya.

accessible KATA ADJEKTIF
boleh dimasuki
◊ *This building is accessible to the public.* Bangunan ini boleh dimasuki oleh orang ramai.
♦ **Computers should be accessible to everyone.** Sepatutnya semua orang diberikan peluang untuk menggunakan komputer.

accessory KATA NAMA
(JAMAK **accessories**)
1. *perhiasan*
◊ *bedroom accessories* perhiasan bilik tidur
2. *aksesori*
◊ *car accessories* aksesori kereta

accident KATA NAMA
kemalangan
◊ *to have an accident* terlibat dalam kemalangan
♦ **by accident** secara tidak sengaja

accidental KATA ADJEKTIF
secara tidak sengaja
◊ *I didn't do it deliberately, it was accidental.* Saya tidak berniat untuk melakukannya. Perkara itu berlaku secara tidak sengaja. ◊ *accidental death* kematian secara tidak sengaja

accidentally KATA ADVERBA
secara tidak sengaja
◊ *Zawiyah broke the glass accidentally.* Zawiyah memecahkan gelas itu secara tidak sengaja.

acclaimed KATA ADJEKTIF
disanjung
◊ *Her work is highly acclaimed.* Hasil karya beliau disanjung tinggi.
♦ **The singer's mellow voice has been widely acclaimed.** Kelunakan suara penyanyi itu diakui ramai.

to **accommodate** KATA KERJA
1. *menyediakan tempat penginapan*
◊ *The hotel will accommodate guests for the wedding.* Hotel itu akan menyediakan tempat penginapan untuk para tetamu majlis perkahwinan tersebut.
2. *memuatkan*
◊ *The hall can accommodate ten thousand people.* Dewan itu boleh memuatkan sepuluh ribu orang.

accommodation KATA NAMA
tempat penginapan

accompaniment KATA NAMA
iringan
◊ *musical accompaniment* iringan muzik

to **accompany** KATA KERJA
(**accompanied, accompanied**)
1. *menemani*
2. *mengiringi*

accomplice KATA NAMA
subahat
♦ **to be an accomplice** bersubahat

to **accomplish** KATA KERJA
mencapai
◊ *If we all work together, we can accomplish our goal.* Jika kita bekerjasama, kita boleh mencapai matlamat kita.

accomplishment KATA NAMA
pencapaian
◊ *Her accomplishments during the past year are extraordinary.* Pencapaiannya pada tahun lalu amat menakjubkan.

accord KATA NAMA
persetujuan
◊ *to reach an accord* mencapai persetujuan
♦ **of his own accord** secara sukarela

accordingly KATA ADVERBA

according to → acknowledgement   B. Inggeris ~ B. Melayu

1 *oleh sebab itu*
◊ *Families are encouraged to spend weekends together. Accordingly, many companies have switched to a five-day week.* Ahli keluarga digalakkan menghabiskan hujung minggu bersama. Oleh sebab itu, banyak syarikat telah menukarkan waktu kerja mereka menjadi lima hari seminggu.
2 *sewajarnya*
◊ *The government will study the situation and act accordingly.* Kerajaan akan mengkaji keadaan itu dan mengambil tindakan yang sewajarnya.

according to KATA SENDI
menurut
◊ *According to him, everyone had gone.* Menurutnya, semua orang telah pergi.

account KATA NAMA
1 *akaun*
◊ *a bank account* akaun bank ◊ *to do the accounts* membuat akaun
2 *keterangan*
◊ *He gave a detailed account of what happened.* Dia memberikan keterangan yang terperinci tentang kejadian yang berlaku.
- **to take something into account** mempertimbangkan sesuatu
- **by all accounts** menurut kata orang
- **on account of** kerana ◊ *We couldn't go out on account of the bad weather.* Kami tidak dapat keluar kerana cuaca yang buruk.

to **account for** KATA KERJA
menjelaskan sebab
◊ *If she was ill, that would account for her poor results.* Jika dia sakit, itu akan menjelaskan sebab dia mendapat keputusan yang tidak baik.

accountable KATA ADJEKTIF
bertanggungjawab
- **to be accountable to someone** bertanggungjawab terhadap seseorang

accountancy KATA NAMA
perakaunan

accountant KATA NAMA
akauntan
◊ *She's an accountant.* Dia seorang akauntan.

accounting KATA NAMA
perakaunan
◊ *principles of accounting* prinsip perakaunan

to **accumulate** KATA KERJA
mengumpulkan
◊ *Accumulate as many points as you can.* Kumpulkan sebanyak mata yang boleh.

accuracy KATA NAMA
ketepatan

accurate KATA ADJEKTIF
tepat

accurately KATA ADVERBA
dengan tepat

accusation KATA NAMA
tuduhan

to **accuse** KATA KERJA
menuduh
◊ *The police are accusing her of murder.* Polis menuduh dia melakukan pembunuhan.

accused KATA NAMA
tertuduh
◊ *the accused* yang tertuduh

accuser KATA NAMA
pendakwa

ace KATA NAMA
daun sat (pada daun terup)
◊ *the ace of hearts* daun sat lekuk

to **ache** KATA KERJA
   rujuk juga **ache** KATA NAMA
sakit
◊ *My leg's aching.* Kaki saya sakit.

ache KATA NAMA
   rujuk juga **ache** KATA KERJA
sakit
◊ *stomach ache* sakit perut

to **achieve** KATA KERJA
mencapai

achievement KATA NAMA
pencapaian
◊ *That was quite an achievement.* Itu satu pencapaian yang baik.

Achilles tendon KATA NAMA
urat keting

acid KATA NAMA
asid

acidic KATA ADJEKTIF
berasid

acidity KATA NAMA
keasidan

acid rain KATA NAMA
hujan asid

to **acknowledge** KATA KERJA
mengakui
◊ *They acknowledged the strength of their opponents.* Mereka mengakui kehebatan pihak lawan.
- **He didn't acknowledge my greeting.** Dia tidak menjawab sapaan saya.

acknowledgement KATA NAMA
pengakuan
◊ *His resignation appears to be an acknowledgement that he has lost all hope of keeping the country together.* Peletakan jawatan beliau nampaknya merupakan pengakuan bahawa

beliau sudah berputus asa untuk menyatupadukan negaranya.
- **acknowledgements** penghargaan (*dalam buku*)
- **acknowledgement slip** slip akuan penerimaan

acne KATA NAMA
akne
bintik-bintik pada muka dan leher yang biasanya dialami oleh remaja

acquaintance KATA NAMA
kenalan
◊ *Mr Rajoo is an old acquaintance of his.* En. Rajoo merupakan kenalan lamanya.

to **acquire** KATA KERJA
[1] *memperoleh*
◊ *She acquired that skill at school.* Dia memperoleh kemahiran itu semasa di sekolah.
- **She acquired some new furniture.** Dia mendapatkan beberapa buah perabot yang baru.
[2] *membeli*
◊ *Prentice-Hall had recently been acquired by Pearson.* Baru-baru ini Prentice-Hall telah dibeli oleh Pearson.

to **acquit** KATA KERJA
membebaskan
◊ *The court acquitted Mr Ling of murder.* Mahkamah membebaskan En. Ling daripada tuduhan membunuh.

acre KATA NAMA
ekar
lebih kurang 4.047 meter persegi

acrobat KATA NAMA
akrobat

acrobatics KATA NAMA JAMAK
akrobatik

across KATA SENDI, KATA ADVERBA
[1] *seberang*
◊ *He lives across the river.* Dia tinggal di seberang sungai. ◊ *the shop across the road* kedai di seberang jalan
[2] *merentas*
◊ *an expedition across the Sahara* ekspedisi merentas gurun Sahara
- **to run across the road** berlari melintasi jalan
- **across from** berdepan dengan ◊ *She sat down across from her friend.* Dia duduk berdepan dengan kawannya.

to **act** KATA KERJA
rujuk juga **act** KATA NAMA
[1] *bertindak*
◊ *The police acted quickly.* Pihak polis bertindak dengan pantas.
[2] *berlakon*
◊ *He acts really well.* Dia sangat pandai berlakon.
- **That lady acts as his interpreter.** Wanita itu menjadi jurubahasanya.

act KATA NAMA
rujuk juga **act** KATA KERJA
babak
◊ *in the first act* dalam babak pertama
- **It was all an act.** Semuanya lakonan sahaja.
- **an Act of Parliament** Akta Parlimen

acting KATA NAMA
lakonan
◊ *Her acting was very good.* Lakonannya amat baik.

action KATA NAMA
[1] *aksi*
◊ *The film was full of action.* Filem itu penuh dengan aksi.
[2] *perbuatan*
◊ *Lam's actions were unforgivable.* Perbuatan Lam tidak dapat dimaafkan.
- **to take firm action against somebody** mengambil tindakan tegas terhadap seseorang

action point KATA NAMA
perkara tindakan
◊ *The report outlined 10 main action points.* Laporan itu menggariskan 10 perkara tindakan utama.

action shot KATA NAMA
(*fotografi, filem*)
gambar aksi
◊ *this superb soccer action shot* gambar aksi bola sepak yang sungguh hebat ini

to **activate** KATA KERJA
mengaktifkan
◊ *The bank will activate your card within a day.* Pihak bank akan mengaktifkan kad anda dalam masa sehari.

active KATA ADJEKTIF
aktif
◊ *He's a very active person.* Dia seorang yang sangat aktif.
- **an active volcano** gunung berapi hidup

actively KATA ADVERBA
dengan giat
◊ *They actively campaigned for the vote.* Mereka berkempen dengan giat untuk mendapatkan undi tersebut.

activist KATA NAMA
aktivis

activity KATA NAMA
(JAMAK **activities**)
kegiatan
◊ *outdoor activities* kegiatan luar rumah

actor KATA NAMA
pelakon (*lelaki*)

actress KATA NAMA
(JAMAK **actresses**)
pelakon (*perempuan*)

actual KATA ADJEKTIF
sebenar
◊ *The film is based on actual events.* Filem itu berdasarkan kejadian sebenar.

actually KATA ADVERBA
[1] *benar-benar*
◊ *Did it actually happen?* Adakah perkara itu benar-benar berlaku?
[2] *sebenarnya*
◊ *Actually, I don't know him at all.* Sebenarnya, saya tidak mengenalinya langsung.

> Kadang-kadang **actually** tidak diterjemahkan.

◊ *You only pay for the electricity you actually use.* Anda hanya bayar untuk elektrik yang anda gunakan.

acupuncture KATA NAMA
akupunktur

acute KATA ADJEKTIF
meruncing
◊ *an acute economic crisis* krisis ekonomi yang meruncing

ad KATA NAMA
(*singkatan bagi* **advertisement**)
iklan

AD SINGKATAN (= *Anno Domini*)
tahun Masihi
◊ *in 800 AD* pada tahun 800 Masihi

Adam's apple KATA NAMA
halkum

to **adapt** KATA KERJA
menyesuaikan atau *mengadaptasikan*
◊ *His novel was adapted for television.* Novelnya telah disesuaikan untuk tayangan televisyen.
♦ **to adapt to something** menyesuaikan diri dengan sesuatu ◊ *He adapted to his new school very quickly.* Dia menyesuaikan diri di sekolah barunya dengan cepat sekali.

adaptation KATA NAMA
pengadaptasian
◊ *Branagh's adaptation of Shakespeare's play was highly praised.* Pengadaptasian drama Shakespeare oleh Branagh mendapat pujian ramai.

adaptor KATA NAMA
penyesuai palam (*untuk barangan elektrik*)

to **add** KATA KERJA
menambahkan
◊ *Add more flour to the dough.* Tambahkan lebih banyak tepung ke dalam adunan.

to **add up** KATA KERJA
menjumlahkan
◊ *Add up the figures.* Jumlahkan angka-angka itu.

ADD SINGKATAN (= *attention deficit disorder*)

> keadaan yang berlaku terutamanya pada kanak-kanak yang tidak dapat menumpukan perhatian yang lama pada sesuatu, sukar untuk belajar dan biasanya berkelakuan tidak senonoh

addict KATA NAMA
penagih
◊ *a drug addict* penagih dadah
♦ **Martin's a football addict.** Martin seorang kaki bola.

addicted KATA ADJEKTIF
ketagihan
◊ *She's addicted to video games.* Dia ketagihan permainan video.
♦ **to be addicted to drugs** ketagih dadah

addiction KATA NAMA
ketagihan
◊ *She helped Asrul fight his drug addiction.* Dia membantu Asrul melawan ketagihan dadahnya.
♦ **drug addiction among teenagers** penagihan dadah di kalangan remaja

addition KATA NAMA
tambahan
♦ **in addition** juga ◊ *He's bought a new car and, in addition, a motorbike.* Dia membeli sebuah kereta baru dan juga sebuah motosikal.
♦ **in addition to** selain ◊ *In addition to the price of the cassettes, there's a charge for postage.* Selain harga kaset, bayaran pos juga dikenakan.

additional KATA ADJEKTIF
tambahan
◊ *The teacher gave the students additional exercises.* Guru itu memberi pelajar-pelajar latihan tambahan.

address KATA NAMA
(JAMAK **addresses**)

> rujuk juga **address** KATA KERJA

alamat

to **address** KATA KERJA

> rujuk juga **address** KATA NAMA

[1] *mengalamatkan*
◊ *The secretary addressed the letter to the principal.* Setiausaha itu mengalamatkan surat tersebut kepada pengetua.
[2] *menyampaikan ucapan kepada*
◊ *She addressed the audience.* Dia menyampaikan ucapan kepada para penonton.
[3] *mengajukan*
◊ *She addressed her question to the Chairman of the society.* Dia mengajukan soalannya kepada Pengerusi persatuan.

adept KATA ADJEKTIF

English ~ Malay — adequate → adorable

mahir
◊ He's an adept guitar player. Dia seorang pemain gitar yang mahir.

adequate KATA ADJEKTIF
mencukupi
◊ The western diet should be perfectly adequate for most people. Diet cara Barat seharusnya sudah mencukupi bagi kebanyakan orang.

to **adhere** KATA KERJA
mematuhi
◊ She adhered to the strict Islamic dress code. Dia mematuhi kod pakaian orang Islam yang ketat.

adhesive KATA NAMA
rujuk juga **adhesive** KATA ADJEKTIF
pelekat

adhesive KATA ADJEKTIF
rujuk juga **adhesive** KATA NAMA
pelekat
◊ adhesive tape pita pelekat

adjective KATA NAMA
kata adjektif

to **adjourn** KATA KERJA
bersurai
◊ The meeting is adjourned! Mesyuarat bersurai!
♦ **The trial has now been adjourned until next week.** Perbicaraan itu kini ditangguhkan sehingga minggu hadapan.

to **adjust** KATA KERJA
1 *melaraskan*
◊ You can adjust the height of the chair. Anda boleh melaraskan ketinggian kerusi itu.
2 *membetulkan*
◊ It can be easily adjusted using a screwdriver. Benda ini boleh dibetulkan dengan mudah dengan menggunakan pemutar skru.
♦ **to adjust to something** menyesuaikan diri dengan sesuatu ◊ He adjusted to his new school very quickly. Dia menyesuaikan diri di sekolah barunya dengan cepat sekali.

adjustable KATA ADJEKTIF
boleh dilaraskan

adjustment KATA NAMA
pelarasan
◊ tax adjustment pelarasan cukai

to **administer** KATA KERJA
mentadbirkan
◊ the body that administers the country badan yang mentadbirkan negara

administration KATA NAMA
pentadbiran

administrative KATA ADJEKTIF
pentadbiran

administrator KATA NAMA
pentadbir

admirable KATA ADJEKTIF
mengagumkan

admiral KATA NAMA
laksamana

admiration KATA NAMA
kekaguman
◊ He examined the painting with great admiration. Dia mengamati lukisan itu dengan penuh kekaguman.

to **admire** KATA KERJA
mengagumi

admirer KATA NAMA
peminat
◊ She received a bouquet of flowers from a secret admirer. Dia menerima sejambak bunga daripada seorang peminat rahsia.

admission KATA NAMA
kemasukan
♦ **"admission free"** "masuk percuma"

to **admit** KATA KERJA
mengaku
◊ I must admit that I've never heard of him. Saya mengaku bahawa saya tidak pernah mendengar tentangnya. ◊ He admitted that he'd done it. Dia mengaku bahawa dia telah melakukan perkara itu.

to **admonish** KATA KERJA
menegur
◊ They admonished me for taking risks. Mereka menegur saya kerana mengambil risiko.

adolescent KATA NAMA
remaja

to **adopt** KATA KERJA
menerima dan mengamalkan
◊ They adopted a Western lifestyle. Mereka menerima dan mengamalkan cara hidup Barat.
♦ **There are many people who want to adopt a child.** Ada ramai orang yang ingin mengambil anak angkat.

adopted KATA ADJEKTIF
angkat
◊ an adopted child anak angkat

adoption KATA NAMA
pengambilan anak angkat

adoptive KATA ADJEKTIF
angkat
◊ adoptive father ayah angkat ◊ They became her adoptive family after the death of her parents. Mereka menjadi keluarga angkatnya selepas kematian ibu bapanya.

adorable KATA ADJEKTIF
sungguh menawan hati
◊ We have three adorable children. Kami mempunyai tiga orang cahaya mata yang sungguh menawan hati.

adoration KATA NAMA
pemujaan
♦ **He had been used to female adoration all his life.** Dia sudah biasa dipuja oleh orang perempuan sepanjang hayatnya.

to **adore** KATA KERJA
1. *amat menyayangi*
◊ *She adored her parents.* Dia amat menyayangi ibu bapanya.
2. *memuja*
◊ *Teenagers adore him.* Para remaja memujanya.

to **adorn** KATA KERJA
menghiasi
◊ *Several magnificent oil paintings adorn the walls.* Beberapa buah lukisan cat yang mengagumkan menghiasi dinding-dinding itu.

adrift KATA ADJEKTIF
terapung-apung
◊ *The boat was adrift in the rough sea.* Bot itu terapung-apung di laut yang bergelombang.

adult KATA NAMA
orang dewasa
◊ *adult education* pendidikan untuk orang dewasa

adultery KATA NAMA
zina

to **advance** KATA KERJA
rujuk juga **advance** KATA NAMA
1. *mara*
◊ *The troops are advancing.* Askar-askar itu sedang mara.
2. *maju*
◊ *Technology has advanced a lot.* Teknologi telah bertambah maju.

advance KATA NAMA
rujuk juga **advance** KATA KERJA
pendahuluan
♦ **in advance** lebih awal ◊ *They bought the tickets a month in advance.* Mereka telah membeli tiket itu sebulan lebih awal.

advance booking KATA NAMA
tempahan awal

advanced KATA ADJEKTIF
maju
◊ *This is the most advanced computer in the world.* Komputer ini merupakan komputer yang paling maju di dunia.
♦ **She is suffering from advanced cancer.** Dia menghidap barah yang serius.

advantage KATA NAMA
kelebihan
◊ *Going to university has many advantages.* Banyak kelebihannya belajar di universiti.
♦ **to take advantage** mengambil kesempatan ◊ *He took advantage of his day off to have a rest.* Dia mengambil kesempatan untuk berehat pada hari cutinya. ◊ *The company was taking advantage of its employees.* Syarikat itu mengambil kesempatan ke atas pekerjanya.

adventure KATA NAMA
pengalaman yang mencabar

adventuresome KATA ADJEKTIF
1. *penuh dengan bahaya dan cabaran*
◊ *With him every day was exciting and adventuresome.* Setiap hari bersamanya adalah sesuatu yang amat menarik dan penuh dengan bahaya dan cabaran.
2. *suka menempuh bahaya dan cabaran* (orang)

adventurous KATA ADJEKTIF
1. *penuh dengan bahaya dan cabaran* (keadaan)
2. *suka menempuh bahaya dan cabaran* (orang)

adverb KATA NAMA
kata adverba

advert KATA NAMA
(*singkatan bagi* **advertisement**)
iklan

to **advertise** KATA KERJA
mengiklankan
◊ *Jobs are advertised in the papers.* Jawatan kosong diiklankan dalam surat khabar.

advertisement KATA NAMA
iklan

advertiser KATA NAMA
pengiklan

advertising KATA NAMA
pengiklanan

advice KATA NAMA
nasihat
◊ *to ask for advice* meminta nasihat
◊ *I'd like to ask your advice.* Saya ingin meminta nasihat daripada anda.
♦ **a piece of advice** nasihat ◊ *He gave me a good piece of advice.* Dia memberi saya nasihat yang berguna.

advice columnist KATA NAMA
penulis ruangan nasihat

advice line KATA NAMA
talian nasihat
◊ *For help on crime prevention, call our 24-hour advice line.* Untuk mendapatkan bantuan mengenai pencegahan jenayah, hubungi talian nasihat kami yang beroperasi selama 24 jam.

advisable KATA ADJEKTIF
sebaik-baiknya
◊ *It is advisable to book hotels in advance.* Sebaik-baiknya tempahlah hotel

lebih awal.
- **It is not advisable to drink the water.**
  Air itu tidak elok untuk diminum.

to **advise** KATA KERJA
  menasihati
  ◊ *He advised me to wait.* Dia menasihati saya supaya menunggu.

adviser KATA NAMA
  penasihat

advisory KATA ADJEKTIF
  rujuk juga **advisory** KATA NAMA
  penasihat
  ◊ *the advisory committee* jawatankuasa penasihat

advisory KATA NAMA
  (JAMAK **advisories**)
  rujuk juga **advisory** KATA ADJEKTIF
  makluman (tentang bahaya, dll)
  ◊ *The United States is reviewing its travel advisory on Kenya.* Amerika Syarikat sedang mengkaji semula maklumannya mengenai pelancongan di Kenya.

Aedes KATA NAMA
  Aedes
  ◊ *The Aedes mosquito causes dengue fever.* Nyamuk Aedes ialah penyebab kepada penyakit denggi.

aerial KATA NAMA
  antena

aerobics KATA NAMA JAMAK
  senaman aerobik
  ◊ *I do aerobics.* Saya melakukan senaman aerobik.

aerogramme KATA NAMA
  aerogram

aeroplane KATA NAMA
  kapal terbang

aerosol KATA NAMA
  aerosol

affair KATA NAMA
  1 *hubungan sulit*
  ◊ *to have an affair with somebody* mengadakan hubungan sulit dengan seseorang
  2 *hal*
  ◊ *The government has mishandled the affair.* Kerajaan tidak menangani hal itu dengan baik.
- **student affairs teacher** guru hal-ehwal murid

to **affect** KATA KERJA
  1 *mempengaruhi*
  ◊ *The outcome of that meeting will affect our decision.* Keputusan mesyuarat itu akan mempengaruhi keputusan kami.
  2 *menjejaskan*
  ◊ *The drought has affected many people's lives.* Musim kemarau telah menjejaskan kehidupan ramai orang.

affected KATA ADJEKTIF
  mengada-ada
  ◊ *affected behaviour* sikap yang mengada-ada

affection KATA NAMA
  kasih sayang
  ◊ *Hindi films usually focus on love and affection.* Filem Hindi selalunya berkisarkan percintaan dan kasih sayang.

affectionate KATA ADJEKTIF
  penyayang

to **affix** KATA KERJA
  rujuk juga **affix** KATA NAMA
  melekatkan

affix KATA NAMA
  (JAMAK **affixes**)
  rujuk juga **affix** KATA KERJA
  imbuhan

affluent KATA ADJEKTIF
  mewah
  ◊ *the affluent neigbourhood of Malibu* kawasan kediaman mewah di Malibu

to **afford** KATA KERJA
  mampu
  ◊ *I can't afford a new pair of jeans.* Saya tidak mampu membeli seluar jean yang baru.
- **We can't afford to wait any longer.**
  Kami tidak boleh menunggu lagi.

afloat KATA ADVERBA
  terapung
  ◊ *The log was afloat on the water.* Kayu balak itu terapung di atas air.

afraid KATA ADJEKTIF
  takut
- **to be afraid of something** takut akan sesuatu ◊ *I'm afraid of spiders.* Saya takut akan labah-labah.
- **I'm afraid I can't come.** Saya minta maaf. Saya tidak dapat hadir.
- **I'm afraid so.** Malangnya, ya.
- **I'm afraid not.** Malangnya, tidak.

  Dalam bahasa Inggeris, frasa **I'm afraid** *digunakan untuk menyampaikan sesuatu dalam cara yang sopan, terutama sekali apabila perkara yang ingin disampaikan itu mungkin mengecewakan pendengar.*

Africa KATA NAMA
  Afrika

African KATA ADJEKTIF
  rujuk juga **African** KATA NAMA
  Afrika
  ◊ *an African tribe* puak Afrika
- **He's African.** Dia berbangsa Afrika.

African KATA NAMA
  rujuk juga **African** KATA ADJEKTIF
  orang Afrika

after → ago

◊ *the Africans* orang Afrika

after KATA SENDI, KATA HUBUNG, KATA ADVERBA

selepas

◊ *after the match* selepas perlawanan itu ◊ *After I'd had a rest I went for a walk.* Selepas berehat, saya pergi berjalan-jalan. ◊ *after dinner* selepas makan malam

♦ **He ran after me.** Dia mengejar saya.

♦ **after all** maklumlah ◊ *I thought you might know somebody. After all, you're the man with connections.* Saya fikir anda mungkin kenal seseorang. Maklumlah, anda mempunyai ramai kenalan.

♦ **soon after** sejurus selepas

afternoon KATA NAMA

1 tengah hari

◊ *one o'clock in the afternoon* pukul satu tengah hari

2 petang

◊ *three o'clock in the afternoon* pukul tiga petang

aftershave KATA NAMA

losen selepas bercukur

afterwards KATA ADVERBA

kemudian

◊ *She left not long afterwards.* Dia pergi tidak lama kemudian.

again KATA ADVERBA

1 semula

◊ *They're friends again.* Mereka berkawan semula.

2 sekali lagi

◊ *I'd like to hear it again.* Saya ingin mendengarnya sekali lagi. ◊ *Can you tell me again?* Bolehkah anda beritahu saya sekali lagi? ◊ *Do it again!* Buatlah sekali lagi!

♦ **not...again** tidak...lagi ◊ *I won't go there again.* Saya tidak akan pergi ke sana lagi.

♦ **again and again** berkali-kali

against KATA SENDI

1 pada

◊ *He leant against the wall.* Dia bersandar pada dinding.

2 menentang

◊ *I'm against nuclear testing.* Saya menentang ujian nuklear.

agape KATA ADJEKTIF

melopong

◊ *She stood looking at Audrey with her mouth agape.* Dia berdiri memandang Audrey dengan mulut yang melopong.

age KATA NAMA

umur

◊ *an age limit* had umur ◊ *at the age of sixteen* pada umur enam belas tahun

♦ **I haven't been to the cinema for ages.** Sudah lama saya tidak pergi ke panggung wayang.

aged KATA ADJEKTIF

berumur

◊ *aged ten* berumur sepuluh tahun

♦ **She has aged.** Dia sudah berumur.

♦ **home for the aged** rumah orang tua

ageing KATA ADJEKTIF

rujuk juga **ageing** KATA NAMA

1 semakin tua (orang)

2 sudah lama (benda)

ageing KATA NAMA

rujuk juga **ageing** KATA ADJEKTIF

penuaan

◊ *ageing process* proses penuaan

agency KATA NAMA

(JAMAK **agencies**)

agensi

agenda KATA NAMA

agenda

agent KATA NAMA

1 ejen

◊ *She's a travel agent.* Dia seorang ejen pelancongan.

2 agen (dalam tindak balas, proses kimia)

to aggravate KATA KERJA

memburukkan lagi

◊ *Stress and lack of sleep can aggravate the situation.* Tekanan dan tidur yang tidak cukup boleh memburukkan lagi keadaan.

♦ **The plan is likely to aggravate ethnic tensions.** Rancangan itu mungkin akan menggalakkan pergeselan etnik.

aggregate KATA NAMA

agregat

aggressive KATA ADJEKTIF

agresif

aggrieved KATA ADJEKTIF

terkilan

◊ *Amy was aggrieved when Peter scolded her in public.* Amy terkilan apabila Peter memarahinya di khalayak ramai.

agile KATA ADJEKTIF

tangkas

◊ *That netball player is very agile.* Pemain bola jaring itu sangat tangkas.

agility KATA NAMA

ketangkasan

◊ *Sheryl was surprised at his agility.* Sheryl terpegun melihat ketangkasannya.

ago KATA ADVERBA

yang lalu

◊ *two days ago* dua hari yang lalu

♦ **not long ago** tidak lama dahulu

♦ **How long ago did it happen?** Sudah

English ~ Malay — agony → airsick

berapa lamakah perkara ini berlaku?

agony KATA NAMA
(JAMAK **agonies**)
kesakitan yang amat sangat
◊ *to be in agony* menderita kesakitan yang amat sangat
- **It was agony!** Sungguh menyeksa!

agony aunt KATA NAMA
penulis ruangan nasihat

to **agree** KATA KERJA
bersetuju
◊ *I agree with Carol.* Saya bersetuju dengan Carol.
- **to agree to do something** bersetuju untuk melakukan sesuatu ◊ *They agreed to meet again next week.* Mereka bersetuju untuk berjumpa lagi pada minggu hadapan.
- **He was forced to agree to the demands of his child's kidnappers.** Dia terpaksa akur dengan tuntutan penculik-penculik anaknya.
- **Garlic doesn't agree with me.** Saya tidak boleh makan bawang putih.

agreed KATA ADJEKTIF
dipersetujui
◊ *at the agreed time* pada masa yang dipersetujui

agreement KATA NAMA
persetujuan
◊ *to be in agreement* mempunyai persetujuan
- **They've signed the agreement.** Mereka telah menandatangani perjanjian tersebut.

agricultural KATA ADJEKTIF
pertanian
◊ *agricultural products* produk-produk pertanian

agriculture KATA NAMA
sektor pertanian

ahead KATA ADVERBA
ke hadapan
◊ *She looked straight ahead.* Dia memandang terus ke hadapan.
- **to plan ahead** merancang terlebih dahulu
- **The Spanish are five points ahead.** Pasukan Sepanyol mendahului sebanyak lima mata.
- **Go ahead! Help yourself!** Silakan! Jangan malu-malu!
- **You may go ahead with your work now.** Anda boleh teruskan kerja anda sekarang.
- **ahead of** di hadapan
- **ahead of time** lebih awal

aid KATA NAMA
bantuan
- **in aid of children** untuk membantu kanak-kanak

AIDS SINGKATAN (= *acquired immune deficiency syndrome*)
AIDS (= *sindrom kurang daya tahan penyakit*)

ailing KATA ADJEKTIF
gawat
◊ *They are striving to restore the country's ailing economy.* Mereka sedang berusaha untuk membaik pulih keadaan ekonomi negara yang gawat.

ailment KATA NAMA
penyakit

to **aim** KATA KERJA
rujuk juga **aim** KATA NAMA
berhasrat
◊ *to aim to do something* berhasrat untuk melakukan sesuatu
- **to aim at** mengacukan ◊ *He aimed a gun at me.* Dia mengacukan sepucuk pistol ke arah saya.
- **The film is aimed at children.** Filem itu ditujukan kepada kanak-kanak.

aim KATA NAMA
rujuk juga **aim** KATA KERJA
matlamat

air KATA NAMA
udara
◊ *She went out to get some fresh air.* Dia keluar untuk menyedut udara segar.
- **by air** dengan menaiki kapal terbang

air-con KATA NAMA
sistem hawa dingin

air conditioned KATA ADJEKTIF
berhawa dingin

air conditioner KATA NAMA
alat hawa dingin

air conditioning KATA NAMA
sistem hawa dingin

aircraft KATA NAMA
pesawat udara

Air Force KATA NAMA
tentera udara

air hostess KATA NAMA
(JAMAK **air hostesses**)
pramugari
◊ *She's an air hostess.* Dia seorang pramugari.

airline KATA NAMA
syarikat penerbangan

airmail KATA NAMA
mel udara

airplane KATA NAMA
kapal terbang

airport KATA NAMA
lapangan terbang

air rage KATA NAMA
tindakan agresif penumpang kapal terbang

airsick KATA ADJEKTIF
mabuk udara

airtight → allergic

airtight KATA ADJEKTIF
kedap udara

aisle KATA NAMA
lorong (di dalam kapal terbang, panggung wayang, gereja)

akimbo KATA ADVERBA
- **stand with one's arms akimbo** bercekak pinggang ◊ *She stands with her arms akimbo.* Dia bercekak pinggang.

alarm KATA NAMA
> rujuk juga **alarm** KATA KERJA

kebimbangan
◊ *The news caused the minister some alarm.* Berita itu menimbulkan kebimbangan menteri itu.
- **a fire alarm** penggera kebakaran

to **alarm** KATA KERJA
> rujuk juga **alarm** KATA NAMA

menggelisahkan
◊ *We knew that the incident had alarmed him.* Kami tahu kejadian itu menggelisahkannya.

alarm clock KATA NAMA
jam loceng

albino KATA ADJEKTIF
balar
◊ *three albino deer* tiga ekor rusa balar

album KATA NAMA
album

alcohol KATA NAMA
alkohol

alcoholic KATA NAMA
> rujuk juga **alcoholic** KATA ADJEKTIF

peminum

alcoholic KATA ADJEKTIF
> rujuk juga **alcoholic** KATA NAMA

beralkohol
- **alcoholic drinks** minuman keras

alert KATA ADJEKTIF
1. *cerdas*
◊ *He's a very alert baby.* Dia seorang bayi yang sungguh cerdas.
2. *berjaga-jaga*
◊ *We must stay alert.* Kita mesti sentiasa berjaga-jaga.

A levels KATA NAMA JAMAK
A levels

> **A levels** setara dengan peperiksaan STPM dan merupakan syarat kelayakan untuk memasuki universiti luar negara, terutama sekali di Britain.

algae KATA NAMA
alga

Algeria KATA NAMA
Algeria

alien KATA ADJEKTIF
> rujuk juga **alien** KATA NAMA

asing
◊ *alien forces* kuasa-kuasa asing

B. Inggeris ~ B. Melayu 28

alien KATA NAMA
> rujuk juga **alien** KATA ADJEKTIF

1. *pendatang asing*
2. *makhluk asing*

alight KATA ADJEKTIF
berapi
◊ *Make sure the campfire is no longer alight before you go to bed.* Pastikan unggun api itu tidak berapi lagi sebelum anda masuk tidur.
- **Several buildings were set alight.** Beberapa buah bangunan telah dibakar.

alike KATA ADVERBA
serupa
- **to look alike** kelihatan serupa ◊ *The two books look alike.* Kedua-dua buku itu kelihatan serupa.
- **The two sisters look alike.** Wajah kedua-dua adik-beradik itu seiras.

alive KATA ADJEKTIF
hidup

all KATA ADJEKTIF, KATA GANTI NAMA, KATA ADVERBA
semua
◊ *All of us went.* Kami semua telah pergi.
- **That's all I can remember.** Itu sahaja yang saya boleh ingat.
- **I ate all of it.** Saya telah makan kesemuanya.
- **all day** sepanjang hari
- **all alone** seorang diri
- **at all** langsung ◊ *He didn't eat at all.* Dia langsung tidak makan.
- **not at all** tidak ... langsung ◊ *I'm not tired at all.* Saya tidak letih langsung.
- **Thank you. - Not at all.** Terima kasih. - Sama-sama.
- **She talks all the time.** Dia bercakap sepanjang masa.
- **The score is five all.** Mata sekarang ialah lima sama.

to **allay** KATA KERJA
mengurangkan
◊ *He did what he could to allay his wife's fears.* Dia mencuba sedaya upaya untuk mengurangkan perasaan takut isterinya.

allegation KATA NAMA
dakwaan

alleged KATA ADJEKTIF
dikatakan
◊ *a list of alleged war criminals* senarai orang yang dikatakan sebagai penjenayah perang

allegiance KATA NAMA
kesetiaan

allergic KATA ADJEKTIF
alah
- **to be allergic to something** alah pada

sesuatu

allergy KATA NAMA
(JAMAK **allergies**)
alahan

alley KATA NAMA
lorong

alliance KATA NAMA
perikatan
◊ *The two countries intend to form an alliance.* Kedua-dua negara itu bercadang untuk membentuk satu perikatan.

allocation KATA NAMA
peruntukan
◊ *the allocation from the Department of Education* peruntukan daripada Kementerian Pendidikan

to **allocate** KATA KERJA
memperuntukkan
◊ *The school authorities have allocated RM3000 to help poor students.* Pihak sekolah telah memperuntukkan wang sejumlah RM3000 untuk membantu pelajar-pelajar miskin.

to **allow** KATA KERJA
membenarkan
◊ *His mum allowed him to go out.* Emaknya membenarkannya keluar.
◊ *He's not allowed to go out at night.* Dia tidak dibenarkan keluar pada waktu malam.
- **Smoking is not allowed.** Dilarang merokok.

allowance KATA NAMA
elaun
◊ *He received a monthly allowance of RM50.* Dia menerima elaun bulanan sebanyak RM50.

alloy KATA NAMA
aloi

all right KATA ADVERBA, KATA ADJEKTIF
1 *boleh tahan*
◊ *The film was all right.* Filem itu boleh tahan.
2 *baiklah*
◊ *We'll talk about it later. - All right.* Kita akan bincangkan hal itu nanti. - Baiklah.
- **Everything turned out all right.** Ternyata semuanya berjalan lancar.
- **Are you all right?** Anda tidak apa-apa?
- **Is that all right with you?** Anda tidak keberatan?

alluring KATA ADJEKTIF
menggoda
◊ *The girl was very alluring.* Gadis itu sungguh menggoda.

alluvium KATA NAMA
tanah lanar

ally KATA NAMA
(JAMAK **allies**)

rujuk juga **ally** KATA KERJA

sekutu
◊ *That country is an ally of the United States.* Negara itu merupakan sekutu Amerika Syarikat.

to **ally** KATA KERJA
(**allied, allied**)

rujuk juga **ally** KATA NAMA

bersekutu
◊ *That country allied itself with Germany.* Negara itu bersekutu dengan Jerman.

almighty KATA NAMA
Maha Kuasa
◊ *God the Almighty* Tuhan yang Maha Kuasa

almond KATA NAMA
badam

almost KATA ADVERBA
1 *hampir-hampir*
◊ *We almost lost the match.* Kami hampir-hampir tewas dalam perlawanan itu.
2 *sudah hampir*
◊ *My work is almost finished.* Kerja saya sudah hampir siap.

alms KATA NAMA JAMAK
sedekah

alone KATA ADJEKTIF, KATA ADVERBA
seorang diri
◊ *She lives alone.* Dia tinggal seorang diri.
- **to leave somebody alone** membiarkan seseorang
- **Leave her alone!** Jangan ganggu dia!
- **to leave something alone** membiarkan sesuatu
- **Leave my things alone!** Jangan usik barang-barang saya!

along KATA SENDI, KATA ADVERBA
sepanjang
◊ *Calvin was walking along the beach.* Calvin berjalan di sepanjang pantai itu.
- **all along (1)** di sepanjang ◊ *There were restaurants all along the street.* Ada kedai makan di sepanjang jalan itu.
- **all along (2)** sejak dari mula lagi ◊ *He was lying to me all along.* Dia telah menipu saya sejak dari mula lagi.

alongside KATA SENDI
di tepi

aloud KATA ADVERBA
dengan kuat

alphabet KATA NAMA
abjad

alphabetically KATA ADVERBA
mengikut abjad

Alps KATA NAMA JAMAK
pergunungan Alp

already KATA ADVERBA

also → amendment

sudah
◊ *Liz had already gone.* Liz sudah pergi.

also KATA ADVERBA
juga

altar KATA NAMA
altar (tempat pemujaan)

to **alter** KATA KERJA
mengubah
◊ *They have never altered their schedule.* Mereka tidak pernah mengubah jadual mereka.

alternate KATA ADJEKTIF
berselang-seli
◊ *alternate bands of colour* jalur-jalur warna yang berselang-seli
♦ **on alternate days** selang hari

alternative KATA NAMA
rujuk juga **alternative** KATA ADJEKTIF
1 *pilihan*
◊ *You have no alternative.* Anda tidak ada pilihan.
2 *alternatif*
◊ *Fruit is a healthy alternative to chocolate.* Buah-buahan merupakan alternatif yang sihat untuk menggantikan coklat.

alternative KATA ADJEKTIF
rujuk juga **alternative** KATA NAMA
alternatif
◊ *They made alternative plans.* Mereka membuat rancangan alternatif.
◊ *alternative medicine* ubat alternatif

alternatively KATA ADVERBA
sebagai alternatif
◊ *Alternatively, we could just stay at home.* Sebagai alternatif, kita boleh duduk di rumah sahaja.

although KATA HUBUNG
walaupun
◊ *Although she was tired, she stayed up late.* Walaupun dia letih, dia masih berjaga sehingga lewat malam.

altogether KATA ADVERBA
1 *semuanya*
◊ *You owe me RM20 altogether.* Anda berhutang dengan saya sebanyak RM20 semuanya.
2 *sepenuhnya*
◊ *I'm not altogether happy with your work.* Saya tidak berpuas hati dengan kerja anda sepenuhnya.

aluminium KATA NAMA
(AS **aluminum**)
aluminium

always KATA ADVERBA
selalu
◊ *He's always moaning.* Dia selalu mengeluh.

am KATA KERJA *rujuk* **be**

a.m. SINGKATAN
pagi
◊ *at 4 a.m.* pada pukul empat pagi

AM (1) SINGKATAN (= *amplitude modulation*) (*radio*)
AM (= *pemodulatan amplitud*)

AM (2) SINGKATAN (= *Assembly Member*)
Ahli Dewan Undangan

amateur KATA NAMA
amatur

to **amaze** KATA KERJA
menakjubkan
◊ *He amazed everybody with his physical strength.* Dia menakjubkan semua orang dengan kekuatan fizikalnya.

amazed KATA ADJEKTIF
kagum
◊ *I was amazed that I managed to do it.* Saya berasa kagum kerana saya dapat melakukannya.

amazing KATA ADJEKTIF
1 *menakjubkan*
◊ *That's amazing news!* Itu berita yang menakjubkan!
2 *hebat*
◊ *Vivian is an amazing cook.* Vivian seorang tukang masak yang hebat.

ambassador KATA NAMA
duta

amber KATA ADJEKTIF
kuning keperang-perangan
♦ **an amber light** lampu isyarat kuning

ambiguity KATA NAMA
(JAMAK **ambiguities**)
ketaksaan

ambiguous KATA ADJEKTIF
taksa
◊ *an ambiguous sentence* ayat yang taksa

ambition KATA NAMA
cita-cita

ambitious KATA ADJEKTIF
bercita-cita tinggi

ambulance KATA NAMA
ambulans

ambush KATA NAMA
(JAMAK **ambushes**)
serangan hendap
◊ *The policeman was shot dead in an ambush.* Anggota polis itu ditembak mati dalam satu serangan hendap.

to **amend** KATA KERJA
meminda
◊ *The government has amended the Act.* Kerajaan telah meminda Akta itu.

amendment KATA NAMA
1 *pindaan* (*undang-undang*)
2 *pembetulan*

amenities → analyze

◊ *I showed him the script and he made some amendments.* Saya menunjukkan skrip itu kepadanya dan dia membuat beberapa pembetulan.

amenities KATA NAMA JAMAK
kemudahan
◊ *The hotel has very good amenities.* Hotel itu mempunyai kemudahan yang sangat baik. ◊ *The town has many amenities.* Bandar itu mempunyai kemudahan yang banyak.

America KATA NAMA
1. *Amerika Syarikat*
2. *benua Amerika*

American KATA ADJEKTIF
rujuk juga **American** KATA NAMA
Amerika
◊ *the American flag* bendera Amerika
• **He's American.** Dia berbangsa Amerika.

American KATA NAMA
rujuk juga **American** KATA ADJEKTIF
orang Amerika
◊ *the Americans* orang Amerika

amicably KATA ADVERBA
dengan baik
◊ *He hoped the dispute could be settled amicably.* Dia berharap pertelingkahan itu dapat diselesaikan dengan baik.

amid KATA SENDI
di tengah-tengah
◊ *a tiny bungalow amid clusters of trees* sebuah banglo kecil di tengah-tengah rimbunan pohon
• **Children were changing classrooms amid laughter and shouting.** Kanak-kanak bertukar kelas sambil bergelak ketawa dan menjerit.

ammunition KATA NAMA
peluru

among KATA SENDI
antara

among digunakan apabila melibatkan lebih daripada dua orang.

• **I was among friends.** Saya berada bersama kawan-kawan.

amount KATA NAMA
rujuk juga **amount** KATA KERJA
jumlah
◊ *a large amount of money* sejumlah wang yang banyak

to **amount** KATA KERJA
rujuk juga **amount** KATA NAMA
• **to amount to (1)** berjumlah ◊ *His savings amount to ten thousand ringgits.* Simpanannya berjumlah sepuluh ribu ringgit.
• **to amount to (2)** sama seperti ◊ *The banks have what amounts to a monopoly.* Bank itu memiliki sesuatu yang sama seperti monopoli.

amp KATA NAMA
1. *ampere*
2. *pembesar suara*

amphibian KATA NAMA
amfibia

amplifier KATA NAMA
pembesar suara

amulet KATA NAMA
tangkal

to **amuse** KATA KERJA
menghiburkan hati
◊ *The thought seemed to amuse him.* Nampaknya idea itu menghiburkan hatinya.
• **He was most amused by the story.** Dia amat terhibur dengan cerita itu.

amusement KATA NAMA
hiburan

amusement arcade KATA NAMA
pusat hiburan

amusing KATA ADJEKTIF
menggelikan hati
◊ *an amusing story* cerita yang menggelikan hati

an KATA SANDANG TAK TENTU

an digunakan di hadapan perkataan yang bermula dengan bunyi vokal.

1. *se + penjodoh bilangan*
◊ *an apple* sebiji epal ◊ *an umbrella* sekaki payung
• **an hour** sejam
2. *satu*
◊ *an expedition* satu ekspedisi
*Ada kalanya **an** tidak diterjemahkan.*
◊ *an age limit* had umur ◊ *There is an abundant supply of cheap labour.* Ada banyak tenaga buruh yang murah.

anaesthetic KATA NAMA
ubat bius

to **anaesthetize** KATA KERJA
membius
◊ *The doctor anaesthetized the patient before the operation.* Doktor membius pesakit itu sebelum menjalankan pembedahan.

analogue KATA ADJEKTIF
analog
◊ *in analogue format* dalam format analog

to **analyse** KATA KERJA
mengkaji atau *menganalisis*

analysis KATA NAMA
(JAMAK **analyses**)
kajian atau *analisis*

analyst KATA NAMA
penganalisis

to **analyze** KATA KERJA
mengkaji atau *menganalisis*

anaphylactic → annual

anaphylactic KATA ADJEKTIF
(*perubatan*)
  anapilaksis
  ◊ *anaphylactic shock* kejutan anapilaksis

ancestor KATA NAMA
  nenek moyang

ancestral KATA ADJEKTIF
  pusaka
  ◊ *ancestral home* rumah pusaka
  ◊ *ancestral land* tanah pusaka

anchor KATA NAMA
  rujuk juga **anchor** KATA KERJA
  sauh

to **anchor** KATA KERJA
  rujuk juga **anchor** KATA NAMA
  bersauh
  ◊ *The boat anchored in the harbour.* Bot itu bersauh di pelabuhan itu.

anchovy KATA NAMA
  (JAMAK **anchovies**)
  ikan bilis

ancient KATA ADJEKTIF
  1 *purba*
  ◊ *ancient Greece* Yunani purba
  2 *sangat lama* (*benda*)
 • **an ancient monument** bangunan lama yang bersejarah

and KATA HUBUNG
  dan
  ◊ *Mary and Jane.* Mary dan Jane.
  ◊ *Please come and try!* Datanglah dan cuba!

  > **and** tidak diterjemahkan apabila digunakan untuk menghubungkan angka.

  ◊ *two hundred and fifty* dua ratus lima puluh
 • **He talked and talked.** Dia bercakap tidak berhenti-henti.
 • **better and better** semakin baik

angel KATA NAMA
  1 *malaikat*
  2 *bidadari*

anger KATA NAMA
  rujuk juga **anger** KATA KERJA
  perasaan marah

to **anger** KATA KERJA
  rujuk juga **anger** KATA NAMA
  mencetuskan kemarahan
  ◊ *His outrageous behaviour angered his friend.* Sikapnya yang keterlaluan itu telah mencetuskan kemarahan rakannya.

angle KATA NAMA
  sudut

angler KATA NAMA
  pemancing

anglicized KATA ADJEKTIF
  keinggerisan

  ◊ *an anglicized way of speaking* gaya pertuturan yang keinggerisan

angling KATA NAMA
  memancing
  ◊ *His hobby is angling.* Hobinya ialah memancing.

angry KATA ADJEKTIF
  marah
  ◊ *Your father looks very angry.* Ayah anda kelihatan sangat marah.
 • **to be angry with somebody** marah akan seseorang
 • **to get angry** naik marah

animal KATA NAMA
  haiwan

animated KATA ADJEKTIF
  1 *rancak*
  ◊ *an animated conversation* perbualan yang rancak
  2 *animasi*
  ◊ *Disney's animated film 'The Lion King'* filem animasi Disney 'The Lion King'

animation KATA NAMA
  animasi

ankle KATA NAMA
  buku lali
 • **I've twisted my ankle.** Kaki saya terseliuh.

anniversary KATA NAMA
  (JAMAK **anniversaries**)
  ulang tahun
  ◊ *wedding anniversary* ulang tahun perkahwinan

to **announce** KATA KERJA
  mengumumkan

announcement KATA NAMA
  pengumuman

to **annoy** KATA KERJA
  menjengkelkan
  ◊ *Make a note of the things that annoy you.* Senaraikan perkara-perkara yang menjengkelkan anda.
 • **to be annoyed with somebody** berasa jengkel terhadap seseorang
 • **to get annoyed** geram ◊ *Don't get annoyed!* Janganlah geram!

annoyance KATA NAMA
  rasa jengkel
 • **To her annoyance, the stranger did not go away.** Yang menjengkelkannya ialah orang yang tidak dikenalinya itu tidak pergi dari situ.

annoying KATA ADJEKTIF
  menjengkelkan
  ◊ *the most annoying problem* masalah yang paling menjengkelkan ◊ *I find it very annoying.* Saya mendapati perkara itu sangat menjengkelkan.

annual KATA ADJEKTIF

English ~ Malay — annually → any

tahunan

annually KATA ADVERBA
setahun sekali
◊ *Companies report to their shareholders annually.* Syarikat-syarikat mengemukakan laporan kepada pemegang saham setahun sekali.

anonymous KATA ADJEKTIF
tidak diketahui namanya
◊ *an anonymous donor* penderma yang tidak diketahui namanya
• **an anonymous letter** surat layang

anorak KATA NAMA
anorak
baju hujan yang mempunyai hud

another KATA ADJEKTIF, KATA GANTI NAMA
1 *satu lagi*
• **They're going to have another baby.** Mereka akan mendapat seorang anak lagi.
2 *yang lain*
◊ *Have you got another skirt?* Anda ada skirt yang lain?
• **another two kilometres** dua kilometer lagi

to **answer** KATA KERJA
rujuk juga **answer** KATA NAMA
menjawab
◊ *Can you answer my question?* Bolehkah anda jawab soalan saya?
• **to answer the phone** menjawab telefon
• **to answer the door** membuka pintu (*untuk menjemput tetamu masuk*)
◊ *Can you answer the door please?* Bolehkah anda tolong buka pintu?

answer KATA NAMA
rujuk juga **answer** KATA KERJA
1 *jawapan* (kepada soalan)
2 *penyelesaian* (kepada masalah)

answering machine KATA NAMA
mesin menjawab panggilan telefon

ant KATA NAMA
semut

Antarctic KATA NAMA
Antartika
• **the Antarctic** kawasan Antartika

anthem KATA NAMA
lagu kebangsaan
• **the national anthem** lagu kebangsaan
• **the Olympic anthem** lagu Olimpik

anthill KATA NAMA
busut

antibiotic KATA NAMA
antibiotik

to **anticipate** KATA KERJA
menjangkakan
◊ *Sheryl had anticipated that she would visit.* Sheryl telah menjangkakan bahawa dia akan datang melawat.

anticipation KATA NAMA

penuh harapan
◊ *The children waited with anticipation for their grandfather to arrive.* Kanak-kanak itu menunggu ketibaan datuk mereka dengan penuh harapan.

anticlockwise KATA ADVERBA
lawan arah jam

antidepressant KATA NAMA
antidepresan

antidote KATA NAMA
penawar

antique KATA NAMA
antik

antique shop KATA NAMA
kedai barang antik

antiseptic KATA NAMA
antiseptik

antonym KATA NAMA
perkataan berlawanan

anus KATA NAMA
(JAMAK **anuses**)
dubur

anxiety KATA NAMA
(JAMAK **anxieties**)
kebimbangan
◊ *Her voice was full of anxiety.* Suaranya penuh dengan kebimbangan.

anxious KATA ADJEKTIF
cemas
◊ *She was anxious about her exam results.* Dia cemas memikirkan keputusan peperiksaannya.

any KATA ADJEKTIF, KATA ADVERBA
rujuk juga **any** KATA GANTI NAMA
1 *sebarang*
◊ *without any help* tanpa sebarang bantuan
2 *mana-mana*
◊ *Any teacher will tell you.* Mana-mana guru pun akan memberitahu anda.

Dalam sesetengah soalan dan ayat negatif, **any** *biasanya tidak diterjemahkan.*

◊ *Have you got any change?* Anda ada wang kecil? ◊ *Are there any beans left?* Ada kacang yang tinggal lagi?
◊ *He hasn't got any friends.* Dia tidak mempunyai kawan.
• **Do you speak any foreign languages?** Anda boleh bertutur dalam bahasa asing?
• **I haven't got any books by Cervantes.** Saya tidak mempunyai sebuah buku pun yang ditulis oleh Cervantes.
• **Come any time you like.** Datanglah pada bila-bila masa sahaja.
• **I don't love him any more.** Saya tidak mencintainya lagi.

any KATA GANTI NAMA

anybody → appeal

> rujuk juga **any** KATA ADJEKTIF, KATA ADVERBA
>
> *Biasanya **any** tidak diterjemahkan. Kadang-kadang perkataan yang sepatutnya digantikan oleh **any** akan diulangi.*

◊ *I don't like any of them.* Saya tidak menyukai mereka. ◊ *I need a stamp. Have you got any left?* Saya perlukan setem. Anda ada setem lagi? ◊ *I fancy some bread. Have we got any?* Saya rasa hendak makan roti. Kita ada roti?

♦ **Did you buy the oranges? - No, there weren't any.** Adakah anda membeli oren? - Tidak, tidak ada sebiji pun yang dijual.

anybody KATA GANTI NAMA
1 *sesiapa*
◊ *Has anybody got a pen?* Ada sesiapa yang mempunyai pen?
2 *sesiapa pun*
◊ *I can't see anybody.* Saya tidak nampak sesiapa pun. ◊ *Anybody can learn to swim.* Sesiapa pun boleh belajar berenang.

anyhow KATA ADVERBA
walau bagaimanapun
◊ *He doesn't want to go out and anyhow he's not allowed.* Dia tidak mahu keluar dan walau bagaimanapun dia memang tidak dibenarkan keluar.

anyone KATA GANTI NAMA
1 *sesiapa*
◊ *Has anyone got a pen?* Ada sesiapa yang mempunyai pen?
2 *sesiapa pun*
◊ *I can't see anyone.* Saya tidak nampak sesiapa pun. ◊ *Anyone can learn to swim.* Sesiapa pun boleh belajar berenang.

anything KATA GANTI NAMA
apa-apa
◊ *Do you need anything?* Anda memerlukan apa-apa? ◊ *I can't hear anything.* Saya tidak dapat mendengar apa-apa.
♦ **Anything could happen.** Apa-apa sahaja boleh berlaku.

anytime KATA ADVERBA
bila-bila masa
◊ *He can leave anytime he wants.* Dia boleh pergi pada bila-bila masa sahaja.

anyway KATA ADVERBA
walau bagaimanapun
◊ *He doesn't want to go out and anyway he's not allowed.* Dia tidak mahu keluar dan walau bagaimanapun dia memang tidak dibenarkan keluar.

anywhere KATA ADVERBA

B. Inggeris ~ B. Melayu   34

mana-mana
◊ *Have you seen my coat anywhere?* Adakah anda nampak kot saya di mana-mana? ◊ *Are we going anywhere?* Adakah kita hendak ke mana-mana? ◊ *I can't find it anywhere.* Saya tidak menjumpainya di mana-mana pun.
♦ **You can buy stamps almost anywhere.** Anda boleh membeli setem hampir di mana-mana sahaja.

apart KATA ADVERBA
berjauhan
◊ *It was the first time we had been apart.* Itulah kali pertama kami berjauhan.
♦ **The two towns are 10 kilometres apart.** Jarak di antara dua bandar itu ialah 10 kilometer.
♦ **apart from** selain ◊ *Apart from that, everything's fine.* Selain itu, semuanya baik.

apartment KATA NAMA
rumah pangsa atau *flat*

ape KATA NAMA
beruk

to **apologize** KATA KERJA
meminta maaf
◊ *He apologized for being late.* Dia meminta maaf kerana lewat. ◊ *I apologize!* Saya minta maaf!

apology KATA NAMA
(JAMAK **apologies**)
maaf
◊ *I owe you an apology.* Saya perlu meminta maaf daripada anda.

apostrophe KATA NAMA
> *nama bagi tanda bacaan (') yang digunakan dalam wacana bahasa Inggeris*

appalling KATA ADJEKTIF
dahsyat
◊ *the most appalling conditions* keadaan yang paling dahsyat
♦ **I developed an appalling headache.** Kepala saya sakit dengan begitu teruk.

apparatus KATA NAMA
(JAMAK **apparatus** atau **apparatuses**)
alat

apparent KATA ADJEKTIF
jelas
◊ *for no apparent reason* tanpa sebarang sebab yang jelas ◊ *It was apparent that he disliked me.* Memang jelas dia tidak menyukai saya.

apparently KATA ADVERBA
rupanya
◊ *Apparently he was abroad when it happened.* Rupanya dia berada di luar negara semasa kejadian itu berlaku.

to **appeal** KATA KERJA

rujuk juga **appeal** KATA NAMA

[1] *merayu*
◊ *They appealed for help.* Mereka merayu untuk mendapatkan bantuan.
[2] *menarik minat*
◊ *Greece doesn't appeal to me.* Negara Greece tidak menarik minat saya.

appeal KATA NAMA

rujuk juga **appeal** KATA KERJA

rayuan
◊ *They have launched an appeal for unity.* Mereka telah membuat rayuan untuk memupuk perpaduan.

to **appear** KATA KERJA
[1] *muncul*
◊ *The bus appeared around the corner.* Bas itu muncul di selekoh jalan. ◊ *to appear on TV* muncul di kaca televisyen
[2] *nampaknya*
◊ *She appeared to be asleep.* Nampaknya dia sudah tidur.

appearance KATA NAMA
penampilan
◊ *She takes great care over her appearance.* Dia mengambil berat tentang penampilannya.
♦ **to make an appearance** hadir

appendicitis KATA NAMA
apendisitis
◊ *She's got appendicitis.* Dia menghidap apendisitis.

appendix KATA NAMA
(JAMAK **appendices** atau **appendixes**)
[1] *apendiks* (dalam badan)
[2] *lampiran* (buku, dll)

appetite KATA NAMA
selera

appetizer KATA NAMA
pembuka selera

appetizing KATA ADJEKTIF
menyelerakan
◊ *appetizing food* makanan yang menyelerakan

to **applaud** KATA KERJA
bertepuk tangan

applause KATA NAMA
tepukan

apple KATA NAMA
epal

applet KATA NAMA
applet
> program komputer yang terdapat dalam sesuatu laman Web yang dipindahkan terus ke komputer anda dan beroperasi secara automatik ketika anda melihat laman Web tersebut

appliance KATA NAMA
peralatan
◊ *household appliances* peralatan rumah

applicant KATA NAMA
pemohon

application KATA NAMA
[1] *permohonan*
◊ *a job application* permohonan kerja
[2] *penerapan* atau *pengaplikasian*
◊ *the application of a concept* penerapan sesuatu konsep
[3] *aplikasi*
◊ *a number of possible applications* beberapa aplikasi yang boleh digunakan

application form KATA NAMA
borang permohonan

applied KATA ADJEKTIF
gunaan
◊ *applied science* sains gunaan

to **apply** KATA KERJA
(**applied, applied**)
[1] *memohon*
◊ *to apply for a job* memohon pekerjaan
[2] *mengaplikasikan*
◊ *Students should apply the moral values that they've learnt to their daily lives.* Pelajar harus mengaplikasikan nilai-nilai moral yang dipelajari dalam kehidupan harian mereka.
♦ **to apply to** berkaitan dengan ◊ *This rule doesn't apply to us.* Peraturan ini tidak berkaitan dengan kami.
♦ **to apply ointment** menyapu ubat

to **appoint** KATA KERJA
melantik
◊ *He appointed Ali as treasurer.* Dia melantik Ali sebagai bendahari.

appointment KATA NAMA
[1] *pelantikan*
[2] *temu janji*
◊ *to make an appointment with someone* membuat temu janji dengan seseorang
◊ *I've got a dental appointment.* Saya ada temu janji dengan doktor gigi.

to **appreciate** KATA KERJA
menghargai
◊ *I really appreciate your help.* Saya benar-benar menghargai bantuan anda.

appreciation KATA NAMA
penghargaan
◊ *the gifts presented to them in appreciation of their contribution* hadiah yang diberikan kepada mereka sebagai penghargaan atas sumbangan mereka

apprentice KATA NAMA
pelatih atau *perantis*

to **approach** KATA KERJA

rujuk juga **approach** KATA NAMA

mendekati

approach → arch-rival

◊ *He approached the house.* Dia mendekati rumah itu. ◊ *to approach a problem* mendekati sesuatu masalah
approach KATA NAMA
(JAMAK **approaches**)
> rujuk juga **approach** KATA KERJA

pendekatan
◊ *The author takes an academic approach.* Penulis itu menggunakan pendekatan ilmiah.
appropriate KATA ADJEKTIF
sesuai
◊ *That dress isn't very appropriate for an interview.* Baju itu tidak begitu sesuai dipakai untuk menghadiri temu duga.
◊ *Tick the appropriate box.* Tandakan rait pada kotak yang sesuai.
appropriateness KATA NAMA
kewajaran
◊ *I doubted the appropriateness of his action.* Saya meragui kewajaran di sebalik tindakannya itu.
approval KATA NAMA
kelulusan
to **approve** KATA KERJA
1 *setuju*
◊ *I don't approve of his choice.* Saya tidak setuju dengan pilihannya.
2 *meluluskan* (permohonan)
♦ **They didn't approve of his girlfriend.** Mereka tidak menyukai teman wanitanya.
approximate KATA ADJEKTIF
anggaran
approximately KATA ADVERBA
lebih kurang
apricot KATA NAMA
buah aprikot
April KATA NAMA
April
◊ *on 4 April* pada 4 April
♦ **in April** pada bulan April
♦ **April Fool's Day** Hari April Fool
apron KATA NAMA
apron
apt KATA ADJEKTIF
1 *sesuai*
◊ *an apt description of the situation* gambaran yang sesuai mengenai keadaan itu
2 *besar kemungkinan*
◊ *She is apt to raise her voice.* Besar kemungkinan dia akan meninggikan suaranya.
♦ **She was apt to raise her voice.** Dia sering meninggikan suaranya.
♦ **This type of weather is apt to be more common in winter.** Cuaca begini lebih biasa berlaku pada musim sejuk.
aquarium KATA NAMA

akuarium
Aquarius KATA NAMA
Aquarius
♦ **I'm Aquarius.** Zodiak saya ialah Aquarius.
Arab KATA ADJEKTIF
> rujuk juga **Arab** KATA NAMA

Arab
Arab KATA NAMA
> rujuk juga **Arab** KATA ADJEKTIF

orang Arab
◊ *the Arabs* orang Arab
Arabic KATA ADJEKTIF
bahasa Arab
arbitrary KATA ADJEKTIF
sembarangan
◊ *Don't make an arbitrary decision.* Jangan buat keputusan sembarangan.
arbitration KATA NAMA
timbang tara
arbitrator KATA NAMA
penimbang tara
arch KATA NAMA
(JAMAK **arches**)
gerbang
archaeologist KATA NAMA
ahli kaji purba atau *ahli arkeologi*
◊ *He's an archaeologist.* Dia seorang ahli arkeologi.
archaeology KATA NAMA
arkeologi
archaic KATA ADJEKTIF
kuno
◊ *archaic language* bahasa kuno
archbishop KATA NAMA
ketua biskop
archeologist KATA NAMA 🇺🇸
ahli kaji purba atau *ahli arkeologi*
◊ *He's an archeologist.* Dia seorang ahli arkeologi.
archeology KATA NAMA 🇺🇸
arkeologi
archer KATA NAMA
pemanah
archipelago KATA NAMA
(JAMAK **archipelagos** atau **archipelagoes**)
kepulauan
◊ *Samui archipelago* kepulauan Samui
architect KATA NAMA
arkitek
◊ *She's an architect.* Dia seorang arkitek.
architecture KATA NAMA
seni bina
archive KATA NAMA
arkib
♦ **to keep in an archive** mengarkibkan
arch-rival KATA NAMA

archway KATA NAMA
pintu gerbang

Arctic KATA NAMA
Artik
* **the Arctic** kawasan Artik

ardent KATA ADJEKTIF
begitu bersungguh-sungguh
◊ *an ardent opponent of the Vietnam War* seorang penentang Perang Vietnam yang begitu bersungguh-sungguh
* **one of the most ardent supporters of the administration's policy** salah seorang penyokong terkuat polisi pentadbiran kerajaan Amerika itu

are KATA KERJA *rujuk* **be**

area KATA NAMA
1 *kawasan*
◊ *a mountainous area of Malaysia* kawasan pergunungan Malaysia
2 *keluasan*
◊ *The field has an area of 1500 square metres.* Keluasan padang itu ialah 1500 meter persegi.

areca KATA NAMA
pinang

arena KATA NAMA
arena

aren't = **are not**

Argentina KATA NAMA
Argentina

Argentinian KATA ADJEKTIF
> *rujuk juga* **Argentinian** KATA NAMA

Argentina
◊ *the Argentinian capital, Buenos Aires* ibu negara Argentina, Buenos Aires
* **He's Argentinian.** Dia berbangsa Argentina.

Argentinian KATA NAMA
> *rujuk juga* **Argentinian** KATA ADJEKTIF

orang Argentina

to **argue** KATA KERJA
bertengkar
◊ *They never stop arguing.* Mereka sentiasa bertengkar.

argument KATA NAMA
1 *pertengkaran*
* **to have an argument** bertengkar
2 *hujah*
◊ *She put forth her arguments confidently.* Dia membentangkan hujahnya dengan yakin.

arid KATA ADJEKTIF
gersang

Aries KATA NAMA
Aries
* **I'm Aries.** Zodiak saya ialah Aries.

to **arise** KATA KERJA
timbul
◊ *If the problem arises later in the pregnancy...* Jika masalah itu timbul pada peringkat kehamilan yang seterusnya...
* **when the opportunity arises** apabila ada peluang

aristocrat KATA NAMA
bangsawan

arm KATA NAMA
lengan
◊ *I burnt my arm.* Lengan saya melecur.

armadillo KATA NAMA
(JAMAK **armadillos**)
tenggiling

armchair KATA NAMA
kerusi tangan

armed KATA ADJEKTIF
bersenjata

armour KATA NAMA
(AS **armor**)
baju besi

armpit KATA NAMA
ketiak

army KATA NAMA
(JAMAK **armies**)
angkatan tentera

aroma KATA NAMA
aroma

around KATA SENDI, KATA ADVERBA
1 *kira-kira*
◊ *It costs around RM100.* Barang itu berharga kira-kira RM100. ◊ *Shall we meet at around eight o'clock?* Bolehkah kita bertemu kira-kira pada pukul lapan?
* **She ignored the people around her.** Dia tidak mengendahkan orang di sekelilingnya.
* **She wore a scarf around her neck.** Dia memakai skarf di keliling lehernya.
2 *sekitar*
◊ *I've been walking around the town.* Saya berjalan di sekitar bandar.
* **We walked around for a while.** Kami berjalan-jalan sekejap.
* **around here** berhampiran kawasan ini
◊ *Is there a chemist's around here?* Adakah kedai farmasi berhampiran kawasan ini?

to **arouse** KATA KERJA
menerbitkan
◊ *Those words aroused feelings of sadness in her.* Kata-kata itu menerbitkan rasa sedih di hatinya.

to **arrange** KATA KERJA
menyusun
◊ *He arranged his books neatly.* Dia

arrangement → as   B. Inggeris ~ B. Melayu   38

menyusun buku-bukunya dengan kemas.
- **to arrange a party** mengadakan jamuan
- **to arrange to do something** membuat rancangan untuk melakukan sesuatu
  ◊ *They arranged to go out together on Friday.* Mereka membuat rancangan untuk keluar bersama pada hari Jumaat.

arrangement KATA NAMA

1 *rancangan*
◊ *They made arrangements to go out on Friday.* Mereka membuat rancangan untuk keluar pada hari Jumaat.
- **a flower arrangement** gubahan bunga

2 *aturan*
◊ *Don't change the seating arrangements.* Jangan ubah aturan tempat duduk.
- **arrangements** persiapan ◊ *Pamela is in charge of the travel arrangements.* Pamela bertanggungjawab terhadap persiapan perjalanan.

array KATA NAMA

berbagai-bagai
◊ *A daunting array of problems confronts him.* Dia menghadapi berbagai-bagai masalah yang menggentarkan.
- **We saw wonderful arrays of fruit and vegetables.** Kami nampak koleksi buah-buahan dan sayuran yang sungguh menarik.

arrears KATA NAMA JAMAK

tunggakan

to **arrest** KATA KERJA

> rujuk juga **arrest** KATA NAMA

menangkap

arrest KATA NAMA

> rujuk juga **arrest** KATA KERJA

penangkapan
- **You're under arrest!** Kamu ditahan!

arrival KATA NAMA

ketibaan
◊ *the airport arrivals hall* dewan ketibaan di lapangan terbang

to **arrive** KATA KERJA

sampai atau *tiba*
◊ *I arrived at five o'clock.* Saya sampai pada pukul lima.

arrogance KATA NAMA

keangkuhan
◊ *Helmi was disliked for his arrogance.* Helmi tidak disukai kerana keangkuhannya.

arrogant KATA ADJEKTIF

angkuh

arrow KATA NAMA

anak panah

art KATA NAMA

seni
- **works of art** karya-karya seni
- **art school** sekolah kesenian

artefact KATA NAMA

artifak
◊ *historical artefacts from Egypt* artifak bersejarah dari Mesir

artery KATA NAMA

(JAMAK **arteries**)
arteri

art gallery KATA NAMA

(JAMAK **art galleries**)
galeri seni

arthritis KATA NAMA

artritis

article KATA NAMA

artikel

artificial KATA ADJEKTIF

1 *buatan*
◊ *artificial lake* tasik buatan
2 *tiruan*
◊ *artificial colouring* pewarna tiruan

artist KATA NAMA

(*pelukis, dsb*)
artis
◊ *She's an artist.* Dia seorang artis.

artiste KATA NAMA

penghibur
◊ *a cabaret artiste* penghibur kabaret

artistic KATA ADJEKTIF

artistik

artistry KATA NAMA

kesenian
◊ *his artistry as a writer* keseniannya sebagai seorang penulis

as KATA HUBUNG, KATA ADVERBA

1 *semasa*
◊ *He came in as I was leaving.* Dia masuk semasa saya hendak keluar.
◊ *All the jury's eyes were on him as he continued.* Semua ahli juri memandangnya semasa dia menyambung keterangannya.
2 *memandangkan*
◊ *As it's Sunday, you can have a lie-in.* Memandangkan hari ini hari Ahad, anda boleh tidur sepuas-puasnya.
3 *sebagai*
◊ *He works as a waiter in the holidays.* Dia bekerja sebagai pelayan pada musim cuti.
- **as...as** se + kata adjektif yang sesuai
  ◊ *Peter's as tall as Michael.* Peter setinggi Michael.
- **as much...as** sebanyak ◊ *I haven't got as much energy as you.* Tenaga saya tidak sebanyak tenaga anda.
- **Her coat cost twice as much as mine.** Harga kotnya dua kali ganda harga kot saya.
- **as soon as possible** secepat mungkin

- **as from tomorrow** mulai esok
- **as if/as though** seolah-olah ◊ *She acted as if she hadn't seen me.* Dia berlagak seolah-olah dia tidak nampak saya.

asap SINGKATAN (= *as soon as possible*)
secepat mungkin

to **ascend** KATA KERJA
1. *menaiki* (tangga)
2. *mendaki* (bukit, gunung)

ascending KATA ADJEKTIF
menaik
◊ *in ascending order* dalam susunan menaik

to **ascertain** KATA KERJA
memastikan

ASEAN SINGKATAN (= *Association of Southeast Asian Nations*)
ASEAN (= *Persatuan Negara-negara Asia Tenggara*)

ash KATA NAMA
(JAMAK **ashes**)
abu

ashamed KATA ADJEKTIF
malu
- **to be ashamed** berasa malu ◊ *I'm ashamed of myself for shouting at you.* Saya berasa malu kerana mengking anda. ◊ *You should be ashamed of yourself!* Anda patut berasa malu!

ashore KATA ADVERBA
ke tepi pantai
◊ *The villagers rescued the prince who had been washed ashore.* Penduduk kampung menyelamatkan putera raja yang dihanyutkan ke tepi pantai itu.
- **The boat was cast ashore on the muddy beach.** Bot itu terdampar di dalam lumpur di tepi pantai itu.

ashtray KATA NAMA
tempat abu rokok

Asia KATA NAMA
Asia

Asian KATA ADJEKTIF
rujuk juga **Asian** KATA NAMA
Asia
◊ *Asian women* wanita Asia
- **She's Asian.** Dia orang Asia.

Asian KATA NAMA
rujuk juga **Asian** KATA ADJEKTIF
orang Asia
◊ *the Asians* orang Asia

aside KATA ADVERBA
ke tepi
◊ *Ismadi was kicking the dried leaves aside.* Ismadi menguis daun-daun kering itu ke tepi dengan kakinya.
- **"Move aside," said the officer.** "Ke tepi," kata pegawai itu.

- **Sarah closed the book and put it aside.** Sarah menutup buku itu dan mengetepikannya.

to **ask** KATA KERJA
1. *bertanya*
◊ *to ask about something* bertanya tentang sesuatu ◊ *I asked about train times to Leeds.* Saya bertanya tentang waktu perjalanan kereta api ke Leeds.
- **"Have you finished?" Mary asked.** "Anda sudah siap?" tanya Mary.
- **to ask somebody something** menanya seseorang tentang sesuatu
- **to ask somebody a question** mengemukakan soalan kepada seseorang
2. *meminta*
◊ *She asked her friend to do the shopping.* Dia meminta kawannya membeli-belah untuknya.
- **to ask for something** meminta sesuatu
◊ *He asked for a cup of tea.* Dia meminta secawan teh.
3. *menjemput*
◊ *Have you asked Matthew to the party?* Sudahkah anda menjemput Matthew ke jamuan itu?
- **Peter asked her out.** Peter mengajaknya keluar.

asleep KATA ADJEKTIF
tidur
- **to be asleep** tidur
- **to fall asleep** tertidur

asparagus KATA NAMA
asparagus

aspect KATA NAMA
aspek

aspirin KATA NAMA
aspirin

assassin KATA NAMA
pembunuh upahan

assault KATA NAMA
serangan

to **assemble** KATA KERJA
berkumpul
◊ *The students assembled in the hall.* Pelajar-pelajar berkumpul di dalam dewan.

assembly KATA NAMA
(JAMAK **assemblies**)
1. *perhimpunan*
◊ *school assembly* perhimpunan sekolah
2. *Dewan Undangan*
◊ *the Welsh/Northern Ireland Assembly* Dewan Undangan Wales/Ireland Utara

to **assess** KATA KERJA
menaksir
◊ *They are assessing expenditure on the exhibition.* Mereka sedang menaksir

assessment → at

jumlah perbelanjaan yang dikeluarkan untuk pameran itu.

assessment KATA NAMA
penilaian
◊ *The tests are supposed to provide a basis for the assessment of children.* Ujian itu sepatutnya menyediakan asas untuk penilaian kanak-kanak.

asset KATA NAMA
aset
◊ *Her experience will be an asset to the firm.* Pengalamannya akan menjadi aset bagi firma itu.

to **assign** KATA KERJA
memberikan
◊ *The manager assigned tasks to his staff.* Pengurus itu memberikan tugas kepada para pekerjanya.
♦ **Did you choose Russia or were you simply assigned there?** Adakah anda yang memilih Rusia atau anda hanya ditugaskan ke sana?

assignment KATA NAMA
tugasan

to **assist** KATA KERJA
membantu

assistance KATA NAMA
bantuan

assistant KATA NAMA
pembantu

assistant referee KATA NAMA
penjaga garisan (bola sepak)

to **associate** KATA KERJA
mengaitkan
◊ *The problem can be associated with the recent incident.* Masalah itu dapat dikaitkan dengan kejadian baru-baru ini.

association KATA NAMA
persatuan

assortment KATA NAMA
beraneka jenis

to **assume** KATA KERJA
1 *kira*
◊ *I assume she won't be coming.* Saya kira dia tidak akan datang.
2 *menganggap*
◊ *He assumed that everything will run smoothly.* Dia menganggap bahawa semuanya akan berjalan lancar.

assumption KATA NAMA
andaian
◊ *Your assumption is incorrect.* Andaian anda itu salah.

assurance KATA NAMA
jaminan
◊ *to give somebody an assurance* memberikan jaminan kepada seseorang
◊ *He asked for an assurance.* Dia mahukan jaminan.

B. Inggeris ~ B. Melayu 40

to **assure** KATA KERJA
menjamin
♦ **He assured me he was coming.** Dia memberikan jaminan kepada saya bahawa dia akan datang.

asthma KATA NAMA
penyakit lelah atau *asma*
◊ *He's got asthma.* Dia menghidap penyakit lelah.

to **astonish** KATA KERJA
menghairankan

astonished KATA ADJEKTIF
sangat hairan
◊ *They were astonished by the six-year-old boy's intelligence.* Mereka berasa sangat hairan dengan kebijaksanaan budak berumur enam tahun itu.

astonishment KATA NAMA
kehairanan
◊ *They blinked in astonishment.* Mata mereka terkebil-kebil kehairanan.

astray KATA ADVERBA
♦ **to lead somebody astray** menyesatkan fikiran seseorang ◊ *They are trying to lead teenagers astray with their propaganda.* Mereka cuba menyesatkan fikiran remaja dengan dakyah mereka.

atrocity KATA NAMA
(JAMAK **atrocities**)
angkara
◊ *It was a cold-blooded killing, and those who committed this atrocity should be punished.* Pembunuhan itu sungguh kejam dan orang yang melakukan angkara ini patut dihukum.

astrology KATA NAMA
astrologi

astronaut KATA NAMA
angkasawan

astronomy KATA NAMA
astronomi

asylum KATA NAMA
1 *rumah sakit jiwa*
2 *perlindungan* (dari negara asing)
◊ *to ask for asylum* meminta perlindungan

asylum seeker KATA NAMA
orang yang mencari perlindungan di negara asing

at KATA SENDI
1 *di*
◊ *at home* di rumah ◊ *at work* di tempat kerja ◊ *at the office* di pejabat
2 *pada*
◊ *at 50 kilometres per hour* pada kelajuan 50 kilometer sejam ◊ *at night* pada waktu malam ◊ *What are you doing at the weekend?* Apakah rancangan anda pada hujung minggu?

- **two at a time** dua sekali
- **ate** KATA KERJA *rujuk* **eat**
- **Athens** KATA NAMA
  Athens
- **athlete** KATA NAMA
  atlit
- **athletic** KATA ADJEKTIF
  tegap dan cergas
- **athletics** KATA NAMA
  olahraga
  ◊ *I enjoy watching the athletics on television.* Saya gemar menonton acara olahraga di televisyen.
- **Atlantic** KATA NAMA
  lautan Atlantik
- **atlas** KATA NAMA
  (JAMAK **atlases**)
  buku peta atau *atlas*
- **atmosphere** KATA NAMA
  atmosfera
- **atom** KATA NAMA
  atom
- **atomic** KATA ADJEKTIF
  atom
- **atomic weapons** senjata nuklear/atom
- to **attach** KATA KERJA
  memasang
  ◊ *The astronauts will attach a motor to the satellite.* Para angkasawan itu akan memasang sebuah motor pada satelit tersebut.
- **They attached a rope to the car.** Mereka mengikat tali pada kereta itu.
- **Please find attached a cheque for RM100.** Bersama ini disertakan cek bernilai RM100.
- **attached** KATA ADJEKTIF
  rapat
- **to be attached to somebody** rapat dengan seseorang
- **attachment** KATA NAMA
  lampiran
- to **attack** KATA KERJA
  rujuk juga **attack** KATA NAMA
  menyerang
- **attack** KATA NAMA
  rujuk juga **attack** KATA KERJA
  serangan
- **to be under attack** diserang
- **attacker** KATA NAMA
  penyerang
- to **attempt** KATA KERJA
  rujuk juga **attempt** KATA NAMA
  cuba
- **to attempt to do something** cuba melakukan sesuatu ◊ *I attempted to write a song.* Saya cuba menggubah sebuah lagu.
- **attempt** KATA NAMA
  rujuk juga **attempt** KATA KERJA
  percubaan
- to **attend** KATA KERJA
  menghadiri
  ◊ *to attend a meeting* menghadiri mesyuarat
- **attendance** KATA NAMA
  kehadiran
- **attention** KATA NAMA
  perhatian
- **to pay attention to something** memberikan perhatian terhadap sesuatu ◊ *He didn't pay attention to what I was saying.* Dia tidak memberikan perhatian terhadap kata-kata saya.
- **Don't pay any attention to him!** Jangan hiraukan dia!
- **attentive** KATA ADJEKTIF
  menunjukkan minat
  ◊ *the attentive audience* penonton yang menunjukkan minat
- **Mothers are sometimes less attentive to girls.** Kadang-kadang ibu kurang memberikan perhatian kepada anak perempuan.
- **attic** KATA NAMA
  loteng
- **attire** KATA NAMA
  (*formal*)
  pakaian
  ◊ *Your attire should be appropriate for the occasion.* Pakaian anda harus kena pada tempatnya.
- **attitude** KATA NAMA
  sikap
- **attorney** KATA NAMA
  peguam
- to **attract** KATA KERJA
  menarik
  ◊ *Penang attracts lots of tourists.* Pulau Pinang menarik ramai pelancong.
- **attraction** KATA NAMA
  tarikan
  ◊ *a tourist attraction* tarikan pelancong
- **attractive** KATA ADJEKTIF
  menarik
- **aubergine** KATA NAMA
  terung ungu
- **auction** KATA NAMA
  lelong
- to **auction off** KATA KERJA
  melelongkan
  ◊ *The bank will auction off the car.* Pihak bank akan melelongkan kereta itu.
- **auctioneer** KATA NAMA
  pelelong
- **audience** KATA NAMA
  1. *penonton*
  2. *pendengar*

audio KATA ADJEKTIF
audio

audiotape KATA NAMA
> *rujuk juga* **audiotape** KATA KERJA

1. *pita audio*
◊ *recorded on audiotape* dirakamkan dalam pita audio
2. *kaset*

to **audiotape** KATA KERJA
> *rujuk juga* **audiotape** KATA NAMA

merakamkan (bunyi)
◊ *We always audiotape these interviews.* Kami selalu merakamkan temu bual-temu bual ini.

audio-visual KATA ADJEKTIF
audiovisual

to **audit** KATA KERJA
> *rujuk juga* **audit** KATA NAMA

mengaudit

audit KATA NAMA
> *rujuk juga* **audit** KATA KERJA

audit

audition KATA NAMA
> *rujuk juga* **audition** KATA KERJA

uji bakat

to **audition** KATA KERJA
> *rujuk juga* **audition** KATA NAMA

menguji bakat

auditor KATA NAMA
juruaudit

auditorium KATA NAMA
auditorium

August KATA NAMA
Ogos
◊ *on 13 August* pada 13 Ogos
• **in August** pada bulan Ogos

aunt KATA NAMA
emak saudara
• **my aunt and uncle** emak dan bapa saudara saya
• **a present from Aunt Vera** hadiah daripada mak cik Vera

aunty KATA NAMA
(JAMAK **aunties**)
mak cik

au pair KATA NAMA
au pair
> Biasanya *au pair* ialah gadis dari negara asing yang datang ke sesebuah negara dan tinggal bersama sebuah keluarga untuk belajar bahasa di negara itu. Dia akan membantu keluarga itu menjaga anak dan membuat kerja rumah untuk mendapatkan sedikit upah.

Australia KATA NAMA
Australia

Australian KATA ADJEKTIF
> *rujuk juga* **Australian** KATA NAMA

Australia
◊ *the Australian flag* bendera Australia
• **She's Australian.** Dia berbangsa Australia.

Australian KATA NAMA
> *rujuk juga* **Australian** KATA ADJEKTIF

orang Australia
◊ *the Australians* orang Australia

Austria KATA NAMA
Austria

Austrian KATA ADJEKTIF
> *rujuk juga* **Austrian** KATA NAMA

Austria
◊ *the Austrian flag* bendera Austria
• **He's Austrian.** Dia berbangsa Austria.

Austrian KATA NAMA
> *rujuk juga* **Austrian** KATA ADJEKTIF

orang Austria
◊ *the Austrians* orang Austria

authentic KATA ADJEKTIF
asli
◊ *authentic Italian food* makanan Itali yang asli

author KATA NAMA
penulis
◊ *the author of the book* penulis buku itu

authoritative KATA ADJEKTIF
berwibawa

authority KATA NAMA
(JAMAK **authorities**)
kuasa
◊ *She has authority to approve the application.* Dia mempunyai kuasa untuk meluluskan permohonan itu.
• **the Federal Land Development Authority** Lembaga Kemajuan Tanah Persekutuan
• **the authorities** pihak berkuasa ◊ *The authorities are legally bound to arrest any suspects.* Pihak berkuasa diwajibkan mengikut undang-undang untuk menangkap sesiapa sahaja yang disyaki.

authorization KATA NAMA
kebenaran
◊ *They did it without his authorization.* Mereka melakukannya tanpa kebenaran beliau.
• **his request for authorization to use military force** permintaannya supaya diberikan kebenaran untuk menggunakan kuasa ketenteraan

to **authorize** KATA KERJA
memberikan kuasa kepada
◊ *The minister authorized his deputy to make decisions on his behalf.* Menteri itu memberikan kuasa kepada timbalannya untuk membuat keputusan bagi pihaknya.

autobiography KATA NAMA
(JAMAK **autobiographies**)
autobiografi
> kisah hidup seseorang yang ditulis sendiri

autograph KATA NAMA
autograf

automatic KATA ADJEKTIF
automatik

automatically KATA ADVERBA
secara automatik

autopsy KATA NAMA
(JAMAK **autopsies**)
bedah siasat

autumn KATA NAMA
musim luruh
◊ *in autumn* pada musim luruh

availability KATA NAMA
adanya
◊ *The availability of scholarships encouraged poor families to send their children to school.* Dengan adanya biasiswa, keluarga yang miskin dapat menghantar anak-anak mereka ke sekolah.

available KATA ADJEKTIF
ada
◊ *According to the available information, it can't be done.* Menurut maklumat yang ada, perkara itu tidak boleh dilakukan.
♦ *Free brochures are available on request.* Risalah percuma boleh didapati atas permintaan.
♦ *Is Mr Cooke available today?* En. Cooke senangkah hari ini?

avalanche KATA NAMA
runtuhan salji

avenue KATA NAMA
lebuh
◊ *The biggest supermarket is on this avenue.* Pasar raya yang terbesar terletak di lebuh ini.
♦ *We should consider other avenues to solve this problem.* Kita patut mempertimbangkan jalan lain untuk menyelesaikan masalah ini.

average KATA NAMA
rujuk juga **average** KATA ADJEKTIF
purata
◊ *on average* secara purata

average KATA ADJEKTIF
rujuk juga **average** KATA NAMA
purata
◊ *the average price* harga purata

aviation KATA NAMA
penerbangan

avocado KATA NAMA
(JAMAK **avocados**)
avokado

to **avoid** KATA KERJA
[1] *mengelakkan*
◊ *Avoid going out on your own at night.* Elakkan berjalan seorang diri pada waktu malam.
[2] *mengelakkan diri daripada* (*orang, masalah*)

to **await** KATA KERJA
menanti
◊ *A Mercedes-Benz awaits the winner of the competition.* Sebuah kereta Mercedes Benz menanti pemenang pertandingan itu.
◊ *I'm nervously awaiting the exam results.* Saya berdebar-debar menanti keputusan peperiksaan.

awake KATA ADJEKTIF
bangun
♦ *to be awake* sudah bangun ◊ *I am awake.* Saya sudah bangun.
♦ *I was awake the whole night.* Saya tidak tidur sepanjang malam.

to **awaken** KATA KERJA
mengejutkan
◊ *We were awakened by the crowing of the cock.* Kami dikejutkan oleh kokokan ayam itu.

award KATA NAMA
rujuk juga **award** KATA KERJA
anugerah
◊ *the award for the best actor* anugerah pelakon lelaki terbaik

to **award** KATA KERJA
rujuk juga **award** KATA NAMA
[1] *memberikan* (*hadiah, markah*)
[2] *menganugerahkan* (*pingat*)
◊ *The Sultan awarded me a medal.* Sultan itu menganugerahkan satu pingat kepada saya.

aware KATA ADJEKTIF
sedar
◊ *He wasn't aware of the consequences of his actions.* Dia tidak sedar akan akibat tindakannya itu.
♦ *not that I am aware of* setahu saya tidak

awareness KATA NAMA
kesedaran
◊ *The campaign is aimed at increasing awareness about AIDS.* Kempen itu bertujuan meningkatkan kesedaran tentang AIDS.

away KATA ADJEKTIF, KATA ADVERBA
tiada di sini
◊ *Jason was away on a business trip.* Jason tiada di sini kerana ada urusan perniagaan di luar. ◊ *He's away for a week.* Dia tiada di sini selama seminggu.
♦ *The bank is two kilometres away.* Bank itu terletak dua kilometer dari sini.
♦ *It's 30 miles away from town.* Tempat

itu terletak 30 batu dari bandar.
- **The coast is two hours away by car.** Perjalanan ke pantai itu dengan kereta mengambil masa dua jam.
- **The holiday was two weeks away.** Kita akan bercuti dalam masa dua minggu lagi.
- **Go away!** Pergi dari sini!
- **away from** jauh daripada ◊ *away from family and friends* jauh daripada keluarga dan rakan-rakan
- **He was still working away in the library.** Dia masih bekerja terus-menerus di perpustakaan.

away match KATA NAMA
(JAMAK **away matches**)
<u>perlawanan di tempat lawan</u>
◊ *It is their last away match.* Perlawanan itu merupakan perlawanan terakhir mereka di tempat lawan.

awe KATA NAMA
<u>rasa kagum</u>
◊ *She gazed in awe at the beautiful palaces.* Dia memandang istana-istana yang cantik itu dengan rasa kagum.

awful KATA ADJEKTIF
<u>teruk</u>
◊ *The weather's awful.* Cuaca hari ini teruk. ◊ *We met and I thought he was awful.* Kami bertemu dan saya berpendapat dia seorang yang teruk.
- **I feel awful.** Saya berasa tidak senang hati.
- **an awful lot of work** kerja yang begitu banyak

awfully KATA ADVERBA
<u>betul-betul</u>
◊ *I'm awfully sorry.* Saya betul-betul minta maaf.

awkward KATA ADJEKTIF
<u>sukar</u>
◊ *It was awkward to carry.* Benda itu sukar diangkat. ◊ *an awkward situation* keadaan yang sukar
- **Mike's being awkward about letting me have the car.** Mike sungguh cerewet untuk membenarkan saya menggunakan kereta itu.
- **It's a bit awkward for me to come and see you.** Saya berasa agak kurang senang datang berjumpa anda.
- **an awkward gesture** gerak-geri yang kekok

awkwardness KATA NAMA
<u>kekekokan</u>
◊ *The awkwardness of the new presenter became apparent when she made a lot of mistakes.* Kekekokan juruhebah baru itu jelas kelihatan apabila dia sering membuat kesilapan.

axe KATA NAMA
(AS **ax**)
<u>kapak</u>

axis KATA NAMA
(JAMAK **axes**)
<u>paksi</u>

B

BA SINGKATAN (= *Bachelor of Arts*)
Sarjana Muda Sastera
◊ *a BA in French* Sarjana Muda Sastera dalam bahasa Perancis ◊ *She's got a BA in History.* Dia memiliki ijazah Sarjana Muda Sastera dalam Sejarah.

to **babble** KATA KERJA
1 *membebel*
◊ *The madman just babbled.* Orang gila itu membebel sahaja.
2 *mengagah*
◊ *The baby is just starting to babble.* Bayi itu baru sahaja belajar mengagah.

baboon KATA NAMA
babun

baby KATA NAMA
(JAMAK **babies**)
bayi

to **babysit** KATA KERJA
(**babysat, babysat**)
menjaga (budak)

babysitter KATA NAMA
pengasuh

babysitting KATA NAMA
menjaga budak
◊ *I don't like babysitting.* Saya tidak suka menjaga budak.

bachelor KATA NAMA
lelaki bujang

back KATA NAMA

> rujuk juga **back** KATA ADJEKTIF, KATA ADVERBA, KATA KERJA

belakang
◊ *He's got a bad back.* Dia sakit belakang.
♦ **the back of a chair** sandaran kerusi
♦ **in the back of the car** di tempat duduk belakang kereta

back KATA ADJEKTIF, KATA ADVERBA

> rujuk juga **back** KATA NAMA, KATA KERJA

belakang
◊ *the back seat* tempat duduk belakang
♦ **He's not back yet.** Dia belum balik lagi.
♦ **to get back** pulang ◊ *What time did you get back?* Pada pukul berapakah anda pulang?
♦ **to call somebody back** menelefon seseorang semula ◊ *I'll call back later.* Saya akan telefon semula nanti.
♦ **Give it back to her.** Kembalikan barang itu kepadanya.

to **back** KATA KERJA

> rujuk juga **back** KATA NAMA, KATA ADJEKTIF

1 *menyokong*
◊ *The union is backing his claim for compensation.* Kesatuan sekerja menyokong tuntutannya untuk mendapatkan pampasan.
2 *membelakang*
◊ *a building which backs onto a busy street* bangunan yang membelakang ke jalan raya yang sibuk
♦ **She backed into the parking space.** Dia berundur masuk ke ruang letak kereta.
♦ **to back a horse** bertaruh atas kuda

to **back down** KATA KERJA
menarik balik (cadangan, tuntutan)
♦ **It's too late to back down now.** Sekarang sudah terlambat untuk mengalah.

to **back off** KATA KERJA
berundur
◊ *They backed off in terror.* Mereka berundur ketakutan.

to **back out** KATA KERJA
menarik diri
◊ *They promised to help us and then backed out.* Mereka berjanji untuk membantu kami tetapi kemudiannya menarik diri.

to **back up** KATA KERJA
menyokong
◊ *She complained, and her colleagues backed her up.* Dia membuat aduan dan rakan-rakan sekerjanya menyokong tindakannya.

backache KATA NAMA
sakit belakang
♦ **to have backache** sakit belakang

backbench KATA ADJEKTIF
(Parlimen)
biasa
◊ *a Conservative backbench MP* Ahli Parlimen biasa Parti Konservatif
♦ **The motion is a test of backbench opinion.** Usul itu merupakan ujian mengenai pendapat ahli-ahli Parlimen biasa.

backbone KATA NAMA
tulang belakang

to **backfire** KATA KERJA
mendatangkan kesan sebaliknya

background KATA NAMA
latar belakang (pada lukisan, gambar)
◊ *a house in the background* sebuah rumah sebagai latar belakang
♦ **his family background** latar belakang keluarganya
♦ **background noise** bunyi bising di belakang
♦ **background music** muzik latar

backhand KATA NAMA
pukulan kilas

backing KATA NAMA
sokongan
◊ *They promised their backing.* Mereka

backpack → baking   B. Inggeris ~ B. Melayu   46

berjanji akan memberikan sokongan.
backpack KATA NAMA
beg galas
backpacker KATA NAMA
pengembara yang membawa beg galas
backside KATA NAMA
punggung
backstroke KATA NAMA
kuak lentang
backup KATA NAMA
sokongan
◊ *They've got a generator as an emergency backup.* Mereka mempunyai penjana kuasa yang digunakan sebagai sokongan semasa kecemasan.
* *a backup file* fail sandaran (*komputer*)

backwardness KATA NAMA
kemunduran
◊ *He was astonished at the backwardness of his country at that time.* Dia berasa sangat hairan dengan kemunduran negaranya pada masa itu.

backwards KATA ADVERBA
ke belakang
◊ *to take a step backwards* berundur selangkah ke belakang ◊ *to fall backwards* jatuh ke belakang

back yard KATA NAMA
halaman belakang

bacon KATA NAMA
bakon
◊ *bacon and eggs* bakon dan telur

bacteria KATA NAMA JAMAK
(TUNGGAL **bacterium**)
bakteria

bad KATA ADJEKTIF
[1] *buruk*
◊ *bad weather* cuaca buruk
[2] *teruk*
◊ *a bad accident* kemalangan yang teruk
* *You bad boy!* Kamu ni nakal!
* *He's a bad person.* Dia seorang yang jahat.
* *to be in a bad mood* angin tidak baik
* *to be bad at something* lemah dalam sesuatu bidang ◊ *I'm really bad at maths.* Saya benar-benar lemah dalam mata pelajaran matematik.
* *I feel bad about it.* Saya rasa bersalah.
* *to go bad* (*makanan*) basi
* *How are you? - Not bad.* Apa khabar? - Boleh tahan.
* *That's not a bad idea!* Idea itu bagus juga!
* *bad language* bahasa kasar

badge KATA NAMA
lencana
badly KATA ADVERBA
dengan teruk
◊ *They played badly.* Mereka bermain dengan teruk.
* **badly paid** mendapat gaji yang sangat rendah
* **badly wounded** cedera teruk
* *He badly needs a rest.* Dia benar-benar memerlukan rehat.

badminton KATA NAMA
badminton
◊ *to play badminton* bermain badminton

to **bad-mouth** KATA KERJA
mengata
◊ *They bad-mouth each other behind their backs.* Mereka mengata antara satu sama lain di belakang masing-masing.

bad-tempered KATA ADJEKTIF
[1] *panas baran*
◊ *He's a really bad-tempered person.* Dia memang seorang yang panas baran.
[2] *angin tidak baik*
◊ *He was really bad-tempered yesterday.* Anginnya benar-benar tidak baik kelmarin.

to **baffle** KATA KERJA
membingungkan

baffling KATA ADJEKTIF
ajaib
◊ *a baffling experience* pengalaman yang ajaib

bag KATA NAMA
beg

baggage KATA NAMA
bagasi

baggage reclaim KATA NAMA
tuntutan bagasi

baggy KATA ADJEKTIF
longgar (*seluar*)

bagpipes KATA NAMA JAMAK
begpaip

bail KATA NAMA
ikat jamin

bait KATA NAMA
umpan

to **bake** KATA KERJA
membuat (*biskut, kek*)
* *She loves to bake.* Dia suka membuat kek.
* *to bake bread* membakar roti

baked beans KATA NAMA JAMAK
kacang panggang

baker KATA NAMA
pembuat roti
◊ *He's a baker.* Dia seorang pembuat roti.
* *at the baker's* di kedai roti

bakery KATA NAMA
(JAMAK **bakeries**)
kedai roti

baking KATA ADJEKTIF

balance → bangle

to balance KATA KERJA
rujuk juga **balance** KATA NAMA
mengimbangkan
- **She balanced on one leg.** Dia berdiri dengan sebelah kaki sambil mengimbangkan badannya.
- **The boxes were carefully balanced.** Kotak-kotak itu disusun dengan baik supaya tidak jatuh.

balance KATA NAMA
rujuk juga **balance** KATA KERJA
keseimbangan
◊ *to lose one's balance* hilang keseimbangan
- **the balance in my bank account** baki dalam akaun bank saya

balanced KATA ADJEKTIF
seimbang
◊ *a balanced diet* diet seimbang

balance sheet KATA NAMA
kunci kira-kira

balcony KATA NAMA
(JAMAK **balconies**)
balkoni

bald KATA ADJEKTIF
botak

baldness KATA NAMA
kebotakan

ball KATA NAMA
1 bola
2 majlis tari-menari

ballet KATA NAMA
tarian balet
- **We went to a ballet.** Kami pergi menonton persembahan balet.
- **ballet lessons** latihan balet

ballet dancer KATA NAMA
penari balet

ballet shoes KATA NAMA JAMAK
kasut balet

balloon KATA NAMA
belon
◊ *a hot-air balloon* belon udara panas

ballpoint pen KATA NAMA
pena mata bulat

ballroom dancing KATA NAMA
dansa (*terjemahan umum*)

balm KATA NAMA
salap *atau* balsam

bamboo KATA NAMA
buluh

to ban KATA KERJA
rujuk juga **ban** KATA NAMA
mengharamkan

ban KATA NAMA
rujuk juga **ban** KATA KERJA
pengharaman

banana KATA NAMA
pisang
- **a banana skin/banana peel** penyebab kepada kesilapan yang memalukan

band KATA NAMA
kumpulan muzik
- **a band of thieves** segerombolan pencuri

bandage KATA NAMA
rujuk juga **bandage** KATA KERJA
kain pembalut

to bandage KATA KERJA
rujuk juga **bandage** KATA NAMA
membalut
◊ *The nurse bandaged his arm.* Jururawat itu membalut tangan lelaki tersebut.

bandit KATA NAMA
perompak

bang KATA NAMA
rujuk juga **bang** KATA KERJA, KATA ADVERBA
1 bunyi dentum
◊ *I heard a loud bang.* Saya terdengar bunyi dentum yang kuat.
2 pukulan kuat
◊ *a bang on the head* pukulan kuat pada kepala

to bang KATA KERJA
rujuk juga **bang** KATA NAMA, KATA ADVERBA
terhantuk
◊ *I banged my head.* Kepala saya terhantuk.
- **to bang on the door** menghentam pintu
- **to bang the door** menghempas pintu

bang KATA ADVERBA
rujuk juga **bang** KATA KERJA, KATA NAMA
betul-betul
◊ *bang in the middle of the track* betul-betul di tengah trek
- **For once you leave bang on time for work.** Buat pertama kalinya anda pergi kerja tepat pada masanya.
- **bang up to date** betul-betul yang terkini
◊ *This production is bang up to date.* Versi persembahan ini betul-betul yang terkini.
- **She wants to keep her skills bang up to date.** Dia mahu memastikan kemahirannya sentiasa yang terkini.

banger KATA NAMA
(*tidak formal*)
sosej
◊ *bangers and mash* sosej dan kentang lecek

bangle KATA NAMA
1 gelang tangan

banish → barrack

2 *gelang kaki*

to **banish** KATA KERJA
menyingkirkan
◊ *They tried to banish him from politics.* Mereka cuba menyingkirkan beliau daripada politik.
* **to be banished** dibuang negeri
* **I was banished to the small bedroom upstairs.** Saya diusir ke dalam sebuah bilik tidur kecil di tingkat atas.

banister KATA NAMA
susur tangga

bank KATA NAMA
1 *bank*
2 *tebing*

to **bank on** KATA KERJA
sangat mengharapkan
◊ *I was banking on your coming today.* Saya sangat mengharapkan kehadiran anda hari ini.
* **I wouldn't bank on it.** Saya tidak akan menaruh harapan yang tinggi dalam hal ini.

bank account KATA NAMA
akaun bank

banker KATA NAMA
pegawai bank
◊ *He's a banker.* Dia seorang pegawai bank.

bank holiday KATA NAMA
cuti umum

banking KATA NAMA
perbankan
◊ *The country also practises the Islamic banking system.* Negara itu juga mengamalkan sistem perbankan Islam.

banknote KATA NAMA
wang kertas

bankrupt KATA ADJEKTIF
muflis

banned substance KATA NAMA
dadah yang diharamkan (dalam sukan)

banner KATA NAMA
sepanduk

banquet KATA NAMA
bankuet

baptism KATA NAMA
pembaptisan

to **baptize** KATA KERJA
membaptis

bar KATA NAMA
1 *bar*
2 *batang* (besi, kayu)
3 *jeriji* (pada tingkap, sangkar)
4 *palang gol* (bola sepak)
* **a bar of chocolate** sekeping coklat
* **a bar of soap** sebuku sabun

barbarian KATA NAMA
orang gasar

barbaric KATA ADJEKTIF
kejam

barbecue KATA NAMA
dapur barbeku
* **to have a barbecue** mengadakan majlis barbeku

barber KATA NAMA
tukang gunting rambut
◊ *He's a barber.* Dia seorang tukang gunting rambut.
* **at the barber's** di kedai gunting rambut

bar code KATA NAMA
kod bar

bare KATA ADJEKTIF
terdedah

barefoot KATA ADJEKTIF, KATA ADVERBA
berkaki ayam
◊ *barefoot children* kanak-kanak yang berkaki ayam

barely KATA ADVERBA
hampir tidak
◊ *I could barely hear what she was saying.* Saya hampir tidak dapat mendengar perkara yang dikatakannya.

bargain KATA NAMA
1 *pembelian yang berbaloi* (murah tetapi berkualiti)
* **All these dresses are a bargain.** Semua baju ini murah.
2 *perjanjian*
◊ *I'll make a bargain with you.* Biar saya buat satu perjanjian dengan anda.

barge KATA NAMA
tongkang

to **bark** KATA KERJA
rujuk juga **bark** KATA NAMA
menyalak

bark KATA NAMA
rujuk juga **bark** KATA KERJA
1 *salakan* (anjing)
2 *kulit kayu*

barking deer KATA NAMA
kijang

barley KATA NAMA
barli

barmaid KATA NAMA
pelayan bar (perempuan)
◊ *She's a barmaid.* Dia seorang pelayan bar.

barman KATA NAMA
(JAMAK **barmen**)
pelayan bar (lelaki)
◊ *He's a barman.* Dia seorang pelayan bar.

barn KATA NAMA
bangsal

barrack KATA NAMA
berek
◊ *an army barracks* sebuah berek

anggota tentera

barrel KATA NAMA
1. *tong*
2. *laras* (untuk senapang)

barren KATA ADJEKTIF
gersang
◊ *a barren desert* gurun yang gersang

barrenness KATA NAMA
ketandusan

barricade KATA NAMA
perintang
◊ *A few roads in that area have been closed off with barricades.* Beberapa batang jalan di kawasan itu telah ditutup dengan perintang.

barrier KATA NAMA
1. *sekatan*
◊ *trade barrier* sekatan perdagangan
2. *halangan*
◊ *Age is not a barrier.* Umur bukannya satu halangan.
3. *adang*
◊ *The road was closed to traffic by a barrier.* Jalan raya itu ditutup dengan satu adang.

barter KATA NAMA
barter

base KATA NAMA
dasar

baseball KATA NAMA
besbol

based KATA ADJEKTIF
berpusat
◊ *Both firms are based in PJ.* Kedua-dua buah firma itu berpusat di PJ.
- **The troops are based at Lumut.** Angkatan tentera itu berpangkalan di Lumut.
- **based on** berdasarkan ◊ *This criticism is based on careful analysis.* Kritikan ini dibuat berdasarkan analisis yang teliti.

basement KATA NAMA
bawah tanah
◊ *a basement flat* flat bawah tanah

bash KATA NAMA
(tidak formal)

  rujuk juga **bash** KATA KERJA

majlis
- **to have a bash at something** mencuba melakukan sesuatu ◊ *I'll have a bash at it.* Saya akan mencubanya.

to **bash** KATA KERJA

  rujuk juga **bash** KATA NAMA

menghentam

basic KATA ADJEKTIF
asas
◊ *It's a basic model.* Model ini merupakan model yang asas.
- **The accommodation was pretty basic.** Tempat penginapan itu sangat sederhana.

basically KATA ADVERBA
pada dasarnya
◊ *They are basically the same thing.* Pada dasarnya perkara itu sama sahaja.
- **Basically, I just don't like him.** Pokoknya, saya tidak menyukainya.

basics KATA NAMA JAMAK
asas

basil KATA NAMA
selasih

basin KATA NAMA
besen

basis KATA NAMA
dasar
- **on the basis of what you've said** berdasarkan pernyataan anda
- **on a daily basis** setiap hari
- **on a regular basis** secara tetap

to **bask** KATA KERJA
berjemur
◊ *Crocodiles were basking on the beach.* Buaya-buaya berjemur di pantai itu.

basket KATA NAMA
bakul

basketball KATA NAMA
bola keranjang
◊ *to play basketball* bermain bola keranjang

bass KATA NAMA
(JAMAK **basses**)
bes
◊ *a bass guitar* gitar bes
- **a double bass** dabal bes (alat muzik)

bass drum KATA NAMA
tambur

bassoon KATA NAMA
basun (alat muzik)

bat KATA NAMA
1. *kelawar*
2. *pemukul* (alat)

bath KATA NAMA
1. *tab mandi*
2. *mandi*
◊ *a hot bath* mandi air panas
- **to have a bath** mandi

to **bathe** KATA KERJA
mandi

bathroom KATA NAMA
bilik mandi

baths KATA NAMA JAMAK
tempat mandi awam
- **Turkish baths** mandi wap (terjemahan umum)

bath towel KATA NAMA
tuala mandi

bathtub KATA NAMA
tab mandi

batik KATA NAMA

batsman → bear   B. Inggeris ~ B. Melayu   50

batik
batsman KATA NAMA
(JAMAK **batsmen**)
pemukul (*pemain kriket*)
batter KATA NAMA
tepung sadur
battery KATA NAMA
(JAMAK **batteries**)
bateri
battle KATA NAMA
> *rujuk juga* **battle** KATA KERJA

pertempuran
◊ *the Battle of Hastings* pertempuran Hastings
♦ **It was a battle, but we managed in the end.** Perkara itu memang sukar, tetapi kami berjaya juga akhirnya.

to **battle** KATA KERJA
> *rujuk juga* **battle** KATA NAMA

berlawan
◊ *Thousands of people battled with the police.* Beribu-ribu orang berlawan dengan pihak polis.

battlefield KATA NAMA
medan perang
◊ *Many young men were killed on the battlefield.* Ramai pemuda terkorban di medan perang.

battleship KATA NAMA
kapal perang

bay KATA NAMA
teluk

bazaar KATA NAMA
bazar

BC SINGKATAN (= *before Christ*)
SM (= *sebelum Masihi*)

to **be** KATA KERJA
(**is, was, been**)
1 *ialah/adalah*
◊ *Paris is the capital of France.* Paris ialah ibu negara Perancis. ◊ *Attendance is compulsory.* Kehadiran adalah wajib.
2 *ada*
◊ *She was here yesterday.* Dia ada di sini kelmarin.

> *Biasanya kata kerja* be *tidak diterjemahkan ke dalam bahasa Melayu.*

◊ *What are you doing?* Apakah yang sedang anda lakukan? ◊ *I've never been to Madrid.* Saya belum pernah pergi ke Madrid. ◊ *I'm very happy.* Saya sangat gembira. ◊ *The window is broken.* Tingkap itu pecah. ◊ *He's dead.* Dia sudah meninggal dunia. ◊ *It's four o'clock.* Pukul empat. ◊ *It's the 28th of October today.* Hari ini ialah 28 Oktober. ◊ *She's English.* Dia berbangsa Inggeris. ◊ *He's a doctor.* Dia seorang doktor. ◊ *He's very tall.* Dia sangat tinggi. ◊ *The house was destroyed by an earthquake.* Rumah itu musnah akibat gempa bumi. ◊ *He was killed by a terrorist.* Dia dibunuh oleh seorang pengganas. ◊ *These cars are produced in Spain.* Kereta-kereta ini dibuat di Sepanyol.
♦ **Edinburgh is in Scotland.** Edinburgh terletak di Scotland.
♦ **Is he hurt?** Adakah dia cedera?
♦ **It's a nice day, isn't it?** Hari ini cuacanya baik, bukan?
♦ **It's cold.** Sejuklah.
♦ **It's too hot.** Terlalu panaslah.
♦ **I'm hungry.** Saya lapar.
♦ **How old are you?** Berapakah umur anda?
♦ **I'm fourteen.** Umur saya empat belas tahun.
♦ **You're late.** Anda lewat.

beach KATA NAMA
(JAMAK **beaches**)
> *rujuk juga* **beach** KATA KERJA

pantai

to **beach** KATA KERJA
> *rujuk juga* **beach** KATA NAMA

menaikkan ... ke darat
◊ *We beached the canoe.* Kami menaikkan kano itu ke darat.

beach towel KATA NAMA
tuala pantai

bead KATA NAMA
manik

beak KATA NAMA
paruh

beaker KATA NAMA
bikar

to **beam** KATA KERJA
> *rujuk juga* **beam** KATA NAMA

tersenyum lebar
◊ *She beamed when she heard the good news.* Dia tersenyum lebar apabila mendengar berita baik itu.

beam KATA NAMA
> *rujuk juga* **beam** KATA KERJA

1 *pancaran* (*cahaya*)
2 *alang*

bean curd KATA NAMA
tauhu

beans KATA NAMA JAMAK
kacang
♦ **green beans** kacang hijau

bean sprouts KATA NAMA JAMAK
tauge

bear KATA NAMA
> *rujuk juga* **bear** KATA KERJA

beruang

to **bear** KATA KERJA

bear with → befall

(bore, borne)
rujuk juga **bear** KATA NAMA
menahan
- **I can't bear it!** Saya tidak tahan lagi!

to **bear with** KATA KERJA
bersabar dengan
◊ *If you would bear with me for a moment...* Jika anda dapat bersabar dengan saya sekejap lagi...

beard KATA NAMA
janggut
- **He's got a beard.** Dia berjanggut.

bearded KATA ADJEKTIF
berjanggut

beat KATA NAMA
rujuk juga **beat** KATA KERJA
1 *denyutan* (*jantung, nadi*)
2 *rentak* (*muzik*)

to **beat** KATA KERJA
(beat, beaten)
rujuk juga **beat** KATA NAMA
1 *memukul*
2 *menewaskan*
◊ *We beat them three-nil.* Kami menewaskan mereka dengan tiga kosong.
3 *berdenyut* (*jantung, nadi*)
- **Beat it!** (*tidak formal*) Pergi dari sini!

to **beat up** KATA KERJA
memukul

beautiful KATA ADJEKTIF
cantik

beautifully KATA ADVERBA
dengan baik
◊ *Erica plays the violin beautifully.* Erica bermain biola dengan baik.

to **beautify** KATA KERJA
(beautified, beautified)
mengindahkan
◊ *They beautified the school by planting flowers.* Mereka mengindahkan sekolah itu dengan menanam pokok bunga.

beauty KATA NAMA
(JAMAK **beauties**)
1 *kecantikan*
2 *jelitawan*

beauty parlour KATA NAMA
salun kecantikan

beauty shop KATA NAMA
salun kecantikan

beauty spot KATA NAMA
tempat yang indah

became KATA KERJA *rujuk* **become**

because KATA HUBUNG
kerana
- **because of** disebabkan

to **beckon** KATA KERJA
memberikan isyarat

to **become** KATA KERJA
(became, become)
menjadi

bed KATA NAMA
katil
- **to go to bed** masuk tidur
- **to go to bed with somebody** menidurí seseorang

bed and breakfast KATA NAMA
penginapan dan sarapan
◊ *How much is it for bed and breakfast?* Berapakah harga untuk penginapan dan sarapan?
- **We stayed in a bed and breakfast.** Kami tinggal di tempat penginapan yang menyediakan sarapan.

bedbug KATA NAMA
pijat

bedclothes KATA NAMA JAMAK
gebar

bedding KATA NAMA
peralatan tempat tidur

bedridden KATA ADJEKTIF
terlantar sakit di atas katil
◊ *He was bedridden for two years.* Dia terlantar sakit di atas katilnya selama dua tahun.

bedroom KATA NAMA
bilik tidur
◊ *a three-bedroom house* rumah yang mempunyai tiga bilik tidur

bedsit KATA NAMA
bilik sewa yang dijadikan tempat tidur dan juga tempat tinggal

bedspread KATA NAMA
penutup tilam bantal

bedtime KATA NAMA
waktu tidur
- **Ten o'clock is my usual bedtime.** Saya biasanya masuk tidur pada pukul sepuluh.

bee KATA NAMA
lebah

beef KATA NAMA
daging lembu

beefburger KATA NAMA
burger daging lembu

beehive KATA NAMA
sarang lebah

been KATA KERJA *rujuk* **be**

to **beep** KATA KERJA
berbunyi (*hon, telefon*)
- **to beep the/one's horn** membunyikan hon ◊ *The driver kept beeping the horn.* Pemandu itu terus membunyikan hon.

beer KATA NAMA
bir

beetle KATA NAMA
kumbang

beetroot KATA NAMA
ubi bit

to **befall** KATA KERJA

before → believe

(befell, befallen)
menimpa
◊ *Misfortune befell him.* Nasib malang menimpa dirinya.

before KATA SENDI, KATA HUBUNG, KATA ADVERBA
sebelum
◊ *before Tuesday* sebelum hari Selasa
◊ *Before opening the packet, read the instructions.* Baca arahan sebelum membuka bungkusan itu.
♦ *I've seen this film before.* Saya pernah menonton filem ini.
♦ *the week before* minggu sebelumnya

beforehand KATA ADVERBA
terlebih dahulu

to **befriend** KATA KERJA
berkawan
◊ *I befriended Johar.* Saya berkawan dengan Johar.

to **beg** KATA KERJA
1 *mengemis*
2 *merayu*
◊ *He begged me to stop.* Dia merayu supaya saya berhenti.

began KATA KERJA *rujuk* **begin**

beggar KATA NAMA
pengemis

to **begin** KATA KERJA
(began, begun)
1 *mula*
◊ *to begin doing something* mula melakukan sesuatu
2 *bermula*
◊ *words which begin with the letter 'z'* perkataan-perkataan yang bermula dengan huruf 'z'

beginner KATA NAMA
orang yang baru belajar

beginning KATA NAMA
permulaan
♦ *in the beginning* pada permulaannya
♦ *I knew from the beginning that she was a responsible student.* Dari awal lagi saya sudah tahu bahawa dia seorang pelajar yang bertanggungjawab.

begun KATA KERJA *rujuk* **begin**

behalf KATA NAMA
♦ *on behalf of somebody* bagi pihak seseorang

to **behave** KATA KERJA
berkelakuan
◊ *He behaved like an idiot.* Dia berkelakuan seperti orang bodoh.
♦ *to behave oneself* menjaga kelakuan
◊ *Did the children behave themselves?* Adakah kanak-kanak itu menjaga kelakuan mereka?
♦ *Behave!* Jangan buat perangai!

behaviour KATA NAMA
(AS **behavior**)
kelakuan

to **behead** KATA KERJA
memenggal kepala
◊ *He was ordered to behead the traitor.* Dia diarahkan memenggal kepala pengkhianat itu.

behind KATA SENDI, KATA ADVERBA
rujuk juga **behind** KATA NAMA
di belakang
◊ *behind the television* di belakang televisyen
♦ *to be behind* ketinggalan ◊ *I'm behind with my work.* Saya ketinggalan dalam kerja saya.

behind KATA NAMA
rujuk juga **behind** KATA SENDI, KATA ADVERBA
punggung

beige KATA ADJEKTIF
kuning air

to **belch** KATA KERJA
rujuk juga **belch** KATA NAMA
bersendawa

belch KATA NAMA
rujuk juga **belch** KATA KERJA
sendawa

beleaguered KATA ADJEKTIF
menghadapi tekanan
◊ *the England football team and its beleaguered manager* pasukan bola sepak England dan pengurusnya yang menghadapi tekanan

Belgian KATA ADJEKTIF
rujuk juga **Belgian** KATA NAMA
Belgium
◊ *the Belgian capital, Brussels* ibu negara Belgium, Brussels
♦ *He's Belgian.* Dia berbangsa Belgium.

Belgian KATA NAMA
rujuk juga **Belgian** KATA ADJEKTIF
orang Belgium
◊ *the Belgians* orang Belgium

Belgium KATA NAMA
negara Belgium

belief KATA NAMA
kepercayaan
◊ *They may not share the same religious beliefs.* Mungkin mereka tidak mempunyai kepercayaan agama yang sama.

believable KATA ADJEKTIF
boleh dipercayai
◊ *believable evidence* bukti yang boleh dipercayai

to **believe** KATA KERJA
mempercayai
◊ *I don't believe you.* Saya tidak

English ~ Malay — belittle → beside

mempercayai anda.
- **I don't believe it!** Saya tidak percaya!
- **to believe in something** percaya bahawa sesuatu memang wujud ◊ *Do you believe in ghosts?* Adakah anda percaya bahawa hantu memang wujud?

to **belittle** KATA KERJA
mengecil-ngecilkan
◊ *We mustn't belittle her achievement.* Kita tidak patut mengecil-ngecilkan pencapaiannya.

bell KATA NAMA
loceng
◊ *The bell goes at three.* Loceng itu berbunyi pada pukul tiga.

belly KATA NAMA
(JAMAK **bellies**)
perut

to **belong** KATA KERJA
milik
- **to belong to somebody** milik seseorang ◊ *This ring belonged to my grandmother.* Cincin ini milik nenek saya.
- **Do you belong to any clubs?** Apakah anda menyertai mana-mana kelab?
- **Where does this belong?** Di manakah benda ini sepatutnya diletakkan?

belongings KATA NAMA JAMAK
barang-barang kepunyaan
◊ *I collected my belongings and left.* Saya mengumpulkan barang-barang kepunyaan saya dan beredar dari situ.
- **personal belongings** barang-barang peribadi

beloved KATA ADJEKTIF
tercinta
◊ *beloved country* negara tercinta

below KATA SENDI, KATA ADVERBA
[1] *di bawah*
◊ *ten degrees below freezing* sepuluh darjah di bawah takat beku
[2] *bawah*
◊ *seen from below* dilihat dari bawah

belt KATA NAMA
tali pinggang

belt-tightening KATA NAMA
berjimat cermat
◊ *The government has called for severe belt-tightening.* Kerajaan merayu supaya semua orang berjimat cermat.

bench KATA NAMA
(JAMAK **benches**)
bangku panjang

bend KATA NAMA
| rujuk juga **bend** KATA KERJA |
[1] *lengkungan* (pada paip, dsb)
[2] *liku* (di jalan, sungai)

to **bend** KATA KERJA
(**bent, bent**)

| rujuk juga **bend** KATA NAMA |
[1] *membengkokkan*
◊ *I can't bend my arm.* Saya tidak boleh membengkokkan lengan saya.
[2] *melentur*
◊ *It bends easily.* Benda ini melentur dengan mudah.

to **bend down** KATA KERJA
membongkok

to **bend over** KATA KERJA
membongkok

beneath KATA SENDI
di bawah

beneficial KATA ADJEKTIF
bermanfaat
◊ *beneficial activities* aktiviti-aktiviti yang bermanfaat

benefit KATA NAMA
| rujuk juga **benefit** KATA KERJA |
faedah
◊ *unemployment benefit* faedah pengangguran
- **state benefits** wang bantuan kerajaan *Di Britain, state benefit merupakan wang yang diberikan oleh kerajaan kepada golongan miskin, orang sakit dan pengangguran.*
- **to be on benefit(s)** mendapat wang bantuan kerajaan

to **benefit** KATA KERJA
| rujuk juga **benefit** KATA NAMA |
mendatangkan faedah
◊ *This will benefit us all.* Hal ini akan mendatangkan faedah kepada kita semua.
- **He'll benefit from the change.** Dia akan mendapat faedah daripada perubahan itu.

bent KATA KERJA rujuk **bend**

bent KATA ADJEKTIF
bengkok
◊ *a bent fork* garpu yang bengkok
- **to be bent on doing something** berazam untuk melakukan sesuatu

to **bequeath** KATA KERJA
mewariskan
◊ *Pak Salleh bequeathed all his wealth to Imran.* Pak Salleh mewariskan semua kekayaannya kepada Imran.

beret KATA NAMA
topi beret

berserk KATA ADJEKTIF
- **to go berserk** mengamuk

berth KATA NAMA
tempat tidur (dalam kapal, kereta api)

beside KATA SENDI
di sebelah
◊ *beside the table* di sebelah meja
- **He was beside himself.** Dia lupa diri.
- **That's beside the point.** Itu bukan soalnya.

besides KATA ADVERBA
lagipun
◊ *Besides, it's too expensive.* Lagipun, benda itu terlalu mahal.
- **...and much more besides.** ...dan banyak lagi selain itu.

best KATA ADJEKTIF, KATA ADVERBA
terbaik
◊ *He's the best player in the team.* Dia merupakan pemain terbaik dalam pasukan itu.
- **Janet's the best at maths.** Janet ialah pelajar yang paling mahir dalam mata pelajaran matematik.
- **That's the best I can do.** Setakat itu sajalah yang mampu saya lakukan.
- **to do one's best** mencuba sedaya upaya ◊ *The shot's not perfect, but I did my best.* Jaringan tersebut tidaklah sempurna, tetapi saya telah mencuba sedaya upaya.
- **You'll just have to make the best of it.** Anda harus menerimanya dengan sebaik-baiknya.

best man KATA NAMA
pengapit pengantin (*lelaki*)

to **bet** KATA KERJA
(**bet, bet**)

> rujuk juga **bet** KATA NAMA

bertaruh
◊ *I bet you he won't come.* Saya berani bertaruh bahawa dia tidak akan datang.

bet KATA NAMA

> rujuk juga **bet** KATA KERJA

pertaruhan

betel KATA NAMA
sirih

to **betray** KATA KERJA
mengkhianati
◊ *Laura felt betrayed by her sister's action.* Laura berasa dikhianati dengan perbuatan kakaknya.

betrayal KATA NAMA
pengkhianatan
◊ *Kim felt that what she had done was a betrayal of her friends.* Kim menganggap perkara yang dilakukannya itu sebagai satu pengkhianatan terhadap kawan-kawannya.

better KATA ADJEKTIF, KATA ADVERBA
lebih baik
◊ *This one's better than that one.* Yang ini lebih baik daripada yang itu.
- **Are you feeling better now?** Adakah anda rasa lebih sihat sekarang?
- **That's better!** Itu lebih baik!
- **better still** lebih baik lagi
- **to get better (1)** bertambah baik
◊ *I hope the weather gets better soon.* Saya harap cuaca akan bertambah baik.
- **to get better (2)** pulih ◊ *I hope you get better soon.* Saya harap anda pulih dengan cepat.
- **You'd better do it straight away.** Lebih baik anda lakukannya sekarang juga.
- **I'd better go home.** Lebih baik saya pulang.

betting shop KATA NAMA
kedai judi

between KATA SENDI
1 *antara*
◊ *between 15 and 20 minutes* antara 15 hingga 20 minit
2 *di antara*
◊ *She sits between Kim and Matt.* Dia duduk di antara Kim dan Matt.

beverage KATA NAMA
minuman

to **bewail** KATA KERJA
meratapi

to **beware** KATA KERJA
awas
◊ *Beware of the dog!* Awas! Ada anjing.

bewildered KATA ADJEKTIF
kebingungan

beyond KATA SENDI, KATA ADVERBA
di sebalik
◊ *There is a lake beyond the mountains.* Ada sebuah tasik di sebalik gunung itu.
- **We have no plans beyond the year 2005.** Kami tidak mempunyai rancangan selepas tahun 2005.
- **the wheat fields and the mountains beyond** ladang gandum dan gunung-ganang di sebalik sana
- **It's beyond me.** Perkara itu di luar kemampuan saya.
- **beyond belief** mustahil
- **beyond repair** tidak boleh diperbaiki

bezoar KATA NAMA
gemala

bias KATA NAMA
sikap berat sebelah
◊ *bias against women* sikap berat sebelah terhadap wanita
- **political bias** pendirian politik yang berat sebelah

biased KATA ADJEKTIF
berat sebelah

Bible KATA NAMA
kitab Bible

bibliography KATA NAMA
(JAMAK **bibliographies**)
bibliografi

bicycle KATA NAMA
basikal

to **bid** KATA KERJA
(**bid, bid**)

English ~ Malay

bifocal → birth plan

mengemukakan tawaran
◊ *The country is bidding to host the Olympics.* Negara itu mengemukakan tawaran untuk menjadi tuan rumah Sukan Olimpik.

bifocal KATA ADJEKTIF
dwifokus
◊ *bifocal lenses* kanta dwifokus

bifocals KATA NAMA JAMAK
cermin mata dwifokus

big KATA ADJEKTIF
besar
◊ *a big house* sebuah rumah yang besar
♦ **my big brother** abang saya
♦ **He's a big guy.** Dia berbadan besar.
♦ **Big deal!** Tak hairanlah!

bigheaded KATA ADJEKTIF
besar kepala
♦ **to be bigheaded** besar kepala

Big Issue KATA NAMA
majalah 'the Big Issue'
> majalah yang dijual di jalanan oleh orang yang tidak mempunyai tempat tinggal

◊ *an advertisement in the Big Issue* sebuah iklan dalam majalah 'the Big Issue'

bike KATA NAMA
1. *basikal*
2. *motosikal*

bike lane KATA NAMA
lorong basikal

bikini KATA NAMA
bikini

bikini line KATA NAMA
garis bikini

bile KATA NAMA
hempedu

bilingual KATA ADJEKTIF
dwibahasa

bill KATA NAMA
1. *bil*
◊ *Can we have the bill, please?* Tolong bawakan kami bil. ◊ *electricity bill* bil elektrik
2. *wang kertas*
◊ *a dollar bill* wang kertas satu dolar
3. *rang undang-undang*

billiards KATA NAMA
biliard
◊ *to play billiards* bermain biliard

billion KATA NAMA
bilion
◊ *two billion dollars* dua bilion dolar

to billow KATA KERJA
1. *beralun*
◊ *The cloth billowed in the wind.* Kain itu beralun apabila ditiup angin.
2. *berpulun-pulun*

◊ *I saw smoke billowing from factory chimneys.* Saya nampak asap berpulun-pulun dari cerobong kilang.

bin KATA NAMA
1. *tong sampah*
2. *bekas* (menyimpan barang-barang)

to bind KATA KERJA
(**bound, bound**)
rujuk juga **bound** KATA ADJEKTIF
1. *mengikat*
◊ *the political ties that bind the USA to Britain* hubungan politik yang mengikat Amerika Syarikat kepada Britain
♦ **The authorities are legally bound to arrest any suspects.** Pihak berkuasa diwajibkan mengikut undang-undang menangkap sesiapa sahaja yang disyaki.
2. *menjilid* (buku, fail)

bingo KATA NAMA
permainan bingo

binoculars KATA NAMA JAMAK
binokular atau *teropong*
◊ *a pair of binoculars* sebuah binokular

biochemistry KATA NAMA
biokimia

biographical KATA ADJEKTIF
biografi
◊ *The book contains few biographical details.* Buku itu mengandungi beberapa maklumat biografi.

biography KATA NAMA
(JAMAK **biographies**)
biografi

biology KATA NAMA
biologi

bird KATA NAMA
burung

birdwatching KATA NAMA
aktiviti memerhatikan dan mengkaji kehidupan burung
♦ **He likes to go birdwatching.** Dia suka memerhatikan dan mengkaji kehidupan burung.

Biro ® KATA NAMA
pena mata bulat

birth KATA NAMA
kelahiran
♦ **date of birth** tarikh lahir
♦ **to give birth** bersalin

birth certificate KATA NAMA
sijil kelahiran

birth control KATA NAMA
kawalan kelahiran

birthday KATA NAMA
tarikh lahir
♦ **a birthday party** majlis hari jadi

birth plan KATA NAMA
rancangan kelahiran

biscuit → blacksmith

> rancangan yang dibuat oleh ibu yang mengandung tentang cara ia hendak melahirkan anak

biscuit KATA NAMA
biskut

bishop KATA NAMA
biskop

bit KATA KERJA *rujuk* **bite**

bit KATA NAMA
sedikit
◊ *Would you like another bit?* Anda mahu sedikit lagi?
- **a bit** agak ◊ *He's a bit hungry.* Dia agak lapar.
- **Wait a bit!** Tunggu sekejap lagi!
- **a bit of (1)** sedikit ◊ *a bit of cake* sedikit kek
- **a bit of (2)** agak ◊ *It's a bit of a nuisance.* Perkara itu agak menyusahkan.

   Kadangkala **a bit of** tidak diterjemahkan.

◊ *Put on a bit of music.* Pasangkan muzik.
- **to fall to bits** berkecai
- **to take something to bits** mencerai-ceraikan sesuatu
- **bit by bit** sedikit demi sedikit
- **1 bit** 1 bit (*komputer*)

bitch KATA NAMA
(JAMAK **bitches**)
anjing betina

to **bite** KATA KERJA
(**bit, bitten**)

   rujuk juga **bite** KATA NAMA

menggigit
◊ *My dog's never bitten anyone.* Anjing saya tidak pernah menggigit sesiapa pun.
◊ *I got bitten by mosquitoes.* Saya digigit nyamuk.
- **to bite one's nails** menggigit kuku

bite KATA NAMA

   rujuk juga **bite** KATA KERJA

gigitan
- **to have a bite to eat** makan sedikit sahaja

bitter KATA ADJEKTIF

   rujuk juga **bitter** KATA NAMA

1. *pahit*
◊ *It tastes bitter.* Rasanya pahit.
◊ *a bitter experience* pengalaman yang pahit

2. *terlampau sejuk*
◊ *It's bitter today.* Cuaca hari ini terlampau sejuk.
- **a bitter argument** pertengkaran yang sengit
- **She is bitter about the way she was treated.** Dia berasa marah dan kecewa dengan cara dia diperlakukan.

bitter KATA NAMA

   rujuk juga **bitter** KATA ADJEKTIF

bitter (sejenis bir berwarna perang muda)

bitter gourd KATA NAMA
peria

black KATA ADJEKTIF
hitam
◊ *a black jacket* sehelai jaket hitam
- **She's black.** Dia orang kulit hitam.
- **black and white** hitam putih

blackberry KATA NAMA
(JAMAK **blackberries**)
beri hitam

blackbird KATA NAMA
burung hitam

blackboard KATA NAMA
papan hitam

black coffee KATA NAMA
kopi O

blackcurrant KATA NAMA
anggur hitam

to **blacken** KATA KERJA
1. *menghitamkan*
◊ *Usha blackened her teeth with charcoal.* Usha menghitamkan giginya dengan arang.
2. *menjadi hitam* (*benda*)

blackish KATA ADJEKTIF
kehitam-hitaman
◊ *blackish hair* rambut yang kehitam-hitaman.

blacklist KATA NAMA

   rujuk juga **blacklist** KATA KERJA

senarai hitam

to **blacklist** KATA KERJA

   rujuk juga **blacklist** KATA NAMA

menyenaraihitamkan
◊ *We have blacklisted the students who broke the school rules.* Kami telah menyenaraihitamkan nama murid yang melanggar peraturan sekolah.

blackmail KATA NAMA

   rujuk juga **blackmail** KATA KERJA

peras ugut

to **blackmail** KATA KERJA

   rujuk juga **blackmail** KATA NAMA

memeras ugut

blackout KATA NAMA
putus bekalan (*elektrik*)
- **to have a blackout** pitam

black pudding KATA NAMA

> sejenis sosej yang tebal, berwarna hitam yang dibuat daripada darah dan lemak khinzir

blacksmith KATA NAMA
tukang besi
◊ *He's a blacksmith.* Dia seorang

English ~ Malay — bladder → blink

tukang besi.
bladder KATA NAMA
pundi kencing
blade KATA NAMA
mata pisau
Blairite KATA NAMA

> rujuk juga **Blairite** KATA ADJEKTIF

penyokong Tony Blair (*Perdana Menteri Britain*)
Blairite KATA ADJEKTIF

> rujuk juga **Blairite** KATA NAMA

berkaitan dengan polisi Tony Blair
to **blame** KATA KERJA
menyalahkan
◊ *He blamed it on my father.* Dia menyalahkan bapa saya.
♦ **Don't blame me!** Jangan salahkan saya!
blank KATA ADJEKTIF

> rujuk juga **blank** KATA NAMA

kosong
◊ *a blank sheet of paper* sehelai kertas kosong
♦ **My mind went blank.** Fikiran saya buntu.
blank KATA NAMA

> rujuk juga **blank** KATA ADJEKTIF

tempat kosong
◊ *Fill in the blanks.* Isikan tempat kosong.
blank cheque KATA NAMA
cek kosong
blanket KATA NAMA
selimut
blast KATA NAMA
letupan
◊ *a bomb blast* letupan bom
blatant KATA ADJEKTIF
terang-terangan
◊ *blatant discrimination* diskriminasi secara terang-terangan
blaze KATA NAMA
kebakaran
blazer KATA NAMA
blazer
bleach KATA NAMA
(JAMAK **bleaches**)
peluntur
bleached hair KATA NAMA
rambut yang memutih
bleak KATA ADJEKTIF
suram
◊ *His future looks bleak.* Masa depannya kelihatan suram.
to **bleat** KATA KERJA

> rujuk juga **bleat** KATA NAMA

mengembek
◊ *Goats bleat.* Kambing mengembek.
bleat KATA NAMA

> rujuk juga **bleat** KATA KERJA

embek
to **bleed** KATA KERJA
(**bled, bled**)
berdarah
◊ *to bleed to death* berdarah sehingga membawa maut
bleeper KATA NAMA
alat kelui
to **blend** KATA KERJA
mencampurkan
◊ *Blend the butter with the sugar.* Campurkan mentega dengan gula.
blender KATA NAMA
mesin pengisar
to **bless** KATA KERJA
1. *memohon rahmat*
2. *memberkati*
◊ *May God bless you.* Semoga Tuhan memberkati anda.
♦ **Bless you!**

> Dalam masyarakat Inggeris, **Bless you!** diujarkan kepada seseorang selepas orang itu bersin.

blessing KATA NAMA
rahmat
◊ *I believed that there must be some blessing in what had happened.* Saya percaya, pasti ada rahmat di sebalik kejadian ini.
blew KATA KERJA *rujuk* **blow**
blind KATA ADJEKTIF

> rujuk juga **blind** KATA NAMA

buta
blind KATA NAMA

> rujuk juga **blind** KATA ADJEKTIF

bidai
blindfold KATA NAMA

> rujuk juga **blindfold** KATA KERJA

kain penutup mata
to **blindfold** KATA KERJA

> rujuk juga **blindfold** KATA NAMA

menutup mata ... dengan kain (*orang*)
blindness KATA NAMA
buta
blind summit KATA NAMA

> *isyarat jalan raya yang memberikan amaran supaya berhati-hati kerana terdapat bukit/bonggol di hadapan yang belum dapat dilihat*

to **blink** KATA KERJA

> rujuk juga **blink** KATA NAMA

mengerdipkan mata
blink KATA NAMA

> rujuk juga **blink** KATA KERJA

kedipan atau *kelipan*
♦ **in the blink of an eye** sekelip mata sahaja ◊ *A month passed by in the blink of an eye.* Satu bulan sudah berlalu dalam sekelip mata sahaja.

bliss KATA NAMA
kebahagiaan sepenuhnya
♦ **It was bliss!** Alangkah bahagianya!

blister KATA NAMA
rujuk juga **blister** KATA KERJA
lepuh

to **blister** KATA KERJA
rujuk juga **blister** KATA NAMA
1 *melepuh*
◊ *The affected skin turns red and may blister.* Bahagian kulit itu menjadi merah dan mungkin melepuh.
2 *melecet*
◊ *Her feet were blistered from wearing her new shoes.* Kakinya melecet selepas dia memakai kasut barunya.

blizzard KATA NAMA
ribut salji

bloated KATA ADJEKTIF
1 *sembap*
◊ *His face was bloated.* Mukanya sembap.
2 *segah*
◊ *He felt bloated after he finished up all the food on the table.* Dia berasa segah selepas menghabiskan semua makanan di atas meja.

blob KATA NAMA
tompok
◊ *a blob of glue* setompok gam

block KATA NAMA
rujuk juga **block** KATA KERJA
1 *blok*
◊ *He lives in our block.* Dia tinggal di blok kita. ◊ *a block of flats* satu blok rumah pangsa
2 *bongkah*

to **block** KATA KERJA
rujuk juga **block** KATA NAMA
menyekat

blockage KATA NAMA
1 *benda yang tersekat*
◊ *There's a blockage in the pipe.* Ada benda yang tersekat di dalam paip itu.
2 *keadaan tersumbat*

bloke KATA NAMA
(*tidak formal*)
lelaki

blonde KATA ADJEKTIF
perang kekuningan
◊ *She's got blonde hair.* Rambutnya perang kekuningan.

blood KATA NAMA
darah

blood pressure KATA NAMA
tekanan darah
◊ *to have high blood pressure* mempunyai tekanan darah tinggi

blood sports KATA NAMA JAMAK
sukan seperti pemburuan yang membunuh binatang

bloodsucker KATA NAMA
1 *haiwan penghisap darah*
2 *pencekik darah* (*orang*)

blood test KATA NAMA
ujian darah

blood vessel KATA NAMA
salur darah

bloody KATA ADJEKTIF
berlumuran darah
◊ *The victim of the accident was all bloody.* Mangsa kemalangan itu berlumuran darah.
♦ **a bloody war** peperangan yang meragut banyak nyawa

to **bloom** KATA KERJA
berbunga
◊ *This plant blooms between May and June.* Pokok ini berbunga antara bulan Mei hingga Jun.
♦ **The flower started to bloom.** Bunga itu mula mekar.

blouse KATA NAMA
blaus

blow KATA NAMA
rujuk juga **blow** KATA KERJA
1 *pukulan*
2 *tamparan* (*sesuatu yang mengecewakan*)

to **blow** KATA KERJA
(**blew, blown**)
rujuk juga **blow** KATA NAMA
bertiup
◊ *A cold wind was blowing.* Angin sejuk sedang bertiup.
♦ **He blew on his fingers.** Dia menghembus jarinya.
♦ **They were one-all when the whistle blew.** Keputusan mereka satu sama sewaktu wisel berbunyi.
♦ **to blow one's nose** menghembus hingus

to **blow out** KATA KERJA
meniup (*supaya padam*)
◊ *Blow out the candles!* Tiup lilin itu!

to **blow up** KATA KERJA
1 *meletupkan*
◊ *They blew up a plane.* Mereka meletupkan sebuah kapal terbang.
2 *meletup*
◊ *The house blew up.* Rumah itu meletup.
3 *meniup*
◊ *We've blown up the balloons.* Kami telah meniup belon-belon itu.

blow-dry KATA NAMA
mengeringkan rambut
◊ *cut and blow-dry* memotong dan

mengeringkan rambut
blown KATA KERJA rujuk **blow**
blowpipe KATA NAMA
sumpit
blue KATA ADJEKTIF
biru
◊ *a blue dress* sehelai baju biru
♦ **a blue movie** filem lucah
♦ **out of the blue** tiba-tiba
blue-collar KATA ADJEKTIF
kolar biru
blues KATA NAMA JAMAK
muzik blues
bluish KATA ADJEKTIF
kebiruan
◊ *bluish white* putih kebiruan
bluff KATA NAMA
> rujuk juga **bluff** KATA KERJA

temberang
to **bluff** KATA KERJA
> rujuk juga **bluff** KATA NAMA

temberang
◊ *He's always bluffing.* Dia asyik temberang sahaja.
blunder KATA NAMA
kesilapan besar
blunt KATA ADJEKTIF
1. *lancang* (percakapan)
2. *tumpul* (pisau)
3. *terus terang* (perbuatan, dll)
blurred KATA ADJEKTIF
kabur
◊ *blurred black and white photographs* gambar hitam putih yang kabur
to **blush** KATA KERJA
menjadi merah (muka)
blusher KATA NAMA
pemerah pipi
board KATA NAMA
> rujuk juga **board** KATA KERJA

papan
◊ *a chopping board* papan pemotong
♦ **on board** berada di dalam (*kapal, kapal terbang*)
♦ **board of directors** lembaga pengarah
♦ **"full board"** "hidangan penuh"
> Jika harga yang dikenakan di sesebuah hotel termasuk **full board**, harga itu termasuk harga untuk makan pagi, petang dan malam.

to **board** KATA KERJA
> rujuk juga **board** KATA NAMA

menaiki
◊ *They boarded the flight to Paris.* Mereka menaiki kapal terbang itu ke Paris.
boarder KATA NAMA
penuntut sekolah berasrama
board game KATA NAMA
permainan papan
boarding card KATA NAMA
pas masuk (kapal, kapal terbang)
boarding school KATA NAMA
sekolah berasrama
to **boast** KATA KERJA
bercakap besar
◊ *to boast about something* bercakap besar tentang sesuatu
♦ **Stop boasting!** Jangan berlagak!
boat KATA NAMA
bot
to **bob** KATA KERJA
terapung-apung
◊ *A lot of fishing boats were bobbing in the sea.* Banyak sampan nelayan yang terapung-apung di laut.
body KATA NAMA
(JAMAK **bodies**)
1. *badan*
◊ *the human body* badan manusia
◊ *government body* badan kerajaan
2. *mayat*
bodybuilding KATA NAMA
bina badan
bodyguard KATA NAMA
pengawal peribadi
◊ *He's a bodyguard.* Dia seorang pengawal peribadi.
bog KATA NAMA
kawasan paya
boil KATA NAMA
> rujuk juga **boil** KATA KERJA

bisul
to **boil** KATA KERJA
> rujuk juga **boil** KATA NAMA

mendidihkan
◊ *to boil some water* mendidihkan air
♦ **The water's boiling.** Air sedang mendidih.
♦ **to boil an egg** merebus telur
to **boil over** KATA KERJA
meruap
boiled KATA ADJEKTIF
rebus
◊ *a boiled egg* telur rebus
boiling KATA ADJEKTIF
sangat panas
◊ *It's boiling in here!* Sangat panas di sini!
♦ **a boiling hot day** hari yang terlampau panas
bold KATA ADJEKTIF
berani
◊ *He wasn't bold enough to ask them.* Dia tidak cukup berani untuk bertanya kepada mereka.
♦ **bold colours** warna-warna yang terang
bolster KATA NAMA
bantal peluk

bolt KATA NAMA
> rujuk juga **bolt** KATA KERJA
> 1. *bolt*
> 2. *selak*

to **bolt** KATA KERJA
> rujuk juga **bolt** KATA NAMA
> *menyelak*
> ◊ *Inah bolts the door before going to bed.* Inah menyelak pintu sebelum masuk tidur.

bomb KATA NAMA
> rujuk juga **bomb** KATA KERJA
> *bom*

to **bomb** KATA KERJA
> rujuk juga **bomb** KATA NAMA
> *mengebom*

to **bombard** KATA KERJA
> *menghujani*
> ◊ *The panellists were bombarded with illogical questions.* Ahli panel dihujani dengan pelbagai soalan yang tidak munasabah.

bomber KATA NAMA
> *pengebom*

bombing KATA NAMA
> *pengeboman*

bond KATA NAMA
> 1. *pertalian*
> ◊ *the bond between mother and child* pertalian antara emak dengan anak
> 2. *bon*
> ◊ *to issue government bonds* menawarkan bon kerajaan

bone KATA NAMA
> *tulang*

bone dry KATA ADJEKTIF
> *kering-kontang*

bonfire KATA NAMA
> *unggun api*

bonnet KATA NAMA
> *bonet*

bonus KATA NAMA
(JAMAK **bonuses**)
> *bonus*

book KATA NAMA
> rujuk juga **book** KATA KERJA
> *buku*

to **book** KATA KERJA
> rujuk juga **book** KATA NAMA
> *menempah*
> ◊ *We haven't booked the ticket.* Kami belum menempah tiket.

bookcase KATA NAMA
> *almari buku*

booking KATA NAMA
> *tempahan*
> ◊ *advance booking* tempahan awal

booklet KATA NAMA
> *buku kecil*

bookmark KATA NAMA
> rujuk juga **bookmark** KATA KERJA
> 1. *penanda buku*
> 2. (komputer) *penanda laman web*

to **bookmark** KATA KERJA
> rujuk juga **bookmark** KATA KERJA
> *menanda* (laman web pada komputer)

bookshelf KATA NAMA
(JAMAK **bookshelves**)
> *rak buku*

bookshop KATA NAMA
> *kedai buku*

to **boom** KATA KERJA
> 1. *melonjak*
> ◊ *By 1998 the economy was booming.* Menjelang 1998 ekonomi melonjak naik.
> 2. *berdentum*
> ◊ *Thunder boomed and lightning flashed.* Guruh berdentum dan kilat menyambar.

boon KATA NAMA
> *rahmat*
> ◊ *This battery booster is a boon for photographers.* Alat penggalak bateri ini merupakan rahmat kepada jurugambar.

to **boost** KATA KERJA
> *menggalakkan*
> ◊ *They're trying to boost the economy.* Mereka cuba menggalakkan pertumbuhan ekonomi.
> ♦ **The win boosted the team's morale.** Kemenangan itu menaikkan semangat pasukan itu.

booster KATA NAMA
> 1. *perangsang*
> ◊ *a morale booster* perangsang semangat
> 2. *penggalak* (alat, dll)

boot KATA NAMA
> 1. *but* (pada kereta)
> 2. *kasut but*
> ♦ **football boots** kasut bola

booth KATA NAMA
> *pondok* (telefon, dll)

booze KATA NAMA
(tidak formal)
> *minuman keras*

border KATA NAMA
> *sempadan*

bore KATA KERJA *rujuk* **bear**

to **bore** KATA KERJA
> *membosankan*
> ◊ *His continual nagging bored me.* Leterannya yang tidak henti-henti itu membosankan saya.

bored KATA ADJEKTIF
> *bosan*
> ♦ **to be bored** bosan
> ♦ **to get bored** menjadi bosan

boredom KATA NAMA

kebosanan

boring KATA ADJEKTIF
membosankan
◊ *The topic's boring.* Tajuk itu membosankan.

born KATA ADJEKTIF
- **to be born** dilahirkan ◊ *I was born in 1982.* Saya dilahirkan pada tahun 1982.

borne KATA KERJA *rujuk* **bear**

to **borrow** KATA KERJA
meminjam
- **to borrow something from somebody** meminjam sesuatu daripada seseorang ◊ *I borrowed some money from Annie.* Saya meminjam wang daripada Annie.
- **Can I borrow your pen?** Bolehkah saya pinjam pen anda?

borrower KATA NAMA
peminjam

Bosnia KATA NAMA
negara Bosnia

Bosnian KATA ADJEKTIF
Bosnia
◊ *the Bosnian flag* bendera Bosnia

boss KATA NAMA
(JAMAK **bosses**)
bos

to **boss** KATA KERJA
mengarah... membuat itu dan ini
◊ *He started bossing people around.* Dia mula mengarah orang membuat itu dan ini.

bossy KATA ADJEKTIF
suka mengarah

both KATA NAMA, KATA GANTI NAMA, KATA ADVERBA
1 *kedua-dua*
◊ *Both of your answers are wrong.* Kedua-dua jawapan anda salah.
2 *berdua*
◊ *We both went to the party.* Kami berdua pergi ke majlis tersebut. ◊ *Both of them play the piano.* Mereka berdua bermain piano.

> Kadang-kadang **both** tidak diterjemahkan ke dalam bahasa Melayu.

◊ *Both Emma and Jane went.* Emma dan Jane pergi ke sana. ◊ *He has houses in both France and Spain.* Dia mempunyai rumah di Perancis dan Sepanyol.

to **bother** KATA KERJA

> *rujuk juga* **bother** KATA NAMA

1 *merunsingkan*
◊ *What's bothering you?* Apakah yang merunsingkan anda?
2 *mengganggu*
◊ *I'm sorry to bother you.* Saya meminta maaf kerana mengganggu anda.
- **Don't bother!** Tak payah!
- **to bother to do something** mengambil peduli untuk melakukan sesuatu ◊ *He didn't bother to tell me about it.* Dia tidak mengambil peduli untuk memberitahu saya hal itu.

bother KATA NAMA

> *rujuk juga* **bother** KATA KERJA

masalah
◊ *no bother* tidak ada masalah

bottle KATA NAMA

> *rujuk juga* **bottle** KATA KERJA

botol

to **bottle** KATA KERJA

> *rujuk juga* **bottle** KATA NAMA

membotolkan
◊ *The machine bottles the wine automatically.* Mesin itu membotolkan wain secara automatik.

to **bottle up** KATA KERJA
memendamkan
◊ *Tension increases if you bottle things up.* Ketegangan akan bertambah jika anda memendamkan sahaja perasaan anda.

bottle bank KATA NAMA
tong kitar semula (untuk botol)

bottle-opener KATA NAMA
pembuka botol

bottom KATA NAMA

> *rujuk juga* **bottom** KATA ADJEKTIF

1 *dasar*
- **at the bottom of the page** pada bahagian bawah muka surat itu
- **He was always bottom of the class.** Dia selalu mendapat tempat terakhir dalam kelas.
2 *punggung*

bottom KATA ADJEKTIF

> *rujuk juga* **bottom** KATA NAMA

paling bawah
◊ *the bottom shelf* rak yang paling bawah

bougainvillea KATA NAMA

> Ejaan **bougainvillaea** juga digunakan.

bunga kertas

bought KATA KERJA *rujuk* **buy**

to **bounce** KATA KERJA

> *rujuk juga* **bounce** KATA NAMA

melantun

bounce KATA NAMA

> *rujuk juga* **bounce** KATA KERJA

lantunan

bouncer KATA NAMA
pengawal kelab malam

bound KATA KERJA *rujuk* **bind**

bound KATA ADJEKTIF
pasti

boundary → brainy

boundary KATA NAMA
(JAMAK **boundaries**)
peminggiran

boundless KATA ADJEKTIF
tidak terbatas

bounds KATA NAMA JAMAK
batasan
◊ *Discussion of such a sensitive topic must keep within bounds.* Perbincangan tentang tajuk yang sebegitu sensitif harus mempunyai batasan.

boutique KATA NAMA
butik

to **bow** KATA KERJA
> rujuk juga **bow** KATA NAMA

tunduk

bow KATA NAMA
> rujuk juga **bow** KATA KERJA

1. _simpulan_
◊ *to tie a bow* mengikat simpulan
2. _busur_
◊ *a bow and arrow* busur dan anak panah

bowels KATA NAMA JAMAK
usus

bowl KATA NAMA
> rujuk juga **bowl** KATA KERJA

mangkuk

to **bowl** KATA KERJA
> rujuk juga **bowl** KATA NAMA

bermain boling

bowler KATA NAMA
pemain boling

bowling KATA NAMA
boling
• **to go bowling** pergi bermain boling
• **a bowling alley** lorong boling

bowls KATA NAMA JAMAK
boling padang

bow tie KATA NAMA
tali leher kupu-kupu

box KATA NAMA
(JAMAK **boxes**)
> rujuk juga **box** KATA KERJA

1. _kotak_
◊ *a box of matches* sekotak mancis
◊ *a cardboard box* kotak kadbod
2. _petak_ **atau** _kotak_ (*pada borang*)
3. _kotak penalti_ (*bola sepak*)

to **box** KATA KERJA
> rujuk juga **box** KATA NAMA

bertinju
◊ *William boxed and played rugby at school.* William bertinju dan bermain ragbi di sekolah.

boxer KATA NAMA
peninju

B. Inggeris ~ B. Melayu 62

boxer shorts KATA NAMA JAMAK
seluar pendek yang longgar

boxing KATA NAMA
tinju

Boxing Day KATA NAMA
> Boxing Day *ialah 26 Disember, iaitu sehari selepas hari Krismas.*

boy KATA NAMA
budak lelaki
• **She has two boys and a girl.** Dia mempunyai dua orang anak lelaki dan seorang anak perempuan.
• **a baby boy** bayi lelaki

boy band KATA NAMA
kumpulan pemuzik lelaki

to **boycott** KATA KERJA
> rujuk juga **boycott** KATA NAMA

memboikot
◊ *The country boycotted imports from Britain.* Negara itu memboikot barangan import dari Britain.

boycott KATA NAMA
> rujuk juga **boycott** KATA KERJA

pemboikotan

boyfriend KATA NAMA
teman lelaki
◊ *Have you got a boyfriend?* Anda ada teman lelaki?

bra KATA NAMA
coli

brace KATA NAMA
pendakap gigi
◊ *Richard wears a brace.* Richard memakai pendakap gigi.

bracelet KATA NAMA
rantai tangan

brackets KATA NAMA JAMAK
tanda kurungan
• **in brackets** dalam kurungan

brackish KATA ADJEKTIF
payau
◊ *brackish water* air yang payau

to **brag** KATA KERJA
mengada-ada
◊ *Kamsiah is always bragging about the fact that she is a school prefect.* Kamsiah selalu mengada-ada dengan jawatannya sebagai pengawas.

brain KATA NAMA
otak

brain-damaged KATA ADJEKTIF
mengalami kerosakan otak
◊ *The accident left the boy severely brain-damaged.* Kemalangan tersebut menyebabkan budak lelaki itu mengalami kerosakan otak yang teruk.

brainless KATA ADJEKTIF
tidak berotak

brainy KATA ADJEKTIF

bijak

brake KATA NAMA
> rujuk juga **brake** KATA KERJA

brek

to **brake** KATA KERJA
> rujuk juga **brake** KATA NAMA

membrek

branch KATA NAMA
(JAMAK **branches**)
1. *dahan*
2. *cawangan*

brand KATA NAMA
> rujuk juga **brand** KATA KERJA

jenama
◊ *a well-known brand of coffee* jenama kopi yang terkenal

to **brand** KATA KERJA
> rujuk juga **brand** KATA NAMA

menyelar
◊ *to brand cattle* menyelar lembu

branded KATA ADJEKTIF
berjenama
◊ *branded goods* barangan berjenama

brand name KATA NAMA
jenama

brand-new KATA ADJEKTIF
baru

brandy KATA NAMA
(JAMAK **brandies**)
brandi

brass KATA NAMA
loyang
- the brass section bahagian bras (orkestra)

brass band KATA NAMA
pancaragam

brat KATA NAMA
anak nakal
◊ *He's a spoiled brat.* Dia seorang anak nakal yang mua.

brave KATA ADJEKTIF
berani

bravely KATA ADVERBA
dengan berani

bravery KATA NAMA
keberanian
◊ *He received a medal for his bravery.* Dia menerima pingat kerana keberaniannya.

Brazil KATA NAMA
Brazil

breach KATA NAMA
pelanggaran
◊ *$1 billion breach of contract suit* saman bernilai 1 bilion dolar kerana pelanggaran kontrak
- **breach of trust** pecah amanah

bread KATA NAMA
roti

- **bread and butter** punca rezeki

break KATA NAMA
> rujuk juga **break** KATA KERJA

1. *rehat*
◊ *to take a break* berhenti rehat
2. *waktu rehat* (di sekolah)
- **the Christmas break** cuti hari Krismas
- **Give me a break!** Tolonglah!

to **break** KATA KERJA
(**broke, broken**)
> rujuk juga **break** KATA NAMA

pecah
◊ *Careful, it'll break!* Hati-hati, nanti pecah!
- **I broke my leg.** Kaki saya patah.
- **to break a promise** memungkiri janji
- **to break a record** memecahkan rekod

to **break down** KATA KERJA
rosak
◊ *The car broke down.* Kereta itu rosak.

to **break in** KATA KERJA
memecah masuk
◊ *The thief had broken in through a window.* Pencuri itu memecah masuk melalui tingkap.

to **break into** KATA KERJA
memecah masuk
◊ *Thieves broke into the house.* Pencuri memecah masuk ke dalam rumah itu.

to **break off** KATA KERJA
1. *patah*
2. *berhenti tiba-tiba* (perbuatan)
3. *memutuskan*
◊ *to break off a relationship* memutuskan hubungan

to **break out** KATA KERJA
1. *meletus* (peperangan)
2. *tercetus* (kebakaran, rusuhan)
3. *melarikan diri* (banduan)
- **He broke out in a rash.** Timbul bintik-bintik ruam pada badannya.

to **break up** KATA KERJA
1. *menyuraikan*
◊ *Police broke up the demonstration.* Polis menyuraikan demonstrasi tersebut.
2. *berpisah*
◊ *Richard and Marie have broken up.* Richard dan Marie sudah berpisah.
- **More and more marriages break up.** Semakin banyak rumah tangga yang runtuh.
- **to break up a fight** meleraikan pergaduhan
- **We break up next Wednesday.** Kami mula bercuti pada hari Rabu depan.

breakdown KATA NAMA
1. *gangguan jiwa*
◊ *He had a breakdown because of the stress.* Dia mengalami gangguan jiwa

breakdown van → bright

akibat tekanan itu.
2 *kerosakan* (*kenderaan, mesin*)
* **to have a breakdown** rosak

breakdown van KATA NAMA
van penunda

breakfast KATA NAMA
sarapan
* **to have breakfast** bersarapan

break-in KATA NAMA
kejadian pecah rumah
◊ *There have been a lot of break-ins in my area.* Terdapat banyak kejadian pecah rumah di kawasan rumah saya.

break-up KATA NAMA
perpecahan
◊ *a family break-up* perpecahan dalam keluarga
* **a marital break-up** keruntuhan rumah tangga

breast KATA NAMA
buah dada
* **chicken breast** dada ayam

to **breast-feed** KATA KERJA
(**breast-fed, breast-fed**)
menyusui

breast-feeding KATA NAMA
penyusuan ibu
◊ *the benefits of breast-feeding* kebaikan penyusuan ibu

breaststroke KATA NAMA
kuak dada

breath KATA NAMA
nafas
◊ *He's got bad breath.* Nafasnya berbau busuk.
* **I'm out of breath.** Saya termengah-mengah.
* **to get one's breath back** dapat bernafas seperti biasa semula

to **breathe** KATA KERJA
bernafas

to **breathe in** KATA KERJA
menarik nafas

to **breathe out** KATA KERJA
menghembus nafas

breathless KATA ADJEKTIF
seperti tidak dapat bernafas
◊ *We were breathless with anticipation.* Kami seperti tidak dapat bernafas kerana terlalu mengharap.

breathtaking KATA ADJEKTIF
menakjubkan

breed KATA NAMA
| *rujuk juga* **breed** KATA KERJA |
baka

to **breed** KATA KERJA
(**bred, bred**)
| *rujuk juga* **breed** KATA NAMA |
membiakkan
◊ *to breed dogs* membiakkan anjing

breeder KATA NAMA
penternak
◊ *Janet's father was a well-known horse breeder.* Bapa Janet seorang pemelihara kuda yang terkenal.

breeding KATA NAMA
pembiakan
◊ *breeding season* musim pembiakan

breeze KATA NAMA
bayu

brewery KATA NAMA
(JAMAK **breweries**)
kilang bir

bribe KATA NAMA
| *rujuk juga* **bribe** KATA KERJA |
rasuah

to **bribe** KATA KERJA
| *rujuk juga* **bribe** KATA NAMA |
merasuahi

brick KATA NAMA
bata

bricklayer KATA NAMA
orang yang kerjanya menurap bata
* **He's a bricklayer.** Dia bekerja menurap bata.

bridal KATA ADJEKTIF
pengantin
◊ *a bridal gown* gaun pengantin
* **bridal couple** pasangan pengantin
* **bridal dais** pelamin

bride KATA NAMA
pengantin perempuan

bridegroom KATA NAMA
pengantin lelaki

bridesmaid KATA NAMA
pengapit pengantin (*perempuan*)

bridge KATA NAMA
1 *jambatan*
◊ *a suspension bridge* jambatan gantung
2 *permainan bridge*
* **to play bridge** bermain bridge

brief KATA ADJEKTIF
ringkas

briefcase KATA NAMA
beg bimbit

briefing KATA NAMA
taklimat

briefly KATA ADVERBA
secara ringkas

briefs KATA NAMA JAMAK
seluar dalam

bright KATA ADJEKTIF
1 *terang*
◊ *a bright colour* warna yang terang
2 *cerah*
◊ *a bright day* hari yang cerah
3 *cerdik*

◊ *He's not very bright.* Dia tidak begitu cerdik.

to brighten KATA KERJA
berseri-seri
◊ *'Oh, I'd love to!' cried Nani, her face brightening.* 'Oh, saya suka sekali!' jerit Nani dan wajahnya berseri-seri.
♦ **Her eyes brightened with interest.** Matanya bersinar penuh minat.

to brighten up KATA KERJA
menyerikan
◊ *This pink will brighten up the room.* Warna merah jambu ini akan menyerikan bilik ini.
♦ **He brightened up a bit.** Wajahnya berseri-seri sedikit.

brightly KATA ADVERBA
terang
◊ *The sun is shining brightly.* Cahaya matahari bersinar terang.

brightness KATA NAMA
seri
◊ *You'll be impressed with the brightness of the colours.* Anda pasti kagum melihat seri warna-warna itu.

brilliant KATA ADJEKTIF
1 *sangat bijak*
◊ *a brilliant scientist* seorang ahli sains yang sangat bijak
2 *cemerlang*
◊ *a brilliant success* kejayaan yang cemerlang
♦ **We had a brilliant time!** Kami sungguh gembira!

brilliantly KATA ADVERBA
dengan cemerlang
◊ *The team performed brilliantly.* Pasukan itu bermain dengan cemerlang.
♦ **Many of the patterns show brilliantly coloured flowers.** Kebanyakan daripada corak-corak itu mempunyai corak bunga yang terang sekali.

brim KATA NAMA
1 *bahagian tepi* (pada topi, dll)
2 *bibir* (pada gelas, dll)

to bring KATA KERJA
(**brought, brought**)
membawa
◊ *Bring warm clothes.* Bawa baju yang tebal. ◊ *Can I bring a friend?* Bolehkah saya bawa seorang kawan?

to bring about KATA KERJA
menyebabkan

to bring back KATA KERJA
mengembalikan
◊ *That song brings back memories.* Lagu itu mengembalikan kenangan silam.

to bring forward KATA KERJA
mencepatkan
◊ *The meeting was brought forward two days.* Mesyuarat tersebut dicepatkan dua hari.

to bring up KATA KERJA
membesarkan
◊ *She brought up five children on her own.* Dia membesarkan lima orang anaknya seorang diri.

brinjal KATA NAMA
terung

Britain KATA NAMA
Britain

British KATA ADJEKTIF, KATA NAMA
British
♦ **the British Isles** Kepulauan Britain
♦ **She's British.** Dia berbangsa British.
♦ **the British** orang British

brittle KATA ADJEKTIF
rapuh
◊ *brittle bones* tulang-tulang yang rapuh
♦ **the dry, brittle ends of the hair** hujung rambut yang kering dan mudah putus

broad KATA ADJEKTIF
lebar
♦ **in broad daylight** pada siang hari

broadband KATA ADJEKTIF
(komputer)

> rujuk juga **broadband** KATA NAMA

jalur lebar
◊ *a broadband Internet-service provider* pembekal khidmat Internet jalur lebar

> **broadband** ialah kabel fiber optik yang berkeupayaan tinggi dan digunakan untuk capaian Internet pada kelajuan yang tinggi.

broadband KATA NAMA

> rujuk juga **broadband** KATA ADJEKTIF

jalur lebar
◊ *the benefits of broadband* faedah-faedah daripada jalur lebar

broad bean KATA NAMA
kacang buncis besar

broadcast KATA NAMA

> rujuk juga **broadcast** KATA KERJA

penyiaran
♦ **live broadcast** siaran langsung

to broadcast KATA KERJA
(**broadcast, broadcast**)

> rujuk juga **broadcast** KATA NAMA

menyiarkan
◊ *The interview was broadcast all over the world.* Temu bual itu disiarkan ke seluruh dunia.
♦ **to broadcast live** menyiarkan secara langsung

broadcaster KATA NAMA
juruhebah

broadcasting KATA NAMA
penyiaran

broaden → brutality   B. Inggeris ~ B. Melayu   66

◊ *broadcasting schedule* jadual penyiaran

to **broaden** KATA KERJA
1. *melebar*
◊ *The trails broadened into roads.* Denai itu melebar menjadi jalan.
* **The smile broadened to a grin.** Senyumannya menjadi lebih lebar.
2. *meluaskan*
◊ *I thought you wanted to broaden your horizons.* Saya ingat anda mahu meluaskan horizon anda.

broad-minded KATA ADJEKTIF
berfikiran luas
◊ *He's very broad-minded.* Dia seorang yang sangat berfikiran luas.

broccoli KATA NAMA
brokoli

brochure KATA NAMA
risalah

broke KATA KERJA *rujuk* **break**

broke KATA ADJEKTIF
(*tidak formal*)
pokai (*tidak formal*)

broken KATA KERJA *rujuk* **break**

broken KATA ADJEKTIF
1. *pecah*
◊ *It's broken.* Barang ini sudah pecah.
2. *patah*
◊ *He's got a broken arm.* Tangannya patah.

broker KATA NAMA
broker
◊ *share broker* broker saham

bronchitis KATA NAMA
bronkitis

bronze KATA NAMA
gangsa
◊ *the bronze medal* pingat gangsa

brooch KATA NAMA
(JAMAK **brooches**)
kerongsang

broom KATA NAMA
penyapu

brother KATA NAMA
1. *abang*
2. *adik* (*lelaki*)

brother-in-law KATA NAMA
(JAMAK **brothers-in-law**)
1. *abang ipar*
2. *adik ipar* (*lelaki*)

brought KATA KERJA *rujuk* **bring**

brown KATA ADJEKTIF
perang
◊ *brown bread* roti perang

brownfield KATA ADJEKTIF
tidak digunakan lagi
◊ *brownfield sites* tapak-tapak yang tidak digunakan lagi

* **brownfield land** tanah tinggal
◊ *brownfield land left from steel-making* kawasan tanah tinggal daripada perusahaan membuat keluli

brown goods KATA NAMA JAMAK
> *peralatan selain daripada peti sejuk, mesin basuh dan lain-lain barang yang biasanya berwarna putih, misalnya televisyen*

Brownie KATA NAMA
Tunas Puteri

brownish KATA ADJEKTIF
keperang-perangan

to **browse** KATA KERJA
(*komputer*)
menyemak imbas

browser KATA NAMA
(*komputer*)
penyemak imbas atau *pelayar*

bruise KATA NAMA
> *rujuk juga* **bruise** KATA KERJA

lebam

to **bruise** KATA KERJA
> *rujuk juga* **bruise** KATA NAMA

melebam
◊ *She bruises easily.* Badannya senang melebam.

bruised KATA ADJEKTIF
lebam

brush KATA NAMA
(JAMAK **brushes**)
> *rujuk juga* **brush** KATA KERJA

berus

to **brush** KATA KERJA
> *rujuk juga* **brush** KATA NAMA

memberus
◊ *to brush one's teeth* memberus gigi
* **to brush one's hair** menyikat rambut

to **brush against** KATA KERJA
bergeseran
◊ *The corridor was so narrow that their shoulders nearly brushed against each other.* Koridor itu begitu sempit sehingga bahu mereka hampir bergeseran.

to **brush up** KATA KERJA
memperbaiki
◊ *I had hoped to brush up my Spanish.* Saya berharap saya dapat memperbaiki bahasa Sepanyol saya.

Brussels KATA NAMA
Brussels

Brussels sprouts KATA NAMA JAMAK
kubis Brussels

brutal KATA ADJEKTIF
kejam

brutality KATA NAMA
(JAMAK **brutalities**)
kekejaman
◊ *the brutality of the communists*

kekejaman pihak komunis
brutally KATA ADVERBA
dengan kejam
◊ *His friend had been brutally murdered.* Kawannya telah dibunuh dengan kejam.
BSc SINGKATAN (= *Bachelor of Science*)
Sarjana Muda Sains
◊ *a BSc in Mathematics* Sarjana Muda Sains dalam Matematik
BTW SINGKATAN (= *by the way*)
(*tidak formal, biasanya dalam e-mel*)
_oh ya_
bubble KATA NAMA
1. _buih_
◊ *soap bubbles* buih sabun
2. _gelembung_
◊ *a bubble of gas* satu gelembung gas
bubble bath KATA NAMA
mandi buih
bubble gum KATA NAMA
gula-gula getah
bucket KATA NAMA
baldi
buckle KATA NAMA
1. _kancing_
2. _kepala tali pinggang_
bud KATA NAMA
kudup
◊ *a flower bud* kudup bunga
Buddha KATA NAMA
Buddha
Buddhism KATA NAMA
agama Buddha
Buddhist KATA ADJEKTIF
Buddha
to **budge** KATA KERJA
1. _berganjak_
◊ *Her mother refused to budge from the village.* Emaknya enggan berganjak dari kampung itu.
2. _menggerakkan_
♦ **The window refused to budge.** Tingkap itu tidak dapat digerakkan.
♦ **They said they would not budge.** Mereka berkata bahawa mereka tidak akan mengubah pendirian.
budget KATA NAMA
rujuk juga **budget** KATA KERJA
1. _peruntukan_
2. _belanjawan_
to **budget** KATA KERJA
rujuk juga **budget** KATA NAMA
memperuntukkan
◊ *They budgeted 10 million pounds for advertising.* Mereka memperuntukkan sebanyak 10 juta paun untuk pengiklanan.
♦ **I'm learning how to budget.** Saya sedang belajar cara membuat belanjawan.
budgie KATA NAMA
burung nuri
buffalo KATA NAMA
(JAMAK **buffaloes** atau **buffalo**)
kerbau
buffet KATA NAMA
bufet
buffet car KATA NAMA
gerabak makan-minum (*kereta api*)
bug KATA NAMA
pepijat
♦ **a stomach bug** kuman yang menyebabkan sakit perut
bugged KATA ADJEKTIF
dipasang mikrofon rahsia
◊ *The phone was bugged.* Telefon itu telah dipasang mikrofon rahsia.
to **build** KATA KERJA
(**built**, **built**)
membina
◊ *They're going to build houses here.* Mereka akan membina rumah di sini.
to **build up** KATA KERJA
bertambah
◊ *He has built up a huge collection of stamps.* Koleksi setemnya telah bertambah banyak. ◊ *Our debts are building up.* Hutang kami semakin bertambah.
builder KATA NAMA
1. _jurubina_
2. _buruh binaan_
building KATA NAMA
1. _bangunan_
2. _pembinaan_
built KATA KERJA *rujuk* **build**
bulb KATA NAMA
1. _mentol_
2. _bebawang_
to **bulge** KATA KERJA
tersembul
◊ *His eyes were bulging.* Matanya tersembul.
♦ **He ate so much that his stomach started to bulge.** Dia makan begitu banyak sehingga perutnya mula buncit.
bulk KATA NAMA
pukal
◊ *to buy in bulk* membeli secara pukal
bulky KATA ADJEKTIF
besar dan berat
◊ *a bulky package* bungkusan yang besar dan berat
bull KATA NAMA
lembu jantan
bulldozer KATA NAMA
jentolak
bullet KATA NAMA
peluru
bulletin KATA NAMA

bulletin board → burn

buletin
bulletin board KATA NAMA
  1. *papan kenyataan*
  2. *papan buletin* (*komputer*)
bullet-proof KATA ADJEKTIF
  kalis peluru
bullfighting KATA NAMA
  sukan lawan lembu
  ◊ *Do you like bullfighting?* Anda suka menonton sukan lawan lembu?
bullock cart KATA NAMA
  kereta lembu
bully KATA NAMA
  (JAMAK **bullies**)
  | *rujuk juga* **bully** KATA KERJA |
  pembuli
  ◊ *He's a big bully.* Dia pembuli besar.
to **bully** KATA KERJA
  (**bullied, bullied**)
  | *rujuk juga* **bully** KATA NAMA |
  membuli
bum KATA NAMA
  (*tidak formal*)
  punggung
bum bag KATA NAMA
  beg pinggang
bump KATA NAMA
  | *rujuk juga* **bump** KATA KERJA |
  1. *benjol* (*pada dahi*)
  2. *bonggol* (*pada jalan*)
  ♦ **We had a bump while driving home.** Kami terlibat dalam satu perlanggaran ketika dalam perjalanan pulang.
to **bump** KATA KERJA
  | *rujuk juga* **bump** KATA NAMA |
  terhantuk
  ◊ *I bumped my head on the wall.* Kepala saya terhantuk pada dinding.
to **bump into** KATA KERJA
  1. *bertembung*
  ◊ *I bumped into Paul yesterday.* Saya bertembung dengan Paul kelmarin.
  2. *melanggar*
  ◊ *We bumped into a tree.* Kami melanggar sebatang pokok.
bumper KATA NAMA
  bampar
bumpy KATA ADJEKTIF
  berbonggol-bonggol (*jalan*)
bun KATA NAMA
  roti ban
bunch KATA NAMA
  (JAMAK **bunches**)
  ♦ **a bunch of flowers** sejambak bunga
  ♦ **a bunch of grapes** segugus anggur
  ♦ **a bunch of keys** segugus kunci
  ♦ **a bunch of bananas** sesikat pisang
  ♦ **a bunch of people** sekumpulan orang
bunches KATA NAMA JAMAK
  tocang dua
  ◊ *She has her hair in bunches.* Dia mengikat tocang dua.
bundle KATA NAMA
  ikat
  ◊ *a bundle of fifty-ringgit notes* seikat wang kertas lima puluh ringgit
  ♦ **She gathered the bundles of clothing together and put them in the car.** Dia mengumpulkan bungkusan-bungkusan pakaian itu dan memasukkannya ke dalam kereta.
bungalow KATA NAMA
  banglo
bunk KATA NAMA
  katil (*biasanya dalam kapal, karavan*)
bunsen burner KATA NAMA
  penunu Bunsen
burden KATA NAMA
  | *rujuk juga* **burden** KATA KERJA |
  beban
  ◊ *She hopes to lighten the burden on her family.* Dia berharap dapat meringankan beban keluarganya.
to **burden** KATA KERJA
  | *rujuk juga* **burden** KATA NAMA |
  membebani
  ♦ **to burden somebody with something** membebani seseorang dengan sesuatu
  ◊ *His leader burdened him with the task.* Ketuanya membebaninya dengan tugas itu.
bureau KATA NAMA
  (JAMAK **bureaux**)
  biro
bureaucracy KATA NAMA
  birokrasi
burger KATA NAMA
  burger
burglar KATA NAMA
  pencuri (*pecah masuk rumah, bangunan*)
burglary KATA NAMA
  (JAMAK **burglaries**)
  kecurian
to **burgle** KATA KERJA
  mencuri (*dalam rumah, bangunan*)
  ♦ **Her house was burgled.** Rumahnya dimasuki pencuri.
burial KATA NAMA
  pengebumian
burn KATA NAMA
  | *rujuk juga* **burn** KATA KERJA |
  bahagian yang terbakar
to **burn** KATA KERJA
  (**burned** atau **burnt, burned** atau **burnt**)
  | *rujuk juga* **burn** KATA NAMA |
  membakar
  ◊ *I burned the rubbish.* Saya membakar sampah.

English ~ Malay — burn down → butcher

- **I burned the cake.** Kek yang saya bakar itu hangus.
- **I've burned my hand.** Tangan saya terbakar.

to **burn down** KATA KERJA
membakar
- **The factory burned down.** Kilang itu terbakar.

burning KATA ADJEKTIF
> rujuk juga **burning** KATA NAMA

① *panas membakar*
◊ *the burning desert of Central Asia* gurun di bahagian tengah Asia yang panas membakar

② *bersemarak*
◊ *He has a burning desire to succeed.* Semangatnya untuk berjaya bersemarak.

- **The firemen rescued 10 people from the burning building.** Ahli bomba menyelamatkan 10 orang dari bangunan yang sedang terbakar itu.

burning KATA NAMA
> rujuk juga **burning** KATA ADJEKTIF

pembakaran
◊ *open burning* pembakaran terbuka

to **burp** KATA KERJA
terbelahak
◊ *Sani burped after his meal.* Sani terbelahak selepas makan.

to **burst** KATA KERJA
(burst, burst)
pecah
◊ *The balloon burst.* Belon itu pecah.
- **to burst out laughing** tergelak
- **to burst into tears** menangis dengan tiba-tiba
- **to burst into flames** terbakar dengan tiba-tiba

to **bury** KATA KERJA
(buried, buried)
mengebumikan

bus KATA NAMA
(JAMAK **buses**)
bas
◊ *by bus* dengan bas ◊ *the school bus* bas sekolah ◊ *a bus ticket* tiket bas

bush KATA NAMA
(JAMAK **bushes**)
semak

bushy KATA ADJEKTIF
lebat
◊ *bushy eyebrows* kening yang lebat
- **a bushy tail** ekor yang berbulu lebat
- **bushy plants** tumbuhan yang berdaun lebat

business KATA NAMA
(JAMAK **businesses**)
① *perniagaan*

◊ *He's got his own business.* Dia memiliki perniagaan sendiri.

② *urusan*
◊ *He's away on business.* Dia tidak ada di sini kerana ada urusan.
- **a business trip** lawatan perniagaan
- **It's none of my business.** Itu bukan urusan saya.

businessman KATA NAMA
(JAMAK **businessmen**)
ahli perniagaan (*lelaki*)

businesswoman KATA NAMA
(JAMAK **businesswomen**)
ahli perniagaan (*wanita*)

busker KATA NAMA
seniman jalanan

bus pass KATA NAMA
pas bas

bus station KATA NAMA
stesen bas

bus stop KATA NAMA
perhentian bas

bust KATA NAMA
① *patung orang* (dari kepala hingga dada)
② *buah dada*
③ *serbuan* (oleh polis)
◊ *drugs bust* serbuan rampasan dadah

bustle KATA NAMA
kesibukan
◊ *the bustle of the city* kesibukan bandar raya itu

busy KATA ADJEKTIF
sibuk
◊ *She's a very busy woman.* Dia seorang wanita yang sangat sibuk.
◊ *It's been a very busy day.* Hari ini merupakan hari yang sangat sibuk.

busybody KATA NAMA
(JAMAK **busybodies**)
penyibuk

but KATA SENDI, KATA HUBUNG
① *tetapi*
◊ *I'd like to come, but I'm busy.* Saya ingin datang, tetapi saya sibuk.

② *kecuali*
◊ *She had no choice but to resign.* Dia tidak mempunyai pilihan lain kecuali meletakkan jawatan.
- **They won all but two of their matches.** Mereka hanya kalah dalam dua perlawanan.
- **the last but one** yang kedua akhir

butcher KATA NAMA
① *penjual daging*
◊ *He's a butcher.* Dia seorang penjual daging.
② *penyembelih*
- **at the butcher's** di kedai daging

butt KATA NAMA
puntung
◊ *cigarette butt* puntung rokok
• **rifle butt** pangkal senapang

butt-cheeks KATA NAMA JAMAK (*tidak formal*)
punggung

butter KATA NAMA
> rujuk juga **butter** KATA KERJA

mentega

to **butter** KATA KERJA
> rujuk juga **butter** KATA NAMA

menyapu mentega

to **butter up** KATA KERJA
mengampu
◊ *I tried buttering her up.* Saya cuba mengampunya.

butterfly KATA NAMA
(JAMAK **butterflies**)
1. *kupu-kupu* **atau** *rama-rama*
2. *kuak kupu-kupu*
◊ *Her favourite stroke is the butterfly.* Acara renang kegemarannya ialah kuak kupu-kupu.

buttocks KATA NAMA JAMAK
punggung

button KATA NAMA
butang

buy KATA NAMA
> rujuk juga **buy** KATA KERJA

pembelian
◊ *It was a good buy.* Pembelian itu berbaloi.

to **buy** KATA KERJA
(**bought, bought**)
> rujuk juga **buy** KATA NAMA

membeli
◊ *I bought a watch from him.* Saya membeli seutas jam tangan daripadanya.
• **He bought me an ice cream.** Dia membelikan saya aiskrim.

to **buy up** KATA KERJA
1. *memborong* (*barangan*)
◊ *Selvi bought up all the clothes that were available in the shop.* Selvi memborong semua pakaian yang ada di kedai itu.
2. *membeli* (*tanah, hak milik, komoditi*)

buyer KATA NAMA
pembeli

to **buzz** KATA KERJA
> rujuk juga **buzz** KATA NAMA

berdengung (*bunyi lebah*)

buzz KATA NAMA
> rujuk juga **buzz** KATA KERJA

dengung (*bunyi lebah*)

by KATA SENDI
1. *oleh*
◊ *The thieves were caught by the police.* Pencuri-pencuri itu telah ditangkap oleh polis. ◊ *a painting by Picasso* sebuah lukisan oleh Picasso
2. *dengan*
◊ *by car* dengan kereta ◊ *by train* dengan kereta api ◊ *by bus* dengan bas
3. *di sebelah*
◊ *Where's the bank? - It's by the post office.* Di manakah bank itu? - Bank itu terletak di sebelah pejabat pos.
• **We have to be there by 4 o'clock.** Kami mesti berada di sana sebelum pukul 4.
• **It'll be ready by the time you get back.** Kerja-kerja ini akan siap sebelum anda pulang.
• **by the time...** pada waktu... ◊ *By the time I got there it was too late.* Pada waktu saya sampai di sana, semuanya sudah terlambat.
• **That's fine by me.** Saya setuju sahaja.
• **all by himself** seorang diri
• **I did it all by myself.** Saya melakukannya sendiri.
• **by the way** oh ya

bye KATA SERUAN
selamat tinggal

bygone KATA ADJEKTIF
silam
◊ *a bygone age* zaman silam

bypass KATA NAMA
(JAMAK **bypasses**)
pintasan

C

cab KATA NAMA
teksi

cabbage KATA NAMA
kubis

cabin KATA NAMA
kabin

cabinet KATA NAMA
kabinet
◊ *an office cabinet* kabinet pejabat
♦ **the Cabinet** jemaah menteri

cable KATA NAMA
kabel

cable car KATA NAMA
kereta kabel

cable television KATA NAMA
televisyen kabel

caddie KATA NAMA
kedi
◊ *Johnson works as a caddie at the golf club.* Johnson bekerja sebagai kedi di kelab golf itu.

cadence KATA NAMA
alunan
◊ *the cadences of a song* alunan lagu

cadet KATA NAMA
kadet
◊ *He joined the army cadets two years ago.* Dia menyertai kadet tentera dua tahun yang lalu.

café KATA NAMA
kafe

café bar KATA NAMA
bar kafe
kafe yang juga menjual minuman keras

cafeteria KATA NAMA
kafeteria
◊ *We're going to have lunch in the cafeteria.* Kami akan makan tengah hari di kafeteria.

caffeine KATA NAMA
kafeina

cage KATA NAMA
sangkar

cake KATA NAMA
kek

calamity KATA NAMA
(JAMAK **calamities**)
bencana
◊ *the calamity of war* bencana peperangan

to **calculate** KATA KERJA
mengira
◊ *We're trying to calculate our profit for this month.* Kami cuba mengira keuntungan kami pada bulan ini.

calculation KATA NAMA
pengiraan

calculator KATA NAMA
mesin kira atau *kalkulator*

calendar KATA NAMA
kalendar

calf KATA NAMA
(JAMAK **calves**)
1 *anak lembu*
2 *betis*

calibre KATA NAMA
kaliber
◊ *I was impressed with the calibre of the researchers.* Saya kagum dengan kaliber yang ditunjukkan oleh para penyelidik itu.

caliph KATA NAMA
khalifah

call KATA NAMA
rujuk juga **call** KATA KERJA
panggilan
◊ *a phone call* panggilan telefon
♦ **to be on call** sedia bertugas apabila diperlukan
♦ **it's your/their call** terserah kepada anda/mereka

to **call** KATA KERJA
rujuk juga **call** KATA NAMA
1 *menelefon*
◊ *We called the police.* Kami telah menelefon polis. ◊ *I'll tell him you called.* Saya akan memberitahunya bahawa anda ada menelefonnya.
♦ **to be called** bernama ◊ *His dog is called Fluffy.* Anjingnya bernama Fluffy.
♦ **What's she called?** Siapakah namanya?
2 *memanggil*
◊ *She waited three hours before she was called to give evidence.* Dia menunggu selama tiga jam sebelum dipanggil untuk memberikan keterangan.

to **call back** KATA KERJA
menelefon balik
◊ *I'll call back later.* Saya akan menelefon balik nanti.

to **call for** KATA KERJA
1 *menjemput*
◊ *I shall be calling for you at seven o'clock.* Saya akan menjemput anda pada pukul tujuh.
2 *memerlukan*
◊ *This job calls for strong nerves.* Pekerjaan ini memerlukan keberanian.
3 *menuntut*
◊ *They called for the manager's resignation.* Mereka menuntut supaya pengurus tersebut meletakkan jawatan.

to **call off** KATA KERJA
membatalkan
◊ *The match was called off.* Perlawanan itu telah dibatalkan.

to **call on** KATA KERJA

call out → can   B. Inggeris ~ B. Melayu   72

1 *menyeru*
◊ *The government called on the people to buy local products.* Kerajaan menyeru rakyat membeli barangan buatan tempatan.
2 *mengunjungi*
◊ *Sofia was intending to call on Miss Kitts.* Sofia bercadang hendak mengunjungi Cik Kitts.

to **call out** KATA KERJA
memanggil
◊ *I called the doctor out.* Saya memanggil doktor.

call box KATA NAMA
(JAMAK **call boxes**)
pondok telefon

call centre KATA NAMA
pusat perkhidmatan telekomunikasi
> pejabat yang menjalankan urusan membuat atau menjawab panggilan telefon untuk syarikat-syarikat tertentu

calligraphy KATA NAMA
kaligrafi

callus KATA NAMA
(JAMAK **calluses**)
kematu

call waiting KATA NAMA
(telekomunikasi)
panggilan menunggu

calm KATA ADJEKTIF
> rujuk juga **calm** KATA KERJA

tenang (manusia, suasana)

to **calm** KATA KERJA
> rujuk juga **calm** KATA ADJEKTIF

menenangkan
◊ *She tried to calm herself.* Dia cuba menenangkan dirinya.
♦ **His words could not calm Amy's anger.** Kata-katanya tidak dapat meredakan kemarahan Amy.

to **calm down** KATA KERJA
bertenang
◊ *Calm down!* Bertenang!

calmness KATA NAMA
ketenangan
◊ *the calmness of the sea* ketenangan air laut

calorie KATA NAMA
kalori

calves KATA NAMA JAMAK *rujuk* **calf**

calyx KATA NAMA
(JAMAK **calyxes**)
kaliks

camcorder KATA NAMA
perakam video mudah alih

came KATA KERJA *rujuk* **come**

camel KATA NAMA
unta

camera KATA NAMA
kamera

cameraman KATA NAMA
(JAMAK **cameramen**)
jurugambar atau *jurukamera*

camouflage KATA NAMA
samaran

camp KATA NAMA
> rujuk juga **camp** KATA KERJA

1 *perkhemahan*
2 *kem*
◊ *a refugee camp* kem pelarian

to **camp** KATA KERJA
> rujuk juga **camp** KATA NAMA

berkhemah

campaign KATA NAMA
> rujuk juga **campaign** KATA KERJA

kempen

to **campaign** KATA KERJA
> rujuk juga **campaign** KATA NAMA

berkempen

camp bed KATA NAMA
katil lipat

camper KATA NAMA
ahli perkhemahan
♦ **a camper van**
> sebuah van yang dilengkapi dengan katil dan kelengkapan memasak supaya seseorang boleh tidur dan masak di dalam van tersebut

camping KATA NAMA
perkhemahan
♦ **to go camping** pergi berkhemah

camping gas® KATA NAMA
tong gas
> digunakan untuk dapur mudah alih yang dibawa semasa pergi berkhemah

campsite KATA NAMA
tapak perkhemahan

campus KATA NAMA
(JAMAK **campuses**)
kampus

can KATA KERJA
(**could**)
> rujuk juga **can** KATA NAMA

1 *boleh*
◊ *You can borrow a car.* Anda boleh meminjam sebuah kereta. ◊ *Can I use your phone?* Bolehkah saya gunakan telefon anda?
♦ **The news can't be true.** Berita tersebut tidak mungkin benar.
2 *tahu*
◊ *I can swim.* Saya tahu berenang.
◊ *He can't drive.* Dia tidak tahu memandu.
♦ **You could be right.** Anda mungkin betul.

English ~ Malay — can → capacity

Kadang-kadang **can** *tidak diterjemahkan ke dalam bahasa Melayu.*
◊ *I can't understand.* Saya tidak faham.
◊ *I can't remember.* Saya tidak ingat.

can KATA NAMA
rujuk juga **can** KATA KERJA
tin
◊ *a can of red beans* setin kacang merah

Canada KATA NAMA
Kanada

Canadian KATA ADJEKTIF
rujuk juga **Canadian** KATA NAMA
Kanada
◊ *a Canadian flag* bendera Kanada
♦ **He's Canadian.** Dia berbangsa Kanada.

Canadian KATA NAMA
rujuk juga **Canadian** KATA ADJEKTIF
orang Kanada
◊ *the Canadians* orang Kanada

canal KATA NAMA
terusan

Canaries KATA NAMA
♦ **the Canaries** Kepulauan Canary

canary KATA NAMA
(JAMAK **canaries**)
burung kenari
♦ **the Canary Islands** Kepulauan Canary

to **cancel** KATA KERJA
membatalkan
◊ *Our flight was cancelled.* Penerbangan kami dibatalkan.

cancellation KATA NAMA
pembatalan

cancer KATA NAMA
1. *barah* atau *kanser*
◊ *He's got cancer.* Dia menghidap barah.
♦ **breast cancer** barah payudara
2. *Kanser*
♦ **I'm Cancer.** Zodiak saya ialah Kanser.

candidate KATA NAMA
calon

candle KATA NAMA
lilin

candlelight KATA NAMA
cahaya lilin

candy KATA NAMA
(JAMAK **candies**)
gula-gula
◊ *I love candy.* Saya suka makan gula-gula.

candyfloss KATA NAMA
halwa rambut

cane KATA NAMA
rujuk juga **cane** KATA KERJA
1. *rotan*
2. *tongkat*

to **cane** KATA KERJA
rujuk juga **cane** KATA NAMA
merotan
◊ *He caned his naughty son.* Dia merotan anak lelakinya yang nakal.
♦ **The offender was caned.** Pesalah itu disebat.

canine KATA NAMA
♦ **canine tooth** gigi taring

cannabis KATA NAMA
ganja

canned KATA ADJEKTIF
di dalam tin
◊ *canned food* makanan di dalam tin

cannon KATA NAMA
meriam

cannot KATA KERJA = **can not**

canoe KATA NAMA
kano

canoeing KATA NAMA
mendayung kano
◊ *We went canoeing.* Kami pergi mendayung kano.

can-opener KATA NAMA
pembuka tin

canopy KATA NAMA
(JAMAK **canopies**)
1. *kanopi*
2. *tenda (pada katil)*

can't KATA KERJA = **can not**

canteen KATA NAMA
kantin

canvas KATA NAMA
(JAMAK **canvases**)
kanvas

to **canvass** KATA KERJA
memancing undi
◊ *to canvass for somebody* memancing undi untuk seseorang

canyon KATA NAMA
kanyon

cap KATA NAMA
1. *tudung botol*
2. *topi*

capability KATA NAMA
(JAMAK **capabilities**)
keupayaan
◊ *Children have different capabilities.* Kanak-kanak mempunyai keupayaan yang berbeza.

capable KATA ADJEKTIF
berkebolehan
◊ *She's capable of doing much more.* Dia berkebolehan melakukan lebih daripada itu.

capacity KATA NAMA
(JAMAK **capacities**)
1. *muatan*
◊ *The tank has a forty litre capacity.*

cape → cardboard

Muatan tangki tersebut ialah empat puluh liter.

2 *keupayaan*
◊ *He has a capacity for hard work.* Dia mempunyai keupayaan untuk bekerja keras.

cape KATA NAMA
tanjung

capillary KATA NAMA
(JAMAK **capillaries**)
rerambut

capital KATA NAMA
1 *ibu negara*
2 *ibu negeri*
3 *modal*
◊ *He has invested a large amount of capital in the project.* Dia telah melaburkan modal yang banyak dalam projek tersebut.
4 *huruf besar*
◊ *in capitals* dalam huruf besar

capitalism KATA NAMA
kapitalisme

capitalist KATA NAMA
kapitalis

capital punishment KATA NAMA
hukuman mati

Capricorn KATA NAMA
Kaprikorn
• **I'm Capricorn.** Zodiak saya ialah Kaprikorn.

to **capsize** KATA KERJA
terbalik
◊ *The ship capsized in the Atlantic Ocean.* Kapal tersebut terbalik di Lautan Atlantik.

capsule KATA NAMA
kapsul
◊ *cod liver oil capsule* kapsul minyak ikan kod

captain KATA NAMA
1 *kapten*
2 *ketua pasukan*
3 *nakhoda*

caption KATA NAMA
keterangan gambar

to **captivate** KATA KERJA
mempesonakan
◊ *The singer's beauty captivated us.* Kecantikan penyanyi itu mempesonakan kami.
• **You'll be captivated by the beauty of the landscape.** Anda akan terpesona dengan keindahan lanskap di tempat ini.

captivating KATA ADJEKTIF
mempesona
◊ *a captivating smile* senyuman yang mempesona

captivity KATA NAMA

kurungan
◊ *Some animals cannot breed in captivity.* Sesetengah haiwan tidak dapat membiak semasa berada dalam kurungan.

to **capture** KATA KERJA
> rujuk juga **capture** KATA NAMA

1 *menangkap*
◊ *The guerrillas have captured a group of soldiers.* Gerila-gerila tersebut telah menangkap sepasukan askar.
2 *menawan*
◊ *The Portuguese captured Malacca in 1511.* Portugis menawan Melaka pada tahun 1511.

capture KATA NAMA
> rujuk juga **capture** KATA KERJA

penawanan
◊ *the capture of the town by the rebels* penawanan bandar itu oleh pemberontak-pemberontak tersebut

car KATA NAMA
kereta
• **a car crash** kemalangan kereta

caramel KATA NAMA
karamel

carat KATA NAMA
karat
◊ *a huge eight-carat diamond ring* sebentuk cincin berlian lapan karat yang besar

caravan KATA NAMA
karavan
> sejenis kenderaan yang dilengkapi dengan katil dan kelengkapan lain untuk bercuti

• **a caravan site**
> tempat-tempat tertentu di negara Barat untuk orang ramai meletak karavan mereka dan berkhemah di situ

carbohydrate KATA NAMA
karbohidrat

carbonate KATA NAMA
karbonat
◊ *calcium carbonate* kalsium karbonat

carbon dioxide KATA NAMA
karbon dioksida

carbon monoxide KATA NAMA
karbon monoksida

carcass KATA NAMA
(JAMAK **carcasses**)
bangkai

card KATA NAMA
kad
◊ *I got lots of cards and presents on my birthday.* Saya menerima kad dan hadiah yang banyak pada hari jadi saya.
• **a card game** permainan daun terup

cardboard KATA NAMA

kadbod

cardigan KATA NAMA
kardigan (baju panas)

cardiopulmonary KATA ADJEKTIF
kardiopulmonari
◊ *cardiopulmonary resuscitation* pemulihan kardiopulmonari

care KATA NAMA

> rujuk juga **care** KATA KERJA

jagaan
◊ *in somebody's care* dalam jagaan seseorang
- **to take care of** menjaga ◊ *I take care of the children on Saturdays.* Saya menjaga budak-budak itu pada hari Sabtu.
- **Take care! (1)** Berhati-hati!
- **Take care! (2)** Jaga diri baik-baik!
- **care of** (AS **in care of**) menggunakan alamat ◊ *Please write to me care of the publishers.* Sila tuliskan surat kepada saya dengan menggunakan alamat penerbit tersebut.

to **care** KATA KERJA

> rujuk juga **care** KATA NAMA

mengambil berat
◊ *a company that cares about the environment* sebuah syarikat yang mengambil berat tentang alam sekitar
- **I don't care!** Saya tidak peduli!
- **Who cares?** Siapa peduli?

to **care for** KATA KERJA
menjaga
◊ *They employed a nurse to care for her.* Mereka mengupah seorang jururawat untuk menjaganya.

career KATA NAMA
kerjaya

careful KATA ADJEKTIF
cermat
◊ *She is a careful driver.* Dia seorang pemandu yang cermat.
- **Be careful!** Berhati-hati!

carefully KATA ADVERBA
baik-baik
◊ *Walk carefully!* Jalan baik-baik!
- **Think carefully!** Fikir masak-masak!
- **Drive carefully!** Pandu dengan cermat!
- **He explained carefully what he was doing.** Dia menjelaskan perkara yang dilakukannya dengan teliti.

care home KATA NAMA
pusat rawatan khas
> rumah atau institusi yang memberikan perkhidmatan menjaga atau merawat orang yang mempunyai masalah tertentu

careless KATA ADJEKTIF
cuai
◊ *a careless driver* pemandu yang cuai

carelessness KATA NAMA
kecuaian
◊ *Ann's carelessness caused her to fail her examinations.* Kecuaian Ann menyebabkan dia gagal dalam peperiksaannya.

to **caress** KATA KERJA

> rujuk juga **caress** KATA NAMA

membelai
◊ *Anne caressed her child's hair.* Anne membelai rambut anaknya.

caress KATA NAMA
(JAMAK **caresses**)

> rujuk juga **caress** KATA KERJA

belaian
◊ *Her mother's caresses calmed her.* Belaian emaknya menenangkan perasaannya.

caretaker KATA NAMA
penjaga
◊ *school caretaker* penjaga sekolah
- **caretaker government** kerajaan sementara

car ferry KATA NAMA
(JAMAK **car ferries**)
feri

cargo KATA NAMA
(JAMAK **cargoes**)
muatan atau *kargo*

car hire KATA NAMA
penyewaan kereta

Caribbean KATA ADJEKTIF

> rujuk juga **Caribbean** KATA NAMA

Caribbean
◊ *the Caribbean island* Kepulauan Caribbean

Caribbean KATA NAMA

> rujuk juga **Caribbean** KATA ADJEKTIF

Kepulauan Caribbean
◊ *We're going to the Caribbean.* Kami akan pergi ke Kepulauan Caribbean.
- **the Caribbean** Laut Caribbean

caries KATA NAMA
karies
◊ *dental caries* karies gigi

caring KATA ADJEKTIF
penyayang
◊ *a caring society* masyarakat penyayang
- **the caring professions** kerjaya penyayang
> kerjaya seperti jururawat dan pekerja kebajikan yang bertugas menjaga orang lain

carnation KATA NAMA
bunga teluki

carnival KATA NAMA
karnival

carnivore KATA NAMA

carol → cashmere

karnivor atau *maging*

carol KATA NAMA
karol
◊ a Christmas carol karol Krismas
lagu keagamaan Kristian yang dinyanyikan semasa Krismas

carotene KATA NAMA
karotena

car park KATA NAMA
tempat letak kereta

carpenter KATA NAMA
tukang kayu

carpet KATA NAMA
permaidani

car phone KATA NAMA
telefon kereta

carriage KATA NAMA
1. *kereta kuda*
2. *gerabak* (*kereta api*)

carrier KATA NAMA
1. *pengangkut* (*kenderaan*)
2. *pembawa*
◊ a carrier of the malaria virus pembawa kuman malaria

carrier bag KATA NAMA
beg membeli-belah (*diperbuat daripada kertas atau plastik*)

carrot KATA NAMA
lobak merah

to **carry** KATA KERJA
(**carried, carried**)
1. *mengangkat*
◊ I'll carry your bag. Saya akan mengangkat beg anda.
2. *membawa*
◊ a plane carrying 100 passengers sebuah kapal terbang yang membawa 100 orang penumpang

to **carry on** KATA KERJA
meneruskan
◊ He carried on talking. Dia meneruskan percakapannya.
* **Carry on!** Teruskan! ◊ Am I boring you? - No, carry on! Apakah saya membosankan anda? -Tidak, teruskan!

to **carry out** KATA KERJA
melaksanakan
◊ They have carried out their task. Mereka telah melaksanakan tugas mereka.

carrycot KATA NAMA
bakul bayi

cart KATA NAMA
pedati

cartographer KATA NAMA
pemeta

carton KATA NAMA
karton

cartoon KATA NAMA
kartun

cartoonist KATA NAMA
kartunis

cartoon strip KATA NAMA
kartun (*dalam surat khabar, dll*)

cartridge KATA NAMA
kartrij

to **carve** KATA KERJA
1. *mengukir*
◊ a carved oak chair sebuah kerusi oak yang diukir
2. *memotong*
◊ Daddy carved the meat. Ayah memotong daging itu.

carver KATA NAMA
pengukir

carving KATA NAMA
ukiran
◊ The vase is decorated with fine carving. Pasu itu dihias dengan ukiran yang halus.
* **His carving skill is unrivalled.** Kemahiran mengukirnya tidak ada tandingan.

case KATA NAMA
1. *beg*
◊ I've packed my case. Saya telah mengemas beg saya.
* **pillow case** sarung bantal
2. *kes*
◊ in some cases dalam kes-kes tertentu ◊ The police are investigating the case. Pihak polis sedang menyiasat kes itu.
* **in case it rains** kalau-kalau hujan
* **just in case** kalau-kalau
* **Take some money with you, just in case.** Bawalah sedikit wang bersama anda, kalau-kalau diperlukan.

cash KATA NAMA
wang tunai
◊ I'm a bit short of cash. Saya tidak mempunyai wang tunai yang cukup.
* **in cash** tunai ◊ RM200 in cash RM200 tunai
* **to pay cash** membayar tunai

cash card KATA NAMA
kad tunai

cash desk KATA NAMA
kaunter pembayaran

cash dispenser KATA NAMA
mesin juruwang automatik

cashew KATA NAMA
janggus atau *gajus*

cashew nut KATA NAMA
biji gajus

cashier KATA NAMA
juruwang

cashmere KATA NAMA

kashmir
- *a cashmere sweater* baju panas kashmir

cash register KATA NAMA
mesin daftar tunai

casino KATA NAMA
(JAMAK **casinos**)
kasino

casserole KATA NAMA
kaserol
- *a casserole dish* kaserol

cassette KATA NAMA
kaset
◊ *a cassette recorder* perakam kaset

cast KATA NAMA
rujuk juga **cast** KATA KERJA
barisan pelakon
◊ *The cast of the film includes many famous actors.* Barisan pelakon filem itu terdiri daripada ramai pelakon terkenal.

to **cast** KATA KERJA
(**cast**, **cast**)
rujuk juga **cast** KATA NAMA
menebar
◊ *The fisherman cast his fishing net into the sea.* Nelayan itu menebar jalanya ke laut.
- *He cast a spell on her.* Lelaki itu telah memukaunya.

caste KATA NAMA
kasta

castle KATA NAMA
istanakota

castor KATA NAMA
lereng-lereng

casual KATA ADJEKTIF
1. *kasual*
◊ *I prefer casual clothes.* Saya lebih suka pakaian kasual.
2. *sambil lewa*
◊ *a casual attitude* sikap sambil lewa
3. *sambilan*
◊ *It's just a casual job.* Ini hanya pekerjaan sambilan.
- *a casual remark* pernyataan bersahaja

casually KATA ADVERBA
kasual
◊ *to dress casually* berpakaian kasual

casualty KATA NAMA
(JAMAK **casualties**)
1. *wad kecemasan*
◊ *He was taken to casualty after the accident.* Dia dihantar ke wad kecemasan selepas kemalangan tersebut.
2. *mangsa nahas*
◊ *The casualties include an old man.* Mangsa-mangsa nahas termasuk seorang lelaki tua.

casuarina KATA NAMA

ru

cat KATA NAMA
kucing

catalogue KATA NAMA
katalog
- *a catalogue of errors/injuries/disasters* rentetan kesilapan/kecederaan/malapetaka

catalyst KATA NAMA
pemangkin
◊ *a catalyst for change* pemangkin kepada perubahan

catapult KATA NAMA
lastik

cataract KATA NAMA
katarak

catarrh KATA NAMA
katar

catastrophe KATA NAMA
malapetaka

catch KATA NAMA
(JAMAK **catches**)
rujuk juga **catch** KATA KERJA
hasil tangkapan
◊ *the fisherman's catch* hasil tangkapan nelayan

to **catch** KATA KERJA
(**caught**, **caught**)
rujuk juga **catch** KATA NAMA
1. *menangkap*
◊ *They caught the thief.* Mereka telah menangkap pencuri tersebut.
2. *menaiki*
◊ *You won't be able to catch the last bus.* Anda tidak akan sempat menaiki bas yang terakhir.
- *I didn't catch what he was saying.* Saya tidak dapat menangkap kata-katanya.
- *I caught him stealing money.* Saya mendapati dia mencuri wang.
- *She put a bucket under the tap to catch the drips.* Dia meletakkan sebuah baldi di bawah pili itu untuk menadah air yang menitis keluar.
- *to catch a cold* dijangkiti selesema

to **catch up** KATA KERJA
mengejar
◊ *In business, we have to catch up with our competitors.* Dalam perniagaan, kita harus mengejar pesaing kita.
- *I've got to catch up on my work.* Saya terpaksa menyiapkan kerja saya.

catching KATA ADJEKTIF
mudah berjangkit
◊ *Don't worry, it's not catching!* Jangan bimbang, penyakit ini tidak mudah berjangkit!

catchment KATA NAMA
kawasan tadahan

catchment area KATA NAMA
kawasan perkhidmatan
◊ *the catchment areas of the district general hospitals* kawasan perkhidmatan hospital besar daerah itu

categorization KATA NAMA
pengkategorian

to **categorize** KATA KERJA
mengkategorikan
◊ *They are required to categorize the words according to their parts of speech.* Mereka dikehendaki mengkategorikan perkataan-perkataan itu mengikut kelas kata.

category KATA NAMA
(JAMAK **categories**)
kategori

catering KATA NAMA
perkhidmatan katering
◊ *The hotel did all the catering for the wedding.* Hotel itu menyediakan perkhidmatan katering untuk majlis perkahwinan itu.

caterpillar KATA NAMA
beluncas

catgut KATA NAMA
tali tangsi

cathedral KATA NAMA
gereja besar

Catholic KATA ADJEKTIF
> rujuk juga **Catholic** KATA NAMA

Katolik

Catholic KATA NAMA
> rujuk juga **Catholic** KATA ADJEKTIF

pengikut mazhab Katolik
◊ *I'm a Catholic.* Saya pengikut mazhab Katolik.

cattle KATA NAMA JAMAK
lembu

cattle grid KATA NAMA
perintang lembu
> kekisi yang dipasang pada permukaan jalan untuk menghalang lembu atau kambing biri-biri keluar ke jalan

cattle guard KATA NAMA 🔲
perintang lembu
> kekisi yang dipasang pada permukaan jalan untuk menghalang lembu atau kambing biri-biri keluar ke jalan

caught KATA KERJA *rujuk* **catch**

cauliflower KATA NAMA
bunga kubis

cause KATA NAMA
> rujuk juga **cause** KATA KERJA

1 *sebab*
2 *punca*
◊ *The cause of the fire was a cigarette.* Puntung rokok ialah punca kebakaran tersebut.

to **cause** KATA KERJA
> rujuk juga **cause** KATA NAMA

1 *menyebabkan*
◊ *The changeable weather caused many people to fall ill.* Cuaca yang berubah-ubah menyebabkan ramai orang jatuh sakit.
2 *menimbulkan*
◊ *The attempts are likely to cause problems.* Percubaan-percubaan itu mungkin akan menimbulkan masalah.

'cause KATA HUBUNG
(*tidak formal*)
kerana

causeway KATA NAMA
tambak
◊ *the Johore Causeway* Tambak Johor

caution KATA NAMA
sikap berjaga-jaga
◊ *Extreme caution should be exercised when buying part-worn tyres.* Sikap berjaga-jaga perlu diamalkan apabila membeli tayar terpakai.
♦ **'Caution!'** 'Awas!'

cautious KATA ADJEKTIF
berhati-hati

cautiously KATA ADVERBA
dengan berhati-hati

cave KATA NAMA
gua

caviar KATA NAMA
kaviar
> sejenis makanan daripada telur ikan sturgeon yang hidup di hemisfera utara yang digaramkan

cavity KATA NAMA
(JAMAK **cavities**)
rongga

CCTV SINGKATAN (= *closed-circuit television*)
CCTV (= *televisyen litar tertutup*)

CD KATA NAMA
cakera padat

CD player KATA NAMA
pemain cakera padat

CD ROM KATA NAMA
CD ROM

CDT SINGKATAN (= *craft, design and technology*)
CDT (= *kemahiran, reka bentuk dan teknologi*)

to **cease** KATA KERJA
1 *berhenti*
◊ *At one o'clock the rain had ceased.* Pada pukul satu hujan sudah berhenti.
2 *menghentikan*
◊ *A small number of firms have ceased*

ceasefire → certain

operation. Sebilangan kecil syarikat telah menghentikan operasi.
- **He never ceases to amaze me.** Dia sentiasa mengagumkan saya.

ceasefire KATA NAMA
  gencatan senjata

ceiling KATA NAMA
  siling

to **celebrate** KATA KERJA
  meraikan
  ◊ *Tom celebrated his birthday yesterday.* Tom meraikan hari jadinya kelmarin.

celebrated KATA ADJEKTIF
  termasyhur

celebration KATA NAMA
  sambutan
  ◊ *his eightieth birthday celebrations* sambutan hari jadinya yang kelapan puluh

celebrity KATA NAMA
  (JAMAK **celebrities**)
  orang yang terkenal

celery KATA NAMA
  daun saderi

cell KATA NAMA
  sel
  ◊ *blood cells* sel darah

cellar KATA NAMA
  bilik bawah tanah
- **a wine cellar** bilik menyimpan wain (biasanya di bawah tanah)

cello KATA NAMA
  (JAMAK **cellos**)
  selo

Celsius KATA NAMA
  Celsius

cement KATA NAMA
  simen

cemetery KATA NAMA
  (JAMAK **cemeteries**)
  tanah perkuburan

to **censor** KATA KERJA
  menapis
  ◊ *to censor violent scenes in a movie* menapis adegan-adegan ganas dalam filem

censorship KATA NAMA
  penapisan
  ◊ *film censorship* penapisan filem

census KATA NAMA
  (JAMAK **censuses**)
  banci

cent KATA NAMA
  sen

centenary KATA NAMA
  (JAMAK **centenaries**)
  ulang tahun keseratus

center KATA NAMA
  1 *pusat*
  ◊ *the major international insurance center* pusat insurans antarabangsa yang utama
  2 *bahagian tengah*

centigrade KATA ADJEKTIF
  Celsius
  ◊ *20 degrees centigrade* 20 darjah Celsius

centimetre KATA NAMA
  (AS **centimeter**)
  sentimeter

centipede KATA NAMA
  lipan

central KATA ADJEKTIF
  bahagian tengah
  ◊ *a man who lived in central London* seorang lelaki yang tinggal di bahagian tengah London

central heating KATA NAMA
  pemanasan pusat

central reservation KATA NAMA
  rizab tengah
  > satu jalur tanah yang biasanya berumput di antara jalan dua hala

centre KATA NAMA
  1 *pusat*
  ◊ *the major international insurance centre* pusat insurans antarabangsa yang utama
  2 *bahagian tengah*

to **centre on** KATA KERJA
  menjurus kepada
  ◊ *Their discussion centred on financial issues.* Perbincangan mereka menjurus kepada isu kewangan.

centrepiece KATA NAMA
  bahagian utama
  ◊ *The exhibition is the centrepiece of the festival.* Pameran tersebut merupakan bahagian utama pesta itu.

century KATA NAMA
  (JAMAK **centuries**)
  abad
  ◊ *the twentieth century* abad kedua puluh
- **The treasure had been buried there for centuries.** Harta karun itu tertanam berabad-abad lamanya di situ.

CEO KATA NAMA (= *chief executive officer*)
  CEO (= *pegawai ketua eksekutif*)

cereal KATA NAMA
  bijirin
  ◊ *I have cereal for breakfast.* Saya makan bijirin untuk sarapan.

ceremony KATA NAMA
  (JAMAK **ceremonies**)
  upacara

certain KATA ADJEKTIF
  1 *pasti*

certainly → change

◊ *I am certain he's not coming.* Saya pasti dia tidak akan datang.
② *tertentu*
◊ *He couldn't come for certain reasons.* Dia tidak dapat datang atas sebab-sebab tertentu.
• **for certain** sudah pasti
• **to make certain** memastikan ◊ *I made certain the door was locked.* Saya memastikan bahawa pintu itu berkunci.

certainly KATA ADVERBA
sudah tentu
◊ *I shall certainly be there.* Sudah tentu saya akan berada di sana.

certainty KATA NAMA
(JAMAK **certainties**)
kepastian
◊ *There are no certainties and no guarantees.* Tidak ada kepastian dan jaminan.

certificate KATA NAMA
sijil
• **birth certificate** surat beranak

certification KATA NAMA
pengesahan
◊ *An employer can demand written certification that the relative is really ill.* Majikan boleh meminta pengesahan bertulis yang menyatakan bahawa saudara itu benar-benar sakit.

to **certify** KATA KERJA
(**certified, certified**)
mengesahkan
◊ *All copies of certificates must be certified.* Semua salinan sijil perlu disahkan.
• **a certified diver** penyelam bertauliah

CFC SINGKATAN (= *chlorofluorocarbon*)
CFC (= *klorofluorokarbon*)

chador KATA NAMA
purdah

chain KATA NAMA
rantai
◊ *a gold chain* seutas rantai emas

to **chain up** KATA KERJA
merantai
◊ *He chained up his dog behind the house.* Dia merantai anjingnya di belakang rumah.

chair KATA NAMA
> rujuk juga **chair** KATA KERJA

kerusi

to **chair** KATA KERJA
> rujuk juga **chair** KATA NAMA

mempengerusikan
◊ *Hafiz will chair the meeting this time.* Hafiz akan mempengerusikan mesyuarat itu kali ini.

chairlift KATA NAMA

kerusi kabel

chairman KATA NAMA
(JAMAK **chairmen**)
pengerusi

chairperson KATA NAMA
pengerusi

chalet KATA NAMA
calet

chalk KATA NAMA
kapur
◊ *a piece of chalk* sebatang kapur

challenge KATA NAMA
> rujuk juga **challenge** KATA KERJA

cabaran

to **challenge** KATA KERJA
> rujuk juga **challenge** KATA NAMA

mencabar
◊ *She challenged me to a race.* Dia mencabar saya berlumba dengannya.

challenger KATA NAMA
pencabar

challenging KATA ADJEKTIF
mencabar
◊ *a challenging job* pekerjaan yang mencabar

chambermaid KATA NAMA
wanita yang mengemaskan bilik hotel

chambers KATA NAMA JAMAK
kamar
◊ *judge's chambers* kamar hakim

champagne KATA NAMA
champagne

champion KATA NAMA
johan atau *juara*

championship KATA NAMA
kejohanan

Champions' League KATA NAMA
(*bola sepak*)
Liga Juara

chance KATA NAMA
① *peluang*
◊ *She gave me a chance.* Dia memberikan peluang kepada saya.
② *kemungkinan*
◊ *There's a chance that he will go.* Ada kemungkinan bahawa dia akan pergi.
• **by chance** secara kebetulan
• **to take a chance** mengambil risiko

Chancellor KATA NAMA
canselor

Chancellor of the Exchequer KATA NAMA
Menteri Kewangan
> gelaran bagi Menteri Kewangan negara Britain

chandelier KATA NAMA
lampu gantung (hiasan)

change KATA NAMA
> rujuk juga **change** KATA KERJA

① *perubahan*

◊ *There's been a change of plan.* Ada perubahan rancangan.
- **a change of clothes** persalinan

  ② *wang kecil*
  ◊ *I haven't got any small change.* Saya tidak mempunyai wang kecil.

  ③ *baki wang*
  ◊ *This is your change.* Ini baki wang anda.

to change KATA KERJA

> rujuk juga **change** KATA NAMA

① *berubah*
◊ *The town has changed.* Bandar itu telah berubah.
- **to change one's mind** mengubah fikiran

  ② *menukar*
  ◊ *I'd like to change £50.* Saya ingin menukar 50 paun.
- **Margaret showered and changed.** Margaret mandi dan menyalin pakaiannya.

changeable KATA ADJEKTIF
berubah-ubah
◊ *The changeable weather caused many people to fall ill.* Cuaca yang berubah-ubah menyebabkan ramai orang jatuh sakit.

changing room KATA NAMA
bilik persalinan

channel KATA NAMA

> rujuk juga **channel** KATA KERJA

① *rangkaian* (televisyen)
② *saluran*
◊ *Keep the drainage channel clear.* Pastikan saluran penyaliran tidak tersumbat.
- **the English Channel** Selat Inggeris
- **the Channel Tunnel**

  > sebuah terowong yang dibina di dalam Selat Inggeris untuk menghubungkan negara Britain dengan negara Perancis dan kereta api Eurostar melalui terowong ini ke Paris dan Brussels

to channel KATA KERJA

> rujuk juga **channel** KATA NAMA

menyalurkan
◊ *to channel water to the paddy fields* menyalurkan air ke sawah padi ◊ *the decision to channel financial aid into the region* keputusan untuk menyalurkan bantuan kewangan ke kawasan tersebut

chant KATA NAMA

> rujuk juga **chant** KATA KERJA

① *kata-kata yang berulang-ulang*
② *zikir* (padanan terdekat)
◊ *a Buddhist chant* zikir agama Buddha
- **Muslim chant** zikir

to chant KATA KERJA

> rujuk juga **chant** KATA NAMA

berzikir
◊ *Muslims chant and pray.* Orang Islam berzikir dan bersembahyang.

chaos KATA NAMA
huru-hara (keadaan)

chaotic KATA ADJEKTIF
huru-hara
◊ *The ceremony became chaotic when there was a blackout.* Majlis itu menjadi huru-hara apabila bekalan elektrik terputus.

chap KATA NAMA
(*tidak formal*)
lelaki

chapel KATA NAMA
gereja kecil

chapter KATA NAMA
bab

character KATA NAMA
① *sifat*
◊ *Perhaps you haven't seen his true character.* Mungkin anda belum melihat sifat sebenarnya lagi.
- **She's quite a character.** Dia pelik orangnya.

  ② *watak* (dalam filem, buku)
  ◊ *The central character is played by his friend.* Kawannya memegang watak utama.

  ③ *keistimewaan*
  ◊ *That place has its own character.* Tempat itu mempunyai keistimewaannya yang tersendiri.

  ④ *aksara* (komputer)

characteristic KATA NAMA
① *sifat* (manusia)
② *ciri* (benda)

charcoal KATA NAMA
arang

to charge KATA KERJA

> rujuk juga **charge** KATA NAMA

① *mengenakan bayaran*
◊ *How much did he charge you?* Berapakah bayaran yang dikenakan olehnya?

② *mendakwa*
◊ *The police have charged him with murder.* Pihak polis telah mendakwanya atas tuduhan membunuh.

charge KATA NAMA

> rujuk juga **charge** KATA KERJA

① *bayaran*
◊ *a charge for delivery* bayaran untuk penghantaran

② *jagaan*
◊ *They are all under my charge.* Mereka semua berada dalam jagaan saya.

charisma → cheat

3 *dakwaan*
◊ *criminal charges* dakwaan jenayah
- **free of charge** percuma
- **I'd like to reverse the charges.** Saya ingin membuat panggilan telefon caj balikan.
- **to be in charge** bertanggungjawab

charisma KATA NAMA
karisma
◊ *That politician lacks the charisma to influence anyone.* Ahli politik itu tidak mempunyai karisma untuk mempengaruhi orang.

charismatic KATA ADJEKTIF
berkarisma
◊ *a charismatic person* seorang yang berkarisma

charitable KATA ADJEKTIF
amal
◊ *charitable work for the disabled* kerja amal untuk membantu orang cacat
- **I'm quick to criticize others, but he's more charitable.** Saya mudah mengkritik orang lain tetapi dia lebih bertimbang rasa.

charity KATA NAMA
(JAMAK **charities**)
amal
◊ *charity concert* konsert amal
- **He gave the money to charity.** Dia mendermakan wang itu kepada pertubuhan amal.

charm KATA NAMA
> rujuk juga **charm** KATA KERJA

daya tarikan

to **charm** KATA KERJA
> rujuk juga **charm** KATA NAMA

menawan hati
◊ *He even charmed Mrs Prichard.* Dia juga telah menawan hati Puan Prichard.
- **He charmed his way out of trouble.** Dia menggunakan daya tarikannya untuk melepaskan diri dari masalah.

charming KATA ADJEKTIF
menawan

charm offensive KATA NAMA
serangan mulut manis (kepada pihak lawan, dll)
◊ *to launch a charm offensive* melancarkan serangan mulut manis

chart KATA NAMA
carta
◊ *The chart shows the rise of unemployment.* Carta tersebut menunjukkan peningkatan pengangguran.

charter KATA NAMA
piagam
◊ *Article 50 of the United Nations Charter* Fasal 50 Piagam Pertubuhan Bangsa-bangsa Bersatu

chartered KATA ADJEKTIF
bertauliah
◊ *chartered accountant* akauntan yang bertauliah

charter flight KATA NAMA
penerbangan carter

to **chase** KATA KERJA
> rujuk juga **chase** KATA NAMA

1 *mengejar*
◊ *The policeman chased the thief along the road.* Polis itu mengejar pencuri tersebut di sepanjang jalan itu.
2 *mengurat*
◊ *Tony is chasing Mary.* Tony sedang mengurat Mary.

chase KATA NAMA
> rujuk juga **chase** KATA KERJA

usaha memburu

chat KATA NAMA
> rujuk juga **chat** KATA KERJA

sembang
- **to have a chat** bersembang

to **chat** KATA KERJA
> rujuk juga **chat** KATA NAMA

bersembang
◊ *Jui Yee is chatting with her mum.* Jui Yee sedang bersembang dengan ibunya.

to **chat up** KATA KERJA
mengurat
◊ *Jake was chatting up one of the girls.* Jake sedang mengurat salah seorang daripada gadis-gadis itu.

chat room KATA NAMA
(*komputer*)
bilik bual

chat show KATA NAMA
> **chat show** ialah rancangan televisyen atau radio yang berbentuk perbincangan tidak formal antara pengacara dengan tetamu undangannya.

to **chatter** KATA KERJA
> rujuk juga **chatter** KATA NAMA

berceloteh

chatter KATA NAMA
> rujuk juga **chatter** KATA KERJA

celoteh

cheap KATA ADJEKTIF
murah
◊ *a cheap shirt* kemeja yang murah

to **cheapen** KATA KERJA
menjadikan ... kurang berharga
◊ *Love is a word cheapened by overuse.* Ungkapan cinta yang berlebihan menjadikannya kurang berharga.

cheaply KATA ADVERBA
dengan murah

to **cheat** KATA KERJA

English ~ Malay — cheat → cherish

rujuk juga **cheat** KATA NAMA
menipu
◊ *You're cheating!* Anda menipu!
◊ *He cheated in the examinations.* Dia menipu dalam peperiksaan tersebut.

cheat KATA NAMA
rujuk juga **cheat** KATA KERJA
penipu

check KATA NAMA
rujuk juga **check** KATA KERJA
[1] *pemeriksaan*
◊ *a security check* pemeriksaan keselamatan
[2] 🅰 *cek*
◊ *to write a check* menulis sekeping cek
[3] 🅰 *bil*
◊ *The waiter brought us the check.* Pelayan itu membawa bil kepada kami.

to **check** KATA KERJA
rujuk juga **check** KATA NAMA
[1] *menyemak*
◊ *Can you please check my homework?* Bolehkah anda menyemak kerja rumah saya?
[2] *memeriksa*
◊ *He checked on the goods that had just arrived.* Dia memeriksa barangan yang baru sampai.
♦ **to check with somebody** menanya seseorang ◊ *I'll check with the driver what time the bus leaves.* Saya akan menanya pemandu bas tentang masa bas bertolak.

to **check in** KATA KERJA
mendaftar masuk

to **check out** KATA KERJA
mendaftar keluar

checked KATA ADJEKTIF
berpetak-petak
◊ *She's wearing a red shirt and a checked skirt.* Dia memakai baju merah dan skirt yang berpetak-petak.

check-in KATA NAMA
(JAMAK **check-ins**)
tempat mendaftar masuk (di lapangan terbang)

checkout KATA NAMA
kaunter pembayaran (di pasar raya)

check-up KATA NAMA
(JAMAK **check-ups**)
pemeriksaan (oleh doktor, doktor gigi)

cheek KATA NAMA
pipi
◊ *I kissed her on the cheek.* Saya mencium pipinya.
♦ **What a cheek!** Biadab betul!

cheeky KATA ADJEKTIF
nakal
◊ *a cheeky smile* senyuman yang nakal

to **cheer** KATA KERJA
rujuk juga **cheer** KATA NAMA
[1] *menghiburkan*
♦ **to cheer somebody up** menghiburkan seseorang ◊ *I was trying to cheer him up.* Saya cuba menghiburkannya.
[2] *bersorak*
◊ *They cheered loudly when they scored the first goal.* Mereka bersorak dengan kuat apabila mereka berjaya menjaringkan gol yang pertama.
♦ **Cheer up!** Cerialah sikit! (*bahasa percakapan*)

cheer KATA NAMA
rujuk juga **cheer** KATA KERJA
sorakan
◊ *Three cheers for the winner!* Tiga sorakan untuk pemenang!
♦ **full of cheer** penuh kegembiraan

cheerful KATA ADJEKTIF
ceria

cheerfulness KATA NAMA
keceriaan
◊ *His cheerfulness allayed my fears.* Keceriaannya mengurangkan rasa takut saya.

cheerio KATA SERUAN
(*tidak formal*)
selamat tinggal

cheese KATA NAMA
keju

chef KATA NAMA
tukang masak

chemical KATA NAMA
bahan kimia

chemist KATA NAMA
[1] *ahli kimia*
[2] *ahli farmasi*

chemistry KATA NAMA
kimia

chemist's KATA NAMA
kedai farmasi
◊ *You can get the medicine from the chemist's.* Anda boleh membeli ubat itu di kedai farmasi.

chemo KATA NAMA
(*tidak formal*)
kemoterapi

chemotherapy KATA NAMA
kemoterapi

cheque KATA NAMA
cek
◊ *to pay by cheque* membayar dengan cek

chequebook KATA NAMA
buku cek

to **cherish** KATA KERJA

cherry → chip   B. Inggeris ~ B. Melayu   84

menghargai
◊ *I cherish the good memories I have of him.* Saya menghargai kenangan indah saya bersamanya.

cherry KATA NAMA
(JAMAK **cherries**)
ceri

to **cherry-pick** KATA KERJA
(*tidak formal*)
memilih dengan teliti
◊ *Schools try to cherry-pick the brightest pupils.* Sekolah-sekolah cuba memilih murid-murid yang paling cerdik dengan teliti.

chess KATA NAMA
catur

chessboard KATA NAMA
papan catur

chest KATA NAMA
dada
◊ *I've got a pain in my chest.* Dada saya sakit.

chestnut KATA NAMA
buah berangan

chest of drawers KATA NAMA
almari berlaci

to **chew** KATA KERJA
1 *mengunyah*
◊ *Eat slowly and chew your food well.* Makan perlahan-lahan dan kunyah makanan anda dengan baik.
2 *menggigit*
◊ *The girl is chewing her fingernails.* Gadis itu sedang menggigit kukunya.

chewing gum KATA NAMA
gula-gula getah

chick KATA NAMA
anak ayam
◊ *The chicks are in the garden.* Anak-anak ayam itu ada di taman.

chicken KATA NAMA
ayam

chickenpox KATA NAMA
cacar air
◊ *I've got chickenpox.* Saya dijangkiti cacar air.

chickpeas KATA NAMA JAMAK
kacang kuda

chief KATA NAMA
| *rujuk juga* **chief** KATA ADJEKTIF |
ketua
◊ *He is the chief of security.* Dia ketua bahagian keselamatan.
♦ **Commander-in-Chief** Panglima Tertinggi

chief KATA ADJEKTIF
| *rujuk juga* **chief** KATA NAMA |
utama
◊ *His chief reason for resigning was the low pay.* Sebab utama dia meletakkan jawatan ialah gajinya yang rendah.

child KATA NAMA
(JAMAK **children**)
1 *kanak-kanak*
◊ *We found a four-year-old child.* Kami menjumpai seorang kanak-kanak yang berumur empat tahun.
2 *anak*
◊ *Davis has only one child.* Davis mempunyai seorang anak sahaja.

childbirth KATA NAMA
bersalin

childhood KATA NAMA
zaman kanak-kanak
◊ *a happy childhood* zaman kanak-kanak yang menggembirakan

childish KATA ADJEKTIF
kebudak-budakan

child minder KATA NAMA
pengasuh kanak-kanak

children KATA NAMA JAMAK *rujuk* **child**

Chile KATA NAMA
negara Chile

to **chill** KATA KERJA
| *rujuk juga* **chill** KATA NAMA |
menyejukkan
◊ *Chill the fruit until serving time.* Sejukkan buah-buahan itu sehingga tiba masa hidangan.
♦ **Serve chilled.** Hidangkan sejuk.

chill KATA NAMA
| *rujuk juga* **chill** KATA KERJA |
seram sejuk
◊ *to catch a chill* diserang seram sejuk

chilli KATA NAMA
(JAMAK **chillies** atau **chillis**)
cili

chilly KATA ADJEKTIF
sejuk

chimney KATA NAMA
serombong

chin KATA NAMA
dagu

china KATA NAMA
tembikar
◊ *a china plate* pinggan tembikar

China KATA NAMA
negara China

Chinese KATA ADJEKTIF
| *rujuk juga* **Chinese** KATA NAMA |
Cina
◊ *a Chinese woman* perempuan Cina

Chinese KATA NAMA
(JAMAK **Chinese**)
| *rujuk juga* **Chinese** KATA ADJEKTIF |
1 *orang Cina*
◊ *the Chinese* orang Cina
2 *bahasa Cina*

chip KATA NAMA

chip in → chopsticks

1. *kentang goreng*
2. *cip* (dalam komputer)

to chip in KATA KERJA
1. *menyumbangkan wang*
   ◊ They chip in for the petrol and food. Mereka menyumbangkan wang untuk membeli petrol dan makanan.
2. *menyumbangkan*
   ◊ They chip in a certain amount of money each month. Mereka menyumbangkan sejumlah wang setiap bulan.
3. *mencelah*
   ◊ "That's true," chipped in Quiver. "Betul," Quiver mencelah.

chipboard KATA NAMA
papan serpih

chipped KATA ADJEKTIF
sumbing
   ◊ a chipped cup cawan yang sumbing

chiropodist KATA NAMA
pakar kaki

to chirp KATA KERJA
berkicau
   ◊ The nestling chirped to get food from its mother. Anak burung itu berkicau meminta makanan daripada ibunya.
   ♦ Birds were chirping. Burung-burung berkicauan.

chirping KATA NAMA
kicauan
   ◊ the chirping of birds kicauan burung

chisel KATA NAMA
   rujuk juga **chisel** KATA KERJA
pahat

to chisel KATA KERJA
   rujuk juga **chisel** KATA NAMA
memahat
   ◊ Hoong chiselled a cat out of wood. Hoong memahat kayu itu menjadi seekor kucing.

chit-chat KATA NAMA
borak
   ◊ I found the chit-chat exceedingly dull. Saya rasa borak itu sungguh membosankan.

chives KATA NAMA JAMAK
kucai
   ◊ She put some chives into the soup. Dia memasukkan kucai ke dalam sup itu.

chlorination KATA NAMA
pengklorinan

chlorine KATA NAMA
klorin

chlorophyll KATA NAMA
klorofil

chock-full KATA ADJEKTIF
padat

chocolate KATA NAMA
coklat

choice KATA NAMA
pilihan
   ♦ a choice of colours berbagai pilihan warna
   ♦ the drug/weapon of choice dadah/senjata yang menjadi pilihan ◊ Alcohol is still the drug of choice on college campuses. Alkohol masih merupakan dadah/yang menjadi pilihan di kampus-kampus di kolej.

choir KATA NAMA
koir

to choke KATA KERJA
1. *mencekik*
   ◊ He choked her to death. Dia mencekiknya sehingga mati.
2. *tercekik* (makanan tersekat di tekak)
3. *melemaskan*
   ◊ Sam tried to choke Sandra with his pillow. Sam cuba melemaskan Sandra dengan menggunakan bantalnya.

choked KATA ADJEKTIF
tersekat-sekat
   ◊ "Why did Ben do that?" Ema asked in a choked voice. "Kenapakah Ben buat begitu?" tanya Ema dengan suara yang tersekat-sekat.

choking KATA ADJEKTIF
melemaskan (asap, habuk)

cholera KATA NAMA
taun

cholesterol KATA NAMA
kolesterol

to choose KATA KERJA
(chose, chosen)
memilih

choosy KATA ADJEKTIF
pemilih
   ◊ She's choosy. Dia seorang yang pemilih.

chop KATA NAMA
   rujuk juga **chop** KATA KERJA
potong
   ◊ a pork chop sepotong daging khinzir

to chop KATA KERJA
   rujuk juga **chop** KATA NAMA
memotong
   ♦ to chop and change berdolak-dalik
   ◊ He keeps chopping and changing when he talks about that. Dia selalu berdolak-dalik apabila bercakap tentang hal itu.

to chop up KATA KERJA
mencincang
   ◊ My mother is chopping up meat in the kitchen. Emak saya sedang mencincang daging di dapur.

chopsticks KATA NAMA JAMAK

chore → circulate

chore KATA NAMA
tugas harian
◊ the chore of cleaning kerja mencuci yang merupakan tugas harian

chorus KATA NAMA
(JAMAK **choruses**)
korus

chose, chosen KATA KERJA rujuk **choose**

Christ KATA NAMA
Jesus atau *Nabi Isa*

christening KATA NAMA
pembaptisan

Christian KATA NAMA
> rujuk juga **Christian** KATA ADJEKTIF

orang Kristian

Christian KATA ADJEKTIF
> rujuk juga **Christian** KATA NAMA

Kristian
• **Most of my friends are Christian.** Kebanyakan daripada kawan-kawan saya beragama Kristian.

Christianity KATA NAMA
agama Kristian

Christian name KATA NAMA
nama Kristian

Christmas KATA NAMA
hari Natal atau *Krismas*
◊ Merry Christmas! Selamat Hari Natal!
• **Christmas card** kad Krismas

chrome KATA NAMA
krom (sejenis logam bersalut)

chromosome KATA NAMA
kromosom
◊ Each cell of our bodies contains 46 chromosomes. Setiap sel dalam badan kita mengandungi 46 kromosom.

chronic KATA ADJEKTIF
kronik
◊ chronic disease penyakit kronik

chrysanthemum KATA NAMA
kekwa

chubby KATA ADJEKTIF
tembam
◊ chubby cheeks pipi yang tembam
• **She has two chubby daughters.** Dia mempunyai dua orang anak perempuan yang montel.

to **chuck** KATA KERJA
mencampak
◊ She chucked all her old books into the cupboard. Dia mencampak semua buku-buku lamanya ke dalam almari.

to **chuck out** KATA KERJA
membuang
◊ You'll need to chuck out some of these books. Anda perlu membuang beberapa buah buku ini.

chunk KATA NAMA
ketulan
◊ Cut the meat into chunks. Potong daging itu menjadi beberapa ketulan.

church KATA NAMA
(JAMAK **churches**)
gereja

to **churn out** KATA KERJA
menghasilkan ... dengan banyak dan cepat (hasil yang kurang bermutu)
• **He churned out three books a year.** Dia menghasilkan tiga buah buku yang kurang bermutu dalam setahun.

cider KATA NAMA
cider (minuman daripada epal)

cigar KATA NAMA
cerut

cigarette KATA NAMA
rokok

cigarette lighter KATA NAMA
pemetik api

cinema KATA NAMA
panggung wayang atau *pawagam*

cinnamon KATA NAMA
kayu manis

circle KATA NAMA
> rujuk juga **circle** KATA KERJA

bulatan

to **circle** KATA KERJA
> rujuk juga **circle** KATA NAMA

[1] *membulatkan*
◊ Circle the correct answers. Bulatkan jawapan-jawapan yang betul.
[2] *berlegar-legar*
◊ The plane circled, awaiting permission to land. Kapal terbang itu berlegar-legar sambil menunggu kebenaran untuk mendarat.

circuit KATA NAMA
litar
◊ electric circuit litar elektrik
◊ racing circuit litar perlumbaan

circular KATA ADJEKTIF
> rujuk juga **circular** KATA NAMA

bulat

circular KATA NAMA
> rujuk juga **circular** KATA ADJEKTIF

surat pekeliling

to **circulate** KATA KERJA
[1] *mengedarkan*
◊ They circulated the document among the members of the society. Mereka mengedarkan dokumen itu di kalangan ahli-ahli persatuan.
[2] *menyebarkan*
◊ to circulate rumours menyebarkan khabar angin

circulation → clash

- **The air can circulate freely using this new system.** Udara boleh bergerak dengan bebas dengan menggunakan sistem baru ini.

circulation KATA NAMA
  1. *edaran*
     ◊ *The newspaper has a circulation of around 8000.* Surat khabar itu mempunyai edaran sebanyak kira-kira 8000 naskhah.
  2. *peredaran darah*
     ◊ *She has poor circulation.* Peredaran darahnya lemah.

to **circumcise** KATA KERJA
  mengkhatankan atau *menyunat*
  ◊ *The doctor circumcised several boys in his clinic.* Doktor itu menyunat beberapa orang budak lelaki di kliniknya.
- **He had been circumcised as required by Jewish law.** Dia berkhatan mengikut agama Yahudi.

circumcision KATA NAMA
  khatan atau *sunat*
  ◊ *Muslims practise circumcision for religious reasons.* Orang Islam melakukan khatan untuk tujuan keagamaan.
- **The circumcision ceremony will be held this evening.** Upacara berkhatan akan diadakan pada petang ini.

circumference KATA NAMA
  lilitan
  ◊ *The circumference of that circle is five metres.* Lilitan bulatan itu ialah lima meter.

circumstances KATA NAMA JAMAK
  keadaan
  ◊ *in the circumstances* dalam keadaan ini
- **under no circumstances** jangan sekali-kali

circus KATA NAMA
  (JAMAK **circuses**)
  sarkas

to **cite** KATA KERJA
  memetik (ucapan, sajak, dll)

citizen KATA NAMA
  warganegara
  ◊ *They are Malaysian citizens.* Mereka warganegara Malaysia.

citizenship KATA NAMA
  kerakyatan atau *kewarganegaraan*
  ◊ *Jill is applying for Malaysian citizenship.* Jill sedang memohon kerakyatan Malaysia.

city KATA NAMA
  (JAMAK **cities**)
  bandar raya
  ◊ *the city centre* pusat bandar raya

City KATA NAMA
- **the City** pusat perdagangan dan kewangan London

civet KATA NAMA
  musang

civics KATA NAMA
  sivik

civil KATA ADJEKTIF
  awam
  ◊ *civil servant* kakitangan awam
- **civil law** undang-undang sivil

civilization KATA NAMA
  tamadun
  ◊ *the civilization of Egypt* tamadun Mesir

civilized KATA ADJEKTIF
  bertamadun

civil servant KATA NAMA
  kakitangan awam
  ◊ *He's a civil servant.* Dia seorang kakitangan awam.

civil war KATA NAMA
  perang saudara

to **claim** KATA KERJA
  rujuk juga **claim** KATA NAMA
  1. *menuntut*
     ◊ *He's claiming compensation from the company.* Dia menuntut pampasan daripada syarikat itu.
  2. *mendakwa*
     ◊ *She claims she found the money.* Dia mendakwa bahawa dia menjumpai wang itu.
  3. *meragut*
     ◊ *The accident claimed a young boy's life.* Kemalangan tersebut meragut nyawa seorang budak lelaki.

claim KATA NAMA
  rujuk juga **claim** KATA KERJA
  1. *tuntutan ganti rugi* (daripada polisi insurans)
  2. *dakwaan*
     ◊ *The manufacturer's claims are untrue.* Dakwaan pengeluar tersebut tidak benar.

to **clap** KATA KERJA
  menepuk
  ◊ *to clap one's hands* menepuk tangan

to **clarify** KATA KERJA
  (**clarified, clarified**)
  menjelaskan
  ◊ *They were unable to clarify the situation.* Mereka tidak dapat menjelaskan keadaan sebenar.
- **Discussion will clarify your thoughts.** Perbincangan akan membantu pemahaman anda.

clarinet KATA NAMA
  klarinet

to **clash** KATA KERJA

clash → clear

> rujuk juga **clash** KATA NAMA

1. *bercanggah* (pendapat, pandangan)
2. *bertembung*
◊ *The party clashes with the meeting.* Waktu jamuan tersebut bertembung dengan waktu mesyuarat.
3. *tidak padan*
◊ *Red clashes with orange.* Warna merah tidak padan dengan warna jingga.

clash KATA NAMA
(JAMAK **clashes**)

> rujuk juga **clash** KATA KERJA

1. *pertempuran*
◊ *There have been a number of clashes between police and demonstrators.* Beberapa pertempuran telah berlaku antara pihak polis dengan penunjuk perasaan.
2. *percanggahan*
◊ *a clash of views* percanggahan pendapat
3. *gemerencang* (bunyi)

• **a clash in the timetable** pertembungan jadual waktu
• **The clash between the two former world champions will take place tonight.** Pertarungan antara dua bekas juara dunia itu akan diadakan pada malam ini.

clasp KATA NAMA
kancing

class KATA NAMA
(JAMAK **classes**)
kelas

classic KATA ADJEKTIF

> rujuk juga **classic** KATA NAMA

klasik
◊ *a classic example* satu contoh yang klasik

classic KATA NAMA

> rujuk juga **classic** KATA ADJEKTIF

kata nama+ klasik (filem, buku, dll)

classical KATA ADJEKTIF
klasik
◊ *classical music* muzik klasik

classification KATA NAMA
klasifikasi

to **classify** KATA KERJA
(**classified, classified**)
mengelaskan
◊ *We can classify the differences into three groups.* Kita dapat mengelaskan perbezaan-perbezaan itu kepada tiga kumpulan.

classmate KATA NAMA
rakan sekelas

classroom KATA NAMA
bilik darjah

to **clatter** KATA KERJA
berhantukan
◊ *Pots and pans could be heard clattering in the kitchen.* Bunyi periuk belanga berhantukan kedengaran di dapur.

clause KATA NAMA
1. *fasal* (dalam undang-undang)
2. *klausa* (dalam tatabahasa)

claw KATA NAMA
1. *kuku* (untuk burung, harimau)
2. *sepit* (untuk ketam)

clay KATA NAMA
tanah liat

clean KATA ADJEKTIF

> rujuk juga **clean** KATA KERJA

bersih
• **Write on a clean sheet of paper.** Tulis di atas sehelai kertas kosong.

to **clean** KATA KERJA

> rujuk juga **clean** KATA ADJEKTIF

membersihkan
• **I clean my teeth after every meal.** Saya memberus gigi setiap kali selepas makan.

cleaner KATA NAMA
1. *tukang cuci*
2. *bahan pencuci*

cleaner's KATA NAMA
kedai dobi
◊ *He took his coat to the cleaner's.* Dia menghantar kotnya ke kedai dobi.

cleaning lady KATA NAMA
tukang cuci (perempuan)

cleanliness KATA NAMA
kebersihan
◊ *the importance of personal cleanliness* kepentingan kebersihan diri

cleanser KATA NAMA
pembersih
◊ *facial cleanser* pembersih muka

cleansing lotion KATA NAMA
losen pembersih

clean-up KATA NAMA
pembersihan
◊ *A clean-up of this area will be carried out tomorrow.* Pembersihan kawasan ini akan dilakukan esok.

clear KATA ADJEKTIF

> rujuk juga **clear** KATA KERJA

1. *jelas*
◊ *It's so clear that you don't believe me.* Begitu jelas sekali bahawa anda tidak mempercayai saya.
• **Have I made myself clear?** Anda faham atau tidak kata-kata saya?
2. *jernih*
◊ *The water is very clear.* Air itu sangat jernih.
• **Wait till the road is clear.** Tunggu sehingga tidak ada kenderaan di jalan.
3. *terang* (warna)

clear → clip

to clear KATA KERJA

> rujuk juga **clear** KATA ADJEKTIF

[1] *membersihkan*
◊ *They are clearing the road.* Mereka sedang membersihkan jalan.

[2] *beransur-ansur hilang* (kabus)

♦ **She was cleared of murder.** Dia dibebaskan daripada tuduhan membunuh.

♦ **They cleared the forest for agriculture.** Mereka menebas hutan untuk bercucuk tanam.

♦ **to clear the table** mengemaskan meja

to clear off KATA KERJA
pergi
◊ *Clear off and leave me alone!* Pergi dan biarkan saya bersendirian!

to clear up KATA KERJA

[1] *mengemaskan*
◊ *Who's going to clear all this up?* Siapakah yang akan mengemaskan semua benda ini?

[2] *menyelesaikan*
◊ *I'm sure we can clear up this problem.* Saya pasti kita dapat menyelesaikan masalah ini.

♦ **I think it's going to clear up.** (cuaca) Saya rasa hari akan menjadi semakin cerah.

clearly KATA ADVERBA
dengan jelas
◊ *to speak clearly* bercakap dengan jelas

♦ **Clearly this project will cost money.** Sudah jelas, projek ini akan memakan belanja yang besar.

clearness KATA NAMA
kejernihan

clementine KATA NAMA
sejenis buah oren kecil

to clench KATA KERJA

[1] *menggenggam*
◊ *She clenched her fists.* Dia menggenggam tangannya.

[2] *mengetap*
◊ *Kent clenched his teeth.* Kent mengetap giginya.

clerical KATA ADJEKTIF
perkeranian
◊ *clerical work* kerja-kerja perkeranian

clerk KATA NAMA
kerani

clever KATA ADJEKTIF
bijak
◊ *She has made a very clever decision.* Dia telah membuat keputusan yang sangat bijak.

to click KATA KERJA
(komputer)

> rujuk juga **click** KATA NAMA

mengklik
◊ *to click on an icon* mengklik ikon

click KATA NAMA

> rujuk juga **click** KATA KERJA

klik

clickable KATA ADJEKTIF
(komputer)
boleh klik

client KATA NAMA
pelanggan atau *klien*

cliff KATA NAMA
cenuram

climate KATA NAMA
iklim

♦ **political climate** suasana politik

to climb KATA KERJA

[1] *memanjat*
◊ *They climbed a tree.* Mereka memanjat sebatang pokok.

[2] *mendaki*
◊ *Her ambition is to climb Mount Everest.* Cita-citanya adalah untuk mendaki Gunung Everest.

♦ **to climb the stairs** menaiki tangga

climber KATA NAMA
pendaki

climbing KATA NAMA
pendakian

♦ **to go climbing** pergi mendaki gunung
◊ *We're going climbing in Scotland.* Kami akan pergi mendaki gunung di Scotland.

to cling KATA KERJA
(clung, clung)
berpaut pada atau *memaut*
◊ *The child clung on to her mother's hand because she was scared.* Budak kecil itu berpaut pada tangan emaknya kerana takut. ◊ *Joe clung to the pole so as not to fall.* Joe memaut tiang itu supaya tidak jatuh.

clingfilm KATA NAMA
pembalut plastik

> digunakan khas untuk menutup atau membalut makanan supaya makanan itu bersih dan tetap segar

clinic KATA NAMA
klinik

to clink KATA KERJA

[1] *menghantukkan*
◊ *to clink glasses* menghantukkan gelas

[2] *berhantukan*
◊ *Their glasses clinked, their eyes met.* Gelas mereka berhantukan dan mereka saling berpandangan.

♦ **the clinking of chains** bunyi rantai besi yang bergemerencing

clip KATA NAMA

clippers → cloudless

1. *klip*
2. *sepit*
   ◊ hair clip sepit rambut
3. *sedutan*
   ◊ some clips from his latest film beberapa sedutan daripada filem beliau yang terbaru

clippers KATA NAMA JAMAK
pengetip
- **nail clippers** pengetip kuku

cloakroom KATA NAMA
1. *bilik untuk menggantung kot*
2. *bilik air*

clock KATA NAMA
jam
   ◊ an alarm clock jam loceng
- **She is working round the clock.** Dia bekerja siang malam.

clockwise KATA ADJEKTIF, KATA ADVERBA
ikut arah jam

clockwork KATA NAMA
sawat jam
   ◊ a clockwork train set satu set kereta api mainan sawat jam
- **to go like clockwork** berjalan dengan tetap dan lancar

clone KATA NAMA
> rujuk juga **clone** KATA KERJA

klon
   ◊ computer clones klon komputer
   ◊ human clones klon manusia

to clone KATA KERJA
> rujuk juga **clone** KATA NAMA

menghasilkan klon
   ◊ to clone an animal menghasilkan klon binatang
- **a cloned sheep** klon biri-biri

to close KATA KERJA
> rujuk juga **close** KATA ADJEKTIF

menutup
   ◊ Please close the door. Tolong tutup pintu.
- **to close a conversation** menamatkan perbualan

close KATA ADJEKTIF, KATA ADVERBA
> rujuk juga **close** KATA KERJA

1. *dekat*
   ◊ The hotel is very close to the station. Hotel tersebut sangat dekat dengan stesen itu.
- **She was close to tears.** Dia hampir-hampir menangis.
2. *rapat*
   ◊ I'm very close to my mother. Saya sangat rapat dengan emak saya. ◊ We have only invited close relations. Kami hanya menjemput saudara rapat. ◊ She's a close friend of mine. Dia kawan rapat saya.

3. *sengit* (padanan terdekat)
   ◊ It was a very close contest. Pertandingan itu sangat sengit.

closed KATA ADJEKTIF
tertutup

closely KATA ADVERBA
dengan teliti
   ◊ If you look closely, you'll see the difference. Jika anda melihat dengan teliti, anda akan nampak perbezaannya.
- **This will be a closely fought race.** Perlumbaan ini sudah pasti satu perlumbaan yang sengit.

closeness KATA NAMA
keintiman
   ◊ The closeness between the two siblings is very obvious. Keintiman dua adik-beradik itu amat ketara.

closing KATA ADJEKTIF
> rujuk juga **closing** KATA NAMA

terakhir
   ◊ in the closing minutes of the match pada minit-minit terakhir perlawanan
- **closing remarks** ucapan penutup

closing KATA NAMA
> rujuk juga **closing** KATA ADJEKTIF

penutupan
   ◊ Since the closing of the steelworks... Sejak penutupan kilang keluli tersebut....

clot KATA NAMA
gumpal
   ◊ a clot of blood segumpal darah

cloth KATA NAMA
kain
   ◊ I would like five metres of this cloth. Saya hendak membeli kain ini sepanjang lima meter.

clothes KATA NAMA JAMAK
pakaian
- **clothes horse** kekuda pakaian
- **clothes line** ampaian
- **clothes peg** penyepit pakaian

cloud KATA NAMA
> rujuk juga **cloud** KATA KERJA

awan
- **clouds of smoke** kepulan asap

to cloud KATA KERJA
> rujuk juga **cloud** KATA NAMA

1. *mengaburi*
   ◊ Perhaps anger had clouded his vision. Barangkali kemarahan telah mengaburi pandangannya.
2. *mengeruhkan*
   ◊ I didn't scold him because I didn't want to cloud the atmosphere. Saya tidak memarahinya kerana tidak mahu mengeruhkan suasana.

cloudless KATA ADJEKTIF
tidak berawan

cloudy → coat hanger

cloudy KATA ADJEKTIF
mendung

clove KATA NAMA
bunga cengkih
- **a clove of garlic** seulas bawang putih

clown KATA NAMA
badut

club KATA NAMA
rujuk juga **club** KATA KERJA
kelab
◊ *We went to the club yesterday.* Kami pergi ke kelab kelmarin.
- **a golf club (1)** kayu golf
- **a golf club (2)** kelab golf
- **clubs** (dalam daun terup) kelawar
- *the ace of clubs* daun sat kelawar

to **club** KATA KERJA
rujuk juga **club** KATA NAMA
menggodam
◊ *to club somebody* menggodam seseorang

to **club together** KATA KERJA
berkongsi
◊ *We clubbed together to buy her a present.* Kami berkongsi membeli hadiah untuknya.

clubbing KATA NAMA
- **to go clubbing** pergi ke kelab malam

to **cluck** KATA KERJA
berketak (ayam)

clue KATA NAMA
petunjuk
◊ *This clue will help you solve the riddle.* Petunjuk ini akan membantu anda menyelesaikan teka-teki tersebut. ◊ *The police are still searching for clues in the hunt for the killer.* Pihak polis masih mencari petunjuk untuk menangkap pembunuh itu.
- **I haven't a clue.** Saya tidak tahu langsung.

clumsiness KATA NAMA
kecemerkapan
◊ *I was ashamed of my own clumsiness.* Saya berasa malu atas kecemerkapan saya sendiri.

clumsy KATA ADJEKTIF
1. *cemerkap*
◊ *She is very clumsy.* Dia sangat cemerkap.
2. *gabas*
◊ *a large and clumsy instrument* peralatan yang besar lagi gabas

clung KATA KERJA *rujuk* **cling**

cluster KATA NAMA
1. *kelompok*
◊ *a cluster of clouds* sekelompok awan
2. *jambak* (bunga)
- **Flowers bloom in clusters on the tree.** Bunga tumbuh berjambak-jambak di atas pokok itu.

to **clutch** KATA KERJA
rujuk juga **clutch** KATA NAMA
memegang
◊ *She clutched my arm and begged me not to go.* Dia memegang lengan saya dan merayu agar saya tidak pergi.

clutch KATA NAMA
(JAMAK **clutches**)
rujuk juga **clutch** KATA KERJA
klac
◊ *Her car's clutch is not working.* Klac keretanya tidak berfungsi.

coach KATA NAMA
(JAMAK **coaches**)
1. *jurulatih*
◊ *He is the coach for the badminton team.* Dia jurulatih pasukan badminton itu.
2. *kereta kuda*
3. *koc*
bas yang besar lagi selesa untuk perjalanan jauh
◊ *by coach* dengan menaiki koc
4. *gerabak* (kereta api)

coal KATA NAMA
arang batu
◊ *a coal mine* lombong arang batu
◊ *a coal miner* pelombong arang batu

coarse KATA ADJEKTIF
kasar
◊ *The sand on that beach is very coarse.* Pasir di pantai itu sangat kasar.

coast KATA NAMA
pantai
◊ *It's on the west coast of Scotland.* Tempat itu terletak di pantai barat Scotland.

coastal KATA ADJEKTIF
pantai
◊ *coastal waters* perairan pantai

coaster KATA NAMA
alas (gelas, kole)

coastguard KATA NAMA
pengawal pantai

coat KATA NAMA
rujuk juga **coat** KATA KERJA
kot
◊ *She bought a new coat.* Dia membeli sehelai kot baru.
- **a coat of paint** satu lapisan cat

to **coat** KATA KERJA
rujuk juga **coat** KATA NAMA
menyalut
◊ *Coat the fish with seasoned flour.* Salut ikan itu dengan tepung yang sudah dibubuh perasa.

coat hanger KATA NAMA
penyangkut baju

to coax KATA KERJA
memujuk
◊ *Mariam tried to coax her mother into going on holiday.* Mariam cuba memujuk emaknya supaya pergi bercuti.

cobbler KATA NAMA
tukang kasut

cobra KATA NAMA
ular tedung

cobweb KATA NAMA
sarang labah-labah

cocaine KATA NAMA
kokain

cochlea KATA NAMA
(JAMAK **cochleae**)
koklea

cock KATA NAMA
ayam jantan

cockatoo KATA NAMA
sejenis burung kakaktua

cockerel KATA NAMA
ayam jantan muda

cockle KATA NAMA
kerang

cockpit KATA NAMA
kokpit

cockroach KATA NAMA
(JAMAK **cockroaches**)
lipas

cocktail KATA NAMA
koktel

cocoa KATA NAMA
koko
◊ *a cup of cocoa* secawan koko

coconut KATA NAMA
kelapa

cod KATA NAMA
ikan kod

code KATA NAMA
kod
◊ *What code should I use if I want to make a phone call to London?* Apakah kod yang perlu saya gunakan sekiranya saya hendak membuat panggilan ke London? ◊ *The message is written in code.* Mesej itu ditulis dalam bentuk kod.
♦ **penal code** kanun jenayah

coding KATA NAMA
pengekodan
◊ *The coding system will lighten the workload of the employees.* Sistem pengekodan dapat meringankan beban pekerja.

co-ed KATA ADJEKTIF
campur
◊ *a co-ed school* sekolah campur

coefficient KATA NAMA
pekali (*matematik*)

coercion KATA NAMA
pemaksaan
◊ *The workers resisted the company's attempt at coercion.* Pekerja-pekerja menentang pemaksaan yang cuba dilakukan oleh syarikat itu terhadap mereka.

coffee KATA NAMA
kopi

coffeepot KATA NAMA
teko kopi

coffee table KATA NAMA
meja kopi

coffin KATA NAMA
keranda

coil KATA NAMA
| rujuk juga **coil** KATA KERJA |
gelungan
◊ *He swung the coil of rope over his shoulder.* Dia mengayunkan gelungan tali itu ke atas bahunya.

to coil KATA KERJA
| rujuk juga **coil** KATA NAMA |
melingkarkan
◊ *He coiled the wire around the lamppost.* Dia melingkarkan dawai itu pada tiang lampu.
♦ **The snake coiled itself around the chicken before swallowing it.** Ular itu melingkari ayam tersebut sebelum menelannya.
♦ **The snake lay coiled under the table.** Ular itu berlingkar di bawah meja.

to coil up KATA KERJA
melingkar
◊ *Millipedes coil up when they're touched.* Ulat gonggok melingkar apabila disentuh.

coin KATA NAMA
duit syiling
♦ **the other side of the coin** keadaan sebaliknya

coincidence KATA NAMA
kebetulan

coincidentally KATA ADVERBA
secara kebetulan

coir KATA NAMA
sabut

Coke ® KATA NAMA
Coca-Cola ®

colander KATA NAMA
penapis
◊ *She uses a colander when washing vegetables.* Dia menggunakan penapis semasa mencuci sayur.

cold KATA ADJEKTIF
| rujuk juga **cold** KATA NAMA |
1 *sejuk*
◊ *The water's cold.* Air itu sejuk.
2 *dingin*

◊ *His manner towards me was cold.* Dia bersikap dingin terhadap saya.

cold KATA NAMA

rujuk juga **cold** KATA ADJEKTIF

[1] *kesejukan*
◊ *I can't stand the cold.* Saya tidak dapat menahan kesejukan.
[2] *selesema*
♦ **He has a cold.** Dia selesema.

cold-blooded KATA ADJEKTIF

kejam
◊ *a cold-blooded murderer* pembunuh yang kejam

cold sore KATA NAMA

bintik merah (akibat selesema)

coleslaw KATA NAMA

coleslaw

to **collaborate** KATA KERJA

[1] *bekerjasama*
◊ *The two men met and agreed to collaborate.* Kedua-dua orang lelaki itu bertemu dan bersetuju untuk bekerjasama.
[2] *bersubahat*
◊ *He was accused of having collaborated with the communists.* Dia dituduh bersubahat dengan pihak komunis.

to **collapse** KATA KERJA

rujuk juga **collapse** KATA NAMA

[1] *runtuh*
◊ *The bridge collapsed during the storm.* Jambatan itu runtuh semasa ribut.
[2] *pengsan*
◊ *He collapsed while playing tennis.* Dia pengsan semasa bermain tenis.

collapse KATA NAMA

rujuk juga **collapse** KATA KERJA

[1] *keruntuhan*
◊ *The news of the collapse of the old building shocked the public.* Berita keruntuhan bangunan lama itu mengejutkan orang ramai.
[2] *kejatuhan*
◊ *the collapse of communism in Eastern Europe* kejatuhan komunisme di Eropah Timur

collar KATA NAMA

[1] *kolar*
[2] *relang leher*
◊ *Her dog wears a collar.* Anjingnya memakai relang leher.

collarbone KATA NAMA

tulang selangka

colleague KATA NAMA

rakan sekerja

to **collect** KATA KERJA

[1] *mengumpul*
◊ *He collects stamps.* Dia mengumpul setem.
♦ **The teacher collected the exercise books.** Guru itu mengumpulkan buku-buku latihan.
[2] *mengambil*
◊ *She had just collected her pension from the post office.* Dia baru saja mengambil wang pencennya dari pejabat pos.
♦ **to collect donations** mengutip derma
♦ **to collect rubbish** mengangkut sampah

collection KATA NAMA

[1] *koleksi*
◊ *my CD collection* koleksi cakera padat saya
[2] *kutipan*
♦ **What's this collection for?** Apakah tujuan kutipan derma ini?

collective KATA ADJEKTIF

bersama
◊ *It was a collective decision.* Keputusan itu merupakan keputusan bersama.

collector KATA NAMA

[1] *pengumpul*
◊ *a stamp collector* pengumpul setem
[2] *pemungut*
◊ *a tax collector* pemungut cukai
♦ **a rubbish collector** pengangkut sampah

college KATA NAMA

kolej
♦ **a teacher training college** maktab perguruan

to **collide** KATA KERJA

berlanggar
◊ *He collided with a bicycle near his house.* Dia berlanggar dengan sebuah basikal berdekatan rumahnya.

collision KATA NAMA

perlanggaran
◊ *They were on their way to the office when the collision happened.* Mereka sedang dalam perjalanan ke pejabat apabila perlanggaran itu berlaku.

colon KATA NAMA

titik bertindih (tanda bacaan)

colonel KATA NAMA

kolonel

colonial KATA ADJEKTIF

kolonial

colonization KATA NAMA

penjajahan
◊ *the European colonization of America* penjajahan Eropah ke atas Amerika

to **colonize** KATA KERJA

menjajah
◊ *The first British attempt to colonize Ireland was in the twelfth century.*

colonizer → come on

Percubaan pertama British untuk menjajah Ireland adalah pada abad kedua belas.

colonizer KATA NAMA
penjajah

colony KATA NAMA
(JAMAK **colonies**)
1. *tanah jajahan*
2. *koloni*
◊ *insect colony* koloni serangga

colour KATA NAMA
(AS **color**)
warna
• *with flying colours* dengan cemerlang

colour blind KATA ADJEKTIF
(AS **color blind**)
buta warna

coloured KATA ADJEKTIF
(AS **colored**)
berwarna

colourful KATA ADJEKTIF
(AS **colorful**)
berwarna-warni
◊ *She's wearing a colourful skirt.* Dia memakai skirt yang berwarna-warni.

colouring KATA NAMA
(AS **coloring**)
pewarna
◊ *She added a few drops of colouring into the jelly.* Dia menambahkan beberapa titik pewarna ke dalam agar-agar itu.

column KATA NAMA
1. *tiang* (pada bangunan)
2. *lajur*
◊ *rows and columns* baris dan lajur
3. *ruangan* (dalam surat khabar)

coma KATA NAMA
keadaan koma
◊ *She was in a coma for seven weeks.* Dia berada dalam keadaan koma selama tujuh minggu.

comb KATA NAMA
> rujuk juga **comb** KATA KERJA

to **comb** KATA KERJA
> rujuk juga **comb** KATA NAMA

1. *menyikat*
◊ *I haven't combed my hair.* Saya belum menyikat rambut lagi.
2. *menggeledah*
◊ *Police officers combed the hill for the murder weapon.* Pegawai polis menggeledah kawasan bukit itu untuk mencari senjata pembunuhan tersebut.

combats KATA NAMA JAMAK
(tidak formal)
seluar ala askar

combat trousers KATA NAMA JAMAK
seluar ala askar

combination KATA NAMA
gabungan

to **combine** KATA KERJA
menggabungkan
◊ *The film combines humour with suspense.* Filem itu menggabungkan ciri-ciri jenaka dengan saspens.
• *It's difficult to combine a career with a family.* Memang sukar untuk bekerja dan menjaga sebuah keluarga pada masa yang sama.

combined KATA ADJEKTIF
bersama
◊ *Their combined efforts paid off.* Usaha bersama mereka berhasil.

to **come** KATA KERJA
(**came, come**)
1. *datang*
◊ *Helen came with me.* Helen datang bersama saya. ◊ *Come and see us soon.* Datanglah melawat kami.
• *Where do you come from?* Anda berasal dari mana?
2. *sampai*
◊ *The letter came this morning.* Surat itu sampai pagi tadi.
• *come home* balik rumah
• *How did you come to meet him?* Bagaimanakah anda berjumpa dengannya?
• *Cars come in all shapes and sizes.* Kereta terdapat dalam pelbagai bentuk dan saiz.
• *I know where you're coming from.* Saya memahami sudut pandangan anda.
• *I just want to let you know where I'm coming from.* Saya cuma hendak memberitahu anda sudut pandangan saya.

to **come across (1)** KATA KERJA
terjumpa
◊ *I came across a dress that I hadn't worn for years.* Saya terjumpa sehelai baju yang sudah bertahun-tahun saya tidak pakai.

to **come across (2)** KATA KERJA
kelihatan seperti
◊ *She comes across as a nice girl.* Dia kelihatan seperti seorang gadis yang baik.

to **come back** KATA KERJA
balik
◊ *My father is coming back tomorrow.* Bapa saya akan balik esok.

to **come down** KATA KERJA
turun
◊ *The price of petrol will come down.* Harga minyak petrol akan turun.

to **come in** KATA KERJA
masuk
◊ *Come in!* Masuklah!

to **come on** KATA KERJA

- **Come on! (1)** Ayuh! (*memberikan galakan*)
- **Come on! (2)** Jangan mengarutlah! (*menunjukkan perasaan tidak percaya*)

to **come out** KATA KERJA
  1. *keluar*
  ◊ *We came out of the cinema at 10.* Kami keluar dari pawagam pada pukul 10.
- **Her book comes out in May.** Bukunya akan diterbitkan pada bulan Mei.
- **None of my photos came out.** Tidak satu pun gambar foto saya yang jadi.
  2. *tanggal*
  ◊ *I don't think this stain will come out.* Saya rasa kesan ini tidak akan tanggal.

to **come round** KATA KERJA
  datang
  ◊ *Beryl came round this morning to apologize.* Beryl datang pagi tadi untuk meminta maaf.

to **come up** KATA KERJA
  1. *terbit*
  ◊ *shortly before the sun came up* tidak berapa lama sebelum matahari terbit
  2. *naik*
  ◊ *Come up here!* Naik ke sini!
  3. *timbul*
  ◊ *The subject came up at the meeting today.* Perkara itu timbul semasa mesyuarat hari ini.
- **to come up to somebody** menghampiri seseorang ◊ *She came up to me and kissed me.* Dia menghampiri saya lalu mencium saya.

comedian KATA NAMA
  pelawak

comedy KATA NAMA
  (JAMAK **comedies**)
  komedi

comet KATA NAMA
  komet

comfort KATA NAMA
  rujuk juga **comfort** KATA KERJA
  keselesaan
  ◊ *The shoes are padded for extra comfort.* Kasut-kasut ini dibubuh pad untuk memberikan keselesaan tambahan.
- **The audience sat in comfort.** Para penonton duduk dengan selesa.
- **The thought is a great comfort to me.** Apabila memikirkannya hati saya menjadi lebih tenang.

to **comfort** KATA KERJA
  rujuk juga **comfort** KATA NAMA
  menenangkan hati
  ◊ *The words comforted her.* Kata-kata itu menenangkan hatinya.

comfortable KATA ADJEKTIF
  selesa
  ◊ *Their room is small but comfortable.* Bilik mereka kecil tetapi selesa.

comic KATA NAMA
  komik

comic strip KATA NAMA
  kartun (*dalam surat khabar, dll*)

coming KATA ADJEKTIF
  akan datang
  ◊ *In the coming weeks, we will all have to work hard.* Kita semua mesti bekerja keras pada minggu-minggu yang akan datang.

comma KATA NAMA
  tanda koma

to **command** KATA KERJA
  rujuk juga **command** KATA NAMA
  memerintahkan
  ◊ *He commanded his troops to attack.* Dia memerintahkan tenteranya supaya melakukan serangan. ◊ *The king commanded his warriors to fight the enemy.* Raja itu memerintahkan pahlawannya berjuang menentang musuh.
- **'Get in your car and follow me,' he commanded.** 'Masuk ke dalam kereta anda dan ikut saya,' dia memerintah.

command KATA NAMA
  rujuk juga **command** KATA KERJA
  1. *perintah*
  2. *penguasaan*
  ◊ *His command of English is excellent.* Penguasaan bahasa Inggerisnya sangat baik.
- **a computer command** arahan komputer

commander KATA NAMA
  komander

to **commemorate** KATA KERJA
  memperingati
  ◊ *... to commemorate the soldiers who perished on the battlefield.* ... memperingati askar yang gugur di medan perang.

commemoration KATA NAMA
  memperingati
  ◊ *a march in commemoration of Malcolm X* perarakan sempena memperingati Malcolm X

to **commence** KATA KERJA
  bermula
  ◊ *The academic year commences in January.* Tahun akademik bermula pada bulan Januari.

commendation KATA NAMA
  pujian
  ◊ *The workers received commendations from their manager.* Para pekerja menerima pujian daripada pengurus mereka.

commensurate KATA ADJEKTIF
setimpal
◊ *The punishment should be commensurate with the offence.* Hukuman itu harus setimpal dengan kesalahan.

to **comment** KATA KERJA
> rujuk juga **comment** KATA NAMA

memberikan komen
◊ *The police have not commented on these rumours.* Pihak polis belum memberikan komen tentang khabar angin ini lagi.

comment KATA NAMA
> rujuk juga **comment** KATA KERJA

komen

commentary KATA NAMA
(JAMAK **commentaries**)
ulasan

to **commentate** KATA KERJA
mengulas
◊ *He commentates for the BBC.* Dia mengulas untuk BBC.

commentator KATA NAMA
pengulas

commerce KATA NAMA
perdagangan

commercial KATA ADJEKTIF
> rujuk juga **commercial** KATA NAMA

komersial

commercial KATA NAMA
> rujuk juga **commercial** KATA ADJEKTIF

iklan

commission KATA NAMA
1. *komisen*
2. *tauliah*
◊ *He received his commission two days ago.* Dia menerima tauliahnya dua hari yang lalu.
• **the Reid Commission** Suruhanjaya Reid

commissioner KATA NAMA
pesuruhjaya

to **commit** KATA KERJA
melakukan
◊ *to commit a crime* melakukan jenayah
• **to commit suicide** membunuh diri
• **I don't want to commit myself to this project.** Saya tidak mahu terikat dengan projek ini.

commitment KATA NAMA
komitmen

committed KATA ADJEKTIF
komited

committee KATA NAMA
jawatankuasa

commodity KATA NAMA
(JAMAK **commodities**)
komoditi
◊ *The government increased the prices of several basic commodities such as bread and meat.* Kerajaan meningkatkan harga beberapa komoditi asas seperti roti dan daging.

common KATA ADJEKTIF
biasa
◊ *"John" is a very common name.* "John" ialah nama yang biasa.
• **common people** orang biasa
• **in common** persamaan ◊ *We've got a lot in common.* Kami mempunyai banyak persamaan.
• **as common as muck** (tidak formal) bertaraf rendah

Commons KATA NAMA JAMAK
• **the House of Commons**
> Dewan Parlimen negara Britain yang berfungsi seperti Dewan Rakyat

common sense KATA NAMA
akal

commonwealth KATA NAMA
Komanwel
◊ *Commonwealth countries* negara-negara Komanwel
• **Commonwealth Games** Sukan Komanwel

commotion KATA NAMA
kegemparan
◊ *The commotion started when two students had a fight.* Kegemparan itu bermula apabila dua orang pelajar bergaduh sesama sendiri.

to **communicate** KATA KERJA
1. *berkomunikasi*
◊ *My mother has never communicated with me.* Emak saya tidak pernah berkomunikasi dengan saya.
2. *menyampaikan*
◊ *They communicate their ideas to others well.* Mereka menyampaikan idea mereka kepada orang lain dengan baik.

communication KATA NAMA
perhubungan atau *komunikasi*

communicative KATA ADJEKTIF
1. *bersifat terbuka*
2. *komunikatif*
◊ *We have a communicative approach to language-teaching.* Kami mempunyai pendekatan yang komunikatif untuk mengajar bahasa.

communion KATA NAMA
1. *hubungan*
◊ *communion with nature* hubungan dengan alam semula jadi
2. *golongan* (yang berkongsi kepercayaan agama)

communism KATA NAMA

fahaman komunis atau *komunisme*

communist KATA NAMA
> rujuk juga **communist** KATA ADJEKTIF

komunis

communist KATA ADJEKTIF
> rujuk juga **communist** KATA NAMA

komunis

community KATA NAMA
(JAMAK **communities**)
masyarakat
◊ *the local community* masyarakat tempatan
♦ **community service** khidmat komuniti
> **Khidmat komuniti** *ialah kerja yang dilakukan oleh penjenayah tanpa bayaran upah sebagai hukuman kepada mereka, bagi menggantikan hukuman penjara.*

to **commute** KATA KERJA
> rujuk juga **commute** KATA NAMA

berulang-alik
◊ *She commutes between Oxford and London.* Dia berulang-alik antara Oxford dengan London.

commute KATA NAMA
> rujuk juga **commute** KATA KERJA

perjalanan ulang-alik
◊ *a long commute* perjalanan ulang-alik yang panjang

compact disc KATA NAMA
cakera padat
◊ *compact disc player* pemain cakera padat

companion KATA NAMA
teman

company KATA NAMA
(JAMAK **companies**)
syarikat
◊ *He works in a big company.* Dia bekerja di sebuah syarikat yang besar.
♦ **a theatre company** kumpulan teater
♦ **to keep somebody company** menemani seseorang

comparatively KATA ADVERBA
secara perbandingan

to **compare** KATA KERJA
membandingkan
◊ *They compared his work to that of Joyce.* Mereka membandingkan kerjanya dengan kerja Joyce.
♦ **compared with** dibandingkan dengan

comparison KATA NAMA
perbandingan
◊ *There are no previous statistics for comparison.* Tidak ada statistik terdahulu untuk dibuat perbandingan.

compartment KATA NAMA
bahagian
◊ *I keep my things in the small compartment in my jewellery box.* Saya menyimpan barang-barang saya di dalam bahagian kecil dalam kotak barang kemas saya.

compass KATA NAMA
(JAMAK **compasses**)
1. *kompas*
2. *jangka lukis*

compatibility KATA NAMA
keserasian
◊ *They were able to work together because of their compatibility.* Mereka dapat bekerja bersama kerana ada keserasian.

compatible KATA ADJEKTIF
serasi
◊ *Ahmad and Aminah can live happily together because they are compatible.* Ahmad dan Aminah dapat hidup dengan gembira kerana mereka serasi.
♦ **Danny and his wife are very compatible.** Danny dan isterinya memang sepadan.

to **compel** KATA KERJA
memaksa
◊ *legislation to compel cyclists to wear helmets* undang-undang untuk memaksa penunggang basikal memakai topi keledar
♦ **Amy's mother was compelled to take in washing to help support her family.** Emak Amy terpaksa bekerja mencuci pakaian untuk menyara keluarganya.
♦ **to feel compelled to do something** berasa terpaksa melakukan sesuatu

to **compensate** KATA KERJA
membayar ganti rugi
◊ *We will compensate you for the cost of repairing your car.* Kami akan membayar ganti rugi untuk kos membaiki kereta anda.

compensation KATA NAMA
pampasan
◊ *They got RM2000 compensation.* Mereka mendapat pampasan sebanyak RM2000.

compere KATA NAMA
> rujuk juga **compere** KATA KERJA

pengacara

to **compere** KATA KERJA
> rujuk juga **compere** KATA NAMA

mengacarakan
◊ *Latifah was chosen to compere the ceremony.* Latifah telah dipilih untuk mengacarakan majlis itu.

to **compete** KATA KERJA
bertanding
♦ **to compete in** bertanding dalam ◊ *I'm competing in the marathon.* Saya akan bertanding dalam maraton tersebut.
♦ **to compete for something** bersaing

competence → compliment   B. Inggeris ~ B. Melayu   98

untuk mendapatkan sesuatu ◊ *There are 50 students competing for the 6 scholarships offered.* 50 orang pelajar bersaing untuk mendapatkan 6 hadiah biasiswa yang ditawarkan.

competence KATA NAMA
kecekapan
◊ *His competence as an economist is widely known.* Kecekapannya sebagai seorang ahli ekonomi telah diketahui ramai.

competent KATA ADJEKTIF
cekap
◊ *She is a competent writer.* Dia seorang penulis yang cekap.
♦ **He always produces competent work.** Dia selalu menghasilkan kerja yang memuaskan.

competition KATA NAMA
[1] *pertandingan*
◊ *a singing competition* pertandingan nyanyian
[2] *persaingan*
◊ *Competition in the computer sector is fierce.* Persaingan dalam sektor komputer amat sengit.
[3] *peraduan*
◊ *drawing competition* peraduan melukis

competitive KATA ADJEKTIF
berdaya saing

competitiveness KATA NAMA
daya saing

competitor KATA NAMA
[1] *pesaing*
[2] *peserta*
◊ *She is the oldest competitor.* Dia merupakan peserta yang paling tua.

to **compile** KATA KERJA
menyusun (laporan, buku, dll)

compiler KATA NAMA
penyusun
◊ *a compiler of a dictionary* penyusun kamus

to **complain** KATA KERJA
[1] *mengadu*
◊ *We're going to complain to the manager.* Kami akan mengadu kepada pengurus.
[2] *bersungut*
◊ *She's always complaining about her husband.* Dia selalu bersungut tentang suaminya.

complaint KATA NAMA
[1] *aduan*
[2] *rungutan*

complement KATA NAMA
pelengkap

complete KATA ADJEKTIF

> rujuk juga **complete** KATA KERJA

[1] *lengkap*
◊ *This list may not be complete.* Senarai ini mungkin tidak lengkap.
[2] *siap*
◊ *It'll be two years before the project is complete.* Projek tersebut akan siap dalam tempoh dua tahun.

to **complete** KATA KERJA

> rujuk juga **complete** KATA ADJEKTIF

[1] *melengkapkan*
◊ *the stickers needed to complete the collection* pelekat yang diperlukan untuk melengkapkan koleksi tersebut
[2] *menyiapkan*
◊ *I will try my best to complete the painting by tomorrow.* Saya akan mencuba sedaya upaya saya untuk menyiapkan lukisan itu esok.
♦ **He completed the race in two hours.** Dia menamatkan perlumbaan itu dalam masa dua jam.

completely KATA ADVERBA
sama sekali
◊ *Your book is completely different from mine.* Buku anda berbeza sama sekali dengan buku saya.

complex KATA ADJEKTIF

> rujuk juga **complex** KATA NAMA

kompleks
◊ *complex issues* isu-isu yang kompleks

complex KATA NAMA
(JAMAK **complexes**)

> rujuk juga **complex** KATA ADJEKTIF

kompleks
◊ *shopping complex* kompleks membeli-belah

complexion KATA NAMA
kulit
◊ *She has a fair complexion.* Kulitnya cerah.

to **complicate** KATA KERJA
merumitkan
◊ *Her interference only complicated the matter further.* Campur tangannya hanya merumitkan lagi hal itu.

complicated KATA ADJEKTIF
rumit

compliment KATA NAMA

> rujuk juga **compliment** KATA KERJA

pujian
◊ *I took it as a compliment.* Saya menganggap itu sebagai satu pujian.
♦ **to pay somebody a compliment** memuji seseorang
♦ **Send my compliments to your parents.** Sampaikan salam saya kepada ibu bapa anda.

to **compliment** KATA KERJA
> rujuk juga **compliment** KATA NAMA

memuji
◊ *They complimented me on my Spanish.* Mereka memuji keupayaan saya berbahasa Sepanyol.

complimentary KATA ADJEKTIF
percuma
◊ *complimentary ticket* ticket percuma

component KATA NAMA
komponen
◊ *The management plan has four main components.* Rancangan pengurusan itu mempunyai empat komponen utama.

to **compose** KATA KERJA
1. *terdiri daripada*
◊ *The group is composed of three men and three ladies.* Kumpulan tersebut terdiri daripada tiga orang lelaki dan tiga orang wanita.
2. *menggubah*
◊ *He earns a living by composing songs.* Dia menyara hidupnya dengan menggubah lagu.
3. *mengarang*
◊ *She loves to compose poems.* Dia suka mengarang sajak.

composer KATA NAMA
penggubah atau *komposer*

composition KATA NAMA
karangan
◊ *The children were asked to write a composition.* Kanak-kanak itu disuruh menulis sebuah karangan.

compound KATA NAMA
> rujuk juga **compound** KATA ADJEKTIF

1. *kawasan*
◊ *It was the students themselves who decorated the school compound.* Pelajar-pelajar itu sendiri yang menghias kawasan sekolah.
2. *sebatian*
◊ *chemical compound* sebatian kimia

compound KATA ADJEKTIF
> rujuk juga **compound** KATA NAMA

majmuk
◊ *compound noun* kata nama majmuk

to **comprehend** KATA KERJA
memahami
◊ *I just cannot comprehend your attitude.* Saya tidak dapat memahami sikap anda.

comprehension KATA NAMA
pemahaman
◊ *Have you finished your comprehension exercise?* Sudahkah anda siapkan latihan pemahaman anda?

comprehensive KATA ADJEKTIF
komprehensif
◊ *This is a comprehensive dictionary.* Kamus ini merupakan sebuah kamus yang komprehensif.

comprehensive school KATA NAMA
sekolah komprehensif
> sekolah yang menyediakan pendidikan untuk semua jenis pelajar di Britain

to **compress** KATA KERJA
memampatkan
◊ *This machine is used to compress the gas.* Mesin ini digunakan untuk memampatkan gas itu.

compressed KATA ADJEKTIF
mampat
◊ *compressed gas* gas yang mampat

compression KATA NAMA
1. *kemampatan* (keadaan)
2. *pemampatan* (proses)

compressor KATA NAMA
pemampat

to **comprise** KATA KERJA
merangkumi
◊ *The amount comprises all the expenses including the fees.* Jumlah itu merangkumi semua perbelanjaan termasuk yuran.
• **to be comprised of** terdiri daripada

compromise KATA NAMA
> rujuk juga **compromise** KATA KERJA

kompromi
◊ *We reached a compromise.* Kami mencapai kompromi.

to **compromise** KATA KERJA
> rujuk juga **compromise** KATA NAMA

bertolak ansur
◊ *We should compromise a little.* Kita harus bertolak ansur sedikit.

compulsory KATA ADJEKTIF
wajib
◊ *Attendance is compulsory.* Kehadiran adalah wajib.

computer KATA NAMA
komputer

computer game KATA NAMA
permainan komputer

computerization KATA NAMA
pengkomputeran
◊ *the benefits of computerization* kebaikan pengkomputeran

to **computerize** KATA KERJA
mengkomputerkan
◊ *They want to computerize everything.* Mereka mahu mengkomputerkan segala-galanya.

computerized KATA ADJEKTIF
berkomputer
◊ *computerized banking system* sistem perbankan berkomputer

computer-literate KATA ADJEKTIF
celik komputer

computer programmer KATA NAMA
pengatur cara komputer

computer science KATA NAMA
sains komputer

computing KATA NAMA
pengiraan pengkomputeran

comrade KATA NAMA
rakan seperjuangan

concave KATA ADJEKTIF
cekung
◊ *concave lens* kanta cekung

to **conceal** KATA KERJA
menyembunyikan
◊ *Sheena had concealed Hisham's diary.* Sheena telah menyembunyikan diari Hisham. ◊ *Robert could not conceal his relief.* Robert tidak dapat menyembunyikan kelegaannya.

to **concentrate** KATA KERJA
menumpukan perhatian
◊ *I couldn't concentrate.* Saya tidak dapat menumpukan perhatian.

concentrated KATA ADJEKTIF
pekat
◊ *concentrated apple juice* jus epal yang pekat

concentration KATA NAMA
[1] *penumpuan* atau *konsentrasi*
[2] *kepekatan* (asid)

concept KATA NAMA
konsep

concern KATA NAMA
> rujuk juga **concern** KATA KERJA

kebimbangan
◊ *They have expressed concern about the reports.* Mereka menyatakan kebimbangan mereka tentang laporan tersebut.
♦ **There is no cause for concern.** Tidak ada sebab kita harus bimbang.
♦ **a teacher's concern for his students** keprihatinan seorang guru terhadap para pelajarnya

to **concern** KATA KERJA
> rujuk juga **concern** KATA NAMA

membimbangkan
◊ *That matter is beginning to concern her.* Perkara itu mula membimbangkannya.
♦ **It doesn't concern you.** Hal itu tidak ada kaitan dengan anda.

concerned KATA ADJEKTIF
[1] *mengambil berat*
◊ *His mother is concerned about him.* Emaknya mengambil berat tentangnya.
[2] *mementingkan*
◊ *The agency is more concerned with making profits than improving their facilities.* Agensi itu lebih mementingkan keuntungan daripada mempertingkatkan kemudahan mereka.
♦ **As far as I'm concerned, you can come any time you like.** Bagi saya, anda boleh datang pada bila-bila masa sahaja.
♦ **It's a stressful situation for everyone concerned.** Semua pihak yang terlibat sedang menghadapi tekanan.

concert KATA NAMA
konsert

concession KATA NAMA
kelonggaran
◊ *The headmaster made a concession and allowed the students to go home early yesterday.* Guru besar memberikan kelonggaran kepada murid-murid untuk pulang awal kelmarin.

concise KATA ADJEKTIF
ringkas dan padat

to **conclude** KATA KERJA
membuat kesimpulan
♦ **So what can we conclude from this debate?** Jadi, apakah yang dapat disimpulkan daripada perdebatan ini?

conclusion KATA NAMA
kesimpulan
◊ *I've come to the conclusion that...* Saya membuat kesimpulan bahawa...
◊ *I shouldn't be jumping to conclusions.* Saya tidak seharusnya membuat kesimpulan terburu-buru.

to **concoct** KATA KERJA
mengada-adakan
◊ *He concocted the story so that he wouldn't have to attend sports practice.* Dia mengada-adakan cerita itu supaya dia tidak perlu menghadiri latihan sukan.

concourse KATA NAMA
ruang legar

concrete KATA NAMA
konkrit

concubine KATA NAMA
gundik

to **condemn** KATA KERJA
mengutuk

condemnation KATA NAMA
kutukan
◊ *Her condemnation hasn't dampened Wati's spirits.* Kutukannya tidak melemahkan semangat Wati.

condensation KATA NAMA
pemeluapan atau *kondensasi*

condition KATA NAMA
[1] *keadaan*
◊ *in good condition* dalam keadaan baik
[2] *syarat*
◊ *I'll do it, on one condition.* Saya akan

melakukannya dengan satu syarat.

conditional KATA ADJEKTIF
bersyarat

conditioner KATA NAMA
perapi (rambut)

condolence KATA NAMA
takziah
◊ *Neil sent him a letter of condolence.* Neil menghantar sepucuk surat takziah kepadanya.

condom KATA NAMA
kondom

condominium KATA NAMA
kondominium

to **conduct** KATA KERJA
1 *mengendalikan*
2 *memimpin* (orkestra)

conduction KATA NAMA
konduksi
◊ *conduction of heat* konduksi haba

conductor KATA NAMA
1 *pemimpin* (orkestra)
2 *konduktor*

cone KATA NAMA
kon
◊ *an ice cream cone* kon aiskrim
◊ *a cone-shaped hat* topi berbentuk kon
♦ **a traffic cone** sebuah kon trafik

to **confer** KATA KERJA
1 *bermuafakat*
◊ *The villagers were conferring about building a mosque.* Penduduk kampung bermuafakat untuk membina sebuah masjid.
2 *menganugerahkan*
◊ *The Sultan conferred the title of Datuk on the company chairman.* Sultan itu menganugerahkan gelaran Datuk kepada pengerusi syarikat itu.

conference KATA NAMA
persidangan

conferment KATA NAMA
pengurniaan

to **confess** KATA KERJA
mengaku
◊ *He confessed to the murder.* Dia mengaku melakukan pembunuhan tersebut.

confession KATA NAMA
pengakuan

to **confide** KATA KERJA
mengadu
◊ *Marian confided in me that she was very worried.* Marian mengadu kepada saya bahawa dia berasa sangat bimbang.

confidence KATA NAMA
keyakinan
◊ *I've got a lot of confidence in him.* Saya mempunyai keyakinan yang penuh terhadapnya.
♦ **She lacks confidence.** Dia kurang berkeyakinan.
♦ **I told you that story in confidence.** Cerita yang saya sampaikan kepada anda itu ialah rahsia.

confident KATA ADJEKTIF
yakin
◊ *I'm confident everything will be okay.* Saya yakin bahawa semuanya akan berjalan lancar. ◊ *She seems confident.* Dia kelihatan yakin.

confidential KATA ADJEKTIF
sulit

to **confine** KATA KERJA
1 *membatasi*
◊ *The US will soon be taking steps to confine the conflict.* Amerika Syarikat akan mengambil langkah untuk membatasi konflik itu tidak lama lagi.
2 *mengurung*
◊ *Arnold's mother confined him to his room.* Emak Arnold mengurungnya di dalam bilik.

confinement KATA NAMA
pengurungan
◊ *Saras was held in confinement by the military for four months.* Saras berada dalam pengurungan tentera selama empat bulan.

to **confirm** KATA KERJA
mengesahkan

confirmation KATA NAMA
pengesahan

conflict KATA NAMA
rujuk juga **conflict** KATA KERJA
konflik

to **conflict** KATA KERJA
rujuk juga **conflict** KATA NAMA
bercanggah
◊ *Personal ethics and professional ethics sometimes conflict.* Etika peribadi dan etika profesional kadang-kadang bercanggah.
♦ **They have conflicting opinions.** Mereka mempunyai percanggahan pendapat.

to **conform** KATA KERJA
mematuhi
◊ *The quality of crash helmets must conform to the standards set by SIRIM.* Kualiti topi keledar mestilah mematuhi standard yang ditetapkan oleh SIRIM.
◊ *He felt obliged to conform to the rules.* Dia berasa seperti dia terpaksa mematuhi peraturan-peraturan itu.

to **confront** KATA KERJA
menghadapi
◊ *Her strength of will in confronting*

confrontation → consent   B. Inggeris ~ B. Melayu

difficulties amazed me. Kekentalan jiwanya menghadapi dugaan membuat saya kagum.

confrontation KATA NAMA
konfrontasi
◊ *a confrontation between police and football fans* konfrontasi antara pihak polis dengan peminat-peminat bola sepak

to **confuse** KATA KERJA
mengelirukan

confused KATA ADJEKTIF
keliru

confusing KATA ADJEKTIF
mengelirukan
◊ *The road signs are confusing.* Tanda isyarat di jalan raya itu mengelirukan.

confusion KATA NAMA
kekeliruan

congested KATA ADJEKTIF
sesak
◊ *Some places are congested with both cars and people.* Sesetengah tempat sesak dengan kereta dan orang ramai.

congestion KATA NAMA
kesesakan
◊ *traffic congestion* kesesakan lalu lintas

to **congratulate** KATA KERJA
mengucapkan tahniah
◊ *My friends congratulated me on passing my test.* Kawan-kawan saya mengucapkan tahniah kerana saya telah lulus ujian saya.

congratulations KATA NAMA JAMAK
tahniah
◊ *Congratulations on your new job!* Tahniah kerana mendapat kerja baru!

congratulatory KATA ADJEKTIF
tahniah
◊ *a congratulatory card* kad ucapan tahniah

congregation KATA NAMA
jemaah

congress KATA NAMA
(JAMAK **congresses**)
kongres

conjoined twins KATA NAMA JAMAK
kembar Siam

conjunction KATA NAMA
kata hubung

conjurer KATA NAMA
ahli silap mata

to **connect** KATA KERJA
menyambungkan
◊ *Connect the wires.* Sambungkan wayar-wayar itu.

connected KATA ADJEKTIF
berkaitan
◊ *topics connected with Malaysian history* tajuk yang berkaitan dengan sejarah Malaysia
♦ **High blood pressure is closely connected to heart disease.** Tekanan darah tinggi berkait rapat dengan penyakit jantung.

connection KATA NAMA
1 *kaitan*
◊ *There's no connection between the two events.* Kedua-dua acara tersebut tidak ada kaitan.
2 *sambungan* (wayar, paip)
◊ *There's a loose connection.* Ada sambungan yang longgar.

connotation KATA NAMA
konotasi
◊ *negative connotation* konotasi negatif

to **conquer** KATA KERJA
1 *menakluki* (negara)
2 *menguasai* (musuh, ketakutan)

conqueror KATA NAMA
penakluk

conquest KATA NAMA
penaklukan
◊ *the conquest of Europe by Napoleon* penaklukan Eropah oleh Napoleon

conscience KATA NAMA
suara hati
♦ **to have a guilty conscience** berasa bersalah

conscious KATA ADJEKTIF
sedar
◊ *She was conscious of Max looking at her.* Dia sedar bahawa Max sedang memerhatikannya.
♦ **He was still conscious when the doctor arrived.** Dia masih sedar semasa doktor itu tiba.
♦ **He made a conscious decision to tell nobody.** Dia membuat keputusan tidak mahu memberitahu sesiapa pun.

consciousness KATA NAMA
kesedaran
♦ **I lost consciousness.** Saya tidak sedarkan diri.

conscript KATA NAMA
tentera kerahan

conscription KATA NAMA
pengerahan (untuk memasuki tentera)

consecutive KATA ADJEKTIF
berturut-turut
◊ *two consecutive days* dua hari berturut-turut

consensus KATA NAMA
kata sepakat
◊ *to reach a consensus* mencapai kata sepakat

consent KATA NAMA
> rujuk juga **consent** KATA KERJA

persetujuan
◊ *Can my child be medically examined without my consent?* Bolehkah anak saya mendapat pemeriksaan kesihatan tanpa persetujuan saya?

to **consent** KATA KERJA

> rujuk juga **consent** KATA NAMA

bersetuju
◊ *She consented to let her daughter move to the city.* Dia bersetuju untuk membenarkan anak perempuannya berpindah ke bandar.

consequence KATA NAMA
akibat

consequently KATA ADVERBA
akibatnya

conservation KATA NAMA
pemuliharaan
◊ *forest conservation* pemuliharaan hutan
♦ **energy conservation** pengabadian tenaga

conservative KATA ADJEKTIF

> rujuk juga **conservative** KATA NAMA

konservatif
♦ **the Conservative Party** Parti Konservatif

Conservative KATA NAMA

> rujuk juga **conservative** KATA ADJEKTIF

parti Konservatif
◊ *to vote Conservative* mengundi parti Konservatif

conservatory KATA NAMA
(JAMAK **conservatories**)
rumah pemuliharaan

to **conserve** KATA KERJA
menjimatkan
◊ *to conserve energy* menjimatkan tenaga

to **consider** KATA KERJA
[1] *menganggap*
◊ *He considers it a waste of time.* Dia menganggap perkara itu membuang masa.
[2] *mempertimbangkan*
◊ *You have to consider the feelings of those around you.* Anda harus mempertimbangkan perasaan orang di sekeliling anda.
♦ **We considered cancelling our holiday.** Kami berfikir hendak membatalkan percutian kami.

considerate KATA ADJEKTIF
bertimbang rasa

consideration KATA NAMA
[1] *pertimbangan*
◊ *a decision demanding careful consideration* keputusan yang memerlukan pertimbangan yang teliti
[2] *timbang rasa*
♦ **Show consideration for other travellers.** Bertimbang rasalah terhadap pelancong-pelancong yang lain.

considering KATA SENDI
memandangkan
◊ *Considering we were there for a month, we did not spend too much money.* Memandangkan kami berada di sana selama sebulan, kami tidak menghabiskan wang yang banyak.
♦ **I got a good mark, considering.** Markah saya boleh dikatakan baik.

to **consist** KATA KERJA
♦ **to consist of** terdiri daripada

consistent KATA ADJEKTIF
konsisten
◊ *his consistent support of free trade* sokongannya yang konsisten terhadap perdagangan bebas

consolation KATA NAMA
perkara yang menenangkan hati
◊ *The only consolation is that we will have another chance.* Satu-satunya perkara yang menenangkan hati ialah kita akan mendapat satu lagi peluang.

consolation prize KATA NAMA
hadiah sagu hati

to **console** KATA KERJA

> rujuk juga **console** KATA NAMA

menenangkan hati

console KATA NAMA

> rujuk juga **console** KATA KERJA

konsol (permainan video, dll)

consolidation KATA NAMA
[1] *pengukuhan*
◊ *the growth and consolidation of the working class* perkembangan dan pengukuhan kelas pekerja
[2] *persyarikatan* (kumpulan, firma, dll)

consonant KATA NAMA
konsonan

consortium KATA NAMA
konsortium

constable KATA NAMA
konstabel

constant KATA ADJEKTIF
tetap

constantly KATA ADVERBA
sentiasa

constellation KATA NAMA
buruj (nama gugusan bintang)

constipated KATA ADJEKTIF
sembelit
◊ *I'm constipated.* Saya sembelit.

constipation KATA NAMA
sembelit

to **constitute** KATA KERJA
membentuk
◊ *the four companies constituting the*

constitution → contempt

Aramco partnership antara empat buah syarikat yang membentuk perkongsian Aramco
- **Student crime constitutes a dangerous epidemic.** Jenayah di kalangan pelajar merupakan wabak yang berbahaya.

constitution KATA NAMA
perlembagaan

constitutional KATA ADJEKTIF
berperlembagaan
◊ *constitutional monarch* raja berperlembagaan
- **the country's constitutional crisis** krisis perlembagaan negara itu

to **construct** KATA KERJA
membina

construction KATA NAMA
pembinaan

constructive KATA ADJEKTIF
membina
◊ *They make a lot of constructive suggestions.* Mereka memberikan banyak cadangan yang membina.

consul KATA NAMA
konsul
◊ *the British Consul in Zurich* Konsul British di Zurich

consulate KATA NAMA
konsulat

to **consult** KATA KERJA
1. *mendapatkan nasihat* (daripada doktor, pakar)
2. *berunding*

consultancy KATA NAMA
1. *firma pakar runding*
2. *khidmat nasihat*
◊ *The project provides both consultancy and training.* Projek itu menyediakan khidmat nasihat dan latihan.
- **consultancy service** khidmat nasihat

consultant KATA NAMA
1. *doktor pakar*
◊ *a consultant heart surgeon* doktor pakar bedah
2. *pakar runding*

consumer KATA NAMA
pengguna

consumption KATA NAMA
penggunaan
◊ *a reduction in fuel consumption* pengurangan dalam penggunaan minyak
- **The drink was unfit for human consumption.** Minuman ini tidak sesuai diminum.

contact KATA NAMA
> rujuk juga **contact** KATA KERJA

hubungan
◊ *He forbade contacts between directors and executives in his absence.* Dia melarang hubungan antara pengarah dengan eksekutif semasa ketiadaannya.
- **I'm in frequent contact with her.** Saya sering berhubung dengannya.

to **contact** KATA KERJA
> rujuk juga **contact** KATA NAMA

menghubungi
◊ *Where can we contact you?* Di manakah boleh kami hubungi anda?

contact lenses KATA NAMA JAMAK
kanta sentuh

contagious KATA ADJEKTIF
berjangkit
◊ *a contagious disease* penyakit berjangkit

to **contain** KATA KERJA
1. *mengandungi*
◊ *The bag contains a book.* Beg itu mengandungi sebuah buku.
2. *mengawal*
◊ *The firemen are trying to contain the fire.* Ahli-ahli bomba itu cuba mengawal kebakaran.

container KATA NAMA
1. *bekas*
◊ *You can keep the meat in this plastic container.* Anda boleh menyimpan daging itu di dalam bekas plastik ini.
2. *kontena*
◊ *A crane was used to lift the containers onto the ship.* Sebuah kren digunakan untuk mengangkat kontena-kontena itu ke dalam kapal.

to **contaminate** KATA KERJA
mencemari
◊ *The river was contaminated with toxic waste.* Sungai itu telah dicemari oleh sisa toksik.

to **contemplate** KATA KERJA
1. *berkira-kira*
◊ *She contemplates leaving for the sake of the kids.* Dia berkira-kira untuk pergi dari situ demi kebaikan kanak-kanak itu.
2. *merenungkan*
◊ *He sat in his car and contemplated his future.* Dia duduk di dalam keretanya sambil merenungkan masa depannya.

contemplation KATA NAMA
renungan
◊ *He was lost in contemplation.* Dia begitu asyik dalam renungannya.

contempt KATA NAMA
cemuhan
◊ *Danny's clerk treated him with contempt.* Kerani Danny melayannya dengan cemuhan.
- **contempt of court** penghinaan mahkamah
- **to have contempt for someone**

memandang hina pada seseorang

content KATA ADJEKTIF
berpuas hati
◊ *I'm perfectly content with the way the campaign has gone.* Saya cukup berpuas hati dengan cara kempen itu berjalan.

content provider KATA NAMA
(*komputer*)
pembekal kandungan

contents KATA NAMA JAMAK
kandungan
♦ **table of contents** senarai kandungan

contest KATA NAMA
1 *pertandingan*
◊ *to take part in a contest* mengambil bahagian dalam sesuatu pertandingan
♦ **a beauty contest** pertandingan ratu cantik
2 *persaingan*
◊ *The contest between the two companies is over.* Persaingan antara dua buah syarikat itu telah berakhir.

contestant KATA NAMA
peserta

context KATA NAMA
konteks
◊ *The translation of a word depends on its context.* Terjemahan sesuatu perkataan bergantung pada konteksnya.

continent KATA NAMA
benua
♦ **the Continent** benua Eropah

continental breakfast KATA NAMA
sarapan ala Eropah
> sarapan yang terdiri daripada roti, mentega, jem serta minuman panas dan tidak ada makanan yang dimasak

contingent KATA NAMA
kontinjen

continual KATA ADJEKTIF
tidak henti-henti
◊ *the continual trickle of her tears* lelehan air matanya yang tidak henti-henti
◊ *His continual nagging bored me.* Gesaannya yang tidak henti-henti itu membosankan saya.

continually KATA ADVERBA
tidak henti-henti
◊ *The phone rings continually.* Telefon berdering tidak henti-henti.

to **continue** KATA KERJA
1 *terus*
◊ *I hope they continue to fight for equal justice after I'm gone.* Saya berharap mereka akan terus berjuang untuk keadilan selepas saya pergi.
2 *meneruskan*
◊ *She wants to continue her studies.*

Dia hendak meneruskan pengajiannya.
3 *bersambung*
◊ *The trial continues today.* Perbicaraan tersebut bersambung hari ini.

continuity KATA NAMA
kesinambungan
◊ *Every paragraph should show some continuity with the previous paragraph.* Setiap perenggan harus ada kesinambungan dengan perenggan sebelumnya.

continuous KATA ADJEKTIF
berterusan
◊ *continuous assessment* penilaian yang berterusan

continuously KATA ADVERBA
terus-menerus
◊ *Karl talked continuously for an hour.* Karl bercakap terus-menerus selama satu jam.

contour KATA NAMA
kontur

contraceptive KATA NAMA
pencegah hamil

contract KATA NAMA
> rujuk juga **contract** KATA KERJA

kontrak

to **contract** KATA KERJA
> rujuk juga **contract** KATA NAMA

menguncup
◊ *Our blood vessels expand and contract to pump blood to all parts of our body.* Saluran darah kita mengembang dan menguncup untuk mengepam darah ke seluruh badan.

contraction KATA NAMA
penguncupan
◊ *the contraction and expansion of blood vessels* penguncupan dan pengembangan saluran darah

contractor KATA NAMA
kontraktor
◊ *building contractor* kontraktor pembinaan

to **contradict** KATA KERJA
1 *menyangkal kata-kata*
◊ *We dare not contradict him.* Kami tidak berani menyangkal kata-katanya.
2 *bercanggah*
◊ *The results of our experiment contradict theirs.* Keputusan eksperimen kami bercanggah dengan keputusan mereka.

contradictory KATA ADJEKTIF
bercanggah
◊ *They have contradictory opinions.* Pendapat mereka bercanggah.

contrary KATA ADJEKTIF
> rujuk juga **contrary** KATA NAMA

bertentangan
◊ *His decision is contrary to his parents' wishes.* Keputusannya bertentangan dengan kehendak ibu bapanya.

contrary KATA NAMA
> rujuk juga **contrary** KATA ADJEKTIF

- **on the contrary** sebaliknya

contrast KATA NAMA

1. *perbezaan*
◊ *She should know about the contrast between town and village.* Dia sepatutnya tahu perbezaan antara bandar dengan kampung.

2. *kontras*
◊ *This television has better contrast.* Televisyen ini mempunyai kontras yang lebih baik.

to **contribute** KATA KERJA
menyumbangkan
◊ *We contributed RM400 to this school.* Kami telah menyumbangkan sebanyak RM400 kepada sekolah ini.

- **The negligence of the workers contributed to the tragedy.** Kecuaian pekerja merupakan antara sebab tragedi itu berlaku.

contribution KATA NAMA
sumbangan
◊ *He is well-known for his contribution to world peace.* Dia terkenal kerana sumbangannya kepada keamanan sejagat.

contributor KATA NAMA
penyumbang

control KATA NAMA
> rujuk juga **control** KATA KERJA

kawalan
◊ *All those events were beyond my control.* Semua peristiwa itu berlaku di luar kawalan saya.

- **He lost control of his car.** Dia tidak dapat mengawal keretanya.
- **the controls** alat kawalan
- **He is always in control of the situation.** Dia selalu dapat mengawal keadaan.
- **She can't keep control of the class.** Dia tidak dapat mengawal murid-muridnya.
- **That boy is out of control.** Budak lelaki itu tidak dapat dikawal lagi.

to **control** KATA KERJA
> rujuk juga **control** KATA NAMA

1. *mengawal*
◊ *I couldn't control the horse.* Saya tidak dapat mengawal kuda tersebut.

2. *menguasai*
◊ *They are controlling the second half of the game.* Mereka menguasai permainan pada separuh masa kedua.

controversial KATA ADJEKTIF

menimbulkan kontroversi atau *kontroversial*
◊ *Abortion is a controversial subject.* Pengguguran bayi merupakan subjek yang menimbulkan kontroversi.

controversy KATA NAMA
(JAMAK **controversies**)
kontroversi
◊ *a political controversy over human rights abuses* kontroversi politik tentang penyalahgunaan hak asasi manusia

convenient KATA ADJEKTIF

1. *sesuai*
◊ *This is not a convenient time for me.* Masa ini tidak sesuai untuk saya.

2. *berdekatan*
◊ *The hotel's convenient for the airport.* Hotel tersebut berdekatan dengan lapangan terbang.

convention KATA NAMA
konvensyen
◊ *the Geneva Convention* Konvensyen Geneva

conventional KATA ADJEKTIF
konvensional
◊ *She is not conventional.* Dia tidak konvensional.

convent school KATA NAMA
sekolah yang diselenggarakan oleh rahib wanita

conversation KATA NAMA
perbualan
◊ *I waited for her to finish a telephone conversation.* Saya menunggu dia menamatkan perbualan telefonnya.

conversion KATA NAMA
penukaran
◊ *the conversion of disused rail lines into cycle routes* penukaran landasan kereta api lama kepada laluan basikal

to **convert** KATA KERJA
menukarkan
◊ *We've converted the shop into a hotel.* Kami telah menukarkan kedai tersebut menjadi sebuah hotel.

- **He converted to Hinduism in 1987.** Dia memeluk agama Hindu pada tahun 1987.

convex KATA ADJEKTIF
cembung
◊ *convex lens* kanta cembung

to **convict** KATA KERJA
> rujuk juga **convict** KATA NAMA

menyabitkan bersalah
◊ *She was convicted of the murder.* Dia disabitkan bersalah atas pembunuhan tersebut.

convict KATA NAMA

convince → cope

> rujuk juga **convict** KATA KERJA
> *banduan*

to **convince** KATA KERJA
meyakinkan
◊ *We have to convince them that we are innocent.* Kita perlu meyakinkan mereka bahawa kita tidak bersalah.

convinced KATA ADJEKTIF
yakin
◊ *I'm not convinced.* Saya tidak yakin.
◊ *I am convinced of his ability.* Saya yakin dengan keupayaannya.

convincing KATA ADJEKTIF
meyakinkan
◊ *a convincing argument* satu hujah yang meyakinkan

convincingly KATA ADVERBA
dengan yakin
◊ *He spoke convincingly.* Dia bercakap dengan yakin.

convocation KATA NAMA
konvokesyen

to **cook** KATA KERJA
> rujuk juga **cook** KATA NAMA

memasak
◊ *I can't cook.* Saya tidak tahu memasak.
♦ **The chicken isn't cooked.** Ayam itu belum masak.

cook KATA NAMA
> rujuk juga **cook** KATA KERJA

tukang masak
◊ *He's a cook in that hotel.* Dia tukang masak di hotel tersebut.
♦ **Maria's an excellent cook.** Maria pandai memasak.

cookbook KATA NAMA
buku masakan

cooker KATA NAMA
dapur
◊ *gas cooker* dapur gas
♦ **rice cooker** periuk nasi

cookery KATA NAMA
masakan
◊ *The school runs cookery courses throughout the year.* Sekolah itu mengendalikan kursus masakan sepanjang tahun.

cooking KATA NAMA
masakan
◊ *French cooking* masakan Perancis
♦ **I like cooking.** Saya suka memasak.

cool KATA ADJEKTIF
> rujuk juga **cool** KATA KERJA

dingin
◊ *a cool place* tempat yang dingin
♦ **to stay cool** tenang ◊ *He stayed cool throughout the crisis.* Dia tenang sahaja sepanjang krisis itu.

to **cool** KATA KERJA
> rujuk juga **cool** KATA ADJEKTIF

menyejukkan
◊ *The lotion cools and refreshes the skin.* Losen itu menyejukkan dan menyegarkan kulit.

to **cool down** KATA KERJA
menyejukkan
◊ *This drink will cool you down.* Minuman ini akan menyejukkan badan anda.
♦ **The manager tried to cool the angry workers down.** Pengurus itu cuba menenangkan pekerja-pekerja yang sedang marah itu.

cooler KATA NAMA
penyejuk (bekas)

coop KATA NAMA
sangkar

to **co-operate** KATA KERJA
bekerjasama
◊ *We're going to co-operate to make the exhibition a success.* Kami akan bekerjasama untuk menjayakan pameran itu.

co-operation KATA NAMA
kerjasama
◊ *Your co-operation is appreciated.* Kerjasama anda amat dihargai.

co-operative KATA NAMA
koperasi
◊ *teachers' co-operative* koperasi guru

to **co-ordinate** KATA KERJA
> rujuk juga **co-ordinate** KATA NAMA

menyelaraskan
◊ *to co-ordinate the duties of the volunteers* menyelaraskan tugas-tugas sukarelawan

co-ordinate KATA NAMA
> rujuk juga **co-ordinate** KATA KERJA

koordinat

co-ordination KATA NAMA
penyelarasan
◊ *The co-ordination of duties is very important to the success of this project.* Penyelarasan tugas amat penting untuk menjayakan projek ini.

co-ordinator KATA NAMA
penyelaras

cop KATA NAMA
(*tidak formal*)
polis

to **cope** KATA KERJA
1 *mengatasi*
◊ *The problem was difficult but we managed to cope with it.* Masalah itu memang sukar, tetapi kami berjaya mengatasinya.
2 *mengawal*

copper → corpse

◊ *I cannot cope with my own feelings.* Saya tidak dapat mengawal perasaan saya sendiri.

copper KATA NAMA
1. *tembaga* atau *kuprum*
- **copper chloride** kuprum klorida
2. (tidak formal) *polis*

copra KATA NAMA
kelapa kering

to **copulate** KATA KERJA
mengawan
◊ *Whales take twenty-four hours to copulate.* Ikan paus mengambil masa dua puluh empat jam untuk mengawan.

copulation KATA NAMA
pengawanan

copy KATA NAMA
(JAMAK **copies**)
rujuk juga **copy** KATA KERJA
1. *salinan*
◊ *Keep a copy of the receipt.* Simpan satu salinan resit tersebut.
2. *naskhah*
◊ *She ordered ten copies of the English books.* Dia memesan sepuluh naskhah buku bahasa Inggeris tersebut.

to **copy** KATA KERJA
rujuk juga **copy** KATA NAMA
1. *meniru*
2. *menyalin*
◊ *The students copied notes from the blackboard.* Pelajar menyalin nota dari papan hitam.

to **copy down** KATA KERJA
menyalin
◊ *The pupils are copying down notes.* Murid-murid sedang menyalin nota.

copycat KATA NAMA
peniru

copyright KATA NAMA
hak cipta

coquettish KATA ADJEKTIF
genit
◊ *She's a coquettish young lady who likes to attract attention.* Dia seorang gadis genit yang suka menarik perhatian orang.

coral KATA NAMA
batu karang

core KATA NAMA
rujuk juga **core** KATA KERJA
empulur (buah)
- **core business/activity** perniagaan/aktiviti utama ◊ *They will concentrate on six core businesses.* Mereka akan menumpukan perhatian pada enam perniagaan utama.
- **the earth's core** teras bumi

to **core** KATA KERJA
rujuk juga **core** KATA NAMA
mengeluarkan empulur

cork KATA NAMA
rujuk juga **cork** KATA KERJA
gabus

to **cork** KATA KERJA
rujuk juga **cork** KATA NAMA
menyumbat... dengan gabus
◊ *He corked the bottle.* Dia menyumbat botol itu dengan gabus.

corkscrew KATA NAMA
skru pencungkil gabus

corn KATA NAMA
1. *bijirin*
◊ *Barley is a type of corn.* Barli merupakan sejenis bijirin.
2. *jagung*

corn cob KATA NAMA
tongkol jagung

cornea KATA NAMA
kornea

corner KATA NAMA
1. *penjuru*
◊ *Stick the stamp in the right-hand corner of the envelope.* Lekatkan setem pada penjuru kanan sampul surat itu.
2. *selekoh*
◊ *There's a policeman at the corner of that road.* Ada seorang polis di selekoh jalan tersebut.
- **corner kick** tendangan sudut
- **the shop on the corner** kedai di hujung
- **Our examinations are just around the corner.** Peperiksaan kami hampir tiba.

cornet KATA NAMA
1. *kornet* (alat muzik)
2. *kon* (aiskrim)

cornflakes KATA NAMA JAMAK
emping jagung

coronary KATA ADJEKTIF
koronari
◊ *coronary artery* arteri koronari

coroner KATA NAMA
koroner

corporal KATA NAMA
koperal

corporal punishment KATA NAMA
hukuman sebat

corporate KATA ADJEKTIF
korporat
◊ *corporate figure* tokoh korporat

corporation KATA NAMA
1. *syarikat*
2. *perbadanan*
◊ *a corporation that is free from government controls* sebuah perbadanan yang bebas daripada kawalan kerajaan

corpse KATA NAMA

mayat

corpus KATA NAMA
(JAMAK **corpuses**)
korpus
◊ *a corpus of two hundred million words* korpus yang terdiri daripada dua ratus juta perkataan

correct KATA ADJEKTIF
> rujuk juga **correct** KATA KERJA

betul
◊ *Your answer is correct.* Jawapan anda betul.

to correct KATA KERJA
> rujuk juga **correct** KATA ADJEKTIF

1 *membetulkan*
◊ *I have to correct her pronunciation from time to time.* Saya perlu membetulkan sebutannya dari semasa ke semasa.

2 *memeriksa*
◊ *I took an hour to correct their exercise books.* Saya mengambil masa satu jam untuk memeriksa buku latihan mereka.

correction KATA NAMA
pembetulan

correctly KATA ADVERBA
dengan betul
◊ *The students answered the question correctly.* Para pelajar menjawab soalan itu dengan betul.

to correspond KATA KERJA
1 *sama*
◊ *The two maps of Kuala Lumpur correspond closely.* Kedua-dua peta Kuala Lumpur itu hampir-hampir sama.

2 *mengutus surat*
◊ *We corresponded regularly.* Kami sering mengutus surat.

correspondence KATA NAMA
surat-menyurat

correspondent KATA NAMA
wartawan

corridor KATA NAMA
koridor

to corrode KATA KERJA
mengakis
◊ *Acid rain destroys trees and corrodes buildings.* Hujan asid memusnahkan tumbuhan dan mengakis bangunan.

corrosion KATA NAMA
kakisan
◊ *Zinc is used to protect other metals from corrosion.* Zink digunakan untuk melindungi logam lain daripada kakisan.

corrupt KATA ADJEKTIF
menyeleweng
◊ *corrupt business practices* urusan perniagaan yang menyeleweng

corruption KATA NAMA
penyelewengan
◊ *He faces 20 charges of corruption.* Dia didakwa dengan 20 tuduhan penyelewengan.

cosine KATA NAMA
kosinus (*matematik*)

cosmetics KATA NAMA JAMAK
kosmetik

cosmic KATA ADJEKTIF
kosmik
◊ *cosmic radiation* radiasi kosmik
◊ *cosmic ray* sinar kosmik

cosmonaut KATA NAMA
angkasawan (*dari Rusia*)

cosmopolitan KATA ADJEKTIF
kosmopolitan
◊ *cosmopolitan city* bandar raya kosmopolitan

cost KATA NAMA
> rujuk juga **cost** KATA KERJA

harga
♦ **the cost of advertising** kos pengiklanan
♦ **the cost of living** kos sara hidup
♦ **at all costs** dengan apa cara sekalipun

to cost KATA KERJA
(**cost, cost**)
> rujuk juga **cost** KATA NAMA

berharga
◊ *The food cost RM20.* Makanan tersebut berharga RM20.

costume KATA NAMA
1 *kostum*
◊ *The actors are still wearing their costumes.* Pelakon-pelakon itu masih memakai kostum mereka.

2 *pakaian*
◊ *She is wearing her national costume.* Dia memakai pakaian kebangsaannya.
♦ **swimming costume** baju mandi

cosy KATA ADJEKTIF
nyaman dan selesa
◊ *a cosy room* sebuah bilik yang nyaman dan selesa

cot KATA NAMA
katil bayi

cottage KATA NAMA
kotej
> rumah kecil di kawasan luar bandar

◊ *They have a cottage in Wales.* Mereka mempunyai sebuah kotej di Wales.

cottage cheese KATA NAMA
keju kotej (*dibuat daripada susu masam*)

cotton KATA NAMA
kapas

cotton wool KATA NAMA
kapas

couch KATA NAMA
(JAMAK **couches**)

couchette → course

1. *kerusi panjang*
   ◊ *She's sitting on the couch.* Dia sedang duduk di atas kerusi panjang.
2. *katil* (di dalam bilik doktor)

couchette KATA NAMA
katil lipat (di dalam kereta api, kapal)

to cough KATA KERJA

> rujuk juga **cough** KATA NAMA

batuk

cough KATA NAMA

> rujuk juga **cough** KATA KERJA

batuk
- **I've got a cough.** Saya batuk.
- **cough mixture** ubat batuk

could KATA KERJA *rujuk* **can**

council KATA NAMA
majlis
◊ *the Municipal Council of Penang* Majlis Perbandaran Pulau Pinang

councillor KATA NAMA
anggota Majlis Perbandaran

counsel KATA NAMA
peguam
◊ *defence counsel* peguam bela

counselling KATA NAMA
kaunseling

counsellor KATA NAMA
kaunselor

count KATA NAMA

> rujuk juga **count** KATA KERJA

pengiraan
◊ *At the last count the police had 247 people in custody.* Dalam pengiraan yang terakhir, pihak polis mempunyai sebanyak 247 orang tahanan.
- **on both/several/all counts** dari kedua-dua/beberapa/semua aspek ◊ *Is it intelligible? Is it original? - The answer is yes on both counts.* Bolehkah anda memahaminya? Apakah karya ini asli? Jawapannya ialah ya dari kedua-dua aspek. ◊ *The movie is unique on several counts.* Filem itu unik dari beberapa aspek. ◊ *This is a magnificent book on all counts.* Buku ini sebuah buku yang cukup mengagumkan dari semua aspek.

to count KATA KERJA

> rujuk juga **count** KATA NAMA

mengira
◊ *He's counting his money.* Dia sedang mengira wangnya.

to count on KATA KERJA
mengharapkan
◊ *You can count on me.* Anda boleh mengharapkan saya.

countable noun KATA NAMA
kata nama hitung

counter KATA NAMA
kaunter

- **under the counter** secara haram

counter-attack KATA NAMA
serang balas

counterfeit KATA ADJEKTIF
palsu
◊ *counterfeit currency* wang palsu

counterpart KATA NAMA
rakan sejawat

countertop KATA NAMA 🖼
tempat penyediaan makanan (di dapur)

countless KATA ADJEKTIF
tidak terkira banyaknya

country KATA NAMA
(JAMAK **countries**)
1. *negara*
2. *desa*
   ◊ *I live in the country.* Saya tinggal di desa.

countryside KATA NAMA
kawasan luar bandar

county KATA NAMA
(JAMAK **counties**)
wilayah
◊ *Over 50 events are planned throughout the county.* Lebih daripada 50 acara telah dirancang di seluruh wilayah tersebut.
- **county council** majlis daerah

couple KATA NAMA
1. *pasangan*
   ◊ *The couple have no children.* Pasangan itu tidak mempunyai anak.
2. *beberapa*
   ◊ *a couple of hours* beberapa jam

coupon KATA NAMA
kupon

courage KATA NAMA
keberanian

courageous KATA ADJEKTIF
berani
◊ *They were very courageous.* Mereka sangat berani.

courgette KATA NAMA
zukini (sejenis labu)

courier KATA NAMA
kiriman cepat
◊ *We sent our letters by courier service.* Kami menghantar surat kami melalui perkhidmatan kiriman cepat.

course KATA NAMA
1. *kursus*
   ◊ *a Japanese course* kursus bahasa Jepun
2. *sajian*
   ◊ *the main course* sajian utama
3. *haluan*
   ◊ *The captain altered the course of the ship.* Kapten itu mengubah haluan kapal tersebut.

- **golf course** padang golf
- **of course** sudah tentu

court KATA NAMA
1. *mahkamah*
2. *gelanggang*
   ◊ tennis court gelanggang tenis
3. *istana*
   ◊ She was taken to the court of King James I. Dia dibawa ke istana Raja James I.

courteous KATA ADJEKTIF
penuh dengan budi bahasa
   ◊ He was a kind and courteous man. Dia seorang lelaki yang baik hati dan penuh dengan budi bahasa.

courtesy KATA NAMA
kesusilaan

courtship KATA NAMA
bercinta
   ◊ They were more interested in courtship and cars than in school. Mereka lebih berminat tentang kereta dan bercinta daripada bersekolah.

courtyard KATA NAMA
kawasan lapang (yang dikelilingi bangunan atau dinding)

cousin KATA NAMA
sepupu

cover KATA NAMA
    rujuk juga **cover** KATA KERJA
1. *kulit* (buku, majalah)
   ◊ The cover of my book is torn. Kulit buku saya telah koyak.
2. *penutup*
   ◊ Use a cover to protect your food. Gunakan penutup untuk melindungi makanan anda.
3. *perlindungan*
   ◊ He could not provide cover for them. Dia tidak dapat memberikan perlindungan kepada mereka.
- **She placed a lace cover on the chair.** Dia meletakkan alas yang berenda pada kerusi.
- **This song is a cover version.** Lagu ini dinyanyikan oleh penyanyi asal.

to **cover** KATA KERJA
    rujuk juga **cover** KATA NAMA
1. *menutup*
   ◊ Cover your face with a handkerchief. Tutup muka anda dengan sehelai sapu tangan.
2. *merangkumi*
   ◊ Our insurance didn't cover it. Insurans kami tidak merangkumi perkara ini.
3. *bergerak sejauh*
   ◊ We have covered 20 miles. Kami telah bergerak sejauh 20 batu.
4. *melitupi*
   ◊ The mountain top was covered with snow. Puncak gunung tersebut dilitupi salji.
5. *memenuhi*
   ◊ The desk was covered with papers. Meja tersebut dipenuhi dengan kertas.
- **Make sure the table is covered.** Pastikan meja itu beralas.
- **He sat on the grass, which was covered with a mat.** Dia duduk di atas rumput dengan beralaskan tikar.
- **to cover one's back/rear/ass** (*tidak formal*) melindungi diri sendiri ◊ He had covered his back by getting written permission from his boss. Dia melindungi diri sendiri dengan mendapatkan kebenaran bertulis daripada bosnya.

to **cover up** KATA KERJA
menyembunyikan
   ◊ The government tried to cover up the details of the accident. Kerajaan cuba menyembunyikan butir-butir kemalangan itu.

coverage KATA NAMA
liputan
   ◊ The event was given extensive coverage. Peristiwa itu mendapat liputan meluas.

cow KATA NAMA
lembu (betina)

coward KATA NAMA
pengecut
   ◊ You're a coward. Kau pengecut.

cowardly KATA ADJEKTIF
pengecut

cowboy KATA NAMA
koboi

CPR KATA NAMA (= *cardiopulmonary resuscitation*) (*perubatan*)
CPR (= *pemulihan kardiopulmonari*)
   ◊ I gave her CPR. Saya memberinya CPR.

CPU KATA NAMA (= *central processing unit*)
CPU (= *Unit Pemprosesan Pusat*) (*komputer*)

crab KATA NAMA
ketam

crack KATA NAMA
    rujuk juga **crack** KATA KERJA
1. *rekahan*
   ◊ Kathryn saw him through a crack in the wall. Kathryn melihatnya melalui rekahan pada dinding.
2. *retakan*
- **The plate had a crack in it.** Pinggan itu retak.
- **He opened the door a crack and closed**

it. Dia membuka pintu itu sedikit dan menutupnya semula.
- I'll have a crack at it. Saya akan cuba melakukannya.

to **crack** KATA KERJA

rujuk juga **crack** KATA NAMA

1. *memecahkan* (telur)
2. *terhantuk*
◊ He cracked his head on the wall. Kepalanya terhantuk pada dinding.
3. *menyelesaikan*
◊ She has finally cracked that problem. Akhirnya dia dapat menyelesaikan masalah itu.

- **to crack a joke** berjenaka
- **The paint on my house cracked because it was exposed to the weather.** Cat rumah saya lekang kerana terdedah kepada cuaca.
- **The land was so dry that it cracked.** Tanah itu kering sehingga merekah.

to **crack down on** KATA KERJA
bertindak keras
◊ The police are cracking down on motorists who drive too fast. Polis bertindak keras terhadap pemandu yang memandu terlalu laju.

to **crack on** KATA KERJA
(*tidak formal*)
meneruskan dengan segera
◊ Let's crack on. Mari kita teruskan dengan segera.

cracked KATA ADJEKTIF
1. *retak*
◊ Throw away that cracked mirror. Buang cermin yang sudah retak itu.
2. *serak*
◊ His voice was cracked when he spoke. Suaranya serak apabila dia bercakap.

cracker KATA NAMA
1. *biskut*
2. *mercun*

cradle KATA NAMA
1. *katil buaian*
2. *tempat letak gagang telefon*
- **I dropped the receiver back in its cradle.** Saya meletakkan gagang telefon ke tempatnya semula.

craft KATA NAMA
1. *pertukangan*
◊ We must preserve traditional craft industries. Kita mesti memelihara industri pertukangan tradisional.
- **the craft of writing poems** seni penulisan sajak
2. *pesawat* (udara)
3. *kapal angkasa*
4. *bot*

craftsman KATA NAMA
(JAMAK **craftsmen**)
tukang
> seseorang yang mahir menggunakan tangan untuk menghasilkan sesuatu

craftsmanship KATA NAMA
ketukangan
◊ The creativity and craftsmanship of the people of ancient times... Kreativiti dan ketukangan orang zaman purba...

crafty KATA ADJEKTIF
licik

to **cram** KATA KERJA
memadatkan
◊ We crammed our stuff into the boot. Kami memadatkan barang-barang kami ke dalam but.
- **to cram for an exam** bersungguh-sungguh mengulang kaji untuk peperiksaan

cramp KATA NAMA
kekejangan
◊ muscle cramp kekejangan otot

cramped KATA ADJEKTIF
sempit
◊ He lived in a cramped little flat. Dia tinggal di sebuah rumah pangsa yang kecil dan sempit.

crane KATA NAMA
1. *kren*
◊ They lifted the car with a crane. Mereka mengangkat kereta tersebut dengan sebuah kren.
2. *burung jenjang*

crash KATA NAMA
(JAMAK **crashes**)

rujuk juga **crash** KATA KERJA

1. *kemalangan*
◊ Daniel was killed in a crash last year. Daniel terbunuh dalam satu kemalangan pada tahun lalu.
2. *bunyi yang kuat*
◊ They heard a loud crash last night. Mereka mendengar bunyi yang kuat semalam.

- **a crash course** kursus kilat

to **crash** KATA KERJA

rujuk juga **crash** KATA NAMA

1. *berlanggar*
◊ The two cars crashed. Kedua-dua kereta tersebut berlanggar.
2. *terhempas*
◊ The plane crashed. Kapal terbang itu terhempas.

to **crave** KATA KERJA
1. *ketagih* (rokok, arak, dll)
2. *menagih*
◊ The girl craves his attention. Gadis itu menagih perhatian daripadanya.

- **The expectant mother craved pickled papayas.** Ibu yang mengandung itu mengidamkan jeruk betik.

to **crawl** KATA KERJA

> rujuk juga **crawl** KATA NAMA

1. *merangkak*
◊ *The baby is crawling.* Bayi itu sedang merangkak.
2. *merayap*
◊ *I saw a fly crawl along the table.* Saya nampak seekor lalat merayap di atas meja.

crawl KATA NAMA

> rujuk juga **crawl** KATA KERJA

gaya rangkak
◊ *to do the crawl* berenang dengan gaya rangkak

- **The traffic on the road slowed to a crawl.** Lalu lintas di jalan raya menjadi sangat perlahan.

crayon KATA NAMA
krayon

crazy KATA ADJEKTIF
gila
◊ *He is acting like a crazy man.* Dia berkelakuan seperti orang gila.

cream KATA NAMA

> rujuk juga **cream** KATA ADJEKTIF

krim
◊ *strawberries and cream* strawberi dan krim ◊ *This cream can soften your skin.* Krim ini boleh melembutkan kulit anda.

- **a cream cake** kek berkrim

cream KATA ADJEKTIF

> rujuk juga **cream** KATA NAMA

putih kuning
◊ *a cream shirt* sehelai kemeja yang berwarna putih kuning

crease KATA NAMA

> rujuk juga **crease** KATA KERJA

1. *kesan renyuk*
2. *kesan lipatan*

to **crease** KATA KERJA

> rujuk juga **crease** KATA NAMA

mengedutkan
◊ *She sat down carefully so as not to crease her skirt.* Dia duduk dengan baik supaya tidak mengedutkan skirtnya.

creased KATA ADJEKTIF
berkedut (kain, kertas)

to **create** KATA KERJA
1. *mewujudkan*
◊ *The government is trying to create a caring society.* Kerajaan cuba mewujudkan sebuah masyarakat penyayang.
2. *mencipta*
◊ *God created the world.* Tuhan mencipta dunia ini.

creation KATA NAMA
ciptaan
◊ *Human beings are God's creation.* Manusia merupakan ciptaan Tuhan.

- **the creation of planets** penciptaan planet

creative KATA ADJEKTIF
kreatif
◊ *His work is very creative.* Kerjanya sangat kreatif.

creativity KATA NAMA
kreativiti

creator KATA NAMA
pencipta

- **the Creator** Tuhan

creature KATA NAMA
makhluk
◊ *They believe that every living creature has a soul.* Mereka percaya bahawa setiap makhluk yang hidup mempunyai roh.

- **She was a beautiful creature.** Dia seorang wanita yang cantik.

crèche KATA NAMA
pusat jagaan kanak-kanak

credit KATA NAMA

> rujuk juga **credit** KATA KERJA

1. *kredit*
◊ *on credit* secara kredit
2. *penghargaan*
◊ *Give him some credit.* Berilah dia sedikit penghargaan.

to **credit** KATA KERJA

> rujuk juga **credit** KATA NAMA

mengkreditkan
◊ *The bank credited RM10 to his account.* Pihak bank mengkreditkan sebanyak RM10 ke dalam akaunnya.

credit card KATA NAMA
kad kredit

creditor KATA NAMA
pemiutang

creed KATA NAMA
1. *fahaman*
2. *agama*

to **creep** KATA KERJA
(**crept, crept**)
1. *menyusup*
◊ *The rabbit creeps away and hides in a hole.* Arnab itu menyusup dari situ dan bersembunyi di dalam lubang.
2. *menjalar* (haiwan, tumbuhan)

to **creep up** KATA KERJA
mendekati secara diam-diam
◊ *to creep up on somebody* mendekati seseorang secara diam-diam

creeper KATA NAMA
tumbuhan yang menjalar

cremation → crooked

cremation KATA NAMA
pembakaran mayat

crept KATA KERJA *rujuk* **creep**

crescent KATA NAMA
bulan sabit

cress KATA NAMA
selada

crest KATA NAMA
jambul
◊ *Both birds have a dark blue crest.* Kedua-dua ekor burung itu mempunyai jambul yang berwarna biru tua.

crevice KATA NAMA
celah
◊ *Ivan peeped at the girl through the crevice in the wall.* Ivan mengintai gadis itu melalui celah dinding itu.

crew KATA NAMA
anak kapal
◊ *The crew's mission was over.* Misi untuk anak kapal itu telah berakhir.
♦ **a film crew** pekerja filem

crew cut KATA NAMA
crew cut
sejenis potongan rambut lelaki yang sangat pendek

cricket KATA NAMA
1 *kriket*
◊ *I play cricket.* Saya bermain kriket.
2 *cengkerik* (serangga)

cricketer KATA NAMA
pemain kriket

crime KATA NAMA
jenayah
◊ *He committed a crime.* Dia telah melakukan jenayah.
♦ **a crime against humanity** kezaliman terhadap manusia

criminal KATA NAMA
rujuk juga **criminal** KATA ADJEKTIF
penjenayah

criminal KATA ADJEKTIF
rujuk juga **criminal** KATA NAMA
jenayah
◊ *This is a criminal offence.* Perbuatan ini merupakan kesalahan jenayah.

crippled KATA ADJEKTIF
lumpuh
◊ *He was crippled in an accident.* Dia lumpuh akibat satu kemalangan.
♦ **He was crippled with arthritis.** Pergerakannya terjejas akibat penyakit artritis.

crisis KATA NAMA
(JAMAK **crises**)
krisis

crisp KATA ADJEKTIF
rangup
◊ *The French fries are nice and crisp.* Kentang goreng itu sedap dan rangup.
♦ **a crisp autumn day** suatu hari pada musim luruh yang sejuk dan segar

crisps KATA NAMA JAMAK
kerepek kentang

crispy KATA ADJEKTIF
rangup

criterion KATA NAMA
(JAMAK **criteria**)
kriteria
◊ *Only one candidate satisfied all the criteria.* Hanya seorang calon sahaja yang memenuhi semua kriteria tersebut.

critic KATA NAMA
pengkritik
◊ *The critics had praised her performance.* Para pengkritik memuji pertunjukannya.

critical KATA ADJEKTIF
1 *kritis*
◊ *The teacher was very critical about my homework.* Guru itu sangat kritis terhadap kerja rumah saya.
2 *genting* atau *kritikal*
◊ *The injured man is in a critical condition.* Lelaki yang cedera itu berada dalam keadaan yang kritikal.

critically KATA ADVERBA
parah
◊ *critically injured* cedera parah
♦ **The patient is critically ill.** Pesakit itu sedang tenat.

criticism KATA NAMA
kritikan

to **criticize** KATA KERJA
mengkritik

Croatia KATA NAMA
Croatia

crochet KATA NAMA
rujuk juga **crochet** KATA KERJA
kait
◊ *crochet hook* jarum kait

to **crochet** KATA KERJA
rujuk juga **crochet** KATA NAMA
mengait
◊ *She likes crocheting.* Dia suka mengait.

crockery KATA NAMA
pinggan mangkuk

crocodile KATA NAMA
buaya

crook KATA NAMA
penyangak
◊ *The man is a crook.* Orang itu penyangak.

crooked KATA ADJEKTIF
1 *bengkok*
◊ *a crooked little tree* sebatang pohon kecil yang bengkok

crop → crown

[2] *tidak jujur*
◊ *a crooked cop* pegawai polis yang tidak jujur ◊ *crooked business deals* urusan perniagaan yang tidak jujur

crop KATA NAMA
> rujuk juga **crop** KATA KERJA

[1] *tanaman*
◊ *The main crop here is rice.* Tanaman utama di sini ialah padi.
[2] *hasil tanaman*
◊ *a good crop of apples* hasil tanaman epal yang baik

to **crop** KATA KERJA
> rujuk juga **crop** KATA NAMA

membuahkan hasil (tanaman)

to **crop up** KATA KERJA
timbul
◊ *All sorts of problems cropped up.* Pelbagai jenis masalah timbul.

cross KATA NAMA
(JAMAK **crosses**)
> rujuk juga **cross** KATA ADJEKTIF, KATA KERJA

[1] *salib*
◊ *She is wearing a cross on her neck.* Dia memakai salib pada lehernya.
[2] *tanda pangkah*
◊ *Put a cross to indicate that the answer is wrong.* Letakkan tanda pangkah untuk menunjukkan bahawa jawapan itu salah.
[3] *kacukan*
◊ *This is a cross between a red and a yellow hibiscus.* Bunga ini merupakan kacukan antara bunga raya merah dengan bunga raya kuning.

cross KATA ADJEKTIF
> rujuk juga **cross** KATA NAMA, KATA KERJA

marah
◊ *He was cross about something.* Ada sesuatu yang membuat dia marah.

to **cross** KATA KERJA
> rujuk juga **cross** KATA NAMA, KATA ADJEKTIF

menyeberangi
◊ *You have to cross the bridge to get there.* Anda perlu menyeberangi jambatan itu untuk sampai ke sana.
♦ **The matter has never crossed my mind.** Perkara itu tidak pernah terlintas dalam fikiran saya.

to **cross out** KATA KERJA
memotong
◊ *He crossed out the word and replaced it with another.* Dia memotong perkataan itu dan menggantikannya dengan perkataan lain.

crossbar KATA NAMA
palang

cross-country KATA NAMA
merentas desa
◊ *a cross-country race* perlumbaan merentas desa

crossing KATA NAMA
[1] *penyeberangan*
◊ *a 10-hour crossing* penyeberangan selama 10 jam
[2] *lintasan pejalan kaki*
crossing juga merujuk kepada **pedestrian crossing**

cross-legged KATA ADVERBA
bersila
◊ *They sat cross-legged on the floor.* Mereka duduk bersila di atas lantai.

crossroads KATA NAMA
persimpangan jalan

crossword KATA NAMA
silang kata

to **crouch down** KATA KERJA
membongkok
◊ *He crouched down to pick up his pen.* Dia membongkok untuk mengambil pennya.

crow KATA NAMA
> rujuk juga **crow** KATA KERJA

burung gagak

to **crow** KATA KERJA
> rujuk juga **crow** KATA NAMA

berkokok
◊ *Cocks crow.* Ayam berkokok.

crowd KATA NAMA
> rujuk juga **crowd** KATA KERJA

orang ramai
◊ *A huge crowd gathered in front of his house.* Orang ramai berkumpul di depan rumahnya. ◊ *The crowd shouted.* Orang ramai menjerit.

to **crowd** KATA KERJA
> rujuk juga **crowd** KATA NAMA

berpusu-pusu
◊ *Thousands of demonstrators crowded the streets.* Beribu-ribu penunjuk perasaan berpusu-pusu di jalan raya.

crowded KATA ADJEKTIF
penuh sesak
◊ *The street was crowded and noisy.* Jalan tersebut penuh sesak dan bising.
♦ **My timetable is crowded with activities.** Jadual waktu saya penuh dengan aktiviti.

crown KATA NAMA
> rujuk juga **crown** KATA KERJA

mahkota

to **crown** KATA KERJA
> rujuk juga **crown** KATA NAMA

memahkotai
◊ *The Sultan crowned his son with the title Raja Pancar Alam.* Sultan itu memahkotai puteranya dengan gelaran

Raja Pancar Alam.

Crown Prince KATA NAMA
Putera Mahkota

Crown Princess KATA NAMA
(JAMAK **Crown Princesses**)
Puteri Mahkota

crucifix KATA NAMA
(JAMAK **crucifixes**)
patung salib

crude KATA ADJEKTIF
kasar
◊ *crude language* bahasa kasar
♦ **crude wooden boxes** kotak kayu yang kasar buatannya
♦ **crude oil** minyak mentah

cruel KATA ADJEKTIF
kejam
◊ *He is very cruel to animals.* Dia sangat kejam terhadap binatang.

cruelty KATA NAMA
kezaliman
◊ *the cruelty of the pharaohs* kezaliman firaun

cruise KATA NAMA
pelayaran persiaran
◊ *He and his wife were planning to go on a world cruise.* Dia dan isterinya merancang untuk menyertai pelayaran persiaran mengelilingi dunia.

crumb KATA NAMA
serdak
◊ *bread crumbs* serdak roti
♦ **a crumb of information** secebis maklumat

to **crumple** KATA KERJA
merenyukkan
◊ *She crumpled the paper.* Dia merenyukkan kertas itu.

crumpled KATA ADJEKTIF
ronyok
◊ *His uniform was crumpled.* Pakaian seragamnya ronyok.

crusade KATA NAMA
perjuangan
◊ *his crusade to teach children to love books* perjuangannya untuk mengajar kanak-kanak supaya suka membaca
♦ **They fought a crusade to destroy the wicked ruler.** Mereka berjihad menghapuskan pemerintah yang kejam itu.

to **crush** KATA KERJA
> rujuk juga **crush** KATA NAMA

[1] *meremukkan*
◊ *Andrew crushed the empty can.* Andrew meremukkan tin kosong itu.
[2] *menghancurkan*
◊ *Crush two cloves of garlic.* Hancurkan dua ulas bawang putih.

crush KATA NAMA
> rujuk juga **crush** KATA KERJA

cinta monyet (padanan terdekat)
◊ *Her love for him was only a crush.* Cintanya pada lelaki itu hanya cinta monyet.
♦ **to have a crush on somebody** jatuh hati pada seseorang

crusher KATA NAMA
penghancur

crust KATA NAMA
kerak
◊ *the crust on cooked rice* kerak nasi
◊ *the earth's crust* kerak bumi

crutch KATA NAMA
(JAMAK **crutches**)
topang ketiak
◊ *I can walk without the aid of crutches.* Saya dapat berjalan tanpa bantuan topang ketiak.

cry KATA NAMA
(JAMAK **cries**)
> rujuk juga **cry** KATA KERJA

laungan
◊ *Sandy's cries frightened her neighbours.* Laungan Sandy menakutkan jiran-jirannya.
♦ **He gave a cry of pain.** Dia menjerit kesakitan.
♦ **She had a good cry.** Dia menangis sepuas-puasnya.

to **cry** KATA KERJA
(**cried, cried**)
> rujuk juga **cry** KATA NAMA

[1] *menangis*
◊ *The baby's crying.* Bayi itu sedang menangis.
[2] *berteriak*
◊ *"You're wrong," he cried.* "Anda salah," dia berteriak.

to **cry out** KATA KERJA
melaung
◊ *She cried out with joy.* Dia melaung dengan gembira.

crying KATA NAMA
tangisan
◊ *She couldn't sleep because of her baby's crying.* Dia tidak dapat tidur kerana diganggu oleh tangisan bayinya.

crystal KATA NAMA
[1] *hablur*
◊ *salt crystal* hablur garam
[2] *kristal*
◊ *He bought a crystal ring for his wife.* Dia membeli sebentuk cincin kristal untuk isterinya.

crystallization KATA NAMA
penghabluran
◊ *experiments on the crystallization of*

English ~ Malay   CTC → curious

glass eksperimen tentang penghabluran kaca

CTC KATA NAMA (= *city technology college*)
CTC (= *city technology college*)

cub KATA NAMA
anak (haiwan)
◊ *They've caught a lion cub.* Mereka telah menangkap seekor anak singa.
♦ **the Cub Scouts** Anak Serigala

cube KATA NAMA
① *kubus*
◊ *The table is shaped like a cube.* Meja tersebut berbentuk kubus.
② *kiub*
◊ *I have to buy sugar cubes.* Saya perlu membeli kiub gula.
③ *kuasa tiga*
◊ *Eight is the cube of two.* Lapan ialah kuasa tiga kepada dua.

cubic KATA ADJEKTIF
padu
◊ *two million cubic metres of water* dua juta meter padu air

cucumber KATA NAMA
timun

to **cuddle** KATA KERJA
memeluk
◊ *He cuddled the newborn girl.* Dia memeluk bayi perempuan yang baru lahir itu.

cue KATA NAMA
kiu (kayu biliard, snuker)

cuisine KATA NAMA
masakan
◊ *southern cuisine* masakan selatan

culottes KATA NAMA JAMAK
> sejenis seluar perempuan yang panjangnya sampai ke lutut dan kelihatan seperti skirt

culprit KATA NAMA
pesalah

to **cultivate** KATA KERJA
mengusahakan
◊ *She cultivated a small garden of her own.* Dia mengusahakan sebuah taman kecil miliknya sendiri.
♦ **She cultivated vegetables on her farm.** Dia menanam sayur di kebunnya.

cultivation KATA NAMA
penanaman
◊ *the cultivation of fruit and vegetables* penanaman buah-buahan dan sayur-sayuran

cultural KATA ADJEKTIF
kebudayaan
◊ *cultural heritage* warisan kebudayaan

culture KATA NAMA
① *peradaban*
◊ *We should learn about other people's cultures.* Kita perlu mempelajari peradaban orang lain.
② *kebudayaan*
◊ *Malaysian popular culture* kebudayaan rakyat Malaysia
③ *kultur*
◊ *a culture of human cells* kultur sel manusia

cum KATA SENDI
merangkap
◊ *receptionist cum clerk* penyambut tetamu merangkap kerani

cumin KATA NAMA
jintan

cunning KATA ADJEKTIF
licik
◊ *Sam is a very cunning student.* Sam merupakan seorang pelajar yang licik.

cup KATA NAMA
① *cawan*
② *piala*
◊ *We had a good chance of winning one of the cups.* Kami mempunyai peluang yang cerah untuk memenangi satu daripada piala tersebut.

cupboard KATA NAMA
almari

to **curb** KATA KERJA
mengawal
◊ *advertisements aimed at curbing the spread of AIDS* iklan-iklan yang bertujuan untuk mengawal merebaknya AIDS

to **curdle** KATA KERJA
menjadi kental
◊ *The sauce should not boil or the egg will curdle.* Jangan biarkan sos mendidih, jika tidak telur itu akan menjadi kental.
♦ **curdled milk** susu yang kental

to **cure** KATA KERJA
> rujuk juga **cure** KATA NAMA

menyembuhkan
◊ *Finally, the doctor cured his illness.* Akhirnya, doktor itu berjaya menyembuhkan penyakitnya.

cure KATA NAMA
> rujuk juga **cure** KATA KERJA

ubat
◊ *There is still no cure for cancer.* Masih tidak ada ubat untuk barah.

curfew KATA NAMA
perintah berkurung

curiosity KATA NAMA
perasaan ingin tahu
♦ **out of curiosity** kerana ingin tahu

curious KATA ADJEKTIF
① *ingin tahu*
◊ *Steve was curious about her secret.* Steve ingin tahu rahsianya.
② *pelik*

curl → custody

◊ *There is a curious thing about her writing.* Ada sesuatu yang pelik tentang hasil penulisannya.

curl KATA NAMA

> rujuk juga **curl** KATA KERJA

kerinting

to **curl** KATA KERJA

> rujuk juga **curl** KATA NAMA

1. *lentik* (bulu mata, jari)
◊ *Her eyelashes curl.* Bulu matanya lentik.
2. *mengerintingkan*
♦ **She has hair that refuses to curl.** Rambutnya sukar untuk dikerintingkan.

to **curl up** KATA KERJA

mengerekot
◊ *Aziani curled up in her bed because she was cold.* Aziani mengerekot di atas katil kerana kesejukan.

curly KATA ADJEKTIF

kerinting
◊ *She has curly hair.* Rambutnya kerinting.

currant KATA NAMA

kismis

currency KATA NAMA
(JAMAK **currencies**)

mata wang
◊ *foreign currency* mata wang asing

currency trader KATA NAMA
(*ekonomi*)

pedagang mata wang

currency trading KATA NAMA
(*ekonomi*)

dagangan mata wang

current KATA NAMA

> rujuk juga **current** KATA ADJEKTIF

arus
◊ *The current is very strong.* Arus itu sangat deras.

current KATA ADJEKTIF

> rujuk juga **current** KATA NAMA

1. *pada masa ini*
◊ *the current situation* keadaan pada masa ini
2. *semasa*
◊ *the current financial year* tahun kewangan semasa

current account KATA NAMA

akaun semasa
◊ *I have a current account in that bank.* Saya mempunyai akaun semasa di bank itu.

current affairs KATA NAMA JAMAK

hal-ehwal semasa

currently KATA ADVERBA

pada masa ini

curriculum KATA NAMA
(JAMAK **curriculums** atau **curricula**)

kurikulum

curriculum vitae KATA NAMA
(JAMAK **curriculum vitaes** atau **curricula vitae**)

CV

> dokumen yang mengandungi butir-butir peribadi dan digunakan semasa memohon kerja

curry KATA NAMA
(JAMAK **curries**)

kari

to **curse** KATA KERJA

> rujuk juga **curse** KATA NAMA

menyumpah
◊ *The witch cursed the prince and turned him into a monkey.* Ahli sihir itu menyumpah putera raja itu menjadi seekor monyet.

curse KATA NAMA

> rujuk juga **curse** KATA KERJA

sumpah
♦ **Groans and curses filled the air.** Keluhan dan sumpah seranah memenuhi segenap ruang.

cursor KATA NAMA

kursor

curtain KATA NAMA

1. *langsir*
2. *tirai* (di pentas)

curve KATA NAMA

> rujuk juga **curve** KATA KERJA

1. *lengkungan*
2. *keluk* (biasanya pada graf)

to **curve** KATA KERJA

> rujuk juga **curve** KATA NAMA

melengkung
◊ *The line curves downwards.* Garisan itu melengkung ke bawah.
♦ **The road curves.** Jalan itu berlengkok.

curve ball KATA NAMA
(*biasanya AS*)

masalah yang tidak diduga
♦ **to throw somebody a curve ball** memberikan kejutan kepada seseorang

curved KATA ADJEKTIF

melengkung
◊ *He used a curved bamboo stick to kill the animal.* Dia menggunakan sebatang buluh yang melengkung untuk membunuh haiwan itu.

cushion KATA NAMA

kusyen

custard KATA NAMA

kastard

custody KATA NAMA

1. *hak jagaan*
◊ *The wife has custody of the children.* Isterinya mempunyai hak jagaan ke atas anak-anaknya.

custom

2. *tahanan*
◊ *The two boys were in police custody.* Kedua-dua budak lelaki itu berada dalam tahanan polis.

custom KATA NAMA
1. *adat*
◊ *It's an old custom.* Adat itu merupakan adat lama.
2. *kebiasaan*
◊ *It was his custom to wake up early.* Sudah menjadi kebiasaannya untuk bangun awal.

customer KATA NAMA
pelanggan

customs KATA NAMA JAMAK
kastam
- **to go through customs** melalui kastam

customs officer KATA NAMA
pegawai kastam

cut KATA NAMA

> rujuk juga **cut** KATA KERJA

1. *luka*
- **He's got a cut on his forehead.** Dahinya luka.
2. *pemotongan*
◊ *The strike had led to cuts in electricity in many areas.* Mogok tersebut telah menyebabkan pemotongan bekalan elektrik di banyak kawasan.
- **a price cut** potongan harga

to **cut** KATA KERJA
(cut, cut)

> rujuk juga **cut** KATA NAMA

1. *memotong*
◊ *I'll cut some bread.* Saya akan memotong beberapa keping roti.
- **Johnson cut himself while shaving.** Johnson luka semasa bercukur.
2. *menggunting*
3. *mengurangkan* (harga, perbelanjaan)
- **He couldn't cut it as a singer.** Dia tidak berjaya dengan kerjaya sebagai seorang penyanyi.

to **cut down (1)** KATA KERJA
menebang (pokok)

to **cut down (2)** KATA KERJA
mengurangkan
◊ *I'm cutting down on coffee and cigarettes.* Saya akan mengurangkan pengambilan kopi dan rokok.

to **cut off** KATA KERJA
memotong
◊ *The electricity has been cut off.* Bekalan elektrik telah dipotong.
- **We were cut off while we were talking.** Talian telefon terputus ketika kami sedang berbual.

to **cut up** KATA KERJA
memotong (sayur, daging)

cutback KATA NAMA
pengurangan
◊ *A cutback in staff of 200 people was announced yesterday.* Pengurangan kakitangan seramai 200 orang diumumkan kelmarin.

cute KATA ADJEKTIF
comel
◊ *Isn't he cute!* Comelnya dia!

cutlery KATA NAMA
pisau-sudu-garpu

cutter KATA NAMA
pemotong

cutting KATA NAMA
keratan
◊ *newspaper cuttings* keratan akhbar

CV KATA NAMA (= curriculum vitae)
CV (= curriculum vitae)

cybercafé KATA NAMA
kafe siber

to **cycle** KATA KERJA

> rujuk juga **cycle** KATA NAMA

berbasikal
◊ *I cycle to school.* Saya berbasikal ke sekolah.

cycle KATA NAMA

> rujuk juga **cycle** KATA KERJA

1. *basikal*
◊ *cycle path* lorong basikal
2. *kitaran*
◊ *the life cycle of plants* kitaran hidup tumbuh-tumbuhan

cycling KATA NAMA
berbasikal
◊ *The roads here are ideal for cycling.* Jalan-jalan di sini sesuai sekali untuk berbasikal.

cyclist KATA NAMA
penunggang basikal

cylinder KATA NAMA
silinder

cynical KATA ADJEKTIF
sinis
◊ *a cynical expression* pandangan yang sinis

Cyprus KATA NAMA
negara Cyprus

Czech KATA ADJEKTIF

> rujuk juga **Czech** KATA NAMA

Czech
- **the Czech Republic** Republik Czech

Czech KATA NAMA

> rujuk juga **Czech** KATA ADJEKTIF

1. *orang Czech*
◊ *the Czechs* orang Czech
2. *bahasa Czech*

D

to **dab** KATA KERJA
1 <u>membubuh</u>
◊ *He dabbed iodine on the cuts.* Dia membubuh iodin pada luka itu.
2 <u>memedap</u>
◊ *He dabbed at the wound with a napkin.* Dia memedap lukanya dengan sapu tangan.

dad KATA NAMA
<u>bapa</u> atau <u>ayah</u>
◊ *my dad* bapa saya

daddy KATA NAMA
<u>bapa</u> atau <u>ayah</u>

daffodil KATA NAMA
<u>bunga dafodil</u>

daft KATA ADJEKTIF
<u>bodoh</u>

daily KATA ADJEKTIF, KATA ADVERBA
1 <u>harian</u>
◊ *daily life* kehidupan harian ◊ *It's part of my daily routine.* Perkara itu merupakan sebahagian daripada rutin harian saya.
2 <u>setiap hari</u>
◊ *The pool is open daily.* Kolam renang itu dibuka setiap hari.

dairy KATA NAMA
(JAMAK **dairies**)
<u>tenusu</u>

dairy products KATA NAMA JAMAK
<u>hasil tenusu</u>

daisy KATA NAMA
(JAMAK **daisies**)
<u>bunga daisy</u>

to **dally** KATA KERJA
(**dallied, dallied**)
<u>berlengah</u>
◊ *He did not dally over the choice of a suitable partner.* Dia tidak berlengah dalam mencari pasangan hidupnya yang sesuai.

dam KATA NAMA
<u>empangan</u>

to **damage** KATA KERJA

| *rujuk juga* **damage** KATA NAMA |

<u>merosakkan</u>

damage KATA NAMA

| *rujuk juga* **damage** KATA KERJA |

<u>kerosakan</u>
◊ *The storm did a lot of damage.* Ribut itu telah menyebabkan banyak kerosakan.

damn KATA NAMA
(*tidak formal*)

| *rujuk juga* **damn** KATA ADJEKTIF |

<u>celaka</u> (bahasa kasar)
♦ **I don't give a damn!** Saya tidak peduli!

damn KATA ADJEKTIF
(*tidak formal*)

| *rujuk juga* **damn** KATA NAMA |
| Biasanya **damn** tidak diterjemahkan. |

◊ *It's a damn nuisance!* Kacau betullah!
◊ *There's not a damn thing you can do about it now.* Tidak ada sesuatu pun yang dapat anda lakukan mengenainya sekarang.

damp KATA ADJEKTIF
<u>lembap</u>

to **dampen** KATA KERJA
1 <u>melemahkan</u>
◊ *Her condemnation hasn't dampened Wati's spirits.* Kutukannya tidak melemahkan semangat Wati.
2 <u>melembapkan</u>
◊ *She dampened the cloth with water.* Dia melembapkan kain itu dengan air.

to **dance** KATA KERJA

| *rujuk juga* **dance** KATA NAMA |

<u>menari</u>

dance KATA NAMA

| *rujuk juga* **dance** KATA KERJA |

<u>tarian</u>

dancer KATA NAMA
<u>penari</u>
♦ **He is not a very good dancer.** Dia tidak begitu pandai menari.

dancing KATA NAMA
<u>menari</u>
◊ *to go dancing* pergi menari

to **dandle** KATA KERJA
<u>menimang</u>
◊ *Pak Ali dandled his grandchild.* Pak Ali menimang cucunya.

dandruff KATA NAMA
<u>kelemumur</u>

Dane KATA NAMA
<u>orang Denmark</u>
◊ *the Danes* orang Denmark

danger KATA NAMA
<u>bahaya</u>
◊ *in danger* dalam bahaya
♦ **We were in danger of missing the plane.** Kami mungkin akan ketinggalan kapal terbang.

dangerous KATA ADJEKTIF
<u>berbahaya</u>

to **dangle** KATA KERJA
<u>berjuntai</u>
◊ *Lights were dangling from the ceiling.* Lampu-lampu berjuntai dari siling.
♦ **The boy was sitting on the table and letting his legs dangle.** Budak lelaki itu duduk di atas meja sambil menjuntaikan kakinya.

Danish KATA ADJEKTIF

| *rujuk juga* **Danish** KATA NAMA |

<u>Denmark</u>
◊ *the Danish coast* pantai Denmark

121 English ~ Malay   Danish → daydream

Danish KATA NAMA
> rujuk juga **Danish** KATA ADJEKTIF

bahasa Denmark

to **dare** KATA KERJA
berani
◊ *I didn't dare tell my parents.* Saya tidak berani memberitahu ibu bapa saya.
♦ **I dare say it'll be okay.** Segala-galanya mungkin juga akan berjalan dengan lancar.
♦ **Don't you dare!** Jangan kau cuba-cuba hendak melakukannya!
♦ **I dare you!** Saya cabar awak!

daring KATA ADJEKTIF
berani

dark KATA ADJEKTIF
> rujuk juga **dark** KATA NAMA

1 *gelap*
◊ *It's dark in here.* Keadaan di sini gelap. ◊ *He's got dark skin.* Dia berkulit gelap. ◊ *It's getting dark.* Hari semakin gelap.
2 *tua*
◊ *dark green* hijau tua
♦ **She's got dark hair.** Rambutnya hitam.

dark KATA NAMA
> rujuk juga **dark** KATA ADJEKTIF

kegelapan
◊ *I'm afraid of the dark.* Saya takut akan kegelapan.
♦ **after dark** apabila hari sudah malam

to **darken** KATA KERJA
1 *menjadi gelap*
◊ *The sky darkened abruptly.* Langit menjadi gelap dengan tiba-tiba.
2 *menggelapkan*
◊ *She had put on her make-up and darkened her eyelashes.* Dia memakai alat solek dan menggelapkan bulu matanya.

darkness KATA NAMA
kegelapan
◊ *in the darkness* dalam kegelapan
♦ **The room was in darkness.** Bilik itu gelap.

darling KATA NAMA
sayang
◊ *Thank you, darling.* Terima kasih, sayang.

dart KATA NAMA
damak
♦ **to play darts** bermain baling damak

to **dash** KATA KERJA
> rujuk juga **dash** KATA NAMA

meluru
◊ *Everyone dashed to the window.* Semua orang meluru ke tingkap.
♦ **I've got to dash!** Saya perlu pergi segera!

dash KATA NAMA
(JAMAK **dashes**)
> rujuk juga **dash** KATA KERJA

1 *sedikit*
◊ *a dash of vinegar* sedikit cuka
2 *tanda sempang* (tanda bacaan)

dashboard KATA NAMA
papan pemuka (pada kereta)

data KATA NAMA JAMAK
data

database KATA NAMA
pangkalan data

date KATA NAMA
1 *tarikh*
◊ *my date of birth* tarikh lahir saya
♦ **What's the date today?** Hari ini berapa hari bulan?
♦ **He's got a date with his girlfriend.** Dia ada temu janji dengan teman wanitanya.
♦ **out of date (1)** (*dokumen*) tamat tempoh
◊ *My passport's out of date.* Pasport saya telah tamat tempoh.
♦ **out of date (2)** (*teknologi, idea*) ketinggalan zaman
2 *buah kurma*

daughter KATA NAMA
anak perempuan

daughter-in-law KATA NAMA
(JAMAK **daughters-in-law**)
menantu (perempuan)

daunting KATA ADJEKTIF
menggentarkan

to **dawdle** KATA KERJA
berlengah-lengah
◊ *He dawdled over writing an essay for the competition.* Dia berlengah-lengah menulis esei untuk pertandingan itu.

dawn KATA NAMA
waktu subuh
◊ *at dawn* pada waktu subuh

day KATA NAMA
hari
◊ *every day* setiap hari
♦ **during the day** pada siang hari
♦ **the day after tomorrow** lusa
♦ **the day before yesterday** kelmarin dulu
♦ **to take a day off** mengambil cuti sehari
♦ **a day return** tiket pergi balik untuk sehari

to **daydream** KATA KERJA
> rujuk juga **daydream** KATA NAMA

berkhayal
◊ *Michael's teacher scolds him because he's always daydreaming in class.* Guru Michael memarahinya kerana dia sering berkhayal di dalam kelas.

daydream KATA NAMA
> rujuk juga **daydream** KATA KERJA

khayalan
◊ *Wendy was startled from her daydream.* Wendy tersentak dari

daytime → debate   B. Inggeris ~ B. Melayu   122

khayalannya.
daytime KATA NAMA
   waktu siang
day trader KATA NAMA
(*ekonomi*)
   pedagang harian
day trading KATA NAMA
(*ekonomi*)
   dagangan harian
to **dazzle** KATA KERJA
   mempesonakan
   ◊ *David dazzled Gina with his knowledge of the world.* David mempesonakan Gina dengan pengetahuannya tentang dunia.
♦ **I was dazzled by the lights.** Mata saya silau terkena pancaran cahaya.
dead KATA ADJEKTIF
   rujuk juga **dead** KATA ADVERBA
   mati
   ◊ *He was dead.* Dia sudah mati.
   ◊ *He was shot dead.* Dia ditembak mati.
dead KATA ADVERBA
   rujuk juga **dead** KATA ADJEKTIF
   sekali
   ◊ *You're dead right!* Sangkaan anda tepat sekali! ◊ *It was dead easy.* Perkara itu mudah sekali.
♦ **dead centre** di tengah-tengah
♦ **dead on time** tepat pada masanya
dead end KATA NAMA
   jalan mati
deadline KATA NAMA
   tarikh akhir
   ◊ *31st October is the deadline for applications.* Tarikh akhir permohonan ialah 31 Oktober.
deadlock KATA NAMA
   jalan buntu
   ◊ *The negotiations between the two sides ended in deadlock.* Rundingan antara dua pihak itu menemui jalan buntu.
deadly KATA ADJEKTIF
   membawa maut
   ◊ *Many died because of the deadly virus.* Ramai yang terkorban lantaran virus yang membawa maut itu.
♦ **The factory produces deadly waste.** Kilang itu menghasilkan bahan buangan yang sangat beracun.
deaf KATA ADJEKTIF
   pekak
to **deafen** KATA KERJA
   memekakkan telinga
   ◊ *Their cheering deafened me.* Sorakan mereka memekakkan telinga saya.
deafening KATA ADJEKTIF

   memekakkan telinga
deal KATA NAMA
   rujuk juga **deal** KATA KERJA
   urus janji
   ◊ *It's a good deal.* Itu satu urus janji yang baik.
♦ **He made a deal with the kidnappers.** Dia membuat perjanjian dengan penculik-penculik tersebut.
♦ **It's a deal!** Setuju!
♦ **'I was introduced to the manager!' - 'Big deal!'** 'Saya telah diperkenalkan kepada pengurus itu!' - 'Tak hairanlah!'
♦ **It's no big deal.** Itu perkara kecil sahaja.
♦ **a great deal** banyak ◊ *a great deal of money* sejumlah wang yang banyak
to **deal** KATA KERJA
(**dealt, dealt**)
   rujuk juga **deal** KATA NAMA
   1 *memarih*
   ◊ *It's your turn to deal.* Giliran anda untuk memarih daun terup.
   2 *menjalankan perniagaan*
   ◊ *They deal in antiques.* Mereka menjalankan perniagaan barangan antik.
to **deal with** KATA KERJA
   1 *menguruskan*
   ◊ *He promised to deal with it immediately.* Dia berjanji akan menguruskan hal itu dengan serta-merta.
   2 *menangani* (*masalah, dll*)
dealer KATA NAMA
   pengedar
   ◊ *a drug dealer* pengedar dadah
♦ **an antique dealer** peniaga barang-barang antik
dealt KATA KERJA *rujuk* **deal**
dean KATA NAMA
   dekan
dear KATA ADJEKTIF
   1 *yang dikasihi*
   ◊ *Dear Dad* Ayah yang dikasihi
♦ **Dear Paul** Paul
♦ **Dear Sir/Madam** Tuan/Puan
♦ **Oh dear! I've spilled my coffee.** Alamak! Kopi saya tertumpah.
   2 *mahal*
   ◊ *These shoes are too dear.* Harga kasut ini sangat mahal.
dearly KATA ADVERBA
   amat
   ◊ *She loved her father dearly.* Dia amat menyayangi bapanya.
death KATA NAMA
   kematian
   ◊ *after his death* selepas kematiannya
♦ **I was bored to death.** Saya sungguh bosan.
debate KATA NAMA

English ~ Malay — debate → declaration

> rujuk juga **debate** KATA KERJA
> *perbahasan*

to **debate** KATA KERJA
> rujuk juga **debate** KATA NAMA
> *membahaskan*
◊ *to debate a topic* membahaskan sesuatu topik

debater KATA NAMA
pembahas

to **debit** KATA KERJA
> rujuk juga **debit** KATA NAMA
> *mendebitkan*
◊ *The bank will debit my account every month.* Bank itu akan mendebitkan akaun saya setiap bulan.

debit KATA NAMA
> rujuk juga **debit** KATA KERJA
> *debit*
◊ *The total debits must balance the total credits.* Jumlah debit mestilah seimbang dengan jumlah kredit.

debt KATA NAMA
hutang
◊ *heavy debts* hutang yang banyak
♦ **to be in debt** berhutang

debt burden KATA NAMA
beban hutang
◊ *The country is struggling under a terrible debt burden.* Negara itu sedang menghadapi masalah beban hutang yang teruk.

debt crisis KATA NAMA
krisis hutang

debt forgiveness KATA NAMA
pelepasan hutang

debtor KATA NAMA
penghutang

debt relief KATA NAMA
pelepasan hutang

debt rescheduling KATA NAMA
penjadualan semula hutang
> menunda tarikh akhir yang dipersetujui untuk membayar pinjaman

debut KATA NAMA
kemunculan buat pertama kalinya

decade KATA NAMA
dekad

decaffeinated KATA ADJEKTIF
nyahkafeina
◊ *decaffeinated coffee* kopi nyahkafeina

decay KATA NAMA
kerosakan
◊ *tooth decay* kerosakan gigi

deceit KATA NAMA
penipuan

deceitful KATA ADJEKTIF
tidak jujur

to **deceive** KATA KERJA
memperdaya
◊ *He tried to deceive us with his sweet words.* Dia cuba memperdaya kami dengan kata-kata manisnya.
♦ **I was deceived by him.** Saya terpedaya olehnya.

December KATA NAMA
Disember
◊ *on 22 December* pada 22 Disember
♦ **in December** pada bulan Disember

decency KATA NAMA
kesopanan

decent KATA ADJEKTIF
1. *sopan* (tingkah laku)
2. *baik*
◊ *lack of decent education* kekurangan pendidikan yang baik
♦ **a decent meal** hidangan yang agak memuaskan

decently KATA ADVERBA
dengan sopan
◊ *Can't you dress more decently?* Bolehkah anda berpakaian dengan lebih sopan?

deception KATA NAMA
penipuan

to **decide** KATA KERJA
1. *memutuskan*
◊ *I decided to write to her.* Saya memutuskan untuk menulis surat kepadanya.
2. *membuat keputusan*
◊ *Have you decided yet?* Sudahkah anda membuat keputusan?

to **decide on** KATA KERJA
memutuskan untuk + kata kerja
◊ *Therese decided on a career in engineering.* Therese memutuskan untuk memilih kejuruteraan sebagai kerjayanya.

decimal KATA ADJEKTIF
perpuluhan
◊ *the decimal system* sistem perpuluhan
♦ **decimal point** titik perpuluhan

decision KATA NAMA
keputusan
◊ *to make a decision* membuat keputusan

decisive KATA ADJEKTIF
1. *muktamad* (jawapan, keputusan)
2. *tegas* (orang)

deck KATA NAMA
1. *geladak* atau *dek* (kapal)
2. *tingkat* (bas)
3. 🖼 *beranda*
♦ **a deck of cards** 🖼 satu set daun terup

deckchair KATA NAMA
kerusi anduh

declaration KATA NAMA

declare → defeat

pengisytiharan

to declare KATA KERJA
mengisytiharkan

to decline KATA KERJA

> rujuk juga **decline** KATA NAMA

1. *merosot*
◊ *The birth rate has declined by five per cent.* Kadar kelahiran merosot sebanyak lima peratus.
2. *menolak*
◊ *She declined his invitation to dinner.* Dia menolak pelawaannya untuk makan malam.

decline KATA NAMA

> rujuk juga **decline** KATA KERJA

kemerosotan
◊ *a decline in the performance of the students* kemerosotan prestasi pelajar-pelajar
• **a decline in morals** keruntuhan akhlak
• **Aswarani went into a decline when her boyfriend left her.** Aswarani merana selepas ditinggalkan kekasihnya.

to decode KATA KERJA
nyahkod

to decommission KATA KERJA
menghentikan operasi
◊ *a decommissioned power plant in Colorado* loji kuasa di Colorado yang dihentikan operasinya

to decorate KATA KERJA
menghias
◊ *I decorated the cake with glacé cherries.* Saya menghias kek tersebut dengan halwa ceri.

decoration KATA NAMA
perhiasan

decorator KATA NAMA
tukang hias

to decrease KATA KERJA

> rujuk juga **decrease** KATA NAMA

mengurangkan

decrease KATA NAMA

> rujuk juga **decrease** KATA KERJA

1. *penurunan*
◊ *a decrease in price* penurunan harga
2. *pengurangan*
◊ *a decrease in the number of students* pengurangan bilangan pelajar
• **There has been a decrease in the number of unemployed people.** Bilangan pengangguur sudah berkurangan.

to dedicate KATA KERJA
menujukan
◊ *I'd like to dedicate this song to my parents.* Saya ingin menujukan lagu ini kepada ibu dan bapa saya.
• **He dedicated himself to politics.** Dia mengabdikan dirinya dalam bidang politik.

dedicated KATA ADJEKTIF
berdedikasi
◊ *a very dedicated teacher* seorang guru yang sangat berdedikasi
• **dedicated fans of classical music** peminat setia muzik klasik

dedication KATA NAMA
dedikasi

to deduct KATA KERJA
1. *menolak*
2. *memotong*
◊ *The company deducted this payment from his compensation.* Syarikat tersebut memotong pembayaran ini daripada pampasannya.

deed KATA NAMA
1. *perbuatan*
◊ *praiseworthy deed* perbuatan yang terpuji
• **He's just using a mask of virtue to hide his evil deeds.** Dia hanya bertopengkan kebaikan untuk menutup kejahatannya.
2. *surat ikatan*

deep KATA ADJEKTIF
1. *dalam*
◊ *He's got a deep voice.* Dia mempunyai suara yang dalam. ◊ *How deep is the lake?* Berapakah dalam tasik itu?
• **a hole four metres deep** lubang sedalam empat meter
2. *tebal*
◊ *a deep layer of snow* lapisan salji yang tebal
• **to take a deep breath** menarik nafas panjang
• **to be deep in debt** hutang keliling pinggang

to deepen KATA KERJA
memperdalam
◊ *to deepen one's knowledge and understanding* memperdalam ilmu pengetahuan dan pemahaman
• **If no action is taken, the financial crisis will deepen.** Jika tindakan tidak diambil, krisis kewangan akan menjadi lebih teruk.

deeply KATA ADVERBA
amat
◊ *deeply grateful* amat berterima kasih

deer KATA NAMA
(JAMAK **deer**)
rusa

to defeat KATA KERJA

> rujuk juga **defeat** KATA NAMA

mengalahkan

defeat KATA NAMA

> rujuk juga **defeat** KATA KERJA

kekalahan

to defecate KATA KERJA
membuang air besar

defect KATA NAMA
1. *kerosakan*
◊ A defect in the aircraft caused the crash. Kerosakan pada kapal terbang menyebabkan nahas itu berlaku.
2. *kecacatan*
◊ hearing defect kecacatan pendengaran

defective KATA ADJEKTIF
rosak
◊ Her sight was becoming defective. Penglihatannya sudah mula rosak.

defence KATA NAMA
1. *pertahanan*
2. *pembelaan* (di mahkamah)

to defend KATA KERJA
1. *mempertahankan*
2. *membela*

defendant KATA NAMA
defendan

defender KATA NAMA
1. *pembela*
2. *pemain pertahanan* (bola sepak)

defense KATA NAMA 🇺🇸
1. *pertahanan*
2. *pembelaan* (di mahkamah)

defensive KATA ADJEKTIF
pertahanan
◊ defensive measures langkah-langkah pertahanan
♦ Clairy is defensive about his pet project. Clairy begitu mempertahankan dirinya dalam mengendalikan projek kesayangannya itu.

to define KATA KERJA
mentakrifkan

definite KATA ADJEKTIF
pasti
◊ Maybe we'll go to Spain, but it's not definite. Mungkin kami akan pergi ke Sepanyol, tetapi perkara itu belum pasti lagi. ◊ He was definite about it. Dia pasti tentang hal itu.

definitely KATA ADVERBA
sudah tentu
◊ He's the best player. - Definitely! Dia ialah pemain yang terbaik. - Sudah tentu!
◊ Are you going out with him? - Definitely not! Apakah anda akan keluar dengannya? - Sudah tentu tidak!
♦ He's definitely the best player. Jelas sekali dialah pemain yang terbaik.

definition KATA NAMA
takrif atau *definisi*

to deflate KATA KERJA
mengempiskan
◊ to deflate a life jacket mengempiskan jaket keselamatan
♦ The lifebelt has become deflated. Pelampung itu sudah kempis.
♦ Like any actor he can be self-centred but I think I've worked out how to deflate him. Kadang-kadang dia juga mementingkan diri seperti pelakon lain tetapi saya tahu cara untuk membuatnya mati angin.

deflation KATA NAMA
deflasi

to deflect KATA KERJA
menepis
◊ Their goalkeeper deflected the ball. Penjaga gol mereka menepis bola itu.
♦ Never let a little problem deflect you. Jangan biarkan masalah yang kecil memesongkan anda.

deflection KATA NAMA
1. *biasan*
◊ a deflection of light biasan cahaya
2. *tangkisan*
◊ The deflection by the goalkeeper ensured Arsenal's victory. Tangkisan penjaga gol itu memberikan kemenangan kepada Arsenal.

to defy KATA KERJA
(defied, defied)
1. *mengingkari*
◊ This was the first time that I dared to defy my mother. Inilah kali pertama saya berani mengingkari ibu saya.
2. *mencabar*
◊ He was defying me to argue with him. Dia mencabar saya supaya bertengkar dengannya.

degree KATA NAMA
1. *darjah*
◊ a temperature of 30 degrees suhu setinggi 30 darjah
2. *ijazah*
◊ She's got a degree in English. Dia mempunyai ijazah dalam bahasa Inggeris.

dehumidifier KATA NAMA
penyahlembap (alat untuk mengurangkan kelembapan udara)

to deify KATA KERJA
(deified, deified)
mempertuhankan
◊ people who deify wealth orang yang mempertuhankan kekayaan

deity KATA NAMA
(JAMAK **deities**)
1. *dewa*
2. *dewi*

to delay KATA KERJA
> rujuk juga **delay** KATA NAMA

menangguhkan
◊ We decided to delay our departure.

delay → demolish

Kami membuat keputusan untuk menangguhkan masa bertolak kami.
- **Don't delay!** Jangan berlengah lagi!
- **to be delayed** lewat ◊ *Our flight was delayed.* Penerbangan kami lewat.

delay KATA NAMA

> rujuk juga **delay** KATA KERJA

kelewatan
◊ *The delay was due to bad weather.* Kelewatan itu disebabkan oleh cuaca yang buruk.
- **The tests have caused some delays.** Ujian-ujian itu telah menyebabkan beberapa perkara tergendala.
- **without further delay** tanpa berlengah-lengah lagi

delegate KATA NAMA
utusan

delegation KATA NAMA
delegasi

to **delete** KATA KERJA
[1] *memadamkan* (maklumat dalam komputer)
[2] *memotong* (maklumat bertulis)

deliberate KATA ADJEKTIF
disengajakan

deliberately KATA ADVERBA
sengaja
◊ *She deliberately scolded me in front of him.* Dia sengaja memarahi saya di hadapan lelaki itu.

delicate KATA ADJEKTIF
halus
- **a delicate smell** bau yang lembut

delicatessen KATA NAMA
> *kedai delikatesen*
>
> kedai yang menjual makanan berkualiti seperti keju dan daging sejuk yang diimport dari luar negara

delicious KATA ADJEKTIF
sedap

delight KATA NAMA
keseronokan
- **It was a delight working with him.** Saya seronok bekerja dengannya.
- **To my great delight, it worked perfectly.** Saya sungguh seronok kerana rancangan itu berjalan lancar.
- **He roared with delight.** Dia ketawa riang.

delighted KATA ADJEKTIF
gembira
◊ *He'll be delighted to see you.* Dia tentu gembira berjumpa anda.

delightful KATA ADJEKTIF
menawan
◊ *Jane is absolutely delightful.* Jane seorang yang sungguh menawan.
- **She has a delightful garden.** Dia

mempunyai taman yang cantik.

delinquent KATA NAMA
budak yang jahat
◊ *a nine-year-old delinquent* budak berumur sembilan tahun yang jahat

delirious KATA ADJEKTIF
meracau
◊ *His grandfather, who had a fever, became delirious.* Datuknya yang demam itu mula meracau.

to **deliver** KATA KERJA
menghantar
◊ *I deliver newspapers.* Saya menghantar surat khabar.
- **Doctor Hamilton delivered the twins.** Doktor Hamilton menyambut kelahiran bayi kembar itu.

delivery KATA NAMA
(JAMAK **deliveries**)
penghantaran
◊ *Allow 28 days for delivery.* Penghantaran akan mengambil masa selama 28 hari.

to **demand** KATA KERJA

> rujuk juga **demand** KATA NAMA

menuntut
◊ *to demand justice* menuntut keadilan
- **I demand an explanation from you.** Saya mahukan penjelasan daripada anda.

demand KATA NAMA

> rujuk juga **demand** KATA KERJA

[1] *permintaan*
◊ *His demand for compensation was rejected.* Permintaannya untuk mendapatkan pampasan telah ditolak.
◊ *Demand for coal is down.* Permintaan bagi arang batu telah berkurangan.
[2] *tuntutan*
◊ *They met to discuss the union's demands.* Mereka berjumpa untuk membincangkan tuntutan kesatuan sekerja.

demanding KATA ADJEKTIF
[1] *memerlukan masa dan tenaga yang banyak*
◊ *It's a very demanding job.* Kerja itu memerlukan masa dan tenaga yang banyak.
[2] *tidak mudah berpuas hati*
◊ *a demanding child* seorang kanak-kanak yang tidak mudah berpuas hati

demo KATA NAMA
(JAMAK **demos**)
demonstrasi

democracy KATA NAMA
demokrasi

democratic KATA ADJEKTIF
demokratik

to **demolish** KATA KERJA

merobohkan (bangunan)
demolition KATA NAMA
perobohan
◊ *The demolition of old buildings in the area caused public anger.* Perobohan bangunan-bangunan lama di kawasan itu menimbulkan kemarahan orang ramai.

to **demonstrate** KATA KERJA
1 *menunjukkan*
◊ *You have to demonstrate that you are reliable.* Anda perlu menunjukkan bahawa anda seorang yang boleh diharap. ◊ *She demonstrated the technique.* Dia menunjukkan teknik tersebut.
2 *menunjuk perasaan*
◊ *They demonstrated outside the court.* Mereka menunjuk perasaan di luar mahkamah.

demonstration KATA NAMA
1 *demonstrasi*
◊ *a cooking demonstration* demonstrasi memasak
2 *tunjuk perasaan*

demonstrative KATA ADJEKTIF
mudah menunjukkan perasaan
◊ *Richard was not normally demonstrative.* Biasanya Richard tidak mudah menunjukkan perasaannya.

demonstrator KATA NAMA
penunjuk perasaan

den KATA NAMA
sarang

dengue KATA NAMA
denggi

denial KATA NAMA
penafian
◊ *an official denial* penafian rasmi

denim KATA NAMA
denim
◊ *a denim jacket* jaket denim

denims KATA NAMA JAMAK
seluar denim

Denmark KATA NAMA
Denmark

denominator KATA NAMA
pembawah (matematik)

to **denounce** KATA KERJA
1 *mengecam*
◊ *Some 25,000 demonstrators denounced him as a traitor.* Seramai 25,000 orang penunjuk perasaan mengecamnya sebagai pengkhianat.
2 *melaporkan kepada pihak berkuasa*
◊ *An informer might any moment denounce him.* Pada bila-bila masa sahaja seorang pemberi maklumat boleh melaporkan kepada pihak berkuasa tentang dirinya.

dense KATA ADJEKTIF

tebal (asap, kabus, hutan)
• *He's so dense!* (*tidak formal*) Dia sungguh bodoh!

density KATA NAMA
(JAMAK **densities**)
ketumpatan
◊ *the density of the moon* ketumpatan bulan
• *She estimated the population density in that area.* Dia membuat anggaran kepadatan penduduk di kawasan itu.

to **dent** KATA KERJA
rujuk juga **dent** KATA NAMA
melekukkan

dent KATA NAMA
rujuk juga **dent** KATA KERJA
bahagian yang kemik

dental KATA ADJEKTIF
pergigian
◊ *dental treatment* rawatan pergigian
• *a dental appointment* temu janji dengan doktor gigi
• *dental floss* flos gigi

dented KATA ADJEKTIF
kemik
◊ *dented cans* tin-tin kemik

dentist KATA NAMA
doktor gigi
◊ *Catherine is a dentist.* Catherine seorang doktor gigi.
• *at the dentist's* di klinik pergigian

Denver boot KATA NAMA
pengapit roda (dipasang pada kereta yang disalah letak)

to **deny** KATA KERJA
(**denied, denied**)
menafikan
◊ *She denied everything.* Dia menafikan segala-galanya.

deodorant KATA NAMA
deodoran

to **deodorize** KATA KERJA
mengenyahkan bau

to **depart** KATA KERJA
bertolak
◊ *He departed at three o'clock precisely.* Dia bertolak tepat pada pukul tiga.
◊ *Trains depart for the airport every half hour.* Kereta api bertolak ke lapangan terbang setiap setengah jam.

department KATA NAMA
1 *bahagian*
◊ *the toy department* bahagian mainan
2 *jabatan*
◊ *the English department* jabatan bahasa Inggeris

department store KATA NAMA
gedung serbaneka

departure KATA NAMA

departure lounge → description

waktu berlepas
◊ *The departure of this flight has been delayed.* Waktu berlepas bagi penerbangan ini telah ditangguhkan.
♦ **His sudden departure worried us.** Pemergiannya secara tiba-tiba merisaukan kami.

departure lounge KATA NAMA
balai berlepas

to **depend** KATA KERJA
bergantung
♦ **to depend on** bergantung pada
◊ *The price depends on the quality.* Harga barangan bergantung pada kualitinya.
♦ **You can depend on him.** Anda boleh mengharapkannya.
♦ **depending on** bergantung pada
◊ *depending on the weather* bergantung pada keadaan cuaca
♦ **It depends.** Itu bergantung pada keadaan.

dependant KATA NAMA
tanggungan
◊ *He has three dependants.* Dia mempunyai tiga orang tanggungan.

to **depict** KATA KERJA
memaparkan
◊ *The story depicts the difficulty of a farmer's life.* Cerita itu memaparkan kesusahan hidup petani.

to **deplete** KATA KERJA
menipiskan
◊ *CFCs can deplete the ozone layer.* CFC boleh menipiskan lapisan ozon.
♦ **Their supplies of ammunition are depleted.** Bekalan peluru mereka sudah habis.

to **deport** KATA KERJA
menghantar pulang (pendatang haram)

deposit KATA NAMA
> rujuk juga **deposit** KATA KERJA

1. *simpanan*
◊ *fixed deposit* simpanan tetap
2. *wang pendahuluan*
◊ *You have to pay a deposit when you book.* Anda perlu membayar wang pendahuluan semasa membuat tempahan.

to **deposit** KATA KERJA
> rujuk juga **deposit** KATA NAMA

1. *menyimpan*
◊ *You are advised to deposit valuables in the safe.* Anda dinasihatkan supaya menyimpan barang-barang yang berharga di dalam peti simpanan.
2. *mendepositkan* (wang)
♦ **He deposited the parcel there.** Dia meletakkan bungkusan itu di sana.

depreciation KATA NAMA

B. Inggeris ~ B. Melayu 128

susut nilai

depressed KATA ADJEKTIF
sangat sedih
◊ *I'm feeling depressed.* Saya berasa sangat sedih.

depressing KATA ADJEKTIF
menyedihkan

depression KATA NAMA
1. *kemurungan*
◊ *Her depression makes me very worried.* Kemurungannya benar-benar merisaukan saya.
2. *kemelesetan*
◊ *economic depression* kemelesetan ekonomi

deprivation KATA NAMA
kedaifan
◊ *They face a life of deprivation.* Mereka akan hidup dalam kedaifan.
♦ **the deprivation of the right to choose** tidak mendapat hak untuk memilih

deprived KATA ADJEKTIF
serba kekurangan
◊ *Helen likes helping deprived children.* Helen suka membantu kanak-kanak yang serba kekurangan.

depth KATA NAMA
kedalaman
◊ *We were impressed by the depth of her knowledge.* Kami kagum dengan kedalaman pengetahuannya.
♦ **The hole is 14 feet in depth.** Lubang itu sedalam 14 kaki.
♦ **to deal with a subject in depth** membincangkan sesuatu perkara dengan mendalam

deputy KATA NAMA
(JAMAK **deputies**)
timbalan

deputy head KATA NAMA
timbalan ketua

to **descend** KATA KERJA
turun
◊ *They descended from the roof slowly.* Mereka turun dari bumbung itu dengan perlahan-lahan.

descendant KATA NAMA
> **descendant** biasanya digunakan dalam bentuk jamak.

keturunan

descending KATA ADJEKTIF
menurun
◊ *in descending order* dalam susunan menurun

to **describe** KATA KERJA
1. *menggambarkan* (keadaan, bentuk, paras rupa)
2. *menerangkan*

description KATA NAMA

descriptive → destroy

1. *pemerian*
2. *gambaran* (*bentuk, paras rupa*)

descriptive KATA ADJEKTIF
deskriptif

desert KATA NAMA
gurun

desert island KATA NAMA
pulau yang tidak berpenghuni

to **deserve** KATA KERJA
patut
◊ *She deserves a trophy.* Dia patut mendapat sebuah piala.

desiccated KATA ADJEKTIF
kering
◊ *desiccated coconut* kelapa kering

to **design** KATA KERJA

> rujuk juga **design** KATA NAMA

1. *mereka*
◊ *She designed the dress herself.* Dia sendiri yang mereka baju tersebut.
2. *merancang*
◊ *We will design an exercise plan specially for you.* Kami akan merancang satu program senaman yang khas untuk anda.

design KATA NAMA

> rujuk juga **design** KATA KERJA

1. *reka bentuk*
◊ *The design of the plane makes it safer.* Reka bentuk kapal terbang itu menjadikannya lebih selamat.
2. *corak*
◊ *a geometric design* corak geometri
♦ **fashion design** rekaan fesyen

designated driver KATA NAMA
pemandu yang ditetapkan

> **Designated driver** *dalam sesebuah kumpulan yang melakukan perjalanan bersama-sama ialah orang yang bersetuju atau yang diberi insurans untuk memandu.*

designer KATA NAMA
pereka
♦ **designer clothes** pakaian berjenama

desire KATA NAMA

> rujuk juga **desire** KATA KERJA

keinginan

to **desire** KATA KERJA

> rujuk juga **desire** KATA NAMA

ingin
◊ *to desire to do something* ingin melakukan sesuatu
♦ **to desire something** menginginkan sesuatu

desk KATA NAMA
1. *meja* (*di sekolah, pejabat*)
2. *kaunter* (*di hospital, hotel, dll*)

despair KATA NAMA
putus asa
◊ *a feeling of despair* perasaan putus asa
♦ **to be in despair** berputus asa

desperate KATA ADJEKTIF
genting
◊ *a desperate situation* situasi yang genting
♦ **I was starting to get desperate.** Saya mula berasa terdesak.

desperately KATA ADVERBA
1. *amat*
◊ *We're desperately worried.* Kami amat risau.
2. *sedaya upaya*
◊ *He was desperately trying to persuade her.* Dia mencuba sedaya upaya untuk memujuknya.

desperation KATA NAMA
keadaan terdesak
◊ *In desperation I joined an aerobics class.* Dalam keadaan terdesak, saya menyertai kelas aerobik.
♦ **a feeling of desperation and helplessness** rasa terdesak dan tidak berupaya

despicable KATA ADJEKTIF
keji
◊ *Your behaviour was despicable.* Kelakuan anda memang keji.

to **despise** KATA KERJA
membenci

despite KATA SENDI
sungguhpun atau *walaupun*

dessert KATA NAMA
pencuci mulut

destination KATA NAMA
destinasi

destined KATA ADJEKTIF
ditakdirkan
◊ *He feels that he was destined to become a musician.* Dia berasa bahawa dia ditakdirkan menjadi seorang pemuzik.

destiny KATA NAMA
(JAMAK **destinies**)
takdir

destitute KATA ADJEKTIF
melarat
◊ *destitute children who live on the streets* kanak-kanak yang hidup melarat di jalanan

to **destroy** KATA KERJA
1. *memusnahkan*
◊ *destroying the building* memusnahkan bangunan itu
2. *menghapuskan*
◊ *We must fight shoulder to shoulder to destroy our enemy.* Kita mesti bergandin bahu untuk menghapuskan musuh kita.

destroyer KATA NAMA
1. *kapal pembinasa*
2. *penghancur*
◊ *I was accused of being a destroyer of other people's happiness.* Saya dituduh sebagai penghancur kebahagiaan orang lain.

destruction KATA NAMA
kemusnahan

destructive KATA ADJEKTIF
mendatangkan kebinasaan
◊ *Guilt can be very destructive.* Rasa bersalah boleh mendatangkan kebinasaan yang teruk.
• **the destructive power of nuclear weapons** kuasa pembinasa senjata-senjata nuklear

detached house KATA NAMA
rumah sebuah

detail KATA NAMA
butir
◊ *I can't remember the details.* Saya tidak ingat butir-butirnya.
• **in detail** secara terperinci

detailed KATA ADJEKTIF
terperinci

to **detain** KATA KERJA
menahan
◊ *The police detained him for questioning.* Pihak polis menahannya untuk disoal siasat.
• **We won't detain you any further.** Kami tidak akan mengganggu masa anda lagi.

detainee KATA NAMA
orang tahanan

to **detect** KATA KERJA
mengesan
◊ *Cancer can be detected by X-rays.* Kanser boleh dikesan melalui x-ray.
• **I detected a glimmer of interest in his eyes.** Saya dapat melihat dari matanya bahawa dia agak berminat.

detective KATA NAMA
penyiasat
◊ *He's a detective.* Dia seorang penyiasat. ◊ *a private detective* penyiasat persendirian
• **a detective story** cerita penyiasatan

detector KATA NAMA
pengesan
◊ *Infra-red detectors have many uses.* Pengesan inframerah mempunyai banyak kegunaannya.

detention KATA NAMA
penahanan
◊ *The police say that the detention was necessary.* Pihak polis mengatakan bahawa penahanan tersebut adalah perlu.
• **to get a detention** dikenakan kelas tahanan (*di sekolah*)

to **deter** KATA KERJA
menakutkan
◊ *The new law would deter criminals from carrying guns.* Undang-undang yang baru itu akan menakutkan penjenayah daripada membawa pistol.

detergent KATA NAMA
serbuk pencuci

to **deteriorate** KATA KERJA
1. *merosot*
◊ *Gary's health deteriorated.* Tahap kesihatan Gary semakin merosot.
2. *bertambah buruk*
◊ *The weather conditions are deteriorating.* Keadaan cuaca bertambah buruk.

determinant KATA NAMA
penentu

determination KATA NAMA
keazaman
◊ *Ken's determination to lose weight* keazaman Ken untuk mengurangkan berat badannya

to **determine** KATA KERJA
menentukan
◊ *The track surface determines his tactics in a race.* Taktiknya dalam sesuatu perlumbaan ditentukan oleh permukaan trek. ◊ *The date has still to be determined.* Tarikh belum ditentukan lagi.

determined KATA ADJEKTIF
1. *bertekad*
◊ *She's determined to succeed.* Dia bertekad untuk berjaya.
2. *cekal*
◊ *She's a determined person.* Dia seorang yang cekal.

determiner KATA NAMA
kata penunjuk (seperti *a, the*)

to **detest** KATA KERJA
sangat benci
◊ *My mother detests him.* Ibu saya sangat benci akan dia.

detour KATA NAMA
lencongan

devaluation KATA NAMA
penurunan nilai

devastated KATA ADJEKTIF
sungguh terkejut
◊ *I was devastated when her words came true.* Saya sungguh terkejut apabila kata-katanya menjadi kenyataan.
• **Maria was devastated because she never imagined that Amir would be capable of such a thing.** Hancur luluh hati Maria. Dia tidak menduga bahawa Amir sanggup berbuat demikian.

devastating KATA ADJEKTIF

sangat buruk
◊ *Unemployment has a devastating effect on people.* Pengangguran mempunyai kesan yang sangat buruk terhadap seseorang. ◊ *She received some devastating news.* Dia menerima berita yang sangat buruk.

to **develop** KATA KERJA
① *mengembangkan* (*idea, kualiti*)
◊ *I developed his original idea.* Saya mengembangkan idea asalnya.
② *membangunkan*
◊ *The government is going to develop that area.* Kerajaan akan membangunkan kawasan itu.
③ *matang*
◊ *Girls develop faster than boys.* Perempuan matang lebih cepat daripada lelaki.
④ *mencuci*
◊ *to get a film developed* mencuci filem
- **to develop into** bertukar menjadi
◊ *The argument developed into a fight.* Pertelingkahan itu bertukar menjadi pergaduhan.

developed KATA ADJEKTIF
maju
◊ *developed countries* negara-negara maju

developer KATA NAMA
pemaju

developing KATA ADJEKTIF
sedang membangun
◊ *a developing country* sebuah negara yang sedang membangun

development KATA NAMA
pembangunan
◊ *economic development in Pakistan* pembangunan ekonomi di Pakistan
- **the latest developments** perkembangan terbaru

to **deviate** KATA KERJA
menyimpang
◊ *He didn't deviate from his schedule.* Dia tidak menyimpang daripada jadualnya.
◊ *Don't deviate from the script.* Jangan menyimpang daripada skrip.

deviation KATA NAMA
penyimpangan

device KATA NAMA
alat

devil KATA NAMA
syaitan

to **devise** KATA KERJA
merancang

to **devote** KATA KERJA
mengabdikan
◊ *He has devoted himself to his master for 10 years.* Sudah 10 tahun dia mengabdikan diri kepada tuannya.
- **Despite his great age he still devotes his energies to the country.** Dia masih menyumbangkan tenaganya kepada negara walaupun usianya sudah tua.

devoted KATA ADJEKTIF
amat setia (*sahabat, isteri*)
◊ *a devoted wife* seorang isteri yang amat setia
- **He's completely devoted to her.** Dia benar-benar menyayanginya.

devotion KATA NAMA
① *kasih sayang yang mendalam*
② *kekhusyukan*
◊ *Tom's devotion to his job worries me.* Kekhusyukan Tom terhadap kerjanya membimbangkan saya.

dew KATA NAMA
embun

dewlap KATA NAMA
gelambir

DFEE SINGKATAN (= *Department for Education and Employment*)
DFEE (= *Jabatan Pendidikan dan Pekerjaan*)

diabetes KATA NAMA
kencing manis atau *diabetes*

diabetic KATA ADJEKTIF
kencing manis atau *diabetes*
- **I'm diabetic.** Saya menghidap penyakit kencing manis.
- **diabetic chocolate** coklat untuk penghidap kencing manis

diagnosis KATA NAMA
diagnosis

diagnostic KATA ADJEKTIF
diagnostik

diagonal KATA ADJEKTIF
condong
◊ *a diagonal line* garis condong

diagram KATA NAMA
gambar rajah atau *diagram*

dial KATA NAMA
| rujuk juga **dial** KATA KERJA |
dail
- **The dial on the clock showed five minutes to seven.** Jarum pada jam itu menunjukkan pukul enam lima puluh lima.

to **dial** KATA KERJA
| rujuk juga **dial** KATA NAMA |
mendail

dialect KATA NAMA
loghat atau *dialek*
◊ *northern dialect* dialek utara

dialling tone KATA NAMA
nada dail

dialogue KATA NAMA
(AS **dialog**)
dialog

diamond → digger

diamond KATA NAMA
berlian
◊ *a diamond ring* sebentuk cincin berlian
• **diamonds** (*dalam daun terup*) daiman
◊ *the ace of diamonds* daun sat daiman

diaper KATA NAMA 🇺🇸
lampin

diarrhoea KATA NAMA
cirit-birit
◊ *to have diarrhoea* mengalami cirit-birit

diary KATA NAMA
(JAMAK **diaries**)
diari
◊ *I've got her phone number in my diary.* Nombor telefonnya ada dalam diari saya.

dice KATA NAMA
(JAMAK **dice**)
dadu

dictation KATA NAMA
perencanaan

dictator KATA NAMA
diktator

dictatorship KATA NAMA
pemerintahan diktator

dictionary KATA NAMA
(JAMAK **dictionaries**)
kamus

did KATA KERJA *rujuk* **do**

didactic KATA ADJEKTIF
berunsur pengajaran
◊ *a didactic poem* puisi yang berunsur pengajaran

didn't = **did not**

to **die** KATA KERJA
  ① *meninggal dunia*
  ◊ *He died last year.* Dia meninggal dunia pada tahun lepas.
  ② *mati*
  ◊ *My cat has died.* Kucing saya sudah mati.
• **She's dying.** Dia sedang nazak.
• **to be dying to do something** ingin sekali melakukan sesuatu

to **die down** KATA KERJA
reda
◊ *The wind is dying down.* Tiupan angin itu semakin reda.

diesel KATA NAMA
  ① *diesel*
  ② *kereta yang menggunakan enjin diesel*

diet KATA NAMA
rujuk juga **diet** KATA KERJA
diet
◊ *a healthy diet* diet yang sihat
• **I'm on a diet.** Saya sedang berdiet.

• **a diet Coke ®** minuman Coke ® diet

to **diet** KATA KERJA
rujuk juga **diet** KATA NAMA
berdiet
◊ *I've been dieting for two months.* Saya sudah berdiet selama dua bulan.

difference KATA NAMA
perbezaan
◊ *There's not much difference in age between us.* Perbezaan umur antara kami berdua tidak begitu banyak.
• **Exercise makes all the difference.** Senaman memberikan kesan yang besar.
• **It makes no difference.** Tidak ada bezanya.

different KATA ADJEKTIF
berbeza

to **differentiate** KATA KERJA
membezakan
◊ *They couldn't differentiate between truth and falsehood.* Mereka tidak dapat membezakan antara kebenaran dengan kepalsuan.

difficult KATA ADJEKTIF
sukar
◊ *It was difficult to choose.* Sukar untuk membuat pilihan.

difficulty KATA NAMA
(JAMAK **difficulties**)
kesukaran
◊ *to have difficulty doing something* menghadapi kesukaran melakukan sesuatu
• **What's the difficulty?** Apakah masalahnya?

to **dig** KATA KERJA
(**dug**, **dug**)
menggali
◊ *They're digging a hole in the road.* Mereka sedang menggali lubang di jalan.
• **The dog dug a hole in the sand.** Anjing itu mengorek lubang di pasir.

to **dig up** KATA KERJA
  ① *mengorek keluar*
  ◊ *The dog's dug up a bone.* Anjing itu mengorek keluar seketul tulang.
  ② *menggali*
  ◊ *The police have dug up a body.* Pihak polis telah menggali satu mayat.

to **digest** KATA KERJA
menghadamkan
◊ *She couldn't digest food properly.* Perutnya tidak dapat menghadamkan makanan dengan sempurna.
• **to digest information** memahami sesuatu maklumat

digestion KATA NAMA
penghadaman

digger KATA NAMA

penggali (alat)

digicam KATA NAMA
kamera digital

digit KATA NAMA
digit

digital KATA ADJEKTIF
digital
◊ _digital watch_ jam digital

digital camera KATA NAMA
kamera digital

digital television KATA NAMA
televisyen digital

digital watch KATA NAMA
(JAMAK **digital watches**)
jam digital

dignitary KATA NAMA
(JAMAK **dignitaries**)
orang kenamaan

dignity KATA NAMA
maruah
♦ **with dignity** dengan tenang ◊ _She conducted herself with dignity._ Dia membawa dirinya dengan tenang.

to **digress** KATA KERJA
melencong
◊ _to digress from the topic under discussion_ melencong daripada topik perbincangan

dilemma KATA NAMA
dilema

diligence KATA NAMA
ketekunan

diligent KATA ADJEKTIF
tekun

to **dilly-dally** KATA KERJA
(**dilly-dallied, dilly-dallied**)
berlengah-lengah
◊ _Hurry up! Don't dilly-dally._ Cepat! Jangan berlengah-lengah. ◊ _She made the decision immediately, without dilly-dallying any further._ Dia membuat keputusan itu tanpa berlengah-lengah lagi.

to **dilute** KATA KERJA
mencairkan
◊ _Dilute the juice with water._ Cairkan jus itu dengan air.

dilution KATA NAMA
cairan

dim KATA ADJEKTIF
> rujuk juga **dim** KATA KERJA

1. _malap_ (cahaya)
2. _bodoh_ (orang)

to **dim** KATA KERJA
> rujuk juga **dim** KATA ADJEKTIF

memalapkan
◊ _Eric dimmed his bedroom light before going to bed._ Eric memalapkan lampu biliknya sebelum tidur.

dimension KATA NAMA

ukuran atau _dimensi_

to **diminish** KATA KERJA
berkurangan
◊ _Our natural resources are diminishing._ Sumber alam kita semakin berkurangan.
♦ **The new policy will diminish his power.** Polisi baru itu akan mengurangkan kuasanya.

dimly KATA ADVERBA
dengan malap
◊ _The two lamps burned dimly._ Dua lampu itu menyala dengan malap.
♦ **a dimly lit kitchen** dapur yang diterangi cahaya malap
♦ **From a distance the house was only dimly visible.** Rumah itu nampak samar-samar dari jauh.

dimness KATA NAMA
kemalapan
◊ _The dimness of the light in the room made it difficult for us to read._ Kemalapan lampu di dalam bilik itu menyebabkan kami sukar untuk membaca.

dimple KATA NAMA
lesung pipit

din KATA NAMA
bunyi bising

diner KATA NAMA
restoran kecil dua puluh empat jam

dinghy KATA NAMA
(JAMAK **dinghies**)
kolek
♦ **a rubber dinghy** bot getah
♦ **a sailing dinghy** bot layar yang kecil

dining car KATA NAMA
gerabak makan-minum (kereta api)

dining room KATA NAMA
ruang makan

dinner KATA NAMA
1. _makan malam_
2. _jamuan makan malam_

> **Dinner** juga bermaksud waktu makan pada waktu tengah hari.

♦ **The children have dinner at school.** Kanak-kanak itu makan tengah hari di sekolah.

dinner jacket KATA NAMA
baju tuksedo

dinner party KATA NAMA
(JAMAK **dinner parties**)
jamuan makan malam

dinner time KATA NAMA
waktu makan malam

dinosaur KATA NAMA
dinosaur

to **dip** KATA KERJA
> rujuk juga **dip** KATA NAMA

mencelup
◊ _He dipped a biscuit into his tea._ Dia

mencelup sekeping biskut ke dalam tehnya.

dip KATA NAMA
> rujuk juga **dip** KATA KERJA

1. *celupan*
2. *sos*
◊ a spicy dip   sos pedas
♦ **to go for a dip**   pergi berenang

diphthong KATA NAMA
diftong

diploma KATA NAMA
diploma

diplomacy KATA NAMA
diplomasi

diplomat KATA NAMA
diplomat

diplomatic KATA ADJEKTIF
diplomatik
◊ diplomatic relations   hubungan diplomatik

diplomatically KATA ADVERBA
secara diplomatik

dipper KATA NAMA
pencedok

direct KATA ADJEKTIF, KATA ADVERBA
> rujuk juga **direct** KATA KERJA

1. *terus*
◊ You can't fly to Manchester direct from Seville.   Anda tidak boleh membuat penerbangan terus dari Seville ke Manchester.
2. *langsung*
◊ direct effect   kesan langsung
♦ **the most direct route**   jalan yang paling singkat

to **direct** KATA KERJA
> rujuk juga **direct** KATA ADJEKTIF

1. *mengarah* (filem, drama, program)
2. *mengarahkan*
◊ She will direct the science project.   Dia akan mengarahkan projek sains itu.

direction KATA NAMA
arah
◊ We're going in the wrong direction.   Kita sedang menuju ke arah yang salah.
♦ **to ask somebody for directions**   bertanyakan arah kepada seseorang

directly KATA ADVERBA
terus
◊ The book will be sold directly to the public.   Buku ini akan dijual terus kepada orang ramai.
♦ **The second rainbow will be directly above the first.**   Pelangi yang kedua akan berada betul-betul di atas pelangi yang pertama.
♦ **He will be there directly.**   Dia akan berada di sana sekejap lagi.

director KATA NAMA
pengarah

directory KATA NAMA
(JAMAK **directories**)
1. *panduan telefon*
♦ **directory enquiries**   perkhidmatan panduan telefon
2. *direktori* (dalam komputer)

dirt KATA NAMA
kotoran

dirtiness KATA NAMA
kekotoran

dirty KATA ADJEKTIF
kotor
◊ It's dirty.   Benda itu kotor.
♦ **to get dirty**   menjadi kotor
♦ **to get something dirty**   mengotorkan sesuatu ◊ He got his hands dirty.   Dia telah mengotorkan tangannya.
♦ **a dirty joke**   gurauan yang kotor

disability KATA NAMA
(JAMAK **disabilities**)
kecacatan
◊ He learned to overcome his disability.   Dia belajar mengatasi kecacatannya.

disabled KATA ADJEKTIF, KATA NAMA
hilang upaya
◊ disabled people   orang yang hilang upaya

disablement KATA NAMA
kecacatan
◊ permanent disablement   kecacatan seumur hidup

disadvantage KATA NAMA
kelemahan
♦ **to be at a disadvantage**   berada dalam keadaan yang merugikan

to **disagree** KATA KERJA
tidak bersetuju
◊ He disagrees with me.   Dia tidak bersetuju dengan saya.
♦ **We always disagree.**   Pendapat kami selalu bercanggah.

disagreement KATA NAMA
perselisihan

to **disallow** KATA KERJA
menolak
◊ The judge disallowed the child's evidence.   Hakim itu menolak keterangan budak tersebut.
♦ **The goal was disallowed.**   Gol itu dibatalkan.

to **disappear** KATA KERJA
hilang
◊ He has disappeared.   Dia hilang.

disappearance KATA NAMA
kehilangan

to **disappoint** KATA KERJA
mengecewakan
◊ She didn't want to disappoint her

disappointed → discolour

family. Dia tidak mahu mengecewakan keluarganya.

disappointed KATA ADJEKTIF
kecewa
◊ *I'm disappointed.* Saya kecewa.

disappointing KATA ADJEKTIF
mengecewakan
◊ *It's disappointing.* Perkara itu amat mengecewakan.

disappointment KATA NAMA
kekecewaan

disapproval KATA NAMA
rasa tidak setuju

to **disapprove** KATA KERJA
tidak bersetuju
◊ *Her mother disapproved of her working in a pub.* Emaknya tidak bersetuju dia bekerja di pub.

to **disarm** KATA KERJA
1. *merampas senjata*
2. *melucutkan senjata*
◊ *We are not ready to disarm.* Kami belum bersedia untuk melucutkan senjata.

disarray KATA NAMA
kucar-kacir
◊ *The power failure left the new security system in disarray.* Gangguan elektrik menyebabkan sistem keselamatan yang baru itu kucar-kacir.
♦ **The whole house was in disarray.** Rumah itu berselerak.

disaster KATA NAMA
bencana

disastrous KATA ADJEKTIF
sungguh dahsyat
◊ *a disastrous earthquake* kejadian gempa bumi yang sungguh dahsyat

disbelief KATA NAMA
rasa tidak percaya
◊ *I looked at him in disbelief.* Saya memandangnya dengan rasa tidak percaya.

disc KATA NAMA
1. *cakera*
2. *piring hitam*

to **discard** KATA KERJA
membuang
◊ *Read the manufacturer's guidelines before discarding the box.* Baca panduan pengeluar sebelum membuang kotak itu.

to **discharge** KATA KERJA
rujuk juga **discharge** KATA NAMA
1. *membenarkan keluar*
◊ *Tom was discharged from the hospital.* Tom dibenarkan keluar dari hospital.
♦ **He was discharged from the prison yesterday.** Dia dibebaskan dari penjara kelmarin.
2. *menjalankan*
◊ *He discharged many duties.* Dia menjalankan banyak tugas.
♦ **The goods will be sold in order to discharge the debt.** Barang-barang itu akan dijual untuk menjelaskan hutang.

discharge KATA NAMA
rujuk juga **discharge** KATA KERJA
1. *pembebasan*
◊ *a conditional discharge* pembebasan bersyarat
2. *buangan* (dari kilang, dll)
3. *lelehan* (dari mata, hidung, dll)

disciplinary KATA ADJEKTIF
disiplin
◊ *disciplinary action* tindakan disiplin

discipline KATA NAMA
rujuk juga **discipline** KATA KERJA
disiplin

to **discipline** KATA KERJA
rujuk juga **discipline** KATA NAMA
mendisiplinkan
◊ *I tried to discipline myself.* Saya cuba mendisiplinkan diri sendiri.

disciplined KATA ADJEKTIF
berdisiplin
◊ *a disciplined student* seorang pelajar yang berdisiplin

disc jockey KATA NAMA
pengacara lagu atau *DJ*
◊ *He's a disc jockey.* Dia seorang DJ.

to **disclaim** KATA KERJA
tidak mengaku
◊ *The government has disclaimed responsibility.* Kerajaan itu tidak mengaku bertanggungjawab.

to **disclose** KATA KERJA
mendedahkan
◊ *The company disclosed that its chairman would step down in May.* Syarikat itu mendedahkan bahawa pengarahnya akan mengundurkan diri pada bulan Mei.

disclosure KATA NAMA
pembongkaran
◊ *The disclosure of the secret was made by an employee of that company.* Pembongkaran rahsia itu dilakukan oleh salah seorang pekerja di syarikat tersebut.

disco KATA NAMA
(JAMAK **discos**)
1. *disko*
2. *majlis tari-menari*
◊ *There's a disco at school tonight.* Ada majlis tari-menari di sekolah pada malam ini.

to **discolour** KATA KERJA
(AS **discolor**)
melunturkan warna

◊ *The chemical can discolour leaves.* Bahan kimia itu boleh melunturkan warna daun.
♦ **His shirt has discoloured.** Warna bajunya sudah rosak.

discomfort KATA NAMA
ketidakselesaan
◊ *the discomforts of camping* ketidakselesaan sewaktu perkhemahan
♦ **Steve had some discomfort, but no real pain.** Steve berasa kurang selesa, tetapi dia tidak berasa sakit.
♦ **She heard the discomfort in his voice.** Dia dapat mendengar keresahan pada suara lelaki itu.

to **disconnect** KATA KERJA
memutuskan
◊ *to disconnect the water supply* memutuskan bekalan air

discontent KATA NAMA
rasa tidak puas hati

discotheque KATA NAMA
disko

discount KATA NAMA
diskaun
◊ *a 20% discount* diskaun dua puluh peratus

to **discourage** KATA KERJA
melemahkan semangat
♦ **to get discouraged** tawar hati

discourse KATA NAMA
wacana

to **discover** KATA KERJA
menemui

discovery KATA NAMA
(JAMAK **discoveries**)
penemuan

to **discriminate** KATA KERJA
1 *membezakan*
◊ *He can discriminate between a good idea and a terrible one.* Dia dapat membezakan idea yang baik dengan idea yang teruk.
2 *mendiskriminasikan*
◊ *In several countries, men still discriminate against women.* Di beberapa buah negara, kaum lelaki masih mendiskriminasikan kaum wanita.

discrimination KATA NAMA
diskriminasi
◊ *racial discrimination* diskriminasi kaum

discus KATA NAMA
(JAMAK **discuses**)
cakera
♦ **Yuki represented Japan in the discus event.** Yuki mewakili negara Jepun dalam acara lempar cakera.

to **discuss** KATA KERJA
membincangkan
◊ *I'll discuss it with my parents.* Saya akan membincangkan perkara itu dengan ibu bapa saya.

discussion KATA NAMA
perbincangan

disease KATA NAMA
penyakit

to **disempower** KATA KERJA
melemahkan

disgrace KATA NAMA
rujuk juga **disgrace** KATA KERJA
malu
◊ *The vice president had to resign in disgrace.* Timbalan presiden itu terpaksa meletakkan jawatan dalam keadaan malu.
♦ **Her behaviour will just bring disgrace on her family.** Tindakannya hanya akan mengaibkan keluarganya.
♦ **The dirty classrooms were a disgrace.** Kelas-kelas yang kotor itu sungguh memalukan.
♦ **He was a disgrace to this school.** Dia memalukan sekolah ini.

to **disgrace** KATA KERJA
rujuk juga **disgrace** KATA NAMA
memalukan
◊ *Her son has disgraced her.* Anak lelakinya telah memalukannya.

disgraceful KATA ADJEKTIF
memalukan

disguise KATA NAMA
rujuk juga **disguise** KATA KERJA
penyamaran
♦ **in disguise** menyamar

to **disguise** KATA KERJA
rujuk juga **disguise** KATA NAMA
menyamar
◊ *She disguised herself as a man.* Dia menyamar sebagai lelaki.

disguised KATA ADJEKTIF
menyamar
◊ *He was disguised as a policeman.* Dia menyamar sebagai anggota polis.

to **disgust** KATA KERJA
menjijikkan
◊ *Raj's bad habits disgusted us.* Tabiat-tabiat buruk Raj menjijikkan kami.

disgusted KATA ADJEKTIF
meluat atau *menyampah*
◊ *I was completely disgusted.* Saya betul-betul menyampah.

disgusting KATA ADJEKTIF
menjijikkan (makanan, bau)
◊ *It looks disgusting.* Benda itu nampak menjijikkan.
♦ **That's disgusting!** Sungguh menjijikkan!

dish KATA NAMA
(JAMAK **dishes**)

pinggan
◊ *a china dish* pinggan tembikar
- **to do the dishes** mencuci pinggan mangkuk
- **a satellite dish** piring satelit
- **a vegetarian dish** masakan vegetarian
- **a soap dish** bekas sabun

dishevelled KATA ADJEKTIF
tidak kemas

dishonest KATA ADJEKTIF
tidak jujur

to **dishonour** KATA KERJA
(AS **dishonor**)
memalukan
◊ *She has never dishonoured her family.* Dia tidak pernah memalukan keluarganya.

dishonourable KATA ADJEKTIF
(AS **dishonorable**)
hina
◊ *a dishonourable occupation* pekerjaan yang hina

dishwasher KATA NAMA
mesin pencuci pinggan mangkuk

disinfectant KATA NAMA
disinfektan

to **disintegrate** KATA KERJA
1 *berpecah belah*
◊ *During that time, the empire began to disintegrate.* Pada masa itu, empayar tersebut mula berpecah belah.
2 *berkecai*
◊ *At 420 miles per hour the windscreen disintegrated.* Cermin depan kereta itu berkecai pada kelajuan 420 batu sejam.

disk KATA NAMA
cakera
◊ *the hard disk* cakera keras

diskette KATA NAMA
disket

to **dislike** KATA KERJA

> *rujuk juga* **dislike** KATA NAMA

tidak menyukai
◊ *I dislike him.* Saya tidak menyukainya.

dislike KATA NAMA

> *rujuk juga* **dislike** KATA KERJA

perkara yang tidak disukai
- **my likes and dislikes** perkara yang saya suka dan tidak suka
- **to take a dislike to somebody** mula tidak menyukai seseorang

to **dislodge** KATA KERJA

> **dislodge** *diterjemahkan mengikut konteks.*

◊ *Faizal used a pole to dislodge the mango from the tree.* Faizal mengambil galah untuk menjolok buah mangga di atas pokok itu. ◊ *Tom's hat had become dislodged.* Topi Tom telah tanggal. ◊ *He hopes that he can dislodge her in the election.* Dia berharap dia dapat mengalahkannya dalam pilihan raya itu.

disloyal KATA ADJEKTIF
tidak setia

disloyalty KATA NAMA
ketidaksetiaan

dismay KATA NAMA
perasaan terkejut dan gelisah
◊ *Meg looked up at her in dismay.* Meg memandangnya dengan perasaan terkejut dan gelisah.
- **Lucy discovered to her dismay that she was pregnant.** Lucy terkejut dan gelisah apabila mendapati dia hamil.

to **dismiss** KATA KERJA
1 *memecat* (*pekerja*)
2 *menyuraikan* (*kelas*)
3 *menggugurkan* (*kes di mahkamah*)

dismissal KATA NAMA
pemecatan
◊ *They went on strike in protest at Cindy's dismissal.* Mereka mogok kerana membantah pemecatan Cindy.

disobedient KATA ADJEKTIF
ingkar

to **disobey** KATA KERJA
mengingkari
◊ *He disobeyed the order.* Dia mengingkari perintah itu.
- **He disobeyed his parents.** Dia tidak menurut kata ibu bapanya.

disorder KATA NAMA
penyakit
◊ *a severe mental disorder* penyakit mental yang serius
- **The room was in disorder.** Bilik itu tidak teratur.
- **public disorder** gangguan awam

disorganized KATA ADJEKTIF
tidak teratur
◊ *a disorganized plan* rancangan yang tidak teratur ◊ *He is completely disorganized and leaves the most important items until very late.* Dia betul-betul tidak teratur dan meninggalkan perkara-perkara yang penting sehingga saat akhir.
- **a disorganized household** rumah tangga yang kacau-bilau

to **disown** KATA KERJA
menafikan sebarang kaitan
◊ *If he is guilty I will disown him.* Jika dia bersalah, saya akan menafikan sebarang kaitan dengannya.

to **dispatch** KATA KERJA

> *rujuk juga* **dispatch** KATA NAMA

menghantar

dispatch KATA NAMA

> *rujuk juga* **dispatch** KATA KERJA

dispense → dissuade

to dispense KATA KERJA
mengagih-agihkan
◊ *The Union had already dispensed £400 in grants.* Kesatuan itu telah mengagih-agihkan sebanyak 400 paun bantuan kewangan.

to disperse KATA KERJA
bersurai
◊ *The demonstrators dispersed peacefully.* Penunjuk perasaan bersurai dengan aman.
♦ **The police used tear gas to disperse the demonstrators.** Pihak polis menggunakan gas pemedih mata untuk menyuraikan penunjuk perasaan.

to display KATA KERJA
rujuk juga **display** KATA NAMA
[1] *menunjukkan*
◊ *She proudly displayed her medal.* Dia menunjukkan pingatnya dengan bangga.
[2] *memperagakan* (di jendela kedai)

display KATA NAMA
rujuk juga **display** KATA KERJA
pertunjukan
◊ *a firework display* pertunjukan bunga api
♦ **The assistant took the watch out of the display case.** Pembantu itu mengeluarkan jam tangan itu dari kotak peragaan.
♦ **There was a lovely display of fruit in the window.** Buah-buahan yang dipamerkan di jendela itu disusun dengan begitu menarik.
♦ **to be on display** diperagakan

disposable KATA ADJEKTIF
pakai buang
◊ *a disposable razor* pisau cukur pakai buang

disposal KATA NAMA
pembuangan
◊ *waste disposal sites* tempat pembuangan sampah

to dispose KATA KERJA
[1] *membuang*
◊ *the safest means of disposing of nuclear waste* cara-cara yang paling selamat untuk membuang bahan buangan nuklear
[2] *menyelesaikan* (masalah, tugas, dll)
[3] *membunuh*
◊ *They had hired an assassin to dispose of him.* Mereka telah mengupah seorang pembunuh upahan untuk membunuhnya.

dispute KATA NAMA
rujuk juga **dispute** KATA KERJA
pertikaian

to dispute KATA KERJA
rujuk juga **dispute** KATA NAMA
mempertikaikan
◊ *Fauzi disputed the allegations.* Fauzi mempertikaikan dakwaan-dakwaan itu.

to disqualify KATA KERJA
(**disqualified, disqualified**)
membatalkan penyertaan
◊ *They were disqualified from the competition.* Penyertaan mereka dalam pertandingan itu dibatalkan.
♦ **He was disqualified from driving.** Lesen memandunya telah digantung.

to disregard KATA KERJA
tidak mempedulikan
◊ *Gary disregarded the advice of his friends.* Gary tidak mempedulikan nasihat kawan-kawannya.

disrespect KATA NAMA
sikap tidak hormat

to disrupt KATA KERJA
mengganggu
◊ *The meeting was disrupted by a group of protesters.* Mesyuarat itu telah diganggu oleh sekumpulan pembantah.
♦ **Train services are being disrupted by the strike.** Perkhidmatan kereta api terganggu akibat daripada mogok tersebut.

dissatisfaction KATA NAMA
rasa tidak puas hati
◊ *Many residents voiced their dissatisfaction.* Ramai penghuni mengutarakan rasa tidak puas hati mereka.

dissatisfied KATA ADJEKTIF
tidak berpuas hati
◊ *We were dissatisfied with the service.* Kami tidak berpuas hati dengan perkhidmatan itu.

dissolution KATA NAMA
pembubaran
◊ *the dissolution of parliament* pembubaran parlimen

to dissolve KATA KERJA
[1] *melarutkan*
[2] *larut*
◊ *Sugar and salt dissolve in water.* Gula dan garam larut di dalam air.
[3] *membubarkan* (parlimen)

to dissuade KATA KERJA
meyakinkan ... supaya tidak
◊ *Doctors had tried to dissuade patients from smoking.* Para doktor telah cuba untuk meyakinkan pesakit supaya tidak merokok.
♦ **Nothing could dissuade me from my belief in him.** Tidak ada perkara yang dapat menggoyahkan kepercayaan saya

terhadapnya.

distance KATA NAMA
jarak
◊ *a distance of forty kilometres* jarak sejauh empat puluh kilometer
♦ **It's within walking distance.** Kita boleh berjalan kaki ke tempat itu.
♦ **I saw him in the distance.** Saya nampak dia di kejauhan.

distant KATA ADJEKTIF
jauh
◊ *in a distant land* di negara yang jauh
♦ **in the distant future** pada masa hadapan yang masih jauh

distended KATA ADJEKTIF
membusung
◊ *a distended belly* perut yang membusung

distillation KATA NAMA
penyulingan

distilled water KATA NAMA
air suling

distinct KATA ADJEKTIF
1 *berbeza*
◊ *This book is divided into two distinct parts.* Buku ini dibahagikan kepada dua bahagian yang berbeza.
2 *jelas*
◊ *to impart a distinct flavour with a minimum of cooking fat* untuk memberikan perisa yang jelas dengan menggunakan sedikit minyak masak
♦ **a distinct change in her attitude** perubahan sikapnya yang ketara

distinction KATA NAMA
1 *perbezaan*
◊ *to make a distinction between two things* membuat perbezaan antara dua benda
2 *kepujian* (dengan cemerlang)
◊ *a distinction in Spanish* kepujian dalam bahasa Sepanyol

distinctive KATA ADJEKTIF
tersendiri

to **distinguish** KATA KERJA
1 *membezakan*
◊ *Could he distinguish right from wrong?* Dapatkah dia membezakan antara yang benar dengan yang salah?
2 *mendengar*
◊ *I heard shouting but was unable to distinguish the words.* Saya terdengar jeritan tetapi tidak dapat mendengar kata-katanya.
3 *melihat*

distinguished KATA ADJEKTIF
ternama
◊ *He comes from a distinguished family.* Dia datang daripada keluarga yang ternama.
♦ **a distinguished surgeon** pakar bedah yang unggul

to **distract** KATA KERJA
1 *mengganggu tumpuan*
◊ *Playing video games sometimes distracts him from his homework.* Bermain permainan video kadang-kadang mengganggu tumpuannya daripada membuat kerja rumah.
2 *mengalihkan perhatian* (dengan sengaja)

to **distress** KATA KERJA
menyedihkan
◊ *His son's death distressed him.* Kematian anaknya menyedihkannya.
♦ **Alison was distressed because her son was badly injured in the accident.** Alison bimbang kerana anaknya cedera parah dalam kemalangan itu.

to **distribute** KATA KERJA
1 *mengedarkan*
2 *membahagi-bahagikan*
◊ *He distributed the cake among the children.* Dia membahagi-bahagikan kek itu kepada kanak-kanak tersebut.

distribution KATA NAMA
1 *pengagihan*
◊ *They control the distribution of aid.* Mereka mengawal pengagihan bantuan.
2 *taburan*
◊ *population distribution* taburan penduduk

distributor KATA NAMA
pengedar
◊ *film distributors* pengedar filem

district KATA NAMA
daerah

to **disturb** KATA KERJA
mengganggu
◊ *I'm sorry to disturb you.* Maafkan saya kerana mengganggu anda.

disturbance KATA NAMA
kekacauan
◊ *Three men were injured during the disturbance.* Tiga orang lelaki cedera semasa kekacauan itu berlaku.

disused KATA ADJEKTIF
tidak digunakan lagi

ditch KATA NAMA
(JAMAK **ditches**)
> rujuk juga **ditch** KATA KERJA

parit

to **ditch** KATA KERJA
(*tidak formal*)
> rujuk juga **ditch** KATA NAMA

meninggalkan
◊ *She's just ditched her boyfriend.* Dia baru sahaja meninggalkan teman

dive → **do**

lelakinya.

to **dive** KATA KERJA

> rujuk juga **dive** KATA NAMA

1. *terjun*
2. *menyelam*

- **The car dived into the ravine.** Kereta itu terjunam ke dalam gaung.

dive KATA NAMA

> rujuk juga **dive** KATA KERJA

1. *terjunan*
2. *penyelaman* (di dalam laut, dll)

diver KATA NAMA
1. *penerjun*
2. *penyelam*

to **diversify** KATA KERJA
(**diversified, diversified**)
mempelbagaikan
◊ *to diversify the country's markets* mempelbagaikan pasaran negara

diversion KATA NAMA
lencongan (lalu lintas)

diversity KATA NAMA
(JAMAK **diversities**)
kepelbagaian
◊ *Birmingham, with its rich cultural diversity ...* Birmingham yang kaya dengan kepelbagaian kebudayaannya ...

to **divide** KATA KERJA
membahagikan
◊ *12 divided by 3 is 4.* 12 dibahagikan dengan 3 ialah 4.
- **Divide the cake in half.** Bahagi dua kek itu.
- **The rebels did not succeed in dividing the people of the country.** Pihak pemberontak gagal memecahbelahkan rakyat negara itu.

dividend KATA NAMA
dividen

divider KATA NAMA
pembahagi
◊ *room divider* pembahagi bilik

divine KATA ADJEKTIF
Tuhan/tuhan (bergantung pada konteks)
◊ *divine punishment* hukuman daripada tuhan
- **There must be a divine purpose behind all this.** Tentu ada hikmat di sebalik semua perkara ini.

diving KATA NAMA
1. *menyelam*
- **diving equipment** peralatan selam
2. *terjun air*
◊ *a diving competition* pertandingan terjun air

diving board KATA NAMA
papan junam

divinity KATA NAMA
(JAMAK **divinities**)

1. *ketuhanan*
2. *tuhan*

division KATA NAMA
bahagian

divorce KATA NAMA

> rujuk juga **divorce** KATA KERJA

perceraian

to **divorce** KATA KERJA

> rujuk juga **divorce** KATA NAMA

bercerai
◊ *He and Lillian had got divorced.* Dia dan Lillian sudah bercerai.
- **He has divorced his wife.** Dia telah menceraikan isterinya.

divorced KATA ADJEKTIF
bercerai
◊ *My parents are divorced.* Ibu bapa saya telah bercerai.

divorcee KATA NAMA
janda (perempuan)

to **divulge** KATA KERJA
membongkar
◊ *to divulge secret information* membongkar maklumat sulit

DIY KATA NAMA
pasang sendiri
- **to do DIY** memasang sendiri
- **a DIY shop** kedai yang menjual barangan pasang sendiri

dizziness KATA NAMA
kepeningan
◊ *This medicine can also cause dizziness.* Ubat ini juga boleh menyebabkan kepeningan.

dizzy KATA ADJEKTIF
pening
◊ *I feel dizzy.* Saya berasa pening.

DJ KATA NAMA
DJ
◊ *He's a DJ.* Dia seorang DJ.

DNA KATA NAMA (= *deoxyribonucleic acid*)
DNA (= *asid deoksiribonukleik*)

DNA test KATA NAMA
ujian DNA

to **do** KATA KERJA
(**does, did, done**)
melakukan
◊ *What are you doing?* Apakah yang sedang anda lakukan? ◊ *She did it by herself.* Dia melakukannya sendiri.
- **I'll do my best.** Saya akan cuba sedaya upaya.
- **What are you doing this evening?** Apakah rancangan anda pada petang ini?
- **What does your father do?** Apakah pekerjaan bapa anda?
- **She's doing well at school.** Prestasinya di sekolah baik.
- **How are you doing?** Apa khabar?

do up → dominant

- **How do you do?** Apa khabar?
- **Will RM10 do?** Apakah RM10 mencukupi?
- **That'll do, thanks.** Itu sudah mencukupi. Terima kasih.

> **do** tidak diterjemahkan apabila digunakan untuk membentuk soalan.

◊ *Do you speak English?* Anda boleh berbahasa Inggeris? ◊ *Do you like reading?* Anda suka membaca?
◊ *Where does he live?* Di manakah dia tinggal?

> Gunakan **tidak** untuk menterjemahkan **don't**.

◊ *I don't understand.* Saya tidak faham.
◊ *You didn't tell me anything.* Anda tidak memberitahu saya apa-apa pun. ◊ *He didn't come.* Dia tidak datang.

- **I hate maths. - So do I.** Saya benci mata pelajaran matematik. - Begitu juga dengan saya.
- **I didn't like the film. - Neither did I.** Saya tidak suka akan filem itu. - Saya juga begitu.
- **Do you like horses? - No, I don't.** Anda suka kuda? Tidak, saya tidak suka.
- **You go swimming on Fridays, don't you?** Anda pergi berenang pada hari Jumaat, bukan?
- **to do drugs** mengambil dadah

to **do up** KATA KERJA
menghias (rumah, bilik)
- **Do up your shoes!** Ikat tali kasut anda!
- **Do up your coat up.** Butangkan kot anda.
- **Do up your zip!** Tarik zip anda!

to **do with** KATA KERJA
perlu
◊ *I could do with a holiday.* Saya perlu pergi bercuti.

to **do without** KATA KERJA
boleh hidup
◊ *I can't do without my computer.* Saya tidak boleh hidup tanpa komputer saya.

doable KATA ADJEKTIF
boleh dilakukan
◊ *Is this project something that you think is doable?* Anda fikir, projek ini boleh dilakukan?

dock KATA NAMA
> rujuk juga **dock** KATA KERJA

limbungan

to **dock** KATA KERJA
> rujuk juga **dock** KATA NAMA

berlabuh
◊ *The ship docked in Port Klang.* Kapal itu berlabuh di Pelabuhan Klang.

doctor KATA NAMA
doktor
◊ *He's a doctor.* Dia seorang doktor.

- **at the doctor's** di klinik

doctorate KATA NAMA
ijazah kedoktoran

doctrine KATA NAMA
doktrin

document KATA NAMA
> rujuk juga **document** KATA KERJA

dokumen

to **document** KATA KERJA
> rujuk juga **document** KATA NAMA

mendokumenkan
◊ *They will document the trial.* Mereka akan mendokumenkan perbicaraan itu.

documentary KATA NAMA
(JAMAK **documentaries**)
dokumentari

documentation KATA NAMA
dokumentasi

docusoap KATA NAMA
siri drama dokumentari popular
> memaparkan kehidupan harian orang yang bekerja di sesebuah tempat

doddery KATA ADJEKTIF
berjalan terhuyung-hayang (kerana sudah tua dan uzur)

to **dodge** KATA KERJA
mengelak (daripada tumbukan, pukulan)

does KATA KERJA rujuk **do**
doesn't = **does not**

dog KATA NAMA
anjing

do-it-yourself KATA NAMA
pasang sendiri

dole KATA NAMA
elaun pengangguran
◊ *He's on the dole.* Dia menerima elaun pengangguran.

doll KATA NAMA
anak patung

dollar KATA NAMA
dolar

dolphin KATA NAMA
ikan lumba-lumba

domain KATA NAMA
(komputer)
domain

domain name KATA NAMA
(komputer)
nama domain

dome KATA NAMA
kubah

domestic KATA ADJEKTIF
dalam negeri atau *domestik*
◊ *a domestic flight* penerbangan domestik
- **domestic help** pembantu rumah

dominant KATA ADJEKTIF
[1] *paling berpengaruh*
◊ *She was a dominant figure in the*

dominoes → doughnut

French film industry. Beliau merupakan tokoh yang paling berpengaruh dalam industri perfileman Perancis.
[2] *paling menonjol* (benda, perkara)
[3] *dominan*
◊ a dominant gene gen dominan

dominoes KATA NAMA JAMAK
domino
- **to have a game of dominoes** bermain domino

to **donate** KATA KERJA
menderma

donation KATA NAMA
derma
◊ The students collected donations for poor children. Pelajar-pelajar memungut derma untuk kanak-kanak miskin.
- **the donation of his collection to the art gallery** pendermaan koleksinya kepada galeri seni

done KATA KERJA *rujuk* do
done KATA ADJEKTIF
masak
◊ Is the pasta done? Pasta itu sudah masak?
- **How do you like your steak? - Well done.** Bagaimanakah anda mahu stik anda dimasak? - Masak sepenuhnya.

donkey KATA NAMA
keldai

donor KATA NAMA
penderma

don't = do not

door KATA NAMA
pintu

doorbell KATA NAMA
loceng pintu

doorman KATA NAMA
(JAMAK **doormen**)
[1] *penjaga pintu* (di hotel)
[2] *pengawal* (di kelab malam, dll)

doormat KATA NAMA
pengesat kaki

doorstep KATA NAMA
anak tangga
- **on my doorstep** berhampiran tempat tinggal saya

dormitory KATA NAMA
(JAMAK **dormitories**)
bilik asrama

dose KATA NAMA
dos

dot KATA NAMA
titik
- **on the dot** tepat pada masanya
- **He arrived at nine on the dot.** Dia sampai tepat pada pukul sembilan.

dot-com KATA NAMA
(komputer)

firma Internet

double KATA ADJEKTIF, KATA ADVERBA
> rujuk juga **double** KATA KERJA

sekali ganda
◊ to cost double kos bertambah sekali ganda
- **a double bed** katil kelamin
- **a double room** bilik kelamin

to **double** KATA KERJA
> rujuk juga **double** KATA ADJEKTIF, KATA ADVERBA

[1] *menggandakan*
◊ They doubled their prices. Mereka menggandakan harga mereka.
[2] *berganda*
◊ The number of attacks has doubled. Jumlah serangan telah berganda.

double bass KATA NAMA
(JAMAK **double basses**)
dabal bes

to **double-click** KATA KERJA
> rujuk juga **double-click** KATA NAMA

mengklik dua kali
◊ to double-click on an icon mengklik dua kali ikon

double-click KATA NAMA
> rujuk juga **double-click** KATA KERJA

klik dua kali

double-decker bus KATA NAMA
bas dua tingkat

double glazing KATA NAMA
kaca dua lapis

doubles KATA NAMA JAMAK
beregu (dalam sukan)
◊ to play mixed doubles bermain dalam beregu campuran

doubt KATA NAMA
> rujuk juga **doubt** KATA KERJA

keraguan
- **I have my doubts.** Saya ragu-ragu juga.
- **no doubt** sudah tentu ◊ as you no doubt know sudah tentu anda tahu

to **doubt** KATA KERJA
> rujuk juga **doubt** KATA NAMA

meragui
◊ I doubt it. Saya meraguinya.
- **I doubt if he'll agree.** Saya fikir dia tidak akan setuju.

doubtful KATA ADJEKTIF
ragu-ragu
◊ to be doubtful about doing something berasa ragu-ragu untuk melakukan sesuatu
- **It's doubtful.** Besar kemungkinan tidak.
- **You sound doubtful.** Anda seolah-olah tidak yakin.

dough KATA NAMA
adunan

doughnut KATA NAMA

dovetail → drag up

donat
◊ a jam doughnut donat berjem

to dovetail KATA KERJA
rujuk juga **dovetail** KATA NAMA
bersesuaian
◊ These discoveries dovetail with findings from other research. Penemuan-penemuan ini bersesuaian dengan dapatan penyelidikan lain.

dovetail KATA NAMA
rujuk juga **dovetail** KATA KERJA
tanggam

down KATA ADJEKTIF, KATA ADVERBA, KATA SENDI
bawah
◊ It's down there. Benda itu ada di bawah sana.
• **His office is down on the first floor.** Pejabatnya terletak di tingkat dua. (*rujuk* **floor**)
• **He threw down his racket.** Dia membaling raketnya ke tanah.
• **They live just down the road.** Mereka tinggal di jalan ini sahaja.
• **to feel down** berasa sedih
• **The computer's down.** Komputer itu tidak berfungsi.

downfall KATA NAMA
kejatuhan
◊ the downfall of the government kejatuhan kerajaan itu

downhearted KATA ADJEKTIF
susah hati
◊ He looks downhearted. Dia nampak susah hati.

to download KATA KERJA
memuat turun
◊ to download a file memuat turun fail

downloadable KATA ADJEKTIF
(*komputer*)
boleh dimuat turun

downpour KATA NAMA
hujan lebat

to downshift KATA KERJA
bertukar kepada cara hidup yang kurang dari segi kebendaan tetapi lebih memuaskan hati

to downsize KATA KERJA
mengecilkan
◊ The company downsized its factory in Penang. Syarikat itu mengecilkan kilangnya di Pulau Pinang.

downstairs KATA ADVERBA, KATA ADJEKTIF
tingkat bawah
◊ The bathroom's downstairs. Bilik mandi terletak di tingkat bawah.
• **to go downstairs** turun ke bawah

downstream KATA ADVERBA
ke hilir
◊ The logs had drifted downstream. Balak-balak itu telah hanyut ke hilir.

downtown KATA ADVERBA
(*biasanya* AS)
pusat bandar

downturn KATA NAMA
kemerosotan
◊ the downturn in the construction industry kemerosotan dalam industri pembinaan
• **economic downturn** kemelesetan ekonomi

downwards KATA ADVERBA
ke bawah

dowry KATA NAMA
(JAMAK **dowries**)
mas kahwin

to doze KATA KERJA
melelapkan mata sekejap

to doze off KATA KERJA
terlelap

dozen KATA NAMA
dozen
◊ a dozen eggs sedozen telur
• **I've told you that dozens of times.** Sudah berkali-kali saya memberitahu anda perkara itu.

dpi SINGKATAN (= *dots per inch*)
(*komputer*)
dpi (= *titik per inci*)

drab KATA ADJEKTIF
1 *kusam* (*pakaian*)
2 *membosankan* (*keadaan*)

draft KATA NAMA
rujuk juga **draft** KATA KERJA
draf
◊ I sent a first draft of this article to him. Saya menghantar draf pertama artikel ini kepadanya. ◊ bank draft draf bank

to draft KATA KERJA
rujuk juga **draft** KATA NAMA
mendraf
◊ He drafted a letter of protest. Dia mendraf sekeping surat bantahan.

to drag KATA KERJA
rujuk juga **drag** KATA NAMA
mengheret (*barang, orang*)

drag KATA NAMA
(*tidak formal*)
rujuk juga **drag** KATA KERJA
sesuatu yang membosankan
• **Writing that essay was a real drag.** Kerja menulis esei itu amat membosankan.

to drag on KATA KERJA
berlarutan
◊ Assembly that day dragged on until ten o'clock. Perhimpunan hari itu berlarutan sehingga pukul sepuluh.

to drag up KATA KERJA

dragon → dreadful

dragon KATA NAMA
mengungkit
◊ *I don't want to drag that incident up again.* Saya tidak mahu mengungkit kejadian itu lagi.

dragon KATA NAMA
naga

dragonfly KATA NAMA
(JAMAK **dragonflies**)
pepatung

to **drain** KATA KERJA
| rujuk juga **drain** KATA NAMA |
1 *mengetus* (sayur, mi)
2 *menyalirkan* (air)

drain KATA NAMA
| rujuk juga **drain** KATA KERJA |
longkang

drainage KATA NAMA
saliran
◊ *The drainage system has collapsed owing to excessively heavy rainfall.* Sistem saliran itu tidak berfungsi kerana hujan yang terlalu lebat. ◊ *Line the pots with pebbles to ensure good drainage.* Masukkan batu-batu kecil ke dalam pasu itu untuk memastikan saliran yang baik.

draining board KATA NAMA
rak untuk mengetus (pinggan, dll)

drainpipe KATA NAMA
paip salir

drake KATA NAMA
itik jantan

drama KATA NAMA
drama
◊ *a TV drama* drama televisyen
◊ *Drama is my favourite subject.* Drama merupakan mata pelajaran kegemaran saya.
♦ **drama school** sekolah lakonan

dramatic KATA ADJEKTIF
dramatik
◊ *a dramatic effect* kesan yang dramatik
♦ **a dramatic rise** peningkatan yang mendadak
♦ **dramatic news** berita yang mengejutkan

drank KATA KERJA *rujuk* **drink**

drastic KATA ADJEKTIF
drastik
◊ *to take drastic action* mengambil tindakan yang drastik

drastically KATA ADVERBA
secara drastik

draught KATA NAMA
angin
◊ *There's a draught from the window.* Angin masuk melalui tingkap itu.
♦ **draught beer** bir yang disimpan dalam tong

draughts KATA NAMA
dam
◊ *to play draughts* bermain dam

draughts board KATA NAMA
papan dam

draw KATA NAMA
| rujuk juga **draw** KATA KERJA |
1 *keputusan seri*
◊ *The game ended in a draw.* Permainan itu berakhir dengan keputusan seri.
2 *cabutan*
◊ *The draw takes place on Saturday.* Cabutan itu akan dilakukan pada hari Sabtu.

to **draw** KATA KERJA
(**drew, drawn**)
| rujuk juga **draw** KATA NAMA |
melukis
◊ *to draw a picture of somebody* melukis potret seseorang
♦ **We drew two-all.** Keputusan kami seri dua sama.
♦ **to draw the curtains (1)** membuka langsir
♦ **to draw the curtains (2)** menutup langsir

to **draw on** KATA KERJA
menggunakan
◊ *He drew on his own experience to write the book.* Dia menggunakan pengalamannya sendiri untuk menulis buku itu.

to **draw up** KATA KERJA
tiba
◊ *The car drew up in front of the house.* Kereta tersebut tiba di hadapan rumah itu.

drawback KATA NAMA
kelemahan

drawer KATA NAMA
laci

drawing KATA NAMA
lukisan
♦ **He's good at drawing.** Dia pandai melukis.

drawing pin KATA NAMA
paku tekan

drawing room KATA NAMA
(*formal*)
ruang tamu

drawn KATA KERJA *rujuk* **draw**

dreadful KATA ADJEKTIF
1 *dahsyat*
◊ *a dreadful accident* kemalangan yang dahsyat
2 *sangat buruk*
◊ *The weather was dreadful.* Cuaca sangat buruk.
♦ **You look dreadful.** Rupa anda nampak teruk sekali.

- **I feel dreadful about not having phoned you.** Saya berasa tidak senang hati kerana tidak menelefon anda.

to dream KATA KERJA

(**dreamed** atau **dreamt, dreamed** atau **dreamt**)

rujuk juga **dream** KATA NAMA

1. *bermimpi*
   ◊ *Do you dream every night?* Adakah anda bermimpi setiap malam?
2. *berangan-angan*
   ◊ *She dreams of becoming an actress.* Dia berangan-angan hendak menjadi seorang pelakon.

dream KATA NAMA

rujuk juga **dream** KATA KERJA

1. *mimpi*
2. *idaman*
   ◊ *her dream guy* jejaka idamannya

dreamer KATA NAMA
penghayal

dregs KATA NAMA
hampas

to drench KATA KERJA
menyebabkan ... basah kuyup
- **to get drenched** basah kuyup ◊ *I got drenched.* Saya basah kuyup.

dress KATA NAMA
(JAMAK **dresses**)

rujuk juga **dress** KATA KERJA

1. *gaun* (pakaian perempuan)
2. *pakaian*

to dress KATA KERJA

rujuk juga **dress** KATA NAMA

1. *berpakaian*
   ◊ *Kelly always dresses neatly.* Kelly selalu berpakaian kemas.
2. *mengenakan pakaian*
   ◊ *I got up, dressed, and went downstairs.* Saya bangun dan mengenakan pakaian lalu turun ke bawah.
- **to get dressed** mengenakan pakaian
- **to dress somebody** mengenakan pakaian pada seseorang

to dress up KATA KERJA

1. *berpakaian*
   ◊ *I dressed up as a princess.* Saya berpakaian seperti seorang puteri.
2. *menghias diri*
   ◊ *She likes to dress up.* Dia suka menghias diri.

dressed KATA ADJEKTIF

berpakaian
◊ *I'm not dressed yet.* Saya belum siap berpakaian lagi. ◊ *She was dressed in white.* Dia berpakaian serba putih.
- **She was dressed in a green sweater and jeans.** Dia memakai baju sejuk berwarna hijau dan berseluar jean.

dresser KATA NAMA
kabinet

dressing KATA NAMA
kuah (untuk salad)

dressing gown KATA NAMA
jubah santai

dressing table KATA NAMA
meja solek

dressmaker KATA NAMA
tukang jahit

drew KATA KERJA *rujuk* **draw**

dried KATA ADJEKTIF
kering
◊ *dried fruits* buah-buahan kering
- **dried milk** susu tepung

drier = dryer

drift KATA NAMA

rujuk juga **drift** KATA KERJA

kukup salji
- **a snow drift** kukup salji
- **a drift of sand** kukup pasir
- **a drift of smoke** satu kepulan asap yang tipis

to drift KATA KERJA

rujuk juga **drift** KATA NAMA

hanyut

to drift off KATA KERJA
beransur-ansur
◊ *to drift off to sleep* beransur-ansur tertidur

drill KATA NAMA

rujuk juga **drill** KATA KERJA

1. *gerudi*
2. *latihan*
   ◊ *a fire drill* latihan kebakaran

to drill KATA KERJA

rujuk juga **drill** KATA NAMA

menggerudi
◊ *He drilled a hole in the wall.* Dia menggerudi satu lubang pada dinding.

to drink KATA KERJA
(**drank, drunk**)

rujuk juga **drink** KATA NAMA

minum
◊ *What would you like to drink?* Anda hendak minum apa?
- **He had been drinking.** Dia minum arak.

drink KATA NAMA

rujuk juga **drink** KATA KERJA

minuman
◊ *a cold drink* minuman sejuk
- **They've gone out for a drink.** Mereka telah keluar minum.

drinking water KATA NAMA
air minum

to drip KATA KERJA
menitis
◊ *The tap drips all the time.* Air paip itu menitis sepanjang masa.

drive → drown

to **drive** KATA KERJA
(drove, driven)
> rujuk juga **drive** KATA NAMA

1. *memandu*
◊ *Can you drive?* Bolehkah anda memandu? ◊ *We never drive into the town centre.* Kami tidak pernah memandu kereta ke pusat bandar.

2. *menghantar*
◊ *My mother drives me to school.* Emak saya menghantar saya ke sekolah. ◊ *to drive somebody home* menghantar seseorang balik ke rumah

- **to drive somebody mad** membuat seseorang naik gila ◊ *He drives his neighbour mad.* Dia membuat jirannya naik gila.

drive KATA NAMA
> rujuk juga **drive** KATA KERJA

1. *jalan masuk ke rumah*
◊ *He parked his car in the drive.* Dia meletakkan keretanya di jalan masuk ke rumah.

- **to go for a drive** pergi bersiar-siar dengan kereta
- **We've got a long drive tomorrow.** Kita akan membuat perjalanan jauh esok.

2. *kempen*
◊ *a recruitment drive* kempen pengambilan pekerja

- **She is admired for her drive.** Dia dikagumi kerana semangatnya.
- **He has no drive at all.** Dia tidak bersemangat langsung.
- **disk drive** pemacu cakera

driver KATA NAMA
pemandu
◊ *He's a bus driver.* Dia seorang pemandu bas. ◊ *She's an excellent driver.* Dia seorang pemandu yang cekap.

driver's license KATA NAMA 🇺🇸
lesen memandu

driving instructor KATA NAMA
pengajar memandu
◊ *He's a driving instructor.* Dia seorang pengajar memandu.

driving lesson KATA NAMA
kelas memandu

driving licence KATA NAMA
lesen memandu

driving test KATA NAMA
ujian memandu
◊ *to take one's driving test* mengambil ujian memandu ◊ *She's just passed her driving test.* Dia baru sahaja lulus ujian memandunya.

drizzle KATA NAMA
> rujuk juga **drizzle** KATA KERJA

hujan renyai-renyai

B. Inggeris ~ B. Melayu 146

to **drizzle** KATA KERJA
> rujuk juga **drizzle** KATA NAMA

hujan renyai-renyai

drone KATA NAMA
dengung
◊ *the constant drone of traffic* bunyi dengung kenderaan yang berterusan

to **drool** KATA KERJA
air liur ... meleleh
◊ *The baby is drooling.* Air liur bayi itu meleleh.

drop KATA NAMA
> rujuk juga **drop** KATA KERJA

1. *titis*
◊ *a drop of water* setitis air

- **Would you like some milk? - Just a drop.** Anda hendak minum susu? - Ya, tetapi sedikit sahaja.

2. *penurunan*
◊ *a drop in temperature* penurunan suhu

to **drop** KATA KERJA
> rujuk juga **drop** KATA NAMA

1. *turun*
◊ *The temperature will drop tonight.* Suhu akan turun pada malam ini.

- **Could you drop me at the station?** Bolehkah anda turunkan saya di stesen itu?

2. *menjatuhkan*
◊ *I dropped the glass.* Saya telah menjatuhkan gelas itu.

- **The cat dropped the mouse at my feet.** Kucing itu membuang tikus tersebut dekat dengan kaki saya.

3. *menggugurkan*
◊ *The US Air Force dropped a nuclear bomb on Hiroshima.* Tentera udara Amerika telah menggugurkan sebiji bom nuklear di Hiroshima.

- **I'm going to drop chemistry.** Saya akan berhenti belajar kimia.

to **drop by** KATA KERJA
singgah
◊ *Danny will drop by later.* Danny akan singgah di sini nanti.

to **drop in** KATA KERJA
mengunjungi
◊ *She spent most of the day dropping in on friends in Ipoh.* Dia menghabiskan kebanyakan masanya pada hari itu untuk mengunjungi kawan-kawannya di Ipoh.

- **Why not drop in for a chat?** Singgahlah sekejap untuk bersembang.

drought KATA NAMA
kemarau

drove KATA KERJA *rujuk* **drive**

to **drown** KATA KERJA
lemas

drowsy → duel

◊ *A boy drowned here yesterday.* Seorang budak lelaki lemas di sini kelmarin.
- **He drowned himself in the river.** Dia membunuh diri dengan terjun ke dalam sungai.

drowsy KATA ADJEKTIF
mengantuk

drug KATA NAMA
1 *dadah*
◊ *hard drugs* dadah yang sangat berbahaya ◊ *soft drugs* dadah yang kurang berbahaya
2 *ubat*
◊ *They need food and drugs.* Mereka memerlukan makanan dan ubat-ubatan.
- **to take drugs** mengambil dadah
- **a drug addict** penagih dadah
- **a drug dealer** pengedar dadah
- **a drug smuggler** penyeludup dadah
- **the drugs squad** pasukan pencegah dadah

drugstore KATA NAMA
kedai farmasi

drum KATA NAMA
1 *gendang* atau *dram*
◊ *an African drum* gendang Afrika
◊ *a drum kit* set gendang ◊ *to play the drums* bermain gendang
2 *tong dram*

drummer KATA NAMA
pemain dram

drunk KATA KERJA *rujuk* **drink**

drunk KATA ADJEKTIF
rujuk juga **drunk** KATA NAMA
mabuk
◊ *He was drunk.* Dia mabuk.
- **to get drunk** mabuk

drunk KATA NAMA
rujuk juga **drunk** KATA ADJEKTIF
pemabuk

drunkard KATA NAMA
pemabuk

dry KATA ADJEKTIF
rujuk juga **dry** KATA KERJA
kering
◊ *The paint isn't dry yet.* Cat itu belum kering lagi. ◊ *It's been exceptionally dry this spring.* Musim bunga kali ini sangat kering.
- **a long dry period** musim kemarau yang panjang

to **dry** KATA KERJA
(dried, dried)
rujuk juga **dry** KATA ADJEKTIF
1 *mengeringkan*
- **to dry the dishes** mengelap pinggan mangkuk
2 *kering*
◊ *The washing will dry quickly in the sun.* Cucian itu akan kering dengan cepat di bawah cahaya matahari.

dry-cleaner's KATA NAMA
kedai cucian kering

dry-cleaning KATA NAMA
cucian kering

dryer KATA NAMA
pengering
◊ *a hair dryer* pengering rambut
- **a tumble dryer** mesin pengering pakaian

dryness KATA NAMA
kekeringan

dual KATA ADJEKTIF
dua
◊ *his dual role as head of the party and head of state* dua peranan beliau sebagai ketua parti dan ketua negara

to **dub** KATA KERJA
1 *menggelar*
- **the teacher whom the students dubbed 'superman'** guru yang digelar oleh para pelajar sebagai 'superman'
2 *mengalih suara*
◊ *The film has been dubbed into Malay.* Filem itu telah dialih suara ke dalam bahasa Melayu.

dubbed KATA ADJEKTIF
dialih suara
◊ *The film was dubbed into English.* Filem itu dialih suara ke dalam bahasa Inggeris.

dubious KATA ADJEKTIF
ragu-ragu
◊ *My parents were a bit dubious about it.* Ibu bapa saya agak ragu-ragu tentang hal itu.

duck KATA NAMA
itik

duckling KATA NAMA
anak itik

due KATA ADJEKTIF
dijangka
◊ *He's due to arrive tomorrow.* Dia dijangka sampai esok.
- **The plane's due in half an hour.** Kapal terbang itu dijangka mendarat dalam masa setengah jam lagi.
- **When's the baby due?** Bilakah bayi itu akan dilahirkan?
- **due to** disebabkan oleh ◊ *The plane crash was due to bad weather.* Nahas kapal terbang itu berlaku disebabkan oleh cuaca yang buruk.

duel KATA NAMA
pertarungan
◊ *He killed the man in the duel.* Dia membunuh lelaki itu dalam pertarungan

duet → Dutch

tersebut.

duet KATA NAMA
duet

dug KATA KERJA *rujuk* **dig**

dull KATA ADJEKTIF
> *rujuk juga* **dull** KATA KERJA

1. *membosankan*
◊ *He's nice, but a bit dull.* Dia baik tetapi agak membosankan.

2. *suram*
◊ *It's always dull and wet.* Cuaca di sini selalu suram dan lembap.

to **dull** KATA KERJA
> *rujuk juga* **dull** KATA ADJEKTIF

mengurangkan
◊ *He took the medicine to dull the pain.* Dia makan ubat itu untuk mengurangkan kesakitannya.
♦ **He can dull your senses with facts and figures.** Dia boleh membosankan anda dengan fakta dan perangkaan.

duly KATA ADVERBA
seperti yang sepatutnya
◊ *Watson demanded an apology, which he duly received.* Watson menuntut ucapan maaf, yang diterimanya juga seperti yang sepatutnya.

dumb KATA ADJEKTIF
1. *bisu*
◊ *She's deaf and dumb.* Dia pekak dan bisu.

2. (*tidak formal*) *bodoh*
◊ *Don't be so dumb!* Jangan jadi begitu bodoh! ◊ *That was a really dumb thing I did!* Perbuatan saya itu bodoh sekali!

dumbfounded KATA ADJEKTIF
tercengang-cengang
◊ *Jean was dumbfounded when Kelvin scolded her for no reason.* Jean tercengang-cengang apabila Kelvin memarahinya dengan tidak semena-mena.

dummy KATA NAMA
(JAMAK **dummies**)
patung

to **dump** KATA KERJA
> *rujuk juga* **dump** KATA NAMA

membuang
♦ **"No dumping"** "Dilarang membuang sampah"

dump KATA NAMA
> *rujuk juga* **dump** KATA KERJA

tempat pembuangan sampah
♦ **a rubbish dump** tempat pembuangan sampah
♦ **It's a real dump!** Teruk betul tempat itu!

dungarees KATA NAMA JAMAK
seluar dungari

dungeon KATA NAMA
kurungan bawah tanah

to **duplicate** KATA KERJA
> *rujuk juga* **duplicate** KATA NAMA

membuat salinan
◊ *a business which duplicates video tapes and CDs* perniagaan membuat salinan pita video dan cakera padat

duplicate KATA NAMA
> *rujuk juga* **duplicate** KATA KERJA

pendua

durable KATA ADJEKTIF
tahan lama
◊ *School uniforms should be made of durable material.* Pakaian seragam sekolah seharusnya dibuat daripada bahan yang tahan lama.

duration KATA NAMA
jangka masa
◊ *Courses are of two years' duration.* Jangka masa kursus-kursus itu ialah dua tahun.
♦ **for the duration of the trial** sepanjang perbicaraan itu

during KATA SENDI
semasa

dusk KATA NAMA
waktu senja
◊ *at dusk* pada waktu senja

dust KATA NAMA
> *rujuk juga* **dust** KATA KERJA

debu

to **dust** KATA KERJA
> *rujuk juga* **dust** KATA NAMA

menyapu habuk
◊ *I dusted the shelves.* Saya menyapu habuk pada rak-rak itu.

dustbin KATA NAMA
tong sampah

duster KATA NAMA
1. *kain pengesat*
2. *pemadam*

dustman KATA NAMA
(JAMAK **dustmen**)
tukang angkat sampah

dustpan KATA NAMA
penyodok sampah

dusty KATA ADJEKTIF
berdebu

Dutch KATA ADJEKTIF
> *rujuk juga* **Dutch** KATA NAMA

Belanda
◊ *the Dutch Prime Minister* Perdana Menteri Belanda
♦ **She's Dutch.** Dia berbangsa Belanda.

Dutch KATA NAMA
> *rujuk juga* **Dutch** KATA ADJEKTIF

1. *bahasa Belanda*
2. *orang Belanda*
◊ *the Dutch* orang Belanda

- **Let's go Dutch!** Kita bayar asing-asing!

Dutchman KATA NAMA
(JAMAK **Dutchmen**)
lelaki Belanda

Dutchwoman KATA NAMA
(JAMAK **Dutchwomen**)
wanita Belanda

duty KATA NAMA
(JAMAK **duties**)
kewajipan
◊ *It was his duty to tell the police.* Memang kewajipannya untuk memberitahu pihak polis perkara itu.
- **to be on duty** bertugas

duty-free KATA ADJEKTIF
bebas cukai

duvet KATA NAMA
duvet
> penutup seperti selimut yang diisi dengan bulu atau bahan yang serupa dengannya

DVD KATA NAMA (= *digital versatile disc* atau *digital video disc*)
DVD (= *cakera video digital*)
- **DVD player** pemain DVD

dwarf KATA NAMA
(JAMAK **dwarves**)
orang kerdil

to **dwell** KATA KERJA
(**dwelt** atau **dwelled, dwelt** atau **dwelled**)
1 *memikirkan*
◊ *'I'd rather not dwell on the past,' he told me.* 'Saya tidak mahu memikirkan tentang kisah silam,' katanya kepada saya.
2 *terlalu memperkatakan* (*ketika bercakap, menulis*)
◊ *He didn't want to dwell on the unpleasant details.* Dia tidak mahu terlalu memperkatakan tentang perkara-perkara yang tidak menyenangkan itu.
3 *tinggal*

dweller KATA NAMA
penghuni

to **dye** KATA KERJA
> *rujuk juga* **dye** KATA NAMA

mewarnakan
◊ *She dyed her hair blue.* Dia mewarnakan rambutnya biru.

dye KATA NAMA
> *rujuk juga* **dye** KATA KERJA

pencelup

dying KATA KERJA *rujuk* **die**

dyke KATA NAMA
bendung

dynamic KATA ADJEKTIF
dinamik

dynamite KATA NAMA
dinamit

dynamo KATA NAMA
(JAMAK **dynamos**)
dinamo

dynasty KATA NAMA
(JAMAK **dynasties**)
dinasti

dyslexia KATA NAMA
disleksia

E

e- AWALAN (= *electronic*)
e- (= *elektronik*)
◊ ... *e-money* ... e-wang ◊ ... *e-cash* ... e-tunai ◊ ... *e-currency* ... e-mata wang ◊ ... *e-business* ... e-niaga

each KATA ADJEKTIF, KATA GANTI NAMA
1 *setiap*
◊ *each day* setiap hari ◊ *Each house has its own garden.* Setiap rumah mempunyai tamannya sendiri. ◊ *He gave each person RM10.* Dia memberi setiap orang RM10.
2 *masing-masing*
◊ *They have ten points each.* Mereka masing-masing mendapat sepuluh mata.
• **The plates cost RM5 each.** Pinggan itu berharga RM5 setiap satu.

> Gunakan **saling** dengan kata kerja yang sesuai untuk menterjemahkan **each other**.

◊ *They hate each other.* Mereka saling membenci. ◊ *We write to each other.* Kami saling berutus surat.
• **They don't know each other.** Mereka tidak mengenali antara satu sama lain.

eager KATA ADJEKTIF
tidak sabar-sabar
◊ *He was eager to tell us about his experiences.* Dia tidak sabar-sabar hendak menceritakan pengalamannya kepada kami.

eagle KATA NAMA
burung helang

ear KATA NAMA
telinga

earache KATA NAMA
sakit telinga
• **to have earache** sakit telinga

eardrum KATA NAMA
gegendang telinga

earlier KATA ADVERBA
1 *tadi*
◊ *I saw him earlier.* Saya berjumpa dengannya tadi.
2 *lebih awal*
◊ *I ought to get up earlier.* Saya patut bangun lebih awal.

earliest KATA ADJEKTIF
• **at the earliest** secepat-cepatnya
◊ *I'll finish the work on Monday at the earliest.* Saya akan menyiapkan kerja ini secepat-cepatnya pada hari Isnin.
• **I'll do it at the earliest opportunity.** Saya akan melakukannya secepat mungkin.
• **March is the earliest the exhibition can be held.** Pameran itu boleh diadakan paling awal pada bulan Mac.

earlobe KATA NAMA
cuping telinga

early KATA ADVERBA, KATA ADJEKTIF
awal
◊ *I have to get up early.* Saya perlu bangun awal. ◊ *I came early to avoid the heavy traffic.* Saya datang awal untuk mengelakkan kesesakan lalu lintas.
• **to have an early night** tidur awal

to **earmark** KATA KERJA
mengekhaskan
◊ *The government earmarked the area to build a school.* Kerajaan mengekhaskan kawasan itu untuk membina sekolah.

to **earn** KATA KERJA
mendapat (upah, gaji, bayaran)
◊ *She earns RM5 an hour.* Dia mendapat RM5 sejam.

earnest KATA ADJEKTIF
bersungguh-sungguh
◊ *to do something in earnest* melakukan sesuatu dengan bersungguh-sungguh
• **I answered with an earnest smile.** Saya menjawab dengan senyuman yang ikhlas.

earnings KATA NAMA JAMAK
pendapatan
◊ *Average earnings rose two percent last year.* Pendapatan purata meningkat sebanyak dua peratus pada tahun lepas.

earring KATA NAMA
subang

earth KATA NAMA

> rujuk juga **earth** KATA KERJA

1 *bumi*
2 *tanah*
◊ *They dug a hole in the earth.* Mereka menggali lubang di dalam tanah.
• **What on earth are you doing here?** Apa pula yang anda buat di sini?

to **earth** KATA KERJA

> rujuk juga **earth** KATA NAMA

membumikan
◊ *to earth a wire* membumikan wayar

earthenware KATA ADJEKTIF
tanah liat
◊ *earthenware bowls* mangkuk tanah liat
• **an earthenware pot** periuk tanah

earthquake KATA NAMA
gempa bumi

earthworm KATA NAMA
cacing tanah

to **ease** KATA KERJA
mengurangkan
◊ *They hope to ease traffic congestion in the area.* Mereka berharap dapat mengurangkan kesesakan lalu lintas di kawasan itu.
• **I gave him some medicine to ease the**

pain. Saya memberinya ubat untuk melegakan kesakitan.
- **to do something with ease** melakukan sesuatu dengan mudah
- **to feel at ease** berasa selesa ◊ *It's important to feel at ease with your doctor.* Anda perlu berasa selesa apabila bersama dengan doktor anda.

easily KATA ADVERBA
dengan mudah

east KATA NAMA

> rujuk juga **east** KATA ADJEKTIF, KATA ADVERBA

timur
- **in the east of the country** di bahagian timur negara itu

east KATA ADJEKTIF, KATA ADVERBA

> rujuk juga **east** KATA NAMA

timur
◊ *an east wind* angin timur ◊ *the east coast* pantai timur
- **We were travelling east.** Kami menuju ke timur.
- **east of** di timur ◊ *It's east of London.* Tempat itu terletak di timur London.

Easter KATA NAMA
Easter (perayaan orang Kristian)
- **Easter egg** telur Easter

> dibuat daripada coklat dan diberikan sebagai hadiah semasa Easter

- **the Easter holidays** cuti Easter

eastern KATA ADJEKTIF
timur
◊ *the eastern part of the island* bahagian timur pulau itu
- **Eastern Europe** Eropah Timur

East Timor KATA NAMA
Timor Timur

easy KATA ADJEKTIF
mudah

easy chair KATA NAMA
kerusi malas

easy-going KATA ADJEKTIF
periang
- **to be easy-going** periang ◊ *She's very easy-going and gets on well with everybody.* Dia periang dan senang bergaul dengan semua orang.

to **eat** KATA KERJA
(**ate, eaten**)
makan
◊ *Would you like something to eat?* Anda hendak makan?

eaves KATA NAMA JAMAK
cucur atap

to **ebb** KATA KERJA
surut (*air laut*)
- **ebbing tide** pasang surut

e-book KATA NAMA (= *electronic book*)
e-buku (= *buku elektronik*)

EC KATA NAMA (= *European Community*)
Kesatuan Eropah

ECB KATA NAMA (= *European Central Bank*)
ECB (= *Bank Pusat Eropah*)

eccentric KATA ADJEKTIF
aneh

echo KATA NAMA
(JAMAK **echoes**)

> rujuk juga **echo** KATA KERJA

gema

to **echo** KATA KERJA

> rujuk juga **echo** KATA NAMA

bergema
◊ *Her voice echoed in the valley.* Suaranya bergema di lembah itu. ◊ *The hall echoed.* Dewan itu bergema.

eclipse KATA NAMA
gerhana
◊ *solar eclipse* gerhana matahari

ecological KATA ADJEKTIF
ekologi
◊ *ecological balance* keseimbangan ekologi

ecology KATA NAMA
ekologi

e-commerce KATA NAMA
e-dagang (*urusan perniagaan menerusi Internet*)

economic KATA ADJEKTIF
[1] *ekonomi*
◊ *economic growth* pertumbuhan ekonomi
[2] *menguntungkan*
◊ *The new system may be more economic.* Sistem yang baru itu mungkin lebih menguntungkan.

economical KATA ADJEKTIF
menjimatkan wang
◊ *My car is very economical to run.* Kereta saya sungguh menjimatkan wang.

economics KATA NAMA
ekonomi
◊ *the economics of the third world* ekonomi negara-negara Dunia Ketiga
◊ *They are doing economics at university.* Mereka sedang belajar ekonomi di universiti.

to **economize** KATA KERJA
berjimat cermat
- **to economize on something** menjimatkan sesuatu ◊ *The company is economizing on filming budgets.* Syarikat itu sedang cuba menjimatkan kos penggambaran.

economy KATA NAMA
(JAMAK **economies**)
ekonomi

eco-warrior KATA NAMA

ecstasy → egg

(tidak formal)
pejuang alam sekitar

ecstasy KATA NAMA
ekstasi (dadah)
- **to be in ecstasy** berasa sangat gembira

ECU KATA NAMA (= *European Currency Unit*)
ECU (= *Unit Mata Wang Eropah*)

eczema KATA NAMA
ekzema
◊ *She's got eczema.* Dia menghidap ekzema.

edge KATA NAMA
tepi
◊ *on the edge of the desk* di tepi meja itu
- **They live on the edge of the town.** Mereka tinggal di pinggir bandar itu.
- **She was standing at the water's edge.** Dia berdiri di gigi air.
- **to be on the edge of tears** hampir-hampir menangis

edgy KATA ADJEKTIF
gelisah

edible KATA ADJEKTIF
boleh dimakan

Edinburgh KATA NAMA
Edinburgh

to **edit** KATA KERJA
menyunting atau *mengedit*
◊ *to edit an article* menyunting artikel

editing KATA NAMA
penyuntingan

edition KATA NAMA
edisi

editor KATA NAMA
penyunting atau *editor*

editorial KATA ADJEKTIF
| rujuk juga **editorial** KATA NAMA |
editorial

editorial KATA NAMA
| rujuk juga **editorial** KATA ADJEKTIF |
rencana pengarang atau *lidah pengarang*

educated KATA ADJEKTIF
berpelajaran atau *berpendidikan*

education KATA NAMA
pendidikan
- **There should be more investment in education.** Pelaburan dalam sektor pendidikan perlu ditingkatkan.
- **She works in education.** Dia berkhidmat dalam bidang pendidikan.

educational KATA ADJEKTIF
pendidikan
◊ *pupils with special educational needs* murid-murid dengan keperluan pendidikan yang khusus
- **educational experience** pengalaman yang memberikan pengajaran
- **educational film** filem yang berbentuk pendidikan
- **educational toy** alat mainan yang membolehkan kanak-kanak mempelajari sesuatu daripadanya

educator KATA NAMA
pendidik

EEC KATA NAMA (= *European Economic Community*)
EEC (= *Kesatuan Ekonomi Eropah*)

eel KATA NAMA
belut

eerie KATA ADJEKTIF
menggerunkan
◊ *an eerie sound* bunyi yang menggerunkan

effect KATA NAMA
| rujuk juga **effect** KATA KERJA |
kesan
◊ *special effects* kesan khas
- **to take effect (1)** berkuat kuasa *(undang-undang, polisi)*
- **to take effect (2)** menunjukkan kesan *(ubat, tindakan)*

to **effect** KATA KERJA
| rujuk juga **effect** KATA NAMA |
melakukan
◊ *Payment of this bill may only be effected at certain counters.* Pembayaran bil ini hanya boleh dilakukan di kaunter-kaunter tertentu.

effective KATA ADJEKTIF
berkesan atau *efektif*

effectiveness KATA NAMA
keberkesanan
◊ *Many scientists doubt the effectiveness of the medicine.* Ramai ahli sains meragui keberkesanan ubat itu.

efficiency KATA NAMA
kecekapan
◊ *with tact and efficiency* dengan kebijaksanaan dan kecekapan

efficient KATA ADJEKTIF
cekap atau *efisien*
◊ *His secretary is very efficient.* Setiausahanya sangat cekap. ◊ *It's a very efficient system.* Sistem ini sangat cekap.

effluent KATA NAMA
sisa buangan cecair

effort KATA NAMA
usaha
- **to make an effort to do something** berusaha melakukan sesuatu

e.g. SINGKATAN
contohnya

egg KATA NAMA
telur
◊ *a hard-boiled egg* telur rebus ◊ *a soft-boiled egg* telur rebus setengah

masak ◊ *a fried egg* telur goreng
◊ *scrambled eggs* telur hancur

egg cup KATA NAMA
mangkuk telur

Egypt KATA NAMA
Mesir

eight ANGKA
lapan
- **She's eight.** Dia berumur lapan tahun.

eighteen ANGKA
lapan belas
- **She's eighteen.** Dia berumur lapan belas tahun.

eighteenth KATA ADJEKTIF
kelapan belas
◊ *the eighteenth place* tempat kelapan belas
- **the eighteenth of January** lapan belas hari bulan Januari

eighth KATA ADJEKTIF
kelapan
◊ *the eighth place* tempat kelapan
- **the eighth of August** lapan hari bulan Ogos

eighties KATA NAMA JAMAK
lapan puluhan

eightieth KATA ADJEKTIF
kelapan puluh

eighty ANGKA
lapan puluh
- **He's eighty.** Dia berumur lapan puluh tahun.

either KATA ADJEKTIF, KATA HUBUNG, KATA GANTI NAMA, KATA ADVERBA
juga
◊ *I don't like milk, and I don't like eggs either.* Saya tidak suka susu dan juga telur. ◊ *I've never been to Spain. - I haven't either.* Saya belum pernah pergi ke Sepanyol. - Begitu juga dengan saya.
- **either...or...** sama ada...atau... ◊ *You can have either ice cream or yoghurt.* Anda boleh pilih sama ada aiskrim atau yogurt.
- **either of them** kedua-duanya ◊ *I don't like either of them.* Saya tidak suka akan kedua-duanya.
- **Choose either of them.** Pilih salah satu.
- **on either side of the road** di kiri kanan jalan

to **elaborate** KATA KERJA
mengembangkan (rancangan, teori)
- **to elaborate on something** menghuraikan sesuatu perkara dengan lebih lanjut ◊ *You need to elaborate on this point.* Anda perlu menghuraikan perkara ini dengan lebih lanjut.

elastic KATA NAMA
getah (pada pakaian)

elastic band KATA NAMA
gelang getah

elbow KATA NAMA
siku

elder KATA ADJEKTIF
rujuk juga **elder** KATA NAMA
lebih tua
- **my elder sister** kakak saya
- **my elder brother** abang saya

elder KATA NAMA
rujuk juga **elder** KATA ADJEKTIF
orang yang lebih tua
◊ *They have no respect for their elders.* Mereka tidak menghormati orang yang lebih tua daripada mereka.

elderly KATA ADJEKTIF
sudah berumur
◊ *an elderly man* seorang lelaki yang sudah berumur
- **the elderly** warga tua

eldest KATA ADJEKTIF, KATA NAMA
sulung
◊ *my eldest sister* kakak sulung saya
◊ *my eldest brother* abang sulung saya
- **He's the eldest.** Dia anak sulung.

to **elect** KATA KERJA
memilih

elected KATA ADJEKTIF
terpilih
◊ *the elected candidate* calon yang terpilih

election KATA NAMA
pilihan raya

elector KATA NAMA
pemilih (dalam pilihan raya)

electric KATA ADJEKTIF
elektrik
◊ *an electric fire* alat pemanas elektrik
◊ *an electric guitar* gitar elektrik
◊ *an electric blanket* selimut elektrik

electrical KATA ADJEKTIF
elektrik
◊ *electrical engineering* kejuruteraan elektrik

electrician KATA NAMA
juruelektrik
◊ *He's an electrician.* Dia seorang juruelektrik.

electricity KATA NAMA
kuasa elektrik

electrode KATA NAMA
elektrod

electrolysis KATA NAMA
elektrolisis

electronic KATA ADJEKTIF
elektronik

electronics KATA NAMA
elektronik

electrostatic KATA ADJEKTIF
elektrostatik

elegance KATA NAMA
keanggunan
◊ *I was struck by the elegance of her clothes.* Saya terpesona dengan keanggunan pakaiannya.

elegant KATA ADJEKTIF
anggun

element KATA NAMA
unsur

elementary KATA ADJEKTIF
asas
◊ *elementary computer skills* kemahiran asas komputer

elephant KATA NAMA
gajah

elevator KATA NAMA
lif

eleven ANGKA
sebelas
• **She's eleven.** Dia berumur sebelas tahun.

eleventh KATA ADJEKTIF
kesebelas
◊ *the eleventh place* tempat kesebelas
• **the eleventh of August** sebelas hari bulan Ogos

eligible KATA ADJEKTIF
layak
◊ *You could be eligible for a university scholarship.* Anda mungkin layak menerima biasiswa universiti.

to **eliminate** KATA KERJA
menyingkirkan
◊ *They eliminated him from the investigation.* Mereka menyingkirkannya daripada penyiasatan itu.

elite KATA NAMA
golongan elit

else KATA ADVERBA
lain
◊ *somebody else* orang lain
◊ *something else* hal yang lain
◊ *somewhere else* tempat lain
• **nobody else** tidak ada orang lain lagi
• **anywhere else** tempat lain ◊ *Did you look anywhere else?* Adakah anda mencarinya di tempat lain? ◊ *I wouldn't be happy anywhere else.* Saya pasti tidak akan berasa gembira di tempat lain.
• **nothing else** tidak ada apa-apa lagi
• **Would you like anything else?** Anda mahu apa-apa lagi?
• **I don't want anything else.** Saya tidak mahu apa-apa lagi.
• **Arrive on time or else!** Datang tepat pada masanya, kalau tidak...!

elsewhere KATA ADVERBA
di tempat lain
◊ *He would rather be elsewhere.* Dia lebih suka berada di tempat lain.

e-mail KATA NAMA
rujuk juga **e-mail** KATA KERJA
e-mel

to **e-mail** KATA KERJA
rujuk juga **e-mail** KATA NAMA
menghantar e-mel
◊ *I e-mailed her last night.* Saya menghantar e-mel kepadanya semalam.
• **She e-mailed me the document.** Dia menghantar dokumen itu kepada saya melalui e-mel.

e-mail address KATA NAMA
alamat e-mel

embankment KATA NAMA
benteng

embargo KATA NAMA
embargo

to **embark** KATA KERJA
memulakan
◊ *My brother is embarking on a new career as a writer.* Abang saya sedang memulakan kerjaya barunya sebagai seorang penulis.

to **embarrass** KATA KERJA
memalukan
◊ *She embarrassed me in front of everybody.* Dia telah memalukan saya di hadapan semua orang.

embarrassed KATA ADJEKTIF
malu
◊ *I was really embarrassed.* Saya sungguh malu.

embarrassing KATA ADJEKTIF
memalukan
◊ *It was so embarrassing.* Perkara itu sungguh memalukan.
• **How embarrassing!** Sungguh memalukan!

embarrassment KATA NAMA
malu
◊ *She turned her face away in embarrassment.* Dia memalingkan mukanya kerana malu.

embassy KATA NAMA
(JAMAK **embassies**)
kedutaan

embellishment KATA NAMA
pengindahan

ember KATA NAMA
bara
◊ *The stingray was cooked over the embers.* Ikan pari itu dibakar di atas bara.

to **embezzle** KATA KERJA
menggelapkan
◊ *That employee was sacked for*

embezzling the company's money. Pekerja itu dipecat kerana menggelapkan wang syarikat.

emblem KATA NAMA
1 *jata*
◊ *the emblem of the city* jata bandar raya itu
2 *lambang*
◊ *an emblem of strength and courage* lambang kekuatan dan keberanian

to **embrace** KATA KERJA
> rujuk juga **embrace** KATA NAMA

memeluk

embrace KATA NAMA
> rujuk juga **embrace** KATA KERJA

pelukan
◊ *She was happy to be in her mother's embrace.* Dia gembira berada dalam pelukan emaknya.

to **embroider** KATA KERJA
menyulam

embroidery KATA NAMA
sulaman
• **I do embroidery at night.** Saya menyulam pada waktu malam.

embryo KATA NAMA
(JAMAK **embryos**)
embrio

emerald KATA NAMA
zamrud

to **emerge** KATA KERJA
muncul
◊ *The postman emerged from his van.* Posmen itu muncul dari vannya.
• **The country is emerging from the recession.** Negara itu sedang bangkit daripada kemerosotan ekonomi.

emergence KATA NAMA
kemunculan

emergency KATA NAMA
(JAMAK **emergencies**)
kecemasan
◊ *This is an emergency!* Ini hal kecemasan! ◊ *an emergency exit* pintu kecemasan ◊ *an emergency landing* pendaratan kecemasan
• **in case of emergency** sekiranya berlaku kecemasan
• **the emergency services** badan-badan perkhidmatan kecemasan (*bomba, polis, ambulans*)

emergency brake KATA NAMA
brek tangan

emigrant KATA NAMA
emigran

to **emigrate** KATA KERJA
berhijrah

emigration KATA NAMA
emigrasi

eminent KATA ADJEKTIF
terkemuka
◊ *an eminent scientist* saintis yang terkemuka

emotion KATA NAMA
emosi

emotional KATA ADJEKTIF
emosional
◊ *She's very emotional.* Dia sangat emosional. ◊ *He got very emotional at the farewell party.* Dia menjadi begitu emosional ketika berada di jamuan perpisahan itu.

empathy KATA NAMA
empati

emperor KATA NAMA
maharaja

emphasis KATA NAMA
(JAMAK **emphases**)
penekanan
◊ *This test places the emphasis on grammar.* Ujian ini memberikan penekanan terhadap tatabahasa.

to **emphasize** KATA KERJA
menekankan
◊ *He emphasized the importance of the issue.* Dia menekankan kepentingan isu itu.

emphatic KATA ADJEKTIF
tegas
◊ *His response was immediate and emphatic.* Responsnya segera dan tegas.

empire KATA NAMA
empayar

to **employ** KATA KERJA
menggaji
◊ *The factory employs 600 people.* Kilang itu menggaji 600 orang pekerja.
• **Thousands of people are employed in tourism.** Beribu-ribu orang diambil bekerja dalam sektor pelancongan.

employee KATA NAMA
pekerja

employer KATA NAMA
majikan

employment KATA NAMA
pekerjaan

emporium KATA NAMA
emporium

to **empower** KATA KERJA
memberikan kuasa kepada
◊ *The army is now empowered to operate on a shoot-to-kill basis.* Pasukan tentera itu kini diberikan kuasa untuk menjalankan operasi atas dasar menembak sehingga mati.

empress KATA NAMA
(JAMAK **empresses**)

maharani

emptiness KATA NAMA
kekosongan
◊ *the emptiness of the desert* kekosongan gurun itu ◊ *a feeling of emptiness* rasa kekosongan

empty KATA ADJEKTIF
rujuk juga **empty** KATA KERJA
kosong

to **empty** KATA KERJA
(**emptied, emptied**)
rujuk juga **empty** KATA ADJEKTIF
mengosongkan
◊ *to empty something out* mengosongkan sesuatu

EMU SINGKATAN (= *Economic and Monetary Union*)
EMU (= *Kesatuan Kewangan dan Ekonomi*)

emulsion KATA NAMA
emulsi

to **enable** KATA KERJA
membolehkan
◊ *The new test should enable doctors to detect the disease early.* Ujian yang baru itu akan membolehkan doktor mengesan penyakit itu lebih awal.
◊ *The hot sun enables the grapes to reach optimum ripeness.* Cahaya matahari yang terik membolehkan buah anggur masak sepenuhnya.

to **enact** KATA KERJA
1 *menggubal*
◊ *to enact a law* menggubal undang-undang
2 *melakonkan*
◊ *The students enacted the story of Cinderella.* Pelajar-pelajar itu melakonkan cerita Cinderella.

enactment KATA NAMA
penggubalan
◊ *the enactment of a law* penggubalan undang-undang

enchanting KATA ADJEKTIF
memukau
◊ *Her singing is really enchanting.* Nyanyiannya sungguh memukau.

to **encircle** KATA KERJA
1 *mengelilingi*
◊ *A forty-foot-high concrete wall encircles the jail.* Sebuah tembok konkrit setinggi empat puluh kaki mengelilingi penjara itu.
2 *mengepung*
◊ *The bear managed to escape from the crowd that encircled it.* Beruang itu berjaya melepaskan diri daripada orang ramai yang mengepungnya.

encirclement KATA NAMA
kepungan

to **enclose** KATA KERJA
1 *memasukkan*
◊ *Samples must be enclosed in two watertight containers.* Sampel mestilah dimasukkan ke dalam dua bekas yang kedap air.
♦ **The surrounding land was enclosed by an eight foot wire fence.** Kawasan di sekitarnya dilingkungi oleh pagar dawai setinggi lapan kaki.
2 *menyertakan*
◊ *I have enclosed a cheque for twenty ringgits.* Saya telah menyertakan cek bernilai dua puluh ringgit.

to **encounter** KATA KERJA
menemui
◊ *Sheila was the most gifted child he had ever encountered.* Sheila ialah kanak-kanak yang paling berbakat yang pernah ditemuinya.
♦ **Every day of our lives we encounter major and minor stresses of one kind or another.** Setiap hari dalam hidup kita, kita berhadapan dengan pelbagai jenis tekanan.

to **encourage** KATA KERJA
menggalakkan
◊ *to encourage somebody to do something* menggalakkan seseorang melakukan sesuatu

encouragement KATA NAMA
galakan

encouraging KATA ADJEKTIF
memberangsangkan
◊ *His words were encouraging.* Kata-katanya memberangsangkan.

encyclopedia KATA NAMA
Ejaan **encyclopaedia** *juga digunakan.*
ensiklopedia

end KATA NAMA
rujuk juga **end** KATA KERJA
1 *penghujung*
◊ *the end of the film* penghujung filem itu ◊ *at the end of the street* di penghujung jalan
2 *hujung*
◊ *at the end of the table* di hujung meja itu
♦ **in the end** akhirnya ◊ *In the end I decided to stay at home.* Akhirnya saya membuat keputusan untuk tinggal di rumah.
♦ **It turned out all right in the end.** Semuanya berakhir dengan baik.
♦ **for hours on end** berjam-jam lamanya

to **end** KATA KERJA
rujuk juga **end** KATA NAMA
tamat

◊ *What time does the film end?* Pada pukul berapakah filem itu tamat?
- **to end up doing something** membuat sesuatu yang lain pada akhirnya
- **I ended up walking home.** Kesudahannya saya berjalan kaki balik ke rumah.

to endanger KATA KERJA
membahayakan
◊ *a driver who endangers the safety of others* pemandu yang membahayakan keselamatan orang lain
- **endangered species** spesies yang terancam

to endeavour KATA KERJA
berikhtiar
◊ *They will endeavour to arrange the programme.* Mereka akan berikhtiar untuk mengatur rancangan tersebut.

ending KATA NAMA
kesudahan (filem, buku cerita)
- **a happy ending** cerita yang berakhir dengan kegembiraan

endless KATA ADJEKTIF
tidak ada penghujungnya
◊ *The journey seemed endless.* Perjalanan itu seolah-olah tidak ada penghujungnya.

endurance KATA NAMA
daya ketahanan
- **an athlete's power of endurance** daya ketahanan seorang atlit

to endure KATA KERJA
menanggung
◊ *The company endured heavy financial losses.* Syarikat itu menanggung kerugian yang besar dari segi kewangan.
- **Somehow the language endures and continue to exist.** Entah bagaimana bahasa itu dapat bertahan dan terus kekal.

enemy KATA NAMA
(JAMAK **enemies**)
musuh

energetic KATA ADJEKTIF
bertenaga
◊ *She's very energetic.* Dia sangat bertenaga.

energy KATA NAMA
tenaga

to enforce KATA KERJA
menguatkuasakan
◊ *The regulations are not being enforced.* Peraturan itu tidak dikuatkuasakan.

enforcement KATA NAMA
penguatkuasaan
◊ *enforcement of the peace treaty* penguatkuasaan perjanjian damai

engaged KATA ADJEKTIF
1 *bertunang*
◊ *Brian and Mary are engaged.* Brian dan Mary sudah bertunang.
- **to get engaged** bertunang
2 *sedang digunakan* (telefon, tandas)

engaged tone KATA NAMA
nada telefon sedang digunakan

engagement KATA NAMA
pertunangan
◊ *They announced their engagement yesterday.* Mereka mengumumkan pertunangan mereka kelmarin.
◊ *engagement ring* cincin pertunangan

engine KATA NAMA
enjin

engineer KATA NAMA
jurutera
◊ *He's an engineer.* Dia seorang jurutera.

engineering KATA NAMA
kejuruteraan

England KATA NAMA
England

English KATA ADJEKTIF
rujuk juga **English** KATA NAMA
Inggeris
◊ *an English aristocrat* bangsawan Inggeris
- **the English football team** pasukan bola sepak England
- **He's English.** Dia berbangsa Inggeris.
- **English people** orang Inggeris

English KATA NAMA
rujuk juga **English** KATA ADJEKTIF
bahasa Inggeris
◊ *the English teacher* guru bahasa Inggeris
- **the English** orang Inggeris

Englishman KATA NAMA
(JAMAK **Englishmen**)
lelaki Inggeris

Englishwoman KATA NAMA
(JAMAK **Englishwomen**)
wanita Inggeris

engrossed KATA ADJEKTIF
leka
◊ *Sammy was engrossed in the magazines.* Sammy leka membaca majalah.

engrossing KATA ADJEKTIF
mengasyikkan
◊ *This book is very sad and totally engrossing.* Buku ini sangat sedih dan sangat mengasyikkan.

to engulf KATA KERJA
menimbus
◊ *A landslide had engulfed a block of flats.* Tanah runtuh telah menimbus satu blok rumah pangsa.

- **The houses have been engulfed by flames.** Rumah-rumah itu habis dijilat api.
- **There was an explosion, and flames engulfed the hotel.** Satu letupan telah berlaku dan hotel tersebut habis dijilat api.
- **A tidal wave engulfed the beach.** Ombak besar melanda seluruh pantai itu.

to **enjoy** KATA KERJA
seronok
◊ *I enjoyed playing cricket.* Saya seronok bermain kriket.
- **Did you enjoy the film?** Seronokkah filem itu?
- **to enjoy oneself** berseronok ◊ *Did you enjoy yourselves at the party?* Adakah anda berseronok di majlis itu?

enjoyable KATA ADJEKTIF
menyeronokkan

to **enlarge** KATA KERJA
memperbesar
◊ *the plan to enlarge the stadium* rancangan untuk memperbesar stadium
- **to enlarge a photo** membesarkan gambar

enlargement KATA NAMA
pembesaran

to **enlighten** KATA KERJA
meningkatkan pemahaman ... melalui ilmu pengetahuan
◊ *They have fought for years to enlighten public opinion.* Mereka telah berusaha bertahun-tahun lamanya untuk meningkatkan pemahaman orang ramai melalui ilmu pengetahuan.
- **I'm afraid I can't enlighten you.** Maaf, saya tidak tahu.

to **enliven** KATA KERJA
menyerikan
◊ *Even the most boring meeting was enlivened by Dan's presence.* Mesyuarat yang paling membosankan sekalipun dapat diserikan dengan kehadiran Dan.

enmity KATA NAMA
(JAMAK **enmities**)
permusuhan
◊ *Children are the ones who will suffer from the enmity between their parents.* Anak-anak yang akan menderita kerana permusuhan ibu bapa mereka.

enormous KATA ADJEKTIF
sangat besar

enough KATA ADJEKTIF, KATA GANTI NAMA, KATA ADVERBA
cukup
◊ *I didn't have enough money.* Saya tidak mempunyai wang yang cukup.
◊ *big enough* cukup besar
- **Have you got enough?** Cukupkah?

- **I've had enough.** Saya sudah tidak tahan lagi!
- **That's enough!** Cukup!

to **enquire** KATA KERJA
1 *bertanya*
◊ *to enquire about something* bertanya tentang sesuatu
2 *menyiasat*
◊ *They were asked to enquire into the matter.* Mereka telah disuruh menyiasat perkara itu.

enquiry KATA NAMA
(JAMAK **enquiries**)
1 *pertanyaan*
◊ *She made some enquiries to get the information that she needed.* Dia membuat beberapa pertanyaan untuk mendapatkan maklumat yang diperlukannya.
2 *penyiasatan rasmi*
◊ *Their leader has called for an enquiry into the incident.* Ketua mereka telah menuntut satu penyiasatan rasmi dijalankan untuk menyiasat kejadian itu.

to **enrich** KATA KERJA
memperkaya
◊ *Reading can enrich one's vocabulary.* Membaca boleh memperkaya perbendaharaan kata seseorang.

to **enslave** KATA KERJA
memperhamba
◊ *Often entire populations were enslaved.* Sering kali semua penduduk diperhamba.
- **He's enslaved by his addiction to heroin.** Dia sudah menjadi hamba kepada heroin.
- **She seems to have enslaved herself to that cruel man.** Dia seolah-olah menghambakan dirinya kepada lelaki yang zalim itu.

enslavement KATA NAMA
penghambaan
◊ *The enslavement of so many Africans must be the biggest crime in history.* Penghambaan orang Afrika tentunya merupakan kesalahan jenayah yang paling besar dalam sejarah.

to **ensure** KATA KERJA
memastikan
◊ *Elena ensured that the conditions were included in the contract.* Elena memastikan bahawa syarat-syarat itu terkandung dalam kontrak tersebut.

to **enter** KATA KERJA
masuk ke dalam
◊ *He entered the room and sat down.* Dia masuk ke dalam bilik lalu duduk.
- **to enter a competition** menyertai

pertandingan
to **entertain** KATA KERJA
1. *menghiburkan*
2. *meraikan* (tetamu)

entertainer KATA NAMA
penghibur

entertaining KATA ADJEKTIF
menghiburkan

entertainment KATA NAMA
hiburan

to **enthral** KATA KERJA
mempesonakan
- We were enthralled by the scenery. Kami terpesona melihat pemandangan di situ.

enthusiasm KATA NAMA
keghairahan

enthusiast KATA NAMA
penggemar
◊ He's a car enthusiast. Dia penggemar kereta.

enthusiastic KATA ADJEKTIF
sangat suka
◊ Tom was enthusiastic about the place. Tom sangat suka akan tempat itu.
- She didn't seem very enthusiastic about your idea. Nampaknya dia kurang berminat dengan idea anda.

to **entice** KATA KERJA
1. *mengumpan*
◊ A man tried to entice the boy into his car. Seorang lelaki cuba mengumpan budak lelaki itu ke dalam keretanya.
2. *menarik*
◊ They're trying to entice new graduates into teaching. Mereka sedang cuba untuk menarik graduan yang baru keluar dari universiti supaya menjadi guru.

entire KATA ADJEKTIF
seluruh
◊ the entire world seluruh dunia

entirely KATA ADVERBA
sepenuhnya
◊ an entirely new approach pendekatan yang baru sepenuhnya ◊ I agree entirely. Saya bersetuju sepenuhnya.

to **entitle** KATA KERJA
berhak mendapat
◊ They are entitled to first class travel. Mereka berhak mendapat perjalanan kelas pertama.
- a book entitled 'Matahari' sebuah buku bertajuk 'Matahari'

entrance KATA NAMA
pintu masuk
- an entrance exam peperiksaan kemasukan
- entrance fee bayaran masuk

to **entrap** KATA KERJA
menjerat

entrepreneur KATA NAMA
usahawan

entrepreneurial KATA ADJEKTIF
keusahawanan
◊ entrepreneurial qualities ciri-ciri keusahawanan

entrepreneurship KATA NAMA
keusahawanan
◊ commerce and entrepreneurship perdagangan dan keusahawanan

to **entrust** KATA KERJA
mengamanahkan
◊ The teacher entrusted the duty to the class monitor. Cikgu mengamanahkan tugas itu kepada ketua darjah.

entry KATA NAMA
(JAMAK **entries**)
kemasukan
- "no entry" "dilarang masuk"
- an entry form borang penyertaan

entry phone KATA NAMA
interkom luar bangunan
> Interkom jenis ini terletak di luar bangunan dan digunakan oleh tetamu untuk meminta kebenaran masuk.

entryway KATA NAMA
laluan masuk

envelope KATA NAMA
sampul surat

envious KATA ADJEKTIF
iri hati

environment KATA NAMA
persekitaran
◊ They grew up in different environments. Mereka dibesarkan dalam persekitaran yang berlainan.
- the environment alam sekitar ◊ We must protect the environment. Kita mesti menjaga alam sekitar.

Environment Agency KATA NAMA
Jabatan Alam Sekitar

environmental KATA ADJEKTIF
alam sekitar
◊ environmental pollution pencemaran alam sekitar
- environmental groups golongan pencinta alam

environment-friendly KATA ADJEKTIF
mesra alam sekitar

envy KATA NAMA
> rujuk juga **envy** KATA KERJA

perasaan iri hati

to **envy** KATA KERJA
(**envied, envied**)
> rujuk juga **envy** KATA NAMA

iri hati

enzyme KATA NAMA

enzim

epic KATA NAMA
epik

epidemic KATA NAMA
wabak
◊ *The epidemic killed thousands.* Wabak itu telah membunuh beribu-ribu orang.

epilepsy KATA NAMA
sawan babi atau *epilepsi*

epileptic KATA NAMA
penghidap sawan babi
◊ *He's an epileptic.* Dia penghidap sawan babi.

epilogue KATA NAMA
epilog

episode KATA NAMA
1. *episod*
2. *peristiwa*
◊ *This episode has been very embarrassing.* Peristiwa ini amat memalukan.

equal KATA ADJEKTIF
sama
◊ *The cake was divided into 12 equal parts.* Kek itu dibahagikan kepada 12 bahagian yang sama. ◊ *Women demand equal rights at work.* Kaum wanita menuntut hak yang sama di tempat kerja.

equality KATA NAMA
kesamaan (dari segi status, hak, dll)

to **equalize** KATA KERJA
1. *menyamakan*
◊ *to equalize wages internationally* menyamakan kadar upah antara negara
2. *menyamakan kedudukan* (dalam sukan)

equalizer KATA NAMA
mata penyamaan

equally KATA ADVERBA
sama rata
◊ *to divide the profits equally* membahagikan keuntungan sama rata
♦ **That consideration is equally important.** Alasan itu sama pentingnya.
♦ **She has to divide her time equally between her family and her career.** Dia perlu mengimbangkan masanya antara keluarga dengan kerjaya.

equation KATA NAMA
persamaan (matematik)

equator KATA NAMA
khatulistiwa

equinox KATA NAMA
(JAMAK **equinoxes**)
ekuinoks

to **equip** KATA KERJA
melengkapi
◊ *The boat was equipped with a folding propeller.* Bot itu dilengkapi dengan kipas yang boleh dilipat.
♦ **to equip oneself with a skill** melengkapkan diri dengan kemahiran

equipment KATA NAMA
kelengkapan
◊ *skiing equipment* kelengkapan luncur salji

equipped KATA ADJEKTIF
dilengkapi
♦ **equipped with** dilengkapi dengan
◊ *All rooms are equipped with phones and computers.* Semua bilik dilengkapi dengan telefon dan komputer.
♦ **He was well equipped for the job.** Dia telah mendapat latihan yang secukupnya untuk kerja itu.

equity KATA NAMA
ekuiti

equivalent KATA NAMA
rujuk juga **equivalent** KATA ADJEKTIF
padanan (untuk perkataan)
♦ **One glass of wine is the equivalent of half a pint of beer.** Segelas wain sama dengan setengah pain bir.

equivalent KATA ADJEKTIF
rujuk juga **equivalent** KATA NAMA
sama
♦ **to be equivalent to something** bersamaan dengan sesuatu ◊ *One litre is equivalent to a thousand millilitres.* Satu liter adalah bersamaan dengan seribu mililiter.

era KATA NAMA
era

to **eradicate** KATA KERJA
membasmi
◊ *to eradicate drug smuggling* membasmi kegiatan penyeludupan dadah
◊ *to eradicate malaria* membasmi penyakit malaria

eradication KATA NAMA
pembasmian

to **erase** KATA KERJA
memadamkan
◊ *I erased the names from the diskettes.* Saya memadamkan nama-nama itu daripada disket.

eraser KATA NAMA
getah pemadam

to **erect** KATA KERJA
mendirikan
◊ *Badar erected a fence around his house.* Badar mendirikan pagar di sekeliling rumahnya.

to **erode** KATA KERJA
menghakis
◊ *Wind and rain eroded the soil there.* Angin dan air hujan menghakis tanah di

situ.
eroded KATA ADJEKTIF
<u>terhakis</u>
◊ *eroded rock* batu yang terhakis
erosion KATA NAMA
<u>hakisan</u>
◊ *soil erosion* hakisan tanah
errand KATA NAMA
<u>sesuatu kerja</u> (padanan terdekat)
◊ *She went off on an errand.* Dia pergi melakukan sesuatu kerja. ◊ *to run an errand for someone* melakukan sesuatu kerja untuk seseorang
errant KATA ADJEKTIF
<u>menyeleweng</u>
error KATA NAMA
<u>kesilapan</u>
to **erupt** KATA KERJA
<u>meletus</u>
◊ *The volcano erupted last night.* Gunung berapi itu meletus semalam.
eruption KATA NAMA
<u>letusan</u>
◊ *a volcanic eruption* letusan gunung berapi
escalator KATA NAMA
<u>tangga bergerak</u> atau <u>eskalator</u>
to **escape** KATA KERJA
> rujuk juga **escape** KATA NAMA

1 <u>terlepas</u>
◊ *A lion has escaped.* Seekor singa telah terlepas.
2 <u>melarikan diri</u>
◊ *to escape from prison* melarikan diri dari penjara
♦ **The passengers escaped unhurt.** Penumpang-penumpang itu terselamat tanpa sebarang kecederaan.
escape KATA NAMA
> rujuk juga **escape** KATA KERJA

<u>perbuatan melarikan diri</u>
♦ **to make one's escape** melarikan diri
◊ *The man made his escape in a car.* Lelaki itu melarikan diri dengan sebuah kereta.
♦ **We had a narrow escape.** Kami nyaris-nyaris nahas.
escort KATA NAMA
> rujuk juga **escort** KATA KERJA

<u>pengiring</u>
◊ *a police escort* polis pengiring
to **escort** KATA KERJA
> rujuk juga **escort** KATA NAMA

<u>mengiringi</u>
◊ *I escorted him to the door.* Saya mengiringinya sehingga ke pintu.
Eskimo KATA NAMA
(JAMAK **Eskimos**)
<u>orang Eskimo</u>

especially KATA ADVERBA
<u>terutama</u>
◊ *It's very hot there, especially in the summer.* Tempat itu sangat panas terutama pada musim panas.
espionage KATA NAMA
<u>pengintipan</u>
essay KATA NAMA
<u>esei</u>
◊ *a history essay* esei sejarah
essence KATA NAMA
1 <u>inti pati</u>
◊ *Change is the essence of life.* Perubahan merupakan inti pati kehidupan.
2 <u>esen</u>
◊ *vanilla essence* esen vanila
essential KATA ADJEKTIF
<u>penting</u>
♦ **It's essential to bring warm clothes.** Barang yang mesti dibawa ialah pakaian panas.
to **establish** KATA KERJA
1 <u>membangunkan</u>
◊ *Douglas took five years to establish his company.* Douglas mengambil masa selama lima tahun untuk membangunkan syarikatnya.
2 <u>menjalinkan</u>
◊ *June and Lily managed to establish a good relationship in a short time.* June dan Lily dapat menjalinkan hubungan yang baik dalam masa yang singkat.
establishment KATA NAMA
<u>penubuhan</u>
◊ *With the establishment of this hospital...* Dengan penubuhan hospital ini...
estate KATA NAMA
<u>estet</u>
> merujuk kepada sebidang tanah yang luas di desa yang dimiliki oleh individu, sesebuah keluarga atau organisasi

◊ *He's got a large estate in the country.* Dia memiliki estet yang luas di desa.
♦ **a housing estate** kawasan perumahan
estate agent KATA NAMA
<u>ejen hartanah</u>
◊ *She's an estate agent.* Dia seorang ejen hartanah.
estate car KATA NAMA
<u>kereta station wagon</u>
> kereta panjang yang mempunyai pintu di bahagian belakang dan ruang belakang yang luas

esteem KATA NAMA
<u>sanjungan</u>
to **estimate** KATA KERJA
<u>menganggarkan</u>

estuary → even   B. Inggeris ~ B. Melayu   162

◊ *They estimated the project would take three weeks.* Mereka menganggarkan projek itu akan mengambil masa selama tiga minggu.

estuary KATA NAMA
(JAMAK **estuaries**)
kuala

etc SINGKATAN (= *et cetera*)
dsb atau *dll* (= *dan sebagainya* atau *dan lain-lain*)

to **etch** KATA KERJA
mengukir (dengan asid, benda tajam)
◊ *Crosses were etched into the walls.* Bentuk salib diukir pada dinding.
♦ **the sweet smile that was etched on her face** senyuman manis yang terukir pada wajahnya

eternal KATA ADJEKTIF
kekal

ethics KATA NAMA JAMAK
etika

Ethiopia KATA NAMA
negara Ethiopia

ethnic KATA ADJEKTIF
1 *etnik*
◊ *ethnic cleansing* penghapusan etnik
♦ **an ethnic minority** kumpulan etnik minoriti
2 *tradisional* (pakaian, muzik, makanan)

etiquette KATA NAMA
tatasusila

EU KATA NAMA (= *European Union*)
Kesatuan Eropah

eulogy KATA NAMA
(JAMAK **eulogies**)
eulogi (ucapan atau tulisan sanjungan)

Eurasian KATA ADJEKTIF
Eropah dan Asia
◊ *the Eurasian continent* benua Eropah dan Asia
♦ **a Eurasian girl** gadis berketurunan Nasrani

euro KATA NAMA
(JAMAK **euros**)
euro

> unit mata wang negara-negara Kesatuan Eropah yang menyertai kesatuan kewangan Eropah

Eurocheque KATA NAMA

> sistem bank bersepadu yang dijalankan di kebanyakan negara Eropah Barat yang membolehkan pelanggan dari satu negara menjalankan urusan perbankan seperti menjelaskan cek di negara lain

Euroland KATA NAMA
negara Euro

> negara-negara Kesatuan Eropah yang bercadang membentuk sebuah kesatuan kewangan dengan menggunakan euro sebagai mata wang

Europe KATA NAMA
Eropah

European KATA ADJEKTIF
> rujuk juga **European** KATA NAMA

Eropah
◊ *European countries* negara-negara Eropah
♦ **He's European.** Dia berbangsa Eropah.

European KATA NAMA
> rujuk juga **European** KATA ADJEKTIF

orang Eropah

to **evacuate** KATA KERJA
1 *memindahkan* (orang)
2 *mengosongkan* (kawasan)

evacuation KATA NAMA
1 *pemindahan*
◊ *the evacuation of the sick and wounded* pemindahan orang yang sakit dan cedera
2 *pengosongan*
◊ *Evacuation of the area must be carried out without delay.* Pengosongan kawasan itu perlu dilakukan dengan segera.

to **evaluate** KATA KERJA
menilai
◊ *They will evaluate the requirements of each situation.* Mereka akan menilai keperluan setiap keadaan.

evaluation KATA NAMA
penilaian
◊ *student evaluation report* laporan penilaian pelajar

to **evaporate** KATA KERJA
sejat
◊ *The water had evaporated.* Air itu sudah sejat.

evaporation KATA NAMA
penyejatan

eve KATA NAMA
hari menjelang
◊ *Christmas Eve* hari menjelang Krismas
♦ **New Year's Eve** malam Tahun Baru

even KATA ADVERBA
> rujuk juga **even** KATA ADJEKTIF

pun
◊ *He didn't even say hello.* Dia tidak mengucap helo pun.
♦ **I like all animals, even snakes.** Saya suka semua jenis haiwan, termasuklah ular.
♦ **not even** walaupun ◊ *There's nothing there, not even a shop.* Tidak ada apa-

apa di situ, walaupun sebuah kedai.
- **even if** walaupun ◊ *I'd never do that, even if you asked me.* Saya tidak akan melakukannya, walaupun anda meminta saya melakukannya.
- **even though** walaupun ◊ *He's never got any money, even though his parents are quite rich.* Dia tidak pernah ada wang walaupun ibu bapanya agak kaya.
- **even more** lebih ◊ *I liked Penang even more than KL.* Saya lebih suka Pulau Pinang daripada KL.

even KATA ADJEKTIF

> rujuk juga **even** KATA ADVERBA

<u>rata</u>
◊ *an even layer of snow* lapisan salji yang rata ◊ *an even surface* permukaan yang rata
- **an even number** nombor genap
- **to get even with somebody** membalas dendam terhadap seseorang

to even up KATA KERJA
<u>menyeimbangkan</u>
◊ *to even up the company's balance of trade* menyeimbangkan imbangan perdagangan syarikat
- **I would like to see the championship evened up a little bit.** Saya ingin melihat kejohanan itu menjadi lebih seimbang.

evening KATA NAMA
1. <u>petang</u> (pukul enam ke atas)
2. <u>malam</u> (pukul 7 ke atas)
◊ *in the evening* pada waktu petang/malam
- **Good evening! (1)** Selamat petang!
- **Good evening! (2)** Selamat sejahtera! (pada waktu malam)
- **evening class** kelas malam

event KATA NAMA
1. <u>peristiwa</u>
◊ *It was one of the most important events in his life.* Peristiwa itu merupakan salah satu peristiwa yang paling penting dalam hidupnya.
2. <u>acara</u>
◊ *She took part in two events at the last Olympic Games.* Dia mengambil bahagian dalam dua acara pada Sukan Olimpik yang lalu.
- **a sporting event** acara sukan
- **in the event of** sekiranya berlaku
◊ *in the event of an accident* sekiranya berlaku kemalangan

eventful KATA ADJEKTIF
<u>penuh peristiwa</u>

eventually KATA ADVERBA
<u>akhirnya</u>

ever KATA ADVERBA

> *Biasanya **ever** hanya diterjemahkan apabila hadir bersama perkataan lain.*

- **Have you ever been to Portugal?** Pernahkah anda pergi ke negara Portugal?
- **Have you ever seen her?** Pernahkah anda melihatnya?
- **the best I've ever seen** yang terbaik pernah saya lihat
- **I haven't ever done that.** Saya belum pernah melakukannya.
- **It will become ever more complex.** Perkara ini akan menjadi lebih rumit.
- **for the first time ever** buat pertama kalinya
- **ever since** sejak ◊ *ever since I met him* sejak saya bertemu dengannya
- **ever since then** sejak itu
- **It's ever so kind of you.** Anda sungguh baik hati.

everlasting KATA ADJEKTIF
<u>kekal abadi</u>
◊ *May our friendship be everlasting.* Semoga hubungan kita kekal abadi.

every KATA ADJEKTIF
<u>setiap</u>
◊ *every pupil* setiap murid ◊ *every time* setiap kali
- **every now and then** sekali-sekala

everybody KATA GANTI NAMA
1. <u>semua orang</u>
◊ *Everybody makes mistakes.* Semua orang melakukan kesilapan.
◊ *Everybody had a good time.* Semua orang bergembira.
2. <u>setiap orang</u>
◊ *Everybody is entitled to a gift.* Setiap orang berhak mendapat hadiah.

everyday KATA ADJEKTIF
<u>harian</u>
◊ *everyday routine* rutin harian

everyone KATA GANTI NAMA
1. <u>semua orang</u>
◊ *Everyone makes mistakes.* Semua orang melakukan kesilapan.
◊ *Everyone had a good time.* Semua orang bergembira.
2. <u>setiap orang</u>
◊ *Everyone is entitled to a gift.* Setiap orang berhak mendapat hadiah.

everything KATA GANTI NAMA
<u>segala-galanya</u>
◊ *Money isn't everything.* Wang bukanlah segala-galanya.

everywhere KATA ADVERBA
<u>di merata-rata tempat</u>
◊ *I looked everywhere, but I couldn't find it.* Saya sudah mencari di merata-rata

tempat tetapi saya tidak menjumpainya.
- **I see him everywhere I go.** Saya nampak dia di mana-mana sahaja saya pergi.

to evict KATA KERJA
mengusir
◊ *The developer evicted the tenants from their homes.* Pemaju itu mengusir penyewa-penyewa dari rumah mereka.

evidence KATA NAMA
bukti
◊ *There is no evidence to support this theory.* Tidak ada bukti untuk menyokong teori ini.

evil KATA NAMA
> rujuk juga **evil** KATA ADJEKTIF

kejahatan
◊ *a conflict between good and evil* konflik antara kebaikan dengan kejahatan

evil KATA ADJEKTIF
> rujuk juga **evil** KATA NAMA

1. *jahat* (manusia, roh, niat)
2. *durjana* (rancangan)

evolution KATA NAMA
evolusi

evolutionism KATA NAMA
fahaman evolusi **atau** *evolusionisme*

evolutionist KATA NAMA
> rujuk juga **evolutionist** KATA ADJEKTIF

orang yang berfahaman evolusi

evolutionist KATA ADJEKTIF
> rujuk juga **evolutionist** KATA NAMA

berfahaman evolusi

ex- AWALAN
bekas
◊ *his ex-wife* bekas isterinya

exact KATA ADJEKTIF
tepat

exactly KATA ADVERBA
betul-betul
◊ *exactly the same* betul-betul sama
- **It's exactly 10 o'clock.** Waktu sekarang tepat pukul sepuluh.

to exaggerate KATA KERJA
membesar-besarkan cerita

exaggeration KATA NAMA
tokok tambah
◊ *Like many stories about him, it smacks of exaggeration.* Seperti kebanyakan cerita mengenai beliau, cerita ini juga mempunyai unsur-unsur tokok tambah.

to exalt KATA KERJA
mengagungkan
◊ *The book exalts the virtues we hold dear.* Buku itu mengagungkan nilai-nilai kebaikan yang kita sanjungi.

exam KATA NAMA
peperiksaan
◊ *a French exam* peperiksaan bahasa Perancis ◊ *the exam results* keputusan peperiksaan

examination KATA NAMA
peperiksaan

to examine KATA KERJA
memeriksa
◊ *He examined my passport.* Dia memeriksa pasport saya. ◊ *The doctor examined him.* Doktor itu memeriksanya.

examiner KATA NAMA
pemeriksa

example KATA NAMA
contoh
- **for example** contohnya

to exasperate KATA KERJA
menggusarkan
◊ *Her son's behaviour really exasperates her.* Perangai anak lelakinya benar-benar menggusarkannya.

exasperated KATA ADJEKTIF
gusar
◊ *Bill was exasperated.* Bill berasa gusar.

exasperation KATA NAMA
kegusaran
◊ *Stanley tried to hide his exasperation.* Stanley cuba menyembunyikan kegusarannya.

to exceed KATA KERJA
melebihi
◊ *to exceed the speed limit* melebihi had laju
- **His performance exceeded all expectations.** Persembahannya di luar jangkaan semua orang.

exceedingly KATA ADVERBA
sungguh
◊ *I found the lecture exceedingly dull.* Saya rasa kuliah itu sungguh membosankan.

excellence KATA NAMA
kecemerlangan
◊ *academic excellence* kecemerlangan akademik

Excellency KATA NAMA
Yang Terutama
- **His Excellency** Tuan Yang Terutama
- **Your Excellency** Tuan Yang Terutama

excellent KATA ADJEKTIF
cemerlang

except KATA SENDI
kecuali
◊ *everyone except me* semua orang kecuali saya
- **except for** kecuali
- **except that** cuma ◊ *The weather was great, except that it was a bit cold.* Cuaca di situ sangat baik cuma sedikit sejuk.

exception KATA NAMA
pengecualian
◊ *to make an exception* membuat pengecualian

exceptional KATA ADJEKTIF
luar biasa (orang, kebolehan, kuasa)

exceptionally KATA ADVERBA
luar biasa
◊ *He's an exceptionally talented dancer.* Dia seorang penari yang luar biasa bakatnya.

excess KATA ADJEKTIF
berlebihan
◊ *Excess weight is bad for one's health.* Berat badan yang berlebihan membahayakan kesihatan.

excess baggage KATA NAMA
bagasi berlebihan

excessive KATA ADJEKTIF
berlebihan
◊ *The excessive intake of sugar can cause diabetes.* Pengambilan gula yang berlebihan boleh menyebabkan penyakit kencing manis.

to **exchange** KATA KERJA
rujuk juga **exchange** KATA NAMA
menukarkan
◊ *I exchanged the book for a CD.* Saya menukarkan buku itu dengan sekeping cakera padat.

exchange KATA NAMA
rujuk juga **exchange** KATA KERJA
pertukaran
◊ *a cultural exchange* pertukaran budaya
♦ **in exchange for** sebagai tukaran
♦ **I'd like to do an exchange with an English student.** Saya ingin menyertai rancangan pertukaran pelajar dengan seorang pelajar Inggeris.

exchangeable KATA ADJEKTIF
boleh ditukar ganti

exchange rate KATA NAMA
kadar pertukaran

excise KATA NAMA
eksais
◊ *excise duties* cukai eksais

excited KATA ADJEKTIF
gembira

exciting KATA ADJEKTIF
menyeronokkan

exclamation KATA NAMA
kata seruan

exclamation mark KATA NAMA
tanda seru

to **exclude** KATA KERJA
mengecualikan
◊ *We should not be excluded from this discussion.* Kami tidak patut dikecualikan dalam perbincangan ini.

excluding KATA SENDI
tidak termasuk

exclusion KATA NAMA
[1] *larangan*
◊ *Certain exclusions and limitations apply.* Terdapat larangan dan sekatan-sekatan tertentu. ◊ *women's exclusion from political power* larangan kepada wanita daripada menyertai kuasa politik
[2] *penggantungan* (dari sekolah)
◊ *exclusion of errant pupils* penggantungan pelajar-pelajar yang menyeleweng

exclusive KATA ADJEKTIF
eksklusif

excreta KATA NAMA
kumuhan

excursion KATA NAMA
rombongan

excuse KATA NAMA
rujuk juga **excuse** KATA KERJA
alasan

to **excuse** KATA KERJA
rujuk juga **excuse** KATA NAMA
memaafkan
◊ *to excuse somebody for doing something wrong* memaafkan kesalahan seseorang
♦ **Excuse me! (1)** Maafkan saya!
♦ **Excuse me! (2)** Tumpang lalu!

ex-directory KATA ADJEKTIF
tidak tersenarai
◊ *an ex-directory number* nombor telefon yang tidak tersenarai
♦ **She's ex-directory.** Nombor telefonnya tidak tersenarai dalam buku panduan telefon.

exec KATA NAMA
(*singkatan untuk executive*)
eksekutif

to **execute** KATA KERJA
[1] *melaksanakan hukuman mati* (ke atas seseorang)
♦ **to be executed** menjalani hukuman mati
[2] *melaksanakan*
◊ *to execute a plan* melaksanakan sesuatu rancangan

execution KATA NAMA
[1] *pelaksanaan hukuman mati*
[2] *pelaksanaan*
◊ *the execution of a plan* pelaksanaan sesuatu rancangan

executive KATA NAMA
eksekutif
◊ *He's an executive.* Dia seorang eksekutif.

executor KATA NAMA
wasi

exemplary KATA ADJEKTIF
contoh
◊ *exemplary student* pelajar contoh

exempt KATA ADJEKTIF
dikecualikan
◊ *Students are exempt from military service.* Pelajar dikecualikan daripada perkhidmatan tentera.

exemption KATA NAMA
pengecualian
◊ *tax exemption* pengecualian cukai

to **exercise** KATA KERJA
rujuk juga **exercise** KATA NAMA
1 *menggunakan* (hak, kuasa)
2 *bersenam*

exercise KATA NAMA
rujuk juga **exercise** KATA KERJA
1 *senaman*
◊ *an exercise bike* basikal senaman
♦ **to take some exercise** bersenam
2 *latihan*
◊ *page ten, exercise three* muka surat sepuluh, latihan tiga ◊ *exercise book* buku latihan

exhalation KATA NAMA
hembusan
◊ *exhalation of breath* hembusan nafas

to **exhale** KATA KERJA
1 *menghembuskan nafas*
2 *menghembuskan* (asap rokok, dsb)

to **exhaust** KATA KERJA
rujuk juga **exhaust** KATA NAMA
amat meletihkan
◊ *The work exhausted Pak Mail.* Kerja itu amat meletihkan Pak Mail.

exhaust KATA NAMA
rujuk juga **exhaust** KATA KERJA
ekzos

exhausted KATA ADJEKTIF
amat letih

exhaust fumes KATA NAMA JAMAK
wasap ekzos

exhaust pipe KATA NAMA
paip ekzos

exhibition KATA NAMA
pameran

exhortation KATA NAMA
gesaan

to **exist** KATA KERJA
wujud

existence KATA NAMA
kewujudan

exit KATA NAMA
pintu keluar

exotic KATA ADJEKTIF
eksotik

to **expand** KATA KERJA
1 *mengembang*
◊ *The pipes were not expanding as expected.* Paip-paip itu tidak mengembang seperti yang dijangkakan.
2 *mengembangkan*
◊ *I owned a bookshop and wished to expand the business.* Saya memiliki sebuah kedai buku dan saya ingin mengembangkan perniagaan itu. ◊ *to expand an idea* mengembangkan idea
♦ **to expand on** menghuraikan ◊ *He used today's speech to expand on remarks he made yesterday.* Dia menggunakan ucapan hari ini untuk menghuraikan kenyataan yang dibuatnya kelmarin.

expansion KATA NAMA
pengembangan
◊ *expansion and contraction* pengembangan dan pengenduran

to **expect** KATA KERJA
1 *menjangka*
◊ *I expect he'll be late.* Saya menjangka dia akan datang lewat. ◊ *I didn't expect that from him.* Saya tidak menjangka perkara itu daripadanya.
2 *menunggu*
◊ *I'm expecting him for dinner.* Saya menunggunya untuk makan malam.
♦ **She's expecting a baby.** Dia mengandung.
♦ **I expect so.** Saya rasa begitu.

expectant KATA ADJEKTIF
penuh harapan
◊ *She turned to me with an expectant look on her face.* Dia memandang ke arah saya dengan wajah yang penuh harapan.
♦ **an expectant mother** ibu yang mengandung

expectation KATA NAMA
1 *jangkaan*
◊ *The good news exceeded Aileen's expectations.* Berita yang baik itu di luar jangkaan Aileen.
2 *harapan*
◊ *They tried to meet their father's expectations.* Mereka cuba memenuhi harapan bapa mereka.

expedition KATA NAMA
ekspedisi

to **expel** KATA KERJA
♦ **to get expelled** dibuang sekolah

expenditure KATA NAMA
perbelanjaan
◊ *to reduce public expenditure* mengurangkan perbelanjaan awam
◊ *statement of income and expenditure* penyata pendapatan dan perbelanjaan

expense KATA NAMA
perbelanjaan
◊ *household expenses* perbelanjaan

rumah tangga ◊ *at great expense* dengan perbelanjaan yang besar
- **to claim something on expenses** menuntut bayaran untuk sesuatu perbelanjaan

expensive KATA ADJEKTIF
mahal

experience KATA NAMA
> rujuk juga **experience** KATA KERJA

pengalaman

to **experience** KATA KERJA
> rujuk juga **experience** KATA NAMA

mengalami
◊ *She experienced pain in her shoulders.* Dia mengalami kesakitan pada bahunya.

experienced KATA ADJEKTIF
berpengalaman
◊ *an experienced teacher* seorang guru yang berpengalaman ◊ *She's very experienced in looking after children.* Dia sangat berpengalaman mengasuh kanak-kanak.

experiment KATA NAMA
uji kaji atau *eksperimen*

expert KATA NAMA
> rujuk juga **expert** KATA ADJEKTIF

pakar
◊ *He's a computer expert.* Dia seorang pakar komputer.

expert KATA ADJEKTIF
> rujuk juga **expert** KATA NAMA

mahir
◊ *He's an expert cook.* Dia seorang tukang masak yang mahir.

expertise KATA NAMA
kepakaran
◊ *Mr Kent's expertise in economics* kepakaran En. Kent dalam bidang ekonomi

to **expire** KATA KERJA
tamat tempoh
◊ *My passport has expired.* Pasport saya telah tamat tempoh.

expiry KATA NAMA
tamatnya tempoh (kontrak, dll)
- **expiry date** tarikh luput

to **explain** KATA KERJA
menjelaskan

explanation KATA NAMA
penjelasan

explicit KATA ADJEKTIF
sangat jelas
- **explicit meaning** makna yang tersurat

to **explode** KATA KERJA
meletup

to **exploit** KATA KERJA
mengeksploitasi

exploitation KATA NAMA
eksploitasi

exploration KATA NAMA
penerokaan
- **oil and gas exploration** cari gali minyak dan gas

to **explore** KATA KERJA
menjelajah

explorer KATA NAMA
penjelajah

explosion KATA NAMA
letupan

explosive KATA NAMA
> rujuk juga **explosive** KATA ADJEKTIF

bahan letupan

explosive KATA ADJEKTIF
> rujuk juga **explosive** KATA NAMA

mudah meletup

expo KATA NAMA
(JAMAK **expos**)
ekspo

to **export** KATA KERJA
> rujuk juga **export** KATA NAMA

mengeksport

export KATA NAMA
> rujuk juga **export** KATA KERJA

eksport

exporter KATA NAMA
pengeksport

to **expose** KATA KERJA
mendedahkan
◊ *The story he told me exposed many family secrets.* Cerita yang disampaikannya kepada saya telah mendedahkan banyak rahsia keluarga.
- **His whole back was exposed.** Bahagian belakangnya terdedah.
- **People exposed to high levels of radiation...** Orang ramai yang terdedah kepada radiasi yang tinggi...

exposure KATA NAMA
pendedahan
◊ *They have been given an enormous amount of exposure on television.* Mereka diberi banyak pendedahan melalui televisyen.

to **express** KATA KERJA
menyatakan
- **to express oneself** menyuarakan pendapat ◊ *It's not easy to express oneself in a foreign language.* Bukannya senang untuk menyuarakan pendapat dalam bahasa asing.
- **to express one's feelings** meluahkan perasaan

expression KATA NAMA
ungkapan
◊ *It's an English expression.* Itu ungkapan bahasa Inggeris.
- **facial expression** air muka

expressway KATA NAMA
lebuh raya

expulsion KATA NAMA
penyingkiran
◊ *His expulsion from the school angered his parents.* Penyingkirannya dari sekolah itu menaikkan kemarahan ibu bapanya.

to **extend** KATA KERJA
1 *menganjur*
◊ *The caves extend for some 18 kilometres.* Gua-gua itu menganjur sejauh lebih kurang 18 kilometer.
2 *memperbesar*
◊ *They're going to extend their kitchen.* Mereka akan memperbesar dapur mereka.
3 *meluaskan*
◊ *The company plans to extend its range.* Syarikat itu merancang untuk meluaskan keluarannya.

extension KATA NAMA
1 *tambahan* (*pada bangunan*)
2 *sambungan* (*telefon*)
◊ *Extension three one three seven, please.* Tolong dapatkan sambungan tiga satu tiga tujuh.

extensive KATA ADJEKTIF
luas
◊ *The hotel is situated in extensive grounds.* Hotel itu terletak di kawasan yang luas. ◊ *My friend has an extensive knowledge of this subject.* Kawan saya mempunyai pengetahuan yang luas tentang subjek ini.
♦ **extensive damage** kerosakan yang teruk
♦ **extensive powers** kuasa yang banyak

extent KATA NAMA
takat
◊ *to some extent* sehingga takat tertentu

exterior KATA ADJEKTIF
luar

extinct KATA ADJEKTIF
pupus
◊ *Dinosaurs are extinct.* Dinosaur sudah pupus.
♦ **to become extinct** pupus

extinction KATA NAMA
kepupusan
◊ *The project is designed to prevent the extinction of pandas.* Projek itu dirancang untuk mencegah kepupusan panda.

to **extinguish** KATA KERJA
memadamkan (*api, lampu*)
◊ *They finally extinguished the fire.* Akhirnya mereka dapat memadamkan api itu.

extinguisher KATA NAMA
alat pemadam api

to **extort** KATA KERJA
memeras

extortion KATA NAMA
peras ugut
◊ *The man has been charged with extortion.* Lelaki itu didakwa melakukan peras ugut.

extortionate KATA ADJEKTIF
terlalu tinggi
◊ *The prices in that shop were extortionate.* Harga barangan di kedai itu terlalu tinggi.

extortionist KATA NAMA
pemeras

extra KATA ADJEKTIF, KATA ADVERBA
lebih
◊ *to pay extra* membayar lebih ◊ *Be extra careful!* Tolong lebih berhati-hati!
♦ **He gave me an extra blanket.** Dia memberi saya sehelai selimut lagi.
♦ **Breakfast is extra.** Bayaran tambahan dikenakan bagi sarapan pagi.

to **extract** KATA KERJA
mengeluarkan
◊ *Citric acid can be extracted from the juice of oranges and lemons.* Asid sitrik boleh dikeluarkan daripada jus oren atau lemon.
♦ **to extract a tooth** mencabut gigi

extracurricular KATA ADJEKTIF
luar kurikulum

extraordinary KATA ADJEKTIF
luar biasa

extravagant KATA ADJEKTIF
boros (*sifat*)

extravagantly KATA ADVERBA
dengan boros
◊ *He spends his father's money extravagantly.* Dia membelanjakan wang ayahnya dengan boros.

extreme KATA ADJEKTIF
amat
◊ *with extreme caution* dengan amat berhati-hati

extremely KATA ADVERBA
sangat
◊ *Houses in Penang are extremely expensive.* Rumah-rumah di Pulau Pinang sangat mahal.

extremist KATA NAMA
pelampau

eye KATA NAMA
mata
◊ *I've got green eyes.* Mata saya berwarna hijau.
♦ **to keep an eye on something** mengawasi sesuatu

eyebrow KATA NAMA
bulu kening
eyelash KATA NAMA
(JAMAK **eyelashes**)
bulu mata
eyelid KATA NAMA
kelopak mata
eyeliner KATA NAMA
celak
eye shadow KATA NAMA
pembayang mata

eyesight KATA NAMA
penglihatan
◊ *to have good eyesight* mempunyai penglihatan yang baik
eye strain KATA NAMA
ketegangan pada mata
e-zine KATA NAMA
(*komputer*)
e-majalah

F

fable KATA NAMA
dongeng (berunsur pengajaran)

fabric KATA NAMA
kain atau _fabrik_

fabulous KATA ADJEKTIF
hebat

face KATA NAMA

> rujuk juga **face** KATA KERJA

muka
◊ *He was red in the face.* Mukanya merah.
- **the north face of the mountain** permukaan sebelah utara gunung
- **on the face of it** pada zahirnya
- **in the face of these difficulties** semasa menghadapi kesukaran ini
- **face to face** bersemuka

to **face** KATA KERJA

> rujuk juga **face** KATA NAMA

1 _berhadapan_
◊ *They stood facing each other.* Mereka berdiri berhadapan dengan satu sama lain.
- **The garden faces south.** Taman itu menghadap ke selatan.

2 _menghadapi_
◊ *They face serious problems.* Mereka menghadapi masalah yang serius.
- **Let's face it, we're lost.** Mengaku sajalah, kita sudah sesat.

to **face up to** KATA KERJA
1 _memikul_
◊ *He refuses to face up to his responsibilities.* Dia enggan memikul tanggungjawabnya.
2 _menghadapi_ (masalah, kesukaran)

face cloth KATA NAMA
tuala muka

facial KATA ADJEKTIF
muka
◊ *His facial expression didn't change.* Air mukanya tidak berubah.

to **facilitate** KATA KERJA
memudahkan
◊ *The new airport will facilitate the development of tourism.* Lapangan terbang baru itu akan memudahkan perkembangan bidang pelancongan.

facilitator KATA NAMA
fasilitator

facility KATA NAMA
(JAMAK **facilities**)
kemudahan
◊ *This school has excellent facilities.* Sekolah ini mempunyai kemudahan yang sangat baik. ◊ *The youth hostel has cooking facilities.* Asrama belia itu menyediakan kemudahan memasak.

facsimile KATA NAMA
faksimile

fact KATA NAMA
fakta
◊ *facts and figures* fakta dan perangkaan
- **The fact that you are very busy is of no interest to me.** Saya tidak kisah sama ada anda sibuk atau tidak.
- **Mr Major didn't go to university. In fact he left school at 16.** En. Major tidak melanjutkan pelajarannya di universiti, malah dia berhenti sekolah semasa berumur 16 tahun.
- **That sounds rather simple, but in fact it's very difficult.** Perkara itu nampak sahaja mudah, tetapi sebenarnya sangat sukar.

factor KATA NAMA
faktor

factory KATA NAMA
(JAMAK **factories**)
kilang

factual KATA ADJEKTIF
1 _dari segi fakta_
◊ *The editorial contained several factual errors.* Rencana pengarang itu mengandungi beberapa kesalahan dari segi fakta.
2 _berdasarkan fakta_
◊ *a comparison that is not strictly factual* perbandingan yang tidak betul-betul berdasarkan fakta

faculty KATA NAMA
(JAMAK **faculties**)
fakulti

to **fade** KATA KERJA
1 _pudar_ (warna)
◊ *My jeans have faded.* Warna seluar jean saya sudah pudar.
2 _menjadi kelam_
◊ *The light was fading fast.* Cahaya itu menjadi kelam dengan cepat.
- **The noise gradually faded.** Bunyi itu semakin lama semakin perlahan.

faeces KATA NAMA
tahi

fag KATA NAMA
(tidak formal)
rokok

to **fail** KATA KERJA

> rujuk juga **fail** KATA NAMA

1 _gagal_
◊ *He failed his driving test.* Dia gagal dalam ujian memandunya. ◊ *The plan failed.* Rancangan itu gagal.
- **to fail to do something** gagal melakukan sesuatu ◊ *They failed to reach the quarter finals.* Mereka gagal memasuki peringkat suku akhir.
2 _rosak_

English ~ Malay

◊ *The lorry's brakes failed.* Brek lori itu rosak.
- **The bomb failed to explode.** Bom itu tidak meletup.

fail KATA NAMA

rujuk juga **fail** KATA KERJA

gagal
◊ *D is a pass, E is a fail.* Gred D lulus, gred E gagal.
- **without fail** sentiasa ◊ *He attended every meeting without fail.* Dia sentiasa menghadiri setiap mesyuarat yang diadakan.

failure KATA NAMA

1 *kegagalan*
◊ *He couldn't accept failure.* Dia tidak dapat menerima kegagalan.
2 *kerosakan*
◊ *a mechanical failure* kerosakan mekanikal
- **I feel a failure.** Saya merasakan diri saya ini seorang yang gagal.
- **The attempt was a complete failure.** Percubaan itu gagal sama sekali.

faint KATA ADJEKTIF

rujuk juga **faint** KATA KERJA

tidak jelas
◊ *His voice was very faint.* Suaranya tidak jelas.
- **to feel faint** berasa lemah

to **faint** KATA KERJA

rujuk juga **faint** KATA ADJEKTIF

pengsan

faintly KATA ADVERBA

sedikit
◊ *The bed smelled faintly of mildew.* Katil itu berbau sedikit hapak.
- **John smiled faintly and shook his head.** John tersenyum tipis dan menggelengkan kepalanya.

fair KATA ADJEKTIF

rujuk juga **fair** KATA NAMA

1 *adil*
◊ *That's not fair.* Itu tidak adil.
- **I paid more than my fair share.** Saya membayar lebih daripada bahagian saya yang sepatutnya.
2 *cerah*
◊ *people with fair skin* orang yang berkulit cerah ◊ *The weather was fair.* Cuaca cerah. ◊ *I have a fair chance of winning.* Saya mempunyai peluang yang cerah untuk menang.
- **That's a fair distance.** Jarak itu agak jauh.
- **He's got fair hair.** Rambutnya berwarna perang kekuning-kuningan.

fair KATA NAMA

rujuk juga **fair** KATA ADJEKTIF

pesta
- **a trade fair** pameran perdagangan

fairground KATA NAMA

tapak pesta

fair-haired KATA ADJEKTIF

berambut perang kekuning-kuningan

fairly KATA ADVERBA

1 *sama rata*
◊ *The cake was divided fairly.* Kek itu dibahagi sama rata.
2 *agak*
◊ *My car is fairly new.* Kereta saya agak baru.

fairy KATA NAMA

(JAMAK **fairies**)

pari-pari

fairy tale KATA NAMA

cerita dongeng

faith KATA NAMA

1 *keyakinan*
◊ *People have lost faith in the government.* Orang ramai telah hilang keyakinan terhadap kerajaan.
2 *kepercayaan*
◊ *the Catholic faith* kepercayaan Katolik
- **strong faith** keimanan yang teguh

faithful KATA ADJEKTIF

setia

faithfully KATA ADVERBA

dengan setia
◊ *He has served the company faithfully for ten years.* Dia telah berkhidmat dalam syarikat itu dengan setia selama sepuluh tahun.
- **Yours faithfully...** (*surat*) Yang benar...

fake KATA ADJEKTIF

rujuk juga **fake** KATA NAMA

palsu
◊ *a fake banknote* wang kertas palsu
- **a fake fur coat** kot bulu tiruan

fake KATA NAMA

rujuk juga **fake** KATA ADJEKTIF

kata nama + palsu
◊ *The painting was a fake.* Lukisan itu lukisan palsu.

fall KATA NAMA

rujuk juga **fall** KATA KERJA

1 *jatuhnya* (*orang, benda*)
- **She had a nasty fall.** Dia jatuh dengan teruk.
- **a fall of snow** salji
- **Niagara Falls** Air Terjun Niagara
2 *musim luruh*

to **fall** KATA KERJA

(**fell, fallen**)

rujuk juga **fall** KATA NAMA

1 *jatuh*
◊ *He tripped and fell.* Dia tersandung

fall apart → fanatical

lalu jatuh. ◊ *The book fell off the shelf.* Buku itu jatuh dari rak. ◊ *Prices are falling.* Harga barangan semakin jatuh.
- **Bombs fell on the town.** Bom-bom digugurkan di bandar itu.
- **to fall in love with someone** jatuh cinta pada seseorang
  2 *turun* (hujan, salji)

to fall apart KATA KERJA
berkecai (kaca)
- **The book fell apart when he opened it.** Muka surat buku itu terlerai apabila dia membukanya.

to fall down KATA KERJA
terjatuh
  ◊ *She's fallen down.* Dia terjatuh.
- **Buildings were falling down all around them.** Bangunan-bangunan di sekeliling mereka sedang roboh.

to fall for KATA KERJA
  1 *tertipu*
  ◊ *They fell for it!* Mereka sudah tertipu!
  2 *jatuh hati*
  ◊ *He was so handsome, I fell for him immediately.* Dia sungguh kacak. Saya terus jatuh hati padanya.

to fall out KATA KERJA
  1 *gugur* (rambut)
  2 *bergaduh*
  ◊ *Sarah's fallen out with her boyfriend.* Sarah telah bergaduh dengan teman lelakinya.

to fall through KATA KERJA
gagal
  ◊ *Our plans have fallen through.* Rancangan kita gagal.

fallen KATA KERJA *rujuk* **fall**

false KATA ADJEKTIF
palsu
  ◊ *a false alarm* amaran palsu
  ◊ *false teeth* gigi palsu
- **"True or False"** "Benar atau salah"

false beginner KATA NAMA
pelajar baru yang sudah mempunyai pengetahuan asas (dalam bahasa kedua)

falsehood KATA NAMA
kepalsuan
  ◊ *They couldn't differentiate between truth and falsehood.* Mereka tidak dapat membezakan antara kebenaran dengan kepalsuan.

falsely KATA ADVERBA
dengan tidak betul
  ◊ *He was falsely accused of murder.* Dia dituduh dengan tidak betul atas tuduhan membunuh.

to falsify KATA KERJA
(falsified, falsified)
memalsukan

  ◊ *They said he had falsified the records.* Mereka mengatakan bahawa dia telah memalsukan rekod-rekod tersebut.

falsity KATA NAMA
kepalsuan
  ◊ *the falsity of the statement* kepalsuan pernyataan tersebut

fame KATA NAMA
kemasyhuran
  ◊ *The film earned her international fame.* Filem itu menyebabkan dia memperoleh kemasyhuran antarabangsa.

familiar KATA ADJEKTIF
biasa
- **to be familiar with something** biasa dengan sesuatu ◊ *I'm familiar with his work.* Saya biasa dengan kerjanya.
- **The name sounded familiar to me.** Saya rasa nama itu pernah saya dengar.
- **a familiar face** seseorang yang pernah dilihat

to familiarize KATA KERJA
membiasakan
  ◊ *Henry is familiarizing himself with his father's business.* Henry sedang membiasakan dirinya dengan perniagaan bapanya.

family KATA NAMA
(JAMAK **families**)
keluarga
  ◊ *the Cooke family* keluarga Cooke
- **a family tree** salasilah

family values KATA NAMA JAMAK
nilai-nilai kekeluargaan

famine KATA NAMA
kebuluran

famous KATA ADJEKTIF
terkenal

fan KATA NAMA
| *rujuk juga* **fan** KATA KERJA |
  1 *peminat*
  ◊ *the England fans* peminat pasukan England ◊ *a rap music fan* peminat muzik rap ◊ *I'm one of his greatest fans.* Saya adalah salah seorang daripada peminat setianya.
  2 *kipas*
  ◊ *a silk fan* kipas sutera ◊ *an electric fan* kipas elektrik

to fan KATA KERJA
| *rujuk juga* **fan** KATA NAMA |
mengipas
  ◊ *He fanned his grandmother as she slept.* Dia mengipas neneknya yang sedang tidur.

fanatic KATA NAMA
fanatik

fanatical KATA ADJEKTIF
fanatik

fancy → fast

◊ **He's fanatical about his religion.** Dia seorang yang fanatik tentang agamanya.

to fancy KATA KERJA
(fancied, fancied)
ingin
◊ **I fancy an ice cream.** Saya ingin makan aiskrim. ◊ **What do you fancy doing?** Apakah yang anda ingin buat?
♦ **That man fancies you.** Lelaki itu menaruh minat pada anda.

fancy dress KATA NAMA
pakaian beragam
♦ **a fancy dress ball** majlis tari-menari pakaian beragam

fang KATA NAMA
taring
◊ **The fierce dog showed its fangs.** Anjing yang garang itu menunjukkan taringnya.

fantastic KATA ADJEKTIF
hebat

fantasy KATA NAMA
(JAMAK **fantasies**)
fantasi

FAO SINGKATAN (= for the attention of)
untuk perhatian

far KATA ADJEKTIF, KATA ADVERBA
jauh
◊ **It's not far from London.** Tempat itu tidak jauh dari London. ◊ **How far is it to Madrid?** Berapakah jauhnya ke Madrid?
♦ **Is it far?** Jauhkah?
♦ **It's far from easy.** Perkara itu bukannya senang.
♦ **How far have you got?** Sudah berapa banyakkah yang anda lakukan?
♦ **far better** jauh lebih baik
♦ **as far as I know** setahu saya
♦ **so far** setakat ini

far-away KATA ADJEKTIF
jauh
◊ **such a far-away place** tempat yang sebegitu jauh

fare KATA NAMA
tambang
◊ **Rail fares are very high in Britain.** Tambang kereta api sangat mahal di Britain. ◊ **The air fare was very reasonable.** Tambang kapal terbang itu amat berpatutan.
♦ **full fare** tambang penuh

Far East KATA NAMA
Timur Jauh
♦ **the Far East** Timur Jauh

farewell KATA NAMA
1. *selamat tinggal* (ucapan)
2. *perpisahan*
◊ **a farewell party** jamuan perpisahan

farm KATA NAMA

> rujuk juga **farm** KATA KERJA

ladang

to farm KATA KERJA

> rujuk juga **farm** KATA NAMA

bertani
◊ **They have farmed in the area for 40 years.** Mereka sudah bertani di kawasan itu selama 40 tahun.

farmer KATA NAMA
1. *petani*
◊ **He's a farmer.** Dia seorang petani.
2. *penternak*
◊ **He's a fish farmer.** Dia seorang penternak ikan.

farmhouse KATA NAMA
rumah ladang

farming KATA NAMA
pertanian
◊ **organic farming** pertanian organik
♦ **dairy farming** penternakan lembu tenusu

to fart KATA KERJA
(tidak formal, kasar)
kentut

to fascinate KATA KERJA
mempesonakan
◊ **She fascinated me, both on and off stage.** Dia mempesonakan saya, sama ada di atas pentas mahupun di belakang pentas.

fascinating KATA ADJEKTIF
mempesonakan

fascism KATA NAMA
fasisme

fascist KATA NAMA
fasis
◊ **He's a fascist.** Dia seorang fasis.

fashion KATA NAMA
fesyen
♦ **to be in fashion** menjadi fesyen
♦ **to go out of fashion** ketinggalan zaman

fashionable KATA ADJEKTIF
sangat popular
◊ **Red is very fashionable just now.** Warna merah sangat popular sekarang ini.
♦ **Jane wears fashionable clothes.** Jane memakai pakaian mengikut fesyen.

fast KATA ADJEKTIF, KATA ADVERBA

> rujuk juga **fast** KATA NAMA, KATA KERJA

laju
◊ **a fast car** kereta yang laju
♦ **They work very fast.** Mereka bekerja dengan sangat cepat.
♦ **That clock's fast.** Jam itu cepat.
♦ **He's fast asleep.** Dia sudah tidur nyenyak.

to fast KATA KERJA

> rujuk juga **fast** KATA ADJEKTIF, KATA ADVERBA, KATA NAMA

fast → favourite

berpuasa
◊ *I fasted for a day.* Saya berpuasa selama sehari.

fast KATA NAMA

> rujuk juga **fast** KATA ADJEKTIF, KATA ADVERBA, KATA KERJA

puasa
◊ *to break one's fast* berbuka puasa

to **fasten** KATA KERJA
1. *ditutup*
◊ *the dress, which fastens with long back zip* baju yang ditutup dengan zip yang panjang di bahagian belakangnya
2. *mengenakan* (butang, zip, dll)
3. *mengikat* (rambut, dll)

♦ **She got into her car and fastened the seat belt.** Dia masuk ke dalam kereta dan memakai tali pinggang keledar.

fastener KATA NAMA
kancing
◊ *the fastener of a dress* kancing baju

fastidious KATA ADJEKTIF
1. *cerewet* (tentang kebersihan, dll)
2. *sangat teliti*

fat KATA ADJEKTIF

> rujuk juga **fat** KATA NAMA

gemuk
◊ *She thinks she's too fat.* Dia merasakan bahawa dirinya terlalu gemuk.

fat KATA NAMA

> rujuk juga **fat** KATA ADJEKTIF

1. *lemak*
◊ *It's very high in fat.* Makanan itu mengandungi lemak yang banyak.
2. *minyak* (untuk memasak)

fatal KATA ADJEKTIF
1. *mengakibatkan maut*
◊ *a fatal accident* kemalangan yang mengakibatkan maut
2. *membawa padah*
◊ *a fatal mistake* kesilapan yang membawa padah

fate KATA NAMA
takdir

fated KATA ADJEKTIF
ditakdirkan
◊ *He was fated not to score.* Dia sudah ditakdirkan tidak dapat menjaringkan gol.

father KATA NAMA
bapa
♦ **my father and mother** ibu bapa saya
♦ **Father Christmas** Santa Klaus

father-in-law KATA NAMA
(JAMAK **fathers-in-law**)
bapa mertua

fatherly KATA ADJEKTIF
bersifat kebapaan
◊ *Tony's not at all fatherly.* Tony tidak bersifat kebapaan langsung.

♦ **fatherly love for his children** kasih sayang seorang bapa kepada anak-anaknya

fatigue KATA NAMA
keletihan
◊ *Serena rested for a while to recover from her fatigue.* Serena berehat sebentar untuk menghilangkan keletihannya.

fatness KATA NAMA
kegemukan

to **fatten** KATA KERJA
menggemukkan
◊ *The cattle are being fattened for slaughter.* Lembu itu digemukkan untuk disembelih.

fattening KATA ADJEKTIF
menggemukkan
◊ *fattening food* makanan yang menggemukkan

fatty KATA ADJEKTIF
berlemak
◊ *fatty food* makanan yang berlemak

faucet KATA NAMA 🇺🇸
paip (pili air)

fault KATA NAMA
1. *salah*
◊ *It wasn't my fault.* Bukan salah saya.
2. *kelemahan*
◊ *He has his faults, but I still like him.* Saya masih menyukainya walaupun dia mempunyai kelemahan.

♦ **a mechanical fault** kerosakan mekanikal

faulty KATA ADJEKTIF
rosak
◊ *faulty equipment* peralatan yang rosak

♦ **a faulty argument** hujah yang tidak betul

fauna KATA NAMA
fauna

favour KATA NAMA
(AS **favor**)
pertolongan
◊ *I've come to ask you to do me a favour.* Saya datang untuk meminta pertolongan daripada anda.

♦ **Could you do me a favour?** Bolehkah anda menolong saya?
♦ **to be in favour of something** menyokong sesuatu

favourite KATA ADJEKTIF
(AS **favorite**)

> rujuk juga **favourite** KATA NAMA

kegemaran
◊ *Blue's my favourite colour.* Warna biru ialah warna kegemaran saya.

favourite KATA NAMA
(AS **favorite**)

> rujuk juga **favourite** KATA ADJEKTIF

fawn → fee-paying

[1] _kegemaran_ (benda, subjek, dll)
[2] _kata nama + pilihan_
◊ *Liverpool are favourites to win the Cup.* Pasukan Liverpool merupakan pasukan pilihan untuk memenangi piala itu.

fawn KATA ADJEKTIF
> rujuk juga **fawn** KATA NAMA

perang kekuning-kuningan

fawn KATA NAMA
> rujuk juga **fawn** KATA ADJEKTIF

anak rusa

fax KATA NAMA
(JAMAK **faxes**)
> rujuk juga **fax** KATA KERJA

faks

to fax KATA KERJA
> rujuk juga **fax** KATA NAMA

memfakskan
◊ *I'll fax you the details.* Saya akan memfakskan butir-butirnya kepada anda.

fear KATA NAMA
> rujuk juga **fear** KATA KERJA

ketakutan

to fear KATA KERJA
> rujuk juga **fear** KATA NAMA

takut
◊ *You have nothing to fear.* Anda tidak perlu takut.

fearless KATA ADJEKTIF
berani

feast KATA NAMA
jamuan

feat KATA NAMA
hasil ... yang menakjubkan
◊ *A racing car is an extraordinary feat of engineering.* Kereta lumba merupakan hasil kejuruteraan yang amat menakjubkan.

feather KATA NAMA
bulu (pada burung, ayam)

feature KATA NAMA
ciri
◊ *an important feature* ciri yang penting
♦ **facial features** wajah

February KATA NAMA
Februari
◊ *on 18 February* pada 18 Februari
♦ **in February** pada bulan Februari

fed KATA KERJA *rujuk* **feed**

federal KATA ADJEKTIF
persekutuan
◊ *federal government* kerajaan persekutuan

fed up KATA ADJEKTIF
bosan
♦ **to be fed up with something** sudah bosan dengan sesuatu

fee KATA NAMA
[1] _yuran_
◊ *The amount comprises all the expenses including the fees.* Jumlah itu merangkumi semua perbelanjaan termasuk yuran.
[2] _bayaran_
◊ *entrance fee* bayaran masuk

feeble KATA ADJEKTIF
lemah
◊ *He was old and feeble.* Dia sudah tua dan lemah. ◊ *a feeble argument* hujah yang lemah

to feed KATA KERJA
(**fed, fed**)
memberi ... makan
◊ *Have you fed the cat?* Sudahkah anda beri kucing itu makan?
♦ **He worked hard to feed his family.** Dia bekerja keras untuk menyara keluarganya.

to feel KATA KERJA
(**felt, felt**)
[1] _merasa_
◊ *I didn't feel much pain.* Saya tidak merasa begitu sakit. ◊ *The doctor felt his forehead.* Doktor itu merasa dahinya.
[2] _berasa_
◊ *I felt lonely.* Saya berasa sunyi.
◊ *I was feeling hungry.* Saya berasa lapar.
♦ **to feel like doing something** terasa hendak melakukan sesuatu ◊ *I don't feel like going out tonight.* Saya tidak terasa hendak keluar malam ini.
♦ **Do you feel like an ice cream?** Adakah anda terasa hendak makan aiskrim?

feeler KATA NAMA
sesungut

feelgood KATA ADJEKTIF
ceria (filem, lagu)
♦ **the feelgood factor** perasaan puas hati ◊ *The feelgood factor will get stronger as economic recovery continues.* Perasaan puas hati akan bertambah apabila ekonomi terus pulih.

feeling KATA NAMA
[1] _perasaan_
◊ *He was afraid of hurting my feelings.* Dia takut akan menyinggung perasaan saya.
[2] _rasa_
◊ *an itchy feeling* rasa gatal
♦ **What are your feelings about it?** Apakah pendapat anda tentang perkara ini?
♦ **to have feelings for somebody** mempunyai perasaan terhadap seseorang (kasih, sayang) ◊ *I no longer have any feelings for her.* Saya tidak mempunyai sebarang perasaan lagi terhadapnya.

fee-paying KATA ADJEKTIF

feet → feud

1 (*pelajar*) *perlu membayar yuran*
◊ *fee-paying postgraduate students* pelajar lepasan ijazah yang perlu membayar yuran
2 (*sekolah*) *berbayar*

feet KATA NAMA JAMAK *rujuk* **foot**

to **feint** KATA KERJA
mengacah (*dalam permainan*)
◊ *I feinted to the left, then to the right...* Saya mengacah ke kiri dan ke kanan...

fell KATA KERJA *rujuk* **fall**

fellow KATA ADJEKTIF
rakan
◊ *fellow students* rakan pelajar
◊ *fellow workers* rakan sekerja

felt KATA KERJA *rujuk* **feel**

felt-tip pen KATA NAMA
pen bermata felt

female KATA ADJEKTIF
rujuk juga **female** KATA NAMA
1 *perempuan* (*orang*)
◊ *the female sex* kaum perempuan
2 *betina* (*haiwan, tumbuhan*)
◊ *a female bat* kelawar betina

female KATA NAMA
rujuk juga **female** KATA ADJEKTIF
1 *perempuan* (*orang*)
2 *betina* (*haiwan, tumbuhan*)

feminine KATA ADJEKTIF
bersifat kewanitaan

feminist KATA NAMA
feminis

feminity KATA NAMA
kewanitaan

fence KATA NAMA
rujuk juga **fence** KATA KERJA
pagar

to **fence** KATA KERJA
rujuk juga **fence** KATA NAMA
memagari
◊ *William fenced the garden.* William memagari kebun itu.

to **fend off** KATA KERJA
menangkis
◊ *He fended off questions from the press.* Dia menangkis soalan-soalan daripada pihak akhbar. ◊ *He raised his hand to fend off the blow.* Dia mengangkat tangannya untuk menangkis pukulan itu.

to **ferment** KATA KERJA
menapai

fermentation KATA NAMA
penapaian

fern KATA NAMA
paku pakis

ferocious KATA ADJEKTIF
ganas

ferry KATA NAMA
(JAMAK **ferries**)

feri

fertile KATA ADJEKTIF
subur

fertility KATA NAMA
kesuburan

fertilization KATA NAMA
persenyawaan

to **fertilize** KATA KERJA
1 *mensenyawakan*
◊ *to fertilize an egg* mensenyawakan telur
2 *menyuburkan*
◊ *The farmer used manure to fertilize the soil.* Petani itu menggunakan baja untuk menyuburkan tanah.

fertilizer KATA NAMA
baja

fervour KATA NAMA
keghairahan
♦ **Jerry spoke with great fervour.** Jerry berucap dengan semangat yang berkobar-kobar.

festival KATA NAMA
1 *pesta*
◊ *a jazz festival* pesta jaz
2 *perayaan*
◊ *Chinese New Year festival* perayaan Tahun Baru Cina

festive KATA ADJEKTIF
perayaan
◊ *a festive time of singing and dancing* waktu perayaan dengan nyanyian dan tarian
♦ **They spend a lot on Christmas presents and festive food.** Mereka banyak berbelanja untuk membeli hadiah Krismas dan makanan sempena perayaan itu.

festivity KATA NAMA
kemeriahan
◊ *We sensed the warmth and festivity of the occasion.* Kami dapat merasakan kehangatan dan kemeriahan majlis itu.

to **fetch** KATA KERJA
mengambil
◊ *Fetch the bucket.* Ambil baldi itu.
◊ *to fetch something for someone* mengambil sesuatu untuk seseorang
♦ **His painting fetched five thousand pounds.** Lukisannya dijual dengan harga lima ribu paun.

feud KATA NAMA
rujuk juga **feud** KATA KERJA
pertelagahan
◊ *a feud between the two countries* pertelagahan antara dua buah negara itu

to **feud** KATA KERJA
rujuk juga **feud** KATA NAMA
bertelagah

◊ *These two families have been feuding for a long time.* Kedua-dua keluarga itu sudah lama bertelagah.

feudal KATA ADJEKTIF
feudal

feudalism KATA NAMA
feudalisme

fever KATA NAMA
demam

fever blister KATA NAMA 🅰
bintik merah (akibat selesema)

few KATA ADJEKTIF, KATA GANTI NAMA
sedikit
- **He has few friends.** Dia tidak mempunyai ramai kawan.
- **a few** beberapa ◊ *a few cars* beberapa buah kereta ◊ *She was silent for a few seconds.* Dia membisu beberapa ketika.
- **quite a few people** agak ramai orang

fewer KATA ADJEKTIF
kurang
◊ *There were fewer people than yesterday.* Bilangan orang pada hari ini kurang daripada kelmarin.

fiancé KATA NAMA
tunang (lelaki)

fiancée KATA NAMA
tunang (perempuan)

fibre KATA NAMA
gentian

fibrous KATA ADJEKTIF
mempunyai gentian

fiction KATA NAMA
cereka atau *fiksyen*

to fidget KATA KERJA
menggelisah
◊ *Brenda fidgeted in her seat.* Brenda menggelisah di tempat duduknya.
- **He fidgeted with his tie.** Dia bermain-main dengan tali lehernya.

field KATA NAMA
1. *ladang*
◊ *a field of wheat* sebuah ladang gandum
2. *padang*
◊ *a football field* padang bola sepak
3. *bidang*
◊ *He's an expert in the field of biology.* Dia pakar dalam bidang biologi.

fierce KATA ADJEKTIF
1. *garang*
◊ *a fierce Alsatian* anjing Alsatian yang garang
2. *sengit*
◊ *There's fierce competition between the companies.* Terdapat persaingan yang sengit antara syarikat-syarikat itu.
3. *ganas*
◊ *a fierce attack* serangan yang ganas

fiery KATA ADJEKTIF
1. *membara*
◊ *fiery spirit* jiwa yang membara
2. *garang* (warna)
3. *pedas* (makanan)
4. *panas baran* (orang)

fifteen ANGKA
lima belas
- **I'm fifteen.** Saya berumur lima belas tahun.

fifteenth KATA ADJEKTIF
kelima belas
◊ *the fifteenth place* tempat kelima belas
- **the fifteenth of December** lima belas hari bulan Disember

fifth KATA ADJEKTIF
kelima
◊ *the fifth place* tempat kelima
- **the fifth of August** lima hari bulan Ogos

fifties KATA NAMA JAMAK
lima puluhan

fiftieth KATA ADJEKTIF
kelima puluh

fifty ANGKA
lima puluh
- **He's fifty.** Dia berumur lima puluh tahun.

fifty-fifty KATA ADJEKTIF, KATA ADVERBA
sama banyak
◊ *They split the prize money fifty-fifty.* Mereka membahagikan wang hadiah itu sama banyak.
- **a fifty-fifty chance** peluang lima puluh lima puluh

fight KATA NAMA
> rujuk juga **fight** KATA KERJA

1. *pergaduhan*
◊ *There was a fight in the pub.* Satu pergaduhan telah berlaku di dalam pub itu.
- **She had a fight with her best friend.** Dia bergaduh dengan kawan karibnya.
2. *perjuangan*
◊ *the fight against cancer* perjuangan untuk melawan penyakit barah

to fight KATA KERJA
(fought, fought)
> rujuk juga **fight** KATA NAMA

1. *bergaduh*
◊ *The football fans started fighting.* Peminat-peminat bola sepak itu mula bergaduh.
2. *menentang*
◊ *She has fought against racism all her life.* Dia telah menentang sikap perkauman sepanjang hidupnya.
- **The doctors tried to fight the disease.** Doktor-doktor itu berusaha untuk mengubati penyakit tersebut.

fight back

to **fight back** KATA KERJA
melawan balik

fighter KATA NAMA
1. *kapal terbang pejuang*
2. *pejuang*
   ◊ *fighter for independence* pejuang kemerdekaan

fighting KATA NAMA
1. *pergaduhan*
   ◊ *Fighting broke out outside the pub.* Pergaduhan tercetus di luar pub itu.
2. *pertempuran*
   ◊ *Many people have died in the fighting.* Ramai orang telah terkorban dalam pertempuran itu.

figurative KATA ADJEKTIF
figuratif

figure KATA NAMA
1. *angka*
   ◊ *Can you give me the exact figures?* Bolehkah anda berikan angka yang tepat kepada saya?
2. *susuk tubuh*
   ◊ *Helen saw the figure of a man on the bridge.* Helen nampak susuk tubuh seorang lelaki di atas jambatan itu.
   • **She's got a good figure.** Dia mempunyai potongan badan yang cantik.
   • **I have to watch my figure.** Saya mesti menjaga berat badan saya.
3. *tokoh*
   ◊ *She's an important political figure.* Dia seorang tokoh politik yang penting.

to **figure out** KATA KERJA
1. *mengira*
   ◊ *I'll try to figure out how much it'll cost.* Saya akan cuba mengira jumlah kosnya.
2. *memahami*
   ◊ *I couldn't figure out what it meant.* Saya tidak dapat memahami maksudnya.

filament KATA NAMA
filamen

file KATA NAMA
> rujuk juga **file** KATA KERJA

1. *fail*
   ◊ *She put the photocopy into her file.* Dia menyimpan salinan itu di dalam failnya. ◊ *a computer file* fail komputer
   • **The police have a file on him.** Pihak polis mempunyai rekod tentang dirinya.
2. *kikir*
   ◊ *a nail file* kikir kuku

to **file** KATA KERJA
> rujuk juga **file** KATA NAMA

1. *memfailkan*
   ◊ *You have to file all these documents.* Anda perlu memfailkan kesemua dokumen ini.
2. *mengikir*
   ◊ *She was filing her nails.* Dia sedang mengikir kukunya.

to **fill** KATA KERJA
mengisi
◊ *She filled the glass with water.* Dia mengisi gelas itu dengan air.

to **fill in** KATA KERJA
mengisi
◊ *He filled the hole in with soil.* Dia mengisi lubang itu dengan tanah.
• **Can you fill in this form, please?** Sila isikan borang ini.

to **fill up** KATA KERJA
mengisi
◊ *He filled the cup up to the brim.* Dia mengisi cawan itu sehingga penuh.
• **Fill it up, please.** Isikan penuh. (*di stesen minyak*)

filling KATA NAMA
1. *tampalan* (pada gigi)
2. *inti* (dalam kek, roti, kuih)

film KATA NAMA
> rujuk juga **film** KATA KERJA

filem
◊ *my favourite film* filem kegemaran saya ◊ *I need a thirty six exposure film.* Saya memerlukan segulung filem 36 keping.

to **film** KATA KERJA
> rujuk juga **film** KATA NAMA

memfilemkan
◊ *The director plans to film the fight scene in a nightclub.* Pengarah itu bercadang memfilemkan babak pergaduhan itu di kelab malam.

film star KATA NAMA
bintang filem

filmy KATA ADJEKTIF
jarang
◊ *a filmy nightdress* gaun tidur yang jarang

to **filter** KATA KERJA
> rujuk juga **filter** KATA NAMA

menapis
◊ *My mother filtered the water before boiling it.* Emak saya menapis air itu sebelum memasaknya.

filter KATA NAMA
> rujuk juga **filter** KATA KERJA

penapis
◊ *water filter* penapis air

filth KATA NAMA
kotoran

filthy KATA ADJEKTIF
sangat kotor

filtration KATA NAMA
penapisan
◊ *This enzyme would make filtration easier.* Enzim ini akan memudahkan

proses penapisan.

fin KATA NAMA
sirip
◊ *shark's fin* sirip yu

final KATA ADJEKTIF
> rujuk juga **final** KATA NAMA

1 *akhir*
◊ *a final attempt* percubaan yang akhir
2 *muktamad*
◊ *a final decision* keputusan muktamad
♦ **I'm not going and that's final.** Saya tidak akan pergi dan keputusan itu adalah muktamad.

final KATA NAMA
> rujuk juga **final** KATA ADJEKTIF

peringkat akhir
◊ *Billy is in the final.* Billy berjaya memasuki peringkat akhir.

to **finalize** KATA KERJA
membuat keputusan muktamad
◊ *We will finalize the plan tomorrow.* Kami akan membuat keputusan muktamad mengenai rancangan itu esok.

finally KATA ADVERBA
1 *akhir sekali*
◊ *Finally, I would like to say thank you to all of you.* Akhir sekali, saya ingin mengucapkan terima kasih kepada anda semua.
2 *akhirnya*
◊ *They finally decided to leave on Saturday.* Akhirnya mereka membuat keputusan untuk bertolak pada hari Sabtu.

to **finance** KATA KERJA
> rujuk juga **finance** KATA NAMA

membiayai
◊ *His father financed the entire cost of his studies.* Bapanya membiayai segala perbelanjaan untuk pembelajarannya.

finance KATA NAMA
> rujuk juga **finance** KATA KERJA

kewangan
◊ *the finance division* bahagian kewangan
♦ **the Finance Minister** Menteri Kewangan

financial KATA ADJEKTIF
kewangan
◊ *The company is in financial difficulties.* Syarikat itu sedang menghadapi masalah kewangan.

financial controller KATA NAMA
pengawal kewangan

to **find** KATA KERJA
(found, found)
mencari
◊ *I can't find the exit.* Saya tidak dapat mencari pintu keluar.

to **find out** KATA KERJA
mendapat tahu

◊ *I found out what happened.* Saya mendapat tahu tentang perkara yang berlaku.
♦ **to find out about something** mendapatkan maklumat tentang sesuatu
◊ *Try to find out about the cost of a hotel.* Cuba dapatkan maklumat tentang kos penginapan di sesebuah hotel. ◊ *Find out as much as possible about the town.* Dapatkan seberapa banyak maklumat yang mungkin tentang bandar itu.

finding KATA NAMA
dapatan
> Biasanya **finding** digunakan dalam bentuk jamak, iaitu **findings**.

fine KATA ADJEKTIF, KATA ADVERBA
> rujuk juga **fine** KATA NAMA, KATA KERJA

halus
◊ *She's got very fine hair.* Rambutnya halus sekali.
♦ **He's a fine musician.** Dia seorang ahli muzik yang sangat berbakat.
♦ **How are you? - I'm fine.** Apa khabar? - Khabar baik.
♦ **I feel fine.** Saya berasa sihat.
♦ **It'll be ready tomorrow. - That's fine, thanks.** Kerja itu akan siap esok. - Baiklah, terima kasih.
♦ **The weather will be fine today.** Cuaca akan elok hari ini.

fine KATA NAMA
> rujuk juga **fine** KATA ADJEKTIF, KATA KERJA

denda
♦ **I got a fine for driving through a red light.** Saya didenda kerana melanggar lampu merah.

to **fine** KATA KERJA
> rujuk juga **fine** KATA ADJEKTIF, KATA NAMA

mendenda
◊ *The magistrate fined him for contempt of court.* Majistret itu mendendanya kerana menghina mahkamah. ◊ *Ken was fined for speeding.* Ken didenda kerana memandu melebihi had laju.

finesse KATA NAMA
kehalusan
◊ *the finesse of the workmanship* kehalusan kerja tangan itu

finger KATA NAMA
jari
♦ **my little finger** jari kelengkeng saya
♦ **index finger** jari telunjuk
♦ **middle finger** jari hantu
♦ **ring finger** jari manis

fingernail KATA NAMA
kuku jari

fingerprint → firewood

fingerprint KATA NAMA
cap jari

fingertip KATA NAMA
hujung jari

fingertip search KATA NAMA
pemeriksaan terperinci (tentang kes jenayah, kemalangan)
◊ *a painstaking fingertip search* pemeriksaan terperinci yang cermat dan teliti

to **finish** KATA KERJA
> rujuk juga **finish** KATA NAMA

[1] *siap*
◊ *I've finished!* Saya sudah siap!
[2] *habis*
◊ *to finish doing something* habis melakukan sesuatu ◊ *Have you finished eating?* Anda sudah habis makan?
[3] *berakhir*
◊ *The meeting will finish soon.* Mesyuarat itu akan berakhir sebentar lagi.

finish KATA NAMA
> rujuk juga **finish** KATA KERJA

[1] *penghabisan*
◊ *from start to finish* dari mula hingga ke penghabisan
[2] *bahagian akhir*
◊ *We saw the finish of the London Marathon.* Kami menyaksikan bahagian akhir Maraton London.

Finland KATA NAMA
negara Finland

Finn KATA NAMA
orang Finland
◊ *the Finns* orang Finland

Finnish KATA ADJEKTIF
> rujuk juga **Finnish** KATA NAMA

Finland
◊ *the Finnish flag* bendera Finland
• *She's Finnish.* Dia berbangsa Finland.

Finnish KATA NAMA
> rujuk juga **Finnish** KATA ADJEKTIF

bahasa Finland

fir KATA NAMA
pokok fir

fire KATA NAMA
> rujuk juga **fire** KATA KERJA

[1] *api*
◊ *The fire spread quickly.* Api itu merebak dengan cepat. ◊ *Vincent made a fire to warm himself up.* Vincent menyalakan api untuk memanaskan badannya.
[2] *kebakaran*
◊ *The house was destroyed by a fire.* Rumah itu musnah akibat kebakaran.
• **to be on fire** terbakar
[3] *bedilan*
◊ *enemy fire* bedilan oleh pihak musuh
• **small arms/cannon fire** tembakan daripada senjata ringan/meriam
[4] *alat pemanas*
◊ *an electric fire* alat pemanas elektrik

to **fire** KATA KERJA
> rujuk juga **fire** KATA NAMA

menembak
◊ *She fired at the intruder.* Dia menembak ke arah penceroboh itu.
• **to fire a gun** menembak
• **to fire somebody** memecat seseorang
◊ *He was fired from his job.* Dia dipecat daripada jawatannya.

to **fire up** KATA KERJA
[1] *memberikan perangsang*
◊ *Sam was trying to fire Costantino up.* Sam cuba untuk memberikan perangsang kepada Constantino.
[2] *menggalakkan*
◊ *2000 was a magic number that fired up the imagination of many people.* 2000 merupakan angka ajaib yang telah menggalakkan imaginasi ramai orang.

fire alarm KATA NAMA
penggera kebakaran

firearm KATA NAMA
senjata api

fire brigade KATA NAMA
pasukan bomba

firecracker KATA NAMA
mercun

fire engine KATA NAMA
kereta bomba

fire escape KATA NAMA
tangga kecemasan

fire extinguisher KATA NAMA
alat pemadam api

firefly KATA NAMA
(JAMAK **fireflies**)
kelip-kelip

fireman KATA NAMA
(JAMAK **firemen**)
ahli bomba
◊ *He's a fireman.* Dia seorang ahli bomba.

fireplace KATA NAMA
perdiangan
> tempat khas di dalam rumah yang boleh digunakan untuk menyalakan api supaya dapat memanaskan badan pada musim sejuk

fire station KATA NAMA
balai bomba

firewall KATA NAMA
(komputer)
peranti keselamatan

firewood KATA NAMA
kayu api

fireworks KATA NAMA JAMAK
bunga api

firm KATA NAMA
> rujuk juga **firm** KATA ADJEKTIF

firma

firm KATA ADJEKTIF
> rujuk juga **firm** KATA NAMA

① *tegas*
- **to be firm with somebody** bertegas dengan seseorang

② *pejal*
◊ *a firm mattress* tilam yang pejal

③ *kukuh* (benda, hubungan)

④ *erat* (pegangan, pelukan)

first KATA ADJEKTIF, KATA NAMA, KATA ADVERBA

① *pertama*
◊ *for the first time* buat pertama kalinya
◊ *my first job* kerja saya yang pertama
◊ *She was the first to arrive.* Dialah orang yang pertama sampai.

② *juara*
◊ *Rachel came first in the race.* Rachel muncul juara dalam perlumbaan itu.

- **the first of September** satu hari bulan September
- **at first** pada mulanya

③ *dahulu*
◊ *I want to get a job, but first I have to pass my exams.* Saya ingin mendapatkan pekerjaan, tetapi saya mesti lulus peperiksaan dahulu.

- **first of all** mula-mula sekali

first aid KATA NAMA
pertolongan cemas
- **a first aid kit** alat pertolongan cemas

first-aider KATA NAMA
ahli pertolongan cemas

first-class KATA ADJEKTIF
① *kelas pertama*
◊ *a first-class ticket* tiket kelas pertama

② *sangat baik*
◊ *a first-class meal* sajian yang sangat baik

- **a first-class stamp**
> Di Britain **first-class stamp** merupakan sejenis setem yang lebih mahal dan digunakan untuk menghantar surat dengan lebih cepat.

firstly KATA ADVERBA
pertama sekali

First Minister KATA NAMA
Menteri Pertama (di Scotland, Ireland Utara)

fiscal KATA ADJEKTIF
fiskal
◊ *The government has tightened the fiscal policy.* Kerajaan telah mengetatkan polisi fiskal.

fish KATA NAMA
(JAMAK **fish**)
> rujuk juga **fish** KATA KERJA

ikan
◊ *I caught three fish.* Saya berjaya menangkap tiga ekor ikan. ◊ *I don't like fish.* Saya tidak suka makan ikan.
◊ *fish and chips* ikan dan kentang goreng

to **fish** KATA KERJA
> rujuk juga **fish** KATA NAMA

memancing
- **to go fishing** pergi memancing

fisherman KATA NAMA
(JAMAK **fishermen**)
nelayan
◊ *He's a fisherman.* Dia seorang nelayan.

fishery KATA NAMA
(JAMAK **fisheries**)
kawasan perikanan

fish fingers KATA NAMA JAMAK
jejari ikan

fishing KATA NAMA
memancing
◊ *I enjoy fishing.* Saya suka memancing.
- **a fishing boat** bot nelayan

fishing rod KATA NAMA
joran

fishing tackle KATA NAMA
kelengkapan memancing

fishmonger's KATA NAMA
gerai menjual ikan

fish sticks KATA NAMA JAMAK 🇺🇸
jejari ikan

fishy KATA ADJEKTIF
① *hanyir* (bau)
② *mencurigakan*
◊ *There seems to be something fishy about the witness's statement.* Ada sesuatu yang mencurigakan dalam kenyataan saksi tersebut.

fist KATA NAMA
penumbuk (genggaman tangan)

fit KATA ADJEKTIF
> rujuk juga **fit** KATA KERJA, KATA NAMA

① *sihat*
◊ *He felt relaxed and fit after his holiday.* Dia berasa tenang dan sihat selepas bercuti.

- **Will he be fit to play next Saturday?** Apakah dia cukup cergas untuk bermain pada hari Sabtu depan?

② (*tidak formal*) *menarik* (orang, tubuh)

fit KATA NAMA
> rujuk juga **fit** KATA ADJEKTIF, KATA KERJA

- **to have a fit (1)** kena sawan

fit → flash

- **to have a fit (2)** melenting ◊ *My Mum will have a fit when she sees the carpet!* Emak saya tentu akan melenting jika dia melihat permaidani itu!

to fit KATA KERJA

> rujuk juga **fit** KATA ADJEKTIF, KATA NAMA

1 *muat*
◊ *Does it fit?* Muatkah?
- **It's small enough to fit into your pocket.** Benda ini cukup kecil untuk dimuatkan ke dalam saku anda.

2 *padan*
◊ *Make sure the cork fits well into the bottle.* Pastikan gabus itu betul-betul padan dengan botol itu.
- **Look for a job which fits your qualifications.** Carilah kerja yang bersesuaian dengan kelayakan anda.
- **to fit somebody** padan dengan seseorang ◊ *These trousers don't fit me.* Seluar ini tidak padan dengan saya.

3 *memasang*
◊ *He fitted an alarm in his car.* Dia memasang penggera di dalam keretanya.

to fit in KATA KERJA
menyesuaikan diri
◊ *She fitted in well at her new school.* Dia dapat menyesuaikan dirinya dengan baik di sekolah barunya.
- **That story doesn't fit in with what he told us.** Cerita itu bercanggah dengan cerita yang disampaikannya kepada kami.

fitted carpet KATA NAMA
permaidani yang dipasang dari dinding ke dinding

fitted kitchen KATA NAMA
dapur dengan perabot yang terbina di dalamnya

fitting room KATA NAMA
bilik mencuba pakaian

five ANGKA
lima
- **He's five.** Dia berumur lima tahun.

to fix KATA KERJA

1 *membaiki*
◊ *Can you fix my bike?* Bolehkah anda baiki basikal saya?

2 *menetapkan*
◊ *Let's fix a date for the party.* Mari kita tetapkan tarikh untuk majlis itu.

fixed KATA ADJEKTIF
tetap
◊ *fixed rules* peraturan tetap
- **at a fixed time** pada masa yang ditetapkan
- **My parents have very fixed ideas.** Pandangan ibu bapa saya tidak dapat diubah.

fixed penalty KATA NAMA
denda tetap

> untuk pelanggaran undang-undang yang tidak begitu serius

to fizz KATA KERJA
berbusa
◊ *The shaking caused the water in the bottle to fizz.* Goncangan itu menyebabkan air di dalam botol itu berbusa.

fizzy KATA ADJEKTIF
bergas (minuman)

flabby KATA ADJEKTIF
menggeleber (kulit, dll)

flag KATA NAMA
bendera

flagpole KATA NAMA
tiang bendera

flame KATA NAMA

> rujuk juga **flame** KATA KERJA

nyalaan api

to flame KATA KERJA

> rujuk juga **flame** KATA NAMA

1 *menjadi merah dengan tiba-tiba*
◊ *Her cheeks flamed an angry red.* Pipinya menjadi merah dengan tiba-tiba kerana marah.

2 *menghantar e-mel yang kesat*

flamingo KATA NAMA
(JAMAK **flamingos** atau **flamingoes**)
burung flamingo

flannel KATA NAMA
flanel (sejenis kain)

to flap KATA KERJA
mengibas-ngibaskan
◊ *The bird flapped its wings.* Burung itu mengibas-ngibaskan sayapnya.

to flare KATA KERJA
marak
◊ *Camp fires flared in the dark.* Unggun api marak dalam kegelapan.
- **Tempers flared and harsh words were exchanged.** Mereka saling memarahi dan mengeluarkan kata-kata yang kasar.

flash KATA NAMA
(JAMAK **flashes**)

> rujuk juga **flash** KATA KERJA

1 *pancaran*
◊ *a flash of lightning* pancaran kilat

2 *lampu kamera*
- **in a flash** dalam sekelip mata

to flash KATA KERJA

> rujuk juga **flash** KATA NAMA

memancarkan cahaya lampu
◊ *A lorry driver flashed him.* Seorang pemandu lori memancarkan cahaya lampu ke arahnya.
- **They flashed a torch in his face.**

Mereka menyuluh mukanya dengan lampu picit.

flashback KATA NAMA
imbas kembali
◊ *a story containing many flashbacks* cerita yang mengandungi banyak imbas kembali

flash flood KATA NAMA
banjir kilat

flask KATA NAMA
1. *termos*
2. *kelalang*

flat KATA NAMA
> rujuk juga **flat** KATA ADJEKTIF

rumah pangsa atau *flat*

flat KATA ADJEKTIF
> rujuk juga **flat** KATA NAMA

1. *rata*
◊ *a flat board* papan yang rata
2. *datar*
◊ *a flat surface* permukaan yang datar
- **flat rate** kadar tetap
- **flat shoes** kasut bertumit leper
- **I've got a flat tyre.** Tayar saya kempis.

flatness KATA NAMA
kerataan
◊ *Notice the flatness and fertility of the red soil.* Perhatikan kerataan dan kesuburan tanah merah itu.

to **flatten** KATA KERJA
1. *meleperkan*
◊ *He used a hammer to flatten the metal.* Dia menggunakan tukul untuk meleperkan logam itu.
2. *meranapkan*
◊ *The coconut tree that fell down flattened the chicken coop.* Pokok kelapa yang tumbang itu meranapkan reban ayam tersebut.

to **flatter** KATA KERJA
mengangkat-angkat
◊ *I knew he was just trying to flatter me.* Saya tahu dia hanya hendak mengangkat-angkat saya.

flattered KATA ADJEKTIF
berbesar hati

flatulence KATA NAMA
kentut

flavour KATA NAMA
(AS **flavor**)
> rujuk juga **flavour** KATA KERJA

perisa
◊ *a very strong flavour* perisa yang sangat kuat ◊ *Which flavour of ice cream would you like?* Perisa aiskrim yang mana satukah yang anda mahu?

to **flavour** KATA KERJA
> rujuk juga **flavour** KATA NAMA

memberikan rasa pada (*makanan, dll*)

flavouring KATA NAMA
(AS **flavoring**)
bahan perisa

flaw KATA NAMA
kecelaan
◊ *Almost all of these studies have serious flaws.* Hampir kesemua kajian ini mempunyai kecelaan yang serius.

flea KATA NAMA
kutu

to **flee** KATA KERJA
(**fled, fled**)
1. *melarikan diri*
◊ *In 1984, he fled to Costa Rica.* Pada tahun 1984, dia melarikan diri ke Costa Rica.
2. *melarikan diri dari*
◊ *Thousands have been compelled to flee the country in makeshift boats.* Beribu-ribu orang terpaksa melarikan diri dari negara itu dengan bot sementara.

flesh KATA NAMA
1. *daging*
2. *isi* (*buah*)

flew KATA KERJA rujuk **fly**

flexible KATA ADJEKTIF
anjal atau *fleksibel*
◊ *flexible timetable* jadual waktu anjal
◊ *flexible working hours* waktu kerja yang fleksibel

to **flick** KATA KERJA
memetik (*suis*)
◊ *She flicked the switch to turn the light on.* Dia memetik suis untuk memasang lampu.
- **to flick through a book** menyelak-nyelak sebuah buku

to **flicker** KATA KERJA
berkelip-kelip (*cahaya*)

flight KATA NAMA
penerbangan
◊ *What time is the flight to Paris?* Pukul berapakah penerbangan ke Paris?
- **a flight of stairs** satu deretan tangga

flight attendant KATA NAMA
1. *pramugara* (*lelaki*)
2. *pramugari* (*perempuan*)

to **fling** KATA KERJA
(**flung, flung**)
melemparkan
◊ *He flung the dictionary onto the floor.* Dia melemparkan kamus itu ke lantai.

to **flip** KATA KERJA
memetik
◊ *He flipped on the lights as he walked in.* Dia memetik suis lampu sambil melangkah masuk.
- **He flipped through the pages of the magazine.** Dia menyelak-nyelak

flip-flops → fluency

majalah itu.
- **to flip a coin** melambung syiling

flip-flops KATA NAMA JAMAK
selipar Jepun

to **flirt** KATA KERJA
bermain cinta

to **float** KATA KERJA
> rujuk juga **float** KATA NAMA

1 *terapung-apung*
◊ *They saw a fifty-ringgit note floating in the water.* Mereka nampak sekeping wang kertas lima puluh ringgit terapung-apung di atas air.

2 *mengapungkan*
◊ *The children float paper boats in the stream.* Kanak-kanak itu mengapungkan sampan kertas dalam sungai.

float KATA NAMA
> rujuk juga **float** KATA KERJA

pelampung

flock KATA NAMA
kawan (penjodoh bilangan)
◊ *a flock of goats* sekawan kambing
◊ *a flock of birds* sekawan burung

flood KATA NAMA
> rujuk juga **flood** KATA KERJA

banjir
- **a flood of letters** surat yang banyak

to **flood** KATA KERJA
> rujuk juga **flood** KATA NAMA

membanjiri
◊ *The river has flooded the village.* Air sungai telah membanjiri kampung itu.
- **The public flooded into the post offices to buy the first day cover.** Orang ramai membanjiri pejabat pos untuk mendapatkan sampul surat hari pertama.

flooding KATA NAMA
banjir
◊ *The flooding was caused by three days of torrential rain.* Banjir itu disebabkan oleh hujan yang turun mencurah-curah selama tiga hari.

floodlights KATA NAMA
lampu sorot

floor KATA NAMA
1 *lantai*
◊ *a tiled floor* lantai yang berjubin
- **the dance floor** tempat menari
2 *tingkat*
- **the ground floor** tingkat satu/tingkat bawah sekali
- **the first floor (1)** tingkat dua
- **the first floor (2)** 🇲 tingkat satu/tingkat bawah sekali
- **the second floor (1)** tingkat tiga
- **the second floor (2)** 🇲 tingkat dua

to **flop** KATA KERJA
> rujuk juga **flop** KATA NAMA

merebahkan badan
◊ *Dorothy flopped down on the bed and rested her tired feet.* Dorothy merebahkan badannya di atas katil dan merehatkan kakinya yang lenguh.

flop KATA NAMA
> rujuk juga **flop** KATA KERJA

gagal
◊ *It is the public who decide whether a film is a hit or a flop.* Orang ramailah yang menentukan sama ada sesebuah filem itu berjaya atau gagal.

floppy disk KATA NAMA
cakera liut

flora KATA NAMA
flora

floral KATA ADJEKTIF
berbunga
◊ *a floral fabric* kain yang berbunga
- **floral arrangements** gubahan bunga
- **floral fragrance** haruman bunga-bungaan

florist KATA NAMA
1 *penjual bunga*
2 *kedai bunga*

flour KATA NAMA
tepung

to **flow** KATA KERJA
> rujuk juga **flow** KATA NAMA

mengalir
◊ *The river flows through the valley.* Sungai itu mengalir melalui lembah itu.
- **Traffic is now flowing normally.** Lalu lintas kini bergerak seperti biasa.

flow KATA NAMA
> rujuk juga **flow** KATA KERJA

aliran
◊ *the flow of electric current* aliran arus elektrik
- **The flow of blood in the veins is slower.** Pengaliran darah di dalam pembuluh darah adalah lebih perlahan.
- **to obstruct the flow of traffic** menghalang kelancaran lalu lintas

flow chart KATA NAMA
carta aliran

flower KATA NAMA
> rujuk juga **flower** KATA KERJA

bunga

to **flower** KATA KERJA
> rujuk juga **flower** KATA NAMA

berbunga

flowerpot KATA NAMA
pasu bunga

flown KATA KERJA *rujuk* **fly**

flu KATA NAMA
demam selesema
- **I've got flu.** Saya demam selesema.

fluency KATA NAMA

English ~ Malay

fluent → folio

kefasihan
◊ *Amy's fluency in Japanese made it easy for her to get the job.* Kefasihan Amy berbahasa Jepun memudahkan dia mendapat kerja itu.

fluent KATA ADJEKTIF
fasih
◊ *He speaks fluent Spanish.* Dia fasih berbahasa Sepanyol.

fluffy KATA ADJEKTIF
gebu
◊ *fluffy white towels* tuala putih yang gebu

fluid KATA NAMA
bendalir

flung KATA KERJA *rujuk* **fling**

fluorescent lamp KATA NAMA
lampu kalimantang

fluoride KATA NAMA
fluorida

to **flush** KATA KERJA
mengepam
◊ *to flush the toilet* mengepam tandas

flute KATA NAMA
seruling

fly KATA NAMA
(JAMAK **flies**)

rujuk juga **fly** KATA KERJA

lalat

to **fly** KATA KERJA
(**flew, flown**)

rujuk juga **fly** KATA NAMA

terbang
◊ *The bird flew away.* Burung itu sudah terbang.
♦ *He flew from London to Glasgow.* Dia menaiki kapal terbang dari London ke Glasgow.

flying saucer KATA NAMA
piring terbang

foal KATA NAMA
anak kuda

foam KATA NAMA
buih

focal point KATA NAMA
titik fokus
♦ *The place is the focal point of tourists.* Tempat itu menjadi tumpuan pelancong.

to **focus** KATA KERJA

rujuk juga **focus** KATA NAMA

memfokuskan
◊ *Try to focus the binoculars.* Cuba fokuskan binokular itu.
♦ **to focus on something (1)**
memfokuskan ... pada sesuatu *(dengan kamera, teleskop)* ◊ *The cameraman focused on the bird.* Jurukamera itu memfokuskan kameranya pada burung tersebut.

♦ **to focus on something (2)**
menumpukan perhatian pada sesuatu

focus KATA NAMA
(JAMAK **focuses**)

rujuk juga **focus** KATA KERJA

tumpuan
◊ *He was the focus of attention.* Dia menjadi tumpuan ramai.
♦ **to be out of focus** *(imej dalam kamera, teleskop)* kabur

focused KATA ADJEKTIF
mempunyai matlamat yang jelas
◊ *I spent the next year just wandering. I wasn't focused.* Saya menghabiskan tahun berikutnya dengan merayau-rayau sahaja. Saya tidak mempunyai matlamat yang jelas. ◊ *Their new album is more focused.* Album baru mereka mempunyai matlamat yang lebih jelas.

focus group KATA NAMA
kumpulan tumpuan (politik, TV, dll)

orang awam yang berkumpul dan dibayar untuk berbincang tentang sesuatu produk, program atau perkhidmatan

foe KATA NAMA
musuh

foetus KATA NAMA
(JAMAK **foetuses**)
fetus

fog KATA NAMA
kabut

foggy KATA ADJEKTIF
berkabut
◊ *It's foggy.* Hari ini berkabut. ◊ *a foggy day* hari yang berkabut

foil KATA NAMA
kerajang

fold KATA NAMA

rujuk juga **fold** KATA KERJA

lipatan

to **fold** KATA KERJA

rujuk juga **fold** KATA NAMA

melipat
◊ *He folded the newspaper.* Dia melipat surat khabar itu.
♦ **to fold one's arms** berpeluk tubuh

to **fold up** KATA KERJA
melipat
◊ *She folded the chair up and walked off.* Dia melipat kerusi tersebut dan beredar dari situ.

folder KATA NAMA
1. _fail_
2. *(komputer)* _folder_

folding KATA ADJEKTIF
boleh dilipat (katil, kerusi)

folio KATA NAMA
(JAMAK **folios**)

folio

folk tales KATA NAMA
dongeng rakyat

follicle KATA NAMA
folikel
◊ *hair follicle* folikel rambut

to **follow** KATA KERJA
mengikut
◊ *He followed my advice.* Dia mengikut nasihat saya. ◊ *You go first and I'll follow.* Anda pergi dahulu dan saya akan ikut.

follower KATA NAMA
pengikut

following KATA ADJEKTIF
berikutnya
◊ *the following day* hari berikutnya

folly KATA NAMA
(JAMAK **follies**)
perkara yang bodoh
◊ *a reminder of the follies of war* peringatan tentang perkara-perkara yang bodoh semasa peperangan

fond KATA ADJEKTIF
suka
♦ **to be fond of somebody** menyukai seseorang ◊ *I'm very fond of her.* Saya amat menyukainya.

font KATA NAMA
fon

food KATA NAMA
makanan
◊ *cat food* makanan kucing ◊ *We need to buy some food.* Kita perlu membeli sedikit makanan.

food processor KATA NAMA
pemproses makanan

foodstuff KATA NAMA
barang makanan

food technology KATA NAMA
teknologi makanan

fool KATA NAMA
> rujuk juga **fool** KATA KERJA

orang yang bodoh

to **fool** KATA KERJA
> rujuk juga **fool** KATA NAMA

memperdaya

to **fool around** KATA KERJA
bermain-main
◊ *Don't fool around with that madman.* Jangan bermain-main dengan lelaki yang tidak siuman itu.

foolish KATA ADJEKTIF
bodoh

foolishly KATA ADVERBA
dengan bodoh

foot KATA NAMA
(JAMAK **feet**)
kaki
◊ *My feet are aching.* Kaki saya sakit.

♦ **on foot** berjalan kaki
♦ **Dave is six foot tall.** Tinggi Dave ialah enam kaki.

foot-and-mouth disease KATA NAMA
penyakit kuku dan mulut

football KATA NAMA
[1] *bola sepak*
◊ *to play football* bermain bola sepak
♦ **football strip** jersi bola sepak
[2] *bola*
◊ *Paul threw the football over the fence.* Paul membaling bola itu melepasi pagar.

footballer KATA NAMA
pemain bola sepak

football player KATA NAMA
pemain bola sepak

footing KATA NAMA
dasar
♦ **to lose one's footing** jatuh ◊ *Eric lost his footing and began to slide into the pit.* Eric jatuh dan mula menggelongsor ke dalam lubang itu.

footpath KATA NAMA
lorong pejalan kaki

footprint KATA NAMA
kesan tapak kaki
◊ *He saw some footprints in the sand.* Dia nampak beberapa kesan tapak kaki di atas pasir.

footstep KATA NAMA
bunyi tapak kaki
◊ *I can hear footsteps on the stairs.* Saya dapat mendengar bunyi tapak kaki di atas tangga.
♦ **to follow in someone's footsteps** mengikut jejak seseorang ◊ *Samad followed in his father's footsteps and became a teacher.* Samad mengikut jejak bapanya dan menjadi seorang guru.

for KATA SENDI
[1] *untuk*
◊ *a present for me* hadiah untuk saya
◊ *He works for the government.* Dia bekerja untuk kerajaan. ◊ *Can you do it for tomorrow's meeting?* Bolehkah anda lakukannya untuk mesyuarat esok?
♦ **What's the English for "lelong"?** Apakah perkataan dalam bahasa Inggeris yang bermaksud "lelong"?
[2] *kerana*
◊ *for fear of being criticized* kerana takut dikritik
[3] *selama*
◊ *She will be away for a month.* Dia tidak akan berada di sini selama sebulan.
♦ **I'm sorry for Steve, but it's his own fault.** Saya bersimpati dengan Steve, tetapi dia sendiri yang bersalah.
♦ **I sold it for RM5.** Saya menjualnya

dengan harga RM5.
- **I haven't seen her for two years.** Sudah dua tahun saya tidak berjumpa dengannya.
- **the train for London** kereta api ke London
- **There are road works for three kilometres.** Kerja-kerja pembaikan jalan raya sedang dilaksanakan sejauh tiga kilometer.
- **What did he do that for?** Kenapakah dia melakukan perkara itu?
- **It's time for lunch.** Sudah tiba masanya untuk makan tengah hari.
- **Are you for or against the idea?** Anda menyokong atau membangkang idea itu?

to **forage** KATA KERJA
1 *mencari*
◊ They were forced to forage for clothing and fuel. Mereka terpaksa mencari pakaian dan bahan api.
2 *mencari makanan* (haiwan)
- **The cat forages for food.** Kucing itu mencari makanan.

to **forbid** KATA KERJA
(forbade, forbidden)
melarang
◊ to forbid somebody to do something melarang seseorang melakukan sesuatu

to **force** KATA KERJA
rujuk juga **force** KATA NAMA
memaksa
◊ They forced him to open the safe. Mereka memaksanya membuka peti simpanan itu.

force KATA NAMA
rujuk juga **force** KATA KERJA
kuasa
◊ the force of the explosion kuasa letupan itu
- **UN forces** pasukan Bangsa-bangsa Bersatu
- **in force** berkuat kuasa

forceful KATA ADJEKTIF
1 *tegas dan berkeyakinan* (orang)
2 *tegas*
◊ He promised that he would take forceful action. Dia berjanji bahawa dia akan mengambil tindakan tegas.

forceps KATA NAMA JAMAK
forsep

forecast KATA NAMA
ramalan
◊ the weather forecast ramalan cuaca

foreground KATA NAMA
latar depan (lukisan, pemandangan)
◊ in the foreground pada latar depan

forehead KATA NAMA
dahi

foreign KATA ADJEKTIF
1 *asing*
◊ a foreign language bahasa asing
2 *luar negara*
◊ US foreign policy dasar luar negara Amerika Syarikat

foreigner KATA NAMA
orang asing

foreman KATA NAMA
(JAMAK **foremen**)
mandur

foremost KATA ADJEKTIF
terpenting
◊ He was one of the world's foremost scholars of Indian culture. Dia merupakan salah seorang daripada cendekiawan yang terpenting di dunia dalam kebudayaan India.
- **first and foremost** terlebih dahulu

to **foresee** KATA KERJA
(foresaw, foreseen)
menjangkakan
◊ They didn't foresee the problem. Mereka tidak menjangkakan masalah itu.

forest KATA NAMA
hutan

Forest Enterprise KATA NAMA
Jabatan Perhutanan

forestry KATA NAMA
kehutanan
◊ Shima decided to take a course in forestry. Shima bercadang untuk mengambil kursus kehutanan.

forever KATA ADVERBA
1 *selama-lamanya*
◊ He's gone forever. Dia telah pergi buat selama-lamanya.
2 *selalu*
◊ She's forever complaining. Dia selalu merungut.

forgave KATA KERJA *rujuk* **forgive**

to **forge** KATA KERJA
meniru
◊ She forged her friend's signature. Dia meniru tandatangan kawannya.

forger KATA NAMA
peniru (lukisan)

forgery KATA NAMA
(JAMAK **forgeries**)
pemalsuan
◊ the forgery of Van Gogh's paintings pemalsuan lukisan Van Gogh

to **forget** KATA KERJA
(forgot, forgotten)
lupa
◊ I've forgotten his name. Saya sudah lupa namanya.
- **to forget to do something** terlupa membuat sesuatu ◊ *I forgot to close the*

window. Saya terlupa menutup tingkap.
- **I'm sorry, I had completely forgotten!** Saya minta maaf, saya betul-betul terlupa!
- **Forget it!** Lupakan sahaja!

forgetful KATA ADJEKTIF
pelupa

to **forgive** KATA KERJA
(forgave, forgiven)
memaafkan
◊ *I forgive you.* Saya maafkan anda.
- **to forgive somebody for doing something** memaafkan seseorang kerana melakukan sesuatu

forgiveness KATA NAMA
maaf
◊ *I asked for his forgiveness.* Saya meminta maaf daripadanya.

forgiving KATA ADJEKTIF
pemaaf
◊ *Tim is a forgiving person.* Tim seorang yang pemaaf.

forgot, forgotten KATA KERJA *rujuk* **forget**

fork KATA NAMA
> *rujuk juga* **fork** KATA KERJA

1. *garpu*
2. *penggembur* (untuk berkebun)
3. *pencakar* (rumput kering)
◊ *He was piling up hay with a fork.* Dia melonggokkan rumput kering dengan menggunakan pencakar.
4. *cabang* (pada jalan)

to **fork** KATA KERJA
> *rujuk juga* **fork** KATA NAMA

mengambil... dengan garpu
◊ *He forked an egg onto his plate.* Dia mengambil sebiji telur ke pinggannya dengan garpu. ◊ *She forked some fish into her mouth.* Dia mengambil sedikit ikan dengan garpu dan memasukkannya ke dalam mulutnya.
- **He forked the hay onto a cart.** Dia mengangkat rumput kering itu ke pedati dengan pencakar.
- **The road forks into two.** Jalan itu mempunyai dua cabang.

to **fork out** KATA KERJA
1. *membelanjakan*
◊ *Britons fork out more than a billion pounds a year on toys.* Rakyat Britain membelanjakan lebih daripada satu bilion paun setahun untuk membeli barang mainan.
2. *membelanjakan wang yang banyak*
◊ *He will have to fork out for private school fees for Nina.* Dia mungkin terpaksa membelanjakan wang yang banyak untuk membayar yuran sekolah swasta untuk Nina.

form KATA NAMA
> *rujuk juga* **form** KATA KERJA

1. *borang*
◊ *to fill in a form* mengisi borang
2. *bentuk*
◊ *I'm against hunting in any form.* Saya menentang semua bentuk pemburuan binatang.
- **in top form** berada pada tahap kecergasan yang tinggi
- **She's in the first form.** Dia berada di tingkatan satu.

to **form** KATA KERJA
> *rujuk juga* **form** KATA NAMA

1. *membentuk*
◊ *They formed a circle and sang 'Rasa Sayang'.* Mereka membentuk satu bulatan dan menyanyi lagu 'Rasa Sayang'.
◊ *The liquid vaporized and formed a kind of gas.* Cecair itu mengewap dan membentuk sejenis gas.
- **Plaque forms on the surface of the teeth.** Plak terbentuk pada permukaan gigi.
2. *menubuhkan*
◊ *to form a company* menubuhkan sebuah syarikat
- **The society was formed as a result of the union of the two clubs.** Persatuan itu tertubuh hasil daripada penyatuan dua buah kelab itu.

formal KATA ADJEKTIF
1. *rasmi*
◊ *a formal occasion* majlis rasmi
◊ *a formal dinner* majlis makan malam rasmi
2. *formal*
◊ *In English, "residence" is a formal term for house.* Dalam bahasa Inggeris, perkataan "residence" ialah perkataan yang formal bagi rumah. ◊ *He's got no formal education.* Dia tidak menerima sebarang pendidikan formal. ◊ *formal clothes* pakaian formal

format KATA NAMA
> *rujuk juga* **format** KATA KERJA

format

to **format** KATA KERJA
> *rujuk juga* **format** KATA NAMA

memformatkan
◊ *I'll format this diskette.* Saya akan memformatkan disket ini.

formation KATA NAMA
pembentukan
◊ *the formation of the new government of Pakistan* pembentukan kerajaan baru di Pakistan

former KATA ADJEKTIF
bekas
◊ *a former pupil* bekas murid

formerly KATA ADVERBA
sebelum ini
◊ *The company was formerly controlled by the state.* Sebelum ini, syarikat tersebut dikawal oleh kerajaan.
♦ **He had formerly been in the navy.** Dia bekas tentera laut.

formic acid KATA NAMA
cuka getah

formula KATA NAMA
(JAMAK **formulae** atau **formulas**)
formula

to **fornicate** KATA KERJA
berzina (pasangan yang belum berkahwin)

fornication KATA NAMA
zina
◊ *Fornication is a serious offence in Islamic countries.* Zina merupakan kesalahan yang berat di negara-negara Islam.

to **forsake** KATA KERJA
(**forsook, forsaken**)
meninggalkan
◊ *I would never forsake him.* Saya tidak akan meninggalkannya.

fort KATA NAMA
kubu

forth KATA ADVERBA
♦ **to go back and forth** berulang-alik
♦ **and so forth** dan sebagainya

forties KATA NAMA JAMAK
empat puluhan

fortieth KATA ADJEKTIF
keempat puluh

fortification KATA NAMA
benteng
◊ *They built fortifications to defend themselves from the attacks of their enemies.* Mereka membina benteng untuk mempertahankan diri mereka daripada serangan musuh.

fortitude KATA NAMA
ketabahan
◊ *Roy's fortitude in fighting cancer was an inspiration to everybody.* Ketabahan Roy melawan penyakit kanser menjadi inspirasi kepada semua orang.

fortnight KATA NAMA
dua minggu
♦ **a fortnight** dua minggu ◊ *I'm going on holiday for a fortnight.* Saya akan bercuti selama dua minggu.

fortress KATA NAMA
(JAMAK **fortresses**)
kubu

fortunate KATA ADJEKTIF
bernasib baik
◊ *He was extremely fortunate to survive.* Dia sungguh bernasib baik kerana terselamat.
♦ **It's fortunate that I remembered the map.** Nasib baik saya teringat akan peta itu.

fortunately KATA ADVERBA
mujurlah
◊ *Fortunately, the rain stopped.* Mujurlah, hujan sudah berhenti.

fortune KATA NAMA
kekayaan
◊ *He made his fortune in car sales.* Dia memperoleh kekayaannya melalui penjualan kereta.
♦ **Kate earns a fortune!** Kate memperoleh pendapatan yang lumayan!
♦ **to cost a fortune** terlalu mahal
♦ **to tell somebody's fortune** menilik nasib seseorang
♦ **good fortune** nasib baik

fortune-teller KATA NAMA
tukang tilik

forty ANGKA
empat puluh
♦ **He's forty.** Dia berumur empat puluh tahun.

forum KATA NAMA
forum

forward KATA ADVERBA
> rujuk juga **forward** KATA KERJA

hadapan
◊ *to move forward* bergerak ke hadapan

to **forward** KATA KERJA
> rujuk juga **forward** KATA ADVERBA

mengirim semula (surat)

forward slash KATA NAMA
garisan condong (ke kanan)

fossil KATA NAMA
fosil

to **foster** KATA KERJA
[1] *memelihara*
◊ *She has fostered more than fifteen children.* Dia telah memelihara lebih daripada lima belas orang kanak-kanak.
[2] *memupuk*
◊ *to foster good relations* memupuk hubungan yang baik

foster child KATA NAMA
(JAMAK **foster children**)
anak angkat

fought KATA KERJA *rujuk* **fight**

foul KATA ADJEKTIF
> rujuk juga **foul** KATA NAMA

[1] *teruk*
◊ *The weather was foul.* Cuaca hari itu teruk.
[2] *busuk*
◊ *It smells foul.* Benda itu berbau busuk.

foul → fraud

♦ **Brenda is in a foul mood.** Angin Brenda tidak baik.

foul KATA NAMA

rujuk juga **foul** KATA ADJEKTIF

faul (kesalahan dalam permainan sukan)

found KATA KERJA *rujuk* **find**

to found KATA KERJA

mengasaskan atau *menubuhkan*

foundation KATA NAMA

[1] *asas*

◊ *a strong foundation* asas yang kukuh

♦ **the foundation of success** tunggak kejayaan

[2] *yayasan*

♦ **foundations** asas (*pada bangunan*)

founder KATA NAMA

pengasas

◊ *The founder of the scouts movement was Lord Baden Powell.* Pengasas pergerakan pengakap ialah Lord Baden Powell.

fountain KATA NAMA

air pancut

fountain pen KATA NAMA

pen dakwat

four ANGKA

empat

♦ **She's four.** Dia berumur empat tahun.

fourteen ANGKA

empat belas

♦ **I'm fourteen.** Saya berumur empat belas tahun.

fourteenth KATA ADJEKTIF

keempat belas

◊ *the fourteenth place* tempat keempat belas

♦ **the fourteenth of February** empat belas hari bulan Februari

fourth KATA ADJEKTIF

keempat

◊ *the fourth place* tempat keempat

♦ **the fourth of July** empat hari bulan Julai

fox KATA NAMA

(JAMAK **foxes**)

rubah

fraction KATA NAMA

pecahan

◊ *Give your answers in fractions.* Berikan jawapan anda dalam bentuk pecahan.

♦ **She hesitated for a fraction of a second before responding.** Dia teragak-agak seketika sebelum menjawab.

♦ **a fraction of the cost** sebahagian kecil daripada kos

fragile KATA ADJEKTIF

[1] *tidak kukuh* (situasi, sistem)

[2] *mudah pecah* (kaca, dll)

[3] *mudah patah* (tulang, dll)

[4] *mudah rosak* (barang)

[5] *lemah* (orang)

fragment KATA NAMA

serpihan

◊ *glass fragments* serpihan kaca

fragrance KATA NAMA

keharuman

◊ *the fragrance of her perfume* keharuman minyak wanginya

fragrant KATA ADJEKTIF

harum

◊ *a fragrant smell* bau yang harum

frail KATA ADJEKTIF

lemah

◊ *The patient's body is frail.* Badan pesakit itu lemah.

frame KATA NAMA

rujuk juga **frame** KATA KERJA

bingkai

◊ *a silver frame* bingkai perak

◊ *glasses with plastic frames* cermin mata dengan bingkai plastik

to frame KATA KERJA

rujuk juga **frame** KATA NAMA

[1] *membingkaikan*

◊ *She framed the certificate.* Dia membingkaikan sijil itu.

[2] *memerangkap*

◊ *I need to find out who tried to frame me.* Saya perlu mengetahui orang yang cuba memerangkap saya.

framework KATA NAMA

rangka

France KATA NAMA

negara Perancis

franchise KATA NAMA

francais

frangipani KATA NAMA

kemboja

frank KATA ADJEKTIF

berterus terang

◊ *Let me be frank with you.* Biar saya berterus terang dengan anda.

frankly KATA ADVERBA

terus terang

◊ *You can talk frankly to me.* Anda boleh bercakap terus terang dengan saya.

frantic KATA ADJEKTIF

kelam-kabut

◊ *There was frantic activity backstage on the opening night.* Keadaan di belakang pentas itu kelam-kabut pada malam pembukaan.

♦ **I was going frantic.** Saya seperti hendak gila jadinya.

♦ **to be frantic with worry** menjadi seperti hendak gila kerana bimbang

fraud KATA NAMA

[1] *penipuan* atau *fraud*

English ~ Malay — freckles → fret

freckles KATA NAMA JAMAK
tetua atau *jagat*

free KATA ADJEKTIF
> rujuk juga **free** KATA KERJA

1. *percuma*
   ◊ *a free brochure* risalah percuma
   ◊ *You can get it for free.* Anda boleh mendapatkannya dengan percuma.
2. *lapang*
   ◊ *Are you free after school?* Anda lapangkah selepas sekolah?
   ♦ *Is this seat free?* Adakah kerusi ini kosong?
3. *bebas*
   ◊ *She is now free of her troubles.* Kini, dia bebas daripada masalahnya.

to **free** KATA KERJA
> rujuk juga **free** KATA ADJEKTIF

membebaskan

freebie KATA NAMA
(*tidak formal*)
hadiah percuma

freedom KATA NAMA
kebebasan
♦ **freedom of speech** kebebasan bersuara
♦ **freedom of choice** kebebasan memilih

freely KATA ADVERBA
dengan bebas
◊ *the pleasure of being able to walk about freely* nikmat dapat berjalan ke sana ke sini dengan bebas

freeware KATA NAMA
(*komputer*)
perisian percuma

freeway KATA NAMA 🇺🇸
lebuh raya

to **freeze** KATA KERJA
(**froze, frozen**)
> rujuk juga **freeze** KATA NAMA

1. *membekukan*
   ◊ *She froze the rest of the raspberries.* Dia membekukan buah raspberi yang selebihnya.
2. *membeku*
   ◊ *The water had frozen.* Air sudah membeku.

freeze KATA NAMA
> rujuk juga **freeze** KATA KERJA

1. *cuaca yang terlampau sejuk*
2. *pembekuan*
   ◊ *a freeze on the number of workers* pembekuan bilangan pekerja

freezer KATA NAMA
penyejuk beku

freezing KATA ADJEKTIF

sejuk
◊ *It's freezing!* Sejuknya!
♦ **I'm freezing!** Saya kesejukan!
♦ **freezing point** takat beku
♦ **three degrees below freezing** tiga darjah di bawah takat beku

freight KATA NAMA
1. *pengangkutan*
   ◊ *air freight* pengangkutan udara
2. *angkutan* (*barang*)
♦ **a freight train** kereta api barang

French KATA ADJEKTIF
> rujuk juga **French** KATA NAMA

Perancis
◊ *the French Parliament* Parlimen Perancis
♦ **He's French.** Dia berbangsa Perancis.

French KATA NAMA
> rujuk juga **French** KATA ADJEKTIF

bahasa Perancis
♦ **the French** orang Perancis

French beans KATA NAMA JAMAK
kacang buncis

French fries KATA NAMA JAMAK
kentang goreng

French horn KATA NAMA
hon Perancis (*alat muzik*)

French loaf KATA NAMA
(JAMAK **French loaves**)
roti Perancis

Frenchman KATA NAMA
(JAMAK **Frenchmen**)
lelaki Perancis

French windows KATA NAMA JAMAK
pintu kaca

Frenchwoman KATA NAMA
(JAMAK **Frenchwomen**)
wanita Perancis

frequent KATA ADJEKTIF
kerap

frequently KATA ADVERBA
sering kali
◊ *Although she had tried frequently, she still could not do it.* Walaupun sudah sering kali dia mencuba, dia masih gagal melakukannya.

fresh KATA ADJEKTIF
segar
◊ *I always buy fresh fish.* Saya selalu membeli ikan segar. ◊ *I need some fresh air.* Saya memerlukan udara segar.

to **freshen up** KATA KERJA
membersihkan diri (*membasuh muka, tangan, dll*)

freshness KATA NAMA
kesegaran

freshwater KATA ADJEKTIF
air tawar

to **fret** KATA KERJA

Friday → frost

risau

Friday KATA NAMA
hari Jumaat
◊ *I saw her on Friday.* Saya bertemu dengannya pada hari Jumaat. ◊ *every Friday* setiap hari Jumaat ◊ *last Friday* hari Jumaat lepas ◊ *next Friday* hari Jumaat depan

fridge KATA NAMA
peti sejuk

fried KATA ADJEKTIF
goreng
◊ *a fried egg* telur goreng

friend KATA NAMA
kawan

friendliness KATA NAMA
keramahan
◊ *Alison is well-liked because of her friendliness.* Alison disukai kerana keramahannya.

friendly KATA ADJEKTIF
peramah
◊ *She's really friendly.* Dia sungguh peramah.
♦ *Liverpool is a friendly city.* Penduduk di Liverpool sungguh peramah.
♦ *a friendly match* perlawanan persahabatan

friendship KATA NAMA
persahabatan

fright KATA NAMA
ketakutan
◊ *To hide my fright I asked a question.* Saya menanyakan soalan untuk menyembunyikan ketakutan saya.
♦ *She gave us a fright.* Dia menakutkan kami.
♦ *to get a fright* terperanjat

to **frighten** KATA KERJA
menakutkan
◊ *She was trying to frighten him.* Dia cuba menakutkannya.

frightened KATA ADJEKTIF
takut
♦ *to be frightened* takut ◊ *I'm frightened!* Saya takut!

frightening KATA ADJEKTIF
menakutkan
◊ *a frightening experience* pengalaman yang menakutkan

frill KATA NAMA
ropol
◊ *She sewed some frills on to the curtain.* Dia menjahit ropol pada kain langsir itu.

fringe KATA NAMA
rambut yang dipotong menutupi dahi

fringe benefit KATA NAMA
faedah sampingan

Frisbee ® KATA NAMA
Frisbee ®
> cakera plastik ringan yang dilemparkan dalam permainan

fro KATA ADVERBA
♦ *to go to and fro* bergerak ke depan dan ke belakang
♦ *to walk to and fro* berjalan mundar-mandir

frog KATA NAMA
katak

from KATA SENDI
1. *dari*
> Gunakan **dari** bagi tempat atau masa.

◊ *Where do you come from?* Anda berasal dari mana? ◊ *Breakfast is available from 6 a.m.* Sarapan pagi dihidangkan dari pukul enam pagi. ◊ *The hotel is one kilometre from the beach.* Hotel itu terletak satu kilometer dari pantai.

2. *daripada*
◊ *a letter from my sister* sepucuk surat daripada kakak saya ◊ *The price was reduced from RM10 to RM5.* Harga barang itu telah dikurangkan daripada RM10 menjadi RM5.
♦ *from...onwards* dari ◊ *We'll be at home from seven o'clock onwards.* Kami akan berada di rumah dari pukul tujuh.

frond KATA NAMA
pelepah

front KATA NAMA
> rujuk juga **front** KATA ADJEKTIF

bahagian depan
◊ *The switch is at the front of the vacuum cleaner.* Suisnya ada di bahagian depan pembersih vakum itu. ◊ *the front of the dress* bahagian depan baju ◊ *the front of the house* bahagian depan rumah ◊ *I was sitting in the front.* Saya duduk di bahagian depan.
♦ *in front* di hadapan ◊ *the car in front* kereta di hadapan
♦ *in front of* di hadapan ◊ *Irene sits in front of me in class.* Irene duduk di hadapan saya di dalam kelas.

front KATA ADJEKTIF
> rujuk juga **front** KATA NAMA

hadapan
◊ *the front row* barisan hadapan
♦ *the front door* pintu depan
♦ *the front seats of the car* tempat duduk bahagian depan di dalam kereta

frontier KATA NAMA
sempadan

frost KATA NAMA
fros
◊ *There was a frost last night.* Semalam ada fros.

frosty KATA ADJEKTIF
di bawah takat beku
◊ *It's frosty today.* Suhu hari ini di bawah takat beku.

frothy KATA ADJEKTIF
berbusa

to **frown** KATA KERJA
mengerutkan kening

froze, frozen KATA KERJA *rujuk* **freeze**

frozen KATA ADJEKTIF
beku

fruit KATA NAMA
| *rujuk juga* **fruit** KATA KERJA |
buah
- **fruit juice** jus buah-buahan
- **fruit salad** buah-buahan

to **fruit** KATA KERJA
| *rujuk juga* **fruit** KATA NAMA |
berbuah
◊ *The tree is fruiting.* Pokok itu sedang berbuah.

fruitful KATA ADJEKTIF
1 *membuahkan hasil*
◊ *The talks had been fruitful.* Ceramah-ceramah itu telah membuahkan hasil.
2 *subur* (*tanah*)

fruit machine KATA NAMA
mesin judi

frustrated KATA ADJEKTIF
kecewa

to **fry** KATA KERJA
(**fried, fried**)
menggoreng

fryer KATA NAMA
kuali

frying pan KATA NAMA
kuali leper

fuel KATA NAMA
bahan api
◊ *We've run out of fuel.* Kami sudah kehabisan bahan api.

to **fulfil** KATA KERJA
mencapai
◊ *He fulfilled his dream to visit China.* Dia mencapai impiannya untuk melawat ke negara China.
- **to fulfil a promise** menunaikan janji

full KATA ADJEKTIF
1 *penuh*
◊ *The tank's full.* Tangki itu penuh.
◊ *My full name is Ian John Marr.* Nama penuh saya ialah Ian John Marr.
- **I'm full.** Saya sudah kenyang.
- **There was a full moon last night.** Bulan mengambang semalam.
2 *lengkap*
◊ *He asked for full details of the job.* Dia meminta butir-butir lengkap tentang kerja itu.

- **at full speed** pada kelajuan maksimum

full-on KATA ADJEKTIF
(*tidak formal*)
secara habis-habisan
◊ *He believes in full-on attack.* Dia yakin dengan serangan secara habis-habisan.

full stop KATA NAMA
tanda nokhtah

full-time KATA ADJEKTIF, KATA ADVERBA
sepenuh masa
◊ *She's got a full-time job.* Dia mempunyai kerja sepenuh masa. ◊ *She works full-time.* Dia bekerja sepenuh masa.

fully KATA ADVERBA
1 *benar-benar*
◊ *She was fully aware of my thoughts.* Dia benar-benar memahami isi hati saya.
2 *sepenuhnya*
◊ *He hasn't fully recovered from his illness.* Dia belum pulih sepenuhnya.
- **I don't fully agree with that idea.** Saya tidak berapa setuju dengan idea itu.

to **fume** KATA KERJA
meradang
◊ *He was still fuming over the remarks.* Dia masih meradang dengan kata-kata itu.

fumes KATA NAMA JAMAK
wasap
◊ *exhaust fumes* wasap ekzos

to **fumigate** KATA KERJA
mengasap
◊ *Health officers fumigated the houses to stop mosquitoes breeding.* Pegawai kesihatan mengasap rumah-rumah itu untuk mencegah pembiakan nyamuk.

fun KATA NAMA
| *rujuk juga* **fun** KATA ADJEKTIF |
keseronokan
- **to have fun** berseronok
- **It's fun!** Seronok!
- **Have fun!** Berseronoklah!
- **for fun** untuk suka-suka
- **to make fun of somebody** mempermainkan seseorang

fun KATA ADJEKTIF
| *rujuk juga* **fun** KATA NAMA |
menyeronokkan
◊ *a fun time* masa yang menyeronokkan
- **She's a fun person.** Dia seorang yang periang.

function KATA NAMA
fungsi
◊ *The function of roots is to absorb water from the ground.* Fungsi akar adalah untuk menyerap air dari tanah.

functional → FYI

- **The millionaire who attended the function is under police protection.** Jutawan yang menghadiri majlis itu berada di bawah jagaan polis.

functional KATA ADJEKTIF
fungsian
◊ *modern, functional furniture* perabot fungsian yang moden

fund KATA NAMA
tabung
◊ *welfare fund* tabung kebajikan
- **funds** wang ◊ *to raise funds* mengumpulkan wang

fundamental KATA ADJEKTIF
asas
◊ *The doctrine was based on three fundamental principles.* Doktrin itu berdasarkan tiga rukun yang asas.

funeral KATA NAMA
upacara pengebumian

funfair KATA NAMA
pesta ria

fungus KATA NAMA
(JAMAK **fungi**)
kulat

funnel KATA NAMA
corong
◊ *Lina uses a funnel to fill the bottle with oil.* Lina menggunakan corong untuk mengisi botol itu dengan minyak.

funny KATA ADJEKTIF
1 *lucu*
◊ *a funny joke* jenaka yang lucu
2 *ganjil*
◊ *There's something funny about him.* Ada sesuatu yang ganjil tentang dirinya.

fur KATA NAMA
bulu
◊ *the cat's fur* bulu kucing ◊ *a fur coat* kot bulu

furious KATA ADJEKTIF
1 *meradang*
◊ *She was furious because her son told lies.* Dia meradang kerana anaknya bercakap bohong.
2 *bengis*
◊ *to look furious* nampak bengis

furnace KATA NAMA
relau (*tempat meleburkan timah, dll*)

to **furnish** KATA KERJA
menghias (*dengan perabot dan hiasan*)
◊ *They furnished their hotels with antiques.* Mereka menghias hotel mereka dengan barang antik.

furnished KATA ADJEKTIF
dilengkapi dengan perabot

furniture KATA NAMA
perabot
◊ *a piece of furniture* sebuah perabot

furrow KATA NAMA
1 *alur*
2 *kedut* (*pada muka*)

further KATA ADVERBA, KATA ADJEKTIF
1 *lebih jauh*
◊ *London is further from Singapore than Paris.* London lebih jauh dari Singapura jika dibandingkan dengan Paris.
- **I can't walk any further.** Saya tidak mampu berjalan lagi.
- **How much further is it?** Berapa jauh lagi tempat itu?
2 *lanjut*
◊ *Please write to us if you need any further information.* Sila tulis surat kepada kami sekiranya anda memerlukan sebarang maklumat lanjut.

further education KATA NAMA
> pendidikan lanjutan bagi golongan yang sudah menamatkan persekolahan terutamanya orang dewasa dan lebih bersifat praktikal

furthermore KATA ADVERBA
tambahan pula

fury KATA NAMA
kemarahan yang meluap-luap

fuse KATA NAMA
fius
◊ *The fuse has blown.* Fius itu sudah terbakar.

fuss KATA NAMA
kecoh
◊ *He's always making a fuss about nothing.* Dia selalu membuat kecoh.
- **What's all the fuss about?** Apakah yang dikecohkan itu?

fussy KATA ADJEKTIF
cerewet
◊ *She is very fussy about her food.* Dia sangat cerewet tentang makanannya.

futile KATA ADJEKTIF
sia-sia
◊ *The attempt was futile.* Percubaan itu sia-sia sahaja.

future KATA NAMA
masa hadapan
◊ *What are your plans for the future?* Apakah rancangan anda pada masa hadapan?
- **Be more careful in future.** Anda perlu lebih berhati-hati lain kali.
- **In future, the chairman of the society will be chosen by the members.** Pada masa hadapan, pengerusi persatuan akan dipilih oleh ahli.

FYI SINGKATAN (= *for your information*)
untuk makluman anda

G

gadget KATA NAMA
alat kecil

to **gain** KATA KERJA
memperoleh
◊ *What do you hope to gain from this?* Apakah yang ingin anda peroleh daripada tindakan ini?
♦ **to gain speed** menambahkan kelajuan

gait KATA NAMA
lenggok (ketika berjalan)

galaxy KATA NAMA
(JAMAK **galaxies**)
galaksi

gallery KATA NAMA
(JAMAK **galleries**)
galeri

gallon KATA NAMA
gelen

gambier KATA NAMA
gambir

gamble KATA NAMA
| rujuk juga **gamble** KATA KERJA |
risiko
◊ *We have to take a gamble.* Kita perlu mengambil risiko.

to **gamble** KATA KERJA
| rujuk juga **gamble** KATA NAMA |
berjudi
◊ *He gambled £100 at the casino.* Dia berjudi sebanyak 100 paun di kasino.
◊ *He likes to gamble.* Dia suka berjudi.

gambler KATA NAMA
kaki judi

gambling KATA NAMA
perjudian
◊ *Gambling is forbidden.* Perjudian diharamkan.

game KATA NAMA
1 *permainan*
◊ *a game of football* permainan bola sepak ◊ *a game of cards* permainan daun terup
♦ **The children were playing a game.** Kanak-kanak itu sedang bermain.
♦ **We have games on Thursdays.** Kami ada aktiviti sukan pada hari Khamis.
♦ **the Commonwealth Games** Sukan Komanwel
2 *binatang buruan*

gang KATA NAMA
kumpulan atau *geng*

gangbuster KATA NAMA
♦ **to be going gangbusters** berjalan dengan lancar sekali
♦ **to do something like gangbusters** melakukan sesuatu dengan penuh bertenaga

gangster KATA NAMA
samseng

gap KATA NAMA
ruang
◊ *There's a gap in the hedge.* Ada satu ruang pada pagar hidup itu.
♦ **He went back to work after a gap of four years.** Dia kembali bekerja selepas berhenti selama empat tahun.

to **gape** KATA KERJA
mengoyak (luka)
♦ **A hole gaped in the roof.** Sebuah lubang terpelohong di bumbung itu.

gap year KATA NAMA
waktu ketika menanti untuk melanjutkan pelajaran

garage KATA NAMA
1 *garaj*
2 *bengkel kereta*

garbage KATA NAMA
sampah
◊ *the garbage can* tong sampah
♦ **That's garbage!** Mengarut!

garden KATA NAMA
| rujuk juga **garden** KATA KERJA |
taman

to **garden** KATA KERJA
| rujuk juga **garden** KATA NAMA |
berkebun

gardener KATA NAMA
tukang kebun
◊ *He's a gardener.* Dia seorang tukang kebun.

gardening KATA NAMA
berkebun
◊ *Margaret loves gardening.* Margaret suka berkebun.

to **gargle** KATA KERJA
berkumur
◊ *Try gargling with salt water.* Cuba kumur dengan air garam.

garland KATA NAMA
| rujuk juga **garland** KATA KERJA |
kalungan bunga

to **garland** KATA KERJA
| rujuk juga **garland** KATA NAMA |
| *Biasanya **garland** digunakan dalam bentuk pasif.* |
mengalungkan
◊ *The athletes were garlanded with flowers.* Para atlit dikalungkan dengan bunga.

garlic KATA NAMA
bawang putih

garment KATA NAMA
pakaian

gas KATA NAMA
(JAMAK **gases**)
1 *gas*
◊ *a gas cooker* dapur gas ◊ *a gas cylinder* tong gas

gastric → genetically modified

[2] *minyak petrol*

gastric KATA ADJEKTIF
gastrik

gate KATA NAMA
pintu pagar
- **Please go to gate seven.** Sila pergi ke pintu pelepasan nombor tujuh.

to **gather** KATA KERJA
[1] *berkumpul*
◊ *We gathered around the campfire.* Kami berkumpul mengelilingi unggun api.
[2] *mengumpulkan*
◊ *to gather information* mengumpulkan maklumat ◊ *We gathered enough firewood for a week.* Kami mengumpulkan kayu api yang mencukupi untuk seminggu.
- **to gather speed** menambahkan kelajuan ◊ *The train gathered speed.* Kereta api itu menambahkan kelajuannya.
- **He's very angry. - I gathered that.** Dia sangat marah. - Saya tahu.

gathering KATA NAMA
perjumpaan

gauze KATA NAMA
kain kasa

gave KATA KERJA *rujuk* **give**

gay KATA ADJEKTIF
homoseksual

to **gaze** KATA KERJA
rujuk juga **gaze** KATA NAMA
merenung
- **to gaze at** merenung ◊ *He was gazing at the woman.* Dia sedang merenung wanita itu.

gaze KATA NAMA
rujuk juga **gaze** KATA KERJA
renungan
◊ *The man's gaze scared Nicole.* Renungan lelaki itu menakutkan Nicole.

GCSE KATA NAMA (= *General Certificate of Secondary Education*)
GCSE (= *Sijil Am Pendidikan Menengah*)
> Di Britain, pelajar-pelajar yang berumur 16 tahun akan menduduki peperiksaan awam ini.

gear KATA NAMA
[1] *gear*
◊ *to change gear* menukar gear
- **Leave the car in gear in case the brakes don't hold.** Masukkan gear sebelum meninggalkan kereta, kalau-kalau brek tidak berfungsi.
[2] *peralatan*
◊ *camping gear* peralatan untuk berkhemah
[3] *pakaian*
◊ *sports gear* pakaian sukan

gear lever KATA NAMA
batang gear

geese KATA NAMA JAMAK *rujuk* **goose**

to **gee up** KATA KERJA
(*tidak formal*)
menggalakkan

gel KATA NAMA
gel
◊ *hair gel* gel rambut

gem KATA NAMA
permata

Gemini KATA NAMA
Gemini
- **I'm Gemini.** Zodiak saya ialah Gemini.

gender KATA NAMA
jantina

gene KATA NAMA
gen

genealogy KATA NAMA
(JAMAK **genealogies**)
susur galur

general KATA NAMA
rujuk juga **general** KATA ADJEKTIF
jeneral

general KATA ADJEKTIF
rujuk juga **general** KATA NAMA
umum atau am
- **in general** pada amnya

general election KATA NAMA
pilihan raya umum

general knowledge KATA NAMA
pengetahuan am

generally KATA ADVERBA
biasanya
◊ *I generally go shopping on Saturdays.* Biasanya, saya pergi membeli-belah pada hari Sabtu.

to **generate** KATA KERJA
[1] *menjanakan*
◊ *to generate nuclear power* menjanakan kuasa nuklear
[2] *mewujudkan*
◊ *The reforms would generate new jobs.* Pembaharuan-pembaharuan itu akan mewujudkan peluang pekerjaan baru.

generation KATA NAMA
generasi
◊ *the younger generation* generasi muda

generator KATA NAMA
penjana kuasa

generosity KATA NAMA
kemurahan hati
◊ *Everybody knows about his generosity.* Semua orang tahu tentang kemurahan hatinya.

generous KATA ADJEKTIF
murah hati
◊ *That's very generous of you.* Anda sungguh murah hati.

genetically modified KATA ADJEKTIF

genetics → get

diubahsuai secara genetik

genetics KATA NAMA
genetik

genius KATA NAMA
(JAMAK **geniuses**)
genius
◊ *Einstein was a genius.* Einstein seorang genius.

gentle KATA ADJEKTIF
lemah lembut
◊ *She is a gentle person.* Dia seorang yang lemah lembut.
- **a gentle touch** sentuhan yang lembut
- **a gentle breeze** angin sepoi-sepoi bahasa
- **a gentle knock** ketukan yang perlahan
- **a gentle smile** senyuman yang manis

gentleman KATA NAMA
(JAMAK **gentlemen**)
lelaki budiman
- **ladies and gentlemen** tuan-tuan dan puan-puan

gentleness KATA NAMA
kelembutan
◊ *Ayu's gentleness captured the young man's heart.* Kelembutan Ayu menawan hati pemuda itu.

gently KATA ADVERBA
dengan lemah lembut
◊ *He spoke gently to me.* Dia bercakap dengan lemah lembut kepada saya.
- **She touched her face gently.** Dia menyentuh mukanya dengan lembut.

gents KATA NAMA
tandas lelaki
> Perkataan **gents** merupakan cara yang sopan untuk merujuk kepada tandas lelaki.

genuine KATA ADJEKTIF
1 *asli*
◊ *This bag is made from genuine leather.* Beg ini diperbuat daripada kulit asli.
- **These are genuine diamonds.** Berlian ini berlian tulen.
2 *ikhlas*
◊ *She's a very genuine person.* Dia seorang yang sangat ikhlas.

geography KATA NAMA
geografi

geometric KATA ADJEKTIF
geometri

geometry KATA NAMA
geometri

germ KATA NAMA
kuman

German KATA ADJEKTIF
> rujuk juga **German** KATA NAMA

Jerman
- **She is German.** Dia berbangsa German.

German KATA NAMA
> rujuk juga **German** KATA ADJEKTIF

1 *orang Jerman*
◊ *the Germans* orang Jerman
2 *bahasa Jerman*

German measles KATA NAMA
rubela
◊ *to have German measles* dijangkiti rubela

Germany KATA NAMA
negara Jerman

to **germinate** KATA KERJA
bercambah
◊ *The seeds have germinated.* Benih-benih itu telah bercambah.

germination KATA NAMA
percambahan

gesture KATA NAMA
gerak isyarat

to **get** KATA KERJA
(**got, got**)
> Ada beberapa cara untuk menterjemahkan **get**. Sila lihat contoh ayat untuk memastikan maksud sebenar yang anda cuba sampaikan.

1 *menerima*
◊ *I got a letter from him.* Saya menerima sepucuk surat daripadanya.
2 *mendapatkan*
◊ *He had trouble getting a hotel room.* Dia menghadapi masalah untuk mendapatkan bilik hotel. ◊ *Quick, get help!* Cepat, dapatkan bantuan!
- **to get something for somebody** mendapatkan sesuatu untuk seseorang
◊ *The librarian got the book for me.* Pustakawan itu mendapatkan buku tersebut untuk saya.
- **Jackie got good exam results.** Jackie mendapat keputusan peperiksaan yang baik.
3 *menangkap*
◊ *They've got the thief.* Mereka telah menangkap pencuri itu.
- **I'm getting the bus into town.** Saya akan menaiki bas ke bandar.
4 *faham*
◊ *I don't get it.* Saya tidak faham.
5 *sampai*
◊ *He should get here soon.* Dia akan sampai tidak lama lagi.
- **How do I get to the cinema?** Bagaimanakah saya hendak pergi ke panggung wayang?
- **to get angry** marah
- **to get tired** letih
- **I'm getting my car fixed.** Kereta saya sedang dibaiki.

get across → gift

- **I got my hair cut.** Saya telah menggunting rambut.
- **I'll get it! (1)** Biar saya jawab! (*telefon*)
- **I'll get it! (2)** Biar saya buka! (*pintu*)

to get across KATA KERJA
menyampaikan
◊ *I had created a way to get my message across.* Saya sudah mendapat cara untuk menyampaikan mesej saya.

to get along KATA KERJA
1. *berbaik-baik*
◊ *It's impossible to get along with him.* Mustahil ada orang yang dapat berbaik-baik dengannya.
- **They seemed to be getting along fine.** Hubungan mereka nampak baik sahaja.
2. *bertahan*
◊ *You can't get along without water.* Anda tidak dapat bertahan tanpa air.

to get away KATA KERJA
melepaskan diri
◊ *One of the burglars got away.* Salah seorang daripada pencuri itu berjaya melepaskan diri.

to get away with KATA KERJA
terlepas (*daripada kesalahan, masalah*)
◊ *You'll never get away with it.* Anda tidak akan terlepas daripada perbuatan ini.

to get back KATA KERJA
1. *pulang*
◊ *What time did you get back?* Anda pulang pada pukul berapa?
2. *mendapat semula*
◊ *He got his money back.* Dia mendapat wangnya semula.

to get down KATA KERJA
turun
◊ *Get down from there!* Turun dari situ!

to get in KATA KERJA
sampai
◊ *What time does the train get in?* Pukul berapakah kereta api itu akan sampai?

to get into KATA KERJA
masuk ke dalam
◊ *How did you get into the house?* Bagaimanakah anda dapat masuk ke dalam rumah itu? ◊ *Sharon got into the car.* Sharon masuk ke dalam kereta.
- **Get into bed!** Pergi tidur!
- **to get into films** berlakon dalam filem

to get off KATA KERJA
1. *turun dari*
◊ *Isobel got off the train.* Isobel turun dari kereta api.
2. *balik*
◊ *He managed to get off early from work yesterday.* Dia dapat balik awal dari kerja semalam.

to get off with KATA KERJA
bertemu dan menjalinkan hubungan dengan

to get on KATA KERJA
menaiki
◊ *Phyllis got on the bus.* Phyllis menaiki bas.
- **We got on really well.** Hubungan kami sangat baik.
- **He doesn't get on with his parents.** Hubungannya dengan ibu bapanya tidak baik.
- **How are you getting on?** Bagaimanakah keadaan anda sekarang?

to get out KATA KERJA
1. *keluar*
◊ *Get out!* Keluar! ◊ *She got out of the car.* Dia keluar dari kereta itu.
2. *mengeluarkan*
◊ *She got the map out.* Dia mengeluarkan peta itu.

to get over KATA KERJA
1. *sembuh*
◊ *It took her a long time to get over the illness.* Dia mengambil masa yang lama untuk sembuh daripada penyakit itu.
2. *mengatasi*
◊ *He managed to get over the problem.* Dia berjaya mengatasi masalah itu.

to get round to KATA KERJA
meluangkan masa
◊ *I'll get round to it eventually.* Lambat-laun saya akan meluangkan masa untuk melakukannya.

to get together KATA KERJA
1. *berjumpa*
◊ *Could we get together this evening?* Bolehkah kita berjumpa malam ini?
2. *berkumpul* (*melibatkan ramai orang*)

to get up KATA KERJA
bangun

getaway KATA NAMA
perbuatan melarikan diri
- **to make one's getaway** melarikan diri
- **the burglar's getaway car** kereta yang digunakan oleh pencuri itu untuk melarikan diri

ghost KATA NAMA
hantu

GHz SINGKATAN (= *gigahertz*)
GHz (= *gigahertz*)

giant KATA ADJEKTIF
rujuk juga **giant** KATA NAMA
sangat besar

giant KATA NAMA
rujuk juga **giant** KATA ADJEKTIF
gergasi

gift KATA NAMA

gifted → glance

hadiah

- **to have a gift for something** berbakat dalam sesuatu bidang ◊ _Dave's got a gift for painting._ Dave berbakat dalam bidang seni lukis.

gifted KATA ADJEKTIF
berbakat

gift shop KATA NAMA
kedai cenderamata

gift token KATA NAMA
baucar hadiah

gigantic KATA ADJEKTIF
raksasa atau _sangat besar_

to **giggle** KATA KERJA
ketawa (secara malu-malu)

gill KATA NAMA
insang

gin KATA NAMA
gin (sejenis minuman keras)

ginger KATA NAMA
> rujuk juga **ginger** KATA ADJEKTIF

halia

ginger KATA ADJEKTIF
> rujuk juga **ginger** KATA NAMA

perang kemerah-merahan
◊ _She's got ginger hair._ Rambutnya berwarna perang kemerah-merahan.

ginseng KATA NAMA
ginseng

gipsy KATA NAMA
(JAMAK **gipsies**)
gipsi

giraffe KATA NAMA
zirafah

girl KATA NAMA
1 _budak perempuan_
- **They've got a girl and two boys.** Mereka mempunyai seorang anak perempuan dan dua orang anak lelaki.
2 _gadis_
◊ _teenage girls_ gadis belasan tahun

girl band KATA NAMA
kumpulan pemuzik wanita

girlfriend KATA NAMA
1 _teman wanita_
2 _kawan perempuan_

girlie KATA ADJEKTIF
1 _lucah_ (majalah, kalendar)
2 _kebudak-budakan_ (bagi wanita)
- **a girlie dress** baju untuk wanita muda

girlish KATA ADJEKTIF
seperti budak perempuan

to **give** KATA KERJA
(**gave**, **given**)
memberi
◊ _He gave me RM10._ Dia memberi saya RM10.

- **to give something to somebody** memberikan sesuatu kepada seseorang
- **to give way** memberikan laluan

to **give away** KATA KERJA
memberikan
◊ _She gave away all her money._ Dia memberikan kesemua wangnya.

- **She was given away by her father.** Dia diserahkan sebagai pengantin oleh bapanya.

to **give back** KATA KERJA
memulangkan
◊ _I gave the book back to him._ Saya memulangkan buku tersebut kepadanya.

to **give in** KATA KERJA
mengalah
◊ _I give in!_ Saya mengalah!

to **give out** KATA KERJA
mengedarkan
◊ _He gave out the exam papers._ Dia mengedarkan kertas peperiksaan.

to **give up** KATA KERJA
mengaku kalah
◊ _I couldn't do it, so I gave up._ Saya tidak dapat melakukannya, jadi saya mengaku kalah.

- **to give oneself up** menyerah diri
- **to give up doing something** berhenti melakukan sesuatu ◊ _He gave up smoking._ Dia berhenti merokok.
- **to give up hope** berputus asa

giver KATA NAMA
pemberi

GLA SINGKATAN (= _Greater London Authority_)
GLA (= _Lembaga London Raya_)
> badan atau lembaga yang menjalankan pemerintahan sendiri untuk London

glad KATA ADJEKTIF
gembira
◊ _She's glad she's done it._ Dia gembira kerana dia telah melakukannya. ◊ _I'm glad you're here._ Saya gembira kerana anda ada di sini.

to **gladden** KATA KERJA
menggembirakan
◊ _The news will gladden the hearts of all animal-rights activists._ Berita itu akan menggembirakan hati semua pejuang hak asasi haiwan.

gladly KATA ADVERBA
dengan senang hati

gladness KATA NAMA
kegembiraan

glamorous KATA ADJEKTIF
penuh daya tarikan

glamour KATA NAMA
(AS **glamor**)
glamor

to **glance** KATA KERJA

glance → glow

glance
> rujuk juga **glance** KATA NAMA
> _memandang sepintas lalu_
- **to glance at something** memandang sesuatu sepintas lalu ◊ *Peter glanced at his watch.* Peter memandang jam tangannya sepintas lalu.

glance KATA NAMA
> rujuk juga **glance** KATA KERJA
> _pandangan sepintas lalu_
- **We exchanged a glance.** Kami berpandangan sepintas lalu.
- **at first glance** pada pandangan pertama

gland KATA NAMA
kelenjar

to **glare** KATA KERJA
memandang dengan marah
- **to glare at somebody** memandang seseorang dengan marah ◊ *She glared at him.* Dia memandangnya dengan marah.

glaring KATA ADJEKTIF
amat menonjol
◊ *a glaring mistake* suatu kesilapan yang amat menonjol

glass KATA NAMA
(JAMAK **glasses**)
1. _gelas_
◊ *a glass of milk* segelas susu
2. _kaca_
◊ *a glass door* pintu kaca

glasses KATA NAMA JAMAK
cermin mata

to **gleam** KATA KERJA
bersinar
◊ *Her eyes gleamed with excitement.* Matanya bersinar kerana kegembiraan.

to **glide** KATA KERJA
melayang
◊ *The aeroplane is gliding through the air.* Kapal terbang itu melayang di udara.

glider KATA NAMA
pesawat peluncur

glimmer KATA NAMA
cahaya yang samar-samar

glimpse KATA NAMA
pandangan sepintas lalu
- **to catch a glimpse of** melihat sepintas lalu ◊ *They had waited outside the hotel to catch a glimpse of their heroine.* Mereka menunggu di luar hotel itu untuk melihat wanita pujaan mereka sepintas lalu.

to **glitter** KATA KERJA
> rujuk juga **glitter** KATA NAMA
> _berkilau_

glitter KATA NAMA
> rujuk juga **glitter** KATA KERJA
> _kilauan_
◊ *The glitter of the lights along the street is very beautiful.* Kilauan lampu-lampu di sepanjang jalan itu sungguh indah.

global KATA ADJEKTIF
sejagat
◊ *on a global scale* pada skala sejagat
- **a global view** pandangan yang menyeluruh

global warming KATA NAMA
pemanasan global

globe KATA NAMA
1. _dunia_
2. _glob_

gloom KATA NAMA
kesuraman
◊ *The house was wrapped in gloom.* Rumah itu diselubungi kesuraman.
◊ *When we saw the gloom on his face we just ignored him.* Apabila kami melihat kesuraman pada wajahnya, kami tidak menegurnya.

gloomy KATA ADJEKTIF
1. _kelam_
◊ *He lives in a small gloomy flat.* Dia tinggal di sebuah rumah pangsa yang kecil lagi kelam.
2. _muram_
◊ *She's been feeling very gloomy recently.* Sejak akhir-akhir ini, dia berasa sungguh muram.

to **glorify** KATA KERJA
(**glorified, glorified**)
mengagung-agungkan
◊ *The song glorifies Western culture too much.* Lagu itu terlalu mengagung-agungkan budaya Barat.

glorious KATA ADJEKTIF
gemilang

glory KATA NAMA
(JAMAK **glories**)
kegemilangan
◊ *World Cup glory* kegemilangan Piala Dunia

glossary KATA NAMA
(JAMAK **glossaries**)
glosari

glossy KATA ADJEKTIF
berkilat

glove KATA NAMA
sarung tangan

glove compartment KATA NAMA
tempat menyimpan barang-barang kecil (di dalam kereta)

glow KATA NAMA
> rujuk juga **glow** KATA KERJA
> _warna kemerah-merahan pada kulit_
- **His face had a healthy glow.** Wajahnya kemerah-merahan kerana sihat.

to **glow** KATA KERJA
> rujuk juga **glow** KATA NAMA

bersinar
◊ *He bought a watch which glows in the dark.* Dia membeli jam tangan yang bersinar dalam gelap.

glucose KATA NAMA
glukosa

glue KATA NAMA
> rujuk juga **glue** KATA KERJA

gam atau *perekat*

to **glue** KATA KERJA
> rujuk juga **glue** KATA NAMA

melekatkan
◊ *to glue something* melekatkan sesuatu
♦ **They were glued to the television.** Mereka duduk terpaku di hadapan televisyen.

glutinous KATA ADJEKTIF
sangat melekit
♦ **glutinous rice** pulut

GM KATA ADJEKTIF (= *genetically modified*)
diubahsuai secara genetik
◊ *GM foods* makanan yang diubahsuai secara genetik

GMO SINGKATAN (= *genetically modified organism*)
GMO (= organisma yang diubahsuai secara genetik)

go KATA NAMA
> rujuk juga **go** KATA KERJA

giliran
◊ *Whose go is it?* Giliran siapa sekarang?
♦ **to have a go at doing something** mencuba melakukan sesuatu

to **go** KATA KERJA
(went, gone)
> rujuk juga **go** KATA NAMA

1 *pergi*
◊ *I'm going now.* Saya akan pergi sekarang. ◊ *Where are you going?* Anda hendak pergi ke mana?
2 *bergerak*
◊ *My car won't go.* Kereta saya tidak boleh bergerak.
♦ **to go into** masuk ke dalam ◊ *She went into the kitchen.* Dia masuk ke dalam dapur.
♦ **to go for a walk** pergi berjalan-jalan
♦ **How did the exam go?** Bagaimanakah dengan peperiksaan tadi?
♦ **I'm going to do it tomorrow.** Saya akan melakukannya esok.
♦ **It's going to be difficult.** Hal ini semestinya sukar.
♦ **He went past the shop.** Dia lalu di hadapan kedai itu.

to **go after** KATA KERJA
mengejar
◊ *Quick, go after them!* Cepat, kejar mereka!

to **go against** KATA KERJA
menentang
◊ *Ramlah always goes against her parents' wishes.* Ramlah selalu menentang kehendak ibu bapanya.

to **go ahead** KATA KERJA
meneruskan
◊ *We'll go ahead with your suggestion.* Kami akan teruskan dengan cadangan anda.

to **go around** KATA KERJA
tersebar
◊ *There are rumours going around.* Banyak khabar angin yang tersebar.

to **go away** KATA KERJA
pergi
◊ *Go away!* Pergi!

to **go back** KATA KERJA
kembali
◊ *We went back to the same place.* Kami kembali ke tempat yang sama.
♦ **He's gone back home.** Dia sudah pulang ke rumah.

to **go by** KATA KERJA
berlalu
♦ **Two policemen went by.** Dua orang polis lalu di situ.

to **go down** KATA KERJA
1 *turun*
◊ *He went down the stairs.* Dia turun dari tangga.
2 *kempis*
◊ *My tyre's gone down.* Tayar kenderaan saya kempis.
♦ **My brother's gone down with flu.** Adik saya selesema.

to **go for** KATA KERJA
menyerang
◊ *Suddenly the dog went for me.* Tiba-tiba anjing itu menyerang saya.
♦ **I don't go for it much.** Saya tidak begitu menyukainya.

to **go in** KATA KERJA
masuk
◊ *He knocked on the door and went in.* Dia mengetuk pintu lalu masuk.

to **go off** KATA KERJA
1 *pergi*
◊ *They went off after lunch.* Mereka pergi selepas makan tengah hari.
2 *meletup*
◊ *The bomb went off at 10 o'clock.* Bom itu meletup pada pukul sepuluh.
3 *berbunyi*
◊ *My alarm goes off at seven.* Jam loceng saya berbunyi pada pukul tujuh.
4 *busuk*

◊ *This food has gone off.* Makanan ini sudah busuk.
[5] _terpadam_
◊ *All the lights went off.* Semua lampu terpadam.
♦ **I've gone off that idea.** Saya sudah tidak berminat dengan idea itu lagi.

to **go on** KATA KERJA
[1] _berlaku_
◊ *What's going on?* Apakah yang sedang berlaku?
[2] _meneruskan_
◊ *He went on reading.* Dia meneruskan bacaannya.
[3] _berlangsung_
◊ *The concert went on until 11 o'clock at night.* Konsert itu berlangsung sehingga pukul sebelas malam.
♦ **to go on at somebody** meleteri seseorang ◊ *They're always going on at me.* Mereka selalu meleteri saya.
♦ **Go on!** Teruskan! ◊ *Go on, tell me what the problem is!* Teruskan, beritahu saya masalah itu!

to **go out** KATA KERJA
[1] _keluar_
◊ *They went out for a meal.* Mereka keluar makan.
♦ **Are you going out with him?** Adakah anda selalu keluar dengannya?
[2] _terpadam_
◊ *Suddenly the lights went out.* Tiba-tiba lampu terpadam.

to **go round** KATA KERJA
melawat
◊ *We want to go round the museum today.* Kami ingin melawat ke muzium hari ini.
♦ **to go round to somebody's house** berkunjung ke rumah seseorang ◊ *We're all going round to Linda's house tonight.* Kami semua akan berkunjung ke rumah Linda malam ini.
♦ **Is there enough food to go round?** Cukupkah makanan untuk semua orang?

to **go through** KATA KERJA
[1] _melalui_
◊ *We went through London to get to Brighton.* Kami melalui London untuk pergi ke Brighton.
♦ **I know what you're going through.** Saya memahami masalah yang sedang anda alami.
[2] _meneliti_
◊ *They went through the plan again.* Mereka meneliti rancangan itu sekali lagi.
♦ **Someone had gone through her things.** Ada orang telah menggeledah barang-barangnya.

[3] (sukan) _memasuki_
◊ *to go through to the next round* memasuki pusingan seterusnya

to **go up** KATA KERJA
naik
◊ *The price has gone up.* Harganya telah naik.
♦ **She went up the stairs.** Dia menaiki tangga.
♦ **to go up in flames** terbakar

to **go with** KATA KERJA
sesuai
◊ *Does this blouse go with that skirt?* Adakah baju ini sesuai dengan skirt itu?

goal KATA NAMA
[1] _gol_
◊ *He scored the first goal.* Dia menjaringkan gol yang pertama.
[2] _matlamat_
◊ *His goal is to become the world champion.* Matlamatnya adalah untuk menjadi juara dunia.

goalkeeper KATA NAMA
penjaga gol

goalpost KATA NAMA
tiang gol

goat KATA NAMA
kambing
♦ **goat's cheese** keju yang diperbuat daripada susu kambing

to **gobble up** KATA KERJA
membaham
◊ *a tiger that might gobble you up* seekor harimau yang mungkin membaham anda

god KATA NAMA
tuhan
◊ *I believe in God.* Saya percaya akan Tuhan.

> Perkataaan **god** dan **tuhan** bermula dengan huruf besar sekiranya merujuk kepada tuhan dalam agama Yahudi, Kristian dan Islam.

goddaughter KATA NAMA
anak angkat (perempuan)

goddess KATA NAMA
(JAMAK **goddesses**)
dewi

godfather KATA NAMA
bapa angkat

godmother KATA NAMA
emak angkat

godson KATA NAMA
anak angkat (lelaki)

goggles KATA NAMA JAMAK
gogal

gold KATA NAMA
emas

golden KATA ADJEKTIF

goldfish → GP

berwarna keemasan
◊ *golden hair* rambut yang berwarna keemasan
• **a golden opportunity** peluang keemasan

goldfish KATA NAMA
(JAMAK **goldfish**)
ikan emas

gold-plated KATA ADJEKTIF
bersalut emas

goldsmith KATA NAMA
tukang emas

golf KATA NAMA
golf
• **a golf club (1)** kayu golf
• **a golf club (2)** kelab golf
• **a golf course** padang golf

gone KATA KERJA *rujuk* **go**

good KATA ADJEKTIF
1 *baik*
◊ *It's a very good film.* Filem itu amat baik. ◊ *They were very good to me.* Mereka cukup baik terhadap saya.
• **Be good!** Jangan nakal!
• **The soup is very good here.** Sup di sini sangat sedap.
2 *baik hati*
◊ *That's very good of you.* Anda sungguh baik hati.
• **Have a good journey!** Selamat jalan!
• **Good!** Bagus!
• **Good morning!** Selamat pagi!
• **I'm feeling really good today.** Saya berasa sangat gembira hari ini.
• **to be good for somebody** baik untuk seseorang ◊ *Vegetables are good for you.*
• **Jane's very good at Maths.** Jane sangat mahir dalam Matematik.
• **for good** buat selamanya ◊ *One day he left for good.* Pada suatu hari, dia telah meninggalkan mereka buat selamanya.
• **It's no good complaining.** Tidak ada gunanya merungut.

goodbye KATA SERUAN
selamat tinggal

Good Friday KATA NAMA
Good Friday
Good Friday jatuh pada hari Jumaat sebelum hari Easter.

good-looking KATA ADJEKTIF
kacak

good-natured KATA ADJEKTIF
baik hati

goodness KATA NAMA
kebaikan

goods KATA NAMA JAMAK
barangan
◊ *They sell a wide range of goods.* Mereka menjual pelbagai jenis barangan.
• **a goods train** kereta api barang

goose KATA NAMA
(JAMAK **geese**)
angsa

gooseberry KATA NAMA
(JAMAK **gooseberries**)
buah kecil berwarna hijau yang mempunyai rasa yang kuat

to **gore** KATA KERJA
menanduk
◊ *The boy was gored by a bull.* Budak lelaki itu ditanduk oleh seekor lembu jantan.

gorgeous KATA ADJEKTIF
sungguh cantik
◊ *She's gorgeous!* Dia sungguh cantik!
• **The weather was gorgeous.** Cuaca sangat baik.

gorilla KATA NAMA
gorila

gospel KATA NAMA
gospel
satu bahagian dalam kitab Bible

gossip KATA NAMA
rujuk juga **gossip** KATA KERJA
1 *gosip*
◊ *Tell me the gossip!* Beritahu saya gosip itu!
2 *pengumpat*
◊ *What a gossip!* Dia itu memang pengumpat!

to **gossip** KATA KERJA
rujuk juga **gossip** KATA NAMA
bergosip
◊ *They were always gossiping.* Mereka selalu bergosip.

got KATA KERJA *rujuk* **get**

got KATA KERJA
• **to have got** mempunyai ◊ *Have you got any ideas?* Apakah anda mempunyai sebarang idea?
• **to have got to do something** perlu melakukan sesuatu ◊ *I've got to tell him.* Saya perlu memberitahunya.

to **govern** KATA KERJA
memerintah
◊ *They were unfit to govern the country.* Mereka tidak layak untuk memerintah negara itu.

governance KATA NAMA
tatanegara

government KATA NAMA
kerajaan

governor KATA NAMA
gabenor

gown KATA NAMA
gaun

GP KATA NAMA (= *general practitioner*)

doktor

to grab KATA KERJA
menyambar
◊ *He grabbed my arm.* Dia menyambar tangan saya.

grace KATA NAMA
gaya yang menarik
◊ *He moved with the grace of a trained boxer.* Dia bergerak dengan gaya yang menarik seperti seorang peninju terlatih.

graceful KATA ADJEKTIF
lemah lembut

to grade KATA KERJA
| rujuk juga **grade** KATA NAMA |
menggredkan

grade KATA NAMA
| rujuk juga **grade** KATA KERJA |
gred
◊ *He got good grades in his exams.* Dia mendapat gred yang baik dalam peperiksaannya.

gradient KATA NAMA
kecerunan

gradual KATA ADJEKTIF
beransur-ansur

gradually KATA ADVERBA
secara beransur-ansur

graduate KATA NAMA
| rujuk juga **graduate** KATA KERJA |
1 *siswazah*
2 *lepasan* (*sekolah menengah di AS*)
◊ *a high school graduate* lepasan sekolah menengah

to graduate KATA KERJA
| rujuk juga **graduate** KATA NAMA |
berijazah
◊ *She graduated last year.* Dia berijazah pada tahun lepas.
♦ *She graduated in English from Manchester University.* Dia memperoleh ijazah dalam bahasa Inggeris daripada Universiti Manchester.

graffiti KATA NAMA JAMAK
contengan

graft KATA NAMA
| rujuk juga **graft** KATA KERJA |
graf (*kulit, dll yang menggantikan bahagian yang rosak melalui pembedahan*)

to graft KATA KERJA
| rujuk juga **graft** KATA NAMA |
mengacukkan
◊ *They grafted the two plants together to obtain fruit of better quality.* Mereka mengacukkan dua tumbuhan itu untuk mendapatkan buah yang lebih berkualiti.

grain KATA NAMA
1 *butir*
◊ *a grain of rice* sebutir nasi
2 *bijirin*
◊ *She only eats grain and pulses.* Dia cuma makan bijirin dan kekacang.

gram KATA NAMA
gram

grammar KATA NAMA
tatabahasa
◊ *a grammar exercise* latihan tatabahasa

grammar school KATA NAMA
sekolah khas untuk kanak-kanak berumur antara sebelas dan lapan belas tahun yang mempunyai kebolehan akademik yang tinggi

grammatical KATA ADJEKTIF
tatabahasa
◊ *grammatical errors* kesalahan tatabahasa

gramme KATA NAMA
gram

gramophone KATA NAMA
gramofon

grand KATA ADJEKTIF
besar lagi indah
◊ *Her house is very grand.* Rumahnya sangat besar lagi indah.

grandchildren KATA NAMA JAMAK
cucu

granddad KATA NAMA
datuk

granddaughter KATA NAMA
cucu (*perempuan*)

grandfather KATA NAMA
datuk

grandma KATA NAMA
nenek

grandmother KATA NAMA
nenek

grandpa KATA NAMA
datuk

grandparents KATA NAMA JAMAK
datuk dan nenek

grandson KATA NAMA
cucu (*lelaki*)

granny KATA NAMA
(JAMAK **grannies**)
nenek

grant KATA NAMA
| rujuk juga **grant** KATA KERJA |
bantuan kewangan

to grant KATA KERJA
| rujuk juga **grant** KATA NAMA |
1 *memberikan*
◊ *to grant independence* memberikan kemerdekaan
2 *memenuhi*
◊ *He granted their request to hold a concert.* Beliau memenuhi permintaan mereka untuk mengadakan sebuah

grape KATA NAMA
anggur

grapefruit KATA NAMA
limau gedang

graph KATA NAMA
graf

graphic KATA NAMA
grafik

to **grasp** KATA KERJA
> rujuk juga **grasp** KATA NAMA

menggenggam

grasp KATA NAMA
> rujuk juga **grasp** KATA KERJA

genggaman
◊ Danielle tried to free the bag from my grasp. Danielle cuba melepaskan beg itu daripada genggaman saya.

grass KATA NAMA
(JAMAK **grasses**)
rumput
◊ The grass is long. Rumput itu panjang. ◊ "Keep off the grass" "Jangan pijak rumput"

grasshopper KATA NAMA
belalang

grassy KATA ADJEKTIF
berumput

to **grate** KATA KERJA
memarut
♦ **grated cheese** keju parut

grateful KATA ADJEKTIF
berterima kasih

grater KATA NAMA
pemarut

gratitude KATA NAMA
kesyukuran
◊ He expressed his gratitude for the successful operation. Dia menyatakan kesyukurannya kerana pembedahan itu berjalan lancar.
♦ **I wish to express my gratitude to Kathy Davis for her help.** Saya ingin mengucapkan rasa terima kasih saya kepada Kathy Davis kerana bantuan beliau.

grave KATA NAMA
kubur

gravel KATA NAMA
kerikil

graveyard KATA NAMA
tanah perkuburan

gravity KATA NAMA
graviti

gravy KATA NAMA
kuah

gray KATA ADJEKTIF
kelabu

to **graze** KATA KERJA
meragut rumput
◊ Cows are grazing in the field. Lembu-lembu sedang meragut rumput di padang.
♦ **They grazed their arms and legs in the fight.** Kaki dan tangan mereka tergesel akibat daripada pergelutan itu.

grease KATA NAMA
1. *minyak* (pada rambut, kulit)
2. *gris* (untuk kereta, mesin)

greaseproof paper KATA NAMA
kertas minyak

greasy KATA ADJEKTIF
berminyak
◊ The food was very greasy. Makanan itu amat berminyak. ◊ He has greasy hair. Dia mempunyai rambut yang berminyak.

great KATA ADJEKTIF
1. *bagus*
♦ **That's great!** Bagus!
2. *besar*
◊ a great oak tree sebatang pokok oak yang besar
3. *agung*
◊ a great warrior pahlawan yang agung
♦ **a greatest hits album** album lagu-lagu popular

Great Britain KATA NAMA
Great Britain

great-grandfather KATA NAMA
moyang (lelaki)

great-grandmother KATA NAMA
moyang (perempuan)

greatly KATA ADVERBA
sangat
◊ The suffering of the people there moved me greatly. Penderitaan penduduk di situ sangat mengharukan perasaan saya.
♦ **a greatly respected leader** pemimpin yang disanjung tinggi

Greece KATA NAMA
negara Greece

greed KATA NAMA
ketamakan

greedily KATA ADVERBA
dengan lahap
◊ He ate greedily. Dia makan dengan lahap.

greedy KATA ADJEKTIF
1. *gelojoh*
◊ Don't be greedy, you've already had three doughnuts. Jangan gelojoh, anda sudah makan tiga biji donat.
2. *tamak*
◊ She is greedy and selfish. Dia seorang yang tamak dan mementingkan diri sendiri.

Greek KATA ADJEKTIF

Greek → grip

> rujuk juga **Greek** KATA NAMA

Greece
◊ *the Greek army* angkatan tentera Greece
• **She's Greek.** Dia berbangsa Greek.

Greek KATA NAMA

> rujuk juga **Greek** KATA ADJEKTIF

① *orang Greek*
◊ *the Greeks* orang Greek
② *bahasa Greek*

green KATA ADJEKTIF

> rujuk juga **green** KATA NAMA

hijau
◊ *a green car* kereta berwarna hijau
◊ *a green light* lampu hijau
• **the Green Party** parti politik yang mementingkan isu-isu alam sekitar

green KATA NAMA

> rujuk juga **green** KATA ADJEKTIF

hijau
◊ *a dark green* hijau tua
• **greens** sayur-sayuran

greenfield KATA ADJEKTIF
kosong
◊ *greenfield land* tanah kosong

> tanah yang belum digunakan untuk pembinaan

greengrocer's KATA NAMA
penjual sayur dan buah-buahan

greenhouse KATA NAMA
rumah kaca atau *rumah hijau*
• **the greenhouse effect** kesan rumah hijau

greenish KATA ADJEKTIF
kehijauan
◊ *greenish eyes* mata yang kehijauan

to **greet** KATA KERJA
① *menyambut*
◊ *He greeted me with a kiss.* Dia menyambut saya dengan satu ciuman.
② *menegur*

greetings KATA NAMA JAMAK
salam
◊ *Greetings from London!* Salam dari London!
• **Season's greetings** Selamat Hari Krismas dan Tahun Baru (*pada kad ucapan*)

greetings card KATA NAMA
kad ucapan

grew KATA KERJA rujuk **grow**

grey KATA ADJEKTIF
kelabu
◊ *They wore grey suits.* Mereka memakai sut kelabu.
• **He's going grey.** Rambutnya semakin memutih.
• **grey hair** uban

grey-haired KATA ADJEKTIF
beruban

greyhound KATA NAMA
anjing greyhound

greyish KATA ADJEKTIF
(AS **grayish**)
kekelabu-kelabuan
◊ *greyish green* hijau kekelabu-kelabuan

grid KATA NAMA
grid

grief KATA NAMA
kesedihan

to **grieve** KATA KERJA
berduka
◊ *I didn't have any time to grieve.* Saya tidak ada masa untuk berduka.
• **I was grieved to see the old woman's condition.** Saya sedih melihat keadaan wanita tua itu.

grievous KATA ADJEKTIF
① *amat serius*
◊ *a very grievous mistake* kesilapan yang teramat serius
② *teruk*
◊ *grievous injuries* kecederaan teruk

grill KATA NAMA

> rujuk juga **grill** KATA KERJA

① *jeriji* (pada pintu dan tingkap)
② *gril* (untuk memasak, memanggang)
• **a mixed grill** gril aneka

to **grill** KATA KERJA

> rujuk juga **grill** KATA NAMA

memanggang
• **grilled fish** ikan bakar
• **grilled chicken** ayam panggang

grille KATA NAMA
kekisi
◊ *They fix grilles to all the windows in the house.* Mereka memasang kekisi pada semua tingkap di rumah itu.

grim KATA ADJEKTIF
suram
◊ *The outskirts of the city are very grim.* Keadaan di pinggir bandar itu amat suram.

to **grin** KATA KERJA

> rujuk juga **grin** KATA NAMA

tersenyum lebar
◊ *Dave grinned at me.* Dave tersenyum lebar pada saya.

grin KATA NAMA

> rujuk juga **grin** KATA KERJA

senyuman lebar

to **grind** KATA KERJA
(**ground, ground**)
mengisar (*kopi, lada, daging, dll*)

grinder KATA NAMA
① *pengisar*
② *pencanai*

to **grip** KATA KERJA

English ~ Malay — gripping → gruesome

menggenggam

gripping KATA ADJEKTIF
mempesona

grit KATA NAMA
batu halus

to groan KATA KERJA
> rujuk juga **groan** KATA NAMA

mengerang
◊ *He groaned with pain.* Dia mengerang kesakitan.

groan KATA NAMA
> rujuk juga **groan** KATA KERJA

keluhan

grocer KATA NAMA
1. *peruncit*
2. *kedai runcit*

groceries KATA NAMA JAMAK
barang-barang runcit
◊ *I'll get some groceries.* Saya akan membeli sedikit barang-barang runcit.

grocer's KATA NAMA
kedai runcit

groom KATA NAMA
> rujuk juga **groom** KATA KERJA

pengantin lelaki
◊ *the groom and his best man* pengantin lelaki dan pengapitnya

to groom KATA KERJA
> rujuk juga **groom** KATA NAMA

memberus dan membersihkan
◊ *The horses were groomed.* Kuda-kuda itu diberus dan dibersihkan.
* **He was groomed for the post of Chairman of that company.** Dia dilatih untuk memegang jawatan Pengerusi syarikat itu.

to grope KATA KERJA
meraba-raba
* **to grope for something** meraba-raba mencari sesuatu ◊ *He groped for the light switch.* Dia meraba-raba mencari suis lampu.

gross KATA ADJEKTIF
1. *menjijikkan*
* **That's gross!** Menjijikkan!
2. *kasar*
◊ *gross income* pendapatan kasar

grossly KATA ADVERBA
amat
◊ *It's grossly unfair.* Itu amat tidak adil.
◊ *We're grossly underpaid.* Kami dibayar gaji yang amat rendah.

ground KATA NAMA
> rujuk juga **ground** KATA KERJA

1. *tanah*
◊ *The ground's wet.* Tanah basah.
2. *padang*
◊ *a football ground* padang bola sepak
3. *sebab*

◊ *We've got grounds for complaint.* Kami mempunyai sebab untuk membuat aduan.

ground KATA KERJA *rujuk* **grind**
> rujuk juga **ground** KATA NAMA

ground coffee KATA NAMA
kopi kisar

ground floor KATA NAMA
tingkat satu (rujuk **floor**)

groundless KATA ADJEKTIF
tidak berasas

group KATA NAMA
kumpulan

to grow KATA KERJA
(grew, grown)
1. *membesar*
* **Haven't you grown!** Kamu sudah besar sekarang!
2. *bertambah*
◊ *The number of unemployed has grown.* Bilangan penganggur telah bertambah.
3. *menanam*
◊ *He grew vegetables in his garden.* Dia menanam sayur-sayuran di tamannya.
* **He's grown out of his jacket.** Jaketnya sudah tidak muat lagi untuknya.
* **to grow a beard** menyimpan janggut

to grow up KATA KERJA
dibesarkan
◊ *I grew up in Rome.* Saya dibesarkan di Rom.
* **Oh, grow up!** Cubalah matang sikit!

to growl KATA KERJA
menggeram

grown KATA KERJA *rujuk* **grow**

growth KATA NAMA
1. *pertumbuhan*
◊ *economic growth* pertumbuhan ekonomi
2. *ketumbuhan*

grub KATA NAMA
1. (ulat) *lundi*
2. (tidak formal) *makanan*

grubby KATA ADJEKTIF
comot
◊ *The kids came back with grubby faces.* Kanak-kanak itu pulang dengan muka yang comot.

grudge KATA NAMA
dendam
◊ *to bear a grudge against somebody* menyimpan dendam terhadap seseorang
* **He's always had a grudge against me.** Dia sememangnya berdendam dengan saya.

gruesome KATA ADJEKTIF
mengerikan

grumble → guilty

to **grumble** KATA KERJA
merungut
◊ *I shouldn't grumble about Harry.* Saya tidak patut merungut tentang Harry.

grumbler KATA NAMA
perungut

grumpy KATA ADJEKTIF
perengus
◊ *a grumpy person* seorang yang perengus

GSM SINGKATAN (= *Global System for Mobile Communications*)
GSM (= *Sistem Global untuk Komunikasi Mudah Alih*)

to **guarantee** KATA KERJA
rujuk juga **guarantee** KATA NAMA
menjamin
◊ *I can't guarantee he'll come.* Saya tidak dapat menjamin bahawa dia akan datang.

guarantee KATA NAMA
rujuk juga **guarantee** KATA KERJA
jaminan
◊ *a five-year guarantee* jaminan selama lima tahun
♦ **It's still under guarantee.** Barang ini masih berada dalam tempoh jaminan.

guarantor KATA NAMA
penjamin

to **guard** KATA KERJA
rujuk juga **guard** KATA NAMA
mengawal
◊ *The police were guarding the entrance.* Pihak polis sedang mengawal pintu masuk.

guard KATA NAMA
rujuk juga **guard** KATA KERJA
pengawal
◊ *a security guard* pengawal keselamatan

guard dog KATA NAMA
anjing pengawal

guardian KATA NAMA
penjaga

guard of honour KATA NAMA
barisan kehormat

guava KATA NAMA
jambu batu

guerrilla KATA NAMA
gerila

to **guess** KATA KERJA
rujuk juga **guess** KATA NAMA
meneka
◊ *Can you guess what it is?* Bolehkah anda meneka benda itu?
♦ **to guess wrong** membuat tekaan yang silap
♦ **Guess what!** Kamu tahu?

guess KATA NAMA
(JAMAK **guesses**)
rujuk juga **guess** KATA KERJA
tekaan
◊ *It's just a guess.* Itu cuma satu tekaan.
♦ **Have a guess!** Cuba teka!

guest KATA NAMA
tetamu
◊ *We have guests staying with us.* Ada tetamu yang tinggal bersama kami.

guesthouse KATA NAMA
rumah tetamu

guidance KATA NAMA
bimbingan
◊ *The performance of the students improved under his guidance.* Prestasi pelajar meningkat di bawah bimbingannya.

guide KATA NAMA
rujuk juga **guide** KATA KERJA
[1] *buku panduan*
◊ *We bought a guide to Singapore.* Kami membeli sebuah buku panduan untuk melawat ke Singapura.
[2] *pemandu pelancong*
◊ *The guide showed us around the castle.* Pemandu pelancong itu membawa kami melihat sekeliling istanakota itu.
[3] *pembimbing*
♦ **Girl Guide** Pandu Puteri

to **guide** KATA KERJA
rujuk juga **guide** KATA NAMA
[1] *membawa*
◊ *He guided us through tombs and temples.* Dia membawa kami ke makam dan kuil.
[2] *membimbing*
◊ *Parents are responsible for teaching and guiding their children at home.* Ibu bapa bertanggungjawab mendidik dan membimbing anak-anak di rumah.

guidebook KATA NAMA
buku panduan

guided missile KATA NAMA
peluru berpandu

guide dog KATA NAMA
anjing pemandu

guideline KATA NAMA
garis panduan

guilt KATA NAMA
perasaan bersalah

guilty KATA ADJEKTIF
bersalah
◊ *She was found guilty.* Dia didapati bersalah. ◊ *He felt guilty about lying to Hannah.* Dia berasa bersalah kerana menipu Hannah.
♦ **He has a guilty conscience.** Dia berasa bersalah.

guinea pig KATA NAMA

1 *tikus belanda*
◊ *She's got a guinea pig.* Dia memelihara seekor tikus belanda.

2 *bahan kajian*
◊ *Dr Rogers used himself as a human guinea pig to test the new drugs.* Dr. Roger menjadikan dirinya sendiri sebagai bahan kajian untuk menguji ubat yang baru itu.

guitar KATA NAMA
gitar

guitarist KATA NAMA
pemain gitar

gulf KATA NAMA
teluk

gulp KATA NAMA
teguk
◊ *a few gulps of water* beberapa teguk air

to **gulp down** KATA KERJA
1 *meneguk* (air)
◊ *Imran gulped down three glasses of water after running 10 kilometres.* Imran meneguk tiga gelas air setelah berlari sejauh 10 kilometer.
2 *terus menelan* (makanan, dll)

gum KATA NAMA
1 *gula-gula getah*
2 *gam*
♦ **gums** gusi

gummy KATA ADJEKTIF
bergetah
◊ *The fruit is gummy.* Buah itu bergetah.

gun KATA NAMA
pistol

gunman KATA NAMA
(JAMAK **gunmen**)
penjenayah yang bersenjata api

gunpoint KATA NAMA
♦ **at gunpoint** diancam dengan senjata api

gunshot KATA NAMA
das tembakan
◊ *I heard the gunshot when I was sleeping.* Saya mendengar das tembakan itu ketika sedang tidur.

to **gush** KATA KERJA
berpancaran
◊ *Water gushed out of the pipe when a car ran into it.* Air dari paip itu berpancaran keluar apabila dilanggar oleh sebuah kereta.

gust KATA NAMA
angin kencang yang bertiup dengan tiba-tiba
♦ **a gust of wind** angin kencang yang bertiup dengan tiba-tiba

guts KATA NAMA JAMAK
1 *isi perut*
2 *keberanian*
♦ **He's certainly got guts.** Dia memang berani.
♦ **I hate his guts.** (*tidak formal*) Saya benci akan dia.

guy KATA NAMA
(*tidak formal*)
lelaki
◊ *Who's that guy?* Siapakah lelaki itu?
◊ *He's a nice guy.* Dia seorang lelaki yang baik.

gym KATA NAMA
gimnasium
◊ *I go to the gym every day.* Saya pergi ke gimnasium setiap hari.
♦ **gym classes** kelas gimnasium

gymnasium KATA NAMA
gimnasium

gymnast KATA NAMA
ahli gimnastik

gymnastics KATA NAMA
gimnastik

gypsy KATA NAMA
(JAMAK **gypsies**)
gipsi

H

habit KATA NAMA
① *tabiat*
② *amalan*
◊ *Saving money is a good habit.* Menabung merupakan amalan yang baik.

habitual KATA ADJEKTIF
① *kebiasaan*
◊ *If bad posture becomes habitual, you risk long-term effects.* Jika postur yang tidak baik dijadikan kebiasaan, anda boleh mendapat kesan jangka panjang.
② *selalu*
◊ *a habitual daydreamer* orang yang selalu berangan-angan ◊ *habitual criminals* orang yang selalu melakukan jenayah
• **a habitual liar** pembohong

to **hack** KATA KERJA
① *menetak*
◊ *Some were hacked to death with machetes.* Sesetengahnya ditetak sehingga mati dengan golok.
• **We undertook the task of hacking our way through the jungle.** Kami mengambil tugas menebas jalan untuk melalui hutan tersebut.
② *menceroboh* (ke dalam sistem komputer)

hacker KATA NAMA
(komputer)
① *penceroboh*
② *kutu komputer*

had KATA KERJA *rujuk* **have**

haddock KATA NAMA
(JAMAK **haddock**)
ikan hadok

hadn't = **had not**

to **haggle** KATA KERJA
tawar-menawar
◊ *"No haggling"* "Tidak boleh tawar-menawar"

to **hail** KATA KERJA
rujuk juga **hail** KATA NAMA
menyanjung
◊ *He has been hailed as the greatest writer of his generation.* Dia disanjung sebagai penulis yang paling hebat pada zamannya.
• **It started to hail.** Hujan batu mulai turun.
• **to hail from** berasal dari ◊ *I hail from Seremban.* Saya berasal dari Seremban.

hail KATA NAMA
rujuk juga **hail** KATA KERJA
hujan batu

hair KATA NAMA
① *rambut*
◊ *She's got long hair.* Rambutnya panjang.
② *bulu*

◊ *I'm allergic to cat hair.* Saya alah pada bulu kucing.
• **to have one's hair cut** menggunting rambut
• **grey hair** uban
• **to brush one's hair** memberus rambut
• **to wash one's hair** mencuci rambut
• **to feel one's hair stand on end** terasa seram ◊ *Every time he passes the house he feels his hair stand on end.* Setiap kali dia lalu di hadapan rumah itu dia terasa seram.

hairbrush KATA NAMA
(JAMAK **hairbrushes**)
berus rambut

haircut KATA NAMA
potongan rambut
• **You need a haircut.** Anda perlu menggunting rambut.
• **to have a haircut** menggunting rambut

hairdresser KATA NAMA
pendandan rambut
◊ *He's a hairdresser.* Dia seorang pendandan rambut.
• **at the hairdresser's** di kedai mendandan rambut

hair dryer KATA NAMA
pengering rambut

hair gel KATA NAMA
gel rambut

hairgrip KATA NAMA
sepit rambut

hair spray KATA NAMA
penyembur rambut

hairstyle KATA NAMA
fesyen rambut

hairy KATA ADJEKTIF
berbulu
◊ *He's very hairy.* Badannya berbulu lebat.
• **He's got hairy legs.** Kakinya berbulu lebat.

half KATA NAMA
(JAMAK **halves**)
rujuk juga **half** KATA ADJEKTIF
separuh
◊ *half of the cake* separuh daripada kek itu
• **to cut something in half** memotong dua sesuatu
• **One and two halves, please.** Tolong beri saya satu tiket dewasa dan dua tiket kanak-kanak.
• **two and a half** dua setengah
• **half a kilo** setengah kilo
• **half an hour** setengah jam
• **half past ten** pukul sepuluh setengah

half KATA ADJEKTIF, KATA ADVERBA
rujuk juga **half** KATA NAMA

setengah
◊ *a half chicken* setengah ekor ayam
- **They were half drunk.** Mereka separuh mabuk.
- **She was half asleep.** Dia separuh lelap.

half-hearted KATA ADJEKTIF
tidak bersungguh-sungguh
◊ *half-hearted efforts* usaha yang tidak bersungguh-sungguh

half-heartedly KATA ADVERBA
dengan tidak bersungguh-sungguh
◊ *He did his job half-heartedly.* Dia menjalankan kerjanya dengan tidak bersungguh-sungguh.

half-price KATA ADJEKTIF, KATA ADVERBA
separuh harga
◊ *I bought it half-price.* Saya membeli barang itu pada separuh harga.

half-term KATA NAMA
cuti pertengahan penggal

> Di Britain, **half-term** merupakan cuti pendek di tengah-tengah satu penggal sekolah.

half-time KATA NAMA
separuh masa (*masa rehat dalam permainan*)

halfway KATA ADVERBA
1 *pertengahan jalan*
◊ *Reading is halfway between Oxford and London.* Reading terletak di pertengahan jalan di antara Oxford dengan London.
2 *separuh jalan*
◊ *He left halfway through the film.* Dia pergi apabila filem itu sampai separuh jalan.

hall KATA NAMA
1 *ruang depan*

> Di kebanyakan rumah di Britain, **hall** ialah ruang yang kelihatan sebaik sahaja anda melalui pintu depan dan masuk ke dalam rumah.

2 *dewan*
◊ *a lecture hall* dewan kuliah ◊ *a concert hall* dewan konsert
- **village hall** balai raya
3 🆉 *koridor*
◊ *the room across the hall* bilik di seberang koridor

hall of residence KATA NAMA
asrama

Hallowe'en KATA NAMA
Halloween

> **Hallowe'en** ialah waktu malam 31 Oktober. Mengikut tradisi, hantu dan ahli sihir dikatakan dapat dilihat pada waktu itu.

hallucination KATA NAMA
halusinasi
◊ *Hallucinations are common among patients who have suffered brain damage.* Halusinasi merupakan perkara biasa bagi pesakit yang mengalami kecederaan otak.

hallway KATA NAMA
1 *koridor*
2 *ruang depan* (*di dalam rumah atau bangunan lain*)

halt KATA NAMA
berhenti
- **to come to a halt** terhenti ◊ *Her political career came to a halt in 1999.* Kerjaya politiknya terhenti pada tahun 1999.

halting KATA ADJEKTIF
tertahan-tahan
◊ *May related her sad story in a halting voice.* May menceritakan kisahnya yang sedih dengan suara yang tertahan-tahan.

halves KATA NAMA JAMAK *rujuk* **half**

ham KATA NAMA
ham

> merujuk kepada daging daripada bahagian atas kaki belakang khinzir yang diproses supaya dapat disimpan untuk jangka masa yang panjang

hamburger KATA NAMA
hamburger

hammer KATA NAMA
tukul

to **hamper** KATA KERJA

> *rujuk juga* **hamper** KATA NAMA

menghalang
◊ *The bad weather hampered rescue operations.* Cuaca buruk menghalang operasi menyelamat.

hamper KATA NAMA

> *rujuk juga* **hamper** KATA KERJA

hamper

hamster KATA NAMA
hamster

hand KATA NAMA

> *rujuk juga* **hand** KATA KERJA

1 *tangan*
2 *jarum* (*pada jam*)
- **to give someone a hand** menolong seseorang ◊ *Can you give me a hand?* Bolehkah anda menolong saya?
- **on the one hand..., on the other hand...** dari satu segi..., sebaliknya...

to **hand** KATA KERJA

> *rujuk juga* **hand** KATA NAMA

memberikan
◊ *He handed me the book.* Dia memberikan buku itu kepada saya.

to **hand in** KATA KERJA
menyerahkan
◊ *Martin handed in his exam paper.*

Martin menyerahkan kertas peperiksaannya.

to **hand on** KATA KERJA
menyerahkan
◊ *His car will be handed on to his successor.* Keretanya akan diserahkan kepada penggantinya.

to **hand out** KATA KERJA
memberikan
◊ *The teacher handed out the books.* Guru itu memberikan buku-buku tersebut.

to **hand over** KATA KERJA
menyerahkan
◊ *She handed the keys over to me.* Dia menyerahkan kunci-kunci itu kepada saya.

handbag KATA NAMA
beg tangan

handball KATA NAMA
bola baling

handbook KATA NAMA
buku panduan

handbrake KATA NAMA
brek tangan

to **handcuff** KATA KERJA
menggari
◊ *The police grabbed Julie's wrists and handcuffed her.* Polis itu menarik pergelangan tangan Julie dan menggarinya.

handcuffs KATA NAMA JAMAK
gari

handful KATA NAMA
genggam
◊ *a handful of rice* segenggam nasi
♦ **He surveyed the handful of customers at the bar.** Dia meninjau sebilangan kecil pelanggan di bar itu.

handicap KATA NAMA
kecacatan
◊ *He learned to overcome his handicap.* Dia belajar mengatasi kecacatannya.

handicapped KATA ADJEKTIF
cacat

handicraft KATA NAMA
kraf tangan

handkerchief KATA NAMA
(JAMAK **handkerchieves**)
sapu tangan

handle KATA NAMA

rujuk juga **handle** KATA KERJA

1. *pemegang* (pada pintu, beg bimbit)
2. *telinga* (pada cawan)
3. *tangkai* (pada periuk)
4. *hulu* (pada pisau)

to **handle** KATA KERJA

rujuk juga **handle** KATA NAMA

1. *mengawal*
◊ *It was a difficult situation, but he handled it well.* Keadaan itu agak sukar, tetapi dia mengawalnya dengan baik.
2. *mengendalikan*
◊ *Kath handled the travel arrangements.* Kath mengendalikan persiapan perjalanan itu.
3. *menjaga*
◊ *She's good at handling children.* Dia pandai menjaga kanak-kanak.
♦ **"handle with care"** "mudah pecah"

handlebars KATA NAMA JAMAK
hendal

handmade KATA ADJEKTIF
buatan tangan

handover KATA NAMA
penyerahan

hands-free KATA ADJEKTIF
bebas tangan
♦ **hands-free kit** alat bebas tangan

handsome KATA ADJEKTIF
tampan
◊ *My father's very handsome.* Ayah saya sungguh tampan.

handwriting KATA NAMA
tulisan tangan
◊ *His handwriting is terrible.* Tulisan tangannya teruk.

handy KATA ADJEKTIF
1. *berguna*
◊ *This knife's very handy.* Pisau ini sangat berguna.
2. *dekat dengan*
◊ *Have you got a pen handy?* Apakah anda mempunyai sebatang pen dekat dengan anda?

to **hang** KATA KERJA
(**hung, hung**)
1. *menggantungkan*
◊ *Mike hung the painting on the wall.* Mike menggantungkan lukisan itu pada dinding.
2. *tergantung*
◊ *There was a bulb hanging from the ceiling.* Ada sebiji lampu mentol tergantung pada siling.
3. *menggantung*
> Gunakan **hanged** bagi kala lepas untuk maksud ini.

◊ *In the past criminals were hanged.* Pada masa lalu, penjenayah akan digantung.

to **hang around** KATA KERJA
melepak
◊ *On Saturdays we hang around in the park.* Pada hari Sabtu, kami melepak di taman.

to **hang on** KATA KERJA
tunggu
◊ *Hang on a minute please.* Tolong tunggu sekejap.

English ~ Malay — hang up → hardworking

to **hang up** KATA KERJA
1. *menggantungkan*
   ◊ *He hangs up his jacket in the cupboard.* Dia menggantungkan jaketnya di dalam almari.
2. *meletakkan gagang telefon*
   ◊ *Don't hang up!* Jangan letakkan gagang telefon! ◊ *Everytime I phone him, he hangs up on me.* Setiap kali saya menelefonnya, dia meletakkan gagang telefon.

hanger KATA NAMA
penyangkut

hang-gliding KATA NAMA
luncur angin
◊ *to go hang-gliding* pergi bermain luncur angin

hangover KATA NAMA
rasa sakit kepala kerana minum terlalu banyak minuman keras
◊ *I woke up with a hangover.* Saya bangun dengan rasa sakit kepala kerana minum terlalu banyak minuman keras.

hank KATA NAMA
unting (untuk tali)

to **happen** KATA KERJA
terjadi
◊ *What happened?* Apakah yang terjadi?
♦ **As it happens, I do know him.** Secara kebetulan, saya memang mengenalinya.
♦ **Do you happen to know if she's at home?** Apakah anda tahu sama ada dia berada di rumah atau tidak?

happily KATA ADVERBA
1. *dengan gembira*
   ◊ *"Don't worry!" he said happily.* "Jangan bimbang!" dia berkata dengan gembira.
2. *bahagia*
   ◊ *And they lived happily ever after.* Mereka pun hidup bahagia selama-lamanya.
♦ **He's happily married.** Dia sudah berumah tangga dan hidup bahagia.
3. *mujurlah*
   ◊ *Happily, everything went well.* Mujurlah, semuanya berjalan lancar.

happiness KATA NAMA
1. *kegembiraan*
2. *kebahagiaan (mendapat kepuasan dalam hidup)*

happy KATA ADJEKTIF
gembira
◊ *Janet looks happy.* Janet kelihatan gembira.
♦ **to be happy with something** berpuas hati dengan sesuatu ◊ *I'm very happy with your work.* Saya amat berpuas hati dengan kerja anda.
♦ **Happy birthday!** Selamat hari jadi!
♦ **a happy ending** kisah yang berakhir dengan kegembiraan

harbour KATA NAMA
(AS **harbor**)
pelabuhan

hard KATA ADJEKTIF, KATA ADVERBA
1. *keras*
   ◊ *This cheese is very hard.* Keju ini sangat keras. ◊ *to work hard* bekerja keras
2. *sukar*
   ◊ *The exam was very hard.* Peperiksaan itu amat sukar.

hardcore KATA NAMA
1. *sangat komited*
   ◊ *a hardcore group of members* sekumpulan ahli yang sangat komited
2. *batu kerikil*

hard disk KATA NAMA
cakera keras

to **harden** KATA KERJA
mengeraskan
◊ *We can harden this clay bowl by firing it.* Kita boleh mengeraskan mangkuk tanah liat ini dengan membakarnya.
♦ **Do it after the concrete hardens.** Lakukannya selepas konkrit menjadi keras.
♦ **Their action can only serve to harden the attitude of landowners.** Tindakan mereka hanya akan menyebabkan pemilik tanah bersikap keras.

hardly KATA ADVERBA
tidak begitu
◊ *I hardly know you.* Saya tidak begitu mengenali anda.
♦ **I've got hardly any money.** Saya mempunyai sedikit wang sahaja.
♦ **hardly ever** jarang sekali
♦ **hardly anything** hampir tidak ada apa-apa

hardship KATA NAMA
kesusahan
◊ *Sue advised her friend to face the hardships of life patiently.* Sue menasihati kawannya supaya tabah menghadapi kesusahan hidup.

hard up KATA ADJEKTIF
(tidak formal)
kesempitan wang
♦ **to be hard up** kesempitan wang

hardware KATA NAMA
perkakasan (komputer)

hardworking KATA ADJEKTIF
rajin
◊ *a hardworking student* pelajar yang rajin

hardy → have

hardy KATA ADJEKTIF
tahan lasak

hare KATA NAMA
arnab

hare-lipped KATA ADJEKTIF
berbibir sumbing

to **harm** KATA KERJA
rujuk juga **harm** KATA NAMA
mencederakan

- **to harm somebody** mencederakan seseorang ◊ *I didn't mean to harm you.* Saya tidak berniat untuk mencederakan anda.
- **to harm something** menjejaskan sesuatu ◊ *Chemicals harm the environment.* Bahan kimia menjejaskan alam sekitar.

harm KATA NAMA
rujuk juga **harm** KATA KERJA
mudarat
◊ *to cause harm* membawa mudarat
- **The abuse of your powers does harm to all other officers who do their job properly.** Penyalahgunaan kuasa anda mendatangkan keburukan kepada semua pegawai yang menjalankan tugas mereka dengan baik.

harmful KATA ADJEKTIF
berbahaya
- **harmful to the environment** membahayakan alam sekitar

harmless KATA ADJEKTIF
tidak berbahaya

harmonica KATA NAMA
harmonika

harmonious KATA ADJEKTIF
harmoni
◊ *their harmonious relationship* hubungan mereka yang harmoni

harmony KATA NAMA
keharmonian
◊ *They live in harmony.* Mereka hidup dalam keharmonian.

harpoon KATA NAMA
tempuling

harsh KATA ADJEKTIF
1 _berat_
◊ *He deserves a harsh punishment for what he did.* Dia patut menerima hukuman yang berat kerana perbuatannya.
2 _garau_
◊ *She's got a very harsh voice.* Dia mempunyai suara yang sungguh garau.

to **harvest** KATA KERJA
memungut
◊ *The farmers are harvesting their crops.* Para petani sedang memungut hasil tanaman mereka.
- **to harvest wheat** menuai gandum

B. Inggeris ~ B. Melayu 214

has KATA KERJA *rujuk* **have**

hash KATA NAMA
(JAMAK **hashes**)
butang hash (pada telefon, dll)
- **to make a hash of something** merosakkan sesuatu perkara ◊ *Watson had made a thorough hash of it.* Watson betul-betul telah merosakkannya.

hasn't = **has not**

hasty KATA ADJEKTIF
1 _segera_
◊ *I made a hasty departure.* Saya pergi dengan segera.
2 _terburu-buru_
◊ *Don't make a hasty decision.* Jangan buat keputusan yang terburu-buru.

hat KATA NAMA
topi

to **hatch** KATA KERJA
menetas
◊ *The eggs have hatched.* Telur-telur itu telah menetas.

to **hate** KATA KERJA
benci

hateful KATA ADJEKTIF
1 _keji_
◊ *It was a hateful thing to say.* Kata-kata itu sungguh keji.
2 _pembenci_ (orang)
- **a lying, hateful and racist campaign** kempen yang penuh dengan penipuan, kebencian dan sifat perkauman

hatred KATA NAMA
perasaan benci

to **haul** KATA KERJA
mengheret
◊ *A crane had to be used to haul the car out of the stream.* Sebuah kren terpaksa digunakan untuk mengheret kereta itu keluar dari sungai.

to **haunt** KATA KERJA
menghantui
◊ *Her decision to leave her children now haunts her.* Keputusannya meninggalkan anak-anaknya kini menghantui fikirannya.

haunted KATA ADJEKTIF
berhantu
◊ *a haunted house* rumah berhantu

to **have** KATA KERJA
(**had, had**)
Gunakan **has** *untuk kata ganti nama* **he, she, it** *dan kata nama tunggal.*
1 _sudah_
◊ *I've already seen that film.* Saya sudah menonton filem itu.
2 _mempunyai_ atau _ada_
◊ *I have two brothers.* Saya mempunyai dua orang abang.

have *juga mempunyai pelbagai terjemahan mengikut konteks.*
◊ *I have a terrible cold.* Saya menghidap selesema yang teruk. ◊ *She had a baby last year.* Dia melahirkan seorang bayi pada tahun lalu. ◊ *I'll have a coffee.* Saya mahu minum kopi.
- **Shall we have a drink?** Mari kita minum.
- **If you had phoned me I would have come around.** Jika anda menelefon saya, saya tentu akan datang.
- **Have you read that book? - Yes, I have.** Sudahkah anda membaca buku itu? - Ya, sudah.
- **Has he told you? - No, he hasn't.** Sudahkah dia memberitahu anda? - Belum.
- **to have a shower** mandi
- **to have one's hair cut** menggunting rambut

haven KATA NAMA
tempat perlindungan
◊ *Lake Baringo, a freshwater haven for birds* Tasik Baringo, tempat perlindungan air tawar untuk burung

haven't = **have not**

havoc KATA NAMA
keadaan kucar-kacir
◊ *The fighting caused havoc in the court.* Pergaduhan itu menyebabkan keadaan di mahkamah kucar-kacir.

hawk KATA NAMA
burung helang

hawker KATA NAMA
penjaja

hay KATA NAMA
rumput kering

hay fever KATA NAMA
demam alergi

hazard KATA NAMA
bahaya
◊ *a health hazard* bahaya kepada kesihatan

hazardous KATA ADJEKTIF
berbahaya
◊ *hazardous waste* sisa buangan yang berbahaya
- **Smoking can be hazardous to health.** Merokok boleh membahayakan kesihatan.

haze KATA NAMA
jerebu

hazelnut KATA NAMA
kacang hazel

he KATA GANTI NAMA
he *digunakan untuk merujuk kepada orang lelaki.*
[1] *dia*
◊ *He is very tall.* Dia sangat tinggi.
- **He did it but she didn't.** Yang lelaki melakukannya tetapi yang perempuan tidak.
[2] *beliau (untuk orang yang dihormati)*

head KATA NAMA
rujuk juga **head** KATA KERJA
[1] *kepala*
- **Mind your head!** Berhati-hati, nanti terhantuk!
- **The wine went to my head.** Wain itu menjadikan saya mabuk.
[2] *akal*
◊ *He lost his head and started screaming.* Dia hilang akal lalu mula menjerit.
[3] *guru besar (sekolah rendah)*
[4] *pengetua (sekolah menengah)*
[5] *ketua*
◊ *a head of state* ketua negara
- **I've got no head for figures.** Saya tidak pandai membuat kira-kira.
- **Heads or tails? - Heads.** Kepala atau bunga? - Kepala.

to **head** KATA KERJA
rujuk juga **head** KATA NAMA
mengetuai
◊ *The parson will head the procession.* Paderi itu akan mengetuai perarakan tersebut.
- **to head for** menuju ke ◊ *They headed for the church.* Mereka menuju ke gereja.

headache KATA NAMA
sakit kepala
- **I've got a headache.** Saya sakit kepala.

headband KATA NAMA
ikat kepala

head count KATA NAMA
bilangan orang

headdress KATA NAMA
(JAMAK **headdresses**)
hiasan yang dipakai di kepala

headgear KATA NAMA
sesuatu yang dipakai di kepala (topi, dll)

headlight KATA NAMA
lampu besar (pada kenderaan)

headline KATA NAMA
tajuk berita

headman KATA NAMA
(JAMAK **headmen**)
penghulu

headmaster KATA NAMA
guru besar (lelaki)

headmistress KATA NAMA
(JAMAK **headmistresses**)
guru besar (perempuan)

headphones KATA NAMA JAMAK
fon kepala

headquarters KATA NAMA JAMAK
[1] *markas (tentera)*

headscarf → heave

[2] *ibu pejabat*
◊ The bank's headquarters are in London. Ibu pejabat bank itu terletak di London.
headscarf KATA NAMA
(JAMAK **headscarves**)
skarf kepala
headstrong KATA ADJEKTIF
degil
headteacher KATA NAMA
guru besar
to **heal** KATA KERJA
sembuh
healer KATA NAMA
tabib
health KATA NAMA
kesihatan
♦ **She's in good health.** Dia sihat.
healthy KATA ADJEKTIF
sihat
◊ She's very healthy. Dia sangat sihat.
◊ a healthy diet pemakanan yang sihat
heap KATA NAMA
longgokan
to **hear** KATA KERJA
(**heard, heard**)
mendengar
◊ We heard the dog bark. Kami mendengar anjing itu menyalak. ◊ She can't hear very well. Dia tidak dapat mendengar dengan jelas. ◊ Did you hear the good news? Sudahkah anda mendengar berita baik itu?
♦ **to hear about something** mendengar berita tentang sesuatu ◊ I've heard about your new job. Saya sudah mendengar berita tentang pekerjaan baru anda.
♦ **to hear from somebody** menerima berita daripada seseorang ◊ I haven't heard from him recently. Saya tidak menerima berita daripadanya akhir-akhir ini.
heart KATA NAMA
[1] *jantung*
[2] *hati*
◊ with a heart full of revenge dengan hati yang penuh dengan dendam
♦ **Adam's words filled her heart with pride.** Kata-kata Adam itu membuatnya berasa bangga.
♦ **hearts** (dalam daun terup) lekuk ◊ the ace of hearts daun sat lekuk
♦ **to learn something by heart** menghafal sesuatu
heartache KATA NAMA
seksaan jiwa
heart attack KATA NAMA
serangan penyakit jantung

heartbeat KATA NAMA
denyutan jantung
heartbreaking KATA ADJEKTIF
menyayat hati
◊ a heartbreaking story cerita yang menyayat hati
heartbroken KATA ADJEKTIF
patah hati
♦ **to be heartbroken** patah hati
to **hearten** KATA KERJA
menggembirakan
◊ The news heartened everybody. Berita itu menggembirakan semua orang.
heartily KATA ADVERBA
[1] *terbahak-bahak*
◊ She laughed heartily. Dia ketawa terbahak-bahak.
[2] *benar-benar*
◊ I heartily agree with her comments. Saya benar-benar bersetuju dengan komennya.
heartless KATA ADJEKTIF
tidak berhati perut
heat KATA NAMA
rujuk juga **heat** KATA KERJA
haba
to **heat** KATA KERJA
rujuk juga **heat** KATA NAMA
memanaskan
◊ Heat gently for five minutes. Panaskan dengan api yang perlahan selama lima minit.
to **heat up** KATA KERJA
[1] *memanaskan*
◊ He heated the soup up. Dia memanaskan sup itu.
[2] *semakin panas* (air, ketuhar)
◊ The water is heating up. Air itu semakin panas.
heated KATA ADJEKTIF
hangat
◊ a heated discussion perbincangan yang hangat
heatedly KATA ADVERBA
dengan hangat
◊ The news was discussed heatedly in the village. Berita itu diperkatakan dengan hangat di kampung itu.
heater KATA NAMA
alat pemanas
◊ a water heater alat pemanas air
heather KATA NAMA
pokok rendah yang mempunyai bunga-bunga kecil yang berwarna ungu, merah jambu atau putih
heating KATA NAMA
pemanasan
to **heave** KATA KERJA
[1] *mengangkat*

English ~ Malay   heaven → her

◊ *Gina and Doris heaved the heavy table into the room.* Gina dan Doris mengangkat meja yang berat itu ke dalam bilik.

2 *kembang kempis*
◊ *His chest heaved.* Dadanya kembang kempis.

heaven KATA NAMA
syurga
◊ *to go to heaven* masuk syurga

heavily KATA ADVERBA
> **heavily** mempunyai terjemahan yang berbeza mengikut konteks.

◊ *It rained heavily in the night.* Hujan lebat pada waktu malam. ◊ *He's a heavily built man.* Dia seorang lelaki yang berbadan besar. ◊ *He drinks heavily.* Dia kuat minum arak.

heavy KATA ADJEKTIF
1 *berat*
◊ *a heavy load* beban yang berat
♦ **heavy rain** hujan lebat
♦ **He's a heavy drinker.** Dia kuat minum arak.
2 *mengancam* (sikap)
3 *tegang* (keadaan)

hectare KATA NAMA
hektar

he'd = **he would**, = **he had**

hedge KATA NAMA
pagar hidup

hedgehog KATA NAMA
landak kecil

heel KATA NAMA
tumit

height KATA NAMA
ketinggian

to **heighten** KATA KERJA
1 *menambahkan*
◊ *The move has heightened tension in the state.* Tindakan itu telah menambahkan ketegangan dalam negeri tersebut.
2 *memuncak*
◊ *Cross's interest heightened.* Minat Cross memuncak.

heir KATA NAMA
pewaris (lelaki)

heiress KATA NAMA
(JAMAK **heiresses**)
pewaris (perempuan)

heirloom KATA NAMA
pusaka

held KATA KERJA *rujuk* **hold**

helicopter KATA NAMA
helikopter

hell KATA NAMA
neraka
♦ **Hell!** Celaka!

he'll = **he will**, = **he shall**

hello KATA SERUAN
helo

helmet KATA NAMA
topi keselamatan
♦ **crash helmet** topi keledar

helmsman KATA NAMA
(JAMAK **helmsmen**)
jurumudi

to **help** KATA KERJA
> *rujuk juga* **help** KATA NAMA

membantu
♦ **Help!** Tolong!
♦ **Help yourself!** Jangan malu-malu!
♦ **I couldn't help laughing.** Saya tidak dapat menahan ketawa.

help KATA NAMA
> *rujuk juga* **help** KATA KERJA

bantuan
◊ *Do you need any help?* Anda perlukan sebarang bantuan?

helpful KATA ADJEKTIF
berguna
◊ *a helpful advice* nasihat yang berguna
♦ **You've been very helpful!** Anda telah banyak membantu!

helpless KATA NAMA
tidak berupaya

helplessness KATA NAMA
keadaan tidak berupaya

help menu KATA NAMA
menu bantu (komputer)

helter-skelter KATA ADVERBA
> *rujuk juga* **helter-skelter** KATA NAMA

lintang-pukang
◊ *to run helter-skelter* berlari lintang-pukang

helter-skelter KATA NAMA
> *rujuk juga* **helter-skelter** KATA ADVERBA

gelongsor berpilin

hem KATA NAMA
kelepet

hemisphere KATA NAMA
hemisfera
◊ *the northern hemisphere* hemisfera utara

hemp KATA NAMA
ganja (tumbuhan)

hen KATA NAMA
ayam betina

hence KATA ADVERBA
oleh itu

henna KATA NAMA
inai

her KATA ADJEKTIF
> *rujuk juga* **her** KATA GANTI NAMA
> **her** digunakan untuk merujuk kepada orang perempuan.

her → hide

1. *-nya*
   ◊ *her father* ayahnya
2. *beliau* (untuk orang yang dihormati)

her KATA GANTI NAMA

> rujuk juga **her** KATA ADJEKTIF
> **her** digunakan untuk merujuk kepada orang perempuan.

1. *dia*
   ◊ *I saw her.* Saya nampak dia.
- **It must be her.** Tentu dialah orangnya.
2. *-nya*
   ◊ *I gave her a book.* Saya memberinya sebuah buku.
3. *beliau* (untuk orang yang dihormati)

herb KATA NAMA
herba

herbal KATA ADJEKTIF
herba
◊ *herbal tea* teh herba

herbivore KATA NAMA
herbivor atau *maun*

herd KATA NAMA
kawan (lembu, gajah, dll)
◊ *a herd of cattle* sekawan lembu

herdsman KATA NAMA
(JAMAK **herdsmen**)
gembala

here KATA ADVERBA
di sini
◊ *I live here.* Saya tinggal di sini.
- **Here he is!** Itu pun dia!
- **Here are the books.** Ini buku-bukunya.
- **Have you got my pen? - Here you are.** Pen saya ada pada anda? - Ini dia.

heritage KATA NAMA
warisan
◊ *cultural heritage* warisan kebudayaan

hermit KATA NAMA
pertapa

hero KATA NAMA
(JAMAK **heroes**)
wira atau *hero*

heroin KATA NAMA
heroin
◊ *a heroin addict* penagih heroin

heroine KATA NAMA
wirawati atau *heroin*

heroism KATA NAMA
keperwiraan

hers KATA GANTI NAMA

> **hers** digunakan untuk merujuk kepada orang perempuan.

1. *objek + dia/-nya*
   ◊ *Is this her coat? - No, hers is black.* Apakah ini kotnya? - Tidak, kotnya berwarna hitam. ◊ *my parents and hers* ibu bapa saya dan ibu bapanya
2. *miliknya*
   ◊ *Is that car hers?* Adakah kereta itu miliknya? ◊ *Whose is this? - It's hers.* Barang ini milik siapa? - Miliknya.
3. *objek + beliau* (untuk orang yang dihormati)
4. *milik beliau* (untuk orang yang dihormati)

herself KATA GANTI NAMA

> **herself** digunakan untuk merujuk kepada orang perempuan.

1. *dirinya*
   ◊ *She talked mainly about herself.* Dia lebih banyak bercerita tentang dirinya.
- **She's hurt herself.** Dia tercedera.
2. *diri beliau* (untuk orang yang dihormati)
3. *sendiri*
   ◊ *She did it herself.* Dia melakukannya sendiri.
- **by herself** seorang diri ◊ *She came by herself.* Dia datang seorang diri.

he's = **he is**, = **he has**

to **hesitate** KATA KERJA
teragak-agak
◊ *Don't hesitate to ask.* Jangan teragak-agak untuk bertanya.

hesitation KATA NAMA
sikap teragak-agak
◊ *Andy's hesitation in accepting the offer angered his mother.* Sikap Andy yang teragak-agak untuk menerima tawaran itu menyebabkan ibunya marah.
- **without hesitation** tanpa teragak-agak
  ◊ *They signed the contract without hesitation.* Mereka menandatangani perjanjian itu tanpa teragak-agak.

heterosexual KATA ADJEKTIF
heteroseksual

hexagon KATA NAMA
heksagon

hexagonal KATA ADJEKTIF
berbentuk enam segi
◊ *a hexagonal container* bekas yang berbentuk enam segi

hi KATA SERUAN
hai

hibiscus KATA NAMA
(JAMAK **hibiscus**)
bunga raya

hiccup KATA NAMA
sedu
- **The baby's got hiccups.** Bayi itu tersedu.

hid, hidden KATA KERJA rujuk **hide**

hidden KATA ADJEKTIF
tersembunyi
◊ *hidden facts* fakta-fakta yang tersembunyi
- **hidden talent** bakat terpendam

to **hide** KATA KERJA
(**hid, hidden**)

hide → hill-walking

> rujuk juga **hide** KATA NAMA

1. *menyembunyikan*
   ◊ *Paula hid the present.* Paula menyembunyikan hadiah itu.
2. *bersembunyi*
   ◊ *He hid behind a bush.* Dia bersembunyi di sebalik semak.

hide KATA NAMA

> rujuk juga **hide** KATA KERJA

belulang
◊ *the process of tanning animal hides* proses menyamak belulang haiwan

hide-and-seek KATA NAMA
main sembunyi-sembunyi
- **to play hide-and-seek** bermain sembunyi-sembunyi

hideous KATA ADJEKTIF
sangat hodoh

hideout KATA NAMA
tempat persembunyian

hierarchy KATA NAMA
(JAMAK **hierarchies**)
hierarki

hi-fi KATA NAMA
hi-fi

higgledy-piggledy KATA ADJEKTIF, KATA ADVERBA
berkaparan
◊ *Books are often in higgledy-piggledy piles on the floor.* Buku-buku biasanya dalam timbunan yang berkaparan di atas lantai.
- **The children were sleeping higgledy-piggledy on the bed.** Kanak-kanak itu tidur bergelimpangan di atas katil.

high KATA ADJEKTIF, KATA ADVERBA
tinggi
◊ *The gate's too high.* Pagar itu terlalu tinggi. ◊ *She's got a very high voice.* Dia memiliki suara yang sangat tinggi. ◊ *at high speed* pada kelajuan yang tinggi
- **How high is the wall?** Berapa tingggikah dinding itu?
- **to be high** (*tidak formal*) khayal (*kerana mengambil dadah*)
- **to get high** (*tidak formal*) khayal (*kerana mengambil dadah*)

higher education KATA NAMA
pengajian tinggi

high-heeled KATA ADJEKTIF
bertumit tinggi
◊ *high-heeled shoes* kasut bertumit tinggi

high jump KATA NAMA
lompat tinggi

to **highlight** KATA KERJA

> rujuk juga **highlight** KATA NAMA

menekankan (*hujah*)

highlight KATA NAMA

> rujuk juga **highlight** KATA KERJA

acara kemuncak
◊ *the highlight of the evening* acara kemuncak pada malam itu

highlighter KATA NAMA
pen penyerlah

highly KATA ADVERBA
sangat
◊ *The students are highly motivated.* Pelajar-pelajar itu sangat bermotivasi.
- **His brother is highly educated.** Abangnya berpelajaran tinggi.
- **Jack is highly respected because he's kind-hearted.** Jack dihormati ramai kerana dia seorang yang baik hati.

Highness KATA GANTI NAMA
(JAMAK **Highnesses**)
- **Your Highness** Tuanku
- **His Royal Highness** Yang Amat Mulia (*lelaki*)
- **Her Royal Highness** Yang Amat Mulia (*perempuan*)
- **His Highness** Yang Mulia (*lelaki*)
- **Her Highness** Yang Mulia (*perempuan*)

high-octane KATA ADJEKTIF
sangat menarik
◊ *high-octane thrillers* cerita seram yang sangat menarik

high-pitched KATA ADJEKTIF
nyaring
◊ *a high-pitched voice* suara yang nyaring

high-rise KATA NAMA
bangunan yang tinggi dan bertingkat

high school KATA NAMA
sekolah menengah

high tide KATA NAMA
air pasang

highway KATA NAMA
lebuh raya

to **hijack** KATA KERJA
merampas (*kapal terbang*)

hijacker KATA NAMA
perampas (*kapal terbang*)

hike KATA NAMA
mengembara dengan berjalan kaki

hiking KATA NAMA
mengembara dengan berjalan kaki
◊ *to go hiking* pergi mengembara dengan berjalan kaki

hilarious KATA ADJEKTIF
sangat kelakar

hill KATA NAMA
bukit
◊ *a house at the top of a hill* sebuah rumah di atas bukit ◊ *I climbed the hill up to the office.* Saya mendaki bukit untuk sampai ke pejabat.

hill-walking KATA NAMA

hilly → his

mendaki bukit
◊ to go hill-walking pergi mendaki bukit

hilly KATA ADJEKTIF
berbukit-bukit
◊ a hilly area kawasan berbukit-bukit

him KATA GANTI NAMA
> **him** *digunakan untuk merujuk kepada orang lelaki.*

1. *dia*
◊ I saw him. Saya nampak dia.
• **It must be him.** Tentu dialah orangnya.
2. *-nya*
◊ I gave him a book. Saya memberinya sebuah buku.
3. *beliau* (untuk orang yang dihormati)

himself KATA GANTI NAMA
> **himself** *digunakan untuk merujuk kepada orang lelaki.*

1. *dirinya*
◊ He talked mainly about himself. Dia lebih banyak bercakap tentang dirinya.
• **He's hurt himself.** Dia tercedera.
2. *diri beliau* (untuk orang yang dihormati)
3. *sendiri*
◊ He did it himself. Dia melakukannya sendiri.
• **by himself** seorang diri ◊ He came by himself. Dia datang seorang diri.

to **hinder** KATA KERJA
menghalang
◊ A thigh injury increasingly hindered her mobility. Kecederaan pada pahanya semakin menghalang pergerakannya.
• **Further investigation was hindered by a lack of documentation.** Penyiasatan lanjut terhalang kerana kekurangan dokumentasi.

hindrance KATA NAMA
1. *halangan*
◊ They boarded their flight to London without hindrance. Mereka menaiki kapal terbang ke London tanpa halangan.
2. *penghalang*
◊ You're a hindrance to my career. Anda merupakan penghalang kerjaya saya.

Hindu KATA ADJEKTIF
Hindu

Hinduism KATA NAMA
agama Hindu

hinge KATA NAMA
engsel

hint KATA NAMA
> rujuk juga **hint** KATA KERJA

bayangan
◊ to drop a hint memberikan bayangan
• **to take a hint** mengerti perkara yang dibayangkan

to **hint** KATA KERJA
> rujuk juga **hint** KATA NAMA

membayangkan
◊ He hinted that I had a good chance of getting the job. Dia membayangkan kepada saya bahawa saya mempunyai peluang yang baik untuk mendapat kerja itu.

hinterland KATA NAMA
kawasan pedalaman

hip KATA NAMA
pinggul
◊ She put her hands on her hips. Dia meletakkan tangannya pada pinggulnya.

hippie KATA NAMA
hipi

hippo KATA NAMA
(JAMAK **hippos**)
badak air

hippopotamus KATA NAMA
(JAMAK **hippopotamuses**)
badak air

to **hire** KATA KERJA
> rujuk juga **hire** KATA NAMA

1. *menyewa*
◊ We hired a car. Kami menyewa sebuah kereta.
2. *mengupah*
◊ They hired a lawyer. Mereka mengupah seorang peguam.

hire KATA NAMA
> rujuk juga **hire** KATA KERJA

penyewaan
• *car hire* penyewaan kereta
• **"for hire"** "untuk disewa"

hire car KATA NAMA
kereta sewa

hire purchase KATA NAMA
sewa beli

his KATA ADJEKTIF
> rujuk juga **his** KATA GANTI NAMA
> **his** *digunakan untuk merujuk kepada orang lelaki.*

1. *-nya*
◊ his father ayahnya
2. *beliau* (untuk orang yang dihormati)

his KATA GANTI NAMA
> rujuk juga **his** KATA ADJEKTIF
> **his** *digunakan untuk merujuk kepada orang lelaki.*

1. *objek + dia/-nya*
◊ Is this his coat? - No, his is black. Apakah ini kotnya? - Tidak, kotnya berwarna hitam. ◊ my parents and his ibu bapa saya dan ibu bapanya
2. *miliknya*
◊ Is that car his? Adakah kereta itu miliknya? ◊ Whose is this? - It's his. Barang ini milik siapa? - Miliknya.
3. *objek + beliau* (untuk orang yang

dihormati)

④ *milik beliau* (untuk orang yang dihormati)

historic KATA ADJEKTIF
bersejarah
◊ *historic building* bangunan bersejarah
◊ *This is an historic moment for all Malaysians.* Ini merupakan detik yang bersejarah bagi semua rakyat Malaysia.

historical KATA ADJEKTIF
sejarah
◊ *The book is a historical study of...* Buku itu merupakan kajian sejarah mengenai... ◊ *historical context* konteks sejarah
♦ **historical artefacts from Egypt** artifak bersejarah dari Mesir

history KATA NAMA
(JAMAK **histories**)
sejarah
◊ *his family's history* sejarah keluarganya

to **hit** KATA KERJA
(**hit, hit**)

> *rujuk juga* **hit** KATA NAMA

① *memukul*
◊ *He hit the ball.* Dia memukul bola itu.
◊ *Andrew hit him.* Andrew memukulnya.
② *melanggar*
◊ *The car hit a road sign.* Kereta itu melanggar papan isyarat jalan raya. ◊ *He was hit by a car.* Dia dilanggar oleh sebuah kereta.
♦ **The ball hit the post.** Bola itu terkena tiang.
♦ **to hit the target** mengenai sasaran
♦ **to hit it off with somebody** secocok dengan seseorang

hit KATA NAMA

> *rujuk juga* **hit** KATA KERJA

① *lagu/filem/drama yang mendapat sambutan hangat*
◊ *Britney Spears' latest hit* lagu terbaru Britney Spears yang mendapat sambutan hangat
② (komputer) *carian yang tepat*
   Jika seseorang yang mencari maklumat di Internet mendapat **hit**, orang itu menjumpai tapak web yang mempunyai maklumat yang dikehendakinya.
③ *lawatan* (ke laman web)

hitch KATA NAMA
(JAMAK **hitches**)
masalah
◊ *There's been a slight hitch.* Ada sedikit masalah.

to **hitchhike** KATA KERJA
mengembara dengan menumpang kenderaan

hitchhiker KATA NAMA
pengembara yang menumpang kenderaan

hitchhiking KATA NAMA
mengembara dengan menumpang kenderaan

hitman KATA NAMA
(JAMAK **hitmen**)
pembunuh upahan

HIV KATA NAMA (= *human immunodeficiency virus*)
HIV (= *human immunodeficiency virus*)

HIV-positive KATA ADJEKTIF
HIV-positif

hoarse KATA ADJEKTIF
garau

hoax KATA NAMA
(JAMAK **hoaxes**)
tipu helah
♦ **a hoax call** panggilan palsu

hob KATA NAMA
hob (pada dapur)

hobby KATA NAMA
(JAMAK **hobbies**)
hobi

hockey KATA NAMA
hoki

hoe KATA NAMA

> *rujuk juga* **hoe** KATA KERJA

cangkul

to **hoe** KATA KERJA

> *rujuk juga* **hoe** KATA NAMA

mencangkul
◊ *The farmer hoed the ground to grow vegetables.* Petani itu mencangkul tanah untuk menanam sayur.

to **hold** KATA KERJA
(**held, held**)
① *memegang*
◊ *Hold the ladder.* Pegang tangga ini.
♦ **Joe was holding Kelly in his arms.** Joe sedang memeluk Kelly.
② *muat*
◊ *This bottle holds one litre.* Botol ini muat satu liter air.
③ *mengadakan*
◊ *to hold a meeting* mengadakan mesyuarat
♦ **Hold the line!** Tunggu sebentar! (*semasa menjawab panggilan telefon*)
♦ **Hold it!** Berhenti!
♦ **to get hold of something** mendapatkan sesuatu

to **hold on** KATA KERJA
① *berpaut*
◊ *The cliff was slippery but he managed to hold on.* Tebing itu licin tetapi dia dapat berpaut padanya.
♦ **to hold on to something (1)** berpaut

hold up → honest

pada sesuatu
- **to hold on to something (2)** memegang sesuatu

  [2] *tunggu*
  ◊ *Hold on, I'm coming!* Tunggu, saya datang!
- **Hold on!** Tunggu sebentar!

to hold up KATA KERJA

[1] *mengangkat*
◊ *Peter held up his hand.* Peter mengangkat tangannya.

[2] *merompak*
◊ *to hold up a bank* merompak bank
- **We were held up by the traffic.** Kami lewat kerana kesesakan lalu lintas.
- **I was held up at the office.** Saya lewat kerana ada urusan di pejabat.

holder KATA NAMA
pemegang
◊ *share holder* pemegang saham
- **a holder of the SPM** lulusan SPM

hold-up KATA NAMA

[1] *rompakan*
◊ *A bank clerk was injured in the hold-up.* Seorang kerani bank tercedera dalam rompakan itu.

[2] *penangguhan*
◊ *No one explained the reason for the hold-up.* Tidak ada sesiapa pun yang menjelaskan sebab penangguhan ini.
- **a hold-up on the motorway** kesesakan lalu lintas di lebuh raya

hole KATA NAMA
lubang
◊ *a hole in the wall* lubang pada dinding
- **I played nine holes with Gary today.** Saya bermain golf sebanyak sembilan lubang bersama Gary hari ini.

holiday KATA NAMA
cuti
◊ *the school holidays* cuti sekolah ◊ *He took a day's holiday.* Dia mengambil cuti sehari.
- **on holiday** bercuti ◊ *to go on holiday* pergi bercuti
- **to be on holiday** bercuti

holiday camp KATA NAMA
tempat percutian

Holland KATA NAMA
negara Belanda

hollow KATA ADJEKTIF
berongga
◊ *a hollow cylinder* silinder yang berongga

holly KATA NAMA
(JAMAK **hollies**)
> pokok yang daunnya keras, berkilat dan berduri dan mengeluarkan buah beri merah pada musim sejuk

B. Inggeris ~ B. Melayu 222

holy KATA ADJEKTIF

[1] *suci*
◊ *a holy place* tempat suci

[2] *alim*
◊ *a holy person* orang yang alim
- **the Holy Spirit** Roh Kudus (*dalam agama Kristian*)

home KATA NAMA

> rujuk juga **home** KATA ADVERBA

rumah
◊ *at home* di rumah
- **Make yourself at home.** Buatlah seperti rumah sendiri.
- **an old people's home** rumah orang tua

home KATA ADVERBA

> rujuk juga **home** KATA NAMA

balik ke rumah
◊ *I'll be home at five o'clock.* Saya akan balik ke rumah pada pukul lima.
- **to get home** sampai di rumah

home address KATA NAMA
alamat rumah

home entertainment system KATA NAMA
sistem hiburan rumah

home field KATA NAMA
(*sukan*)
tempat sendiri

home game KATA NAMA
perlawanan di tempat sendiri

home ground KATA NAMA
(*sukan*)
tempat sendiri

homeland KATA NAMA
tanah air

homeless KATA ADJEKTIF, KATA NAMA
tidak ada tempat tinggal
◊ *homeless people* orang yang tidak ada tempat tinggal

homeopathy KATA NAMA
homeopati

home page KATA NAMA
laman

homesick KATA ADJEKTIF
merindui kampung halaman
- **to be homesick** merindui kampung halaman

homework KATA NAMA
kerja rumah
◊ *Have you done your homework?* Sudahkah anda siapkan kerja rumah anda?

homicide KATA NAMA
pembunuhan
◊ *The police classified the case as homicide.* Pihak polis menggolongkan kes itu sebagai kes pembunuhan.

homosexual KATA ADJEKTIF
homoseksual

honest KATA ADJEKTIF

honestly → hopefully

jujur
◊ *She's a very honest person.* Dia seorang yang sangat jujur.
♦ **To be honest, I don't like the idea.** Terus terang saya katakan, saya tidak menyukai idea itu.

honestly KATA ADVERBA
betul-betul
◊ *I honestly don't know.* Saya betul-betul tidak tahu.

honesty KATA NAMA
kejujuran

honey KATA NAMA
madu

honeymoon KATA NAMA
> rujuk juga **honeymoon** KATA KERJA

bulan madu
♦ **to go on honeymoon** pergi berbulan madu

to **honeymoon** KATA KERJA
> rujuk juga **honeymoon** KATA NAMA

berbulan madu
◊ *They honeymooned in Paris.* Mereka berbulan madu di Paris.

honor guard KATA NAMA
barisan kehormat

honour KATA NAMA
(AS **honor**)
> rujuk juga **honour** KATA KERJA

1 *kemuliaan*
2 *penghormatan*

to **honour** KATA KERJA
(AS **honor**)
> rujuk juga **honour** KATA NAMA

memberikan penghormatan
♦ **Mr Smith has been honoured by the minister.** En. Smith diberi penghormatan oleh menteri itu.

honourable KATA ADJEKTIF
(AS **honorable**)
mulia
◊ *He's an honourable man.* Dia seorang yang mulia.
♦ **the Honourable Datuk Ramli** Yang Berhormat Datuk Ramli

honoured KATA ADJEKTIF
(AS **honored**)
kehormat
◊ *Our honoured guest will arrive in a short while.* Tetamu kehormat kita akan tiba sebentar lagi.

hood KATA NAMA
1 *hud* (pada baju)
2 *bonet kereta*

hoof KATA NAMA
(JAMAK **hoofs** atau **hooves**)
kuku (kuda, dll)

hook KATA NAMA
> rujuk juga **hook** KATA KERJA

1 *cangkuk*
◊ *He hung the painting on the hook.* Dia menggantungkan lukisan itu pada cangkuk.
2 *mata kail*
◊ *He felt a fish pull at his hook.* Dia terasa seekor ikan menarik mata kailnya.
♦ **to take the phone off the hook** mengangkat gagang telefon dari tempatnya dan membiarkannya

to **hook** KATA KERJA
> rujuk juga **hook** KATA NAMA

mencangkuk
◊ *The labourer hooked the sacks of rice from the lorry.* Buruh itu mencangkuk guni beras dari lori.
♦ **Lam hooked the ripe mangoes with a pole.** Lam mengait buah mangga yang sudah masak dengan galah.

hooligan KATA NAMA
budak jahat

hooray KATA SERUAN
hore

Hoover ® KATA NAMA
pembersih vakum

to **hoover** KATA KERJA
membersihkan ... dengan pembersih vakum
◊ *He hoovered the lounge.* Dia membersihkan ruang rehat itu dengan pembersih vakum.

to **hop** KATA KERJA
1 *melompat dengan sebelah kaki* (manusia)
2 *melompat-lompat* (haiwan)

to **hope** KATA KERJA
> rujuk juga **hope** KATA NAMA

harap
◊ *I hope he comes.* Saya harap dia datang. ◊ *I hope so.* Saya harap begitulah. ◊ *I hope not.* Saya harap tidak.

hope KATA NAMA
> rujuk juga **hope** KATA KERJA

harapan
♦ **to give up hope** berputus asa

hopeful KATA ADJEKTIF
ada harapan
◊ *The prospects look hopeful.* Prospek itu nampaknya ada harapan.
♦ **He's hopeful of winning.** Dia berasa ada harapan untuk menang.
♦ **How did the interview go? - I'm hopeful.** Bagaimanakah dengan temu duga itu? - Saya mempunyai harapan.
♦ **We're hopeful everything will go okay.** Kami menaruh harapan agar semuanya berjalan dengan lancar.

hopefully KATA ADVERBA
harap-harap

hopeless → hour

◊ *Hopefully, he'll make it in time.* Harap-harap dia akan sempat.

hopeless KATA ADJEKTIF
tidak pandai langsung
◊ *She's hopeless at maths.* Dia tidak pandai langsung dalam matematik.
♦ **It's hopeless!** Tidak ada harapan lagi!

horizon KATA NAMA
kaki langit

horizontal KATA ADJEKTIF
mendatar

hormone KATA NAMA
hormon

horn KATA NAMA
1 *hon*
◊ *He sounded the horn.* Dia membunyikan hon. *(kereta)* ◊ *He plays the horn.* Dia bermain hon. *(alat muzik)*
2 *tanduk*
◊ *a bull's horns* tanduk lembu

hornet KATA NAMA
tebuan

horoscope KATA NAMA
horoskop

horrible KATA ADJEKTIF
teruk
◊ *What a horrible dress!* Teruk betul baju ini!

horrified KATA ADJEKTIF
ngeri
◊ *I was really horrified when I heard the story.* Saya berasa sungguh ngeri apabila mendengar kisah itu.
♦ **When I saw these figures I was horrified.** Apabila saya nampak angka-angka itu, saya berasa sangat terkejut.

to **horrify** KATA KERJA
(**horrified, horrified**)
mengejutkan

horror KATA NAMA
ketakutan
♦ **To my horror I discovered I was locked out.** Saya begitu takut apabila mendapati saya terkunci di luar.

horror film KATA NAMA
filem seram

horse KATA NAMA
kuda

horse mango KATA NAMA
(JAMAK **horse mangoes** atau **horse mangos**)
bacang

horsepower KATA NAMA
kuasa kuda

horse-racing KATA NAMA
lumba kuda

horseshoe KATA NAMA
ladam

hose KATA NAMA

hos

hosepipe KATA NAMA
hos

hospital KATA NAMA
hospital
◊ *to go into hospital* masuk hospital

hospitality KATA NAMA
layanan baik

host KATA NAMA
> rujuk juga **host** KATA KERJA
> *hos* (tuan rumah, dll)

to **host** KATA KERJA
> rujuk juga **host** KATA NAMA
> *menjadi tuan rumah*
◊ *The city is bidding to host the Olympic Games.* Bandar raya itu mengemukakan tawaran untuk menjadi tuan rumah Sukan Olimpik.

hostage KATA NAMA
tebusan
♦ **to take somebody hostage** menahan seseorang sebagai tebusan

hostel KATA NAMA
asrama

hostess KATA NAMA
(JAMAK **hostesses**)
1 *hos* (wanita)
2 *pelayan* (wanita)

hostile KATA ADJEKTIF
menentang
◊ *Many people felt they would be hostile to the idea.* Ramai orang berasa bahawa mereka akan menentang idea itu.

hot KATA ADJEKTIF
1 *panas*
◊ *a hot bath* mandi air panas ◊ *a hot country* negara yang bercuaca panas
◊ *It's hot today.* Cuaca hari ini panas.
2 *pedas*
◊ *Mexican food's too hot.* Makanan Mexico terlalu pedas.

hot-desking KATA NAMA
berkongsi meja di pejabat
> pekerja A menggunakan meja apabila pekerja B bekerja di rumah dan sebaliknya

hot dog KATA NAMA
hot dog

hotel KATA NAMA
hotel

hot-tempered KATA ADJEKTIF
panas baran
◊ *William is hot-tempered.* William seorang yang panas baran.

hour KATA NAMA
jam
◊ *They waited for about two hours.* Mereka menunggu selama kira-kira dua jam.

English ~ Malay — hourly → humanities

- **She always takes hours to get ready.** Dia selalu mengambil masa berjam-jam lamanya untuk bersiap.
- **a quarter of an hour** lima belas minit
- **two and a half hours** dua setengah jam
- **half an hour** setengah jam

hourly KATA ADJEKTIF, KATA ADVERBA
setiap jam
◊ *There are hourly buses.* Ada bas setiap jam.
- **She's paid hourly.** Dia dibayar mengikut jam.

house KATA NAMA
rumah
◊ *at his house* di rumahnya

household KATA NAMA
1. *isi rumah*
2. *rumah tangga*
◊ *My husband gave me cash to manage the household.* Suami saya memberikan wang kepada saya untuk menguruskan rumah tangga.

housemate KATA NAMA
kawan serumah

housewife KATA NAMA
(JAMAK **housewives**)
suri rumah
◊ *She's a housewife.* Dia seorang suri rumah.

housework KATA NAMA
kerja rumah

housing KATA NAMA
perumahan

to **hover** KATA KERJA
1. *berlegar-legar*
◊ *The helicopter hovered above the school.* Helikopter itu berlegar-legar di atas bangunan sekolah itu.
2. *berbelah bagi*
◊ *She hovered between studying here or overseas.* Dia berbelah bagi sama ada mahu belajar di sini atau di luar negara.

hovercraft KATA NAMA
hoverkraf

how KATA ADVERBA
1. *bagaimana*
◊ *How do you keep the place so clean?* Bagaimanakah anda menjaga kebersihan tempat ini?
- **How are you?** Apa khabar?
2. *betapa*
◊ *He told them how happy he was.* Dia memberitahu mereka betapa gembiranya dia.
- **How strange!** Pelikanya!
- **How many?** Berapa banyak?
- **How much?** Berapa?
- **How much is it?** Berapakah harganya?
- **How much sugar do you want?** Berapa banyak gula yang anda mahu?
- **How old are you?** Berapakah umur anda?
- **How far is it to Edinburgh?** Berapa jauhkah jarak ke Edinburgh?
- **How long have you been here?** Sudah berapa lamakah anda berada di sini?
- **How long does it take?** Berapa lamakah masa yang diambil?

however KATA HUBUNG
walau bagaimanapun
◊ *This, however, isn't true.* Walau bagaimanapun, perkara ini tidak benar.

to **howl** KATA KERJA
meraung
◊ *The dog howled all night.* Anjing itu meraung sepanjang malam. ◊ *He howled with pain.* Dia meraung kesakitan.

HTML KATA NAMA (= *hypertext markup language*) (*komputer*)
HTML = (*bahasa penanda hiperteks*)

HTTP KATA NAMA (= *hypertext transfer protocol*) (*komputer*)
HTTP (= *protokol pemindahan hiperteks*)

hubbub KATA NAMA
kegamatan
◊ *I don't want to be involved in the hubbub of this year's elections.* Saya tidak mahu terlibat dalam kegamatan pilihan raya pada tahun ini.

to **hug** KATA KERJA
rujuk juga **hug** KATA NAMA
memeluk
- **They hugged each other.** Mereka berpelukan.

hug KATA NAMA
rujuk juga **hug** KATA KERJA
pelukan
- **to give somebody a hug** memeluk seseorang ◊ *She gave them a hug.* Dia memeluk mereka.

huge KATA ADJEKTIF
sangat besar

to **hum** KATA KERJA
berdengung

human KATA ADJEKTIF
manusia
◊ *the human body* tubuh manusia

human being KATA NAMA
manusia

humane KATA ADJEKTIF
berperikemanusiaan
◊ *Leon is a humane man.* Leon seorang lelaki yang berperikemanusiaan.

humanitarian KATA ADJEKTIF
kemanusiaan
◊ *humanitarian aid* bantuan kemanusiaan

humanities KATA NAMA JAMAK

humanity → hurt

ilmu kemanusiaan

humanity KATA NAMA
1. *manusia*
◊ *They face charges of committing crimes against humanity.* Mereka didakwa melakukan jenayah terhadap manusia.
2. *kemanusiaan*
◊ *The murderer is completely without humanity.* Pembunuh itu sudah hilang kemanusiaannya.
3. *perikemanusiaan*
◊ *Her speech showed maturity and humanity.* Ucapannya memperlihatkan kematangan dan perikemanusiaan.

human resources KATA NAMA
sumber manusia

humble KATA ADJEKTIF
merendah diri

humidity KATA NAMA
kelembapan
◊ *The heat and humidity were insufferable.* Kepanasan dan kelembapan itu menjengkelkan.

humiliated KATA ADJEKTIF
malu
◊ *I have never felt so humiliated in my life.* Saya tidak pernah berasa begitu malu dalam hidup saya.

humiliation KATA NAMA
malu

humility KATA NAMA
rendah hati

hummingbird KATA NAMA
kelicap

humorous KATA ADJEKTIF
lucu
◊ *He is humorous.* Dia seorang yang lucu.

humour KATA NAMA
(AS **humor**)
kelucuan
• **to have a sense of humour** mempunyai rasa humor

hump KATA NAMA
bonggol

hundred ANGKA
ratus
◊ *a hundred people* seratus orang ◊ *a hundred and one* seratus satu ◊ *five hundred people* lima ratus orang
• **hundreds of people** beratus-ratus orang

hundredth KATA ADJEKTIF
keseratus

hung KATA KERJA *rujuk* **hang**

Hungary KATA NAMA
Hungary

hunger KATA NAMA
kelaparan

hungry KATA ADJEKTIF
lapar
• **to be hungry** lapar ◊ *I'm very hungry.* Saya sangat lapar.

to **hunt** KATA KERJA
memburu
◊ *They hunt foxes.* Mereka memburu rubah. ◊ *The police are hunting the killer.* Polis sedang memburu pembunuh itu.
• **to go hunting** pergi berburu
• **to hunt for something** mencari-cari sesuatu ◊ *I've hunted everywhere for that book.* Saya mencari-cari buku itu di merata-rata tempat.

hunter KATA NAMA
pemburu

hunting KATA NAMA
pemburuan
◊ *fox-hunting* pemburuan rubah

to **hurl** KATA KERJA
melontarkan
◊ *A group of angry rioters hurled stones at the police.* Sekumpulan perusuh yang marah melontarkan batu ke arah polis.
• **The taxi driver hurled abuse at her.** Pemandu teksi itu melemparkan cacian kepadanya.

hurricane KATA NAMA
ribut taufan

hurriedly KATA ADVERBA
dengan tergopoh-gapah
◊ • *Sarah walked hurriedly towards me.* Sarah berjalan ke arah saya dengan tergopoh-gapah.

to **hurry** KATA KERJA
(**hurried**, **hurried**)

rujuk juga **hurry** KATA NAMA

bergegas
◊ *Sharon hurried back home.* Sharon bergegas pulang.
• **Hurry up!** Cepat!

hurry KATA NAMA

rujuk juga **hurry** KATA KERJA

• **to be in a hurry** hendak cepat
• **to do something in a hurry** melakukan sesuatu secara tergesa-gesa
• **There's no hurry.** Tidak perlu terburu-buru.

to **hurt** KATA KERJA
(**hurt**, **hurt**)

rujuk juga **hurt** KATA ADJEKTIF

1. *menyakiti*
◊ *You're hurting me!* Anda menyakiti saya!
• **Have you hurt yourself?** Apakah anda tercedera?
2. *sakit*
◊ *My leg hurts.* Kaki saya sakit.
• **Hey! That hurts!** Hei! Sakitlah!
3. *melukakan hati*

◊ *His remarks really hurt me.* Kata-katanya betul-betul melukakan hati saya.

hurt KATA ADJEKTIF

rujuk juga **hurt** KATA KERJA

tercedera

◊ *Luckily, nobody got hurt.* Nasib baik, tidak ada sesiapa yang tercedera.

♦ **I was hurt by what he said.** Hati saya luka dengan kata-katanya.

husband KATA NAMA

suami

to **hush up** KATA KERJA

menyembunyikan

◊ *They tried to hush up the whole affair.* Mereka cuba menyembunyikan keseluruhan hal itu.

husk KATA NAMA

sekam (bijirin)

to **hustle** KATA KERJA

menggesa-gesakan

◊ *The guards hustled Harry out of the car.* Pengawal-pengawal itu menggesa-gesakan Harry keluar dari kereta.

♦ **You'll have to hustle if you're to get home for supper.** Anda perlu cepat jika anda mahu pulang ke rumah untuk makan malam.

hut KATA NAMA

pondok

hydro-electric KATA NAMA

hidroelektrik

◊ *a hydro-electric power station* stesen kuasa hidroelektrik

hydroponics KATA NAMA

hidroponik

hygiene KATA NAMA

kebersihan

◊ *He needs to improve his personal hygiene.* Dia perlu menjaga kebersihan dirinya dengan lebih baik.

hymn KATA NAMA

gita puja (*untuk upacara keagamaan*)

hypermarket KATA NAMA

pasar raya besar

hyperlink KATA NAMA

(*komputer*)

rujuk juga **hyperlink** KATA KERJA

hiperpautan (*perkataan bergaris pada laman web*)

to **hyperlink** KATA KERJA

rujuk juga **hyperlink** KATA NAMA

♦ **hyperlinked sites** tapak yang mempunyai hiperpautan

hypertext KATA NAMA

hiperteks

hyphen KATA NAMA

tanda sempang

hypocrite KATA NAMA

hipokrit

hypocritical KATA ADJEKTIF

hipokrit

◊ *He's hypocritical.* Dia seorang yang hipokrit.

hysteria KATA NAMA

histeria

I

I KATA GANTI NAMA
1. *saya*
2. *aku* (tidak formal)
- **Ann and I** Saya dan Ann

ice KATA NAMA
ais

iceberg KATA NAMA
aisberg
> ais yang sangat tinggi lagi besar dan timbul di atas permukaan laut

ice-cool KATA ADJEKTIF
begitu tenang
◊ *an ice-cool driver* seorang pemandu yang begitu tenang

ice cream KATA NAMA
aiskrim

ice cube KATA NAMA
kiub ais

iced KATA ADJEKTIF
1. *ais*
◊ *iced tea* teh O ais
2. *beraising*
◊ *iced cake* kek beraising

ice hockey KATA NAMA
hoki ais
◊ *I like playing ice hockey.* Saya suka bermain hoki ais.

Iceland KATA NAMA
Iceland

ice lolly KATA NAMA
(JAMAK **ice lollies**)
aiskrim batang

ice rink KATA NAMA
gelanggang ais

ice-skating KATA NAMA
luncur ais
◊ *Yesterday we went ice-skating.* Kami bermain luncur ais kelmarin.

icing KATA NAMA
aising (pada kek, kuih)
- **icing sugar** gula aising

icon KATA NAMA
ikon

ICT SINGKATAN (= *Information and Communication Technology*)
ICT (= *Teknologi Maklumat dan Komunikasi*)

icy KATA ADJEKTIF
1. *sangat sejuk*
◊ *an icy wind* angin yang sangat sejuk
2. *dilitupi ais*
◊ *The roads are icy.* Jalan-jalan itu dilitupi ais.
3. *dingin*
◊ *His behaviour was icy.* Sikapnya dingin sahaja.

I'd = **I had**, = **I would**

idea KATA NAMA
1. *idea*
◊ *Good idea!* Idea yang baik!
2. *gambaran*
◊ *This document will give you some idea about the project.* Dokumen ini akan memberi anda sedikit gambaran tentang projek itu.
3. *tujuan*
◊ *She gave up her job with the idea of helping her mother at home.* Dia meletakkan jawatan dengan tujuan untuk membantu ibunya di rumah.

ideal KATA NAMA
> rujuk juga **ideal** KATA ADJEKTIF

cita-cita
◊ *He has lofty ideals.* Dia mempunyai cita-cita yang tinggi menggunung.

ideal KATA ADJEKTIF
> rujuk juga **ideal** KATA NAMA

1. *paling sesuai*
◊ *He said that I was the ideal person to take over the job.* Dia mengatakan bahawa sayalah orang yang paling sesuai untuk mengambil alih pekerjaan itu.
2. *ideal*
◊ *an ideal world* dunia yang ideal

ideally KATA ADVERBA
seelok-eloknya
◊ *Ideally you should use a pencil.* Seelok-eloknya, gunakan pensel.

identical KATA ADJEKTIF
serupa
◊ *Nearly all the houses were identical.* Hampir semua rumah di situ serupa.
- **identical twins** kembar seiras

identification KATA NAMA
pengenalpastian

to **identify** KATA KERJA
(**identified, identified**)
1. *mengenal pasti*
◊ *Police have already identified 10 murder suspects.* Polis sudah mengenal pasti 10 orang yang disyaki membunuh.
2. *menunjukkan*
◊ *His uniform identifies him as the captain of the team.* Pakaian seragamnya menunjukkan bahawa dialah ketua pasukan.

identity KATA NAMA
(JAMAK **identities**)
identiti

identity card KATA NAMA
kad pengenalan

ideology KATA NAMA
(JAMAK **ideologies**)
ideologi
◊ *The two parties have very different ideologies.* Kedua-dua parti itu

idiom KATA NAMA
simpulan bahasa

idiot KATA NAMA
orang yang bodoh
♦ **You're an idiot!** Kamu memang bodoh!

idiotic KATA ADJEKTIF
bodoh
◊ *What an idiotic thing to say!* Kata-kata itu sungguh bodoh!

idle KATA ADJEKTIF
1. *tidak ada kerja untuk dibuat*
2. *terbiar*
◊ *The factory had been idle for years.* Kilang itu sudah terbiar bertahun-tahun lamanya.
3. *malas*
◊ *I've never met such idle workers in all my life!* Saya tidak pernah berjumpa dengan pekerja-pekerja yang begitu malas sepanjang hidup saya!
♦ **I asked out of idle curiosity.** Saya bertanya kerana sahaja ingin tahu.
♦ **idle gossip** gosip kosong

idly KATA ADVERBA
sahaja
◊ *We were not idly sitting around.* Kami bukan duduk-duduk sahaja di situ. ◊ *idly curious* sahaja ingin tahu
♦ **to talk idly** berbual kosong

idol KATA NAMA
1. *berhala*
2. *idola*
◊ *The actor is the idol of young girls.* Pelakon itu menjadi idola gadis-gadis remaja.

to **idolize** KATA KERJA
memuja
◊ *Although the singer is very old, there are still fans who idolize him.* Walaupun penyanyi itu sangat tua, masih ada peminat yang memujanya.

i.e. KATA SINGKATAN
iaitu

if KATA HUBUNG
1. *sekiranya*
◊ *You can go if you like.* Anda boleh pergi sekiranya anda mahu. ◊ *If it's fine we'll go swimming.* Kita akan pergi berenang sekiranya cuaca baik.
2. *sama ada*
◊ *He asked me if I had eaten.* Dia bertanya sama ada saya sudah makan atau belum.
♦ **if only** kalaulah ◊ *If only I had more money!* Kalaulah saya mempunyai wang yang lebih!
♦ **if not** jika tidak ◊ *Are you coming? If not, I'll go with Mark.* Anda hendak ikut?

Jika tidak, saya akan pergi dengan Mark.
♦ **if so** kalau ya ◊ *Are you coming? If so, I'll wait.* Anda hendak ikut? Kalau ya, saya akan tunggu.
♦ **If I were you I would go to Spain.** Kalau saya jadi anda, saya akan pergi ke Sepanyol.

ignorance KATA NAMA
kejahilan
◊ *Andy felt embarrassed by his ignorance of current affairs.* Andy berasa malu dengan kejahilannya tentang hal-ehwal semasa.

ignorant KATA ADJEKTIF
jahil
◊ *She was ignorant of her own culture.* Dia jahil tentang kebudayaannya sendiri.

to **ignore** KATA KERJA
tidak mengendahkan
◊ *She ignored my advice.* Dia tidak mengendahkan nasihat saya. ◊ *She saw me, but she ignored me.* Dia tidak mengendahkan saya walaupun dia nampak saya.
♦ **Just ignore him!** Jangan pedulikannya!

ill KATA ADJEKTIF
sakit
♦ **She was taken ill.** Dia jatuh sakit tiba-tiba.
♦ **an ill-written essay** karangan yang tidak memuaskan

I'll = I will

illegal KATA ADJEKTIF
1. *haram*
◊ *illegal organization* organisasi haram
2. *salah di sisi undang-undang*
◊ *Keeping guns without a licence is illegal.* Menyimpan senjata tanpa lesen adalah salah di sisi undang-undang.
♦ **illegal immigrants** pendatang tanpa izin

illegally KATA ADVERBA
secara haram
◊ *to enter a country illegally* memasuki sesebuah negara secara haram

illegible KATA ADJEKTIF
tidak dapat dibaca (tulisan)

illiterate KATA ADJEKTIF
buta huruf

ill-mannered KATA ADJEKTIF
kurang adat

illness KATA NAMA
(JAMAK **illnesses**)
penyakit

illogical KATA ADJEKTIF
tidak logik
◊ *The panellists were bombarded with illogical questions.* Ahli panel dihujani dengan pelbagai soalan yang tidak logik.

to **illuminate** KATA KERJA

menerangi
◊ *No streetlights illuminated the street.* Tidak ada lampu jalan yang menerangi jalan itu.

illuminated KATA ADJEKTIF
bercahaya
◊ *an illuminated sign* papan tanda yang bercahaya

illusion KATA NAMA
ilusi
* **an optical illusion** maya
* **He was under the illusion that he would win the competition.** Dia tersilap menyangka bahawa dia akan memenangi pertandingan itu.

to **illustrate** KATA KERJA
1 *menunjukkan*
◊ *The example of the United States illustrates this point.* Contoh dari Amerika Syarikat menunjukkan perkara ini.
2 *mengilustrasikan*
◊ *He illustrated the story with cartoons.* Dia mengilustrasikan cerita itu dengan gambar-gambar kartun.

illustration KATA NAMA
1 *contoh*
◊ *Can you give us an illustration of what you mean?* Bolehkah anda beri kami satu contoh tentang perkara yang anda maksudkan?
2 *gambar* atau *ilustrasi*
◊ *The illustrations in the book are very clear.* Gambar-gambar di dalam buku itu sangat jelas.

I'm = **I am**

image KATA NAMA
imej
◊ *The company has changed its image.* Syarikat tersebut telah menukar imejnya.

imaginary KATA ADJEKTIF
khayalan
◊ *creating an imaginary world* mencipta satu dunia khayalan

imagination KATA NAMA
khayalan atau *imaginasi*
◊ *It's only your imagination.* Perkara itu hanyalah imaginasi anda.

imaginative KATA ADJEKTIF
imaginatif

to **imagine** KATA KERJA
1 *membayangkan*
* **You can imagine how I felt!** Bayangkanlah perasaan saya!
* **I realized that I had imagined the whole incident.** Saya sedar bahawa kejadian itu merupakan khayalan saya semata-mata.
2 *rasa*
◊ *Is he angry? - I imagine so!* Adakah dia marah? - Saya rasa begitu!

imbalance KATA NAMA
ketidakseimbangan
◊ *trade imbalance* ketidakseimbangan perdagangan

IMF KATA NAMA (= *International Monetary Fund*)
IMF (= *Dana Kewangan Antarabangsa*)

to **imitate** KATA KERJA
1 *meniru*
◊ *Kelly tries to imitate Jenny's behaviour.* Kelly cuba meniru kelakuan Jenny.
2 *mengajuk*
◊ *He can imitate a dog's bark.* Dia boleh mengajuk salakan anjing.

imitation KATA NAMA
1 *peniruan*
◊ *the imitation of French fashions* peniruan fesyen-fesyen Perancis
2 *tiruan*
◊ *imitation leather* kulit tiruan

imitative KATA ADJEKTIF
suka meniru
◊ *Babies of eight to twelve months are generally highly imitative.* Biasanya bayi yang berumur lapan hingga dua belas bulan sangat suka meniru.

immature KATA ADJEKTIF
tidak matang
◊ *Catherine is very immature.* Catherine seorang yang tidak matang.

immediate KATA ADJEKTIF
1 *langsung*
◊ *These tragic incidents have had an immediate effect.* Insiden yang penuh tragik ini mempunyai kesan langsung.
2 *segera*
◊ *We need an immediate answer.* Kami memerlukan jawapan segera.
* **Jane is her only immediate family member.** Jane merupakan satu-satunya ahli keluarganya yang terdekat.

immediately KATA ADVERBA
1 *dengan segera*
◊ *Julia replied to David's letter immediately.* Julia membalas surat David dengan segera.
2 *secara langsung*
◊ *We caught the people immediately involved in the robbery.* Kami telah menangkap orang yang terlibat secara langsung dalam rompakan tersebut.

immense KATA ADJEKTIF
begitu banyak
◊ *They reaped immense financial rewards from the project.* Mereka memperoleh keuntungan yang begitu banyak daripada projek tersebut.
* **an immense cloud of smoke** satu

immensely KATA ADVERBA
sangat
◊ *I enjoyed this movie immensely.*
Saya sangat seronok menonton filem ini.

to immerse KATA KERJA
merendam
◊ *The electrodes are immersed in a solution.* Elektrod-elektrod itu direndam di dalam sejenis larutan.

immigrant KATA NAMA
pendatang atau *imigran*

immigration KATA NAMA
imigrasi
◊ *The government has tightened its immigration policy.* Kerajaan telah mengetatkan polisi imigrasinya.
• **an immigration officer** pegawai imigresen

immobilizer KATA NAMA
alat pada kereta yang mengelakkan kereta daripada dihidupkan dan memerlukan kunci khas untuk membukanya

immoral KATA ADJEKTIF
tidak berakhlak atau *tidak bermoral*

to immortalize KATA KERJA
mengabadikan
◊ *D H Lawrence immortalized her in his novel 'Women in Love'.* D H Lawrence mengabadikan wanita itu dalam novelnya 'Women in Love'.

immune KATA ADJEKTIF
[1] *lali*
◊ *She is immune to measles.* Dia lali terhadap demam campak.
[2] *kebal*
◊ *Members of parliament were immune from prosecution.* Ahli-ahli parlimen kebal daripada pendakwaan.

immunity KATA NAMA
kekebalan
◊ *diplomatic immunity* kekebalan diplomatik

immunization KATA NAMA
imunisasi
◊ *immunization against disease* imunisasi menentang penyakit

impact KATA NAMA
impak

to impart KATA KERJA
[1] *menyampaikan*
◊ *to impart knowledge* menyampaikan ilmu
[2] *memberikan*
◊ *She imparted great elegance to her simple dress.* Dia memberikan keanggunan yang menawan pada pakaiannya yang ringkas itu.

impartial KATA ADJEKTIF
tidak berat sebelah

impassive KATA ADJEKTIF
selamba
◊ *Her face was impassive.* Wajahnya selamba sahaja.

impassively KATA ADVERBA
dengan selamba
◊ *"I don't know," he replied impassively.* "Saya tidak tahu," jawabnya dengan selamba.

impatience KATA NAMA
ketidaksabaran

impatient KATA ADJEKTIF
tidak sabar
• **to get impatient** hilang sabar ◊ *People are getting impatient.* Orang ramai mula hilang sabar.

impatiently KATA ADVERBA
dengan tidak sabar

imperative KATA ADJEKTIF
sangat penting
◊ *That's why it is imperative to know what your rights are.* Itulah sebabnya mengetahui hak-hak anda adalah sangat penting.

imperfect KATA ADJEKTIF
tidak sempurna

impersonal KATA ADJEKTIF
tidak mesra
◊ *The health service has been criticized for being too impersonal.* Perkhidmatan kesihatan dikritik kerana sikap kakitangannya yang tidak mesra.

impervious KATA ADJEKTIF
[1] *lali*
◊ *She seems impervious to criticism.* Dia seperti sudah lali dengan kritikan.
[2] *kalis* (air, haba, dll)

to implant KATA KERJA
memasukkan (melalui kaedah perubatan)
◊ *Doctors in Arizona say they have implanted a heart in a 46-year-old woman.* Para doktor di Arizona mengatakan bahawa mereka telah memasukkan satu jantung ke dalam badan seorang wanita yang berumur 46 tahun.

to implement KATA KERJA
melaksanakan
◊ *It will take a few months to implement the plan.* Beberapa bulan diperlukan untuk melaksanakan rancangan itu.

implementation KATA NAMA
perlaksanaan

implication KATA NAMA
implikasi

to implore KATA KERJA
merayu
◊ *'Tell me what to do!' she implored him.*

imply → improvise   B. Inggeris ~ B. Melayu   232

'Beritahu saya perkara yang perlu dilakukan!' dia merayu kepadanya.

to **imply** KATA KERJA
(implied, implied)
1 *membayangkan*
◊ *Are you implying I did it on purpose?* Adakah anda cuba membayangkan bahawa saya melakukannya dengan sengaja?
2 *menandakan*
◊ *Exports rose 1.5% implying that the economy is recovering.* Jumlah eksport yang meningkat sebanyak 1.5% menandakan ekonomi sedang pulih.

impolite KATA ADJEKTIF
tidak sopan

to **import** KATA KERJA
rujuk juga **import** KATA NAMA
mengimport
♦ **imported goods** barangan import

import KATA NAMA
rujuk juga **import** KATA KERJA
import

importance KATA NAMA
kepentingan

important KATA ADJEKTIF
penting

importation KATA NAMA
pengimportan
◊ *restrictions concerning the importation of birds* sekatan-sekatan mengenai pengimportan burung

importer KATA NAMA
pengimport

impossible KATA ADJEKTIF
mustahil
◊ *He thinks the task is impossible to carry out.* Dia berpendapat bahawa tugas tersebut mustahil untuk dilaksanakan.
♦ **The government was now in an impossible position.** Kini kerajaan itu berada dalam keadaan yang genting.

imposter KATA NAMA
penyamar

to **impoverish** KATA KERJA
menyebabkan ... menjadi miskin
◊ *a society impoverished by wartime inflation* masyarakat yang menjadi miskin disebabkan inflasi semasa peperangan
♦ **The burden of taxes impoverishes the economy.** Beban cukai menyebabkan ekonomi menjadi teruk.

imprecise KATA ADJEKTIF
tidak tepat

to **impress** KATA KERJA
menarik hati
◊ *She's trying to impress you.* Dia cuba menarik hati anda.

impressed KATA ADJEKTIF
kagum
◊ *I'm very impressed!* Saya sungguh kagum!

impression KATA NAMA
1 *tanggapan*
♦ **I was under the impression that you were going out.** Saya menyangka anda hendak keluar.
2 *kesan*
◊ *Their feet left impressions in the sand.* Kesan tapak kaki mereka dapat dilihat di atas pasir.

impressionist KATA NAMA
pelakon ajuk

impressive KATA ADJEKTIF
mengagumkan

to **imprison** KATA KERJA
memenjarakan
◊ *They were imprisoned for three years.* Mereka dipenjarakan selama tiga tahun.

imprisonment KATA NAMA
hukuman penjara
◊ *life imprisonment* hukuman penjara seumur hidup

improper KATA ADJEKTIF
1 *salah*
◊ *He maintained that he had done nothing improper.* Dia tetap mengatakan bahawa dia tidak melakukan perkara yang salah.
2 *tidak elok*
◊ *improper behaviour* kelakuan yang tidak elok

improperly KATA ADVERBA
1 *dengan tidak baik*
♦ **an improperly sterilized needle** jarum yang tidak disteril dengan baik
2 *tidak sopan*
◊ *to behave improperly* berkelakuan tidak sopan

to **improve** KATA KERJA
1 *bertambah baik*
◊ *The weather is improving.* Cuaca sudah bertambah baik.
2 *mempertingkatkan*
◊ *They have improved their service.* Mereka telah mempertingkatkan mutu perkhidmatan mereka.

improvement KATA NAMA
kemajuan
◊ *There's been an improvement in his French.* Sudah ada kemajuan dalam bahasa Perancisnya.
♦ **Her family is happy with the improvement in her health.** Keluarganya gembira kerana dia sudah bertambah sihat.

to **improvise** KATA KERJA

membuat sesuatu dengan apa-apa sahaja yang ada (tanpa persediaan)
- **They improvised a tent out of sheets of heavy plastic.** Mereka membuat khemah dengan kepingan plastik yang berat.
- **improvised comedy** komedi yang direka-reka

impulse KATA NAMA
gerak hati
◊ *to yield to an impulse* tunduk kepada gerak hati

in KATA SENDI, KATA ADVERBA

> Kata sendi **di dalam** digunakan untuk merujuk kepada frasa nama yang mempunyai ruang fizikal yang nyata, manakala **dalam** digunakan untuk frasa nama abstrak.

1 *di dalam*
◊ *in the house* di dalam rumah ◊ *in my bag* di dalam beg saya ◊ *the best pupil in the class* pelajar terbaik di dalam kelas itu

2 *dalam*
◊ *in French* dalam bahasa Perancis ◊ *in the rain* dalam hujan ◊ *I'll see you in three weeks.* Saya akan berjumpa dengan anda dalam masa tiga minggu.
◊ *in good condition* dalam keadaan baik ◊ *one person in ten* seorang dalam sepuluh

> Ada banyak cara lain untuk menterjemahkan **in**.

3 *di*
◊ *in Spain* di Sepanyol ◊ *in school* di sekolah

4 *pada*
◊ *I've got an exam in the morning.* Saya ada peperiksaan pada waktu pagi. ◊ *in spring* pada musim bunga

- **in the sun** di bawah cahaya matahari
- **to be written in pencil** ditulis dengan pensel
- **in a loud voice** dengan suara yang kuat
- **to be in** ada ◊ *I'd like to see Vivian, please. - Sorry, she's not in.* Bolehkah saya berjumpa dengan Vivian? - Maaf, dia tidak ada.
- **in writing** secara bertulis
- **the boy in the blue shirt** budak lelaki yang memakai baju biru

> Ada kalanya **in** tidak diterjemahkan.

◊ *in here* di sini ◊ *It's hot in here.* Di sini panas. ◊ *at two o'clock in the afternoon* pada pukul dua petang

inability KATA NAMA
ketidakupayaan

inaccessible KATA ADJEKTIF
1 *sangat sukar dihubungi*
◊ *people living in remote and inaccessible parts of China* penduduk yang tinggal di kawasan pedalaman dan sangat sukar dihubungi di negara China
2 *tidak dibuka* (tempat, bangunan)
◊ *inaccessible to the public* tidak dibuka kepada orang ramai

inaccurate KATA ADJEKTIF
tidak tepat

inactive KATA ADJEKTIF
tidak aktif

inadequacy KATA NAMA
(JAMAK **inadequacies**)
kekurangan

inadequate KATA ADJEKTIF
tidak mencukupi
◊ *Supplies of food and medicines are inadequate.* Bekalan makanan dan ubat-ubatan tidak mencukupi.

inadvertently KATA ADVERBA
tidak sengaja
◊ *He inadvertently pressed the wrong button.* Dia tidak sengaja menekan butang yang salah.

inappropriate KATA ADJEKTIF
tidak sesuai

inattentive KATA ADJEKTIF
tidak memberikan sepenuh perhatian

inauguration KATA NAMA
1 *pelantikan* (pemimpin, pembesar)
2 *perasmian* (bangunan)

incantation KATA NAMA
mantera

incapable KATA ADJEKTIF
tidak berupaya

incapacitated KATA ADJEKTIF
hilang upaya
◊ *Her husband is incapacitated.* Suaminya hilang upaya.

incarnation KATA NAMA
penjelmaan
◊ *She was the very incarnation of evil.* Dia merupakan penjelmaan sebenar kejahatan.

incense KATA NAMA
kemenyan

incentive KATA NAMA
galakan atau *insentif*
◊ *There's no incentive to work.* Tidak ada insentif untuk bekerja.

incessantly KATA ADVERBA
tidak berhenti-henti
◊ *It rained incessantly.* Hujan turun tidak berhenti-henti.

inch KATA NAMA
(JAMAK **inches**)
inci
- **She didn't move an inch when the dog attacked her.** Dia tidak bergerak sedikit pun apabila anjing itu menyerangnya.

incident

KATA NAMA

kejadian

◊ *Several people were killed in a shooting incident yesterday.* Beberapa orang terbunuh dalam satu kejadian tembak-menembak kelmarin.

incision

KATA NAMA

[1] *torehan*

◊ *The incision on the rubber tree is quite deep.* Torehan pada pokok getah itu agak dalam.

[2] *pembedahan*

◊ *The technique involves making a tiny incision in the skin.* Teknik itu melibatkan pembedahan kecil pada kulit.

incisor

KATA NAMA

gigi kacip

to incite

KATA KERJA

menghasut

◊ *He incited them to take revenge.* Dia menghasut mereka supaya membalas dendam.

incitement

KATA NAMA

hasutan

◊ *incitement to murder* hasutan untuk membunuh

inclination

KATA NAMA

kecenderungan

◊ *She showed no inclination to go.* Dia tidak menunjukkan kecenderungan untuk pergi.

inclined

KATA ADJEKTIF

cenderung

♦ **to be inclined to do something** cenderung melakukan sesuatu ◊ *I am inclined to agree with her.* Saya cenderung untuk menyokong pendapatnya.

♦ **Nobody felt inclined to argue with John.** Tidak ada sesiapa yang terdorong untuk bertengkar dengan John.

♦ **He's inclined to arrive late.** Dia selalu datang lewat.

to include

KATA KERJA

termasuk

◊ *Service is not included.* Caj perkhidmatan tidak termasuk.

♦ **The clerk will include the invoice with the parcel.** Kerani itu akan menyertakan invois bersama dengan bungkusan tersebut.

including

KATA SENDI

termasuk

◊ *It will be two hundred pounds, including tax.* Harganya ialah dua ratus paun termasuk cukai.

inclusive

KATA ADJEKTIF

termasuk

◊ *inclusive of VAT* termasuk cukai nilai tambahan

♦ **Training will take place from Tuesday to Saturday inclusive.** Latihan akan diadakan pada setiap hari dari hari Selasa hingga hari Sabtu.

♦ **The inclusive price is two hundred pounds.** Semua sekali, harganya dua ratus paun.

income

KATA NAMA

pendapatan

income tax

KATA NAMA

cukai pendapatan

incoming

KATA ADJEKTIF

masuk

◊ *incoming calls* panggilan masuk

◊ *incoming flights* penerbangan masuk

♦ **the incoming president** presiden baru

incomparable

KATA ADJEKTIF

tiada bandingannya

◊ *The views from the house are incomparable.* Pemandangan dari rumah itu tiada bandingannya.

incompetence

KATA NAMA

ketidakcekapan

incompetent

KATA ADJEKTIF

tidak cekap

incomplete

KATA ADJEKTIF

[1] *belum siap*

◊ *The clearing of drains is still incomplete.* Kerja-kerja pembersihan longkang masih belum siap.

[2] *tidak lengkap*

◊ *The form is incomplete.* Borang itu tidak lengkap.

inconvenience

KATA NAMA

kesulitan

◊ *I don't want to cause any inconvenience.* Saya tidak mahu menimbulkan sebarang kesulitan.

inconvenient

KATA ADJEKTIF

tidak sesuai

◊ *It's a bit inconvenient at the moment.* Masa ini tidak begitu sesuai.

♦ **"It's very inconvenient to have to wait for so long," said John.** "Sungguh menyusahkan jika perlu menunggu begitu lama," kata John.

to incorporate

KATA KERJA

menggabungkan

◊ *The new cars will incorporate a number of new features.* Kereta-kereta baru itu akan menggabungkan beberapa ciri yang baru.

incorrect

KATA ADJEKTIF

salah

to increase

KATA KERJA

> rujuk juga **increase** KATA NAMA

meningkat

◊ *Traffic on motorways has increased.*

Kesesakan di lebuh raya sudah meningkat.
- **They have increased his salary.** Mereka telah menaikkan gajinya.

increase KATA NAMA

rujuk juga **increase** KATA KERJA

peningkatan
◊ *an increase in road accidents* peningkatan dalam kemalangan jalan raya
- **the increase in population** pertambahan jumlah penduduk

increasingly KATA ADVERBA
semakin atau *kian*
◊ *She finds it increasingly difficult to make decisions.* Dia mendapati semakin sukar untuk membuat keputusan.

incredible KATA ADJEKTIF
[1] *hebat*
◊ *She's really incredible.* Dia sungguh hebat.
- **Thanks for taking me out, I had an incredible time.** Terima kasih kerana membawa saya keluar. Saya sungguh seronok.

[2] *sukar dipercayai*
◊ *It seems incredible that he didn't apologize for his mistakes.* Sukar dipercayai dia tidak meminta maaf atas kesilapannya.

to **incubate** KATA KERJA
mengeram
◊ *The birds returned to their nests and continued to incubate the eggs.* Burung-burung itu pulang ke sarang dan kembali mengeram telur.

incubation KATA NAMA
pengeraman

to **incur** KATA KERJA
menanggung
◊ *to incur huge debts* menanggung hutang yang banyak
- **a project that will incur very high expenses** projek yang akan memakan belanja yang sangat tinggi

incurable KATA ADJEKTIF
tidak dapat diubati
◊ *an incurable disease* penyakit yang tidak dapat diubati

indecent KATA ADJEKTIF
tidak senonoh

indecisive KATA ADJEKTIF
[1] *sukar membuat keputusan*
◊ *He was criticized as a weak and indecisive leader.* Dia dikritik sebagai pemimpin yang lemah dan sukar membuat keputusan.

[2] *tidak muktamad*
◊ *The outcome of the competition was indecisive.* Keputusan pertandingan itu tidak muktamad.

indeed KATA ADVERBA
[1] *memang*
◊ *The examination is very hard indeed.* Peperiksaan tersebut memang sangat susah.

[2] *malah*
◊ *We have nothing against development, indeed we want more of it.* Kami tidak menentang pembangunan, malah kami inginkan lebih banyak lagi pembangunan.
- **It's rare indeed for an Irish Prime Minister to visit Belfast.** Sesungguhnya memang jarang bagi Perdana Menteri Ireland untuk melawat ke Belfast.
- **Know what I mean? - Indeed I do.** Anda faham maksud saya? - Sudah tentu saya faham.
- **Thank you very much indeed!** Terima kasih banyak-banyak!

to **indent** KATA KERJA
mengengsot
◊ *Don't indent the second line.* Jangan engsot baris yang kedua.

independence KATA NAMA
[1] *kemerdekaan*
◊ *Malaysia gained its independence on the 31st August 1957.* Malaysia mencapai kemerdekaan pada 31hb Ogos 1957.

[2] *kebebasan*
◊ *He was afraid of losing his independence after marriage.* Dia takut akan hilang kebebasan selepas berkahwin.

independent KATA ADJEKTIF
[1] *berasingan*
◊ *Two independent studies have been carried out.* Dua kajian yang berasingan telah dilaksanakan.

[2] *berdikari*
◊ *a single independent woman* wanita bujang yang berdikari

[3] *swasta*
◊ *an independent school* sebuah sekolah swasta

[4] *merdeka*
◊ *Papua New Guinea became independent from Australia in 1975.* Papua New Guinea merdeka daripada penjajahan Australia pada tahun 1975.

[5] *bebas*
◊ *independent candidate* calon bebas

indescribable KATA ADJEKTIF
tidak terkata
◊ *indescribable joy* kegembiraan yang tidak terkata

index KATA NAMA
(JAMAK **indexes**)
indeks (dalam buku)

index finger KATA NAMA
jari telunjuk
India KATA NAMA
India
Indian KATA ADJEKTIF
> rujuk juga **Indian** KATA NAMA

India
◊ *the Indian government* kerajaan India
♦ **She's Indian.** Dia berbangsa India.
Indian KATA NAMA
> rujuk juga **Indian** KATA ADJEKTIF

orang India
◊ *the Indians* orang India
♦ **American Indian** orang asli Amerika
to **indicate** KATA KERJA
1 *menunjukkan*
◊ *The report indicates that changes are needed.* Laporan tersebut menunjukkan bahawa perubahan perlu dilakukan.
2 *membayangkan*
◊ *Mr Smith has indicated that he may resign.* En. Smith telah membayangkan bahawa dia mungkin akan meletakkan jawatan.
3 *memberikan isyarat*
◊ *He indicated right and turned into Macalister Road.* Dia memberikan isyarat ke kanan dan membelok ke Jalan Macalister.
indication KATA NAMA
tanda
◊ *Muthu gave no indication that he was ready to forgive Shanti.* Muthu tidak menunjukkan sebarang tanda bahawa dia akan memaafkan Shanti.
indicator KATA NAMA
1 *penunjuk*
◊ *The number of wells is a fair indicator of the demand for water.* Bilangan perigi yang ada menjadi penunjuk yang jelas tentang permintaan terhadap air.
2 *lampu penunjuk* (pada kereta)
indifferent KATA ADJEKTIF
bersikap acuh tak acuh
◊ *The public were simply indifferent to the problem.* Orang ramai bersikap acuh tak acuh sahaja terhadap masalah ini.
indigestion KATA NAMA
ketakcernaan
◊ *I've got indigestion.* Saya mengalami ketakcernaan.
indirect KATA ADJEKTIF
tidak langsung
◊ *indirect effect* kesan tidak langsung
indistinct KATA ADJEKTIF
tidak jelas
individual KATA ADJEKTIF
> rujuk juga **individual** KATA NAMA

1 *individu*

2 *tersendiri*
◊ *individual personality* personaliti tersendiri
individual KATA NAMA
> rujuk juga **individual** KATA ADJEKTIF

individu
◊ *individual rights* hak individu
indoor KATA ADJEKTIF
tertutup
◊ *an indoor swimming pool* kolam renang tertutup
indoors KATA ADVERBA
di dalam (rumah, bangunan)
◊ *There're indoors.* Mereka ada di dalam.
♦ **We'd better go indoors.** Lebih baik kita masuk ke dalam.
to **induce** KATA KERJA
menyebabkan
◊ *Doctors said surgery could induce a heart attack.* Doktor mengatakan bahawa pembedahan boleh menyebabkan serangan penyakit jantung.
♦ **to induce labour** mengaruh proses bersalin
induction KATA NAMA
induksi
◊ *Science is based on the principle of induction.* Sains berdasarkan prinsip induksi.
to **indulge** KATA KERJA
1 *memuaskan*
◊ *You can indulge yourself without spending a fortune.* Anda boleh memuaskan diri anda tanpa banyak berbelanja.
2 *memanjakan*
◊ *He did not agree with indulging children.* Dia tidak bersetuju dengan perbuatan memanjakan kanak-kanak.
indulgence KATA NAMA
kegemaran
◊ *The car is one of my few indulgences.* Kereta merupakan salah satu daripada kegemaran saya.
♦ **The king's indulgence towards his sons angered the people.** Sikap raja itu yang suka memanjakan putera-putera baginda menimbulkan kemarahan rakyat.
indulgent KATA ADJEKTIF
memanjakan + orang
◊ *His indulgent mother let him do anything he wanted.* Emaknya yang memanjakannya membenarkannya melakukan apa sahaja.
industrial KATA ADJEKTIF
perindustrian
industrial estate KATA NAMA
kawasan perindustrian

industrialization → inflation

industrialization KATA NAMA
pengindustrian
◊ *the industrialization of rural areas* pengindustrian kawasan luar bandar

industrious KATA ADJEKTIF
rajin

industry KATA NAMA
(JAMAK **industries**)
perusahaan atau *industri*
◊ *the oil industry* industri minyak
♦ **No one doubted his ability and industry.** Tidak ada sesiapa yang meragui keupayaan dan kerajinannya.

inefficiency KATA NAMA
(JAMAK **inefficiencies**)
ketidakcekapan

inefficient KATA ADJEKTIF
tidak cekap atau *tidak efisien*

inevitable KATA ADJEKTIF
tidak dapat dielakkan

inexpensive KATA ADJEKTIF
murah

inexperienced KATA ADJEKTIF
tidak berpengalaman

infamous KATA ADJEKTIF
terkenal (dengan sesuatu yang tidak baik)

infant school KATA NAMA
tadika

to **infect** KATA KERJA
menjangkiti
◊ *A single mosquito can infect a large number of people.* Seekor nyamuk dapat menjangkiti ramai orang. ◊ *He was infected with chickenpox.* Dia dijangkiti penyakit cacar air.

infection KATA NAMA
[1] *penyakit*
◊ *an ear infection* penyakit telinga
[2] *jangkitan*
◊ *the main source of the infection* punca utama jangkitan tersebut

infectious KATA ADJEKTIF
berjangkit
◊ *an infectious disease* penyakit berjangkit

inferior KATA ADJEKTIF
[1] *lebih rendah*
◊ *June felt inferior to her successful brother.* June merasakan dirinya lebih rendah di sisi abangnya yang berjaya.
[2] *kurang bermutu*
◊ *inferior products* produk-produk yang kurang bermutu
♦ **inferior quality** kualiti yang rendah

infertile KATA ADJEKTIF
[1] *mandul*
◊ *The study found that one woman in eight was infertile.* Kajian itu mendapati bahawa seorang daripada lapan wanita adalah mandul.
[2] *tidak subur* (tanah)

infertility KATA NAMA
kemandulan
◊ *infertility treatment* rawatan kemandulan

infidel KATA NAMA
kafir (padanan terdekat)

infidelity KATA NAMA
(JAMAK **infidelities**)
kecurangan
◊ *Smith's wife found out about his infidelity.* Isteri Smith mendapat tahu tentang kecurangannya.

to **infiltrate** KATA KERJA
menyusup
◊ *Activists had infiltrated the student movement.* Para aktivis telah menyusup ke dalam pergerakan pelajar itu.

infiltration KATA NAMA
penyusupan

infinitive KATA NAMA
infinitif
> Dalam bahasa Inggeris, **infinitif** ialah bentuk asas kata kerja seperti 'take' yang biasanya mempunyai perkataan 'to' di hadapan.

infirm KATA ADJEKTIF
uzur

infirmary KATA NAMA
(JAMAK **infirmaries**)
rumah sakit atau *hospital*

infix KATA NAMA
(JAMAK **infixes**)
sisipan

to **inflame** KATA KERJA
[1] *menaikkan kemarahan* (orang)
[2] *menghangatkan* (keadaan)
◊ *The shooting has only inflamed the situation even more.* Kejadian penembakan itu hanya menghangatkan lagi keadaan.

inflammation KATA NAMA
radang
◊ *throat inflammation* radang kerongkong

inflatable KATA ADJEKTIF
boleh kembung (diisi udara)
◊ *an inflatable mattress* tilam boleh kembung

to **inflate** KATA KERJA
[1] *mengembung*
◊ *His life jacket failed to inflate.* Jaket keselamatannya tidak mengembung.
[2] *mengembungkan*
◊ *He jumped into the sea and inflated the life raft.* Dia terjun ke dalam laut dan mengembungkan bot keselamatan itu.

inflation KATA NAMA

inflasi

inflationary KATA ADJEKTIF
1. *inflasi*
2. *menyebabkan inflasi*
◊ *Inflationary pressures continued to slacken last month.* Tekanan-tekanan yang menyebabkan inflasi terus berkurangan pada bulan lepas.

influence KATA NAMA

rujuk juga **influence** KATA KERJA

pengaruh
◊ *Television is a bad influence on students.* Televisyen merupakan pengaruh yang tidak baik terhadap pelajar.
• **He's a bad influence on the girl.** Dia merupakan contoh yang tidak baik terhadap gadis itu.

to **influence** KATA KERJA

rujuk juga **influence** KATA NAMA

mempengaruhi

influential KATA ADJEKTIF
berpengaruh
◊ *Ian has a lot of influential friends.* Ian mempunyai ramai kawan yang berpengaruh.

influenza KATA NAMA
selesema atau *influenza*

to **inform** KATA KERJA
memberitahu
◊ *Nobody informed me of the change of plan.* Tidak ada sesiapa pun yang memberitahu saya tentang pertukaran rancangan tersebut.

informal KATA ADJEKTIF
tidak formal
◊ *informal language* bahasa tidak formal
• **an informal visit** lawatan tidak rasmi
• **informal dress** pakaian kasual

information KATA NAMA
maklumat
◊ *Could you give me some information about trains to Barcelona?* Bolehkah anda berikan maklumat tentang kereta api yang pergi ke Barcelona?

information office KATA NAMA
pejabat penerangan

information technology KATA NAMA
teknologi maklumat

informative KATA ADJEKTIF
informatif
◊ *an informative television programme* rancangan televisyen yang informatif

informer KATA NAMA
pemberi maklumat

infra-red KATA ADJEKTIF
inframerah

infrastructure KATA NAMA
infrastruktur

to **infringe** KATA KERJA
1. *melanggar*
◊ *The publishers were accused of infringing copyright law.* Penerbit itu didakwa melanggar undang-undang hak cipta.
2. *mencabuli*
◊ *The police should not infringe human rights.* Polis tidak patut mencabuli hak asasi rakyat.

infringement KATA NAMA
pelanggaran
◊ *infringement of privacy* pelanggaran hak persendirian

infuriating KATA ADJEKTIF
sungguh menyakitkan hati

ingenuity KATA NAMA
kepintaran

ingot KATA NAMA
jongkong
◊ *gold ingots* jongkong emas

to **ingratiate** KATA KERJA
• **to ingratiate oneself with somebody** mengampu seseorang ◊ *A few people tried to ingratiate themselves with our boss.* Beberapa orang cuba mengampu majikan kami.

ingredient KATA NAMA
ramuan

inhabitant KATA NAMA
1. *penduduk*
◊ *the inhabitants of Glasgow* penduduk Glasgow
2. *penghuni*
◊ *The tiger is an inhabitant of the forest.* Harimau merupakan penghuni hutan.

to **inhale** KATA KERJA
menyedut
◊ *We inhale polluted air every day.* Kita menyedut udara yang tercemar setiap hari.
• **to inhale deeply** menarik nafas yang panjang

to **inherit** KATA KERJA
mewarisi
◊ *She inherited her father's house.* Dia mewarisi rumah bapanya.

inheritance KATA NAMA
warisan

to **inhibit** KATA KERJA
1. *melambatkan*
◊ *Wine and sugary drinks inhibit digestion.* Wain dan minuman bergula melambatkan penghadaman.
2. *menghalang*
◊ *His shyness inhibited him from speaking to the girl.* Sifat malunya menghalang dia daripada bercakap dengan gadis itu.

inhuman KATA ADJEKTIF
tidak berperikemanusiaan

initial KATA ADJEKTIF
rujuk juga **initial** KATA KERJA
permulaan
◊ *at the initial stage* pada peringkat permulaan

to **initial** KATA KERJA
rujuk juga **initial** KATA ADJEKTIF
memarap
◊ *She initialled the voucher.* Dia memarap baucar itu.

initials KATA NAMA JAMAK
parap
◊ *Her initials are CDT.* Parapnya ialah CDT.

to **initiate** KATA KERJA
1 *memulakan*
◊ *They wanted to initiate a discussion on economics.* Mereka mahu memulakan perbincangan tentang ekonomi.
2 *memperkenalkan*
◊ *David initiated Helen into the study of other cultures.* David memperkenalkan kajian mengenai kebudayaan-kebudayaan lain kepada Helen.

initiative KATA NAMA
daya usaha atau *inisiatif*

initiator KATA NAMA
penggerak
◊ *He was the initiator of the modernization of our country.* Beliau merupakan penggerak pemodenan negara kita.

to **inject** KATA KERJA
1 *menyuntik*
◊ *They injected me with antibiotics.* Mereka menyuntik saya dengan antibiotik.
2 *menyelitkan*
◊ *She tried to inject some humour into the meeting.* Dia cuba menyelitkan sedikit unsur jenaka dalam mesyuarat itu.

injection KATA NAMA
suntikan
◊ *The doctor gave me an injection.* Doktor memberi saya satu suntikan.

to **injure** KATA KERJA
mencederakan
◊ *He injured his girlfriend.* Dia telah mencederakan teman wanitanya.
♦ *He injured his leg.* Kakinya tercedera.

injured KATA ADJEKTIF
cedera

injury KATA NAMA
(JAMAK **injuries**)
kecederaan

injury time KATA NAMA
masa kecederaan (bola sepak)

injustice KATA NAMA
ketidakadilan
◊ *They oppose the injustices of the system.* Mereka menentang ketidakadilan sistem tersebut.

ink KATA NAMA
dakwat

Inland Revenue KATA NAMA
Jabatan Hasil Dalam Negeri

in-laws KATA NAMA JAMAK
keluarga suami/isteri

inlet KATA NAMA
serokan

inmate KATA NAMA
1 *penghuni*
◊ *the inmates of a psychiatric hospital* penghuni rumah sakit jiwa
2 *banduan*

inn KATA NAMA
rumah penginapan

innate KATA ADJEKTIF
semula jadi
◊ *innate character* sifat semula jadi

inner KATA ADJEKTIF
1 *bahagian dalam*
◊ *the inner part of the container* bahagian dalam bekas tersebut
2 *bahagian tengah*
◊ *the inner city* bahagian tengah bandar raya
♦ *Michael needed to express his inner feelings.* Michael perlu meluahkan perasaan yang terpendam dalam hatinya.

inner tube KATA NAMA
tiub dalam (tayar)

innocence KATA NAMA
tidak bersalah
◊ *He claims he has evidence which could prove his innocence.* Dia mendakwa bahawa dia mempunyai bukti yang boleh menunjukkan dia tidak bersalah.

innocent KATA ADJEKTIF
1 *tidak bersalah*
◊ *The police knew that I was innocent.* Polis tahu bahawa saya tidak bersalah.
2 *tidak berdosa*
◊ *The war was killing innocent people.* Peperangan itu telah meragut nyawa orang yang tidak berdosa.
3 *tidak bermaksud apa-apa*
◊ *It was an innocent question but Martin was angry.* Soalan itu tidak bermaksud apa-apa, tetapi Martin naik berang.

innovation KATA NAMA
inovasi

innovative KATA ADJEKTIF
inovatif
◊ *an innovative idea* idea yang inovatif

input KATA NAMA

input

inquest KATA NAMA
penyiasatan rasmi (berkenaan kematian)

to **inquire** KATA KERJA
bertanya
◊ *to inquire about something* bertanya tentang sesuatu
• **They were asked to inquire into the matter.** Mereka telah disuruh menyiasat perkara itu.

inquiry KATA NAMA
(JAMAK **inquiries**)
1 *pertanyaan*
◊ *She made some inquiries to get the information that she needed.* Dia membuat beberapa pertanyaan untuk mendapatkan maklumat yang diperlukannya.
2 *penyiasatan rasmi*
◊ *Their leader has called for an inquiry into the incident.* Ketua mereka telah menuntut satu penyiasatan rasmi dijalankan bagi menyiasat kejadian tersebut.

inquisitive KATA ADJEKTIF
mempunyai sikap ingin tahu
◊ *Aaron was inquisitive by nature.* Aaron mempunyai sikap ingin tahu yang semula jadi.

insane KATA ADJEKTIF
tidak siuman

insanity KATA NAMA
ketidakwarasan

inscription KATA NAMA
inskripsi

> Inskripsi ialah tulisan yang diukir pada duit syiling, monumen dan sebagainya.

insect KATA NAMA
serangga

insecticide KATA NAMA
racun serangga

insect repellent KATA NAMA
pencegah serangga

insecure KATA ADJEKTIF
1 *tidak yakin*
◊ *Most mothers are insecure about their ability as mothers.* Kebanyakan ibu tidak yakin dengan kebolehan mereka sebagai seorang ibu.
2 *tidak terjamin*
◊ *insecure jobs* pekerjaan yang tidak terjamin

insensitive KATA ADJEKTIF
tidak peka
◊ *My husband is very insensitive about my problem.* Suami saya tidak peka langsung tentang masalah saya.

to **insert** KATA KERJA
1 *memasukkan*
◊ *I inserted the coin into the parking meter.* Saya memasukkan syiling ke dalam meter letak kereta.
2 *menyelitkan*
◊ *He inserted my comments into the article.* Dia menyelitkan komen saya dalam artikel itu.

inside KATA SENDI, KATA ADVERBA

> rujuk juga **inside** KATA NAMA

1 *di dalam*
◊ *inside the house* di dalam rumah
2 *ke dalam*
◊ *Come inside!* Silalah masuk ke dalam! ◊ *Let's go inside, it's starting to rain.* Mari masuk ke dalam, hujan sudah mula turun.
• **He opened the envelope and read what was inside.** Dia membuka sampul surat itu dan membaca kandungannya.
• **inside out** terbalik ◊ *He put his coat on inside out.* Dia memakai baju kotnya terbalik.

inside KATA NAMA

> rujuk juga **inside** KATA SENDI, KATA ADVERBA

dalam
◊ *The doors were locked from the inside.* Pintu-pintu itu dikunci dari dalam.

insincere KATA ADJEKTIF
tidak ikhlas

to **insinuate** KATA KERJA
1 *menyindir*
◊ *Are you insinuating that I smell?* Adakah anda menyindir saya bahawa saya berbau?
2 *membayangkan*
◊ *an article which insinuated that the President was lying* artikel yang membayangkan bahawa Presiden itu berbohong

insinuation KATA NAMA
sindiran

to **insist** KATA KERJA
1 *mendesak*
◊ *I didn't want to, but he insisted.* Saya tidak mahu, tetapi dia mendesak.
2 *menegaskan*
◊ *He insisted he was innocent.* Dia menegaskan bahawa dia tidak bersalah.
• **to insist on doing something** berkeras untuk melakukan sesuatu ◊ *She insisted on paying.* Dia berkeras untuk membayar.

insistence KATA NAMA
desakan
◊ *She attended the interview at her mother's insistence.* Dia menghadiri temu duga itu kerana desakan ibunya.

insolent KATA ADJEKTIF

kurang ajar

to **inspect** KATA KERJA
memeriksa
◊ *The sergeant inspects the camps every morning.* Sarjan itu memeriksa kem-kem itu setiap pagi.

inspector KATA NAMA
1 *pegawai pemeriksaan*
◊ *The factory was shut down by the safety inspector.* Kilang tersebut telah ditutup oleh pegawai pemeriksaan keselamatan.
2 *inspektor* (*polis*)

inspiration KATA NAMA
inspirasi

to **inspire** KATA KERJA
memberikan inspirasi
◊ *The life of the people there inspired me to write the book.* Kehidupan penduduk di situ memberikan inspirasi kepada saya untuk menulis buku itu.

instability KATA NAMA
ketidakstabilan
◊ *political instability* ketidakstabilan politik

to **install** KATA KERJA
1 *memasang*
◊ *They had installed a new phone line in their house.* Mereka telah memasang talian telefon yang baru di dalam rumah mereka.
2 *melantik*
◊ *Professor Lim was installed as President last Wednesday.* Profesor Lim telah dilantik sebagai Presiden pada hari Rabu lepas.
♦ **Within two months she had installed herself in a new house.** Dalam masa dua bulan sahaja dia telah tinggal di sebuah rumah baru.

installation KATA NAMA
1 *pemasangan*
◊ *the installation of a fire alarm* pemasangan penggera kebakaran
2 *upacara pelantikan*
◊ *Naomi attended Jeffrey's installation as President of the club.* Naomi menghadiri upacara pelantikan Jeffrey sebagai Presiden kelab itu.

instalment KATA NAMA
1 *ansuran*
◊ *to pay in instalments* membayar secara ansuran
2 *siri* (*rancangan TV, radio*)

instance KATA NAMA
contoh
◊ *for instance* sebagai contoh

instant KATA NAMA
rujuk juga **instant** KATA ADJEKTIF

ketika
◊ *At that instant...* Pada ketika itu...

instant KATA ADJEKTIF
rujuk juga **instant** KATA NAMA
1 *serta-merta*
◊ *It was an instant success.* Kejayaan itu datang serta-merta.
2 *segera*
◊ *instant coffee* kopi segera

instantly KATA ADVERBA
dengan serta-merta
◊ *The man was killed instantly.* Lelaki itu terbunuh dengan serta-merta.

instead KATA SENDI, KATA ADVERBA
sebaliknya
◊ *We didn't play tennis. Instead, we went swimming.* Kami tidak bermain tenis, sebaliknya kami pergi berenang.
♦ **instead of** dan bukannya ◊ *Jane went instead of Peter.* Jane yang pergi ke sana dan bukannya Peter.

Ada kalanya **instead** tidak diterjemahkan.

◊ *The pool was closed, so we played tennis instead.* Kolam renang itu ditutup, jadi kami bermain tenis.

instigator KATA NAMA
penghasut
◊ *William was accused of being the main instigator of the riot.* William didakwa sebagai penghasut utama rusuhan itu.

instinct KATA NAMA
1 *naluri*
◊ *We can trust his instinct.* Kita boleh mempercayai nalurinya.
2 *gerak hati*
◊ *She hadn't followed her instinct and because of this Frank was dead.* Dia tidak mengikut gerak hatinya dan itulah yang menyebabkan kematian Frank.

institute KATA NAMA
institut

institution KATA NAMA
institusi

to **instruct** KATA KERJA
mengarahkan
◊ *to instruct somebody to do something* mengarahkan seseorang melakukan sesuatu
♦ **She instructed us to wait outside.** Dia menyuruh kami menunggu di luar.
♦ **He instructed the children in swimming techniques.** Dia mengajar kanak-kanak itu tentang teknik-teknik berenang.

instruction KATA NAMA
arahan
◊ *I'm waiting for your instructions.* Saya sedang menunggu arahan anda.
♦ **All children must receive some**

religious instruction. Semua kanak-kanak mesti mendapat didikan agama.

instructor KATA NAMA
pengajar
◊ *driving instructor* pengajar memandu

instrument KATA NAMA
1 *peralatan*
◊ *surgical instruments* peralatan pembedahan
2 *alat muzik*
◊ *Do you play an instrument?* Adakah anda bermain sebarang alat muzik?

instrumental KATA ADJEKTIF
1 *memainkan peranan penting*
◊ *He was instrumental in the release of the hostages.* Dia memainkan peranan penting dalam pembebasan para tebusan itu.
2 *instrumental*
◊ *instrumental music* muzik instrumental

insufferable KATA ADJEKTIF
sungguh menjengkelkan

insufficient KATA ADJEKTIF
tidak mencukupi
◊ *He decided that the evidence was insufficient to sue the doctor.* Dia memutuskan bahawa bukti yang ada tidak mencukupi untuk mendakwa doktor tersebut.

to **insulate** KATA KERJA
menebat
◊ *In order to make it safe, the element is insulated.* Elemen itu ditebat bagi menjamin keselamatan.

insulator KATA NAMA
penebat

insulin KATA NAMA
insulin

to **insult** KATA KERJA
rujuk juga **insult** KATA NAMA
menghina

insult KATA NAMA
rujuk juga **insult** KATA KERJA
penghinaan

insurance KATA NAMA
insurans
◊ *an insurance policy* polisi insurans

to **insure** KATA KERJA
menginsuranskan
◊ *Lena insured her house against fire.* Lena menginsuranskan rumahnya daripada kebakaran.

intake KATA NAMA
pengambilan
◊ *Reduce your sugar intake.* Kurangkan pengambilan gula. ◊ *the intake of students* pengambilan pelajar

intangible KATA ADJEKTIF
tak nyata
◊ *intangible asset* aset tak nyata (*perakaunan*)

to **integrate** KATA KERJA
1 *mengintegrasikan*
◊ *He wanted to integrate the activities of both companies.* Dia mahu mengintegrasikan aktiviti kedua-dua buah syarikat itu.
2 *berintegrasi*
◊ *If they want to integrate, that's fine with me.* Saya tidak kisah jika mereka hendak berintegrasi.

integrated KATA ADJEKTIF
bersepadu
◊ *A more integrated approach is needed to solve the problem.* Pendekatan yang lebih bersepadu diperlukan untuk mengatasi masalah itu.

integration KATA NAMA
integrasi

integrity KATA NAMA
integriti
◊ *a man of integrity* seorang lelaki yang mempunyai integriti

intellect KATA NAMA
intelek

intellectual KATA ADJEKTIF
rujuk juga **intellectual** KATA NAMA
intelektual
◊ *intellectual discussion* perbincangan intelektual

intellectual KATA NAMA
rujuk juga **intellectual** KATA ADJEKTIF
cendekiawan

intelligence KATA NAMA
kepintaran
◊ *Thanks to Kamarul's intelligence the problem was solved.* Masalah itu dapat diselesaikan kerana kepintaran Kamarul.

intelligent KATA ADJEKTIF
cerdik

intelligentsia KATA NAMA
cerdik pandai

intelligible KATA ADJEKTIF
mudah difahami

to **intend** KATA KERJA
bercadang
♦ **to intend to do something** bercadang untuk melakukan sesuatu ◊ *I intend to do languages at university.* Saya bercadang untuk belajar bidang bahasa di universiti.

intense KATA ADJEKTIF
1 *terlalu*
◊ *He was sweating from the intense heat.* Dia berpeluh kerana keadaan yang terlalu panas.

intensify → Internet

2. *sangat serius*
◊ *I found the poet a very intense young man.* Saya mendapati penyair itu seorang pemuda yang sangat serius.
♦ **He puts intense effort into his game.** Dia seorang pemain yang sangat gigih.

to **intensify** KATA KERJA
(**intensified, intensified**)
menggiatkan
◊ *They are intensifying their efforts.* Mereka sedang menggiatkan usaha.
♦ **The conflict is bound to intensify.** Konflik itu pasti menjadi lebih hebat.

intensive KATA ADJEKTIF
intensif

intention KATA NAMA
niat

intentional KATA ADJEKTIF
disengajakan
◊ *Was it accidental or intentional?* Adakah perkara itu dilakukan dengan tidak sengaja atau disengajakan?

to **interact** KATA KERJA
berinteraksi
◊ *Tommy doesn't like interacting with others.* Tommy tidak suka berinteraksi dengan orang lain.

interaction KATA NAMA
interaksi

interchangeable KATA ADJEKTIF
boleh ditukar ganti
◊ *interchangeable parts* bahagian-bahagian yang boleh ditukar ganti

intercom KATA NAMA
interkom

interconnection KATA NAMA
perkaitan
◊ *interconnection of drug abuse and AIDS infection* perkaitan antara penyalahgunaan dadah dengan jangkitan AIDS

interest KATA NAMA
> rujuk juga **interest** KATA KERJA

1. *minat*
◊ *to show an interest in something* menunjukkan minat dalam sesuatu
2. *faedah*
◊ *an interest rate of 6.5%* kadar faedah sebanyak 6.5%

to **interest** KATA KERJA
> rujuk juga **interest** KATA NAMA

menarik minat
◊ *It doesn't interest me.* Perkara itu tidak menarik minat saya.
♦ **to be interested in something** tertarik dengan sesuatu ◊ *I'm very interested in what you're telling me.* Saya sangat tertarik dengan kata-kata anda.
♦ **Are you interested in politics?** Adakah anda berminat dalam bidang politik?

interesting KATA ADJEKTIF
menarik

interface KATA NAMA
1. *titik pertemuan*
◊ *the interface of bureaucracy and the working world* titik pertemuan antara birokrasi dengan dunia pekerjaan
2. (*komputer*) *antara muka*
> litar yang menyambungkan sebuah mesin, terutamanya komputer, dengan mesin yang lain

to **interfere** KATA KERJA
masuk campur
◊ *Please don't interfere.* Tolong jangan masuk campur. ◊ *My neighbour likes to interfere in other people's business.* Jiran saya suka masuk campur dalam hal orang lain.

interference KATA NAMA
campur tangan
◊ *interference from the government* campur tangan kerajaan

interior KATA NAMA
bahagian dalam
◊ *The interior of the house was painted white.* Bahagian dalam rumah itu dicat dengan warna putih.
♦ **Interior Ministry** Kementerian Dalam Negeri

interior designer KATA NAMA
pereka dalaman

intermediate KATA ADJEKTIF
pertengahan
◊ *intermediate stage* tahap pertengahan

to **intermingle** KATA KERJA
1. *menggabungjalinkan*
◊ *to intermingle two different cultures* menggabungjalinkan dua budaya yang berbeza
2. *bergabung*
◊ *This allow the two cultures to intermingle.* Ini membolehkan dua budaya tersebut bergabung.
♦ **to intermingle with the citizens of other countries** bercampur gaul dengan rakyat negara lain

internal KATA ADJEKTIF
dalaman
◊ *internal bleeding* pendarahan dalaman
♦ **internal security** keselamatan dalam negeri

international KATA ADJEKTIF
antarabangsa

Internet KATA NAMA
Internet
◊ *on the Internet* di Internet

Internet Café KATA NAMA
kafe Internet

Internet service provider KATA NAMA
Pembekal Khidmat Internet

to **interpret** KATA KERJA
1. *mentafsirkan*
◊ *The move was interpreted as a defeat for the manager.* Langkah itu ditafsirkan sebagai kekalahan pengurus tersebut.
2. *menterjemahkan*
◊ *Steve couldn't speak Malay so his friend interpreted.* Steve tidak tahu berbahasa Melayu jadi kawannya menterjemahkannya.

interpretation KATA NAMA
interpretasi
◊ *an accurate interpretation* interpretasi yang tepat
♦ **the interpretation of Koranic verses** pentafsiran ayat-ayat al-Quran

interpreter KATA NAMA
1. *jurubahasa*
2. *pentafsir*
◊ *She's well-known as the foremost interpreter of Mozart.* Dia terkenal sebagai pentafsir utama karya Mozart.

to **interrogate** KATA KERJA
menyoal siasat

interrogation KATA NAMA
soal siat
◊ *Carl remained silent during the interrogation.* Carl hanya mendiamkan diri semasa soal siasat itu dijalankan.

interrogative KATA ADJEKTIF
penuh pertanyaan (dari gerak isyarat, nada suara)

to **interrupt** KATA KERJA
mencelah
◊ *He tried to speak, but his girlfriend interrupted him.* Dia cuba bercakap tetapi teman wanitanya mencelah.
♦ **The match took nearly three hours and was interrupted by rain.** Perlawanan itu mengambil masa hampir tiga jam dan tergendala disebabkan hujan.

interruption KATA NAMA
gangguan
◊ *I was able to get on with my work without interruption.* Saya dapat meneruskan kerja saya tanpa gangguan.

intersection KATA NAMA
1. *persimpangan*
◊ *a busy highway intersection* persimpangan lebuh raya yang sibuk
2. *persilangan*
◊ *point of intersection* titik persilangan

interval KATA NAMA
1. *jarak waktu*
◊ *The ferry service has restarted after an interval of 12 years.* Perkhidmatan feri telah dimulakan semula selepas jarak waktu selama 12 tahun.
2. *waktu rehat*
◊ *During the interval, wine was served to the guests.* Wain dihidangkan kepada para tetamu pada waktu rehat.
3. *jeda* (muzik)
♦ **at regular intervals** selalu

interview KATA NAMA
> rujuk juga **interview** KATA KERJA

1. *temu duga*
◊ *Not everyone who writes in can be invited for interview.* Bukan semua orang yang memohon akan dipanggil untuk temu duga.
2. *temu ramah*
◊ *There'll be an interview with Mr Douglas after the news.* Satu temu ramah dengan En. Douglas akan diadakan selepas berita.

to **interview** KATA KERJA
> rujuk juga **interview** KATA NAMA

1. *menemu duga*
◊ *The manager interviewed the candidates.* Pengurus itu menemu duga calon-calon tersebut.
2. *menemu ramah*
◊ *I was interviewed on the radio.* Saya ditemu ramah dalam radio.

interviewer KATA NAMA
1. *penemu duga*
2. *penemu ramah*

intestine KATA NAMA
usus

intimacy KATA NAMA
kemesraan
◊ *He became jealous of our intimacy.* Dia cemburu melihat kemesraan kami.

intimate KATA ADJEKTIF
1. *rapat*
◊ *intimate friends* kawan-kawan rapat
2. *peribadi*
◊ *He wrote about the intimate details of his life.* Dia menulis tentang butir-butir peribadi hidupnya.
3. *romantik*
◊ *an intimate candlelight dinner for two* makan malam yang romantik untuk dua orang dengan diterangi cahaya lilin

into KATA SENDI
ke dalam
◊ *Translate it into Spanish.* Terjemahkannya ke dalam bahasa Sepanyol. ◊ *I poured the milk into a cup.* Saya menuang susu ke dalam cawan.
♦ **I'm going into town.** Saya hendak pergi ke bandar.

- **to get into bed** masuk tidur
- **They divided into two groups.** Mereka berpecah kepada dua kumpulan.
- **to walk into a lamppost** terlanggar tiang lampu

intonation KATA NAMA
intonasi

intoxicating KATA ADJEKTIF
memabukkan
◊ *intoxicating drink* minuman yang memabukkan

Intranet KATA NAMA
(*komputer*)
Intranet

to **introduce** KATA KERJA
1 *memperkenalkan*
◊ *He introduced me to his parents.* Dia memperkenalkan saya kepada ibu bapanya.
2 *memulakan*
◊ *He introduced his speech with a poem.* Dia memulakan ucapannya dengan sebuah puisi.

introduction KATA NAMA
pendahuluan (*di dalam buku*)

introductory KATA ADJEKTIF
pengenalan
◊ *an introductory chapter* bab pengenalan

intruder KATA NAMA
penceroboh
◊ *There was an intruder in the sitting room.* Ada penceroboh di ruang tamu.

intuition KATA NAMA
gerak hati
◊ *Her intuition was telling her that something was wrong.* Gerak hatinya memberitahu bahawa ada sesuatu yang tidak kena.

to **invade** KATA KERJA
1 *menyerang*
◊ *Japan invaded Malaya in 1942.* Jepun menyerang Tanah Melayu pada tahun 1942.
2 *membanjiri*
◊ *Tourists invade the city every summer.* Pelancong membanjiri bandar raya itu setiap musim panas.

invalid KATA NAMA
orang sakit

invaluable KATA ADJEKTIF
tidak ternilai

to **invent** KATA KERJA
1 *mencipta*
◊ *He invented the television.* Beliau telah mencipta televisyen.
2 *mereka-reka*
◊ *I tried to invent an excuse.* Saya cuba mereka-reka satu alasan.

invention KATA NAMA
1 *ciptaan*
◊ *The spinning wheel was a Chinese invention.* Roda pintal ialah ciptaan orang Cina.
2 *rekaan*
◊ *The story was certainly an invention.* Cerita tersebut sememangnya satu rekaan sahaja.

inventor KATA NAMA
pencipta
◊ *Alexander Graham Bell was the inventor of the telephone.* Alexander Graham Bell ialah pencipta telefon.

inventory KATA NAMA
(JAMAK **inventories**)
inventori

inverse KATA ADJEKTIF
rujuk juga **inverse** KATA NAMA
songsang
◊ *in inverse proportion* dalam kadar songsang

inverse KATA NAMA
rujuk juga **inverse** KATA ADJEKTIF
songsangan (*matematik*)

inversion KATA NAMA
penyongsangan
◊ *an inversion of the truth* penyongsangan kebenaran

to **invert** KATA KERJA
1 *menterbalikkan*
◊ *After that, you need to invert the cake onto a wire rack.* Selepas itu, anda perlu menterbalikkan kek itu di atas rak dawai.
2 *menyongsangkan*
◊ *I inverted the number 9 to make a number 6.* Saya menyongsangkan nombor 9 menjadi nombor 6.

invertebrate KATA NAMA
invertebrat

to **invest** KATA KERJA
melabur
◊ *They intend to invest in shares.* Mereka bercadang untuk melabur dalam pasaran saham.

to **investigate** KATA KERJA
menyiasat
◊ *I'll investigate the matter.* Saya akan memeriksa perkara itu.

investigation KATA NAMA
penyiasatan

investment KATA NAMA
pelaburan

investor KATA NAMA
pelabur

to **invigorate** KATA KERJA
mencergaskan
◊ *Take a deep breath to invigorate yourself.* Tarik nafas panjang untuk

mencergaskan diri anda.
- **The shampoo contains lavender oil to invigorate the scalp.** Syampu itu mengandungi minyak lavender untuk menyamankan kulit kepala.

invigorated KATA ADJEKTIF
cergas
◊ *She seemed invigorated and full of energy.* Dia kelihatan cergas dan bertenaga.

invigorating KATA ADJEKTIF
nyaman
◊ *invigorating air* udara yang nyaman

invisible KATA ADJEKTIF
[1] *tidak dapat dilihat*
◊ *Their house is invisible from the road.* Rumah mereka tidak dapat dilihat dari jalan.
[2] *halimunan*
◊ *the invisible man* lelaki halimunan
- **invisible earnings** perolehan tak nampak

invitation KATA NAMA
undangan

to **invite** KATA KERJA
mengundang
◊ *Sarah's not invited.* Sarah tidak diundang.

inviting KATA ADJEKTIF
menarik
◊ *an inviting restaurant* sebuah restoran yang menarik
- **an inviting smile** senyuman yang menggoda

invoice KATA NAMA
invois

to **involve** KATA KERJA
[1] *melibatkan*
◊ *It involves a lot of work.* Perkara ini melibatkan kerja yang banyak.
- **She was involved in politics.** Dia melibatkan dirinya dalam politik.
[2] *terlibat*
◊ *He wasn't involved in the robbery.* Dia tidak terlibat dalam rompakan itu.
- **I don't want to get involved in the argument.** Saya tidak mahu terlibat dalam pertelingkahan itu.
- **to be involved with somebody** menjalinkan hubungan dengan seseorang
◊ *She was involved with a married man.* Dia telah menjalinkan hubungan dengan suami orang.

involvement KATA NAMA
penglibatan
◊ *their involvement in the project* penglibatan mereka dalam projek itu

invulnerable KATA ADJEKTIF
kebal

inwardly KATA ADVERBA
dalam hati
◊ *Tara smiled inwardly.* Tara tersenyum dalam hati.

iodine KATA NAMA
iodin

IQ SINGKATAN (= *intelligence quotient*)
IQ (*darjah kecerdasan otak*)

Iran KATA NAMA
Iran

Iraq KATA NAMA
Iraq

IRC KATA NAMA (= *Internet Relay Chat*)
IRC (*perbualan di Internet*)

Ireland KATA NAMA
negara Ireland

Irish KATA ADJEKTIF
> rujuk juga **Irish** KATA NAMA

Ireland
◊ *traditional Irish music* muzik tradisional Ireland
- **He's Irish.** Dia berbangsa Ireland.

Irish KATA NAMA
> rujuk juga **Irish** KATA ADJEKTIF

[1] *orang Ireland*
◊ *the Irish* orang Ireland
[2] *bahasa Ireland*

Irishman KATA NAMA
(JAMAK **Irishmen**)
lelaki Ireland

Irishwoman KATA NAMA
(JAMAK **Irishwomen**)
wanita Ireland

to **irk** KATA KERJA
[1] *sebal*
◊ *It irks me to see the old lady being treated like that.* Saya berasa sebal apabila melihat orang tua itu diperlakukan seperti itu.
[2] *menjengkelkan*
◊ *The process also irked him increasingly.* Proses itu juga semakin menjengkelkannya.

iron KATA NAMA
> rujuk juga **iron** KATA KERJA

[1] *besi*
◊ *an iron gate* pintu pagar besi
[2] *seterika*

to **iron** KATA KERJA
> rujuk juga **iron** KATA NAMA

menyeterika

ironic KATA ADJEKTIF
ironis
◊ *It's ironic that the person found guilty of theft was none other than the school Head Prefect.* Yang ironisnya ialah orang yang terbukti terlibat dalam kecurian itu merupakan Ketua Pengawas sendiri.

ironing KATA NAMA

menggosok pakaian
- **to do the ironing** menggosok pakaian

ironing board KATA NAMA
bangku seterika

ironmonger's KATA NAMA
kedai barang-barang besi

irregular KATA ADJEKTIF
1. *tidak tetap*
◊ *Cars passed at irregular intervals.* Kereta lalu-lalang pada masa yang tidak tetap. ◊ *He worked irregular hours.* Waktu kerjanya tidak tetap.
2. *tidak rata* (permukaan)
3. *tidak teratur* (gigi)

irrelevant KATA ADJEKTIF
tidak berkaitan atau *tidak relevan*
◊ *The judge decided that their testimony would be irrelevant to the case.* Hakim itu memutuskan bahawa testimoni mereka tidak berkaitan dengan kes tersebut.
- **If he has the qualifications, his age is irrelevant.** Kalau dia berkelayakan, umurnya tidak menjadi soal.
- **That's irrelevant.** Perkara itu tidak ada kena-mengena dengan hal ini.

irresistible KATA ADJEKTIF
1. *sangat menarik*
◊ *an irresistible film* filem yang sangat menarik
2. *tidak dapat dielakkan*
◊ *irresistible pressure* tekanan yang tidak dapat dielakkan
3. *amat sukar ditolak* (godaan, tarikan)

irresponsible KATA ADJEKTIF
tidak bertanggungjawab
◊ *That was irresponsible of him.* Sikapnya itu tidak bertanggungjawab.

to **irrigate** KATA KERJA
mengairi
◊ *The canal was built to irrigate the paddy fields.* Terusan itu dibina untuk mengairi sawah padi.

irrigation KATA NAMA
pengairan
◊ *a sophisticated irrigation system* sistem pengairan yang canggih

to **irritate** KATA KERJA
1. *menjengkelkan*
◊ *Their attitude irritates me.* Sikap mereka menjengkelkan saya.
2. *merengsakan*
◊ *Chillies can irritate the skin.* Cili boleh merengsakan kulit.

irritated KATA ADJEKTIF
jengkel
◊ *I felt really irritated by his attitude.* Saya betul-betul rasa jengkel dengan perangainya.

irritating KATA ADJEKTIF

1. *menjengkelkan*
◊ *Jill can be very irritating.* Kadang-kadang sikap Jill sungguh menjengkelkan.
2. *merengsakan*
◊ *In heavy concentrations, ozone is irritating to the eyes, nose and throat.* Ozon boleh merengsakan mata, hidung dan tekak apabila berada dalam kepekatan yang tinggi.

is KATA KERJA *rujuk* **be**

ISA SINGKATAN (= *Individual Savings Account*)
Akaun Simpanan Individu

ISDN SINGKATAN (= *Integrated Service Digital Network*)
RDKS (= *Rangkaian Perkhidmatan Digital Bersepadu*)

Islam KATA NAMA
1. *Islam*
2. *negara Islam*

Islamic KATA ADJEKTIF
Islam
◊ *Islamic law* undang-undang Islam

island KATA NAMA
pulau

isle KATA NAMA
pulau

islet KATA NAMA
pulau kecil

isn't = **is not**

to **isolate** KATA KERJA
mengasingkan

isolated KATA ADJEKTIF
1. *terpencil*
◊ *Most of the refugee villages are in isolated areas.* Kebanyakan perkampungan pelarian terletak di kawasan-kawasan yang terpencil.
2. *terasing*
◊ *She feels very isolated.* Dia berasa sangat terasing.

isolation KATA NAMA
kesepian
- **Many deaf people have a feeling of isolation.** Ramai orang pekak berasa sepi.
- **in isolation (1)** secara berasingan ◊ *Punishment cannot be discussed in isolation from social theory.* Hukuman tidak boleh dibincangkan secara berasingan daripada teori sosial.
- **in isolation (2)** sendirian ◊ *Malcolm works in isolation.* Malcolm bekerja sendirian.

ISP KATA NAMA (= *Internet service provider*)
ISP (= *Pembekal Khidmat Internet*)

Israel KATA NAMA
negara Israel

issue KATA NAMA

issue → itself

> rujuk juga **issue** KATA KERJA

1. *isu*
   ◊ *a controversial issue* isu kontroversial
2. *terbitan*
   ◊ *the latest issue of Asiaweek* terbitan majalah Asiaweek yang terbaru
3. *masalah*
   ◊ *They have issues to do with kids.* Mereka mempunyai masalah yang berkaitan dengan kanak-kanak.

♦ **day of issue** hari dikeluarkan
♦ **a back issue** edisi lama

to **issue** KATA KERJA

> rujuk juga **issue** KATA NAMA

1. *mengeluarkan*
   ◊ *The minister issued a statement yesterday.* Menteri tersebut mengeluarkan satu kenyataan kelmarin.
2. *memberi*
   ◊ *Staff will be issued with new grey-and-yellow uniforms.* Kakitangan akan diberi pakaian seragam baru yang berwarna kelabu dan kuning.

isthmus KATA NAMA
(JAMAK **isthmuses**)
genting tanah

it KATA GANTI NAMA

> **it** mesti diterjemahkan mengikut kesesuaian. Jika **it** merujuk kepada sesuatu yang khusus, perkataan itu akan **diulang**. Jika tidak, gunakan istilah yang umum seperti **perkara**, **hal** dan **benda** mengikut kesesuaian.

◊ *Where's my book? - It's on the table.* Di manakah buku saya? - Buku anda ada di atas meja. ◊ *It's expensive.* Harga barang itu mahal. ◊ *I'm against it.* Saya menentang perkara itu. ◊ *I spoke to him about it.* Saya sudah bercakap dengannya tentang hal itu.

> Kadang-kadang **it** diterjemahkan sebagai **-nya**.

◊ *I doubt it.* Saya meraguinya. ◊ *It's a good film. Have you seen it?* Filem itu bagus. Sudahkah anda menontonnya?

> Ada kalanya **it** tidak diterjemahkan.

◊ *It's raining.* Hujanlah. ◊ *It's Friday tomorrow.* Esok hari Jumaat. ◊ *Who is it? - It's me.* Siapa itu? - Saya. ◊ *There's a biscuit left. Do you want it?* Ada sekeping biskut lagi. Anda mahu? ◊ *Give it another coat of paint.* Sapu satu lapisan cat lagi.

♦ **It's six o'clock.** Sudah pukul enam.

Italian KATA ADJEKTIF

> rujuk juga **Italian** KATA NAMA

Itali
◊ *I watch Italian football a lot.* Saya selalu menonton bola sepak Itali.

♦ **She's Italian.** Dia berbangsa Itali.

Italian KATA NAMA

> rujuk juga **Italian** KATA ADJEKTIF

1. *orang Itali*
   ◊ *the Italians* orang Itali
2. *bahasa Itali*

italics KATA NAMA JAMAK
huruf condong atau *italik*
◊ *The words are printed in italics.* Perkataan-perkataan itu dicetak dalam huruf condong.

Italy KATA NAMA
Itali

to **itch** KATA KERJA
1. *gatal*
   ◊ *My head is itching.* Kepala saya gatal.
2. (tidak formal) *ingin sekali*
   ◊ *I was itching to go to England.* Saya ingin sekali pergi ke England.

itchy KATA ADJEKTIF
gatal

it'd = **it had**, = **it would**

item KATA NAMA
1. *barang*
   ◊ *The first item he bought was a clock.* Barang pertama yang dibelinya ialah sebuah jam.

♦ **a collector's item** barang kegemaran pengumpul

2. *perkara*
   ◊ *The next item on the agenda is...* Perkara berikutnya dalam agenda ialah...
3. *butir*
   ◊ *He checked the items on his bill.* Dia menyemak butir-butir yang terdapat dalam bilnya.
4. *berita*
   ◊ *There was an item in the paper about him.* Ada berita tentang dirinya dalam surat khabar.

itinerary KATA NAMA
(JAMAK **itineraries**)
jadual perjalanan

it'll = **it will**

its KATA ADJEKTIF
nya
◊ *Everything is in its place.* Segala-galanya berada pada tempatnya. ◊ *The bird was in its cage.* Burung itu berada di dalam sangkarnya. ◊ *Old age has its advantages.* Usia tua ada kebaikannya.

♦ **The dog is losing its hair.** Bulu anjing itu semakin berkurangan.

it's = **it is**, = **it has**

itself KATA GANTI NAMA
sendiri (sebagai penekanan)
◊ *The lesson itself was easy but the homework was very difficult.* Pelajaran itu sendiri mudah tetapi kerja rumahnya

sangat sukar. ◊ *I think life itself is a learning process.* Saya berpendapat bahawa hidup itu sendiri merupakan satu proses pembelajaran.
- **The dog scratched itself.** Anjing itu menggaru-garu badannya.
- **The heating switches itself off.** Sistem pemanasan itu terpadam dengan sendiri.

I've = **I have**

ivory tower KATA NAMA
menara gading

J

jab KATA NAMA
suntikan

jack KATA NAMA
1. *jek*
◊ *The jack's in the boot.* Jek itu ada di dalam but kereta.
2. *daun pekak* (dalam daun terup)

jacket KATA NAMA
jaket
♦ **jacket potatoes** ubi kentang yang dimasak bersama kulitnya

jackfruit KATA NAMA
nangka

jackpot KATA NAMA
cepumas
◊ *to win the jackpot* memenangi cepumas

jade KATA NAMA
jed

jail KATA NAMA
> rujuk juga **jail** KATA KERJA

penjara

to **jail** KATA KERJA
> rujuk juga **jail** KATA NAMA

menghukum penjara
◊ *He was jailed for ten years.* Dia dihukum penjara selama sepuluh tahun.

jam KATA NAMA
jem
◊ *strawberry jam* jem strawberi
♦ **a traffic jam** kesesakan lalu lintas

jamboree KATA NAMA
jambori

jammed KATA ADJEKTIF
rosak (tidak dapat digerakkan)
◊ *The window's jammed.* Tingkap itu rosak.

jam-packed KATA ADJEKTIF
penuh sesak
◊ *The room was jam-packed.* Bilik itu penuh sesak.

janitor KATA NAMA
penjaga bangunan
◊ *He's a janitor.* Dia seorang penjaga bangunan.

January KATA NAMA
Januari
◊ *on 22 January* pada 22 Januari
♦ **in January** pada bulan Januari

Japan KATA NAMA
Jepun

Japanese KATA ADJEKTIF
> rujuk juga **Japanese** KATA NAMA

Jepun
◊ *Japanese culture* kebudayaan Jepun
♦ **She's Japanese.** Dia berbangsa Jepun.

Japanese KATA NAMA
(JAMAK **Japanese**)
> rujuk juga **Japanese** KATA ADJEKTIF

1. *orang Jepun*
◊ *the Japanese* orang Jepun
2. *bahasa Jepun*

jar KATA NAMA
balang
◊ *a jar of honey* sebalang madu

jasmine KATA NAMA
melur

jaundice KATA NAMA
demam kuning
◊ *He's got jaundice.* Dia menghidap demam kuning.

javelin KATA NAMA
1. *lembing* (alat)
2. *rejam lembing* (acara sukan)

jaw KATA NAMA
rahang

jazz KATA NAMA
jaz

jealous KATA ADJEKTIF
cemburu
♦ **to be jealous** cemburu ◊ *She was jealous of his wealth.* Dia cemburu akan kekayaan lelaki itu.

jealousy KATA NAMA
perasaan cemburu

jeans KATA NAMA JAMAK
seluar jean
◊ *a pair of jeans* sehelai seluar jean

jeep KATA NAMA
jip

Jehovah's Witness KATA NAMA
(JAMAK **Jehovah's Witnesses**)
> ahli organisasi agama yang menerima sebahagian daripada idea Kristian dan mempercayai dunia akan kiamat tidak lama lagi

jelly KATA NAMA
(JAMAK **jellies**)
agar-agar atau *jeli*

jellyfish KATA NAMA
(JAMAK **jellyfish**)
ubur-ubur

jersey KATA NAMA
jersi

Jesus KATA NAMA
Jesus atau *Nabi Isa*

jet KATA NAMA
jet

jet lag KATA NAMA
♦ **to be suffering from jet lag** keletihan kerana perjalanan jauh menaiki kapal terbang (*terutamanya ke tempat yang mempunyai perbezaan waktu selama beberapa jam*)

jetty KATA NAMA
(JAMAK **jetties**)
jeti

Jew KATA NAMA

orang Yahudi

jewel KATA NAMA
permata

jeweller KATA NAMA
(AS **jeweler**)
tukang emas
◊ *She's a jeweller.* Dia seorang tukang emas.

jeweller's shop KATA NAMA
(AS **jeweler's shop**)
kedai emas

jewellery KATA NAMA
(AS **jewelry**)
barang kemas

Jewish KATA ADJEKTIF
Yahudi
◊ *a Jewish festival* perayaan Yahudi
♦ **Most of his friends are Jewish.** Kebanyakan daripada kawan-kawannya beragama Yahudi.

jigsaw KATA NAMA
susun suai gambar

job KATA NAMA
kerja
◊ *a part-time job* kerja sambilan
♦ **You've done a good job!** Syabas!

job centre KATA NAMA
agensi pekerjaan

jobless KATA ADJEKTIF
menganggur

job seeker KATA NAMA
pencari kerja

jockey KATA NAMA
joki

to **jog** KATA KERJA
berjoging

jogging KATA NAMA
joging
♦ **to go jogging** pergi berjoging

to **join** KATA KERJA
menyertai
◊ *I'm going to join the ski club.* Saya akan menyertai kelab ski. ◊ *I'll join you later.* Saya akan menyertai anda nanti.
♦ **If you're going for a walk, do you mind if I join you?** Jika anda hendak pergi bersiar-siar, bolehkah saya ikut?

to **join in** KATA KERJA
turut serta
◊ *He doesn't join in with what we do.* Dia tidak turut serta dalam aktiviti yang kami lakukan.
♦ **She started singing, and the audience joined in.** Dia mula menyanyi dan para penonton turut menyanyi bersama.

joiner KATA NAMA
tukang kayu
◊ *He's a joiner.* Dia seorang tukang kayu.

joint KATA NAMA
1 *sendi*
◊ *I've got pains in my joints.* Sendi saya sakit.
2 (*tidak formal*) *rokok ganja*
♦ **We had a joint of lamb for lunch.** Kami makan sepotong daging biri-biri untuk makan tengah hari.

joint venture KATA NAMA
usaha sama
◊ *The business is a joint venture between Tim and her sister.* Perniagaan itu merupakan usaha sama antara Tim dengan kakaknya.

joke KATA NAMA
> rujuk juga **joke** KATA KERJA

1 *gurauan*
◊ *Don't get upset, it was only a joke.* Janganlah marah, itu hanya satu gurauan.
♦ **to play a joke on somebody** mempermainkan seseorang
2 *jenaka*
♦ **to tell a joke** berjenaka

to **joke** KATA KERJA
> rujuk juga **joke** KATA NAMA

bergurau
♦ **You must be joking!** Takkanlah!

joker KATA NAMA
pelawak

jollity KATA NAMA
keceriaan

jolly KATA ADJEKTIF
riang

Jordan KATA NAMA
negara Jordan

joss stick KATA NAMA
colok

to **jostle** KATA KERJA
berasak-asak
◊ *They had to jostle with the crowds when they went shopping in the sales.* Mereka terpaksa berasak-asak dengan orang ramai untuk membeli-belah semasa jualan murah.
♦ **Sally jostled her way through the crowd to get to the front.** Sally mengasak di celah-celah orang ramai untuk pergi ke hadapan.

to **jot down** KATA KERJA
mencatat

journal KATA NAMA
jurnal

journalism KATA NAMA
kewartawanan

journalist KATA NAMA
wartawan
◊ *I'm a journalist.* Saya seorang wartawan.

journey KATA NAMA

perjalanan
◊ *The journey to school takes about half an hour.* Perjalanan ke sekolah mengambil masa kira-kira setengah jam.

jovial KATA ADJEKTIF
riang

joy KATA NAMA
kegembiraan

joyful KATA ADJEKTIF
gembira
◊ *a joyful heart* hati yang gembira
♦ **joyful music** muzik yang menggembirakan

joyfully KATA ADVERBA
dengan gembira
◊ *They greeted him joyfully.* Mereka menegurnya dengan gembira.

joystick KATA NAMA
kayu bedik (*untuk permainan komputer*)

jubilee KATA NAMA
jubli

Judaism KATA NAMA
agama Yahudi

judge KATA NAMA
rujuk juga **judge** KATA KERJA
hakim

to **judge** KATA KERJA
rujuk juga **judge** KATA NAMA
mengadili

judgement KATA NAMA
1 *pertimbangan*
2 *keputusan*
◊ *The company was awaiting a judgement from the court.* Syarikat itu sedang menunggu keputusan mahkamah.
♦ **I don't want to make any judgement on their decisions.** Saya tidak mahu membuat sebarang anggapan tentang keputusan mereka.

judiciary KATA NAMA
badan kehakiman

judo KATA NAMA
judo
◊ *My favourite sport is judo.* Sukan kegemaran saya ialah judo.

jug KATA NAMA
jag

juggler KATA NAMA
pemain lambung tangkap

juice KATA NAMA
jus
◊ *orange juice* jus oren

July KATA NAMA
Julai
◊ *on 19 July* pada 19 Julai
♦ **in July** pada bulan Julai

jumble sale KATA NAMA
jualan lambak

to **jump** KATA KERJA
rujuk juga **jump** KATA NAMA
melompat
◊ *He jumped out of the window.* Dia melompat keluar dari tingkap itu. ◊ *He jumped off the roof.* Dia melompat dari bumbung.
♦ **They jumped over the wall.** Mereka melompati tembok itu.
♦ **You made me jump!** Anda memeranjatkan saya!

jump KATA NAMA
rujuk juga **jump** KATA KERJA
lompatan
◊ *She won the championship with a jump of 2.37 metres.* Dia memenangi kejuaraan itu dengan membuat lompatan setinggi 2.37 meter.
♦ **He was a parachutist who had done over 150 jumps.** Dia seorang penerjun yang telah melakukan lebih daripada 150 terjunan.
♦ **a jump in the number of crimes** kadar jenayah yang meningkat dengan mendadak

jumper KATA NAMA
baju panas

junction KATA NAMA
simpang

June KATA NAMA
Jun
◊ *on 13 June* pada 13 Jun
♦ **in June** pada bulan Jun

jungle KATA NAMA
hutan

junior KATA NAMA
junior
♦ **She now lives with Penny, 10 years her junior.** Sekarang dia tinggal bersama Penny yang 10 tahun lebih muda daripadanya.

junior school KATA NAMA
sekolah rendah

junk KATA NAMA
barang-barang lama
◊ *The attic's full of junk.* Loteng itu penuh dengan barang-barang lama.
♦ **to eat junk food** makan makanan ringan
♦ **junk shop** kedai barang-barang terpakai

Jupiter KATA NAMA
Musytari

jury KATA NAMA
(JAMAK **juries**)
juri

just KATA ADVERBA
hanya
◊ *It's just a suggestion.* Itu hanyalah satu cadangan.
♦ **just in time** tepat pada masanya
♦ **just after Christmas** tidak lama selepas

English ~ Malay | justice → juvenile

hari Krismas
- **We had just enough money.** Wang kami cukup-cukup sahaja.
- **He's just arrived.** Dia baru sahaja sampai.
- **I did it just now.** Saya baru melakukannya tadi.
- **I'm rather busy just now.** Saya agak sibuk tadi.
- **I'm just coming!** Saya baru hendak datang!
- **just here** di sini sahaja
- **I just thought that you would like it.** Cuma saya fikir anda akan menyukainya.
- **Just a minute!** Tunggu sebentar!
- **just about** hampir ◊ *It's just about finished.* Kerja ini hampir siap.

justice KATA NAMA
keadilan

Justice Department KATA NAMA
Kementerian Kehakiman

to **justify** KATA KERJA
(justified, justified)
memberikan alasan yang kukuh
◊ *No argument can justify a war.* Tidak ada hujah yang dapat memberikan alasan yang kukuh sebab berlakunya sesuatu peperangan.

jute KATA NAMA
rami

juvenile KATA NAMA
juvenil

K

kangaroo KATA NAMA
(JAMAK **kangaroos**)
kangguru

karate KATA NAMA
karate
◊ *My favourite sport is karate.* Sukan kegemaran saya ialah karate.

kebab KATA NAMA
kebab

keen KATA ADJEKTIF
[1] *berminat*
◊ *I'm not very keen on going there.* Saya tidak begitu berminat hendak pergi ke sana.
[2] *gigih*
◊ *She's a keen student.* Dia seorang pelajar yang gigih.
- **a keen supporter** penyokong setia
- **I'm not very keen on maths.** Saya tidak begitu meminati mata pelajaran matematik.
- **He's keen on that girl.** Dia menaruh hati pada gadis itu.

to **keep** KATA KERJA
(**kept, kept**)
menyimpan
◊ *You can keep the watch.* Anda boleh simpan jam tangan itu.
- **to keep fit** menjaga kesihatan
- **Keep still!** Jangan bergerak!
- **Keep quiet!** Jangan bising!
- **Keep straight on.** Ikut jalan ini terus.
- **I keep forgetting my keys.** Saya selalu terlupa mengambil kunci saya.
- **"Keep Out"** "Dilarang Masuk"
- **"Keep off the Grass"** "Jangan pijak rumput"

to **keep on** KATA KERJA
terus
◊ *He kept on reading.* Dia terus membaca.
- **The car keeps on breaking down.** Kereta itu selalu rosak.

to **keep up** KATA KERJA
menyaingi (berjalan seiring)
◊ *Matthew walks so fast I can't keep up.* Matthew berjalan terlalu cepat sehingga saya tidak dapat menyainginya.

keep-fit KATA NAMA
senaman
◊ *I go to keep-fit classes.* Saya menyertai kelas senaman.

kennel KATA NAMA
rumah anjing
- **a kennels** tempat pemeliharaan anjing

kept KATA KERJA *rujuk* **keep**

kettle KATA NAMA
cerek

key KATA NAMA
kunci

- **key role** peranan utama

keyboard KATA NAMA
papan kekunci (komputer)

key card KATA NAMA
kad kunci (di hotel, dll)

keyring KATA NAMA
gelang kunci

to **kick** KATA KERJA

| rujuk juga **kick** KATA NAMA |

menendang
◊ *He kicked me.* Dia menendang saya.
◊ *He kicked the ball hard.* Dia menendang bola itu dengan kuat.
- **to kick off** memulakan perlawanan dengan tendangan pertama (bola sepak)

kick KATA NAMA

| rujuk juga **kick** KATA KERJA |

tendangan

kick-off KATA NAMA
permulaan perlawanan (bola sepak)
- **The kick-off is at 3 o'clock.** Perlawanan itu bermula pada pukul tiga.

kid KATA NAMA
(tidak formal)

| rujuk juga **kid** KATA KERJA |

anak
◊ *They've got three kids.* Mereka mempunyai tiga orang anak.
- **the kids** budak-budak

to **kid** KATA KERJA

| rujuk juga **kid** KATA NAMA |

bergurau
◊ *I'm not kidding, it's snowing.* Saya tidak bergurau, memang ada salji. ◊ *I'm just kidding.* Saya cuma bergurau.

to **kidnap** KATA KERJA
menculik

kidnapper KATA NAMA
penculik

kidnapping KATA NAMA
penculikan

kidney KATA NAMA
buah pinggang
◊ *He's got kidney trouble.* Dia sakit buah pinggang.
- **I don't like kidneys.** Saya tidak suka makan ginjal.

to **kill** KATA KERJA
membunuh
◊ *She killed her husband.* Dia telah membunuh suaminya.
- **to be killed** terbunuh ◊ *He was killed in a car accident.* Dia terbunuh dalam kemalangan jalan raya.
- **to kill oneself** membunuh diri ◊ *He killed himself.* Dia membunuh diri.

killer KATA NAMA
pembunuh
◊ *The police are searching for the killer.*

Pihak polis sedang mencari pembunuh itu.
- **Meningitis can be a killer.** Penyakit meningitis boleh membawa maut.

kilo KATA NAMA
(JAMAK **kilos**)
kilo
◊ *at RM5 a kilo* pada harga RM5 sekilo

kilometre KATA NAMA
(AS **kilometer**)
kilometer

kilt KATA NAMA
kilt
> sejenis skirt yang dipakai oleh kaum lelaki sebagai pakaian tradisi negara, terutamanya di Scotland

kind KATA NAMA
rujuk juga **kind** KATA ADJEKTIF
jenis
◊ *He's eating a kind of sausage.* Dia makan sejenis sosej. ◊ *all kinds of...* pelbagai jenis...

kind KATA ADJEKTIF
rujuk juga **kind** KATA NAMA
baik hati
◊ *He's very kind.* Dia sangat baik hati.
- **Thank you for being so kind.** Terima kasih atas jasa baik anda.

kindergarten KATA NAMA
tadika

kind-hearted KATA ADJEKTIF
baik hati

kindly KATA ADJEKTIF
rujuk juga **kindly** KATA ADVERBA
baik hati
◊ *a kindly man* lelaki yang baik hati

kindly KATA ADVERBA
rujuk juga **kindly** KATA ADJEKTIF
dengan baik hati

kindness KATA NAMA
(JAMAK **kindnesses**)
> Ada dua jenis **kindness**. Yang pertama boleh wujud dalam bentuk jamak dan tunggal, manakala yang satu lagi hanya wujud dalam bentuk tunggal sahaja. **kindness** yang pertama itu ialah perbuatan dan yang kedua ialah sifat.

kebaikan (perbuatan)
◊ *We are grateful for his kindness.* Kami berterima kasih atas kebaikan beliau. ◊ *You have done us many kindnesses.* Anda telah banyak berbuat kebaikan kepada kami.
- **He was treated with kindness by everybody.** (*sifat*) Dia dilayan dengan baik oleh semua orang.

kinetic KATA ADJEKTIF
kinetik
◊ *kinetic energy* tenaga kinetik

king KATA NAMA
raja
- **the King and Queen** Raja dan Permaisuri

kingcrab KATA NAMA
belangkas

kingdom KATA NAMA
kerajaan

kingfisher KATA NAMA
burung raja udang

kinship KATA NAMA
hubungan kekeluargaan

kiosk KATA NAMA
kios
- **a telephone kiosk** pondok telefon

kipper KATA NAMA
ikan hering salai

to **kiss** KATA KERJA
rujuk juga **kiss** KATA NAMA
mencium
◊ *He kissed his girlfriend.* Dia mencium teman wanitanya.
- **They kissed.** Mereka bercium.

kiss KATA NAMA
(JAMAK **kisses**)
rujuk juga **kiss** KATA KERJA
ciuman

kit KATA NAMA
perlengkapan
◊ *I've forgotten my gym kit.* Saya terlupa membawa perlengkapan gimnasium saya.
- **a tool kit** kotak yang dilengkapi perkakas
- **a sewing kit** kelengkapan menjahit
- **a first aid kit** alat pertolongan cemas
- **a puncture repair kit** peralatan untuk membaiki tayar pancit

kitchen KATA NAMA
dapur
◊ *She's cooking in the kitchen.* Dia sedang memasak di dapur.
- **kitchen units** kabinet dapur
- **a kitchen knife** pisau dapur
- **a fitted kitchen** dapur dengan perabot yang terbina di dalamnya

kite KATA NAMA
layang-layang

kitten KATA NAMA
anak kucing

to **knead** KATA KERJA
1 *menguli*
◊ *Aminah is kneading dough in the kitchen.* Aminah sedang menguli adunan di dapur.
2 *memicit*
◊ *She kneaded her mother's shoulders.* Dia memicit bahu emaknya.

knee KATA NAMA
rujuk juga **knee** KATA KERJA

knee → knowledge

lutut
- **to be on one's knees** melutut

to knee KATA KERJA

rujuk juga **knee** KATA NAMA

menghentak dengan lutut
◊ *to knee somebody* menghentak seseorang dengan lutut

to kneel KATA KERJA
(knelt atau kneeled, knelt atau kneeled)
melutut

to kneel down KATA KERJA
melutut

knew KATA KERJA *rujuk* **know**

knickers KATA NAMA JAMAK
seluar dalam wanita
◊ *a pair of knickers* sehelai seluar dalam wanita

knife KATA NAMA
(JAMAK **knives**)
pisau
- **a sheath knife** pisau yang mempunyai sarung
- **a penknife** pisau lipat
- **to cut through something like a knife through butter** memotong sesuatu dengan amat mudah

to knit KATA KERJA
mengait
◊ *I like knitting.* Saya suka mengait.

knives KATA NAMA JAMAK *rujuk* **knife**

knob KATA NAMA
1. *tombol* (pada pintu)
2. *punat* (pada radio, televisyen)

knock KATA NAMA

rujuk juga **knock** KATA KERJA

ketukan

to knock KATA KERJA

rujuk juga **knock** KATA NAMA

mengetuk
◊ *Someone's knocking at the door.* Ada orang sedang mengetuk pintu.
- **to knock somebody down** melanggar seseorang ◊ *She was knocked down by a car.* Dia dilanggar oleh sebuah kereta.
- **to knock somebody out (1)** menumpaskan ◊ *They were knocked out early in the tournament.* Mereka telah ditumpaskan pada awal perlawanan.
- **to knock somebody out (2)** menyebabkan seseorang pengsan ◊ *Alice hit him with a stick! Nearly knocked him out.* Alice memukulnya dengan kayu! Pukulan itu hampir-hampir menyebabkan dia pengsan.

to knock back KATA KERJA
1. *minum dengan cepat*
◊ *He knocked back the drink quickly.* Dia minum minuman itu dengan cepat sekali.

B. Inggeris ~ B. Melayu   256

2. *menolak*
◊ *I applied for the job but was knocked back.* Saya memohon kerja itu tetapi permohonan saya ditolak.

knockback KATA NAMA
(tidak formal)
penolakan
- **He wasn't used to getting a knockback from a woman.** Dia tidak biasa ditolak oleh seorang wanita.
- **to suffer a knockback** menghadapi halangan

knot KATA NAMA

rujuk juga **knot** KATA KERJA

simpul
- **to make a knot** menyimpul
- **to tie the knot** berkahwin

to knot KATA KERJA

rujuk juga **knot** KATA NAMA

menyimpulkan
◊ *She knotted a scarf round her neck.* Dia menyimpulkan skarf yang dililitkan pada lehernya.

to know KATA KERJA
(knew, known)
1. *tahu*
◊ *Yes, I know.* Ya, saya tahu. ◊ *I don't know.* Saya tidak tahu. ◊ *I don't know any German.* Saya tidak tahu berbahasa Jerman.
- **to know that...** tahu bahawa... ◊ *I didn't know that your dad was a policeman.* Saya tidak tahu bahawa bapa anda seorang anggota polis.
2. *mengenali*
◊ *I know her.* Saya mengenalinya.
- **to know about something** tahu tentang sesuatu ◊ *Do you know about the meeting this afternoon?* Adakah anda tahu tentang mesyuarat petang ini?
◊ *He knows a lot about cars.* Dia tahu banyak perkara tentang kereta.
- **to get to know somebody** mengenali seseorang
- **How should I know?** Manalah saya tahu?
- **You never know!** Siapa tahu!

know-all KATA NAMA
orang yang menyangka dirinya serba tahu
- **He's such a know-all!** Dia ingat dia serba tahu!

know-how KATA NAMA
kepakaran
◊ *He hasn't got the know-how to run a farm.* Dia tidak mempunyai kepakaran untuk mengendalikan sebuah ladang.

knowledge KATA NAMA
pengetahuan
◊ *scientific knowledge* pengetahuan

saintifik
- **my knowledge of French** kemahiran saya berbahasa Perancis

knowledgeable KATA ADJEKTIF
berpengetahuan luas
- **to be knowledgeable about something** berpengetahuan luas tentang sesuatu

known KATA KERJA *rujuk* **know**

known KATA ADJEKTIF
1. *terkenal* (orang)
2. *diketahui* (benda)

Koran KATA NAMA
Quran

Korea KATA NAMA
Korea

kosher KATA ADJEKTIF
halal
> mengikut undang-undang agama Yahudi

Kosovan KATA ADJEKTIF
> *rujuk juga* **Kosovan** KATA NAMA

Kosovo
◊ **the Kosovan Albanians** orang Albania Kosovo

Kosovan KATA NAMA
> *rujuk juga* **Kosovan** KATA ADJEKTIF

orang Kosovo

Kosovar KATA ADJEKTIF, KATA NAMA
rujuk **Kosovan**

Kosovo KATA NAMA
Kosovo

L

lab KATA NAMA
makmal
◊ *a lab assistant* pembantu makmal

label KATA NAMA
rujuk juga **label** KATA KERJA
label

to **label** KATA KERJA
rujuk juga **label** KATA NAMA
melabel
◊ *All the books were labelled with red tags.* Kesemua buku itu dilabel dengan tanda merah.

laboratory KATA NAMA
(JAMAK **laboratories**)
makmal

labor union KATA NAMA
kesatuan sekerja

Labour KATA NAMA
Parti Buruh
◊ *My parents vote Labour.* Ibu bapa saya mengundi Parti Buruh.

labour KATA NAMA
(AS **labor**)
buruh
◊ *the labour market* pasaran buruh
- **to be in labour** sakit hendak bersalin

labourer KATA NAMA
(AS **laborer**)
buruh
- **a farm labourer** pekerja ladang

labour relations KATA NAMA JAMAK
hubungan antara pekerja dengan pihak pengurusan

lace KATA NAMA
1 *tali (kasut)*
2 *renda*
- **a lace collar** kolar berenda

lack KATA NAMA
kekurangan
◊ *The charges were dropped for lack of evidence.* Dakwaan-dakwaan itu digugurkan kerana kekurangan bukti.
- **He got the job, despite his lack of experience.** Dia mendapat kerja tersebut walaupun dia kurang berpengalaman.

lacquer KATA NAMA
sampang atau *lekar*

lad KATA NAMA
budak lelaki

ladder KATA NAMA
tangga

ladle KATA NAMA
rujuk juga **ladle** KATA KERJA
senduk

to **ladle** KATA KERJA
rujuk juga **ladle** KATA NAMA
mencedok
◊ *I ladled out the soup.* Saya mencedok sup itu.

lady KATA NAMA
(JAMAK **ladies**)
wanita
◊ *a young lady* seorang wanita muda
- **Ladies and gentlemen...** Tuan-tuan dan puan-puan...
- **the ladies** tandas perempuan

ladybird KATA NAMA
kumbang kura-kura

to **lag behind** KATA KERJA
ketinggalan di belakang

lager KATA NAMA
lager
sejenis bir yang kandungan alkoholnya rendah

lagoon KATA NAMA
lagun

laid KATA KERJA rujuk **lay**

laid-back KATA ADJEKTIF
(tidak formal)
relaks

lain KATA KERJA rujuk **lie**

lake KATA NAMA
tasik
◊ *Lake Michigan* Tasik Michigan

lamb KATA NAMA
anak biri-biri
- **a lamb chop** sepotong daging biri-biri muda

lame KATA ADJEKTIF
tempang
◊ *The accident left her lame.* Kemalangan tersebut menyebabkannya tempang.
- **to be lame** tempang ◊ *My pony is lame.* Kuda padi saya tempang.

laminated KATA ADJEKTIF
bersalut plastik
◊ *a laminated card* kad yang bersalut plastik

lamp KATA NAMA
lampu

lamppost KATA NAMA
tiang lampu

lampshade KATA NAMA
terendak lampu

lance KATA NAMA
tombak

land KATA NAMA
rujuk juga **land** KATA KERJA
1 *tanah*
◊ *We have a lot of land.* Kami mempunyai tanah yang banyak. ◊ *a piece of land* sebidang tanah
- **to work on the land** bertani
2 *darat*

to **land** KATA KERJA
rujuk juga **land** KATA NAMA
mendarat

◊ *The plane landed at five o'clock.* Kapal terbang itu mendarat pada pukul lima.

landing KATA NAMA
1 *pendaratan* (kapal terbang)
2 *anjung tangga*

landlady KATA NAMA
(JAMAK **landladies**)
1 *tuan rumah* (wanita)
2 *tuan punya bangunan* (wanita)

landlord KATA NAMA
1 *tuan rumah* (lelaki)
2 *tuan punya bangunan* (lelaki)

landmark KATA NAMA
mercu tanda
◊ *Big Ben is one of London's landmarks.* Big Ben merupakan salah satu mercu tanda di London.

landowner KATA NAMA
pemilik tanah

landscape KATA NAMA
landskap

landslide KATA NAMA
tanah runtuh

lane KATA NAMA
lorong
◊ *the outside lane* lorong memotong
♦ **a country lane** denai

language KATA NAMA
bahasa
◊ *English is a difficult language.* Bahasa Inggeris ialah bahasa yang sukar. ◊ *to use bad language* menggunakan bahasa kasar

language laboratory KATA NAMA
(JAMAK **language laboratories**)
makmal bahasa

to **languish** KATA KERJA
1 *menderita*
♦ **Pollard continues to languish in prison.** Pollard terus meringkuk dalam penjara.
2 *menjadi lembap*
◊ *Without the old manager, the company languished.* Syarikat itu menjadi lembap tanpa bekas pengurus itu.

lantern KATA NAMA
tanglung

lap KATA NAMA
1 *riba*
◊ *Andrew was sitting on his mother's lap.* Andrew duduk di atas riba emaknya.
2 *pusingan*
◊ *I ran ten laps.* Saya berlari sepuluh pusingan.

to **lapse** KATA KERJA
berlalu
◊ *A year has lapsed since I was promoted.* Satu tahun sudah berlalu sejak saya dinaikkan pangkat.

♦ **She lapsed into silence.** Dia diam.
♦ **Her membership of the party has lapsed.** Keahliannya dalam parti itu telah tamat.

laptop KATA NAMA
komputer riba

larder KATA NAMA
almari makanan

large KATA ADJEKTIF
besar
◊ *a large house* sebuah rumah yang besar
♦ **a large number of people** ramai orang

largely KATA ADVERBA
sebahagian besar

laser KATA NAMA
laser

lass KATA NAMA
(JAMAK **lasses**)
gadis

last KATA ADJEKTIF, KATA ADVERBA
> rujuk juga **last** KATA KERJA

1 *lepas*
◊ *last Friday* Jumaat lepas
2 *terakhir*
◊ *the last time* kali terakhir ◊ *the team which finished last* pasukan yang menduduki tangga terakhir ◊ *He arrived last.* Dia orang yang terakhir tiba.
♦ **I've lost my bag. - When did you last see it?** Beg saya hilang. - Bilakah kali terakhir anda melihatnya?
♦ **last night** semalam
♦ **at last** akhirnya

to **last** KATA KERJA
> rujuk juga **last** KATA ADJEKTIF, KATA ADVERBA

berlanjutan
◊ *The concert lasts two hours.* Konsert itu berlanjutan selama dua jam.

lasting KATA ADJEKTIF
berkekalan
◊ *lasting peace* kedamaian yang berkekalan
♦ **Anita left a lasting impression on him.** Anita meninggalkan kesan yang mendalam dalam hatinya.

lastly KATA ADVERBA
akhir sekali

late KATA ADJEKTIF, KATA ADVERBA
lewat
◊ *I'm often late for school.* Saya selalu lewat ke sekolah. ◊ *The flight will be one hour late.* Kapal terbang itu akan tiba lewat satu jam.
♦ **in the late afternoon** lewat petang
♦ **in late May** hujung bulan Mei
♦ **the late Mr Robert** mendiang En. Robert
♦ **the late Tunku Abdul Rahman**

lately → lay

Allahyarham Tunku Abdul Rahman
* **the late Fatimah** Allahyarhamah Fatimah

lately KATA ADVERBA
sejak kebelakangan ini
◊ *I haven't seen him lately.* Saya tidak berjumpa dengannya sejak kebelakangan ini.

later KATA ADVERBA
kemudian
◊ *I'll do it later.* Saya akan melakukannya kemudian.
* **See you later!** Jumpa nanti!

latest KATA ADJEKTIF
terbaru
◊ *their latest album* album terbaru mereka
* **at the latest** selewat-lewatnya ◊ *by 10 o'clock at the latest* selewat-lewatnya pada pukul 10

latex KATA NAMA
susu getah

Latin KATA NAMA
bahasa Latin
◊ *I'm learning Latin.* Saya sedang belajar bahasa Latin.

Latin America KATA NAMA
Amerika Latin

Latin American KATA ADJEKTIF
| rujuk juga **Latin American** KATA NAMA |
Amerika Latin
◊ *the Latin American countries* negara-negara Amerika Latin

Latin American KATA NAMA
| rujuk juga **Latin American** KATA ADJEKTIF |
orang Amerika Latin
◊ *the Latin Americans* orang Amerika Latin

latitude KATA NAMA
latitud

latte KATA NAMA
kopi latte
◊ *iced lattes* kopi latte ais

latter KATA GANTI NAMA
yang kedua

lattice KATA NAMA
jerjak

to **laugh** KATA KERJA
| rujuk juga **laugh** KATA NAMA |
ketawa
* **to laugh at something** mentertawakan sesuatu
* **to laugh at somebody** mentertawakan seseorang

laugh KATA NAMA
| rujuk juga **laugh** KATA KERJA |
ketawa
* **It was a good laugh.** Sungguh menyeronokkan.

laughter KATA NAMA
ketawa

to **launch** KATA KERJA
melancarkan

to **launder** KATA KERJA
mendobi
◊ *He sent his clothes to be laundered.* Dia menghantar pakaiannya untuk didobi.

Launderette ® KATA NAMA
(AS **Laundromat** ®)
kedai dobi layan diri

laundry KATA NAMA
pakaian kotor
◊ *She does my laundry.* Dia mencuci pakaian kotor saya.

laureate KATA NAMA
sasterawan

lava KATA NAMA
lahar

lavatory KATA NAMA
(JAMAK **lavatories**)
tandas

lavender KATA NAMA
pokok lavender

law KATA NAMA
undang-undang
◊ *strict laws* undang-undang yang ketat
◊ *It's against the law.* Perkara itu salah di sisi undang-undang.

lawn KATA NAMA
halaman berumput

lawnmower KATA NAMA
mesin rumput

law school KATA NAMA 🇺🇸
kolej undang-undang

lawyer KATA NAMA
peguam
◊ *My mother's a lawyer.* Emak saya seorang peguam.

lax KATA ADJEKTIF
1. *tidak ketat* (sistem, peraturan)
2. *cuai* (orang)

laxity KATA NAMA
kelonggaran
◊ *The laxity of the law has led to a rise in the crime rate.* Kelonggaran undang-undang telah menyebabkan meningkatnya kadar jenayah.

lay KATA KERJA *rujuk* **lie**

to **lay** KATA KERJA
(**laid, laid**)
membentangkan
◊ *Lay a sheet of newspaper on the floor.* Bentangkan sehelai surat khabar di atas lantai.
* **She laid the baby in the cot.** Dia membaringkan bayi itu di atas katil.
* **to lay the table** menyediakan meja makan

lay down → leak

to **lay down** KATA KERJA
1 _meletakkan_
◊ *Daniel laid the newspaper down on his desk.* Daniel meletakkan surat khabar itu di atas mejanya.
2 _menetapkan_
◊ *The Act lays down a set of minimum requirements.* Akta itu menetapkan satu set keperluan minimum.

to **lay off** KATA KERJA
memberhentikan kerja
◊ *My father's been laid off.* Bapa saya telah diberhentikan kerja.

to **lay on** KATA KERJA
menyediakan
◊ *They laid on extra buses.* Mereka menyediakan bas-bas tambahan. ◊ *They laid on a special meal.* Mereka telah menyediakan satu hidangan istimewa.

lay-by KATA NAMA
hentian sebelah

layer KATA NAMA
lapisan

layout KATA NAMA
1 _susun atur_ (bangunan, dll)
2 _reka letak_ (hasil penerbitan)

to **laze about** KATA KERJA
bermalas-malas
◊ *He was lazing about on the beach.* Dia bermalas-malas di pantai itu.

lazily KATA ADVERBA
dengan malas

laziness KATA NAMA
kemalasan
◊ *That student is well-known for his laziness.* Pelajar itu memang terkenal dengan kemalasannya.

lazy KATA ADJEKTIF
malas

lead KATA NAMA
> rujuk juga **lead** KATA KERJA
> Perkataan ini mempunyai dua sebutan. Pastikan anda memilih terjemahan yang betul.

1 _petunjuk_ (maklumat)
2 _tali cawak_
◊ *Dogs must be kept on a lead.* Anjing mesti diikat dengan tali cawak.
♦ **to be in the lead** mendahului ◊ *England took the lead after 31 minutes with a goal by Peter Nail.* England mendahului selepas minit ke-31 menerusi jaringan Peter Nail.
3 _plumbum_
◊ *a lead pipe* paip plumbum

to **lead** KATA KERJA
(led, led)
> rujuk juga **lead** KATA NAMA

1 _menuju_
◊ *the street that leads to the station* jalan yang menuju ke stesen
♦ **It could lead to a war.** Perkara itu boleh menyebabkan terjadinya peperangan.
2 _mengetuai_
◊ *Mr Mendes was leading the expedition.* En. Mendes mengetuai ekspedisi itu.
♦ **to lead the way** berjalan di hadapan

to **lead away** KATA KERJA
membawa pergi
◊ *The police led the man away.* Polis membawa lelaki itu pergi.

leaded petrol KATA NAMA
petrol berplumbum

leader KATA NAMA
ketua

leadership KATA NAMA
kepimpinan
◊ *leadership by example* kepimpinan melalui teladan
♦ **The country developed rapidly under the leadership of the Prime Minister.** Negara itu berkembang pesat di bawah pucuk pimpinan Perdana Menterinya.

lead-free petrol KATA NAMA
petrol tanpa plumbum

leading KATA ADJEKTIF
utama
◊ *a leading role* peranan utama
♦ **a leading member of the local society** tokoh terkemuka di kalangan masyarakat tempatan

lead singer KATA NAMA
penyanyi utama

leaf KATA NAMA
(JAMAK **leaves**)
daun

leaflet KATA NAMA
risalah

to **leaf through** KATA KERJA
menyelak-nyelak
◊ *He was leafing through the magazine in the living room.* Dia sedang menyelak-nyelak majalah di ruang tamu.

leafy KATA ADJEKTIF
rimbun
◊ *leafy trees* pokok-pokok yang rimbun

league KATA NAMA
liga
◊ *They are at the top of the league.* Mereka berada di tangga teratas liga itu.
♦ **the Premier League** Liga Premier

league table KATA NAMA
senarai kecemerlangan
◊ *a league table of schools* senarai kecemerlangan sekolah-sekolah (berdasarkan keputusan peperiksaan)

to **leak** KATA KERJA
> rujuk juga **leak** KATA NAMA

leak → leave

leak KATA NAMA

bocor

> rujuk juga **leak** KATA KERJA

kebocoran
◊ *a gas leak* kebocoran gas
- **a leak in the roof** bocoran pada bumbung

leakage KATA NAMA
kebocoran
◊ *A leakage of kerosene has polluted the water supply.* Kebocoran minyak tanah telah mencemarkan bekalan air.

leaky KATA ADJEKTIF
bocor
◊ *a leaky roof* bumbung yang bocor

to **lean** KATA KERJA
(**leaned** atau **leant, leaned** atau **leant**)
menyandarkan
◊ *to lean something against the wall* menyandarkan sesuatu pada dinding
- **to lean on something** bersandar pada sesuatu ◊ *He leant on the table.* Dia bersandar pada meja itu.
- **to be leaning against something** tersandar pada sesuatu ◊ *The ladder was leaning against the wall.* Tangga itu tersandar pada dinding.

to **lean forward** KATA KERJA
membongkok ke hadapan

to **lean out** KATA KERJA
menjengah ke luar
◊ *She leant out of the window.* Dia menjengah ke luar tingkap.

to **lean over** KATA KERJA
membongkok
- **Don't lean over too far.** Jangan jenguk terlalu ke bawah.

leant KATA KERJA *rujuk* **lean**

to **leap** KATA KERJA
(**leaped** atau **leapt, leaped** atau **leapt**)
melompat
◊ *He leapt out of his chair when his team scored.* Dia melompat dari kerusinya apabila pasukannya menjaringkan gol.

leap year KATA NAMA
tahun lompat

to **learn** KATA KERJA
(**learned** atau **learnt, learned** atau **learnt**)
belajar
◊ *I'm learning to ski.* Saya sedang belajar bermain ski.

learner KATA NAMA
pelajar
◊ *She's a quick learner.* Dia seorang pelajar yang terang hati.

learner driver KATA NAMA
pelajar memandu

learning KATA NAMA
pembelajaran

- **He was a man of great learning.** Dia seorang lelaki yang berpelajaran tinggi.

learnt KATA KERJA *rujuk* **learn**

lease KATA NAMA

> rujuk juga **lease** KATA KERJA

sewa

to **lease** KATA KERJA

> rujuk juga **lease** KATA NAMA

[1] *memajak*
◊ *He leases land from my brother to grow vegetables.* Dia memajak tanah daripada abang saya untuk menanam sayur.
- **Samad refused to lease his land to the villagers.** Samad tidak mahu memajakkan tanahnya kepada penduduk kampung.

[2] *menyewa*
◊ *He leased a house in Kuala Lumpur.* Dia menyewa sebuah rumah di Kuala Lumpur.
- **He leased the room to students.** Dia menyewakan bilik itu kepada pelajar.

least KATA ADJEKTIF, KATA GANTI NAMA, KATA ADVERBA

paling sedikit
◊ *Go for the ones with least fat.* Pilihlah makanan yang mengandungi paling sedikit lemak.
- **the least expensive hotel** hotel yang paling murah
- **It takes the least time.** Kerja ini mengambil masa yang paling singkat.
- **It's the least I can do.** Tidak mengapa, itu perkara kecil sahaja. *(selepas memberikan bantuan)*
- **Maths is the subject I like the least.** Matematik merupakan mata pelajaran yang paling saya tidak suka.
- **That's the least of my worries.** Banyak lagi perkara yang lebih membimbangkan saya jika dibandingkan dengan yang ini.
- **I haven't the least idea.** Saya tidak tahu-menahu langsung.
- **at least** sekurang-kurangnya ◊ *It'll cost at least RM200.* Barang itu berharga sekurang-kurangnya RM200.
- **It's very unfair, at least that's my opinion.** Setidak-tidaknya itulah pendapat saya.

leather KATA NAMA
kulit
◊ *a black leather jacket* jaket kulit berwarna hitam

leave KATA NAMA

> rujuk juga **leave** KATA KERJA

cuti
- **to be on leave** bercuti ◊ *My brother is on leave for a week.* Abang saya bercuti

selama seminggu.

to leave KATA KERJA
(**left, left**)

> rujuk juga **leave** KATA NAMA

[1] *meninggalkan*
◊ *Don't leave your camera in the car.* Jangan tinggalkan kamera anda di dalam kereta. ◊ *We left London at six o'clock.* Kami meninggalkan London pada pukul enam.
• **They left yesterday.** Mereka pergi kelmarin.
[2] *bertolak*
◊ *The bus leaves at eight.* Bas itu bertolak pada pukul lapan.
• **to leave somebody/something alone** membiarkan seseorang/sesuatu
• **Leave me alone!** Jangan ganggu saya!
• **Leave my things alone!** Jangan usik barang-barang saya!

to leave behind KATA KERJA
meninggalkan
• **I left my umbrella behind in the shop.** Saya tertinggal payung di kedai itu.

to leave out KATA KERJA
mengetepikan
◊ *Not knowing the language I felt really left out.* Saya berasa begitu diketepikan kerana tidak memahami bahasa itu.

leaves KATA NAMA JAMAK *rujuk* **leaf**

Lebanon KATA NAMA
Lebanon

lecherous KATA ADJEKTIF
gasang

lecture KATA NAMA

> rujuk juga **lecture** KATA KERJA

kuliah

to lecture KATA KERJA

> rujuk juga **lecture** KATA NAMA

[1] *memberikan kuliah*
◊ *She lectures at the technical college.* Dia memberikan kuliah di kolej teknik itu.
[2] *bersyarah*
◊ *He's always lecturing us.* Dia selalu bersyarah kepada kami.

lecturer KATA NAMA
pensyarah
◊ *She's a lecturer in German.* Dia seorang pensyarah bahasa Jerman.

led KATA KERJA *rujuk* **lead**

ledge KATA NAMA
belebas

ledger KATA NAMA
lejar

leech KATA NAMA
(JAMAK **leeches**)
lintah

leek KATA NAMA
bawang perai

left KATA KERJA *rujuk* **leave**

left KATA ADJEKTIF, KATA ADVERBA

> rujuk juga **left** KATA NAMA

kiri
◊ *my left hand* tangan kiri saya
• **I haven't got any money left.** Saya tidak mempunyai wang lagi.
• **Is there any ice cream left?** Ada aiskrim lagi?

left KATA NAMA

> rujuk juga **left** KATA ADJEKTIF

kiri
◊ *on the left* di sebelah kiri

to left-click KATA KERJA
klik kiri tetikus

left-hand KATA ADJEKTIF
sebelah kiri
◊ *The bank is on the left-hand side.* Bank itu terletak di sebelah kiri.

left-handed KATA ADJEKTIF
kidal

left-luggage office KATA NAMA
pejabat bagasi

leftovers KATA NAMA JAMAK
saki-baki makanan
◊ *Refrigerate any leftovers.* Simpan saki-baki makanan di dalam peti sejuk.

left-wing KATA ADJEKTIF
beraliran kiri

leg KATA NAMA
kaki
◊ *She's broken her leg.* Kakinya patah.
• **a chicken leg** paha ayam

legacy KATA NAMA
(JAMAK **legacies**)
[1] *pusaka* (wang/harta yang ditinggalkan)
[2] *warisan*

legal KATA ADJEKTIF
[1] *undang-undang*
◊ *legal action* tindakan undang-undang
[2] *sah di sisi undang-undang*
◊ *What I did was perfectly legal.* Perkara yang saya lakukan itu sah di sisi undang-undang.

to legalize KATA KERJA
membenarkan ... di sisi undang-undang
◊ *the decision of the government to legalize prostitution* keputusan kerajaan untuk membenarkan pelacuran di sisi undang-undang

legally KATA ADVERBA
dari segi undang-undang

legend KATA NAMA
legenda

leggings KATA NAMA
seluar ketat (untuk wanita)

legible KATA ADJEKTIF
mudah dibaca

legislation KATA NAMA

legislative → let

undang-undang
◊ *legislation to protect children* undang-undang untuk melindungi kanak-kanak

legislative KATA ADJEKTIF
perundangan
◊ *legislative body* badan perundangan

legislator KATA NAMA
penggubal undang-undang

legitimate KATA ADJEKTIF
1 *sah*
◊ *legitimate business activities* aktiviti perniagaan yang sah
2 *munasabah*
◊ *a legitimate claim* dakwaan yang munasabah

leisure KATA NAMA
masa lapang
◊ *What do you do in your leisure time?* Apakah yang anda lakukan pada masa lapang?

leisure centre KATA NAMA
pusat rekreasi

lemon KATA NAMA
lemon

lemonade KATA NAMA
lemoned

lemongrass KATA NAMA
serai

to **lend** KATA KERJA
(lent, lent)
meminjamkan
◊ *I can lend you some money.* Saya boleh meminjamkan wang kepada anda.

lender KATA NAMA
peminjam (orang yang memberikan pinjaman)

length KATA NAMA
panjang
◊ *It's about a metre in length.* Panjangnya lebih kurang satu meter.

lenient KATA ADJEKTIF
bersikap lembut
◊ *Mr Choong's very lenient.* En. Choong seorang yang bersikap lembut.
♦ *a lenient rule* peraturan yang longgar

lens KATA NAMA
(JAMAK **lenses**)
kanta

Lent KATA NAMA
> tempoh 40 hari sebelum Hari Easter dan pada masa itu sesetengah orang Kristian berpuasa atau menahan diri daripada melakukan sesuatu yang disukai

lent KATA KERJA *rujuk* **lend**

lentil KATA NAMA
kekacang lentil

Leo KATA NAMA

Leo
♦ **I'm Leo.** Zodiak saya ialah Leo.

leotard KATA NAMA
leotad
> pakaian ketat yang dipakai semasa menari atau bersenam

leprosy KATA NAMA
penyakit kusta

lesbian KATA NAMA
lesbian

less KATA ADJEKTIF, KATA GANTI NAMA, KATA ADVERBA
1 *kurang*
◊ *It's less than a kilometre from here.* Tempat itu terletak kurang daripada satu kilometer dari sini.
♦ **A bit less, please.** Tolong kurangkan sedikit.
2 *lebih murah*
◊ *It cost less than we thought.* Harganya lebih murah daripada yang kami sangka.
♦ **less and less** semakin kurang

lesson KATA NAMA
1 *pelajaran* (dalam buku teks)
◊ *"Lesson Sixteen"* "Pelajaran Enam Belas"
2 *kelas*
◊ *The lessons last forty minutes.* Kelas itu berlangsung selama empat puluh minit.
♦ **The experience will teach him a lesson.** Pengalaman itu akan memberikan pengajaran kepadanya.

to **let** KATA KERJA
(let, let)
membenarkan
◊ *to let somebody do something* membenarkan seseorang melakukan sesuatu
♦ **Let me have a look.** Biar saya tengok.
♦ **Let me go!** Lepaskan saya!
♦ **to let somebody know something** memberitahu seseorang sesuatu ◊ *We must let him know that we are coming.* Kita mesti memberitahunya bahawa kita akan datang.
♦ **When can you come to dinner? - I'll let you know.** Bilakah anda akan datang makan malam? - Saya akan beritahu anda.
♦ **to let in** membenarkan masuk ◊ *They wouldn't let me in because I was under 18.* Mereka tidak membenarkan saya masuk kerana umur saya bawah 18 tahun.
♦ **Let's go to the cinema!** Mari kita pergi tengok wayang!
♦ **Let's have a break! - Yes, let's.** Mari kita berehat! - Mari.
♦ **"To Let"** "Untuk Disewa"

English ~ Malay

let alone apatah lagi **atau** apalagi
◊ *She has never scolded her child, let alone hit him.* Dia tidak pernah memarahi anaknya apatah lagi memukulnya.

to **let down** KATA KERJA
mengecewakan
◊ *I won't let you down.* Saya tidak akan mengecewakan anda.

to **let off** KATA KERJA
melepaskan
◊ *The manager let me off attending the meeting.* Pengurus itu melepaskan saya daripada menghadiri mesyuarat itu.
• **He let off fireworks to celebrate National Day.** Dia membakar mercun untuk menyambut Hari Kebangsaan.

lethal KATA ADJEKTIF
boleh membawa maut
◊ *a lethal dose of sleeping pills* satu dos pil tidur yang boleh membawa maut
• **chemicals lethal to fish** bahan kimia yang boleh menyebabkan ikan mati

letter KATA NAMA
1 *surat*
◊ *She wrote me a long letter.* Dia menulis sepucuk surat yang panjang kepada saya.
2 *huruf*
◊ *A is the first letter of the alphabet.* A ialah huruf pertama dalam abjad.

letterbox KATA NAMA
(JAMAK **letterboxes**)
peti surat (di rumah, dll)

lettuce KATA NAMA
daun salad

leukaemia KATA NAMA
(AS **leukemia**)
leukemia
◊ *He suffers from leukaemia.* Dia menghidap leukemia.

level KATA NAMA
| rujuk juga **level** KATA ADJEKTIF, KATA KERJA |
paras
◊ *The level of the river is rising.* Paras sungai tersebut sedang naik.
• **"A" levels** peperiksaan "A" levels

level KATA ADJEKTIF
| rujuk juga **level** KATA NAMA, KATA KERJA |
rata
◊ *a level surface* permukaan yang rata

to **level** KATA KERJA
| rujuk juga **level** KATA ADJEKTIF, KATA NAMA |
1 *menyamakan kedudukan* (sukan)
2 *meratakan*
◊ *Workers are levelling the road.* Pekerja-pekerja sedang meratakan jalan.

let down → lie

level crossing KATA NAMA
lintasan kereta api

lever KATA NAMA
tuil

lexicography KATA NAMA
perkamusan

liable KATA ADJEKTIF
mudah
◊ *He's liable to panic.* Dia mudah cemas.

liar KATA NAMA
pembohong

liberal KATA ADJEKTIF
liberal
• **the Liberal Democrats** Parti Demokrat Liberal

liberation KATA NAMA
pembebasan

liberty KATA NAMA
(JAMAK **liberties**)
kebebasan
◊ *He gives his child too much liberty.* Dia memberi anaknya kebebasan yang terlalu banyak.

Libra KATA NAMA
Libra
• **I'm Libra.** Zodiak saya ialah Libra.

librarian KATA NAMA
pustakawan
◊ *I'm a librarian.* Saya seorang pustakawan.

library KATA NAMA
(JAMAK **libraries**)
perpustakaan

Libya KATA NAMA
Libya

lice KATA NAMA JAMAK *rujuk* **louse**

licence KATA NAMA
(AS **license**)
lesen
◊ *a driving licence* lesen memandu

to **license** KATA KERJA
memberikan lesen
◊ *The council can license the company to produce the drug.* Majlis itu boleh memberikan lesen kepada syarikat itu untuk mengeluarkan ubat tersebut.

licensed KATA ADJEKTIF
berlesen

to **lick** KATA KERJA
menjilat

lid KATA NAMA
tudung

lie KATA NAMA
| rujuk juga **lie** KATA KERJA |
bohong
◊ *to tell a lie* bercakap bohong

to **lie** KATA KERJA
| rujuk juga **lie** KATA NAMA |

lie down → lightning

Ada dua cara untuk menggunakan perkataan **lie**. *Bagi makna yang pertama, gunakan* **lied** *untuk kala lepas dan* **past participle**.

1. *berbohong*
◊ *I know she's lying.* Saya tahu bahawa dia berbohong. ◊ *You lied to me!* Anda telah berbohong kepada saya.

Bagi makna yang kedua, gunakan **lay** *untuk kala lepas dan* **lain** *untuk* **past participle**.

2. *berbaring*
◊ *I lay on the floor.* Saya berbaring di atas lantai. ◊ *He was lying on the sofa.* Dia sedang berbaring di atas sofa.

to **lie down** KATA KERJA
berbaring
◊ *Why not go and lie down for a while?* Pergilah berbaring seketika.

lie-in KATA NAMA
bangun lebih lewat daripada biasa
♦ **to have a lie-in** bangun lebih lewat daripada biasa ◊ *I have a lie-in on Sundays.* Saya bangun lebih lewat daripada biasa pada hari Ahad.

lieutenant KATA NAMA
leftenan

life KATA NAMA
(JAMAK **lives**)
1. *kehidupan*
2. *nyawa*
◊ *Your life is in danger.* Nyawa anda dalam bahaya.

lifebelt KATA NAMA
pelampung keselamatan

lifeboat KATA NAMA
bot penyelamat

lifeguard KATA NAMA
anggota penyelamat

life jacket KATA NAMA
jaket keselamatan

life-saving KATA NAMA
kemahiran dan aktiviti menyelamat
♦ **I've done a course in life-saving.** Saya telah mengikuti satu kursus penyelamat.
♦ **She teaches swimming and life-saving.** Dia mengajar berenang dan kaedah menyelamat.

lifestyle KATA NAMA
cara hidup

lifetime KATA NAMA
seumur hidup

to **lift** KATA KERJA

rujuk juga **lift** KATA NAMA

mengangkat
◊ *It's too heavy, I can't lift it.* Barang itu terlalu berat. Saya tidak dapat mengangkatnya.

lift KATA NAMA

B. Inggeris ~ B. Melayu 266

rujuk juga **lift** KATA KERJA

lif
◊ *The lift isn't working.* Lif itu tidak berfungsi.
♦ **He gave me a lift to the cinema.** Dia menumpangkan saya ke pawagam.
♦ **Would you like a lift?** Anda hendak tumpang?

light KATA NAMA

rujuk juga **light** KATA ADJEKTIF, KATA KERJA

lampu
◊ *He switched on the light.* Dia memasang lampu.
♦ **the traffic lights** lampu isyarat
♦ **Have you got a light?** Anda ada api?

light KATA ADJEKTIF

rujuk juga **light** KATA NAMA, KATA KERJA

1. *ringan*
◊ *a light jacket* jaket yang ringan ◊ *a light meal* sajian yang ringan
2. *muda*
◊ *a light blue sweater* baju panas yang berwarna biru muda

to **light** KATA KERJA
(**lit, lit**)

rujuk juga **light** KATA ADJEKTIF, KATA NAMA

menyalakan

light bulb KATA NAMA
mentol

light cream KATA NAMA 🇺🇸
krim yang mengandungi sedikit lemak

to **lighten** KATA KERJA
meringankan
◊ *The new system will lighten our workload.* Sistem baru itu akan meringankan beban kerja kita.
♦ **She lightens her hair.** Dia mewarnakan rambutnya dengan warna yang lebih cerah.

lighter KATA NAMA
pemetik api

light-fingered KATA ADJEKTIF
cepat tangan

light-headed KATA ADJEKTIF
berasa sedikit pening

lighthouse KATA NAMA
rumah api

lightly KATA ADVERBA
dengan bersahaja
◊ *"Don't worry," he said lightly.* "Jangan bimbang," katanya dengan bersahaja.
♦ **to take something lightly** memandang ringan pada sesuatu ◊ *These warnings should not be taken lightly.* Amaran-amaran ini tidak patut dipandang ringan.

lightning KATA NAMA

English ~ Malay — like → link

kilat
◊ *a flash of lightning* pancaran kilat
- **thunder and lightning** petir

like KATA SENDI
> rujuk juga **like** KATA KERJA

seperti
◊ *a city like Paris* sebuah bandar seperti Paris
- **What's the weather like?** Bagaimanakah keadaan cuaca?
- **It's fine like that.** Begitu pun sudah elok.
- **You are not allowed to act like this.** Anda tidak dibenarkan buat begini.
- **The incident was like a nightmare.** Kejadian itu bagaikan satu mimpi ngeri.

to **like** KATA KERJA
> rujuk juga **like** KATA SENDI

menyukai
◊ *I like him.* Saya menyukainya.
- **...if you like...** ...jika anda suka...
- **I'd like an orange juice, please.** Tolong beri saya jus oren.
- **I'd like to go to China.** Saya ingin pergi ke negara China.
- **Would you like some coffee?** Anda hendak minum kopi?

likelihood KATA NAMA
kemungkinan

likely KATA ADJEKTIF
besar kemungkinan
◊ *She's likely to come.* Besar kemungkinan dia akan datang.
- **That's not very likely.** Mustahil perkara itu terjadi.

to **liken** KATA KERJA
mengibaratkan ... sebagai
◊ *She likens her life to a journey.* Dia mengibaratkan hidupnya sebagai satu perjalanan.

lilo ® KATA NAMA
(JAMAK **lilos**)
tilam angin

limb KATA NAMA
anggota

lime KATA NAMA
limau nipis

limestone KATA NAMA
batu kapur

limit KATA NAMA
> rujuk juga **limit** KATA KERJA

had
◊ *the speed limit* had laju

to **limit** KATA KERJA
> rujuk juga **limit** KATA NAMA

mengehadkan
◊ *Robert has to limit how much he spends.* Robert perlu mengehadkan perbelanjaannya.

limitation KATA NAMA
pengehadan

limited KATA ADJEKTIF
terhad
◊ *limited sources of information* sumber maklumat yang terhad

limousine KATA NAMA
limousin

to **limp** KATA KERJA
berjalan tempang

line KATA NAMA
> rujuk juga **line** KATA KERJA

[1] *garis*
◊ *a straight line* garis lurus
[2] *baris*
◊ *The poem has three lines.* Puisi itu terdiri daripada tiga baris. ◊ *a line of people* sebaris orang
[3] *baka*
- **a railway line** landasan kereta api
- **Hold the line, please.** Sila tunggu sebentar.
- **It's a very bad line.** Talian ini tidak jelas.

to **line** KATA KERJA
> rujuk juga **line** KATA NAMA

[1] *mengalas*
◊ *Amy lined the cake tin with greaseproof paper.* Amy mengalas tin kek itu dengan kertas minyak.
[2] *berbaris di tepi*
◊ *Thousands of people lined the streets of the capital.* Beribu-ribu orang berbaris di tepi-tepi jalan di ibu negara.

to **line up** KATA KERJA
berbaris
◊ *The students lined up in front of the school.* Pelajar-pelajar berbaris di hadapan sekolah.

linebacker KATA NAMA 🇺🇸
pemain pertahanan (bola sepak Amerika)

linen KATA NAMA
linen
◊ *a linen jacket* jaket linen

liner KATA NAMA
kapal pelayaran

to **linger** KATA KERJA
berlengah-lengah

lining KATA NAMA
[1] *lapis dalam*
◊ *a coat with a fur lining* kot dengan lapis dalam yang diperbuat daripada bulu
[2] *lapik*
◊ *He used newspapers as a lining.* Dia menggunakan surat khabar sebagai lapik.

link KATA NAMA
> rujuk juga **link** KATA KERJA

[1] *hubung kait*
◊ *the link between smoking and cancer* hubung kait antara merokok dengan barah
- **cultural links** hubungan budaya

link → little

[2] *pautan* (komputer)

to link KATA KERJA
> rujuk juga **link** KATA NAMA

[1] *menghubungkan* (bandar, jalan)
[2] *mengaitkan* (fakta)
[3] *dipaut*
◊ *The system enables browsers to link in to VR websites.* Sistem itu membolehkan penyemak imbas dipaut ke tapak web VR.

lino KATA NAMA
lino (pelapik lantai)

lintel KATA NAMA
ambang

lion KATA NAMA
singa

lioness KATA NAMA
(JAMAK **lionesses**)
singa betina

lip KATA NAMA
bibir

lip liner KATA NAMA
alit bibir

lippy KATA NAMA
(*tidak formal*)
gincu

to lip-read KATA KERJA
(**lip-read, lip-read**)
membaca gerak bibir

lip salve KATA NAMA
salap bibir

lipstick KATA NAMA
gincu

liqueur KATA NAMA
minuman beralkohol yang manis

liquid KATA NAMA
cecair

liquidity KATA NAMA
kecairan
◊ *The company maintains a high degree of liquidity.* Syarikat tersebut mengekalkan tahap kecairan yang tinggi.

to liquidize KATA KERJA
mengisar
◊ *Liquidize the vegetables and then sieve them.* Kisar dan kemudian ayak sayur-sayur itu.

liquidizer KATA NAMA
mesin pengisar

liquor KATA NAMA 🇺🇸
arak

Lisbon KATA NAMA
Lisbon

list KATA NAMA
> rujuk juga **list** KATA KERJA

senarai

to list KATA KERJA
> rujuk juga **list** KATA NAMA

menyenaraikan

to listen KATA KERJA

B. Inggeris ~ B. Melayu 268

mendengar
◊ *Listen to me!* Dengar cakap saya!

listener KATA NAMA
pendengar

listless KATA ADJEKTIF
rengsa
◊ *He is listless and weak.* Dia berasa rengsa dan tidak bermaya.

listlessness KATA NAMA
kerengsaan

lit KATA KERJA *rujuk* **light**

lite KATA ADJEKTIF
(*tidak formal*)
ringan
◊ *lite beer* bir ringan

liter KATA NAMA 🇺🇸
liter

literally KATA ADVERBA
betul-betul
◊ *The views are literally breathtaking.* Pemandangan itu betul-betul mengagumkan.
♦ **It was literally impossible to find a seat.** Tidak ada tempat duduk langsung.
♦ **to translate literally** menterjemah secara hurufiah

literary KATA ADJEKTIF
[1] *kesusasteraan*
◊ *Mina's works clearly show that she has literary talents.* Karya-karya Mina jelas menunjukkan bahawa dia berbakat dalam bidang kesusasteraan.
[2] *sastera*
◊ *literary criticism* kritik sastera
> *pembelajaran akademik tentang teknik yang digunakan dalam penulisan teks sastera*

literate KATA ADJEKTIF
celik huruf

literature KATA NAMA
kesusasteraan

litigation KATA NAMA
perguaman
◊ *litigation process* proses perguaman

litre KATA NAMA
liter

litter KATA NAMA
sampah

litter bin KATA NAMA
tong sampah

little KATA ADJEKTIF, KATA GANTI NAMA
kecil
◊ *a little boy* budak lelaki yang kecil
♦ **a little** sedikit ◊ *How much would you like? - Just a little.* Berapa banyakkah yang anda mahu? - Sedikit sahaja.
♦ **very little** sangat sedikit
♦ **We've got very little time.** Kami tidak mempunyai banyak masa.

English ~ Malay — live → lobster

- **little by little** sedikit demi sedikit

live KATA ADJEKTIF
> *rujuk juga* **live** KATA KERJA

<u>hidup</u>
◊ *I'm against tests on live animals.* Saya menentang ujian yang dilakukan ke atas binatang hidup.
- **a live broadcast** siaran langsung
- **a live concert** konsert secara langsung

to **live** KATA KERJA
> *rujuk juga* **live** KATA ADJEKTIF

<u>tinggal</u>
◊ *I live with my grandmother.* Saya tinggal dengan nenek saya.
- **Where do you live?** Di manakah anda tinggal?

to **live together** KATA KERJA
<u>bersekedudukan</u>
◊ *The couple had been living together for 16 years.* Pasangan tersebut telah bersekedudukan selama 16 tahun.

to **live up to** KATA KERJA
<u>seperti yang</u>
◊ *Sales have not lived up to expectations this year.* Jumlah jualan tidak seperti yang dijangkakan pada tahun ini.

livelihood KATA NAMA
<u>mata pencarian</u>
◊ *Fishermen depend on the sea for their livelihood.* Nelayan bergantung pada laut untuk mata pencarian mereka.

liveliness KATA NAMA
<u>kerancakan</u>
◊ *The liveliness of the song made Tina feel like dancing.* Kerancakan lagu itu menyebabkan Tina terasa ingin menari.

lively KATA ADJEKTIF
<u>cergas dan ceria</u>
◊ *She's got a lively personality.* Dia mempunyai perwatakan yang cergas dan ceria.

to **liven up** KATA KERJA
<u>memeriahkan lagi</u>
◊ *The arrival of the children livened up the party.* Kehadiran kanak-kanak itu memeriahkan lagi majlis itu.

liver KATA NAMA
<u>hati</u>

lives KATA NAMA JAMAK *rujuk* **life**

livestock KATA NAMA
<u>ternakan</u>

living KATA NAMA
<u>hidup</u>
◊ **standard of living** taraf hidup
- **to make a living** menyara hidup
- **What does she do for a living?** Apakah pekerjaannya?

living room KATA NAMA
<u>ruang tamu</u>

lizard KATA NAMA
<u>cicak</u>

to **load** KATA KERJA
> *rujuk juga* **load** KATA NAMA

<u>memuatkan</u>
◊ *They loaded the goods into the car.* Mereka memuatkan barang-barang itu ke dalam kereta. ◊ *I can't load the programme.* Saya tidak dapat memuatkan program tersebut.
- **He's loading the van right now.** Sekarang dia sedang mengisi van itu dengan muatan.
- **a trolley loaded with luggage** sebuah troli yang sarat dengan bagasi

load KATA NAMA
> *rujuk juga* **load** KATA KERJA

<u>muatan</u>
◊ *He was carrying a very heavy load.* Dia membawa muatan yang sangat berat.
- **loads of** *(tidak formal)* banyak
  ◊ *They've got loads of money.* Mereka mempunyai wang yang banyak.
- **You're talking a load of rubbish!** Kamu merepek sahaja!

loaf KATA NAMA
(JAMAK **loaves**)
<u>buku</u>
◊ **a loaf of bread** sebuku roti

loan KATA NAMA
> *rujuk juga* **loan** KATA KERJA

<u>pinjaman</u>

to **loan** KATA KERJA
> *rujuk juga* **loan** KATA NAMA

<u>meminjamkan</u>

loan shark KATA NAMA
<u>lintah darat</u>

to **loathe** KATA KERJA
<u>membenci</u>
◊ *I loathe her.* Saya membencinya.

loathing KATA NAMA
<u>perasaan benci</u>
◊ *Danny looked at him with loathing.* Danny memandangnya dengan perasaan benci.

loaves KATA NAMA JAMAK *rujuk* **loaf**

to **lobby** KATA KERJA
(**lobbied, lobbied**)
> *rujuk juga* **lobby** KATA NAMA

<u>melobi</u>
◊ *They are lobbying hard for new laws.* Mereka melobi bersungguh-sungguh untuk mendapatkan undang-undang baru.

lobby KATA NAMA
(JAMAK **lobbies**)
> *rujuk juga* **lobby** KATA KERJA

<u>lobi</u>

lobster KATA NAMA
<u>udang karang</u>

local → Londoner

local KATA ADJEKTIF
tempatan
◊ *the local paper* surat khabar tempatan
◊ *a local call* panggilan tempatan

to localize KATA KERJA
[1] *mengenal pasti*
◊ *Examine the painful area and localize the most tender point.* Periksa bahagian yang sakit dan kenal pasti tempat yang paling sakit.
[2] *menyetempatkan*
◊ *They are attempting to localize the conflict.* Mereka sedang mencuba untuk menyetempatkan konflik tersebut.

locally KATA ADVERBA
tempatan
◊ *a book published locally* sebuah buku terbitan tempatan

to locate KATA KERJA
[1] *menemui*
◊ *The missing boy was located by the police.* Budak yang hilang itu sudah ditemui oleh pihak polis.
[2] *menempatkan*
◊ *Mohan thinks that Penang is the best place in which to locate a business.* Mohan berpendapat bahawa Pulau Pinang merupakan tempat yang terbaik untuk menempatkan sesuatu perniagaan.

location KATA NAMA
lokasi
◊ *the office's location* lokasi pejabat itu

loch KATA NAMA
tasik

lock KATA NAMA
| rujuk juga **lock** KATA KERJA |
kunci

to lock KATA KERJA
| rujuk juga **lock** KATA NAMA |
mengunci
◊ *Make sure you lock the door.* Pastikan anda mengunci pintu.

to lock out KATA KERJA
mengunci pintu (tidak membenarkan masuk)
♦ **The door slammed and I was locked out.** Pintu itu tertutup dan saya terkunci di luar.

locker KATA NAMA
lokar
◊ *left-luggage lockers* lokar bagasi
◊ *locker room* bilik lokar

locket KATA NAMA
loket

lodger KATA NAMA
penyewa

lodging KATA NAMA
tempat penginapan

loft KATA NAMA
loteng

lofty KATA ADJEKTIF
murni
◊ *He had lofty aims.* Dia mempunyai matlamat yang murni.

log KATA NAMA
| rujuk juga **log** KATA KERJA |
[1] *balak*
[2] *log*

to log KATA KERJA
| rujuk juga **log** KATA NAMA |
[1] *merekodkan*
◊ *They log the details of the crime in the computer.* Mereka merekodkan butir-butir jenayah itu dalam komputer.
[2] *membalak*
◊ *They are logging in Sabah.* Mereka membalak di Sabah.

to log in KATA KERJA
log masuk

to log off KATA KERJA
log keluar

to log on KATA KERJA
log masuk
◊ *to log on to the Net* log masuk ke Internet

to log out KATA KERJA
log keluar

log book KATA NAMA
buku log

logging KATA NAMA
pembalakan

logic KATA NAMA
logik

logical KATA ADJEKTIF
masuk akal atau *logik*

logo KATA NAMA
(JAMAK **logos**)
logo

loincloth KATA NAMA
cawat

to loiter KATA KERJA
melepak
◊ *Instead of going to school he loitered in amusement arcades.* Dia tidak pergi ke sekolah, sebaliknya melepak di pusat hiburan.

loiterer KATA NAMA
perayau

lollipop KATA NAMA
gula-gula lolipop

lolly KATA NAMA
(JAMAK **lollies**)
gula-gula lolipop
♦ **an ice lolly** aiskrim batang

London KATA NAMA
London

Londoner KATA NAMA
penduduk London

lone KATA ADJEKTIF
sendirian
◊ *a lone woman motorist* pemandu wanita yang sendirian
- **He was shot by a lone gunman.** Dia ditembak oleh seorang penjenayah yang bersenjata api.
- **lone parent (1)** ibu tunggal
- **lone parent (2)** bapa tunggal

loneliness KATA NAMA
kesunyian

lonely KATA ADJEKTIF
sunyi
◊ *I sometimes feel lonely.* Kadang-kadang saya berasa sunyi.
- **a lonely house** rumah yang terpencil

long KATA ADJEKTIF, KATA ADVERBA
rujuk juga **long** KATA KERJA
panjang
◊ *She's got long hair.* Rambutnya panjang. ◊ *The room is six metres long.* Panjang bilik itu enam meter.
- **a long time** masa yang lama ◊ *It takes a long time.* Perkara itu memakan masa yang lama.
- **How long?** Berapa lama? ◊ *How long have you been here?* Sudah berapa lamakah anda berada di sini?
- **as long as** selagi ◊ *I'll come as long as it's not too expensive.* Saya akan datang selagi perbelanjaannya tidak begitu mahal.

to **long** KATA KERJA
rujuk juga **long** KATA ADJEKTIF
[1] *rindu*
◊ *Steve longed for the good old days.* Steve rindu akan masa dahulu yang menggembirakan.
[2] *ingin sekali*
◊ *to long to do something* ingin sekali melakukan sesuatu

long-distance KATA ADJEKTIF
jarak jauh
◊ *a long-distance call* panggilan jarak jauh

longer KATA ADVERBA
rujuk juga **long** KATA ADJEKTIF
- **no longer** tidak lagi ◊ *They're no longer going out together.* Mereka tidak lagi keluar bersama.
- **I can't stand it any longer.** Saya sudah tidak tahan lagi.

longing KATA NAMA
kerinduan
◊ *She spoke of her longing for her parents.* Dia bercakap tentang kerinduannya terhadap ibu bapanya.

long jump KATA NAMA
lompat jauh

long-sighted KATA ADJEKTIF
rabun dekat

long-wearing KATA ADJEKTIF
tahan lasak

long-winded KATA ADJEKTIF
meleret-leret
◊ *His speech was long-winded and very boring.* Ucapannya meleret-leret dan sungguh membosankan.

loo KATA NAMA
tandas

look KATA NAMA
rujuk juga **look** KATA KERJA
rupa
◊ *He greeted her with a happy look.* Dia menyambutnya dengan rupa yang ceria.
- **looks** rupa ◊ *I never choose people just because of their looks.* Saya tidak pernah memilih seseorang kerana rupanya.
- **to have a look (1)** melihat ◊ *Have a look at this!* Lihatlah ini!
- **to have a look (2)** memeriksa ◊ *The mechanic had to come over to have a look at my car.* Mekanik itu terpaksa datang untuk memeriksa kereta saya.
- **to have a look (3)** mencari ◊ *Go and have another look.* Pergi cari sekali lagi.
- **I don't like the look of it.** Saya berasa tidak sedap hati.

to **look** KATA KERJA
rujuk juga **look** KATA NAMA
[1] *melihat*
◊ *Look!* Lihat!
- **to look at something** melihat sesuatu ◊ *Look at the picture.* Lihat gambar itu.
- **Look out!** Hati-hati!
[2] *nampak*
◊ *She looks surprised.* Dia nampak terperanjat. ◊ *That cake looks nice.* Kek itu nampak cantik.
- **to look like somebody** menyerupai seseorang ◊ *He looks like his friend.* Wajahnya menyerupai kawannya.
- **What does she look like?** Bagaimanakah rupanya?

to **look after** KATA KERJA
menjaga
◊ *I look after my little sister.* Saya menjaga adik perempuan saya.

to **look down on** KATA KERJA
memandang rendah pada

to **look for** KATA KERJA
mencari
◊ *I'm looking for my passport.* Saya sedang mencari pasport saya.

to **look forward to** KATA KERJA
tidak sabar
- **to look forward to doing something** tidak sabar untuk melakukan sesuatu

look into → lot

◊ *I'm looking forward to meeting you.* Saya tidak sabar untuk berjumpa dengan anda.
♦ **Looking forward to hearing from you.** Saya menanti berita daripada anda.

> Walaupun kata kerja yang mengikuti **to** biasanya kata dasar, kata kerja yang mengikuti frasa **to look forward to** mestilah diakhiri dengan **-ing**.

to **look into** KATA KERJA
mengkaji
◊ *The researchers are looking into the problem.* Para penyelidik sedang mengkaji masalah itu.

to **look on** KATA KERJA
1 *melihat*
2 *menganggap*
◊ *A lot of people looked on him as a healer.* Ramai orang menganggapnya sebagai bomoh.

to **look out for** KATA KERJA
mencari
◊ *Look out for special deals.* Cari urus janji yang istimewa.

to **look round** KATA KERJA
1 *melihat-lihat*
◊ *I'm just looking round.* Saya cuma melihat-lihat. ◊ *to look round the exhibition* melihat-lihat di pameran itu
2 *menoleh ke belakang*
◊ *I called his name and he looked round.* Saya memanggilnya dan dia menoleh ke belakang.

to **look through** KATA KERJA
1 *memeriksa dengan teliti*
◊ *Peter started looking through the mail.* Peter mula memeriksa surat itu dengan teliti.
2 *membaca seimbas lalu*
◊ *He happened to be looking through the magazine at the time.* Pada masa itu, dia sedang membaca majalah itu seimbas lalu.

to **look up** KATA KERJA
mencari
◊ *If you don't know a word, look it up in the dictionary.* Jika anda tidak tahu makna sesuatu perkataan, carilah dalam kamus.

loop KATA NAMA
gelung

loose KATA ADJEKTIF
longgar
◊ *a loose shirt* baju longgar
♦ **loose change** tukaran wang kecil

loose-fitting KATA ADJEKTIF
longgar
◊ *My trousers are loose-fitting.* Seluar saya longgar.

to **loosen** KATA KERJA
1 *melonggarkan*
◊ *She tried to loosen the screw on her table.* Dia cuba melonggarkan skru pada mejanya.
2 *menggemburkan*
◊ *to loosen the soil* menggemburkan tanah

to **loosen up** KATA KERJA
mengendurkan
◊ *Squeeze the foot to loosen up the muscles.* Picit bahagian kaki untuk mengendurkan otot-otot.

lord KATA NAMA
bangsawan
♦ **the House of Lords** Dewan Pertuanan
♦ **the Lord** Tuhan
♦ **Good Lord!** Ya Tuhan!

lorry KATA NAMA
(JAMAK **lorries**)
lori

lorry driver KATA NAMA
pemandu lori
◊ *He's a lorry driver.* Dia seorang pemandu lori.

to **lose** KATA KERJA
(**lost, lost**)
1 *hilang*
◊ *I've lost my purse.* Dompet saya hilang.
2 *kalah*
♦ **to get lost** tersesat ◊ *I was afraid of getting lost.* Saya takut tersesat.

loss KATA NAMA
(JAMAK **losses**)
1 *kehilangan*
◊ *loss of sight* kehilangan penglihatan
♦ **hair loss** keguguran rambut
2 *kerugian* (dari segi kewangan)

lost KATA KERJA rujuk **lose**

lost KATA ADJEKTIF
hilang

lost property office KATA NAMA
> tempat untuk menuntut barang-barang yang hilang atau yang tertinggal di tempat awam

lot KATA NAMA
kumpulan
◊ *We've just sacked one lot of builders.* Kami baru sahaja memecat sekumpulan buruh binaan.
♦ **a lot** banyak ◊ *She talks a lot.* Dia banyak bercakap.
♦ **Do you like football? - Not a lot.** Adakah anda meminati bola sepak? - Saya tidak begitu meminatinya.
♦ **a lot of** banyak ◊ *I drink a lot of coffee.* Saya banyak minum kopi.
♦ **He's got lots of friends.** Dia mempunyai

ramai kawan.
- **She's got lots of self-confidence.** Dia seorang yang amat berkeyakinan.
- **That's the lot.** Itu sahaja.

lotion KATA NAMA
losen

lottery KATA NAMA
(JAMAK **lotteries**)
loteri
◊ _to win the lottery_ memenangi loteri

lotus KATA NAMA
(JAMAK **lotuses**)
teratai

loud KATA ADJEKTIF
kuat
◊ _The television is too loud._ Suara televisyen itu terlalu kuat.

loudly KATA ADVERBA
dengan kuat

louse KATA NAMA
(JAMAK **lice**)
kutu

loudspeaker KATA NAMA
pembesar suara

lounge KATA NAMA
ruang rehat

lousy KATA ADJEKTIF
(_tidak formal_)
teruk
◊ _It was a lousy meal._ Hidangan itu teruk.
- **I feel lousy.** Saya berasa tidak sihat.

lovable KATA ADJEKTIF
mudah disayangi
◊ _Joey's character makes him even more lovable._ Perwatakan Joey menjadikannya lebih mudah disayangi.

to **love** KATA KERJA
rujuk juga **love** KATA NAMA
1 _mencintai_
- **I love you.** Aku cinta pada mu.
2 _suka_
◊ _I love chocolate._ Saya suka makan coklat.
- **Everybody loves her.** Semua orang menyukainya.
3 _menyayangi_
◊ _You'll never love anyone the way you love your baby._ Anda tidak akan menyayangi orang lain sebagaimana anda menyayangi bayi anda.
- **Would you like to come? - Yes, I'd love to.** Sudikah anda datang? - Ya, sudah tentu.

love KATA NAMA
rujuk juga **love** KATA KERJA
1 _cinta_
◊ _She's in love._ Dia sedang dilamun cinta.
2 _kasih sayang_
◊ _the undying love of a mother_ kasih sayang seorang ibu yang tidak terhingga
- **She's in love with Paul.** Dia mencintai Paul.
- **to make love** bersetubuh
- **Give Gloria my love.** Sampaikan salam sayang saya kepada Gloria.
- **Love, Rosemary.** Sayang, Rosemary. (_dalam surat tidak rasmi_)

lovely KATA ADJEKTIF
1 _sangat menarik_
◊ _She's a lovely person._ Dia seorang yang sangat menarik.
2 _cantik_
◊ _They've got a lovely house._ Mereka memiliki sebuah rumah yang cantik.
- **It's a lovely day.** Cuaca hari ini baik.
- **Is your meal okay? - Yes, it's lovely.** Adakah hidangan anda memuaskan? - Ya, sungguh sedap.
- **Have a lovely time!** Bergembiralah!

lover KATA NAMA
1 _kekasih_
2 _pencinta_
◊ _nature lover_ pencinta alam

lovestruck KATA ADJEKTIF
dilamun cinta
◊ _a lovestruck young man_ seorang pemuda yang dilamun cinta

loving KATA ADJEKTIF
pengasih
◊ _My mother is a loving person._ Ibu saya seorang yang pengasih.

low KATA ADJEKTIF, KATA ADVERBA
rendah
◊ _low prices_ harga yang rendah
◊ _That plane is flying very low._ Kapal terbang itu terbang begitu rendah.
- **in the low season** pada musim lengang

lower KATA ADJEKTIF
rujuk juga **lower** KATA KERJA
1 _bawah_
◊ _She bit her lower lip._ Dia menggigit bibir bawahnya.
2 _rendah_
◊ _officers of lower rank_ pegawai-pegawai berpangkat rendah

to **lower** KATA KERJA
rujuk juga **lower** KATA ADJEKTIF
menurunkan
◊ _He was so tall that the dentist had to lower the chair._ Dia begitu tinggi sehinggakan doktor gigi itu terpaksa menurunkan kerusi.

lower-class KATA ADJEKTIF
kelas bawahan

low-fat KATA ADJEKTIF
rendah lemak

low-impact KATA ADJEKTIF
mempunyai impak yang rendah
(senaman, senaman aerobik)

lowlands KATA NAMA JAMAK
kawasan tanah pamah

low tide KATA NAMA
air surut

loyal KATA ADJEKTIF
setia

loyalty KATA NAMA
(JAMAK **loyalties**)
kesetiaan

loyalty card KATA NAMA
kad ahli (boleh mengumpul mata)

LPG SINGKATAN (= _liquefied petroleum gas_)
LPG (= _gas petroleum cecair_)

L-plate KATA NAMA
plat L

LRP SINGKATAN (= _lead replacement petrol_)
LRP (= _petrol pengganti plumbum_)

lubricant KATA NAMA
pelincir

to **lubricate** KATA KERJA
melincirkan
◊ _That oil is used to lubricate machinery._ Minyak itu digunakan untuk melincirkan pergerakan mesin.

luck KATA NAMA
nasib
♦ **She hasn't had much luck.** Dia tidak begitu bernasib baik.
♦ **Bad luck!** Kasihan!
♦ **Good luck!** Semoga berjaya!

luckily KATA ADVERBA
mujurlah

lucky KATA ADJEKTIF
bernasib baik
◊ _I consider myself lucky._ Saya menganggap diri saya bernasib baik.
◊ _He's lucky, he's got a job._ Dia bernasib baik kerana sudah mendapat kerja.
♦ **That was lucky!** Nasib baik!
♦ **Black cats are supposed to be lucky.** Kucing hitam dianggap membawa tuah.
♦ **a lucky star** bintang bertuah

luggage KATA NAMA
bagasi

lukewarm KATA ADJEKTIF
suam-suam kuku

to **lull** KATA KERJA
menyebabkan ... mengantuk
◊ _The quiet music lulled me to sleep._ Muzik yang perlahan itu menyebabkan saya mengantuk lalu tertidur.
♦ **to be lulled into a false sense of security** terpedaya untuk berasa selamat

lullaby KATA NAMA
(JAMAK **lullabies**)
dodoi

lumberjack KATA NAMA
pembalak

luminous KATA ADJEKTIF
berkilau
◊ _luminous stars_ bintang-bintang yang berkilau

lump KATA NAMA
1 _ketul_
◊ _a lump of butter_ seketul mentega
2 _benjol_
◊ _He's got a lump on his forehead._ Ada benjol pada dahinya.

lumpy KATA ADJEKTIF
bergumpal
◊ _If rice isn't cooked properly, it goes lumpy._ Nasi akan bergumpal jika tidak dimasak dengan baik.

lunatic KATA NAMA
orang gila
♦ **He's an absolute lunatic.** Dia betul-betul gila.

lunch KATA NAMA
(JAMAK **lunches**)
makan tengah hari
◊ _We have lunch at half past twelve._ Kami makan tengah hari pada pukul dua belas setengah.

luncheon voucher KATA NAMA
baucar makan tengah hari

lung KATA NAMA
paru-paru
◊ _lung cancer_ barah paru-paru

to **lure** KATA KERJA
menjebak
◊ _They lured him into a trap._ Mereka menjebaknya ke dalam perangkap.
♦ **He tried to lure the squirrel from the tree with peanuts.** Dia cuba mengumpan tupai itu dari pokok itu dengan kacang tanah.

to **lurk** KATA KERJA
menghendap
◊ _Harry lurked behind the bushes with his friends._ Harry menghendap di belakang semak samun bersama kawan-kawannya.

luscious KATA ADJEKTIF
menggiurkan
◊ _a luscious woman_ wanita yang menggiurkan

lush KATA ADJEKTIF
subur (tanah)

lust KATA NAMA
nafsu

lustful KATA ADJEKTIF
ghairah

lustre KATA NAMA
kilat
◊ *Gold retains its lustre longer than other metals.* Kilat emas lebih kekal daripada logam lain.

Luxembourg KATA NAMA
negara Luxembourg

luxurious KATA ADJEKTIF
mewah

luxury KATA NAMA
(JAMAK **luxuries**)
1. *kemewahan*
2. *mewah*
◊ *It was luxury!* Mewah sungguh! ◊ *a luxury hotel* hotel mewah

lychee KATA NAMA
laici

lying KATA KERJA *rujuk* **lie**

lymphatic gland KATA NAMA
kelenjar limfa

lyrics KATA NAMA JAMAK
lirik

M

mac KATA NAMA
baju hujan

macaroni KATA NAMA
makaroni

mace KATA NAMA
cokmar

machete KATA NAMA
golok

machine KATA NAMA
mesin
◊ *I put my clothes in the washing machine.* Saya meletakkan baju saya ke dalam mesin basuh.

machine gun KATA NAMA
mesingan

machinery KATA NAMA
jentera

mackerel KATA NAMA
(JAMAK **mackerel**)
ikan mekerel

mad KATA ADJEKTIF
1 *gila*
◊ *You're mad!* Engkau gila!
2 *marah*
◊ *She'll be mad when she finds out.* Dia tentu marah jika dia mengetahuinya.
♦ **He's mad about football.** Dia sangat meminati permainan bola sepak.

madam KATA NAMA
> panggilan yang formal dan bersopan untuk wanita yang tidak dikenali atau yang berkedudukan

1 *puan* (wanita yang berusia)
◊ *How may I help you, Madam?* Puan, bolehkah saya tolong?
2 *cik* (wanita muda)
◊ *How may I help you, Madam?* Cik, bolehkah saya tolong?

made KATA KERJA *rujuk* **make**

madly KATA ADVERBA
sepenuh hati
◊ *She was devoted to her husband, but she no longer loved him madly.* Dia amat menyayangi suaminya, tetapi dia tidak lagi mencintai suaminya sepenuh hati.
♦ **They're madly in love.** Mereka sedang mabuk asmara.

madman KATA NAMA
(JAMAK **madmen**)
lelaki gila

madness KATA NAMA
kegilaan
◊ *It's absolute madness.* Itu kegilaan semata-mata.

magazine KATA NAMA
majalah

maggot KATA NAMA
renga

magic KATA NAMA
> *rujuk juga* **magic** KATA ADJEKTIF

1 *kuasa ajaib*
2 *silap mata*
◊ *My hobby is magic.* Hobi saya ialah bermain silap mata.

magic KATA ADJEKTIF
> *rujuk juga* **magic** KATA NAMA

ajaib
◊ *a magic wand* tongkat sakti ajaib
♦ **It was magic!** Sungguh ajaib!

magical KATA ADJEKTIF
ajaib

magician KATA NAMA
ahli silap mata
◊ *There was a magician at the party.* Ada seorang ahli silap mata di majlis itu.

magic mushroom KATA NAMA
> cendawan yang boleh menyebabkan orang yang memakannya mengalami halusinasi

magistrate KATA NAMA
majistret

magnet KATA NAMA
magnet

magnificent KATA ADJEKTIF
1 *indah dan mengagumkan*
◊ *a magnificent view* pemandangan yang indah dan mengagumkan
2 *sangat baik*
◊ *It was a magnificent film.* Filem itu sangat baik.
♦ **It was a magnificent effort on their part.** Mereka telah mencurahkan usaha yang baik sekali.

to magnify KATA KERJA
(**magnified, magnified**)
1 *membesarkan*
◊ *A lens will magnify the picture.* Sebuah kanta akan membesarkan gambar itu.
♦ **using bank loans to magnify his buying power** menggunakan pinjaman bank untuk meningkatkan kuasa belinya
2 *membesar-besarkan*
◊ *Don't magnify unimportant details.* Jangan membesar-besarkan perkara yang tidak penting.

magnifying glass KATA NAMA
(JAMAK **magnifying glasses**)
kanta pembesar

maid KATA NAMA
1 *pembantu rumah*
2 *pembantu hotel*
♦ **an old maid** anak dara tua **atau** andartu

maiden name KATA NAMA
nama keluarga sebelum berkahwin

mail KATA NAMA
mel (surat, bungkusan, dll)
◊ *We receive a lot of mail.* Kami

menerima banyak mel.
- **by mail** melalui pos

mailbox KATA NAMA
peti surat (di rumah, dll)

mailman KATA NAMA
(JAMAK **mailmen**)
posmen

mailshot KATA NAMA
[1] *pengedaran risalah* (untuk mengiklankan barangan, meminta derma)
[2] *risalah* (untuk mengiklankan barangan, meminta derma)

main KATA ADJEKTIF
utama
◊ *the main reason* sebab utama
- **the main suspect** orang yang paling disyaki
- **The main thing is to get it finished.** Yang paling penting ialah menyiapkan kerja ini.

mainly KATA ADVERBA
sebahagian besar
◊ *Their customers were mainly from Japan.* Sebahagian besar pelanggan mereka adalah dari Jepun. ◊ *The bedroom is mainly blue.* Sebahagian besar bilik tidur itu berwarna biru.
- **The plan failed mainly because of the bad weather.** Sebab utama rancangan itu gagal ialah cuaca yang buruk.

main road KATA NAMA
jalan besar

Main Street KATA NAMA
[1] *jalan di pekan kecil yang mempunyai banyak kedai*
[2] *orang yang tinggal di pekan kecil*
[3] *orang yang kurang berada*

to **maintain** KATA KERJA
mengekalkan
◊ *Teachers try hard to maintain standards.* Guru-guru berusaha keras untuk mengekalkan standard.
- **Old houses are expensive to maintain.** Rumah-rumah lama memerlukan perbelanjaan yang banyak untuk diselenggarakan.

maintenance KATA NAMA
penyelenggaraan
◊ *car maintenance* penyelenggaraan kereta ◊ *RM30 a week in maintenance* wang penyelenggaraan sebanyak RM30 seminggu

maize KATA NAMA
jagung

majestic KATA ADJEKTIF
agung
◊ *The Palace of Versailles in France is a majestic sight.* Istana Versailles di Perancis kelihatan agung.

majestically KATA ADVERBA
dengan megah

majesty KATA NAMA
(JAMAK **majesties**)
keagungan
- **Your Majesty** tuanku
- **His Majesty** baginda
- **Her Majesty** baginda

major KATA ADJEKTIF
rujuk juga **major** KATA KERJA
utama
◊ *a major factor* faktor utama
- **Drugs are a major problem.** Masalah dadah merupakan masalah yang besar.
- **in C major** (*muzik*) dalam C major

to **major** KATA KERJA
rujuk juga **major** KATA ADJEKTIF
mengkhusus
◊ *I majored in Translation and Interpretation.* Saya mengkhusus dalam bidang Terjemahan dan Interpretasi.

Majorca KATA NAMA
Majorca

majority KATA NAMA
(JAMAK **majorities**)
majoriti

make KATA NAMA
rujuk juga **make** KATA KERJA
jenama
◊ *What make is it?* Apakah jenamanya?

to **make** KATA KERJA
(**made, made**)
rujuk juga **make** KATA NAMA
[1] *membuat*
◊ *I'm going to make a cake.* Saya akan membuat sebiji kek. ◊ *I'd like to make a phone call.* Saya ingin membuat panggilan telefon.
- **It's well made.** Barang itu dibuat dengan baik.
- **I make my bed every morning.** Saya mengemaskan katil saya setiap pagi.
- **She's making lunch.** Dia sedang menyediakan makanan tengah hari.
- **Two and two make four.** Dua tambah dua menjadi empat.
- **"made in Malaysia"** "buatan Malaysia"
[2] *memperoleh*
◊ *He makes a lot of money.* Dia memperoleh wang yang banyak.
- **to make somebody do something** memaksa seseorang membuat sesuatu
◊ *My mother makes me eat vegetables.* Ibu memaksa saya makan sayur-sayuran.
- **You'll have to make do with a cheaper car.** Anda terpaksa menggunakan kereta yang lebih murah.
- **What time do you make it?** Pukul

make out → manager B. Inggeris ~ B. Melayu 278

berapa sekarang?
- **to make something of oneself /one's life** menjadi seorang yang berjaya ◊ *She wanted me to make something of myself.* Dia mahu saya menjadi seorang yang berjaya.

to **make out** KATA KERJA
1. *membaca*
◊ *I can't make out the address on the label.* Saya tidak dapat membaca alamat yang tertulis pada label itu.
2. *mendengar*
◊ *Can you make out what they are saying?* Dapatkah anda mendengar perbualan mereka?
3. *memahami*
◊ *I can't make her out at all.* Saya langsung tidak memahaminya.
- **They're making out it was my fault.** Mereka membuat seolah-olah saya yang bersalah.
- **to make a cheque out to somebody** menulis cek atas nama seseorang

to **make up** KATA KERJA
1. *terdiri daripada*
◊ *Women make up thirty per cent of the police force.* Tiga puluh peratus daripada pasukan polis terdiri daripada kaum wanita.
2. *mereka*
◊ *He made up the whole story.* Dia mereka keseluruhan cerita itu.
3. *bersolek*
◊ *She spends hours making herself up.* Dia mengambil masa berjam-jam lamanya untuk bersolek.
4. *berbaik semula*
◊ *They had a quarrel, but soon made up.* Mereka bergaduh tetapi tidak lama kemudian mereka berbaik semula.

maker KATA NAMA
pembuat
◊ *Spain's biggest car maker* pembuat kereta yang terbesar di Sepanyol

makeshift KATA ADJEKTIF
sementara

make-up KATA NAMA
alat solek atau *mekap*
- **She put on her make-up.** Dia bersolek.

making KATA NAMA
pembikinan
◊ *That company was involved in the making of the film Tarzan.* Syarikat itu terlibat dalam pembikinan filem Tarzan.

Malaysia KATA NAMA
Malaysia

male KATA ADJEKTIF
> rujuk juga **male** KATA NAMA
1. *lelaki*

◊ *Most football players are male.* Kebanyakan pemain bola sepak ialah lelaki. ◊ *a male nurse* jururawat lelaki
2. *jantan* (haiwan, tumbuhan)

male KATA NAMA
> rujuk juga **male** KATA ADJEKTIF
1. *lelaki* (orang)
2. *jantan* (haiwan, tumbuhan)

mall KATA NAMA
kawasan membeli-belah

mallet KATA NAMA
tukul kayu

Malta KATA NAMA
negara Malta

mammal KATA NAMA
mamalia

mammoth KATA ADJEKTIF
> rujuk juga **mammoth** KATA NAMA
raksasa (projek, bangunan)
- **a mammoth task** tugas yang berat

mammoth KATA NAMA
> rujuk juga **mammoth** KATA ADJEKTIF
mamot
> sejenis binatang yang sudah pupus yang menyerupai gajah, mempunyai gading dan berbulu panjang

man KATA NAMA
(JAMAK **men**)
lelaki

to **manage** KATA KERJA
menguruskan
◊ *She manages a big store.* Dia menguruskan sebuah kedai yang besar.
◊ *He manages our football team.* Dia menguruskan pasukan bola sepak kami.
- **to manage to do something** berjaya melakukan sesuatu
- **Luckily I managed to pass the exam.** Nasib baik saya lulus peperiksaan itu.
- **We haven't got much money, but we manage.** Kami tidak mempunyai wang yang banyak tetapi kami dapat bertahan.
- **Can you manage with that suitcase?** Bolehkah anda mengangkat beg pakaian itu?
- **Can you manage a bit more?** Bolehkah anda makan sedikit lagi?

manageable KATA ADJEKTIF
mudah diurus

management KATA NAMA
pengurusan
◊ *He's responsible for the management of the project.* Dia bertanggungjawab ke atas pengurusan projek itu.
- **management and workers** pihak pengurusan dan pekerja

manager KATA NAMA
pengurus
◊ *I complained to the manager.* Saya

membuat aduan kepada pengurus itu.
◊ *the England manager* pengurus pasukan England

manageress KATA NAMA
(JAMAK **manageresses**)
pengurus (wanita)

mandarin KATA NAMA
limau mandarin

mandate KATA NAMA
mandat
◊ *A mandate from the UN is necessary before any plan can be implemented.* Mandat daripada PBB perlu diperoleh sebelum melaksanakan sebarang rancangan.

mandatory KATA ADJEKTIF
mandatori

mane KATA NAMA
surai (bulu pada tengkuk kuda, dll)

mango KATA NAMA
(JAMAK **mangos** atau **mangoes**)
mangga

mangosteen KATA NAMA
manggis

mangrove KATA NAMA
bakau

maniac KATA NAMA
orang gila
◊ *He drives like a maniac.* Dia memandu seperti orang gila.

to **manicure** KATA KERJA
menjaga (tangan atau kuku)

to **manipulate** KATA KERJA
memanipulasikan

manipulation KATA NAMA
manipulasi

mankind KATA NAMA
umat manusia

manliness KATA NAMA
kelelakian

man-made KATA ADJEKTIF
buatan manusia

manner KATA NAMA
cara
◊ *He conducted the interview in a professional manner.* Dia mengendalikan temu duga itu dengan cara yang profesional.
♦ **She was behaving in an odd manner.** Dia berkelakuan ganjil.
♦ **He has a confident manner.** Dia seorang yang berkeyakinan.

manners KATA NAMA JAMAK
tingkah laku
◊ *Her manners are appalling.* Tingkah lakunya amat buruk.
♦ **good manners** adab
♦ **It's bad manners to speak with your mouth full.** Tidak elok bercakap dengan mulut yang penuh dengan makanan.

manpower KATA NAMA
tenaga manusia

mansion KATA NAMA
rumah yang sangat besar

mantelpiece KATA NAMA
para perdiangan

manual KATA NAMA
buku panduan

to **manufacture** KATA KERJA
mengilang

manufacturer KATA NAMA
pengilang

manufacturing KATA NAMA
1 *pembuatan*
◊ *the car manufacturing industry* industri pembuatan kereta
2 *perkilangan*
◊ *manufacturing sector* sektor perkilangan

manure KATA NAMA
baja asli

manuscript KATA NAMA
manuskrip

many KATA ADJEKTIF, KATA GANTI NAMA
1 *ramai*
◊ *He hasn't got many friends.* Dia tidak mempunyai ramai kawan.
2 *banyak*
◊ *I haven't got very many CDs.* Saya tidak mempunyai begitu banyak cakera padat.
♦ **too many** terlalu banyak ◊ *Sixteen people? That's too many.* Enam belas orang? Jumlah itu terlalu banyak.
♦ **so many** banyak ◊ *He told so many lies!* Dia banyak berbohong!
♦ **How many?** Berapa? ◊ *How many hours a week do you work?* Berapa jamkah anda bekerja dalam seminggu?
♦ **very many** sangat banyak
♦ **Not very many.** Tidak begitu banyak.
♦ **Many thanks.** Terima kasih banyak-banyak.

map KATA NAMA
peta

mapping KATA NAMA
pemetaan
◊ *The mapping of that area has been done.* Pemetaan kawasan itu telah siap.

marathon KATA NAMA
maraton

marble KATA NAMA
1 *marmar*
◊ *a marble statue* patung marmar
2 *guli*
◊ *a marble* sebiji guli
♦ **to play marbles** bermain guli

March KATA NAMA

march → married

Mac
◊ *on 9 March* pada 9 Mac
♦ **in March** pada bulan Mac

to march KATA KERJA
> rujuk juga **march** KATA NAMA

berkawat
◊ *The troops marched past the King.* Askar-askar itu berkawat di hadapan raja.

march KATA NAMA
(JAMAK **marches**)
> rujuk juga **march** KATA KERJA

perarakan
◊ *a peace march* perarakan keamanan

mare KATA NAMA
kuda betina

margarine KATA NAMA
marjerin

margin KATA NAMA
jidar (pada muka surat)
◊ *She wrote a note in the margin.* Dia menulis nota pada jidar muka surat itu.

marijuana KATA NAMA
ganja

to marinate KATA KERJA
memerapkan
◊ *She marinated the chicken with oyster sauce and honey.* Dia memerapkan ayam itu dengan sos tiram dan madu.

marine KATA NAMA
> rujuk juga **marine** KATA ADJEKTIF

marin

marine KATA ADJEKTIF
> rujuk juga **marine** KATA NAMA

laut
◊ *marine life* hidupan laut

marital KATA ADJEKTIF
perkahwinan
◊ *Her son had no marital problems.* Anak lelakinya tidak mempunyai masalah perkahwinan.

marital status KATA NAMA
status perkahwinan

mark KATA NAMA
> rujuk juga **mark** KATA KERJA

[1] *tanda*
◊ *There were red marks all over his back.* Ada tanda-tanda merah pada seluruh bahagian belakangnya. ◊ *You've got a mark on your shirt.* Ada tanda pada kemeja anda.

[2] *markah*
◊ *I got good marks for French.* Saya mendapat markah yang baik dalam bahasa Perancis.

[3] *mark* (mata wang Jerman)
◊ *30 million marks* 30 juta mark

to mark KATA KERJA
> rujuk juga **mark** KATA NAMA

[1] *menyemak*

◊ *The teacher hasn't marked my homework yet.* Guru itu belum lagi menyemak kerja rumah saya.

[2] *menandakan*
◊ *Mark its position on the map.* Tandakan kedudukannya pada peta itu.

marker KATA NAMA
penanda

market KATA NAMA
> rujuk juga **market** KATA KERJA

pasar

to market KATA KERJA
> rujuk juga **market** KATA NAMA

memasarkan
◊ *The company will market its new dictionary soon.* Syarikat itu akan memasarkan kamus barunya tidak lama lagi.

market-driven KATA ADJEKTIF
mengikut kehendak pasaran (produk, keputusan, perubahan, syarikat)

marketing KATA NAMA
pemasaran

market-led KATA ADJEKTIF
mengikut kehendak pasaran (produk, keputusan, perubahan, syarikat)
◊ *This change in sales strategy was market-led.* Perubahan dalam strategi penjualan ini adalah mengikut kehendak pasaran.

market-town KATA NAMA
pekan pasar
> **market-town** ialah pekan, terutamanya di kawasan luar bandar yang mempunyai pasar atau pernah mempunyai pasar.

marking KATA NAMA
pemarkahan
◊ *The marking is done by two teachers.* Pemarkahan itu dilakukan oleh dua orang guru.

marmalade KATA NAMA
marmalad (sejenis jem)

maroon KATA ADJEKTIF
merah manggis

marriage KATA NAMA
perkahwinan

marriageable KATA ADJEKTIF
layak berkahwin
◊ *a marriageable daughter* anak perempuan yang layak berkahwin

married KATA ADJEKTIF
sudah berkahwin
◊ *They are married.* Mereka sudah berkahwin.
♦ **They are not married.** Mereka belum berkahwin.
♦ **a married couple** pasangan suami isteri
♦ **to get married** berkahwin

marrow KATA NAMA
labu air
- **bone marrow** sumsum tulang

to **marry** KATA KERJA
(married, married)
berkahwin
◊ *They married in June.* Mereka berkahwin pada bulan Jun. ◊ *He wants to marry her.* Dia ingin berkahwin dengannya.
- **to get married** berkahwin ◊ *My friend's getting married in March.* Kawan saya akan berkahwin pada bulan Mac.

to **marry off** KATA KERJA
mengahwinkan

Mars KATA NAMA
Marikh

to **marvel** KATA KERJA
berasa kagum
◊ *Sara and I read the story and marvelled.* Saya dan Sara membaca cerita itu dan kami berasa kagum.

marvellous KATA ADJEKTIF
(AS **marvelous**)
sangat baik
◊ *The weather was marvellous.* Cuaca sangat baik. ◊ *That's a marvellous idea!* Itu satu idea yang sangat baik!

marzipan KATA NAMA
krim marzipan (*untuk diletakkan di atas kek*)

mascara KATA NAMA
maskara

mascot KATA NAMA
maskot

masculine KATA ADJEKTIF
kelelakian

to **mash** KATA KERJA
melecek
◊ *Aminah mashed the potatoes with a fork.* Aminah melecek ubi kentang dengan garpu.

mashed potatoes KATA NAMA JAMAK
kentang lecek

mask KATA NAMA
topeng

masked KATA ADJEKTIF
bertopeng
◊ *The masked man kidnapped the millionaire's wife.* Lelaki yang bertopeng itu telah menculik isteri jutawan itu.

mass KATA NAMA
(JAMAK **masses**)
1 *timbunan*
◊ *a mass of books and papers* timbunan buku dan kertas
2 *banyak sekali* (*benda*)
- **She had a mass of red hair.** Rambutnya tebal berwarna merah.
3 *upacara mass* (*di gereja*)
◊ *We go to mass on Sunday.* Kami pergi ke upacara mass pada hari Ahad.
- **the mass media** media massa

massage KATA NAMA
| *rujuk juga* **massage** KATA KERJA |
mengurut
◊ *Massage isn't a long-term cure for stress.* Mengurut bukanlah rawatan jangka panjang untuk mengatasi masalah tekanan.
- **Alex asked me if I wanted a massage.** Alex bertanya sama ada saya mahu diurut.

to **massage** KATA KERJA
| *rujuk juga* **massage** KATA NAMA |
mengurut
◊ *She massaged her aching feet.* Dia mengurut kakinya yang sakit.

masseur KATA NAMA
tukang urut (*lelaki*)

masseuse KATA NAMA
tukang urut (*perempuan*)

massive KATA ADJEKTIF
sangat besar

master KATA NAMA
| *rujuk juga* **master** KATA KERJA |
1 *guru* (*lelaki*)
2 *tuan*
3 *pakar*
◊ *She was a master of the English language.* Dia pakar bahasa Inggeris.

to **master** KATA KERJA
| *rujuk juga* **master** KATA NAMA |
menguasai
◊ *Students need to master a second language.* Pelajar perlu menguasai bahasa kedua.

to **mastermind** KATA KERJA
| *rujuk juga* **mastermind** KATA NAMA |
merancang
◊ *He masterminded the project.* Dia merancang projek itu.

mastermind KATA NAMA
| *rujuk juga* **mastermind** KATA KERJA |
dalang
◊ *Simon was the mastermind behind the plan.* Simon merupakan dalang di sebalik rancangan itu.

master of ceremonies KATA NAMA
pengacara

masterpiece KATA NAMA
karya agung

mat KATA NAMA
1 *alas*
◊ *a table mat* alas meja
2 *tikar*
3 *pengesat kaki*

match KATA NAMA
(JAMAK **matches**)

match → May

---

match

> *rujuk juga* **match** KATA KERJA

1. *perlawanan*
◊ *a football match* perlawanan bola sepak

2. *mancis*
◊ *a box of matches* sekotak mancis

to match KATA KERJA

> *rujuk juga* **match** KATA NAMA

padan
◊ *The jacket matches the trousers.* Jaket itu padan dengan seluar itu.
♦ **These colours don't match.** Warna-warna ini tidak sepadan.

matching KATA ADJEKTIF
berpadanan
◊ *My bedroom has matching wallpaper and curtains.* Bilik tidur saya mempunyai kertas hias dinding dan langsir yang berpadanan.

match point KATA NAMA
mata penamat

mate KATA NAMA

> *rujuk juga* **mate** KATA KERJA

teman
◊ *He always goes on holiday with his mates.* Dia selalu pergi bercuti dengan teman-temannya.

to mate KATA KERJA

> *rujuk juga* **mate** KATA NAMA

bersenyawa
◊ *The animals are mating.* Haiwan-haiwan itu sedang bersenyawa.

material KATA NAMA

1. *kain*
◊ *The curtains are made of a thin material.* Langsir-langsir itu dibuat daripada kain yang nipis.

2. *bahan*
◊ *I'm collecting material for my project.* Saya sedang mengumpulkan bahan untuk projek saya.

materialistic KATA ADJEKTIF
materialistik

mathematics KATA NAMA
matematik

maths KATA NAMA
matematik

matron KATA NAMA
ketua jururawat

matter KATA NAMA

> *rujuk juga* **matter** KATA KERJA

soal
◊ *It's a matter of life and death.* Ini soal hidup dan mati.
♦ **What's the matter?** Apa halnya?
♦ **as a matter of fact** sebenarnya
♦ **no matter how** walau ... sekalipun
◊ *I will never forgive his wrongdoings, no matter how small.* Saya tidak akan memaafkan kesalahannya, walau sekecil mana sekalipun. ◊ *No matter how often they were urged, they could not bring themselves to join in.* Walau berapa kerap sekalipun mereka didesak, mereka tetap tidak dapat menyertainya.
♦ **no matter what** walau apa pun yang terjadi ◊ *He had to publish the manuscript, no matter what.* Dia terpaksa menerbitkan manuskrip itu, walau apa pun yang terjadi.
♦ **No matter what your age, you can lose weight by following this program.** Tidak kira berapa umur anda, anda boleh mengurangkan berat badan anda dengan mengikuti program ini.
♦ **no matter when** tidak kira bila ◊ *He would reward all investors, no matter when they made their investment.* Dia akan memberikan ganjaran kepada semua pelabur, tidak kira bila mereka melabur.

to matter KATA KERJA

> *rujuk juga* **matter** KATA NAMA

1. *menjadi hal*
◊ *I can't give you the money today. - It doesn't matter.* Saya tidak dapat memberi anda wang itu hari ini. - Itu tidak menjadi hal. ◊ *Shall I phone today or tomorrow? - Whenever, it doesn't matter.* Saya patut menelefon hari ini atau esok? - Bila-bila sahaja, itu tidak menjadi hal.

2. *penting*
◊ *It matters a lot to me.* Perkara itu sangat penting bagi saya.

mattress KATA NAMA
(JAMAK **mattresses**)
tilam

mature KATA ADJEKTIF
matang

maturity KATA NAMA
kematangan

to maximize KATA KERJA
memaksimumkan
◊ *to maximize profits* memaksimumkan keuntungan

maximum KATA ADJEKTIF

> *rujuk juga* **maximum** KATA NAMA

maksimum
◊ *The maximum speed is 100 km/h.* Kelajuan maksimum ialah 100 km/j.

maximum KATA NAMA

> *rujuk juga* **maximum** KATA ADJEKTIF

maksimum
◊ *a maximum of two years in prison* hukuman penjara selama dua tahun maksimum

May KATA NAMA
Mei

English ~ Malay — may → measurement

◊ *on 7 May* pada 7 Mei
- *in May* pada bulan Mei
- **May Day** Hari Pekerja

may KATA KERJA
mungkin
◊ *The police may come and catch us here.* Pihak polis mungkin datang dan menangkap kita di sini. ◊ *I may go.* Saya mungkin akan pergi. ◊ *It may rain.* Mungkin hari ini akan hujan.
- **May I smoke?** Bolehkah saya merokok?

maybe KATA ADVERBA
mungkin
◊ *Maybe she's at home.* Mungkin dia berada di rumah.

mayonnaise KATA NAMA
mayones

mayor KATA NAMA
datuk bandar

maze KATA NAMA
pagar sesat
> lorong-lorong yang rumit dan dipisahkan dengan tembok atau pagar hidup untuk mengelirukan orang sebagai sejenis hiburan

MD (1) KATA NAMA
MD (Doktor Perubatan)

MD (2) KATA NAMA (= *minidisc*)
cakera mini

me KATA GANTI NAMA
saya
◊ *Look at me!* Pandanglah saya! ◊ *Could you lend me your pen?* Bolehkah anda pinjamkan pen anda kepada saya? ◊ *without me* tanpa saya
- **It's me.** Saya.

to **meander** KATA KERJA
berliku-liku
◊ *We crossed a small bridge over a meandering stream.* Kami menyeberangi sebuah jambatan kecil yang merentangi sebatang anak sungai yang berliku-liku.
- **a meandering speech** ucapan yang berbelit-belit

meal KATA NAMA
hidangan
- **Enjoy your meal!** Selamat menjamu selera!

mealtime KATA NAMA
waktu makan
◊ *at mealtimes* pada waktu makan

to **mean** KATA KERJA
(**meant, meant**)
> rujuk juga **mean** KATA ADJEKTIF

[1] *makna*
◊ *What does "ambal" mean?* Apakah makna "ambal"? ◊ *I don't know what it means.* Saya tidak tahu maknanya.
[2] *maksud*
◊ *That's not what I meant.* Bukan begitu maksud saya.
- **Which one did he mean?** Yang mana satukah yang dimaksudkan?
- **to mean to do something** bermaksud untuk melakukan sesuatu ◊ *I didn't mean to hurt you.* Saya tidak bermaksud untuk menyakiti hati anda.
- **Do you really mean it?** Adakah anda serius?
- **He means what he says.** Dia benar-benar maksudkan kata-katanya.

mean KATA ADJEKTIF
> rujuk juga **mean** KATA KERJA

kedekut
◊ *He's too mean to buy presents.* Dia terlalu kedekut untuk membeli hadiah.
- **That's a really mean thing to say!** Tidak baik anda berkata begitu!
- **Mack had been mean to them.** Mack melayan mereka dengan buruk.
- **You're being mean to me.** Anda tidak patut memperlakukan saya seburuk ini.
- **I'd feel mean saying no.** Saya akan berasa bersalah jika saya menolak.

meaning KATA NAMA
makna

meaningful KATA ADJEKTIF
penuh makna
◊ *a meaningful relationship* hubungan yang penuh makna

means KATA NAMA
cara
◊ *a means of transport* cara pengangkutan ◊ *He'll do it by any possible means.* Dia akan melakukannya dengan apa cara sekalipun.
- **by means of** melalui ◊ *They reached an agreement by means of secret negotiations.* Mereka mencapai persetujuan melalui rundingan rahsia.
- **Can I come in? - By all means!** Bolehkah saya masuk? - Silakan.

meant KATA KERJA rujuk **mean**

meanwhile KATA ADVERBA
sementara itu

measles KATA NAMA
demam campak
◊ *I've got measles.* Saya menghidap demam campak.

to **measure** KATA KERJA
[1] *mengukur* (panjang, jarak)
[2] *menyukat* (cecair)

measurement KATA NAMA
[1] *ukuran*
◊ *accurate measurement* ukuran yang tepat
[2] *sukatan*
◊ *measurement of blood pressure*

meat → meeting

sukatan tekanan darah
- **measurements** ukuran (*saiz pinggang, dada, dll*)

meat KATA NAMA
daging

Mecca KATA NAMA
Mekah

mechanic KATA NAMA
mekanik
◊ *He's a mechanic.* Dia seorang mekanik.

mechanical KATA ADJEKTIF
mekanikal

medal KATA NAMA
pingat

to **meddle** KATA KERJA
masuk campur
◊ *Do scientists have any right to meddle in such matters?* Adakah saintis berhak untuk masuk campur dalam hal-hal seperti ini?

media KATA NAMA JAMAK
media
- **the media** pihak media

median strip KATA NAMA [A]
rizab tengah

> satu jalur tanah yang biasanya berumput di antara jalan dua hala

mediation KATA NAMA
perantaraan
◊ *She was released from prison through the mediation of President Kenneth.* Dia dibebaskan dari penjara dengan perantaraan Presiden Kenneth.

medical KATA ADJEKTIF

> rujuk juga **medical** KATA NAMA

perubatan
◊ *medical treatment* rawatan perubatan
◊ *She's a medical student.* Dia pelajar perubatan.
- **to have medical problems** mempunyai masalah kesihatan

medical KATA NAMA

> rujuk juga **medical** KATA ADJEKTIF

pemeriksaan kesihatan
◊ *He had a medical last week.* Dia menjalani pemeriksaan kesihatan pada minggu lepas.

medically KATA ADVERBA
dari segi perubatan

medicated KATA ADJEKTIF
berubat
◊ *medicated powder* bedak berubat

medication KATA NAMA
ubat
◊ *oral medication* ubat yang dimakan

medicine KATA NAMA
[1] *bidang perubatan*
◊ *I want to study medicine.* Saya ingin belajar dalam bidang perubatan.
[2] *ubat*
◊ *I need some medicine.* Saya memerlukan ubat.

to **meditate** KATA KERJA
[1] *merenungkan*
◊ *He meditated on the problem.* Dia merenungkan masalah itu.
[2] *bertafakur*

meditation KATA NAMA
tafakur

Mediterranean KATA NAMA

> rujuk juga **Mediterranean** KATA ADJEKTIF

- **the Mediterranean** Laut Mediterranean

Mediterranean KATA ADJEKTIF

> rujuk juga **Mediterranean** KATA NAMA

Mediterranean

medium KATA ADJEKTIF

> rujuk juga **medium** KATA NAMA

sederhana
◊ *a man of medium height* seorang lelaki yang sederhana tinggi

medium KATA NAMA

> rujuk juga **medium** KATA ADJEKTIF

wahana
◊ *Films can be used as a medium for conveying messages.* Filem boleh digunakan sebagai wahana untuk menyampaikan mesej.
- **English is the medium of instruction.** Bahasa Inggeris ialah bahasa pengantar.

medium-sized KATA ADJEKTIF
sederhana besar
◊ *a medium-sized town* bandar yang sederhana besar

to **meet** KATA KERJA
(met, met)
[1] *berjumpa*
◊ *I met Paul in town.* Saya berjumpa dengan Paul di bandar. ◊ *I'm going to meet my friends at the swimming pool.* Saya akan berjumpa dengan kawan-kawan saya di kolam renang. ◊ *Have you met her before?* Pernahkah anda berjumpa dengannya sebelum ini?
- **We met by chance in the supermarket.** Kami bertembung di pasar raya.
[2] *berkenalan*
◊ *He met Tim at the party.* Dia berkenalan dengan Tim di majlis itu.
- **The committee met at two o'clock.** Jawatankuasa itu bermesyuarat pada pukul dua.

meeting KATA NAMA
[1] *perjumpaan* (*secara sosial*)
◊ *their first meeting* perjumpaan pertama mereka
[2] *mesyuarat*

◊ *a business meeting* mesyuarat perniagaan

mega KATA ADJEKTIF

(*tidak formal*)

sangat

◊ *He's mega rich.* Dia sangat kaya.

melancholy KATA ADJEKTIF

rawan

◊ *She tried to hide her melancholy feelings.* Dia cuba menyembunyikan perasaan rawannya.

mellow KATA ADJEKTIF

1 *lembut* (*warna*)
2 *lunak* (*suara, bunyi*)

melodious KATA ADJEKTIF

merdu

◊ *She has a melodious voice.* Dia memiliki suara yang merdu.

melody KATA NAMA

(JAMAK **melodies**)

melodi

melon KATA NAMA

tembikai

to **melt** KATA KERJA

1 *mencairkan*
◊ *Melt 100 grams of butter.* Cairkan 100 gram mentega.
2 *mencair*
◊ *The snow is melting.* Salji sedang mencair.

to **melt down** KATA KERJA

meleburkan

◊ *Coins were melted down to make jewellery.* Duit syiling dileburkan untuk membuat barang kemas.

meltdown KATA NAMA

1 *peleburan* (*logam*)
2 *kegagalan sepenuhnya* (*syarikat, organisasi, sistem*)

melting KATA NAMA

peleburan

member KATA NAMA

ahli

♦ "**members only**" "untuk ahli sahaja"
♦ **a Member of Parliament** Ahli Parlimen

membership KATA NAMA

keahlian

♦ **I'm going to apply for membership of the club.** Saya akan memohon untuk menjadi ahli kelab itu.

membership card KATA NAMA

kad ahli

membrane KATA NAMA

selaput

memento KATA NAMA

(JAMAK **mementos** atau **mementoes**)

cenderamata

memorable KATA ADJEKTIF

tidak dapat dilupakan

memorial KATA NAMA

tugu peringatan

◊ *a war memorial* tugu peringatan perang

to **memorize** KATA KERJA

menghafal

memory KATA NAMA

(JAMAK **memories**)

1 *daya ingatan*
◊ *I've got a terrible memory.* Daya ingatan saya tidak baik.
2 *kenangan*
◊ *happy memories* kenangan manis

♦ **computer memory** memori komputer

men KATA NAMA JAMAK *rujuk* **man**

to **mend** KATA KERJA

membaiki

meningitis KATA NAMA

meningitis

◊ *Her daughter's got meningitis.* Anak perempuannya menghidap penyakit meningitis.

menopause KATA NAMA

putus haid

menstruation KATA NAMA

haid

mental KATA ADJEKTIF

mental

◊ *mental illness* penyakit mental

♦ **mental hospital** rumah sakit jiwa

mentally KATA ADVERBA

dalam fikiran

◊ *I might not have been overseas with them but mentally I was with them.* Walaupun saya tidak pergi ke luar negara dengan mereka, dalam fikiran saya, saya berada bersama mereka.

♦ **mentally handicapped** cacat akal

to **mention** KATA KERJA

menyebut

◊ *He didn't mention it to me.* Dia tidak menyebut tentang hal itu kepada saya.
◊ *I mentioned she might come later.* Saya ada menyebut bahawa dia mungkin akan datang kemudian.

♦ **Thank you! - Don't mention it!** Terima kasih! - Sama-sama!

menu KATA NAMA

menu

♦ **menu bar** bar menu
♦ **pull-down menu** menu tarik ke bawah

merchandise KATA NAMA

barang niaga

merchant KATA NAMA

pedagang

◊ *a wine merchant* pedagang wain

merciful KATA ADJEKTIF

menunjukkan belas kasihan

◊ *He was merciful to the old man.*

merciless → messy

Dia menunjukkan belas kasihannya kepada lelaki tua itu.
- **His injuries were so severe death would be merciful.** Kecederaannya sangat teruk, hinggakan akan menjadi satu rahmat jika Tuhan mencabut nyawanya.
- **Eventually the session came to a merciful end.** Nasib baik sesi itu akhirnya tamat juga.

merciless KATA ADJEKTIF
tanpa belas kasihan
◊ *with merciless efficiency* dengan kecekapan tanpa belas kasihan

mercury KATA NAMA
merkuri

Mercury KATA NAMA
Utarid

mercy KATA NAMA
belas kasihan

mere KATA ADJEKTIF
cuma
◊ *a mere five percent* cuma lima peratus
- **It's a mere formality.** Itu hanyalah sekadar formaliti.

merely KATA ADVERBA
cuma
◊ *Michael is now merely a good friend.* Sekarang Michael cuma seorang kawan baik.
- **We should not merely follow our passions.** Kita tidak sepatutnya bertindak mengikut hawa nafsu sahaja.

to **merge** KATA KERJA
bergabung
◊ *The two countries merged into one.* Dua negara itu bergabung menjadi satu.
- **How do you merge the graphics with text on the same screen?** Bagaimanakah anda menggabungkan grafik dengan teks pada skrin yang sama?

merger KATA NAMA
penggabungan
◊ *a merger between two of Britain's biggest trades unions* penggabungan dua kesatuan sekerja yang terbesar di Britain
◊ *Bank mergers were proposed in order to strengthen financial institutions.* Penggabungan bank dicadangkan bagi mengukuhkan institusi kewangan.

meringue KATA NAMA
meringue (sejenis kek)

merit KATA NAMA
merit
- **merits** kelebihan-kelebihan ◊ *the technical merits of a film* kelebihan-kelebihan teknikal sesebuah filem

mermaid KATA NAMA
duyung

merrily KATA ADVERBA
riang
◊ *Thomas laughed merrily.* Thomas ketawa riang.

merry KATA ADJEKTIF
riang (orang, suasana)
- **Merry Christmas!** Selamat Hari Krismas!

merry-go-round KATA NAMA
kuda pusing

to **mesmerize** KATA KERJA
memukau
- **The concert audience was mesmerized by the strangeness of the music.** Penonton konsert itu terpukau dengan keanehan muzik yang dimainkan.

mess KATA NAMA
tidak kemas
◊ *My hair's a mess, it needs cutting.* Rambut saya tidak kemas dan perlu digunting.
- **I'll be in a mess if I fail the exam.** Teruklah saya jika saya gagal dalam peperiksaan itu.

to **mess about** KATA KERJA
bermain-main
◊ *Stop messing about with my computer!* Jangan bermain-main dengan komputer saya!
- **I didn't do much at the weekend, just messed about with some friends.** Saya tidak membuat apa-apa pada hujung minggu, cuma bersuka-suka dengan beberapa orang kawan.

to **mess up** KATA KERJA
gagal
◊ *If I messed up, I would probably be fired.* Jika saya gagal, saya mungkin akan diberhentikan.
- **I messed up my chemistry exam.** Saya gagal dengan teruk dalam peperiksaan kimia saya.
- **Don't mess up the bathroom.** Jangan kotorkan bilik air itu.
- **You've messed up my cassettes!** Anda telah merosakkan kaset-kaset saya!

message KATA NAMA
pesanan
◊ *a secret message* pesanan sulit
◊ *Would you like to leave him a message?* Anda mahu meninggalkan pesanan untuknya?

messenger KATA NAMA
penghantar utusan

messy KATA ADJEKTIF
tidak kemas
◊ *Your room is really messy.* Bilik anda betul-betul tidak kemas. ◊ *She's so messy!* Dia betul-betul tidak kemas!

◊ *Her writing is very messy.* Tulisannya tidak kemas langsung.
♦ **a really messy job** kerja yang betul-betul leceh

met KATA KERJA *rujuk* **meet**

metabolism KATA NAMA
metabolisme

metal KATA NAMA
logam

meteorology KATA NAMA
kaji cuaca

meter KATA NAMA
meter
◊ *taxi meter* meter teksi ◊ *the electricity meter* meter elektrik

method KATA NAMA
kaedah

Methodist KATA NAMA
pengikut mazhab Methodist
◊ *He's a Methodist.* Dia pengikut mazhab Methodist.

meticulous KATA ADJEKTIF
teliti
◊ *a meticulous person* orang yang teliti

metre KATA NAMA
(AS **meter**)
meter (unit ukuran)

metric KATA ADJEKTIF
metrik

Mexico KATA NAMA
Mexico

to **miaow** KATA KERJA
mengiau

mice KATA NAMA JAMAK *rujuk* **mouse**

microchip KATA NAMA
mikrocip

microphone KATA NAMA
mikrofon

micro-scooter KATA NAMA
> alat yang mempunyai dua roda, papan dan pemegang yang digerakkan dengan sebelah kaki dan sebelah kaki lagi di atas papan

microscope KATA NAMA
mikroskop

microwavable KATA ADJEKTIF
1 _boleh dimasak dalam ketuhar gelombang mikro_ (makanan)
2 _boleh diletakkan dalam ketuhar gelombang mikro_ (benda)

microwave KATA NAMA
ketuhar gelombang mikro

mid KATA ADJEKTIF
pertengahan
◊ *in mid May* pada pertengahan bulan Mei ◊ *He's in his mid twenties.* Umurnya dalam pertengahan dua puluhan.

midday KATA NAMA
tengah hari
◊ *at midday* pada waktu tengah hari

middle KATA NAMA
> *rujuk juga* **middle** KATA ADJEKTIF

tengah
◊ *The car was in the middle of the road.* Kereta itu berada di tengah jalan.
♦ **in the middle of May** pada pertengahan bulan Mei
♦ **I woke up in the middle of the morning.** Saya bangun pada lewat pagi.
♦ **She was in the middle of her exams.** Dia sedang menduduki peperiksaannya.

middle KATA ADJEKTIF
> *rujuk juga* **middle** KATA NAMA

tengah
◊ *the middle seat* tempat duduk tengah

middle-aged KATA ADJEKTIF
pertengahan umur

Middle Ages KATA NAMA JAMAK
Zaman Pertengahan
♦ **the Middle Ages** Zaman Pertengahan

middle-class KATA ADJEKTIF
kelas pertengahan

Middle East KATA NAMA
Timur Tengah
♦ **the Middle East** Timur Tengah

middleman KATA NAMA
(JAMAK **middlemen**)
pengantara atau _perantara_

middle name KATA NAMA
nama tengah

midge KATA NAMA
agas

midnight KATA NAMA
tengah malam
◊ *at midnight* pada waktu tengah malam

mid-range KATA ADJEKTIF
sederhana
> produk atau perkhidmatan bukan yang paling mahal atau paling murah berbanding dengan jenisnya yang sama

◊ *the price of a mid-range family car* harga sebuah kereta keluarga yang sederhana

midwife KATA NAMA
(JAMAK **midwives**)
bidan
◊ *She's a midwife.* Dia seorang bidan.

midwifery KATA NAMA
perbidanan

might KATA KERJA
> *rujuk juga* **might** KATA NAMA

mungkin
◊ *The teacher might come at any moment.* Guru itu mungkin datang pada bila-bila masa sahaja. ◊ *She might not have understood.* Mungkin dia tidak

faham. ◊ *We might go to Spain next year.* Kami mungkin akan pergi ke Sepanyol pada tahun hadapan.

might KATA NAMA

> rujuk juga **might** KATA KERJA

kekuatan
◊ *the might of the military* kekuatan angkatan tentera
- **with all his might** dengan seluruh tenaganya

migraine KATA NAMA
migrain
◊ *I've got a migraine.* Saya menghidap migrain.

migrant KATA NAMA
penghijrah

to **migrate** KATA KERJA
berhijrah
◊ *Many people migrate to cities like Kuala Lumpur and Johor Bahru to look for work.* Ramai orang berhijrah ke bandar seperti Kuala Lumpur dan Johor Bahru untuk mencari kerja.

migration KATA NAMA
penghijrahan
◊ *the migration of Jews to Israel* penghijrahan orang Yahudi ke Israel

mike KATA NAMA
mikrofon

mil SINGKATAN (= *million(s)*)
juta
◊ *$75 mil* $75 juta

mild KATA ADJEKTIF
tidak begitu kuat
◊ *a mild flavour* perisa yang tidak begitu kuat ◊ *mild soap* sabun yang tidak begitu kuat
- **The winters are quite mild.** Suhu pada musim sejuk agak sederhana.

mildew KATA NAMA
kulat

mile KATA NAMA
batu

> Satu batu bersamaan dengan kira-kira 1.6 kilometer.

◊ *It's five miles from here.* Jaraknya lima batu dari sini. ◊ *at 50 miles per hour* pada kelajuan 50 batu sejam
- **We walked for miles!** Kami telah berjalan berbatu-batu jauhnya!

mileage KATA NAMA
perbatuan

military KATA ADJEKTIF
tentera

milk KATA NAMA

> rujuk juga **milk** KATA KERJA

susu

to **milk** KATA KERJA

> rujuk juga **milk** KATA NAMA

[1] *memerah susu*
[2] *memeras*
◊ *A few people tried to milk the insurance companies.* Beberapa orang cuba memeras syarikat-syarikat insurans.

milk chocolate KATA NAMA
coklat susu

milkman KATA NAMA
(JAMAK **milkmen**)
penjual susu

milk shake KATA NAMA
susu kocak

mill KATA NAMA
kilang (untuk memproses bijirin)

millennium KATA NAMA
(JAMAK **millennia** atau **millenniums**)
alaf
- **the millennium bug** pepijat alaf

millilitre KATA NAMA
(AS **milliliter**)
mililiter

millimetre KATA NAMA
(AS **millimeter**)
milimeter

million KATA NAMA
juta

millionaire KATA NAMA
jutawan

millipede KATA NAMA
gonggok

to **mimic** KATA KERJA
(**mimicked, mimicked**)
mengajuk

mimicry KATA NAMA
ajukan
◊ *One of his strengths is his skill at mimicry.* Salah satu daripada kelebihannya ialah kemahirannya melakukan ajukan.

minaret KATA NAMA
menara (pada masjid)

mince KATA NAMA
daging kisar

mince pie KATA NAMA

> pai dengan ramuan buah-buahan kering dan biasanya dimakan pada hari Krismas

mind KATA NAMA

> rujuk juga **mind** KATA KERJA

fikiran
◊ *He's changed his mind.* Dia telah mengubah fikirannya.
- **What have you got in mind?** Apakah yang anda fikirkan?
- **I haven't made up my mind yet.** Saya masih belum membuat keputusan.
- **Are you out of your mind?** Awak sudah gila?
- **to be in two minds** berbelah bagi

◊ *He's in two minds about the decision.* Dia berbelah bagi hendak membuat keputusan itu.

to **mind** KATA KERJA

> rujuk juga **mind** KATA NAMA

1 *kisah*
◊ *I don't mind the noise.* Saya tidak kisah tentang bunyi bising itu.
♦ **Do you mind if I open the window? - No, not at all.** Bolehkah saya buka tingkap? - Boleh, silakan.
2 *jaga-jaga*
◊ *Mind you don't fall.* Jaga-jaga, nanti terjatuh! ◊ *Mind the step!* Jaga-jaga dengan tangga itu!
3 *menjaga*
◊ *Could you mind the baby this afternoon?* Bolehkah anda tolong menjaga bayi pada tengah hari ini? ◊ *Could you mind my bags for a few minutes?* Bolehkah anda menjaga beg saya sekejap?
♦ **Never mind!** Tidak mengapa!
♦ **'Johnny didn't seem to think so.' - 'Never mind what Johnny said!'** 'Johnny tidak fikir begitu.' - 'Peduli apa dengan kata-kata Johnny itu!'

mine KATA GANTI NAMA

> rujuk juga **mine** KATA NAMA, KATA KERJA

1 *kata nama + saya*
◊ *Is this your coat? - No, mine is black.* Ini kot anda? - Bukan, kot saya berwarna hitam. ◊ *your parents and mine* ibu bapa anda dan ibu bapa saya
2 *milik saya*
◊ *That car is mine.* Kereta itu milik saya.
♦ **Isabel is a friend of mine.** Isabel ialah kawan saya.

mine KATA NAMA

> rujuk juga **mine** KATA GANTI NAMA, KATA KERJA

lombong
◊ *a coal mine* lombong arang batu
♦ **a land mine** periuk api

to **mine** KATA KERJA

> rujuk juga **mine** KATA GANTI NAMA, KATA NAMA

melombong
◊ *They mined tin in Lembah Kinta.* Mereka melombong bijih timah di Lembah Kinta.

miner KATA NAMA
pelombong
◊ *My father was a miner.* Bapa saya seorang pelombong.

mineral KATA NAMA
galian

mineral water KATA NAMA
air mineral

miniature KATA ADJEKTIF
kecil

mini-break KATA NAMA
cuti pendek

minibus KATA NAMA
(JAMAK **minibuses**)
bas mini

minicab KATA NAMA
teksi

> Di Britain, perkhidmatan **minicab** digunakan dengan menelefon syarikat teksi itu terlebih dahulu.

minicam KATA NAMA
kamera televisyen mini

minidisc KATA NAMA
cakera mini
♦ **minidisc player** pemain cakera mini

minimum KATA ADJEKTIF

> rujuk juga **minimum** KATA NAMA

minimum
◊ *minimum wage* upah minimum
♦ **The minimum age for driving is 17.** Hanya mereka yang berumur 17 tahun ke atas layak mendapat lesen memandu.

minimum KATA NAMA

> rujuk juga **minimum** KATA ADJEKTIF

minimum

mining KATA NAMA
perlombongan
◊ *the mining sector* sektor perlombongan

minion KATA NAMA
orang suruhan

miniskirt KATA NAMA
miniskirt

minister KATA NAMA
1 *menteri*
♦ **the Minister for Education** Menteri Pendidikan
2 *paderi*

ministry KATA NAMA
(JAMAK **ministries**)
kementerian

minor KATA ADJEKTIF
kecil
◊ *a minor problem* masalah kecil
◊ *a minor operation* pembedahan kecil
♦ **in D minor** (muzik) dalam D minor

minority KATA NAMA
(JAMAK **minorities**)
sebilangan kecil
◊ *Only a minority of students passed the test.* Hanya sebilangan kecil pelajar lulus dalam ujian tersebut.
♦ **the country's ethnic minorities** kumpulan minoriti etnik di negara itu

mint KATA NAMA
1 *gula-gula berperisa pudina*

minus → miss

minus KATA SENDI
tolak
◊ *sixteen minus three* enam belas tolak tiga ◊ *I got a B minus for my English.* Saya mendapat B tolak dalam mata pelajaran bahasa Inggeris.
• **minus two degrees** dua darjah di bawah takat beku

minute KATA NAMA
> rujuk juga **minute** KATA ADJEKTIF

minit
• **Wait a minute!** Tunggu sekejap!

minute KATA ADJEKTIF
> rujuk juga **minute** KATA NAMA

sangat kecil
◊ *Her flat is minute.* Rumah pangsanya sangat kecil.

miracle KATA NAMA
keajaiban

miraculous KATA ADJEKTIF
sungguh mengajaibkan
◊ *The change was miraculous.* Perubahan itu sungguh mengajaibkan.
• **The success of his business seemed miraculous.** Kejayaan perniagaannya bagaikan satu keajaiban.

mirror KATA NAMA
cermin
◊ *She looked at herself in the mirror.* Dia melihat dirinya dalam cermin. ◊ *She got in the car and adjusted the mirror.* Dia masuk ke dalam kereta dan membetulkan cermin keretanya.

mirror site KATA NAMA
(komputer)
tapak cermin
> tapak web yang sama dengan satu tapak web lain yang popular, tetapi alamat Internetnya berbeza sedikit, direka untuk memudahkan orang melayari tapak web yang popular

to **misbehave** KATA KERJA
berperangai buruk

miscarriage KATA NAMA
keguguran

miscellaneous KATA ADJEKTIF
beraneka jenis
◊ *miscellaneous items* beraneka jenis barangan

mischief KATA NAMA
kenakalan
• **She's always up to mischief.** Dia selalu nakal.
• **full of mischief** sungguh nakal

mischief-maker KATA NAMA
pengganggu
◊ *She received a phone call from an unknown mischief-maker.* Dia menerima panggilan telefon daripada pengganggu yang tidak dikenali.

mischievous KATA ADJEKTIF
nakal

misconception KATA NAMA
tanggapan yang salah

miser KATA NAMA
orang yang kedekut

miserable KATA ADJEKTIF
sengsara
◊ *a miserable life* kehidupan yang sengsara
• **I'm feeling miserable.** Saya berasa sangat sedih.
• **miserable weather** cuaca buruk

misery KATA NAMA
(JAMAK **miseries**)
kesengsaraan
◊ *the miseries of his youth* kesengsaraan pada masa mudanya
• **The peasants live in misery.** Petani-petani itu hidup dalam kedaifan.

misfortune KATA NAMA
nasib malang

mishap KATA NAMA
kejadian yang tidak diingini
• **without mishap** dengan selamat

to **misinterpret** KATA KERJA
menyalahtafsirkan

misinterpretation KATA NAMA
salah tafsir

to **misjudge** KATA KERJA
salah anggap
◊ *I may have misjudged him.* Mungkin saya salah anggap terhadapnya.
• **The driver misjudged the bend.** Pemandu itu salah agak selekoh itu.

to **mislay** KATA KERJA
(**mislaid, mislaid**)
lupa tempat seseorang letakkan sesuatu
◊ *I've mislaid my glasses.* Saya sudah lupa tempat saya letakkan cermin mata saya.

misleading KATA ADJEKTIF
mengelirukan

misprint KATA NAMA
kesalahan cetak

to **misremember** KATA KERJA
(biasanya AS)
tersilap ingat

Miss KATA NAMA
Cik
◊ *Miss Brown wants to see you.* Cik Brown mahu berjumpa dengan anda.

to **miss** KATA KERJA
1 *tidak kena*
◊ *He missed the target.* Tembakannya tidak kena pada sasaran.

² *rindu*
◊ *I miss my family.* Saya rindu akan keluarga saya.
• **You've missed a page.** Anda tertinggal satu muka surat.
• **Hurry or you'll miss the bus.** Cepat! Jika tidak, anda akan ketinggalan bas.
• **It's too good an opportunity to miss.** Peluang ini tidak boleh dilepaskan.

missing KATA ADJEKTIF
hilang
◊ *Two members of the group are missing.* Dua orang ahli kumpulan itu telah hilang.
• **a missing person** orang yang hilang dari rumah
• **the missing link** pelengkap yang dicari-cari

mission KATA NAMA
misi
◊ *an impossible mission* satu misi yang mustahil

missionary KATA NAMA
(JAMAK **missionaries**)
mubaligh

mission statement KATA NAMA
penyata misi
> penyata yang mengandungi matlamat perniagaan atau organisasi

mist KATA NAMA
kabus

mistake KATA NAMA
> rujuk juga **mistake** KATA KERJA

kesilapan
◊ *There must be some mistake.* Sudah tentu ada kesilapan.
• **a spelling mistake** kesalahan ejaan
• **to make a mistake (1)** membuat kesilapan ◊ *He makes a lot of mistakes when he speaks English.* Dia melakukan banyak kesilapan semasa dia bercakap dalam bahasa Inggeris.
• **to make a mistake (2)** tersilap ◊ *I'm sorry, I made a mistake.* Maafkan saya. Saya tersilap.
• **by mistake** tersilap

to **mistake** KATA KERJA
(**mistook, mistaken**)
> rujuk juga **mistake** KATA NAMA

tersilap menyangka
◊ *He mistook me for his friend.* Dia tersilap menyangka saya sebagai kawannya.

mistaken KATA ADJEKTIF
silap
◊ *If you think I'm going to pay, you're mistaken.* Jika anda fikir saya akan bayar, anda silap. ◊ *If I'm not mistaken, he will come at four.* Kalau tidak silap saya, dia akan datang pada pukul empat.
• **mistaken identity** tersilap orang

mistletoe KATA NAMA
mistletoe
> pokok parasit dengan buah beri putih yang digunakan di Britain dan Amerika sebagai perhiasan hari Krismas

mistook KATA KERJA *rujuk* **mistake**

to **mistreat** KATA KERJA
menganiaya
◊ *Animals should not be mistreated.* Haiwan tidak patut dianiaya.

mistress KATA NAMA
(JAMAK **mistresses**)
① *guru (perempuan)*
② *perempuan simpanan*
◊ *He's got a mistress.* Dia mempunyai seorang perempuan simpanan.

to **mistrust** KATA KERJA
tidak mempercayai

misty KATA ADJEKTIF
berkabus
◊ *a misty morning* pagi yang berkabus

to **misunderstand** KATA KERJA
(**misunderstood, misunderstood**)
salah faham
◊ *Sorry, I misunderstood you.* Maaf, saya salah faham maksud anda.

misunderstanding KATA NAMA
salah faham

misunderstood KATA KERJA *rujuk* **misunderstand**

to **misuse** KATA KERJA
menyalahgunakan
◊ *She misused her position.* Dia telah menyalahgunakan kedudukannya.

to **mitigate** KATA KERJA
mengurangkan
◊ *Nothing can mitigate the horror of war.* Tidak ada apa-apa yang dapat mengurangkan keadaan peperangan yang dahsyat.

mix KATA NAMA
(JAMAK **mixes**)
> rujuk juga **mix** KATA KERJA

gabungan
◊ *The film is a mix of science fiction and comedy.* Filem itu merupakan gabungan sains fiksyen dan komedi.
• **a cake mix** adunan kek

to **mix** KATA KERJA
> rujuk juga **mix** KATA NAMA

① *mencampurkan*
◊ *Mix the flour with the sugar.* Campurkan tepung dengan gula.
• **He's mixing business with pleasure.** Dia mencampuradukkan urusan kerja dengan hiburan.
② *bergaul*

mix up → modest

◊ *I like mixing with all sorts of people.* Saya suka bergaul dengan pelbagai jenis orang. ◊ *He doesn't mix much.* Dia kurang bergaul.

to mix up KATA KERJA
keliru
◊ *He mixed up their names.* Dia keliru dengan nama-nama mereka.
• **The travel agent mixed up the bookings.** Agen pelancongan itu telah mencampuradukkan tempahan-tempahan itu.
• **I'm getting mixed up.** Fikiran saya bercelaru.

mixed KATA ADJEKTIF
campur
◊ *a mixed salad* salad campur ◊ *a mixed school* sekolah campur
• **I've got mixed feelings about it.** Perasaan saya bercampur baur tentang perkara itu.

mixed parentage KATA NAMA
peranakan

mixer KATA NAMA
pengadun

mixture KATA NAMA
campuran
◊ *a mixture of spices* campuran rempah
• **a cake mixture** adunan kek

mix-up KATA NAMA
kekeliruan

MLA SINGKATAN (= *Member of the Legislative Assembly*) (JAMAK **MLAs**)
Ahli Parlimen (di Australia dan sesetengah negara lain)

MMR SINGKATAN (= *measles, mumps, rubella*)
campak, beguk dan rubela
◊ *the MMR (measles, mumps and rubella) vaccine* vaksin untuk campak, beguk dan rubela

to moan KATA KERJA
mengeluh
◊ *She's always moaning about something.* Dia sentiasa mengeluh.

mobile home KATA NAMA
rumah bergerak

> **mobile home** ialah karavan besar yang didiami orang dan biasanya berada di tempat yang tetap. Karavan ini boleh juga ditunda ke tempat lain dengan kereta atau van.

mobile phone KATA NAMA
telefon bimbit

mobility KATA NAMA
pergerakan
◊ *A thigh injury increasingly hindered her mobility.* Kecederaan pada pahanya

B. Inggeris ~ B. Melayu 292

semakin menghalang pergerakannya.

to mock KATA KERJA
> rujuk juga **mock** KATA ADJEKTIF

mempersendakan

mock KATA ADJEKTIF
> rujuk juga **mock** KATA KERJA

olok-olok
◊ *a mock execution* pelaksanaan hukuman mati olok-olok
• **His voice was raised in mock horror.** Dia meninggikan suaranya dan berpura-pura takut.
• **a mock exam** peperiksaan percubaan

mockery KATA NAMA
cemuhan
◊ *Anita ignored her friend's mockery.* Anita tidak mempedulikan cemuhan kawannya.

mod cons KATA NAMA JAMAK
kelengkapan moden
◊ *with all mod cons* dengan semua kelengkapan moden

model KATA NAMA
> rujuk juga **model** KATA ADJEKTIF

1 *model*
◊ *a model of the castle* model istanakota itu ◊ *His car is the latest model.* Keretanya merupakan model yang terbaru.

2 *peragawati*
◊ *She's a famous model.* Dia seorang peragawati yang terkenal.

model KATA ADJEKTIF
> rujuk juga **model** KATA NAMA

model
◊ *a model plane* model kapal terbang
• **He's a model pupil.** Dia pelajar contoh.

modem KATA NAMA
(komputer)
modem

moderate KATA ADJEKTIF
sederhana
◊ *a moderate growth* pertumbuhan yang sederhana
• **His views are quite moderate.** Pandangannya tidak keterlaluan.

modern KATA ADJEKTIF
moden

modernity KATA NAMA
kemodenan

modernization KATA NAMA
pemodenan
◊ *a five-year modernization programme* program pemodenan lima tahun

to modernize KATA KERJA
memodenkan

modest KATA ADJEKTIF
1 *sederhana*

◊ *a modest house* rumah yang sederhana
[2] *merendah diri* (*orang*)

modification KATA NAMA
pengubahsuaian
◊ *modification of a building* pengubahsuaian yang dibuat pada sesebuah bangunan

to **modify** KATA KERJA
(**modified, modified**)
mengubahsuai

moist KATA ADJEKTIF
lembap
◊ *The soil is reasonably moist after the rain.* Tanah itu agak lembap selepas hujan.

to **moisten** KATA KERJA
membasahkan
◊ *Danielle moistened the cloth to wipe the table.* Danielle membasahkan kain itu untuk mengelap meja.

moisture KATA NAMA
lembapan

moisturizer KATA NAMA
pelembap

molar KATA NAMA
geraham

moldy KATA ADJEKTIF
berkulat

mole KATA NAMA
[1] *tahi lalat*
[2] *cencorot tanah* (*haiwan*)

molecule KATA NAMA
molekul

to **molest** KATA KERJA
mencabul kehormatan
◊ *The weird man tried to molest her.* Lelaki yang pelik itu cuba mencabul kehormatannya.

molestation KATA NAMA
pencabulan

molester KATA NAMA
pencabul

molten KATA ADJEKTIF
lebur
◊ *molten glass* kaca yang lebur

moment KATA NAMA
ketika
◊ *He was there for a moment.* Dia berada di situ buat seketika.
♦ **Just a moment!** Sebentar!
♦ **at the moment** buat masa ini
♦ **any moment now** pada bila-bila masa sahaja

monarch KATA NAMA
[1] *raja*
[2] *ratu*

monarchy KATA NAMA
(JAMAK **monarchies**)
monarki

monastery KATA NAMA
(JAMAK **monasteries**)
biara

Monday KATA NAMA
hari Isnin
◊ *I saw her on Monday.* Saya bertemu dengannya pada hari Isnin. ◊ *every Monday* setiap hari Isnin ◊ *last Monday* hari Isnin lepas ◊ *next Monday* hari Isnin depan

monetary KATA ADJEKTIF
kewangan
◊ *monetary control* kawalan kewangan
◊ *shortcomings in the country's monetary system* kepincangan dalam sistem kewangan negara

money KATA NAMA
wang
◊ *I need to change some money.* Saya perlu menukar wang.
♦ **to make money** mendapat keuntungan

money changer KATA NAMA
pengurup wang

money laundering KATA NAMA
dobian wang (*melaburkan wang haram*)

money-mad KATA ADJEKTIF
gila wang

money-minded KATA ADJEKTIF
mata duitan

money order KATA NAMA
kiriman wang

mongrel KATA NAMA
kata nama + kacukan
◊ *My dog's a mongrel.* Anjing saya ialah anjing kacukan.

to **monitor** KATA KERJA
rujuk juga **monitor** KATA NAMA
meninjau
◊ *The police monitored the activities of the secret society.* Pihak polis meninjau kegiatan kongsi gelap itu.

monitor KATA NAMA
rujuk juga **monitor** KATA KERJA
monitor

monitor lizard KATA NAMA
biawak

monk KATA NAMA
sami

monkey KATA NAMA
monyet

monolingual KATA ADJEKTIF
ekabahasa
◊ *monolingual dictionary* kamus ekabahasa

monologue KATA NAMA
monolog

to **monopolize** KATA KERJA
memonopoli

monopoly → mortgage

◊ *As usual, Johnson monopolized the discussion.* Seperti biasa, Johnson memonopoli perbincangan itu.

monopoly KATA NAMA
(JAMAK **monopolies**)
monopoli

monotonous KATA ADJEKTIF
membosankan
◊ *It's monotonous work, like most factory jobs.* Kerja itu membosankan seperti kebanyakan kerja kilang.

monsoon KATA NAMA
monsun

monster KATA NAMA
raksasa

month KATA NAMA
bulan
◊ *this month* bulan ini ◊ *next month* bulan depan ◊ *last month* bulan lepas ◊ *at the end of the month* pada hujung bulan

monthly KATA ADJEKTIF
bulanan
◊ *monthly report* laporan bulanan
♦ **Make sure the machine is serviced monthly.** Pastikan bahawa mesin itu diservis sebulan sekali.

monument KATA NAMA
monumen

to **moo** KATA KERJA
rujuk juga **moo** KATA NAMA
melenguh
◊ *Cows moo.* Lembu melenguh.

moo KATA NAMA
rujuk juga **moo** KATA KERJA
lenguh (bunyi lembu)

mood KATA NAMA
angin
♦ **to be in a good mood** angin baik
♦ **to be in a bad mood** angin tidak baik

moody KATA ADJEKTIF
angin tidak baik
♦ **to be moody** angin tidak baik ◊ *She's moody today.* Anginnya tidak baik hari ini.

moon KATA NAMA
bulan
◊ *There's a full moon tonight.* Malam ini bulan mengambang.
♦ **She's over the moon about it.** Dia sangat gembira tentang hal itu.

moonlight KATA NAMA
cahaya bulan

moor KATA NAMA
rujuk juga **moor** KATA KERJA
tanah mor

to **moor** KATA KERJA
rujuk juga **moor** KATA NAMA
menambat (perahu)

mop KATA NAMA

B. Inggeris ~ B. Melayu 294

rujuk juga **mop** KATA KERJA
mop

to **mop** KATA KERJA
rujuk juga **mop** KATA NAMA
mengelap
◊ *to mop the floor* mengelap lantai

moped KATA NAMA
basikal berenjin

moral KATA NAMA
pengajaran
◊ *the moral of the story is...* pengajaran daripada cerita ini ialah...
♦ **morals** akhlak

morale KATA NAMA
semangat
◊ *The team's morale was at an all-time low.* Semangat pasukan itu berada pada tahap yang paling rendah.

more KATA ADJEKTIF, KATA GANTI NAMA, KATA ADVERBA
[1] *lebih*
◊ *It costs a lot more.* Kosnya lebih mahal.
[2] *lagi*
◊ *There isn't any more.* Tidak ada lagi.
◊ *A bit more?* Sedikit lagi? ◊ *Is there any more?* Ada lagi? ◊ *The process will take a few more days.* Proses ini akan mengambil masa beberapa hari lagi.
♦ **more than** lebih daripada ◊ *He's more intelligent than me.* Dia lebih pandai daripada saya. ◊ *I spent more than RM100.* Saya berbelanja lebih daripada RM100.
♦ **more or less** lebih kurang
♦ **more than ever** lebih daripada sebelum ini
♦ **more and more** semakin lama semakin banyak

moreover KATA ADVERBA
lagipun

morning KATA NAMA
pagi
◊ *in the morning* pada waktu pagi
◊ *at 7 o'clock in the morning* pada pukul 7 pagi ◊ *on Saturday morning* pada pagi Sabtu ◊ *tomorrow morning* pagi esok
♦ **the morning papers** akhbar pagi

Morocco KATA NAMA
negara Maghribi

mortar KATA NAMA
[1] *mortar (sejenis meriam)*
[2] *lesung*

mortgage KATA NAMA
rujuk juga **mortgage** KATA KERJA
gadai janji

to **mortgage** KATA KERJA
rujuk juga **mortgage** KATA NAMA

Moscow → motor mechanic

mencagarkan
◊ *Edward had to mortgage their house to pay the bills.* Edward terpaksa mencagarkan rumah mereka untuk membayar bil-bil itu.

Moscow KATA NAMA
Moscow

Moslem KATA NAMA
orang Islam
♦ **He's a Moslem.** Dia beragama Islam.

mosque KATA NAMA
masjid

mosquito KATA NAMA
(JAMAK **mosquitoes**)
nyamuk

moss KATA NAMA
lumut

mossy KATA ADJEKTIF
berlumut

most KATA ADJEKTIF, KATA GANTI NAMA, KATA ADVERBA
1 *paling*
◊ *the thing she feared most* perkara yang paling ditakutinya ◊ *the most expensive restaurant* restoran yang paling mahal
2 *paling banyak*
◊ *He's the one who talks the most.* Dialah yang paling banyak bercakap.

♦ **most of** kebanyakan ◊ *most of the time* kebanyakan masa ◊ *I did most of the work alone.* Saya melakukan kebanyakan kerja itu seorang diri.

♦ **most of them** kebanyakan daripada mereka ◊ *Most of them have cars.* Kebanyakan daripada mereka mempunyai kereta.

♦ **Most people go out on weekends.** Kebanyakan orang keluar pada hujung minggu.

♦ **He won the most votes.** Dia memenangi undi yang paling banyak.

♦ **at the most (1)** paling lama ◊ *two hours at the most* paling lama dua jam

♦ **at the most (2)** paling banyak ◊ *four subjects at the most* paling banyak empat subjek

♦ **to make the most of something** menggunakan sesuatu dengan sepenuhnya ◊ *He made the most of his holiday.* Dia menggunakan waktu cutinya dengan sepenuhnya.

mostly KATA ADVERBA
hampir kesemuanya
◊ *The teachers are mostly quite nice.* Guru-guru di situ hampir kesemuanya agak baik.

motel KATA NAMA
motel

moth KATA NAMA
kupu-kupu

mothball KATA NAMA
ubat gegat

mother KATA NAMA
emak
♦ **my mother and father** ibu bapa saya
♦ **mother tongue** bahasa ibunda

mother-in-law KATA NAMA
(JAMAK **mothers-in-law**)
ibu mertua

motherland KATA NAMA
tanah air

motherly KATA ADJEKTIF
bersifat keibuan
◊ *Josie's not at all motherly.* Josie tidak bersifat keibuan langsung.

Mother's Day KATA NAMA
Hari Ibu

motion KATA NAMA
1 *pergerakan*
2 *usul*
◊ *The conference is now debating the motion.* Sekarang persidangan itu sedang membahaskan usul tersebut.

motionless KATA ADJEKTIF
tidak bergerak

to **motivate** KATA KERJA
memotivasikan
◊ *A good teacher knows how to motivate her students.* Guru yang baik tahu cara untuk memotivasikan pelajar-pelajarnya.

motivated KATA ADJEKTIF
bermotivasi
◊ *He is highly motivated.* Dia seorang yang bermotivasi tinggi.

motivation KATA NAMA
motivasi

motivator KATA NAMA
pendorong

motive KATA NAMA
motif
◊ *the motive for the killing* motif pembunuhan tersebut
♦ **for the best of motives** dengan niat yang baik

motor KATA NAMA
motor

motorbike KATA NAMA
motosikal

motorboat KATA NAMA
motobot

motorcycle KATA NAMA
motosikal

motorcyclist KATA NAMA
penunggang motosikal

motorist KATA NAMA
pemandu kereta

motor mechanic KATA NAMA

motor racing KATA NAMA
lumba kereta

motorway KATA NAMA
lebuh raya
◊ *I had an accident on the motorway.* Saya terlibat dalam satu kemalangan di lebuh raya.

motto KATA NAMA
(JAMAK **mottoes** atau **mottos**)
moto

mould KATA NAMA
acuan

mouldy KATA ADJEKTIF
berkulat

to **mount** KATA KERJA
① _menganjurkan_
◊ *a security operation mounted by the army* operasi keselamatan yang dianjurkan oleh angkatan tentera
② _memuncak_
◊ *For several hours the tension mounted.* Ketegangan memuncak selama beberapa jam.

mountain KATA NAMA
gunung
♦ **in the mountains** di kawasan pergunungan
♦ **a mountain bike** basikal gunung

mountaineer KATA NAMA
pendaki gunung

mountaineering KATA NAMA
aktiviti mendaki gunung
◊ *I go mountaineering.* Saya menyertai aktiviti mendaki gunung.

mountainous KATA ADJEKTIF
bergunung-ganang

to **mourn** KATA KERJA
berdukacita (kerana kematian)
◊ *She's still mourning for her husband.* Dia masih berdukacita atas kematian suaminya.

mourning KATA NAMA
perkabungan
◊ *mourning period* tempoh perkabungan
♦ **He was in mourning after the sudden death of his mother.** Dia berkabung selepas kematian mengejut ibunya.

mouse KATA NAMA
(JAMAK **mice**)
① _tikus_
② _tetikus_ (komputer)

mouse deer KATA NAMA
kancil

mouse mat KATA NAMA
alas tetikus

mousse KATA NAMA
mousse (makanan)
◊ *chocolate mousse* mousse coklat
♦ **hair mousse** mousse rambut

moustache KATA NAMA
misai
◊ *He's got a moustache.* Dia mempunyai misai.

mouth KATA NAMA
mulut

mouthful KATA NAMA
① _suap_ (makanan)
② _teguk_ (minuman)

mouth organ KATA NAMA
harmonika

mouthwash KATA NAMA
cecair pencuci mulut

move KATA NAMA
rujuk juga **move** KATA KERJA
① _tindakan_
◊ *That was a good move!* Itu satu tindakan yang bijak!
♦ **It's your move.** Giliran anda sekarang.
② _perpindahan_
◊ *our move from Oxford to Luton* perpindahan kami dari Oxford ke Luton
♦ **Get a move on!** Cepat!

to **move** KATA KERJA
rujuk juga **move** KATA NAMA
① _bergerak_
◊ *Don't move!* Jangan bergerak!
◊ *The car was moving very slowly.* Kereta itu bergerak dengan sangat perlahan.
② _menggerakkan_
◊ *He can't move his arm.* Dia tidak dapat menggerakkan tangannya.
♦ **Could you move your stuff please?** Bolehkah anda mengalihkan barang-barang anda?
♦ **to move house** berpindah rumah
♦ **We're moving in July.** Kami akan berpindah pada bulan Julai.
♦ **I was very moved by the film.** Filem itu betul-betul menyentuh perasaan saya.

to **move forward** KATA KERJA
bergerak ke hadapan

to **move in** KATA KERJA
berpindah masuk
◊ *When are the new tenants moving in?* Bilakah penyewa-penyewa baru itu akan berpindah masuk?

to **move over** KATA KERJA
beranjak
◊ *Could you move over a bit, please?* Bolehkah anda beranjak sedikit?

movement KATA NAMA
pergerakan

movie KATA NAMA
wayang gambar
♦ **the movies** pawagam

moving → multicoloured

- **Let's go to the movies!** Mari kita pergi tengok wayang!

moving KATA ADJEKTIF
1. *bergerak*
   ◊ *a moving stairway* tangga bergerak
2. *mengharukan*
   ◊ *a moving story* cerita yang mengharukan

to mow KATA KERJA
(**mowed**, **mowed** atau **mown**)
memotong rumput
   ◊ *I sometimes mow the lawn.* Kadang-kadang saya memotong rumput di halaman.

mower KATA NAMA
mesin rumput

mown KATA KERJA *rujuk* **mow**

MP SINGKATAN (= *Member of Parliament*)
Ahli Parlimen

MP3 KATA NAMA
MP3
> teknologi yang membolehkan seseorang merakamkan dan memainkan muzik dari Internet

- **MP3-player** pemain MP3

Mr SINGKATAN
1. *Encik* atau *En.*
   ◊ *Mr Jones wants to see you.* Encik Jones mahu berjumpa dengan anda.
2. *Tuan* (untuk panggilan hormat)

Mrs SINGKATAN
Puan
   ◊ *Mrs Philips is a teacher.* Puan Philips seorang guru.

Ms SINGKATAN
Cik
   ◊ *Ms Peters lives next door.* Cik Peters tinggal di sebelah.

MSP KATA NAMA (= *Member of the Scottish Parliament*) (JAMAK **MSPs**)
Ahli Parlimen Scotland

much KATA ADJEKTIF, KATA GANTI NAMA, KATA ADVERBA
lebih
   ◊ *I feel much better now.* Saya berasa lebih baik sekarang.
- **I haven't got much money.** Saya tidak mempunyai wang yang banyak.
- **very much** sangat ◊ *I enjoyed myself very much.* Saya berasa sangat seronok.
- **Thank you very much.** Terima kasih banyak-banyak.
- **how much?** berapa banyak? ◊ *How much time have you got?* Berapa banyakkah masa yang anda ada?
- **How much is it?** Berapakah harganya?
- **too much** terlalu banyak ◊ *They give us too much homework.* Mereka memberi kami terlalu banyak kerja rumah.
- **That's too much!** Itu sudah lebih!
- **I didn't think it would cost so much.** Saya tidak sangka harganya begitu mahal.
- **I've never seen so much rain.** Saya tidak pernah melihat hujan selebat itu.
- **What's on TV? - Not much.** Ada apa-apa rancangan yang menarik di televisyen? - Tidak ada apa-apa yang menarik.

muck KATA NAMA
(*tidak formal*)
1. *kotoran*
2. *tahi binatang*

mucus KATA NAMA
lendir

mud KATA NAMA
lumpur

muddle KATA NAMA
kekeliruan
   ◊ *to be in a muddle* berada dalam kekeliruan
- **The photos are in a muddle.** Gambar-gambar itu telah bercampur aduk.

to muddle up KATA KERJA
terkeliru
   ◊ *He muddles me up with my friend.* Dia terkeliru antara saya dengan kawan saya.
- **to get muddled up** keliru ◊ *I'm getting muddled up.* Saya keliru.

muddy KATA ADJEKTIF
berlumpur

mud hole KATA NAMA
kubangan

muesli KATA NAMA
muesli (*bijirin sarapan*)

muffler KATA NAMA
1. *alat penyengap* (*pada ekzos kereta*)
2. *skarf*

mug KATA NAMA
  rujuk juga **mug** KATA KERJA
kole
   ◊ *Do you want a cup or a mug?* Anda mahu cawan atau kole? ◊ *a beer mug* kole bir

to mug KATA KERJA
  rujuk juga **mug** KATA NAMA
menyamun
   ◊ *He was mugged in the city centre.* Dia disamun di pusat bandar.

mugger KATA NAMA
penyamun

mugging KATA NAMA
penyamunan

muggy KATA ADJEKTIF
panas dan lembap
   ◊ *It's muggy today.* Cuaca hari ini panas dan lembap.

multicoloured KATA ADJEKTIF

multicultural → must

aneka warna
◊ *multicoloured decorations* perhiasan aneka warna
♦ **a multicoloured piece of cloth** sehelai kain yang beraneka warna

multicultural KATA ADJEKTIF
pelbagai budaya

multinational KATA ADJEKTIF
multinasional

multiple choice test KATA NAMA
ujian aneka pilihan

multiple sclerosis KATA NAMA
sklerosis berbilang
◊ *She's got multiple sclerosis.* Dia menghidap penyakit sklerosis berbilang.

multiplication KATA NAMA
1. *pendaraban*
2. *pembiakan*
◊ *the multiplication of bacteria* pembiakan bakteria

multiplication table KATA NAMA
sifir

to **multiply** KATA KERJA
(**multiplied, multiplied**)
mendarab
◊ *to multiply six by three* mendarab enam dengan tiga

multiracial KATA ADJEKTIF
berbilang bangsa
◊ *multiracial society* masyarakat berbilang bangsa

multi-storey KATA ADJEKTIF
bertingkat-tingkat
◊ *a multi-storey building* bangunan yang bertingkat-tingkat

multi-storey car park KATA NAMA
tempat letak kereta bertingkat

multivitamin KATA NAMA
multivitamin

mum KATA NAMA
emak
◊ *I'll ask Mum.* Saya akan tanya emak.
◊ *my mum* emak saya

mummy KATA NAMA
(JAMAK **mummies**)
1. *emak*
◊ *Mummy says I can go.* Emak berkata saya boleh pergi.
2. *mumia*

mumps KATA NAMA
beguk
◊ *He's got mumps.* Dia menghidap penyakit beguk.

municipal KATA ADJEKTIF
perbandaran
◊ *the Municipal Council* Majlis Perbandaran

mural KATA NAMA
mural

murder KATA NAMA
> rujuk juga **murder** KATA KERJA

pembunuhan

to **murder** KATA KERJA
> rujuk juga **murder** KATA NAMA

membunuh
◊ *He was murdered.* Dia dibunuh.

murderer KATA NAMA
pembunuh

murky KATA ADJEKTIF
1. *kelam*
◊ *a murky room* bilik yang kelam
2. *keruh*
◊ *The water in the container is murky.* Air di dalam bekas itu keruh.

muscle KATA NAMA
otot

muscular KATA ADJEKTIF
berotot
◊ *He's got very muscular legs.* Kakinya sangat berotot.

museum KATA NAMA
muzium

mushroom KATA NAMA
cendawan

music KATA NAMA
muzik

musical KATA ADJEKTIF
> rujuk juga **musical** KATA NAMA

muzik
◊ *a musical instrument* alat muzik
♦ **I'm not musical.** Saya tidak berbakat dalam bidang muzik.

musical KATA NAMA
> rujuk juga **musical** KATA ADJEKTIF

1. *filem muzikal*
2. *drama muzikal*

music centre KATA NAMA
set hi-fi

musician KATA NAMA
ahli muzik
◊ *He's a musician.* Dia seorang ahli muzik.

Muslim KATA NAMA
orang Islam
♦ **She's a Muslim.** Dia beragama Islam.

mussel KATA NAMA
siput (boleh dimakan)

must KATA KERJA
> rujuk juga **must** KATA NAMA

1. *mesti*
◊ *I must do it.* Saya mesti melakukannya. ◊ *I really must go now.* Saya mesti pergi sekarang.
♦ **You must come again next year.** Datanglah lagi pada tahun hadapan.
♦ **You mustn't forget to send her a card.** Jangan lupa hantar sekeping kad kepadanya.

must → mythology

must KATA NAMA

2 *tentu*
◊ *There must be some problem.* Tentu ada masalah yang timbul. ◊ *You must be tired.* Anda tentu letih.

must KATA NAMA

rujuk juga **must** KATA KERJA

kemestian
◊ *This trip is a must.* Lawatan ini merupakan satu kemestian.

mustard KATA NAMA
sos biji sawi

mustn't KATA KERJA = **must not**

musty KATA ADJEKTIF
hapak

to **mutilate** KATA KERJA
mencacatkan
◊ *He tortured and mutilated six young men.* Dia mendera dan mencacatkan enam orang pemuda.
♦ **The beggar's left hand is mutilated.** Tangan kiri pengemis itu kudung.

to **mutter** KATA KERJA
menggumam
◊ *She mutters in her sleep.* Dia menggumam dalam tidur.

mutton KATA NAMA
daging kambing biri-biri

mutual KATA ADJEKTIF
saling
◊ *The feeling was mutual.* Perasaan itu saling dirasai.
♦ **a mutual friend** kawan yang sama
♦ **mutual benefit** faedah bersama
♦ **They had a mutual interest in rugby.** Mereka sama-sama berminat dalam ragbi.

muzzle KATA NAMA
1 *berangus*
2 *muncung*
◊ *the muzzle of a gun* muncung senapang

my KATA ADJEKTIF
saya
◊ *my father* bapa saya ◊ *my house* rumah saya

myself KATA GANTI NAMA
1 *diri saya*
◊ *I introduced myself as Amanda.* Saya memperkenalkan diri saya sebagai Amanda.
♦ **I can take care of myself.** Saya boleh menjaga diri saya sendiri.
♦ **a beginner like myself** orang yang baru belajar seperti saya
2 *sendiri*
◊ *I made it myself.* Saya membuatnya sendiri.
♦ **by myself** seorang diri ◊ *I don't like travelling by myself.* Saya tidak suka mengembara seorang diri.

mysterious KATA ADJEKTIF
penuh misteri

mystery KATA NAMA
(JAMAK **mysteries**)
misteri
◊ *a murder mystery* misteri pembunuhan

mysticism KATA NAMA
kebatinan
◊ *Since he began to study mysticism, he has lost interest in worldly matters.* Sejak dia belajar ilmu kebatinan, dia telah hilang minat tentang hal-hal keduniaan.

myth KATA NAMA
mitos
◊ *a Greek myth* mitos Yunani
♦ **That's a myth.** Itu cuma dongengan!

mythology KATA NAMA
mitologi

N

to nag KATA KERJA
meleteri
◊ *She's always nagging me.* Dia selalu meleteri saya.

nagging KATA NAMA
leteran
◊ *Steven tolerated his grandmother's nagging patiently.* Steven menerima leteran neneknya dengan sabar.

nail KATA NAMA
rujuk juga **nail** KATA KERJA
1 *paku*
2 *kuku*
◊ *Diane bites her nails.* Diane menggigit kukunya.

to nail KATA KERJA
rujuk juga **nail** KATA NAMA
memakukan
◊ *Kamal nailed a piece of wood to the wall.* Kamal memakukan sebatang kayu pada dinding.

nailbrush KATA NAMA
(JAMAK **nailbrushes**)
berus kuku

nailfile KATA NAMA
pengasah kuku

nail scissors KATA NAMA JAMAK
gunting kuku

nail varnish KATA NAMA
(JAMAK **nail varnishes**)
pengilat kuku
◊ *nail varnish remover* pembersih pengilat kuku

naive KATA ADJEKTIF
naif
◊ *a naive girl* seorang gadis yang naif

naivety KATA NAMA
kenaifan
◊ *Don't take advantage of people's naivety.* Jangan ambil kesempatan atas kenaifan orang lain.

naked KATA ADJEKTIF
bogel

name KATA NAMA
rujuk juga **name** KATA KERJA
nama

to name KATA KERJA
rujuk juga **name** KATA NAMA
menamakan
◊ *They insisted on naming their daughter Esther.* Mereka berkeras untuk menamakan anak perempuan mereka Esther.

namely KATA ADVERBA
iaitu
◊ *One group of people seems to be forgotten, namely pensioners.* Ada satu golongan yang nampaknya sering dilupakan, iaitu golongan pesara.

nanny KATA NAMA
(JAMAK **nannies**)
pengasuh

nap KATA NAMA
rujuk juga **nap** KATA KERJA
tidur sekejap
♦ **She likes to have a nap in the afternoon.** Dia suka tidur sekejap pada waktu petang.

to nap KATA KERJA
rujuk juga **nap** KATA NAMA
tidur sekejap (biasanya pada waktu siang)

nape KATA NAMA
tengkuk

napkin KATA NAMA
tuala makan

nappy KATA NAMA
(JAMAK **nappies**)
lampin

to narrate KATA KERJA
menceritakan
◊ *They narrate the events from different perspectives.* Mereka menceritakan peristiwa-peristiwa itu dari perspektif yang berlainan.

narration KATA NAMA
penceritaan

narrative KATA NAMA
naratif

narrator KATA NAMA
tukang cerita

narrow KATA ADJEKTIF
rujuk juga **narrow** KATA KERJA
sempit

to narrow KATA KERJA
rujuk juga **narrow** KATA ADJEKTIF
menjadi kecil
◊ *The gap between the two main parties has narrowed.* Jurang antara dua parti utama itu telah menjadi kecil.

narrowly KATA ADVERBA
1 *dengan teliti*
◊ *He looked narrowly at his colleague.* Dia memerhatikan rakan sekerjanya dengan teliti.
2 *hampir-hampir*
◊ *She narrowly failed to win.* Dia hampir-hampir kalah. ◊ *His blow narrowly missed my head.* Tumbukannya hampir-hampir terkena kepala saya.

narrow-minded KATA ADJEKTIF
berfikiran sempit

narrowness KATA NAMA
1 *kesempitan*
◊ *the narrowness of the channel* kesempitan selat itu
♦ **the narrowness of the government's majority** kemenangan kerajaan dengan kelebihan undi yang sedikit

nasal KATA ADJEKTIF
sengau
◊ *his nasal voice* suaranya yang sengau
♦ **nasal cavity** rongga hidung

nasty KATA ADJEKTIF
jahat
◊ *Don't be nasty.* Jangan jahat.
♦ **What nasty weather!** Cuaca hari ini buruk sekali!
♦ **a nasty smell** bau yang busuk
♦ **He gave me a nasty look.** Dia memandang saya dengan pandangan yang kurang menyenangkan.

nation KATA NAMA
negara

national KATA ADJEKTIF
nasional

national anthem KATA NAMA
lagu kebangsaan

National Health Service KATA NAMA
Perkhidmatan Kesihatan Negara

nationalism KATA NAMA
nasionalisme

nationalist KATA NAMA
nasionalis

nationality KATA NAMA
(JAMAK **nationalities**)
kewarganegaraan

to **nationalize** KATA KERJA
memiliknegarakan
◊ *The government is planning to nationalize those companies.* Kerajaan bercadang untuk memiliknegarakan syarikat-syarikat itu.

national park KATA NAMA
taman negara

nationwide KATA ADJEKTIF, KATA ADVERBA
seluruh negara
◊ *a nationwide sale* jualan murah di seluruh negara

native KATA ADJEKTIF
rujuk juga **native** KATA NAMA
asal
◊ *my native country* negara asal saya
♦ **his native language** bahasa ibundanya

native KATA NAMA
rujuk juga **native** KATA ADJEKTIF
anak kelahiran
◊ *a native of St Blaise* anak kelahiran St Blaise

natural KATA ADJEKTIF
semula jadi
◊ *natural instinct* naluri semula jadi
♦ **Helping him seemed the natural thing to do.** Membantunya kelihatan seperti perkara yang sewajarnya dilakukan.

naturalist KATA NAMA
pengkaji hidupan

naturally KATA ADVERBA
sudah tentu
◊ *Naturally, we were very disappointed.* Sudah tentu kami sangat kecewa.

natural parents KATA NAMA
ibu bapa kandung

nature KATA NAMA
alam semula jadi
◊ *the wonders of nature* keajaiban alam semula jadi
♦ **It's not in his nature to behave like that.** Dia tidak pernah berkelakuan seperti itu sebelum ini.

naughtiness KATA NAMA
kenakalan

naughty KATA ADJEKTIF
nakal
◊ *a naughty girl* budak perempuan yang nakal

nausea KATA NAMA
loya
◊ *I was overcome with a feeling of nausea.* Saya berasa sangat loya.

to **nauseate** KATA KERJA
meloyakan
◊ *The smell of rubbish by the roadside nauseates me.* Bau sampah di tepi jalan itu meloyakan saya.

nauseous KATA ADJEKTIF
loya
◊ *I feel nauseous.* Saya berasa loya.

navel KATA NAMA
pusat

to **navigate** KATA KERJA
mengemudikan
◊ *to navigate a ship* mengemudikan kapal
♦ **Their aim was to navigate the straits.** Matlamat mereka adalah untuk melayari selat itu.

navy KATA NAMA
(JAMAK **navies**)
tentera laut
◊ *He's in the navy.* Dia berkhidmat dengan tentera laut.

navy-blue KATA ADJEKTIF
biru tua
◊ *a navy-blue skirt* skirt biru tua

near KATA SENDI, KATA ADVERBA
rujuk juga **near** KATA ADJEKTIF
berdekatan
◊ *Is there a bank near here?* Adakah bank berdekatan dengan kawasan ini?
◊ *I live near Liverpool.* Saya tinggal berdekatan dengan Liverpool.
♦ **near to** dekat dengan ◊ *It's very near to the school.* Tempat itu sangat dekat dengan sekolah.

near KATA ADJEKTIF

nearby → negligent

rujuk juga **near** KATA SENDI, KATA ADVERBA
dekat
◊ *It's fairly near.* Tempat itu agak dekat.
♦ **My house is near enough to walk.** Rumah saya dekat sahaja, berjalan kaki pun sampai.
♦ **Where's the nearest petrol station?** Di manakah stesen minyak yang terdekat?
♦ **in the near future** tidak lama lagi

nearby KATA ADVERBA
rujuk juga **nearby** KATA ADJEKTIF
berdekatan
◊ *There's a supermarket nearby.* Ada sebuah pasar raya berdekatan dengan tempat ini.

nearby KATA ADJEKTIF
rujuk juga **nearby** KATA ADVERBA
berdekatan
◊ *a nearby village* kampung berdekatan

nearly KATA ADVERBA
hampir
◊ *Dinner's nearly ready.* Makan malam sudah hampir siap. ◊ *I'm nearly fifteen.* Umur saya hampir lima belas tahun.
♦ **I nearly missed the bus.** Saya hampir-hampir ketinggalan bas.

neat KATA ADJEKTIF
kemas
◊ *My roommate's not very neat.* Rakan sebilik saya tidak begitu kemas. ◊ *He always looks very neat.* Dia selalu nampak kemas.

neatly KATA ADVERBA
kemas
◊ *neatly folded* dilipat kemas ◊ *neatly dressed* berpakaian kemas

necessarily KATA ADVERBA
semestinya
♦ **not necessarily** tidak semestinya

necessary KATA ADJEKTIF
perlu

necessity KATA NAMA
(JAMAK **necessities**)
keperluan
◊ *A car is a necessity, not a luxury.* Kereta merupakan satu keperluan bukannya satu kemewahan.

neck KATA NAMA
leher
◊ *She had a stiff neck.* Lehernya kejang.
♦ **the back of your neck** tengkuk anda
♦ **a V-neck sweater** baju panas berkolar V

necklace KATA NAMA
rantai leher

to **need** KATA KERJA
rujuk juga **need** KATA NAMA
memerlukan

◊ *I need a bigger size.* Saya memerlukan saiz yang lebih besar.
♦ **I need to change some money.** Saya perlu menukar wang.
♦ **You don't need to go.** Anda tidak perlu pergi.

need KATA NAMA
rujuk juga **need** KATA KERJA
keperluan
◊ *the special nutritional needs of the elderly, babies and children* keperluan-keperluan pemakanan yang khusus bagi orang tua, bayi dan kanak-kanak
♦ **There's no need to book.** Tidak perlu membuat tempahan.
♦ **There's no need for you to do that.** Anda tidak perlu berbuat begitu.

needle KATA NAMA
jarum

needlework KATA NAMA
jahit-menjahit

need-to-know KATA NAMA
♦ **on a need-to-know basis** hanya yang perlu diketahui

negative KATA ADJEKTIF
rujuk juga **negative** KATA NAMA
negatif
◊ *He's got a very negative attitude.* Sikapnya amat negatif.

negative KATA NAMA
rujuk juga **negative** KATA ADJEKTIF
negatif (foto)

to **neglect** KATA KERJA
rujuk juga **neglect** KATA NAMA
mengabaikan
◊ *He neglected his responsibilities.* Dia mengabaikan tanggungjawabnya.

neglect KATA NAMA
rujuk juga **neglect** KATA KERJA
pengabaian

neglected KATA ADJEKTIF
terbiar
◊ *a neglected garden* taman yang terbiar

negligence KATA NAMA
kecuaian
◊ *Amy's negligence caused them to meet with an accident.* Kecuaian Amy merupakan punca mereka terlibat dalam kemalangan.

negligent KATA ADJEKTIF
cuai
◊ *The airline was negligent in supervising the crew.* Syarikat penerbangan itu cuai semasa menyelia pekerjanya.
♦ **Power and influence often make people negligent.** Kuasa dan pengaruh sering membuat manusia terleka.

English ~ Malay negotiate → nevertheless

to **negotiate** KATA KERJA
berunding

negotiations KATA NAMA JAMAK
perundingan

neighbour KATA NAMA
(AS **neighbor**)
jiran

neighbourhood KATA NAMA
(AS **neighborhood**)
kawasan kejiranan

neighbourly KATA ADJEKTIF
(AS **neighborly**)
baik dengan jiran

♦ **neighbourly spirit** semangat kejiranan

neither KATA ADJEKTIF, KATA HUBUNG, KATA GANTI NAMA
begitu juga
◊ *I don't like him. - Neither do I!* Saya tidak menyukainya. - Begitu juga saya!
◊ *I've never been to Spain. - Neither have we.* Saya belum pernah pergi ke Sepanyol. - Begitu juga kami.

♦ **neither...nor...** baik...mahupun...
◊ *Neither the cinema nor the swimming pool was open.* Baik pawagam mahupun kolam renang, kedua-duanya tidak dibuka.

♦ **Carrots or peas? - Neither, thanks.** Lobak merah atau kacang pis? - Kedua-duanya pun saya tidak mahu, terima kasih.

♦ **Neither of them is coming.** Mereka berdua tidak akan datang.

♦ **Neither woman looked happy.** Kedua-dua wanita itu kelihatan tidak gembira.

♦ **They can neither read nor write.** Mereka tidak boleh membaca mahupun menulis.

♦ **Professor Tanaka spoke neither English nor Malay.** Profesor Tanaka tidak tahu bertutur dalam bahasa Inggeris mahupun bahasa Melayu.

neon KATA NAMA
neon
◊ *a neon light* lampu neon

nephew KATA NAMA
anak saudara (lelaki)

Neptune KATA NAMA
Neptun

nerve KATA NAMA
saraf

♦ **That noise really gets on my nerves.** Bunyi bising itu betul-betul menjengkelkan saya.

♦ **He's got a nerve!** Dia memang berani!

♦ **I wouldn't have the nerve to do that!** Saya tidak akan berani melakukannya!

nerve-racking KATA ADJEKTIF
sungguh mendebarkan (pengalaman)

nervous KATA ADJEKTIF
gementar

◊ *I bite my nails when I'm nervous.* Saya menggigit kuku saya apabila saya berasa gementar. ◊ *Everyone's a bit nervous about the exams.* Semua orang berasa agak gementar tentang peperiksaan itu.

nest KATA NAMA
sarang

nestling KATA NAMA
anak burung

net KATA NAMA
> rujuk juga **net** KATA KERJA

jaring

♦ **a fishing net** jala ikan
♦ **the Net** Internet ◊ *to surf the Net* melayari Internet

to **net** KATA KERJA
> rujuk juga **net** KATA NAMA

menjaring
◊ *to net fish* menjaring ikan

netball KATA NAMA
bola jaring

Netherlands KATA NAMA JAMAK
negara Belanda

♦ **the Netherlands** negara Belanda

netspeak KATA NAMA
(tidak formal)
bahasa Internet

netsurfing KATA NAMA
melayari Internet

network KATA NAMA
> rujuk juga **network** KATA KERJA

rangkaian

to **network** KATA KERJA
> rujuk juga **network** KATA NAMA

menjalinkan hubungan
◊ *He began networking with colleagues.* Dia sudah mula menjalinkan hubungan dengan rakan-rakan sekerjanya.

neurotic KATA ADJEKTIF
neurotik

neutral KATA ADJEKTIF
neutral

never KATA ADVERBA
tidak pernah
◊ *Have you ever been to Argentina? - No, never.* Pernahkah anda pergi ke Argentina? - Tidak pernah. ◊ *I never believed him.* Saya tidak pernah mempercayainya.

♦ **Never leave valuables in your car.** Jangan sekali-kali meninggalkan barang yang berharga di dalam kereta anda.

♦ **Never, ever do that again!** Jangan sekali-kali melakukan perkara itu lagi!

♦ **Never again!** Tidak lagi!

♦ **Never mind.** Tidak mengapa.

nevertheless KATA ADVERBA
(formal)

new → nickname

walaupun begitu
◊ They were very poor. Nevertheless the children were always well dressed. Mereka sangat miskin. Walaupun begitu anak-anak itu selalu berpakaian kemas.
♦ **He looks serious, but he's very friendly nevertheless.** Wajahnya nampak serius, tetapi dia sangat peramah.

new KATA ADJEKTIF
baru
◊ her new boyfriend teman lelakinya yang baru

newbie KATA NAMA
(tidak formal)
orang baru

newborn KATA ADJEKTIF
baru lahir
◊ a newborn baby bayi yang baru lahir

newcomer KATA NAMA
pendatang baru
◊ They were newcomers to the area. Mereka merupakan pendatang baru di kawasan itu.

news KATA NAMA
berita
◊ good news berita baik
♦ **an interesting piece of news** berita yang menarik
♦ **It was nice to have your news.** Saya gembira mendengar khabar daripada anda.

newsagent KATA NAMA
wakil penjual akhbar

newscaster KATA NAMA 🖼
penyampai berita

news dealer KATA NAMA 🖼
wakil penjual akhbar

newspaper KATA NAMA
surat khabar

newsreader KATA NAMA
penyampai berita

New Testament KATA NAMA
Injil

New Year KATA NAMA
Tahun Baru
◊ to celebrate New Year meraikan Tahun Baru
♦ **Happy New Year!** Selamat Tahun Baru!
♦ **New Year's Day** Hari Tahun Baru
♦ **New Year's Eve** Malam Tahun Baru
♦ **a New Year's Eve party** majlis Malam Tahun Baru

New Zealand KATA NAMA
New Zealand

New Zealander KATA NAMA
orang New Zealand

next KATA ADJEKTIF, KATA ADVERBA, KATA SENDI
1 *depan*

B. Inggeris ~ B. Melayu 304

◊ next Saturday hari Sabtu depan
♦ **the next time I see you...** lain kali apabila saya berjumpa anda...
2 *yang berikutnya*
◊ Next please! Silakan yang berikutnya!
◊ The next day we visited Gerona. Pada hari yang berikutnya, kami melawat ke Gerona.
3 *selepas itu*
◊ What did you do next? Apakah yang anda lakukan selepas itu?
♦ **next to** di sebelah ◊ next to the bank di sebelah bank
♦ **next door** di sebelah rumah ◊ They live next door. Mereka tinggal di sebelah rumah kami.
♦ **the next-door neighbours** jiran sebelah rumah
♦ **the next room** bilik di sebelah

NGO KATA NAMA (= non-governmental organization)
NGO (= organisasi bukan kerajaan)

NHS SINGKATAN (= National Health Service)
NHS (= Perkhidmatan Kesihatan Negara)

nib KATA NAMA
mata pena

to **nibble** KATA KERJA
menggigit-gigit
◊ He started to nibble his biscuit. Dia mula menggigit-gigit biskutnya.
♦ **The rabbit was nibbling a carrot.** Arnab itu sedang mengunggis sebiji lobak merah.

nice KATA ADJEKTIF
1 *cantik*
◊ That's a nice dress! Baju itu cantik!
◊ Ipoh is a nice town. Ipoh merupakan sebuah bandar yang cantik.
2 *baik*
◊ Your parents are very nice. Ibu bapa anda sangat baik. ◊ She was always very nice to me. Dia selalu baik terhadap saya.
♦ **nice weather** cuaca yang elok
♦ **It's a nice day.** Cuaca hari ini elok.
♦ **It was nice of you to remember my birthday.** Baik sungguh hati anda kerana mengingati hari jadi saya.
3 *sedap*
◊ This cake is very nice. Kek ini sangat sedap. ◊ a nice cup of coffee secawan kopi yang sedap
♦ **Have a nice time!** Bergembiralah!

nick KATA NAMA
kelar
◊ He had a tiny nick under his eye. Ada tanda kelar yang kecil di bawah matanya.

nickname KATA NAMA

nama panggilan

niece KATA NAMA
anak saudara (perempuan)

night KATA NAMA
malam
◊ *I want a single room for two nights.* Saya mahu sebuah bilik bujang untuk dua malam.
- **at night** pada waktu malam
- **Good night!** Selamat malam!

> **Good night** diucapkan sebelum tidur atau sebelum berpisah pada *waktu malam.*

- **last night** semalam ◊ *We went to a party last night.* Kami menghadiri satu majlis semalam.

nightclub KATA NAMA
kelab malam

nightdress KATA NAMA
(JAMAK **nightdresses**)
gaun tidur

nightie KATA NAMA
gaun tidur

nightingale KATA NAMA
burung bulbul

nightlife KATA NAMA
hiburan malam
◊ *There's plenty of nightlife in Madrid.* Di Madrid ada banyak hiburan malam.

nightmare KATA NAMA
mimpi ngeri
- **to have nightmares** bermimpi ngeri
- **The whole trip was a nightmare.** Seluruh perjalanan itu bagaikan satu mimpi ngeri.

nightshift KATA NAMA
syif malam

nil KATA NAMA
kosong
◊ *We won one-nil.* Kami menang satu kosong.

nine ANGKA
sembilan
- **She's nine.** Dia berumur sembilan tahun.

nineteen ANGKA
sembilan belas
- **She's nineteen.** Dia berumur sembilan belas tahun.

nineteenth KATA ADJEKTIF
kesembilan belas
◊ *the nineteenth place* tempat kesembilan belas
- **the nineteenth of September** sembilan belas hari bulan September

nineties KATA NAMA JAMAK
sembilan puluhan

ninetieth KATA ADJEKTIF
kesembilan puluh

ninety ANGKA
sembilan puluh
- **He's ninety.** Dia berumur sembilan puluh tahun.

ninth KATA ADJEKTIF
kesembilan
◊ *the ninth place* tempat kesembilan
- **the ninth of August** sembilan hari bulan Ogos

to **nip** KATA KERJA
1 *menyepit*
◊ *The crab nipped my finger with its claw.* Ketam itu menyepit jari saya dengan sepitnya.
2 *menggigit*
◊ *I have heard of cases where dogs have nipped babies.* Saya pernah mendengar kes anjing menggigit bayi.

no KATA ADVERBA, KATA ADJEKTIF
1 *tidak*
◊ *Are you coming? - No.* Anda hendak ikut? - Tidak. ◊ *Would you like some more? - No thank you.* Anda hendak lagi? - Tidak, terima kasih saja.
2 *tidak ada*
◊ *There's no hot water.* Tidak ada air panas. ◊ *I have no questions.* Saya tidak ada soalan.
- **No way!** Tidak mungkin!
- **"no smoking"** "dilarang merokok"

nobility KATA NAMA
1 *kaum bangsawan*
2 *kemuliaan*
◊ *The king was praised for his nobility of character.* Raja itu disanjung kerana kemuliaan sifat baginda.

noble KATA ADJEKTIF
mulia
◊ *a noble idea* idea yang mulia

nobody KATA GANTI NAMA
tidak ada seorang pun
◊ *Who's going with you? - Nobody.* Siapakah yang akan pergi bersama anda? - Tidak ada seorang pun. ◊ *There was nobody in the office.* Tidak ada seorang pun di dalam pejabat itu.
- **I've got nobody to play with.** Saya tidak ada teman untuk bermain bersama.

nod KATA NAMA
> rujuk juga **nod** KATA KERJA

anggukan
◊ *A mere nod of the head is not a sign of agreement.* Anggukan kepala sahaja bukan tanda persetujuan.

to **nod** KATA KERJA
> rujuk juga **nod** KATA NAMA

mengangguk

to **nod off** KATA KERJA
tertidur

noise KATA NAMA

noisy → north

bunyi bising
- **to make a noise** membuat bising

noisy KATA ADJEKTIF
bising
◊ *the noisiest city in the world* bandar yang paling bising di dunia ◊ *It's very noisy here.* Suasana di sini sangat bising.

to **nominate** KATA KERJA
mencalonkan
◊ *She was nominated for the post.* Dia telah dicalonkan untuk jawatan itu.

nomination KATA NAMA
pencalonan
◊ *A number of students did not support the nomination of Asman as monitor.* Beberapa orang pelajar tidak menyokong pencalonan Asman sebagai ketua darjah.

non-durable KATA ADJEKTIF
tidak tahan lama
◊ *non-durable goods* barangan tidak tahan lama

none KATA GANTI NAMA
1 *tidak ada seorang pun*
◊ *How many nieces and nephews have you got? - None.* Berapa orangkah anak saudara anda? - Tidak ada seorang pun.
◊ *None of my friends wanted to come.* Tidak ada seorang pun kawan-kawan saya yang mahu datang.
2 *tidak ada satu pun* (benda yang boleh dikira)
◊ *There are none left.* Tidak ada satu pun yang tinggal.
3 *tidak ada sedikit pun* (benda yang tidak boleh dikira)
◊ *There's none left.* Tidak ada sedikit pun yang tinggal.

nonsense KATA NAMA
perkara yang karut
◊ *She talks a lot of nonsense.* Dia banyak bercakap perkara-perkara yang karut.
- **Nonsense!** Mengarut!

non-smoker KATA NAMA
orang yang tidak merokok
- **He's a non-smoker.** Dia tidak merokok.

non-smoking KATA ADJEKTIF
1 *dilarang merokok*
◊ *a non-smoking area* kawasan dilarang merokok
2 *tidak merokok* (orang)

non-stop KATA ADJEKTIF, KATA ADVERBA
1 *terus*
◊ *a non-stop flight* penerbangan terus
- **We flew non-stop.** Kami terbang tanpa henti.
2 *tidak berhenti-henti*
◊ *He talks non-stop.* Dia bercakap tidak berhenti-henti.

B. Inggeris ~ B. Melayu   306

noodles KATA NAMA JAMAK
mi

noon KATA NAMA
waktu tengah hari
◊ *at noon* pada waktu tengah hari

no one KATA GANTI NAMA
tidak ada seorang pun
◊ *Who's going with you? - No one.* Siapakah yang akan pergi bersama anda? - Tidak ada seorang pun. ◊ *There was no one in the office.* Tidak ada seorang pun di dalam pejabat itu.
- **I've got no one to play with.** Saya tidak ada teman untuk bermain bersama.

nor KATA HUBUNG
begitu juga
◊ *I didn't like the film. - Nor did I.* Saya tidak suka akan filem itu. - Begitu juga saya. ◊ *We haven't seen him. - Nor have we.* Kami belum berjumpa dengannya. - Begitu juga kami.
- **neither...nor...** baik...mahupun
◊ *Neither the cinema nor the swimming pool was open.* Baik pawagam mahupun kolam renang, kedua-duanya tidak dibuka.
- **They can neither read nor write.** Mereka tidak boleh membaca mahupun menulis.
- **Professor Tanaka spoke neither English nor Malay.** Profesor Tanaka tidak tahu bertutur dalam bahasa Inggeris mahupun bahasa Melayu.

norm KATA NAMA
norma

normal KATA ADJEKTIF
normal

to **normalize** KATA KERJA
menormalkan
◊ *treatment to normalize blood pressure* rawatan untuk menormalkan tekanan darah

normally KATA ADVERBA
biasanya
◊ *I normally arrive at nine o'clock.* Biasanya saya tiba pada pukul sembilan.
- **In spite of the strike, airports are working normally.** Lapangan terbang masih beroperasi seperti biasa walaupun ada mogok.

north KATA NAMA
> rujuk juga **north** KATA ADJEKTIF, KATA ADVERBA

utara
◊ *in the north of Spain* di utara negara Sepanyol

north KATA ADJEKTIF, KATA ADVERBA
> rujuk juga **north** KATA NAMA

1 *utara*
◊ *North London* London Utara
2 *ke utara*

English ~ Malay — North America → notice

◊ *We were travelling north.* Kami menuju ke utara.
- **north of** di utara ◊ *It's north of London.* Tempat itu terletak di utara London.
- **the north coast** pantai utara

North America KATA NAMA
Amerika Utara

northbound KATA ADJEKTIF
ke utara
◊ *Northbound traffic is moving very slowly.* Lalu lintas ke utara bergerak dengan sangat perlahan.

north-east KATA NAMA
timur laut
◊ *in the north-east* di timur laut

northern KATA ADJEKTIF
utara
◊ *the northern part of the island* bahagian utara pulau itu
- **Northern Europe** Eropah Utara

Northern Ireland KATA NAMA
Ireland Utara

North Pole KATA NAMA
Kutub Utara
- **the North Pole** Kutub Utara

North Sea KATA NAMA
Laut Utara
- **the North Sea** Laut Utara

north-west KATA NAMA
barat laut
◊ *in the north-west* di barat laut

Norway KATA NAMA
negara Norway

Norwegian KATA ADJEKTIF
> rujuk juga **Norwegian** KATA NAMA

Norway
◊ *a Norwegian ship* kapal Norway
- **He's Norwegian.** Dia berbangsa Norway.

Norwegian KATA NAMA
> rujuk juga **Norwegian** KATA ADJEKTIF

1 *orang Norway*
◊ *the Norwegians* orang Norway
2 *bahasa Norway*

nose KATA NAMA
hidung

nosebleed KATA NAMA
hidung berdarah
- **I often get nosebleeds.** Hidung saya selalu berdarah.

nostalgia KATA NAMA
nostalgia

nostril KATA NAMA
lubang hidung

nosy KATA ADJEKTIF
menyibuk

not KATA ADVERBA
tidak
◊ *I'm not sure.* Saya tidak pasti.
◊ *Did you like it? - Not really.* Apakah anda menyukainya? - Tidak begitu suka.
- **Thank you very much. - Not at all.** Terima kasih. - Sama-sama.
- **not yet** belum ◊ *They haven't arrived yet.* Mereka belum tiba.

notch KATA NAMA
(JAMAK **notches**)
takik
◊ *The notch in the tree trunk is 5 cm deep.* Takik pada batang pokok itu sedalam 5 cm.

note KATA NAMA
1 *nota*
◊ *I'll drop her a note.* Saya akan tinggalkan nota untuknya. ◊ *Remember to take notes.* Jangan lupa ambil nota.
- **to make a note of something** mengingati sesuatu
2 *wang kertas*
◊ *a five pound note* wang kertas lima paun

to **note down** KATA KERJA
mencatat

notebook KATA NAMA
1 *buku nota*
2 *komputer buku*

notepad KATA NAMA
buku nota

notepaper KATA NAMA
kertas catatan

nothing KATA NAMA
tidak ada apa-apa
◊ *What's wrong? - Nothing.* Apakah yang tidak kena? - Tidak ada apa-apa.
◊ *What are you doing tonight? - Nothing special.* Apakah yang akan anda lakukan malam ini? - Tidak ada apa-apa yang istimewa. ◊ *Nothing will happen.* Tidak ada apa-apa yang akan berlaku.
- **He did nothing all day.** Dia tidak melakukan apa-apa pun sepanjang hari.
- **He does nothing but sleep.** Dia tidak melakukan apa-apa pun kecuali tidur.
- **Nothing frightens him.** Tidak ada apa-apa pun yang menakutkannya.

to **notice** KATA KERJA
> rujuk juga **notice** KATA NAMA

perasan
◊ *Don't worry. He won't notice the mistake.* Jangan bimbang. Dia tidak akan perasan kesilapan itu.

notice KATA NAMA
> rujuk juga **notice** KATA KERJA

notis
◊ *There was a notice outside the house.* Ada satu notis di luar rumah. ◊ *There's a notice on the board about the trip.* Ada satu notis pada papan kenyataan tentang perjalanan itu. ◊ *He was transferred*

noticeable → number plate

without notice. Dia ditukarkan tanpa sebarang notis. ◊ *a warning notice* notis amaran
- **until further notice** sehingga diberitahu kelak
- **Don't take any notice of him!** Jangan pedulikan dia!

noticeable KATA ADJEKTIF
ketara
◊ *the most noticeable effect* kesan yang paling ketara

noticeboard KATA NAMA
papan kenyataan

to **notify** KATA KERJA
(notified, notified)
memaklumkan
◊ *You must notify us of any change of address.* Anda mesti memaklumkan kami tentang sebarang pertukaran alamat.

nought KATA NAMA
sifar

noun KATA NAMA
kata nama

novel KATA NAMA
novel

novelist KATA NAMA
novelis

November KATA NAMA
November
◊ *on 7 November* pada tujuh November
- **in November** pada bulan November

now KATA ADVERBA
sekarang
◊ *What are you doing now?* Apakah yang anda sedang buat sekarang?
- **just now** tadi ◊ *I'm rather busy just now.* Saya agak sibuk tadi. ◊ *I did it just now.* Saya baru sahaja melakukannya tadi.
- **The dinner should be ready by now.** Sepatutnya makan malam sudah disediakan sekarang.
- **from now on** mulai sekarang
- **now and then** sekali-sekala

nowhere KATA ADVERBA
tidak ke mana-mana
◊ *Where are you going for your holidays? - Nowhere.* Ke manakah anda akan pergi semasa cuti? - Tidak ke mana-mana.
- **nowhere else** tidak ada tempat lain
- **You can go to the shops but nowhere else.** Kamu boleh pergi ke kedai, tetapi jangan pergi ke tempat lain.
- **The children were nowhere to be seen.** Kanak-kanak itu tidak kelihatan di mana-mana pun.
- **There was nowhere to play.** Tidak ada

tempat untuk bermain.

nuclear KATA ADJEKTIF
nuklear
◊ *nuclear power* kuasa nuklear

nude KATA ADJEKTIF
rujuk juga **nude** KATA NAMA
bogel

nude KATA NAMA
rujuk juga **nude** KATA ADJEKTIF
keadaan bogel
◊ *in the nude* dalam keadaan bogel
- **to draw somebody in the nude** melukis gambar seseorang yang berbogel

nudist KATA NAMA
orang yang berbogel, biasanya di tempat-tempat yang dikhaskan seperti di tepi pantai

nuisance KATA NAMA
menyusahkan
◊ *It's a nuisance having to clean the car.* Mencuci kereta memang menyusahkan.
- **Sorry to be a nuisance.** Maaf kerana mengganggu.
- **You're such a nuisance!** Awak memang pengacau!

to **nullify** KATA KERJA
(nullified, nullified)
membatalkan
◊ *He used his powers to nullify decisions by local governments.* Dia menggunakan kuasanya untuk membatalkan keputusan kerajaan tempatan.

numb KATA ADJEKTIF
rujuk juga **numb** KATA KERJA
kebas
◊ *numb with cold* kebas kerana kesejukan

to **numb** KATA KERJA
rujuk juga **numb** KATA ADJEKTIF
mengebaskan
◊ *The cold weather numbed my fingers.* Cuaca yang sejuk mengebaskan jari saya.

number KATA NAMA
nombor
◊ *I can't read the second number.* Saya tidak dapat membaca nombor yang kedua. ◊ *They live at number five.* Mereka tinggal di alamat nombor lima.
◊ *You've got the wrong number.* Anda mendail nombor yang salah.
- **a large number of people** ramai orang
- **What's your number?** Apakah nombor telefon anda?
- **a decrease in the number of students** pengurangan bilangan pelajar

numbering KATA NAMA
penomboran

number plate KATA NAMA
plat nombor

numeral KATA NAMA
angka
◊ *Roman numerals* angka Roman

numerator KATA NAMA
pembilang (matematik)

nun KATA NAMA
biarawati

nurse KATA NAMA
jururawat
◊ *She's a nurse.* Dia seorang jururawat.

nursery KATA NAMA
(JAMAK **nurseries**)
1. *taska*
2. *tapak semaian*

nursery school KATA NAMA
tadika

nursery slope KATA NAMA
lereng ski (*untuk orang yang baru belajar*)

nut KATA NAMA
1. *kacang*
◊ *I don't like nuts.* Saya tidak suka makan kacang.
2. *nat*

nutmeg KATA NAMA
buah pala

nutrient KATA NAMA
nutrien

nutrition KATA NAMA
pemakanan
◊ *The effects of poor nutrition are evident.* Kesan-kesan pemakanan yang tidak sempurna adalah jelas.

nutritional KATA ADJEKTIF
pemakanan
◊ *nutritional content* kandungan pemakanan

nutritious KATA ADJEKTIF
berkhasiat

nuts KATA ADJEKTIF
(*tidak formal*)
gila
◊ *He's nuts.* Dia gila.

nylon KATA NAMA
nilon

O

oak KATA NAMA
  1. *pokok oak*
  2. *kayu oak*
  ◊ *an oak barrel* tong yang diperbuat daripada kayu oak

oar KATA NAMA
  pengayuh atau *dayung*

oath KATA NAMA
  sumpah

oats KATA NAMA JAMAK
  oat

obedience KATA NAMA
  kepatuhan
  ◊ *He wanted unquestioning obedience.* Dia mahu kepatuhan sepenuhnya.

obedient KATA ADJEKTIF
  patuh

obesity KATA NAMA
  kegemukan
  ◊ *Excessive consumption of sugar can lead to problems of obesity.* Pengambilan gula yang berlebihan boleh mengakibatkan masalah kegemukan.

to **obey** KATA KERJA
  patuh
  ◊ *to obey somebody* patuh kepada seseorang
  ♦ **to obey the rules** mematuhi peraturan

object KATA NAMA
  | rujuk juga **object** KATA KERJA |
  objek

to **object** KATA KERJA
  | rujuk juga **object** KATA NAMA |
  membangkang
  ◊ *The management objected to the ideas suggested by their employees.* Pihak pengurusan membangkang cadangan yang diberikan oleh para pekerjanya.

objection KATA NAMA
  bantahan
  ◊ *There were no objections to the plan.* Tidak ada bantahan terhadap rancangan itu.

objective KATA NAMA
  | rujuk juga **objective** KATA ADJEKTIF |
  matlamat

objective KATA ADJEKTIF
  | rujuk juga **objective** KATA NAMA |
  objektif

obligation KATA NAMA
  kewajipan

obligatory KATA ADJEKTIF
  wajib
  ◊ *He took the test although it's not obligatory.* Walaupun ujian itu tidak wajib, dia mengambilnya.

to **oblige** KATA KERJA
  mewajibkan
  ◊ *a rule obliging students to follow the orientation programme* peraturan yang mewajibkan pelajar mengikuti program orientasi ◊ *All workers are obliged to contribute to the EPF.* Semua pekerja diwajibkan mencarum wang mereka dalam KWSP.

oblong KATA NAMA
  segi empat panjang

oboe KATA NAMA
  obo (alat muzik)

obscene KATA ADJEKTIF
  lucah

obscenity KATA NAMA
  kelucahan

observant KATA ADJEKTIF
  mempunyai daya pemerhatian yang tajam

observation KATA NAMA
  pemerhatian
  ◊ *The scientist made an observation of the movement of the planets.* Ahli sains itu membuat pemerhatian tentang pergerakan planet-planet.

to **observe** KATA KERJA
  1. *mengamati*
  ◊ *The doctor observes the behaviour of the newborn baby.* Doktor itu mengamati tingkah laku bayi yang baru lahir itu.
  2. *memerhatikan*
  ◊ *The police observed the man's movements.* Polis memerhatikan gerak-geri lelaki itu.

observer KATA NAMA
  pemerhati

obsessed KATA ADJEKTIF
  terlalu memikirkan
  ♦ **He's obsessed with trains.** Dia sangat menggemari kereta api.

obsession KATA NAMA
  kegilaan
  ♦ **Football's an obsession of mine.** Saya sangat menggemari sukan bola sepak.

obsolete KATA ADJEKTIF
  1. *usang* (barang, rumah, perkataan)
  2. *lapuk* (idea)

obstacle KATA NAMA
  rintangan
  ◊ *He had to overcome a lot of obstacles.* Dia perlu mengatasi banyak rintangan.
  ♦ **He hit an obstacle.** Dia terlanggar pengadang.
  ♦ **Being disabled is not an obstacle to success.** Kecacatan bukanlah penghalang kepada kejayaan.

obstinate KATA ADJEKTIF
  1. *nekad*
  ◊ *She's very obstinate in her refusal to go.* Dia benar-benar nekad tidak mahu pergi.
  2. *degil*

◊ *an obstinate child* seorang kanak-kanak yang degil
to **obstruct** KATA KERJA
menghalang
◊ *A lorry was obstructing the traffic.* Sebuah lori menghalang lalu lintas.
obstruction KATA NAMA
halangan
to **obtain** KATA KERJA
memperoleh
obtuse KATA ADJEKTIF
① *lembap* (*orang*)
② *cakah*
◊ *obtuse angle* sudut cakah
obvious KATA ADJEKTIF
jelas
obviously KATA ADVERBA
jelas
◊ *The plan was obviously impossible.* Rancangan itu jelas mustahil.
♦ **Do you want to pass the exam? - Obviously!** Anda mahu lulus dalam peperiksaan itu? - Sudah tentu.
♦ **Obviously not!** Sudah tentu tidak!
occasion KATA NAMA

> **occasion** *diterjemahkan mengikut konteks.*

◊ *Christmas is an occasion for the whole family.* Krismas merupakan perayaan untuk seisi keluarga. ◊ *It was a special occasion for John.* Hari itu merupakan hari yang istimewa bagi John.
♦ **on several occasions** beberapa kali
♦ **on that occasion** pada ketika itu
occasionally KATA ADVERBA
sekali-sekala
occupation KATA NAMA
pekerjaan
to **occupy** KATA KERJA
(**occupied, occupied**)
① *menggunakan*
◊ *The toilet was occupied.* Tandas itu sedang digunakan.
② *mendiami* (*rumah*)
♦ **The house is not occupied at present.** Rumah itu tidak ada penghuni buat masa ini.
to **occur** KATA KERJA
berlaku
◊ *The accident occurred yesterday.* Kemalangan itu berlaku kelmarin.
♦ **It suddenly occurred to me that...** Terlintas dalam fikiran saya bahawa...
occurrence KATA NAMA
kejadian
♦ **Complaints were an everyday occurrence.** Setiap hari ada sahaja aduan.
ocean KATA NAMA

lautan
o'clock KATA ADVERBA
pukul (*jam*)
◊ *at four o'clock* pada pukul empat
◊ *It's one o'clock.* Sudah pukul satu.
octagonal KATA ADJEKTIF
berbentuk lapan segi
◊ *an octagonal container* bekas yang berbentuk lapan segi
October KATA NAMA
Oktober
◊ *on 21 October* pada 21 Oktober
♦ **in October** pada bulan Oktober
octopus KATA NAMA
(JAMAK **octopuses**)
sotong kurita
odd KATA ADJEKTIF
① *pelik*
◊ *That's odd!* Peliknya!
② *ganjil*
◊ *an odd number* nombor ganjil
♦ **odd socks** stoking berlainan warna
odour KATA NAMA
bau
◊ *body odour* bau badan
oesophagus KATA NAMA
(JAMAK **oesophaguses**)
esofagus
of KATA SENDI

> *Biasanya* **of** *tidak diterjemahkan.*

◊ *a kilo of oranges* sekilo buah oren
◊ *a glass of wine* segelas wain ◊ *the wheels of the car* roda kereta ◊ *There were three of us.* Kami bertiga. ◊ *a friend of mine* kawan saya
♦ **That's very kind of you.** Anda sungguh baik hati.
♦ **a boy of 10** seorang budak lelaki yang berusia 10 tahun
♦ **made of wood** diperbuat daripada kayu
off KATA ADJEKTIF, KATA ADVERBA, KATA SENDI

> *Untuk ungkapan-ungkapan lain yang hadir bersama* **off**, *sila lihat kata kerja* **get, take, turn** *dan sebagainya.*

① *padam* (*lampu*)
◊ *All the lights are off.* Semua lampu sudah padam.
② *ditutup* (*paip air, gas, barang elektrik*)
◊ *Are you sure the tap is off?* Anda pasti paip air itu sudah ditutup?
③ *tidak elok lagi* (*susu, daging, santan*)
♦ **to be off sick** cuti sakit
♦ **a day off** cuti satu hari ◊ *She took a day off work to go to the wedding.* Dia mengambil cuti satu hari untuk menghadiri majlis perkahwinan tersebut.
♦ **I've got tomorrow off.** Esok saya cuti.
♦ **She's off school today.** Dia tidak pergi ke sekolah hari ini.

- **I must be off now.** Saya mesti pergi sekarang.
- **I'm off.** Saya pergi sekarang.
- **The match is off.** Perlawanan itu dibatalkan.

offence KATA NAMA
(AS **offense**)
kesalahan (*jenayah*)

to **offend** KATA KERJA
menyinggung perasaan
◊ *I didn't mean to offend you.* Saya tidak bermaksud untuk menyinggung perasaan anda.

offended KATA ADJEKTIF
tersinggung
◊ *Linda is easily offended.* Linda seorang yang mudah tersinggung.

offensive KATA ADJEKTIF
| rujuk juga **offensive** KATA NAMA |
menyinggung perasaan

offensive KATA NAMA
| rujuk juga **offensive** KATA ADJEKTIF |
serangan

to **offer** KATA KERJA
| rujuk juga **offer** KATA NAMA |
menawarkan
◊ *He offered me a cigarette.* Dia menawarkan sebatang rokok kepada saya. ◊ *He offered to help me.* Dia menawarkan bantuan kepada saya.

offer KATA NAMA
| rujuk juga **offer** KATA KERJA |
tawaran
◊ *There was a special offer on books.* Ada tawaran istimewa untuk membeli buku.

office KATA NAMA
pejabat
◊ *during office hours* semasa waktu pejabat

officer KATA NAMA
pegawai

official KATA ADJEKTIF
rasmi

to **officiate** KATA KERJA
menjalankan upacara
◊ *The priest officiated at the funeral.* Paderi itu menjalankan upacara pengebumian tersebut.
- **Mary was invited to officiate at the opening ceremony.** Mary dijemput untuk merasmikan upacara pembukaan itu.

off-key KATA ADJEKTIF
sumbang
◊ *His singing was off-key.* Nyanyiannya sumbang.

off-licence KATA NAMA
(AS **liquor store**)
kedai arak

off-message KATA ADJEKTIF
menyimpang daripada polisi parti

off-peak KATA ADJEKTIF
waktu tidak sibuk
◊ *off-peak calls* panggilan pada waktu tidak sibuk

off-roader KATA NAMA
(*tidak formal*)
kenderaan untuk jalan yang lekak-lekuk

offside KATA ADJEKTIF
kedudukan yang salah (*bola sepak, hoki*)

often KATA ADVERBA
selalu
◊ *It often rains in Scotland.* Hujan selalu turun di Scotland.
- **How often do you go to the gym?** Berapa kerapkah anda pergi ke gimnasium?

oh KATA SERUAN
oh
◊ *Oh, he's gone!* Oh, dia sudah pergi!

oil KATA NAMA
| rujuk juga **oil** KATA KERJA |
minyak
◊ *an oil painting* lukisan minyak

to **oil** KATA KERJA
| rujuk juga **oil** KATA NAMA |
membubuh minyak

oil lamp KATA NAMA
lampu minyak

oil paint KATA NAMA
cat minyak

oil palm KATA NAMA
kelapa sawit

oil rig KATA NAMA
pelantar minyak

oil slick KATA NAMA
tumpahan minyak

oil well KATA NAMA
telaga minyak

oily KATA ADJEKTIF
berminyak

ointment KATA NAMA
salap

o.j. SINGKATAN (= *orange juice*) 🇺🇸
jus oren

okay KATA SERUAN, KATA ADVERBA
1 *baiklah*
◊ *Your appointment's at six o'clock. - Okay.* Temu janji anda pada pukul enam. - Baiklah.
2 *okey*
◊ *I'll meet you at six o'clock, okay?* Saya akan jumpa anda pada pukul enam, okey?
- **Are you okay?** Anda tidak apa-apa?
- **I'll do it tomorrow, if that's okay with you.** Saya akan melakukannya esok, jika anda tidak keberatan.
- **The film was okay.** Filem itu boleh tahan.

old KATA ADJEKTIF

[1] *tua*
◊ *old people* orang tua ◊ *an old man* seorang lelaki tua
[2] *lama*
◊ *an old house* sebuah rumah lama
[3] *bekas*
◊ *my old English teacher* bekas guru bahasa Inggeris saya

- **How are you?** Berapakah umur anda?
- **How old is the baby?** Berapakah umur bayi itu?
- **a twenty-year-old woman** wanita yang berumur dua puluh tahun
- **He's ten years old.** Umurnya sepuluh tahun.
- **older** lebih tua ◊ *She's two years older than me.* Dia dua tahun lebih tua daripada saya.
- **I'm the oldest in the family.** Saya anak sulung dalam keluarga saya.
- **my older brother** abang saya
- **my older sister** kakak saya

old age pensioner KATA NAMA
pesara

old-fashioned KATA ADJEKTIF
[1] *fesyen lama* (pakaian)
[2] *jenis lama* (barang)
[3] *kolot* (fikiran)
◊ *My parents are rather old-fashioned.* Ibu bapa saya agak kolot.

olive KATA NAMA
zaitun

olive oil KATA NAMA
minyak zaitun

olive tree KATA NAMA
pokok zaitun

Olympic KATA ADJEKTIF
Olimpik
- **the Olympics** Sukan Olimpik

omelette KATA NAMA
telur dadar

omen KATA NAMA
gejala
◊ *They regard her appearance at this moment as an omen of disaster.* Mereka menganggap kehadirannya pada ketika ini sebagai gejala yang akan berlakunya malapetaka.

to omit KATA KERJA
tidak memasukkan
◊ *They omitted his name from the article.* Mereka tidak memasukkan namanya dalam artikel itu.

omnivore KATA NAMA
omnivor atau *maserba*

on KATA SENDI, KATA ADVERBA
> rujuk juga **on** KATA ADJEKTIF

[1] *di atas*
◊ *on the table* di atas meja

> Selain daripada **di atas,** ada juga cara lain untuk menterjemahkan **on.**

[2] *di*
◊ *on an island* di sebuah pulau
◊ *on TV* di televisyen ◊ *on TV2* di TV2
- **on the left** di sebelah kiri
[3] *pada*
◊ *on the wall* pada dinding ◊ *on Friday* pada hari Jumaat
[4] *dengan*
◊ *I go to school on my bike.* Saya pergi ke sekolah dengan menunggang basikal.
◊ *We went on the train.* Kami pergi dengan menaiki kereta api.
- **a book on Ghandi** sebuah buku tentang Ghandi
- **on holiday** sedang bercuti
- **It's about 10 minutes on foot.** Kita boleh sampai ke tempat itu dalam masa kira-kira 10 minit jika berjalan kaki.
- **She was on antibiotics for a week.** Dia mengambil ubat antibiotik selama seminggu.
- **The coffee is on the house.** Kopi itu diberikan percuma.
- **The drinks are on me.** Saya akan bayar untuk minuman itu.
- **What is he on about?** Apakah yang dibebelkannya itu?

on KATA ADJEKTIF
> rujuk juga **on** KATA SENDI, KATA ADVERBA

[1] *sudah dipasang* (TV, lampu, alat pemanas)
◊ *Is the light on?* Sudahkah lampu itu dipasang?
- **I think I left the TV on.** Saya rasa saya terlupa menutup televisyen.
[2] *terbuka* (paip air)
- **Turn on the gas.** Buka gas itu.
[3] *berjalan* (mesin)
- **What's on at the cinema?** Apakah filem yang sedang ditayangkan di pawagam?
- **Is the party still on?** Jadikah majlis itu diadakan?
- **I've got a lot on this weekend.** Saya sibuk pada hujung minggu ini.

once KATA ADVERBA
sekali
◊ *once a week* seminggu sekali
◊ *once more* sekali lagi ◊ *I've been to Italy once before.* Saya pernah pergi ke Itali sekali.
- **once in a while** sekali-sekala
- **once and for all** untuk kali terakhir
- **at once** dengan segera

one → open

- **Once upon a time...** Pada suatu masa dahulu...

one ANGKA, KATA GANTI NAMA

1. *satu*
   ◊ *one o'clock* pukul satu
2. *yang*
   ◊ *I need a smaller one.* Saya memerlukan yang lebih kecil.

> Ada kalanya **one** diterjemahkan dengan menggunakan penjodoh bilangan yang bersesuaian.

◊ *I've got one dog and one cat.* Saya ada seekor anjing dan seekor kucing.
◊ *one book* sebuah buku

- **One never knows...** Seseorang itu tidak akan tahu...
- **one by one** satu demi satu
- **one another** satu sama lain ◊ *They all looked at one another.* Mereka semua berpandangan antara satu sama lain.

one-on-one KATA NAMA
satu lawan satu

oneself KATA GANTI NAMA
1. *diri sendiri*
- **to hurt oneself** tercedera
- **to wash oneself** membersihkan diri
2. *sendiri*
   ◊ *It's quicker to do it oneself.* Lebih cepat jika melakukannya sendiri.

one-way KATA ADJEKTIF
sehala
◊ *a one-way street* jalan sehala ◊ *a one-way ticket* tiket perjalanan sehala

onion KATA NAMA
bawang

online KATA ADJEKTIF
dalam talian
◊ *More and more businesses are going online.* Semakin banyak perniagaan menjalankan aktiviti dalam talian. ◊ *You can chat to other people who are online.* Anda boleh bersembang dengan orang lain yang berada dalam talian.

only KATA ADVERBA

> rujuk juga **only** KATA ADJEKTIF, KATA HUBUNG

hanya
◊ *How much was it? - Only RM10.* Berapakah harganya? - Hanya RM10.
◊ *We only want to stay for one night.* Kami hanya mahu tinggal selama satu malam. ◊ *It's only a game!* Itu hanyalah satu permainan!

only KATA ADJEKTIF

> rujuk juga **only** KATA ADVERBA, KATA HUBUNG

satu-satunya
◊ *Monday is the only day I'm free.* Hari Isnin merupakan satu-satunya hari yang saya tidak sibuk.

- **She's an only child.** Dia anak tunggal.

only KATA HUBUNG

> rujuk juga **only** KATA ADJEKTIF, KATA ADVERBA

cuma
◊ *It's a bit like my house, only nicer.* Rumah itu lebih kurang macam rumah saya, cuma lebih cantik.

- **I'd like the same sweater, only in black.** Saya mahu baju panas yang sama, tetapi yang berwarna hitam.

on-message KATA ADJEKTIF
mengikut polisi parti
◊ *They kept the campaign on-message.* Mereka memastikan kempen itu mengikut polisi parti.

onside KATA ADJEKTIF
1. *kedudukan yang betul* (dalam bola sepak, hoki)
2. *memberikan sokongan*
   ◊ *He stayed onside during the election campaign.* Dia terus memberikan sokongan semasa kempen pilihan raya itu.

onto KATA SENDI
1. *ke atas*
   ◊ *The boy jumped onto the bed.* Budak lelaki itu melompat ke atas katil.
2. *ke*
   ◊ *He turned his car onto the main road.* Dia membelokkan keretanya ke jalan utama.

onwards KATA ADVERBA
ke hadapan
◊ *The most important thing now is to move onwards.* Yang paling penting sekarang ialah kita mesti terus maju ke hadapan.

- **from July onwards** mulai bulan Julai
- **The bus continued onwards.** Bas itu meneruskan perjalanannya.

to **ooze** KATA KERJA
meleleh
◊ *Blood is oozing from his wound.* Darah meleleh keluar dari lukanya.

opaque KATA ADJEKTIF
legap

to **open** KATA KERJA

> rujuk juga **open** KATA ADJEKTIF

membuka
◊ *Can I open the window?* Bolehkah saya buka tingkap itu? ◊ *What time do the shops open?* Pada pukul berapakah kedai-kedai itu akan dibuka?

- **The door opens automatically.** Pintu itu terbuka secara automatik.

open KATA ADJEKTIF

> rujuk juga **open** KATA KERJA

dibuka

◊ *The shop's open on Sunday mornings.* Kedai itu dibuka pada pagi Ahad. ◊ *Are you open tomorrow?* Apakah kedai anda dibuka esok?
* **in the open air** di luar bangunan

opener KATA NAMA
pembuka
◊ *tin opener* pembuka tin

opening KATA ADJEKTIF
> rujuk juga **opening** KATA NAMA

pembukaan
◊ *opening ceremony* majlis pembukaan

opening KATA NAMA
> rujuk juga **opening** KATA ADJEKTIF

1. *lubang*
◊ *He squeezed through a narrow opening in the fence.* Dia meloloskan badannya melalui lubang yang kecil pada pagar.
2. *pembukaan* (bangunan, dll)
3. *bahagian pertama* (buku, drama, dll)

opening hours KATA NAMA JAMAK
1. *waktu perniagaan* (kedai, bank)
2. *waktu dibuka* (galeri, klinik)

openly KATA ADVERBA
terang-terangan
◊ *We can now talk openly about AIDS.* Sekarang, kita boleh bercakap secara terang-terangan tentang penyakit AIDS.

open-minded KATA ADJEKTIF
berfikiran terbuka

opera KATA NAMA
opera

to **operate** KATA KERJA
1. *mengendalikan*
◊ *to operate a business* mengendalikan perniagaan
2. *berfungsi* (mesin, peralatan)
* **to operate on somebody** membedah seseorang

operation KATA NAMA
1. *operasi* (kilang, perniagaan)
2. *pembedahan*
◊ *I've never had an operation.* Saya belum pernah menjalani pembedahan.

operator KATA NAMA
operator

opinion KATA NAMA
pendapat
◊ *in my opinion* pada pendapat saya

opinion former KATA NAMA
orang yang dapat mempengaruhi pendapat masyarakat

opinion poll KATA NAMA
tinjauan pendapat

opium KATA NAMA
candu

opponent KATA NAMA
pihak lawan

opportunist KATA NAMA
orang yang pandai mengambil kesempatan

opportunity KATA NAMA
(JAMAK **opportunities**)
1. *peluang*
* **I've never had the opportunity to go to Spain.** Saya belum berpeluang melawat ke Sepanyol.
2. *kesempatan*
◊ *to take the opportunity* mengambil kesempatan

to **oppose** KATA KERJA
menentang
◊ *Many parents opposed the motion proposed by the principal.* Ramai ibu bapa menentang usul yang dicadangkan oleh pengetua itu.

opposed KATA ADJEKTIF
berlawanan (idea, sistem, matlamat)
* **to be opposed to something** menentang sesuatu ◊ *I've always been opposed to violence.* Saya sentiasa menentang keganasan.

opposing KATA ADJEKTIF
berlawanan
* **the opposing team** pihak lawan

opposite KATA ADJEKTIF, KATA ADVERBA, KATA SENDI
1. *bertentangan*
◊ *the opposite direction* arah yang bertentangan
* **people of the opposite sex** orang yang berlainan jantina
2. *berhadapan dengan*
◊ *the girl sitting opposite me* gadis yang duduk berhadapan dengan saya
* **They live opposite.** Mereka tinggal di seberang jalan.

opposition KATA NAMA
1. *tentangan*
◊ *There is a lot of opposition to the new law.* Terdapat banyak tentangan terhadap undang-undang baru itu.
2. *pembangkang*
◊ *the opposition party* parti pembangkang

to **oppress** KATA KERJA
menindas
◊ *He oppressed his employees.* Dia menindas pekerja-pekerjanya.

oppression KATA NAMA
penindasan
◊ *political oppression* penindasan politik

oppressor KATA NAMA
penindas

to **opt** KATA KERJA
memilih
◊ *You can opt for either method.* Anda

optical → organic

boleh memilih salah satu kaedah.
optical KATA ADJEKTIF
  optik
  ◊ *optical disk* cakera optik
optician KATA NAMA
  pakar optik
  ♦ **at the optician's** di klinik pakar optik
optics KATA NAMA
  optik
optimist KATA NAMA
  optimis
optimistic KATA ADJEKTIF
  optimistik
to **optimize** KATA KERJA
  mengoptimumkan
  ◊ *to optimize production* mengoptimumkan pengeluaran
optimum KATA ADJEKTIF
  optimum
  ◊ *optimum production* pengeluaran pada tahap optimum
option KATA NAMA
  1. *pilihan*
  ◊ *I've got no option.* Saya tidak mempunyai pilihan.
  2. *mata pelajaran pilihan*
  ◊ *I'm doing geology as my option.* Saya mengambil geologi sebagai mata pelajaran pilihan.
optional KATA ADJEKTIF
  1. *pilihan*
  2. *tidak diwajibkan* (*mata pelajaran*)
  ◊ *Biology was optional at my school.* Biologi tidak diwajibkan di sekolah saya.
or KATA HUBUNG
  1. *atau*
  ◊ *Would you like tea or coffee?* Anda mahu teh atau kopi?
  ♦ **Hurry up or you'll miss the bus.** Cepat, kalau tidak anda akan ketinggalan bas.
  2. *mahupun*
  ◊ *I don't eat meat or fish.* Saya tidak makan daging mahupun ikan.
oral KATA ADJEKTIF
  > *rujuk juga* **oral** KATA NAMA

  lisan
  ◊ *an oral exam* ujian lisan
  ♦ **oral hygiene** kebersihan mulut
oral KATA NAMA
  > *rujuk juga* **oral** KATA ADJEKTIF

  ujian lisan
  ◊ *I've got my Spanish oral soon.* Saya akan menduduki ujian lisan bahasa Sepanyol tidak lama lagi.
orange KATA ADJEKTIF
  > *rujuk juga* **orange** KATA NAMA

  jingga
orange KATA NAMA
  > *rujuk juga* **orange** KATA ADJEKTIF

  buah oren
  ♦ **orange juice** jus oren
orbit KATA NAMA
  > *rujuk juga* **orbit** KATA KERJA

  orbit
to **orbit** KATA KERJA
  > *rujuk juga* **orbit** KATA NAMA

  mengorbit
  ◊ *a satellite that orbits the earth* satelit yang mengorbit bumi
orchard KATA NAMA
  kebun
orchestra KATA NAMA
  orkestra
orchid KATA NAMA
  orkid
order KATA NAMA
  > *rujuk juga* **order** KATA KERJA

  1. *susunan*
  ◊ *in alphabetical order* mengikut susunan abjad
  2. *arahan*
  ◊ *to obey an order* mematuhi arahan
  3. *pesanan*
  ◊ *The waiter took our order.* Pelayan itu mengambil pesanan kami.
  4. *ketenteraman*
  ♦ **in order to** untuk ◊ *He does it in order to earn money.* Dia berbuat demikian untuk mendapatkan wang.
  ♦ **"out of order"** "rosak"
to **order** KATA KERJA
  > *rujuk juga* **order** KATA NAMA

  1. *memesan*
  ◊ *We ordered two cups of coffee.* Kami memesan dua cawan kopi.
  2. *mengarahkan*
  ◊ *The Chief of Police ordered his men to rush to the scene.* Ketua polis itu mengarahkan orang-orangnya bergegas ke tempat kejadian.
to **order about** KATA KERJA
  mengarah ... membuat itu dan ini
  ◊ *She was fed up with being ordered about.* Dia bosan kerana sering diarah membuat itu dan ini.
orderly KATA ADJEKTIF
  teratur
  ◊ *an orderly system* sistem yang teratur
ordinary KATA ADJEKTIF
  biasa
  ◊ *He's an ordinary man.* Dia cuma manusia biasa. ◊ *an ordinary day* hari yang biasa
ore KATA NAMA
  bijih
organ KATA NAMA
  organ
organic KATA ADJEKTIF

organism → ourselves

organik

organism KATA NAMA
organisma

organization KATA NAMA
organisasi

to **organize** KATA KERJA
1. *menganjurkan* (seminar, konsert)
2. *menyediakan* (kemudahan)
3. *mengatur* (barang)
4. *mengurus* (diri, perniagaan)

organized KATA ADJEKTIF
teratur
◊ *She is very organized.* Dia seorang yang sangat teratur.

organizer KATA NAMA
penganjur
◊ *The organizers are offering a lot of prizes for the contest.* Pihak penganjur menawarkan hadiah yang banyak untuk pertandingan itu.

orientation KATA NAMA
orientasi

origin KATA NAMA
asal

original KATA ADJEKTIF
asli
◊ *an original idea* idea yang asli
- **our original plan** rancangan asal kami

originality KATA NAMA
keaslian
◊ *The originality of the restaurant's food was widely praised.* Keaslian masakan restoran itu dipuji ramai.

originally KATA ADVERBA
pada asalnya

ornament KATA NAMA
> rujuk juga **ornament** KATA KERJA

barang perhiasan

to **ornament** KATA KERJA
> rujuk juga **ornament** KATA NAMA

menghiasi

orphan KATA NAMA
anak yatim

orphanage KATA NAMA
rumah anak yatim

to **ostracize** KATA KERJA
memulaukan
◊ *She was ostracized by her neighbours.* Dia dipulaukan oleh jiran-jirannya.

ostrich KATA NAMA
(JAMAK **ostriches**)
burung unta

other KATA ADJEKTIF, KATA GANTI NAMA
lain
◊ *Have you got these jeans in other colours?* Anda ada seluar jean ini dengan warna yang lain?
- **the other day** hari itu
- **on the other side of the street** di seberang jalan
- **the other one** yang satu lagi ◊ *This one? - No, the other one.* Yang ini? - Bukan, yang satu lagi.
- **the others** yang lain ◊ *The others are going but I'm not.* Mereka yang lain akan pergi tetapi saya tidak.

otherwise KATA ADVERBA, KATA HUBUNG
jika tidak
◊ *Note down the number, otherwise you'll forget it.* Catatkan nombor itu, jika tidak anda akan lupa.
- **I'm tired, but otherwise I'm fine.** Saya sihat, cuma letih sahaja.

ouch KATA SERUAN
aduh

ought KATA KERJA
patut
◊ *I ought to phone my parents.* Saya patut menelefon ibu bapa saya. ◊ *You ought not to do that.* Anda tidak patut berbuat demikian.
- **You ought to have warned me.** Anda sepatutnya mengingatkan saya.
- **He ought to have known.** Sepatutnya dia sudah tahu.

ounce KATA NAMA
auns

our KATA ADJEKTIF

> Gunakan **kita** jika termasuk orang yang bercakap dengan anda.
> Gunakan **kami** jika tidak termasuk orang yang bercakap dengan anda.

1. *kita*
◊ *We need to take responsibility for looking after our own health.* Kita harus bertanggungjawab menjaga kesihatan kita sendiri.
2. *kami*
◊ *We are expecting our first baby.* Kami sedang menanti kelahiran anak pertama kami.

ours KATA GANTI NAMA

> Gunakan **kita** jika termasuk orang yang bercakap dengan anda.
> Gunakan **kami** jika tidak termasuk orang yang bercakap dengan anda.

1. *Kata Nama + kita*
◊ *"Half the houses here had been fitted with alarms and ours hadn't,"* he said to his wife. "Separuh daripada rumah-rumah di sini sudah dilengkapi dengan alat penggera, kecuali rumah kita," katanya kepada isterinya.
2. *Kata Nama + kami*
◊ *Your car is much bigger than ours.* Kereta anda lebih besar daripada kereta kami.

ourselves KATA GANTI NAMA

> Gunakan **kita** jika termasuk orang yang bercakap dengan anda.
> Gunakan **kami** jika tidak termasuk orang yang bercakap dengan anda.

1 *kita*
◊ *"We should sit round the fire to keep ourselves warm," he said.* "Kita patut duduk mengelilingi api untuk memanaskan badan kita," katanya.

2 *kami*
◊ *We sat round the fire to keep ourselves warm.* Kami duduk mengelilingi api untuk memanaskan badan kami.

3 *sendiri*
◊ *We built our garage ourselves.* Kami membina garaj kami sendiri.

- **by ourselves** bersendirian ◊ *We prefer to be by ourselves.* Kami lebih suka bersendirian.
- **Let's not talk about ourselves anymore.** Tidak usahlah kita bercakap tentang diri sendiri lagi.
- **We really enjoyed ourselves.** Kami betul-betul bergembira.

out KATA SENDI, KATA ADVERBA

> rujuk juga **out** KATA ADJEKTIF

luar
◊ *It's cold out.* Di luar sejuk. ◊ *It's dark out there.* Di luar sana gelap.

- **to go out** keluar ◊ *I'm going out tonight.* Saya akan keluar malam ini.
- **She's out.** Dia sudah keluar.
- **She's out for the afternoon.** Dia keluar petang ini.
- **to go out with somebody** keluar dengan seseorang ◊ *I've been going out with him for two months.* Saya sudah keluar dengannya selama dua bulan.
- **a night out with my friends** keluar dengan kawan-kawan saya pada waktu malam
- **"way out"** "keluar"
- **out of town** luar bandar ◊ *He lives out of town.* Dia tinggal di luar bandar.
- **three kilometres out of town** tiga kilometer luar bandar
- **to take something out of your pocket** mengeluarkan sesuatu dari poket anda
- **out of curiosity** kerana ingin tahu
- **We're out of milk.** Kita sudah kehabisan susu.
- **nine cases out of ten** sembilan daripada sepuluh kes

out KATA ADJEKTIF

> rujuk juga **out** KATA SENDI, KATA ADVERBA

1 *padam* (lampu, api)
◊ *All the lights are out.* Semua lampu sudah padam.

2 *disingkirkan*
◊ *That's it, Liverpool are out.* Ya, pasukan Liverpool telah disingkirkan.

- **The film is now out on video.** Filem itu sudah diterbitkan dalam bentuk video.

outbreak KATA NAMA

meletusnya
◊ *a cholera outbreak* meletusnya wabak taun

- **the outbreak of war** tercetusnya peperangan

outburst KATA NAMA

luahan
◊ *The girl was moved by the old woman's outburst.* Luahan hati nenek itu menyentuh perasaan gadis itu.

outcome KATA NAMA

1 *keputusan* (proses, aktiviti)
2 *kesudahan* (keadaan)

outdated KATA ADJEKTIF
ketinggalan zaman

to **outdo** KATA KERJA
(**outdid, outdone**)
mengatasi
◊ *The bank wants to outdo its competitor.* Bank itu ingin mengatasi saingannya.

outdoor KATA ADJEKTIF
luar
◊ *outdoor activities* kegiatan luar

- **an outdoor swimming pool** kolam renang terbuka

outdoors KATA ADVERBA
di luar

outer KATA ADJEKTIF
luar
◊ *outer layer* lapisan luar

outfit KATA NAMA
pakaian
◊ *a cowboy outfit* pakaian koboi

outflow KATA NAMA
pengaliran keluar
◊ *an increasing outflow of money* pengaliran keluar wang yang semakin banyak

outgoing KATA ADJEKTIF
1 *akan bersara* (presiden, menteri, pengerusi)
2 *peramah* (sikap)

outing KATA NAMA
bersiar-siar
◊ *to go on an outing* keluar bersiar-siar

outlet KATA NAMA
saluran keluar

to **outline** KATA KERJA

> rujuk juga **outline** KATA NAMA

menggariskan
◊ *The book outlines some ways of solving these problems.* Buku itu

menggariskan beberapa cara untuk menyelesaikan masalah-masalah ini.

outline KATA NAMA

rujuk juga **outline** KATA KERJA

1. *garis kasar*
◊ *This is an outline of the plan.* Ini merupakan garis kasar rancangan tersebut.
2. *garis bentuk*
◊ *We could see the outline of the mountain.* Kami boleh nampak garis bentuk gunung tersebut.

outlook KATA NAMA

pandangan
◊ *I adopted a positive outlook on life.* Saya mengamalkan pandangan hidup yang positif.
- **the uncertain outlook for the motor industry** masa depan yang belum pasti bagi industri motor

out-of-court KATA ADJEKTIF

di luar mahkamah (penyelesaian)

out-of-town KATA ADJEKTIF

di luar bandar
◊ *out-of-town supermarkets* pasar raya di luar bandar

output KATA NAMA

output

outrageous KATA ADJEKTIF

1. *amat keterlaluan* (sikap)
2. *terlampau tinggi* (harga)
3. *menjolok mata* (pakaian)

outset KATA NAMA

permulaan
◊ *at the outset* pada permulaannya
- **from the outset** dari awal lagi

outside KATA NAMA, KATA ADJEKTIF

rujuk juga **outside** KATA SENDI, KATA ADVERBA

1. *bahagian luar*
◊ *the outside of the house* bahagian luar rumah
2. *luar*
◊ *the outside walls* dinding luar

outside KATA SENDI, KATA ADVERBA

rujuk juga **outside** KATA NAMA, KATA ADJEKTIF

luar
◊ *It's very cold outside.* Cuaca di luar sangat sejuk. ◊ *outside the school* di luar kawasan sekolah ◊ *outside school hours* di luar waktu sekolah
- **Don't go outside!** Jangan keluar!

outsider KATA NAMA

orang luar

outsize KATA ADJEKTIF

luar biasa besar
◊ *outsize clothes* pakaian yang luar biasa besar

outskirts KATA NAMA JAMAK

pinggir
◊ *on the outskirts of town* di pinggir bandar ◊ *a hotel on the outskirts of New York* sebuah hotel di pinggir bandar New York

outspoken KATA ADJEKTIF

lantang
◊ *Several groups are very outspoken in their criticism of the administration.* Ada beberapa pihak yang begitu lantang mengkritik pihak pentadbiran.

outspokenness KATA NAMA

kelantangan
◊ *His outspokenness in discussing sensitive issues has often created controversy.* Kelantangannya membahaskan isu-isu yang sensitif sering menimbulkan kontroversi.

outstanding KATA ADJEKTIF

1. *sungguh cemerlang* (pelajar, atlit)
◊ *He was outstanding at tennis and golf.* Dia sungguh cemerlang dalam tenis dan golf.
2. *hebat*
◊ *an outstanding young novelist* novelis muda yang hebat
- **an outstanding leader** pemimpin yang ulung

outstretched KATA ADJEKTIF

terentang
◊ *outstretched hands* tangan yang terentang
- **an eagle with outstretched wings** seekor burung helang dengan sayapnya yang mengembang

oval KATA ADJEKTIF

bujur

ovary KATA NAMA

(JAMAK **ovaries**)
ovari

oven KATA NAMA

ketuhar

over KATA ADJEKTIF, KATA ADVERBA, KATA SENDI

1. *di atas*
◊ *There's a mirror over the washbasin.* Ada cermin di atas singki.
2. *melepasi*
◊ *The ball went over the fence.* Bola itu melepasi pagar.
- **a bridge over the Thames** jambatan yang merentangi Sungai Thames
3. *melebihi*
◊ *over 20 kilos* melebihi 20 kilo ◊ *The temperature was over 30 degrees.* Suhu telah melebihi 30 darjah.
4. *semasa*
◊ *over the holidays* semasa cuti

◊ *over Christmas* semasa Krismas
5 *tamat*
◊ *I'll be happy when the exams are over.* Saya akan berasa gembira apabila peperiksaan tamat.
- **over here** di sini
- **over there** di sana
- **all over Scotland** di seluruh negara Scotland
- **The shop is over the road.** Kedai itu terletak di seberang jalan.
- **I spilled coffee over my shirt.** Saya tertumpah kopi pada kemeja saya.

over-age KATA ADJEKTIF
terlalu tua
◊ *over-age players* pemain-pemain yang terlalu tua

overall KATA ADJEKTIF
| rujuk juga **overall** KATA ADVERBA |
keseluruhan
◊ *What was your overall impression?* Apakah tanggapan keseluruhan anda?

overall KATA ADVERBA
| rujuk juga **overall** KATA ADJEKTIF |
secara keseluruhannya
◊ *Overall, we played very well.* Secara keseluruhannya, kami bermain dengan baik sekali.

overalls KATA NAMA JAMAK
baju luar

overcame KATA KERJA *rujuk* **overcome**

overcast KATA ADJEKTIF
mendung
◊ *The sky was overcast.* Langit mendung.

to **overcharge** KATA KERJA
mengenakan bayaran berlebihan
◊ *They overcharged us for the meal.* Mereka mengenakan bayaran berlebihan untuk makanan itu.

overcoat KATA NAMA
kot luar

to **overcome** KATA KERJA
(**overcame, overcome**)
mengatasi
◊ *We should co-operate to overcome our country's economic crisis.* Kita perlu bekerjasama untuk mengatasi masalah ekonomi negara.
- **to overcome bad habits** mengikis tabiat buruk

to **overdo** KATA KERJA
(**overdid, overdone**)
keterlaluan
◊ *He has overdone it.* Dia sudah keterlaluan.

overdone KATA ADJEKTIF
terlalu masak

overdose KATA NAMA
dos berlebihan

overdraft KATA NAMA
overdraf

overdue KATA ADJEKTIF
lewat
◊ *to pay overdue salaries and allowances* membayar gaji dan elaun yang lewat
- **The debate is long overdue.** Perbahasan itu sepatutnya sudah lama diadakan.
- **The book was overdue.** Buku itu dipulangkan lewat.

to **overestimate** KATA KERJA
1 *terlebih menganggar*
◊ *We overestimated how long it would take.* Kami terlebih menganggar jumlah masa yang diperlukan.
2 *membuat jangkaan yang berlebihan*
◊ *He overestimated their desire for peace.* Dia membuat jangkaan yang berlebihan tentang keinginan mereka untuk mendapatkan keamanan.

to **overflow** KATA KERJA
| rujuk juga **overflow** KATA NAMA |
melimpah
◊ *The water in the basin overflowed.* Air di dalam besen itu melimpah.
- **The water from the drain overflowed onto the road.** Air longkang melimpahi jalan raya itu.

overflow KATA NAMA
| rujuk juga **overflow** KATA KERJA |
limpahan

overgrown KATA ADJEKTIF
ditumbuhi
◊ *The playground is neglected and overgrown with weeds.* Taman permainan itu terabai dan ditumbuhi lalang.

overhead bridge KATA NAMA
jejantas

overhead projector KATA NAMA
projektor

overheads KATA NAMA JAMAK
kos overhed

to **overhear** KATA KERJA
(**overheard, overheard**)
terdengar
◊ *I overheard the two doctors discussing the operation.* Saya terdengar dua orang doktor itu berbincang tentang pembedahan tersebut.

to **overlap** KATA KERJA
| rujuk juga **overlap** KATA NAMA |
bertindih
◊ *Overlap the slices so there are no gaps.* Susun kepingan itu bertindih supaya tidak ada ruang. ◊ *The research of the two students overlapped.* Kajian

English ~ Malay — overlap → ozone layer

dua orang pelajar itu bertindih.

overlap KATA NAMA
> rujuk juga **overlap** KATA KERJA

pertindihan

to overlook KATA KERJA
1. *dapat dilihat*
   ◊ *The hotel overlooked the beach.* Pantai itu dapat dilihat dari hotel.
2. *terlepas dari perhatian*
   ◊ *He had overlooked one important problem.* Satu masalah yang besar telah terlepas dari perhatiannya.

overripe KATA ADJEKTIF
ranum
◊ *overripe fruit* buah yang ranum

overseas KATA ADVERBA
luar negara
◊ *I'd like to work overseas.* Saya ingin bekerja di luar negara.

to overshoot KATA KERJA
(**overshot, overshot**)
terlajak
◊ *The plane overshot the runway.* Kapal terbang itu terlajak dari landasannya.

oversight KATA NAMA
1. *kesilapan*
2. *kealpaan* (*kerana cuai, tidak sedar*)

to oversleep KATA KERJA
(**overslept, overslept**)
terlambat bangun
◊ *I overslept this morning.* Saya terlambat bangun pagi ini.

to overstep KATA KERJA
melampaui
◊ *He has overstepped the limit.* Dia sudah melampaui batas.

to overtake KATA KERJA
(**overtook, overtaken**)
memotong (*kenderaan*)

to overthrow KATA KERJA
(**overthrew, overthrown**)
menggulingkan
◊ *an attempt to overthrow the president* percubaan untuk menggulingkan presiden

overtime KATA NAMA
lebih masa
◊ *to work overtime* bekerja lebih masa

overtook KATA NAMA *rujuk* **overtake**

to overturn KATA KERJA
terbalik
◊ *The lorry overturned and smashed into a wall.* Lori itu terbalik dan terlanggar tembok.

to overuse KATA KERJA
terlebih menggunakan

overweight KATA ADJEKTIF
berat badan berlebihan
• **to be overweight** berat badan berlebihan

ovum KATA NAMA
(JAMAK **ova**)
ovum

to owe KATA KERJA
berhutang
◊ *Blake already owed him nearly £50.* Blake sudah berhutang dengannya hampir 50 paun.
• **How much do I owe you?** Berapa banyakkah hutang saya kepada anda?

owing to KATA SENDI
akibat
◊ *The match was cancelled owing to bad weather.* Perlawanan itu dibatalkan akibat cuaca yang buruk.

owl KATA NAMA
burung hantu

own KATA ADJEKTIF, KATA GANTI NAMA
> rujuk juga **own** KATA KERJA

sendiri
◊ *This is my own recipe.* Resipi ini merupakan resipi saya sendiri. ◊ *I wish I had a room of my own.* Saya harap saya mempunyai bilik sendiri.
• **on his own** bersendirian
• **She lives on her own.** Dia tinggal bersendirian.
• **We did it on our own.** Kami melakukannya sendiri.

to own KATA KERJA
> rujuk juga **own** KATA ADJEKTIF

memiliki

to own up KATA KERJA
mengaku
◊ *to own up to something* mengaku melakukan sesuatu

owner KATA NAMA
pemilik

ownership KATA NAMA
pemilikan
◊ *My mother transferred the ownership of the land to her brother.* Ibu saya menukarkan pemilikan tanah itu kepada abangnya.

ox KATA NAMA
lembu jantan

oxygen KATA NAMA
oksigen

oyster KATA NAMA
tiram

oyster mushroom KATA NAMA
cendawan tiram

ozone KATA NAMA
ozon

ozone layer KATA NAMA
lapisan ozon

P

PA KATA NAMA (= *personal assistant*)
pembantu peribadi
◊ *She's a PA.* Dia seorang pembantu peribadi.
- **the PA system** (= *the public address system*) sistem siar raya

pace KATA NAMA
1. *kadar*
◊ *Many people were not satisfied with the pace of change.* Ramai orang tidak berpuas hati dengan kadar perubahan itu.
2. *langkah* (ketika berjalan)
- **the frantic pace of life in London** kehidupan di London yang kelam-kabut

Pacific KATA NAMA
Lautan Pasifik
- **the Pacific** Lautan Pasifik

to **pacify** KATA KERJA
(**pacified, pacified**)
menenangkan
◊ *Is this just something to pacify the critics?* Adakah ini hanya dilakukan untuk menenangkan pihak pengkritik?

to **pack** KATA KERJA
> rujuk juga **pack** KATA NAMA

1. *membungkus*
◊ *to pack something* membungkus sesuatu
2. *mengemas*
◊ *I've already packed my case.* Saya telah mengemas beg saya.
- **I'll help you pack.** Saya akan menolong anda berkemas.
- **Pack it in!** Sudahlah!

pack KATA NAMA
> rujuk juga **pack** KATA KERJA

bungkus
◊ *a pack of cigarettes* sebungkus rokok
- **a pack of cards** satu set daun terup

package KATA NAMA
1. *bungkusan*
2. *pakej*
◊ *a package holiday* percutian pakej

packed KATA ADJEKTIF
penuh sesak
◊ *The cinema was packed.* Pawagam itu penuh sesak.

packed lunch KATA NAMA
(JAMAK **packed lunches**)
bekal (untuk makan tengah hari)
◊ *I take a packed lunch to school.* Saya membawa bekal ke sekolah.

packet KATA NAMA
bungkus
◊ *a packet of cigarettes* sebungkus rokok ◊ *a packet of crisps* sebungkus kerepek kentang

pad KATA NAMA
pad

paddle KATA NAMA
> rujuk juga **paddle** KATA KERJA

dayung
- **to go for a paddle** pergi berdayung

to **paddle** KATA KERJA
> rujuk juga **paddle** KATA NAMA

mendayung
◊ *to paddle a canoe* mendayung kano

paddy KATA NAMA
(JAMAK **paddies**)
padi
◊ *paddy field* sawah padi

padlock KATA NAMA
mangga

page KATA NAMA
> rujuk juga **page** KATA KERJA

muka surat
◊ *on page 13* pada muka surat 13

to **page** KATA KERJA
> rujuk juga **page** KATA NAMA

mengelui
◊ *to page somebody* mengelui seseorang

pager KATA NAMA
alat kelui

pagoda KATA NAMA
pagoda

paid KATA KERJA *rujuk* **pay**
paid KATA ADJEKTIF
bergaji
◊ *to do paid work* melakukan kerja bergaji ◊ *three weeks' paid holiday* cuti bergaji selama tiga minggu

pail KATA NAMA
baldi

pain KATA NAMA
kesakitan
◊ *a terrible pain* kesakitan yang teruk
- **I've got a pain in my stomach.** Perut saya sakit.
- **I find him a real pain.** (*tidak formal*) Bagi saya dia seorang yang amat menyusahkan.

painful KATA ADJEKTIF
1. *menyakitkan*
◊ *a painful injury* kecederaan yang menyakitkan
2. *sakit*
◊ *Her feet were swollen and painful.* Kakinya bengkak dan sakit.
- **Is it painful?** Sakitkah?
- **The incident was too painful to remember.** Peristiwa itu terlalu perit untuk dikenang.

painkiller KATA NAMA
ubat penahan sakit

painstaking KATA ADJEKTIF
cermat dan teliti (pemeriksaan, penyiasatan)

English ~ Malay — paint → pan

paint KATA NAMA
> rujuk juga **paint** KATA KERJA

cat

to **paint** KATA KERJA
> rujuk juga **paint** KATA NAMA

mengecat
◊ *to paint something green* mengecat sesuatu dengan warna hijau

paintbrush KATA NAMA
(JAMAK **paintbrushes**)
1. *berus lukisan*
2. *berus cat*

painter KATA NAMA
1. *tukang cat*
◊ *He hired a painter to paint his house.* Dia mengupah seorang tukang cat untuk mengecat rumahnya.
2. *pelukis*
◊ *He is a very talented painter.* Dia seorang pelukis yang sangat berbakat.

painting KATA NAMA
1. *lukisan*
◊ *a painting by Picasso* lukisan oleh Picasso
2. *melukis*
◊ *My hobby is painting.* Hobi saya ialah melukis.

pair KATA NAMA
1. *pasang*
◊ *a pair of shoes* sepasang kasut
♦ **a pair of scissors** sebilah gunting
♦ **a pair of trousers** sehelai seluar
2. *pasangan* (suami isteri, kekasih)
♦ **A pair of teenage boys were smoking cigarettes.** Dua orang remaja lelaki sedang menghisap rokok.
♦ **in pairs** berpasangan

to **pair up** KATA KERJA
menggandingkan
◊ *The coach paired up Krishna and Seng Chee for the game.* Jurulatih itu menggandingkan Krishna dengan Seng Chee untuk perlawanan tersebut.

pairing KATA NAMA
gandingan
◊ *The pairing of those two tennis players is difficult to beat.* Gandingan dua pemain tenis itu sukar ditandingi.

pajamas KATA NAMA JAMAK 🇺🇸
pijama
◊ *a pair of pajamas* sepasang pijama

Pakistan KATA NAMA
Pakistan

Pakistani KATA ADJEKTIF
> rujuk juga **Pakistani** KATA NAMA

Pakistan
◊ *Pakistani cricketers* pemain kriket Pakistan
♦ **He's Pakistani.** Dia berbangsa Pakistan.

Pakistani KATA NAMA
> rujuk juga **Pakistani** KATA ADJEKTIF

orang Pakistan
◊ *the Pakistanis* orang Pakistan

pal KATA NAMA
kawan

palace KATA NAMA
istana

palate KATA NAMA
lelangit

pale KATA ADJEKTIF
pucat
◊ *She still looks very pale.* Wajahnya masih kelihatan sangat pucat. ◊ *pale green* hijau pucat
♦ **to turn pale** menjadi pucat

paleness KATA NAMA
kepucatan

Palestine KATA NAMA
Palestin

Palestinian KATA ADJEKTIF
> rujuk juga **Palestinian** KATA NAMA

Palestin
◊ *Palestinian children* kanak-kanak Palestin
♦ **He's Palestinian.** Dia berbangsa Palestin.

Palestinian KATA NAMA
> rujuk juga **Palestinian** KATA ADJEKTIF

orang Palestin
◊ *the Palestinians* orang Palestin

pallor KATA NAMA
kepucatan

palm KATA NAMA
tapak tangan
♦ **the palm of your hand** tapak tangan anda
♦ **a palm tree** pokok palma

palm oil KATA NAMA
minyak sawit

palpable KATA ADJEKTIF
dapat dirasakan
◊ *The tension between Amy and Jim is palpable.* Perasaan tegang antara Amy dengan Jim dapat dirasakan.

to **pamper** KATA KERJA
memanjakan
◊ *He tends to pamper his child.* Dia sering memanjakan anaknya.

pampered KATA ADJEKTIF
manja
◊ *a pampered child* anak manja

pamphlet KATA NAMA
buku kecil

pan KATA NAMA
> rujuk juga **pan** KATA KERJA

kuali leper

to **pan** KATA KERJA
> rujuk juga **pan** KATA NAMA

pancake → paragraph

mendulang
◊ *Every year they panned about one ton of gold.* Setiap tahun mereka mendulang hampir satu tan emas.
♦ **The movie called 'Brain Donors' was panned by the critics.** Filem yang bertajuk 'Brain Donors' dikritik hebat oleh para pengkritik.

pancake KATA NAMA
pankek

pancreas KATA NAMA
(JAMAK **pancreases**)
pankreas

pandemonium KATA NAMA
keadaan riuh-rendah
◊ *Pandemonium broke out as they ran into the street shouting.* Keadaan menjadi riuh-rendah apabila mereka berlari ke jalan sambil menjerit-jerit.

pane KATA NAMA
kaca (pada tingkap atau pintu)

panel KATA NAMA
panel

panellist KATA NAMA
ahli panel

panic KATA NAMA
rujuk juga **panic** KATA KERJA
keadaan panik
◊ *The shouting caused quite a panic.* Jeritan itu menyebabkan keadaan menjadi agak panik.

to **panic** KATA KERJA
(**panicked, panicked**)
rujuk juga **panic** KATA NAMA
panik
◊ *He panicked as soon as he saw the blood.* Dia panik sebaik sahaja ternampak darah. ◊ *Don't panic!* Jangan panik!

panicky KATA ADJEKTIF
panik
◊ *Many women feel panicky travelling home at night alone.* Ramai wanita berasa panik pulang ke rumah seorang diri pada waktu malam.

to **pant** KATA KERJA
tercungap-cungap
◊ *She was panting as she came up to the finishing line.* Dia tercungap-cungap semasa tiba di garisan penamat.

panther KATA NAMA
harimau kumbang

panties KATA NAMA JAMAK
seluar dalam wanita

pantomime KATA NAMA
pantomim
drama muzikal untuk kanak-kanak berdasarkan cerita dongeng dan biasanya dipersembahkan semasa hari Krismas di negara Britain

pants KATA NAMA JAMAK
[1] *seluar dalam*
[2] *seluar panjang*

papaya KATA NAMA
betik

paper KATA NAMA
[1] *kertas*
◊ *a paper bag* beg kertas ◊ *a piece of paper* sehelai kertas
♦ **an exam paper** kertas peperiksaan
[2] *surat khabar*
◊ *I saw an advert in the paper.* Saya ternampak sebuah iklan dalam surat khabar.

paperback KATA NAMA
buku berkulit lembut

paper boy KATA NAMA
penghantar surat khabar (lelaki)

paper clip KATA NAMA
klip kertas

paper girl KATA NAMA
penghantar surat khabar (perempuan)

paper round KATA NAMA
kerja menghantar surat khabar
♦ **to do a paper round** menghantar surat khabar

paper route KATA NAMA
kerja menghantar surat khabar
♦ **to do a paper route** menghantar surat khabar

paperweight KATA NAMA
penindih kertas

paperwork KATA NAMA
kerja-kerja menulis
◊ *I've got a lot of paperwork to do.* Saya perlu menyiapkan banyak kerja-kerja menulis.

par KATA NAMA
♦ **on a par** setanding ◊ *He has become a political figure on a par with Tunku Abdul Rahman.* Beliau telah menjadi seorang tokoh politik yang setanding dengan Tunku Abdul Rahman.
♦ **This was a disaster on a par with Chernobyl.** Bencana ini sama teruk dengan bencana di Chernobyl.

parachute KATA NAMA
payung terjun

parachutist KATA NAMA
penerjun (dengan payung terjun)

parade KATA NAMA
perbarisan

paradise KATA NAMA
syurga

paraffin KATA NAMA
minyak tanah
◊ *a paraffin lamp* lampu minyak tanah

paragraph KATA NAMA
perenggan

parallel → participant

parallel KATA ADJEKTIF
selari

to **paralyse** KATA KERJA
melumpuhkan
◊ *The virus paralysed his legs.* Virus itu telah melumpuhkan kakinya. ◊ *The strike paralysed the island.* Mogok itu melumpuhkan pulau tersebut.

paralysed KATA ADJEKTIF
lumpuh

paralysis KATA NAMA
kelumpuhan
◊ *paralysis of the leg* kelumpuhan kaki

paramedic KATA NAMA
paramedik

parasite KATA NAMA
parasit

parcel KATA NAMA
bungkusan

parched KATA ADJEKTIF
1. *kering-kontang* (tanah)
2. *kering* (mulut, bibir)

pardon KATA NAMA
pengampunan (daripada raja, kerajaan)
- **Pardon?** Boleh anda ulang sekali lagi?

parentage KATA NAMA
keturunan
- **a girl of mixed parentage** gadis kacukan

parental KATA ADJEKTIF
ibu bapa
◊ *Parental attitudes vary widely.* Sikap ibu bapa sangat berbeza antara satu sama lain.

parental leave KATA NAMA
> cuti tanpa gaji untuk pasangan yang bekerja dan baru menjadi ibu bapa

parents KATA NAMA JAMAK
ibu bapa

Paris KATA NAMA
Paris

park KATA NAMA
> rujuk juga **park** KATA KERJA

taman
◊ *a national park* taman negara ◊ *a theme park* taman tema
- **a car park** tempat letak kereta

to **park** KATA KERJA
> rujuk juga **park** KATA NAMA

meletakkan (kenderaan)
◊ *Where can I park my car?* Di manakah saya boleh meletakkan kereta saya?
- **"no parking"** "dilarang meletak kenderaan"

parking lot KATA NAMA [US]
tempat letak kereta

parking meter KATA NAMA
meter letak kereta

parking ticket KATA NAMA
saman (letak kereta)

Parkinson's disease KATA NAMA
penyakit Parkinson

parliament KATA NAMA
parlimen
◊ *the Malaysian Parliament* Parlimen Malaysia

parole KATA NAMA
parol
- **on parole** dengan parol
  > dibebaskan dari penjara lebih awal jika berkelakuan baik tetapi masih di bawah pengawasan pihak berkuasa

parrot KATA NAMA
burung nuri

parsley KATA NAMA
daun pasli

parson KATA NAMA
paderi

part KATA NAMA
> rujuk juga **part** KATA KERJA

1. *bahagian*
◊ *The first part of the play was boring.* Bahagian awal drama itu membosankan.
2. *peranan*
◊ *She had a small part in the film.* Dia memegang peranan yang kecil dalam filem itu.
- **spare parts** alat ganti
- **to take part in something** mengambil bahagian dalam sesuatu ◊ *Thousands of people took part in the demonstration.* Beribu-ribu orang mengambil bahagian dalam demonstrasi itu.

to **part** KATA KERJA
> rujuk juga **part** KATA NAMA

berpisah
◊ *to part with somebody* berpisah dengan seseorang
- **to part with something** memberikan sesuatu (dengan menjual atau memberikan percuma) ◊ *I hate to part with this lamp.* Saya berasa berat hati untuk memberikan lampu ini.
- **to part with one's money** mengeluarkan wang

partial KATA ADJEKTIF
separa
◊ *a partial ban on the use of cars on campus* pengharaman separa ke atas penggunaan kereta di dalam kampus
- **partial blindness** keadaan separuh buta

partially KATA ADVERBA
separuh
◊ *She's partially blind.* Dia separuh buta.

participant KATA NAMA
peserta

participate → pass

to **participate** KATA KERJA
menyertai
◊ *They expected him to participate in the ceremony.* Mereka mengharapkan dia menyertai upacara itu.

participation KATA NAMA
penyertaan
◊ *participation in religious activities* penyertaan dalam aktiviti keagamaan

particle KATA NAMA
1. *zarah*
2. *partikel*

particular KATA ADJEKTIF
khusus
◊ *He showed a particular interest in the subject.* Dia menunjukkan minat yang khusus terhadap subjek itu.
• **old boys of a particular school** bekas pelajar lelaki sekolah tertentu
   Kadang-kadang **particular** tidak diterjemahkan.
◊ *I can't remember that particular film.* Saya tidak ingat filem tersebut.
• **in particular** khusus ◊ *Are you looking for anything in particular?* Apakah anda sedang mencari sesuatu yang khusus?
◊ *nothing in particular* tidak ada apa-apa yang khusus

particularly KATA ADVERBA
terutama sekali
• **a particularly boring lecture** kuliah yang luar biasa bosannya

particulars KATA NAMA JAMAK
butir-butir

parting KATA NAMA
perpisahan

partition KATA NAMA
adang

partly KATA ADVERBA
sebahagian
◊ *It was partly my own fault.* Sebahagiannya merupakan kesalahan saya sendiri.

partner KATA NAMA
1. *pasangan*
◊ *That doesn't mean you don't love your partner.* Itu tidak bermakna anda tidak menyayangi pasangan anda. ◊ *my dancing partner* pasangan menari saya
2. *rakan kongsi*
◊ *He's a partner in a law firm.* Dia seorang rakan kongsi dalam sebuah firma guaman.

partnership KATA NAMA
perkongsian
◊ *the partnership between Alex and Mikhail* perkongsian antara Alex dengan Mikhail

part of speech KATA NAMA
kelas kata

part-time KATA ADJEKTIF, KATA ADVERBA
sambilan
◊ *a part-time job* kerja sambilan
• **She works part-time.** Dia bekerja secara sambilan.

party KATA NAMA
(JAMAK **parties**)
rujuk juga **party** KATA KERJA
1. *parti*
◊ *the Conservative Party* Parti Konservatif
2. *majlis*
◊ *a birthday party* majlis hari jadi
3. *kumpulan*
◊ *a party of tourists* sekumpulan pelancong

to **party** KATA KERJA
(**partied, partied**)
rujuk juga **party** KATA NAMA
berfoya-foya
◊ *He only likes to party.* Dia hanya suka berfoya-foya.

party popper KATA NAMA
benda yang mengeluarkan jalur kertas yang berwarna-warni apabila ditarik

pass KATA NAMA
(JAMAK **passes**)
rujuk juga **pass** KATA KERJA
1. *laluan*
◊ *The pass was blocked with snow.* Laluan tersebut tersekat oleh salji.
2. *hantaran* (bola sepak, hoki, dll)
◊ *a short pass* hantaran pendek
3. *pas*
◊ *a bus pass* pas bas
• **She got a pass in her piano exam.** Dia lulus ujian pianonya.
• **I got six passes.** Saya lulus enam mata pelajaran.

to **pass** KATA KERJA
rujuk juga **pass** KATA NAMA
1. *lalu*
◊ *I pass his house on my way to school.* Saya lalu di hadapan rumahnya dalam perjalanan ke sekolah.
• **We were passed by a huge lorry.** Sebuah lori yang besar berlalu melepasi kami.
• **the passing cars** kereta yang lalu-lalang
2. *berlalu*
◊ *The time has passed quickly.* Masa berlalu dengan cepat.
3. *menghulurkan*
◊ *Could you pass me the salt, please?* Tolong hulurkan garam itu.
4. *lulus*
◊ *Did you pass?* Adakah anda lulus?

pass away → patch

◊ *to pass an exam* lulus peperiksaan
- **to pass sentence** menjatuhkan hukuman

to pass away KATA KERJA
meninggal dunia

to pass by KATA KERJA
lalu

to pass on KATA KERJA
1. *memberikan*
◊ *The Queen is passing the money on to her favourite charities.* Permaisuri akan memberikan wang itu kepada pertubuhan amal yang disukainya.
- **He caught chickenpox and passed it on to his roommate.** Dia menghidap penyakit cacar air dan menjangkiti rakan sebiliknya.
2. *meninggal dunia*

to pass out KATA KERJA
pengsan

to pass through KATA KERJA
melalui

passage KATA NAMA
1. *laluan*
◊ *a narrow passage* laluan yang sempit
2. *petikan*
◊ *Read the passage carefully.* Baca petikan itu dengan teliti.

passenger KATA NAMA
penumpang

passion KATA NAMA
keghairahan
◊ *Fred's passion for a life of glamour had caused his wife to leave him.* Keghairahan Fred mengejar glamor menyebabkan isterinya meninggalkannya.
- **Football is a passion of his.** Bola sepak merupakan permainan yang sangat digemarinya.

passionate KATA ADJEKTIF
kuat
◊ *his passionate commitment to peace* komitmennya yang kuat terhadap keamanan
- **He is very passionate about the project.** Dia begitu beria-ia dengan projek tersebut.
- **a passionate speech** ucapan yang penuh semangat

passive KATA ADJEKTIF
pasif
- **a passive smoker** orang yang menyedut asap rokok kerana berada berhampiran dengan perokok

Passover KATA NAMA
perayaan orang Yahudi yang bermula pada bulan Mac atau April dan berlanjutan selama tujuh atau lapan hari

passport KATA NAMA
pasport
◊ *passport control* kawalan pasport

password KATA NAMA
kata laluan

past KATA NAMA
> rujuk juga **past** KATA ADJEKTIF, KATA ADVERBA, KATA SENDI

masa silam
◊ *I try not to think of the past.* Saya cuba melupakan masa silam.
- **Death in childbirth was common in the past.** Kematian bayi baru lahir merupakan perkara yang biasa pada zaman dahulu.

past KATA ADJEKTIF, KATA ADVERBA, KATA SENDI
> rujuk juga **past** KATA NAMA

lalu
◊ *This past year has been very difficult.* Tahun lalu, keadaannya amat sukar.
- **The school is 100 metres past the traffic lights.** Sekolah itu terletak dalam jarak 100 meter selepas lampu isyarat itu.
- **The bus goes past our house.** Bas itu lalu di hadapan rumah kami.
- **It's half past ten.** Sudah pukul sepuluh setengah.
- **It's a quarter past nine.** Sudah pukul sembilan suku.
- **It's ten past eight.** Sudah pukul lapan sepuluh minit.
- **It's past midnight.** Sudah lepas tengah malam.

pasta KATA NAMA
pasta

paste KATA NAMA
> rujuk juga **paste** KATA KERJA

perekat

to paste KATA KERJA
> rujuk juga **paste** KATA NAMA

merekatkan
◊ *She pasted the poster on to the wall.* Dia merekatkan poster itu pada dinding.

pasteurization KATA NAMA
pempasteuran

pasteurized KATA ADJEKTIF
pasteur

pastime KATA NAMA
kegiatan masa lapang

pastry KATA NAMA
pastri

to pat KATA KERJA
menepuk
◊ *He patted his son's shoulder.* Dia menepuk bahu anak lelakinya.

patch KATA NAMA
(JAMAK **patches**)
> rujuk juga **patch** KATA KERJA

patch → pay

tampalan
◊ *a patch of material* tampalan kain
- **a bald patch** bahagian botak
- **They're going through a bad patch.** Mereka sedang menghadapi saat-saat yang sukar.

to **patch** KATA KERJA

> rujuk juga **patch** KATA NAMA

menampal
◊ *She patched the torn blanket with a piece of cloth.* Dia menampal selimut yang koyak itu dengan secebis kain.
◊ *He patched the barn roof.* Dia menampal bumbung bangsal itu.

patched KATA ADJEKTIF
bertampal
◊ *a pair of patched jeans* sehelai seluar jean yang bertampal

paté KATA NAMA
paté (sejenis makanan)

patent KATA NAMA
paten

path KATA NAMA
laluan

pathetic KATA ADJEKTIF
menyedihkan (keadaan orang, haiwan)
- **That was a pathetic excuse.** Itu merupakan alasan yang langsung tidak boleh diterima.

patience KATA NAMA
1. *kesabaran*
- **He hasn't got much patience.** Dia bukan seorang yang sangat penyabar.
2. *solitaire (permainan daun terup)*
◊ *She was playing patience.* Dia sedang bermain solitaire.

patient KATA NAMA

> rujuk juga **patient** KATA ADJEKTIF

pesakit

patient KATA ADJEKTIF

> rujuk juga **patient** KATA NAMA

sabar

patiently KATA ADVERBA
dengan sabar
◊ *She waited patiently for Yogan.* Dia menunggu Yogan dengan sabar.

patio KATA NAMA
(JAMAK **patios**)
bahagian halaman yang berturap

patriotic KATA ADJEKTIF
patriotik

to **patrol** KATA KERJA

> rujuk juga **patrol** KATA NAMA

meronda
◊ *Every morning the police will patrol the area.* Setiap pagi polis akan meronda di kawasan itu.

patrol KATA NAMA

> rujuk juga **patrol** KATA KERJA

rondaan
◊ *to be on patrol* membuat rondaan

patrol car KATA NAMA
kereta peronda

patron KATA NAMA
penaung
◊ *She will be the patron of the organization.* Beliau akan menjadi penaung pertubuhan itu.

to **patter** KATA KERJA
berketak-ketik
◊ *Rain pattered gently outside.* Hujan turun dan berketak-ketik dengan perlahan di luar.

pattern KATA NAMA
1. *corak*
◊ *a geometric pattern* corak geometri
2. *pola (jahitan)*

pauper KATA NAMA
fakir

pause KATA NAMA
berhenti sejenak

pavement KATA NAMA
laluan pejalan kaki

pavilion KATA NAMA
astaka

paw KATA NAMA
kaki (kucing, anjing, dll)
- **a cat's paw-mark** jejak kucing

to **pawn** KATA KERJA
menggadaikan
◊ *He had to pawn his watch to buy the book.* Dia terpaksa menggadaikan jam tangannya untuk membeli buku itu.

pawn shop KATA NAMA
pajak gadai

pay KATA NAMA

> rujuk juga **pay** KATA KERJA

gaji

to **pay** KATA KERJA
(paid, paid)

> rujuk juga **pay** KATA NAMA

membayar
◊ *Can I pay by cheque?* Bolehkah saya bayar dengan cek? ◊ *I'll pay you back tomorrow.* Saya akan membayar balik wang anda esok.
- **They pay me more on Sundays.** Mereka membayar saya gaji yang lebih pada hari Ahad.
- **to pay for something** membayar untuk sesuatu ◊ *I paid RM50 for the bag.* Saya membayar sebanyak RM50 untuk beg itu.
- **I paid for my ticket.** Saya membayar harga tiket saya.
- **to pay money into an account** memasukkan wang ke dalam akaun
- **Does your current account pay**

interest? Adakah anda menerima faedah daripada akaun semasa anda?
- **to pay somebody a visit** melawat seseorang ◊ *Paul paid us a visit last night.* Paul melawat kami semalam.

to pay off KATA KERJA
menjelaskan
◊ *He had to sell his house to pay off his debts.* Dia terpaksa menjual rumahnya untuk menjelaskan hutang-hutangnya.
- **All his efforts have paid off.** Segala usahanya telah berhasil.

payable KATA ADJEKTIF
perlu dibayar
◊ *Purchase tax is not payable on goods for export.* Cukai belian tidak perlu dibayar untuk barangan yang dieksport.
- **Who's the cheque payable to?** Siapakah penerima cek ini?

payback KATA NAMA
pulangan
- **to have a big payback** mendapat pulangan yang lumayan ◊ *a big payback in environmental terms* pulangan yang lumayan dari segi alam sekitar
- **It's payback time.** Inilah masanya untuk membalas balik.

pay claim KATA NAMA
tuntutan kenaikan gaji

payment KATA NAMA
bayaran
◊ *monthly payments* bayaran bulanan
- **Payment of this bill may only be effected at certain counters.** Pembayaran bil ini hanya boleh dilakukan di kaunter-kaunter tertentu.

payphone KATA NAMA
telefon awam

PC KATA NAMA (= *personal computer*)
komputer peribadi

PCI SINGKATAN (= *Peripheral Component Interconnect*) (komputer)
PCI (= *Komponen Persisian Saling Sambung*)

PDA KATA NAMA (= *Personal Digital Assistant*)
PDA (= *Pembantu Digital Peribadi*)
> komputer kecil dan ringan yang digunakan untuk membantu merancang aktiviti peribadi

PE KATA NAMA (= *physical education*)
pendidikan jasmani
◊ *We do PE twice a week.* Kami melakukan pendidikan jasmani dua kali seminggu.

pea KATA NAMA
kacang pis

peace KATA NAMA
keamanan
- **peace talks** rundingan damai
- **a peace treaty** perjanjian damai

peaceful KATA ADJEKTIF
1. *aman*
- **a peaceful protest** tunjuk perasaan secara aman
2. *tenang*
◊ *a peaceful afternoon* petang yang tenang

peacefully KATA ADVERBA
dengan tenang
◊ *The demonstrators dispersed peacefully.* Penunjuk perasaan bersurai dengan tenang.

peacemaker KATA NAMA
pendamai

peach KATA NAMA
(JAMAK **peaches**)
buah pic

peacock KATA NAMA
burung merak

peak KATA NAMA
puncak
◊ *the snow-covered peaks* puncak yang dilitupi salji
- **She's at the peak of her career.** Dia berada pada kemuncak kerjayanya.
- **in the peak season** semasa musim sibuk

peak rate KATA NAMA
kadar tertinggi
◊ *You pay peak rate for calls before one.* Kadar bayaran tertinggi dikenakan bagi panggilan yang dibuat sebelum pukul satu.

peanut KATA NAMA
kacang tanah

peanut butter KATA NAMA
mentega kacang

pear KATA NAMA
buah lai

pearl KATA NAMA
mutiara

peasant KATA NAMA
petani

pebble KATA NAMA
batu kerikil

to peck KATA KERJA
mematuk
◊ *The bird pecked his leg.* Burung itu mematuk kakinya.

peckish KATA ADJEKTIF
(*tidak formal*)
agak lapar
◊ *to feel a bit peckish* berasa agak lapar

peculiar KATA ADJEKTIF
pelik
◊ *He's a peculiar person.* Dia seorang yang pelik. ◊ *It tastes peculiar.* Rasanya

pelik.

peculiarity KATA NAMA
(JAMAK **peculiarities**)
kepelikan

pedal KATA NAMA
rujuk juga **pedal** KATA KERJA
pedal

to **pedal** KATA KERJA
rujuk juga **pedal** KATA NAMA
mengayuh

pedestrian KATA NAMA
pejalan kaki

pedestrian crossing KATA NAMA
lintasan pejalan kaki

pedestrianized KATA ADJEKTIF
untuk pejalan kaki
◊ *a pedestrianized street* kawasan untuk pejalan kaki

pedestrian mall KATA NAMA
kawasan pejalan kaki

pedigree KATA ADJEKTIF
baka baik
◊ *a pedigree dog* anjing baka baik

pee KATA NAMA
(*tidak formal*)
♦ **to have a pee** membuang air kecil

peek KATA NAMA
♦ **to have a peek at something** melihat sesuatu sepintas lalu ◊ *I had a peek at your dress and it's lovely.* Saya melihat gaun anda sepintas lalu dan saya dapati gaun itu memang cantik.

peel KATA NAMA
rujuk juga **peel** KATA KERJA
kulit (buah-buahan)

to **peel** KATA KERJA
rujuk juga **peel** KATA NAMA
mengupas
◊ *Shall I peel the potatoes?* Perlukah saya mengupas ubi kentang ini?
♦ **My nose is peeling.** Hidung saya mengelupas.

peeler KATA NAMA
pengupas

to **peep** KATA KERJA
mengintai
◊ *The man was peeping at her through a small hole.* Lelaki itu sedang mengintainya melalui satu lubang kecil.

Peeping Tom KATA NAMA
pengintai

peg KATA NAMA
1. *penyangkut*
2. *penyepit baju*
3. *pancang khemah*

Pekinese KATA NAMA
anjing Pekinese

pelican KATA NAMA
burung undan

pellet KATA NAMA
gentel

pelvis KATA NAMA
(JAMAK **pelvises**)
pelvis

pen KATA NAMA
pen
◊ *a fountain pen* pen dakwat
♦ **a ballpoint pen** pena mata bulat

penal code KATA NAMA
kanun jenayah

to **penalize** KATA KERJA
mendenda
◊ *She was penalized by her teacher.* Dia didenda oleh gurunya.

penalty KATA NAMA
(JAMAK **penalties**)
1. *hukuman*
◊ *The penalty for this offence is life imprisonment.* Hukuman bagi kesalahan ini ialah penjara seumur hidup. ◊ *the death penalty* hukuman mati
2. *penalti (bola sepak)*
♦ **a penalty shoot-out** tendangan penalti

penance KATA NAMA
penebusan dosa

pence KATA NAMA JAMAK
(TUNGGAL **penny**)
pence (wang syiling negara Britain)
◊ *24 pence* 24 pence

pencil KATA NAMA
pensel
◊ *to write in pencil* menulis dengan pensel

pencil case KATA NAMA
kotak pensel

pencil sharpener KATA NAMA
pengasah pensel

pendant KATA NAMA
loket

pendulum KATA NAMA
bandul

to **penetrate** KATA KERJA
menembusi
◊ *X-rays can penetrate many objects.* X-ray dapat menembusi banyak objek.

penetration KATA NAMA
penembusan
◊ *The wall was built to block enemy penetration.* Tembok itu dibina untuk menghalang penembusan pihak musuh.

penfriend KATA NAMA
sahabat pena

penguin KATA NAMA
burung penguin

penicillin KATA NAMA
penisilin

peninsula KATA NAMA
semenanjung

penis → performance

penis KATA NAMA
(JAMAK **penises**)
zakar

penknife KATA NAMA
(JAMAK **penknives**)
pisau lipat

penny KATA NAMA
(JAMAK **pence**)
peni (wang syiling negara Britain)

pension KATA NAMA
pencen

pensionable KATA ADJEKTIF
berpencen
◊ *pensionable job* kerja yang berpencen
♦ **people of pensionable age** orang yang mencapai umur bersara

pensioner KATA NAMA
pesara

pentagonal KATA ADJEKTIF
berbentuk lima segi
◊ *a pentagonal logo* logo yang berbentuk lima segi

pentathlon KATA NAMA
pancalumba (sukan)

penultimate KATA ADJEKTIF
praakhir

people KATA NAMA JAMAK
orang
◊ *The people were nice.* Orang di situ baik-baik belaka. ◊ *a lot of people* ramai orang ◊ *Spanish people* orang Sepanyol
♦ **People say that...** Kononnya...
♦ **How many people are there in your family?** Berapakah bilangan ahli keluarga anda?

pepper KATA NAMA
lada
◊ *Pass the pepper, please.* Tolong hulurkan lada itu.
♦ **a green pepper** lada benggala

peppermill KATA NAMA
pengisar lada

peppermint KATA NAMA
pudina
♦ **peppermint chewing gum** gula-gula getah berperisa pudina

per KATA SENDI
setiap
◊ *per person* setiap orang
♦ **per day** sehari
♦ **per week** seminggu
♦ **30 miles per hour** 30 batu sejam

to **perceive** KATA KERJA
melihat
◊ *We must help pupils to perceive for themselves the relationship between success and effort.* Kita mesti membantu murid-murid melihat sendiri hubungan antara usaha dengan kejayaan.

per cent KATA ADVERBA
peratus
◊ *50 per cent* 50 peratus

percentage KATA NAMA
peratusan

perception KATA NAMA
tanggapan
◊ *their perception of foreigners* tanggapan mereka terhadap orang asing

to **perch** KATA KERJA
bertenggek
◊ *He perched on the side of the bed.* Dia bertenggek di tepi katil itu.

perched KATA ADJEKTIF
tertenggek
◊ *She was perched on the edge of the sofa.* Dia tertenggek di tepi sofa itu.

percolator KATA NAMA
pembancuh kopi

percussion KATA NAMA
genderang (padanan terdekat)
◊ *I play percussion.* Saya bermain genderang.

perfect KATA ADJEKTIF
sempurna
◊ *Nobody is perfect.* Tidak ada orang yang sempurna.
♦ **Dave speaks perfect Spanish.** Dave fasih berbahasa Sepanyol.

perfection KATA NAMA
kesempurnaan
◊ *Everyone looks for perfection in life.* Semua orang mencari kesempurnaan dalam hidup.

perfectly KATA ADVERBA
betul-betul
◊ *The food is perfectly safe to eat.* Makanan itu betul-betul selamat untuk dimakan. ◊ *a perfectly normal child* seorang budak yang betul-betul normal
♦ **You know perfectly well what happened.** Anda lebih tahu perkara yang sebenarnya berlaku.

perforation KATA NAMA
tebukan

to **perform** KATA KERJA
mempersembahkan
◊ *to perform Hamlet* mempersembahkan drama 'Hamlet'
♦ **The team performed brilliantly.** Pasukan itu bermain dengan cemerlang.

performance KATA NAMA
1 _persembahan_
◊ *The performance lasts two hours.* Persembahan itu berlangsung selama dua jam.
2 _lakonan_

perfume → person

◊ *his performance as Hamlet* lakonannya sebagai Hamlet

perfume KATA NAMA
minyak wangi

perhaps KATA ADVERBA
barangkali
◊ *Perhaps they were tired.* Barangkali mereka letih.

peril KATA NAMA
keadaan bahaya
◊ *perils of the sea* keadaan bahaya di laut

period KATA NAMA
1. *tempoh*
◊ *for a limited period* untuk tempoh yang terhad
2. *waktu*
◊ *Each period lasts forty minutes.* Setiap waktu mengambil masa selama empat puluh minit.
3. *zaman*
◊ *the Victorian period* zaman Victoria
4. *haid*
◊ *I'm having my period.* Saya datang haid.

periodical KATA ADJEKTIF
berkala
◊ *periodical visits by the doctor* rawatan berkala oleh doktor

period pain KATA NAMA
sakit semasa datang haid

to **perish** KATA KERJA
terkorban
◊ *193 passengers perished in the disaster.* Seramai 193 orang penumpang terkorban dalam nahas tersebut.

to **perk up** KATA KERJA
1. *menjadi riang*
◊ *He perked up and joked with them.* Dia menjadi riang dan bergurau senda dengan mereka.
2. *meningkat*
◊ *House prices could perk up during the autumn.* Harga rumah mungkin akan meningkat pada musim luruh.

perm KATA NAMA
rujuk juga **perm** KATA KERJA
kerinting
◊ *She's had a perm.* Rambutnya didandan kerinting.

to **perm** KATA KERJA
rujuk juga **perm** KATA NAMA
mengerintingkan

permanent KATA ADJEKTIF
1. *berkekalan*
◊ *a permanent state of tension* keadaan tegang yang berkekalan
2. *tetap*
◊ *a permanent job* pekerjaan tetap

permanently KATA ADVERBA
1. *selama-lamanya*
◊ *The only way to lose weight permanently is to change your attitudes toward food.* Satu-satunya cara untuk mengurangkan berat badan selama-lamanya adalah dengan mengubah sikap anda terhadap makanan.
2. *sentiasa*
◊ *the heavy, permanently locked gate* pintu pagar yang berat dan sentiasa terkunci
3. *secara tetap*
◊ *permanently employed workers* pekerja yang digaji secara tetap

permission KATA NAMA
kebenaran
◊ *Could I have permission to leave early?* Bolehkah saya mendapat kebenaran untuk pulang lebih awal?

permit KATA NAMA
permit
◊ *a work permit* permit kerja

perpetual KATA ADJEKTIF
1. *berkekalan*
◊ *a perpetual state of tension* keadaan tegang yang berkekalan
2. *tidak henti-henti*
◊ *her perpetual complaints* rungutannya yang tidak henti-henti

to **perplex** KATA KERJA
membingungkan
◊ *an aspect of modern technology that has always perplexed me* satu aspek dalam teknologi moden yang selalu membingungkan saya

to **persevere** KATA KERJA
tabah
◊ *We must persevere in the face of difficulties.* Kita mesti tabah ketika menghadapi kesukaran.

Persian KATA ADJEKTIF
Parsi
◊ *a Persian cat* kucing Parsi

to **persist** KATA KERJA
berterusan
◊ *Contact your doctor if the cough persists.* Hubungi doktor anda jika batuk itu berterusan.

persistent KATA ADJEKTIF
berterusan

persistently KATA ADVERBA
secara berterusan
◊ *The allegations have been persistently denied by ministers.* Dakwaan-dakwaan itu dinafikan secara berterusan oleh para menteri.

♦ **to ask persistently** bertanya bertubi-tubi

person KATA NAMA

(JAMAK **people**)
orang
◊ *She's a very nice person.* Dia seorang yang sangat baik.
- **in person** sendiri

personal KATA ADJEKTIF
peribadi
◊ *Those letters are personal.* Surat-surat itu merupakan surat peribadi.
- **He's a personal friend of mine.** Dia kawan rapat saya.

personal column KATA NAMA
ruangan peribadi (dalam akhbar)

personality KATA NAMA
(JAMAK **personalities**)
keperibadian

personally KATA ADVERBA
sendiri
◊ *The manager is returning to Paris to answer the questions personally.* Pengurus itu akan pulang ke Paris untuk menjawab soalan-soalan itu sendiri.
- **Personally I don't agree.** Secara peribadi, saya tidak setuju.
- **I don't know him personally.** Saya tidak begitu mengenalinya.
- **Don't take it personally.** Jangan ambil hati.

personal stereo KATA NAMA
Walkman®

personnel KATA NAMA
kakitangan

perspective KATA NAMA
perspektif

perspiration KATA NAMA
peluh

to **persuade** KATA KERJA
1 *memujuk*
◊ *She persuaded me to go with her.* Dia memujuk saya supaya pergi bersamanya.
2 *meyakinkan*
◊ *We're trying to persuade manufacturers to sell them here.* Kami sedang cuba meyakinkan pengeluar supaya menjual barang itu di sini.

persuasion KATA NAMA
pemujukan
- **Attempts at persuasion are useless once she has made up her mind.** Tidak ada gunanya kita cuba memujuk apabila dia sudah membuat keputusan.

persuasive KATA ADJEKTIF
meyakinkan
◊ *persuasive arguments* hujah-hujah yang meyakinkan

Peru KATA NAMA
Peru

Peruvian KATA ADJEKTIF
> rujuk juga **Peruvian** KATA NAMA

Peru
◊ *a Peruvian flag* bendera Peru

Peruvian KATA NAMA
> rujuk juga **Peruvian** KATA ADJEKTIF

orang Peru
◊ *the Peruvians* orang Peru

pessimist KATA NAMA
pesimis

pessimistic KATA ADJEKTIF
pesimistik
◊ *Don't be so pessimistic!* Janganlah terlalu pesimistik!

pest KATA NAMA
haiwan perosak
- **He's a real pest!** Dia memang pengacau!

to **pester** KATA KERJA
mengacau
◊ *He's always pestering me.* Dia selalu mengacau saya.

pesticide KATA NAMA
racun perosak

pet KATA NAMA
haiwan peliharaan
◊ *Have you got a pet?* Anda ada haiwan peliharaan?
- **She's the teacher's pet.** Dia merupakan murid kesayangan guru.

petal KATA NAMA
ranggi atau *kelopak bunga*

petite KATA ADJEKTIF
kecil molek

petition KATA NAMA
petisyen

pet name KATA NAMA
nama timang-timangan

pet passport KATA NAMA
pasport haiwan peliharaan
> pemvaksinan dan pengesahan untuk anjing dan kucing dari negara-negara Kesatuan Eropah dan lain-lain negara yang diluluskan dan haiwan-haiwan tersebut tidak perlu lagi dikuarantin

petrified KATA ADJEKTIF
sangat takut
◊ *She's petrified of spiders.* Dia sangat takut akan labah-labah.

petrol KATA NAMA
petrol
- **unleaded petrol** petrol tanpa plumbum
- **4-star petrol** petrol berplumbum

petrol station KATA NAMA
stesen minyak

petrol tank KATA NAMA
tangki minyak

petty KATA ADJEKTIF
remeh-temeh
◊ *a petty problem* masalah yang remeh-temeh

pewter → photocopy   B. Inggeris ~ B. Melayu   334

- **I think that attitude is a bit petty.** Saya rasa sikap itu menandakan orang itu berfikiran sempit.

pewter KATA NAMA
piuter

PG-13 SINGKATAN (= *Parental Guidance 13*)
> Filem yang mempunyai label PG-13 tidak sesuai ditonton oleh kanak-kanak di bawah umur 13 tahun tetapi ibu bapa boleh membuat keputusan sama ada membenarkan anak-anak mereka menontonnya atau tidak.

PFI SINGKATAN (= *Private Finance Initiative*)
PFI (= *Inisiatif Kewangan Swasta*)

phantom KATA NAMA
hantu

pharaoh KATA NAMA
firaun

pharmacist KATA NAMA
ahli farmasi

pharmacy KATA NAMA
(JAMAK **pharmacies**)
farmasi

phase KATA NAMA
fasa

pheasant KATA NAMA
burung kuang

phenomenon KATA NAMA
(JAMAK **phenomena**)
fenomena

philanthropist KATA NAMA
dermawan

philosopher KATA NAMA
ahli falsafah

philosophical KATA ADJEKTIF
kefalsafahan
◊ *I don't like to get involved in philosophical discussions.* Saya tidak suka melibatkan diri dalam perbincangan kefalsafahan.

- **the philosophical works of Plato** karya-karya falsafah Plato

to **philosophize** KATA KERJA
berfalsafah

philosophy KATA NAMA
falsafah

phlegm KATA NAMA
kahak

phobia KATA NAMA
fobia

phone KATA NAMA
> rujuk juga **phone** KATA KERJA

telefon
◊ *by phone* menerusi telefon
- **to be on the phone (1)** bercakap di telefon ◊ *She's on the phone at the moment.* Dia sedang bercakap di telefon sekarang.
- **to be on the phone (2)** mempunyai telefon ◊ *We're not on the phone.* Kami tidak mempunyai telefon.
- **Can I use your phone, please?** Bolehkah saya gunakan telefon anda?

to **phone** KATA KERJA
> rujuk juga **phone** KATA NAMA

menelefon
◊ *I'll phone you tomorrow.* Saya akan menelefon anda esok.

- **Could you phone me a taxi, please?** Tolong telefon teksi untuk saya.
- **He phoned in sick yesterday.** Kelmarin dia menelefon untuk memberitahu bahawa dia sakit.

phone bill KATA NAMA
bil telefon

phone book KATA NAMA
buku panduan telefon

phone box KATA NAMA
(JAMAK **phone boxes**)
pondok telefon

phone call KATA NAMA
panggilan telefon
◊ *There's a phone call for you.* Ada panggilan telefon untuk anda. ◊ *to make a phone call* membuat panggilan telefon

phone card KATA NAMA
kad telefon

phone-in KATA NAMA
rancangan panggilan terus
> rancangan di radio atau televisyen yang membolehkan orang menelefon untuk bertanya soalan atau memberikan pendapat dan panggilan mereka dapat didengar oleh orang yang mengikuti rancangan itu

phone number KATA NAMA
nombor telefon

phonetics KATA NAMA
fonetik

phosphate KATA NAMA
fosfat

phosphorus KATA NAMA
fosforus

photo KATA NAMA
(JAMAK **photos**)
foto

- **to take a photo** mengambil gambar
◊ *I took a photo of the bride and groom.* Saya mengambil gambar pasangan pengantin itu.

photocopier KATA NAMA
mesin fotokopi

photocopy KATA NAMA
(JAMAK **photocopies**)
> rujuk juga **photocopy** KATA KERJA

fotokopi

English ~ Malay — **photocopy → picture**

to photocopy KATA KERJA
(photocopied, photocopied)
rujuk juga **photocopy** KATA NAMA
memfotokopi

photogenic KATA ADJEKTIF
fotogenik

photograph KATA NAMA
rujuk juga **photograph** KATA KERJA
fotograf
- **to take a photograph** mengambil gambar ◊ *I took a photograph of the bride and groom.* Saya mengambil gambar pasangan pengantin itu.

to photograph KATA KERJA
rujuk juga **photograph** KATA NAMA
mengambil gambar

photographer KATA NAMA
jurugambar
◊ *She's a photographer.* Dia seorang jurugambar.

photography KATA NAMA
fotografi
- **My hobby is photography.** Hobi saya ialah mengambil gambar.

photosynthesis KATA NAMA
fotosintesis

phrase KATA NAMA
frasa

phrase book KATA NAMA
buku ungkapan

physical KATA ADJEKTIF
fizikal

physicist KATA NAMA
ahli fizik
◊ *a nuclear physicist* ahli fizik nuklear

physics KATA NAMA
fizik
◊ *She teaches physics.* Dia mengajar fizik.

physiology KATA NAMA
fisiologi

physiotherapist KATA NAMA
ahli fisioterapi

physiotherapy KATA NAMA
fisioterapi

physique KATA NAMA
perawakan

pianist KATA NAMA
pemain piano

piano KATA NAMA
(JAMAK **pianos**)
piano

pick KATA NAMA
rujuk juga **pick** KATA KERJA
pilihan
- **to take one's pick** memilih salah satu
  ◊ *Take your pick!* Pilihlah salah satu!
  ◊ *Accountants can take their pick of company cars.* Akauntan boleh memilih salah satu daripada kereta syarikat.

to pick KATA KERJA
rujuk juga **pick** KATA NAMA
1 *memilih*
◊ *I picked the biggest piece.* Saya memilih bahagian yang terbesar. ◊ *I've been picked for the team.* Saya telah dipilih untuk menyertai pasukan tersebut.
2 *memetik* (buah-buahan, bunga)
- **to pick on somebody** mencari kesalahan seseorang ◊ *She's always picking on me.* Dia selalu mencari kesalahan saya.

to pick out KATA KERJA
memilih
◊ *I like them all. - It's difficult to pick one out.* Saya suka akan kesemuanya. Sukar untuk saya memilih salah satu.

to pick up KATA KERJA
1 *mengutip*
◊ *Could you help me pick up the toys?* Bolehkah anda tolong saya mengutip mainan itu?
- **We'll come to the airport to pick you up.** Kami akan menjemput anda di lapangan terbang.
2 *belajar*
◊ *I picked up some Spanish during my holiday.* Saya belajar sedikit bahasa Sepanyol semasa cuti.

to pickle KATA KERJA
menjeruk

pickles KATA NAMA JAMAK
jeruk

pickpocket KATA NAMA
penyeluk saku

picnic KATA NAMA
rujuk juga **picnic** KATA KERJA
perkelahan
- **to have a picnic** berkelah

to picnic KATA KERJA
(picnicked, picnicked)
rujuk juga **picnic** KATA NAMA
berkelah
◊ *They picnicked at the seaside.* Mereka berkelah di tepi pantai.

picture KATA NAMA
rujuk juga **picture** KATA KERJA
1 *gambar*
◊ *Children's books have lots of pictures.* Buku kanak-kanak mengandungi banyak gambar. ◊ *My picture was in the paper.* Gambar saya ada dalam surat khabar.
2 *lukisan*
◊ *a picture by Picasso* lukisan oleh Picasso
- **to paint a picture of something** memberikan gambaran tentang sesuatu
- **Shall we go to the pictures?** Mari kita

picture → pillion

pergi menonton wayang.

to **picture** KATA KERJA

rujuk juga **picture** KATA NAMA

membayangkan
◊ *He pictured Claire waiting for him.* Dia membayangkan Claire sedang menunggunya.

picture library KATA NAMA
(JAMAK **picture libraries**)
pustaka gambar

koleksi gambar yang disimpan oleh sesebuah syarikat atau organisasi dan boleh digunakan oleh pihak akhbar atau penerbit dengan dikenakan bayaran

picturesque KATA ADJEKTIF
cantik

pie KATA NAMA
pai
◊ *an apple pie* pai epal

piece KATA NAMA
keping
◊ *a 500-piece jigsaw puzzle* susun suai gambar 500 keping ◊ *a 10p piece* sekeping syiling 10 pence

piece *juga diterjemahkan dengan penjodoh bilangan yang sesuai.*

◊ *a piece of cake* sepotong kek ◊ *A small piece of chicken, please.* Tolong beri saya seketul ayam yang kecil. ◊ *a piece of furniture* sebuah perabot

Kadang-kadang **piece** *tidak diterjemahkan.*

◊ *a piece of advice* nasihat

to **piece together** KATA KERJA

1 *menjalinkan*
◊ *In the following days, he was able to piece together what had happened.* Pada hari-hari yang berikutnya, dia dapat menjalinkan perkara yang telah berlaku.

2 *mencantumkan*
◊ *He pieced together the torn letter.* Dia mencantumkan surat yang koyak itu.

pie chart KATA NAMA
carta pai

pier KATA NAMA
jeti

to **pierce** KATA KERJA

1 *menembusi*
◊ *The weapon pierced his lung.* Senjata itu menembusi paru-parunya.

2 *menindik*
◊ *Liz had her ears pierced when she was nine years old.* Liz menindik telinga semasa dia berumur sembilan tahun.

pierced KATA ADJEKTIF
bertindik (telinga)
◊ *I've got pierced ears.* Telinga saya bertindik.

piety KATA NAMA
kewarakan
◊ *He is known for his goodness and piety.* Beliau terkenal kerana kebaikan dan kewarakannya.

pig KATA NAMA
khinzir

pigeon KATA NAMA
burung merpati

piggyback KATA NAMA
♦ **to give somebody a piggyback** mendukung seseorang di belakang

piggy bank KATA NAMA
tabung (bentuk khinzir)

pigsty KATA NAMA
(JAMAK **pigsties**)
kandang khinzir

pigtail KATA NAMA
tocang

pile KATA NAMA
timbun
◊ *a pile of dirty laundry* setimbun baju kotor
♦ **Put your books in a pile on my desk.** Susun dan letakkan buku-buku anda di atas meja saya.

to **pile up** KATA KERJA

1 *melonggokkan*
◊ *The labourer piled the bricks up near the construction site.* Buruh itu melonggokkan batu bata itu berhampiran dengan tapak pembinaan.

2 *bertimbunan*
◊ *Work had piled up while she was on holiday.* Kerja-kerja bertimbunan semasa dia sedang bercuti.

piles KATA NAMA JAMAK
buasir

pile-up KATA NAMA
perlanggaran yang bertindih-tindih

pilgrim KATA NAMA
1 *jemaah haji* (Islam)
2 *penziarah*

pilgrimage KATA NAMA
ziarah (ke tempat suci)

piling KATA NAMA
cerucuk

pill KATA NAMA
pil
♦ **to be on the pill** mengambil pil perancang

pillar KATA NAMA
tiang

pillar box KATA NAMA
(JAMAK **pillar boxes**)
peti surat

pillion KATA ADVERBA
♦ **to ride pillion** membonceng ◊ *He rode pillion on Raju's motorcycle.* Dia

membonceng motosikal Raju.

pillow KATA NAMA
bantal

pillowcase KATA NAMA
sarung bantal

pilot KATA NAMA
juruterbang
◊ *He's a pilot.* Dia seorang juruterbang.

pimple KATA NAMA
jerawat

pin KATA NAMA

> rujuk juga **pin** KATA KERJA

jarum peniti
- **pins and needles** kesemutan *atau* kebas

to **pin** KATA KERJA

> rujuk juga **pin** KATA NAMA

1 *mengepin*
◊ *Serena pinned the flower onto her dress.* Serena mengepin bunga itu pada gaunnya.
2 *menindih*
◊ *Ken pinned his brother to the ground while they were fighting.* Ken menindih adik lelakinya di atas tanah semasa mereka bergaduh.

PIN KATA NAMA (= *personal identification number*)
PIN (= *nombor pengenalan peribadi*)

pinafore KATA NAMA
baju pinafor

pinball KATA NAMA
pinball
◊ *They're playing pinball.* Mereka sedang bermain pinball.

pincers KATA NAMA JAMAK
kakaktua (*alat*)

to **pinch** KATA KERJA

> rujuk juga **pinch** KATA NAMA

1 *mencubit*
◊ *He pinched me!* Dia mencubit saya!
2 (*tidak formal*) *mencuri*
◊ *Who's pinched my pen?* Siapakah yang mencuri pen saya?

pinch KATA NAMA
(JAMAK **pinches**)

> rujuk juga **pinch** KATA KERJA

cubitan
- **He gave me a little pinch.** Dia mencubit saya dengan perlahan.
- **a pinch of salt** secubit garam

pine KATA NAMA
pokok pain

pineapple KATA NAMA
nenas

pink KATA ADJEKTIF
merah jambu

to **pinpoint** KATA KERJA
mengenal pasti
◊ *The police couldn't pinpoint the motive for the crime.* Pihak polis tidak dapat mengenal pasti motif jenayah itu.

pint KATA NAMA
pain

> sukatan cecair bersamaan dengan kira-kira 0.6 liter

- **to have a pint** minum bir ◊ *He's gone out for a pint.* Dia pergi minum bir.

pioneer KATA NAMA

> rujuk juga **pioneer** KATA KERJA

1 *perintis*
◊ *one of the pioneers of genetic engineering* salah seorang perintis bidang kejuruteraan genetik
2 *peneroka*
◊ *the first pioneers from Europe* peneroka pertama dari benua Eropah

to **pioneer** KATA KERJA

> rujuk juga **pioneer** KATA NAMA

mempelopori
◊ *We pioneered the technique.* Kami mempelopori teknik itu.

pious KATA ADJEKTIF
alim

pipe KATA NAMA
paip
◊ *steel pipes* paip besi ◊ *He smokes a pipe.* Dia menghisap paip.
- **The pipes froze.** Air paip telah membeku.
- **the pipes** begpaip (*alat muzik*)
◊ *He plays the pipes.* Dia bermain begpaip.

piracy KATA NAMA
1 *kegiatan melanun*
2 *cetak rompak*

pirate KATA NAMA
lanun

pirated KATA ADJEKTIF
cetak rompak
◊ *a pirated video* video cetak rompak

Pisces KATA NAMA
Pisces
- **I'm Pisces.** Zodiak saya ialah Pisces.

pissed KATA ADJEKTIF
(*bahasa kasar*)
mabuk

pistol KATA NAMA
pistol

pit KATA NAMA
1 *lombong arang batu*
2 *lubang*
◊ *Eric lost his footing and began to slide into the pit.* Eric jatuh dan mula menggelongsor ke dalam lubang itu.

pitch KATA NAMA
(JAMAK **pitches**)

> rujuk juga **pitch** KATA KERJA

padang

◊ *a football pitch* padang bola sepak

to **pitch** KATA KERJA

rujuk juga **pitch** KATA NAMA

mendirikan
◊ *We pitched our tent near the beach.* Kami mendirikan khemah berdekatan dengan pantai.

pitch-black KATA ADJEKTIF

gelap-gelita
◊ *It was pitch-black in the room and I couldn't see a thing.* Bilik itu gelap-gelita dan saya tidak nampak apa-apa.

pitcher KATA NAMA
1. *buyung*
2. *pembaling* (besbol)

pith KATA NAMA
empulur

pitiful KATA ADJEKTIF
1. *menimbulkan rasa belas kasihan*
◊ *It was the most pitiful sight I had ever seen.* Pemandangan itu paling menimbulkan rasa belas kasihan berbanding dengan pemandangan-pemandangan lain yang pernah saya lihat.
2. *sangat sedikit*
◊ *The choice is pitiful and the quality of some of the products is very low.* Pilihan yang ada sangat sedikit dan kualiti sesetengah produk pula sangat rendah.

pity KATA NAMA

rujuk juga **pity** KATA KERJA

belas kasihan
◊ *They showed no pity.* Mereka langsung tidak menunjukkan belas kasihan.
+ **What a pity!** Sayang sekali!

to **pity** KATA KERJA
(**pitied, pitied**)

rujuk juga **pity** KATA NAMA

kasihan
◊ *I don't hate him, I pity him.* Saya tidak membencinya tetapi saya kasihan padanya.

pizza KATA NAMA
piza

PJ's SINGKATAN (= *pyjamas*)
pijama

placard KATA NAMA
sepanduk

place KATA NAMA

rujuk juga **place** KATA KERJA

tempat
◊ *It's a quiet place.* Tempat ini sunyi.
◊ *Book your place for the trip now.* Tempahlah tempat anda untuk perjalanan itu sekarang. ◊ *Britain won third place in the games.* Britain memenangi tempat ketiga dalam perlawanan itu.
+ **a parking place** tempat letak kereta

+ **to take place** diadakan ◊ *Elections will take place on Monday.* Pilihan raya akan diadakan pada hari Isnin.
+ **at your place** di rumah anda

to **place** KATA KERJA

rujuk juga **place** KATA NAMA

meletakkan
◊ *He placed his hand on hers.* Dia meletakkan tangannya di atas tangan gadis itu.

to **plagiarize** KATA KERJA
memplagiat
◊ *She was accused of plagiarizing someone else's novel.* Dia dituduh memplagiat novel orang lain.

plain KATA ADJEKTIF, KATA ADVERBA

rujuk juga **plain** KATA NAMA

tidak bercorak
◊ *a plain tie* tali leher yang tidak bercorak
+ **a plain white blouse** blaus putih kosong
+ **It was plain to see.** Jelas sekali.

plain KATA NAMA

rujuk juga **plain** KATA ADJEKTIF, KATA ADVERBA

dataran

plain chocolate KATA NAMA
coklat pahit

to **plait** KATA KERJA

rujuk juga **plait** KATA NAMA

mendandan
◊ *to plait someone's hair* mendandan rambut seseorang
+ **It is made of strips of fabric plaited together.** Benda ini diperbuat daripada jurai-jurai kain yang dianyam.

plait KATA NAMA

rujuk juga **plait** KATA KERJA

tocang
◊ *She wears her hair in plaits.* Dia mengikat tocang.

plan KATA NAMA

rujuk juga **plan** KATA KERJA
1. *rancangan*
◊ *What are your plans for the holidays?* Apakah rancangan anda untuk cuti ini?
+ **to make plans** membuat perancangan
+ **Everything went according to plan.** Segala-galanya berjalan seperti yang dirancang.
2. *pelan*
◊ *a plan of the campsite* pelan tapak perkhemahan itu
+ **my essay plan** rangka karangan saya

to **plan** KATA KERJA

rujuk juga **plan** KATA NAMA

merancang
◊ *We're planning a trip to France.* Kami sedang merancang satu percutian ke

plane → play

Perancis. ◊ *Plan your revision carefully.* Rancang jadual ulang kaji anda dengan teliti.

plane KATA NAMA
rujuk juga **plane** KATA KERJA
kapal terbang
◊ *by plane* dengan kapal terbang

to **plane** KATA KERJA
rujuk juga **plane** KATA NAMA
mengetam
◊ *I planed the surface of the wood.* Saya mengetam permukaan kayu itu.

planet KATA NAMA
planet

plank KATA NAMA
papan

planner KATA NAMA
perancang

planning KATA NAMA
perancangan
◊ *The trip needs careful planning.* Perjalanan itu memerlukan perancangan yang teliti. ◊ *family planning* perancangan keluarga

plant KATA NAMA
rujuk juga **plant** KATA KERJA
tumbuhan
• **I water my plants every week.** Saya menyiram pokok-pokok saya setiap minggu.
• **a chemical plant** loji kimia

to **plant** KATA KERJA
rujuk juga **plant** KATA NAMA
menanam
◊ *We planted fruit trees and vegetables.* Kami menanam pokok buah-buahan dan sayur-sayuran.

plantation KATA NAMA
ladang

planting KATA NAMA
tanam-menanam

plant pot KATA NAMA
pasu bunga

plaque KATA NAMA
plak

plasma KATA NAMA
plasma

plaster KATA NAMA
rujuk juga **plaster** KATA KERJA
plaster
◊ *Have you got a plaster?* Anda ada plaster?
• **Her leg's in plaster.** Kakinya bersimen.

to **plaster** KATA KERJA
rujuk juga **plaster** KATA NAMA
1 *menurap*
◊ *to plaster the wall* menurap tembok
2 *menampal*
◊ *He has plastered his room with posters.* Dia telah menampal segenap biliknya dengan poster.

plastered KATA ADJEKTIF
1 *bertempek-tempek*
◊ *His shirt was plastered with mud.* Kemejanya bertempek-tempek dengan lumpur.
2 *terpapar*
◊ *The story was plastered all over the papers.* Cerita itu terpapar di semua surat khabar.

plastic KATA NAMA
rujuk juga **plastic** KATA ADJEKTIF
plastik
◊ *It's made of plastic.* Barang ini diperbuat daripada plastik.

plastic KATA ADJEKTIF
rujuk juga **plastic** KATA NAMA
plastik
◊ *a plastic bag* beg plastik

Plasticine ® KATA NAMA
plastisin

plastic wrap KATA NAMA
pembalut plastik
digunakan khas untuk menutup atau membalut makanan supaya makanan itu bersih dan tetap segar

plate KATA NAMA
pinggan

plated KATA ADJEKTIF
bersadur

platform KATA NAMA
1 *pentas* (*untuk berucap, berlakon*)
2 *platform* (*di stesen kereta api*)
3 *pelantar* (*untuk pekerja cari gali minyak*)

plating KATA NAMA
saduran

platoon KATA NAMA
platun

play KATA NAMA
rujuk juga **play** KATA KERJA
drama
◊ *a play by Shakespeare* drama Shakespeare ◊ *to put on a play* mementaskan sebuah drama

to **play** KATA KERJA
rujuk juga **play** KATA NAMA
1 *bermain*
◊ *He's playing with his friends.* Dia sedang bermain dengan kawan-kawannya.
2 *berlawan dengan*
◊ *Spain will play Scotland next month.* Sepanyol akan berlawan dengan Scotland pada bulan hadapan.
3 *memainkan*
◊ *She's always playing that record.* Dia selalu memainkan piring hitam itu.

play down → plough B. Inggeris ~ B. Melayu 340

[4] *melakonkan watak*
◊ *I would love to play Cleopatra.* Saya ingin melakonkan watak Cleopatra.

to **play down** KATA KERJA
mengecil-ngecilkan
◊ *to play down a problem* mengecil-ngecilkan sesuatu masalah
- **He tried to play down his illness.** Dia cuba mengatakan bahawa penyakitnya tidak serius.

to **play up** KATA KERJA
meragam
◊ *The engine's playing up again.* Enjin itu meragam lagi.

Play-Doh ® KATA NAMA
Play-Doh ®
> bahan berwarna yang lembut seperti tanah liat dan digunakan oleh kanak-kanak untuk membuat model

player KATA NAMA
pemain
◊ *a football player* pemain bola sepak

playful KATA ADJEKTIF
suka bermain-main

playground KATA NAMA
taman permainan

playgroup KATA NAMA
tabika

playing card KATA NAMA
daun terup

playing field KATA NAMA
padang

playmate KATA NAMA
teman sepermainan

play park KATA NAMA
taman permainan kanak-kanak

playtime KATA NAMA
waktu bermain (di sekolah)

playwright KATA NAMA
penulis drama

plea KATA NAMA
rayuan
◊ *They ignored his pleas.* Mereka tidak mempedulikan rayuannya.

pleasant KATA ADJEKTIF
menyeronokkan
- **We had a very pleasant evening.** Kami sungguh seronok petang itu.

please KATA SERUAN
> rujuk juga **please** KATA KERJA

[1] *tolong*
◊ *Two coffees, please.* Tolong bawakan kami dua cawan kopi. ◊ *Can we have the bill please?* Tolong bawakan bil.
◊ *Would you please be quiet?* Tolong jangan bising.

[2] *sila*
◊ *Please come in.* Sila masuk.

to **please** KATA KERJA
> rujuk juga **please** KATA SERUAN

menyenangkan hati
◊ *I want to please you.* Saya mahu menyenangkan hati anda.

pleased KATA ADJEKTIF
gembira
◊ *My mother's not going to be very pleased.* Emak saya tentu tidak akan begitu gembira.
- **It's beautiful. She'll be very pleased with it.** Cantik sekali. Dia tentu gembira.
- **Pleased to meet you!** Apa khabar?

pleasure KATA NAMA
keseronokan
◊ *Watching horror movies gave him great pleasure.* Dia mendapat keseronokan dengan menonton cerita-cerita seram.
- **I read for pleasure.** Saya membaca untuk mendapatkan hiburan.

pleat KATA NAMA
lisu

pledge KATA NAMA
> rujuk juga **pledge** KATA KERJA

ikrar

to **pledge** KATA KERJA
> rujuk juga **pledge** KATA NAMA

berjanji
◊ *They pledged their support.* Mereka berjanji akan memberikan sokongan.

plenty KATA GANTI NAMA
banyak
◊ *That's plenty, thanks.* Itu sudah banyak. Terima kasih. ◊ *I've got plenty to do.* Saya ada banyak perkara yang perlu dilakukan.
- **Fifteen minutes is plenty.** Lima belas minit sudah cukup lama.
- **plenty of** banyak ◊ *He's got plenty of energy.* Dia mempunyai tenaga yang banyak.
- **Malaysia is a land of plenty.** Malaysia sebuah negara yang makmur.

pliers KATA NAMA
playar

plight KATA NAMA
keadaan yang menyedihkan

plot KATA NAMA
> rujuk juga **plot** KATA KERJA

[1] *jalan cerita*
[2] *komplot*
◊ *a plot against the president* komplot menentang presiden
[3] *petak* (untuk tanaman)

to **plot** KATA KERJA
> rujuk juga **plot** KATA NAMA

berkomplot

plough KATA NAMA
> rujuk juga **plough** KATA KERJA

plough → point

to **plough** KATA KERJA

> rujuk juga **plough** KATA NAMA

menenggala
◊ *It took two days to plough the land.* Kerja-kerja menenggala tanah itu mengambil masa dua hari.

pls SINGKATAN (= *please*)
tolong

to **pluck** KATA KERJA
memetik
◊ *I plucked a lemon from the tree.* Saya memetik sebiji buah lemon dari pokok itu.

* **to pluck up the courage** memberanikan diri

plug KATA NAMA
1. *palam* (*elektrik*)
2. *penyumbat* (*untuk menutup lubang*)

to **plug in** KATA KERJA
memasang palam
◊ *Is the iron plugged in?* Sudahkah palam seterika itu dipasang?

plum KATA NAMA
buah plum

plumber KATA NAMA
tukang paip
◊ *He's a plumber.* Dia seorang tukang paip.

plumb line KATA NAMA
tali unting-unting

plump KATA ADJEKTIF
montok

to **plunge** KATA KERJA
terjun
◊ *He plunged into the water.* Dia terjun ke dalam air.

plural KATA NAMA
jamak

plus KATA SENDI, KATA ADJEKTIF
campur
◊ *4 plus 3 equals 7.* 4 campur 3 bersamaan dengan 7. ◊ *I got a B plus.* Saya mendapat B campur.

* **three children plus a dog** tiga orang kanak-kanak serta seekor anjing

p.m. SINGKATAN
1. *petang*
◊ *at 2 p.m.* pada pukul 2 petang
2. *malam*
◊ *at 9 p.m.* pada pukul 9 malam

pneumonia KATA NAMA
pneumonia atau *radang paru-paru*

to **poach** KATA KERJA
memburu secara haram
◊ *They poach elephants for their tusks.* Mereka memburu gajah secara haram untuk mendapatkan gadingnya.

* **Poach the eggs for four minutes.** Masak telur yang telah dibuang kulit itu di dalam air yang mendidih selama empat minit.

* **a poached egg** telur carak

pocket KATA NAMA
saku
◊ *He had his hands in his pockets.* Dia menyeluk sakunya.

pocket calculator KATA NAMA
mesin kira saku

pocket money KATA NAMA
duit belanja
◊ *How much pocket money do you get?* Berapakah duit belanja yang anda dapat?

poem KATA NAMA
puisi

poet KATA NAMA
penyair

poetry KATA NAMA
puisi

point KATA NAMA

> rujuk juga **point** KATA KERJA

1. *pendapat*
◊ *He made some interesting points.* Dia mengemukakan beberapa pendapat yang menarik.
2. *mata*
◊ *They scored five points.* Mereka mendapat lima mata.
3. *hujung*
◊ *a pencil with a sharp point* pensel dengan hujung yang tajam

* **There's no point.** Tidak ada gunanya.
◊ *There's no point in waiting.* Tidak ada gunanya menunggu.
* **What's the point?** Apa gunanya?
◊ *What's the point of leaving so early?* Apa gunanya pergi begitu awal?
4. *ketika*
◊ *At that point, we decided to leave.* Pada ketika itu, kami membuat keputusan untuk pergi.
* **Sorry, I don't get the point.** Maaf, saya tidak faham.
* **a point of view** sudut pandangan
* **From the financial point of view...** Dari segi kewangan...
* **That's a good point!** Betul kata anda!
* **That's not the point.** Itu bukan soalnya.
* **They were on the point of finding it.** Mereka hampir-hampir menjumpainya.
* **Punctuality isn't his strong point.** Dia seorang yang sukar menepati masa.
* **two point five (2.5)** dua perpuluhan lima (2.5)

to **point** KATA KERJA

> rujuk juga **point** KATA NAMA

menuding
◊ *Don't point!* Jangan menuding!

point out → polished   B. Inggeris ~ B. Melayu   342

- **to point at somebody** menuding ke arah seseorang ◊ *She pointed at Anne.* Dia menuding ke arah Anne.
- **to point a gun at somebody** mengacukan pistol ke arah seseorang

to **point out** KATA KERJA
  1. *menunjukkan*
  ◊ *The guide pointed out the tower to us.* Pemandu itu menunjukkan menara itu kepada kami.
  2. *menegaskan*
  ◊ *I should point out that...* Saya patut menegaskan bahawa...

pointed KATA ADJEKTIF
  tajam
  ◊ *a pointed stick* kayu yang tajam
- **His house has a pointed roof.** Rumahnya mempunyai bumbung yang lonjong.
- **a pointed nose** hidung mancung

pointless KATA ADJEKTIF
  tidak ada gunanya
  ◊ *It's pointless arguing.* Tidak ada gunanya bertengkar.

poison KATA NAMA
  > rujuk juga **poison** KATA KERJA
  racun

to **poison** KATA KERJA
  > rujuk juga **poison** KATA NAMA
  meracuni

poisoner KATA NAMA
  peracun

poisoning KATA NAMA
  keracunan
  ◊ *Vomiting and diarrhoea are among the symptoms of food poisoning.* Muntah dan cirit-birit merupakan antara gejala keracunan makanan.
- **She was sentenced to twenty years' imprisonment for attempted murder and poisoning.** Dia dijatuhkan hukuman penjara dua puluh tahun atas cubaan membunuh dan meracun.

poisonous KATA ADJEKTIF
  beracun
  ◊ *poisonous gases* gas-gas beracun

to **poke** KATA KERJA
  mencucuk
  ◊ *He poked me in the eye.* Dia mencucuk mata saya.

poker KATA NAMA
  poker
  ◊ *I play poker.* Saya bermain poker.

poker face KATA NAMA
  selamba
  ◊ *With a poker face, he told me that I was fired.* Dengan selamba, dia memberitahu saya bahawa saya dipecat.

Poland KATA NAMA
  Poland

polar bear KATA NAMA
  beruang kutub

Pole KATA NAMA
  orang Poland

pole KATA NAMA
  tiang
  ◊ *a tent pole* tiang khemah
- **the North Pole** Kutub Utara
- **the South Pole** Kutub Selatan

pole vault KATA NAMA
  lompat galah
- **the pole vault** lompat galah

police KATA NAMA JAMAK
  polis
  ◊ *We called the police.* Kami telah menelefon polis.

police car KATA NAMA
  kereta polis

policeman KATA NAMA
  (JAMAK **policemen**)
  anggota polis (lelaki)

police station KATA NAMA
  balai polis

policewoman KATA NAMA
  (JAMAK **policewomen**)
  anggota polis (wanita)

policy KATA NAMA
  (JAMAK **policies**)
  polisi

polio KATA NAMA
  polio

Polish KATA ADJEKTIF
  > rujuk juga **Polish** KATA NAMA
  Poland
  ◊ *a Polish flag* bendera Poland
- **She's Polish.** Dia berbangsa Poland.

Polish KATA NAMA
  > rujuk juga **Polish** KATA ADJEKTIF
  1. *orang Poland*
  ◊ *the Polish* orang Poland
  2. *bahasa Poland*

polish KATA NAMA
  (JAMAK **polishes**)
  > rujuk juga **polish** KATA KERJA
  penggilap

to **polish** KATA KERJA
  > rujuk juga **polish** KATA NAMA
  menggilap
  ◊ *to polish the furniture* menggilap perabot

to **polish off** KATA KERJA
  (tidak formal)
  menghabiskan
  ◊ *He polished off all his food.* Dia menghabiskan semua makanannya.

polished KATA ADJEKTIF
  1. *berkilat*
  ◊ *polished leather shoes* kasut kulit

polite → popcorn

yang berkilat
[2] *halus budi bahasa*
◊ *He is polished and handsome.* Dia seorang yang halus budi bahasanya dan kacak.

polite KATA ADJEKTIF
sopan
◊ *a polite child* anak yang sopan
◊ *It's not polite to point.* Menuding ke arah seseorang adalah tidak sopan.

politeness KATA NAMA
kesopanan

political KATA ADJEKTIF
politik
◊ *political crisis* krisis politik

politician KATA NAMA
ahli politik

politics KATA NAMA
politik
◊ *I'm not interested in politics.* Saya tidak berminat dalam politik.

poll KATA NAMA
tinjauan pendapat

pollen KATA NAMA
debunga

to pollute KATA KERJA
mencemarkan

polluted KATA ADJEKTIF
tercemar
◊ *polluted air* udara yang tercemar

pollution KATA NAMA
pencemaran

polo-necked sweater KATA NAMA
baju panas berkolar polo

polo shirt KATA NAMA
kemeja-T berkolar

polyclinic KATA NAMA
poliklinik

polygamy KATA NAMA
poligami

polymer KATA NAMA
polimer

polytechnic KATA NAMA
politeknik

polythene KATA NAMA
politena

polythene bag KATA NAMA
beg politena

pomelo KATA NAMA
limau bali

pompous KATA ADJEKTIF
angkuh
◊ *He was pompous and had a high opinion of his own capabilities.* Dia angkuh dan memandang tinggi kepada kebolehan dirinya.

pond KATA NAMA
kolam

to ponder KATA KERJA
merenungkan
◊ *She lay on the bed and pondered her mother's words.* Dia berbaring di atas katil sambil merenungkan kata-kata emaknya.

pony KATA NAMA
(JAMAK **ponies**)
kuda padi

ponytail KATA NAMA
tocang ekor kuda
◊ *He's got a ponytail.* Dia mengikat tocang ekor kuda.

pony trekking KATA NAMA
menunggang kuda padi
◊ *to go pony trekking* pergi menunggang kuda padi

poodle KATA NAMA
anjing poodle

pool KATA NAMA
rujuk juga **pool** KATA KERJA
[1] *kolam*
[2] *kolam renang*
[3] *pool* (permainan)
◊ *a pool table* meja pool
♦ **the pools** teka permainan bola
♦ **I do the pools every week.** Saya meneka permainan bola setiap minggu.

to pool KATA KERJA
rujuk juga **pool** KATA NAMA
berkongsi
◊ *We pooled ideas and information.* Kami berkongsi idea dan maklumat.

poor KATA ADJEKTIF
miskin
◊ *a poor family* keluarga yang miskin
♦ **Poor David, he's very unlucky!** Kasihan David, nasibnya sungguh malang!
♦ **He's a poor speaker.** Dia tidak pandai berucap.
♦ **the poor** golongan miskin

poorly KATA ADJEKTIF
tidak sihat
♦ **She's feeling a bit poorly.** Dia berasa kurang sihat.

pop KATA ADJEKTIF
pop
◊ *pop music* muzik pop ◊ *a pop star* seorang bintang pop

to pop in KATA KERJA
singgah
◊ *I'll pop in on my way to the shops.* Saya akan singgah di sana dalam perjalanan saya ke kedai.

to pop out KATA KERJA
keluar sebentar

to pop round KATA KERJA
singgah
◊ *I'm just popping round to John's.* Saya akan singgah di rumah John.

popcorn KATA NAMA

bertih jagung

Pope KATA NAMA
Paus (ketua gereja Roman Katolik)

poppy KATA NAMA
(JAMAK **poppies**)
pokok popi

popular KATA ADJEKTIF
popular
◊ *Football is the most popular game in this country.* Bola sepak ialah permainan yang paling popular di negara ini. ◊ *She's a very popular girl.* Dia seorang gadis yang sangat popular.

popularity KATA NAMA
kepopularan

to **popularize** KATA KERJA
mempopularkan
◊ *They tried to popularize the new sport.* Mereka cuba mempopularkan sukan baru itu. ◊ *He popularized the concept.* Beliau mempopularkan konsep itu.

population KATA NAMA
populasi

porch KATA NAMA
(JAMAK **porches**)
anjung

porcupine KATA NAMA
landak

pore KATA NAMA
liang roma

pork KATA NAMA
daging khinzir
◊ *a pork chop* sepotong daging khinzir

porn KATA NAMA
rujuk juga **porn** KATA ADJEKTIF
bahan-bahan lucah

porn KATA ADJEKTIF
rujuk juga **porn** KATA NAMA
lucah
◊ *a porn film* filem lucah

pornographic KATA ADJEKTIF
lucah
◊ *a pornographic magazine* majalah lucah

pornography KATA NAMA
bahan-bahan lucah

porous KATA ADJEKTIF
1 *telap* (tanah, dll)
2 *poros* (kulit, tulang, dll)

porridge KATA NAMA
bubur

port KATA NAMA
pelabuhan

portable KATA ADJEKTIF
mudah alih
◊ *a portable TV* televisyen mudah alih

portal KATA NAMA
portal

porter KATA NAMA

porter

portion KATA NAMA
bahagian
◊ *a small portion of your salary* sebahagian kecil daripada gaji anda
♦ **a large portion of chips** hidangan kentang goreng yang banyak

portrait KATA NAMA
potret

to **portray** KATA KERJA
1 *melakonkan watak*
◊ *He portrayed King Arthur in the film 'Camelot'.* Dia melakonkan watak King Arthur dalam filem 'Camelot'.
2 *menggambarkan*
◊ *The book portrays life in a working-class family.* Buku itu menggambarkan kehidupan dalam sebuah keluarga kaum buruh.

Portugal KATA NAMA
Portugal

Portuguese KATA ADJEKTIF
rujuk juga **Portuguese** KATA NAMA
Portugis
◊ *a Portuguese village* sebuah perkampungan Portugis
♦ **She's Portuguese.** Dia berbangsa Portugis.

Portuguese KATA NAMA
rujuk juga **Portuguese** KATA ADJEKTIF
1 *orang Portugis*
◊ *the Portuguese* orang Portugis
2 *bahasa Portugis*

posh KATA ADJEKTIF
mewah dan anggun
◊ *a posh car* kereta yang mewah dan anggun

position KATA NAMA
1 *kedudukan*
◊ *an uncomfortable position* kedudukan yang tidak selesa
2 *jawatan*

positive KATA ADJEKTIF
1 *positif*
◊ *a positive attitude* sikap yang positif
2 *pasti*
◊ *I'm positive.* Saya pasti.

to **possess** KATA KERJA
memiliki
◊ *She lost everything she possessed.* Dia kehilangan segala yang dimilikinya.

possessed KATA ADJEKTIF
kena rasuk
◊ *He behaved like someone possessed.* Dia berkelakuan seperti orang yang kena rasuk.

possession KATA NAMA
barang kepunyaan
◊ *Have you got all your possessions?*

Sudahkah anda mengambil semua barang kepunyaan anda?

possessive KATA ADJEKTIF
1 *cemburu*
◊ *a possessive husband* suami yang cemburu
2 *tidak mahu berkongsi*
◊ *People were very possessive about their coupons.* Orang ramai tidak mahu berkongsi kupon mereka.

possibility KATA NAMA
(JAMAK **possibilities**)
kemungkinan
◊ *There were several possibilities.* Terdapat beberapa kemungkinan.

possible KATA ADJEKTIF
mungkin
◊ *It's possible that he's gone away.* Mungkin dia sudah pergi ke tempat lain.
♦ **as soon as possible** secepat mungkin
♦ **if possible** kalau boleh ◊ *I need to see you, right away if possible.* Saya hendak berjumpa dengan anda, kalau boleh secepat mungkin.
♦ **if at all possible** seboleh-bolehnya ◊ *If at all possible, do come for the dinner tonight.* Seboleh-bolehnya, datanglah ke jamuan malam ini.

possibly KATA ADVERBA
mungkin
◊ *Are you coming to the party? - Possibly.* Anda akan hadir ke majlis itu? - Mungkin.
♦ **...if you possibly can.** ...jika anda boleh.
♦ **I can't possibly go.** Tidak mungkin saya dapat pergi.

post KATA NAMA
rujuk juga **post** KATA KERJA
1 *surat*
◊ *Is there any post for me?* Ada surat untuk saya?
♦ **by post** melalui pos
2 *tiang*
◊ *The ball hit the post.* Bola itu terkena tiang.
3 *jawatan*

to **post** KATA KERJA
rujuk juga **post** KATA NAMA
mengepos
◊ *You could post it.* Anda boleh mengeposnya.
♦ **Would you post this letter for me?** Bolehkah anda pos surat ini untuk saya?
♦ **I've got some cards to post.** Saya perlu mengirim beberapa keping kad.

postage KATA NAMA
bayaran pos

postal KATA ADJEKTIF
pos
◊ *postal service* perkhidmatan pos
♦ **postal address** alamat surat-menyurat

postal order KATA NAMA
wang pos

post box KATA NAMA
(JAMAK **post boxes**)
peti surat

postcard KATA NAMA
poskad

postcode KATA NAMA
poskod

poster KATA NAMA
poster
◊ *There are posters all over town.* Poster-poster ditampal di seluruh bandar.

postgraduate KATA NAMA
pelajar lepasan ijazah

postman KATA NAMA
(JAMAK **postmen**)
posmen

postmark KATA NAMA
cap pos

post-mortem KATA NAMA
post-mortem

post office KATA NAMA
pejabat pos
◊ *She works for the post office.* Dia bekerja di pejabat pos.

postoperative KATA ADJEKTIF
lepas bedah

to **postpone** KATA KERJA
menangguhkan
◊ *The match has been postponed.* Perlawanan itu telah ditangguhkan.

postponement KATA NAMA
penangguhan

posture KATA NAMA
posisi tubuh atau *postur*

postwoman KATA NAMA
(JAMAK **postwomen**)
penghantar surat wanita

pot KATA NAMA
1 *periuk*
♦ **pots and pans** periuk belanga
♦ **a pot of jam** sebotol jem
♦ **a pot of flowers** sepasu bunga
♦ **a pot of paint** satu tin cat
♦ **a coffee pot** teko kopi
2 (*tidak formal*) *ganja*
◊ *to smoke pot* menghisap ganja

potassium KATA NAMA
kalium

potato KATA NAMA
(JAMAK **potatoes**)
kentang
◊ *a baked potato* kentang bakar

pot-bellied KATA ADJEKTIF
buncit

potential KATA ADJEKTIF

potential → power station   B. Inggeris ~ B. Melayu   346

rujuk juga **potential** KATA NAMA
bakal
◊ *potential employees of the company* bakal pekerja-pekerja syarikat itu
♦ **a potential problem** masalah yang mungkin timbul

potential KATA NAMA
rujuk juga **potential** KATA ADJEKTIF
potensi
◊ *He has great potential.* Dia mempunyai potensi yang tinggi.

pothole KATA NAMA
lekuk (di jalan)

potion KATA NAMA
posyen

pot plant KATA NAMA
pokok pasu

pottery KATA NAMA
(JAMAK **potteries**)
[1] *tembikar*
[2] *kilang tembikar*

pouch KATA NAMA
(JAMAK **pouches**)
uncang

poultice KATA NAMA
tuam

poultry KATA NAMA
ayam itik

to **pounce** KATA KERJA
menyerkap
◊ *He pounced on the man hiding in the bushes.* Dia menyerkap lelaki yang sedang bersembunyi di dalam semak itu.
♦ **...like a tiger pouncing on its prey.** ...seperti harimau menerkam mangsanya.

pound KATA NAMA
rujuk juga **pound** KATA KERJA
[1] *paun*
  Satu paun bersamaan dengan kira-kira 450 gram.
◊ *a pound of carrots* satu paun lobak merah
[2] *paun sterling* (mata wang Britain)
♦ **The book costs 20 pounds.** Buku itu berharga 20 paun.
♦ **a pound coin** duit syiling satu paun

to **pound** KATA KERJA
rujuk juga **pound** KATA NAMA
[1] *menumbuk*
◊ *to pound something* menumbuk sesuatu
[2] *berdebar-debar*
◊ *My heart was pounding.* Hati saya berdebar-debar.

to **pour** KATA KERJA
menuang
◊ *She poured some water into the pan.* Dia menuang sedikit air ke dalam kuali leper itu.
♦ **It's pouring.** Hujan sedang turun mencurah-curah.
♦ **in the pouring rain** dalam hujan yang mencurah-curah

to **pour out** KATA KERJA
[1] *menuang*
◊ *Larry was pouring out four glasses of wine.* Larry sedang menuang wain ke dalam empat biji gelas.
[2] *mencurahkan*
◊ *Suzana poured out her feelings to her parents.* Suzana mencurahkan segala isi hatinya kepada ibu bapanya.

to **pout** KATA KERJA
memuncungkan bibir

poverty KATA NAMA
kemiskinan

powder KATA NAMA
rujuk juga **powder** KATA KERJA
[1] *bedak*
[2] *serbuk*
◊ *a fine white powder* serbuk putih yang halus

to **powder** KATA KERJA
rujuk juga **powder** KATA NAMA
membedakkan

power KATA NAMA
rujuk juga **power** KATA KERJA
[1] *kuasa*
♦ **The power's off.** Kuasa elektrik telah dipadamkan.
[2] *tenaga*
◊ *nuclear power* tenaga nuklear
◊ *solar power* tenaga suria
♦ **in power** berkuasa ◊ *They were in power for 18 years.* Mereka berkuasa selama 18 tahun.
♦ **a power point** soket pada dinding

to **power** KATA KERJA
rujuk juga **power** KATA NAMA
menggerakkan
◊ *The plane is powered by jet engines.* Kapal terbang itu digerakkan oleh enjin jet.

to **power down** KATA KERJA
mati kuasa

to **power up** KATA KERJA
hidup kuasa

power cut KATA NAMA
gangguan bekalan elektrik

powerful KATA ADJEKTIF
[1] *berkuasa*
◊ *the most powerful country in the world* negara yang paling berkuasa di dunia
[2] *berkeupayaan tinggi*
◊ *a powerful computer system* sistem komputer yang berkeupayaan tinggi

power-mad KATA ADJEKTIF
gila kuasa

power station KATA NAMA

stesen jana kuasa

power walking KATA NAMA
senaman berjalan (*dengan mengeluarkan tenaga yang banyak*)
◊ *to go power walking* pergi melakukan senaman berjalan

PPV SINGKATAN (= *pay-per-view*)
sistem televisyen berbayar
> sistem televisyen satelit atau kabel yang mengenakan bayaran kepada penonton yang ingin menonton rancangannya

practical KATA ADJEKTIF
[1] *praktikal*
◊ *a practical suggestion* cadangan yang praktikal ◊ *She's very practical.* Dia seorang yang sangat praktikal.
[2] *amali* (*ujian, latihan*)

practically KATA ADVERBA
boleh dikatakan
◊ *It's practically impossible.* Perkara itu boleh dikatakan mustahil.

practice KATA NAMA
[1] *amalan*
◊ *It's normal practice in our school.* Itu amalan biasa di sekolah kami.
[2] *latihan*
◊ *football practice* latihan bola sepak
♦ **You'll get better with practice.** Pencapaian anda akan bertambah baik jika anda selalu berlatih.
♦ **in practice** pada praktiknya
♦ **I'm out of practice.** Sudah lama saya tidak mempraktikkannya.
♦ **a medical practice** praktik perubatan

to **practise** KATA KERJA
(AS **practice**)
[1] *berlatih*
◊ *I ought to practise more.* Saya patut berlatih lebih kerap. ◊ *I practised my Spanish when we were on holiday.* Saya berlatih bercakap bahasa Sepanyol semasa kami pergi bercuti.
[2] *mengamalkan*
◊ *to practise religious teachings* mengamalkan ajaran agama

practising KATA ADJEKTIF
taat
◊ *She's a practising Catholic.* Dia seorang penganut Katolik yang taat.

practitioner KATA NAMA
pengamal
◊ *medical practitioner* pengamal perubatan

to **praise** KATA KERJA
> rujuk juga **praise** KATA NAMA

memuji
◊ *Everyone praises her cooking.* Semua orang memuji masakannya.

praise KATA NAMA
> rujuk juga **praise** KATA KERJA

pujian

praiseworthy KATA ADJEKTIF
patut dipuji
◊ *praiseworthy efforts* usaha yang patut dipuji

pram KATA NAMA
kereta sorong bayi

prawn KATA NAMA
udang

prawn cocktail KATA NAMA
koktel udang

to **pray** KATA KERJA
berdoa
◊ *to pray for something* berdoa untuk sesuatu

prayer KATA NAMA
[1] *doa*
◊ *God will answer your prayer.* Tuhan akan memakbulkan doa anda.
[2] *sembahyang*
◊ *late afternoon prayer* (*Islam*) sembahyang asar
♦ **prayers** sembahyang ◊ *The religious ceremony is prayers.* Upacara keagamaan itu ialah sembahyang.

pre- AWALAN
pra

to **preach** KATA KERJA
berkhutbah

preacher KATA NAMA
pengkhutbah

precaution KATA NAMA
langkah berjaga-jaga
◊ *to take precautions* mengambil langkah berjaga-jaga

precautionary KATA ADJEKTIF
berjaga-jaga
◊ *The school has taken precautionary measures to prevent food poisoning.* Sekolah itu telah mengambil langkah berjaga-jaga untuk mencegah masalah keracunan makanan.

preceding KATA ADJEKTIF
sebelum ini
◊ *In the preceding chapter...* Dalam bab sebelum ini...

precinct KATA NAMA
kawasan
◊ *a pedestrian precinct* kawasan pejalan kaki
♦ **a shopping precinct** pusat membeli-belah

precious KATA ADJEKTIF
berharga
◊ *a precious stone* batu permata yang berharga

precise KATA ADJEKTIF

precisely → prepared

tepat
- **to be precise** lebih tepat lagi
- **at that precise moment** pada ketika itu juga

precisely KATA ADVERBA
tepat
◊ *at 10 a.m. precisely* tepat pada pukul 10 pagi
- **Precisely!** Tepat sekali!
- **That is precisely what it's meant for.** Memang itulah tujuannya.

predator KATA NAMA
pemangsa

predecessor KATA NAMA
pendahulu
◊ *He learned everything from his predecessor.* Dia belajar segala-galanya daripada pendahulunya.

predicament KATA NAMA
kesusahan
◊ *Hank explained our predicament.* Hank menjelaskan kesusahan kami.

to **predict** KATA KERJA
meramalkan

predictable KATA ADJEKTIF
boleh diramalkan

prediction KATA NAMA
ramalan

preface KATA NAMA
prakata

prefect KATA NAMA
pengawas

to **prefer** KATA KERJA
lebih suka
◊ *Which would you prefer?* Yang manakah anda lebih suka? ◊ *I prefer chemistry to maths.* Saya lebih suka kimia berbanding dengan matematik.

preference KATA NAMA
kesukaan

prefix KATA NAMA
(JAMAK **prefixes**)
awalan

pregnant KATA ADJEKTIF
mengandung
◊ *She's six months pregnant.* Dia mengandung enam bulan.

prehistoric KATA ADJEKTIF
prasejarah

prejudice KATA NAMA
prasangka atau *prejudis*
◊ *That's just a prejudice.* Itu hanyalah prasangka. ◊ *There's a lot of racial prejudice.* Terdapat banyak prasangka kaum.

prejudiced KATA ADJEKTIF
berprasangka
- **to be prejudiced against somebody** berprasangka terhadap seseorang

preliminary KATA ADJEKTIF
awal
◊ *preliminary results* keputusan awal

premature KATA ADJEKTIF
sebelum waktunya
- **a premature baby** bayi tidak cukup bulan

Premier League KATA NAMA
Liga Premier

premises KATA NAMA JAMAK
premis
◊ *They're moving to new premises.* Mereka sedang berpindah ke premis baru.

premonition KATA NAMA
firasat

preoccupation KATA NAMA
tumpuan perhatian
◊ *His main preoccupation was to find a job.* Tumpuan perhatiannya yang utama ialah mencari kerja.

preoccupied KATA ADJEKTIF
asyik
◊ *She looked very preoccupied.* Dia kelihatan begitu asyik.

preordained KATA ADJEKTIF
ditakdirkan
◊ *Everything that happens has been preordained.* Segala yang berlaku telah ditakdirkan.

prep KATA NAMA
kerja rumah
◊ *history prep* kerja rumah sejarah

preparation KATA NAMA
persediaan
◊ *The event took months of preparation.* Persediaan untuk acara itu memakan masa beberapa bulan.
- **They are packing in preparation for a holiday.** Mereka sedang berkemas untuk pergi bercuti.
- **This preparation can make your hair grow again.** Ubat ini boleh menumbuhkan semula rambut kamu.
- **preparations** persediaan ◊ *Preparations are being made for the visit of the Queen.* Persediaan sedang dibuat untuk menyambut kedatangan Ratu.

to **prepare** KATA KERJA
menyediakan
◊ *He was preparing dinner.* Dia sedang menyediakan makan malam.
- **to prepare for something** membuat persediaan untuk sesuatu ◊ *We're preparing for our holiday.* Kami sedang membuat persediaan untuk pergi bercuti.

prepared KATA ADJEKTIF
bersedia
- **to be prepared to do something** bersedia melakukan sesuatu ◊ *I'm prepared to help you.* Saya bersedia

preposition KATA NAMA
kata sendi nama

prep school KATA NAMA
sekolah persediaan

prerequisite KATA NAMA
prasyarat

Presbyterian KATA ADJEKTIF
> rujuk juga **Presbyterian** KATA NAMA

Presbyterian
berkaitan dengan gereja Protestan khususnya di Scotland atau Amerika Syarikat

Presbyterian KATA NAMA
> rujuk juga **Presbyterian** KATA ADJEKTIF

pengikut Presbyterian

pre-school KATA ADJEKTIF
prasekolah

to **prescribe** KATA KERJA
mempreskripsikan
◊ *The doctor prescribed a course of antibiotics for me.* Doktor itu mempreskripsikan antibiotik untuk saya.

prescription KATA NAMA
preskripsi
◊ *a prescription for penicillin* preskripsi untuk ubat penisilin
♦ **on prescription** dengan preskripsi

presence KATA NAMA
kehadiran
♦ **presence of mind** sikap yang tenang

present KATA ADJEKTIF
> rujuk juga **present** KATA NAMA, KATA KERJA

1. *hadir*
◊ *He wasn't present at the meeting.* Dia tidak hadir di mesyuarat itu.
2. *sekarang*
◊ *the present situation* keadaan sekarang
♦ **the present tense** kala kini

present KATA NAMA
> rujuk juga **present** KATA ADJEKTIF, KATA KERJA

hadiah
♦ **to give somebody a present** memberi seseorang hadiah ◊ *He gave me a lovely present.* Dia memberi saya hadiah yang cantik.
♦ **to live in the present** menghadapi realiti
♦ **at present** pada masa ini
♦ **for the present** buat masa ini
♦ **up to the present** sehingga kini

to **present** KATA KERJA
> rujuk juga **present** KATA ADJEKTIF, KATA NAMA

menyampaikan
♦ **to present somebody with something** menyampaikan sesuatu kepada seseorang ◊ *The Mayor presented the winner with a medal.* Datuk bandar menyampaikan pingat kepada pemenang.
♦ **He agreed to present the show.** Dia bersetuju untuk mengacarakan rancangan itu.

presentation KATA NAMA
1. *penyampaian*
◊ *presentation of the proposal* penyampaian kertas cadangan
♦ **We keep the presentation of the food simple.** Kami menyediakan hiasan makanan itu agar nampak ringkas sahaja.
2. *upacara penyampaian hadiah/anugerah* (bergantung pada konteks)
◊ *at the presentation ceremony* di upacara penyampaian hadiah/anugerah
◊ *after receiving his award at a presentation in London yesterday* selepas menerima anugerahnya di upacara penyampaian anugerah di London kelmarin
3. *persembahan*
◊ *a short presentation* persembahan yang pendek

presenter KATA NAMA
penyampai

presently KATA ADVERBA
1. *sekarang*
◊ *They're presently on tour.* Mereka sedang mengadakan lawatan sekarang.
2. *sebentar lagi*
◊ *You'll feel better presently.* Anda akan berasa lebih baik sebentar lagi.

preservative KATA NAMA
pengawet

to **preserve** KATA KERJA
1. *mengekalkan*
◊ *We will do everything possible to preserve peace.* Kami akan melakukan segala-galanya yang mungkin untuk mengekalkan keamanan.
2. *memelihara*
◊ *We need to preserve our forests.* Kita perlu memelihara hutan kita.
♦ **to preserve food** mengawet makanan

president KATA NAMA
presiden

to **press** KATA KERJA
> rujuk juga **press** KATA NAMA

menekan
◊ *Don't press too hard!* Jangan tekan terlalu kuat! ◊ *He pressed the accelerator.* Dia menekan pedal minyak.

press KATA NAMA
> rujuk juga **press** KATA KERJA

surat khabar

◊ *The story appeared in the press last week.* Cerita itu keluar dalam surat khabar minggu lepas.

press conference KATA NAMA
sidang akhbar

pressed KATA ADJEKTIF
1. *kesuntukan*
◊ *We are pressed for time.* Kami kesuntukan masa.
2. *kesempitan*
◊ *I'm pressed for cash.* Saya kesempitan wang.

press-up KATA NAMA
tekan tubi

pressure KATA NAMA
tekanan
* **to be under pressure** menghadapi tekanan ◊ *She was under pressure from the management.* Dia menghadapi tekanan daripada pihak pengurusan.
* **a pressure group** kumpulan pendesak

pressured KATA ADJEKTIF
tertekan
◊ *to feel pressured* berasa tertekan

to pressurize KATA KERJA
memaksa
* **to pressurize somebody to do something** memaksa seseorang melakukan sesuatu ◊ *My parents are pressurizing me to stay on at school.* Ibu bapa saya memaksa saya untuk terus bersekolah.

prestige KATA NAMA
prestij

prestigious KATA ADJEKTIF
berprestij

presumably KATA ADVERBA
agaknya
◊ *Presumably she already knows what's happened.* Agaknya dia sudah tahu tentang perkara yang berlaku.

to presume KATA KERJA
kira
◊ *I presume he'll come.* Saya kira dia akan datang.
* **I presume so.** Saya agak begitulah.

presumption KATA NAMA
anggapan
◊ *the presumption that somebody is innocent* anggapan bahawa seseorang itu tidak bersalah

to pretend KATA KERJA
berpura-pura
◊ *to pretend to be asleep* berpura-pura tidur

pretty KATA ADJEKTIF, KATA ADVERBA
1. *cantik*
◊ *She wore a pretty dress.* Dia memakai gaun yang cantik. ◊ *She's very pretty.* Dia sangat cantik.
2. *agak*
◊ *The weather was pretty awful.* Keadaan cuaca agak buruk.
* **It's pretty much the same.** Lebih kurang sama sahaja.

to prevail KATA KERJA
mengatasi
◊ *Good will prevail over evil.* Kebaikan akan mengatasi kejahatan.
* **Rick still believes that justice will prevail.** Rick masih yakin bahawa keadilan akan mengatasi yang lain.
* **He prevailed over his enemies.** Dia mengalahkan musuhnya.
* **A similar situation prevails in America.** Situasi yang serupa berlaku di Amerika.
* **prevailing customs** adat yang biasa diamalkan

to prevent KATA KERJA
1. *mencegah*
◊ *Every effort had been made to prevent the accident.* Pelbagai langkah telah diambil untuk mencegah kemalangan itu.
2. *menghalang*
◊ *I want to prevent this happening again.* Saya mahu menghalang perkara ini daripada berlaku lagi.
* **to prevent somebody from doing something** menghalang seseorang daripada melakukan sesuatu ◊ *My only idea was to prevent him from speaking.* Satu-satunya tujuan saya adalah untuk menghalang dia daripada bercakap.

prevention KATA NAMA
pencegahan
◊ *the prevention of heart disease* pencegahan penyakit jantung

preventive KATA ADJEKTIF
pencegahan
◊ *to take adequate preventive measures* mengambil langkah-langkah pencegahan yang mencukupi

previous KATA ADJEKTIF
sebelumnya
◊ *the previous night* malam sebelumnya
* **He has no previous experience.** Dia tidak mempunyai pengalaman sebelum ini.

previously KATA ADVERBA
sebelum ini

prey KATA NAMA
mangsa
* **a bird of prey** burung pemangsa

price KATA NAMA
harga
◊ *What price is this painting?* Berapakah harga lukisan ini?
* **to go up in price** naik harga
* **to come down in price** turun harga

priceless → privacy

priceless KATA ADJEKTIF
1. *tidak ternilai harganya*
◊ *a priceless painting* lukisan yang tidak ternilai harganya
2. *sangat berguna*
◊ *The influence of someone like David York will be priceless.* Pengaruh orang tertentu seperti David York sangat berguna.

price list KATA NAMA
senarai harga

to **prick** KATA KERJA
mencucuk (dengan benda tajam)
• **I've pricked my finger.** Jari saya tercucuk jarum.

to **prickle** KATA KERJA
seperti mencucuk-cucuk
◊ *He felt his scalp prickling.* Dia berasa kulit kepalanya seperti mencucuk-cucuk.
• **His skin prickled when he entered the room.** Bulu romanya meremang sebaik sahaja dia masuk ke dalam bilik itu.

pride KATA NAMA
1. *kebanggaan*
◊ *These young athletes are the pride of the nation.* Atlit-atlit muda ini merupakan kebanggaan negara.
2. *harga diri*

priest KATA NAMA
paderi

primary KATA ADJEKTIF
utama
◊ *the primary reason for his success* sebab utama kejayaannya
• **primary education** pendidikan awal

primary school KATA NAMA
sekolah rendah

prime minister KATA NAMA
perdana menteri

primitive KATA ADJEKTIF
primitif

prince KATA NAMA
putera
◊ *the Prince of Wales* Putera Wales

princess KATA NAMA
(JAMAK **princesses**)
puteri
◊ *Princess Victoria* Puteri Victoria

principal KATA ADJEKTIF
rujuk juga **principal** KATA NAMA
utama

principal KATA NAMA
rujuk juga **principal** KATA ADJEKTIF
pengetua

principle KATA NAMA
prinsip
◊ *the basic principles of physics* prinsip-prinsip asas fizik
• **in principle** pada dasarnya
• **on principle** kerana saya berpegang pada pendirian saya

> Perkataan **saya** boleh ditukarkan dengan perkataan lain seperti **beliau, mereka** dan **dia** mengikut kesesuaian ayat dan makna yang ingin disampaikan.

principled KATA ADJEKTIF
berpendirian
◊ *He's a principled man.* Dia seorang lelaki yang berpendirian.

to **print** KATA KERJA
rujuk juga **print** KATA NAMA
mencetak
◊ *The students printed pamphlets.* Para pelajar itu mencetak risalah.
• **Print your name and address.** Tulis nama dan alamat anda dengan kemas.

print KATA NAMA
rujuk juga **print** KATA KERJA
1. *cetakan*
◊ *colour prints* cetakan berwarna
◊ *in small print* dalam cetakan yang kecil
2. *cap jari*
◊ *The policeman took his prints.* Anggota polis itu mengambil cap jarinya.

printer KATA NAMA
pencetak

printing KATA NAMA
pencetakan
◊ *The printing took three days to complete.* Kerja-kerja pencetakan itu mengambil masa tiga hari.

print-out KATA NAMA
cetakan

priority KATA NAMA
(JAMAK **priorities**)
keutamaan
◊ *priority lane* lorong keutamaan
• **My family takes priority over my work.** Keluarga saya lebih utama daripada kerja saya.

prism KATA NAMA
prisma

prison KATA NAMA
penjara
◊ *in prison* dalam penjara
• **to send somebody to prison for 5 years** menjatuhkan hukuman penjara selama 5 tahun ke atas seseorang

prisoner KATA NAMA
1. *banduan*
2. *tawanan*
◊ *to take somebody prisoner* menahan seseorang sebagai tawanan

prison officer KATA NAMA
pegawai penjara

privacy KATA NAMA

private → profess

hak persendirian
◊ *infringement of privacy* pelanggaran hak persendirian
- **in privacy** bersendirian tanpa sebarang gangguan

private KATA ADJEKTIF
swasta
◊ *a private school* sekolah swasta
- **private property** harta benda persendirian
- **private life** kehidupan peribadi
- **a private secretary** setiausaha sulit
- **"private"** "sulit" (*pada sampul surat*)
- **in private** secara sulit

privatization KATA NAMA
penswastaan

to **privatize** KATA KERJA
menswastakan

privilege KATA NAMA
hak istimewa

prize KATA NAMA
hadiah
◊ *to win a prize* memenangi hadiah

prize-giving KATA NAMA
penyampaian hadiah

prizewinner KATA NAMA
pemenang hadiah

pro KATA NAMA
(JAMAK **pros**)
pro
◊ *the pros and cons* pro dan kontra

probable KATA ADJEKTIF
besar kemungkinan

probably KATA ADVERBA
barangkali
◊ *He'll probably come tomorrow.* Barangkali dia akan datang esok.

probation KATA NAMA
tempoh percubaan

to **probe** KATA KERJA
[1] *menyiasat*
◊ *They probed into his background.* Mereka menyiasat latar belakangnya.
[2] *memeriksa dengan teliti*
◊ *Dr Amid probed around the sensitive area.* Dr. Amid memeriksa bahagian yang sensitif itu dengan teliti.

problem KATA NAMA
masalah
◊ *the drug problem* masalah dadah
- **No problem! (1)** Tidak ada masalah!
◊ *Can you repair it? - No problem!* Bolehkah anda membaikinya? - Tidak ada masalah!
- **No problem! (2)** Tidak mengapa.
◊ *I'm sorry about that. - No problem!* Saya minta maaf. - Tidak mengapa.

procedure KATA NAMA
prosedur

B. Inggeris ~ B. Melayu 352

to **proceed** KATA KERJA
meneruskan
◊ *The police decided not to proceed with the case.* Pihak polis memutuskan untuk tidak meneruskan kes itu.

proceeds KATA NAMA JAMAK
hasil kutipan
◊ *All proceeds will go to charity.* Semua hasil kutipan akan didermakan.

process KATA NAMA
(JAMAK **processes**)
> rujuk juga **process** KATA KERJA

proses
◊ *the peace process* proses damai
- **We're in the process of painting the kitchen.** Kami sedang mengecat dapur.

to **process** KATA KERJA
> rujuk juga **process** KATA NAMA

memproses

processing KATA NAMA
pemprosesan
◊ *petroleum processing plant* loji pemprosesan petroleum ◊ *The advances in communications altered the nature of information processing.* Kemajuan dalam bidang komunikasi mengubah corak pemprosesan maklumat.

procession KATA NAMA
perarakan

processor KATA NAMA
pemproses

to **procrastinate** KATA KERJA
berlengah-lengah
◊ *I didn't want to do it, so procrastinated.* Saya tidak mahu melakukannya, jadi saya berlengah-lengah.

to **produce** KATA KERJA
[1] *mengeluarkan* (barangan)
[2] *menerbitkan* (filem)

producer KATA NAMA
penerbit (filem, rekod, rancangan televisyen)

product KATA NAMA
produk

production KATA NAMA
[1] *pengeluaran*
◊ *They're increasing production of luxury models.* Mereka sedang menambahkan pengeluaran model mewah.
[2] *penerbitan* (filem, drama, program)
- **a production of "Hamlet"** pementasan drama "Hamlet"

productivity KATA NAMA
produktiviti

to **profess** KATA KERJA
[1] *mendakwa*
◊ *He professed support for traditional family values.* Dia mendakwa bahawa dia menyokong nilai-nilai kekeluargaan

tradisional.
[2] *menyatakan*
◊ *She professed to be satisfied with the arrangement.* Dia menyatakan bahawa dia berpuas hati dengan rancangan itu.

profession KATA NAMA
profesion

professional KATA ADJEKTIF
> rujuk juga **professional** KATA NAMA

profesional
◊ *a professional musician* ahli muzik profesional ◊ *a very professional piece of work* hasil kerja yang sungguh profesional

professional KATA NAMA
> rujuk juga **professional** KATA ADJEKTIF

profesional

to **professionalize** KATA KERJA
mengikhtisaskan
◊ *They want to professionalize the organization.* Mereka ingin mengikhtisaskan organisasi tersebut.

professionally KATA ADVERBA
secara profesional
◊ *She sings professionally.* Dia menyanyi secara profesional.

professor KATA NAMA
profesor

profile KATA NAMA
profil

profit KATA NAMA
keuntungan
◊ *to make a profit* mendapat keuntungan ◊ *a profit of RM10,000* keuntungan sebanyak RM10,000

profitable KATA ADJEKTIF
menguntungkan

program KATA NAMA
> rujuk juga **program** KATA KERJA

atur cara
◊ *a computer program* atur cara komputer
♦ **a TV program** 🖼 program televisyen

to **program** KATA KERJA
> rujuk juga **program** KATA NAMA

memprogramkan

programme KATA NAMA
> rujuk juga **programme** KATA KERJA

[1] *program* **atau** *rancangan*
◊ *a TV programme* program televisyen
[2] *atur cara* (*majlis, acara*)

to **programme** KATA KERJA
> rujuk juga **programme** KATA NAMA

memprogramkan
◊ *He programmed the machine to shut down after two hours.* Dia memprogramkan mesin itu berhenti selepas dua jam.

programmer KATA NAMA
pengatur cara
◊ *She's a programmer.* Dia seorang pengatur cara.

programming KATA NAMA (*komputer*)
pengaturcaraan

progress KATA NAMA
> rujuk juga **progress** KATA KERJA

kemajuan
◊ *There has been some progress on this project.* Sudah ada kemajuan dalam projek ini.
♦ **You're making progress!** Pencapaian anda semakin baik!

to **progress** KATA KERJA
> rujuk juga **progress** KATA NAMA
> **progress** *diterjemahkan mengikut konteks.*

◊ *The country progressed under his leadership.* Negara itu maju dibawah pimpinan beliau. ◊ *He's here to see how the new staff are progressing.* Dia datang ke sini untuk melihat perkembangan pekerja-pekerja barunya. ◊ *Thanks to the new medication, the patient is progressing very satisfactorily.* Dengan adanya ubat baru itu, pesakit itu semakin bertambah baik. ◊ *He sketched at first and then progressed to painting.* Mula-mula dia melakar dan kemudian dia melukis.

progressive KATA ADJEKTIF
progresif

to **prohibit** KATA KERJA
melarang
◊ *Smoking is prohibited.* Dilarang merokok.

project KATA NAMA
> rujuk juga **project** KATA KERJA

projek
◊ *an international project* projek antarabangsa ◊ *I'm doing a project on the greenhouse effect.* Saya sedang membuat projek tentang kesan rumah hijau.

to **project** KATA KERJA
> rujuk juga **project** KATA NAMA

[1] *merancang*
◊ *They projected a 5% price increase.* Mereka merancang kenaikan harga sebanyak 5%.
♦ **a projected profit of $1.5 million** jangkaan keuntungan sebanyak $1.5 juta
[2] *menonjolkan*
◊ *He succeeded in projecting himself as a good leader.* Dia berjaya menonjolkan dirinya sebagai seorang pemimpin yang baik.

projector KATA NAMA

prolong → proper

projektor

to **prolong** KATA KERJA
memanjangkan
◊ *This incident could prolong the war.* Kejadian ini boleh memanjangkan peperangan itu.

promenade KATA NAMA
laluan pejalan kaki (di tepi pantai)

prominent KATA ADJEKTIF
1 *terkenal*
◊ *a prominent lawyer* seorang peguam yang terkenal
2 *ketara*
◊ *Violence is a prominent feature of our society.* Keganasan merupakan kejadian yang ketara dalam masyarakat kita.

prominently KATA ADVERBA
dengan sangat jelas
• **Posters of the singer are prominently displayed in the shopping centre.** Poster penyanyi itu terpampang di pusat membeli-belah itu.

to **promise** KATA KERJA
> rujuk juga **promise** KATA NAMA

berjanji
◊ *She promised to write.* Dia berjanji akan menulis surat. ◊ *I'll write, I promise!* Saya akan mengutus surat. Saya berjanji!
• **He didn't do what he promised.** Dia tidak mengotakan janjinya.

promise KATA NAMA
> rujuk juga **promise** KATA KERJA

janji
• **He made me a promise.** Dia sudah berjanji dengan saya.
• **That's a promise!** Saya berjanji!

promising KATA ADJEKTIF
mempunyai masa depan yang cerah
◊ *a promising tennis player* pemain tenis yang mempunyai masa depan yang cerah

to **promote** KATA KERJA
1 *mempromosikan*
◊ *The company is promoting its products.* Syarikat itu sedang mempromosikan barangannya.
2 *menaikkan pangkat*
◊ *She was promoted six months later.* Dia telah dinaikkan pangkat enam bulan kemudian.

promoter KATA NAMA
penganjur
◊ *tennis promoters* penganjur pertandingan tenis

promotion KATA NAMA
1 *kenaikan pangkat*
2 *promosi*

prompt KATA ADJEKTIF, KATA ADVERBA
1 *cepat*
◊ *a prompt reply* balasan yang cepat
2 *menepati masa*
◊ *He's always very prompt.* Dia selalu menepati masa.
• **at eight o'clock prompt** tepat pada pukul lapan

promptly KATA ADVERBA
1 *terus*
◊ *He sat down and promptly fell asleep.* Dia duduk dan terus tertidur.
2 *tepat*
◊ *We left promptly at seven.* Kami bertolak tepat pada pukul tujuh.

prone KATA ADJEKTIF
mudah
◊ *Men are more prone to heart disease.* Orang lelaki lebih mudah menghidap penyakit jantung.
• **to lie prone** tertelungkup ◊ *The boy lay prone on the ground.* Budak lelaki itu tertelungkup di atas tanah.

pronoun KATA NAMA
kata ganti nama

to **pronounce** KATA KERJA
menyebut
◊ *How do you pronounce that word?* Bagaimanakah anda menyebut perkataan itu?

pronunciation KATA NAMA
sebutan

proof KATA NAMA
1 *bukti*
◊ *I've got proof that he did it.* Saya mempunyai bukti bahawa dia yang melakukan perkara itu.
2 *pruf*

to **prop** KATA KERJA
> rujuk juga **prop** KATA NAMA

menyandarkan
◊ *He propped his bike against the wall.* Dia menyandarkan basikalnya pada dinding.
• **He propped his feet on the desk.** Dia meletakkan kakinya di atas meja.

prop KATA NAMA
> rujuk juga **prop** KATA KERJA

sangga

propaganda KATA NAMA
propaganda

to **propagandize** KATA KERJA
mempropagandakan

propagation KATA NAMA
1 *penyebaran*
◊ *the propagation of Buddhism* penyebaran agama Buddha
2 *pembiakan* (tumbuhan)

propeller KATA NAMA
kipas (pada kapal terbang, bot)

proper KATA ADJEKTIF

properly → prostrate

① *betul*
◊ *If you had come at the proper time...* Jika anda datang pada masa yang betul...
② *sesuai*
◊ *You have to have the proper equipment.* Anda perlu mempunyai peralatan yang sesuai.
• **It's difficult to get a proper job.** Susah hendak mencari kerja yang betul-betul.

properly KATA ADVERBA
dengan betul
◊ *You're not doing it properly.* Anda tidak melakukannya dengan betul.
• **Dress properly for your interview.** Pakailah pakaian yang sesuai untuk temu duga anda.

property KATA NAMA
harta
• **"private property"** "harta benda persendirian"
• **stolen property** barang curi

prophecy KATA NAMA
(JAMAK **prophecies**)
ramalan

to **prophesy** KATA KERJA
(**prophesied, prophesied**)
meramalkan
◊ *He prophesied that within five years his opponent would be dead.* Dia meramalkan bahawa pihak lawannya akan meninggal dunia dalam masa lima tahun.

prophet KATA NAMA
nabi

prophetic KATA ADJEKTIF
kenabian
◊ *prophetic powers* kuasa kenabian
• **They recalled Elisabeth's prophetic words of several years ago.** Mereka teringat kembali kata-kata Elisabeth yang berupa ramalan beberapa tahun yang lalu.

proportional KATA ADJEKTIF
berkadar
◊ *proportional representation* perwakilan berkadar

proportionate KATA ADJEKTIF
berkadar
◊ *an increase in wages proportionate to the level of economic growth* pertambahan gaji yang berkadar dengan pertumbuhan ekonomi

proposal KATA NAMA
① *cadangan*
◊ *The government's proposal is to abolish free health care.* Cadangan kerajaan adalah untuk menghentikan perkhidmatan kesihatan percuma.
② *kertas cadangan*
◊ *The manager is presenting his proposal.* Pengurus itu sedang membentangkan kertas cadangannya.

to **propose** KATA KERJA
mencadangkan
◊ *What do you propose to do?* Apakah yang ingin anda cadangkan? ◊ *I propose a new plan.* Saya mencadangkan satu rancangan yang baru.
• **to propose to somebody** melamar seseorang

proposer KATA NAMA
pencadang

proprietor KATA NAMA
tuan punya
◊ *the proprietor of a local restaurant* tuan punya sebuah restoran tempatan

prose KATA NAMA
prosa

to **prosecute** KATA KERJA
mendakwa
◊ *They were prosecuted for murder.* Mereka didakwa atas tuduhan membunuh.

prosecution KATA NAMA
① *pendakwaan*
② *pihak pendakwa*

prosecutor KATA NAMA
pendakwa raya

prospect KATA NAMA
prospek
◊ *His future prospects are good.* Prospek masa depannya cerah.

prospectus KATA NAMA
(JAMAK **prospectuses**)
prospektus

to **prosper** KATA KERJA
① *makmur*
◊ *The country prospered under the rule of the new king.* Negara itu makmur di bawah pemerintahan raja yang baru itu.
② *maju*
◊ *The company continues to prosper.* Syarikat itu terus maju.

prosperity KATA NAMA
kemakmuran
◊ *a new era of peace and prosperity* era baru untuk keamanan dan kemakmuran

prosperous KATA ADJEKTIF
makmur

prostitute KATA NAMA
pelacur
• **a male prostitute** gigolo

prostitution KATA NAMA
pelacuran

to **prostrate** KATA KERJA
rujuk juga **prostrate** KATA ADJEKTIF
meniarapkan
◊ *They prostrated themselves in awe.* Mereka meniarapkan diri mereka dengan

prostrate → provision

perasaan kagum.

prostrate KATA ADJEKTIF

rujuk juga **prostrate** KATA KERJA

- **to lie prostrate** meniarap ◊ *The girl was lying prostrate on the floor.* Budak perempuan itu meniarap di atas lantai.

to **protect** KATA KERJA
melindungi

protection KATA NAMA
perlindungan

protector KATA NAMA
pelindung

protectorate KATA NAMA
negeri naungan

protégé KATA NAMA
anak didik

protein KATA NAMA
protein

to **protest** KATA KERJA

rujuk juga **protest** KATA NAMA

membantah

protest KATA NAMA

rujuk juga **protest** KATA KERJA

bantahan
◊ *He ignored their protests.* Dia tidak mengendahkan bantahan mereka. ◊ *a protest march* perarakan bantahan

Protestant KATA NAMA

rujuk juga **Protestant** KATA ADJEKTIF

pengikut mazhab Protestan
◊ *I'm a Protestant.* Saya pengikut mazhab Protestan.

Protestant KATA ADJEKTIF

rujuk juga **Protestant** KATA NAMA

Protestan
◊ *a Protestant church* sebuah gereja Protestan

protester KATA NAMA
pembantah

protest vote KATA NAMA
undi menentang parti yang disokong
(kerana tidak berpuas hati dengan sesuatu)

protocol KATA NAMA
protokol

protractor KATA NAMA
jangka sudut atau *protraktor*

proud KATA ADJEKTIF
1 *bangga*
◊ *Her parents are proud of her.* Ibu bapanya bangga dengannya.
2 *sombong*
◊ *He's a very proud man.* Dia seorang lelaki yang sangat sombong.

proudly KATA ADVERBA
dengan bangga
◊ *'That's the first part finished,' he said proudly.* 'Itulah bahagian pertama yang telah siap,' katanya dengan bangga.

B. Inggeris ~ B. Melayu   356

- **The Malaysian flag flutters proudly on Mount Everest.** Jalur Gemilang berkibar megah di Gunung Everest.

to **prove** KATA KERJA
(proved, proved atau **proven)**
membuktikan
◊ *The police failed to prove the case.* Pihak polis gagal membuktikan kes itu.
◊ *If you think I'm guilty, prove it!* Jika anda fikir saya bersalah, buktikanlah!

- **It is proven that he is a good father.** Terbukti, dia seorang bapa yang baik.

proven KATA ADJEKTIF
terbukti
◊ *He's a proven fighter.* Beliau ialah seorang pejuang yang sudah terbukti.

proverb KATA NAMA
peribahasa
◊ *a Chinese proverb* peribahasa Cina

to **provide** KATA KERJA
memberikan
◊ *They would not provide any details.* Mereka tidak akan memberikan sebarang maklumat terperinci.

- **to provide somebody with something** memberi seseorang sesuatu ◊ *They provided us with maps.* Mereka memberi kami peta.

to **provide for** KATA KERJA
menyara
◊ *He can't provide for his family any more.* Dia tidak mampu menyara keluarganya lagi.

provided KATA HUBUNG
jika
◊ *He'll play in the next match provided he's fit.* Dia akan bermain dalam pertandingan berikutnya jika dia sihat.

provider KATA NAMA
(komputer)
pembekal

province KATA NAMA
wilayah

provision KATA NAMA
1 *peruntukan*
◊ *nursery provision for children with special needs* peruntukan taska untuk kanak-kanak istimewa ◊ *the bill's provision for the sale and purchase of land* peruntukan rang undang-undang itu tentang jual beli tanah

- **The department is responsible for the provision of health services.** Jabatan itu bertanggungjawab memperuntukkan perkhidmatan kesihatan.

2 *persediaan*
◊ *to make provision for her children* membuat persediaan untuk masa depan anak-anaknya

- **provisions** bekalan makanan ◊ *We have enough provisions for two weeks.* Kami mempunyai bekalan makanan yang mencukupi untuk dua minggu.

to prowl KATA KERJA
merayau-rayau
◊ *He prowled around the room.* Dia merayau-rayau di sekitar bilik itu.

prowler KATA NAMA
perayau yang berniat jahat

proximity KATA NAMA
kedekatan
◊ *He became aware of the proximity of the soldiers.* Dia sedar akan kedekatan askar-askar itu.
- **Families are no longer in close proximity to each other.** Keluarga-keluarga tidak tinggal dekat antara satu sama lain lagi.

prune KATA NAMA
> rujuk juga **prune** KATA KERJA

buah prun

to prune KATA KERJA
> rujuk juga **prune** KATA NAMA

mencantas
◊ *He pruned his neighbour's mango tree.* Dia mencantas pokok mangga jirannya.
- **The company is pruning its product ranges.** Syarikat itu sedang mengurangkan jenis-jenis barangan keluarannya.

prurient KATA ADJEKTIF
gasang

to pry KATA KERJA
(pried, prided)
mengambil tahu
◊ *He's always prying into other people's affairs.* Dia selalu mengambil tahu urusan orang lain.

pseudonym KATA NAMA
nama samaran

psychiatric KATA ADJEKTIF
sakit jiwa
◊ *psychiatric hospital* hospital sakit jiwa
- **psychiatric help** bantuan psikiatri

psychiatrist KATA NAMA
pakar sakit jiwa

psychoanalysis KATA NAMA
psikoanalisis

psychoanalyst KATA NAMA
ahli psikoanalisis

psychological KATA ADJEKTIF
psikologi

psychologist KATA NAMA
ahli psikologi

psychology KATA NAMA
psikologi

PTO SINGKATAN (= *please turn over*)
sila lihat di sebelah

pub KATA NAMA
pub

public KATA NAMA
> rujuk juga **public** KATA ADJEKTIF

orang ramai
- **the public** orang ramai ◊ *open to the public* dibuka kepada orang ramai
- **in public** di khalayak ramai

public KATA ADJEKTIF
> rujuk juga **public** KATA NAMA

awam
◊ *public phone* telefon awam
- **a public holiday** cuti umum
- **public opinion** pendapat umum
- **the public address system** sistem siar raya
- **to be in the public eye** di mata umum

publican KATA NAMA
pemilik pub
◊ *He's a publican.* Dia seorang pemilik pub.

publication KATA NAMA
penerbitan
◊ *The publication of a good dictionary will improve the status of the Malay language.* Penerbitan sebuah kamus yang baik akan dapat memartabatkan bahasa Melayu.

publicity KATA NAMA
publisiti

public relations KATA NAMA
perhubungan awam

public school KATA NAMA
sekolah swasta
> Di Britain, **public school** ialah sekolah yang tidak dibiayai oleh kerajaan atau disebut sebagai **sekolah swasta**, tetapi di kebanyakan negara lain seperti Amerika Syarikat **public school** bermaksud **sekolah kerajaan**.

public transport KATA NAMA
pengangkutan awam

to publish KATA KERJA
menerbitkan

publisher KATA NAMA
penerbit

pudding KATA NAMA
1. *puding*
◊ *rice pudding* puding nasi
2. *pencuci mulut*
◊ *What's for pudding?* Apakah pencuci mulut hari ini?

puddle KATA NAMA
lopak

to puff out KATA KERJA
menghembus keluar
◊ *He puffed out a cloud of cigarette smoke.* Dia menghembus keluar asap rokoknya.

puff pastry → purchase

puff pastry KATA NAMA
pastri lapis

to **pull** KATA KERJA
menarik
◊ *Pull as hard as you can.* Tariklah sekuat hati anda. ◊ *She pulled my hair.* Dia menarik rambut saya.
• **He pulled the trigger.** Dia memetik picu.
• **I pulled a muscle when I was training.** Saya terseliuh semasa berlatih.
• **You're pulling my leg!** Tentu anda bergurau!
• **Pull yourself together!** Bertenanglah!

to **pull down** KATA KERJA
merobohkan
◊ *The old school was pulled down last year.* Sekolah lama itu telah dirobohkan tahun lepas.

to **pull out** KATA KERJA
1 *bergerak keluar*
◊ *The car pulled out to overtake.* Kereta itu bergerak keluar untuk memotong.
2 *menarik diri*
◊ *She pulled out of the tournament.* Dia menarik diri daripada pertandingan itu.
3 *mencabut*
◊ *to pull a tooth out* mencabut gigi

to **pull through** KATA KERJA
sembuh
◊ *They think he'll pull through.* Mereka berpendapat dia akan sembuh.

to **pull up** KATA KERJA
berhenti
◊ *A black car pulled up beside me.* Sebuah kereta hitam berhenti di tepi saya.

pulley KATA NAMA
takal

pullover KATA NAMA
baju sejuk atau *baju panas*

pulp KATA NAMA
1 *isi (buah)*
2 *pulpa*

pulse KATA NAMA
nadi
• **The nurse took his pulse.** Jururawat itu mengambil denyutan nadinya.

pulses KATA NAMA JAMAK
kekacang

pump KATA NAMA
> *rujuk juga* **pump** KATA KERJA

1 *pam*
◊ *a bicycle pump* pam basikal
2 *kasut kanvas*
◊ *She was wearing black pumps.* Dia memakai kasut kanvas berwarna hitam.

to **pump** KATA KERJA
> *rujuk juga* **pump** KATA NAMA

mengepam
◊ *to pump up a tyre* mengepam tayar

pumpkin KATA NAMA
labu

to **punch** KATA KERJA
> *rujuk juga* **punch** KATA NAMA

menumbuk
◊ *He punched me!* Dia menumbuk saya!

punch KATA NAMA
(JAMAK **punches**)
> *rujuk juga* **punch** KATA KERJA

1 *tumbukan*
2 *punch (sejenis minuman)*

punch-up KATA NAMA
perkelahian

punctual KATA ADJEKTIF
menepati masa

punctuality KATA NAMA
menepati masa

punctuation KATA NAMA
tanda baca

puncture KATA NAMA
> *rujuk juga* **puncture** KATA KERJA

tayar pancit
• **I had a puncture on the motorway.** Tayar saya pancit di lebuh raya.

to **puncture** KATA KERJA
> *rujuk juga* **puncture** KATA NAMA

1 *membocorkan*
◊ *The naughty boy punctured the ball with a nail.* Budak lelaki yang nakal itu membocorkan bola itu dengan paku.
2 *pancit (tayar)*
3 *hancur (perasaan, kepercayaan)*

to **punish** KATA KERJA
menghukum
◊ *to punish somebody for doing something* menghukum seseorang kerana melakukan sesuatu ◊ *They were severely punished for their disobedience.* Mereka dihukum dengan teruk kerana keingkaran mereka.

punishment KATA NAMA
hukuman

punk KATA NAMA
punk

pupa KATA NAMA
(JAMAK **pupae**)
pupa

pupil KATA NAMA
murid

puppet KATA NAMA
boneka

puppeteer KATA NAMA
dalang

puppy KATA NAMA
(JAMAK **puppies**)
anak anjing

to **purchase** KATA KERJA
membeli

pure KATA ADJEKTIF
tulen
◊ *He's doing pure maths.* Dia belajar matematik tulen.

purification KATA NAMA
penulenan
◊ *a water purification plant* loji penulenan air

to **purify** KATA KERJA
(**purified, purified**)
menulenkan
◊ *to purify water* menulenkan air
• **I take these tablets to purify the blood.** Saya mengambil pil-pil ini untuk membersihkan darah.

purity KATA NAMA
1 *ketulenan*
◊ *The purity of this water is guaranteed.* Ketulenan air ini telah dijamin.
2 *kesucian*
◊ *the purity of his heart* kesucian hatinya

purple KATA ADJEKTIF
ungu

purplish KATA ADJEKTIF
keungu-unguan

purpose KATA NAMA
tujuan
◊ *What is the purpose of these changes?* Apakah tujuan perubahan-perubahan ini?
• **his purpose in life** matlamat hidupnya
• **on purpose** sengaja ◊ *He did it on purpose.* Dia sengaja berbuat demikian.

to **purr** KATA KERJA
mendengkur (bunyi kucing)

purse KATA NAMA
rujuk juga **purse** KATA KERJA
1 *dompet*
2 🖾 *beg tangan*

to **purse** KATA KERJA
rujuk juga **purse** KATA NAMA
memuncungkan
◊ *She pursed her lips in disapproval.* Dia memuncungkan bibirnya kerana tidak berpuas hati.

to **pursue** KATA KERJA
mengejar
◊ *to pursue victory* mengejar kejayaan
• **Mr Menendez is now pursuing a new trade.** En. Menendez sedang mengusahakan sebuah perniagaan baru.
• **She has come to England to pursue her acting career.** Dia datang ke England untuk meneruskan kerjaya lakonannya.

pursuit KATA NAMA
kegiatan atau *aktiviti*
◊ *outdoor pursuits* aktiviti luar

pus KATA NAMA
nanah

push KATA NAMA
(JAMAK **pushes**)
rujuk juga **push** KATA KERJA
tolakan
• **to give somebody a push** menolak seseorang

to **push** KATA KERJA
rujuk juga **push** KATA NAMA
1 *menolak*
◊ *Don't push!* Jangan tolak!
2 *menekan*
◊ *to push a button* menekan butang
• **to push drugs** mengedar dadah
• **I'm pushed for time today.** Saya kesuntukan masa hari ini.
• **Push off!** Pergi!
• **Don't push your luck!** Jangan ambil risiko!
3 *berasak-asak*
◊ *Dix pushed forward carrying a glass.* Dix berasak-asak ke hadapan sambil membawa sebiji gelas. ◊ *Jamie pushed his way towards her.* Jamie berasak-asak menuju ke arahnya.

to **push around** KATA KERJA
menyuruh ... membuat itu dan ini
◊ *He likes pushing people around.* Dia suka menyuruh orang membuat itu dan ini.

to **push on** KATA KERJA
meneruskan
◊ *There's a lot to do, so I must push on now.* Banyak kerja yang perlu saya buat, jadi saya mesti meneruskannya sekarang.

to **push through** KATA KERJA
berasak-asak
◊ *I pushed my way through to the front.* Saya berasak-asak pergi ke hadapan.

pushchair KATA NAMA
kereta sorong bayi

pusher KATA NAMA
pengedar dadah

to **put** KATA KERJA
(**put, put**)
meletakkan
◊ *Where shall I put my things?* Di manakah saya patut meletakkan barang-barang saya?
• **Don't forget to put your name on the paper.** Jangan lupa menulis nama anda di atas kertas itu.
• **She's putting the baby to bed.** Dia sedang menidurkan bayi itu.

to **put across** KATA KERJA
menyampaikan
◊ *He finds it hard to put his ideas across.* Dia mendapati sukar untuk menyampaikan ideanya.

to put aside KATA KERJA
menyimpan
◊ *Can you put this aside for me till tomorrow?* Bolehkah anda menyimpan barang ini untuk saya sehingga esok?

to put away KATA KERJA
1. *menyimpan*
◊ *Can you put the dishes away, please?* Bolehkah anda menyimpan pinggan mangkuk ini?
2. *mengurung*
◊ *I hope they put him away for a long time.* Saya harap mereka mengurungnya dalam jangka masa yang panjang.

to put back KATA KERJA
1. *meletakkan semula*
◊ *Put it back when you've finished with it.* Letakkan semula di tempat asalnya apabila anda sudah habis menggunakannya.
2. *menunda*
◊ *The meeting has been put back till 2 o'clock.* Mesyuarat itu telah ditunda sehingga pukul 2.

to put down KATA KERJA
1. *meletakkan*
◊ *I'll put these bags down for a minute.* Saya akan meletakkan beg-beg ini sekejap.
2. *menulis*
◊ *I've put down a few ideas.* Saya telah menulis beberapa idea.
- **to have an animal put down** membunuh binatang (*kerana berbahaya, berpenyakit*) ◊ *We had to have our dog put down.* Kami terpaksa membunuh anjing kami.
- **to put the phone down** meletakkan telefon

to put forward KATA KERJA
1. *memutarkan jarum jam ke hadapan*
2. *mengemukakan* (cadangan, idea)

to put in KATA KERJA
memasang
◊ *We're going to get central heating put in.* Kami akan memasang sistem pemanasan pusat.
- **He has put in a lot of work on this project.** Dia telah banyak berusaha untuk projek ini.
- **I've put in for a new job.** Saya telah memohon kerja baru.

to put off KATA KERJA
1. *menunda*
◊ *I keep putting it off.* Saya asyik menundanya.
2. *memadamkan*
◊ *Shall I put the light off?* Perlukah saya padamkan lampu?
3. *berputus asa*
◊ *He's not easily put off.* Dia tidak mudah berputus asa.
- **Stop putting me off!** Jangan ganggu saya!

to put on KATA KERJA
1. *memakai*
◊ *I put my coat on.* Saya memakai kot saya.
2. *mementaskan*
◊ *We're putting on a play.* Kami sedang mementaskan sebuah drama.
- **to put on weight** berat badan bertambah ◊ *He has put on a lot of weight.* Berat badannya telah bertambah dengan banyak.
3. *memasang*
◊ *Shall I put the heater on?* Perlukah saya pasang alat pemanas? ◊ *Please put on some music.* Tolong pasang muzik.
- **I'll put the potatoes on.** Saya akan masak ubi kentang itu.
- **She's not ill: She's just putting it on.** Dia tidak sakit. Dia hanya berpura-pura.

to put out KATA KERJA
memadamkan
◊ *It took them five hours to put out the fire.* Mereka mengambil masa lima jam untuk memadamkan api itu.
- **He's a bit put out that nobody came.** Dia berasa agak tersinggung kerana tidak ada orang yang datang.

to put through KATA KERJA
menyambungkan
◊ *Can you put me through to the manager?* Tolong sambungkan saya kepada pengurus anda.

to put up KATA KERJA
1. *menampal*
◊ *The poster's great. I'll put it up in my room.* Poster itu cantik. Saya akan menampalnya dalam bilik saya.
2. *mendirikan*
◊ *We put up our tent in a field.* Kami mendirikan khemah di sebuah padang.
3. *menaikkan*
◊ *They've put up the price.* Mereka telah menaikkan harganya.
- **My friend will put me up for the night.** Kawan saya akan menumpangkan saya di rumahnya malam ini.
- **to put one's hand up** mengangkat tangan ◊ *If you have any questions, put your hand up.* Jika anda ada sebarang soalan, sila angkat tangan.
- **to put up with something** bersabar dengan sesuatu ◊ *I'm not going to put up with it any longer.* Saya tidak akan bersabar lagi.
- **to put something up for sale** menjual

sesuatu ◊ *They're going to put their house up for sale.* Mereka akan menjual rumah mereka.

to **puzzle** KATA KERJA

> rujuk juga **puzzle** KATA NAMA

membingungkan
◊ *My sister puzzles me.* Adik perempuan saya membingungkan saya.
- **Researchers continue to puzzle over the relationship between HIV and AIDS.** Para penyelidik masih berfikir dengan mendalam tentang hubungan antara HIV dengan AIDS.

puzzle KATA NAMA

> rujuk juga **puzzle** KATA KERJA

teka-teki

puzzled KATA ADJEKTIF
bingung
◊ *You look puzzled!* Anda nampak bingung!

puzzling KATA ADJEKTIF
membingungkan

pyjamas KATA NAMA JAMAK
pijama
◊ *my pyjamas* pijama saya
- **a pair of pyjamas** sepasang pijama

pyramid KATA NAMA
piramid

Pyrenees KATA NAMA JAMAK
- **the Pyrenees** Pyrenees (*tempat percutian di negara Perancis*)

python KATA NAMA
ular sawa

Q

Q and A SINGKATAN (= *question and answer*)
<u>soal jawab</u>
◊ *the Q and A session* sesi soal jawab

quadruplets KATA NAMA JAMAK
<u>kembar empat</u>

quail KATA NAMA
<u>puyuh</u>

quaint KATA ADJEKTIF
<u>luar biasa tetapi menarik</u> (*rumah, kampung*)

qualification KATA NAMA
<u>kelulusan</u>
◊ *He left school without any qualifications.* Dia meninggalkan sekolah tanpa sebarang kelulusan. ◊ *vocational qualifications* kelulusan vokasional
• **a teaching qualification** kelayakan mengajar

qualified KATA ADJEKTIF
<u>berkelulusan</u>
◊ *a qualified translator* penterjemah yang berkelulusan
• **She was well qualified for the position.** Dia amat berkelayakan untuk memegang jawatan tersebut.

to **qualify** KATA KERJA
(**qualified, qualified**)
<u>mendapat kelulusan</u>
◊ *Mary qualified as a teacher last year.* Mary mendapat kelulusan sebagai guru pada tahun lepas.
• **Our team didn't qualify for the finals.** Kumpulan kami gagal melayakkan diri ke pertandingan akhir.

qualitative KATA ADJEKTIF
<u>kualitatif</u>

quality KATA NAMA
(JAMAK **qualities**)
1 <u>mutu</u> atau <u>kualiti</u>
◊ *a good quality of life* mutu kehidupan yang baik
• **good-quality paper** kertas yang bermutu tinggi
2 <u>sifat</u>
◊ *She's got lots of good qualities.* Dia mempunyai banyak sifat yang baik.

quantitative KATA ADJEKTIF
<u>kuantitatif</u>

quantity KATA NAMA
(JAMAK **quantities**)
<u>jumlah</u> atau <u>kuantiti</u>

quarantine KATA NAMA
<u>kuarantin</u>
• **in quarantine** dikuarantin

quarrel KATA NAMA
> rujuk juga **quarrel** KATA KERJA

<u>pertelingkahan</u>
• **We had a quarrel.** Kami bertelingkah.

to **quarrel** KATA KERJA
> rujuk juga **quarrel** KATA NAMA

<u>bertelingkah</u>

quarry KATA NAMA
(JAMAK **quarries**)
<u>kuari</u>
◊ *an old limestone quarry* kuari batu kapur yang lama

quarter KATA NAMA
<u>suku</u>
◊ *three quarters* tiga suku
• **a quarter of an hour** lima belas minit
• **a quarter past ten** pukul sepuluh suku
• **a quarter to eleven** kurang lima belas minit ke pukul sebelas
• **quarters** tempat penginapan (*askar, kelasi, orang gaji*)

quarter-finals KATA NAMA JAMAK
<u>suku akhir</u>

quartet KATA NAMA
<u>kuartet</u> (*gubahan muzik untuk empat orang*)
• **a string quartet** kumpulan empat orang pemuzik yang bermain alat tali

quay KATA NAMA
<u>bagan</u>

queasy KATA ADJEKTIF
<u>loya</u>
◊ *I feel queasy.* Saya berasa loya.

queen KATA NAMA
1 <u>ratu</u>
◊ *Queen Elizabeth* Ratu Elizabeth
2 <u>permaisuri</u>
• **the queen of hearts** ratu lekuk (*dalam daun terup*)
• **the Queen Mother** bonda ratu

queer KATA ADJEKTIF
<u>pelik</u>

to **quench** KATA KERJA
<u>menghilangkan</u>
◊ *Russel drank two glasses of water to quench his thirst.* Russel minum dua gelas air untuk menghilangkan dahaganya.

query KATA NAMA
(JAMAK **queries**)
> rujuk juga **query** KATA KERJA

<u>pertanyaan</u>

to **query** KATA KERJA
(**queried, queried**)
> rujuk juga **query** KATA NAMA

<u>mempersoalkan</u>
◊ *No one queried my decision.* Tidak ada orang yang mempersoalkan keputusan saya. ◊ *They queried the bill.* Mereka mempersoalkan bil tersebut.

question KATA NAMA
> rujuk juga **question** KATA KERJA

1 <u>soalan</u>
◊ *Can I ask a question?* Bolehkah saya

bertanya satu soalan?
② *persoalan*
◊ It's just a question of... Persoalannya cuma...
- **It's out of the question.** Mustahil.

to **question** KATA KERJA

rujuk juga **question** KATA NAMA

① *menyoal*
◊ He was questioned by the police. Dia disoal oleh pihak polis.
② *mempersoalkan*
◊ It never occurs to them to question his decisions. Mereka tidak pernah terlintas untuk mempersoalkan keputusannya.

question mark KATA NAMA
tanda soal

questionnaire KATA NAMA
soal selidik

queue KATA NAMA

rujuk juga **queue** KATA KERJA

barisan
◊ People were standing in a queue outside the cinema. Orang ramai berdiri dalam satu barisan di luar pawagam itu.

to **queue** KATA KERJA

rujuk juga **queue** KATA NAMA

beratur
◊ We had to queue for tickets. Kami terpaksa beratur untuk mendapatkan tiket.
- **Please queue up!** Sila beratur!

quick KATA ADJEKTIF, KATA ADVERBA
cepat
◊ a quick lunch makan tengah hari yang cepat ◊ It's quicker by train. Perjalanan itu lebih cepat dengan menaiki kereta api.
- **She's a quick learner.** Dia seorang pelajar yang terang hati.
- **Quick, phone the police!** Cepat, telefon polis!
- **Be quick!** Cepat!

to **quicken** KATA KERJA
① *mencepatkan*
◊ I quickened my steps as the sky grew darker. Saya mencepatkan langkah apabila hari semakin gelap.
② *bertambah cepat*
◊ Ainslie's pulse quickened in alarm. Nadi Ainslie bertambah cepat kerana cemas.

quickly KATA ADVERBA
dengan cepat
◊ It was all over very quickly. Segala-galanya berlalu dengan begitu cepat.

quickness KATA NAMA
kecepatan

quicksand KATA NAMA
pasir jerlus

quick-tempered KATA ADJEKTIF
cepat marah

quiet KATA ADJEKTIF
① *senyap*
◊ You're very quiet today. Anda sangat senyap hari ini. ◊ The engine's very quiet. Enjin itu sangat senyap.
- **She's a very quiet girl.** Dia seorang gadis yang pendiam.
② *tenteram*
◊ a quiet little town pekan kecil yang tenteram ◊ a quiet weekend hujung minggu yang tenteram
- **Be quiet!** Tolong diam!
- **Quiet!** Diam!

quietly KATA ADVERBA
dengan perlahan
◊ She's dead. - He said quietly. Dia sudah tiada. - Katanya dengan suara yang perlahan.
- **He quietly opened the door.** Dia membuka pintu itu dengan perlahan-lahan.

quietness KATA NAMA
① *kesenyapan*
◊ the quietness of the engine kesenyapan enjin itu
② *ketenangan*
◊ I miss the quietness of the countryside. Saya rindu akan ketenangan kawasan luar bandar.

quilt KATA NAMA
kuilt

quinine KATA NAMA
kuinin
◊ Quinine is used to treat malaria. Kuinin digunakan untuk menyembuhkan penyakit malaria.

to **quit** KATA KERJA
meletakkan jawatan
◊ I quit my job last week. Saya meletakkan jawatan pada minggu lepas.
- **I've been given notice to quit.** Saya diberi notis supaya berhenti kerja.

quite KATA ADVERBA
① *agak*
◊ It's quite warm today. Hari ini agak panas. ◊ It's quite a long way. Perjalanan itu agak jauh. ◊ I quite liked the film, but it was too long. Saya agak menyukai filem itu, tetapi ceritanya terlalu panjang.
- **How was the film? - Quite good.** Bagaimanakah dengan filem itu? - Boleh tahan.
② *sekali*
◊ It's quite different. Perkara itu berlainan sekali. ◊ It's quite clear that this plan won't work. Jelas sekali rancangan ini tidak akan berjaya.
- **I quite agree with you.** Saya sangat

bersetuju dengan anda.
- **not quite...** tidak begitu... ◊ *I'm not quite sure.* Saya tidak begitu pasti.
- **It's not quite the same.** Perkara itu agak berbeza.
- **quite a...** amat... ◊ *It was quite a shock.* Perkara itu amat mengejutkan.
- **That's quite an experience.** Itu merupakan suatu pengalaman yang amat sukar untuk dilupakan.

> Dalam contoh-contoh di bawah, **quite** boleh bermakna agak atau sangat bergantung pada intonasi.

- **quite a lot** agak banyak ◊ *quite a lot of money* jumlah wang yang agak banyak ◊ *It costs quite a lot to go abroad.* Perbelanjaan yang agak banyak diperlukan untuk pergi ke luar negara.
- **There were quite a few people there.** Agak ramai orang di sana.

quiz KATA NAMA
(JAMAK **quizzes**)
kuiz
◊ *a quiz show* rancangan kuiz

quota KATA NAMA
kuota

quotation KATA NAMA
petikan
◊ *a quotation from Shakespeare* petikan daripada karya Shakespeare

quotation marks KATA NAMA JAMAK
tanda petikan

to **quote** KATA KERJA
rujuk juga **quote** KATA NAMA
memetik
◊ *He quoted a phrase from Shakespeare.* Dia memetik satu frasa daripada karya Shakespeare.

quote KATA NAMA
rujuk juga **quote** KATA KERJA
1 *petikan*
◊ *a Shakespeare quote* petikan daripada karya Shakespeare
2 *sebut harga*
◊ *Can you give me a quote for the work?* Bolehkah anda beri saya sebut harga untuk tugasan tersebut?

- **quotes** pengikat kata ◊ *in quotes* dalam pengikat kata

R

rabbi KATA NAMA
pemimpin agama Yahudi
rabbit KATA NAMA
arnab
rabies KATA NAMA
penyakit anjing gila
- **a dog with rabies** seekor anjing gila

race KATA NAMA

> rujuk juga **race** KATA KERJA

1 *perlumbaan*
◊ *a cycle race* perlumbaan basikal
2 *bangsa*
◊ *race relations* hubungan bangsa
◊ *the human race* bangsa manusia

to **race** KATA KERJA

> rujuk juga **race** KATA NAMA

berlumba
◊ *I'll race you!* Mari kita berlumba!

racecourse KATA NAMA
padang lumba kuda
racehorse KATA NAMA
kuda lumba
racer KATA NAMA
pelumba
racetrack KATA NAMA
1 *litar* (untuk kereta, motosikal)
2 *velodrom* (untuk basikal)
racial KATA ADJEKTIF
kaum
◊ *racial discrimination* diskriminasi kaum
racing car KATA NAMA
kereta lumba
racing driver KATA NAMA
pelumba kereta
racism KATA NAMA
rasialisme
racist KATA ADJEKTIF

> rujuk juga **racist** KATA NAMA

bersifat perkauman
racist KATA NAMA

> rujuk juga **racist** KATA ADJEKTIF

orang yang bersifat perkauman
◊ *He's a racist.* Dia seorang yang bersifat perkauman.
rack KATA NAMA

> rujuk juga **rack** KATA KERJA

rak
to **rack** KATA KERJA

> rujuk juga **rack** KATA NAMA

memeras
◊ *The students racked their brains to answer the question correctly.* Para pelajar memeras otak untuk menjawab soalan itu dengan betul.
- **a teenager racked with guilt and anxiety** seorang remaja yang terseksa oleh perasaan bersalah dan bimbang

racket KATA NAMA
raket
◊ *my tennis racket* raket tenis saya
- **They're making a terrible racket.** Mereka sungguh bising.

racquet KATA NAMA
raket
radar KATA NAMA
radar
radiant KATA ADJEKTIF
berseri-seri
◊ *The bride looked radiant.* Pengantin itu kelihatan berseri-seri.
radiation KATA NAMA
radiasi
radiator KATA NAMA
radiator
radical KATA ADJEKTIF
radikal
radio KATA NAMA
(JAMAK **radios**)
radio
◊ *on the radio* disiarkan dalam radio
◊ *a radio station* stesen radio
radioactive KATA ADJEKTIF
radioaktif
radio cassette KATA NAMA
radio
radio-controlled KATA ADJEKTIF
kawalan radio
◊ *radio-controlled model planes* model kapal terbang kawalan radio
radish KATA NAMA
(JAMAK **radishes**)
lobak
radius KATA NAMA
(JAMAK **radii**)
1 *lingkungan*
◊ *There are three golf courses within a two mile radius of the hotel.* Ada tiga buah padang golf dalam lingkungan dua batu dari hotel itu.
2 *jejari* (bulatan)
RAF SINGKATAN (= *Royal Air Force*)
RAF (= *Tentera Udara Diraja*) (di UK)
- **He's in the RAF.** Dia berkhidmat dalam pasukan Tentera Udara Diraja United Kingdom.

raffia KATA NAMA
rafia
raffle KATA NAMA
loteri (terjemahan umum)
◊ *a raffle ticket* tiket loteri
raft KATA NAMA
rakit
rag KATA NAMA
kain buruk
◊ *a piece of rag* sehelai kain buruk
- **dressed in rags** berpakaian compang-camping

rage KATA NAMA
radang
◊ He flew into a terrible rage. Dia betul-betul naik radang.
♦ **to be in a rage** naik radang
♦ **It's all the rage.** Benda itu sangat popular sekarang.

to raid KATA KERJA
rujuk juga **raid** KATA NAMA
1. *menyerang*
2. *menyerbu*
◊ The police raided a club in Soho. Polis menyerbu sebuah kelab di Soho.

raid KATA NAMA
rujuk juga **raid** KATA KERJA
1. *serangan*
◊ a bank raid serangan ke atas sebuah bank
2. *serbuan* (oleh polis)

rail KATA NAMA
1. *susur* (pada tangga, titi)
2. *rel* (pada langsir)
♦ **by rail** dengan kereta api

railcard KATA NAMA
kad kereta api

railway KATA NAMA
kereta api
◊ railway line landasan kereta api
◊ railway station stesen kereta api

rain KATA NAMA
rujuk juga **rain** KATA KERJA
hujan
◊ in the rain dalam hujan

to rain KATA KERJA
rujuk juga **rain** KATA NAMA
hujan
◊ It rains a lot here. Di sini selalu hujan.
♦ **It's raining.** Hujan!

rainbow KATA NAMA
pelangi

raincoat KATA NAMA
baju hujan

rainfall KATA NAMA
hujan

rainforest KATA NAMA
hutan hujan

rainy KATA ADJEKTIF
hujan
◊ rainy season musim hujan

to raise KATA KERJA
1. *mengangkat*
◊ He raised his hand. Dia mengangkat tangannya.
2. *meningkatkan*
◊ They want to raise standards in schools. Mereka mahu meningkatkan standard di sekolah.
3. *menaikkan*
◊ to raise interest rates menaikkan kadar bunga
♦ **to raise money** mengutip wang ◊ The school is raising money for a new gym. Sekolah itu sedang mengutip wang untuk mendirikan sebuah gimnasium yang baru.

raisin KATA NAMA
kismis

rake KATA NAMA
pencakar

rally KATA NAMA
(JAMAK **rallies**)
rujuk juga **rally** KATA KERJA
1. *perhimpunan*
◊ There was rally in Trafalgar Square. Ada perhimpunan di Trafalgar Square.
2. *rali* (perlumbaan di jalan raya)
◊ a rally driver pemandu rali
3. *pukulan* (tenis, badminton, dll)

to rally KATA KERJA
(**rallied, rallied**)
rujuk juga **rally** KATA NAMA
1. *bersatu*
◊ They have continued to rally to her support. Mereka terus bersatu untuk menyokongnya.
2. *pulih*
◊ He rallied enough to thank his doctors. Dia sudah cukup pulih untuk mengucapkan terima kasih kepada doktor-doktornya.

to rally round KATA KERJA
bersatu
◊ Many people have rallied round to help the family. Ramai orang bersatu untuk membantu keluarga itu.

to ram KATA KERJA
menghentam
◊ The thieves rammed a police car. Pencuri-pencuri itu menghentam sebuah kereta polis.

ramble KATA NAMA
rujuk juga **ramble** KATA KERJA
berjalan-jalan
◊ to go for a ramble pergi berjalan-jalan

to ramble KATA KERJA
rujuk juga **ramble** KATA NAMA
1. *berjalan-jalan*
2. *merewang* (dalam ucapan, tulisan)

to ramble on KATA KERJA
berceloteh
◊ He rambled on for hours about Lillian. Dia berceloteh tentang Lillian selama berjam-jam lamanya.

rambler KATA NAMA
orang yang suka berjalan-jalan

ramp KATA NAMA
tanjakan (permukaan yang bercerun)

rampant KATA ADJEKTIF
menular

English ~ Malay

◊ *Corruption was rampant in the company.* Masalah rasuah menular dalam syarikat itu.

ran KATA KERJA *rujuk* **run**

ranch KATA NAMA
(JAMAK **ranches**)
<u>ladang ternak</u>

rancid KATA ADJEKTIF
<u>tengik</u> (*bau*)

random KATA ADJEKTIF
<u>secara rawak</u>
◊ *a random selection* pemilihan secara rawak
- **at random** secara rawak ◊ *We picked the number at random.* Kami memilih nombor itu secara rawak.

rang KATA KERJA *rujuk* **ring**

range KATA NAMA
> *rujuk juga* **range** KATA KERJA

1 <u>jenis</u>
◊ *There's a wide range of colours.* Ada pelbagai jenis warna.
- **It's out of my price range.** Harga itu terlalu mahal untuk saya.

2 <u>julat</u> (*matematik*)
- **a range of mountains** banjaran gunung

to **range** KATA KERJA
> *rujuk juga* **range** KATA NAMA

- **to range from...to...** antara...hingga...
◊ *Temperatures in summer range from 20 to 35 degrees.* Suhu pada musim panas adalah antara 20 hingga 35 darjah.
◊ *Tickets range from RM2 to RM20.* Tiket-tiket berharga antara RM2 hingga RM20.

ranger KATA NAMA
<u>renjer</u>

rank KATA NAMA
> *rujuk juga* **rank** KATA KERJA

<u>pangkat</u>
- **a taxi rank** perhentian teksi

to **rank** KATA KERJA
> *rujuk juga* **rank** KATA NAMA

<u>menyenaraikan</u>
◊ *He's ranked third in the badminton team.* Dia disenaraikan sebagai pemain pilihan ketiga dalam pasukan badminton.

to **ransack** KATA KERJA
<u>menggeledah</u>
◊ *The thief ransacked the house and stole several objects of value.* Pencuri itu menggeledah dan mencuri beberapa barang berharga di dalam rumah itu.

ransom KATA NAMA
> *rujuk juga* **ransom** KATA KERJA

<u>wang tebusan</u>

to **ransom** KATA KERJA
> *rujuk juga* **ransom** KATA NAMA

<u>menebus</u>

◊ *He ransomed his son for RM1 million.* Dia menebus anak lelakinya dengan wang berjumlah RM1 juta.

rap KATA NAMA
<u>rap</u> (*muzik*)

to **rape** KATA KERJA
> *rujuk juga* **rape** KATA NAMA

<u>merogol</u>

rape KATA NAMA
> *rujuk juga* **rape** KATA KERJA

<u>rogol</u>

rapid KATA ADJEKTIF
<u>pantas</u>
◊ *The breathing becomes more rapid.* Pernafasan menjadi lebih pantas.
- **rapid development** pembangunan yang pesat

rapidity KATA NAMA
<u>kepesatan</u>
◊ *the rapidity of the town's development* kepesatan pembangunan bandar itu
- **The water rushed through the holes with great rapidity.** Air mengalir menerusi lubang-lubang itu dengan deras sekali.

rapidly KATA ADVERBA
1 <u>dengan pesat</u>
◊ *The city is developing rapidly.* Bandar itu berkembang dengan pesat.
2 <u>dengan cepat</u>
◊ *He was moving rapidly around the room.* Dia bergerak dengan cepat di sekitar bilik itu.

rapids KATA NAMA JAMAK
<u>jeram</u>

rapist KATA NAMA
<u>perogol</u>

rare KATA ADJEKTIF
1 <u>luar biasa</u> (*benda, haiwan, dll*)
2 <u>jarang</u> (*perkara, kejadian*)
3 <u>kurang masak</u> (*daging*)

rarely KATA ADVERBA
<u>jarang</u>
◊ *Cases like this rarely happen.* Kes seperti ini jarang berlaku.

rash KATA ADJEKTIF
> *rujuk juga* **rash** KATA NAMA

<u>terburu-buru</u>
◊ *Don't do anything rash.* Jangan buat sebarang perkara yang terburu-buru.

rash KATA NAMA
(JAMAK **rashes**)
> *rujuk juga* **rash** KATA ADJEKTIF

<u>ruam</u>
◊ *I've got a rash on my chest.* Ada ruam pada dada saya.

rasher KATA NAMA
<u>hiris</u>
◊ *a rasher of bacon* sehiris bakon

raspberry KATA NAMA
(JAMAK **raspberries**)
raspberi

rat KATA NAMA
tikus

rate KATA NAMA
rujuk juga **rate** KATA KERJA
kadar
◊ *a high rate of interest* kadar faedah yang tinggi ◊ *the birth rate* kadar kelahiran
♦ **There are reduced rates for students.** Terdapat potongan harga untuk pelajar.

to **rate** KATA KERJA
rujuk juga **rate** KATA NAMA
menilai
◊ *They were rated on the basis of the test.* Mereka dinilai berdasarkan ujian tersebut.
♦ **He was rated the best player.** Dia dianggap sebagai pemain terbaik.

rather KATA ADVERBA
agak
◊ *I was rather disappointed.* Saya agak kecewa.
♦ **rather a lot of** agak banyak ◊ *I've got rather a lot of homework to do.* Saya mempunyai kerja rumah yang agak banyak untuk dibuat.
♦ **Twenty pounds! That's rather a lot!** Dua puluh paun! Banyaknya!
♦ **I'd rather...** Saya lebih suka... ◊ *Would you like a sweet? - I'd rather have an apple.* Anda mahu gula-gula? - Saya lebih suka buah epal. ◊ *I'd rather he didn't come to the party.* Saya lebih suka jika dia tidak datang ke majlis itu.
♦ **rather than...** daripada... ◊ *We decided to camp, rather than stay at a hotel.* Kami membuat keputusan pergi berkhemah daripada menginap di hotel.

ratification KATA NAMA
ratifikasi

to **ratify** KATA KERJA
(**ratified, ratified**)
meratifikasi

ratio KATA NAMA
(JAMAK **ratios**)
nisbah

ration KATA NAMA
rujuk juga **ration** KATA KERJA
catuan
◊ *The meat ration was down to one kilogram per person.* Catuan daging dikurangkan menjadi sekilo seorang.

to **ration** KATA KERJA
rujuk juga **ration** KATA NAMA
mencatu
◊ *The decision to ration rice was made yesterday.* Keputusan untuk mencatu beras dibuat kelmarin.

rational KATA ADJEKTIF
rasional

rationing KATA NAMA
pencatuan

rattan KATA NAMA
rotan

rattle KATA NAMA
rujuk juga **rattle** KATA KERJA
bunyi detar
◊ *They was a rattle of rifle-fire.* Ada bunyi detar tembakan senapang.

to **rattle** KATA KERJA
rujuk juga **rattle** KATA NAMA
berdetar
◊ *I heard glasses rattling in the kitchen.* Saya terdengar bunyi gelas berdetar di dapur.

to **rattle on** KATA KERJA
berceloteh

rattling KATA NAMA
bunyi detar
◊ *At that moment, there was a rattling at the door.* Pada masa itu, terdengar bunyi detar pada pintu.

to **rave** KATA KERJA
1 *meracau*
2 *mengomel*
◊ *He started raving about being treated badly.* Dia mula mengomel tentang dirinya yang diperlakukan dengan buruk.
♦ **They raved about the film.** Mereka tidak habis-habis bercerita tentang filem itu.

raven KATA NAMA
burung raven

ravine KATA NAMA
gaung

raving KATA ADJEKTIF, KATA ADVERBA
betul-betul
◊ *a raving lunatic* orang yang betul-betul gila ◊ *to be raving mad* betul-betul gila

ravings KATA NAMA JAMAK
igauan

raw KATA ADJEKTIF
mentah
◊ *raw food* makanan mentah
◊ *raw material* bahan mentah

ray KATA NAMA
sinar
◊ *The sun's rays can penetrate water.* Sinar cahaya matahari boleh menembusi air.

razor KATA NAMA
pencukur
♦ **razor blade** pisau cukur

RE SINGKATAN (= *Religious Education*)
Pendidikan Agama

English ~ Malay

reach → realize

to reach KATA KERJA
  rujuk juga **reach** KATA NAMA
  [1] *sampai*
  ◊ *We reached the hotel at seven o'clock.* Kami sampai di hotel pada pukul tujuh.
- **We hope to reach the final.** Kami berharap dapat memasuki pertandingan akhir.
- **Eventually they reached a decision.** Akhirnya mereka mencapai keputusan.
  [2] *menghubungi*
  ◊ *How can I reach you?* Bagaimanakah saya dapat menghubungi anda?

reach KATA NAMA
  rujuk juga **reach** KATA KERJA
  jangkauan
  ◊ *out of reach* di luar jangkauan
- **Keep medicines out of the reach of children.** Jauhkan ubat-ubatan daripada kanak-kanak.
- **within easy reach of** dekat dengan
  ◊ *The hotel is within easy reach of the town centre.* Hotel itu dekat dengan pusat bandar.

to react KATA KERJA
  [1] *menunjukkan reaksi*
  ◊ *He reacted badly to the news.* Dia tidak menunjukkan reaksi yang baik terhadap berita itu.
- **How did she react?** Bagaimanakah reaksinya?
  [2] *bertindak balas*

reaction KATA NAMA
  [1] *reaksi*
  ◊ *You need a good eye and quick reactions.* Penglihatan anda perlu tajam dan reaksi anda perlu cepat.
  [2] *tindak balas*
  ◊ *chemical reaction* tindak balas kimia

reactor KATA NAMA
  reaktor
  ◊ *a nuclear reactor* reaktor nuklear

to read KATA KERJA
  (read, read)
  membaca
  ◊ *I don't read much.* Saya tidak banyak membaca. ◊ *Read the text out loud.* Baca teks itu dengan kuat.

to read out KATA KERJA
  membaca
  ◊ *I was reading it out to the children.* Saya sedang membacanya untuk anak-anak.

readable KATA KERJA
  [1] *menarik untuk dibaca*
  ◊ *This is a very readable book.* Buku ini sangat menarik untuk dibaca.
  [2] *boleh dibaca*
  ◊ *a readable script* skrip yang boleh dibaca

reader KATA NAMA
  pembaca

readily KATA ADVERBA
  sanggup
  ◊ *When I was invited to the party, I readily accepted.* Apabila saya dijemput ke majlis itu, saya sanggup pergi.
- **Petrol evaporates more readily than water.** Petrol lebih mudah sejat berbanding air.

reading KATA NAMA
  bacaan
  ◊ *I'll see you in the reading room.* Saya akan berjumpa dengan anda di bilik bacaan.
- **I like reading.** Saya suka membaca.

ready KATA ADJEKTIF
  bersedia
  ◊ *He's always ready to help.* Dia sentiasa bersedia untuk membantu.
- **The meal is ready.** Hidangan sudah disediakan.
- **She's nearly ready.** Dia sudah hampir siap.
- **to get ready** bersedia
- **to get something ready** menyiapkan sesuatu ◊ *He's getting the dinner ready.* Dia sedang menyiapkan makan malam.

real KATA ADJEKTIF
  [1] *sebenar*
  ◊ *the real reason* alasan sebenar
- **It was a real nightmare.** Peristiwa itu benar-benar satu mimpi ngeri.
  [2] *asli*
  ◊ *It's real leather.* Ini kulit asli.

real estate KATA NAMA
  harta tanah

realistic KATA ADJEKTIF
  realistik

reality KATA NAMA
  kenyataan atau *realiti*

realization KATA NAMA
  [1] *kesedaran*
  ◊ *There is now a realization that things cannot go on like this.* Sekarang sudah ada kesedaran bahawa keadaan tidak boleh diteruskan seperti ini lagi.
  [2] *realisasi*
  ◊ *the realization of her dream* realisasi impiannya

to realize KATA KERJA
  menyedari
  ◊ *We realized that something was wrong.* Kami menyedari bahawa ada sesuatu yang tidak kena.
- **He finally realized his ambition of becoming a pilot.** Angan-angannya untuk menjadi seorang juruterbang

akhirnya menjadi kenyataan.
really KATA ADVERBA
betul
◊ *I'm learning German. - Really?* Saya sedang belajar bahasa Jerman. - Betulkah?
- **Do you really think so?** Anda betul-betul fikir begitu?
- **She's really nice.** Dia sangat baik.
- **Do you like him? - Not really.** Adakah anda menyukainya? - Tidak, saya tidak begitu menyukainya.

to **reap** KATA KERJA
1 *memungut*
◊ *The painting depicts peasants reaping a harvest of fruits and vegetables.* Lukisan itu menggambarkan para petani sedang memungut hasil buah-buahan dan sayur-sayuran.
2 *memperoleh*
◊ *They reaped immense financial rewards from the project.* Mereka memperoleh keuntungan yang banyak daripada projek itu.

rear KATA NAMA
> rujuk juga **rear** KATA ADJEKTIF, KATA KERJA

bahagian belakang
◊ *at the rear of the train* pada bahagian belakang kereta api

rear KATA ADJEKTIF
> rujuk juga **rear** KATA NAMA, KATA KERJA

belakang
◊ *the rear wheel* roda belakang

to **rear** KATA KERJA
> rujuk juga **rear** KATA ADJEKTIF, KATA NAMA

1 *membesarkan*
◊ *She reared five children.* Dia membesarkan lima orang anak.
2 *memelihara*
◊ *She spends a lot of time rearing animals.* Dia menghabiskan banyak masanya untuk memelihara binatang.

reason KATA NAMA
> rujuk juga **reason** KATA KERJA

alasan
◊ *There's no reason to think that he's dangerous.* Tidak ada alasan untuk menganggap dia seorang yang berbahaya.
- **for security reasons** atas sebab-sebab keselamatan
- **That was the main reason I went.** Itulah sebab utama saya pergi ke sana.

to **reason** KATA KERJA
> rujuk juga **reason** KATA NAMA

menaakul

◊ *He reasoned that the conclusion was true.* Dia menaakul bahawa kesimpulan itu benar.

reasonable KATA ADJEKTIF
1 *munasabah*
◊ *a reasonable decision* keputusan yang munasabah
- **Be reasonable!** Bertimbang rasalah sedikit!
2 *agak baik*
◊ *He wrote a reasonable essay.* Dia menulis sebuah karangan yang agak baik.
- **The price is quite reasonable.** Harganya agak berpatutan.

reasonably KATA ADVERBA
1 *agak*
◊ *The team played reasonably well.* Pasukan itu bermain dengan agak baik.
2 *berpatutan*
◊ *reasonably priced accommodation* harga penginapan yang berpatutan

reasoning KATA NAMA
penaakulan

to **reassure** KATA KERJA
menenangkan
◊ *I tried to reassure her that everything would be OK.* Saya cuba menenangkannya bahawa segala-galanya akan menjadi baik.

reassuring KATA ADJEKTIF
menenangkan

rebel KATA NAMA
> rujuk juga **rebel** KATA KERJA

pemberontak

to **rebel** KATA KERJA
> rujuk juga **rebel** KATA NAMA

memberontak
◊ *to rebel against the government* memberontak melawan kerajaan

rebellious KATA ADJEKTIF
suka memberontak

rebelliousness KATA NAMA
sikap suka memberontak
◊ *Joe's rebelliousness is a reaction to his mother's restrictions.* Sikap Joe yang suka memberontak merupakan tindak balas daripada kongkongan emaknya.

to **rebrand** KATA KERJA
menukar imej (produk, organisasi)

rebranding KATA NAMA
penukaran imej
◊ *the rebranding of a company* penukaran imej syarikat

rebuke KATA NAMA
teguran
◊ *The naughty student ignored his teacher's rebuke.* Pelajar yang nakal itu tidak menghiraukan teguran gurunya.

to **rebut** KATA KERJA

menyangkal
◊ Ken rebutted the statement made against him. Ken menyangkal kenyataan yang dibuat terhadapnya.

to recall KATA KERJA
mengingati
◊ I tried to recall her name. Saya cuba mengingati namanya.
- **I recalled the way they had danced together.** Saya teringat kembali cara mereka menari bersama.

receipt KATA NAMA
resit

to receive KATA KERJA
menerima

receiver KATA NAMA
penerima
- **to pick up the receiver** mengangkat gagang telefon

recent KATA ADJEKTIF
terkini
◊ recent scientific discoveries penemuan saintifik yang terkini
- **in recent weeks** beberapa minggu kebelakangan ini

recently KATA ADVERBA
kebelakangan ini
◊ I haven't seen him recently. Saya tidak nampak dia kebelakangan ini.
- **until recently** sehingga kini

receptacle KATA NAMA
bekas

reception KATA NAMA
1 *tempat menyambut tetamu*
◊ Please leave your key at reception. Sila tinggalkan kunci anda di tempat menyambut tetamu.
2 *majlis*
◊ The reception will be at a big hotel. Majlis itu akan diadakan di sebuah hotel yang besar.

receptionist KATA NAMA
penyambut tetamu
◊ She's a receptionist in a hotel. Dia bekerja sebagai penyambut tetamu di sebuah hotel.

receptive KATA ADJEKTIF
terbuka
◊ Your mind will be more receptive when your horizons expand. Anda akan berfikiran lebih terbuka apabila horizon anda semakin meluas.

recession KATA NAMA
kemelesetan

recipe KATA NAMA
resipi

recipient KATA NAMA
penerima

to recite KATA KERJA
mendeklamasikan
◊ They recited poetry at the ceremony. Mereka mendeklamasikan sajak dalam upacara itu.

reckless KATA ADJEKTIF
bertindak melulu
◊ She was reckless. Dia bertindak melulu.
- **a reckless driver** pemandu yang memandu dengan cara yang berbahaya

recklessly KATA ADVERBA
secara melulu
◊ He always acts recklessly. Dia selalu bertindak secara melulu.

to reckon KATA KERJA
menganggap
◊ the price is reckoned to be too high harga barang itu dianggap terlalu mahal
- **What do you reckon?** Apakah pendapat anda?

to reclaim KATA KERJA
1 *mendapat balik*
◊ She reclaimed her property. Dia mendapat balik hartanya.
2 *menebus guna*
◊ They have reclaimed a lot of land from the sea. Mereka menebus guna banyak tanah dari laut.

reclining KATA ADJEKTIF
boleh direbahkan
◊ a reclining seat tempat duduk yang boleh direbahkan

recognition KATA NAMA
pengiktirafan
◊ Her work was not given the recognition it deserved. Kerjanya tidak diberi pengiktirafan yang sewajarnya.
- **Mazlan searched for a sign of recognition on Ali's face.** Mazlan melihat air muka Ali untuk mengetahui sama ada Ali mengenalinya.

recognizable KATA ADJEKTIF
dapat dikenali

to recognize KATA KERJA
1 *mengecam*
◊ The receptionist recognized him at once. Penyambut tetamu itu dapat mengecamnya dengan serta-merta.
2 *memperakui*
◊ The company did not recognize his degree. Syarikat itu tidak memperakui ijazahnya.

to recommend KATA KERJA
mengesyorkan
◊ What do you recommend? Apakah yang anda syorkan?
- **to recommend against something** mengesyorkan supaya jangan ◊ They recommended against revising the

reconsider → redhead   B. Inggeris ~ B. Melayu   372

standards. Mereka mengesyorkan supaya jangan mengubah standard.

to **reconsider** KATA KERJA
mempertimbangkan semula

record KATA NAMA
> rujuk juga **record** KATA KERJA

1. *piring hitam*
2. *rekod*
◊ *the world record* rekod dunia ◊ *criminal record* rekod jenayah
♦ **He won the race in record time.** Dia memenangi perlumbaan itu dalam catatan masa terpantas.

to **record** KATA KERJA
> rujuk juga **record** KATA NAMA

merakamkan
◊ *They've just recorded their new album.* Mereka baru sahaja merakamkan album terbaru mereka.

recorded delivery KATA NAMA
surat berdaftar
◊ *to send something recorded delivery* menghantar sesuatu melalui surat berdaftar

recorder KATA NAMA
1. *rekoder*
2. *perakam*
◊ *cassette recorder* perakam kaset ◊ *video recorder* perakam video

recording KATA NAMA
rakaman

record player KATA NAMA
pemain piring hitam

to **recover** KATA KERJA
pulih
◊ *He's recovering from a knee injury.* Kecederaan lututnya semakin pulih.

recovery KATA NAMA
pemulihan
♦ **Best wishes for a speedy recovery!** Semoga cepat sembuh!

recreation KATA NAMA
rekreasi

recreational KATA ADJEKTIF
rekreasi
◊ *parks and other recreational facilities* taman dan kemudahan rekreasi yang lain
♦ **recreational use of alcohol** penggunaan alkohol untuk berekreasi

recruit KATA NAMA
rekrut

recruitment KATA NAMA
1. *pengambilan* (pekerja, tentera)
2. *pengambilan ahli baru* (dalam kelab, dll)

rectangle KATA NAMA
segi empat tepat

rectangular KATA ADJEKTIF
berbentuk segi empat tepat

to **rectify** KATA KERJA (**rectified, rectified**)
membetulkan
◊ *That mistake can be rectified within 28 days.* Kesilapan itu boleh dibetulkan dalam masa 28 hari.

to **recycle** KATA KERJA
mengitar semula
♦ **The report is printed on recycled paper.** Laporan itu dicetak di atas kertas kitar semula.

recycling KATA NAMA
kitaran semula

recycling bin KATA NAMA
tong kitar semula

red KATA ADJEKTIF
merah
◊ *a red rose* sekuntum bunga ros merah ◊ *to go through a red light* melanggar lampu merah ◊ *red wine* wain merah
♦ **red meat** daging merah
> daging lembu atau biri-biri yang berwarna perang setelah dimasak

♦ **Gavin's got red hair.** Rambut Gavin berwarna perang kemerah-merahan.

red bean KATA NAMA
kacang merah

red card KATA NAMA
kad merah (bola sepak, ragbi)

Red Cross KATA NAMA
Persatuan Palang Merah

redcurrant KATA NAMA
kismis merah

to **redden** KATA KERJA
menjadi merah
◊ *She reddened instantly.* Mukanya menjadi merah dengan serta-merta.

reddish KATA ADJEKTIF
kemerah-merahan

to **redecorate** KATA KERJA
menghias semula (dengan cat atau kertas hias dinding)

to **redeem** KATA KERJA
menebus maruah
◊ *He wanted to redeem himself.* Dia ingin menebus maruahnya.

redemption KATA NAMA
penebusan
◊ *the redemption of the loan* penebusan pinjaman itu

red-haired KATA ADJEKTIF
berambut perang kemerah-merahan

red-handed KATA ADJEKTIF
ketika sedang melakukan kesalahan
◊ *to catch somebody red-handed* menangkap seseorang ketika sedang melakukan kesalahan

redhead KATA NAMA

orang yang berambut perang kemerah-merahan

to redo KATA KERJA
(**redid**, **redone**)
membuat semula

to redouble KATA KERJA
melipatgandakan
◊ *Students should redouble their efforts in order to achieve better results.* Pelajar harus melipatgandakan usaha untuk mendapat keputusan yang lebih baik.

to reduce KATA KERJA
mengurangkan
◊ *This reduces the risk of fire.* Ini mengurangkan risiko kebakaran.
♦ **at a reduced price** pada harga potongan
♦ **"reduce speed now"** "kurangkan kelajuan sekarang"

reduction KATA NAMA
pengurangan
◊ *a five per cent reduction* pengurangan sebanyak lima peratus
♦ **"Huge reductions!"** "Potongan hebat!"

redundancy KATA NAMA
(JAMAK **redundancies**)
pemberhentian
♦ **Thousands of bank employees are facing redundancy as their employers cut costs.** Beribu-ribu pekerja bank mungkin diberhentikan kerana majikan mereka mahu mengurangkan kos.
♦ **a redundancy payment** bayaran pampasan untuk pekerja yang diberhentikan

redundant KATA ADJEKTIF
tidak diperlukan
◊ *Changes in technology may mean that once-valued skills are now redundant.* Perubahan teknologi mungkin bermaksud kemahiran yang dahulunya berharga, sudah tidak diperlukan lagi sekarang.
♦ **to be made redundant** diberhentikan

reed KATA NAMA
> sejenis tumbuhan yang panjang, tumbuh di kawasan cetek dan berpaya serta digunakan untuk membuat alas atau raga

reef KATA NAMA
terumbu

reel KATA NAMA
gelendong

to refer KATA KERJA
merujuk
◊ *He referred to his notebook.* Dia merujuk kepada buku notanya.
♦ **What are you referring to?** Apakah yang anda maksudkan?

referee KATA NAMA
pengadil

reference KATA NAMA
rujukan
◊ *a reference book* buku rujukan
♦ **He made no reference to the murder.** Dia tidak menyebut tentang pembunuhan itu.
♦ **Would you please give me a reference?** Bolehkah anda beri saya surat sokongan?

to refill KATA KERJA
mengisi semula
◊ *He refilled my glass.* Dia mengisi gelas saya semula.

to refine KATA KERJA
menapis
◊ *Oil is refined to remove impurities.* Minyak ditapis untuk menyingkirkan bendasing.

refined KATA ADJEKTIF
bertapis
◊ *refined sugar* gula bertapis

refinery KATA NAMA
(JAMAK **refineries**)
kilang penapisan

to reflect KATA KERJA
① *mencerminkan* (sifat, keadaan)
♦ **Happiness was reflected in her face.** Kegembiraan terbayang pada wajahnya.
② *memantulkan* (imej, cahaya)

reflection KATA NAMA
① *bayang*
② *pantulan*

reflex KATA NAMA
(JAMAK **reflexes**)
tindakan refleks

reflexive KATA ADJEKTIF
refleksif
◊ *a reflexive verb* kata kerja refleksif

reform KATA NAMA
rujuk juga **reform** KATA KERJA
pembaharuan

to reform KATA KERJA
rujuk juga **reform** KATA NAMA
merombak
◊ *The new manager reformed the company's administrative system.* Pengurus baru itu merombak sistem pentadbiran syarikatnya.

to refract KATA KERJA
membiaskan
◊ *The student used a lens to refract light.* Pelajar itu menggunakan kanta untuk membiaskan cahaya.
♦ **Light is refracted when it enters water.** Cahaya terbias apabila masuk ke dalam air.

to refrain KATA KERJA
menahan diri
◊ *She refrained from making any*

comment. Dia menahan diri daripada memberikan sebarang komen.

to refresh KATA KERJA
menyegarkan
◊ *The lotion cools and refreshes the skin.* Losen itu menyejukkan dan menyegarkan kulit.

refresher course KATA NAMA
kursus meningkatkan pengetahuan

> **refresher course** ialah kursus latihan yang dapat meningkatkan pengetahuan dan kemahiran seseorang. Kursus ini membolehkan seseorang itu mengetahui perkembangan baru yang berkaitan dengan pekerjaannya.

refreshing KATA ADJEKTIF
1 *menyegarkan*
◊ *a refreshing drink* minuman yang menyegarkan
2 *memberangsangkan*
◊ *It was a refreshing change.* Perubahan itu memberangsangkan.

refreshments KATA NAMA JAMAK
makanan dan minuman ringan

to refrigerate KATA KERJA
menyejukkan (di dalam peti sejuk)

refrigerator KATA NAMA
peti sejuk

to refuel KATA KERJA
mengisi minyak
◊ *The plane stops in Boston to refuel.* Kapal terbang itu berhenti di Boston untuk mengisi minyak.

refuge KATA NAMA
tempat perlindungan

refugee KATA NAMA
pelarian

refund KATA NAMA
rujuk juga **refund** KATA KERJA
bayaran balik

to refund KATA KERJA
rujuk juga **refund** KATA NAMA
membayar balik

refusal KATA NAMA
keengganan
◊ *her refusal to accept money* keengganannya menerima wang

to refuse KATA KERJA
rujuk juga **refuse** KATA NAMA
enggan
◊ *He refused to comment.* Dia enggan memberikan komen.

refuse KATA NAMA
rujuk juga **refuse** KATA KERJA
sampah
◊ *refuse collection* kutipan sampah

to regain KATA KERJA
mendapatkan semula
◊ *Troops have regained control of the city.* Pihak tentera berjaya mendapatkan semula kuasa mereka di bandar itu.
♦ **to regain consciousness** sedar semula

to regard KATA KERJA
rujuk juga **regard** KATA NAMA
menganggap
◊ *They regarded it as unfair.* Mereka menganggap perkara itu tidak adil.
♦ **as regards...** berkaitan dengan...

regard KATA NAMA
rujuk juga **regard** KATA KERJA
salam
◊ *Give my regards to Alice.* Sampaikan salam saya kepada Alice.
♦ **"with kind regards"** "salam mesra"
♦ **with regard to** berhubung dengan

regarding KATA SENDI
berkaitan dengan
◊ *the laws regarding the export of animals* undang-undang yang berkaitan dengan eksport haiwan
♦ **Regarding John,...** Berkenaan dengan John,...

regardless KATA ADVERBA
♦ **to carry on regardless** tetap meneruskan ◊ *I told her to stop but she carried on regardless.* Saya menyuruh dia berhenti, tetapi dia tetap meneruskannya. ◊ *We felt desperate but decided to carry on regardless.* Kami berasa terdesak tetapi kami mengambil keputusan untuk tetap meneruskannya.
♦ **regardless of** tanpa mengira
◊ *regardless of religion, colour or creed* tanpa mengira agama, warna kulit atau fahaman

regiment KATA NAMA
rejimen

region KATA NAMA
1 *kawasan*
2 *wilayah*

regional KATA ADJEKTIF
wilayah

register KATA NAMA
rujuk juga **register** KATA KERJA
daftar
♦ **to call the register** mengambil kedatangan

to register KATA KERJA
rujuk juga **register** KATA NAMA
mendaftar
♦ **The car was registered in his wife's name.** Kereta itu didaftarkan atas nama isterinya.

registered KATA ADJEKTIF
berdaftar
◊ *a registered letter* surat berdaftar

registrar KATA NAMA

pendaftar

registration KATA NAMA
pendaftaran
◊ *Registration starts at 8.30.* Pendaftaran bermula pada pukul 8.30.

to **regret** KATA KERJA
> rujuk juga **regret** KATA NAMA

menyesal
◊ *Try it, you won't regret it!* Cubalah, anda pasti tidak akan menyesal!
* **to regret doing something** menyesal kerana melakukan sesuatu ◊ *I regret saying that.* Saya menyesal kerana berkata demikian.

regret KATA NAMA
> rujuk juga **regret** KATA KERJA

sesalan
* **I've got no regrets.** Saya tidak menyesal.

regretful KATA ADJEKTIF
penuh sesal
◊ *He gave a regretful smile.* Dia senyum dengan penuh sesal.

regular KATA ADJEKTIF
1. *tetap*
◊ *at regular intervals* pada jeda yang tetap ◊ *to take regular exercise* melakukan senaman yang tetap
2. *biasa*
◊ *a regular portion of fries* kentang goreng saiz biasa

regularly KATA ADVERBA
1. *selalu*
2. *secara tetap*
◊ *to breathe regularly* bernafas secara tetap

regulations KATA NAMA JAMAK
peraturan
◊ *It's against the regulations.* Perbuatan itu melanggar peraturan. ◊ *safety regulations* peraturan keselamatan

to **rehabilitate** KATA KERJA
memulihkan
◊ *Efforts must be made to rehabilitate drug addicts.* Usaha perlu dilakukan untuk memulihkan penagih dadah.

rehearsal KATA NAMA
latihan
* **dress rehearsal** latihan penuh

to **rehearse** KATA KERJA
berlatih

to **reimburse** KATA KERJA
membayar balik
◊ *The company will reimburse you for your expenses.* Syarikat akan membayar balik perbelanjaan anda.

to **reincarnate** KATA KERJA
menjelma semula
◊ *They believe that they will be reincarnated after they die.* Mereka percaya bahawa mereka akan menjelma semula selepas mereka mati.

reincarnation KATA NAMA
penjelmaan semula

reindeer KATA NAMA
rusa kutub

to **reinforce** KATA KERJA
memperkuat
◊ *Extra soldiers were sent to reinforce the army.* Askar tambahan dihantar untuk memperkuat barisan tentera itu.
* **to reinforce a belief** memperkukuhkan sesuatu kepercayaan

to **rein in** KATA KERJA
1. *mengawal*
◊ *to rein in inflation* mengawal inflasi
2. *mengekang*
◊ *Walter was not able to rein the horse in.* Walter tidak berupaya mengekang kuda itu.

reins KATA NAMA JAMAK
tali kekang kuda

to **reject** KATA KERJA
menolak
◊ *I applied but they rejected me.* Saya memohon tetapi mereka menolak permohonan saya.

rejection KATA NAMA
penolakan
◊ *the rejection of an application* penolakan permohonan

to **relapse** KATA KERJA
> rujuk juga **relapse** KATA NAMA

1. *berbalik*
◊ *He relapsed into his childish behaviour.* Dia berbalik kepada perangai keanak-anakannya.
2. *kambuh*
◊ *The patient relapsed within six months.* Pesakit itu kambuh dalam masa enam bulan.

relapse KATA NAMA
> rujuk juga **relapse** KATA KERJA

kambuh
* **to have a relapse** kambuh

to **relate** KATA KERJA
1. *berkaitan*
◊ *Elizabeth is interested in any job relating to real estate.* Elizabeth meminati semua kerja yang berkaitan dengan harta tanah.
* **She tried to relate the two matters.** Dia cuba mengaitkan dua perkara itu.
2. *menceritakan*
◊ *Mother related the incident to me.* Ibu menceritakan kejadian itu kepada saya.

related KATA ADJEKTIF

relation → reluctant

[1] *mempunyai hubungan kekeluargaan*
◊ *We're related.* Kami mempunyai hubungan kekeluargaan. ◊ *Are you related to her?* Apakah anda mempunyai hubungan kekeluargaan dengannya?
[2] *berkaitan*
◊ *The two events are not related.* Kedua-dua peristiwa itu tidak berkaitan.

relation KATA NAMA
[1] *saudara*
◊ *He's a distant relation.* Dia saudara jauh saya.
[2] *kaitan*
◊ *It has no relation to his business.* Hal itu tidak ada kaitan dengan perniagaannya.
♦ **in relation to** berkenaan dengan

relationship KATA NAMA
hubungan
◊ *Their relationship is over.* Hubungan mereka telah putus.
♦ **I'm not in a relationship at the moment.** Saya tidak terlibat dalam sebarang hubungan yang serius pada masa ini.

relative KATA NAMA
saudara

relatively KATA ADVERBA
jika dibandingkan dengan + kata nama
◊ *It's relatively easy.* Perkara itu mudah sahaja jika dibandingkan dengan perkara lain.

relaunch KATA NAMA
pelancaran semula (skim, majalah, buku, dll)

to **relax** KATA KERJA
berehat
◊ *I relax by listening to music.* Saya berehat dengan mendengar muzik.
♦ **Relax! Everything's fine.** Bertenang! Semuanya berjalan lancar.

relaxation KATA NAMA
bersantai
◊ *I don't have much time for relaxation.* Saya tidak mempunyai banyak masa untuk bersantai.

relaxed KATA ADJEKTIF
relaks

relaxing KATA ADJEKTIF
merelakskan
◊ *Having a bath is very relaxing.* Mandi amat merelakskan. ◊ *I find cooking relaxing.* Saya mendapati memasak merelakskan.

relay KATA NAMA
perlumbaan berganti-ganti
♦ **a relay race** perlumbaan berganti-ganti

to **release** KATA KERJA
> rujuk juga **release** KATA NAMA

[1] *membebaskan* (banduan)
[2] *melaporkan* (laporan, berita)
[3] *mengeluarkan* (rekod, video)
[4] *melepaskan* (haiwan, dari tanggungjawab, dll)

release KATA NAMA
> rujuk juga **release** KATA KERJA

pembebasan
◊ *the release of Nelson Mandela* pembebasan Nelson Mandela
♦ **the band's latest release** album terbaru kumpulan muzik tersebut

relegated KATA ADJEKTIF
diturunkan
◊ *Our team was relegated.* Pasukan kami telah diturunkan.

relevant KATA ADJEKTIF
berkaitan
◊ *We've passed all relevant information on to the police.* Kami telah menyerahkan semua maklumat yang berkaitan kepada pihak polis.

reliable KATA ADJEKTIF
boleh diharap
◊ *a reliable car* kereta yang boleh diharap ◊ *He's not very reliable.* Dia tidak begitu boleh diharap.

relief KATA NAMA
kelegaan
♦ **That's a relief!** Lega rasanya!
♦ **Much to my relief she made no objection.** Saya berasa lega kerana dia tidak membuat sebarang bantahan.

to **relieve** KATA KERJA
melegakan
◊ *This injection will relieve the pain.* Suntikan ini akan melegakan kesakitan.

relieved KATA ADJEKTIF
lega
♦ **to be relieved** berasa lega ◊ *I was relieved to hear he was better.* Saya berasa lega apabila mengetahui dia sudah beransur pulih.

religion KATA NAMA
agama
◊ *What religion are you?* Apakah agama anda?

religious KATA ADJEKTIF
[1] *agama*
◊ *different religious beliefs* kepercayaan agama yang berbeza
[2] *sangat patuh kepada ajaran agama*
◊ *He's very religious.* Dia sangat patuh kepada ajaran agamanya.

to **relocate** KATA KERJA
menempatkan semula

reluctant KATA ADJEKTIF
keberatan
♦ **to be reluctant to do something** keberatan untuk melakukan sesuatu

◊ *They were reluctant to help us.* Mereka keberatan untuk membantu kami.

reluctantly KATA ADVERBA
dengan berat hati
◊ *She reluctantly accepted the offer.* Dia menerima tawaran itu dengan berat hati.

to rely on KATA KERJA
berharap pada
◊ *I'm relying on you.* Saya berharap pada anda.

to remain KATA KERJA
terus
◊ *to remain silent* terus membisu
◊ *The government remained in control.* Kerajaan itu terus berkuasa.
♦ **The situation remains tense.** Situasi itu masih tegang.
♦ **He remains patient even when the children misbehave.** Dia tetap sabar walaupun ketika budak-budak itu nakal.

remainder KATA NAMA
selebihnya
◊ *Put the remainder of the food into the fridge.* Simpan makanan yang selebihnya ke dalam peti sejuk.

remaining KATA ADJEKTIF
tinggal
◊ *the remaining ingredients* bahan-bahan yang tinggal

remains KATA NAMA JAMAK
saki-baki
◊ *the remains of the picnic* saki-baki daripada perkelahan tersebut
♦ **human remains** jasad
♦ **Roman remains** tinggalan Rom

remake KATA NAMA
filem versi baru

remark KATA NAMA
1. *komen*
2. *kata-kata*
◊ *His remarks hurt me.* Kata-katanya menyakitkan hati saya.

remarkable KATA ADJEKTIF
luar biasa

remarkably KATA ADVERBA
sungguh menakjubkan
◊ *Remarkably, he was unhurt in the accident.* Sungguh menakjubkan, dia tidak cedera dalam kemalangan itu.
♦ **She was remarkably calm when she heard the news.** Dia tenang sahaja apabila mendengar berita itu.

to remarry KATA KERJA
(**remarried, remarried**)
berkahwin semula
◊ *She remarried three years ago.* Dia berkahwin semula tiga tahun yang lalu.

rematch KATA NAMA
(JAMAK **rematches**)
perlawanan semula

remedial KATA ADJEKTIF
pemulihan
◊ *remedial class* kelas pemulihan

remedy KATA NAMA
(JAMAK **remedies**)
ubat
◊ *a good remedy for a sore throat* ubat yang mujarab untuk sakit kerongkong

to remember KATA KERJA
ingat
◊ *I don't remember.* Saya tidak ingat.
♦ **Remember your passport!** Jangan lupa pasport anda!

remembrance KATA NAMA
kenangan
◊ *her remembrances of her childhood* kenangannya tentang zaman kanak-kanaknya
♦ **They wore black in remembrance of those who had died.** Mereka berpakaian hitam sempena memperingati orang yang telah meninggal dunia.

Remembrance Day KATA NAMA
> Di Britain, **Remembrance Day** ialah hari Ahad yang terdekat dengan 11 November, sempena memperingati orang yang meninggal dunia semasa Perang Dunia I dan Perang Dunia II.

to remind KATA KERJA
mengingatkan
◊ *The scenery here reminds me of Scotland.* Pemandangan di sini mengingatkan saya tentang Scotland.
◊ *Remind me to speak to Daniel.* Tolong ingatkan saya supaya bercakap dengan Daniel.

reminder KATA NAMA
peringatan

remnant KATA NAMA
1. *saki-baki*
◊ *the remnants of an old building* saki-baki sebuah bangunan lama
2. *perca kain*
◊ *Shops usually sell remnants cheaply.* Kedai-kedai biasanya menjual perca kain dengan murah.

remorse KATA NAMA
perasaan sesal
◊ *He showed no remorse.* Dia langsung tidak menunjukkan perasaan sesal.

remorseful KATA ADJEKTIF
menyesal

remote KATA ADJEKTIF
terpencil
◊ *a remote village* kampung yang terpencil

remote control KATA NAMA
alat kawalan jauh

removable KATA ADJEKTIF
boleh ditanggalkan

removal KATA NAMA
pemindahan (perabot, peralatan)
- **a removal van** van untuk memunggah barang

to **remove** KATA KERJA
1. *mengalihkan*
◊ *He removed his things from the table.* Dia mengalihkan barang-barangnya dari meja itu.
2. *mengeluarkan*
◊ *As soon as the cake is done, remove it from the oven.* Sebaik sahaja kek itu masak, keluarkannya dari ketuhar. ◊ *At least three bullets were removed from his wounds.* Sekurang-kurangnya tiga butir peluru telah dikeluarkan dari lukanya.
- **Please remove your hand from my arm.** Tolong angkat tangan anda dari tangan saya.
3. *menanggalkan*
◊ *Did you manage to remove the stain?* Dapatkah anda menanggalkan kotoran itu?

remover KATA NAMA
penghilang

rendezvous KATA NAMA
1. *pertemuan rahsia*
2. *tempat pertemuan rahsia*

to **renew** KATA KERJA
memperbaharui (pasport, lesen)

renewable KATA ADJEKTIF
boleh diperbaharui

to **renovate** KATA KERJA
mengubahsuai
◊ *The building's been renovated.* Bangunan itu telah diubahsuai.

renowned KATA ADJEKTIF
terkenal

to **rent** KATA KERJA
| *rujuk juga* **rent** KATA NAMA |
menyewa
◊ *We rented a car.* Kami menyewa sebuah kereta.

rent KATA NAMA
| *rujuk juga* **rent** KATA KERJA |
sewa

rental KATA NAMA
sewa
◊ *Car rental is included in the price.* Harga itu termasuk harga sewa kereta.
- **Scotland's largest video rental company** syarikat penyewaan video yang terbesar di Scotland

reorganization KATA NAMA
penyusunan semula

to **reorganize** KATA KERJA
menyusun semula

rep KATA NAMA (= *representative*)
wakil

repaid KATA KERJA *rujuk* **repay**

to **repair** KATA KERJA
| *rujuk juga* **repair** KATA NAMA |
membaiki
◊ *Can you repair this for me?* Bolehkah anda membaiki benda ini untuk saya?

repair KATA NAMA
| *rujuk juga* **repair** KATA KERJA |
pembaikan
- **Many women know how to carry out repairs on their cars.** Ramai wanita tahu cara untuk membaiki kereta mereka.

to **repay** KATA KERJA
(**repaid, repaid**)
membayar balik (wang)
- **I don't know how I can ever repay your kindness.** Saya tidak tahu cara hendak membalas budi baik anda.

repayment KATA NAMA
pembayaran balik
◊ *mortgage repayments* pembayaran balik gadai janji

to **repeat** KATA KERJA
| *rujuk juga* **repeat** KATA NAMA |
mengulangi

repeat KATA NAMA
| *rujuk juga* **repeat** KATA KERJA |
1. *pengulangan*
2. *siaran ulangan*
◊ *There are too many repeats on TV.* Ada terlalu banyak siaran ulangan di televisyen.

repeated KATA ADJEKTIF
berulang kali

repeatedly KATA ADVERBA
berulang kali

repellent KATA NAMA
pencegah
◊ *insect repellent* pencegah serangga

to **repent** KATA KERJA
insaf

repentance KATA NAMA
keinsafan

repentant KATA ADJEKTIF
sudah insaf
◊ *a repentant criminal* penjenayah yang sudah insaf

repetition KATA NAMA
pengulangan
◊ *compositions containing too many repetitions* karangan yang mempunyai terlalu banyak pengulangan
- **to prevent a repetition of last year's confrontation** mengelakkan konfrontasi pada tahun lepas daripada berulang lagi

repetitive KATA ADJEKTIF
berulang-ulang

to **replace** KATA KERJA
menggantikan
◊ *Computers have replaced typewriters.* Komputer telah menggantikan mesin taip.
♦ **He replaced my old book with a new one.** Dia mengganti buku lama saya dengan sebuah buku yang baru.

replacement KATA NAMA
penggantian
◊ *the replacement of damaged or lost books* penggantian buku-buku yang rosak atau hilang
♦ **They found a replacement for the injured player.** Mereka mendapat seorang pengganti untuk pemain yang cedera itu.

to **replay** KATA KERJA

rujuk juga **replay** KATA NAMA
[1] *mengadakan semula* (*perlawanan*)
[2] *memainkan semula* (*pita*)

replay KATA NAMA

rujuk juga **replay** KATA KERJA
perlawanan ulangan

◊ *There will be a replay on Friday.* Perlawanan ulangan akan diadakan pada hari Jumaat.

replica KATA NAMA
replika

to **reply** KATA KERJA
(replied, replied)

rujuk juga **reply** KATA NAMA
[1] *menjawab* (*soalan*)
[2] *membalas* (*surat*)

reply KATA NAMA
(JAMAK **replies**)

rujuk juga **reply** KATA KERJA
[1] *jawapan* (*untuk soalan*)
[2] *balasan* (*surat*)

to **report** KATA KERJA

rujuk juga **report** KATA NAMA
[1] *melaporkan*

◊ *I reported the theft to the police.* Saya telah melaporkan kecurian itu kepada polis.
[2] *melaporkan diri*
◊ *Report to reception when you arrive.* Sila laporkan diri di tempat menyambut tetamu apabila anda tiba.
♦ **I reported him to the headmaster.** Saya mengadu tentangnya kepada guru besar.

report KATA NAMA

rujuk juga **report** KATA KERJA
[1] *laporan*

◊ *a report in the paper* laporan dalam akhbar
[2] *laporan kemajuan* (*di sekolah*)
♦ **I got a good report this term.** Saya mendapat keputusan yang baik pada penggal ini.

reporter KATA NAMA
pemberita

reporting KATA NAMA
laporan

to **represent** KATA KERJA
[1] *mewakili* (*orang, organisasi, negara*)
[2] *merupakan* (*perubahan, pencapaian*)
◊ *This represents a major advance.* Ini merupakan kemajuan yang besar.
[3] *melambangkan* (*lambang, simbol, benda*)

representation KATA NAMA
perwakilan
◊ *The Philippines have no representation at the meeting.* Filipina tidak mempunyai perwakilan dalam mesyuarat itu.

representative KATA NAMA

rujuk juga **representative** KATA ADJEKTIF
wakil

representative KATA ADJEKTIF

rujuk juga **representative** KATA NAMA
perwakilan

◊ *representative council* majlis perwakilan
♦ **representative government** kerajaan berperwakilan

to **reprimand** KATA KERJA
menegur
◊ *He was reprimanded by a teacher for talking in the corridor.* Dia ditegur oleh seorang guru kerana bercakap di koridor.

to **reprint** KATA KERJA

rujuk juga **reprint** KATA NAMA
mencetak semula

◊ *The book was reprinted in 1989.* Buku itu dicetak semula pada tahun 1989.

reprint KATA NAMA

rujuk juga **reprint** KATA KERJA
cetakan semula

reproduction KATA NAMA
pengeluaran semula

reproductive KATA ADJEKTIF
pembiakan
◊ *the reproductive system* sistem pembiakan

reptile KATA NAMA
reptilia

republic KATA NAMA
republik

repulsive KATA ADJEKTIF
menjijikkan

reputable KATA ADJEKTIF
mempunyai reputasi yang baik

reputation KATA NAMA
reputasi

to **request** KATA KERJA

rujuk juga **request** KATA NAMA
meminta

request KATA NAMA
rujuk juga **request** KATA KERJA
permintaan

to **require** KATA KERJA
memerlukan
◊ *Her job requires a lot of patience.* Pekerjaannya memerlukan banyak kesabaran.

requirement KATA NAMA
1. *kelayakan*
◊ *What are the requirements for the job?* Apakah kelayakan yang diperlukan untuk kerja ini?
2. *keperluan*
◊ *your daily requirement of vitamin C* keperluan harian anda untuk vitamin C
♦ **entry requirements** kelayakan masuk

resat KATA KERJA *rujuk* **resit**

to **reschedule** KATA KERJA
menjadualkan semula

to **rescind** KATA KERJA
memansuhkan
◊ *The government plans to rescind the law.* Kerajaan merancang untuk memansuhkan undang-undang itu.

to **rescue** KATA KERJA
rujuk juga **rescue** KATA NAMA
menyelamatkan

rescue KATA NAMA
rujuk juga **rescue** KATA KERJA
usaha menyelamat
◊ *A major air-sea rescue is under way.* Usaha menyelamat secara besar-besaran dari udara dan laut sedang dijalankan.
♦ **a rescue operation** operasi menyelamat
♦ **a mountain rescue team** pasukan penyelamat pendaki gunung
♦ **to come to somebody's rescue** menyelamatkan seseorang

rescuer KATA NAMA
penyelamat

research KATA NAMA
rujuk juga **research** KATA KERJA
penyelidikan
◊ *He's doing research.* Dia sedang membuat penyelidikan.

to **research** KATA KERJA
rujuk juga **research** KATA NAMA
menyelidik
◊ *He spent 10 years researching the orang utan.* Dia menghabiskan masa selama 10 tahun untuk menyelidik orang utan.

researcher KATA NAMA
penyelidik

resemblance KATA NAMA
persamaan

to **resemble** KATA KERJA
seperti
◊ *The commercially produced venison resembles beef in flavour.* Daging rusa yang dihasilkan secara komersial itu rasa seperti daging lembu.
♦ **She resembles her mother.** Dia mirip ibunya.

to **resent** KATA KERJA
geram
◊ *I resent being dependent on her.* Saya geram kerana terpaksa bergantung kepadanya.

resentful KATA ADJEKTIF
geram
◊ *At first I felt very resentful and angry about losing my job.* Pada mulanya, saya berasa sangat geram dan marah apabila saya kehilangan pekerjaan.

resentment KATA NAMA
rasa geram
◊ *She expressed resentment.* Dia menyatakan rasa geramnya.

reservation KATA NAMA
tempahan
◊ *I've got a reservation for two nights.* Saya telah membuat tempahan untuk dua malam.
♦ **I've got reservations about the idea.** Saya berasa ragu-ragu tentang idea tersebut.

to **reserve** KATA KERJA
rujuk juga **reserve** KATA NAMA
menempah
◊ *I'd like to reserve a table for tomorrow evening.* Saya ingin menempah meja untuk petang esok.

reserve KATA NAMA
rujuk juga **reserve** KATA KERJA
1. *simpanan*
◊ *the world's oil reserves* simpanan minyak dunia
2. *pemain simpanan*
◊ *I was a reserve for the game last Saturday.* Saya merupakan pemain simpanan bagi perlawanan itu pada hari Sabtu lepas.
♦ **a nature reserve** kawasan perlindungan hidupan (*haiwan, burung, tumbuhan*)

reserved KATA ADJEKTIF
dikhaskan
◊ *a reserved seat* tempat duduk yang dikhaskan
♦ **He's quite reserved.** Dia seorang yang agak pendiam.

reservoir KATA NAMA
takungan

to **reshuffle** KATA KERJA

reshuffle → respectful

rujuk juga **reshuffle** KATA NAMA
merombak
◊ *The Prime Minister plans to reshuffle his Cabinet.* Perdana Menteri bercadang untuk merombak kabinetnya.

reshuffle KATA NAMA
rujuk juga **reshuffle** KATA KERJA
rombakan
◊ *Cabinet reshuffle* rombakan kabinet

to **reside** KATA KERJA
tinggal
◊ *He has resided in Malaysia for the past 5 years.* Dia sudah tinggal di Malaysia sejak 5 tahun yang lalu.

residence KATA NAMA
kediaman
♦ **place of residence** tempat tinggal

resident KATA NAMA
penduduk
◊ *local residents* penduduk tempatan

residential KATA ADJEKTIF
kediaman
◊ *a residential area* kawasan kediaman

to **resign** KATA KERJA
meletakkan jawatan

resignation KATA NAMA
peletakan jawatan

to **resist** KATA KERJA
[1] **menentang**
◊ *They resisted our attempts to change the system.* Mereka menentang percubaan kami untuk menukar sistem itu.
[2] **menahan diri**
◊ *I cannot resist giving him advice.* Saya tidak dapat menahan diri saya daripada memberinya nasihat.
[3] **tahan** (rosak, panas, sejuk, dll)

resistance KATA NAMA
[1] **tentangan** (terhadap perubahan, serangan, dll)
[2] **ketahanan** (terhadap penyakit, suhu, dll)

to **resit** KATA KERJA
(resat, resat)
menduduki semula
◊ *I'm resitting the exam in December.* Saya akan menduduki semula peperiksaan itu pada bulan Disember.

to **reskill** KATA KERJA
[1] **mempelajari kemahiran baru**
◊ *a flexible workforce that is ready to reskill* tenaga pekerja yang fleksibel yang bersedia untuk mempelajari kemahiran baru
[2] **melatih semula**
◊ *We needed to reskill our workforce.* Kita perlu melatih semula tenaga pekerja kita.

resolute KATA ADJEKTIF
tegas
◊ *a resolute leader* pemimpin yang tegas ◊ *resolute action* tindakan tegas

resolution KATA NAMA
[1] **ketetapan**
◊ *a draft resolution on the occupied territories* draf ketetapan tentang wilayah-wilayah yang diduduki
[2] **azam**
◊ *Have you made any New Year's resolutions?* Sudahkah anda membuat azam Tahun Baru?

to **resolve** KATA KERJA
[1] **menyelesaikan**
◊ *We must find a way to resolve this problem.* Kita mesti mencari jalan untuk menyelesaikan masalah ini.
[2] **berazam**
◊ *Felicia resolved to study hard.* Felicia berazam untuk belajar rajin-rajin.
♦ **She resolved to report the matter to the manager.** Dia mengambil keputusan untuk melaporkan perkara itu kepada pengurus.

resort KATA NAMA
tempat peranginan
♦ **as a last resort** sebagai jalan terakhir

to **resound** KATA KERJA
bergema
◊ *The hall resounded with the din of the audience's applause.* Dewan itu bergema dengan tepukan penonton.

resource KATA NAMA
sumber

resourceful KATA ADJEKTIF
panjang akal

to **respect** KATA KERJA
rujuk juga **respect** KATA NAMA
menghormati

respect KATA NAMA
rujuk juga **respect** KATA KERJA
hormat
♦ **in some respects** dalam beberapa hal

respectable KATA ADJEKTIF
[1] **dihormati**
◊ *a respectable family* keluarga yang dihormati
[2] **agak baik**
◊ *My marks were quite respectable.* Markah saya agak baik.

respected KATA ADJEKTIF
dihormati
◊ *He is a respected teacher.* Beliau seorang guru yang dihormati.

respectful KATA ADJEKTIF
penuh hormat
◊ *respectful greetings* salam penuh hormat
♦ **The children in our family are always**

respectful to their elders. Kanak-kanak dalam keluarga kami selalu menghormati orang yang lebih tua daripada mereka.

respectfully KATA ADVERBA
dengan penuh hormat
◊ *She spoke respectfully.* Dia bercakap dengan penuh hormat.

respective KATA ADJEKTIF
masing-masing
◊ *The pupils are required to go to their respective classrooms.* Murid-murid dikehendaki masuk ke kelas masing-masing.

respectively KATA ADVERBA
masing-masing
◊ *Spain and France came third and fourth respectively.* Sepanyol dan Perancis masing-masing menduduki tempat ketiga dan keempat.

respiration KATA NAMA
respirasi

respirator KATA NAMA
alat bantuan pernafasan

respiratory KATA ADJEKTIF
pernafasan
◊ *people with severe respiratory problems* orang yang mempunyai masalah pernafasan yang serius

to **respond** KATA KERJA
1 *menjawab*
◊ *Hashim responded that the committee would consider the suggestion.* Hashim menjawab bahawa jawatankuasa itu akan mempertimbangkan cadangan itu.
2 *membalas*
◊ *The army responded with gunfire and tear gas.* Pihak tentera membalas dengan melepaskan tembakan dan gas pemedih mata.
♦ **People responded generously to the appeal for clothing.** Orang ramai menyambut baik rayuan untuk menderma pakaian.

response KATA NAMA
respons

responsibility KATA NAMA
(JAMAK **responsibilities**)
tanggungjawab

responsible KATA ADJEKTIF
bertanggungjawab
◊ *You should be more responsible!* Anda harus lebih bertanggungjawab!
♦ **to be responsible for something** bertanggungjawab melakukan sesuatu
◊ *He's responsible for booking the tickets.* Dia bertanggungjawab menempah tiket.
♦ **It's a responsible job.** Kerja ini penuh tanggungjawab.

to **rest** KATA KERJA
> *rujuk juga* **rest** KATA NAMA

1 *berehat*
◊ *She's resting in her room.* Dia sedang berehat di dalam biliknya.
♦ **He has to rest his knee.** Dia perlu merehatkan lututnya.
2 *menyandarkan*
◊ *I rested my bike against the window.* Saya menyandarkan basikal saya pada tingkap.

rest KATA NAMA
> *rujuk juga* **rest** KATA KERJA

1 *rehat*
◊ *five minutes' rest* rehat lima minit
♦ **to have a rest** berehat ◊ *We stopped to have a rest.* Kami berhenti untuk berehat.
2 *yang selebihnya*
◊ *I'll do the rest.* Saya akan melakukan yang selebihnya. ◊ *the rest of the money* wang yang selebihnya
♦ **the rest of them** mereka yang lain
◊ *The rest of them went swimming.* Mereka yang lain telah pergi berenang.

rest area KATA NAMA 🔲
kawasan rehat (*di lebuh raya*)

to **restart** KATA KERJA
memulakan semula
◊ *The race was restarted after a break of 20 minutes.* Perlumbaan itu dimulakan semula selepas rehat selama 20 minit.

restaurant KATA NAMA
restoran
♦ **restaurant car** gerabak makan-minum (*dalam kereta api*)

restful KATA ADJEKTIF
tenang

restless KATA ADJEKTIF
resah

restlessly KATA ADVERBA
dengan resah

restlessness KATA NAMA
keresahan

restoration KATA NAMA
pengembalian

to **restore** KATA KERJA
1 *mengembalikan* (*suasana*)
2 *membaik pulih* (*bangunan*)

restraint KATA NAMA
sekatan
◊ *The Prime Minister is calling for new restraints on trade unions.* Perdana Menteri itu sedang melaung-laungkan sekatan baru ke atas kesatuan sekerja.

to **restrict** KATA KERJA
1 *mengehadkan*
◊ *an attempt to restrict the number of cars entering the city* percubaan untuk

restriction → revamp

mengehadkan bilangan kereta yang masuk ke bandar raya itu
[2] *menyekat* (pergerakan, tindakan, dll)

restriction KATA NAMA
sekatan

rest room KATA NAMA
tandas

to **restructure** KATA KERJA
menyusun semula (organisasi, sistem)

restructuring KATA NAMA
penyusunan semula

result KATA NAMA
keputusan
◊ *my exam results* keputusan peperiksaan saya

to **resume** KATA KERJA
menyambung semula
◊ *After having worked for such a long time she wished to resume her studies.* Setelah bekerja sekian lama, dia ingin menyambung semula pelajarannya.

resurgence KATA NAMA
kebangkitan semula
◊ *a period of economic resurgence* satu tempoh kebangkitan semula ekonomi

Resurrection KATA NAMA
kebangkitan Nabi Isa (agama Kristian)

to **resuscitate** KATA KERJA
menyedarkan semula
◊ *The paramedic tried to resuscitate her.* Paramedik itu cuba menyedarkannya semula.

retailer KATA NAMA
peruncit

to **retain** KATA KERJA
mengekalkan
◊ *Other countries retained their traditional way of cooking.* Negara-negara lain mengekalkan cara lama membuat masakan.

to **retaliate** KATA KERJA
membalas
◊ *If you hit him he will retaliate.* Jika anda memukulnya dia akan membalas.

to **retire** KATA KERJA
bersara

retired KATA ADJEKTIF
bersara
◊ *She's retired.* Dia sudah bersara.
◊ *a retired teacher* guru yang bersara

retirement KATA NAMA
persaraan
◊ *since his retirement* sejak persaraannya

to **retrace** KATA KERJA
mengikut semula
◊ *I retraced my steps.* Saya mengikut semula jejak saya tadi.

to **retrain** KATA KERJA
mempelajari kemahiran baru
◊ *I want to retrain for a better job.* Saya ingin mempelajari kemahiran baru untuk mendapat kerja yang lebih baik.

to **retreat** KATA KERJA
berundur
◊ *The soldiers had to retreat because they couldn't resist any more.* Askar-askar itu terpaksa berundur kerana mereka tidak dapat melawan lagi.
♦ **'I've already got a job,' I said quickly, and retreated from the room.** 'Saya sudah mendapat kerja,' saya berkata dengan cepat dan meninggalkan bilik itu.

to **retrieve** KATA KERJA
mendapatkan semula
◊ *They are trying to retrieve the camera they lost.* Mereka cuba mendapatkan semula kamera mereka yang hilang.
♦ **He retrieved his jacket from the chair.** Dia mengambil jaketnya dari kerusi itu.

to **return** KATA KERJA
rujuk juga **return** KATA NAMA
[1] *pulang*
◊ *I've just returned from holiday.* Saya baru pulang dari bercuti.
[2] *memulangkan semula*
◊ *She borrows my things and doesn't return them.* Dia meminjam barang saya tetapi tidak memulangkannya semula.

return KATA NAMA
rujuk juga **return** KATA KERJA
[1] *kepulangan*
◊ *his sudden return home* kepulangannya ke rumah secara tiba-tiba
♦ **the return journey** perjalanan balik
♦ **a return match** perlawanan balas
[2] *tiket pergi balik*
◊ *A return to Penang, please.* Tolong berikan tiket pergi balik ke Pulau Pinang.
♦ **in return** sebagai balasan ◊ *She helps me and I help her in return.* Dia membantu saya dan sebagai balasan, saya membantunya kembali.
♦ **in return for** sebagai balasan untuk
♦ **Many happy returns!** Mudah-mudahan panjang umur!

reunion KATA NAMA
perjumpaan semula
◊ *a reunion party* majlis perjumpaan semula
♦ **We had a big family reunion at Christmas.** Kami mengadakan majlis perjumpaan keluarga secara besar-besaran pada hari Krismas.

to **reuse** KATA KERJA
mengguna semula

to **revamp** KATA KERJA
memperbaharui

reveal → rheumatism

◊ *The company is looking for a way to revamp its administrative system.* Syarikat itu mencari kaedah untuk memperbaharui sistem pentadbirannya.

to reveal KATA KERJA
1. *mendedahkan* (rahsia, maklumat, kenyataan)
2. *memperlihatkan*

revelation KATA NAMA
1. *pendedahan*
◊ *the revelations about his private life* pendedahan tentang kehidupan peribadinya
2. *wahyu*
◊ *He claimed to have received a divine revelation through his dream.* Dia mendakwa mendapat wahyu daripada Tuhan melalui mimpinya.

revenge KATA NAMA
dendam
• **in revenge** untuk membalas dendam
• **to take revenge** membalas dendam
◊ *They planned to take revenge on him.* Mereka merancang untuk membalas dendam terhadapnya.

revenue KATA NAMA
hasil (syarikat, kerajaan)

reverberation KATA NAMA
1. *akibat yang serius*
2. *gema*

to reverse KATA KERJA
> rujuk juga **reverse** KATA ADJEKTIF

1. *menterbalikkan* (proses, prosedur)
2. *berundur* (kereta)
• **He reversed without looking.** Dia mengundurkan keretanya tanpa melihat ke belakang.
• **to reverse the charges** membuat panggilan telefon caj balikan

reverse KATA ADJEKTIF
> rujuk juga **reverse** KATA KERJA

terbalik
◊ *in reverse order* dalam susunan terbalik
• **in reverse gear** dalam gear undur
• **reverse charge call** panggilan telefon caj balikan

review KATA NAMA
> rujuk juga **review** KATA KERJA

1. *kajian semula* (polisi, gaji)
2. *ulasan* (buku, filem)

to review KATA KERJA
> rujuk juga **review** KATA NAMA

1. *mengkaji semula*
2. *mengulas*

to revise KATA KERJA
mengulang kaji
◊ *I haven't started revising yet.* Saya belum mula mengulang kaji lagi.

• **I've revised my opinion.** Saya telah mengubah pendapat saya.

revision KATA NAMA
1. *semakan semula*
2. *ulang kaji*
◊ *Have you done a lot of revision?* Sudahkah anda membuat banyak ulang kaji?

to revive KATA KERJA
1. *menjayakan semula*
◊ *an attempt to revive the economy* percubaan untuk menjayakan semula ekonomi
2. *menyedarkan*
◊ *The nurses tried to revive him.* Para jururawat cuba menyedarkannya.

to revolt KATA KERJA
1. *memberontak*
◊ *In 1376 the people revolted.* Penduduk memberontak pada tahun 1376.
2. *geli*
◊ *I was revolted by the old man's behaviour.* Saya geli melihat perangai orang tua itu.

revolting KATA ADJEKTIF
menjijikkan

revolution KATA NAMA
revolusi

revolutionary KATA ADJEKTIF
revolusi
◊ *revolutionary movement* pergerakan revolusi

to revolve KATA KERJA
1. *berkisar*
◊ *Their conversation revolved around the condition of the road.* Perbualan mereka berkisar pada keadaan di jalan raya.
• **Since childhood, her life has revolved around tennis.** Sejak kanak-kanak lagi, hidupnya tertumpu pada permainan tenis.
2. *beredar*
◊ *The satellite revolves around the earth.* Satelit itu beredar mengelilingi bumi.

revolver KATA NAMA
revolver

reward KATA NAMA
ganjaran

rewarding KATA ADJEKTIF
mendatangkan kepuasan
◊ *a rewarding job* kerja yang mendatangkan kepuasan

to rewind KATA KERJA
(**rewound, rewound**)
memutar semula
◊ *to rewind a cassette* memutar semula kaset

rheumatism KATA NAMA
reumatisme
◊ *I've got rheumatism.* Saya menghidap

reumatisme.

rhinoceros KATA NAMA
(JAMAK **rhinoceroses**)
badak sumbu

rhubarb KATA NAMA
pokok rubarb

rhythm KATA NAMA
irama

rib KATA NAMA
tulang rusuk

ribbon KATA NAMA
reben

rice KATA NAMA
1. *beras*
2. *nasi*
* **rice pudding** puding nasi

rice barn KATA NAMA
jelapang

rich KATA ADJEKTIF
kaya
* **the rich** golongan kaya

riches KATA NAMA JAMAK
kekayaan

rickshaw KATA NAMA
lanca

to **rid** KATA KERJA
(rid, rid)
menghapuskan
◊ *an attempt to rid the country of political corruption* cubaan untuk menghapuskan penyelewengan politik di negara itu
* **to get rid of something**
  Frasa ini mempunyai pelbagai terjemahan mengikut konteks.
  ◊ *We finally got rid of corruption.* Akhirnya kami berjaya menghapuskan penyelewengan. ◊ *He needed to get rid of the car for financial reasons.* Dia perlu menjual kereta itu kerana masalah kewangan. ◊ *She will have to get rid of the excess weight on her hips.* Dia mungkin terpaksa membuang lemak-lemak pada pinggulnya.
* **to get rid of someone**
  Frasa ini mempunyai pelbagai terjemahan mengikut konteks.
  ◊ *He believed that the manager wanted to get rid of him for personal reasons.* Dia percaya bahawa pengurus itu mahu menyingkirkannya atas sebab-sebab peribadi. ◊ *You seem in rather a hurry to get rid of me.* Anda nampaknya tergesa-gesa hendak mengelakkan diri daripada saya.

ridden KATA KERJA *rujuk* **ride**

riddle KATA NAMA
teka-teki

to **ride** KATA KERJA
(rode, ridden)

 rujuk juga **ride** KATA NAMA
menunggang kuda
◊ *I'm learning to ride.* Saya sedang belajar menunggang kuda.
* **to ride a bike** menunggang motosikal/basikal ◊ *Can you ride a bike?* Anda tahu menunggang motosikal?

ride KATA NAMA

 rujuk juga **ride** KATA KERJA
* **to go for a ride (1)** menunggang kuda
* **to go for a ride (2)** bersiar-siar ◊ *We went for a bike ride.* Kami pergi bersiar-siar dengan menunggang basikal.
* **a short bus ride to the town centre** perjalanan yang singkat dengan bas ke pusat bandar

rider KATA NAMA
penunggang
◊ *She's a good rider.* Dia seorang penunggang yang hebat.

ridge KATA NAMA
permatang

to **ridicule** KATA KERJA

 rujuk juga **ridicule** KATA NAMA
mencemuh
◊ *Ann was sad because her friends ridiculed her.* Ann sedih kerana kawan-kawannya mencemuhnya.

ridicule KATA NAMA

 rujuk juga **ridicule** KATA KERJA
cemuhan

ridiculous KATA ADJEKTIF
tidak masuk akal

riding KATA NAMA
menunggang kuda
◊ *a riding school* sekolah menunggang kuda
* **to go riding** pergi menunggang kuda

rifle KATA NAMA
senapang

rift KATA NAMA
perselisihan
◊ *a rift between the President and the government* perselisihan antara Presiden dengan kerajaan

rig KATA NAMA
pelantar
◊ *oil rig* pelantar minyak

right KATA ADJEKTIF, KATA ADVERBA

 rujuk juga **right** KATA NAMA
1. *betul*
◊ *the right answer* jawapan yang betul
◊ *It isn't the right size.* Saiz ini tidak betul.
* **You were right!** Anda betul!
* **That's right!** Betul!
* **Do you have the right time?** Pukul berapa sekarang?
* **It's not right to behave like that.** Tidak

right → ripen

baik berkelakuan begitu.
2. _kanan_
◊ *my right hand* tangan kanan saya
◊ *Turn right at the traffic lights.* Belok ke kanan apabila anda sampai di lampu isyarat.
- **Right! Let's get started!** Baiklah! Mari kita mulakan!
- **right away** sekarang juga ◊ *I'll do it right away.* Saya akan melakukannya sekarang juga.

right KATA NAMA

> rujuk juga **right** KATA ADJEKTIF

1. _hak_
- **You've got no right to do that.** Anda tidak berhak berbuat demikian.
2. _kanan_
- **on the right** di sebelah kanan ◊ *on the right of Mr Yates* di sebelah kanan En. Yates.
- **right of way** hak lalu-lalang ◊ *We had right of way.* Kita mempunyai hak lalu-lalang.

right angle KATA NAMA
sudut tegak

to **right-click** KATA KERJA
klik kanan tetikus

righteous KATA ADJEKTIF
muhsin

right-hand KATA ADJEKTIF
sebelah kanan
- **The bank is on the right-hand side.** Bank itu terletak di sebelah kanan.

right-handed KATA ADJEKTIF
menggunakan tangan kanan

rightsizing KATA NAMA
pengecilan (*syarikat*)

rigid KATA ADJEKTIF
tegar
◊ *rigid rules* peraturan yang tegar

rim KATA NAMA
bingkai
◊ *glasses with metal rims* cermin mata dengan bingkai logam

to **ring** KATA KERJA
(**rang, rung**)

> rujuk juga **ring** KATA NAMA

1. _menelefon_
◊ *Your mother rang this morning.* Emak anda menelefon anda pagi tadi.
- **to ring somebody** menelefon seseorang
2. _berdering_
◊ *The phone's ringing.* Telefon itu berdering.
- **to ring the bell** membunyikan loceng
- **to ring back** menelefon semula ◊ *I'll ring back later.* Saya akan telefon semula nanti.
- **to ring up** menelefon

ring KATA NAMA

> rujuk juga **ring** KATA KERJA

1. _cincin_
◊ *a gold ring* sebentuk cincin emas
2. _bulatan_
◊ *to stand in a ring* berdiri dalam satu bulatan
3. _deringan loceng_
◊ *After three or four rings the door was opened.* Selepas tiga atau empat deringan loceng, pintu itu dibuka.
- **to give somebody a ring** menelefon seseorang

ring binder KATA NAMA
fail (*dengan gelang di bahagian dalam*)

to **ring-fence** KATA KERJA
mengawal pengeluaran (*wang, dana, aset*)

ring road KATA NAMA
jalan keliling

ringworm KATA NAMA
kurap

rink KATA NAMA
gelanggang

to **rinse** KATA KERJA
membilas

riot KATA NAMA

> rujuk juga **riot** KATA KERJA

rusuhan

to **riot** KATA KERJA

> rujuk juga **riot** KATA NAMA

merusuh

rioter KATA NAMA
perusuh

to **rip** KATA KERJA
mengoyakkan
◊ *He ripped the paper.* Dia mengoyakkan kertas itu.
- **James ripped the letter in two.** James mengoyak dua surat itu.
- **My shirt's ripped.** Baju saya sudah koyak.

to **rip off** KATA KERJA
(*tidak formal*)
menipu
◊ *The hotel ripped us off.* Hotel itu telah menipu kami.

to **rip up** KATA KERJA
mengoyak-ngoyakkan
◊ *He read the note and then ripped it up.* Dia membaca nota tersebut dan kemudian mengoyak-ngoyakkannya.

ripe KATA ADJEKTIF
masak

to **ripen** KATA KERJA
masak (*buah, dll*)
- **You can ripen tomatoes in a single day.** Anda boleh mematangkan buah tomato dalam masa satu hari sahaja.

rip-off KATA NAMA
(*tidak formal*)
mencekik darah
◊ *It's a rip-off!* Mencekik darah betul!

ripple KATA NAMA
riak (*air*)

to **rise** KATA KERJA
(**rose, risen**)

> *rujuk juga* **rise** KATA NAMA

1 *meningkat*
◊ *Prices are rising.* Harga semakin meningkat.
2 *terbit*
◊ *The sun rises early in June.* Matahari terbit lebih awal pada bulan Jun.

rise KATA NAMA

> *rujuk juga* **rise** KATA KERJA

1 *kenaikan*
◊ *a sudden rise in temperature* kenaikan suhu yang mendadak
2 *kenaikan gaji*

risen KATA KERJA *rujuk* **rise**

riser KATA NAMA
- **an early riser** orang yang suka bangun awal
- **to be an early riser** suka bangun awal
- **a late riser** orang yang suka bangun lewat
- **to be a late riser** suka bangun lewat

risk KATA NAMA

> *rujuk juga* **risk** KATA KERJA

risiko
◊ *to take risks* mengambil risiko
- **at your own risk** atas tanggungan sendiri

to **risk** KATA KERJA

> *rujuk juga* **risk** KATA NAMA

mengambil risiko
◊ *I wouldn't risk it if I were you.* Jika saya jadi anda, saya tidak akan mengambil risiko itu.
- **You risk getting a fine.** Anda boleh dikenakan denda.

risky KATA ADJEKTIF
berisiko

rival KATA NAMA

> *rujuk juga* **rival** KATA ADJEKTIF

pesaing

rival KATA ADJEKTIF

> *rujuk juga* **rival** KATA NAMA

1 *lawan*
◊ *a rival gang* kumpulan lawan
2 *pesaing*
◊ *a rival company* syarikat pesaing

rivalry KATA NAMA
(JAMAK **rivalries**)
persaingan

river KATA NAMA
sungai

- **the river Tagus** Sungai Tagus

river mouth KATA NAMA
muara

Riviera KATA NAMA

> **Riviera** *ialah kawasan pantai yang popular sebagai tempat percutian, misalnya* **the French Riviera** *dan* **the Italian Riviera.**

road KATA NAMA
1 *jalan raya*
◊ *There's a lot of traffic on the roads.* Jalan raya sangat sibuk. ◊ *a road accident* kemalangan jalan raya
2 *jalan*
◊ *They live across the road.* Mereka tinggal di seberang jalan.

roadblock KATA NAMA
sekatan jalan

road map KATA NAMA
peta jalan

road rage KATA NAMA
tindakan agresif pemandu

roadside KATA NAMA
tepi jalan

road sign KATA NAMA
isyarat jalan raya

roadworks KATA NAMA JAMAK
kerja-kerja membaiki jalan
◊ *There are roadworks on the motorway.* Kerja-kerja membaiki jalan sedang dijalankan di lebuh raya.

to **roam** KATA KERJA
merayau-rayau
◊ *Barefoot children roamed the streets.* Kanak-kanak yang berkaki ayam merayau-rayau di jalan.

to **roar** KATA KERJA

> *rujuk juga* **roar** KATA NAMA

1 *menderu* (*angin, ombak*)
2 *menderum* (*kenderaan*)
3 *mengaum* (*singa, harimau*)

roar KATA NAMA

> *rujuk juga* **roar** KATA KERJA

1 *gemuruh* (*guruh, ketawa orang ramai, dll*)
2 *deruan* (*ombak, enjin kereta, dll*)
3 *ngauman* (*singa, harimau, dll*)

to **roast** KATA KERJA

> *rujuk juga* **roast** KATA ADJEKTIF

memanggang
◊ *We roasted some chickens at Vincent's house.* Kami memanggang ayam di rumah Vincent.

roast KATA ADJEKTIF

> *rujuk juga* **roast** KATA KERJA

panggang
◊ *roast chicken* ayam panggang

to **rob** KATA KERJA
merompak

robber → roller

◊ *to rob a bank* merompak bank
- **to rob somebody** merompak seseorang
  ◊ *I've been robbed.* Saya telah dirompak.
- **to rob somebody of something** mencuri sesuatu daripada seseorang
  ◊ *He was robbed of his wallet.* Dompetnya dicuri.

robber KATA NAMA
perompak
◊ *a bank-robber* perompak bank

robbery KATA NAMA
(JAMAK **robberies**)
rompakan
◊ *a bank robbery* rompakan bank
◊ *an armed robbery* rompakan bersenjata

robe KATA NAMA
jubah

robin KATA NAMA
burung robin

robot KATA NAMA
robot

rock KATA NAMA
| rujuk juga **rock** KATA KERJA |

① *batu*
◊ *They tunnelled through the rock.* Mereka menggali lubang menembusi batu itu. ◊ *I sat on a rock.* Saya duduk di atas batu.
② *rock*
◊ *a rock concert* konsert rock
- **rock and roll** rock and roll
- **a stick of rock** sebatang gula-gula (*biasanya dijual di bandar-bandar di kawasan pantai di Britain*)

to **rock** KATA KERJA
| rujuk juga **rock** KATA NAMA |

① *membuaikan*
◊ *to rock a baby* membuaikan bayi
② *bergoyang*
◊ *The boat rocked and seemed about to capsize.* Bot itu bergoyang dan kelihatan seakan-akan hendak terbalik.
③ *menggegarkan*
◊ *The explosion rocked the building.* Letupan tersebut telah menggegarkan bangunan itu.

rocket KATA NAMA
| rujuk juga **rocket** KATA KERJA |

roket

to **rocket** KATA KERJA
| rujuk juga **rocket** KATA NAMA |

① *melambung tinggi* (*harga*)
② *meningkat* (*masalah sosial, dll*)

rocket science KATA NAMA
sains kapal angkasa (*mengkaji, mereka bentuk dan membangunkan kapal angkasa*)

- **It's not rocket science.** Anda tidak perlu pandai untuk melakukannya.

rocket scientist KATA NAMA
orang yang bekerja dalam bidang sains angkasa lepas
- **It doesn't take a rocket scientist to do it.** Bukan orang pandai sahaja yang boleh melakukannya.

rocking chair KATA NAMA
kerusi goyang

rocking horse KATA NAMA
kuda mainan

rod KATA NAMA
batang kail

rode KATA KERJA *rujuk* **ride**

rodent KATA NAMA
mamalia kecil dengan gigi depan yang tajam

role KATA NAMA
peranan
◊ *to play a role* memainkan peranan

role play KATA NAMA
| rujuk juga **role play** KATA KERJA |

main peranan
- **to do a role play** memainkan peranan

to **role play** KATA KERJA
| rujuk juga **role play** KATA NAMA |

memainkan peranan
- **Role play one of the following situations.** Buat main peranan untuk salah satu situasi berikut.

roll KATA NAMA
| rujuk juga **roll** KATA KERJA |

gulung
◊ *a toilet roll* segulung kertas tandas
◊ *a roll of film* segulung filem
- **a cheese roll** roti keju
- **Roll call is at 8.30.** Panggilan nama akan dibuat pada pukul 8.30.

to **roll** KATA KERJA
| rujuk juga **roll** KATA NAMA |

① *bergolek*
◊ *The ball rolled into the goal.* Bola itu bergolek ke dalam gol.
② *menggolekkan*
◊ *I rolled the ball.* Saya menggolekkan bola itu.

to **roll out** KATA KERJA
mencanai

to **roll up** KATA KERJA
menyingsing
◊ *to roll up one's sleeves* menyingsing lengan baju
- **to roll up a newspaper** menggulung surat khabar

rolled-up KATA ADJEKTIF
bergulung

roller KATA NAMA
penggulung rambut

English ~ Malay

Rollerblade ® KATA NAMA
kasut roda
rollercoaster KATA NAMA
rollercoaster
roller skates KATA NAMA JAMAK
kasut roda
roller-skating KATA NAMA
permainan kasut roda
- **to go roller-skating** pergi bermain kasut roda
rolling pin KATA NAMA
kayu pencanai
Roman KATA ADJEKTIF, KATA NAMA
Rom
◊ *the Roman empire* Empayar Rom
- **the Romans** orang Rom
Roman Catholic KATA NAMA
pengikut mazhab Roman Katolik/Katolik
◊ *He's a Roman Catholic.* Dia pengikut mazhab Roman Katolik.
romance KATA NAMA
kisah cinta (novel, filem)
- **I read a lot of romance.** Saya banyak membaca novel cinta.
- **Paris has an atmosphere of romance.** Suasana di Paris sungguh romantik.
- **a holiday romance** cinta musim cuti
Romania KATA NAMA
negara Romania
Romanian KATA ADJEKTIF
Romania
◊ *the Romanian flag* bendera Romania
romantic KATA ADJEKTIF
romantik
roof KATA NAMA
> *rujuk juga* **roof** KATA KERJA

bumbung
to **roof** KATA KERJA
> *rujuk juga* **roof** KATA NAMA

mengatapi
◊ *The builder is going to roof the hut tomorrow.* Buruh binaan itu akan mengatapi pondok itu esok.
roof rack KATA NAMA
> *rangka besi di atas bumbung kereta untuk meletak barang besar atau berat*

room KATA NAMA
1. *bilik*
◊ *She's in her room.* Dia berada di dalam biliknya.
- **a single room** bilik bujang
- **a double room** bilik kelamin
2. *ruang*
◊ *There's no room for that box.* Tidak ada ruang lagi untuk kotak itu.
roommate KATA NAMA
teman sebilik
root KATA NAMA

Rollerblade ® → rough

1. *akar*
2. *punca*
rooted KATA ADJEKTIF
berakar umbi
◊ *The crisis is rooted in rivalries between the two groups.* Krisis itu berakar umbi daripada persaingan antara dua kumpulan itu.
- **Greg was rooted to the spot with the shock.** Greg terpacak di situ kerana terkejut.
rope KATA NAMA
tali
rose KATA KERJA *rujuk* **rise**
rose KATA NAMA
mawar atau *ros*
rosy KATA ADJEKTIF
kemerah-merahan
◊ *She has rosy cheeks.* Pipinya kemerah-merahan.
- **to paint a rosy picture** memberikan gambaran yang baik
to **rot** KATA KERJA
reput
◊ *The wood had rotted.* Kayu itu sudah reput.
- **As far as I'm concerned he can rot in jail.** Saya tidak kisah walau dia mati di penjara sekalipun.
- **Sugar rots your teeth.** Gula boleh merosakkan gigi anda.
to **rotate** KATA KERJA
berputar
◊ *The Earth rotates.* Bumi berputar.
- **Rotate the key in a clockwise direction.** Putarkan kunci itu mengikut arah jam.
- **He rotated the camera 180°.** Dia memusingkan kamera itu 180 darjah.
rotation KATA NAMA
putaran
◊ *the rotation of the earth upon its axis* putaran bumi pada paksinya
rotten KATA ADJEKTIF
busuk
◊ *a rotten apple* sebiji buah epal yang busuk
- **rotten weather** cuaca yang teruk
- **That's a rotten thing to do!** Perbuatan itu sungguh keji!
- **to feel rotten** berasa tidak senang hati
rough KATA ADJEKTIF, KATA ADVERBA
1. *kasar*
◊ *My hands are rough.* Tangan saya kasar. ◊ *Rugby's a rough sport.* Ragbi merupakan sukan yang kasar.
- **I've got a rough idea.** Saya mempunyai gambaran kasar mengenainya.
2. *berbahaya*
◊ *It's a rough area.* Kawasan itu

berbahaya.
3 *bergelora*
◊ *The sea was rough.* Laut itu bergelora.
- **to feel rough** tidak sihat
- **to sleep rough** tidur di jalanan (*hidup melarat*) ◊ *A lot of people sleep rough in London.* Di London, ada ramai orang yang tidur di jalanan.

to **roughen** KATA KERJA
- **to be roughened** kasar ◊ *She lifted her big, roughened hands.* Dia mengangkat tangannya yang besar dan kasar.

roughly KATA ADVERBA
1 *dengan kasar*
◊ *He pushed Fiona aside roughly.* Dia menolak Fiona ke tepi dengan kasar.
2 *kira-kira*
◊ *The journey takes roughly three hours.* Perjalanan itu mengambil masa kira-kira tiga jam.

roughness KATA NAMA
kekasaran
◊ *He regretted his roughness.* Dia menyesali kekasarannya.

round KATA ADJEKTIF, KATA ADVERBA, KATA SENDI

> rujuk juga **round** KATA NAMA

bulat
◊ *a round table* meja bulat
- **She wore a scarf round her neck.** Dia memakai skarf di keliling lehernya.
- **We were sitting round the table.** Kami duduk mengelilingi meja itu.
- **It's just round the corner.** Tempat itu dekat sahaja.
- **to go round to somebody's house** berkunjung ke rumah seseorang
- **to go round a museum** melawat ke muzium
- **to have a look round** melihat-lihat ◊ *We had a look round the record section.* Kami melihat-lihat di bahagian piring hitam.
- **round here** di sekitar kawasan ini ◊ *He lives round here.* Dia tinggal di sekitar kawasan ini. ◊ *Is there a chemist's round here?* Adakah kedai farmasi di sekitar kawasan ini?
- **all round** di seluruh kawasan ◊ *There were vineyards all round.* Ladang anggur boleh ditemui di seluruh kawasan ini.
- **all year round** sepanjang tahun
- **round about** lebih kurang ◊ *It costs round about RM100.* Harganya lebih kurang RM100.
- **round about eight o'clock** lebih kurang pukul lapan

round KATA NAMA

> rujuk juga **round** KATA ADJEKTIF, KATA ADVERBA, KATA SENDI

pusingan (*permainan, perlawanan*)
- **He bought them a round of drinks.** Dia membelanjai mereka minum.
- **I think it's my round.** Saya rasa ini giliran saya.

roundabout KATA NAMA
1 *bulatan* (*jalan*)
2 *kuda pusing* (*di pesta*)

rounders KATA NAMA
permainan rounders

route KATA NAMA
perjalanan
◊ *We are planning our route.* Kami sedang merancang perjalanan kami.
- **bus route** laluan bas

routine KATA NAMA
rutin
◊ *my daily routine* rutin harian saya

row KATA NAMA

> rujuk juga **row** KATA KERJA
> Perkataan ini mempunyai dua sebutan dalam bahasa Inggeris. Pastikan anda memilih sebutan yang betul.

1 *deret*
◊ *a row of houses* sederet rumah
2 *barisan*
◊ *in the front row* barisan hadapan
- **five times in a row** lima kali berturut-turut
3 *bunyi bising*
◊ *What's that terrible row?* Apakah bunyi bising itu?
- **to have a row** bertengkar ◊ *They've had a row.* Mereka bertengkar.

to **row** KATA KERJA

> rujuk juga **row** KATA NAMA

mendayung

rowboat KATA NAMA 🇺🇸
perahu dayung

rowing KATA NAMA
mendayung perahu
◊ *My hobby is rowing.* Hobi saya ialah mendayung perahu.
- **rowing boat** perahu dayung

royal KATA ADJEKTIF
diraja
◊ *the royal family* keluarga diraja

royal seal KATA NAMA
cap mohor

to **rub** KATA KERJA
menggosok
◊ *Don't rub your eyes.* Jangan gosok mata anda.

to **rub out** KATA KERJA
memadamkan

rubber KATA NAMA
① *getah*
◊ *rubber soles* tapak getah
② *pemadam*
◊ *Can I borrow your rubber?* Bolehkah saya pinjam pemadam anda?
♦ **a rubber band** gelang getah

rubber tapper KATA NAMA
penoreh getah

rubbish KATA NAMA
> rujuk juga **rubbish** KATA ADJEKTIF

sampah
◊ *When do they collect the rubbish?* Bilakah mereka akan mengutip sampah?
◊ *rubbish bin* tong sampah
♦ **They sell a lot of rubbish at the market.** Mereka menjual banyak barang yang tidak berguna di pasar.
♦ **Don't talk rubbish!** Jangan mengarut!
♦ **That's a load of rubbish!** Mengarut sahaja!
♦ **That magazine is rubbish!** Majalah itu mengarut sahaja!

rubbish KATA ADJEKTIF
> rujuk juga **rubbish** KATA NAMA

tidak berguna
◊ *They're a rubbish team!* Mereka merupakan pasukan yang tidak berguna!

rucksack KATA NAMA
beg galas

rudder KATA NAMA
kemudi

rude KATA ADJEKTIF
① *biadab*
◊ *He was very rude to me.* Dia sangat biadab terhadap saya.
♦ **It's rude to interrupt.** Menyampuk ialah perbuatan yang tidak sopan.
② *tidak senonoh*
◊ *a rude joke* gurauan yang tidak senonoh ◊ *a rude word* kata yang tidak senonoh

rudeness KATA NAMA
kebiadaban

rug KATA NAMA
ambal

rugby KATA NAMA
ragbi
◊ *He enjoys playing rugby.* Dia gemar bermain ragbi.

to **ruin** KATA KERJA
> rujuk juga **ruin** KATA NAMA

merosakkan
◊ *It ruined our holiday.* Kejadian itu telah merosakkan percutian kami.
♦ **Smoking ruins your health.** Merokok menjejaskan kesihatan anda.

ruin KATA NAMA
> rujuk juga **ruin** KATA KERJA

puing
◊ *the ruins of the castle* puing istana kota itu
♦ **in ruins** habis musnah

rule KATA NAMA
> rujuk juga **rule** KATA KERJA

peraturan
◊ *the rules of grammar* peraturan tatabahasa
♦ **as a rule** lazimnya

to **rule** KATA KERJA
> rujuk juga **rule** KATA NAMA

memerintah

to **rule out** KATA KERJA
mengetepikan (cadangan, tindakan)

ruler KATA NAMA
① *pemerintah*
② *pembaris*

rum KATA NAMA
rum (minuman keras)

rumble KATA NAMA
deruman
◊ *the rumble of a distant aeroplane* deruman kapal terbang yang kedengaran dari jauh

rumour KATA NAMA
(AS **rumor**)
khabar angin
◊ *It's just a rumour.* Perkara itu hanyalah khabar angin.

run KATA NAMA
> rujuk juga **run** KATA KERJA

larian
♦ **to go for a run** berlari ◊ *I go for a run every morning.* Saya berlari setiap pagi.
◊ *I did a 10-kilometre run.* Saya berlari sejauh 10 kilometer.
♦ **The criminals are still on the run.** Penjenayah-penjenayah itu masih diburu oleh pihak polis.
♦ **in the long run** dalam jangka masa yang panjang

to **run** KATA KERJA
(ran, run)
> rujuk juga **run** KATA NAMA

① *berlari*
◊ *I ran five kilometres.* Saya berlari sejauh lima kilometer.
♦ **to run in a marathon** mengambil bahagian dalam acara maraton
② *mengendalikan*
◊ *He runs a large company.* Dia mengendalikan sebuah syarikat besar.
③ *menganjurkan*
◊ *They run music courses in the holidays.* Mereka menganjurkan kursus muzik pada musim cuti.
④ *menghantar* (dengan kereta)
◊ *I can run you to the station.* Saya

run away → rustle   B. Inggeris ~ B. Melayu   392

boleh menghantar anda ke stesen.
- **Don't leave the tap running.** Tutup paip itu selepas digunakan.
- **to run a bath** menakung air untuk mandi
- **The buses stop running at midnight.** Bas berhenti beroperasi pada tengah malam.

to **run away** KATA KERJA
melarikan diri
◊ *They ran away before the police came.* Mereka melarikan diri sebelum polis sampai.

to **run down** KATA KERJA
1 *mengutuk*
◊ *She tends to run herself down.* Dia sering mengutuk dirinya sendiri.
2 *mengurangkan*
◊ *Firms were running down stocks instead of making new products.* Firma-firma mengurangkan stok dan bukannya mengeluarkan produk baru.
- **The property business could be run down.** Perniagaan hartanah itu boleh dikecilkan.
3 *melanggar*
◊ *The girl was run down by a car.* Gadis itu dilanggar kereta.

to **run into** KATA KERJA
1 *menghadapi*
◊ *Last year his company ran into financial problems.* Syarikatnya menghadapi masalah kewangan pada tahun lepas.
2 *terserempak*
◊ *He ran into Mike at the school entrance.* Dia terserempak dengan Mike di pintu masuk sekolah.
3 *melanggar*
◊ *The taxi ran into a tree.* Teksi itu melanggar sebatang pokok.

to **run off** KATA KERJA
1 *lari*
◊ *They planned to run off together.* Mereka merancang untuk lari bersama.
2 *melarikan*
◊ *The thieves ran off with RM30,000 in cash.* Pencuri itu melarikan wang tunai sebanyak RM30,000.

to **run out** KATA KERJA
kehabisan
- **to run out of something** kehabisan sesuatu ◊ *We ran out of money.* Kami sudah kehabisan wang.
- **Time is running out.** Masa sudah suntuk.

to **run over** KATA KERJA
melanggar
- **to get run over** kena langgar

rung KATA KERJA *rujuk* **ring**

runner KATA NAMA
pelari
runner beans KATA NAMA JAMAK
pokok kacang menjalar
runner-up KATA NAMA
(JAMAK **runners-up**)
naib johan
running KATA NAMA
berlari
- **Running is my favourite sport.** Sukan kegemaran saya ialah lumba lari.
runway KATA NAMA
landasan kapal terbang
rural KATA ADJEKTIF
luar bandar

to **rush** KATA KERJA
> *rujuk juga* **rush** KATA NAMA

1 *meluru*
◊ *Everyone rushed outside.* Semua orang meluru keluar.
2 *terburu-buru*
◊ *There's no need to rush.* Tidak perlu terburu-buru.
- **She had to rush home after work to look after her father.** Dia terpaksa bergegas pulang selepas kerja untuk menjaga ayahnya.

rush KATA NAMA
> *rujuk juga* **rush** KATA KERJA

tergesa-gesa
◊ *There's no rush.* Tidak perlu tergesa-gesa.
- **to do something in a rush** melakukan sesuatu dengan tergesa-gesa
- **I'm in a rush.** Saya hendak cepat.

rush hour KATA NAMA
waktu sibuk
rusk KATA NAMA
biskut keras (biasanya dimakan bayi dan kanak-kanak)
Russia KATA NAMA
Rusia
Russian KATA ADJEKTIF
> *rujuk juga* **Russian** KATA NAMA

Rusia
◊ *the Russian government* kerajaan Rusia
- **He's Russian.** Dia berbangsa Rusia.
Russian KATA NAMA
> *rujuk juga* **Russian** KATA ADJEKTIF

1 *orang Rusia*
◊ *the Russians* orang Rusia
2 *bahasa Rusia*
rust KATA NAMA
karat

to **rustle** KATA KERJA
berdesir
◊ *The leaves rustled in the wind.* Dedaun berdesir ditiup angin.

rustling KATA NAMA
desiran
◊ *We heard the rustling of the papers.* Kami terdengar desiran kertas-kertas.

rusty KATA ADJEKTIF
berkarat
◊ *The iron pipe has become rusty.* Paip besi itu telah berkarat.

ruthless KATA ADJEKTIF
tidak ada belas kasihan

rye KATA NAMA
rai (bijirin)
♦ **rye bread** roti rai

S

sachet KATA NAMA
pek
◊ *individual sachets of instant coffee* pek kopi segera yang berasingan

sack KATA NAMA
> rujuk juga **sack** KATA KERJA

guni
◊ *a sack of potatoes* seguni ubi kentang
- **to give somebody the sack** memecat seseorang
- **He got the sack.** Dia dipecat.

to **sack** KATA KERJA
> rujuk juga **sack** KATA NAMA

memecat
◊ *to sack somebody* memecat seseorang ◊ *He was sacked.* Dia telah dipecat.

sacred KATA ADJEKTIF
suci
◊ *sacred places* tempat-tempat yang suci
- **sacred music** muzik keagamaan

to **sacrifice** KATA KERJA
> rujuk juga **sacrifice** KATA NAMA

mengorbankan
◊ *They are ready to sacrifice their lives in order to protect their country.* Mereka sanggup mengorbankan nyawa mereka demi mempertahankan negara.

sacrifice KATA NAMA
> rujuk juga **sacrifice** KATA KERJA

1. *korban* (orang, haiwan)
2. *pengorbanan*

◊ *He was willing to make any sacrifice for peace.* Dia sanggup melakukan sebarang pengorbanan demi keamanan.

sacrificial KATA ADJEKTIF
korban

sad KATA ADJEKTIF
sedih

to **sadden** KATA KERJA
menyedihkan
◊ *The cruelty in the world saddens me immensely.* Kekejaman di dunia ini amat menyedihkan saya.

saddening KATA ADJEKTIF
menyedihkan
◊ *a saddening experience* pengalaman yang menyedihkan

saddle KATA NAMA
1. *pelana* (pada kuda)
2. *tempat duduk* (pada motosikal)

saddlebag KATA NAMA
beg pelana

sadly KATA ADVERBA
1. *dengan sedih*
◊ *"She failed," he said sadly.* "Dia telah gagal," katanya dengan sedih.

2. *sayang*
◊ *Sadly, it was too late.* Sayang, segalanya sudah terlambat.

sadness KATA NAMA
kesedihan

safe KATA ADJEKTIF
> rujuk juga **safe** KATA NAMA

selamat
◊ *This car isn't safe.* Kereta ini tidak selamat. ◊ *You're safe now.* Anda selamat sekarang.
- **safe sex** hubungan seks yang selamat

safe KATA NAMA
> rujuk juga **safe** KATA ADJEKTIF

peti besi atau *peti simpanan*

safety KATA NAMA
keselamatan
- **safety belt** tali pinggang keselamatan
- **safety pin** pin baju

to **sag** KATA KERJA
1. *melebir*
◊ *The skirt will not sag after washing.* Skirt itu tidak akan melebir selepas dicuci.
2. *menggeleber* (*kulit*)

Sagittarius KATA NAMA
Sagitarius
- **I'm Sagittarius.** Zodiak saya ialah Sagitarius.

sago KATA NAMA
sagu

Sahara KATA NAMA
- **the Sahara Desert** Gurun Sahara

said KATA KERJA *rujuk* **say**

sail KATA NAMA
> rujuk juga **sail** KATA KERJA

layar
- **to set sail** mula belayar

to **sail** KATA KERJA
> rujuk juga **sail** KATA NAMA

belayar
◊ *to sail around the world* belayar mengelilingi dunia

sailing KATA NAMA
belayar
- **to go sailing** pergi belayar
- **sailing boat** perahu layar
- **sailing ship** kapal layar

sailor KATA NAMA
kelasi
◊ *He's a sailor.* Dia seorang kelasi.

saint KATA NAMA
saint
◊ *Saint John* Saint John
- **Every parish was named after a saint.** Setiap kariah diberi nama sempena nama seorang yang keramat dalam agama Kristian.

sake KATA NAMA
- **for somebody's sake** demi kebaikan

salad → sanctuary

seseorang ◊ *for the children's sake* demi kebaikan anak-anak ◊ *I trust you to do a good job for Stan's sake.* Saya percaya anda akan melakukan kerja dengan baik demi kebaikan Stan.
- **for the sake of something** untuk sesuatu tujuan ◊ *for the sake of argument* untuk tujuan perbincangan
- **For safety's sake, never stand directly behind a horse.** Untuk tujuan keselamatan, jangan sekali-kali berdiri di belakang kuda.
- **for the sake of the company** untuk kebaikan syarikat
- **For goodness sake!** Apalah! (*tidak formal*)

salad KATA NAMA
salad
◊ *salad cream* krim salad ◊ *salad dressing* kuah salad

salami KATA NAMA
salami (*sejenis sosej*)

salary KATA NAMA
(JAMAK **salaries**)
gaji

sale KATA NAMA
1 *penjualan*
◊ *Efforts were made to limit the sale of alcohol.* Usaha dijalankan untuk mengehadkan penjualan alkohol.
2 *jualan murah*
◊ *There's a sale on at Harrods.* Ada jualan murah di Harrods. ◊ *the January sales* jualan murah bulan Januari
3 *jualan*
◊ *Newspaper sales have fallen.* Jualan surat khabar telah merosot.
- **on sale** dijual
- **The house is for sale.** Rumah itu adalah untuk dijual.
- **"for sale"** "untuk dijual"

sales assistant KATA NAMA
pembantu jualan

sales figures KATA NAMA JAMAK
statistik jualan

salesman KATA NAMA
(JAMAK **salesmen**)
jurujual (*lelaki*)
◊ *an insurance salesman* jurujual insurans

sales rep KATA NAMA
wakil jualan

sales revenue KATA NAMA
hasil jualan

sales target KATA NAMA
sasaran jualan

sales volume KATA NAMA
volum jualan

saleswoman KATA NAMA
(JAMAK **saleswomen**)
jurujual (*perempuan*)
◊ *an insurance saleswoman* jurujual insurans

saliva KATA NAMA
air liur

salmon KATA NAMA
ikan salmon

salon KATA NAMA
salun
◊ *hair salon* salun rambut ◊ *beauty salon* salun kecantikan

saloon car KATA NAMA
kereta sedan

salt KATA NAMA
garam

salty KATA ADJEKTIF
masin

to **salute** KATA KERJA
rujuk juga **salute** KATA NAMA
menabik

salute KATA NAMA
rujuk juga **salute** KATA KERJA
tabik
◊ *the scouts' salute* tabik pengakap

same KATA ADJEKTIF
sama
◊ *the same model* model yang sama
- **The house is still the same.** Rumah itu masih seperti dahulu.
- **These dresses are exactly the same.** Baju-baju ini serupa benar.

sample KATA NAMA
rujuk juga **sample** KATA KERJA
sampel
◊ *a free sample of perfume* sampel minyak wangi percuma

to **sample** KATA KERJA
rujuk juga **sample** KATA NAMA
1 *merasa* (*makanan, minuman*)
2 *mencuba*
◊ *the chance to sample a different way of life* peluang untuk mencuba cara hidup yang berlainan

sanctions KATA NAMA JAMAK
sekatan
◊ *economic sanctions* sekatan ekonomi

sanctuary KATA NAMA
(JAMAK **sanctuaries**)
1 *tempat perlindungan*
◊ *The church became a sanctuary for refugees.* Gereja itu telah menjadi tempat perlindungan pelarian.
- **They have sought sanctuary in the church.** Mereka mencari perlindungan di dalam gereja itu.
2 *kawasan perlindungan*
◊ *a bird sanctuary* kawasan perlindungan burung

sand → sauce

sand KATA NAMA
pasir

sandal KATA NAMA
sandal
◊ *a pair of sandals* sepasang sandal

sandbank KATA NAMA
beting pasir (di bawah permukaan laut, sungai)

sandbar KATA NAMA
beting pasir (terbentuk oleh arus)

sand castle KATA NAMA
istana pasir

sandpaper KATA NAMA
> rujuk juga **sandpaper** KATA KERJA

kertas pasir

to **sandpaper** KATA KERJA
> rujuk juga **sandpaper** KATA NAMA

melicinkan ... dengan kertas pasir
◊ *He sandpapered the wood.* Dia melicinkan kayu itu dengan kertas pasir.

sandwich KATA NAMA
(JAMAK **sandwiches**)
sandwic

sandwich course KATA NAMA
kursus selang kerja
> kursus yang berselang-seli antara masa belajar dengan masa bekerja

sandwiched KATA ADJEKTIF
diapit
◊ *Mongolia, is sandwiched between Russia and China.* Mongolia diapit oleh Rusia dan China.

sandy KATA ADJEKTIF
1. *berpasir*
◊ *a sandy path* lorong berpasir
2. *perang muda* (warna)

sane KATA ADJEKTIF
waras

sang KATA KERJA *rujuk* **sing**

sanitary KATA ADJEKTIF
kebersihan
◊ *sanitary conditions* keadaan kebersihan

sanitary napkin KATA NAMA
tuala wanita

sanitary towel KATA NAMA
tuala wanita

sanity KATA NAMA
kewarasan
◊ *He was still able to preserve his sanity in that situation.* Dia masih dapat mengekalkan kewarasannya dalam keadaan begitu.

sank KATA KERJA *rujuk* **sink**

Santa Claus KATA NAMA
Santa Klaus

sap KATA NAMA
getah (pada tumbuhan)

sapphire KATA NAMA

B. Inggeris ~ B. Melayu 396

nilam

sarcastic KATA ADJEKTIF
suka menyindir (orang)
♦ **sarcastic remarks** kata-kata yang penuh dengan sindiran

sardine KATA NAMA
sardin

sari KATA NAMA
sari

sarong KATA NAMA
sarung

sat KATA KERJA *rujuk* **sit**

satay KATA NAMA
sate

satchel KATA NAMA
beg galas

satellite KATA NAMA
satelit
◊ *by satellite* melalui satelit ◊ *a satellite dish* piring satelit ◊ *satellite television* televisyen satelit

satirical KATA ADJEKTIF
mengandungi unsur-unsur sinis
◊ *a satirical novel* sebuah novel yang mengandungi unsur-unsur sinis

satisfaction KATA NAMA
kepuasan

satisfactorily KATA ADVERBA
dengan memuaskan

satisfactory KATA ADJEKTIF
memuaskan

satisfied KATA ADJEKTIF
berpuas hati

to **satisfy** KATA KERJA
(**satisfied, satisfied**)
1. *memuaskan hati*
◊ *The change did not satisfy everyone.* Perubahan itu tidak dapat memuaskan hati semua orang.
2. *memenuhi*
◊ *The procedures should satisfy certain basic requirements.* Prosedur-prosedur itu harus memenuhi keperluan-keperluan asas tertentu.

saturated KATA ADJEKTIF
tepu
◊ *saturated fats* lemak tepu

Saturday KATA NAMA
hari Sabtu
◊ *I saw her on Saturday.* Saya bertemu dengannya pada hari Sabtu. ◊ *every Saturday* setiap hari Sabtu ◊ *last Saturday* hari Sabtu lepas ◊ *next Saturday* hari Sabtu depan

Saturn KATA NAMA
Zuhal

sauce KATA NAMA
sos
◊ *tomato sauce* sos tomato

saucepan KATA NAMA
periuk
saucer KATA NAMA
piring
Saudi Arabia KATA NAMA
Arab Saudi
sauna KATA NAMA
sauna
sausage KATA NAMA
sosej
◊ *a sausage roll* roti sosej
savage KATA ADJEKTIF
ganas
to **save** KATA KERJA
1 *menyelamatkan*
◊ *The doctors saved him from becoming a cripple.* Doktor-doktor itu telah menyelamatkannya daripada menjadi lumpuh.
♦ **Luckily, all the passengers were saved.** Nasib baik semua penumpang terselamat.
2 *menjimatkan*
◊ *We went in a taxi to save time.* Untuk menjimatkan masa, kami pergi dengan teksi. ◊ *I saved money by staying in youth hostels.* Saya dapat menjimatkan wang dengan menginap di asrama belia.
♦ **It saved us time.** Kita dapat menjimatkan masa.
3 *menyimpan*
◊ *I saved the file onto a diskette.* Saya menyimpan fail itu ke dalam disket. ◊ *I've saved 500 pounds already.* Saya sudah pun menyimpan sebanyak 500 paun.
to **save up** KATA KERJA
menyimpan wang
◊ *I'm saving up for a new car.* Saya sedang menyimpan wang untuk membeli sebuah kereta baru.
savings KATA NAMA JAMAK
wang simpanan
◊ *She spent all her savings on a computer.* Dia membelanjakan semua wang simpanannya untuk membeli komputer.
saviour KATA NAMA
penyelamat
to **savour** KATA KERJA
menikmati
◊ *She breathed deeply, savouring the silence.* Dia menarik nafas dalam-dalam sambil menikmati kesunyian itu.
savoury KATA ADJEKTIF
masin atau pedas
◊ *savoury food* makanan yang masin atau pedas
saw KATA KERJA *rujuk* **see**
saw KATA NAMA

gergaji
sax KATA NAMA
(JAMAK **saxes**)
saksofon
saxophone KATA NAMA
saksofon
saxophonist KATA NAMA
peniup saksofon
to **say** KATA KERJA
(said, said)
mengatakan
◊ *What did he say?* Apakah yang dikatakannya?
♦ **to say yes** bersetuju
♦ **Could you say that again?** Bolehkah anda ulang sekali lagi?
♦ **The clock said four minutes past eleven.** Jam menunjukkan pukul sebelas empat minit.
♦ **It goes without saying that...** Sudah jelas bahawa...
saying KATA NAMA
pepatah
to **scald** KATA KERJA
menyebabkan ... melecur
♦ **Her finger was scalded by hot oil.** Jarinya melecur terkena minyak panas.
scale KATA NAMA
skala
♦ **a large-scale map** peta berskala besar
♦ **He underestimated the scale of the problem.** Dia tidak sedar betapa seriusnya masalah itu.
scales KATA NAMA JAMAK
penimbang
♦ **bathroom scales** penimbang
scalp KATA NAMA
kulit kepala
scampi KATA NAMA JAMAK
sejenis masakan udang besar
scandal KATA NAMA
skandal
◊ *It caused a scandal.* Perkara itu telah menyebabkan timbulnya satu skandal.
◊ *He loved gossip and scandal.* Dia suka akan gosip dan skandal.
scanty KATA ADJEKTIF
1 *terlalu sedikit*
◊ *scanty evidence* bukti yang terlalu sedikit
2 *menjolok mata*
◊ *a model in scanty clothing* seorang peragawati yang memakai pakaian yang menjolok mata
scar KATA NAMA
rujuk juga **scar** KATA KERJA
parut
to **scar** KATA KERJA
rujuk juga **scar** KATA NAMA

scarce → schedule

meninggalkan parut
- **His forehead was scarred after the accident.** Dahinya berparut selepas kemalangan itu.

scarce KATA ADJEKTIF
sukar didapati
◊ *scarce resources* sumber-sumber yang sukar didapati
- **Jobs are scarce nowadays.** Agak sukar untuk mencari pekerjaan sekarang ini.

scarcely KATA ADVERBA
[1] *hampir tidak*
◊ *He could scarcely breathe.* Dia hampir tidak dapat bernafas.
[2] *tidak begitu*
◊ *I scarcely knew him.* Saya tidak begitu mengenalinya.
- **He was scarcely more than a boy.** Dia masih budak.
- **It can scarcely be coincidence.** Perkara itu mungkin bukan kebetulan.
- **She was scarcely 18 when she made her debut.** Dia baru sahaja berusia 18 tahun semasa dia muncul buat pertama kalinya.

to **scare** KATA KERJA
> *rujuk juga* **scare** KATA NAMA

menakutkan
◊ *You scared me!* Anda menakutkan saya!

scare KATA NAMA
> *rujuk juga* **scare** KATA KERJA
> **scare** *diterjemahkan mengikut konteks.*

◊ *Don't you realize what a scare you've given us all?* Tidakkah anda sedar betapa anda telah menakutkan kami semua?
◊ *We got a bit of a scare.* Kami berasa agak takut.
- **a bomb scare** gertakan bom

scarecrow KATA NAMA
orang-orang

scared KATA ADJEKTIF
takut
- **to be scared** takut ◊ *Are you scared of him?* Apakah anda takut akan dia? ◊ *I was scared stiff.* Saya betul-betul takut.

scarf KATA NAMA
(JAMAK **scarfs** atau **scarves**)
skarf

scary KATA ADJEKTIF
menggerunkan
◊ *It was really scary.* Kejadian itu betul-betul menggerunkan.
- **a scary film** filem seram

to **scatter** KATA KERJA
[1] *menabur*
◊ *She scattered rose petals over the grave.* Dia menaburkan kelopak bunga ros di atas kubur.
- **Sandy scattered her books on the floor.** Sandy menyelerakkan buku-bukunya di atas lantai.
[2] *bertempiaran*
◊ *The crowd scattered when they heard a shot being fired.* Orang ramai bertempiaran apabila mendengar satu das tembakan.

scattered KATA ADJEKTIF
berselerak
◊ *He picked up the scattered toys.* Dia mengutip alat mainan yang berselerak itu.

scenario KATA NAMA
senario

scene KATA NAMA
[1] *babak*
◊ *love scenes* babak asmara
[2] *adegan*
◊ *violent scenes* adegan ganas
- **It was an amazing scene.** Pemandangan itu sungguh menakjubkan.
[3] *tempat kejadian*
◊ *at the scene of the crime* di tempat kejadian jenayah ◊ *The police were soon on the scene.* Pihak polis tiba di tempat kejadian tidak lama kemudian.
- **to make a scene** membuat hal

scenery KATA NAMA
pemandangan

scenic KATA ADJEKTIF
mempunyai pemandangan yang indah
◊ *This is an extremely scenic part of Malaysia.* Kawasan ini merupakan kawasan di Malaysia yang mempunyai pemandangan yang sangat indah.
- **the scenic beauty of the countryside** keindahan pemandangan di kawasan luar bandar

scent KATA NAMA
> *rujuk juga* **scent** KATA KERJA

keharuman

to **scent** KATA KERJA
> *rujuk juga* **scent** KATA NAMA

mewangikan
◊ *Roses scent the garden.* Haruman bunga mawar mewangikan taman itu.

schedule KATA NAMA
> *rujuk juga* **schedule** KATA KERJA

jadual
◊ *a production schedule* jadual pengeluaran ◊ *a busy schedule* jadual yang ketat
- **on schedule** seperti yang dijadualkan
- **to be behind schedule** lewat daripada yang dijadualkan

to **schedule** KATA KERJA
> *rujuk juga* **schedule** KATA NAMA

menjadualkan

◊ *He scheduled the project to end in December.* Dia menjadualkan projek itu tamat pada bulan Disember.

scheduled flight KATA NAMA
penerbangan yang dijadualkan

scheme KATA NAMA
rancangan
◊ *a road-widening scheme* rancangan pelebaran jalan raya
♦ **housing scheme** skim perumahan

scholar KATA NAMA
sarjana

scholarship KATA NAMA
biasiswa

school KATA NAMA
1. *sekolah*
◊ *at school* di sekolah ◊ *to go to school* pergi ke sekolah ◊ *after school* lepas sekolah
2. *fakulti (di universiti)*
◊ *art school* fakulti seni

schoolbook KATA NAMA
buku teks

schoolboy KATA NAMA
murid lelaki

schoolchildren KATA NAMA JAMAK
kanak-kanak sekolah

schooldays KATA NAMA JAMAK
zaman persekolahan

schoolgirl KATA NAMA
murid perempuan

schooling KATA NAMA
persekolahan
◊ *Fiona continues her schooling abroad.* Fiona menyambung persekolahannya di luar negara.

science KATA NAMA
sains

science fiction KATA NAMA
cereka sains

scientific KATA ADJEKTIF
saintifik

scientist KATA NAMA
ahli sains **atau** *saintis*

scissors KATA NAMA JAMAK
gunting
◊ *a pair of scissors* sebilah gunting

to **scoff** KATA KERJA
1. *mencemuh*
◊ *My friends scoffed at the idea.* Kawan-kawan saya mencemuh idea itu.
2. *(tidak formal) melahap*
◊ *My brother scoffed all the sandwiches.* Adik saya melahap semua sandwic itu.

to **scold** KATA KERJA
memarahi

scone KATA NAMA
skon
kek kecil yang dibuat daripada tepung dan lemak dan biasanya dimakan dengan mentega

scoop KATA NAMA
rujuk juga **scoop** KATA KERJA
1. *pencedok*
2. *berita eksklusif*

to **scoop** KATA KERJA
rujuk juga **scoop** KATA NAMA
mencedok

to **scoop up** KATA KERJA
mengaut
◊ *He began to scoop his things up.* Dia mula mengaut barang-barangnya.

scooter KATA NAMA
skuter

scope KATA NAMA
1. *peluang*
◊ *Banks had increased scope to develop new financial products.* Bank-bank telah meningkatkan peluang untuk mengembangkan produk kewangan yang baru.
2. *skop*
◊ *the scope of a novel* skop novel

to **scorch** KATA KERJA
1. *menyebabkan ... terbakar sedikit*
◊ *The bomb scorched the side of the building.* Bom itu menyebabkan bahagian tepi bangunan itu terbakar sedikit.
2. *terbakar*
◊ *The leaves are inclined to scorch in hot sunshine.* Dedaun itu akan terbakar di bawah cahaya matahari yang terik.

scorching KATA ADJEKTIF
panas terik
◊ *a scorching hot day* hari panas terik

to **score** KATA KERJA
rujuk juga **score** KATA NAMA
1. *menjaringkan*
◊ *to score a goal* menjaringkan gol
♦ **to score a point** mendapatkan markah
♦ **to score six out of ten** memperoleh enam daripada sepuluh markah
2. *mencatatkan markah*
◊ *Who's going to score?* Siapakah yang akan mencatatkan markah?

score KATA NAMA
rujuk juga **score** KATA KERJA
1. *mata* **atau** *skor*
◊ *the highest score* mata tertinggi
2. *keputusan (perlawanan)*
◊ *The score was three-nil.* Keputusannya ialah tiga kosong.

scorer KATA NAMA
1. *penjaring (bola sepak, dll)*
2. *orang yang mendapatkan skor (kriket, ragbi, dll)*
3. *pencatat markah*

scorn KATA NAMA
cemuhan
◊ *They greeted the proposal with scorn.* Mereka menyambut cadangan itu dengan cemuhan.

Scorpio KATA NAMA
Scorpio
♦ **I'm Scorpio.** Zodiak saya ialah Scorpio.

scorpion KATA NAMA
kala jengking

Scot KATA NAMA
orang Scotland

Scotch tape ® KATA NAMA
pita perekat

Scotland KATA NAMA
Scotland

Scots KATA ADJEKTIF
Scotland
◊ *a Scots accent* pelat Scotland

Scotsman KATA NAMA
(JAMAK **Scotsmen**)
lelaki Scotland

Scotswoman KATA NAMA
(JAMAK **Scotswomen**)
wanita Scotland

Scottish KATA ADJEKTIF
Scotland
◊ *a Scottish accent* pelat Scotland
♦ **She's Scottish.** Dia berbangsa Scotland.

scoundrel KATA NAMA
jahanam

to **scour** KATA KERJA
1 *mencari-cari*
◊ *We scoured the telephone directory for clues.* Kami mencari-cari dalam buku panduan telefon itu untuk mendapatkan petunjuk.
2 *menggeledah*
◊ *The search party scoured an area of ten square miles.* Pasukan pencari itu menggeledah kawasan seluas 10 batu persegi.
3 *menyental* (singki, lantai, dll)

scout KATA NAMA
pengakap

to **scramble** KATA KERJA
1 *memanjat*
◊ *He scrambled up a steep bank.* Dia memanjat ke atas tebing yang curam.
2 *berebut-rebut*
◊ *The students were scrambling to get into the bus.* Para pelajar berebut-rebut hendak menaiki bas.

scrambled eggs KATA NAMA JAMAK
telur hancur

scrap KATA NAMA
> rujuk juga **scrap** KATA KERJA
1 *cebis*
◊ *a scrap of paper* secebis kertas
2 (tidak formal) *perkelahian*
◊ *There was a scrap outside the pub.* Satu perkelahian berlaku di luar pub itu.
♦ **scrap iron** besi buruk

to **scrap** KATA KERJA
> rujuk juga **scrap** KATA NAMA
membatalkan
◊ *In the end the plan was scrapped.* Akhirnya, rancangan itu dibatalkan.

scrapbook KATA NAMA
buku skrap

to **scrape** KATA KERJA
1 *mengikis*
◊ *She scraped the leftover food into the bin.* Dia mengikis sisa-sisa makanan ke dalam tong sampah.
2 *bergesel*
◊ *The car scraped against a bus.* Kereta itu bergesel dengan sebuah bas.
♦ **My new car was damaged when it scraped against the wall.** Kereta baru saya rosak kerana tergesel tembok itu.

scraper KATA NAMA
pengikis

to **scratch** KATA KERJA
> rujuk juga **scratch** KATA NAMA
1 *menggaru*
2 *mencalarkan*
◊ *Someone's scratched my car!* Ada orang telah mencalarkan kereta saya!
♦ **He scratched his arm on the bushes.** Tangannya tercalar semasa berada dalam semak itu.

scratch KATA NAMA
(JAMAK **scratches**)
> rujuk juga **scratch** KATA KERJA
calar
♦ **to start from scratch** bermula dari asas
♦ **a scratch card** kad gores

to **scream** KATA KERJA
> rujuk juga **scream** KATA NAMA
menjerit

scream KATA NAMA
> rujuk juga **scream** KATA KERJA
jeritan

screen KATA NAMA
> rujuk juga **screen** KATA KERJA
skrin

to **screen** KATA KERJA
> rujuk juga **screen** KATA NAMA
1 *menyiarkan*
◊ *The television programme was screened live.* Rancangan televisyen itu disiarkan secara terus-menerus.
2 *memeriksa* (penyakit)
3 *menyaring*
◊ *The company will screen all the candidates.* Syarikat itu akan menyaring semua calon.

screenful KATA NAMA
skrin penuh (komputer)
◊ *No one likes reading more than one screenful.* Tidak ada orang yang suka membaca lebih daripada satu skrin penuh.

screening KATA NAMA
[1] *pemeriksaan* (penyakit)
[2] *penayangan*
◊ *The film is unsuitable for screening in the early evening.* Penayangan filem itu tidak sesuai diadakan pada awal petang.

screenplay KATA NAMA
lakon layar

screen saver KATA NAMA
screen saver
> gambar bergerak yang muncul pada skrin komputer yang sudah dipasangkan apabila komputer itu tidak digunakan untuk seketika

screw KATA NAMA
skru

screwdriver KATA NAMA
pemutar skru

to **scribble** KATA KERJA
menconteng

script KATA NAMA
skrip

scripture KATA NAMA
kitab
◊ *holy scriptures* kitab-kitab suci

scriptwriter KATA NAMA
penulis skrip

scroll bar KATA NAMA
bar skrol (komputer)

to **scrub** KATA KERJA
menggosok

to **scrutinize** KATA KERJA
meneliti
◊ *Her purpose was to scrutinize his features to see if he was an honest man.* Tujuannya adalah untuk meneliti wajah lelaki itu untuk melihat sama ada dia seorang jujur.

scrutiny KATA NAMA
tatapan
◊ *His private life came under media scrutiny.* Kehidupan peribadinya menjadi tatapan pihak media.

SCSI SINGKATAN (= *Small Computer Systems Interface*)
SCSI (= *Antara Muka Sistem Komputer Kecilan*)

scuba diving KATA NAMA
selam skuba

to **scuffle** KATA KERJA
bergelut
◊ *Police scuffled with some of the protesters.* Pihak polis bergelut dengan beberapa orang pembantah.

♦ **The rat was scuffling about in my room.** Tikus itu menggerodak di dalam bilik saya.

sculptor KATA NAMA
tukang ukir

sculpture KATA NAMA
arca

sea KATA NAMA
laut
◊ *a house by the sea* rumah di tepi laut
♦ **by sea** dengan kapal

seafood KATA NAMA
makanan laut
◊ *a seafood restaurant* restoran makanan laut

seagull KATA NAMA
burung camar

seahorse KATA NAMA
kuda laut

seal KATA NAMA
> rujuk juga **seal** KATA KERJA

[1] *anjing laut*
[2] *tera* (tanda, cap khas)

to **seal** KATA KERJA
> rujuk juga **seal** KATA NAMA

[1] *merekatkan* (sampul surat)
[2] *menutup rapat-rapat* (bekas, dll)
[3] *memeterai* (perjanjian)

to **seal off** KATA KERJA
menutup
◊ *The entire area has been sealed off by the police.* Seluruh kawasan itu telah ditutup oleh polis.

sealing-wax KATA NAMA
lak (untuk mengecap tera)

seaman KATA NAMA
(JAMAK **seamen**)
kelasi

seamstress KATA NAMA
(JAMAK **seamstresses**)
tukang jahit (wanita)

to **search** KATA KERJA
> rujuk juga **search** KATA NAMA

[1] *mencari*
◊ *They're searching for the missing climbers.* Mereka sedang mencari para pendaki yang hilang itu.
♦ **They searched the woods for the little girl.** Mereka mencari budak perempuan itu di dalam hutan.
♦ **They searched the house.** Mereka menggeledah rumah itu.
[2] *memeriksa*
◊ *The police searched him for drugs.* Polis memeriksa badannya untuk mencari dadah.

search KATA NAMA
(JAMAK **searches**)
> rujuk juga **search** KATA KERJA

[1] *usaha mencari*

search engine → secure B. Inggeris ~ B. Melayu 402

◊ *The search for the boy was abandoned.* Usaha mencari budak lelaki itu telah dihentikan.
- **to go in search of** pergi mencari
- [2] *pemeriksaan*
◊ *The police made a search of the building.* Pihak polis membuat pemeriksaan pada bangunan itu.

search engine KATA NAMA
enjin carian

searcher KATA NAMA
pencari

search party KATA NAMA
(JAMAK **search parties**)
pasukan pencari

seashore KATA NAMA
tepi pantai
◊ *on the seashore* di tepi pantai

seasick KATA ADJEKTIF
mabuk laut
- **to be seasick** mabuk laut

seaside KATA NAMA
tepi laut
◊ *a seaside resort* tempat peranginan di tepi laut

season KATA NAMA
musim
◊ *What's your favourite season?* Apakah musim kegemaran anda? ◊ *during the holiday season* semasa musim cuti
- **out of season** di luar musim
- **a season ticket** tiket langganan

seasonal KATA ADJEKTIF
bermusim
◊ *seasonal crops* tanaman bermusim

seasoning KATA NAMA
perasa

seat KATA NAMA
kerusi
◊ *I was sitting in the back seat.* Saya duduk di kerusi belakang. ◊ *to win a seat at the election* memenangi kerusi dalam pilihan raya
- **Are there any seats left?** Masih ada tempat duduk?

seat belt KATA NAMA
tali pinggang keledar

seaweed KATA NAMA
rumpai laut

seclusion KATA NAMA
keadaan terpencil
◊ *They love the seclusion of their garden.* Mereka suka keadaan kebun mereka yang terpencil.

second KATA NAMA
> rujuk juga **second** KATA ADJEKTIF, KATA ADVERBA

saat
- **It'll only take a second.** Sekejap sahaja!

second KATA ADJEKTIF, KATA ADVERBA
> rujuk juga **second** KATA NAMA

kedua
◊ *the second time* kali kedua ◊ *to come second* menduduki tempat kedua
- **second class** (*tiket*) kelas dua
- **the second of March** dua hari bulan Mac

secondary KATA ADJEKTIF
[1] *tidak begitu penting*
[2] *sekunder*
◊ *secondary cell* sel sekunder
- **secondary education** pendidikan menengah

secondary school KATA NAMA
sekolah menengah

second-class KATA ADJEKTIF, KATA ADVERBA
kelas dua (*tiket*)
- **second-class postage**
> bayaran pos yang lebih murah dan lebih lambat di Britain

secondhand KATA ADJEKTIF
terpakai

secondly KATA ADVERBA
kedua

secret KATA ADJEKTIF
> rujuk juga **secret** KATA NAMA

rahsia
◊ *a secret mission* misi rahsia

secret KATA NAMA
> rujuk juga **secret** KATA ADJEKTIF

rahsia
◊ *Can you keep a secret?* Bolehkah anda menyimpan rahsia?
- **in secret** secara rahsia

secretariat KATA NAMA
urus setia

secretary KATA NAMA
(JAMAK **secretaries**)
setiausaha

Secretary General KATA NAMA
Setiausaha Agung

secretly KATA ADVERBA
secara senyap-senyap
◊ *He went out secretly.* Dia keluar secara senyap-senyap.

sect KATA NAMA
mazhab

section KATA NAMA
bahagian

to secure KATA KERJA
> rujuk juga **secure** KATA ADJEKTIF

mendapat
◊ *Gopi's achievements helped secure him the job.* Pencapaian Gopi membantunya mendapat kerja itu.
- **They secured the door with a padlock.** Mereka mengunci pintu itu dengan mangga.

secure → seldom

- **A burglar alarm will secure the house against intruders.** Penggera kecurian akan melindungi rumah ini daripada penceroboh.
- **One end of the rope was secured to the pier.** Satu daripada hujung tali itu diikat pada jeti.

secure KATA ADJEKTIF
> rujuk juga **secure** KATA KERJA

1. *selamat*
◊ *She felt secure when she was with him.* Dia berasa selamat apabila berada di sisi lelaki itu.
2. *terjamin*
◊ *a secure future* masa depan yang terjamin

security KATA NAMA
keselamatan
◊ *They are trying to improve airport security.* Mereka cuba mempertingkatkan tahap keselamatan di lapangan terbang.
◊ *security guard* pengawal keselamatan
- **They have no job security.** Kerja mereka tidak terjamin.

sedan KATA NAMA
kereta sedan

sediment KATA NAMA
mendapan

sedimentation KATA NAMA
pemendapan

to **seduce** KATA KERJA
menggoda

seducer KATA NAMA
penggoda

seduction KATA NAMA
godaan

seductive KATA ADJEKTIF
1. *sangat menarik*
◊ *It's a seductive argument.* Hujah itu sangat menarik.
2. *menggiurkan*
◊ *The way the woman dressed was very seductive.* Cara wanita itu berpakaian sungguh menggiurkan.

to **see** KATA KERJA
(saw, seen)
nampak
◊ *I can't see.* Saya tidak nampak. ◊ *I saw him yesterday.* Saya nampak dia kelmarin.
- **You need to see a doctor.** Anda perlu berjumpa doktor.
- **See you!** Jumpa lagi!
- **See you soon!** Jumpa lagi!

to **see to** KATA KERJA
1. *menguruskan*
◊ *The tap isn't working. Can you see to it please?* Paip itu tidak berfungsi. Bolehkah anda tolong uruskannya?
2. *memastikan*
◊ *Please see to it that all preparations are made.* Sila pastikan segala persiapan telah dibuat.

seed KATA NAMA
biji benih
◊ *poppy seeds* biji benih popi

seedling KATA NAMA
cambah

to **seek** KATA KERJA
(sought, sought)
1. *mencari*
◊ *They have had to seek work as labourers.* Mereka terpaksa mencari kerja sebagai buruh.
2. *cuba mendapatkan*
◊ *to seek help* cuba mendapatkan bantuan

seeker KATA NAMA
pencari

to **seem** KATA KERJA
nampaknya
◊ *That seems like a good idea.* Nampaknya itu satu idea yang bagus.
◊ *The shop seemed to be closed.* Nampaknya kedai itu sudah tutup.
- **She seems tired.** Dia nampak letih.

seen KATA KERJA *rujuk* **see**

seesaw KATA NAMA
jongkang-jongket

to **seethe** KATA KERJA
berasa sangat marah
◊ *She took it calmly at first but under the surface was seething.* Pada mulanya dia tenang sahaja tetapi dalam hatinya dia berasa sangat marah.
- **I was seething with anger when I heard what he said.** Saya berasa sangat marah apabila mendengar kata-katanya.

see-through KATA ADJEKTIF
jarang (pakaian)

segment KATA NAMA
1. *bahagian*
2. *ulas* (limau, dll)

to **seize** KATA KERJA
merampas
◊ *Police seized all copies of the magazine.* Pihak polis merampas semua majalah tersebut.
- **to seize an opportunity** merebut peluang

seizure KATA NAMA
1. *serangan* (penyakit)
2. *perampasan*
◊ *seizure of power* perampasan kuasa

seldom KATA ADVERBA
jarang
◊ *He seldom comes.* Dia jarang datang.

select → semi-skimmed milk

to **select** KATA KERJA
memilih

selection KATA NAMA
1 *pemilihan*
◊ *a selection test* ujian pemilihan
2 *pilihan*
◊ *the widest selection on the market* pilihan terbanyak di pasaran

selective KATA ADJEKTIF
1 *terpilih*
◊ *Selective breeding may result in a greyhound running faster than a wolf.* Pembiakan terpilih mungkin menghasilkan anjing greyhound yang berlari lebih pantas daripada serigala.
2 *memilih*
◊ *Sales still happen, but buyers are more selective.* Jualan masih ada, tetapi pembeli lebih memilih.

self KATA NAMA
(JAMAK **selves**)
diri
◊ *She was back to her old self again.* Dia kembali menjadi seperti dirinya yang dahulu. ◊ *our subconscious selves* diri kita yang di bawah sedar
♦ **I need time to get to know my inner self.** Saya perlukan masa untuk mengenali batin saya sendiri.

self-assured KATA ADJEKTIF
yakin pada diri sendiri

self-centred KATA ADJEKTIF
(AS **self-centered**)
mementingkan diri

self-confidence KATA NAMA
keyakinan diri
◊ *I lost all my self-confidence.* Saya hilang keyakinan diri.

self-conscious KATA ADJEKTIF
segan
◊ *I was really self-conscious at first.* Pada mulanya saya berasa betul-betul segan. ◊ *She felt self-conscious in her swimming costume.* Dia berasa segan memakai pakaian renang.

self-contained KATA ADJEKTIF
serba lengkap

self-control KATA NAMA
kawalan diri

self-defence KATA NAMA
(AS **self-defense**)
♦ **self-defence classes** kelas mempertahankan diri
♦ **She killed him in self-defence.** Dia membunuh lelaki itu demi mempertahankan diri.

self-discipline KATA NAMA
disiplin diri

self-employed KATA ADJEKTIF
bekerja sendiri
♦ **the self-employed** orang yang bekerja sendiri

self-harming KATA NAMA
perbuatan mencederakan diri sendiri

selfish KATA ADJEKTIF
mementingkan diri

self-respect KATA NAMA
maruah

self-service KATA ADJEKTIF
layan diri

self-worth KATA NAMA
harga diri

to **sell** KATA KERJA
(**sold, sold**)
menjual
◊ *He sold the book to me.* Dia menjual buku itu kepada saya.

to **sell off** KATA KERJA
menjual

to **sell out** KATA KERJA
mengadakan jualan penghabisan
◊ *The next day the bookshops sold out.* Keesokan harinya kedai-kedai buku mengadakan jualan penghabisan.
♦ **The tickets sold out in three hours.** Tiket-tiket habis dijual dalam masa tiga jam.

sell-by date KATA NAMA
tarikh luput

seller KATA NAMA
penjual

selling price KATA NAMA
harga jualan

sell-off KATA NAMA
penjualan (industri, tanah, aset, dll)

Sellotape ® KATA NAMA
pita perekat

semen KATA NAMA
mani

semester KATA NAMA
semester

semi KATA NAMA
rumah berkembar

semi-annual KATA ADJEKTIF
dua kali setahun

semi-circle KATA NAMA
separuh bulat

semi-colon KATA NAMA
koma bernoktah

semi-detached house KATA NAMA
rumah berkembar
◊ *We live in a semi-detached house.* Kami tinggal di rumah berkembar.

semi-final KATA NAMA
separuh akhir

semi-skimmed milk KATA NAMA
susu separa lemak

send → separate

to send KATA KERJA
(**sent**, **sent**)
1. *mengirim*
◊ **She sent me a birthday card.** Dia mengirim sekeping kad hari jadi kepada saya.
2. *menghantar*
◊ **He was sent to London.** Dia dihantar ke London.

to send back KATA KERJA
menghantar balik

to send off KATA KERJA
menghantar
◊ **We sent off your order yesterday.** Kami telah menghantar pesanan anda kelmarin.
- **Jones was sent off.** Jones diarah keluar padang. (*dalam bola sepak*)

to send off for KATA KERJA
memesan ... melalui pos
◊ **She sent off for the book.** Dia memesan buku itu melalui pos.
- **I've sent off for a free catalogue.** Saya telah meminta katalog percuma itu dikirimkan kepada saya.

to send out KATA KERJA
mengedarkan

to send out for KATA KERJA
memesan
◊ **Let's send out for a pizza.** Mari kita pesan piza.

sender KATA NAMA
penghantar

senile KATA ADJEKTIF
nyanyuk

senior KATA ADJEKTIF, KATA NAMA
kanan
◊ **senior officials in the British government** pegawai kanan dalam kerajaan Britain
- **She's five years my senior.** Dia lima tahun lebih tua daripada saya.
- **senior pupils** pelajar senior

senior citizen KATA NAMA
warga tua

sensation KATA NAMA
sensasi

sensational KATA ADJEKTIF
sensasi

sense KATA NAMA
deria
◊ **a keen sense of smell** deria bau yang tajam
- **the five senses** pancaindera
- **Use your common sense!** Gunakanlah akal anda!
- **It makes sense.** Perkara itu masuk akal.
- **It doesn't make sense.** Perkara itu tidak masuk akal.
- **sense of humour** rasa humor
- **I had a sense I was making a mistake.** Saya dapat rasa bahawa saya silap.

senseless KATA ADJEKTIF
1. *sia-sia*
◊ **It is senseless to protest.** Sia-sia saja membantah.
- **senseless violence** keganasan yang tidak tentu fasal
2. *tidak sedarkan diri*
◊ **He was lying senseless on the floor.** Dia terlantar di atas lantai dan tidak sedarkan diri.

sensible KATA ADJEKTIF
wajar
◊ **a sensible act** tindakan yang wajar
- **a sensible choice** pilihan yang bijak

sensitive KATA ADJEKTIF
peka atau sensitif

sensitivity KATA NAMA
(JAMAK **sensitivities**)
kepekaan
◊ **sensitivity towards the feelings of others** kepekaan terhadap perasaan orang lain
- **people who suffer extreme sensitivity about what others think** mereka yang terlalu cepat berasa sensitif dengan pendapat orang lain
- **political sensitivities** perkara yang sensitif dalam politik

sensuous KATA ADJEKTIF
mengghairahkan

sent KATA KERJA *rujuk* **send**

sentence KATA NAMA

| *rujuk juga* **sentence** KATA KERJA |

1. *ayat*
◊ **What does this sentence mean?** Apakah maksud ayat ini?
2. *hukuman*
◊ **to pass sentence** menjatuhkan hukuman ◊ **a sentence of 10 years** hukuman selama 10 tahun ◊ **the death sentence** hukuman mati
- **He got a life sentence.** Dia dihukum penjara seumur hidup.

to sentence KATA KERJA

| *rujuk juga* **sentence** KATA NAMA |

menjatuhkan hukuman
◊ **to sentence somebody to life imprisonment** menjatuhkan hukuman penjara seumur hidup terhadap seseorang
◊ **to sentence somebody to death** menjatuhkan hukuman mati terhadap seseorang

sentimental KATA ADJEKTIF
sentimental

separate KATA ADJEKTIF

| *rujuk juga* **separate** KATA KERJA |

separate → service

separate
berasingan
◊ *The children have separate rooms.* Kanak-kanak itu mempunyai bilik yang berasingan. ◊ *I wrote it on a separate sheet.* Saya menulisnya di atas kertas yang berasingan. ◊ *the same speech given on two separate occasions* ucapan yang sama yang disampaikan dalam dua majlis yang berasingan

to separate KATA KERJA
> rujuk juga **separate** KATA ADJEKTIF

memisahkan
◊ *The police separated the two groups.* Polis memisahkan dua kumpulan itu.

♦ **You need to separate the egg yolk from the egg white.** Anda perlu mengasingkan kuning telur daripada putih telur.
♦ **Her parents separated last year.** Ibu bapanya hidup berasingan pada tahun lepas.

separately KATA ADVERBA
secara berasingan

separation KATA NAMA
1 *pemisahan*
◊ *a clear separation between church and state* pemisahan yang jelas antara pihak gereja dengan pihak kerajaan
2 *perpisahan*
◊ *They wrote every week during the long separation.* Mereka berutus surat setiap minggu semasa perpisahan mereka yang lama itu.

September KATA NAMA
September
◊ *on 23 September* pada 23 September
♦ **in September** pada bulan September

sequel KATA NAMA
susulan

sequence KATA NAMA
1 *urutan*
◊ *a sequence of events* urutan peristiwa ◊ *in sequence* mengikut urutan
2 *babak*
◊ *the best sequence in the film* babak yang paling baik dalam filem tersebut

sequin KATA NAMA
labuci

serene KATA ADJEKTIF
tenang

sergeant KATA NAMA
sarjan

serial KATA NAMA
cerita bersiri
♦ **serials** cerita bersiri

series KATA NAMA
siri

serious KATA ADJEKTIF
serius
◊ *You're looking very serious.* Anda nampak sangat serius. ◊ *a serious illness* penyakit yang serius
♦ **Are you serious?** Anda serius?

seriously KATA ADVERBA
betul
◊ *Seriously, I only smoke in the evenings.* Betul, saya hanya merokok pada waktu malam. ◊ *Seriously?* Betulkah?
♦ **to take somebody seriously** memberikan perhatian yang serius pada seseorang
♦ **seriously injured** cedera parah

seriousness KATA NAMA
kesungguhan
◊ *He was admired for his sincerity and seriousness.* Dia dikagumi kerana keikhlasan dan kesungguhannya.
♦ **the seriousness of the crisis** betapa seriusnya krisis tersebut

sermon KATA NAMA
khutbah

serrated KATA ADJEKTIF
bergerigi
◊ *serrated knife* pisau yang bergerigi

servant KATA NAMA
orang gaji
♦ **civil servant** kakitangan kerajaan

to serve KATA KERJA
> rujuk juga **serve** KATA NAMA

1 *menghidangkan*
◊ *Dinner is served.* Makan malam telah dihidangkan.
♦ **Are you being served?** Sudahkah anda dilayan?
♦ **It's his turn to serve.** Sekarang giliran dia pula untuk membuat servis.
2 *menjalani*
◊ *to serve a life sentence* menjalani hukuman penjara seumur hidup
♦ **to serve time** berada dalam penjara
♦ **It serves you right.** Padan muka kamu.

serve KATA NAMA
> rujuk juga **serve** KATA KERJA

servis (badminton, tenis)

server KATA NAMA
pelayan (komputer)

service KATA NAMA
> rujuk juga **service** KATA KERJA

1 *perkhidmatan*
◊ *the postal service* perkhidmatan pos
2 *servis*
♦ **The car needs a service.** Kereta itu perlu diservis.
3 *upacara*
◊ *a memorial service* upacara peringatan
♦ **the armed services** perkhidmatan tentera

service → settle

to **service** KATA KERJA
> rujuk juga **service** KATA NAMA

menservis (kereta, mesin)

service area KATA NAMA
kawasan rehat (di lebuh raya)

service charge KATA NAMA
caj perkhidmatan
◊ *There's no service charge.* Caj perkhidmatan tidak dikenakan.

serviceman KATA NAMA
(JAMAK **servicemen**)
anggota tentera

service station KATA NAMA
stesen minyak

serviette KATA NAMA
tuala makan

serving KATA NAMA
hidangan
◊ *Each serving contains 240 calories.* Setiap hidangan mengandungi 240 kalori.
♦ **How many servings of soup do you want to prepare?** Anda mahu sediakan sup untuk berapa orang?

sesame KATA NAMA
bijan

session KATA NAMA
sesi

set KATA NAMA
> rujuk juga **set** KATA KERJA

set
◊ *a chess set* satu set catur ◊ *a set of calculations* satu set pengiraan ◊ *a set of keys* satu set kunci ◊ *She was leading 5-1 in the first set.* Dia mendahului dengan 5-1 dalam set pertama.

to **set** KATA KERJA
(**set, set**)
> rujuk juga **set** KATA NAMA

[1] *mengunci*
◊ *I set the alarm for seven o'clock.* Saya mengunci jam loceng supaya berbunyi pada pukul tujuh.
[2] *mencipta*
◊ *The world record was set last year.* Rekod dunia itu dicipta pada tahun lepas.
[3] *terbenam*
◊ *The sun was setting.* Matahari sedang terbenam.
♦ **The film is set in Morocco.** Filem itu berlatarbelakangkan Morocco.
♦ **to set something on fire** membakar sesuatu
♦ **to set sail** mula belayar
♦ **to set the table** menyediakan meja

to **set aside** KATA KERJA
[1] *menyimpan*
◊ *RM1 million will be set aside for repairs to schools.* RM1 juta akan disimpan untuk membaiki sekolah-sekolah.
♦ **She set aside a certain hour each day for her children.** Setiap hari dia memperuntukkan jumlah masa yang tertentu untuk anak-anaknya.
[2] *mengetepikan*
◊ *They set aside minor differences for the sake of achieving peace.* Mereka mengetepikan perbezaan-perbezaan kecil untuk mencapai keamanan.

to **set off** KATA KERJA
bertolak
◊ *We set off for London at nine o'clock.* Kami bertolak ke London pada pukul sembilan.

to **set out** KATA KERJA
bertolak
◊ *We set out for London at nine o'clock.* Kami bertolak ke London pada pukul sembilan.

to **set up** KATA KERJA
[1] *menubuhkan*
◊ *They agreed to set up a commission to investigate claims.* Mereka bersetuju untuk menubuhkan sebuah suruhanjaya untuk menyiasat tuntutan ganti rugi. ◊ *to set up a business* menubuhkan perniagaan
♦ **to set up roadblocks** mengadakan sekatan jalan
[2] *memasang*
◊ *Setting up the camera can be tricky.* Ada kalanya memasang kamera merupakan kerja yang rumit.
[3] *memerangkap*
◊ *I need to find out who tried to set me up.* Saya perlu mengetahui orang yang cuba memerangkap saya.

set square KATA NAMA
sesiku

settee KATA NAMA
sofa

setting KATA NAMA
persekitaran
◊ *The house is in a lovely setting in the Malvern hills.* Rumah itu terletak di persekitaran yang menarik di bukit-bukit Malvern.
♦ **York will be the setting for this year's conference.** York akan menjadi tempat persidangan tahun ini.
♦ **settings** tatalatar

to **settle** KATA KERJA
[1] *menyelesaikan*
◊ *He settled the problem.* Dia telah menyelesaikan masalah itu.
[2] *menjelaskan*
◊ *I'll settle the bill tomorrow.* Saya akan menjelaskan bil itu esok.
♦ **That matter has not been settled yet.**

settle down → sexual orientation

Hal itu belum selesai lagi.

to settle down KATA KERJA
berumah tangga
◊ *He wished to settle down and start a family.* Dia ingin berumah tangga dan berkeluarga.

to settle in KATA KERJA
menyesuaikan diri

to settle on KATA KERJA
memutuskan untuk memilih

settled KATA ADJEKTIF
1. *stabil* (kehidupan)
2. *tetap*
◊ *a settled routine* rutin yang tetap

settlement KATA NAMA
1. *penyelesaian*
◊ *a settlement of the eleven year conflict* penyelesaian konflik sebelas tahun itu
♦ **debt settlement** penjelasan hutang
2. *penempatan*
◊ *settlement by the Portuguese* penempatan orang Portugis

settler KATA NAMA
peneroka

set-top box KATA NAMA
penerima digital (untuk TV)

setup KATA NAMA
persediaan
◊ *setup procedure* tatacara persediaan

seven ANGKA
tujuh
♦ **She's seven.** Dia berumur tujuh tahun.

seventeen ANGKA
tujuh belas
♦ **He's seventeen.** Dia berumur tujuh belas tahun.

seventeenth KATA ADJEKTIF
ketujuh belas
◊ *the seventeenth place* tempat ketujuh belas
♦ **the seventeenth of October** tujuh belas hari bulan Oktober

seventh KATA ADJEKTIF
ketujuh
◊ *the seventh place* tempat ketujuh
♦ **the seventh of August** tujuh hari bulan Ogos

seventies KATA NAMA JAMAK
tujuh puluhan

seventieth KATA ADJEKTIF
ketujuh puluh

seventy ANGKA
tujuh puluh
♦ **She's seventy.** Dia berumur tujuh puluh tahun.

to sever KATA KERJA
memutuskan
◊ *She severed her ties with England.* Dia memutuskan hubungannya dengan England.
♦ **The worker's finger was severed in the accident.** Jari pekerja itu putus dalam kemalangan itu.
♦ **a severed fuel line** saluran bahan api yang terputus

several KATA ADJEKTIF, KATA GANTI NAMA
beberapa
◊ *several schools* beberapa buah sekolah ◊ *several times* beberapa kali

severe KATA ADJEKTIF
1. *keras* (hukuman, kritikan)
2. *teruk*
◊ *severe stomach pains* sakit perut yang teruk

severely KATA ADVERBA
teruk
◊ *The accident left the boy severely brain-damaged.* Kemalangan tersebut menyebabkan budak lelaki itu mengalami kerosakan otak yang teruk.

to sew KATA KERJA
(sewed, sewn)
menjahit

to sew up KATA KERJA
menjahit

sewage KATA NAMA
air kumbahan

sewerage KATA NAMA
pembetungan
◊ *a proper sewerage system* sistem pembetungan yang sempurna

sewing KATA NAMA
menjahit
◊ *I like sewing.* Saya suka menjahit.
♦ **sewing machine** mesin jahit

sewn KATA KERJA *rujuk* sew

sex KATA NAMA
jantina
♦ **to have sex with somebody** mengadakan hubungan seks dengan seseorang
♦ **sex education** pendidikan seks

sexism KATA NAMA
seksisme

sexist KATA ADJEKTIF
seksis

sexual KATA ADJEKTIF
seksual
◊ *sexual harassment* gangguan seksual

sexual health KATA NAMA
kesihatan seks

sexuality KATA NAMA
keseksualan

sexual orientation KATA NAMA
orientasi seks
> sama ada seseorang itu tertarik pada orang yang sama jantina, berlainan jantina atau kedua-duanya

sexy KATA ADJEKTIF
seksi

shabbiness KATA NAMA
keusangan
◊ the shabbiness of the building keusangan bangunan itu

shabby KATA ADJEKTIF
[1] *buruk* (pakaian, kain)
[2] *selekeh* (orang)

to **shackle** KATA KERJA
membelenggu
◊ He is shackled to a high-stress job. Dia dibelenggu oleh pekerjaan yang mempunyai banyak tekanan.

shackles KATA NAMA JAMAK
belenggu
◊ She still hadn't escaped from the shackles of her working life. Dia masih tidak dapat keluar dari belenggu dunia pekerjaannya.

shade KATA NAMA
> rujuk juga **shade** KATA KERJA

tempat teduh
◊ The temperature in the shade is lower. Suhu di tempat teduh lebih rendah.
- **a beautiful shade of blue** warna biru yang cantik
- **two shades of blue** dua warna biru yang berlainan

to **shade** KATA KERJA
> rujuk juga **shade** KATA NAMA

[1] *meneduhi*
◊ a resort whose beaches are shaded by palm trees sebuah tempat peranginan yang pantainya diteduhi oleh pokok-pokok palma
[2] *melindungi*
◊ I had to put down the sun visor to shade my eyes from the light. Saya terpaksa menurunkan visor pelindung matahari untuk melindungi mata saya daripada cahaya.
- **She shaded the map with coloured pencils.** Dia menggelapkan beberapa bahagian peta itu dengan pensel warna.

shaded KATA ADJEKTIF
teduh
◊ These plants will grow happily in a sunny or partially shaded spot. Tumbuh-tumbuhan ini akan membesar dengan baik di tempat yang cerah atau separuh teduh.
- **shaded area** (pada peta) bahagian yang diwarnakan lebih gelap

shadow KATA NAMA
bayang-bayang

shady KATA ADJEKTIF
[1] *teduh*
◊ a shady place tempat yang teduh
[2] *tidak jujur*
◊ a shady deal urus janji yang tidak jujur

to **shake** KATA KERJA
(shook, shaken)
[1] *mengibas-ngibaskan*
◊ She shook the rug. Dia mengibas-ngibaskan ambal itu.
[2] *menggoncang*
- **"Shake well before use"** "Goncang sebelum guna"
[3] *menggeletar*
◊ He was shaking with cold. Dia menggeletar kesejukan.
- **Donald shook his head.** Donald menggelengkan kepalanya.
- **to shake hands with somebody** berjabat tangan dengan seseorang
- **They shook hands.** Mereka berjabat tangan.

to **shake out** KATA KERJA
mengibaskan
◊ Kitty shook the dusty towel out. Kitty mengibaskan tuala yang berhabuk itu.

shaken KATA KERJA *rujuk* **shake**

shaken KATA ADJEKTIF
terkejut
◊ I was feeling a bit shaken. Saya agak terkejut.

shaky KATA ADJEKTIF
[1] *menggeletar* (tubuh badan)
[2] *gementar* (suara)
- **I was feeling a bit shaky.** Kaki saya terasa lemah.

shall KATA KERJA
> Shall digunakan dengan I dan we dalam soalan jika hendak membuat pelawaan, cadangan atau ketika meminta nasihat.

◊ Shall I shut the window? Anda mahu saya tutup tingkap itu? ◊ Shall we ask him to come with us? Kita hendak ajak dia bersama kita? ◊ What shall I do? Apakah yang patut saya lakukan?

shallow KATA ADJEKTIF
cetek

shallowness KATA NAMA
kecetekan

shallows KATA NAMA JAMAK
kawasan yang jangkat
◊ At dusk more fish come into the shallows. Pada waktu senja, lebih banyak ikan masuk ke kawasan yang jangkat itu.

shamble KATA NAMA
keadaan yang kucar-kacir
◊ The economy is in a shambles. Ekonomi kini berada dalam keadaan yang kucar-kacir.

shame KATA NAMA

shameful → she

malu
- **I'd die of shame!** Saya sungguh malu!
- **What a shame!** Sayangnya!
- **It's a shame that...** Sayang sekali...
  ◊ *It's a shame he isn't here.* Sayang sekali dia tidak ada di sini.

shameful KATA ADJEKTIF
memalukan

shampoo KATA NAMA
> rujuk juga **shampoo** KATA KERJA

syampu
◊ *a bottle of shampoo* sebotol syampu

to **shampoo** KATA KERJA
> rujuk juga **shampoo** KATA NAMA

mensyampu
◊ *Shampoo you hair and dry it.* Syampu dan keringkan rambut anda.
- **Maria rinsed her hair after shampooing it.** Maria membilas rambutnya selepas bersyampu.

shandy KATA NAMA
(JAMAK **shandies**)
shandy (air campuran bir dan lemoned)

shan't = shall not

shape KATA NAMA
> rujuk juga **shape** KATA KERJA

bentuk
- **in the shape of a star** berbentuk bintang
- **to be in good shape (1)** dalam keadaan baik (_benda_)
- **to be in good shape (2)** sihat (_orang_)

to **shape** KATA KERJA
> rujuk juga **shape** KATA NAMA

membentuk
◊ *to shape one's lifestyle* membentuk cara hidup seseorang

to **shape up** KATA KERJA
menjadi
◊ *It was shaping up to be the hottest month ever.* Bulan ini akan menjadi bulan yang paling panas.

share KATA NAMA
> rujuk juga **share** KATA KERJA

1 _saham_
◊ *They have shares in many companies.* Mereka mempunyai saham di banyak syarikat.

2 _bahagian_
◊ *He refused to pay his share of the bill.* Dia enggan membayar bahagiannya dalam bil itu.

to **share** KATA KERJA
> rujuk juga **share** KATA NAMA

berkongsi
◊ *to share a room with somebody* berkongsi bilik dengan seseorang

to **share out** KATA KERJA
membahagikan
◊ *They shared the sweets out among the children.* Mereka membahagikan gula-gula kepada kanak-kanak itu.

shareholder KATA NAMA
pemegang saham

share shop KATA NAMA
kedai saham Internet
> kedai atau tapak web di Internet yang membolehkan orang ramai membeli saham syarikat-syarikat tertentu

shareware KATA NAMA
perisian kongsi (komputer)

shark KATA NAMA
ikan jerung

sharp KATA ADJEKTIF, KATA ADVERBA
1 _tajam_
◊ *Be careful, that knife's sharp!* Berhati-hati, pisau itu tajam!
2 _pintar_
◊ *She's very sharp.* Dia sangat pintar.
- **at two o'clock sharp** pukul dua tepat

to **sharpen** KATA KERJA
mengasah
◊ *Have you sharpened the knife?* Sudahkah anda mengasah pisau itu?

sharpness KATA NAMA
ketajaman
◊ *Many people admire the sharpness of his mind.* Ramai orang mengagumi ketajaman fikirannya.

to **shatter** KATA KERJA
1 _berkecai_
◊ *safety glass that won't shatter if it's broken* gelas keselamatan yang tidak akan berkecai apabila pecah
2 _menghancurkan_
◊ *One bullet shattered his skull.* Sebutir peluru telah menghancurkan tengkoraknya.

to **shave** KATA KERJA
bercukur
◊ *He took a bath and shaved.* Dia mandi dan bercukur.
- **to shave one's legs** mencukur bulu kaki

shaver KATA NAMA
pencukur
◊ *electric shaver* pencukur elektrik

shaving cream KATA NAMA
krim cukur

shaving foam KATA NAMA
buih cukur

shawl KATA NAMA
selendang

she KATA GANTI NAMA
> **she** digunakan untuk merujuk kepada orang perempuan.

1 _dia_
◊ *She's very nice.* Dia sangat baik.
- **She liked it but he didn't.** Yang perempuan menyukainya tetapi yang lelaki

shears → shipping

tidak.
2 *beliau* (*untuk orang yang dihormati*)

shears KATA NAMA JAMAK
pemangkas (*rumput*)

sheath KATA NAMA
sarung (*untuk pisau, dll*)

to **sheathe** KATA KERJA
menyarungkan
◊ *to sheathe a knife* menyarungkan pisau

shed KATA NAMA
bangsal

she'd = she had, = she would

sheep KATA NAMA
(JAMAK **sheep**)
biri-biri

sheepdog KATA NAMA
anjing gembala biri-biri

sheer KATA ADJEKTIF
semata-mata
◊ *It's sheer greed.* Itu merupakan ketamakan semata-mata.

sheet KATA NAMA
cadar
◊ *to change the sheets* menukar cadar
♦ **a sheet of paper** sehelai kertas

shelf KATA NAMA
(JAMAK **shelves**)
1 *rak*
2 *tingkat* (*dalam almari, ketuhar*)

shell KATA NAMA
1 *cangkerang*
2 *kulit* (*telur, kacang*)
3 *peluru meriam*

she'll = she will

shellfish KATA NAMA
kerang-kerangan

shell suit KATA NAMA
sut kasual

shelter
  rujuk juga **shelter** KATA KERJA
tempat berlindung
◊ *a bomb shelter* tempat berlindung daripada bom
♦ **to take shelter** mencari tempat berlindung
♦ **bus shelter** perhentian bas berbumbung

to **shelter** KATA KERJA
  rujuk juga **shelter** KATA NAMA
berlindung
◊ *We sheltered under a big tree.* Kami berlindung di bawah sebatang pokok yang besar.
♦ **That area is sheltered from the morning sun.** Kawasan itu terlindung daripada cahaya matahari pagi.

sheltered KATA ADJEKTIF
terlindung
◊ *a sheltered bay* sebuah teluk yang terlindung

shelves KATA NAMA JAMAK *rujuk* **shelf**

shepherd KATA NAMA
gembala kambing biri-biri

sheriff KATA NAMA
syerif

sherry KATA NAMA
sherry (*sejenis wain*)

she's = she is, = she has

shield KATA NAMA
perisai

to **shift** KATA KERJA
  rujuk juga **shift** KATA NAMA
mengalihkan
◊ *I couldn't shift the wardrobe on my own.* Saya tidak dapat mengalihkan almari pakaian itu seorang diri.
♦ **Shift yourself!** (*tidak formal*) Ke tepi!

shift KATA NAMA
  rujuk juga **shift** KATA KERJA
syif
◊ *the night shift* syif malam ◊ *His shift starts at eight o'clock.* Syifnya bermula pada pukul lapan.
♦ **a shift in government policy** perubahan kecil dalam polisi kerajaan

shifty KATA ADJEKTIF
licik
◊ *He looked shifty.* Dia kelihatan licik.
♦ **He has shifty eyes.** Pandangannya mencurigakan.

shin KATA NAMA
tulang kering

to **shine** KATA KERJA
(**shone, shone**)
1 *bersinar*
◊ *The sun was shining.* Matahari bersinar.
2 *berkilat* (*kasut, besi*)
3 *menyuluh*
◊ *One of the men shone a torch in his face.* Salah seorang lelaki itu menyuluh mukanya dengan lampu picit.

shiny KATA ADJEKTIF
berkilat

ship KATA NAMA
kapal
◊ *by ship* dengan kapal ◊ *a merchant ship* kapal dagang

shipbuilding KATA NAMA
industri pembinaan kapal

shipment KATA NAMA
pengiriman
◊ *shipment of weapons* pengiriman senjata

shipping KATA NAMA
1 *perkapalan*
◊ *shipping company* syarikat perkapalan

shipwreck → shopping

shipwreck KATA NAMA
nahas kapal

shipwrecked KATA ADJEKTIF
terlibat dalam nahas kapal
◊ *He was shipwrecked.* Dia terlibat dalam nahas kapal.

shipyard KATA NAMA
limbungan kapal

shirt KATA NAMA
kemeja

shit KATA NAMA
(*tidak formal*)
tahi

to **shiver** KATA KERJA
menggigil
◊ *to shiver with cold* menggigil kesejukan

shoal KATA NAMA
kawan
◊ *a shoal of fish* sekawan ikan

shock KATA NAMA

> *rujuk juga* **shock** KATA KERJA

1 *kejutan*
◊ *The news came as a shock to us.* Berita itu merupakan satu kejutan kepada kami.
2 *kejutan elektrik*
◊ *I got a shock when I touched the switch.* Saya terkena kejutan elektrik semasa saya menyentuh suis itu.
♦ **an electric shock** kejutan elektrik

to **shock** KATA KERJA

> *rujuk juga* **shock** KATA NAMA

terperanjat
◊ *They were shocked by the tragedy.* Mereka terperanjat dengan tragedi itu.
♦ **Nothing shocks me any more.** Tidak ada perkara yang menghairankan saya lagi.

shocked KATA ADJEKTIF
terperanjat
◊ *Don't look so shocked.* Usah tunjukkan wajah anda yang terperanjat.

shocking KATA ADJEKTIF
mencolok mata
◊ *It's shocking!* Sungguh mencolok mata!

shock wave KATA NAMA
gelombang kejutan

> *kawasan tekanan udara yang sangat tinggi yang bergerak menerusi udara, tanah atau air dan disebabkan oleh letupan atau gempa bumi*

♦ **The crime sent shock waves throughout the country.** Jenayah itu mengejutkan seluruh negara.

shoe KATA NAMA
kasut

◊ *a pair of shoes* sepasang kasut

shoelace KATA NAMA
tali kasut

shoe polish KATA NAMA
pengilat kasut

shoe shop KATA NAMA
kedai kasut

shone KATA KERJA *rujuk* **shine**

shook KATA KERJA *rujuk* **shake**

to **shoot** KATA KERJA
(**shot, shot**)

> *rujuk juga* **shoot** KATA NAMA

1 *menembak*
◊ *to shoot at somebody* menembak seseorang ◊ *Don't shoot!* Jangan tembak! ◊ *He was shot dead by the police.* Dia ditembak mati oleh polis.
2 *membuat penggambaran*
◊ *The film was shot in Kuala Lumpur.* Penggambaran filem itu dibuat di Kuala Lumpur.
3 *cuba menjaringkan gol* (*bola sepak, bola keranjang*)

shoot KATA NAMA

> *rujuk juga* **shoot** KATA KERJA

1 *penggambaran*
◊ *a video shoot* penggambaran video
2 *pucuk*

shooter KATA NAMA
penembak

shooting KATA NAMA
1 *kejadian tembak-menembak*
◊ *The shooting scared the children.* Kejadian tembak-menembak itu menakutkan kanak-kanak.
2 *penembakan*
◊ *The shooting of that policeman has still not been cleared out.* Peristiwa penembakan anggota polis itu masih menimbulkan tanda tanya.
3 *berburu*
◊ *to go shooting* pergi berburu

shop KATA NAMA
kedai
◊ *a sports shop* kedai sukan

shop assistant KATA NAMA
pembantu kedai

shopkeeper KATA NAMA
pekedai

shoplifting KATA NAMA
mencuri barang di kedai

shopping KATA NAMA
membeli-belah
◊ *to go shopping* pergi membeli-belah
◊ *I love shopping.* Saya suka membeli-belah.
♦ **shopping centre** pusat membeli-belah
♦ **Can you get the shopping from the car?** Bolehkah anda ambil barang-

English ~ Malay — shopping channel → shoulder blade

barang yang dibeli tadi dari kereta?

shopping channel KATA NAMA
rangkaian membeli-belah
> rangkaian televisyen yang menyiarkan program yang menunjukkan produk tertentu dan pengguna boleh menelefon rangkaian itu untuk membeli produk tersebut

shop window KATA NAMA
jendela kedai

shore KATA NAMA
persisiran
◊ *on the shores of the lake* di persisiran tasik itu
♦ **on shore** di darat

shoreline KATA NAMA
gigi air

short KATA ADJEKTIF
1 *pendek*
◊ *a short skirt* skirt pendek ◊ *short hair* rambut pendek
2 *singkat*
◊ *a short break* waktu rehat yang singkat
♦ **It's a short walk to town from my house.** Kita boleh berjalan kaki dari rumah saya ke bandar dan akan sampai sekejap sahaja.
♦ **a short time ago** sebentar tadi
3 *rendah*
◊ *She's short.* Dia rendah.
♦ **to be short of something** kekurangan sesuatu
♦ **at short notice** dalam jangka masa yang singkat
♦ **In short, the answer is no.** Pendek kata, jawapannya tidak.

shortage KATA NAMA
kekurangan
◊ *a water shortage* kekurangan bekalan air

short-circuit KATA NAMA
litar pintas

shortcoming KATA NAMA
kelemahan
◊ *She tries to overcome her shortcomings.* Dia cuba mengatasi kelemahannya. ◊ *Kasim's book has its shortcomings.* Buku Kasim ada kelemahannya.

short cut KATA NAMA
jalan pintas

to **shorten** KATA KERJA
memendekkan
◊ *Smoking can shorten your life.* Merokok boleh memendekkan nyawa anda. ◊ *Susila shortened her skirt.* Susila memendekkan skirtnya.

shorthand KATA NAMA
trengkas

shortly KATA ADVERBA
1 *sebentar lagi*
◊ *I'll be there shortly.* Saya akan sampai sebentar lagi.
2 *tidak lama*
◊ *She arrived shortly after midnight.* Dia sampai tidak lama selepas tengah malam.

shorts KATA NAMA JAMAK
seluar pendek
◊ *a pair of shorts* sehelai seluar pendek

short-sighted KATA ADJEKTIF
rabun jauh

short story KATA NAMA
cerpen

short-term KATA ADJEKTIF
jangka pendek

shot KATA KERJA *rujuk* **shoot**

shot KATA NAMA
1 *tembakan*
◊ *to fire a shot* melepaskan tembakan
♦ **a shot at goal** percubaan menjaringkan gol
2 *gambar*
◊ *a shot of Edinburgh Castle* gambar Istana Edinburgh
3 *suntikan*

shotgun KATA NAMA
senapang patah

shot put KATA NAMA
lontar peluru

should KATA KERJA
1 *patut*
◊ *You should take more exercise.* Anda patut meluangkan lebih banyak masa untuk bersenam.
2 *sepatutnya*
◊ *He should be there by now.* Dia sepatutnya sudah berada di sana sekarang. ◊ *I should have told you before.* Saya sepatutnya memberitahu anda sebelum ini.
♦ **That shouldn't be too hard.** Perkara itu tidaklah susah sangat.
♦ **I should go if I were you.** Jika saya jadi anda, saya akan pergi.

shoulder KATA NAMA
> *rujuk juga* **shoulder** KATA KERJA

bahu
♦ **shoulder bag** beg galas

to **shoulder** KATA KERJA
> *rujuk juga* **shoulder** KATA NAMA

memikul
◊ *He shouldered the responsibility of caring for his brother.* Dia memikul tanggungjawab menjaga adik lelakinya.

shoulder blade KATA NAMA
tulang belikat

shoulder-high KATA ADJEKTIF, KATA ADVERBA
separas bahu
◊ *a shoulder-high hedge* pagar hidup yang separas bahu
♦ **They carried him shoulder-high off the pitch.** Mereka menjulangnya ke luar padang.

shouldn't = should not

shout KATA NAMA
rujuk juga **shout** KATA KERJA
jeritan

to **shout** KATA KERJA
rujuk juga **shout** KATA NAMA
menjerit
♦ **Rani was startled when her sister shouted at her.** Rani terkejut apabila kakaknya menengkingnya.

to **shout out** KATA KERJA
melaungkan
◊ *They shouted out the names of those detained.* Mereka melaungkan nama-nama orang yang ditahan.

to **shove** KATA KERJA
menolak
◊ *She shoved as hard as she could.* Dia menolak sekuat hatinya.

shovel KATA NAMA
rujuk juga **shovel** KATA KERJA
penyodok

to **shovel** KATA KERJA
rujuk juga **shovel** KATA NAMA
menyodok

show KATA NAMA
rujuk juga **show** KATA KERJA
1 *persembahan*
◊ *to stage a show* mengadakan persembahan
2 *program* atau *rancangan*
◊ *a TV show* rancangan televisyen
♦ **fashion show** pertunjukan fesyen
♦ **motor show** pameran kereta

to **show** KATA KERJA
(**shown, shown**)
rujuk juga **show** KATA NAMA
menunjukkan
♦ **to show somebody something** menunjukkan sesuatu kepada seseorang
◊ *Have I shown you my hat?* Sudahkah saya tunjukkan topi saya kepada anda?
♦ **It shows.** Memang jelas pun. ◊ *I've never been riding before. - It shows.* Saya tidak pernah menunggang kuda sebelum ini. - Memang jelas pun.

to **show off** KATA KERJA
menunjuk-nunjuk

to **show up** KATA KERJA
sampai
◊ *He showed up late as usual.* Dia sampai lewat seperti biasa.

♦ **He never fails to show up for class.** Dia selalu hadir ke kelas.

to **showcase** KATA KERJA
mempamerkan
◊ *Over 35 companies will be showcasing their wares.* Lebih daripada 35 buah syarikat akan mempamerkan barangan syarikat masing-masing.

shower KATA NAMA
pancuran
♦ **to have a shower** mandi hujan
Biasanya perkataan **hujan** digugurkan kecuali untuk penekanan.
◊ *I think I'll have a shower before dinner.* Saya rasa, saya hendak mandi dahulu sebelum makan malam.
♦ **scattered showers** hujan di sana sini

shower gel KATA NAMA
gel mandi

showerproof KATA ADJEKTIF
kalis air

showing KATA NAMA
tayangan
◊ *a private showing* tayangan peribadi

shown KATA KERJA rujuk **show**

show-off KATA NAMA
suka menunjuk-nunjuk

showroom KATA NAMA
bilik pameran

shrank KATA KERJA rujuk **shrink**

to **shred** KATA KERJA
menghiris
◊ *Finely shred the carrots, cabbage and cored apples.* Hiris halus lobak merah, kubis dan epal yang sudah dibuang empulurnya.
♦ **They may be shredding documents.** Mungkin mereka sedang meracik dokumen.

to **shriek** KATA KERJA
menjerit

shrill KATA ADJEKTIF
nyaring

shrimp KATA NAMA
udang

shrine KATA NAMA
tempat suci
♦ **the holy shrine of Mecca** kota suci Mekah
♦ **A shrine was found in Lembah Bujang.** Sebuah candi telah dijumpai di Lembah Bujang.

to **shrink** KATA KERJA
(**shrank, shrunk**)
mengecut (pakaian, fabrik)

shroud KATA NAMA
kain kapan

shrub KATA NAMA
pokok renek

shrug → side

to shrug KATA KERJA
mengangkat bahu
- **to shrug one's shoulders** mengangkat bahu

shrunk KATA KERJA *rujuk* **shrink**

to shudder KATA KERJA
menggeletar

to shuffle KATA KERJA
mengocok
◊ *to shuffle the cards* mengocok kad

to shun KATA KERJA
menyisih
◊ *The villagers shunned him because of his weird ways.* Penduduk kampung menyisihnya kerana perangainya yang pelik itu.

to shut KATA KERJA
(shut, shut)
tutup
◊ *What time do you shut?* Pada pukul berapakah anda tutup? ◊ *What time do the shops shut?* Pada pukul berapakah kedai-kedai itu tutup?

to shut down KATA KERJA
menutup
- **The cinema shut down last year.** Panggung wayang itu ditutup tahun lepas.

to shut in KATA KERJA
mengurung
◊ *Dollah shut himself in the bathroom for hours.* Dollah mengurung diri di dalam bilik air berjam-jam lamanya.

to shut up KATA KERJA
diam
◊ *Shut up!* Diamlah!
- **Don't shut yourself up in your room all day.** Jangan berkurung di dalam bilik sepanjang hari.

shutters KATA NAMA JAMAK
penutup tingkap

shuttle KATA NAMA
1. *bolak-balik angkasa lepas*
2. *pengangkutan pergi balik (bas, kapal terbang, dll)*
- **space shuttle** bolak-balik angkasa lepas
- **shuttle bus** bas ulang-alik

shuttlecock KATA NAMA
bulu tangkis

shy KATA ADJEKTIF
1. *malu (perasaan)*
2. *pemalu (orang)*

shyly KATA ADVERBA
malu
◊ *The boy smiled shyly.* Budak lelaki itu tersenyum malu.

shyness KATA NAMA
sifat malu
◊ *His shyness prevented him from speaking to the girl.* Sifat malunya menghalang dia daripada bercakap dengan gadis itu.

Siamese twin KATA NAMA
kembar Siam

sibling KATA NAMA
adik-beradik

Sicily KATA NAMA
Sicily

sick KATA ADJEKTIF
sakit
◊ *She looks after her sick mother.* Dia menjaga ibunya yang sakit.
- **That's really sick!** Sungguh menjijikkan!
- **to be sick** muntah ◊ *I was sick twice last night.* Saya muntah dua kali semalam.
- **I feel sick.** Saya berasa loya.
- **to be sick of something** bosan dengan sesuatu ◊ *I'm sick of your jokes.* Saya sudah bosan dengan gurauan anda.

sickening KATA ADJEKTIF
meloyakan

sickie KATA NAMA
(*tidak formal*)
cuti sakit

sickle KATA NAMA
sabit

sick leave KATA NAMA
cuti sakit

sickness KATA NAMA
sakit

sick note KATA NAMA
surat sakit

sick pay KATA NAMA

> sick pay ialah wang yang diberikan oleh majikan kepada pekerja yang sakit dan tidak dapat bekerja sebagai ganti gaji yang biasa diberikan kepada mereka.

side KATA NAMA

> rujuk juga **side** KATA KERJA

1. *belah*
◊ *both sides of the road* kedua-dua belah jalan
2. *tepi*
◊ *The car was abandoned at the side of the road.* Kereta itu ditinggalkan di tepi jalan. ◊ *by the side of the lake* di tepi tasik
3. *bahagian*
◊ *Play side A.* Mainkan bahagian A kaset itu.
- **a house on the side of a mountain** rumah di lereng bukit
- **We sat side by side.** Kami duduk sebelah-menyebelah.
- **I'm on your side.** Saya menyebelahi anda.
- **to take somebody's side** menyebelahi

side → significant

seseorang
- **to take sides** menyebelahi satu pihak sahaja
- **the side entrance** pintu tepi

to **side** KATA KERJA

> rujuk juga **side** KATA NAMA

menyebelahi
◊ *My mother always sides with my younger brother.* Ibu saya selalu menyebelahi adik saya.

sideboard KATA NAMA
almari pinggan mangkuk

sideburns KATA NAMA JAMAK
bauk atau *jambang*

side-effect KATA NAMA
kesan sampingan

sideline KATA NAMA
kerja sampingan

sidelong KATA ADJEKTIF
- **to give somebody a sidelong look** menjeling seseorang

side street KATA NAMA
jalan samping

sidewalk KATA NAMA 🇺🇸
laluan pejalan kaki

sideways KATA ADVERBA
ke sisi
◊ *He was facing sideways.* Dia menghadap ke sisi.
- **to look sideways** memandang ke sisi
- **to move sideways** berjalan mengiring

siege KATA NAMA
pengepungan
◊ *The siege has ended.* Pengepungan itu sudah berakhir.

sieve KATA NAMA

> rujuk juga **sieve** KATA KERJA

1. *penapis* (untuk cecair)
2. *ayak* (untuk serbuk)

to **sieve** KATA KERJA

> rujuk juga **sieve** KATA NAMA

1. *menapis*
2. *mengayak*

to **sigh** KATA KERJA

> rujuk juga **sigh** KATA NAMA

mengeluh

sigh KATA NAMA

> rujuk juga **sigh** KATA KERJA

keluhan

sight KATA NAMA
1. *penglihatan*
◊ *the sense of sight* deria penglihatan
◊ *I'm losing my sight.* Penglihatan saya semakin kabur.
- **at first sight** pada pandangan pertama
- **to know somebody by sight** cam wajah seseorang
- **in sight** boleh dilihat
2. *pemandangan*

◊ *It was an amazing sight.* Pemandangan itu sungguh indah.
- **Keep out of sight!** Sembunyi!
- **to see the sights of London** melihat tempat-tempat menarik di London

sighted KATA ADJEKTIF
celik
- **the difference between the blind and the sighted** perbezaan antara orang buta dengan orang yang celik

sightseeing KATA NAMA
melawat tempat-tempat menarik
- **to go sightseeing** pergi melawat tempat-tempat menarik

sign KATA NAMA

> rujuk juga **sign** KATA KERJA

1. *papan tanda*
◊ *There was a big sign saying "private".* Ada sebuah papan tanda yang besar dengan perkataan "persendirian".
2. *isyarat*
◊ *She made a sign to the waiter.* Dia memberikan isyarat kepada pelayan itu.
- **There's no sign of improvement.** Tidak ada tanda-tanda kemajuan.
- **road sign** isyarat jalan raya
- **What sign are you?** Apakah zodiak anda?

to **sign** KATA KERJA

> rujuk juga **sign** KATA NAMA

menandatangani

to **sign on** KATA KERJA
mendaftar sebagai penganggur

> Di Britain, **sign on** bermaksud penganggur memberitahu pihak berkuasa secara rasmi bahawa dia menganggur supaya dapat menerima bantuan wang daripada kerajaan.

to **sign on for** KATA KERJA
mendaftarkan diri untuk
◊ *I've signed on for a driving course.* Saya telah mendaftarkan diri untuk kursus memandu.

signal KATA NAMA

> rujuk juga **signal** KATA KERJA

isyarat

to **signal** KATA KERJA

> rujuk juga **signal** KATA NAMA

memberikan isyarat
◊ *to signal to somebody* memberikan isyarat kepada seseorang

signalman KATA NAMA
penjaga isyarat (di stesen kereta api)

signature KATA NAMA
tandatangan

significance KATA NAMA
kepentingan

significant KATA ADJEKTIF
1. *cukup besar*

◊ *food that offer a significant amount of protein* makanan yang mempunyai jumlah protein yang cukup besar
[2] *penting* (kesan, dll)
[3] *penuh bermakna* (tindakan, isyarat)

significantly KATA ADVERBA
dengan ketara sekali
◊ *The number had increased significantly.* Jumlah itu telah meningkat dengan ketara sekali.
♦ **Children's development is significantly affected by their upbringing.** Perkembangan kanak-kanak sangat dipengaruhi oleh asuhan ibu bapa.

to **signify** KATA KERJA
(signified, signified)
melambangkan

sign language KATA NAMA
bahasa isyarat

signpost KATA NAMA
tiang tanda

silence KATA NAMA
rujuk juga **silence** KATA KERJA
kesunyian

to **silence** KATA KERJA
rujuk juga **silence** KATA NAMA
membuat ... terdiam
◊ *The sharp remarks silenced him completely.* Kata-kata yang tajam itu membuatnya terdiam sama sekali.
♦ **He tried to silence anyone who spoke out against him.** Dia cuba menutup mulut sesiapa sahaja yang bercakap menentangnya.
♦ **an attempt to silence the debate** percubaan untuk menghentikan perdebatan itu

silencer KATA NAMA
alat penyengap

silent KATA ADJEKTIF
[1] *sunyi*
◊ *a silent room* bilik yang sunyi
[2] *senyap*
◊ *He was silent during the visit.* Dia senyap sahaja semasa lawatan itu.
♦ **He was a silent man.** Dia pendiam orangnya.

silhouette KATA NAMA
bayang

silicon chip KATA NAMA
cip silikon

silk KATA NAMA
sutera

silky KATA ADJEKTIF
selembut sutera

silly KATA ADJEKTIF
bodoh

silver KATA NAMA
perak

◊ *a silver medal* pingat perak

silverfish KATA NAMA
gegat

SIM card KATA NAMA (= *Subscriber Identity Module card*)
kad SIM (kad di dalam telefon bimbit)

similar KATA ADJEKTIF
serupa
♦ **similar to** serupa dengan

similarity KATA NAMA
persamaan

to **simmer** KATA KERJA
mereneh
◊ *Turn the heat down so the sauce simmers gently.* Rendahkan suhu supaya sos itu mereneh dengan perlahan.

to **simmer down** KATA KERJA
reda
◊ *The teacher's anger simmered down after a week.* Kemarahan guru itu reda selepas seminggu. ◊ *Brad's rage had simmered down to resentment.* Kemarahan Brad sudah reda menjadi perasaan geram sahaja.

simple KATA ADJEKTIF
[1] *mudah*
◊ *It's very simple.* Perkara itu mudah sahaja.
[2] *sederhana*
◊ *He leads a simple life.* Dia hidup sederhana.

simplicity KATA NAMA
kesederhanaan

to **simplify** KATA KERJA
(simplified, simplified)
memudahkan
◊ *We need to simplify the instructions for this test.* Kita perlu memudahkan arahan untuk ujian ini.

simply KATA ADVERBA
hanya

simultaneous KATA ADJEKTIF
serentak

simultaneously KATA ADVERBA
serentak
◊ *They answered simultaneously.* Mereka menjawab serentak.

sin KATA NAMA
rujuk juga **sin** KATA KERJA
dosa

to **sin** KATA KERJA
rujuk juga **sin** KATA NAMA
berdosa

since KATA SENDI, KATA ADVERBA, KATA HUBUNG
[1] *sejak*
◊ *since Christmas* sejak Krismas
◊ *since then* sejak itu
♦ **I haven't seen him since.** Saya tidak

pernah berjumpa dengannya sejak hari itu.
[2] *memandangkan*
◊ *Since you're tired, let's stay at home.* Memandangkan anda sudah letih, kita tinggal sahajalah di rumah.

sincere KATA ADJEKTIF
ikhlas

sincerely KATA ADVERBA
dengan ikhlas
◊ *'Congratulations,' he said sincerely.* 'Tahniah,' katanya dengan ikhlas.
• **Yours sincerely...** Yang benar...

sincerity KATA NAMA
keikhlasan
◊ *I was very attracted by her sincerity.* Saya amat tertarik dengan keikhlasannya.

sine KATA NAMA
sinus (matematik)

sinful KATA ADJEKTIF
terkutuk
◊ *sinful act* perbuatan yang terkutuk

sinfulness KATA NAMA
kemungkaran
◊ *He acknowledged his sinfulness.* Dia insaf dengan segala kemungkaran yang dilakukannya.

to **sing** KATA KERJA
(sang, sung)
menyanyi

singer KATA NAMA
penyanyi

singing KATA NAMA
nyanyian
◊ *singing lessons* kelas nyanyian

single KATA ADJEKTIF
> rujuk juga **single** KATA NAMA

bujang
◊ *a single room* bilik bujang ◊ *a single bed* katil bujang
• **a single mother** ibu tunggal
• **She hadn't said a single word.** Dia tidak bercakap sepatah perkataan pun.
• **a single copy** satu salinan

single KATA NAMA
> rujuk juga **single** KATA ADJEKTIF

bujang

single parent KATA NAMA
[1] *ibu tunggal*
◊ *She's a single parent.* Dia seorang ibu tunggal.
[2] *bapa tunggal*
◊ *He's a single parent.* Dia seorang bapa tunggal.
• **a single parent family** keluarga induk tunggal

singles KATA NAMA JAMAK
pertandingan perseorangan (dalam tenis, badminton)
◊ *the women's singles* pertandingan perseorangan wanita

singular KATA NAMA
tunggal/ atau *mufrad*
• **in the singular** dalam bentuk tunggal

sinister KATA ADJEKTIF
jahat

sink KATA NAMA
> rujuk juga **sink** KATA KERJA, KATA ADJEKTIF

singki

to **sink** KATA KERJA
(sank, sunk)
> rujuk juga **sink** KATA NAMA, KATA ADJEKTIF

[1] *menenggelamkan*
◊ *We sank the enemy ship.* Kami telah menenggelamkan kapal musuh.
[2] *tenggelam*
◊ *The boat was sinking fast.* Kapal itu tenggelam dengan cepat.

sink KATA ADJEKTIF
> rujuk juga **sink** KATA NAMA, KATA KERJA

serba kekurangan (sekolah, estet)

to **sip** KATA KERJA
menghirup

sir KATA NAMA
encik
◊ *Yes sir.* Ya, encik.

siren KATA NAMA
siren

sister KATA NAMA
[1] *kakak*
[2] *adik* (perempuan)
• **my little sister** adik perempuan saya

sister-in-law KATA NAMA
(JAMAK **sisters-in-law**)
[1] *kakak ipar*
[2] *adik ipar* (perempuan)

to **sit** KATA KERJA
(sat, sat)
duduk
◊ *He sat in front of the TV.* Dia duduk di hadapan televisyen.
• **to be sitting** duduk ◊ *He was sitting in front of the TV.* Dia duduk di hadapan televisyen.
• **to sit an exam** menduduki peperiksaan

to **sit down** KATA KERJA
duduk
◊ *He sat down at his desk.* Dia duduk di mejanya.

sitcom KATA NAMA
sitcom (siri komedi TV)

site KATA NAMA
[1] *tempat*
◊ *the site of the accident* tempat kemalangan
[2] *tapak*

English ~ Malay sitting room → skin

◊ *building site* tapak pembinaan
3 *tapak Web* (komputer)
sitting room KATA NAMA
ruang tamu
situated KATA ADJEKTIF
• **to be situated...** terletak...
situation KATA NAMA
keadaan atau *situasi*
six ANGKA
enam
• **He's six.** Dia berumur enam tahun.
sixteen ANGKA
enam belas
• **He's sixteen.** Dia berumur enam belas tahun.
sixteenth KATA ADJEKTIF
keenam belas
◊ *the sixteenth place* tempat keenam belas
• **the sixteenth of October** enam belas hari bulan Oktober
sixth KATA ADJEKTIF
keenam
◊ *the sixth place* tempat keenam
• **the sixth of August** enam hari bulan Ogos
sixties KATA NAMA JAMAK
enam puluhan
sixtieth KATA ADJEKTIF
keenam puluh
sixty ANGKA
enam puluh
• **She's sixty.** Dia berumur enam puluh tahun.
size KATA NAMA
saiz
◊ *plates of various sizes* pinggan pelbagai saiz ◊ *What size do you take?* Apakah saiz yang anda pakai? ◊ *I take size five.* Saya memakai saiz lima.
to **skate** KATA KERJA
meluncur
skateboard KATA NAMA
papan luncur
skateboarding KATA NAMA
bermain papan luncur
◊ *to go skateboarding* pergi bermain papan luncur
skates KATA NAMA JAMAK
1 *kasut roda*
2 *kasut luncur ais*
skating KATA NAMA
meluncur
◊ *to go skating* pergi meluncur
• **skating rink** gelanggang luncur
skeleton KATA NAMA
rangka
sketch KATA NAMA
(JAMAK **sketches**)

rujuk juga **sketch** KATA KERJA

lakaran
to **sketch** KATA KERJA

rujuk juga **sketch** KATA NAMA

melakarkan
skewer KATA NAMA
pencucuk
ski KATA NAMA

rujuk juga **ski** KATA KERJA

ski
◊ *a pair of skis* sepasang ski
• **ski boots** but ski
• **ski lift**

sejenis mesin yang mempunyai deretan tempat duduk yang membawa pemain ski ke atas cerun ski dengan menggunakan kabel

• **ski pants** seluar ski
• **ski pole** tiang ski
• **ski slope** cerun ski
• **ski suit** pakaian ski
to **ski** KATA KERJA

rujuk juga **ski** KATA NAMA

bermain ski
to **skid** KATA KERJA
menggelincir
skier KATA NAMA
peluncur ski
skiing KATA NAMA
bermain ski
◊ *I love skiing.* Saya suka bermain ski.
• **to go skiing** pergi bermain ski
• **to go on a skiing holiday** pergi bercuti bermain ski
skilful KATA ADJEKTIF
mahir
skill KATA NAMA
kemahiran
◊ *It requires a lot of skill.* Banyak kemahiran diperlukan untuk melakukannya.
skilled KATA ADJEKTIF
mahir
◊ *a skilled worker* pekerja mahir
skimmed milk KATA NAMA
susu tanpa lemak
skimpy KATA ADJEKTIF
1 *terlalu kecil* (pakaian)
2 *tidak mencukupi* (makanan, gaji)
skin KATA NAMA

rujuk juga **skin** KATA KERJA

kulit
◊ *skin cancer* barah kulit
to **skin** KATA KERJA

rujuk juga **skin** KATA NAMA

menyiat kulit
◊ *They shot the deer and then skinned it.* Mereka menembak rusa itu dan kemudian menyiat kulitnya.

skinhead KATA NAMA
> skinhead merupakan golongan orang muda yang rambutnya dicukur atau dipotong sangat rapat dan biasanya dianggap ganas.

skinny KATA ADJEKTIF
kurus kering

skin-tight KATA ADJEKTIF
sangat ketat

to **skip** KATA KERJA
> rujuk juga **skip** KATA NAMA

1 *melompat-lompat*
2 *melangkau*
◊ *He skipped that chapter of the book.* Dia melangkau bab tersebut dalam buku itu.
♦ **You should never skip breakfast.** Anda mesti bersarapan setiap hari.
♦ **to skip school** ponteng sekolah

skip KATA NAMA
> rujuk juga **skip** KATA KERJA

lompatan

skirt KATA NAMA
skirt

skittles KATA NAMA JAMAK
permainan skittles

to **skive** KATA KERJA
(*tidak formal*)
ponteng
◊ *to skive off school* ponteng sekolah

skull KATA NAMA
tengkorak

sky KATA NAMA
(JAMAK **skies**)
langit

sky-high KATA ADJEKTIF, KATA ADVERBA
tinggi melangit
◊ *sky-high prices* harga yang tinggi melangit
♦ **Their popularity went sky-high.** Mereka menjadi sangat popular.

skyscraper KATA NAMA
pencakar langit

slack KATA ADJEKTIF
1 *kendur* (tali)
2 *cuai* (orang)

to **slacken** KATA KERJA
1 *melambatkan*
◊ *He did not slacken his pace.* Dia tidak melambatkan langkahnya.
2 *berkurangan*
◊ *Inflationary pressures continued to slacken last month.* Tekanan-tekanan yang menyebabkan inflasi terus berkurangan pada bulan lepas.
3 *mengendur*
◊ *Muscles slacken and tighten.* Otot mengendur dan menegang.

to **slag off** KATA KERJA
(*tidak formal*)
mengutuk

to **slam** KATA KERJA
menghempaskan
◊ *She slammed the door.* Dia menghempaskan pintu itu.
♦ **The door slammed.** Pintu itu dilepaskan dengan kuat.

slander KATA NAMA
> rujuk juga **slander** KATA KERJA

fitnah
◊ *This report clearly contains elements of slander and propaganda.* Laporan ini jelas berunsur fitnah dan propaganda.
♦ **She was sued for slander.** Dia didakwa kerana memfitnah.

to **slander** KATA KERJA
> rujuk juga **slander** KATA NAMA

memfitnah

slanderer KATA NAMA
pemfitnah

slanderous KATA ADJEKTIF
berunsur fitnah
◊ *That is a slanderous remark.* Kata-kata itu berunsur fitnah.

slang KATA NAMA
slanga

to **slap** KATA KERJA
> rujuk juga **slap** KATA NAMA

menampar atau *menempeleng*

slap KATA NAMA
> rujuk juga **slap** KATA KERJA

tamparan atau *tempeleng*

to **slash** KATA KERJA
mengelar
◊ *Joseph slashed his wrists.* Joseph mengelar pergelangan tangannya.

slate KATA NAMA
batu loh

to **slaughter** KATA KERJA
> rujuk juga **slaughter** KATA NAMA

menyembelih

slaughter KATA NAMA
> rujuk juga **slaughter** KATA KERJA

penyembelihan

slave KATA NAMA
hamba

slavery KATA NAMA
perhambaan

sledge KATA NAMA
kereta luncur salji

sledging KATA NAMA
bermain kereta luncur salji
◊ *to go sledging* pergi bermain kereta luncur salji

sleep KATA NAMA
> rujuk juga **sleep** KATA KERJA

tidur
◊ *lack of sleep* tidak cukup tidur ◊ *I*

English ~ Malay — sleep → slimy

need some sleep. Saya perlu tidur. ◊ *to go to sleep* masuk tidur

to **sleep** KATA KERJA
(slept, slept)
rujuk juga **sleep** KATA NAMA
tidur
◊ *I couldn't sleep last night.* Saya tidak dapat tidur semalam.

to **sleep around** KATA KERJA
meniduri sesiapa sahaja

to **sleep in** KATA KERJA
bangun lebih lewat daripada biasa
◊ *She likes to sleep in on Sundays.* Dia suka bangun lebih lewat daripada biasa pada hari Ahad.

to **sleep together** KATA KERJA
berseketiduran

to **sleep with** KATA KERJA
meniduri

sleeper KATA NAMA
1. *tempat tidur* (dalam kereta api)
2. *galang* (untuk landasan)
- **a light sleeper** orang yang mudah terjaga dari tidur
- **a heavy sleeper** orang yang tidur mati
- **a late sleeper** orang yang selalu bangun lewat

sleeping bag KATA NAMA
beg tidur

sleeping car KATA NAMA
gerabak tidur

sleeping pill KATA NAMA
pil tidur

sleepless KATA ADJEKTIF
tidak dapat tidur
◊ *The nightmare gave her a sleepless night.* Mimpi ngeri itu menyebabkan dia tidak dapat tidur sepanjang malam.

sleepover KATA NAMA
bermalam di luar (di rumah kawan, dll)

sleepy KATA ADJEKTIF
mengantuk
◊ *to feel sleepy* berasa mengantuk
- **a sleepy little village** kampung kecil yang lengang

sleet KATA NAMA
rujuk juga **sleet** KATA KERJA
hujan batu

to **sleet** KATA KERJA
rujuk juga **sleet** KATA NAMA
hujan batu turun
- **It's sleeting.** Hujan batu turun.

sleeve KATA NAMA
lengan (baju, kot)

sleeveless KATA ADJEKTIF
tanpa lengan

sleigh KATA NAMA
kereta luncur salji

slender KATA ADJEKTIF
langsing
- **a slender neck** leher jenjang

slept KATA KERJA *rujuk* **sleep**

slice KATA NAMA
rujuk juga **slice** KATA KERJA
1. *keping* (roti)
2. *potong* (kek)
3. *hiris* (bawang, nenas, keju, daging, dll)

to **slice** KATA KERJA
rujuk juga **slice** KATA NAMA
menghiris

slick KATA ADJEKTIF
rujuk juga **slick** KATA NAMA
licin
◊ *a slick performance* persembahan yang licin

slick KATA NAMA
rujuk juga **slick** KATA ADJEKTIF
tumpahan minyak
- **oil slick** tumpahan minyak

to **slide** KATA KERJA
(slid, slid)
rujuk juga **slide** KATA NAMA
mengalir
◊ *A tear slid down his cheek.* Air mata mengalir di pipinya.
- **She slid the door open.** Dia menguakkan pintu itu.
- **They slid down the slope.** Mereka menggelongsor dari cerun itu.

slide KATA NAMA
rujuk juga **slide** KATA KERJA
1. *slaid* (filem fotografi, pada mikroskop)
2. *papan gelongsor*
3. *kemerosotan* (harga, mata wang)

slight KATA ADJEKTIF
sedikit
◊ *a slight improvement* sedikit kemajuan
- **a slight problem** masalah yang kecil

slightly KATA ADVERBA
sedikit
◊ *That car is slightly more expensive.* Kereta itu lebih mahal sedikit.

slim KATA ADJEKTIF
rujuk juga **slim** KATA KERJA
langsing

to **slim** KATA KERJA
rujuk juga **slim** KATA ADJEKTIF
melangsingkan badan
◊ *I'm trying to slim.* Saya sedang cuba melangsingkan badan.
- **I'm slimming.** Saya sedang cuba melangsingkan badan.

slimy KATA ADJEKTIF
1. *berlendir*
◊ *She touched something cold and slimy.* Dia tersentuh sesuatu yang sejuk dan berlendir.

sling → slumber

② *licin dan melekit* (*lumpur*)

sling KATA NAMA
anduh
◊ *She had her arm in a sling.* Dia menggunakan anduh untuk menopang tangannya.

slip KATA NAMA
> *rujuk juga* **slip** KATA KERJA
> ① *kesilapan kecil*
> ② *simis* (*pakaian*)

♦ **a slip of paper** secebis kertas
♦ **a slip of the tongue** tersilap sebut

to **slip** KATA KERJA
> *rujuk juga* **slip** KATA NAMA
> ① *tergelincir*
> ◊ *He slipped on the ice.* Dia tergelincir di atas ais.
> ② *menyelinap*
> ◊ *He slipped into the room.* Dia menyelinap masuk ke dalam bilik itu.

♦ **Weng Ki's foot slipped into the drain.** Kaki Weng Ki terperosok ke dalam longkang.
♦ **Her ring slipped off her finger.** Cincinnya terlucut dari jarinya.

to **slip up** KATA KERJA
membuat kesilapan kecil

slipper KATA NAMA
selipar

slippery KATA ADJEKTIF
licin

slip-up KATA NAMA
kesilapan kecil

to **slit** KATA KERJA
(slit, slit)
> *rujuk juga* **slit** KATA NAMA
> ① *menoreh*
> ◊ *Somebody slit her throat.* Seseorang telah menoreh lehernya.
> ② *terbelah*
> ◊ *She was wearing a white dress slit to the thigh.* Dia memakai baju putih yang terbelah hingga ke paha.

slit KATA NAMA
> *rujuk juga* **slit** KATA KERJA
> ① *belah*
> ◊ *a skirt with a long slit* skirt yang mempunyai belah yang panjang
> ② *torehan*
> ◊ *Make a slit in the stem about half an inch long.* Buat torehan pada batang itu sepanjang kira-kira setengah inci.

to **slither** KATA KERJA
> ① *menggelongsor*
> ◊ *He slithered down the bank.* Dia menggelongsor dari tebing itu.
> ② *menjalar* (*ular*)

slogan KATA NAMA
slogan

slope KATA NAMA
> *rujuk juga* **slope** KATA KERJA
> ① *lereng*
> ◊ *The street was on a slope.* Jalan itu terletak di lereng.
> ② *kecerunan*
> ◊ *a slope of 10 degrees* kecerunan 10 darjah

to **slope** KATA KERJA
> *rujuk juga* **slope** KATA NAMA
> *mempunyai lereng*
> ◊ *The bank sloped down sharply to the river.* Tebing itu mempunyai lereng yang tajam yang mengarah ke sungai. ◊ *The hill slopes gently.* Bukit itu mempunyai lereng yang agak landai.

sloping KATA ADJEKTIF
miring
◊ *sloping roof* bumbung yang miring
♦ **the gently sloping beach** pantai yang agak landai

sloppy KATA ADJEKTIF
selekeh

slot KATA NAMA
lubang

slot machine KATA NAMA
① *mesin judi*
② *mesin layan diri*

slow KATA ADJEKTIF, KATA ADVERBA
① *lembap*
◊ *He's a bit slow.* Dia agak lembap.
② *perlahan*
◊ *a slow process* proses yang perlahan
♦ **Drive slower!** Pandu dengan lebih perlahan!
♦ **My watch is slow.** Jam tangan saya lambat.

to **slow down** KATA KERJA
① *semakin perlahan*
◊ *The car slowed down.* Kereta itu semakin perlahan.
② *memperlahankan*
◊ *Alicia slowed her car down.* Alicia memperlahankan keretanya.

slowly KATA ADVERBA
perlahan-lahan

slug KATA NAMA
lintah bulan

sluggishness KATA NAMA
kelembapan
◊ *sluggishness of the economy* kelembapan ekonomi

slum KATA NAMA
kawasan yang sesak dan kotor
◊ *They live in a slum.* Mereka tinggal di kawasan yang sesak dan kotor.

slumber KATA NAMA
tidur
♦ **He had fallen into slumber.** Dia telah

tidur.

to slump KATA KERJA
1. *rebah*
◊ *She slumped into a chair.* Dia rebah di atas kerusi.
2. *susut secara mendadak*
◊ *Profits have slumped.* Keuntungan telah susut secara mendadak.

slush KATA NAMA
lecah salji

sly KATA ADJEKTIF
licik
◊ *She's very sly.* Dia sangat licik.
♦ *a sly smile* senyuman sinis

to smack KATA KERJA
| rujuk juga **smack** KATA NAMA |
1. *menampar*
♦ **He smacked the ball against a post.** Dia memukul bola itu pada sebatang tiang.
2. *berbaur*
◊ *His remarks smack of incitement.* Kata-katanya berbaur hasutan.

smack KATA NAMA
| rujuk juga **smack** KATA KERJA |
tamparan atau *tempeleng*

smackhead KATA NAMA
(*tidak formal*)
penagih heroin

small KATA ADJEKTIF
kecil
◊ *two small children* dua orang budak kecil
♦ **small change** tukaran wang kecil

smart KATA ADJEKTIF
| rujuk juga **smart** KATA KERJA, KATA NAMA |
1. *segak*
◊ *a smart navy blue suit* sut biru tua yang segak
2. *bijak*
◊ *He thinks he's smarter than Sarah.* Dia ingat dia lebih bijak daripada Sarah.
3. *mewah* (*tempat, dll*)

to smart KATA KERJA
| rujuk juga **smart** KATA ADJEKTIF, KATA NAMA |
pedih
◊ *The cut on my hand smarted when it got wet.* Luka pada tangan saya terasa pedih apabila terkena air.

smart KATA NAMA
| rujuk juga **smart** KATA ADJEKTIF, KATA KERJA |
kepedihan

smartly KATA ADVERBA
segak
◊ *Raju dresses smartly.* Raju berpakaian segak.

to smash KATA KERJA
| rujuk juga **smash** KATA NAMA |
1. *memecahkan*
◊ *They smashed windows.* Mereka memecahkan tingkap-tingkap.
2. *pecah berkecai*
♦ **The glass smashed into tiny pieces.** Kaca itu pecah berkecai.

smash KATA NAMA
(JAMAK **smashes**)
| rujuk juga **smash** KATA KERJA |
kemalangan kereta
♦ **I had a smash with another car.** Saya berlanggar dengan sebuah kereta.

smashing KATA ADJEKTIF
hebat
◊ *That's a smashing idea.* Itu satu idea yang hebat.

to smear KATA KERJA
| rujuk juga **smear** KATA NAMA |
mencalitkan
◊ *Smear a little olive oil over the inside of the bowl.* Calitkan sedikit minyak zaitun pada bahagian dalam mangkuk itu.

smear KATA NAMA
| rujuk juga **smear** KATA KERJA |
kesan calit
◊ *The mirror was covered in smears.* Cermin itu dipenuhi dengan kesan calit.
♦ **There was a smear of gravy on his chin.** Ada kesan kuah pada dagunya.

smell KATA NAMA
| rujuk juga **smell** KATA KERJA |
bau
◊ *a smell of lemon* bau lemon
♦ **the sense of smell** deria bau

to smell KATA KERJA
(smelled atau smelt, smelled atau smelt)
| rujuk juga **smell** KATA NAMA |
berbau
◊ *That dog smells!* Anjing itu berbau!
♦ **I can't smell anything.** Saya tidak dapat menghidu apa-apa.
♦ **I can smell gas.** Saya terbau gas.
♦ **to smell of something** berbau ◊ *It smells of petrol.* Benda itu berbau petrol.

smelly KATA ADJEKTIF
berbau
◊ *The pub was dirty and smelly.* Pub itu kotor dan berbau. ◊ *He's got smelly feet.* Kakinya berbau.

smelt KATA KERJA *rujuk* **smell**

to smile KATA KERJA
| rujuk juga **smile** KATA NAMA |
tersenyum

smile KATA NAMA
| rujuk juga **smile** KATA KERJA |
senyuman

smitten KATA ADJEKTIF
tertawan

◊ *Fred was smitten with my sister.* Fred tertawan dengan kakak saya.

smog KATA NAMA
asbut

smoke KATA NAMA
rujuk juga **smoke** KATA KERJA
asap

to **smoke** KATA KERJA
rujuk juga **smoke** KATA NAMA
1. *merokok*
◊ *I don't smoke.* Saya tidak merokok.
2. *mengasap*
◊ *The Eskimos smoke meat to preserve it.* Orang Eskimo mengasap daging untuk mengawetnya.
- **smoked fish** ikan salai

smoker KATA NAMA
perokok

smoking KATA NAMA
merokok
◊ *to stop smoking* berhenti merokok
- **Smoking is bad for you.** Merokok membahayakan kesihatan anda.
- **"no smoking"** "dilarang merokok"

smoky KATA ADJEKTIF
berasap
◊ *The room is smoky.* Bilik itu berasap.

to **smooch** KATA KERJA
bercumbu-cumbuan

smooth KATA ADJEKTIF
rujuk juga **smooth** KATA KERJA
licin
◊ *a smooth surface* permukaan yang licin

to **smooth** KATA KERJA
rujuk juga **smooth** KATA ADJEKTIF
melicinkan
◊ *He smoothed out the crumpled letter.* Dia melicinkan surat yang terperonyok itu.

smoothly KATA ADVERBA
dengan lancar
◊ *Their plan went smoothly.* Rancangan mereka berjalan dengan lancar.

smoothness KATA NAMA
kelicinan
◊ *the smoothness of her skin* kelicinan kulitnya

SMS SINGKATAN (= *Short Message Service*) (telekomunikasi)
SMS (= *Khidmat Pesanan Pendek*)

smudge KATA NAMA
kesan kotor

smug KATA ADJEKTIF
bangga diri

to **smuggle** KATA KERJA
menyeludup
- **to smuggle in** menyeludup masuk
- **to smuggle out** menyeludup keluar

smuggler KATA NAMA
penyeludup

smuggling KATA NAMA
penyeludupan

smutty KATA ADJEKTIF
lucah
◊ *smutty books* buku-buku lucah
- **smutty jokes** gurauan kotor

snack KATA NAMA
snek
◊ *to have a snack* makan snek

snack bar KATA NAMA
snekbar

snail KATA NAMA
siput

snake KATA NAMA
ular

to **snap** KATA KERJA
patah
◊ *The branch snapped.* Dahan itu patah.
- **to snap one's fingers** memetik jari

snapshot KATA NAMA
gambar

snare KATA NAMA
rujuk juga **snare** KATA KERJA
jerat

to **snare** KATA KERJA
rujuk juga **snare** KATA NAMA
menjerat
◊ *He snared a rabbit today.* Dia menjerat seekor arnab hari ini.

to **snarl** KATA KERJA
rujuk juga **snarl** KATA NAMA
1. *menderam* (binatang)
2. *mengherdik* (manusia)

snarl KATA NAMA
rujuk juga **snarl** KATA KERJA
1. *deram*
2. *herdikan*

to **snatch** KATA KERJA
meragut
◊ *to snatch something from somebody* meragut sesuatu daripada seseorang
◊ *My bag was snatched.* Beg saya diragut.
- **He snatched the keys from my hand.** Dia merampas kunci itu dari tangan saya.

snatcher KATA NAMA
peragut

to **sneak** KATA KERJA
menyelinap
- **to sneak in** menyelinap masuk
- **to sneak out** menyelinap keluar
- **to sneak up on somebody** menghampiri seseorang secara senyap-senyap

to **sneeze** KATA KERJA
bersin

to **sniff** KATA KERJA

sniff out → soaking

menghidu
◊ *The dog sniffed my hand.* Anjing itu menghidu tangan saya. ◊ *to sniff glue* menghidu gam

to sniff out KATA KERJA
menghidu
◊ *Lacsy is a police dog trained to sniff out explosives.* Lacsy ialah seekor anjing polis yang dilatih untuk menghidu bahan letupan.

snob KATA NAMA
penyombong

snobbish KATA ADJEKTIF
sombong
◊ *Aini's not snobbish despite her wealth.* Aini tidak sombong walaupun dia seorang yang kaya.

snooker KATA NAMA
snuker

snooze KATA NAMA
(*tidak formal*)
tidur sekejap
♦ **to have a snooze** tidur sekejap

to snore KATA KERJA

rujuk juga **snore** KATA NAMA

berdengkur

snore KATA NAMA

rujuk juga **snore** KATA KERJA

dengkuran

to snort KATA KERJA

rujuk juga **snort** KATA NAMA

mendengus
◊ *"He keeps asking me for money!" he snorted.* "Dia asyik meminta wang daripada saya!" dia mendengus.

snort KATA NAMA

rujuk juga **snort** KATA KERJA

dengus

snow KATA NAMA

rujuk juga **snow** KATA KERJA

salji

to snow KATA KERJA

rujuk juga **snow** KATA NAMA

salji turun
◊ *It's snowing.* Salji sedang turun.

snowball KATA NAMA
bola salji

snowdrift KATA NAMA
kukup salji

snowflake KATA NAMA
emping salji

snowman KATA NAMA
(JAMAK **snowmen**)
orang-orang salji
◊ *to build a snowman* membuat orang-orang salji

to snub KATA KERJA
menghina
◊ *He snubbed her in public.* Dia menghina gadis itu di khalayak ramai.

so KATA HUBUNG, KATA ADVERBA
1 *jadi*
◊ *The shop was closed, so I went home.* Kedai itu sudah tutup, jadi saya pulang ke rumah. ◊ *So, have you always lived in London?* Jadi, selama ini anda hanya tinggal di London?
♦ **So what?** Peduli apa?
2 *supaya*
◊ *He took her upstairs so they wouldn't be overheard.* Dia membawanya ke tingkat atas supaya tidak ada orang yang mendengar perbualan mereka.
3 *begitu*
◊ *He was talking so fast I couldn't understand.* Dia bercakap begitu laju sehinggakan saya tidak dapat memahaminya. ◊ *He's like his sister but not so clever.* Dia seperti kakaknya cuma tidak begitu bijak. ◊ *How's your father? - Not so good.* Bagaimanakah keadaan ayah anda? - Tidak begitu baik. ◊ *That's not so.* Bukan begitu.
♦ **The bag was so heavy!** Beg itu amat berat!
♦ **so much** begitu banyak ◊ *She's got so much energy.* Dia mempunyai begitu banyak tenaga.
♦ **I love you so much.** Saya amat menyayangi awak.
♦ **so many** begitu banyak ◊ *I've got so many things to do today.* Saya ada begitu banyak perkara untuk dilakukan hari ini.
♦ **so do I** saya juga begitu ◊ *I work all the time - So do I.* Saya bekerja sepanjang masa. - Saya juga begitu.
♦ **so have we** kami juga begitu ◊ *I've been waiting for ages! - So have we.* Saya telah menunggu begitu lama! - Kami juga begitu.
♦ **I think so.** Saya rasa begitu.
♦ **...or so** ...lebih kurang ◊ *at five o'clock or so* lebih kurang pada pukul lima ◊ *ten people or so* lebih kurang sepuluh orang

to soak KATA KERJA
merendam
◊ *Soak the beans for two hours.* Rendam kacang itu selama dua jam.
♦ **Water had soaked his jacket.** Jaketnya basah kuyup dengan air.

soaked KATA ADJEKTIF
basah kuyup
♦ **to get soaked** basah kuyup ◊ *We got soaked to the skin.* Badan kami habis basah kuyup.

soaking KATA ADJEKTIF
basah kuyup

◊ *My raincoat was soaking wet.* Baju hujan saya basah kuyup.
♦ **Your shoes are soaking wet.** Kasut anda habis basah.

soap KATA NAMA
sabun

soap opera KATA NAMA
siri drama televisyen popular (penjelasan umum)

soap powder KATA NAMA
serbuk pencuci

soapy KATA ADJEKTIF
bersabun

to **soar** KATA KERJA
memuncak
◊ *The price of the books has soared.* Harga buku-buku itu telah memuncak.

to **sob** KATA KERJA
> rujuk juga **sob** KATA NAMA

tersedu-sedu

sob KATA NAMA
> rujuk juga **sob** KATA KERJA

esakan
◊ *The little girl's sobs grew louder.* Esakan budak perempuan itu semakin kuat.

sobbing KATA NAMA
sedu-sedan
◊ *The room was silent except for her sobbing.* Bilik itu sunyi, cuma sedu-sedannya sahaja yang dapat didengari.

sober KATA ADJEKTIF
tidak mabuk

to **sober up** KATA KERJA
sedar daripada mabuk
◊ *He sobered up.* Dia sedar daripada mabuk.

soccer KATA NAMA
bola sepak
◊ *to play soccer* bermain bola sepak
◊ *soccer player* pemain bola sepak

social KATA ADJEKTIF
sosial
◊ *social problems* masalah sosial
♦ **I have a good social life.** Saya bergaul dengan ramai orang.

socialism KATA NAMA
sosialisme

socialist KATA ADJEKTIF, KATA NAMA
sosialis

to **socialize** KATA KERJA
bercampur gaul

social security KATA NAMA
bantuan kebajikan
◊ *to be on social security* menerima bantuan kebajikan

social worker KATA NAMA
pekerja kebajikan

society KATA NAMA

(JAMAK **societies**)
1. *masyarakat*
◊ *a multi-cultural society* masyarakat pelbagai budaya
2. *persatuan*
◊ *a drama society* persatuan drama

sociology KATA NAMA
sosiologi

sock KATA NAMA
sarung kaki

socket KATA NAMA
1. *soket* (alat elektrik)
2. *rongga* (mata)
3. *lesung* (sendi)

soda KATA NAMA
soda

soda pop KATA NAMA [AM]
minuman bergas yang manis

sodomy KATA NAMA
liwat

sofa KATA NAMA
sofa

soft KATA ADJEKTIF
lembut
◊ *a soft towel* tuala yang lembut ◊ *The mattress is too soft.* Tilam itu terlalu lembut.
♦ **to be too soft on somebody** terlalu berlembut dengan seseorang
♦ **a soft drink** minuman ringan
♦ **soft drugs** dadah yang kurang berbahaya
♦ **soft option** pilihan yang mudah

to **soften** KATA KERJA
melembutkan
◊ *This moisturizer will soften your skin.* Pelembap ini akan melembutkan kulit anda.
♦ **Take the butter out of the fridge for it to soften.** Keluarkan mentega dari peti sejuk untuk melembutkannya.

softener KATA NAMA
pelembut

software KATA NAMA
perisian

soggy KATA ADJEKTIF
1. *kembang* (roti, biskut)
2. *berair* (salad)
3. *benyek* (nasi)

soil KATA NAMA
tanah

solar power KATA NAMA
tenaga suria

solar-powered KATA ADJEKTIF
menggunakan kuasa suria
◊ *solar-powered car* kereta yang menggunakan kuasa suria

sold KATA KERJA *rujuk* **sell**

to **solder** KATA KERJA
> rujuk juga **solder** KATA NAMA

mematerikan
◊ *He soldered the wire to the telephone terminal.* Dia mematerikan dawai itu pada terminal telefon.

solder KATA NAMA
> rujuk juga **solder** KATA KERJA

pateri

soldier KATA NAMA
askar

sold out KATA ADJEKTIF
habis dijual
◊ *The tickets are all sold out.* Semua tiket sudah habis dijual.

sole KATA ADJEKTIF
> rujuk juga **sole** KATA NAMA

tunggal
◊ *sole heir* waris tunggal
♦ *Prakash is the sole member of the team who hasn't been injured.* Prakash ialah satu-satunya ahli pasukan itu yang tidak tercedera.

sole KATA NAMA
> rujuk juga **sole** KATA ADJEKTIF

tapak kaki

solely KATA ADVERBA
semata-mata
◊ *She studied solely for the sake of her parents.* Dia belajar semata-mata kerana ibu bapanya.

solemn KATA ADJEKTIF
serius
◊ *He looked solemn.* Dia kelihatan serius.

solemnly KATA ADVERBA
dengan serius
◊ *Her listeners nodded solemnly.* Pendengar-pendengarnya mengangguk dengan serius.

solicitor KATA NAMA
peguam cara

solid KATA ADJEKTIF
kukuh
◊ *a solid wall* dinding yang kukuh
♦ *solid gold* emas padu
♦ *for three solid hours* selama tiga jam tanpa henti

solidarity KATA NAMA
perpaduan

to **solidify** KATA KERJA
(**solidified, solidified**)
1 *menjadi beku*
◊ *The lava took two weeks to solidify.* Lahar itu mengambil masa selama dua minggu untuk menjadi beku.
2 *memejalkan*
◊ *They solidify the waste in a high-tech factory.* Mereka memejalkan bahan buangan itu di dalam sebuah kilang yang berteknologi tinggi.

solitary KATA ADJEKTIF
suka menyendiri
◊ *Brad was a shy and solitary man.* Brad seorang yang pemalu dan suka menyendiri.

solo KATA NAMA
solo
◊ *a solo singer* penyanyi solo

soloist KATA NAMA
penyanyi solo

solution KATA NAMA
1 *penyelesaian*
2 *larutan*

to **solve** KATA KERJA
menyelesaikan

solvent KATA NAMA
pelarut

sombre KATA ADJEKTIF
murung
◊ *Her face suddenly became sombre.* Wajahnya murung secara tiba-tiba.

some KATA ADJEKTIF, KATA GANTI NAMA
1 *beberapa*
◊ *some books* beberapa buah buku
2 *sesetengah*
◊ *You have to be careful with mushrooms: some are poisonous.* Anda perlu berhati-hati dengan cendawan kerana sesetengahnya beracun. ◊ *Some people say that...* Sesetengah orang mengatakan bahawa...

> *some* tidak diterjemahkan apabila merujuk kepada sesuatu yang tidak boleh dikira.

◊ *Would you like some bread?* Anda mahu roti? ◊ *Have you got some mineral water?* Anda ada air mineral?
◊ *Would you like some coffee? - No thanks, I've got some.* Anda mahu kopi?- Terima kasih, saya sudah ada.
♦ *I only want some of it.* Saya hanya mahu sebahagian sahaja.
♦ *some day* suatu hari nanti
♦ *some of them* sebahagian daripadanya
◊ *I only sold some of them.* Saya hanya menjual sebahagian daripadanya.

somebody KATA GANTI NAMA
seseorang
◊ *I need somebody to help me.* Saya memerlukan seseorang untuk membantu saya.

somehow KATA ADVERBA
dengan apa cara sekali pun
◊ *I'll do it somehow.* Saya akan melakukannya dengan apa cara sekali pun.
♦ *Somehow I don't think he believed me.* Entah mengapa, saya fikir dia tidak mempercayai saya.

someone KATA GANTI NAMA
seseorang
◊ *I need someone to help me.* Saya memerlukan seseorang untuk membantu saya.

something KATA GANTI NAMA
sesuatu
◊ *something special* sesuatu yang istimewa
♦ **Wear something warm.** Pakai pakaian yang tebal.
♦ **It cost a hundred pounds, or something like that.** Harganya lebih kurang seratus paun.
♦ **His name is Peter or something.** Namanya Peter, kalau tidak silap saya.

sometime KATA ADVERBA
Biasanya **sometime** tidak diterjemahkan ke dalam bahasa Melayu.
◊ *You must come and see us sometime.* Jemputlah datang ke rumah kami.
◊ *sometime last month* pada bulan lepas

sometimes KATA ADVERBA
kadang-kadang
◊ *Sometimes I drink beer.* Kadang-kadang saya minum bir.

somewhere KATA ADVERBA
suatu tempat
◊ *I'd like to go on holiday, somewhere exotic.* Saya ingin pergi bercuti ke suatu tempat yang eksotik.
♦ **I left my keys somewhere.** Saya tertinggal kunci saya entah di mana.

son KATA NAMA
anak lelaki

song KATA NAMA
lagu

son-in-law KATA NAMA
(JAMAK **sons-in-law**)
menantu (lelaki)

soon KATA ADVERBA
tidak lama lagi
♦ **very soon** tidak lama lagi
♦ **soon afterwards** tidak lama kemudian
♦ **as soon as** sebaik sahaja
♦ **as soon as possible** secepat mungkin

sooner KATA ADVERBA
lebih awal
◊ *Can't you come a bit sooner?* Bolehkah anda datang lebih awal sedikit?
♦ **sooner or later** lambat-laun
♦ **the sooner the better** lebih cepat lebih baik

soot KATA NAMA
jelaga

to **soothe** KATA KERJA
[1] *menenangkan*
◊ *The soft music soothed me.* Muzik yang perlahan itu menenangkan saya.
[2] *melegakan*
◊ *body lotion to soothe dry skin* losen badan untuk melegakan kulit yang kering

soothsayer KATA NAMA
ahli nujum

sophisticated KATA ADJEKTIF
canggih
◊ *Technology is becoming ever more sophisticated.* Teknologi sudah semakin canggih.

sophistication KATA NAMA
kecanggihan
◊ *the sophistication of one of the world's richest cities* kecanggihan salah sebuah bandar raya yang terkaya di dunia

soppy KATA ADJEKTIF
terlalu sentimental

soprano KATA NAMA
soprano

sore KATA ADJEKTIF
rujuk juga **sore** KATA NAMA
sakit
◊ *It's sore.* Sakitlah. ◊ *I have a sore throat.* Saya sakit kerongkong.
♦ **That's a sore point.** Perkara itu menyakitkan hati.

sore KATA NAMA
rujuk juga **sore** KATA ADJEKTIF
kudis

sorrow KATA NAMA
kesedihan

sorrowful KATA ADJEKTIF
sedih

sorrowing KATA ADJEKTIF
sedih
◊ *Camellia was very reluctant to leave her sorrowing mother.* Camellia tidak sampai hati hendak meninggalkan ibunya yang sedih.

sorry KATA ADJEKTIF
maaf
◊ *I'm sorry, I haven't got any change.* Maaf, saya tidak mempunyai wang kecil.
♦ **I'm sorry.** Maafkan saya. ◊ *I'm sorry I'm late.* Maafkan saya kerana terlewat.
♦ **Sorry!** Maaf!
♦ **Sorry?** Maaf? (*sila ulang sekali lagi*)
♦ **I'm sorry about the noise.** Saya minta maaf tentang bunyi bising itu.
♦ **You'll be sorry!** Kamu akan menyesal!
♦ **to feel sorry for somebody** berasa simpati terhadap seseorang

sort KATA NAMA
rujuk juga **sort** KATA KERJA
jenis
◊ *What sort of bike have you got?* Apakah jenis motosikal yang anda miliki?

sort → South Pole

◊ **all sorts of...** pelbagai jenis...

to **sort** KATA KERJA

> rujuk juga **sort** KATA NAMA

1 *mengisih*
◊ *They sorted the names alphabetically.* Mereka mengisih nama-nama itu mengikut abjad.

2 *mengasingkan*
◊ *I sorted the laundry.* Saya mengasingkan pakaian-pakaian kotor itu.

to **sort out** KATA KERJA

1 *mengasingkan*
◊ *How do we sort out fact from fiction?* Bagaimanakah kita hendak mengasingkan fakta daripada fiksyen?

2 *menyusun*
◊ *Sort out all your books.* Susun semua buku anda.

3 *menyelesaikan*
◊ *They have sorted out their problems.* Mereka telah menyelesaikan masalah mereka.

so-so KATA ADVERBA
bolehlah
◊ *How are you feeling? - So-so.* Bagaimanakah keadaan anda? - Bolehlah.

sought KATA KERJA *rujuk* **seek**

soul KATA NAMA

1 *roh*
◊ *She prayed for the soul of her late husband.* Dia berdoa untuk kesejahteraan roh mendiang suaminya.

2 *jiwa*

♦ **a soul singer** penyanyi soul

sound KATA NAMA

> rujuk juga **sound** KATA KERJA, KATA ADJEKTIF

bunyi
◊ *the sound of footsteps* bunyi tapak kaki ◊ *at the speed of sound* pada kelajuan bunyi

♦ **Don't make a sound!** Senyap!
♦ **Can I turn the sound down?** Bolehkah saya perlahankan bunyinya?

to **sound** KATA KERJA

> rujuk juga **sound** KATA NAMA, KATA ADJEKTIF

membunyikan
◊ *He sounded his car horn.* Dia membunyikan hon keretanya.

♦ **That sounds interesting.** Bunyinya macam menarik.
♦ **It sounds as if she's doing well at school.** Bunyinya seperti dia mendapat keputusan yang baik di sekolah.
♦ **That sounds like a good idea.** Cadangan itu nampak seperti cadangan yang baik.

sound KATA ADJEKTIF, KATA ADVERBA

> rujuk juga **sound** KATA NAMA, KATA KERJA

kukuh
◊ *His reasoning is perfectly sound.* Alasannya sungguh kukuh.

♦ **Julian gave me some sound advice.** Julian memberi saya nasihat yang berguna.
♦ **sound asleep** tidur nyenyak

soundtrack KATA NAMA
soundtrack (muzik dari filem)

soup KATA NAMA
sup

sour KATA ADJEKTIF
masam

source KATA NAMA
sumber

south KATA NAMA

> rujuk juga **south** KATA ADJEKTIF

selatan
◊ *the South of France* Perancis Selatan

south KATA ADJEKTIF, KATA ADVERBA

> rujuk juga **south** KATA NAMA

selatan
◊ *a south wind* angin selatan

♦ **south of** di selatan ◊ *It's south of London.* Tempat itu terletak di selatan London.

South Africa KATA NAMA
Afrika Selatan

South America KATA NAMA
Amerika Selatan

South American KATA ADJEKTIF

> rujuk juga **South American** KATA NAMA

Amerika Selatan
◊ *a South American dance* tarian Amerika Selatan

South American KATA NAMA

> rujuk juga **South American** KATA ADJEKTIF

orang Amerika Selatan
◊ *South Americans* orang Amerika Selatan

southbound KATA ADJEKTIF
ke selatan
◊ *Southbound traffic is moving very slowly.* Lalu lintas ke selatan bergerak dengan sangat perlahan.

south-east KATA NAMA
tenggara

♦ **south-east England** England Tenggara

southern KATA ADJEKTIF
selatan
◊ *the southern hemisphere* hemisfera selatan ◊ *southern cuisine* masakan selatan

♦ **Southern England** England Selatan

South Pole KATA NAMA

Kutub Selatan
- **the South Pole** Kutub Selatan

South Wales KATA NAMA
Wales Selatan

south-west KATA NAMA
barat daya

souvenir KATA NAMA
cenderamata
◊ *souvenir shop* kedai cenderamata

sovereign KATA ADJEKTIF
berdaulat
◊ *a sovereign country* sebuah negara yang berdaulat

sovereignty KATA NAMA
kedaulatan
◊ *We must protect the sovereignty of our country.* Kita harus mempertahankan kedaulatan negara kita.

to **sow** KATA KERJA
(sowed, sown)
menyemai

soya KATA NAMA
soya

soy sauce KATA NAMA
kicap

space KATA NAMA
ruang
◊ *There isn't enough space.* Ruang tidak mencukupi.
- **in space** di angkasa
- **a parking space** tempat letak kereta

spacecraft KATA NAMA
kapal angkasa

spacious KATA ADJEKTIF
luas
◊ *The house has a spacious kitchen.* Rumah itu mempunyai dapur yang luas.

spade KATA NAMA
penyodok
- **spades** (*dalam daun terup*) sped
◊ *the ace of spades* daun sat sped

Spain KATA NAMA
Sepanyol

spam KATA NAMA (= *unsolicited e-mail*)
rujuk juga **spam** KATA KERJA
e-mel yang tidak dikehendaki

to **spam** KATA KERJA (= *send unsolicited e-mail to*)
rujuk juga **spam** KATA NAMA
menghantar e-mel yang tidak dikehendaki

span KATA NAMA
jangka
◊ *The batteries had a life span of six hours.* Bateri-bateri itu mempunyai jangka hayat selama enam jam.

Spaniard KATA NAMA
orang Sepanyol

spaniel KATA NAMA
anjing spaniel

Spanish KATA ADJEKTIF
rujuk juga **Spanish** KATA NAMA
Sepanyol
◊ *a Spanish dancer* seorang penari Sepanyol
- **He's Spanish.** Dia berbangsa Sepanyol.

Spanish KATA NAMA
rujuk juga **Spanish** KATA ADJEKTIF
bahasa Sepanyol
◊ *Spanish lessons* pelajaran bahasa Sepanyol
- **the Spanish** orang Sepanyol

to **spank** KATA KERJA
menampar

spanner KATA NAMA
sepana

spare KATA ADJEKTIF
rujuk juga **spare** KATA KERJA, KATA NAMA
ganti
◊ *spare wheel* roda ganti ◊ *spare part* alat ganti
- **Have you got a spare pencil?** Anda ada sebatang pensel lagi?
- **Take a few spare batteries.** Bawalah beberapa biji bateri tambahan.
- **spare room** bilik kosong
- **spare time** masa lapang

spare KATA NAMA
rujuk juga **spare** KATA ADJEKTIF, KATA KERJA
kata nama + ganti
◊ *I've lost my key. - Have you got a spare?* Kunci saya hilang. - Anda ada kunci ganti?

to **spare** KATA KERJA
rujuk juga **spare** KATA ADJEKTIF, KATA NAMA
meluangkan
◊ *Can you spare a moment?* Bolehkah anda luangkan sedikit masa? ◊ *I can't spare the time.* Saya tidak dapat meluangkan masa.
- **They've got no money to spare.** Mereka tidak mempunyai duit lebih untuk dibelanjakan.
- **We arrived with time to spare.** Kami tiba lebih awal.

sparkling KATA ADJEKTIF
bergas
◊ *a sparkling drink* minuman bergas
◊ *sparkling water* air bergas
◊ *sparkling wine* wain bergas

sparrow KATA NAMA
pipit

spat KATA KERJA *rujuk* **spit**

to **speak** KATA KERJA
(spoke, spoken)
bercakap

English ~ Malay — speak up → speed up

◊ *Have you spoken to him?* Sudahkah anda bercakap dengannya? ◊ *She spoke to John about it.* Dia bercakap dengan John tentang perkara itu.
- **Do you speak English?** Anda tahu berbahasa Inggeris?
- **Could I speak to Lee? - Speaking!** Bolehkah saya bercakap dengan Lee? - Ya, saya Lee.

to speak up KATA KERJA
bercakap dengan lebih kuat
◊ *You'll need to speak up - we can't hear you.* Anda perlu bercakap dengan lebih kuat. Kami tidak dapat dengar.

speaker KATA NAMA
1. *pembesar suara*
2. *penceramah*
- **French speakers** penutur bahasa Perancis

spear KATA NAMA
rujuk juga **spear** KATA KERJA
lembing

to spear KATA KERJA
rujuk juga **spear** KATA NAMA
melembing

special KATA ADJEKTIF
istimewa

specialist KATA NAMA
pakar

speciality KATA NAMA
(JAMAK **specialities**)
bidang pengkhususan
◊ *His speciality was the history of Germany.* Bidang pengkhususannya ialah sejarah negara Jerman.
- **The speciality of that restaurant is...** Masakan istimewa restoran itu ialah...

specialization KATA NAMA
pengkhususan

to specialize KATA KERJA
mengkhusus
◊ *She specialized in Russian.* Dia mengkhusus dalam bahasa Rusia.
◊ *We specialize in skiing equipment.* Kami mengkhusus kepada penjualan peralatan ski.

specially KATA ADVERBA
terutamanya
◊ *This place can be very cold, specially in winter.* Tempat ini boleh menjadi sangat sejuk terutamanya pada musim dingin.
- **This bag is specially designed for teenagers.** Beg ini direka khusus untuk remaja.
- **Do you like opera? - Not specially.** Anda suka menonton opera? - Tidak begitu suka.

species KATA NAMA
jenis atau *spesies*

specific KATA ADJEKTIF
1. *tertentu*
◊ *specific issues* isu-isu tertentu
2. *tepat*
◊ *Could you be more specific?* Bolehkah anda jelaskan dengan lebih tepat?

specifically KATA ADVERBA
khusus
◊ *This bag is specifically designed for teenagers.* Beg ini direka khusus untuk remaja.
- **in Britain, or more specifically, in England** di Britain, atau dengan lebih tepat lagi, di England
- **I specifically said that...** Saya telah tegaskan bahawa...

specimen KATA NAMA
spesimen

specs, spectacles KATA NAMA JAMAK
cermin mata

spectacular KATA ADJEKTIF
hebat

spectator KATA NAMA
penonton

spectrum KATA NAMA
spektrum

to speculate KATA KERJA
membuat spekulasi
◊ *Mr John refused to speculate about the contents of the letter.* En. John enggan membuat spekulasi tentang isi kandungan surat itu.

speculation KATA NAMA
spekulasi

sped KATA KERJA *rujuk* **speed**

speech KATA NAMA
(JAMAK **speeches**)
ucapan
◊ *to make a speech* membuat ucapan

speechless KATA ADJEKTIF
lidah kelu seketika
◊ *I was speechless.* Lidah saya kelu seketika.

speed KATA NAMA
rujuk juga **speed** KATA KERJA
kelajuan
◊ *at top speed* pada kelajuan maksimum
- **a ten-speed bicycle** basikal dengan sepuluh gear

to speed KATA KERJA
(**sped, sped**)
rujuk juga **speed** KATA NAMA
meluncur
◊ *The car was speeding along the road.* Kereta itu meluncur di jalan raya.

to speed up KATA KERJA

speedboat → spiral

1 *memecut* (kenderaan)
2 *mempercepatkan* (kelajuan)

speedboat KATA NAMA
bot laju

speeding KATA NAMA
memandu melebihi had laju
◊ He was fined for speeding. Dia didenda kerana memandu melebihi had laju.

speed limit KATA NAMA
had laju
◊ to break the speed limit melampaui had laju

speedometer KATA NAMA
meter laju

to **spell** KATA KERJA
(**spelled** atau **spelt**, **spelled** atau **spelt**)
rujuk juga **spell** KATA NAMA
mengeja
◊ Can you spell that please? Bolehkah anda eja perkataan itu? ◊ I can't spell. Saya tidak tahu mengeja.

spell KATA NAMA
rujuk juga **spell** KATA KERJA
sumpahan
◊ the kiss that will break the spell ciuman yang akan menghilangkan sumpahan itu
♦ **to be under somebody's spell** tertawan dengan seseorang
♦ **to cast a spell on somebody** menawan hati seseorang

spelling KATA NAMA
ejaan
◊ a spelling mistake kesilapan ejaan
♦ **My spelling is terrible.** Saya tidak pandai mengeja.

spelt KATA KERJA rujuk **spell**

to **spend** KATA KERJA
(**spent, spent**)
1 *membelanjakan*
◊ They spend enormous amounts of money on advertising. Mereka membelanjakan wang yang sangat banyak untuk pengiklanan.
2 *menghabiskan*
◊ He spends a lot of time and money on his hobbies. Dia menghabiskan banyak masa dan wang pada hobinya. ◊ He spent a month in France. Dia menghabiskan masa selama sebulan di Perancis.

spendthrift KATA NAMA
pemboros

spent KATA KERJA rujuk **spend**

sperm KATA NAMA
sperma

sphere KATA NAMA
sfera

spice KATA NAMA
rempah

to **spice up** KATA KERJA
menambah-nambahkan ... supaya menarik
◊ a revelation that spiced up the conversation satu pendedahan yang menambah-nambahkan perbualan itu supaya menarik

spicy KATA ADJEKTIF
berempah

spider KATA NAMA
labah-labah

spike KATA NAMA
besi tajam
◊ a wall topped with spikes tembok yang bahagian atasnya dipasang besi-besi tajam

to **spill** KATA KERJA
(**spilled** atau **spilt**, **spilled** atau **spilt**)
menumpahkan
◊ You've spilled coffee on my shirt. Anda telah menumpahkan kopi pada baju saya.
♦ **The coffee spilled onto the carpet.** Kopi itu tertumpah di atas permaidani.

spillage KATA NAMA
tumpahan
◊ oil spillage tumpahan minyak

spilt KATA KERJA rujuk **spill**

to **spin** KATA KERJA
1 *berputar*
◊ The Earth spins on its own axis. Bumi berputar pada paksinya.
2 *memutar*

spinach KATA NAMA
bayam

spindle KATA NAMA
pemintal

spin doctor KATA NAMA
(tidak formal)
penasihat parti (politik)
orang yang mahir dalam perhubungan awam dan menasihati parti politik tentang cara menyampaikan polisi dan bertindak

spin drier KATA NAMA
mesin pengering pakaian

spine KATA NAMA
tulang belakang

spinner KATA NAMA
1 *spiner* (pemain kriket)
2 *pemintal* (orang)

spinning wheel KATA NAMA
roda pintal

spinster KATA NAMA
anak dara tua atau *andartu*

spiral KATA ADJEKTIF
pilin
◊ Cindy went down the spiral staircase.

Cindy menuruni tangga pilin itu.

spire KATA NAMA
menara (pada gereja)

spirit KATA NAMA
semangat
◊ *a youthful spirit* semangat orang muda ◊ *They played with great spirit.* Mereka bermain dengan penuh semangat.

spirits KATA NAMA JAMAK
arak
◊ *I don't drink spirits.* Saya tidak minum arak.
♦ **to be in good spirits** gembira

spiritual KATA ADJEKTIF
rohaniah

spirituality KATA NAMA
kerohanian

spit KATA NAMA
rujuk juga **spit** KATA KERJA
ludah

to **spit** KATA KERJA
(spat, spat)
rujuk juga **spit** KATA NAMA
meludah

to **spit out** KATA KERJA
meludahkan
◊ *I spat it out.* Saya meludahkannya.

spite KATA NAMA
rujuk juga **spite** KATA KERJA
dengki
◊ *She did it out of spite.* Dia melakukannya kerana dengki.
♦ **in spite of** walaupun

to **spite** KATA KERJA
rujuk juga **spite** KATA NAMA
menyakitkan hati
◊ *He did it just to spite me.* Dia melakukannya hanya untuk menyakitkan hati saya.

spiteful KATA ADJEKTIF
1. *busuk hati* (orang)
2. *jahat* (perbuatan)

spittle KATA NAMA
ludah

to **splash** KATA KERJA
rujuk juga **splash** KATA NAMA
memercikkan
◊ *He splashed water on his face.* Dia memercikkan air ke mukanya.
♦ **Don't splash me!** Jangan percikkan air pada saya!

splash KATA NAMA
(JAMAK **splashes**)
rujuk juga **splash** KATA KERJA
deburan air
◊ *I heard a splash.* Saya terdengar deburan air.
♦ **a splash of colour** tompok warna

to **splatter** KATA KERJA
memercik
◊ *The rain splattered against the windows.* Air hujan memercik pada tingkap.

spleen KATA NAMA
limpa

splendid KATA ADJEKTIF
sungguh indah
◊ *a splendid view of the lake* pemandangan tasik yang sungguh indah
♦ **a splendid palace** istana yang tersergam indah
♦ **a splendid idea** idea yang bagus

splint KATA NAMA
penganduh

splinter KATA NAMA
1. *selumbar* (kayu)
2. *serpihan* (kaca)

to **split** KATA KERJA
(split, split)
1. *membelah*
◊ *He split the wood with an axe.* Dia membelah kayu itu dengan kapak.
2. *terbelah*
◊ *The ship hit a rock and split in two.* Kapal itu terlanggar batu dan terbelah dua.
3. *memecahbelahkan*
◊ *a decision that will split the party* keputusan yang akan memecahbelahkan parti
♦ **They decided to split the profits.** Mereka memutuskan untuk membahagi-bahagikan keuntungan itu sesama mereka.

to **split up** KATA KERJA
1. *berpisah* (orang)
2. *membahagikan* (wang, barangan)
3. *berpecah* (kumpulan)

split screen KATA NAMA
skrin pisah

to **spoil** KATA KERJA
(spoiled atau spoilt, spoiled atau spoilt)
1. *merosakkan*
◊ *It spoiled our holiday.* Kejadian itu telah merosakkan percutian kami.
2. *memanjakan*
◊ *Grandparents like spoiling their grandchildren.* Datuk dan nenek suka memanjakan cucu-cucu mereka.

spoiled KATA ADJEKTIF
terlalu dimanjakan
◊ *a spoiled child* kanak-kanak yang terlalu dimanjakan

spoilsport KATA NAMA
perosak keseronokan orang lain

spoilt KATA KERJA rujuk **spoil**

spoke KATA KERJA rujuk **speak**

spoke KATA NAMA
ruji

spoken → spout   B. Inggeris ~ B. Melayu   434

◊ *the spokes of a wheel* ruji roda
spoken KATA KERJA *rujuk* **speak**
spokesman KATA NAMA
(JAMAK **spokesmen**)
jurucakap (lelaki)
spokeswoman KATA NAMA
(JAMAK **spokeswomen**)
jurucakap (perempuan)
sponge KATA NAMA

> *rujuk juga* **sponge** KATA KERJA

span
♦ **sponge cake** kek span
to **sponge** KATA KERJA

> *rujuk juga* **sponge** KATA NAMA

menjelum (biasanya dengan span)
◊ *Fill a bowl with water and gently sponge your face and body.* Isikan besen dengan air dan jelum muka dan badan anda perlahan-lahan.
spongebag KATA NAMA

> spongebag ialah beg kecil yang digunakan untuk menyimpan barang-barang seperti sabun dan berus gigi semasa anda pergi melancong.

sponge gourd KATA NAMA
petola
to **sponsor** KATA KERJA

> *rujuk juga* **sponsor** KATA NAMA

menaja
◊ *The tournament was sponsored by local firms.* Pertandingan itu ditaja oleh syarikat-syarikat tempatan.
sponsor KATA NAMA

> *rujuk juga* **sponsor** KATA KERJA

penaja
sponsorship KATA NAMA
penajaan
◊ *The sponsorship of an event can be more effective than advertising.* Penajaan sesuatu acara, ada kalanya lebih berkesan daripada pengiklanan.
spontaneous KATA ADJEKTIF
spontan
spontaneously KATA ADVERBA
secara spontan
spooky KATA ADJEKTIF
menggerunkan
◊ *The house is really spooky at night.* Rumah itu sungguh menggerunkan pada waktu malam.
spoon KATA NAMA
sudu
spoonful KATA NAMA
sudu (sukatan)
◊ *a spoonful* satu sudu
spore KATA NAMA
spora
sport KATA NAMA

sukan
◊ *sports bag* beg sukan ◊ *sports jacket* jaket sukan
♦ **sports car** kereta sport
sportsman KATA NAMA
(JAMAK **sportsmen**)
ahli sukan (lelaki)
sportsmanship KATA NAMA
semangat kesukanan
sportswear KATA NAMA
pakaian sukan
sportswoman KATA NAMA
(JAMAK **sportswomen**)
ahli sukan (perempuan)
sporty KATA ADJEKTIF
berminat dalam sukan
◊ *I'm not very sporty.* Saya tidak begitu berminat dalam sukan.
spot KATA NAMA

> *rujuk juga* **spot** KATA KERJA

[1] *bintik*
◊ *There's a spot on your shirt.* Ada satu bintik pada baju anda.
♦ **a red dress with white spots** baju merah berbintik putih
♦ **He's covered in spots.** Badannya dipenuhi bintik-bintik.
[2] *tempat*
◊ *It's a lovely spot for a picnic.* Tempat itu menarik untuk berkelah.
♦ **on the spot (1)** serta-merta ◊ *They gave her the job on the spot.* Mereka menawarkan kerja itu kepadanya serta-merta.
♦ **on the spot (2)** di situ juga ◊ *Luckily they were able to mend the car on the spot.* Nasib baik mereka dapat membaiki kereta tersebut di situ juga.
to **spot** KATA KERJA

> *rujuk juga* **spot** KATA NAMA

nampak
♦ **I spotted a mistake.** Saya ternampak satu kesilapan.
♦ **to be spotted** dilihat
spot check KATA NAMA
pemeriksaan mengejut
spotless KATA ADJEKTIF
sangat bersih
spotlight KATA NAMA
lampu sorot
spotty KATA ADJEKTIF
berbintik-bintik (muka)
spouse KATA NAMA
pasangan hidup
to **spout** KATA KERJA

> *rujuk juga* **spout** KATA NAMA

memancur
◊ *Oil spouted out of the pipe.* Minyak memancur keluar dari paip itu.

spout KATA NAMA
rujuk juga **spout** KATA KERJA
pancuran

to sprain KATA KERJA
rujuk juga **sprain** KATA NAMA
terseliuh
◊ *She's sprained her ankle.* Kakinya terseliuh.

sprain KATA NAMA
rujuk juga **sprain** KATA KERJA
terseliuh

sprang KATA KERJA *rujuk* **spring**

to sprawl KATA KERJA
tergeletak
◊ *She sprawled on the bed.* Dia tergeletak di atas katil.

spray KATA NAMA
rujuk juga **spray** KATA KERJA
semburan
- **hair spray** penyembur rambut

to spray KATA KERJA
rujuk juga **spray** KATA NAMA
menyemburkan
◊ *She sprayed perfume on my hand.* Dia menyemburkan minyak wangi pada tangan saya. ◊ *to spray against insects* menyemburkan racun serangga
- **Graffiti had been sprayed on the wall.** Ada contengan pada dinding itu.

sprayer KATA NAMA
penyembur

spread KATA NAMA
rujuk juga **spread** KATA KERJA
sapuan
◊ *cheese spread* sapuan keju
◊ *chocolate spread* sapuan coklat

to spread KATA KERJA
(spread, spread)
rujuk juga **spread** KATA NAMA
1. _membentangkan_
◊ *She spread a towel on the sand.* Dia membentangkan tuala di atas pasir.
2. _menyapukan_
◊ *Spread the top of the cake with whipped cream.* Sapukan bahagian atas kek dengan krim putar.
3. _tersebar_
◊ *The news spread rapidly.* Berita itu tersebar dengan cepat.

to spread out KATA KERJA
1. _berpecah_
◊ *The soldiers spread out across the field.* Askar-askar itu berpecah di padang.
2. _membentangkan_
◊ *He spread the map out on the table.* Dia membentangkan peta itu di atas meja.

spreadsheet KATA NAMA
lembaran kerja

spring KATA NAMA
rujuk juga **spring** KATA KERJA
1. _musim bunga_
◊ *in spring* pada musim bunga
2. _pegas_ atau _spring_
3. _mata air_

to spring KATA KERJA
(sprang, sprung)
rujuk juga **spring** KATA NAMA
1. _bingkas_
◊ *Samad sprang to his feet when he heard his name being called.* Samad bingkas bangun apabila terdengar namanya dipanggil.
2. _menerkam_
◊ *The lion roared once and sprang.* Singa itu mengaum sekali dan menerkam.

spring-cleaning KATA NAMA
kerja-kerja pembersihan sepenuhnya
- **The rooms were undergoing a spring-cleaning.** Bilik-bilik itu sedang dibersihkan sepenuhnya.

spring onion KATA NAMA
daun bawang

springtime KATA NAMA
musim bunga

springy KATA ADJEKTIF
1. _anjal_
2. _empuk_ (makanan, dll)
- **She walked into her office with a springy step.** Dia berjalan terenjut-enjut ke dalam pejabatnya.

to sprinkle KATA KERJA
1. _merenjiskan_
◊ *She sprinkled some water on her trousers before ironing them.* Dia merenjiskan air pada seluarnya sebelum menggosoknya.
2. _menaburkan_
◊ *Sprinkle the meat with salt and place in the pan.* Taburkan garam di atas daging itu dan letakkannya di dalam kuali leper.

sprinkler KATA NAMA
alat penyembur

sprint KATA NAMA
rujuk juga **sprint** KATA KERJA
lari pecut
◊ *the women's 100 metres sprint* lari pecut 100 meter wanita

to sprint KATA KERJA
rujuk juga **sprint** KATA NAMA
memecut
◊ *She sprinted for the bus.* Dia memecut untuk mengejar bas itu.

sprinter KATA NAMA
pelari pecut

to sprout KATA KERJA
bertunas
◊ *The tree is beginning to sprout.* Pokok itu sudah mula bertunas.

sprouts KATA NAMA JAMAK
tunas
♦ **Brussels sprouts** kubis Brussels
sprung KATA KERJA *rujuk* **spring**
to **spur** KATA KERJA

> *rujuk juga* **spur** KATA NAMA

① *mendorong*
◊ *It's the money that spurs them to take part.* Wanglah yang mendorong mereka mengambil bahagian.
② *memacu*
◊ *Jackie spurred her horse.* Jackie memacu kudanya.

spur KATA NAMA

> *rujuk juga* **spur** KATA KERJA

① *pendorong*
◊ *a belief in competition as a spur to efficiency* kepercayaan bahawa persaingan merupakan pendorong kepada kecekapan
② *pacu (pada kuda)*

to **spurt** KATA KERJA

> *rujuk juga* **spurt** KATA NAMA

memancut
◊ *Blood spurted out of Ronald's wound.* Darah memancut keluar dari luka Ronald.

spurt KATA NAMA

> *rujuk juga* **spurt** KATA KERJA

pancutan

spy KATA NAMA
(JAMAK **spies**)
perisik

to **spy on** KATA KERJA
mengintip

spying KATA NAMA
pengintipan

to **squabble** KATA KERJA
bergaduh
◊ *Stop squabbling!* Jangan bergaduh lagi!

square KATA NAMA

> *rujuk juga* **square** KATA ADJEKTIF

① *segi empat sama*
◊ *a square and a triangle* segi empat sama dan segi tiga
② *medan*
◊ *the town square* medan bandar

square KATA ADJEKTIF

> *rujuk juga* **square** KATA NAMA

persegi
◊ *two square metres* dua meter persegi
♦ **The room is two metres square.** Luas bilik itu ialah empat meter persegi.

to **squash** KATA KERJA

> *rujuk juga* **squash** KATA NAMA

menghimpit
◊ *You're squashing me.* Anda menghimpit saya.

squash KATA NAMA

> *rujuk juga* **squash** KATA KERJA

① *skuasy*
◊ *squash court* gelanggang skuasy
◊ *squash racket* raket skuasy
② *jus*
◊ *orange squash* jus oren ◊ *lemon squash* jus lemon

squat KATA NAMA

> *rujuk juga* **squat** KATA KERJA

① *mencangkung*
♦ **He bent to a squat and gathered the puppies on his lap.** Dia mencangkung dan meletakkan anak-anak anjing itu di atas ribanya.
② *rumah setinggan*

to **squat** KATA KERJA

> *rujuk juga* **squat** KATA NAMA

mencangkung

to **squat down** KATA KERJA
mencangkung
◊ *Dr Hans squatted down to examine the dog.* Dr. Hans mencangkung untuk memeriksa anjing tersebut.

squatter KATA NAMA
setinggan

to **squeak** KATA KERJA
① *berdecit (tikus, dll)*
② *berkeriut (pintu, roda, kasut)*

squeeze KATA NAMA

> *rujuk juga* **squeeze** KATA KERJA

picitan
◊ *She reassured me with a squeeze of the hand.* Dia menenangkan hati saya dengan picitan pada tangan.

to **squeeze** KATA KERJA

> *rujuk juga* **squeeze** KATA NAMA

① *memerah*
◊ *She squeezed two large lemons.* Dia memerah dua biji lemon yang besar.
② *memicit*
◊ *She squeezed my hand.* Dia memicit tangan saya.
♦ **The thief squeezed through a tiny window.** Pencuri itu meloloskan badannya melalui tingkap yang kecil.

to **squeeze in** KATA KERJA
sempat meluangkan masa untuk
◊ *He squeezed in a few meetings at the hotel before boarding the plane.* Dia sempat meluangkan masa untuk menghadiri beberapa mesyuarat di hotel itu sebelum menaiki kapal terbang.
♦ **I can squeeze you in at two o'clock.** Saya boleh menyelitkan temu janji untuk anda pada pukul dua.

squid KATA NAMA
sotong

squint KATA NAMA
mata juling

squirrel → stalemate

- **He has a squint.** Matanya juling.

squirrel KATA NAMA
tupai

to **squirt** KATA KERJA
memancutkan
◊ *The naughty children squirted the teachers with water.* Kanak-kanak yang nakal itu memancutkan air ke arah guru-guru tersebut.

to **stab** KATA KERJA
menikam
- **to stab somebody in the back** menganiayai seseorang

stability KATA NAMA
kestabilan

stabilization KATA NAMA
penstabilan

to **stabilize** KATA KERJA
menstabilkan
◊ *We hope that this measure will stabilize exchange rates.* Kami berharap langkah ini akan menstabilkan kadar tukaran wang.

stable KATA ADJEKTIF
> rujuk juga **stable** KATA NAMA

stabil
◊ *a stable relationship* hubungan yang stabil

stable KATA NAMA
> rujuk juga **stable** KATA ADJEKTIF

kandang kuda

stack KATA NAMA
susunan
◊ *a stack of books* satu susunan buku
- **There were stacks of books on the table.** Ada beberapa timbunan buku di atas meja.
- **They've got stacks of money.** Mereka mempunyai wang yang banyak.

stadium KATA NAMA
stadium

staff KATA NAMA
kakitangan

stage KATA NAMA
> rujuk juga **stage** KATA KERJA

1 *peringkat*
◊ *At this stage in the negotiations...* Pada peringkat ini dalam rundingan itu...
- **in stages** secara berperingkat
2 *pentas*
◊ *The stage is decorated with flowers.* Pentas itu dihiasan dengan bunga.
- **I always wanted to go on the stage.** Selama ini, saya sememangnya ingin menjadi seorang pelakon pentas.

to **stage** KATA KERJA
> rujuk juga **stage** KATA NAMA

mementaskan
◊ *They'll stage the play on Saturday.* Mereka akan mementaskan drama itu pada hari Sabtu.

to **stagger** KATA KERJA
terhuyung-hayang

stagnant KATA ADJEKTIF
tidak berubah-ubah
◊ *stagnant economies* ekonomi yang tidak berubah-ubah
- **stagnant water** air yang bertakung

stain KATA NAMA
> rujuk juga **stain** KATA KERJA

kesan
◊ *mud stain* kesan lumpur
- **This washing powder can remove stubborn stains.** Serbuk pencuci ini dapat menanggalkan kesan kotoran yang degil.

to **stain** KATA KERJA
> rujuk juga **stain** KATA NAMA

mengotori
◊ *Some coffee got spilled and stained the carpet.* Kopi tertumpah dan mengotori permaidani tersebut.

stainless steel KATA NAMA
keluli tahan karat

stain remover KATA NAMA
penghilang kesan kotoran

stair KATA NAMA
anak tangga
- **stairs** tangga

staircase KATA NAMA
tangga

stair lift KATA NAMA
lif tangga
> sejenis alat untuk membantu orang tua atau orang yang kurang upaya menaiki tangga

stake KATA NAMA
> rujuk juga **stake** KATA KERJA

pancang
- **at stake** dalam bahaya ◊ *The whole future of the company was at stake.* Masa depan syarikat itu dalam bahaya.

to **stake** KATA KERJA
> rujuk juga **stake** KATA NAMA

mempertaruhkan

stalactite KATA NAMA
stalaktit

stalagmite KATA NAMA
stalagmit

stale KATA ADJEKTIF
1 *masuk angin* (biskut)
2 *sudah keras* (roti)
3 *basi* (nasi)

stalemate KATA NAMA
kebuntuan
◊ *The negotiations ended in stalemate.* Rundingan itu berakhir dengan kebuntuan.
- **to reach a stalemate** menemui jalan

stalk → standard

- **The game ended in stalemate.** Permainan itu berakhir dengan kedudukan buntu. *(dalam permainan catur)*

stalk KATA NAMA

> *rujuk juga* **stalk** KATA KERJA

1. *tangkai* (bunga, daun)
2. *batang*
◊ *five stalks of lemongrass* lima batang serai

to stalk KATA KERJA

> *rujuk juga* **stalk** KATA NAMA

1. *menghendap*
◊ *He stalks his victims like a hunter after a deer.* Dia menghendap mangsa-mangsanya seperti seorang pemburu yang hendak menangkap rusa.
2. *berjalan dengan angkuh*

stall KATA NAMA

gerai
◊ *He's got a market stall.* Dia memiliki sebuah gerai di pasar.

- **the stalls** tempat duduk bahagian hadapan *(di dewan konsert, teater)*

stallion KATA NAMA
kuda jantan

stamina KATA NAMA
stamina

to stammer KATA KERJA

> *rujuk juga* **stammer** KATA NAMA

gagap

stammer KATA NAMA

> *rujuk juga* **stammer** KATA KERJA

penyakit gagap
◊ *A speech-therapist cured his stammer.* Seorang pakar terapi pertuturan telah mengubati penyakit gagapnya.

- **He's got a stammer.** Dia gagap.

stamp KATA NAMA

> *rujuk juga* **stamp** KATA KERJA

setem
◊ *stamp album* album setem ◊ *My hobby is stamp collecting.* Hobi saya ialah mengumpul setem.

to stamp KATA KERJA

> *rujuk juga* **stamp** KATA NAMA

1. *mengecap*
◊ *The file was stamped "confidential".* Fail itu dicap dengan perkataan "sulit".
2. *menghentak*
◊ *He stamped on the rotten board and snapped it.* Dia menghentak papan buruk itu dan mematahkannya.

- **The audience stamped their feet.** Para penonton menghentakkan kaki mereka.

stamped addressed envelope KATA NAMA
sampul surat dengan setem dan alamat pengirim

- **Please enclose a stamped addressed envelope.** Sila sertakan sampul surat dengan setem dan alamat sendiri.

to stampede KATA KERJA
bertempiaran
◊ *The stampeding horses caused chaos.* Kuda-kuda yang bertempiaran itu menyebabkan berlakunya huru-hara.

stand KATA NAMA

> *rujuk juga* **stand** KATA KERJA

1. *pendirian*
◊ *to make a stand* menyatakan pendirian
2. *tempat duduk penonton*

to stand KATA KERJA
(stood, stood)

> *rujuk juga* **stand** KATA NAMA

berdiri
◊ *He was standing by the door.* Dia berdiri di tepi pintu. ◊ *What are you standing there for?* Kenapakah anda berdiri di sana? ◊ *They all stood when I came in.* Mereka semua berdiri semasa saya masuk.

- **I can't stand all this noise.** Saya tidak tahan dengan bunyi bising ini.

to stand for KATA KERJA
singkatan untuk
◊ *"EU" stands for "European Union".* "EU" ialah singkatan untuk "European Union".

- **I won't stand for it any more!** Saya tidak akan membiarkan perkara itu berterusan lagi!

to stand in for KATA KERJA
mengambil tempat
◊ *to stand in for somebody* mengambil tempat seseorang

to stand out KATA KERJA
1. *lebih menonjol*
◊ *When he played the violin he stood out from all the other musicians.* Apabila dia bermain biola, dia lebih menonjol daripada pemuzik-pemuzik yang lain.
2. *jelas kelihatan* (benda)

to stand up KATA KERJA
berdiri
◊ *I stood up and walked out.* Saya berdiri dan berjalan keluar. ◊ *She has to stand up all day.* Dia terpaksa berdiri sepanjang hari.

to stand up for KATA KERJA
mempertahankan
◊ *Stand up for your rights!* Pertahankan hak anda!

standard KATA NAMA

> *rujuk juga* **standard** KATA ADJEKTIF

1. *standard*
◊ *She's got high standards.* Dia mempunyai standard yang tinggi.

English ~ Malay — standard → start off

standard
   [2] *piawaian*
   ◊ *the standard of the products* piawaian barangan
   [3] *taraf*
   ◊ *standard of living* taraf hidup

standard KATA ADJEKTIF
   rujuk juga **standard** KATA NAMA
   piawai
   ◊ *standard measurement* ukuran piawai
- **standard equipment** peralatan yang biasa
- **the standard procedure** prosedur biasa

standardization KATA NAMA
   penyelarasan
   ◊ *the standardization of the school syllabus* penyelarasan sukatan pelajaran

to standardize KATA KERJA
   menyelaraskan
   ◊ *to standardize the school syllabus* menyelaraskan sukatan pelajaran

standby KATA NAMA
   simpanan (orang, benda)

stand-by ticket KATA NAMA
   tiket tunggu sedia

standout KATA NAMA
(di AS, Australia)
   sungguh cemerlang

standpoint KATA NAMA
   sudut pandangan

stank KATA KERJA rujuk **stink**

stanza KATA NAMA
   rangkap

staple KATA ADJEKTIF
   rujuk juga **staple** KATA NAMA
   ruji
   ◊ *their staple food* makanan ruji mereka

staple KATA NAMA
   rujuk juga **staple** KATA ADJEKTIF
   ubat stapler (tidak formal)

stapler KATA NAMA
   stapler

star KATA NAMA
   rujuk juga **star** KATA KERJA
   bintang
   ◊ *the stars in the sky* bintang di langit
   ◊ *a TV star* seorang bintang TV
- **the stars** bintang horoskop

to star KATA KERJA
   rujuk juga **star** KATA NAMA
   membintangi
   ◊ *to star in a film* membintangi sebuah filem ◊ *The film stars Sharon Stone.* Filem itu dibintangi oleh Sharon Stone.
   ◊ *...starring Johnny Depp* ...dibintangi oleh Johnny Depp

starch KATA NAMA
   rujuk juga **starch** KATA KERJA
   kanji

to starch KATA KERJA
   rujuk juga **starch** KATA NAMA
   menganji
   ◊ *My mother always starches the sheets.* Emak saya selalu menganji kain cadar.

to stare KATA KERJA
   merenung
   ◊ *Andy stared at him.* Andy merenungnya.

starfish KATA NAMA
(JAMAK **starfish**)
   tapak sulaiman

starfruit KATA NAMA
   belimbing

stark KATA ADVERBA
- **stark naked** telanjang bulat

star prize KATA NAMA
   hadiah utama (yang paling baik, mahal)

start KATA NAMA
   rujuk juga **start** KATA KERJA
   [1] *permulaan*
   ◊ *at the start of the film* pada permulaan filem itu
- **from the start** dari awal lagi
- **for a start** sebagai permulaan
- **Shall we make a start on the washing-up?** Bolehkah kita mula mencuci pinggan mangkuk itu?
   [2] *garis permulaan* (perlumbaan)

to start KATA KERJA
   rujuk juga **start** KATA NAMA
   [1] *bermula*
   ◊ *What time does it start?* Pukul berapakah rancangan itu akan bermula?
- **to start doing something** mula melakukan sesuatu ◊ *I started learning Spanish two years ago.* Saya mula belajar bahasa Sepanyol dua tahun yang lepas.
   [2] *memulakan*
   ◊ *He wants to start his own business.* Dia ingin memulakan perniagaannya sendiri.
   [3] *menghidupkan*
   ◊ *He couldn't start the car.* Dia tidak dapat menghidupkan enjin keretanya.
   ◊ *The car wouldn't start.* Enjin kereta itu tidak dapat dihidupkan.

to start off KATA KERJA
   bermula
   ◊ *She started off by accusing him of blackmail.* Dia bermula dengan menuduh lelaki itu memeras ugut.
- **He started off playing piano in the 1920s.** Dia memulakan kerjaya sebagai pemain piano pada tahun 1920-an.
- **We started off first thing in the morning.** Kami bertolak awal-awal pagi lagi.

starter → stay up

starter KATA NAMA
pembuka selera

starting point KATA NAMA
titik tolak
◊ *the starting point of a discussion* titik tolak sesuatu perbincangan

to **startle** KATA KERJA
mengejutkan
◊ *The noise startled me.* Bunyi bising itu mengejutkan saya.

startling KATA ADJEKTIF
mengejutkan
◊ *startling new evidence* bukti baru yang mengejutkan ◊ *Sometimes the results may be rather startling.* Kadang-kadang keputusan itu agak mengejutkan.

startlingly KATA ADVERBA
mengejutkan
♦ **He was startlingly handsome.** Dia sungguh kacak dan menarik.

starvation KATA NAMA
kebuluran

to **starve** KATA KERJA
kebuluran
◊ *People are starving.* Orang ramai kebuluran.
♦ **I'm starving!** Saya sangat lapar!

state KATA NAMA
> rujuk juga **state** KATA KERJA

[1] *negeri*
◊ *the state of Perak* negeri Perak
[2] *negara*
◊ *It's an independent state.* Negara itu ialah negara merdeka.
[3] *keadaan*
◊ *He wasn't in a fit state to drive.* Keadaannya tidak sesuai untuk memandu.
♦ **She was in a state of depression.** Dia dalam kesedihan.
♦ **Tim was in a real state.** Tim benar-benar gelisah.
♦ **the States** Amerika Syarikat

to **state** KATA KERJA
> rujuk juga **state** KATA NAMA

menyatakan
◊ *He stated his intention to resign.* Dia menyatakan niatnya untuk meletakkan jawatan. ◊ *Please state your name and address.* Sila nyatakan nama dan alamat anda.

State Assemblyman KATA NAMA
Ahli Dewan Undangan Negeri

stately home KATA NAMA
rumah mahligai

statement KATA NAMA
[1] *pernyataan*
◊ *Andrew's statement was unclear.* Pernyataan Andrew tidak jelas.
[2] *kenyataan*
◊ *statements by witnesses* kenyataan oleh para saksi
♦ **a bank statement** penyata bank

statesman KATA NAMA
(JAMAK **statesmen**)
negarawan

station KATA NAMA
stesen
◊ *bus station* stesen bas ◊ *radio station* stesen radio
♦ **police station** balai polis

stationary KATA ADJEKTIF
tidak bergerak
◊ *The train was stationary for 90 minutes.* Kereta api itu tidak bergerak selama 90 minit.

stationer's KATA NAMA
kedai alat tulis

stationery KATA NAMA
alat tulis

station wagon KATA NAMA
> kereta panjang yang mempunyai pintu di bahagian belakang dan ruang belakang yang luas

statistic KATA NAMA
statistik

statistician KATA NAMA
ahli statistik

statue KATA NAMA
patung

status KATA NAMA
status

statutory KATA ADJEKTIF
berkanun
◊ *statutory body* badan berkanun
♦ **We had a statutory duty to report to the Parliament.** Kami mempunyai tugas untuk membuat laporan kepada Parlimen mengikut undang-undang.

stay KATA NAMA
> rujuk juga **stay** KATA KERJA

waktu berada (di sesuatu tempat)
◊ *my stay in Spain* waktu saya berada di Sepanyol

to **stay** KATA KERJA
> rujuk juga **stay** KATA NAMA

tinggal
◊ *I'm going to be staying with friends.* Saya akan tinggal bersama kawan-kawan.
◊ *Where are you staying? In a hotel?* Di manakah anda tinggal? Di hotel?
♦ **Stay here!** Jangan ke mana-mana!
♦ **to stay the night** bermalam
♦ **They were asked to stay away from the dangerous area.** Mereka disuruh menjauhi kawasan yang berbahaya itu.

to **stay in** KATA KERJA
tidak keluar

to **stay up** KATA KERJA

steadily → stereo

berjaga
◊ *We stayed up till midnight.* Kami berjaga hingga tengah malam.

steadily KATA ADVERBA
semakin
◊ *The company's income is steadily decreasing.* Pendapatan syarikat itu semakin berkurangan.
♦ **He moved back a little and stared steadily at Elaine.** Dia berundur sedikit ke belakang dan merenungi Elaine dengan tenang.

steady KATA ADJEKTIF
1 *tetap*
◊ *a steady job* kerja tetap
♦ **a steady boyfriend** teman lelaki istimewa
2 *kuat* (tidak goyang, tidak menggeletar)
◊ *a steady hand* tangan yang kuat
♦ **Steady on!** Bertenang!

steak KATA NAMA
stik

to **steal** KATA KERJA
(**stole, stolen**)
mencuri

stealth KATA NAMA
sembunyi-sembunyi
◊ *Both sides advanced by stealth.* Kedua-dua pihak mara secara sembunyi-sembunyi.

stealthily KATA ADVERBA
secara sembunyi-sembunyi
◊ *He entered the house stealthily.* Dia masuk ke dalam rumah itu secara sembunyi-sembunyi.

steam KATA NAMA
| rujuk juga **steam** KATA KERJA |
stim

to **steam** KATA KERJA
| rujuk juga **steam** KATA NAMA |
1 *berwap*
◊ *The coffee is still hot and steaming.* Kopi itu masih panas dan berwap.
2 *mengukus*
◊ *Susan is steaming fish in the kitchen.* Susan sedang mengukus ikan di dapur.

steel KATA NAMA
keluli

steelworks KATA NAMA
(JAMAK **steelworks**)
kilang keluli

steep KATA ADJEKTIF
curam

steeple KATA NAMA
menara (pada gereja)

to **steer** KATA KERJA
1 *memandu* (kenderaan)
2 *mengemudikan* (kapal)

steering wheel KATA NAMA
stereng

to **stem** KATA KERJA
| rujuk juga **stem** KATA NAMA |
berpunca
◊ *Tim's change of attitude stems from his parents' divorce.* Perubahan sikap Tim berpunca daripada perceraian ibu bapanya.

stem KATA NAMA
| rujuk juga **stem** KATA KERJA |
tangkai

stench KATA NAMA
bau busuk

stenographer KATA NAMA
jurutrengkas

step KATA NAMA
| rujuk juga **step** KATA KERJA |
1 *langkah*
◊ *He took a step forward.* Dia mengambil satu langkah ke hadapan.
2 *anak tangga*
♦ **She tripped over the step.** Dia tersandung pada tangga.

to **step** KATA KERJA
| rujuk juga **step** KATA NAMA |
melangkah
◊ *I tried to step forward.* Saya cuba melangkah ke hadapan.
♦ **Step this way, please.** Sila ikut saya.

to **step aside** KATA KERJA
ke tepi

to **step back** KATA KERJA
berundur

stepbrother KATA NAMA
1 *abang tiri*
2 *adik tiri* (lelaki)

stepchild KATA NAMA
(JAMAK **stepchildren**)
anak tiri

stepdaughter KATA NAMA
anak tiri (perempuan)

stepfather KATA NAMA
bapa tiri

stepladder KATA NAMA
tangga

stepmother KATA NAMA
ibu tiri

stepping machine KATA NAMA
mesin injak

stepping stone KATA NAMA
batu loncatan

stepsister KATA NAMA
1 *kakak tiri*
2 *adik tiri* (perempuan)

stepson KATA NAMA
anak tiri (lelaki)

stereo KATA NAMA
(JAMAK **stereos**)
stereo

sterile → stingy

sterile KATA ADJEKTIF
  1. *steril*
  2. *mandul*

sterilization KATA NAMA
  pensterilan

to **sterilize** KATA KERJA
  mensteril

sterling KATA ADJEKTIF
  paun sterling (sistem mata wang British)
  ♦ **pound sterling** paun sterling ◊ *one hundred pounds sterling* seratus paun sterling

stern KATA ADJEKTIF
  1. *keras*
  ◊ *stern action* tindakan yang keras
  2. *serius dan tegas (orang)*

stethoscope KATA NAMA
  stetoskop

stew KATA NAMA
  stew (sejenis makanan yang direneh)

steward KATA NAMA
  1. *pramugara (di dalam kapal terbang)*
  2. *pelayan lelaki (di dalam kapal)*

stewardess KATA NAMA
  (JAMAK **stewardesses**)
  1. *pramugari (di dalam kapal terbang)*
  2. *pelayan wanita (di dalam kapal)*

stewing steak KATA NAMA
  daging lembu yang sesuai untuk direneh

stick KATA NAMA
  > rujuk juga **stick** KATA KERJA

  kayu
  ♦ **a walking stick** tongkat

to **stick** KATA KERJA
  (**stuck, stuck**)
  > rujuk juga **stick** KATA NAMA

  1. *melekatkan*
  ◊ *Stick the stamps on the envelope.* Lekatkan setem pada sampul surat.
  2. *melekat*
  ◊ *The rice stuck to the pan.* Nasi itu melekat pada kuali leper.
  3. *memasukkan*
  ◊ *He picked up the papers and stuck them in his briefcase.* Dia mengutip kertas-kertas itu lalu memasukkannya ke dalam beg.
  ♦ **I can't stick it any longer.** Saya tidak boleh tahan lagi.

to **stick out** KATA KERJA
  menjelirkan
  ◊ *The little girl stuck out her tongue.* Budak perempuan itu menjelirkan lidahnya.

sticker KATA NAMA
  pelekat

sticky KATA ADJEKTIF
  melekit
  ◊ *to have sticky hands* tangan yang melekit ◊ *a sticky label* label yang melekit

stiff KATA ADJEKTIF, KATA ADVERBA
  1. *keras*
  ◊ *a stiff brush* berus yang keras ◊ *a stiff card* kad yang keras
  2. *kejang*
  ◊ *stiff muscles* otot yang kejang
  ♦ **to have a stiff neck** mengalami kekejangan leher
  ♦ **to feel stiff** berasa kejang
  3. *sangat*
  ◊ *to be bored stiff* sangat bosan ◊ *to be frozen stiff* sangat sejuk ◊ *to be scared stiff* sangat takut

still KATA ADVERBA
  > rujuk juga **still** KATA ADJEKTIF

  masih
  ◊ *I still haven't finished.* Saya masih belum habis. ◊ *Are you still in bed?* Anda masih tidur lagi? ◊ *She knows I don't like it, but she still does it.* Dia tahu saya tidak suka, tetapi dia masih juga melakukannya.
  ♦ **better still** lebih baik lagi
  ♦ **Still, it's the thought that counts.** Walau bagaimanapun, yang pentingnya, keikhlasan anda.

still KATA ADJEKTIF
  > rujuk juga **still** KATA ADVERBA

  terpaku (berdiri, duduk)
  ◊ *He stood still.* Dia berdiri terpaku.
  ♦ **Keep still!** Jangan bergerak!

to **stimulate** KATA KERJA
  merangsang
  ◊ *to stimulate public interest* merangsang minat orang ramai

stimulation KATA NAMA
  rangsangan

stimulus KATA NAMA
  (JAMAK **stimuli**)
  rangsangan

to **sting** KATA KERJA
  (**stung, stung**)
  > rujuk juga **sting** KATA NAMA

  menyengat

sting KATA NAMA
  > rujuk juga **sting** KATA KERJA

  1. *sengat*
  ◊ *Remove the bee sting with tweezers.* Keluarkan sengat lebah itu dengan penyepit.
  2. *sengatan*
  ◊ *A bee sting can cause fever.* Sengatan lebah boleh menyebabkan demam.

stingray KATA NAMA
  ikan pari

stingy KATA ADJEKTIF
  kedekut

stink → stop

to stink KATA KERJA
(stank, stunk)
rujuk juga **stink** KATA NAMA
berbau busuk
- **You stink of garlic!** Anda berbau bawang putih!

stink KATA NAMA
rujuk juga **stink** KATA KERJA
bau busuk
◊ *the stink of beer* bau busuk bir

stinking KATA ADJEKTIF
berbau busuk

to stipulate KATA KERJA
mensyaratkan
◊ *The government has stipulated that...* Kerajaan telah mensyaratkan bahawa...

to stir KATA KERJA
mengacau
◊ *Stir some sugar into your coffee.* Kacau gula dalam kopi anda.

to stir up KATA KERJA
menimbulkan
◊ *As usual, Harriet is trying to stir up trouble.* Seperti biasa, Harrietlah yang cuba menimbulkan masalah.
- **The car stirred up a cloud of dust.** Kereta itu menyebabkan habuk berterbangan.

to stir-fry KATA KERJA
(stir-fried, stir-fried)
menggoreng sambil mengacau dengan cepat dalam sedikit minyak yang sangat panas

to stitch KATA KERJA
rujuk juga **stitch** KATA NAMA
menjahit

stitch KATA NAMA
(JAMAK **stitches**)
rujuk juga **stitch** KATA KERJA
jahitan
◊ *I had five stitches.* Saya diberi lima jahitan.

stock KATA NAMA
rujuk juga **stock** KATA KERJA
1. *simpanan*
◊ *stocks of ammunition* simpanan peluru
2. *stok*
◊ *the shop's stock* stok kedai itu
- **Yes, we've got your size in stock.** Ya, saiz anda ada dalam stok kami.
- **out of stock** kehabisan stok ◊ *I'm sorry, they're both out of stock.* Saya minta maaf, kedua-duanya sudah kehabisan stok.
- **chicken stock** stok ayam (*untuk menambahkan perisa*)

to stock KATA KERJA
rujuk juga **stock** KATA NAMA
menjual
◊ *Do you stock television sets?* Adakah anda menjual televisyen?

to stock up KATA KERJA
mengisi
- **to stock up with something** mengisi dengan sesuatu ◊ *I had to stock the boat up with food.* Saya perlu mengisi bot itu dengan makanan.

stock cube KATA NAMA
kiub perisa makanan

stocking KATA NAMA
sarung kaki

stock market KATA NAMA
pasaran saham

stock-still KATA ADJEKTIF
kaku
◊ *The lieutenant stopped and stood stock-still.* Leftenan itu berhenti dan berdiri kaku.

stole, stolen KATA KERJA *rujuk* **steal**

stomach KATA NAMA
perut

stomach ache KATA NAMA
sakit perut
- **I have a stomach ache.** Saya sakit perut.

stone KATA NAMA
rujuk juga **stone** KATA KERJA
1. *batu*
◊ *a stone wall* dinding batu
2. *biji*
◊ *an apricot stone* biji buah aprikot
- **I weigh eight stone.** Berat badan saya lapan ston.
Satu ston adalah lebih kurang 6.3 kg.

to stone KATA KERJA
rujuk juga **stone** KATA NAMA
merejam
◊ *In that country people who commit adultery are stoned to death.* Di negara itu, orang yang berzina akan direjam sampai mati.

stony KATA ADJEKTIF
berbatu-batan
◊ *stony soil* tanah yang berbatu-batan

stood KATA KERJA *rujuk* **stand**

stool KATA NAMA
bangku

to stoop KATA KERJA
membongkok
◊ *He stooped to pick up the stone.* Dia membongkok untuk mengutip batu itu.

stop KATA NAMA
rujuk juga **stop** KATA KERJA
perhentian
◊ *a bus stop* perhentian bas
- **This is my stop.** Saya sudah sampai.

to stop KATA KERJA

stop by → strain

> rujuk juga **stop** KATA NAMA

1. *berhenti*
   ◊ *The bus doesn't stop there.* Bas itu tidak berhenti di sana. ◊ *The music stopped.* Muzik itu sudah berhenti. ◊ *I think the rain's going to stop.* Saya rasa hujan akan berhenti.
   • **This has got to stop!** Perkara ini perlu dihentikan!
   • **to stop doing something** berhenti melakukan sesuatu ◊ *to stop smoking* berhenti merokok

2. *menghentikan*
   ◊ *a campaign to stop whaling* kempen untuk menghentikan pemburuan ikan paus
   • **to stop somebody doing something** menghalang seseorang daripada melakukan sesuatu ◊ *She would have liked to stop us seeing each other.* Dia tentu suka kalau dapat menghalang kami daripada bertemu.
   • **Stop!** Berhenti!

to **stop by** KATA KERJA
singgah
◊ *Rose stopped by her friend's house on the way to the library.* Rose singgah di rumah kawannya dalam perjalanan ke perpustakaan.

stopover KATA NAMA
persinggahan
◊ *The flight will make a stopover in Denver.* Kapal terbang itu akan membuat persinggahan di Denver.

stopwatch KATA NAMA
(JAMAK **stopwatches**)
jam randik

storage KATA NAMA
penyimpanan

store KATA NAMA
> rujuk juga **store** KATA KERJA

1. *gedung*
   ◊ *a furniture store* gedung perabot
2. *stor*
   ◊ *a factory store* stor kilang

to **store** KATA KERJA
> rujuk juga **store** KATA NAMA

menyimpan
◊ *They store potatoes in the cellar.* Mereka menyimpan ubi kentang di dalam bilik bawah tanah. ◊ *to store information* menyimpan maklumat

storeroom KATA NAMA
bilik stor

storey KATA NAMA
tingkat
◊ *a three-storey building* bangunan tiga tingkat

stork KATA NAMA
bangau

storm KATA NAMA
ribut

stormy KATA ADJEKTIF
1. *buruk* (*cuaca*)
2. *bergelora* (*laut*)

story KATA NAMA
(JAMAK **stories**)
cerita

storybook KATA NAMA
buku cerita

storyteller KATA NAMA
penglipur lara

stout KATA ADJEKTIF
gempal

stove KATA NAMA
1. *dapur*
   ◊ *a gas stove* dapur gas
2. *alat pemanas*

straight KATA ADJEKTIF, KATA ADVERBA
lurus
◊ *a straight line* garisan lurus
◊ *straight hair* rambut lurus
• **He looked straight at me.** Dia memandang tepat ke arah saya.
• **straight away** segera
• **I'll come straight back.** Saya akan datang sekarang juga.
• **Keep straight on.** Jalan terus.
• **to give a straight answer** menjawab dengan terus terang

straight arrow KATA NAMA
orang yang sangat jujur dan bermoral

to **straighten** KATA NAMA
meluruskan
◊ *He straightened both his legs.* Dia meluruskan kedua-dua kakinya.
• **She straightened a picture on the wall.** Dia membetulkan kedudukan sebuah lukisan pada dinding.

straightforward KATA ADJEKTIF
1. *jelas dan mudah*
   ◊ *It's very straightforward.* Perkara itu sangat jelas dan mudah.
2. *suka berterus terang*
   ◊ *She's very straightforward.* Dia sangat suka berterus terang.

strain KATA NAMA
> rujuk juga **strain** KATA KERJA

ketegangan
◊ *Their relationship is under a lot of strain.* Hubungan mereka mengalami banyak ketegangan.
• **It was a strain.** Perkara itu membebankan.

to **strain** KATA KERJA
> rujuk juga **strain** KATA NAMA

meletihkan
◊ *to strain one's eyes* meletihkan mata seseorang

- **I strained my back.** Belakang saya terasa tegang dan sakit.
- **to strain a muscle** kekejangan otot

strained KATA ADJEKTIF
tegang
◊ *a strained muscle* otot yang tegang

strainer KATA NAMA
penapis
◊ *a tea strainer* penapis teh

strait KATA NAMA
selat

stranded KATA ADJEKTIF
terkandas
◊ *We were stranded on the motorway.* Kami terkandas di lebuh raya.

strange KATA ADJEKTIF
pelik
◊ *That's strange!* Peliknya! ◊ *It's strange that she doesn't talk to us anymore.* Yang peliknya dia sudah tidak bercakap dengan kami lagi.

strangeness KATA NAMA
keganjilan
◊ *the strangeness of the situation* keganjilan situasi itu

stranger KATA NAMA
orang yang tidak dikenali
◊ *Don't talk to strangers.* Jangan bercakap dengan orang yang tidak dikenali.
- **I'm a stranger here.** Saya orang asing di sini.

to **strangle** KATA KERJA
mencekik

strangler KATA NAMA
pencekik

strangulation KATA NAMA
cekikan
- **He died from strangulation.** Dia mati kerana dicekik.

strap KATA NAMA
> rujuk juga **strap** KATA KERJA

tali (untuk baju, beg, kamera, dll)

to **strap** KATA KERJA
> rujuk juga **strap** KATA NAMA

mengikat

strappy KATA ADJEKTIF
(*tidak formal*)
bertali
◊ *strappy sandals* sandal bertali
◊ *strappy dress* gaun bertali

strategic KATA ADJEKTIF
strategik

strategy KATA NAMA
strategi

straw KATA NAMA
1 *jerami*
◊ *a straw hat* topi jerami
2 *straw*
◊ *He was drinking his lemonade through a straw.* Dia minum lemonednya dengan straw.
- **That's the last straw!** Saya sudah tidak tahan lagi!

strawberry KATA NAMA
(JAMAK **strawberries**)
strawberi

to **stray** KATA KERJA
> rujuk juga **stray** KATA ADJEKTIF

1 *berkeliaran*
◊ *Tourists often get lost and stray into dangerous areas.* Para pelancong selalu sesat dan berkeliaran ke kawasan yang berbahaya.
2 *merewang* (fikiran)
- **Tina's composition strayed from the topic.** Karangan Tina terpesong daripada tajuk.

stray KATA ADJEKTIF
> rujuk juga **stray** KATA KERJA

liar
◊ *a stray cat* kucing liar
- **a stray bullet** peluru sesat

stream KATA NAMA
> rujuk juga **stream** KATA KERJA

anak sungai
- **The chemical plant will not come on stream until 2005.** Loji kimia itu tidak akan beroperasi sebelum tahun 2005.

to **stream** KATA KERJA
> rujuk juga **stream** KATA NAMA

mengalir
◊ *Tears streamed down her cheeks.* Air mata mengalir di pipinya.
- **Sunlight was streaming into the room.** Cahaya matahari memancar ke dalam bilik itu.

street KATA NAMA
jalan

streetlamp KATA NAMA
lampu jalan

street people KATA NAMA JAMAK
orang yang tidak ada tempat tinggal

street plan KATA NAMA
pelan jalan

streetwise KATA ADJEKTIF
tahu menangani kesukaran dan masalah (*khasnya di bandar raya besar*)

strength KATA NAMA
1 *tenaga*
◊ *with all his strength* dengan seluruh tenaganya
2 *kekuatan*
◊ *political strength* kekuatan politik
3 *kelebihan*
◊ *your strengths and weaknesses* kelebihan dan kelemahan anda

to **strengthen** KATA KERJA

menguatkan
◊ She's trying to strengthen her position in Parliament. Dia cuba menguatkan kedudukannya dalam Parlimen.
• policies that will strengthen the country's economy polisi-polisi yang akan mengukuhkan ekonomi negara

strenuous KATA ADJEKTIF
menjerihkan
◊ Ivy could not do strenuous work because she was still sick. Ivy tidak mampu membuat kerja yang menjerihkan kerana dia masih sakit.

to **stress** KATA KERJA
> rujuk juga **stress** KATA NAMA

menekankan
◊ I would like to stress that... Saya ingin menekankan bahawa...

stress KATA NAMA
> rujuk juga **stress** KATA KERJA

tekanan
◊ She's under a lot of stress. Dia mengalami banyak tekanan.

to **stretch** KATA KERJA
[1] *menggeliat*
◊ He yawned and stretched. Dia menguap sambil menggeliat.
• I went out to stretch my legs. Saya keluar untuk meregangkan otot-otot kaki saya.
• My sweater stretched after I washed it. Baju sejuk saya menjadi regang selepas dicuci.
[2] *terbentang*
◊ The paddy fields stretched for several miles. Sawah-sawah padi itu terbentang beberapa batu luasnya.
• The Sahara Desert stretches from the East Coast to the West Coast of Northern Africa. Gurun Sahara menganjur dari Pantai Timur ke Pantai Barat Afrika Utara.

to **stretch out** KATA KERJA
berbaring
◊ They stretched out on the beach. Mereka berbaring di pantai.
• to stretch out one's arms menghulurkan tangan

stretcher KATA NAMA
usungan

stretcher-bearer KATA NAMA
pengusung

stretchy KATA ADJEKTIF
boleh regang

strewn KATA ADJEKTIF
berselerak
◊ The room was strewn with books and clothes. Bilik itu berselerak dengan buku dan pakaian.

strict KATA ADJEKTIF
tegas

strictly KATA ADVERBA
semata-mata
◊ This session was strictly for the boys. Sesi ini semata-mata untuk budak lelaki.
• The acceptance of new members is strictly controlled. Penerimaan ahli-ahli baru dikawal dengan ketat.

strictness KATA NAMA
ketegasan
◊ The girl lied because she resented her parents' strictness. Gadis itu bercakap bohong kerana dia berasa marah dengan ketegasan ibu bapanya.

strike KATA NAMA
> rujuk juga **strike** KATA KERJA

mogok
• to be on strike mogok

to **strike** KATA KERJA
(struck, struck)
> rujuk juga **strike** KATA NAMA

memukul
◊ She struck me across the mouth. Dia memukul mulut saya.
• The clock struck three. Jam berbunyi menunjukkan tepat pukul tiga.
• to strike a match menggores mancis api

striker KATA NAMA
[1] *pemogok*
[2] *penyerang* (bola sepak)

striking KATA ADJEKTIF
[1] *amat ketara*
◊ a striking resemblance persamaan yang amat ketara
[2] *menarik perhatian*
◊ a striking colour warna yang menarik perhatian

string KATA NAMA
tali
◊ a piece of string seutas tali

strip KATA NAMA
> rujuk juga **strip** KATA KERJA

jurai
◊ strips of fabric plaited together jurai-jurai kain yang dianyam
• a strip cartoon kartun (dalam surat khabar, dll)

to **strip** KATA KERJA
> rujuk juga **strip** KATA NAMA

menanggalkan pakaian

to **strip off** KATA KERJA
melucutkan
◊ She stripped off her clothes in the bathroom. Dia melucutkan pakaiannya di bilik mandi.

stripe KATA NAMA
jalur atau *belang* (pada pakaian)

striped KATA ADJEKTIF

stripper → study

    berjalur-jalur
    ◊ *a striped skirt* skirt yang berjalur-jalur
stripper KATA NAMA
    penari bogel
stripy KATA ADJEKTIF
    berjalur-jalur
    ◊ *a stripy skirt* skirt yang berjalur-jalur
to **strive** KATA KERJA
    (**strove** atau **strived, striven** atau **strived**)
    berusaha
    ◊ *The region must strive for economic development.* Negara itu mesti berusaha ke arah pembangunan ekonomi. ◊ *He strives hard to keep himself fit.* Dia berusaha keras untuk menjaga kesihatannya.
to **stroke** KATA KERJA
    rujuk juga **stroke** KATA NAMA
    mengusap
stroke KATA NAMA
    rujuk juga **stroke** KATA KERJA
    strok
    ◊ *to have a stroke* mengalami strok
♦ **a stroke of luck** nasib baik
stroll KATA NAMA
    berjalan-jalan
    ◊ *to go for a stroll* pergi berjalan-jalan
strong KATA ADJEKTIF
    kuat
♦ **strong wind** angin kencang
strongly KATA ADVERBA
    1 *sangat*
    ◊ *They were so strongly motivated.* Mereka sangat bersemangat.
    2 *benar-benar*
    ◊ *We strongly advise you to...* Kami benar-benar menasihatkan anda supaya...
    3 *dengan kukuh*
    ◊ *strongly built* dibina dengan kukuh
♦ **He smelt strongly of tobacco.** Dia berbau rokok yang kuat.
♦ **I don't feel strongly about it.** Saya tidak ambil peduli akan hal itu.
♦ **to strongly oppose** membantah dengan sekeras-kerasnya
strong-willed KATA ADJEKTIF
    degil
strove KATA KERJA *rujuk* **strive**
struck KATA KERJA *rujuk* **strike**
structure KATA NAMA
    struktur
to **struggle** KATA KERJA
    rujuk juga **struggle** KATA NAMA
    1 *meronta-ronta*
    ◊ *He struggled, but he couldn't escape.* Dia meronta-ronta tetapi dia masih tidak dapat melepaskan diri.
    2 *bergelut* (bergaduh, dll)
♦ **to struggle to do something (1)** terpaksa bersusah payah untuk melakukan sesuatu ◊ *They struggle to pay their bills.* Mereka terpaksa bersusah payah untuk membayar bil-bil mereka.
♦ **to struggle to do something (2)** berjuang untuk melakukan sesuatu ◊ *He struggled to get custody of his daughter.* Dia berjuang untuk mendapatkan hak jagaan anak perempuannya.
struggle KATA NAMA
    rujuk juga **struggle** KATA KERJA
    perjuangan
    ◊ *a struggle for survival* perjuangan untuk hidup
♦ **It was a struggle.** Kami terpaksa menempuh banyak dugaan.
stub KATA NAMA
    keratan
    ◊ *ticket stub* keratan tiket
♦ **cigarette stub** puntung rokok
to **stub out** KATA KERJA
    menyehkan
    ◊ *to stub out a cigarette* menyehkan puntung rokok
stubborn KATA ADJEKTIF
    degil
stubbornness KATA NAMA
    kedegilan
stuck KATA KERJA *rujuk* **stick**
stuck KATA ADJEKTIF
    tersekat
    ◊ *This drawer is stuck.* Laci ini tersekat.
    ◊ *This lid is stuck.* Penutup ini tersekat.
♦ **to get stuck** tersangkut ◊ *Our project got stuck at that stage.* Projek kami tersangkut pada tahap itu.
♦ **We got stuck in a traffic jam.** Kami terperangkap dalam kesesakan lalu lintas.
stuck-up KATA ADJEKTIF
    sombong
stud KATA NAMA
    1 *tatah*
    2 *subang*
student KATA NAMA
    pelajar
studio KATA NAMA
    (JAMAK **studios**)
    studio
    ◊ *a TV studio* studio TV
♦ **a studio flat**
    flat yang bilik tidurnya disatukan dengan ruang tamu dan mempunyai bilik mandi serta dapur yang berasingan
to **study** KATA KERJA
    (**studied, studied**)
    rujuk juga **study** KATA NAMA
    1 *belajar*
    2 *mengkaji*

study → subject

◊ *to study the behaviour of the orang utan* mengkaji kelakuan orang utan

study KATA NAMA
(JAMAK **studies**)
rujuk juga **study** KATA KERJA
kajian
◊ *The study looked at the performance of 18 surgeons.* Kajian itu melihat prestasi 18 orang pakar bedah.
♦ **the use of maps in the study of geography** penggunaan peta untuk belajar geografi

stuff KATA NAMA
rujuk juga **stuff** KATA KERJA
barang
◊ *Have you got all your stuff?* Sudahkah anda mendapat kesemua barang anda? ◊ *There's some stuff on the table for you.* Ada barang di atas meja itu untuk anda.
♦ **He gave me some stuff for my fever.** Dia memberi saya ubat untuk menghilangkan demam.

to **stuff** KATA KERJA
rujuk juga **stuff** KATA NAMA
mengasak
◊ *She stuffed the fish with pounded chillies before frying it.* Dia mengasak ikan dengan sambal sebelum menggorengnya.
♦ **He stuffed the newspaper into a litter bin.** Dia menyumbatkan surat khabar itu ke dalam tong sampah.
♦ **Mrs Jackson roasted a stuffed turkey.** Pn. Jackson memanggang ayam belanda berinti.

stuffed animal KATA NAMA
mainan yang diperbuat daripada kain, disumbat dengan benda lembut dan kelihatan seperti haiwan

stuffing KATA NAMA
inti (dalam ayam, itik, sayuran)
◊ *The chilli has fish stuffing in it.* Cabai itu mempunyai inti ikan.

stuffy KATA ADJEKTIF
pengap
◊ *a stuffy room* bilik yang pengap
◊ *It's stuffy in here.* Tempat ini pengap.

to **stumble** KATA KERJA
[1] *tersadung*
◊ *He stumbled and almost felt.* Dia tersadung dan hampir jatuh.
[2] *tersekat-sekat* (ketika bercakap, membaca)

stump KATA NAMA
tunggul
♦ **a tree stump** tunggul

stung KATA KERJA *rujuk* **sting**
stunk KATA KERJA *rujuk* **stink**

stunned KATA ADJEKTIF
terpegun
◊ *I was stunned.* Saya terpegun.

stunning KATA ADJEKTIF
menakjubkan

stunt KATA NAMA
rujuk juga **stunt** KATA KERJA
babak ngeri (dalam lakonan)
♦ **It's a publicity stunt.** Itu merupakan satu cara untuk mendapatkan publisiti.

to **stunt** KATA KERJA
rujuk juga **stunt** KATA NAMA
membantutkan
◊ *An unbalanced diet can stunt the development of the baby in the womb.* Pemakanan yang tidak teratur boleh membantutkan pertumbuhan bayi dalam kandungan.

stunted KATA ADJEKTIF
terbantut
◊ *stunted trees* pokok-pokok yang terbantut

stuntman KATA NAMA
(JAMAK **stuntmen**)
pelagak ngeri (lelaki)

stupid KATA ADJEKTIF
bodoh

stupidity KATA NAMA
kebodohan

sturdy KATA ADJEKTIF
tegap

stutter KATA NAMA
rujuk juga **stutter** KATA KERJA
penyakit gagap
♦ **He's got a stutter.** Dia gagap.

to **stutter** KATA KERJA
rujuk juga **stutter** KATA NAMA
gagap

style KATA NAMA
rujuk juga **style** KATA KERJA
gaya
◊ *That's not his style.* Itu bukan gayanya.

to **style** KATA KERJA
rujuk juga **style** KATA NAMA
mereka
◊ *His hair had just been styled.* Fesyen rambutnya baru direka sahaja.

stylish KATA ADJEKTIF
bergaya
◊ *She's a stylish lady.* Dia seorang wanita yang bergaya.

subconscious KATA ADJEKTIF
bawah sedar

subject KATA NAMA
[1] *tajuk*
◊ *The subject of my project is the Internet.* Tajuk projek saya ialah Internet.
[2] *mata pelajaran*

◊ *What's your favourite subject?* Apakah mata pelajaran kegemaran anda?
[3] *subjek*
◊ *"I" is the subject in "I love you".* "I" ialah subjek dalam ayat "I love you".

submarine KATA NAMA
kapal selam

to **submerge** KATA KERJA
menenggelami
◊ *The flood water submerged the whole village.* Air bah telah menenggelami seluruh kampung itu.
♦ **The submarine has submerged.** Kapal selam itu telah menyelam.

to **submit** KATA KERJA
menyerahkan
◊ *They submitted their reports to the teacher yesterday.* Mereka menyerahkan laporan mereka kepada guru itu kelmarin.

subordinate KATA NAMA
orang bawahan

to **subscribe** KATA KERJA
[1] *berpegang pada*
◊ *I've never subscribed to that view.* Saya tidak pernah berpegang pada pendapat itu.
[2] *melanggan*
◊ *Mazni subscribes to the magazine 'Kuntum'.* Mazni melanggan majalah 'Kuntum.

subscription KATA NAMA
langganan (majalah)
♦ **to take out a subscription to** melanggan

subsequent KATA ADJEKTIF
berikutnya
◊ *the increase of population in subsequent years* pertambahan penduduk pada tahun-tahun berikutnya

subsequently KATA ADVERBA
kemudiannya

to **subside** KATA KERJA
reda
◊ *The teacher's anger has not yet subsided.* Kemarahan guru itu belum reda lagi.
♦ **We waited for the flood water to subside.** Kami menunggu sehingga air bah surut.

to **subsidize** KATA KERJA
memberikan subsidi kepada

subsidy KATA NAMA
(JAMAK **subsidies**)
subsidi

substance KATA NAMA
bahan

substation KATA NAMA
pencawang

to **substitute** KATA KERJA
rujuk juga **substitute** KATA NAMA
mengganti
◊ *to substitute A for B* mengganti B dengan A
♦ **He was substituting for the injured player.** Dia menggantikan pemain yang cedera itu.

substitute KATA NAMA
rujuk juga **substitute** KATA KERJA
pengganti

subtitled KATA ADJEKTIF
diberi sari kata

subtitles KATA NAMA JAMAK
sari kata
◊ *a Spanish film with English subtitles* filem Sepanyol dengan sari kata bahasa Inggeris

subtle KATA ADJEKTIF
tidak ketara

subtlety KATA NAMA
(JAMAK **subtleties**)
perbezaan yang tidak ketara
◊ *His interest in the subtleties of human behaviour makes him a good storyteller.* Minatnya dalam perbezaan kelakuan manusia yang tidak ketara menjadikannya seorang penglipur lara yang baik.
♦ **the subtlety of the flavour** perisa yang kurang ketara rasanya

to **subtract** KATA KERJA
menolak
◊ *to subtract 3 from 5* menolak 3 daripada 5

suburb KATA NAMA
kawasan pinggir bandar
◊ *a London suburb* salah satu kawasan pinggir bandar London ◊ *They live in the suburbs.* Mereka tinggal di kawasan pinggir bandar.

suburban KATA ADJEKTIF
pinggir bandar
◊ *a suburban shopping centre* pusat membeli-belah pinggir bandar

subway KATA NAMA
jalan bawah tanah

to **succeed** KATA KERJA
berjaya
◊ *to succeed in business* berjaya dalam perniagaan ◊ *The plan did not succeed.* Rancangan itu tidak berjaya. ◊ *to succeed in doing something* berjaya melakukan sesuatu

success KATA NAMA
(JAMAK **successes**)
kejayaan

successful KATA ADJEKTIF
berjaya
◊ *a successful lawyer* peguam yang berjaya ◊ *a successful attempt* cubaan yang berjaya

successfully → suit

- **to be successful** berjaya
- **to be successful in doing something** berjaya melakukan sesuatu

successfully KATA ADVERBA
dengan jayanya

successive KATA ADJEKTIF
berturut-turut
◊ *He was the winner for a second successive year.* Dia merupakan pemenang untuk tahun kedua berturut-turut.

successor KATA NAMA
pengganti

such KATA ADJEKTIF, KATA ADVERBA
1. *sebegitu*
◊ *such clever people* orang yang sebegitu pandai ◊ *such a long journey* perjalanan yang sebegitu jauh
2. *seperti itu*
◊ *I wouldn't dream of doing such a thing.* Saya tidak terfikir untuk melakukan perkara seperti itu.
- **The pain was such that...** Begitu sakit sehingga...
- **such a lot** begitu banyak ◊ *such a lot of work* kerja yang begitu banyak
- **such a long time ago** sudah begitu lama dahulu
- **such as** seperti ◊ *a hot country, such as India...* negara yang bercuaca panas seperti India...
- **as such** dalam erti kata yang sebenar
  ◊ *She's not an expert as such, but...* Dia bukanlah seorang pakar dalam erti kata yang sebenar, tetapi...
- **There's no such thing.** Karut!
- **There's no such thing as the yeti.** Yeti tidak wujud.

such-and-such KATA ADJEKTIF
sekian-sekian
◊ *such-and-such a place* sekian-sekian tempat

to **suck** KATA KERJA
menghisap
◊ *to suck one's thumb* menghisap ibu jari

sudden KATA ADJEKTIF
mendadak
◊ *a sudden change* perubahan mendadak
- **all of a sudden** tiba-tiba

suddenly KATA ADVERBA
tiba-tiba

suds KATA NAMA JAMAK
buih sabun

to **sue** KATA KERJA
mendakwa
◊ *Mr Kuan sued him for slander.* En. Kuan mendakwanya atas tuduhan memfitnah.

suede KATA NAMA
suede (*daripada kulit*)
◊ *a suede jacket* jaket suede

to **suffer** KATA KERJA
menderita
◊ *She was really suffering.* Dia betul-betul menderita.
- **to suffer from a disease** menderita sesuatu penyakit ◊ *I suffer from arthritis.* Saya menderita penyakit artritis.

sufferer KATA NAMA
penghidap

suffering KATA NAMA
penderitaan
◊ *The suffering of the people there moved me greatly.* Penderitaan penduduk di situ sangat mengharukan perasaan saya.

sufficient KATA ADJEKTIF
mencukupi
◊ *The food is sufficient for 30 guests.* Makanan tersebut mencukupi untuk 30 orang tetamu.

suffix KATA NAMA
(JAMAK **suffixes**)
akhiran

to **suffocate** KATA KERJA
berasa lemas
◊ *The thick smoke was suffocating her.* Asap yang tebal itu menyebabkan dia berasa lemas.
- **Thick smoke suffocated her.** Asap yang tebal telah menyebabkan dia mati lemas.
- **They suffocated.** Mereka mati akibat kekurangan udara.

sugar KATA NAMA
gula

sugar cane KATA NAMA
tebu

sugary KATA ADJEKTIF
bergula

to **suggest** KATA KERJA
mencadangkan
◊ *She suggested going out for a pizza.* Dia mencadangkan kita pergi makan piza.
◊ *I suggested they set off early.* Saya mencadangkan agar mereka bertolak awal.
- **What are you trying to suggest?** Apakah yang cuba anda katakan?

suggestion KATA NAMA
cadangan
◊ *to make a suggestion* membuat cadangan

suicide KATA NAMA
bunuh diri
- **to commit suicide** membunuh diri

suit KATA NAMA

rujuk juga **suit** KATA KERJA

sut

to **suit** KATA KERJA

rujuk juga **suit** KATA NAMA

sesuai
◊ *What time would suit you?* Pukul berapakah sesuai untuk anda? ◊ *I think this one suits me better.* Saya rasa yang ini lebih sesuai untuk saya. ◊ *That dress really suits you.* Baju itu sesuai benar dengan anda.
♦ **Suit yourself!** Suka hati kamulah!

suitability KATA NAMA
kesesuaian

suitable KATA ADJEKTIF
sesuai
◊ *a suitable time* masa yang sesuai
◊ *suitable clothing* pakaian yang sesuai

suitcase KATA NAMA
beg pakaian

suite KATA NAMA
suite
◊ *a suite at the Petaling Jaya Hilton* suite di Hotel Hilton Petaling Jaya
♦ **a bedroom suite** set bilik tidur

suitor KATA NAMA
orang yang melamar

to **sulk** KATA KERJA
merajuk

sulky KATA ADJEKTIF
suka merajuk
♦ **a sulky person** perajuk

sulphur KATA NAMA
sulfur

sultan KATA NAMA
sultan

sultana KATA NAMA
kismis

sultanate KATA NAMA
kesultanan

sum KATA NAMA
kira-kira
◊ *to do sums* membuat kira-kira
♦ **a sum of money** sejumlah wang

to **summarize** KATA KERJA
meringkaskan

summary KATA NAMA
(JAMAK **summaries**)
ringkasan

summer KATA NAMA
musim panas
◊ *summer clothes* pakaian musim panas ◊ *the summer holidays* cuti musim panas

summertime KATA NAMA
musim panas

summing-up KATA NAMA
penggulungan

summit KATA NAMA
puncak
◊ *the summit of Mount Everest* puncak Gunung Everest
♦ **the NATO summit** sidang kemuncak NATO

to **summon** KATA KERJA
memanggil
◊ *Ruhaiza quickly summoned a doctor.* Ruhaiza memanggil seorang doktor dengan segera.

summons KATA NAMA
saman

to **sum up** KATA KERJA
membuat kesimpulan
♦ **To sum up...** Kesimpulannya...

sun KATA NAMA
matahari
♦ **in the sun** di bawah sinaran matahari

to **sunbathe** KATA KERJA
berjemur

sunblock KATA NAMA
krim pelindung matahari

sunburn KATA NAMA
selar matahari

sunburnt KATA ADJEKTIF
terkena selar matahari
◊ *Mind you don't get sunburnt!* Berhati-hati, jangan sampai terkena selar matahari!

Sunday KATA NAMA
hari Ahad
◊ *I saw her on Sunday.* Saya bertemu dengannya pada hari Ahad. ◊ *every Sunday* setiap hari Ahad ◊ *last Sunday* hari Ahad lepas ◊ *next Sunday* hari Ahad depan

Sunday school KATA NAMA
kelas agama Kristian hari Ahad

sunflower KATA NAMA
bunga matahari

sung KATA KERJA *rujuk* **sing**

sunglasses KATA NAMA JAMAK
cermin mata hitam

sunk KATA KERJA *rujuk* **sink**

sunken KATA ADJEKTIF
1 *tenggelam* (*kapal, harta karun, dll*)
2 *cengkung* (*mata*)

sunlight KATA NAMA
cahaya matahari

sunny KATA ADJEKTIF
cerah
◊ *a sunny morning* pagi yang cerah
♦ **It's sunny.** Cuaca hari ini cerah.

sunrise KATA NAMA
matahari terbit

sunroof KATA NAMA
bahagian bumbung kereta yang boleh dibuka

sunscreen KATA NAMA

krim pelindung sinaran matahari

sunset KATA NAMA
matahari terbenam

sunshade KATA NAMA
pelindung cahaya matahari

sunshine KATA NAMA
sinaran matahari
◊ *in the sunshine* di bawah sinaran matahari

sunstroke KATA NAMA
strok matahari

suntan KATA NAMA
kulit yang menjadi gelap kerana berjemur di bawah matahari
♦ **suntan lotion** losen pelindung sinaran matahari
♦ **suntan oil** minyak pelindung sinaran matahari

super KATA ADJEKTIF
hebat

superb KATA ADJEKTIF
sungguh hebat

superficial KATA ADJEKTIF
1. *dangkal* (orang, pengetahuan)
2. *ringan* (kecederaan)

superintendent KATA NAMA
penguasa

superior KATA ADJEKTIF
> rujuk juga **superior** KATA NAMA

atasan
◊ *superior officer* pegawai atasan
♦ **a woman greatly superior to her husband in education** seorang wanita yang jauh lebih berpendidikan tinggi daripada suaminya
♦ **superior quality coffee** kopi yang berkualiti tinggi

superior KATA NAMA
> rujuk juga **superior** KATA ADJEKTIF

orang atasan

superlative KATA ADJEKTIF
1. *sangat baik*
◊ *Some superlative wines are made in this region.* Sesetengah wain yang sangat baik dibuat di kawasan ini.
2. *superlatif* (tatabahasa)

supermarket KATA NAMA
pasar raya

supernatural KATA ADJEKTIF
ghaib
◊ *supernatural power* kuasa ghaib

superstition KATA NAMA
kepercayaan karut

superstitious KATA ADJEKTIF
karut
◊ *superstitious belief* kepercayaan karut

to **supervise** KATA KERJA
menyelia

supervision KATA NAMA
penyeliaan
◊ *to work under somebody's supervision* bekerja di bawah penyeliaan seseorang

supervisor KATA NAMA
penyelia

supine KATA ADJEKTIF
telentang

supper KATA NAMA
1. *makan lewat malam*
> **Supper** juga merujuk kepada waktu makan malam yang awal.
2. *makan malam*

to **supplement** KATA KERJA
> rujuk juga **supplement** KATA NAMA

menambahkan
◊ *She works at night to supplement her income.* Dia bekerja pada waktu malam untuk menambahkan pendapatannya.

supplement KATA NAMA
> rujuk juga **supplement** KATA KERJA

tambahan

supplier KATA NAMA
pembekal

to **supply** KATA KERJA
(**supplied, supplied**)
> rujuk juga **supply** KATA NAMA

membekalkan
◊ *to supply somebody with something* membekalkan sesuatu kepada seseorang
◊ *The centre supplied us with all the equipment.* Pusat itu membekalkan semua kelengkapan kepada kami.

supply KATA NAMA
(JAMAK **supplies**)
> rujuk juga **supply** KATA KERJA

bekalan
◊ *the water supply* bekalan air ◊ *a supply of paper* bekalan kertas
♦ **supplies** bekalan ◊ *medical supplies* bekalan perubatan

supply teacher KATA NAMA
guru gantian

to **support** KATA KERJA
> rujuk juga **support** KATA NAMA

1. *memberikan sokongan*
◊ *My mum has always supported me.* Emak saya sentiasa memberikan sokongan kepada saya.
2. *menyokong*
◊ *What team do you support?* Pasukan apakah yang anda sokong?
3. *menyara*
◊ *She had to support five children on her own.* Dia perlu menyara lima orang anaknya seorang diri.

support KATA NAMA
> rujuk juga **support** KATA KERJA

sokongan

supporter KATA NAMA
penyokong
◊ *a Liverpool supporter* penyokong pasukan Liverpool ◊ *a supporter of the Labour Party* penyokong Parti Buruh

support group KATA NAMA
kumpulan sokongan
> organisasi yang diuruskan dan disertai oleh orang yang mempunyai masalah atau penyakit tertentu

◊ *cancer support groups* kumpulan sokongan untuk pesakit barah

to **suppose** KATA KERJA
sepatutnya
◊ *You're supposed to show your passport.* Anda sepatutnya menunjukkan pasport anda. ◊ *You're not supposed to smoke in the toilet.* Anda tidak sepatutnya merokok di dalam tandas.
- **It's supposed to be the best hotel in the city.** Hotel tersebut dianggap sebagai hotel yang terbaik di bandar raya ini.
- **Suppose you win the lottery...** Andai kata anda memenangi loteri...
- **I suppose he'll be late.** Rasanya dia akan lambat.
- **I suppose so.** Saya rasa begitu.

supposing KATA HUBUNG
andai kata
◊ *Supposing you won the lottery...* Andai kata anda memenangi loteri...

to **suppress** KATA KERJA
1. *menyekat* (aktiviti, dll)
2. *menahan*
◊ *Liz thought of Barry and suppressed a smile.* Liz terfikir tentang Barry dan menahan dirinya daripada tersenyum.

to **suppurate** KATA KERJA
bernanah

supremacy KATA NAMA
1. *kekuasaan*
◊ *political supremacy* kekuasaan politik
2. *kehandalan*
◊ *The Malaysian badminton team showed their supremacy in the Thomas Cup finals.* Pasukan badminton Malaysia telah menunjukkan kehandalan mereka dalam pusingan akhir Piala Thomas.

supreme KATA ADJEKTIF
tertinggi
◊ *the Supreme Council* Majlis Tertinggi
- **the Supreme Court** Mahkamah Agung
- **Her mother's approval was of supreme importance.** Persetujuan ibunya amat penting.

surcharge KATA NAMA
bayaran tambahan

sure KATA ADJEKTIF
pasti
◊ *Are you sure?* Anda pasti?
- **Sure! (1)** Ya!
- **Sure! (2)** Baiklah!
- **to make sure that...** memastikan bahawa... ◊ *I'm going to make sure the door's locked.* Saya akan memastikan bahawa pintu sudah dikunci.

surely KATA ADVERBA
sudah tentu
◊ *Surely you don't believe that?* Sudah tentu anda tidak mempercayainya, bukan?

surf KATA NAMA
> rujuk juga **surf** KATA KERJA

buih ombak

to **surf** KATA KERJA
> rujuk juga **surf** KATA NAMA

bermain luncur air

surface KATA NAMA
> rujuk juga **surface** KATA KERJA

permukaan

to **surface** KATA KERJA
> rujuk juga **surface** KATA NAMA

1. *timbul*
◊ *The same old problems surfaced again.* Masalah-masalah itu juga yang timbul semula.
2. *menurap*
◊ *to surface the road* menurap jalan

surfboard KATA NAMA
papan luncur air

surfing KATA NAMA
luncur air
◊ *to go surfing* bermain luncur air

surge KATA NAMA
pertambahan
◊ *the recent surge in inflation* pertambahan kadar inflasi kebelakangan ini
- **a sudden surge of jealousy** perasaan cemburu yang meluap dengan tiba-tiba

surgeon KATA NAMA
pakar bedah

surgery KATA NAMA
(JAMAK **surgeries**)
1. *pembedahan*
◊ *surgery hours* waktu pembedahan
2. *bilik rawatan*

surgical KATA ADJEKTIF
pembedahan
◊ *surgical instruments* peralatan pembedahan

surname KATA NAMA
nama keluarga

surprise KATA NAMA
> rujuk juga **surprise** KATA KERJA

kejutan

to **surprise** KATA KERJA
> rujuk juga **surprise** KATA NAMA

mengejutkan

◊ *His action really surprised us.* Tindakannya itu benar-benar mengejutkan kami.

surprised KATA ADJEKTIF
terkejut
◊ *I was surprised to see him.* Saya terkejut melihatnya. ◊ *I'm not surprised that ...* Saya tidak terkejut bahawa...

surprising KATA ADJEKTIF
mengejutkan

to **surrender** KATA KERJA
menyerah kalah

to **surround** KATA KERJA
mengelilingi
◊ *surrounded by trees* dikelilingi pokok-pokok

surroundings KATA NAMA JAMAK
persekitaran
◊ *a hotel in beautiful surroundings* hotel dengan persekitaran yang indah

surveillance KATA NAMA
pengawasan
◊ *a two-week surveillance operation* operasi pengawasan selama dua minggu

survey KATA NAMA
rujuk juga **survey** KATA KERJA
tinjauan
◊ *They did a survey of a thousand students.* Mereka membuat tinjauan terhadap seribu orang pelajar.

to **survey** KATA KERJA
rujuk juga **survey** KATA NAMA
meninjau
◊ *We will survey the workers before implementing the plan.* Kami akan meninjau pendapat para pekerja sebelum melaksanakan rancangan itu.

surveyor KATA NAMA
juruukur

survival KATA NAMA
hidup
◊ *a struggle for survival* perjuangan untuk hidup

to **survive** KATA KERJA
[1] *terselamat*
◊ *Three people were killed in the accident and one survived.* Tiga orang terkorban dalam kemalangan itu dan seorang terselamat.
[2] *hidup*
◊ *They had to survive without jobs for six months.* Mereka terpaksa hidup tanpa pekerjaan selama enam bulan.
♦ **The singer's popularity has survived through many decades.** Penyanyi itu berjaya mengekalkan popularitinya selama beberapa dekad.

survivor KATA NAMA
orang yang terselamat

◊ *There were no survivors.* Tidak ada orang yang terselamat.

to **suspect** KATA KERJA
rujuk juga **suspect** KATA NAMA
mengesyaki

suspect KATA NAMA
rujuk juga **suspect** KATA KERJA
orang yang disyaki

to **suspend** KATA KERJA
menangguhkan
◊ *The union suspended the strike action.* Kesatuan sekerja menangguhkan mogok itu.
♦ **to be suspended from one's job** digantung kerja

suspense KATA NAMA
saspens
◊ *a film with lots of suspense* filem yang penuh dengan saspens

suspension KATA NAMA
[1] *penangguhan*
[2] *penggantungan* (pemain, pekerja)
◊ *a two-year suspension* penggantungan selama dua tahun

suspension bridge KATA NAMA
jambatan gantung

suspicion KATA NAMA
kecurigaan
◊ *to arouse suspicion* menimbulkan kecurigaan

suspicious KATA ADJEKTIF
curiga
◊ *He was suspicious at first.* Pada mulanya dia curiga.
♦ **a suspicious person** penyangsi

SUV SINGKATAN (= *sport utility vehicle*)
kenderaan SUV

sesuai dipandu di banyak kawasan dan biasanya dipandu oleh orang kaya di bandar, terutama di AS

to **swaddle** KATA KERJA
membedung

to **swallow** KATA KERJA
rujuk juga **swallow** KATA NAMA
menelan

swallow KATA NAMA
rujuk juga **swallow** KATA KERJA
burung layang-layang

swam KATA KERJA *rujuk* **swim**

swamp KATA NAMA
paya

swan KATA NAMA
angsa putih

to **swap** KATA KERJA
menukarkan
◊ *to swap A for B* menukarkan A untuk B
♦ **Do you want to swap?** Anda mahu tukar?

to **swarm** KATA KERJA
berduyun-duyun
◊ *People swarmed into the shop.* Orang ramai berduyun-duyun masuk ke dalam kedai itu.

to **swat** KATA KERJA
memukul

to **sway** KATA KERJA
1. *menggoyangkan*
2. *bergoyang*

to **swear** KATA KERJA
(**swore, sworn**)
bersumpah
◊ *to swear allegiance to* bersumpah setia kepada
♦ **It's wrong to swear.** Tidak baik memaki.

swear word KATA NAMA
makian

sweat KATA NAMA
rujuk juga **sweat** KATA KERJA
peluh

to **sweat** KATA KERJA
rujuk juga **sweat** KATA NAMA
berpeluh

sweater KATA NAMA
baju panas atau *baju sejuk*

sweat gland KATA NAMA
kelenjar peluh

sweatshirt KATA NAMA
baju panas atau *baju sejuk*

sweaty KATA ADJEKTIF
1. *berpeluh* (tangan, muka)
2. *dibasahi peluh* (pakaian)

Swede KATA NAMA
orang Sweden

Sweden KATA NAMA
Sweden

Swedish KATA ADJEKTIF
rujuk juga **Swedish** KATA NAMA
Sweden
◊ *Swedish Ambassador* Duta Sweden
♦ **She's Swedish.** Dia berbangsa Sweden.

Swedish KATA NAMA
rujuk juga **Swedish** KATA ADJEKTIF
bahasa Sweden

to **sweep** KATA KERJA
(**swept, swept**)
menyapu

sweet KATA ADJEKTIF
rujuk juga **sweet** KATA NAMA
manis
♦ **That was really sweet of you.** Anda sungguh baik hati.
♦ **sweet and sour fish** ikan masam manis

sweet KATA NAMA
rujuk juga **sweet** KATA ADJEKTIF
1. *gula-gula*
2. *pencuci mulut*
◊ *Are you going to have a sweet?* Anda mahu pencuci mulut?

sweetcorn KATA NAMA
jagung manis

to **sweeten** KATA KERJA
memaniskan
◊ *He sweetened his coffee.* Dia memaniskan kopinya.

sweetheart KATA NAMA
1. *sayang*
◊ *Happy Birthday, sweetheart.* Selamat Hari Jadi, sayang.
2. *kekasih*

sweetness KATA NAMA
kemanisan

sweet potato KATA NAMA
(JAMAK **sweet potatoes**)
keledek

swelling KATA NAMA
bengkak

to **swell up** KATA KERJA
membengkak
◊ *His leg started to swell up.* Kakinya mula membengkak.

sweltering KATA ADJEKTIF
terlampau panas
◊ *It was sweltering.* Cuaca terlampau panas.

swept KATA KERJA rujuk **sweep**

to **swerve** KATA KERJA
membelok
◊ *I swerved to avoid the cyclist.* Saya membelok untuk mengelakkan penunggang basikal itu.

swift KATA ADJEKTIF
1. *pantas*
◊ *to make a swift decision* membuat keputusan yang pantas
2. *deras*
◊ *The river was swift.* Air sungai itu deras.

swiftly KATA ADVERBA
1. *dengan pantas*
◊ *The police have acted swiftly.* Pihak polis telah bertindak dengan pantas.
2. *dengan deras*
◊ *The river flows swiftly.* Sungai itu mengalir dengan deras.

to **swim** KATA KERJA
(**swam, swum**)
rujuk juga **swim** KATA NAMA
berenang
◊ *I can swim.* Saya tahu berenang.
◊ *She swam across the river.* Dia berenang menyeberangi sungai.

swim KATA NAMA
rujuk juga **swim** KATA KERJA
berenang
◊ *to go for a swim* pergi berenang

swimmer KATA NAMA

swimming → sympathize

perenang

swimming KATA NAMA
renang
- *swimming lessons* kelas renang
- *swimming cap* topi renang
- *swimming costume* pakaian renang
- *swimming pool* kolam renang
- **Do you like swimming?** Anda suka berenang?
- **to go swimming** pergi berenang
- **swimming trunks** seluar mandi

swimsuit KATA NAMA
pakaian renang

to **swing** KATA KERJA
(swung, swung)

> rujuk juga **swing** KATA NAMA

1. *mengayunkan*
◊ *The girl swung her bag as she walked.* Gadis itu mengayunkan begnya sambil berjalan. ◊ *He was swinging his bag back and forth.* Dia mengayunkan begnya berkali-kali. ◊ *Roy swung his legs off the couch.* Roy mengayunkan kakinya dari sofa.
2. *berayun*
◊ *Her bag swung as she walked.* Begnya berayun sambil dia berjalan.
◊ *He watched the pendulum swing to and fro.* Dia melihat bandul itu berayun berkali-kali.
- **A large key swung from his belt.** Sebentuk kunci yang besar berayun-ayun pada tali pinggangnya.
- **The canoe suddenly swung round.** Tiba-tiba kano itu berubah haluan.

swing KATA NAMA

> rujuk juga **swing** KATA KERJA

ayunan

Swiss KATA ADJEKTIF, KATA NAMA
Switzerland
- **the Swiss** orang Switzerland

Swiss army knife KATA NAMA
pisau pelbagai guna

switch KATA NAMA
(JAMAK **switches**)

> rujuk juga **switch** KATA KERJA

suis

to **switch** KATA KERJA

> rujuk juga **switch** KATA NAMA

bertukar
◊ *We switched partners.* Kami bertukar pasangan. (*ketika menari*)
- **I switched the cards.** Saya menukarkan kad-kad itu.

to **switch off** KATA KERJA
1. *menutup* (*TV, radio*)
2. *memadamkan* (*lampu*)
3. *mematikan* (*enjin*)

to **switch on** KATA KERJA
1. *memasang* (*lampu, radio*)
2. *menghidupkan* (*enjin*)

Switzerland KATA NAMA
Switzerland

swollen KATA ADJEKTIF
bengkak
◊ *My ankle is very swollen.* Buku lali saya sangat bengkak.

to **swoop** KATA KERJA
1. *menyerbu*
◊ *The terror ended when armed police swooped on the car.* Peristiwa yang menakutkan itu berakhir apabila anggota polis yang bersenjata menyerbu masuk ke dalam kereta itu.
2. *menjunam* (*burung, kapal terbang*)
- **The hawk swooped and carried away Mak Yati's chicken.** Burung helang itu menyambar ayam Mak Yati.

to **swop** KATA KERJA
menukarkan
◊ **to swop A for B** menukarkan A untuk B
- **Do you want to swop?** Anda mahu tukar?

sword KATA NAMA
pedang

swore, sworn KATA KERJA *rujuk* **swear**

to **swot** KATA KERJA

> rujuk juga **swot** KATA NAMA

belajar dengan tekun
◊ *I'll have to swot for the maths exam.* Saya perlu belajar dengan tekun untuk ujian matematik itu.

swot KATA NAMA

> rujuk juga **swot** KATA KERJA

orang yang asyik belajar sahaja

swum KATA KERJA *rujuk* **swim**
swung KATA KERJA *rujuk* **swing**

sycophant KATA NAMA
pengampu

syllable KATA NAMA
suku kata

syllabus KATA NAMA
(JAMAK **syllabuses**)
sukatan pelajaran

symbol KATA NAMA
simbol

to **symbolize** KATA KERJA
melambangkan
◊ *Red symbolizes courage.* Warna merah melambangkan keberanian.

sympathetic KATA ADJEKTIF
bersimpati

to **sympathize** KATA KERJA
1. *bersimpati*
2. *memahami* (*perasaan*)
3. *menyokong*
◊ *He sympathized with the communists.*

Dia menyokong golongan komunis.
sympathy KATA NAMA
simpati
symptom KATA NAMA
tanda **atau** *simptom*
to **synchronize** KATA KERJA
menyelaraskan
syndicate KATA NAMA
sindiket
syndrome KATA NAMA
sindrom
synonym KATA NAMA
sinonim

synopsis KATA NAMA
sinopsis
synthetic KATA ADJEKTIF
tiruan
◊ *synthetic rubber* getah tiruan
syringe KATA NAMA
picagari
syrup KATA NAMA
sirap
♦ **cough syrup** ubat batuk
system KATA NAMA
sistem

T

table KATA NAMA
1. *meja*
- **to lay the table** menyediakan meja makan
2. *jadual*
3. *sifir*

tablecloth KATA NAMA
alas meja

tablespoon KATA NAMA
camca besar

tablespoonful KATA NAMA
camca besar
◊ *a tablespoonful of sugar* satu camca besar gula

tablet KATA NAMA
1. *pil* atau *tablet*
2. *batu bersurat*

table tennis KATA NAMA
pingpong
◊ *to play table tennis* bermain pingpong

tabloid KATA NAMA
tabloid
- **the tabloids** tabloid

taboo KATA NAMA
tabu

tack KATA NAMA
rujuk juga **tack** KATA KERJA
1. *paku tekan*
2. *jelujur*

to **tack** KATA KERJA
rujuk juga **tack** KATA NAMA
1. *melekatkan* (dengan paku tekan)
◊ *He had tacked this note to Julia's door.* Dia telah melekatkan nota ini pada pintu Julia.
2. *memakukan* (permaidani, gambar)
3. *menjelujur*
◊ *She tacked her sleeve with white thread.* Dia menjelujur lengan bajunya dengan benang putih.

to **tackle** KATA KERJA
rujuk juga **tackle** KATA NAMA
menghadapi
◊ *to tackle a problem* menghadapi sesuatu masalah
- **to tackle somebody (1)** merebut bola daripada seseorang (*dalam bola sepak, hoki*)
- **to tackle somebody (2)** menjatuhkan seseorang (*dalam ragbi*)
- **to tackle somebody about something** bersemuka dengan seseorang tentang sesuatu hal

tackle KATA NAMA
rujuk juga **tackle** KATA KERJA
takal
- **fishing tackle** kelengkapan memancing

tact KATA NAMA
kebijaksanaan

tactful KATA ADJEKTIF
bijaksana

tactics KATA NAMA JAMAK
taktik

tactless KATA ADJEKTIF
tidak bijaksana
◊ *He's so tactless!* Dia tidak bijaksana langsung!
- **a tactless remark** kata-kata yang menyinggung perasaan

tadpole KATA NAMA
berudu

tag KATA NAMA
tanda
◊ *name tag* tanda nama

tail KATA NAMA
ekor
- **Heads or tails?** Kepala atau bunga?

tailor KATA NAMA
tukang jahit

to **taint** KATA KERJA
mencemarkan
◊ *Joe's behaviour has tainted his family's good name.* Joe telah mencemarkan nama baik keluarganya dengan perbuatannya itu.

to **take** KATA KERJA
(took, taken)
1. *membawa*
◊ *He goes to London every week, but he never takes me.* Dia pergi ke London setiap minggu tetapi dia tidak pernah membawa saya. ◊ *Don't forget to take your camera.* Jangan lupa bawa kamera anda.
2. *mengambil*
◊ *Have you taken your driving test yet?* Sudahkah anda mengambil ujian memandu anda?
3. *mengambil masa*
◊ *The journey takes about one hour.* Perjalanan itu mengambil masa kira-kira satu jam. ◊ *It won't take long.* Perkara itu tidak akan mengambil masa yang lama.
4. *menerima*
◊ *He can't take being criticized.* Dia tidak dapat menerima kritikan. ◊ *We take credit cards.* Kami menerima kad kredit.
- **I decided to take French instead of German.** Saya membuat keputusan untuk belajar bahasa Perancis dan bukannya bahasa Jerman.
- **Do you take sugar?** Anda mahu gula?
- **He took a bowl out of the cupboard.** Dia mengeluarkan sebiji mangkuk dari dalam almari.
- **That takes a lot of courage.** Tindakan itu memerlukan keberanian.
- **It takes a lot of money to do that.** Wang

yang banyak diperlukan untuk melaksanakannya.

to take after KATA KERJA
serupa seperti
◊ *She takes after her mother.* Dia serupa seperti ibunya.

to take apart KATA KERJA
membuka bahagian-bahagian
◊ *to take something apart* membuka bahagian-bahagian sesuatu benda

to take away KATA KERJA
1 *merampas*
◊ *They took away all his belongings.* Mereka merampas semua barang kepunyaannya.
2 *memisahkan*
◊ *She was afraid her children would be taken away from her.* Dia takut anak-anaknya akan dipisahkan daripadanya.
♦ **hot meals to take away** makanan panas untuk dibawa pulang

to take back KATA KERJA
1 *memulangkan*
◊ *I took it back to the shop.* Saya memulangkan barang itu ke kedai.
♦ **I take it all back!** Saya menarik balik kata-kata saya!
2 *menerima semula*
◊ *Why did she take him back?* Mengapakah dia menerimanya semula?

to take down KATA KERJA
1 *menurunkan*
◊ *She took down the painting.* Dia menurunkan lukisan tersebut.
2 *mencatatkan*
◊ *I took down all his comments.* Saya mencatatkan semua komennya.

to take in KATA KERJA
1 *memahami*
◊ *I didn't really take it in.* Saya tidak begitu memahaminya.
2 *menumpangkan* (di rumah, dll)
◊ *I persuaded Joto to take me in.* Saya memujuk Joto agar menumpangkan saya di rumahnya.
3 *memperdaya*
♦ **They were taken in by his story.** Mereka terpedaya dengan ceritanya.

to take off KATA KERJA
1 *berlepas*
◊ *The plane took off 20 minutes late.* Kapal terbang itu berlepas 20 minit lewat.
2 *menanggalkan*
◊ *Take your coat off.* Tanggalkan kot anda.

to take out KATA KERJA
mengeluarkan
◊ *He opened his wallet and took out some money.* Dia membuka dompetnya dan mengeluarkan sedikit wang.
♦ **He took her out to the theatre.** Dia membawanya ke teater.

to take over KATA KERJA
1 *mengambil alih*
◊ *He took over the running of the company last year.* Dia mengambil alih pengurusan syarikat tersebut tahun lepas.
2 *menggantikan*
◊ *Cars gradually took over from horses.* Kereta beransur-ansur menggantikan kuda.

takeaway KATA NAMA
1 *restoran makanan bawa pulang*
2 *makanan bawa pulang*

taken KATA KERJA *rujuk* take

takeoff KATA NAMA
berlepas (kapal terbang)
◊ *The plane was waiting for takeoff.* Kapal terbang itu sedang menunggu untuk berlepas.

takeover KATA NAMA
pengambilalihan
◊ *The bank's takeover of the insurance company was unexpected.* Pengambilalihan syarikat insurans tersebut oleh bank itu tidak diduga.

talcum KATA ADJEKTIF
talkum

talcum powder KATA NAMA
bedak talkum

tale KATA NAMA
cerita
◊ *a fairy tale* cerita dongeng
♦ **to tell tales** mengadu

talent KATA NAMA
bakat
♦ **He's got a lot of talent.** Dia sangat berbakat.
♦ **to have a talent for something** berbakat dalam sesuatu ◊ *He's got a real talent for languages.* Dia amat berbakat dalam bidang bahasa.

talented KATA ADJEKTIF
berbakat
◊ *She's a talented pianist.* Dia seorang pemain piano yang berbakat.

talisman KATA NAMA
azimat

talk KATA NAMA
rujuk juga **talk** KATA KERJA
1 *perbualan*
♦ **We had a long talk about her problems.** Kami berbual panjang tentang masalahnya.
♦ **I had a talk with my mum about it.** Saya berbincang dengan emak saya tentang hal itu.

talk → tape

- **to give a talk on something**
  memberikan ceramah tentang sesuatu
  ◊ *She gave a talk on ancient Egypt.* Dia memberikan ceramah tentang Mesir purba.

  [2] *rundingan*
  ◊ *Middle East peace talks* rundingan damai Timur Tengah

  [3] *desas-desus*
  ◊ *It's just talk.* Itu hanya desas-desus.

to talk KATA KERJA
> rujuk juga **talk** KATA NAMA

[1] *bercakap*
◊ *to talk to somebody* bercakap dengan seseorang ◊ *to talk to oneself* bercakap seorang diri

[2] *berbual*

- **What did you talk about?** Apakah yang anda bualkan?
- **to talk something over with somebody** berbincang tentang sesuatu dengan seseorang

to talk over KATA KERJA
membincangkan
◊ *We should go somewhere quiet, and talk it over.* Kita patut pergi ke tempat yang tidak ada sebarang gangguan untuk membincangkan hal itu.

- **He always talked things over with his friends.** Dia selalu berbincang dengan kawan-kawannya.

talkative KATA ADJEKTIF
kuat bercakap

tall KATA ADJEKTIF
tinggi

- **to be two metres tall** setinggi dua meter

tall ship KATA NAMA
kapal layar yang mempunyai tiang yang sangat tinggi dan layar yang berbentuk segi empat

tamarind KATA NAMA
asam jawa

tambourine KATA NAMA
tamborin

tame KATA ADJEKTIF
> rujuk juga **tame** KATA KERJA

jinak

to tame KATA KERJA
> rujuk juga **tame** KATA ADJEKTIF

menjinakkan

tampon KATA NAMA
tampon

tan KATA NAMA
> rujuk juga **tan** KATA KERJA

warna kulit yang gelap (kerana berjemur di bawah matahari)

to tan KATA KERJA
> rujuk juga **tan** KATA NAMA

[1] *menggelapkan ... di bawah cahaya matahari*
◊ *Leigh rolled over on her stomach to tan her back.* Leigh meniarap untuk menggelapkan bahagian belakangnya di bawah cahaya matahari.

[2] *menyamak*
◊ *the process of tanning animal hides* proses menyamak belulang haiwan

tangent KATA NAMA
tangen (matematik)

tangerine KATA NAMA
limau tangerin

tangled KATA ADJEKTIF
kusut
◊ *her tangled hair* rambutnya yang kusut

to tangle up KATA KERJA

- **to get tangled up** terperangkap (*dengan tali, wayar*) ◊ *Sheep kept getting tangled up in it.* Kambing biri-biri selalu terperangkap di dalamnya.
- **My brother has got my thread all tangled up.** Adik saya telah mengusutkan semua benang saya.

tank KATA NAMA
[1] *tangki*
[2] *kereta kebal*

tanker KATA NAMA
[1] *kapal tangki*
[2] *lori tangki*

- **an oil tanker** kapal minyak
- **a petrol tanker** lori tangki minyak

tannin KATA NAMA
samak

Taoiseach KATA NAMA
Perdana Menteri Republik Ireland

tap KATA NAMA
> rujuk juga **tap** KATA KERJA

[1] *paip* (pili air)
[2] *ketukan yang perlahan*
◊ *I heard a tap on the window.* Saya terdengar satu ketukan yang perlahan pada tingkap.

- **There was a tap on the door.** Ada bunyi ketukan pada pintu.

to tap KATA KERJA
> rujuk juga **tap** KATA NAMA

menoreh
◊ *Pak Abu taps rubber in the plantation.* Pak Abu menoreh getah di kebun itu.

tap-dancing KATA NAMA
tarian tap
◊ *I do tap-dancing.* Saya menari tarian tap.

tape KATA NAMA
> rujuk juga **tape** KATA KERJA

[1] *pita rakaman*
◊ *a tape of Sinead O'Connor* pita rakaman Sinead O'Connor

[2] *pita perekat*

English ~ Malay — tape → taxation

to tape KATA KERJA

rujuk juga **tape** KATA NAMA

[1] *merakamkan*
◊ *Did you tape that film last night?* Adakah anda merakamkan filem itu semalam?

[2] *melekatkan* (dengan pita perekat)

tape deck KATA NAMA
dek pita rakaman

tape measure KATA NAMA
pita ukur

tape recorder KATA NAMA
perakam pita

tapioca KATA NAMA
ubi kayu

tapir KATA NAMA
tenuk

tapper KATA NAMA
- **rubber tapper** penoreh getah

taproot KATA NAMA
akar tunjang

tar KATA NAMA
tar

target KATA NAMA

[1] *sasaran*
◊ *We threw knives at the target.* Kami membaling pisau pada sasaran.

[2] *matlamat*

tariff KATA NAMA
tarif
◊ *The government imposes tariffs on imported goods.* Kerajaan mengenakan tarif ke atas barangan import.

Tarmac ® KATA NAMA
batu tar

to tarnish KATA KERJA
menjejaskan
◊ *The incident could tarnish the school's good name.* Kejadian itu boleh menjejaskan nama baik sekolah.

tart KATA NAMA
tart
◊ *an apple tart* tart epal

tartan KATA ADJEKTIF
tartan
◊ *a tartan scarf* sehelai skarf tartan

task KATA NAMA
tugas

taste KATA NAMA

rujuk juga **taste** KATA KERJA

rasa
◊ *It's got a really strange taste.* Makanan itu mempunyai rasa yang sungguh pelik.

- **Would you like a taste?** Anda hendak rasa?
- **His joke was in bad taste.** Gurauannya itu menyinggung perasaan orang lain.

to taste KATA KERJA

rujuk juga **taste** KATA NAMA

merasa
◊ *You can taste the garlic in it.* Anda boleh merasa bawang putih dalam masakan itu.

- **Would you like to taste it?** Anda hendak rasa?
- **It tastes of fish.** Makanan itu ada rasa ikan.

tasteful KATA ADJEKTIF
menarik
◊ *tasteful jewellery* barang kemas yang menarik

tasteless KATA ADJEKTIF

[1] *tidak menarik*
[2] *tawar* (makanan)
[3] *menyinggung perasaan*
◊ *a tasteless remark* kata-kata yang menyinggung perasaan

taster KATA NAMA
penguji (kualiti makanan atau minuman)

tasty KATA ADJEKTIF
sedap

tattered KATA ADJEKTIF
koyak rabak
◊ *He was dressed in tattered clothes.* Dia memakai pakaian yang koyak rabak.

tattoo KATA NAMA
(JAMAK **tattoos**)

rujuk juga **tattoo** KATA KERJA

cacah atau *tatu*

to tattoo KATA KERJA

rujuk juga **tattoo** KATA NAMA

mencacah

taught KATA KERJA *rujuk* **teach**

Taurus KATA NAMA
Taurus

- **I'm Taurus.** Zodiak saya ialah Taurus.

taut KATA ADJEKTIF
tegang
◊ *The clothes line is pulled taut and secured.* Ampaian itu ditarik sehingga tegang dan diikat kuat.

to tauten KATA KERJA
menegangkan
◊ *exercises to tauten facial muscles* senaman untuk menegangkan otot muka

tax KATA NAMA
(JAMAK **taxes**)
cukai
◊ *I pay a lot of tax.* Saya membayar cukai yang banyak.

- **income tax** cukai pendapatan

taxable KATA ADJEKTIF
bercukai
◊ *taxable goods* barangan bercukai

taxation KATA NAMA
percukaian
◊ *higher taxation rate* kadar percukaian

taxi → technician

yang lebih tinggi
taxi KATA NAMA
teksi
◊ *a taxi driver* pemandu teksi
taxing KATA ADJEKTIF
renyah
◊ *a taxing job* kerja yang renyah
taxi rank KATA NAMA
perhentian teksi
TB SINGKATAN (= *tuberculosis*)
batuk kering atau *tibi*
◊ *He's got TB.* Dia menghidap batuk kering.
tbc SINGKATAN (= *to be confirmed*)
sedang menunggu pengesahan (tarikh, tempat, dll)
tea KATA NAMA
teh
◊ *a cup of tea* secawan teh
♦ **to have tea (1)** minum petang ◊ *We had tea at the Savoy.* Kami minum petang di Savoy.
♦ **to have tea (2)** makan malam ◊ *At five o'clock he comes back for his tea.* Dia pulang pada pukul lima untuk makan malam.

> Di Britain, ada juga orang yang merujuk kepada waktu makan malam yang awal sebagai **tea**.

♦ **high tea** minum lewat petang
tea bag KATA NAMA
uncang teh
to **teach** KATA KERJA
(**taught, taught**)
mengajar
◊ *My friend taught me to swim.* Kawan saya mengajar saya berenang.
♦ **That'll teach you!** Itu akan memberikan pengajaran kepada anda!
teacher KATA NAMA
guru
◊ *He's a primary school teacher.* Dia guru sekolah rendah.
teaching KATA NAMA
1 *pengajaran*
◊ *the teaching of English in schools* pengajaran bahasa Inggeris di sekolah-sekolah
2 *ajaran*
◊ *religious teaching* ajaran agama
team KATA NAMA
pasukan
◊ *a football team* pasukan bola sepak
team player KATA NAMA
orang yang boleh bekerja dalam kumpulan untuk mencapai sesuatu matlamat
tea party KATA NAMA
jamuan teh
teapot KATA NAMA

teko teh
tear KATA NAMA
> rujuk juga **tear** KATA KERJA

air mata
♦ **She was in tears.** Dia menangis.
to **tear** KATA KERJA
(**tore, torn**)
> rujuk juga **tear** KATA NAMA

mengoyakkan
◊ *Frankie tore the paper.* Frankie mengoyakkan kertas itu.
♦ **Your shirt is torn.** Kemeja anda sudah koyak.
to **tear up** KATA KERJA
mengoyakkan
◊ *He tore up the letter.* Dia mengoyakkan surat tersebut.
teardrop KATA NAMA
titisan air mata
tear gas KATA NAMA
gas pemedih mata
to **tease** KATA KERJA
mengusik
◊ *He's teasing you.* Dia mengusik anda.
◊ *Stop teasing that poor animal.* Jangan usik binatang yang malang itu lagi.
teaser KATA NAMA
pengusik
teasing KATA NAMA
usikan
◊ *She couldn't stand the teasing of her classmates.* Dia tidak tahan dengan usikan rakan-rakan sekelasnya.
teaspoon KATA NAMA
camca teh
teaspoonful KATA NAMA
camca teh
◊ *a teaspoonful of sugar* satu camca teh gula
teat KATA NAMA
puting
teatime KATA NAMA
waktu minum petang
◊ *It was nearly teatime.* Sudah hampir waktu minum petang. ◊ *Teatime!* Waktu minum petang!
tea towel KATA NAMA
kain pengelap pinggan
technical KATA ADJEKTIF
teknikal
♦ **a technical college** sebuah kolej teknik
technical support KATA NAMA
(*komputer*)
sokongan teknikal
> maklumat dan nasihat yang disediakan kepada pelanggan oleh pengeluar komputer, penghasil perisian dan sebagainya

technician KATA NAMA

juruteknik
technique KATA NAMA
teknik
techno KATA NAMA
muzik tekno
technological KATA ADJEKTIF
teknologi
◊ *technological change* perubahan teknologi
technology KATA NAMA
(JAMAK **technologies**)
teknologi
teddy bear KATA NAMA
beruang teddy
teenage KATA ADJEKTIF
remaja
◊ *a teenage magazine* majalah remaja
• **She has two teenage daughters.** Dia mempunyai dua orang anak perempuan yang masih remaja.
teenager KATA NAMA
remaja
teens KATA NAMA JAMAK
belasan tahun
◊ *She's in her teens.* Dia masih belasan tahun.
tee-shirt KATA NAMA
kemeja-T
teeth KATA NAMA JAMAK *rujuk* **tooth**
to **teethe** KATA KERJA
tumbuh gigi
teetotal KATA ADJEKTIF
tidak minum arak
telecommunications KATA NAMA JAMAK
telekomunikasi
telegram KATA NAMA
telegram
telegraph KATA NAMA
telegraf
telegraph pole KATA NAMA
tiang telegraf
telemarketing KATA NAMA
pemasaran menerusi telefon
telephone KATA NAMA
rujuk juga **telephone** KATA KERJA
telefon
◊ *on the telephone* bercakap di telefon
◊ *a telephone box* pondok telefon
◊ *a telephone directory* panduan telefon
to **telephone** KATA KERJA
rujuk juga **telephone** KATA NAMA
menelefon
telephone pole KATA NAMA
tiang telegraf
telephonist KATA NAMA
telefonis
telesales KATA NAMA
telejualan (*jualan menerusi telefon*)
telescope KATA NAMA

teleskop
television KATA NAMA
televisyen
◊ *The match is on television tonight.* Perlawanan itu akan disiarkan di televisyen pada malam ini.
• **television licence** lesen televisyen
to **tell** KATA KERJA
(**told, told**)
memberitahu
◊ *Did you tell your mother?* Adakah anda memberitahu emak anda?
• **to tell somebody to do something** menyuruh seseorang membuat sesuatu
◊ *He told me to wait a moment.* Dia menyuruh saya tunggu sebentar.
• **to tell a story** bercerita
• **to tell lies** berbohong
• **I can't tell the difference between them.** Saya tidak dapat membezakan mereka berdua.
• **You can tell he's not serious.** Anda boleh nampak bahawa dia tidak serius.
to **tell off** KATA KERJA
memarahi
telly KATA NAMA
(JAMAK **tellies**) (*tidak formal*)
TV
◊ *to watch telly* menonton TV ◊ *on telly* di TV
temper KATA NAMA
sikap panas baran
• **He's got a terrible temper.** Dia mudah panas baran.
• **to be in a temper** naik radang
• **to lose one's temper** hilang sabar
temperature KATA NAMA
suhu
• **to have a temperature** demam
temple KATA NAMA
1. *kuil*
2. *pelipis* (*bahagian kepala*)
temporarily KATA ADVERBA
buat sementara waktu
◊ *The shop was temporarily closed.* Kedai itu ditutup buat sementara waktu.
temporary KATA ADJEKTIF
sementara
to **tempt** KATA KERJA
cuba mempengaruhi
◊ *to tempt somebody to do something* cuba mempengaruhi seseorang melakukan sesuatu
temptation KATA NAMA
godaan
tempted KATA ADJEKTIF
tergoda
◊ *Arman was not tempted by his friends' attempts at persuasion.* Arman tidak

tempting → terminate

tergoda dengan pujukan kawan-kawannya.
- **I'm tempted to sell my house.** Saya terasa hendak menjual rumah saya.
- **to feel tempted** terasa ◊ *She'd never even felt tempted to return.* Dia langsung tidak pernah terasa hendak pulang.

tempting KATA ADJEKTIF
sungguh menarik
◊ *a tempting offer* tawaran yang sungguh menarik

ten ANGKA
sepuluh
- **She's ten.** Dia berumur sepuluh tahun.

tenant KATA NAMA
penyewa

to **tend** KATA KERJA
sering
◊ *to tend to do something* sering melakukan sesuatu ◊ *He tends to arrive late.* Dia sering datang lewat.
- **Men tend to die younger.** Orang lelaki lebih cenderung meninggal pada usia muda.
- **People tend to be more conservative as they get older.** Manusia akan menjadi lebih konservatif apabila usia mereka semakin meningkat.
- **to tend something** menjaga sesuatu ◊ *He loves to tend his garden.* Dia gemar menjaga tamannya.

tender KATA ADJEKTIF
1 *lembut*
◊ *a tender voice* suara yang lembut
2 *empuk*
◊ *Cook until the meat is tender.* Masak sehingga daging itu empuk.
- **the loss of her father at such a tender age** kehilangan bapanya ketika usianya masih mentah

tennis KATA NAMA
tenis
◊ *to play tennis* bermain tenis ◊ *a tennis court* gelanggang tenis

tennis player KATA NAMA
pemain tenis
◊ *He's a tennis player.* Dia seorang pemain tenis.

tenor KATA NAMA
penyanyi tenor (penyanyi lelaki bersuara tinggi)

tenpin bowling KATA NAMA
boling
◊ *to go tenpin bowling* bermain boling

tense KATA ADJEKTIF
> rujuk juga **tense** KATA NAMA, KATA KERJA

1 *tegang*
◊ *a tense situation* keadaan yang tegang

2 *cemas* (orang)

tense KATA NAMA
> rujuk juga **tense** KATA ADJEKTIF, KATA KERJA

kala
◊ *the present tense* kala kini ◊ *the future tense* kala depan

to **tense** KATA KERJA
> rujuk juga **tense** KATA ADJEKTIF, KATA KERJA

menegang
◊ *His muscles tensed.* Ototnya menegang.

tension KATA NAMA
1 *ketegangan*
2 *perasaan cemas*

tent KATA NAMA
khemah
◊ *a tent peg* pancang khemah ◊ *a tent pole* tiang khemah

tenth KATA ADJEKTIF
kesepuluh
◊ *the tenth place* tempat kesepuluh
- **the tenth of May** sepuluh hari bulan Mei

term KATA NAMA
1 *istilah*
◊ *legal terms* istilah undang-undang
2 *penggal*
◊ *It's nearly the end of term.* Sudah hampir akhir penggal.
3 *jangka masa*
◊ *in the long term* dalam jangka masa panjang
- **He hasn't yet come to terms with his disability.** Dia masih belum dapat menerima kecacatannya.

terminal KATA ADJEKTIF
> rujuk juga **terminal** KATA NAMA

1 *tenat* (pesakit)
2 *boleh membawa maut* (penyakit)
◊ *His illness was terminal.* Penyakitnya boleh membawa maut.

terminal KATA NAMA
> rujuk juga **terminal** KATA ADJEKTIF

1 *perhentian* (bas, teksi)
2 *pelabuhan* (kapal)
3 *terminal* (kapal terbang, komputer)
4 *stesen* (kereta api)
- **oil terminal** pangkalan minyak

terminally KATA ADVERBA
boleh membawa maut
◊ *to be terminally ill* menghidap penyakit yang boleh membawa maut

to **terminate** KATA KERJA
1 *tamat*
◊ *His contract terminates in January.* Kontraknya tamat pada bulan Januari.
2 *menamatkan*
- **This train will terminate at Ipoh.**

Kereta api ini akan berhenti di stesen terakhir di Ipoh.

termination KATA NAMA
penamatan
◊ *the termination of a contract* penamatan kontrak

termite KATA NAMA
anai-anai

terrace KATA NAMA
1 *deret*
◊ *a terrace of Victorian houses* sederet rumah dari zaman Victoria
2 *teres*
◊ *We were sitting on the terrace.* Kami duduk di teres.
♦ **the terraces** tempat duduk penonton yang bertingkat

terraced KATA ADJEKTIF
teres
◊ *a terraced house* sebuah rumah teres

terrapin KATA NAMA
labi-labi

terrible KATA ADJEKTIF
1 *teruk*
◊ *Their injuries were terrible.* Kecederaan mereka teruk.
2 *dahsyat*
◊ *a terrible nightmare* mimpi ngeri yang dahsyat
♦ **This coffee is terrible.** Kopi ini tidak sedap langsung.
♦ **I feel terrible. (1)** Saya berasa tidak sihat.
♦ **I feel terrible. (2)** Saya berasa bersalah.

terrier KATA NAMA
anjing terrier

terrific KATA ADJEKTIF
hebat
♦ **That's terrific!** Hebat!
♦ **You look terrific!** Anda kelihatan cantik sekali!
♦ **The project needs a terrific amount of money.** Projek tersebut memerlukan wang yang sangat banyak.

terrified KATA ADJEKTIF
sungguh takut
◊ *I was terrified!* Saya sungguh takut!

terrifying KATA ADJEKTIF
menggerunkan

territory KATA NAMA
(JAMAK **territories**)
wilayah

terror KATA NAMA
1 *perasaan takut*
2 *ancaman keganasan*

terrorism KATA NAMA
keganasan

terrorist KATA NAMA
pengganas

◊ *a terrorist attack* serangan pengganas

to **test** KATA KERJA
> *rujuk juga* **test** KATA NAMA

menguji
◊ *He tested us on the new vocabulary.* Dia menguji kami mengenai perbendaharaan kata yang baru itu.
♦ **to test something out** menguji sesuatu
♦ **The athlete was tested for drugs.** Ujian dadah dijalankan ke atas atlit itu.

test KATA NAMA
> *rujuk juga* **test** KATA KERJA

ujian

tester KATA NAMA
penguji

to **testify** KATA KERJA
(**testified, testified**)
memberikan keterangan
◊ *Brandon testified that he saw the officers hit Miller in the face.* Brandon memberikan keterangan bahawa dia melihat pegawai-pegawai itu memukul muka Miller.

testimonial KATA NAMA
surat perakuan

testimony KATA NAMA
(JAMAK **testimonies**)
keterangan atau *testimoni*

test match KATA NAMA
(JAMAK **test matches**)
perlawanan antarabangsa (untuk kriket, ragbi)

test tube KATA NAMA
tabung uji

tetanus KATA NAMA
kancing gigi atau *tetanus*
◊ *a tetanus injection* suntikan kancing gigi

to **tether** KATA KERJA
menambat

text KATA NAMA
> *rujuk juga* **text** KATA KERJA

teks
◊ *literary text* teks berunsur sastera

to **text** KATA KERJA
> *rujuk juga* **text** KATA NAMA

menghantar pesanan teks
◊ *to text someone* menghantar pesanan teks kepada seseorang

textbook KATA NAMA
buku teks
◊ *a science textbook* buku teks sains

textile KATA NAMA
kain atau *tekstil*

text message KATA NAMA
pesanan teks (dihantar menerusi telefon bimbit)

text messaging KATA NAMA

penghantaran pesanan teks (*menerusi telefon bimbit*)

Thames KATA NAMA
Sungai Thames
- **the Thames** Sungai Thames

than KATA HUBUNG
daripada
◊ *She's taller than me.* Dia lebih tinggi daripada saya. ◊ *more than 10 years* lebih daripada 10 tahun

to thank KATA KERJA
mengucapkan terima kasih
◊ *Don't forget to write and thank them.* Jangan lupa tulis surat dan ucapkan terima kasih kepada mereka.
- **thank you** terima kasih

thanks KATA SERUAN
(*tidak formal*)
terima kasih
- **Thanks to him, everything went OK.** Semuanya berjalan lancar berkat bantuannya.

that KATA ADJEKTIF
> rujuk juga **that** KATA GANTI NAMA, KATA HUBUNG, KATA ADVERBA

itu
◊ *that man* lelaki itu ◊ *Look at that car over there!* Lihat kereta di sana!
- **that one** yang itu ◊ *Do you like this photo? - No, I prefer that one.* Anda suka gambar ini? - Tidak, saya lebih suka yang itu. ◊ *That one in the shop is cheaper.* Yang di kedai itu lebih murah.

that KATA GANTI NAMA
> rujuk juga **that** KATA ADJEKTIF, KATA HUBUNG, KATA ADVERBA

1 *itu*
◊ *Who's that?* Siapakah itu? ◊ *What's that?* Apakah itu? ◊ *That's my French teacher over there.* Itu guru bahasa Perancis saya.
- **Is that you?** Andakah itu?
- **That's impossible.** Mustahil!

2 *yang*
◊ *the man that saw us* lelaki yang nampak kami ◊ *the man that we saw* lelaki yang kami nampak ◊ *the dog that she bought* anjing yang dibelinya ◊ *the man that we spoke to* lelaki yang bercakap dengan kami ◊ *the women that she was chatting to* wanita-wanita yang bercakap dengannya

that KATA HUBUNG
> rujuk juga **that** KATA ADJEKTIF, KATA GANTI NAMA, KATA ADVERBA

bahawa
◊ *He thought that Henry was ill.* Dia menyangka bahawa Henry sakit. ◊ *I know that she likes chocolate.* Saya tahu bahawa dia suka makan coklat.

that KATA ADVERBA
> rujuk juga **that** KATA ADJEKTIF, KATA GANTI NAMA, KATA HUBUNG

begitu
◊ *It's not that difficult.* Perkara itu tidaklah begitu susah.
- **It was that big!** Benda itu sangat besar!
- **It's about that high.** Benda itu lebih kurang setinggi itu.

thatch KATA NAMA
(JAMAK **thatches**)
1 *jerami*
◊ *The villagers still use thatch to make roofs and walls for their houses.* Penduduk kampung itu masih menggunakan jerami sebagai atap dan dinding rumah.
2 *atap jerami*

thatched KATA ADJEKTIF
beratapkan jerami
◊ *a thatched house* rumah yang beratapkan jerami

the KATA SANDANG TENTU
itu atau *tersebut*
◊ *the boy* budak tersebut ◊ *the cars* kereta-kereta itu
> Ada kalanya **the** tidak diterjemahkan.

◊ *They went to the theatre.* Mereka pergi ke teater. ◊ *the soup of the day* sup istimewa hari ini

theatre KATA NAMA
(AS **theater**)
teater

theft KATA NAMA
pencurian

their KATA ADJEKTIF
mereka
◊ *their father* bapa mereka ◊ *their house* rumah mereka

theirs KATA GANTI NAMA
1 *kata nama + mereka*
◊ *Is this their car? - No, theirs is red.* Adakah ini kereta mereka? - Bukan, kereta mereka berwarna merah. ◊ *my parents and theirs* ibu bapa saya dan ibu bapa mereka ◊ *It's not our car, it's theirs.* Ini bukan kereta kami, ini kereta mereka.
2 *milik mereka*
◊ *The books are theirs.* Buku-buku itu milik mereka. ◊ *Whose is this? - It's theirs.* Barang ini milik siapa? - Milik mereka.
- **Isobel is a friend of theirs.** Isobel ialah kawan mereka.

them KATA GANTI NAMA
1 *mereka*
◊ *I didn't know them.* Saya tidak mengenali mereka. ◊ *Look at them!*

English ~ Malay — theme → they'll

Lihatlah mereka!

> Dalam bahasa Inggeris, **them** ialah kata ganti nama bagi semua benda hidup dan bukan hidup. Dalam bahasa Melayu, kata ganti nama **mereka** hanya digunakan untuk orang sahaja.

◊ *I had to give them to her.* Saya terpaksa memberikan barang-barang itu kepadanya. ◊ *She brought the dogs into the kitchen and fed them.* Dia membawa anjing-anjing itu ke dapur dan memberi haiwan tersebut makan.

2 *nya*

> Kadang-kadang *nya* digunakan untuk menterjemahkan **them**.

◊ *Have you seen my slippers? I left them here.* Anda nampak selipar saya? Saya telah meletakkannya di sini.

> Kadang-kadang **them** tidak diterjemahkan.

◊ *His socks had stripes on them.* Sarung kakinya berbelang.

theme KATA NAMA
tema

theme park KATA NAMA
taman tema

themselves KATA GANTI NAMA
1 *diri mereka*
◊ *They introduced themselves as 'The Winners'.* Mereka memperkenalkan diri mereka sebagai 'The Winners'. ◊ *They talked mainly about themselves.* Mereka lebih banyak bercerita tentang diri mereka.
♦ **Did they hurt themselves?** Apakah mereka tercedera?
2 *sendiri*
◊ *They built the house themselves.* Mereka membina rumah itu sendiri.
♦ **The girls did it all by themselves.** Gadis-gadis itu melakukan semua kerja itu sendiri tanpa sebarang bantuan.

then KATA ADVERBA, KATA HUBUNG
1 *kemudian*
◊ *I get dressed. Then I have breakfast.* Saya mengenakan pakaian, kemudian saya bersarapan.
2 *kalau begitu*
◊ *My pen's run out. - Use a pencil then!* Pen saya kehabisan dakwat. - Kalau begitu gunalah pensel!
3 *pada waktu itu*
◊ *There was no electricity then.* Pada waktu itu tidak ada bekalan elektrik.
♦ **By then it was too late.** Pada waktu itu, semuanya sudah terlambat.
♦ **now and then** sekali-sekala ◊ *Do you play chess? - Now and then.* Adakah anda bermain catur? - Sekali-sekala.

theory KATA NAMA
(JAMAK **theories**)
teori

therapist KATA NAMA
ahli terapi

therapy KATA NAMA
(JAMAK **therapies**)
terapi

there KATA ADVERBA
sana
◊ *Put the book there, on the table.* Letakkan buku itu di sana, di atas meja.
♦ **over there** di sana
♦ **in there** di dalam sana
♦ **on there** di atas sana
♦ **up there** di atas sana
♦ **down there** di bawah sana
♦ **There he is!** Itu pun dia!
♦ **there is** ada ◊ *There's a factory near my house.* Ada sebuah kilang berhampiran rumah saya.
♦ **there are** ada ◊ *There are 20 children in my class.* Ada 20 orang kanak-kanak di dalam kelas saya.
♦ **There has been an accident.** Satu kemalangan telah berlaku.

therefore KATA ADVERBA
oleh itu

there's = **there is**, = **there has**

thermometer KATA NAMA
jangka suhu atau *termometer*

Thermos ® KATA NAMA
termos

thermostat KATA NAMA
laras suhu

thesaurus KATA NAMA
(JAMAK **thesauruses**)
tesaurus

these KATA ADJEKTIF
> rujuk juga **these** KATA GANTI NAMA

ini
◊ *these shoes* kasut-kasut ini ◊ *these houses* rumah-rumah ini

these KATA GANTI NAMA
> rujuk juga **these** KATA ADJEKTIF

yang ini
◊ *I'm looking for some sandals. - Can I try these?* Saya sedang mencari sandal. Bolehkah saya mencuba yang ini?

they KATA GANTI NAMA
mereka
◊ *They're fine, thank you.* Mereka sihat. Terima kasih. ◊ *We went to the cinema but they didn't.* Kami pergi ke pawagam tetapi mereka tidak pergi.
♦ **They say that...** Menurut kata orang...
◊ *They say that the house is haunted.* Menurut kata orang rumah itu berhantu.

they'd = **they had**, = **they would**
they'll = **they will**

they're = they are
they've = they have

thick KATA ADJEKTIF
1. *tebal*
◊ *Give him a thick slice of bread.* Berinya sekeping roti yang tebal.
♦ **thick hair** rambut yang lebat
♦ **The walls are one metre thick.** Tebal dinding itu ialah satu meter.
2. *pekat*
◊ *My soup is too thick.* Sup saya terlalu pekat.
3. (*tidak formal*) *bodoh*

to **thicken** KATA KERJA
memekat
◊ *Keep stirring until the sauce thickens.* Terus kacau sehingga sos itu memekat.

thicket KATA NAMA
rumpun
◊ *two bamboo thickets* dua rumpun buluh

thief KATA NAMA
(JAMAK **thieves**)
pencuri

thigh KATA NAMA
paha

thin KATA ADJEKTIF
> rujuk juga **thin** KATA KERJA

1. *halus*
◊ *a thin cable* kabel halus
2. *nipis*
◊ *a thin slice of bread* sekeping roti yang nipis
3. *kurus*
◊ *She's very thin.* Dia sangat kurus.

to **thin** KATA KERJA
> rujuk juga **thin** KATA ADJEKTIF

menipiskan
◊ *Dahlia thinned the soup with water.* Dahlia menipiskan sup itu dengan menambahkan air ke dalamnya.

thing KATA NAMA
1. *benda*
◊ *beautiful things* benda-benda yang cantik
2. *barang*
◊ *Where shall I put my things?* Di manakah saya patut meletakkan barang-barang saya?
3. *perkara*
◊ *I don't believe he would tell Leo such a thing.* Saya tidak percaya bahawa dia akan memberitahu Leo perkara seperti itu.
♦ **How's things?** Bagaimanakah keadaan sekarang?
♦ **You poor thing!** Kasihannya!
♦ **The best thing would be to leave it.** Lebih baik biarkan sahaja.

to **think** KATA KERJA
(thought, thought)
1. *fikir*
◊ *Think carefully before you reply.* Fikir baik-baik sebelum anda menjawab. ◊ *I think you're wrong.* Saya fikir anda silap. ◊ *I think so.* Saya fikir begitu. ◊ *I don't think so.* Saya fikir tidak.
2. *berfikir*
◊ *I don't blame you for thinking that way.* Saya tidak salahkan anda kerana berfikir begitu.
♦ **What are you thinking about?** Apakah yang sedang anda fikirkan?
♦ **What do you think about it?** Apakah pendapat anda tentang hal ini?
3. *membayangkan*
◊ *Think what life would be like without cars.* Bayangkanlah kehidupan ini tanpa kereta.
♦ **She laughed when she thought of her childhood.** Dia ketawa apabila terkenangkan zaman kanak-kanaknya.
♦ **Nobody could think of anything to say.** Tidak ada sesiapa pun yang terfikir untuk berkata apa-apa.
♦ **I just can't think of his name.** Saya tidak dapat mengingati namanya.

to **think over** KATA KERJA
mempertimbangkan
◊ *She said she needs time to think it over.* Dia mengatakan bahawa dia memerlukan masa untuk mempertimbangkannya.

to **think through** KATA KERJA
berfikir panjang tentang
◊ *She thought through the proposals but could not come to a conclusion.* Dia berfikir panjang tentang cadangan itu tetapi tidak dapat membuat kesimpulan.

thinker KATA NAMA
pemikir

thinking KATA NAMA
pemikiran
♦ **I can't follow his thinking.** Saya tidak faham cara pemikirannya.

think-tank KATA NAMA
sumbang saran

third KATA ADJEKTIF, KATA ADVERBA
> rujuk juga **third** KATA NAMA

ketiga
◊ *the third prize* hadiah ketiga ◊ *third place* tempat ketiga
♦ **the third of March** tiga hari bulan Mac

third KATA NAMA
> rujuk juga **third** KATA ADJEKTIF, KATA ADVERBA

satu pertiga
◊ *a third of the population* satu pertiga daripada populasi

English ~ Malay

thirdly KATA ADVERBA
yang ketiga
Third World KATA NAMA
Dunia Ketiga
thirst KATA NAMA
dahaga
thirsty KATA ADJEKTIF
dahaga
- **to be thirsty** dahaga

thirteen ANGKA
tiga belas
- **I'm thirteen.** Saya berumur tiga belas tahun.

thirteenth KATA ADJEKTIF
ketiga belas
◊ *the thirteenth place* tempat ketiga belas
- **the thirteenth of October** tiga belas hari bulan Oktober

thirties KATA NAMA JAMAK
tiga puluhan
thirtieth KATA ADJEKTIF
ketiga puluh
◊ *the thirtieth place* tempat ketiga puluh
- **the thirtieth of April** tiga puluh hari bulan April

thirty ANGKA
tiga puluh
- **He's thirty.** Dia berumur tiga puluh tahun.

this KATA ADJEKTIF
> rujuk juga **this** KATA GANTI NAMA

ini
◊ *this book* buku ini ◊ *this road* jalan ini
- **this one** yang ini ◊ *Pass me that pen. - This one?* Hulurkan pen itu kepada saya. - Yang ini?
- **This is my room and this one's Jane's.** Ini bilik saya dan ini pula bilik Jane.

this KATA GANTI NAMA
> rujuk juga **this** KATA ADJEKTIF

ini
◊ *This is my office and this is the meeting room.* Ini pejabat saya dan ini bilik mesyuarat. ◊ *What's this?* Apakah ini? ◊ *This is my mother.* Ini emak saya.
- **This is Gavin speaking.** Gavin bercakap di sini.

thistle KATA NAMA
pokok thistle
tumbuhan liar dengan daun yang berduri dan bunga yang berwarna ungu

thong KATA NAMA
1. *tali kulit, plastik atau getah*
2. *selipar Jepun*

thorn KATA NAMA
duri

thorny KATA ADJEKTIF
berduri
◊ *The flower is beautiful, but it is thorny.* Bunga itu cantik, tetapi berduri.

thorough KATA ADJEKTIF
teliti
◊ *a thorough check* pemeriksaan yang teliti ◊ *She's very thorough.* Dia sangat teliti.

thoroughly KATA ADVERBA
dengan teliti
◊ *I checked the car thoroughly.* Saya memeriksa kereta tersebut dengan teliti.
- **Mix the ingredients thoroughly.** Gaulkan ramuan itu sehingga sebati.
- **I thoroughly enjoyed myself.** Saya betul-betul seronok.

those KATA ADJEKTIF
> rujuk juga **those** KATA GANTI NAMA

itu
◊ *those shoes* kasut-kasut itu ◊ *those girls* gadis-gadis itu
- **those houses over there** rumah-rumah di sana

those KATA GANTI NAMA
> rujuk juga **those** KATA ADJEKTIF

yang itu
◊ *I want those!* Saya hendak yang itu!
◊ *Ask those children. - Those over there?* Tanyalah kanak-kanak itu. - Yang di sana itu?

though KATA HUBUNG, KATA ADVERBA
walaupun
◊ *Though she was tired she stayed up late.* Walaupun dia letih, dia tidur lewat.
- **It's difficult, though, to put into practice.** Walau bagaimanapun, perkara itu bukanlah mudah untuk dipraktikkan.

thought KATA KERJA rujuk **think**
thought KATA NAMA
idea
◊ *I've just had a thought.* Saya baru mendapat satu idea.
- **He kept his thoughts to himself.** Dia tidak meluahkan pendapatnya.
- **It was a nice thought, thank you.** Anda sungguh baik hati. Terima kasih.

thoughtful KATA ADJEKTIF
bertimbang rasa
◊ *She's very thoughtful.* Dia sangat bertimbang rasa.
- **You look thoughtful.** Anda seperti sedang memikirkan sesuatu.

thoughtless KATA ADJEKTIF
tidak bertimbang rasa
◊ *She's very thoughtless.* Dia tidak bertimbang rasa langsung.

thousand ANGKA
ribu

◊ *a thousand* seribu
- **thousands of people** beribu-ribu orang

thousandth KATA ADJEKTIF
keseribu

thread KATA NAMA
benang

threat KATA NAMA
1. *ancaman*
2. *ugutan*

to **threaten** KATA KERJA
1. *mengancam*
◊ *He threatened me with a knife.* Dia mengancam saya dengan sebilah pisau.
2. *mengugut*
◊ *He threatened to expose my secret.* Dia mengugut akan membocorkan rahsia saya.

threatened KATA ADJEKTIF
tergugat
◊ *I felt threatened by his words just now.* Saya berasa tergugat dengan kata-katanya tadi.

three ANGKA
tiga
- **She's three.** Dia berumur tiga tahun.

three-dimensional KATA ADJEKTIF
tiga dimensi

three-piece suite KATA NAMA
set sofa (satu sofa dua kerusi)

to **thresh** KATA KERJA
membanting
◊ *to thresh paddy* membanting padi

threshold KATA NAMA
ambang pintu

threw KATA KERJA *rujuk* **throw**

thriftily KATA ADVERBA
dengan berjimat cermat
◊ *to spend thriftily* berbelanja dengan berjimat cermat

thrifty KATA ADJEKTIF
berjimat cermat

thrill KATA NAMA
keseronokan
◊ *I remember the thrill of Christmas as a child.* Saya teringat keseronokan Krismas semasa zaman kanak-kanak.
- **It was a great thrill to see my team win.** Seronok benar saya melihat pasukan saya menang.

thrilled KATA ADJEKTIF
amat seronok
◊ *I was thrilled.* Saya berasa amat seronok.

thriller KATA NAMA
cerita seram

thrilling KATA ADJEKTIF
menyeronokkan

throat KATA NAMA
kerongkong
◊ *I have a sore throat.* Saya sakit kerongkong.

to **throb** KATA KERJA
berdenyut-denyut
◊ *My arm's throbbing.* Tangan saya berdenyut-denyut. ◊ *a throbbing pain* sakit yang berdenyut-denyut

throne KATA NAMA
takhta

through KATA ADJEKTIF, KATA ADVERBA, KATA SENDI
melalui
◊ *to look through a telescope* melihat melalui teleskop ◊ *I know her through my friend.* Saya mengenalinya melalui kawan saya. ◊ *to go through Birmingham* melalui Birmingham ◊ *to walk through the woods* berjalan melalui hutan
- **I saw him through the crowd.** Saya nampak dia di celah-celah orang ramai.
- **The window was dirty and I couldn't see through.** Tingkap itu kotor dan saya tidak dapat melihat menerusinya.
- **He went straight through to the dining room.** Dia terus masuk ke ruang makan.
- **a through train** kereta api terus
- **"no through road"** "jalan mati"
- **all through the night** sepanjang malam
- **from May through to September** dari bulan Mei hingga bulan September

throughout KATA SENDI
1. *di seluruh*
◊ *throughout Britain* di seluruh Britain
2. *sepanjang*
◊ *throughout the year* sepanjang tahun

throw KATA NAMA
rujuk juga **throw** KATA KERJA
1. *lemparan*
◊ *Her throw was right on target.* Lemparannya tepat pada sasaran.
2. *kain penutup* (untuk sofa, katil, dll)

to **throw** KATA KERJA
(threw, threw)
rujuk juga **throw** KATA NAMA
membaling
◊ *He threw the ball to me.* Dia membaling bola itu kepada saya.
- **to throw a party** mengadakan majlis
- **That really threw him.** Hal itu betul-betul memeranjatkannya.

to **throw away** KATA KERJA
1. *membuang*
2. *mensia-siakan*
◊ *to throw away an opportunity* mensia-siakan satu peluang

to **throw out** KATA KERJA
1. *membuang*
2. *menghalau*
◊ *I threw him out.* Saya menghalaunya.

throw up → tidy

to **throw up** KATA KERJA
muntah

thrower KATA NAMA
pelempar
◊ *The discus thrower is exhausted.* Pelempar cakera itu sudah keletihan.

thrust KATA NAMA
tikaman
◊ *He tried to avoid the thrust.* Dia cuba mengelakkan tikaman itu.

thug KATA NAMA
samseng

thumb KATA NAMA
ibu jari

to **thump** KATA KERJA
[1] *menumbuk*
◊ *to thump somebody* menumbuk seseorang
[2] *berdegup*
◊ *My heart was thumping wildly.* Jantung saya berdegup dengan kencang sekali.

thunder KATA NAMA
guruh
♦ **thunder and lightning** petir

thunderbolt KATA NAMA
halilintar

thunderous KATA ADJEKTIF
gemuruh
◊ *thunderous applause* tepukan gemuruh

thunderstorm KATA NAMA
ribut petir

thundery KATA ADJEKTIF
mendung disertai guruh
◊ *thundery weather* cuaca yang mendung disertai guruh

Thursday KATA NAMA
hari Khamis
◊ *I saw her on Thursday.* Saya bertemu dengannya pada hari Khamis.
◊ *every Thursday* setiap hari Khamis
◊ *last Thursday* hari Khamis lepas
◊ *next Thursday* hari Khamis depan

thus KATA ADVERBA
oleh itu
◊ *Some people are more capable and thus better paid than others.* Sesetengah orang lebih berkebolehan. Oleh itu, mereka dibayar lebih daripada orang lain.

thyme KATA NAMA
daun thyme (sejenis herba yang digunakan dalam masakan)

tick KATA NAMA
> rujuk juga **tick** KATA KERJA

[1] *tanda rait*
◊ *Place a tick in the appropriate box.* Letakkan tanda rait dalam kotak yang berkenaan.

[2] *detikan*
◊ *The clock has a loud tick.* Jam tersebut mempunyai detikan yang kuat.
♦ **in a tick** sekejap lagi

to **tick** KATA KERJA
> rujuk juga **tick** KATA NAMA

[1] *menandakan rait*
◊ *Tick the appropriate box.* Tandakan rait dalam kotak yang berkenaan.
[2] *berdetik* (*jam*)

to **tick off** KATA KERJA
[1] *menandakan rait pada*
◊ *The teacher ticked the names off in the register.* Guru tersebut menandakan rait pada nama-nama yang terdapat dalam buku daftar.
[2] *memarahi*
◊ *He was ticked off for being late.* Dia dimarahi kerana lewat.

ticket KATA NAMA
[1] *tiket*
[2] *surat saman*
◊ *a parking ticket* surat saman letak kereta

ticket inspector KATA NAMA
pemeriksa tiket

ticket office KATA NAMA
tempat menjual tiket

to **tickle** KATA KERJA
> rujuk juga **tickle** KATA NAMA

[1] *menggeletek*
◊ *She enjoyed tickling the baby.* Dia seronok menggeletek bayi tersebut.
[2] *menggelikan hati*
◊ *The funny story tickled me.* Cerita yang lucu itu menggelikan hati saya.

tickle KATA NAMA
> rujuk juga **tickle** KATA KERJA

geletek

ticklish KATA ADJEKTIF
geli
♦ **to be ticklish** berasa geli

tickly KATA ADVERBA
geli
♦ **Sita laughed at the tickly feeling.** Sita ketawa kerana kegelian.

tide KATA NAMA
pasang surut
♦ **high tide** air pasang
♦ **low tide** air surut

tidiness KATA NAMA
kekemasan

tidy KATA ADJEKTIF
> rujuk juga **tidy** KATA KERJA

kemas
◊ *Your room is very tidy.* Bilik anda sangat kemas. ◊ *She's very tidy.* Dia seorang yang sangat kemas.

to **tidy** KATA KERJA

tidy up → time

(tidied, tidied)
> *rujuk juga* **tidy** KATA ADJEKTIF

mengemaskan

to tidy up KATA KERJA
mengemas
◊ *Don't forget to tidy up afterwards.* Jangan lupa mengemas nanti.

tie KATA NAMA
> *rujuk juga* **tie** KATA KERJA

1. *tali leher*
2. *ikatan*
◊ *the tie between mother and child* ikatan antara ibu dengan anak
3. *keputusan seri* (dalam permainan)

to tie KATA KERJA
> *rujuk juga* **tie** KATA NAMA

1. *mengikat*
* **to tie a knot in something** menyimpulkan sesuatu
2. *seri*
◊ *They tied three-all.* Mereka seri dengan keputusan tiga sama.

to tie up KATA KERJA
1. *mengikat* (orang, tali)
2. *menambat* (bot, perahu)

tiger KATA NAMA
harimau

tight KATA ADJEKTIF
ketat
◊ *tight jeans* seluar jean yang ketat
* **Hold on tight!** Pegang kuat-kuat!

to tighten KATA KERJA
1. *menguatkan* (genggaman)
2. *menegangkan*
◊ *to tighten the string* menegangkan tali
3. *mengetatkan*
◊ *I used my thumbnail to tighten the screw.* Saya menggunakan kuku ibu jari untuk mengetatkan skru tersebut.

tight-fisted KATA ADJEKTIF
berkira (tentang wang)
◊ *You shouldn't be so tight-fisted towards someone like Jarah, she's not well-off.* Jangan berkira sangat dengan orang seperti Jarah. Dia bukanlah orang kaya.

tightly KATA ADVERBA
1. *ketat*
◊ *Entrance to the auditorium was tightly controlled.* Pintu masuk ke auditorium itu dikawal ketat.
* **He fastened his belt tightly.** Dia mengancing tali pinggangnya ketat-ketat.
2. *rapat*
◊ *tightly closed* tertutup rapat
* **She held my hand tightly.** Dia menggenggam erat tangan saya.

tights KATA NAMA JAMAK
seluar sendat
◊ *a pair of tights* sehelai seluar sendat

B. Inggeris ~ B. Melayu 472

tigress KATA NAMA
(JAMAK **tigresses**)
harimau betina

tile KATA NAMA
1. *jubin*
2. *genting* (untuk bumbung)

tiled KATA ADJEKTIF
1. *berjubin* (lantai, dll)
2. *beratapkan genting*

till KATA SENDI, KATA HUBUNG
> *rujuk juga* **till** KATA NAMA

sehingga
◊ *We stayed there till the doctor came.* Kami tunggu di situ sehingga doktor sampai. ◊ *Don't go till I arrive.* Jangan pergi sehingga saya sampai. ◊ *Wait till I come back.* Tunggu sehingga saya balik.
◊ *I waited till 10 o'clock.* Saya menunggu sehingga pukul sepuluh.
* **till now** hingga kini
* **till then** hingga masa itu
* **The report won't be ready till next week.** Laporan itu hanya akan siap pada minggu hadapan.

till KATA NAMA
> *rujuk juga* **till** KATA SENDI, KATA HUBUNG

mesin daftar tunai

to tilt KATA KERJA
> *rujuk juga* **tilt** KATA NAMA

1. *mencondong*
◊ *The pole tilted towards Pak Salam's house.* Tiang itu mencondong ke arah rumah Pak Salam.
2. *mencondongkan*
◊ *Leonard tilted his chair.* Leonard mencondongkan kerusinya.
* **She tilted her head.** Dia menelengkan kepalanya.
* **The boat tilted and sank.** Bot itu terjongket lalu tenggelam.

tilt KATA NAMA
> *rujuk juga* **tilt** KATA KERJA

kecondongan
◊ *The tilt of the building worries the public.* Kecondongan bangunan itu membimbangkan orang ramai.

tilting train KATA NAMA
sejenis kereta api laju

timber KATA NAMA
balak

time KATA NAMA
1. *waktu*
◊ *It was two o'clock, Malaysian time.* Pukul dua, waktu Malaysia.
* **What time is it?** Pukul berapa sekarang?
* **What time do you get up?** Pada pukul berapakah anda bangun?

English ~ Malay

time bomb → tiptoe

[2] *masa*
◊ *I'm sorry, I haven't got time.* Saya minta maaf. Saya tidak ada masa. ◊ *This isn't a good time to ask him.* Sekarang bukan masa yang sesuai untuk bertanya kepadanya.
- **two people at a time** dua orang pada satu masa
- **in a week's time** dalam masa seminggu
- **Come and see us any time.** Datanglah melawat kami pada bila-bila masa.
- **for the time being** buat masa ini
- **from time to time** dari semasa ke semasa
- **at times** kadang-kadang
- **in no time** sejenak sahaja ◊ *The dress was ready in no time.* Baju itu siap sekejap sahaja.
- **a long time** lama ◊ *We have waited for a long time.* Sudah lama kami menunggu. ◊ *Have you lived here for a long time?* Sudah lamakah anda tinggal di sini?
- **on time** tepat pada masa ◊ *He never arrives on time.* Dia tidak pernah sampai tepat pada masa.
- **in time** sempat ◊ *We arrived in time for lunch.* Kami sempat sampai untuk makan tengah hari.
- **just in time** elok-elok pada waktunya

[3] *kali*
◊ *this time* kali ini ◊ *How many times?* Berapa kali?
- **to have a good time** berseronok ◊ *Did you have a good time?* Apakah anda berseronok?
- **two times two is four** dua darab dua ialah empat

time bomb KATA NAMA
bom jangka

timeline KATA NAMA
carta dan lain-lain yang menunjukkan urutan peristiwa

time off KATA NAMA
cuti

timer KATA NAMA
penentu masa
◊ *an egg timer* penentu masa untuk merebus telur

time-share KATA NAMA
hak menggunakan sesuatu harta benda untuk satu jangka waktu yang tertentu setiap tahun
- **a time-share apartment** pangsapuri kongsi masa

Sekiranya anda mempunyai pangsapuri kongsi masa, anda boleh menggunakan pangsapuri itu untuk satu jangka waktu yang tertentu setiap tahun.

timetable KATA NAMA
jadual waktu

time zone KATA NAMA
zon waktu

timid KATA ADJEKTIF
kurang berkeyakinan
◊ *a timid girl* budak perempuan yang kurang berkeyakinan

tin KATA NAMA
rujuk juga **tin** KATA KERJA
[1] *tin*
◊ *a tin of beans* setin kacang ◊ *a biscuit tin* tin biskut
[2] *timah*

to **tin** KATA KERJA
rujuk juga **tin** KATA NAMA
mengetinkan
◊ *The factory tins sardines.* Kilang itu mengetinkan sardin.

tinned KATA ADJEKTIF
di dalam tin
◊ *tinned products* produk di dalam tin
◊ *tinned peaches* pic di dalam tin

tin opener KATA NAMA
pembuka tin

tinsel KATA NAMA
tinsel (hiasan pokok Krismas)

tinted KATA ADJEKTIF
berwarna sedikit (pada cermin mata, tingkap)

tiny KATA ADJEKTIF
sangat kecil

tip KATA NAMA
rujuk juga **tip** KATA KERJA
[1] *hujung*
◊ *the tip of her walking stick* hujung tongkatnya
[2] *tip*
◊ *to leave a tip* meninggalkan tip
[3] *petua*
◊ *a useful tip* petua yang berguna
- **a rubbish tip** tempat pembuangan sampah
- **The place is a complete tip.** Tempat itu tidak kemas langsung.
- **It's on the tip of my tongue.** Perkara itu sudah hampir-hampir terkeluar daripada mulut saya.

to **tip** KATA KERJA
rujuk juga **tip** KATA NAMA
[1] *mencurahkan*
◊ *Tip away the salt and wipe the pan.* Curahkan garam dan lap kuali leper itu.
[2] *memberikan tip kepada*
◊ *Don't forget to tip the waiter.* Jangan lupa memberikan tip kepada pelayan itu.
- **The stool is about to tip.** Bangku itu hampir terjongket.

to **tiptoe** KATA KERJA

tiptoe → toboggan

rujuk juga **tiptoe** KATA NAMA
berjengket
◊ *Zurina tiptoed out of her room.* Zurina berjengket keluar dari biliknya.

tiptoe KATA NAMA
rujuk juga **tiptoe** KATA KERJA
• **to stand on tiptoe** berjengket
• **to walk on tiptoe** berjengket

to **tire** KATA KERJA
memenatkan
◊ *The heavy workload tires me.* Beban kerja yang berat itu memenatkan saya.

tired KATA ADJEKTIF
penat
◊ *I'm tired.* Saya penat.
• **to be tired of something** bosan dengan sesuatu

tiredness KATA NAMA
kepenatan
◊ *Minna had to cancel all her plans because of tiredness.* Minna terpaksa membatalkan semua rancangannya kerana kepenatan.

tiresome KATA ADJEKTIF
membosankan
◊ *the tiresome old lady next door* perempuan tua yang membosankan di sebelah

tiring KATA ADJEKTIF
memenatkan

tissue KATA NAMA
tisu
◊ *muscle tissue* tisu otot ◊ *a box of tissues* sekotak tisu

tithe KATA NAMA
zakat (padanan terdekat)

title KATA NAMA
1 *tajuk (buku, filem)*
2 *gelaran (orang)*

title role KATA NAMA
watak utama
nama watak yang berkenaan dengan tajuk cerita atau filem

to KATA SENDI
1 *ke*
◊ *to go to school* pergi ke sekolah
◊ *Let's go to Anne's house.* Mari kita pergi ke rumah Anne. ◊ *to go to Portugal* pergi ke negara Portugal ◊ *the train to London* kereta api ke London ◊ *I've never been to Singapore.* Saya tidak pernah pergi ke Singapura.
• **ten to nine** kurang sepuluh minit ke pukul sembilan
• **to go to the doctor's** pergi berjumpa doktor
2 *kepada*
◊ *I sold it to a friend.* Saya menjualnya kepada seorang kawan. ◊ *Give the ball*

B. Inggeris ~ B. Melayu 474

to her! Berikan bola itu kepadanya!
◊ *That's what he said to me.* Itulah yang dikatakannya kepada saya.
3 *hingga*
◊ *to count to ten* mengira hingga sepuluh
4 *untuk*
◊ *I did it to help you.* Saya melakukannya untuk membantu anda.
◊ *She's too young to go to school.* Dia terlalu muda untuk pergi ke sekolah.
◊ *ready to go* sedia untuk bertolak
◊ *ready to eat* sedia untuk dimakan
◊ *the answer to the question* jawapan untuk soalan itu

Kadang-kadang **to** tidak diterjemahkan.

◊ *It's easy to do.* Kerja itu senang dilakukan. ◊ *something to drink* minuman ◊ *the key to the front door* kunci pintu depan
• **from...to...(1)** dari...hingga... *(masa)*
◊ *from nine o'clock to half past three* dari pukul sembilan hingga pukul tiga setengah
• **from...to...(2)** dari...ke... *(tempat)*
◊ *from Penang to Kuala Lumpur* dari Pulau Pinang ke Kuala Lumpur
• **to be kind to somebody** melayan seseorang dengan baik ◊ *They were very kind to me.* Mereka melayan saya dengan baik sekali.
• **It's difficult to say.** Sukar hendak diperkatakan.
• **It's easy to criticize.** Memang mudah untuk membuat kritikan.
• **I've got things to do.** Saya ada kerja yang perlu dibuat.

toad KATA NAMA
kodok

toadstool KATA NAMA
cendawan beracun

toast KATA NAMA
1 *roti bakar*
◊ *a piece of toast* sekeping roti bakar
2 *sanjungan*
◊ *She was the toast of Paris.* Dia menjadi sanjungan penduduk Paris.
• **to drink a toast to somebody** minum ucap selamat kepada seseorang

toaster KATA NAMA
pembakar roti

tobacco KATA NAMA
tembakau

tobacconist's KATA NAMA
kedai menjual bahan-bahan daripada tembakau

toboggan KATA NAMA
kereta luncur salji

tobogganing → tonight

tobogganing KATA NAMA
bermain kereta luncur salji
◊ *to go tobogganing* pergi bermain kereta luncur salji

today KATA ADVERBA
1. _hari ini_
2. _kini_
◊ *The United States is in a serious recession today.* Amerika Syarikat kini mengalami kemelesetan ekonomi yang teruk.

to **toddle** KATA KERJA
bertatih-tatih
◊ *The child fell while toddling across the room.* Budak itu terjatuh semasa bertatih-tatih di sekitar bilik itu.

toddler KATA NAMA
kanak-kanak yang masih bertatih-tatih

toe KATA NAMA
jari kaki
◊ *The dog bit my big toe.* Anjing itu menggigit ibu jari kaki saya.

toenail KATA NAMA
kuku kaki

toffee KATA NAMA
gula-gula tofi

together KATA ADVERBA
1. _bersama_
◊ *Are they still together?* Apakah mereka masih bersama?
2. _serentak_
◊ *Don't all speak together!* Jangan bercakap serentak!
♦ **together with** dengan

to **toil** KATA KERJA
berlelah-lelah
◊ *After toiling day and night, their efforts finally paid off.* Setelah berlelah-lelah bekerja siang dan malam, akhirnya usaha mereka berhasil juga.

toilet KATA NAMA
tandas

toilet paper KATA NAMA
kertas tandas

toiletries KATA NAMA JAMAK
kelengkapan penjagaan diri

toilet roll KATA NAMA
kertas tandas gulung

token KATA NAMA
1. _token_
2. _tanda_
◊ *a token of appreciation* tanda penghargaan
♦ **a gift token** baucar hadiah

told KATA KERJA rujuk **tell**

tolerance KATA NAMA
toleransi

tolerant KATA ADJEKTIF
bertoleransi

♦ **Plants which are more tolerant of dry conditions...** Tumbuhan yang lebih tahan dengan keadaan kering...

to **tolerate** KATA KERJA
bersabar
◊ *She can no longer tolerate the position she's in.* Dia tidak dapat bersabar lagi dengan keadaannya sekarang.

toll KATA NAMA
1. _tol_
2. _jumlah_
◊ *the death toll so far* jumlah kematian setakat ini

tomato KATA NAMA
(JAMAK **tomatoes**)
tomato
◊ *tomato soup* sup tomato

tomboy KATA NAMA
tomboi

tombstone KATA NAMA
batu nisan

tomorrow KATA ADVERBA
1. _esok_
◊ *tomorrow morning* esok pagi
◊ *tomorrow night* esok malam
2. _masa depan_
◊ *You must plan for tomorrow.* Anda mesti merancang untuk masa depan.
♦ **the day after tomorrow** lusa

ton KATA NAMA
tan
◊ *a ton of coal* satu tan arang batu
♦ **That old bike weighs a ton.** Basikal lama itu sangat berat.

tone KATA NAMA
nada
◊ *I didn't like his tone of voice.* Saya tidak suka akan nada suaranya.
♦ **The room is painted in two tones of orange.** Bilik itu dicat dengan dua warna oren yang berlainan.

tongue KATA NAMA
1. _lidah_
♦ **a sharp tongue** mulut celopar
2. _bahasa_
◊ *The French take great pride in their native tongue.* Orang Perancis sangat bangga dengan bahasa ibunda mereka.
♦ **to say something tongue in cheek** sekadar bergurau

tongue-tied KATA ADJEKTIF
lidah kelu
♦ **I was tongue-tied.** Lidah saya kelu.

tonic KATA NAMA
tonik
◊ *a gin and tonic* gin dan tonik

tonight KATA ADVERBA
malam ini
◊ *Are you going out tonight?* Anda akan

tonsillitis → topsy-turvy   B. Inggeris ~ B. Melayu   476

keluar malam ini? ◊ *I'll sleep well tonight.* Saya akan tidur nyenyak malam ini.

tonsillitis KATA NAMA
radang tonsil atau *tonsilitis*
◊ *She's got tonsillitis.* Dia menghidap radang tonsil.

tonsils KATA NAMA JAMAK
tonsil

tony KATA ADJEKTIF
bergaya dan canggih

too KATA ADVERBA
1. *juga*
◊ *My friend came too.* Kawan saya juga datang.
2. *terlalu*
◊ *The water's too hot.* Air itu terlalu panas. ◊ *We arrived too late.* Kami sampai terlalu lewat.
- **too much** terlalu banyak ◊ *too much butter* terlalu banyak mentega ◊ *At Christmas we always eat too much.* Kami selalu makan terlalu banyak semasa Krismas.
- **too much noise** terlalu bising
- **RM50? - That's too much.** RM50? - Mahalnya!
- **too many** terlalu banyak ◊ *too many problems* terlalu banyak masalah ◊ *too many chairs* terlalu banyak kerusi
- **Too bad!** Malang sekali!

took KATA KERJA *rujuk* **take**

tool KATA NAMA
alat
- **a tool box** kotak peralatan

toolbar KATA NAMA
bar alat (komputer)

tooth KATA NAMA
(JAMAK **teeth**)
gigi

toothache KATA NAMA
sakit gigi
◊ *These pills are good for toothache.* Pil ini baik untuk sakit gigi.
- **I've got toothache.** Saya sakit gigi.

toothbrush KATA NAMA
(JAMAK **toothbrushes**)
berus gigi

toothpaste KATA NAMA
ubat gigi

toothpick KATA NAMA
cungkil gigi

top KATA NAMA

> *rujuk juga* **top** KATA ADJEKTIF, KATA KERJA

1. *bahagian atas*
◊ *at the top of the page* pada bahagian atas muka surat
2. *puncak* (gunung, bukit)
3. *penutup* (kotak)
4. *tudung* (botol, jag)
- **a bikini top** bahagian atas bikini
- **the top of the table** permukaan meja
- **on top of the cupboard** di atas almari
- **on top of that** di samping itu
- **from top to bottom** seluruh ◊ *I searched the house from top to bottom.* Saya menggeledah seluruh rumah ini.

top KATA ADJEKTIF

> *rujuk juga* **top** KATA NAMA, KATA KERJA

1. *paling atas*
◊ *The book is on the top shelf.* Buku itu terletak di rak yang paling atas.
- **the top floor** tingkat teratas
- **the top layer** lapisan atas
2. *terbaik*
◊ *a top surgeon* pakar bedah terbaik
- **a top model** model terkenal
- **a top hotel** hotel terkemuka
- **He always gets top marks in French.** Dia selalu mendapat markah tertinggi dalam ujian bahasa Perancis.
- **at top speed** pada kelajuan maksimum

to **top** KATA KERJA

> *rujuk juga* **top** KATA NAMA, KATA ADJEKTIF

1. *berada di tempat teratas*
◊ *The manufacturer had topped the list for imported vehicles.* Pengeluar itu berada di tempat teratas senarai untuk kenderaan import.
2. *melebihi*
◊ *Imports topped £10 billion last month.* Import melebihi 10 bilion paun pada bulan lepas.
- **a wall topped with spikes** tembok yang bahagian atasnya dipasang besi-besi tajam

topic KATA NAMA
tajuk
◊ *You may choose your own essay topic.* Anda boleh memilih tajuk esei anda sendiri.

topical KATA ADJEKTIF
semasa
◊ *a topical issue* isu semasa

topknot KATA NAMA
gelung rambut

topless KATA ADJEKTIF
tidak menutup bahagian dada
- **to go topless** tidak menutup bahagian dada

top-secret KATA ADJEKTIF
sangat sulit
◊ *top-secret documents* dokumen-dokumen yang sangat sulit

topsy-turvy KATA ADJEKTIF
tunggang-langgang

◊ *The world has turned topsy-turvy.* Dunia ini sudah menjadi tunggang-langgang.

torch KATA NAMA
(JAMAK **torches**)
1 *lampu suluh*
2 *obor*

torchlight KATA NAMA
lampu suluh

tore, torn KATA KERJA *rujuk* **tear**

tornado KATA NAMA
(JAMAK **tornadoes** atau **tornados**)
puting beliung

torrent KATA NAMA
curahan
♦ **The rain came down in torrents.** Hujan turun mencurah-curah.

torrential KATA ADJEKTIF
turun mencurah-curah (*hujan*)

tortoise KATA NAMA
kura-kura

to **torture** KATA KERJA
rujuk juga **torture** KATA NAMA
menyeksa
◊ *Stop torturing that animal!* Jangan seksa binatang itu lagi!

torture KATA NAMA
rujuk juga **torture** KATA KERJA
penyeksaan
♦ **It was pure torture.** Betapa seksanya.

Tory KATA ADJEKTIF
rujuk juga **Tory** KATA NAMA
parti Konservatif
◊ *the Tory government* kerajaan parti Konservatif

Tory KATA NAMA
(JAMAK **Tories**)
rujuk juga **Tory** KATA ADJEKTIF
parti Konservatif
♦ **the Tories** parti Konservatif

to **toss** KATA KERJA
1 *mencampakkan* (*dengan perlahan*)
◊ *He tossed the paper into the fire.* Dia mencampakkan kertas itu ke dalam api.
2 *melambung*
◊ *to toss a coin* melambung duit syiling
♦ **Shall we toss for it?** Apa kata jika kita melambung duit syiling untuk menentukannya?

total KATA NAMA
rujuk juga **total** KATA ADJEKTIF
jumlah
◊ *the grand total* jumlah besar

total KATA ADJEKTIF
rujuk juga **total** KATA NAMA
jumlah
◊ *The total cost was very high.* Jumlah kos tersebut sangat tinggi.

♦ **the total amount** jumlah keseluruhan
♦ **I have total confidence that she will pass her exam.** Saya mempunyai keyakinan yang penuh bahawa dia akan lulus peperiksaannya.

to **total up** KATA KERJA
menjumlahkan
◊ *Nancy totalled up her expenses.* Nancy menjumlahkan perbelanjaannya.

totally KATA ADVERBA
sama sekali
◊ *The fire totally destroyed the top floor.* Kebakaran itu telah menyebabkan tingkat teratas musnah sama sekali.

to **touch** KATA KERJA
rujuk juga **touch** KATA NAMA
menyentuh
◊ *Don't touch that book!* Jangan sentuh buku itu!

touch KATA NAMA
rujuk juga **touch** KATA KERJA
sentuhan
♦ **to get in touch with somebody** menghubungi seseorang
♦ **to keep in touch with somebody** sering berhubung dengan seseorang
♦ **Keep in touch! (1)** Jangan lupa tulis surat!
♦ **Keep in touch! (2)** Jangan lupa telefon!
♦ **to lose one's touch** tidak sehebat dahulu
♦ **to lose touch with somebody** terputus hubungan dengan seseorang
♦ **to lose touch with something** tidak mengetahui perkembangan terbaru sesuatu perkara

touchdown KATA NAMA
pendaratan (*kapal terbang*)

touched KATA ADJEKTIF
terharu
◊ *I was really touched.* Saya betul-betul terharu.

touching KATA ADJEKTIF
mengharukan

touchline KATA NAMA
garisan tepi (*ragbi, bola sepak*)

touchy KATA ADJEKTIF
1 *mudah tersinggung*
◊ *She's a bit touchy today.* Dia agak mudah tersinggung hari ini.
2 *sensitif*
◊ *a touchy issue* isu yang sensitif

tough KATA ADJEKTIF
1 *sukar*
◊ *It was tough, but I managed okay.* Perkara itu sukar tetapi saya berjaya mengatasinya. ◊ *It's a tough job.* Kerja ini sukar.
2 *liat*
◊ *The meat is tough.* Daging itu liat.

tough 3 *kuat*
◊ *tough leather gloves* sarung tangan kulit yang kuat
♦ **He thinks he's a tough guy.** Dia menyangka dirinya kuat.
♦ **Tough luck!** Malang sungguh!

tour KATA NAMA
rujuk juga **tour** KATA KERJA
1 *lawatan*
◊ *We went on a tour of the city.* Kami membuat lawatan ke beberapa tempat di bandar tersebut. ◊ *It was week five of my tour of Europe.* Minggu ini merupakan minggu kelima lawatan saya ke Eropah.
2 *pelancongan*
◊ *a package tour* pelancongan pakej
♦ **bus tour** lawatan dengan bas
♦ **to go on tour (1)** mengadakan lawatan (*ahli politik, delegasi*)
♦ **to go on tour (2)** mengadakan jelajah (*ahli muzik*)

to **tour** KATA KERJA
rujuk juga **tour** KATA NAMA
1 *melancong*
◊ *Paul Weller is touring Europe.* Paul Weller sedang melancong di Eropah.
2 *mengadakan lawatan* (*ahli politik, delegasi*)
3 *mengadakan jelajah* (*ahli muzik*)

tour guide KATA NAMA
pemandu pelancong

tourism KATA NAMA
pelancongan

tourist KATA NAMA
pelancong
◊ *tourist information office* pejabat penerangan pelancong

tournament KATA NAMA
kejohanan

tour operator KATA NAMA
agensi pelancongan

to **tow** KATA KERJA
menunda
◊ *The police towed the car to the police station.* Pihak polis menunda kereta itu ke balai polis.
♦ **They towed away his car.** Mereka menarik keretanya.

towards KATA SENDI
ke arah
◊ *He came towards me.* Dia menuju ke arah saya.
♦ **my feelings towards him** perasaan saya terhadapnya

towel KATA NAMA
tuala

tower KATA NAMA
menara

tower block KATA NAMA
blok menara

town KATA NAMA
bandar
◊ *a town plan* pelan bandar ◊ *the town centre* pusat bandar

town council KATA NAMA
majlis perbandaran

town hall KATA NAMA
dewan perbandaran

tow truck KATA NAMA
trak penunda

toxic KATA ADJEKTIF
toksik

toy KATA NAMA
mainan
◊ *a toy shop* kedai mainan ◊ *a toy car* kereta mainan

to **trace** KATA KERJA
rujuk juga **trace** KATA NAMA
1 *mengesan*
2 *menekap*
◊ *She learned to draw by tracing pictures out of old books.* Dia belajar melukis dengan menekap gambar daripada buku-buku lama.

trace KATA NAMA
rujuk juga **trace** KATA KERJA
kesan
◊ *There was no trace of the robbers.* Tidak ada kesan perompak-perompak itu.

tracing paper KATA NAMA
kertas surih

track KATA NAMA
rujuk juga **track** KATA KERJA
1 *laluan*
◊ *a mountain track* laluan di gunung
2 *landasan* (*kereta api*)
◊ *A woman fell onto the tracks.* Seorang wanita terjatuh di atas landasan.
3 *balapan* atau *trek*
◊ *two laps of the track* dua pusingan di balapan tersebut
4 *lagu*
◊ *This is my favourite track.* Ini merupakan lagu kegemaran saya.
5 *jejak*
◊ *They followed the tracks for miles.* Mereka mengikut jejak tersebut berbatu-batu jauhnya.
♦ **lose track of time** terleka

to **track** KATA KERJA
rujuk juga **track** KATA NAMA
menjejaki
◊ *The police were tracking the bank robbers.* Polis sedang menjejaki perompak-perompak bank itu.

to **track down** KATA KERJA
mengesan
◊ *The police never tracked down the*

trackball KATA NAMA
bebola penggerak kursor
> bebola pada sesetengah komputer yang menggerakkan kursor

tracker KATA NAMA
pengesan
◊ *tracker dog* anjing pengesan

trackpad KATA NAMA
pad penggerak kursor
> pad pada sesetengah komputer yang menggerakkan kursor

tracksuit KATA NAMA
tracksuit

tractor KATA NAMA
traktor

trade KATA NAMA
> rujuk juga **trade** KATA KERJA

perdagangan
• **to learn a trade** mempelajari sesuatu kemahiran

to **trade** KATA KERJA
> rujuk juga **trade** KATA NAMA

berjual beli
◊ *John has been trading in antique furniture for 25 years.* John berjual beli perabot antik selama 25 tahun.

trade balance KATA NAMA
imbangan perdagangan

trademark KATA NAMA
cap dagang

trader KATA NAMA
peniaga

trade surplus KATA NAMA
lebihan perdagangan

trade union KATA NAMA
kesatuan sekerja

trade unionist KATA NAMA
ahli aktif kesatuan sekerja

tradition KATA NAMA
tradisi
• **a ceremony full of custom and tradition** upacara yang penuh adat istiadat

traditional KATA ADJEKTIF
tradisional

traffic KATA NAMA
> rujuk juga **traffic** KATA KERJA

lalu lintas
◊ *There was a lot of traffic.* Lalu lintas sangat sibuk.

to **traffic** KATA KERJA
(**trafficked, trafficked**)
> rujuk juga **traffic** KATA NAMA

memperdagangkan
◊ *The evil man trafficked in women for money.* Lelaki jahat itu memperdagangkan perempuan untuk wang.

traffic jam KATA NAMA
kesesakan lalu lintas

trafficker KATA NAMA
pengedar (*dadah*)

trafficking KATA NAMA
perniagaan
◊ *the trafficking of illegal weapons* perniagaan senjata haram
• **drug trafficking** pengedaran dadah

traffic lights KATA NAMA JAMAK
lampu isyarat

traffic warden KATA NAMA
penguat kuasa lalu lintas
◊ *I am a traffic warden.* Saya seorang penguat kuasa lalu lintas.

tragedy KATA NAMA
(JAMAK **tragedies**)
tragedi

tragic KATA ADJEKTIF
dahsyat atau *tragik*
◊ *It was a tragic accident.* Kemalangan itu memang tragik.

trailer KATA NAMA
1 *treler*
2 *sedutan filem*

train KATA NAMA
> rujuk juga **train** KATA KERJA

1 *kereta api*
2 *deret*
◊ *a long train of oil tankers* sederet panjang kapal minyak

to **train** KATA KERJA
> rujuk juga **train** KATA NAMA

1 *berlatih*
◊ *to train for a race* berlatih untuk sesuatu perlumbaan
• **to train someone** melatih seseorang
• **to train as a teacher** menjalani latihan sebagai seorang guru
2 *menghalakan*
◊ *Police cameras had been specifically trained on that area.* Kamera pihak polis dihalakan khusus ke kawasan tersebut.

trained KATA ADJEKTIF
terlatih
◊ *highly trained workers* pekerja-pekerja yang terlatih ◊ *She's a trained nurse.* Dia seorang jururawat terlatih.

trainee KATA NAMA
pelatih
◊ *He's a trainee plumber.* Dia tukang paip pelatih.

trainer KATA NAMA
jurulatih
• **dog trainer** pelatih anjing

trainers KATA NAMA JAMAK
kasut sukan

training KATA NAMA
latihan
◊ *a training course* kursus latihan

traitor → transparent

◊ *He sprained his ankle in training.* Kakinya terseliuh semasa latihan.

traitor KATA NAMA
pengkhianat

tram KATA NAMA
trem

tramp KATA NAMA
1. *orang yang hidup melarat*
> **tramp** ialah orang yang tidak ada tempat tinggal atau pekerjaan dan miskin. Biasanya mereka mendapat wang atau makanan dengan mengemis atau membuat kerja sambilan.

2. *detap* (bunyi hentakan kasut)

to trample KATA KERJA
menginjak-injak
◊ *They are destroying rainforests and trampling on the rights of natives.* Mereka memusnahkan hutan hujan dan menginjak-injak hak orang tempatan.
◊ *They don't want people trampling on the grass in the park.* Mereka tidak mahu orang ramai menginjak-injak rumput di taman itu.

trampoline KATA NAMA
trampolin (peralatan gimnastik)

to tranquillize KATA KERJA
melalikan
◊ *The vet tranquillized the tiger before treating it.* Doktor haiwan itu melalikan harimau tersebut sebelum merawatnya.

tranquillizer KATA NAMA
ubat penenang
◊ *She's on tranquillizers.* Dia mengambil ubat penenang.

transaction KATA NAMA
urus niaga

to transfer KATA KERJA
> rujuk juga **transfer** KATA NAMA

1. *memindahkan*
◊ *Nick wanted to transfer some money to his daughter's account.* Nick mahu memindahkan sedikit wang ke dalam akaun anak perempuannya.

2. *menukarkan*
◊ *The manager transferred his employee to Penang.* Pengurus itu menukarkan pekerjanya ke Pulau Pinang.

3. *bertukar*
◊ *The teacher will be transferred to Sarawak next week.* Guru itu akan bertukar ke Sarawak pada minggu hadapan.

transfer KATA NAMA
> rujuk juga **transfer** KATA KERJA

pemindahan
◊ *a bank transfer* pemindahan wang
◊ *data transfer* pemindahan data

to transfer-list KATA KERJA
meletakkan nama pemain dalam senarai pemain yang akan dijual ke kelab lain

to transform KATA KERJA
menukarkan
◊ *to transform food into energy* menukarkan makanan menjadi tenaga
♦ **The witch transformed herself into a snake.** Ahli sihir itu menjelma sebagai seekor ular.

transformation KATA NAMA
transformasi
◊ *Chemical transformations occur.* Transformasi bahan kimia berlaku.

transfusion KATA NAMA
pemindahan darah

transistor KATA NAMA
transistor

transition KATA NAMA
peralihan
◊ *the transition from the colonial period to independence* peralihan dari zaman penjajahan ke zaman kemerdekaan

transitional KATA ADJEKTIF
peralihan
◊ *transitional period* zaman peralihan

to translate KATA KERJA
menterjemahkan
◊ *to translate something into English* menterjemahkan sesuatu ke dalam bahasa Inggeris

translation KATA NAMA
terjemahan
◊ *a good quality translation* terjemahan yang bermutu
♦ **We specialized in translation.** Kami mengkhusus dalam bidang penterjemahan.

translator KATA NAMA
penterjemah
◊ *Anita's a translator.* Anita seorang penterjemah.

translucent KATA ADJEKTIF
lut cahaya

to transmit KATA KERJA
menghantar
◊ *This is currently the most efficient way to transmit data.* Cara ini merupakan cara menghantar data yang paling berkesan sekarang.
♦ **The game was transmitted live in Spain and Italy.** Perlawanan itu disiarkan secara langsung di Sepanyol dan Itali.
♦ **sexually transmitted diseases** penyakit yang berjangkit melalui hubungan seks

transmitter KATA NAMA
alat pemancar

transparent KATA ADJEKTIF

lut sinar

transplant KATA NAMA
pemindahan
◊ *a heart transplant* pemindahan jantung

transport KATA NAMA
rujuk juga **transport** KATA KERJA
1 *kenderaan*
2 *pengangkutan*
◊ *public transport* pengangkutan awam

to **transport** KATA KERJA
rujuk juga **transport** KATA NAMA
mengangkut

transvestite KATA NAMA
pondan

trap KATA NAMA
rujuk juga **trap** KATA KERJA
perangkap

to **trap** KATA KERJA
rujuk juga **trap** KATA NAMA
memerangkap
◊ *Charlie trapped a mouse deer.* Charlie memerangkap seekor pelanduk.
◊ *The police trapped the killer.* Pihak polis memerangkap pembunuh itu.

trapper KATA NAMA
penjerat (orang)

trash KATA NAMA
sampah
◊ *the trash can* tong sampah

trashy KATA ADJEKTIF
tidak berkualiti
◊ *a trashy film* sebuah filem yang tidak berkualiti

traumatic KATA ADJEKTIF
sungguh dahsyat
◊ *It was a traumatic experience.* Pengalaman itu sungguh dahsyat.

to **travel** KATA KERJA
rujuk juga **travel** KATA NAMA
mengembara
◊ *We travelled over 800 kilometres.* Kami telah mengembara lebih daripada 800 kilometer.
♦ **I prefer to travel by train.** Saya lebih suka menaiki kereta api.
♦ **I'd like to travel round the world.** Saya ingin mengelilingi dunia.
♦ **News travels fast!** Berita tersebar dengan cepat!

travel KATA NAMA
rujuk juga **travel** KATA KERJA
perjalanan
◊ *Getting to school involves one hour of travelling.* Perjalanan ke sekolah mengambil masa satu jam.
♦ **Air travel is relatively cheap.** Pengangkutan udara agak murah.

travel agency KATA NAMA
(JAMAK **travel agencies**)
agensi pelancongan

travel agent KATA NAMA
ejen pelancongan

traveller KATA NAMA
(AS **traveler**)
pelancong

traveller's cheque KATA NAMA
(AS **traveler's check**)
cek kembara

travelling KATA NAMA
(AS **traveling**)
melancong
◊ *I love travelling.* Saya suka melancong.

travel sickness KATA NAMA
mabuk perjalanan

to **traverse** KATA KERJA
mengharungi
◊ *Beng Kong traversed the Indian Ocean in his yacht.* Beng Kong mengharungi Lautan Hindi dengan kapal layarnya.

tray KATA NAMA
dulang

treacherous KATA ADJEKTIF
khianat
◊ *a treacherous leader* pemimpin yang khianat
♦ **Don't be treacherous.** Jangan bersikap khianat.

to **tread** KATA KERJA
(trod, trodden)
memijak
♦ **He trod on my foot.** Dia terpijak kaki saya.

treadmill KATA NAMA
mesin berlari setempat

treason KATA NAMA
penderhakaan (terhadap negara)

treasure KATA NAMA
harta karun

treasurer KATA NAMA
bendahari

treasury KATA NAMA
(JAMAK **treasuries**)
perbendaharaan

to **treat** KATA KERJA
rujuk juga **treat** KATA NAMA
1 *melayani*
◊ *The hostages were well treated.* Para tebusan itu dilayani dengan baik.
♦ **She was treated for a minor head wound.** Dia diberi rawatan kerana mengalami luka kecil di kepala.
2 *belanja*
◊ *I'll treat you!* Saya akan belanja anda!
♦ **Police say they're treating it as a murder case.** Pihak polis mengatakan bahawa mereka menganggap kes tersebut

sebagai kes bunuh.

treat KATA NAMA

> rujuk juga **treat** KATA KERJA

hadiah
◊ *As a birthday treat, I'll take you out to dinner.* Saya akan belanja anda makan malam sebagai hadiah hari jadi anda.
◊ *She bought a special treat for the children.* Dia membeli hadiah istimewa untuk kanak-kanak itu.
• **I'm going to give myself a treat.** Saya akan melakukan sesuatu untuk menghiburkan hati saya.

treatment KATA NAMA

1 *rawatan*
◊ *an effective treatment for cancer* rawatan yang berkesan untuk barah
2 *layanan*
◊ *We don't want any special treatment.* Kami tidak mahu sebarang layanan istimewa.

to **treble** KATA KERJA

bertambah tiga kali ganda
◊ *The cost of living has trebled.* Kos sara hidup telah bertambah tiga kali ganda.

tree KATA NAMA

pokok

tree-hut KATA NAMA

ran

to **tremble** KATA KERJA

1 *menggeletar*
◊ *Gil was white and trembling with anger.* Wajah Gil menjadi pucat dan dia menggeletar kemarahan.
• **He felt the earth tremble under him.** Dia merasakan bahawa bumi ini bergegar.
2 *bergetar*
◊ *His voice trembled.* Suaranya bergetar.

trench KATA NAMA

(JAMAK **trenches**)
alur

trend KATA NAMA

trend
◊ *the latest trend* trend terkini
• **There's a trend towards part-time employment.** Majikan kini lebih cenderung mengambil pekerja sambilan.

trendy KATA ADJEKTIF

1 *mengikuti perkembangan fesyen*
2 *terlalu berfahaman moden*
◊ *trendy teachers* guru-guru yang terlalu berfahaman moden

to **trespass** KATA KERJA

> rujuk juga **trespass** KATA NAMA

mencerobohi
◊ *They were trespassing on private property.* Mereka mencerobohi kawasan persendirian.

trespass KATA NAMA

(JAMAK **trespasses**)

> rujuk juga **trespass** KATA KERJA

pencerobohan
◊ *trespass onto private property* pencerobohan ke dalam kawasan persendirian

trespasser KATA NAMA

penceroboh
◊ *Trespassers will be prosecuted.* Penceroboh akan didakwa.

trestle KATA NAMA

kekuda

triad society KATA NAMA

kongsi gelap

trial KATA NAMA

1 *perbicaraan*
2 *percubaan*
◊ *trial period* tempoh percubaan
• **I took the car out for a trial on the road.** Saya memandu uji kereta itu di jalan raya.
3 *dugaan*
◊ *the trials of adolescence* dugaan masa remaja

triangle KATA NAMA

1 *segi tiga*
2 *kerincing* (alat muzik)

triangular KATA ADJEKTIF

berbentuk tiga segi
◊ *a triangular container* bekas yang berbentuk tiga segi

tribe KATA NAMA

puak

tribulation KATA NAMA

kesengsaraan
◊ *life's trials and tribulations* dugaan dan kesengsaraan hidup

tribute KATA NAMA

1 *penghormatan*
◊ *The song is a tribute to the late Sudirman.* Lagu itu merupakan penghormatan kepada Allahyarham Sudirman.
2 *ufti*
◊ *All countries under the protection of Siam were required to pay tribute.* Semua negara di bawah naungan Siam dikehendaki membayar ufti.

trick KATA NAMA

> rujuk juga **trick** KATA KERJA

1 *muslihat*
◊ *to play a trick on somebody* menggunakan muslihat untuk memperdaya seseorang
2 *teknik*
◊ *It's not easy, there's a trick to it.* Perkara itu bukannya mudah, ada teknik untuk melakukannya.

to **trick** KATA KERJA
> *rujuk juga* **trick** KATA NAMA

memperdaya
◊ *to trick somebody* memperdaya seseorang

trickery KATA NAMA
tipu helah
◊ *He won the competition using trickery.* Dia menggunakan tipu helah untuk memenangi perlawanan itu.

to **trickle** KATA KERJA
> *rujuk juga* **trickle** KATA NAMA

berlinang
◊ *Tears trickled down the old man's cheeks.* Air mata berlinang pada pipi orang tua itu.

trickle KATA NAMA
> *rujuk juga* **trickle** KATA KERJA

lelehan
◊ *the continual trickle of her tears* lelehan air matanya yang tidak henti-henti

tricky KATA ADJEKTIF
rumit
◊ *a tricky problem* masalah yang rumit

tricycle KATA NAMA
basikal roda tiga

trifle KATA NAMA
hal yang remeh-temeh

trigger KATA NAMA
picu
◊ *The man pulled the trigger of his pistol.* Lelaki itu memetik picu pistolnya.

to **trim** KATA KERJA
> *rujuk juga* **trim** KATA NAMA

1 *memepat*
◊ *My friend trims my hair.* Kawan saya memepat rambut saya.
♦ **She is having her hair trimmed.** Dia sedang berandam.
2 *memangkas* (rumput, pagar hidup)
3 *mengecilkan*
◊ *We trimmed the marketing department in our company.* Kami mengecilkan jabatan pemasaran di syarikat kami.

trim KATA NAMA
> *rujuk juga* **trim** KATA KERJA

♦ **to have a trim** memepat (*rambut*)
♦ **His hair needed a trim.** Rambutnya perlu dipepat.

trip KATA NAMA
> *rujuk juga* **trip** KATA KERJA

makan angin
◊ *to go on a trip* pergi makan angin
♦ **a day trip** lawatan sehari
♦ **Have a good trip!** Selamat jalan!

to **trip** KATA KERJA
> *rujuk juga* **trip** KATA NAMA

tersandung
◊ *He tripped on the stairs.* Dia tersandung pada tangga.
♦ **to trip up** tersandung
♦ **to trip somebody up** memerangkap seseorang

triple KATA ADJEKTIF
1 *tiga*
2 *tiga kali ganda*

triple jump KATA NAMA
lompat kijang

triplets KATA NAMA JAMAK
kembar tiga

trishaw KATA NAMA
beca

trivial KATA ADJEKTIF
remeh

trod, trodden KATA KERJA *rujuk* **tread**

trolley KATA NAMA
troli

trombone KATA NAMA
trombon

troop KATA NAMA
pasukan
◊ *a troop of soldiers* sepasukan tentera
◊ *a troop of scouts* sepasukan pengakap
♦ **troops** bala tentera

trophy KATA NAMA
(JAMAK **trophies**)
piala

tropical KATA ADJEKTIF
tropika

to **trot** KATA KERJA
1 *meligas* (kuda)
2 *berlari-lari anak*

trouble KATA NAMA
> *rujuk juga* **trouble** KATA KERJA

masalah
◊ *The trouble is, it's too expensive.* Masalahnya, barang itu terlalu mahal.
◊ *What's the trouble?* Apakah masalahnya? ◊ *to be in trouble* menghadapi masalah
♦ **stomach trouble** sakit perut
♦ **to take a lot of trouble over something** bersusah payah melakukan sesuatu
♦ **Don't worry, it's no trouble.** Tidak apa-apa, itu perkara kecil sahaja.

to **trouble** KATA KERJA
> *rujuk juga* **trouble** KATA NAMA

menyusahkan
◊ *Don't trouble your mother with such things.* Jangan menyusahkan ibu anda dengan perkara-perkara sebegitu.
♦ **Is anything troubling you?** Adakah apa-apa yang mengganggu fikiran anda?

troubled KATA ADJEKTIF
susah hati
◊ *She is troubled because she still hasn't had any news of her son.* Dia susah hati

kerana masih belum mendapat sebarang berita tentang anak lelakinya.

troublemaker KATA NAMA
pengacau

troublesome KATA ADJEKTIF
leceh

trough KATA NAMA
palung (bekas makanan/minuman haiwan)

trousers KATA NAMA JAMAK
seluar panjang
◊ *a pair of trousers* sehelai seluar panjang

trout KATA NAMA
(JAMAK **trout**)
ikan trout

truant KATA NAMA
kaki ponteng
♦ **to play truant** ponteng

truck KATA NAMA
lori

truck driver KATA NAMA
pemandu lori
◊ *He's a truck driver.* Dia pemandu lori.

true KATA ADJEKTIF
1. *benar* atau *betul*
◊ *It's true.* Benar.
♦ **to come true** menjadi kenyataan ◊ *I hope my dream will come true.* Saya berharap impian saya akan menjadi kenyataan.
2. *sejati*
◊ *true love* cinta sejati
3. *setia*
◊ *David was true to his wife.* David setia terhadap isterinya.

truly KATA ADVERBA
1. *betul-betul*
◊ *I am truly sorry.* Saya betul-betul minta maaf.
2. *sungguh*
◊ *Maria has a truly unique way of playing the violin.* Gesekan biola Maria sungguh unik.

trumpet KATA NAMA
trompet

trumpeter KATA NAMA
peniup trompet

truncheon KATA NAMA
belantan

trunk KATA NAMA
1. *batang pokok*
2. *belalai* (gajah)
3. *peti*
4. 🇺🇸 *but kereta*

trunks KATA NAMA JAMAK
seluar renang
♦ **swimming trunks** seluar renang

to **trust** KATA KERJA

> rujuk juga **trust** KATA NAMA

mempercayai
◊ *Don't you trust me?* Anda tidak mempercayai saya? ◊ *I don't trust him.* Saya tidak mempercayainya.
♦ **Trust me!** Percayalah pada saya!

trust KATA NAMA

> rujuk juga **trust** KATA KERJA

1. *kepercayaan*
♦ **to have trust in somebody** mempercayai seseorang
2. *tabung amanah*
◊ *The money will be put in a trust until she is 18.* Wang tersebut akan disimpan dalam tabung amanah sehingga dia berumur 18 tahun.

trustee KATA NAMA
pemegang amanah

trust fund KATA NAMA
tabung amanah

trusting KATA ADJEKTIF
mudah mempercayai orang

trustworthy KATA ADJEKTIF
amanah
◊ *Felicia is a trustworthy girl.* Felicia seorang budak yang amanah.

truth KATA NAMA
1. *kebenaran*
2. *kenyataan*

truthful KATA ADJEKTIF
jujur
◊ *She's a very truthful person.* Dia sangat jujur.

try KATA NAMA
(JAMAK **tries**)

> rujuk juga **try** KATA KERJA

percubaan
◊ *his third try* percubaannya yang ketiga
♦ **to give something a try** mencuba sesuatu
♦ **It's worth a try.** Memang patut dicuba.
♦ **Have a try!** Cubalah!

to **try** KATA KERJA
(**tried, tried**)

> rujuk juga **try** KATA KERJA

mencuba
◊ *to try to do something* mencuba melakukan sesuatu ◊ *to try again* mencuba sekali lagi
♦ **Would you like to try some?** Anda hendak cuba?

to **try on** KATA KERJA
mencuba (pakaian)

to **try out** KATA KERJA
menguji

tsar KATA NAMA
1. *maharaja Rusia*
2. *orang yang dilantik oleh kerajaan*

English ~ Malay — T-shirt → turmoil

untuk menangani masalah negara tertentu
- **drugs tsar** orang yang dilantik untuk menangani masalah dadah

T-shirt KATA NAMA
kemeja-T

tube KATA NAMA
1. *tiub*
2. *saluran*
◊ *The lungs are constructed of thousands of tiny tubes.* Paru-paru terdiri daripada beribu-ribu saluran halus.
- **the Tube** sistem kereta api bawah tanah di London

tuber KATA NAMA
ubi

tuberculosis KATA NAMA
batuk kering
◊ *He's got tuberculosis.* Dia menghidap batuk kering.

to **tuck** KATA KERJA
memasukkan
◊ *Henry tucked his shirt inside his trousers.* Henry memasukkan bajunya ke dalam seluarnya. ◊ *Sandy tucked the letter into her handbag.* Sandy memasukkan surat itu ke dalam beg tangannya.

to **tuck in** KATA KERJA
menyisipkan
- **He is tucking in his shirt.** Dia sedang menyisipkan bajunya ke dalam seluar.

Tuesday KATA NAMA
hari Selasa
◊ *I saw her on Tuesday.* Saya bertemu dengannya pada hari Selasa. ◊ *every Tuesday* setiap hari Selasa ◊ *last Tuesday* hari Selasa lepas ◊ *next Tuesday* hari Selasa depan

to **tug** KATA KERJA
menyentap
◊ *Nancy tugged her friend's hair.* Nancy menyentap rambut kawannya.

tug boat KATA NAMA
kapal penunda

tug-of-war KATA NAMA
tarik tali

tuition KATA NAMA
tuisyen
◊ *private tuition* tuisyen persendirian

tulip KATA NAMA
tulip

to **tumble** KATA KERJA
jatuh tergolek
◊ *Fakhrul slipped and tumbled down the stairs.* Fakhrul tergelincir lalu jatuh tergolek dari atas tangga.

tumble dryer KATA NAMA
mesin pengering pakaian

tummy KATA NAMA
(JAMAK **tummies**)
perut
◊ *He has a tummy ache.* Dia sakit perut.

tuna KATA NAMA
(JAMAK **tuna** atau **tunas**)
ikan tongkol

tune KATA NAMA
> rujuk juga **tune** KATA KERJA

1. *melodi*
2. *lagu*
- **to play in tune** setala
- **to sing out of tune** menyanyi dengan sumbang

to **tune** KATA KERJA
> rujuk juga **tune** KATA NAMA

menala
◊ *The piano is tuned every month.* Piano itu ditala setiap bulan.

tuning fork KATA NAMA
penala atau *tala bunyi*

Tunisia KATA NAMA
Tunisia

tunnel KATA NAMA
> rujuk juga **tunnel** KATA KERJA

terowong

to **tunnel** KATA KERJA
> rujuk juga **tunnel** KATA NAMA

menggali terowong

Tupperware ® KATA NAMA
bekas plastik (dengan penutup untuk menyimpan makanan)

turban KATA NAMA
serban

turbid KATA ADJEKTIF
keruh
◊ *the turbid water in the aquarium* air keruh di dalam akuarium

turbidity KATA NAMA
kekeruhan

Turk KATA NAMA
orang Turki
◊ *the Turks* orang Turki

turkey KATA NAMA
ayam belanda

Turkey KATA NAMA
negara Turki

Turkish KATA ADJEKTIF
> rujuk juga **Turkish** KATA NAMA

Turki
◊ *a Turkish carpet* permaidani Turki

Turkish KATA NAMA
> rujuk juga **Turkish** KATA ADJEKTIF

bahasa Turki

turmeric KATA NAMA
kunyit

turmoil KATA NAMA
kekacauan
◊ *the political turmoil* kekacauan politik

turn → twelve   B. Inggeris ~ B. Melayu   486

- **Her feelings were in turmoil when she met her real father.** Perasaannya bergelora apabila dia bertemu dengan ayah kandungnya.

turn KATA NAMA

> rujuk juga **turn** KATA KERJA

   1 *selekoh*
- **"no left turn"** "dilarang membelok ke kiri"
   2 *giliran*
   ◊ *It's my turn!* Giliran saya!
- **to take turns** bergilir-gilir

to **turn** KATA KERJA

> rujuk juga **turn** KATA NAMA

   1 *membelok*
   ◊ *Turn right at the lights.* Belok ke kanan di lampu isyarat itu.
   2 *berpaling (orang)*
   3 *menjadi*
   ◊ *When he's drunk he turns nasty.* Dia menjadi jahat apabila mabuk.
- **Turn to page 10.** Lihat muka surat 10.
- **The weather turned cold.** Cuaca bertukar menjadi sejuk.
- **The holiday turned into a nightmare.** Percutian itu berubah menjadi satu mimpi ngeri.

to **turn around** KATA KERJA
   1 *berpusing*
- **There wasn't room to turn around.** Tidak ada ruang untuk memusingkan badan.
   2 *memajukan ... yang mundur*
   ◊ *Turning the company around won't be easy.* Tidak mudah hendak memajukan syarikat yang mundur itu.

to **turn back** KATA KERJA
   berpatah balik
   ◊ *We turned back.* Kami berpatah balik.

to **turn down** KATA KERJA
   1 *menolak*
   ◊ *He turned down the offer.* Dia menolak tawaran tersebut.
   2 *merendahkan*
   ◊ *Shall I turn the heating down?* Bolehkah saya rendahkan suhu sistem pemanas itu?

to **turn off** KATA KERJA
   1 *membelok (di jalan)*
   2 *memadamkan (lampu)*
   3 *menutup (radio, paip air)*
   4 *mematikan (enjin)*
- **What turns teenagers off science and technology?** Apakah yang menyebabkan para remaja hilang minat terhadap sains dan teknologi?

to **turn on** KATA KERJA
   1 *memasang (lampu, radio)*
   2 *menghidupkan (enjin)*
   3 *membuka (paip air)*
   4 *menyerang*
   ◊ *Demonstrators turned on police.* Penunjuk-penunjuk perasaan menyerang pihak polis.

to **turn out** KATA KERJA
   1 *menjadi*
   ◊ *The weather turned out nice again.* Cuaca menjadi cerah semula.
   2 *rupa-rupanya*
   ◊ *It turned out to be a mistake.* Rupa-rupanya itu satu kesilapan.
- **It turned out that she was right.** Ternyata dia betul.
- **to turn out the light** memadamkan lampu

to **turn round** KATA KERJA
   berpusing

to **turn up** KATA KERJA
   1 *hadir*
   ◊ *She never turned up.* Dia langsung tidak hadir.
   2 *menguatkan*
   ◊ *Could you turn up the radio?* Bolehkah anda kuatkan suara radio itu?
- **Investigations have never turned up any evidence.** Penyiasatan belum pernah menghasilkan sebarang bukti.

turning KATA NAMA
   selekoh
   ◊ *We took the wrong turning.* Kami masuk ke selekoh yang salah.

turning point KATA NAMA
   titik peralihan

turnip KATA NAMA
   ubi sengkuang

turquoise KATA ADJEKTIF
   hijau kebiru-biruan

turtle KATA NAMA
   penyu

tusk KATA NAMA
   gading

tutor KATA NAMA
   1 *tutor (di universiti)*
   2 *guru peribadi*

tuxedo KATA NAMA
(JAMAK **tuxedos**)
   baju tuksedo

TV KATA NAMA
   TV

tweezers KATA NAMA JAMAK
   penyepit kecil
   ◊ *a pair of tweezers* satu penyepit kecil

twelfth KATA ADJEKTIF
   kedua belas
   ◊ *the twelfth place* tempat kedua belas
- **the twelfth of August** dua belas hari bulan Ogos

twelve ANGKA
   dua belas

English ~ Malay   twenties → tyre

◊ *twelve o'clock* pukul dua belas
- **She's twelve.** Dia berumur dua belas tahun.

twenties KATA NAMA JAMAK
dua puluhan

twentieth KATA ADJEKTIF
kedua puluh
◊ *the twentieth place* tempat kedua puluh
- **the twentieth of March** dua puluh hari bulan Mac

twenty ANGKA
dua puluh
- **He's twenty.** Dia berumur dua puluh tahun.

twice KATA ADVERBA
dua kali
◊ *He had to repeat it twice.* Dia terpaksa mengulangnya dua kali.
- **twice as much** dua kali lebih banyak
◊ *He gets twice as much pocket money as me.* Dia mendapat dua kali lebih banyak wang saku daripada saya.

twig KATA NAMA
ranting

twilight KATA NAMA
senja kala

twin KATA NAMA
kembar
◊ *identical twins* kembar seiras
- **They're twins.** Mereka saudara kembar.
- **a twin room** bilik berkembar

to **twine** KATA KERJA
membelit
◊ *The plant twined around the fence.* Tumbuhan itu membelit pada pagar.
- **He twined his fingers into hers.** Dia membelitkan jarinya ke jari gadis itu.
- **Kamal twined the cloth into a length of rope and used it to lower himself to the ground.** Kamal memilin kain itu menjadi tali dan menggunakannya untuk turun ke bawah.

to **twinkle** KATA KERJA
    rujuk juga **twinkle** KATA NAMA
berkelipan
◊ *The stars are twinkling in the sky.* Bintang-bintang berkelipan di langit.

twinkle KATA NAMA
    rujuk juga **twinkle** KATA KERJA
kelipan
◊ *twinkle of stars* kelipan bintang

twinned KATA ADJEKTIF
kata nama + kembar
◊ *Nottingham is twinned with Minsk.* Nottingham merupakan bandar kembar Minsk.

twinning KATA ADJEKTIF
berkembar
◊ *twinning programme* program berkembar

to **twist** KATA KERJA
[1] *memintal*
[2] *memutarbelitkan*
◊ *You're twisting my words.* Anda memutarbelitkan kata-kata saya.
- **He's twisted his ankle.** Kakinya terseliuh.

twisty KATA ADJEKTIF
banyak selekoh tajam
◊ *a twisty road* jalan yang banyak selekoh tajam

twit KATA NAMA
(tidak formal)
bodoh

to **twitter** KATA KERJA
mericau
◊ *The bird is twittering.* Burung itu sedang mericau.

two ANGKA
dua
- **She's two.** Dia berumur dua tahun.
- **The two of them can sing.** Mereka berdua boleh menyanyi.

two-faced KATA ADJEKTIF
bermuka dua

two-percent milk KATA NAMA
susu separa lemak

type KATA NAMA
    rujuk juga **type** KATA KERJA
jenis
◊ *What type of camera have you got?* Apakah jenis kamera yang anda miliki?

to **type** KATA KERJA
    rujuk juga **type** KATA NAMA
menaip
◊ *Can you type?* Bolehkah anda menaip?

typewriter KATA NAMA
mesin taip

typhoid KATA NAMA
demam kepialu

typhoon KATA NAMA
taufan

typical KATA ADJEKTIF
biasa atau *tipikal*
◊ *That's just typical!* Biasalah begitu!

typist KATA NAMA
jurutaip

tyre KATA NAMA
tayar
◊ *tyre pressure* tekanan tayar

U

UFO SINGKATAN (= *Unidentified Flying Object*) (JAMAK **UFOs**)
UFO (= *Unidentified Flying Object*)

ugh KATA SERUAN
ee!
◊ *Ugh! There's a worm in this apple.* Ee! Ada ulat dalam epal ini.

ugliness KATA NAMA
kehodohan
◊ *His ugliness became the talk of the town.* Kehodohannya menjadi bahan bualan di bandar itu.

ugly KATA ADJEKTIF
1 *hodoh*
◊ *an ugly hat* topi yang hodoh
2 *buruk* (benda)
• **She's in an ugly mood.** Anginnya tidak baik sekarang ini.

UK SINGKATAN (= *United Kingdom*)
UK (= *United Kingdom*)

ulcer KATA NAMA
ulser
◊ *a mouth ulcer* ulser mulut

ultimate KATA ADJEKTIF
1 *terakhir*
◊ *He said he could not predict the ultimate result.* Dia mengatakan bahawa dia tidak dapat meramalkan keputusan yang terakhir.
• **the ultimate in luxury** paling mewah
2 *utama* (sumber, sebab)
3 *paling hebat*
◊ *the ultimate challenge* cabaran yang paling hebat

ultimately KATA ADVERBA
akhirnya
◊ *Ultimately, it's your decision.* Akhirnya, keputusan terletak dalam tangan anda.

ultraviolet KATA ADJEKTIF
ultralembayung
◊ *ultraviolet light* cahaya ultralembayung

umbrella KATA NAMA
payung

umpire KATA NAMA
pengadil

UN SINGKATAN (= *United Nations*)
PBB (= *Pertubuhan Bangsa-bangsa Bersatu*)

unable KATA ADJEKTIF
tidak dapat
• **to be unable to do something** tidak dapat melakukan sesuatu
◊ *Unfortunately, he was unable to come.* Malangnya, dia tidak dapat datang.

unacceptable KATA ADJEKTIF
tidak dapat diterima
◊ *unacceptable behaviour* kelakuan yang tidak dapat diterima

unaccompanied KATA ADJEKTIF
tidak ditemani

unanimity KATA NAMA
kesepakatan

unanimous KATA ADJEKTIF
sebulat suara
◊ *a unanimous vote* undi sebulat suara

unattended KATA ADJEKTIF
tanpa dijaga
◊ *Please do not leave your luggage unattended.* Jangan tinggalkan bagasi anda tanpa dijaga.

unavoidable KATA ADJEKTIF
tidak dapat dielakkan
◊ *The price increase was unavoidable.* Kenaikan harga itu tidak dapat dielakkan.

unaware KATA ADJEKTIF
1 *tidak tahu*
◊ *I was unaware of the regulations.* Saya tidak tahu tentang peraturan-peraturan tersebut.
2 *tidak sedar*
◊ *She was unaware that she was being filmed.* Dia tidak sedar bahawa gerak-gerinya sedang dirakamkan.

unbalanced KATA ADJEKTIF
1 *tidak waras* (orang)
2 *berat sebelah* (laporan, hujah, dll)

unbearable KATA ADJEKTIF
amat sangat
◊ *I was in unbearable pain.* Saya mengalami kesakitan yang amat sangat.

unbeatable KATA ADJEKTIF
1 *tidak ada tandingannya* (kualiti, harga)
2 *tidak dapat dikalahkan*
◊ *The opposition was unbeatable.* Pihak lawan tidak dapat dikalahkan.

unbelievable KATA ADJEKTIF
1 *menakjubkan*
◊ *His songs are just unbelievable.* Lagu-lagunya amat menakjubkan.
2 *luar biasa*
◊ *It is unbelievable that people can accept this sort of behaviour.* Sungguh luar biasa apabila manusia dapat menerima kelakuan seperti ini.
3 *amat sukar untuk dipercayai*
◊ *I still think this story is unbelievable.* Saya masih berpendapat bahawa cerita ini amat sukar untuk dipercayai.

unborn KATA ADJEKTIF
belum lahir
◊ *the unborn child* bayi yang belum lahir

unbreakable KATA ADJEKTIF
tidak boleh pecah
◊ *unbreakable crockery* pinggan mangkuk yang tidak boleh pecah

uncanny KATA ADJEKTIF
luar biasa
◊ *That's uncanny!* Sungguh luar biasa!
◊ *an uncanny resemblance* persamaan yang luar biasa

uncertain KATA ADJEKTIF
tidak pasti
• **to be uncertain about something** tidak pasti tentang sesuatu ◊ *He was uncertain about his friend's intentions.* Dia tidak pasti tentang niat kawannya.

uncertainty KATA NAMA
(JAMAK **uncertainties**)
ketidaktentuan
◊ *the uncertainties of life on the West Coast* ketidaktentuan hidup di Pantai Barat

uncivilized KATA ADJEKTIF
tidak bertamadun

uncle KATA NAMA
[1] *bapa saudara*
[2] *pak cik* (nama panggilan)

unclear KATA ADJEKTIF
tidak jelas

uncomfortable KATA ADJEKTIF
tidak selesa
◊ *I sometimes feel uncomfortable after eating in the evening.* Kadang-kadang saya berasa tidak selesa selepas makan pada waktu malam.
• **The request made them feel uncomfortable.** Permintaan itu menyebabkan mereka berasa tidak senang hati.

uncommon KATA ADJEKTIF
[1] *tidak biasa*
◊ *This illness is uncommon.* Penyakit ini tidak biasa berlaku.
[2] *luar biasa*
◊ *He has an uncommon ability to fix things.* Dia mempunyai kebolehan yang luar biasa untuk membaiki benda.

unconscious KATA ADJEKTIF
[1] *tidak sedarkan diri*
◊ *He was unconscious when the ambulance arrived.* Dia sudah tidak sedarkan diri semasa ambulans itu tiba.
[2] *tidak sedar*
◊ *He seemed unconscious of his own failure.* Nampaknya dia tidak sedar akan kegagalannya sendiri.

unconsciously KATA ADVERBA
secara tidak sedar

unconventional KATA ADJEKTIF
tidak mengikut kebiasaan
◊ *He was known for his unconventional behaviour.* Dia terkenal dengan kelakuannya yang tidak mengikut kebiasaan.

uncountable KATA ADJEKTIF
tidak dapat dikira

under KATA SENDI
[1] *di bawah*
◊ *The cat's under the table.* Kucing itu ada di bawah meja.
[2] *di dalam*
◊ *The tunnel goes under the Channel.* Terowong itu terletak di dalam Selat Inggeris.
• **under there** di bawah sana ◊ *What's under there?* Apakah yang ada di bawah sana?
[3] *kurang daripada*
◊ *under 20 people* kurang daripada 20 orang
• **children under 10** budak-budak di bawah umur 10 tahun

under age KATA ADJEKTIF
di bawah umur
◊ *He's under age.* Dia masih di bawah umur.

underclothes KATA NAMA JAMAK
pakaian dalam

undercover KATA ADJEKTIF, KATA ADVERBA
pengintipan
◊ *an undercover agent* ejen pengintipan
• **She was working undercover for the FBI.** Dia bekerja sebagai pengintip untuk pihak FBI.

to **underestimate** KATA KERJA
[1] *memandang rendah*
◊ *I think a lot of people underestimate him.* Saya fikir ramai orang memandang rendah terhadapnya.
[2] *menganggar kurang* (kos, harga)

to **undergo** KATA KERJA
(**underwent, undergone**)
menjalani

undergraduate KATA NAMA
siswa

underground KATA ADVERBA
> rujuk juga **underground** KATA ADJEKTIF, KATA NAMA

di bawah tanah
◊ *The pipes were placed underground.* Paip-paip itu dipasang di bawah tanah.

underground KATA ADJEKTIF
> rujuk juga **underground** KATA ADVERBA, KATA NAMA

bawah tanah
◊ *an underground car park* tempat letak kereta bawah tanah

underground KATA NAMA
> rujuk juga **underground** KATA ADJEKTIF, KATA ADVERBA

kereta api bawah tanah
◊ *Is there an underground in Barcelona?*

Adakah kereta api bawah tanah di Barcelona?

undergrowth KATA NAMA
semak

to **underline** KATA KERJA
menggarisbawahi atau *menggariskan*
◊ *Take a coloured pen and underline the word "palace".* Ambil sebatang pen yang berwarna dan gariskan perkataan "palace".

underneath KATA SENDI, KATA ADVERBA
di bawah
◊ *underneath the carpet* di bawah permaidani

underpaid KATA ADJEKTIF
mendapat gaji yang rendah
◊ *Teachers are underpaid.* Guru mendapat gaji yang rendah.

underpants KATA NAMA JAMAK
seluar dalam
◊ *a pair of underpants* sehelai seluar dalam

underpass KATA NAMA
(JAMAK **underpasses**)
jalan bawah

undershirt KATA NAMA 🅰
anak baju

underskirt KATA NAMA
simis

to **underspend** KATA KERJA
(**underspent, underspent**)
berbelanja kurang (organisasi, negara)

to **understand** KATA KERJA
(**understood, understood**)
faham
◊ *Do you understand?* Adakah anda faham? ◊ *I don't understand the question.* Saya tidak faham soalan itu.
♦ **Is that understood?** Faham?

understanding KATA NAMA

> rujuk juga **understanding** KATA ADJEKTIF

1 *pemahaman*
◊ *He has a deep understanding of Shakespeare's works.* Dia mempunyai pemahaman yang mendalam tentang karya Shakespeare.
2 *persefahaman*
◊ *An understanding has existed for a long time between the two countries.* Persefahaman antara kedua-dua buah negara itu sudah lama wujud.

understanding KATA ADJEKTIF

> rujuk juga **understanding** KATA NAMA

bertimbang rasa
◊ *She's very understanding.* Dia sangat bertimbang rasa.

understood KATA KERJA *rujuk* **understand**

to **undertake** KATA KERJA
(**undertook, undertaken**)
berjanji
◊ *He undertook to edit the text himself.* Dia berjanji akan menyunting teks itu sendiri.
♦ **We undertook the task of hacking our way through the jungle.** Kami mengambil tugas menebas jalan untuk melalui hutan tersebut.

undertaker KATA NAMA
pengurus mayat

undertook KATA KERJA *rujuk* **undertake**

underwater KATA ADJEKTIF, KATA ADVERBA
di dalam air
◊ *underwater photography* fotografi di dalam air

underwear KATA NAMA
pakaian dalam

underwent KATA KERJA *rujuk* **undergo**

undid KATA KERJA *rujuk* **undo**

undivided KATA ADJEKTIF
tidak berbelah bagi
◊ *Their support was undivided.* Sokongan mereka tidak berbelah bagi.
♦ **undivided attention** sepenuh perhatian

to **undo** KATA KERJA
(**undid, undone**)
membuka (butang, simpul, tali)
♦ **She couldn't undo the mistake.** Dia tidak dapat membetulkan kesilapannya.

to **undress** KATA KERJA
menanggalkan pakaian
◊ *The doctor told me to undress.* Doktor itu menyuruh saya menanggalkan pakaian.

undying KATA ADJEKTIF
kekal selama-lamanya

uneconomic KATA ADJEKTIF
tidak menguntungkan
◊ *an uneconomic factory* sebuah kilang yang tidak menguntungkan

unemployed KATA ADJEKTIF
menganggur
◊ *He's been unemployed for a year.* Dia sudah menganggur selama setahun.
♦ **the unemployed** penganggur

unemployment KATA NAMA
pengangguran
◊ *the highest unemployment rate in South East Asia* kadar pengangguran yang tertinggi di Asia Tenggara

unequally KATA ADVERBA
tidak sama rata
◊ *unequally distributed assets* aset yang diagihkan secara tidak sama rata
♦ **The victims were treated unequally.** Mangsa-mangsa itu dilayan dengan tidak adil.

unethical KATA ADJEKTIF
tidak beretika

uneven KATA ADJEKTIF
tidak rata
◊ *uneven walls* dinding yang tidak rata
♦ **The distribution of stock was uneven.** Agihan stok itu tidak seimbang.

unexpected KATA ADJEKTIF
tidak diduga
◊ *an unexpected visitor* tetamu yang tidak diduga

unexpectedly KATA ADVERBA
tanpa diduga

unfair KATA ADJEKTIF
tidak adil
◊ *This law is unfair to women.* Undang-undang ini tidak adil terhadap kaum wanita.

unfaithful KATA ADJEKTIF
tidak setia

unfamiliar KATA ADJEKTIF
1 *tidak dikenali*
◊ *I heard an unfamiliar voice.* Saya mendengar satu suara yang tidak dikenali.
2 *tidak biasa*
◊ *She is unfamiliar with Japanese culture.* Dia tidak biasa dengan kebudayaan Jepun.

unfashionable KATA ADJEKTIF
tidak popular

unfit KATA ADJEKTIF
1 *tidak sihat*
◊ *I'm unfit at the moment.* Saya tidak sihat pada masa ini.
2 *tidak layak*
◊ *They were unfit to govern the country.* Mereka tidak layak untuk memerintah negara itu.

to **unfold** KATA KERJA
membuka lipatan
◊ *She unfolded the map.* Dia membuka lipatan peta tersebut.

unforgettable KATA ADJEKTIF
tidak dapat dilupakan

unforgivable KATA ADJEKTIF
tidak dapat dimaafkan
◊ *Lim's actions were unforgivable.* Perbuatan Lim tidak dapat dimaafkan.

unfortunate KATA ADJEKTIF
malang
◊ *unfortunate people* orang yang malang

unfortunately KATA ADVERBA
malangnya

unfounded KATA ADJEKTIF
tidak berasas
◊ *unfounded allegations* dakwaan yang tidak berasas

unfriendly KATA ADJEKTIF
tidak mesra
◊ *Her colleagues were a bit unfriendly.* Rakan-rakan sekerjanya tidak begitu mesra.

ungrateful KATA ADJEKTIF
tidak mengenang budi

unhappy KATA ADJEKTIF
tidak gembira
◊ *He was unhappy.* Dia tidak gembira.
♦ **He was very unhappy as a child.** Sewaktu kecil, dia tidak gembira.
♦ **to look unhappy** kelihatan sedih

unhealthy KATA ADJEKTIF
1 *tidak berkhasiat*
◊ *unhealthy food* makanan yang tidak berkhasiat
2 *tidak sihat*
◊ *He's rather unhealthy.* Dia tidak begitu sihat. ◊ *an unhealthy atmosphere* suasana yang tidak sihat

unification KATA NAMA
penyatuan
◊ *the unification of West Germany and East Germany* penyatuan Jerman Barat dengan Jerman Timur

unified KATA ADJEKTIF
seragam
◊ *a unified system of taxation* sistem cukai yang seragam

uniform KATA NAMA
pakaian seragam
◊ *school uniform* pakaian seragam sekolah

uniformed KATA ADJEKTIF
berpakaian seragam

uniformity KATA NAMA
keseragaman
◊ *the uniformity of the school syllabus* keseragaman sukatan pelajaran di sekolah

to **unify** KATA KERJA
(**unified, unified**)
menyatukan

unimportant KATA ADJEKTIF
tidak penting

uninhabited KATA ADJEKTIF
tidak didiami
◊ *an uninhabited bungalow* banglo yang tidak didiami

to **uninstall** KATA KERJA
(*komputer*)
mengeluarkan
◊ *to uninstall programs* mengeluarkan program

unintelligible KATA ADJEKTIF
tidak dapat difahami
◊ *The explanation given by the lecturer was unintelligible.* Huraian pensyarah itu tidak dapat difahami.

uninterested KATA ADJEKTIF
tidak berminat
◊ *She was uninterested in boys.* Dia

tidak berminat tentang budak lelaki.

union KATA NAMA
1. _kesatuan sekerja_
◊ *I feel that workers can benefit from joining a union.* Saya rasa para pekerja boleh mendapat faedah dengan menjadi ahli kesatuan sekerja.
2. _penyatuan_
◊ *Tanzania is a union of the states of Tanganyika and Zanzibar.* Tanzania merupakan penyatuan negeri Tanganyika dengan Zanzibar.
3. (formal) _perkahwinan_
◊ *the union between Louis and Mary* perkahwinan Louis dengan Mary

Union Jack KATA NAMA
bendera Union Jack (bendera kebangsaan United Kingdom)

unique KATA ADJEKTIF
unik

uniqueness KATA NAMA
keunikan

unit KATA NAMA
unit
◊ *a unit of measurement* unit ukuran
♦ **a kitchen unit** kabinet dapur

to **unite** KATA KERJA
bersatu
◊ *We should unite to face the challenges.* Kita harus bersatu dalam menghadapi cabaran.
♦ **Malaysians should unite their efforts to...** Rakyat Malaysia harus menyatukan tenaga untuk...
♦ **The government is trying to unite the population.** Kerajaan sedang berusaha untuk menyatupadukan rakyat.

united KATA ADJEKTIF
bersatu padu
◊ *a united society* masyarakat yang bersatu padu

United Kingdom KATA NAMA
United Kingdom

United Nations KATA NAMA
Pertubuhan Bangsa-bangsa Bersatu

United States KATA NAMA
Amerika Syarikat

unity KATA NAMA
perpaduan
◊ *They have launched an appeal for unity.* Mereka telah membuat rayuan untuk memupuk perpaduan.

universe KATA NAMA
alam semesta

university KATA NAMA
(JAMAK **universities**)
universiti
◊ *She's at university.* Dia sedang belajar di universiti.

unkind KATA ADJEKTIF
agak kejam

unlawful KATA ADJEKTIF
menyalahi undang-undang

unleaded petrol KATA NAMA
petrol tanpa plumbum

unless KATA HUBUNG
melainkan
◊ *I won't come unless you phone me.* Saya tidak akan datang melainkan anda menelefon saya.
♦ **Unless I am mistaken, we're lost.** Kalau tidak silap saya, kita sudah sesat.

unlike KATA SENDI
tidak seperti
◊ *Unlike him, I really like cycling.* Tidak sepertinya, saya sangat suka berbasikal.
♦ **It is unlike him to wake up late.** Dia jarang sekali bangun lewat.

unlikely KATA ADJEKTIF
besar kemungkinan tidak
◊ *He's unlikely to come.* Besar kemungkinan dia tidak akan datang.

unlimited KATA ADJEKTIF
tidak terhad

unlisted KATA ADJEKTIF
tidak tersenarai
◊ *an unlisted number* nombor telefon yang tidak tersenarai
♦ **She's unlisted.** Nombor telefonnya tidak tersenarai dalam buku panduan telefon.

to **unload** KATA KERJA
memunggah
◊ *We unloaded the furniture.* Kami memunggah perabot-perabot tersebut.

to **unlock** KATA KERJA
membuka kunci
◊ *He unlocked the door of the car.* Dia membuka kunci pintu kereta itu.

unlucky KATA ADJEKTIF
1. _tidak bernasib baik_
◊ *Did you win? - No, I was unlucky.* Adakah anda menang? - Tidak, saya tidak bernasib baik.
2. _membawa malang_
◊ *They say thirteen is an unlucky number.* Menurut kata orang, nombor tiga belas ialah nombor yang membawa malang.

unmarried KATA ADJEKTIF
belum berkahwin
◊ *an unmarried mother* ibu yang belum berkahwin ◊ *an unmarried couple* pasangan yang belum berkahwin

unmatched KATA ADJEKTIF
tidak ada tolok bandingnya
◊ *Her beauty is unmatched.* Kecantikannya tidak ada tolok bandingnya.

unmetered KATA ADJEKTIF

unnatural KATA ADJEKTIF
1 *luar biasa*
◊ *unnatural speed* kelajuan yang luar biasa
2 *dibuat-buat*
◊ *an unnatural smile* senyuman yang dibuat-buat

unnecessary KATA ADJEKTIF
tidak perlu

unoccupied KATA ADJEKTIF
tidak berpenghuni
◊ *The house is unoccupied.* Rumah itu tidak berpenghuni.

unofficial KATA ADJEKTIF
tidak rasmi

to **unpack** KATA KERJA
mengeluarkan barang-barang
◊ *I unpacked my suitcase.* Saya mengeluarkan barang-barang dari beg pakaian saya.
♦ **I haven't unpacked my clothes yet.** Saya belum lagi mengeluarkan pakaian saya dari beg.

unpardonable KATA ADJEKTIF
tidak dapat dimaafkan
◊ *This time you have gone too far and your behaviour is unpardonable.* Ketelanjuran anda kali ini tidak dapat dimaafkan.

to **unpick** KATA KERJA
membertaskan
◊ *to unpick stitches* membertaskan jahitan

unpleasant KATA ADJEKTIF
tidak menyenangkan

to **unplug** KATA KERJA
mencabut palam

unpopular KATA ADJEKTIF
tidak disukai ramai atau *tidak popular*
◊ *It was an unpopular decision.* Keputusan itu tidak disukai ramai. ◊ *She's an unpopular child.* Dia seorang kanak-kanak yang tidak popular.

unpredictable KATA ADJEKTIF
tidak dapat diduga

unprincipled KATA ADJEKTIF
tidak bermoral

unquestioning KATA ADJEKTIF
sepenuhnya
◊ *He wanted unquestioning obedience.* Dia mahu kepatuhan sepenuhnya.

unreal KATA ADJEKTIF
sukar dipercayai

◊ *It was unreal!* Perkara itu sukar dipercayai!

unrealistic KATA ADJEKTIF
tidak realistik

unreasonable KATA ADJEKTIF
1 *tidak wajar*
◊ *I think her attitude is unreasonable.* Saya rasa sikapnya itu tidak wajar.
2 *tidak munasabah*
◊ *...unreasonable increases in the price of petrol* ...peningkatan harga petrol yang tidak munasabah

unreliability KATA NAMA
1 *dolak-dalik* (orang)
2 *keadaan tidak boleh diharap* (benda)

unreliable KATA ADJEKTIF
tidak boleh diharap
◊ *The car was slow and unreliable.* Kereta itu lambat dan tidak boleh diharap.
◊ *He's completely unreliable.* Dia langsung tidak boleh diharap.

unrest KATA NAMA
pergolakan

unripe KATA ADJEKTIF
muda (buah, dll)

unrivalled KATA ADJEKTIF
tidak ada tolok bandingnya
◊ *His carving skill is unrivalled.* Kemahiran mengukirnya tidak ada tolok bandingnya.

to **unroll** KATA KERJA
membuka gulungan
◊ *She unrolled her sleeping bag.* Dia membuka gulungan beg tidurnya.

unsatisfactory KATA ADJEKTIF
tidak memuaskan

to **unscrew** KATA KERJA
1 *membuka skru*
2 *membuka*
◊ *She unscrewed the cap of her water bottle.* Dia membuka tudung botol airnya.

unscrupulous KATA ADJEKTIF
tidak bermoral
◊ *unscrupulous people* orang yang tidak bermoral

unshaven KATA ADJEKTIF
tidak bercukur

unskilled KATA ADJEKTIF
tidak mahir
◊ *an unskilled worker* pekerja yang tidak mahir

unspoilt KATA ADJEKTIF
tidak terjejas
◊ *The port is quiet and unspoilt.* Pelabuhan itu sunyi dan tidak terjejas.

unstable KATA ADJEKTIF
tidak stabil

unsteady KATA ADJEKTIF
1 *terhuyung-hayang*

◊ *He was unsteady on his feet.* Dia berjalan terhuyung-hayang.
[2] *terketar-ketar*
◊ *unsteady hands* tangan yang terketar-ketar ◊ *an unsteady voice* suara yang terketar-ketar
[3] *goyah*
◊ *unsteady furniture* perabot yang goyah

to **unsubscribe** KATA KERJA
menghentikan langganan

unsuccessful KATA ADJEKTIF
tidak berjaya
• **to be unsuccessful in doing something** tidak berjaya melakukan sesuatu ◊ *He was unsuccessful in getting a job.* Dia tidak berjaya mendapat kerja.

unsuitable KATA ADJEKTIF
tidak sesuai (pakaian, kelengkapan)

untethered KATA ADJEKTIF
tidak bertambat

untidy KATA ADJEKTIF
tidak kemas
◊ *Your bedroom is really untidy.* Bilik tidur anda tidak kemas langsung. ◊ *She always looks untidy.* Dia selalu kelihatan tidak kemas.

to **untie** KATA KERJA
membuka ikatan
◊ *She untied her hair.* Dia membuka ikatan pada rambutnya.

until KATA SENDI, KATA HUBUNG
sehingga
◊ *I waited until 10 o'clock.* Saya menunggu sehingga pukul sepuluh.
• **The report won't be ready until next week.** Laporan itu hanya akan siap pada minggu hadapan.
• **until now** sehingga sekarang ◊ *It's never been a problem until now.* Hal ini tidak pernah menimbulkan masalah sehinggalah sekarang.
• **until then** sebelum itu ◊ *Until then, I'd never been to Italy.* Sebelum itu saya tidak pernah pergi ke Itali.

untrue KATA ADJEKTIF
tidak benar
◊ *The allegations were untrue.* Dakwaan-dakwaan itu tidak benar.

unusual KATA ADJEKTIF
[1] *jarang ditemui*
◊ *He cultivates unusual plants.* Dia menanam pokok yang jarang ditemui.
• **It is unusual to get snow here.** Salji jarang turun di sini.
[2] *luar biasa*
◊ *an unusual shape* bentuk yang luar biasa

unwilling KATA ADJEKTIF
enggan
◊ *She was unwilling to move.* Dia enggan berpindah.
• **He was unwilling to help me.** Dia tidak sudi membantu saya.

to **unwind** KATA KERJA
(unwound, unwound)
[1] *berehat*
◊ *Singing is a good way of unwinding.* Menyanyi merupakan cara yang baik untuk berehat.
[2] *merungkaikan*
◊ *I want to unwind the ball of wool.* Saya hendak merungkaikan gulungan benang itu.

unwise KATA ADJEKTIF
tidak bijak
◊ *That was unwise of you.* Tindakan anda itu tidak bijak.

unwound KATA KERJA *rujuk* **unwind**

to **unwrap** KATA KERJA
membuka (bungkusan)
◊ *After the games, we unwrapped the presents.* Kami membuka hadiah selepas permainan itu.

up KATA SENDI, KATA ADVERBA
di atas
◊ *up on the hill* di atas bukit ◊ *up here* di atas sini ◊ *up there* di atas sana
• **up north** di utara
• **to be up** bangun ◊ *We were up at six.* Kami bangun pada pukul enam. ◊ *He's not up yet.* Dia belum bangun lagi.
• **What's up?** Ada apa hal?
• **What's up with her?** Apa halnya dengan dia?
• **to go up** menaiki ◊ *The bus went up the hill.* Bas itu menaiki bukit.
• **to go up to somebody** pergi mendapatkan seseorang ◊ *She went up to her father.* Dia pergi mendapatkan bapanya.
• **up to** sehingga ◊ *to count up to 50* mengira sehingga 50 ◊ *up to now* sehingga kini
• **It's up to you.** Terpulanglah kepada anda.

upbringing KATA NAMA
didikan

to **update** KATA KERJA
mengemaskinikan
◊ *Editors are updating the book for publication next month.* Para editor sedang mengemaskinikan buku itu untuk diterbitkan pada bulan hadapan.

to **upgrade** KATA KERJA
meningkatkan

upheld KATA KERJA *rujuk* **uphold**

uphill KATA ADJEKTIF

sukar
◊ It was an uphill battle. Perjuangan itu memang sukar.

to uphold KATA KERJA (upheld, upheld)
menegakkan
◊ We must uphold justice. Kita mesti menegakkan keadilan.

to upload KATA KERJA
memuat naik (komputer)

upmarket KATA ADJEKTIF
kelas tinggi

upper KATA ADJEKTIF
atas

upper-class KATA ADJEKTIF
golongan atasan

upright KATA ADJEKTIF
tegak
◊ to stand upright berdiri tegak

uproar KATA NAMA
kekecohan
◊ The announcement caused an uproar in that area. Pengumuman tersebut menyebabkan kekecohan di kawasan itu.

to uproot KATA KERJA
mencabut
◊ They had been forced to uproot their vines and plant wheat. Mereka dipaksa mencabut pokok-pokok anggur mereka dan menanam gandum.
♦ Several coconut trees were uprooted by the strong wind. Angin yang kuat telah menyebabkan beberapa batang pokok kelapa tercabut.
♦ He had no wish to uproot Dena from her present home. Dia tidak berniat untuk memaksa Dena meninggalkan rumah yang didiaminya sekarang.

upset KATA ADJEKTIF
> rujuk juga **upset** KATA NAMA, KATA KERJA

susah hati
◊ She's still a bit upset. Dia masih susah hati. ◊ Don't get upset. Jangan susah hati.
♦ I had an upset stomach. Perut saya sakit.

upset KATA NAMA
> rujuk juga **upset** KATA ADJEKTIF, KATA KERJA

sakit
♦ I had a stomach upset. Saya sakit perut.
♦ stress and other emotional upsets tekanan dan gangguan emosi yang lain

to upset KATA KERJA
> rujuk juga **upset** KATA NAMA, KATA ADJEKTIF

membuat ... susah hati
◊ Anita warned me not to say anything to upset him. Anita mengingatkan saya supaya tidak menyebut apa-apa yang boleh membuat dia berasa susah hati.
♦ Don't upset yourself. Jangan susah hati.

upside down KATA ADVERBA
> rujuk juga **upside down** KATA ADJEKTIF

terbalik
◊ The painting was hung upside down. Lukisan tersebut digantung terbalik.

upside down KATA ADJEKTIF
> rujuk juga **upside down** KATA ADVERBA

terbalik
◊ The map is upside down. Peta itu terbalik.
♦ The plate is upside down. Pinggan itu terlungkup.

upstairs KATA ADVERBA
tingkat atas
◊ the people upstairs orang yang tinggal di tingkat atas
♦ I went upstairs to get the book. Saya naik ke atas untuk mengambil buku itu.

upstream KATA ADVERBA
ke hulu
◊ He lives about 60 miles upstream from Oahe. Dia tinggal kira-kira 60 batu ke hulu dari Oahe.

uptight KATA ADJEKTIF
gemuruh
◊ She's very uptight today. Dia sangat gemuruh hari ini.

up to date KATA ADJEKTIF
kemas kini
◊ Germany's most up to date power station stesen kuasa Jerman yang paling kemas kini
♦ up to date news berita terkini

uptown KATA ADVERBA (biasanya AS)
pinggir bandar

upwards KATA ADVERBA
ke atas
◊ to look upwards memandang ke atas

urban KATA ADJEKTIF
bandar
◊ urban areas kawasan bandar

urbanization KATA NAMA
urbanisasi

to urbanize KATA KERJA
mengurbanisasikan

to urge KATA KERJA
mendesak
◊ My parents urged me to study overseas. Ibu bapa saya mendesak saya supaya belajar di luar negara.

urgent KATA ADJEKTIF
mustahak

urinary tract KATA NAMA
salur kencing

to **urinate** KATA KERJA
membuang air kecil

urine KATA NAMA
air kencing

US SINGKATAN (= *United States*)
AS (= *Amerika Syarikat*)

us KATA GANTI NAMA

> Gunakan **kita** jika termasuk orang yang bercakap dengan anda.
> Gunakan **kami** jika tidak termasuk orang yang bercakap dengan anda.

1 *kita*
◊ *I will divide the money between us.* Saya akan membahagikan wang itu sesama kita. ◊ *Let's look at these pictures.* Mari kita lihat gambar-gambar ini.

2 *kami*
◊ *Help us!* Bantulah kami!

USA SINGKATAN (= *United States of America*)
AS (= *Amerika Syarikat*)

use KATA NAMA

> rujuk juga **use** KATA KERJA

1 *penggunaan*
◊ "*directions for use*" "arahan penggunaan"

2 *kegunaan*
◊ *Infra-red detectors have many uses.* Pengesan inframerah mempunyai banyak kegunaannya.

♦ **It's no use shouting, she's deaf.** Tidak ada gunanya menjerit kerana dia pekak.
♦ **to make use of something** menggunakan sesuatu

to **use** KATA KERJA

> rujuk juga **use** KATA NAMA

menggunakan
◊ *Can I use your phone?* Bolehkah saya gunakan telefon anda?

♦ **I used to go camping as a child.** Saya selalu pergi berkhemah semasa zaman kanak-kanak dahulu.
♦ **I didn't use to like mathematics, but now I love it.** Dahulu saya tidak suka matematik, tetapi sekarang saya sangat menyukainya.
♦ **to be used to something** biasa dengan sesuatu ◊ *He wasn't used to driving on the right.* Dia tidak biasa memandu di sebelah kanan.
♦ **to use somebody** memperalatkan seseorang

♦ **a used car** kereta terpakai

to **use up** KATA KERJA
menghabiskan
◊ *We've used up all the paint.* Kami telah menghabiskan semua cat.

useful KATA ADJEKTIF
berguna

useless KATA ADJEKTIF
tidak berguna
◊ *a piece of useless information* maklumat yang tidak berguna

♦ **You're useless!** Kamu memang tidak berguna!
♦ **He was useless at any game.** Dia tidak pandai bermain satu permainan pun.
♦ **It's useless asking her that question.** Tidak ada gunanya bertanya kepadanya soalan itu.

user KATA NAMA
pengguna

user-friendly KATA ADJEKTIF
mesra pengguna

usual KATA ADJEKTIF
biasa

♦ **as usual** seperti biasa

usually KATA ADVERBA
biasanya
◊ *I usually go to school at seven o'clock.* Biasanya saya pergi ke sekolah pada pukul tujuh.

utensil KATA NAMA
perkakas

utility KATA NAMA
(JAMAK **utilities**)

1 *kegunaan*
◊ *He questioned the utility of his work.* Dia mempersoalkan kegunaan kerjanya.

2 *kemudahan*
◊ *public utilities such as gas, electricity and phones* kemudahan awam seperti gas, kuasa elektrik dan telefon

to **utter** KATA KERJA
mengujarkan
◊ *They departed without uttering a word.* Mereka beredar tanpa mengujarkan sepatah perkataan pun.

utterance KATA NAMA
ujaran
◊ *Her fans believed her every utterance.* Peminat-peminatnya mempercayai setiap ujarannya.

U-turn KATA NAMA
pusingan U
◊ *to do a U-turn* membuat pusingan U

♦ **"No U-turns"** "Dilarang membuat pusingan U"

V

vacancy KATA NAMA
(JAMAK **vacancies**)
1. *kekosongan* (kerja)
2. *bilik kosong* (hotel)
- **"no vacancies"** "penuh"

vacant KATA ADJEKTIF
kosong
◊ *a vacant seat* tempat duduk kosong

to **vacate** KATA KERJA
mengosongkan
◊ *He vacated the flat and went to stay with friends.* Dia mengosongkan flat itu dan tinggal bersama kawan-kawannya.

vacation KATA NAMA
percutian
- **to be on vacation** bercuti
- **to take a vacation** pergi bercuti

to **vaccinate** KATA KERJA
memvaksin

vaccination KATA NAMA
pemvaksinan

vaccine KATA NAMA
vaksin

to **vacuum** KATA KERJA
memvakum
◊ *to vacuum the room* memvakum bilik

vacuum cleaner KATA NAMA
pembersih hampa gas

vagina KATA NAMA
faraj

vague KATA ADJEKTIF
kabur
◊ *The explanation was pretty vague.* Penjelasan itu agak kabur.
- **He's getting a bit vague in his old age.** Daya ingatannya menjadi kurang baik dalam usia tuanya.
- **I've only got a vague idea what he means.** Saya cuma dapat memahami sedikit sahaja maksudnya.

vaguely KATA ADVERBA
sedikit
◊ *He felt vaguely embarrassed.* Dia berasa sedikit malu.
- **The voice on the line was vaguely familiar, but...** Suara dalam talian itu seperti pernah didengar, tetapi...
- **to vaguely remember** ingat-ingat lupa

vagueness KATA NAMA
kekaburan
◊ *There is a lot of vagueness in the witness's statement.* Terdapat banyak kekaburan dalam keterangan saksi itu.

vain KATA ADJEKTIF
bermegah diri
◊ *He's so vain!* Dia sangat bermegah diri!
- **in vain** sia-sia

vainly KATA ADVERBA
dengan sia-sia
◊ *He hunted vainly through his pockets for the key.* Dia mencari-cari kunci itu dari sakunya dengan sia-sia.

Valentine card KATA NAMA
kad Valentine

Valentine's Day KATA NAMA
Hari Valentine

valid KATA ADJEKTIF
sah
◊ *a valid passport* pasport yang sah
◊ *This ticket is valid for three months.* Tiket ini sah selama tiga bulan.

validity KATA NAMA
kesahihan
◊ *the validity of the report* kesahihan laporan itu

valley KATA NAMA
lembah

valuable KATA ADJEKTIF
berharga
◊ *a valuable painting* lukisan yang berharga ◊ *valuable help* pertolongan yang berharga

valuables KATA NAMA JAMAK
barang-barang yang berharga

value KATA NAMA
nilai

valueless KATA ADJEKTIF
tidak berguna

valve KATA NAMA
injap

van KATA NAMA
van

vandal KATA NAMA
pelaku musnah

vandalism KATA NAMA
laku musnah (terhadap harta benda awam)

to **vandalize** KATA KERJA
merosakkan harta benda awam

vanilla KATA NAMA
vanila
◊ *a vanilla ice cream* aiskrim vanila

to **vanish** KATA KERJA
lenyap
◊ *to vanish into thin air* lenyap tanpa sebarang kesan

vanity KATA NAMA
keangkuhan

to **vaporize** KATA KERJA
mengewap
◊ *The liquid vaporized and formed a kind of gas.* Cecair itu mengewap dan membentuk sejenis gas.

variable KATA ADJEKTIF
rujuk juga **variable** KATA NAMA
berubah-ubah
◊ *The potassium content of foodstuffs is*

variable → verse

variable. Kandungan kalium dalam makanan berubah-ubah.

variable KATA NAMA
> rujuk juga **variable** KATA ADJEKTIF

pemboleh ubah (matematik)

variation KATA NAMA
variasi

varied KATA ADJEKTIF
pelbagai jenis

variety KATA NAMA
(JAMAK **varieties**)
kepelbagaian

various KATA ADJEKTIF
pelbagai
◊ *The school received various books from the publisher.* Sekolah itu menerima pelbagai jenis buku daripada penerbit tersebut.
♦ **We visited various villages in the area.** Kami melawati berbagai-bagai kampung di daerah itu.

varnish KATA NAMA
varnis

to **vary** KATA KERJA
(**varied**, **varied**)
berbeza
◊ *The text varies from the earlier versions.* Teks itu berbeza daripada versi-versi yang sebelum ini.

vase KATA NAMA
pasu bunga

vast KATA ADJEKTIF
① *besar*
◊ *A vast difference in style...* Satu perbezaan yang besar dari segi gaya...
② *luas*
◊ *vast stretches of land* tanah yang terbentang luas

VAT KATA NAMA (= *value added tax*)
VAT (= *cukai nilai tambahan*)
> Di Britain, **VAT** ialah cukai yang ditambah pada harga barangan atau perkhidmatan.

VCR KATA NAMA (= *video cassette recorder*)
perakam video kaset

VDU KATA NAMA (= *visual display unit*)
monitor

veal KATA NAMA
daging anak lembu

vegan KATA NAMA
vegetarian

vegetable KATA NAMA
sayur
◊ *vegetable soup* sup sayur

vegetarian KATA ADJEKTIF
> rujuk juga **vegetarian** KATA NAMA

vegetarian
◊ *vegetarian lasagne* lasagne vegetarian

vegetarian KATA NAMA
> rujuk juga **vegetarian** KATA ADJEKTIF

vegetarian
◊ *I'm a vegetarian.* Saya vegetarian.

vehicle KATA NAMA
kenderaan

veil KATA NAMA
① *vel*
② *selendang*

vein KATA NAMA
pembuluh darah

velocity KATA NAMA
(JAMAK **velocities**)
halaju

velvet KATA NAMA
baldu

vending machine KATA NAMA
mesin layan diri

vendor KATA NAMA
penjual

Venetian blind KATA NAMA
bidai Venetian

venison KATA NAMA
daging rusa

venom KATA NAMA
① *kebencian*
◊ *the venom in his voice* kebencian pada nada suaranya
② *bisa*

venomous KATA ADJEKTIF
① *penuh dengan sifat benci*
◊ *his terrifying and venomous Aunt Bridget* mak cik Bridgetnya yang menakutkan dan penuh dengan sifat benci
② *berbisa*

Venus KATA NAMA
Zuhrah

veranda KATA NAMA
beranda

verb KATA NAMA
kata kerja

verdict KATA NAMA
keputusan (di mahkamah)

verge KATA NAMA
tepi (jalan)
♦ **on the verge of** hampir-hampir
◊ *Carole was on the verge of tears.* Carole hampir-hampir menangis.

to **verify** KATA KERJA
(**verified**, **verified**)
mengesahkan
◊ *Make sure you verify the amount before paying the bill.* Pastikan anda mengesahkan jumlahnya sebelum membayar bil.

verse KATA NAMA
① *puisi*
② *ayat*

◊ *verse of the Koran* ayat al-Quran

version KATA NAMA
versi

vertebra KATA NAMA
vertebra

vertical KATA ADJEKTIF
menegak

vertigo KATA NAMA
gayat (*padanan terdekat*)
◊ *I get vertigo.* Saya gayat.

very KATA ADVERBA
> rujuk juga **very** KATA ADJEKTIF

sangat
◊ *very tall* sangat tinggi
- **not very interesting** tidak begitu menarik
- **very much (1)** banyak ◊ *He didn't eat very much.* Dia tidak makan banyak.
- **very much (2)** sangat ◊ *I love her very much.* Saya sangat mencintainya.
- **Thank you very much.** Terima kasih banyak-banyak.
- **We were thinking the very same thing.** Kami mempunyai pendapat yang sama.

very KATA ADJEKTIF
> rujuk juga **very** KATA ADVERBA

-lah
◊ *in this very house* di dalam rumah inilah ◊ *That's the very book I was talking about.* Buku itulah yang saya katakan tadi.

vessel KATA NAMA
1. *kapal*
2. *bekas menyimpan air*

vest KATA NAMA
1. *anak baju* (*pakaian dalam*)
2. *weskot*
- **sports vest** baju sukan tidak berlengan

vet KATA NAMA
doktor haiwan

veteran KATA NAMA
veteran

veterinarian KATA NAMA
doktor haiwan

veto KATA NAMA
veto

via KATA SENDI
melalui
◊ *a flight via Singapore* penerbangan melalui Singapura

Viagra ® KATA NAMA
Viagra ® (*ubat*)

to **vibrate** KATA KERJA
bergetar
◊ *The hall seemed to vibrate when the bomb exploded.* Dewan itu seakan-akan bergetar apabila bom itu meletup.

vibration KATA NAMA
getaran
◊ *The vibration is caused by passing vehicles.* Getaran itu disebabkan oleh kenderaan yang lalu-lalang.

vicar KATA NAMA
paderi (*di gereja England*)

vice KATA NAMA
1. *ragum* (*alat*)
2. *naib*
◊ *vice president* naib presiden

viceroy KATA NAMA
wizurai

vice versa KATA ADVERBA
dan sebaliknya

vicious KATA ADJEKTIF
1. *ganas*
◊ *a vicious attack* serangan yang ganas ◊ *He was a vicious man.* Dia seorang yang ganas.
2. *garang*
◊ *a vicious dog* seekor anjing yang garang
- **a vicious circle** lingkaran ganas
> masalah atau keadaan yang menimbulkan masalah baru dan masalah baru ini menyebabkan masalah asal itu berulang semula

victim KATA NAMA
mangsa
◊ *He was the victim of a mugging.* Dia mangsa perbuatan samun.

victorious KATA ADJEKTIF
menang
◊ *Our team was victorious.* Pasukan kami menang.

victory KATA NAMA
(JAMAK **victories**)
kejayaan

video KATA NAMA
(JAMAK **videos**)
> rujuk juga **video** KATA KERJA

video
◊ *to watch a video* menonton video

to **video** KATA KERJA
> rujuk juga **video** KATA NAMA

merakam ... ke dalam pita video
◊ *They videoed the whole wedding.* Mereka merakam keseluruhan upacara perkahwinan itu ke dalam pita video.

videotape KATA NAMA
pita video

view KATA NAMA
1. *pemandangan*
◊ *There's an amazing view there.* Pemandangan di situ menakjubkan.
2. *pandangan*
◊ *We have different views.* Kami mempunyai pandangan yang berbeza.
- **in my view** pada pendapat saya

viewer KATA NAMA

viewpoint → **voice**

penonton

viewpoint KATA NAMA
pendapat

vile KATA ADJEKTIF
① *dahsyat* (keadaan)
② *keji* (orang, perbuatan)

villa KATA NAMA
vila

village KATA NAMA
kampung

villager KATA NAMA
penduduk kampung

villain KATA NAMA
① *penyangak*
② *watak jahat* (dalam filem)

vindictive KATA ADJEKTIF
pendendam
◊ *He's vindictive.* Dia seorang yang pendendam.

vine KATA NAMA
① *pokok anggur*
② *pokok menjalar*

vinegar KATA NAMA
cuka

vineyard KATA NAMA
ladang anggur

viola KATA NAMA
viola

to **violate** KATA KERJA
mencabuli (undang-undang, hak)

violation KATA NAMA
pencabulan
◊ *violation of state law* pencabulan undang-undang negeri

violence KATA NAMA
keganasan

violent KATA ADJEKTIF
ganas

violet KATA NAMA
violet

violin KATA NAMA
biola

violinist KATA NAMA
pemain biola

virgin KATA NAMA
dara
◊ *She's still a virgin.* Dia masih dara.

virginity KATA NAMA
dara

Virgo KATA NAMA
Virgo
♦ **I'm Virgo.** Zodiak saya ialah Virgo.

virtual KATA ADJEKTIF
sebenarnya
◊ *condition of virtual slavery* keadaan perhambaan yang sebenarnya
♦ **a virtual university** universiti maya

virtual reality KATA NAMA
alam maya (komputer)

virtue KATA NAMA
kebaikan
◊ *He's just using a mask of virtue to hide his evil deeds.* Dia hanya bertopengkan kebaikan untuk menutup kejahatannya.

virus KATA NAMA
(JAMAK **viruses**)
virus

visa KATA NAMA
visa

visible KATA ADJEKTIF
dapat dilihat

vision KATA NAMA
① *visi*
♦ **to have a vision of somebody** terbayangkan seseorang
② *penglihatan*
◊ *blurred vision* penglihatan yang kabur

to **visit** KATA KERJA
> rujuk juga **visit** KATA NAMA

melawat

visit KATA NAMA
> rujuk juga **visit** KATA KERJA

lawatan
◊ *a visit to the Butterfly Farm* lawatan ke Taman Rama-rama

visitor KATA NAMA
① *pelawat*
② *tetamu* (di rumah, pejabat)

visual KATA ADJEKTIF
penglihatan

to **visualize** KATA KERJA
membayangkan

vital KATA ADJEKTIF
amat penting

vitamin KATA NAMA
vitamin

vivacious KATA ADJEKTIF
lincah

vivid KATA ADJEKTIF
terang
◊ *vivid colours* warna terang
♦ **to have a vivid imagination** mempunyai daya imaginasi yang jelas

vocabulary KATA NAMA
(JAMAK **vocabularies**)
perbendaharaan kata

vocal cords KATA NAMA JAMAK
pita suara

vocalist KATA NAMA
vokalis

vocational KATA ADJEKTIF
vokasional

vodka KATA NAMA
vodka (sejenis minuman keras)

voice KATA NAMA
> rujuk juga **voice** KATA KERJA

suara

to **voice** KATA KERJA

English ~ Malay — voice mail → vulgarity

rujuk juga **voice** KATA NAMA
menyuarakan
◊ *We should have the courage to voice our opinion.* Kita harus berani menyuarakan pendapat.

voice mail KATA NAMA
mel suara

volcanic KATA ADJEKTIF
gunung berapi
◊ *a volcanic eruption* letusan gunung berapi

volcano KATA NAMA
(JAMAK **volcanoes**)
gunung berapi

volleyball KATA NAMA
bola tampar

volt KATA NAMA
volt

voltage KATA NAMA
voltan

volume KATA NAMA
[1] *jumlah*
◊ *the volume of sales* jumlah jualan
[2] *isi padu*
◊ *the volume of air* isi padu udara
[3] *jilid*
◊ *Faridah has bought the third volume of the encyclopedia.* Faridah telah membeli jilid ketiga ensiklopedia itu.

voluntary KATA ADJEKTIF
sukarela
◊ *to do voluntary work* membuat kerja sukarela

volunteer KATA NAMA
rujuk juga **volunteer** KATA KERJA
sukarelawan

to **volunteer** KATA KERJA
rujuk juga **volunteer** KATA NAMA
menawarkan diri
◊ *to volunteer to do something* menawarkan diri untuk melakukan sesuatu

to **vomit** KATA KERJA
rujuk juga **vomit** KATA NAMA
muntah

vomit KATA NAMA
rujuk juga **vomit** KATA KERJA
muntah

vote KATA NAMA
rujuk juga **vote** KATA KERJA
undi

to **vote** KATA KERJA
rujuk juga **vote** KATA NAMA
mengundi
◊ *I voted for John.* Saya mengundi John.

voter KATA NAMA
pengundi

voting KATA NAMA
pengundian
◊ *Candidates are not allowed in the hall during voting.* Calon tidak dibenarkan berada di dalam dewan semasa pengundian dijalankan.

voucher KATA NAMA
baucar
◊ *a gift voucher* baucar hadiah

to **vow** KATA KERJA
rujuk juga **vow** KATA NAMA
berikrar
◊ *The athletes vowed that they would compete in a spirit of sportsmanship.* Atlit-atlit itu berikrar akan bertanding dengan semangat kesukanan.

vow KATA NAMA
rujuk juga **vow** KATA KERJA
ikrar

vowel KATA NAMA
vokal

voyage KATA NAMA
pelayaran
◊ *The voyage to Langkawi takes two days.* Pelayaran ke Pulau Langkawi mengambil masa dua hari.

vulgar KATA ADJEKTIF
kasar
◊ *vulgar jokes* jenaka yang kasar
♦ **I think it's a very vulgar house.** Saya rasa rumah itu terlampau megah.

vulgarity KATA NAMA
sikap kasar
◊ *I can't stand his vulgarity.* Saya tidak tahan dengan sikapnya yang kasar.
♦ **I hate the vulgarity of this house.** Saya tidak suka keadaan rumah ini yang tidak ada nilai kesenian.

W

wacky KATA ADJEKTIF
gila-gila
◊ *His wacky behaviour irritates me.* Perangainya yang gila-gila itu menjengkelkan saya.

to **wade** KATA KERJA
meranduk
◊ *The soldiers had to wade across the deep river.* Askar-askar itu terpaksa meranduk sungai yang dalam itu.

wafer KATA NAMA
biskut wafer

wage KATA NAMA
upah
◊ *He collected his wages.* Dia mengambil upahnya.

to **wail** KATA KERJA
meratap
◊ *Ani's mother coaxed her to stop wailing.* Ibu Ani memujuknya supaya berhenti meratap.

waist KATA NAMA
pinggang

waistband KATA NAMA
ikat pinggang

waistcoat KATA NAMA
weskot

to **wait** KATA KERJA
menunggu
◊ *I'll wait for you.* Saya akan menunggu anda.
♦ **Wait a minute!** Tunggu sebentar!
♦ **to keep somebody waiting** membiarkan seseorang menunggu
♦ **Any changes will have to wait until sponsors can be found.** Sebarang perubahan perlu ditangguhkan sehingga kita mendapat penaja.
♦ **I can't wait for the holidays.** Saya tidak sabar untuk pergi bercuti.
♦ **When we came home we had a meal waiting for us.** Apabila kami pulang, hidangan sudah pun tersedia.
♦ **There are plenty of servants to wait on her.** Ada banyak orang gaji yang melayaninya.

to **wait up** KATA KERJA
berjaga
◊ *My mum always waits up till I get in.* Emak saya selalu berjaga sehingga saya pulang.

waiter KATA NAMA
pelayan (lelaki)

waiting KATA NAMA
penantian
◊ *He feels that his waiting all this while has just been futile.* Dia merasakan penantiannya selama ini sia-sia sahaja.

waiting list KATA NAMA
senarai menunggu
◊ *There are thousands of people on the hospital waiting lists.* Terdapat beribu-ribu orang dalam senarai menunggu hospital itu.

waiting room KATA NAMA
bilik menunggu

waitress KATA NAMA
(JAMAK **waitresses**)
pelayan (wanita)

to **wake up** KATA KERJA
(**woke up, woken up**)
bangun
◊ *I woke up at six o'clock.* Saya bangun pada pukul enam.
♦ **Please would you wake me up at seven o'clock?** Bolehkah anda tolong kejutkan saya pada pukul tujuh?

Wales KATA NAMA
Wales
◊ *I'm from Wales.* Saya berasal dari Wales.
♦ **the Prince of Wales** Putera Wales

walk KATA NAMA

rujuk juga **walk** KATA KERJA

berjalan-jalan
◊ *I went for a walk.* Saya pergi berjalan-jalan.
♦ **It's 10 minutes' walk from here.** Jauhnya tempat itu kira-kira 10 minit jika berjalan kaki dari sini.

to **walk** KATA KERJA

rujuk juga **walk** KATA NAMA

[1] *berjalan*
◊ *We walked 10 kilometres.* Kami berjalan sejauh 10 kilometer.
♦ **Are you walking or going by bus?** Anda akan berjalan kaki atau pergi dengan bas?
[2] *menemani*
◊ *He walked me to my car.* Dia menemani saya ke kereta saya.
♦ **to walk the dog** membawa anjing berjalan-jalan
♦ **I like walking through the park.** Saya suka berjalan melalui taman itu.

to **walk away with** KATA KERJA
memenangi
◊ *Enter our competition and you could walk away with RM1000.* Sertailah pertandingan kami dan anda mungkin memenangi RM1000.

walkie-talkie KATA NAMA
walkie-talkie

walking KATA NAMA
berjalan
◊ *Walking is good for your health.* Berjalan baik untuk kesihatan anda.
♦ **I did some walking in the Alps last summer.** Saya mendaki gunung Alp pada

musim panas yang lalu.
walking stick KATA NAMA
tongkat

Walkman ® KATA NAMA
(JAMAK **Walkmans**)
Walkman ®

wall KATA NAMA
1. *dinding* (rumah, bangunan)
2. *tembok* (istana, kota, dll)

wallet KATA NAMA
dompet

to **wallow** KATA KERJA
berkubang
◊ *The buffalo wallowed in the mud.* Kerbau itu berkubang di dalam lumpur.

wallpaper KATA NAMA
kertas hias dinding

walnut KATA NAMA
1. *kacang walnut*
2. *pokok walnut*

WAN SINGKATAN (= *Wide Area Network*)
RKL (= Rangkaian Kawasan Luas)

to **wander around** KATA KERJA
merayau-rayau
◊ *He wandered around aimlessly.* Dia merayau-rayau tanpa arah tujuan.
- **I just wandered around for a while.** Saya cuma bersiar-siar seketika.

to **want** KATA KERJA
hendak
◊ *What do you want to do tomorrow?* Apakah yang anda hendak lakukan esok?
- **Her hair wants cutting.** Rambutnya perlu digunting.
- **They are wanted by the police.** Mereka dikehendaki oleh polis.
- **to want somebody to do something** mahu seseorang melakukan sesuatu
◊ *They want us to wait here.* Mereka mahu kita tunggu di sini.

wanted KATA ADJEKTIF
dikehendaki
◊ *a wanted criminal* penjenayah yang dikehendaki

WAP KATA NAMA (= *Wireless Application Protocol*)
WAP (= Protokol Aplikasi Tanpa Wayar)
> sistem yang membenarkan alat seperti telefon bimbit bersambung ke Internet

war KATA NAMA
peperangan
- **the war on drugs** perang terhadap dadah
- **to be at war** berperang

ward KATA NAMA
wad

warden KATA NAMA
1. *pengawas* (asrama)
2. *warden* (penjara)

wardrobe KATA NAMA
1. *almari pakaian*
2. *koleksi pakaian*
◊ *Her wardrobe consists primarily of cashmere sweaters.* Kebanyakan koleksi pakaiannya terdiri daripada baju panas kashmir.

warehouse KATA NAMA
gudang

wares KATA NAMA JAMAK
barang jualan

warm KATA ADJEKTIF
> rujuk juga **warm** KATA KERJA

1. *panas*
◊ *warm clothing* pakaian panas
2. *cerah*
◊ *The door is painted a warm yellow.* Pintu tersebut dicat dengan warna kuning cerah.
- **warm welcome** sambutan hangat
- **warm water** air suam
- **He's a very warm person.** Dia seorang yang mesra.
- **It's warm in here.** Di sini panas sedikit.
- **I'm too warm.** Saya panas.

to **warm** KATA KERJA
> rujuk juga **warm** KATA ADJEKTIF

memanaskan
◊ *They lit a fire to warm themselves.* Mereka menyalakan unggun api untuk memanaskan badan mereka.

to **warm up** KATA KERJA
1. *memanaskan badan*
◊ *The athletes are warming up for their event.* Atlit-atlit itu sedang memanaskan badan sebelum acara mereka bermula.
2. *memanaskan*
◊ *My mother had warmed up the food.* Emak saya telah memanaskan makanan itu.

warmth KATA NAMA
kehangatan

to **warn** KATA KERJA
1. *mengingatkan*
◊ *They warned him of the dangers of sailing alone.* Mereka mengingatkannya tentang bahaya belayar berseorangan.
2. *memberikan amaran*
◊ *Mrs Smith warned me not to interfere.* Pn. Smith memberikan amaran kepada saya agar tidak campur tangan.

warning KATA NAMA
1. *peringatan*
2. *amaran*

warrant KATA NAMA
waran

warrior KATA NAMA
pahlawan

Warsaw KATA NAMA
Warsaw

wart KATA NAMA
ketuat

wartime KATA NAMA
masa peperangan

was KATA KERJA *rujuk* **be**

to **wash** KATA KERJA

> *rujuk juga* **wash** KATA NAMA

mencuci
◊ *to wash the car* mencuci kereta
- **They looked as if they hadn't washed in days.** Mereka kelihatan seolah-olah tidak membersihkan diri mereka selama beberapa hari.
- **to wash one's hands** membasuh tangan
- **to wash up** mencuci pinggan mangkuk

wash KATA KERJA

> *rujuk juga* **wash** KATA KERJA

cucian
◊ *The treatment leaves hair glossy and lasts 10 to 16 washes.* Rawatan itu akan menjadikan rambut berkilat dan tahan selama 10 hingga 16 cucian.
- **to give something a wash** mencuci sesuatu
- **The car needs a wash.** Kereta itu perlu dicuci.
- **She had a wash and changed her clothes.** Dia membersihkan dirinya dan menukar pakaian.

washbasin KATA NAMA
singki (untuk mencuci tangan, muka)

washing KATA NAMA
basuhan
◊ *They were anxious to bring the washing in before it rained.* Mereka tergesa-gesa membawa basuhan itu ke dalam sebelum hujan.
- **to do the washing** membasuh pakaian
- **dirty washing** pakaian kotor
- **Have you got any washing?** Anda ada pakaian yang hendak dibasuh?

washing machine KATA NAMA
mesin basuh

washing powder KATA NAMA
serbuk pencuci

washing-up KATA NAMA
pinggan mangkuk kotor
- **to do the washing-up** mencuci pinggan mangkuk

washing-up liquid KATA NAMA
cecair pencuci pinggan mangkuk

wasn't = was not

wasp KATA NAMA
tebuan

to **waste** KATA KERJA

> *rujuk juga* **waste** KATA NAMA

[1] *membazirkan*
◊ *I don't like wasting money.* Saya tidak suka membazirkan wang.
[2] *melepaskan*
◊ *Let's not waste an opportunity to see the children.* Jangan lepaskan peluang untuk berjumpa kanak-kanak tersebut.
- **There's no time to waste.** Tidak ada masa untuk berlengah-lengah.

waste KATA NAMA

> *rujuk juga* **waste** KATA KERJA

[1] *pembaziran*
◊ *a waste of money* pembaziran wang
[2] *bahan buangan*
◊ *nuclear waste* bahan buangan nuklear
- **It's such a waste!** Sungguh membazir!

wasted KATA ADJEKTIF
sia-sia
◊ *His efforts were certainly not wasted.* Sesungguhnya, segala usahanya itu tidak sia-sia.

wasteful KATA ADJEKTIF
membazir
◊ *I hate being wasteful.* Saya tidak suka membazir.

wastepaper basket KATA NAMA
bakul sampah

watch KATA NAMA
(JAMAK **watches**)

> *rujuk juga* **watch** KATA KERJA

jam

to **watch** KATA KERJA

> *rujuk juga* **watch** KATA NAMA

[1] *melihat*
◊ *Watch me!* Lihatlah saya!
- **to watch television** menonton televisyen
[2] *menjaga*
◊ *Parents can't watch their children 24 hours a day.* Ibu bapa tidak dapat menjaga anak mereka 24 jam sehari.
[3] *mengawasi*
◊ *The police were watching the house.* Polis sedang mengawasi rumah tersebut.
- **That man is watching Alex.** Lelaki itu sedang memerhatikan Alex.

to **watch out** KATA KERJA
berjaga-jaga
- **Watch out!** Jaga-jaga!

to **watch over** KATA KERJA
menjaga
◊ *The guards were hired to watch over the cars.* Para pengawal itu diupah untuk menjaga kereta-kereta tersebut.

water KATA NAMA

> *rujuk juga* **water** KATA KERJA

air

to **water** KATA KERJA

> *rujuk juga* **water** KATA NAMA

1. *menyiram*
◊ He was watering his tulips. Dia sedang menyiram pokok bunga tulipnya.
2. *berair*
◊ His eyes watered from cigarette smoke. Matanya berair kerana terkena asap rokok.

watercolour KATA NAMA
cat air

watercourse KATA NAMA
alur air

waterfall KATA NAMA
air terjun

water gate KATA NAMA
kunci air

watering can KATA NAMA
bekas untuk menyiram pokok

water lily KATA NAMA
(JAMAK **water lilies**)
kiambang

watermelon KATA NAMA
tembikai

waterproof KATA ADJEKTIF
kalis air
◊ waterproof watch jam tangan kalis air

watershed KATA NAMA
1. *titik perubahan*
◊ Many observers expected this election to be a watershed in Malaysia's political history. Ramai pemerhati menjangka pilihan raya ini merupakan titik perubahan dalam sejarah politik Malaysia.
2. *legeh*

water-skiing KATA NAMA
luncur air
◊ to go water-skiing pergi bermain luncur air

watertight KATA ADJEKTIF
1. *kedap air*
2. *tidak dapat dipertikaikan* (kes, hujah, dll)

water wheel KATA NAMA
kincir air

watt KATA NAMA
watt

to **wave** KATA KERJA
rujuk juga **wave** KATA NAMA
1. *melambai*
◊ to wave to somebody melambai kepada seseorang
2. *mengibarkan*
◊ Hospital staff were outside waving flags to welcome him. Kakitangan hospital berada di luar sambil mengibarkan bendera untuk menyambutnya.

wave KATA NAMA
rujuk juga **wave** KATA KERJA
1. *lambaian*
◊ Steve stopped him with a wave of the hand. Steve menahannya dengan satu lambaian.
2. *ombak*
◊ the sound of the waves bunyi ombak
3. *gelombang*
◊ sound waves gelombang bunyi

wavelength KATA NAMA
jarak gelombang
♦ **on the same wavelength** sehaluan
◊ Lina only makes friends with people who are on the same wavelength as her. Lina hanya berkawan dengan orang yang sehaluan dengannya.

wavy KATA ADJEKTIF
berketak-ketak
◊ He's got wavy hair. Rambutnya berketak-ketak.

wax KATA NAMA
1. *lilin*
2. *tahi telinga*

way KATA NAMA
1. *cara*
◊ She looked at me in a strange way. Dia memandang saya dengan cara yang pelik. ◊ a way of life suatu cara hidup
2. *jalan*
◊ I don't know the way. Saya tidak tahu jalannya.
3. *perjalanan*
◊ We stopped for lunch on the way. Kami berhenti untuk makan tengah hari semasa dalam perjalanan.
4. *arah*
◊ Which way is it? Manakah arahnya?
♦ **It's a long way yet.** Perjalanannya masih jauh.
♦ **in a way....** dari satu sudut...
♦ **He's on his way.** Dia sedang dalam perjalanan.
♦ **"way in"** "masuk"
♦ **"way out"** "keluar"
♦ **by the way...** oh ya...

we KATA GANTI NAMA
> Gunakan **kita** jika termasuk orang yang bercakap dengan anda. Gunakan **kami** jika tidak termasuk orang yang bercakap dengan anda.

1. *kita*
◊ We need to take care of our bodies. Kita perlu menjaga kesihatan badan kita.
2. *kami*
◊ You ran, but we didn't. Anda lari, tetapi kami tidak.

weak KATA ADJEKTIF
1. *lemah*
◊ His arms and legs were weak. Kaki dan tangannya lemah.
♦ **Swimming is helpful for bones that are porous and weak.** Berenang baik untuk

tulang-tulang yang poros dan tidak kuat.
2. *cair*
◊ *Grace poured a cup of weak coffee for me.* Grace menuang secawan kopi yang cair untuk saya.

to **weaken** KATA KERJA
1. *menjadi lemah*
◊ *They believe that his authority has been weakened.* Mereka percaya bahawa kuasanya telah menjadi lemah.
2. *melemahkan*
◊ *The drug weakens a person's resistance.* Dadah itu melemahkan daya tahan seseorang.

weakness KATA NAMA
(JAMAK **weaknesses**)
kelemahan
◊ *Weakness is one of the symptoms.* Kelemahan ialah salah satu daripada tanda-tandanya. ◊ *He tried to take advantage of the girl's weakness.* Dia cuba mengambil kesempatan atas kelemahan gadis itu. ◊ *your strengths and weaknesses* kelebihan dan kelemahan anda

wealth KATA NAMA
kekayaan
◊ *Ken's wealth was obtained through his own efforts.* Kekayaan Ken diperoleh dengan usahanya sendiri.

wealthy KATA ADJEKTIF
kaya

weapon KATA NAMA
senjata

to **wear** KATA KERJA
(**wore**, **worn**)
1. *memakai*
◊ *She was wearing a hat.* Dia memakai topi.
♦ **He wore a full beard.** Dia berjanggut.
♦ **Millson's face wore a satisfied expression.** Air muka Millson menunjukkan kepuasan.
2. *terhakis*
◊ *The stone steps are beginning to wear.* Tangga-tangga batu itu mula terhakis.

to **wear out** KATA KERJA
1. *menghauskan*
◊ *Roads like this can wear out car tyres.* Jalan-jalan seperti ini boleh menghauskan tayar kereta.
♦ **Every time she consulted her watch, she wondered if the batteries were wearing out.** Setiap kali dia melihat jam tangannya, dia tertanya-tanya sama ada baterinya sudah hampir habis.
2. *meletihkan*
◊ *The journey wears him out.* Perjalanan itu meletihkannya.

weary KATA ADJEKTIF
letih
◊ *Rachel looked pale and weary.* Rachel kelihatan pucat dan letih.
♦ **She was weary of being alone.** Dia sudah bosan hidup seorang diri.

weather KATA NAMA
cuaca

weather forecast KATA NAMA
ramalan cuaca

to **weave** KATA KERJA
> rujuk juga **weave** KATA NAMA

1. *menenun* (kain)
2. *menganyam* (bakul, tikar)

weave KATA NAMA
> rujuk juga **weave** KATA KERJA

tenunan
◊ *fabrics with a close weave* kain dengan tenunan yang halus

weaver KATA NAMA
penenun

weaving KATA NAMA
penenunan
◊ *Weaving is usually done by the womenfolk.* Kerja-kerja penenunan biasanya dilakukan oleh kaum wanita.

web KATA NAMA
sarang labah-labah
♦ **the Web** (= *the World Wide Web*) Web (= *Jaringan Sejagat*)

webcast KATA NAMA
acara yang boleh didengar atau ditonton di Internet

webmaster KATA NAMA
(komputer)
pentadbir web

web page KATA NAMA
(komputer)
laman Web

website KATA NAMA
(komputer)
tapak Web

webspace KATA NAMA
(komputer)
ruang web (memori laman web)

webzine KATA NAMA
(komputer)
majalah elektronik

we'd = **we had**, = **we would**

wedding KATA NAMA
perkahwinan
◊ *wedding anniversary* ulang tahun perkahwinan
♦ **wedding dress** gaun pengantin

to **wedge** KATA KERJA
> rujuk juga **wedge** KATA NAMA

memasakkan
◊ *I shut the shed door and wedged it with a piece of wood.* Saya menutup pintu

bangsal itu dan memasakkannya dengan kayu.

wedge KATA NAMA

> rujuk juga **wedge** KATA KERJA

pasak

Wednesday KATA NAMA

hari Rabu
◊ *I saw her on Wednesday.* Saya bertemu dengannya pada hari Rabu.
◊ *every Wednesday* setiap hari Rabu
◊ *last Wednesday* hari Rabu lepas
◊ *next Wednesday* hari Rabu depan

weed KATA NAMA

rumpai

week KATA NAMA

[1] *minggu*
♦ **Her mother stayed for another week.** Emaknya tinggal di sini untuk seminggu lagi.
[2] *hari Isnin hingga Jumaat*
◊ *She works hard during the week, but likes to relax at the weekend.* Dia bekerja keras dari hari Isnin hingga Jumaat, tetapi dia suka berehat pada hari minggu.
♦ **for weeks** berminggu-minggu ◊ *I haven't swum for weeks.* Sudah berminggu-minggu lamanya saya tidak berenang.

weekday KATA NAMA

hari Isnin hingga Jumaat

weekend KATA NAMA

hujung minggu

weekly KATA ADJEKTIF

mingguan
◊ *a weekly magazine* majalah mingguan
♦ **the weekly collection of household refuse** pengumpulan sampah dari rumah setiap minggu

to **weep** KATA KERJA

(wept, wept)
menangis

to **weigh** KATA KERJA

[1] *menimbang*
◊ *The scales can be used to weigh other items.* Penimbang tersebut boleh digunakan untuk menimbang barang-barang lain.
[2] *mempertimbangkan*
◊ *She weighed her options carefully.* Dia mempertimbangkan pilihan-pilihannya dengan berhati-hati.
♦ **How much do you weigh?** Berapakah berat badan anda?

weight KATA NAMA

[1] *berat*
[2] *batu timbang*
[3] *beban*
◊ *A great weight was lifted from me.* Satu beban yang berat sudah terlepas daripada bahu saya.
♦ **to lose weight** berat badan berkurangan
♦ **to put on weight** berat badan bertambah

weightlifter KATA NAMA

ahli angkat berat

weightlifting KATA NAMA

angkat berat

weird KATA ADJEKTIF

pelik

to **welcome** KATA KERJA

> rujuk juga **welcome** KATA NAMA

[1] *menyambut*
◊ *I was there to welcome him home.* Saya berada di sana untuk menyambut kepulangannya.
♦ **The European decision was welcomed by the President.** Keputusan negara-negara Eropah itu telah disambut baik oleh Presiden.
[2] *mengalu-alukan*
◊ *We welcome you to our society.* Kami mengalu-alukan penyertaan anda dalam persatuan kami.
♦ **Thank you! - You're welcome!** Terima kasih! - Sama-sama!

welcome KATA NAMA

> rujuk juga **welcome** KATA KERJA

sambutan
◊ *They gave her a warm welcome.* Mereka memberikan sambutan yang hangat kepadanya.
♦ **Welcome!** Selamat datang!

to **weld** KATA KERJA

mengimpal
◊ *Where did you learn to weld?* Di manakah anda belajar mengimpal?

welder KATA NAMA

pengimpal

welding KATA NAMA

pengimpalan

welfare KATA NAMA

kebajikan
◊ *I do not think he is considering Gina's welfare.* Saya rasa dia tidak memikirkan kebajikan Gina.

well KATA ADJEKTIF, KATA ADVERBA

> rujuk juga **well** KATA NAMA

baik
◊ *You did that very well.* Anda melakukannya dengan baik sekali.
♦ **to be well** sihat ◊ *I'm not very well at the moment.* Saya tidak begitu sihat pada waktu ini.
♦ **Get well soon.** Semoga cepat sembuh.
♦ **Well done.** Syabas.
♦ **It's enormous! Well, quite big anyway.** Benda itu sangat besar! Sebenarnya,

tidaklah begitu besar, tetapi agak besar juga.
- **as well** juga ◊ *We worked hard, but we had some fun as well.* Kami bekerja keras, tetapi kami juga ada masa untuk bergembira.
- **as well as** selain ... juga ◊ *We went to Gerona as well as Sitges.* Selain Sitges kami juga pergi ke Gerona.

well KATA NAMA

> *rujuk juga* **well** KATA ADJEKTIF, KATA ADVERBA

1. *perigi*
2. *telaga minyak*

we'll = **we will**

well-behaved KATA ADJEKTIF
berkelakuan baik
- **to be well-behaved** berkelakuan baik

well-built KATA ADJEKTIF
berbadan tegap
◊ *The athlete is well-built.* Atlit itu berbadan tegap.

well-dressed KATA ADJEKTIF
berpakaian kemas

well-grounded KATA ADJEKTIF
berasas
◊ *Our claim is well-grounded.* Tuntutan kami berasas.

wellingtons KATA NAMA JAMAK
kasut but getah

well-known KATA ADJEKTIF
1. *terkenal*
◊ *He's a well-known film star.* Dia seorang pelakon yang terkenal.
2. *diketahui umum*
◊ *It may be a well-known fact, but I didn't know it.* Perkara itu mungkin sesuatu yang diketahui umum tetapi saya tidak tahu mengenainya.

well-liked KATA ADJEKTIF
disukai ramai

well-maintained KATA ADJEKTIF
terpelihara
◊ *We hope that the garden will always be well-maintained.* Kami berharap taman itu akan terus terpelihara.

well-mannered KATA ADJEKTIF
beradab
◊ *The child is very well-mannered.* Budak itu sungguh beradab.

well-off KATA ADJEKTIF
berada
◊ *She's from a well-off family.* Dia berasal daripada keluarga yang berada.

well versed KATA ADJEKTIF
arif
◊ *She is well versed in the field of politics.* Dia arif dalam bidang politik.

Welsh KATA ADJEKTIF

> *rujuk juga* **Welsh** KATA NAMA

Wales
◊ *a Welsh choir* koir Wales
- **She's Welsh.** Dia berbangsa Wales.

Welsh KATA NAMA

> *rujuk juga* **Welsh** KATA ADJEKTIF

1. *orang Wales*
◊ *the Welsh* orang Wales
2. *bahasa Wales*

Welshman KATA NAMA
(JAMAK **Welshmen**)
lelaki Wales

Welshwoman KATA NAMA
(JAMAK **Welshwomen**)
wanita Wales

went KATA KERJA *rujuk* **go**
wept KATA KERJA *rujuk* **weep**
were KATA KERJA *rujuk* **be**
we're = **we are**
weren't = **were not**

west KATA NAMA

> *rujuk juga* **west** KATA ADJEKTIF, KATA ADVERBA

barat
- **the West Country** bahagian barat England

west KATA ADJEKTIF, KATA ADVERBA

> *rujuk juga* **west** KATA NAMA

barat
◊ *the west coast* pantai barat
- **He's working at Bristol University in the west of England.** Dia bekerja di Universiti Bristol di bahagian barat England.
- **We were travelling west.** Kami menuju ke barat.
- **west of** di barat ◊ *Stroud is west of Oxford.* Stroud terletak di barat Oxford.

western KATA ADJEKTIF

> *rujuk juga* **western** KATA NAMA

barat
◊ *the western part of the island* bahagian barat pulau tersebut
- **Western Europe** Eropah Barat

western KATA NAMA

> *rujuk juga* **western** KATA ADJEKTIF

1. *buku cerita koboi*
2. *filem koboi*

West Indian KATA ADJEKTIF

> *rujuk juga* **West Indian** KATA NAMA

Hindia Barat
◊ *West Indian cricket* kriket Hindia Barat
- **He's West Indian.** Dia orang Hindia Barat.

West Indian KATA NAMA

> *rujuk juga* **West Indian** KATA ADJEKTIF

orang Hindia Barat

West Indies KATA NAMA JAMAK

English ~ Malay

Hindia Barat
- **the West Indies** Hindia Barat

wet KATA ADJEKTIF

> rujuk juga **wet** KATA KERJA

1. *basah*
◊ *wet clothes* pakaian basah
- **to get wet** basah
- **dripping wet** basah kuyup
2. *lembap*
◊ *wet weather* cuaca lembap

to wet KATA KERJA

> rujuk juga **wet** KATA ADJEKTIF

1. *membasahkan*
2. *terkencing*

wetsuit KATA NAMA
pakaian penyelam

we've = **we have**

whale KATA NAMA
ikan paus

whaling KATA NAMA
pemburuan ikan paus

wharf KATA NAMA
(JAMAK **wharves** atau **wharfs**)
dermaga

what KATA ADJEKTIF, KATA GANTI NAMA

1. *apa*
◊ *What's the matter?* Apa halnya?
◊ *What's it for?* Apakah kegunaannya?
◊ *What subjects are you studying?* Apakah mata pelajaran yang anda ambil?
- **What's your name?** Siapakah nama anda?
- **What?** Apa?
- **What a mess!** Kotornya!
- **What a tall building!** Tingginya bangunan itu!

2. *perkara*
◊ *I heard what he said.* Saya dengar perkara yang dikatakannya itu. ◊ *I don't know what to do.* Saya tidak tahu perkara yang harus dilakukan.
- **I saw what happened.** Saya nampak kejadian itu.
- **I asked him what DNA was.** Saya bertanya kepadanya makna DNA.

whatever KATA HUBUNG
segala
◊ *She's lucky she gets whatever she wants.* Dia bertuah kerana mendapat segala yang dihajatinya.
- **We shall love you whatever happens, Diana.** Diana, kami menyayangimu walau apa pun yang berlaku.

wheat KATA NAMA
1. *pokok gandum*
2. *gandum*

wheel KATA NAMA
roda
- **steering wheel** stereng

wet → whetstone

wheelbarrow KATA NAMA
kereta sorong

wheelchair KATA NAMA
kerusi roda

wheelchair-bound KATA ADJEKTIF
terpaksa duduk di atas kerusi roda sahaja

wheel clamp KATA NAMA
pengapit roda (dipasang pada kereta yang disalah letak)

when KATA ADVERBA

> rujuk juga **when** KATA HUBUNG

bila
◊ *When did he go?* Bilakah dia pergi?
- **I asked her when the next bus was.** Saya bertanya kepadanya waktu bas yang seterusnya akan tiba.

when KATA HUBUNG

> rujuk juga **when** KATA ADVERBA

1. *semasa*
◊ *She was reading when I came in.* Dia sedang membaca buku semasa saya masuk.
2. *apabila*
◊ *Call me when you get there.* Telefon saya apabila anda sampai di sana.

whenever KATA HUBUNG
bila-bila
◊ *You can come whenever you're free.* Anda boleh datang pada bila-bila sahaja apabila anda senang.
- **Make sure you close the windows whenever you go out.** Pastikan anda menutup tingkap setiap kali anda keluar.

where KATA ADVERBA

> rujuk juga **where** KATA HUBUNG

1. *di mana*
◊ *Where do you live?* Di manakah anda tinggal?
- **Where are you from?** Anda berasal dari mana?
2. *tempat*
◊ *She asked me where I had bought it.* Dia bertanya kepada saya tempat saya membeli barang itu.

where KATA HUBUNG

> rujuk juga **where** KATA ADVERBA

yang
◊ *a shop where you can buy coffee* kedai yang menjual kopi

wherever KATA HUBUNG
mana sahaja
◊ *I'm sure to meet him wherever I go.* Ke mana sahaja saya pergi, saya pasti bertemu dengannya. ◊ *Ken will look for Lynn wherever she is.* Ken akan mencari Lynn di mana sahaja dia berada.

whether KATA HUBUNG
sama ada

whetstone KATA NAMA

which → white

batu canai

which KATA ADJEKTIF, KATA GANTI NAMA
> ① *yang mana*
> ◊ *I know his cousin. - Which one?* Saya kenal sepupunya. - Yang mana satu?
> ♦ **Which would you like?** Yang mana satukah yang anda suka?
> ② *yang*
> ◊ *It's an illness which causes nerve damage.* Penyakit itu merupakan sejenis penyakit yang menyebabkan kerosakan saraf. ◊ *This is the skirt which Daphne gave me.* Inilah skirt yang diberikan oleh Daphne kepada saya.
> ♦ **The heater isn't working, which is a nuisance.** Alat pemanas itu tidak berfungsi dan ini sungguh menyusahkan.

while KATA HUBUNG
> *rujuk juga* **while** KATA NAMA
> ① *sementara*
> ◊ *You hold the torch while I look inside.* Anda pegang lampu suluh ini, sementara saya melihat ke dalam.
> ② *manakala*
> ◊ *Isabel is tall, while Kay is short.* Isabel tinggi, manakala Kay rendah sahaja.
> ③ *semasa*
> ◊ *while in New York* semasa berada di New York

while KATA NAMA
> *rujuk juga* **while** KATA HUBUNG
> *ketika*
> ♦ **a while** seketika ◊ *after a while* selepas seketika
> ♦ **a while ago** sebentar tadi ◊ *He was here a while ago.* Dia ada di sini sebentar tadi.
> ♦ **for a while** untuk seketika ◊ *I lived in London for a while.* Saya tinggal di London untuk seketika.
> ♦ **quite a while** agak lama ◊ *I haven't seen him for quite a while.* Sudah agak lama saya tidak bertemu dengannya.

whim KATA NAMA
> *kerenah*
> ◊ *It's very hard to satisfy the boy's every whim!* Susah benar hendak melayan kerenah budak itu!

to **whine** KATA KERJA
> ① *meraung*
> ◊ *The dog whined all night.* Anjing itu meraung sepanjang malam.
> ② *merungut*
> ◊ *They come to me to whine about their troubles.* Mereka mencari saya untuk merungut tentang masalah mereka.

whip KATA NAMA
> *rujuk juga* **whip** KATA KERJA
> *cemeti*

to **whip** KATA KERJA
> *rujuk juga* **whip** KATA NAMA
> ① *menyebat*
> ② *memukul*
> ◊ *Whip the cream until it is thick.* Pukul krim itu sehingga pekat.
> ♦ **A terrible wind whipped our faces.** Angin yang kuat seakan-akan memukul-mukul muka kami.
> ③ *menumpaskan*
> ◊ *Mike was whipped by his opponent.* Mike telah ditumpaskan oleh lawannya.

whipped cream KATA NAMA
> *krim putar*

whirlpool KATA NAMA
> *pusaran air*

whirlwind KATA NAMA
> *pusaran angin*

whisk KATA NAMA
> *pemukul* (untuk membuat masakan)

whiskers KATA NAMA JAMAK
> *misai* (haiwan)

whisky KATA NAMA
> (JAMAK **whiskies**)
> *wiski*

to **whisper** KATA KERJA
> *rujuk juga* **whisper** KATA NAMA
> *membisikkan*
> ◊ *He whispered the message to David.* Dia membisikkan mesej itu kepada David.

whisper KATA NAMA
> *rujuk juga* **whisper** KATA KERJA
> *bisikan*
> ◊ *They overheard Robert's whispers.* Mereka terdengar bisikan Robert.

to **whistle** KATA KERJA
> *rujuk juga* **whistle** KATA NAMA
> ① *bersiul*
> ◊ *Boys like to whistle.* Budak lelaki suka bersiul.
> ② *berbunyi*
> ◊ *The train whistled as it was about to reach the town.* Kereta api itu berbunyi apabila hampir tiba di bandar tersebut.

whistle KATA NAMA
> *rujuk juga* **whistle** KATA KERJA
> ① *siulan*
> ② *wisel*
> ◊ *The referee blew his whistle.* Pengadil tersebut meniup wiselnya.

whistling KATA NAMA
> ① *bunyi* (terjemahan umum)
> ② *desingan* (angin)

white KATA ADJEKTIF
> ① *putih*
> ◊ *He's got white hair.* Rambutnya berwarna putih.
> ② *kulit putih*
> ◊ *a white man* lelaki kulit putih ◊ *white*

people orang kulit putih
② *pucat*
◊ *His face was white with shock.* Mukanya pucat kerana terkejut.
♦ **white coffee** kopi susu

white-collar KATA ADJEKTIF
kolar putih

to **whiten** KATA KERJA
memutihkan
◊ *Ann uses the toothpaste to whiten her teeth.* Ann menggunakan ubat gigi itu untuk memutihkan giginya.

White Pages KATA NAMA JAMAK
bahagian panduan telefon yang menyenaraikan nama dan nombor telefon mengikut abjad

whitish KATA ADJEKTIF
keputihan
◊ *a whitish dust* debu yang keputihan

who KATA GANTI NAMA
① *siapa*
◊ *Who said that?* Siapa yang cakap begitu? ◊ *Who is it?* Siapakah itu?
② *yang*
◊ *The teacher who teaches English...* Guru yang mengajar bahasa Inggeris...
♦ **We don't know who broke the window.** Kami tidak tahu orang yang memecahkan tingkap itu.

whoever KATA HUBUNG
sesiapa sahaja
◊ *Whoever wins is going to be very famous.* Sesiapa sahaja yang menang akan menjadi sangat terkenal.
♦ **I pity him, whoever he is.** Saya kasihan kepadanya, tidak kira siapa pun dia.

whole KATA ADJEKTIF
rujuk juga **whole** KATA NAMA
① *sepanjang*
◊ *We'd been observing him during the whole trip.* Kami telah memerhatikannya sepanjang perjalanan tersebut. ◊ *the whole day* sepanjang hari
② *tidak terjejas*
◊ *Much of the temple was ruined, but the front was whole.* Kebanyakan bahagian kuil tersebut telah musnah tetapi bahagian hadapannya tidak terjejas.
③ *seluruh*
◊ *the whole world* seluruh dunia
♦ **the whole afternoon** sepetang suntuk

whole KATA NAMA
rujuk juga **whole** KATA ADJEKTIF
seluruh
◊ *The whole of Wales was affected by the disease.* Seluruh kawasan di Wales telah terjejas oleh penyakit itu.
♦ **on the whole** pada keseluruhannya

wholeheartedly KATA ADVERBA
sepenuh hati
◊ *Jenny supported the decision wholeheartedly.* Jenny menyokong keputusan itu dengan sepenuh hati.

wholemeal KATA ADJEKTIF
gandum tulen

wholesale KATA NAMA
borong
◊ *for sale at wholesale prices* dijual pada harga borong

wholesaler KATA NAMA
pemborong

whom KATA GANTI NAMA
① *siapa*
◊ *With whom did you go?* Anda pergi dengan siapa? ◊ *Whom did you call?* Siapakah yang anda hubungi?
② *yang*
◊ *the man whom I saw* lelaki yang saya temui

whose KATA GANTI NAMA
rujuk juga **whose** KATA ADJEKTIF
milik siapa
◊ *Whose is this?* Barang ini milik siapa?
◊ *I know whose they are.* Saya tahu barang-barang ini milik siapa.

whose KATA ADJEKTIF
rujuk juga **whose** KATA GANTI NAMA
① *milik siapa*
◊ *Whose books are these?* Buku-buku ini milik siapa? ◊ *Do you know whose jacket this is?* Anda tahu jaket ini milik siapa?
② *yang*
◊ *the girl whose picture was in the paper* budak perempuan yang gambarnya ada dalam surat khabar

why KATA ADVERBA
① *kenapa*
◊ *Why did you do that?* Kenapakah anda buat begitu? ◊ *Why not?* Kenapa tidak?
② *sebab*
◊ *That's why he did it.* Itulah sebabnya dia berbuat demikian.

wicked KATA ADJEKTIF
① *jahat*
◊ *a wicked witch* ahli sihir yang jahat
② *nakal*
◊ *a wicked smile* senyuman nakal

wicket KATA NAMA
wiket (dalam permainan kriket)

wide KATA ADJEKTIF, KATA ADVERBA
① *lebar*
◊ *a wide road* sebatang jalan yang lebar ◊ *How wide is the room?* Berapa lebarkah bilik ini?
♦ **wide open** terbuka luas ◊ *The door was wide open.* Pintu tersebut terbuka luas.

widely → will

[2] *berbagai-bagai*
◊ The brochure offers a wide choice of hotels and apartments. Risalah tersebut menawarkan berbagai-bagai pilihan hotel dan rumah pangsa.
[3] *banyak*
◊ There are wide variations caused by different academic programme structures. Ada banyak variasi yang disebabkan oleh struktur program akademik yang berbeza.
• **wide awake** berjaga

widely KATA ADVERBA
[1] *lebar*
◊ He was grinning widely. Dia tersenyum lebar.
• **His competence as an economist is widely known.** Kecekapannya sebagai seorang ahli ekonomi telah diketahui ramai.
[2] *banyak*
◊ He published widely in scientific journals. Dia banyak menerbitkan artikel dalam jurnal-jurnal saintifik.

to **widen** KATA KERJA
[1] *melebarkan*
◊ to widen a river melebarkan sungai
• **to widen a road** membesarkan jalan
[2] *meluaskan*
◊ Reading can widen your knowledge. Membaca buku dapat meluaskan pengetahuan.

widespread KATA ADJEKTIF
meluas
◊ Crime among teenagers is becoming widespread. Kejadian jenayah di kalangan remaja semakin meluas.

widow KATA NAMA
balu
◊ She's a widow. Dia seorang balu.

widower KATA NAMA
duda
◊ He's a widower. Dia seorang duda.

width KATA NAMA
lebar
◊ Measure the width of the window. Ukur lebar tingkap itu.

wife KATA NAMA
(JAMAK **wives**)
isteri

wig KATA NAMA
rambut palsu

wild KATA ADJEKTIF
[1] *liar*
◊ a wild animal seekor binatang liar
[2] *tidak didiami manusia*
◊ Elmley is one of the few wild areas remaining in the South East. Elmley ialah salah sebuah kawasan yang tidak didiami manusia yang masih ada di Tenggara.
[3] *ganas*
◊ He could be wild when he was angry. Dia boleh menjadi ganas apabila dia marah.
• **His eyes were wild.** Matanya terbeliak.
• **I was just a kid and full of all sorts of wild ideas.** Saya masih muda dan penuh dengan idea yang bukan-bukan.

wild card KATA NAMA
[1] *yang belum tentu tindakannya* (orang, dsb)
[2] *wild card*

> Dalam sukan-sukan tertentu, jika seorang pemain diberikan **wild card** untuk sesuatu pertandingan, pemain itu dibenarkan bertanding walaupun ia sepatutnya tidak layak berbuat demikian jika mengikut cara yang biasa.

wildlife KATA NAMA
hidupan liar

wildly KATA ADVERBA
[1] *dengan liar* (sikap, tindakan)
[2] *sangat*
◊ The island's hotels vary wildly. Hotel-hotel di pulau itu sangat berbeza.

wilful KATA ADJEKTIF
[1] *secara sengaja*
◊ Wilful neglect of the manufacturing sector has caused this problem. Pengabaian sektor perkilangan secara sengaja telah menyebabkan masalah ini.
[2] *degil*
◊ He is a wilful man. Dia seorang lelaki yang degil.

wilfully KATA ADVERBA
secara sengaja

will KATA KERJA
> rujuk juga **will** KATA NAMA

akan
◊ Come on, I'll help you. Marilah, saya akan bantu anda. ◊ We'll talk about it later. Kita akan bincangkan hal ini kemudian. ◊ What will you do? Apakah yang akan anda lakukan? ◊ It won't take long. Perkara ini tidak akan mengambil masa yang lama.
• **That will be the postman.** Mungkin itu posmen.
• **Will you have some coffee?** Anda hendak minum kopi?
• **Will you be quiet!** Bolehkah anda diam?

will KATA NAMA
> rujuk juga **will** KATA KERJA

[1] *keazaman*
◊ He lost his will to live. Dia sudah hilang keazaman untuk hidup.
[2] *kehendak*

◊ ... *the will of the people* ...kehendak rakyat

[3] *wasiat*

willing KATA ADJEKTIF

sanggup

◊ *They are willing to pay a higher price.* Mereka sanggup membayar harga yang lebih tinggi.

willingly KATA ADVERBA

sanggup

◊ *I am glad you have come here so willingly.* Saya gembira kerana anda sanggup datang ke sini.

willingness KATA NAMA

kesanggupan

◊ *Although he's very busy, he showed a willingness to help.* Walaupun dia sangat sibuk, dia menunjukkan kesanggupannya untuk membantu.

to **wilt** KATA KERJA

layu

◊ *The flower has wilted.* Bunga itu sudah layu.

to **win** KATA KERJA

(**won, won**)

rujuk juga **win** KATA NAMA

[1] *memenangi*

◊ *to win a prize* memenangi hadiah

◊ *He does not have any chance of winning the election.* Dia tidak mempunyai peluang untuk memenangi pilihan raya tersebut.

[2] *mendapat*

◊ *British Aerospace has won an order worth 3 million.* British Aerospace mendapat tempahan bernilai tiga juta.

♦ **Did you win?** Adakah anda menang?

win KATA NAMA

rujuk juga **win** KATA KERJA

kemenangan

wind KATA NAMA

rujuk juga **wind** KATA KERJA

[1] *angin*

[2] *pengaruh*

◊ *The winds of change are blowing across the country.* Pengaruh perubahan sedang melanda negara itu.

♦ **She has wind in her stomach.** Perutnya masuk angin.

♦ **a wind instrument** alat tiupan

♦ **wind power** kuasa angin

to **wind** KATA KERJA

(**wound, wound**)

rujuk juga **wind** KATA NAMA

[1] *melilitkan*

◊ *They wound the rope around her waist.* Mereka melilitkan tali tersebut pada pinggangnya.

[2] *berliku-liku* (*jalan, sungai*)

[3] *mengunci*

◊ *I still haven't wound my watch, so I don't know the time now.* Saya masih belum mengunci jam tangan saya, jadi saya tidak tahu waktu sekarang.

♦ **Wind the tape forward.** Pusingkan pita rakaman tersebut ke hadapan.

to **wind up** KATA KERJA

menamatkan

◊ *Garry wound up his speech.* Garry menamatkan ucapannya.

windmill KATA NAMA

kincir angin

window KATA NAMA

tingkap

♦ **a shop window** jendela kedai

windowsill KATA NAMA

ambang tingkap

windscreen KATA NAMA

cermin depan (*kereta*)

windscreen wiper KATA NAMA

pengelap cermin depan

windshield KATA NAMA

cermin depan (*kereta*)

windshield wiper KATA NAMA

pengelap cermin depan

windy KATA ADJEKTIF

berangin

◊ *a windy day* hari yang berangin

◊ *It's windy.* Hari ini berangin.

wine KATA NAMA

wain

◊ *a wine bar* bar wain ◊ *a wine glass* gelas wain ◊ *the wine list* senarai wain

wing KATA NAMA

sayap

♦ **chicken wing** kepak ayam

to **wink** KATA KERJA

[1] *mengenyitkan mata*

◊ *to wink at somebody* mengenyitkan mata pada seseorang

[2] *berkelipan*

◊ *They could see lights winking on the bay.* Mereka dapat melihat cahaya berkelipan di teluk itu.

winner KATA NAMA

pemenang

♦ **They think the appeal is a winner.** Mereka berpendapat rayuan tersebut akan berhasil.

winning KATA ADJEKTIF

menang

◊ *the winning team* pasukan yang menang

♦ **the winning goal** gol yang membawa kemenangan

♦ **a winning smile** senyuman yang menawan

to **winnow** KATA KERJA

winter → withdraw

menampi (*padi, gandum*)

winter KATA NAMA
musim sejuk

winter sports KATA NAMA JAMAK
sukan musim sejuk

win-win situation KATA NAMA
situasi yang menguntungkan
◊ *a win-win situation for both parties* situasi yang menguntungkan bagi kedua-dua belah pihak

to **wipe** KATA KERJA
1 *mengelap*
◊ *to wipe the table* mengelap meja
2 *mengesat*
◊ *He wiped the tears from his eyes.* Dia mengesat air matanya. ◊ *to wipe one's feet* mengesat kotoran pada kasut

wire KATA NAMA
1 *dawai*
◊ *fine copper wire* dawai tembaga yang halus
2 *wayar*
◊ *the telephone wire* wayar telefon

wireless KATA ADJEKTIF
tanpa wayar atau kabel

wire mesh KATA NAMA
kasa dawai

wiring KATA NAMA
pendawaian

wisdom KATA NAMA
kebijaksanaan

wisdom tooth KATA NAMA
(JAMAK **wisdom teeth**)
gigi bongsu

wise KATA ADJEKTIF
bijak
◊ *a wise decision* keputusan yang bijak
♦ **a wise old man** orang tua yang bijaksana

wisely KATA ADVERBA
dengan bijaksana
◊ *to spend wisely* berbelanja dengan bijaksana
♦ **Your free time should be used wisely.** Masa anda yang terluang harus digunakan dengan sebaik-baiknya.

wish KATA NAMA
(JAMAK **wishes**)
rujuk juga **wish** KATA KERJA
1 *kehendak*
◊ *The decision was made against the wishes of the party leader.* Keputusan itu dibuat bertentangan dengan kehendak ketua parti.
2 *permintaan*
◊ *Whoever succeeds in the competition can make a wish.* Sesiapa sahaja yang berjaya dalam pertandingan itu boleh

B. Inggeris ~ B. Melayu   514

membuat satu permintaan.
♦ **"best wishes"** "ingatan tulus ikhlas"
♦ **"with best wishes, Kathy"** "yang ikhlas, Kathy"

to **wish** KATA KERJA
rujuk juga **wish** KATA NAMA
1 *mahu*
◊ *What more could you wish for?* Apa lagi yang anda mahu?
2 *ingin*
◊ *I wish to make a complaint.* Saya ingin membuat aduan.
♦ **I wish you were here!** Alangkah baiknya kalau anda berada di sini!
3 *mengucapkan*
◊ *to wish somebody a happy birthday* mengucapkan selamat hari jadi kepada seseorang
♦ **to wish to do something** ingin melakukan sesuatu
♦ **to wish for something** menghajatkan sesuatu

wit KATA NAMA
1 *kepintaran berjenaka*
◊ *Mark was known for his wit.* Mark terkenal dengan kepintarannya berjenaka.
2 *kepintaran*
◊ *She has used her wits to progress to the powerful position she holds today.* Dia telah menggunakan kepintarannya untuk mencapai jawatan yang berpengaruh yang dipegangnya sekarang.

witch KATA NAMA
(JAMAK **witches**)
ahli sihir

with KATA SENDI
dengan
◊ *He walks with a stick.* Dia berjalan dengan tongkat. ◊ *Fill the jug with water.* Penuhkan jag itu dengan air.
♦ **a woman with blue eyes** seorang wanita yang bermata biru
♦ **Come with me.** Mari ikut saya.
♦ **green with envy** berasa sangat iri hati
♦ **to shake with fear** menggeletar ketakutan

to **withdraw** KATA KERJA
(**withdrew, withdrawn**)
1 *menarik*
◊ *Cassandra withdrew her hand from Roger's.* Cassandra menarik tangannya dari tangan Roger.
2 *berundur*
◊ *Troops withdrew from the country last March.* Askar-askar berundur dari negara itu pada bulan Mac yang lepas.
3 *mengeluarkan*
◊ *They withdrew RM100 from the bank account.* Mereka mengeluarkan RM100

dari akaun bank.
[4] *beredar*
◊ *He withdrew to his room.* Dia beredar ke biliknya.
[5] *menarik diri*
◊ *The organization might withdraw from the talks.* Organisasi itu mungkin akan menarik diri daripada rundingan itu.

withdrawal KATA NAMA
pengunduran
◊ *troop withdrawals from the north of the country* pengunduran tentera dari bahagian utara negara itu
♦ **his withdrawal from the match** penarikan dirinya daripada perlawanan itu

withdrawn, withdrew KATA KERJA *rujuk* **withdraw**

to **wither** KATA KERJA
[1] *pudar*
◊ *His hopes withered after he heard the news.* Harapannya pudar selepas dia mendengar berita itu.
[2] *layu*
◊ *The hot weather caused all the flowers to wither.* Cuaca yang panas menyebabkan semua bunga layu.

to **withhold** KATA KERJA
(**withheld, withheld**)
[1] *menahan*
◊ *Financial aid for Britain has been withheld.* Bantuan kewangan untuk negara Britain telah ditahan.
[2] *menyembunyikan*
◊ *The captain decided to withhold the terrible news from his officers.* Kapten itu membuat keputusan untuk menyembunyikan berita buruk itu daripada pegawai-pegawainya.
♦ **Police withheld the dead boy's name.** Pihak polis tidak memberitahu nama budak lelaki yang mati itu.

within KATA SENDI
[1] *di dalam*
◊ *Clients are entertained within a private dining room.* Para tetamu dilayan di dalam sebuah ruang tamu yang tertutup.
[2] *dalam diri*
◊ *You've got to identify these inadequacies within yourself.* Anda perlu mengenal pasti kekurangan-kekurangan ini dalam diri anda sendiri.
[3] *dalam jarak*
◊ *He was within a few feet of me.* Dia berada dalam jarak beberapa kaki sahaja dari saya.
[4] *dalam masa*
◊ *I want it back within three days.* Saya mahukannya semula dalam masa tiga hari.

without KATA SENDI

tanpa
◊ *without a coat* tanpa kot

to **withstand** KATA KERJA
(**withstood, withstood**)
menahan
◊ *Dora couldn't withstand the heat of the sun and fainted.* Dora tidak dapat menahan kepanasan matahari lalu pengsan.

witness KATA NAMA
(JAMAK **witnesses**)
rujuk juga **witness** KATA KERJA
saksi
◊ *There were no witnesses.* Tidak ada saksi.

to **witness** KATA KERJA
rujuk juga **witness** KATA NAMA
menyaksikan
◊ *Anyone who witnessed the incident is requested to contact the police.* Sesiapa yang menyaksikan kejadian itu diminta menghubungi polis.

witness box KATA NAMA
kandang saksi

witty KATA ADJEKTIF
lucu
◊ *He's a witty speaker.* Dia seorang penceramah yang lucu.

wives KATA NAMA JAMAK *rujuk* **wife**

wizard KATA NAMA
[1] *ahli sihir lelaki*
[2] *pakar* (orang yang pintar, cekap)
◊ *a financial wizard* pakar kewangan

wobbly KATA ADJEKTIF
bergoyang
◊ *The pole is wobbly.* Tiang itu bergoyang.

wok KATA NAMA
kuali

woke up, woken up KATA KERJA *rujuk* **wake up**

wolf KATA NAMA
(JAMAK **wolves**)
serigala

woman KATA NAMA
(JAMAK **women**)
wanita
◊ *a woman doctor* seorang doktor wanita

womb KATA NAMA
rahim

womenfolk KATA NAMA
kaum wanita

won KATA KERJA *rujuk* **win**

to **wonder** KATA KERJA
tertanya-tanya
◊ *I wondered where Caroline was.* Saya tertanya-tanya di manakah Caroline.
♦ **I wonder why she said that.**

wonderful → work

Mengapakah agaknya dia berkata demikian?

wonderful KATA ADJEKTIF
seronok
◊ *It's wonderful to see you.* Saya seronok dapat berjumpa dengan anda.
♦ **He is a wonderful actor.** Dia seorang pelakon lelaki yang hebat.

won't = **will not**

wood KATA NAMA
1 *kayu*
◊ *This chair is made of wood.* Kerusi ini dibuat daripada kayu.
2 *hutan*
◊ *We went for a walk in the woods.* Kami pergi berjalan-jalan di dalam hutan.

wooden KATA ADJEKTIF
1 *kayu*
◊ *a wooden chair* kerusi kayu
2 *kaku*
◊ *wooden performance* persembahan yang kaku

woodpecker KATA NAMA
burung belatuk

woodwork KATA NAMA
1 *hasil kerja kayu*
◊ *I love the living room with its dark woodwork.* Saya suka ruang tamu itu dengan hasil kerja kayunya yang berwarna gelap.
2 *pertukangan kayu*
◊ *Joseph instructs a class in woodwork.* Joseph mengajar sebuah kelas dalam bidang pertukangan kayu.

wool KATA NAMA
bulu biri-biri
◊ *This carpet is made of wool and nylon.* Permaidani ini dibuat daripada bulu biri-biri dan nilon.
♦ **a ball of wool** segulung benang sayat

word KATA NAMA
1 *perkataan*
◊ *I don't think he remembers a single word.* Saya fikir dia tidak ingat sepatah perkataan pun.
2 *kata-kata*
◊ *I was devastated when her words came true.* Saya sungguh terkejut apabila kata-katanya menjadi kenyataan.
♦ **Can I have a word with you?** Boleh saya bercakap dengan anda sekejap?
3 *janji*
◊ *He cannot be trusted to keep his word.* Dia seorang yang sukar berpegang pada janji.
4 *perintah*
◊ *I want nothing done about this until I give the word.* Saya tidak mahu anda membuat apa-apa sehingga saya memberikan perintah.
♦ **What's the word for "shop" in Malay?** Apakah perkataan yang bermaksud "shop" dalam bahasa Melayu?
♦ **in other words** dalam perkataan lain
♦ **the words** lirik

-word AKHIRAN
perkataan
◊ *Politicians began to use the R-word: recession.* Ahli-ahli politik mula menggunakan perkataan R tersebut, iaitu 'recession' yang bermaksud kemelesetan ekonomi.

word-for-word KATA ADJEKTIF
hurufiah
◊ *word-for-word translation* terjemahan hurufiah

word processing KATA NAMA
pemprosesan kata

word processor KATA NAMA
pemproses kata

wore KATA KERJA rujuk **wear**

work KATA NAMA

rujuk juga **work** KATA KERJA

1 *pekerjaan*
◊ *She's looking for work.* Dia sedang mencari pekerjaan.
2 *tempat kerja*
◊ *at work* di tempat kerja ◊ *Many people travel to work by car.* Ramai orang pergi ke tempat kerja dengan kereta.
3 **hasil kerja*
◊ *Rembrandt's greatest work* hasil kerja Rembrandt yang paling hebat
♦ **It's hard work.** Kerja itu sungguh meletihkan.
♦ **He's off work today.** Dia cuti hari ini. (*kerana sakit, kecemasan*)
♦ **to be out of work** menganggur

to **work** KATA KERJA

rujuk juga **work** KATA NAMA

1 *bekerja*
◊ *She works in a shop.* Dia bekerja di sebuah kedai.
♦ **to work hard** berusaha bersungguh-sungguh
2 *berfungsi*
◊ *Is the telephone working today?* Adakah telefon itu berfungsi hari ini?
3 *bertindak*
◊ *The drug works by increasing levels of serotonin in the brain.* Dadah itu bertindak dengan meningkatkan paras serotonin di dalam otak.
♦ **My brain wasn't working.** Fikiran saya buntu.
4 *mengusahakan*
◊ *Farmers worked the fertile valleys.* Para petani mengusahakan lembah yang

work out → worship

subur itu.
5. *berjalan*
◊ *My plan worked perfectly.* Rancangan saya berjalan dengan sempurna.

to **work out** KATA KERJA
1. *menyelesaikan*
◊ *They were unable to work the question out.* Mereka tidak dapat menyelesaikan soalan tersebut.
♦ **Things just didn't work out as planned.** Hal itu tidak terjadi seperti yang dirancang.
2. *bersenam*
◊ *I work out twice a week.* Saya bersenam dua kali seminggu.
3. *mengira*
♦ **I worked it out in my head.** Saya mencongaknya.
4. *memahami*
◊ *I just couldn't work it out.* Saya tidak dapat memahaminya.

worker KATA NAMA
pekerja
◊ *She's a good worker.* Dia seorang pekerja yang rajin.

work experience KATA NAMA
pengalaman kerja

workforce KATA NAMA
tenaga kerja

working-class KATA ADJEKTIF
kaum buruh
◊ *a working-class family* keluarga kaum buruh

workload KATA NAMA
beban kerja

workman KATA NAMA
(JAMAK **workmen**)
pekerja buruh

workmanship KATA NAMA
kemahiran kerja

workplace KATA NAMA
tempat kerja

works KATA NAMA
kilang

worksheet KATA NAMA
lembaran kerja

workshop KATA NAMA
bengkel
◊ *a drama workshop* bengkel drama

workstation KATA NAMA
stesen kerja
> sebahagian daripada sistem pejabat berkomputer yang terdiri daripada skrin papar dan papan kekunci

worktop KATA NAMA
tempat penyediaan makanan (*di dapur*)

world KATA NAMA
dunia
◊ *the world champion* juara dunia
♦ **the World Cup** Piala Dunia

world-class KATA ADJEKTIF
antara yang terbaik di dunia

worldly KATA ADJEKTIF
duniawi
◊ *Since he began to study mysticism, he has lost interest in worldly matters.* Sejak dia belajar ilmu kebatinan, dia telah hilang minat tentang hal-hal duniawi.

worm KATA NAMA
cacing

worn KATA KERJA *rujuk* **wear**

worn KATA ADJEKTIF
1. *lusuh* (*pakaian, permaidani*)
2. *haus* (*kasut, tayar*)
3. *lesu* (*orang*)

worn out KATA ADJEKTIF
1. *lusuh* (*pakaian, permaidani*)
2. *haus* (*kasut, tayar*)
3. *lesu* (*orang*)

worried KATA ADJEKTIF
bimbang
◊ *to look worried* kelihatan bimbang
◊ *to be worried about something* bimbang akan sesuatu

to **worry** KATA KERJA
(**worried, worried**)
> *rujuk juga* **worry** KATA NAMA

merisaukan
◊ *'I didn't want to worry you.'* 'Saya tidak mahu merisaukan anda.'
♦ **The cold doesn't worry me.** Kesejukan itu tidak mendatangkan masalah kepada saya.
♦ **Don't worry!** Jangan risau!

worry KATA NAMA
(JAMAK **worries**)
> *rujuk juga* **worry** KATA KERJA

kebimbangan

worse KATA ADJEKTIF, KATA ADVERBA
lebih teruk
◊ *Her work was even worse than mine.* Kerjanya lebih teruk daripada kerja saya.
◊ *I'm feeling worse.* Saya berasa lebih teruk.

to **worsen** KATA KERJA
menjadi lebih buruk
◊ *to prevent the situation worsening* menghalang keadaan daripada menjadi lebih buruk
♦ **His cancer has worsened.** Penyakit barahnya sudah semakin teruk.
♦ **These options would actually worsen the economy.** Sebenarnya pilihan-pilihan ini hanya akan memburukkan lagi ekonomi.

to **worship** KATA KERJA
> *rujuk juga* **worship** KATA NAMA

1. *menyembah*
◊ *I enjoy going to church and*

worship → wrapping paper

worshipping God. Saya suka pergi ke gereja dan menyembah Tuhan.
2 *memuja*
◊ *I worship him.* Saya memujanya.
worship KATA NAMA
rujuk juga **worship** KATA KERJA
pemujaan
◊ *place of worship* tempat pemujaan
worshipper KATA NAMA
pemuja
worst KATA ADJEKTIF
rujuk juga **worst** KATA NAMA
paling teruk
◊ *the worst student in the class* pelajar yang paling teruk dalam kelas itu
• **my worst enemy** musuh ketat saya
• **Maths is my worst subject.** Saya paling lemah dalam mata pelajaran matematik.
worst KATA NAMA
rujuk juga **worst** KATA ADJEKTIF
yang teruk sekali
◊ *The worst of it is that....* Yang teruk sekali ialah...
• **If the worst comes to the worst...** Kalau keadaan betul-betul teruk...
• **at worst** seburuk-buruknya
worth KATA ADJEKTIF
1 *bernilai*
• **How much is this worth?** Berapakah nilainya?
2 *berbaloi*
◊ *It's worth it.* Memang berbaloi.
• **It's worth a lot of money.** Harganya sangat mahal.
worthless KATA ADJEKTIF
1 *tidak berguna*
◊ *The guarantee could be worthless if the firm goes out of business.* Jaminan itu tidak berguna jika firma itu muflis.
2 *tidak bernilai*
◊ *a worthless piece of old junk* benda lama yang tidak bernilai
worthy KATA ADJEKTIF
1 *wajar*
◊ *He says the idea is worthy of consideration.* Dia mengatakan bahawa idea itu wajar dipertimbangkan.
• **The bank might think you're worthy of a loan.** Bank itu mungkin berpendapat anda layak mendapat pinjaman.
2 *mulia*
◊ *worthy members of the community* ahli-ahli mulia dalam masyarakat
would KATA KERJA
akan
◊ *I said I would do it.* Saya kata saya akan melakukannya.
• **If you asked him he'd do it.** Kalau anda minta, dia akan melakukannya.

• **I'd like... (1)** Saya ingin... ◊ *I'd like to go to China.* Saya ingin pergi ke China.
• **I'd like... (2)** Beri saya... ◊ *I'd like three tickets please.* Tolong beri saya tiga keping tiket.
• **Would you like a biscuit?** Anda mahu biskut?
• **Would you like to go to the cinema?** Anda hendak pergi tengok wayang?
• **Would you close the door please?** Bolehkah anda tolong tutup pintu itu?
wouldn't = **would not**
wound KATA KERJA rujuk **wind**
wound KATA NAMA
rujuk juga **wound** KATA KERJA
luka
◊ *Six soldiers are reported to have died from their wounds.* Enam askar dilaporkan meninggal dunia akibat daripada luka mereka.
to **wound** KATA KERJA
rujuk juga **wound** KATA NAMA
mencederakan
• **He was wounded in the leg.** Kakinya cedera.
• **the wounded** orang yang tercedera
• **Hospitals said they could not cope with the wounded.** Pihak hospital mengatakan bahawa mereka tidak dapat menguruskan jumlah pesakit yang cedera yang begitu ramai.
wow KATA SERUAN
wau
◊ *'Wow! What a beautiful house.'* 'Wau, cantiknya rumah itu!'
to **wrap** KATA KERJA
membalut
◊ *She's wrapping her Christmas presents.* Dia sedang membalut hadiah untuk hari Krismas. ◊ *She wrapped a handkerchief around her bleeding finger.* Dia membalut jarinya yang berdarah dengan sehelai sapu tangan.
• **He wrapped his arms around her.** Dia memeluk gadis itu.
to **wrap up** KATA KERJA
1 *memakai baju panas*
◊ *Wrap yourself up if you go out.* Pakai baju panas jika anda keluar.
2 *menyelesaikan*
◊ *NATO defence ministers wrap up their meeting in Brussels today.* Menteri-menteri pertahanan NATO menyelesaikan mesyuarat mereka di Brussels hari ini.
wrapper KATA NAMA
pembalut
◊ *sweet wrapper* pembalut gula-gula
wrapping paper KATA NAMA
kertas pembalut hadiah

English ~ Malay — wreck → wrongdoing

to wreck KATA KERJA
rujuk juga **wreck** KATA NAMA
1 *memusnahkan*
◊ The explosion wrecked the whole house. Letupan tersebut telah memusnahkan rumah itu.
2 *merosakkan*
◊ The bad weather wrecked our plans. Cuaca yang buruk itu telah merosakkan rancangan kami.
- a wrecked cargo ship kapal kargo yang rosak

wreck KATA NAMA
rujuk juga **wreck** KATA KERJA
ranap
◊ That car is a wreck! Kereta itu memang ranap!
- After the exam I was a complete wreck. Saya sangat letih selepas peperiksaan tersebut.
- nervous wreck gelabah

wreckage KATA NAMA
1 *bangkai*
◊ Mark was dragged from the burning wreckage of his car. Mark ditarik keluar dari bangkai keretanya yang terbakar.
2 *rangka* (bangunan yang sudah rosak)
- New states were born out of the wreckage of old colonial empires. Beberapa negeri baru didirikan daripada sisa-sisa kehancuran empayar penjajah yang lama.

to wrestle KATA KERJA
1 *bergelut*
◊ They quarrelled and wrestled on the field. Mereka bergaduh dan bergelut di padang.
2 *bergusti* (perlawanan)

wrestler KATA NAMA
ahli gusti

wrestling KATA NAMA
gusti

to wring out KATA KERJA
(wrung out, wrung out)
memulas
◊ Rita wrung out the wet shirt. Rita memulas baju yang basah itu.

wrinkle KATA NAMA
rujuk juga **wrinkle** KATA KERJA
kedut

to wrinkle KATA KERJA
rujuk juga **wrinkle** KATA NAMA
berkedut
◊ Your skin will wrinkle as you grow older. Kulit anda akan berkedut apabila anda semakin tua.
- He wrinkled his forehead. Dia mengerutkan dahinya.

wrinkled KATA ADJEKTIF
berkedut

wrist KATA NAMA
pergelangan tangan

wrist rest KATA NAMA
tempat letak pergelangan tangan (untuk pengguna komputer)

wristwatch KATA NAMA
(JAMAK **wristwatches**)
jam tangan

writ KATA NAMA
writ (dokumen undang-undang)

to write KATA KERJA
(wrote, written)
1 *menulis*
◊ to write a letter menulis sepucuk surat
2 *menggubah*
◊ I had written a lot of orchestral music in my student days. Saya banyak menggubah muzik orkestra pada zaman persekolahan.

to write down KATA KERJA
mencatatkan
◊ I wrote down her address. Saya mencatatkan alamatnya.

writer KATA NAMA
1 *penulis* (buku, artikel)
2 *penggubah* (lagu)

writing KATA NAMA
1 *tulisan*
◊ I can't read your writing. Saya tidak dapat membaca tulisan anda. ◊ It was a good piece of writing. Ini merupakan satu tulisan yang baik.
2 *menulis*
◊ I love writing. Saya suka menulis.
- in writing secara bertulis
3 *karya*
◊ The articles are adapted from Michael Frayn's writings. Artikel-artikel tersebut telah disesuaikan daripada karya Michael Frayn.

written KATA KERJA *rujuk* **write**

wrong KATA ADJEKTIF, KATA ADVERBA
1 *salah*
◊ The information they gave us was wrong. Maklumat yang mereka berikan kepada kami adalah salah.
- We think there's something wrong with this computer. Kami fikir ada sesuatu yang tidak kena dengan komputer ini.
2 *silap*
◊ "You thought wrong," Nancy said. "Sangkaan anda silap," kata Nancy.
- He was wearing the wrong clothes for the meeting. Dia memakai pakaian yang tidak sesuai untuk mesyuarat itu.
- What's wrong? Apakah masalahnya?

wrongdoing KATA NAMA
kesalahan

wrongfully KATA ADVERBA
secara tidak adil
◊ *The system is in need of urgent reform to prevent more people being wrongfully imprisoned.* Sistem itu perlu diperbaharui dengan cepat untuk mengelakkan lebih banyak orang daripada dipenjarakan secara tidak adil.

wrote KATA KERJA *rujuk* **write**
wrought iron KATA NAMA
besi tempa
wrung out KATA KERJA *rujuk* **wring out**
WWW KATA NAMA (= *World Wide Web*)
WWW (= *Jaringan Sejagat*)

X

Xmas KATA NAMA (= *Christmas*)
Krismas

X-ray KATA NAMA
> rujuk juga **X-ray** KATA KERJA

pemeriksaan x-ray
◊ *I had an X-ray taken.* Saya menjalani pemeriksaan x-ray.

to **X-ray** KATA KERJA
> rujuk juga **X-ray** KATA NAMA

mengx-ray
◊ *They X-rayed my arm.* Mereka mengx-ray lengan saya.

xylophone KATA NAMA
xilofon

Y

yacht KATA NAMA
1. _perahu layar_
2. _kapal persiar_

yam KATA NAMA
keladi

yam bean KATA NAMA
ubi keladi

yard KATA NAMA
1. _ela_
   Satu ela bersamaan dengan 90 sentimeter.
2. _limbungan_
   ◊ *a ship repair yard* limbungan membaiki kapal
- **I saw Lim standing in the back yard.** Saya nampak Lim berdiri di halaman belakang.

yardstick KATA NAMA
kayu pengukur

to **yawn** KATA KERJA
menguap
◊ *They looked bored and yawned in the history class.* Mereka kelihatan bosan dan menguap semasa kelas sejarah.
- **The gulf between them yawned wider than ever.** Jurang antara mereka semakin meluas.

year KATA NAMA
tahun
◊ *The election was held last year.* Pilihan raya telah diadakan pada tahun lepas.
- **years** bertahun-tahun ◊ *It took him years to get up the courage.* Dia mengambil masa bertahun-tahun untuk membina keyakinannya.
- **to be 15 years old** berumur 15 tahun
- **an eight-year-old child** kanak-kanak yang berumur lapan tahun
- **She's in the third year.** Dia pelajar tahun ketiga.

yearly KATA ADJEKTIF
tahunan
◊ *a yearly service* servis tahunan

to **yearn** KATA KERJA
mengidamkan
◊ *He yearned for freedom.* Dia mengidamkan kebebasan.
- **I yearned to be a movie star.** Saya mengidam hendak menjadi seorang bintang filem.
- **We yearned for a mother's love.** Kami dahaga akan kasih seorang ibu.

yeast KATA NAMA
yis

to **yell** KATA KERJA
memekik
◊ *'Eva!' he yelled.* 'Eva!' dia memekik.
- **I'm sorry I yelled at you last night.** Saya meminta maaf kerana menengking anda semalam.

yellow KATA ADJEKTIF
kuning

yellow fever KATA NAMA
demam kuning

yellowish KATA ADJEKTIF
kekuningan
◊ *a yellowish shirt* sehelai baju yang berwarna kekuningan

yes KATA ADVERBA
_ya_
◊ *Do you like him? - Yes.* Adakah anda menyukainya? - Ya.
- **Can you do it? - Yes.** Bolehkah anda melakukannya? - Boleh.

yesterday KATA ADVERBA
1. _kelmarin_
   ◊ *yesterday morning* pagi kelmarin
2. _masa dahulu_
   ◊ *The worker of today is different from the worker of yesterday in all respects.* Pekerja hari ini berbeza dengan pekerja masa dahulu dalam segala aspek.
- **all day yesterday** sehari suntuk kelmarin

yet KATA ADVERBA
Biasanya *yet* hanya diterjemahkan apabila hadir bersama perkataan lain terutama sekali dalam ayat negatif dan ayat tanya.
◊ *Have you eaten? - Not yet.* Anda sudah makan? - Belum. ◊ *The work is not finished yet.* Kerja itu belum siap lagi. ◊ *Have you met my husband yet?* Sudahkah anda berjumpa dengan suami saya?
- **as yet** hingga kini ◊ *There's no news as yet.* Tidak ada sebarang berita hingga kini.

to **yield** KATA KERJA
tunduk
◊ *to yield to an impulse* tunduk kepada gerak hati

yoga KATA NAMA
yoga

yogurt KATA NAMA
yogurt
◊ *chocolate flavoured yogurt* yogurt berperisa coklat

yolk KATA NAMA
kuning telur
◊ *Only the yolk contains cholesterol.* Hanya kuning telur yang mengandungi kolesterol.

you KATA GANTI NAMA
anda
◊ *What do you think about it?* Apakah pendapat anda tentang perkara ini?
◊ *She's younger than you.* Dia lebih

muda daripada anda.
> **you** boleh diterjemahkan sebagai **anda, awak, kamu** dan **engkau**. Kadangkala terjemahan itu tidak digunakan tetapi digantikan dengan gelaran atau nama panggilan. Nama gelaran atau panggilan yang ditunjukkan di bawah ini hanyalah sebagai panduan. Anda haruslah pandai menyesuaikannya. Kata ganti nama yang digunakan bergantung pada tahap keakraban antara penutur dengan pendengar.

◊ *I love you.* Aku mencintaimu. ◊ *Have you eaten?* Pak cik sudah makan? ◊ *Where are you staying?* Cik tinggal di mana? ◊ *Do you have any objections?* Tuan ada apa-apa bantahan?

young KATA ADJEKTIF
1 *muda*
◊ *He's younger than me.* Dia lebih muda daripada saya. ◊ *This fashion is for young people.* Fesyen ini adalah untuk orang muda.
♦ **my youngest brother** adik bongsu saya (*lelaki*)
2 *anak*
◊ *The hen may not be able to protect its young.* Ibu ayam itu mungkin tidak dapat melindungi anaknya.

youngster KATA NAMA
anak muda
◊ *Youngsters nowadays are very hard to control.* Anak muda sekarang sangat sukar dikawal.

your KATA ADJEKTIF
> **your** boleh diterjemahkan sebagai **anda, awak, kamu** dan **engkau**. Kadangkala terjemahan itu tidak digunakan tetapi digantikan dengan gelaran atau nama panggilan. Nama gelaran atau panggilan yang ditunjukkan di bawah ini hanyalah sebagai panduan. Anda haruslah pandai menyesuaikannya. Kata ganti nama yang digunakan bergantung pada keakraban antara penutur dengan pendengar.

◊ *your house* rumah anda ◊ *Can I see your passport, sir?* Boleh saya periksa pasport encik? ◊ *Smoking is bad for your health.* Merokok membahayakan kesihatan anda. ◊ *When is your wedding anniversary?* Bilakah ulang tahun perkahwinan emak? ◊ *What's your name?* Siapakah nama saudari? ◊ *Your sweet little face...* Wajahmu yang manis...

yours KATA GANTI NAMA
milik anda
◊ *That book is yours.* Buku itu milik anda. ◊ *Is that box yours?* Kotak itu milik anda?
♦ **I've lost my pen. Can I use yours?** Pen saya sudah hilang. Bolehkah saya gunakan pen anda?
♦ **Yours sincerely,** Yang benar,
♦ **Is that bag yours?** Beg itu milik encik?

yourself KATA GANTI NAMA
(JAMAK **yourselves**)
diri anda
◊ *You can think of yourself as my friend.* Anda boleh menganggap diri anda sebagai kawan saya.
♦ **Do it yourself.** Lakukannya sendiri.
♦ **You did it for yourself.** Anda melakukannya untuk diri anda sendiri.

yourselves KATA GANTI NAMA
(TUNGGAL **yourself**)
diri anda
♦ **Be honest with yourselves.** Bersikap jujurlah pada diri sendiri.

youth KATA NAMA
belia

youth club KATA NAMA
kelab belia
◊ *They went to the youth club yesterday.* Mereka pergi ke kelab belia kelmarin.

youthful KATA ADJEKTIF
muda
◊ *the secret of his youthful looks* rahsia rupanya yang muda
♦ **youthful enthusiasm and high spirits** ghairah dan penuh semangat seperti orang muda

youth hostel KATA NAMA
asrama belia
◊ *We're staying in the youth hostel tonight.* Kami akan tinggal di asrama belia malam ini.

yo-yo KATA NAMA
(JAMAK **yo-yos**)
yoyo

Yugoslavia KATA NAMA
negara Yugoslavia
◊ *the former Yugoslavia* bekas negara Yugoslavia

Z

zany KATA ADJEKTIF
gila-gila

zebra KATA NAMA
kuda belang

zebra crossing KATA NAMA
lintasan pejalan kaki

zero KATA NAMA
(JAMAK **zeros** atau **zeroes**)
sifar

zero-emission KATA ADJEKTIF
tidak mengeluarkan sebarang gas yang berbahaya
◊ *zero-emission car* kereta yang tidak mengeluarkan sebarang gas yang berbahaya

zigzag KATA NAMA
garis bengkang-bengkok

Zimbabwe KATA NAMA
negara Zimbabwe

Zimmer frame ® KATA NAMA
rangka Zimmer®
peralatan untuk membantu orang tua atau orang sakit berjalan

zinc KATA NAMA
zink

zip KATA NAMA
rujuk juga **zip** KATA KERJA
zip

to **zip** KATA KERJA
rujuk juga **zip** KATA NAMA
1 *mengezip*
2 *mengezipkan* (fail komputer)

zip code KATA NAMA
poskod

zit KATA NAMA
(*tidak formal*)
jerawat

zodiac KATA NAMA
zodiak
◊ *the signs of the zodiac* lambang-lambang zodiak

zone KATA NAMA
zon

zoo KATA NAMA
(JAMAK **zoos**)
zoo

zoology KATA NAMA
zoologi

zoom lens KATA NAMA
(JAMAK **zoom lenses**)
kanta zum

zucchini KATA NAMA
(JAMAK **zucchini** atau **zucchinis**)
zukini (*sejenis labu*)

zygote KATA NAMA
zigot

ENGLISH GRAMMAR
TATABAHASA BAHASA INGGERIS

CONTENTS ~ *KANDUNGAN*

Page No. ~ *Muka surat*

Unit 1 527
Singular and plural ~ *Tunggal dan jamak*

Unit 2 529
Determiners ~ *Kata penunjuk*

Unit 3 531
Position of adjectives ~ *Kedudukan kata adjektif*

Unit 4 533
Comparison ~ *Perbandingan*

Unit 5 535
Possession ~ *Pemilikan*

Unit 6 537
Personal pronouns ~ *Kata ganti nama diri*

Unit 7 539
Demonstrative pronouns ~ *Kata ganti nama tunjuk*

Unit 8 541
Indefinite pronouns ~ *Kata ganti nama tak tentu*

Page No. ~ *Muka surat*

Unit 9 543
Adverbials ~ *Adverbial*

Unit 10 545
Auxiliary verbs ~ *Kata kerja bantu*

Unit 11 547
Modal verbs ~ *Kata kerja modal*

Unit 12 549
Reflexive verbs ~ *Kata kerja refleksif*

Unit 13 551
The passive voice ~ *Ragam pasif*

Unit 14 553
'to'-infinitive clauses ~ *Klausa infinitif 'to'*

Unit 15 555
Verbs with '-ing' clauses ~ *Kata kerja dengan klausa '-ing'*

Unit 16 557
Verb + 'to' or '-ing' ~ *Kata kerja + 'to' atau '-ing'*

Singular and plural ~ *Tunggal dan jamak*

Main points ~ *Perkara-perkara utama*

Singular nouns are used only in the singular, always with a determiner.
Plural nouns are used only in the plural, some with a determiner.
Collective nouns can be used with singular or plural verbs.

Kata nama tunggal hanya digunakan dalam bentuk tunggal, selalunya dengan kata penunjuk.
Kata nama jamak hanya digunakan dalam bentuk jamak, sesetengahnya dengan kata penunjuk.
Kata nama kelompok boleh digunakan dengan kata kerja tunggal atau jamak.

1. Some nouns are used in particular meanings in the singular with a determiner, like count nouns, but are not used in the plural with that meaning. They are often called 'singular nouns'. Some of these nouns are normally used with 'the' because they refer to things that are unique.

air	country	countryside	dark	daytime	end	future	ground
moon	past	sea	seaside	sky	sun	wind	world

   The sun was shining.
   I am scared of *the dark.*

   Other singular nouns are normally used with 'a' because they refer to things that we usually talk about one at a time.

bath	chance	drink	fight	go	jog	move	rest
ride	run	shower	smoke	snooze	start	walk	wash

   I went upstairs and had *a wash.*
   Why don't we go outside for *a smoke?*

2. Some nouns are used in particular meanings in the plural with or without determiners, like count nouns, but are not used in the singular with that meaning.
   They are often called 'plural nouns'.
   His *clothes* looked terribly dirty.
   Troops are being sent in today.
   Some of these nouns are always used with determiners.

activities	authorities	feelings	likes	pictures	sights	travels

   I went to *the pictures* with Tina.
   You hurt *his feelings.*

   Some are usually used without determiners.

airs	expenses	goods	refreshments	riches

   Refreshments are available inside.
   They have agreed to pay for travel and *expenses.*

   ● WARNING: 'Police' is a plural noun, but does not end in '-s'.
   The *police* were informed immediately.

Singular and plural ~ *Tunggal dan jamak*

[3] A small group of plural nouns refer to single items that have two linked parts. They refer to tools that people use or things that people wear.

binoculars	pincers	pliers	scales	scissors	shears	tweezers
glasses	jeans	knickers	pants	pyjamas	shorts	tights
trousers						

She was wearing brown <u>trousers.</u>
These <u>scissors</u> are sharp.

You can use 'a pair of' to make it clear you are talking about one item, or a number with 'pairs of' when you are talking about several items.

I was sent out to buy <u>a pair of scissors.</u>
Liza had given me <u>three pairs of jeans.</u>

Note that you also use 'a pair of' with words such as 'gloves', 'shoes', and 'socks' that you often talk about in twos.

[4] With some nouns that refer to a group of people or things, the same form can be used with singular or plural verbs, because you can think of the group as a unit or as individuals. Similarly, you can use singular or plural pronouns to refer back to them. These nouns are often called 'collective nouns'.

army	audience	committee	company	crew	data	enemy
family	flock	gang	government	group	herd	media
navy	press	public	staff	team		

Our little <u>group is</u> complete again.
The largest <u>group are</u> the boys.
Our <u>family isn't</u> poor any more.
My <u>family are</u> perfectly normal.

The names of many organizations and sports teams are also collective nouns, but are normally used with plural verbs in spoken English.

<u>The BBC is</u> showing the programme on Saturday.
<u>The BBC are</u> planning to use the new satellite.
<u>Liverpool is</u> leading 1-0.
<u>Liverpool are</u> attacking again.

Determiners ~ *Kata penunjuk*

Main points ~ *Perkara-perkara utama*

Determiners are used at the beginning of noun groups.
You use specific determiners when people know exactly which things or people you are talking about.
You use general determiners to talk about people or things without saying exactly who or what they are.

Kata penunjuk digunakan di hadapan kelompok kata nama.
Kata penunjuk khusus digunakan apabila pendengar tahu dengan jelas tentang perkara atau orang yang anda maksudkan.
Kata penunjuk am digunakan apabila menceritakan tentang orang atau benda tanpa merujuk kepada orang atau benda itu secara khusus.

[1] When you use a determiner, you put it at the beginning of a noun group, in front of numbers or adjectives. The definite article 'the' is the commonest determiner.
   I met <u>the two Swedish girls</u> in London.
   <u>Our main bedroom</u> is through there.
   Have you got <u>another red card</u>?
   <u>Several young boys</u> were waiting.

[2] When the people or things that you are talking about have already been mentioned, or the people you are talking to know exactly which ones you mean, you use a specific determiner.
   <u>The</u> man began to run towards <u>the</u> boy.
   Young people don't like <u>these</u> operas.
   <u>Her</u> face was very red.
   I called for <u>a waiter</u>... ...<u>the waiter</u> with a moustache came.

The specific determiners are:

the definite article:	the					
demonstratives:	this	that	these	those		
possessives:	my	your	his	her	its	our	their

Note that 'your' is used both for the singular and plural possessive.

[3] When you are mentioning people or things for the first time, or talking about them generally without saying exactly which ones you mean, you use a general determiner.
   There was <u>a</u> man in the lift.
   We went to <u>an</u> art exhibition.
   You can stop at <u>any</u> time you like.
   There were <u>several</u> reasons for this.

Determiners ~ *Kata penunjuk*

The general determiners are:

a	all	an	another	any	both	each
either	enough	every	few	fewer	less	little
many	more	most	much	neither	no	other
several	some					

[4] Each general determiner is used with particular types of noun, such as:
- singular count nouns

| a | an | another | any | each | either | every | neither | no |

> I got <u>a postcard</u> from Susan.
> <u>Any big tin container</u> will do.
> He opened <u>another shop.</u>

- plural count nouns

all	any	both	enough	few	fewer	many
more	most	no	other	several	some	

> There were <u>few doctors</u> available.
> <u>Several projects</u> were postponed.
> He spoke <u>many different languages.</u>

- uncount nouns

all	any	enough	less	little	more	most
much	no	some				

> There was <u>little applause.</u>
> We need <u>more information.</u>
> He did not speak <u>much English.</u>

● WARNING: The following general determiners can never be used with uncount nouns.

a	an	another	both	each	either	every
few	many	neither	several			

[5] Most of the determiners are also pronouns, except 'the', 'a', 'an', 'every', 'no' and the possessives.
> I saw <u>several</u> in the woods last night.
> Have you got <u>any</u> that I could borrow?
> There is <u>enough</u> for all of us.

You use 'one' as a pronoun instead of 'a' or 'an', 'none' instead of 'no', and 'each' instead of 'every'.
> Have you got <u>one?</u>
> <u>Each</u> has a separate box and number.
> There are <u>none</u> left.

Position of adjectives ~ *Kedudukan kata adjektif*

Main points ~ *Perkara-perkara utama*

There are two main positions for adjectives; in front of a noun, or as the complement of a link verb.
Most adjectives can be used in either of these positions, but some adjectives can only be used in one.

Terdapat dua kedudukan utama untuk kata adjektif: di hadapan kata nama, atau sebagai pelengkap kepada kata kerja penghubung.
Kebanyakan kata adjektif boleh digunakan pada mana-mana kedudukan yang dinyatakan di atas, tetapi sesetengahnya hanya boleh digunakan pada satu kedudukan sahaja.

1. Most adjectives can be used in a noun group, after determiners and numbers if there are any, in front of the noun.
   He had a <u>beautiful smile.</u>
   There was no <u>clear evidence.</u>
   She bought a loaf of <u>white bread.</u>

2. Most adjectives can also be used after a link verb such as 'be', 'become', or 'feel'.
   I'<u>m cold.</u>
   I <u>felt angry.</u>

3. Some adjectives are normally used only after a link verb.

afraid	alive	alone	asleep	aware	content	due
glad	ill	ready	sorry	sure	unable	well

   For example, you can say 'She was glad', but you do not talk about 'a glad woman'.
   I wanted to <u>be alone.</u>
   He didn't know whether to <u>feel glad</u> or <u>sorry.</u>
   I'<u>m</u> not quite <u>sure.</u>

4. Some adjectives are normally used only in front of a noun.

eastern	northern	southern	western	atomic
countless	digital	existing	indoor	introductory
maximum	neighbouring	occasional	outdoor	

   For example, you can say 'an atomic bomb', but not 'The bomb was atomic'.
   He sent <u>countless letters</u> to the newspapers.
   This book includes a good <u>introductory chapter</u> on forests.

5. When you use an adjective to emphasize a strong feeling or opinion, it always comes in front of a noun.

absolute	complete	entire	perfect	positive	pure	real
total	true					

Position of adjectives ~ *Kedudukan kata adjektif*

> Some of it was <u>absolute rubbish.</u>
> He made me feel like a <u>complete idiot.</u>

[6] Some adjectives that describe size or age can come after a noun group consisting of a number or determiner and a noun that indicates the unit of measurement.

deep   high   long   old   tall   thick   wide

> The water was <u>several metres deep.</u>
> The baby is <u>nine months old.</u>

Note that you do not say 'two pounds heavy', you say 'two pounds in weight'.

[7] A few adjectives have a different meaning depending on whether they come in front of or after a noun.

concerned   involved   present   proper   responsible

For example, 'the concerned mother' means a mother who is worried, but 'the mother concerned' means the mother who has been mentioned.

> It's one of those incredibly <u>involved stories.</u>
> The <u>people involved</u> are all doctors.
> Her parents were trying to act in a <u>responsible manner.</u>
> We do not know the <u>person responsible</u> for his death.

[8] You can use adjectives to describe various qualities of people or things, for example, their size, shape, or the country they come from. Descriptive adjectives belong to six main types, but you are unlikely ever to use all six types in the same noun group. If you did you would normally put them in the following order.

size   age   shape   colour   nationality   material

This means that if you want to use an 'age' adjective and a 'nationality' adjective, you put the 'age' adjective first.

> We met some <u>young Chinese</u> girls.

Similarly a 'shape' adjective normally comes before a 'colour' adjective.

> He had <u>round black</u> eyes.

Other combinations of adjectives follow the same order. Note that 'material' means any substance, not only cloth.

> There was a <u>large round wooden</u> table in the room.

Comparison ~ *Perbandingan*

Main points ~ *Perkara-perkara utama*

You add '-er' for the comparative and '-est' for the superlative of one-syllable adjectives and adverbs.
You use '-er' and '-est' with some two-syllable adjectives.
You use 'more' for the comparative and 'most' for the superlative of most two-syllable adjectives, all longer adjectives, and adverbs ending in '-ly'.
Some common adjectives and adverbs have irregular forms.

'-er' digunakan untuk membuat perbandingan dan '-est' digunakan sebagai superlatif bagi kata adjektif yang mempunyai satu suku kata dan kata adverba.
'-er' dan '-est' digunakan untuk sesetengah kata adjektif dua suku kata.
'More' digunakan untuk membuat perbandingan dan 'most' digunakan sebagai superlatif bagi kebanyakan kata adjektif dua suku kata, kata-kata adjektif yang lebih panjang dan kata adverba yang berakhir dengan '-ly'.
Sesetengah kata adjektif dan kata adverba biasa mempunyai bentuk tak sekata.

[1] You add '-er' for the comparative form and '-est' for the superlative form of one-syllable adjectives and adverbs. If they end in '-e', you add '-r' and '-st'.

| cheap | * | cheaper | * | cheapest |
| safe | * | safer | * | safest |

| close | cold | fast | hard | large | light | nice |
| poor | quick | rough | small | weak | wide | young |

> They worked <u>harder</u>.
> I've found a <u>nicer</u> hotel.

If they end in a single vowel and consonant (except '-w'), double the consonant.

| big | * | bigger | * | biggest |

| fat | hot | sad | thin | wet |

> The day grew <u>hotter</u>.
> Henry was the <u>biggest</u> of them.

[2] With two-syllable adjectives and adverbs ending in a consonant and '-y', you change the '-y' to '-i' and add '-er' and '-est'.

| happy | * | happier | * | happiest |

| angry | busy | dirty | easy | friendly |
| funny | heavy | lucky | silly | tiny |

> It couldn't be <u>easier</u>.
> That is the <u>funniest</u> bit of the film.

Comparison ~ *Perbandingan*

[3] You use 'more' for the comparative and 'most' for the superlative of most two-syllable adjectives, all longer adjectives, and adverbs ending in '-ly'.

careful	*	more careful	*	most careful
beautiful	*	more beautiful	*	most beautiful
seriously	*	more seriously	*	most seriously

> Be <u>more careful</u> next time.
> They are the <u>most beautiful</u> gardens in the world.
> It affected Clive <u>most seriously</u>.

Note that for 'early' as an adjective or adverb, you use 'earlier' and 'earliest', not 'more' and 'most'.

[4] With some common two-syllable adjectives and adverbs you can either add '-er' and '-est', or use 'more' and 'most'.

| common | cruel | gentle | handsome | likely |
| narrow | pleasant | polite | simple | stupid |

Note that 'clever' and 'quiet' only add '-er' and '-est'.
> It was <u>quieter</u> outside.
> He was the <u>cleverest</u> man I ever knew.

[5] You normally use 'the' with superlative adjectives in front of a noun, but you can omit 'the' after a link verb.
> It was <u>the happiest</u> day of my life.
> I was <u>happiest</u> when I was on my own.

⊖ WARNING: When 'most' is used without 'the' in front of adjectives and adverbs, it often means almost the same as 'very'.
> This book was <u>most interesting</u>.
> I object <u>most strongly</u>.

[6] You usually put comparative and superlative adjectives in front of other adjectives.
> Some of the <u>better English</u> actors have gone to live in Hollywood.
> These are the <u>highest monthly</u> figures on record.

[7] A few common adjectives and adverbs have irregular comparative and superlative forms.

good/well	*	better	*	best
bad/badly	*	worse	*	worst
far	*	farther/further	*	farthest/furthest
old	*	older/elder	*	oldest/eldest

> She would ask him when she knew him <u>better</u>.
> She sat near the <u>furthest</u> window.

Note that you use 'elder' or 'eldest' to say which brother, sister, or child in a family you mean.
> Our <u>eldest</u> daughter couldn't come.

Possession ~ *Pemilikan*

Main points ~ *Perkara-perkara utama*

Possessives and possessive pronouns are used to say that one person or thing belongs to another or is connected with another.
You use apostrophe s ('s) to say who something belongs to.
You use phrases with 'of' to say that one person or thing belongs to another or is connected with another.

Kata milik dan kata ganti nama milik digunakan untuk menyatakan bahawa satu orang atau benda merupakan milik orang atau benda yang lain atau mempunyai kaitan dengannya.
Tanda ('s) digunakan untuk menyatakan pemilik sesuatu benda.
Frasa digunakan bersama 'of' untuk menyatakan bahawa satu orang atau benda merupakan milik orang atau benda yang lain atau mempunyai kaitan dengannya.

1. You use possessives to say that a person or thing belongs to another person or thing or is connected with them. The possessives are sometimes called 'possessive adjectives'.

    my   your   his   her   its   our   their

    Note that 'your' is both singular and plural.
    I'd been waiting a long time to park <u>my car.</u>
    They took off <u>their shoes.</u>
    ● WARNING: The possessive 'its' is not spelled with an apostrophe. The form 'it's' with an apostrophe is the short form for 'it is' or 'it has'.

2. You put numbers and adjectives after the possessive and in front of the noun.
    <u>Their two small children</u> were playing outside.
    She got a bicycle on <u>her sixth birthday</u>.

3. You use a possessive pronoun when you want to refer to a person or thing and to say who that person or thing belongs to or is connected with. The possessive pronouns are:

    mine   yours   his   hers   ours   theirs

    Note that 'yours' is both singular and plural.
    Is that coffee <u>yours</u> or <u>mine</u>?
    It was his fault, not <u>theirs</u>.
    ● WARNING: There is no possessive pronoun 'its'.

4. You can also say who or what something belongs to or is connected with by using a noun with apostrophe s ('s). For example, if John owns a motorbike, you can refer to it as 'John's motorbike'.

Possession ~ *Pemilikan*

Sylvia put her hand on <u>John's</u> arm.
I like the <u>car's</u> design.

You add apostrophe s ('s) to singular nouns and irregular plural nouns, usually referring to people rather than things.

I wore a pair of my <u>sister's</u> boots.
<u>Children's</u> birthday parties can be boring.

With plural nouns ending in '-s' you only add the apostrophe (').

It is not his <u>parents'</u> problem.

You add apostrophe s ('s) to people's names, even when they end in '-s'.

Could you give me <u>Charles's</u> address?

Note that when you use two or more names linked by 'and', you put the apostrophe s ('s) after the last name.

They have bought <u>Sue and Tim's</u> car.

[5] When you want to refer to someone's home, or to some common shops and places of work, you can use apostrophe s ('s) after a name or noun on its own.

He's round at <u>David's</u>.
He bought it at the <u>chemist's</u>.
She must go to the <u>doctor's</u>.

[6] You can also use apostrophe s ('s) with some expressions of time to identify something, or to say how much time is involved.

Did you see the cartoon in <u>yesterday's</u> newspaper?
They have four <u>weeks'</u> holiday per year.

[7] You can use a prepositional phrase beginning with 'of' to say that one person or thing belongs to or is connected with another.

She is the mother <u>of the boy</u> who lives next door.
Ellen aimlessly turned the pages <u>of her magazine.</u>

After 'of' you can use a possessive pronoun, or a noun or name with apostrophe s ('s).

He was an old friend <u>of mine.</u>
That word was a favourite <u>of your father's</u>.
She's a friend <u>of Stephen's</u>.

[8] You can add 'own' after a possessive, or a noun or name with apostrophe s ('s), for emphasis.

<u>My own</u> view is that there are no serious problems.
The <u>professor's own</u> answer may be unacceptable.

Personal pronouns ~ *Kata ganti nama diri*

Main points ~ *Perkara-perkara utama*

You use personal pronouns to refer back to something or someone that has already been mentioned.
You also use personal pronouns to refer to people and things directly.
There are two sets of personal pronouns: subject pronouns and object pronouns.
You can use 'you' and 'they' to refer to people in general.

Kata ganti nama diri digunakan untuk merujuk semula kepada sesuatu atau seseorang yang telah disebut sebelum ini.
Kata ganti nama diri juga digunakan untuk merujuk kepada orang dan benda secara langsung.
Terdapat dua set kata ganti nama diri: kata ganti nama diri subjek dan kata ganti nama diri objek.
'You' dan 'they' digunakan untuk merujuk kepada orang secara umum.

[1] When something or someone has already been mentioned, you refer to them again by using a pronoun.
   John took <u>the book</u> and opened <u>it</u>.
   He rang <u>Mary</u> and invited <u>her</u> to dinner.
   'Have you been to <u>London</u>?' - 'Yes, <u>it</u> was very crowded.'
   <u>My father</u> is fat - <u>he</u> weighs over fifteen stone.
In English,'he'and 'she'normally refer to people, occasionally to animals, but very rarely to things.

[2] You use a pronoun to refer directly to people or things that are present or are involved in the situation you are in.
   Where shall <u>we</u> meet, Sally?
   <u>I</u> do the washing; <u>he</u> does the cooking; <u>we</u> share the washing-up.
   Send <u>us</u> a card so <u>we</u>'ll know where <u>you</u> are.

[3] There are two sets of personal pronouns, subject pronouns and object pronouns. You use subject pronouns as the subject of a verb.

| I | you | he | she | it | we | they |

Note that 'you' is used for the singular and plural form.
   <u>We</u> are going there later.
   <u>I</u> don't know what to do.

[4] You use object pronouns as the direct or indirect object of a verb.

| me | you | him | her | it | us | them |

Personal pronouns ~ *Kata ganti nama diri*

Note that 'you' is used for the singular and plural form.
The nurse washed me with cold water.
The ball hit her in the face.
John showed him the book.
Can you give me some more cake?

Note that, in modern English, you use object pronouns rather than subject pronouns after the verb 'be'.
'Who is it?' - 'It's me.'
There was only John, Baz, and me in the room.

You also use object pronouns as the object of a preposition.
We were all sitting in a cafe with him.
Did you give it to them?

[5] You can use 'you' and 'they' to talk about people in general.
You have to drive on the other side of the road on the continent.
They say she's very clever.

[6] You can use 'it' as an impersonal subject in general statements which refer to the time, the date, or the weather.
'What time is it?' 'It's half past three.'
It is January 19th.
It is rainy and cold.

You can also use 'it' as the subject or object in general statements about a situation.
It is too far to walk.
I like it here. Can we stay a bit longer?

[7] A singular pronoun usually refers back to a singular noun group, and a plural pronoun to a plural noun group. However, you can use plural pronouns to refer back to:
* indefinite pronouns, even though they are always followed by a singular verb
  If anybody comes, tell them I'm not in.
* collective nouns, even when you have used a singular verb
  His family was waiting in the next room, but they had not yet been informed.

Demonstrative pronouns ~ *Kata ganti nama tunjuk*

Main points ~ *Perkara-perkara utama*

You use the demonstrative pronouns 'this', 'that', 'these', and 'those' when you are pointing to physical objects or identifying people.
You use 'one' or 'ones' instead of a noun that has been mentioned or is known.

Kata ganti nama tunjuk 'this', 'that', 'these' dan 'those' digunakan apabila anda menunjuk ke arah objek fizikal atau mengenal pasti orang.
'One' atau 'ones' digunakan sebagai ganti kata nama yang telah disebut sebelum ini atau yang telah diketahui.

[1] You use the demonstrative pronouns 'this', 'that', 'these', and 'those' when you are pointing to physical objects. 'This' and 'these' refer to things near you, 'that' and 'those' refer to things farther away.
<u>This</u> is a list of rules.
'I brought you <u>these'</u>. Adam held out a bag of grapes.
<u>That</u> looks interesting.
<u>Those</u> are mine.
You can also use 'this', 'that', 'these', and 'those' as determiners in front of nouns.
<u>This book</u> was a present from my mother.
When did you buy <u>that hat</u>?

[2] You use 'this', 'that', 'these', and 'those' when you are identifying or introducing people, or asking who they are.
Who's <u>this</u>?
<u>These</u> are my children, Susan and Paul.
Was <u>that</u> Patrick on the phone?

[3] You use 'this', 'that', 'these', and 'those' to refer back to things that have already been mentioned.
<u>That</u> was an interesting word you used just now.
More money is being pumped into the education system, and we assume <u>this</u> will continue.
'Let's go to the cinema.' - '<u>That</u>'s a good idea.'
<u>These</u> are not easy questions to answer.
You also use 'this' and 'these' to refer forward to things you are going to mention.
<u>This</u> is what I want to say: it wasn't my idea.
<u>These</u> are the topics we will be looking at next week: how the accident happened, whether it could have been avoided, and who was to blame.
<u>This</u> is the important point: you must never see her again.

Demonstrative pronouns ~ *Kata ganti nama tunjuk*

[4] You use 'one' or 'ones' instead of a noun that has already been mentioned or is known in the situation, usually when you are adding information or contrasting two things of the same kind.

My car is the blue one.
Don't you have one with buttons instead of a zip?
Are the new curtains longer than the old ones?

You can use 'which one' or 'which ones' in questions.

Which one do you prefer?
Which ones were damaged?

You can say 'this one', 'that one', 'these ones', and 'those ones'.

I like this one better.
We'll have those ones, thank you.

You can use 'each one' or 'one each', but note that there is a difference in meaning. In the following examples, 'each one' means 'each brother' but 'one each' means 'one for each child'.

I've got three brothers and each one lives in a different country.
I bought the children one each.

[5] In formal English, people sometimes use 'one' to refer to people in general.

One has to think of the practical side of things.
One never knows what to say in such situations.

Indefinite pronouns ~ *Kata ganti nama tak tentu*

Main points ~ *Perkara-perkara utama*

Indefinite pronouns refer to people or things without saying exactly who or what they are.
When an indefinite pronoun is the subject, it always takes a singular verb.
You often use a plural pronoun to refer back to an indefinite pronoun.

Kata ganti nama tak tentu merujuk kepada orang atau benda tanpa menyatakan dengan tepat orang atau benda itu.
Apabila kata ganti nama tak tentu merupakan subjek, kata kerja tunggal selalu digunakan bersamanya.
Kata ganti nama jamak sering digunakan untuk merujuk semula kepada kata ganti nama tak tentu.

1. The indefinite pronouns are:

anybody	everybody	nobody	somebody
anyone	everyone	no one	someone
anything	everything	nothing	something

   Note that 'no one' is written as two words, or sometimes with a hyphen: 'no-one'.

2. You use indefinite pronouns when you want to refer to people or things without saying exactly who or what they are. The pronouns ending in '-body' and '-one' refer to people, and those ending in '-thing' refer to things.
   I was there for over an hour before <u>anybody</u> came.
   It had to be <u>someone</u> with a car.
   Jane said <u>nothing</u> for a moment.

3. When an indefinite pronoun is the subject, it always takes a singular verb, even when it refers to more than one person or thing.
   <u>Everyone knows</u> that.
   <u>Everything was</u> fine.
   <u>Is anybody</u> there?
   When you refer back to indefinite pronouns, you use plural pronouns or possessives, and a plural verb.
   Ask <u>anyone. They</u>'ll tell you.
   Has <u>everyone</u> eaten as much as <u>they</u> want?
   You can't tell <u>somebody</u> why <u>they</u>'ve failed.

   ● WARNING: Some speakers prefer to use singular pronouns. They prefer to say 'You can't tell somebody why he or she has failed'.

Indefinite pronouns ~ *Kata ganti nama tak tentu*

[4] You can add apostrophe s ('s) to indefinite pronouns that refer to people.
She was given a room in someone's studio.
That was nobody's business but mine.
- WARNING: You do not usually add apostrophe s ('s) to indefinite pronouns that refer to things. You do not say 'something's value', you say 'the value of something'.

[5] You use indefinite pronouns beginning with 'some-' in:
* affirmative clauses
Somebody shouted.
I want to introduce you to someone.
* questions expecting the answer 'yes'
Would you like something to drink?
Can you get someone to do it?

[6] You use indefinite pronouns beginning with 'any-':
* as the subject or object in statements
Anyone knows that you need a licence.
You still haven't told me anything.
You do not use them as the subject of a negative statement. You do not say 'Anybody can't come in'.
* in both affirmative and negative questions
Does anybody agree with me?
Won't anyone help me?

[7] If you use an indefinite pronoun beginning with 'no-', you must not use another negative word in the same clause. You do not say 'There wasn't nothing'.
There was nothing you could do.
Nobody left, nobody went away.

[8] You use the indefinite adverbs 'anywhere', 'everywhere', 'nowhere', and 'somewhere' to talk about places in a general way. 'Nowhere' makes a clause negative.
I thought I'd seen you somewhere.
No-one can find Howard or Barbara anywhere.
There was nowhere to hide.

[9] You can use 'else' after indefinite pronouns and adverbs to refer to people, things, or places other than those that have been mentioned.
Everyone else is downstairs.
I don't like it here. Let's go somewhere else.

Adverbials ~ *Adverbial*

Main points ~ *Perkara-perkara utama*

Adverbials are usually adverbs, adverb phrases, or prepositional phrases.
Adverbials of manner, place, and time are used to say how, where, or when something happens.
Adverbials usually come after the verb, or after the object if there is one.
The usual order of adverbials is manner, then place, then time.

Adverbial biasanya ialah kata adverba, frasa adverba atau frasa sendi.
Adverbial kelakuan, tempat dan masa digunakan untuk menyatakan bagaimana, di mana atau bila sesuatu berlaku.
Adverbial biasanya hadir selepas kata kerja atau selepas objek, jika ada.
Susunan biasa adverbial ialah kelakuan, diikuti oleh tempat dan seterusnya masa.

1. An adverbial is often one word, an adverb.
    Sit there quietly, and listen to this music.
    However, an adverbial can also be a group of words:
    - an adverb phrase
      He did not play well enough to win.
    - a prepositional phrase
      The children were playing in the park.
    - a noun group, usually a time expression
      Come and see me next week.

2. You use an adverbial of manner to describe the way in which something happens or is done.
    They looked anxiously at each other.
    She listened with great patience as he told his story.
    You use an adverbial of place to say where something happens.
    A plane flew overhead.
    No birds or animals came near the body.
    You use an adverbial of time to say when something happens.
    She will be here soon.
    He was born on 3 April 1925.

3. You normally put adverbials of manner, place, and time after the main verb.
    She sang beautifully.
    The book was lying on the table.
    The car broke down yesterday.
    If the verb has an object, you put the adverbial after the object.
    I did learn to play a few tunes very badly.
    Thomas made his decision immediately.
    He took the glasses to the kitchen.

Adverbials ~ *Adverbial*

If you are using more than one of these adverbials in a clause, the usual order is manner, then place, then time.

They were sitting <u>quite happily</u> <u>in the car.</u> (manner, place)
She spoke <u>very well</u> <u>at the village hall</u> <u>last night.</u> (manner, place, time)

[4] You usually put adverbials of frequency, probability, and duration in front of the main verb.

She <u>occasionally comes</u> to my house.
You have <u>very probably heard</u> the news by now.
They had <u>already given</u> me the money.

A few adverbs of degree also usually come in front of the main verb.

She <u>really enjoyed</u> the party.

[5] When you want to focus on an adverbial, you can do this by putting it in a different place in the clause:

- you can put an adverbial at the beginning of a clause, usually for emphasis

<u>Slowly,</u> he opened his eyes.
<u>In September</u> I travelled to California.
<u>Next to the coffee machine</u> stood a pile of cups.

Note that after adverbials of place, as in the last example, the verb can come in front of the subject.

- you can sometimes put adverbs and adverb phrases in front of the main verb for emphasis, but not prepositional phrases or noun groups

He <u>deliberately</u> chose it because it was cheap.
I <u>very much</u> wanted to go with them.

- you can change the order of adverbials of manner, place, and time when you want to change the emphasis

They were sitting <u>in the car</u> <u>quite happily.</u> (place, manner)
<u>At the meeting</u> <u>last night,</u> she spoke <u>very well.</u> (place, time, manner)

Auxiliary verbs ~ *Kata kerja bantu*

Main points ~ *Perkara-perkara utama*

The auxiliaries 'be', 'have', and 'do' are used in forming tenses, negatives, and questions.
The auxiliary 'be' is used in forming the continuous tenses and the passive.
The auxiliary 'have' is used in forming the perfect tenses.
The auxiliary 'do' is used in making negative and question forms from sentences that have a verb in a simple tense.

Kata kerja bantu 'be', 'have' dan 'do' digunakan untuk membentuk kala, negatif dan soalan.
Kata kerja bantu 'be' digunakan untuk membentuk kala berlanjutan dan pasif.
Kata kerja bantu 'have' digunakan untuk membentuk kala sempurna.
Kata kerja bantu 'do' digunakan untuk menghasilkan negatif dan bentuk soalan daripada ayat yang mempunyai kata kerja dalam kala ringkas.

[1] The auxiliary verbs are 'be', 'have', and 'do'. They are used with a main verb to form tenses, negatives, and questions.
   He _is_ planning to get married soon.
   I _haven't_ seen Peter since last night.
   Which doctor _do_ you want to see?

[2] 'Be' as an auxiliary is used:
   * with the '-ing' form of the main verb to form continuous tenses
     He _is_ living in Germany.
     They _were_ going to phone you.
   * with the past participle of the main verb to form the passive
     These cars _are_ made in Japan.
     The walls of her flat _were_ covered with posters.

[3] You use 'have' as an auxiliary with the past participle to form the perfect tenses.
   I _have_ changed my mind.
   I wish you _had_ met Guy.
The present perfect continuous, the past perfect continuous, and the perfect tenses in the passive, are formed using both 'have' and 'be'.
   He _has been_ working very hard recently.
   She did not know how long she _had been_ lying there.
   The guest-room window _has been_ mended.
   They _had been_ taught by a young teacher.

Auxiliary verbs ~ *Kata kerja bantu*

[4] 'Be' and 'have' are also used as auxiliaries in negative sentences and questions in continuous and perfect tenses, and in the passive.

  He *isn't* going.
  Hasn't she seen it yet?
  Was it written in English?

You use 'do' as an auxiliary to make negative and question forms from sentences that have a verb in the present simple or past simple.

  He *doesn't* think he can come to the party.
  Do you like her new haircut?
  She *didn't* buy the house.
  Didn't he get the job?

Note that you can use 'do' as a main verb with the auxiliary 'do'.

  He *didn't do* his homework.
  Do they *do* the work themselves?

You can also use the auxiliary 'do' with 'have' as a main verb.

  He *doesn't have* any money.
  Does anyone *have* a question?

You only use 'do' in affirmative sentences for emphasis or contrast.

  I *do* feel sorry for Roger.

● WARNING: You never use the auxiliary 'do' with 'be' except in the imperative.
  Don't be stupid!
  Do be a good boy and sit still.

[5] Some grammars include modals among the auxiliary verbs. When there is a modal in the verb group, it is always the first word in the verb group, and comes before the auxiliaries 'be' and 'have'.

  She *might be* going to Switzerland for Christmas.
  I *would have* liked to have seen her.

Note that you never use the auxiliary 'do' with a modal.

Modal verbs ~ *Kata kerja modal*

Main points ~ *Perkara-perkara utama*

The modal verbs are: 'can', 'could', 'may', 'might', 'must', 'ought', 'shall', 'should', 'will' and 'would'.
Modals are always the first word in a verb group.
All modals except for 'ought' are followed by the base form of a verb.
'Ought' is followed by a 'to'- infinitive.
Modals have only one form.

Kata kerja modal ialah: 'can', 'could', 'may', 'might', 'must', 'ought', 'shall', 'should', 'will' dan 'would'.
Kata kerja modal selalunya ialah perkataan pertama dalam kelompok kata kerja.
Semua kata kerja modal kecuali 'ought' diikuti oleh bentuk kata kerja dasar.
'Ought' diikuti oleh infinitif 'to'.
Kata kerja modal hanya wujud dalam satu bentuk.

[1] Modals are always the first word in a verb group. All modals except for 'ought' are followed by the base form of a verb.
> I <u>must leave</u> fairly soon.
> I think it <u>will look</u> rather nice.
> Things <u>might have been</u> so different.
> People <u>may be watching</u>.

[2] 'Ought' is always followed by a 'to'-infinitive.
> She <u>ought to go</u> straight back to England.
> Sam <u>ought to have realized</u> how dangerous it was.
> You <u>ought to be doing</u> this.

[3] Modals have only one form. There is no '-s' form for the third person singular of the present tense, and there are no '-ing' or '-ed' forms.
> There's nothing <u>I can</u> do about it.
> I'm sure <u>he can</u> do it.

[4] Modals do not normally indicate the time when something happens. There are, however, a few exceptions.
'Shall' and 'will' often indicate a future event or situation.
> I <u>shall</u> do what you suggested.
> He <u>will</u> not return for many hours.

'Could' is used as the past form of 'can' to express ability. 'Would' is used as the past form of 'will' to express the future.
> When I was young, I <u>could</u> run for miles.
> He remembered that he <u>would</u> see his mother the next day.

Modal verbs ~ *Kata kerja modal*

[5] In spoken English and informal written English, 'shall' and 'will' are shortened to '-'ll', and 'would' to '-'d', and added to a pronoun.
I'll see you tomorrow.
I hope you'll agree.
Posy said she'd love to stay.
'Shall', 'will', and 'would' are never shortened if they come at the end of a sentence.
Paul said he would come, and I hope he will.
In spoken English, you can also add '-'ll' and '-'d' to nouns.
My car'll be outside.
The headmaster'd be furious.

● WARNING: Remember that '-d' is also the short form of the auxiliary 'had'.
I'd heard it many times.

Reflexive verbs ~ *Kata kerja refleksif*

Main points ~ *Perkara-perkara utama*

Transitive verbs are used with a reflexive pronoun to indicate that the object is the same as the subject, for example: 'I hurt myself'.
Some verbs which do not normally have a person as the object can have reflexive pronouns as the object.

Kata kerja transitif digunakan dengan kata ganti nama refleksif untuk menunjukkan bahawa objek adalah sama dengan subjek, contohnya: 'I hurt myself'.
Sesetengah kata kerja yang biasanya tidak mempunyai orang sebagai objek boleh mempunyai kata ganti nama refleksif sebagai objek.

1. You use a reflexive pronoun after a transitive verb to indicate that the object is the same as the subject.
    He blamed <u>himself</u> for his friend's death.
    I taught <u>myself</u> French.

2. In theory, most transitive verbs can be used with a reflexive pronoun. However, you often use reflexive pronouns with the following verbs.

amuse	blame	cut	dry	help	hurt	introduce
kill	prepare	repeat	restrict	satisfy	teach	

   Sam <u>amused himself</u> by throwing branches into the fire.
   'Can I borrow a pencil?' - 'Yes, <u>help yourself.</u>'
   <u>Prepare yourself</u> for a shock.
   He <u>introduced himself</u> to me.

3. Verbs like 'dress', 'shave', and 'wash', which describe actions that people do to themselves, do not usually take reflexive pronouns in English, although they do in some other languages. With these verbs, reflexive pronouns are only used for emphasis.
    I usually <u>shave</u> before breakfast.
    He prefers to <u>shave himself,</u> even with that broken arm.
    She <u>washed</u> very quickly and rushed downstairs.
    Children were encouraged to <u>wash themselves.</u>

4. 'Behave' does not normally take an object at all, but can take a reflexive pronoun as object.
    If they don't <u>behave,</u> send them to bed.
    He is old enough to <u>behave himself.</u>

Reflexive verbs ~ *Kata kerja refleksif*

[5] Some verbs do not normally have a person as object, because they describe actions that you do not do to other people. However, these verbs can have reflexive pronouns as object, because you can do these actions to yourself.

apply   compose   distance   enjoy   express   strain

> I really <u>enjoyed</u> the party.
> Just go out there and <u>enjoy yourself.</u>
> She <u>expressed</u> surprise at the news.
> Professor Dale <u>expressed himself</u> very forcibly.

[6] When 'busy' and 'content' are used as verbs, they always take a reflexive pronoun as their direct object. They are therefore true 'reflexive verbs'.
> He had <u>busied himself</u> in the laboratory.
> I had to <u>content myself</u> with watching the little moving lights.

The passive voice ~ *Ragam pasif*

Main points ~ *Perkara-perkara utama*

You use the passive voice to focus on the person or thing affected by an action.
You form the passive by using a form of 'be' and a past participle.
Only verbs that have an object can have a passive form. With verbs that can have two objects, either object can be the subject of the passive.

Ragam pasif digunakan untuk memberikan tumpuan kepada orang atau benda yang dipengaruhi oleh sesuatu tindakan.
Pasif dibentuk dengan menggunakan bentuk 'be' dan kala lepas partisipel.
Hanya kata kerja yang mempunyai objek boleh mempunyai bentuk pasif. Untuk kata kerja yang boleh mempunyai dua objek, salah satu objek boleh menjadi subjek pasif.

[1] When you want to talk about the person or thing that performs an action, you use the active voice.
   Mr Smith locks the gate at 6 o'clock every night.
   The storm destroyed dozens of trees.
When you want to focus on the person or thing that is affected by an action, rather than the person or thing that performs the action, you use the passive voice.
   The gate is locked at 6 o'clock every night.
   Dozens of trees were destroyed.

[2] The passive is formed with a form of the auxiliary 'be', followed by the past participle of a main verb.
   Two new stores were opened this year.
   The room had been cleaned.
Continuous passive tenses are formed with a form of the auxiliary 'be' followed by 'being' and the past participle of a main verb.
   Jobs are still being lost.
   It was being done without his knowledge.

[3] After modals you use the base form 'be' followed by the past participle of a main verb.
   What can be done?
   We won't be beaten.
When you are talking about the past, you use a modal with 'have been' followed by the past participle of a main verb.
   He may have been given the car.
   He couldn't have been told by Jimmy.

The passive voice ~ *Ragam pasif*

[4] You form passive infinitives by using 'to be' or 'to have been' followed by the past participle of a main verb.
He wanted <u>to be forgiven.</u>
The car was reported <u>to have been stolen.</u>

[5] In informal English, 'get' is sometimes used instead of 'be' to form the passive.
Our car <u>gets cleaned</u> every weekend.
He <u>got killed</u> in a plane crash.

[6] When you use the passive, you often do not mention the person or thing that performs the action at all. This may be because you do not know or do not want to say who it is, or because it does not matter.
Her boyfriend <u>was shot</u> in the chest.
Your application <u>was rejected.</u>
Such items should <u>be</u> carefully <u>packed</u> in tea chests.

[7] If you are using the passive and you do want to mention the person or thing that performs the action, you use 'by'.
He had been poisoned <u>by</u> his girlfriend.
He was brought up <u>by</u> an aunt.
You use 'with' to talk about something that is used to perform the action.
A circle was drawn in the dirt <u>with</u> a stick.
He was killed <u>with</u> a knife.

[8] Only verbs that usually have an object can have a passive form. You can say 'people spend money' or 'money is spent'.
An enormous amount of money <u>is spent</u> on beer.
The food <u>is sold</u> at local markets.
With verbs which can have two objects, you can form two different passive sentences. For example, you can say 'The secretary was given the key' or 'The key was given to the secretary'.
They <u>were offered</u> a new flat.
The books <u>will be sent</u> to you.

'to'-infinitive clauses ~ *Klausa infinitif 'to'*

Main points ~ *Perkara-perkara utama*

Some verbs are followed by a 'to'-infinitive clause. Others are followed by an object and a 'to'-infinitive clause.
Some verbs are followed by a 'wh'-word and a 'to'-infinitive clause. Others are followed by an object, a 'wh'-word, and a 'to'-infinitive clause.
Nouns are followed by 'to'-infinitive clauses that indicate the aim, purpose or necessity of something, or that give extra information.

Sesetengah kata kerja diikuti oleh klausa infinitif 'to'. Kata kerja yang lain diikuti oleh objek dan klausa infinitif 'to'.
Sesetengah kata kerja diikuti oleh kata 'wh' dan klausa infinitif 'to'. Kata kerja yang lain diikuti oleh objek, kata 'wh' dan klausa infinitif 'to'.
Kata nama diikuti oleh klausa infinitif 'to' yang menunjukkan sasaran, tujuan atau keperluan sesuatu atau yang memberikan maklumat tambahan.

[1] Some verbs are followed by a 'to'-infinitive clause. The subject of the verb is also the subject of the 'to'-infinitive clause.

agree	choose	decide	expect	fail	hope	intend	learn
manage	mean	offer	plan	pretend	promise	refuse	tend
want							

> She *had agreed to let* us use her flat.
> I *decided not to go out* for the evening.

[2] Some verbs are followed by an object and a 'to'-infinitive clause. The object of the verb is the subject of the 'to'-infinitive clause.

advise	allow	ask	encourage	expect	force	get	help
invite	order	persuade	remind	teach	tell	want	

> I *asked her to explain*.
> I could *get someone else to do* it.
> They *advised us not to wait around* too long.
> I *didn't want him to go*.

Note that 'help' can also be followed by an object and a base form.
> I *helped him fix* it.

● WARNING: You do not use 'want' with a 'that'-clause. You do not say 'I want that you do something'.

[3] Some verbs are followed by 'for' and an object, then a 'to'-infinitive clause. The object of 'for' is the subject of the 'to'-infinitive clause.

appeal	arrange	ask	long	pay	wait	wish

> Could you *arrange for a taxi to collect* us?
> I *waited for him to speak*.

[4] Some link verbs, and 'pretend' are followed by 'to be' and an '-ing' form for continuing actions, and by 'to have' and a past participle for finished actions.

553

'to'-infinitive clauses ~ *Klausa infinitif 'to'*

> We <u>pretended to be looking</u> inside.
> I <u>don't appear to have written down</u> his name.

[5] Some verbs are normally used in the passive when they are followed by a 'to'-infinitive clause.

| believe | consider | feel | find | know | report | say | think | understand |

> He <u>is said to have died</u> a natural death.
> <u>Is</u> it <u>thought to be</u> a good thing?

[6] Some verbs are followed by a 'wh'-word and a 'to'-infinitive clause. These include:

| ask | decide | explain | forget | imagine |
| know | learn | remember | understand | wonder |

> I <u>didn't know what to call</u> him.
> She <u>had forgotten how to ride</u> a bicycle.

Some verbs are followed by an object, then a 'wh'-word and a 'to'-infinitive clause.

| ask | remind | show | teach | tell |

> I <u>asked him what to do.</u>   Who will <u>show him how to use</u> it?

Some verbs only take 'to'-infinitive clauses to express purpose.
> The captain <u>stopped to reload</u> the gun.
> He <u>went to get</u> some fresh milk.

[7] You use a 'to'-infinitive clause after a noun to indicate the aim of an action or the purpose of a physical object, or to say that something needs to be done.
> He had nothing <u>to write with.</u>
> We arranged a meeting <u>to discuss the new rules.</u>
> I gave him several things <u>to mend.</u>

[8] You use a 'to'-infinitive clause after a noun group that includes an ordinal number, a superlative, or a word like 'next', 'last', or 'only'.
> She was the <u>first</u> woman <u>to be elected to the council.</u>
> Mr Holmes was <u>the oldest</u> person <u>to be chosen.</u>
> The <u>only</u> person <u>to speak</u> was James.

[9] You use a 'to'-infinitive clause after abstract nouns to give more specific information about them. The following abstract nouns are often followed by a 'to'-infinitive clause:

| ability | attempt | chance | desire | failure |
| inability | need | opportunity | unwillingness | willingness |

> All it takes is <u>a willingness to learn.</u>
> He'd lost <u>the ability to communicate</u> with people.

Note that the verbs or adjectives which are related to these nouns can also be followed by a 'to'-infinitive clause. For example, you can say 'I attempted to find them', and 'He was willing to learn'.

Verbs with '-ing' clauses ~ *Kata kerja dengan klausa '-ing'*

Main points ~ *Perkara-perkara utama*

Many verbs are followed by an '-ing' clause.
Some verbs are followed by an object and an '-ing' clause that describes what the object is doing.

Kebanyakan kata kerja diikuti oleh klausa '-ing'.
Sesetengah kata kerja diikuti oleh objek dan klausa '-ing' yang memerihalkan perkara yang dilakukan oleh objek.

1. Many verbs are followed by an '-ing' clause. The subject of the verb is also the subject of the '-ing' clause. The '-ing' clause begins with an '-ing' form. The most common of these verbs are:
   - verbs of saying and thinking

admit	consider	deny	describe	imagine	mention
recall	suggest				

   He <u>denied taking</u> drugs.
   I <u>suggested meeting</u> her for a coffee.

   Note that all of these verbs except for 'describe' can also be followed by a 'that'- clause.
   He <u>denied that</u> he was involved.

   - verbs of liking and disliking

adore	detest	dislike	enjoy	fancy
like	love	mind	resent	

   Will they <u>enjoy using</u> it?
   I <u>don't mind telling</u> you.

   'Like' and 'love' can also be followed by a 'to'-infinitive clause.

   - other common verbs

avoid	commence	delay	finish	involve	keep
miss	postpone	practise	resist	risk	stop

   I've just <u>finished reading</u> that book.
   <u>Avoid giving</u> any unnecessary information.

   - common phrasal verbs

burst out	carry on	end up	give up	go round	keep on
put off	set about				

Verbs with '-ing' clauses ~ *Kata kerja dengan klausa '-ing'*

> She <u>carried on reading</u>.
> They <u>kept on walking</u> for a while.

Note that some common phrases can be followed by an '-ing' clause.

can't help	can't stand	feel like

> I <u>can't help worrying</u>.

[2] After the verbs and phrases mentioned above, you can also use 'being' followed by a past participle.

> They enjoy <u>being praised</u>.
> I dislike <u>being interrupted</u>.

After some verbs of saying and thinking, you can use 'having' followed by a past participle.

admit	deny	mention	recall

> Michael <u>denied having seen</u> him.

[3] 'Come' and 'go' are used with '-ing' clauses to describe the way that a person or thing moves.

> They both <u>came running out</u>.
> It <u>went sliding</u> across the road out of control.

'Go' and 'come' are also used with '-ing' nouns to talk about sports and outdoor activities.

> Did you say they might <u>go camping</u>?

[4] Some verbs can be followed by an object and an '-ing' clause. The object of the verb is the subject of the '-ing' clause.

catch	find	imagine	leave	prevent	stop	watch

> It is hard <u>to imagine him existing</u> without it.
> He <u>left them making</u> their calculations.

Note that 'prevent' and 'stop' are often used with 'from' in front of the '-ing' clause.

> I wanted to <u>prevent him from seeing</u> that.

Most verbs of perception can be followed by an object and an '-ing' clause or a base form.

> I <u>saw him riding</u> a bicycle.
> I <u>saw a policeman walk over</u> to one of them.

Verb + 'to' or '-ing' ~ *Kata kerja + 'to' atau '-ing'*

Main points ~ *Perkara-perkara utama*

Some verbs take a 'to'-infinitive clause or an '-ing' clause with little difference in meaning. Others take a 'to'-infinitive or '-ing' clause, but the meaning is different.

Sesetengah kata kerja mempunyai klausa infinitif 'to' atau klausa '-ing' tanpa sebarang perbezaan makna yang besar. Kata kerja yang lain mempunyai klausa infinitif 'to' atau '-ing', tetapi maknanya berbeza.

1. The following verbs can be followed by a 'to'-infinitive clause or an '-ing' clause, with little difference in meaning.

attempt	begin	bother	continue	fear	hate	love	prefer
start	try						

   It <u>started raining</u>.
   A very cold wind <u>had started to blow</u>.
   The captain <u>didn't bother answering</u>.
   I <u>didn't bother to answer</u>.

   Note that if these verbs are used in a continuous tense, they are followed by a 'to'-infinitive clause.

   The company <u>is beginning to export</u> to the West.
   We <u>are continuing to make</u> good progress.

   After 'begin', 'continue', and 'start', you use a 'to'-infinitive clause with the verbs 'understand', 'know', and 'realize'.

   I <u>began to understand</u> her a bit better.

2. You can often use 'like' with a 'to'-infinitive or an '-ing' clause with little difference in meaning.

   I <u>like to fish</u>.
   I <u>like fishing</u>.

   However, there is sometimes a difference. You can use 'like' followed by a 'to'-infinitive clause to say that you think something is a good idea, or the right thing to do. You cannot use an '-ing' clause with this meaning.

   They <u>like to interview</u> you first.
   I <u>didn't like to ask</u> him.

Verb + 'to' or '-ing' ~ *Kata kerja + 'to' atau '-ing'*

3. After 'remember', 'forget', and 'regret', you use an '-ing' clause if you are referring to an event after it has happened.

    I <u>remember discussing</u> it once before.
    I'll never <u>forget going out</u> with my old aunt.
    She did not <u>regret accepting</u> his offer.

    You use a 'to'-infinitive clause after 'remember' and 'forget' if you are referring to an event before it happens.

    I must <u>remember to send</u> a gift for her child.
    Don't <u>forget to send in</u> your entries.

    After 'regret', in formal English, you use a 'to'-infinitive clause with these verbs to say that you are sorry about what you are saying or doing now:

announce	inform	learn	say	see	tell

    I <u>regret to say</u> that it was all burned up.

4. If you 'try to do' something, you make an effort to do it. If you 'try doing' something, you do it as an experiment, for example to see if you like it or if it is effective.

    I <u>tried to explain.</u>
    Have you <u>tried painting</u> it?

5. If you 'go on doing' something, you continue to do it. If you 'go on to do' something, you do it after you have finished doing something else.

    I <u>went on writing.</u>
    He later <u>went on to form</u> a computer company.

6. If you 'are used to doing' something, you are accustomed to doing it. If you 'used to do' something, you did it regularly in the past, but you no longer do it now.

    We <u>are used to working</u> together.
    I <u>used to live</u> in this street.

7. After 'need', you use a 'to'-infinitive clause if the subject of 'need' is also the subject of the 'to'-infinitive clause. You use an '-ing' form if the subject of 'need' is the object of the '-ing' clause.

    We <u>need to ask</u> certain questions.
    It <u>needs cutting.</u>

DATE

▶ DAYS OF THE WEEK

Monday
Tuesday
Wednesday
Thursday
Friday
Saturday
Sunday

When?
on Monday
on Mondays
every Monday
last Tuesday
next Friday
a week on Saturday
two weeks on Saturday

▶ MONTHS OF THE YEAR

January
February
March
April
May
June
July
August
September
October
November
December

When?
in February
on December 1st 2001
in two thousand and one

What day is it?
It's...
Monday, 26th May or
    Monday, the twenty-sixth of May

TARIKH

▶ HARI

Isnin
Selasa
Rabu
Khamis
Jumaat
Sabtu
Ahad

Bila?
pada hari Isnin
pada setiap hari Isnin
setiap hari Isnin
hari Selasa lepas
hari Jumaat depan
pada hari Sabtu depan
pada hari Sabtu dua minggu lagi

▶ BULAN

Januari
Februari
Mac
April
Mei
Jun
Julai
Ogos
September
Oktober
November
Disember

Bila?
pada bulan Februari
pada 1hb Disember 2001
pada tahun dua ribu satu

Hari ini hari apa?
Hari ini ...
hari Isnin, 26hb Mei atau
    hari Isnin, dua puluh enam hari bulan Mei

TIME ~ MASA

What time is it?
What's the time?
Pukul berapa sekarang?

At what time?
Bila?

It's one o'clock
Pukul satu

at midnight
pada waktu tengah malam

It's ten past one
Pukul satu sepuluh minit

at midday
pada waktu tengah hari

It's quarter past one
Pukul satu suku

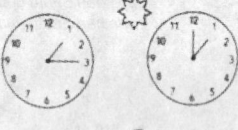

at one o'clock
(in the afternoon)
pada pukul satu
(tengah hari)

It's half past one
Pukul satu setengah

at eight o'clock
(in the evening)
pada pukul lapan (malam)

It's twenty to two
Kurang dua puluh minit ke pukul dua

at 11.15 or eleven fifteen
(in the morning)
pada pukul 11.15 atau
sebelas lima belas minit
(pagi)

It's quarter to two
Kurang lima belas minit ke pukul dua

at 8.45 or eight forty-five
(in the evening)
pada pukul 8.45 atau lapan
empat puluh lima minit
(malam)

in twenty minutes
dalam dua puluh minit

ten minutes ago
sepuluh minit lalu

LIST OF PARTS OF SPEECH ~ *SENARAI KELAS KATA*

1. ANGKA ~ NUMERAL
2. KATA ADJEKTIF ~ ADJECTIVE
3. KATA ADVERBA ~ ADVERB
4. KATA ARAH ~ DIRECTIONAL NOUN
5. KATA BANTU ~ AUXILIARY
6. KATA BILANGAN ~ NUMERAL
7. KATA GANTI NAMA ~ PRONOUN
8. KATA HUBUNG ~ CONJUNCTION
9. KATA KERJA ~ VERB
10. KATA NAFI ~ NEGATIVE
11. KATA NAMA ~ NOUN
12. KATA PENEGAS ~ EMPHATIC WORD
13. KATA PENGUAT ~ INTENSIFIER
14. KATA PERINTAH ~ IMPERATIVE WORD
15. KATA SANDANG TENTU ~ DEFINITE ARTICLE
16. KATA SANDANG TAK TENTU ~ INDEFINITE ARTICLE
17. KATA SENDI ~ PREPOSITION
18. KATA SERUAN ~ INTERJECTION
19. KATA TANYA ~ INTERROGATIVE WORD
20. PENJODOH BILANGAN ~ NUMERAL CLASSIFIER
21. SINGKATAN ~ ABBREVIATION
22. JAMAK ~ PLURAL
23. TUNGGAL ~ SINGULAR

A

abad KATA NAMA
century (JAMAK **centuries**)
◊ abad ke-21 the 21st century
* **Abad Pertengahan** the Middle Ages
* **pada permulaan abad** at the beginning of the century
  berabad-abad KATA BILANGAN
  for centuries
  ◊ Harta karun itu tertanam berabad-abad lamanya di situ. The treasure had been buried there for centuries.

abadi KATA ADJEKTIF
forever
◊ kekal abadi to last forever
  mengabadikan KATA KERJA
  to immortalize
  ◊ Muzium P. Ramlee dibina untuk mengabadikan sumbangan Allahyarham Tan Sri P. Ramlee dalam bidang seni. The P. Ramlee museum was built to immortalize Allahyarham Tan Sri P. Ramlee's contribution in the field of the arts.
  pengabadian KATA NAMA
  conservation
* **pengabadian tenaga** energy conservation

abai
  mengabaikan KATA KERJA
  to neglect
  ◊ Dia mengabaikan tanggungjawabnya. He neglected his responsibilities.
  pengabaian KATA NAMA
  neglecting
  ◊ Pengabaian kanak-kanak adalah salah di sisi undang-undang. Neglecting children is against the law.
  terabai KATA KERJA
  neglected
  ◊ Taman permainan itu terabai dan ditumbuhi lalang. The playground is neglected and overgrown with weeds.

abang KATA NAMA
elder brother
* **abang ipar** brother-in-law (JAMAK **brothers-in-law**)

abdi KATA NAMA
slave
  mengabdikan KATA KERJA
  to enslave
  ◊ Kita tidak berhak mengabdikan sesiapa pun. We have no right to enslave anyone.
* **mengabdikan diri** to devote oneself
  ◊ Sudah 10 tahun dia mengabdikan kepada tuannya. He has devoted himself to his master for 10 years. ◊ mengabdikan diri kepada negara to devote oneself to one's country
  pengabdian KATA NAMA
  slavery

abdomen KATA NAMA
abdomen

abjad KATA NAMA
alphabet

abstrak KATA ADJEKTIF
abstract
◊ Saya tidak begitu memahami seni abstrak. I don't really understand abstract art. ◊ konsep abstrak an abstract concept

abu KATA NAMA
ash (JAMAK **ashes**)
◊ Dia membiarkan abu rokoknya jatuh ke atas lantai. He let the ash from his cigarette drop onto the floor.
* **abu mayat** ashes
* **tempat abu rokok** ashtray
  mengabui KATA KERJA
* **mengabui mata seseorang** to deceive somebody

acah KATA KERJA
to tease
◊ Jangan marah, saya acah sahaja. Don't be angry, I was just teasing.
  beracah-acah KATA KERJA
  to fool around
  ◊ Jangan beracah-acah dengan lelaki yang tidak siuman itu. Don't fool around with that madman.
  mengacah KATA KERJA
  to confuse
  ◊ Samad mengacah lawannya dengan berlari ke kiri dan kemudian ke kanan. Samad confused his opponent by running to the left and then to the right.
  mengacah-acah KATA KERJA
  to feint
  ◊ Dia mengacah-acah, lalu menjaringkan bola itu ke dalam jaringan. He feinted and then netted the ball.

acap kali KATA BANTU
frequently
◊ Walaupun sudah acap kali dia mencuba, dia masih gagal melakukannya. Although she had tried frequently, she still could not do it.

acar KATA NAMA
pickles

acara KATA NAMA
event
◊ Dia memenangi tempat pertama dalam acara 100m. He came first in the 100m event.
* **acara istimewa** special item
* **acara kemuncak** highlight

mengacarakan KATA KERJA
to compere
◊ *Latifah telah dipilih untuk mengacarakan majlis itu.* Latifah was chosen to compere the ceremony.
pengacara KATA NAMA
compere
♦ **pengacara lagu** disc jockey

acu (1)
mengacukan KATA KERJA
to aim at
◊ *Polis mengacukan pistol ke arah kepala perompak itu.* The police aimed the gun at the robber's head.

acu (2)
mengacu KATA KERJA
to pour into a mould
◊ *Sara mengacu agar-agar ke dalam sebuah bekas yang berbentuk bintang.* Sara poured the jelly into a star-shaped mould.
acuan KATA NAMA
mould

acuh KATA KERJA
to care
◊ *Dia bersikap tidak acuh akan khabar angin tentang dirinya.* She doesn't care about the rumours going around about her.
♦ **bersikap acuh tak acuh** to be indifferent
◊ *Meng Kong bersikap acuh tak acuh sahaja terhadap projek itu.* Meng Kong is indifferent to the project.
mengacuhkan KATA KERJA
to pay attention
◊ *Mitch tidak mengacuhkan nasihat gurunya.* Mitch pays no attention to his teacher's advice.

ada KATA KERJA
1 *to have*
◊ *Puan Goh ada dua ekor kucing.* Mrs Goh has two cats.
2 *available*
◊ *Menurut maklumat yang ada, perkara itu tidak boleh dilakukan.* According to the available information, it can't be done.
3 *alive*
◊ *Nenek Minah masih ada.* Minah's grandmother is still alive.
4 *there is*
◊ *Ada sebuah kilang berhampiran rumah saya.* There's a factory near my house.
5 *there are*
◊ *Ada 7 hari dalam seminggu.* There are 7 days in a week.

Akhiran **-kah** *digunakan untuk membuat pertanyaan.*

♦ **Adakah buku saya di dalam bilik kamu?** Is my book in your room?
♦ **Adakah gula-gula yang tinggal lagi?** Are there any sweets left?
♦ **Adakah anda memberitahu emak anda?** Did you tell your mother?
♦ **Adakah anda nampak selipar saya?** Have you seen my slippers?
berada KATA KERJA
to be
◊ *Dia berada di sini kelmarin.* She was here yesterday. ◊ *Kami akan berada di Kuala Lumpur pada minggu hadapan.* We'll be in Kuala Lumpur next week.
♦ **Datuk dan nenek saya agak berada.** My grandparents were quite well-off.
keadaan KATA NAMA
1 *situation*
◊ *Keadaan ekonomi negara ini semakin pulih.* The economic situation in the country is improving.
2 *condition*
◊ *Keadaan pesakit itu bertambah baik.* The patient's condition is improving.
mengadakan KATA KERJA
to hold
◊ *Murid-murid mengadakan jamuan kelas sempena Hari Kanak-kanak.* The pupils held a class party for Children's Day.
adanya KATA NAMA
availability
◊ *Dengan adanya biasiswa, keluarga yang miskin dapat menghantar anak-anak mereka ke sekolah.* The availability of scholarships encouraged poor families to send their children to school.
♦ **Dengan adanya kamu di sini, saya tidak perlu bimbang lagi.** With you here, I don't have to worry anymore.
♦ **Dengan adanya alat ini, kita boleh membaiki apa sahaja.** Now that we have this tool, we can fix anything.
seadanya KATA ADJEKTIF
whatever is available
◊ *Anak-anak yatim itu mendapat bantuan makanan seadanya.* The orphans received whatever food was available.

ada-ada KATA ADJEKTIF
♦ **ada-ada sahaja** always ◊ *Setiap kali dia datang melawat kami, ada-ada sahaja hadiah yang dibawanya.* Every time he came to see us, he always brought presents with him.
♦ **Ada-ada sahaja perkara yang dirungutkannya!** He's always grumbling!
♦ **Ada-ada sahajalah kamu ini!** You're such a nuisance!
mengada-ada KATA KERJA

to brag
◊ *Kamsiah selalu mengada-ada dengan jawatannya sebagai pengawas.* Kamsiah is always bragging about the fact that she is a school prefect.
- **sikap yang mengada-ada** affected behaviour

mengada-adakan KATA KERJA
to concoct
◊ *Gary mengada-adakan cerita itu supaya dia tidak perlu menghadiri latihan sukan.* Gary concocted the story so that he wouldn't have to attend sports practice.

adab KATA NAMA
good manners
- **kurang adab** ill-mannered

beradab KATA KERJA
well-mannered
◊ *Budak itu sungguh beradab.* That child is very well-mannered.

peradaban KATA NAMA
culture
◊ *Kita perlu mempelajari peradaban orang lain.* We should learn about other people's cultures.

ada kala KATA ADJEKTIF
sometimes

adalah KATA PEMERI
to be
  adalah *hanya digunakan di hadapan kata adjektif atau kata sendi.*
◊ *Khabar angin itu adalah benar.* That rumour is true. ◊ *Cenderamata ini adalah untuk tetamu khas kita.* This souvenir is for our special guest.

adang KATA NAMA
1. *barrier*
◊ *Jalan raya itu ditutup dengan satu adang.* The road was closed to traffic by a barrier.
2. *partition*
◊ *Bahagian belakang pejabat itu dipisahkan dengan satu adang.* The back part of the office is separated by a partition.

mengadang KATA KERJA
1. *to stop*
◊ *Pengawal itu mengadang Farid di pintu masuk kerana dia tidak memiliki pas masuk.* The guard stopped Farid at the entrance because he didn't have an entry pass.
2. *to obstruct*
◊ *Kotak besar yang jatuh daripada lori itu mengadang lalu lintas di Jalan Kuching.* A large container that had fallen from a lorry obstructed traffic along Jalan Kuching.

pengadang KATA NAMA
obstruction

adaptasi KATA NAMA
adaptation

mengadaptasi, mengadaptasikan KATA KERJA
to adapt
◊ *Penulis skrip tersebut mengadaptasikan buku itu menjadi sebuah filem.* The scriptwriter adapted the book into a film.

pengadaptasian KATA NAMA
adaptation
◊ *Pengadaptasian drama Shakespeare oleh Branagh mendapat pujian ramai.* Branagh's adaptation of Shakespeare's play was highly praised.

adat KATA NAMA
custom
- **adat dunia** the ways of the world
- **adat muafakat** traditional custom
- **Adat Perpatih** Matrilineal Law
- **Adat Temenggung** Patrilineal Law
- **adat resam** custom
- **kurang adat** ill-mannered
- **melanggar adat** to go against tradition
- **tahu adat** well-mannered
- **upacara yang penuh adat istiadat** a ceremony full of custom and tradition

beradat KATA KERJA
well-mannered
◊ *Junita seorang yang beradat.* Junita is well-mannered.

adegan KATA NAMA
scene
◊ *Filem itu mengandungi banyak adegan ganas.* The film contains many violent scenes.

adik KATA NAMA
1. *brother* (lelaki)
2. *sister* (perempuan)
- **adik-beradik** siblings
- **adik ipar (1)** brother-in-law (JAMAK **brothers-in-law**)
- **adik ipar (2)** sister-in-law (JAMAK **sisters-in-law**)

adil KATA ADJEKTIF
fair
◊ *Anda tidak bersikap adil.* You are not being fair.
- **tidak adil** unfair

keadilan KATA NAMA
justice
◊ *Kita mesti menegakkan keadilan.* We must uphold justice.
- **ketidakadilan** injustice

mengadili KATA KERJA
to judge

◊ *Asmidar akan mengadili pertandingan nyanyian itu.* Asmidar is going to judge the singing competition.
pengadil KATA NAMA
1. *referee* (sukan)
2. *judge* (pertandingan)
pengadilan KATA NAMA
judgement
◊ *Pengadilan kes mahkamah itu akan dijalankan esok.* Judgement in the court case will be passed tomorrow.
- **dihadapkan ke muka pengadilan** to be brought to court

adinda KATA NAMA
(*bahasa istana, persuratan*)
1. *brother* (lelaki)
2. *sister* (perempuan)

adinda *juga digunakan untuk merujuk kepada diri sendiri terutama dalam surat. Dalam keadaan ini,* **adinda** *diterjemahkan dengan menggunakan kata ganti nama diri.*

◊ *Adinda akan pulang pada bulan hadapan.* I'm coming home next month.
◊ *Tolong jemput adinda di lapangan terbang.* Please could you pick me up at the airport. ◊ *Sampaikan salam adinda kepada nenda.* Please say hello to grandma for me.

adjektif KATA NAMA
adjective
- **kata adjektif** adjective

adu
beradu KATA KERJA
to compete
◊ *Mereka beradu dalam perlumbaan basikal.* They competed in a bicycle race.
- **beradu lidah** to argue
- **beradu nasib** to try one's luck
- **beradu tenaga** to fight

mengadu KATA KERJA
to complain
◊ *Erina mengadu kepada guru bahawa Halim telah memukulnya.* Erina complained to the teacher that Halim had hit her.

mengadukan KATA KERJA
to complain about
◊ *Pelajar jarang mengadukan masalah mereka kepada guru.* Students don't usually complain about their problems to their teachers.

peraduan KATA NAMA
competition
◊ *peraduan melukis* drawing competition

aduan KATA NAMA
complaint

adu domba
mengadu domba, mengadudombakan KATA KERJA
to stir up trouble
◊ *Mereka cuba mengadudombakan kaum Cina dan India yang tinggal di kawasan itu.* They tried to stir up trouble between the Chinese and Indians living in the area.
pengadu domba KATA NAMA
instigator

aduh KATA SERUAN
ouch
mengaduh KATA KERJA
to groan
◊ *Pelajar yang jatuh itu mengaduh kesakitan.* The student who had fallen down groaned with pain.

aduk
mengaduk KATA KERJA
to mix together
◊ *Pekerja binaan itu mengaduk simen dengan pasir.* The construction worker mixed the cement and sand together.
adukan KATA NAMA
mixture
◊ *Pengukir itu menyediakan adukan tanah liat dengan air di dalam sebuah mangkuk.* The sculptor prepared the mixture of clay and water in a bowl.

adun
mengadun KATA KERJA
to knead
◊ *mengadun tepung gandum bersama minyak jagung* to knead wheat flour and corn oil
pengadun KATA NAMA
mixer
◊ *pengadun elektrik* electric mixer
adunan KATA NAMA
dough

ADUN SINGKATAN (= *Ahli Dewan Undangan Negeri*)
State Assemblyman

Aedes KATA NAMA
Aedes
◊ *Nyamuk Aedes ialah penyebab kepada penyakit denggi.* The Aedes mosquito causes dengue fever.

aerobik KATA NAMA
aerobics
- **senaman aerobik** aerobics

aerogram KATA NAMA
aerogramme

aerosol KATA NAMA
aerosol

afdal KATA ADJEKTIF
important

◊ *Berpuasa ialah perkara yang afdal.* Fasting is important.

keafdalan KATA NAMA
importance
◊ *keafdalan membaca al-Quran* the importance of reading the Koran

Afrika KATA NAMA
Africa
• **orang Afrika** African

agah
mengagah KATA KERJA
to make a baby laugh
◊ *Punita mengagah bayinya.* Punita makes her baby laugh.
• **Bayi itu baru sahaja belajar mengagah.** The baby is just starting to babble.

agak KATA PENGUAT
pretty
◊ *Saya agak pasti.* I'm pretty sure.
mengagak KATA KERJA
to guess
◊ *Dia hanya mengagak sahaja.* He's just guessing. ◊ *Dia tidak dapat mengagak langkah lawannya yang seterusnya.* He couldn't guess his opponent's next move.
agaknya KATA PENEGAS
presumably
◊ *Agaknya Samy akan menyiapkan lukisan itu esok.* Presumably Samy will complete the painting tomorrow.

agak-agak KATA BANTU
perhaps
◊ *Agak-agak, dia akan membeli jam tangan itu.* Perhaps he will buy the watch.
mengagak-agak KATA KERJA *rujuk* **mengagak**
teragak-agak KATA KERJA
to hesitate
◊ *Dia teragak-agak semasa membuat keputusan itu.* He hesitated while making the decision.

agama KATA NAMA
religion
• **Pendidikan Agama** Religious Education
beragama KATA KERJA

> **beragama** *tidak ada terjemahan dalam bahasa Inggeris.*

◊ *Dia beragama Buddha.* He is a Buddhist. ◊ *Dia beragama Islam.* She is a Muslim.
keagamaan KATA NAMA
religious
◊ *soal-soal keagamaan* religious matters

agar KATA HUBUNG
so that

◊ *Pasukan itu berlatih dengan giat agar dapat menjuarai pertandingan itu.* The team trained hard so that they could win the tournament.

agar-agar KATA NAMA
jelly (JAMAK **jellies**)

agas KATA NAMA
midge

agen KATA NAMA
agent

agenda KATA NAMA
agenda

agensi KATA NAMA
agency (JAMAK **agencies**)
◊ *agensi pelancongan* travel agency
• **agensi pekerjaan** job centre

agih
mengagihkan, mengagih-agihkan KATA KERJA
to distribute
◊ *Guru itu mengagihkan minuman kotak kepada murid-muridnya.* The teacher distributed the cartons of drinks to her pupils.
pengagihan KATA NAMA
distribution
◊ *Pengagihan barang-barang itu perlu dijalankan tepat pada masanya.* The distribution of goods must be carried out on time.
agihan KATA NAMA
distribution
◊ *Agihan stok itu tidak seimbang.* The distribution of stock was uneven.

agregat KATA NAMA
aggregate

agresif KATA ADJEKTIF
aggressive

aguk KATA NAMA
pendant

> **aguk** *juga merujuk kepada perhiasan pada kalung yang dipakai oleh pengantin.*

agung KATA ADJEKTIF
[1] *majestic*
◊ *Istana Versailles di Perancis kelihatan agung.* The Palace of Versailles in France is a majestic sight.
[2] *great*
◊ *pahlawan yang agung* a great warrior
[3] *supreme*
◊ *Mahkamah Agung* the Supreme Court
• **mesyuarat agung** general meeting
• **Setiausaha Agung** Secretary General
mengagungkan KATA KERJA
to exalt
◊ *Buku itu mengagungkan sumbangan*

Tan Sri P. Ramlee sebagai seorang seniman. The book exalts Tan Sri P. Ramlee's contribution as an artiste.

mengagung-agungkan KATA KERJA
to glorify
◊ *Lagu itu terlalu mengagung-agungkan budaya Barat.* The song glorifies Western culture too much.

keagungan KATA NAMA
majesty
◊ *Keagungan lukisan Mona Lisa tiada tandingannya.* The majesty of the Mona Lisa is incomparable.

Ahad KATA NAMA
Sunday
◊ *pada hari Ahad* on Sunday

ahli KATA NAMA
member
- **ahli jawatankuasa** committee member
- **Ahli Parlimen** Member of Parliament
- **kad ahli** membership card

keahlian KATA NAMA
membership

aib KATA NAMA
disgrace
◊ *Dia membawa aib kepada keluarganya kerana dibuang daripada universiti.* He brought disgrace on his family by getting expelled from the university.

keaiban KATA NAMA
disgrace
◊ *Mereka meninggalkan kampung itu untuk mengelakkan keaiban.* They left the village to avoid disgrace.

mengaibkan KATA KERJA
1 _to bring disgrace on_
◊ *Tindakannya hanya akan mengaibkan keluarganya.* Her behaviour will just bring disgrace on her family.
2 _to embarrass_
◊ *Dia telah mengaibkan saya di hadapan semua orang.* She embarrassed me in front of everybody.

AIDS SINGKATAN (= *sindrom kurang daya tahan penyakit*)
AIDS (= *acquired immune deficiency syndrome*)

air KATA NAMA
water
- **air pasang** high tide
- **air surut** low tide
- **air tawar** fresh water
- **air liur** saliva
- **air mata** tear
- **air mineral** mineral water
- **air minuman** drinking water
- **air pancut** fountain
- **air suling** distilled water
- **air terjun** waterfall

berair KATA KERJA
soggy
◊ *Salad itu sudah berair.* The salad has become soggy.

mengairi KATA KERJA
to irrigate
◊ *Terusan itu dibina untuk mengairi sawah padi.* The canal was built to irrigate the paddy fields.

pengairan KATA NAMA
irrigation
◊ *sistem pengairan yang canggih* a sophisticated irrigation system

perairan KATA NAMA
waters
◊ *Ikan jenis ini selalu dijumpai di perairan Johor.* These type of fish were found in the waters around Johor.

air muka KATA NAMA
facial expression
- **Air muka Latifah menunjukkan keliruan.** Latifah looked confused.
- **Anak lelakinya telah menjatuhkan air mukanya.** Her son has disgraced her.

ais KATA NAMA
ice

aising KATA NAMA
icing

beraising KATA KERJA
iced
◊ *kek beraising* iced cake

aiskrim KATA NAMA
ice cream
◊ *aiskrim berperisa coklat* chocolate ice cream
- **aiskrim batang** ice lolly (JAMAK **ice lollies**)

ajaib KATA ADJEKTIF
1 _baffling_
◊ *satu pengalaman yang ajaib* a baffling experience
2 _magic_
◊ *cermin ajaib* a magic mirror

keajaiban KATA NAMA
miracle
- **Kejayaan perniagaannya bagaikan satu keajaiban.** The success of his business seemed miraculous.

ajak KATA KERJA
to invite
◊ *Ajaklah kakak anda sekali.* Invite your sister along.

mengajak KATA KERJA
to invite
◊ *Intan mengajak kawannya ke*

rumahnya. Intan invited her friend to her house.

ajakan KATA NAMA
invitation
◊ *Karim menolak ajakan Yusof.* Karim turned down Yusof's invitation.

ajal KATA NAMA
death
+ **menemui ajal** to die

ajar KATA KERJA
to teach
+ **kurang ajar** insolent

belajar KATA KERJA
1 *to learn*
◊ *Belajarlah daripada kesilapan anda.* Learn from your mistakes.
2 *to study*
◊ *Dia belajar untuk menghadapi peperiksaannya.* She studied for her exams.

pembelajaran KATA NAMA
learning
◊ *kaedah pembelajaran* method of learning

mengajar KATA KERJA
to teach
◊ *Guru itu mengajar matematik.* That teacher teaches mathematics.

pelajar KATA NAMA
student
+ **pelajar memandu** learner driver

mempelajari KATA KERJA
to learn
◊ *Dia mempelajari seni mempertahankan diri daripada datuknya.* He learnt the art of self-defence from his grandfather.

pelajaran KATA NAMA
lesson

berpelajaran KATA KERJA
educated
◊ *Abangnya berpelajaran tinggi.* His brother is highly educated.

terpelajar KATA ADJEKTIF
educated

pengajar KATA NAMA
instructor
◊ *pengajar memandu* driving instructor

pengajaran KATA NAMA
1 *lesson*
◊ *Pengalaman itu akan memberikan pengajaran kepadanya.* The experience will teach him a lesson.
+ **pengajaran daripada cerita ini ialah...** the moral of the story is...
2 *teaching*
◊ *pengajaran bahasa Inggeris di sekolah-sekolah* the teaching of English in schools

ajaran KATA NAMA
teaching
◊ *ajaran agama* religious teaching

aju
mengajukan KATA KERJA
to address
◊ *Dia mengajukan soalannya kepada pengerusi persatuan.* She addressed her question to the Chairman of the society.

ajuk
mengajuk KATA KERJA
to mimic
◊ *Badut itu mengajuk gaya James Bond.* The clown mimicked James Bond's manner.

ajukan KATA NAMA
mimicry
◊ *Salah satu daripada kelebihannya ialah kemahirannya melakukan ajukan.* One of his strengths is his skill at mimicry.

akad KATA NAMA
agreement
◊ *akad sewa beli* hire-purchase agreement

akademi KATA NAMA
academy (JAMAK **academies**)

akademik KATA ADJEKTIF
academic

akad nikah KATA NAMA
marriage vow
mengakadnikahkan KATA KERJA
to marry
◊ *Ustaz Hamidi mengakadnikahkan pasangan pengantin itu.* Ustaz Hamidi married the couple.

akal KATA NAMA
common sense
+ **masuk akal** logical

berakal KATA KERJA
intelligent
◊ *pelajar-pelajar yang berakal* intelligent students

akan KATA BANTU
> rujuk juga **akan** KATA SENDI

will
+ **Dia akan melawat neneknya pada minggu hadapan.** He is going to visit his grandmother next week.

seakan-akan KATA SENDI
1 *as if*
◊ *Dia kelihatan seakan-akan hendak menangis.* She looks as if she's going to cry.
2 *like*
◊ *Bentuk arca itu seakan-akan seekor gajah.* The sculpture is shaped like an

elephant.

akan KATA SENDI

> rujuk juga **akan** KATA BANTU
>
> **akan** digunakan selepas kata adjektif yang menunjukkan perasaan dan digunakan di hadapan kata nama atau frasa nama untuk manusia.

◊ *Dia takut akan kegelapan.* She is afraid of the dark. ◊ *Kumari suka akan lukisan itu.* Kumari likes that painting.

akar KATA NAMA
root

akar umbi KATA NAMA
root
◊ *Masalah itu perlu diatasi daripada akar umbinya.* The problem has to be overcome at its roots.

berakar umbi KATA KERJA
rooted
◊ *Krisis itu berakar umbi daripada persaingan antara dua kumpulan itu.* The crisis is rooted in rivalries between the two groups.

akaun KATA NAMA
account
◊ *akaun bank* bank account
◊ *akaun semasa* current account

perakaunan KATA NAMA
1. *accountancy*
2. *accounting*
◊ *prinsip perakaunan* principles of accounting

akauntan KATA NAMA
accountant

akhbar KATA NAMA
1. *newspaper*
◊ *akhbar "Berita Harian"* the newspaper "Berita Harian"
2. *press*
◊ *pihak akhbar* the press
◊ *sidang akhbar* a press conference

akhir KATA ADJEKTIF
final
◊ *percubaan yang akhir* final attempt
+ **peringkat akhir Piala Thomas** the final of the Thomas Cup
+ **separuh akhir** semi-final
+ **akhir sekali** finally
+ **akhir-akhir ini** lately

berakhir KATA KERJA
to finish
◊ *Mesyuarat itu akan berakhir tidak lama lagi.* The meeting will finish soon.
+ **Cerita itu berakhir dengan suasana gembira.** The story had a happy ending.

mengakhiri KATA KERJA
to end
◊ *Upacara itu diakhiri dengan persembahan tarian tradisional.* The ceremony ended with a traditional dance.

terakhir KATA ADJEKTIF
last
◊ *buat kali terakhir* for the last time

akhiran KATA NAMA
suffix (JAMAK *suffixes*)

akhirnya KATA HUBUNG
finally
◊ *Akhirnya mereka membuat keputusan untuk bertolak pada hari Sabtu.* They finally decided to leave on Saturday.
+ **Akhirnya dia sendiri yang akan rugi kelak.** He'll be the one who suffers as a result.

akhirat KATA NAMA
the next world
+ **di dunia dan di akhirat** in this world and the next

akhlak KATA NAMA
morals

berakhlak KATA KERJA
moral
+ **Citradevi seorang yang berakhlak mulia.** Citradevi is a very moral person.
+ **tidak berakhlak** immoral

akibat KATA HUBUNG

> rujuk juga **akibat** KATA NAMA

because
◊ *Pokok itu tumbang akibat ribut yang kencang.* The tree fell over because of the storm.
+ **Banjir itu berlaku akibat hujan lebat.** The flood was a consequence of the heavy rain.

mengakibatkan KATA KERJA
to cause
◊ *Cuaca yang buruk telah mengakibatkan banyak kemalangan berlaku di jalan-jalan di bandar itu.* The bad weather has caused many accidents on the city's roads.

akibat KATA NAMA

> rujuk juga **akibat** KATA HUBUNG

consequence
◊ *Saya terpaksa menanggung akibat daripada perbuatan saya sendiri.* I had to bear the consequences of my own action.

akibatnya KATA HUBUNG
as a result
◊ *Akibatnya dia sendiri yang akan rugi kelak.* He'll be the one who suffers as a result.

akne KATA NAMA
acne

akrab KATA ADJEKTIF
close

◊ *kawan akrab* a close friend
keakraban KATA NAMA
intimacy
+ **Keakraban antara dua adik-beradik itu amat ketara.** It is obvious that the two siblings are very close.

akrobat KATA NAMA
acrobat

akrobatik KATA NAMA
acrobatics

akru
  terakru KATA KERJA
  valid
  ◊ *Tuntutan insurans wanita itu masih terakru.* The woman's insurance claim is still valid.

aksara KATA NAMA
  [1] *alphabet* (*huruf*)
  [2] *character* (*komputer*)

aksesori KATA NAMA
accessory (JAMAK **accessories**)

aksi KATA NAMA
action
◊ *Filem itu penuh aksi.* The film is action-packed.
  beraksi KATA KERJA
  to act
  ◊ *Sean akan beraksi dalam filem baru itu.* Sean is going to act in that new film.

akta KATA NAMA
act
◊ *Akta Pendidikan* the Education Act

aktif KATA ADJEKTIF
active
  mengaktifkan KATA KERJA
  to activate
  ◊ *Pihak bank akan mengaktifkan kad anda dalam masa sehari.* The bank will activate your card within a day.

aktivis KATA NAMA
activist

aktiviti KATA NAMA
activity (JAMAK **activities**)

aku KATA GANTI NAMA
  [1] *I*
  > I selalu ditulis dalam huruf besar.
  ◊ *Aku akan masakkan nasi.* I'll cook the rice. ◊ *Walaupun aku sakit, aku tetap pergi ke sekolah.* Although I'm sick, I still go to school.
  > Apabila lebih daripada satu orang disebut, I selalu hadir akhir sekali.
  ◊ *Aku dan Yati bermain badminton.* Yati and I play badminton. ◊ *aku, Lili dan Hilda* Lili, Hilda and I
  [2] *me*
  ◊ *Beritahu aku.* Tell me. ◊ *Vasanta membelikan aku sebuah buku.* Vasanta bought me a book.
  [3] *my*
  ◊ *Jari aku sakit.* My finger hurts.
  mengaku KATA KERJA
  to admit
  ◊ *Dia mengaku bahawa dia telah melakukan perkara itu.* He admitted that he'd done it.
+ **mengaku kalah** to give up
  mengakui KATA KERJA
  [1] *to acknowledge*
  ◊ *Mereka mengakui kehebatan pihak lawan.* They acknowledged the strength of their opponents.
  [2] *to admit*
  ◊ *Dia telah mengakui kesilapannya.* He has admitted his mistake.
  memperakui KATA KERJA
  to recognize
  ◊ *Syarikat itu tidak memperakui ijazahnya.* The company did not recognize his degree.
  pengakuan KATA NAMA
  [1] *confession*
  ◊ *Dia membuat pengakuan kepada pihak polis.* He made a confession to the police.
  [2] *acknowledgement*
  ◊ *pengakuan penerimaan surat* acknowledgement of the receipt of a letter
  perakuan KATA NAMA
  certification
  ◊ *... perakuan bertulis menyatakan bahawa saudara itu benar-benar sakit.* ... written certification that the relative is really ill.
+ **surat perakuan** testimonial
  akuan KATA NAMA
  confession
  ◊ *Akuannya telah dicetak dalam sebuah majalah.* His confession was published in a magazine.

akuarium KATA NAMA
aquarium

akupunktur KATA NAMA
acupuncture

akur KATA KERJA
to agree
◊ *Jutawan itu terpaksa akur dengan tuntutan penculik anaknya.* The millionaire was forced to agree to the demands of his child's kidnappers.

ala KATA ADJEKTIF
-style
◊ *Para tetamu diminta supaya berpakaian ala tahun 1920-an.* Guests have been asked to dress 1920s-style.
+ **sarapan ala Eropah** continental

breakfast

alaf KATA NAMA
millennium

alah KATA ADJEKTIF
allergic
◊ *Eric alah pada betik.* Eric is allergic to papayas.
- **Dia mudah alah.** He suffers from various allergies.

alahan KATA NAMA
allergy (JAMAK **allergies**)

alam (1) KATA NAMA
world
◊ *di alam ini* in this world
- **alam maya** virtual reality
- **alam semula jadi** nature
- **alam sekitar** environment
- **mesra alam sekitar** environment-friendly
- **alam semesta** universe

alam (2)
mengalami KATA KERJA
to experience
◊ *Dia mengalami kesakitan pada bahunya.* She experienced pain in her shoulders.
pengalaman KATA NAMA
experience
berpengalaman KATA KERJA
experienced
◊ *Tahir seorang yang berpengalaman.* Tahir is very experienced.
- **tidak berpengalaman** inexperienced

alamat KATA NAMA
address (JAMAK **addresses**)
◊ *alamat rumah* home address
beralamat KATA KERJA
to have an address
◊ *Pastikan surat itu beralamat lengkap.* Make sure the letter has a complete address.
- **Rumah En. Goh beralamat 4, Jalan Helang, Taman Mergastua.** Mr Goh's home address is 4, Jalan Helang, Taman Mergastua.
mengalamatkan KATA KERJA
to address
◊ *Beliau mengalamatkan surat tersebut kepada pengetua.* He addressed the letter to the principal.

alang KATA ADJEKTIF

> rujuk juga **alang** KATA NAMA
> Biasanya **alang** hadir bersama kata nafi **bukan**. Kadang-kadang **alang** turut hadir bersama perkataan **kepalang**.

- **bukan alang** a lot of ◊ *Projek itu mengambil masa yang bukan alang.* The project took up a lot of time.
- **Bukan alang perbelanjaan yang diperlukan untuk pembedahan itu.** The operation is very expensive.
- **bukan alang kepalang** very many (*terjemahan umum*)
- **Bukan alang kepalang masalah yang berjaya diselesaikannya sejak dia dilantik sebagai Presiden.** Since being elected President he has solved a great number of problems.

alang-alang KATA ADJEKTIF
half-hearted
◊ *usaha yang alang-alang* half-hearted efforts
- **Wangnya tinggal alang-alang sahaja.** He only has a little money left.

alang KATA NAMA

> rujuk juga **alang** KATA ADJEKTIF

beam

alangkah KATA SERUAN
what
◊ *Alangkah tingginya bangunan itu!* What a tall building!
- **Alangkah baiknya jika kita dapat memenangi perlawanan akhir.** It would be so good if we could win the final.

alas KATA NAMA

1 *mat*
◊ *Farah meletakkan periuk yang panas itu di atas alas.* Farah put the hot saucepan on a mat.

2 *cover*
◊ *Tina meletakkan alas yang berenda pada kerusi.* Tina placed a lace cover on the chair.

- **alas cawan (1)** coaster (*lapik cawan*)
- **alas cawan (2)** saucer (*piring*)
- **alas kaki** leg rest
- **alas meja** tablecloth
- **alas perut** something light eaten to dull one's hunger

beralas KATA KERJA
to be covered
◊ *Pastikan meja itu beralas sebelum anda meletakkan makanan di atasnya.* Make sure the table is covered before you put food on it.

beralaskan KATA KERJA
to be covered with
◊ *Dia duduk di atas rumput dengan beralaskan tikar.* He sat on the grass, which was covered with a mat.

mengalas KATA KERJA
to line
◊ *Amy mengalas tin kek itu dengan kertas minyak sebelum memasukkan adunan kek.* Amy lined the cake tin with greaseproof paper before pouring the cake

batter in.
mengalaskan KATA KERJA
to cover
◊ *Saya mengalaskan kain pada meja supaya tidak kotor.* I covered the table with a cloth so that it wouldn't get dirty.

alasan KATA NAMA
excuse
◊ *Alasannya selalu sama sahaja.* His excuse is always the same.

alat KATA NAMA
tool
- **alat kawalan jauh** remote control
- **alat kelui** pager
- **alat muzik** instrument
- **alat pertolongan cemas** first aid kit
- **alat tulis** stationery

memperalatkan KATA KERJA
to use
◊ *Olivia memperalatkan Gina untuk mendapatkan soalan ujian itu.* Olivia used Gina to get hold of the test questions.

alatan, peralatan KATA NAMA
[1] *instrument*
◊ *peralatan muzik* musical instruments
[2] *equipment*
◊ *peralatan untuk menyelam* diving equipment

album KATA NAMA
album

alga KATA NAMA
algae

alih KATA KERJA
to move
- **mengambil alih** to take over

beralih KATA KERJA
to move
◊ *Saya akan beralih ke tempat duduk belakang.* I'll move to the back seat.

mengalih, mengalihkan KATA KERJA
to move
◊ *Saya akan mengalihkan kerusi itu ke atas pentas.* I'll move the chair on to the stage.

- **mengalihkan perhatian** to distract

pengalihan KATA NAMA
conversion
◊ *pengalihan tenaga* energy conversion

peralihan KATA NAMA
transition
◊ *peralihan dari zaman penjajahan ke zaman kemerdekaan* the transition from the colonial period to independence

- **zaman peralihan** transitional period

alih bahasa KATA NAMA
translation

mengalihbahasakan KATA KERJA

to translate

alih suara KATA NAMA
dubbing

mengalih suara KATA KERJA
to dub
◊ *Filem itu telah dialih suara ke dalam bahasa Melayu.* The film has been dubbed into Malay.

alim KATA ADJEKTIF
pious
◊ *orang yang alim* a pious person

alir

beraliran KATA KERJA
with ... ideology
◊ *negara yang beraliran sosialis* a country with a socialist ideology

- **parti yang beraliran kiri** left-wing party

mengalir KATA KERJA
to flow
◊ *Sungai itu mengalir dengan deras.* The river flows swiftly.

mengalirkan KATA KERJA
[1] *to channel*
◊ *Arteri berfungsi mengalirkan darah dari jantung ke seluruh badan.* Arteries channel blood from the heart to the whole body.
[2] *to conduct*
◊ *Besi boleh mengalirkan haba.* Metal can conduct heat.

pengaliran KATA NAMA
flow
◊ *Pengaliran darah di dalam pembuluh darah adalah lebih perlahan.* The flow of blood in the veins is slower.

aliran KATA NAMA
flow
◊ *aliran arus elektrik* the flow of electric current

- **'aliran sains'** 'science stream'
  > Konsep ini tidak digunakan di negara Britain.
- **mengambil mata pelajaran aliran sains** to take science subjects

alis KATA NAMA
eyebrow

alit KATA NAMA
liner (kosmetik)
- **alit bibir** lip liner
- **alit mata** eyeliner

alkohol KATA NAMA
alcohol

beralkohol KATA KERJA
alcoholic
◊ *minuman beralkohol* alcoholic drink

Allah KATA NAMA
Allah

Allahyarham KATA NAMA
(*untuk orang Islam*)
    the late
    ◊ *Allahyarham Tunku Abdul Rahman*
    the late Tunku Abdul Rahman

Allahyarhamah KATA NAMA
(*untuk orang Islam*)
    the late
    ◊ *Allahyarhamah Fatimah* the late
    Fatimah

almari KATA NAMA
    cupboard
* **almari buku** bookcase
* **almari makanan** larder
* **almari pakaian** wardrobe

aloi KATA NAMA
    alloy

alpa KATA ADJEKTIF
    to neglect
    ◊ *Dia alpa akan anak-anaknya.* He
    neglects his children.
* **Dia alpa semasa membuat ujian itu.**
She made careless mistakes in the test.
    kealpaan KATA NAMA
    oversight

al-Quran KATA NAMA
    Koran

altar KATA NAMA
    altar

alternatif KATA ADJEKTIF
    rujuk juga **alternatif** KATA NAMA
    alternative
    ◊ *Kami sedang mencari jalan alternatif.*
    We are looking for an alternative way.

alternatif KATA NAMA
    rujuk juga **alternatif** KATA ADJEKTIF
    alternative
    ◊ *Kereta api merupakan satu alternatif*
    kepada bas ekspres. Trains are an
    alternative to express buses.

alu
    mengalu-alukan KATA KERJA
    to welcome
    ◊ *Kami mengalu-alukan kedatangan*
    anda. We welcome you.

aluminium KATA NAMA
    aluminium
    ◊ *kerajang aluminium* aluminium foil

alun KATA NAMA
    1 *ripple* (*di tasik, sungai*)
    2 *wave* (*di laut*)
    beralun, beralun-alun KATA KERJA
    1 *wavy*
    ◊ *rambut yang beralun* wavy hair
    2 *to billow*
    ◊ *Kain itu beralun apabila ditiup angin.*
    The cloth billowed in the wind.
    alunan KATA NAMA
    cadence
    ◊ *alunan lagu* the cadences of a song

alur KATA NAMA
    trench (JAMAK **trenches**)
* **alur air** watercourse
* **alur bibir** furrow in the upper lip
* **alur hidung** furrow in the upper lip

am KATA ADJEKTIF
    general
    ◊ *pengetahuan am* general knowledge
* **pada amnya** generally

amah KATA NAMA
    maid

amal KATA NAMA
    charity
    ◊ *konsert amal* charity concert
    beramal KATA KERJA
    to do charitable work
    mengamalkan KATA KERJA
    to practise
    ◊ *mengamalkan ajaran agama* to
    practise religious teachings
    pengamal KATA NAMA
    practitioner
    ◊ *pengamal perubatan* medical
    practitioner
    pengamalan KATA NAMA
    practice
* **Pengamalan cara hidup yang sihat**
adalah penting. It is important to have
a healthy lifestyle.
    amalan KATA NAMA
    habit
    ◊ *Menabung merupakan amalan yang*
    baik. Saving money is a good habit.

amali KATA NAMA
    practical (*ujian, latihan*)

aman KATA NAMA
    peaceful
    ◊ *suasana yang aman* a peaceful
    environment
    keamanan KATA NAMA
    peace

amanah KATA ADJEKTIF
    rujuk juga **amanah** KATA NAMA
    trustworthy
    ◊ *Felicia seorang budak yang amanah.*
    Felicia is a trustworthy girl.
    mengamanahkan KATA KERJA
    to entrust
    ◊ *Cikgu mengamanahkan tugas itu*
    kepada ketua darjah. The teacher
    entrusted the duty to the class monitor.

amanah KATA NAMA
    rujuk juga **amanah** KATA ADJEKTIF
    trust
    ◊ *tabung amanah* trust fund
* **Surat ini merupakan amanah ayah**

amanat → ambil alih

saya. This letter was entrusted to me by my father.
- **pecah amanah** breach of trust

amanat KATA NAMA
order
◊ *Mahmud akan menunaikan amanat datuknya yang mahu dia berkahwin dengan Khatijah.* Mahmud will obey his grandfather's order to marry Khatijah.
- **Halim selalu mengingati amanat ibunya yang melarangnya bercakap bohong.** Halim always remembered his mother's exhortation not to tell lies.
- **Surat ini merupakan amanat ayah saya.** This letter was entrusted to me by my father.

beramanat KATA KERJA
to urge
◊ *Ibu pernah beramanat kepada abang supaya sentiasa membantu orang susah.* Mother had once urged my brother to help people in need.

mengamanatkan KATA KERJA
to urge
◊ *Beliau mengamanatkan para pelajar agar berhati-hati semasa cuti sekolah.* He urged the students to be careful during the school holidays.

amar
amaran KATA NAMA
warning
- **memberikan amaran** to warn

amat (1) KATA PENGUAT
very
◊ *amat besar* very big
- **amat suka** to like very much

teramat KATA PENGUAT
extremely
◊ *Cuaca di Artik teramat sejuk.* The weather in the Arctic is extremely cold.
- **Yang Teramat Mulia** The Most Honourable

amat (2)
mengamati KATA KERJA
to observe
◊ *Doktor itu mengamati tingkah laku bayi yang baru lahir itu.* The doctor observes the behaviour of the newborn baby.

pengamatan KATA NAMA
observation
◊ *Dia mempunyai daya pengamatan yang baik.* She has good powers of observation.

amatur KATA NAMA
amateur

amaun KATA NAMA
amount

ambal KATA NAMA
rug

ambang (1) KATA NAMA
lintel (pada pintu)
- **ambang pintu** threshold
- **ambang tingkap** windowsill

ambang (2) rujuk **kambang**

ambil KATA KERJA
to take
◊ *"Sila ambil satu."* "Please take one."
- **Jangan ambil hati.** Don't take it personally.

mengambil KATA KERJA
[1] *to take*
◊ *Faizah mengambil dua buah buku dari rak itu.* Faizah took two books from the shelf.
[2] *to collect*
◊ *Punita mengambil bajunya daripada tukang jahit pagi tadi.* Punita collected her dress from the dressmaker this morning.
- **mengambil berat** to care about ◊ *Saya mengambil berat tentang kesihatan anda.* I care about your health.
- **mengambil gambar** to take a photo
- **mengambil kesempatan** to take the opportunity
- **mengambil masa** to take ◊ *Perjalanan itu mengambil masa kira-kira satu jam.* The journey takes about one hour.
- **mengambil tahu** to pry
- **mengambil tempat** to stand in for

mengambilkan KATA KERJA
to fetch
◊ *Gunalan mengambilkan kakaknya sepinggan nasi.* Gunalan fetched his sister a plate of rice.

pengambilan KATA NAMA
intake
◊ *Pengambilan gula yang berlebihan boleh menyebabkan penyakit kencing manis.* The excessive intake of sugar can cause diabetes.
- **pengambilan pekerja** recruitment

ambilan KATA NAMA
drawings (perakaunan)

ambil alih
mengambil alih KATA KERJA
to take over
◊ *Puan Masni akan mengambil alih tugas guru kelas mulai bulan depan.* Puan Masni will take over as class teacher from next month.

pengambilalihan KATA NAMA
takeover
◊ *Pengambilalihan syarikat insurans tersebut oleh bank itu tidak diduga.* The bank's takeover of the insurance company was unexpected.

amboi KATA SERUAN
wow
◊ *Amboi, panasnya hari ini!* Wow! It's hot today!

ambulans KATA NAMA
ambulance

Amerika KATA NAMA
America
• **orang Amerika** American

Amerika Syarikat KATA NAMA
United States of America

amfibia KATA NAMA
amphibian

ampai
ampaian KATA NAMA
clothes line

ampere KATA NAMA
amp

ampu
mengampu KATA KERJA
[1] *to carry*
◊ *Atlit itu mengampu piala kejohanan dalam sebuah talam semasa perarakan itu.* The athlete carried the championship trophy on a tray during the procession.
[2] *to ingratiate oneself with*
◊ *Anda tidak perlu mengampu saya.* You don't have to ingratiate yourself with me.
pengampu KATA NAMA
sycophant

ampun KATA NAMA
forgiveness
◊ *meminta ampun* to ask for forgiveness
mengampuni KATA KERJA
to forgive
◊ *Ibu bapa akan sentiasa mengampuni anak-anak mereka.* Parents will always forgive their children.
mengampunkan KATA KERJA
to forgive
◊ *Harriet tidak dapat mengampunkan kesalahan jirannya.* Harriet couldn't forgive the wrong done to her by her neighbour.
pengampun KATA ADJEKTIF
forgiving
◊ *Tina seorang yang pengampun.* Tina is a forgiving person.
pengampunan KATA NAMA
pardon
◊ *Banduan itu menerima pengampunan daripada raja.* The prisoner received a pardon from the king.

amuk
mengamuk KATA KERJA
to go berserk
pengamuk KATA NAMA
person who has gone berserk

anai-anai KATA NAMA
termite

anak KATA NAMA
child (JAMAK **children**)
• **anak lelaki** son
• **anak perempuan** daughter
• **anak saudara (1)** nephew (*lelaki*)
• **anak saudara (2)** niece (*perempuan*)
• **anak tunggal** the only child
• **anak baju** vest
• **anak bulan** crescent
• **anak dara** virgin
• **anak kapal** crew
• **anak mata** pupil
• **anak panah** arrow
• **anak patung** doll
• **Anak Serigala** the Cub Scouts
• **anak tangga** step ◊ *Mereka duduk bersembang di atas anak tangga.* They sat and chatted on the step.
• **anak yatim** orphan
beranak KATA KERJA
to give birth
keanak-anakan KATA ADJEKTIF
childish
◊ *Perangai keanak-anakannya sungguh menjengkelkan.* His childish behaviour is very annoying.
peranakan KATA NAMA
mixed parentage
◊ *gadis peranakan* a girl of mixed parentage

anak-anak KATA NAMA
puppet

anakanda KATA NAMA
(bahasa istana, persuratan)
[1] *son* (*lelaki*)
[2] *daughter* (*perempuan*)
anakanda *juga digunakan untuk merujuk kepada diri sendiri terutama dalam surat. Dalam keadaan ini,* **anakanda** *diterjemahkan dengan menggunakan kata ganti nama diri.*
◊ *Anakanda akan pulang pada bulan hadapan.* I'm coming home next month.
◊ *Tolong jemput anakanda di lapangan terbang.* Please pick me up at the airport.
◊ *Sampaikan salam anakanda kepada nenda.* Please give my love to grandma.

anak tiri KATA NAMA
stepchild (JAMAK **stepchildren**)
menganaktirikan KATA KERJA
to neglect

analisis KATA NAMA
analysis (JAMAK **analyses**)
menganalisis KATA KERJA
to analyse

Malay ~ English — **analog → aneka**

◊ *Pada kebiasaannya, cikgu akan menganalisis soalan-soalan peperiksaan tahun lepas.* Teachers usually analyse last year's examination questions.

penganalisis KATA NAMA
analyst

penganalisisan KATA NAMA
analysis (JAMAK **analyses**)
◊ *Penganalisisan data akan dilakukan oleh para penyelidik.* The analysis of the data will be done by the researchers.

analog KATA ADJEKTIF
analogue
◊ *teknologi analog* analogue technology

anasir KATA NAMA
element
◊ *anasir jahat* bad element

ancam
  mengancam KATA KERJA
  to threaten
  ◊ *Tanah runtuh yang berlaku berhampiran pangsapuri itu mengancam keselamatan penghuni di situ.* The landslide which occurred near the block of flats threatened the safety of the residents.
  mengancamkan KATA KERJA
  to threaten
  ◊ *Penculik itu mengancamkan pisaunya ke arah mangsa tersebut.* The kidnapper threatened the victim with his knife.
  terancam KATA KERJA
  threatened
  ◊ *Nyawanya terancam.* His life is threatened.
  ancaman KATA NAMA
  threat
  ◊ *Dia takut akan ancaman perompak itu.* She was afraid of the robber's threat.

anda KATA GANTI NAMA
[1] *you*
◊ *Anda mesti rajin belajar.* You must study hard.
[2] *your*
◊ *kawan anda* your friend

andai
  mengandaikan KATA KERJA
  to assume
  ◊ *Jangan mengandaikan semuanya akan berjalan lancar tanpa perancangan yang teliti.* Don't assume that everything will run smoothly without proper planning.
  seandainya, andaikan, andainya
  KATA HUBUNG
  if
  ◊ *Seandainya anda menghadapi masalah mencari restoran itu, anda boleh menelefon saya.* If you have problems finding the restaurant, you can give me a call. ◊ *Andainya seseorang pemain bermain kasar, dia akan didenda.* If a player commits a foul, he will be fined.
  andaian KATA NAMA
  assumption
  ◊ *Andaian anda itu salah.* Your assumption is incorrect.

andai kata KATA HUBUNG
if
◊ *Andai kata saya terlewat, tolong belikan tiket untuk saya.* If I'm late, please buy a ticket for me.

andam KATA ADJEKTIF
♦ **mak andam** make-up expert for brides
  berandam KATA KERJA
  to have one's hair trimmed
  ◊ *Rozita sedang berandam.* Rozita is having her hair trimmed.
  mengandam KATA KERJA
  to trim
  ◊ *Wanita itu sedang mengandam rambut Kavita.* The lady is trimming Kavita's hair.
  andaman KATA NAMA
♦ **andaman rambut** hairstyle
  ◊ *Andaman rambutnya sungguh kemas.* Her hairstyle is very neat.

andartu KATA NAMA (= **anak dara tua**)
spinster

anduh KATA NAMA
sling
◊ *Doktor itu menyokong tangan Yusri yang patah dengan anduh.* The doctor put Yusri's broken arm in a sling.
  menganduh KATA KERJA
  to put in a sling
  ◊ *Anda perlu menganduh lengan mangsa yang patah itu.* You need to put the victim's broken arm in a sling.
  penganduh KATA NAMA
  splint
  ◊ *Ahli pertolongan cemas itu menggunakan penganduh untuk menyokong kaki Farid yang patah.* The first-aider used a splint to support Farid's broken leg.

aneh KATA ADJEKTIF
[1] *strange*
◊ *satu kejadian yang aneh* a strange incident
[2] *eccentric*
◊ *Profesor itu seorang yang agak aneh.* That professor is rather eccentric.
  keanehan KATA NAMA
  strangeness
  ◊ *Penonton konsert itu terpukau dengan keanehan muzik yang dimainkan.* The concert audience was mesmerized by the strangeness of the music.

aneka KATA ADJEKTIF

various
◊ *Restoran itu menghidangkan aneka jenis makanan.* The restaurant serves various types of food.
beraneka KATA KERJA
various
◊ *Risalah itu mengandungi beraneka gambar pakaian untuk dijual.* The brochure contained various pictures of the clothes on sale.
♦ **beraneka jenis** assortment
aneka ragam KATA ADJEKTIF
variety
◊ *pertunjukan aneka ragam* variety show
beraneka ragam KATA KERJA
all kinds
◊ *orang yang beraneka ragam* all kinds of people
aneka warna KATA ADJEKTIF
multicoloured
◊ *perhiasan aneka warna* multicoloured decorations
beraneka warna KATA KERJA
multicoloured
◊ *sehelai kain yang beraneka warna* a multicoloured piece of cloth
angan-angan KATA NAMA
1 *ideals*
◊ *Angan-angannya itu memberikan motivasi kepadanya untuk bekerja keras.* Her ideals gave her the motivation to work hard.
2 *ambition*
◊ *Angan-angannya untuk menjadi seorang juruterbang akhirnya menjadi kenyataan.* He finally realised his ambition of becoming a pilot.
berangan-angan KATA KERJA
1 *to daydream*
◊ *Jangan terlalu berangan-angan.* Don't daydream too much.
2 *to dream*
◊ *Dia berangan-angan hendak menjadi seorang pelakon.* She dreams of becoming an actress.
mengangan-angankan KATA KERJA
to dream
◊ *Ramesh mengangan-angankan sebuah kereta.* Ramesh dreams of having a car.
anggap KATA KERJA
to regard
◊ *Jangan anggap tugas itu mudah.* Don't regard it as a simple task.
menganggap KATA KERJA
1 *to regard*
◊ *Erina menganggap Dora sebagai kawannya.* Erina regarded Dora as her friend.
2 *to consider*
◊ *John menganggap tugas itu mudah.* John considered it a simple task.
3 *to assume*
◊ *Dia menganggap semuanya akan berjalan lancar.* He assumed that everything will run smoothly.
anggapan KATA NAMA
opinion
◊ *Pada anggapan saya...* In my opinion...
beranggapan KATA KERJA
to think
◊ *Uma beranggapan bahawa Michael merupakan penyanyi yang paling berbakat.* Uma thought that Michael was the most talented singer.
anggar KATA KERJA
to guess
◊ *Jangan anggar sahaja.* Don't just guess.
menganggar, menganggarkan KATA KERJA
to estimate
◊ *Guru-guru menganggar bahawa seramai 30 orang murid akan menyertai rombongan itu.* Teachers estimated that 30 pupils would go on the excursion.
penganggaran KATA NAMA
estimate
◊ *Penganggaran jumlah peserta perkhemahan itu hendaklah diberikan kepada pihak polis.* An estimate of the number of campers must be given to the police.
anggaran KATA NAMA
estimate
◊ *Beri saya anggaran berat badan anda.* Give me an estimate of your weight.
anggerik KATA NAMA
orchid
anggota KATA NAMA
1 *limb*
◊ *Seluruh anggota badannya sakit selepas dia melakukan senaman itu.* Every limb in his body was aching after the exercise.
2 *member*
◊ *anggota ASEAN yang baru* a new member of ASEAN
keanggotaan KATA NAMA
membership
◊ *Keanggotaan persatuan itu terbuka kepada semua orang.* Membership of the association is open to everyone.
menganggotai KATA KERJA
to be a member
◊ *Ramai pelajar bersaing untuk*

menganggotai pasukan debat sekolah. Many students competed to be a member of the school debating team.

angguk KATA KERJA
to nod
◊ *Angguk kepala anda jika anda setuju.* Nod your head if you agree.
mengangguk KATA KERJA
to nod
◊ *Pengerusi itu mengangguk bersetuju.* The chairman nodded to show his agreement.
mengangguk-angguk KATA KERJA
to nod repeatedly
◊ *Mereka mengangguk-angguk sebagai tanda mengiakan kata-katanya.* They nodded repeatedly to show that they agreed with him.
menganggukkan KATA KERJA
to nod
◊ *Bobby menganggukkan kepalanya.* Bobby nodded his head.
mengangguk-anggukkan KATA KERJA
to nod repeatedly
◊ *Khatijah mengangguk-anggukkan kepalanya untuk menunjukkan persetujuannya.* Khatijah nodded her head repeatedly to show her agreement.
terangguk-angguk KATA KERJA
to nod one's head
◊ *Dia terangguk-angguk juga walaupun tidak memahami perkara yang dibincangkan.* He just kept nodding his head even though he didn't understand what was being discussed.
anggukan KATA NAMA
nod
◊ *Anggukan kepala sahaja bukan tanda persetujuan.* A mere nod of the head is not a sign of agreement.

anggun KATA ADJEKTIF
elegant
◊ *Wanita itu memang anggun.* The woman was really elegant.
keanggunan KATA NAMA
elegance
◊ *Saya terpesona dengan keanggunan ratu cantik itu.* I was captivated by the beauty queen's elegance.

anggur (1) KATA NAMA
grape
♦ **anggur hitam** blackcurrant
♦ **ladang anggur** vineyard
anggur (2)
menganggur KATA KERJA
unemployed
◊ *Ramai orang yang menganggur semasa kemelesetan ekonomi.* Many people were unemployed during the economic recession.
penganggur KATA NAMA
the unemployed
◊ *Kami ingin mewujudkan peluang pekerjaan untuk para penganggur.* We want to create jobs for the unemployed.
pengangguran KATA NAMA
unemployment
◊ *kadar pengangguran* the rate of unemployment

angin KATA NAMA
[1] *wind*
◊ *angin timur* the east wind ◊ *angin kencang* strong wind
♦ **angin sepoi-sepoi bahasa** breeze
[2] *mood*
◊ *Anginnya tidak baik hari ini.* He's in a bad mood today.
berangin KATA KERJA
windy
◊ *Kawasan itu berangin.* It's windy there.
mengangin KATA KERJA
to winnow
◊ *Pak Dollah sedang mengangin padi di belakang rumahnya.* Pak Dollah is winnowing rice behind his house.
peranginan KATA NAMA
♦ **tempat peranginan** resort

angin-angin KATA NAMA
rumour
◊ *Jangan pedulikan angin-angin itu.* Ignore the rumours.

angka KATA NAMA
numeral
◊ *angka Roman* Roman numerals
perangkaan KATA NAMA
statistics
◊ *Menurut perangkaan, jumlah kemalangan jalan raya telah meningkat.* According to statistics, the number of road accidents have increased.
♦ **Jabatan Perangkaan** Statistics Department

angkara KATA NAMA
atrocity (JAMAK **atrocities**)
◊ *Pembunuhan itu sungguh kejam dan orang yang melakukan angkara tersebut patut dihukum.* It was a cold-blooded killing, and those who committed this atrocity should be punished.

angkasa KATA NAMA
[1] *sky* (JAMAK **skies**)
◊ *Mereka melihat ke angkasa dengan sebuah teleskop.* They looked at the sky through a telescope.
[2] *space*
◊ *Rusia melancarkan roket ke angkasa.* Russia launched a rocket into space.

angkasawan → aniaya

- **kapal angkasa** spacecraft

angkasawan KATA NAMA
1. *astronaut* (dari Amerika Syarikat)
2. *cosmonaut* (dari Rusia)

angkat KATA ADJEKTIF

> rujuk juga **angkat** KATA KERJA

1. *adoptive* (bagi ibu bapa)
◊ *ayah angkat* adoptive father
◊ *Keluarga En. Gunaselan menjadi keluarga angkat Sumathi selepas kematian ibu bapanya.* Mr Gunaselan's family became Sumathi's adoptive family after the death of her parents.
2. *adopted* (bagi anak)
◊ *kakak angkat* adopted sister ◊ *Gina membantu abang angkatnya mencari ibu bapa kandungnya.* Gina helped her adopted brother to find his natural parents.
3. *foster* (untuk tempoh tertentu)
◊ *ayah angkat* foster father

- **Peserta program pertukaran pelajar itu akan tinggal bersama keluarga angkat selama satu minggu.** Participants in the student exchange programme will stay with a host family for a week.

berangkat KATA KERJA
to leave
◊ *Emak Paul akan berangkat ke India esok.* Paul's mother will leave for India tomorrow.

keberangkatan KATA NAMA
departure
◊ *Pengacara itu mengumumkan keberangkatan Perdana Menteri.* The master of ceremonies announced the departure of the Prime Minister.

mengangkat KATA KERJA
to lift
◊ *Gopal tidak mampu mengangkat kotak yang berat itu.* Gopal couldn't lift the heavy box.

- **Wahid mengangkat tangannya untuk menjawab soalan itu.** Wahid raised his hand to answer the question.
- **mengangkat bahu** to shrug

mengangkat-angkat KATA KERJA
to flatter
◊ *Usahlah anda mengangkat-angkat saya.* You don't have to flatter me.

mengangkatkan KATA KERJA
to carry ... for
◊ *Munira mengangkatkan gurunya beberapa buah buku.* Munira carried some books for her teacher.

angkatan KATA NAMA
troops
- **angkatan tentera** military

angkat KATA KERJA

> rujuk juga **angkat** KATA ADJEKTIF

to lift
◊ *Tolong angkat kotak itu.* Please lift that box.
- **angkat berat** weightlifting
- **ahli angkat berat** weightlifter

angkuh KATA ADJEKTIF
arrogant
◊ *lelaki yang angkuh* an arrogant man

keangkuhan KATA NAMA
arrogance
◊ *Helmi tidak disukai kerana keangkuhannya.* Helmi was disliked for his arrogance.

angkut

mengangkut KATA KERJA
1. *to carry*
◊ *Kami memerlukan lima orang untuk mengangkut kotak yang berat itu.* We need five people to carry that heavy box.
2. *to transport*
◊ *Mereka menggunakan kapal untuk mengangkut getah ke Jepun.* They use ships to transport rubber to Japan.

- **mengangkut sampah** to collect rubbish

pengangkut KATA NAMA
1. *porter* (orang)
- **pengangkut sampah** a rubbish collector
2. *carrier* (kenderaan)

pengangkutan KATA NAMA
transport
◊ *pengangkutan awam* public transport
◊ *Harga yang dinyatakan termasuk kos pengangkutan.* The price stated includes the cost of transport.

angkutan KATA NAMA
load
◊ *Lori itu mampu membawa angkutan yang berat.* The lorry can carry a heavy load.

angsa KATA NAMA
goose (JAMAK **geese**)
- **angsa putih** swan

aniaya

menganiaya, menganiayai KATA KERJA
1. *to mistreat*
◊ *Sesiapa yang menganiaya binatang akan didenda.* Anybody who mistreats animals will be fined.
2. *to stab in the back*
◊ *Dia menganiayai kawannya untuk mendapatkan jawatan bendahari persatuan itu.* He stabbed his friend in the back in order to become treasurer of the society.

penganiaya KATA NAMA
abuser
◊ *penganiaya kanak-kanak* child abuser

penganiayaan KATA NAMA
abuse
◊ *penganiayaan kanak-kanak* child abuse

teraniaya KATA KERJA
1 *to be abused*
◊ *Jabatan Kebajikan cuba membantu kanak-kanak yang teraniaya.* The Welfare Department tries to help abused children.
2 *to be betrayed*
◊ *Laura berasa teraniaya dengan perbuatan kakaknya.* Laura felt betrayed by her sister's action.

animasi KATA NAMA
animation
• **filem animasi Disney "Mulan"** Disney's animated film "Mulan"

anjak KATA KERJA
to move
◊ *Anjak ke belakang.* Move to the back.

beranjak KATA KERJA
to move
◊ *Dia beranjak ke belakang.* He moved to the back. ◊ *Sila beranjak ke kerusi sebelah.* Please move over to the next chair.

menganjak, menganjakkan KATA KERJA
to move
◊ *Siti menganjakkan pasu bunga itu ke tepi pintu.* Siti moved the flowerpot next to the door.

anjakan KATA NAMA
shift
◊ *anjakan dalam polisi kerajaan* a shift in government policy

anjal KATA ADJEKTIF
flexible

menganjal KATA KERJA
to stretch
◊ *Gelang getah itu menganjal apabila anda menariknya.* The rubber band stretches when you pull it.

anjing KATA NAMA
dog
• **anjing betina** bitch (JAMAK **bitches**)
• **anjing laut** seal
• **anak anjing** puppy (JAMAK **puppies**)
• **penyakit anjing gila** rabies

anjung KATA NAMA
1 *veranda*
◊ *Mereka minum teh di anjung rumah Suzy.* They had tea on the veranda of Suzy's house.
2 *porch* (JAMAK **porches**)
◊ *Dia duduk di anjung rumah.* He is sitting on the porch.
• **anjung tangga** landing ◊ *Kanak-kanak itu bermain di anjung tangga.* The children are playing on the landing.

anjur
menganjur KATA KERJA
to stretch
◊ *Gurun Sahara menganjur dari Pantai Timur ke Pantai Barat Afrika Utara.* The Sahara Desert stretches from the East Coast to the West Coast of Northern Africa.

menganjurkan KATA KERJA
to organize
◊ *Majlis Belia akan menganjurkan satu perkhemahan di Taman Negara.* The Youth Council is going to organize a camp at Taman Negara.

penganjur KATA NAMA
organizer
◊ *Pihak penganjur menawarkan hadiah yang banyak untuk pertandingan itu.* The organizers are offering a lot of prizes for the contest.

anjuran KATA NAMA
organized by
◊ *Konsert amal anjuran Kelab Muzik akan diadakan pada minggu depan.* The charity concert organized by the Music Club will be held next week.

ansur
beransur, beransur-ansur KATA KERJA
gradually
◊ *Warna langsir itu beransur-ansur pudar.* The colour of the curtain gradually faded.

ansuran KATA NAMA
instalment
◊ *Ansuran keretanya berjumlah lima ratus ringgit sebulan.* The instalments on his car are five hundred ringgits a month.

antar
pengantar KATA NAMA
medium
◊ *bahasa pengantar* medium of instruction

antara KATA ARAH
rujuk juga **antara** KATA SENDI
between
◊ *Semenanjung Malaysia terletak di antara Selat Melaka dengan Laut China Selatan.* Peninsular Malaysia is situated between the Straits of Malacca and the South China Sea.

pengantara, perantara KATA NAMA
middleman (JAMAK **middlemen**)

perantaraan KATA NAMA
mediation
◊ *Dia dibebaskan dari penjara dengan perantaraan Presiden Kenneth.* She was released from prison through the mediation of President Kenneth.

antara KATA SENDI

rujuk juga **antara** KATA ARAH

1. *between*

   between *digunakan untuk memberikan julat atau apabila dua pihak sahaja yang terlibat.*

   ◊ *Pertandingan itu dibuka kepada kanak-kanak yang berumur antara 3 dan 5 tahun.* The competition is open to children aged between 3 and 5 years.

   ◊ *Rahsia itu disimpan antara mereka berdua sahaja.* The secret was kept between the two of them.

2. *among*

   among *digunakan apabila lebih daripada dua pihak terlibat.*

   ◊ *Gula-gula itu dikongsi antara Mimi, Wei Wei dan Chandra.* The sweets were shared among Mimi, Wei Wei and Chandra.

antarabangsa KATA ADJEKTIF
international
◊ *persidangan antarabangsa* international conference

Antartik KATA NAMA
the Antarctic

antena KATA NAMA
aerial

antibiotik KATA NAMA
antibiotic

antidepresan KATA NAMA
antidepressant

antik KATA NAMA
antique

anting-anting KATA NAMA
earring

antiseptik KATA NAMA
antiseptic

anugerah KATA NAMA
award
◊ *anugerah filem terbaik* best movie award

menganugerahi KATA KERJA
to confer
◊ *Sultan Selangor menganugerahi pengerusi syarikat itu gelaran Datuk.* The Sultan of Selangor conferred the title of Datuk on the company chairman.

menganugerahkan KATA KERJA
to award
◊ *Yang di-Pertuan Agong telah menganugerahkan pingat khas kepada pemain-pemain itu.* The Yang di-Pertuan Agong awarded a special medal to the players.

penganugerahan KATA NAMA
conferment

♦ **Penganugerahan gelaran Datuk itu merupakan penghargaan atas sumbangan beliau dalam bidang pendidikan.** The title of Datuk was conferred on him in recognition of his contributions in the field of education.

anut

menganut, menganuti KATA KERJA
to be a follower of

♦ **Dia menganut agama Kristian.** He is a Christian.
♦ **Dia menganut agama Buddha sejak kecil lagi.** She has been a Buddhist since she was young.

penganut KATA NAMA
follower

♦ **penganut agama Buddha** Buddhist
♦ **penganut agama Hindu** Hindu
♦ **penganut agama Islam** Muslim
♦ **penganut agama Kristian** Christian

anyam

anyam-menganyam KATA NAMA
weaving
◊ *Kerja anyam-menganyam biasanya dilakukan oleh kaum wanita.* Weaving is usually done by the women.

menganyam KATA KERJA
to weave
◊ *Fatimah dan Minah belajar menganyam tikar.* Fatimah and Minah learnt how to weave a mat.

penganyam KATA NAMA
weaver

anyaman KATA NAMA
weave
◊ *Kain itu mempunyai anyaman yang halus.* The cloth has a fine weave.

apa KATA TANYA
what
◊ *Apakah alasan anda?* What is your excuse?

apatah KATA HUBUNG

♦ **apatah lagi** let alone ◊ *Dia tidak pernah memarahi anaknya apatah lagi memukulnya.* She has never scolded her child, let alone hit him.

♦ **Apatah daya saya memujuk seorang kanak-kanak yang baru kehilangan ibunya.** How am I to comfort a child who has just lost his mother?

berapa KATA TANYA

1. *how many* (benda yang boleh dikira)
   ◊ *Berapakah gelas yang pecah?* How many glasses were broken?

2. *how much* (wang, masa, benda yang tidak boleh dikira)
   ◊ *Berapakah harga buku itu?* How much does that book cost?

mengapa KATA TANYA
why
◊ *Mengapakah anda tidak hadir ke sekolah kelmarin?* Why were you absent

from school yesterday?
mengapakan KATA KERJA
to harm
◊ *Saya tidak akan mengapakan anda.* I won't harm you.

apa-apa KATA GANTI NAMA
anything
◊ *Vicky tidak makan apa-apa sejak pagi tadi.* Vicky hasn't eaten anything since this morning.
• *Awak tidak apa-apa?* Are you all right?
mengapa-apakan KATA KERJA
to harm
◊ *Pihak polis bimbang bahawa penculik itu akan mengapa-apakan gadis itu.* The police are worried that the kidnappers will harm the girl.

apabila KATA HUBUNG
when
◊ *Kami akan bertolak apabila kami sudah bersiap sedia.* We will leave when we are ready.

apalagi KATA HUBUNG
let alone
◊ *Buku yang nipis itu pun dia tidak habis membaca, apalagi novel yang tebal itu.* He couldn't even finish reading that thin book, let alone the thick novel.

apartmen KATA NAMA
block of luxury flats

apendiks KATA NAMA
appendix (JAMAK **appendices** atau **appendixes**)

apendisitis KATA NAMA
appendicitis

api KATA NAMA
fire
• *alat pemadam api* fire extinguisher
berapi KATA KERJA
alight
◊ *Pastikan unggun api itu tidak berapi lagi sebelum anda masuk tidur.* Make sure the campfire is no longer alight before you go to bed.
mengapikan, mengapi-apikan KATA KERJA
to incite
◊ *Mereka mengapi-apikan Donald supaya bergaduh dengan pengurus itu.* They incited Donald to quarrel with the manager.
memperapikan KATA KERJA
to grill
◊ *Dia memperapikan ikan itu.* She grilled the fish.
perapian KATA NAMA
stove (terjemahan umum)

api-api KATA NAMA
firefly (JAMAK **fireflies**)

apit
berapit KATA KERJA
in between
◊ *Budak itu tidur berapit dengan ibu bapanya.* The child slept in between his parents.
mengapit KATA KERJA
1 *to sandwich*
◊ *Mereka mengapit pasu itu dengan span supaya tidak tercalar.* They sandwiched the vase between two pieces of sponge so that it wouldn't get scratched.
2 *to escort*
◊ *Pengetua dan guru penolong kanan mengapit tetamu kehormat itu ke atas pentas.* The principal and senior assistant escorted the guest of honour to the stage.
pengapit KATA NAMA
1 *best man* (lelaki)
2 *bridesmaid* (perempuan)

apitan KATA NAMA
circumfix (JAMAK **circumfixes**)
◊ *Perkataan "kebahagiaan" mempunyai apitan 'ke-...-an'.* The word "kebahagiaan" has the circumfix 'ke-...- an'.

aplikasi KATA NAMA
application
◊ *beberapa aplikasi yang boleh digunakan* a number of possible applications
mengaplikasikan KATA KERJA
to apply
◊ *Pelajar harus mengaplikasikan nilai-nilai moral yang dipelajari dalam kehidupan harian mereka.* Students should apply the moral values that they've learnt to their daily lives.
pengaplikasian KATA NAMA
application
◊ *pengaplikasian sesuatu konsep* the application of a concept

aprikot KATA NAMA
apricot

April KATA NAMA
April
◊ *pada 5 April* on 5 April
• *pada bulan April* in April

apron KATA NAMA
apron

apung
berapungan KATA KERJA
to float
◊ *Sampah sarap kelihatan berapungan di kolam itu.* Rubbish could be seen floating in the pond.
mengapung KATA KERJA
to float
◊ *Belon udara panas itu mengapung ke udara.* The hot air balloon floated into the

sky.
mengapungkan KATA KERJA
to float
◊ *Kanak-kanak kampung itu mengapungkan sampan kertas dalam sungai.* The village children float paper boats in the stream.
terapung KATA KERJA
afloat
◊ *Kayu balak itu terapung di atas air.* The log was afloat on the water.
terapung-apung KATA KERJA
to float
◊ *Mereka nampak beberapa keping wang kertas lima puluh dolar terapung-apung di atas air.* They noticed fifty dollar notes floating in the water.
• **Banyak sampan nelayan yang terapung-apung di laut.** A lot of fishing boats were bobbing in the sea.
Aquarius KATA NAMA
Aquarius (bintang zodiak)
Arab KATA ADJEKTIF
rujuk juga **Arab** KATA NAMA
Arabic
◊ *tulisan Arab* Arabic writing
• **bahasa Arab** Arabic
Arab KATA NAMA
rujuk juga **Arab** KATA ADJEKTIF
• **negara-negara Arab** Arab countries
• **orang Arab** Arab
Arab Saudi KATA NAMA
Saudi Arabia
arah KATA NAMA
direction
◊ *Mereka menuju ke arah Kuala Lumpur.* They are heading in the direction of Kuala Lumpur.
mengarah KATA KERJA
[1] *to face*
◊ *Hotel itu mengarah ke laut.* The hotel faces the sea.
[2] *towards*
◊ *En. Lim memandu mengarah ke Port Dickson.* Mr Lim drove towards Port Dickson.
[3] *to direct*
◊ *Steven mengarah filem tersebut.* Steven directed the film.
• **suka mengarah** bossy
mengarah-arahkan KATA KERJA
to push around
◊ *Kami tidak menyukai orang yang suka mengarah-arahkan orang lain.* We don't like people who are always pushing others around.
mengarahkan KATA KERJA
[1] *to direct*
◊ *Anisah akan mengarahkan projek sains itu.* Anisah will direct the science project.
[2] *to order*
◊ *Ketua polis itu mengarahkan orang-orangnya bergegas ke tempat kejadian.* The Chief of Police ordered his men to rush to the scene.
pengarah KATA NAMA
director
◊ *pengarah syarikat* company director
arahan KATA NAMA
instruction
◊ *Tunggu arahan sebelum anda memulakan peperiksaan ini.* Wait for instructions before you begin the examination.
arak (1) KATA NAMA
spirits
◊ *Saya tidak minum arak.* I don't drink spirits.
• **kedai arak** liquor store 🖼
• **kaki arak** alcoholic
arak (2)
berarak KATA KERJA
to move in procession
◊ *Beratus-ratus orang penganut berarak menuju ke kuil itu.* Hundreds of devotees moved in procession towards the temple.
mengarak KATA KERJA
to accompany in procession
◊ *Para pelajar mengarak tetamu kehormat ke dalam dewan.* The students accompanied the guest of honour in procession into the hall.
perarakan KATA NAMA
procession
arang KATA NAMA
charcoal
• **arang kayu** charcoal
• **arang batu** coal
aras KATA NAMA
level
◊ *aras laut* sea level
arca KATA NAMA
sculpture
arena KATA NAMA
arena
ari
ari-ari KATA NAMA
abdomen
Aries KATA NAMA
Aries (bintang zodiak)
arif KATA ADJEKTIF
well versed
◊ *Dia tidak arif dalam bidang politik.* He isn't well versed in the field of politics.
• **orang tua yang arif** a wise old man
• **Yang Arif** Your Honour

arkeologi KATA NAMA
archaeology
- **ahli arkeologi** archaeologist

arkib KATA NAMA
archive
◊ *Arkib Negara* the National Archive
mengarkibkan KATA KERJA
to keep in an archive

arkitek KATA NAMA
architect

arnab KATA NAMA
rabbit

aroma KATA NAMA
aroma

arteri KATA NAMA
artery (JAMAK **arteries**)

artifak KATA NAMA
artefact
◊ *artifak bersejarah dari Mesir* historical artefacts from Egypt

Artik KATA NAMA
the Arctic

artikel KATA NAMA
article

artis KATA NAMA
1. *artiste* (*penghibur*)
2. *artist* (*pelukis*)

artistik KATA ADJEKTIF
artistic

artritis KATA NAMA
arthritis

aruh
mengaruh KATA KERJA
to induce
◊ *mengaruh proses bersalin* to induce labour ◊ *mengaruh arus elektrik* to induce an electric current
aruhan KATA NAMA
induction (*sains*)

arus KATA NAMA
current
◊ *arus elektrik* electric current ◊ *Dia sedang berenang di sungai apabila dia dihanyutkan oleh arus yang deras.* He was swimming in the river when he was carried away by the swift current.

arwah KATA NAMA
(*untuk orang Islam*)
the late
◊ *arwah Rahman Ishak* the late Rahman Ishak

AS SINGKATAN (= *Amerika Syarikat*)
USA (= *United States of America*)

asa KATA NAMA
hope
- **berputus asa** to give up hope

asah KATA KERJA
to sharpen
◊ *Asah pensel yang sudah tumpul itu.* Sharpen that blunt pencil.
mengasah KATA KERJA
to sharpen
◊ *Ibu mengasah pisau di dapur.* Mother is sharpening the knife in the kitchen.
pengasah KATA NAMA
sharpener

asak
berasak-asak KATA KERJA
to jostle
◊ *Mereka terpaksa berasak-asak dengan orang ramai untuk membeli-belah semasa jualan murah.* They had to jostle with the crowds when they went shopping in the sales.
mengasak KATA KERJA
1. *to stuff*
◊ *Ibu mengasak ikan dengan sambal sebelum menggorengnya.* Mother stuffed the fish with pounded chillies before frying it.
2. *to jostle one's way*
◊ *Zulaika mengasak di celah-celah orang ramai untuk ke depan.* Zulaika jostled her way through the crowd to get to the front.
mengasakkan KATA KERJA
1. *to stuff*
◊ *Hana mengasakkan timun ke dalam tauhu.* Hana stuffed cucumber into the bean curd.
2. *to jostle*
◊ *Julian mengasakkan dirinya di celah-celah orang ramai.* Julian jostled his way through the crowd.
asakan KATA NAMA
press
◊ *Dia terjatuh akibat asakan orang ramai.* The press of the crowd was so great that he fell over.

asal KATA NAMA
1. *origin*
◊ *Walaupun dia sekarang tinggal di Australia, negara asalnya ialah Singapura.* Although he now lives in Australia, his country of origin is Singapore.
2. *original*
◊ *Pemain-pemain diminta balik ke kedudukan asal mereka.* Players are requested to return to their original positions.
- **pada asalnya** originally
berasal KATA KERJA
to come from
◊ *Jiran saya berasal dari Korea.* My neighbour comes from Korea.
asalkan KATA HUBUNG
so long as

asal usul → asing

◊ *Anda boleh keluar bermain asalkan anda habiskan kerja rumah anda.* You can go out to play so long as you finish your homework.

asal usul KATA NAMA
1 *history*
◊ *Dia jarang bercakap tentang asal usul keluarganya.* He seldom talks about his family's history.
2 *origin*
◊ *teori tentang asal usul kehidupan* theories about the origin of life

asam KATA NAMA
pickles

asap KATA NAMA
smoke
• **asap kemenyan** incense
berasap KATA KERJA
smoky
◊ *Bilik itu berasap.* The room is smoky.
mengasap KATA KERJA
1 *to fumigate*
◊ *Pegawai kesihatan mengasap rumah-rumah itu untuk mencegah pembiakan nyamuk.* Health officers fumigated the houses to stop mosquitoes breeding.
2 *to smoke*
◊ *Orang Eskimo mengasap daging supaya dapat tahan lama.* The Eskimos smoke meat to preserve it.
• **ikan yang diasap** smoked fish

asar KATA NAMA
late afternoon
◊ *sembahyang asar* late afternoon prayer

asas KATA NAMA
1 *foundation*
◊ *asas yang kukuh* a strong foundation
2 *basic*
◊ *keperluan-keperluan asas* basic needs
berasas KATA KERJA
well-grounded
◊ *Tuntutan kami berasas.* Our claim is well-grounded.
• **tidak berasas** groundless
berasaskan KATA KERJA
based on
◊ *Filem ini berasaskan kisah yang benar.* This film is based on a true story.
mengasaskan KATA KERJA
to found
◊ *Nenek Ranjit telah mengasaskan butik yang terkenal itu sejak 30 tahun yang lalu.* Ranjit's grandmother founded that famous boutique 30 years ago.
pengasas KATA NAMA
founder
◊ *Pengasas pergerakan pengakap ialah Lord Baden Powell.* The founder of the scouts movement was Lord Baden Powell.

asasi KATA ADJEKTIF
basic
◊ *hak asasi manusia* basic human rights

asbut KATA NAMA
smog

ASEAN SINGKATAN (= *Persatuan Negara-negara Asia Tenggara*)
ASEAN (= *Association of Southeast Asian Nations*)

aset KATA NAMA
asset
◊ *aset bersih* net asset

Asia KATA NAMA
Asia
• **orang Asia** Asian

asid KATA NAMA
acid
berasid KATA KERJA
acidic
keasidan KATA NAMA
acidity

asing KATA ADJEKTIF
1 *foreign*
◊ *mata wang asing* foreign currency
• **orang asing** foreigner
2 *strange*
◊ *bunyi yang asing* a strange sound
asing-asing KATA ADJEKTIF
separately
◊ *Penjual itu membungkus nasi dan lauk asing-asing.* The vendor packed the rice and the other food separately.
berasingan KATA KERJA
separate
◊ *Masukkan pakaian yang basah itu ke dalam beg yang berasingan.* Put the wet clothes into a separate bag.
• **secara berasingan** separately
keasingan KATA NAMA
difference
• **Keasingan sifat dua orang kembar itu sangat ketara.** The twins have very different characters.
mengasingkan KATA KERJA
to separate
◊ *Anda perlu mengasingkan kuning telur daripada putih telur untuk membuat kek itu.* You need to separate the egg yolk from the egg white to make that cake.
• **mengasingkan seseorang** to isolate somebody
pengasingan KATA NAMA
separation
◊ *pengasingan kuasa* separation of powers
terasing KATA KERJA

isolated
◊ *Dia berasa terasing daripada kawan-kawannya.* She felt isolated from her friends.

askar KATA NAMA
soldier

asli KATA ADJEKTIF
1 *natural*
◊ *sumber-sumber asli* natural resources
2 *genuine*
◊ *kulit asli* genuine leather
- **orang asli** native
- **lagu asli** traditional song

keaslian KATA NAMA
originality
◊ *Keaslian masakan restoran itu dipuji ramai.* The originality of the restaurant's food was widely praised.

asma KATA NAMA
asthma

asmara KATA NAMA
love
◊ *kisah asmara yang sedih* a sad love story

berasmara KATA KERJA
to smooch
◊ *Mereka ditangkap kerana berasmara di taman itu.* They were arrested for smooching in the park.

asparagus KATA NAMA
asparagus

aspek KATA NAMA
aspect

aspirin KATA NAMA
aspirin

asrama KATA NAMA
hostel
berasrama KATA KERJA
- **sekolah berasrama** boarding school
- **penuntut sekolah berasrama** boarder

astaka KATA NAMA
pavilion
- **balai astaka** pavilion

astrologi KATA NAMA
astrology

astronomi KATA NAMA
astronomy

asuh
mengasuh KATA KERJA
to care for
◊ *Bapanyalah yang mengasuhnya semasa dia kecil.* Her father was the one who cared for her when she was young.
- **Ibu bapa bertanggungjawab mendidik dan mengasuh anak-anak.** Parents are responsible for teaching and guiding their children.

pengasuh KATA NAMA
nanny (JAMAK **nannies**)

asuhan KATA NAMA
1 *upbringing*
◊ *Perkembangan kanak-kanak sangat dipengaruhi oleh asuhan ibu bapa.* Children's development is significantly affected by their upbringing.
2 *guidance*
◊ *asuhan guru* teacher's guidance

asyik KATA ADJEKTIF
preoccupied
◊ *Dia kelihatan begitu asyik.* She looked very preoccupied.

asyik-asyik KATA ADJEKTIF
always
◊ *Asyik-asyik dia yang menerima hadiah.* He's always the one who gets a prize.

keasyikan KATA NAMA
preoccupation
◊ *Saya semakin bosan dengan keasyikan Mawar terhadap origami.* I'm getting tired of Mawar's preoccupation with origami.

mengasyikkan KATA KERJA
engrossing
◊ *Filem itu sangat mengasyikkan.* The film was very engrossing.

atap KATA NAMA
roof

beratapkan KATA KERJA
roofed with
◊ *Pondok itu beratapkan daun kelapa.* The hut is roofed with coconut palm leaves.

mengatapi KATA KERJA
to roof
◊ *Buruh binaan itu akan mengatapi pondok itu esok.* The builder is going to roof the hut tomorrow. ◊ *Ayah mengatapi tempat letak keretanya.* Father roofed over his parking space.

atas KATA ADJEKTIF
rujuk juga **atas** KATA ARAH
- **bahagian atas** top ◊ *Bahagian atas meja itu sudah tercalar.* The top of the table has been scratched.
- **tingkat atas** upstairs

mengatasi KATA KERJA
to overcome
◊ *mengatasi sesuatu masalah* to overcome a problem

teratas KATA ADJEKTIF
top
◊ *tingkat teratas* the top floor
- **Mereka berada di tangga teratas liga itu.** They are at the top of the league.

atasan KATA ADJEKTIF
superior

◊ *pegawai atasan* superior officer
- **orang atasan** superior

atas KATA ARAH

> rujuk juga **atas** KATA ADJEKTIF

[1] *on*
◊ *Jangan berdiri di atas meja.* Don't stand on the table.
[2] *above*
◊ *Helikopter itu berlegar-legar di atas bangunan sekolah itu.* The helicopter hovered above the school. ◊ *kanak-kanak berumur 8 tahun ke atas* children aged 8 and above
[3] *over*
◊ *Seekor burung terbang di atas kepalanya.* A bird flew over his head.
[4] *onto*
◊ *Mereka melompat ke atas katil itu.* They jumped onto the bed.
[5] *up*
◊ *Paul memandang ke atas.* Paul looked up.

- **Dia naik ke atas untuk mandi.** He went upstairs to have a bath.

atau KATA HUBUNG
or

ataupun KATA HUBUNG
or

Atlantik KATA NAMA
Atlantic
- **lautan Atlantik** the Atlantic Ocean

atlas KATA NAMA
atlas (JAMAK **atlases**)

atlit KATA NAMA
athlete

atmosfera KATA NAMA
atmosphere

atom KATA NAMA
atom

atur
beratur KATA KERJA
to queue
◊ *Murid-murid mesti beratur untuk membeli makanan di kantin.* Pupils must queue to buy food in the canteen.
- **"Sila beratur"** "Please queue up"

mengatur KATA KERJA
to arrange
◊ *Mereka mengatur kerusi mereka membentuk satu bulatan.* They arranged their chairs in a circle. ◊ *Saiful mengatur sebuah majlis hari jadi untuk ibunya.* Saiful arranged a birthday party for her mother.

mengaturkan KATA KERJA
to arrange ... for
◊ *Suziana mengaturkan ibunya sebuah majlis hari jadi.* Suziana arranged a birthday party for her mother.

peraturan KATA NAMA
rule

teratur KATA ADJEKTIF
orderly
◊ *sistem yang teratur* an orderly system
- **Bilik itu tidak teratur.** The room was in disorder.

aturan KATA NAMA
arrangement
◊ *Jangan ubah aturan tempat duduk.* Don't change the seating arrangements.

atur cara KATA NAMA
programme

pengatur cara KATA NAMA
[1] *master of ceremonies* (*majlis*)
[2] *programmer* (*komputer*)

pengaturcaraan KATA NAMA
programming (*komputer*)

audiens KATA NAMA
audience

audio KATA ADJEKTIF
audio

audiovisual KATA ADJEKTIF
audio-visual

audit KATA NAMA
audit
◊ *Audit dijalankan ke atas semua akaun pada akhir tahun.* An audit is carried out on all accounts at the end of the year.

mengaudit KATA KERJA
to audit

auditorium KATA NAMA
auditorium

aum KATA NAMA *rujuk* **ngaum**

auns KATA NAMA
ounce

> Satu auns bersamaan dengan kira-kira 28 gram.

aur KATA NAMA
bamboo

aurat KATA NAMA
(*menurut agama Islam*)
parts of the body which must be covered

Australia KATA NAMA
Australia
- **orang Australia** Australian

autobiografi KATA NAMA
autobiography
(JAMAK **autobiographies**)

autograf KATA NAMA
autograph

automatik KATA ADJEKTIF
automatic

avokado KATA NAMA
avocado

awak KATA GANTI NAMA
[1] *you*
◊ *Awak dikehendaki hadir esok.* You must be present tomorrow. ◊ *Cikgu ingin berjumpa dengan awak.* The

teacher wants to see you.
[2] *your*
◊ *sekolah awak* your school
perawakan KATA NAMA
physique

awal KATA ADJEKTIF
[1] *early*
◊ *Dia bangun awal setiap pagi.* She wakes up early every morning.
[2] *beginning*
◊ *Dari awal lagi saya sudah tahu bahawa dia seorang pelajar yang bertanggungjawab.* I knew from the beginning that he was a responsible student. ◊ *pada awal bulan* at the beginning of the month
- **lebih awal** earlier
berawalkan KATA KERJA
to begin with
◊ *perkataan-perkataan yang berawalkan huruf 'a'* words which begin with the letter 'a'
mengawalkan KATA KERJA
to bring forward
◊ *Pengetua telah mengawalkan tarikh peperiksaan.* The principal brought forward the date of the exam.
terawal KATA ADJEKTIF
earliest
◊ *Pengawas itulah yang terawal sampai di sekolah.* That prefect was the earliest to arrive at school.
awalan KATA NAMA
prefix (JAMAK **prefixes**)

awam KATA ADJEKTIF
public
◊ *pengangkutan awam* public transport
- **orang awam** the public

awan KATA NAMA
cloud
berawan KATA KERJA
cloudy
◊ *Langit berawan hari ini.* The sky is cloudy today.
- **tidak berawan** cloudless

awas KATA SERUAN
- **'Awas!'** 'Caution!'
mengawasi KATA KERJA
to guard
◊ *Dia membela seekor anjing untuk mengawasi rumahnya.* He kept a dog to guard his house.
pengawas KATA NAMA
prefect (*sekolah*)
pengawasan KATA NAMA
supervision
◊ *pengawasan yang ketat* close supervision

awet

mengawet, mengawetkan KATA KERJA
to preserve
◊ *Shafinaz tahu cara untuk mengawet cili dengan cuka.* Shafinaz knows how to preserve chillies in vinegar.
pengawet KATA NAMA
preservative
◊ *makanan yang mengandungi bahan pengawet* food that contains preservatives
pengawetan KATA NAMA
preservation
◊ *pengawetan buah-buahan* the preservation of fruit

awet muda KATA ADJEKTIF
to look younger

ayah KATA NAMA
father

ayahanda KATA NAMA
(*bahasa istana, persuratan*)
father

> **ayahanda** *juga digunakan untuk merujuk kepada diri sendiri terutama dalam surat. Dalam keadaan ini,* **ayahanda** *diterjemahkan dengan menggunakan kata ganti nama diri.*

◊ *Ayahanda akan pulang pada bulan hadapan.* I'm coming home next month.
◊ *Tolong jemput ayahanda di lapangan terbang.* Please can you pick me up at the airport. ◊ *Sampaikan salam ayahanda kepada Salim.* Please give my regards to Salim.

ayak KATA NAMA
sieve
mengayak KATA KERJA
to sieve

ayam KATA NAMA
chicken
- **anak ayam** chick
- **ayam belanda** turkey
- **ayam betina** hen
- **ayam itik** poultry
- **ayam jantan** cock

ayat KATA NAMA
sentence
- **ayat al-Quran** verse of the Koran

ayuh KATA SERUAN
come on
◊ *Ayuh, cepat!* Come on, hurry up!

ayun
berayun, berayun-ayun KATA KERJA
to swing
◊ *Dia melihat bandul itu berayun berkali-kali.* He watched the pendulum swing to and fro.
- **Pokok kelapa di tepi pantai itu berayun ditiup angin.** The coconut trees on the seashore swayed in the wind.

mengayunkan KATA KERJA
to swing
◊ *Gadis itu mengayunkan begnya sambil berjalan.* The girl swung her bag as she walked.
ayunan KATA NAMA
swing
◊ *ayunan bandul* the swing of the pendulum
azab KATA NAMA
suffering
azam KATA NAMA
resolution
berazam KATA KERJA
to resolve
◊ *Felicia berazam untuk belajar rajin-rajin.* Felicia resolved to study hard.
keazaman KATA NAMA
determination
◊ *keazaman Polly untuk mengurangkan berat badan* Polly's determination to lose weight
azan KATA NAMA
call to prayer
azimat KATA NAMA
talisman

B

bab KATA NAMA
chapter
babak KATA NAMA
scene
◊ *satu babak yang menyentuh perasaan* a touching scene
babas
  terbabas KATA KERJA
  to swerve
  ◊ *Lori itu terbabas ke dalam sungai.* The lorry swerved into the river.
babi KATA NAMA
pig
babi buta
  membabi buta KATA KERJA
  ♦ *secara membabi buta* recklessly
  ◊ *Pasukan itu menyerang secara membabi buta.* The troops attacked recklessly.
babit
  membabitkan KATA KERJA
  to involve
  ◊ *rusuhan yang membabitkan seratus orang banduan* a riot involving a hundred inmates
  ♦ *Rusuhan yang membabitkan golongan penganggur itu sudah dapat dikawal.* The riot by the unemployed is now under control.
  pembabitan KATA NAMA
  involvement
  ◊ *Pembabitan mereka dalam projek itu...* Their involvement in the project...
  terbabit KATA KERJA
  involved
  ◊ *Dia turut terbabit dalam rompakan itu.* He was also involved in the robbery.
babun KATA NAMA
baboon
baca KATA KERJA
to read
  membaca KATA KERJA
  to read
  ♦ **membaca gerak bibir** to lip-read
  ♦ **tidak dapat dibaca** illegible
  pembaca KATA NAMA
  reader
  ♦ **pembaca berita** newsreader
  pembacaan KATA NAMA
  reading
  bacaan KATA NAMA
  reading
  ◊ *bahan bacaan* reading material
bacang KATA NAMA
horse mango (JAMAK **horse mangoes** atau **horse mangos**)
bacul KATA ADJEKTIF
cowardly
◊ *Saya terlalu bacul untuk mengadu tentang perkara itu.* I was too cowardly to complain about the matter.
badai KATA NAMA
hurricane
badak KATA NAMA
rhinoceros (JAMAK **rhinoceroses**)
♦ **badak air** hippopotamus (JAMAK **hippopotamuses**)
♦ **badak sumbu** rhinoceros
badam KATA NAMA
almond
badan KATA NAMA
body (JAMAK **bodies**)
◊ *badan manusia* human body
◊ *badan kerajaan* government body
♦ *Badannya basah terkena hujan.* He was drenched by the rain.
  berbadan KATA KERJA
  ♦ **berbadan dua** to be pregnant
  perbadanan KATA NAMA
  corporation
  ◊ *sebuah perbadanan yang bebas daripada kawalan kerajaan* a corporation that is free from government controls
badminton KATA NAMA
badminton
badut KATA NAMA
clown
bagai
  berbagai-bagai KATA ADJEKTIF
  various
  ◊ *Batik dibuat dalam berbagai-bagai corak dan warna.* Batik is made in various patterns and colours.
  pelbagai KATA ADJEKTIF
  various
  ◊ *Universiti tempatan menawarkan pelbagai kursus untuk pelajar.* The local universities offer various courses to students.
  kepelbagaian KATA NAMA
  diversity (JAMAK **diversities**)
  ◊ *kepelbagaian budaya di Asia* the diversity of cultures in Asia
  mempelbagaikan KATA KERJA
  to diversify
  ◊ *mempelbagaikan eksport negara* to diversify the country's exports
  sebagai KATA SENDI
  as
  ◊ *Dia menghadiri mesyuarat itu sebagai wakil pihak majikan.* He attended the meeting as the representative of the employers.
  bagaikan KATA SENDI
  like
  ◊ *Kejadian itu bagaikan satu mimpi ngeri.* The incident was like a nightmare.
  ♦ *Gadis itu cantik bagaikan bidadari.*

That girl is as beautiful as an angel.

bagaimana KATA TANYA
how
◊ *Bagaimanakah pencuri itu dapat memasuki bilik anda?* How did the thief get into your room?

♦ **bagaimanapun** no matter what happens
sebagaimana KATA HUBUNG
as
◊ *Pelajar itu membuat latihan sebagaimana yang dikehendaki oleh gurunya.* The student did the exercise as the teacher asked.

bagan KATA NAMA
quay

bagasi KATA NAMA
baggage
♦ **tuntutan bagasi** baggage reclaim

bagi KATA SENDI
for
◊ *Bagi saya, perkara itu tidak menjadi masalah.* For me, that's not a problem.
◊ *Penyata pendapatan bagi tahun berakhir 31 Disember 1999.* Statement of income for the year ended 31st December 1999.
♦ **bagi pihak** on behalf of

baginda KATA NAMA
1 *His Majesty* (lelaki)
2 *Her Majesty* (perempuan)

bagus KATA ADJEKTIF
excellent

bah KATA NAMA
flood

bahagi KATA KERJA
to divide
membahagi KATA KERJA
to divide
◊ *Mereka membahagi dua epal itu.* They divide the apple in two.
membahagikan KATA KERJA
1 *to share*
◊ *Mereka bersetuju untuk membahagikan keuntungan itu secara sama rata.* They have agreed to share the profits equally.
2 *to split up*
◊ *Ketua darjah itu membahagikan kelas kepada dua kumpulan.* The monitor split the class up into two groups.
3 *to divide*
◊ *Penulis itu membahagikan bukunya kepada lima bab.* The writer divides his book into five chapters.
membahagi-bahagikan KATA KERJA
1 *to distribute*
◊ *Guru itu membahagi-bahagikan buku teks kepada para pelajar.* The teacher distributed the textbooks to the students.
2 *to share out*
◊ *Penculik itu membahagi-bahagikan wang tebusan sesama mereka.* The kidnappers shared out the ransom money among themselves.

pembahagi KATA NAMA
divider
◊ *pembahagi jalan* road divider
pembahagian KATA NAMA
distribution
◊ *pembahagian bekalan makanan* the distribution of foodstuffs
sebahagian KATA ADJEKTIF
partly
◊ *Kemalangan itu sebahagiannya berpunca daripada kecuaian saya.* The accident was partly my fault.
terbahagi KATA KERJA
to be divided
◊ *Negeri itu terbahagi kepada lima daerah.* The state is divided into five districts.
bahagian KATA NAMA
1 *part*
◊ *satu bahagian kecil istanakota itu* a small part of the castle
2 *division*
◊ *bahagian kejuruteraan* engineering division

bahagia KATA ADJEKTIF
happy
◊ *Saya bahagia dengan kehidupan saya di sini.* I'm happy with my life here.
kebahagiaan KATA NAMA
happiness

bahak
terbahak-bahak KATA KERJA
to laugh heartily
♦ **ketawa terbahak-bahak** to laugh heartily

baham
membaham KATA KERJA
to gobble up
◊ *seekor harimau yang mungkin membaham anda* a tiger that might gobble you up

bahan KATA NAMA
1 *material*
◊ *bahan mentah* raw material
2 *substance*
◊ *bahan beracun* poisonous substance
♦ **bahan api** fuel
♦ **bahan kajian** guinea pig

bahang KATA NAMA
heat
membahang KATA KERJA
to get very hot

bahantara → baik

◊ *Matahari mula membahang pada waktu tengah hari.* The sun starts to get very hot at midday.

bahantara KATA NAMA
medium

baharu KATA ADJEKTIF
new
pembaharuan KATA NAMA
renewal
◊ *pembaharuan lesen memandu* the renewal of a driving licence
memperbaharui KATA KERJA
to renew
◊ *memperbaharui kontrak* to renew a contract
• **boleh diperbaharui** renewable

bahas
berbahas KATA KERJA
to argue
◊ *Pelajar itu suka berbahas dengan gurunya.* The student likes to argue with his teacher.
• **Penduduk kawasan itu berbahas tentang hal kebersihan di kawasan mereka.** The residents discussed the subject of cleanliness in their area.
membahaskan KATA KERJA
to debate
◊ *membahaskan isu pencemaran* to debate the issue of pollution
pembahas KATA NAMA
debater
perbahasan KATA NAMA
debate
◊ *perbahasan antara dua buah sekolah* a debate between two schools

bahasa KATA NAMA
language
◊ *bahasa isyarat* sign language
• **bahasa ibunda** mother tongue
berbahasa KATA KERJA
to speak
◊ *Zarina fasih berbahasa Perancis dan Jerman.* Zarina speaks French and German fluently.

bahawa KATA HUBUNG
that
◊ *Jimmy berkata bahawa dia ingin meluaskan perniagaannya.* Jimmy said that he wanted to expand his business.
bahawasanya KATA PENEGAS
solemnly
◊ *Bahawasanya, saya berikrar untuk menjadi seorang guru yang bertanggungjawab.* I solemnly swear to be a responsible teacher.

bahaya KATA NAMA
danger
◊ *Nyawa anda dalam bahaya.* Your life is in danger.
berbahaya KATA KERJA
dangerous
• **tidak berbahaya** harmless
membahayakan KATA KERJA
to risk
◊ *Amin sanggup membahayakan nyawa untuk menyelamatkan bapanya.* Amin was prepared to risk his life to save his father.
• **"Merokok membahayakan kesihatan"** "Smoking is bad for your health"

bahkan KATA HUBUNG
but also
◊ *Dia bukan sahaja cantik, bahkan sangat pandai.* She is not only beautiful but also intelligent.

bahu KATA NAMA
shoulder

baik KATA ADJEKTIF
1 *good*
◊ *Rajoo mendapat keputusan yang baik dalam peperiksaan akhir.* Rajoo got good results in the final exams.
2 *fine*
◊ *Cuaca hari ini baik.* The weather is fine today.
3 *nice*
◊ *Sylvia sangat baik dengan orang miskin itu tadi.* Sylvia was very nice to that poor man just now.
• **baik hati** kind-hearted
• **berkelakuan baik** well-behaved
• **lebih baik** better
• **sangat baik** very good
• **Baiklah.** Okay.
baik-baik KATA ADJEKTIF
carefully
◊ *Jalan baik-baik kerana lantai itu basah.* Walk carefully - the floor's wet.
berbaik-baik KATA KERJA
to be friendly
◊ *Salmi cuba berbaik-baik dengan Norazlin.* Salmi tried to be friendly with Norazlin.
kebaikan KATA NAMA
1 *advantage*
◊ *kebaikan komputer* the advantage of the computer
2 *kindness* (JAMAK **kindnesses**)
◊ *Kami berterima kasih atas kebaikan beliau.* We are grateful for his kindness.
membaiki KATA KERJA
1 *to repair*
◊ *Ayah akan membaiki radio itu malam ini.* Dad will repair the radio tonight.
2 *to fix*
◊ *Bolehkah anda baiki paip ini sekarang?* Can you please fix the tap

baik pulih → bakat

now?
3 *to mend*
◊ *membaiki mesin* to mend a machine
memperbaiki KATA KERJA
to improve
◊ *memperbaiki taraf hidup* to improve the standard of living
pembaikan KATA NAMA
repair
• **kerja-kerja pembaikan** repairs
◊ *Kerja-kerja pembaikan sedang dijalankan.* Repairs are being carried out.
sebaik KATA ADJEKTIF
as good as
◊ *Mesin ini adalah sebaik mesin yang baru.* This machine is as good as the new one.
• **sebaik sahaja** as soon as
sebaik-baiknya KATA ADJEKTIF
it is best if
◊ *Sebaik-baiknya, gosoklah gigi sebelum tidur.* It's best if you brush your teeth before you go to bed.
terbaik KATA ADJEKTIF
best
• **yang terbaik** the best

baik pulih
membaik pulih KATA KERJA
to restore
◊ *membaik pulih keadaan ekonomi negara yang gawat* to restore the country's ailing economy

baja KATA NAMA
fertilizer
• **baja asli** manure

bajak KATA NAMA
plough
membajak KATA KERJA
to plough

baji KATA NAMA
wedge

bajik
kebajikan KATA NAMA
welfare
◊ *Saya rasa dia tidak memikirkan kebajikan Emma.* I do not think he is considering Emma's welfare.
• **kerja-kerja kebajikan** charity work

baju KATA NAMA
garment
• **anak baju** vest
• **baju besi** armour
• **baju dalam** underclothes
• **baju hujan** raincoat
• **baju mandi** swimming costume
• **baju panas/sejuk** sweater
berbaju KATA KERJA
dressed in
◊ *seorang gadis yang berbaju serba biru*

a girl dressed in blue
• **budak lelaki yang berbaju merah** the boy in the red shirt

baka KATA NAMA
1 *breed* (haiwan, tumbuhan)
2 *line* (manusia)

bakal KATA ADJEKTIF
rujuk juga **bakal** KATA BANTU
future
◊ *bakal suami* future husband
• **bakal pekerja-pekerja syarikat itu** potential employees of the company

bakal KATA BANTU
rujuk juga **bakal** KATA ADJEKTIF
will
◊ *Jenny bakal menjadi seorang pensyarah yang berjaya.* Jenny will be a very successful lecturer.

bakar KATA KERJA
to burn
◊ *Jangan bakar kertas-kertas itu.* Don't burn the papers.
• **ikan bakar** grilled fish
(JAMAK **grilled fish**)
kebakaran KATA NAMA
fire
◊ *Lima sekeluarga terbunuh dalam kebakaran itu.* A family of five died in the fire.
• **loceng kebakaran** fire alarm
membakar KATA KERJA
1 *to burn*
◊ *membakar sampah* to burn rubbish
2 *to bake* (roti)
membakarkan KATA KERJA
1 *to burn ... for* (kertas, sampah)
2 *to toast ... for* (roti)
◊ *Shima membakarkan emaknya dua keping roti.* Shima toasted two slices of bread for her mother.
pembakar KATA NAMA
• **pembakar roti** toaster
pembakaran KATA NAMA
burning
◊ *pembakaran terbuka* open burning
• **pembakaran hutan** forest fire
• **pembakaran mayat** cremation
• **pembakaran mercun** letting off fireworks
terbakar KATA KERJA
to catch fire
◊ *Kapal terbang itu terbakar sebaik sahaja berlepas dari lapangan terbang.* The aircraft caught fire soon after it took off from the airport.

bakat KATA NAMA
talent
◊ *bakat terpendam* hidden talent
berbakat KATA KERJA

Malay ~ English

bakau → balet

talented
◊ *Majid seorang pelukis yang berbakat.* Majid is a talented artist.

bakau KATA NAMA
mangrove

bakhil KATA ADJEKTIF
stingy

baki KATA NAMA
balance
◊ *baki dalam akaun bank saya* the balance in my bank account
- **Ini baki wang untuk pelanggan itu.** Here's the change for that customer.
- **saki-baki makanan** leftovers
  ◊ *Simpan saki-baki makanan di dalam peti sejuk.* Refrigerate any leftovers.

bakteria KATA NAMA
bacteria

bakti KATA NAMA
service
◊ *Baktinya akan sentiasa dikenang.* His services will always be remembered.
- **menabur bakti** to serve ◊ *Dia telah banyak menabur bakti kepada negara.* He had served the country well.
berbakti KATA KERJA
to serve
◊ *berbakti kepada negara* to serve the country

baku KATA ADJEKTIF
standard
◊ *bahasa baku* standard language
membakukan KATA KERJA
to standardize
◊ *membakukan sebutan dalam satu-satu bahasa* to standardize the pronunciation of a language

bakul KATA NAMA
basket
◊ *bakul sampah* wastepaper basket

bala (1) KATA NAMA
troop (pasukan)
- **bala tentera** troops

bala (2) KATA NAMA
disaster

balah
berbalah KATA KERJA
to argue
◊ *Lily dan May selalu berbalah tentang kehebatan masing-masing.* Lily and May are always arguing about who is better.
perbalahan KATA NAMA
dispute
◊ *perbalahan antara pekerja-pekerja kilang* the dispute among the factory workers

balai KATA NAMA
- **balai berlepas** departure lounge
- **balai bomba** fire station
- **balai polis** police station
- **balai raya** village hall
- **balai seni** art gallery
  (JAMAK **art galleries**)

balak KATA NAMA
log
membalak KATA KERJA
to log
◊ *Mereka membalak di Sabah.* They are logging in Sabah.
pembalak KATA NAMA
lumberjack
pembalakan KATA NAMA
logging
◊ *Syarikat Cheah menjalankan pembalakan di Sabah.* Cheah's company carries out logging in Sabah.

balam
berbalam KATA KERJA
blurred

balang KATA NAMA
jar

balap
balapan KATA NAMA
track
- **balapan lumba kuda** racecourse

balar KATA ADJEKTIF
albino
◊ *tiga ekor rusa balar* three albino deer

balas
berbalas KATA KERJA
to exchange
◊ *Kami berjabat tangan dan berbalas senyuman.* We shook hands and exchanged smiles.
- **Surat saya tidak berbalas.** I didn't receive a reply to my letter.
membalas KATA KERJA
to reply
◊ *Raymond tidak membalas surat saya.* Raymond didn't reply to my letter.
- **membalas dendam** to take revenge
balasan KATA NAMA
reply (JAMAK **replies**)
◊ *Saya belum menerima balasan daripadanya.* I haven't received a reply from her.
- **Dia menerima RM1000 sebagai balasan.** He received RM1000 as a reward.
- **Pembunuh itu akan menerima balasannya.** The murderer will get his punishment.

baldi KATA NAMA
pail

baldu KATA NAMA
velvet

balet KATA NAMA
ballet

balik → banding

balik KATA KERJA
to return
◊ *Kawan saya akan balik ke Malaysia tidak lama lagi.* My friend will return to Malaysia soon.
♦ **Anda boleh batalkan tempahan dan dapatkan balik wang itu.** You can cancel the booking and get the money back.
berbalik KATA KERJA
to relapse
◊ *Dia berbalik kepada perangai keanak-anakannya.* He relapsed into his childish behaviour.
pembalikan KATA NAMA
reflection
◊ *pembalikan cahaya* the reflection of light
sebalik KATA ARAH
behind
◊ *Jasmin berselindung di sebalik meja.* Jasmin took cover behind the table.
sebaliknya KATA HUBUNG
instead
◊ *Dia tidak pergi ke sekolah, sebaliknya merayau-rayau di pusat membeli-belah.* He didn't go to school, but loitered in shopping centres instead.
terbalik KATA KERJA
1 *upside down*
◊ *Peta itu terbalik.* The map is upside down.
2 *to capsize*
◊ *Bot itu sudah terbalik.* The boat has capsized.
menterbalikkan KATA KERJA
to invert
◊ *Selepas itu, anda perlu menterbalikkan kek itu di atas rak dawai.* After that, you need to invert the cake onto a wire rack.

baling KATA KERJA
to throw
◊ *Jangan baling bola itu kepada saya.* Don't throw the ball to me.
membaling KATA KERJA
to throw
◊ *Pengantin itu membaling jambangan bunga itu ke arah kawan-kawannya.* The bride threw the bouquet towards her friends.
pembaling KATA NAMA
pitcher (besbol)

balkoni KATA NAMA
balcony (JAMAK **balconies**)

baloi
berbaloi KATA KERJA
worth it
◊ *tidak berbaloi* not worth it

balsam KATA NAMA
balm

balu KATA NAMA
widow

balung KATA NAMA
cock's comb

balut KATA KERJA
to wrap
◊ *Tolong balut buku itu baik-baik.* Please wrap the book carefully.
membalut KATA KERJA
1 *to wrap*
◊ *membalut hadiah* to wrap a present
2 *to bandage*
◊ *membalut luka* to bandage a wound
pembalut KATA NAMA
wrapper
◊ *pembalut gula-gula* sweet wrapper
♦ **kain pembalut** bandage
balutan KATA NAMA
bandage
◊ *balutan pada tangannya* the bandage on her hand

bampar KATA NAMA
bumper

banci KATA NAMA
census (JAMAK **censuses**)
◊ *Banci penduduk akan dijalankan tidak lama lagi.* A population census will be carried out soon.
membanci KATA KERJA
to carry out a census
bancian KATA NAMA
results of a census

bancuh
membancuh KATA KERJA
1 *to mix*
◊ *Dia membancuh serbuk kopi dengan air panas.* She mixed coffee powder with hot water.
2 *to make*
◊ *Saya membancuh secawan kopi.* I made a cup of coffee.
pembancuh KATA NAMA
♦ **pembancuh kopi** percolator

bandar KATA NAMA
town
♦ **kawasan luar bandar** countryside
♦ **kawasan pinggir bandar** suburb
♦ **pusat bandar** town centre
perbandaran KATA NAMA
town
◊ *majlis perbandaran* town council

bandar raya KATA NAMA
city (JAMAK **cities**)

banding
berbanding KATA HUBUNG
1 *compared*
◊ *Andrew agak cerdik berbanding dengan kawannya.* Andrew is quite intelligent compared with his friend.

② *than*
◊ *Anita lebih bijak berbanding dengan kawannya.* Anita is more intelligent than her friend.
membandingkan KATA KERJA
to compare
◊ *Zuraidah membandingkan isi kandungan buku-buku tersebut.* Zuraidah compared the contents of the books.
pembandingan KATA NAMA
comparison
◊ *Pembandingan terhadap kedua-dua pelajar itu mestilah dilakukan dengan adil.* The comparison of the two pupils must be fair.
perbandingan KATA NAMA
comparison
◊ *membuat perbandingan* to make a comparison ◊ *Tidak ada statistik terdahulu untuk dibuat perbandingan.* There are no previous statistics for comparison.
bandingan KATA NAMA
- **tiada bandingan** incomparable
◊ *Buku ini tiada bandingannya.* This book is incomparable.

banduan KATA NAMA
prisoner

bandul KATA NAMA
pendulum

bangau KATA NAMA
stork

bangga KATA ADJEKTIF
proud
◊ *Francis begitu bangga dengan kejayaannya.* Francis was very proud of his success.
- **bangga diri** smug
kebanggaan KATA NAMA
pride
◊ *Atlit-atlit muda ini merupakan kebanggaan negara.* These young athletes are the pride of the nation.
membanggakan KATA KERJA
① *to be very satisfactory*
◊ *Prestasinya di sekolah sungguh membanggakan.* Her performance in school is very satisfactory.
② *to make ... proud*
◊ *Kejayaannya memecahkan rekod dunia membanggakan semua orang.* Her success in breaking the world record has made everybody proud.

bangka KATA ADJEKTIF
hard
- **tua bangka** very old ◊ *Walaupun dia sudah tua bangka, perangainya masih belum berubah.* Although he's very old, he hasn't changed.

- *Saya sedar, saya ini sudah tua bangka. Tiada orang yang hiraukan saya.* I realise I'm old and doddery. Nobody pays any attention to me.

bangkai KATA NAMA
carcass (JAMAK **carcasses**)

bangkang
membangkang KATA KERJA
to object to
◊ *Pihak pengurusan membangkang cadangan yang diberikan oleh para pekerjanya.* The management objected to the ideas suggested by their employees.
pembangkang KATA NAMA
opposition
◊ *parti pembangkang* the opposition party
bangkangan KATA NAMA
objection
◊ *Bangkangan anda tidak akan dilayan.* Your objection will not be entertained.

bangkit KATA KERJA
① *to rise*
◊ *Azlina bangkit dari tempat duduknya.* Azlina rose from her seat. ◊ *Kek yang dibuat oleh Cheryl tidak bangkit.* The cake that Cheryl made didn't rise.
② *to get up*
◊ *Stanny bangkit semula untuk menentang lawannya.* Stanny got up again to fight with his opponent.
kebangkitan KATA NAMA
emergence
- **kebangkitan semula** resurgence
membangkitkan KATA KERJA
to bring up
◊ *membangkitkan perkara itu* to bring up the matter
- *Tindakannya telah membangkitkan kemarahan En. Tan.* His action angered Mr Tan.

bangku KATA NAMA
stool
- **bangku panjang** bench
(JAMAK **benches**)

banglo KATA NAMA
bungalow

bangsa KATA NAMA
race
- *Mereka sanggup berkorban demi bangsa dan negara.* They are prepared to sacrifice themselves for their nation and country.
- *masyarakat berbilang bangsa* multiracial society
- **bangsa Cina** Chinese
- **bangsa India** Indian
- **bangsa Melayu** Malay
berbangsa KATA KERJA

berbangsa *tidak ada terjemahan dalam bahasa Inggeris.*
◊ *kawan-kawan berbangsa Melayu* Malay friends ◊ *kawan-kawan berbangsa Cina* Chinese friends ◊ *kawan-kawan berbangsa India* Indian friends ◊ *Dia berbangsa Jepun.* He's Japanese.
kebangsaan KATA ADJEKTIF
national
◊ *bahasa kebangsaan* national language
Bangsa-bangsa Bersatu KATA NAMA
the United Nations
bangsal KATA NAMA
shed
bangsawan KATA NAMA
aristocrat
bangun KATA KERJA
to wake up
◊ *Stephen bangun awal setiap hari.* Stephen wakes up early every day.
♦ **sudah bangun** awake
membangun KATA KERJA
developed
♦ **negara-negara sedang membangun** developing countries
membangunkan KATA KERJA
1 *to develop*
◊ *Kerajaan akan membangunkan kawasan itu.* The government is going to develop that area.
2 *to establish*
◊ *Tim mengambil masa selama lima tahun untuk membangunkan syarikatnya.* Tim took five years to establish his company.
3 *to build*
◊ *membangunkan sebuah masyarakat yang saksama* to build a fair society
pembangunan KATA NAMA
development
◊ *tahap pembangunan yang pesat* stage of rapid development
bangunan KATA NAMA
building
◊ *bangunan bersejarah* historic building
♦ **bangunan pencakar langit** skyscraper
banjar PENJODOH BILANGAN
row
◊ *sebanjar pokok kelapa* a row of coconut trees
banjaran KATA NAMA
range
◊ *banjaran gunung* mountain range
banjir KATA NAMA
flood
◊ *banjir kilat* flash flood
membanjiri KATA KERJA

to flood
◊ *Air dari sungai itu telah membanjiri seluruh kawasan itu.* The water from the river had flooded the whole area.
♦ **Orang ramai membanjiri pejabat pos untuk mendapatkan sampul surat hari pertama.** The public flooded into the post offices to buy the first day cover.
bank KATA NAMA
bank
♦ **penyata bank** bank statement
♦ **Bank Dunia** World Bank
perbankan KATA NAMA
banking
◊ *Malaysia juga mengamalkan sistem perbankan Islam.* Malaysia also practises the Islamic banking system.
bankrap KATA ADJEKTIF
bankrupt
bankuet KATA NAMA
banquet
bantah
membantah KATA KERJA
to protest
◊ *Mereka membantah kenaikan harga ayam.* They were protesting about the rising price of chickens.
pembantah KATA NAMA
protester
bantahan KATA NAMA
protest
◊ *satu bantahan yang serius terhadap pihak pengurusan* a serious protest against the management
♦ **Jika tidak ada bantahan...** If there are no objections...
bantal KATA NAMA
pillow
♦ **sarung bantal** pillowcase
banteras
membanteras KATA KERJA
to eradicate
◊ *membanteras kegiatan penyeludupan dadah* to eradicate drug smuggling
banting
membanting KATA KERJA
to thresh
◊ *membanting padi* to thresh paddy
bantu
membantu KATA KERJA
to help
pembantu KATA NAMA
assistant
◊ *pembantu kedai* sales assistant
♦ **pembantu hotel** maid
♦ **pembantu jualan** sales assistant
♦ **pembantu peribadi** personal assistant
♦ **pembantu rumah** maid
bantuan KATA NAMA

Malay ~ English — bantut → barangkali

bantuan *assistance*
◊ **bantuan kewangan** financial assistance
♦ **bantuan kemanusiaan** humanitarian aid

bantut
membantutkan KATA KERJA
to stunt
◊ *Kadar bunga yang tinggi telah membantutkan pertumbuhan ekonomi.* High interest rates have stunted economic growth.
terbantut KATA KERJA
stunted
◊ *pokok yang terbantut* a stunted tree

banyak KATA BILANGAN
1 *a lot of*
◊ *Kamariah mempunyai banyak pendapat.* Kamariah has a lot of ideas.
2 *many* (benda yang boleh dikira)
◊ *terlalu banyak buku* too many books
3 *much* (benda yang tidak boleh dikira)
◊ *terlalu banyak gula* too much sugar
banyak-banyak KATA ADJEKTIF
very
◊ *Saya minta maaf banyak-banyak!* I'm very sorry!
♦ **Terima kasih banyak-banyak.** Thank you very much.
kebanyakan KATA NAMA
most of
◊ *Kebanyakan pelajar lulus dalam peperiksaan itu.* Most of the students passed the examination.
♦ **Kebanyakan orang keluar pada hujung minggu.** Most people go out on weekends.
memperbanyak KATA KERJA
to increase
◊ *memperbanyak penawaran barangan pengguna* to increase the supply of consumer goods
sebanyak KATA ADJEKTIF
as much ... as
◊ *Tenaga saya tidak sebanyak tenaga anda.* I haven't got as much energy as you.
♦ **Pihak penganjur berharap dapat mengutip sebanyak RM6 juta untuk badan kebajikan.** The organizers hope to raise as much as RM6 million for charity.
♦ **pertumbuhan ekonomi sebanyak 8%** economic growth of 8%
terbanyak KATA ADJEKTIF
the most

bapa KATA NAMA
father
♦ **bapa mentua** father-in-law (JAMAK **fathers-in-law**)

kebapaan KATA ADJEKTIF
fatherly

baptis KATA NAMA
baptism
membaptis KATA KERJA
to baptize
pembaptisan KATA NAMA
baptism

bar KATA NAMA
bar
♦ **bar alat** (*komputer*) toolbar
♦ **bar skrol** (*komputer*) scroll bar

bara KATA NAMA
embers
◊ *Ikan pari itu dibakar di atas bara.* The stingray was cooked over the embers.
membara KATA KERJA
to be very hot
♦ **Api kemarahannya semakin membara.** He is fuming.
♦ **semangat membara** an ardent spirit

barah KATA NAMA
cancer

baran KATA ADJEKTIF
hot-tempered
♦ **panas baran** hot-tempered ◊ *orang yang panas baran* a hot-tempered person

barang KATA NAMA
1 *item*
◊ *Lukisan Picasso merupakan barang yang paling berharga dalam pameran ini.* The Picasso drawing is the most valuable item in this exhibition.
2 *thing*
◊ *Jangan sentuh barang-barang di atas meja itu.* Don't touch the things on that table.
♦ **barang kemas** jewellery
♦ **barang kepunyaan** belongings
♦ **barang perhiasan** ornament
♦ **barang runcit** groceries
sebarang KATA ADJEKTIF
any
◊ *Kami menerima sebarang derma yang anda sumbangkan.* We accept any donations.
barangan KATA NAMA
goods
◊ *barangan ekonomi* economic goods
◊ *barangan tidak tahan lama* non-durable goods

barangkali KATA BANTU
probably
◊ *Barangkali cadangan anda akan diterima.* Your suggestion will probably be accepted.
kebarangkalian KATA NAMA
probability (JAMAK **probabilities**)
◊ *Kebarangkalian anda mendapat*

nombor itu ialah lima peratus. The probability of your getting that number is five percent.

barat KATA ADJEKTIF

> rujuk juga **barat** KATA ARAH

western
◊ *negara barat* western country
♦ **pantai barat Semenanjung Malaysia** the west coast of Peninsular Malaysia

barat KATA ARAH

> rujuk juga **barat** KATA ADJEKTIF

west
◊ *beberapa ratus batu ke barat* several hundred miles to the west
♦ **barat daya** south-west
♦ **barat laut** north-west

barbeku KATA NAMA
barbecue

baring
  berbaring KATA KERJA
  to lie
  ◊ *Sammy berbaring di atas sofa.* Sammy lay on the sofa.
  membaringkan KATA KERJA
  to lay
  ◊ *Puan Ng membaringkan bayinya di atas katil.* Mrs Ng laid her baby on the bed.
♦ **membaringkan diri** to lie down
  terbaring KATA KERJA
  to lie
  ◊ *Sophia terbaring di tepi pantai.* Sophia is lying on the beach.

baris KATA NAMA, PENJODOH BILANGAN
line
◊ *Chi Mei membaca dua baris puisi itu.* Chi Mei read two lines of the poem.
♦ **baris dan lajur** rows and columns
  berbaris KATA KERJA
  to line up
  ◊ *Pelajar berbaris di padang semasa perhimpunan.* The students line up in the field during assembly.
  pembaris KATA NAMA
  ruler
  perbarisan KATA NAMA
  parade
  sebaris KATA ADJEKTIF
  on the same block as
  ◊ *Restoran itu terletak sebaris dengan balai polis.* The restaurant is on the same block as the police station.
  barisan KATA NAMA
  row
  ◊ *dua barisan pelajar* two rows of students
♦ **barisan pelakon** cast

barli KATA NAMA
barley

barter KATA NAMA
barter

baru KATA ADJEKTIF
new
  baru-baru KATA ADJEKTIF
♦ **baru-baru ini** recently
  terbaru KATA ADJEKTIF
  latest
  ◊ *fesyen terbaru* the latest fashion

bas KATA NAMA
bus (JAMAK **buses**)
◊ *bas dua tingkat* a double-decker bus

basah KATA ADJEKTIF
wet
♦ **basah kuyup** soaking wet
  membasahi KATA KERJA
  to make ... wet
  ◊ *Air memercik dan membasahi enjin keretanya.* The water splashed his engine and made it wet.
♦ **Hujan yang turun mula membasahi padang.** The rain began to soak the fields.
♦ **Hujan membasahi mereka.** The rain drenched them.
♦ **Peluh membasahi tubuhnya.** His body was running with sweat.
♦ **Air mata membasahi pipinya.** Her cheeks were wet with tears.
  membasahkan KATA KERJA
  to moisten
  ◊ *Danielle membasahkan kain itu untuk mengelap meja.* Danielle moistened the cloth to wipe the table.

basi KATA ADJEKTIF
stale
◊ *makanan yang sudah basi* stale food

basikal KATA NAMA
bicycle
♦ **basikal berenjin** moped
♦ **basikal gunung** mountain bike
♦ **basikal roda tiga** tricycle
  berbasikal KATA KERJA
  to cycle
  ◊ *Ratnam berbasikal ke rumah kawannya.* Ratnam cycled to his friend's house.

basmi
  membasmi KATA KERJA
  to eradicate
  ◊ *membasmi penyakit malaria* to eradicate malaria
♦ **membasmi kuman** to sterilize
  pembasmian KATA NAMA
  eradication
♦ **program pembasmian kemiskinan** a programme to eradicate poverty

basuh KATA KERJA
to wash

- **mesin basuh** washing machine
  membasuh KATA KERJA
  to wash
  pembasuh KATA NAMA
- **pembasuh mulut** dessert
  basuhan KATA NAMA
  washing
  ◊ *Basuhan itu sudah kering.* The washing has dried.

bata KATA NAMA
brick
- **batu bata** bricks

batal
  membatalkan KATA KERJA
  1. *to cancel*
  ◊ *Pengurus itu telah membatalkan semua mesyuaratnya.* The manager has cancelled all his meetings.
  2. *to call off*
  ◊ *Maggie telah membatalkan lawatan itu.* Maggie has called off the trip.
- **membatalkan kelayakan seseorang** to disqualify somebody
  pembatalan KATA NAMA
  cancellation

batang KATA NAMA

> rujuk juga **batang** PENJODOH BILANGAN

trunk
◊ *Batang pokok oak itu sangat kuat.* The trunk of the oak tree is very strong.

batang PENJODOH BILANGAN

> rujuk juga **batang** KATA NAMA
> Biasanya **batang** tidak ada terjemahan dalam bahasa Inggeris.

◊ *sebatang pokok kelapa* a coconut tree ◊ *dua batang pensel* two pencils
- **lima batang serai** five stalks of lemongrass

batas KATA NAMA
  1. *ridge*
  ◊ *batas sawah padi* the ridge of a paddy field
  2. *limit*
  ◊ *Proses pembelajaran tidak ada batasnya.* The learning process has no limits.
  membatasi KATA KERJA
  to limit
  ◊ *Remaja harus membatasi perbelanjaan mereka.* Youngsters should limit their spending.
  terbatas KATA KERJA
  limited
  ◊ *sumber maklumat yang terbatas* limited sources of information
  batasan KATA NAMA
  bounds
  ◊ *Huraian tentang tajuk yang sebegitu sensitif harus mempunyai batasan.* Discussion of such a sensitive topic must keep within bounds.

bateri KATA NAMA
battery (JAMAK **batteries**)

bati
  sebati KATA ADJEKTIF
  well mixed
  ◊ *Tepung itu telah sebati dengan mentega dan telur.* The flour is well mixed with the butter and sugar.
- **Bidang sukan telah sebati dengan dirinya.** Sport has become part of his lifestyle.
  sebatian KATA NAMA
  compound
  ◊ *sebatian kimia* chemical compound

batik KATA NAMA
batik

batin KATA NAMA
inner self
◊ *Saya perlukan masa untuk mengenali batin saya sendiri.* I need time to get to know my inner self.
  kebatinan KATA NAMA
  mysticism
  ◊ *Sejak dia belajar ilmu kebatinan, dia telah hilang minat tentang hal-hal keduniaan.* Since he began to study mysticism, he has lost interest in worldly matters.

batu KATA NAMA
  1. *stone*
  ◊ *Adam membuang batu itu ke dalam sungai.* Adam threw the stone into the river.
  2. *mile*
  ◊ *Bahrin sanggup berjalan beberapa batu untuk berjumpa dengan kawannya.* Bahrin is willing to walk a few miles to meet his friend.
- **batu loncatan** stepping stone
- **batu nisan** tombstone
- **batu timbang** weight
  berbatu-batan KATA KERJA
  stony
  ◊ *tanah yang berbatu-batan* stony soil
  membatu KATA KERJA
  to stay stock-still
  ◊ *Pelajar itu membatu saja apabila ditegur oleh gurunya.* The student stayed stock-still while he was being scolded by his teacher.
  perbatuan KATA NAMA
  mileage

batuk KATA KERJA

> rujuk juga **batuk** KATA NAMA

to cough

batuk → bayang

◊ *Jimmy masih batuk.* Jimmy is still coughing.

batuk KATA NAMA

> rujuk juga **batuk** KATA KERJA

cough

◊ *batuk yang tidak henti-henti* a persistent cough

♦ **batuk kering** tuberculosis

bau KATA NAMA

smell

◊ *bau kek yang baru dibakar* the smell of freshly baked cake

♦ **Bunga-bunga itu dipilih kerana baunya.** The flowers are chosen for their scent.

berbau KATA KERJA

1. *to smell of*

◊ *Bilik itu berbau lemon.* The room smelled of lemons.

2. *smelly*

◊ *Tempat pembuangan sampah itu berbau.* The rubbish dump is smelly.

♦ **Badannya berbau.** He has body odour.

baucar KATA NAMA

voucher

◊ *baucar makan tengah hari* luncheon voucher

bauk KATA NAMA

sideburns

baur

berbaur KATA KERJA

to smack of

◊ *Kata-katanya berbaur hasutan.* His remarks smack of incitement.

bawa KATA KERJA

to bring

◊ *Sila bawa bersama kad pengenalan anda.* Please bring along your identity card.

membawa KATA KERJA

1. *to carry*

◊ *Dia membawa bakul ke pasar.* She carries a basket to the market.

2. *to bring*

◊ *Saya terlupa hendak membawa buku itu.* I forgot to bring the book.

3. *to take*

◊ *Bolehkah anda membawa saya ke pesta itu?* Can you please take me to the funfair?

♦ **kemalangan yang membawa maut** a fatal accident

membawakan KATA KERJA

to bring

◊ *Dia membawakan saya beberapa naskhah majalah untuk dibaca.* He brought me a few magazines to read.

pembawa KATA NAMA

carrier

◊ *pembawa kuman malaria* a carrier of the malaria virus

terbawa-bawa KATA KERJA

to affect

◊ *Perasaan sedihnya terbawa-bawa hingga ke pejabat.* His grief affected his work at the office.

♦ **Eddie terbawa-bawa dengan pengaruh Barat.** Eddie was over-influenced by western culture.

bawah KATA ADJEKTIF

> rujuk juga **bawah** KATA ARAH

♦ **bahagian bawah** bottom ◊ *di bahagian bawah muka surat 8* at the bottom of page 8

♦ **tingkat bawah** downstairs

♦ **gadis bawah umur** an under age girl

pembawah KATA NAMA

denominator (matematik)

bawahan KATA ADJEKTIF

♦ **orang bawahan** subordinate

♦ **golongan bawahan (1)** subordinate group *(dalam syarikat)*

♦ **golongan bawahan (2)** the lower class *(dalam masyarakat)*

bawah KATA ARAH

> rujuk juga **bawah** KATA ADJEKTIF

1. *under*

◊ *Kucing itu bersembunyi di bawah meja.* The cat hid under the table.

2. *below*

◊ *Taburan hujan berada di bawah paras 300mm.* Rainfall has been below 300mm.

♦ **Ann menarik permaidani itu untuk melihat benda yang tersembunyi di bawahnya.** Ann pulled the carpet back to see what was underneath.

♦ **Sally turun ke bawah untuk mengambil bukunya.** Sally went downstairs to get her book.

♦ **bawah tanah** underground

bawang KATA NAMA

onion

♦ **bawang perai** leek

♦ **bawang putih** garlic

bebawang KATA NAMA

spring onion

bawasir KATA NAMA

piles

baya

sebaya KATA ADJEKTIF

of the same age

◊ *kawan-kawan yang sebaya* friends of the same age

♦ **Dia sebaya dengan saya.** She's the same age as me.

bayam KATA NAMA

spinach

bayang KATA NAMA

1. *reflection*

◊ *Anjing itu ternampak bayangnya pada permukaan sungai.* The dog saw its reflection in the river.
2 *silhouette*
◊ *Jamaliah ternampak satu bayang semasa berjalan di lorong sunyi itu.* As Jamaliah walked down the deserted street she noticed a silhouette.
bayang-bayang KATA NAMA
shadow
membayangkan KATA KERJA
1 *to visualize*
◊ *Sandy sudah dapat membayangkan hari pengijazahannya.* Sandy could already visualize her graduation day.
2 *to imagine*
◊ *Bolehkah anda bayangkan reaksinya?* Can you imagine her reaction?
pembayang KATA NAMA
clue
◊ *Murid itu dapat menjawab teka-teki itu kerana pembayang telah diberikan.* The pupil was able to guess the puzzle because a clue had been provided.
- **pembayang mata** eye shadow
terbayang, terbayang-bayang KATA KERJA
to picture
◊ *Peristiwa ngeri itu masih terbayang-bayang di hadapan matanya.* She could still picture the terrible incident.
- **Wajah ibunya selalu terbayang-bayang di fikirannya.** His mother's face was always in his mind's eye.
- **Kegembiraan terbayang pada wajahnya.** Happiness was reflected in her face.
terbayangkan KATA KERJA
suddenly had a vision of
◊ *Annie terbayangkan kisah silamnya.* Annie suddenly had a vision of her past.
bayangan KATA NAMA
hint
◊ *Pernyataan itu tidak memberikan apa-apa bayangan tentang perkara yang telah berlaku.* The statement gave no hint of what had happened.
bayar KATA KERJA
to pay
◊ *Sila bayar bil anda sebelum...* Please pay your bill before...
berbayar KATA KERJA
settled
◊ *Hutang syarikat itu belum berbayar.* The company's debts have not yet been settled.
membayar KATA KERJA
to pay
◊ *Anda boleh membayar dengan kad kredit.* You can pay by credit card.

pembayaran KATA NAMA
payment
◊ *Pembayaran bil ini hanya boleh dilakukan di kaunter-kaunter tertentu.* Payment of this bill may only be effected at certain counters.
- **pembayaran balik** repayment
bayaran KATA NAMA
payment
◊ *bayaran bulanan* monthly payments
- **Anda harus menjelaskan bayaran untuk buku latihan yang dibeli.** You have to pay for the exercise book that you bought.
- **mengenakan bayaran** to charge
◊ *Pelawat akan dikenakan bayaran sebanyak RM10.* Visitors will be charged RM10.
- **bayaran balik** refund
- **bayaran masuk** entrance fee
bayi KATA NAMA
baby (JAMAK **babies**)
bayu KATA NAMA
breeze
bazar KATA NAMA
bazaar
bazir
membazir KATA KERJA
wasteful
◊ *Saya tidak suka membazir.* I hate being wasteful.
- **Sungguh membazir!** It's such a waste!
membazirkan KATA KERJA
to waste
◊ *Saya tidak akan membazirkan masa pergi membeli-belah.* I'm not going to waste time shopping.
pembaziran KATA NAMA
waste
◊ *pembaziran masa* a waste of time
bebal KATA ADJEKTIF
stupid
◊ *Dia seorang yang bebal.* He's stupid.
beban KATA NAMA
burden
◊ *Beban yang dipikulnya semakin berat.* His burden became heavier. ◊ *beban hutang* burden of debt
membebani KATA KERJA
to be a burden to
◊ *Shima tidak mahu membebani ayahnya lagi.* Shima doesn't want to be a burden to her father anymore.
- **membebani seseorang dengan sesuatu** to burden somebody with something
membebankan KATA KERJA
to burden
◊ *Ketuanya membebankan tugas itu*

bebas → bedung

kepadanya. His leader burdened him with the task.
- **Tanggungjawab itu terlalu membebankan.** That responsibility is too heavy.

bebanan KATA NAMA *rujuk* **beban**

bebas KATA ADJEKTIF
free
◊ *Anda bebas untuk memberikan pandangan anda tentang perkara ini.* Feel free to give your opinion on this matter.
- **bebas cukai** duty-free

kebebasan KATA NAMA
freedom
◊ *kebebasan bersuara* freedom of speech

membebaskan KATA KERJA
1 *to set ... free*
◊ *Bridget membebaskan burung itu.* Bridget set the birds free.
2 *to release*
◊ *Penculik itu telah membebaskan orang tebusannya.* The kidnapper had released the hostages.

pembebasan KATA NAMA
release
◊ *pembebasan gas karbon dioksida* releases of carbon dioxide gas

bebel
membebel KATA KERJA
1 *to babble*
◊ *Orang gila itu membebel sahaja.* The madman just babbled.
2 *to rattle on*
◊ *Nenek saya selalu membebel tentang perangai Amin.* My grandmother is always rattling on about Amin's behaviour.

bebelan KATA NAMA
nagging
◊ *Steven mendengar bebelan neneknya dengan sabar.* Steven tolerated his grandmother's nagging patiently.

bebenang KATA NAMA
filament

beberapa KATA BILANGAN
1 *a few*
◊ *beberapa cadangan untuk dipertimbangkan* a few ideas to consider
2 *several*
◊ *beberapa lapisan cat* several coats of paint
3 *some*
◊ *beberapa biji buah rambutan* some rambutans

bebiri KATA NAMA *rujuk* **biri-biri**

bebola KATA NAMA
ball
◊ *bebola ikan* fish ball

beca KATA NAMA
trishaw

becak KATA ADJEKTIF
muddy
◊ *Padang itu becak selepas hujan.* The field is muddy after the rain.

becok KATA ADJEKTIF
talkative

bedah KATA KERJA
- **bedah siasat** autopsy (JAMAK **autopsies**)
- **pakar bedah** surgeon

membedah KATA KERJA
to operate
◊ *Pakar bedah yang membedah pesakit itu...* The surgeon who operated on the patient...

pembedahan KATA NAMA
operation
◊ *Pesakit itu telah menjalani pembedahan pada minggu lepas.* That patient had an operation last week.

bedak KATA NAMA
powder
- **bedak talkum** talcum powder

membedakkan KATA KERJA
to powder
◊ *Dia membedakkan anaknya.* She powdered her child.

bedal KATA KERJA
- **kena bedal** to get beaten up ◊ *Pencuri itu kena bedal.* The thief was beaten up.
- **Anjing itu kena bedal.** The dog was beaten.

membedal KATA KERJA
1 *to beat up*
◊ *Kami membedal penyamun-penyamun itu.* We beat the thieves up.
- **Mereka membedal anjing-anjing liar itu.** They beat the stray dogs.
2 *to polish off* (tidak formal)
◊ *Hong membedal semua makanan yang ada.* Hong polished off all his food.

bedil KATA NAMA
firearm

membedil KATA KERJA
to fire
◊ *membedil sesuatu tempat semasa peperangan* to fire on a place during a battle

bedilan KATA NAMA
fire
◊ *bedilan oleh pihak musuh* enemy fire

bedung KATA NAMA
swaddling cloth

membedung KATA KERJA
to swaddle
◊ *Jururawat itu membedung bayi itu dengan cermat.* The nurse swaddles the baby carefully.

beg KATA NAMA
bag
- **beg bimbit** briefcase
- **beg galas (1)** shoulder-bag
- **beg galas (2)** backpack
- **beg pakaian** suitcase
- **beg pelana** saddlebag
- **beg pinggang** bum bag
- **beg tangan** handbag
- **beg tidur** sleeping bag

begini KATA GANTI NAMA
like this
◊ *Anda tidak dibenarkan buat begini.* You are not allowed to act like this.
sebegini KATA PENGUAT
such
◊ *kualiti yang sebegini tinggi standardnya* such a high standard of quality

begitu KATA GANTI NAMA
> rujuk juga **begitu** KATA PENGUAT

like that
◊ *Jangan buat begitu!* Don't behave like that!
sebegitu KATA PENGUAT
such
◊ *tempat yang sebegitu jauh* such a far-away place

begitu KATA PENGUAT
> rujuk juga **begitu** KATA GANTI NAMA

very
◊ *Dia tidak begitu cerdik.* He's not very bright.

begpaip KATA NAMA
bagpipe

beguk KATA NAMA
mumps

bekal KATA NAMA
food
◊ *Aini membawa bekal ke sekolah.* Aini takes food to school.
berbekalkan KATA KERJA
to be equipped
◊ *Berbekalkan ilmu pengetahuannya, Khoon Cheong mendapat satu pekerjaan yang baik.* Being equipped with a good education, Khoon Cheong found a good job.
membekalkan KATA KERJA
to supply
◊ *Syarikat itu membekalkan buku teks kepada sekolah-sekolah di kawasan itu.* The company supplies textbooks to the schools in that area.
pembekal KATA NAMA
[1] *supplier*
◊ *Pembekal itu menawarkan harga yang munasabah kepada pelanggannya.* The supplier offered his customer a reasonable price.
[2] *provider* (*komputer*)
bekalan KATA NAMA
supply (JAMAK **supplies**)
◊ *bekalan kelapa yang mencukupi* an adequate supply of coconuts
- **putus bekalan elektrik** blackout

bekas KATA ADJEKTIF
> rujuk juga **bekas** KATA NAMA

[1] *ex-*
◊ *bekas suami* ex-husband
[2] *former*
◊ *bekas guru besar* former headmaster
- **bekas pelajar lelaki sekolah tertentu** old boys of a particular school

bekas KATA NAMA
> rujuk juga **bekas** KATA ADJEKTIF

container
◊ *bekas plastik untuk menyimpan sayur-sayuran* a plastic container for storing vegetables
- **bekas abu rokok** ashtray

beku KATA ADJEKTIF
frozen
◊ *makanan beku* frozen food
- **takat beku** freezing point
membeku KATA KERJA
to freeze
◊ *Air membeku pada suhu 0°C.* Water freezes at 0°C.
membekukan KATA KERJA
to freeze
◊ *Lynda membekukan ikan itu.* Lynda froze the fish. ◊ *membekukan aliran wang keluar* to freeze the outflow of money
pembekuan KATA NAMA
freeze
◊ *pembekuan bilangan pekerja* a freeze on the number of workers

bela
membela KATA KERJA
to keep
◊ *Rajoo membela beberapa ekor arnab di dalam biliknya.* Rajoo keeps a few rabbits in his room.
pembela KATA NAMA
breeder
◊ *Ayahnya seorang pembela kuda lumba.* His father is a racehorse breeder.
belaan KATA NAMA
pet
◊ *Arnab itu belaan saya.* That rabbit is my pet.

béla KATA KERJA
to defend
◊ *Jangan bela penjenayah itu.* Don't defend that criminal.

membela KATA KERJA
to defend
◊ *Peguam itu cuba membela tertuduh...* The lawyer tried to defend the accused...
• **membela nasib orang miskin** to fight for the poor
pembela KATA NAMA
defender
◊ *pembela hak kemanusiaan* a defender of human rights
pembelaan KATA NAMA
defence
◊ *Pembelaan terhadap tertuduh itu akan disambung esok.* The defence of the accused will be continued tomorrow.

belacan KATA NAMA
shrimp paste

belah KATA NAMA
[1] *slit*
◊ *skirt yang mempunyai belah yang panjang* a skirt with a long slit
[2] *side*
◊ *kedua-dua belah jalan* both sides of the road
• **Kedua-dua belah kakinya tercedera.** Both his legs were injured.
berbelah KATA KERJA
• **berbelah hati** to be in two minds
◊ *Dia berbelah hati hendak membuat keputusan itu.* He's in two minds about the decision.
membelah KATA KERJA
to split
◊ *Pak Mahat membelah dua kayu itu.* Pak Mahat split the wood in two.
sebelah KATA ARAH
side
◊ *sebelah kiri jalan itu* the left side of the road
sebelah-menyebelah KATA ADJEKTIF
side by side
◊ *Ben dan Jim duduk sebelah-menyebelah.* Ben and Jim sat side by side.
bersebelahan KATA KERJA
next
◊ *Rumahnya bersebelahan dengan rumah saya.* Her house is next to mine.
menyebelah, menyebelahi KATA KERJA
to take ... side
◊ *Henry sentiasa menyebelahi kawannya.* Henry always takes his friend's side.
• **Saya menyebelahi anda.** I'm on your side.
terbelah KATA KERJA
[1] *to be split*
◊ *Kayu itu terbelah dua.* The wood was split in two.
[2] *to slit*
◊ *Dia memakai baju putih yang terbelah hingga ke paha.* She was wearing a white dress slit to the thigh.

belahak
terbelahak KATA KERJA
to burp
◊ *Sani terbelahak selepas makan.* Sani burped after his meal.

belah bagi
berbelah bagi KATA KERJA
[1] *to split*
◊ *Ahli-ahli persatuan itu dinasihatkan supaya jangan berbelah bagi.* The society's members were advised not to split.
[2] *to be in two minds*
◊ *Dia berbelah bagi hendak membuat keputusan itu.* He's in two minds about the decision.
• **Sokongan mereka tidak berbelah bagi.** Their support was undivided.

belah bahagi *rujuk* **belah bagi**

belai
membelai, membelai-belai KATA KERJA
to caress
◊ *Anne membelai rambut anaknya.* Anne caressed her child's hair.
belaian KATA NAMA
caress (JAMAK **caresses**)
◊ *di bawah belaian ibu* under a mother's caresses

belaka KATA PENEGAS
without exception
◊ *Pelajar sekolah itu pandai-pandai belaka.* The students in that school are without exception very clever.

belakang KATA ADJEKTIF
> *rujuk juga* **belakang** KATA ARAH, KATA NAMA

back
◊ *pintu belakang* the back door
• **bahagian belakang poskad** the back of a postcard
• **bahagian belakang bangunan itu** the rear of the building
kebelakangan KATA ADJEKTIF
• **kebelakangan ini** recently ◊ *Dia begitu sibuk kebelakangan ini.* She has been so busy recently.
membelakang KATA KERJA
to back
◊ *bangunan yang membelakang ke jalan raya yang sibuk* a building which backs onto a busy street
membelakangi KATA KERJA
to disregard
◊ *Gary membelakangi nasihat kawan-*

kawannya. Gary disregarded the advice of his friends.
- **Azlin duduk membelakangi saya.** Azlin sat with his back to me.

membelakangkan KATA KERJA

to ignore

◊ *Jangan membelakangkan nasihat ibu bapa.* Don't ignore the advice of your parents.

belakang KATA ARAH

> rujuk juga **belakang** KATA ADJEKTIF, KATA NAMA

[1] *back*

◊ *sebuah bilik di belakang kedai* a room at the back of the shop

[2] *behind*

◊ *Tammy berdiri di belakang kawan saya.* Tammy is standing behind my friend.

- **Lina berundur ke belakang.** Lina stepped back.
- **Anda dikehendaki mengambil tiga langkah ke belakang.** You are required to take three steps backward.

belakang KATA NAMA

> rujuk juga **belakang** KATA ADJEKTIF, KATA ARAH

back

◊ *Mangsa itu kena tembak di belakangnya.* The victim was shot in the back.

- **sakit belakang** backache

belalai KATA NAMA

trunk

belalang KATA NAMA

grasshopper

Belanda KATA NAMA

Holland

- **bahasa Belanda** Dutch
- **orang Belanda (1)** Dutchman (JAMAK **Dutchmen**) *(lelaki)*
- **orang Belanda (2)** Dutchwoman (JAMAK **Dutchwomen**) *(perempuan)*

belang KATA NAMA

stripes

◊ *Skirt itu mempunyai belang berwarna merah dan putih.* The skirt has red and white stripes.

berbelang-belang KATA KERJA

stripy

◊ *kain yang berbelang-belang* stripy cloth

belanga KATA NAMA

earthenware pot

belangkas KATA NAMA

king-crab

belanja KATA KERJA

> rujuk juga **belanja** KATA NAMA

to treat

- **belanja makan** to treat

berbelanja KATA KERJA

to spend

◊ *Tan banyak berbelanja untuk membeli pakaian.* Tan spent a lot on clothes.

membelanjai KATA KERJA

to treat

◊ *Dia membelanjai saya makan malam.* She treated me to dinner.

membelanjakan KATA KERJA

to spend

◊ *Syarikat itu membelanjakan wang yang banyak untuk membina kompleks tersebut.* The company spent a lot of money on building that complex.

perbelanjaan KATA NAMA

[1] *expenses*

◊ *perbelanjaan rumah tangga* household expenses

[2] *expenditure* (formal)

◊ *penyata pendapatan dan perbelanjaan* statement of income and expenditure

◊ *mengurangkan perbelanjaan awam* to reduce public expenditure

belanja KATA NAMA

> rujuk juga **belanja** KATA KERJA

expenses

◊ *projek raksasa yang akan memakan belanja yang sangat tinggi* a huge project that will incur very high expenses

- **duit belanja** pocket money

belanjawan KATA NAMA

budget

belantan KATA NAMA

truncheon

belantara KATA NAMA

jungle

- **hutan belantara** forest

belas KATA BILANGAN

- **sebelas** eleven
- **kesebelas** eleventh
- **dua belas** twelve
- **tiga belas** thirteen
- **empat belas** fourteen
- **lima belas** fifteen

belasan KATA ADJEKTIF

- **belasan tahun** teens ◊ *Kebanyakan orang yang merokok mula merokok sewaktu belasan tahun.* Most people who smoke began smoking in their teens.
- **Julia seorang gadis belasan tahun.** Julia is a teenager.

belasah

membelasah KATA KERJA

to beat up

◊ *Mereka membelasah pencuri itu.* They beat the thief up.

belas kasihan KATA NAMA

sympathy

◊ *Wanita tua itu tidak mendapat belas kasihan daripada orang ramai.* The old lady didn't receive any sympathy from the public.

belatuk KATA NAMA
- **burung belatuk** woodpecker

belebas KATA NAMA
ledge

belenggu KATA NAMA
shackles (formal)
◊ *Dia masih tidak dapat keluar dari belenggu dunia pekerjaannya.* She still hadn't escaped from the shackles of her working life.
membelenggu KATA KERJA
to shackle (formal)
◊ *Pekerja-pekerja itu dibelenggu oleh pekerjaan yang mempunyai banyak tekanan.* The workers were shackled to high-stress jobs.

belerang KATA NAMA
sulphur

beli KATA KERJA
to buy
◊ *Jangan beli minuman keras untuk saya.* Don't buy alcoholic drinks for me.
- **sewa beli** hire purchase
membeli KATA KERJA
to buy
◊ *Kumar suka membeli dan mengumpul buku.* Kumar likes to buy and collect books.
- **membeli-belah** to go shopping
membelikan KATA KERJA
to buy
◊ *Wendy membelikan ibunya sehelai baju.* Wendy bought her mother a dress.
pembeli KATA NAMA
buyer
◊ *Pembeli meletakkan kualiti sebagai keutamaan mereka.* Buyers put quality as their first priority.
pembelian KATA NAMA
purchase
◊ *pembelian alat-alat tulis* the purchase of stationery
belian KATA NAMA
purchase
◊ *harga belian* purchase price

belia KATA NAMA
youth

beliak
membeliakkan KATA KERJA
- **membeliakkan mata** to glare wide-eyed
◊ *Farah menakutkan anaknya dengan membeliakkan matanya.* Farah frightened her child by glaring at it wide-eyed.
terbeliak KATA SIFAT
wild

◊ *Matanya terbeliak.* His eyes were wild.

beliau KATA GANTI NAMA
(*untuk orang yang dihormati*)
1. *he* (lelaki)
◊ *Beliau seorang guru yang dihormati.* He is a respected teacher.
2. *him* (lelaki)
◊ *Kami menghormati beliau.* We respect him.
3. *his* (lelaki)
◊ *Cadangan beliau untuk membina sebuah sekolah...* His suggestion of building a school...
4. *she* (perempuan)
◊ *Beliau bukan sahaja seorang menteri tetapi juga seorang ibu yang baik.* She is not only a minister but also a good mother.
5. *her* (perempuan)
◊ *Anda harus mencontohi beliau.* You should follow her example. ◊ *Hasil karya beliau disanjung tinggi.* Her work is highly acclaimed.

belikat KATA NAMA
- **tulang belikat** shoulder blade

belimbing KATA NAMA
starfruit

belit
berbelit KATA KERJA
to lay coiled
◊ *Ular itu berbelit di bawah meja.* The snake lay coiled under the table.
berbelit-belit KATA KERJA
meandering
◊ *ucapan yang berbelit-belit* a meandering speech
- **jalan yang berbelit-belit** twisty road
membelit KATA KERJA
to twine around
◊ *Tumbuhan itu membelit pada pagar.* The plant twines around the fence.
- **Ular sawa itu membelit mangsanya sehingga mati.** The python crushed the victim to death in its coils.
membelitkan KATA KERJA
to wind
◊ *Sarimah membelitkan tali pada pinggang kawannya.* Sarimah wound a rope round her friend's waist.
belitan KATA NAMA
coil
◊ *Lim mengetatkan belitan wayar itu.* Lim tightened the wire coil.

belok KATA KERJA
to turn
◊ *Belok ke kanan selepas simpang ini.* Turn right after this junction.
- **Belok ke simpang itu.** Take that turning.
membelok KATA KERJA

belon KATA NAMA

1. *to turn*
   ◊ *membelok ke kiri* to turn left
2. *to turn off*
   ◊ *Kereta itu membelok dengan tiba-tiba.* The car turned off suddenly.

membelokkan KATA KERJA
to turn
◊ *Halim membelokkan keretanya ke lebuh raya.* Halim turned his car onto the highway.

belon KATA NAMA
balloon

belot KATA KERJA
to betray
◊ *Dia telah belot terhadap ketuanya.* He has betrayed his leader.
♦ **Mereka akan menghukum ahli-ahli yang didapati belot.** They will punish members who are found to have been disloyal.

membelot KATA KERJA
to betray
◊ *Dia telah membelot kawannya.* He betrayed his friend.

pembelot KATA NAMA
traitor
◊ *Danny menganggap kawannya sebagai pembelot.* Danny regarded his friend as a traitor. ◊ *Dia pembelot negara.* He is a traitor to his country.

pembelotan KATA NAMA
1. *betrayal*
   ◊ *Kim menganggap perkara yang dilakukannya itu sebagai satu pembelotan terhadap kawan-kawannya.* Kim felt that what she had done was a betrayal of her friends.
2. *treason* (*terhadap negara*)

belukar KATA NAMA
secondary forest

belulang KATA NAMA
1. *hide*
   ◊ *proses menyamak belulang haiwan* the process of tanning animal hides
2. *callus* (JAMAK **calluses**)
   (*kulit keras pada tapak tangan, kaki*)

belum KATA BANTU
not yet
◊ *Sudahkah anda siapkan kerja anda? - Belum.* Have you finished your work? - Not yet.
♦ **Dia belum menghabiskan kerja rumahnya.** He hasn't finished his homework.

sebelum KATA HUBUNG
before
◊ *Anda sepatutnya menggosok gigi sebelum tidur.* You should brush your teeth before going to bed.

♦ **Sebelum ini Farah sangat sibuk dengan kerjanya.** Previously Farah had been very busy with her work.

sebelumnya KATA ADJEKTIF
previous
◊ *edisi sebelumnya* the previous edition

beluncas KATA NAMA
caterpillar

belut KATA NAMA
eel

benak KATA ADJEKTIF
> *rujuk juga* **benak** KATA NAMA

stupid
♦ **benak hati** stupid

benak KATA NAMA
> *rujuk juga* **benak** KATA ADJEKTIF

brain
♦ **Kata-katanya masih terngiang-ngiang di benakku.** I can still hear his voice inside my head.

benam
membenamkan KATA KERJA
to submerge
◊ *Air sungai itu melimpah dan memecahkan tebingnya, lalu membenamkan seluruh kampung.* The river burst its banks, submerging the entire village.

terbenam KATA KERJA
to sink
◊ *Gadis itu terbenam di dalam pasir jerlus.* The girl sank into the quicksand.
♦ **terbenamnya kapal Titanic** the sinking of the Titanic
♦ **Matahari terbit di sebelah timur dan terbenam di sebelah barat.** The sun rises in the east and sets in the west.

benang KATA NAMA
thread
♦ **benang sayat** wool

benar KATA PEMBENAR
> *rujuk juga* **benar** KATA PENGUAT

true
◊ *Memang benar bahawa...* It's true that...
♦ **tidak benar** untrue
♦ **Yang benar,...** Yours sincerely,...

benar-benar KATA PENEGAS
1. *really*
   ◊ *Apakah Ernest benar-benar mencintainya?* Does Ernest really love her?
2. *truly*
   ◊ *Saya benar-benar minta maaf.* I am truly sorry.

kebenaran KATA NAMA
1. *truth*
   ◊ *kebenaran kisah itu* the truth of the

story
[2] _permission_
◊ *Anda tidak boleh meninggalkan dewan peperiksaan tanpa kebenaran.* You may not leave the examination hall without permission.
membenarkan KATA KERJA
to allow
◊ *Pengunjung tidak dibenarkan membawa masuk kamera.* Visitors are not allowed to bring in cameras.
sebenar KATA ADJEKTIF
real
◊ *alasan yang sebenar* the real reason
• **dalam erti kata yang sebenar** as such
◊ *Dia bukanlah seorang pakar dalam erti kata yang sebenar, tetapi...* She's not an expert as such, but...
sebenarnya KATA PENEGAS
actually
◊ *Sebenarnya, Fairuz sayang akan anaknya.* Actually, Fairuz loves her child.

benar KATA PENGUAT
rujuk juga **benar** KATA PEMBENAR
extremely
◊ *Mahal benar rumah di Pulau Pinang.* Houses in Penang are extremely expensive.

bencana KATA NAMA
disaster
◊ *bencana alam* natural disaster
◊ *Gempa bumi yang membawa bencana kepada penduduk kampung...* An earthquake that brought disaster to the villagers...

benci KATA ADJEKTIF
to hate
◊ *Saya benci akan dia.* I hate him.
• **perasaan benci** hatred
• **benci-membenci** to hate each other
kebencian KATA NAMA
loathing
◊ *Danny memandangnya dengan penuh kebencian.* Danny looked at him with loathing.
membenci KATA KERJA
to hate
◊ *Saya membenci Rachel kerana dia tidak jujur.* I hate Rachel because she is dishonest.

benda KATA NAMA
thing
◊ *Apakah benda yang berada di tengah-tengah jalan itu?* What's that thing in the middle of the road?
• **benda hidup** living things
kebendaan KATA ADJEKTIF, KATA NAMA
materialistic

◊ *Masyarakat sekarang terlalu kebendaan.* Society today is very materialistic.
• **mementingkan kebendaan** materialistic

bendahara KATA NAMA
(*pada zaman dahulu*)
prime minister
perbendaharaan KATA NAMA
treasury (JAMAK **treasuries**)
• **perbendaharaan kata** vocabulary (JAMAK **vocabularies**)

bendahari KATA NAMA
treasurer

bendalir KATA NAMA
fluid

bendang KATA NAMA
paddy field

bendera KATA NAMA
flag

bendi KATA NAMA
• **kacang bendi** lady's finger

bendul KATA NAMA
doorsill

bendung KATA NAMA
dyke (*empangan*)
membendung KATA KERJA
to stop
◊ *membendung kegiatan cetak rompak* to stop piracy

bengang KATA ADJEKTIF
[1] _ringing in the ears_
[2] (*tidak formal*) _furious_
◊ *Saya bengang betul dengan budak itu.* I was really furious with that kid.

bengis KATA ADJEKTIF
[1] _furious_
◊ *Pengawal itu nampak bengis.* The guard looks furious.
[2] _cruel_
◊ *tindakan yang bengis* a cruel action
pembengis KATA ADJEKTIF
bad-tempered

bengkak KATA ADJEKTIF
swollen
membengkak KATA KERJA
to swell up
◊ *Kakinya mula membengkak.* His leg started to swell up.

bengkalai
terbengkalai KATA KERJA
to be abandoned
◊ *Projek perumahan itu sudah lama terbengkalai.* The housing project has been abandoned for a long time.

bengkang-bengkok KATA ADJEKTIF
[1] _winding_
◊ *jalan yang bengkang-bengkok* a winding road

bengkel → bentuk

[2] *zigzag*
◊ *garisan yang bengkang-bengkok* a zigzag line

bengkel KATA NAMA
workshop

bengkeng KATA ADJEKTIF
fierce
◊ *Zainal seorang yang bengkeng.* Zainal is a fierce person.
membengkengi KATA KERJA
to snarl at
◊ *"Lepaskan aku," Cindy membengkenginya.* "Let go of me," Cindy snarled at him.

bengkok KATA ADJEKTIF
[1] *crooked*
◊ *Garisan jidar pada muka surat itu sudah bengkok.* The margin of that page is crooked.
[2] *bent*
◊ *Besi itu sudah bengkok.* The metal was bent.
membengkokkan KATA KERJA
to bend
◊ *Saya dan Harun cuba membengkokkan batang besi itu.* Harun and I tried to bend the iron rod.
pembengkokan KATA NAMA
bending

benih KATA NAMA
seed
membenih KATA KERJA
to form
◊ *Perasaan sayang terhadap anak yatim itu mula membenih dalam hati saya.* Love for the orphan began to form in my heart.

benjol KATA NAMA
bump
◊ *benjol pada dahi* a bump on the forehead

bentak KATA KERJA
to bark
◊ *"Jangan buat begitu lagi," bentak Zamri.* "Don't do that again," Zamri barked.
membentak KATA KERJA
to bark at
◊ *membentak seseorang* to bark at somebody

bentan KATA ADJEKTIF
to relapse
◊ *Pesakit itu bentan kerana tersilap makan ubat.* The patient relapsed because he took the wrong medicine.

bentang
membentangkan KATA KERJA
[1] *to spread*
◊ *Alicia membentangkan lukisan-lukisan itu di atas lantai.* Alicia spread the drawings on the floor.
[2] *to present*
◊ *Pengurus itu sedang membentangkan kertas cadangannya.* The manager is presenting his proposal.
pembentang KATA NAMA
presenter
◊ *Pembentang kertas cadangan itu sungguh meyakinkan.* The presenter of the proposal was very convincing.
pembentangan KATA NAMA
presentation
◊ *Pembentangan kertas cadangan itu dilakukan oleh Michelle.* The presentation of the proposal was done by Michelle.
terbentang KATA KERJA
to stretch
◊ *Sawah-sawah padi itu terbentang beberapa batu luasnya.* The paddy fields stretched for several miles.

bentar
sebentar KATA ADJEKTIF
a moment
◊ *Sila tunggu sebentar.* Wait a moment please.
♦ **Tetamu kehormat kita akan tiba sebentar lagi.** Our honoured guest will arrive in a short while.

benteng KATA NAMA
[1] *embankment*
◊ *benteng untuk menahan air sungai daripada membanjiri sesuatu kawasan* an embankment to prevent a river from flooding an area
[2] *fortification*
◊ *Mereka membina benteng untuk mempertahankan diri mereka daripada serangan musuh.* They built fortifications to defend themselves from the attacks of their enemies.
♦ **benteng pertahanan** fortress (JAMAK **fortresses**)

bentuk KATA NAMA

> *rujuk juga* **bentuk** PENJODOH BILANGAN

[1] *shape*
◊ *bentuk hati* heart shape
[2] *form*
◊ *novel yang ditulis dalam bentuk surat* a novel in the form of letters
berbentuk KATA KERJA
-shaped
◊ *topi berbentuk kon* a cone-shaped hat ◊ *dedaun yang besar dan berbentuk hati* large, heart-shaped leaves ◊ *sofa berbentuk L* an L-shaped settee
♦ **berbentuk bujur** oval
♦ **berbentuk segi empat** square

membentuk KATA KERJA
1. *to form*
◊ *membentuk satu ayat baru* to form a new sentence
2. *to shape*
◊ *membentuk cara hidup seseorang* to shape one's lifestyle
pembentukan KATA NAMA
formation
◊ *pembentukan kerajaan baru* the formation of a new government
terbentuk KATA KERJA
to be formed
◊ *Idea itu sudah terbentuk dalam fikirannya.* The idea had formed in his mind.
bentuk PENJODOH BILANGAN
> rujuk juga **bentuk** KATA NAMA
> bentuk tidak diterjemahkan dalam bahasa Inggeris.

◊ *sebentuk cincin* a ring
◊ *sebentuk mata kail* a fish hook
benua KATA NAMA
continent
♦ *benua Asia* Asia
benyek KATA ADJEKTIF
soggy
◊ *nasi yang benyek* soggy rice
berahi KATA NAMA
desire
◊ *cinta berahi* sexual desire
memberahikan KATA KERJA
alluring
◊ *Cara gadis itu berpakaian sungguh memberahikan.* The way the girl dressed was very alluring.
berak KATA NAMA
stool
terberak KATA KERJA
to mess
◊ *Bayi itu terberak di atas katil.* The baby messed the bed.
beranda KATA NAMA
veranda
berang KATA ADJEKTIF
furious
◊ *Badrul berang apabila melihat emaknya dibuli oleh penjahat.* Badrul was furious when he saw his mother being bullied by the gangster.
memberangi KATA KERJA
to scold
◊ *Guru itu memberangi Chan kerana dia tidak membuat kerja rumah.* The teacher scolded Chan because he didn't do his homework.
pemberang KATA NAMA
hot-tempered
berangan KATA NAMA
chestnut atau *chestnut tree*
♦ **buah berangan** chestnut
berangsang
memberangsangkan KATA KERJA
to inspire
◊ *Nasihatnya memberangsangkan saya untuk berjaya.* His advice inspired me to succeed.
♦ **Kata-katanya sungguh memberangsangkan.** His words were so encouraging.
berangus KATA NAMA
muzzle
berani KATA ADJEKTIF
brave
◊ *seorang yang berani* a brave person
♦ **Lelaki yang berani melawan balik...** The man who dared to fight back...
keberanian KATA NAMA
bravery
memberanikan KATA KERJA
♦ **memberanikan diri** to pluck up the courage ◊ *Hashim memberanikan diri untuk berdepan dengan musuhnya.* Hashim plucked up the courage to face his enemy.
berapa KATA TANYA
1. *how many* (benda yang boleh dikira)
◊ *Berapa buah bukukah yang ada di atas meja?* How many books are there on the table?
2. *how much*
◊ *Berapakah gaji anda?* How much do you earn? ◊ *Berapakah harganya?* How much is it?
♦ **Berapa banyak gula yang anda mahu dalam kopi anda?** How much sugar do you want in your coffee?
seberapa KATA ADJEKTIF
♦ **seberapa banyak yang mungkin (1)** as many as possible (*benda yang boleh dikira*)
♦ **seberapa banyak yang mungkin (2)** as much as possible (*untuk wang dan benda yang tidak boleh dikira*)
♦ **hadiah yang tidak seberapa** a small token ◊ *Terimalah hadiah yang tidak seberapa ini sebagai tanda penghargaan saya.* Please accept this small token of my appreciation.
♦ **Bantuan yang saya berikan itu tidak seberapa.** It was the least I could do to help.
beras KATA NAMA
rice
berat KATA ADJEKTIF
> rujuk juga **berat** KATA NAMA

heavy
♦ **berat hati** reluctant

- **dengan berat hati** reluctantly
- **berat sebelah** biased
- **tidak berat sebelah** impartial

keberatan KATA ADJEKTIF
reluctant
◊ *Carmen rasa keberatan untuk meninggalkan tempat ini.* Carmen felt reluctant to leave this place.

berat KATA NAMA
rujuk juga **berat** KATA ADJEKTIF
weight
- **berat badan** weight ◊ *Berat badan anda semakin bertambah.* You have put on weight.
- **berat badan berlebihan** overweight

berdikari KATA ADJEKTIF
independent

berek KATA NAMA
barracks
◊ *sebuah berek anggota tentera* an army barracks

berenga KATA NAMA
maggots

beres KATA ADJEKTIF
settled
◊ *Hal itu belum beres lagi.* That matter has not been settled yet.

membereskan KATA KERJA
to settle
◊ *Farid cuba membereskan semua hal sebelum pergi ke London.* Farid tried to settle everything before going to London.

beret KATA NAMA
- **topi beret** beret

berhala KATA NAMA
idol
- **rumah berhala** temple

beri
memberi KATA KERJA
to give
◊ *Virginia memberi pelajar itu dua buah buku.* Virginia gave the student two books.
- **memberi malu** to bring disgrace
- **memberi makan** to feed

memberikan KATA KERJA
to give
◊ *Brenda memberikan buku itu kepada saya.* Brenda gave the book to me.
- **memberikan tepukan** to applaud

pemberi KATA NAMA
giver

pemberian KATA NAMA
present
◊ *pemberian hari jadi* a birthday present

béri KATA NAMA
berry (JAMAK **berries**)
- **beri hitam** blackberry

berita KATA NAMA
news
- **tajuk berita** headline

pemberita KATA NAMA
reporter

beritahu KATA KERJA
to tell
◊ *Jangan beritahu dia.* Don't tell him.

memberitahu KATA KERJA
to tell
◊ *Dia memberitahu kami berita itu.* He told us the news. ◊ *Dia memberitahu saya bahawa dia sudah mengandung.* She told me that she was pregnant.

memberitahukan KATA KERJA
to relate
◊ *Dia memberitahukan kejadian itu kepada saya.* He related the incident to me.

pemberitahuan KATA NAMA
notice
◊ *pemberitahuan tentang penukaran alamat Kumpulan Wang Simpanan Pekerja* a notice about the change of address of the Employees' Provident Fund

berkas PENJODOH BILANGAN
bundle
◊ *seberkas rotan* a bundle of rattan

memberkas KATA KERJA
to arrest
◊ *Pihak polis telah memberkas lima orang penyeludup dadah.* The police arrested five drug smugglers.

berkat KATA ADJEKTIF, KATA NAMA
thanks to
◊ *Saya mencapai kejayaan ini berkat doa ibu saya.* I achieved this success thanks to my mother's prayers.
- **berkat kemakmuran** the blessing of prosperity

memberkati KATA KERJA
to bless
◊ *Semoga Tuhan memberkati anda.* May God bless you.

berlian KATA NAMA
diamond

bernas KATA ADJEKTIF
pithy
◊ *Dia memberikan ucapan yang bernas.* He gave a pithy speech. ◊ *Kata-katanya sungguh bernas.* He made some very pithy remarks.

berontak
memberontak KATA KERJA
to rebel
◊ *memberontak melawan kerajaan* to rebel against the government

pemberontak KATA NAMA
rebels

pemberontakan KATA NAMA

rebellion

bersih KATA ADJEKTIF
clean
◊ *persekitaran yang bersih* a clean environment
- **sangat bersih** spotless
kebersihan KATA NAMA
cleanliness
◊ *tahap kebersihan* standards of cleanliness
- **kebersihan mulut** oral hygiene
membersihkan KATA KERJA
to clean
◊ *membersihkan bilik* to clean a room
- **Dia pergi ke bilik air untuk membersihkan diri.** He went to the bathroom to have a wash.
pembersih KATA ADJEKTIF, KATA NAMA
1 *fastidious*
◊ *seorang yang pembersih* a fastidious person
2 *cleanser*
◊ *pembersih muka* facial cleanser
- **pembersih hampa gas** vacuum cleaner
pembersihan KATA NAMA
clean-up
◊ *Kerja pembersihan kawasan ini akan dilakukan esok.* A clean-up of this area will be carried out tomorrow.

bersin KATA KERJA
to sneeze
terbersin KATA KERJA
to sneeze

bertas KATA KERJA *rujuk* **terbertas**
membertaskan KATA KERJA
to unpick
◊ *membertaskan jahitan* to unpick stitches
terbertas KATA KERJA
to come undone
◊ *Jahitan pada kelepet kain itu sudah terbertas.* The stitches on the hem have come undone.

bertih KATA NAMA
- **bertih jagung** popcorn

beruang KATA NAMA
bear
- **beruang kutub** polar bear

berudu KATA NAMA
tadpole

beruk KATA NAMA
ape

berus KATA NAMA
brush (JAMAK **brushes**)
- **berus gigi** toothbrush
- **berus cat** paintbrush
- **berus lukisan** paintbrush
memberus KATA KERJA
to brush
◊ *memberus rambut* to brush one's hair

bes KATA NAMA
bass (JAMAK **basses**)
- **gitar bes** a bass guitar

besar KATA ADJEKTIF
big
◊ *rumah yang besar* a big house
- **kentang goreng besar** a large French fries
- **besar akal** intelligent
- **besar hati** proud
- **besar kepala** stubborn
- **besar panjang** adult
besar-besaran KATA ADJEKTIF
large-scale
◊ *perayaan secara besar-besaran* celebration on a large-scale
berbesar KATA KERJA
- **berbesar hati** pleased
kebesaran KATA NAMA
honour
◊ *pingat kebesaran* medal of honour
- **hari kebesaran** festival
membesar KATA KERJA
to grow
◊ *tumbuhan yang sedang membesar* a plant that is growing
membesar-besarkan KATA KERJA
to exaggerate
◊ *Jangan membesar-besarkan hal itu.* Don't exaggerate the matter.
membesarkan KATA KERJA
to bring up
◊ *Dia membesarkan empat orang anak.* She brought up four children.
- **membesarkan foto** to enlarge a photo
- **membesarkan jalan** to widen a road
memperbesar KATA KERJA
to widen
◊ *memperbesar jalan* to widen a road
- **Mereka akan memperbesar bangunan ini menjadi sebuah kompleks membeli-belah.** They're going to extend this building to make it into a shopping complex.
pembesar KATA NAMA
dignitary (JAMAK **dignitaries**)
- **pembesar suara** loudspeaker
pembesaran KATA NAMA
enlargement

besbol KATA NAMA
baseball

besen KATA NAMA
basin

besi KATA NAMA
iron
- **tukang besi** blacksmith

besok KATA ADJEKTIF
(*bahasa percakapan*)

bestari KATA ADJEKTIF
clever
◊ *pelajar bestari* a clever student
● **"sekolah bestari"** (*khusus di Malaysia*) "smart school"

betapa KATA PENGUAT
how
◊ *Betapa gembiranya saya kerana dapat memasuki universiti.* How happy I am to be able to enter university.

betik KATA NAMA
papaya

betina KATA ADJEKTIF
female
◊ *Bunga betina pokok betik itu akan menjadi buah.* The female flowers of the papaya tree will become fruit. ◊ *kucing betina* a female cat
● **ayam betina** hen
● **itik betina** duck
● **harimau betina** tigress (JAMAK **tigresses**)
● **singa betina** lioness (JAMAK **lionesses**)

beting KATA NAMA
● **beting pasir** sandbar

betis KATA NAMA
calf (JAMAK **calves**)

betul KATA ADJEKTIF
> rujuk juga **betul** KATA PEMBENAR, KATA PENGUAT

correct
◊ *jawapan yang betul* a correct answer
● **dengan betul (1)** correctly
● **dengan betul (2)** properly

betul-betul KATA PENEGAS
1 *properly*
◊ *Buat betul-betul.* Do it properly.
2 *really*
◊ *Saya betul-betul pasti tentang hal itu.* I'm really sure about it.

kebetulan KATA NAMA
coincidence
◊ *Ini hanya satu kebetulan.* This is only a coincidence.
● **secara kebetulan** coincidentally

membetulkan KATA KERJA
1 *to correct*
◊ *Dia cuba membetulkan kenyataan yang dibuatnya.* He tried to correct his statement.
2 *to adjust*
◊ *Dia membetulkan kedudukan lukisan itu.* He adjusted the position of the painting.

pembetulan KATA NAMA
correction

sebetulnya KATA PENEGAS
actually
◊ *Sebetulnya, dia kawan saya.* She's a friend of mine actually.

betul KATA PEMBENAR
> rujuk juga **betul** KATA ADJEKTIF, KATA PENGUAT

true
◊ *"Betul atau salah"* "True or False"
● **"Betulkah dia akan balik pada Tahun Baru ini?"** "Is he really coming back at New Year?"
● **Betul jangkaan anda!** You've got it right!

betul KATA PENGUAT
> rujuk juga **betul** KATA ADJEKTIF, KATA PEMBENAR

extremely
◊ *Mahal betul rumah itu.* The house is extremely expensive.

betung
pembetungan KATA NAMA
sewerage
◊ *sistem pembetungan yang sempurna* a proper sewerage system

beza KATA NAMA
difference
◊ *Tidak ada bezanya!* It makes no difference!

berbeza KATA KERJA
different
◊ *Kami mempunyai pandangan yang berbeza.* We have different views.

membezakan KATA KERJA
to differentiate
◊ *membezakan anak kembar itu* to differentiate between the twins

membeza-bezakan KATA KERJA
to treat ... unequally
◊ *Dia selalu membeza-bezakan anak-anaknya.* He always treats his children unequally.

perbezaan KATA NAMA
difference
◊ *Satu perbezaan yang besar pada saiz...* A vast difference in size...

biadab KATA ADJEKTIF
rude

kebiadaban KATA NAMA
rudeness

biak
membiak KATA KERJA
to breed
◊ *Nyamuk membiak di dalam air yang bertakung.* Mosquitoes breed in stagnant water.

membiakkan KATA KERJA
to breed
◊ *Air yang bertakung dalam tong-tong*

biar → bicara

dram yang kosong akan membiakkan nyamuk. The stagnant water in empty drums breeds mosquitoes.
pembiakan KATA NAMA
breeding
◊ *musim pembiakan* breeding season
● **sistem pembiakan** the reproductive system

biar KATA HUBUNG
rujuk juga **biar** KATA KERJA
● **biar apa pun** no matter what ◊ *Biar apa pun yang terjadi, saya tetap dengan pendirian saya.* No matter what happens, I shall stand firm.

biar KATA KERJA
rujuk juga **biar** KATA HUBUNG
to let
◊ *Biar saya habiskan kerja saya dahulu.* Let me finish my work first.
membiarkan KATA KERJA
to let
◊ *Nurul tidak akan membiarkan ibunya merana.* Nurul will not let her mother suffer.
terbiar KATA KERJA
[1] *to be abandoned*
◊ *Rumah itu sudah terbiar bertahun-tahun lamanya.* The house has been abandoned for years.
[2] *neglected*
◊ *Neneknya berasa sunyi dan terbiar.* Her grandmother feels lonely and neglected. ◊ *kanak-kanak yang terbiar* neglected children

biara KATA NAMA
monastery (JAMAK **monasteries**)
biarawan KATA NAMA
monk
biarawati KATA NAMA
nun
biarpun KATA HUBUNG
even though
◊ *Biarpun dia miskin, dia kuat berusaha.* Even though he is poor, he is very hardworking.

bias
membias KATA KERJA
to refract
◊ *Cahaya akan membias apabila masuk ke dalam air.* Light is refracted when it enters water.
membiaskan KATA KERJA
to refract
◊ *Pelajar itu menggunakan kanta untuk membiaskan cahaya.* The student used a lens to refract light.
terbias KATA KERJA
to be deflected
◊ *Cahaya itu terbias.* The light was deflected.
biasan KATA NAMA
deflection
◊ *biasan cahaya* a deflection of light

biasa KATA ADJEKTIF
common
◊ *satu amalan yang biasa* a common practice
● **Saya cuma manusia biasa.** I'm only human.
● **seperti biasa** as usual
● **kentang goreng saiz biasa** a regular French fries
● **luar biasa** extraordinary
kebiasaan KATA NAMA
habit
◊ *Sudah menjadi kebiasaan baginya untuk minum secawan kopi setiap pagi.* It is her habit to drink a cup of coffee every morning.
membiasakan KATA KERJA
to familiarize
◊ *Dia sedang membiasakan dirinya dengan perniagaan bapanya.* He's familiarizing himself with his father's business.
biasanya KATA PENEGAS
usually
◊ *Dia biasanya datang pada waktu petang.* He usually comes in at noon.

biasiswa KATA NAMA
scholarship
biawak KATA NAMA
monitor lizard
biaya KATA NAMA
expense
◊ *Hakim pergi belajar di UK atas biaya sendiri.* Hakim went to study in the UK at his own expense.
● **biaya kerajaan** financial aid from the government
membiayai KATA KERJA
to finance
◊ *Kakaknya yang membiayai segala perbelanjaan untuk pembelajarannya.* Her sister financed the entire cost of her studies.
pembiayaan KATA NAMA
financing
bibir KATA NAMA
lip
● **membaca gerak bibir** to lip-read
bibliografi KATA NAMA
bibliography (JAMAK **bibliographies**)
bicara
berbicara KATA KERJA
to discuss
◊ *Ahli-ahli jawatankuasa sedang berbicara tentang perkara itu.* The

committee is discussing the matter.
membicarakan KATA KERJA
to try
◊ *Kenapakah 253 hari diperlukan untuk membicarakan satu kes penipuan?* Why does it take 253 days to try a case of fraud?
♦ **Mahkamah akan membicarakan tertuduh itu esok.** The accused will be tried in court tomorrow.
perbicaraan KATA NAMA
trial

bidadari KATA NAMA
angel

bidai KATA NAMA
blind

bidal
bidalan KATA NAMA
proverb

bidan KATA NAMA
midwife (JAMAK **midwives**)
perbidanan KATA NAMA
midwifery

bidang KATA NAMA
> rujuk juga **bidang** PENJODOH BILANGAN

field
◊ *Apakah bidang yang anda ceburi?* Which field are you in?
♦ **bidang pengkhususan** speciality (JAMAK **specialities**)

bidang PENJODOH BILANGAN
> rujuk juga **bidang** KATA NAMA
> Biasanya **bidang** tidak ada terjemahan dalam bahasa Inggeris.

◊ *sebidang ladang* a plantation
◊ *dua bidang kebun* two orchards
◊ *tiga bidang tikar* three mats ◊ *tiga bidang permaidani* three carpets
◊ *tiga bidang kain cadar* three sheets
♦ **sebidang sawah** a field of paddy
♦ **sebidang tanah** a plot of land

bidas
membidas KATA KERJA
to rebut
◊ *Osman membidas kenyataan yang dibuat terhadapnya.* Osman rebutted the statement made against him.
pembidas KATA NAMA
person who rebuts

bidik
membidik KATA KERJA
to aim at
◊ *membidik sasaran* to aim at the target

biduan KATA NAMA
singer

biduanita KATA NAMA
singer

bihun KATA NAMA
rice noodles

bijak KATA ADJEKTIF
clever
◊ *seorang pelajar yang bijak* a clever student
♦ **satu keputusan yang bijak** a wise decision
♦ **berbelanja dengan cara yang bijak** to spend wisely
♦ **tidak bijak** unwise

bijaksana KATA ADJEKTIF
tactful
◊ *Dia sungguh bijaksana dalam menyelesaikan perselisihan faham antara kawan-kawannya.* He was extremely tactful in handling the misunderstanding between his friends.
♦ **orang tua yang bijaksana** a wise old man
♦ **tidak bijaksana** tactless
kebijaksanaan KATA NAMA
tact
◊ *dengan kebijaksanaan dan kecekapan* with tact and efficiency
♦ **kesabaran dan kebijaksanaan yang hadir dari usia tua** the patience and wisdom that comes from old age

bijan KATA NAMA
sesame
♦ **minyak bijan** sesame oil

biji KATA NAMA
> rujuk juga **biji** PENJODOH BILANGAN

seed
◊ *Biji rambutan tidak boleh dimakan.* The rambutan seed is not edible.
♦ **biji benih** seeds
biji-bijian KATA ADJEKTIF
grain crops

biji PENJODOH BILANGAN
> rujuk juga **biji** KATA NAMA
> **biji** tidak ada terjemahan dalam bahasa Inggeris.

◊ *dua biji epal* two apples ◊ *empat biji piring* four saucers

bijih KATA NAMA
ore
♦ **bijih besi** iron ore ◊ *lombong bijih besi* iron ore mine
♦ **bijih timah** tin ◊ *lombong bijih timah* tin mine

bijirin KATA NAMA
cereal

bikar KATA NAMA
beaker
◊ *Tuangkan asid itu ke dalam bikar.* Pour the acid into the beaker.

bikin KATA KERJA
(*bahasa percakapan*)

bikini → bimbing

to do
◊ *Engkau bikin sendiri, jangan minta tolong sesiapa.* You do it yourself, don't ask for help.
membikin KATA KERJA
to make
◊ *Berita itu membikin fikirannya resah.* The news made him restless.
pembikinan KATA NAMA
making
◊ *Syarikat itu terlibat dalam pembikinan filem Titanic.* That company was involved in the making of the film Titanic.

bikini KATA NAMA
bikini

bil KATA NAMA
bill
◊ *bil telefon* telephone bill

bila KATA TANYA
when
◊ *Bilakah kawan anda akan datang ke rumah kami?* When is your friend coming to our house?

bila-bila KATA GANTI NAMA
any
◊ *Kapal terbang itu akan mendarat pada bila-bila masa sahaja.* The plane will land at any moment.
♦ *Anda boleh datang pada bila-bila sahaja apabila anda senang.* You can come whenever you're free.

bilah PENJODOH BILANGAN
Biasanya bilah tidak ada terjemahan dalam bahasa Inggeris.
◊ *dua bilah kapak* two axes ◊ *tiga bilah pisau* three knives
♦ *sebilah gunting* a pair of scissors

bilang
berbilang KATA KERJA
multi
◊ *Rakyat Malaysia yang berbilang kaum...* The multiracial people of Malaysia...
membilang KATA KERJA
to count
◊ *Bibi sedang belajar membilang.* Bibi is learning to count. ◊ *Harun sedang membilang bintang di langit.* Harun was counting the stars in the sky.
pembilang KATA NAMA
numerator (matematik)
pembilangan KATA NAMA
counting
◊ *Pembilangan undi itu dilakukan dengan cermat.* The counting of the votes has been done carefully.
bilangan KATA NAMA
number
◊ *Bilangan pelajar yang lulus SPM adalah sebanyak...* The number of students that passed SPM is...
♦ *sebilangan kecil* minority

bilas
membilas KATA KERJA
to rinse
◊ *Maria membilas rambutnya selepas bersyampu.* Maria rinsed her hair after shampooing it.

biliard KATA NAMA
billiards

bilik KATA NAMA
room
◊ *Lily sedang membaca di dalam biliknya.* Lily is reading in her room.
♦ **bilik air** bathroom
♦ **bilik asrama** dormitory (JAMAK **dormitories**)
♦ **bilik bawah tanah** cellar
♦ **bilik berkembar** twin room
♦ **bilik bujang** single rooom
♦ **bilik darjah** classroom
♦ **bilik kelamin** double room
♦ **bilik mandi** bathroom
♦ **bilik menunggu** waiting room
♦ **bilik menyalin pakaian** changing room
♦ **bilik rawatan** surgery (JAMAK **surgeries**)
♦ **bilik tamu** sitting room
♦ **bilik tidur** bedroom

bilion KATA BILANGAN
billion

bilis KATA NAMA
♦ **ikan bilis** anchovy (JAMAK **anchovies**)

bimbang KATA ADJEKTIF
worried
◊ *Kesatuan itu bimbang bahawa...* The union is worried that... ◊ *nampak bimbang* to look worried
♦ **Jangan bimbang.** Don't worry.
kebimbangan KATA NAMA
worry (JAMAK **worries**)
membimbangkan KATA KERJA
to worry
◊ *Saya tidak mahu membimbangkan anda.* I don't want to worry you.

bimbing
berbimbingan KATA KERJA
♦ **berbimbingan tangan (1)** to hold hands ◊ *Kanak-kanak itu berjalan sambil berbimbingan tangan.* The children were walking along holding hands.
♦ **berbimbingan tangan (2)** to co-operate
◊ *Kita perlu berbimbingan tangan untuk mengatasi masalah ekonomi negara.* We should co-operate to overcome our country's economic crisis.

membimbing KATA KERJA
1. *to lead by the hand*
   ◊ *Sumathi membimbing neneknya menuruni tangga.* Sumathi led her grandmother by the hand down the stairs.
2. *to guide*
   ◊ *Ibu bapa bertanggungjawab mendidik dan membimbing anak-anak di rumah.* Parents are responsible for teaching and guiding their children at home.

pembimbing KATA NAMA
guide

bimbingan KATA NAMA
guidance
◊ *Beliau memberikan bimbingan dan kaunseling kepada saya.* She gave me guidance and counselling. ◊ *di bawah bimbingannya* under his guidance

bimbit KATA ADJEKTIF
- **beg bimbit** briefcase
- **telefon bimbit** mobile phone

membimbit KATA KERJA
to carry with the hand
- *Lelaki itu membimbit sebuah beg.* The man carried a bag.

bina KATA NAMA
- **seni bina** architecture
- **bina badan** bodybuilding

membina KATA KERJA
to build
◊ *Pemaju itu membina banyak pusat membeli-belah.* That developer built many shopping centres.
- *Pelanggan kami memberikan banyak cadangan yang membina.* Our customers make a lot of constructive suggestions.

pembinaan KATA NAMA
1. *construction*
   ◊ *kemerosotan dalam industri pembinaan* the downturn in the construction industry
2. *building*
   ◊ *Kerajaan menggalakkan pembinaan rumah kos rendah.* The government encourages the building of low-cost houses.
- **tapak pembinaan** site

terbina KATA KERJA
built
◊ *terbina dengan kukuh* strongly built

binasa KATA ADJEKTIF
destroyed
◊ *Kawasan itu binasa akibat banjir.* That area was destroyed by flood.

membinasakan KATA KERJA
to destroy
◊ *Dadah boleh membinasakan anda.* Drugs can destroy you.

pembinasa KATA NAMA
destroyer
◊ *CFC pembinasa utama lapisan ozon.* CFC is the main destroyer of the ozone layer.
- **Dadah pembinasa negara.** Drugs destroy the nation.
- **kapal pembinasa** destroyer

binatang KATA NAMA
animal
- **binatang kesayangan** pet

bincang

berbincang KATA KERJA
to discuss
◊ *Guru-guru sedang berbincang tentang prestasi pelajar.* The teachers are discussing the students' performance.

membincangkan KATA KERJA
to discuss
◊ *Kami sedang membincangkan isu kebersihan sekolah ini.* We are discussing the cleanliness of the school.

perbincangan KATA NAMA
discussion
◊ *Pelajar digalakkan membuat perbincangan untuk menyelesaikan soalan yang sukar.* The students were encouraged to hold a discussion to solve those difficult questions.

bingit KATA ADJEKTIF
to be deafened
◊ *Telinga saya bingit kerana bunyi radio yang terlalu kuat.* My ears were deafened because the radio was too loud.

membingitkan KATA KERJA
- **membingitkan telinga** to deafen
  ◊ *Suaranya yang nyaring membingitkan telinga saya.* Her shrill voice deafened me.
- **bunyi yang membingitkan telinga** a deafening noise

bingkai KATA NAMA
frame
◊ *bingkai gambar* picture frame

membingkaikan KATA KERJA
to frame
◊ *Ibu membingkaikan sijil itu.* Mother framed the certificate.

bingkas KATA KERJA
to spring
◊ *Samad bingkas bangun apabila terdengar namanya dipanggil.* Samad sprang to his feet when he heard his name being called.

membingkas KATA KERJA *rujuk* **bingkas**

bingkis
bingkisan KATA NAMA
gift

bingung KATA ADJEKTIF
confused
◊ *Dia bingung apabila mendengar khabar angin itu.* He was confused when he heard about the rumours.
kebingungan KATA KERJA
confused
◊ *Dia kebingungan.* He's confused.
• **dalam kebingungan** in a state of confusion
membingungkan KATA KERJA
to confuse
◊ *Berita itu membingungkan saya.* The news confused me.

bini KATA NAMA
(*tidak formal*)
wife (JAMAK **wives**)

binokular KATA NAMA
binoculars

bintang KATA NAMA
star
• **bintang bertuah** lucky star
• **bintang filem** film star
membintangi KATA KERJA
to star in
◊ *Julia Roberts membintangi filem "Pretty Woman".* Julia Roberts starred in "Pretty Woman".

bintat KATA NAMA
spot
• **bintat nyamuk** mosquito bite

bintik KATA NAMA
spot
berbintik-bintik KATA KERJA
spotty
◊ *muka yang berbintik-bintik* a spotty face

bintil KATA NAMA
spot
• **bintil nyamuk** mosquito bite

biodata KATA NAMA
biographical information

biografi KATA NAMA
biography (JAMAK **biographies**)

biokimia KATA NAMA
biochemistry

biola KATA NAMA
violin
• **pemain biola** violinist

biologi KATA NAMA
biology

bir KATA NAMA
beer

biri-biri KATA NAMA
sheep (JAMAK **sheep**)
• **anak biri-biri** lamb

biro KATA NAMA
bureau (JAMAK **bureaux**)

birokrasi KATA NAMA
bureaucracy

biru KATA ADJEKTIF
blue
• **biru tua** dark blue
kebiruan, kebiru-biruan KATA ADJEKTIF
bluish
◊ *putih kebiruan* bluish white
membiru KATA KERJA
to turn blue
◊ *Langit yang gelap mula membiru.* The dark sky began to turn blue.

bisa KATA NAMA
venom
berbisa KATA KERJA
venomous
◊ *ular berbisa* a venomous snake

bisik KATA KERJA
to whisper
◊ *"Jangan ganggu dia," bisik Lim kepada rakannya.* "Don't disturb him," Lim whispered to his friend.
berbisik, berbisik-bisik KATA KERJA
to whisper
◊ *Rosy berbisik ke telinga kawannya.* Rosy whispered in her friend's ear.
membisikkan KATA KERJA
to whisper
◊ *Umi membisikkan sesuatu kepada kawannya.* Umi whispered something to her friend.
bisikan KATA NAMA
whisper
◊ *Mereka terdengar bisikan Hashim.* They overheard Hashim's whispers.

bising KATA ADJEKTIF
noisy
• **bunyi bising** noise
kebisingan KATA NAMA
din

biskop KATA NAMA
bishop

biskut KATA NAMA
biscuit

bisu KATA ADJEKTIF
dumb
membisu KATA KERJA
silent
◊ *Teresa membisu sahaja sepanjang mesyuarat itu berlangsung.* Teresa was silent throughout the whole meeting.

bisul KATA NAMA
boil

bius KATA NAMA
• **ubat bius** anaesthetic
membius KATA KERJA
to anaesthetize
◊ *Doktor membius pesakit itu sebelum menjalankan pembedahan.* The doctor anaesthetized the patient before the

Malay ~ English — blaus → bomba

operation.

blaus KATA NAMA
blouse

blazer KATA NAMA
blazer

blok KATA NAMA
block
◊ *satu blok rumah pangsa dua belas tingkat* a twelve-storey block of flats
♦ **blok menara** tower block

bocor KATA ADJEKTIF
leaky
◊ *Bumbung yang bocor itu...* The leaky roof...
kebocoran KATA NAMA
leakage
membocorkan KATA KERJA
to leak
◊ *Sesiapa yang membocorkan soalan peperiksaan akan dihukum.* Anybody who leaks the examination questions will be punished.
bocoran KATA NAMA
leak
◊ *bocoran pada paip* a leak in the pipe

bodoh KATA ADJEKTIF
stupid
◊ *satu soalan yang bodoh* a stupid question
kebodohan KATA NAMA
stupidity

bogel KATA ADJEKTIF
naked
membogelkan KATA KERJA
to strip

bohong KATA NAMA
lie
◊ *bercakap bohong* to tell a lie
berbohong KATA KERJA
to lie
◊ *Mereka berbohong untuk menyembunyikan latar belakang mereka.* They lied to hide their backgrounds.
pembohong KATA NAMA
liar

bohsia KATA NAMA
immoral girl

boikot
memboikot KATA KERJA
to boycott
◊ *Negara itu memboikot barangan import dari Britain.* The country boycotted imports from Britain.
pemboikotan KATA NAMA
boycott

bola KATA NAMA
ball
♦ **bola baling** handball
♦ **bola jaring** netball
♦ **bola sepak** football
♦ **bola tampar** volleyball

bolak-balik KATA NAMA
♦ **bolak-balik angkasa lepas** space shuttle

boleh KATA BANTU
can
◊ *Saya pasti saya boleh melakukannya!* I'm sure I can do it!
♦ **Jika anda boleh siapkan lebih awal...** If you're able to finish it earlier...
♦ **boleh tahan** not bad
kebolehan KATA NAMA
ability (JAMAK **abilities**)
◊ *kebolehannya untuk membawa watak itu* her ability to play that role
berkebolehan KATA KERJA
capable
◊ *wanita muda yang berkebolehan* a capable young woman
membolehkan KATA KERJA
to enable
◊ *Ujian baru itu sepatutnya membolehkan doktor mengesan penyakit itu.* The new test should enable the doctor to detect the disease.
seboleh-bolehnya KATA ADJEKTIF
if at all possible
◊ *Seboleh-bolehnya, datanglah ke jamuan malam ini.* If at all possible, do come for the dinner tonight.

boleh jadi KATA PENEGAS
possible

boleh ubah
pemboleh ubah KATA NAMA
variable

boling KATA NAMA
bowling

bolot
membolot KATA KERJA
to make a clean sweep
◊ *membolot semua hadiah* to make a clean sweep of all the prizes

bom KATA NAMA
bomb
◊ *bom jangka* time bomb
mengebom KATA KERJA
to bomb
pengebom KATA NAMA
bomber
♦ **pesawat pengebom** bomber
pengeboman KATA NAMA
bombing
◊ *satu siri pengeboman* a series of bombings

bomba KATA NAMA
fire brigade
♦ **pasukan bomba** fire brigade

bomoh → borong

- **ahli bomba** fireman (JAMAK **firemen**)
- **balai bomba** fire station
- **kereta bomba** fire engine

bomoh KATA NAMA
traditional healer

bon KATA NAMA
bond
◊ *menawarkan bon kerajaan* to issue government bonds

bonceng
membonceng KATA KERJA
to ride pillion
◊ *Dia membonceng motosikal Ratnam.* He rode pillion on Ratnam's motorcycle.
pembonceng KATA NAMA
pillion passenger

bonda KATA NAMA
(*bahasa istana, persuratan*)
mother

> **bonda** *juga digunakan untuk merujuk kepada diri sendiri terutama dalam surat. Dalam keadaan ini,* **bonda** *diterjemahkan dengan menggunakan kata ganti nama diri.*

◊ *Bonda akan pulang pada bulan hadapan.* I'm coming home next month.
◊ *Tolong jemput bonda di lapangan terbang.* Please pick me up at the airport
◊ *Sampaikan salam bonda kepada Salim.* Please give my regards to Salim.

boneka KATA NAMA
puppet

bonet KATA NAMA
bonnet

bonggol KATA NAMA
bump
◊ *bonggol pada jalan raya* a bump in the road
- **bonggol unta** camel's hump
berbonggol-bonggol KATA KERJA
bumpy
◊ *jalan yang berbonggol-bonggol* bumpy road

bongkah KATA NAMA, PENJODOH BILANGAN
block
◊ *satu bongkah ais* a block of ice

bongkak KATA ADJEKTIF
proud

bongkar
membongkar KATA KERJA
to divulge
◊ *membongkar maklumat sulit* to divulge secret information
- **membongkar sauh** to pull up the anchor
- **Pencuri itu membongkar pintu itu untuk masuk ke dalam rumah.** The thief broke the door open to get into the house.

B. Melayu ~ B. Inggeris 622

pembongkaran KATA NAMA
disclosure
◊ *Pembongkaran rahsia itu dilakukan oleh salah seorang pekerja syarikat tersebut.* The disclosure of the secret was made by an employee of that company.
terbongkar KATA KERJA
to be divulged
◊ *Akhirnya, rahsia itu terbongkar juga.* Finally, the secret was divulged.

bongkok
membongkok KATA KERJA
to bend
◊ *Karen membongkok dan mengutip kertas ujian tersebut.* Karen bent and picked up the test papers.
- **Ibu membongkok dan mencium pipi saya.** Mummy bent over and kissed my cheek.
membongkokkan KATA KERJA
to bend
◊ *Dalam budaya Melayu, kanak-kanak harus membongkokkan badan semasa berjalan di hadapan orang tua.* In Malay culture, a child should bend its body when walking in front of an elderly person.

bongok KATA ADJEKTIF
stupid

bongsu KATA ADJEKTIF
youngest
◊ *anak bongsu* youngest child
- **gigi bongsu** wisdom tooth
(JAMAK **wisdom teeth**)

bonjol KATA NAMA
lump
◊ *bonjol pada dahi* a lump on the forehead

bonus KATA NAMA
bonus (JAMAK **bonuses**)
◊ *Para pekerja menerima bonus mereka pada akhir tahun.* The workers receive their bonuses at the end of the year. ◊ *markah bonus* bonus marks

borak KATA NAMA
chit-chat
◊ *Saya rasa borak itu sungguh membosankan.* I found the chit-chat exceedingly dull.
berborak KATA KERJA
to chat
◊ *Mereka sedang berborak.* They are chatting.

borang KATA NAMA
form
◊ *borang permohonan* application form

borong KATA ADJEKTIF
wholesale
◊ *dijual pada harga borong* for sale at wholesale prices

memborong KATA KERJA
to buy up
◊ *Selvi memborong semua pakaian yang ada di kedai itu.* Selvi bought up all the clothes that were available in the shop.
memborongkan KATA KERJA
to sell wholesale
◊ *Semua buku-bukunya diborongkan kepada seorang pelanggan sahaja.* All his books were sold wholesale to just one customer.
pemborong KATA NAMA
wholesaler

boros KATA ADJEKTIF
extravagant
♦ **berbelanja dengan boros** to spend extravagantly
pemboros KATA NAMA
spendthrift

bos KATA NAMA
boss (JAMAK **bosses**)

bosan KATA ADJEKTIF
1 _fed up_
◊ *Saya bosan dengan tingkah lakunya.* I'm fed up with his behaviour.
2 _bored_
◊ *Saya sungguh bosan hari ini.* I'm so bored today.
kebosanan KATA NAMA
boredom
membosankan KATA KERJA
boring
◊ *program televisyen yang membosankan* a boring television programme

bot KATA NAMA
boat
♦ **bot laju** speedboat
♦ **bot penyelamat** lifeboat

botak KATA ADJEKTIF
bald
kebotakan KATA NAMA
baldness
membotakkan KATA KERJA
to shave all one's hair off
◊ *Dia membotakkan kepala anaknya.* She shaved all her son's hair off.

botol KATA NAMA
bottle
♦ **kaki botol** alcoholic
membotolkan KATA KERJA
to bottle
◊ *Mesin itu membotolkan wain secara automatik.* The machine bottles the wine automatically.
pembotolan KATA NAMA
bottling
◊ *proses pembotolan wain* the wine bottling process

boyot KATA ADJEKTIF
pot-bellied

brandi KATA NAMA
brandy

brek KATA NAMA
brake
membrek KATA KERJA
to brake
◊ *Saras membrek untuk mengelak motosikal itu.* Saras braked to avoid the motorcycle.
membrekkan KATA KERJA
to brake
◊ *Saras membrekkan keretanya.* Saras braked her car.

Britain KATA NAMA
♦ **negara Britain** Britain

British KATA ADJEKTIF
British
◊ *kerajaan British* British government

broker KATA NAMA
broker
◊ *broker saham* share broker

brokoli KATA NAMA
broccoli

bronkitis KATA NAMA
bronchitis

Brunei KATA NAMA
Brunei

buah KATA NAMA
> rujuk juga **buah** PENJODOH BILANGAN

fruit
♦ **buah-buahan** fruits
♦ **buah dada** breast
♦ **buah hati** sweetheart
♦ **buah pinggang** kidney
berbuah KATA KERJA
to fruit
◊ *Pokok itu sedang berbuah.* The tree is fruiting.
membuahkan KATA KERJA
to produce
◊ *Tanaman itu membuahkan hasil yang lumayan.* The crops produced a generous profit.
♦ **Usahanya membuahkan hasil.** Her efforts have paid off.
♦ **Ladang gandumnya sudah membuahkan hasil.** His wheat fields have already cropped.

buah PENJODOH BILANGAN
> rujuk juga **buah** KATA NAMA
> **buah** tidak ada terjemahan dalam bahasa Inggeris.

◊ *dua buah rumah* two houses
◊ *tiga buah kereta* three cars

buai
berbuai KATA KERJA
to sway

◊ *Pokok kelapa itu berbuai ditiup angin.* The coconut tree swayed in the wind.
berbuai-buai KATA KERJA
to sway
◊ *Lalang berbuai-buai ditiup angin.* Tall grasses sway in the wind.
membuaikan KATA KERJA
to rock
◊ *membuaikan bayi* to rock a baby
buaian KATA NAMA
swing

buak
membuak KATA KERJA
to spurt
◊ *Darahnya membuak keluar.* Her blood spurted out.

bual KATA KERJA
to chat
- **bilik bual** (*Internet*) chat room
berbual, berbual-bual KATA KERJA
to talk
◊ *Dia sedang berbual dengan Jamilah.* She is talking with Jamilah.
- **berbual kosong** to talk idly
- **Kami cuma berbual-bual sahaja.** We are just chatting.
membualkan KATA KERJA
to talk about
◊ *Apakah yang anda bualkan?* What did you talk about?
perbualan KATA NAMA
conversation
◊ *perbualan telefon* telephone conversation

buang KATA KERJA
to throw away
◊ *Jangan buang kertas itu.* Don't throw that paper away.
- **buang air besar** to defecate
- **buang air kecil** to urinate
membuang KATA KERJA
1 *to throw away*
◊ *Dia membuang kertas itu.* She threw the paper away.
2 *to throw*
◊ *Rajoo membuang tali itu kepada Yasin.* Rajoo threw the rope to Yasin.
- **dibuang negeri** to be banished
- **dibuang sekolah** to be expelled
membuangkan KATA KERJA
to throw
◊ *Rosli membuangkan Yasin tali itu.* Rosli threw Yasin the rope.
pembuangan KATA NAMA
disposal
- **tempat pembuangan sampah** rubbish dump
buangan KATA NAMA
waste

- **bahan buangan bertoksik** toxic wastes

buas KATA ADJEKTIF
wild
◊ *binatang buas* wild animals

buasir KATA NAMA
piles

buat KATA KERJA
to do
◊ *Biar saya buat kerja itu sendirian.* Let me do the work alone.
- **buat semula** redo
berbuat KATA KERJA
to do
◊ *Dia berbuat demikian hanya untuk memujuk anda.* He only did that to persuade you.
membuat KATA KERJA
to do
◊ *Shima sedang membuat kerja rumah.* Shima is doing her homework.
- **Margaret membuat sebiji kek untuk saya.** Margaret made a cake for me.
- **membuat saya marah** to make me angry
membuatkan KATA KERJA
to make
◊ *Punitha membuatkan ibunya sebiji kek.* Punitha made her mum a cake.
memperbuat KATA KERJA
to make
◊ *Kerusi ini diperbuat daripada kayu.* This chair is made of wood.
pembuat KATA NAMA
maker
◊ *pembuat kereta terbesar* the largest car maker
- **pembuat roti** baker
pembuatan KATA NAMA
manufacturing
◊ *industri pembuatan kereta* the car manufacturing industry
perbuatan KATA NAMA
action
◊ *Perbuatan Lam tidak dapat dimaafkan.* Lam's actions were unforgivable.
buatan KATA NAMA
-made
◊ *tasik buatan manusia* a man-made lake ◊ *kereta buatan British* a British-made car
- **"Buatan Malaysia"** "Made in Malaysia"

buaya KATA NAMA
crocodile
- **buaya darat** Casanova

bubar
membubarkan KATA KERJA
to dissolve
◊ *Parlimen dibubarkan.* Parliament

was dissolved.
pembubaran KATA NAMA
dissolution
◊ *pembubaran parlimen* the dissolution of parliament

bubuh
membubuh KATA KERJA
to put
◊ *Yaacob membubuh sedikit gula ke dalam kopi itu.* Yaacob put some sugar in the coffee.

bubur KATA NAMA
porridge

bucu KATA NAMA
corner

budak KATA NAMA
child (JAMAK **children**)
- **budak lelaki** boy
- **budak perempuan** girl
kebudak-budakan KATA ADJEKTIF
childish
◊ *Perangai kebudak-budakannya sungguh menjengkelkan.* His childish behaviour is very annoying.

budaya KATA NAMA
culture
◊ *budaya kuning* harmful western culture
kebudayaan KATA NAMA
culture
◊ *kebudayaan rakyat Malaysia* Malaysian popular culture
- **aspek-aspek kebudayaan** cultural aspects

Buddha KATA NAMA
Buddha
- **agama Buddha** Buddhism
- **penganut agama Buddha** Buddhist

budi KATA NAMA
kindness (JAMAK **kindnesses**)
◊ *Kami berterima kasih atas budinya.* We are grateful for his kindness. ◊ *Awak telah banyak menabur budi kepada kami.* You have done us many kindnesses.
- **budi bahasa** good manners
berbudi KATA KERJA
kind
◊ *seorang yang berbudi* a kind person
- **Awak telah banyak berbudi kepada kami.** You have done us many kindnesses.

budiman KATA ADJEKTIF
well-mannered

bufet KATA NAMA
buffet

buih KATA NAMA
foam
- **buih cukur** shaving foam
- **buih sabun** suds

- **sabun buih** bubble bath
berbuih KATA KERJA
bubbly

bujang KATA ADJEKTIF, KATA NAMA
bachelor
- **lelaki bujang** bachelor
- **perempuan bujang** single woman
- **Bill belum berkahwin lagi, dia masih bujang.** Bill is not married yet, he's still single.
membujang KATA KERJA
to live a single life

bujur KATA ADJEKTIF
oval
- **muka yang berbentuk bujur** an oval face

buka KATA KERJA
to open
◊ *Biar dia buka tin itu sendiri.* Let him open the tin himself.
berbuka KATA KERJA
- **berbuka puasa** to break one's fast
membuka KATA KERJA
to open
◊ *membuka pintu* to open a door
- **membuka baju** to take off one's clothes
- **membuka kipas** to turn on a fan
- **membuka skru** to undo a screw
membukakan KATA KERJA
to open ... for
◊ *Selva membukakan datuknya pintu itu.* Selva opened the door for his grandfather.
pembuka KATA NAMA
opener
◊ *pembuka tin* tin opener
- **pembuka selera** starter
pembukaan KATA NAMA
opening
◊ *majlis pembukaan* opening ceremony
terbuka KATA KERJA
open
◊ *Buku itu terbuka.* The book was open.

bukan KATA NAFI
not
◊ *Dia bukan kawan saya.* He is not my friend.
bukan-bukan KATA ADJEKTIF
unfounded
◊ *dakwaan yang bukan-bukan* unfounded allegations
- **cerita yang bukan-bukan** nonsense
- **Jangan cakap yang bukan-bukan.** Don't talk nonsense.
- **Jangan membazir masa melakukan perkara yang bukan-bukan.** Don't waste time doing useless things.

bukit KATA NAMA

bukit bukau → bulu   B. Melayu ~ B. Inggeris   626

hill
berbukit-bukit KATA KERJA
hilly
◊ *kawasan berbukit-bukit* hilly area
bukit bukau KATA NAMA
hills
berbukit bukau KATA KERJA
hilly
bukti KATA NAMA
[1] *proof*
◊ *Anda perlu mempunyai bukti, bahawa anda ialah penduduk negara ini.* You have to have proof that you are a resident of this country.
[2] *evidence*
◊ *Tidak ada bukti untuk menyokong teori ini.* There is no evidence to support this theory.
membuktikan KATA KERJA
to prove
◊ *Tertuduh cuba membuktikan bahawa dia tidak bersalah.* The accused tried to prove that he was innocent.
terbukti KATA KERJA
proven
◊ *Sudah terbukti, Ghani seorang bapa yang baik.* It is proven that Ghani is a good father.
buku KATA NAMA

> rujuk juga **buku** PENJODOH BILANGAN

book
- **buku cerita** storybook
- **buku cerita koboi** western
- **buku harian** diary
- **buku kecil** booklet
- **buku lali** ankle
- **buku latihan** exercise book
- **buku masakan** cookbook
- **buku nota** notebook
- **buku panduan** guide
- **buku panduan telefon** phone book
- **buku peta** atlas (JAMAK **atlases**)
- **buku rampaian** exercise book
- **buku rujukan** reference book
- **buku skrap** scrapbook
- **buku teks** textbook

membukukan KATA KERJA
to publish
buku PENJODOH BILANGAN

> rujuk juga **buku** KATA NAMA
> Ada pelbagai terjemahan untuk **buku**.

◊ *dua buku sabun* two bars of soap
◊ *tiga buku roti* three loaves of bread
◊ *sebuku mentega* a block of butter
bulan KATA NAMA
[1] *moon*
◊ *bulan mengambang* a full moon
[2] *month*

◊ *bulan depan* next month ◊ *bulan puasa* fasting month
- **bulan sabit** crescent
- **sebulan sekali** monthly ◊ *Pastikan bahawa mesin itu diservis sebulan sekali.* Make sure the machine is serviced monthly.

berbulan-bulan KATA BILANGAN
for months
◊ *Sudah berbulan-bulan dia tidak pulang ke kampung.* He hasn't gone back to his village for months.
bulanan KATA ADJEKTIF
monthly
◊ *bayaran bulanan* monthly payments
bulan madu KATA NAMA
honeymoon
berbulan madu KATA KERJA
to honeymoon
◊ *Amanda dan Frankie berbulan madu di Venice.* Amanda and Frankie honeymooned in Venice.
bulat KATA ADJEKTIF
round
◊ *muka yang bulat* a round face
bulat-bulat KATA ADJEKTIF
exactly
◊ *Jangan salin bulat-bulat dari buku.* Don't copy exactly from the book.
membulatkan KATA KERJA
to circle
- **Sharon sudah membulatkan fikirannya untuk pergi mengelilingi dunia.** Sharon has made up her mind to go round the world.

sebulat KATA ADJEKTIF
- **sebulat suara** unanimous

bulatan KATA NAMA
circle
bulbul KATA NAMA
- **burung bulbul** nightingale

buletin KATA NAMA
bulletin
◊ *papan buletin* bulletin board
buli
membuli KATA KERJA
to bully
pembuli KATA NAMA
bully (JAMAK **bullies**)
- **pembuli jalan** roadhog

bulu KATA NAMA
[1] *feather* (pada burung)
[2] *fur* (pada binatang mamalia)
[3] *hair* (pada badan manusia)
- **bulu biri-biri** wool
- **bulu kening** eyebrow
- **bulu mata** eyelash
  (JAMAK **eyelashes**)
- **bulu roma** fine hair on human body

buluh → bunuh

- **bulu tangkis** shuttlecock
  berbulu KATA KERJA
  hairy

buluh KATA NAMA
bamboo
pembuluh KATA NAMA
- **pembuluh darah** vein

bulur
kebuluran KATA KERJA
> rujuk juga **kebuluran** KATA NAMA

to starve
◊ *Penduduk negara itu miskin dan kebuluran.* The people of that country are poor and starving.
kebuluran KATA NAMA
> rujuk juga **kebuluran** KATA KERJA

starvation

bumbung KATA NAMA
roof
- **harga bumbung** ceiling price

bumi KATA NAMA
earth
- **teras bumi** the earth's core
  membumikan KATA KERJA
  to earth
  ◊ *membumikan wayar* to earth a wire
  mengebumikan KATA KERJA
  to bury
  ◊ *mengebumikan mereka yang telah meninggal* to bury the dead
  pengebumian KATA NAMA
  burial
- **upacara pengebumian** burial

bumiputera KATA NAMA
native

buncis KATA NAMA
- **kacang buncis** French bean

buncit KATA ADJEKTIF
pot-bellied
membuncit KATA KERJA
to become pot-bellied
◊ *Perutnya semakin membuncit.* He is becoming pot-bellied.

bunga KATA NAMA
flower
◊ *Biasanya, orang perempuan suka bunga.* Normally, girls like flowers.
- **penjual bunga** florist
- **bunga-bungaan** flowers
  berbunga KATA KERJA
  to flower
  ◊ *Pokok itu berbunga setahun sekali.* The tree will flower once a year.

bunga api KATA NAMA
fireworks

bunga kertas KATA NAMA
bougainvillea

bunga matahari KATA NAMA
sunflower

bunga raya KATA NAMA
hibiscus (JAMAK **hibiscus**)

bungkam KATA ADJEKTIF
silent
◊ *Dia bungkam apabila kami menanyakan soalan tersebut.* He was silent when we asked him that question.

bungkus PENJODOH BILANGAN
packet
◊ *dua bungkus rokok* two packets of cigarettes
membungkus KATA KERJA
to wrap
◊ *membungkus hadiah* to wrap a present
- **membungkus nasi** to wrap up some rice
  pembungkus KATA NAMA
  wrapper
  pembungkusan KATA NAMA
  wrapping
  ◊ *Pembungkusan pasu itu harus dilakukan dengan berhati-hati.* The wrapping of the vase should be done carefully.
  bungkusan KATA NAMA
  parcel
  ◊ *Siew Mee menghantar bungkusan itu kepada anaknya.* Siew Mee sent the parcel to her child.

buntal KATA ADJEKTIF
pot-bellied

bunting KATA ADJEKTIF
pregnant

buntu KATA ADJEKTIF
to go blank
◊ *Fikiran saya buntu.* My mind went blank.
- **jalan buntu (1)** dead end
- **jalan buntu (2)** stalemate ◊ *menemui jalan buntu* to reach a stalemate
  kebuntuan KATA NAMA
  stalemate
  ◊ *Rundingan antara dua pihak itu menemui kebuntuan.* The negotiations between the two sides ended in stalemate.

buntut KATA NAMA
buttocks

bunuh
membunuh KATA KERJA
1 *to kill*
◊ *Perompak itu telah membunuh lima orang dalam kejadian rompakan itu.* The robber killed five people during that robbery. ◊ *membunuh nyamuk* to kill mosquitoes
2 *to murder*
- **Dia dijatuhkan hukuman kerana membunuh.** He was sentenced for

murder.
- **membunuh diri** to commit suicide
  pembunuh KATA NAMA
  [1] *killer*
  ◊ *Dadah itu pembunuh.* Drugs are a killer.
  [2] *murderer*
  ◊ *Kami mengesyaki salah seorang daripada mereka ialah pembunuh itu.* We suspect that one of them is the murderer.
- **pembunuh upahan** hit man (JAMAK **hit men**)
  pembunuhan KATA NAMA
  murder
  terbunuh KATA KERJA
  to be killed
  ◊ *Dia terbunuh dalam kemalangan itu.* He was killed in the accident.

bunyi KATA NAMA
sound
◊ *bunyi tembakan* sound of gunfire
- **bunyi bising** noise
  bunyi-bunyian KATA NAMA
  musical instruments
  berbunyi KATA KERJA
  to sound
  ◊ *Loceng itu berbunyi.* The bell sounded.
  membunyikan KATA KERJA
  to sound
  ◊ *membunyikan loceng* to sound the bell

bursa KATA NAMA
- **bursa saham** stock market

burger KATA NAMA
burger

buru
  berburu KATA KERJA
  hunting
  ◊ *Mereka pergi berburu.* They went hunting.
  memburu KATA KERJA
  to hunt
  pemburu KATA NAMA
  hunter
  pemburuan KATA NAMA
  hunting
  ◊ *Kerajaan mengharamkan pemburuan harimau.* The government has banned the hunting of tigers.
  terburu-buru KATA KERJA
  to rush
  ◊ *Anda tidak perlu terburu-buru membuat keputusan.* You don't have to rush to make the decision.
  buruan KATA NAMA
- **binatang buruan** game
- **orang buruan** wanted person

buruh KATA NAMA
labourer

buruj KATA NAMA
(*nama gugusan bintang*)
constellation

buruk KATA ADJEKTIF
bad
◊ *tabiat buruk* bad habit
- **Bajunya yang buruk itu...** His shabby clothes...
- **buruk sangka** prejudiced
  keburukan KATA NAMA
  disadvantage
  memburuk-burukkan KATA KERJA
  to insult
  ◊ *Saya tidak berniat untuk memburuk-burukkan Rozlina.* I didn't mean to insult Rozlina.
  memburukkan KATA KERJA
  to make ... worse
  ◊ *memburukkan keadaan* to make the situation worse

burung KATA NAMA
bird
burung hantu KATA NAMA
owl
burung hitam KATA NAMA
blackbird
burung layang-layang KATA NAMA
swallow
burung unta KATA NAMA
ostrich (JAMAK **ostriches**)

busa KATA NAMA
bubble
berbusa KATA KERJA
bubbly

busuk KATA NAMA
smelly
◊ *longkang yang busuk* a smelly drain
- **makanan yang sudah busuk** rotten food
- **bau busuk** stink
- **busuk hati** spiteful
  kebusukan KATA NAMA
  stench (JAMAK **stenches**)

busung
  membusung KATA KERJA
  distended
  ◊ *perut yang membusung* a distended belly

busur KATA NAMA
bow

busut KATA NAMA
anthill

but KATA NAMA
boot

buta KATA ADJEKTIF
blind
- **buta huruf** illiterate
- **buta warna** colour blind

membuta KATA KERJA
- **membuta tuli** recklessly
  ◊ *Pasukan itu menyerang secara membuta tuli.* The troops attacked recklessly.

butang KATA NAMA
button

butik KATA NAMA
boutique

butir KATA NAMA

> *rujuk juga* **butir** PENJODOH BILANGAN

detail
◊ *butir-butir peribadi* personal details

butir PENJODOH BILANGAN

> *rujuk juga* **butir** KATA NAMA
> **butir** *tidak ada terjemahan dalam bahasa Inggeris.*

◊ *dua butir peluru* two bullets

buyung KATA NAMA
jar

C

cabai KATA NAMA
chilli (JAMAK **chillies** atau **chilis**)
- **cabai burung** chilli

cabang KATA NAMA
branch (JAMAK **branches**)
◊ *pokok yang mempunyai banyak cabang* a tree with many branches
◊ *Perakaunan merupakan salah satu cabang dalam Pengurusan Perniagaan.* Accountancy is one of the branches of Business Management.
- **Jalan itu mempunyai dua cabang.** The road forks into two.

bercabang KATA KERJA
to branch off
◊ *Jalan ini bercabang di hujung.* The road branches off at the end.

bercabang-cabang KATA KERJA
to have many branches
- **pokok yang bercabang-cabang** a tree with many branches
- **Saya sesat kerana jalan itu bercabang-cabang.** I got lost because of all the forks in the road.

cabar KATA KERJA
to defy
◊ *Jangan cabar saya.* Don't defy me.

mencabar KATA KERJA
to challenge
◊ *Kami mencabar satu pasukan yang menggelar diri mereka 'College Athletes'.* We challenged a team who called themselves 'College Athletes'.
- **Saya sedang mencari kerja yang lebih mencabar.** I'm looking for a more challenging job.

pencabar KATA NAMA
challenger

tercabar KATA KERJA
to be challenged
◊ *Kedudukannya sebagai ketua pasukan tercabar apabila satu rombakan dilakukan.* His position as a team leader was challenged when a reshuffle was carried out.

cabaran KATA NAMA
challenge
◊ *Saya tidak akan mempedulikan cabarannya.* His challenge doesn't bother me.

cabik KATA ADJEKTIF
torn
◊ *Buang baju yang cabik itu.* Throw that torn shirt away.

mencabik KATA KERJA
to tear
◊ *Charmaine mencabik kain itu untuk melepaskan kemarahannya.* Charmaine gave vent to her anger by tearing the material.

cabik-cabik KATA ADJEKTIF
torn
◊ *Buang baju yang sudah cabik-cabik itu!* Throw that torn shirt away!

mencabik-cabik KATA KERJA
to tear up
◊ *Ikhwan mencabik-cabik baju bapanya.* Ikhwan tore up his father's shirt.

cabul KATA ADJEKTIF
vulgar
◊ *Dia selalu menggunakan kata-kata yang cabul.* He is always using vulgar words.

mencabul, mencabuli KATA KERJA
[1] *to molest*
◊ *Lelaki itu cuba mencabulinya.* That man tried to molest her.
[2] *to violate*
◊ *Negara-negara maju selalu mencabul kedaulatan negara-negara Dunia Ketiga.* Developed countries often violate the sovereignty of Third World countries.

pencabul KATA NAMA
molester
◊ *Pencabul akan didakwa dan dipenjarakan.* Molesters will be prosecuted and jailed.

pencabulan KATA NAMA
[1] *molestation*
◊ *Semua kes pencabulan mesti dilaporkan kepada pihak polis.* All cases of molestation must be reported to the police.
[2] *violation*
◊ *pencabulan undang-undang negeri* violation of state law

cabut KATA KERJA
[1] *to pull out*
◊ *Cabut paku pada dinding itu.* Pull that nail out of the wall.
[2] *to pull up (rumput, dll)*
- **cabut lari** to run away

mencabut KATA KERJA
[1] *to pull out (paku, dll)*
[2] *to pull up*
◊ *Dia mencabut rumput di halaman rumahnya.* He pulled up the weeds in his garden.
- **mencabut palam** to unplug
- **mencabut undi** to draw lots

tercabut KATA KERJA
to be uprooted
◊ *Beberapa batang pokok kelapa tercabut akibat angin yang kencang.* Several coconut trees were uprooted by the strong wind.

cabutan KATA NAMA
draw

◊ *cabutan bertuah* a lucky draw
cacah KATA NAMA
tattoo
mencacah KATA KERJA
to tattoo

cacak
mencacak KATA KERJA
- **berdiri mencacak** to stand upright
  ◊ *Askar-askar itu dipaksa berdiri mencacak di tengah panas terik selama tiga jam.* The soldiers were forced to stand upright in the blazing sun for 3 hours.
mencacakkan KATA KERJA
to stick upright
◊ *Johari mencacakkan buluh-buluh itu untuk mendirikan khemah.* Johari stuck the bamboos upright in the ground to erect the tents.
tercacak KATA KERJA
rooted
◊ *Dia tercacak di situ kerana terkejut.* She was rooted to the spot with the shock.

cacar KATA NAMA
smallpox
- **cacar air** chickenpox
mencacar KATA KERJA
to vaccinate
◊ *Anda perlu mencacar anjing anda dua kali setahun.* You should vaccinate your dog twice a year.
pencacaran KATA NAMA
vaccination
◊ *Pencacaran terhadap virus itu perlu dijalankan di seluruh negara.* Vaccination against the virus should be carried out throughout the country.

cacat KATA ADJEKTIF
disabled
◊ *Kathleen menolong orang cacat itu menyeberangi jalan.* Kathleen helped the disabled person to cross the road.
- **cacat akal** mentally handicapped
- **cacat cela** defect
kecacatan KATA NAMA
[1] *disablement* (untuk manusia)
- **Kecacatan bukanlah satu penghalang untuk mencapai kejayaan.** Being disabled is not an obstacle to success.
[2] *defect* (untuk barangan dan manusia)
◊ *Laporan tersebut menunjukkan kecacatan sistem yang digunakan sekarang.* The report has pointed out the defects of the present system.
- **kecacatan pendengaran** hearing defects

caci KATA KERJA
[1] *to mock*
[2] *to swear at*

◊ *Jangan caci dia lagi!* Stop swearing at him!
- **caci maki** swear words
mencaci KATA KERJA
[1] *to mock*
◊ *Rosy suka mencaci adik tirinya.* Rosy likes to mock her stepbrother.
[2] *to swear at*
◊ *Jangan mencaci orang lain.* Don't swear at people.
cacian KATA NAMA
abusive language
◊ *John telah menyinggung perasaan Jenny dengan caciannya.* John offended Jenny with his abusive language.

cacing KATA NAMA
worm

cadang
bercadang KATA KERJA
to intend
◊ *Saya bercadang untuk melanjutkan pelajaran saya.* I intend to further my studies.
mencadangkan KATA KERJA
[1] *to suggest*
◊ *Saya mencadangkan Kuala Lumpur sebagai destinasi percutian kita.* I suggested Kuala Lumpur as our holiday destination.
[2] *to nominate*
◊ *Johan mencadangkan David sebagai ketua pasukan.* Johan nominates David as the team leader.
pencadang KATA NAMA
proposer
◊ *Sekarang, saya ingin mempersilakan Zubrin, selaku pencadang pertama untuk membentangkan hujahnya.* Now I would like to call upon our first proposer Zubrin to present his case.
- **pihak pencadang** the side putting the motion
cadangan KATA NAMA
[1] *suggestion*
◊ *Apakah cadangan anda?* What is your suggestion?
[2] *proposal*
◊ *Cadangan kerajaan adalah untuk menghentikan perkhidmatan kesihatan percuma.* The government's proposal is to abolish free health care.
- **kertas cadangan** proposal

cadar KATA NAMA
bed sheet
◊ *Dia membeli cadar itu dari Thailand.* She bought the bed sheet in Thailand.
- **tiga helai cadar** three sheets
bercadarkan KATA KERJA
to be covered with ... bed sheet

cagar → cakap

◊ *Tilam itu bercadarkan kain batik yang berbunga-bunga.* The mattress is covered with a flowery batik bed sheet.

cagar KATA NAMA *rujuk* **cagaran**

bercagarkan KATA KERJA
to use ... as security
◊ *Pinjaman banknya bercagarkan rumah itu.* He used the house as security when he took a loan from the bank.

mencagarkan KATA KERJA
to mortgage
◊ *Dia terpaksa mencagarkan rumahnya untuk membayar bil-bil tersebut.* He had to mortgage his house to pay the bills.

cagaran KATA NAMA
1 *security*
◊ *Samad menggunakan banglonya sebagai cagaran untuk membuat pinjaman bank.* Samad used his bungalow as security when he took a loan from the bank.
2 *deposit*
◊ *Saya memberinya RM50 sebagai cagaran.* I gave her RM50 as a deposit.

cahaya KATA NAMA
light
◊ *Cahaya lampu itu sangat terang.* The light of the lamp is very bright.
• **cahaya bulan** moonlight
• **cahaya lilin** candlelight
• **cahaya matahari** sunlight

bercahaya KATA KERJA
illuminated
◊ *Jalan itu bercahaya.* The street is illuminated.

mencahayai KATA KERJA
to brighten up
◊ *Kerlipan bintang mencahayai kegelapan malam itu.* The stars brighten up the night.

cahaya mata KATA NAMA
child (JAMAK **children**)

cair KATA ADJEKTIF
1 *liquid*
◊ *nitrogen cair* liquid nitrogen
• **aset cair** liquid assets
2 *melted*
◊ *Ais itu sudah cair.* The ice has melted.
3 *weak*
◊ *Grace menuang secawan teh yang cair untuk saya.* Grace poured me a cup of weak tea.

cecair KATA NAMA
liquid
◊ *cecair pencuci pinggan mangkuk* washing-up liquid
• **cecair pencuci mulut** mouthwash

kecairan KATA NAMA

B. Melayu ~ B. Inggeris 632

liquidity
◊ *Syarikat tersebut mengekalkan tahap kecairan yang tinggi.* The company maintains a high degree of liquidity.

mencair KATA KERJA
to melt
◊ *Ais di dalam gelas itu sedang mencair.* The ice in the glass is melting.

mencairkan KATA KERJA
1 *to melt*
◊ *Perubahan suhu dunia mencairkan ais di kawasan Antartik.* The change in the world temperature is melting the ice in the Antarctic.
2 *to liquidize*
◊ *Mereka mencairkan nitrogen untuk melakukan eksperimen itu.* They liquidized nitrogen for the experiment.

pencair KATA NAMA
solvent

pencairan KATA NAMA
dilution
◊ *pencairan air kumbahan* sewage dilution

cairan KATA NAMA
dilution

caj KATA NAMA
charge
◊ *caj bank* bank charge ◊ *caj perkhidmatan* service charge
• **Mereka dikenakan caj sebanyak RM5.** They were charged RM5.

cakah KATA ADJEKTIF
obtuse
◊ *sudut cakah* obtuse angle

cakap KATA KERJA
to talk
◊ *Jangan cakap lagi.* Stop talking.

bercakap KATA KERJA
1 *to speak*
◊ *John menangis apabila bercakap tentang Oliver.* John cried when he spoke of Oliver.
2 *to talk*
◊ *Mereka bercakap tentang burung.* They were talking about birds.
• **bercakap besar** to boast
• **bercakap kosong** to talk nonsense
• **bercakap kuat** to speak up
• **kuat bercakap** talkative

bercakap-cakap KATA KERJA
to talk
◊ *Mereka bercakap-cakap tentang virus yang masih berleluasa itu.* They were talking about the virus which was still spreading.

percakapan KATA NAMA
conversation
◊ *Percakapan menteri itu telah*

dirakamkan oleh seorang wartawan. The minister's conversation was recorded by a reporter.

cakar KATA NAMA
claw
bercakaran, bercakar-cakaran KATA KERJA
to argue
◊ *Mereka selalu bercakaran sesama sendiri.* They were always arguing with each other.
mencakar KATA KERJA
to scratch
◊ *Kucing itu mencakar anak lelaki saya.* That cat scratched my son.
pencakar KATA NAMA
rake
• **pencakar langit** skyscraper

cakera KATA NAMA
disk
• **cakera keras** hard disk
• **cakera liut** floppy disk
• **cakera optik** optical disk
• **cakera padat** compact disc atau CD
• **pemain cakera padat** CD player
• **lempar cakera** discus ◊ *Akiko mewakili negara Jepun dalam acara lempar cakera.* Akiko represented Japan in the discus event.

cakerawala KATA NAMA
universe

cakup
mencakupi KATA KERJA
to cover
◊ *Pengajaran guru itu mencakupi semua tajuk yang terdapat dalam buku teks.* In his teaching the teacher covers all the topics in the textbook.

calang KATA ADJEKTIF
• **bukan calang** no ordinary ◊ *Dia bukan calang orang.* He's no ordinary man.

calar KATA NAMA
scratch (JAMAK **scratches**)
◊ *Calar-calar pada kakinya tidak dapat disembuhkan.* The scratches on her leg cannot be healed.
• **calar-balar** full of scratches
mencalarkan KATA KERJA
to scratch
◊ *Pengasuh itu mencalarkan tangan bayi itu dengan kukunya.* The babysitter scratched the baby's hand with her fingernails.
tercalar KATA KERJA
to be scratched

calet KATA NAMA
chalet

calit KATA NAMA
smear

• **kesan calit** smear ◊ *Cermin itu dipenuhi dengan kesan calit.* The mirror was covered in smears.
mencalit KATA KERJA
to smear
◊ *Lelaki itu mencalit muka anaknya dengan minyak.* The man smeared his son's face with oil.
mencalitkan KATA KERJA
to smear
◊ *Budak nakal itu mencalitkan lumpur pada kereta bapanya.* That naughty boy smeared his father's car with mud.

calon KATA NAMA
candidate
◊ **calon bebas** independent candidate
mencalonkan KATA KERJA
to nominate
◊ *Kami mencalonkan Tommy sebagai ketua pasukan.* We nominated Tommy as the team leader.
pencalon KATA NAMA
proposer
pencalonan KATA NAMA
nomination
◊ *Beberapa orang pelajar tidak menyokong pencalonan Asman sebagai ketua darjah.* A number of students did not support the nomination of Asman as monitor.

cam KATA KERJA
to recognize
◊ *Saya cam muka penjenayah itu.* I recognized the criminal's face.
mengecam KATA KERJA
to recognize
◊ *Howard tidak dapat mengecam muka penjenayah itu.* Howard could not recognize the criminal's face.
pengecaman KATA NAMA
identification
◊ *Pengecaman perompak-perompak bank itu dilakukan di balai polis berhampiran.* The identification of the bank robbers was carried out at the neighbouring police station.

camar KATA NAMA
• **burung camar** seagull

cambah KATA NAMA
seedling
bercambah KATA KERJA
[1] *to germinate*
◊ *Biji benih itu sudah bercambah.* The seed has germinated.
[2] *to grow*
◊ *Pokok betik itu sudah bercambah.* That papaya tree has grown.
mencambahkan KATA KERJA
[1] *to germinate*

camca → canggah

◊ *Para penyelidik telah mencambahkan biji benih itu.* The researchers germinated the seeds.
[2] *to grow*
◊ *Saya selalu mencambahkan beberapa biji bawang merah.* I always grow a few red onions.
percambahan KATA NAMA
germination

camca KATA NAMA
spoon
+ **camca besar** tablespoon
+ **camca teh** teaspoon

campak KATA KERJA

> rujuk juga **campak** KATA NAMA

to throw away
◊ *Jangan campak buku itu.* Don't throw that book away.
mencampak, mencampakkan KATA KERJA
to chuck
◊ *Susan mencampak buku-buku lamanya ke dalam almari.* Susan chucked all her old books into the cupboard.
tercampak KATA KERJA
to be thrown
◊ *Tumbukan Freddie menyebabkan Muthu tercampak ke tanah.* Muthu was thrown to the ground by Freddie's punch.

campak KATA NAMA

> rujuk juga **campak** KATA KERJA

+ **demam campak** measles

campur KATA KERJA
[1] *plus*
◊ *Dua campur tiga bersamaan dengan lima.* Two plus three is five. ◊ *C campur C* plus C
[2] *mixed*
◊ *salad campur* a mixed salad
◊ *sekolah campur* a mixed school
+ **campur tangan (1)** to interfere
◊ *Tolong jangan campur tangan.* Please don't interfere.
+ **campur tangan (2)** interference
◊ *Campur tangan beliau hanya akan menyulitkan lagi hal itu.* His interference will only complicate the matter further.
bercampur KATA KERJA
to mix
◊ *Amanda suka bercampur dengan pelajar-pelajar Cina di sekolahnya.* Amanda likes to mix with the Chinese students from her school.
+ **bercampur gaul** to socialize
bercampuran KATA KERJA
to mix up
◊ *Buku-buku di perpustakaan semuanya telah bercampuran.* The books in the library are all mixed up.

mencampuri KATA KERJA
to interfere
◊ *Jiran saya suka mencampuri hal orang lain.* My neighbour likes to interfere in other people's business.
mencampurkan KATA KERJA
to mix
◊ *Sandy mencampurkan santan ke dalam kari ikannya.* Sandy mixed coconut milk into the curried fish.
tercampur KATA KERJA
to be mixed up
◊ *Buku-buku saya tercampur dengan buku-bukunya.* My books were mixed up with hers.
+ **Saya tercampur susu ke dalam kopi itu.** I accidentally put milk into the coffee.
campuran KATA NAMA
mixture

campur aduk
bercampur aduk KATA KERJA
to mix up
◊ *Semua kaset Annie telah bercampur aduk dengan kaset saya.* Annie's cassettes are all mixed up with mine.
mencampuradukkan KATA KERJA
to mix
◊ *Dave mencampuradukkan rempah-rempah itu untuk menambahkan perisa.* Dave mixed the spices together to bring out the flavour.

campur baur KATA KERJA *rujuk* **campur aduk**

camuk
bercamuk KATA KERJA
scattered
◊ *Makanan habis bercamuk di atas lantai.* Food was scattered on the floor.

canai KATA ADJEKTIF
+ **batu canai** whetstone
mencanai KATA KERJA
[1] *to grind* (mengasah)
◊ *Tukang besi itu sedang mencanai kapak.* The blacksmith is grinding an axe.
[2] *to roll out*
◊ *Pembuat roti itu sedang mencanai adunan tersebut.* The baker is rolling out the dough.
pencanai KATA NAMA
grinder (alat mengasah)

candi KATA NAMA
shrine
◊ *Sebuah candi telah dijumpai di Lembah Bujang.* A shrine was found in Lembah Bujang.

candu KATA NAMA
opium

canggah
bercanggah KATA KERJA

to contradict
◊ *Keputusan eksperimen kami bercanggah dengan keputusan mereka.* The results of our experiment contradict theirs.
bercanggahan KATA KERJA
to have conflicting ...
◊ *Mereka bercanggahan pendapat.* They have conflicting opinions.
percanggahan KATA NAMA
conflicting
◊ *Mereka mempunyai percanggahan pendapat.* They have conflicting opinions.
◊ *percanggahan kepentingan* conflicting interests

canggih KATA ADJEKTIF
sophisticated
◊ *Teknologi perubatan sekarang semakin canggih.* Medical technologies nowadays are getting more sophisticated.
kecanggihan KATA NAMA
sophistication
◊ *Orang ramai kagum dengan kecanggihan peralatan yang digunakan semasa Sukan Komanwel 1998.* People were impressed by the sophistication of the equipment used during the 1998 Commonwealth Games.

canggung KATA ADJEKTIF
ill at ease
◊ *Pelakon yang kurang berpengalaman akan kelihatan canggung ketika penggambaran.* Inexperienced actors can look ill at ease during filming.

cangkerang KATA NAMA
shell

cangkuk KATA NAMA
hook
mencangkuk KATA KERJA
to hook
◊ *Buruh itu mencangkuk guni beras dari lori.* The labourer hooked the sacks of rice from the lorry.

cangkul KATA NAMA
hoe
mencangkul KATA KERJA
to hoe
◊ *Petani itu mencangkul tanah untuk menanam sayur.* The farmer hoed the ground to plant vegetables.

cangkung
bercangkung, mencangkung KATA KERJA
to squat down
◊ *Dr. Hans mencangkung untuk memeriksa anjing tersebut.* Dr Hans squatted down to examine the dog.

canselor KATA NAMA
chancellor

cantas
mencantas KATA KERJA
to trim
◊ *Bapa June sedang mencantas pokok renek di hadapan rumahnya.* June's father is trimming the hedge in front of their house.
♦ *Zahid mencantas pokok mangga jirannya.* Zahid pruned his neighbour's mango tree.

cantik KATA ADJEKTIF
beautiful
◊ *Pamela sangat cantik.* Pamela is very beautiful.
kecantikan KATA NAMA
beauty
◊ *seorang wanita yang tidak dapat ditandingi dari segi kecantikannya* a woman of incomparable beauty
mencantikkan KATA KERJA
to beautify
◊ *Arianna membeli beberapa keping gambar untuk mencantikkan biliknya.* Arianna bought a few pictures to beautify her room.

cantum KATA KERJA
to join ... together
◊ *Jangan cantum kedua-dua gambar tersebut.* Don't join the two pictures together.
bercantum KATA KERJA
to be joined
◊ *Meja kerani itu bercantum dengan meja penyelia.* The clerk's table was joined to the supervisor's table.
mencantum, mencantumkan KATA KERJA
to join ... together
◊ *Mereka mencantumkan cebisan surat itu untuk mengetahui isi kandungannya.* They joined the fragments of the letter together to find out what it said.
tercantum KATA KERJA
to be pieced together
◊ *Apabila saya balik, gambar-gambar itu telah tercantum.* When I got back, the pictures had been pieced together.
cantuman KATA NAMA
grafting
◊ *Cantuman dua pokok bunga kertas itu menghasilkan warna yang lebih menarik.* The grafting of the two bougainvillaea trees yielded a more attractive colour.
♦ **cantuman tunas** bud grafting

cap KATA NAMA
stamp
◊ *Sesetengah syarikat yang kecil tidak mempunyai cap syarikat.* Some small companies don't have a company stamp.

capai → carik   B. Melayu ~ B. Inggeris   636

- **cap jari** fingerprint
- **cap mohor** royal seal
- **cap pos** postmark

mengecap KATA KERJA
to stamp
◊ *Anda dikehendaki mengecap dokumen itu selepas membacanya.* You have to stamp the document after reading it.

capai

mencapai KATA KERJA
1. *to achieve*
◊ *Dia belum mencapai cita-citanya untuk menjadi seorang doktor.* He hasn't achieved his ambition to become a doctor.
2. *to grab*
◊ *Didi cuba mencapai tangan Ariati untuk menyelamatkannya.* Didi tried to grab Ariati's hand in order to save her.

pencapaian KATA NAMA
achievement
◊ *Pencapaiannya dalam peperiksaan itu sungguh membanggakan ibu bapanya.* Her achievement in the examination made her parents very proud of her.

tercapai KATA KERJA
to be achieved
- **Cita-citanya sudah tercapai.** He has achieved his ambition. (*penggunaan biasa bahasa Inggeris*)

capaian KATA NAMA
access (*komputer*)

capik KATA ADJEKTIF
to have a limp
◊ *Kakinya capik setelah terlibat dalam kemalangan tersebut.* He has had a limp since he had that accident.

tercapik-capik KATA KERJA
to limp
◊ *Dia tercapik-capik kerana kakinya tercedera.* She limped because her leg had been injured.

cara KATA NAMA
1. *method*
◊ *Jangan gunakan cara itu untuk menyelesaikan masalah-masalah ini.* Don't use that method to solve these problems.
2. *way*
◊ *Dia menunjukkan kepada kami pelbagai cara untuk membuat kek.* She showed us the different ways of baking a cake.

- **cara hidup** lifestyle

secara KATA SENDI

> **secara** biasanya digunakan di hadapan **kata adjektif** dan gabungan dua kata ini diterjemahkan menjadi **kata adverba** dalam bahasa Inggeris.

◊ *secara automatik* automatically
◊ *secara diam-diam* quietly
◊ *secara berasingan* separately
◊ *secara membabi buta* recklessly
- **Majlis perkahwinan kakaknya diadakan secara ringkas sahaja.** Her sister's wedding ceremony was very simple.

cari

mencari KATA KERJA
1. *to look up*
◊ *Dia mencari makna perkataan itu dalam kamus.* She looked up the meaning of the word in the dictionary.
2. *to look for*
◊ *Ira sedang mencari anak kucing itu.* Ira is looking for the kitten.
3. *to find*
◊ *mencari gaduh* to find fault
◊ *mencari ikhtiar* to find a way

mencari-cari KATA KERJA
to look high and low for
◊ *Dia mencari-cari kuncinya yang hilang.* She was looking high and low for her missing keys.

mencarikan KATA KERJA
to find
◊ *Agen hartanah itu mencarikan Tiara sebuah rumah.* The real estate agent found Tiara a house.

pencari KATA NAMA
searcher
- **pasukan pencari** search party

pencarian KATA NAMA
search
◊ *Pencarian mereka berakhir dengan kejayaan.* Their search ended with success.

- **mata pencarian** livelihood

tercari-cari KATA KERJA
to look high and low for
◊ *Dia tercari-cari buku itu.* He's looking high and low for the book.

carian KATA NAMA
object of search

cari gali KATA NAMA
oil exploration

mencari gali KATA KERJA
to explore
◊ *Mereka mencari gali minyak di kawasan itu.* They explored that area for oil.

carik KATA NAMA
(*koyak memanjang*)

> rujuk juga **carik** PENJODOH BILANGAN

tear

bercarik-carik KATA KERJA
torn
◊ *seluar jean yang bercarik-carik* torn jeans

mencarik KATA KERJA

carik

to tear up
◊ *Ann mencarik kertas itu.* Ann tore up the paper.
mencarik-carik KATA KERJA
to tear ... into pieces
◊ *Dia mencarik-carik kertas itu kerana marah.* He tore the paper into pieces out of anger.

carik PENJODOH BILANGAN
rujuk juga **carik** KATA NAMA
piece
◊ *secarik kertas* a piece of paper

carta KATA NAMA
chart
◊ *Pn. Cheah menggunakan carta itu untuk mengajar murid-muridnya.* Mrs Cheah uses that chart to teach her students.
♦ **carta aliran** flow chart
♦ **carta bar** bar chart
♦ **carta pai** pie chart

carum
mencarum KATA KERJA
to contribute
◊ *Para pekerja diwajibkan mencarum wang mereka dalam KWSP.* All workers are obliged to contribute to the EPF.
pencarum KATA NAMA
contributor
pencaruman KATA NAMA
contribution
caruman KATA NAMA
contribution
◊ *Semua caruman perlu dibayar kepada KWSP.* All contributions should be paid to the EPF.

carut KATA ADJEKTIF
vulgar
◊ *Saya tidak menyukai orang yang menggunakan kata-kata carut.* I don't like people using vulgar words.
mencarut KATA KERJA
to use vulgar language
◊ *Lelaki yang tinggal di rumah itu suka mencarut.* The man that lives in that house likes to use vulgar language.

cas KATA NAMA
charge
♦ **cas atom** atomic charge
♦ **cas elektron** electronic charge
♦ **cas ion** ionic charge
♦ **cas negatif** negative charge
♦ **cas positif** positive charge
mengecas KATA KERJA
to charge
◊ *mengecas bateri* to charge the battery

cat KATA NAMA
paint
◊ *Cat itu sangat tahan lama.* The paint is very durable.
♦ **cat air** water colour
♦ **cat minyak** oil paint
♦ **tukang cat** painter
bercat KATA KERJA
to be painted
◊ *Rumah itu bercat biru.* That house is painted blue.
mengecat KATA KERJA
to paint
◊ *Katie mengecat rumahnya sendiri untuk menjimatkan wang.* Katie painted her house herself to save money.
pengecat KATA NAMA
painter
◊ *Pengecat itu belum menerima gajinya.* The painter hasn't received his wages.

catan KATA NAMA
painting
◊ *Catan itu sungguh cantik.* The painting is very beautiful.

catat
mencatat, mencatatkan KATA KERJA
1 *to note down*
◊ *Dia mencatat semua aktiviti hariannya dalam diari.* She noted down her daily activities in her diary.
2 *to jot down*
◊ *Setiausaha persatuan itu mencatatkan nama-nama ahli yang hadir.* The secretary of the society jotted down the names of the members who were present.
♦ **mencatat markah** to score
pencatat KATA NAMA
person who takes down something
♦ *Setiausaha merupakan pencatat dalam sesuatu mesyuarat.* The secretary is the one who takes down the minutes during a meeting.
tercatat KATA KERJA
to be recorded
◊ *Nama pelajar baru itu tidak tercatat dalam buku kedatangan.* The name of the new student was not recorded in the attendance book.
catatan KATA NAMA
note
◊ *Simpan catatan itu baik-baik.* Keep those notes carefully.
♦ **buku catatan** notebook
♦ **kertas catatan** notepaper

catit KATA KERJA *rujuk* **catat**

catu KATA NAMA
ration
mencatu, mencatukan KATA KERJA
to ration
◊ *Keputusan untuk mencatu beras dibuat kelmarin.* The decision to ration

rice was made yesterday.
pencatuan KATA NAMA
rationing
◊ *Pencatuan air akan diteruskan untuk tiga minggu lagi.* Water rationing will be carried on for three more weeks.
catuan KATA NAMA
ration
◊ *Catuan daging dikurangkan menjadi sekilo seorang.* The meat ration was down to one kilogram per person.

catur KATA NAMA
chess
* **papan catur** chessboard

cawak KATA NAMA
* **tali cawak** (*untuk anjing*) lead

cawan KATA NAMA
cup

cawang
pencawang KATA NAMA
substation
◊ *Sebuah pencawang akan didirikan di kawasan perumahan itu tidak lama lagi.* A substation will be built on that housing estate soon.
cawangan KATA NAMA
branch (JAMAK **branches**)
◊ *Terdapat tiga buah cawangan bank BCBB di bandar ini.* There are three BCBB bank branches in this town.

cawat KATA NAMA
loincloth

CD ROM KATA NAMA
CD ROM

cebik
mencebik KATA KERJA
to pout
◊ *"Jangan mencebik," marah ibunya.* "Don't pout," scolded her mother.
mencebikkan KATA KERJA
* **mencebikkan bibir** to pout ◊ *Dia mencebikkan bibirnya apabila dia tidak diberi benda yang diingininya.* He pouted when he was not given what he wanted.

cebis PENJODOH BILANGAN
piece
◊ *secebis kertas* a piece of paper
cebisan KATA NAMA
pieces
◊ *Jangan buang cebisan kertas itu.* Don't throw the pieces of paper away.

cebur
menceburi KATA KERJA
to involve in
◊ *Elizabeth menceburi bidang perfileman sejak tahun 1998.* Elizabeth has been involved in the film industry since 1998.
menceburkan KATA KERJA
to involve in
◊ *Dia menceburkan dirinya dalam bidang politik.* He involved himself in politics.
penceburan KATA NAMA
involvement
◊ *Penceburannya dalam bidang muzik membanggakan ibu bapanya.* His involvement in music makes his parents proud.

cecah
mencecah KATA KERJA
to touch
◊ *Skirtnya labuh sehingga mencecah ke lantai.* Her skirt is so long it touches the floor.
mencecahkan KATA KERJA
to dip ... lightly
◊ *Wendy mencecahkan rotinya ke dalam sup.* Wendy dipped her bread lightly in her soup.
tercecah KATA KERJA
to touch
◊ *Kakinya tercecah air semasa dia menaiki sampan itu.* While she was getting on the boat the water touched her legs.

cedera KATA ADJEKTIF
injured
◊ **cedera parah** badly injured
* **Kakinya cedera semasa bermain bola sepak.** When he was playing football he injured his leg.
kecederaan KATA NAMA
injury (JAMAK **injuries**)
◊ *kecederaan otak* brain injury
◊ *masa kecederaan* injury time
mencederakan KATA KERJA
to injure
◊ *Azmin didakwa kerana mencederakan pengurusnya.* Azmin was prosecuted for injuring his manager.
tercedera KATA KERJA
injured
◊ *Tangannya tercedera.* Her hand was injured.

cedok
mencedok KATA KERJA
to ladle out
◊ *Saya mencedok sup itu.* I ladled out the soup.
pencedok KATA NAMA
ladle

cegah
mencegah KATA KERJA
to prevent
◊ *Pakar perubatan sedang mencari ubat untuk mencegah virus itu daripada merebak.* Medical experts are looking for a vaccine to prevent the virus from

spreading.
pencegah KATA NAMA
anti-
◊ *Badan Pencegah Rasuah* Anti-Corruption Agency
- **Bahagian Pencegah Jenayah** Crime Prevention Division
- **pencegah hamil** contraceptive
pencegahan KATA NAMA
prevention
◊ *pencegahan penyakit jantung* the prevention of heart disease

cegat
tercegat KATA KERJA
to stand upright
◊ *Dia tercegat di depan pintu.* He stood upright in front of the door.

cek KATA NAMA
cheque
- **buku cek** cheque book
- **cek berpalang** crossed cheque
- **cek kembara** traveller's cheque
- **cek kosong** blank cheque
- **cek lambung** dishonoured cheque
- **cek tendang** dishonoured cheque
- **cek tunai** cash cheque

cekah KATA ADJEKTIF
cracked
◊ *Durian yang dibeli oleh bapa saya sudah cekah.* The durians that my father bought have cracked.
mencekah KATA KERJA
1 *to press ... open*
◊ *Dia mencekah buah manggis itu dengan tangannya.* He pressed the mangosteen open with his hands.
2 *to split open*
◊ *Dia mencekah durian itu dengan tangannya.* He split open the durian with his hands.

cekak PENJODOH BILANGAN
bunch (JAMAK **bunches**) (*terjemahan umum*)
◊ *dua cekak rumput* two bunches of grass ◊ *beberapa cekak serai* several bunches of lemongrass ◊ *secekak padi* a bunch of paddy
bercekak KATA KERJA
- **bercekak pinggang** to stand with one's arms akimbo ◊ *Dia bercekak pinggang.* She stands with her arms akimbo.
mencekak KATA KERJA
to take ... in one's hand
- **Dia mencekak beberapa batang lilin dan memberikannya kepada saya.** She took a few candles and gave them to me.
- **Guru itu mencekak pinggangnya.** The teacher stands with her arms akimbo.

cekal KATA ADJEKTIF
determined
◊ *Dia seorang yang cekal.* She's a determined person.
- **cekal hati** determined
kecekalan KATA NAMA
determination
◊ *Kecekalan Ah Leng membolehkannya menamatkan pengajiannya.* Ah Leng's determination enabled her to complete her studies.
mencekalkan KATA KERJA
- **mencekalkan hati** determined ◊ *Hamid mencekalkan hatinya untuk mengatasi masalah itu.* Hamid is determined to overcome the problem.

cekap KATA ADJEKTIF
competent
◊ *Hamdan ialah seorang kakitangan kerajaan yang setia dan cekap.* Hamdan is a loyal and competent civil servant.
- **tidak cekap** incompetent
kecekapan KATA NAMA
competence
◊ *Kecekapannya sebagai seorang ahli ekonomi telah diketahui ramai.* His competence as an economist is widely known.
- **ketidakcekapan** incompetence

cekau
mencekau KATA KERJA
to seize
◊ *Dia mencekau lengan saya dengan kuat.* He seized me firmly by the arm.

cekik KATA KERJA
to strangle
◊ *"Jangan cekik saya,"* rayu wanita tua itu. "Don't strangle me," pleaded the old lady.
mencekik KATA KERJA
to strangle
◊ *Paul mencekik Sarah dengan tangannya.* Paul strangled Sarah with his bare hands.
- **Dia mati akibat dicekik.** He died from strangulation.
pencekik KATA NAMA
strangler
- **pencekik darah** bloodsucker
tercekik KATA KERJA
to choke
- **Budak perempuan itu mati tercekik.** The girl was choked to death.
cekikan KATA NAMA
strangulation

cekung KATA ADJEKTIF
sunken
◊ *Matanya cekung kerana kekurangan tidur.* His eyes are sunken from lack of

cekup → celup   B. Melayu ~ B. Inggeris   640

sleep.
- **kanta cekung** concave lens

cekup
mencekup KATA KERJA
to catch in the hollow of the hand
- **Samad mencekup belalang itu.** Samad caught the grasshopper in his hand.

cela KATA NAMA
defect
◊ *Lukisan itu tidak ada celanya.* The painting has no defects.
kecelaan KATA NAMA
flaw
◊ *Hampir kesemua kajian ini mempunyai kecelaan yang serius.* Almost all of these studies have serious flaws.
mencela KATA KERJA
to condemn
◊ *Mereka mencela tindakan pengurus itu.* They condemned the manager's action.
celaan KATA NAMA
condemnation
◊ *Saya tidak mempedulikan celaannya.* I didn't bother about his condemnation.

celah KATA NAMA
crevice
◊ *Ivan mengintai gadis itu melalui celah dinding itu.* Ivan peeped at the girl through the crevice in the wall.
mencelah KATA KERJA
to interrupt
◊ *Dia suka mencelah apabila emaknya bercakap.* He likes to interrupt when his mother is talking.

celak KATA NAMA
eyeliner

celaka KATA ADJEKTIF
(*bahasa kasar*)
damn
kecelakaan KATA NAMA
disaster
- **kecelakaan jalan raya** road accident

celaru KATA ADJEKTIF
confused
bercelaru KATA KERJA
to be in disarray
◊ *Hidupnya bercelaru sejak dia hilang pekerjaan.* His life has been in disarray since he lost his job.
- **Fikiran saya bercelaru.** I'm confused.
kecelaruan KATA NAMA
conflict
◊ *Setiap kaum di negara ini perlulah saling memahami bagi mengelakkan kecelaruan.* People of all races in this country should have mutual understanding to avoid conflict.
- **kecelaruan fikiran** confusion

mencelarukan KATA KERJA
to confuse
◊ *Kenyataan menteri itu telah mencelarukan keadaan.* The minister's statement has confused the situation.
◊ *Penjelasan mereka mencelarukan lagi fikiran saya.* Their explanations confused me even more.

celik KATA ADJEKTIF
1 *sighted*
◊ *perbezaan antara orang buta dengan orang yang celik* the difference between the blind and the sighted
2 *open* (*mata*)
- **Matanya celik semalaman memikirkan masalah itu.** She couldn't sleep the whole night thinking of the problems.
- **celik komputer** computer literate
- **celik mata** aware
mencelikkan KATA KERJA
- **mencelikkan mata** to create awareness ◊ *Dia cuba mencelikkan mata penduduk kampung tentang pentingnya pelajaran.* He was trying to create awareness among the villagers of the importance of education.

celopar KATA ADJEKTIF
to have a sharp tongue
◊ *Dia memang celopar.* She has such a sharp tongue.
- **celopar mulut** to have a sharp tongue

celoteh KATA NAMA
chatter
berceloteh KATA KERJA
to chatter

Celsius KATA NAMA
Celsius

celup KATA ADJEKTIF
   rujuk juga **celup** KATA KERJA
counterfeit
◊ *emas celup* counterfeit gold

celup KATA KERJA
   rujuk juga **celup** KATA ADJEKTIF
to dip
◊ *Celup kain itu ke dalam pewarna.* Dip that cloth into the dye.
bercelup KATA KERJA
-plated
◊ *Rantai itu bercelup emas.* That is a gold-plated necklace.
mencelup KATA KERJA
to dip
◊ *Lena mencelup kain itu ke dalam air.* Lena dipped the cloth in the water.
pencelup KATA NAMA
dye
pencelupan KATA NAMA
dyeing
celupan KATA NAMA

dip (hasil *mencelup*)

cemar
  mencemari, mencemarkan KATA KERJA
  1 *to pollute*
  ◊ *Asap kenderaan mencemarkan persekitaran.* Fumes from vehicles are polluting the environment.
  2 *to taint*
  ◊ *Joey telah mencemarkan nama baik keluarganya dengan perbuatannya itu.* Joey's behaviour has tainted his family's good name.
  pencemaran KATA NAMA
  pollution
  ◊ *pencemaran bunyi* noise pollution
  tercemar KATA KERJA
  polluted
  ◊ *Udara di tempat ini sudah tercemar.* The air in this place has been polluted.

cemas KATA ADJEKTIF
  1 *anxious*
  ◊ *Dia cemas memikirkan keputusan peperiksaannya.* She was anxious about her exam results.
  2 *nervous*
  ◊ *Dia berasa cemas setiap kali melalui kawasan itu.* She gets nervous every time she passes through that area.
  kecemasan KATA NAMA
  emergency
  ♦ **pintu kecemasan** emergency exit
  ♦ **wad kecemasan** casualty (JAMAK **casualties**)
  mencemaskan KATA KERJA
  to make ... nervous
  ◊ *Kelakuan anda mencemaskan saya.* Your behaviour makes me nervous.

cembung KATA ADJEKTIF
  convex
  ◊ *kanta cembung* convex lens

cemburu KATA ADJEKTIF
  jealous
  ◊ *Dia cemburu akan kecantikan kakaknya.* She's jealous of her sister's beauty.
  mencemburui KATA KERJA
  jealous of
  ◊ *Joe mencemburui kejayaan Charles.* Joe is jealous of Charles' success.

cemerkap KATA ADJEKTIF
  clumsy
  kecemerkapan KATA NAMA
  clumsiness
  ◊ *Saya malu atas kecemerkapan saya sendiri.* I was ashamed of my own clumsiness.

cemerlang KATA ADJEKTIF
  excellent
  ◊ *keputusan cemerlang* an excellent result
  kecemerlangan KATA NAMA
  excellence
  ◊ *kecemerlangan akademik* academic excellence

cemeti KATA NAMA
  whip
  mencemeti KATA KERJA
  to whip
  ◊ *Lelaki itu mencemeti kuda Larry.* That man whipped Larry's horse.

cemik
  mencemik KATA KERJA
  to pout
  ◊ *Dia mencemik apabila melihat kami memasuki dewan tarian itu.* She pouted when she saw us entering the dance hall.
  mencemikkan KATA KERJA
  ♦ **mencemikkan bibir** to pout

cemuh KATA KERJA
  ♦ **kena cemuh** to be mocked ◊ *Dia kena cemuh oleh adik perempuannya sendiri.* She was mocked by her own sister.
  mencemuh KATA KERJA
  to mock
  ◊ *Guru itu mengajar murid-muridnya supaya tidak mencemuh orang tua.* The teacher taught her students not to mock the elderly.
  cemuhan KATA NAMA
  mockery
  ◊ *Anita tidak mempedulikan cemuhan kawannya.* Anita ignored her friend's mockery.

cendawan KATA NAMA
  mushroom
  ♦ **cendawan beracun** toadstool
  bercendawan KATA KERJA
  mouldy
  ◊ *Roti itu sudah bercendawan.* That bread is mouldy.

cendekiawan KATA NAMA
  intellectual

cenderahati KATA NAMA
  souvenir

cenderamata KATA NAMA
  souvenir
  ◊ *kedai cenderamata* souvenir shop

cenderung KATA KERJA
  inclined
  ◊ *Saya lebih cenderung untuk makan di luar.* I'm more inclined to eat out.
  kecenderungan KATA NAMA
  inclination
  ◊ *Bapa Ahmad memberikan persetujuannya terhadap kecenderungan Ahmad dalam bidang politik.* Ahmad's father approved of his inclination towards

politics.

cengang
tercengang, tercengang-cengang KATA KERJA
[1] *astonished*
◊ *Sandra tercengang apabila melihat reka bentuk rumah jirannya.* Sandra was astonished when she saw the design of her neighbour's house.
[2] *dumbfounded*
◊ *Dia tercengang-cengang selepas mendengar cadangan Joe.* He was dumbfounded by Joe's suggestion.

cengil KATA ADJEKTIF
fierce
◊ *Wajahnya kelihatan sangat cengil.* He has a very fierce look.

cengkam
mencengkam KATA KERJA
to grip ... with the claws
◊ *Harimau tersebut mencengkam budak lelaki itu.* The tiger gripped the boy with its claws.
cengkaman KATA NAMA
grip
◊ *Wanita tersebut cuba melepaskan diri daripada cengkaman singa itu.* The lady tried to free herself from the grip of the lion. ◊ *Presiden tersebut mengekalkan cengkaman kuku besi ke atas negaranya.* The President maintains an iron grip on his country.

cengkeram KATA NAMA
deposit
◊ *Anda perlu membayar cengkeram sebanyak RM10.* You have to pay RM10 deposit.

cengkerik KATA NAMA
cricket

cengkih KATA NAMA
♦ **bunga cengkih** clove

cengkung KATA ADJEKTIF
sunken
◊ *Mata Julia cengkung.* Julia's eyes are sunken.

cenuram KATA NAMA
cliff

cepat KATA ADJEKTIF
quick
◊ *Cepat, kita sudah lambat!* Quick, we're late!
♦ **cepat tangan** light-fingered
♦ **cepat marah** quick-tempered
♦ **dengan cepat** quickly
mencepatkan KATA KERJA
to quicken
◊ *Saya mencepatkan langkah apabila hari semakin gelap.* I quickened my steps as the sky grew darker.

secepat KATA ADJEKTIF
as quick as
◊ *secepat kilat* as quick as a flash
♦ **secepat mungkin** as soon as possible
secepat-cepatnya KATA ADJEKTIF
at the earliest
◊ *Saya hanya boleh menyiapkan kerja ini secepat-cepatnya pada hari Isnin.* I can only finish this work on Monday at the earliest.

ceper KATA ADJEKTIF
flat
◊ *sebiji piring yang ceper* a flat plate

cepumas KATA NAMA
jackpot

cerah KATA ADJEKTIF
[1] *sunny*
◊ *Cuaca hari ini sangat cerah.* It's sunny today.
[2] *fair*
◊ *kulit yang cerah* fair skin
♦ **Kulitnya cerah.** She's fair.
[3] *bright*
◊ *Bilik itu sangat cerah.* The room is very bright.
♦ **cerah ceria** sunny
♦ **cerah kulit** fair
kecerahan KATA NAMA
brightness
◊ *kecerahan warna itu* the brightness of the colour
mencerahkan KATA KERJA
to brighten
◊ *Dia memasang lampu untuk mencerahkan biliknya.* He switched on the lights to brighten his room.

cerai KATA NAMA
divorce
◊ *Dia meminta cerai daripada suaminya.* She asked her husband for a divorce.
bercerai KATA KERJA
to divorce
◊ *En. Gold bercerai buat kali kedua.* Mr Gold is divorcing for the second time.
menceraikan KATA KERJA
to divorce
◊ *Lelaki yang tidak berhati perut itu telah menceraikan isterinya.* That heartless man has divorced his wife.
♦ **mencerai-ceraikan sesuatu** to take something to bits
perceraian KATA NAMA
divorce
◊ *Perceraian mereka memang tidak diduga.* Their divorce was unexpected.

ceramah KATA NAMA
talk
◊ *Tajuk ceramahnya ialah kepentingan*

pendidikan dalam kehidupan. The topic of his talk is the importance of education in our lives.
berceramah KATA KERJA
to give a talk
◊ *Dia akan berceramah esok.* He will give a talk tomorrow.
penceramah KATA NAMA
speaker

cerca KATA NAMA *rujuk* **cercaan**
mencerca KATA KERJA
to mock
◊ *Dia suka mencerca adik tirinya.* He likes to mock his stepsister.
♦ **"Saya takut!" katanya dalam nada yang mencerca.** "I'm scared!" she said in a mocking tone.
cercaan KATA NAMA
mockery

cerdas KATA ADJEKTIF
intelligent
kecerdasan KATA NAMA
intelligence
♦ **darjah kecerdasan** intelligence quotient **atau IQ**

cerdik KATA ADJEKTIF
intelligent
♦ **cerdik pandai** intelligentsia
kecerdikan KATA NAMA
intelligence
◊ *Kecerdikannya luar biasa.* Her intelligence is extraordinary.

cerek KATA NAMA
kettle

cereka KATA NAMA
fiction
◊ *cereka sains* science fiction

cerekarama KATA NAMA
film

cerewet KATA ADJEKTIF
fussy
◊ *Dia tidak cerewet tentang makanan.* She's not fussy about food.

cergas KATA ADJEKTIF
active
◊ *Budak lelaki itu sangat cergas.* That boy is very active.
♦ **Saya berasa cergas tinggal di sini.** I feel invigorated living here.
kecergasan KATA NAMA
agility
◊ *kekuatan dan kecergasan belia* the strength and agility of youth
mencergaskan KATA KERJA
to invigorate
◊ *Tarik nafas panjang untuk mencergaskan diri anda.* Take a deep breath in to invigorate yourself.

ceri KATA NAMA
cherry (JAMAK **cherries**)

ceria KATA ADJEKTIF
cheerful
◊ *Dia kelihatan ceria hari ini.* She looks cheerful today.
keceriaan KATA NAMA
cheerfulness
◊ *Keceriaannya mengurangkan rasa takut saya.* His cheerfulness allayed my fears.
menceriakan KATA KERJA
to cheer ... up
◊ *Saya cuba menceriakannya.* I was trying to cheer him up.
♦ **Gurauan dan gelak ketawa kanak-kanak menceriakan suasana di rumah itu.** Children's jokes and laughter give the house a cheerful atmosphere.

cerita KATA NAMA
story (JAMAK **stories**)
♦ **cerita dongeng** fairy tale
♦ **jalan cerita** plot
bercerita KATA KERJA
to tell a story
◊ *Dia sedang bercerita.* She's telling a story.
menceritakan KATA KERJA
to tell about
◊ *Dia menceritakan kejadian itu kepada pihak polis.* She told the police about the incident.
pencerita KATA NAMA
storyteller
penceritaan KATA NAMA
narration
♦ **Penceritaan novel itu agak mengelirukan.** The way the novel is narrated is quite confusing.

cermat KATA ADJEKTIF
careful
◊ *Anita ialah seorang pemandu yang cermat.* Anita's a careful driver.
♦ **berjimat cermat** thrifty

cermin KATA NAMA
mirror
♦ **cermin depan** windscreen
♦ **cermin mata** glasses
♦ **cermin mata hitam** sunglasses
mencerminkan KATA KERJA
to reflect
◊ *Wajahnya mencerminkan perasaan gementarnya.* Her face reflects her nervousness.

cerna KATA KERJA
to be digested
mencernakan KATA KERJA
to digest
◊ *Dia tidak dapat mencernakan makanan dengan sempurna.* She couldn't

cerobohh → cetak semula

digest food properly.
pencernaan KATA NAMA
digestion
◊ *pencernaan lemak* the digestion of fats
tercerna KATA KERJA
to be digested
◊ *Makanan itu tidak akan tercerna selama beberapa jam.* The food will not be digested for several hours.
ketakcernaan KATA NAMA
indigestion

ceroboh
  menceroboh KATA KERJA
  [1] *to trespass*
  ◊ *Lelaki itu menceroboh masuk ke dalam kawasan masjid.* That man trespassed onto the mosque grounds.
  • **Pencuri itu menceroboh masuk ke dalam rumah Aminah.** The thief broke into Aminah's house.
  [2] *to hack* (*ke dalam sistem komputer*)
  mencerobohi KATA KERJA
  to trespass
  ◊ *Mereka mencerobohi kawasan persendirian.* They were trespassing on private property.
  penceroboh KATA NAMA
  [1] *intruder*
  [2] *trespasser*
  ◊ *Penceroboh akan didakwa.* Trespassers will be prosecuted.
  [3] *hacker* (*komputer*)
  pencerobohan KATA NAMA
  trespass
  ◊ *pencerobohan ke dalam kawasan persendirian* trespass onto private property

cerobong KATA NAMA
chimney

cerpen KATA NAMA
short story (JAMAK **short stories**)
  bercerpen KATA KERJA
  to write a short story

cerpenis KATA NAMA
short story writer

cerucuk KATA NAMA
piling
  mencerucuk KATA KERJA
  to carry out piling

ceruk KATA NAMA
corner
  ◊ *Dia bersembunyi di ceruk biliknya.* He's hiding in the corner of his room.
  • **ceruk rantau** everywhere

cerun KATA ADJEKTIF
  rujuk juga **cerun** KATA NAMA
  steep
  kecerunan KATA NAMA

gradient
◊ *kecerunan bukit* the gradient of a hill

cerun KATA NAMA
  rujuk juga **cerun** KATA ADJEKTIF
  steep slope

cerut KATA KERJA
  rujuk juga **cerut** KATA NAMA
  to tie ... up
  ◊ *Cerut bungkusan itu dengan tali.* Tie the parcel up with string.
  mencerut KATA KERJA
  to tie ... up
  ◊ *Ronald mencerut bungkusan itu dengan tali.* Ronald tied the parcel up with string.
  • **mencerut leher** to strangle
  ◊ *Penceroboh itu mencerut leher perempuan tua itu.* The intruder strangled the old lady.

cerut KATA NAMA
  rujuk juga **cerut** KATA KERJA
  cigar

cetak KATA KERJA
  to print
  • **mesin cetak** printer
  bercetak KATA KERJA
  printed
  ◊ *bahan bercetak* printed matter
  mencetak KATA KERJA
  to print
  ◊ *Pekerja-pekerja sosial itu sedang mencetak risalah.* The social workers are printing pamphlets.
  pencetak KATA NAMA
  printer
  pencetakan KATA NAMA
  printing
  ◊ *Kerja-kerja pencetakan itu mengambil masa tiga hari.* The printing took three days to complete.
  percetakan KATA NAMA
  printers
  • **syarikat percetakan** printers
  cetakan KATA NAMA
  print
  ◊ *cetakan pertama* first print

cetak rompak KATA ADJEKTIF
  rujuk juga **cetak rompak** KATA NAMA
  pirated
  ◊ *video cetak rompak* pirated videos
  • **kegiatan cetak rompak** piracy

cetak rompak KATA NAMA
  rujuk juga **cetak rompak** KATA ADJEKTIF
  piracy

cetak semula
  mencetak semula KATA KERJA
  to reprint
  cetakan semula KATA NAMA

reprint

cetek KATA ADJEKTIF
shallow
◊ *Sungai ini cetek.* This river is shallow.
• **pengetahuan yang cetek** superficial knowledge
kecetekan KATA NAMA
shallowness
◊ *kecetekan pengetahuannya* the shallowness of his knowledge
mencetekkan KATA KERJA
to make ... shallower
◊ *mencetekkan tasik* to make the lake shallower

cetus
mencetuskan KATA KERJA
to cause ... to break out
◊ *mencetuskan peperangan* to cause a war to break out
• **mencetuskan kemarahan seseorang** to anger someone
tercetus KATA KERJA
to break out
◊ *Peperangan telah tercetus di Kosovo.* A war broke out in Kosovo.
cetusan KATA NAMA
outbreak
◊ *cetusan peperangan di Timur Tengah* the outbreak of war in the Middle East

China KATA NAMA
China
• **negara China** China

cicak KATA NAMA
lizard

cicir
berciciran KATA KERJA
to scatter
◊ *Duit syilingnya berciciran di atas lantai.* Her coins were scattered all over the floor.
tercicir KATA KERJA
to drop
◊ *Wang saya tercicir di dalam bas.* I dropped my money in the bus.

cicit KATA NAMA
great-grandchild
(JAMAK **great-grandchildren**)

Cik KATA GANTI NAMA
> *rujuk juga* **Cik** KATA NAMA
> *untuk wanita yang belum berkahwin yang tidak dikenali, baru dikenali atau apabila anda tidak tahu sama ada wanita itu sudah berkahwin atau belum*

[1] *Miss*
◊ *Cik, bolehkah saya tolong anda?* Miss, can I help you?
[2] *you*
◊ *Cik hendak pergi ke mana?* Where would you like to go? ◊ *Cik tinggal di mana?* Where are you staying?
[3] *your*
◊ *Adakah ini beg cik?* Is this your bag?

Cik KATA NAMA
> *rujuk juga* **Cik** KATA GANTI NAMA
> *Miss*

◊ *Cik Tan dan Cik Lina.* Miss Tan and Miss Lina.

cikgu KATA NAMA
teacher

cili KATA NAMA
chilli (JAMAK **chillies** atau **chillis**)

Cina KATA NAMA
Chinese
◊ *orkestra Cina* Chinese orchestra
• **bahasa Cina** Chinese
• **orang Cina** Chinese
kecinaan KATA ADJEKTIF
Chinese
◊ *bersifat kecinaan* having Chinese characteristics

cincang KATA KERJA
to chop up
mencincang KATA KERJA
to chop up
◊ *Emak saya sedang mencincang daging di dapur.* My mother is chopping up meat in the kitchen.

cincin KATA NAMA
ring

cinta KATA ADJEKTIF
> *rujuk juga* **cinta** KATA NAMA
> *to love*

◊ *Aku cinta padamu.* I love you.
bercinta KATA KERJA
to be in love with
◊ *Susana sedang bercinta dengan Ivan.* Susana is in love with Ivan.
mencintai KATA KERJA
to love
◊ *Ahmad sangat mencintai Khadijah.* Ahmad loves Khadijah very much.
pencinta KATA NAMA
lover
◊ *pencinta alam* nature lover
percintaan KATA NAMA
love
tercinta KATA ADJEKTIF
beloved
◊ *negara tercinta* beloved country

cinta KATA NAMA
> *rujuk juga* **cinta** KATA ADJEKTIF
> *love*

• **cinta monyet** puppy love

cip KATA NAMA
chip
• **cip silikon** silicon chip

cipta KATA KERJA
to invent

mencipta KATA KERJA
to invent
◊ *Alexander Graham Bell mencipta telefon.* Alexander Graham Bell invented the telephone.
♦ **Tuhan mencipta dunia ini.** God created the world.
♦ **Florence telah mencipta rekod dunia dalam acara lompat tinggi.** Florence has set the world record in the high jump event.
pencipta KATA NAMA
inventor
penciptaan KATA NAMA
invention
tercipta KATA KERJA
to be invented
◊ *Akhirnya, tercipta juga kereta yang menggunakan kuasa suria.* Finally, cars using solar power were invented.
ciptaan KATA NAMA
invention
◊ *Roda pintal merupakan ciptaan orang Cina.* The spinning wheel was a Chinese invention.

ciri KATA NAMA
characteristic
◊ *Gen menentukan ciri setiap benda hidup.* Genes determine the characteristics of every living thing.
bercirikan KATA KERJA
to have the characteristics of
◊ *Rumahnya bercirikan reka bentuk rumah Itali.* Her house has the characteristics of an Italian house.
mencirikan KATA KERJA
characteristic of
◊ *Adat istiadat yang diamalkan semasa perkahwinan mereka, mencirikan budaya Minangkabau.* The customs and traditions observed during their wedding are characteristic of Minangkabau society.

cirit KATA NAMA
stools
◊ *Ciritnya bercampur darah.* There was blood in his stools.
♦ **cirit-birit** diarrhoea

cita-cita KATA NAMA
ambition
bercita-cita KATA KERJA
to have an ambition
◊ *Cathy bercita-cita untuk menjadi seorang doktor.* Cathy has an ambition to be a doctor. ◊ *Dia bercita-cita untuk membina empayar perniagaannya sendiri.* He has an ambition to build his own business empire.
♦ **bercita-cita tinggi** ambitious

cita rasa KATA NAMA
taste
◊ *cita rasa yang buruk* bad taste

cium KATA KERJA
to kiss
◊ *"Jangan cium anak perempuan saya,"* jerit perempuan itu. "Don't kiss my daughter," shouted the woman.
bercium KATA KERJA
to kiss
◊ *Mereka ditangkap ketika bercium di khalayak ramai.* They were caught kissing in public.
bercium-ciuman KATA KERJA
to kiss
mencium KATA KERJA
to kiss
◊ *Saya menciumnya.* I kissed her.
tercium KATA KERJA
to smell
◊ *Kami tercium bau gas sebaik sahaja kami membuka pintu depan.* As soon as we opened the front door we could smell gas.
ciuman KATA NAMA
kiss (JAMAK **kisses**)
◊ *Saya memberinya satu ciuman.* I gave her a kiss.

cocok
secocok KATA ADJEKTIF
[1] *compatible*
◊ *Pemuda itu memang secocok dengan Aminah.* The young man is really compatible with Aminah.
[2] *to suit*
◊ *Gelaran itu secocok dengan dirinya.* That nickname suits him.
♦ **Mereka secocok.** They were made for each other.

cogan KATA NAMA
banner
♦ **cogan kata** slogan ◊ *pertandingan menulis cogan kata* a slogan writing contest

coklat KATA ADJEKTIF
rujuk juga **coklat** KATA NAMA
brown
◊ *Baju itu berwarna coklat.* That shirt is brown.
kecoklatan KATA ADJEKTIF
brownish

coklat KATA NAMA
rujuk juga **coklat** KATA ADJEKTIF
chocolate
◊ *coklat pahit* plain chocolate
◊ *coklat susu* milk chocolate

cokmar KATA NAMA
mace

coli KATA NAMA
bra

colok (1) KATA NAMA
joss stick

colok (2)
mencolok KATA KERJA
• **mencolok mata** shocking ◊ *Sungguh mencolok mata!* It's shocking!

comel KATA ADJEKTIF
cute
◊ *Bayi itu sungguh comel.* The baby is very cute.

comot KATA ADJEKTIF
grubby
◊ *Kanak-kanak itu pulang dengan muka yang comot.* The kids came back with grubby faces.

compang-camping KATA ADJEKTIF
tattered
◊ *Pengemis itu memakai pakaian yang compang-camping.* The beggar was dressed in tattered clothes.

condong KATA ADJEKTIF
1. *diagonal*
◊ *garis condong* a diagonal line
2. *to lean*
◊ *Pokok itu condong ke kanan.* The tree leaned to the right.
mencondong KATA KERJA
to tilt
◊ *Tiang itu mencondong ke arah rumah Pak Salam.* The pole tilted towards Pak Salam's house.
mencondongkan KATA KERJA
to tilt
◊ *Leonard mencondongkan kerusinya.* Leonard tilted his chair.
kecondongan KATA NAMA
tilt
◊ *Kecondongan bangunan itu membimbangkan orang ramai.* The tilt of the building worries the public.

congak
mencongak KATA KERJA
1. *to count mentally*
• **Dia dapat membuat kiraan itu dengan mencongak sahaja.** He can do the sum mentally.
2. *to look up*
◊ *Daud mencongak untuk melihat bintang.* Daud looked up at the stars.
mencongakkan KATA KERJA
• **mencongakkan kepala** to look up
◊ *Fikri mencongakkan kepalanya untuk melihat bintang.* Fikri looked up at the stars.

conteng
menconteng KATA KERJA
to scribble
◊ *Dia selalu menconteng dinding walaupun dimarahi ibunya.* She is always scribbling on the wall despite her mother's scolding.
mencontengkan KATA KERJA
to scribble on
◊ *Hamid mencontengkan dinding itu dengan arang.* Hamid scribbled on the wall with charcoal.
contengan KATA NAMA
grafitti

contoh KATA NAMA
1. *sample*
◊ *contoh darah* blood sample
2. *example*
◊ *... sebagai contoh...* ... for example...
• **pelajar contoh** exemplary student
• **contohnya** for example
mencontohi KATA KERJA
to follow the example of
◊ *Kita patut mencontohi pelajar itu.* We should follow the example of that student.

copak-capik KATA ADJEKTIF
lame

corak KATA NAMA
design
• **corak pemerintahan** system of rule
bercorak KATA KERJA
with designs
◊ *sehelai kain yang bercorak* a piece of cloth with designs on it
• **tidak bercorak** plain
mencorakkan KATA KERJA
to design
◊ *Pereka itu mencorakkan kain itu dengan bunga ros.* The designer used rose motifs to design the cloth.

coret
mencoret KATA KERJA
to sketch
◊ *Saya selalu mencoret gambar dengan pen dan kertas.* I always sketch pictures with pen and paper.
coretan KATA NAMA
1. *sketch* (JAMAK **sketches**)
◊ *Coretan itu sangat mengagumkan.* The sketch is very impressive.
2. *draft*
◊ *Saya menghantar coretan pertama artikel ini kepadanya.* I sent the first draft of this article to him.

corong KATA NAMA
funnel
◊ *Sarimah menggunakan corong untuk mengisikan botol itu dengan minyak.* Sarimah uses a funnel to fill the bottle with oil.
• **corong asap** chimney

cuaca KATA NAMA
weather
◊ *ramalan cuaca* weather forecast

bercuaca KATA KERJA
> bercuaca biasanya tidak diterjemahkan.

◊ *negara yang bercuaca panas* a hot country

cuai KATA ADJEKTIF
careless

kecuaian KATA NAMA
1. *carelessness*
◊ *Kecuaian Ann menyebabkan dia gagal dalam peperiksaannya.* Ann's carelessness caused her to fail her examinations.
2. *negligence*
◊ *Kecuaian Darwin merupakan punca mereka terlibat dalam kemalangan.* Darwin's negligence caused them to meet with an accident.

cuba KATA KERJA
to try
◊ *Dia cuba menipu saya.* He tried to cheat me.

mencuba KATA KERJA
1. *to try*
2. *to attempt*
◊ *Mereka pernah mencuba mendaki Gunung Everest.* They've attempted to climb Mount Everest.

percubaan KATA NAMA
attempt
◊ *Percubaan membunuh Presiden tersebut telah gagal.* The attempt to assassinate the President had failed.

- **"peperiksaan percubaan"** "trial examinations"
- **dalam tempoh percubaan** on probation

cubaan KATA NAMA
challenge
◊ *cubaan hidup* life's challenges

- **Dia didakwa atas cubaan membunuh.** He was charged with attempted murder.

cubit KATA KERJA
> rujuk juga **cubit** PENJODOH BILANGAN

to pinch

mencubit KATA KERJA
to pinch
◊ *Dia mencubit lengan saya.* He pinched my arm.

cubitan KATA NAMA
pinch (JAMAK **pinches**)
◊ *Cubitannya menyakitkan saya.* His pinch hurt me.

cubit PENJODOH BILANGAN
> rujuk juga **cubit** KATA KERJA

pinch (JAMAK **pinches**)
◊ *secubit garam* a pinch of salt

cuci
mencuci KATA KERJA
to wash

◊ *Saya akan mencuci pakaian kotor anda.* I'll wash your dirty clothes.
- **mencuci filem** to develop a film
- **mencuci pinggan mangkuk** to do the dishes
- **mencuci mata** to look at girls

pencuci KATA NAMA
cleaner
- **pencuci mulut** dessert
- **bahan pencuci** cleaner

pencucian KATA NAMA
Launderette®

cucian KATA NAMA
laundry
- **cucian kering** dry-cleaning

cucu KATA NAMA
grandchild (JAMAK **grandchildren**)
- **cucu-cicit** descendants
- **anak cucu** descendants

bercucu KATA KERJA
to have grandchildren

cucuh
mencucuh KATA KERJA
to light
◊ *mencucuh pelita* to light a lamp
- **mencucuh meriam** to fire a cannon

cucuk KATA NAMA
> rujuk juga **cucuk** PENJODOH BILANGAN

skewer
- **cucuk sate** satay skewer

bercucuk KATA KERJA
- **bercucuk tanam** to cultivate land

mencucuk KATA KERJA
1. *to poke*
◊ *Dia mencucuk saya dengan sebatang pensel.* He poked me with a pencil.
2. *to prick*
◊ *Daniel mencucuk jari Khadijah dengan jarum.* Daniel pricked Khadijah's finger with a needle.
3. *to incite*
◊ *Dialah orang yang mencucuk Aidil sehingga menimbulkan pergaduhan.* He was the one who incited Aidil, causing a fight.

pencucuk KATA NAMA
skewer

tercucuk KATA KERJA
to prick
◊ *Jari saya tercucuk jarum.* I pricked my finger with a needle.

cucuk PENJODOH BILANGAN
> rujuk juga **cucuk** KATA NAMA

stick
◊ *secucuk sate* a stick of satay
◊ *dua cucuk bebola ikan* two sticks of fish balls

cucur KATA NAMA

cuit → cuma

- **cucur atap** eaves
  bercucuran KATA KERJA
  to stream down
  ◊ *Air mata bercucuran di pipinya.* Tears streamed down her cheeks.
  mencucuri KATA KERJA
- **mencucuri rahmat** to pour blessing
  ◊ *Semoga Tuhan mencucuri rahmat ke atas kamu.* May God pour His blessing on you.
  cucuran KATA NAMA
  flow
  ◊ *cucuran air dari bukit* the flow of water from the hill

cuit
  mencuit KATA KERJA
  to give a dig
  ◊ *Charmaine mencuit tangan saya.* Charmaine gave me a dig in my arm.
- **mencuit hati** amusing

cuka KATA NAMA
  vinegar
- **cuka getah** formic acid
  mencuka KATA KERJA
  to turn sour
  ◊ *Wajahnya mencuka apabila dia dimarahi abangnya.* Her face turned sour when her brother scolded her.

cukai KATA NAMA
  tax (JAMAK **taxes**)
- **bebas cukai** tax free
- **cukai eksais** excise tax
- **cukai eksport** export duty
- **cukai harta** estate tax
- **cukai harta benda** property tax
- **cukai import** import duty
- **cukai jualan** sales tax
- **cukai kastam** custom duty
- **cukai korporat** corporate tax
- **cukai laba** capital gains tax
- **cukai langsung** direct tax
- **cukai pendapatan** income tax
- **cukai syarikat** company tax
- **cukai tak langsung** indirect tax
- **cukai tanah** land assessment tax
  bercukai KATA KERJA
  taxable
  ◊ *barangan bercukai* taxable goods
  percukaian KATA NAMA
  taxation
  ◊ *kadar percukaian yang lebih tinggi* higher taxation rate

cukup KATA ADJEKTIF
  enough
  ◊ *Mereka mempunyai wang yang cukup untuk membeli sekeping tiket pergi balik.* They had enough money for a return ticket.
- **cukup-cukup** just enough ◊ *Wang mereka cukup-cukup sahaja.* They had just enough money.
  mencukupi KATA KERJA
  adequate
  ◊ *sejumlah wang yang mencukupi untuk membeli sebuah rumah* an amount adequate to purchase a house
- **Apakah makanan tersebut mencukupi untuk 20 orang tetamu?** Is the food sufficient for 20 guests?
  mencukupkan KATA KERJA
  to complete
  ◊ *untuk mencukupkan jumlah mata* to complete the points
- **Dia terpaksa mendapatkan kerja sampingan untuk mencukupkan wangnya bagi membeli hadiah itu.** She had to get part-time work to earn enough money to buy that present.
  secukup KATA ADJEKTIF
  just enough
  ◊ *Pendapatannya secukup hidup sahaja.* His salary is just enough for his living expenses.
- **Masukkan garam dan gula secukup rasa.** Add salt and sugar to taste.

cukur KATA ADJEKTIF
- **pisau cukur** razor blade
  bercukur KATA KERJA
  to shave
  ◊ *Leon sedang bercukur di dalam biliknya.* Leon's shaving in his room.
  mencukur KATA KERJA
  to shave
  ◊ *Dia telah mencukur misainya.* He has shaved his moustache off.
  pencukur KATA NAMA
  shaver
  pencukuran KATA NAMA
  shaving
  ◊ *barangan pencukuran* shaving products

culik
  menculik KATA KERJA
  to kidnap
  ◊ *Pihak polis telah mendedahkan satu komplot untuk menculik ahli politik itu.* The police uncovered a plot to kidnap the politician.
  penculik KATA NAMA
  kidnapper
  penculikan KATA NAMA
  kidnapping
  ◊ *satu kes penculikan* a case of kidnapping

cuma KATA PENEGAS
  only
  ◊ *"Saya cuma seorang sarjan," kata Clements.* "I'm only a sergeant," said

Clements.
- **Cuaca di situ sangat baik, cuma sejuk sedikit.** The weather there was great, except that it was a bit cold.

percuma KATA ADJEKTIF
free
◊ *risalah percuma* a free brochure

cumbu KATA NAMA
sweet talk
◊ *Linda tertipu dengan cumbu lelaki itu.* Linda was taken in by the man's sweet talk.
bercumbu KATA KERJA
to kiss
◊ *Jangan bercumbu di khalayak ramai.* Don't kiss in public.
bercumbu-cumbuan KATA KERJA
to smooch
◊ *Mereka sedang bercumbu-cumbuan di dalam kereta.* They're smooching in the car.

cungap
tercungap-cungap KATA KERJA
to pant
◊ *Azmi tercungap-cungap ketika tiba di garisan penamat.* When he reached the finishing line Azmi was panting.

cungkil KATA NAMA
- **cungkil gigi** toothpick
mencungkil KATA KERJA
to pick
◊ *Baharudin mencungkil giginya dengan pencungkil gigi.* Baharudin uses a toothpick to pick his teeth.
pencungkil KATA NAMA
- **pencungkil gigi** toothpick

cuping KATA NAMA
- **cuping telinga** earlobe

curah
mencurah KATA KERJA
to pour
◊ *Air hujan yang mencurah menyebabkan bajunya basah lencun.* The pouring rain made his shirt soaking wet.
mencurah-curah KATA KERJA
to pour down
◊ *Hujan turun mencurah-curah semalam.* Last night the rain was pouring down.
- **Mangsa banjir itu menerima bantuan yang mencurah-curah.** The flood victims received a lot of help.
mencurahkan KATA KERJA
[1] *to pour*
◊ *Emak saya mencurahkan air itu ke dalam longkang.* My mother poured the water into the drain.
[2] *to put in*

◊ *Mereka mencurahkan sepenuh tenaga mereka untuk menjayakan projek ini.* They put in all their efforts to make this project a success.
[3] *to pour out*
◊ *Aminah mencurahkan segala isi hatinya kepada emaknya.* Aminah poured out her feelings to her mother.
curahan KATA NAMA
torrent

curam KATA ADJEKTIF
steep
◊ *sebatang jalan yang curam* a steep road
mencuram KATA KERJA
to slope down sharply
◊ *Tebing itu mencuram ke arah sungai.* The bank sloped down sharply to the river.
kecuraman KATA NAMA
gradient
◊ *kecuraman bukit* the gradient of the hill

curang KATA ADJEKTIF
unfaithful
◊ *Farid berlaku curang terhadap isterinya.* Farid's unfaithful to his wife.
kecurangan KATA NAMA
infidelity
◊ *Kecurangan Smith telah diketahui oleh isterinya.* Smith's wife found out about his infidelity.

curi KATA ADJEKTIF
stolen
◊ *kereta curi* a stolen car
kecurian KATA NAMA
theft
◊ *Kes kecurian semakin berleluasa.* Theft cases are becoming more widespread.
mencuri KATA KERJA
to steal
◊ *Dia dituduh mencuri basikal Victor.* He was accused of stealing Victor's bicycle.
- **mencuri tulang** lazy
- **Dia suka mencuri tulang.** He likes to find excuses to avoid work.
mencuri-curi KATA KERJA
secretly
◊ *Dia mencuri-curi masuk ke dalam bilik itu.* He entered the room secretly.
pencuri KATA NAMA
thief (JAMAK **thieves**)
pencurian KATA NAMA
theft
◊ *pencurian dokumen-dokumen sulit* the theft of classified documents
- **pencurian barang kedai** shoplifting
curian KATA NAMA
stolen items

curiga KATA ADJEKTIF
suspicious
mencurigai KATA KERJA
suspicious
◊ *Mereka mula mencurigai dua orang lelaki yang berada di dalam kereta itu.* They became suspicious of the two men in the car.
mencurigakan KATA KERJA
suspicious
◊ *Tingkah lakunya memang mencurigakan.* He behaved in a suspicious manner.
kecurigaan KATA NAMA
suspicion
◊ *menimbulkan kecurigaan* to arouse suspicion

cuti KATA NAMA
1 *holiday*
◊ *Cuti sekolah akan tiba tidak lama lagi.* The school holidays are just round the corner.
2 *leave*
◊ *Tijah akan mengambil cuti beberapa hari.* Tijah's taking a few days' leave.
- **cuti am** public holiday
- **cuti sakit** sick leave
- **cuti sekolah** school holidays
- **cuti tahunan** annual leave
- **cuti umum** public holiday

bercuti KATA KERJA
to go for holidays
◊ *Kami akan pergi bercuti ke Scotland.* We're going to Scotland for our holidays.

percutian KATA NAMA
holiday
◊ *percutian saya di Sepanyol* my holiday in Spain ◊ *tempat percutian* holiday destination

D

dabik
mendabik KATA KERJA
- **mendabik dada** to thump one's chest
  ◊ *Dia mendabik dada dan mengatakan bahawa tidak ada orang yang boleh mengalahkannya.* He thumped his chest and said nobody could beat him.

dacing KATA NAMA
scales

dada KATA NAMA
chest

dadah KATA NAMA
drug

dadak
mendadak KATA ADJEKTIF
1. *sudden*
   ◊ *kematian mendadak* sudden death
2. *abrupt*
   ◊ *perubahan mendadak* an abrupt change
- **dengan mendadak** unexpectedly
  ◊ *Prestasi Norziha di sekolah menurun dengan mendadak.* Norziha's performance at school got unexpectedly worse.

dadar KATA ADJEKTIF
- **telur dadar** omelette

dadih KATA NAMA
yogurt

dadu KATA NAMA
dice (JAMAK **dice**)

daerah KATA NAMA
district

daftar KATA NAMA
register
◊ *daftar pelajar* student register
berdaftar KATA ADJEKTIF
registered
◊ *surat berdaftar* a registered letter
mendaftar, mendaftarkan KATA KERJA
to register
◊ *Sudahkah anda mendaftar sebagai pengundi?* Have you registered as a voter?
- **mendaftar masuk** to check in
- **mendaftar keluar** to check out
pendaftar KATA NAMA
registrar
pendaftaran KATA NAMA
registration

dagang KATA ADJEKTIF
- **anak dagang** foreigner
- **kapal dagang** merchant ship
berdagang KATA KERJA
to trade
◊ *Orang Portugis datang ke Melaka untuk berdagang.* The Portuguese came to Malacca to trade.

memperdagangkan KATA KERJA
1. *to trade*
   ◊ *Mereka memperdagangkan kain sutera dan barang-barang antik.* They trade in silk and antiques.
2. *to traffic*
   ◊ *Lelaki jahat itu memperdagangkan perempuan untuk wang.* The evil man trafficked in women for money.
pedagang KATA NAMA
merchant
perdagangan KATA NAMA
trade
◊ *Texas mempunyai sejarah perdagangan yang panjang dengan Mexico.* Texas has a long history of trade with Mexico.
dagangan KATA NAMA
merchandise
- **dagangan keluar** exported goods
- **dagangan masuk** imported goods

daging KATA NAMA
meat
- **penjual daging** butcher

dagu KATA NAMA
chin

dahaga KATA KERJA
> rujuk juga **dahaga** KATA NAMA

thirsty
◊ *Saya dahaga.* I'm thirsty.
- **Kami dahaga akan kasih seorang ibu.** We yearned for a mother's love.
mendahagai KATA KERJA
to yearn
◊ *Kami mendahagai kasih seorang ibu.* We yearned for a mother's love.
kedahagaan KATA NAMA
thirst
◊ *Mereka mati kerana kedahagaan.* They died of thirst.

dahaga KATA NAMA
> rujuk juga **dahaga** KATA KERJA

thirst
◊ *minuman yang menghilangkan dahaga* thirst-quenching drinks

dahan KATA NAMA
branch (JAMAK **branches**)

dahi KATA NAMA
forehead

dahsyat KATA ADJEKTIF
dreadful
◊ *kemalangan yang dahsyat* a dreadful accident

dahulu KATA SENDI
1. *previously*
   ◊ *Dahulu dia ditangkap kerana merosakkan harta benda awam.* She had been previously arrested for vandalism.
- **pada masa dahulu** in the past

- **pada suatu masa dahulu** once upon a time
  2 *first*
  ◊ *Kura-kura yang sampai dahulu ke garisan penamat.* The tortoise arrived at the finishing line first.
  mendahului KATA KERJA
  1 *to lead*
  ◊ *Dia mendahului pesaing-pesaingnya dalam perlumbaan itu dari awal hingga akhir.* He led the race from start to finish.
  2 *to begin*
  ◊ *Acara itu akan didahului dengan ucapan guru besar.* The event will begin with a speech by the headmaster.
  mendahulukan KATA KERJA
  to give priority to
  ◊ *Dina mendahulukan keluarganya daripada orang lain.* Dina gives priority to her family over anyone else.
  pendahulu KATA NAMA
  predecessor
  ◊ *Dia belajar segala-galanya daripada pendahulunya.* He learned everything from his predecessor.
- **Pasukan itu menjadi pendahulu liga.** The team is top of the league.
  pendahuluan KATA NAMA
  1 *preface* (buku, ucapan)
  2 *advance* (wang)
  terdahulu KATA ADJEKTIF
  previous
  ◊ *Karyanya yang terdahulu tidak begitu dipandang tinggi.* Her previous work was not as highly regarded.

daif KATA ADJEKTIF
deprived
◊ *Helen suka membantu kanak-kanak yang miskin dan daif.* Helen likes helping poor and deprived children.
kedaifan KATA NAMA
deprivation
◊ *Mereka tidak mahu hidup dalam kedaifan.* They don't want to live in deprivation.

dail KATA KERJA
rujuk juga **dail** KATA NAMA
to dial
mendail KATA KERJA
to dial
dail KATA NAMA
rujuk juga **dail** KATA KERJA
dial
- **nada dail** dialling tone

dakap
berdakap-dakapan KATA KERJA
to hug each other
◊ *Mereka berdakap-dakapan sebaik sahaja tiba di majlis itu.* As soon as they arrived at the party they hugged each other.
mendakap KATA KERJA
to hug
◊ *Ponmudi mendakap anak perempuannya.* Ponmudi hugged her daughter.
dakapan KATA NAMA
- **dalam dakapan seseorang** in somebody's arms ◊ *Kucing itu terlena dalam dakapan Bavani.* The cat slept in Bavani's arms.

daki (1)
mendaki KATA KERJA
to climb
pendaki KATA NAMA
climber
pendakian KATA NAMA
climbing

daki (2) KATA NAMA
dirt

dakwa KATA NAMA
accusation
- **dakwa-dakwi** accusations
  mendakwa KATA KERJA
  1 *to accuse*
  ◊ *Iqmal mendakwa pembantunya mencuri.* Iqmal accused his assistant of theft.
  2 *to claim*
  ◊ *Suhaimi mendakwa dia ternampak hantu di bilik air.* Suhaimi claimed he saw a ghost in the toilet.
  3 *to charge*
  ◊ *Pegawai polis itu mendakwa Akhib kerana memandu melebihi had laju.* The police officer charged Akhib for speeding.
- **En. Kuan mendakwanya atas tuduhan memfitnah.** Mr Kuan sued him for slander.
  pendakwa KATA NAMA
  accuser
- **pendakwa raya** prosecutor
  pendakwaan KATA NAMA
  prosecution
  ◊ *Pendakwaan itu akan diteruskan secara tertutup.* The prosecution will go ahead in private.
  terdakwa KATA NAMA
  accused
- **yang terdakwa** the accused
  dakwaan KATA NAMA
  1 *claim*
  ◊ *Dakwaan pengeluar tersebut tidak benar.* The manufacturer's claims are untrue.
  2 *accusation*
  ◊ *Joe menafikan dakwaan yang dibuat terhadapnya.* Joe denied the accusation

dakwah → damai

made against him.

dakwah KATA NAMA
missionary activity
(JAMAK **missionary activities**)
berdakwah KATA KERJA
to preach
◊ *Mereka pergi berdakwah dari satu tempat ke satu tempat.* They went from place to place preaching.
pendakwah KATA NAMA
missionary (JAMAK **missionaries**)

dakwat KATA NAMA
ink
berdakwat KATA KERJA
with ink
◊ *Dia masih menyimpan pen yang tidak berdakwat itu.* He still keeps that pen with no ink in it.
♦ **Pen Muthu sudah tidak berdakwat.** Muthu's pen has run out of ink.
♦ **pen berdakwat hitam** a black pen

dakyah KATA NAMA
propaganda

dalam KATA ADJEKTIF

> rujuk juga **dalam** KATA ARAH, KATA NAMA, KATA SENDI

deep
◊ *Pengetahuan Dr. Firdaus sangat dalam.* Dr Firdaus' knowledge is very deep. ◊ *Kata-katanya mempunyai makna yang sangat dalam.* His words have a very deep meaning.
♦ **bahagian dalam** inner ◊ *Dia masuk ke pejabat yang terletak di bahagian dalam.* He went into the inner office.
kedalaman KATA NAMA
depth
◊ *Kami kagum dengan kedalaman pengetahuannya.* We were impressed by the depth of her knowledge.
mendalam KATA KERJA
[1] *to get stronger*
◊ *Kasih sayangnya semakin mendalam.* Her love is getting stronger.
[2] *thorough*
◊ *kajian yang mendalam* thorough research
♦ **Luka pada tangannya semakin mendalam.** The cut on his hand is getting deeper.
mendalamkan, memperdalam KATA KERJA
to deepen
◊ *memperdalam ilmu pengetahuan dan pemahaman* to deepen one's knowledge and understanding
pedalaman KATA NAMA
hinterland
♦ **kawasan pedalaman** hinterland

pendalaman KATA NAMA
deepening
◊ *pendalaman terusan* the deepening of a canal
sedalam KATA ADJEKTIF
as deep as
♦ **lubang sedalam empat meter** a hole four metres deep
dalaman KATA ADJEKTIF
inner
◊ *perasaan dalaman* inner feeling

dalam KATA ARAH

> rujuk juga **dalam** KATA ADJEKTIF, KATA NAMA, KATA SENDI

in
◊ *di dalam rumah* in the house
◊ *Masukkan gula ke dalam kopi anda.* Put some sugar in your coffee.
♦ **Dia masuk ke dalam.** He went inside.

dalam KATA NAMA

> rujuk juga **dalam** KATA ADJEKTIF, KATA ARAH, KATA SENDI

depth
♦ **Dalam kolam itu ialah 5 meter.** The pool is 5 metres deep.
♦ **Berapakah dalam tasik ini?** How deep is the lake?

dalam KATA SENDI

> rujuk juga **dalam** KATA ADJEKTIF, KATA ARAH, KATA NAMA

in
◊ *bercakap dalam bahasa Inggeris* to speak in English ◊ *Anda harus bersabar dalam hal ini.* You have to be patient in this matter.

dalang KATA NAMA
[1] *puppeteer*
[2] *mastermind*
◊ *Smith merupakan dalang di sebalik rancangan itu.* Smith was the mastermind behind the plan.
mendalangi KATA KERJA
to mastermind
◊ *Dialah yang mendalangi penipuan ini.* He was the one who masterminded the fraud.

dalih KATA NAMA
excuse
◊ *Saya tidak mahu mendengar dalih kamu lagi.* I don't want to hear your excuses any more.
berdalih KATA KERJA
to make excuses
◊ *Janganlah berdalih lagi!* Stop making excuses!

dam KATA NAMA
draughts

damai KATA ADJEKTIF
peaceful

◊ *suasana yang damai* a peaceful atmosphere
- **hidup dalam aman dan damai** to live in peace and harmony
- **secara damai** peacefully ◊ *berbincang secara damai* to discuss something peacefully

berdamai KATA KERJA
to make peace

kedamaian KATA NAMA
peace

mendamaikan KATA KERJA
to get...to make up
◊ *Pegawai polis itu cuba mendamaikan dua lelaki yang bergaduh itu.* The policeman tried to get the two men who were fighting to make up.
- **Suasana di sini sungguh mendamaikan hati.** There's a very peaceful atmosphere here.

pendamai KATA NAMA
peacemaker

damak KATA NAMA
dart

dampar
terdampar KATA KERJA
[1] *to be washed ashore*
◊ *Dia menyelamatkan putera raja yang terdampar di tepi laut itu.* She rescued the prince who had been washed ashore.
[2] *to be cast ashore*
◊ *Bot itu terdampar di dalam lumpur di tepi pantai itu.* The boat was cast ashore on the muddy beach.

damping
berdamping, berdampingan KATA KERJA
[1] *to be close to*
◊ *Di sekolah Siti selalu berdamping dengan Nurul.* At school Siti is really close to Nurul.
[2] *side by side*
◊ *berjalan berdamping* to walk side by side

mendampingi KATA KERJA
to get close to
◊ *Stanley cuba mendampingi Cristin.* Stanley tried to get close to Cristin.

dan KATA HUBUNG
and

dana KATA NAMA
fund

danau KATA NAMA
lake

dandan KATA NAMA *rujuk* **dandanan**
berdandan KATA KERJA
to make oneself look nicer
◊ *Mereka suka berdandan.* They enjoy making themselves look nicer.

mendandan KATA KERJA
to make ... up
◊ *Kami mendandan wajahnya supaya dia kelihatan cantik.* We made her face up so that she looked beautiful.
- **mendandan rambut seseorang** to plait someone's hair

pendandan KATA NAMA
make-up artist

dandanan KATA NAMA
hairstyle and clothes
◊ *Dandanannya berlainan hari ini.* Her hairstyle and clothes look different today.
- **Dia kelihatan sangat cantik dengan dandanan saya.** She looks so beautiful the way I made her up.
- **dandanan rambut** hairstyle

dangkal KATA ADJEKTIF
shallow
◊ *Sungai itu sangat dangkal.* The river is very shallow.
- **ilmu pengetahuan yang dangkal** superficial knowledge

dansa KATA NAMA
Western dance

dapat KATA BANTU
[1] *can*
◊ *Pencuci muka ini dapat menghilangkan jerawat.* This facial cleanser can get rid of pimples.
[2] *to get*
◊ *Mereka dapat menginap di sebuah hotel yang mewah.* The got to stay at a luxurious hotel.

mendapat KATA KERJA
[1] *to get*
◊ *Dia mendapat buku itu daripada ayahnya.* She got the book from her father.
[2] *to receive*
◊ *Salwani mendapat berita itu kelmarin.* Salwani received the news yesterday.
- **Saya mendapat tahu bahawa dia akan bersara tidak lama lagi.** I found out that he would retire soon.

mendapati KATA KERJA
[1] *to find*
◊ *Guru itu mendapati mereka merokok di dalam kelas.* The teacher found them smoking in the class.
[2] *to find out*
◊ *Lina mendapati anaknya ponteng sekolah apabila guru itu menelefonnya.* Lina found out that her child was playing truant when the teacher telephoned her.

mendapatkan KATA KERJA
[1] *to go to*
◊ *Dia pulang ke rumah dan*

mendapatkan ayahnya untuk mengadukan hal itu. He came home and went to his father to complain about it.
- **Kanak-kanak itu berlari mendapatkan guru mereka.** The children ran to their teacher.

  [2] *to get*

  ◊ *Masalahnya sekarang adalah untuk mendapatkan makanan yang mencukupi.* The problem now is how to get enough food.

  pendapat KATA NAMA

  opinion

  ◊ *Apakah pendapat anda?* What's your opinion?

  berpendapat KATA KERJA

  to think

  ◊ *Saya berpendapat kita patut teruskan dengan cadangan itu.* I think that we should go ahead with the idea.

  bersependapat KATA KERJA

  [1] *to agree*

  ◊ *Saya bersependapat dengan anda.* I agree with you.

  [2] *to share the opinion of*

- **Punitha bersependapat dengan Paramjit.** Punitha shares Paramjit's opinion.

  pendapatan KATA NAMA

  income

  ◊ *Berapakah pendapatan anda?* What is your income?

  dapatan KATA NAMA

  findings

dapur KATA NAMA

[1] *kitchen*

[2] *stove*

◊ *dapur gas* gas stove

dara KATA ADJEKTIF

rujuk juga **dara** KATA NAMA

virgin

◊ *Gadis itu masih dara.* The girl is still a virgin.

dara KATA NAMA

rujuk juga **dara** KATA ADJEKTIF

virginity

darab KATA KERJA

times

◊ *empat darab dua* four times two

mendarab KATA KERJA

to multiply

◊ *mendarab nombor ganjil dengan nombor genap* to multiply odd numbers with even numbers

pendaraban KATA NAMA

multiplication

◊ *Proses pendaraban menjadi sangat mudah dengan adanya mesin kira.* With the arrival of the calculator, the process of multiplication became very easy.

darah KATA NAMA

blood

- **darah daging** flesh and blood

  berdarah KATA KERJA

  to bleed

  ◊ *Tangannya masih berdarah.* Her hand is still bleeding.

  pendarahan KATA NAMA

  bleeding

  ◊ *pendarahan dalaman* internal bleeding

darat KATA NAMA

land

◊ *Kami tidak tahu sama ada kapal terbang itu jatuh ke darat atau ke dalam laut.* We don't know whether the plane crashed on the land or in the sea.

mendarat KATA KERJA

to land

◊ *Kapal terbang itu mendarat di KLIA.* The plane landed at KLIA.

mendaratkan KATA KERJA

to land

◊ *Kapten itu mendaratkan kapal terbangnya dengan selamat.* The captain landed the aircraft safely.

pendaratan KATA NAMA

landing

◊ *Kapal terbang itu terpaksa membuat pendaratan kecemasan akibat cuaca buruk.* The plane had to make an emergency landing because of bad weather.

daratan KATA NAMA

land

◊ *Kami hampir keputusan bekalan kerana berada jauh dari daratan begitu lama.* Because we were so far from land for so long we almost ran out of supplies.

dari KATA SENDI

from

◊ *dari Brunei ke Singapura* from Brunei to Singapore

daripada KATA SENDI

[1] *from*

◊ *surat daripada sahabat lama* a letter from an old friend

[2] *than*

◊ *Dia lebih bijak daripada saya.* She's cleverer than me.

- **lebih daripada** more than
- **kurang daripada** less than

darjah KATA NAMA

[1] *standard*

[2] *level*

◊ *Darjah kecerdikannya sangat tinggi.* His level of intelligence is very high.

[3] *degree*
◊ *Suhu bilik ialah 36.9 darjah Celsius.* Room temperature is 36.9 degrees Celsius.

darjat KATA NAMA
status
◊ *Pada zaman moden ini, masih ada orang yang mementingkan darjat.* In this modern era there are still people who care about status.

darurat KATA NAMA
emergency
• **zaman darurat di Tanah Melayu** the Emergency period in Malaya

das KATA NAMA
rujuk juga **das** PENJODOH BILANGAN
• **das tembakan** gunshot ◊ *Saya mendengar das tembakan itu ketika sedang tidur.* I heard the gunshot when I was sleeping.

das PENJODOH BILANGAN
rujuk juga **das** KATA NAMA
• **das tembakan** shot ◊ *Askar itu melepaskan tiga das tembakan daripada meriam tersebut.* The soldier fired three shots from the cannon.

dasar KATA NAMA
[1] *bottom*
◊ *dasar lautan* the bottom of the sea
[2] *policy* (JAMAK **policies**)
◊ *"Dasar Pandang ke Timur"* "Look East Policy"
[3] *basis*
◊ *Rancangan ini merupakan dasar penyelesaian konflik itu.* This plan is the basis for settling the conflict.
• **pada dasarnya** basically
berdasarkan KATA KERJA
based on
◊ *Filem ini berdasarkan kisah benar.* The film is based on a true story.

data KATA NAMA
data

datang KATA KERJA
to come
◊ *Dia datang lambat hari ini.* He came late today.
kedatangan KATA NAMA
arrival
◊ *Kami terkejut dengan kedatangannya secara tiba-tiba.* We were surprised by his sudden arrival.
mendatang KATA KERJA
coming
◊ *Hal ini bergantung pada situasi pada bulan-bulan mendatang.* This depends on the situation in the coming months.
• **pada masa mendatang** in the future
mendatangi KATA KERJA
to come at
◊ *Masalah tidak habis-habis mendatangi kami.* Problems never stop coming at us.
mendatangkan KATA KERJA
to bring
◊ *Tukang masak yang didatangkan dari Italy...* A cook who was brought from Italy...
• **mendatangkan faedah** to benefit
pendatang KATA NAMA
immigrant

datar KATA ADJEKTIF
flat
◊ *tanah datar* flat land
mendatar KATA KERJA
[1] *flat*
◊ *padang pasir yang kelihatan mendatar* a flat looking desert
[2] *horizontal*
◊ *menegak dan mendatar* vertical and horizontal
dataran KATA NAMA
plain

datuk KATA NAMA
grandfather
• **datuk bandar** mayor

daulat KATA NAMA
power
◊ *Raja itu menjadi boneka penjajah dan tidak mempunyai sebarang daulat.* The king became the colonizers' puppet and had no power whatsoever.
• **Daulat tuanku!** Long live the king!
berdaulat KATA ADJEKTIF
sovereign
◊ *sebuah negara yang berdaulat* a sovereign country
kedaulatan KATA NAMA
sovereignty
◊ *Kita harus mempertahankan kedaulatan negara kita.* We must protect the sovereignty of our country.
• **kedaulatan rakyat** democracy

daun KATA NAMA
leaf (JAMAK **leaves**)
• **daun bawang** spring onion

dawai KATA NAMA
wire
pendawaian KATA NAMA
wiring

daya KATA NAMA
[1] *strength*
◊ *Dia masih ada daya untuk berjalan.* He still has the strength to walk.
[2] *power*
◊ *daya untuk berfikir* the power to think
[3] *way*
◊ *Saya sudah habis daya untuk*

daya cipta → debat

menyelesaikan masalah itu. I can't think of any more ways to solve the problem.
berdaya KATA KERJA
to have the strength
◊ *Walaupun dia sakit, dia masih berdaya menonton televisyen.* Although he is ill, he still has the strength to watch television.
memperdaya KATA KERJA
to trick
◊ *Dia cuba memperdaya saya membeli telefon bimbit itu.* He tried to trick me into buying the mobile phone.
terdaya KATA KERJA
to be able to
◊ *Saya sudah tidak terdaya lagi mengangkat kotak itu.* I am not able to carry the box any more.
terpedaya KATA KERJA
to be deceived
◊ *Saya terpedaya olehnya.* I was deceived by him.

daya cipta KATA NAMA
creativity
berdaya cipta KATA KERJA
creative
◊ *masyarakat yang berdaya cipta* a creative society

daya maju KATA NAMA
ability to advance
berdaya maju KATA KERJA
progressive
◊ *negara-negara yang berdaya maju* progressive countries

dayang KATA NAMA
palace maid

daya saing KATA NAMA
competitiveness
berdaya saing KATA KERJA
competitive
◊ *seorang pemimpin yang berdaya saing* a competitive leader

daya tahan KATA NAMA
endurance

daya upaya KATA NAMA
[1] *strength*
◊ *Saya kagum dengan daya upayanya.* I really admire his strength.
[2] *energy*
◊ *mempunyai daya upaya untuk menyelesaikan masalah* to have the energy to solve a problem
sedaya upaya KATA ADJEKTIF
one's very best
◊ *Para pelajar telah mencuba sedaya upaya mereka.* The students have tried their very best.

daya usaha KATA NAMA
initiative

dayu

B. Melayu ~ B. Inggeris 658

mendayu, mendayu-dayu KATA KERJA
faint
◊ *Suaranya mendayu-dayu.* Her voice is faint.

dayung KATA NAMA
paddle
berdayung KATA KERJA
to paddle
◊ *berdayung mengelilingi Lautan Pasifik dengan kayak* paddling around the Pacific Ocean in a kayak
mendayung KATA KERJA
to paddle
◊ *mendayung sampan* to paddle a boat

dayus KATA ADJEKTIF
despicable
◊ *Hanya lelaki dayus sahaja sanggup mencabul anak sendiri.* Only a despicable man would molest his own daughter.

debar KATA NAMA *rujuk* **debaran**
berdebar, berdebar-debar KATA KERJA
to pound
◊ *Hatinya berdebar-debar.* Her heart was pounding.
♦ **Filem ini akan membuat hati anda berdebar-debar.** The film will make your heart race.
♦ **Saya berdebar-debar menanti keputusan peperiksaan.** I'm nervously awaiting the exam results.
mendebarkan KATA KERJA
to make...race
◊ *Berita itu benar-benar mendebarkan hati saya.* The news really made my heart race.
♦ **pengalaman yang mendebarkan** an exciting experience
debaran KATA NAMA
♦ **debaran jantung** heartbeat
◊ *Debaran jantungnya semakin kuat semasa dia menaiki tangga.* Her heartbeat became stronger as she climbed the stairs.

debat KATA NAMA
debate
berdebat KATA NAMA
to argue
◊ *Pelajar itu suka berdebat dengan gurunya.* The student likes to argue with his teacher.
♦ **Penduduk berdebat tentang hal kebersihan di kawasan mereka.** The residents discussed the matter of cleanliness in their area.
mendebat KATA KERJA
to challenge
◊ *Dia mendebat kenyataan saya.* He

debit → dek

challenged my statement.
mendebatkan, memperdebatkan KATA KERJA
to debate
◊ *Mereka sedang memperdebatkan isu-isu politik.* They were debating political issues.
pendebat KATA NAMA
debater
perdebatan KATA NAMA
debate
◊ *perdebatan di kalangan ahli bahasa* a debate among linguists

debit KATA NAMA
debit
◊ *Jumlah debit mestilah seimbang dengan jumlah kredit.* The total debits must balance the total credits.
mendebitkan KATA KERJA
to debit
◊ *Bank itu akan mendebitkan akaun saya setiap bulan.* The bank will debit my account every month.

debu KATA NAMA
dust
berdebu KATA KERJA
dusty

debunga KATA NAMA
pollen

debur
berdebur KATA KERJA
to crash
◊ *Saya suka mendengar bunyi ombak berdebur di pantai.* I like to hear the waves crashing on the beach.
deburan KATA NAMA
thunder
◊ *Saya terdengar bunyi deburan ombak.* I heard the thunder of the surf.
♦ **deburan air** splash (JAMAK **splashes**)

decit
berdecit KATA KERJA
to squeak
◊ *Pintu itu berdecit ketika saya cuba membukanya.* The door squeaked when I tried to open it.

dedah
mendedahkan KATA KERJA
to reveal
◊ *Suriati tidak mahu mendedahkan rahsia Rahayu.* Suriati didn't want to reveal Rahayu's secret.
pendedahan KATA NAMA
exposure
◊ *Mereka diberi banyak pendedahan melalui televisyen.* They have been given an enormous amount of exposure on television.
terdedah KATA KERJA

to be revealed
◊ *Rahsianya sudah terdedah.* Her secret has been revealed.
♦ **Jangan biarkan pintu itu terdedah.** Don't left the door open.

dedaun KATA NAMA
leaves

dedikasi KATA NAMA
dedication
berdedikasi KATA KERJA
dedicated
◊ *seorang yang berdedikasi* a dedicated person

defendan KATA NAMA
defendant

definisi KATA NAMA
definition
mendefinisikan KATA KERJA
to define

deflasi KATA NAMA
deflation

degar
berdegar-degar KATA KERJA
pompous
♦ **Cakapnya selalu berdegar-degar.** He always talks pompously.

degil KATA ADJEKTIF
stubborn
berdegil KATA KERJA
to insist
◊ *Walaupun ayah melarang saya keluar, saya tetap berdegil.* Although my father told me not to go out, I insisted.
kedegilan KATA NAMA
stubbornness

degup KATA NAMA
beat
♦ **degup jantung** heartbeat
berdegup KATA KERJA
to thump
◊ *Apakah kau dapat mendengar jantungku berdegup?* Can you hear my heart thumping?

deham KATA NAMA
cough
berdeham KATA KERJA
to clear one's throat
◊ *Claus berdeham dan bercakap dengan suara yang perlahan.* Claus cleared his throat and spoke in a soft voice.

dehem KATA NAMA *rujuk* **deham**

dek KATA NAMA
> *rujuk juga* **dek** KATA HUBUNG

deck

dek KATA HUBUNG
> *rujuk juga* **dek** KATA NAMA

by
◊ *Kambing biri-birinya habis dibaham*

dekad → demikian

dek harimau. All his sheep were eaten by the tiger.

dekad KATA NAMA
decade

dekah
berdekah-dekah KATA KERJA
◆ **ketawa berdekah-dekah** to laugh heartily

dekan KATA NAMA
dean

dekar
pendekar KATA NAMA
warrior

dekat KATA ADJEKTIF
near
◊ *Jangan datang dekat saya!* Don't come near me!
dekat-dekat KATA ADJEKTIF
very close to each other
◊ *Rumah di situ dekat-dekat belaka.* The houses are very close to each other.
berdekatan KATA ADJEKTIF
1 *nearby*
◊ *Anda boleh dapatkan barang ini di kedai yang berdekatan.* You can get it at the nearby shops. ◊ *Dia tinggal berdekatan.* He lives nearby.
2 *near*
◊ *Saya akan membeli sebuah rumah berdekatan dengan laut.* I'm going to buy a house near the sea.
kedekatan KATA NAMA
proximity
mendekati KATA KERJA
to come up to
◊ *Dia mendekati saya lalu mengucapkan terima kasih.* He came up to me and thanked me.
mendekatkan KATA KERJA
to put ... close
◊ *Dia mendekatkan cawannya ke teko itu.* She put her cup close to the teapot.
◆ **mendekatkan diri dengan ibu bapa** to be close to one's parents
pendekatan KATA NAMA
approach (JAMAK **approaches**)
◊ *Kami akan meneliti pendekatan-pendekatan yang berlainan untuk mengumpul maklumat.* We will be exploring different approaches to gathering information.
◆ **Mereka sedang mencari pendekatan untuk menyelesaikan masalah itu.** They are looking at how to solve the problem.
terdekat KATA ADJEKTIF
nearest
◊ *Kedai ini yang terdekat dengan kita.* This is the nearest shop to us.

deklamasi KATA NAMA
poetry reading
berdeklamasi KATA KERJA
to recite verses
◊ *Dia berdeklamasi seperti seorang penyajak.* He was reciting verses like a poet.
mendeklamasi, mendeklamasikan KATA KERJA
to recite
◊ *Saya masih ingat cara dia mendeklamasikan puisi Perancis kepada saya.* I still remember how he recited French poetry to me.

deklarasi KATA NAMA
declaration

delegasi KATA NAMA
delegation

demah KATA NAMA
poultice
mendemah KATA KERJA
to put a poultice on

demam KATA KERJA
rujuk juga **demam** KATA NAMA
to have a fever

demam KATA NAMA
rujuk juga **demam** KATA KERJA
fever
◊ *Demamnya semakin teruk.* His fever is getting worse.
◆ **demam Piala Dunia** World Cup fever
◆ **demam alergi** hay fever
◆ **demam campak** measles
◆ **demam denggi** dengue fever
◆ **demam kuning** yellow fever
◆ **demam selesema** flu

demi KATA SENDI
1 *as soon as*
◊ *Demi terdengar berita itu, dia pun menangis.* As soon as she heard the news, she wept.
2 *for the sake of*
◊ *demi wang* for the sake of money
◆ **Saya sanggup mengorbankan nyawa demi ibu saya.** I'm willing to sacrifice my life for my mother's sake.
◆ **Demi Tuhan, saya tidak menyangka semua ini boleh terjadi.** I swear to God, I didn't expect this to happen.
◆ **satu demi satu** one by one

demikian KATA GANTI NAMA
like that
◆ **Saya tidak akan berbuat demikian.** I will not do that.
◆ **oleh yang demikian** therefore
sedemikian KATA GANTI NAMA
rujuk juga **sedemikian** KATA PENGUAT
like that

- **Sikapnya memang sedemikian.** That's what he's like.
  sedemikian KATA PENGUAT
  > rujuk juga **sedemikian** KATA GANTI NAMA

  such
  ◊ *tempat yang sedemikian jauh* such a far-away place

demokrasi KATA NAMA
democracy

demokratik KATA ADJEKTIF
democratic

demonstrasi KATA NAMA
demonstration

denai KATA NAMA
track

denda KATA NAMA
1. *fine*
2. *punishment*

mendenda KATA KERJA
1. *to fine*
◊ *Majistret itu mendenda Kamaruddin kerana menghina mahkamah.* The magistrate fined Kamaruddin for contempt of court.
2. *to punish*
◊ *Dia mendenda anak-anaknya kerana pulang lewat.* He punished his children for coming home late.

dendam KATA NAMA
grudge
- **rindu dendam** deep longing
- **membalas dendam** to take revenge

berdendam KATA KERJA
to have a grudge
◊ *Nampaknya dia berdendam dengan saya.* It appears that he has a grudge against me.

mendendami KATA KERJA
to have a grudge against
◊ *Rezza mendendami Azmir kerana menipunya.* Rezza has a grudge against Azmir for lying to him.

pendendam KATA ADJEKTIF
vindictive
◊ *Dia seorang yang pendendam.* He's vindictive.

dendang KATA NAMA
happy song

berdendang KATA KERJA
to sing happily
◊ *Mereka menari sambil berdendang.* They danced and sang happily.

mendendangkan KATA KERJA
to sing
◊ *Nuraniza mendendangkan lagu itu.* Nuraniza sang the song.

dengan KATA SENDI
with

> **dengan** tidak ada terjemahan yang khusus apabila digunakan dalam bentuk seperti di bawah ini.

◊ *Dengan adanya alat ini, kita boleh membaiki apa sahaja.* Now that we have this tool, we can fix anything. ◊ *Dengan ini diisytiharkan bahawa...* It is hereby announced that... ◊ *Dengan ini dimaklumkan bahawa...* You are hereby informed that...

> **dengan** juga biasa digunakan di hadapan **kata adjektif** dan gabungan dua kata ini diterjemahkan menjadi kata adverba dalam bahasa Inggeris.

◊ *dengan mendadak* unexpectedly
◊ *dengan membabi buta* recklessly
◊ *dengan sabar* patiently ◊ *dengan cepat* quickly

dengar KATA KERJA
1. *to hear*
◊ *Saya dengar kamu akan pergi ke Australia minggu depan.* I hear you're going to Australia next week.
2. *to listen*
◊ *"Dengar betul-betul!"* "Listen carefully!"

- **tersilap dengar** to hear wrongly

dengar-dengar KATA ADJEKTIF
to hear
◊ *Dengar-dengarnya, dia sakit.* I hear that he is sick.

kedengaran KATA KERJA
to be heard
◊ *Suaranya kedengaran dari jauh.* Her voice could be heard from afar.

mendengar KATA KERJA
1. *to hear*
◊ *Saya tidak dapat mendengar suaranya.* I can't hear her voice.
2. *to listen*
◊ *Susila tidak mendengar nasihat Krisya.* Susila did not listen to Krisya's advice.

mendengari KATA KERJA
to hear
◊ *Dia menjerit supaya suaranya dapat didengari.* He shouted so that he could be heard.

pendengar KATA NAMA
listener

pendengaran KATA NAMA
hearing

terdengar KATA KERJA
1. *to happen to hear*
◊ *Saya terdengar bunyi bising di belakang rumah saya.* I happened to hear a noise at the back of my house.
2. *to overhear*
◊ *Saya terdengar datuk bercakap dengan ayah mengenai hal itu.* I

overheard grandfather talking to father about it.

denggi KATA NAMA
dengue

dengki KATA ADJEKTIF
> rujuk juga **dengki** KATA NAMA

jealous
◊ *Saya tahu kamu dengki akan saya.* I know you are jealous of me.
berdengki KATA KERJA
to be jealous of
◊ *Jangan berdengki sesama sendiri.* Don't be jealous of each other.
mendengki KATA KERJA
to be jealous of
◊ *Apalah gunanya mendengki kawan sendiri.* It's no use being jealous of your own friend.
pendengki KATA ADJEKTIF
envious
◊ *Dia seorang yang pendengki.* He's an envious person.

dengki KATA NAMA
> rujuk juga **dengki** KATA ADJEKTIF

spite
◊ *Dia melakukannya kerana dengki.* She did it out of spite.

dengkur KATA NAMA *rujuk* **dengkuran**
berdengkur, mendengkur KATA KERJA
1. *to snore*
2. *to purr* (*bunyi kucing*)
dengkuran KATA NAMA
snore

dengung KATA NAMA
1. *drone*
◊ *bunyi dengung yang berterusan di lebuh raya* the constant drone of the motorways
2. *buzz* (*bunyi lebah*)
berdengung KATA KERJA
1. *to boom* (*bunyi gong*)
2. *to buzz* (*bunyi lebah*)

dengus KATA NAMA
snort
◊ *Saya terdengar dengus seekor badak.* I heard the snort of a hippopotamus.
mendengus KATA KERJA
to snort
◊ *"Dia selalu meminta wang daripada saya!" dia mendengus.* "He keeps asking me for money!" he snorted.

dentam KATA NAMA
bang
♦ **dentam-dentum** repeated banging
berdentam KATA KERJA
to bang
◊ *bunyi pintu berdentam* the sound of the door banging

dentum KATA NAMA
roar
berdentum KATA KERJA
to roar
◊ *Guruh berdentum di langit.* Thunder roared across the sky.
dentuman KATA NAMA *rujuk* **dentum**

denyut KATA NAMA *rujuk* **denyutan**
berdenyut KATA KERJA
1. *to beat*
◊ *Jantungnya masih berdenyut.* His heart is still beating.
2. *to throb*
◊ *Nadinya masih berdenyut.* His pulse is still throbbing.
berdenyut-denyut KATA KERJA
to throb
◊ *Kepala saya berdenyut-denyut.* My head is throbbing.
denyutan KATA NAMA
beating
◊ *Saya dapat mendengar denyutan jantung saya.* I could hear my heart beating.

deodoran KATA NAMA
deodorant

depan KATA ADJEKTIF
> rujuk juga **depan** KATA ARAH

front
◊ *Dia masuk melalui pintu depan.* He came through the front door.
berdepan KATA KERJA
to face
◊ *Kamu harus berdepan dengan kenyataan.* You have to face the fact.
mengedepankan KATA KERJA
to put forward
◊ *Jawatankuasa itu akan mengedepankan cadangan pertamanya.* The committee will put forward its first proposal.

depan KATA ARAH
> rujuk juga **depan** KATA ADJEKTIF

♦ **di depan** in front ◊ *Tiba-tiba sahaja dia muncul di depan saya.* Suddenly he appeared in front of me.
♦ **ke depan** forward ◊ *bergerak ke depan* to move forward

deposit KATA NAMA
deposit
mendepositkan KATA KERJA
to deposit
◊ *Para pelanggan dikehendaki mendepositkan wang sebanyak RM100.* Customers are required to deposit RM100.

dera KATA KERJA
to abuse
◊ *Jangan dera anak-anak anda.* Don't abuse your children.
♦ **kena dera** to be abused

mendera KATA KERJA
to abuse
◊ *Ibu bapa yang tertekan mungkin akan mendera anak-anak mereka.* Parents who are under pressure may abuse their children.

pendera KATA NAMA
abuser

penderaan KATA NAMA
abuse
◊ *penyiasatan ke atas penderaan kanak-kanak* investigation into child abuse

derai
berderai, berderai-derai KATA KERJA
1. *loud and long*
◊ *Para tetamu ketawa berderai-derai mendengar jenakanya.* The guests laughed loud and long at his jokes.
2. *to drip*
◊ *Air jatuh berderai-derai dari paip yang bocor itu.* Water dripped from the leaking pipe.

• **pecah berderai** to shatter ◊ *Mangkuk kaca itu pecah berderai di atas lantai.* The glass bowl shattered on the floor.

deram KATA NAMA
roar
menderam KATA KERJA
to roar
◊ *Harimau itu menderam apabila kami masuk ke kandangnya.* The tiger roared when we entered its cage.

deras KATA ADJEKTIF
quickly
◊ *Air dari empangan itu mengalir deras.* The water from the dam flows quickly.

• **arus deras** fast current

kederasan KATA NAMA
speed
◊ *Kederasan air itu menyebabkan kami tidak dapat mencari mayatnya.* The speed of the water made it impossible for us to find her body.

deret PENJODOH BILANGAN
row
◊ *satu deret rumah* a row of houses

berderet-deret KATA KERJA
in rows
◊ *Rumah-rumah di situ disusun berderet-deret.* The houses were arranged in rows.

sederet KATA ADJEKTIF
on the same block as
◊ *Restoran itu terletak sederet dengan balai polis.* The restaurant is on the same block as the police station.

deretan KATA NAMA
rows
◊ *deretan rumah-rumah setinggan* rows of squatters' houses

derhaka KATA ADJEKTIF
disloyal
◊ *Si tenggang merupakan kisah seorang anak yang derhaka.* Si tenggang is a story about a disloyal son.

• **Orang yang derhaka kepada negara akan dihukum bunuh.** Those who betray their country will be sentenced to death.

menderhaka KATA KERJA
1. *to be disloyal*
◊ *Jangan menderhaka kepada ibu bapa dan Tuhan.* Do not be disloyal to your parents or to God.
2. *to betray*
◊ *menderhaka kepada negara* to betray one's country

penderhaka KATA NAMA
traitor

penderhakaan KATA NAMA
disloyalty
◊ *perderhakaan terhadap Tuhan* disloyalty to God

• **penderhakaan terhadap negara** treason

deria KATA NAMA
sense
◊ *deria bau* sense of smell

dering KATA NAMA *rujuk* **deringan**
berdering KATA KERJA
to ring
◊ *Saya terdengar loceng pintu berdering, tetapi tidak ada orang di luar.* I heard the doorbell ring but there was nobody outside.

deringan KATA NAMA
ring
◊ *deringan telefon* ring of the phone

derita KATA NAMA
suffering
menderita KATA KERJA
to suffer
◊ *Ramai rakyat negara itu menderita akibat peperangan.* Many people in that country suffered because of the war.

• **hidup menderita** to lead a life of suffering

penderita KATA NAMA
sufferer
◊ *penderita penyakit barah* cancer sufferer

penderitaan KATA NAMA
suffering
◊ *Kebanyakan novelnya memaparkan kisah penderitaan wanita dan kanak-kanak.* Most of his novels portrayed the suffering of women and children.

derma KATA NAMA

dermaga → detar

donation
◊ **memberikan derma** to make a donation

menderma, mendermakan KATA KERJA
to donate
◊ Hafiz mendermakan sebelah buah pinggangnya kepada Azizi. Hafiz donated one of his kidneys to Azizi.

penderma KATA NAMA
donor

pendermaan KATA NAMA
donation
◊ pendermaan koleksinya kepada galeri seni the donation of his collection to the art gallery

dermaga KATA NAMA
wharf (JAMAK **wharves** atau **wharfs**)

dermawan KATA NAMA
philanthropist

deru KATA NAMA *rujuk* **deruan**
berderu, menderu KATA KERJA
to roar
◊ Langit menjadi gelap dan angin pun menderu. The sky went dark and the wind roared.

deruan KATA NAMA
roar
◊ Saya dapat mendengar deruan ombak. I could hear the roar of the waves.

derum
berderum, menderum KATA KERJA
to roar
◊ Sebuah kereta polis menderum di lebuh raya itu. A police car roared along the highway.

deruman KATA NAMA
rumble
◊ deruman kapal terbang yang kedengaran dari jauh the rumble of a distant aeroplane

desa KATA NAMA
countryside
♦ **rentas desa** cross-country

desak
mendesak KATA KERJA
1 *to urge*
◊ Mereka mendesak parlimen meluluskan rancangan mereka. They urged parliament to approve their plans.
2 *to press*
◊ Walaupun saya menolak, dia masih terus mendesak saya. Though I refused, she still keeps pressing me.

pendesak KATA NAMA
♦ **kumpulan pendesak** pressure group

terdesak KATA KERJA
desperate
◊ Saya melakukan semua ini kerana terdesak. I did all this because I was desperate.

desakan KATA NAMA
insistence
◊ Vanitha menghadiri temu duga itu kerana desakan ibunya. Vanitha attended the interview at her mother's insistence.
♦ **desakan hidup** the pressures of life

desas-desus KATA NAMA
rumours

desing KATA NAMA *rujuk* **desingan**
berdesing KATA KERJA
to whistle
◊ Sebutir peluru berdesing di tepi telinga saya. A bullet whistled past my ears.
♦ **Telinga saya berdesing mendengar kata-katanya.** I was enraged by his words.

berdesing-desing KATA KERJA
to whistle
◊ Angin berdesing-desing di celah-celah bangunan itu. The wind was whistling through the building.

desingan KATA NAMA
whistling
◊ desingan angin the whistling of the wind

desir KATA NAMA *rujuk* **desiran**
berdesir KATA KERJA
to rustle
◊ Dedaun berdesir ditiup angin. The leaves rustled in the wind.

desiran KATA NAMA
rustling
◊ Kami terdengar desiran kertas-kertas. We heard the rustling of the papers.

deskriptif KATA ADJEKTIF
descriptive

destinasi KATA NAMA
destination

detap KATA NAMA
tramp
◊ Dia terdengar detap kasut seseorang menaiki tangga. He heard the tramp of shoes as someone came up the stairs.

berdetap KATA KERJA
to crack
◊ Ketika kami bersembunyi di sebalik pokok itu kami terdengar ranting berdetap. When we were hiding behind the tree we heard a twig crack.
♦ **bunyi kasut berdetap** the sound of a footstep

detar KATA NAMA
rattling sound
♦ **Dia menghempas pintu itu dengan begitu kuat sehingga saya terdengar bunyi detar pinggan mangkuk.** She slams the door so hard I hear dishes rattle.

Malay ~ English — detektif → diam

berdetar, berdetar-detar KATA KERJA
to rattle
◊ *Saya terdengar bunyi gelas berdetar di dapur.* I heard glasses rattling in the kitchen.

detektif KATA NAMA
detective

detik KATA NAMA
1 *second*
◊ *Beberapa detik kemudian...* A few seconds later...
2 *moment*
◊ *Ini merupakan detik yang bersejarah bagi semua rakyat Malaysia.* This is an historic moment for all Malaysians.

berdetik KATA KERJA
to tick
◊ *Tiba-tiba jam di ruang tamu berhenti berdetik.* Suddenly the clock in the living room stopped ticking.

- *Selepas menonton berita itu, hatinya berdetik, "kasihan kanak-kanak itu".* After watching the news, he said to himself, "poor children".
- *Hatinya berdetik apabila mereka menyebut nama gadis itu.* His heart leapt when they mentioned the girl's name.

detikan KATA NAMA
tick
◊ *Jam itu mempunyai detikan yang kuat.* The clock has a loud tick.

dewa KATA NAMA
god
◊ *Hercules ialah anak lelaki dewa Zeus.* Hercules was the son of the god Zeus.

dewan KATA NAMA
hall

dewasa KATA ADJEKTIF
rujuk juga **dewasa** KATA NAMA
adult
◊ *Dia sudah dewasa.* She is an adult.
- **orang dewasa** adult

dewasa KATA NAMA
rujuk juga **dewasa** KATA ADJEKTIF
time
◊ *Dewasa itu mesin basuh belum lagi dicipta.* At that time washing machines had not yet been invented.

dewi KATA NAMA
goddess (JAMAK **goddesses**)
◊ *Venus ialah dewi cinta.* Venus is the goddess of love.

di KATA SENDI
1 *at*
◊ *Dia ada di rumah.* He is at home.
◊ *Rumahnya terletak di nombor 10 Jalan Baiduri.* His house is at number 10 Jalan Baiduri.
2 *in*
◊ *Dia berada di Pulau Pinang.* He's in Penang.

- **di atas (1)** on ◊ *seekor kucing di atas bumbung* a cat on the roof
- **di atas (2)** above ◊ *Lampu yang berwarna-warni itu bergantungan di atas kepalanya.* The colourful lamps were hanging above his head.
- **di atas (3)** over ◊ *Seekor lebah terbang di atas kepalanya.* A bee flew over his head.
- **di bawah** under
- **di belakang** behind
- **di dalam** inside
- **di depan** in front
- **di sana (1)** there ◊ *Saya akan bertemu dengannya di sana.* I'll meet him there.
- **di sana (2)** over there ◊ *Buku itu ada di sana.* The book is over there.
- **di sini** here

dia KATA GANTI NAMA
1 *he* (*lelaki*)
◊ *Dia seorang pelajar yang baik.* He is a good student.
2 *she* (*perempuan*)
◊ *Dia seorang pelajar yang rajin.* She is a hardworking student.
3 *his* (*lelaki*)
◊ *Itu ibu dia.* That's his mother.
4 *her* (*perempuan*)
◊ *Itu abang dia.* That's her brother.
◊ *Jangan hiraukan dia.* Just ignore her.
5 *him* (*lelaki*)
◊ *Jangan hiraukan dia.* Just ignore him.

diabetes KATA NAMA
diabetes

diagnosis KATA NAMA
diagnosis

diagnostik KATA ADJEKTIF
diagnostic

diagram KATA NAMA
diagram

dialek KATA NAMA
dialect

dialog KATA NAMA
dialogue

diam KATA ADJEKTIF
rujuk juga **diam** KATA KERJA
1 *quiet*
◊ *Kanak-kanak itu diam sahaja sejak pagi tadi.* The children have been quiet since this morning.
2 *still*
◊ *Dia berdiri diam di tepi tingkap.* He stood still near the window.

diam-diam KATA ADJEKTIF
1 *quietly*
◊ *Saya masuk ke dalam rumah itu*

secara diam-diam. I entered the house quietly.
    2 *secretly*
    ◊ *Mereka berkahwin secara diam-diam.* They got married secretly.
- **"Duduk diam-diam," kata ibu itu kepada anak-anaknya.** "Sit still," said the mother to her children.
    berdiam KATA KERJA
- **berdiam diri** to keep quiet ◊ *Saya tidak akan berdiam diri sahaja dengan kejadian itu.* I shall not just keep quiet about the incident.
    mendiamkan KATA KERJA
    1 *to ignore*
    ◊ *Kamu tidak harus mendiamkan perkara ini. Kita harus melaporkannya kepada polis.* You shouldn't ignore the matter, we should report it to the police.
    2 *to hush up*
    ◊ *Mereka cuba mendiamkan hal yang sebenar.* They tried to hush up the actual facts.
- **Samira mendiamkan sahaja perbuatan kawannya.** Samira kept her friend's action to herself.
    pendiam KATA ADJEKTIF
    silent
    ◊ *Dia pendiam orangnya.* He was a silent man.
    terdiam KATA KERJA
    to fall silent
    ◊ *Mereka semua terdiam sebaik sahaja telefon berdering.* They all fell silent when the phone rang.

diam KATA KERJA

> rujuk juga **diam** KATA ADJEKTIF

to stay
◊ *Saya tidak mahu lagi diam di situ.* I don't want to stay there any more.
mendiami KATA KERJA
1 *to live in*
◊ *Dia merupakan seorang daripada guru-guru yang mendiami kampung itu.* He is one of the teachers who lives in the village.
2 *to occupy*
◊ *Siapakah yang mendiami rumah ini sebelum kematiannya?* Who occupied the house before his death?
- **tidak didiami** uninhabited
    kediaman KATA NAMA
    residential
    ◊ *kawasan kediaman* residential area

dian KATA NAMA
candle

diang
berdiang KATA KERJA
to warm oneself by a fire

- **Kami duduk bersama-sama sambil berdiang mengelilingi unggun api itu.** We sat around the campfire together to warm ourselves.
    perdiangan KATA NAMA
    fireplace

diarea KATA NAMA
diarrhoea

diari KATA NAMA
diary (JAMAK **diaries**)

didih
mendidih KATA KERJA
to boil
◊ *Dia menunggu air itu mendidih dahulu sebelum keluar.* He waited for the water to boil before going out.
mendidihkan KATA KERJA
to boil
◊ *mendidihkan air* to boil water

didik KATA KERJA
- **anak didik** protégé
    mendidik KATA KERJA
    to bring up
    ◊ *Ibu bapa perlu mengetahui cara terbaik untuk mendidik anak-anak mereka.* Parents should know the best way to bring up their children.
    pendidik KATA NAMA
    educator
    pendidikan KATA NAMA
    education
    ◊ *Kementerian Pendidikan* Ministry of Education
    berpendidikan KATA KERJA
    educated
    ◊ *Dia cantik dan berpendidikan.* She's beautiful and educated.
    didikan KATA NAMA
    1 *upbringing*
    ◊ *Anak lelakinya mendapat didikan dan pelajaran yang baik.* Her son had a good upbringing and education.
    2 *teaching*
    ◊ *Dia berjaya kerana didikan saya.* He succeeded because of my teaching.

diesel KATA NAMA
diesel
- **minyak diesel** diesel

diet KATA NAMA
diet
◊ *Diet dan senaman yang betul baik untuk kesihatan anda.* Proper diet and exercise is good for your health.
berdiet KATA KERJA
to diet
◊ *Anda perlu berdiet jika hendak mengurangkan berat badan.* You need to diet if you want to lose weight.

dif KATA NAMA

Malay ~ English — diftong → diri (1)

guest
- **dif-dif kehormat** guests of honour

diftong KATA NAMA
diphthong
- *Dalam bahasa Melayu, terdapat tiga diftong, iaitu ai, au dan oi.* In Malay, there are three diphthongs, namely ai, au and oi.

digit KATA NAMA
digit

berdigit KATA ADJEKTIF
digital
- *jam berdigit* digital watch

digital KATA ADJEKTIF
digital
- *jam digital* digital watch

dikit

berdikit-dikit KATA KERJA
little by little
- *Dia menyimpan wang berdikit-dikit.* He saved money little by little.
- **berbelanja berdikit-dikit** to spend thriftily

sedikit KATA BILANGAN
1 *a bit*
- *Tambahkan sedikit warna merah pada lukisan itu.* Add a bit of red to the painting.

2 *a little*
- *Masukkan sedikit garam.* Add a little salt.

3 *a few*
- *Hanya sedikit ahli yang mengundinya.* Only a few members voted for him.

sedikit-sedikit KATA ADJEKTIF
bit by bit
- *Dia makan kek itu sedikit-sedikit.* He ate the cake bit by bit.

diktator KATA NAMA
dictator
- **pemerintahan diktator** dictatorship

dilema KATA NAMA
dilemma

dimensi KATA NAMA
dimension

dinamik KATA ADJEKTIF
dynamic

dinamit KATA NAMA
dynamite

dinamo KATA NAMA
dynamo (JAMAK **dynamos**)

dinasti KATA NAMA
dynasty (JAMAK **dynasties**)

dinding KATA NAMA
wall

dingin KATA ADJEKTIF
cold
- *Cuaca pada pagi itu sangat dingin.* The weather that morning was very cold.
- *Dia seorang yang dingin.* She's a cold person.

kedinginan KATA KERJA
rujuk juga **kedinginan** KATA NAMA
cold
- *Saya kedinginan.* I'm cold.

kedinginan KATA NAMA
rujuk juga **kedinginan** KATA KERJA
cold
- *Kedinginan itu semakin terasa.* I began to feel the cold.

mendinginkan KATA KERJA
to cool down
- *Minuman ini akan mendinginkan badan anda.* This drink will cool you down.

dingin beku KATA ADJEKTIF
frozen
- *Ikan dingin beku banyak dijual di pasar raya.* Frozen fish can be found in many supermarkets.

mendinginbekukan KATA KERJA
to freeze
- *Ali mendinginbekukan daging itu dalam peti ais.* Ali froze the meat in the fridge.

dinosaur KATA NAMA
dinosaur

diploma KATA NAMA
diploma

diplomasi KATA NAMA
diplomacy
- *Pengurus itu menggunakan diplomasinya untuk menghilangkan kemarahan pekerjanya.* The manager used all his diplomacy to cool the angry workers down.

berdiplomasi KATA KERJA
to be tactful
- *Kita perlu pandai berdiplomasi dengan orang-orang kampung yang sensitif.* We must be tactful when talking to the villagers, they are sensitive.

diplomat KATA NAMA
diplomat

diplomatik KATA ADJEKTIF
diplomatic
- **secara diplomatik** diplomatically

diraja KATA ADJEKTIF
royal

direktori KATA NAMA
directory (JAMAK **directories**)

diri (1)

berdiri KATA KERJA
to stand up
- *Mereka menyuruh saya berdiri tegak.* They told me to stand up straight.

mendirikan KATA KERJA
1 *to put up*
- *mendirikan khemah* to put up a tent

2 *to build*

diri (2) → doktor　　　　　　　　　　　B. Melayu ~ B. Inggeris　　668

◊ *mendirikan rumah* to build a house
- **mendirikan rumah tangga** to get married
   pendirian KATA NAMA
   stand
   ◊ *Dia enggan mengubah pendiriannya.* He refused to change his stand.
   berpendirian KATA KERJA
   principled
- **Dia seorang yang berpendirian teguh.** He's a person with firm principles.
- **seorang yang tidak berpendirian** an unprincipled person
   terdiri KATA KERJA
- **terdiri daripada** to consist of
   ◊ *Kebanyakan ahli kumpulan itu terdiri daripada pelajar.* The group consists mainly of students.

diri (2) KATA NAMA
- **diri saya** myself ◊ *Saya tidak akan mengorbankan diri saya untuk orang lain.* I will not sacrifice myself for other people.
- **diri mereka** themselves ◊ *Mereka memperkenalkan diri mereka sebagai "The Champions".* They introduced themselves as "The Champions".
- **diri sendiri (1)** himself ◊ *Dia berkata kepada diri sendiri...* He said to himself...
- **diri sendiri (2)** herself ◊ *Gadis itu berkata kepada diri sendiri...* The girl said to herself...
- **diri sendiri (3)** myself ◊ *Saya bertanya kepada diri sendiri...* I asked myself...
- **diri sendiri (4)** oneself ◊ *Seseorang itu perlu memikirkan tentang diri sendiri...* One has to think about oneself...
- **diri sendiri (5)** ourselves ◊ *Kita harus memikirkan tentang diri sendiri sebelum memikirkan tentang orang lain.* We have to think about ourselves before thinking about others.
- **diri sendiri (6)** themselves ◊ *Mereka bertanya kepada diri sendiri...* They asked themselves...
- **Kita mesti selalu mendekatkan diri dengan ibu bapa kita.** We must always be close to our parents.
- **membunuh diri** to commit suicide
- **berdiam diri** to keep silent

Disember KATA NAMA
   December
   ◊ *pada 4 Disember* on 4 December
- **pada bulan Disember** in December

disinfektan KATA NAMA
   disinfectant

disiplin KATA NAMA
   discipline
   ◊ *disiplin diri* self-discipline

- **tindakan disiplin** disciplinary action
   berdisiplin KATA KERJA
   disciplined
   ◊ *seorang guru yang berdisiplin* a disciplined teacher
   mendisiplinkan KATA KERJA
   to discipline
   ◊ *Saya cuba mendisiplinkan diri sendiri.* I tried to discipline myself.

diskaun KATA NAMA
   discount

disket KATA NAMA
   diskette

disko KATA NAMA
   disco (JAMAK **discos**)

diskriminasi KATA NAMA
   discrimination
   mendiskriminasikan KATA KERJA
   to discriminate against
   ◊ *Di beberapa buah negara, kaum lelaki masih mendiskriminasikan kaum wanita.* In several countries, men still discriminate against women.

dividen KATA NAMA
   dividend

dll SINGKATAN (= *dan lain-lain*)
   etc (= *et cetera*)

doa KATA NAMA
   prayer
   berdoa KATA KERJA
   to pray
   ◊ *Kelly berdoa semoga Tuhan mengampunkan dosanya.* Kelly prayed that God would forgive her sins.
   mendoakan KATA KERJA
   to pray
   ◊ *Ibu mendoakan kejayaan saya.* Mother prayed for my success.

dobi KATA NAMA
- **kedai dobi** laundry (JAMAK **laundries**)
   mendobi KATA KERJA
   to launder
   ◊ *Dia menghantar pakaiannya untuk didobi.* He sent his clothes to be laundered.

dodoi KATA NAMA
   lullaby (JAMAK **lullabies**)
   mendodoikan KATA KERJA
   to lull
   ◊ *Kamariah mendodoikan bayinya sehingga tidur.* Kamariah lulled her baby to sleep.

doktor KATA NAMA
   doctor
- **doktor bedah** surgeon
- **doktor gigi** dentist
- **doktor haiwan** vet
   kedoktoran KATA NAMA
   medical

◊ *pelajar kedoktoran* medical student
* **ijazah kedoktoran** doctorate

doktrin KATA NAMA
doctrine

dokumen KATA NAMA
document
mendokumenkan KATA KERJA
to document
◊ *Mereka akan mendokumenkan perbicaraan itu.* They will document the trial.

dokumentari KATA NAMA
documentary (JAMAK **documentaries**)

dokumentasi KATA NAMA
documentation

dolak-dalik KATA NAMA
unreliability
◊ *dolak-dalik para usahawan dan ahli politik* the unreliability of businessmen and politicians
berdolak-dalik KATA KERJA
to chop and change
◊ *Dia selalu berdolak-dalik tentang hal itu.* He keeps chopping and changing when he talks about that.

domain KATA NAMA
domain (komputer)

domestik KATA ADJEKTIF
domestic

dominan KATA ADJEKTIF
dominant
◊ *gen dominan* a dominant gene

dompet KATA NAMA
wallet

donat KATA NAMA
doughnut

dongak
mendongak KATA KERJA
to tilt one's head
◊ *Dia mendongak untuk melihat pertunjukan udara itu.* She tilted her head to watch the air show.
mendongakkan KATA KERJA
to tilt
◊ *Dia mendongakkan kepalanya.* She tilted her head.
terdongak KATA KERJA
to tilt
◊ *Boat itu terdongak lalu tenggelam.* The boat tilted and sank.

dongeng KATA NAMA
[1] *tale*
◊ *dongeng rakyat* folk tales
* **cerita dongeng** fairy tale
[2] *fable*
◊ *Apakah kelahiran semula satu kenyataan, atau hanya satu dongeng?* Is reincarnation a fact or just a fable?
dongengan KATA NAMA
fantasy (JAMAK **fantasies**)
◊ *Ramai yang menganggap keamanan sejagat sebagai dongengan semata-mata.* Many people think that world peace is a fantasy.

dorong
mendorong KATA KERJA
[1] *to push*
◊ *Nelayan-nelayan itu mendorong sampan mereka ke laut.* The fishermen pushed their boat into the sea.
[2] *to encourage*
◊ *Cathy mendorong saya supaya terus mencuba.* Cathy encourages me to keep trying.
pendorong KATA NAMA
[1] *motivator* (orang)
[2] *motivation* (benda)
◊ *Wang ialah pendorong kami.* Money is our motivation.
terdorong KATA KERJA
[1] *to stumble*
◊ *Saya terdorong dari tangga dan hampir-hampir terjatuh.* I stumbled down the stairs and almost fell.
[2] *inclined*
◊ *Tidak ada orang yang terdorong untuk bertengkar dengan Smith.* Nobody felt inclined to argue with Smith.
dorongan KATA NAMA
encouragement
◊ *Dia berjaya kerana dorongan keluarganya.* She succeeded because of her family's encouragement.

dos KATA NAMA
dose
* **dos berlebihan** overdose

dosa KATA NAMA
sin
berdosa KATA KERJA
to sin
◊ *Kamu berdosa terhadap ibu bapa kamu.* You have sinned against your parents.
* **tidak berdosa** innocent ◊ *Peperangan itu meragut nyawa orang yang tidak berdosa.* The war was killing innocent people.

dozen KATA BILANGAN
dozen

draf KATA NAMA
draft
mendraf KATA KERJA
to draft
◊ *Dia mendraf sepucuk surat bantahan.* He drafted a letter of protest.
mendrafkan KATA KERJA
to draft
◊ *Penulis itu mendrafkan saya laporan*

itu. The writer drafted the report for me.

dram KATA NAMA
drum

drama KATA NAMA
drama
- **penulis drama** playwright

dramatik KATA ADJEKTIF
dramatic

drastik KATA ADJEKTIF
drastic
- **secara drastik** drastically

dsb SINGKATAN (= *dan sebagainya*)
etc (= *et cetera*)

dua KATA BILANGAN
two
- **dua kali** twice
- **dua hari bulan Oktober** the second of October

berdua KATA BILANGAN
two of
◊ *Mereka berdua kawan baik.* The two of them are good friends.

berdua-duaan KATA KERJA
to be an unaccompanied couple
- **Mereka hanya berdua-duaan di taman itu.** The two of them were alone in the park.

kedua KATA BILANGAN
second

kedua-dua KATA BILANGAN
both
◊ *Kedua-dua anaknya berpelajaran tinggi.* Both of his children are highly educated.

menduakan KATA KERJA
- **menduakan isteri** to marry a second wife ◊ *Saya tidak mahu menduakan isteri saya.* I don't want to marry a second wife.
- **Suami saya sudah menduakan saya.** My husband has taken a second wife.

pendua KATA NAMA
duplicate
◊ *Di manakah saya boleh membuat pendua barang ini?* Where can I make a duplicate of this?
- **kunci pendua** duplicate key

dua belas KATA BILANGAN
twelve
- **dua belas hari bulan Jun** the twelfth of June

kedua belas KATA BILANGAN
twelfth

dua puluh KATA BILANGAN
twenty
- **dua puluh hari bulan September** the twentieth of September

kedua puluh KATA BILANGAN
twentieth

dubur KATA NAMA
anus (JAMAK **anuses**)

duda KATA NAMA
widower

duduk KATA KERJA
[1] *to sit*
[2] *to stay*
◊ *Dia duduk di hotel itu sejak semalam.* She has stayed in the hotel since last night.

kedudukan KATA NAMA
[1] *position*
◊ *Dia belajar demi meningkatkan kedudukannya dalam syarikat itu.* He is studying in order to improve his position in the company.
[2] *location*
◊ *Kami tidak dapat mengesan kedudukan kapal itu.* We couldn't trace the ship's location.

berkedudukan KATA KERJA
of ... status
◊ *Dia seorang yang berkedudukan tinggi.* He is a man of high status.

bersekedudukan KATA KERJA
to live together (*lelaki dan perempuan*)

menduduki KATA KERJA
[1] *to live in*
◊ *Orang asli yang menduduki hutan itu...* The aborigines who live in the forest...
[2] *to sit*
◊ *Dia akan menduduki peperiksaan pada tahun hadapan.* She will sit an exam next year.
[3] *to occupy*
◊ *Inggeris menduduki Pulau Pinang pada tahun 1786.* The British occupied Penang in the year 1786.
- **Kasmawati berjaya menduduki tempat ketiga dalam pertandingan itu.** Kasmawati came third in the competition.

penduduk KATA NAMA
[1] *inhabitant*
◊ *Penduduk di kawasan itu...* The inhabitants of that area...
- **penduduk kampung** villagers
[2] *population*
◊ *Negara itu kini mempunyai penduduk seramai lebih kurang 110 juta.* The country now has a population of about 110 million.

duet KATA NAMA
duet

berduet KATA KERJA
to sing a duet

duga KATA KERJA
to think
◊ *Rumah itu lebih besar daripada yang*

saya duga. The house is bigger than I thought.
menduga KATA KERJA
1. *to guess*
◊ *Dia sudah tentu dapat menduga perkara yang akan terjadi.* He could have guessed what would happen.
2. *to expect*
◊ *Saya tidak menduga dia akan bertindak seperti itu.* I never expected him to act like that.
3. *to test*
◊ *Saya cuma mahu menduga sama ada dia cukup berani atau tidak.* I just want to test whether he is brave enough or not.
- **tidak diduga** unexpected ◊ *tetamu yang tidak diduga* an unexpected visitor
terduga KATA KERJA
to be expected
◊ *Pelantikannya sebagai Presiden memang tidak terduga.* His appointment as a President could never have been expected.
dugaan KATA NAMA
1. *assumption*
◊ *Saya tidak menyangka dugaan saya tentang dia begitu tepat.* I didn't expect my assumption about him to be so true.
2. *challenge*
◊ *Saya sanggup menerima dugaan ini.* I'm willing to accept this challenge.
- **dugaan dan kesengsaraan hidup** life's trials and tribulations

duit KATA NAMA
money
duitan KATA ADJEKTIF
- **mata duitan** money-minded

duka KATA ADJEKTIF
sorrow
◊ *Saya dapat melihat duka pada wajahnya.* I could see the sorrow on her face.
- **duka nestapa** sorrow
berduka KATA KERJA
to grieve
◊ *Saya sangat sedih apabila melihat kamu berduka.* I am so sad when I see you grieving.
kedukaan KATA NAMA
sorrow
◊ *Hanya masa sahaja yang dapat mengubat kedukaan saya.* Only time will heal my sorrow. ◊ *...kegembiraan dan kedukaan dalam kehidupan harian.* ...the joys and sorrows of everyday life.
mendukakan KATA KERJA
- **mendukakan hati** to sadden
◊ *Janganlah kamu mendukakan hati ibu kamu.* Don't sadden your mother's heart.

dukacita KATA ADJEKTIF
sad
◊ *Saya berasa dukacita mendengar berita itu.* I felt sad when I heard the news.
- **Dengan dukacitanya dimaklumkan bahawa...** I regret to inform you that...
berdukacita KATA KERJA
to grieve
◊ *Saya tidak ada masa untuk berdukacita.* I don't have time to grieve.
mendukacitakan KATA KERJA
to make ... sad
◊ *Saya tidak mahu mendukacitakan kamu.* I don't want to make you sad.
- **berita yang mendukacitakan** sad news

dukun KATA NAMA
traditional healer

dukung
mendukung KATA KERJA
to carry (terjemahan umum)
◊ *Dia mendukung anaknya ke kereta.* She carried her son to the car.
- **mendukung seseorang di belakang** to give someone a piggyback

dulang KATA NAMA
tray
mendulang KATA KERJA
to pan
◊ *Setiap tahun mereka mendulang hampir satu tan emas.* Every year they panned about one ton of gold.

dunia KATA NAMA
world
berdunia KATA KERJA
to mix
◊ *Sejak kematian isterinya, dia tidak berdunia langsung dengan orang lain.* Since his wife's death he hasn't mixed at all.
sedunia KATA ADJEKTIF
world
◊ *Hari AIDS Sedunia* World AIDS Day
keduniaan KATA ADJEKTIF
worldly
◊ *Sejak dia belajar ilmu kebatinan, dia telah hilang minat tentang hal-hal keduniaan.* Since he began to study mysticism, he has lost interest in worldly matters.

duniawi KATA ADJEKTIF
worldly
◊ *Sejak dia belajar ilmu kebatinan, dia telah hilang minat tentang hal-hal duniawi.* Since he began to study mysticism, he has lost interest in worldly matters.

duri KATA NAMA
thorn
◊ *Bunga mawar mempunyai banyak*

durjana → **dwifokus**

duri. Roses have a lot of thorns.
berduri KATA KERJA
thorny
◊ *Bunga itu cantik, tetapi berduri.* The flower is beautiful, but it is thorny.
durjana KATA ADJEKTIF
evil
◊ *Tempat itu dipenuhi dengan perempuan dan lelaki durjana.* The place is filled with evil men and women.
kedurjanaan KATA NAMA
evil
◊ *Saya dapat melihat kedurjanaan dalam matanya.* I could see the evil in his eyes.
dusta KATA NAMA
lie
◊ *Semua itu dusta belaka.* That is all lies.
berdusta KATA KERJA
to lie
◊ *Saya benci orang yang berdusta kepada saya.* I hate people who lie to me.
mendustai KATA KERJA
to lie to
◊ *Meera berjanji tidak akan mendustai ibunya lagi.* Meera promised that she would not lie to her mother again.

pendusta KATA NAMA
liar
◊ *Kau memang pendusta!* You are a liar!
dusun KATA NAMA
orchard
duta KATA NAMA
ambassador
kedutaan KATA NAMA
embassy (JAMAK **embassies**)
duti KATA NAMA
duty (JAMAK **duties**)
◊ *duti import* import duty
duyun
berduyun-duyun KATA KERJA
to swarm
◊ *Orang ramai berduyun-duyun masuk ke dalam kedai itu.* People swarmed into the shop.
duyung KATA NAMA
mermaid
dwibahasa KATA ADJEKTIF
bilingual
◊ *kamus dwibahasa* bilingual dictionary
dwifokus KATA ADJEKTIF
bifocal
◊ *kanta dwifokus* bifocal lenses

E

edar

beredar KATA KERJA
1. _to revolve_
◊ *Satelit itu beredar mengelilingi bumi.* The satellite revolves around the Earth.
2. _to leave_
◊ *Dia sudah beredar.* He has left.

mengedar KATA KERJA
to deal
◊ *mengedar dadah* to deal in drugs

mengedarkan KATA KERJA
to circulate
◊ *Mereka hanya mengedarkan majalah itu kepada ahli persatuan.* They only circulate the magazine to members of the society.

pengedar KATA NAMA
distributor
◊ *pengedar filem Disney* distributor of Disney films
+ **pengedar dadah** drug dealer

pengedaran KATA NAMA
circulation
◊ *Pengedaran buku itu agak terhad di Malaysia.* The circulation of that book in Malaysia is quite limited.
+ **pengedaran dadah** drug trafficking

peredaran KATA NAMA
circulation
◊ *peredaran darah* the circulation of the blood
+ **peredaran masa** the passing of time

edaran KATA NAMA
circulation
◊ *Majalah itu mempunyai edaran sebanyak 5 juta naskhah.* The magazine has a circulation of 5 million.

edisi KATA NAMA
edition

edit KATA KERJA
to edit
◊ *Tolong edit karangan ini.* Please edit this essay.

mengedit KATA KERJA
to edit

editor KATA NAMA
editor

editorial KATA ADJEKTIF
editorial

efektif KATA ADJEKTIF
effective

efisien KATA ADJEKTIF
efficient
+ **tidak efisien** inefficient

ehwal
+ **hal-ehwal** affairs ◊ *hal-ehwal murid* student affairs

eja KATA KERJA
to spell
◊ *Eja perkataan ini.* Spell this word.

mengeja KATA KERJA
to spell
◊ *Dia tidak tahu mengeja.* He can't spell.

ejaan KATA NAMA
spelling

ejek KATA KERJA
to tease
◊ *Janganlah ejek dia.* Don't tease her.

mengejek KATA KERJA
to tease
◊ *Abang Siew Lan suka mengejeknya.* Siew Lan's brother likes to tease her.

ejekan KATA NAMA
teasing
◊ *Saya tidak senang dengan ejekannya.* I didn't like his teasing.

ejen KATA NAMA
agent

eka KATA ADJEKTIF
one

ekabahasa KATA ADJEKTIF
monolingual
◊ *kamus ekabahasa* monolingual dictionary

ekar KATA NAMA
acre
| kira-kira 4.047 meter |

ekasuku KATA ADJEKTIF
one syllable
◊ *perkataan-perkataan ekasuku* words of one syllable

ekonomi KATA ADJEKTIF
| rujuk juga **ekonomi** KATA NAMA |
economy
◊ *tiket kelas ekonomi* economy class ticket ◊ *serbuk pencuci pek ekonomi* economy pack of washing detergent

ekonomi KATA NAMA
| rujuk juga **ekonomi** KATA ADJEKTIF |
1. _economy_
◊ *ekonomi yang stabil* a stable economy ◊ *ekonomi negara itu...* that country's economy...
+ **keadaan ekonomi yang stabil** a stable economic situation
2. _economics_
◊ *Kakak Danny sedang belajar ekonomi di universiti.* Danny's sister is studying economics at the university.

ekonomik KATA ADJEKTIF
economical
◊ *kereta yang ekonomik* economical car

ekor KATA NAMA
| rujuk juga **ekor** PENJODOH BILANGAN |
tail

mengekori KATA KERJA

ekor → elektronik

ekor
to follow
◊ *Kami mengekori kereta Ken kerana kami tidak tahu jalan ke restoran itu.* We followed Ken's car because we didn't know the way to the restaurant.

ekoran KATA HUBUNG
consequence
◊ *Ekoran daripada itu,...* As a consequence of that,...

ekor PENJODOH BILANGAN
> rujuk juga **ekor** KATA NAMA
>
> **ekor** tidak ada terjemahan dalam bahasa Inggeris.

◊ *dua ekor kuda* two horses ◊ *tiga ekor monyet* three monkeys ◊ *empat ekor rusa* four deer

eksais KATA NAMA
excise
◊ *cukai eksais* excise duties

eksekutif KATA NAMA
executive

eksklusif KATA ADJEKTIF
exclusive

eksotik KATA ADJEKTIF
exotic
◊ *masakan eksotik* exotic food

ekspedisi KATA NAMA
expedition

eksperimen KATA NAMA
experiment

eksploitasi KATA NAMA
exploitation
◊ *eksploitasi kanak-kanak* child exploitation
mengeksploitasi KATA KERJA
to exploit

ekspo KATA NAMA
expo (JAMAK **expos**)

eksport KATA NAMA
export
mengeksport, mengeksportkan KATA KERJA
to export
◊ *Malaysia mengeksport getah.* Malaysia exports rubber.
pengeksport KATA NAMA
exporter
pengeksportan KATA NAMA
export
◊ *Pakaian dari kilang itu adalah untuk tujuan pengeksportan.* The clothes from that factory are for export.
◊ *Pengeksportan kereta mendatangkan keuntungan yang banyak.* The export of cars is very profitable.

ekstrak KATA NAMA
extract

ekuinoks KATA NAMA
equinox

ekuiti KATA NAMA
equity

ekzema KATA NAMA
eczema

ekzos KATA NAMA
exhaust

ela KATA NAMA
yard
> Satu ela bersamaan dengan kira-kira 90 sentimeter.

elak
mengelak KATA KERJA
to avoid
◊ *Keretanya terbabas apabila dia cuba mengelak daripada melanggar seekor lembu.* His car went off the road when he tried to avoid hitting a cow. ◊ *mengelak daripada seseorang* to avoid somebody
mengelakkan KATA KERJA
1 *to avoid*
◊ *Elakkan berjalan seorang diri pada waktu malam.* Avoid going out on your own at night.
2 *to prevent*
◊ *Dia cuba mengelakkan kemalangan itu daripada berlaku.* He tried to prevent the accident from happening.
♦ **tidak dapat dielakkan** unavoidable

elastik KATA ADJEKTIF
elastic

elat
mengelat KATA KERJA
to cheat
◊ *Tiada orang yang ingin bermain dengannya kerana dia selalu mengelat.* Nobody wants to play with her because she cheats.

elaun KATA NAMA
allowance

elektrik KATA ADJEKTIF
> rujuk juga **elektrik** KATA NAMA
1 *electric*
◊ *gitar elektrik* electric guitar
2 *electrical*
◊ *peralatan elektrik* electrical appliances

elektrik KATA NAMA
> rujuk juga **elektrik** KATA ADJEKTIF
electricity
♦ **Bekalan elektrik terputus.** The electricity has been cut off.
♦ **Kuasa elektrik dijana di empangan hidroelektrik.** Electricity is generated at the hydroelectric dam.

elektrod KATA NAMA
electrode

elektrolisis KATA NAMA
electrolysis

elektronik KATA ADJEKTIF

rujuk juga **elektronik** KATA NAMA
electronic
◊ *mesin kira elektronik* electronic calculator

elektronik KATA NAMA
rujuk juga **elektronik** KATA ADJEKTIF
electronics
◊ *Dia bekerja di sebuah syarikat elektronik di Johor.* He works in an electronics company in Johore.

elektrostatik KATA ADJEKTIF
electrostatic

elemen KATA NAMA
element

elit KATA NAMA
elite
* **golongan elit** the elite

elok KATA ADJEKTIF
1 *nice*
◊ *rupa yang elok* nice looks ◊ *Cuaca hari ini elok.* The weather is nice today.
2 *good*
◊ *Makanan itu masih elok.* The food is still good.

keelokan KATA NAMA
beauty
◊ *Kedai kraf tangan itu dikunjungi ramai kerana keunikan dan keelokan barangan yang dihasilkan.* The craft shop attracts many visitors because of the uniqueness and the beauty of its products.
* **Kami tertawan dengan keelokan paras rupa dan budi bahasanya.** We were captivated by her beauty and good manners.

mengelokkan KATA KERJA
to decorate
◊ *Mereka mengelokkan bilik itu dengan mengecat dindingnya dengan warna-warna yang terang.* They decorated the room by painting the walls in bright colours.

memperelok KATA KERJA
to beautify
◊ *Imran memperelok taman rumahnya dengan menanam pokok-pokok bunga yang berwarna terang.* Imran beautified his garden by planting it with brightly coloured flowers.

seelok-elok KATA HUBUNG
as soon as
◊ *Seelok-elok saya tiba di rumah, hari pun hujan.* As soon as I got home, it rained.

seelok-eloknya KATA ADJEKTIF
ideally
◊ *Seelok-eloknya, gunakan pensel 2B.* Ideally you should use a 2B pencil.

elus

mengelus, mengelus-elus KATA KERJA
1 *to caress*
◊ *Wanita itu mengelus rambut bayinya.* The woman caressed her baby's hair.
2 *to coax*
◊ *Mariam cuba mengelus emaknya supaya pergi bercuti.* Mariam tried to coax her mother into going on holiday.

emak KATA NAMA
mother

emas KATA NAMA
gold

keemasan KATA ADJEKTIF
golden

embek KATA NAMA
bleat

mengembek KATA KERJA
to bleat
◊ *Kambing mengembek.* Goats bleat.

embrio KATA NAMA
embryo (JAMAK **embryos**)

embun KATA NAMA
dew

e-mel KATA NAMA (= *mel elektronik*)
e-mail (= *electronic mail*)

emigran KATA NAMA
emigrant

emigrasi KATA NAMA
emigration

emosi KATA NAMA
emotion

emosional KATA ADJEKTIF
emotional

empang
empangan KATA NAMA
dam

empat KATA BILANGAN
four
* **empat hari bulan Ogos** the fourth of August

berempat KATA BILANGAN
four of
◊ *Mereka berempat merupakan kawan rapat.* The four of them are close friends.

berempat-empat KATA BILANGAN
in fours
◊ *Beratur berempat-empat.* Line up in fours.

keempat KATA BILANGAN
fourth

keempat-empat KATA BILANGAN
all four
◊ *Keempat-empat buah rumah itu habis terbakar.* All four houses were burnt.

perempat KATA NAMA
* **satu perempat** a quarter

empat belas KATA BILANGAN
fourteen
* **empat belas hari bulan Jun** the

empati → endah

fourteenth of June
keempat belas KATA BILANGAN
fourteenth

empati KATA NAMA
empathy

empat puluh KATA BILANGAN
forty
keempat puluh KATA BILANGAN
fortieth

empat segi KATA ADJEKTIF
square
♦ **meja yang berbentuk empat segi**
a square table

empayar KATA NAMA
empire

emping KATA NAMA
rice crisps
♦ **emping jagung** cornflakes
♦ **emping salji** snowflake

emporium KATA NAMA
emporium

empuk KATA ADJEKTIF
1. *tender* (daging)
2. *soft* (tilam)

empulur KATA NAMA
pith

empunya KATA NAMA
owner

emulsi KATA NAMA
emulsion

En. SINGKATAN (= Encik)
Mr
◊ *En. Wong Meng Keong* Mr Wong Meng Keong

enak KATA ADJEKTIF
delicious
◊ *Masakan emak saya enak.* My mother's cooking is delicious.
keenakan KATA NAMA
delicious taste
◊ *Keenakan makanan Italy memang sudah diketahui umum.* The delicious taste of Italian cuisine is well-known.
♦ **Keenakan masakan ibu tidak ada tandingannya.** There's nothing so delicious as one's mother's cooking.
mengenakkan KATA KERJA
to make ... delicious
◊ *Tambahkan lebih rempah untuk mengenakkan lagi kari itu.* Add more spices to make the curry more delicious.
seenak KATA ADJEKTIF
as delicious as
◊ *Masakan Diana tidak seenak masakan Yati.* Diana's cooking is not as delicious as Yati's.

enakmen KATA NAMA
enactment

enam KATA BILANGAN

B. Melayu ~ B. Inggeris 676

six
♦ **enam hari bulan Mei** the sixth of May
berenam KATA BILANGAN
six of
◊ *Mereka berenam pergi berkelah.* The six of them went for a picnic.
keenam KATA BILANGAN
sixth
keenam-enam KATA BILANGAN
all six
◊ *Keenam-enam lukisan itu dihasilkan oleh Khairul.* All six paintings were done by Khairul.

enam belas KATA BILANGAN
sixteen
♦ **enam belas hari bulan Julai** the sixteenth of July
keenam belas KATA BILANGAN
sixteenth

enam puluh KATA BILANGAN
sixty
keenam puluh KATA BILANGAN
sixtieth

enam segi KATA ADJEKTIF
hexagonal
♦ **bekas yang berbentuk enam segi** a hexagonal container

enap
mengenap KATA KERJA
to settle
◊ *Biarkan kotoran itu mengenap ke dasar tangki tersebut.* Let the dirt settle on the bottom of the tank.
enapan KATA NAMA
sediment

encik KATA GANTI NAMA
> rujuk juga **encik** KATA NAMA
> untuk orang lelaki yang tidak dikenali, baru dikenali atau yang dihormati

1. *sir*
◊ *"Selamat pagi, encik!" kata pekedai itu.* "Good morning, sir!" said the shopkeeper.
2. *you*
◊ *Encik hendak pergi ke mana?* Where do you want to go? ◊ *Encik tinggal di mana?* Where are you staying?
3. *your*
◊ *Adakah ini beg encik?* Is this your bag?

encik KATA NAMA
> rujuk juga **encik** KATA GANTI NAMA

Mr
◊ *Encik Sundram tinggal di Kulim.* Mr Sundram lives in Kulim.

endah KATA KERJA
to pay attention
◊ *Dia tidak endah akan nasihat orang tuanya.* She paid no attention to her parents' advice.

- **Dia buat tidak endah sahaja apabila saya menegurnya.** He just ignored me when I admonished him.
- **bersikap endah tak endah** to be indifferent ◊ *Orang ramai bersikap endah tak endah sahaja terhadap masalah ini.* The public were simply indifferent to the problem.

mengendahkan KATA KERJA
to pay attention
◊ *Mitch tidak mengendahkan nasihat gurunya.* Mitch pays no attention to his teacher's advice.

- **Mereka tidak mengendahkan perasaan orang lain.** They were indifferent to the feelings of others.

endap
mengendap KATA KERJA
to settle
◊ *Biarkan kotoran itu mengendap ke bawah tangki.* Let the dirt settle on the bottom of the tank.
endapan KATA NAMA
sediment

enggan KATA KERJA
to refuse
◊ *Saya enggan makan di restoran itu.* I refuse to eat in that restaurant.
keengganan KATA NAMA
refusal
◊ *Keengganan penduduk kampung untuk berpindah menimbulkan kemarahan pihak pemaju.* The residents' refusal to move angered the developer.

engkau KATA GANTI NAMA
1 *you*
◊ *Aku tidak akan beri duit itu kepada engkau.* I won't give you the money.
2 *your*
◊ *Beg engkau sudah koyak.* Your bag is torn.

England KATA NAMA
England
- **penduduk England** the English people

engsel KATA NAMA
hinge

engsot
berengsot KATA KERJA
to shift along
◊ *Dia berengsot sedikit kerana terduduk di atas skirt emaknya.* She shifted along slightly as she had sat down on her mother's skirt.
mengengsot KATA KERJA
1 *to shift along*
◊ *Dia mengengsot sedikit kerana terduduk di atas skirt emaknya.* She shifted along slightly as she had sat down on her mother's skirt.

2 *to indent*
◊ *Jika anda tidak mengengsot baris yang kedua...* If you don't indent the second line...

enjin KATA NAMA
engine

enjut
terenjut-enjut KATA KERJA
to bob up and down
◊ *Kepalanya terenjut-enjut mengikut irama muzik itu.* His head bobbed up and down to the rhythm of the music.
- **Dia berjalan terenjut-enjut ke dalam pejabatnya.** She walked into her office with a springy step.

ensiklopedia KATA NAMA
encyclopaedia

entah KATA BANTU
perhaps
◊ *Entah dia datang, entah tidak.* Perhaps he'll come, perhaps he won't.
- **Mengapakah dia menangis? - Entah.** Why is she crying? - I don't know.
entah-entah KATA BANTU
may be
◊ *Entah-entah buku itu sudah habis dijual.* The book may be sold out.

entri KATA NAMA
entry (JAMAK **entries**)

enzim KATA NAMA
enzyme

epal KATA NAMA
apple

epik KATA NAMA
epic

epilepsi KATA NAMA
epilepsy

epilog KATA NAMA
epilogue

episod KATA NAMA
episode

era KATA NAMA
era

eram
mengeram KATA KERJA
to incubate
◊ *mengeram telur* to incubate eggs
pengeraman KATA NAMA
incubation

erang KATA NAMA
groan
mengerang KATA KERJA
to groan
◊ *Francis mengerang kesakitan.* Francis groaned with pain.

erat KATA ADJEKTIF
1 *tight*
◊ *Dia memegang begnya dengan genggaman yang erat.* She kept a tight

grip on her bag.
2. *tightly*
◊ *Dia menggenggam erat tangan saya.* He held my hand tightly.
3. *close*
◊ *Kanak-kanak itu mempunyai hubungan yang erat.* The children have a close relationship.

mengeratkan KATA KERJA
1. *to tighten*
◊ *Hasnah mengeratkan genggaman pada payungnya apabila lelaki itu mendekatinya.* Hasnah tightened her grip on her umbrella when the man approached her.
2. *to strengthen*
◊ *Kita patut mengeratkan hubungan antara negara-negara jiran.* We should strengthen ties among neighbouring countries.

erau
mengerau KATA KERJA
to pay one's last respects

Eropah KATA ADJEKTIF
rujuk juga **Eropah** KATA NAMA
European
◊ *negara-negara Eropah* European countries
• **orang Eropah** European

Eropah KATA NAMA
rujuk juga **Eropah** KATA ADJEKTIF
Europe

erti KATA NAMA
meaning
◊ *Apakah erti semuanya ini?* What's the meaning of all this?

bererti KATA KERJA
to signify
◊ *Warna merah pada Jalur Gemilang bererti keberanian.* The colour red on the Malaysian flag signifies bravery.
• **saat yang amat bererti bagi saya** a very meaningful moment for me

mengerti KATA KERJA
to understand
◊ *Dia masih tidak mengerti masalah kawannya.* He still doesn't understand his friend's problem.

pengertian KATA NAMA
understanding
◊ *pengertian yang mendalam* a deep understanding

seerti KATA ADJEKTIF
with the same meaning
• **perkataan seerti** synonym

esak
teresak-esak KATA KERJA
to sob
◊ *Dia teresak-esak.* She sobbed.

esakan KATA NAMA
sob
◊ *Esakan budak perempuan itu semakin kuat.* The little girl's sobs grew louder.

esei KATA NAMA
essay

esen KATA NAMA
essence

eskalator KATA NAMA
escalator

esofagus KATA NAMA
oesophagus (JAMAK **oesophaguses**)

esok KATA ADJEKTIF
tomorrow

keesokan KATA ADJEKTIF
• **keesokan harinya** the next day

estet KATA NAMA
estate

etika KATA NAMA
ethics

etnik KATA NAMA
ethnic
◊ *penghapusan etnik* ethnic cleansing

eulogi KATA NAMA
eulogy (JAMAK **eulogies**)

evolusi KATA NAMA
evolution

F

fabrik KATA NAMA
fabric

faedah KATA NAMA
1. *benefit*
◊ *Apakah faedah-faedah membaca?* What are the benefits of reading?
- **mendapat faedah daripada** to benefit from ◊ *Semua orang akan mendapat faedah daripada projek ini.* Everyone will benefit from this project.
- **mendatangkan faedah** to benefit ◊ *Projek ini akan mendatangkan faedah kepada semua orang.* This project will benefit everyone.

2. *interest*
◊ *Pihak bank akan membayar faedah ke atas simpanan pelanggan-pelanggannya.* The bank will pay interest on its customers' savings. ◊ *Dia akan mendapat faedah sebanyak 8% setahun.* He will receive interest of 8% per annum.

berfaedah KATA KERJA
beneficial
◊ *vitamin-vitamin yang berfaedah untuk kesihatan* vitamins which are beneficial to our health

faham KATA KERJA
to understand
◊ *Saya tidak faham hujahnya.* I don't understand his argument.

kefahaman KATA NAMA
comprehension
◊ *soalan-soalan ujian kefahaman* comprehension test questions

memahami KATA KERJA
to understand
◊ *Saya memahami masalahnya.* I understand her problem.

pemahaman KATA NAMA
understanding
◊ *Dia mempunyai pemahaman yang mendalam tentang karya Shakespeare.* He has a deep understanding of Shakespeare's works.

fahaman KATA NAMA
ideology (JAMAK **ideologies**)
◊ *fahaman kapitalis* capitalist ideology

berfahaman KATA KERJA
to hold ... views
◊ *Dia berfahaman komunis.* He holds communist views.

sefahaman KATA ADJEKTIF
of the same opinion
◊ *Mereka benar-benar sefahaman.* They are of exactly the same opinion.

bersefahaman KATA KERJA
to share the same opinion
◊ *Perselisihan faham itu timbul kerana pihak-pihak yang terlibat tidak bersefahaman.* The misunderstanding occurred because the parties involved didn't share the same opinion.

kesefahaman KATA NAMA
understanding
◊ *membentuk kesefahaman* to create an understanding ◊ *Kesefahaman yang erat penting untuk membentuk sebuah keluarga yang bahagia.* Mutual understanding is important in building a happy family.

persefahaman KATA NAMA
understanding
◊ *mencapai persefahaman* to achieve an understanding ◊ *Persefahaman antara kedua-dua buah negara itu sudah lama wujud.* An understanding has existed for a long time between the two countries.

fail KATA NAMA
file

memfailkan KATA KERJA
to file
◊ *Emily memfailkan semua sijil-sijilnya.* Emily filed all her certificates.

fajar KATA NAMA
dawn

fakir KATA NAMA
pauper
◊ *Dia terjumpa seorang fakir di tepi jalan.* He met a pauper by the roadside.

faks KATA NAMA
fax (JAMAK **faxes**)

memfakskan KATA KERJA
to fax
◊ *Saya akan memfakskan maklumat terperinci kepada anda.* I'll fax you the details.

faksimile KATA NAMA
facsimile

fakta KATA NAMA
fact

faktor KATA NAMA
factor

fakulti KATA NAMA
faculty (JAMAK **faculties**)

falak KATA NAMA
universe
- **ilmu falak** astronomy

falsafah KATA NAMA
philosophy (JAMAK **philosophies**)
◊ *falsafah hidup* the philosophy of life
- **ahli falsafah** philosopher

berfalsafah KATA KERJA
to philosophize
◊ *Dia suka berfalsafah tentang masa depan.* He likes to philosophize about the future.

kefalsafahan KATA NAMA

fanatik → fikir

philosophical
◊ *Saya tidak suka melibatkan diri dalam perbincangan kefalsafahan.* I don't like to get involved in philosophical discussions.

fanatik KATA ADJEKTIF

> rujuk juga **fanatik** KATA NAMA

fanatical
◊ *Dia seorang pengikut agama yang fanatik.* He's fanatical about his religion.

fanatik KATA NAMA

> rujuk juga **fanatik** KATA ADJEKTIF

fanatic
◊ *Saya bukan seorang fanatik agama.* I'm not a religious fanatic. ◊ *fanatik bola sepak* a football fanatic

fantasi KATA NAMA
fantasy (JAMAK **fantasies**)

faraj KATA NAMA
vagina

fardu KATA NAMA
religious obligation

farmasi KATA NAMA
pharmacy (JAMAK **pharmacies**)
◆ **ahli farmasi** pharmacist

fasa KATA NAMA
phase
◊ *Tony sedang melalui fasa hidup yang sukar pada masa ini.* Tony is going through a difficult phase in his life right now.

fasal KATA NAMA
clause (*undang-undang*)

fasih KATA ADJEKTIF
fluent
◊ *Dia fasih berbahasa Sepanyol.* She is fluent in Spanish.

kefasihan KATA NAMA
fluency
◊ *Clare ditawarkan kerja di kedutaan Itali kerana kefasihannya berbahasa Itali.* Clare was offered the job at the Italian embassy because of her fluency in Italian.

fasilitator KATA NAMA
facilitator

fasis KATA NAMA
fascist
◊ *Dia seorang fasis.* He's a fascist.

fasisme KATA NAMA
fascism

fatwa KATA NAMA
fatwa

fauna KATA NAMA
fauna

Februari KATA NAMA
February
◊ *pada 5 Februari* on 5 February
◆ **pada bulan Februari** in February

feminis KATA NAMA
feminist

fenomena KATA NAMA
phenomenon (JAMAK **phenomena**)

feri KATA NAMA
ferry (JAMAK **ferries**)

ferum KATA NAMA
iron

fesyen KATA NAMA
fashion

berfesyen KATA KERJA
to be in fashion
◊ *Dia berpakaian begitu semata-mata untuk berfesyen.* She dresses like that just to be in fashion.

fetus KATA NAMA
foetus (JAMAK **foetuses**)

feudal KATA ADJEKTIF
feudal

feudalisme KATA NAMA
feudalism

figuratif KATA ADJEKTIF
figurative

fikir KATA KERJA
to think
◊ *Fikir baik-baik sebelum membuat keputusan.* Think carefully before making a decision.

berfikir KATA KERJA
to think
◊ *Kita perlu berfikir sebelum bertindak.* We should think before taking action.
◆ **berfikir panjang** to think through ◊ *Dia berfikir panjang tentang cadangan itu tetapi tidak dapat membuat kesimpulan.* She thought through the proposals but could not come to a conclusion.

memikirkan KATA KERJA
to think about
◊ *Anda perlu memikirkan masa depan anda.* You have to think about your future.

pemikir KATA NAMA
thinker

pemikiran KATA NAMA
thinking
◊ *pemikiran kritis* critical thinking
◆ **Saya tidak faham cara pemikirannya.** I can't follow his thinking.

terfikir KATA KERJA
to think
◊ *Saya tidak terfikir untuk membawa payung.* I didn't think of bringing an umbrella.

fikiran KATA NAMA
mind
◊ *mengubah fikiran* to change one's mind
◆ **Fikirannya bercelaru.** He was all mixed up.

berfikiran KATA KERJA

fiksyen → fokus

-minded
- *berfikiran sempit* narrow-minded
- *berfikiran luas* broad-minded
- *berfikiran terbuka* open-minded

fiksyen KATA NAMA
fiction

filem KATA NAMA
film
- *segulung filem* a roll of film ◊ *filem yang memenangi anugerah Oscar* the film which won the Oscar
- **filem koboi** western

memfilemkan KATA KERJA
to film
- *Pengarah itu bercadang memfilemkan babak pergaduhan itu di kelab malam.* The director plans to film the fight scene in a nightclub.

perfileman KATA NAMA
film
- *industri perfileman* the film industry
- *syarikat perfileman* a film company

Filipina KATA NAMA
the Philippines
- **orang Filipina** Filipino (JAMAK **Filipinos**)

firasat KATA NAMA
[1] *instinct*
- *Menurut firasat saya, ayah masih hidup.* My instinct tells me that my father is still alive.

[2] *premonition*
- *Dia mendapat firasat bahawa dia akan meninggal dunia tidak lama lagi.* He had a premonition that he would die soon.

firaun KATA NAMA
pharaoh

firma KATA NAMA
firm
- *Firma itu menawarkan biasiswa kepada pelajar miskin.* The firm offers scholarships to poor students.

firman KATA NAMA
word of God

berfirman KATA KERJA
to speak
- *Tuhan telah berfirman.* God has spoken.

firus KATA NAMA
turquoise

fisiologi KATA NAMA
physiology

fisioterapi KATA NAMA
physiotherapy
- **ahli fisioterapi** physiotherapist

fiskal KATA ADJEKTIF
fiscal
- *Tahun fiskal syarikat itu bermula pada bulan Julai.* The company's fiscal year begins in July. ◊ *Keuntungan bagi tahun fiskal 1997 berjumlah RM5 juta.* Profits for the fiscal year 1997 were RM5 million.

fitnah KATA NAMA
slander

fitnah-memfitnah KATA KERJA
to slander one another

memfitnah, memfitnahkan KATA KERJA
to slander
- *Rina memfitnah jirannya kerana dia marah akan jirannya itu.* Rina slandered her neighbour because she was angry with her.
- **Dia didakwa kerana memfitnah.** She was sued for slander.

pemfitnah KATA NAMA
slanderer

pemfitnahan KATA NAMA
slandering
- **Pemfitnahan itu dibuat oleh rakan sepasukan yang cemburu akannya.** The slander came from a team-mate who was jealous of her.

fitrah KATA NAMA
[1] *obligatory alms*
[2] *natural instinct*
- *fitrah serangga untuk mencari makanan* the insect's natural instinct to feed

fius KATA NAMA
fuse

fizik KATA NAMA
physics
- **ahli fizik** physicist

fizikal KATA ADJEKTIF
physical
- *kecederaan fizikal* physical injury

fleksibel KATA ADJEKTIF
flexible

flora KATA NAMA
flora

fluorida KATA NAMA
fluoride

flut KATA NAMA
flute

fobia KATA NAMA
phobia
- *Lelaki itu mempunyai fobia melintas jambatan.* The man has a phobia about crossing bridges.

fokus KATA NAMA
focus (JAMAK **focuses**)
- *Sistem yang baru itu menjadi fokus kontroversi.* The new system is the focus of controversy.
- **titik focus** focal point

berfokus KATA KERJA
to focus
- *Mereka selalu berfokus pada*

kelemahan lawan mereka. They always focus on their opponents' weaknesses.
memfokuskan KATA KERJA
to focus
◊ *Jurugambar itu memfokuskan kameranya untuk mendapat gambar yang jelas.* The photographer focused his camera to get a clear picture.
◊ *Pemidato itu memfokuskan pidatonya pada kebaikan teknologi.* The speaker focused his speech on the benefits of technology.
pemfokusan KATA NAMA
focus (JAMAK **focuses**)
◊ *pemfokusan terhadap soalan-soalan peperiksaan tahun lepas...* the focus on examination questions from past years...

folikel KATA NAMA
follicle
◊ *folikel rambut* hair follicle

folio KATA NAMA
folio (JAMAK **folios**)

fon KATA NAMA
font (komputer)

fonetik KATA NAMA
phonetics

formal KATA ADJEKTIF
formal
♦ **tidak formal** informal

format KATA NAMA
format
memformatkan KATA KERJA
to format
◊ *Saya akan memformatkan disket ini.* I'll format this diskette.

formula KATA NAMA
formula

forsep KATA NAMA
forceps

forum KATA NAMA
forum

fosfat KATA NAMA
phosphate

fosforus KATA NAMA
phosphorus

fosil KATA NAMA
fossil

foto KATA NAMA
photo (JAMAK **photos**)

fotogenik KATA ADJEKTIF
photogenic

fotograf KATA NAMA
photograph

fotografi KATA NAMA
photography

fotokopi KATA NAMA
photocopy (JAMAK **photocopies**)
memfotokopi KATA KERJA
to photocopy
◊ *Guru itu memfotokopi latihan tersebut untuk murid-muridnya.* The teacher photocopied the exercises for her pupils.

fotosintesis KATA NAMA
photosynthesis

fotostat KATA NAMA
photocopy (JAMAK **photocopies**)
♦ **mesin fotostat** photocopier
memfotostat KATA KERJA
to photocopy
◊ *Guru itu memfotostat latihan tersebut untuk murid-muridnya.* The teacher photocopied the exercises for her pupils.

foya
berfoya-foya KATA KERJA
[1] *to fool around*
◊ *Jangan berfoya-foya dengan isteri orang.* Don't fool around with other people's wives.
[2] *to party*
◊ *Abang Cindy hanya suka berfoya-foya.* Cindy's brother only likes to party.

francais KATA NAMA
franchise

frasa KATA NAMA
phrase
◊ *frasa nama* noun phrase

fraud KATA NAMA
fraud
◊ *Dia dipenjarakan kerana melakukan fraud.* He was jailed for fraud.

frekuensi KATA NAMA
frequency (JAMAK **frequencies**)
◊ *frekuensi radio* radio frequency

fros KATA NAMA
frost

fungsi KATA NAMA
function
◊ *Fungsi akar ialah menyerap air dari tanah.* The function of roots is to absorb water from the ground.
berfungsi KATA KERJA
to work
◊ *Mesin itu tidak berfungsi lagi.* The machine is not working any more.
fungsian KATA ADJEKTIF
functional

G

gabas KATA ADJEKTIF
clumsy

gabenor KATA NAMA
governor

gabung
bergabung KATA KERJA
to combine
◊ *Kami bergabung usaha untuk menjayakan pameran itu.* We combined our efforts to make the exhibition a success.
menggabungkan KATA KERJA
to join ... together
◊ *Kami menggabungkan meja-meja itu bagi mendapatkan ruang yang lebih besar.* We joined the tables together to make more space.
penggabungan KATA NAMA
merger
◊ *Penggabungan bank dicadangkan bagi mengukuhkan institusi kewangan.* Bank mergers were proposed in order to strengthen financial institutions.
gabungan KATA NAMA
combination
◊ *Gabungan tiga warna itu sungguh menarik.* The combination of the three colours is very attractive.

gabung jalin
menggabungjalinkan KATA KERJA
to intermingle
◊ *menggabungjalinkan dua budaya yang berbeza* to intermingle two different cultures

gabus KATA NAMA
cork

gadai KATA ADJEKTIF
- **surat gadai** pawn ticket
- **gadai janji** mortgage
  bergadai KATA KERJA
  to pawn something
  to pawn mesti diikuti dengan objek tetapi bergadai tidak perlu.
  ◊ *Dia terpaksa bergadai untuk menyara hidup keluarganya.* He had to pawn something in order to feed his family.
- **bergadai nyawa** to sacrifice one's life
  ◊ *Dia sanggup bergadai nyawa demi ibunya.* He's willing to sacrifice his life for his mother.
  menggadaikan KATA KERJA
  to pawn
  ◊ *Dia menggadaikan rantai emasnya untuk mendapatkan wang.* She pawned her gold chain to get some money.
  penggadaian KATA NAMA
  mortgaging
- **Penggadaian syarikatnya telah diketahui umum.** It's well known that

he's had to mortgage his company.
tergadai KATA KERJA
to be mortgaged
◊ *Sewaktu En. Helmi pulang ke tanah air, dia mendapati rumahnya sudah tergadai.* When Mr Helmi returned to his homeland, he found that his house had been mortgaged.
gadaian KATA NAMA
mortgage
◊ *Samy masih kekurangan wang untuk menebus semula gadaiannya.* Samy still doesn't have enough money to pay off his mortgage.

gading KATA NAMA
tusk
- **menara gading (1)** institution of higher learning (*universiti, dll*)
- **menara gading (2)** ivory tower
  kedudukan yang tersisih daripada kehidupan harian

gadis KATA NAMA
girl
◊ *Perangai gadis itu sangat teruk.* That girl's behaviour is terrible.

gaduh KATA NAMA
fight
◊ *Ali suka mencari gaduh dengan Man.* Ali enjoys picking fights with Man.
bergaduh KATA KERJA
[1] *to quarrel*
◊ *Sumathi selalu bergaduh dengan jirannya.* Sumathi is always quarrelling with her neighbour.
[2] *to fight*
pergaduhan KATA NAMA
fight
◊ *Mereka cuba meleraikan pergaduhan itu.* They tried to break up the fight.

gagah KATA ADJEKTIF
[1] *brave*
- **gagah perkasa** fearless
[2] *strong*
◊ *Bapa saudara saya masih gagah walaupun usianya sudah tua.* My uncle is still strong despite his age.
[3] *sturdy*
◊ *Tubuh lelaki itu sangat gagah.* The man is very sturdy.
kegagahan KATA NAMA
bravery
◊ *Dia terkenal dengan kegagahannya.* His bravery is well-known.
menggagahkan KATA KERJA
- **menggagahkan diri** to pluck up the courage ◊ *Kapten Smith menggagahkan dirinya untuk berlawan dengan musuh.* Captain Smith plucked up the courage to fight the enemy.

gagak → galang

gagak KATA NAMA
crow

gagal KATA KERJA
to fail
kegagalan KATA NAMA
failure
◊ *Kegagalannya dalam peperiksaan itu mengecewakan ibunya.* His failure in the exam upset his mother.
menggagalkan KATA KERJA
to fail
◊ *Guru itu menggagalkan pelajar tersebut kerana meniru dalam peperiksaan.* The teacher failed the student for cheating in the exam.
♦ *Kami cuba menggagalkan projek itu demi keselamatan penduduk kampung.* We tried to wreck the project for the sake of the villagers' safety.

gagang KATA NAMA
♦ *gagang telefon* handset

gagap KATA KERJA
to stammer
◊ *Dia bijak walaupun gagap.* He's clever even though he stammers.
tergagap-gagap KATA KERJA
to stammer
◊ *Dia tergagap-gagap ketika bercakap.* He stammers when he speaks.

gagas
gagasan KATA NAMA
idea
◊ *Gagasan kerjasama antara kedua-dua buah negara itu berjaya dilaksanakan.* The idea of co-operation between the two countries has been successful.

gagau
menggagau KATA KERJA
to grope
◊ *Kamil menggagau mencari lilin dalam gelap.* Kamil groped for a candle in the dark.
tergagau-gagau KATA KERJA
to grope
◊ *Jimmy tergagau-gagau mencari cermin matanya.* Jimmy was groping for his spectacles.

gah KATA ADJEKTIF
famous
◊ *Nama Pak Hitam sudah gah di seluruh pelosok kampung.* Pak Hitam's name is famous throughout the village.

gahara KATA NAMA
royal descent
♦ **anak gahara (1)** prince (*lelaki*)
♦ **anak gahara (2)** princess (*perempuan*)

gajah KATA NAMA
elephant

gaji KATA NAMA
salary (JAMAK **salaries**)
◊ *gaji pokok* basic salary
bergaji KATA KERJA
[1] *to have* atau *to earn a salary*
◊ *Dia bergaji besar.* She has a high salary.
[2] *paid*
◊ *cuti bergaji selama tiga minggu* three weeks' paid holiday
menggaji KATA KERJA
to employ
◊ *Dia tidak mampu menggaji pekerja yang berpengalaman.* He can't afford to employ experienced workers.

gajus KATA NAMA
cashew nut
♦ **biji gajus** cashew nut

galah KATA NAMA
pole
◊ *Hamid menggunakan galah untuk menjolok buah mangga.* Hamid used a pole to get the mangoes down.
menggalah KATA KERJA
very tall
♦ **tinggi menggalah** very tall

galak KATA ADJEKTIF
loud
◊ *Tangisan bayi itu semakin galak pada waktu tengah malam.* In the middle of the night the baby cried even louder.
menggalakkan KATA KERJA
to encourage
◊ *Ibu bapa harus menggalakkan anak-anak mereka meluangkan lebih banyak masa untuk belajar.* Parents should encourage their children to spend more time studying.
penggalak KATA NAMA
inspiration
◊ *Ibunya merupakan penggalak utama kejayaannya.* Her mother has been the main inspiration of her success.
galakan KATA NAMA
encouragement
◊ *Dia tidak dapat melupakan galakan yang telah diberikan oleh jurulatihnya.* He can never forget the encouragement given him by his coach.

galaksi KATA NAMA
galaxy (JAMAK **galaxies**)

galang KATA NAMA
sleeper (*untuk landasan*)
♦ **galang ganti** substitute
♦ **galang kepala** pillow
menggalang KATA KERJA
[1] *to prop*
◊ *Samantha tidur di atas sofa sambil*

Malay ~ English   galas → gambar

menggalang kepalanya dengan kusyen. Samantha slept on the sofa with her head propped up on a cushion.
2 <u>to obstruct</u>
◊ *Lelaki itu cuba menggalang usaha kami.* The man tried to obstruct our efforts.

galas
  menggalas KATA KERJA
  <u>to carry ... on one's shoulder</u>
♦ **Mazis menggalas begnya ke sekolah.** Mazis carried his bag to school.

galeri KATA NAMA
  <u>gallery</u> (JAMAK **galleries**)

gali
  menggali KATA KERJA
  <u>to dig</u>
◊ *Dia menggali sebuah lubang untuk menanam pokok mangganya.* He dug a hole to plant his mango tree in.
  penggali KATA NAMA
  <u>digger</u>
  penggalian KATA NAMA
  <u>digging</u>
◊ *Penggalian mereka tidak menampakkan sebarang hasil.* Their digging didn't show any results.
  galian KATA NAMA
  <u>mineral</u>
♦ **bahan galian** mineral

galur KATA NAMA
♦ **susur-galur** genealogy (JAMAK **genealogies**)

gam KATA NAMA
  <u>glue</u>
  mengegam KATA KERJA
  <u>to ban</u>
◊ *Pelakon itu digam dari muncul di kaca televisyen kerana kelakuannya yang tidak senonoh.* The actor was banned from appearing on television for indecent behaviour.
  mengegamkan KATA KERJA
  <u>to glue</u>
◊ *Dia mengegamkan renda di sekeliling kotak itu supaya kotak itu kelihatan menarik.* She glued lace around the box to make it look pretty.

gamak
  tergamak KATA KERJA
  <u>to bring oneself to</u>
◊ *Saya tidak sangka dia tergamak mencederakan ibunya sendiri.* I never thought he could bring himself to hurt his own mother. ◊ *Kami tidak tergamak untuk menyampaikan berita itu kepadanya.* We couldn't bring ourselves to tell her the news.
  gamaknya KATA PENEGAS

  <u>presumably</u>
◊ *Gamaknya dia sudah tahu tentang perkara itu.* Presumably he already knows what's happened.

gamam KATA ADJEKTIF
  <u>stunned</u>
◊ *Sarida menjadi gamam apabila dia menerima berita kematian suaminya.* Sarida was stunned when she received the news of her husband's death.
  tergamam KATA KERJA
  <u>stunned</u>
◊ *Kamil tergamam apabila melihat gadis yang cantik itu.* Kamil was stunned when he saw the beautiful girl.

gamang KATA ADJEKTIF
  <u>to get dizzy</u>
◊ *Saya berasa gamang apabila melihat dari tempat yang tinggi.* I get dizzy when I look down from high places.

gamat KATA ADJEKTIF
  <u>noisy</u>
♦ **Dewan itu gamat dengan tepukan penonton.** The hall resounded with the din of the audience's applause.
  kegamatan KATA NAMA
  <u>hubbub</u>
◊ *Saya tidak mahu terlibat dalam kegamatan pilihan raya pada tahun ini.* I don't want to be involved in the hubbub of this year's elections.
  menggamatkan KATA KERJA
  <u>to create pandemonium</u>
◊ *Tepukan dan sorakan para penyokong menggamatkan suasana di stadium itu.* The clapping and cheering of the supporters created pandemonium in the stadium.
♦ **kebisingan yang menggamatkan** a deafening noise

gambar KATA NAMA
  <u>picture</u>
♦ **gambar foto** photograph
♦ **gambar rajah** diagram
  bergambar KATA KERJA
  <u>to have one's picture taken</u>
◊ *Yasmin mengajak saya bergambar dengannya.* Yasmin asked me to have my picture taken with her.
  menggambarkan KATA KERJA
  <u>to describe</u>
◊ *Kisah ini menggambarkan kehidupan seorang nelayan.* This story describes the life of a fisherman.
  penggambaran KATA NAMA
  <u>shooting</u>
  tergambar KATA KERJA
  <u>to reflect</u>
◊ *Kegembiraan tergambar pada*

gambir → ganggu

wajahnya. Her face reflected her happiness.
gambaran KATA NAMA
picture
◊ *Filem itu memberikan gambaran yang salah tentang rakyat Malaysia.* The film gave the wrong picture of Malaysians.
gambir KATA NAMA
gambier
gambut KATA ADJEKTIF
♦ **tanah gambut** peat soil ◊ *Nenas sesuai ditanam di tanah gambut.* Pineapples are suitable for planting in peat soil.
gamelan KATA NAMA
Balinese orchestra (penjelasan umum)
gamit
menggamit KATA KERJA
to beckon
◊ *Jaya menggamit sahabatnya yang berada di seberang jalan itu.* Jaya beckoned to his friend across the road.
ganas KATA ADJEKTIF
ferocious
◊ *Harimau yang ganas itu sudah ditangkap.* The ferocious tiger has been captured.
♦ **Para pemberontak itu sangat ganas.** The rebels are very violent.
keganasan KATA NAMA
violence
◊ *Di beberapa buah negara, keganasan terhadap wanita semakin berleluasa.* In several countries violence against women is becoming widespread.
♦ **keganasan rumah tangga** domestic violence
mengganas KATA KERJA
to become violent
◊ *Gajah itu mengganas apabila kakinya tercedera.* The elephant became violent when its leg was injured.
pengganas KATA NAMA
terrorist
ganda KATA ADJEKTIF
double
♦ **sekali ganda** double
♦ **tiga kali ganda** triple
berganda KATA KERJA
to double
◊ *Jumlah wangnya berganda selepas dia menjual saham-saham itu.* His money has doubled since he sold those shares.
menggandakan KATA KERJA
to double
◊ *Pekedai itu menggandakan harga barangannya semasa cuti umum.* The shopkeeper doubled the price of his goods during public holidays.

B. Melayu ~ B. Inggeris   686

penggandaan, gandaan KATA NAMA
doubling
◊ *Penggandaan hasil pengeluaran syarikat itu disebabkan oleh peningkatan ekonomi negara.* The doubling of the company's production is due to the country's economic growth.
ganding
berganding, bergandingan KATA KERJA
together
◊ *Mereka berjalan bergandingan ke sekolah.* They walk to school together.
♦ **berganding tenaga** to work together
◊ *Para pelajar berganding tenaga membersihkan kawasan sekolah mereka.* The students worked together to clean the school site.
♦ **berganding bahu** to co-operate
menggandingkan KATA KERJA
to associate
◊ *Kita dapat menggandingkan masalah itu dengan kejadian sebentar tadi.* The problem can be associated with the recent incident.
♦ **Jurulatih itu menggandingkan Krishna dengan Seng Chee untuk perlawanan tersebut.** The coach paired up Krishna and Seng Chee for the match.
gandingan KATA NAMA
pairing
◊ *Gandingan dua pemain tenis itu sukar untuk ditandingi.* The pairing of those two tennis players is difficult to beat.
gandum KATA NAMA
wheat
ganggu KATA KERJA
to bother
◊ *Jangan ganggu saya!* Stop bothering me!
mengganggu KATA KERJA
to disturb
◊ *Hani tidak mahu mengganggu emaknya.* Hani doesn't want to disturb her mother.
pengganggu KATA NAMA
mischief-maker
◊ *Dia menerima panggilan telefon daripada pengganggu yang tidak dikenali.* She received a phone call from an unknown mischief-maker.
gangguan KATA NAMA
interruption
◊ *Saya dapat meneruskan kerja saya tanpa sebarang gangguan.* I was able to get on with my work without interruption.
♦ **gangguan bekalan elektrik** power cut
♦ **gangguan seksual** sexual harrassment
♦ **gangguan emosi** emotional upsets

ganggu-gugat
mengganggu-gugat KATA KERJA
to challenge
◊ Tidak ada orang yang dapat mengganggu-gugat pemimpin sepertinya. No-one can challenge a leader like him.

gangsa KATA NAMA
bronze

ganja KATA NAMA
1. *cannabis* (dadah)
2. *hemp* (tumbuhan)

ganjak
berganjak KATA KERJA
to move
◊ Dia tidak berganjak sedikit pun apabila disergah oleh gurunya. He didn't move an inch when his teacher scolded him.
* **Pendiriannya tidak berganjak walaupun dia diugut beberapa kali.** He didn't change his stand even though he was threatened several times.

ganjar
ganjaran KATA NAMA
reward

ganjil KATA ADJEKTIF
1. *strange*
◊ Bunyi yang ganjil itu menakutkannya. The strange sound frightened her.
2. *odd*
◊ nombor ganjil odd number
keganjilan KATA NAMA
strangeness
◊ Keganjilan muzik itu menyebabkan orang ramai sukar untuk menerimanya. The strangeness of the music makes it difficult for people to accept it.

ganti KATA NAMA
* **sebagai ganti** in place of ◊ Rosalin memberikan hadiah kepada pekerjanya sebagai ganti wang. Rosalin gives presents to her employees in place of money.
* **tayar ganti** spare tyre
* **alat ganti** spare parts
* **ganti rugi** compensation
berganti KATA KERJA
to change
◊ Sekolah itu sudah berganti namanya kepada Sekolah Menengah Parameswara. The school has changed its name to Sekolah Menengah Parameswara.
* **hari berganti hari** day after day
berganti-ganti KATA KERJA
to take turns
◊ Kami berganti-ganti memandu kereta itu sepanjang malam. We took turns to drive the car throughout the night.
mengganti KATA KERJA
to replace
◊ Dia mengganti buku lama saya dengan sebuah buku yang baru. He replaced my old book with a new one.
menggantikan KATA KERJA
to replace
◊ peguam yang menggantikan Johan sebagai pengerusi syarikat itu the lawyer who replaced Johan as chairman of the company
pengganti KATA NAMA
substitute
◊ Jeremy akan menjadi pengganti saya dalam mesyuarat tersebut. Jeremy will be my substitute at the meeting.
penggantian KATA NAMA
replacement
◊ Guru-guru sedang berbincang tentang penggantian Ketua Pengawas itu. The teachers are discussing the replacement of the Head Prefect.
gantian KATA NAMA
substitute
* **pemain gantian** a substitute

gantung KATA KERJA
to hang
* **hukuman gantung** sentence of death by hanging
* **jambatan gantung** suspension bridge
* **lampu gantung** (*hiasan*) chandelier
bergantung KATA KERJA
to depend
◊ Saya tahu saya boleh bergantung pada anda untuk menyelesaikan masalah itu. I know I can depend on you to solve the problem.
bergantungan KATA KERJA
to be hung
◊ Notis-notis yang dicetak pada helaian kertas bergantungan di sana sini. Notices printed on sheets of paper were hung everywhere.
menggantung KATA KERJA
to hang
◊ Lima orang itu dijangka akan digantung pada hari Selasa. The five are expected to be hanged on Tuesday.
* **Jurulatih itu menggantung pemain itu kerana tidak mengikut arahannya.** The coach suspended the player for disobeying his orders.
* **menggantung kerja** to suspend from work
* **menggantung lesen seseorang** to suspend someone's licence
* **menggantung raket** to hang up one's racket
menggantungi KATA KERJA
to hang

*Biasanya **menggantungi** digunakan dalam bentuk pasif. Terjemahannya dalam bahasa Inggeris juga berbentuk pasif.*

◊ *Dinding itu digantungi dengan pelbagai jenis lukisan.* The wall was hung with many paintings.

menggantungkan KATA KERJA
to hang
◊ *Kami menggantungkan kad-kad ucapan itu pada dinding.* We hung the greeting cards on the wall.

penggantungan KATA NAMA
suspension (pemain, pekerja)
◊ *penggantungan selama dua tahun* a two-year suspension

tergantung KATA KERJA
to hang
◊ *Ada sebiji lampu mentol tergantung pada siling.* There was a bulb hanging from the ceiling.

gapai

menggapai KATA KERJA
to reach out for
◊ *Dia menggapai pelampung itu untuk menyelamatkan dirinya.* He reached out for the life belt to save himself.

menggapai-gapaikan KATA KERJA
to reach out with
◊ *Budin menjerit meminta tolong sambil menggapai-gapaikan tangannya.* Budin screamed for help while reaching out with his hand.

tergapai-gapai KATA KERJA
to keep reaching out
◊ *John tergapai-gapai hendak mendapatkan kayu-kayu yang terapung itu.* John kept reaching out for floating pieces of wood.

gara

gara-gara KATA HUBUNG
because of
◊ *Gara-gara sikapnya yang sombong, dia kehilangan kawan.* Because of his arrogance, he lost his friends.

garaj KATA NAMA
garage

garam KATA NAMA
salt
♦ **garam galian** mineral salts
menggarami KATA KERJA
to add salt
◊ *Mak Minah menggarami udang-udang itu sebelum menggorengnya.* Mak Minah added salt to the prawns before frying them.

garang KATA ADJEKTIF
fierce
◊ *Guru itu sentiasa kelihatan garang.* The teacher always looks fierce.

garau KATA ADJEKTIF
hoarse

gari KATA NAMA
handcuffs
bergari KATA KERJA
in handcuffs
◊ *Perompak-perompak itu dibawa ke balai polis dengan tangan bergari.* The robbers were taken to the police station in handcuffs.
menggari KATA KERJA
to handcuff
◊ *Mereka cuba menggarinya tetapi dia berjaya melarikan diri.* They tried to handcuff him but he managed to get away.

garing KATA ADJEKTIF
crisp

garis KATA NAMA
line
menggariskan KATA KERJA
to underline
◊ *Mereka dikehendaki menggariskan perkataan-perkataan yang penting.* They were asked to underline the important words.
♦ **Buku ini menggariskan beberapa kaedah untuk menyelesaikan masalah para remaja.** This book outlines a few methods of solving problems among teenagers.
garisan KATA NAMA
line
◊ *Garisan itu tidak begitu jelas.* The line is not very clear.
♦ **garisan penamat** finishing line

garis bawah KATA NAMA
underlining
menggarisbawahi KATA KERJA
to underline

garis bentuk KATA NAMA
outline
◊ *Saya boleh nampak garis bentuk gunung itu dari tempat ini.* I can see the outline of the mountain from here.

garis kasar KATA NAMA
outline
◊ *Garis kasar hasil tinjauan itu akan dibentangkan dalam mesyuarat esok.* The outlines of the survey's findings will be discussed at tomorrow's meeting.

garpu KATA NAMA
fork

garu
menggaru, menggaru-garu KATA KERJA
to scratch
◊ *Anjing itu menggaru-garu badannya.* The dog scratched itself.

garuk KATA ADJEKTIF

hoarse

gas KATA NAMA
gas (JAMAK **gases**)
- **gas pemedih mata** tear gas
bergas KATA KERJA
fizzy
◊ *minuman bergas* fizzy drinks

gasang KATA ADJEKTIF
lecherous

gasar KATA ADJEKTIF
brutal
- **orang gasar** barbarian

gasing KATA NAMA
top

gastrik KATA NAMA
gastric

gatal KATA ADJEKTIF
itchy
- **lelaki tua yang gatal** a prurient old man

gaul
bergaul KATA KERJA
to mix
◊ *Dia gemar bergaul dengan orang yang lebih tua.* He likes to mix with older people.
menggaul KATA KERJA
to mix
◊ *Mala menggaul sayur itu dengan pelbagai perencah.* Mala mixed the vegetables with various spices.
menggauli KATA KERJA
to mix
◊ *Kamalia hanya menggauli teman-teman sekerjanya.* Kamalia mixes only with her colleagues.
menggaulkan KATA KERJA
to mix
◊ *Azie menggaulkan nasi dengan ikan untuk diberikan kepada kucingnya.* Azie mixed the rice with some fish to feed her cat.
pergaulan KATA NAMA
association
◊ *pergaulan antara golongan tua dengan golongan muda* association between the old and the young

gaun KATA NAMA
dress (JAMAK **dresses**)

gaung (1)
bergaung KATA KERJA
to echo

gaung (2) KATA NAMA
ravine
◊ *Motosikal itu terjatuh ke dalam gaung.* The motorcycle fell into the ravine.

gawang (1)
menggawangkan KATA KERJA
to wave
◊ *Lijah menggawangkan tangannya untuk menghalau burung-burung merpati itu.* Lijah waved her hands to chase the pigeons away.

gawang (2) KATA NAMA
goalpost
◊ *Pemain itu berjaya menendang bola melepasi gawang pasukan lawan.* The player kicked the ball past the opponents' goalpost.

gawat KATA ADJEKTIF
critical
◊ *Mereka berada dalam keadaan yang gawat kini.* They are in a critical situation now.
menggawatkan KATA KERJA
to make ... critical
◊ *Kenaikan harga minyak akan menggawatkan keadaan ekonomi.* The increase in oil prices will make the economic situation critical.
kegawatan KATA NAMA
crisis (JAMAK **crises**)
◊ *kegawatan ekonomi* the economic crisis

gaya KATA NAMA
style
bergaya KATA KERJA
1 *stylish*
◊ *Samina pandai bergaya.* Samina knows how to look stylish.
2 *to show off*
◊ *Puspita suka bergaya di hadapan kawan-kawannya.* Puspita likes to show off in front of her friends.
menggayakan KATA KERJA
to style
◊ *menggayakan rambut* to style one's hair

gayat KATA ADJEKTIF
to get dizzy
◊ *Saya tidak berani memanjat bukit itu kerana saya gayat.* I don't dare climb the hill because I get dizzy.

gayung KATA NAMA
water dipper (terjemahan umum)

gayut
bergayut KATA KERJA
to hang
◊ *Orang utan itu suka bergayut pada pokok yang tinggi itu.* The orang-utan likes hanging from that tall tree.
bergayutan KATA KERJA
to be hanging
◊ *Pelbagai jenis tanglung bergayutan pada pokok-pokok di tepi jalan itu.* All kinds of lanterns were hanging on the trees by the side of the road.

gear KATA NAMA
gear

gebar KATA NAMA

gebu → gelang

blanket

gebu KATA ADJEKTIF
1. *soft* (ubi)
2. *soft and delicate* (kulit)
3. *fluffy* (bulu binatang, kain)

gecar KATA KERJA
to water
◊ ...biskut yang akan membuat mulut anda gecar. ...biscuits to make your mouth water.

gedempol KATA ADJEKTIF
fat

gedung KATA NAMA
large building
- **gedung membeli-belah** a department store
- **gedung ilmu** institution of higher learning

gegak gempita KATA ADJEKTIF
crowded
◊ Dewan itu gegak gempita dengan orang ramai. The hall was crowded with people.
- **Kawasan itu menjadi gegak gempita apabila pergaduhan itu meletus.** There was an uproar when the fight broke out.

gegar
bergegar KATA KERJA
to shake
◊ Bangunan itu bergegar sebelum tumbang. The building shook before it collapsed.
menggegarkan KATA KERJA
to shake
◊ Polis sedang menyiasat letupan yang menggegarkan bangunan baru itu. The police are investigating the explosion that shook the new building.
gegaran KATA NAMA
vibration
◊ Gegaran itu berlaku disebabkan oleh letupan gunung berapi di Indonesia. The vibration was due to the eruption of the volcano in Indonesia.

gegas
bergegas KATA KERJA
to rush
◊ Ani terpaksa bergegas pulang selepas kerja untuk menjaga ibunya. Ani had to rush home after work to look after her mother.

gegat KATA NAMA
silver-fish
- **ubat gegat** mothball

gegendang KATA NAMA
- **gegendang telinga** eardrum

gejala KATA NAMA
1. *omen*
◊ Mereka menganggap kehadirannya pada ketika ini sebagai gejala akan berlakunya malapetaka. They regard her appearance at this moment as an omen of disaster.
2. *symptom*
◊ Muntah dan cirit-birit merupakan antara gejala keracunan makanan. Vomiting and diarrhoea are among the symptoms of food poisoning.
- **Guru-guru itu cuba mengenal pasti gejala kemerosotan disiplin di kalangan para pelajar.** The teachers are trying to identify what causes student discipline to decline.

gejolak KATA NAMA
a big flame
bergejolak KATA KERJA
to flare up
◊ Api itu bergejolak apabila Aidil menuangkan petrol ke atasnya. The fire flared up when Aidil poured some petrol onto it.

gel KATA NAMA
gel

gelabah
menggelabah KATA KERJA
1. *restless*
◊ Para pelajar menggelabah menanti keputusan peperiksaan. The students became restless while waiting for their exam results.
2. *to panic*
◊ Norin menggelabah apabila buku latihannya hilang. Norin panicked when her exercise book went missing.

geladak KATA NAMA
deck

gelagat KATA NAMA
behaviour
◊ Dia kecewa dengan gelagat Shima yang kebudak-budakan. He was disappointed with Shima's childish behaviour.

gelak KATA KERJA
to laugh
tergelak KATA KERJA
to burst out laughing
◊ Imran tergelak apabila guru itu menyebut 'belacan' dengan pelat orang Inggeris. Imran burst out laughing when the teacher said the word 'belacan' in his English accent.

gelambir KATA NAMA
dewlap

gelang KATA NAMA
1. *bangle*
2. *ring* (berbentuk bulatan)
- **gelang getah** rubber band
- **gelang kunci** keyring
pergelangan KATA NAMA

- **pergelangan tangan** wrist
- **pergelangan kaki** ankle

gelanggang KATA NAMA
1. *court*
   ◊ *gelanggang tenis* tennis court
- **gelanggang ais** ice rink
2. *arena*
   ◊ *Dia tidak berniat untuk bersara daripada gelanggang politik.* He had no intention of retiring from the political arena.

gelap KATA ADJEKTIF
dark
- **gelap-gelita** very dark

bergelap KATA KERJA
to stay in the dark
◊ *Mereka terpaksa bergelap selama beberapa hari apabila bekalan elektrik terputus.* They had to stay in the dark for several days when the electricity was cut off.

kegelapan KATA NAMA
darkness

menggelapkan KATA KERJA
1. *to embezzle*
   ◊ *menggelapkan wang* to embezzle money
2. *to darken*
   ◊ *Dia menggelapkan bulu matanya.* She darkened her eyelashes.

gelar
bergelar KATA KERJA
to be known as
◊ *Pak Hitam bergelar 'Panglima Berantai' di kampungnya.* Pak Hitam is known as 'Panglima Berantai' in his village.
- **Putera Andrew bergelar Duke of York.** Prince Andrew has the title Duke of York.

menggelar, menggelari KATA KERJA
to call
◊ *Dia menggelari kawannya 'si jahil'.* He called his friend 'si jahil'.

gelaran KATA NAMA
1. *nickname* (nama panggilan)
2. *title* (dikurniakan oleh sultan, kerajaan)

gelas KATA NAMA
glass (JAMAK **glasses**)

geleber
menggeleber KATA KERJA
to sag

gelecek
tergelecek KATA KERJA
to slip
◊ *Kakinya luka akibat tergelecek di jalan itu.* His leg was injured when he slipped on the road.

geledah
menggeledah KATA KERJA
to ransack
◊ *Pencuri itu menggeledah dan mencuri beberapa barang berharga di dalam rumah tersebut.* The thief ransacked the house and stole several objects of value.
- **Pihak polis menggeledah rumah orang kaya itu.** The police searched the rich man's house.

gelegak
menggelegak KATA KERJA
boiling
◊ *Masukkan ikan itu ke dalam minyak yang menggelegak.* Put the fish into the boiling oil.
- **Hati saya menggelegak apabila mendengar kata-katanya itu.** I was seething with anger when I heard what he said.

gelek KATA ADJEKTIF
- **penari gelek** belly dancer

menggelek KATA KERJA
1. *to ride over*
   ◊ *Ah Leng menggelek kaki Ah Mun dengan basikalnya.* Ah Leng rode over Ah Mun's foot on her bicycle.
- **Van itu menggelek seekor ular di atas jalan.** The van ran over a snake on the road.
2. *to roll*
   ◊ *Bola itu menggelek ke dalam lubang.* The ball rolled into the hole.

tergelek KATA KERJA
to be run over
◊ *Anjing itu hampir-hampir tergelek oleh sebuah lori.* The dog was almost run over by a lorry.
- **Ekor kucing saya tergelek oleh mesin itu.** That machine ran over my cat's tail.

gelembung KATA NAMA
bubble

bergelembung, menggelembung KATA KERJA
to inflate
◊ *Pelampung itu menggelembung.* The float inflates.

gelen KATA NAMA
gallon

gelendong KATA NAMA
reel

geleng
menggeleng KATA KERJA
to shake one's head
menggelengkan KATA KERJA
to shake
◊ *Bibiana menggelengkan kepalanya.* Bibiana shook her head.

gelepar
menggelepar KATA KERJA
to flap one's wings
◊ *Ayam itu menggelepar kesakitan.*

The chicken flapped its wings in pain.

geletak
   tergeletak KATA KERJA
   to sprawl
   ◊ *Victor tergeletak di atas lantai akibat tumbukan yang kuat itu.* The powerful blow left Victor sprawling on the floor.

geletar
   menggeletar KATA KERJA
   to tremble
   ◊ *Saya menggeletar ketakutan ketika menunggunya di situ.* I was trembling with fear as I waited for him there.

geletek KATA NAMA
   tickle
   menggeletek KATA KERJA
   to tickle

geli KATA ADJEKTIF
   [1] *ticklish*
   [2] *revolted*
   ◊ *Saya geli melihat perangai orang tua itu.* I was revolted by the old man's behaviour. ◊ *Saya geli melihat darah.* I'm revolted by the sight of blood.
   ♦ **geli-geleman** revolted
   menggelikan KATA KERJA
   revolting
   ◊ *Mereka menyaksikan banyak perkara yang menggelikan di negara itu.* They saw a lot of revolting things in that country.
   kegelian KATA NAMA
   tickly feeling
   ◊ *Sita ketawa kerana kegelian.* Sita laughed at the tickly feeling.

geliat
   menggeliat KATA KERJA
   to stretch
   ◊ *Kesuma menggeliat malas ketika bangun dari tidurnya.* Kesuma stretched lazily when she got up from her bed.
   tergeliat KATA KERJA
   to sprain
   ◊ *Jarinya tergeliat.* He sprained his finger.

geliga KATA NAMA
   bezoar stone
   ♦ **batu geliga** bezoar stone
   bergeliga KATA KERJA
   intelligent
   ♦ **Saya tahu otaknya memang bergeliga.** I knew he was intelligent.

geli hati KATA ADJEKTIF
   amused
   ◊ *Yani tidak geli hati mendengar gurauan Puspa.* Yani was not amused by Puspa's joke.
   menggelikan hati KATA KERJA
   to amuse
   ◊ *Tingkah laku William menggelikan hati saya.* William's behaviour amused me.
   ♦ **cerita yang menggelikan hati** an amusing story

gelimpang
   bergelimpangan KATA KERJA
   [1] *higgledy-piggledy*
   ◊ *Kanak-kanak itu tidur bergelimpangan di atas katil.* The children were sleeping higgledy-piggledy on the bed.
   [2] *strewn*
   ◊ *Mayat-mayat bergelimpangan di sana sini.* Corpses were strewn everywhere.

gelincir
   menggelincir KATA KERJA
   [1] *to slip*
   ◊ *Dia hampir-hampir menggelincir.* He nearly slipped.
   [2] *to skid*
   ◊ *Kereta itu menggelincir di atas jalan yang licin itu.* The car skidded on the slippery road.
   tergelincir KATA KERJA
   [1] *to slip*
   ◊ *Kaki Sheila terseliuh selepas dia tergelincir di atas lantai yang licin itu.* Sheila sprained her ankle when she slipped on the smooth floor.
   [2] *to skid*
   ◊ *Kereta itu tergelincir ke dalam gaung.* The car skidded into the ravine.
   gelinciran KATA NAMA
   fault (*geografi*)

gelintir KATA NAMA
   pellet
   segelintir KATA ADJEKTIF
   few
   ◊ *Hanya segelintir manusia sahaja dapat hidup di sini.* Very few people can survive here.

gelisah KATA ADJEKTIF
   restless
   ◊ *Tantiana gelisah menantikan keputusan ujian itu.* Tantiana was restless while waiting for the test results.
   ♦ **dengan gelisah** restlessly
   menggelisah KATA KERJA
   to fidget
   ◊ *Pelajar baru itu menggelisah di tempat duduknya.* The new student was fidgeting in her seat.
   menggelisahkan KATA KERJA
   to alarm
   ◊ *Kami tahu kejadian itu menggelisahkannya.* We knew that the incident had alarmed her.
   kegelisahan KATA NAMA
   anxiety (JAMAK **anxieties**)
   ◊ *Dia menyatakan kegelisahannya*

gelodak → gemar

terhadap kegawatan ekonomi negara ini. He expressed his anxiety over the economic crisis in the country.

gelodak
  menggelodak KATA KERJA
  to boil
  ◊ *Hatinya menggelodak dengan kebencian.* His heart was boiling with hatred.

gelojak KATA NAMA *rujuk* **gejolak**

gelojoh KATA ADJEKTIF
  careless
  ◊ *Dia sangat gelojoh ketika bekerja.* He's very careless in his work.
♦ **dengan gelojoh** greedily ◊ *Kamil makan buah-buahan itu dengan gelojoh.* Kamil ate the fruit greedily.

gelombang KATA NAMA
  wave
  bergelombang KATA KERJA
  rough
  ◊ *Bot itu terapung-apung di laut yang bergelombang.* The boat was adrift in the rough sea.

gelongsor KATA NAMA
♦ **papan gelongsor** slide
  menggelongsor KATA KERJA
  to slide down
  ◊ *Ajib dan Alan menggelongsor dari cerun itu.* Ajib and Alan slid down the slope.

gelora KATA NAMA
  huge wave
  ◊ *Bot itu karam dipukul gelora.* The boat sunk when it was struck by a huge wave.
  bergelora KATA KERJA
  stormy
  ◊ *Mereka menyeberangi laut yang bergelora itu.* They crossed the stormy sea.
♦ ***Perasaannya bergelora apabila bertemu dengan ayah kandungnya.*** Her feelings were in turmoil when she met her real father.

gelumang
  bergelumang KATA KERJA
  to be smeared
  ◊ *Budak-budak lelaki itu bergelumang dengan lumpur.* The boys were smeared with mud.
♦ **bergelumang dengan dosa** full of sins

geluncur
  menggeluncur KATA KERJA
  to slide down
  ◊ *Alan dan Ajib menggeluncur dari papan gelongsor itu.* Alan and Ajib slid down the slide.

gelung (1) KATA NAMA
  coil
  ◊ *Gelung itu sangat besar.* The coil is very big.
♦ **gelung rambut** topknot
  gelung juga digunakan sebagai penjodoh bilangan bagi barang berbentuk lingkaran.
  ◊ *Bapa saya membeli beberapa gelung tali.* My father bought a few lengths of rope.
  gelungan KATA NAMA
  coil
  ◊ *Dia meletakkan gelungan tali itu di atas meja.* He placed the coil of rope on the table.

gelung (2) KATA NAMA
  plot in a paddy field

gelut
  bergelut KATA KERJA
  to struggle
  ◊ *Terdapat tanda-tanda bahawa dia bergelut dengan penyerangnya.* There were signs that she struggled with her attacker. ◊ **bergelut dengan kematian** to struggle against death
  pergelutan KATA NAMA
  fight
  ◊ *Pergelutan itu berakhir apabila pihak polis tiba.* The fight ended when the police arrived.
♦ **pergelutan hidup** life's struggles

gema KATA NAMA
  echo (JAMAK **echoes**)
  bergema KATA KERJA
  to echo
  ◊ *Dewan itu bergema.* The hall echoed.
  menggemakan KATA KERJA
  to make ... echo
  ◊ *Dinding bilik itu menggemakan suara saya.* The walls of the room made my voice echo.

gemala KATA NAMA
  bezoar
♦ **gemala hikmat** a magic stone

gemalai KATA ADJEKTIF
♦ **lemah gemalai** graceful ◊ *penari balet yang lemah gemalai* a graceful ballerina
  bergemalai KATA KERJA
  to sway
  ◊ *pohon-pohon kelapa yang bergemalai* swaying coconut trees

gemar KATA ADJEKTIF
  to like
  ◊ *Saya gemar menari.* I like to dance.
  kegemaran KATA NAMA
  favourite
  ◊ *Sukan kegemaran saya ialah tenis.* My favourite sport is tennis.
  menggemari KATA KERJA
  to like

gembala → gempar

◊ *Diana menggemari muzik rancak.* Diana likes lively music.
penggemar KATA NAMA
enthusiast
◊ *penggemar kereta* a car enthusiast

gembala KATA NAMA
herdsman (JAMAK **herdsmen**)
menggembala KATA KERJA
to watch over
◊ *menggembala kambing* to watch over the goats
penggembala KATA NAMA *rujuk* **gembala**

gembar-gembur
bergembar-gembur KATA KERJA
to brag
◊ *Dia selalu bergembar-gembur tentang kekuatannya.* He is always bragging about his strength.
menggembar-gemburkan KATA KERJA
to exaggerate
◊ *Media asing suka menggembar-gemburkan cerita yang berlaku di negara itu.* The foreign media tend to exaggerate what happens in that country.

gembira KATA ADJEKTIF
happy
* **tidak gembira** unhappy
* **perasaan gembira** excitement
◊ *Perasaan gembira terpancar di matanya.* Her eyes gleamed with excitement.
bergembira KATA KERJA
to enjoy oneself
◊ *Para pelajar sedang bergembira di padang sekolah.* The students were enjoying themselves on the school field.
kegembiraan KATA NAMA
joy
◊ *air mata kegembiraan* tears of joy
◊ *melompat-lompat kegembiraan* to jump for joy
* **Kegembiraan terbayang pada wajahnya.** Happiness was reflected in her face.
menggembirakan KATA KERJA
to make ... happy
◊ *Anak lelakinya selalu menggembirakan hatinya.* His son always makes him happy.
* **pengalaman yang tidak menggembirakan** unhappy experience

gembleng
bergembleng KATA KERJA
to unite
◊ *Para pelajar bergembleng tenaga untuk menyiapkan lukisan itu.* The students united their efforts to finish the painting.
penggemblengan KATA NAMA

B. Melayu ~ B. Inggeris 694

combination
◊ *penggemblengan usaha* combination of efforts

gembur KATA ADJEKTIF
loose
◊ *tanah yang gembur* loose soil
menggemburkan KATA KERJA
to loosen
◊ *menggemburkan tanah* to loosen the soil
penggembur KATA NAMA
tool for loosening the soil

gementar KATA ADJEKTIF
1 *to shiver*
2 *nervous*
◊ *Saya selalu gementar pada waktu peperiksaan.* I'm always nervous during exams.

gemercik KATA NAMA
splattering sound

gemerencang KATA NAMA
clash (JAMAK **clashes**) (*bunyi*)

gemerencing KATA NAMA
clinking sound
bergemerencing KATA KERJA
to clink
◊ *bunyi rantai besi yang bergemerencing* the clinking of chains

gemerlap
gemerlapan, bergemerlapan KATA KERJA
to glitter
◊ *Kalung berliannya bergemerlapan dalam gelap.* Her diamond necklace glitters in the dark.

gemilang KATA ADJEKTIF
glorious
◊ *saat gemilang* a glorious moment
* **Dewan itu gemilang dengan cahaya pelbagai warna.** The hall was shining with multicoloured lights.
kegemilangan KATA NAMA
glory (JAMAK **glories**)
◊ *kegemilangan Piala Dunia* World Cup glory

Gemini KATA NAMA
Gemini (*bintang zodiak*)

gempa KATA NAMA
* **gempa bumi** earthquake

gempal KATA ADJEKTIF
stout
* **berbadan gempal** stout

gempar KATA ADJEKTIF
in a commotion
◊ *Kampung itu gempar dengan berita kematian Pak Selamat.* The village was in a commotion at the news of Pak Selamat's death.
* **Berita gempar!** Sensational news!

kegemparan KATA NAMA
commotion
◊ *Kegemparan itu bermula apabila dua orang pelajar bergaduh sesama sendiri.* The commotion started when two students had a fight.

menggemparkan KATA KERJA
1 *to cause a commotion*
◊ *Pengumuman guru besar itu menggemparkan pelajar-pelajar sekolah tersebut.* The headmistress's announcement caused a commotion among the students.
2 *to shock*
◊ *Kematian pemimpin itu telah menggemparkan seluruh dunia.* The death of the leader has shocked the world.
♦ **kejadian yang menggemparkan** a shocking event

tergempar KATA ADJEKTIF
sudden
◊ *lawatan tergempar* a sudden visit
♦ **mesyuarat tergempar** an emergency meeting

gempur
menggempur KATA KERJA
to attack and destroy
◊ *Tentera-tentera itu diarahkan untuk menggempur kubu pertahanan pihak musuh.* The soldiers were ordered to attack and destroy the enemy fortress.
♦ **Tentera udara negara itu diarahkan untuk menggempur kawasan pihak musuh.** The country's air force was ordered to lay waste the enemy's territories.

penggempur KATA NAMA
front line troops

penggempuran KATA NAMA
destruction
◊ *Media tempatan melaporkan berita penggempuran di Serbia.* The local media reported the news of the destruction in Serbia.

gemuk KATA ADJEKTIF
fat
menggemukkan KATA ADJEKTIF, KATA KERJA
1 *fattening*
◊ *makanan yang menggemukkan* fattening food
2 *to fatten*
◊ *En. Visu memberikan makanan yang banyak kepada kucingnya untuk menggemukkan haiwan itu.* Mr Visu gave his cat plenty of food so as to fatten it.
♦ **Kolesterol boleh menggemukkan anda.** Cholesterol can make you fat.

kegemukan KATA NAMA
1 *fatness*
2 *obesity*
◊ *masalah kegemukan* the problems of obesity

gemuruh KATA ADJEKTIF
1 *thunderous*
◊ *tepukan gemuruh* thunderous applause
2 *nervous*
◊ *Dia berasa gemuruh setiap kali melalui kawasan itu.* She gets nervous every time she passes through that area.

gen KATA NAMA
gene

genang
bergenang, tergenang KATA KERJA
stagnant
◊ *Air dalam parit itu bergenang.* The water in the drain was stagnant.
♦ **Air matanya bergenang ketika dia menceritakan kejadian itu kepada saya.** Her eyes filled with tears as she told me the story.

menggenangi KATA KERJA
to flood
◊ *Air dari empangan yang pecah itu menggenangi ladang mereka.* The water from the broken dam flooded their fields.
♦ **Matanya digenangi air.** There were tears in her eyes.

genap KATA ADJEKTIF
even
◊ *nombor genap* even number
♦ **Umur saya genap dua puluh empat tahun pada bulan Oktober ini.** I will be twenty-four this October.

menggenapkan KATA KERJA
to make ... up
◊ *Dia menggenapkan wangnya supaya cukup RM100,000.* He made the money up to exactly RM100,000.
♦ **Dia terpaksa mendapatkan kerja sampingan untuk menggenapkan wangnya bagi membeli hadiah itu.** She had to get part-time work to earn enough money to buy that present.

segenap KATA ADJEKTIF
all
◊ *Kamus itu boleh digunakan oleh segenap lapisan masyarakat.* The dictionary can be used by people from all walks of life.

gencat
tergencat KATA KERJA
stunted
◊ *Pertumbuhan ekonomi negara itu tergencat akibat kegawatan ekonomi.* Economic growth in that country was

stunted owing to the economic crisis.
gencatan KATA NAMA
♦ **gencatan senjata** ceasefire

gendala KATA NAMA
hindrance
◊ *Mereka menaiki kapal terbang itu ke Paris tanpa sebarang gendala.* They boarded the flight to Paris without any hindrance.
tergendala KATA KERJA
to be interrupted
◊ *Rancangan mereka tergendala.* Their plan was interrupted.

gendang KATA NAMA
Malay drum (penjelasan umum)
gendang-gendang KATA NAMA
membranes
bergendang KATA KERJA
to play the drums

genderang KATA NAMA
large drum (terjemahan umum)

gendong
menggendong KATA KERJA
to carry ... in a sling
◊ *Jamaliah menggendong bayinya ke pasar.* Jamaliah carried her baby to the market in a sling.

gendut KATA ADJEKTIF
pot-bellied
◊ *seorang yang gendut* a pot-bellied person

generasi KATA NAMA
generation

genetik KATA NAMA
genetics

geng KATA NAMA
gang

genggam PENJODOH BILANGAN
handful
◊ *segenggam nasi* a handful of rice
◊ *segenggam pasir* a handful of sand
menggenggam KATA KERJA
to grasp
◊ *Dia menggenggam tangan saya.* He grasped my hand.
menggenggamkan KATA KERJA
♦ **menggenggamkan tangan** to clench one's fist ◊ *Ketika Alex menggenggamkan tangannya, saya menyangka dia mahu menumbuk saya.* When Alex clenched his fist, I thought he wanted to punch me.
tergenggam KATA KERJA
to be grasped
◊ *Cincin itu tergenggam dalam tangannya.* The ring was grasped in his hand.
♦ **Dia membuang duit syiling yang tergenggam erat dalam tangannya ke dalam laut.** He threw into the sea the coin that he had grasped tightly.
genggaman KATA NAMA
grasp
◊ *Danielle cuba melepaskan beg itu daripada genggaman saya.* Danielle tried to free the bag from my grasp.

genit KATA ADJEKTIF
1 *coquettish*
◊ *Dia seorang gadis genit yang suka menarik perhatian orang.* She's a coquettish young lady who likes to attract attention.
2 *petite and vivacious*
◊ *Josephine seorang gadis genit yang mempunyai tingkah laku yang sangat baik.* Josephine was a petite and vivacious girl with very good manners.
kegenitan KATA NAMA
coquettish behaviour
◊ *Kegenitan Natasha menarik perhatian ramai.* Natasha's coquettish behaviour attracts attention.

genius KATA ADJEKTIF
genius

gentar KATA ADJEKTIF
afraid
◊ *Saya tidak gentar akan ugutannya.* I'm not afraid of his threats.
bergentar KATA KERJA
to shake
◊ *Pondok yang terletak di atas bukit itu bergentar setiap kali hujan lebat.* The hut on that hill shakes every time it rains heavily.
menggentari KATA KERJA
to scare
◊ *Randy cuba menggentari Halida dengan topeng itu.* Randy tried to scare Halida with the mask.
menggentarkan KATA KERJA
to shake
◊ *Gempa bumi itu menggentarkan beberapa buah bangunan di kawasan tersebut.* The earthquake shook several buildings in that area.
gentaran KATA NAMA
vibration
◊ *Kami dapat merasakan gentaran akibat letupan bom itu.* We could feel the vibration of the explosion.

gentel KATA NAMA
pellet
menggentel KATA KERJA
to roll ... into pellets with the fingertips
◊ *Dia menggentel tanah liat itu.* She rolled the clay into pellets with her fingertips.

gentian KATA NAMA

fibre

genting KATA ADJEKTIF

> *rujuk juga* **genting** KATA NAMA

critical
◊ *Keadaan menjadi genting apabila Presiden itu mengumumkan peletakan jawatan beliau.* The situation became critical when the President announced his resignation.

kegentingan KATA NAMA
crisis (JAMAK **crises**)
◊ *kegentingan di Kosovo* the crisis in Kosovo

menggenting KATA KERJA
to become tense
◊ *Hubungan kedua-dua buah negara itu semakin menggenting.* The relationship between the two countries is becoming tense.

genting KATA NAMA

> *rujuk juga* **genting** KATA ADJEKTIF

1. (*atap*) *tile*
2. *pass* (JAMAK **passes**)
◊ *genting bukit* mountain pass

• **genting tanah** isthmus (JAMAK **isthmuses**)

geografi KATA NAMA
geography

geometri KATA NAMA
geometry

gera

menggera KATA KERJA
to frighten
◊ *Mereka melepaskan tembakan hanya untuk menggera kumpulan itu.* They fired a shot just to frighten the group.

• **Winston meniup wiselnya untuk menggera kami bahawa tempat itu berbahaya.** Winston blew his whistle to warn us that the area was dangerous.

penggera KATA NAMA
alarm
◊ *penggera kebakaran* fire alarm

gerabak KATA NAMA
carriage

geraham KATA NAMA
molar

• **geraham bongsu** wisdom tooth (JAMAK **wisdom teeth**)

gerai KATA NAMA
stall

gerak KATA NAMA
movement

• **Penari itu menari dengan gerak yang mempesonakan.** The dancer moved very gracefully.
• **gerak hati** intuition
• **gerak langkah** step
• **gerak tari** step

• **gerak-geri** movements ◊ *Anggota polis itu sedang memerhatikan gerak-geri mereka.* The policeman is watching their movements.

bergerak KATA KERJA
to move
◊ *Para pelajar bergerak perlahan-lahan menuju ke dalam dewan.* The students moved slowly into the hall.

menggerakkan KATA KERJA
to move
◊ *Dia tidak dapat menggerakkan tangannya.* He can't move his arm.

penggerak KATA NAMA
initiator
◊ *penggerak pemodenan negara kita* the initiator of the modernization of our country

pergerakan KATA NAMA
movement
◊ *Mereka memerhatikan pergerakan ikan itu.* They observed the movement of the fish.

• **pergerakan wanita** the women's movement
• **Anda perlu berhati-hati dengan pergerakan anda semasa menghadiri sesuatu temu duga.** You have to be careful how you behave when you attend an interview.

tergerak KATA KERJA
to feel like
◊ *Hatinya tergerak untuk menelefon ibunya.* He felt like phoning his mother.
◊ *Dia tidak tergerak untuk menyertai perbualan mereka.* She didn't feel like joining in their conversation.

gerakan KATA NAMA
movement
◊ *gerakan yang pantas* quick movement

geram KATA ADJEKTIF
irritated
◊ *Saya betul-betul geram dengan perangainya.* I felt really irritated by his attitude.

• **Saya geram melihat budak perempuan yang comel itu.** The cute little girl is so adorable.

menggeram KATA KERJA
to growl (*harimau*)

menggeramkan KATA KERJA
to irritate
◊ *Perbuatannya itu benar-benar menggeramkan saya.* His behaviour really irritates me.

geran KATA NAMA
deed
◊ *geran rumah* deed to a house

gerangan KATA PENEGAS
possibly
◊ *Apakah gerangan yang dimaksudkannya?* What could he possibly mean?
• **"Siapakah gerangan gadis itu?" tanya putera raja itu.** "Who might that girl be?" asked the prince.

gerbang KATA NAMA
arch (JAMAK **arches**)
menggerbang KATA KERJA
dishevelled
◊ *rambut yang menggerbang* dishevelled hair
menggerbangkan KATA KERJA
to leave ... hanging loose
◊ *Tiara menggerbangkan rambutnya yang panjang itu.* Tiara left her long hair hanging loose.

gereja KATA NAMA
church (JAMAK **churches**)

gergaji KATA NAMA
saw
menggergaji KATA KERJA
to saw

gergasi KATA NAMA
giant

gerhana KATA NAMA
eclipse
• **gerhana matahari** solar eclipse

gerigi KATA NAMA
teeth
◊ *gerigi pisau* teeth of a knife
bergerigi KATA KERJA
serrated
◊ *pisau yang bergerigi* serrated knife

gerila KATA NAMA
guerrilla

gerimis KATA NAMA
drizzle

gerobok KATA NAMA
cupboard

gerodak KATA NAMA
rattling
◊ *Bunyi gerodak di dalam almari itu menakutkan saya.* The rattling sound from the cupboard frightened me.
menggerodak KATA KERJA
to scuffle
◊ *Tikus itu menggerodak di dalam bilik saya.* The rat was scuffling about in my room.

gerombol
gerombolan KATA NAMA
rujuk juga **gerombolan** PENJODOH BILANGAN
gang
◊ *Dialah yang menjadi ketua gerombolan perusuh itu.* He is the leader of the gang of demonstrators.
gerombolan PENJODOH BILANGAN
rujuk juga **gerombolan** KATA NAMA
gang
◊ *segerombolan pencuri* a gang of thieves

gersang KATA ADJEKTIF
[1] *arid*
◊ *kawasan yang gersang* an arid piece of land
[2] *empty*
◊ *Sejak ibunya meninggal dunia, hatinya terasa begitu gersang.* Since the death of her mother she felt so empty.
kegersangan KATA NAMA
[1] *barrenness*
◊ *Kegersangan beberapa kawasan di daerah itu membimbangkan kami.* The barrenness of a few areas in the district worried us.
[2] *emptiness*
◊ *Selama ini dia hidup dalam kegersangan dan kekecewaan.* All this time, he lived in a state of emptiness and disappointment.

gertak KATA NAMA rujuk **gertakan**
menggertak KATA KERJA
to threaten
◊ *Penjahat itu menggertak Devi dengan sebilah pisau.* The bandit threatened Devi with a knife.
gertakan KATA NAMA
threat
◊ *Gertakan penjahat itu menakutkannya.* The bandit's threats frightened her.

gerudi KATA NAMA
drill
menggerudi KATA KERJA
to drill

geruh (1) KATA ADJEKTIF
unlucky
• **Dia berasa sedih dengan nasibnya yang geruh.** She felt sad at her bad luck.
kegeruhan KATA NAMA
misfortune

geruh (2)
menggeruh KATA KERJA
to snore

gerun KATA ADJEKTIF
frightened
◊ *Mereka gerun melihat ahli sihir yang jahat itu.* They were frightened when they saw the wicked witch.
menggeruni KATA KERJA
to fear
◊ *Jika orang menggeruni anda, maknanya mereka menghormati anda.* If people fear you they respect you.
menggerunkan KATA KERJA

eerie
◊ *Hutan ini menggerunkan.* This forest is eerie.

gerutu KATA NAMA *rujuk* **kerutu**

gesa
  menggesa KATA KERJA
  to urge
  ◊ *Ibu bapa saya menggesa saya supaya belajar di luar negara.* My parents urged me to study overseas.
  menggesa-gesakan KATA KERJA
  to hustle
  ◊ *Pengawal-pengawal itu menggesa-gesakan Harry keluar dari kereta.* The guards hustled Harry out of the car.
  tergesa-gesa KATA KERJA
  in a hurry
  ◊ *Alexandra meninggalkan kelasnya dengan tergesa-gesa.* Alexandra left her class in a hurry.
  gesaan KATA NAMA
  [1] *insistence*
  ◊ *Vanitha menghadiri temu duga itu kerana gesaan ibunya.* Vanitha attended the interview at her mother's insistence.
  [2] *nagging*
  ◊ *Gesaannya yang tidak henti-henti itu membosankan saya.* His continual nagging bored me.

gesek
  menggesek KATA KERJA
  to rub
  ◊ *menggesek mata* to rub one's eyes
  ♦ **menggesek biola** to play the violin
  penggesek KATA NAMA
  ♦ **penggesek biola (1)** violinist (*orang*)
  ♦ **penggesek biola (2)** violin bow
  gesekan KATA NAMA
  Biasanya gesekan yang bermaksud gesekan biola dan seumpamanya tidak ada padanan dalam bahasa Inggeris.
  ◊ *Gesekan biola Maria sungguh unik.* Maria has a truly unique way of playing the violin. ◊ *Gesekan biola Eric sungguh merdu.* Eric plays the violin beautifully.

gesel
  bergesel KATA KERJA
  [1] *to scrape*
  ◊ *Kereta itu bergesel dengan sebuah bas lalu terbabas ke dalam gaung.* The car scraped against a bus and skidded into the ravine.
  [2] *to brush*
  ◊ *Bola itu bergesel dengan tiang gol.* The ball brushed the goalpost.
  ♦ **bergesel bahu** to rub shoulders ◊ *Dia biasa bergesel bahu dengan ahli-ahli politik di kelab itu.* He regularly rubs shoulders with politicians in the club.
  bergeselan KATA KERJA
  to brush against each other
  ◊ *Koridor itu begitu sempit sehingga bahu mereka hampir bergeselan.* The corridor was so narrow that their shoulders nearly brushed against each other.
  menggesel KATA KERJA
  to rub against
  ◊ *Kucing itu menggesel kaki saya.* The cat was rubbing against my leg.
  menggeselkan KATA KERJA
  to rub ... against
  ◊ *Kucing itu menggeselkan badannya ke kaki saya.* The cat rubbed its body against my leg.
  pergeselan KATA NAMA
  scraping against
  ◊ *Kemalangan itu melibatkan pergeselan antara sebuah kereta dengan sebuah lori.* The accident involved a car and a lorry scraping against each other.
  ♦ **Rancangan itu mungkin akan menggalakkan pergeselan etnik.** The plan is likely to aggravate ethnic tensions.
  tergesel KATA KERJA
  [1] *to scrape against*
  ◊ *Kereta baru saya rosak kerana tergesel tembok itu.* My new car was damaged when it scraped against the wall.
  [2] *to graze*
  ◊ *Kaki dan tangan mereka tergesel akibat daripada pergelutan itu.* They grazed their arms and legs in the fight.
  geselan KATA NAMA
  rubbing
  ◊ *Geselan pepohon itu mengeluarkan bunyi yang menakutkan.* The rubbing of the trees against each other made an eerie sound.

geser
  bergeser, bergeseran KATA KERJA
  to brush against
  ◊ *Kami dapat mendengar bunyi daun-daun bergeseran di atas bumbung.* We could hear the sounds of the leaves brushing against each other on the roof.
  menggeser KATA KERJA *rujuk* **menggesel**
  menggeserkan KATA KERJA
  to move
  ◊ *Mereka menggeserkan meja itu ke tepi dinding.* They moved the table up against the wall.
  pergeseran KATA NAMA
  clash
  ◊ *Pergeseran pendapat antara dua orang guru itu membimbangkan kami.* The clash of opinions between the two

teachers worried us.
tergeser KATA KERJA *rujuk* **tergesel**
geseran KATA NAMA *rujuk* **geselan**

getah KATA NAMA
① *sap*
◊ *getah pokok nangka* the sap of a jackfruit tree
② *rubber*
◊ *diperbuat daripada getah* made of rubber
♦ **pokok getah** a rubber tree
♦ **susu getah** latex
♦ **getah pemadam** eraser
bergetah KATA KERJA
① *sticky*
◊ *Tangannya bergetah selepas makan gula-gula itu.* His hand was sticky after he ate the sweets.
② *gummy*
◊ *Buah itu bergetah.* The fruit is gummy.

getap
menggetap KATA KERJA
① *to clench*
◊ *menggetap gigi* to clench one's teeth
② *to bite*
◊ *menggetap bibir* to bite one's lip

getar
bergetar KATA KERJA
to vibrate
◊ *Dewan itu seakan-akan bergetar apabila bom itu meletup.* The hall seemed to vibrate when the bomb exploded.
♦ **Suaranya bergetar ketika dia menceritakan kejadian itu kepada saya.** His voice trembled as he told me the story.
menggetarkan KATA KERJA
to make ... vibrate
◊ *Bunyi yang kuat itu menggetarkan meja saya.* The loud noise made my table vibrate.
getaran KATA NAMA
vibration
◊ *Getaran itu disebabkan oleh kenderaan yang lalu-lalang.* The vibration is caused by passing vehicles.

getir KATA ADJEKTIF
bitter
♦ **pahit getir** hardship ◊ *Shantina menasihati sahabatnya supaya tabah menghadapi pahit getir kehidupan.* Shantina advised her friend to face the hardships of life patiently.
kegetiran KATA NAMA
hardship
◊ *kegetiran hidup seorang nelayan* the hardships of a fisherman's life

getu
menggetu KATA KERJA
① *to press ... with one's nail*
② *to pinch*
◊ *Emak menggetu Sani kerana dia tidak mahu mandi.* Mother pinched Sani because he refused to have a bath.

gewang
tergewang-gewang KATA KERJA
to wave
◊ *Faruk menari sambil tangannya tergewang-gewang di udara.* Faruk danced with his hands waving in the air.

ghaib KATA ADJEKTIF
① *invisible*
◊ *Urat-urat pada mukanya menegang seolah-olah dia sedang dicekik oleh sepasang tangan yang ghaib.* Her face tightened as though she was being strangled by invisible hands.
② *to vanish*
◊ *Wanita misteri itu masuk ke dalam hutan lalu ghaib.* The mysterious lady went into the forest and vanished.
③ *supernatural*
◊ *kuasa ghaib* supernatural powers
mengghaibkan KATA KERJA
to make ... vanish
◊ *Ahli silap mata itu mengghaibkan bangunan tersebut.* The magician made the building vanish.
♦ **mengghaibkan diri** to vanish

ghairah KATA ADJEKTIF
lustful
◊ *Dia tidak dapat mengawal perasaannya yang ghairah.* He can't control his lustful feelings.
♦ **Kanak-kanak itu begitu ghairah bermain.** The children were playing with great enthusiasm.
mengghairahkan KATA KERJA
to arouse the desire of
◊ *Kecantikan gadis itu mengghairahkan lelaki-lelaki yang datang ke situ.* The girl's beauty aroused the desire of men who visited the place.
keghairahan KATA NAMA
passion
◊ *Keghairahan Fred mengejar glamor menyebabkan isterinya meninggalkannya.* Fred's passion for a life of glamour had caused his wife to leave him.
♦ **Mereka menasihatkannya supaya menghentikan keghairahannya terhadap gadis itu.** They advised him to give up his desire for the girl.

gian KATA ADJEKTIF
addicted
◊ *Myra menjadi gian akan dadah sejak dia berkawan dengan pemuda-pemuda itu.* Myra became addicted to drugs when she mixed with those young men.

giat KATA ADJEKTIF
active
◊ *Jane sangat giat menulis skrip drama.* Jane was very active in writing drama scripts.
- **Guru itu menasihati kami supaya belajar dengan giat.** The teacher encourages us to study hard.
- **Dia seorang yang giat bekerja.** He's a hardworking person.

bergiat KATA KERJA
to be actively involved
◊ *Sudah lebih sepuluh tahun dia bergiat dalam industri muzik.* He has been actively involved in the music industry for more than ten years.

kegiatan KATA NAMA
activity (JAMAK **activities**)
◊ *kegiatan luar* outdoor activities

menggiatkan, mempergiat KATA KERJA
to intensify
◊ *Mereka menggiatkan usaha untuk menjayakan rancangan itu.* They are intensifying their efforts to make the plan a success.

penggiat KATA NAMA
activist

gigi KATA NAMA
tooth (JAMAK **teeth**)
- **gigi air** shoreline
- **gigi bongsu** wisdom tooth
- **gigi kacip** incisors
- **gigi kekal** permanent teeth
- **gigi susu** milk teeth
- **gigi sikat** the teeth of a comb
- **sakit gigi** toothache
- **doktor gigi** dentist

pergigian KATA NAMA
dental
◊ *klinik pergigian* dental clinic

gigih KATA ADJEKTIF
determined
◊ *Beliau merupakan seorang pemimpin yang gigih.* He is a determined leader.

kegigihan KATA NAMA
determination
◊ *Kegigihannya memperjuangkan kemerdekaan negaranya menjadikannya seorang pemimpin yang disegani.* His determination to fight for the independence of his country has made him a respected leader.

gigil

menggigil KATA KERJA
to shiver
◊ *Sari menggigil kerana kesejukan.* Sari shivered in the cold.

gigit

menggigit KATA KERJA
to bite

gigitan KATA NAMA
bite
◊ *gigitan nyamuk* mosquito bite

gigolo KATA NAMA
gigolo

gila KATA ADJEKTIF
mad
◊ *Kami bimbang kami akan menjadi gila jika terus melakukan kerja ini.* We're afraid of going mad if we continue in this job. ◊ *idea yang gila* a mad idea
- **gila bayang** to be secretly in love with somebody
- **gila bola** football-mad
- **gila judi** addicted to gambling
- **gila kuasa** power-mad
- **gila seks** sex maniac
- **gila talak** obsessed with one's ex-partner
- **gila wang** money-mad
- **harga gila** unbelievable price
- **orang gila** maniac

menggila KATA KERJA
to worsen
◊ *Sakit kepalanya semakin menggila.* Her headache is worsening.
- **Bot-bot itu menggila di laut.** The boats were speeding madly over the sea.

menggilai KATA KERJA
mad about
◊ *Ridge menggilai Caroline sejak kali pertama mereka bertemu.* Ridge has been mad about Caroline since they first met. ◊ *Siva dan kawan-kawannya sangat menggilai sukan bola sepak.* Siva and his friends are completely mad about football.

menggilakan KATA KERJA
to drive ... mad
◊ *Pengendalian projek raksasa seperti ini boleh menggilakan kami.* The administration of such a huge project could drive us mad.

kegilaan KATA NAMA
[1] *obsession*
◊ *Permainan komputer merupakan kegilaan remaja zaman sekarang.* Computer games are a modern teenage obsession.
[2] *madness*
◊ *kegilaan dalam politik* political madness
- **Pelakon itu menjadi kegilaan gadis-gadis remaja.** The actor is the idol of young girls.

gila-gila KATA ADJEKTIF
wacky

◊ *Perangainya yang gila-gila itu menjengkelkan saya.* His wacky behaviour irritates me.
- **Dia seorang yang gila-gila.** He's a joker.
  kegila-gilaan KATA ADJEKTIF
  a bit mad
  tergila-gila KATA KERJA
  desperate
  ◊ *Dia tergila-gila hendak memasuki pertandingan itu.* He's desperate to enter the competition.
  tergila-gilakan KATA KERJA
  ⟦1⟧ *mad about*
  ◊ *Kamal tergila-gilakan anak perempuan Datuk Hisham.* Kamal is mad about Datuk Hisham's daughter.
  ⟦2⟧ *obsessed*
  ◊ *tergila-gilakan wang* obsessed with money

gilang KATA ADJEKTIF
- **gilang-gemilang** brilliant ◊ *cahaya yang gilang-gemilang* brilliant light

gilap KATA ADJEKTIF
gleaming
◊ *Selvi membersihkan barang-barang kemasnya sehingga gilap.* Selvi cleaned her jewellery until it was gleaming.
  gilap-gemilap KATA ADJEKTIF
  to glitter
  ◊ *Dia menggosok pialanya sehingga gilap-gemilap.* He polished his trophy until it glittered.
  bergilap KATA KERJA
  polished
  ◊ *kasut kulit yang bergilap* polished leather shoes
  menggilap KATA KERJA
  to polish
  penggilap KATA NAMA
  polish
  ◊ *penggilap kasut* shoe polish

giling KATA ADJEKTIF
- **batu giling** grinder
  menggiling KATA KERJA
  to grind
  ◊ *menggiling lada* to grind pepper

gilir
  bergilir-gilir KATA KERJA
  to take turns
  ◊ *Kami terpaksa bergilir-gilir berjaga pada malam itu.* We had to take turns to keep watch that night.
  giliran KATA NAMA
  turn
  ◊ *Malam ini merupakan giliran saya untuk memasak.* Tonight is my turn to cook.

gimnasium KATA NAMA
gymnasium

gimnastik KATA NAMA
gymnastic
- **ahli gimnastik** gymnast

gincu KATA NAMA
lipstick
  bergincu KATA KERJA
  to put on lipstick

ginjal KATA NAMA
kidney

ginjat
  berginjat-ginjat KATA KERJA
  to tiptoe

ginseng KATA NAMA
ginseng
◊ *kopi ginseng* ginseng coffee

gipsi KATA NAMA
gypsy (JAMAK **gypsies**)

girang KATA ADJEKTIF
joyful
◊ *hati yang girang* a joyful heart
  kegirangan KATA NAMA
  joy
  ◊ *melompat-lompat kegirangan* to jump for joy
- **hidup dalam kegirangan** to live joyfully
  menggirangkan KATA KERJA
  ⟦1⟧ *joyful*
  ◊ *muzik yang menggirangkan* joyful music
  ⟦2⟧ *to make ... happy*
  ◊ *Dia membeli hadiah itu untuk menggirangkan anak perempuannya.* He bought the present to make his daughter happy.

gisi
  menggisi KATA KERJA
  to eat meat on a bone
- **Budak lelaki itu menggisi kepak ayam itu.** The boy ate the chicken wing.

gitar KATA NAMA
guitar
- **pemain gitar** guitarist

giur
  menggiurkan KATA KERJA
  seductive
  ◊ *Cara wanita itu berpakaian sungguh menggiurkan.* The way the woman dressed was very seductive.
  tergiur KATA KERJA
  attracted
  ◊ *Ramai lelaki tergiur dengan kecantikan wajahnya.* Men were attracted by her beautiful looks.

gizi KATA NAMA
nutrient

glamor KATA NAMA
glamour

glob KATA NAMA

globe

global KATA ADJEKTIF
global

glosari KATA NAMA
glossary (JAMAK **glossaries**)

glukosa KATA NAMA
glucose

gocoh
   tergocoh-gocoh KATA KERJA
   in haste
   ◊ *Helda tergocoh-gocoh masuk ke dalam dewan.* Helda entered the hall in haste.

goda
   menggoda KATA KERJA
   [1] *to seduce*
   ◊ *Gadis itu cuba menggoda Siva.* The girl tried to seduce Siva.
   [2] *to tempt*
   ◊ *Manaf cuba menggoda kawan-kawannya supaya menghisap rokok.* Manaf tried to tempt his friends to smoke.
   [3] *alluring*
   ◊ *Gadis itu sungguh menggoda.* The girl was very alluring.
   penggoda KATA NAMA
   seducer
   ◊ *Dia bangga dengan reputasinya sebagai penggoda wanita kaya.* He's proud of his reputation as a seducer of rich women.
   tergoda KATA KERJA
   tempted
   ◊ *Arman tidak tergoda dengan pujukan kawan-kawannya.* Arman was not tempted by his friends' attempts at persuasion.
   godaan KATA NAMA
   [1] *seduction*
   ◊ *Othman tidak berdaya melawan godaannya.* Othman was powerless to resist her seduction.
   [2] *temptation*
   ◊ *Remaja merupakan golongan yang paling mudah terdedah kepada godaan.* Teenagers are the group most easily exposed to temptation.

godam KATA NAMA
large club
   menggodam KATA KERJA
   to club
   ◊ *menggodam seseorang* to club somebody
   ♦ *Dia menggodam gong itu dengan kuat.* He struck the gong hard with a mallet.

gol KATA NAMA
goal

golak
   bergolak KATA KERJA
   [1] *boiling*
   ◊ *air yang bergolak* boiling water
   [2] *unstable*
   ◊ *Keadaan politik di kebanyakan negara membangun sedang bergolak.* The political situation in most developing countries is unstable.
   ♦ **Rumah tangga pasangan itu bergolak.** The couple's marriage is on the rocks.
   ♦ **Fikirannya bergolak setelah membaca surat itu.** She became upset after reading the letter.
   pergolakan KATA NAMA
   unrest
   ◊ *pergolakan di kalangan pelajar* student unrest ◊ *pergolakan politik* political unrest
   ♦ **pergolakan rumah tangga** family feud

golek KATA ADJEKTIF
   ♦ **ayam golek** roast chicken
   ♦ **bantal golek** bolster
   bergolek, menggolek KATA KERJA
   to roll
   ◊ *Bola itu bergolek ke dalam gol.* The ball rolled into the goal. ◊ *Mereka bergolek dari atas bukit itu.* They rolled down the hill.
   bergolek-golek, bergolekan KATA KERJA
   to roll about
   ◊ *Mereka bergolek-golek di atas lantai.* They rolled about on the floor.
   menggolekkan KATA KERJA
   to roll
   ◊ *Saya menggolekkan bola itu.* I rolled the ball.
   tergolek KATA KERJA
   to roll
   ◊ *Batu itu tergolek dari puncak bukit.* The rock rolled down from the top of the hill.
   ♦ **Fakhrul tergelincir lalu jatuh tergolek dari atas tangga.** Fakhrul slipped and tumbled down the stairs.

golf KATA NAMA
golf
   ♦ **kayu golf** golf club
   ♦ **kelab golf** golf club
   ♦ **padang golf** golf course

golok (1) KATA NAMA
machete

golok (2)
   bergolok, bergolok-bergadai KATA KERJA
   to pawn things
   ◊ *Mereka terpaksa bergolok-bergadai untuk membeli rumah itu.* They had to pawn things in order to buy the house.

golong
   menggolongkan KATA KERJA

gomol → gopoh-gapah

[1] *to classify*
◊ *Pihak polis menggolongkan kes itu sebagai kes pembunuhan.* The police classified the case as homicide.
[2] *to categorize*
◊ *Kami perlu menggolongkan aktiviti kami sebagai sosial atau anti sosial.* We had to categorize our activities as either social or anti-social.
tergolong KATA KERJA
to belong to
◊ *Bunga matahari tergolong dalam spesies Helianthus.* The sunflower belongs to the Helianthus species.
golongan KATA NAMA
group
◊ *golongan yang menyokong demokrasi* the group that supports democracy
◊ *golongan pelajar elit* the group of elite students
• **golongan atasan** the upper-class
• **golongan kaya** the rich
• **golongan miskin** the poor
gomol
bergomol KATA KERJA
to wrestle
◊ *Mereka bergaduh dan bergomol di padang.* They quarrelled and wrestled on the field.
menggomol KATA KERJA
to hug ... tightly
◊ *Aishah menggomol adiknya yang baru lahir itu.* Aishah hugged her newborn brother tightly.
goncang
bergoncang KATA KERJA
[1] *to shake*
◊ *Botol di atas meja itu bergoncang apabila saya menghempas pintu itu.* The bottle on the table shook when I slammed the door.
[2] *on the rocks*
◊ *Rumah tangga mereka bergoncang dengan kehadiran orang ketiga.* Their marriage is on the rocks because of a third party.
• **rumah tangga yang bergoncang** a shaky marriage
menggoncang, menggoncangkan KATA KERJA
[1] *to shake*
◊ *Harris menggoncang botol ubat batuk itu.* Harris shook the bottle of cough mixture.
• **Peristiwa itu telah menggoncangkan keadaan ekonomi negara itu.** The incident has rocked the country's economy.
[2] *to shock*

◊ *Kejadian yang tidak diduga itu telah menggoncangkan seisi kampung.* The unexpected event shocked the whole village.
kegoncangan KATA NAMA
unrest
◊ *kegoncangan politik* political unrest
• **kegoncangan rumah tangga** marital instability
goncangan KATA NAMA
shaking
◊ *Goncangan itu menyebabkan air dalam botol itu berbusa.* The shaking caused the water in the bottle to fizz.
gondol (1) KATA ADJEKTIF
[1] *bald*
◊ *Kepalanya gondol.* He is bald.
[2] *bare*
◊ *Pemandangan pada musim sejuk itu sungguh indah dengan salji yang meliputi pepohon yang gondol.* The scenery in the winter was very beautiful, with snow covering the bare trees.
[3] *barren*
◊ *Padang pasir yang gondol terbentang di hadapannya.* The barren desert stretched before him.
bergondol KATA KERJA rujuk **gondol**
menggondolkan KATA KERJA
to shave all one's hair off (kepala)
gondol (2)
menggondol KATA KERJA
to win
◊ *Wahida menggondol pingat emas untuk sekolahnya dalam pertandingan itu.* Wahida won a gold medal for her school in the competition.
gonggok KATA NAMA
millipede
gonggong
menggonggong KATA KERJA
to carry ... in one's mouth
◊ *Anjing itu menggonggong bola itu lalu meletakkannya di atas meja.* The dog carried the ball in its mouth and put it onto the table.
gopoh KATA ADJEKTIF
hasty
◊ *Jangan buat keputusan yang gopoh.* Don't make a hasty decision.
• **dengan gopoh** hurriedly ◊ *Sarah berjalan ke arah saya dengan gopoh.* Sarah walked hurriedly towards me.
tergopoh-gopoh KATA KERJA
hurriedly
◊ *Renuka tergopoh-gopoh berlari ke dalam biliknya.* Renuka ran hurriedly into her room.
gopoh-gapah

tergopoh-gapah KATA KERJA
hurriedly
◊ *Renuka tergopoh-gopah berlari ke dalam biliknya.* Renuka ran hurriedly into her room.

goreng KATA ADJEKTIF
fried
◊ *pisang goreng* fried bananas
menggoreng KATA KERJA
to fry
◊ *Ibu menggoreng ikan.* Mother fried the fish.
menggorengkan KATA KERJA
to fry
◊ *Ibu menggorengkan saya seketul paha ayam.* Mother fried me a chicken drumstick.

gores KATA NAMA
scratch (JAMAK **scratches**)
◊ *Qursia terkejut apabila dia melihat kesan-kesan gores pada tangan anaknya.* Qursia was shocked when she saw some scratches on her son's hand.
♦ **gores api** matches
menggores KATA KERJA
to scratch
◊ *Pelajar-pelajar nakal itu menggores kereta guru mereka.* The naughty students scratched their teacher's car.
menggoreskan KATA KERJA
to scratch
◊ *Pelajar-pelajar nakal itu menggoreskan pisau pada kereta guru mereka.* The naughty students scratched their teacher's car with a knife.
goresan KATA NAMA
scratches
◊ *Goresan pada kereta Tarmizi sangat panjang.* The scratches on Tarmizi's car are very long.

gorila KATA NAMA
gorilla

gosip KATA NAMA
gossip
bergosip KATA KERJA
to gossip
◊ *Eva dan Sarah gemar bergosip.* Eva and Sarah like to gossip.
menggosip KATA KERJA
to gossip
◊ *Saya tidak mahu menggosip mereka di hadapan kamu.* I don't want to gossip about them in front of you.

gosok KATA KERJA *rujuk* **menggosok**
bergosok KATA KERJA
to brush against
◊ *Kami hanya dapat mendengar bunyi dedaun yang bergosok antara satu sama lain.* All we can hear is the sound of the leaves brushing against each other.
♦ **Dia pergi ke sekolah dengan gigi yang tidak bergosok.** He went to school without brushing his teeth.
♦ **baju yang sudah bergosok** ironed clothes
menggosok KATA KERJA
to rub
◊ *Dia menanggalkan cermin matanya dan menggosoknya dengan kuat.* She took off her glasses and rubbed them hard.
♦ **Mereka menggosok dinding itu dengan kertas pasir.** They sandpapered the wall.
♦ **menggosok pakaian** to iron clothes
menggosokkan KATA KERJA
to rub
◊ *Sharifah menggosokkan minyak ke tangan adiknya.* Sharifah rubbed some oil onto her sister's hand.

gostan KATA KERJA
to reverse

gotong-royong KATA NAMA
co-operative effort
◊ *Mereka mengadakan gotong-royong untuk membersihkan kawasan itu.* They organized a co-operative effort to clean the area.
bergotong-royong KATA KERJA
to work together
◊ *Para pelajar bergotong-royong untuk membersihkan kelas mereka.* The students worked together to clean their classroom.

goyah KATA ADJEKTIF
1 *wobbly*
◊ *Tiang itu goyah.* The pole is wobbly.
2 *shaky*
◊ *Kepercayaannya terhadap fahaman marxisme sudah goyah.* His belief in Marxism has become shaky.
kegoyahan KATA NAMA
instability
◊ *kegoyahan politik* political instability
menggoyahkan KATA KERJA
to shake
◊ *Mereka cuba menggoyahkan pendiriannya tetapi mereka gagal.* They tried to shake his principles but they failed.
tergoyah KATA KERJA
shaken
◊ *Keazaman guru besar itu tidak mudah tergoyah.* The headmaster's resolve was not easily shaken.

goyang KATA ADJEKTIF
shaky
◊ *Kepercayaannya terhadap fahaman marxisme sudah goyang.* His belief in Marxism has become shaky.

graduan → gugat

◊ *Kedudukan Benjamin sebagai bendahari persatuan itu sudah goyang.* Benjamin's position as treasurer of the association is shaky.
- **kerusi goyang** rocking chair
  bergoyang KATA KERJA
  1. *to rock*
  ◊ *Bot itu bergoyang dan kelihatan seakan-akan hendak terbalik.* The boat rocked and seemed about to capsize.
  2. *to shake*
  ◊ *Meja itu bergoyang.* The table is shaking.
  menggoyang, menggoyangkan KATA KERJA
  to shake
  ◊ *Guru itu memarahi Amin kerana menggoyang tiang bendera sekolah.* The teacher scolded Amin for shaking the school flagpole.

graduan KATA NAMA
graduate
◊ *graduan USM* USM graduates

graf KATA NAMA
graph

grafik KATA NAMA
graphic

gram KATA NAMA
gram

gramatis KATA ADJEKTIF
grammatical

gramofon KATA NAMA
gramophone

graviti KATA NAMA
gravity

Great Britain KATA NAMA
Great Britain

gred KATA NAMA
grade
menggredkan KATA KERJA
to grade
penggredan KATA NAMA
grading
◊ *sistem penggredan tiga tahun* a three-year grading system

grid KATA NAMA
grid

gril KATA NAMA
grill
◊ *Mereka meletakkan ikan itu di atas gril untuk memanggangnya.* They put the fish on the grill to cook it.

gris KATA NAMA
grease (minyak pelincir)

gua KATA NAMA
cave

guam KATA NAMA
dispute in court
- **anak guam** client (bagi peguam)

peguam KATA NAMA
lawyer
perguaman, guaman KATA NAMA
litigation
◊ *proses perguaman* litigation process
- **firma guaman** law firm

gubah
menggubah KATA KERJA
1. *to arrange* (bunga)
2. *to compose* (lagu)
3. *to write* (puisi, buku)
penggubah KATA NAMA
1. *composer* (lagu)
2. *writer* (puisi)
gubahan KATA NAMA
arrangement

gubal
menggubal KATA KERJA
to enact
◊ *Kerajaan sedang merancang untuk menggubal undang-undang yang baru.* The government is planning to enact a new law.
penggubal KATA NAMA
- **penggubal undang-undang** legislator
penggubalan KATA NAMA
enactment
◊ *Mereka tidak terlibat dalam penggubalan undang-undang itu.* They were not involved in the enactment of the law.
- **proses penggubalan undang-undang** law-making process
tergubal KATA KERJA
to be passed
◊ *Undang-undang yang tergubal amat sukar untuk dimansuhkan.* Legislation that has been passed is very difficult to abolish.

gubuk KATA NAMA
hut
◊ *gubuk durian* durian hut

gudang KATA NAMA
warehouse

gugat
menggugat KATA KERJA
1. *to threaten*
◊ *Mereka cuba menggugat kedudukannya sebagai Presiden.* They tried to threaten his position as President.
2. *to condemn*
◊ *Penduduk kampung menggugat ahli politik itu kerana beliau tidak menepati janjinya.* The villagers condemned the politician for breaking his promises.
tergugat KATA KERJA
threatened
◊ *Jangan bimbang, kedudukan anda dalam syarikat ini tidak akan tergugat.*

Don't worry, your position in this company will not be threatened. ◊ *Saya berasa tergugat dengan kata-katanya tadi.* I felt threatened by his words just now.

gugup KATA ADJEKTIF
1. *nervous*
◊ *Saya gugup ketika masuk ke dalam bilik temu duga itu.* I was nervous when I went into the interview room.
2. *confused*
◊ *Saya menjadi gugup dengan semua arahan ini.* I got confused by all these instructions.

menggugupkan KATA KERJA
to panic
◊ *Berita itu benar-benar menggugupkannya.* The news really panicked her.

gugur KATA KERJA
to drop
◊ *menunggu durian gugur* to wait for durians to drop
• **Hak saya sebagai penjaga amanah akan gugur selepas anda berusia 21 tahun.** My rights as your trustee will lapse when you reach the age of 21.
• **...memperingati askar yang gugur di medan perang.** ...to commemorate the soldiers who perished on the battlefield.

berguguran KATA KERJA
to fall
◊ *Daun-daun kering berguguran pada musim luruh.* Dry leaves fall in the autumn.

keguguran KATA NAMA
miscarriage

menggugurkan KATA KERJA
to drop
◊ *Tentera udara Amerika Syarikat telah menggugurkan sebiji bom atom di Hiroshima.* The US Air Force dropped a nuclear bomb on Hiroshima.
• **menggugurkan kandungan** to have an abortion

pengguguran KATA NAMA
dropping
◊ *Pengguguran bom...* The dropping of bombs...
• **pengguguran bayi** abortion

gugus PENJODOH BILANGAN
bunch (JAMAK **bunches**)
◊ *segugus anggur* a bunch of grapes
◊ *segugus kunci* a bunch of keys
• **segugus bintang** a constellation of stars

bergugus-gugus KATA BILANGAN
bunches
◊ *Dia membeli bergugus-gugus buah langsat.* He bought bunches of langsat.

gugusan KATA NAMA
• **gugusan pulau** archipelago (JAMAK **archipelagoes** atau **archipelagos**)

gula KATA NAMA
sugar

gula-gula KATA NAMA
sweets
• **gula-gula getah** bubble gum

bergula KATA KERJA
sugary

menggula, menggula-gula KATA KERJA
to flatter
◊ *Saya tahu dia hanya hendak menggula-gula saya.* I knew he was just trying to flatter me.

menggulai KATA KERJA
to put sugar into
◊ *Erina terlupa menggulai kopi itu.* Erina forgot to put sugar into the coffee.

gulai KATA NAMA
curry

guli KATA NAMA
marble

guling
berguling KATA KERJA
to roll
◊ *Budak itu berguling dari atas katilnya.* The child rolled off his bed.

bergulingan, berguling-guling KATA KERJA
to roll about
◊ *Budak lelaki itu berguling-guling di atas tilam itu.* The boy was rolling about on the mattress.

menggulingkan KATA KERJA
1. *to roll*
◊ *Mereka menggulingkan roda traktor itu ke tepi jalan.* They rolled the tractor wheel to the side of the road.
2. *to overthrow*
◊ *percubaan untuk menggulingkan kerajaan* an attempt to overthrow the government

gulung PENJODOH BILANGAN
roll
◊ *dua gulung kertas* two rolls of paper
• **segulung ijazah** a degree ◊ *Akhirnya dia berjaya mendapat segulung ijazah.* Finally she obtained a degree.

bergulung KATA KERJA
1. *to roll*
◊ *Ombak itu bergulung ke tepi pantai.* The waves rolled towards the shore.
2. *rolled-up*
◊ *Dia memakai kemeja dengan lengan bergulung.* He was wearing a shirt with rolled-up sleeves.

bergulung-gulung KATA BILANGAN
rolls and rolls
◊ *Dia membeli bergulung-gulung*

kertas tandas di kompleks membeli-belah itu. She bought rolls and rolls of toilet paper in the shopping complex.
menggulung KATA KERJA
1. *to roll up*
◊ *menggulung surat khabar* to roll up a newspaper
2. *to wind up*
◊ *Garret menggulung ucapannya.* Garret wound up his speech.
penggulung KATA NAMA
* **penggulung rambut** roller
* **penggulung dalam perbahasan** a person who winds up a debate
penggulungan KATA NAMA
summing-up
◊ *Dia sedang menulis ucapan penggulungannya.* He is writing his summing-up speech.
gulungan KATA NAMA
roll
◊ *Gulungan filem itu belum dibuka lagi.* The roll of film has not been opened yet.

gumam KATA ADJEKTIF
suppressed
◊ *senyum gumam* suppressed laughter
menggumam KATA KERJA
to mutter
◊ *Nenek Helda menggumam dalam tidur.* Helda's grandmother mutters in her sleep.

gumpal PENJODOH BILANGAN
1. *lump*
◊ *segumpal tanah liat* a lump of clay
2. *clot*
◊ *segumpal darah* a clot of blood
bergumpal KATA KERJA
lumpy
◊ *Nasi akan bergumpal jika tidak dimasak dengan baik.* If rice isn't cooked properly, it goes lumpy.
gumpalan KATA NAMA
gumpalan *mempunyai terjemahan yang berbeza.*
◊ *gumpalan asap* clouds of smoke
◊ *gumpalan darah* clots of blood
◊ *gumpalan tanah liat* lumps of clay

guna KATA NAMA
use
◊ *Ibu mengatakan bahawa tidak ada gunanya saya mengingati peristiwa itu.* Mother said there was no use in my thinking about the incident.
berguna KATA KERJA
useful
* **tidak berguna** useless
kegunaan KATA NAMA
use

◊ *Pengesan inframerah mempunyai banyak kegunaannya.* Infra-red detectors have many uses.
menggunakan KATA KERJA
to use
◊ *Lim menggunakan pen saya untuk menandatangani cek itu.* Lim used my pen to sign the cheque. ◊ *Dia menggunakan kawannya untuk mendapatkan maklumat itu.* He used his friend to get hold of the information.
mempergunakan KATA KERJA
to use
◊ *Dia mempergunakan saya untuk mencapai cita-citanya.* He used me to achieve his ambition.
pengguna KATA NAMA
1. *user*
2. *consumer*
penggunaan KATA NAMA
1. *use*
◊ *penggunaan kereta di dalam kampus* the use of cars on campus
2. *consumption*
◊ *pengurangan dalam penggunaan minyak* a reduction in fuel consumption
gunaan KATA NAMA
practical
* **sains gunaan** applied science

guna-guna KATA NAMA
love potion

guna semula KATA NAMA
reuse
mengguna semula KATA KERJA
to reuse

guna tenaga KATA NAMA
manpower

gundah KATA ADJEKTIF
sorrowing
◊ *Kamalia tidak sampai hati hendak meninggalkan ibunya yang gundah.* Kamalia was very reluctant to leave her sorrowing mother.
kegundahan KATA NAMA
sadness
◊ *Dia cuba melupakan kegundahannya dengan mendengar lagu itu.* She tried to forget her sadness by listening to the song.

gundah-gulana KATA ADJEKTIF
melancholy
◊ *Dia cuba menyembunyikan perasaan gundah-gulananya.* She tried to hide her melancholy feelings.
* **Dia berasa gundah-gulana dengan berita itu.** She was grieved by the news.
bergundah-gulana KATA KERJA
to grieve
◊ *Dia masih bergundah-gulana*

dengan kematian isterinya. He is still grieving over the death of his wife.
menggundah-gulanakan KATA KERJA
to grieve
◊ *Berita kematian Jamil menggundah-gulanakan saya.* I was grieved to hear about Jamil's death.
gundik KATA NAMA
concubine
guni KATA NAMA
sack
berguni-guni KATA BILANGAN
sacks
◊ *Perompak itu membawa keluar berguni-guni wang dari bank itu.* The robber took sacks of money out of the bank.
gunting KATA NAMA
scissors
menggunting KATA KERJA
to cut
◊ *menggunting rambut* to cut one's hair
mengguntingkan KATA KERJA
to cut
◊ *Saya mengguntingkan kain itu untuk kawan saya.* I cut the cloth for my friend.
penggunting KATA NAMA
- **penggunting rambut** barber

gunung KATA NAMA
mountain
- **gunung berapi** volcano (JAMAK **volcanoes**)
menggunung KATA KERJA
very high
- **tinggi menggunung** very high
- **Dia mempunyai cita-cita yang tinggi menggunung.** He has lofty ideals.
pergunungan KATA NAMA
mountainous area
- **di kawasan pergunungan** in the mountains

gunung-ganang KATA NAMA
mountain range
bergunung-ganang KATA KERJA
mountainous
◊ *kawasan yang bergunung-ganang di Sarawak* mountainous areas in Sarawak

gurau KATA NAMA
joke
- **gurau senda** joke
bergurau KATA KERJA
to joke
◊ *Saya tidak suka bergurau dengan Khalid.* I don't like to joke with Khalid.
gurauan KATA NAMA
joke

gurindam KATA NAMA
proverbial couplet

bergurindam KATA KERJA
to recite a couplet

guru KATA NAMA
teacher
- **guru besar (1)** headmaster (*lelaki*)
- **guru besar (2)** headmistress (JAMAK **headmistresses**) (*perempuan*)
- **guru gantian** supply teacher
- **guru pelatih** trainee teacher
- **guru peribadi** tutor
- **guru sementara** temporary teacher
berguru KATA KERJA
to study under
◊ *Karma mahu berguru dengan En. David.* Karma wants to study under Mr David.
- **Ramai orang berguru dengan ustaz itu.** A lot of people are followers of that religious teacher.
bergurukan KATA KERJA
to study under
◊ *Kami bangga kerana dapat bergurukan En. Mohan.* We were proud to study under Mr Mohan.

guruh KATA NAMA
thunder

gurun KATA NAMA
desert

gusar KATA ADJEKTIF
exasperated
◊ *Balkis agak gusar dengan kelewatan itu.* Balkis was quite exasperated by the delay.
menggusari KATA KERJA
to exasperate
◊ *Kala tidak mahu menggusari kawan yang telah banyak membantunya.* Kala doesn't want to exasperate her friend who has helped her a lot.
menggusarkan KATA KERJA
to exasperate
◊ *Perangai anak lelakinya benar-benar menggusarkannya.* Her son's behaviour really exasperates her.
kegusaran KATA NAMA
exasperation
◊ *Stanley cuba menyembunyikan kegusarannya.* Stanley tried to hide his exasperation.

gusi KATA NAMA
gums

gusti KATA NAMA
wrestling
- **ahli gusti** wrestler
- **perlawanan gusti** a wrestling match
bergusti KATA KERJA
to wrestle

H

haba KATA NAMA
heat

habis KATA ADJEKTIF
1. *to finish*
◊ *Saya sudah habis memasak.* I've finished cooking.
♦ *Pekerja syarikat itu habis dipecat.* All the company employees were fired.
2. *out of*
◊ *Makanan kita sudah habis.* We're out of food.
♦ *Wang saya sudah habis.* I have no money left.

berhabis KATA KERJA
to spend extravagantly
◊ *Mereka sanggup berhabis untuk membeli pakaian berjenama.* They are prepared to spend extravagantly to buy designer clothes.

menghabiskan KATA KERJA
1. *to spend*
◊ *Asmalia telah menghabiskan semua wang gajinya.* Asmalia has spent all her salary. ◊ *Ian hendak menghabiskan masa tuanya di Malaysia.* Ian wants to spend his old age in Malaysia.
2. *to finish*
◊ *Vita hendak menghabiskan kerjanya sekarang juga.* Vita wants to finish her work now.
♦ *Kami telah menghabiskan semua cat.* We've used up all the paint.

kehabisan KATA KERJA
to run out of
◊ *Keretanya kehabisan minyak.* Her car ran out of petrol.

penghabisan KATA NAMA
last
◊ *Jimmylah orang yang penghabisan tiba di garisan penamat.* Jimmy was the last person to reach the finishing line.
♦ *jualan penghabisan stok* stock clearance sale

habis-habis KATA ADJEKTIF
carefully
◊ *Fikirlah habis-habis.* Think carefully.
◊ *Dengarlah habis-habis.* Listen carefully.
♦ *Narissa tidak habis-habis merungut sejak pagi tadi.* Narissa hasn't stopped grumbling since this morning.

habis-habisan, berhabis-habisan KATA KERJA
with all one's might
◊ *Dia berjuang berhabis-habisan untuk mendapatkan kemerdekaan bagi negaranya.* He struggled with all his might to win independence for his country.

hablur KATA NAMA
crystal

penghabluran KATA NAMA
crystallization
◊ *penghabluran kaca* the crystallization of glass

habuan KATA NAMA
1. *share*
◊ *Mereka mendapat habuan daripada keuntungan syarikat mereka.* They get a share of their company's profits.
2. *opportunity* (JAMAK **opportunities**)
◊ *Kalau ada habuan, saya akan pergi ke Scotland tahun depan.* If there's an opportunity, I'll go to Scotland next year.

habuk KATA NAMA
dust

berhabuk KATA KERJA
dusty

had KATA NAMA
limit
◊ *had laju* speed limit
♦ *had maksimum* ceiling

mengehadkan KATA KERJA
1. *to limit*
◊ *Gordon mengehadkan perbelanjaan hariannya.* Gordon limits his daily expenses.
2. *to restrict*
◊ *mengehadkan kebebasan pihak akhbar* to restrict the freedom of the press

terhad KATA KERJA
limited
◊ *tempat duduk yang terhad* limited seating

pengehadan KATA NAMA
limitation

hadam KATA KERJA
to be digested
◊ *Makanan dalam perutnya belum hadam.* The food in her stomach is not yet digested.

menghadamkan KATA KERJA
to digest
◊ *Suzanna tidak dapat menghadamkan makanan dengan sempurna.* Suzanna couldn't digest her food properly.

penghadaman KATA NAMA
digestion
◊ *penghadaman lemak* digestion of fats

terhadam KATA KERJA
to be digested
◊ *makanan yang terhadam* digested food

hadap

berhadapan KATA KERJA
1. *to face*
◊ *Christine kelihatan tenang walaupun terpaksa berhadapan dengan para wartawan.* Christine looked calm even

though she had to face the reporters.
② *opposite*
◊ *Jennie duduk berhadapan dengan Joe ketika sarapan.* Jennie sat opposite Joe during breakfast.

menghadap KATA KERJA
① *to face*
◊ *Rumah Noni menghadap ke laut.* Noni's house faces the sea.
② *to have an audience*
◊ *Saya akan menghadap Sultan Kedah esok.* I'm going to have an audience with the Sultan of Kedah tomorrow.

menghadapi KATA KERJA
to face
◊ *Syarikat itu menghadapi masalah kewangan.* The company is facing financial problems.

menghadapkan KATA KERJA
to aim (*menghalakan*)
• **Ronald akan dihadapkan ke mahkamah atas tuduhan pecah amanah.** Ronald will be taken to court for breach of trust.

terhadap KATA SENDI
① *towards*
◊ *perasaan saya terhadapnya* my feelings towards him
② *for*
◊ *kasih sayangnya terhadap binatang* his love for animals

hadapan KATA ADJEKTIF, KATA ARAH
rujuk **depan**

hadiah KATA NAMA
① *present*
② *prize*
◊ *pemenang hadiah* prize winner

menghadiahi KATA KERJA
to give
◊ *Alvin menghadiahi isterinya seutas rantai.* Alvin gave his wife a necklace.

menghadiahkan KATA KERJA
to give
◊ *Ivan menghadiahkan sebuah kereta kepada Crystal.* Ivan gave a car to Crystal.

hadir KATA KERJA
present
◊ *Presiden tidak hadir dalam mesyuarat itu.* The president was not present at the meeting.
• **Zack tidak hadir hari ini.** Zack was absent today.

kehadiran KATA NAMA
presence
◊ *Dia mengatakan bahawa kehadirannya hanya akan menimbulkan masalah.* He said that his presence would only cause trouble.

menghadiri KATA KERJA
to attend
◊ *Menteri Kewangan dari kebanyakan negara akan menghadiri persidangan ini.* The Finance Ministers of most countries will attend this conference.

hadirin KATA NAMA
guest
◊ *para hadirin yang dihormati sekalian* honoured guests

hafal KATA KERJA
to memorize
◊ *Saya sudah hafal ucapan tersebut.* I've memorized the speech.

menghafal KATA KERJA
to memorize
◊ *Jane menghafal cerita itu dua minggu sebelum pertandingan.* Jane memorized the story two weeks before the competition.

hafaz KATA KERJA
to memorize
◊ *Shukri sudah hafaz ayat-ayat al-Quran pada umur sepuluh tahun.* Shukri had memorized verses from the Koran by the age of ten.

menghafaz KATA KERJA
to memorize
◊ *Kanak-kanak Islam di situ menghafaz ayat-ayat al-Quran sejak kecil lagi.* The Muslim children there memorized verses from the Koran from a very young age.

hai KATA SERUAN
hi
◊ *Hai Haryati! Apa khabar?* Hi, Haryati! How are you?

haid KATA NAMA
menstruation
• **putus haid** menopause

hairan KATA ADJEKTIF
① *surprised*
◊ *Saya hairan apabila melihat perubahan pada dirinya.* I was surprised to see the change in her behaviour.
② *amazed*
◊ *Saya berasa hairan dengan bakat kanak-kanak itu menggubah lagu.* I'm amazed by the children's talent for composing songs.

kehairanan KATA NAMA
surprise
◊ *Menteri itu melahirkan kehairanannya terhadap tuduhan-tuduhan ini.* The minister expressed his surprise at these allegations.

menghairankan KATA KERJA
to surprise
◊ *Pengetahuan Kate tentang sejarah Malaysia sungguh menghairankan saya.* Kate's knowledge of Malaysian history

really surprised me.
haiwan KATA NAMA
animal

hajat KATA NAMA
[1] *intention*
◊ *Memang hajat saya untuk menjadi pengerusi persatuan itu.* It's my intention to become chairman of the society.
[2] *wish* (JAMAK **wishes**)
◊ *Saya harap anda dapat menunaikan hajat saya.* I hope you can fulfil my wish.
berhajat KATA KERJA
to intend
◊ *Saya tidak berhajat untuk bekerja di Jerman.* I don't intend to work in Germany.
menghajati KATA KERJA
to want
◊ *Dia bertuah kerana mendapat segala yang dihajatinya.* She's lucky she gets whatever she wants.
menghajatkan KATA KERJA
[1] *to want*
◊ *Saya menghajatkan jawatan itu sejak hari pertama saya bekerja di sini.* I've wanted that position ever since I began working here.
[2] *to wish for*
◊ *Berhati-hati dengan perkara yang anda hajatkan.* Be careful what you wish for.

haji KATA NAMA
the fifth Islamic principle, which requires Muslims to make the pilgrimage to Mecca
♦ **pergi haji** to make the pilgrimage to Mecca

hak KATA NAMA
right
◊ *hak wanita untuk memilih* women's right to choose
♦ **Barang itu hak saya.** That's mine.
♦ **hak cipta** copyright ◊ *hak cipta terpelihara* copyright reserved
♦ **hak istimewa** privilege
♦ **hak jagaan** custody
berhak KATA KERJA
entitled
◊ *Saya berhak menyuarakan pendapat saya.* I'm entitled to express my opinion.

hakikat KATA NAMA
fact
◊ *Akhirnya keluarga Lisa menerima hakikat bahawa dia gagal dalam peperiksaannya.* Lisa's family finally accepted the fact that she had failed her examination.
♦ **pada hakikatnya** in reality

hakiki KATA ADJEKTIF
real
◊ *dalam dunia yang hakiki* in real life

hakim KATA NAMA
judge
kehakiman KATA NAMA
judiciary
♦ **badan kehakiman** judiciary
menghakimi KATA KERJA
to judge
◊ *Seramai enam orang hakim akan menghakimi pertandingan tersebut.* Six judges will be judging the competition.
penghakiman KATA NAMA
judgement
◊ *Mahkamah dijangka akan memberi penghakiman dalam masa sepuluh hari lagi.* The Court is expected to pass judgement within the next ten days.

hakis
menghakis KATA KERJA
to erode
◊ *Angin dan air hujan menghakis tanah di tempat itu.* Wind and rain eroded the soil there.
terhakis KATA KERJA
to be eroded
◊ *Tanah itu terhakis semasa hujan lebat.* The soil is eroded when it rains heavily.
♦ **batu yang terhakis** eroded rock
hakisan KATA NAMA
erosion
◊ *hakisan tanah* soil erosion

hak milik KATA NAMA
ownership
◊ *hak milik rumah* house ownership
mengehakmilikkan KATA KERJA
to take ownership
◊ *Kerajaan telah mengehakmilikkan rumah-rumah lama di bandar itu.* The government has taken ownership of the old houses in the city.

hak negara KATA NAMA *rujuk* **milik negara**

hal KATA NAMA
[1] *affair*
◊ *Menteri itu menggambarkan hal itu sebagai 'pecah amanah'.* The minister portrayed the affair as 'a breach of trust'.
♦ **hal-ehwal semasa** current affairs
[2] *matter*
◊ *Hal itu tidak berkaitan dengan anda.* That matter doesn't concern you.

hala KATA NAMA
direction
◊ *Saya tidak tahu hala yang mana satu yang hendak dipilih.* I don't know which direction to choose.
♦ **tidak tentu hala** chaotic
menghala KATA KERJA
[1] *to face*

◊ *Rumahnya dibina menghala ke barat.* His house was built facing west.
2̄ *towards*
◊ *Helikopter itu terbang menghala ke bangunan yang tinggi itu.* The helicopter flew towards the tall building.
menghalakan KATA KERJA
to aim
◊ *Dia menghalakan senapangnya ke arah rusa itu.* He aimed his gun at the deer.
♦ **Dia menghalakan kapalnya ke arah pulau itu.** He steered his ship towards the island.

halaju KATA NAMA
velocity (JAMAK **velocities**)
◊ *halaju cahaya* the velocity of light

halal KATA ADJEKTIF
halal atau *hallal*
menghalalkan KATA KERJA
to legalize
◊ *Malaysia tidak akan menghalalkan kegiatan pelacuran.* Malaysia will not legalize prostitution.

halaman KATA NAMA
1̄ *compound*
◊ *Emak saya sedang menyiram pokok di halaman.* My mother is watering the plants in our compound.
♦ **halaman belakang** backyard
2̄ *page*
◊ *halaman depan* front page
♦ **kampung halaman** home

halang
berhalangan KATA KERJA
to have hindrance
menghalang KATA KERJA
1̄ *to prevent*
◊ *Rawatan yang selanjutnya akan menghalang barah itu daripada merebak.* Further treatment will prevent the cancer from spreading.
2̄ *to obstruct*
◊ *menghalang kelancaran lalu lintas* to obstruct the flow of traffic
3̄ *to block*
◊ *Satu deretan pokok menghalang penglihatannya.* A row of trees blocked his view.
penghalang KATA NAMA
hindrance
◊ *Anda merupakan penghalang kerjaya saya.* You're a hindrance to my career.
terhalang KATA KERJA
to be interrupted
◊ *Kerja-kerja pengubahsuaian terhalang kerana kekurangan pekerja.* The renovation work was interrupted owing to the lack of workers.

halangan KATA NAMA
hindrance
◊ *Mereka menaiki kapal terbang ke Paris tanpa halangan.* They boarded their flight to Paris without hindrance.
♦ **Jika tidak ada halangan, saya akan pergi ke Jepun bulan depan.** All being well, I'll go to Japan next month.

halau
menghalau KATA KERJA
1̄ *to drive*
◊ *Pak Habib menghalau ayam-ayamnya ke dalam reban.* Pak Habib drove his chickens into the coop.
2̄ *to throw out*
◊ *Bapa Steven menghalaunya dari rumah.* Steven's father threw him out of the house.
♦ **Petani yang marah itu menghalau Farid dari tempat itu.** The angry farmer chased Farid away.

halia KATA NAMA
ginger

halilintar KATA NAMA
thunderbolt

halimunan KATA NAMA
invisible
◊ *lelaki halimunan* invisible man

halkum KATA NAMA
Adam's apple

haloba KATA ADJEKTIF
greedy
♦ **tamak haloba** very greedy

haluan KATA NAMA
1̄ *bow*
◊ *Cat dari haluan kapal itu dahulu.* Start painting the ship from the bow.
2̄ *course*
◊ *Kapal itu mengubah haluannya.* The ship changed course.
sehaluan KATA ADJEKTIF
on the same wavelength
◊ *Val hanya berkawan dengan orang yang sehaluan dengannya sahaja.* Val only makes friends with people who are on the same wavelength as her.

halus KATA ADJEKTIF
1̄ *fine*
◊ *pasir halus* fine sand ◊ *hasil kerja tangan yang halus* fine workmanship
2̄ *thin*
◊ *dawai halus* thin wire
3̄ *delicate*
◊ *tangan yang halus* delicate hands
kehalusan KATA NAMA
finesse
◊ *kehalusan kerja tangan itu* the finesse of the workmanship
♦ **kehalusan bahasa seseorang** the

halusinasi → hampa

subtlety of someone's speech
menghaluskan KATA KERJA
to make ... soft
◊ *Krim ini dapat menghaluskan kulit anda.* This cream can make your skin soft.

halusinasi KATA NAMA
hallucination
◊ *Halusinasi merupakan perkara biasa kepada pesakit yang mengalami kecederaan otak.* Hallucinations are common among patients who have suffered brain damage.

halwa KATA NAMA
sweetened fruits
* **halwa mata** things that are pleasant to see
* **halwa telinga** things that are pleasant to hear
* **halwa rambut** candyfloss

ham KATA NAMA
ham

hama KATA NAMA
1. *tick* (pada haiwan)
2. *flea* (pada bantal, katil)

hamba KATA NAMA
slave
menghambakan KATA KERJA
to enslave
◊ *Dia seolah-olah menghambakan dirinya kepada lelaki yang zalim itu.* She seems to have enslaved herself to that cruel man.
memperhamba KATA KERJA
to enslave
◊ *Sering kali semua penduduk diperhamba.* Often entire populations were enslaved.
penghambaan KATA NAMA
enslavement
◊ *Penghambaan orang Afrika tentunya merupakan kesalahan jenayah yang paling besar dalam sejarah.* The enslavement of so many Africans must be the biggest crime in history.
perhambaan KATA NAMA
slavery

hambar KATA ADJEKTIF
tasteless
◊ *Makanan itu hambar.* The food was tasteless.
* **senyuman yang hambar** an icy smile

hambat
menghambat KATA KERJA
to chase
◊ *Pemburu itu sedang menghambat seekor rusa.* The hunter was chasing a deer.

hambur

berhamburan KATA KERJA
scattered
◊ *Makanan berhamburan di atas lantai.* The food was scattered across the floor.
menghamburi KATA KERJA
to scatter
◊ *Mereka menghamburi kubur itu dengan bunga.* They scattered flowers over the grave.
menghamburkan KATA KERJA
to scatter
◊ *Mereka menghamburkan bunga di atas kubur.* They scattered flowers over the grave.

hambus
berhambus KATA KERJA
to go away
◊ *Berhambus dari sini!* Go away!

hamil KATA ADJEKTIF
pregnant
* **pencegah hamil** contraceptive
kehamilan KATA NAMA
pregnancy (JAMAK **pregnancies**)
◊ *pada peringkat awal kehamilan* during the early stages of pregnancy
menghamilkan KATA KERJA
to be pregnant with
◊ *Sabrina masih boleh menari ketika menghamilkan anaknya yang pertama.* Sabrina was still able to dance when she was pregnant with her first child.
penghamilan KATA NAMA
pregnancy (JAMAK **pregnancies**)
◊ *Wanita sepatutnya tidak mengambil minuman beralkohol dalam masa penghamilan.* Women should avoid alcohol during pregnancy.

hamis KATA ADJEKTIF
smelling strongly, like a goat
* **Dia tidak makan daging kambing kerana baunya hamis.** She doesn't eat goat's meat because it has a strong smell.
kehamisan KATA NAMA
a strong smell, as of goat's meat
* **Kehamisan daging kambing meloyakan saya.** The smell of goat's meat makes me feel sick.

hampa KATA ADJEKTIF
rujuk juga **hampa** KATA NAMA
disappointed
◊ *Saya hampa kerana dia tidak menghadiri jamuan itu.* I was disappointed because he didn't come to the party.
* **hampa hati** disappointed
kehampaan KATA NAMA
disappointment
◊ *Kehampaan jelas terbayang pada wajahnya.* Her disappointment showed

clearly on her face.
menghampakan KATA KERJA
to disappoint
◊ *Saya tidak bermaksud untuk menghampakan anda.* I didn't mean to disappoint you.
hampa KATA NAMA
> rujuk juga **hampa** KATA ADJEKTIF

- **hampa beras** husk

hampa gas KATA NAMA
vacuum
- **pembersih hampa gas** vacuum cleaner

hampar
menghampar, menghamparkan KATA KERJA
to spread
◊ *Kate menghampar sehelai tuala di atas pasir dan berbaring di atasnya.* Kate spread a towel on the sand and lay on it.
terhampar KATA KERJA
to be spread
◊ *Permaidani itu terhampar di atas lantai.* The carpet was spread on the floor.
hamparan KATA NAMA
covering

hampas KATA NAMA
dregs
◊ *hampas kopi* coffee dregs

hamper KATA NAMA
hamper

hampir KATA ADJEKTIF
close
◊ *Jangan letak kereta anda terlalu hampir dengan kereta saya.* Don't park your car too close to mine.
hampir-hampir KATA ADJEKTIF
almost
◊ *Athena hampir-hampir terjatuh dari tangga.* Athena almost fell down the stairs.
berhampiran KATA ADJEKTIF
close to
◊ *Dia berdiri berhampiran saya.* He stood close to me.
menghampiri KATA KERJA
to approach
◊ *Muka budak lelaki itu menjadi pucat apabila Rita menghampirinya.* The boy turned pale when Rita approached him.
- **Jangan menghampiri gajah itu.** Don't go near the elephant.
- **Jangan menghampiri saya.** Don't come near me.

terhampir KATA ADJEKTIF
nearest
◊ *Azhar pergi ke hospital yang terhampir dengan rumahnya.* Azhar went to the nearest hospital to his house.

hamun KATA NAMA
curse
menghamun KATA KERJA
to swear
◊ *Dia tidak patut menghamun orang lain.* He shouldn't swear at people.

hancing KATA ADJEKTIF
stinking

hancur KATA ADJEKTIF
1. *crushed*
◊ *ais yang hancur* crushed ice
2. *to shatter*
◊ *gelas keselamatan yang tidak akan hancur apabila pecah* safety glass that won't shatter if it's broken
- **Cermin itu hancur berkecai.** The glass shattered into small pieces.
- **telur hancur** scrambled egg

kehancuran KATA NAMA
1. *breakdown*
◊ *Kehancuran rumah tangganya menyebabkan dia menjadi kaki botol.* The breakdown of his marriage turned him into an alcoholic.
2. *destruction*
◊ *senjata yang banyak melakukan kehancuran* a weapon that has caused a lot of destruction

menghancurkan KATA KERJA
1. *to destroy*
◊ *Kritikan tersebut telah menghancurkan kehidupan saya.* The criticism has destroyed my life.
2. *to mash*
◊ *Peter menghancurkan makanan tersebut untuk adik lelakinya.* Peter mashed the food for his little brother.
- **menghancurkan perasaan seseorang** to break somebody's heart

penghancur KATA NAMA
1. *crusher*
◊ *penghancur bawang putih* a garlic crusher
2. *destroyer*
◊ *Saya dituduh sebagai penghancur kebahagiaan orang lain.* I was accused of being a destroyer of other people's happiness.

hancuran KATA NAMA
pieces
◊ *hancuran batu bata* pieces of brick
- **hancuran batu-batan** fragments of rock
- **hancuran kacang** crushed nuts

hancur lebur KATA ADJEKTIF
crushed
◊ *Ibu keluar dari rumah dengan perasaan yang hancur lebur.* Mother left the house feeling crushed.
menghancurleburkan KATA KERJA
to destroy

hancur luluh → hantuk

◊ *menghancurleburkan kebahagiaan seseorang* to destroy somebody's happiness
hancur luluh KATA ADJEKTIF *rujuk* **hancur lebur**
hancur musnah KATA ADJEKTIF *rujuk* **hancur lebur**
handai taulan KATA NAMA
friends
handal KATA ADJEKTIF
highly skilled
◊ *Matthew ialah pemain bola sepak yang handal.* Matthew is a highly skilled footballer.
♦ **Dia handal dalam bahasa Jepun.** She's very good at Japanese.
kehandalan KATA NAMA
skill
◊ *Edwin tidak dapat menandingi kehandalan Joshua bermain badminton.* Edwin could not match Joshua's skill at badminton.
handalan KATA ADJEKTIF
excellent
◊ *penyanyi handalan* an excellent singer
♦ **pemain handalan dunia** a world-class player
hangat KATA ADJEKTIF
1 *hot*
◊ *air hangat* hot water
♦ **perbincangan yang hangat** a heated discussion
♦ **berita hangat** hot news
2 *warm*
◊ *Kempen yang dianjurkan oleh persatuan kami menerima sambutan hangat.* The campaign organized by our society received a warm response.
kehangatan KATA NAMA
1 *heat*
◊ *kehangatan cahaya matahari* the heat of the sun
2 *warmth*
◊ *Kami dapat merasakan kehangatan dan kemeriahan majlis itu.* We sensed the warmth and festivity of the occasion.
menghangatkan KATA KERJA
1 *to warm*
◊ *Mereka menyalakan unggun api untuk menghangatkan badan mereka.* They lit a fire to warm themselves.
2 *to liven up*
◊ *Kemunculan penyanyi-penyanyi popular menghangatkan suasana majlis itu.* The appearance of the popular singers livened up the party.
hangit KATA ADJEKTIF
burnt

◊ *Kenapa kek itu hangit?* Why was the cake burnt? ◊ *bau roti bakar yang hangit* the smell of burnt toast
hangus KATA ADJEKTIF
burnt down
◊ *Rumah itu hangus dijilat api semalam.* The house was burnt down last night.
♦ **Ikan ini mudah hangus.** This fish burns easily.
hantar KATA KERJA
to send
♦ **hantar-menghantar** to exchange
◊ *hantar-menghantar kad ucapan* to exchange greetings cards
menghantar, menghantarkan KATA KERJA
1 *to send*
◊ *Saya menghantar satu salinan dokumen ini kepada Jabatan Pendidikan.* I sent a copy of this document to the Education Department.
♦ **Julie menghantar anak-anaknya ke sekolah dengan kereta.** Julie drove her children to school.
2 *to deliver*
◊ *Negara itu bercadang untuk menghantar makanan yang lebih banyak ke Somalia.* The country plans to deliver more food to Somalia.
penghantar KATA NAMA
sender
♦ **penghantar utusan** messenger
♦ **penghantar gelombang radio** radio transmitter
penghantaran KATA NAMA
delivery (JAMAK **deliveries**)
◊ *Penghantaran tersebut mengambil masa 28 hari.* The delivery took 28 days.
hantaran KATA NAMA
delivery (JAMAK **deliveries**)
◊ *Saya menerima hantaran berupa sebuah buku kelmarin.* I took delivery of a book yesterday.
♦ **wang hantaran/hantaran kahwin** dowry (JAMAK **dowries**)
hantu KATA NAMA
ghost
♦ **burung hantu** owl
♦ **jari hantu** middle finger
berhantu KATA KERJA
haunted
menghantui KATA KERJA
to haunt
◊ *Keputusannya meninggalkan anak-anaknya kini menghantui fikirannya.* Her decision to leave her children now haunts her.
hantuk
berhantukan KATA KERJA

Malay ~ English — hanya → harap

1 *to clatter*
◊ *Periuk belanga berhantukan di dapur.* Pots and pans could be heard clattering in the kitchen.
2 *to clink* (*gelas, dll*)
menghantukkan KATA KERJA
to bang
◊ *Jaya mencederakan Singgam dengan menghantukkan kepalanya ke dinding.* Jaya injured Singgam when he banged his head against the wall.
• **menghantukkan gelas** to clink glasses
terhantuk KATA KERJA
to bump against
◊ *Kepala Jason terhantuk pada pintu.* Jason bumped his head against a door.
hanya KATA PENEGAS
only
◊ *Hanya Lim sahaja yang mampu melaksanakan tugas itu.* Only Lim was able to perform that task.
hanyir KATA ADJEKTIF
fishy-smelling
hanyut KATA KERJA
to be washed away
◊ *Bajunya hanyut dibawa arus deras.* Her clothes were washed away by the swift current.
menghanyutkan KATA KERJA
to sweep
◊ *Arus yang kuat itu menghanyutkan Jack ke gua itu semula.* The strong current swept Jack back into the cave.
hanyutan KATA NAMA
something carried away by water or wind
hapak KATA ADJEKTIF
musty
hapus KATA KERJA
to be forgiven
◊ *Dosa-dosa anda akan hapus sekiranya anda rajin sembahyang.* If you pray often, your sins will be forgiven.
menghapuskan KATA KERJA
1 *to abolish*
◊ *Parlimen membuat undian untuk menghapuskan hukuman mati.* Parliament voted to abolish the death penalty.
2 *to eradicate*
◊ *menghapuskan penyakit-penyakit berbahaya* to eradicate dangerous diseases
3 *to destroy*
◊ *Kita mesti berganding bahu untuk menghapuskan musuh kita.* We must fight shoulder to shoulder to destroy our enemy.
penghapus KATA NAMA
• **penghapus serangga dan haiwan**

perosak (*orang*) pest controller
• **penghapus serangga** (*alat*) insecticide
penghapusan KATA NAMA
abolition
◊ *penghapusan sistem aparteid* the abolition of apartheid ◊ *penghapusan sistem komunisme negara itu* the abolition of the country's communist system
terhapus KATA KERJA
to be abolished
◊ *Hak-hak keistimewaan mereka terhapus apabila negara mereka ditakluki.* Their privileges were abolished when their country was conquered.
haram KATA ADJEKTIF
1 *forbidden*
◊ *Judi adalah haram di sisi agama Islam.* Gambling is forbidden according to Islam.
2 *illegal*
◊ *pendatang haram* illegal immigrants
mengharamkan KATA KERJA
to ban
◊ *Kerajaan Singapura telah mengharamkan gula-gula getah.* The Singapore government has banned chewing gum. ◊ *Negara itu telah mengharamkan penggunaan kuasa nuklear.* The country has banned the use of nuclear energy.
pengharaman KATA NAMA
banning
◊ *Mereka menyokong pengharaman senjata nuklear.* They support the banning of nuclear weapons.
harap KATA KERJA, KATA PERINTAH
1 *to hope*
◊ *Saya harap begitu!* I hope so!
2 *please*
◊ *Harap jangan bising!* Please be quiet!
• **Harap anda semua bertenang!** Please remain calm!
• **Harap maaf!** I'm sorry!
harap-harap KATA BANTU
hopefully
◊ *Harap-harap dia sempat datang.* Hopefully he'll make it in time.
berharap KATA KERJA
to hope
◊ *Para penyelidik berharap vaksin ini boleh digunakan pada tahun depan.* Researchers hope that this vaccine will be available next year.
• **Saya berharap pada anda.** I'm relying on you.
berharapkan KATA KERJA
to hope for
◊ *Saya sangat berharapkan kenaikan gaji ini.* I hope very much to get this

harfiah → haru   B. Melayu ~ B. Inggeris   718

increment.
mengharap, mengharapkan KATA KERJA
[1] *to hope*
◊ *Fifi mengharapkan bantuan kewangan daripada Jabatan Kebajikan.* Fifi is hoping for financial assistance from the Welfare Department.
[2] *to count on*
◊ *Amelia mengharapkan Ben dalam menguruskan perniagaannya.* Amelia counts on Ben to manage her business.
* **boleh diharap** reliable
* **tidak boleh diharap** unreliable
* **Diharap perkara ini mendapat perhatian tuan.** (*surat rasmi*) I hope this matter will receive your attention.
pengharapan KATA NAMA
expectation
◊ *pengharapan mereka terhadap saya* their expectations of me
harapan KATA NAMA
[1] *hope*
◊ *Mereka mempunyai harapan untuk meningkatkan perdagangan antara kedua-dua negara itu.* They have hopes of increasing trade between the two countries.
[2] *expectation*
◊ *Ivan cuba memenuhi harapan bapanya.* Ivan tried to meet his father's expectations.
harfiah KATA ADJEKTIF *rujuk* **hurufiah**
harga KATA NAMA
price
◊ *Harga kerusi ini ialah RM1000.* The price of this chair is RM1000.
* **harga diri** pride
* **harga jualan** selling price
* **harga semasa** current price
* **harga tetap** fixed price
* **senarai harga** price list
berharga KATA KERJA
[1] *to cost*
◊ *Samantha membeli jam tangan yang berharga lebih daripada RM3000.* Samantha bought a watch that cost over RM3000.
[2] *valuable*
◊ *seutas rantai berlian yang sangat berharga* a very valuable diamond necklace
menghargai KATA KERJA
to appreciate
◊ *Majikan itu tidak menghargai sumbangan pekerjanya.* The employer did not appreciate the contribution made by his employees.
penghargaan KATA NAMA
[1] *acknowledgement* (*dalam buku*)

[2] *recognition*
◊ *Dia baru sahaja menerima ijazah kedoktoran sebagai penghargaan atas sumbangannya membuat penyelidikan dalam bidang fizik.* He had just received a doctorate in recognition of his contribution to research in the field of physics.
* **memberikan penghargaan** to honour
terharga KATA KERJA
* **tidak terharga** invaluable
hari KATA NAMA
day
◊ *setiap hari* every day
* **malam hari** night
* **pada hari tua mereka** in their old age
* **siang hari** day
* **tengah hari** afternoon
berhari-hari KATA BILANGAN
for days
◊ *Sudah berhari-hari dia tidak makan.* She hasn't eaten for days.
harian KATA ADJEKTIF
daily
◊ *perbelanjaan harian* daily expenses
harimau KATA NAMA
tiger
* **harimau betina** tigress (JAMAK **tigresses**)
* **harimau bintang** leopard
* **harimau kumbang** panther
haring KATA ADJEKTIF
stinking
harmoni KATA ADJEKTIF
harmonious
◊ *negara yang aman dan harmoni* a peaceful and harmonious country
◊ *hubungan mereka yang harmoni* their harmonious relationship
* **hidup dalam suasana yang harmoni** to live in harmony
keharmonian KATA NAMA
harmony
◊ *keharmonian hubungan mereka* the harmony of their relationship
harmonika KATA NAMA
harmonica
harta KATA NAMA
property
* **harta benda** property
* **harta karun** treasure
* **harta pusaka** legacy (JAMAK **legacies**)
* **harta tanah** property
hartanah KATA NAMA
property
* **ejen hartanah** an estate agent
hartawan KATA NAMA
wealthy person
haru

mengharukan KATA KERJA
to move
◊ *Penderitaan penduduk di situ sangat mengharukan perasaan saya.* The suffering of the people there moved me greatly.

terharu KATA KERJA
touched
◊ *Saya sungguh terharu dengan keikhlasan anda.* I was really touched by your sincerity.

haru-biru KATA ADJEKTIF
chaotic
◊ *Keadaan kampung itu menjadi haru-biru apabila diserang oleh sekumpulan gajah liar.* The situation became chaotic when the village was attacked by a herd of wild elephants.

mengharu-birukan KATA KERJA
to cause chaos
◊ *Serangan lanun telah mengharu-birukan keadaan pulau itu.* The attack by the pirates caused chaos on the island.

harum KATA ADJEKTIF
fragrant
◊ *Bilik itu harum dengan bunga ros.* The room was fragrant with the smell of roses.

keharuman KATA NAMA
fragrance
◊ *keharuman bau minyak wanginya* the fragrance of her perfume

mengharumkan KATA KERJA
to make ... fragrant
◊ *Dia menggunakan penyegar udara untuk mengharumkan keretanya.* She uses air freshener to make her car fragrant.

haruman KATA NAMA
fragrance
◊ *haruman bunga-bungaan* floral fragrance

harung
mengharung, mengharungi KATA KERJA
1 *to wade*
◊ *Pengakap-pengakap itu terpaksa mengharungi sungai yang deras.* The scouts had to wade across a swift-running river.

2 *to traverse*
◊ *Beng Kong mengharungi Lautan Hindi dengan kapal layarnya.* Beng Kong traversed the Indian Ocean in his yacht.

harus KATA BANTU
should
◊ *Saya harus lebih banyak bersenam.* I should do more exercise.

mengharuskan KATA KERJA
to require
◊ *Semua pelajar diharuskan memakai lencana sekolah.* All students are required to wear the school badge.

seharusnya KATA BANTU
should
◊ *Kita seharusnya berani menyuarakan pendapat kita.* We should have the courage to express our opinions.

hasad KATA NAMA
jealousy
♦ **hasad dengki** jealousy

hasil KATA NAMA
1 *profit*
◊ *Hasil jualan kaset akan diberikan kepada bapanya.* The profits from the sale of cassettes will be given to his father.
♦ **hasil tanaman** crop
♦ **hasil tenusu** dairy product

2 *result*
◊ *Jawatan yang dipegang oleh Rosli sekarang merupakan hasil usahanya selama ini.* The position that Rosli holds now is the result of his hard work over the years.

berhasil KATA KERJA
to pay off
◊ *Segala usaha yang saya curahkan selama ini telah berhasil.* All the effort I have put in has paid off.

menghasilkan KATA KERJA
to produce
◊ *Syarikat penerbitan itu akan menghasilkan sebuah kamus yang serba lengkap pada tahun depan.* The publisher will produce a comprehensive dictionary next year.
♦ **Perbincangan itu berjaya menghasilkan jalan penyelesaian.** The discussion led to a solution.

penghasilan KATA NAMA
production
◊ *Protein ini merangsangkan penghasilan sel-sel darah.* These proteins stimulate the production of blood cells.

hasrat KATA NAMA
desire
◊ *Saya mempunyai hasrat yang kuat untuk membantu kanak-kanak itu.* I had a strong desire to help the children.

berhasrat KATA KERJA
to long
◊ *Fred berhasrat hendak pergi bercuti.* Fred longed to go on holiday.

menghasratkan KATA KERJA
to long for
◊ *Dia menghasratkan sebuah kereta baru.* She longed for a new car.
♦ **James telah membeli rumah yang dihasratkannya.** James has bought

hasut → hebat

hasut
menghasut KATA KERJA
to incite
◊ *Dia menghasut kawan-kawannya supaya membalas dendam.* He incited his friends to take revenge.
penghasut KATA NAMA
instigator
◊ *William didakwa sebagai penghasut utama rusuhan itu.* William was accused of being the main instigator of the riot.
terhasut KATA KERJA
to be incited
◊ *Para pensyarah dan guru tidak sepatutnya terhasut oleh ahli politik.* Lecturers and teachers should not allow themselves to be incited by politicians.
hasutan KATA NAMA
incitement
◊ *Hasutan Erin yang menyebabkan Amanda dan Kate bergaduh.* It was Erin's incitement that caused Amanda and Kate to quarrel.

hati KATA NAMA
1 *liver*
2 *heart*
◊ *Saya mencintainya dengan sepenuh hati.* I love him with all my heart.
- **hati sanubari** heart of hearts ◊ *Saya tahu dari hati sanubari saya, dia seorang lelaki yang baik.* I know in my heart of hearts he is a good man.
- **perbualan dari hati ke hati** a heart-to-heart chat
- **lubuk hati** one's deepest feelings
berhati KATA KERJA
berhati biasanya diikuti dengan perkataan lain untuk membentuk kata adjektif.
- **berhati batu (1)** stubborn
- **berhati batu (2)** determined
- **berhati batu (3)** heartless
- **berhati keras/waja** determined
- **berhati perut** kind
- **tidak berhati perut** heartless
sehati KATA ADJEKTIF
unanimous
◊ *Mereka sehati dalam membuat keputusan mereka.* They were unanimous in their decision.

hati-hati KATA SERUAN
careful
◊ *"Hati-hati, nanti jatuh!"* "Careful! You'll fall down!"
berhati-hati KATA KERJA
careful
◊ *Kita mesti berhati-hati semasa melintasi jalan.* One should be careful when crossing the road.
- **Berhati-hati!** Watch out!

haus KATA ADJEKTIF
1 *thirsty*
2 *worn out*
◊ *Tayar itu sudah haus.* That tyre is worn out.
3 *to hunger*
◊ *Kanak-kanak itu haus akan kasih sayang ibu bapa mereka.* The children hungered for their parents' love.
kehausan KATA NAMA
thirst
◊ *Minum air ini untuk menghilangkan kehausan anda.* Drink this water to quench your thirst.
menghauskan KATA KERJA
to wear out
◊ *Jalan-jalan seperti ini boleh menghauskan tayar kereta.* Roads like this can wear out car tyres.

hawa (1) KATA NAMA
weather
- **hawa panas** hot weather
- **hawa sejuk** cold weather
- **hawa dingin** air conditioning
berhawa KATA KERJA
- **negara-negara yang berhawa panas** hot countries
- **berhawa dingin** air conditioned

hawa (2) KATA NAMA
- **hawa nafsu** passions ◊ *Kita tidak sepatutnya bertindak mengikut hawa nafsu sahaja.* We should not merely follow our passions.

hayat KATA NAMA
life
◊ *George banyak melakukan kerja-kerja kebajikan semasa hayatnya.* George did a lot of charity work during his life.
menghayati KATA KERJA
to appreciate
◊ *Semua orang boleh menghayati muzik kami.* Anyone can appreciate our music.
penghayatan KATA NAMA
appreciation
◊ *pemahaman dan penghayatan kanak-kanak terhadap lukisan* children's understanding and appreciation of art

hebah
menghebahkan KATA KERJA
to announce
◊ *Menteri itu menghebahkan bahawa beliau akan meletakkan jawatan.* The minister announced that he would resign.

hebat KATA ADJEKTIF
fantastic
◊ *Perlawanan itu sungguh hebat!* The

Malay ~ English — heboh → hembus

- **pertunjukan bunga api yang hebat** a spectacular display of fireworks
- **novelis muda yang hebat** an outstanding young novelist

kehebatan KATA NAMA
supremacy
◊ *Pasukan badminton Malaysia telah menunjukkan kehebatan mereka dalam pusingan akhir Piala Thomas.* The Malaysian badminton team showed their supremacy in the Thomas Cup finals.

memperhebat KATA KERJA
to intensify
◊ *Anggota penyelamat memperhebat usaha mencari mangsa tanah runtuh.* The rescuers intensified their search for victims of the landslide.

heboh KATA ADJEKTIF
chaotic
◊ *Keadaan di dalam bank menjadi heboh apabila empat orang lelaki bertopeng masuk.* The situation in the bank became chaotic when four masked men entered.

- **Berita itu heboh diperkatakan di kampung itu.** The news was discussed heatedly in the village.

kebohohan KATA NAMA
chaos
◊ *Kebohohan itu hanya dapat dikawal dengan kehadiran pihak polis.* The chaos could only be brought under control by the arrival of the police.

menghebohkan KATA KERJA
to cause chaos
◊ *Kes keracunan makanan telah menghebohkan suasana di hospital.* Food poisoning cases caused chaos in the hospital.

mengheboh-hebohkan KATA KERJA
to exaggerate
◊ *Kita tidak patut mengheboh-hebohkan keburukan orang lain.* We should not exaggerate other people's weaknesses.

heksagon KATA NAMA
hexagon

hektar KATA NAMA
hectare

hela
menghela KATA KERJA
to drag
◊ *Bapa Ela menghelanya ke dalam rumah lalu merotannya.* Ela's father dragged her into the house and caned her.
- **menghela nafas** to inhale

helah KATA NAMA
trick
◊ *Tom menggunakan helah yang sama untuk memikat gadis itu.* Tom used the same trick to attract the girl.
- **Dia memberikan berbagai-bagai helah supaya dapat balik awal setiap hari.** Every day she makes various excuses for going home early.
- **tipu helah (1)** trickery ◊ *Dia menggunakan tipu helah untuk memenangi perlawanan itu.* He used trickery to win the competition.
- **tipu helah (2)** tricks ◊ *Jangan terpedaya dengan tipu helahnya.* Don't fall for his tricks.

helai KATA NAMA
> rujuk juga **helai** PENJODOH BILANGAN

- **helai demi helai** one by one ◊ *Daun gugur daripada pokok itu helai demi helai.* The leaves fell from the tree one by one.
◊ *Anita mengambil tisu dari kotak itu helai demi helai.* Anita took the tissues from the box one by one.
- **Dia membaca muka surat buku itu helai demi helai.** He read the book page by page.

helai PENJODOH BILANGAN
> rujuk juga **helai** KATA NAMA
> *Biasanya **helai** tidak diterjemahkan ke dalam bahasa Inggeris.*

◊ *sehelai baju* a shirt ◊ *sehelai daun* a leaf
- **sehelai kertas** a sheet of paper
- **sehelai sepinggang** with nothing but the clothes on one's back

helang KATA NAMA
eagle

helikopter KATA NAMA
helicopter

helo KATA SERUAN
hello

hemah KATA NAMA
manners
berhemah KATA KERJA
to have an excellent character
◊ *Dia seorang yang berhemah tinggi.* She has an excellent character.

hemat KATA NAMA
opinion
◊ *pada hemat saya* in my opinion
berhemat KATA KERJA
careful
◊ *pemandu berhemat* a careful driver

hembus
menghembus KATA KERJA
to blow out
◊ *Derek menghembus lilin itu.* Derek blew out the candle.
- **Jacky menghembus keluar asap rokoknya.** Jacky puffed out a cloud of cigarette smoke.

menghembuskan KATA KERJA

hemisfera → hening

hemisfera → **hening**

- *to exhale*
- ♦ **menghembuskan nafas** to exhale
  hembusan KATA NAMA
  exhalation
  ◊ *hembusan nafas* exhalation of breath
- ♦ **hembusan angin** the blowing of the wind
  ◊ *Saya dapat merasakan hembusan angin.* I could feel the blowing of the wind.

hemisfera KATA NAMA
hemisphere
◊ *hemisfera selatan* southern hemisphere ◊ *hemisfera utara* northern hemisphere

hempap
  menghempap KATA KERJA
  to crush
  ◊ *Pokok kelapa yang tumbang itu telah menghempap pondok Pak Jani.* The coconut tree which fell down crushed Pak Jani's hut.
  menghempapkan KATA KERJA
  to flop
  ◊ *Lucy menghempapkan dirinya di atas sebuah kerusi yang berdekatan.* Lucy flopped on to a nearby chair.

hempas
  berhempas KATA KERJA
- ♦ **berhempas pulas** to work very hard
  ◊ *Mereka berhempas pulas mengerjakan tanah itu.* They worked very hard on the land.
  menghempas KATA KERJA
  ① *to strike*
  ◊ *Ombak kuat yang menghempas batu itu telah menyebabkan hakisan.* The powerful waves that struck the rock caused erosion.
  ② *to slam*
  ◊ *Dia menghempas pintu depan rumahnya.* He slammed the front door of his house.
  menghempaskan KATA KERJA
  to fling
  ◊ *Usha menghempaskan beg tangannya ke atas kerusi.* Usha flung her handbag on to the chair.
  terhempas KATA KERJA
  to crash
  ◊ *Kapal terbang itu terhempas di Lautan Atlantik.* The aeroplane crashed in the Atlantic Ocean.
- ♦ **Gelas itu jatuh terhempas di atas lantai.** The glass crashed to the floor.

hempedu KATA NAMA
bile

hempuk
  menghempuk KATA KERJA
  to smash
  ◊ *Budak lelaki yang nakal itu menghempuk cawan itu.* The naughty boy smashed the cup.

hendak KATA BANTU
to want
◊ *Saya hendak membuat lawatan ke New Zealand.* I want to make a trip to New Zealand.
- ♦ **Kita hendaklah menghormati orang tua.** We should respect the old.
  kehendak KATA NAMA
  wish (JAMAK **wishes**)
  ◊ *keperluan dan kehendak* needs and wishes
- ♦ **Peter selalu mengikut kehendak anaknya.** Peter always does what his son wants.
  berkehendakkan KATA KERJA
  to need
  ◊ *Semua kanak-kanak berkehendakkan kasih sayang ibu bapa mereka.* All children need their parents' love.
  mengehendaki KATA KERJA
  to require
  ◊ *Semua pelajar dikehendaki berkumpul di dewan sekarang.* All students are required to assemble in the hall now.

hendal KATA NAMA
handlebars

hendap KATA ADJEKTIF
- ♦ **serangan hendap** ambush (JAMAK **ambushes**)
  menghendap KATA KERJA
  to lurk
  ◊ *Harper menghendap di belakang semak samun bersama kawan-kawannya.* Harper lurked behind the bushes with his friends.
  terhendap-hendap KATA KERJA
  to lurk
  ◊ *Polis mengesyaki lelaki yang terhendap-hendap itu sebagai penjenayah yang diburu oleh FBI.* The police suspected the lurking man of being a criminal wanted by the FBI.

hening KATA ADJEKTIF
① *clear*
◊ *air laut yang hening* clear sea water
② *silent*
◊ *malam yang hening* a silent night
  keheningan KATA NAMA
  silence
  ◊ *Salakan anjing memecahkan keheningan malam itu.* The dog's barking broke the silence of the night.
  mengheningkan KATA KERJA
  ① *to purify*
  ◊ *Dia cuba mengheningkan air yang kotor itu.* He tried to purify the dirty water.

hentak

menghentak KATA KERJA
1. *to stamp*
◊ *Chris menghentak papan buruk itu sehingga patah.* Chris stamped on the rotten board and snapped it.
2. *to stab*
◊ *Samseng-samseng itu menghentak Muthu sehingga mati.* The gangsters stabbed Muthu to death.

menghentakkan, menghentak-hentakkan KATA KERJA
to stamp
◊ *Kadet polis itu menghentakkan kaki mereka semasa berkawat.* The police cadets stamped their feet when they were on parade.

hentakan KATA NAMA
stamping
◊ *Mereka terdengar hentakan kaki di tingkat atas.* They heard the stamping of feet upstairs.

hentam KATA KERJA
to punch
◊ *Hentam dia!* Punch him!

menghentam KATA KERJA
to punch
◊ *Saya akan menghentam sesiapa sahaja yang menghalang saya.* I'll punch anyone who tries to stop me.
♦ *Sebuah motosikal menghentam kereta saya.* A motorcycle hit my car.

hentaman KATA NAMA
punch (JAMAK **punches**)
◊ *Hentaman Ali sangat kuat.* Ali's punch is very powerful.

henti

henti-henti KATA KERJA *rujuk* **berhenti-henti**

berhenti KATA KERJA
to stop
◊ *Bas sekolah itu berhenti di hadapan masjid.* The school bus stopped in front of the mosque.

berhenti-henti KATA KERJA
♦ **tidak berhenti-henti** incessantly
◊ *Hujan turun tidak berhenti-henti.* It has been raining incessantly. ◊ *Dee bercakap tidak berhenti-henti tentang dirinya.* Dee talked incessantly about herself.
♦ **Telefon berdering tidak berhenti-henti.** The phone rings continually.
♦ **Budak perempuan itu menangis tidak berhenti-henti sejak pagi tadi.** The girl has been crying ever since this morning.

memberhentikan, menghentikan KATA KERJA
1. *to stop*
◊ *Pemandu lori itu memberhentikan lorinya di tepi jalan.* The lorry driver stopped his lorry by the roadside.
2. *to dismiss*
◊ *kuasa untuk memberhentikan kakitangan kerajaan* the power to dismiss civil servants

pemberhentian KATA NAMA
dismissal
◊ *Pemberhentian En. Yew dari jawatannya telah dilaporkan dalam surat khabar.* Mr Yew's dismissal from his post was reported in the newspaper.

perhentian KATA NAMA
stop
◊ *perhentian bas* bus stop
♦ **perhentian teksi** taxi rank

terhenti KATA KERJA
to stop
◊ *Perbualan mereka terhenti apabila mereka melihat majikan mereka sampai.* Their conversation stopped when they saw their employer arrive.

henyak

menghenyak KATA KERJA
to stamp on
◊ *Fatini menghenyak kasut adiknya kerana marah.* Fatini was so angry that she stamped on her brother's shoes.

menghenyakkan KATA KERJA
to fling
◊ *Yusri menghenyakkan dirinya ke atas katil setelah bekerja sepanjang hari.* After working all day Yusri flung himself on to the bed.

herba KATA NAMA
1. *herb*
2. *herbal*
◊ *teh herba* herbal tea

herbivor KATA NAMA
herbivore

herdik KATA NAMA
scolding

mengherdik KATA KERJA
to scold
◊ *Lelaki tua itu selalu mengherdik anak-anak jirannya.* The old man is always scolding his neighbour's children.

herdikan KATA NAMA
scolding
◊ *Herdikan Jamal menakutkan anak-anaknya.* Jamal's children were frightened by his scolding.

heret

mengheret KATA KERJA

1 *to haul*
◊ *Sebuah kren terpaksa digunakan untuk mengheret kereta itu keluar dari sungai.* A crane had to be used to haul the car out of the stream.

2 *to drag*
◊ *Bapa Fatin mengheretnya ke dalam rumah lalu merotannya.* Fatin's father dragged her into the house and caned her.

3 *to take*
◊ *Anggota polis itu mengheret Aidil ke balai polis.* The policeman took Aidil to the police station.

terheret KATA KERJA
to get involved
◊ *Ele tidak mahu terheret dalam pergaduhan itu.* Ele didn't want to get involved in the fight.

hero KATA NAMA
hero (JAMAK **heroes**)
◊ *seorang hero yang telah memberi inspirasi kepada berjuta-juta orang* a hero who had inspired millions of people

heroin (1) KATA NAMA
heroine
◊ *Heroin dalam filem 'Notting Hill' ialah Julia Roberts.* The heroine of the film 'Notting Hill' is Julia Roberts.

heroin (2) KATA NAMA
heroin (dadah)

herot KATA ADJEKTIF
crooked
◊ *garisan yang herot* crooked line

hias KATA ADJEKTIF
♦ **tukang hias** decorator

berhias KATA KERJA
to dress up
◊ *Sin Chia berhias untuk pergi ke majlis makan malam itu.* Sin Chia dressed up to go to the dinner.

berhiaskan KATA KERJA
to be decorated
◊ *Biliknya berhiaskan poster-poster pemain bola sepak.* His room was decorated with posters of footballers.

menghias KATA KERJA
to decorate
◊ *Janet suka menghias rumahnya pada masa lapang.* Janet likes decorating her house in her spare time.

♦ **menghias diri** to dress up

menghiasi KATA KERJA
1 *to ornament*
◊ *Orang India menghiasi rumah mereka dengan pelita untuk menyambut Hari Deepavali.* Indians ornament their houses with lamps to celebrate Deepavali.
◊ *Biliknya dihiasi dengan perabot-perabot antik.* Her room is ornamented with antique furniture.

2 *to decorate*
◊ *Para pelajar menghiasi bilik darjah mereka untuk menyambut Hari Guru.* The students decorated their classroom to celebrate Teacher's Day.

penghias KATA NAMA
decorator

perhiasan KATA NAMA
decorations
◊ *perhiasan dinding* wall decorations

♦ **barang perhiasan** ornament

hiasan KATA NAMA
decoration
◊ *Hiasan dinding itu sungguh menarik.* The wall decoration is very attractive.

hiba KATA ADJEKTIF
pity
◊ *Kami berasa hiba melihat kebuluran di Somalia.* We feel pity when we see the famine in Somalia.

kehibaan KATA NAMA
grief
◊ *Tidak ada orang yang dapat memahami kehibaan hati Halimah.* No one could understand Halimah's grief.

menghibakan KATA KERJA
to grieve
◊ *Peristiwa itu betul-betul menghibakan hatinya.* That incident grieved her deeply.

hibur
berhibur KATA KERJA
to have fun
◊ *Mereka pergi ke disko untuk menari dan berhibur.* They went to the disco to dance and have fun.

menghiburkan KATA KERJA
1 *to entertain*
◊ *Iswari mendengar muzik untuk menghiburkan hatinya.* To entertain herself, Iswari listens to music.
◊ *Rancangan itu bukan sahaja menghiburkan malah memberikan pengajaran kepada kanak-kanak.* The programme not only entertains but also gives advice to children.

2 *to cheer ... up*
◊ *Usaha Susi menyanyi untuk menghiburkan emaknya sia-sia sahaja.* Susi was singing in a vain effort to cheer her mother up.

penghibur KATA NAMA
entertainer

terhibur KATA KERJA
1 *to be entertained*
◊ *Kami semua terhibur dengan persembahan Emil.* All of us were entertained by Emil's performance.

[2] *to cheer up*
◊ *Hatinya terhibur melihat kedatangan anaknya.* She cheered up at the arrival of her daughter.
hiburan KATA NAMA
entertainment
◊ *untuk tujuan hiburan semata-mata* for entertainment purposes only

hidang KATA KERJA
to serve
◊ *Hidang makanan itu sekarang.* Serve the food now.
menghidangkan KATA KERJA
to serve
◊ *Pekerja kebajikan itu menghidangkan makanan kepada mangsa-mangsa banjir.* The aid worker served food to the flood victims.
♦ **Mereka menghidangkan makanan di atas meja.** They put the food on the table.
hidangan KATA NAMA
dish (JAMAK **dishes**)

hidap
menghidap, menghidapi KATA KERJA
to suffer from
◊ *Doktor telah mengesahkan bahawa dia menghidap leukemia.* The doctor has confirmed that she is suffering from leukaemia.
penghidap KATA NAMA
sufferer
◊ *penghidap asma* sufferer from asthma

hidayah KATA NAMA
guidance
◊ *mendapat hidayah daripada Tuhan* to receive guidance from God

hidayat KATA NAMA *rujuk* **hidayah**

hidroelektrik KATA NAMA
hydro-electric
◊ *stesen kuasa hidroelektrik* a hydro-electric power station

hidroponik KATA NAMA
hydroponics

hidu
menghidu KATA KERJA
[1] *to smell*
◊ *Sebaik sahaja kami membuka pintu depan, kami dapat menghidu bau gas.* As soon as we opened the front door we could smell gas.
[2] *to sniff out*
◊ *Lacsy, seekor anjing polis yang dilatih untuk menghidu bahan letupan* Lacsy, a police dog trained to sniff out explosives
terhidu KATA KERJA
to smell
◊ *Mereka terhidu bau asap.* They smelt smoke.

hidung KATA NAMA
nose
♦ **hidung tinggi** proud
♦ **lubang hidung** nostrils

hidup KATA ADJEKTIF
> *rujuk juga* **hidup** KATA NAMA

[1] *alive*
◊ *Jasbir masih hidup walaupun sesat di gurun selama beberapa hari.* Jasbir is still alive, despite having been lost in the desert for several days.
[2] *burning*
◊ *Api itu masih hidup lagi.* The fire is still burning.
♦ **Dia hidup di situ sejak 30 tahun yang lalu.** He has been living there for 30 years.
♦ **pokok hidup** a living plant
♦ **gunung berapi hidup** active volcano
hidup-hidup KATA ADJEKTIF
alive
◊ *Mereka diarahkan menangkap banduan itu hidup-hidup.* They were ordered to catch the prisoner alive.
kehidupan KATA NAMA
livelihood
◊ *Kehidupan nelayan bergantung pada laut.* A fisherman's livelihood depends on the sea.
♦ **kehidupan haiwan** the life of an animal
menghidupkan KATA KERJA
> **menghidupkan** *diterjemahkan mengikut konteks.*

◊ *menghidupkan enjin* to start an engine ◊ *menghidupkan orang* to revive someone ◊ *menghidupkan pelita* to light an oil lamp ◊ *menghidupkan suasana* to enliven a situation
sehidup KATA ADJEKTIF
♦ **sehidup semati** absolutely loyal to one another
hidupan KATA NAMA
life
◊ *Adakah hidupan di planet Marikh?* Is there life on Mars?
♦ **hidupan laut** marine life
♦ **hidupan liar** wildlife

hidup KATA NAMA
> *rujuk juga* **hidup** KATA ADJEKTIF

live
◊ *buat pertama kali dalam hidup saya* for the first time in my life
♦ **Pak Lah menyara hidupnya dengan menangkap ikan.** Pak Lah earns his living as a fisherman.

hierarki KATA NAMA
hierarchy (JAMAK **hierarchies**)

hijau KATA ADJEKTIF
green

hijrah → himpun

- **hijau kebiru-biruan** turquoise
kehijauan, kehijau-hijauan
KATA ADJEKTIF
greenish
◊ *mata yang kehijauan* greenish eyes
menghijau KATA KERJA
green
◊ *Pemandangan sawah padi yang sedang menghijau itu sangat indah.* The view over the green paddy fields is very beautiful.

hijrah
berhijrah KATA KERJA
to migrate
◊ *Ramai orang berhijrah ke bandar seperti Kuala Lumpur dan Johor Bahru untuk mencari kerja.* Many people migrate to cities like Kuala Lumpur and Johor Bahru to look for work.
penghijrah KATA NAMA
migrant
penghijrahan KATA NAMA
migration
◊ *penghijrahan orang Yahudi ke Israel* the migration of Jews to Israel

hikayat KATA NAMA
story (JAMAK **stories**)
◊ *hikayat Hang Tuah* the story of Hang Tuah

hikmat KATA NAMA
1. *divine purpose*
◊ *Tentu ada hikmat di sebalik semua perkara ini.* There must be a divine purpose behind all this.
2. *magic*
◊ *pedang hikmat* magic sword

hilang KATA KERJA
1. *to lose*
◊ *Kertas peperiksaan saya telah hilang.* My examination papers got lost.
2. *to disappear*
◊ *seorang wanita Jepun yang hilang sepuluh tahun yang lalu* a Japanese woman who disappeared ten years ago
3. *to subside*
◊ *Kemarahan guru itu belum hilang lagi.* The teacher's anger has not yet subsided.
- **hilang sabar** to lose one's temper
kehilangan KATA KERJA
 rujuk juga **kehilangan** KATA NAMA
to lose
◊ *Yougan kehilangan kerjanya sebagai pengurus.* Yougan lost his job as manager.
- **kehilangan upaya** disabled
kehilangan KATA NAMA
 rujuk juga **kehilangan** KATA KERJA
death
◊ *Pak Jai masih berasa sedih atas kehilangan isterinya.* Pak Jai is still grieving over the death of his wife.
- **kehilangan beberapa fail sulit syarikat itu** the disappearance of several of the company's confidential files
menghilangkan KATA KERJA
to lose
◊ *Lena telah menghilangkan buku kakaknya.* Lena lost her sister's book.
- **Pencuri itu menghilangkan diri dalam gelap.** The thief disappeared in the dark.
- **Russel minum dua gelas air untuk menghilangkan dahaganya.** Russel drank two glasses of water to quench his thirst.
penghilang KATA NAMA
remover (kotoran, dll)

hilir KATA NAMA
downstream

himpit
berhimpit, berhimpit-himpit
KATA KERJA
to scramble
◊ *Peminat-peminat William berhimpit-himpit untuk membeli tiket pertunjukannya.* William's fans were scrambling to buy his concert tickets.
menghimpit KATA KERJA
to squash
◊ *Perompak itu menghimpit Thomas ke dinding dan menumbuknya.* The robber squashed Thomas against the wall and punched him.
terhimpit KATA KERJA
to be pinned
◊ *Kaki Jamil terhimpit di bawah pokok yang tumbang itu.* Jamil's leg was pinned under the tree which had fallen down.
- **Ramai mangsa gempa bumi mati terhimpit akibat runtuhan bangunan.** Many of the earthquake victims died when they were crushed by falling buildings.

himpun
berhimpun KATA KERJA
to assemble
◊ *Pelajar-pelajar dikehendaki berhimpun di dewan.* Students are required to assemble in the hall.
menghimpunkan KATA KERJA
to gather
◊ *Pak Man menghimpunkan kayu api yang cukup untuk memasak.* Pak Man gathered enough firewood for cooking.
perhimpunan KATA NAMA
assembly (JAMAK **assemblies**)
◊ *perhimpunan sekolah* school assembly
terhimpun KATA KERJA
 terhimpun *diterjemahkan mengikut konteks.*

◊ *Wang Angela yang terhimpun belum mencukupi untuk membeli sebuah rumah.* The money that Angela has saved is not enough to buy a house. ◊ *Buku-buku yang terhimpun di rumahnya melebihi dua puluh ribu buah.* There are more than twenty thousand books in his house. ◊ *Peminat-peminat penyanyi itu yang terhimpun di dewan itu melebihi 10,000 orang.* There are more than 10,000 of the singer's fans gathered in the hall.
himpunan KATA NAMA, PENJODOH BILANGAN
collection
◊ *satu himpunan gambar* a collection of photographs

hina KATA ADJEKTIF
1 _dishonourable_
◊ *pekerjaan yang hina* a dishonourable occupation
2 _inferior_
◊ *June merasakan dirinya hina di sisi abangnya yang berjaya.* June felt inferior to her successful brother.
menghina KATA KERJA
to insult
◊ *Saya tidak bermaksud hendak menghina awak.* I didn't mean to insult you.
penghinaan KATA NAMA
insult
♦ **Ely sedih dengan penghinaan rakan-rakan sekelas terhadapnya.** Ely was distressed because her classmates insulted her.
♦ **penghinaan mahkamah** contempt of court
terhina KATA KERJA
insulted
◊ *Saya tidak pernah berasa begitu terhina dalam hidup saya.* I have never felt so insulted in my life.
hinaan KATA NAMA
scorn
◊ *Hinaan mereka menyedihkan guru itu.* Their scorn hurt the teacher.

hincut
terhincut-hincut KATA KERJA
to limp
◊ *Dia terhincut-hincut kerana kakinya tercedera.* He limped because his leg had been injured.
♦ **jalan terhincut-hincut** to limp

hindar
menghindari KATA KERJA
to avoid
◊ *Kita patut menghindari najis dadah.* We should avoid dangerous drugs.
menghindarkan KATA KERJA
to prevent
◊ *Kawalan polis diperketat untuk menghindarkan perlumbaan haram.* Police control was tightened to prevent illegal racing.
♦ **Kita patut menghindarkan diri daripada najis dadah.** We should avoid dangerous drugs.
terhindar KATA KERJA
to prevent
◊ *Saya memberinya ubat itu supaya dia terhindar daripada penyakit itu.* I gave her the medicine to prevent her from catching the disease.
♦ **Sayur-sayuran disembur dengan bahan kimia supaya terhindar daripada serangan serangga.** Vegetables were sprayed with chemicals to repel insects.

Hindu KATA NAMA
Hindu
♦ **agama Hindu** Hinduism
♦ **penganut agama Hindu** Hindu

hingar KATA ADJEKTIF
noisy
♦ **hingar-bingar** very noisy

hingga KATA HUBUNG
_to_
◊ *Kami bekerja dari pukul sembilan hingga pukul enam setiap hari.* We work from nine to six every day.
sehingga KATA HUBUNG
until
◊ *Kami menunggu sehingga langit menjadi gelap.* We waited until the sky turned dark.
hinggakan, sehinggakan KATA HUBUNG
_so_
◊ *Emak Henny tidak mempedulikannya sehinggakan dia berhenti menangis.* Henny's mother ignored her, so she stopped crying.
terhingga KATA ADJEKTIF
♦ **tidak terhingga** unlimited ◊ *Dia memperuntukkan wang yang tidak terhingga banyaknya untuk projek itu.* He allocated an unlimited amount of money to the project. ◊ *jumlah salinan yang tidak terhingga* an unlimited number of copies
♦ **Kesakitannya tidak terhingga.** The pain was unbearable.

hinggap KATA KERJA
to perch
◊ *Burung nuri itu hinggap di atas bumbung rumah saya.* The parrot perched on my roof.
menghinggapi KATA KERJA
to perch
◊ *Burung itu menghinggapi dahan itu.*

The bird perched on the branch.
- **Makanan itu sudah dihinggapi lalat.** That food has had flies on it.

hinggut
  menghinggut KATA KERJA
  to shake
  ◊ *Kanak-kanak itu menghinggut pokok jambu itu.* The children shook the guava tree.

hingus KATA NAMA
  mucus

hiperpautan KATA NAMA
  hyperlink (komputer)

hiperteks KATA NAMA
  hypertext (komputer)

hipi KATA NAMA
  hippie

hipokrit KATA NAMA
  hypocrite

hirau
  menghiraukan KATA KERJA
  to pay attention to
- **tidak menghiraukan** to ignore ◊ *Say Lim langsung tidak menghiraukan ibu bapanya sejak kejadian hari itu.* Since that day's incident, Say Lim has totally ignored his parents.

hiris PENJODOH BILANGAN
  slice
  ◊ *sehiris daging kambing* a slice of goat's meat
  menghiris KATA KERJA
  to slice
  ◊ *Mereka sedang menghiris bawang di dapur.* They're slicing onions in the kitchen.
- **Peristiwa itu betul-betul menghiris hati saya.** The incident really saddened me.
  menghiriskan KATA KERJA
  to slice
  ◊ *Norhidayah menghiriskan saya bawang.* Norhidayah sliced me some onions.
  terhiris KATA KERJA
  to cut
  ◊ *Amran terhiris jarinya semasa mengupas epal.* Amran cut his finger when he was peeling an apple.
- **Hatinya terhiris dengan cemuhan kawan-kawannya.** He was hurt by his friend's ridicule.
  hirisan KATA NAMA
  slice
  ◊ *Hirisan daging lembu itu perlu digoreng dahulu.* The slices of beef need to be fried first.

hiruk-pikuk KATA ADJEKTIF
  chaotic

hirup
  menghirup KATA KERJA
  to sip
  ◊ *Orang tua itu suka menghirup sup panas.* The old man likes sipping hot soup.

hisab KATA NAMA
- **ilmu hisab** mathematics

hisap
  menghisap KATA KERJA
  1 *to suck*
  ◊ *Jane suka menghisap jari.* Jane likes sucking her fingers.
  2 *to smoke*
  ◊ *Kelvin menghisap empat batang rokok setiap hari.* Kelvin smokes four cigarettes a day.
  penghisap KATA NAMA
  smoker
- **Emak Renee ialah penghisap candu.** Renee's mother smokes opium.

histeria KATA NAMA
  hysteria

hitam KATA ADJEKTIF
  black
  kehitam-hitaman KATA ADJEKTIF
  blackish
  ◊ *rambut yang kehitam-hitaman* blackish hair
- **Bajunya biru kehitam-hitaman.** His shirt is dark blue.
  menghitamkan KATA KERJA
  to blacken
  ◊ *Usha menghitamkan giginya dengan arang.* Usha blackened her teeth with charcoal.

hitung
  menghitung KATA KERJA
  to count
  ◊ *Pelajar-pelajar itu sedang menghitung hari menjelangnya cuti sekolah.* The students are counting the days to their school holidays.
  perhitungan KATA NAMA
  calculation
  ◊ *Menurut perhitungannya, syarikat itu kerugian sebanyak RM1 juta dalam masa satu tahun.* According to his calculations, the company lost RM1 million in one year.
  terhitung KATA KERJA
- **tidak terhitung banyaknya** countless

HIV KATA NAMA (= *human immunodeficiency virus*)
  HIV (= *human immunodeficiency virus*)
- **HIV positif** HIV positive

hobi KATA NAMA
  hobby (JAMAK **hobbies**)

hodoh KATA ADJEKTIF
  ugly
- **sebuah lukisan yang sangat hodoh**

Malay ~ English — hoki → hubung

a hideous painting

kehodohan KATA NAMA
ugliness
◊ *Kehodohannya menjadi bahan bualan di bandar itu.* His ugliness became the talk of the town.

hoki KATA NAMA
hockey
• **hoki ais** ice hockey

homeopati KATA NAMA
homeopathy

homoseksual KATA NAMA
homosexual

hon KATA NAMA
horn (kenderaan)

hore KATA SERUAN
hooray

horizon KATA NAMA
horizons
◊ *Anda akan berfikiran lebih terbuka apabila horizon anda semakin meluas.* Your mind will be more receptive when your horizons expand.

hormat KATA NAMA
respect
◊ *Pelayan itu melayan para tetamu dengan penuh hormat.* The waiter treated the guests with great respect.
• **memberi hormat** to salute
• **Dengan segala hormatnya, saya ingin mempersilakan Tuan Pengerusi Majlis untuk memberikan ucapannya.** I would like very respectfully to invite the Chairman to deliver his speech.

hormat-menghormati KATA KERJA
to respect each other
◊ *Kita mesti selalu hormat-menghormati.* We must always respect each other.

berhormat KATA KERJA
honourable
◊ *Yang Berhormat Datuk Ramli* the Honourable Datuk Ramli

kehormat KATA ADJEKTIF
of honour
◊ *tetamu kehormat di majlis itu* the guest of honour at the ceremony
◊ *barisan kehormat* guard of honour

kehormatan KATA NAMA
honour
◊ *Mereka berjuang berhabis-habisan untuk mempertahankan kehormatan negara.* They fought hard to protect the honour of the country.
• **Lelaki tua itu cuba mencabul kehormatan Alice.** That old man tried to molest Alice.

menghormati KATA KERJA
to respect
◊ *Kita mesti menghormati orang yang lebih tua daripada kita.* We should respect those who are older than us.
• **tetamu-tetamu yang dihormati** honoured guests

penghormatan KATA NAMA
1 *honour*
◊ *Beliau diberi penghormatan untuk merasmikan majlis pembukaan itu.* He was given the honour of conducting the official opening ceremony.
2 *tribute*
◊ *Lagu itu merupakan penghormatan kepada Allahyarham Sudirman.* The song is a tribute to the late Sudirman.

hormon KATA NAMA
hormone

horoskop KATA NAMA
horoscope

hos (1) KATA NAMA
hose

hos (2) KATA NAMA
host
◊ *Hos rancangan itu ialah Hisham.* The host of the show is Hisham.

hospital KATA NAMA
hospital

hotel KATA NAMA
hotel

perhotelan KATA NAMA
hotel
◊ *industri perhotelan* the hotel industry

hoverkraf KATA NAMA
hovercraft

HTML SINGKATAN (= *bahasa penanda hiperteks*) (komputer)
HTML (= *hypertext mark-up language*)

HTTP SINGKATAN (= *protokol pemindahan hiperteks*) (komputer)
HTTP (= *hypertext transfer protocol*)

hubung

berhubung KATA KERJA
1 *to relate*
◊ *Kenneth meminati semua kerja yang berhubung dengan hartanah.* Kenneth is interested in any job relating to real estate.
2 *in connection with*
◊ *Mesyuarat tergempar itu diadakan berhubung dengan peletakan jawatan beberapa pengarah.* The emergency meeting was called in connection with the resignation of several directors.
3 *to communicate*
◊ *Kami tidak dapat berhubung dengan penduduk di kawasan itu.* We couldn't communicate with the people in that area.
4 *to contact*
◊ *Ying Sia sudah lama tidak berhubung*

dengan kakaknya. Ying Sia hasn't contacted her sister for some time.
- **Penduduk kampung itu tidak berhubung dengan dunia luar.** The villagers have no contact with the outside world.

berhubungan KATA KERJA
connected
◊ *Ahmad mengutuk semua perkara yang berhubungan dengan Farid.* Ahmad condemned everything connected with Farid.

menghubungi KATA KERJA
to contact
◊ *Kami tidak dapat menghubungi Henny kerana cuaca buruk.* We couldn't contact Henny because of bad weather.

menghubungkan KATA KERJA
to connect
◊ *Titi itu menghubungkan kedua-dua buah kampung itu.* The bridge connects the two villages.

penghubung KATA NAMA
link
◊ *Titi itu ialah satu-satunya penghubung bagi kedua-dua buah kampung itu.* The bridge is the only link between the two villages.

perhubungan KATA NAMA
communication
◊ *alat perhubungan* communications device
- **perhubungan udara** air communications
- **pegawai perhubungan awam** public relations officer

sehubungan KATA HUBUNG
in connection with
◊ *Menteri Pendidikan telah membuat kenyataan penting sehubungan dengan seruan kerajaan untuk meningkatkan bilangan sekolah.* The Minister of Education has made an important statement in connection with the government's call to increase the number of schools.

hubungan KATA NAMA
relationship
◊ *hubungan kekeluargaan yang rapat* close family relationships
- **hubungan diplomatik** diplomatic relations
- **hubungan sulit** affair

hubung kait KATA NAMA
connection
◊ *Hubung kait antara dua perkara itu tidak dapat dijelaskan.* The connection between the two things could not be explained.

menghubungkaitkan KATA KERJA
to relate
◊ *Mereka menghubungkaitkan kejadian itu dengan masalah disiplin pelajar.* They related the incident to the problem of student discipline.

hud KATA NAMA
hood

hujah KATA NAMA
argument

berhujah KATA KERJA
to argue
◊ *Mereka sedang berhujah tentang beberapa polisi yang baru.* They were arguing about certain new policies.

menghujah KATA KERJA
to argue
◊ *"Saya setuju tetapi masalahnya bagaimana hendak melakukannya?" Yus menghujah.* "I agree, but the problem is how to do it?" argued Yus.

menghujahkan KATA KERJA
to argue
◊ *Jerry menghujahkan bahawa kegagalan pelajar merupakan tanggungjawab para guru dan ibu bapa.* Jerry argued that the failure of students was the responsibility of both teachers and parents.

penghujah KATA NAMA
debater

hujahan KATA NAMA
argument

hujan KATA NAMA
rain
- **musim hujan** rainy season
- **Hujanlah!** It's raining!
- **hujan asid** acid rain
- **hujan batu** hail
- **hujan lebat** downpour
- **hujan panas** rain during sunshine
- **hujan renyai-renyai** drizzle

berhujan KATA KERJA
to be in the rain
- **Buruh-buruh binaan itu terpaksa berhujan untuk menyiapkan kerja mereka.** The construction workers had to work in the rain to complete their work.

kehujanan KATA KERJA
to get caught in the rain
◊ *Kami kehujanan dalam perjalanan pulang ke rumah.* We got caught in the rain on our way home.

menghujani KATA KERJA
to bombard
◊ *Ahli panel dihujani dengan pelbagai soalan yang tidak munasabah.* The panellists were bombarded with illogical questions.

hujung KATA ARAH

Malay ~ English — hukum → hurai

hujung
1. *end*
◊ *Sekolah Salwa terletak di hujung jalan ini.* Salwa's school is situated at the end of this road.
- **hujung bandar** outskirts ◊ *sebuah hotel di hujung bandar New York* a hotel on the outskirts of New York
- **hujung minggu** weekend
- **hujung jari** fingertip
2. *far end*
◊ *Dia tinggal di hujung kampung itu.* He lives at the far end of the village.

penghujung KATA NAMA
end
◊ *Kejadian itu berlaku pada penghujung abad ke-18.* The incident happened at the end of the 18th century.
- **tidak ada penghujungnya** endless

hukum KATA KERJA
> *rujuk juga* **hukum** KATA NAMA

to punish
◊ *"Jangan hukum saya,"* rayu Anand. "Don't punish me," pleaded Anand.

menghukum KATA KERJA
1. *to punish*
◊ *George menghukum anak-anaknya kerana mencuri.* George punished his children for stealing.
2. *to sentence*
◊ *Dia telah mengaku bersalah atas tuduhan tersebut dan akan dihukum penjara.* He has admitted the charge and will be sentenced to prison.

hukuman KATA NAMA
1. *punishment*
◊ *Lelaki itu bersalah dan memang patut menerima hukuman.* The man is guilty and deserves punishment.
- **hukuman mati** capital punishment
- **hukuman rotan** caning
- **hukuman sebat** caning
2. *sentence*
◊ *Mereka telah pun menjalani hukuman penjara kerana penglibatan mereka dalam pembunuhan tersebut.* They have served prison sentences for their part in the murder.
- **menjatuhkan hukuman** to sentence

hukum KATA NAMA
> *rujuk juga* **hukum** KATA KERJA

law
◊ **hukum alam** natural law
◊ **hukum graviti** the law of gravity

hulu KATA NAMA
1. *upstream* (sungai)
2. *handle* (pisau, parang)

hulubalang KATA NAMA
commander

hulur

menghulur, menghulurkan KATA KERJA
to put out
◊ *Dia menghulurkan tangannya dan cuba menarik saya ke atas.* She put her hand out and tried to pull me up.
- **Laila menghulurkan roti kepada pengemis itu.** Laila gave the bread to the beggar.
- **menghulurkan pertolongan** to give help

huma KATA NAMA
- **padi huma** hill paddy

humban
menghumban KATA KERJA
to hurl
◊ *Sekumpulan perusuh yang marah menghumban batu ke arah polis.* A group of angry rioters hurled stones at the police.

terhumban KATA KERJA
to crash
◊ *Pesawat itu terhumban ke dalam laut.* The plane crashed into the sea.

humor KATA NAMA
humour

huni
menghuni KATA KERJA
to live
◊ *Timah menghuni sebuah rumah di Cameron Highlands selama sepuluh tahun.* Timah has lived in a house in Cameron Highlands for ten years.

penghuni KATA NAMA
resident

berpenghuni KATA KERJA
occupied
◊ *Rumah itu tidak berpenghuni.* The house is unoccupied.

hunus
menghunus KATA KERJA
to draw
◊ *Dia menghunus pedangnya lalu berlawan dengan musuhnya.* He drew his sword and fought with his rival.

hurai
menghurai KATA KERJA
to hang loose
◊ *rambutnya yang panjang menghurai* her long hair which hung loose

menghuraikan KATA KERJA
1. *to divide*
◊ *Editor itu menghuraikan ayat itu kepada beberapa frasa.* The editor divided the sentence into several phrases.
2. *to elaborate*
◊ *Dia enggan menghuraikan komen pelanggannya.* He refused to elaborate on his client's comments.
3. *to untie*
◊ *Dia menghuraikan rambutnya yang panjang.* She untied her long hair.

penghuraian KATA NAMA
explanation
♦ **Penghuraian tentang perkara itu dilakukan oleh Profesor Zainal sendiri.** The matter was explained by Professor Zainal himself.
huraian KATA NAMA
[1] *explanation*
◊ *Huraian pensyarah itu tidak dapat difahami.* The explanation given by the lecturer was unintelligible.
[2] *analysis* (JAMAK **analyses**)
◊ *huraian tentang beberapa polisi tertentu* the analysis of specific policies

huruf KATA NAMA
alphabet
♦ **huruf besar** capital letter
♦ **huruf condong** italics
♦ **buta huruf** illiterate

hurufiah KATA ADJEKTIF
word-for-word
◊ *terjemahan hurufiah* word-for-word translation

huru-hara KATA ADJEKTIF
> rujuk juga **huru-hara** KATA NAMA

chaotic
◊ *Keadaan di situ huru-hara.* The situation there was chaotic.

huru-hara KATA NAMA
> rujuk juga **huru-hara** KATA ADJEKTIF

chaos
◊ *Kuda-kuda yang bertempiaran itu menyebabkan berlakunya huru-hara di situ.* The stampeding horses caused chaos there.
menghuru-harakan KATA KERJA
to cause confusion
◊ *Pembelot-pembelot itu ditangkap kerana cuba menghuru-harakan negara itu.* The traitors were arrested for trying to cause confusion in the country.

hutan KATA NAMA
[1] *forest*
◊ *kebakaran hutan* forest fire
[2] *jungle* (*di kawasan Tropika*)
♦ **hutan hujan** rainforest
♦ **hutan paya bakau** mangrove swamp
kehutanan KATA NAMA
forestry
◊ *Sharizal bercadang untuk mengikuti kursus kehutanan.* Sharizal decided to take a course in forestry.
♦ **pegawai kehutanan** forestry official
perhutanan KATA NAMA
forest conservation

hutang KATA NAMA
debt
berhutang KATA KERJA
to owe
◊ *Borhan sudah berhutang dengannya hampir RM500.* Borhan already owed him nearly RM500.
♦ **Dia masih berhutang dengan saya lagi.** She still owes me some money.
pemiutang KATA NAMA
creditor
penghutang KATA NAMA
debtor

huyung-hayang
terhuyung-hayang KATA KERJA
to stagger
◊ *Lelaki tua itu berjalan terhuyung-hayang di jalan yang gelap itu.* The old man staggered along the dark street.

I

ia KATA GANTI NAMA
[1] *he* (*lelaki*)
[2] *she* (*perempuan*)
beria-ia KATA KERJA
eager
◊ *Dia beria-ia hendak pergi ke Terengganu.* He was eager to go to Terengganu.
mengiakan KATA KERJA
to agree with
◊ *Nazrul mengiakan cadangan abangnya.* Nazrul agreed with his brother's suggestion.
seia sekata KATA ADJEKTIF
in complete accord with each other
◊ *Kedua-dua kembar itu seia sekata.* The twins are in complete accord with each other.

iaitu KATA HUBUNG
namely

ialah KATA PEMERI
to be
> **ialah** *hanya digunakan di hadapan kata nama atau frasa nama.*

◊ *En. Lim ialah pengetua sekolah itu.* Mr Lim is the school principal.

iau
mengiau KATA KERJA
to miaow
◊ *Kucing mengiau.* Cats miaow.

ibadat KATA NAMA
performance of one's religious duty
• **ibadat sembahyang Jumaat** attendance at Friday prayers
beribadat KATA KERJA
to perform one's religious duty
◊ *Pak Leman pergi ke Mekah untuk beribadat.* Pak Leman went to Mecca to perform his religious duty.

ibarat KATA HUBUNG
like
◊ *Mereka selalu berkelahi ibarat anjing dengan kucing.* They are always fighting like cat and dog.
mengibaratkan KATA KERJA
to liken
◊ *Monica mengibaratkan hidupnya bagaikan satu perjalanan.* Monica likens her life to a journey.

iblis KATA NAMA
devil

ibu KATA NAMA
mother
• **ibu bapa** parents
• **ibu jari** thumb
• **ibu jari kaki** big toe
• **ibu kota** capital city (JAMAK **capital cities**)
• **ibu kuih** yeast
• **ibu mertua** mother-in-law (JAMAK **mothers-in-law**)
• **ibu negara** national capital
• **ibu negeri** state capital
• **ibu pejabat** head office
• **ibu pertiwi** motherland
• **ibu sawat** exchange ◊ **ibu sawat telefon** telephone exchange
keibuan KATA ADJEKTIF
motherly
◊ *Josie tidak bersifat keibuan langsung.* Josie's not at all motherly.

ibunda KATA NAMA
(*bahasa istana, persuratan*)
mother
• **bahasa ibunda** mother tongue
> **ibunda** *juga digunakan untuk merujuk kepada diri sendiri terutama dalam surat. Dalam keadaan ini,* **ibunda** *diterjemahkan dengan menggunakan kata ganti nama diri.*

◊ *Ibunda akan pulang pada bulan hadapan.* I'm coming home next month.
◊ *Tolong jemput ibunda di lapangan terbang.* Please pick me up at the airport.
◊ *Sampaikan salam ibunda kepada Salim.* Please give my regards to Salim.

idam
mengidam KATA KERJA
[1] *to have cravings*
◊ *Kebanyakan wanita mengidam semasa mereka mengandung.* Most women have cravings when they are pregnant.
[2] *to long*
◊ *Sudah lama Faruk mengidam untuk menjadi bintang filem yang terkenal.* For a long time Faruk had longed to be a film star.
mengidamkan, mengidam-idamkan KATA KERJA
[1] *to crave*
◊ *Ibu yang mengandung itu mengidamkan jeruk betik.* The expectant mother craved pickled papayas.
[2] *to long for*
◊ *Mereka mengidamkan sebuah rumah di tepi pantai.* They long for a house by the sea.
idaman KATA NAMA
dream
◊ *Sudah menjadi idaman saya untuk melancong ke seluruh dunia.* It has been my dream to travel around the world.
◊ *rumah idaman saya* my dream house

idea KATA NAMA
idea

ideal KATA ADJEKTIF
ideal

◊ *dunia yang ideal* an ideal world
identiti KATA NAMA
identity (JAMAK **identities**)
ideologi KATA NAMA
ideology (JAMAK **ideologies**)
◊ *Kedua-dua parti itu mempunyai ideologi yang sangat berbeza.* The two parties have very different ideologies.
berideologikan KATA KERJA
with ... ideology
◊ *negara yang berideologikan demokrasi* a country with a democratic ideology
idola KATA NAMA
idol
igau
mengigau KATA KERJA
to talk in one's sleep
mengigaukan KATA KERJA
to talk in one's sleep
♦ **Harvinder mengigaukan nama kakaknya semalam.** Harvinder called out his sister's name in his sleep last night.
igauan KATA NAMA
ravings
◊ *Igauannya sama sekali tidak dapat difahami.* Her ravings were quite impossible to understand.
iglu KATA NAMA
igloo
ihsan KATA NAMA
kindness (JAMAK **kindnesses**)
◊ *Saya hanya ingin membuat ihsan kepada anda.* I only want to do you a kindness.
keihsanan KATA NAMA
kindness
◊ *Keihsanannya sudah terkenal di kampung.* His kindness is well-known in the village.
ijab kabul KATA NAMA
marriage
berijab kabul KATA KERJA
to get married
◊ *Pasangan itu akan berijab kabul pada bulan Mac.* The couple will get married in March.
mengijabkabulkan KATA KERJA
to marry
◊ *Ustaz Hussein akan mengijabkabulkan mereka esok.* Ustaz Hussein will marry them tomorrow.
ijazah KATA NAMA
degree
◊ *Dia bekerja keras untuk mendapatkan segulung ijazah.* She worked hard for a degree.
berijazah KATA KERJA
to graduate
ikal KATA ADJEKTIF
wavy
◊ *rambut yang ikal* wavy hair
♦ **rambut ikal mayang** long wavy hair
ikan KATA NAMA
fish (JAMAK **fish**)
perikanan KATA NAMA
fishing
◊ *perikanan laut dalam* deep-sea fishing
♦ **kawasan perikanan** fishery (JAMAK **fisheries**)
♦ **Jabatan Perikanan** Fishery Department
ikan emas KATA NAMA
goldfish (JAMAK **goldfish**)
ikan lumba-lumba KATA NAMA
dolphin
ikan tongkol KATA NAMA
tuna
ikat KATA NAMA

rujuk juga **ikat** PENJODOH BILANGAN

band
♦ **ikat jamin** bail
♦ **ikat kepala** headband
♦ **ikat pinggang** waistband
♦ **ikat perut** to save money on food
mengikat KATA KERJA
to tie
◊ *Dia mengikat simpul itu dengan ketat.* He tied the knot tightly.
♦ **Suhana mengikat hadiah itu dengan reben merah.** Suhana tied the present up with a red ribbon.
♦ **mengikat tali pertunangan** to get engaged
♦ **mengikat tali persahabatan** to become friends
mengikatkan KATA KERJA
to tie
◊ *John mengikatkan kudanya pada sebatang pokok.* John tied his horse to a tree.
pengikat KATA NAMA
a means of tying things
♦ **pengikat kata** quotation marks
perikatan KATA NAMA
alliance
◊ *Kedua-dua negara itu bercadang untuk membentuk satu perikatan.* The two countries intend to form an alliance.
terikat KATA KERJA
bound
◊ *Dia terikat dengan janjinya kepada ibunya.* He was bound by his promise to his mother.
ikatan KATA NAMA
[1] *knot*
◊ *Ikatan itu ketat.* The knot is tight.
[2] *bundle*

◊ *dijual dalam bentuk ikatan* sold in bundles

ikat PENJODOH BILANGAN

> rujuk juga **ikat** KATA NAMA
> **ikat** *mempunyai terjemahan yang berbeza.*

◊ *dua ikat jerami* two bundles of straw
◊ *satu ikat manggis* a bunch of mangosteens

ikhlas KATA ADJEKTIF
sincere
- **dengan ikhlas** sincerely
- **tidak ikhlas** insincere
- **Yang ikhlas** Yours sincerely

keikhlasan KATA NAMA
sincerity
◊ *Saya tidak pernah meragui keikhlasannya.* I've never doubted his sincerity.

ikhtiar KATA NAMA
way
◊ *Saya tidak ada ikhtiar lagi untuk...* I no longer have any way to... ◊ *Saya perlu mencari ikhtiar untuk menyelesaikan masalah ini.* I need to look for a way to solve this problem.

berikhtiar KATA KERJA
to endeavour
◊ *Mereka akan berikhtiar untuk mengatur rancangan tersebut.* They will endeavour to arrange the programme.

mengikhtiarkan KATA KERJA
to devise
◊ *Penjual itu mengikhtiarkan satu rancangan untuk melariskan jualannya.* The salesman devised a plan to increase his sales.

ikhtisas KATA ADJEKTIF
professional
◊ *latihan ikhtisas* professional training

mengikhtisaskan KATA KERJA
to professionalize
◊ *Mereka ingin mengikhtisaskan organisasi tersebut.* They want to professionalize the organization.

iklan KATA NAMA
advertisement

mengiklankan KATA KERJA
to advertise
◊ *Syarikat pelancongan itu mengiklankan percutian ke Australia.* The travel agency advertised a holiday to Australia.

pengiklan KATA NAMA
advertiser

pengiklanan KATA NAMA
advertising
◊ *Pengiklanan syarikat mereka sungguh berkesan.* The advertising for their company was very effective.

periklanan KATA NAMA
advertising
◊ *Anak lelakinya baru sahaja menceburi bidang periklanan.* Her son has just gone into advertising.

iklaneka KATA NAMA
advertisements

iklim KATA NAMA
climate

ikon KATA NAMA
icon

ikrar KATA NAMA
pledge

berikrar KATA KERJA
to vow
◊ *Atlit-atlit itu berikrar akan bertanding dengan semangat kesukanan.* The athletes vowed that they would compete in a spirit of sportsmanship.

mengikrarkan KATA KERJA
to pledge
◊ *Ahli-ahli persatuan itu mengikrarkan kesetiaan mereka kepada persatuan tersebut.* The members pledged their loyalty to the society.

iktibar KATA NAMA
lesson
◊ *menjadi iktibar* to be a lesson
◊ *Bencana itu patut menjadi iktibar kepada kita.* The disaster should be a lesson to us.
- **mengambil iktibar** to learn ◊ *Kita patut mengambil iktibar daripada kesilapan orang lain.* We should learn from the mistakes of others.

iktiraf
mengiktiraf KATA KERJA
to recognize
◊ *Kerajaan tidak mengiktiraf sesetengah ijazah dari luar negara.* The government doesn't recognize certain foreign degrees.

pengiktirafan KATA NAMA
recognition
◊ *Hasil penyelidikannya hanya mendapat pengiktirafan selepas 10 tahun.* His research findings only received recognition after 10 years.

ikut KATA KERJA
to follow
◊ *Jangan ikut saya.* Don't follow me.

berikut KATA ADJEKTIF
1 *following*
◊ *contoh yang berikut* the following example
2 *next*
◊ *dua jam yang berikutnya* the next two hours

- **pertambahan penduduk pada tahun-**

tahun berikutnya the increase of population in subsequent years
berikutan KATA HUBUNG
following
◊ *Tanah runtuh berlaku berikutan hujan lebat.* Landslides occurred following heavy rains.
mengikut KATA KERJA
1 *to go with*
◊ *Gina suka mengikut emaknya ke pasar.* Gina likes to go to the market with her mother.
2 *to follow*
◊ *Kami mengikutnya ke dapur.* We followed her into the kitchen. ◊ *orang yang tidak mengikut arahan* people who don't follow instructions
mengikuti KATA KERJA
to follow
◊ *Lagu Melayu itu diikuti oleh sebuah lagu Inggeris.* The Malay song was followed by an English one.
♦ **Kanak-kanak itu mengikuti rancangan itu dari awal hingga akhir.** The child watched the programme from beginning to end.
♦ **Kakak saya sedang mengikuti kursus komputer.** My sister is taking a computer course.
pengikut KATA NAMA
follower
ikutan KATA NAMA
example
◊ *Dia menjadi ikutan anak muda.* He is an example to the younger people.
♦ **Sikap yang baik patut dijadikan ikutan.** Good behaviour should be imitated.
♦ **fesyen yang menjadi ikutan ramai** a fashion that has become popular
ikut-ikut KATA KERJA
to copy
◊ *Dia suka ikut-ikut cara berpakaian penyanyi-penyanyi terkenal.* She likes to copy the way well-known singers dress.
terikut-ikut KATA KERJA
to copy unconsciously
◊ *Dia terikut-ikut tabiat buruk kawannya.* He copied his friend's bad habits unconsciously.
ikut serta KATA KERJA
to join
◊ *Dia tidak membenarkan anaknya ikut serta dalam rombongan sekolah itu.* She didn't allow her child to join the school excursion.
ilahi KATA NAMA
God
ilham KATA NAMA
inspiration
◊ *Penulis itu mencari ilham di kawasan pergunungan.* The writer looked for inspiration in the mountains.
mengilhamkan KATA KERJA
to inspire
◊ *Cerita itu telah mengilhamkan gadis itu menjadi seorang pekerja sosial.* The story inspired the girl to be a social worker.
pengilham KATA NAMA
inspiration
◊ *Bapanyalah yang menjadi pengilhamnya.* Her father is her inspiration.
ilmiah KATA ADJEKTIF
academic
◊ *majalah ilmiah* academic journal
◊ *Penulis itu menggunakan pendekatan ilmiah.* The author takes an academic approach.
ilmu KATA NAMA
knowledge
◊ *menimba ilmu* to gain knowledge
♦ **ilmu kemanusiaan** humanities
♦ **ilmu mempertahankan diri** the art of self-defence
berilmu KATA KERJA
knowledgeable
◊ *pemuda yang berilmu* a knowledgeable young man
keilmuan KATA NAMA
academic
◊ *Penulis itu menggunakan pendekatan keilmuan.* The author takes an academic approach.
♦ **lapangan keilmuan** field of study
ilusi KATA NAMA
illusion
ilustrasi KATA NAMA
illustration
mengilustrasikan KATA KERJA
to illustrate
◊ *Dia mengilustrasikan cerita itu dengan gambar-gambar kartun.* He illustrated the story with cartoons.
imaginasi KATA NAMA
imagination
imaginatif KATA ADJEKTIF
imaginative
imam KATA NAMA
imam
iman KATA NAMA
faith
◊ *iman yang teguh* strong faith
beriman KATA KERJA
faithful
◊ *Tuhan akan memberkati orang yang beriman kepadaNya.* God will bless those who are faithful to Him.
berimankan KATA KERJA

to believe in
◊ *Mereka hanya berimankan wang.* Money is all they believe in.
keimanan KATA NAMA
faith
◊ *Keimanan Non dalam agamanya sangat teguh.* Non's religious faith is very strong.
imbang KATA ADJEKTIF
balanced
mengimbangi KATA KERJA
to balance
+ **mengimbangi badan** to balance
◊ *Akrobat sarkas itu dapat mengimbangi badannya pada seutas dawai yang halus.* The circus acrobat could balance on a thin wire.
mengimbangkan KATA KERJA
to divide ... equally
◊ *Dia perlu mengimbangkan masanya antara keluarga dengan kerjaya.* He has to divide his time equally between his family and his career.
pengimbang KATA NAMA
weight
pengimbangan KATA NAMA
balancing
◊ *pengimbangan perbelanjaan dengan pendapatan* balancing expenditure and income
seimbang KATA ADJEKTIF
balanced
◊ *makanan seimbang* a balanced diet
keseimbangan KATA NAMA
balance
◊ *keseimbangan ekologi* ecological balance ◊ *Serebelum otak mengawal keseimbangan badan.* The cerebellum controls the body's balance.
+ **ketidakseimbangan** imbalance
menyeimbangkan KATA KERJA
to even up
◊ *menyeimbangkan imbangan perdagangan syarikat itu* to even up the company's balance of trade
imbangan KATA NAMA
balance
◊ *imbangan perdagangan* balance of trade
imbas KATA NAMA
+ **sekali imbas** at a glance
mengimbas, mengimbasi KATA KERJA
to scan
◊ *Seng Hin mengimbas gambar Nina ke dalam komputer.* Seng Hin scanned Nina's picture into the computer.
◊ *Juruwang itu mengimbas kod bar tersebut.* The cashier scanned the bar code.

pengimbasan KATA NAMA
scan
◊ *Hospital itu menjalankan pengimbasan otak.* The hospital carried out a brain scan.
seimbas KATA ADJEKTIF
+ **melihat seimbas lalu** to catch a glimpse of ◊ *Saya berjaya melihat penyanyi itu seimbas lalu.* I managed to catch a glimpse of the singer.
imbas kembali KATA NAMA
flashback
◊ *cerita yang mempunyai banyak imbas kembali* a story containing many flashbacks
mengimbas kembali KATA KERJA
to remember
◊ *Dia mengimbas kembali perubahan pada air muka ibunya.* She remembered the change in her mother's expression.
imbuh
imbuhan KATA NAMA
affix (JAMAK **affixes**)
imej KATA NAMA
image
imigran KATA NAMA
immigrant
imigrasi KATA NAMA
immigration
◊ *imigrasi ke Eropah* immigration to Europe
imigresen KATA NAMA
immigration
◊ *Jabatan Imigresen* Immigration Department
impak KATA NAMA
impact
impi
mengimpikan KATA KERJA
to dream of
◊ *Tak usah anda mengimpikan kejayaan jika anda tidak bekerja keras.* Don't dream of being successful unless you work hard. ◊ *Zainal mengimpikan sebuah kereta BMW.* Zainal dreams of owning a BMW.
impian KATA NAMA
dream
◊ *satu percutian impian* a dream holiday
implikasi KATA NAMA
implication
mengimplikasikan KATA KERJA
to imply
◊ *Kehadiran doktor itu tidak mengimplikasikan bahawa terdapatnya masalah.* The doctor's arrival doesn't imply that there is a problem.
import KATA NAMA

impuls → industri

import
- **barangan import** imported goods
  mengimport KATA KERJA
  to import
  ◊ *Malaysia mengimport susu dari New Zealand.* Malaysia imports milk from New Zealand.
  pengimport KATA NAMA
  importer
  pengimportan KATA NAMA
  import
  ◊ *Pengimportan barangan perlu dikawal.* The import of goods must be controlled.

impuls KATA NAMA
impulse

imsak KATA NAMA
time when fasting begins

imunisasi KATA NAMA
immunization
◊ *imunisasi menentang penyakit* immunization against disease

inai KATA NAMA
henna
berinai KATA KERJA
to apply henna
◊ *Istiadat berinai dilangsungkan sehari sebelum majlis perkahwinan Imah.* The ceremony of applying henna was held the day before Imah's wedding.
menginai KATA KERJA
to apply henna
◊ *Nenek Ismalia menginai jarinya.* Ismalia's grandmother applied henna to her fingers.

inap
menginap KATA KERJA
to spend the night
◊ *Mereka menginap di hotel yang mahal.* They spent the night at an expensive hotel.
penginap KATA NAMA
guest (hotel)
penginapan KATA NAMA
accommodation
◊ *Peserta-peserta akan diberi penginapan percuma di hotel itu.* Participants will be given free accommodation in the hotel.
- **menyediakan tempat penginapan** to accommodate ◊ *Pangsapuri itu dibina untuk menyediakan tempat penginapan bagi atlit-atlit Sukan Komanwel.* The apartments were built to accommodate athletes in the Commonwealth Games.

inci KATA NAMA
inch (JAMAK **inches**)

incut
terincut-incut KATA KERJA
to limp
◊ *Dia terincut-incut kerana kakinya*

B. Melayu ~ B. Inggeris 738

tercedera. He limped because his leg was injured.
- **berjalan terincut-incut** to limp

indah KATA ADJEKTIF
beautiful
◊ *pemandangan laut yang indah* a beautiful view of the sea
- **indah permai** splendid
  keindahan KATA NAMA
  beauty
  ◊ *keindahan alam* the beauty of nature
  mengindahkan KATA KERJA
  to beautify
  ◊ *Mereka mengindahkan sekolah itu dengan menanam pokok bunga.* They beautified the school by planting flowers.
  memperindah KATA KERJA
  to decorate
  ◊ *Claire memperindah rumahnya sempena perayaan Krismas.* Claire decorated her house for Christmas.
  pengindahan KATA NAMA
  embellishment
  ◊ *Pengindahan bangunan-bangunan lama di kawasan itu telah bermula.* The embellishment of the old buildings in the area has started.
- **Pengindahan kawasan sekolah dilakukan oleh pelajar-pelajar sendiri.** It was the students themselves who decorated the school compound.

indeks KATA NAMA
index (JAMAK **indexes**)

India KATA NAMA
India
- **orang India** Indian

individu KATA NAMA
individual

Indonesia KATA NAMA
Indonesia
- **orang Indonesia** Indonesian

induk KATA NAMA
mother
◊ *Anak singa itu bergantung pada induknya untuk mendapatkan makanan.* The lion cub relies on its mother for food.
- **kapal induk** mother ship
- **kampus induk** main campus

induksi KATA NAMA
induction
◊ *Sains berdasarkan prinsip induksi.* Science is based on the principle of induction.

industri KATA NAMA
industry (JAMAK **industries**)
pengindustrian KATA NAMA
industrialization
◊ *Pengindustrian kawasan luar bandar boleh mengurangkan kesesakan di*

kawasan bandar. The industrialization of rural areas can reduce population density in urban areas.
perindustrian KATA NAMA
industrial
◊ *kawasan perindustrian* industrial estate

inflasi KATA NAMA
inflation

influenza KATA NAMA
influenza

informatif KATA ADJEKTIF
informative
◊ *rancangan televisyen yang informatif* an informative television programme

inframerah KATA NAMA
infra-red

infrastruktur KATA NAMA
infrastructure

ingat KATA KERJA
[1] *to remember*
◊ *Dia tidak ingat.* She doesn't remember.
♦ **ingat-ingat lupa** to vaguely remember
[2] *to think*
◊ *Saya ingat anda sudah balik.* I thought you had gone home.

beringat-ingat KATA KERJA
cautious
◊ *Kita mesti sentiasa beringat-ingat ketika berenang di dalam sungai.* One should always be cautious when swimming in a river.

mengingati KATA KERJA
[1] *to remember*
◊ *Saya akan sentiasa mengingati Tracy.* I will always remember Tracy.
[2] *to recall*
◊ *Dia cuba mengingati nama bekas gurunya.* He tried to recall the name of his former teacher.

mengingatkan KATA KERJA
to remind
◊ *Saya tidak mahu mengingatkan kamu tentang hal ini lagi.* I don't want to remind you about this again.

memperingati KATA KERJA
to commemorate
◊ *Pameran itu diadakan untuk memperingati peristiwa yang penuh bersejarah itu.* The exhibition was held to commemorate that historic event.

memperingatkan KATA KERJA
to remind
◊ *Saya ingin memperingatkan anda bahawa masa yang diberi ialah 5 minit.* I'd like to remind you that the time allowed is 5 minutes.

peringatan KATA NAMA
reminder
◊ *Pekedai itu menghantar peringatan kepada pelanggan yang masih berhutang dengannya.* The shopkeeper sent a reminder to those customers who still owed him money.

teringat KATA KERJA
to remember
◊ *Saya baru teringat bahawa saya ada ujian esok.* I've just remembered that I have a test tomorrow.

teringat-ingat KATA KERJA
to think about
◊ *Suhaila masih teringat-ingat tentang percutiannya di Eropah tiga tahun yang lalu.* Suhaila still thinks about her holiday in Europe three years ago.

teringatkan KATA KERJA
to remember
◊ *Elaine tersenyum apabila dia teringatkan pesan ayahnya.* Elaine smiled when she remembered her father's advice.

ingatan KATA NAMA
memory (JAMAK **memories**)
♦ **daya ingatan** memory
♦ **dengan ingatan tulus ikhlas** with sincere regards

Inggeris KATA ADJEKTIF
English
♦ **bahasa Inggeris** English
♦ **orang Inggeris** the English

keinggerisan KATA ADJEKTIF
anglicized
◊ *gaya pertuturan yang keinggerisan* an anglicized way of speaking
♦ **Dia tidak suka akan sistem pentadbiran yang bersifat keinggerisan.** She doesn't like the anglified administrative system.

ingin KATA BANTU
to want
◊ *Saya ingin melawat Tasik Kenyir.* I want to visit Kenyir Lake.
♦ **perasaan ingin tahu** curiosity

keinginan KATA NAMA
desire
◊ *Raymond mempunyai keinginan untuk membantu pesakit barah.* Raymond has a desire to help cancer patients.

mengingini, menginginkan KATA KERJA
[1] *to want*
◊ *Budak itu menginginkan sebatang aiskrim.* The child wants an ice cream.
[2] *to wish for*
◊ *Semua orang menginginkan kebahagiaan dalam rumah tangga.* Everybody wishes for happiness in marriage.

teringin KATA KERJA
to feel like

ingkar → instrumental

◊ *Saya teringin hendak melukis.* I feel like drawing.

ingkar KATA KERJA
to refuse
◊ *Pemuda itu ingkar akan nasihat ibu bapanya.* The young man refused to follow his parents' advice.

keingkaran KATA NAMA
refusal
◊ *Guru itu marah kerana keingkaran pelajar tersebut menjalankan tugas kelasnya.* The teacher is angry at the student's refusal to carry out his class duties.

mengingkari KATA KERJA
to disobey
◊ *Tiada sesiapa pun yang berani mengingkari perintah En. Rajan.* Nobody dares disobey Mr Rajan.

♦ **mengingkari janji** to break a promise

ini KATA GANTI NAMA
this (JAMAK **these**)
◊ *Rumah ini cantik.* This house is beautiful. ◊ *Manik-manik ini berharga RM5.* These beads cost RM5.

inisiatif KATA NAMA
initiative

injak KATA NAMA
pedal

menginjak KATA KERJA
to tread on
◊ *Nenek itu tidak suka menginjak lantai yang sejuk.* The old lady doesn't like treading on the cold floor.

menginjak-injak KATA KERJA
to trample on
◊ *Mereka tidak mahu orang ramai menginjak-injak rumput di taman itu.* They don't want people trampling on the grass in the park.

menginjakkan KATA KERJA
♦ **menginjakkan kaki** to set foot ◊ *Neil Armstronglah orang pertama yang menginjakkan kakinya ke bulan.* Neil Armstrong was the first person to set foot on the moon.

injap KATA NAMA
valve

Injil KATA NAMA
New Testament

inovasi KATA NAMA
innovation

inovatif KATA ADJEKTIF
innovative
◊ *idea yang inovatif* an innovative idea

input KATA NAMA
input

insaf KATA KERJA
[1] *to repent*

B. Melayu ~ B. Inggeris   740

◊ *Dia sudah insaf akan dosa-dosanya.* He has repented of his sins.

♦ **orang yang telah insaf** a repentant person
[2] *to see the light*
◊ *Dia insaf setelah melihat penderitaan mangsa perang.* He saw the light after witnessing the suffering of war victims.

keinsafan KATA NAMA
[1] *remorse*
◊ *Pembunuh itu tidak menunjukkan keinsafan semasa perbicaraannya.* The murderer showed no remorse during his trial.

[2] *awareness*
◊ *Ceramah itu menimbulkan keinsafan tentang masalah persekitaran.* The talk raised awareness of environmental problems.

menginsafi KATA KERJA
to repent
◊ *Pernahkah Larry menginsafi dosa-dosanya?* Has Larry ever repented of his sins?

menginsafkan KATA KERJA
to make ... aware
◊ *Pameran ini bertujuan untuk menginsafkan orang ramai supaya berhati-hati semasa memandu di jalan raya.* This exhibition aims to make people aware of the need to drive carefully.

insan KATA NAMA
human being

keinsanan KATA NAMA
humanity
◊ *Pembunuh itu sudah hilang keinsanannya.* The murderer is completely without humanity.

insang KATA NAMA
gills

insentif KATA NAMA
incentive

insiden KATA NAMA
incident

inskripsi KATA NAMA
inscription

inspektor KATA NAMA
inspector

inspirasi KATA NAMA
inspiration

institusi KATA NAMA
institution
◊ *bank dan institusi kewangan yang lain* banks and other financial institutions

institut KATA NAMA
institute
◊ *Institut Jantung Negara* the National Heart Institute

instrumental KATA ADJEKTIF

instrumental
◊ *muzik instrumental* instrumental music

insulin KATA NAMA
insulin

insurans KATA NAMA
insurance
menginsuranskan KATA KERJA
to insure
◊ *Timothy menginsuranskan nyawanya dengan jumlah RM50 ribu.* Timothy insured his life for RM50 thousand.
◊ *Lena menginsuranskan rumahnya daripada kebakaran.* Lena insured her house against fire.

intai
mengintai KATA KERJA
to peep at
◊ *Dia mengintai gadis itu mandi.* He peeped at the girl bathing.
mengintai-intaikan KATA KERJA
to keep ... under observation
◊ *Pihak polis mengintai-intaikan orang yang disyaki itu.* The police kept the suspect under observation.
pengintai KATA NAMA
Peeping Tom

intan KATA NAMA
diamond

integrasi KATA NAMA
integration
berintegrasi KATA KERJA
to integrate
mengintegrasikan KATA KERJA
to integrate
◊ *mengintegrasikan aktiviti kedua-dua syarikat* to integrate the activities of both companies

intelek KATA NAMA
intellect

intelektual KATA ADJEKTIF
intellectual
◊ *perbincangan intelektual* intellectual discussion

intensif KATA ADJEKTIF
intensive
◊ *kursus intensif* intensive course

interaksi KATA NAMA
interaction
◊ *interaksi antara jiran* interaction between neighbours
berinteraksi KATA KERJA
to interact
◊ *Dia jarang berinteraksi dengan jirannya.* He seldom interacts with his neighbours.

interkom KATA NAMA
intercom

Internet KATA NAMA
Internet

interpretasi KATA NAMA
interpretation
menginterpretasikan KATA KERJA
to interpret
◊ *Dia menginterpretasikan pemberian itu sebagai satu penghinaan.* She interpreted the gift as an insult.
♦ **salah menginterpretasikan** to misinterpret

inti KATA NAMA
[1] *filling* (dalam kek, roti, kuih)
[2] *stuffing* (dalam ayam itik, sayuran)
◊ *Cabai itu mempunyai inti ikan.* The chilli has fish stuffing in it.
berinti KATA KERJA
[1] *to have a filling*
◊ *Budak itu hanya makan roti yang berinti.* That child only eats bread that has a filling in it.
[2] *stuffed*
◊ *Pn. Jackson memanggang ayam belanda berinti.* Mrs Jackson roasted a stuffed turkey.
berintikan KATA KERJA
[1] *to have a ... filling*
◊ *Biskut itu berintikan krim coklat.* The biscuit has a chocolate cream filling.
[2] *with a stuffing of*
◊ *Tukang masak itu memasak itik yang berintikan kekacang.* The chef cooked duck with a stuffing of beans.

intim KATA ADJEKTIF
close
◊ *kawan yang intim* a close friend
keintiman KATA NAMA
closeness
◊ *Keintiman dua adik-beradik itu amat ketara.* The closeness between the two siblings is very obvious.

intip
mengintip KATA KERJA
to spy on
pengintip KATA NAMA
spy (JAMAK **spies**)
pengintipan KATA NAMA
espionage
◊ *Pengintipan mereka sudah terbongkar.* Their espionage has been exposed.
♦ **agen pengintipan** undercover agent
♦ **operasi pengintipan selama dua minggu oleh polis** a two-week surveillance operation by the police

inti pati KATA NAMA
essence
◊ *Perubahan merupakan inti pati kehidupan.* Change is the essence of life.
♦ **Inti pati ucapannya ialah kemiskinan penduduk luar bandar.** The main topic

of his speech was the poverty of the rural population.
inti sari KATA NAMA
essence
◊ *Perubahan merupakan inti sari kehidupan.* Change is the essence of life.
- **Inti sari ucapannya ialah kemiskinan penduduk luar bandar.** The main topic of his speech was the poverty of the rural population.
- **inti sari rancangan** programme summary (JAMAK **programme summaries**)

intonasi KATA NAMA
intonation

Intranet KATA NAMA
Intranet

inventori KATA NAMA
inventory (JAMAK **inventories**)

invertebrat KATA NAMA
invertebrate

invois KATA NAMA
invoice

iodin KATA NAMA
iodine

ipar KATA NAMA
in-law
◊ *abang ipar* brother-in-law ◊ *Saya ada dua orang abang ipar.* I have two brothers-in-law.
- **ipar-duai** cousins by marriage

irama KATA NAMA
rhythm

iras
seiras KATA ADJEKTIF
alike
◊ *Mereka membuat anggapan bahawa semua lelaki dan wanita berfikiran seiras.* They assume that all men and women think alike.
- **kembar seiras** identical twins

iri hati KATA ADJEKTIF
envious
◊ *Nancy berasa iri hati akan kejayaan jirannya.* Nancy feels envious of her neighbour's success.
- **perasaan iri hati dan kagum** feelings of envy and admiration
beriri hati KATA KERJA
to envy
◊ *Dia beriri hati akan sepupunya yang kaya.* He envies his rich cousin.

iring
beriringan KATA KERJA
together
◊ *Mereka menunggang basikal beriringan mengelilingi Pulau Pangkor.* They cycled together around Pangkor Island.

beriring-iringan KATA KERJA
to file
◊ *Atlit-atlit itu beriring-iringan masuk ke dalam stadium itu.* The athletes filed into the stadium.

mengiringi KATA KERJA
1 _to accompany_
◊ *Isteri Perdana Menteri mengiringi beliau ke luar negara.* The Prime Minister's wife accompanied him overseas.
2 _to escort_

pengiring KATA NAMA
escort
◊ *Pegawai itu tiba di sekolah kami dengan beberapa orang pengiring.* The officer arrived at our school with several escorts.

seiring KATA ADJEKTIF
side by side
◊ *Lorong itu terlalu sempit untuk mereka berjalan seiring.* The lane is too narrow for them to walk side by side.

seiringan KATA HUBUNG
in step with
◊ *Kemajuan syarikat itu seiringan dengan perkembangan ekonomi negara.* The company's progress was in step with the economic development of the country.

iringan KATA NAMA
accompaniment
◊ *dengan iringan muzik* with musical accompaniment

ironis KATA ADJEKTIF
ironic
◊ *Yang ironisnya ialah orang yang terbukti terlibat dalam kecurian itu merupakan Ketua Pengawas sendiri.* It's ironic that the person found guilty of theft was none other than the school Head Prefect.

isi KATA NAMA
1 _contents_
◊ *isi karangan* the contents of an essay
- **"isi kandungan"** "contents" (*buku*)
2 _flesh_
◊ *Potong isi buah zaitun itu.* Cut the flesh from the olives.
- **isi hati** feelings
- **isi perut** feelings
- **isi rumah** household
berisi KATA KERJA
filled
◊ *Bekas itu belum berisi.* The container hasn't been filled. ◊ *belon yang berisi helium* a balloon filled with helium
- **sekam gandum yang tidak berisi** empty wheat husks
- **Badannya berisi.** She's plump.
mengisi KATA KERJA

isih → isyarat

to fill
◊ *Emak mengisi periuk itu dengan nasi.* Mother filled the pot with rice.
- **mengisi borang** to fill in a form
- **mengisi sehingga penuh** to fill up
- **mengisi semula** to refill

mengisikan KATA KERJA
to fill
◊ *Emak mengisikan nasi ke dalam periuk itu.* Mother filled the pot with rice.

pengisian KATA NAMA
filling

perisian KATA NAMA
software
- **perisian kongsi** shareware
- **perisian percuma** freeware

seisi KATA ADJEKTIF
whole
◊ *seisi keluarga* the whole family

isih
mengisih KATA KERJA
to sort
◊ *Mereka mengisih nama-nama itu mengikut abjad.* They sorted the names alphabetically.

pengisihan KATA NAMA
sorting
◊ *pengisihan oleh komputer* sorting by computer

isi padu KATA NAMA
volume

isirung KATA NAMA
flesh (kelapa)

Islam KATA ADJEKTIF
rujuk juga **Islam** KATA NAMA
Islamic
◊ *pengajian Islam* Islamic studies

Islam KATA NAMA
rujuk juga **Islam** KATA ADJEKTIF
Islam
- **penganut agama Islam** Muslim

islamiah KATA ADJEKTIF
Islamic

Isnin KATA NAMA
Monday
◊ *pada hari Isnin* on Monday

ISP SINGKATAN (= *Pembekal Khidmat Internet*)
ISP (= *Internet service provider*)

istana KATA NAMA
palace

istanakota KATA NAMA
castle

isteri KATA NAMA
wife (JAMAK **wives**)
- **pasangan suami isteri** married couple
- **isteri muda** second wife
- **Erina dan Yasmin ialah isteri muda Datuk Mansor.** Erina and Yasmin are Datuk Mansor's other wives.

beristeri KATA KERJA
to marry
◊ *Dia akan beristeri tidak lama lagi.* He will marry soon.

beristerikan KATA KERJA
to marry
◊ *Dia mahu beristerikan gadis kampung.* He wants to marry a village girl.

memperisteri KATA KERJA
to marry
◊ *Dia ingin memperisteri teman wanitanya.* He wants to marry his girlfriend.

memperisterikan KATA KERJA
to find a wife for
◊ *Pak Mat ingin memperisterikan anaknya.* Pak Mat wants to find a wife for his son.

istiadat KATA NAMA
1 *custom*
◊ *Raja itu ditabalkan mengikut istiadat Minangkabau.* The king was installed according to Minangkabau custom.
2 *ceremony* (JAMAK **ceremonies**)
◊ *Istiadat penganugerahan pingat itu berlangsung di Kedutaan British.* The award ceremony took place at the British Embassy.

istilah KATA NAMA
term

istimewa KATA ADJEKTIF
special
- **kanak-kanak istimewa** children with special needs

keistimewaan KATA NAMA
speciality (JAMAK **specialities**)

teristimewa KATA ADJEKTIF
the most special

istirahat
beristirahat KATA KERJA
to rest
◊ *Mereka beristirahat di Taiping sebelum meneruskan perjalanan mereka.* They rested in Taiping before continuing their journey.

isu KATA NAMA
issue

isyak KATA NAMA
after sunset
- **sembahyang isyak** Muslim night-time prayer

isyarat KATA NAMA
signal
- **bahasa isyarat** sign language

mengisyaratkan KATA KERJA
to signal to
◊ *Guru itu mengisyaratkan pengawas-pengawas di belakang dewan.* The

teacher signalled to the prefects at the back of the hall.

isytihar
mengisytiharkan KATA KERJA
to announce
◊ *Para hakim itu mengisytiharkan nama-nama pemenang pagi tadi.* The judges announced the names of the winners this morning.
♦ **Tanah Melayu diisytiharkan sebagai sebuah negara merdeka pada 31 Ogos 1957.** Malaya was declared an independent nation on 31 August 1957.
pengisytiharan, perisytiharan KATA NAMA
announcement
◊ *pengisytiharan cuti khas oleh guru besar* the announcement of a special holiday by the headmaster

italik KATA ADJEKTIF
italic

itik KATA NAMA
duck
♦ **itik betina** duck
♦ **itik jantan** drake
♦ **anak itik** duckling

itu KATA GANTI NAMA
[1] *that* (JAMAK **those**)
◊ *Siapakah itu?* Who's that?
◊ *Kapal itu datang dari New Zealand.* That ship comes from New Zealand.
◊ *Pelajar-pelajar itu tinggal di Kampung Gelam.* Those students live in Kampung Gelam.
[2] *the*
◊ *Dia menunjuk kepada buku yang berwarna biru itu.* He pointed to the blue book. ◊ *Rumah-rumah itu dibina dua tahun yang lalu.* The houses were built two years ago.

izin KATA NAMA
permission
◊ *Dia keluar dengan izin bapanya.* He went out with his father's permission.
♦ **pendatang tanpa izin** illegal immigrants
keizinan KATA NAMA
permission
◊ *Dia meminta keizinan bapanya untuk keluar dengan kawannya.* He asked for his father's permission to go out with his friend.
mengizinkan KATA KERJA
to allow
◊ *Bapanya mengizinkannya belajar di luar negara.* Her father allowed her to study overseas.

J

jabat
- **berjabat** KATA KERJA
- **berjabat tangan** to shake hands
  ◊ *Cheong dan Ken berjabat tangan sebelum berpisah.* Cheong and Ken shook hands before they parted.
  menjabat KATA KERJA
- **menjabat tangan seseorang** to shake somebody's hand ◊ *Mann Yue menjabat tangan Ken dan mengucapkan tahniah kepadanya.* Mann Yue shook Ken's hand and congratulated him.
  pejabat KATA NAMA
  office
  ◊ *pejabat pos* post office
- **ibu pejabat** headquarters
  jabatan KATA NAMA
  department
  ◊ *Mahmud telah dipindahkan ke jabatan lain.* Mahmud has been transferred to another department.

jadam KATA NAMA
bitter aloes

jadi KATA BANTU, KATA KERJA

> rujuk juga **jadi** KATA HUBUNG

to manage to
◊ *Kami jadi pergi berenang.* We managed to go swimming.
- **Jadikah majlis itu diadakan?** Is the party still on?
- **Tidak satu pun gambar foto saya yang jadi.** None of my photos came out.
- **Ceramah itu sepatutnya tamat dalam masa sejam, tetapi sudah jadi dua jam.** The talk was supposed to end in an hour, but it's already been going on for two hours.
  kejadian KATA NAMA
  incident
  ◊ *Seramai 26 orang terbunuh dalam kejadian tembak-menembak itu.* 26 people were killed in the shooting incident.
  menjadi KATA KERJA
  to become
  ◊ *Seong menjadi pengurus syarikat itu dua tahun yang lalu.* Seong became the manager of the company two years ago.
  menjadi-jadi KATA KERJA
  to worsen
  ◊ *Penyakit datuk menjadi-jadi sejak kebelakangan ini.* Grandfather's illness has worsened recently.
  menjadikan KATA KERJA
  1 *to make*
  ◊ *Bunyi yang bising itu menjadikannya marah.* The noise made him angry.
  2 *to appoint*
  ◊ *Guru besar menjadikan Jimmy sebagai bendahari.* The headmaster appointed Jimmy as treasurer.
  terjadi KATA KERJA
  to happen
  ◊ *Hal itu terjadi kerana kecuaiannya.* The incident happened because of his carelessness.

jadi KATA HUBUNG

> rujuk juga **jadi** KATA BANTU, KATA KERJA

so
◊ *Esok ada ujian, jadi dia tidur awal.* There is a test tomorrow, so he has gone to bed early.

jadual KATA NAMA
table
◊ *Rujuk jadual pada muka surat 100.* Refer to the table on page 100.
- **jadual perjalanan** itinerary (JAMAK **itineraries**)
- **jadual waktu** timetable
  menjadualkan KATA KERJA
  to schedule
  ◊ *Dia menjadualkan projek itu tamat pada bulan Disember.* He scheduled the project to end in December.
  penjadualan KATA NAMA
  scheduling
  ◊ *Penjadualan tugas pekerja dalam syarikat itu telah siap.* The scheduling of the workers' tasks in the company has been completed.

jag KATA NAMA
jug

jaga KATA KERJA

> rujuk juga **jaga** KATA NAMA

to take care
◊ *Jaga kesihatan anda baik-baik.* Take good care of your health.
berjaga KATA KERJA
to stay awake
◊ *Minah berjaga sepanjang malam.* Minah stayed awake for the whole night.
berjaga-jaga KATA KERJA
1 *careful*
◊ *Kita mesti berjaga-jaga semasa melintasi jalan.* One should be careful when crossing the road.
2 *precautionary*
◊ *Sekolah itu telah mengambil langkah berjaga-jaga untuk mencegah masalah keracunan makanan.* The school has taken precautionary measures to prevent food poisoning.
- **Jaga-jaga, nanti terjatuh!** Mind you don't fall.
  menjaga KATA KERJA
  1 *to guard*
  ◊ *Henry memelihara seekor anjing untuk menjaga rumahnya.* Henry keeps a dog

jaga → jajah B. Melayu ~ B. Inggeris 746

to guard his house.
[2] *to look after*
◊ *Vanessa menolong emaknya menjaga adik perempuannya.* Vanessa helps her mother to look after her sister.
penjaga KATA NAMA
guardian
- **penjaga bangunan** caretaker
- **penjaga pintu** doorman (JAMAK **doormen**)

penjagaan KATA NAMA
care
◊ *Irene memerlukan penjagaan ibunya.* Irene needs her mother's care.

terjaga KATA KERJA
to be awakened
◊ *Ani terjaga apabila mendengar bunyi yang kuat itu.* Ani was awakened by the loud noise.

jagaan KATA NAMA
[1] *care*
◊ *Sekarang bayi itu berada di bawah jagaan Jabatan Kebajikan.* The baby is now in the care of the Welfare Department.
[2] *protection*
◊ *Jutawan yang berada di majlis itu adalah di bawah jagaan polis.* The millionaire who attended the function is under police protection.

jaga KATA NAMA
rujuk juga **jaga** KATA KERJA
security guard

jagat (1) KATA NAMA
world
sejagat KATA ADJEKTIF
global
◊ *bantahan sejagat ke atas ujian nuklear* a global protest against nuclear testing

jagat (2) KATA NAMA
freckles

jaguh KATA NAMA
champion
◊ *Danny merupakan jaguh badminton sekolah itu.* Danny is the school badminton champion.
kejaguhan KATA NAMA
excellence
◊ *Kamarul terkenal dengan kejaguhannya dalam sukan.* Kamarul is well-known for his excellence in sports.

jagung KATA NAMA
corn
◊ *minyak jagung* corn oil
- **jagung manis** sweetcorn

jahanam KATA NAMA
scoundrel (*orang*)
- **neraka jahanam** hell

menjahanamkan KATA KERJA
to wreck

◊ *Mereka telah menjahanamkan rancangan itu.* They have wrecked the plan.

jahat KATA ADJEKTIF
bad
◊ *lelaki yang jahat* a bad man
kejahatan KATA NAMA
nasty nature
◊ *Dia tidak mempunyai kawan kerana kejahatannya.* He has no friends because of his nasty nature.
- **konflik antara kebaikan dengan kejahatan** a conflict between good and evil

penjahat KATA NAMA
bandit

jahil KATA ADJEKTIF
ignorant
kejahilan KATA NAMA
ignorance
◊ *Andy berasa malu dengan kejahilannya tentang hal-ehwal semasa.* Andy felt embarrassed by his ignorance of current affairs.

jahit KATA KERJA
to sew
- **tukang jahit (1)** tailor (*lelaki*)
- **tukang jahit (2)** seamstress (JAMAK **seamstresses**) (*wanita*)
- **jahit-menjahit** needlework ◊ *Kami mempunyai kelas jahit-menjahit di sekolah.* We have needlework lessons at school.

menjahit KATA KERJA
to sew
◊ *Emak sedang menjahit baju kemeja saya di dalam biliknya.* Mother is sewing my shirt in her room.

penjahit KATA NAMA
[1] *tailor* (*lelaki*)
[2] *seamstress* (JAMAK **seamstresses**) (*wanita*)

jahitan KATA NAMA
sewing
◊ *Jahitan Rosnah sangat kemas.* Rosnah's sewing is very neat.

jaja
berjaja KATA KERJA
to work as a hawker
◊ *Dia berjaja pada waktu malam untuk menambahkan pendapatannya.* At night he works as a hawker to supplement his income.
penjaja KATA NAMA
hawker

jajah
menjajah KATA KERJA
to colonize
◊ *Percubaan pertama British untuk*

menjajah Ireland adalah pada abad kedua belas. The first British attempt to colonize Ireland was in the twelfth century.

penjajah KATA NAMA
colonizer

penjajahan KATA NAMA
colonization
◊ *penjajahan Eropah ke atas Amerika* the European colonization of America

jajahan KATA NAMA
territory (JAMAK **territories**)
◊ *jajahan Rusia* Russian territories
• **tanah jajahan** colony (JAMAK **colonies**)

jajar PENJODOH BILANGAN
row
◊ *sejajar pokok kelapa* a row of coconut trees

berjajar KATA KERJA
in rows
◊ *Kanak-kanak itu menyusun batu bata itu berjajar di atas lantai.* The children arranged the bricks in rows on the floor.

sejajar KATA ADJEKTIF
1. *parallel*
◊ *dua jalur yang sejajar* two parallel stripes
2. *in a row*
◊ *Pokok-pokok itu ditanam sejajar.* The trees are planted in a row.
3. *on the same block as*
◊ *Restoran itu terletak sejajar dengan balai polis.* The restaurant is on the same block as the police station.

jaket KATA NAMA
jacket
• **jaket keselamatan** life jacket

berjaket KATA KERJA
to wear a jacket
◊ *lelaki yang berjaket biru itu* the man who wore a blue jacket

jala KATA NAMA
casting net

menjala KATA KERJA
to fish with a casting net

penjala KATA NAMA
fisherman (JAMAK **fishermen**)

jalan KATA NAMA
road
• **jalan bawah** underpass (JAMAK **underpasses**)
• **jalan bawah tanah** subway
• **jalan besar** main road
• **jalan cerita** plot
• **jalan mati** dead end
• **jalan pintas** short cut
• **jalan raya** road
• **jalan samping** side street
• **jalan sehala** one-way street
• **jalan tar** tarmac road

berjalan KATA KERJA
to walk
◊ *Setiap pagi dia berjalan ke sekolah.* Every morning she walks to school.
◊ *Kami berjalan masuk ke dalam dewan.* We walked into the hall.
• **berjalan dengan lancar** to progress smoothly

berjalan-jalan KATA KERJA
to stroll
◊ *Mereka berjalan-jalan di taman.* They are strolling in the garden.

menjalani KATA KERJA
to undergo
◊ *Dia akan menjalani pembedahan pada bulan ini.* He will undergo surgery this month. ◊ *Mereka akan menjalani latihan di Kuala Lumpur.* They will undergo training in Kuala Lumpur.

menjalankan KATA KERJA
to perform
◊ *Pengawas itu menjalankan tugasnya dengan baik.* The prefect performed her duties well.

pejalan KATA NAMA
• **pejalan kaki** pedestrian

perjalanan KATA NAMA
journey
◊ *Perjalanan itu meletihkannya.* The journey made him tired.

jalanan KATA NAMA
streets

jalar
menjalar KATA KERJA
1. *to slither* (*ular*)
2. *to crawl* (*ulat*)
3. *to spread*
◊ *Penyakit itu telah menjalar ke kawasan ini.* The disease has spread to this area.
• **tumbuhan yang menjalar** creepers
• **Tumbuh-tumbuhan itu menjalar di pagar.** The plants crept up the fence.

jalin
menjalin KATA KERJA
to weave
◊ *Rosnah menjalin bakul daripada rotan.* Rosnah weaves baskets from rattan.

menjalinkan KATA KERJA
to establish
◊ *Lily dan June dapat menjalinkan hubungan yang baik dalam masa yang singkat.* Lily and June managed to establish a good relationship in a short time.
• **menjalinkan persahabatan** to become friends

terjalin KATA KERJA
to be established
◊ *Perhubungan mereka terjalin semasa*

jalur → jampi

mereka berada di universiti. Their relationship was established while they were at university.

jalur KATA NAMA
stripe
◊ *Dia memakai baju merah dengan jalur putih.* He wore a red shirt with white stripes.
- **jalur lebar** *(komputer)* broadband

berjalur KATA KERJA
1 *to have stripes*
◊ *Kain itu berjalur biru dan hitam.* The cloth has blue and black stripes.
- **baju merah berjalur hitam** a red shirt with black stripes

2 *striped*
◊ *tali leher yang berjalur biru dan putih* a blue and white striped tie

berjalur-jalur KATA KERJA
stripy
◊ *kain yang berjalur-jalur* stripy cloth

jam KATA NAMA
1 *clock*
◊ *jam loceng* alarm clock
- **jam randik** stopwatch (JAMAK **stopwatches**)
- **jam tangan** wristwatch (JAMAK **wristwatches**)

2 *hour*
◊ *lima jam* five hours
- **dalam masa sejam** in an hour
- **ikut arah jam** clockwise
- **lawan arah jam** anticlockwise

berjam-jam KATA BILANGAN
for hours
◊ *Rita menunggu kawannya di perhentian bas itu berjam-jam lamanya.* Rita waited for her friend at the bus stop for hours.

jamah
menjamah KATA KERJA
1 *to touch*
◊ *Emak menjamah dahi saya.* Mother touched my forehead.

2 *to taste*
◊ *Amin menjamah ayam yang dimasak oleh emaknya.* Amin tasted the chicken cooked by his mother.

jamak KATA NAMA
plural

jambak PENJODOH BILANGAN
bunch (JAMAK **bunches**)
◊ *sejambak kunci* a bunch of keys
◊ *sejambak bunga* a bunch of flowers

berjambak-jambak KATA BILANGAN
clusters
◊ *Bunga tumbuh berjambak-jambak di atas pokok itu.* Flowers bloom in clusters on the tree.

- **Dia menerima berjambak-jambak bunga daripada lelaki itu.** She received many bouquets of flowers from the man.

jamban KATA NAMA
toilet

jambang (1) KATA NAMA
sideburns

jambang (2)
jambangan KATA NAMA
> rujuk juga **jambangan** PENJODOH BILANGAN

vase
- **Penyanyi itu menerima jambangan bunga daripada peminat-peminatnya.** The singer received bouquets of flowers from her fans.

jambangan PENJODOH BILANGAN
> rujuk juga **jambangan** KATA NAMA

vase
◊ *empat jambangan bunga* four vases of flowers

jambat
jambatan KATA NAMA
bridge

jambori KATA NAMA
jamboree

jambu KATA NAMA
- **jambu batu** guava

jambul KATA NAMA
1 *fringe*
2 *crest*
◊ *Kedua-dua ekor burung itu mempunyai jambul berwarna biru tua.* Both birds have a dark blue crest.

berjambul KATA KERJA
to have a fringe
◊ *Rambutnya berjambul.* She's got a fringe.

jamin
menjamin KATA KERJA
to guarantee
◊ *Syarikat itu menjamin kualiti produknya.* The company guarantees the quality of its products.

penjamin KATA NAMA
guarantor

terjamin KATA KERJA
secure
◊ *masa depan yang terjamin* a secure future
- **tidak terjamin** insecure

jaminan KATA NAMA
guarantee
◊ *Produk itu mempunyai jaminan selama setahun.* The product has a one year guarantee.
- **memberikan jaminan kepada seseorang** to give somebody an assurance

jampi KATA NAMA

jamu → jangkau

incantation
◊ Hassan yakin bahawa penggunaan jampi boleh menyembuhkan penyakit anaknya. Hassan is confident that incantations can heal his son's illness.
- **jampi serapah** all sorts of incantations
menjampi KATA KERJA
to chant incantations
◊ Dia menjampi air di dalam mangkuk itu dan menyuruh Johari minumnya. He chanted incantations over the water in the bowl and asked Johari to drink it.
jampian KATA NAMA
incantation
◊ Jampian bomoh itu menyembuhkan penyakit Yasin. The medicine man's incantations healed Yasin's illness.

jamu KATA NAMA
herbal medicine
◊ jamu untuk melangsingkan badan herbal medicine for slimming
menjamu KATA KERJA
to serve
◊ Dia menjamu kawan-kawannya dengan pelbagai jenis makanan. He served his friends various types of food.
jamuan KATA NAMA
party (JAMAK **parties**)
◊ Judy akan mengadakan jamuan untuk meraikan hari jadi anak lelakinya. Judy is throwing a party to celebrate her son's birthday. ◊ *jamuan teh* tea party

jana
menjanakan KATA KERJA
to generate
◊ Produk baru itu menjanakan pendapatan yang banyak kepada kilang itu. The new product generated a lot of income for the factory.
penjana KATA NAMA
generator
penjanaan KATA NAMA
generation
◊ penjanaan kuasa elektrik the generation of electricity
terjana KATA KERJA
generated
◊ kuasa elektrik yang terjana the electricity generated ◊ pendapatan yang terjana the income generated

jana kuasa KATA NAMA
generator
menjana kuasa KATA KERJA
to generate (elektrik)
penjana kuasa KATA NAMA
generator

janda KATA NAMA
1. *widow* (kematian suami)
2. *divorcee* (bercerai)

jangan KATA PERINTAH
don't
◊ Jangan makan di dalam kelas. Don't eat in the classroom.
jangan-jangan KATA BANTU
maybe
◊ Jangan-jangan dia terlewat lagi. Maybe he is late again.

janggal KATA ADJEKTIF
awkward
◊ Ann berasa janggal apabila makan bersama majikannya. Ann feels awkward when she eats with her boss.
kejanggalan KATA NAMA
how awkwardly
◊ Vincent tersenyum melihat kejanggalan kawannya bermain bola sepak. Vincent smiled when he saw how awkwardly his friend played football.

janggus KATA NAMA
cashew

janggut KATA NAMA
beard
berjanggut KATA KERJA
bearded

jangka (1) KATA NAMA
- **jangka masa** duration
- **jangka panjang** long-term
- **jangka pendek** short-term
menjangka, menjangkakan KATA KERJA
to expect
◊ Saya tidak menjangka harganya sebegitu mahal. I didn't expect the price to be so high.
jangkaan KATA NAMA
expectation
◊ Berita yang baik itu di luar jangkaan Aileen. The good news exceeded Aileen's expectations.

jangka (2) KATA NAMA
- **jangka lukis** compasses
- **jangka sudut** protractor
- **jangka suhu** thermometer

jangkat KATA ADJEKTIF
> rujuk juga **jangkat** KATA NAMA

shallow
◊ sungai yang jangkat a shallow river

jangkat KATA NAMA
> rujuk juga **jangkat** KATA ADJEKTIF

the shallows
- **Budak lelaki itu suka bermain di jangkat sungai.** The boy likes to play in the shallow part of the river.

jangkau
menjangkau KATA KERJA
to reach
◊ Dia menjangkau dompetnya yang terjatuh ke dalam longkang. He reached for his wallet which had fallen into the

jangkit → jaring

drain.
jangkauan KATA NAMA
<u>reach</u>
◊ *Pen itu berada di luar jangkauan Umar.* The pen was out of Umar's reach.
jangkit
  berjangkit KATA KERJA
  <u>to be infected</u>
  ◊ *Penyakitnya telah berjangkit kepada saya.* I was infected with his disease.
• **penyakit berjangkit** infectious disease
  menjangkiti KATA KERJA
  <u>to infect</u>
  ◊ *Dia dijangkiti penyakit cacar air.* He was infected with chickenpox.
  jangkitan KATA NAMA
  <u>infection</u>
  ◊ *Bakteria yang menyebabkan jangkitan itu masih belum diketahui.* The bacterium that caused the infection is still unknown.
janin KATA NAMA
<u>foetus</u> (JAMAK **foetuses**)
janji KATA NAMA
<u>promise</u>
◊ *Chia menepati janjinya.* Chia kept her promise.
• **janji temu** appointment
  berjanji KATA KERJA
  <u>to promise</u>
  ◊ *Saya berjanji akan datang pada hari Sabtu.* I promise to come on Saturday.
  menjanjikan KATA KERJA
  <u>to promise</u>
  ◊ *Bapa Rose menjanjikan seutas jam tangan untuk hari jadinya.* Rose's father promised to give her a watch for her birthday.
  perjanjian KATA NAMA
  <u>agreement</u>
  ◊ *Carrie telah menandatangani perjanjian itu.* Carrie has signed the agreement.
• **perjanjian damai** peace treaty
jantan KATA NAMA
<u>male</u>
◊ *Singa jantan mempunyai surai.* Male lions have manes.
• **ayam jantan** cock
• **itik jantan** drake
• **kambing jantan** billy goat
• **kuda jantan** stallion
jantina KATA NAMA
<u>gender</u>
jantung KATA NAMA
<u>heart</u>
◊ *serangan penyakit jantung* heart attack
Januari KATA NAMA
<u>January</u>
◊ *pada 5 Januari* on 5 January
• **pada bulan Januari** in January
jarak KATA NAMA
<u>distance</u>
◊ *jarak jauh* long distance
• **jarak waktu** interval
  berjarak KATA KERJA
  > berjarak *tidak diterjemahkan ke dalam bahasa Inggeris.*

  ◊ *Rumah saya cuma berjarak beberapa kilometer dari bandar.* My house is only a few kilometres from town. ◊ *Rumah Yasin berjarak dua kilometer dari rumah gurunya.* Yasin's house is two kilometres from his teacher's house.
  menjarakkan KATA KERJA
  <u>to move ... apart</u>
  ◊ *Para pelajar menjarakkan meja mereka untuk ujian minggu depan.* The students moved their tables apart for next week's test.
• **menjarakkan diri daripada seseorang** to distance oneself from somebody
jarang KATA ADJEKTIF
  > rujuk juga **jarang** KATA BANTU

  [1] <u>thin</u>
  ◊ *rambut yang jarang* thin hair
  [2] <u>filmy</u>
  ◊ *gaun tidur yang jarang* a filmy nightdress
jarang KATA BANTU
  > rujuk juga **jarang** KATA ADJEKTIF

  <u>seldom</u>
  ◊ *Mereka jarang pergi berenang.* They seldom go swimming.
  jarang-jarang KATA BANTU
  <u>rarely</u>
  ◊ *Kes seperti ini jarang-jarang berlaku.* Cases like this rarely happen.
jari KATA NAMA
<u>finger</u>
• **jari-jemari** fingers
• **ibu jari** thumb
• **ibu jari kaki** big toe
• **jari hantu** middle finger
• **jari kelengkeng** little finger
• **jari manis** ring finger
• **jari telunjuk** index finger
• **jari kaki** toe
• **cap jari** fingerprint
jaring KATA NAMA
<u>net</u>
  menjaring KATA KERJA
  <u>to net</u>
  ◊ *menjaring ikan* to net fish
  menjaringkan KATA KERJA
  <u>to score</u>
  ◊ *Pasukan kami menjaringkan dua gol.* Our team scored two goals.

penjaring KATA NAMA
scorer
jaringan KATA NAMA
goal
◊ *Ahmad melakukan dua jaringan.* Ahmad scored two goals.
- **Jaringan Sejagat** the World Wide Web

jarum KATA NAMA
needle
- **jarum jam** clock hand
- **jarum kait** crochet hook
- **jarum peniti** pin

jasa KATA NAMA
1. *service*
◊ *Orang ramai menghargai jasa perajurit itu.* The public appreciated the soldier's services. ◊ *Jasanya akan sentiasa dikenang.* His services will always be remembered.
2. *kindness* (JAMAK **kindnesses**)
◊ *Awak telah banyak menabur jasa kepada kami.* You have done us many kindnesses.
- **jasa baik** kindness ◊ *Kami berterima kasih atas jasa baiknya.* We are grateful for his kindness.

berjasa KATA KERJA
to serve
◊ *Beliau banyak berjasa kepada negaranya.* He served his country well.
- **Awak telah banyak berjasa kepada kami.** You have done us many kindnesses.

jasad KATA NAMA
body (JAMAK **bodies**)

jasmani KATA ADJEKTIF
physical
◊ *pendidikan jasmani* physical education

jata KATA NAMA
emblem
◊ *jata negeri Perak* the emblem of Perak

jati KATA ADJEKTIF
- **anak jati** a native of a place
- **anak jati Pulau Pinang** genuine Penangite

sejati KATA ADJEKTIF
true
◊ *wira sejati* a true hero

jatuh KATA KERJA
to fall
◊ *Dompet Kelly jatuh ke dalam longkang.* Kelly's purse fell into the drain. ◊ *Hari jadi bapa saya jatuh pada 26 Jun.* My father's birthday falls on 26 June.
- **jatuh cinta** to fall in love
- **jatuh hati** to fall in love
- **jatuh sakit** to fall sick

kejatuhan KATA NAMA
downfall
◊ *kejatuhan kerajaan itu* the downfall of the government

menjatuhkan KATA KERJA
1. *to drop*
◊ *Annie menjatuhkan cermin mata neneknya.* Annie dropped her grandmother's glasses.
2. *to bring down*
◊ *Mereka sedang membuat rancangan untuk menjatuhkan presiden itu.* They are plotting to bring down the president.
- **Dia tidak pernah menjatuhkan maruah keluarganya.** She has never dishonoured her family.
- **Hakim menjatuhkan hukuman mati ke atas pengedar dadah itu.** The judge sentenced the drug trafficker to death.

terjatuh KATA KERJA
to fall
◊ *Kelly terjatuh ketika menunggang basikal.* Kelly fell while riding a bicycle.

jauh KATA ADJEKTIF
far away
◊ *Mereka datang dari jauh.* They came from far away.
- **Pejabat pos terletak jauh dari rumah saya.** The post office is a long way from my house.
- **Makanan di restoran ini jauh lebih mahal.** The food in this restaurant is far more expensive.

berjauhan KATA KERJA
a long way
◊ *Syarifah tinggal berjauhan daripada ibu bapanya.* Syarifah lives a long way from her parents.
- **Itulah kali pertama kami berjauhan.** It was the first time we had been apart.

kejauhan KATA NAMA
distance
◊ *Saya nampak dia di kejauhan.* I saw him in the distance.

menjauhi KATA KERJA
1. *to abstain*
◊ *Joe menjaga kesihatannya dengan menjauhi rokok dan arak.* Joe takes care of his health by abstaining from cigarettes and alcohol.
2. *to stay away from*
◊ *Mereka disuruh menjauhi kawasan yang berbahaya itu.* They were asked to stay away from the dangerous area.

menjauhkan KATA KERJA
to keep ... away
◊ *menjauhkan sesuatu dari seseorang* to keep something away from somebody

sejauh KATA ADJEKTIF

> *Biasanya **sejauh** tidak diterjemahkan ke dalam bahasa Inggeris apabila menerangkan jarak.*
> ◊ *Gabriel telah memandu sejauh lima kilometer tetapi dia masih belum sampai ke rumah kawannya.* Gabriel has already driven five kilometres but she still hasn't reached her friend's house.

Jawa KATA NAMA
Java
• **asam jawa** tamarind

jawab KATA KERJA
to answer
◊ *Jawab soalan ini.* Answer this question.
• **sesi soal jawab** question and answer session
menjawab KATA KERJA
to answer
◊ *Dia tidak menjawab soalan kawannya.* He didn't answer his friend's question.
◊ *Jika saya memarahinya dia akan menjawab balik.* If I scold him, he'll answer back.
jawapan KATA NAMA
answer
◊ *Jawapan Tina betul.* Tina's answer is correct.

jawat
menjawat KATA KERJA
to hold
◊ *Fatimah telah menjawat jawatan itu selama tiga tahun.* Fatimah has held the post for three years.
sejawat KATA ADJEKTIF
• **rakan sejawat (1)** colleague
• **rakan sejawat (2)** counterpart
jawatan KATA NAMA
post
◊ *Dia memegang jawatan pengurus dalam syarikat itu.* She holds the post of manager in the company.
jawatankuasa KATA NAMA
committee

Jawi KATA NAMA
Arabic script

jaya KATA ADJEKTIF
• **dengan jayanya** successfully
berjaya KATA KERJA
to succeed
◊ *Dia berjaya mendapat keputusan yang baik dalam peperiksaan PMRnya.* She succeeded in getting good results in her PMR examination.
• **tidak berjaya** unsuccessful
kejayaan KATA NAMA
success
◊ *Ken bangga dengan kejayaan anaknya.* Ken is proud of his son's success.
menjayakan KATA KERJA
to make ... a success
◊ *Dia menolong menjayakan upacara perasmian itu.* She helped to make the opening ceremony a success.

jaz KATA NAMA
jazz

jebak KATA NAMA
trap
menjebak KATA KERJA
to trap
◊ *Mahat berjaya menjebak musuhnya.* Mahat succeeded in trapping his enemy.
terjebak KATA KERJA
to get caught
◊ *Jangan terjebak dalam perangkapnya.* Don't get caught in his trap.

jed KATA NAMA
jade

jeda KATA NAMA
interval
berjeda KATA KERJA
with a pause
◊ *Ucapan Mandy tidak berjeda.* Mandy's speech went on without a pause.

jegil
menjegil KATA KERJA
to have bulging eyes
• **Karim menjegil apabila mendengar berita itu.** Karim's eyes bulged when he heard the news.
menjegilkan KATA KERJA
• **menjegilkan mata** to glare wide-eyed
◊ *Farah menakutkan anaknya dengan menjegilkan matanya.* Farah frightened her child by glaring at it wide-eyed.
terjegil KATA KERJA
to bulge
◊ *Dia berdiri di situ dengan matanya yang terjegil.* He stood there with his eyes bulging.

jejak KATA NAMA
① *footprint*
• **jejak kucing** a cat's paw-mark
② *footsteps*
◊ *Simon mengikut jejak bapanya dan menjadi seorang doktor.* Simon followed in his father's footsteps and became a doctor.
menjejaki KATA NAMA
to track
◊ *Polis sedang menjejaki perompak-perompak bank itu.* The police were tracking the bank robbers.
menjejakkan KATA KERJA
• **menjejakkan kaki** to set foot

jejaka KATA NAMA
young man (JAMAK **young men**)

Malay ~ English

jejambat → jelir

jejambat KATA NAMA
flyover

jejantas KATA NAMA
overhead bridge

jejari KATA NAMA
radius (JAMAK **radii**)
- **jejari ikan** fish fingers

jejas
menjejaskan KATA KERJA
1 *to tarnish*
◊ *Guru itu menasihatkan murid-muridnya supaya tidak menjejaskan nama baik sekolah.* The teacher urged the pupils not to tarnish the school's good name.
2 *to affect*
terjejas KATA KERJA
to be affected
◊ *Pelajaran Ani tidak terjejas walaupun dia membantu emaknya di gerai setiap hari.* Ani's studies were not affected even though she helped her mother at the stall every day. ◊ *Kesihatan William terjejas kerana dia terdedah kepada pencemaran udara.* William's health was affected because he was exposed to air pollution.

jek KATA NAMA
jack

jela
berjela-jela KATA KERJA
trailing
◊ *tali yang berjela-jela panjangnya* long, trailing rope

jelaga KATA NAMA
soot

jelajah KATA NAMA
exploration
- **mengadakan jelajah** to go on tour
menjelajah KATA KERJA
to explore
◊ *Dia mahu menjelajah ke seluruh dunia.* She wants to explore the whole world.
penjelajah KATA NAMA
explorer

jelak KATA ADJEKTIF
fed up
◊ *Dia sudah jelak duduk di rumah sepanjang hari.* She is fed up with sitting at home all day.

jelang
menjelang KATA HUBUNG
by
◊ *Syarikat itu akan membuka dua cawangan lagi menjelang tahun 2001.* The company will set up two more branches by the year 2001.
- **Musim perayaan menjelang tiba.** The festive season is approaching.

jelapang KATA NAMA
rice barn

- **jelapang padi** rice bowl

jelas KATA ADJEKTIF
clear
◊ *suara yang jelas* clear voice
◊ *Tulisan pelajar itu jelas.* The student's writing is clear.
menjelaskan KATA KERJA
1 *to explain*
◊ *Guru itu menjelaskan jawapan itu kepada pelajar-pelajarnya.* The teacher explained the answer to her students.
2 *to settle*
◊ *Dia perlu menjelaskan bilnya sebelum akhir bulan ini.* He has to settle his bill by the end of this month.
penjelasan KATA NAMA
1 *explanation*
◊ *Penjelasan Wendy meyakinkan pelajarnya.* Wendy's explanation convinced her students.
2 *settlement*
◊ *penjelasan hutang* debt settlement

jelata KATA NAMA
- **rakyat jelata** the people

jelepok
terjelepok KATA KERJA
to fall heavily
◊ *Dia jatuh terjelepok di atas lantai.* She fell heavily on the floor.

jeli KATA NAMA
jelly (JAMAK **jellies**)

jelik KATA ADJEKTIF
bad
◊ *sikap yang jelik* bad attitude
- **wajah yang jelik** ugly face
kejelikan KATA NAMA
bad
◊ *Kejelikan sikap Kamal membuat Jamilah berasa marah.* Kamal's bad attitude angered Jamilah.
menjelikkan KATA KERJA
to slander
◊ *Jangan menjelikkan orang lain.* Don't slander others.

jeling KATA NAMA *rujuk* **jelingan**
menjeling KATA KERJA
to give a sidelong look
◊ *Kasim menjeling guru yang sedang memarahinya.* Kasim gave a sidelong look at the teacher who was scolding him.
jelingan KATA NAMA
sidelong look

jelir
menjelirkan KATA KERJA
to stick out
◊ *Budak lelaki itu menjelirkan lidahnya ke arah kawannya.* The boy stuck his tongue out at his friend.

jelita → jenaka　　　　　　　　　　B. Melayu ~ B. Inggeris　754

terjelir KATA KERJA
to stick out
◊ *Lidahnya terjelir.* His tongue stuck out.

jelita KATA ADJEKTIF
beautiful
kejelitaan KATA NAMA
beauty
◊ *Semua orang mengagumi kejelitaannya.* Everyone admired her beauty.

jelitawan KATA NAMA
beautiful woman

jelma
menjelma KATA KERJA
to transform
◊ *Ahli sihir itu menjelma sebagai seekor ular.* The witch transformed herself into a snake.
penjelmaan KATA NAMA
incarnation
◊ *Dia merupakan penjelmaan sebenar kejahatan.* She was the very incarnation of evil.

jelma semula
menjelma semula KATA KERJA
to reincarnate
◊ *Mereka percaya bahawa mereka akan menjelma semula selepas mereka mati.* They believe that they will be reincarnated after they die.
penjelmaan semula KATA NAMA
reincarnation
◊ *Banyak puak Afrika percaya pada penjelmaan semula.* Many African tribes believe in reincarnation.

jelujur KATA NAMA
tack
menjelujur KATA KERJA
to tack
◊ *Dia menjelujur lengan bajunya dengan benang putih.* She tacked her sleeve with white thread.

jelum
menjelum KATA KERJA
to sponge
◊ *Minah hanya menjelum badannya dengan air kerana dia demam.* Minah just sponged her body with water because she had a fever.

jem KATA NAMA
jam
berjem KATA KERJA
♦ **donat berjem** a jam doughnut

jemaah KATA NAMA
congregation
♦ **jemaah haji** pilgrims
♦ **jemaah menteri** the Cabinet

jemput PENJODOH BILANGAN
rujuk juga **jemput** KATA PERINTAH
big pinch
◊ *sejemput garam* a big pinch of salt
◊ *sejemput rempah* a big pinch of spice
♦ **sejemput nasi** a small handful of rice

jemput KATA PERINTAH
rujuk juga **jemput** PENJODOH BILANGAN
please
◊ *Jemputlah masuk.* Please come in.
menjemput KATA KERJA
to invite
◊ *Brenda menjemput gurunya ke majlis hari jadinya.* Brenda invited her teacher to her birthday party.
♦ *Samy pergi ke lapangan terbang untuk menjemput ibu bapanya.* Samy went to the airport to pick up his parents.
jemputan KATA NAMA
[1] *guest*
♦ **para jemputan** guests
[2] *invitation*
◊ *Kenny menolak jemputan kawannya kerana dia terlalu sibuk.* Kenny declined his friend's invitation because he was too busy.

jemu KATA ADJEKTIF
tired of
◊ *Norhayati sudah jemu makan di restoran itu.* Norhayati was tired of eating at the restaurant.
menjemukan KATA KERJA
to bore
◊ *Filem itu menjemukan saya.* The film bored me.

jemur
berjemur KATA KERJA
to sunbathe
◊ *Nita suka berjemur di pantai.* Nita likes to sunbathe on the beach.
menjemur KATA KERJA
to dry
◊ *Mariam menolong ibunya menjemur pakaian di luar rumah.* Mariam helped her mother to dry the clothes outside the house.
terjemur KATA KERJA
to be drying
◊ *Sudah dua hari kain itu terjemur di luar rumahnya.* The cloth has been drying outside the house for two days.

jenak
sejenak KATA ADJEKTIF
a moment
◊ *Melly merenungi wajahnya sejenak.* Melly stared at him for a moment.

jenaka KATA NAMA
joke
◊ *Kami ketawa mendengar jenaka Roy.*

We laughed at Roy's joke.
berjenaka KATA KERJA
to joke
◊ *Laura suka berjenaka.* Laura likes to joke.

jenama KATA NAMA
brand name
berjenama KATA KERJA
branded
◊ *barangan berjenama* branded goods
• *pakaian berjenama* designer clothes

jenayah KATA NAMA
crime
◊ *Polis berjaya mencegah jenayah di kawasan itu.* The police were successful in preventing crime in the area.
penjenayah KATA NAMA
criminal

jenazah KATA NAMA
(*untuk orang Islam*)
corpse
menjenazahkan KATA KERJA
to bury
◊ *Mereka akan menjenazahkan ketua mereka.* They will bury their leader.

jendela KATA NAMA
window

jeneral KATA NAMA
general

jengah
menjengah KATA KERJA
1 _to look out_
◊ *Amin menjengah ke luar tingkap.* Amin looked out of the window.
2 _to visit_
◊ *Norizan mahu menjengah ibu bapanya pada hujung minggu ini.* Norizan wants to visit her parents this weekend.

jengkel KATA ADJEKTIF
annoyed
◊ *Saya berasa jengkel dengan tangisan bayi itu.* I was annoyed by the baby's crying.
menjengkelkan KATA KERJA
to annoy
◊ *Sikap Sally menjengkelkan saya.* Sally's attitude annoys me.
• *Sungguh menjengkelkan!* How annoying!

jengket
berjengket, menjengket KATA KERJA
to tiptoe
◊ *Zurina berjengket keluar dari biliknya.* Zurina tiptoed out of her room.
• *Gina berjengket supaya dia kelihatan lebih tinggi.* Gina stood on tiptoe in order to look taller.

jengkit
menjengkit KATA KERJA

1 _to curl upwards_
◊ *Ekor kala jengking menjengkit.* The scorpion's tail curls upwards.
2 _to curl outwards_
◊ *Rambut Rosnah menjengkit.* Rosnah's hair curls outwards.
menjengkitkan KATA KERJA
to bend ... back
◊ *Joe boleh menjengkitkan jarinya.* Joe can bend his fingers back.

jenguk
menjenguk KATA KERJA
1 _to look_
◊ *Dia menjenguk ke luar tingkap apabila mendengar suara orang bercakap.* She looked out of the window when she heard people's voices.
2 _to visit_
◊ *Dia bercuti sehari untuk menjenguk ayahnya di kampung.* He took a day's leave to visit his father in the village.

jenis KATA NAMA
type
berjenis-jenis KATA KERJA
various types
◊ *Kedai itu menjual berjenis-jenis pakaian.* The shop sells various types of clothes.

jenjang KATA ADJEKTIF
> rujuk juga **jenjang** KATA NAMA

slender
◊ *leher jenjang* slender neck

jenjang KATA NAMA
> rujuk juga **jenjang** KATA ADJEKTIF

• *burung jenjang* crane

jentera KATA NAMA
machine
• *jentera pentadbiran* administrative machinery

jentik
menjentik KATA KERJA
to flick
◊ *Dia menjentik rokoknya ke luar tingkap.* He flicked his cigarette out of the window.

jentik-jentik KATA NAMA
mosquito larva

jentolak KATA NAMA
bulldozer

Jepun KATA NAMA
Japan
• *bahasa Jepun* Japanese
• *orang Jepun* Japanese

jera KATA ADJEKTIF
to dare not
◊ *Osman sudah jera bercakap dengan budak jahat itu.* Osman dare not speak to the bad boy again.
menjerakan KATA KERJA

jeram → jerumus

to deter
◊ *Kejadian itu menjerakan Nizam daripada mencuri.* The incident deterred Nizam from stealing.

jeram KATA NAMA
rapids

jerami KATA NAMA
straw

jerang
menjerang KATA KERJA
[1] *to boil*
◊ *Aini menjerang air untuk membancuh teh.* Aini boiled some water in order to make tea.
[2] *to cook*
◊ *Setiap petang Wahidah membantu emaknya menjerang nasi.* Every evening Wahidah helps her mother to cook rice.

jerat KATA NAMA
trap
◊ *memasang jerat* to set a trap
menjerat KATA KERJA
[1] *to snare*
◊ *Atan menjerat seekor arnab hari ini.* Atan snared a rabbit today.
[2] *to entrap*
◊ *Perempuan yang cantik itu menjerat jutawan itu.* The pretty woman entrapped the millionaire.
penjerat KATA NAMA
[1] *trapper* (orang)
[2] *snare* (alat)
terjerat KATA KERJA
to be tricked
◊ *Yusri terjerat dengan kata-kata kawannya.* Yusri was tricked by his friend's words.

jerawat KATA NAMA
pimple

jerebu KATA NAMA
haze

jerih KATA ADJEKTIF
exhausted
◊ *Hassan berasa jerih setelah bertani sehari suntuk.* Hassan felt exhausted after farming the whole day.
berjerih KATA KERJA
to work hard
◊ *Mahmud berehat setelah berjerih sepanjang hari.* Mahmud rested after working hard all day.
menjerihkan KATA KERJA
to exhaust
◊ *Kerja itu menjerihkan Pak Man.* The work exhausted Pak Man.
♦ **Niza tidak mampu membuat kerja yang menjerihkan kerana dia masih sakit.** Niza could not do strenuous work because she was still sick.

jeriji KATA NAMA
grill (pada pintu dan tingkap)

jerit KATA KERJA
to shout
◊ *"Tolong!" jerit Ali.* "Help!" shouted Ali.
menjerit KATA KERJA
[1] *to scream* (kerana sakit, takut)
[2] *to shout* (supaya kedengaran, kerana marah)
[3] *to cry*
◊ *Dia menjerit 'tidak' apabila mendengar berita itu.* He cried 'no' when he heard the news.
terjerit-jerit KATA KERJA
to scream
◊ *Anak lelaki Samad terjerit-jerit apabila terjatuh dari basikalnya.* Samad's son screamed when he fell off his bicycle.
jeritan KATA NAMA
[1] *scream* (kerana sakit, takut)
[2] *shout* (supaya kedengaran, kerana marah)

jerjak KATA NAMA
lattice

jerkah KATA NAMA
snarl
◊ *Jerkah Aaron menakutkan anak-anaknya.* Aaron's snarl frightened his children.
menjerkah KATA KERJA
to snarl
◊ *Bobby menjerkah orang yang memijak kakinya.* Bobby snarled at the person who stepped on his foot.

jernih KATA ADJEKTIF
clear
◊ *air yang jernih* clear water
menjernihkan KATA KERJA
to purify
◊ *Kami akan menjernihkan air itu sebelum menggunakannya.* We will purify the water before using it.
♦ **menjernihkan suasana** to calm the situation
kejernihan KATA NAMA
clearness
◊ *Kejernihan air tasik itu memukau pandangan kami.* We were enchanted by the clearness of the lake.

jersi KATA NAMA
jersey

jeruk KATA NAMA
pickles
menjeruk KATA KERJA
to pickle
◊ *Narimah menjeruk buah-buahan itu.* Narimah pickled the fruits.

jerumus
menjerumuskan KATA KERJA

jerung → jinak

to lure
◊ Pemuda itu menggunakan kata-kata manisnya untuk menjerumuskan Ida ke lembah maksiat. The man used sweet words to lure Ida into vice.
terjerumus KATA KERJA
to fall
◊ Joyce terjerumus ke dalam lubang. Joyce fell into the hole. ◊ Mujurlah Amy tidak terjerumus ke dalam kancah maksiat. Luckily Amy didn't fall into vice.

jerung KATA NAMA
shark

jerut
menjerut KATA KERJA
1 *to tie up*
◊ Wahab menjerut buluh yang dipungut oleh bapanya. Wahab tied up the bamboo which had been collected by his father.
2 *to strangle*
◊ Pencuri itu cuba menjerut leher polis itu. The thief tried to strangle the policeman.

jet KATA NAMA
jet

jeti KATA NAMA
jetty (JAMAK **jetties**)

jidar KATA NAMA
margin
♦ **garisan jidar** margin

jihad KATA NAMA
holy war
berjihad KATA KERJA
to fight a crusade
◊ Mereka berjihad menghapuskan pemerintah yang kejam itu. They fought a crusade to destroy the wicked ruler.

jijik KATA ADJEKTIF
disgusted
◊ Nancy berasa jijik melihat pengemis yang kotor itu. Nancy felt disgusted when she saw the dirty beggar.
menjijikkan KATA KERJA
to disgust
◊ Tabiat-tabiat buruk Raj menjijikkan kami. Raj's bad habits disgusted us.
♦ **Sungguh menjijikkan!** That's disgusting!

jika KATA HUBUNG
if
◊ Jika anda hendak pergi, saya akan membeli sekeping tiket lagi. If you are going, I'll buy another ticket.
♦ **jika tidak** otherwise

jikalau KATA HUBUNG
if
◊ Jikalau anda hendak pergi, saya akan membeli sekeping tiket lagi. If you are going, I'll buy another ticket.

jilat
menjilat KATA KERJA
1 *to lick up*
◊ Anjing itu sedang menjilat air. The dog is licking up the water.
2 *to lick*
◊ Anjing itu cuba menjilat tangan saya. The dog tried to lick my hand.
♦ **Rumah-rumah itu habis dijilat api.** The houses have been engulfed by flames.

jilid KATA NAMA
volume
◊ Faridah telah membeli jilid ketiga ensiklopedia itu. Faridah has bought the third volume of the encyclopaedia.
menjilid KATA KERJA
to bind (buku, fail)
♦ **perniagaan menjilid buku** a book-binding business
penjilidan KATA NAMA
binding
◊ Kerja penjilidan kamus-kamus itu telah siap. The binding of the dictionaries has been done.

jimat KATA ADJEKTIF
thrifty
berjimat KATA KERJA
to be thrifty
◊ Andy terpaksa berjimat apabila keluarganya menghadapi masalah kewangan. Andy had to be thrifty when his family faced financial difficulties.
♦ **berjimat cermat** to be thrifty
menjimatkan KATA KERJA
to save
◊ Amand menjimatkan wang untuk membayar yuran pengajiannya. Amand saved money to pay his fees.
◊ Perabot-perabot Irene disusun sebegitu rupa untuk menjimatkan ruang. Irene's furniture is arranged so as to save space.
penjimatan KATA NAMA
conservation
◊ projek-projek yang bertujuan untuk menggalakkan penjimatan tenaga projects aimed at promoting energy conservation
♦ **kempen penjimatan elektrik** electricity-saving campaign
♦ **Penjimatan air dan elektrik ialah amalan yang baik.** Conserving water and electricity is a good practice.

jin KATA NAMA
spirit

jinak KATA ADJEKTIF
tame
◊ seekor burung yang jinak a tame bird
berjinak-jinak KATA KERJA
1 *to get close to*

◊ Wendy ingin berjinak-jinak dengan kawan-kawannya yang kaya. Wendy wanted to get close to her rich friends.
[2] *to familiarize*
◊ Henry berjinak-jinak dalam perniagaan bapanya. Henry is familiarizing himself with his father's business.

menjinakkan KATA KERJA
to tame
◊ Joshua berjaya menjinakkan singa yang garang itu. Joshua succeeded in taming the fierce lion.

penjinakan KATA NAMA
taming
◊ penjinakan binatang the taming of animals

jingga KATA ADJEKTIF
orange

jinjing
menjinjing KATA KERJA
to carry ... in one's hand
+ Guna menjinjing satu beg plastik yang penuh dengan buah-buahan. Guna carried a plastic bag full of fruit.

jintan KATA NAMA
cumin

jip KATA NAMA
jeep

jiran KATA NAMA
neighbour
berjiran KATA KERJA
to live near
◊ Badrul berjiran dengan Kamal. Badrul lives near Kamal.
kejiranan KATA NAMA
+ kawasan kejiranan neighbourhood
+ semangat kejiranan neighbourly spirit

jirat KATA NAMA
(*untuk orang bukan Islam*)
grave

jirim KATA NAMA
matter

jirus
menjirus KATA KERJA
to water
◊ Jiran Azizah menolongnya menjirus pokok-pokok bunga. Azizah's neighbour helped her to water the flowers.

jisim KATA NAMA
mass

jitu KATA ADJEKTIF
accurate
◊ ukuran yang jitu accurate measurements
kejituan KATA NAMA
accuracy
◊ Rashid akan memeriksa kejituan pengiraan itu. Rashid will check the accuracy of the calculation.

jiwa KATA NAMA
[1] *life*
◊ Isteri saya ialah jiwa saya. My wife is my life.
[2] *spirit*
◊ jiwa yang membara fiery spirit
+ jiwa raga body and soul
+ penyakit jiwa mental illness
berjiwa KATA KERJA
to be ... in spirit
◊ Dia berjiwa seni. She is artistic in spirit.
+ Karya-karya Jamilah jelas menunjukkan dia berjiwa kesusasteraan. Jamilah's works clearly show that she has a literary spirit.
+ berjiwa penjajah to have a colonial mentality
sejiwa KATA ADJEKTIF
+ sehati sejiwa in complete accord
◊ Mereka berdua memang sehati sejiwa. They are in complete accord with each other.

jodoh KATA NAMA
life partner
+ Jika Ken dan Lynn ada jodoh, mereka pasti dapat berkahwin. If Ken and Lynn are destined to be together, they are sure to get married.
menjodohkan KATA KERJA
to marry
◊ Wahab menjodohkan anak perempuannya dengan anak lelaki jirannya. Wahab married his daughter to his neighbour's son.

joging KATA NAMA
jogging
berjoging KATA KERJA
to jog
◊ Saya bangun awal untuk pergi berjoging. I got up early to go jogging.

johan KATA NAMA
winner
◊ Zahizan ialah johan pertandingan melukis itu. Zahizan is the winner of the drawing competition.
kejohanan KATA NAMA
championship
◊ Wen Loong menyertai kejohanan catur itu. Wen Loong participated in the chess championship.

Johor KATA NAMA
Johore

joki KATA NAMA
jockey

joli
berjoli KATA KERJA
to enjoy oneself
◊ Anak lelaki jutawan itu tidak ada

kerja lain selain daripada berjoli. The millionaire's son does nothing but enjoy himself.

jolok
  menjolok KATA KERJA
  to dislodge
  ◊ *Faizal mengambil galah untuk menjolok buah mangga di atas pokok itu.* Faizal used a pole to dislodge the mango from the tree.
• **pakaian yang menjolok mata** revealing clothes

jongang KATA ADJEKTIF
  projecting
  ◊ *Giginya jongang.* He has projecting teeth.
• **gigi jongang** projecting teeth

jongkang-jongket KATA NAMA
  seesaw

jongket
  menjongket, terjongket KATA KERJA
  to tilt
  ◊ *Bot itu terjongket lalu tenggelam.* The boat tilted and sank.

jongkong KATA NAMA
  ingot
  ◊ *jongkong emas* gold ingots

joran KATA NAMA
  fishing rod

jua KATA PENEGAS
  jua biasanya tidak diterjemahkan ke dalam bahasa Inggeris.
  ◊ *Ken akan mencari Lynn di mana jua dia berada.* Ken will look for Lynn wherever she is.

juadah KATA NAMA
  cakes (terjemahan umum)

jual KATA KERJA
  to sell
  ◊ *Jangan jual kereta ini.* Don't sell this car.
  menjual KATA KERJA
  to sell
  ◊ *Samadi menjual ikan di pasar.* Samadi sells fish in the market.
  penjual KATA NAMA
  seller
  penjualan KATA NAMA
  sale
  ◊ *Usaha dijalankan untuk mengehadkan penjualan alkohol.* Efforts were made to limit the sale of alcohol.
  terjual KATA KERJA
  sold
• **habis terjual** sold out ◊ *Makanan di gerai itu habis terjual pada waktu petang.* The food at the stall was sold out in the evening.
  jualan KATA NAMA

  goods for sale
• **jualan lambak** jumble sale
• **jualan murah** sale

jual beli KATA NAMA
  trade
  berjual beli KATA KERJA
  to trade
  ◊ *John telah berjual beli perabot antik selama 25 tahun.* John has been trading in antique furniture for 25 years.

juang
  berjuang KATA KERJA
  to fight
  ◊ *Mereka berjuang untuk menghapuskan pemerintahan diktator itu.* They are fighting to end the dictatorship.
  memperjuangkan KATA KERJA
  to fight
  ◊ *Penyelia itu memperjuangkan hak-hak pekerjanya.* The supervisor fought for the rights of his workers.
  pejuang KATA NAMA
  fighter
  ◊ *pejuang kemerdekaan* fighter for independence
  perjuangan KATA NAMA
  struggle
  ◊ *Perjuangan pekerja untuk mendapatkan hak-hak mereka telah berjaya.* The workers' struggle to achieve their rights has succeeded.
  seperjuangan KATA ADJEKTIF
• **rakan seperjuangan** comrade

juara KATA NAMA
  champion
  ◊ *Draven Tan ialah juara pertandingan catur tahun ini.* Draven Tan was the champion in this year's chess championship.
• **juara bertahan** defending champion
  kejuaraan KATA NAMA
  championship
  ◊ *Kenneth memenangi kejuaraan badminton sekolahnya.* Kenneth won his school badminton championship.
  menjuarai KATA KERJA
  to win
  ◊ *Pasukan Keat menjuarai pertandingan bola keranjang itu.* Keat's team won the basketball competition.

jubah KATA NAMA
  robe

jubin KATA NAMA
  tiles
  berjubin KATA KERJA
  -tiled
  ◊ *bilik yang kecil dan berjubin putih* a narrow white-tiled room

jubli KATA NAMA

judi → jumlah

jubilee
◊ *jubli emas* golden jubilee

judi KATA NAMA
gambling
berjudi KATA KERJA
to gamble
◊ *Anak dan isteri Bobby meninggalkannya kerana dia suka berjudi.* Bobby's wife and kids left him because he was always gambling.
menjudikan KATA KERJA
to gamble
◊ *Vincent sedih kerana adik lelakinya telah menjudikan semua wangnya.* Vincent was sad because his brother had gambled all his money away.
penjudi KATA NAMA
gambler
perjudian KATA NAMA
gambling
◊ *Perjudian adalah haram di sisi agama Islam.* Gambling is forbidden in Islam.

judo KATA NAMA
judo

judul KATA NAMA
title
◊ *Saya telah lupa judul buku itu.* I have forgotten the title of the book.
berjudul KATA KERJA
entitled
◊ *Saya membeli sebuah buku yang berjudul 'Little Women'.* I bought a book entitled 'Little Women'.

juga KATA PENEGAS
1 *also*
◊ *Yusri juga pergi ke perpustakaan kelmarin.* Yusri also went to the library yesterday.
2 *quite*
◊ *Rumahnya jauh juga dari pejabat.* Her house is quite far from the office.
♦ **Walaupun Emma telah dimarahi, dia masih juga mengulangi kesilapannya.** Even though Emma has been told off, she still repeats her mistakes.

jujuk
berjujukan KATA KERJA
in rows
◊ *Rumah-rumah itu dibina berjujukan.* The houses are built in rows.

jujur KATA ADJEKTIF
honest
♦ **tidak jujur** dishonest
kejujuran KATA NAMA
honesty
◊ *Guru itu memuji kejujuran Norizan.* The teacher praised Norizan's honesty.

Julai KATA NAMA
July
◊ *pada 5 Julai* on 5 July
♦ **pada bulan Julai** in July

julang
menjulang KATA KERJA
to carry ... on one's shoulders
◊ *Budak lelaki itu menyuruh bapanya menjulangnya.* The boy asked his father to carry him on his shoulders.
♦ **Kawan-kawan Weng Kei menjulangnya selepas dia menjaringkan gol itu.** Weng Kei's friends lifted him shoulder-high after he scored the goal.
♦ **Malaysia berjaya menjulang Piala Thomas pada tahun 1992.** Malaysia won the Thomas Cup in 1992.

julat KATA NAMA
range
◊ *julat harga* the price range

juling KATA ADJEKTIF
to have a squint

julukan KATA NAMA
nickname
♦ **nama julukan** nickname

julung KATA ADJEKTIF
first
◊ *Wen Loong ialah orang yang julung kali mewakili sekolah dalam pertandingan catur peringkat negeri.* Wen Loong was the first person to represent his school in the state chess championship.
♦ **julung-julung kali** the first time
◊ *Perlawanan ini julung-julung kali diadakan.* This is the first time that the match has been held.

julur
menjulur KATA KERJA
to stick ... out
◊ *Sammy menjulur keluar lidahnya untuk mengejek kawannya.* Sammy stuck his tongue out to tease his friend.
menjulurkan KATA KERJA
to stick ... out
◊ *Kanak-kanak itu menjulurkan kepala mereka ke luar tingkap.* The children stuck their heads out of the window.

Jumaat KATA NAMA
Friday
◊ *pada hari Jumaat* on Friday

jumlah KATA NAMA
total
◊ *Jumlah pelajar di sekolah itu telah meningkat.* The total number of students in the school has increased.
berjumlah KATA KERJA
to amount to
◊ *Yuran Wendy berjumlah RM700.* Wendy's fees amounted to RM700.
menjumlahkan KATA KERJA
to total up

◊ *Nancy menjumlahkan perbelanjaannya.* Nancy totalled up her expenses.
sejumlah KATA ADJEKTIF
a sum
◊ *Carrie telah memenangi sejumlah wang yang banyak.* Carrie has won a large sum of money.

jumpa KATA KERJA
to meet
♦ **Jumpa lagi nanti.** See you later.
berjumpa KATA KERJA
to meet
◊ *Lily berjumpa kawan lamanya kelmarin.* Lily met her old friend yesterday.
menjumpai KATA KERJA
1 *to meet*
◊ *Billy akan menjumpai kawannya di restoran itu.* Billy will meet his friend in the restaurant.
2 *to find*
◊ *Polis menjumpai mayat itu di dalam hutan.* The police found the dead body in the jungle.
perjumpaan KATA NAMA
meeting
◊ *Perjumpaan pertama persatuan itu akan diadakan pada hari Selasa.* The society's first meeting will be held on Tuesday.
terjumpa KATA KERJA
to come across
◊ *Mereka terjumpa seorang budak yang sedang menangis.* They came across a child who was crying.

Jun KATA NAMA
June
◊ *pada 5 Jun* on 5 June
♦ **pada bulan Jun** in June

junam KATA ADJEKTIF
♦ **papan junam** diving board
menjunam KATA KERJA
1 *to dive*
◊ *Salim menjunam ke dalam sungai.* Salim dived into the river.
2 *to plunge*
◊ *Saya terlihat sebuah kereta menjunam ke dalam gaung.* I saw a car plunge into a ravine.
menjunamkan KATA KERJA
to plunge
♦ **Dia cuba membunuh diri dengan menjunamkan keretanya ke dalam gaung.** He tried to kill himself by driving his car into the ravine.
terjunam KATA KERJA
to dive
◊ *Kereta itu terjunam ke dalam gaung.* The car dived into the ravine.

junjung
menjunjung KATA KERJA
to carry ... on one's head
♦ **Hang Tuah menjunjung segala perintah raja.** Hang Tuah obeyed all the king's orders.

juntai
berjuntai KATA KERJA
to dangle
◊ *Lampu-lampu berjuntai dari siling.* Lights were dangling from the ceiling.
menjuntaikan KATA KERJA
to dangle
◊ *Budak lelaki itu duduk di atas meja sambil menjuntaikan kakinya.* The boy was sitting on the table and letting his legs dangle.

jurai KATA NAMA
strip
◊ *Benda ini diperbuat daripada jurai-jurai kain yang dianyam.* It is made of strips of fabric plaited together.
berjurai-jurai KATA KERJA
to dangle
◊ *Buah mangga berjurai-jurai di atas pokok.* Mangoes are dangling from the tree.
berjuraian KATA KERJA
to drip
◊ *Peluh Lou berjuraian selepas perlawanan itu.* Lou was dripping with sweat after the match.

jurang KATA NAMA
1 *ravine*
2 *gap*
◊ *jurang umur* age gap

juri KATA NAMA
jury (JAMAK **juries**)

jurnal KATA NAMA
journal

juru KATA NAMA
expert

juruacara KATA NAMA
compere

juruanalisis KATA NAMA
analyst

juruaudit KATA NAMA
auditor

jurubahasa KATA NAMA
interpreter

jurubank KATA NAMA
banker

jurubina KATA NAMA
architect

jurucakap KATA NAMA
spokesman (JAMAK **spokesmen**)

juruelektrik KATA NAMA
electrician

jurugambar KATA NAMA
photographer

juruhebah KATA NAMA
broadcaster

jurujual KATA NAMA
salesman (JAMAK **salesmen**)

jurukamera KATA NAMA
cameraman (JAMAK **cameramen**)

jurulatih KATA NAMA
coach (JAMAK **coaches**)

jurumudi KATA NAMA
helmsman (JAMAK **helmsmen**)

jururawat KATA NAMA
nurse
♦ **ketua jururawat** matron

jurus (1)
 sejurus KATA ADJEKTIF
 a moment
 ◊ *Penny beredar dari tempatnya sejurus kemudian.* Penny left her place a moment later.

jurus (2)
 berjurus-jurus KATA KERJA
 continuously
 ◊ *Benny bercakap berjurus-jurus selama dua jam.* Benny talked continuously for two hours.
 menjurus KATA KERJA
 to centre on
 ◊ *Perbincangan mereka menjurus kepada isu kewangan.* Their discussion centred on financial issues.
 jurusan KATA NAMA
♦ **'jurusan sains'** 'science stream'
  Konsep ini tidak digunakan di negara Britain.
♦ **mengambil mata pelajaran jurusan sains** to take science subjects

jurusawat KATA NAMA
mechanic

juruselam KATA NAMA
diver

jurusolek KATA NAMA
make-up artist

jurutaip KATA NAMA
typist

juruteknik KATA NAMA
technician

jurutera KATA NAMA
engineer
 kejuruteraan KATA NAMA
 engineering
 ◊ *kejuruteraan genetik* genetic engineering

juruterbang KATA NAMA
pilot

jurutrengkas KATA NAMA
stenographer

juruukur KATA NAMA
surveyor

juruwang KATA NAMA
cashier

jus KATA NAMA
juice
◊ *jus epal* apple juice

justeru KATA HUBUNG
in fact
◊ *Saya tidak pernah membencinya, justeru saya amat menyanjunginya.* I've never hated him, in fact I really respect him.
♦ **justeru itu** so ◊ *Permintaan terhadap getah telah meningkat, justeru itu harga getah turut naik.* The demand for rubber increased, so the price of rubber went up.

juta KATA BILANGAN
million
 berjuta-juta KATA BILANGAN
 millions
 ◊ *Projek itu menelan belanja berjuta-juta ringgit.* The project cost millions of ringgits.
 jutaan KATA BILANGAN
 millions
 ◊ *Orang kaya itu menderma jutaan ringgit kepada tabung itu.* The rich man donated millions of ringgits to the fund.

jutawan KATA NAMA
millionaire

juvenil KATA NAMA
juvenile
◊ *jenayah juvenil* juvenile crime

juzuk KATA NAMA
section

K

kabel KATA NAMA
cable
◊ **kabel televisyen** television cable

kabilah KATA NAMA
tribe
◊ **kabilah Bani an-Najjar** the Bani an-Najjar tribe

kabin KATA NAMA
cabin

kabinet (1) KATA NAMA
Cabinet
◊ *mesyuarat kabinet selama tiga jam* a three-hour Cabinet meeting

kabinet (2) KATA NAMA
cabinet
◊ **kabinet ubat** medicine cabinet

kabul KATA KERJA **rujuk terkabul**
mengabulkan KATA KERJA
to fulfil
◊ *Bapa Iqbal akan mencuba sedaya upaya untuk mengabulkan permintaan terakhir anaknya itu.* Iqbal's father will try his best to fulfil his son's final wish.
terkabul KATA KERJA
to be fulfilled
◊ *Semua permintaan Cathy telah terkabul.* All Cathy's wishes were fulfilled.

kabung KATA NAMA
headband for mourning
berkabung KATA KERJA
to be in mourning
◊ *Kelmarin, seluruh rakyat Greece berkabung.* Yesterday the whole of Greece was in mourning.
perkabungan KATA NAMA
mourning
◊ *tempoh perkabungan* mourning period

kabur KATA ADJEKTIF
1 *blurred*
◊ *penglihatan yang kabur* blurred vision
2 *faint*
◊ *Saya dapat melihat garis-garis kabur pada wajahnya.* I could see faint lines on her face.
3 *vague*
◊ *Penjelasannya agak kabur.* His explanation was pretty vague.
mengaburi KATA KERJA
to cloud
◊ *Mungkin kemarahan telah mengaburi pandangannya.* Perhaps anger had clouded his vision.
♦ **Wang ringgit tidak dapat mengaburi mata kami.** We can't be bought.
mengaburkan KATA KERJA
♦ **mengaburkan mata** to deceive
◊ *Dia berpura-pura baik dengan ayah saya hanya untuk mengaburkan mata saya.* He pretended to be nice to my father just to deceive me.

kekaburan KATA NAMA
vagueness
◊ *Terdapat banyak kekaburan dalam keterangan saksi itu.* There is a lot of vagueness in the witness's statement.
♦ **kekaburan mata** blurred vision

kabus KATA NAMA
mist
◊ *Penerbangan tersebut dibatalkan kerana kabus yang tebal.* The flight was cancelled due to thick mist.
berkabus KATA KERJA
misty
◊ *Udara di situ sejuk dan berkabus.* The air there was cold and misty.

kabut KATA NAMA
fog
◊ *Perlanggaran tersebut berlaku disebabkan kabut yang tebal.* The crash was caused by thick fog.
berkabut KATA KERJA
foggy
◊ *Keadaan agak berkabut sekarang.* It's quite foggy now.

kaca KATA NAMA
glass
♦ **kaca dua lapis** double glazing
♦ **kaca mata** glasses

kacak KATA ADJEKTIF
handsome

kacang KATA NAMA
1 *nut*
2 *bean*
◊ **kacang panjang** long bean
♦ **kacang hazel** hazelnut
♦ **kacang hijau** green bean
♦ **kacang kuda** chickpeas
♦ **kacang merah** red bean
♦ **kacang panggang** baked beans
♦ **kacang tanah** peanut
♦ **kacang walnut** walnut

kacau KATA ADJEKTIF
in disorder
◊ *Keadaan di dalam bilik kecemasan itu sungguh kacau.* The emergency room was in complete disorder.
kekacauan KATA NAMA
disturbance
◊ *Tiga orang lelaki cedera semasa kekacauan itu berlaku.* Three men were injured during the disturbance.
mengacau KATA KERJA
1 *to stir*
◊ *Ibu sedang mengacau sup.* Mother is stirring the soup.
2 *to pester*

◊ *Kevin suka mengacau kakaknya.* Kevin likes to pester his elder sister.
pengacau KATA NAMA
troublemaker

kacau-bilau KATA ADJEKTIF
chaotic
◊ *Keadaan di situ kacau-bilau.* The situation there was chaotic.
♦ **Pemberontakan itu menyebabkan negara itu kacau-bilau.** The rebellion threw the country into chaos.

kacip KATA NAMA
♦ **gigi kacip** incisors

kacuk
mengacukkan KATA KERJA
to graft
◊ *Mereka mengacukkan dua tumbuhan itu untuk mendapatkan buah yang lebih berkualiti.* They grafted the two plants together to obtain fruit of better quality.
kacukan KATA NAMA
1 *cross*
◊ *kacukan antara buah pear dengan buah epal* a cross between a pear and an apple
2 *mixed parentage*
◊ *gadis kacukan* a girl of mixed parentage

kad KATA NAMA
card
♦ **kad kredit** credit card
♦ **kad pengenalan** identity card
♦ **kad telefon** phone card
♦ **kad tunai** cash card
♦ **kad ucapan** greetings card

kadang-kadang KATA ADJEKTIF
sometimes
◊ *Kadang-kadang saya fikir dia tidak menyukai saya.* Sometimes I think he dislikes me.

kadangkala KATA ADJEKTIF
sometimes
◊ *Kadangkala dia kelihatan sangat letih.* Sometimes he looks very tired.

kadar KATA NAMA
rate
◊ **kadar pertukaran** exchange rate
berkadar KATA KERJA
proportionate
◊ *pertambahan gaji yang berkadar dengan pertumbuhan ekonomi* an increase in wages proportionate to the level of economic growth
sekadar KATA PENEGAS
just
◊ *Itu hanya sekadar satu cadangan.* It's just a suggestion.
♦ **Hulurkan bantuan sekadar yang anda mampu.** Help in any way you can.

kadbod KATA NAMA
cardboard

kadet KATA NAMA
cadet
◊ **kadet polis** police cadet

kadi KATA NAMA
judge who handles Islamic matters

kaedah KATA NAMA
method
◊ *kaedah-kaedah pengajaran yang baru* new teaching methods

kafe KATA NAMA
café
♦ **kafe siber** cybercafé

kafeina KATA NAMA
caffeine

kafeteria KATA NAMA
cafeteria
◊ *Kami akan makan tengah hari di kafeteria.* We're going to have lunch in the cafeteria.

kafilah KATA NAMA
caravan

kafir KATA NAMA
infidel (padanan terdekat)

kaget KATA ADJEKTIF
shocked
◊ *Heni kaget apabila jirannya pengsan secara tiba-tiba.* Heni was shocked when her neighbour suddenly fainted.

kagum KATA ADJEKTIF
impressed
◊ *Saya kagum dengan ucapannya.* I was impressed with his speech.
kekaguman KATA NAMA
admiration
◊ *Dia mengamati lukisan itu dengan penuh kekaguman.* He examined the painting with great admiration.
mengagumi KATA KERJA
to admire
◊ *Kami mengagumi kecantikan pemandangan di situ.* We admired the beautiful view there. ◊ *Saya mengagumi guru itu.* I admire that teacher.
mengagumkan KATA KERJA
to impress
◊ *Kecekapan Janet berjudo mengagumkan kawan-kawannya.* Janet's competence in judo impressed her friends.
♦ **kejayaan yang mengagumkan** an impressive achievement

kahak KATA NAMA
phlegm

kahwin
berkahwin KATA KERJA
to get married
◊ *Saya akan berkahwin pada tahun hadapan.* I am getting married next year.

- sudah berkahwin married
- berkahwin semula to remarry

mengahwini KATA KERJA
to marry
◊ *Gordon mengahwini Joyce hanya kerana kecantikannya.* Gordon only married Joyce for her looks.

mengahwinkan KATA KERJA
1 *to marry*
◊ *Paderi itulah yang mengahwinkan kami di London tiga puluh tahun lalu.* That is the priest who married us thirty years ago in London.
2 *to marry ... off*
◊ *Dia akan mengahwinkan anaknya dengan lelaki kaya itu.* He will marry his daughter off to the rich man.

perkahwinan KATA NAMA
1 *marriage*
◊ *Perkahwinan Daud hanya bertahan selama tiga tahun.* Daud's marriage lasted only three years.
2 *wedding*
◊ *hari perkahwinan* wedding day

kail KATA NAMA
fish hook
- mata kail fish hook
- batang kail fishing rod

mengail KATA KERJA
to fish
◊ *Mereka pergi mengail di tasik itu sejak awal pagi lagi.* They went to fish in the lake early in the morning.

pengail KATA NAMA
angler

kain KATA NAMA
cloth
- kain lampin nappy (JAMAK **nappies**)
- kain pembalut bandage
- kain penutup mata blindfold

kais
mengais KATA KERJA
to scratch
◊ *Ayam-ayam itu mengais tanah untuk mencari cacing.* The chickens scratched the ground for worms.

kait KATA KERJA
> rujuk juga **kait** KATA NAMA

to hook
berkait KATA KERJA
connected
◊ *Tekanan darah tinggi berkait rapat dengan penyakit jantung.* High blood pressure is closely connected to heart disease.

berkaitan KATA KERJA
connected
◊ *tajuk yang berkaitan dengan sejarah Malaysia* topics connected with Malaysian history

mengait KATA KERJA
1 *to hook*
◊ *Aman mengait buah mangga yang sudah masak itu dengan galah.* Aman hooked the ripe mangoes with a pole.
2 *to crochet*
◊ *Emak saya telah mengait beberapa helai baju.* My mother crocheted some blouses.

mengaitkan KATA KERJA
to link
◊ *Dia cuba mengaitkan dua perkara itu.* He tried to link the two matters.

pengait KATA NAMA
crochet hook

kaitan, perkaitan KATA NAMA
1 *relationship*
◊ *Mereka berdua tidak mempunyai sebarang perkaitan langsung.* The two do not have any direct relationship.
2 *connection*
◊ *kaitan antara kemiskinan dengan taraf hidup* the connection between poverty and standard of living
- Hal itu tidak ada kaitan dengan saya. That has nothing to do with me.

kait KATA NAMA
> rujuk juga **kait** KATA KERJA

hook
- jarum kait crochet hook

kajang KATA NAMA
> rujuk juga **kajang** PENJODOH BILANGAN

thatch
◊ *Penduduk kampung itu masih menggunakan kajang sebagai atap dan dinding rumah.* The villagers still use thatch to make roofs and walls for their houses.

kajang PENJODOH BILANGAN
> rujuk juga **kajang** KATA NAMA

large sheet
◊ *sekajang kertas* a large sheet of paper

kaji
mengaji KATA KERJA
1 *to learn to recite the Koran*
◊ *Budak-budak itu baru pulang dari mengaji.* The children have just come back from learning to recite the Koran.
2 *to study*
◊ *Zahir mengaji di sekolah itu.* Zahir studies at the school.

mengkaji KATA KERJA
1 *to analyse*
◊ *McCarthy disuruh mengkaji data tersebut.* McCarthy was asked to analyse the data.

kaji cuaca → kala

2 *to study*
◊ *mengkaji kelakuan orang utan* to study the behaviour of the orang utan
pengajian KATA NAMA
1 *learning to recite the Koran*
2 *studies*
◊ *Jan Wei telah menamatkan pengajiannya di universiti dua tahun yang lalu.* Jan Wei completed her studies at the university two years ago.
♦ **pengajian tinggi** higher education
pengkaji KATA NAMA
researcher
pengkajian KATA NAMA
research
◊ *pengkajian dan penilaian* research and evaluation
kajian KATA NAMA
research
◊ *kajian tentang kanser* cancer research
♦ **kajian semula** review
kaji cuaca KATA NAMA
meteorology
kaji purba KATA NAMA
archaeology
♦ **ahli kaji purba** archaeologist
kakak KATA NAMA
elder sister
♦ **kakak ipar** sister-in-law (JAMAK **sisters-in-law**)
kakaktua KATA NAMA
1 *cockatoo*
2 *pincers*
◊ *Mereka mencabut paku dengan kakaktua.* They pulled out the nail with a pair of pincers.
kakanda KATA NAMA
(*bahasa istana, persuratan*)
1 *elder brother* (lelaki)
2 *elder sister* (perempuan)

> **kakanda** *juga digunakan untuk merujuk kepada diri sendiri. Dalam keadaan ini,* **kakanda** *diterjemahkan dengan menggunakan kata ganti nama diri.*

◊ *Kakanda akan pulang pada bulan depan.* I'm coming home next month.
◊ *Tolong jemput kakanda di lapangan terbang.* Please pick me up at the airport.
◊ *Sampaikan salam kakanda kepada nenda.* Please give my greetings to grandmother.
kakap
pengakap KATA NAMA
scout
◊ *sepasukan pengakap* a troop of scouts
kaki KATA NAMA

> *rujuk juga* **kaki** PENJODOH BILANGAN

1 *leg*
2 *foot* (JAMAK **feet**)
3 *paw* (*pada kucing, anjing, dll*)
♦ **kaki bukit** the foot of a hill
♦ **kaki langit** horizon
♦ **kaki bola** football addict
♦ **kaki judi** gambler
♦ **kaki minum** alcoholic
♦ **kaki ponteng** truant
kaki PENJODOH BILANGAN

> *rujuk juga* **kaki** KATA NAMA
> **kaki** *tidak ada terjemahan dalam bahasa Inggeris.*

◊ *sekaki payung* an umbrella
◊ *sekaki bunga mawar* a rose
kaki ayam KATA ADJEKTIF
barefoot
◊ *berjalan kaki ayam* to walk barefoot
berkaki ayam KATA KERJA
barefoot
◊ *Kanak-kanak itu berkaki ayam.* The children were barefoot.
kakis
mengakis KATA KERJA
to corrode
◊ *Hujan asid memusnahkan tumbuhan dan mengakis bangunan.* Acid rain destroys trees and corrodes buildings.
terkakis KATA KERJA
to be corroded
◊ *Paip-paip itu terkakis.* The pipes were corroded.
kakisan KATA NAMA
corrosion
◊ *Zink digunakan untuk melindungi logam lain daripada kakisan.* Zinc is used to protect other metals from corrosion.
kakitangan KATA NAMA
staff
♦ **kakitangan awam** civil servant
kaku KATA ADJEKTIF
stiff
◊ *Lakonan pelajar itu sungguh kaku.* The student's acting was very stiff.
♦ **Lidahnya menjadi kaku apabila berhadapan dengan orang yang tidak dikenali.** She gets tongue-tied when she meets strangers.
kala KATA NAMA
time
◊ *dahulu kala* ancient times
♦ **ada kalanya** sometimes
♦ **kala depan** future tense
♦ **kala kini** present tense
berkala KATA KERJA
periodical
◊ *rawatan yang berkala daripada doktor* periodical visits by the doctor

kalah KATA ADJEKTIF
rujuk juga **kalah** KATA KERJA
losing
◊ *Pasukan yang kalah akan digugurkan daripada senarai.* The losing team will be dropped from the list.

mengalah KATA KERJA
to give in
◊ *Akhirnya Haris terpaksa mengalah apabila teman wanitanya merajuk.* In the end when his girlfriend sulked, Haris had to give in.

mengalahkan KATA KERJA
to defeat
◊ *Pasukan bola keranjang sekolah saya telah mengalahkan pasukan mereka.* My school's basketball team defeated their team.

kekalahan KATA NAMA
defeat
◊ *Samy tidak dapat menerima kekalahannya kepada pemain baru itu.* Samy couldn't accept his defeat by the new player.

kalah KATA KERJA
rujuk juga **kalah** KATA ADJEKTIF
to lose
◊ *Pasukan itu kalah teruk dalam Piala Malaysia.* The team lost badly in the Malaysia Cup.

♦ **mengaku kalah** to give up

kala jengking KATA NAMA
scorpion

kalang
kalangan KATA NAMA
♦ **di kalangan** among

kalau KATA HUBUNG
if
◊ *Dia sangat sedih kalau saya memarahinya.* She gets very upset if I scold her.

♦ **Kalau begitu, saya akan benarkan anda pergi.** If that is the case, I'll allow you to go.

♦ **Kalaulah anda beritahu saya awal-awal lagi, ...** If only you had told me from the very beginning, ...

kalau-kalau KATA PENEGAS
just in case
◊ *Kemaskan barang kamu kalau-kalau teksi datang awal.* Pack your things just in case the taxi arrives early.

kalaupun KATA HUBUNG
even though
◊ *Dia menerima keputusan pilihan raya tersebut kalaupun itu bermakna kekalahan partinya.* He accepted the election results, even though it meant defeat for his party.

kalbu KATA NAMA
heart
◊ *Perasaan itu lahir dari kalbu saya.* The feeling comes from my heart.

kalendar KATA NAMA
calendar

kali KATA NAMA
times
◊ *Tugas Nancy ialah menghidangkan teh empat kali sehari.* Nancy's job is to serve tea four times a day.

♦ **Pastikan anda menutup tingkap setiap kali anda keluar.** Make sure you close the windows whenever you go out.
♦ **dua kali** twice
♦ **tiga kali** three times

berkali-kali KATA KERJA
repeatedly
◊ *Sarah sudah berkali-kali melakukan kesilapan yang sama.* Sarah has repeatedly made the same mistakes.

pekali KATA NAMA
coefficient (matematik)

sekali KATA PENGUAT
[1] *so*
◊ *Dia kelihatan menarik sekali pada malam itu.* She looked so attractive that night.

[2] *together*
◊ *John datang sekali dengan Melinda.* John came together with Melinda.

♦ **Serahkan semua buku itu sekali.** Hand all the books in at the same time.
♦ **Dia membawa anak-anaknya sekali ke majlis itu.** He brought his children along with him to the party.
♦ **Beli buku itu sekali jika anda pergi ke kedai.** If you go to the shop, buy me the book at the same time.

[3] *once*
◊ *sekali seminggu* once a week

♦ **sekali gus** at once ◊ *Anda tidak boleh melakukan dua perkara sekali gus.* You can't do two things at once.

sekali-kali KATA PENEGAS
ever
◊ *Jangan sekali-kali bermain di kuari itu.* Don't ever play at the quarry.

sekalipun KATA HUBUNG
rujuk juga **sekalipun** KATA PENEGAS
[1] *even though*
◊ *Larry terpaksa membeli cincin berlian untuk isterinya sekalipun harganya mahal.* Larry has to buy a diamond ring for his wife even though it is expensive.

[2] *even*
◊ *Dia tidak suka makan ubat, sekalipun dia sakit tenat.* She doesn't like to take medicine, even when she's very sick.

kaliber → kamu B. Melayu ~ B. Inggeris 768

sekalipun KATA PENEGAS
rujuk juga **sekalipun** KATA HUBUNG
- **dengan apa cara sekalipun** no matter how
- **jika ... sekalipun** even if ◊ *jika dia menangis sekalipun* even if she cries
- **walau apa yang terjadi sekalipun** no matter what happens

sekali-sekala KATA ADJEKTIF
occasionally
◊ *Dia akan pulang ke kampung halamannya sekali-sekala.* He goes back to his own village occasionally.

kalian KATA GANTI NAMA
you

sekalian KATA BILANGAN
all
◊ *anda sekalian* all of you
- **Hadirin sekalian tidak dibenarkan meninggalkan dewan sehingga upacara tamat.** You are not allowed to leave the hall until the ceremony ends.

kaliber KATA NAMA
calibre
◊ *Saya kagum dengan kaliber yang ditunjukkan oleh para penyelidik itu.* I was impressed with the calibre of the researchers.

berkaliber KATA KERJA
of calibre
◊ *pengurus yang sangat berkaliber* a manager of high calibre

kaligrafi KATA NAMA
calligraphy

kaliks KATA NAMA
calyx (JAMAK **calyxes**)

kalimantang KATA NAMA
- **lampu kalimantang** fluorescent lamp

kalimat KATA NAMA
sentence

kalis KATA ADJEKTIF
impervious
- **kalis air** waterproof
- **kalis peluru** bulletproof

kalkulator KATA NAMA
calculator

kalori KATA NAMA
calorie

kalung KATA NAMA
necklace

mengalungkan KATA KERJA
to present (*terjemahan umum*)
◊ *Menteri Belia dan Sukan mengalungkan pingat pada para atlit.* The Youth and Sports Minister presented the medals to the athletes.
- **Para atlit itu dikalungkan dengan bunga.** The athletes were garlanded with flowers.

kalungan KATA NAMA

- **kalungan bunga** garland

kamar KATA NAMA
room
◊ *kamar bacaan* study room
- **kamar hakim** judge's chambers

kambang
mengambang KATA KERJA
- **bulan mengambang** full moon

kambing KATA NAMA
goat
- **kambing biri-biri** sheep

kambuh KATA KERJA
to relapse
◊ *Pesakit itu kambuh dalam masa enam bulan.* The patient relapsed within six months.

kambus
mengambus KATA KERJA
to bury
◊ *Tupai-tupai itu mengambus kacang dalam tanah.* The squirrels bury nuts in the ground.

terkambus KATA KERJA
buried
◊ *Kereta itu terkambus akibat tanah runtuh.* The car was buried by the landslide.

kamera KATA NAMA
camera

kami KATA GANTI NAMA
1 *our*
◊ *Inilah rumah baru kami.* This is our new house.
2 *us*
◊ *Stephanie sedang mengambil minuman untuk kami.* Stephanie is getting us some drinks.
3 *we*
◊ *Kami akan pergi ke Australia esok.* We are leaving for Australia tomorrow.

kampit PENJODOH BILANGAN
sack
◊ *satu kampit beras* a sack of rice

kampung KATA NAMA
village
- **kampung halaman** own village
- **orang kampung** villagers

perkampungan KATA NAMA
village
◊ *perkampungan orang Portugis* Portuguese village

kampus KATA NAMA
campus (JAMAK **campuses**)
- **luar kampus** off campus

kamu KATA GANTI NAMA
1 *you*
◊ *Kamu harus menghadiri ceramah itu.* You have to attend the talk.
2 *your*

◊ *Bilik kamu sungguh kemas.* Your room is very tidy.

kamus KATA NAMA
dictionary (JAMAK **dictionaries**)
perkamusan KATA NAMA
lexicography
- **bidang perkamusan** lexicography

kanak-kanak KATA NAMA
child (JAMAK **children**)
◊ *Jangan bermain dengan kanak-kanak yang nakal itu.* Don't play with the naughty children.
- **pusat jagaan kanak-kanak** crèche
- **taman asuhan kanak-kanak** nursery
- **taman didikan kanak-kanak** kindergarten

kekanak-kanakan KATA ADJEKTIF
childish
◊ *kelakuan yang kekanak-kanakan* childish behaviour

kanan KATA ADJEKTIF
1 _right_
◊ *di sebelah kanan* on the right
◊ *ke kanan* to the right
2 _senior_
◊ *guru penolong kanan* senior assistant teacher ◊ *pegawai kanan* senior officer
- **langkah kanan** lucky

terkanan KATA ADJEKTIF
most senior
◊ *Tiga pegawai terkanan syarikat itu telah ditahan.* Three of the most senior officers of the company were detained.

kancil KATA NAMA
mouse deer

kancing KATA NAMA
fastener
◊ *kancing baju* the fastener of a dress
- **kancing gigi** tetanus

mengancingkan KATA KERJA
to fasten
◊ *Dia terlupa mengancingkan bajunya.* She forgot to fasten her dress.

kandang KATA NAMA
pen
◊ *kandang kambing biri-biri* sheep pen ◊ *kandang lembu* cattle pen
- **kandang khinzir** pigsty (JAMAK **pigsties**)
- **kandang kuda** stable
- **kandang saksi** witness box

kandar
mengandar KATA KERJA
to carry (terjemahan umum)
◊ *Halim terpaksa mengandar sayur dalam bakul ke pasar setiap hari.* Halim had to carry baskets of vegetables to the market every day.

kandas KATA KERJA
1 _to fail_
◊ *Mimi kandas dalam peperiksaannya.* Mimi failed her examination.
2 _to break down_
◊ *Keretanya kandas di jalan raya.* His car broke down on the road.
3 _to run aground_
◊ *Kapal itu terlanggar beting pasir lalu kandas.* The ship hit a sandbank and ran aground.

terkandas KATA KERJA rujuk **kandas**

kandung KATA NAMA
birth
◊ *emak kandung* birth mother

mengandung KATA KERJA
pregnant
◊ *Dia sudah mengandung tiga bulan.* She's three months pregnant.

mengandungi KATA KERJA
to contain
- **Bakul itu cuma mengandungi buah-buahan.** That basket has only got fruit in it.

mengandungkan KATA KERJA
to be pregnant with
◊ *Timah mengandungkan anaknya yang kedua sekarang.* Timah is pregnant with her second child now.

terkandung KATA KERJA
to be contained
◊ *Semua tugasan Samantha terkandung dalam buku itu.* All of Samantha's assignments are contained in that book.

kandungan KATA NAMA
1 _contents_
◊ *isi kandungan surat itu* the contents of the letter
2 _foetus_ (JAMAK **foetuses**)
◊ *Pengambilan alkohol boleh membahayakan kandungan.* Alcohol consumption may endanger the foetus.

kanggaru KATA NAMA
kangaroo (JAMAK **kangaroos**)

kangkang KATA NAMA
space between the legs when standing with legs apart
- **celah kangkang** space between the legs when standing with legs apart

mengangkang KATA KERJA
with one's legs apart
◊ *Dia berdiri mengangkang.* He is standing with his legs apart.

terkangkang KATA KERJA
with one's legs apart
◊ *Jangan duduk terkangkang!* Don't sit with your legs apart!
- **Jangan biarkan pintu itu terkangkang.** Don't leave the door wide open.

kangkung KATA NAMA
edible water-convolvulus

kanji KATA NAMA
1. *starch*
2. *porridge*

menganji KATA KERJA
to starch
◊ *Emak saya selalu menganji kain cadar selepas mencucinya.* My mother always starches the sheets after washing them.

kanopi KATA NAMA
canopy (JAMAK **canopies**)

kanser (1) KATA NAMA
cancer
◊ *Sembilan puluh peratus daripada kanser paru-paru disebabkan oleh merokok.* Ninety percent of lung cancers are caused by smoking.

Kanser (2) KATA NAMA
Cancer (bintang zodiak)

kanta KATA NAMA
lens (JAMAK **lenses**)
◊ *kanta cekung* concave lens
◊ *kanta cembung* convex lens
◊ *kanta lekap* contact lens
◊ *kanta sentuh* contact lens
• **kanta pembesar** magnifying glass (JAMAK **magnifying glasses**)

kantin KATA NAMA
canteen

kantuk
mengantuk KATA KERJA
to feel sleepy
◊ *Barry mengantuk semasa kelas sejarahnya.* Barry felt sleepy during his history class.

kantung KATA NAMA
1. *pocket*
2. *pouch* (JAMAK **pouches**)

kanun KATA NAMA
code of law
• **kanun jenayah** penal code
berkanun KATA KERJA
• **badan berkanun** statutory body
terkanun KATA KERJA
to be written
◊ *Akta itu terkanun dalam Perlembagaan negara.* The Act was written into the country's constitution.

kanvas KATA NAMA
canvas (JAMAK **canvases**)
• **kain kanvas** canvas

kanyon KATA NAMA
canyon

kapai
terkapai-kapai KATA KERJA
to struggle
◊ *Siva terkapai-kapai di dalam sungai sambil cuba menyelamatkan dirinya daripada lemas.* Siva is struggling in the river to save himself from drowning.

kapak KATA NAMA
axe
mengapak KATA KERJA
to chop
◊ *Jani sedang mengapak kayu.* Jani is chopping wood.

kapal KATA NAMA
ship
• **anak kapal** crew
• **kapal angkasa** spacecraft
• **kapal korek** tin dredger (*perlombongan*)
• **kapal minyak** oil tanker
• **kapal pelayaran** liner
• **kapal perang** battleship
• **kapal persiar** yacht
• **kapal selam** submarine
• **kapal tangki** tanker
• **kapal terbang** aeroplane
perkapalan KATA NAMA
shipping
◊ *syarikat perkapalan* shipping company

kapan KATA NAMA
shroud
mengapankan KATA KERJA
to wrap ... in a shroud
◊ *Kamal menolong Roslan mengapankan anaknya.* Kamal helped Roslan to wrap his son in a shroud.

kapar
berkaparan KATA KERJA
to be strewn about
◊ *Bangkai-bangkai berkaparan selepas banjir.* The flood left carcasses strewn about.
terkapar KATA KERJA
to sprawl
◊ *Penumpang kapal itu terkapar di tepi pantai.* The ship's passengers were sprawling on the beach.

kapas KATA NAMA
cotton

kapit
mengapit KATA KERJA
1. *to sandwich*
◊ *Mereka mengapit pasu itu dengan span supaya tidak tercalar.* They sandwiched the vase between two pieces of sponge so that it wouldn't get scratched.
2. *to escort*
◊ *Pengetua dan guru penolong kanan mengapit tetamu kehormat itu ke atas pentas.* The principal and the senior assistant teacher escorted the guest of honour on to the stage.

pengapit KATA NAMA
1. *best man* (lelaki)
2. *bridesmaid* (perempuan)

kapitalis KATA ADJEKTIF, KATA NAMA
capitalist

kapitalisme KATA NAMA
capitalism

Kaprikorn KATA NAMA
Capricorn (bintang zodiak)

kapsul KATA NAMA
capsule
◊ *kapsul minyak ikan kod* cod liver oil capsule

kapten KATA NAMA
captain

kapur KATA NAMA
chalk
- **kapur tulis** chalk
- **batu kapur** limestone

kara KATA ADJEKTIF
- **sebatang kara** all alone
- **udang kara** lobster

karam KATA KERJA
to sink
◊ *Kapal itu karam apabila dipukul ombak yang besar.* The ship sank after being hit by large waves.
mengaramkan KATA KERJA
to sink
◊ *Matlamat kami adalah untuk mengaramkan kapal musuh.* Our aim is to sink the enemy ships.

karang (1) KATA NAMA
- **batu karang** coral
- **penyakit karang** kidney stones ◊ *Dia menghidap penyakit karang sejak berusia 15 tahun.* He has suffered from kidney stones since he was 15.

karang (2)
mengarang KATA KERJA
1. *to arrange* (bunga)
2. *to compose* (lagu)
3. *to write* (puisi, buku)
pengarang KATA NAMA
1. *author* (buku)
2. *writer* (puisi)
karangan KATA NAMA
composition

karang (3) KATA ADJEKTIF
later
◊ *Karang saya akan berjumpa dengan anda.* I'll see you later. ◊ *malam karang* later tonight

karang (4)
pekarangan KATA NAMA
compound
◊ *pekarangan rumah* compound of a house

karat (1) KATA NAMA
rust
berkarat KATA KERJA
rusty
◊ *Paip besi itu telah berkarat.* The iron pipe has become rusty.

karat (2) KATA NAMA
carat
◊ *sebentuk cincin berlian lapan karat yang besar* a huge eight-carat diamond ring

karate KATA NAMA
karate

karbohidrat KATA NAMA
carbohydrate

karbonat KATA NAMA
carbonate
◊ *kalsium karbonat* calcium carbonate

karbon dioksida KATA NAMA
carbon dioxide

karbon monoksida KATA NAMA
carbon monoxide

kardigan KATA NAMA
cardigan

kargo KATA NAMA
cargo (JAMAK **cargoes**)
◊ *kapal terbang kargo* cargo planes

kari KATA NAMA
curry

karib KATA ADJEKTIF
close
◊ *hubungan karib* close relationship
- **sahabat karib** best friend

karies KATA NAMA
caries
◊ *karies gigi* dental caries

karisma KATA NAMA
charisma
◊ *Ahli politik itu tidak mempunyai karisma untuk mempengaruhi orang.* That politician lacks the charisma to influence anyone.
berkarisma KATA KERJA
charismatic
◊ *seorang yang berkarisma* a charismatic person

karismatik KATA ADJEKTIF
charismatic

karnival KATA NAMA
carnival

karnivor KATA NAMA
carnivore

karotena KATA NAMA
carotene

karton PENJODOH BILANGAN
carton
◊ *Dia membeli satu karton rokok.* He bought a carton of cigarettes.

kartrij KATA NAMA

kartun KATA NAMA
cartoon

kartunis KATA NAMA
cartoonist

karun KATA NAMA
- **harta karun** treasure

karung KATA NAMA
sack
◊ *Karung itu sangat berat.* The sack is very heavy.

karut KATA ADJEKTIF
nonsense
- **kepercayaan karut** superstitions
  mengarut KATA KERJA
  to talk nonsense
  ◊ *Jangan mengarut lagi!* Stop talking nonsense!
- **Mengarut!** Nonsense!

karya KATA NAMA
work
◊ *Itu satu hasil karya yang menarik.* That's a beautiful piece of work.
- **karya agung** masterpiece
- **petikan daripada karya Shakespeare** a Shakespeare quote
  pengkarya KATA NAMA
  1. *writer*
  2. *artist*

karyawan KATA NAMA
writer

kasa KATA NAMA
- **kain kasa** gauze
- **kasa dawai** wire mesh

kasar KATA ADJEKTIF
1. *coarse*
   ◊ *pasir kasar* coarse sand
2. *rough*
   ◊ *permukaan yang kasar* a rough surface ◊ *permainan yang kasar* a rough game
3. *gross*
   ◊ *pendapatan kasar* gross income
- **bahasa kasar** vulgarities
  berkasar KATA KERJA
  to be rude
  ◊ *Jangan berkasar dengan orang tua.* Don't be rude to elderly people.
  mengasari KATA KERJA
  to treat ... roughly
  ◊ *Dia melarang Kamal mengasari adik perempuannya.* She told Kamal not to treat his sister roughly.
  kekasaran KATA NAMA
  1. *roughness*
  ◊ *Dia menyesali kekasarannya.* He regretted his roughness.
  2. *rudeness*
  ◊ *Kekasaran Kalai menyakitkan hati ibunya.* Kalai's rudeness hurt her mother.

kaset KATA NAMA
cassette

kasih (1) KATA ADJEKTIF
> rujuk juga **kasih** KATA NAMA

to love
◊ *Dia sangat kasih akan ibunya.* She loves her mother very much.
- **terima kasih** thank you
  berkasih-kasihan KATA KERJA
  to be in love
  ◊ *Mereka telah berkasih-kasihan sejak belajar di universiti.* They have been in love from the time they were at university.
  kekasih KATA NAMA
  lover
  mengasihi KATA KERJA
  to love
  ◊ *Dia mengasihi anak-anaknya dengan sepenuh hati.* She loved her children with all her heart.
- **Jessica yang dikasihi,** Dear Jessica,
  pengasih KATA ADJEKTIF
  loving
  ◊ *seorang yang pengasih* a loving person

kasih KATA NAMA
> rujuk juga **kasih** KATA ADJEKTIF

love
◊ *kasih ibu* mother's love

kasih (2)
kasihan KATA ADJEKTIF
to sympathize with
◊ *Saya kasihan melihat ayah anda yang terpaksa bekerja walaupun sudah tua.* I sympathize with your father who has to work even though he's old.
- **Kasihan!** You poor thing!
  mengasihani KATA KERJA
  to sympathize with
  ◊ *Dia tidak mahu mengasihani kawan yang telah mengkhianatinya.* He refused to sympathize with his friend who had betrayed him.

kasih sayang KATA NAMA
love
◊ *kasih sayang seorang ibu yang tidak akan terlerai* the undying love of a mother

kasino KATA NAMA
casino (JAMAK **casinos**)

kasta KATA NAMA
caste

kastam KATA NAMA
customs

kastard KATA NAMA
custard

kasual KATA ADJEKTIF
casual
◊ *pakaian kasual* casual wear

kasut KATA NAMA
shoe
◊ *sepasang kasut* a pair of shoes
- **tidak memakai kasut** barefoot
- **pengilat kasut** shoe polish
- **kasut balet** ballet shoes
- **kasut bertumit tinggi** high-heeled shoes
- **kasut but** boots
- **kasut but getah** wellingtons
- **kasut luncur ais** skates
- **kasut roda** roller skates
- **kasut sukan** trainers

kata KATA KERJA

> *rujuk juga* **kata** KATA NAMA

to say
◊ *"Jangan pergi ke situ," kata Samad.* "Don't go there," said Samad.

berkata KATA KERJA
to say
◊ *Farid berkata bahawa dia sangat letih.* Farid said that he was very tired.

memperkatakan KATA KERJA
to say
◊ *Perkara yang diperkatakannya benar belaka.* What he said was entirely true.

mengata KATA KERJA
to speak ill of
◊ *Jangan mengata sesiapa pun.* Don't speak ill of people.

mengatakan KATA KERJA

1 *to say*
◊ *Jamal mengatakan bahawa dia hendak membeli sebuah komputer baru.* Jamal said that he wanted to buy a new computer.

2 *to claim*
◊ *Dia mengatakan bahawa dia yang menjumpai wang itu.* She claimed that it was she who found the money.

perkataan KATA NAMA
word

sekata KATA ADJEKTIF

> *rujuk juga* **sekata** KATA KERJA

constant
◊ *pada kelajuan yang sekata* at a constant speed

sekata KATA KERJA

> *rujuk juga* **sekata** KATA ADJEKTIF

to agree with each other
◊ *Mereka sekata dalam mesyuarat itu.* They agreed with each other at the meeting.

terkata KATA KERJA
- **tidak terkata (1)** to be unable to say anything ◊ *Emmy berasa marah sehingga tidak terkata apa-apa.* Emmy felt so angry that she couldn't say anything.
- **tidak terkata (2)** indescribable
◊ *Kemarahannya terhadap Jenny tidak terkata.* Her anger towards Jenny was indescribable. ◊ *kegembiraan yang tidak terkata* indescribable joy

katakan KATA HUBUNG
let's say
◊ *Katakanlah anda mendapat nombor satu dalam kelas, ...* Let's say you come first in the class, ...

kata KATA NAMA

> *rujuk juga* **kata** KATA KERJA

- **kata-kata** words ◊ *Saya sungguh terkejut apabila kata-katanya menjadi kenyataan.* I was devastated when her words came true.
- **kata adjektif** adjective
- **kata dasar** root word
- **kata ganti nama** pronoun
- **kata kerja** verb
- **kata laluan** password
- **kata nama** noun
- **kata sepakat** consensus ◊ *mencapai kata sepakat* to reach a consensus
- **kata sendi** preposition
- **kata singkatan** abbreviation
- **kata sumpah** swear word
- **perbendaharaan kata** vocabulary (JAMAK **vocabularies**)

katak KATA NAMA
frog

katalog KATA NAMA
catalogue

katarak KATA NAMA
cataract

kategori KATA NAMA
category (JAMAK **categories**)

mengategorikan KATA KERJA
to categorize
◊ *Mereka dikehendaki mengategorikan perkataan-perkataan itu mengikut kelas kata.* They are required to categorize the words according to their part of speech.
- **Mereka mengategorikan buku itu sebagai cerita seram.** They classified the book as a thriller.

pengategorian KATA NAMA
categorization
◊ *pengategorian jenis peluru berpandu baru* the categorization of new types of guided missiles

katil KATA NAMA
bed
- **katil bayi** cot
- **katil lipat** camp bed

Katolik KATA NAMA
Catholic

kau KATA GANTI NAMA
(*tidak formal*)
1. *you*
◊ *Kau hendak pergi ke mana?* Where are you going?
2. *your*
◊ *beg kau* your bag

kaum KATA NAMA
1. *race*
◊ *Kolej itu mengalu-alukan pelajar daripada semua kaum.* The college welcomes students of all races.
2. *tribe*
◊ *kaum orang India* Indian tribes
- **kaum buruh** working-class
- **kaum ibu** mothers
- **kaum lelaki** men
- **kaum wanita** women

perkauman KATA NAMA
racial
◊ *Sifat perkauman penduduk di kawasan itu semakin menebal.* Racial prejudice among the residents there is increasing.

kaunseling KATA NAMA
counselling

kaunselor KATA NAMA
counsellor

kaunter KATA NAMA
counter
- **kaunter pembayaran** cash desk

kaut
mengaut KATA KERJA
to scoop up
◊ *Hanitha cuba mengaut beras yang tumpah di atas lantai.* Hanitha was trying to scoop up the rice which had spilt on to the floor.
- **Syarikat itu mengaut keuntungan yang banyak pada tahun ini.** The company reaped rich profits this year.

kawah KATA NAMA
mouth of a volcano
- **kawah gunung berapi** mouth of a volcano

kawal KATA KERJA
to guard
◊ *"Kawal pintu masuk itu," perintah Sarjan Amir.* "Guard the entrance," ordered Sergeant Amir.

berkawal KATA KERJA
to patrol
◊ *Askar-askar PBB sedang berkawal di sempadan negara itu.* UN forces are patrolling the border of the country.

mengawal KATA KERJA
1. *to guard*
◊ *lelaki-lelaki yang mengawal Presiden itu* the men who guard the President
2. *to control*
◊ *Zaini tidak dapat mengawal kemarahannya.* Zaini couldn't control her anger.

pengawal KATA NAMA
guard
- **pengawal keselamatan** security guard
- **pengawal kewangan** financial controller
- **pengawal pantai** coastguard
- **pengawal peribadi** bodyguard

pengawalan KATA NAMA
control
◊ *Pengawalan harga makanan itu bertujuan untuk membantu pengguna.* The control of food prices is intended to help consumers.

terkawal KATA KERJA
to be under control
◊ *Keadaan sudah terkawal.* The situation is under control.

kawalan KATA NAMA
control
- **alat kawalan** the controls
- **kawalan kelahiran** birth control
- **kawalan kewangan** monetary control
- **kawalan diri** self-control

kawan KATA NAMA

> rujuk juga **kawan** PENJODOH BILANGAN

friend

berkawan KATA KERJA
to befriend
◊ *Saya berkawan dengan Johari.* I befriended Johari.

mengawan KATA KERJA
to copulate
◊ *Ikan paus mengambil masa dua puluh empat jam untuk mengawan.* Whales take twenty-four hours to copulate.

pengawanan KATA NAMA
copulation

kawan PENJODOH BILANGAN

> rujuk juga **kawan** KATA NAMA

1. *group* (secara umum)
2. *shoal* (ikan)
◊ *sekawan ikan* a shoal of fish
3. *flock* (burung, kambing)
◊ *sekawan kambing biri-biri* a flock of sheep
4. *herd* (lembu, gajah)
◊ *sekawan lembu* a herd of cattle
5. *pride* (singa)
◊ *sekawan singa* a pride of lions

kawasan KATA NAMA
1. *area*
◊ *kawasan pedalaman* rural area
2. *region*
◊ *kawasan pergunungan* mountainous

kawat (1) → kebas (2)

region
- **kawasan rehat** *(di lebuh raya)* service area

kawat (1) KATA NAMA
1. *wire*
  ◊ *kawat kuprum* copper wire
2. *telegram*

kawat (2)
berkawat KATA KERJA
to march
◊ *Kami berkawat sepuluh kilometer ke Dataran Merdeka.* We marched ten kilometres to Merdeka Square.

kaya KATA ADJEKTIF
rich
- **kaya-raya** prosperous
kekayaan KATA NAMA
1. *wealth*
  ◊ *Kekayaan Aini tidak menjadikan dia seorang yang sombong.* Aini's not snobbish despite her wealth.
2. *fortune*
  ◊ *Dia memperoleh kekayaannya melalui penjualan kereta.* He made his fortune in car sales.
- **kekayaan alam semula jadi** the earth's riches
memperkaya KATA KERJA
to enrich
◊ *Membaca boleh memperkaya perbendaharaan kata seseorang.* Reading can enrich one's vocabulary.
terkaya KATA ADJEKTIF
richest

kayak KATA NAMA
kayak
berkayak KATA KERJA
to go canoeing
◊ *Mereka berkayak di Sungai Perak.* They went canoeing on the River Perak.

kayangan KATA NAMA
heaven

kayu KATA NAMA
wood
- **kayu-kayan** different kinds of wood
- **kayu api** firewood
- **kayu balak** timber
- **kayu golf** golf club
- **kayu manis** cinnamon
perkayuan KATA NAMA
timber
◊ *industri perkayuan* the timber industry

kayuh KATA NAMA *rujuk* **pengayuh**
berkayuh, mengayuh KATA KERJA
1. *to paddle*
  ◊ *kemahiran yang anda perlukan untuk mengayuh sampan* the skills you need to paddle a boat
2. *to pedal*
  ◊ *Dia bersusah payah mengayuh basikal buruknya.* It is a struggle for him to pedal his old bicycle.
- **Lela mengayuh basikal ke sekolah.** Lela cycles to school.
pengayuh KATA NAMA
oar
- **pengayuh sampan** oar
- **pengayuh basikal** cyclist

KBSM SINGKATAN (= *Kurikulum Bersepadu Sekolah Menengah*)
KBSM (= Integrated Curriculum for Secondary Schools)

KBSR SINGKATAN (= *Kurikulum Bersepadu Sekolah Rendah*)
KBSR (= Integrated Curriculum for Primary Schools)

KDN SINGKATAN (= *Kementerian Dalam Negeri*)
KDN (= Ministry of Home Affairs)

KDNK SINGKATAN (= *Keluaran Dalam Negara Kasar*)
GNP (= Gross National Product)

ke KATA SENDI
to
◊ *Michael akan pergi ke sekolah pada pukul tiga.* Michael's going to school at three o'clock.
- **ke arah** towards ◊ *Saya tersenyum apabila dia berpaling ke arah saya.* I smiled when he turned towards me.
  ke juga digunakan sebagai awalan untuk membentuk kata bilangan yang menunjukkan kedudukan dalam sesuatu siri atau turutan.
  ◊ *kelima puluh* fiftieth ◊ *kedua* second

kebal KATA ADJEKTIF
invulnerable
◊ *Pahlawan itu kebal.* The warrior is invulnerable.
- **kereta kebal** tank
- **Sesetengah orang percaya bahawa mereka kebal daripada tindakan undang-undang.** Some people believe they are above the law.
kekebalan KATA NAMA
immunity
◊ *kekebalan diplomatik* diplomatic immunity

kebas (1) KATA ADJEKTIF
numb
◊ *Kaki saya kebas.* My legs are numb.
mengebaskan KATA KERJA
to numb
◊ *Cuaca yang begitu sejuk mengebaskan jari saya.* The cold weather numbed my fingers.

kebas (2)

kebil → kecil hati

mengebas KATA KERJA
to steal
◊ *Pencuri itu mengebas semua rokok yang ada di atas meja.* The thief stole all the cigarettes on the table.

kebil
terkebil-kebil KATA KERJA
to blink
◊ *Mereka terkebil-kebil kerana kehairanan.* They blinked in astonishment.

kebun KATA NAMA
orchard
♦ **tukang kebun** gardener
♦ **kebun buah-buahan** orchard
♦ **kebun getah** rubber plantation
berkebun KATA KERJA
to garden
♦ *Cecilia suka berkebun.* Cecilia likes gardening.
pekebun KATA NAMA
farmer
♦ **pekebun kecil** smallholder
perkebunan KATA NAMA
gardening
◊ *kursus perkebunan* gardening courses

kecai
berkecai KATA KERJA
to shatter
◊ *Pinggan itu berkecai.* The plate shattered.

kecam
mengecam KATA KERJA
to condemn
◊ *Mereka mengecam tindakan tidak beretika pegawai itu terhadap orang ramai.* They condemned the officer's unethical action towards the public.
kecaman KATA NAMA
condemnation
◊ *Terdapat banyak kecaman tentang pembunuhan-pembunuhan pada hari Sabtu itu.* There was much condemnation of Saturday's killings.

kecamuk
berkecamuk KATA KERJA
to be in turmoil (*perasaan, dll*)
♦ *Fikirannya berkecamuk.* He was confused.

kecap
mengecap KATA KERJA
to taste
◊ *Dia mengecap sup itu.* He tasted the soup. ◊ *Akhirnya dia dapat mengecap kebahagiaan.* Finally, she was able to taste happiness.

kecewa KATA ADJEKTIF
disappointed
◊ *Farid sangat kecewa dengan keputusan peperiksaannya.* Farid was very disappointed with his examination results.
mengecewakan KATA KERJA
to disappoint
◊ *Stephanie akan belajar bersungguh-sungguh supaya tidak mengecewakan ibu bapanya.* Stephanie will study hard in order not to disappoint her parents.
♦ **Jangan bimbang, saya tidak akan mengecewakan anda.** Don't worry, I won't let you down.
kekecewaan KATA NAMA
disappointment
◊ *Tempah lebih awal untuk mengelakkan kekecewaan.* Book early to avoid disappointment.

kecil KATA ADJEKTIF
small
◊ *rumah kecil* small house
♦ **peranan kecil** minor role
♦ **bunga ros yang kecil** miniature roses
kecil-kecilan KATA ADJEKTIF
small scale
◊ *perniagaan secara kecil-kecilan* small scale business
memperkecil KATA KERJA
to make ... narrower
◊ *Pekerja-pekerja itu sedang memperkecil sungai itu.* The workers are making the river narrower.
memperkecil-kecil,
mengecil-ngecilkan KATA KERJA
to belittle
◊ *Kita tidak patut memperkecil-kecil pencapaiannya.* We mustn't belittle her achievement.
mengecil KATA KERJA
to get smaller
◊ *Belon itu semakin mengecil.* The balloon is getting smaller and smaller.
mengecilkan KATA KERJA
to trim
◊ *Pengurus itu mengecilkan jabatan pemasaran di syarikatnya.* The manager trimmed the marketing department of his company.
♦ **mengecilkan api** to reduce the heat

kecil hati KATA ADJEKTIF
offended
◊ *Saya berasa kecil hati mendengar kata-katanya.* I felt offended by his remarks.
♦ **Jangan kecil hati.** No hard feelings.
berkecil hati KATA KERJA
offended
◊ *Dia benar-benar berkecil hati dan marah kerana hal ini.* She is terribly

kecimpung

berkecimpung KATA KERJA
to be involved in
◊ *Kenny telah berkecimpung dalam industri perfileman selama sepuluh tahun.* Kenny has been involved in the film industry for ten years.

kecoh KATA ADJEKTIF
in an uproar
◊ *Bilik perbicaraan menjadi kecoh apabila keputusan itu diumumkan.* The courtroom was in an uproar when the verdict was announced.

kekecohan KATA NAMA
uproar
◊ *Pengumuman tersebut menyebabkan kekecohan di kawasan itu.* The announcement caused an uproar in that area.

mengecohkan KATA KERJA
to cause an uproar
◊ *Pengumuman itu telah mengecohkan keadaan di kawasan tersebut.* The announcement caused an uproar in that area.

kecuali KATA HUBUNG
except
◊ *semua orang kecuali saya* everyone except me

berkecuali KATA KERJA
neutral
◊ *Saya mahu terus berkecuali dalam hal ini.* I want to remain neutral in this matter.
♦ **negara-negara berkecuali** neutral countries

kekecualian KATA NAMA
exception
◊ *Semua orang harus menjalani pemeriksaan itu, tiada kekecualian.* Everybody has to undergo the check-up, there are no exceptions.

mengecualikan KATA KERJA
to exclude
◊ *Kami tidak patut dikecualikan dalam hal ini.* We should not be excluded from this matter.

pengecualian KATA NAMA
exemption
◊ *pengecualian cukai* tax exemption

terkecuali KATA KERJA
to be exempted
◊ *Anda tidak terkecuali daripada menyertai perkhemahan itu.* You're not exempted from joining the camp.

kecundang KATA KERJA
to lose
◊ *Negara itu kecundang pada peringkat separuh akhir kelmarin.* The country lost in the semi-finals yesterday.

kecut KATA KERJA
to wither
◊ *Cuaca yang panas menyebabkan bunga-bunga itu habis kecut.* Dry weather caused all the flowers to wither.
♦ **Jari-jari saya kecut selepas membasuh pinggan mangkuk yang banyak itu.** My fingers became wrinkled after I did all the washing up.

mengecut KATA KERJA
to shrink
◊ *Semua baju saya mengecut setelah dibasuh.* All my shirts shrank after being washed.

mengecutkan KATA KERJA
to cause ... to shrink
◊ *Bahan kimia itu mengecutkan baju saya.* The chemicals caused my shirt to shrink.
♦ **Kejadian itu benar-benar mengecutkan hati kami.** The incident really scares us.

pengecut KATA NAMA
coward

pengecutan KATA NAMA
contraction
◊ *pengecutan dan pengembangan saluran darah* the contraction and expansion of blood vessels

kedai KATA NAMA
shop
♦ **rumah kedai** shop with attached residence
♦ **kedai alat tulis** stationer's
♦ **kedai bunga** florist
♦ **kedai buku** bookshop
♦ **kedai cucian kering** dry cleaner's
♦ **kedai emas** jeweller's shop
♦ **kedai gunting rambut** barber's
♦ **kedai judi** betting shop
♦ **kedai kasut** shoe shop
♦ **kedai kopi** coffee shop
♦ **kedai mendandan rambut** hairdresser's
♦ **kedai roti** bakery (JAMAK **bakeries**)
♦ **kedai runcit** grocer's
♦ **kedai sukan** sports shop
♦ **kedai ubat** pharmacy (JAMAK **pharmacies**)

pekedai KATA NAMA
shopkeeper

kedap KATA ADJEKTIF
♦ **kedap air** waterproof
♦ **kedap udara** airtight

kedekut KATA ADJEKTIF
stingy

kedi KATA NAMA
caddie
◊ *Johnson bekerja sebagai kedi di kelab*

golf itu. Johnson works as a caddie at the golf club.

kedip
berkedip-kedip, terkedip-kedip
KATA KERJA
1 *to blink*
◊ *Mata Alvin berkedip-kedip kerana dimasuki habuk.* Alvin blinked when dust got into his eyes.
2 *to twinkle*
◊ *Bintang di langit berkedip-kedip.* The stars in the sky are twinkling.
♦ **Nyala api itu berkedip-kedip.** The flame is flickering.
mengedipkan KATA KERJA
to blink
♦ **mengedipkan mata** to blink ◊ *Kathryn mengedipkan matanya beberapa kali.* Kathryn blinked several times.
kedipan KATA NAMA
blink
♦ **Kedipan matanya yang berterusan benar-benar menjengkelkan saya.** His constant blinking really annoys me.
♦ **kedipan bintang** twinkle of stars
♦ **kedipan nyala api** flicker of flames

kedut KATA NAMA *rujuk* **kedutan**
berkedut KATA KERJA
1 *wrinkled*
◊ *Dahinya berkedut apabila usianya semakin lanjut.* His forehead became wrinkled as he got older.
2 *creased*
◊ *Bajunya berkedut kerana tidak diseterika.* His clothes were creased because they had not been ironed.
mengedutkan KATA KERJA
1 *to wrinkle*
◊ *Dia mengedutkan dahinya.* He wrinkled his forehead.
2 *to crease*
◊ *Dia duduk dengan baik supaya tidak mengedutkan skirtnya.* She sat down carefully so as not to crease her skirt.
kedutan KATA NAMA
1 *wrinkle*
◊ *Kedutan pada kulitnya jelas kelihatan.* The wrinkles in her skin can be seen clearly.
2 *crease*
◊ *Kedutan pada bajunya jelas kelihatan.* The creases on his shirt can be seen clearly.

kehel
terkehel KATA KERJA
to sprain
◊ *Kam Soh terjatuh dan kakinya terkehel.* Kam Soh fell and sprained her ankle.

kejam KATA ADJEKTIF
brutal
◊ *pembunuh yang kejam* a brutal murderer
♦ **Kawannya dibunuh dengan kejam.** His friend had been brutally murdered.
kekejaman KATA NAMA
brutality (JAMAK **brutalities**)
◊ *kekejaman pihak komunis* the brutality of the communists

kejang KATA ADJEKTIF
to get cramp
◊ *Kaki saya kejang semasa berenang.* While I was swimming I got cramp in my leg.
kekejangan KATA NAMA
cramp
◊ *kekejangan otot* muscle cramp
mengejangkan KATA KERJA
to stretch
◊ *Halim mengejangkan kakinya.* Halim stretches his legs.

kejap
sekejap KATA ADJEKTIF
a moment
◊ *Kami akan sampai di Seremban sekejap lagi.* We'll reach Seremban in a moment.

kejar KATA KERJA
to chase
◊ *"Kejar budak lelaki itu," kata Rita.* "Chase that boy," said Rita.
♦ **main kejar-kejar** to play tag
berkejar KATA KERJA
to rush
◊ *Eliza berkejar ke stesen bas.* Eliza rushed to the bus station.
berkejaran, berkejar-kejaran
KATA KERJA
to chase one another
◊ *Kanak-kanak berkejaran di taman permainan itu.* The children were chasing one another in the playground.
mengejar KATA KERJA
to chase
◊ *Stella mengejar pencuri itu sejauh 100 meter.* Stella chased the thief for 100 metres.
♦ **Ibu bapanya sibuk mengejar kejayaan sehingga lupa akan tanggungjawab mereka.** Her parents were so busy chasing success that they neglected their responsibilities.
♦ **Jangan bimbang, kami bukan mengejar anda.** Don't worry, we're not going after you.
mengejarkan KATA KERJA
to rush
◊ *Pemandu teksi itu mengejarkan wanita*

mengandung itu ke hospital. The taxi driver rushed the pregnant woman to the hospital.

keji KATA ADJEKTIF
despicable
◊ *Kelakuan anda memang keji.* Your behaviour was despicable.
mengeji KATA KERJA
to ridicule
◊ *Kita tidak patut mengeji kanak-kanak istimewa.* We should not ridicule children with special needs.

kejora KATA NAMA
♦ **bintang kejora** Venus

keju KATA NAMA
cheese

kejur KATA ADJEKTIF
stiff
◊ *Badan Lelani kejur kerana terlalu sejuk.* Lelani felt stiff because it was very cold.

kejut
mengejut KATA ADJEKTIF
sudden
◊ *Dia berkabung selepas kematian mengejut ibunya.* He was in mourning after the sudden death of his mother.
♦ **pemeriksaan mengejut** spot check
mengejutkan KATA KERJA
[1] *to surprise*
◊ *Tindakannya itu benar-benar mengejutkan kami.* His action really surprised us.
[2] *to wake ... up*
◊ *Anda tidak sepatutnya mengejutkan saya pada pukul enam.* You shouldn't have woken me up at six o'clock.
terkejut KATA KERJA
startled
◊ *Saya terkejut apabila mercun itu meletup.* I was startled when the firecracker exploded.
♦ **membuat seseorang terkejut** to surprise somebody
♦ **Saya betul-betul terkejut dengan kunjungan anda.** I was really surprised by your visit.
kejutan KATA NAMA
shock
◊ **kejutan budaya** culture shock
◊ **kejutan elektrik** electric shock

kek KATA NAMA
cake

kekacang KATA NAMA
pulses

kekal KATA ADJEKTIF
to last
◊ *Saya berharap persahabatan kita akan kekal selama-lamanya.* I hope our friendship will last forever.
♦ **kekal abadi** everlasting
♦ **gigi kekal** permanent teeth
berkekalan KATA KERJA
to be everlasting
◊ *Semoga hubungan kita berkekalan.* May our friendship be everlasting.
♦ **keadaan tegang yang berkekalan** a permanent state of tension
mengekalkan KATA KERJA
to maintain
◊ *Kerajaan cuba mengekalkan keamanan di negara ini.* The government is trying to maintain peace in the country.
pengekalan KATA NAMA
maintenance
◊ *pengekalan keamanan dan kestabilan di Asia* the maintenance of peace and stability in Asia

kekang KATA NAMA
bit (*besi pada mulut kuda*)
♦ **tali kekang** (*pada kuda*) reins
mengekang KATA KERJA
[1] *to rein in*
◊ *Walter tidak berupaya mengekang kuda itu.* Walter was not able to rein the horse in.
[2] *to restrict*
◊ *Kita tidak patut mengekang kebebasannya.* We should not restrict his freedom.
kekangan KATA NAMA
restraint
◊ **kekangan ekonomi** economic restraint

kekeh
terkekeh-kekeh KATA KERJA
to laugh heartily
♦ **ketawa terkekeh-kekeh** to laugh heartily

kekek *rujuk* **kekeh**

kekisi *rujuk* **kisi**

kekok KATA ADJEKTIF
awkward
◊ *Mimi berasa kekok apabila berjumpa dengan ibu bapa Christopher.* Mimi felt awkward when she met Christopher's parents.
kekekokan KATA NAMA
awkwardness
◊ *Kekekokan juruhebah baru itu jelas kelihatan apabila dia sering membuat kesilapan.* The awkwardness of the new presenter became apparent when she made a lot of mistakes.

kekuda KATA NAMA
trestle

kekunci KATA NAMA
keys

kekwa → kelas

- **papan kekunci** keyboard

kekwa KATA NAMA
chrysanthemum

kelab KATA NAMA
club

kelabu KATA ADJEKTIF
grey
kekelabu-kelabuan KATA ADJEKTIF
greyish
◊ *hijau kekelabu-kelabuan* greyish green

keladak KATA NAMA
dregs

keladi KATA NAMA
yam

kelah
berkelah KATA KERJA
to picnic
◊ *Kami berkelah di tepi pantai.* We picnicked at the seaside.
- **pergi berkelah** to go on a picnic
perkelahan KATA NAMA
picnic
◊ *Perkelahan yang dikelolakan oleh persatuan itu disertai oleh ramai pelajar.* Many students took part in the picnic organized by the society.

kelahi
berkelahi KATA KERJA
to quarrel
◊ *Farid berkelahi dengan kawannya.* Farid quarrelled with his friend.
perkelahian KATA NAMA
fight
◊ *Beberapa orang remaja turut terlibat dalam perkelahian di stadium kelmarin.* A few teenagers were also involved in the fight at the stadium yesterday.

kelak KATA ADJEKTIF
later
◊ *Saya akan memberitahu anda perkara itu kelak.* I'll let you know about it later.

kelakar KATA ADJEKTIF
funny
◊ *Gadis itu sangat kelakar.* The girl's very funny.
berkelakar KATA KERJA
to joke
◊ *Saya hanya berkelakar sahaja.* I was only joking.

kelalang KATA NAMA
flask

kelam KATA ADJEKTIF
1 *gloomy*
◊ *bilik yang kelam* a gloomy room
2 *dim*
◊ *cahaya yang kelam* dim light
3 *blurred*
◊ *penglihatan yang kelam* blurred vision

B. Melayu ~ B. Inggeris 780

- **Lampu itu menjadi semakin kelam.** The lamp gradually became dimmer.

kelambu KATA NAMA
mosquito net

kelamin KATA NAMA
couple
- **alat kelamin** sex organ
- **bilik kelamin** double room
- **katil kelamin** double bed

kelam-kabut KATA ADJEKTIF
chaotic
◊ *keadaan yang kelam-kabut* a chaotic situation

kelamun
mengelamun KATA KERJA
to daydream
◊ *Veena sering mengelamun untuk menjadi seorang wartawan yang terkenal.* Veena is always daydreaming about becoming a famous reporter.

kelana KATA NAMA
traveller
berkelana KATA KERJA
to travel
◊ *Dia berkelana dari satu tempat ke satu tempat.* He travelled from place to place.

kelapa KATA NAMA
coconut
- **kelapa kering** desiccated coconut
- **kelapa sawit** oil palm

kelar KATA NAMA
nick
◊ *Ada tanda kelar yang masih baru pada kakinya.* He has a fresh nick on his leg.
mengelar KATA KERJA
1 *to score*
◊ *Emak saya mengelar ikan itu sebelum menggorengnya.* My mother scored the surface of the fish before frying it.
2 *to slash*
◊ *Joseph mengelar pergelangan tangannya.* Joseph slashed his wrists.

kelas KATA NAMA
1 *classroom*
2 *class* (JAMAK **classes**)
◊ *kelas mempertahankan diri* self-defence classes
- **kelas atasan** upper-class
- **kelas bawahan** lower-class
- **kelas pertengahan** middle-class
- **kelas pertama** first class
3 *lesson*
◊ *kelas memandu* driving lesson
◊ *kelas renang* swimming lesson
mengelaskan KATA KERJA
to categorize
◊ *Pelajar-pelajar dikehendaki*

mengelaskan perkataan-perkataan itu mengikut kelas kata. The students are required to categorize the words according to their parts of speech.
pengelasan KATA NAMA
categorization
◊ *pengelasan spesies haiwan* the categorization of animal species

kelasi KATA NAMA
sailor

kelat KATA ADJEKTIF
bitter

kelawar KATA NAMA
bat

keldai KATA NAMA
donkey

keledar KATA NAMA
- **tali pinggang keledar** safety belt
- **topi keledar** crash helmet

keledek KATA NAMA
sweet potato (JAMAK **sweet potatoes**)

kelemumur KATA NAMA
dandruff

kelengkeng KATA NAMA
- **jari kelengkeng** little finger
- **kelengkeng kaki** little toe

kelenjar KATA NAMA
gland
◊ *kelenjar air liur* salivary gland
◊ *kelenjar limfa* lymphatic gland
◊ *kelenjar peluh* sweat gland

kelepet KATA NAMA
hem

keliar
berkeliaran KATA KERJA
to roam
◊ *Kanak-kanak yang miskin itu berkeliaran di bandar itu.* The poor children are roaming around the town.

kelibat (1) KATA NAMA
paddle

kelibat (2) KATA NAMA
figure
◊ *Saya ternampak kelibat seseorang di dalam rumah saya.* I saw a figure in my house.

kelicap KATA NAMA
hummingbird

kelikir KATA NAMA
hardcore
- **batu kelikir** hardcore

keliling KATA NAMA
around
◊ *berlari keliling padang* to run around the field
mengelilingi KATA KERJA
1 _to revolve_
◊ *Bumi mengambil masa 365 hari untuk mengelilingi matahari.* The earth takes 365 days to revolve around the sun.
2 _to surround_
◊ *Lelaki-lelaki itu mengelilingi Hadi lalu memukulnya.* The men surrounded Hadi and then struck him.
- **mengelilingi dunia** to go round the world
pekeliling KATA NAMA
- **surat pekeliling** circular
sekeliling KATA ARAH
1 _around_
◊ *Stella menanam pokok ros di sekeliling rumahnya.* Stella planted roses around her house.
2 _surrounding_
◊ *kawasan di sekeliling taman itu* the area surrounding the park

kelindan KATA NAMA
lorry driver's assistant

kelip (1) KATA KERJA *rujuk* **kelipan**
berkelip-kelip KATA KERJA
to blink
◊ *Mata Alvin berkelip-kelip kerana dimasuki habuk.* Alvin blinked when dust got into his eyes.
berkelipan KATA KERJA
to twinkle
◊ *Bintang-bintang berkelipan di langit.* The stars are twinkling in the sky.
mengelipkan KATA KERJA
to blink
- **mengelipkan mata** to blink ◊ *Suet Si mengelipkan matanya beberapa kali.* Suet Si blinked several times.
- **Melissa mengelipkan mata untuk memberi isyarat kepada kawannya.** Melissa winked as a signal to her friend.
sekelip KATA ADJEKTIF
- **sekelip mata** in the blink of an eye
◊ *Satu bulan sudah berlalu dalam sekelip mata sahaja.* A month passed by in the blink of an eye.
kelipan KATA NAMA
blink
- **Kelipan matanya yang berterusan benar-benar menjengkelkan saya.** His constant blinking really annoys me.
- **kelipan bintang** twinkle of stars
- **kelipan nyala api** flicker of flames

kelip (2)
kelip-kelip KATA NAMA
firefly (JAMAK **fireflies**)

keliru KATA ADJEKTIF
confused
◊ *lelaki yang keliru itu* the confused man
kekeliruan KATA NAMA
confusion
◊ *Pernyataan menteri itu telah*

menimbulkan banyak kekeliruan. The minister's statement has caused a lot of confusion.
mengelirukan KATA KERJA
to confuse
◊ *Jawapan anda mengelirukan saya.* Your answer confused me.

kelmarin KATA ADJEKTIF
yesterday
♦ **kelmarin dulu** the day before yesterday

keloi KATA NAMA
♦ **alat keloi** pager
mengeloi KATA KERJA
to page
◊ *mengeloi seseorang* to page somebody

kelola
mengelola KATA KERJA
to organize
◊ *Seorang ketua harus tahu merancang dan mengelola.* A leader should know how to plan and organize.
mengelolakan KATA KERJA
to organize
◊ *Persatuan itu akan mengelolakan satu pertandingan semasa cuti sekolah.* The society will organize a competition during the school holidays.
pengelola KATA NAMA
organizer
kelolaan KATA NAMA
supervision
◊ *Projek ini dilaksanakan di bawah kelolaan Kementerian Pendidikan.* This project is carried out under the supervision of the Ministry of Education.

kelompang KATA NAMA
empty shell

kelompok KATA NAMA, PENJODOH BILANGAN
[1] *small group*
◊ *Satu kelompok orang berdiri di hadapan kedai itu.* A group of people was standing in front of the shop.
[2] *small flock*
◊ *Harimau itu sedang memerhatikan satu kelompok kambing biri-biri di padang.* The tiger was watching a small flock of sheep in the field.
♦ **sekelompok awan** a cluster of clouds
berkelompok KATA KERJA
[1] *in groups*
◊ *Mereka bekerja secara berkelompok.* They work in groups.
[2] *in flocks*
◊ *Kambing biri-biri hidup berkelompok.* Sheep live in flocks.

kelopak KATA NAMA
♦ **kelopak bunga** petal
♦ **kelopak mata** eyelids

kelu KATA ADJEKTIF
tongue-tied
♦ **Lidah saya kelu.** I was tongue-tied.
♦ **kelu lidah** tongue-tied

keluar KATA KERJA
to go out
◊ *Saya akan keluar dengan Joe malam ini.* I'm going out with Joe tonight.
♦ **Kami keluar dari pawagam pada pukul 10.** We came out of the cinema at 10.
♦ **"Keluar dari situ," jerit lelaki tua itu.** "Get out of there," shouted the old man.
♦ **"Keluar"** "Exit"
♦ **pintu keluar** exit
mengeluarkan KATA KERJA
[1] *to take out*
◊ *Farouq mengeluarkan semua wangnya.* Farouq took out all his money.
[2] *to produce*
◊ *Kilang itu hanya mampu mengeluarkan 2000 botol sehari.* The factory can only produce 2000 bottles a day.
pengeluar KATA NAMA
[1] *producer*
◊ *Arab Saudi, pengeluar minyak yang utama di dunia* Saudi Arabia, the world's leading oil producer
[2] *manufacturer*
◊ *pengeluar anak patung yang terbesar di dunia* the world's largest doll manufacturer
pengeluaran KATA NAMA
production
◊ *Kita perlu meningkatkan hasil pengeluaran.* We needed to increase the volume of production.
terkeluar KATA KERJA
to come out
♦ **Kata-kata itu tidak terkeluar dari mulut saya.** I can't get the words out.
♦ **Namanya terkeluar daripada senarai itu.** Her name was removed from the list.
keluaran KATA NAMA
product
♦ **Barang-barang keluaran syarikat itu tidak laris.** The company's products are not selling.

keluarga KATA NAMA
family (JAMAK **families**)
kekeluargaan KATA NAMA
family
◊ *Perkahwinan ialah upacara kekeluargaan.* A wedding is a family event.
♦ **hubungan kekeluargaan** kinship
♦ **David Smith tidak mempunyai hubungan kekeluargaan dengan Zita Smith.** David Smith and Zita Smith are not related.

Malay ~ English — keluh → kembali

keluh KATA NAMA
sigh
- **keluh-kesah** sighs
mengeluh KATA KERJA
to sigh
◊ *Biasanya orang hanya akan mengeluh apabila mereka berasa tidak gembira.* Normally people only sigh when they're unhappy.
- **Dia mengeluh kerana yuran tuisyen yang tinggi.** He groaned about the high tuition fees.
keluhan KATA NAMA
sigh
◊ *Saya hanya dapat mendengar keluhannya.* All I could hear was the sound of his sighs.
kelui KATA NAMA *rujuk* **keloi**
keluk KATA NAMA
curve
keluli KATA NAMA
steel
- **keluli tahan karat** stainless steel
kelupas
mengelupas, terkelupas KATA KERJA
to peel
◊ *Kulitnya mengelupas akibat cuaca yang terlalu kering.* Her skin was peeling because of the dry weather.
kem KATA NAMA
camp
◊ *kem pelarian* refugee camp
kemam
mengemam KATA KERJA
to hold ... in one's mouth
◊ *Bobby mengemam pil-pil itu.* Bobby held the pills in his mouth.
kemarau KATA NAMA
drought
kemas KATA ADJEKTIF
neat
◊ *Rumah Johnny sangat kemas walaupun dia masih bujang.* Johnny's house is very neat even though he's a bachelor.
- **kemas dan rapi** neat and tidy
- **berpakaian kemas** well-dressed
- **tidak kemas** untidy
berkemas KATA KERJA
to pack
◊ *Mereka sedang berkemas untuk pergi melancong.* They are packing in preparation for a holiday.
kekemasan KATA NAMA
tidiness
◊ *Para pekerja perlu mengekalkan tahap kekemasan yang memuaskan dari segi cara berpakaian dan penampilan.* Employees are expected to maintain

a high standard of tidiness both as regards clothes and appearance.
memperkemas KATA KERJA
to revamp
◊ *Syarikat itu mencari kaedah untuk memperkemas sistem pentadbirannya.* The company is looking for a way to revamp its administrative system.
mengemas KATA KERJA
to clean
◊ *Paula sedang sibuk mengemas rumah.* Paula is busy cleaning the house.
- **Saya telah mengemas beg saya.** I've already packed my case.
mengemaskan KATA KERJA
to tidy
◊ *Sheila sudah mengemaskan barang-barang di bilikya.* Sheila had tidied all the things in her room.
kemas kini KATA ADJEKTIF
up to date
◊ *sistem yang kemas kini* an up to date system
mengemaskinikan KATA KERJA
to update
◊ *Para editor sedang mengemaskinikan buku itu untuk diterbitkan pada bulan hadapan.* Editors are updating the book for publication next month.
pengemaskinian KATA NAMA
updating
◊ *pengemaskinian data* updating of data
kematu KATA NAMA
callus (JAMAK **calluses**)
kembali KATA KERJA
to return
◊ *Dia sudah kembali ke kampung halamannya.* He has returned to his own village.
- **kembali ke rahmatullah** to pass away
mengembalikan KATA KERJA
[1] *to return*
◊ *Julianna akan mengembalikan buku itu tidak lama lagi.* Julianna will return the book soon.
[2] *to restore*
◊ *Polis Indonesia cuba mengembalikan keamanan di negara itu.* The Indonesian police are trying to restore peace in the country.
pengembalian KATA NAMA
return
◊ *pengembalian hutan seluas satu setengah juta ekar kepada komuniti tersebut* the return of one-and-a-half-million acres of forest to the community
- **Pengembalian buku itu mesti dilakukan dalam masa dua minggu.** The book should be returned in two weeks' time.

kemban

sekembali KATA HUBUNG
upon returning
◊ *Roslan terus pergi ke pejabatnya sekembali dari cuti.* Roslan went straight to his office upon returning from his holidays.

kemban KATA NAMA
length of cloth wrapped round a woman's body under the armpits
berkemban KATA KERJA
to wrap oneself in a sarong

kembang KATA KERJA
1. *to bloom*
◊ *Bunga-bunga itu kembang antara bulan Mei dan Jun.* The flowers bloom between May and June.
2. *soggy*
◊ *Kami terpaksa makan roti yang kembang itu.* We had to eat that soggy bread.
3. *to expand*
◊ *Rod besi itu kembang apabila dipanaskan.* The iron rod expanded when it was heated.
• **Pukul adunan itu sehingga kembang.** Whip the mixture until it becomes frothy.
berkembang KATA KERJA
to develop
◊ *Negara itu berkembang pesat pada awal tahun ini.* That country developed rapidly early this year.
• **perniagaan yang berkembang maju** a fast-growing business
memperkembangkan KATA KERJA
to expand
◊ *Persatuan itu ingin memperkembangkan pengaruhnya.* The society would like to expand its influence.
mengembang KATA KERJA
to expand
◊ *Logam mengembang apabila dipanaskan.* Metal expands when it is heated.
• **seekor burung helang dengan sayapnya yang mengembang** an eagle with outstretched wings
mengembangkan KATA KERJA
to expand
◊ *Halim ingin mengembangkan perniagaannya ke negara lain.* Halim would like to expand his business to other countries.
• **Burung itu mengembangkan sayapnya.** The bird spreads its wings.
pengembangan KATA NAMA
expansion
◊ *pengembangan dan pengenduran* expansion and contraction
perkembangan KATA NAMA

1. *development*
◊ *Dia selalu mengikuti perkembangan politik dalam dan luar negara.* He always follows political developments in and outside the country.
2. *progress*
◊ *Perbincangan itu berakhir tanpa sebarang perkembangan.* The discussion ended without any progress.
• **Apakah perkembangan terbaru di sana?** What's the latest news there?

kembang kempis KATA KERJA
to heave
◊ *Dadanya kembang kempis.* His chest heaved.

kembar KATA NAMA
twins
• **kembar tiga** triplets
• **kembar empat** quadruplets
• **kembar seiras** identical twins
• **kembar Siam** Siamese twins
• **bilik kembar** twin room
berkembar KATA KERJA
twin
◊ *bandar raya berkembar* twin cities
◊ *menara berkembar* twin towers
• **program berkembar** twinning programme

kembara
mengembara KATA KERJA
to travel
◊ *Dr. Ryan mengembara ke seluruh dunia untuk mengumpul maklumat untuk bukunya.* Dr Ryan travelled around the world to gather materials for his book.
• **mengembara dengan menumpang kereta** to hitchhike
pengembara KATA NAMA
traveller
• **cek pengembara** traveller's cheque
pengembaraan KATA NAMA
1. *travel*
◊ *buku-buku tentang pengembaraan* travel books
2. *adventure*
◊ *pengembaraan Hang Tuah dan rakan-rakannya* the adventures of Hang Tuah and his friends

kemboja KATA NAMA
frangipani

kembung KATA ADJEKTIF
1. *bloated*
◊ *bangkai anjing yang kembung* the bloated body of a dead dog
2. *inflated*
◊ *belon yang kembung* an inflated balloon
mengembung KATA KERJA
to inflate

◊ *Belon itu mengembung.* The balloon is inflating.
mengembungkan KATA KERJA
to inflate
◊ *Dia terjun ke dalam laut dan mengembungkan bot keselamatan itu.* He jumped into the sea and inflated the life raft.

kemeja KATA NAMA
shirt
• **kemeja-T** T-shirt

kemelut KATA NAMA
crisis (JAMAK **crises**)
◊ *kemelut ekonomi* economic crisis

kemenyan KATA NAMA
incense

kemik KATA ADJEKTIF
dented
◊ *tin-tin kemik* dented cans

kemis
mengemis KATA KERJA
to beg
◊ *Dia mengemis di tepi jalan.* He was begging by the roadside.
pengemis KATA NAMA
beggar

kemoterapi KATA NAMA
chemotherapy

kempen KATA NAMA
campaign
berkempen KATA KERJA
to campaign
◊ *Ahli politik itu berkempen untuk memancing undi.* The politician was campaigning to get all the votes he could.

kempis KATA KERJA
to deflate
◊ *Pelampung itu sudah kempis.* The lifebelt has become deflated.
• **Tayar kereta Val kempis.** Val's tyre has gone down.
mengempiskan KATA KERJA
to deflate
◊ *mengempiskan jaket keselamatan* to deflate a life jacket

kemudi KATA NAMA
rudder
mengemudikan KATA KERJA
to steer
◊ *mengemudikan kapal* to steer a ship
pengemudi KATA NAMA
helmsman (JAMAK **helmsmen**)

kemudian KATA ADJEKTIF
later
◊ *Saya akan pergi ke sana kemudian.* I'll go there later.
• **Kamu akan menyesal di kemudian hari.** You will regret it later.

kemuncak KATA NAMA
peak
◊ *kemuncak gunung yang dilitupi salji* the snow-covered peaks ◊ *kemuncak kerjaya seseorang* the peak of somebody's career
• **sidang kemuncak APEC** APEC summit meeting

kena KATA KERJA
to hit
◊ *kena pada sasaran* to hit the target ◊ *Bola itu kena kepala saya.* The ball hit me on the head.
• **Dia demam kerana kena sengatan lebah.** His fever was caused by bee stings.
• **Pakaian anda harus kena pada tempatnya.** Your attire should be appropriate for the occasion.
• **Jumlah pendapatan kena cukai: RM5000** Taxable income: RM5000
• **Adik saya kena hujan kelmarin.** My brother was caught in the rain yesterday.
• **kena sawan** to have a fit

> *Perkataan kena juga diletakkan di hadapan kata kerja yang berbentuk kata dasar. Bentuk ini adalah sama dengan bentuk pasif.*

◊ *Pencuri itu kena tembak pada bahunya.* The thief was shot in the shoulder. ◊ *Saya kena tendang.* I was kicked. ◊ *Dia kena pukul.* He was beaten. ◊ *kena langgar* to get run over
• **tidak kena (1)** to miss ◊ *Tembakannya tidak kena pada sasaran.* He missed the target.
• **tidak kena (2)** wrong ◊ *Ada sesuatu yang tidak kena dengan dia.* Something was wrong with her.
kena-mengena KATA NAMA
connection
◊ *Pekerja itu ada kena-mengena dengan pengarah syarikat ini.* The employee has some connection with the director of the company.
• **Tindakannya itu tidak ada kena-mengena dengan saya.** His action has nothing to do with me.
berkenaan KATA SENDI
regarding
◊ *Saya tidak mahu mengulas dengan lebih lanjut berkenaan kes ini.* I don't want to elaborate further regarding this matter.
mengenai KATA KERJA
rujuk juga **mengenai** KATA SENDI
to hit
◊ *tembakan yang mengenai sasaran* shot that hit the target

mengenai KATA SENDI
> rujuk juga **mengenai** KATA KERJA

about
◊ *Kami sedang bercakap mengenai kes pembunuhan itu.* We are talking about the murder.

mengenakan KATA KERJA
1. *to fasten* (zip, kancing, dll)
2. *to trick*
◊ *Sandy sengaja mengenakan kawannya.* Sandy deliberately tricked her friend.

♦ **Kami mengenakan bayaran sebanyak RM100 pada bulan pertama.** We charge RM100 for the first month.

terkena KATA KERJA
1. *to hit*
◊ *Bola itu terkena penjaga gol.* The ball hit the goalkeeper.
2. *to get*
◊ *Dia terkena kejutan elektrik.* She got an electric shock.

kenal KATA KERJA
1. *to recognize*
◊ *Saya tidak kenal suaranya semasa bercakap melalui telefon.* I didn't recognize his voice on the telephone.
2. *to know*
◊ *Saya tidak kenal Shami.* I don't know Shami.

♦ **kenal-mengenal** to know each other
berkenalan KATA KERJA
to get to know
◊ *Saya berkenalan dengan Jeffrey semasa bercuti di Port Dickson.* I got to know Jeffrey when I went for a holiday at Port Dickson.

♦ **Dia berkenalan dengan Tim di jamuan itu.** He met Tim at that party.
♦ **Hobi saya ialah berkenalan.** My hobby is making friends.

memperkenalkan KATA KERJA
to introduce
◊ *Izinkan saya memperkenalkan diri saya.* Let me introduce myself.

♦ **memperkenalkan semula** to bring back
◊ *memperkenalkan semula hukuman mati* to bring back the death penalty

mengenali KATA KERJA
to know
◊ *Yani tidak mengenali lelaki yang berbaju hijau itu.* Yani doesn't know the man in the green shirt.

♦ **tidak dikenali** unfamiliar ◊ *suara yang tidak dikenali* an unfamiliar voice
♦ **orang yang tidak dikenali** stranger

pengenalan KATA NAMA
introduction
◊ *Guru itu menyuruh Elaine membaca pengenalan buku itu.* The teacher asked Elaine to read the introduction of the book.

♦ **kad pengenalan** identity card

terkenal KATA ADJEKTIF
famous
◊ *penulis yang terkenal* a famous author ◊ *Hubbard terkenal dengan kerja-kerja seninya.* Hubbard is famous for his art works.

kenalan KATA NAMA
acquaintance
◊ *Dia mempunyai ramai kenalan.* He has many acquaintances.

kenal pasti
mengenal pasti KATA KERJA
to identify
◊ *Polis telah pun mengenal pasti 10 orang yang disyaki membunuh.* Police have already identified 10 murder suspects.

pengenalpastian KATA NAMA
identification
◊ *Pengenalpastian sesuatu penyakit pada peringkat awal boleh mengelakkan kematian.* Early identification of a disease can prevent death.

kenan
berkenan KATA KERJA
to like
◊ *George berkenan pada gadis itu.* George likes the girl.

kenang
kenang-kenangan KATA NAMA
remembrance
mengenang KATA KERJA
to remember
◊ *mengenang peristiwa lalu* to remember past events

♦ **mengenang budi** grateful
♦ **tidak mengenang budi** ungrateful

mengenangkan KATA KERJA
to think of
◊ *Lina menangis apabila mengenangkan anaknya yang berada di kampung.* Lina cried when she thought of her child in the village.

terkenangkan KATA KERJA
to think of
◊ *Nina ketawa apabila terkenangkan zaman kanak-kanaknya.* Nina laughed when she thought of her childhood.

kenangan KATA NAMA
memory (JAMAK **memories**)

kenapa KATA TANYA
why
◊ *Kenapakah anda datang lewat?* Why are you late?

kenari KATA NAMA
canary (JAMAK **canaries**)

Malay ~ English — kencang → kepak

kencang KATA ADJEKTIF
  1. *strong*
  ◊ *angin yang kencang* a strong wind
  2. *fast*
  ◊ *Lariannya sangat kencang.* He runs very fast.

kencing KATA NAMA
  urine
  • **air kencing** urine
  kencing manis diabetes
  terkencing KATA KERJA
  to wet oneself
  • **Budak lelaki itu terkencing semasa tidur.** The boy wet his bed during his sleep.

kendali
  mengendalikan KATA KERJA
  1. *to handle*
  ◊ *Anita akan mengendalikan projek itu.* Anita will handle the project.
  2. *to operate*
  ◊ *mengendalikan mesin* to operate a machine
  pengendalian KATA NAMA
  1. *handling*
  ◊ *pengendalian projek itu* the handling of the project
  2. *operation*
  ◊ *pengendalian mesin itu* the operation of the machine

kenderaan KATA NAMA
  vehicle

kendur KATA KERJA
  to sag
  ◊ *Dawai itu kendur apabila cuaca panas.* The wire sags when it is hot.
  mengendur KATA KERJA
  to sag
  ◊ *Dawai itu mula mengendur apabila cuaca menjadi panas.* The wire sagged when the weather turned warm.
  • **Otot yang panas dan menegang.** Muscles slacken and tighten.
  mengendurkan KATA KERJA
  to loosen up
  ◊ *Jururawat itu mengurut kaki pesakit itu untuk mengendurkan otot-ototnya.* The nurse massaged the patient's leg to loosen up his muscles.
  penguranduran KATA NAMA
  loosening
  ◊ *pengenduran otot* loosening of muscles
  • **Cuaca yang panas menyebabkan pengenduran dawai-dawai itu.** The hot weather caused the wires to sag.

kenduri KATA NAMA
  feast
  ◊ *kenduri arwah* funeral feast
  ◊ *kenduri kahwin* wedding feast

kening KATA NAMA
  eyebrow
  • **bulu kening** eyebrow

kental KATA ADJEKTIF
  curdled
  ◊ *susu yang kental* curdled milk
  • **Dia mempunyai semangat yang kental.** He's strong-willed.
  kekentalan KATA NAMA
  • **kekentalan jiwa** strength of will
  ◊ *Kekentalan jiwanya menghadapi dugaan membuat saya kagum.* His strength of will in confronting difficulties amazed me.

kentang KATA NAMA
  potato (JAMAK **potatoes**)
  ◊ *kentang lecek* mashed potato
  • **kentang goreng** French fries

kentut KATA KERJA
  | rujuk juga **kentut** KATA NAMA |
  to fart (tidak formal)
  terkentut KATA KERJA
  to fart (tidak formal)

kentut KATA NAMA
  | rujuk juga **kentut** KATA KERJA |
  flatulence

kenyal KATA ADJEKTIF
  elastic
  ◊ *Bola yang diperbuat daripada getah lebih kenyal.* A ball made from rubber is more elastic.

kenyang KATA ADJEKTIF
  full
  ◊ *Saya sudah kenyang.* I'm full.
  kekenyangan KATA ADJEKTIF
  full
  ◊ *Saya kekenyangan.* I'm full.
  mengenyangkan KATA KERJA
  to be enough for
  ◊ *Dua mangkuk nasi sudah mengenyangkan saya.* Two bowls of rice are enough for me.

kenyit
  mengenyit KATA KERJA
  to wink
  ◊ *Brian mengenyit kepada isterinya.* Brian winked at his wife.
  mengenyitkan KATA KERJA
  • **mengenyitkan mata** to wink ◊ *Hendra mengenyitkan matanya kepada Zalia.* Hendra winked at Zalia.

kepada KATA SENDI
  to
  ◊ *Ramsay memberikan surat itu kepada Julia.* Ramsay gave the letter to Julia.

kepak KATA NAMA
  wing
  mengepak-ngepakkan KATA KERJA

to flap one's wings
◊ *Ayam jantan itu mengepak-ngepakkan sayapnya.* The cock flapped its wings.

kepal PENJODOH BILANGAN
handful
◊ *sekepal nasi* a handful of rice
mengepalkan KATA KERJA
to clench
◊ *Alex mengepalkan tangannya.* Alex clenched his fist.

kepala KATA NAMA
head
♦ **kepala batu** headstrong
♦ **sakit kepala** headache
mengepalai KATA KERJA
to head
◊ *Frank telah dipilih untuk mengepalai ekspedisi itu.* Frank has been chosen to head the expedition.

kepalang KATA ADJEKTIF
little
♦ **bukan kepalang** extremely ◊ *Tempat itu cantik bukan kepalang.* The place is extremely beautiful. ◊ *Sakitnya bukan kepalang.* It is extremely painful.

kepialu KATA NAMA
♦ **demam kepialu** typhoid

kepil
mengepilkan KATA KERJA
to attach
◊ *Saya akan mengepilkan sekeping cek bersama dengan surat ini.* I'll attach a cheque with this letter.

keping PENJODOH BILANGAN
1 *piece*
◊ *dua keping roti* two pieces of bread
2 *sheet*
◊ *empat keping kertas* four sheets of paper
kepingan KATA NAMA
pieces
◊ *kepingan kaca yang pecah* pieces of broken glass

kepit
berkepit KATA KERJA
to hold
◊ *Mereka berjalan berkepit tangan.* They held hands as they walked.
mengepit KATA KERJA
to hold
◊ *Pensyarah itu mengepit sebuah buku di bawah ketiaknya.* The lecturer held a book under his arm. ◊ *Randy mengepit sebatang rokok di celah jarinya.* Randy held a cigarette between his fingers.
terkepit KATA KERJA
to hold
◊ *Rokok itu masih terkepit di jarinya.* He's still holding the cigarette between his fingers.

kepompong KATA NAMA
pupa (JAMAK **pupae**)

kepul KATA NAMA
cloud
◊ *kepul-kepul asap* clouds of smoke
berkepul, berkepul-kepul KATA KERJA
♦ **asap yang berkepul-kepul** clouds of smoke ◊ *Pembakaran sampah menyebabkan asap yang berkepul-kepul naik ke atmosfera.* Burning rubbish causes clouds of smoke to rise into the atmosphere.

kepulan KATA NAMA
clouds
◊ *Lihat kepulan asap itu!* Look at the clouds of smoke!

kepung
mengepung KATA KERJA
to surround
◊ *Penduduk kampung berjaya mengepung pencuri itu.* The villagers managed to surround the thief.
pengepungan KATA NAMA
siege
◊ *Pengepungan itu sudah berakhir.* The siege has ended.
♦ **Berita tentang pengepungan pihak tentera di kem pelarian itu mendapat liputan luas.** The army's surrounding of the refugee camp received wide coverage.
terkepung KATA KERJA
to be surrounded
◊ *Akhirnya, terkepung juga penculik-penculik itu.* Finally, the kidnappers were surrounded.
kepungan KATA NAMA
encirclement
♦ **Beruang itu berjaya melepaskan diri daripada kepungan orang ramai.** The bear managed to escape from the crowd that encircled it.

kera KATA NAMA
monkey

kerabat KATA NAMA
relatives
♦ **kerabat diraja** royal family
(JAMAK **royal families**)
♦ **kaum kerabat** relatives

kerah KATA NAMA
national service
mengerahkan KATA KERJA
to force
◊ *Maharaja China telah mengerahkan rakyatnya membina Tembok Besar China.* The Emperor of China forced his people to build the Great Wall of China.
♦ **Pasukan penyelamat dikerahkan ke**

tempat kejadian. The rescue team was dispatched to the scene.
pengerahan KATA NAMA
conscription (*untuk memasuki angkatan tentera*)
◊ **Dasar pengerahan yang diamalkan telah menyebabkan rakyat negara itu menderita.** The people suffered under the system of forced labour.
kerahan KATA NAMA
• **tentera kerahan** conscript
• **kerahan tenaga pekerja** forced labour
kerajang KATA NAMA
foil
◊ *kerajang aluminium* aluminium foil
kerak KATA NAMA
crust
◊ *kerak nasi* the crust on cooked rice
• **kerak bumi** the earth's crust
keramat KATA ADJEKTIF
sacred
kerana KATA HUBUNG
1 *because*
◊ *Orang memanggilnya Mitch kerana namanya ialah Mitchell.* People call him Mitch because his name is Mitchell.
2 *for*
◊ *kerana takut dikritik* for fear of being criticized
keranda KATA NAMA
coffin
kerang KATA NAMA
cockles
kerang-kerangan KATA NAMA
shellfish (JAMAK **shellfish**)
kerangka KATA NAMA *rujuk* **rangka**
kerani KATA NAMA
clerk
perkeranian KATA NAMA
clerical
◊ *kerja-kerja perkeranian* clerical work
keranjang KATA NAMA
basket
• **bola keranjang** basketball
kerap KATA BANTU
often
◊ *Mereka kerap datang ke sini selepas kerja.* They often come here after work.
• **kerap kali** often
kekerapan KATA NAMA
frequency
◊ *Kekerapan Mimi pergi ke Kuala Lumpur menyebabkan suaminya berasa sangsi.* The frequency of Mimi's visits to Kuala Lumpur has made her husband suspicious.
keras KATA ADJEKTIF
hard
◊ *lantai kayu yang keras* hard wooden floor
• **keras hati** stubborn
• **membantah dengan keras** to strongly disagree
• **minuman keras** alcoholic drinks
• **tindakan yang keras** stern action
berkeras KATA KERJA
to insist
◊ *Dia berkeras untuk membayar.* She insisted on paying.
mengeraskan KATA KERJA
to harden
◊ *Kita boleh mengeraskan mangkuk tanah liat ini dengan membakarnya.* We can harden this clay bowl by firing it.
kekerasan KATA NAMA
force
◊ *Kerajaan tidak mahu menggunakan kekerasan untuk meleraikan demonstrasi-demonstrasi itu.* The government refused to use force to break up the demonstrations.
kerat KATA NAMA
rujuk juga **kerat** PENJODOH BILANGAN
piece
◊ *Kami memotong batang kayu itu kepada tiga kerat.* We cut the trunk of the tree into three pieces.
• **Jangan buat kerja sekerat jalan.** Don't leave your work half-finished.
mengerat KATA KERJA
to cut
◊ *Penebang itu mengerat dahan itu kepada beberapa bahagian.* The lumberjack cut the branch into a number of pieces.
keratan KATA NAMA
piece
◊ *Pak Wan menjual keratan-keratan kayu di pasar.* Pak Wan sells pieces of wood in the market.
• **keratan akhbar** newspaper cuttings
kerat PENJODOH BILANGAN
rujuk juga **kerat** KATA NAMA
length
◊ *empat kerat dawai* four lengths of wire ◊ *beberapa kerat rotan* several lengths of rattan
• **pantun dua kerat** two-line pantun
kerbau KATA NAMA
buffalo (JAMAK **buffaloes** atau **buffalo**)
kerdil KATA ADJEKTIF
dwarf
• **orang kerdil** dwarf
kerdip KATA KERJA *rujuk* **kedip**
kerekot KATA ADJEKTIF
crooked
◊ *jari yang kerekot* crooked finger
mengerekot KATA KERJA

to curl up
◊ *Aziani mengerekot di atas katil kerana kesejukan.* Aziani curled up in her bed because she was cold.

kerenah KATA NAMA
whim
◊ *Susah benar hendak melayan kerenah budak itu!* It's very hard to satisfy the boy's every whim!

kerengga KATA NAMA
ant (terjemahan umum)

kerepek KATA NAMA
crisp
◊ *kerepek kentang berperisa keju dan bawang putih* cheese and onion potato crisps

kereta KATA NAMA
car
- **lumba kereta** motor racing
- **pemandu kereta** motorist
- **tempat letak kereta** car park
- **kereta kabel** cable car
- **kereta kebal** tank
- **kereta kuda** carriage
- **kereta lembu** bullock cart
- **kereta lumba** racing car
- **kereta peronda** patrol car
- **kereta sorong** hand cart
- **kereta sorong bayi** pram
- **kereta sport** sports car
  berkereta KATA KERJA
  to drive
  ◊ *Kate berkereta ke tempat kerja.* Kate drives to work.

kereta api KATA NAMA
train
- **kereta api barang** goods train
- **kereta api bawah tanah** underground train

kerikil KATA NAMA
hardcore
- **batu kerikil** hardcore

kerincing KATA NAMA
triangle (alat muzik)

kering KATA ADJEKTIF
dry
◊ *kain kering* dry cloth
- **kering-kontang** bone dry
- **ikan kering** dried fish (JAMAK **dried fish**)
- **kelapa kering** copra
  kekeringan KATA NAMA
  dryness
  ◊ *kekeringan rambut* dryness of the hair
  mengeringkan KATA KERJA
  to dry
  ◊ *Dia menyidai tuala basah itu di luar rumah untuk mengeringkannya.* She hung the wet towel outside the house to dry it.
- **Mereka sedang mengeringkan tasik itu.** They're draining the lake.
  pengering KATA NAMA
  dryer
  ◊ *pengering rambut* hair dryer
  pengeringan KATA NAMA
  draining
  ◊ *Pengeringan tasik itu akan dilakukan pada bulan Jun.* The draining of the lake will be carried out in June.

keringat KATA NAMA
[1] *sweat*
◊ *Baju Zaid dibasahi keringat.* Zaid's shirt was soaking with sweat.
[2] *effort*
◊ *Kekayaan Bobby diperoleh dengan keringatnya sendiri.* Bobby's wealth was obtained through his own efforts.

kerinting KATA ADJEKTIF
curly
◊ *rambut kerinting* curly hair
mengerintingkan KATA KERJA
to perm
◊ *Sue telah mengerintingkan rambutnya untuk majlis itu.* Sue had permed her hair for the ceremony.

kerip
mengerip KATA KERJA
to nibble
◊ *Arnab itu sedang mengerip sebiji lobak merah.* The rabbit is nibbling a carrot.

keris KATA NAMA
kris (JAMAK **krises**)

kerit rujuk **kerip**

keriting KATA ADJEKTIF rujuk **kerinting**

keriut
berkeriut KATA KERJA
to squeak
◊ *Pintu itu berkeriut apabila dibuka.* The door squeaked when it was opened.

kerja KATA NAMA
[1] *work*
◊ *Saya belum menyiapkan kerja saya lagi.* I haven't finished my work yet.
[2] *job*
◊ *Kami dapat melakukan kerja pengurusan itu jauh lebih baik daripada mereka.* We could do a far better job of managing than they have.
- **kerja kayu** woodwork
- **kerja-kerja menulis** paperwork
- **kerja rumah** homework
- **kerja sambilan** part-time job
- **kerja sepenuh masa** full-time job
- **tempat kerja** workplace
  bekerja KATA KERJA

to work
◊ *Pengawal keselamatan terpaksa bekerja dua belas jam sehari.* Security guards have to work twelve hours a day.
- **bekerja sendiri** self-employed

mengerjakan KATA KERJA
to work
◊ *Malim telah mengerjakan sawah padi itu sejak dua puluh tahun yang lalu.* Malim has been working in the paddy fields for the past twenty years.
- **mengerjakan sembahyang** to perform prayers

pekerja KATA NAMA
employee
- **kelas pekerja** working-class

pekerjaan KATA NAMA
occupation
◊ *Apakah pekerjaan anda?* What's your occupation?
- **Beribu-ribu orang telah kehilangan pekerjaan mereka.** Thousands of people have lost their jobs.
- **Angela tidak dapat mencari pekerjaan.** Angela was unable to find employment.

sekerja KATA ADJEKTIF
- **kesatuan sekerja** trade union
- **rakan sekerja** colleague

kerjasama KATA NAMA
co-operation
◊ *kerjasama ekonomi* economic co-operation

bekerjasama KATA KERJA
to co-operate
◊ *Kami akan bekerjasama untuk menjayakan pameran itu.* We're going to co-operate to make the exhibition a success.

kerjaya KATA NAMA
career

kerling KATA NAMA
sidelong glance

mengerling KATA KERJA
to glance sideways
◊ *Dia mengerling ke arah wanita yang mengandung itu.* He glanced sideways at the pregnant woman.

kerlingan KATA NAMA
sidelong glance

kerlip KATA KERJA rujuk **kelip (1)**

kerongkong KATA NAMA
throat

kerongsang KATA NAMA
brooch (JAMAK **brooches**)

keropok KATA NAMA
crackers

kertas KATA NAMA
paper
- **kertas catatan** notepaper
- **kertas hias dinding** wallpaper
- **kertas kerja** proposal
- **kertas minyak** greaseproof paper
- **kertas pasir** sandpaper
- **kertas peperiksaan** exam paper
- **kertas surih** tracing paper
- **wang kertas** banknote

keruh KATA ADJEKTIF
turbid
◊ *air keruh di dalam akuarium* the turbid water in the aquarium

kekeruhan KATA NAMA
turbidity
◊ *Kekeruhan air di dalam akuarium itu menyebabkan banyak ikan mati.* The turbidity of the water in the aquarium caused many fish to die.

mengeruhkan KATA KERJA
[1] *to make ... murky*
◊ *Lim memasukkan lumpur untuk mengeruhkan air di dalam bekas itu.* Lim put mud in to make the water in the container murky.
[2] *to cloud*
◊ *Saya tidak memarahinya kerana tidak mahu mengeruhkan suasana.* I didn't scold him because I didn't want to cloud the atmosphere.

kerumun
berkerumun KATA KERJA
to gather
◊ *Kami semua berkerumun di ruang tamu.* We all gathered in the living room.

mengerumuni KATA KERJA
to gather around
◊ *Kanak-kanak mengerumuni lelaki itu untuk mendengar ceritanya.* The children gathered around the man to listen to his story.

kerusi KATA NAMA
[1] *chair*
[2] *seat*
◊ *memenangi satu kerusi dalam pilihan raya* to win a seat at the election
- **kerusi anduh** deckchair
- **kerusi goyang** rocking chair
- **kerusi malas** easy chair
- **kerusi panjang** couch (JAMAK **couches**)
- **kerusi roda** wheelchair
- **kerusi tangan** armchair

pengerusi KATA NAMA
chairperson

mempengerusikan KATA KERJA
to chair
◊ *Hafiz akan mempengerusikan mesyuarat itu kali ini.* Hafiz will chair the meeting this time.

kerut KATA NAMA

kerutu → ketam (1)

wrinkle
berkerut KATA KERJA
to wrinkle
◊ *Mukanya berkerut kerana kesakitan.* Her face wrinkled in pain.
mengerut KATA KERJA
to wrinkle
◊ *Kulit anda akan mengerut apabila anda semakin tua.* Your skin will wrinkle as you grow older.
mengerutkan KATA KERJA
• **mengerutkan dahi** to frown ◊ *Pelajar itu mengerutkan dahinya kerana tidak memahami soalan tersebut.* The student frowned because he didn't understand the question.

kerutu
mengerutu KATA KERJA
roughened
◊ *kulitnya yang mengerutu* his roughened skin

kes KATA NAMA
case
◊ *Kes-kes pecah amanah semakin banyak.* Cases of breach of trust are increasing.

kesal KATA ADJEKTIF
1 *disappointed*
◊ *Kami kesal dengan tindakan majikan kami.* We're disappointed with our employer's action.
2 *to regret*
◊ *Saya kesal kerana tidak sempat meminta maaf daripadanya.* I regret that I don't have the chance to ask for his forgiveness.
kekesalan KATA NAMA
1 *disappointment*
◊ *Para pemain melahirkan kekesalan mereka kerana gagal merampas kembali piala itu.* The players expressed their disappointment in failing to win back the cup. ◊ *Menteri itu menyatakan kekesalannya atas tindakan penyokong-penyokongnya kelmarin.* The minister expressed his disappointment at his supporters' actions yesterday.
2 *regret*
◊ *Gadis itu memohon maaf sebagai tanda kekesalannya atas kelakuannya tempoh hari.* The girl apologized as a sign of her regret at her behaviour the other day.
mengesali KATA KERJA
to feel disappointed
◊ *Pengurus itu mengesali sikap pekerja-pekerjanya yang tidak bertanggungjawab itu.* The manager felt disappointed by the irresponsible attitude of his employees.

kesan KATA NAMA
stain
◊ *kesan minyak* oil stain
• **kesan khas** special effects
• **kesan rumah hijau** the greenhouse effect
• **kesan sampingan** side-effect
berkesan KATA KERJA
effective
◊ *sistem pengangkutan awam yang berkesan* an effective public transport system
keberkesanan KATA NAMA
effectiveness
◊ *keberkesanan komputer sebagai alat pembelajaran* the effectiveness of computers as an educational tool
mengesan KATA KERJA
1 *to trace*
◊ *Mereka mengesan van itu sehingga ke New Jersey.* They traced the van to New Jersey.
2 *to track down*
◊ *Pihak polis tidak dapat mengesan pembunuh tersebut.* The police couldn't track down the killer.
pengesan KATA NAMA
detector
• **alat pengesan logam** metal detector
• **anjing pengesan** tracker dog

kesat KATA ADJEKTIF
1 *rough*
2 *coarse*
◊ *kain kesat* coarse fabric
• **kata-kata kesat** harsh words
mengesat KATA KERJA
to wipe
◊ *Lainey mengesat tangannya dengan tuala.* Lainey wiped her hands with a towel.
pengesat KATA NAMA
• **pengesat kaki** doormat
• **kain pengesat** duster

ketak KATA NAMA
tap (bunyi)
berketak KATA KERJA
to cluck (ayam)
berketak-ketak KATA KERJA
wavy
◊ *Rambutnya yang berketak-ketak menjadikan wajahnya lebih tampan.* With his wavy hair he looks more handsome.
berketak-ketik KATA KERJA
to patter
◊ *Hujan yang turun berketak-ketik dengan perlahan di luar.* Rain pattered gently outside.

ketam (1) KATA NAMA
crab

ketam (2) KATA NAMA
plane
mengetam KATA KERJA
to plane
◊ *Saya mengetam permukaan kayu itu.* I planed the surface of the wood.
pengetaman KATA NAMA
planing
◊ *Kerja-kerja pengetaman mengambil masa tiga hari.* The planing takes three days.

ketap
mengetap, mengetapkan KATA KERJA
to clench
◊ *Kent mengetap giginya.* Kent clenched his teeth.

ketar KATA ADJEKTIF
trembling
terketar-ketar KATA KERJA
to tremble
◊ *Suara Salmah terketar-ketar ketika menjawab soalan emaknya.* When she answered her mother's question, Salmah's voice trembled.

ketara KATA ADJEKTIF
obvious
◊ *perubahan yang ketara* an obvious change
♦ **satu persamaan yang amat ketara** a striking resemblance
♦ **tidak ketara** subtle

ketat KATA ADJEKTIF
1 *tight*
◊ *baju yang ketat* a tight shirt
2 *strict*
◊ *peraturan yang ketat* a strict rule
♦ **dengan ketat** tightly
♦ **musuh ketat** rival
memperketat KATA KERJA
to tighten
◊ *Mereka memperketat kawalan sejak tempat itu dimasuki penceroboh.* They have tightened the security since the break-in.
mengetatkan KATA KERJA
to tighten
◊ *Julian mengetatkan skru itu dengan pemutar skru.* Julian tightened the screw with a screwdriver.

ketawa KATA KERJA *rujuk* **tawa**

ketayap KATA NAMA
headgear (terjemahan umum)

ketiak KATA NAMA
armpit

ketika KATA HUBUNG
rujuk juga **ketika** KATA NAMA
1 *when*
◊ *Husnita sedang memasak ketika Amutha datang.* Husnita was cooking when Amutha came.
2 *while*
◊ *Tom nampak lelaki tua itu ketika dia berjalan di taman.* Tom saw the old man while walking in the park.

ketika KATA NAMA
rujuk juga **ketika** KATA HUBUNG
moment
◊ *Saya sedang bermain catur pada ketika itu.* I was playing chess at that moment.
seketika KATA ADJEKTIF
a moment
◊ *untuk seketika* for a moment

keting KATA NAMA
area above the heel
♦ **urat keting** Achilles tendon

ketip KATA NAMA *rujuk* **pengetip**
mengetip KATA KERJA
1 *to bite* (serangga)
2 *to pinch*
♦ **mengetip kuku** to cut one's nails
pengetip KATA NAMA
♦ **pengetip kuku** nail clippers

ketot KATA ADJEKTIF
short
◊ *pokok palma yang ketot* a short palm tree ◊ *Dia ketot.* He's short.

ketua KATA NAMA
1 *leader*
◊ *Sebagai ketua, saya bertanggungjawab sepenuhnya.* As leader, I am fully responsible.
2 *head*
◊ *ketua-ketua kerajaan* heads of government
♦ **Ketua Menteri** Chief Minister
♦ **Ketua Pengawas** Head Prefect
♦ **ketua pasukan** captain
mengetuai KATA KERJA
1 *to head*
◊ *Dr. Franz mengetuai Parti Sosialis selama empat tahun.* Dr Franz headed the Socialist Party for four years.
2 *to lead*
◊ *Owen akan mengetuai pasukan itu.* Owen will lead the team.
pengetua KATA NAMA
principal

ketuat KATA NAMA
wart

ketuhar KATA NAMA
oven
♦ **ketuhar gelombang mikro** microwave

ketuk KATA KERJA
to knock
◊ *Jangan ketuk pintu saya.* Don't knock at my door.
mengetuk KATA KERJA

ketul → khayal

to knock
◊ *Dia mengetuk pintu sebelum memasuki bilik pengetua.* He knocked before entering the headmaster's room.
pengetuk KATA NAMA
hammer
ketukan KATA NAMA
knock
◊ *Mereka terdengar satu ketukan pada pintu depan.* They heard a knock at the front door.
♦ **ketukan perlahan** tap
ketul PENJODOH BILANGAN
1 *lump*
◊ *dua ketul gula* two lumps of sugar
2 *piece*
◊ *seketul daging* a piece of meat
ketulan KATA NAMA
chunk
◊ *ketulan ikan tongkol* tuna chunks
ketus
mengetus, mengetuskan KATA KERJA
to drain
♦ **Wati mengetus pinggan-pinggan itu sebelum menyimpannya.** Wati left the plates to dry before putting them away.
khabar KATA NAMA
news
◊ *Ele tidak mendapat sebarang khabar daripada Farizah.* Ele didn't receive any news from Farizah.
♦ **khabar angin** rumour
♦ **bertanya khabar** to ask after
mengkhabarkan KATA KERJA
to inform
◊ *Kami mengkhabarkan berita baik itu kepada Joseph.* We informed Joseph of the good news.
perkhabaran KATA NAMA rujuk **khabar**
khabarnya KATA PENEGAS
they say that
◊ *Khabarnya Jalil akan dinaikkan pangkat lagi.* They say that Jalil will be promoted again. ◊ *Khabarnya bapa Hadi kaya.* They say that Hadi has a rich father.
khairat KATA NAMA
donation
khalayak KATA NAMA
the public
♦ **khalayak ramai** the public
khalifah KATA NAMA
caliph
khalwat KATA NAMA
close proximity
> keadaan lelaki dan perempuan yang belum berkahwin berdua-duaan di tempat terpencil dan sunyi

berkhalwat KATA KERJA

to be alone together
◊ *Mereka ditangkap kerana berkhalwat di taman itu.* They were arrested because they were alone together in the park.
Khamis KATA NAMA
Thursday
◊ *pada hari Khamis* on Thursday
khas KATA ADJEKTIF
special
◊ *kesan-kesan khas* special effects
♦ **Larry menujukan lagu ini khas kepada Vivian.** Larry dedicated this song specially to Vivian.
mengekhaskan KATA KERJA
1 *to reserve*
◊ *Kami mengekhaskan tiga tempat duduk itu untuk tetamu kami.* We reserved the three seats for our guests.
2 *to earmark*
◊ *Kerajaan mengekhaskan kawasan itu untuk membina sekolah.* The government earmarked the area to build a school.
khasnya KATA PENEGAS
specifically
◊ *Keutamaan akan diberi khasnya kepada golongan tua.* Priority will be given specifically to the elderly.
khasiat KATA NAMA
nutrition
berkhasiat KATA KERJA
nutritious
◊ *makanan yang berkhasiat* nutritious food
♦ **tidak berkhasiat** unhealthy
khatan KATA NAMA
circumcision
◊ *Orang Islam mengamalkan khatan untuk tujuan keagamaan.* Muslims practise circumcision for religious reasons.
berkhatan KATA KERJA
to be circumcised
◊ *Dia berkhatan mengikut agama Yahudi.* He had been circumcised as required by Jewish law.
♦ **upacara berkhatan** circumcision ceremony
mengkhatankan KATA KERJA
to circumcise
◊ *Doktor itu mengkhatankan beberapa orang budak lelaki di kliniknya.* The doctor circumcised several boys in his clinic.
khatib KATA NAMA
preacher in a mosque
khatulistiwa KATA NAMA
equator
khayal KATA ADJEKTIF
engrossed

◊ *Tony tidak menyedari kehadiran saya kerana terlalu khayal dengan kerjanya.* Tony didn't notice me because he was too engrossed in his work.
- **pil khayal** ecstasy

berkhayal KATA KERJA
to daydream
◊ *Guru Michael memarahinya kerana dia sering berkhayal di dalam kelas.* Michael's teacher scolds him because he's always daydreaming in class.

mengkhayalkan KATA KERJA
[1] *to make ... high*
◊ *Pil itu boleh mengkhayalkan.* The pill can make us high.
[2] *enchanting*
◊ *Nyanyiannya sungguh mengkhayalkan.* Her singing is really enchanting.

pengkhayal KATA NAMA
dreamer

khayalan KATA NAMA
daydream
◊ *Jessica tersentak dari khayalannya.* Jessica was startled from her daydream.

khazanah KATA NAMA
heritage
◊ *khazanah budaya* cultural heritage
- **khazanah ilmu** archive

khemah KATA NAMA
tent
- **khemah pelarian** refugee camp

berkhemah KATA KERJA
to camp
◊ *Kami berkhemah berdekatan pantai.* We camped near the beach.

perkhemahan KATA NAMA
camping
◊ *Perkhemahan meninggalkan kenangan manis kepada kami.* Camping left us with very pleasant memories.
- **tapak perkhemahan** campsite
- **ahli perkhemahan** camper

khianat KATA ADJEKTIF
treacherous
◊ *Jangan bersikap khianat.* Don't be treacherous.
- **Hanya orang seperti dia sahaja yang sanggup berbuat khianat pada negara sendiri.** Only someone like him would be prepared to betray his own country.

mengkhianati KATA KERJA
to betray
◊ *Sally mengkhianati rakan sekerjanya untuk mendapatkan kenaikan pangkat.* Sally betrayed her colleague in order to get promoted.

pengkhianat KATA NAMA
traitor
◊ *pengkhianat negara* a traitor to one's country

pengkhianatan KATA NAMA
betrayal
◊ *pengkhianatan terhadap negara* betrayal of one's country

khidmat KATA NAMA
service
◊ *Syarikat itu masih memerlukan khidmat Peter.* The company still needs Peter's services.
- **khidmat nasihat** consultancy service

perkhidmatan KATA NAMA
service
◊ *perkhidmatan kesihatan* health service ◊ *perkhidmatan pos* postal service ◊ *perkhidmatan tentera* the armed services

khinzir KATA NAMA
pig
- **daging khinzir** pork

khuatir KATA ADJEKTIF
to worry
◊ *Saya tidak akan khuatir sekiranya dia datang ke rumah saya.* It won't worry me if he comes to my house.

kekhuatiran KATA NAMA
worry (JAMAK **worries**)
◊ *Cheryl tidak mempunyai sebarang kekhuatiran tentang kesihatan suaminya.* Cheryl had no worries about her husband's health.

mengkhuatiri KATA KERJA
to worry
◊ *Janganlah awak mengkhuatiri saya. Saya tidak akan apa-apa.* Don't you worry about me, I'll be all right.
- **Tempat itu dikhuatiri masih belum selamat.** There are worries that the place is still unsafe.

mengkhuatirkan KATA KERJA
to worry
◊ *Sikapnya itu mengkhuatirkan saya.* His behaviour worries me.

khusus KATA ADJEKTIF
[1] *specifically*
◊ *hospital pertama yang dibina khusus untuk pesakit-pesakit AIDS* the first hospital designed specifically for people with AIDS
[2] *particular*
◊ *Dia menunjukkan minat yang khusus terhadap subjek itu.* He showed a particular interest in the subject.
- **Situasi di Indonesia khususnya sungguh membimbangkan.** The situation in Indonesia in particular is worrying.

mengkhusus KATA KERJA

khusyuk → kibar

1 *to major*
◊ Saya mengkhusus dalam bidang Terjemahan dan Interpretasi. I majored in Translation and Interpretation.
2 *to specialize*
◊ Dr. Russ mengkhusus dalam pembedahan otak. Dr Russ specializes in brain surgery.
mengkhususkan KATA KERJA
to reserve
◊ Bilik ini dikhususkan untuk delegasi dari Malaysia. This room is reserved for Malaysian delegates.
♦ Sean mengkhususkan diri dalam bidang pemasaran. Sean specializes in marketing.
♦ Mereka mengkhususkan lagu itu kepada golongan remaja. They produced the song specially for teenagers.
pengkhususan KATA NAMA
specialization
♦ pengkhususan kerja specialization

khusyuk KATA ADJEKTIF
engrossed
◊ Dia tidak menyedari kehadiran saya kerana terlalu khusyuk dengan kerjanya. He didn't notice me because he was too engrossed in his work.
kekhusyukan KATA NAMA
devotion
◊ Kekhusyukan Tom terhadap kerjanya membimbangkan saya. Tom's devotion to his job worries me.

khutbah KATA NAMA
sermon
berkhutbah KATA KERJA
1 *to preach a sermon*
◊ Imam itu akan berkhutbah sebelum memulakan sembahyang. The imam will preach a sermon before he begins the prayers.
2 *to lecture*
◊ Dia mula berkhutbah kepada kami. He started to lecture us.
pengkhutbah KATA NAMA
preacher

kial
terkial-kial KATA KERJA
to struggle
♦ Dia terkial-kial mengayuh basikal buruknya. It is a struggle for him to pedal his old bicycle.

kiamat KATA KERJA
rujuk juga **kiamat** KATA NAMA
to end
◊ Dia percaya dunia ini akan kiamat tidak lama lagi. He believes that the world is going to end soon.
kiamat KATA NAMA

rujuk juga **kiamat** KATA KERJA
the end of time
◊ Saya akan mencintainya sampai kiamat. I'll love her till the end of time.
♦ **Hari Kiamat** Resurrection Day

kiambang KATA NAMA
water lily (JAMAK **water lilies**)

kian KATA BANTU
to become more ...
◊ kian susah to become more difficult
♦ Jun Lam kian hari kian cantik. Jun Lam gets more beautiful every day.
♦ Han Wen kian hari kian pandai. Han Wen's getting cleverer every day.
♦ Hari kian gelap. It's getting darker and darker.
♦ Kenderaan itu bergerak kian perlahan. The vehicle is slowing down.

sekian KATA PENEGAS
such
◊ Emily ingin melanjutkan pelajarannya setelah bekerja sekian lama. After having worked for such a long time Emily wished to resume her studies.
♦ Sekian sahaja berita untuk malam ini. Selamat malam. That's the news for tonight. Good night.
♦ Sekian, terima kasih. (*surat*) Thank you.
sekian-sekian KATA ADJEKTIF
such-and-such
◊ Dia memberitahu saya bahawa dia akan tiba pada sekian-sekian masa tetapi saya terlupa. He told me he'd arrive at such-and-such a time but I've forgotten when.
♦ Bos kami akan pergi ke Taiping pada sekian-sekian hari. Our boss will be going to Taiping on these dates.

kias KATA NAMA rujuk **kiasan**
berkias KATA KERJA
to use figurative speech
◊ Cikgu itu memang pandai berkias. The teacher is good at using figurative speech.
kiasan KATA NAMA
figurative

kibar
berkibar, berkibar-kibar KATA KERJA
to fly
◊ Bendera Malaysia berkibar di sepanjang jalan itu. Malaysian flags were flying all along the road.
mengibarkan KATA KERJA
to wave
◊ Pelajar-pelajar perlu mengibarkan bendera semasa ketibaan Perdana Menteri. Students have to wave flags when the Prime Minister arrives.
pengibaran KATA NAMA
waving

◊ *Upacara itu dimulakan dengan pengibaran bendera Malaysia.* The ceremony began with the waving of the Malaysian flag.

kibas
mengibas, mengibas-ngibas KATA KERJA
to flick
◊ *Sebelum bermain piano, dia mengibas mata piano dengan kain pengesat.* Before playing, she flicked the piano keys with a duster.
mengibaskan, mengibas-ngibaskan KATA KERJA
1 *to shake ... out*
◊ *Kitie mengibaskan tuala yang berhabuk itu.* Kitie shook the dusty towel out.
2 *to flap*
◊ *Burung itu mengibas-ngibaskan sayapnya.* The bird flapped its wings.
♦ **Lembu itu mengibas-ngibaskan ekornya untuk menghalau lalat.** The cow flicked the flies away with its tail.

kiblat KATA NAMA
direction of the Kaabah (penjelasan umum)

kicap KATA NAMA
soy sauce
◊ *kicap pekat* thick soy sauce

kicau KATA NAMA *rujuk* **kicauan**
berkicau KATA KERJA
to chirp
◊ *Anak burung itu berkicau meminta makanan daripada ibunya.* The nestling chirped to get food from its mother.
berkicauan KATA KERJA
to chirp
◊ *Burung-burung berkicauan.* Birds were chirping.
kicauan KATA NAMA
chirping
◊ *kicauan burung* the chirping of birds

kidal KATA ADJEKTIF
1 *left*
◊ *tangan kidal* left hand
2 *left-handed*
◊ *pemain kidal* left-handed player

kijang KATA NAMA
barking deer

kikir KATA NAMA
file
♦ **kikir kuku** nailfile
mengikir KATA KERJA
to file
◊ *Ayah sedang mengikir kepingan besi itu.* Father is filing the piece of iron.
♦ **Anna mahir membentuk dan mengikir kuku.** Anna's adept at manicuring nails.

kikis
mengikis KATA KERJA
1 *to scrape*
◊ *Kami membantu emak mengikis kerak lilin pada lantai.* We helped mother to scrape the wax off the floor.
2 *to erase*
◊ *Barry cuba mengikis kejadian itu dari ingatannya.* Barry tried to erase the incident from his memory.
♦ **mengikis tabiat buruk** to overcome bad habits
pengikis KATA NAMA
scraper

kilan
terkilan KATA KERJA
aggrieved
◊ *Amy terkilan apabila Sharon memarahinya di khalayak ramai.* Amy was aggrieved when Sharon scolded her in public.

kilang KATA NAMA
factory (JAMAK **factories**)
♦ **kilang bir** brewery (JAMAK **breweries**)
♦ **kilang penapisan** refinery (JAMAK **refineries**)
mengilang KATA KERJA
to manufacture
◊ *Kilang itu mengilang minuman ringan.* The factory manufactures soft drinks.
pengilang KATA NAMA
manufacturer
pengilangan KATA NAMA
manufacturing
◊ *pengilangan senjata-senjata nuklear* the manufacturing of nuclear weapons
perkilangan KATA NAMA
manufacturing
◊ *sektor perkilangan* manufacturing sector

kilas (1)
sekilas KATA ADJEKTIF
a moment
◊ *Saya sempat melihat wajahnya sekilas.* I managed to see his face for a moment.
♦ **sekilas pandang** at first sight ◊ *Sekilas pandang, novel ini sama seperti novel-novel cinta yang lain.* At first sight this novel is just the same as other romantic novels.

kilas (2) KATA KERJA
♦ **pukulan kilas** backhand
mengilas KATA KERJA
to twist
◊ *Anggota polis itu mengilas tangan Julie dan menggarinya.* The police twisted Julie's hands and handcuffed her.

kilat KATA NAMA
1. *lightning*
2. *lustre*
◊ *Barang-barang kemas itu direndam di dalam larutan tersebut untuk mengembalikan kilatnya.* The jewellery was immersed in the solution to restore its lustre.
* **secepat kilat** as fast as lightning
* **kursus kilat** crash course
berkilat, berkilat-kilat KATA KERJA
shining
◊ *Kasut John berkilat.* John's shoes are shining.
mengilatkan KATA KERJA
to polish
◊ *Saya membantu bapa saya mengilatkan kasutnya.* I helped my father to polish his shoes.
pengilat KATA NAMA
polish
◊ *pengilat kasut* shoe polish
* **pengilat kuku** nail varnish

kilau
berkilau, berkilau-kilauan KATA KERJA
to glitter
◊ *Cincin berliannya berkilau di bawah cahaya lampu.* Her diamond ring glitters in the light from the lamps.
kilauan KATA NAMA
glitter
◊ *Kilauan lampu-lampu di sepanjang jalan itu sungguh indah.* The glitter of the lights along the street is very beautiful.

kilir KATA NAMA
* **batu kilir** whetstone
mengilir KATA KERJA
to sharpen
◊ *Esah cuba mengilir kapak itu.* Esah tried to sharpen the axe.

kilo KATA NAMA
kilo (JAMAK **kilos**)

kilogram KATA NAMA
kilogram

kilometer KATA NAMA
kilometre

kimia KATA NAMA
chemistry
* **ahli kimia** chemist
* **bahan kimia** chemicals
* **tindak balas kimia** chemical reaction

kimpal KATA ADJEKTIF
solid
◊ *emas kimpal* solid gold
mengimpal KATA KERJA
to weld
◊ *Di manakah anda belajar mengimpal?* Where did you learn to weld?
pengimpal KATA NAMA
welder
pengimpalan KATA NAMA
welding
◊ *proses pengimpalan* welding process
kimpalan KATA NAMA
welding
◊ *Kimpalan itu tidak sempurna.* The welding was not very good.

kincah
mengincah KATA KERJA
to rinse
◊ *Ruby mengincah cucian itu beberapa kali sebelum menjemurnya.* Ruby rinsed the washing several times before putting it out to dry.
* **Emak saya mengincah daging sebelum memasaknya.** My mother washed the meat before cooking it.

kincir air KATA NAMA
water wheel

kincir angin KATA NAMA
windmill

kinetik KATA ADJEKTIF
kinetic
◊ *tenaga kinetik* kinetic energy

kini KATA ADJEKTIF
now
◊ *Kini anda patut memaafkan Jamilah.* You should forgive Jamilah now.
terkini KATA ADJEKTIF
1. *latest*
◊ *maklumat terkini* latest information
2. *up to date*
◊ *sistem yang terkini* an up to date system

kinja
terkinja-kinja KATA KERJA
to jump for joy
◊ *Budak itu terkinja-kinja apabila melihat alat mainan itu.* The child jumped for joy when he saw the toys.

kios KATA NAMA
kiosk

kipas KATA NAMA
fan
◊ *kipas siling* ceiling fan
berkipas KATA KERJA
to fan oneself
◊ *Kanak-kanak itu berkipas kerana terlalu panas.* The children fanned themselves because it was very hot.
mengipas KATA KERJA
to fan
◊ *Dia mengipas neneknya yang sedang tidur.* He fanned his grandmother who was sleeping.

kira KATA KERJA
1. *to count*
◊ *Tolong kira bilangan pelajar yang*

hadir hari ini. Please count the students who are present today.
② *to calculate*
◊ *Tolong kira perbelanjaan saya hari ini.* Please calculate my expenses for today.
• **Saya kira dia tidak akan datang.** I assume he won't be coming.
• **tidak kira** no matter ◊ *Saya tidak akan memaafkannya, tidak kira berapa kecil sekalipun kesalahan itu.* I will never forgive his wrongdoings, no matter how small. ◊ *Tidak kira berapa umur anda, anda boleh mengurangkan berat badan anda dengan mengikuti program ini.* No matter what your age, you can lose weight by following this program. ◊ *Dia akan memberi ganjaran kepada semua pelabur, tidak kira bila mereka melabur.* He would reward all investors, no matter when they made their investment.

berkira KATA KERJA
to be tight-fisted
◊ *Jangan berkira sangat dengan orang seperti Jarah. Dia bukanlah orang kaya.* You shouldn't be so tight-fisted towards someone like Jarah, she's not well-off.
• **Dia seorang yang berkira. Dia tidak pernah menolong orang tanpa balasan.** He's a very calculating person, he never helps anyone for nothing.

mengira KATA KERJA
① *to count*
◊ *Dia sedang mengira jumlah buku di perpustakaan.* He's counting the books in the library.
② *to calculate*
◊ *Bolehkah anda mengira jumlah cukai yang perlu saya bayar?* Can you calculate the amount of tax that I have to pay?

pengiraan KATA NAMA
calculation
◊ *pengiraan aset-aset mereka* the calculation of their assets
• **pengiraan pengkomputeran** computing

sekiranya KATA HUBUNG
if
◊ *Dia akan menangis sekiranya saya memarahinya.* She will cry if I scold her.

terkira KATA KERJA
• **tidak terkira banyaknya** countless
◊ *Lembu-lembu di ladang itu tidak terkira banyaknya.* There are countless cows in the field.

kiraan KATA NAMA
calculation
◊ *ketepatan kiraan saya* the accuracy of my calculation

kira-kira KATA ADJEKTIF

rujuk juga **kira-kira** KATA NAMA
about
◊ *Kira-kira 500 orang menghadiri perjumpaan itu.* About 500 people attended the meeting.

berkira-kira KATA KERJA
to consider
◊ *Jennifer berkira-kira untuk melanjutkan pelajarannya ke luar negara.* Jennifer's considering continuing her studies overseas.

kira-kira KATA NAMA

rujuk juga **kira-kira** KATA ADJEKTIF
mathematics

kiri KATA ADJEKTIF
left
◊ *di sebelah kiri* on the left ◊ *ke kiri* to the left
• **langkah kiri** unlucky

kirim KATA KERJA
to send
◊ *Kirim surat itu hari ini.* Send that letter today.

mengirim KATA KERJA
to send
◊ *Dia mengirim sepucuk surat kepada bapanya yang tinggal di kampung.* She sent a letter to her father who lives in the village.

mengirimkan KATA KERJA
to send
◊ *Gordon mengirimkan Sammy dua pucuk surat dari Australia.* Gordon sent Sammy two letters from Australia.

pengirim KATA NAMA
sender

pengiriman KATA NAMA
① *dispatch*
◊ *pengiriman surat melalui perkhidmatan kiriman cepat* dispatch of letters through a courier service
② *shipment*
◊ *pengiriman senjata* shipment of weapons

kiriman KATA NAMA
something sent
• **kiriman cepat** courier service
• **kiriman pos** postal order
• **kiriman wang** money order

kisah KATA NAMA
story (JAMAK **stories**)
◊ *kisah benar* true story

mengisahkan KATA KERJA
about
◊ *Filem ini mengisahkan tiga ekor ikan jerung yang membunuh empat orang saintis.* This film is about three sharks that killed four scientists.

pengisahan KATA NAMA

kisar → klien

narrative style
◊ *Pengisahan cerita itu agak mengelirukan.* The narrative style of the story is quite confusing.

kisar
berkisar KATA KERJA
to revolve
◊ *Perbualan mereka berkisar pada keadaan jalan raya yang teruk.* Their conversation revolved around the terrible condition of the road.

berkisarkan KATA KERJA
to focus on
◊ *Filem Hindi selalunya berkisarkan percintaan dan kasih sayang.* Hindi films usually focus on love and affection.

mengisar KATA KERJA
to grind
◊ *Winnie mengisar lada hitam untuk emaknya.* Winnie ground the black pepper for her mother.

pengisar KATA NAMA
grinder

- **mesin pengisar** blender
- **pengisar lada** peppermill

pengisaran KATA NAMA
◊ *pengisaran lada hitam* the grinding of black pepper

kisaran KATA NAMA
- **kisaran air** whirlpool
- **kisaran angin** whirlwind

kisi
kisi-kisi, kekisi KATA NAMA
grille
◊ *Mereka memasang kekisi pada semua tingkap di rumah itu.* They fix grilles to all the windows in the house.

kismis KATA NAMA
currant

kita KATA GANTI NAMA
we
◊ *Kita mesti bersatu padu untuk menentang musuh.* We must unite against the enemy.

kekitaan KATA NAMA
- **semangat kekitaan** sense of belonging to a group

kitab KATA NAMA
holy scripture
- **Kitab Injil** the New Testament
- **kitab suci (1)** holy scriptures
- **kitab suci (2)** Holy Bible

kitar
sekitar KATA ADJEKTIF
around
◊ *kawasan di sekitar masjid baru itu* the area around the new mosque
◊ *berjalan di sekitar bandar* to walk around the town

persekitaran KATA NAMA
[1] *environment*
◊ *Kembar tersebut dipisahkan dan dibesarkan dalam persekitaran yang berbeza.* The twins were separated and brought up in entirely different environments.
[2] *surroundings*
◊ *Jacky terpaksa menyesuaikan dirinya dengan persekitaran barunya.* Jacky had to adapt himself to his new surroundings.

kitaran KATA NAMA
cycle
◊ *kitaran hidup* life cycle

kitar semula KATA ADJEKTIF
recycled
◊ *Laporan itu dicetak di atas kertas kitar semula.* The report is printed on recycled paper.
- **tong kitar semula** recycling bin

mengitar semula KATA KERJA
to recycle
◊ *Objektif mereka adalah untuk mengitar semula 98 peratus bahan buangan domestik.* Their objective is to recycle 98 per cent of domestic waste.

kitaran semula KATA NAMA
recycling

kiub KATA NAMA
cube
◊ *kiub ais* ice cube

klac KATA NAMA
clutch (JAMAK **clutches**)

klarinet KATA NAMA
clarinet

klasifikasi KATA NAMA
classification

mengklasifikasi KATA KERJA
to classify
◊ *Koroner itu mengklasifikasi kematiannya sebagai membunuh diri.* The coroner classified his death as suicide.

klasik KATA ADJEKTIF
[1] *classic*
◊ *Fesyen-fesyen ciptaannya sungguh klasik.* The fashions which she created are very classic.
[2] *classical*
◊ *bahasa klasik* classical language
◊ *muzik klasik* classical music
◊ *sastera klasik* classical literature

klausa KATA NAMA
clause

klien KATA NAMA
client
◊ *seorang peguam cara dan kliennya* a solicitor and his client

klik KATA KERJA

> rujuk juga **klik** KATA NAMA

to click (komputer)
- **klik dua kali** to double-click
  mengklik KATA KERJA
  to click
- **mengklik dua kali** to double-click

klik KATA NAMA

> rujuk juga **klik** KATA KERJA

click

klimaks KATA NAMA
climax
◊ *klimaks kerjayanya* the climax of her career

klinik KATA NAMA
clinic

klip KATA NAMA
clip
◊ *klip kertas* paper clip

klon KATA NAMA
clone
◊ *klon komputer* computer clones ◊ *klon manusia* human clones
- **menghasilkan klon** to clone

klorin KATA NAMA
chlorine
pengklorinan KATA NAMA
chlorination

klorofil KATA NAMA
chlorophyll

kobar
berkobar-kobar KATA KERJA
- **semangat yang berkobar-kobar** great fervour ◊ *Jerry berucap dengan semangat yang berkobar-kobar.* Jerry spoke with great fervour.
- **Semangatnya berkobar-kobar untuk menentang musuh negara.** He's full of enthusiasm to fight against the national foe.

koboi KATA NAMA
cowboy
- **buku cerita koboi** western
- **filem koboi** western

kocak KATA NAMA
splash (JAMAK **splashes**)
- **susu kocak** milk shake
  berkocak KATA KERJA
  to splash
  ◊ *Air di dalam cawan itu berkocak.* The water in the cup splashed around.
- **Hati Josie berkocak kerana dia masih belum mendapat sebarang berita tentang suaminya.** Josie is troubled because she still hasn't had any news of her husband.
  mengocak, mengocakkan KATA KERJA
  to shake
  ◊ *Saintis itu mengocakkan larutan di dalam tabung uji itu.* The scientist shook the solution in the test tube.
- **Berita tentang kejadian pecah rumah itu benar-benar mengocakkan perasaannya.** She was very disturbed by the news of the break-in.

kocakan KATA NAMA
splash (JAMAK **splashes**)
◊ *Kocakan air memecahkan kesunyian malam itu.* The splash of water broke the silence of the night.

kocek KATA NAMA
pocket

kocok
mengocok KATA KERJA
to shuffle
◊ *mengocok kad* to shuffle the cards

kod KATA NAMA
code
◊ *kod bar* bar code ◊ *kod Morse* Morse Code
mengekodkan KATA KERJA
to write ... in code
◊ *Penyelia itu akan mengekodkan semua harga barangan.* The supervisor will write the prices of all goods in code.
pengekodan KATA NAMA
coding
◊ *Sistem pengekodan dapat meringankan beban pekerja.* The coding system will lighten the workload of the employees.

kodok KATA NAMA
toad

koir KATA NAMA
choir

kokain KATA NAMA
cocaine

koklea KATA NAMA
cochlea (JAMAK **cochleae**)

koko KATA NAMA
cocoa

kokok
berkokok KATA KERJA
to crow
◊ *Ayam berkokok.* Cocks crow.
kokokan KATA NAMA
crowing
◊ *Kami dikejutkan oleh kokokan ayam itu.* We were awakened by the crowing of the cock.

kokot KATA NAMA
staple
pengokot KATA NAMA
stapler

kokpit KATA NAMA
cockpit

koktel KATA NAMA
cocktail

◊ *koktel udang* prawn cocktail

kokurikulum KATA NAMA
extracurricular
◊ *aktiviti kokurikulum* extracurricular activities

kolam KATA NAMA
pond
◊ *kolam ikan* fish pond
• **kolam renang** swimming pool

kolar KATA NAMA
collar
• **kolar biru** blue-collar
• **kolar putih** white-collar
 berkolar KATA KERJA
 with collar
 ◊ *baju biru berkolar hitam* a blue shirt with a black collar
• **baju panas berkolar V** a V-neck sweater

kole KATA NAMA
mug

kolej KATA NAMA
college

kolek KATA NAMA
dinghy (JAMAK **dinghies**) *(padanan terdekat)*

koleksi KATA NAMA
collection
• **koleksi pakaian** wardrobe

kolera KATA NAMA
cholera

kolesterol KATA NAMA
cholesterol

kolonel KATA NAMA
colonel

koloni KATA NAMA
colony (JAMAK **colonies**)
◊ *koloni serangga* insect colony

kolonial KATA ADJEKTIF
colonial

kolot KATA ADJEKTIF
old-fashioned
◊ *nilai-nilai yang kolot* old-fashioned values ◊ *Ibu bapa saya berfikiran kolot.* My parents are old-fashioned in their thinking.
 kekolotan KATA NAMA
 old-fashioned way
 ◊ *Kekolotan fikiran Anis menyebabkan dia tidak dapat menerima idea itu.* Anis couldn't accept the idea because of her old-fashioned way of thinking.

koma (1) KATA NAMA
comma
• **koma bernoktah** semi-colon

koma (2) KATA NAMA
coma
◊ *Dia berada dalam koma selama tujuh minggu.* She was in a coma for seven weeks.

komander KATA NAMA
commander

Komanwel KATA NAMA
Commonwealth
◊ *negara-negara Komanwel* Commonwealth countries
• **Sukan Komanwel** Commonwealth Games

kombinasi KATA NAMA
combination
◊ *satu kombinasi warna yang sangat menarik* a fantastic combination of colours

komedi KATA NAMA
comedy (JAMAK **comedies**)

komen KATA NAMA
comment
• **memberikan komen** to comment

komersial KATA ADJEKTIF
commercial
◊ *kawasan perindustrian dan komersial* industrial and commercial area

komet KATA NAMA
comet

komik KATA NAMA
comic

komisen KATA NAMA
commission

komitmen KATA NAMA
commitment
◊ *Saya mempunyai banyak komitmen.* I've got a lot of commitments.

komoditi KATA NAMA
commodity (JAMAK **commodities**)
◊ *Kerajaan meningkatkan harga beberapa komoditi asas seperti roti dan daging.* The government increased the prices of several basic commodities such as bread and meat.

kompas KATA NAMA
compass (JAMAK **compasses**)

kompaun KATA NAMA
on-the-spot fine

kompleks KATA ADJEKTIF
 rujuk juga **kompleks** KATA NAMA
complex
◊ *isu-isu yang kompleks* complex issues

kompleks KATA NAMA
 rujuk juga **kompleks** KATA ADJEKTIF
complex (JAMAK **complexes**)
◊ *kompleks membeli-belah* shopping complex

komplot KATA NAMA
plot
◊ *Dia mempercayai bahawa terdapat satu komplot untuk membunuh Presiden Kennedy pada tahun 1963.* He believes there was a plot to kill President Kennedy

in 1963.
berkomplot KATA KERJA
to plot
◊ *Mereka berkomplot untuk menggulingkan Presiden.* They plotted to bring down the President.

komponen KATA NAMA
component
◊ *Perancangan pengurusan tersebut mempunyai empat komponen utama.* The management plan has four main components.

komposer KATA NAMA
composer

komposisi KATA NAMA
composition
◊ *komposisi sosial* social composition

komprehensif KATA ADJEKTIF
comprehensive
◊ *Kamus ini merupakan sebuah kamus yang komprehensif.* This is a comprehensive dictionary.

kompromi KATA NAMA
compromise
berkompromi KATA KERJA
to compromise

komputer KATA NAMA
computer
◊ *permainan komputer* computer game
• **komputer buku** notebook
• **komputer peribadi** personal computer atau PC
• **komputer riba** laptop
berkomputer KATA KERJA
computerized
◊ *sistem perbankan berkomputer* computerized banking system
mengkomputerkan KATA KERJA
to computerize
◊ *Mereka mahu mengkomputerkan segalanya.* They want to computerize everything.
pengkomputeran KATA NAMA
computerization
◊ *kebaikan pengkomputeran* the benefits of computerization

komunikasi KATA NAMA
communication
◊ *satelit komunikasi* communications satellite
• **komunikasi massa** mass communication
berkomunikasi KATA KERJA
to communicate
◊ *Mereka berkomunikasi dalam bahasa isyarat.* They communicated in sign language.

komunikatif KATA ADJEKTIF
communicative
◊ *Kami mempunyai pendekatan yang komunikatif untuk mengajar bahasa.* We have a communicative approach to language-teaching.

komunis KATA NAMA
communist
◊ *Parti Komunis* Communist Party
• **pihak komunis** the Communists

komunisme KATA NAMA
communism
◊ *kejatuhan komunisme di Eropah Timur* the collapse of communism in Eastern Europe

komuniti KATA NAMA
community (JAMAK **communities**)
◊ *Dia seorang tokoh yang terkenal dalam komuniti itu.* He's a well-known figure in the community.

kon KATA NAMA
cone

kondensasi KATA NAMA
condensation

kondom KATA NAMA
condom

kondominium KATA NAMA
condominium

konduksi KATA NAMA
conduction
◊ *konduksi haba* conduction of heat
pengkonduksi KATA NAMA
conductor

konduktor KATA NAMA
conductor
◊ *konduktor bas* bus conductor

konflik KATA NAMA
conflict

konfrontasi KATA NAMA
confrontation
◊ *untuk mengelakkan konfrontasi dengan kerajaan* to avoid confrontation with the government

kongkong
mengongkong KATA KERJA
to restrict
◊ *Emak Yougan selalu mengongkong tindakannya.* Yougan's mother always restricts him in what he does.
terkongkong KATA KERJA
restricted
◊ *Dia berasa terkongkong selepas berkahwin.* She felt restricted after getting married. ◊ *Hidup Hamidah amat terkongkong.* Hamidah has a very restricted life.
kongkongan KATA NAMA
restriction
◊ *Kongkongan emaknya menyebabkan Joha menjadi seorang yang suka memberontak.* Joha's rebelliousness is

a reaction to his mother's restrictions.

kongres KATA NAMA
congress (JAMAK **congresses**)

kongsi KATA NAMA
* **rakan kongsi** partner
* **kongsi gelap** triad society

berkongsi KATA KERJA
to share
◊ *Mereka berkongsi bilik semasa belajar di kolej.* They shared a room when they were studying at college.

pekongsi KATA NAMA
partner
◊ *Dia hadir bersama pekongsi perniagaannya, Max Hampshire.* She arrived with her business partner Max Hampshire.

perkongsian KATA NAMA
partnership

konkrit KATA ADJEKTIF
concrete
◊ *lantai konkrit* concrete floor

konon KATA PENEGAS
of all things
◊ *Suara pun sumbang, ada hati hendak menjadi penyanyi konon.* She hasn't got a good voice but she wants to be a singer, of all things!
* **Katanya, datuknya sakit konon, rupa-rupanya dia menipu.** He alleged that his grandfather was ill, but apparently he was lying.
* **Kami mendapat berita kononnya Fuad kemalangan.** We received news that Fuad was involved in an accident.
* **Kononnya di tasik ini dahulu ada seekor naga.** People say that long ago there was a dragon in this lake.

konotasi KATA NAMA
connotation
◊ *konotasi negatif* negative connotation

konsentrasi KATA NAMA
concentration

konsep KATA NAMA
concept

konsert KATA NAMA
concert
◊ *konsert secara langsung* a live concert

konservatif KATA ADJEKTIF
conservative
◊ *Manusia akan menjadi lebih konservatif apabila usia mereka semakin meningkat.* People tend to be more conservative as they get older.

konsisten KATA ADJEKTIF
consistent
◊ *sokongannya yang konsisten terhadap perdagangan bebas* his consistent support of free trade

konsonan KATA NAMA
consonant

konsortium KATA NAMA
consortium

konstabel KATA NAMA
constable

konsul KATA NAMA
consul
◊ *Konsul Malaysia di Zurich* the Malaysian Consul in Zurich

konsulat KATA NAMA
consulate

kontang KATA ADJEKTIF
dry
* **kering-kontang** parched

konteks KATA NAMA
context
◊ *konteks sejarah* historical context

kontena KATA NAMA
container

kontinjen KATA NAMA
contingent

kontra KATA NAMA
* **pro dan kontra** pros and cons

kontrak KATA NAMA
contract

kontraktor KATA NAMA
contractor
◊ *kontraktor pembinaan* building contractor

kontras KATA NAMA
contrast
◊ *sebuah televisyen dengan warna yang lebih terang dan kontras yang lebih baik* a television with brighter colours and better contrast

kontroversi KATA NAMA
controversy (JAMAK **controversies**)
◊ *satu kontroversi politik tentang penyalahgunaan hak asasi manusia* a political controversy over human rights abuses
* **menimbulkan kontroversi** controversial

kontroversial KATA ADJEKTIF
controversial
◊ *isu-isu kontroversial* controversial issues

kontur KATA NAMA
contour
* **garisan kontur** contour

konvensional KATA ADJEKTIF
conventional
◊ *cara-cara perancangan keluarga yang konvensional* conventional family planning methods

konvensyen KATA NAMA
convention
◊ *Konvensyen Geneva* the Geneva

Convention

konvokesyen KATA NAMA
convocation

koordinasi KATA NAMA
co-ordination
◊ *kekurangan koordinasi antara orang awam dengan pihak polis* the lack of co-ordination between the public and the police

koordinat KATA NAMA
co-ordinate

kopak
mengopak KATA KERJA
1 *to open*
◊ *Kenny mengopak buah kelapa itu dengan tangannya yang kuat.* Kenny opened the coconut with his strong hands.
2 *to break open*
◊ *Hamid mengopak pintu depan rumahnya dengan sebilah kapak.* Hamid broke open the front door of his house with an axe.
terkopak KATA KERJA
1 *to be opened*
◊ *Buah kelapa itu sudah terkopak.* The coconut has been opened.
2 *to be wrecked*
◊ *Pintu depan rumahnya sudah terkopak.* The front door of his house has been wrecked.

kopek
mengopek KATA KERJA
to open
◊ *Kenny mengopek buah kelapa itu dengan tangannya yang kuat.* Kenny opened the coconut with his strong hands.
terkopek KATA KERJA
to peel off
◊ *Cat dinding itu sudah terkopek.* The paint on the wall has peeled off.

koperal KATA NAMA
corporal

koperasi KATA NAMA
co-operative
◊ *koperasi guru* teachers' co-operative

kopi KATA NAMA
coffee
◊ *kopi kisar* ground coffee ◊ *kopi O* black coffee ◊ *kopi susu* white coffee

kopra KATA NAMA
copra

korban KATA NAMA
sacrifice
◊ *Gadis-gadis sunti itu dijadikan korban untuk tuhan mereka.* The virgins were given as sacrifices to their god.
• **lembu korban** (*untuk sambutan Aidiladha*) sacrificial cow
berkorban KATA KERJA

to sacrifice one's life
◊ *Dia sanggup berkorban untuk menyelamatkan anaknya.* He's willing to sacrifice his life to save his son.
mengorbankan KATA KERJA
to sacrifice
◊ *Askar-askar Malaysia sanggup mengorbankan nyawa mereka demi mempertahankan negara.* Malaysian soldiers are ready to sacrifice their lives in order to protect their country. ◊ *Jamil mengorbankan seekor lembunya pada hari Isnin yang lalu.* Jamil sacrificed one of his cows last Monday.
pengorbanan KATA NAMA
sacrifice
◊ *Pengorbanan wanita tua itu tidak dihargai oleh anak-anaknya.* The old lady's sacrifices were not appreciated by her children.
terkorban KATA KERJA
to be killed
◊ *Kecuaian pemandu bas itu telah menyebabkan tiga orang terkorban.* Three people were killed due to the bus driver's negligence.

Korea KATA NAMA
Korea
• **bahasa Korea** Korean
• **penduduk Korea** Korean

korek KATA KERJA
to dig
◊ *Korek satu lubang sedalam 20 cm.* Dig a hole 20 cm deep.
mengorek KATA KERJA
to dig
◊ *Mereka mengorek lubang untuk menanam pokok rambutan itu.* They dug a hole to plant the rambutan tree.
pengorek KATA NAMA
spade

koridor KATA NAMA
corridor

kornea KATA NAMA
cornea

koronari KATA ADJEKTIF
coronary
◊ *arteri koronari* coronary artery

koroner KATA NAMA
coroner

korporat KATA NAMA
corporate
◊ *tokoh korporat* corporate figure
mengkorporatkan KATA KERJA
to make ... into a corporation
◊ *Mereka akan mengkorporatkan universiti itu.* They're going to make the university into a corporation.

korpus KATA NAMA

korus → kotor

corpus (JAMAK **corpuses**)
◊ *korpus yang terdiri daripada dua ratus juta perkataan* a corpus of two hundred million words

korus KATA NAMA
chorus (JAMAK **choruses**)

kos KATA NAMA
cost
◊ *kos pengeluaran* cost of production
♦ **kos overhed** overheads
♦ **kos purata** average cost
♦ **kos tetap** fixed cost

kosa KATA NAMA
♦ **kosa kata** vocabulary (JAMAK **vocabularies**)

kosinus KATA NAMA
cosine (*matematik*)

kosmetik KATA NAMA
cosmetics

kosmik KATA ADJEKTIF
cosmic
◊ *radiasi kosmik* cosmic radiation
◊ *sinar kosmik* cosmic ray

kosmopolitan KATA ADJEKTIF
cosmopolitan
◊ *bandar raya kosmopolitan* cosmopolitan city

kosong KATA ADJEKTIF
1 *empty*
◊ *kotak kosong* empty box
2 *zero*
3 *vacant*
♦ **jawatan kosong** vacancy

kekosongan KATA NAMA
1 *vacancy* (JAMAK **vacancies**)
◊ *Kekosongan ini perlu diisi dengan segera.* This vacancy should be filled immediately.
2 *emptiness*
◊ *kekosongan kawasan gurun itu* the emptiness of the desert
♦ **Setelah melihat kesakitan anaknya yang amat sangat, tiba-tiba dia terasa kekosongan dalam jiwanya.** After seeing his child in dreadful pain he suddenly felt an emotional emptiness.

mengosongkan KATA KERJA
1 *to empty*
◊ *Saya mengosongkan bakul itu.* I emptied the basket.
2 *to vacate*
◊ *Dia mengosongkan flat itu dan tinggal bersama kawannya.* He vacated the flat and went to stay with friends.

pengosongan KATA NAMA
evacuation
◊ *Pengosongan kawasan itu perlu dilakukan dengan segera.* Evacuation of the area must be carried out without delay.
♦ **Pengosongan jawatan dilakukan untuk mengurangkan kos.** Downsizing was carried out to cut costs.

kostum KATA NAMA
costume

kot KATA NAMA
coat
♦ **kot luar** overcoat

kota KATA NAMA
1 *fort*
2 *city* (JAMAK **cities**)
◊ *kota Melaka* the city of Malacca
♦ **kota raya** city

mengotakan KATA KERJA
to keep
◊ *Kita mesti mengotakan janji-janji kita.* We must keep our promises.

kotak KATA NAMA
box (JAMAK **boxes**)
♦ **kotak rokok** cigarette packet

berkotak-kotak KATA KERJA
checked
◊ *Dia memakai baju biru dan skirt yang berkotak-kotak.* She's wearing a blue shirt and a checked skirt.

kotej KATA NAMA
cottage
◊ *Jones mempunyai sebuah kotej di Scotland.* Jones has a cottage in Scotland.

kotor KATA ADJEKTIF
1 *dirty*
2 *obscene*
◊ *kata-kata kotor* obscene words

kekotoran KATA NAMA
dirtiness
◊ *Masalah kekotoran masih terus berlaku di setiap kawasan di ibu kota.* Every part of the city still suffers from the problem of dirtiness.
♦ **Kekotoran udara membahayakan kesihatan kita.** Air pollution endangers our health.

mengotori KATA KERJA
to make ... dirty
◊ *Kesan lumpur pada kasut Billy mengotori lantai.* The mud on Billy's shoes made the floor dirty.

mengotorkan KATA KERJA
to make ... dirty
◊ *Anak-anak anda telah mengotorkan rumah saya.* Your children made my house dirty.

pengotor KATA ADJEKTIF, KATA NAMA
someone who doesn't care about cleanliness
♦ **Dia seorang yang pengotor.** He doesn't care about cleanliness.

pengotoran KATA NAMA
pollution
◊ *Mereka mencari jalan mengatasi masalah pengotoran air.* They're looking for ways to overcome water pollution.

kotoran KATA NAMA
dirt
◊ *Saya mula membersihkan kotoran itu.* I started to clean the dirt up.
- **kesan kotoran** stain

koyak KATA ADJEKTIF
torn
◊ *Dia masih memakai baju yang koyak itu.* He still wears that torn shirt.
- **koyak rabak** badly torn

mengoyak KATA KERJA
to gape (luka)
- **Jamil mengoyak dua surat itu.** Jamil ripped the letter in two.

mengoyakkan KATA KERJA
to tear
◊ *Adik lelaki saya mengoyakkan buku latihan saya.* My brother tore my exercise book.

mengoyak-ngoyakkan KATA KERJA
to rip up

terkoyak KATA KERJA
to be torn
◊ *Bajunya terkoyak.* His shirt was torn.

K.P. SINGKATAN (= kad pengenalan)
ID card

kraf KATA NAMA
craft
◊ *industri kraf tradisional* traditional craft industry

kraf tangan KATA NAMA
handicraft

krayon KATA NAMA
crayon

kreatif KATA ADJEKTIF
creative
- **daya kreatif** creativity

kreativiti KATA NAMA
creativity

kredit KATA NAMA
credit
◊ *membayar tunai atau membeli secara kredit* to pay cash or buy on credit
- **kad kredit** credit card

mengkreditkan KATA KERJA
to credit
◊ *Pihak bank mengkreditkan sebanyak RM10 ke dalam akaunnya.* The bank credited RM10 to his account.

kren KATA NAMA
crane

kriket KATA NAMA
cricket

krim KATA NAMA
cream
◊ *krim putar* whipped cream ◊ *krim cukur* shaving cream
- **krim pelindung matahari** sunblock

berkrim KATA KERJA
- **kek berkrim** cream cake

krisis KATA NAMA
crisis (JAMAK **crises**)
◊ *krisis ekonomi* economic crisis
◊ *krisis kewangan* financial crisis
◊ *krisis politik* political crisis

Krismas KATA NAMA
Christmas
- **Selamat Hari Krismas (1)** Merry Christmas (*ucapan*)
- **Selamat Hari Krismas (2)** Christmas Greetings (*pada kad ucapan, dll*)

kristal KATA NAMA
crystal

Kristian KATA NAMA
Christian
- **agama Kristian** Christianity

kriteria KATA NAMA
criterion (JAMAK **criteria**)

kritik KATA NAMA
criticism

mengkritik KATA KERJA
to criticize
◊ *Murid-murid tidak patut mengkritik guru mereka.* Students should not criticize their teachers.

pengkritik KATA NAMA
critic
◊ *Pengkritik itu telah memuji persembahan Kenny.* The critic had praised Kenny's performance.

kritikan KATA NAMA
criticism

kritikal KATA ADJEKTIF
critical
◊ *Dia berada dalam keadaan yang kritikal.* He is in a critical condition.

kritis KATA ADJEKTIF
critical
◊ *pemikiran kritis* critical thinking

krom KATA NAMA
chrome

kromosom KATA NAMA
chromosome
◊ *Setiap sel dalam badan kita mengandungi 46 kromosom.* Each cell of our bodies contains 46 chromosomes.

kronik KATA ADJEKTIF
chronic
◊ *penyakit kronik* chronic disease

ku KATA GANTI NAMA *rujuk* **aku**

kuaci KATA NAMA
1. *dried melon seeds*
2. *sunflower seeds*

kuah KATA NAMA
gravy (JAMAK **gravies**)
- **kuah salad** salad dressing

kuak (1) KATA NAMA
moo
menguak KATA KERJA
to moo

kuak (2) KATA NAMA
- **kuak dada** breaststroke
- **kuak kupu-kupu** butterfly stroke
- **kuak lentang** backstroke

menguakkan KATA KERJA
to draw (tirai)
◊ *Dia menguakkan tirai itu dan membiarkan cahaya matahari masuk ke dalam bilik.* She drew the curtains and let the sunlight stream into the room.

terkuak KATA KERJA
open
◊ *tingkap yang terkuak* an open window

kuala KATA NAMA
estuary (JAMAK **estuaries**)

kuali KATA NAMA
wok
- **kuali leper** pan

kualitatif KATA ADJEKTIF
qualitative

kualiti KATA NAMA
quality
◊ *kualiti yang tinggi* high quality
berkualiti KATA KERJA
of ... quality
◊ *Jam tangan ini berkualiti tinggi.* This watch is of high quality.
- **terjemahan yang berkualiti** high quality translation

kuang KATA NAMA
- **burung kuang** pheasant

kuantitatif KATA ADJEKTIF
quantitative
◊ *penyelidikan kuantitatif dan kualitatif* quantitative and qualitative research

kuantiti KATA NAMA
quantity (JAMAK **quantities**)

kuap
menguap KATA KERJA
to yawn
◊ *Mereka tidak henti-henti menguap kerana terlalu mengantuk.* They couldn't stop yawning because they were so sleepy.

kuarantin KATA NAMA
quarantine
mengkuarantin KATA KERJA
to quarantine
- **dikuarantin** in quarantine

kuari KATA NAMA
quarry (JAMAK **quarries**)
◊ *kuari batu kapur* a limestone quarry

kuartet KATA NAMA
quartet

kuasa KATA NAMA
1 *power*
◊ *Perdana Menteri mempunyai kuasa untuk memecat dan melantik menteri kanan.* The Prime Minister has the power to dismiss and appoint senior ministers.
2 *force*
◊ *kuasa letupan* the force of the explosion
- **kuasa angin** wind power
- **kuasa Barat** Western power
- **kuasa elektrik** electricity
- **kuasa kuda** horsepower
- **kuasa tiga** cube
- **Tuhan yang Maha Kuasa** God the Almighty

berkuasa KATA KERJA
1 *to have the authority*
◊ *Ann berkuasa membuat keputusan bagi pihak syarikat.* Ann has the authority to make decisions on behalf of the company.
2 *in power*
◊ *Mereka berkuasa selama 18 tahun.* They were in power for 18 years.
- **negara yang paling berkuasa di dunia** the most powerful country in the world
- **pihak berkuasa** the authorities

kekuasaan KATA NAMA
power
◊ *Kekuasaan Raja itu dapat dilihat melalui empayarnya yang luas.* The King's extensive empire shows what power he had.

menguasai KATA KERJA
1 *to conquer*
◊ *Portugis telah berjaya menguasai Melaka pada tahun 1511.* The Portuguese succeeded in conquering Malacca in 1511.
2 *to control*
◊ *Ahli sihir dapat menguasai fikiran seseorang.* Witches can control an individual's mind.
3 *to master*
◊ *Azlin dapat menguasai bahasa Jepun dalam masa yang singkat.* Azlin mastered Japanese quite quickly.

penguasa KATA NAMA
superintendent
- **penguasa polis** police superintendent

penguasaan KATA NAMA
1 *command*
◊ *Penguasaan bahasa Jepun saya sangat lemah.* My command of Japanese

kuat KATA ADJEKTIF

1 *control*
◊ *Penguasaan tentera di daerah itu menimbulkan kebimbangan penduduk.* The military control in the district worried the people.

kuat KATA ADJEKTIF

1 *strong*
◊ *seorang lelaki tua yang kuat* a strong old man
2 *loud*
◊ *bunyi yang kuat* a loud noise
• **bekerja kuat** to work hard
• **sakit kuat** critically ill
• **Tarik tali itu kuat-kuat.** Pull hard on the rope.
• **Tolak kuat-kuat.** Push hard.

kekuatan KATA NAMA
strength
◊ *Kekuatan Ali membimbangkan lawannya.* Ali's strength worries his opponent.

memperkuat KATA KERJA
to strengthen
◊ *Kerajaan cuba memperkuat kuasa tentera.* The government is trying to strengthen the armed forces.

menguatkan KATA KERJA
1 *to strengthen*
◊ *Dia cuba menguatkan kedudukannya dalam Parlimen.* She's trying to strengthen her position in Parliament.
2 *to raise*
◊ *Pengacara itu menguatkan suaranya supaya dapat didengari oleh semua orang.* The compere raised his voice so that he could be heard by everyone.

sekuat KATA ADJEKTIF
sekuat harus diterjemahkan mengikut konteks.
◊ *Tendangan Ken tidak sekuat tendangan George.* Ken could not kick as hard as George could. ◊ *Tiupan angin hari ini tidak sekuat tiupan angin kelmarin.* The wind today is not as strong as it was yesterday. ◊ *Geraldine menjerit sekuat hatinya apabila begnya diragut.* Geraldine shouted as loud as she could when her bag was snatched. ◊ *Dia berlari sekuat hati.* She ran as fast as she could.

kuat kuasa
berkuat kuasa KATA KERJA
to take effect
◊ *Permit pembalakan baru itu berkuat kuasa pada bulan Julai.* The new logging permits will take effect in July.

menguatkuasakan KATA KERJA
to enforce
◊ *Kerajaan berjanji akan menguatkuasakan undang-undang baru untuk mengawal institusi kewangan.* The government promised to enforce a new law to control the financial institutions.

penguat kuasa KATA NAMA
authority (JAMAK **authorities**)
• **penguat kuasa lalu lintas** traffic police

penguatkuasaan KATA NAMA
enforcement
◊ *penguatkuasaan perjanjian damai* enforcement of the peace treaty

kubah KATA NAMA
dome

kubang KATA NAMA rujuk **kubangan**
berkubang KATA KERJA
to wallow
◊ *Kerbau itu berkubang di dalam lumpur.* The buffalo wallowed in the mud.

kubangan KATA NAMA
mud hole

kubis KATA NAMA
cabbage
• **bunga kubis** cauliflower

kuboid KATA NAMA
cube

kubu KATA NAMA
fort
berkubu KATA KERJA
to make a fortification
◊ *Mereka berkubu di Bagan Serai.* They made a fortification at Bagan Serai.
berkubukan KATA KERJA
to make a fortification of
◊ *Mereka berkubukan batang pokok kelapa.* They made a fortification of coconut tree trunks.

kubur KATA NAMA
grave
perkuburan KATA NAMA
cemetery (JAMAK **cemeteries**)
• **tanah perkuburan** cemetery

kubus KATA NAMA
cube

kucai KATA NAMA
chives

kucar-kacir KATA ADJEKTIF
chaotic
◊ *ekonomi yang kucar-kacir* a chaotic economy
• **keadaan yang kucar-kacir** havoc
◊ *Pergaduhan itu menyebabkan keadaan yang kucar-kacir di mahkamah.* The fighting caused havoc in the court.
• **Gangguan elektrik menyebabkan sistem keselamatan yang baru itu kucar-kacir.** The power failure left the new security system in disarray.
mengucar-ngacirkan KATA KERJA
to cause havoc

kucing → kuku

◊ *Perusuh mengucar-ngacirkan pusat bandar itu.* Rioters caused havoc in the centre of the town. ◊ *Pergolakan ekonomi Asia telah mengucar-ngacirkan pasaran saham dunia.* The uncertainties of the Asian economy caused havoc on world stock markets.

kucing KATA NAMA
cat
◊ *kucing Parsi* a Persian cat
♦ **anak kucing** kitten

kucup
berkucup KATA KERJA
to kiss
◊ *Jangan berkucup di khalayak ramai.* Don't kiss in public.
berkucupan KATA KERJA
to kiss
◊ *Mereka sedang berkucupan di dalam kereta.* They're kissing in the car.
mengucup KATA KERJA
to kiss
◊ *Joseph memberanikan diri mengucup gadis itu.* Joseph plucked up the courage to kiss the girl.
kucupan KATA NAMA
kiss (JAMAK **kisses**)

kuda KATA NAMA
horse
♦ **kuda betina** mare
♦ **anak kuda** foal
♦ **kuda belang** zebra
♦ **kuda laut** seahorse
♦ **kuda padi** pony (JAMAK **ponies**)
♦ **kuda pusing** merry-go-round
kekuda, kuda-kuda KATA NAMA
trestle
♦ **kekuda pakaian** clothes horse

kudap
kudapan, kudap-kudap KATA NAMA
snack

kudis KATA NAMA
sore

kudrat KATA NAMA
energy
◊ *Mereka sudah tua dan kudrat mereka semakin berkurangan.* They are old and their energy is diminishing. ◊ *Dia masih menyumbangkan kudratnya kepada negara walaupun usianya sudah tua.* Despite his great age he still devotes his energies to the country.

kudung KATA ADJEKTIF
mutilated
◊ *Tangan kiri pengemis itu kudung.* The beggar's left hand is mutilated.

kudup KATA NAMA
bud

kudus KATA ADJEKTIF
holy
◊ *doa yang kudus* holy prayer

kufur KATA NAMA
infidel (padanan terdekat)

kugiran KATA NAMA
guitar band

kuih KATA NAMA
Malaysian cake
♦ **kuih-muih** an assortment of Malaysian cakes

kuil KATA NAMA
temple

kuilt KATA NAMA
quilt

kuinin KATA NAMA
quinine
◊ *Kuinin digunakan untuk menyembuhkan penyakit malaria.* Quinine is used to treat malaria.

kuis
menguis KATA KERJA
[1] *to kick* (dengan kaki)
◊ *Pak Samad menguis daun-daun kering itu ke tepi.* Pak Samad was kicking the dried leaves aside.
[2] *to scratch*
◊ *Ayam-ayam itu menguis tanah untuk mencari cacing.* The chickens scratched the ground for worms.

kuit
menguit KATA KERJA
[1] *to flick*
◊ *Rosnah menguit rambutnya yang menutupi matanya.* Rosnah flicked back the hair that covered her eyes.
[2] *to move*
◊ *Semua orang terperanjat apabila tangan lelaki yang disahkan mati itu tiba-tiba menguit.* Everyone was startled when the hand of the man who had been confirmed dead suddenly moved.
menguitkan KATA KERJA
to move
◊ *Pesakit itu tidak mampu menguitkan jarinya.* The patient couldn't move his fingers.
♦ **Kitie membuat isyarat kepada Hody dengan menguitkan jarinya.** Kitie beckoned Hody with her fingers.

kuiz KATA NAMA
quiz (JAMAK **quizzes**)

kujur
sekujur KATA ADJEKTIF
whole
◊ *sekujur badan* the whole body

kuku KATA NAMA
[1] *fingernail* (pada jari)
[2] *toenail* (pada jari kaki)
[3] *claw*

Malay ~ English — kukuh → kumpul

◊ *kuku harimau* tiger's claw
- **Dia menjalankan pemerintahan kuku besi.** He ruled with an iron hand.
- **berus kuku** nailbrush (JAMAK **nailbrushes**)
- **pengasah kuku** nailfile
- **pengilat kuku** nail varnish (JAMAK **nail varnishes**)

kukuh KATA ADJEKTIF
firm
◊ *pentas yang kukuh* a firm platform
- **Alasannya sungguh kukuh.** His reasoning is perfectly sound.
- **dengan kukuh** strongly ◊ *dibina dengan kukuh* strongly built

kekukuhan KATA NAMA
strength
◊ *kekukuhan dolar Amerika berbanding mata wang asing* the strength of the US dollar against other currencies
◊ *kekukuhan mental* mental strength

memperkukuh KATA KERJA
to strengthen

mengukuhkan KATA KERJA
to strengthen
◊ *untuk mengukuhkan kedudukannya di Parlimen* to strengthen his position in Parliament ◊ *Lawatannya bertujuan mengukuhkan hubungan kedua-dua negara tersebut.* His visit is intended to strengthen ties between the two countries.

pengukuhan KATA NAMA
strengthening

kukup KATA NAMA
sandbar
- **kukup salji** snowdrift

kukur KATA NAMA
coconut grater

mengukur KATA KERJA
to grate
◊ *mengukur kelapa* to grate coconut

kukus KATA NAMA
steam

mengukus KATA KERJA
to steam
◊ *Emak Sandy sedang mengukus ikan di dapur.* Sandy's mother is steaming fish in the kitchen.

kulai
terkulai KATA KERJA
to sag
◊ *Dahan yang patah itu terkulai.* The broken branch sagged from the tree.
- **Tangan Rosli yang patah itu terkulai.** Rosli's broken arm hung loosely by his side.

kulat KATA NAMA
fungus (JAMAK **fungi**)

berkulat KATA KERJA
mouldy
◊ *roti yang berkulat* mouldy bread

kuliah KATA NAMA
lecture
◊ *dewan kuliah* lecture hall

kulit KATA NAMA
1. *skin*
2. *shell* (pada kerang dan lain-lain)
3. *leather*
◊ *beg kulit* leather bag
- **kulit buku** cover of a book
- **kulit kepala** scalp
- **orang kulit putih** white people

berkulit KATA KERJA
to have ... skin
◊ *Dia berkulit gelap.* He's got dark skin.
- **orang yang berkulit cerah** people with fair skin
- **buku berkulit lembut** paperback

kultur KATA NAMA
culture
◊ *kultur sel manusia* a culture of human cells

kulum
mengulum KATA KERJA
to hold ... in one's mouth
◊ *Bobby mengulum pil-pil itu.* Bobby held the pills in his mouth.

kuman KATA NAMA
germs
◊ *Klorin digunakan untuk membunuh kuman.* Chlorine is used to kill germs.

kumandang
berkumandang KATA KERJA
to fill
◊ *Lagu "Oh Carol" berkumandang di udara.* The song "Oh Carol" filled the air.

kumat-kamit
terkumat-kamit KATA KERJA
to move
◊ *Mulut Sarah terkumat-kamit berkata sesuatu, tetapi suaranya tidak kedengaran.* Sarah's lips moved to say something, but no sound came.

kumbah
kumbahan KATA NAMA
- **air kumbahan** sewage

kumbang KATA NAMA
beetle
- **kumbang kura-kura** ladybird

kumin KATA NAMA
particle

kumpul KATA KERJA
to collect
◊ *Cepat, pergi kumpul kayu api!* Quick, go and collect some firewood!

berkumpul KATA KERJA
to gather
◊ *Kami berkumpul di rumah Jessica*

pada waktu petang. In the evenings, we gathered in Jessica's house.
- **Bolehkah kita berkumpul malam ini?** Could we get together tonight?

mengumpulkan KATA KERJA
1. *to gather*
◊ *Penyiasat persendirian itu menggunakan perakam suara untuk mengumpulkan maklumat.* The private detective used a tape recorder to gather information.
2. *to collect*
◊ *Kami telah mengumpulkan wang yang cukup untuk membantu Helen.* We've collected enough money to help Helen.

pengumpul KATA NAMA
collector
◊ *pengumpul setem* stamp collector

pengumpulan KATA NAMA
collection
◊ *pengumpulan sampah dari rumah setiap minggu* the weekly collection of household refuse

terkumpul KATA KERJA
collected
◊ *Wang yang terkumpul tidak cukup untuk membiayai rawatan bayi itu.* The money collected was not enough to pay for the baby's treatment.

kumpulan KATA NAMA
> *rujuk juga* **kumpulan** PENJODOH BILANGAN

1. *group*
◊ *kumpulan Hak Asasi Manusia* the Human Rights Group ◊ *ahli kumpulan pencinta alam* members of an environmental group
- **kumpulan muzik** band
2. *gang*
◊ *Kumpulan itu disyaki terlibat dalam satu kes rompakan.* The gang is suspected of being involved in a robbery.

kumpulan PENJODOH BILANGAN
> *rujuk juga* **kumpulan** KATA NAMA

1. *group*
◊ *satu kumpulan kecil penyokong bola sepak* a small group of football supporters
2. *gang*
◊ *Dia diserang oleh sekumpulan anak-anak muda.* He was attacked by a gang of youths.
- **sekumpulan pemuzik** a band of musicians

berkumpulan KATA KERJA
in groups
◊ *Pelajar-pelajar itu bekerja secara berkumpulan.* The students work in groups.

kumuh
kumuhan KATA NAMA
excreta

kumur
berkumur KATA KERJA
to rinse one's mouth

kunci KATA NAMA
1. *key*
2. *lock*
- **Bukalah kunci pintu itu.** Unlock the door.
- **anak kunci** key
- **ibu kunci** padlock
- **kunci air** water gate
- **kunci kira-kira** balance sheet

berkunci KATA KERJA
to be locked
◊ *Pintu itu berkunci.* The door is locked.

mengunci KATA KERJA
1. *to lock*
◊ *Sudahkah anda mengunci pintu depan?* Have you locked the front door?
2. *to wind*
◊ *Saya sudah mengunci jam loceng saya.* I've wound my alarm clock.

terkunci KATA KERJA
to be locked
◊ *Saya terkunci di dalam bilik itu.* I was locked in the room. ◊ *Pintu itu terkunci dari luar.* The door was locked from the outside.

kuncup KATA ADJEKTIF
> *rujuk juga* **kuncup** KATA NAMA

closed
- **Bunga itu masih kuncup lagi.** The flower still hasn't opened.

menguncup KATA KERJA
1. *to close*
◊ *Bunga seri pagi menguncup pada waktu malam.* The morning glory flower closes at night.
2. *to contract*
◊ *Saluran darah kita mengembang dan menguncup untuk mengepam darah ke seluruh badan.* Our blood vessels expand and contract to pump blood to all parts of our body.

penguncupan KATA NAMA
contraction
◊ *pengembangan dan penguncupan saluran darah* the expansion and contraction of blood vessels

kuncup KATA NAMA
> *rujuk juga* **kuncup** KATA ADJEKTIF

bud

kuning KATA ADJEKTIF
yellow
- **kuning air** beige
- **kuning keperang-perangan** amber

- **kuning telur** egg yolk
- **demam kuning** yellow fever

kekuningan KATA ADJEKTIF
yellowish
◊ *sehelai baju yang berwarna kekuningan* a yellowish shirt

- **perang kekuningan** blonde

kekuning-kuningan KATA ADJEKTIF
yellowish
◊ *Baju putih Tom telah menjadi kekuning-kuningan.* Tom's white shirt has turned yellowish.

menguning KATA KERJA
to ripen
◊ *Kami sedang menunggu padi di sawah itu menguning.* We're waiting for the rice in the paddy field to ripen.

kunjung
  kunjung-mengunjungi KATA KERJA
  to visit each other
  berkunjung KATA KERJA
  to visit
  ◊ *Kami akan berkunjung ke rumah Siti esok.* We'll visit Siti tomorrow.
  mengunjungi KATA KERJA
  to visit
  ◊ *Ifran hendak mengunjungi emaknya yang tinggal di Seremban.* Ifran wanted to visit his mother in Seremban.
  pengunjung KATA NAMA
  visitor
  kunjungan KATA NAMA
  visit
  ◊ *kunjungan Perdana Menteri ke Kanada* the Prime Minister's visit to Canada

kuno KATA ADJEKTIF
ancient
◊ *kepercayaan kuno* ancient beliefs
◊ *masyarakat kuno* ancient society
- **bahasa kuno** archaic language

kuntum PENJODOH BILANGAN
kuntum tidak ada terjemahan dalam bahasa Inggeris.
◊ *dua kuntum bunga* two flowers

kunyah
  mengunyah KATA KERJA
  to chew
  ◊ *mengunyah dan menelan* chewing and swallowing

kunyit KATA NAMA
turmeric

kuota KATA NAMA
quota
◊ *sistem kuota* quota system

kupas
  mengupas KATA KERJA
  to peel
  ◊ *Prani duduk di dapurnya dan mula mengupas ubi kentang.* Prani sat down in the kitchen and began peeling potatoes.
  mengupaskan KATA KERJA
  to peel
  ◊ *Emak mengupaskan saya beberapa biji bawang untuk saya memasak kari.* My mother peeled some onions for me to make a curry.
  pengupas KATA NAMA
  peeler
  terkupas KATA KERJA
  to peel
  ◊ *Kulit pada tangannya yang melecur sudah mula terkupas.* The skin on his scalded hand has begun to peel.

kupon KATA NAMA
coupon

kuprum KATA NAMA
copper

kupu-kupu KATA NAMA
butterfly (JAMAK **butterflies**)
- **kuak kupu-kupu** butterfly stroke

kura-kura KATA NAMA
tortoise

kurang KATA ADJEKTIF
less
◊ *kanak-kanak yang kurang bernasib baik* the less fortunate children
- **kurang ajar** insolent
- **semakin kurang** less and less
- **lebih kurang** about ◊ *Panjangnya lebih kurang satu meter.* It's about a metre in length.
  berkurang KATA KERJA
  to diminish
  ◊ *Peranan Jennifer dalam syarikat itu sudah berkurang.* Jennifer's role in the company has diminished.
  berkurangan KATA KERJA
  to decrease
  ◊ *Pendapatan syarikat itu semakin berkurangan.* The company's income is steadily decreasing.
- **Sumber alam kita semakin berkurangan.** Our natural resources are diminishing.
  kekurangan KATA NAMA
  shortage
  ◊ *kekurangan bekalan makanan* food shortage
- **Dia hidup dalam keadaan yang serba kekurangan.** He lives in poverty.
  mengurang KATA KERJA
  to decrease
  ◊ *Pertumbuhan populasi mengurang sebanyak 1.4% setiap tahun.* Population growth is decreasing by 1.4% each year.
  mengurangkan KATA KERJA

kurap → kusam   B. Melayu ~ B. Inggeris   814

to reduce
◊ *Kita patut mengurangkan pengambilan gula.* We should reduce our consumption of sugar.
pengurangan KATA NAMA
decrease
◊ *pengurangan sebanyak 40 peratus* a decrease of 40 per cent
♦ **Pengurangan gaji para pekerja memang tidak dijangka.** The cut in the employee's pay was unexpected.
sekurang-kurangnya KATA ADJEKTIF
at least
◊ *Sekurang-kurangnya 15 buah kereta mewah dipamerkan.* At least 15 luxurious cars were exhibited.
kurap KATA NAMA
ringworm
kurikulum KATA NAMA
curriculum
◊ *kurikulum sekolah* school curriculum
kurma KATA NAMA
date palm
♦ **buah kurma** date
kurnia KATA NAMA
1 *award*
◊ *Jeffery menerima kurnia daripada Sultan Kedah.* Jeffery received an award from the Sultan of Kedah.
2 *gift*
◊ *kurnia Tuhan* a gift from God
mengurniakan KATA KERJA
to award
◊ *Sultan itu mengurniakan satu pingat kepada saya.* The Sultan awarded me a medal.
pengurniaan KATA NAMA
conferment
♦ **Pengurniaan gelaran Datuk itu merupakan penghargaan atas sumbangan beliau dalam bidang pendidikan.** The title of Datuk was conferred on him in recognition of his contributions in the field of education.
♦ **Upacara pengurniaan anugerah akan bermula pada pukul sepuluh.** The awards ceremony will begin at ten o'clock.
kurniaan KATA NAMA
gift
◊ *Bayi itu merupakan kurniaan Tuhan.* The baby's a gift from God.
kursor KATA NAMA
cursor
kursus KATA NAMA
course
♦ **kursus kilat** crash course
♦ **kursus selang kerja** sandwich course
berkursus KATA KERJA
to take a course

◊ *Dia akan berkursus di institut itu tidak lama lagi.* He'll be taking a course in that institute soon.
kurun KATA NAMA
century (JAMAK **centuries**)
◊ *akhir kurun kelapan belas* the late eighteenth century
berkurun-kurun KATA BILANGAN
for centuries
kurung
berkurung KATA KERJA
to lock
◊ *Dia berkurung di dalam biliknya selama dua jam.* She locked herself in the room for two hours.
♦ **perintah berkurung** curfew
mengurung KATA KERJA
to confine
◊ *Emak Joshua mengurungnya dalam bilik.* Joshua's mother confined him to his room.
pengurungan KATA NAMA
confinement
◊ *Saras berada dalam pengurungan tentera selama empat bulan.* Saras was held in confinement by the military for four months.
terkurung KATA KERJA
to be confined
◊ *Winnie terkurung dalam rumah itu selama beberapa minggu.* Winnie was confined to the house for some weeks.
kurungan KATA NAMA
1 *cage* (untuk haiwan)
2 *prison* (untuk orang)
3 *brackets*
♦ **kurungan bawah tanah** dungeon
kurus KATA ADJEKTIF
thin
♦ **kurus kering** skinny
mengurus KATA KERJA
to get thinner
◊ *Badannya semakin mengurus.* She's getting thinner.
menguruskan KATA KERJA
♦ **menguruskan badan** to lose weight
◊ *Rebecca bersenam untuk menguruskan badannya.* Rebecca is exercising in order to lose weight.
kusam KATA ADJEKTIF
pale
◊ *Ibu bapa Suzzana bimbang apabila melihat betapa kusam wajahnya itu.* Suzzana's parents were worried when they saw how pale her face was.
kekusaman KATA NAMA
paleness
◊ *Kekusaman wajah Sofia membimbangkan ibu bapanya.* The

paleness of Sofia's face worried her parents.

kusta KATA NAMA
leprosy
- **penyakit kusta** leprosy

kusut KATA ADJEKTIF
tangled
◊ *Mereka mentertawakan rambutnya yang kusut itu.* They laughed at her tangled hair.
- **Fikiran Brian kusut.** Brian was confused.
- **kusut-masai** tangled

kekusutan KATA NAMA
confusion
◊ *Kekusutan fikirannya menyebabkan dia tidak dapat menumpukan perhatian pada kerjanya.* He couldn't concentrate on his work due to the confusion in his mind.

mengusutkan KATA KERJA
to get ... tangled up
◊ *Adik saya telah mengusutkan semua benang saya.* My brother has got my thread all tangled up.
- **Campur tangan Zaid hanya akan mengusutkan lagi hal itu.** Zaid's interference will only complicate the matter further.

kusyen KATA NAMA
cushion

kutil KATA NAMA
wart

kutip
mengutip KATA KERJA
[1] *to pick up*
◊ *Nenek mengutip syilingnya dari lantai.* My grandmother picked her coins up from the floor.
[2] *to collect*
◊ *Mereka mengutip derma untuk mangsa gempa bumi di Taiwan.* They collected donations for the victims of the earthquake in Taiwan.

pengutip KATA NAMA
collector
◊ *pengutip sampah* refuse collector

pengutipan KATA NAMA
collection
◊ *Pengutipan derma itu bertujuan untuk membantu kanak-kanak istimewa.* The collection is in aid of children with special needs.

kutipan KATA NAMA
collection
◊ *masa kutipan* collection time

kutu KATA NAMA
louse (JAMAK **lice**)
- **kutu rayau** loiterer

kutub KATA NAMA
pole
- **Kutub Selatan** South Pole
- **Kutub Utara** North Pole

kutuk
mengutuk KATA KERJA
to condemn
◊ *Mereka mengutuk majikan mereka kerana tidak menjaga kebajikan mereka.* They condemned their employer for not taking care of their welfare.

terkutuk KATA ADJEKTIF
despicable
◊ *Jangan terjerumus dalam kegiatan yang terkutuk itu.* Don't expose yourself to risk in that despicable activity.
- **perbuatan yang terkutuk** sinful act

kutukan KATA NAMA
condemnation
◊ *Kutukannya tidak melemahkan semangat Wati.* Her condemnation hasn't dampened Wati's spirits.

kuyu KATA ADJEKTIF
heavy
◊ *Mata Wee Lam kuyu selepas semalaman tidak tidur.* Wee Lam's eyelids were heavy after a whole night without sleep.

kuyup KATA ADJEKTIF
- **basah kuyup** soaking wet

KWSP SINGKATAN (= *Kumpulan Wang Simpanan Pekerja*)
EPF (= *Employees Provident Fund*)

L

laba KATA NAMA
profit
labah-labah KATA NAMA
spider
label KATA NAMA
label
berlabel KATA KERJA
labelled
◊ *tidak berlabel* not labelled
melabel KATA KERJA
to label
pelabelan KATA NAMA
labelling
◊ *Pelabelan harga harus dilakukan dengan berhati-hati.* Price labelling should be done carefully.
labi-labi KATA NAMA
terrapin
labu KATA NAMA
pumpkin
♦ **labu air** marrow
♦ **labu sayung** pitcher
labuci KATA NAMA
sequins
labuh KATA ADJEKTIF
hanging down (tirai)
♦ **skirt labuh** long skirt
berlabuh KATA KERJA
to dock
◊ *Kapal itu berlabuh di Pelabuhan Klang.* The ship docked in Port Klang.
pelabuhan KATA NAMA
harbour
♦ **Pelabuhan Klang** Port Klang
labur
melabur KATA KERJA
to invest
◊ *Dia bercadang hendak melabur dalam pasaran saham.* She intends to invest in the stock market.
melaburkan KATA KERJA
to invest
◊ *Dia melaburkan beribu-ribu ringgit dalam syarikat itu.* He invested thousands of ringgits in that company.
pelabur KATA NAMA
investor
pelaburan KATA NAMA
investment
◊ *pelaburan asing* foreign investment
laci KATA NAMA
drawer
berlaci KATA KERJA
with drawer
lacur KATA ADJEKTIF
immoral
♦ **perempuan lacur** prostitute
pelacur KATA NAMA
prostitute
pelacuran KATA NAMA
prostitution
lada KATA NAMA
1. _pepper_
◊ *lada hitam* black pepper
2. _chilli_ (JAMAK **chillies** atau **chillis**)
◊ *lada merah* red chilli
ladam KATA NAMA
horseshoe
ladang KATA NAMA
plantation
◊ *ladang kelapa sawit* oil-palm plantation ◊ *ladang getah* rubber plantation
♦ **ladang ternak** ranch (JAMAK **ranches**)
♦ **ladang tenusu** dairy farm
berladang KATA KERJA
to farm
◊ *Dia sudah berladang selama 20 tahun.* He has been farming for 20 years.
♦ **Berladang merupakan aktiviti penting di Indonesia.** Farming is an important activity in Indonesia.
peladang KATA NAMA
farmer
perladangan KATA NAMA
plantation
◊ *sektor perladangan* the plantation sector
lafaz KATA NAMA
utterance
melafazkan KATA KERJA
to say
◊ *melafazkan doa* to say a prayer
♦ **melafazkan ikrar** to make a pledge
laga KATA NAMA
fighting (ayam, lembu)
◊ *pertandingan laga ayam* cock fighting competition
berlaga KATA KERJA
1. _to fight_
◊ *Mereka melihat dua ekor lembu itu berlaga.* They watched the two bulls fighting.
2. _to collide_
◊ *Sebuah kereta berlaga dengan lori minyak di simpang itu.* A car collided with a petrol tanker at the corner of the road.
♦ **Ahli persatuan itu dinasihatkan supaya tidak berlaga sesama sendiri.** Members of the association are urged not to compete against each other.
perlagaan KATA NAMA
fighting
◊ *perlagaan ayam* cock fighting
lagak KATA NAMA
manner
berlagak KATA KERJA
to show off

pelagak KATA NAMA
show-off (tidak formal)
• **pelagak ngeri** stuntman (JAMAK **stuntmen**)

lagi KATA PENEGAS
[1] *more*
◊ *satu hari lagi* one more day
[2] *again*
◊ *Dia lewat lagi.* He's late again.
[3] *and*
◊ *Dia peramah lagi baik hati.* She is kind and friendly.
• **Kereta api itu belum tiba lagi.** The train has not arrived yet.
• **Penjelasan mereka itu mencelarukan lagi fikiran saya.** Their explanation made me even more confused.
• **Perbuatannya itu telah menambahkan lagi kemarahan ibunya.** His action has made her mother even angrier.
• **Anda tidak perlu risau lagi.** You don't have to worry any more.
• **Adakah gula-gula yang tinggal lagi?** Are there any sweets left?
• **Sejak kecil lagi ibu mengajar saya supaya menghormati orang tua.** From my childhood onwards my mother taught me to respect my elders.
• **Dia sudah tidak mampu untuk bekerja lagi.** She is no longer able to work.
lagi-lagi KATA HUBUNG
especially
◊ *Tempat ini tidak begitu selamat, lagi-lagi pada waktu malam.* This place is not very safe, especially at night.
• **Lagi-lagi orang yang sama menimbulkan masalah kepada kami.** It's always the same person who's causing us problems.
selagi KATA HUBUNG
as long as
◊ *Selagi mereka tidak melanggar peraturan, menteri itu akan terus menyokong mereka.* As long as they don't break the rules, the minister will continue to support them.
• **Selagi anda belum menyiapkan kerja rumah, anda tidak boleh keluar bermain.** Until you finish your homework, you cannot go out to play.
lagipun KATA HUBUNG
especially as
◊ *Janganlah memarahinya, lagipun dia telah berusaha.* Don't scold her, especially as she's worked so hard.

lagu KATA NAMA
song
• **lagu kebangsaan** national anthem

lagun KATA NAMA
lagoon

lah KATA PENEGAS
lah *tidak diterjemahkan ke dalam bahasa Inggeris.*
◊ *Janganlah bersedih!* Don't be sad!

lahap KATA ADJEKTIF
greedy (ketika makan)
• **dengan lahap** greedily ◊ *Dia makan dengan lahap sekali.* He ate greedily.
melahap KATA KERJA
to scoff (tidak formal)
◊ *Adik saya melahap semua sandwic itu.* My brother scoffed all the sandwiches.

lahar KATA NAMA
lava

lahir KATA KERJA
to be born
◊ *Amy lahir pada tahun 1999.* Amy was born in 1999.
• **tarikh lahir** date of birth
• **bayi yang baru lahir** a newborn baby
• **pada lahirnya** on the face of it ◊ *Pada lahirnya perkara itu nampak seperti masuk akal...* On the face of it that seems to make sense...
kelahiran KATA NAMA
birth
• **sijil kelahiran** birth certificate
melahirkan KATA KERJA
to express
◊ *melahirkan idea* to express an idea
• **melahirkan anak** to give birth

lai KATA NAMA
• **buah lai** pear

laici KATA NAMA
lychee

lain KATA ADJEKTIF
[1] *other*
◊ *Tidak ada cara lain.* There's no other way.
• **Kita perlu memikirkan orang lain.** We must think of others.
[2] *else*
◊ *Kalau anda tidak membeli buku itu sekarang, orang lain akan membelinya.* If you don't buy the book now, somebody else will buy it. ◊ *Tidak ada orang lain yang mengetahui perkara ini.* Nobody else knows about this.
• **lain daripada yang lain** unique
• **dan lain-lain** et cetera
berlainan KATA KERJA
different
kelainan KATA NAMA
difference
melainkan KATA HUBUNG
[1] *unless*
◊ *Dia tidak akan berjaya melainkan dia berusaha.* She will not succeed unless

lajak → laku

she works hard.
2. *except*
◊ *Tidak ada sesiapa yang datang melainkan dia.* Nobody came except him.
selain KATA HUBUNG
apart from

lajak
  terlajak KATA KERJA
  to overshoot
  ◊ *Kapal terbang itu terlajak dari landasannya.* The plane overshot the runway.
  • *Basikal Zamri terlajak ke dalam semak kerana breknya rosak.* Zamri's bicycle skidded into the bushes because the brakes weren't working.

laju KATA ADJEKTIF
  fast
  • **had laju** speed limit
  kelajuan KATA NAMA
  speed

lajur KATA NAMA
  column
  ◊ *baris dan lajur* rows and columns

lak KATA NAMA
  sealing-wax

lakar
  melakar KATA KERJA
  to sketch
  ◊ *Dia sedang melakar pelan rumah itu.* He's sketching a plan of the house.
  melakarkan KATA KERJA
  to sketch
  ◊ *Dia melakarkan pelan rumah itu.* She sketched a plan of the house.
  lakaran KATA NAMA
  sketch (JAMAK **sketches**)

laki KATA NAMA
(*tidak formal*)
  husband
  laki-laki KATA NAMA *rujuk* **lelaki**

laknat KATA NAMA
  curse

lakon KATA NAMA
  • **lakon layar** screenplay
  berlakon KATA KERJA
  to act
  melakonkan KATA KERJA
  to play
  ◊ *Kumari melakonkan watak Cinderella.* Kumari played the role of Cinderella.
  pelakon KATA NAMA
  1. *actor* (*lelaki*)
  2. *actress* (JAMAK **actresses**) (*perempuan*)
  • **barisan pelakon** cast
  lakonan KATA NAMA
  play (drama)
  • *Lakonannya amat baik.* Her acting was very good.

lakri KATA NAMA
  sealing-wax

laksamana KATA NAMA
  admiral

laksana KATA SENDI
(*sastera lama*)
  like
  ◊ *Wajahnya laksana bidadari.* She looks like an angel.
  melaksanakan KATA KERJA
  to implement
  pelaksana KATA NAMA
  a person who implements something
  pelaksanaan KATA NAMA
  implementation
  terlaksana KATA KERJA
  to be implemented
  ◊ *Peraturan itu tidak terlaksana.* The regulation was not implemented.

laku KATA ADJEKTIF
  rujuk juga **laku** KATA NAMA
  1. *in demand*
  ◊ *Beg jenis ini sangat laku.* This type of bag is in great demand.
  2. *valid*
  ◊ *Wang kertas ini tidak laku kerana sudah koyak.* This bank note is not valid because it's torn.

laku KATA NAMA
  rujuk juga **laku** KATA ADJEKTIF
  manner
  • **tingkah laku** behaviour ◊ *Tingkah laku Mirah buruk sekali.* Mirah's behaviour is very bad.
  berlaku KATA KERJA
  to happen
  kelakuan KATA NAMA
  behaviour
  berkelakuan KATA KERJA
  to behave
  ◊ *Jangan berkelakuan seperti itu.* Don't behave like that.
  melakukan KATA KERJA
  to do
  ◊ *melakukan sesuatu* to do something
  • **melakukan jenayah** to commit a crime
  memperlakukan KATA KERJA
  to treat
  ◊ *Dia memperlakukan anak tirinya seperti hamba.* She treats her stepdaughter like a slave.
  pelaku KATA NAMA
  agent (*linguistik*)
  selaku KATA SENDI
  as
  ◊ *Selaku pengerusi persatuan ini saya ingin mengucapkan ribuan terima kasih atas sokongan anda.* As the

society chairman, I would like to thank all of you for your support.

laku musnah KATA NAMA
vandalism
pelaku musnah KATA NAMA
vandal

lalai KATA ADJEKTIF
careless
kelalaian KATA NAMA
carelessness

lalak
melalak KATA KERJA
to howl (*menangis*)

lalang KATA NAMA
tall grass

lalat KATA NAMA
fly (JAMAK *flies*)

lali KATA ADJEKTIF
1 *light-headed*
◊ *Dia berasa lali selepas mengambil ubat itu.* She felt light-headed after taking the medicine.
2 *used to*
◊ *Saya sudah lali dengan janji-janji seperti itu.* I'm used to hearing promises like that.
melalikan KATA KERJA
to tranquillize
◊ *Doktor haiwan itu melalikan harimau tersebut sebelum merawatnya.* The vet tranquillized the tiger before treating it.
♦ **Ubat ini boleh melalikan anda.** This medicine can make you feel light-headed.
pelali KATA NAMA
♦ **ubat pelali** anaesthetic
pelalian KATA NAMA
anaesthetizing
◊ *pelalian pesakit* the anaesthetizing of the patient

lalu KATA ADJEKTIF
> *rujuk juga* **lalu** KATA HUBUNG, KATA KERJA

previous
◊ *pengalamannya yang lalu* his previous experience
♦ **minggu lalu** last week
♦ **Dia tinggal di sini dua tahun yang lalu.** She lived here two years ago.

lalu KATA HUBUNG
> *rujuk juga* **lalu** KATA ADJEKTIF, KATA KERJA

and
◊ *Dia mengambil dompetnya lalu memasukkannya ke dalam beg.* She took her purse and put it in her bag.

lalu KATA KERJA
> *rujuk juga* **lalu** KATA ADJEKTIF, KATA HUBUNG

to pass by
◊ *Dia lalu di hadapan bank itu dalam perjalanannya ke sekolah.* She passed by the bank on her way to school.
berlalu KATA KERJA
to pass
◊ *Satu tahun sudah berlalu sejak saya dinaikkan pangkat.* A year has passed since I was promoted.
melalui KATA KERJA
> *rujuk juga* **melalui** KATA SENDI

to pass through
◊ *Kami melalui Gopeng untuk ke Ipoh.* We pass through Gopeng to get to Ipoh.
melalui KATA SENDI
> *rujuk juga* **melalui** KATA KERJA

through
◊ *Saya berkenalan dengannya melalui kakak saya.* I got to know her through my sister.
terlalu KATA PENGUAT
too
◊ *terlalu pendek* too short
keterlaluan KATA ADJEKTIF
outrageous
◊ *Sikapnya yang keterlaluan itu telah menimbulkan kemarahan rakannya.* His outrageous behaviour angered his friend.
laluan KATA NAMA
passage
♦ **kata laluan** password
♦ **laluan pejalan kaki** pavement

lalu-lalang KATA KERJA
to move along (*kenderaan*)
◊ *Banyak kenderaan yang lalu-lalang di jalan besar itu.* Many vehicles were moving along the main road.
♦ **Ramai orang lalu-lalang di kaki lima itu.** Many people were walking along the pavement.

lalu lintas KATA NAMA
traffic
◊ *kesesakan lalu lintas* traffic jam

lama KATA ADJEKTIF
1 *old*
◊ *sebuah rumah lama* an old house
2 *long time*
◊ *Sudah lama dia berada di situ.* She has been there for a long time.
♦ **tidak lama dahulu** not long ago
♦ **tidak lama kemudian** soon afterwards
♦ **tidak lama lagi** soon
lama-lama KATA ADJEKTIF
too long
◊ *Jangan fikir lama-lama!* Don't think too long!
lama-kelamaan KATA ADJEKTIF
eventually
◊ *Lama-kelamaan dia akan faham*

juga. Eventually he will understand.
selama KATA SENDI
for
◊ *selama dua hari* for two days
• **Selama ini saya begitu mempercayainya.** All this time I've trusted him.
selama-lamanya KATA ADJEKTIF
forever

laman KATA NAMA
1 *compound*
◊ *Emak saya sedang menyiram pokok di laman.* My mother is watering the plants in our compound.
2 (komputer) *home page*
• **laman belakang** backyard
• **laman Web** web page

lamar
melamar KATA KERJA
to propose
lamaran KATA NAMA
proposal

lambai
melambai KATA KERJA
to wave
◊ *Dia melambai ke arah saya.* She waved to me.
melambaikan KATA KERJA
to wave
◊ *Dia melambaikan tangannya.* She waved her hand.
lambaian KATA NAMA
wave

lambak KATA NAMA, PENJODOH BILANGAN
pile
◊ *satu lambak sampah* a pile of rubbish
• **jualan lambak** jumble sale
berlambak-lambak KATA BILANGAN
1 *many* (benda yang boleh dikira)
2 *much* (benda yang tidak boleh dikira)

lambang KATA NAMA
symbol
melambangkan KATA KERJA
to symbolize
◊ *Warna merah melambangkan keberanian.* Red symbolizes courage.

lambat KATA ADJEKTIF
1 *slow*
◊ *Komputer ini sangat lambat.* This computer is very slow.
• **Dia berjalan lambat.** She walked slowly.
• **Mesin itu bergerak dengan lambat.** The machine moved slowly.
2 *late*
◊ *Dia datang lambat.* He came late.
• **lambat-laun** eventually
melambatkan KATA KERJA
to slow
◊ *Kemelesetan ekonomi telah melambatkan pertumbuhan sektor pembinaan.* The economic downturn has slowed the growth of the construction sector.
terlambat KATA KERJA
late
◊ *Kereta api itu terlambat 40 minit.* The train was 40 minutes late.
• **Segala-galanya sudah terlambat!** It's too late!

lambung
melambung KATA KERJA
to toss
◊ *melambung duit syiling* to toss a coin
• **Harga ikan melambung tinggi pada musim tengkujuh.** The price of fish rocketed during the rainy season.
melambungkan KATA KERJA
to toss
◊ *Dia melambungkan bola itu kepada kawannya.* He tossed the ball to his friend.

lamin
kelamin KATA NAMA
couple
• **bilik kelamin** a double room
pelamin KATA NAMA
bridal dais (JAMAK **bridal daises**)

lampai KATA ADJEKTIF
slim
• **Gadis itu tinggi lampai.** That girl is tall and slim.

lampau KATA ADJEKTIF
past
• **masa lampau** the past
melampau KATA ADJEKTIF
outrageous
◊ *Sikapnya yang melampau itu telah menimbulkan kemarahan rakannya.* His outrageous behaviour angered his friend.
melampaui KATA KERJA
to overstep
◊ *Dia sudah melampaui batas.* He has overstepped the limit.
pelampau KATA NAMA
extremist
terlampau KATA PENGUAT
too
◊ *harga yang terlampau tinggi* prices that are too high

lampin KATA NAMA
nappy (JAMAK **nappies**)

lampir
melampirkan KATA KERJA
to attach
◊ *Anda perlu melampirkan sijil anda bersama borang permohonan.* You have to attach your certificates to the

application form.
lampiran KATA NAMA
1. *attachment* (pada surat, borang)
2. *appendix* (JAMAK **appendices** atau **appendixes**)

lampu KATA NAMA
light
- **lampu minyak** oil lamp
- **lampu jalan** street lamp
- **lampu isyarat** traffic lights
- **lampu sorot** spotlight
- **lampu suluh** torchlight

lampung
  pelampung KATA NAMA
  float

lamun
  melamun KATA KERJA
  to daydream
- **dilamun cinta** to be in love
  lamunan KATA NAMA
  fantasy (JAMAK **fantasies**)

lanar KATA NAMA
  alluvium
- **tanah lanar** alluvium

lanca KATA NAMA
  rickshaw

lancang KATA ADJEKTIF
  blunt
- **Mulut budak nakal itu sangat lancang.** The naughty boy is very rude.

lancar KATA ADJEKTIF
  smoothly
  ◊ *Rancangan itu berjalan lancar.* The plan went smoothly.
  melancarkan KATA KERJA
  to launch
  ◊ *Datuk bandar melancarkan kempen kebersihan itu kelmarin.* The mayor launched the clean-up campaign yesterday.
  kelancaran KATA NAMA
  1. *smoothness*
  ◊ *kelancaran enjin* the smoothness of the engine
- **Suruhanjaya Pilihan Raya bertanggungjawab memastikan kelancaran pilihan raya.** The Election Commission is responsible for ensuring the smooth running of the elections.
  2. *fluency*
  ◊ *kelancaran percakapan budak itu* the fluency of the child's speech
  pelancaran KATA NAMA
  launching

lancong
  melancong KATA KERJA
  to tour
  ◊ *Tracy sedang melancong di Eropah.* Tracy is touring Europe.
- **pergi melancong** to go on a tour
  pelancong KATA NAMA
  tourist
- **pemandu pelancong** a tour guide
  pelancongan KATA NAMA
  tourism

landa
  melanda KATA KERJA
  to hit
  ◊ *Ribut melanda kampung itu tiga hari yang lalu.* A storm hit the village three days ago.

landai KATA ADJEKTIF
  gentle
  ◊ *cerun yang landai* a gentle slope
- **Bukit itu landai.** The hill slopes gently.

landak KATA NAMA
  porcupine
- **landak kecil** hedgehog

landas
  berlandaskan KATA KERJA
  based on
  ◊ *Mereka belajar berlandaskan sukatan pelajaran yang rasmi.* Their studies are based on the official syllabus.
  landasan KATA NAMA
  track
  ◊ *landasan kereta api* railway track
- **landasan kapal terbang** runway

landskap KATA NAMA
  landscape

langgan
  melanggan KATA KERJA
  to subscribe
  ◊ *Masnah melanggan majalah 'Dewan Siswa'.* Masnah subscribes to the magazine 'Dewan Siswa'.
  pelanggan KATA NAMA
  customer
  langganan KATA NAMA
  subscription

langgar KATA KERJA
- **kena langgar** to get run over
- **kemalangan langgar lari** a hit-and-run accident
  berlanggar KATA KERJA
  to collide
  ◊ *Bas itu berlanggar dengan sebuah teksi kelmarin.* The bus collided with a taxi yesterday.
  berlanggaran KATA KERJA
  to collide
  ◊ *Beberapa buah kereta berlanggaran di lebuh raya.* Several cars collided on the highway.
  melanggar KATA KERJA
  1. *to crash into*
  ◊ *Teksi itu melanggar tiang lampu.* The taxi crashed into a lamppost.

langit → langsung

2 *to hit*
◊ *Lori itu melanggar seekor lembu.* The lorry hit a cow.
- **melanggar undang-undang** to break the law
  pelanggaran KATA NAMA
  infringement
  ◊ *Guru besar mengambil berat tentang masalah pelanggaran disiplin ini.* This infringement of discipline was taken seriously by the headmaster.
  perlanggaran KATA NAMA
  collision
  ◊ *Satu perlanggaran yang dahsyat telah berlaku di Jalan Mahameru.* There was a terrible collision in Jalan Mahameru.
  terlanggar KATA KERJA
  to hit
  ◊ *Kereta itu terlanggar seekor anjing.* The car hit a dog.

langit KATA NAMA
sky (JAMAK **skies**)
- **pencakar langit** skyscraper
  lelangit KATA NAMA
  palate
  melangit KATA KERJA
  sky-high
  ◊ *harga yang melangit* sky-high prices
- **hasrat yang tinggi melangit** high ambition

langkah KATA NAMA
step
◊ *Kanak-kanak itu mengambil langkah pertamanya kelmarin.* The child took its first steps yesterday.
- **langkah berjaga-jaga** precautionary measure
- **langkah kanan** lucky
- **langkah kiri** unlucky
  melangkah KATA KERJA
  to step
  ◊ *Dia cuba melangkah ke hadapan.* He tried to step forward.
  melangkahkan KATA KERJA
- **melangkahkan kaki** to step

langkau KATA KERJA
to skip
◊ *Langkau beberapa muka surat sebelum melukis gambar yang kedua.* Skip a few pages before drawing the second picture.
- **Langkau satu baris.** Leave a line.
  melangkau KATA KERJA
  to skip
  ◊ *Dia tidak sengaja melangkau satu muka surat.* He accidentally skipped a page.

langkup
terlangkup KATA KERJA

to lie face-down
◊ *Buku itu terlangkup di atas meja.* The book was lying face-down on the table.

langsai KATA ADJEKTIF
settled
◊ *Hutangnya sudah langsai.* His debt has been settled.
melangsaikan KATA KERJA
to settle
◊ **melangsaikan hutang** to settle one's debt

langsat KATA NAMA
langsat
- **kuning langsat** pale yellow

langsing (1) KATA ADJEKTIF
slim
◊ *badan yang langsing* a slim figure
kelangsingan KATA NAMA
slim
◊ *Kelangsingan badannya dikagumi ramai.* Her slim figure was admired by many.
melangsingkan KATA KERJA
- **melangsingkan badan** to slim

langsing (2) KATA ADJEKTIF
high-pitched
◊ *bunyi yang langsing* a high-pitched sound
kelangsingan KATA NAMA
high-pitched
◊ *Kelangsingan suaranya mempesonakan para penonton.* Her high-pitched voice captivated the audience.

langsir KATA NAMA
curtain

langsung KATA ADJEKTIF
rujuk juga **langsung** KATA PENEGAS
direct
◊ *kesan langsung* direct effect
- **tidak langsung** indirect ◊ *kesan tidak langsung* indirect effect
- **lintas langsung** a live broadcast
- **secara langsung (1)** directly (*kesan, perbuatan*)
- **secara langsung (2)** live (*program*)
- **siaran langsung** a live broadcast
  berlangsung KATA KERJA
  to take place
  ◊ *Konsert itu berlangsung di Dewan Sri Pinang.* The concert took place in Dewan Sri Pinang.
  melangsungkan KATA KERJA
  to hold
  ◊ *melangsungkan pertandingan ratu cantik* to hold a beauty contest
- **Pasangan itu akan melangsungkan perkahwinan mereka pada tahun ini.** The couple will get married this year.

langsung KATA PENEGAS

lanjur

rujuk juga **langsung** KATA ADJEKTIF
at all
◊ *Dia langsung tidak makan.* He didn't eat at all.

lanjur

terlanjur KATA KERJA
to go too far
◊ *Perbuatannya sudah terlanjur.* He has gone too far.

keterlanjuran KATA NAMA
act of going too far
♦ **Keterlanjuran anda kali ini tidak dapat dimaafkan.** This time you have gone too far and can't be excused.

lanjut KATA ADJEKTIF
further
◊ *maklumat lanjut* further information
♦ **Dia masih mampu berjalan ke pekan walaupun usianya sudah lanjut.** He is still capable of walking to town despite his advanced age.

berlanjutan KATA KERJA
to last
◊ *Mesyuarat itu berlanjutan selama dua jam.* The meeting lasted for two hours.

melanjutkan KATA KERJA
to continue
◊ *Pelajar itu berjaya melanjutkan pelajarannya ke USM.* The student managed to continue her studies at USM.

selanjutnya KATA ADJEKTIF
next
◊ *Apakah tindakan selanjutnya?* What is the next action to be taken?
♦ **Berita selanjutnya selepas ini...** More news after this...

lanjutan KATA ADJEKTIF
advanced
◊ *matematik lanjutan* advanced mathematics
♦ **Lanjutan daripada itu,...** Subsequently,....

lantai KATA NAMA
floor

berlantaikan KATA KERJA
to have ... floor
◊ *Rumahnya berlantaikan batu marmar.* Her house has a marble floor.

lantang KATA ADJEKTIF
[1] *loud and clear*
◊ *suaranya yang lantang* her loud and clear voice
[2] *outspoken*
◊ *Ada beberapa pihak yang begitu lantang mengkritik pihak pentadbiran.* Several groups are very outspoken in their criticism of the administration.

kelantangan KATA NAMA
outspokenness
◊ *Kelantangannya membahaskan isu-isu yang sensitif sering menimbulkan kontroversi.* His outspokenness in discussing sensitive issues has often created controversy.

lantar (1)

pelantar KATA NAMA
platform

lantaran KATA HUBUNG
because of
◊ *Ramai yang terkorban lantaran virus yang membawa maut itu.* Many died because of the deadly virus.
♦ **Dia malas. Lantaran itu dia dihukum.** He was lazy. Therefore he was punished.

lantar (2)

terlantar KATA KERJA
to lie
◊ *Dia terlantar di hospital selama dua minggu.* He lay in hospital for two weeks.
♦ **Dia terlantar di atas katilnya selama dua tahun.** He was bedridden for two years.

lantas KATA BANTU

rujuk juga **lantas** KATA HUBUNG
immediately
◊ *Mereka lantas berlari apabila terdengar salakan anjing.* They ran away immediately when they heard the dog bark.

lantas KATA HUBUNG

rujuk juga **lantas** KATA BANTU
and
◊ *Dia naik marah, lantas terus pergi ke biliknya.* He got angry and went straight to his room. ◊ *Dia mengambil surat itu lantas menghulurkannya kepada saya.* She took the letter and handed it to me.

lantik KATA KERJA
to appoint
◊ *Lantiklah pelajar yang berkebolehan untuk menjadi ketua pengawas.* Appoint a capable student to be Head Prefect.

melantik KATA KERJA
to appoint
◊ *Cikgu Hamidi melantik Faridah sebagai ketua perpustakawan.* Cikgu Hamidi appointed Faridah as Chief Librarian.

pelantikan KATA NAMA
appointment
◊ *surat pelantikan* letter of appointment
♦ **upacara pelantikan** installation
◊ *Kami menghadiri upacara pelantikan Jaafar sebagai Presiden kelab itu.* We attended Jaafar's installation as President of the club.

lantun

lanun → lapik   B. Melayu ~ B. Inggeris   824

melantun KATA KERJA
to bounce
◊ *Bola itu melantun.* The ball bounced.
melantunkan KATA KERJA
to bounce
◊ *Azman berlatih melantunkan bola di padang.* Azman practised bouncing the ball in the field.
lantunan KATA NAMA
bounce

lanun KATA NAMA
pirate
melanun KATA KERJA
to be a pirate
◆ **kegiatan melanun** piracy

lanyak
melanyak KATA KERJA
[1] *to crush*
◊ *Kenderaan mereka dilanyak oleh sebuah kereta kebal.* Their vehicle was crushed by a tank.
[2] *to beat up*
◊ *Lima orang samseng melanyak seorang pemuda di tepi jalan itu.* Five gangsters beat up a young man at the roadside.

lap KATA KERJA
to wipe
mengelap KATA KERJA
to wipe
◊ *mengelap meja* to wipe the table
◆ **mengelap lantai** to mop the floor
pengelap KATA NAMA
a means of wiping
◆ **kain pengelap pinggan** a drying-up cloth

lapah
melapah KATA KERJA
to skin
◊ *Mereka melapah rusa itu selepas menembaknya.* They shot the deer and then skinned it.

lapan KATA BILANGAN
eight
◆ **lapan hari bulan Januari** the eighth of January
kelapan KATA BILANGAN
eighth

lapan belas KATA BILANGAN
eighteen
◆ **lapan belas hari bulan Mei** the eighteenth of May
kelapan belas KATA BILANGAN
eighteenth

lapang KATA ADJEKTIF
[1] *spacious*
◊ *Dewan itu sangat lapang.* The hall is very spacious.
◆ **Mereka mengumpul air hujan di kawasan hutan yang lapang.** They collected rainwater in a clearing.
[2] *leisure*
◊ *masa lapang* leisure time
kelapangan KATA NAMA
◆ **ada kelapangan** free ◊ *Jika ada kelapangan, jemputlah ke rumah kami.* If you are free, do come over to our house.
melapangkan KATA KERJA
to clear
◊ *melapangkan kawasan semak* to clear the undergrowth
◆ **Saya melapangkan masa untuk bersama keluarga saya.** I make time to be with my family.
◆ **Dia pergi ke Bukit Fraser untuk melapangkan fikiran.** She went to Fraser's Hill to relax.
lapangan KATA NAMA
field
◊ *Dia menceburkan diri dalam lapangan penyelidikan saintifik sejak muda lagi.* He has been involved in the field of scientific research since he was young.
◆ **lapangan terbang** airport

lapan puluh KATA BILANGAN
eighty
kelapan puluh KATA BILANGAN
eightieth

lapan segi KATA ADJEKTIF
octagonal
◆ **bekas yang berbentuk lapan segi** an octagonal container

lapar KATA ADJEKTIF
hungry
◊ *Saya sangat lapar.* I'm very hungry.
berlapar KATA KERJA
to go hungry
◊ *Dia sanggup berlapar untuk menguruskan badannya.* She was willing to go hungry in order to lose weight.
kelaparan KATA NAMA
starvation
◊ *Ramai orang yang mati akibat kelaparan.* Many people are dying of starvation.

lapik KATA NAMA
lining
◊ *Dia menggunakan surat khabar sebagai lapik.* He used newspapers as a lining.
◆ **lapik meja** tablecloth
◆ **lapik perut** something light eaten to dull one's hunger
berlapik KATA KERJA
to be lined
◊ *Tin biskut itu tidak berlapik.* The biscuit tin is not lined.

berlapikkan KATA KERJA
to be lined with
◊ *Bakul itu berlapikkan sehelai kain.* The basket is lined with a piece of cloth.
melapik KATA KERJA
to cover
◊ *Dia melapik meja itu dengan alas meja.* She covered the table with a tablecloth.
melapikkan KATA KERJA
to line
◊ *Dia melapikkan sehelai kain pada laci itu.* She lined the drawer with a piece of cloth.
pelapik KATA NAMA
lining

lapis KATA NAMA, PENJODOH BILANGAN
layer
◊ *Dia memakai beberapa lapis baju kerana terlalu sejuk.* She wore several layers of clothing because it was very cold.
♦ **kek lapis** layer cake
berlapis KATA KERJA
to have layers
◊ *Baju itu berlapis dua.* The dress has two layers.
berlapiskan KATA KERJA
with ... layer
♦ **kek yang berlapiskan aiskrim** an ice cream layer cake
berlapis-lapis KATA KERJA
many layers
◊ *Dia memakai berlapis-lapis pakaian.* She wore many layers of clothing.
melapis KATA KERJA
to cover
◊ *Dia melapis kertas pada dinding itu.* He used paper to cover the wall.
melapiskan KATA KERJA
to cover
◊ *Dia melapiskan dinding itu dengan poster.* He covered the wall with posters.
lapisan KATA NAMA, PENJODOH BILANGAN
[1] *layer*
◊ *lapisan ozon* the ozone layer
◊ *lapisan salji yang masih baru* a fresh layer of snow
♦ **"sesuai ditonton oleh semua lapisan masyarakat"** "suitable for general viewing"
♦ **semua lapisan masyarakat** people from all walks of life
[2] *coat*
◊ *dua lapisan cat* two coats of paint

lapor KATA KERJA
to report
melaporkan KATA KERJA
to report

◊ *Saya telah melaporkan kejadian itu kepada pihak berkuasa.* I've reported the incident to the authorities.
♦ **melaporkan diri** to report ◊ *Para kadet dikehendaki melaporkan diri pada awal pagi.* Cadets are required to report early in the morning.
laporan KATA NAMA
report

lapuk KATA ADJEKTIF
[1] *obsolete* (*idea*)
[2] *rotten* (*barang, pakaian*)
♦ **hutang lapuk** bad debt
berlapuk KATA KERJA
mouldy

lara KATA ADJEKTIF
heartbroken
◊ *Hatinya begitu lara apabila kedua orang tuanya meninggalkannya.* He was heartbroken when his parents left him.
♦ **penglipur lara** storyteller
melara KATA KERJA
to be a misery
◊ *Dia hidup melara sejak anaknya diculik.* Her life has been a misery since her child was kidnapped.
♦ **kanak-kanak yang miskin dan melara** poor and suffering children

laram KATA ADJEKTIF
stylish
melaram KATA KERJA
dressed to kill
◊ *Dia selalu melaram.* She's always dressed to kill.

larang
melarang KATA KERJA
[1] *to forbid*
◊ *Dia melarang anaknya tidur lewat.* She forbids her child to stay up late.
[2] *to prohibit*
◊ *Peraturan sekolah melarang murid-murid menyimpan kuku panjang.* The school rules prohibit students from having long fingernails.
♦ **"Dilarang Merokok"** "No Smoking"
larangan KATA NAMA
ban
◊ *Terdapat larangan merokok di tempat-tempat awam.* There's a ban on smoking in public places.
♦ **kawasan larangan** prohibited area
♦ **kawasan larangan merokok** non-smoking area

laras (1) KATA NAMA
pitch (*nada muzik*)
melaraskan KATA KERJA
to adjust (*suhu, ketinggian*)
◊ *Anda boleh melaraskan ketinggian kerusi itu.* You can adjust the height of

the chair.
menyelaraskan KATA KERJA
1. *to co-ordinate*
◊ *menyelaraskan tugas-tugas sukarelawan* to co-ordinate the duties of the volunteers
2. *to standardize*
◊ *menyelaraskan sukatan pelajaran* to standardize the school syllabus
- **menyelaraskan harga mengikut permintaan** to adjust the price according to demand
- **menyelaraskan gerak tari** to synchronize the dance steps
penyelaras KATA NAMA
co-ordinator
pelarasan KATA NAMA
adjustment
◊ *pelarasan cukai* tax adjustment
penyelarasan KATA NAMA
1. *standardization*
◊ *penyelarasan sukatan pelajaran* the standardization of the school syllabus
2. *co-ordination*
◊ *Penyelarasan tugas amat penting untuk menjayakan projek ini.* The co-ordination of duties is very important to the success of this project.
selaras KATA ADJEKTIF
in accordance with
◊ *Perkara yang diajar oleh guru harus selaras dengan sukatan pelajaran.* What is taught by the teacher should be in accordance with the school syllabus.

laras (2) KATA NAMA
barrel
◊ *laras senapang* gun barrel
- **laras suhu** thermostat

laras juga digunakan sebagai penjodoh bilangan untuk senapang dan tidak ada terjemahan dalam bahasa Inggeris.

◊ *selaras senapang* a gun

larat KATA ADJEKTIF
able
◊ *Anda larat hendak meneruskan perlumbaan ini?* Are you able to continue the race?
- **Saya sudah tidak larat lagi.** I'm too tired to carry on.
melarat KATA KERJA
to worsen
◊ *Penyakit barahnya sudah melarat.* His cancer has worsened.
- **Hidupnya melarat sejak suaminya meninggal dunia.** Her life has been difficult since the death of her husband.
lari KATA KERJA
to run

- **lari pecut** sprint
- **lari-lari anak** to trot
berlari KATA KERJA
to run
berlari-lari KATA KERJA
to run around
◊ *Kanak-kanak itu berlari-lari di tepi pantai.* The children were running around on the beach.
- **berlari-lari anak** to trot
melarikan KATA KERJA
1. *to run off with*
◊ *Pencuri itu melarikan wang tunai sebanyak RM50,000.* The thieves ran off with RM50,000 in cash.
2. *to kidnap*
◊ *Lelaki yang bertopeng itu telah melarikan isteri jutawan itu.* The masked man kidnapped the millionaire's wife.
- **melarikan diri** to escape
pelari KATA NAMA
runner
- **pelari pecut** sprinter
pelarian KATA NAMA
refugee
selari KATA ADJEKTIF
parallel
◊ *dua garisan yang selari* two parallel lines
larian KATA NAMA
run
◊ *Larian Jambatan Pulau Pinang* the Penang Bridge Run

laris KATA ADJEKTIF
in demand
◊ *Pisang goreng di gerai Pak Dollah laris.* The fried bananas at Pak Dollah's stall are in demand.
melariskan KATA KERJA
to boost sales of
◊ *Barangan percuma diberikan untuk melariskan jualan ubat gigi itu.* Gifts are provided to boost sales of toothpaste.

larut KATA ADJEKTIF
> rujuk juga **larut** KATA KERJA

late
◊ *larut malam* late at night
berlarutan KATA KERJA
to drag on
◊ *Perhimpunan hari itu berlarutan sehingga pukul sepuluh.* Assembly that day dragged on until ten o'clock.
larut KATA KERJA
> rujuk juga **larut** KATA ADJEKTIF

to dissolve
◊ *Gula dan garam larut di dalam air.* Sugar and salt dissolve in water.
melarutkan KATA KERJA
to dissolve

◊ *melarutkan gula di dalam air* to dissolve sugar in water
pelarut KATA NAMA
solvent
larutan KATA NAMA
solution

lasah
melasah KATA KERJA
to beat up
◊ *Lelaki itu melasah budak kecil tersebut.* The man beat up the little boy.

lasak (1) KATA ADJEKTIF
• **tahan lasak (1)** durable ◊ *Khemah itu dibuat daripada kain kanvas yang tahan lasak.* The tent is made of durable canvas.
• **tahan lasak (2)** tough ◊ *Pemuda itu memang tahan lasak.* The young man is certainly tough.

lasak (2) KATA ADJEKTIF
energetic
◊ *Anak Mun Yee sangat lasak.* Mun Yee's child is very energetic.
kelasakan KATA NAMA
restlessness
• **Kelasakan budak itu meletihkan ibu bapanya.** The child is so energetic that he wears his parents out.

laser KATA NAMA
laser

lastik KATA NAMA
catapult
melastik KATA KERJA
to hit ... with a catapult
◊ *melastik burung* to hit a bird with a catapult

lata KATA NAMA
waterfall

latah KATA NAMA
psychoneurosis
melatah KATA KERJA
to rave (padanan terdekat)
◊ *Mak Ngah melatah kerana terkejut apabila mendengar bunyi mercun meletup.* Mak Ngah started to rave because she was startled when she heard the firecrackers exploded.

latar KATA NAMA
background
◊ *muzik latar* background music
berlatarkan KATA KERJA
to have ... in the background
◊ *Gambar itu berlatarkan pemandangan pantai yang indah.* The picture has a beautiful seaside scene in the background.

latar belakang KATA NAMA
background
◊ *latar belakang keluarga* family background
berlatarbelakangkan KATA KERJA
to have ... in the background
◊ *Lukisan itu berlatarbelakangkan gunung-ganang.* The picture has mountains in the background.
• **Cerita itu berlatarbelakangkan kehidupan di desa.** The story is set in the country.

latih KATA KERJA
to train
• **latih tubi** to drill
berlatih KATA KERJA
to train
◊ *Dia sedang berlatih untuk Sukan Olimpik.* She is training for the Olympics.
melatih KATA KERJA
to train
◊ *Dia melatih pekerja-pekerjanya untuk menjalankan tugas itu.* He trains his employees to perform the task.
• **Cik Azlina melatih kami bermain pingpong.** Miss Azlina coaches us in table tennis.
pelatih KATA NAMA
[1] *trainer* (orang yang melatih)
[2] *trainee* (orang yang dilatih)
terlatih KATA ADJEKTIF
trained
◊ *doktor terlatih* a trained doctor
latihan KATA NAMA
[1] *exercise*
◊ *latihan matematik* mathematics exercise
[2] *training*
◊ *latihan untuk pemain badminton negara* training for the national badminton players
[3] *practice*
◊ *latihan kriket* cricket practice

Latin KATA NAMA
Latin
• **bahasa Latin** Latin ◊ *Dia sedang belajar bahasa Latin.* He's learning Latin.

latitud KATA NAMA
latitude

lauk KATA NAMA
dishes accompanying rice (penjelasan umum)
• **lauk-pauk** many types of dishes

laung KATA KERJA
to cry out
melaung KATA KERJA
to cry out
◊ *Ling Ling melaung dengan gembira.* Ling Ling cried out with joy.
melaungkan KATA KERJA
to shout out
◊ *Mereka melaungkan nama-nama*

orang yang ditahan. They shouted out the names of those detained.
melaung-laungkan KATA KERJA
to call for
◊ *Kerajaan sedang melaung-laungkan pembelian barangan buatan tempatan.* The government is calling for the purchase of local products.
laungan KATA NAMA
cry (JAMAK **cries**)
◊ *Laungan Khoon Leng menakutkan jiran-jirannya.* Khoon Leng's cries frightened her neighbours.

laut KATA NAMA
sea
- **Laut China Selatan** the South China Sea
pelaut KATA NAMA
seaman (JAMAK **seamen**)
lautan KATA NAMA
ocean
- **Lautan Hindi** the Indian Ocean

lawa KATA ADJEKTIF
attractive
melawa KATA KERJA
to dress up
◊ *Mary melawa untuk menghadiri majlis hari jadi kawannya.* Mary dressed up for her friend's birthday party.

lawak KATA NAMA
| rujuk juga **lawak** KATA ADJEKTIF |
joke
◊ *Lawaknya itu menyinggung perasaan saya.* His joke offended me.
- **Muthusamy suka membuat lawak.** Muthusamy likes to joke.
melawak KATA KERJA
to joke
◊ *Dia suka melawak dengan kawan-kawannya.* He likes to joke with his friends.
pelawak KATA NAMA
comedian
◊ *Cita-citanya adalah untuk menjadi seorang pelawak di Las Vegas.* His ambition is to be a comedian in Las Vegas.

lawak KATA ADJEKTIF
| rujuk juga **lawak** KATA NAMA |
funny
◊ *Cerita itu sungguh lawak.* That's a very funny story.

lawan KATA KERJA
| rujuk juga **lawan** KATA NAMA |
[1] *to fight*
[2] *to compete*
berlawan KATA KERJA
[1] *to fight*
◊ *Ahmad berlawan dengan Amin di padang sekolah.* Ahmad fought with Amin on the school field. ◊ *Sidek suka berlawan dengan Afzal.* Sidek likes fighting with Afzal.
[2] *to compete*
◊ *Sanjay akan berlawan dengan Adrian dalam perlumbaan itu.* Sanjay will compete with Adrian in the race.
- **Perancis berlawan dengan Brazil dalam perlawanan akhir Piala Dunia 1998.** France played Brazil in the final of the World Cup 1998.
berlawanan KATA KERJA
to have opposing ...
◊ *Mereka berlawanan pendapat.* They have opposing views.
- **perkataan berlawanan** antonym
melawan KATA KERJA
[1] *to fight*
◊ *melawan penyakit barah* to fight against cancer
[2] *to compete*
◊ *Syarikat kami mengeluarkan produk baru itu untuk melawan syarikat-syarikat lain.* Our company brought out the new product to compete with other companies.
- **Pasukan badminton Malaysia melawan pasukan badminton Indonesia kelmarin.** Malaysia played Indonesia at badminton yesterday.
- **melawan balik** to fight back
perlawanan KATA NAMA
match (JAMAK **matches**)
◊ *perlawanan persahabatan* a friendly match
- **perlawanan semula** a rematch

lawan KATA NAMA
| rujuk juga **lawan** KATA KERJA |
opponent
◊ *Albert berjaya mengalahkan lawannya.* Albert succeeded in defeating his opponent.
- **pihak lawan** opponent
- **Saya tidak akan berlawan dengan kamu. Kamu bukan lawan saya.** I'm not going to fight you. You are no match for me.

lawas KATA ADJEKTIF
having no difficulty in urinating or defecating
pelawas KATA NAMA
fibrous food
◊ *Betik merupakan sejenis pelawas.* Papayas are a type of fibrous food.

lawat
melawat KATA KERJA
to visit
◊ *Angie melawat ke Zoo Negara bersama keluarganya.* Angie visited the National Zoo with her family.
melawati KATA KERJA
to visit

◊ *Shanti melawati ibu bapa saya semasa cuti sekolah.* Shanti visited my parents during the school holidays.
pelawat KATA NAMA
visitor
lawatan KATA NAMA
visit
◊ *lawatan ke rumah orang-orang tua* a visit to the old people's home
♦ **lawatan sambil belajar** study trip

layak KATA ADJEKTIF
qualified
◊ *Puan Lim memang layak memegang jawatan penyelia petang.* Madam Lim is certainly qualified to hold the post of afternoon supervisor.
kelayakan KATA NAMA
qualification
◊ *Dia mempunyai kelayakan untuk menjadi pengurus.* She has the qualifications to be a manager.
berkelayakan KATA KERJA
qualified
◊ *Dia berkelayakan.* He is qualified.
♦ **Dia berkelayakan untuk mendapat biasiswa.** He qualifies for a scholarship.
melayakkan KATA KERJA
♦ **melayakkan diri** to qualify ◊ *Sulaiman melayakkan diri ke peringkat akhir.* Sulaiman qualified for the finals.
◊ *Pasukan itu gagal melayakkan diri ke peringkat akhir.* The team failed to qualify for the finals.

layan KATA KERJA
to serve
♦ **layan diri** self-service
melayan, melayani KATA KERJA
1. *to serve*
◊ *Jurujual itu melayan pelanggannya dengan mesra.* The salesgirl served her customers in a friendly manner.
2. *to treat*
◊ *Guru itu melayan anak muridnya dengan baik.* The teacher treats his pupils well.
♦ **Permohonan yang lewat tidak akan dilayan.** Late applications will not be accepted.
♦ **Anda akan dilayan sebentar lagi.** You will be attended to shortly.
pelayan KATA NAMA
1. *waiter* (*lelaki*)
2. *waitress* (JAMAK **waitresses**) (*perempuan*)
3. (*komputer*) *server*
layanan KATA NAMA
service
◊ *Layanan di hotel itu amat memuaskan.* The service at that hotel is very good.

♦ **Kami tidak memerlukan sebarang layanan istimewa.** We don't require any special treatment.

layang KATA ADJEKTIF
♦ **surat layang** anonymous letter
layang-layang KATA NAMA
kite
melayang KATA KERJA
to glide
◊ *Burung itu melayang di udara.* The bird glided through the air.
♦ **Kertas itu melayang ditiup angin.** The piece of paper floated on the wind.
♦ **Fikirannya melayang ke tempat lain.** His thoughts drifted off elsewhere.
terlayang-layang KATA KERJA
to float
◊ *Daun-daun itu terlayang-layang di udara.* The leaves are floating through the air.

layar KATA NAMA
sail
♦ **kapal layar** sailing boat
♦ **layar perak** the silver screen
belayar KATA KERJA
to sail
melayari KATA KERJA
to sail
◊ *Azhar melayari Lautan Atlantik dengan kapal layarnya.* Azhar sailed the Atlantic Ocean in his sailing boat.
melayarkan KATA KERJA
to sail
◊ *Dia melayarkan botnya di Lautan Pasifik.* He sailed his boat in the Pacific Ocean.
pelayar KATA NAMA
sailor
pelayaran KATA NAMA
voyage
◊ *Pelayaran ke Pulau Langkawi mengambil masa dua hari.* The voyage to Langkawi takes two days.
♦ **pelayaran persiaran** cruise

layu KATA ADJEKTIF
to wilt
◊ *Bunga itu sudah layu.* The flower has wilted.

layur
melayur KATA KERJA
to scorch
◊ *Emak melayur daun pisang di atas api.* Mother scorched the banana leaves over the fire.

lazat KATA ADJEKTIF
delicious
kelazatan KATA NAMA
delicious taste
◊ *Kelazatan makanan Italy memang*

lazim → lebih

sudah diketahui umum. The delicious taste of Italian cuisine is well-known.
- **Kelazatan masakan ibu tidak ada tandingannya.** There's nothing so delicious as one's mother's cooking.
  melazatkan KATA KERJA
  to make ... tasty
  ◊ *Rempah perlu ditambah untuk melazatkan masakan itu.* Spices need to be added to make the dish tasty.

lazim KATA ADJEKTIF
common
- **lazimnya** usually
  kelaziman KATA NAMA
  habit
  ◊ *Sudah menjadi kelazimannya untuk tidur awal.* He is in the habit of going to bed early.

lebah KATA NAMA
bee

lebam KATA ADJEKTIF
bruised
◊ *Kakinya lebam selepas terjatuh dari basikal.* Her leg was bruised when she fell off her bicycle.
melebam KATA KERJA
to bruise
◊ *Badannya senang melebam.* She bruises easily.

lebar KATA ADJEKTIF
> rujuk juga **lebar** KATA NAMA

wide
◊ *Sungai itu sangat lebar.* The river is very wide.
kelebaran KATA NAMA
width
melebar KATA KERJA
to broaden
◊ *Denai itu melebar menjadi jalan.* The trails broadened into roads.
melebarkan, memperlebar KATA KERJA
to widen
◊ *melebarkan sungai* to widen a river
selebar KATA ADJEKTIF
as wide as
- **Jalan itu hanya selebar lima kaki.** The road is only five feet wide.

lebar KATA NAMA
> rujuk juga **lebar** KATA ADJEKTIF

width
◊ *panjang x lebar* length by width

lebat KATA ADJEKTIF
1. *heavy*
◊ *hujan lebat* heavy rain
2. *thick*
◊ *rambut yang lebat* thick hair
melebatkan KATA KERJA
to thicken

◊ *Dia menggunakan tonik rambut untuk melebatkan rambutnya.* He uses hair tonic to thicken his hair.

lebih KATA ADJEKTIF
more
◊ *Anda perlu lebih rajin.* You need to be more hardworking. ◊ *Dia memerlukan lebih masa untuk menyiapkan kerja itu.* He needs more time to complete the work.

> Biasanya akhiran **-er** digunakan untuk menunjukkan makna **lebih** dalam bahasa Inggeris.

◊ *lebih kaya* richer ◊ *lebih cerah* brighter ◊ *lebih tinggi* taller
- **lebih baik** better
- **kerja lebih masa** to work overtime
  lebih-lebih KATA PENEGAS
- **lebih-lebih lagi** moreover
- **lebih-lebihnya** at most ◊ *Dia bukannya pandai memasak, lebih-lebihnya dia hanya tahu memasak nasi.* She's not good at cooking, at most she can only cook rice.
  berlebihan KATA KERJA
  excessive
  ◊ *Pengambilan gula yang berlebihan boleh menyebabkan kencing manis.* The excessive intake of sugar can cause diabetes.
- **Lemak yang berlebihan membahayakan kesihatan.** Excess fat is bad for one's health.
  kelebihan KATA NAMA
  1. *advantage*
  ◊ *Mereka mempunyai kelebihan semasa membeli rumah.* They have an advantage when buying houses.
  2. *strength*
  ◊ *Bolehkah anda beritahu saya kelebihan dan kelemahan anda?* Can you tell me your strengths and weaknesses?
  melebih, melebih-lebih KATA KERJA
  extreme
  ◊ *Dia tidak mempunyai kawan kerana sikapnya yang melebih-lebih itu.* He has no friends because of his extreme behaviour.
  melebihi KATA KERJA
  to exceed
  ◊ *melebihi had laju* to exceed the speed limit
  melebihkan KATA KERJA
  to increase
  ◊ *melebihkan usaha* to increase efforts
  selebihnya KATA ADJEKTIF
  remainder
  ◊ *Simpan makanan yang selebihnya ke dalam peti sejuk.* Put the remainder of the food into the fridge.
- **Anda boleh menyimpan wang yang**

selebihnya. You may keep the change.
terlebih KATA KERJA
too much
◊ *terlebih gula dalam kek* too much sugar in the cake
• **Dia terlebih membayar wang kepada pekedai itu.** He overpaid the shopkeeper.
• **terlebih dahulu** first of all ◊ *Terlebih dahulu, saya ingin mengucapkan ribuan terima kasih kepada para hadirin.* First of all, I would like to express my thanks to all of you.

lebir
melebir KATA KERJA
to sag
◊ *Skirt itu tidak akan melebir selepas dicuci.* The skirt will not sag after washing.

lebuh KATA NAMA
street
• **lebuh raya** highway

lebur KATA KERJA
to melt down
meleburkan KATA KERJA
to melt down
◊ *Duit syiling dileburkan untuk membuat barang kemas.* Coins were melted down to make jewellery.
peleburan KATA NAMA
melting
• **Peleburan logam dijalankan di kilang itu.** The metal is melted down in that factory.
leburan KATA NAMA
molten
◊ *leburan logam* molten metal

lecah KATA ADJEKTIF
muddy
◊ *Padang sekolah itu lecah selepas hujan.* The school field was muddy after the rain.

leceh KATA ADJEKTIF
troublesome

lecek KATA ADJEKTIF
mashed
◊ *kentang lecek* mashed potatoes
melecek KATA KERJA
to mash
◊ *Lia melecek kentang dengan garpu.* Lia mashed the potatoes with a fork.

lecet
melecet KATA KERJA
to blister
◊ *Kakinya melecet selepas dia memakai kasut barunya.* Her feet were blistered from wearing her new shoes.

lecup
melecup KATA KERJA
[1] *to be scalded*
◊ *Jarinya melecup terkena minyak panas.* Her finger was scalded by hot oil.
[2] *to be burnt*
◊ *Jarinya melecup terkena seterika yang panas itu.* Her finger was burnt by the hot iron.

lecur KATA NAMA
burn
◊ *kesan-kesan lecur* burn marks
melecur KATA KERJA
[1] *to be scalded*
◊ *Jarinya melecur terkena minyak panas.* Her finger was scalded by hot oil.
[2] *to be burnt*
◊ *Jarinya melecur terkena seterika yang panas itu.* Her finger was burnt by the hot iron.

ledak
meledak KATA KERJA
to explode
◊ *Bom tangan itu meledak dengan tiba-tiba.* The hand grenade exploded suddenly.
meledakkan KATA KERJA
to blow up
◊ *Pihak komunis meledakkan markas tentera itu.* The communists blew up the army post.
peledak KATA NAMA
• **bahan peledak** explosive
ledakan KATA NAMA
explosion

leftenan KATA NAMA
lieutenant

lega KATA ADJEKTIF
relieved
• **Leganya!** What a relief!
kelegaan KATA NAMA
relief
◊ *Penurunan harga barang memberikan kelegaan kepada orang ramai.* The reduction in prices brought relief to the public.
melegakan KATA KERJA
to relieve
◊ *Minumlah lebih banyak air untuk melegakan sakit kerongkong anda.* Drink more water to relieve your sore throat.

legam KATA ADJEKTIF
• **hitam legam** pitch-black

legap KATA ADJEKTIF
opaque

legar KATA ADJEKTIF
• **ruang legar** concourse
berlegar-legar KATA KERJA
[1] *to circle*
◊ *Kapal terbang itu berlegar-legar sambil menunggu kebenaran untuk mendarat.*

The plane circled, awaiting permission to land.
[2] *to hang around*
◊ *Dia suka berlegar-legar di pusat membeli-belah.* She likes to hang around shopping complexes.

legeh KATA NAMA
watershed

legenda KATA NAMA
legend

leher KATA NAMA
neck
* **tali leher** tie
* **rantai leher** necklace

lejang KATA NAMA
* **enjin empat lejang** four-stroke engine

lejar KATA NAMA
ledger

leka KATA ADJEKTIF
engrossed
◊ *Sammy leka membaca majalah di perpustakaan.* Sammy was engrossed in the magazines in the library.
* **Dia mengingatkan kakitangannya agar tidak leka dalam menjalankan tanggungjawab mereka.** He reminded his staff not to neglect their duties.
kelekaan KATA NAMA
preoccupation
◊ *Saya semakin bosan dengan kelekaan Mawar terhadap origami.* I'm getting tired of Mawar's preoccupation with origami.
* **Kelekaan Minah menonton filem itu menyebabkan ikan yang digorengnya hangus.** Minah was so engrossed in the film that the fish she was frying got burnt.
melekakan KATA KERJA
engrossing
◊ *Permainan itu melekakan.* The game was engrossing.
terleka KATA KERJA
to be enthralled
◊ *Jika anda datang ke tempat ini anda pasti terleka dengan keindahan alam semula jadinya.* If you come here, you'll be enthralled by the beautiful scenery.
* **Kuasa dan pengaruh sering membuat manusia terleka.** Power and influence often make people negligent.

lekak KATA ADJEKTIF
* **lekak-lekuk** bumpy

lekang KATA ADJEKTIF
cracked
◊ *Cat rumah saya lekang kerana terdedah kepada cuaca.* The paint on my house cracked because it was exposed to the weather.
* **Rambutan itu lekang.** The flesh of that rambutan is easily detached from its stone.

lekar KATA NAMA
pot stand

lékar KATA NAMA
lacquer

lekas KATA ADJEKTIF
quick
◊ *Lekas, siapkan kerja anda!* Quick, finish your work!
* **Saya perlu lekas habiskan kerja saya.** I have to finish my work quickly.
selekas-lekasnya KATA ADJEKTIF
the earliest
◊ *Selekas-lekasnya pameran itu boleh diadakan adalah pada bulan Mac.* The earliest the exhibition can be held is in March.

lekat
melekat KATA KERJA
to stick
◊ *Magnet itu melekat pada papan putih.* The magnet sticks to the whiteboard.
melekatkan KATA KERJA
to stick
◊ *Dia melekatkan setem pada sampul surat itu.* He stuck the stamp on to the envelope.
pelekat KATA NAMA
adhesive
* **Dia membeli sekeping pelekat Doraemon.** He bought a Doraemon sticker.
terlekat KATA KERJA
to be stuck
◊ *Magnet itu terlekat pada besi.* The magnet is stuck to the metal.

lekit
melekit KATA KERJA
sticky
◊ *Kanji itu melekit.* The starch is sticky.

lekuk KATA NAMA
[1] *pothole* (pada jalan)
[2] *dent* (pada kereta, tin)
berlekuk KATA KERJA
full of potholes
◊ *Jalan itu berlekuk.* The road is full of potholes.
melekukkan KATA KERJA
to dent
◊ *Dia melekukkan tin itu dengan penukul.* He dented the tin with a hammer.

lelah KATA ADJEKTIF
rujuk juga **lelah** KATA NAMA
exhausted
◊ *Saya mudah berasa lelah.* I get exhausted easily.
berlelah-lelah KATA KERJA
to toil
◊ *Setelah berlelah-lelah bekerja siang*

dan malam, akhirnya usaha mereka berhasil juga. After toiling day and night, their efforts finally paid off.

kelelah KATA ADJEKTIF
> rujuk juga **kelelahan** KATA NAMA

very tired
◊ *Dia kelelahan.* She was very tired.

kelelahan KATA NAMA
> rujuk juga **kelelahan** KATA ADJEKTIF

fatigue
◊ *Diana berehat sebentar untuk menghilangkan kelelahannya.* Diana rested for a while to recover from her fatigue.

melelahkan KATA KERJA
tiring
◊ *Latihan bola sepak itu sangat melelahkan.* The football practice was very tiring.

lelah KATA NAMA
> rujuk juga **lelah** KATA ADJEKTIF

asthma
♦ **penyakit lelah** asthma

lelaki KATA NAMA
man (JAMAK **men**)
♦ **Jantina: lelaki** Sex: male
kelelakian KATA NAMA
manliness
♦ **sifat kelelakian** masculine characteristics

lelangit KATA NAMA
palate

lelap KATA ADJEKTIF
sound asleep
◊ *Dia sudah lelap sejak pukul lapan tadi.* He has been sound asleep since eight o'clock.

melelapkan KATA KERJA
♦ **melelapkan mata** to sleep ◊ *Dia tidak dapat melelapkan mata sepanjang malam.* She couldn't sleep the whole night.

terlelap KATA KERJA
to fall asleep
◊ *Jaya terlelap di atas sofa.* Jaya fell asleep on the sofa.

leleh
meleleh KATA KERJA
to trickle
◊ *Air mata meleleh di pipi orang tua itu.* Tears trickled down the old man's cheek.
♦ **Air liur bayi itu meleleh.** The baby is drooling.

lelehan KATA NAMA
trickle
◊ *lelehan air matanya yang tidak henti-henti* the continual trickle of her tears

lelong KATA NAMA
auction

melelong, melelongkan KATA KERJA
to auction off
◊ *Lukisan itu dilelong untuk tabung amal.* The painting was auctioned off for charity.
◊ *Pihak bank akan melelongkan kereta itu.* The bank will auction off the car.

pelelong KATA NAMA
auctioneer

lelongan KATA NAMA
lot

leluasa
berleluasa KATA KERJA
1 *to be out of control*
◊ *Pembalakan haram semakin berleluasa.* Illegal logging is getting more and more out of control.
2 *widespread*
◊ *Kes kecurian semakin berleluasa.* Theft cases are becoming more widespread.

lemah KATA ADJEKTIF
weak
◊ *Dia lemah dalam mata pelajaran sains.* He is weak in science. ◊ *Badannya lemah kerana sudah beberapa hari dia tidak makan.* Her body is weak because she hasn't eaten for several days.
♦ **lemah semangat** easily discouraged

kelemahan KATA NAMA
weakness (JAMAK **weaknesses**)
◊ *Terdapat beberapa kelemahan dalam kemahiran mengajar mereka.* There are some weaknesses in their teaching skills.

melemahkan KATA KERJA
to weaken
◊ *Dadah itu melemahkan daya tahan seseorang.* The drug weakens a person's resistance.

lemah lembut KATA ADJEKTIF
gentle
berlemah lembut KATA KERJA
to be gentle
◊ *Wanita itu berlemah lembut dengan anaknya.* The woman was gentle with her child.

lemah lesu KATA ADJEKTIF
frail
◊ *Badan pesakit itu lemah lesu.* The patient's body is frail.

lemak KATA NAMA
fat
berlemak KATA KERJA
fatty
◊ *makanan yang berlemak* fatty food

lemas KATA KERJA
1 *to drown* (*dalam air*)
2 *to suffocate* (*tidak dapat bernafas*)
♦ **mati lemas** to drown
kelemasan KATA KERJA

to suffocate
◊ *Koperal Smith mati kelemasan apabila dia dikunci di dalam but sebuah kereta.* Corporal Smith suffocated when he was locked in the boot of a car.
melemaskan KATA KERJA
[1] *to drown*
◊ *Dia cuba melemaskan jutawan itu di dalam bilik air.* He tried to drown the millionaire in the bathroom.
[2] *to suffocate*
◊ *Asap tebal di dalam rumah itu telah melemaskan mangsa kebakaran tersebut.* The thick smoke in the house suffocated the victims of the fire.

lembaga KATA NAMA
[1] *board*
◊ *lembaga pengarah* board of directors
[2] *figure*
◊ *Saya ternampak satu lembaga di belakang rumah datuk saya.* I noticed a figure behind my grandfather's house.
perlembagaan KATA NAMA
constitution
berperlembagaan KATA KERJA
constitutional
◊ *raja berperlembagaan* constitutional monarch

lembah KATA NAMA
valley

lembam KATA ADJEKTIF
weak
◊ *Pelajar itu agak lembam.* That student is quite weak.

lembang
lembangan KATA NAMA
basin
◊ *Lembangan Amazon* the Amazon basin

lembap KATA ADJEKTIF
[1] *damp*
◊ *rambut yang lembap* damp hair
◊ *kain lembap* a damp cloth
♦ *kapas yang lembap* a moist piece of cotton
panas dan lembap hot and humid
[2] *slow*
◊ *Dia agak lembap dalam pelajarannya.* He is quite slow in his studies.
kelembapan KATA NAMA
humidity
◊ *Kepanasan dan kelembapan itu menjengkelkan.* The heat and humidity were insufferable.
♦ **kelembapan udara** humidity
♦ **kelembapan ekonomi** sluggishness of the economy
melembapkan KATA KERJA
to dampen

◊ *Dia melembapkan kain itu dengan air.* She dampened the cloth with water.
pelembap KATA NAMA
moisturizer
lembapan KATA NAMA
moisture

lembar PENJODOH BILANGAN
sheet
◊ *selembar kertas* a sheet of paper
♦ **selembar benang** a length of thread
lembaran KATA NAMA

rujuk juga **lembaran** PENJODOH BILANGAN

page
◊ *lembaran terakhir buku itu* the last page of the book
♦ **lembaran kerja** spreadsheet
lembaran PENJODOH BILANGAN

rujuk juga **lembaran** KATA NAMA

sheet
◊ *dua lembaran kertas* two sheets of paper

lembayung KATA NAMA
violet

lembik KATA ADJEKTIF
soft
◊ *Coklat itu lembik kerana tidak dimasukkan ke dalam peti sejuk.* The chocolate has gone soft because it was not put into the fridge.
melembikkan KATA KERJA
to soften
◊ *Dia melembikkan adunan tepung itu dengan memasukkan lebih banyak air.* She softened the dough by adding more water.

lembing KATA NAMA
[1] *spear*
[2] *javelin (alat)*
♦ **acara rejam lembing** javelin
melembing KATA KERJA
to spear
◊ *Orang tua itu melembing seekor rusa.* The old man speared a deer.

lembu KATA NAMA
cow
♦ **lembu betina** cow
♦ **lembu jantan** bull
♦ **anak lembu** calf (JAMAK **calves**)

lembung
melembung KATA KERJA
to inflate
◊ *Jaket keselamatan itu melembung apabila Phillip menarik tali pintalnya.* The lifejacket inflated when Phillip pulled the cord.

lembut KATA ADJEKTIF
soft
berlembut KATA KERJA

to be gentle
◊ *Ibu bapa harus berlembut dengan anak-anak mereka.* Parents should be gentle with their children.
kelembutan KATA NAMA
gentleness
◊ *Kelembutan Ayu menawan hati pemuda itu.* Ayu's gentleness captured the young man's heart.
melembutkan KATA KERJA
to soften
◊ *Perapi ini boleh melembutkan rambut.* This conditioner can soften the hair.
pelembut KATA NAMA
softener

lemon KATA NAMA
lemon

lemoned KATA NAMA
lemonade

lempang
melempang KATA KERJA
to slap

lempar KATA KERJA
to throw
- **lempar cakera** discus
melempar, melemparkan KATA KERJA
to throw
◊ *Dia melempar batu itu.* He threw the stone.
- **melemparkan tuduhan** to make an accusation
melempari KATA KERJA
to throw repeatedly
pelempar KATA NAMA
thrower
◊ *Pelempar cakera itu sudah keletihan.* The discus thrower is exhausted.
lemparan KATA NAMA
throw
◊ *Lemparannya tepat pada sasaran.* Her throw was right on target.

lena KATA ADJEKTIF
sound asleep
◊ *Bayi itu tidur dengan lena.* The baby is sound asleep.
terlena KATA KERJA
to fall asleep
◊ *Alicia terlena di dalam bas.* Alicia fell asleep in the bus.

lencana KATA NAMA
badge

lencong
melencong KATA KERJA
to make a detour
◊ *Vincent melencong ke pusat membeli-belah dalam perjalanannya balik ke rumah.* Vincent made a detour to the shopping mall on his way home.
- **melencong daripada topik perbincangan** to digress from the topic under discussion
melencongkan KATA KERJA
to turn
◊ *Dia melencongkan keretanya ke kiri di simpang itu.* He turned left at the junction.
lencongan KATA NAMA
diversion
- **"Lencongan di hadapan"** "Diversion"

lencun KATA ADJEKTIF
- **basah lencun** soaking wet

lendir KATA NAMA
mucus
◊ *Siput babi menghasilkan lendir untuk bergerak.* Snails produce mucus to help them move.
berlendir KATA KERJA
slimy

lengah
berlengah, berlengah-lengah KATA KERJA
to dilly-dally
◊ *Cepat! Jangan berlengah-lengah.* Hurry up! Don't dilly-dally. ◊ *Dia membuat keputusan itu tanpa berlengah-lengah lagi.* She made the decision immediately, without dilly-dallying any further.
melengah-lengahkan KATA KERJA
to delay
◊ *Dave dimarahi oleh penyelianya kerana melengah-lengahkan kerjanya.* Dave was reprimanded by his supervisor for delaying the work.

lengan KATA NAMA
1. *arm*
2. *sleeve* (*pada baju*)
- **tanpa lengan** sleeveless
berlengan KATA KERJA
-sleeved
◊ *baju kemeja berlengan pendek* a short-sleeved shirt
- **Bajunya berlengan panjang.** His shirt has long sleeves.
- **baju-T yang tidak berlengan** a sleeveless T-shirt

lengang KATA ADJEKTIF
quiet
◊ *sebuah bandar yang kecil lagi lengang* a quiet little town
- **Gerai itu lengang sahaja.** There are hardly any customers at the stall.
melengangkan KATA KERJA
to make ... very quiet
◊ *Cuti selama tiga hari itu telah melengangkan bandar raya Kuala Lumpur.* The three days' holiday made Kuala Lumpur very quiet.

lengas

lenggang → lentik

berlengas KATA KERJA
1. *sweaty*
◊ *Badannya berlengas kerana dia tidak mandi sepanjang hari.* He's sweaty because he hasn't had a bath all day.
2. *slimy*
◊ *Tangan Fatimah berlengas selepas makan durian.* Fatimah's hand is slimy from eating durians.
♦ *Lantai itu berlengas selepas Bibi menumpahkan susunya.* The floor is sticky because Bibi spilt her milk.

lenggang KATA NAMA
swaying motion
◊ *Siti menari dengan lenggang yang lembut.* Siti danced with a gentle swaying motion.
♦ **lenggang-lenggok** swaying movement
◊ *Penari itu menawan hati penonton dengan lenggang-lenggoknya yang lemah gemalai.* The dancer enchanted the audience with her graceful swaying movements.
berlenggang, melenggang KATA KERJA
to swing one's arms while walking
♦ *Dia berjalan sambil melenggang.* She swings her arms as she walks.
♦ *Hari ini dia melenggang sahaja ke sekolah.* He didn't take anything with him to school today.

lenggok KATA NAMA
1. *body movement* (ketika menari)
2. *gait* (ketika berjalan)
berlenggok, melenggok KATA KERJA
to sway
◊ *Para penari itu melenggok dengan lemah gemalai.* The dancers swayed gracefully.
melenggok-lenggokkan KATA KERJA
to sway
◊ *Ah Yee melenggok-lenggokkan badannya mengikut rentak muzik.* Ah Yee swayed her body to the rhythm of the music.

lengkap KATA ADJEKTIF
complete
♦ **tidak lengkap** incomplete
berlengkap KATA KERJA
to get ready
◊ *Azlin berlengkap untuk pergi ke sekolah.* Azlin got ready for school.
berlengkapkan KATA KERJA
equipped
◊ *Dia mendapat kerja itu dengan berlengkapkan ilmu pengetahuan dan pengalaman.* He got the job because he was equipped with knowledge and experience.
kelengkapan KATA NAMA
equipment
melengkapi KATA KERJA
to equip
◊ *Pejabatnya dilengkapi dengan komputer.* His office is equipped with computers.
melengkapkan KATA KERJA
to equip
◊ *Sani melengkapkan dirinya dengan seni mempertahankan diri.* Sani equipped himself with the art of self-defence.
♦ *pelekat yang diperlukan untuk melengkapkan koleksi tersebut* the stickers needed to complete the collection
pelengkap KATA NAMA
complement
◊ *Gula ialah pelengkap kepada kopi.* Sugar is a complement to coffee.
perlengkapan KATA NAMA
kit
◊ *Saya terlupa membawa perlengkapan gimnasium saya.* I've forgotten my gym kit.

lengkok KATA NAMA
curve
berlengkok KATA KERJA
to curve
◊ *Jalan itu berlengkok.* The road curves.

lengkung KATA NAMA
curve
melengkung KATA KERJA
to curve
◊ *Garisan itu melengkung ke bawah.* The line curves downwards.
lengkungan KATA NAMA
curve

lenguh KATA KERJA
> rujuk juga **lenguh** KATA NAMA

to ache
◊ *Kaki saya lenguh kerana terlalu banyak berjalan.* My legs are aching from too much walking.
♦ **lenguh-lenguh** to ache all over
◊ *Badan saya lenguh-lenguh kerana mengangkat kotak yang berat itu.* I'm aching all over from carrying that heavy box.

lenguh KATA NAMA
> rujuk juga **lenguh** KATA ADJEKTIF

moo
melenguh KATA KERJA
to moo
◊ *Lembu melenguh.* Cows moo.

lensa KATA NAMA
lens (JAMAK **lenses**)

lentang KATA ADJEKTIF
♦ **kuak lentang** backstroke (*acara renang*)

lentik KATA ADJEKTIF

lenting → lepas

to curl
◊ *Bulu matanya lentik.* Her eyelashes curl.
melentikkan KATA KERJA
1 *to curl* (*bulu mata*)
2 *to bend ... back*
◊ *Joe boleh melentikkan jarinya.* Joe can bend his fingers back.

lenting
melenting KATA KERJA
to lose one's temper
◊ *Dia melenting apabila dia mendapat tahu perkara yang sebenar.* She lost her temper when she found out the truth.

lentok
melentok KATA KERJA
to bend
◊ *Pokok bunga itu melentok ke arah pancaran cahaya matahari.* The flower bent towards the sunlight.
♦ **Pokok kelapa melentok-lentok apabila ditiup angin.** The coconut trees swayed in the wind.
melentokkan KATA KERJA
to lean
◊ *Sheila melentokkan kepalanya di bahu saya.* Sheila leant her head on my shoulder.
terlentok KATA KERJA
to be slumped
◊ *Dia terlentok di kerusi itu kerana keletihan.* She was slumped in the chair from exhaustion.

lentur KATA KERJA
to sag
◊ *Dawai itu lentur apabila panas.* The wire sags when it is hot.
♦ **mudah lentur** flexible
melentur KATA KERJA
to sag
◊ *Kabel-kabel elektrik di tepi jalan melentur pada siang hari.* Electric cables by the roadside sag in the daytime.
melenturkan KATA KERJA
to bend
◊ *Orang kuat itu melenturkan besi itu dengan tangannya.* The strong man bent the iron bar with his hands.

lenyap KATA KERJA
to vanish
◊ *Kapal lanun itu lenyap di kawasan Segitiga Bermuda.* The pirate ship vanished in the Bermuda Triangle.
melenyapkan KATA KERJA
to make ... vanish
◊ *Lelaki itu cuba melenyapkan Jambatan Pulau Pinang dengan silap mataya.* The man tried to make the Penang Bridge vanish with his magic.

♦ **Pihak pemberontak cuba melenyapkan kuasa raja itu.** The rebels tried to eliminate the power of the king.
♦ **Dia melenyapkan diri di celah-celah orang ramai.** He disappeared in the crowd.

lenyek
melenyek KATA KERJA
to mash
◊ *Cheryl melenyek ubi keladi untuk membuat kek.* Cheryl mashed the yam to make a cake.

Leo KATA NAMA
Leo (*bintang zodiak*)

lepak KATA ADJEKTIF
loitering
◊ *budaya lepak* culture of loitering
melepak KATA KERJA
to loiter
◊ *Pemuda itu suka melepak di taman itu.* That young man is always loitering in the park. ◊ *Remaja tidak digalakkan melepak.* Teenagers are discouraged from loitering.

lepas KATA ADJEKTIF
1 *last*
◊ *minggu lepas* last week
2 *past*
◊ *Sudah lepas tengah malam.* It's past midnight.
3 *to escape*
◊ *Mereka tidak dapat lepas daripada hukuman.* They cannot escape from punishment.
♦ **lepas tangan** to let go
berlepas KATA KERJA
to take off
♦ **balai berlepas** departure lounge
kelepasan KATA NAMA
♦ **hari kelepasan** holiday
♦ **hari kelepasan am** public holiday
melepasi KATA KERJA
over
◊ *Dia melompat melepasi halangan itu.* He jumped over the hurdle.
melepaskan KATA KERJA
to release
◊ *Perampas kapal terbang itu telah melepaskan orang tebusannya.* The hijacker has released his hostages.
♦ **melepaskan diri** to escape
pelepasan KATA NAMA
exemption
◊ *pelepasan cukai* tax exemption
selepas KATA HUBUNG
after
◊ *Johari ingin melanjutkan pelajarannya ke universiti selepas STPM.* After the STPM, Johari wants to continue his

studies at university.
terlepas KATA KERJA
to get away
◊ *Pencuri itu tidak akan terlepas kali ini.* The thief will not get away this time.
♦ **Saya terlepas bas ke sekolah kerana bangun lewat.** I missed the bus to school because I overslept.
lepasan KATA NAMA
♦ **lepasan SPM** a holder of the SPM
♦ **lepasan universiti** graduate
leper KATA ADJEKTIF
flat
meleperkan KATA KERJA
to flatten
lepuh KATA NAMA
blister
◊ *Ada lepuh pada jarinya.* There's a blister on her finger.
melepuh KATA KERJA
to blister
◊ *Kakinya melepuh apabila terkena percikan air panas.* His leg blistered when some hot water splashed on it.
lerai
meleraikan KATA KERJA
to separate
◊ *Pihak polis terpaksa meleraikan kedua-dua pihak yang sedang berlawan itu.* The police had to separate the two opposing parties who were fighting.
terlerai KATA KERJA
to be separated
◊ *Akhirnya terlerai juga kedua-dua pihak yang bergaduh itu.* The two opposing parties were finally separated.
♦ **kasih sayang ibu bapa yang tidak akan terlerai** the undying love of parents
lereng KATA NAMA
slope
♦ **lereng bukit** hillside
lereng-lereng KATA NAMA
castor
leret
berleret-leret KATA KERJA
in long rows
◊ *Rumah teres dibina berleret-leret.* Terraced houses are built in long rows.
meleret-leret KATA KERJA
long-winded
◊ *Ucapannya meleret-leret dan sungguh membosankan.* His speech was long-winded and very boring.
lesap KATA KERJA
to disappear
◊ *Dia terkejut apabila mendapati wang dalam akaun banknya telah lesap.* She was shocked to find that the money in her bank account had disappeared.

melesapkan KATA KERJA
to embezzle
◊ *Dia dipecat kerana melesapkan wang syarikatnya.* He was sacked for embezzling the company's money.
lesbian KATA NAMA
lesbian
lesen KATA NAMA
licence
◊ **lesen memandu** driving licence
berlesen KATA KERJA
licensed
◊ *pengurup wang berlesen* licensed money-changer
pelesenan KATA NAMA
licensing
◊ *Lembaga Pelesenan* Licensing Board
lesu KATA ADJEKTIF
worn out
kelesuan KATA NAMA
fatigue
lesung KATA NAMA
1. *mortar* (untuk menumbuk)
2. *socket* (sendi)
♦ **lesung pipit** dimple
letak KATA NAMA
position
♦ **tempat letak kereta** car park
meletakkan KATA KERJA
to put
◊ *Sofia meletakkan begnya di bawah meja.* Sofia put her bag under the desk.
♦ **meletakkan jawatan** to resign
♦ **meletakkan kereta** to park
♦ **peletakan** KATA NAMA
♦ **peletakan senjata** ceasefire
♦ **peletakan jawatan** resignation
terletak KATA KERJA
situated
◊ *Sekolah saya terletak di bandar.* My school is situated in town.
leter
berleter KATA KERJA
to nag
◊ *Nenek tua itu suka berleter.* That old lady is always nagging.
meleteri KATA KERJA
to nag
◊ *Emak saya selalu meleteri saya kerana tidak menolongnya.* My mother always nags at me for not helping her.
leteran KATA NAMA
nagging
◊ *Steven menerima leteran neneknya dengan sabar.* Steven tolerated his grandmother's nagging patiently.
letih KATA ADJEKTIF
tired
◊ *Saya sudah letih.* I'm tired.

- **letih lesu** exhausted
keletihan KATA ADJEKTIF
> *rujuk juga* **keletihan** KATA NAMA

very tired
◊ *Dia keletihan.* She was very tired.
keletihan KATA NAMA
> *rujuk juga* **keletihan** KATA ADJEKTIF

fatigue
◊ *Dana berehat sebentar untuk menghilangkan keletihannya.* Dana rested for a while to recover from her fatigue.
meletihkan KATA KERJA
to tire
◊ *Beban kerja yang berat itu meletihkan saya.* The heavy workload tires me.
- **hari yang panjang dan meletihkan** a long and tiring day

letup
meletup KATA KERJA
to explode
◊ *Bom itu meletup dengan tiba-tiba.* The bomb exploded suddenly.
meletupkan KATA KERJA
to blow up
◊ *Pihak pengganas cuba meletupkan sebuah hospital kelmarin.* The terrorists tried to blow up a hospital yesterday.
letupan KATA NAMA
explosion
◊ *Letupan itu sangat kuat.* The explosion was very loud.
- **bahan letupan** explosive

letus
meletus KATA KERJA
1. *to break out* (*perang, wabak*)
2. *to erupt* (*gunung berapi*)

letusan KATA NAMA
eruption
◊ *letusan gunung berapi* a volcanic eruption

leukemia KATA NAMA
leukaemia

lewa KATA ADJEKTIF
- **sambil lewa** half-heartedly ◊ *Dia menjalankan kerjanya sambil lewa.* He did his job half-heartedly.

lewat KATA ADJEKTIF
late
◊ *Hari sudah lewat, dia masih belum pulang.* It's late, and she's still not back.
- **Buku itu dipulangkan lewat.** The book was overdue.

kelewatan KATA NAMA
delay
◊ *Kelewatan itu disebabkan oleh cuaca yang buruk.* The delay was due to bad weather.
melewati KATA KERJA

1. *to pass*
◊ *Setiap hari mereka melewati rumah itu.* They pass that house every day.
2. *to go beyond*
◊ *Para peserta tidak dibenarkan melewati garisan kuning sebelum wisel ditiup.* Participants are not allowed to go beyond the yellow line before the whistle is blown.

melewatkan KATA KERJA
to delay
◊ *Dia sengaja melewatkan perjalanannya.* He delayed his journey on purpose.
selewat-lewatnya KATA ADJEKTIF
at the latest
◊ *Projek ini perlu disiapkan selewat-lewatnya pada bulan hadapan.* This project has to be completed by next month at the latest.
terlewat KATA KERJA
late
◊ *Hari ini dia terlewat lagi ke sekolah.* She was late for school again today.

liang KATA NAMA
small hole
◊ *Cahaya matahari masuk melalui liang-liang pada dinding rumah papan itu.* Sunlight comes in through the small holes in the wall of the wooden house.
- **liang roma** pores
- **liang lahad** grave

liar KATA ADJEKTIF
1. *wild*
◊ *bunga-bunga liar* wild flowers
◊ *binatang liar* wild animals
2. *stray*
◊ *seekor kucing liar* a stray cat

berkeliaran KATA KERJA
to roam
◊ *Banyak binatang buas berkeliaran di kawasan ini.* Many wild animals roam this area.

liat KATA ADJEKTIF
tough
◊ *Daging itu liat.* The meat is tough.
- **tanah liat** clay

libat
melibatkan KATA KERJA
to involve
◊ *Projek itu melibatkan 30 orang pelajar.* The project involves 30 students.
penglibatan KATA NAMA
involvement
◊ *Penglibatannya dalam sukan menjadikan badannya sentiasa sihat.* His involvement in sports keeps him fit.
terlibat KATA KERJA
to be involved

Libra KATA NAMA
Libra (bintang zodiak)
◊ *Dia turut terlibat dalam kempen itu.* He was also involved in that campaign.

licik KATA ADJEKTIF
cunning
◊ *Dia licik.* He's cunning.

licin KATA ADJEKTIF
1 *slippery*
◊ *"Awas! Lantai licin!"* "Caution! Slippery floor!"
2 *smooth*
◊ *kulit yang licin* smooth skin
- **Rancangan mereka berjalan dengan licin.** Their plan went smoothly.

kelicinan KATA NAMA
smooth running
◊ *Suruhanjaya Pilihan Raya bertanggungjawab memastikan kelicinan pilihan raya.* The Election Commission is responsible for ensuring the smooth running of the elections.

melicinkan KATA KERJA
to make ... smooth
◊ *Krim ini boleh melicinkan kulit anda.* This cream can make your skin smooth.
- **Dia melicinkan kayu itu dengan kertas pasir.** He sandpapered the wood.

pelicin KATA NAMA
lubricant

lidah KATA NAMA
tongue

lidi KATA NAMA
vein of palm frond
melidi KATA KERJA
- **kurus melidi** skinny

lif KATA NAMA
lift

liga KATA NAMA
league
◊ *Liga Bola Sepak Malaysia* Malaysian Football League

ligas
meligas KATA KERJA
to trot (kuda)

ligat KATA ADJEKTIF
rapidly
◊ *Gasing itu berputar ligat di atas tanah.* The top spun rapidly on the ground.

lihat KATA KERJA
to look
◊ *Lihatlah saya!* Look at me!
- **Lihat di sebelah.** Please turn over.

kelihatan KATA KERJA
to look
◊ *Jamnya kelihatan mahal.* Her watch looks expensive.
- **Dia tidak kelihatan sejak hari Isnin.** She has not been seen since Monday.

- **Selepas hujan beberapa hari, matahari mula kelihatan.** After a few days of rain, it became sunny again.

melihat KATA KERJA
1 *to look*
◊ *Bayi itu melihat jam pada dinding.* The baby looked at the clock on the wall.
2 *to see*
◊ *Dia tidak dapat melihat selama beberapa hari.* For several days he was unable to see.
- **dapat dilihat** visible ◊ *Rumah itu dapat dilihat dari jalan.* The house is visible from the road.
- **tidak dapat dilihat** invisible

melihat-lihat KATA KERJA
to look around
◊ *Dia melihat-lihat dahulu sebelum memilih hadiah untuk kawannya.* She looked around before selecting a gift for her friend.

memperlihatkan KATA KERJA
to display
◊ *Dia memperlihatkan bakatnya dalam satu pameran khas.* He displayed his talent in a special exhibition.

penglihatan KATA NAMA
eyesight
◊ *Penglihatannya semakin pulih.* His eyesight is improving.
- **deria penglihatan** the sense of sight
- **Pada penglihatan saya, dia seorang murid yang rajin.** From what I've seen, she seems a hardworking pupil.

liku KATA NAMA
bend
berliku-liku KATA KERJA
winding
◊ *Jalan ke Bukit Fraser berliku-liku.* The road to Fraser's Hill is winding.

lilin KATA NAMA
1 *candle*
◊ *Dia menyalakan sebatang lilin.* She lit a candle.
2 *wax*
◊ *Patung itu dibuat daripada lilin.* The statue is made of wax.

lilit PENJODOH BILANGAN
length
◊ *Bapa saya membeli beberapa lilit tali.* My father bought a few lengths of rope.

melilit KATA KERJA
to coil up
◊ *Ulat gonggok melilit apabila disentuh.* Millipedes coil up when they're touched.

melilitkan KATA KERJA
to wind
◊ *Penculik itu melilitkan tali pada badan tebusan itu.* The kidnapper wound a rope

round the hostage.
lilitan KATA NAMA
circumference
◊ *Lilitan bulatan itu ialah lima meter.* The circumference of that circle is five metres.

lima KATA BILANGAN
five
♦ **lima hari bulan Mac** the fifth of March
berlima KATA BILANGAN
five of
◊ *Mereka berlima merupakan kawan karib.* The five of them are close friends.
kelima KATA BILANGAN
fifth
◊ *tempat kelima* the fifth place
kelima-lima KATA BILANGAN
all five
◊ *Kelima-lima buah kereta itu berwarna merah.* All five cars were red.

lima belas KATA BILANGAN
fifteen
♦ **lima belas hari bulan Mei** the fifteenth of May
kelima belas KATA BILANGAN
fifteenth

lima puluh KATA BILANGAN
fifty
kelima puluh KATA BILANGAN
fiftieth

lima segi KATA ADJEKTIF
pentagonal
♦ **logo yang berbentuk lima segi** a pentagonal logo

limau KATA NAMA
orange
♦ **limau bali** pomelo
♦ **limau mandarin** mandarin
♦ **limau nipis** lime
♦ **limau tangerin** tangerine

limbung
limbungan KATA NAMA
dock
♦ **limbungan kapal** shipyard

limpa KATA NAMA
spleen

limpah
melimpah, melimpah-limpah KATA KERJA
to overflow
◊ *Air di dalam besen itu melimpah.* The water in the basin overflowed. ◊ *Air sungai itu melimpah-limpah kerana hujan tidak berhenti-henti.* The river overflowed its banks because of the incessant rain.
melimpahkan KATA KERJA
to cause ... to overflow
♦ **Semoga Tuhan melimpahkan rezeki ke atas kamu.** May God bless you abundantly.
melimpahi KATA KERJA
to overflow
◊ *Air longkang melimpahi jalan raya itu.* The water from the drain overflowed onto the road.
limpahan KATA NAMA
overflow
◊ *Limpahan air sungai telah merosakkan tanaman di situ.* The overflow from the river damaged crops in the area.

limunan KATA ADJEKTIF
invisible
◊ *orang limunan* an invisible man

linang
berlinang KATA KERJA
to trickle (air mata)
♦ **Air matanya berlinang apabila dia terkenangkan peristiwa sedih itu.** She wept when she remembered the sad incident.
linangan KATA NAMA
drop
♦ **linangan air mata** teardrops

lincah KATA ADJEKTIF
energetic
◊ *Anak Karen sangat lincah.* Karen's child is very energetic.
♦ **Pemain bola jaring itu sangat lincah.** That netball player is very agile.
kelincahan KATA NAMA
agility
◊ *Wahina terpegun melihat kelincahannya.* Wahina was surprised at his agility.
♦ **Kelincahan budak itu meletihkan ibu bapanya.** The child is so energetic that he wears his parents out.

lincir KATA ADJEKTIF
smooth
melincirkan KATA KERJA
to lubricate
◊ *Minyak itu digunakan untuk melincirkan pergerakan mesin.* The oil is used to lubricate machinery.
pelincir KATA NAMA
lubricant
♦ **minyak pelincir** lubricating oil

lindung
berlindung KATA KERJA
to shelter
◊ *Mereka berlindung di dalam pondok telefon semasa hujan.* They sheltered in the phone booth when it rained.
♦ **tempat berlindung** shelter
melindungi KATA KERJA
to protect
◊ *Dia melindungi budak yang hendak dipukul oleh pengasuhnya itu.* She

protected the child who was about to be hit by the babysitter.
pelindung KATA NAMA
protector
• **pelindung cahaya matahari** sunshade
perlindungan KATA NAMA
protection
berselindung KATA KERJA
to hide
◊ *Jangan berselindung lagi. Rahsia anda sudah terbongkar.* Don't hide it anymore. Your secret is out.
terlindung KATA KERJA
sheltered
◊ *Kawasan itu terlindung daripada cahaya matahari pada waktu pagi.* That area is sheltered from the morning sun.
linen KATA NAMA
linen
lingkar PENJODOH BILANGAN
length
◊ *Saya membeli beberapa lingkar tali.* I bought a few lengths of rope.
berlingkar KATA KERJA
to lay coiled
◊ *Ular sawa itu berlingkar di atas pokok.* The python lay coiled in the tree.
melingkar KATA KERJA
to coil up
◊ *Ulat gonggok melingkar apabila disentuh.* Millipedes coil up when they're touched.
melingkari KATA KERJA
to coil around
◊ *Ular itu melingkari ayam tersebut sebelum menelannya.* The snake coiled itself around the chicken before swallowing it.
melingkarkan KATA KERJA
to coil
◊ *Dia melingkarkan dawai itu pada tiang lampu.* He coiled the wire around the lamppost.
lingkaran KATA NAMA
coil
◊ *lingkaran ubat nyamuk* mosquito coil
lingkung
melingkungi KATA KERJA
to surround
◊ *Tembok batu melingkungi seluruh kota itu.* A stone wall surrounds the city.
• **Arahan itu melingkungi seluruh kawasan kampung.** The instruction applies to the whole village.
lingkungan KATA NAMA
range
• **Pemuda itu berusia dalam lingkungan dua puluhan.** The young man is in his twenties.

lingkup
melingkupi KATA KERJA
to include
◊ *Tanggungjawabnya melingkupi pembahagian dan pengawalan dana syarikat itu.* His responsibilities include the allocation and control of company funds.
lintah KATA NAMA
leech (JAMAK **leeches**)
• **lintah bulan** slug
• **lintah darat** loan shark
lintang KATA NAMA
width
• **garis lintang** horizontal line
melintang KATA KERJA
horizontal
lintang-pukang KATA ADJEKTIF
helter-skelter
◊ *berlari lintang-pukang* to run helter-skelter
lintas KATA KERJA
to walk past
• **lintas langsung** a live broadcast
melintas KATA KERJA
[1] *to cross*
◊ *Nazrin membantu nenek tua itu melintas jalan.* Nazrin helped the old lady to cross the road.
[2] *to walk past*
◊ *Seorang lelaki melintas di hadapan rumah itu.* A man walked past the house.
melintasi KATA KERJA
across
◊ *Kapal terbang itu terbang melintasi Sarawak.* The plane flew across Sarawak.
◊ *jambatan terapung melintasi Tasik Washington di Seattle* the floating bridge across Lake Washington in Seattle
• **Mereka berarak melintasi Dataran Merdeka.** They marched past Dataran Merdeka.
terlintas KATA KERJA
to cross
◊ *Perkara itu tidak pernah terlintas dalam fikiran saya.* The matter has never crossed my mind.
lintasan KATA NAMA
crossing
◊ *lintasan kereta api* level crossing
◊ *lintasan pejalan kaki* pedestrian crossing
lipan KATA NAMA
centipede
lipas KATA NAMA
cockroach (JAMAK **cockroaches**)
lipat KATA KERJA
to fold
berlipat KATA KERJA

lipat ganda → lobi

to be folded
◊ *Pakaiannya masih belum berlipat.* His clothes have not been folded.
berlipat-lipat KATA KERJA
♦ **berlipat-lipat ganda** to increase greatly
◊ *Dia mendapat keuntungan yang berlipat-lipat ganda pada tahun ini.* His profits increased greatly this year.
melipat KATA KERJA
to fold
◊ *Dia melipat kertas itu membentuk seekor burung.* She folded the paper into the shape of a bird.
lipatan KATA NAMA
fold
◊ *Lipatan baju itu tidak kemas.* That dress has untidy folds.
lipat ganda KATA ADJEKTIF
double
berlipat ganda KATA KERJA
[1] *to double*
◊ *Jumlah wangnya berlipat ganda selepas dia menjual saham-saham itu.* His money has doubled since he sold those shares.
[2] *to increase greatly*
◊ *Keuntungan syarikat itu berlipat ganda pada tahun lepas.* The company's profits increased greatly last year.
melipatgandakan KATA KERJA
to redouble
◊ *Pelajar harus melipatgandakan usaha untuk mendapat keputusan yang lebih baik.* Students should redouble their efforts in order to achieve better results.

lipur
penglipur KATA NAMA
♦ **penglipur lara** storyteller

liput
meliputi KATA KERJA
to cover
◊ *Salji yang tebal meliputi jalan raya itu.* A thick layer of snow covered the road.
liputan KATA NAMA
coverage
◊ *Berita itu mendapat liputan yang meluas.* The news received extensive coverage.

lirik KATA NAMA
lyrics
◊ *lirik lagu* song lyrics
♦ **lirik mata** sidelong look
melirik KATA KERJA
to give ... a sidelong look
◊ *Dia melirik ke arah lelaki itu.* She gave the man a sidelong look.

lisan KATA ADJEKTIF
oral
◊ *ujian lisan* an oral test

lisu KATA NAMA
pleat

lisut KATA ADJEKTIF
[1] *wrinkled* (*kulit*)
[2] *wilted* (*tumbuhan*)

litar KATA NAMA
circuit
◊ *litar elektrik* electric circuit ◊ *litar perlumbaan* racing circuit
♦ **litar pintas** short-circuit

liter KATA NAMA
litre

litup
melitupi KATA KERJA
to cover
◊ *Salji melitupi puncak gunung itu.* Snow covered the mountain top.
litupan KATA NAMA
covering
◊ *Litupan salji di puncak Gunung Fuji kelihatan sangat cantik.* The covering of snow on the peak of Mount Fuji looks very beautiful.

liur KATA NAMA
♦ **air liur** saliva

liut KATA ADJEKTIF
♦ **cakera liut** floppy disk

liwat KATA NAMA
sodomy
meliwat KATA KERJA
to sodomize

loba KATA ADJEKTIF
greedy
◊ *Walaupun dia kaya, dia seorang yang loba.* Although he is rich, he is greedy.
kelobaan KATA NAMA
greed
◊ *Kelobaannya terhadap kuasa dan wang ringgit menyebabkan orang ramai menyisihnya.* His greed for power and money caused people to cold-shoulder him.
melobakan KATA KERJA
to be greedy for
◊ *Peniaga itu terlalu melobakan keuntungan sehingga sanggup menipu pelanggan-pelanggannya.* The businessman was so greedy for profits that he was willing to cheat his customers.

lobak KATA NAMA
radish
♦ **lobak merah** carrot
♦ **lobak putih** white radish

lobi KATA NAMA
lobby (JAMAK **lobbies**)
melobi KATA KERJA
to lobby
◊ *Ahli politik itu sedang melobi untuk*

mendapatkan undi. The politician is lobbying for votes.

locak
melocak KATA KERJA
to shake
◊ *Air di dalam cawan itu melocak.* The water in the cup shook.

loceng KATA NAMA
bell
♦ **loceng pintu** doorbell

log KATA KERJA
rujuk juga **log** KATA NAMA
♦ **log masuk** (*komputer*) to log in/on
♦ **log keluar** (*komputer*) to log off/out

log KATA NAMA
rujuk juga **log** KATA KERJA
log
♦ **buku log** log book

logam KATA NAMA
metal

loghat KATA NAMA
1. *dialect*
2. *accent*
◊ *loghat orang Inggeris* an English accent
berloghat KATA KERJA
to speak in the ... dialect
◊ *Nik Asma berloghat Kelantan.* Nik Asma speaks in the Kelantan dialect.

logik KATA ADJEKTIF
rujuk juga **logik** KATA NAMA
logical
◊ *Penjelasan yang diberikan oleh Samantha adalah logik.* The explanation given by Samantha is logical.
♦ **tidak logik** illogical

logik KATA NAMA
rujuk juga **logik** KATA ADJEKTIF
logic
◊ *Tidak ada logik dalam hujahnya.* There's no logic in his arguments.

logo KATA NAMA
logo (JAMAK **logos**)

loh KATA NAMA
♦ **batu loh** slate

loji KATA NAMA
plant
◊ *loji kimia* chemical plant

lokar KATA NAMA
locker

lokasi KATA NAMA
location

lokek KATA ADJEKTIF
stingy
◊ *Janganlah lokek sangat!* Don't be so stingy!

loket KATA NAMA
locket

lolong

melolong KATA KERJA
to howl
◊ *Anjing itu melolong di tengah malam.* The dog howled in the middle of the night.
◊ *Budak itu melolong kesakitan.* The boy howled with pain.
lolongan KATA NAMA
howling
◊ *Lolongan anjing-anjing itu menyakitkan telinga saya.* The howling of the dogs was painful to hear.

lolos KATA KERJA
1. *to slip off*
◊ *Cincinnya lolos dari jarinya.* Her ring slipped off her finger.
2. *to escape* (*dari kurungan, kepungan*)
meloloskan KATA KERJA
1. *to take off* (*cincin, gelang, dll*)
2. *to escape*
◊ *Haiwan itu berjaya meloloskan diri daripada kepungan orang ramai.* The animal managed to escape from the crowd that encircled it.
♦ **Pencuri itu meloloskan badannya melalui tingkap yang kecil.** The thief squeezed through a tiny window.

lombong KATA NAMA
mine
◊ *lombong emas* a gold mine
melombong KATA KERJA
to mine
◊ *Mereka melombong bijih timah di Lembah Kinta.* They mined tin in Lembah Kinta.
perlombongan KATA NAMA
mining
◊ *sektor perlombongan* the mining sector
pelombong KATA NAMA
miner

lompat KATA KERJA
to jump
♦ **lompat galah** pole vault
♦ **lompat jauh** long jump
♦ **lompat kijang** triple jump
♦ **lompat tinggi** high jump
berlompatan KATA KERJA
to jump
◊ *Mereka berlompatan kegembiraan apabila mendengar berita itu.* They jumped for joy when they heard the news.
melompat KATA KERJA
to jump
◊ *Tupai itu melompat dari sebatang pokok ke sebatang pokok.* The squirrel jumped from tree to tree.
melompati KATA KERJA
to jump over

◊ *Mereka melompati pagar itu.* They jumped over the fence.

melompat-lompat KATA KERJA

[1] *to jump*

◊ *melompat-lompat kegembiraan* to jump for joy

[2] *to hop* (haiwan)

pelompat KATA NAMA
jumper

lompatan KATA NAMA
jump

◊ *Susie membuat lompatan yang tertinggi.* Susie did the highest jump.

loncat

berloncatan KATA KERJA
to jump

◊ *Para pelajar berloncatan kegembiraan apabila mereka mendapat keputusan SPM yang cemerlang.* The students jumped for joy when they obtained excellent SPM results.

meloncat KATA KERJA
to leap

◊ *Katak itu meloncat ke arah budak lelaki itu.* The frog leapt towards the boy.

meloncat-loncat KATA KERJA
to jump

◊ *meloncat-loncat kegembiraan* to jump for joy

terloncat KATA KERJA
to jump

◊ *Dia terloncat apabila mendengar bunyi loceng itu.* He jumped at the sound of the bell.

loncatan KATA NAMA
jump

◊ *Dia memenangi kejuaraan itu dengan membuat loncatan setinggi 2.37 meter.* She won the championship with a jump of 2.37 metres.

♦ **Loncatannya tidak cukup tinggi untuk menangkap bola itu.** He didn't leap high enough to catch the ball.

♦ **batu loncatan** stepping stone

longgar KATA ADJEKTIF
loose-fitting

◊ *Seluar saya longgar.* My trousers are loose-fitting.

kelonggaran KATA NAMA

[1] *laxity*

◊ *Kelonggaran undang-undang telah menyebabkan meningkatnya kadar jenayah.* The laxity of the law has led to a rise in the crime rate.

[2] *concession*

◊ *Guru besar memberikan kelonggaran kepada murid-murid untuk pulang awal kelmarin.* The headmaster made a concession and allowed the students to go home early yesterday.

melonggarkan KATA KERJA
to loosen

◊ *Akiko cuba melonggarkan skru pada mejanya.* Akiko tried to loosen the screw on her table.

longgok KATA NAMA, PENJODOH BILANGAN
pile

◊ *Kalailetchumi membeli selonggok durian.* Kalailetchumi bought a pile of durians.

♦ **menjual secara longgok** to sell in bulk

berlonggok-longgok KATA BILANGAN
piles

◊ *Durian berlonggok-longgok di tepi jalan pada musim buah-buahan.* There are piles of durians by the roadside during the fruit season.

melonggokkan KATA KERJA
to pile ... up

◊ *Buruh itu melonggokkan batu bata itu berhampiran dengan tapak pembinaan.* The labourer piled the bricks up near the construction site.

longgokan KATA NAMA
heap

◊ *Terdapat beberapa longgokan sampah di seberang jalan.* There are several heaps of rubbish on the other side of the road.

longkang KATA NAMA
drain

longlai KATA ADJEKTIF

♦ **lemah longlai (1)** weak ◊ *Dia berasa lemah longlai dan tidak berdaya untuk berdiri.* She felt weak and was unable to stand.

♦ **lemah longlai (2)** graceful ◊ *penari balet yang lemah longlai* a graceful ballerina

lonjak

berlonjak-lonjak KATA KERJA
to jump up and down

◊ *Kanak-kanak itu berlonjak-lonjak kegembiraan apabila mereka melihatnya.* The children jumped up and down with joy when they saw him.

melonjak KATA KERJA
to jump up

◊ *Wei Ling melonjak untuk menangkap bola itu.* Wei Ling jumped up to catch the ball.

♦ **Menjelang 1999 ekonomi melonjak naik.** By 1999 the economy was booming.

lonjong KATA ADJEKTIF
pointed

◊ *Rumahnya mempunyai bumbung yang lonjong.* His house has a pointed roof.

♦ **pinggan yang berbentuk lonjong** an

oval-shaped plate

lontar KATA KERJA
to throw
♦ **lontar peluru** shot put
melontar KATA KERJA
to throw
◊ *Budak yang nakal itu melontarnya dengan batu.* The naughty boy threw a stone at her.
melontarkan KATA KERJA
to throw
◊ *Jerry melontarkan batu ke arah burung gagak itu.* Jerry threw a stone at the crow.
lontaran KATA NAMA
throw
◊ *lontaran percuma* a free throw

lopak KATA NAMA
puddle
◊ *Myra terjatuh ke dalam lopak.* Myra fell into the puddle.

lopong KATA ADJEKTIF
empty
melopong KATA KERJA
agape
◊ *Dia berdiri memandang Audrey dengan mulut yang melopong.* She stood looking at Audrey with her mouth agape.
terlopong KATA KERJA
with mouth agape
◊ *Budak-budak itu terlopong mendengar cerita Pak Mat.* The children listened to Pak Mat's story with their mouths agape.

lorek KATA KERJA
to shade
berlorek KATA KERJA
shaded
◊ *bahagian yang berlorek* shaded area
melorek KATA KERJA
to shade
◊ *Dia melorek peta itu dengan pensel warna.* She shaded the map with coloured pencils.

lori KATA NAMA
lorry (JAMAK **lorries**)
♦ **lori tangki** tanker

lorong KATA NAMA
1 *lane* (di jalan raya)
2 *alley*
◊ *Pencuri itu bersembunyi di sebatang lorong yang sunyi.* The thief hid in a quiet alley.
3 *aisle*
◊ *Lorong di panggung wayang itu sangat kotor.* The aisle in the cinema is very dirty.

lorot
melorot KATA KERJA
to drop down
◊ *Seluarnya melorot kerana terlalu longgar.* His trousers dropped down because they were too loose.

losen KATA NAMA
lotion

lot KATA NAMA
lot
◊ *Dia membeli dua lot saham.* He bought two lots of shares.

loteng KATA NAMA
attic
◊ *Dia menyimpan barang-barang lamanya di loteng.* She keeps her old things in the attic.

loteri KATA NAMA
lottery (JAMAK **lotteries**)

loya KATA ADJEKTIF
sick
◊ *Pn. Lee berasa loya semasa mengandung.* Mrs Lee felt sick when she was pregnant.
meloya KATA KERJA
to feel nauseous
♦ **Orang sakit mudah meloya.** People who are ill are prone to feelings of nausea.
meloyakan KATA KERJA
to nauseate
◊ *Bau sampah di tepi jalan itu meloyakan saya.* The smell of rubbish by the roadside nauseates me.

loyang KATA NAMA
brass

luah
meluahkan KATA KERJA
to pour out
◊ *Jamilah meluahkan segala isi hatinya yang terpendam itu kepada ibu bapanya.* Jamilah poured out her heart to her parents.
luahan KATA NAMA
outburst
◊ *Luahan hati nenek itu menyentuh perasaan gadis itu.* The girl was moved by the old woman's outburst.

luak KATA ADJEKTIF
decreased
◊ *Kacang di dalam botol itu sudah luak.* The number of peanuts in the jar has decreased.

luang
meluangkan KATA KERJA
to spare
◊ *Ibu bapa harus meluangkan lebih banyak masa untuk anak-anak mereka.* Parents should spare more time for their children.
peluang KATA NAMA
opportunity (JAMAK **opportunities**)
◊ *peluang keemasan* golden

luap

terluang KATA KERJA
free
◊ *Masa yang terluang harus digunakan dengan sebaik-baiknya.* Your free time should be used wisely.

luap
meluap KATA KERJA
to boil over
◊ *Sup di atas dapur itu sudah meluap.* The soup on the stove has boiled over.
pemeluapan KATA NAMA
condensation

luar KATA ADJEKTIF
rujuk juga **luar** KATA ARAH
outer
◊ *lapisan luar* outer layer
- **kegiatan luar** outdoor activities
- **orang luar** foreigner
- **luar bandar** rural
- **luar dugaan** unexpected
- **luar negara** abroad ◊ *pergi ke luar negara* to go abroad

luaran KATA NAMA
[1] *appearance* (untuk orang)
◊ *Jangan menilai seseorang dari luarannya sahaja.* Don't judge a person by their appearance.
[2] *outside*
◊ *Jika dilihat dari luaran, buku ini nampak menarik.* From the outside this book looks interesting.
[3] *external*
◊ *rangsangan luaran* external stimuli

luar KATA ARAH
rujuk juga **luar** KATA ADJEKTIF
- **di luar** outside ◊ *pokok mangga di luar bilik darjah* the mango tree outside the classroom
- **ke luar** out ◊ *Jangan buang sampah ke luar bas ini.* Don't throw rubbish out of the bus.

luar biasa KATA ADJEKTIF
extraordinary
◊ *Sungguh luar biasa!* How extraordinary!

luas KATA ADJEKTIF
wide
◊ *sawah yang luas terbentang* wide paddy fields
keluasan KATA NAMA
area
◊ *Keluasan tanah itu ialah lima puluh hektar.* The area of the land is fifty hectares.
meluas KATA KERJA
widespread
◊ *Kejadian jenayah di kalangan remaja semakin meluas.* Crime among teenagers is becoming widespread.
meluaskan, memperluas KATA KERJA
to widen
◊ *Membaca buku dapat meluaskan pengetahuan.* Reading can widen your knowledge.
seluas KATA ADJEKTIF
as wide as
◊ *Dapurnya hampir seluas ruang tamu saya.* Her kitchen is almost as wide as my living room.
- **Kawasan hutan negara itu hanya tinggal seluas 5,000 kilometer persegi.** The country has just 5,000 square kilometres of forest left.

luat
meluat KATA KERJA
disgusted
◊ *Saya meluat melihat perangai lelaki itu.* I'm disgusted by that man's behaviour.

lubang KATA NAMA
hole

lubuk KATA NAMA
deep part
◊ *Budak itu lemas di lubuk sungai itu.* The boy drowned in a deep part of the river.

lucah KATA ADJEKTIF
obscene
◊ *Dia mengeluarkan kata-kata yang lucah.* He uttered obscene words.
- **filem lucah** pornographic film
kelucahan KATA NAMA
obscenity

lucu KATA ADJEKTIF
funny
kelucuan KATA NAMA
humour
◊ *Kelucuan pengacara itu menarik perhatian ramai.* The compere's humour attracted a lot of attention.
melucukan KATA KERJA
funny
◊ *Filem itu sungguh melucukan.* The film is very funny.

lucut
melucutkan KATA KERJA
[1] *to strip*
◊ *Andy telah dilucutkan jawatan sebagai Presiden.* Andy was stripped of his post as President.
[2] *to strip off* (pakaian)
◊ *Sharmila melucutkan pakaiannya di bilik mandi.* Sharmila stripped off her clothes in the bathroom.
perlucutan KATA NAMA
dismissal
◊ *Perlucutan jawatannya memang tidak dijangka.* His dismissal from his post was

unexpected.
terlucut KATA KERJA
to slip off
◊ *Cincinnya terlucut dari jarinya.* Her ring slipped off her finger.

ludah KATA NAMA
spittle
meludah KATA KERJA
to spit
◊ *Dia meludah ke dalam singki.* He spat into the sink.
• **"Jangan meludah"** "Please do not spit"
meludahi KATA KERJA
to spit at
◊ *Susanti meludahi lelaki yang menengkingnya itu.* Susanti spat at the man who shouted at her.
meludahkan KATA KERJA
to spit
◊ *Dia meludahkan gula-gula getah itu ke dalam tong sampah.* He spat the chewing gum into the dustbin.

luhur KATA ADJEKTIF
noble
◊ *hati yang luhur* a noble heart
keluhuran KATA NAMA
supremacy
◊ *keluhuran Perlembagaan* the supremacy of the Constitution

luka KATA KERJA
| rujuk juga **luka** KATA NAMA |
injured
◊ *Tangannya luka apabila dia terjatuh ke dalam longkang.* His hand was injured when he fell into the drain.
kelukaan KATA NAMA
wound
◊ *Hatinya begitu sakit sehingga masa yang panjang diperlukan untuk menyembuhkan kelukaan itu.* She has been so deeply hurt that it will take a long time for the wounds to heal.
melukai, melukakan KATA KERJA
to hurt
◊ *Gadis itu telah melukai hati ibunya.* The girl hurt her mother's feelings.

luka KATA NAMA
| rujuk juga **luka** KATA KERJA |
wound
◊ *Lukanya semakin pulih.* Her wound is healing.

lukah KATA NAMA
fish trap (*terjemahan umum*)

lukis KATA KERJA
to draw
• **seni lukis** visual art
melukis KATA KERJA
1 *to draw* (*dengan pen, pensel*)
◊ *Dia melukis sekuntum bunga.* He drew a flower.
• **pertandingan melukis** drawing competition
2 *to paint* (*dengan cat*)
◊ *Hobi saya ialah melukis.* My hobby is painting.
pelukis KATA NAMA
artist
lukisan KATA NAMA
1 *drawing*
◊ *Lukisan kanak-kanak itu cantik.* The child's drawing is pretty.
2 *painting*
◊ *Lukisan itu sangat mahal.* That painting is very expensive.

luluh KATA ADJEKTIF
• **hancur luluh** devastated (*hati, perasaan*) ◊ *Hancur luluh hati Maria. Dia tidak menduga bahawa Amir sanggup berbuat demikian.* Maria was devastated. She never imagined that Amir would be capable of such a thing.

lulus KATA KERJA
to pass
◊ *Juliana lulus dalam peperiksaannya.* Juliana has passed her examination.
kelulusan KATA NAMA
1 *approval*
◊ *Mereka memerlukan kelulusan pihak polis untuk berkhemah dalam hutan.* They need police approval to camp in the jungle.
2 *qualification*
◊ *kelulusan PMR* a PMR qualification
berkelulusan KATA KERJA
to hold
◊ *Dia berkelulusan STPM.* He holds the STPM.
• **Dia berkelulusan universiti.** She's a graduate.
• **Dia seorang yang berkelulusan tinggi.** He has very good qualifications.
meluluskan KATA KERJA
to approve
◊ *Kerajaan telah meluluskan pembinaan sekolah di kawasan itu.* The government has approved the building of a school in that area.
lulusan KATA NAMA
1 *graduate*
◊ *Semua pekerja syarikat itu merupakan lulusan universiti.* All that company's employees are university graduates.
2 *holder*
◊ *lulusan SPM* a holder of the SPM

lumayan KATA ADJEKTIF
handsome
◊ *keuntungan yang lumayan* a handsome profit
• **hadiah yang lumayan** fantastic prizes

Malay ~ English — lumba → luntur

lumba KATA NAMA
race
- **lumba kuda** horse-racing
- **kereta lumba** racing car
- **kuda lumba** racehorse

berlumba KATA KERJA
to race
◊ *Kedua-dua pasukan itu akan berlumba di padang sekolah.* The two teams will race on the school field.

pelumba KATA NAMA
racer

perlumbaan KATA NAMA
race

lumpuh KATA ADJEKTIF
paralysed

kelumpuhan KATA NAMA
paralysis
◊ *kelumpuhan kaki* paralysis of the leg

melumpuhkan KATA KERJA
to paralyse
◊ *Syarikat itu cuba melumpuhkan perniagaan pesaingnya.* That company is trying to paralyse its competitor's business. ◊ *Virus itu telah melumpuhkan kakinya.* The virus paralysed his legs.

lumpur KATA NAMA
mud

berlumpur KATA KERJA
muddy

lumrah KATA ADJEKTIF
normal
◊ *Persaingan merupakan sesuatu yang lumrah di sekolah.* Competition is a normal thing at school.

lumur
berlumuran KATA KERJA
covered
◊ *Kasutnya berlumuran lumpur.* His shoes are covered in mud.
- **berlumuran darah** bloody

melumuri KATA KERJA
to spread
◊ *Ritah melumuri rambutnya dengan minyak zaitun.* Ritah spread olive oil on her hair.

melumurkan KATA KERJA
to spread
◊ *Sofi melumurkan losen pada kakinya.* Sofi spread the lotion on her legs.

lumut KATA NAMA
moss

berlumut KATA KERJA
mossy
◊ *Dinding rumahnya berlumut.* The walls of his house are mossy.

lunak KATA ADJEKTIF
mellow
◊ *Suaranya sungguh lunak.* Her voice is very mellow.

kelunakan KATA NAMA
mellow
◊ *Kelunakan suara penyanyi itu diakui ramai.* The singer's mellow voice has been widely acclaimed.

lunas KATA ADJEKTIF
settled
◊ *Hutangnya sudah lunas.* His debt has been settled.

melunaskan KATA KERJA
to pay
◊ *Dia telah melunaskan semua bilnya.* He has paid all his bills.

luncur KATA KERJA
- **luncur air (1)** water-skiing
- **luncur air (2)** surfing
- **papan luncur air** surfboard
- **luncur ais** ice skating
- **luncur angin** hang-gliding
- **luncur salji** skiing

meluncur KATA KERJA
[1] *to slide down*
◊ *Mereka meluncur di atas papan gelongsor itu.* They slid down the slide.
[2] *to speed*
◊ *Kereta itu meluncur di jalan raya.* The car is speeding along the road.

meluncuri KATA KERJA
to speed
◊ *Sebuah kenderaan meluncuri jalan yang lurus itu.* A vehicle sped along the straight road.

peluncur KATA NAMA
glider

lundi KATA NAMA
grub

lungkup
terlungkup KATA KERJA
upside down
◊ *Pinggan itu terlungkup.* The plate is upside down.

lunjur
berlunjur KATA KERJA
to sit with outstretched legs
◊ *Maria berlunjur di atas lantai.* Maria sat with outstretched legs on the floor.

melunjurkan KATA KERJA
to stretch ... out
◊ *Rosli melunjurkan kakinya di atas meja itu.* Rosli stretched his legs out on the table.

luntur KATA ADJEKTIF
[1] *to fade* (kerana sudah lama)
◊ *Warna bajunya sudah luntur.* The colour of his shirt has faded.
[2] *to run* (kerana dibasuh)
◊ *Warna baju itu luntur apabila dicuci.* The colour of the dress runs when it is

lupa → **lutut**

washed.
melunturkan KATA KERJA
to discolour
◊ *Bahan kimia itu boleh melunturkan warna daun.* The chemical can discolour leaves.
peluntur KATA NAMA
bleach

lupa KATA KERJA
to forget
melupakan KATA KERJA
to forget
◊ *Chee Wing cuba melupakan kisah silamnya.* Chee Wing tried to forget his past.
♦ **tidak dapat dilupakan** unforgettable
◊ *pengalaman yang tidak dapat dilupakan* an unforgettable experience
pelupa KATA ADJEKTIF
absent-minded
◊ *Dia pelupa.* He's absent-minded.
terlupa KATA KERJA
to forget
◊ *Kam Weng terlupa menutup paip itu.* Kam Weng forgot to turn off the tap.

lupus KATA ADJEKTIF
to disappear
◊ *Kegembiraannya lupus apabila isterinya meninggalkannya.* His feeling of happiness disappeared when his wife left him.
pelupusan KATA NAMA
disposal
◊ *pelupusan sampah* garbage disposal

luput KATA ADJEKTIF
to fade
◊ *Kenangan pahit itu sudah luput daripada ingatannya.* That painful memory has faded from his mind.
♦ **tarikh luput** expiry date

lurah KATA NAMA
valley

luru
meluru KATA KERJA
to dash
◊ *Kristine meluru ke arah saya.* Kristine dashed towards me.

luruh KATA KERJA
to fall
◊ *Daun-daun pokok itu sudah mula luruh.* The leaves of that tree have begun to fall.
♦ **musim luruh** autumn

lurus KATA ADJEKTIF
straight
meluruskan KATA KERJA
to straighten

lurut
melurut KATA KERJA
1 *to rub ... with one's fingers*
◊ *Pendandan rambut itu melurut rambut saya.* The hairdresser rubbed my hair with her fingers.
2 *to smooth ... with one's fingers*
◊ *Lingam melurut hujung kertas yang terlipat itu.* Lingam smoothed the folded edge of the paper with his fingers.

lusa KATA ADJEKTIF
the day after tomorrow

lusuh KATA ADJEKTIF
1 *worn out*
◊ *Baju lama itu sudah lusuh.* That old shirt is worn out.
2 *crumpled*
◊ *Baju itu lusuh kerana belum diseterika.* That shirt is crumpled because it hasn't been ironed.
melusuhkan KATA KERJA
to wear ... out
◊ *Dia melusuhkan bajunya dalam masa tiga bulan sahaja.* He wore his shirt out in only three months.

lut cahaya KATA ADJEKTIF
translucent

lut sinar KATA ADJEKTIF
transparent

lutut KATA NAMA
knee
melutut KATA KERJA
to kneel

M

maaf KATA NAMA
forgiveness
◊ *Saya datang ke sini untuk memohon maaf daripada tuan.* I came here to ask your forgiveness.
- **memohon maaf** to apologize ◊ *Saya memohon maaf daripada anda semua.* I apologize to all of you.
- **Saya minta maaf.** I'm sorry.
- **Maaf.** Excuse me.
- **Maaf, saya tidak bermaksud begitu.** I'm sorry, I didn't mean that.

bermaaf-maafan KATA KERJA
to forgive one another

kemaafan KATA NAMA
forgiveness
◊ *memohon kemaafan* to ask for forgiveness ◊ *Saya masih mengharapkan kemaafan daripadanya.* I'm still hoping for her forgiveness.

memaafi KATA KERJA
to forgive
◊ *Mary enggan memaafi sahabatnya.* Mary refused to forgive her friend.

memaafkan KATA KERJA
to forgive
◊ *Mariam sanggup memaafkan kesalahan Siti.* Mariam is willing to forgive Siti's wrongdoing.
- **Maafkan saya.** Forgive me.
- **Maafkanlah dia.** Please forgive her.

pemaaf KATA ADJEKTIF
forgiving
◊ *seorang yang pemaaf* a forgiving person

mabuk KATA ADJEKTIF
drunk
- **mabuk laut** seasick
- **mabuk udara** airsick
- **mabuk asmara** to be madly in love

kemabukan KATA KERJA
to be drunk
◊ *Dia kemabukan di majlis itu.* He was drunk at the party.

memabukkan KATA KERJA
intoxicating
◊ *minuman yang memabukkan* intoxicating drinks

pemabuk KATA NAMA
drunkard

Mac KATA NAMA
March
◊ *pada 22 Mac* on 22 March
- **pada bulan Mac** in March

macam KATA HUBUNG
> rujuk juga **macam** KATA NAMA

1 *as ... as if*
◊ *Begnya berat macam berisi batu.* Her bag is as heavy as if it was full of stones.

2 *like*
◊ *Lelaki itu nampak macam seorang pelakon yang terkenal.* The guy looks like a famous actor.

bermacam-macam KATA KERJA
all sorts of
◊ *Kita dapat melihat bermacam-macam jenis pelajar di sekolah.* We could see all sorts of students in the school.

macam KATA NAMA
> rujuk juga **macam** KATA HUBUNG

kind
◊ *Halimatul memasak tiga macam makanan untuk kami.* Halimatul cooked three kinds of dish for us.

madah KATA NAMA
eulogy (JAMAK **eulogies**) (*padanan terdekat*)

bermadah KATA KERJA
to sing somebody's praises (*memuji-muji seseorang*)
◊ *Awaluddin bermadah seperti seorang penyair.* Awaluddin sang her praises like a poet.

madrasah KATA NAMA
1 *Muslim school*
2 *Muslim prayer-house* (*penjelasan umum*)

madu KATA NAMA
honey

mafela KATA NAMA
muffler

maghrib KATA NAMA
sunset
- **sembahyang maghrib** Muslim prayer at sunset

maging KATA NAMA
carnivore

magis KATA ADJEKTIF
magical

magnet KATA NAMA
magnet

maha KATA PENGUAT
most
◊ *Mereka memanggil Tuhan sebagai 'Maha Suci'.* They call God 'Most Pure'.
- **satu perlawanan yang maha hebat** an absolutely fantastic game

mahaguru KATA NAMA
master

mahakarya KATA NAMA
masterpiece

Maha Kuasa KATA ADJEKTIF
Almighty
◊ *Yang Maha Kuasa* the Almighty
◊ *Tuhan yang Maha Kuasa* God the Almighty

mahal KATA ADJEKTIF
expensive

maharaja → main

maharaja KATA NAMA
emperor

maharajalela
bermaharajalela KATA KERJA
1 *to tyrannize*
◊ *Pencuri-pencuri itu bermaharajalela di kampung itu kerana tidak ada orang yang berani melawan.* The thieves tyrannize the village because nobody dares to oppose them.
2 *to be rampant*
◊ *Virus itu masih bermaharajalela di kawasan itu.* The virus is still rampant in that area.

maharani KATA NAMA
empress (JAMAK **empresses**)

mahasiswa KATA NAMA
university student

mahasiswi KATA NAMA
university student

mahir KATA ADJEKTIF
1 *skilful*
◊ *Dia mahir dalam pertukangan kayu.* He's skilful at woodwork.
2 *skilled*
◊ *seorang doktor yang mahir* a skilled doctor
♦ **tidak mahir** unskilled
kemahiran KATA NAMA
skill
berkemahiran KATA KERJA
skilled
◊ *Dia seorang doktor yang berkemahiran.* He's a skilled doctor.
memahirkan KATA KERJA
to train
◊ *Anda mesti memahirkan otak anda untuk menjawab soalan dengan cepat.* You must train your brain to answer questions fast.
♦ **memahirkan diri** to improve one's skill
◊ *Mereka cuba memahirkan diri dalam permainan itu.* They are trying to improve their skill at the game.

mahkamah KATA NAMA
court

mahkota KATA NAMA
crown
memahkotai KATA KERJA
to crown
◊ *Sultan itu memahkotai putera baginda dengan gelaran Raja Pancar Alam.* The Sultan crowned his son with the title Raja Pancar Alam.

mahligai KATA NAMA
palace

mahu KATA BANTU
to want
◊ *Saya mahu makan aiskrim.* I want some ice cream.
kemahuan KATA NAMA
wish (JAMAK **wishes**)
◊ *Pengarah itu mengikut sahaja kemahuan Manisha.* The director complied with Manisha's wishes.
mahukan KATA KERJA
to want
◊ *Saya mahukannya semula dalam masa tiga hari.* I want it back within three days.
semahu-mahunya KATA ADJEKTIF
wilfully
◊ *Seorang pemerintah tidak patut bertindak semahu-mahunya.* A ruler should not act wilfully.

mahupun KATA HUBUNG
even though
◊ *Mahupun dia sudah tua dia masih kuat.* Even though he's old, he is still strong.
♦ **Saya tidak minum kopi mahupun teh.** I don't drink coffee or tea.
♦ **Mereka tidak boleh membaca mahupun menulis.** They can neither read nor write.

main KATA KERJA
to play
◊ *Jangan main di situ!* Don't play there!
bermain KATA KERJA
to play
◊ *bermain badminton* to play badminton
bermain-main KATA KERJA
to play
◊ *Kanak-kanak sedang bermain-main di padang.* Children were playing in the field.
♦ **Kenangan bersama ibunya bermain-main dalam ingatan Renukha.** Memories of being with her mother filled Renukha's thoughts.
memainkan KATA KERJA
to play
◊ *memainkan lagu* to play a tune
mempermainkan KATA KERJA
1 *to make fun of*
◊ *Mereka suka mempermainkan pelajar baru itu.* They enjoy making fun of the new student.
2 *to take advantage of*
◊ *Lelaki itu selalu mencuba mempermainkan wanita muda.* That man is always trying to take advantage of young women.
3 *to use*
◊ *Majikan mereka hanya mempermainkan mereka sahaja.* Their employer was just using them.
permainan KATA NAMA

game
- **permainan tenis** tennis
  sepermainan KATA ADJEKTIF
  to be playmates
  ◊ *Shahrul, Alan dan Manimaran sepermainan sejak kecil lagi.* Shahrul, Alan and Manimaran were playmates when they were young.
- **teman sepermainan** playmate
  pemain KATA NAMA
  player
  ◊ *pemain cakera padat* CD player
  ◊ *pemain piring hitam* record player
  ◊ *pemain tenis* tennis player
- **pemain biola** violinist
- **pemain bola sepak** footballer
- **pemain boling** bowler
- **pemain dram** drummer
- **pemain pertahanan** defender
- **pemain piano** pianist
  mainan KATA NAMA
  toy
  ◊ *pisau mainan* toy knife
- **alat mainan** toy

majalah KATA NAMA
magazine

majikan KATA NAMA
employer

majistret KATA NAMA
magistrate

majlis KATA NAMA
  1 *council*
  ◊ *majlis perbandaran* town council
  2 *party* (JAMAK **parties**)
  ◊ *majlis hari jadi* birthday party
  ◊ *Majlis itu dihadiri oleh para graduan universiti.* The party was attended by university graduates.
- **majlis perkahwinan** wedding reception

majmuk KATA ADJEKTIF
compound
  ◊ *kata nama majmuk* compound noun
- **masyarakat majmuk** multiracial society

major KATA ADJEKTIF
major

majoriti KATA NAMA
majority (JAMAK **majorities**)

maju KATA ADJEKTIF
  1 *to move forward*
  ◊ *Mereka sudah maju beberapa langkah, meninggalkan saya di belakang.* They have moved a few steps forward, leaving me behind.
  2 *advanced*
  ◊ *Rakyat negara Jepun lebih maju daripada rakyat di negara ini.* The Japanese are more advanced than the people of this country.
  3 *developed*
  ◊ *beberapa negeri yang maju di Malaysia* several developed states in Malaysia ◊ *negara-negara maju* developed countries

kemajuan KATA NAMA
improvement
  ◊ *Saya dapat melihat kemajuan dalam prestasi kerjanya.* I could see some improvement in his work.

memajukan KATA KERJA
to develop
  ◊ *memajukan industri muzik* to develop the music industry

pemaju KATA NAMA
developer

mak KATA NAMA
(tidak formal)
mum
- **mak cik** auntie *atau* aunty (JAMAK **aunties**)

maka KATA HUBUNG
so
  ◊ *Bapanya sakit, maka dia terpaksa berhenti sekolah.* His father was sick, so he had to leave school.

makalah KATA NAMA
article

makam KATA NAMA
(untuk orang yang dihormati)
grave

makan KATA KERJA
to eat
- **makan malam** dinner
- **makan tengah hari** lunch
  memakan KATA KERJA
  1 *to eat*
  2 *to take*
  ◊ *Perkara itu memakan masa yang lama.* It takes a long time.
- **Sudah jelas, projek ini akan memakan belanja yang besar.** Clearly this project will cost money.
- **boleh dimakan** edible
  pemakanan KATA NAMA
  nutrition
  ◊ *kesan pemakanan yang tidak sempurna* the effects of poor nutrition
- **pemakanan yang sihat** a healthy diet
  makanan KATA NAMA
  food
- **makanan laut** seafood

makaroni KATA NAMA
macaroni

makbul KATA ADJEKTIF
granted
  ◊ *hajat yang makbul* a wish that was granted
- **doa yang makbul** prayers that were answered

makhluk → makrifat

- **ubat yang makbul** effective medicine
memakbulkan KATA KERJA
to grant
◊ *Guru besar memakbulkan permintaan para pelajar untuk mengadakan sebuah konsert.* The headmaster granted the students' request to hold a concert.
- **Tuhan akan memakbulkan doa kamu itu.** God will answer your prayer.
termakbul KATA KERJA
to come true
◊ *Impiannya untuk menjadi seorang pelukis yang kaya sudah termakbul.* His dream of becoming a rich painter has come true.
- **Doanya sudah termakbul.** His prayer has been answered.

makhluk KATA NAMA
creature
- **makhluk asing** alien
- **makhluk halus** ghost

maki KATA NAMA
- **caci maki** swear words
memaki KATA KERJA
to swear at
◊ *Dia dimarahi guru kerana memaki kawannya.* He was scolded by the teacher for swearing at his friend.
makian KATA NAMA
swear words
- **Siew Moi menangis apabila dia mendengar kata-kata makian itu.** Siew Moi cried when she heard the swear words.

maki hamun KATA NAMA
curses
memaki hamun KATA KERJA
to be abusive
◊ *Dia mula memaki hamun.* He became abusive.

makin KATA BANTU
to become more ...
◊ *Hidupnya makin susah.* His life is becoming more difficult.
- **Wang kami makin kurang.** We have less and less money.
- **Makin kami mencuba, makin susah jadinya.** The more we try, the harder it becomes.
- **Makin lama ayah makin sakit.** Father's health is getting worse.
semakin KATA BANTU *rujuk* **makin**

maklum KATA ADJEKTIF
[1] *to know*
◊ *Seperti yang anda sedia maklum...* As you already know...
[2] *after all*
◊ *Saya fikir anda mungkin kenal seseorang. Maklumlah anda mempunyai ramai kenalan.* I thought you might know somebody. After all, you're the man with connections.
- **Maklumlah, orang kaya sepertinya tentu tidak akan makan dengan kita.** Of course a rich person like him is not going to eat with us.
memaklumkan KATA KERJA
to inform
◊ *Mereka memaklumkan berita itu kepada kami.* They informed us of the news.
makluman KATA NAMA
notice
◊ *makluman tentang penukaran alamat Kumpulan Wang Simpanan Pekerja* a notice about the change of address of the Employees' Provident Fund
- **untuk makluman anda** for your information

maklumat KATA NAMA
information

makmal KATA NAMA
laboratory (JAMAK **laboratories**)

makmur KATA ADJEKTIF
prosperous
◊ *Malaysia ialah sebuah negara yang makmur.* Malaysia is a prosperous country.
- **aman dan makmur** peaceful and prosperous
kemakmuran KATA NAMA
prosperity
◊ *kemakmuran ekonomi negara kita* our country's economic prosperity
- **keamanan dan kemakmuran** peace and prosperity
memakmurkan KATA KERJA
to make ... prosperous
◊ *Kerajaan sedang berusaha untuk memakmurkan daerah-daerah yang miskin.* The government is trying to make the poor areas prosperous.

makna KATA NAMA
meaning
◊ *Berikan makna perkataan "benci" dalam bahasa Inggeris.* Give the meaning of the word "benci" in English.
bermakna KATA KERJA
to mean
◊ *Perkataan 'suki' dalam bahasa Jepun bermakna 'suka'.* The Japanese word 'suki' means 'to like'. ◊ *Jika saya gagal kali ini, bermakna sudah tiga kali berturut-turut saya gagal.* If I fail this time, it means that I've failed three times in a row.
- **satu peristiwa yang penuh bermakna** a meaningful event

makrifat KATA NAMA

deep knowledge
maksiat KATA NAMA
vice
◊ *Mereka yang terlibat dengan maksiat boleh didakwa.* Those who are involved in vice can be prosecuted.
bermaksiat KATA KERJA
to commit a sinful act
◊ *Mereka mendakwa dia bermaksiat dengan gadis itu.* They accused him of committing a sinful act with the girl.
kemaksiatan KATA NAMA
vice
◊ *"Kemaksiatan ini harus dihentikan," kata menteri itu.* "This vice has to be stopped," said the minister.
maksimum KATA NAMA
maximum
memaksimumkan KATA KERJA
to maximize
◊ *memaksimumkan keuntungan* to maximize profits
maksud KATA NAMA
[1] *reason*
◊ *Saya tidak tahu maksud kedatangannya.* I don't know his reasons for coming.
[2] *meaning*
◊ *Apakah maksud semua ini?* What's the meaning of all this?
bermaksud KATA KERJA
to mean
◊ *Saya tidak bermaksud memarahi anda.* I didn't mean to scold you.
memaksudkan KATA KERJA
to mean
◊ *Saya tidak mengerti perkara yang dimaksudkannya.* I don't understand what he meant.
♦ **Gadis itulah yang dimaksudkan oleh Enid semalam.** That was the girl Enid meant last night.
maktab KATA NAMA
college
♦ **sebuah maktab perguruan** a teacher training college
maktub KATA NAMA
holy book
termaktub KATA KERJA
to be recorded
♦ **Peraturan itu termaktub dalam undang-undang universiti.** The rule is in the university's statutes.
malah KATA HUBUNG
[1] *but*
◊ *Khan bukan sahaja baik, malah dia juga seorang yang pemaaf.* Khan is not only a good person, but also a forgiving one.

[2] *in fact*
◊ *Dia enggan makan, malah minum pun dia tidak mahu.* He refuses to eat, in fact he won't even drink.
malahan KATA HUBUNG *rujuk* **malah**
malaikat KATA NAMA
angel
malam KATA NAMA
night
♦ **pada pukul sepuluh malam** at ten o'clock in the evening
♦ **selamat malam** goodnight (*sebelum tidur atau berpisah*)
malam-malam KATA ADJEKTIF
[1] *at night*
◊ *Hantu biasanya berkeliaran malam-malam.* Ghosts usually roam at night.
[2] *late at night*
◊ *Malam-malam begini dia masih belum pulang.* It's late at night, but he still hasn't come home.
bermalam KATA KERJA
to spend the night
◊ *Sepupu saya akan bermalam di rumah saya hari ini.* My cousin will spend the night at my house tonight.
semalam KATA ADJEKTIF
[1] *last night*
[2] *yesterday* (*kelmarin*)
semalaman KATA ADJEKTIF
all night
◊ *Nylea tidak tidur semalaman kerana menjaga ibunya yang sakit.* Nylea stayed up all night to take care of her sick mother.
malang KATA ADJEKTIF
unfortunate
◊ *orang yang malang* unfortunate people
kemalangan KATA KERJA
rujuk juga **kemalangan** KATA NAMA
to be involved in an accident
◊ *Betulkah Farid dan isterinya kemalangan?* Is it true that Farid and his wife were involved in an accident?
kemalangan KATA NAMA
rujuk juga **kemalangan** KATA KERJA
accident
malangnya KATA PENEGAS
unfortunately
◊ *Malangnya, saya tidak sempat berjumpa dengannya.* Unfortunately, I didn't have the chance to meet him.
malap KATA ADJEKTIF
dim
◊ *cahaya lilin yang malap* dim candlelight
♦ **dengan malap** dimly
kemalapan KATA NAMA
dimness

memalapkan KATA KERJA
to dim
◊ *Enrique memalapkan lampu biliknya sebelum tidur.* Enrique dimmed his bedroom light before going to bed.

malapetaka KATA NAMA
catastrophe
◊ *Peperangan itu merupakan satu malapetaka.* The war was a catastrophe.

malar KATA ADJEKTIF
constant
◊ *Larutan ini perlu disimpan di dalam bilik khas pada suhu yang malar.* This solution must be kept in a special room at a constant temperature.

malas KATA ADJEKTIF
[1] *lazy*
[2] *reluctant*
◊ *Saya berasa malas hendak pergi berjumpa dengannya.* I feel reluctant to go and see him.

bermalas-malas KATA KERJA
to laze about
◊ *Dia bermalas-malas di pantai itu.* He was lazing about on the beach.

kemalasan KATA NAMA
laziness
◊ *Pelajar itu memang terkenal dengan kemalasannya.* That student is well-known for his laziness.

pemalas KATA ADJEKTIF
lazy
◊ *Dia pemalas.* He's lazy.

Malaysia KATA NAMA
Malaysia
♦ **rakyat Malaysia** Malaysian

malim KATA NAMA
Muslim scholar
♦ **malim kapal** helmsman (JAMAK **helmsmen**)

malu KATA ADJEKTIF
  rujuk juga **malu** KATA NAMA
[1] *ashamed*
◊ *Kamu patut malu dengan perbuatan kamu itu.* You should be ashamed of what you did.
[2] *embarrassed*
◊ *Pemuda itu kelihatan agak malu.* The young man looked a bit embarrassed.
[3] *shy*
◊ *Jangan malu untuk menyatakan pendapat anda.* Don't be shy about giving your opinion.
♦ **Timbalan presiden itu terpaksa meletakkan jawatan dalam keadaan malu.** The vice president had to resign in disgrace.

malu-malu KATA ADJEKTIF
shy
◊ *Jangan malu-malu. Jemputlah masuk.* Don't be shy. Please come in.

kemaluan KATA NAMA
sexual organ

kemalu-maluan KATA ADJEKTIF
shyly
◊ *Budak lelaki itu tersenyum kemalu-maluan.* The boy smiled shyly.

memalukan KATA KERJA
[1] *to embarrass*
◊ *Dia telah memalukan saya di hadapan semua orang.* She embarrassed me in front of everybody.
[2] *embarrassing*
◊ *situasi yang memalukan* an embarrassing situation
[3] *disgraceful*
◊ *perbuatan yang memalukan* a disgraceful act

pemalu KATA ADJEKTIF
shy
◊ *Dia agak pemalu orangnya.* He's a bit shy.

malu KATA NAMA
  rujuk juga **malu** KATA ADJEKTIF
[1] *disgrace*
◊ *Tindakannya hanya akan membawa malu kepada keluarganya.* Her behaviour will only bring disgrace to her family.
[2] *embarrassment*
◊ *Dia memalingkan mukanya kerana malu.* She turned her face away in embarrassment.

mamah
memamah KATA KERJA
to chew
◊ *Danielle memamah sekeping gula-gula tofi sambil matanya tertumpu pada kaca televisyen.* Danielle was chewing a piece of toffee while watching television.

mamalia KATA NAMA
mammal

mampat KATA ADJEKTIF
compressed
◊ *tanah yang mampat* compressed soil

kemampatan KATA NAMA
compression
◊ *Periksa kemampatan tanah di situ.* Check the compression of the soil over there.

memampatkan KATA KERJA
to compress
◊ *Gas apakah yang boleh dimampatkan?* What type of gas can be compressed?

pemampat KATA NAMA
compressor

pemampatan KATA NAMA
compression

♦ **Pemampatan tanah itu dilakukan oleh sebuah mesin khas.** A special machine is used to compress the soil.

mampu KATA ADJEKTIF

[1] *can afford*
◊ *Rageni mampu makan di restoran mewah setiap hari.* Rageni can afford to eat in a smart restaurant every day.

[2] *can*
◊ *Kucing itu mampu makan dua ekor ikan sekali gus.* The cat can eat two fish at once.

kemampuan KATA NAMA
ability (JAMAK **abilities**)
◊ *Saya mengagumi kemampuannya mendaki gunung itu seorang diri.* I admired his ability to climb the mountain by himself.

berkemampuan KATA KERJA
wealthy
◊ *seorang yang berkemampuan* a wealthy person

mana KATA TANYA
where
◊ *Di manakah beg saya?* Where is my bag? ◊ *Ke manakah anda hendak pergi?* Where are you going?

♦ **yang mana** which ◊ *Pen yang mana anda mahu?* Which pen do you want?
♦ **Yang mana satu?** Which one?

manakan, manatah KATA HUBUNG
how could
◊ *Kalau tidak berusaha, manakan saya boleh berjaya seperti sekarang.* If I didn't work hard, how could I be as successful as I am today?

mana-mana KATA GANTI NAMA

[1] *any*
◊ *Pilihlah mana-mana buku yang anda suka.* Choose any book you like.

[2] *anywhere*
◊ *Adakah anda nampak adik saya di mana-mana?* Have you seen my brother anywhere? ◊ *Anda hendak pergi ke mana-mana selepas ini?* Are you going anywhere after this?

♦ **Anda hendak pergi ke mana? - Tidak ke mana-mana.** Where are you going? - Nowhere.

manakala KATA HUBUNG
while
◊ *Mariam sedang membaca buku manakala Cristin sedang makan.* Mariam is reading while Cristin is eating.

manalagi KATA HUBUNG
moreover
◊ *Dia tidak datang kerana keretanya rosak, manalagi anaknya sakit hari ini.* He's not coming because his car broke down. Moreover, his child is sick today.

mancis KATA NAMA
match (JAMAK **matches**)
◊ *sekotak mancis* a box of matches
♦ **mancis api** match

mancung KATA ADJEKTIF
pointed
◊ *hidung mancung* pointed nose

Mandarin KATA NAMA
Mandarin
♦ **bahasa Mandarin** Mandarin

mandat KATA NAMA
mandate
◊ *Mandat daripada PBB perlu diperoleh sebelum melaksanakan sebarang rancangan.* A mandate from the UN is necessary before any plan can be implemented.

mandatori KATA ADJEKTIF
mandatory
◊ *hukuman mati mandatori* mandatory death sentence

mandi KATA KERJA
to have a bath
◊ *Mereka mandi tiga kali sehari.* They have a bath three times a day.

♦ **mandi air panas** to have a hot bath
♦ **mandi buih** to have a bubble bath
♦ **mandi hujan** to have a shower

bermandikan KATA KERJA
to be soaked with
◊ *Tubuhnya bermandikan darah.* His body was soaked with blood.

♦ **Dewan itu bermandikan cahaya.** The hall was filled with light.

memandikan KATA KERJA
to bath
◊ *Setiap hari saya memandikan kucing saya, Miki.* Every day I bath my cat Miki.

mandul KATA ADJEKTIF
infertile
◊ *Kajian itu mendapati bahawa seorang daripada lapan wanita adalah mandul.* The study found that one woman in eight was infertile.

kemandulan KATA NAMA
infertility
◊ *Kemandulan merupakan salah satu punca perceraian.* Infertility is one of the causes of divorce.

mandur KATA NAMA
foreman (JAMAK **foremen**)

manfaat KATA NAMA
benefit
◊ *Apakah manfaat menggunakan Internet?* What are the benefits of using the Internet?

bermanfaat KATA KERJA

    beneficial
◊ *kesan-kesan yang bermanfaat* beneficial effects
mangga (1) KATA NAMA
    mango (JAMAK **mangoes** atau **mangos**)
mangga (2) KATA NAMA
    padlock
manggis KATA NAMA
    mangosteen
mangkin
    pemangkin KATA NAMA
    catalyst
◊ *pemangkin kepada perubahan* a catalyst for change
mangkuk KATA NAMA
    bowl
mangsa KATA NAMA
    [1] *victim* (manusia)
    [2] *prey* (haiwan)
    pemangsa KATA NAMA
    predator
♦ **haiwan pemangsa** predatory animal
mangu
    termangu-mangu KATA KERJA
    dumbfounded
◊ *Jean termangu-mangu apabila Kelvin memarahinya dengan tidak semena-mena.* Jean was dumbfounded when Kelvin scolded her for no reason.
♦ **Mereka termangu-mangu apabila saya mengajukan soalan itu kerana mereka tidak memahaminya.** They were speechless when I asked them the question because they didn't understand it.
mani KATA NAMA
    semen
manik KATA NAMA
    bead
manipulasi KATA NAMA
    manipulation
    memanipulasikan KATA KERJA
    to manipulate
manis KATA ADJEKTIF
    sweet
◊ *Kopi ini terlalu manis.* This coffee is too sweet.
♦ **seorang gadis yang manis** a pretty girl
♦ **Jangan usik gadis itu, tidak manis dipandang orang.** Don't tease the girl. It doesn't look nice.
♦ **jari manis** ring finger
    kemanisan KATA NAMA
    sweetness
    memaniskan KATA KERJA
    to sweeten
manisan KATA NAMA
    [1] *honey*
    [2] *sweet cakes*
manja KATA ADJEKTIF
    [1] *pampered*
◊ *anak manja* a pampered child
    [2] *close* (padanan terdekat)
◊ *Jessica sangat manja dengan bapanya.* Jessica is very close to her father.
    bermanja KATA KERJA
    to be close (padanan terdekat)
◊ *Saliza ingin bermanja dengan ibunya.* Saliza wants to be close to her mother.
    memanjakan KATA KERJA
    to pamper
◊ *Lailatul terlalu memanjakan anak-anaknya.* Lailatul pampered her children too much.
mansuh KATA ADJEKTIF
    [1] *abolished*
◊ *sistem yang baru mansuh* a system that has just been abolished
    [2] *terminated*
◊ *Kontrak kita sudah mansuh.* Our contract has been terminated.
    memansuhkan KATA KERJA
    [1] *to rescind*
◊ *Kerajaan merancang untuk memansuhkan undang-undang itu.* The government plans to rescind the law.
    [2] *to terminate*
◊ *Syarikat itu mahu memansuhkan kontrak mereka dengan kami.* The company wants to terminate their contract with us.
    pemansuhan KATA NAMA
    [1] *abolition*
◊ *pemansuhan sistem aparteid* the abolition of the apartheid system
    [2] *termination*
◊ *pemansuhan kontrak* termination of a contract
mantap KATA ADJEKTIF
    stable
◊ *Ekonomi negara itu mantap.* The country's economy is stable.
    kemantapan KATA NAMA
    stability
◊ *Kemantapan sistem demokrasi masih boleh diperdebatkan.* The stability of the democratic system is still debatable.
    memantapkan KATA KERJA
    to stabilize
◊ *Kerajaan mahu memantapkan kadar pertukaran.* The government wants to stabilize exchange rates.
    pemantapan KATA NAMA
    stabilization
◊ *pemantapan harga makanan* the stabilization of food prices

Malay ~ English

mantera → martabat

mantera KATA NAMA
incantation

mantik KATA NAMA
logic
- **ilmu mantik** logic

manusia KATA NAMA
human being
- **badan manusia** human body (JAMAK **human bodies**)

kemanusiaan KATA NAMA
humanitarian
◊ *bantuan kemanusiaan* humanitarian aid
- **hak kemanusiaan** human rights
- **ilmu kemanusiaan** humanities
- **sifat kemanusiaan** humanity

manuskrip KATA NAMA
manuscript

mapan KATA ADJEKTIF
stable
◊ *ekonomi yang mapan* a stable economy

mara KATA KERJA
to advance
◊ *Pihak pemberontak sedang mara ke ibu kota negara itu.* The rebel forces are advancing on the country's capital.

kemaraan KATA NAMA
advance
◊ *Pertahanan itu bertujuan untuk menyekat kemaraan musuh.* The defences are intended to obstruct the enemy's advance.

marah KATA ADJEKTIF
angry
◊ *Saya sangat marah sekarang!* I'm very angry now!

kemarahan KATA NAMA
anger
◊ *Hui Chin tidak suka menunjukkan kemarahannya.* Hui Chin doesn't like showing her anger.

memarahi KATA KERJA
to scold
◊ *Devita memarahi adiknya kerana enggan membaca buku.* Devita scolded her sister because she refused to read.

pemarah KATA ADJEKTIF
hot-tempered
◊ *Dia pemarah orangnya.* He's a hot-tempered person.

marak KATA KERJA
to flare up
◊ *Api itu marak apabila Adi menuangkan minyak ke atasnya.* The fire flared up when Adi poured oil on it.
- **Keinginannya untuk mencari ibu kandungnya semakin marak setiap hari.** Her desire to find her real mother is growing more intense every day.

kemarakan KATA NAMA
Biasanya kemarakan tidak diterjemahkan.
◊ *Pihak bomba cuba mengawal kemarakan api itu.* The fire brigade tried to control the fire.

memarakkan KATA KERJA
to make ... flare up
◊ *Mereka memarakkan api itu dengan menuangkan petrol ke atasnya.* They made the fire flare up by pouring petrol on it.

maraton KATA NAMA
marathon

margin KATA NAMA
margin
◊ *margin keuntungan* profit margin

mari KATA KERJA
let
◊ *Mari kita pergi ke panggung wayang.* Let's go to the cinema.
- **Mari!** Let's go!
- **Mari ke sini.** Come here.
- **Dia selalu datang ke mari.** He always comes here.

Marikh KATA NAMA
Mars

marin KATA NAMA
marine
◊ *polis marin* marine police

marjerin KATA NAMA
margarine

markah KATA NAMA
mark
◊ *Dia mendapat markah yang sangat tinggi dalam ujian itu.* She got very high marks in the test.

pemarkahan KATA NAMA
marking
◊ *Pemarkahan itu dilakukan oleh dua orang guru.* The marking is done by two teachers.

markas KATA NAMA
base
◊ *markas tentera* military base

bermarkas KATA KERJA
based
◊ *Tentera itu bermarkas di Sungai Ara.* The soldiers are based at Sungai Ara.

marmar KATA NAMA
marble

martabat KATA NAMA
status
◊ *Jururawat tidak pernah mendapat martabat yang sama seperti doktor.* Nurses have never enjoyed the same status as doctors.

bermartabat KATA KERJA

maruah → maskot

of ... status
◊ _lelaki dan wanita yang bermartabat tinggi_ women and men of high status
memartabatkan KATA KERJA
to improve the status of
◊ _Penerbitan sebuah kamus yang baik dapat membantu memartabatkan bahasa Melayu._ The publication of a good dictionary may help improve the status of the Malay language.
maruah KATA NAMA
dignity
◊ _Orang yang mengakui kesalahannya tidak akan kehilangan maruah, sebaliknya akan lebih dihormati._ People who admit their faults do not lose dignity; on the contrary they gain respect.
masa KATA NAMA
time
+ **masa silam** past
+ **lebih masa** overtime
+ **Saya mahukannya semula dalam masa tujuh hari.** I want it back within seven days.
semasa KATA HUBUNG
1 _while_
◊ _Dia datang semasa saya sedang makan._ He came while I was eating.
2 _during_
◊ _Saya pergi ke Langkawi semasa cuti sekolah._ I went to Langkawi during the school holidays.
masak KATA KERJA
to cook
+ **tukang masak** a cook
+ **telur setengah masak** half-boiled egg
+ **masak-memasak** to cook ◊ _Mereka sedang belajar masak-memasak._ They are learning how to cook.
masak-masak, semasak-masaknya KATA ADJEKTIF
carefully
◊ _Fikirlah masak-masak._ Think carefully.
memasak KATA KERJA
to cook
◊ _Ibu sedang memasak makanan kegemaran saya._ Mother is cooking my favourite dishes.
memasakkan KATA KERJA
to cook
◊ _Ibu memasakkan saya makanan kegemaran saya._ Mother cooks me my favourite dishes.
masakan KATA NAMA
1 _cooking_
2 _dish_
◊ _masakan vegetarian_ a vegetarian dish

masalah KATA NAMA
problem
bermasalah KATA KERJA
to have a problem
+ **kanak-kanak yang bermasalah** problem child
permasalahan KATA NAMA
problems
◊ _permasalahan disiplin pelajar_ the problems of student discipline
masam KATA ADJEKTIF
sour
◊ _buah yang masam_ sour fruits
+ **Mukanya masam apabila kami mengatakan bahawa kami tidak mahu bermain dengannya.** She looked sour when we said that we didn't want to play with her.
bermasam KATA KERJA
+ **bermasam muka** on bad terms
◊ _Walaupun mereka berjiran, mereka selalu bermasam muka._ Although they are neighbours, they are on bad terms.
kemasam-masaman KATA ADJEKTIF
slightly sour
◊ _Makanan itu rasanya manis dan kemasam-masaman._ The food is a mixture of sweet and slightly sour flavours.
memasamkan KATA KERJA
+ **memasamkan muka** to make a sour face ◊ _Dia berpaling dan memasamkan mukanya._ She turned away and made a sour face.
maserba KATA NAMA
omnivore
masih KATA BANTU
still
◊ _Saya masih marah akan dia._ I'm still angry with him.
Masihi KATA ADJEKTIF
Christian
+ **agama Masihi** Christianity
+ **1000 tahun Masihi** 1000 AD
+ **sebelum Masihi** BC
masin KATA ADJEKTIF
salty
masing-masing KATA ADJEKTIF
respective
◊ _Murid-murid itu diminta supaya masuk ke kelas masing-masing._ The pupils are required to go to their respective classrooms.
masjid KATA NAMA
mosque
mas kahwin KATA NAMA
dowry (JAMAK **dowries**)
maskara KATA NAMA
mascara
maskot KATA NAMA

mascot
mastautin
bermastautin KATA KERJA
to reside
◊ *Dia sudah bermastautin di Malaysia sejak 15 tahun yang lalu.* She has resided in Malaysia for the past 15 years.
pemastautin KATA NAMA
resident
◊ *pemastautin tetap* permanent resident
permastautinan KATA NAMA
settlement
◊ *permastautinan imigran Cina di Amerika* the settlement of Chinese immigrants in America

masuk KATA KERJA
1 _to come in_
◊ *Sila masuk.* Please come in.
2 _to go in_
◊ *Dia masuk untuk berjumpa dengan majikannya.* He went in to see his employer.
- **masuk campur** to interfere
- **"Dilarang masuk"** "No entry"
- **masuk ke dalam** to enter ◊ *Saya terjaga apabila Vivian masuk ke dalam bilik saya.* I woke up when Vivian entered my room.
- **masuk akal** to make sense ◊ *Perkara itu masuk akal.* It makes sense.
◊ *Perkara itu tidak masuk akal.* It doesn't make sense.

kemasukan KATA NAMA
1 _admission_
◊ *Para pelajar memohon kemasukan ke universiti tempatan.* Students apply for admission to local universities.
2 _entrance_
◊ *yuran kemasukan* entrance fee

memasuki KATA KERJA
to enter
◊ *Dia berjaya memasuki universiti.* She succeeded in entering university.

memasukkan KATA KERJA
1 _to enter_
◊ *Mereka tidak memasukkan nama saya dalam senarai itu.* They didn't enter my name on the list.
2 _to put down_
◊ *Jangan lupa memasukkan alamat anda.* Don't forget to put down your address.
3 _to put ... into_
◊ *Janisa memasukkan garam ke dalam kopi lelaki itu.* Janisa put salt into the man's coffee.

termasuk KATA HUBUNG
including
◊ *Semua orang tidak setuju, termasuk saya.* Everybody disagreed, including me.
- **tidak termasuk** excluding

masukan KATA NAMA
entry (JAMAK **entries**)

masyarakat KATA NAMA
society (JAMAK **societies**)
bermasyarakat KATA KERJA
to live in a society
◊ *Di sini mereka bukan sahaja dapat menimba ilmu, tetapi juga belajar bermasyarakat.* Here they can not only gain knowledge, but also learn to live in a society.
kemasyarakatan KATA NAMA
social
◊ *nilai-nilai kemasyarakatan* social values ◊ *sains kemasyarakatan* social science

masyghul KATA ADJEKTIF
sorrowful
◊ *Sultan itu masyghul sejak kehilangan puteri baginda.* The Sultan was sorrowful after losing his daughter.

masyhur KATA ADJEKTIF
famous
◊ *penyanyi yang masyhur* a famous singer
termasyhur KATA ADJEKTIF *rujuk* **masyhur**
kemasyhuran KATA NAMA
fame
◊ *Buku itu menceritakan kemasyhuran Raja Chulalongkorn dari negara Thai.* The book tells of the fame of King Chulalongkorn of Thailand.

mata (1) KATA NAMA
1 _eye_
2 _point_
◊ *mata penamat* match point
- **mata air** spring
- **mata pena** nib
- **mata pisau** blade
- **mata pelajaran** subject
- **mata wang** currency (JAMAK **currencies**)

mata-mata KATA NAMA
police
- **mata-mata gelap** detective

mata (2)
semata-mata KATA PENEGAS
solely
◊ *Dia belajar semata-mata kerana ibu bapanya.* She studied solely for the sake of her parents.

matahari KATA NAMA
sun

matang KATA ADJEKTIF
1 _ripe_

◊ *Buah mangga yang sudah matang manis rasanya.* Ripe mangoes are sweet.
[2] _mature_
◊ *seorang gadis yang matang* a mature girl
- **tidak matang** immature
mematangkan KATA KERJA
to ripen
◊ *Anda boleh mematangkan buah tomato dalam masa satu hari sahaja.* You can ripen tomatoes in a single day.
- **mematangkan fikiran** to develop one's thinking
kematangan KATA NAMA
maturity
◊ *Ucapannya itu menunjukkan kematangannya.* The speech showed her maturity.
matematik KATA NAMA
mathematics
materai KATA NAMA
seal
mematerai KATA KERJA
[1] _to stamp ... with a seal_
[2] _to ratify_
◊ *memeterai perjanjian* to ratify an agreement
materialistik KATA ADJEKTIF
materialistic
mati KATA KERJA
to die
- **mati lemas** to be drowned
bermati-matian KATA KERJA
with all one's might
◊ *Rakyat berjuang bermati-matian untuk mendapatkan kemerdekaan.* The people fought for independence with all their might.
kematian KATA KERJA
rujuk juga **kematian** KATA NAMA
to lose
◊ *Puan Sumina baru sahaja kematian suaminya.* Puan Sumina has just lost her husband.
kematian KATA NAMA
rujuk juga **kematian** KATA KERJA
death
mematikan KATA KERJA
to turn off
◊ *Dia mematikan telefon bimbitnya sebelum masuk ke dalam dewan.* She turned off her mobile phone before entering the hall.
matlamat KATA NAMA
aim
◊ *Matlamat saya adalah untuk mencipta rekod dunia yang baru.* My aim is to set a new world record.
maun KATA NAMA

herbivore
maut KATA KERJA
rujuk juga **maut** KATA NAMA
to die
◊ *Dua puluh orang maut dalam kemalangan itu.* Twenty people died in the accident.
maut KATA NAMA
rujuk juga **maut** KATA KERJA
death
◊ *Askar-askar itu tidak gentar menghadapi maut.* The soldiers were not afraid to face death.
- **kemalangan maut** a fatal accident
- **kawasan maut** black spot
- **penyakit yang boleh membawa maut** a fatal disease
mawar KATA NAMA
rose
maya (1) KATA ADJEKTIF
virtual
◊ *UNITAR ialah sebuah universiti maya.* UNITAR is a virtual university.
maya (2)
bermaya KATA KERJA
to be able
◊ *Sebelum kemalangan itu ayah saya masih bermaya untuk berjalan.* Before the accident, my father was still able to walk.
- **tidak bermaya** weak
mayat KATA NAMA
corpse
mayones KATA NAMA
mayonnaise
mazhab KATA NAMA
sect
- **mazhab Methodist** Methodist
medan KATA NAMA
arena
◊ *medan politik* political arena
- **medan perang** battlefield ◊ *Ramai pemuda terkorban di medan perang.* Many young men were killed on the battlefield.
- **medan bandar** town square
- **"medan selera"** "food court"
media KATA NAMA
media
◊ *media massa* mass media
mega KATA NAMA
cloud
megah KATA ADJEKTIF
[1] _majestically_
◊ *Bangunan menara berkembar tersergam megah di tengah bandar raya.* The twin towers stood out majestically in the middle of the city.
- **Ketika itu namanya tidak disebut**

dengan sebegitu megah seperti hari ini. At that time her name was not as famous as it is today.
- **Jalur Gemilang berkibar megah di puncak Gunung Everest.** The Malaysian flag flutters proudly on the peak of Mount Everest.

2 _proud_
◊ *Dia berasa megah kerana dipuji oleh gurunya.* He felt proud when the teacher praised him.

bermegah, bermegah-megah KATA KERJA
to boast
◊ *Dia suka bermegah-megah dengan kejayaan anak lelakinya.* He likes to boast about his son's success.

- **bermegah diri** vain ◊ *Saya rasa dia seorang yang bermegah diri dan sombong.* I think he is vain and arrogant.

kemegahan KATA NAMA
pride
◊ *Jambatan Pulau Pinang merupakan kemegahan rakyat Malaysia.* The Penang Bridge is the pride of all Malaysians.

Mei KATA NAMA
May
- **pada 5 Mei** on 5 May
- **pada bulan Mei** in May

meja KATA NAMA
table

Mekah KATA NAMA
Mecca

mekanik KATA NAMA
mechanic

mekanikal KATA ADJEKTIF
mechanical

mekap KATA NAMA
make-up

bermekap KATA KERJA
to make oneself up
◊ *Dayang mengambil masa setengah jam untuk bermekap.* Dayang took half an hour to make herself up.

memekapkan KATA KERJA
to make ... up
◊ *Mereka memekapkan pelakon lelaki itu sebagai perempuan tua.* They made the actor up as an old woman.

mekar KATA KERJA
to bloom
◊ *Bunga-bunga sedang mekar di taman.* Flowers are blooming in the garden.

mel KATA NAMA
mail
◊ **mel udara** air mail
- **mel elektronik** e-mail

Melaka KATA NAMA
Malacca

melarat KATA ADJEKTIF
1 _destitute_
◊ *kanak-kanak yang hidup melarat di jalanan* destitute children who live on the streets
2 _miserable_
◊ *Hidupnya melarat selepas kematian ibu bapanya.* Her life was miserable after the death of her parents.

kemelaratan KATA NAMA
poverty
◊ *Berita itu memaparkan kemelaratan hidup pendatang asing.* The report describes the poverty in which immigrants live.

Melayu KATA NAMA
Malay
◊ *budaya Melayu* the Malay culture
- **bahasa Melayu** Malay
- **orang Melayu** Malay

kemelayuan KATA ADJEKTIF
Malay
◊ *Gadis itu masih mengekalkan sifat-sifat kemelayuannya.* The girl still kept her Malay characteristics.

memelayukan KATA KERJA
to modify into Malay
◊ *memelayukan istilah asing yang tidak ada padanan dalam bahasa Melayu* to modify into Malay foreign terms that have no Malay equivalent

meleset (1) KATA ADJEKTIF
wrong
◊ *Tekaan anda meleset.* You've guessed wrong.

meleset (2) KATA ADJEKTIF
declining
◊ *ekonomi dunia yang meleset* the declining world economy

kemelesetan KATA NAMA
depression
◊ *kemelesetan ekonomi* economic depression

melodi KATA NAMA
melody (JAMAK **melodies**)

melulu KATA ADJEKTIF
recklessly
◊ *Jangan membuat tindakan melulu.* Don't act recklessly. ◊ *Dia selalu bertindak melulu.* He always acts recklessly.

melur KATA NAMA
jasmine

memang KATA PENEGAS
indeed
◊ *Anda memang sangat bijak!* You are indeed very clever!
- **Memang tidak dapat dinafikan...** It certainly can't be denied...

memek KATA NAMA
- **memek muka** facial expression

memori KATA NAMA
memory (JAMAK **memories**)

mempelai KATA NAMA
1. *bride* (*perempuan*)
2. *bridegroom* (*lelaki*)

mempelam KATA NAMA
mango (JAMAK **mangoes** atau **mangos**)

mena
- **semena-mena** KATA ADJEKTIF
- **dengan tidak semena-mena** for no reason ◊ *Dia meninggalkan saya dengan tidak semena-mena.* He left me for no reason.

menang KATA ADJEKTIF
> rujuk juga **menang** KATA KERJA

winning
◊ *Pasukan yang menang akan menerima satu juta ringgit.* The winning team will receive one million ringgits.

kemenangan KATA NAMA
victory (JAMAK **victories**)

memenangi KATA KERJA
to win
◊ *Anda mesti memenangi pertandingan itu!* You must win the competition!

memenangkan KATA KERJA
to take the side of
◊ *Punita selalu memenangkan anak bongsunya.* Punita always takes the side of her youngest child.

pemenang KATA NAMA
winner

menang KATA KERJA
> rujuk juga **menang** KATA ADJEKTIF

to win
◊ *Dia begitu bersemangat untuk menang.* He was very motivated to win.

menantu KATA NAMA
1. *daughter-in-law* (JAMAK **daughters-in-law**) (*perempuan*)
2. *son-in-law* (JAMAK **sons-in-law**) (*lelaki*)

- **anak menantu** children and in-laws

bermenantukan KATA KERJA
to have ... as a son-in-law/daughter-in-law
- **Dia mahu bermenantukan orang kaya.** She wants her children to marry into a rich family.

menara KATA NAMA
1. *tower*
   ◊ "*menara berkembar*" "the twin towers"
2. *steeple* (*untuk gereja*)
3. *minaret* (*untuk masjid*)
   ◊ *Menara masjid itu disalut dengan emas.* The minaret of the mosque is covered in gold.

mendak KATA KERJA
> rujuk juga **mendak** KATA NAMA

to settle
◊ *Pasir-pasir halus mendak di dasar kolam itu.* Fine sand settled at the bottom of the pool.

mendakkan KATA KERJA
to settle
◊ *Alat ini digunakan untuk memendakkan bendasing dalam minyak tersebut.* This instrument is used to settle the impurities in the oil.

pemendakan KATA NAMA
sedimentation

mendak KATA NAMA
> rujuk juga **mendak** KATA KERJA

sediment

mendap KATA KERJA
to settle
◊ *Pasir-pasir halus mendap di dasar kolam itu.* Fine sand settled at the bottom of the pool.

pemendapan KATA NAMA
sedimentation

mendapan KATA NAMA
sediment

mendiang KATA NAMA
(*untuk orang bukan Islam*)
the late
◊ *mendiang Tun Tan Cheng Lok* the late Tun Tan Cheng Lok

mendung KATA ADJEKTIF
cloudy

mengah
termengah-mengah KATA KERJA
to pant
◊ *Datuk saya termengah-mengah ketika menaiki tangga itu.* My grandfather was panting as he climbed the stairs.

mengkal KATA ADJEKTIF
1. *half-ripe* (*buah*)
2. *to fume inwardly*
   ◊ *Hati saya mengkal mendengar rungutannya.* I fumed inwardly when I heard his complaints.

bermengkal KATA KERJA
- **bermengkal hati** to seethe with anger
  ◊ *Salamiah bermengkal hati apabila dia mendengar kata-kata anaknya.* Salamiah seethed with anger when she heard her son's remarks.

memengkalkan KATA KERJA
- **memengkalkan hati** to annoy

mengkelan KATA KERJA
to get food stuck in one's throat
◊ *Makan perlahan-lahan supaya anda tidak mengkelan.* Eat slowly to avoid getting food stuck in your throat.
termengkelan KATA KERJA *rujuk* **mengkelan**

meningitis KATA NAMA
meningitis (*penyakit*)

mentah KATA ADJEKTIF
[1] *raw*
◊ *sayur mentah* raw vegetables
[2] *not well cooked*
◊ *Nasi yang dimasaknya itu mentah.* The rice that she prepared was not well cooked.
[3] *inexperienced*
◊ *graduan universiti yang masih mentah* inexperienced university graduates
♦ **Dia masih mentah dalam hal ini.** She's still new to this business.
♦ **minyak mentah** crude oil
mentah-mentah KATA ADJEKTIF
[1] *raw*
◊ *Mereka makan ikan itu mentah-mentah.* They ate the fish raw.
[2] *completely*
◊ *Andika menolak pelawaan saya mentah-mentah.* Andika rejected my offer completely.

mental KATA NAMA
mental
◊ *penyakit mental* mental illness

mentang
mentang-mentang KATA HUBUNG
just because
◊ *Mentang-mentang dia kaya, dia berasa dia mempunyai hak untuk melayan kami dengan buruk.* Just because he's rich, he thinks he has the right to treat us badly.

mentari KATA NAMA
sun

mentega KATA NAMA
butter
◊ *mentega kacang* peanut butter

menteri KATA NAMA
minister
kementerian KATA NAMA
ministry (JAMAK **ministries**)

mentimun KATA NAMA
cucumber

mentol KATA NAMA
bulb
◊ *mentol lampu* light bulb

mentua KATA NAMA
parents-in-law
♦ **mentua-taya** in-laws
♦ **bapa mentua** father-in-law (JAMAK **fathers-in-law**)
♦ **ibu mentua** mother-in-law (JAMAK **mothers-in-law**)

menu KATA NAMA
menu
♦ **menu bantu** (*komputer*) help menu

menung
bermenung, termenung KATA KERJA
to contemplate
♦ **termenung memikirkan sesuatu** to contemplate something ◊ *Venukrishna duduk di dalam keretanya sambil termenung memikirkan masa depannya.* Venukrishna sat in his car and contemplated his future.

merah KATA ADJEKTIF
red
♦ **merah jambu** pink
♦ **merah manggis** maroon
♦ **merah tua** dark red
kemerah-merahan KATA ADJEKTIF
reddish
◊ *biru kemerah-merahan* reddish blue
♦ **Pipinya kemerah-merahan apabila marah.** Her face goes red when she's angry.
memerah KATA KERJA
to redden
◊ *Langit memerah menjelang senja.* The sky reddens when sunset is approaching.
memerahi KATA KERJA
to redden
◊ *Julia memerahi bibirnya dengan gincu.* Julia reddened her lips with lipstick.
♦ **Dia suka memerahi kukunya.** She likes to paint her nails red.
pemerah KATA NAMA
♦ **pemerah pipi** blusher

merak KATA NAMA
peacock

merana KATA KERJA
miserable
◊ *Jika dia tiada, meranalah saya.* If he goes away, I'll be miserable.
♦ **hidup merana** to live in misery

mercu KATA NAMA
peak
◊ *Natasha sedang berada di mercu kerjayanya.* Natasha is at the peak of her career.
♦ **mercu kejayaan seseorang** the height of somebody's success
♦ **mercu tanda** landmark

mercun KATA NAMA
firecracker

merdeka KATA ADJEKTIF

merdu → mesra   B. Melayu ~ B. Inggeris   866

independent
◊ *Malaysia ialah sebuah negara yang merdeka.* Malaysia is an independent country.
memerdekakan KATA KERJA
[1] *to grant independence to*
◊ *Belanda memerdekakan Indonesia pada tahun 1949.* The Dutch granted independence to Indonesia in 1949.
[2] *to free*
◊ *Orang kaya itu enggan memerdekakan hambanya.* The rich man refused to free his slave.
kemerdekaan KATA NAMA
independence
◊ *Tunku Abdul Rahman berjuang menuntut kemerdekaan.* Tunku Abdul Rahman fought for independence.
merdu KATA ADJEKTIF
melodious
◊ *Lily memiliki suara yang sungguh merdu.* Lily has a very melodious voice.
kemerduan KATA NAMA
sweetness
◊ *kemerduan suaranya* the sweetness of her voice
mereka KATA GANTI NAMA
[1] *they*
◊ *Mereka akan sampai hari ini.* They will arrive today.
[2] *their*
◊ *Kereta mereka sangat cantik.* Their car is very beautiful.
[3] *them*
◊ *Saya akan pergi dengan mereka.* I will go with them.
♦ **milik mereka** theirs ◊ *Kereta itu milik mereka.* The car is theirs.
meriah KATA ADJEKTIF
jolly
◊ *sebuah majlis yang meriah* a jolly party
♦ **lebih ramai lebih meriah** the more the merrier
♦ **upacara yang meriah** a grand ceremony
kemeriahan KATA NAMA
festivity
◊ *Kami dapat merasakan kehangatan dan kemeriahan majlis itu.* The warmth and festivity of the occasion were palpable.
memeriahkan KATA KERJA
to enliven
◊ *Kehadiran penyanyi terkenal itu memeriahkan lagi majlis ini.* The appearance of the famous singer further enlivened the party.
meriam KATA NAMA
cannon

merit KATA NAMA
merit
merkuri KATA NAMA
mercury
merosot KATA KERJA
to decline
◊ *Pelajaran Aminuddin semakin merosot sejak kejadian itu.* Aminuddin's academic performance has declined increasingly since the incident.
kemerosotan KATA NAMA
decline
◊ *Kemerosotan harga minyak kelapa sawit membimbangkan negara-negara pengeluar.* The decline in the price of palm oil worries the countries that produce it.
♦ **kemerosotan ekonomi** economic recession
merpati KATA NAMA
pigeon
mersik KATA ADJEKTIF
shrill
◊ *suara yang mersik* shrill voice
mesej KATA NAMA
message
mesin KATA NAMA
machine
◊ *mesin basuh* washing machine
◊ *mesin faks* fax machine
◊ *mesin jahit* sewing machine
♦ **mesin cetak** printer
♦ **mesin daftar tunai** cash register
♦ **mesin fotokopi** photocopier
♦ **mesin judi** slot machine
♦ **mesin kira** calculator
♦ **mesin kira saku** pocket calculator
♦ **mesin juruwang automatik** cash dispenser
♦ **mesin pencuci pinggan mangkuk** dishwasher
♦ **mesin pengering pakaian** tumble dryer
♦ **mesin pengisar** blender
♦ **mesin rumput** lawnmower
♦ **mesin taip** typewriter
mesingan KATA NAMA
machine gun
meskipun KATA HUBUNG
even though
◊ *Meskipun dia miskin, dia kuat berusaha.* Even though he is poor, he is very hardworking.
mesra KATA ADJEKTIF
[1] *well mixed*
◊ *Kesemua bahan-bahan itu dicampur sehingga mesra.* All the ingredients are added until they are well mixed.
[2] *warm*
◊ *seorang yang mesra* a warm

person
3 _amicably_
◊ *Kami berbual mesra seperti sudah kenal lama.* We chatted amicably as if we'd known each other for a long time.
* **tidak mesra** unfriendly
* **mesra pengguna** user-friendly

bermesra KATA KERJA
to get on well
◊ *Adik saya sudah boleh bermesra dengan orang gaji kami yang baru.* My little brother is now able to get on well with our new maid.

kemesraan KATA NAMA
intimacy
◊ *Dia cemburu melihat kemesraan kami.* He became jealous of our intimacy.

mesti KATA BANTU
must
◊ *Anda mesti belajar rajin-rajin.* You must study hard.

semestinya KATA PENEGAS
1 _ought to be_
◊ *Semestinya pertunjukan itu akan berjaya.* The show ought to be a success.
2 _of course_
◊ *Semestinya saya marah dengan kamu.* Of course I'm angry with you.
* **tidak semestinya** not necessarily

kemestian KATA NAMA
must
◊ *Lawatan ini merupakan satu kemestian.* This trip is a must.

memestikan KATA KERJA
to oblige
◊ *Para pelajar dimestikan mengambil peperiksaan ini.* Students are obliged to take this examination.

mesyuarat KATA NAMA
meeting

bermesyuarat KATA KERJA
to hold a meeting
◊ *Mereka akan bermesyuarat pada hujung minggu ini.* They will hold a meeting this weekend.

metabolisme KATA NAMA
metabolism

meter KATA NAMA
1 _metre_ (unit ukuran)
◊ *dua juta meter padu air* two million cubic metres of water
2 _meter_
◊ *meter teksi* taxi meter

meterai KATA NAMA *rujuk* **materai**

metrik KATA ADJEKTIF
metric

mewah KATA ADJEKTIF
1 _luxurious_
◊ *cara hidup yang mewah* luxurious lifestyle
2 _luxury_
◊ *kereta mewah* luxury car

bermewah KATA KERJA
to spend extravagantly
◊ *Dia bermewah dengan wang ayahnya.* He spends his father's money extravagantly.

kemewahan KATA NAMA
luxury
◊ *Gadis itu hidup dalam kemewahan tetapi dia tidak bahagia.* The girl lives in luxury but she's not happy.

mi KATA NAMA
noodles

miang KATA ADJEKTIF
1 _itchy_ (badan)
2 _prurient_ (orang)

migrain KATA NAMA
migraine

mikrocip KATA NAMA
microchip

mikrofon KATA NAMA
microphone

mikroskop KATA NAMA
microscope

milik KATA NAMA
property
◊ *Buku-buku ini milik pihak sekolah.* These books are the property of the school.
* **milik Geetha** Geetha's ◊ *Telefon bimbit itu milik Geetha.* The mobile phone is Geetha's.
* **milik kami** ours ◊ *Majalah-majalah itu milik kami.* The magazines are ours.
* **milik mereka** theirs ◊ *Gambar itu milik mereka.* The picture is theirs.
* **miliknya (1)** hers (perempuan) ◊ *Pen itu miliknya.* The pen is hers.
* **miliknya (2)** his (lelaki) ◊ *Jam itu miliknya.* The watch is his.
* **milik saya** mine ◊ *Buku merah itu milik saya.* The red book is mine.

memiliki KATA KERJA
to own
◊ *Ayahnya memiliki sebuah kelab golf.* His father owns a golf club.

pemilik KATA NAMA
owner
* **pemilik tanah** landowner

pemilikan KATA NAMA
ownership
◊ *peningkatan pemilikan rumah di Malaysia* the growth of home ownership in Malaysia

milik negara KATA ADJEKTIF
nationalized
◊ *syarikat milik negara* nationalized

company
memiliknegarakan KATA KERJA
to nationalize
◊ *Kerajaan bercadang untuk memiliknegarakan syarikat-syarikat itu.* The government is planning to nationalize those companies.

mililiter KATA NAMA
mililitre

milimeter KATA NAMA
millimetre

mimpi KATA NAMA
dream
• **mimpi ngeri** nightmare
bermimpi KATA KERJA
to dream
◊ *Ah Mun bermimpi dia berkahwin dengan anak raja.* Ah Mun dreamt that she married a prince.
• **bermimpi ngeri** to have nightmares
bermimpikan, memimpikan KATA KERJA
to dream about
◊ *Semalam saya bermimpikan anda.* Last night I dreamt about you.
termimpi KATA KERJA
to dream
◊ *Saya tidak pernah termimpi akan menjadi seorang pelakon.* I never dreamt that I would become an actor.
termimpi-mimpi KATA KERJA
to keep dreaming about
◊ *Dia begitu cintakan gadis itu sehingga termimpi-mimpi tentangnya.* He loves the girl so much that he keeps dreaming about her.
termimpikan KATA KERJA
to dream
◊ *Dia tidak pernah termimpikan wang sebanyak itu.* She had never dreamt that she would have so much money.

minat KATA NAMA
interest
berminat KATA KERJA
to be interested
◊ *Saya tidak berminat menonton cerita perang.* I'm not interested in watching war films.
meminati KATA KERJA
to be interested in
◊ *Fariz meminati bidang sukan.* Fariz is interested in sport.
peminat KATA NAMA
1 *fan*
◊ *peminat bola sepak* football fan
2 *admirer*
◊ *Gadis itu menerima sejambak bunga daripada seorang peminat rahsia.* The girl received a bouquet of flowers from a secret admirer.

minda KATA NAMA
mind

minggu KATA NAMA
week
◊ *setiap minggu* every week
• **hari minggu** weekend
• **hujung minggu** weekend
berminggu-minggu KATA BILANGAN
for weeks
◊ *Saya sudah menanti berita ini berminggu-minggu lamanya.* I've been waiting for the news for weeks.
mingguan KATA ADJEKTIF
weekly

mini KATA ADJEKTIF
mini-
◊ *pasar mini* mini-market

minimum KATA ADJEKTIF
minimum

miniskirt KATA NAMA
miniskirt

minit KATA NAMA
minute

minoriti KATA ADJEKTIF
minority
• **golongan minoriti** the minority

minta KATA KERJA
> rujuk juga **minta** KATA PERINTAH

• **Saya minta maaf.** I'm sorry.
• **Saya minta diri.** Excuse me, I must go now.
meminta KATA KERJA
to ask
◊ *meminta kebenaran* to ask for permission
• **meminta doa** to say a prayer
meminta-minta KATA KERJA
to beg
◊ *Lelaki itu meminta-minta di jalan.* The man was begging on the street.
peminta KATA NAMA
• **peminta sedekah** beggar
permintaan KATA NAMA
request

minta KATA PERINTAH
> rujuk juga **minta** KATA KERJA

please
◊ *Minta anda semua bertenang!* Please remain calm!

minum KATA KERJA
to drink
meminum KATA KERJA
to drink
peminum KATA NAMA
alcoholic
minuman KATA NAMA
drink
◊ *minuman ringan* soft drink

minyak KATA NAMA
oil
- **minyak tanah** paraffin
- **minyak wangi** perfume
  berminyak KATA KERJA
  1. *oily*
  2. *greasy*

miring KATA ADJEKTIF
1. *sloping*
   ◊ *lantai yang miring* sloping floor
2. *to tilt*
   ◊ *Bot itu miring ke kanan lalu tenggelam.* The boat tilted to the right and sank.

misai KATA NAMA
1. *moustache* (pada manusia)
2. *whiskers* (pada binatang)

misal KATA NAMA
example
- **misal kata** supposing ◊ *Misal kata rancangan ini gagal?* Supposing the plan fails?
  misalan KATA NAMA *rujuk* **misal**
  misalnya KATA HUBUNG
  for example

misi KATA NAMA
mission
◊ *satu misi yang mustahil* an impossible mission

miskin KATA ADJEKTIF
poor
kemiskinan KATA NAMA
poverty
◊ *Selama ini mereka hidup dalam kemiskinan.* All this time they have lived in poverty.

misteri KATA NAMA
mystery (JAMAK **mysteries**)
- **penuh misteri** mysterious

mitologi KATA NAMA
mythology

mitos KATA NAMA
myth
◊ *Kisah itu merupakan satu mitos.* The story is a myth.

modal KATA NAMA
capital (dalam ekonomi)
pemodal KATA NAMA
capitalist

model KATA NAMA
model

modem KATA NAMA
modem

moden KATA ADJEKTIF
modern
kemodenan KATA NAMA
modernity
- **Hotel itu menarik perhatian ramai kerana kemodenannya.** The hotel attracts a lot of people because it is modern.
  memodenkan KATA KERJA
  to modernize
  ◊ *Kerajaan mempunyai rancangan untuk memodenkan industri kraf tangan.* The government is planning to modernize the crafts industry.
  pemodenan KATA NAMA
  modernization
  ◊ *program pemodenan lima tahun* a five-year modernization programme

moga
moga-moga, semoga KATA HUBUNG
that
◊ *Dia berharap semoga anaknya terselamat dari gempa bumi itu.* She hoped that her daughter had not been harmed by the earthquake.

mogok KATA KERJA
rujuk juga **mogok** KATA NAMA
to go on strike
◊ *Para pekerja itu mogok kerana gaji mereka dipotong.* The workers went on strike because their salaries were reduced.
pemogokan KATA NAMA
strike
◊ *Pemogokan mereka hanya sia-sia sahaja.* It's useless for them to go on strike.
pemogok KATA NAMA
striker

mogok KATA NAMA
rujuk juga **mogok** KATA KERJA
strike
◊ *Mogok mereka sudah berakhir.* Their strike is over.

mohon KATA KERJA
- **Saya mohon maaf.** I'm sorry.
- **Saya mohon diri.** Excuse me, I must go now.
  bermohon KATA KERJA
  to ask ... permission
  ◊ *Saya bermohon kepada tuan rumah untuk pulang lebih awal.* I asked the host's permission to go home early.
  memohon KATA KERJA
  to apply
  ◊ *Saya ingin memohon jawatan itu.* I'd like to apply for the position.
- **Saya memohon supaya dia melepaskan saya.** I asked him to let me go.
  pemohon KATA NAMA
  applicant
  permohonan KATA NAMA
  application
  ◊ *borang permohonan* application form

mohor KATA NAMA

- **cap mohor** royal seal
- **cincin mohor** signet ring

molek KATA ADJEKTIF
pretty
◊ *Rupa gadis itu sungguh molek.* That girl is very pretty.

molekul KATA NAMA
molecule

monarki KATA NAMA
monarchy (JAMAK **monarchies**)

monitor KATA NAMA
monitor

monolog KATA NAMA
monologue

monopoli KATA NAMA
monopoly (JAMAK **monopolies**)
memonopoli KATA KERJA
to monopolize
◊ *Seperti biasa, Johnson memonopoli perbincangan itu.* As usual, Johnson monopolized the discussion.

monsun KATA NAMA
monsoon

montel KATA ADJEKTIF
chubby
◊ *Dia mempunyai dua orang anak perempuan yang montel.* She has two chubby daughters.

montok KATA ADJEKTIF
plump
◊ *tubuh yang montok* a plump body

monumen KATA NAMA
monument

monyet KATA NAMA
monkey

mop KATA NAMA
mop

mor KATA NAMA
- **tanah mor** moor

moral KATA NAMA
morals
bermoral KATA KERJA
to have morals
◊ *Mereka tidak bermoral.* They have no morals.
- **tidak bermoral** immoral

motel KATA NAMA
motel

motif KATA NAMA
motive

motivasi KATA NAMA
motivation
bermotivasi KATA KERJA
motivated
◊ *Pekerja-pekerja syarikat itu sangat bermotivasi.* The company employees are highly motivated.
memotivasikan KATA KERJA
to motivate
◊ *Majikan itu tidak tahu memotivasikan para pekerjanya.* The employer doesn't know how to motivate his employees.

moto KATA NAMA
motto (JAMAK **mottoes** atau **mottos**)
◊ *Moto kami ialah "hidup bererti bebas".* Our motto is "life is freedom".

motobot KATA NAMA
motorboat

motokar KATA NAMA
car

motor KATA NAMA
motor

motosikal KATA NAMA
motorcycle

moyang KATA NAMA
1 *great-grandfather* (lelaki)
2 *great-grandmother* (perempuan)

mua KATA ADJEKTIF
spoiled
◊ *Min menjadi mua kerana segala kehendaknya dituruti.* Min became spoiled because she got whatever she asked for.
- **Jangan biarkan pekerja kamu datang lewat nanti mualah mereka.** Don't let your employees come to work late, or they'll take advantage of it.

memuakan KATA KERJA
to spoil
◊ *Dia menyesal kerana terlalu memuakan anaknya.* She regretted that she had spoilt her child.

muafakat KATA KERJA
| rujuk juga **muafakat** KATA NAMA |
to agree
◊ *Para pekerja sudah muafakat untuk mogok.* The employees have agreed to go on strike.
bermuafakat KATA KERJA
to confer
◊ *Penduduk kampung bermuafakat untuk membina sebuah masjid.* The villagers were conferring about building a mosque.
memuafakatkan KATA KERJA
to discuss
◊ *Kami perlu memuafakatkan perkara itu dengan ahli jawatankuasa yang lain.* We need to discuss this matter with the other committee members.
permuafakatan KATA NAMA
agreement
◊ *permuafakatan antara Brunei dengan Malaysia* an agreement between Brunei and Malaysia

muafakat KATA NAMA
| rujuk juga **muafakat** KATA KERJA |

muak → mudarat

agreement
◊ *Sehingga hari ini masih tidak ada muafakat antara mereka.* So far there is still no agreement between them.

muak KATA ADJEKTIF
1 *bored*
◊ *Saya semakin muak dengan lagu ini.* I'm getting increasingly bored with this song.
2 *sick*
◊ *Dia berasa muak kerana makan terlalu banyak kek.* She's feeling sick because she ate too much cake.
♦ *Saya sudah muak dengan perangainya itu.* I'm fed up with his attitude.

mual KATA ADJEKTIF
sick
◊ *Makanan itu membuat saya berasa mual.* The food makes me feel sick.
◊ *Perangai orang tua itu membuat saya berasa mual.* The old man's behaviour makes me sick.
memualkan KATA KERJA
to make ... feel sick
◊ *Bau itu memualkan saya.* The smell makes me feel sick.

mualaf KATA NAMA
convert to Islam

muara KATA NAMA
estuary (JAMAK **estuaries**)

muat KATA ADJEKTIF
1 *big enough*
◊ *Walaupun kecil, kotak itu masih muat untuk beberapa barang lagi.* Although the box is small, it's still big enough to take a few more things.
2 *to fit*
◊ *Baju ini sudah tidak muat dengan saya lagi.* I can't fit into this dress any more.
memuat KATA KERJA
to load
♦ **memuat naik** to upload (*komputer*)
♦ **memuat turun** to download (*komputer*)
memuati KATA KERJA
to load
◊ *Pekerja itu memuati lori itu dengan kelapa.* The worker loaded the lorry with coconuts.
memuatkan KATA KERJA
1 *to load*
◊ *Mereka memuatkan barang-barang itu ke dalam kereta.* They loaded the goods into the car.
2 *to place*
◊ *Mereka memuatkan berita itu pada muka hadapan surat khabar hari ini.* They placed the news on the front page of today's newspaper.

termuat KATA KERJA
to be carried
◊ *Berita-berita keganasan termuat pada dada akhbar.* The reports of atrocities are carried on the front pages of the papers.
♦ **Semua lagu yang termuat dalam album tersebut ialah lagu baru.** All the songs in the album are new.
muatan KATA NAMA
load
◊ *Lori itu membawa satu muatan simen.* The lorry carried a load of cement.
♦ **kapal muatan** cargo ship

mubaligh KATA NAMA
missionary (JAMAK **missionaries**)

muda KATA ADJEKTIF
1 *young*
◊ *Dia masih muda dan cantik.* She's still young and beautiful.
2 *light*
◊ *hijau muda* light green
3 *unripe*
◊ *buah yang masih muda* unripe fruit
♦ **muda-mudi** youngsters ◊ *Muda-mudi sekarang sangat sukar dikawal.* Youngsters nowadays are very hard to control.
pemuda KATA NAMA
young man (JAMAK **young men**)

mudah (1) KATA ADJEKTIF
easy
◊ *Hal ini mudah sahaja.* This is very easy.
♦ **mudah diurus** manageable
kemudahan KATA NAMA
facility (JAMAK **facilities**)
memudahkan KATA KERJA
to make it easy
◊ *Ayah membelikan saya kereta ini untuk memudahkan saya ke tempat kerja.* My father bought me this car to make it easy for me to get to work.
mempermudah KATA KERJA
to simplify
◊ *mempermudah sistem lama yang kompleks* to simplify the complex old system

mudah (2)
mudah-mudahan KATA HUBUNG
hopefully
◊ *Mudah-mudahan dia berjaya.* Hopefully he'll succeed.

mudah alih KATA ADJEKTIF
portable
◊ *komputer mudah alih* portable computer

mudarat KATA NAMA
harm

◊ *membawa mudarat* to cause harm
kemudaratan KATA NAMA
harm
• **Ubat ini boleh membawa kemudaratan kepada tubuh badan.** This medicine can harm the body.
memudaratkan KATA KERJA
[1] *to harm*
◊ *Produk itu boleh memudaratkan persekitaran.* The product will harm the environment.
[2] *harmful*
◊ *Merokok boleh mendatangkan kesan yang memudaratkan kepada tubuh anda.* Smoking can have harmful effects on your body.

mudi
pemudi KATA NAMA
young woman (JAMAK **young women**)

mudik
bermudik KATA KERJA
to go upstream
◊ *Mereka bermudik di sungai itu sejak dua hari yang lalu.* They have been going upstream for the past two days.
memudiki KATA KERJA
to go upstream
◊ *Mereka memudiki sungai itu untuk pergi ke Kampung Kencana.* They went upstream to get to Kampung Kencana.
memudikkan KATA KERJA
to sail ... upstream
◊ *memudikkan kapal* to sail a boat upstream

mudin KATA NAMA
person who performs a circumcision

muflis KATA ADJEKTIF
bankrupt

mufrad KATA ADJEKTIF
singular

muhibah KATA ADJEKTIF
harmonious
◊ *masyarakat yang muhibah* a harmonious society
• **hidup dengan muhibah** to live in harmony

muhrim KATA NAMA
relations who are prohibited by Islam from marrying each other

muhsin KATA ADJEKTIF
righteous
◊ *ahli politik yang muhsin* a righteous politician

mujarab KATA ADJEKTIF
effective
◊ *Benarkah ubat ini sangat mujarab?* Is it true that this medicine is very effective?
kemujaraban KATA NAMA
effectiveness
◊ *Ramai ahli sains meragui kemujaraban ubat itu.* Many scientists doubt the effectiveness of the medicine.

mujur KATA ADJEKTIF
it's lucky
◊ *Mujur aku tidak pulang, kalau tidak aku akan terperangkap dalam hujan.* It's lucky I didn't go home, otherwise I would have been caught in the rain.

muka KATA NAMA
face
• **muka surat** page
• **pada hari muka** in the future
bermuka KATA KERJA
• **bermuka dua** two-faced
bermuka-muka KATA KERJA
hypocritical
◊ *Leela pandai bermuka-muka.* Leela is hypocritical.
bersemuka KATA KERJA
to face
◊ *Saya terpaksa bersemuka dengan majikan saya untuk membincangkan hal ini.* I had to face my employer to discuss the matter.
mengemukakan KATA KERJA
[1] *to put forward*
◊ *Kami akan mengemukakan cadangan itu esok.* We will put forward the proposal tomorrow.
[2] *to raise*
◊ *Anda boleh mengemukakan sebarang bantahan sekarang.* You can raise any objections now.
permukaan KATA NAMA
surface
terkemuka KATA ADJEKTIF
famous
◊ *Dia seorang ahli politik yang terkemuka di negara itu.* He was a famous politician in that country.

mukadimah KATA NAMA
introduction

mukim KATA NAMA
[1] *permanent resident* (penduduk tetap)
[2] *district* (kawasan)
bermukim KATA KERJA
to stay
◊ *Mereka bermukim di kampung itu sejak dua tahun yang lalu.* They have been staying in the village for the past two years.

mukjizat KATA NAMA
miracle performed by a prophet

muktamad KATA ADJEKTIF
final
◊ *keputusan muktamad* final decision
• **tidak muktamad** indecisive ◊ *Keputusan pertandingan itu tidak muktamad.* The

Malay ~ English — mula → mungkar

mula KATA KERJA

> rujuk juga **mula** KATA NAMA

to start
◊ *Saya mula menyanyi ketika berusia tujuh tahun.* I started singing when I was seven years old.

mula-mula KATA ADJEKTIF

[1] *first of all*
◊ *Mula-mula masukkan tepung dan gula.* First of all add sugar and flour.

[2] *first*
◊ *Dia yang mula-mula sekali sampai.* He was the first to arrive.

bermula KATA KERJA

to start
◊ *Pertandingan itu akan bermula sebentar lagi.* The competition will start in just a few minutes.

memulakan KATA KERJA

to start
◊ *Dia yang memulakan perkelahian itu.* He's the one who started the argument.

permulaan KATA NAMA

initial
◊ *pada peringkat permulaan* at the initial stage

semula KATA ADJEKTIF

again
◊ *Saya akan datang semula esok.* I'll come again tomorrow.

mulai KATA SENDI

[1] *began*
◊ *Bangunan itu dibina mulai tahun 1998.* The construction of the building began in 1998.

[2] *from...onwards*
◊ *mulai hari ini* from today onwards

mula KATA NAMA

> rujuk juga **mula** KATA KERJA

beginning
◊ *Saya sudah tahu perangainya begitu sejak dari mula lagi.* I knew he was like that from the very beginning.

mulia KATA ADJEKTIF

honourable
◊ *Dia seorang yang mulia.* He's an honourable man.

kemuliaan KATA NAMA

[1] *nobility*
◊ *Raja itu disanjung kerana kemuliaan sifat baginda.* The king was praised for his nobility of character.

[2] *honour*
◊ *Saya tidak dapat lagi berkhidmat dengan kemuliaan di bawah kerajaan ini.* I can't serve with honour under this government any longer.

memuliakan KATA KERJA

to honour
◊ *Anda mesti memuliakan janji anda.* You must honour your pledge.

multinasional KATA ADJEKTIF
multinational

multivitamin KATA NAMA
multivitamin

mulut KATA NAMA
mouth
• **kebersihan mulut** oral hygiene

mumia KATA NAMA
mummy (JAMAK **mummies**)

munasabah KATA ADJEKTIF
reasonable
◊ *Alasan anda agak munasabah.* Your excuse is quite reasonable.
• **tidak munasabah** unreasonable

muncul KATA KERJA
to appear
◊ *Tiba-tiba sahaja dia muncul di hadapan saya.* Suddenly he appears in front of me.

kemunculan KATA NAMA
appearance
◊ *kemunculannya di konsert itu* his appearance at the concert

muncung KATA NAMA
muzzle
◊ *muncung senapang* the muzzle of a gun

memuncungkan KATA KERJA
to purse
◊ *Dia memuncungkan bibirnya kerana tidak berpuas hati.* She pursed her lips in disapproval.

mundar-mandir KATA ADJEKTIF
to and fro
◊ *Chin Min berjalan mundar-mandir di luar wad kecemasan itu.* Chin Min walks to and fro outside the emergency ward.

mundur KATA ADJEKTIF

[1] *backward*
◊ *masyarakat yang mundur* a backward society
• **negara-negara mundur** poor countries

[2] *to retreat*
◊ *Askar-askar itu terpaksa mundur kerana mereka tidak dapat melawan lagi.* The soldiers had to retreat because they couldn't resist any more.

kemunduran KATA NAMA
backwardness
◊ *Dia berasa sangat hairan dengan kemunduran negaranya pada masa itu.* He was astonished at the backwardness of his country at that time.

mungkar KATA ADJEKTIF
sinful
◊ *perbuatan yang mungkar* a sinful act

kemungkaran KATA NAMA
sinfulness
◊ *Dia insaf dengan segala kemungkaran yang dilakukannya.* He acknowledged his sinfulness.

mungkin KATA BANTU
1 *maybe*
◊ *mungkin tidak* maybe not
2 *might*
◊ *Guru itu mungkin datang pada bila-bila masa sahaja.* The teacher might come at any time.
- **secepat mungkin** as soon as possible
- **tidak mungkin** impossible

kemungkinan KATA NAMA
possibility (JAMAK **possibilities**)
◊ *Kita harus memikirkan segala kemungkinan sebelum memulakan projek ini.* We have to think about all the possibilities before we start this project.

berkemungkinan KATA KERJA
possibly
◊ *Pelajar-pelajar yang berkemungkinan terlibat dalam kegiatan itu akan ditangkap.* Students who may possibly have been involved in the activity will be arrested.

mungkir KATA KERJA
to break
◊ *mungkir janji* to break a promise
- **Jika saya mungkir dia akan menyaman saya.** If I break my promise he'll sue me.

memungkiri KATA KERJA
to break
◊ *memungkiri janji* to break a promise

muntah KATA KERJA
> rujuk juga **muntah** KATA NAMA

to vomit
◊ *Dia muntah selepas makan makanan itu.* She vomited after she ate the food.

memuntahkan KATA KERJA
to vomit
◊ *Penghidap bulimia akan makan dengan banyak dan kemudian memuntahkannya.* Sufferers from bulimia will eat large amounts of food and then vomit.

muntah KATA NAMA
> rujuk juga **muntah** KATA KERJA

vomit

murah KATA ADJEKTIF
cheap
- **murah hati** generous
- **murah rezeki** fortunate

bermurah KATA KERJA
- **bermurah hati** to be generous
◊ *Menteri itu cukup bermurah hati membenarkan kami menginap di rumah beliau.* The minister was generous enough to let us stay at his house.

kemurahan KATA NAMA
- **kemurahan hati** generosity ◊ *Semua orang tahu tentang kemurahan hatinya.* Everybody knows about his generosity.

memurahkan KATA KERJA
- **memurahkan harga** to lower the price
- **Semoga Tuhan memurahkan rezeki anda.** May God bless you abundantly.

pemurah KATA ADJEKTIF
generous
◊ *seorang yang pemurah* a generous person

murahan KATA ADJEKTIF
cheap
◊ *barang murahan* cheap goods

mural KATA NAMA
mural

muram KATA ADJEKTIF
gloomy
◊ *Kenapakah dia kelihatan begitu muram?* Why does she look so gloomy?

bermuram KATA KERJA
gloomy
◊ *Dia bermuram sahaja sejak kelmarin.* She has been gloomy ever since yesterday.

kemuraman KATA NAMA
gloom
◊ *Apabila kami melihat kemuraman pada wajahnya kami tidak menegurnya.* When we saw the gloom on his face we just ignored him.

murid KATA NAMA
pupil

murka KATA ADJEKTIF
(untuk raja, tuhan)
angry

kemurkaan KATA NAMA
anger
◊ *Raja itu tidak pernah menunjukkan kemurkaan baginda.* The king has never showed his anger.

murni KATA ADJEKTIF
pure
- **Saya tidak menyangka hatinya begitu murni.** I never thought he had such an unselfish attitude.
- **cita-cita yang murni** a noble ambition
- **niat yang murni** a good intention

kemurnian KATA NAMA
purity
◊ *kemurnian hatinya* the purity of his heart

murung KATA ADJEKTIF
sombre
◊ *Wajahnya murung secara tiba-tiba.* Her face suddenly became sombre.

bermurung KATA KERJA
to be sombre
◊ *Dia bermurung sejak kehilangan*

pekerjaannya. She has been sombre since she lost her job.
kemurungan KATA NAMA
sadness
◊ *Kemurungannya benar-benar membuat saya risau.* Her sadness makes me very worried.

musabaqah KATA NAMA
competition

musafir KATA NAMA
traveller
bermusafir KATA KERJA
to travel
◊ *Dia bermusafir dari satu tempat ke satu tempat yang lain.* He travels from one place to another.

musang KATA NAMA
civet

musim KATA NAMA
season
◊ *di luar musim* out of season
◊ *musim hujan* rainy season
◊ *musim kemarau* dry season
• **musim bunga** spring
• **musim luruh** autumn
• **musim panas** summer
• **musim sejuk** winter
bermusim KATA KERJA
seasonal
◊ *tanaman bermusim* seasonal crops

muslihat KATA NAMA
trick
◊ *Itu hanyalah satu muslihat.* It was just a trick.
• **tipu muslihat (1)** trickery ◊ *Dia menggunakan tipu muslihat untuk memenangi perlawanan itu.* He used trickery to win the competition.
• **tipu muslihat (2)** tricks ◊ *Jangan terpedaya dengan tipu muslihatnya.* Don't fall for his tricks.

Muslim KATA NAMA
(JAMAK **Muslimin**)
Muslim

Muslimah KATA NAMA
(JAMAK **Muslimat**)
Muslim woman (JAMAK **Muslim women**)

musnah KATA ADJEKTIF
destroyed
◊ *Rumahnya musnah dalam kebakaran itu.* His house was destroyed in the fire.
kemusnahan KATA NAMA
destruction
◊ *Tentera-tentera itu telah melakukan banyak kemusnahan.* The soldiers have caused a lot of destruction.
memusnahkan KATA KERJA
to destroy

◊ *Kritikan-kritikan seperti itu boleh memusnahkannya.* Such criticism could destroy her.
pemusnah KATA NAMA
destroyer
pemusnahan KATA NAMA
destruction
◊ *Beberapa ribu orang tentera terlibat dalam pemusnahan bandar itu.* Several thousand soldiers were involved in the destruction of the city.

mustahak KATA ADJEKTIF
important

mustahil KATA ADJEKTIF
impossible

mustajab KATA ADJEKTIF
effective
◊ *Ubat ini sungguh mustajab.* This medicine is very effective.
• **doa yang mustajab** prayers that were answered

musuh KATA NAMA
enemy (JAMAK **enemies**)
• **musuh ketat** rival
bermusuh, bermusuhan KATA KERJA
to be enemies
◊ *Mereka sudah bermusuh sejak sepuluh tahun yang lalu.* They have been enemies for the last ten years.
• **Maria bermusuh dengan Mariana.** Maria was on bad terms with Mariana.
• **Saya tidak mahu bermusuh dengan anda.** I don't want to be your enemy.
memusuhi KATA KERJA
to oppose
◊ *En. Taylor tidak marah dan kecewa kepada orang yang pernah memusuhinya.* Mr Taylor was not bitter towards those who had opposed him.
permusuhan KATA NAMA
enmity (JAMAK **enmities**)
◊ *Anak-anak yang akan menderita kerana permusuhan ibu bapa.* Children are the ones who will suffer from the enmity between their parents.

musyawarah KATA NAMA
discussion
◊ *Syarikat itu akan mengadakan musyawarah dengan para pekerjanya.* The company will hold discussions with its workers.
bermusyawarah KATA KERJA
to discuss
◊ *Mereka sedang bermusyawarah tentang...* They are discussing...
• **Mereka dapat menyelesaikan masalah itu dengan bermusyawarah.** They managed to solve the problem through discussion.

musykil KATA ADJEKTIF
  1. *to find it hard to understand*
  ◊ *Saya sangat musykil kenapa baru sekarang dia menimbulkan isu tersebut.* I found it very hard to understand why it was only now that he raised the issue.
  2. *dissatisfied*
  ◊ *Saya musykil dengan keputusannya.* I'm dissatisfied with his decision.
  • **Kami menerima banyak pertanyaan daripada orang ramai yang musykil tentang projek itu.** We received a lot of questions from the public, who were concerned about the project.
  kemusykilan KATA NAMA
  1. *question*
  ◊ *kemusykilan agama* questions about religious matters
  2. *dissatisfaction*
  ◊ *Dia menyatakan kemusykilannya tentang hal itu.* He expressed his dissatisfaction about the matter.
  • **Pemohon boleh mengemukakan kemusykilan mereka kepada pegawai yang bertugas.** Applicants can raise any problems with the officials on duty.

Musytari KATA NAMA
  Jupiter

mutakhir KATA ADJEKTIF
  latest
  ◊ *berita mutakhir* the latest news

mutiara KATA NAMA
  pearl

mutlak KATA ADJEKTIF
  absolute
  ◊ *hak mutlak* an absolute right

mutu KATA NAMA
  quality
  bermutu KATA KERJA
  of ... quality
  ◊ *Jam tangan ini bermutu tinggi.* This watch is of high quality.
  • **kertas yang bermutu** high quality paper

muzakarah KATA NAMA
  discussion
  bermuzakarah KATA KERJA
  to discuss
  ◊ *Raja-raja sedang bermuzakarah tentang penyatuan umat Islam.* The kings were discussing the unification of Muslims.
  • **Sultan itu memanggil menteri-menteri baginda ke istana untuk bermuzakarah.** The Sultan called his ministers to the palace for a discussion.

muzik KATA NAMA
  music
  • **ahli muzik** musician
  pemuzik KATA NAMA
  musician

muzikal KATA ADJEKTIF
  musical
  ◊ *drama muzikal* musical drama

muzium KATA NAMA
  museum

Myanmar KATA NAMA
  Myanmar
  • **orang Myanmar** Burmese

N

nabi KATA NAMA
prophet
kenabian KATA NAMA
prophetic
◊ *kuasa kenabian* prophetic powers

nada KATA NAMA
tone
◊ *nada dail* dialling tone

nadi KATA NAMA
pulse

nafas KATA NAMA
breath
- **menghela nafas** to breathe in
- **menghembus nafas** to breathe out
bernafas KATA KERJA
to breathe
pernafasan KATA NAMA
1 _breathing_
◊ *Asap yang tebal itu mengganggu pernafasannya.* The thick smoke affected his breathing.
2 _respiratory_
◊ *orang yang mempunyai masalah pernafasan yang serius* people with severe respiratory problems
- **alat bantuan pernafasan** respirator
senafas KATA ADJEKTIF
without pausing for breath
◊ *Dia membaca perenggan itu dengan senafas sahaja.* He read the paragraph without pausing for breath.

nafi KATA KERJA
to deny
- **"Saya tidak pernah bertemu dengannya," nafi Andrew.** "I haven't seen her before," said Andrew.

> deny tidak boleh digunakan dalam bentuk cakap ajuk seperti dalam bahasa Melayu. Oleh itu perkataan yang lebih umum digunakan, iaitu **say** yang bermaksud **kata**.

menafikan KATA KERJA
to deny
◊ *Norin menafikan kedua-dua tuduhan itu.* Norin denied both the accusations.
penafian KATA NAMA
denial
◊ *Penafian Presiden itu berkenaan skandalnya mendapat liputan meluas.* The President's denial regarding the scandal received wide coverage.

nafkah KATA NAMA
1 _livelihood_
◊ *Ayah saya terpaksa bekerja keras untuk mencari nafkah.* My father had to work hard for his livelihood.
2 _expenses_
◊ *Menurut undang-undang Islam, suami perlu memberikan nafkah kepada isteri.* According to Islamic law, a husband should pay for his wife expenses.
- **Salim memberikan nafkah kepada bekas isteri dan anak-anaknya setiap bulan.** Salim pays maintenance to his ex-wife and his children every month.

nafsu KATA NAMA
desire
◊ *Nafsunya untuk belajar sudah hilang sejak dia mula bekerja.* He has lost his desire to study since he started working.
- **nafsu makan** appetite
bernafsu KATA KERJA
to have the desire
◊ *Mereka tidak bernafsu lagi untuk menamatkan perlawanan itu.* They no longer have any desire to end the match.
- **Dia memandang gadis yang cantik itu dengan penuh bernafsu.** He looked at the beautiful girl with intense desire.

naga KATA NAMA
dragon

nahas KATA NAMA
accident
◊ *nahas jalan raya* road accident
- **nahas kapal terbang** plane crash
- **Mereka yang enggan berpindah dari kawasan yang berbahaya itu hanya mencari nahas.** Those who have refused to move from the danger area are simply asking for trouble.

nahu KATA NAMA
grammar

naib KATA NAMA
vice
◊ *naib presiden* vice-president

naif KATA ADJEKTIF
1 _simple_
◊ *Puisi yang naif ini mudah difahami.* This simple poem is easy to understand.
2 _naive_
◊ *Walaupun usianya muda, dia tidaklah begitu naif.* Although she is still young, she's not that naive.
kenaifan KATA NAMA
1 _simplicity_
◊ *kenaifan hidup seseorang* the simplicity of someone's life
2 _naivety_
◊ *Jangan ambil kesempatan atas kenaifan orang lain.* Don't take advantage of people's naivety.

naik KATA KERJA
1 _to increase_
◊ *Harga kelapa naik berikutan kekurangan bekalan.* The price of coconuts increased because they were in short supply.
- **Mereka naik ke atas.** They went

najis → nampak

upstairs.
- **naik berang** angry
  [2] *to take*
  ◊ *Mereka terpaksa naik teksi ke tempat itu.* They had to take a taxi to get there.
  ◊ *naik bas* to take a bus

menaik KATA KERJA
ascending
◊ *susunan menaik* ascending order

menaiki KATA KERJA
[1] *to take*
◊ *Mereka menaiki kereta api ke Kuala Lumpur.* They took a train to Kuala Lumpur.
[2] *to climb*
◊ *menaiki tangga* to climb the stairs

menaikkan KATA KERJA
to increase
◊ *Para peniaga diberi amaran supaya tidak menaikkan harga gula.* Traders were warned not to increase the price of sugar.

kenaikan KATA NAMA
increase
◊ *kenaikan cukai* increase in taxes
- **kenaikan gaji** a pay rise
- **kenaikan pangkat** promotion

najis KATA NAMA
[1] *unclean things* (dalam agama Islam)
[2] *filth*
- **najis kecil** urine
- **najis besar** faeces

nakal KATA ADJEKTIF
naughty

kenakalan KATA NAMA
naughtiness
◊ *Kenakalannya memeningkan kepala saya.* His naughtiness gives me a headache.

nakhoda KATA NAMA
captain

naluri KATA NAMA
instinct
◊ *Jangan sekali-kali mempertikaikan naluri seorang ibu.* Never question a mother's instinct.
- **Kanak-kanak mempunyai naluri untuk bermain.** It's natural for children to play.

nama KATA NAMA
name
- **nama julukan** nickname
- **nama keluarga** family name
- **nama panggilan** nickname
- **nama samaran** pseudonym
- **nama tengah** middle name
- **nama timangan** pet name
- **Dia masih belum mempunyai nama dalam industri muzik.** He hasn't yet made a name in the music industry.
- **Dia sedang mencipta nama sebagai penulis novel.** She was beginning to make a name for herself as a novelist.

bernama KATA KERJA
to be named
◊ *seorang lelaki yang bernama John T. Benson* a man named John T. Benson
- **Jalan itu bernama Jalan Sultan Azlan Shah.** The name of the road is Jalan Sultan Azlan Shah.
- **Siapakah yang bernama Siti Nurhidayah?** Who is Siti Nurhidayah?
- **Kucing saya bernama Miki.** My cat's name is Miki.

kenamaan KATA ADJEKTIF
important
◊ *Kelab itu hanya dibuka untuk orang-orang kenamaan.* The club is only open to important people.

menamai KATA KERJA
to name
◊ *Mereka mahu menamai anak lelaki mereka Nazwan.* They want to name their son Nazwan.

menamakan KATA KERJA
[1] *to name*
◊ *Mereka berkeras untuk menamakan anak perempuan mereka Effa Nazima.* They insisted on naming their daughter Effa Nazima.
[2] *to nominate*
◊ *Ahli persatuan itu menamakan En. Sonaimuthu sebagai presiden.* The members of the association nominated Mr Sonaimuthu as president.
- **Sahabat seperti inilah yang dinamakan sahabat sejati.** That's what I call a real friend.

penama KATA NAMA
proposer
◊ *Hanya ahli persatuan sahaja layak menjadi penama.* Only members of the organization qualify as proposers.
- **Dia menamakan anak lelakinya sebagai penama hartanya.** He named his son as the heir to his wealth.

penamaan KATA NAMA
naming
- **upacara penamaan anak** the naming ceremony
- **penamaan calon bagi pilihan raya kecil** the nomination of candidates for the by-election

ternama KATA ADJEKTIF
well-known
◊ *penulis ternama* a well-known writer

nampak KATA KERJA
to see
◊ *Saya nampak dia mencuri buku kamu.*

I saw him stealing your book.
- **Rumah itu nampak kecil dari jauh.** The house looks small from a distance.

nampaknya KATA PENEGAS
to seem
◊ *Nampaknya dia tidak akan datang hari ini.* It seems that he's not coming today.

menampakkan KATA KERJA
to show
◊ *Dia tersenyum dan menampakkan giginya yang putih bersih.* She smiled, showing her white teeth.

ternampak KATA KERJA
to notice
◊ *Saya ternampak beberapa helai baju yang cantik di kedai itu.* I noticed some beautiful clothes in that shop.

namun KATA HUBUNG
but
◊ *Dia sakit, namun dia masih mahu pergi ke sekolah.* He is ill, but he still wants to go to school.
- **namun begitu** nevertheless

nanah KATA NAMA
pus
bernanah KATA KERJA
to suppurate
◊ *Luka pada lututnya bernanah.* The wound on his knee is suppurating.

nanas KATA NAMA
pineapple

nangka KATA NAMA
jackfruit

nanti KATA ADJEKTIF
> rujuk juga **nanti** KATA KERJA, KATA HUBUNG

later
◊ *Jika anda malas, anda sendiri yang akan menyesal nanti.* If you are lazy, you'll be the one who regrets it later.
- **Lila bercita-cita untuk menjadi seorang doktor apabila dia besar nanti.** Lila wants to be a doctor when she grows up.

nanti KATA HUBUNG
> rujuk juga **nanti** KATA ADJEKTIF, KATA KERJA

or
◊ *Jangan merenung matanya, nanti kamu akan dimarahinya.* Don't stare him in the eyes or he'll tell you off.

nanti KATA KERJA
> rujuk juga **nanti** KATA ADJEKTIF, KATA HUBUNG

to wait
◊ *Nanti sekejap, saya belum siap lagi.* Wait a minute, I'm not ready yet.

menanti KATA KERJA

[1] *to wait*
◊ *Saya menanti di majlis itu berjam-jam lamanya.* I waited at the party for hours.
[2] *to await*
◊ *Sebuah kereta Mercedes Benz menanti pemenang pertandingan itu.* A Mercedes-Benz awaits the winner of the competition.

menantikan KATA KERJA
to wait for
◊ *Bertahun-tahun lamanya saya menantikan kehadiran hari ini.* I've waited for this day for years.

menanti-nanti KATA KERJA
to wait
◊ *Dia menanti-nanti di bilik itu dengan perasaan cemas.* He was waiting nervously in the room.

menanti-nantikan KATA KERJA
to wait and wait
◊ *Saya menanti-nantikan kehadirannya di situ.* I waited and waited for him there.

ternanti-nanti KATA KERJA
to wait anxiously
◊ *Saya ternanti-nanti keputusan peperiksaan itu.* I'm waiting anxiously for the results of the exam.

penantian KATA NAMA
waiting
◊ *Dia merasakan penantiannya selama ini sia-sia sahaja.* She feels that her waiting all this while has just been futile.
- **Penantian itu satu penyeksaan.** Waiting is torture.

napkin KATA NAMA
nappy (JAMAK **nappies**)

naratif KATA NAMA
narrative

nasi KATA NAMA
rice

nasib KATA NAMA
fate
◊ *Dia menerima nasib yang sama dengan kawan-kawannya.* He suffered the same fate as his friends.
- **Lenny Tan memenangi pertandingan itu hanya kerana nasib.** Lenny Tan won the competition by sheer good luck.
- **mencuba nasib** to try one's luck
- **nasib baik** luck
- **nasib malang** bad luck

bernasib KATA KERJA
- **bernasib baik** to be lucky ◊ *Kamu bernasib baik kerana lulus peperiksaan itu.* You are lucky to have passed the examination.
- **tidak bernasib baik** to be unlucky
- **bernasib malang** to be unlucky ◊ *Dia bernasib malang kerana tidak memenangi*

pertandingan itu. She was unlucky not to win the competition.
- **Mereka yang kurang bernasib baik boleh mencuba lagi pada tahun hadapan.** Those who are less fortunate can try again next year.

nasihat KATA NAMA
advice
◊ *Ann tidak mendengar nasihat Ian.* Ann did not listen to Ian's advice.
menasihati, menasihatkan KATA KERJA
to advise
◊ *Bapa saudara Wei Nien menasihatinya supaya selalu membaca buku.* Wei Nien's uncle advised her to do a lot of reading.
penasihat KATA NAMA
adviser

nasional KATA ADJEKTIF
national

nasionalis KATA NAMA
nationalist

nasionalisme KATA NAMA
nationalism

naskah KATA NAMA
> *rujuk juga* **naskhah** PENJODOH BILANGAN

1 *manuscript*
◊ *naskhah asal novel itu* the original manuscript of the novel
2 *bill*
◊ *Naskhah itu telah diluluskan oleh Parlimen.* The bill was approved by Parliament.

naskhah PENJODOH BILANGAN
> *rujuk juga* **naskhah** KATA NAMA

copy (JAMAK **copies**)
◊ *Saya membeli senaskhah novel yang bertajuk "Emma" dan dua naskhah novel yang bertajuk "Persuasion".* I bought one copy of "Emma" and two copies of "Persuasion".

Nasrani KATA NAMA
1 *Christian*
- **agama Nasrani** Christianity
- **penganut agama Nasrani** Christian
2 *Eurasian*
◊ *gadis berketurunan Nasrani* a Eurasian girl

nat KATA NAMA
nut

Natal KATA NAMA
- **Hari Natal** Christmas

natijah KATA NAMA
consequence
◊ *Barah paru-paru yang dihidapnya merupakan natijah daripada menghisap rokok.* His lung cancer was a consequence of cigarette smoking.

naung

bernaung KATA KERJA
1 *to shelter*
◊ *Mereka bernaung di dalam gua itu semasa ribut melanda.* They sheltered in the cave during the storm.
2 *to be under the protection of*
◊ *Kedah pernah bernaung di bawah negara Siam.* Kedah was once under the protection of Siam.
menaungi KATA KERJA
to protect
◊ *Gua itu menaungi kami daripada panahan petir.* The cave protected us from the lightning. ◊ *Kerajaan itu bersetuju untuk menaungi pelarian-pelarian Bosnia.* The government agreed to protect the Bosnian refugees.
penaung KATA NAMA
patron
◊ *Puan Sri Adha akan menjadi penaung pertubuhan itu.* Puan Sri Adha will be the patron of the organization.
penaungan KATA NAMA
protection
◊ *Negara-negara yang kecil mencari penaungan daripada negara yang lebih besar.* Small countries seek protection from larger ones.
naungan KATA NAMA
protection
◊ *Semua negara di bawah naungan Siam dikehendaki membayar ufti.* All countries under the protection of Siam were required to pay tribute.
- **negeri naungan** protectorate

nazak KATA ADJEKTIF
dying
◊ *Dia mendapat telegram yang mengatakan bahawa bapanya sedang nazak.* He received a telegram saying that his father was dying.

nazar KATA NAMA
vow
- **membayar nazar** to fulfil a vow
bernazar KATA KERJA
to make a vow
◊ *Rozalina bernazar untuk berpuasa selama sehari jika dia lulus ujian itu.* Rozalina made a vow to fast for a day if she passed the test.

nazir KATA NAMA
inspector
◊ *nazir sekolah* school inspector

negara KATA NAMA
country (JAMAK **countries**)
◊ *negara-negara sedang membangun* developing countries
- **negara-negara Dunia Ketiga** the Third World

negarawan → ngeri

- **dalam negara** internal ◊ *hal-ehwal dalam negara* internal affairs
- **luar negara** abroad ◊ *Kim ingin belajar di luar negara.* Kim wants to study abroad.

kenegaraan KATA NAMA
national
◊ *isu-isu kenegaraan* national issues

negarawan KATA NAMA
statesman (JAMAK **statesmen**)

negatif KATA NAMA
negative

negeri KATA NAMA
state
- **dalam negeri** internal ◊ *hal-ehwal dalam negeri* internal affairs

kenegerian KATA NAMA
state
◊ *hal-hal kenegerian* state affairs

Negro KATA NAMA
black

nekad KATA ADJEKTIF
obstinate
◊ *Darshini sudah nekad dengan keputusannya.* Darshini was obstinate about her decision.

nelayan KATA NAMA
fisherman (JAMAK **fishermen**)

nenas KATA NAMA
pineapple

nenda KATA NAMA
(bahasa istana, persuratan)
grandmother

> **nenda** juga digunakan untuk merujuk kepada diri sendiri terutama dalam surat. Dalam keadaan ini, **nenda** diterjemahkan dengan menggunakan kata ganti nama diri.

◊ *Nenda akan pulang pada bulan hadapan.* I'm coming home next month.
◊ *Tolong jemput nenda di lapangan terbang.* Please pick me up at the airport.
◊ *Sampaikan salam nenda kepada Salim.* Please give my regards to Salim.

nenek KATA NAMA
grandmother
- **nenek moyang** ancestors

neon KATA NAMA
neon

Neptun KATA NAMA
Neptune

neraca KATA NAMA
scales

neraka KATA NAMA
hell

nescaya KATA ADJEKTIF
certainly
◊ *Jika kamu benar-benar bersalah, nescaya kamu akan dihukum.* If you really are guilty, you will certainly be punished.

nestapa KATA NAMA
sorrow
◊ *Dia hidup dalam nestapa sepanjang hayatnya.* She lived the rest of the days in sorrow.
- **duka nestapa** sorrow
- **berduka nestapa** to be grief-stricken
◊ *Sejak kematian anaknya, wanita itu sentiasa berduka nestapa.* Since her child's death, the woman has been grief-stricken.

net KATA NAMA
- **kain net** net

neurotik KATA ADJEKTIF
neurotic

neutral KATA ADJEKTIF
neutral

nganga KATA KERJA
to open one's mouth wide
◊ *Jangan nganga, nanti mulut kamu dimasuki lalat.* Don't open your mouth wide or a fly will get in.

menganga KATA KERJA
to open one's mouth wide
- **Jika kamu menolak tawaran itu kamu sendiri yang akan menganga kelak.** If you reject the offer, it will be your loss.

mengangakan KATA KERJA
to open ... wide
◊ *mengangakan mulut* to open one's mouth wide

terganga KATA KERJA
1 *with mouth agape*
◊ *Dia terganga mendengar cerita Carmen.* He listened with mouth agape to Carmen's story.
2 *wide open*
◊ *Dia terkejut apabila melihat pintu hadapan rumahnya terganga.* She was shocked to see that her front door was wide open.

ngaum
mengaum KATA KERJA
to roar
◊ *Harimau itu mengaum.* The tiger roared.

ngauman KATA NAMA
roar
◊ *Kami terdengar ngauman singa itu dari kejauhan.* We heard the lion's roar from a distance.

ngeri KATA ADJEKTIF
horrified
◊ *Saya berasa sungguh ngeri apabila mendengar kisah itu.* I was really horrified when I heard the story.

mengerikan KATA ADJEKTIF

ngiang → nilai

ngiang
mengiang-ngiang, terngiang-ngiang KATA KERJA
to buzz
◊ *Nyamuk itu mengiang-ngiang di telinga saya.* The mosquito was buzzing at my ears.
♦ **Nasihat orang tua itu terngiang-ngiang di telinganya.** The old man's advice kept ringing in his ears.

ngiau
mengiau KATA KERJA
to miaow
◊ *Kucing mengiau.* Cats miaow.
ngiauan KATA NAMA
miaowing

ngilu KATA ADJEKTIF
to grate on one's ears
◊ *Ketika dia bangun, bunyi kerusinya membuat saya berasa ngilu.* The sound of his chair when he got up grated on my ears.
♦ **Saya berasa ngilu apabila tergigit ketulan ais itu.** My teeth ached when I bit into the ice.

niaga KATA NAMA
business (JAMAK **businesses**)
♦ **barang niaga** merchandise
♦ **kapal niaga** merchant ship
berniaga KATA KERJA
to be a trader
◊ *Dia dan kawan-kawannya berniaga di Jalan Chow Kit.* He and his friends were traders in Chow Kit road.
peniaga KATA NAMA
trader
perniagaan KATA NAMA
business (JAMAK **businesses**)
♦ **ahli perniagaan** businessman (JAMAK **businessmen**)

niat KATA NAMA
intention
◊ *niat baik* good intention ◊ *niat buruk* bad intention
berniat KATA KERJA
to intend
◊ *Saya percaya dia berniat untuk menipu anda.* I believe that he intended to cheat you.
♦ **Saya tahu kamu berniat baik.** I know you mean well.
terniat KATA KERJA
to intend
◊ *Sharmin tidak terniat untuk melukakan hati ibunya.* Sharmin didn't intend to hurt her mother's feelings.

nikah KATA NAMA
marriage
♦ **akad nikah** marriage vow
bernikah KATA KERJA
to get married
menikahi KATA KERJA
to marry
◊ *Dia mahu menikahi gadis itu.* He wants to marry the girl.
menikahkan KATA KERJA
to marry
◊ *Ustaz Hamidi bersetuju untuk menikahkan kami esok.* Ustaz Hamidi agreed to marry us tomorrow.
pernikahan KATA NAMA
marriage
◊ *Pernikahan mereka berakhir dengan tragedi.* Their marriage ended in tragedy.

nikmat KATA ADJEKTIF
> rujuk juga **nikmat** KATA NAMA

delightful
◊ *percutian yang sungguh nikmat* a most delightful holiday
♦ **Tetamu itu dihidangkan dengan buah-buahan yang nikmat.** The guest was served delicious fruits.
kenikmatan KATA NAMA
pleasure
◊ *kemudahan dan kenikmatan yang diperoleh daripada teknologi moden* the convenience and pleasure provided by modern technology
menikmati KATA KERJA
to enjoy
◊ *Kita beruntung kerana dapat menikmati keamanan di negara sendiri.* We are lucky that we enjoy peace in our own country.

nikmat KATA NAMA
> rujuk juga **nikmat** KATA ADJEKTIF

1 *God's gift*
◊ *Kamu patut bersyukur dengan segala nikmat yang diberikan kepada kamu.* You should be thankful for all God's gifts to you.
2 *pleasure*
◊ *Hal-hal yang sangat sederhana pun memberinya nikmat.* She gets pleasure from the simplest things. ◊ *Dia memperoleh nikmat daripada tarian balet dan tarian moden.* She gets pleasure from ballet and contemporary dancing.
♦ **nikmat hidup** blessings

nila KATA NAMA
1 *blue*
2 *blue dye*

nilai KATA NAMA
value
◊ *Nilai pelaburannya sudah bertambah*

sebanyak RM50,000. The value of his investment has increased by RM50,000.
- **nilai tukaran wang asing** exchange rate
- **Beri saya nilai yang tepat!** Give me the exact figures!

bernilai KATA KERJA

[1] *valuable*
◊ *Rantai ini sangat bernilai.* This necklace is very valuable.

[2] *worth*
◊ *Cincin perkahwinannya bernilai RM1000.* Her wedding ring is worth RM1000.

menilai KATA KERJA
to evaluate
◊ *Setiap guru dikehendaki menilai prestasi pelajar mereka.* All teachers are required to evaluate their students' performance.

penilaian KATA NAMA
evaluation
◊ *laporan penilaian pelajar* student evaluation report

ternilai KATA KERJA
- **tidak ternilai** priceless

nilam KATA NAMA
sapphire

nilon KATA NAMA
nylon

nipah KATA NAMA
palm tree (terjemahan umum)

nipis KATA ADJEKTIF
thin
◊ *Langsir itu nipis.* The curtain is thin.

menipis KATA KERJA

[1] *to be depleted*
◊ *Lapisan ozon semakin menipis.* The ozone layer is being depleted.

[2] *to get thinner*
◊ *Buku nota saya semakin menipis kerana dia asyik mengoyak muka suratnya.* My notebook was getting thinner and thinner because he kept tearing the pages out.

menipiskan KATA KERJA
to deplete
◊ *bahan-bahan yang boleh menipiskan lapisan ozon* substances that could deplete the ozone layer
- **Raksa boleh menipiskan lapisan kulit.** Mercury can make the skin become thinner.

nisan KATA NAMA
tombstone

nisbah KATA NAMA
ratio

nista KATA ADJEKTIF
disgraceful
◊ *perbuatan yang sungguh nista* a most disgraceful act
- **kata-kata nista** insults

nistaan KATA NAMA
insult
◊ *Saya tidak tahan dengan cacian dan nistaannya.* I cannot stand his jeers and insults.

nobat KATA NAMA
royal drum

menobatkan KATA KERJA
to install
◊ *Sultan itu menobatkan putera baginda sebagai pengganti baginda.* The Sultan installed his son as his successor.

penobatan KATA NAMA
installation
◊ *Istiadat penobatan raja itu telah diadakan pada minggu lepas.* The installation ceremony of the king was held last week.

noda KATA NAMA
stain
◊ *Dia cuba membersihkan noda yang terdapat pada pakaiannya.* She tried to remove the stains on her dress.
- **noda pada wajah** facial blemish

menodai KATA KERJA

[1] *to disgrace*
◊ *Dia telah menodai nama baik sekolahnya dengan perbuatan buruknya itu.* He has disgraced his school's good name by his despicable action.

[2] *to rape*
◊ *Lelaki itu dituduh menodai pelajar itu.* The man was accused of raping the student.

ternoda KATA KERJA
to have lost one's virginity
◊ *Gadis itu sudah ternoda.* The girl has lost her virginity.

noktah KATA NAMA
full stop

nombor KATA NAMA
number
- **nombor pengenalan peribadi** personal identification number
- **nombor telefon** telephone number
- **plat nombor** number plate

penomboran KATA NAMA
numbering

norma KATA NAMA
norm

normal KATA ADJEKTIF
normal

menormalkan KATA KERJA
to normalize
◊ *rawatan untuk menormalkan tekanan darah* treatment to normalize

nostalgia KATA NAMA
nostalgia

nota KATA NAMA
note

notis KATA NAMA
notice

novel KATA NAMA
novel

novelis KATA NAMA
novelist

November KATA NAMA
November
◊ *pada 6 November* on 6 November

nujum KATA NAMA
astrology
• **ilmu nujum** astrology
• **ahli nujum** soothsayer

nukilan KATA NAMA
quotation
◊ *nukilan daripada novel Keris Mas*
a quotation from Keris Mas' novel

nuklear KATA NAMA
nuclear

nuri KATA NAMA
parrot

nurani KATA NAMA
• **hati nurani (1)** heart enlightened by God (*Islam*)
• **hati nurani (2)** innermost feelings

nusa KATA NAMA
1. *island*
2. *motherland*
• **berjuang untuk nusa dan bangsa** to fight for one's country

Nusantara KATA NAMA
Malay Archipelago

nutrien KATA NAMA
nutrient

nya KATA GANTI NAMA
1. *her* (*perempuan*)
◊ *Kawan-kawan Poh Lian suka mempersendakannya.* Poh Lian's friends like to mock her. ◊ *Alice mengambil bukunya.* Alice took her book.
2. *him* (*lelaki*)
◊ *Sam sedang membaca buku dan dia tidak mahu sesiapa pun menggangunya.* Sam is reading and doesn't want anybody to disturb him.
3. *his* (*lelaki*)
◊ *Jamal sedang cuba memperbaiki komputernya.* Jamal is trying to fix his computer.
4. *its*
◊ *Burung itu sedang memberi makanan kepada anak-anaknya.* The bird is feeding its young. ◊ *PBB perlu memainkan peranannya sebagai sebuah badan dunia.* The UN needs to play its role as a worldwide organization.

> **nya** *juga digunakan sebagai penekanan dan tidak mempunyai terjemahan dalam bahasa Inggeris jika digunakan bersendirian.*

◊ *Mereka sudah tinggal di situ beberapa tahun lamanya.* They have been living there for years. ◊ *Agaknya dia tidak akan datang hari ini.* I suppose he's not coming today.

> **nya** *juga boleh digunakan untuk memberikan penekanan kepada kata adjektif yang membawa maksud* **sungguh** *atau* **amat**.

◊ *Sakitnya kaki saya!* My leg's so painful! ◊ *Sakitnya hati saya!* I am so angry! ◊ *Cepatnya awak sampai.* You arrived very quickly.

> **nya** *juga digunakan untuk menjadikan perkataan yang bukan kata nama sebagai kata nama.*

◊ *Lajunya kereta api baru itu ialah 90 kilometer sejam.* The speed of the new train is 90 kilometres per hour.
◊ *Perginya tetamu saya tidak diduga.* My guest's departure was unexpected.
◊ *pentingnya kedudukan laksamana itu* the importance of the admiral's position

nyah KATA KERJA
to get out
◊ *Nyah kau dari sini!* Get out of here!
mengenyahkan KATA KERJA
1. *to drive ... out*
◊ *Kerajaan negara itu mengenyahkan gerila dengan menggunakan kekerasan.* The country's government drove the guerrillas out by force.
• **mengenyahkan bau** to deodorize
2. *to eradicate*
◊ *mengenyahkan penyakit* to eradicate the disease

nyahcas KATA NAMA
discharge
◊ *nyahcas elektrik* electric discharge
mengenyahcas KATA KERJA
to discharge
◊ *mengenyahcas elektrik* to discharge electricity

nyahkod KATA KERJA
to decode

nyala KATA NAMA
flame
• **nyala api** flame
bernyala, menyala KATA KERJA
to burn
◊ *Api itu masih bernyala ketika bomba sampai.* The fire was still burning when

the fire brigade arrived.
- **Tiba-tiba sahaja lampu itu menyala.** Suddenly the light came on.
- **Jangan buang rokok yang masih bernyala dalam hutan.** Don't throw away lighted cigarette ends in the forest.

menyalakan KATA KERJA
to light
◊ *Ayah menolong ibu menyalakan lilin.* Father helped mother to light the candle.

nyalaan KATA NAMA
flame
- **nyalaan api** flame

nyaman KATA ADJEKTIF
invigorated
◊ *Saya rasa nyaman tinggal di sini.* I feel invigorated living here.
- **udara yang nyaman** invigorating air
- **Minuman ini rasanya sungguh nyaman.** This drink is very refreshing.

menyamankan KATA KERJA
to cool
◊ *Air itu menyamankan kulit saya.* The water cooled my skin.
- **udara yang menyamankan** invigorating air

penyaman KATA NAMA
- **penyaman udara** air conditioner

nyamuk KATA NAMA
mosquito (JAMAK **mosquitoes** atau **mosquitos**)

nyanyi
menyanyi KATA KERJA
to sing
◊ *Dia gemar menyanyi.* She loves to sing.

menyanyikan KATA KERJA
to sing
◊ *menyanyikan sebuah lagu* to sing a song

penyanyi KATA NAMA
singer
- **penyanyi utama** lead singer
- **penyanyi solo** soloist

nyanyian KATA NAMA
singing

nyanyuk KATA ADJEKTIF
senile

nyaring KATA ADJEKTIF
high-pitched (suara)

nyaris
nyaris-nyaris KATA ADJEKTIF
almost
◊ *Yee Lin nyaris-nyaris gagal dalam ujian itu.* Yee Lin almost failed the test.

nyata KATA ADJEKTIF
clear
◊ *bukti yang nyata* clear evidence
- **tak nyata** intangible ◊ *aset tak nyata*

intangible asset (*perakaunan*)

kenyataan KATA NAMA
statement
◊ *Pengetua membuat kenyataan bahawa beliau akan meletakkan jawatan.* The principal made a statement to the effect that he would resign.
- **Kamu harus menghadapi kenyataan hidup dengan sabar.** You have to face the facts of life with patience.

menyatakan KATA KERJA
[1] *to clarify*
◊ *Terima kasih kerana membenarkan saya menyatakan keadaan sebenarnya.* Thank you for allowing me to clarify the situation.
[2] *to state*
◊ *Pelajar itu menyatakan bahawa dia tidak meniru dalam peperiksaan.* The student stated that he didn't cheat in the exam.

penyata KATA NAMA
[1] *statement*
◊ *penyata kewangan* financial statement
[2] *report*
◊ *penyata bulanan* monthly report

penyataan KATA NAMA
statement
◊ *Novel itu merupakan penyataan rasa tidak puas hatinya.* The novel was a statement of his dissatisfaction.

pernyataan KATA NAMA
announcement
◊ *Menteri itu membuat pernyataan kelmarin.* The minister made an announcement yesterday.

nyawa KATA NAMA
life (JAMAK **lives**)

bernyawa KATA KERJA
to be alive

senyawa KATA KERJA
to combine
◊ *Kedua-dua gas itu sudah senyawa.* The two gases have combined.

bersenyawa KATA KERJA
to mate
◊ *Haiwan-haiwan itu sedang bersenyawa.* The animals are mating.

mensenyawakan KATA KERJA
to fertilize
◊ *mensenyawakan telur* to fertilize an egg

persenyawaan KATA NAMA
fertilization

nyenyak KATA ADJEKTIF
sound asleep
◊ *Dia sudah nyenyak.* She's sound asleep.

nyiur KATA NAMA
coconut

O

oat KATA NAMA
oats

objek KATA NAMA
object

objektif KATA ADJEKTIF
rujuk juga **objektif** KATA NAMA
objective
◊ *Anda harus bersikap objektif dalam membuat keputusan itu.* You should be objective in making the decision.

objektif KATA NAMA
rujuk juga **objektif** KATA ADJEKTIF
objective
◊ *Apakah objektif projek ini?* What's the objective of this project?

obor KATA NAMA
torch (JAMAK **torches**)

Ogos KATA NAMA
August
◊ *pada 5 Ogos* on 5 August
♦ **pada bulan Ogos** in August

oh KATA SERUAN
oh
◊ *Oh, dia sudah pergi!* Oh, he's gone!
♦ **oh ya** by the way ◊ *Oh ya, jangan lupa datang awal esok!* By the way, don't forget to come early tomorrow!

oi KATA SERUAN
oi
◊ *Oi! Diamlah!* Oi! Shut up!

okey KATA ADJEKTIF
(*tidak formal*)
okay
◊ *Saya okey, jangan risau.* I'm okay, don't worry.

oksigen KATA NAMA
oxygen

Oktober KATA NAMA
October
◊ *pada 21 Oktober* on 21 October
♦ **pada bulan Oktober** in October

olah (1)
seolah-olah KATA SENDI
as if
◊ *Dia berlagak seolah-olah dia orang kaya.* He acted as if he were rich.
♦ **Maria seolah-olah sedang bermimpi.** Maria looks as if she's daydreaming.

olah (2)
mengolah KATA KERJA
to form
◊ *mengolah satu ayat baru* to form a new sentence

olahraga KATA NAMA
athletics

olahragawan KATA NAMA
sportsman (JAMAK **sportsmen**)

olahragawati KATA NAMA
sportswoman (JAMAK **sportswomen**)

oleh KATA SENDI
by
◊ *ditulis oleh* written by
memperoleh KATA KERJA
to achieve
◊ *memperoleh kejayaan* to achieve success
♦ **memperoleh keuntungan** to gain profit
perolehan KATA NAMA
earnings
◊ *perolehan tertahan* retained earnings

Olimpik KATA NAMA
♦ **Sukan Olimpik** the Olympics

olok
olok-olok KATA ADJEKTIF
joking
♦ **Jangan main-main! Perkara ini bukan olok-olok.** Be serious! This is no joke.
♦ **perkahwinan olok-olok** sham marriage
memperolok-olokkan KATA KERJA
to mock
◊ *Mereka selalu memperolok-olokkan saya.* They are always mocking me.

ombak KATA NAMA
wave
berombak KATA KERJA
wavy
◊ *Rambut Helmi berombak.* Helmi has wavy hair.
♦ **Laut sentiasa berombak.** There are always waves in the sea.

omel
mengomel KATA KERJA
to grumble
◊ *Raymond mengomel kerana kami mengambil masa yang lama untuk menyiapkan kerja itu.* Raymond grumbled because we took a long time to finish the job.
omelan KATA NAMA
grumbling
◊ *Saya tidak tahan dengan omelannya.* I can't stand his grumbling.

omnivor KATA NAMA
omnivore

opera KATA NAMA
opera

operasi KATA NAMA
operation
◊ *operasi menyelamat* rescue operation
beroperasi KATA KERJA
to open
◊ *Kedai itu beroperasi 24 jam sehari.* The shop is open 24 hours a day.
operator KATA NAMA
operator
♦ **Operator kilang bekerja mengikut syif.** Factory workers work in shifts.

opsyen KATA NAMA

optik KATA NAMA
optics
- **pakar optik** optician

optimis KATA NAMA
optimist

optimistik KATA ADJEKTIF
optimistic

optimum KATA ADJEKTIF
optimum
◊ *pengeluaran pada tahap optimum* optimum production

mengoptimumkan KATA KERJA
to optimize
◊ *mengoptimumkan pengeluaran* to optimize production

orak

mengorak KATA KERJA
- **mengorak langkah** to take the first step
◊ *Dia telah mengorak langkah untuk menjadi seorang peniaga yang berjaya.* He has taken the first steps towards becoming a successful businessman.

orang KATA NAMA

> rujuk juga **orang** PENJODOH BILANGAN

1 *person*
◊ *orang yang boleh dipercayai* reliable person
2 *people*
◊ *orang Sepanyol* Spanish people
- **orang kaya** the rich
- **orang miskin** the poor
- **orang tua** the aged
- **orang yang terselamat** survivors
- **Orang tua kami sudah berpindah ke bandar.** Our parents have moved to the town.

orang-orang KATA NAMA
scarecrow
◊ *Orang-orang digunakan untuk menakutkan burung di sawah padi.* Scarecrows are used to frighten birds in paddy fields.

seorang KATA ADJEKTIF
the only person
◊ *Hanya dia seorang yang tidak datang ke sekolah hari ini.* He's the only person who is absent today.
- **seorang diri** to be alone ◊ *Irene seorang diri di dalam rumah itu.* Irene is alone in the house.

berseorangan KATA KERJA
to be alone
◊ *Saya ingin berseorangan.* I would like to be alone.
- **Saya membuat projek itu berseorangan.** I carried out the project by myself.

keseorangan KATA KERJA
lonely
◊ *Saya keseorangan.* I'm lonely.

perseorangan KATA NAMA
singles
◊ *perlawanan perseorangan lelaki* men's singles match
- **orang perseorangan** individual

seseorang KATA GANTI NAMA
somebody atau *someone*
◊ *Saya memerlukan seseorang untuk membantu saya.* I need someone to help me.
- **Jika seseorang itu ingin berjaya, dia mestilah berusaha bersungguh-sungguh.** If a person wants to succeed, he must try hard.

orang PENJODOH BILANGAN

> rujuk juga **orang** KATA NAMA
> **orang** tidak ada terjemahan dalam bahasa Inggeris.

◊ *dua orang pelajar* two students
◊ *tiga orang pekerja* three workers

orbit KATA NAMA
orbit

mengorbit KATA KERJA
to orbit
◊ *satelit yang mengorbit bumi* a satellite that orbits the earth

oren KATA ADJEKTIF

> rujuk juga **oren** KATA NAMA

orange
◊ *beg berwarna oren* an orange bag

oren KATA NAMA

> rujuk juga **oren** KATA ADJEKTIF

orange
◊ *jus oren* orange juice

organ KATA NAMA
organ
◊ *organ pembiakan* reproductive organ

organik KATA ADJEKTIF
organic
◊ *pertanian organik* organic farming

organisasi KATA NAMA
organization

organisma KATA NAMA
organism
◊ *organisma hidup* living organism

orientasi KATA NAMA
orientation
◊ *minggu orientasi untuk pelajar-pelajar universiti* orientation week for university students

berorientasikan KATA KERJA
-oriented
◊ *ekonomi yang berorientasikan pasaran terbuka* open market-oriented economy

orkestra KATA NAMA
orchestra
orkid KATA NAMA
orchid
otak KATA NAMA
brain
   berotak KATA KERJA
   intelligent
♦ **tidak berotak** brainless
otot KATA NAMA
muscle
   berotot KATA KERJA
   muscular

output KATA NAMA
output
ovari KATA NAMA
ovary (JAMAK **ovaries**)
overdraf KATA NAMA
overdraft
ovum KATA NAMA
ovum (JAMAK **ova**)
ozon KATA NAMA
ozone
◊ *lapisan ozon* ozone layer

P

pacak KATA NAMA
1. *stake* (tiang pancang)
2. *skewer* (pencucuk)

memacakkan KATA KERJA
to drive
◊ *Para pekerja memacakkan tiang-tiang itu ke dalam tanah.* The workers drove the poles into the ground.

terpacak KATA KERJA
to be stuck into
◊ *Tiang-tiang terpacak di dalam tanah.* Poles were stuck into the ground.
♦ **Gregory terpacak di situ.** Gregory was rooted to the spot.

pacat KATA NAMA
land leech (JAMAK **land leeches**)

pacu KATA NAMA
spur

memacu KATA KERJA
to spur
◊ *Jackie memacu kudanya.* Jackie spurred her horse.
♦ **memacu kenderaan** to accelerate
◊ *Perompak-perompak itu memacu kenderaan mereka apabila dikejar oleh polis.* The robbers accelerated when they were chased by the police.

pemacu KATA NAMA
drive
◊ *pemacu cakera* disk drive

pad KATA NAMA
pad

pada KATA SENDI
1. *at*
◊ *Jill bekerja pada waktu malam untuk menambahkan pendapatannya.* Jill works at night to supplement her income.
2. *in*
◊ *Faridah biasa tidur pada waktu petang.* Faridah usually sleeps in the afternoon.
◊ *Pada pendapat saya, harga itu terlalu mahal.* In my opinion, the price is too high.
3. *on*
◊ *Soo Chin tidak pergi ke sekolah pada hari Isnin.* Soo Chin didn't go to school on Monday.
4. *with*
◊ *Wang saya ada pada bapa saya.* My money is with my father.

berpada-pada KATA KERJA
to be moderate
◊ *Permintaan anda perlulah berpada-pada.* Your request should be moderate.
♦ **Berbuat baik berpada-pada.** Don't be too nice.

memadai KATA KERJA
sufficient
◊ *Peraturan-peraturan ini tidak memadai untuk mengawal syarikat itu.* These regulations are not sufficient to regulate the company.
♦ **Diet cara Barat seharusnya sudah memadai bagi kebanyakan orang.** The western diet should be perfectly adequate for most people.

padah KATA NAMA
consequence
◊ *Menipu orang buruk padahnya.* If you cheat people you will suffer the consequences.

padahal KATA HUBUNG
1. *but actually*
◊ *Dia enggan mengakui kesalahannya, padahal semua orang sudah tahu perkara yang sebenar.* He refused to admit that he was wrong, but actually everybody already knows the truth.
2. *although*
◊ *Sunny tewas dalam perlawanan karate itu, padahal lawannya jauh lebih kecil daripadanya.* Sunny was defeated in the karate event, although his opponent was far smaller than him. ◊ *Gadis itu rendah akhlaknya, padahal ibu bapanya orang beriman.* The girl has low morals, although her parents are very religious.

padam KATA KERJA
1. *extinguished*
◊ *Api itu telah padam.* The fire is extinguished.
2. *to clean*
◊ *Tolong padam papan hitam.* Please clean the blackboard.

memadamkan KATA KERJA
1. *to put out*
◊ *Ahli-ahli bomba itu berjaya memadamkan api.* The firemen succeeded in putting out the fire.
2. *to rub out*
◊ *Susie memadamkan jawapannya.* Susie rubbed out her answer.
♦ **memadamkan papan hitam** to clean the blackboard

pemadam KATA NAMA
rubber
♦ **pemadam api** fire extinguisher

terpadam KATA KERJA
to go off
◊ *Semua lampu terpadam.* All the lights went off.

padan KATA ADJEKTIF
to suit
◊ *Potongan rambut itu tidak padan dengannya.* That hairstyle doesn't suit her.

berpadanan KATA KERJA
to match

◊ *Gaji yang Ken peroleh berpadanan dengan pengalamannya.* Ken's salary matches his experience.
memadankan KATA KERJA
to match
◊ *Hisham memadankan baju itu dengan seluar barunya.* Hisham matched the shirt with his new trousers.
sepadan KATA ADJEKTIF
[1] *to fit*
◊ *Carilah kerja yang sepadan dengan kelayakan anda.* Look for a job which fits your qualifications.
[2] *to match*
◊ *Warna-warna ini tidak sepadan.* These colours don't match.
[3] *compatible*
◊ *Danny dan isterinya memang sepadan.* Danny and his wife are very compatible.
◆ **Dia sedang mencari bakal suami yang sepadan dengannya.** She's looking for a husband of the same status as her.
padanan KATA NAMA
equivalent
◊ *Para penterjemah sedang mencari padanan bagi perkataan itu.* The translators are looking for the equivalent of the word.

padang KATA NAMA
field
◆ **padang golf** golf course

padat KATA ADJEKTIF
[1] *chock-full*
◊ *Guni beras ini padat.* This sack of rice is chock-full.
[2] *packed*
◊ *Stadium itu padat dengan orang.* The stadium is packed with people.
kepadatan KATA NAMA
density (JAMAK **densities**)
◊ *Wendy membuat anggaran kepadatan penduduk di kawasan itu.* Wendy estimated the population density in that area.
memadatkan KATA KERJA
to stuff
◊ *Rosli memadatkan beg plastik itu dengan kertas.* Rosli stuffed the plastic bag with paper.

paderi KATA NAMA
priest

padi KATA NAMA
paddy

padu KATA ADJEKTIF
solid
◊ *Konkrit itu akan kekal padu seperti batu.* The concrete will stay as solid as a rock.

◆ **masyarakat yang bersatu padu** a united society
berpadu KATA KERJA
to unite
◆ **Mereka berpadu tenaga untuk menentang penjajah.** They united to fight against the colonizers.
memadukan KATA KERJA
to combine
◊ *Mereka memadukan usaha untuk menjayakan projek itu.* They combined their efforts to make the project a success.
sepadu KATA ADJEKTIF
integrated
◊ *Cara hidup Barat sudah sepadu dalam diri Aris.* Aris has become integrated into the Western way of life.
bersepadu KATA KERJA
integrated
◊ *Pendekatan yang lebih bersepadu diperlukan untuk mengatasi masalah itu.* A more integrated approach is needed to solve the problem.
menyepadukan KATA KERJA
to integrate
◊ *Jack sedang menyepadukan aktiviti kedua-dua buah syarikat itu.* Jack is integrating the activities of the two companies.
perpaduan KATA NAMA
solidarity
◊ *perpaduan kaum* the solidarity of all ethnic groups
paduan KATA NAMA
combination
◊ *paduan usaha* combination of efforts

Paduka KATA NAMA
Excellency

pagar KATA NAMA
fence
◆ **pagar hidup** hedge
memagari KATA KERJA
to fence
◊ *William memagari kebun itu untuk mengelakkannya daripada dimasuki kambing.* William fenced the garden to keep goats out.

pagi KATA NAMA
morning
◊ *Selamat pagi.* Good morning.
pagi-pagi KATA ADJEKTIF
early in the morning
◆ **Pagi-pagi lagi Kamariah sudah bangun.** Kamariah woke up when it was still early.

pagoda KATA NAMA
pagoda

pagut
memagut KATA KERJA
to peck

◊ *Burung itu memagut cacing itu.* The bird pecked the worm.

paha KATA NAMA
thigh

pahala KATA NAMA
reward from God

pahat KATA NAMA
chisel
memahat KATA KERJA
to chisel
◊ *Hoong memahat kayu itu menjadi seekor kucing.* Hoong chiselled a cat out of wood.

pahit KATA ADJEKTIF
bitter
◊ *buah yang pahit* a bitter fruit
◊ *pengalaman yang pahit* bitter experience
kepahitan KATA NAMA
bitter taste
◊ *Leela tidak tahan dengan kepahitan ubat itu.* Leela couldn't stand the bitter taste of the medicine.
♦ **Sally mengeluh apabila dia teringat tentang kepahitan hidupnya.** Sally sighed when she recalled her sufferings.

pahlawan KATA NAMA
warrior

pai KATA NAMA
pie
◊ *pai epal* apple pie

pain KATA NAMA
pint (*unit ukuran untuk cecair*)

paip KATA NAMA
1. *pipe*
2. *tap*
◊ *air paip* tap water
♦ **tukang paip** plumber
♦ **paip salir** drainpipe

pajak KATA NAMA
monopoly
♦ **pajak gadai** pawn shop
memajak KATA KERJA
1. *to lease*
◊ *Mahat memajak tanah daripada abang saya untuk menanam sayur.* Mahat leases land from my brother to grow vegetables.
2. *to pawn*
◊ *Kenny memajak jam tangannya.* Kenny pawned his watch.
memajakkan KATA KERJA
to lease
◊ *Mahmud mahu memajakkan tanahnya kepada penduduk kampung.* Mahmud wanted to lease his land to the villagers.
pemajak KATA NAMA
a person who leases from somebody

pemajakan KATA NAMA
leasing
◊ *Abang saya menentang pemajakan tanah itu kepada En. Joe.* My elder brother opposed the leasing of the land to Mr Joe.

pak KATA NAMA
(*tidak formal*)
father
♦ **pak cik** uncle

pakai KATA KERJA *rujuk* **memakai**
berpakaian KATA KERJA
to dress
◊ *Kelly selalu berpakaian kemas.* Kelly always dresses neatly.
♦ **seorang wanita yang berpakaian serba hitam** a woman dressed in black
memakai KATA KERJA
to wear
◊ *Aaron memakai baju biru ke majlis itu.* Aaron wore a blue shirt to the party.
♦ **Sultan itu memakai nama Sultan Alauddin Riayat Syah.** The sultan used the name Sultan Alauddin Riayat Syah.
memakaikan KATA KERJA
to dress
◊ *Saya memandikannya dan memakaikannya pakaian yang bersih.* I bathed her and dressed her in clean clothes.
♦ **Sarina sedang memakaikan anak lelakinya pakaian.** Sarina is dressing her son.
pemakaian KATA NAMA
use
◊ *pemakaian perkataan yang sesuai* the use of appropriate words
terpakai KATA KERJA
used
◊ *sampul surat yang terpakai* used envelope ◊ *kereta terpakai* used car
pakaian KATA NAMA
clothes
♦ **pakaian dalam** underwear
♦ **pakaian kotor** laundry
♦ **pakaian penyelam** wetsuit
♦ **pakaian renang** swimming costume
♦ **pakaian seragam** uniform
♦ **pakaian sukan** sportswear

pakai buang KATA ADJEKTIF
disposable
◊ *kain lampin pakai buang* disposable nappies

pakar KATA NAMA
expert
♦ **pakar bedah** surgeon
♦ **pakar kaki** chiropodist
♦ **pakar optik** optician
♦ **pakar sakit jiwa** psychiatrist

kepakaran KATA NAMA
expertise
◊ *Dia terkenal dengan kepakarannya dalam bidang ekonomi.* He is well-known for his expertise in economics.

pakat
berpakat KATA KERJA
1 *to discuss*
◊ *Kami berpakat membuka sebuah restoran.* We discussed opening a restaurant.
2 *to plot*
◊ *Mereka berpakat untuk menjatuhkan Presiden.* They plotted to bring down the President.
sepakat KATA KERJA
to agree
◊ *Kami sepakat dengan keputusan itu.* We agree with the decision.
♦ **kata sepakat** consensus ◊ *mencapai kata sepakat* to reach a consensus
bersepakat KATA KERJA
to agree
◊ *Kami semua bersepakat memilih Jonathan sebagai ketua.* All of us agreed to choose Jonathan as leader.
kesepakatan KATA NAMA
agreement
◊ *Guru-guru berjaya mencapai kesepakatan dalam mesyuarat itu.* The teachers reached an agreement at the meeting.
pakatan KATA NAMA
1 *agreement*
◊ *pakatan damai* peace agreement
2 *plot*
◊ *pakatan untuk menggulingkan kerajaan* a plot to overthrow the government

pakej KATA NAMA
package
◊ *pakej bantuan ekonomi* economic aid package

paksa KATA ADJEKTIF
forced
◊ *kerja paksa* forced labour ◊ *buruh paksa* forced labourer
memaksa KATA KERJA
to force
◊ *Guru itu tidak memaksa para pelajar untuk menghadiri kelas tambahan pada hari Sabtu.* The teacher didn't force the students to attend the extra class on Saturday.
pemaksaan KATA NAMA
coercion
◊ *Pekerja-pekerja menentang pemaksaan yang cuba dilakukan oleh syarikat itu terhadap mereka.* The workers resisted the company's attempt at coercion.
terpaksa KATA KERJA
to be compelled
◊ *Penny terpaksa bekerja sehingga waktu malam untuk menghabiskan kerjanya.* Penny was compelled to work until it was night to finish her work.
♦ **Kami terpaksa berjalan kaki apabila kereta kami rosak.** We had to walk when our car broke down.
paksaan KATA NAMA
force
◊ *Masalah ini tidak dapat diselesaikan dengan paksaan.* This problem couldn't be solved by using force.

paksi KATA NAMA
axis (JAMAK **axes**)

paku KATA NAMA
nail
◊ *paku besi* iron nail ◊ *paku payung* wide-headed nail
♦ **paku tekan** drawing pin
memaku KATA KERJA
to drive a nail
◊ *Mohan memaku pintu itu.* Mohan drove a nail into the door.
memakukan KATA KERJA
to nail
◊ *Kamal memakukan sebatang kayu pada dinding.* Kamal nailed a piece of wood to the wall.
terpaku KATA KERJA
to fix on
◊ *Mata Elaine terpaku pada iklan itu.* Elaine's eyes were fixed on the advertisement.
♦ **Kanak-kanak itu terpaku di hadapan televisyen.** The children were glued to the television.
♦ **Carrie diam terpaku apabila mendengar berita itu.** Carrie was struck dumb when she heard the news.

paku pakis KATA NAMA
fern

pala KATA NAMA
♦ **buah pala** nutmeg

palam KATA NAMA
plug
♦ **penyesuai palam** adaptor

palang KATA NAMA
1 *crossbar*
2 *cross* (JAMAK **crosses**)
◊ *sepasang anting-anting yang berbentuk palang* a pair of cross-shaped earrings
memalang KATA KERJA
to bolt

◊ *Aminah memalang pintu sebelum masuk tidur.* Aminah bolts the door before going to bed.

paling (1) KATA PENGUAT
most
◊ *hadiah yang paling mahal* the most expensive present ◊ *yang paling cantik* the most beautiful

> Biasanya *paling* diterjemahkan sebagai **kata adjektif berbentuk superlatif** dalam bahasa Inggeris.

◊ *pelajar yang paling pandai* the cleverest student ◊ *yang paling hodoh* the ugliest

paling (2)
berpaling KATA KERJA
to turn
◊ *Umi berpaling ke kanan untuk bercakap dengan kawannya.* Umi turned to the right to talk to her friend.
♦ **berpaling tadah** to betray ◊ *Kumpulan itu mengenakan hukuman berat terhadap ahlinya yang berpaling tadah.* The association will punish severely members who betray it.
♦ **Dia berlalu dari situ tanpa berpaling lagi.** She walked away without turning back.
memalingkan KATA KERJA
♦ **memalingkan muka** to turn one's face away ◊ *Juliet memalingkan mukanya kerana malu.* Juliet turned her face away in embarrassment.

palit
berpalitan KATA KERJA
to be smudged
◊ *Muka perempuan itu berpalitan kotoran.* The woman's face was smudged with dirt.
memalitkan KATA KERJA
to smear
◊ *Budak lelaki itu memalitkan cat pada tangan kawannya.* The boy smeared his friend's hand with paint.

palma KATA NAMA
palm

palsu KATA ADJEKTIF
false
◊ *dokumen palsu* false document
◊ *gigi palsu* false teeth
♦ **wang palsu** fake money
♦ **rambut palsu** wig
kepalsuan KATA NAMA
falsehood
◊ *Mereka tidak dapat membezakan antara kebenaran dengan kepalsuan.* They couldn't differentiate between truth and falsehood.
♦ **Pihak polis sedang menyiasat tentang kebenaran dan kepalsuan maklumat tersebut.** The police are investigating the truth or falsity of the information.
♦ **Jangan terpengaruh dengan kenyataan yang berunsur fitnah dan kepalsuan.** Don't be influenced by statements which are slanderous and dishonest.
♦ **Dia menganggap bahawa dunia ini penuh dengan kepalsuan.** He thinks that the world is full of dishonesty.
memalsukan KATA KERJA
to forge
◊ *Orang yang memalsukan pasport akan dikenakan hukuman berat.* People who forge passports will be punished severely.
pemalsuan KATA NAMA
forgery
◊ *pemalsuan lukisan Van Gogh* the forgery of Van Gogh's paintings

palu
memalu KATA KERJA
to beat
◊ *Farid memalu gendang itu.* Farid beat the drum.
paluan KATA NAMA
beating
◊ *Semua orang yang berada di dalam rumah mendengar paluan gendang itu.* Everyone in the house heard the beating of the drum.

palung KATA NAMA
1. *puddle* (*tanah lekuk berair*)
2. *trough* (*bekas makanan/minuman haiwan*)

pam KATA NAMA
pump
mengepam KATA KERJA
1. *to pump*
◊ *Bapa saya sedang mengepam tayar keretanya.* My father is pumping up his car tyres.
2. *to flush*
◊ *mengepam tandas* to flush the toilet
pengepaman KATA NAMA
pumping
◊ *pengepaman air* the pumping of water

pamah KATA NAMA
lowlands

pamer
mempamerkan KATA KERJA
to display
◊ *Mereka sedang mempamerkan lukisan-lukisan itu di dalam dewan.* They are displaying the paintings in the hall.
pameran KATA NAMA

pampang → pancar B. Melayu ~ B. Inggeris 894

exhibition
◊ *pameran buku* book exhibition

pampang
terpampang KATA KERJA
to be prominently displayed
◊ *Poster penyanyi itu terpampang di pusat membeli-belah itu.* Posters of the singer are prominently displayed in the shopping centre.

pampas
pampasan KATA NAMA
compensation
◊ *Majikan itu membayar pampasan kepada para pekerja yang cedera.* The employer paid compensation to the injured workers.

pampat KATA ADJEKTIF
compressed
memampatkan KATA KERJA
to compress
◊ *Mesin ini digunakan untuk memampatkan gas itu.* This machine is used to compress the gas.
pemampat KATA NAMA
compressor

panah KATA NAMA
bow
♦ **anak panah** arrow
memanah KATA KERJA
to shoot
◊ *George memanah seekor burung.* George shot a bird.
pemanah KATA NAMA
archer

panas KATA ADJEKTIF
hot
◊ *secawan kopi yang panas* a cup of hot coffee
kepanasan KATA NAMA
heat
◊ *Saya tidak tahan dengan kepanasan di luar.* I can't stand the heat outside.
memanaskan KATA KERJA
to heat up
◊ *Valerie sedang memanaskan sup.* Valerie is heating up the soup.
♦ **memanaskan badan** to warm up ◊ *Atlit itu sedang memanaskan badannya sebelum perlumbaan itu bermula.* The athlete is warming up before the start of the race.
pemanas KATA NAMA
heater
♦ **alat pemanas** heater
pemanasan KATA NAMA
heating
◊ *bil pemanasan* heating bills
♦ **pemanasan global** global warming

panau KATA NAMA
a skin disease (penjelasan umum)

panca KATA NAMA
five

pancaindera KATA NAMA
senses

pancalogam KATA NAMA
alloy

pancalumba KATA NAMA
pentathlon

pancang KATA NAMA
stake
♦ **pancang khemah** tent peg
memancangkan KATA KERJA
to drive
◊ *Pelajar-pelajar memancangkan tiang ke dalam tanah untuk mendirikan khemah.* The students drove a pole into the ground to pitch a tent.
terpancang KATA KERJA
to be stuck into
◊ *Tiang-tiang terpancang di dalam tanah.* Poles had been stuck into the ground.

pancar
berpancar KATA KERJA
to gush
◊ *Air dari paip itu berpancaran keluar apabila dilanggar oleh sebuah kereta.* Water gushed out of the pipe when a car ran into it.
memancar KATA KERJA
to shine brightly
◊ *Cahaya matahari sedang memancar.* The sun is shining brightly.
♦ **Darah memancar keluar dari luka lelaki itu.** Blood spurted out of the man's wound.
memancarkan KATA KERJA
♦ **memancarkan cahaya** to shine
◊ *Matahari memancarkan cahaya ke dalam bilik Amin.* The sun shone into Amin's room.
pemancar KATA NAMA
transmitter
◊ *pemancar radio* radio transmitter
terpancar KATA KERJA
to shine
◊ *Kegembiraan terpancar pada wajahnya.* Happiness shone from her face.
♦ **Cahaya yang terpancar dari lampu suluh itu sangat terang.** The torch gives a very bright light.
pancaran KATA NAMA
[1] *ray*
◊ *Pancaran cahaya matahari boleh menembusi air sedalam 10 kaki.* The sun's rays can penetrate water up to 10 feet.

Malay ~ English — pancaragam → pandang

[2] *beam*
◊ *pancaran cahaya daripada sebuah kereta* a beam of light from a car

pancaragam KATA NAMA
brass band

pancaroba KATA NAMA
confusion
◊ *Hidup ini penuh dengan pancaroba.* Life is full of confusion.

pancing KATA NAMA
fishing rod
memancing KATA KERJA
to fish
◊ *Johari sedang memancing di sungai.* Johari is fishing in the river.
* **memancing undi untuk seseorang** to canvass for somebody
pemancing KATA NAMA
angler
pancingan KATA NAMA
bait
◊ *Nick menggunakan cacing sebagai pancingannya.* Nick used worms as his bait.

pancit KATA ADJEKTIF
punctured
◊ *Bobby menukar tayar yang pancit itu.* Bobby changed the punctured tyre.

pancung KATA KERJA
to behead
* **hukuman pancung** execution by beheading
* **menjatuhkan hukuman pancung** to sentence to be beheaded ◊ *Raja itu menjatuhkan hukuman pancung ke atas pemberontak-pemberontak itu.* The king sentenced the rebels to be beheaded.
memancung KATA KERJA
to behead
◊ *Dia diarahkan supaya memancung kepala pengkhianat itu.* He was ordered to behead the traitor.

pancur KATA NAMA *rujuk* **pancuran**
memancur KATA KERJA
to spout
◊ *Minyak memancur keluar dari paip itu.* Oil spouted out of the pipe.
terpancur KATA KERJA
to spurt
◊ *Darah mangsa kemalangan itu terpancur ke baju John.* Blood from the accident victim spurted on to John's shirt.
pancuran KATA NAMA
spout

pancut KATA KERJA
* **air pancut** fountain
memancut KATA KERJA
to spurt
◊ *Darah memancut keluar dari luka Ronald.* Blood spurted out of Ronald's wound.
memancutkan KATA KERJA
to squirt
◊ *Kanak-kanak yang nakal itu memancutkan air ke arah guru-guru tersebut.* The naughty children squirted the teachers with water.
pancutan KATA NAMA
spurt

panda KATA NAMA
panda

pandai KATA ADJEKTIF
clever
kepandaian KATA NAMA
intelligence
◊ *Guru-guru selalu memuji kepandaian Joshua.* The teachers always praise Joshua's intelligence.
memandai-mandai KATA KERJA
wilful
◊ *Dia selalu memandai-mandai dan tidak mendengar nasihat orang.* He is very wilful and never listens to advice.

pandang KATA KERJA
to look
◊ *Jangan pandang lelaki itu.* Don't look at the man.
* **alat pandang dengar** audio visual aid
berpandangan KATA KERJA
to exchange looks
◊ *Kami berpandangan dan bertukar senyuman.* We exchanged looks and smiles.
* **Seseorang usahawan perlulah berpandangan jauh.** An entrepreneur needs to be far-sighted.
memandang KATA KERJA
[1] *to look*
◊ *Budak yang nakal itu tidak berani memandang wajah ibunya.* The naughty child didn't dare to look at his mother.
[2] *to regard*
◊ *Para pekerja memandang Omar sebagai penyelamat syarikat mereka.* The workers regarded Omar as the saviour of their company.
* **Jangan memandang rendah pada kebolehannya.** Don't underestimate her abilities.
memandangkan KATA HUBUNG
since
◊ *Memandangkan tempat itu dekat sahaja, kami berjalan kaki ke sana.* Since the place was quite near, we walked.
pemandangan KATA NAMA
scenery
◊ *Pemandangan di tempat ini sangat cantik.* The scenery is very beautiful here.

terpandang KATA KERJA
to see
◊ *Apabila dia memalingkan mukanya, dia terpandang gadis itu.* When he turned, he saw the girl.
pandangan KATA NAMA
1 *look*
◊ *Dia memandang saya dengan pandangan yang kurang menyenangkan.* He gave me a nasty look.
♦ **Pandangannya menakutkan saya.** The look on his face scared me.
2 *opinion*
◊ *Pada pandangan saya, Lynda ialah calon yang lebih sesuai.* In my opinion, Lynda is a more suitable candidate.

pandu
berpandu KATA KERJA
♦ **peluru berpandu** guided missile
berpandukan KATA KERJA
with the help
◊ *Kami belajar berpandukan buku teks dan nota.* We study with the help of text books and notes.
memandu KATA KERJA
to drive
♦ **Gina memandu kereta ke pejabat setiap hari.** Gina drives to the office every day.
pemandu KATA NAMA
1 *driver*
◊ *pemandu teksi* taxi driver
♦ **pemandu kereta** motorist
2 *guide*
◊ *pemandu pelancong* tour guide
panduan KATA NAMA
guide
◊ *Edward menjadikan nasihat guru itu sebagai panduan hidupnya.* Edward uses the teacher's advice as his guide in life.
♦ **garis panduan** guideline
♦ **buku panduan telefon** telephone directory
♦ **perkhidmatan panduan telefon** directory enquiries

pandu puteri KATA NAMA
girl guide

panel KATA NAMA
panel
♦ **ahli panel** panellist

panggang KATA ADJEKTIF
roast
◊ *ayam panggang* roast chicken
memanggang KATA KERJA
to roast
◊ *Kami memanggang ayam di rumah Charlie.* We roasted some chickens at Charlie's house.
pemanggang KATA NAMA
grill

panggil KATA KERJA
to call
◊ *Jangan panggil nama julukan saya di hadapan orang lain.* Don't call me by my nickname in front of other people.
memanggil KATA KERJA
to call
◊ *Guru itu memanggil pelajar-pelajarnya keluar.* The teacher called the students to come out.
panggilan KATA NAMA
1 *call*
◊ *panggilan jarak jauh* long-distance call ◊ *panggilan tempatan* local call
♦ **Saya tidak mendengar panggilan emak.** I didn't hear mother calling.
2 *nickname*
◊ *Jack tidak biasa dengan panggilan barunya.* Jack is not used to his new nickname.

panggung KATA NAMA
theatre
memanggungkan KATA KERJA
to stage
◊ *Mereka akan memanggungkan drama itu pada hari Sabtu.* They'll stage the play on Saturday.
panggungan KATA NAMA
platform

pangkah KATA NAMA
cross (JAMAK **crosses**)
memangkah KATA KERJA
to put a cross
◊ *Nina memangkah aktiviti-aktiviti yang tidak disukainya.* Nina puts a cross against the activities that she doesn't like.

pangkal KATA NAMA
base
◊ *Yusuf meletakkan satu tanda pada pangkal pokok itu.* Yusuf put a mark at the base of the tree.
♦ **pangkal senapang** rifle butt
berpangkal KATA KERJA
to stem
◊ *Perubahan sikap Eddie berpangkal daripada perceraian ibu bapanya.* Eddie's change of attitude stems from his parents' divorce.

pangkalan KATA NAMA
base
◊ *pangkalan tentera* army base
♦ **pangkalan data** database
berpangkalan KATA KERJA
based
◊ *Angkatan tentera itu berpangkalan di Lumut.* The troops are based at Lumut.

pangkas
memangkas KATA KERJA
to trim

◊ *memangkas rambut seseorang* to trim someone's hair ◊ *Jordan sedang memangkas rumput di taman.* Jordan is trimming the grass in the garden.

pemangkas KATA NAMA
shears
◊ *Pemangkas ini tumpul.* These shears are blunt.

pangkat KATA NAMA
rank
◊ *pangkat yang tinggi* a high rank
♦ *Amanda dinaikkan pangkat menjadi pengurus.* Amanda was promoted to manager.

berpangkat KATA KERJA
of ... rank
◊ *pegawai-pegawai berpangkat rendah* officers of lower rank
♦ *Dia seorang pegawai berpangkat tinggi.* He's a high rank officer.

pangku
memangku KATA KERJA
1 *to place ... on one's lap*
◊ *Faridah memangku bayi itu.* Faridah placed the baby on her lap.
2 *to act as*
◊ *Karen memangku jawatan pengurus apabila En. Hadi pergi bercuti.* Karen acted as manager when Mr Hadi was away on holiday.

pemangku KATA NAMA
acting
◊ *Pemangku Presiden* Acting President

pangkuan KATA NAMA
lap
◊ *Budak kecil itu duduk di atas pangkuan emaknya.* The child is sitting on her mother's lap.
♦ *Akhirnya Josephine pulang ke pangkuan keluarganya.* In the end Josephine returned to her family.

panglima KATA NAMA
commander

pangsa PENJODOH BILANGAN
segment
◊ *lima pangsa durian* five durian segments

pangsapuri KATA NAMA
block of luxury flats

panik KATA ADJEKTIF
to panic
◊ *Jangan panik!* Don't panic!
♦ *keadaan panik* panic

panjang KATA ADJEKTIF
long
♦ *panjang akal* resourceful

berpanjangan KATA KERJA
to last
◊ *Mesyuarat itu berpanjangan sehingga lima jam.* The meeting lasted for five hours. ◊ *Saya berharap hubungan kita akan berpanjangan.* I hope that our relationship will last.

memanjangkan KATA KERJA
to make ... longer
◊ *Jamilah memanjangkan karangannya.* Jamilah made her composition longer.
♦ *Dia selalu berdoa semoga dia dan keluarganya dipanjangkan umur.* He always prays that God will give him and his family long life.

sepanjang KATA ARAH
rujuk juga **sepanjang** KATA SENDI
along
◊ *Pokok-pokok kelapa dapat dilihat di sepanjang jalan itu.* Coconut trees can be seen all along the road.

sepanjang KATA SENDI
rujuk juga **sepanjang** KATA ARAH
whole
◊ *Lily tidak bekerja sepanjang tahun ini.* Lily isn't working for the whole of this year.
♦ *cuaca yang panas sepanjang tahun* hot weather the whole year round

panjat KATA KERJA
to climb
◊ *Jangan panjat pokok.* Don't climb trees.

memanjat KATA KERJA
to climb
◊ *Khalid memanjat pokok itu untuk memetik buahnya.* Khalid climbed the tree to pluck the fruit.

pemanjat KATA NAMA
climber

panji KATA NAMA
flag

pankreas KATA NAMA
pancreas (JAMAK **pancreases**)

pantai KATA NAMA
beach (JAMAK **beaches**)
♦ **Pantai Timur** East Coast
♦ **Pantai Barat** West Coast

pantang KATA KERJA
rujuk juga **pantang** KATA NAMA
1 *to dislike*
◊ *Sui Kin memang pantang dicabar.* Sui Kin really dislikes being challenged.
2 *can't stand*
◊ *Mereka memang pantang melihat orang lain bersenang-lenang.* They can't stand it when they see other people being happy.
♦ *Siew Mui pantang menyidai baju putih di luar rumah pada waktu malam.* Siew Mui is superstitious about hanging white clothes outside the house at night.

berpantang KATA KERJA

pantang → para (1)

to go without
◊ *Milah terpaksa berpantang daripada makan sayur-sayuran selepas pembedahan itu.* Milah had to go without vegetables after the operation.

pantang KATA NAMA

> rujuk juga **pantang** KATA KERJA
> *something that could bring bad luck*

- **Menyapu lantai pada hari pertama Tahun Baru Cina dianggap pantang oleh kebanyakan orang Cina.** Most Chinese people consider sweeping the floor on the first day of the Chinese New Year unlucky.
- **pantang larang** cultural restrictions
  ◊ *Setiap masyarakat ada pantang larangnya yang tersendiri.* Every society has its own cultural restrictions.

pantas KATA ADJEKTIF
quick
◊ *pergerakan yang pantas* a quick move
- **Dia berlari dengan pantas.** She ran quickly.

kepantasan KATA NAMA
speed
◊ *Ken tidak dapat menandingi kepantasan Alvin bekerja.* Ken could not compete with Alvin's speed of work.

memantaskan KATA KERJA
to quicken
◊ *Polly memantaskan langkahnya kerana hari sudah lewat petang.* Polly quickened her pace because it was already late in the afternoon.

pantomim KATA NAMA
pantomime

pantul
memantulkan KATA KERJA
to reflect
◊ *Gelas dapat memantulkan cahaya.* Glass can reflect light.

pantulan KATA NAMA
reflection
◊ *pantulan cahaya* reflection of light

pantun KATA NAMA
pantun
berpantun KATA KERJA
to recite a pantun
◊ *Murid-murid dalam kelas itu sedang berpantun.* The pupils in the class are reciting pantuns.
- **Dia mahir berpantun.** He is good at pantun recitation.

pemantun KATA NAMA
a composer of pantun

papa KATA ADJEKTIF
poor
◊ *Orang kaya itu telah menjadi papa.*

B. Melayu ~ B. Inggeris 898

The rich man became poor.
- **papa kedana** very poor

papah
berpapah KATA KERJA
to be supported
◊ *Nizam terpaksa berjalan berpapah kerana kakinya cedera teruk.* Nizam needed to be supported when he walked, because his leg was badly injured.

memapah KATA KERJA
to help
◊ *Daud memapah datuknya ke tandas.* Daud helped his grandfather to the toilet.

papan KATA NAMA

> rujuk juga **papan** PENJODOH BILANGAN

1. *board*
2. *plank*

- **papan gelongsor** slide
- **papan hitam** blackboard
- **papan kekunci** keyboard
- **papan kenyataan** noticeboard
- **papan luncur** skateboard
- **papan luncur air** surfboard
- **papan pemotong** chopping board
- **papan serpih** chipboard
- **papan tanda** sign

papan PENJODOH BILANGAN

> rujuk juga **papan** KATA NAMA
> **papan** *tidak ada terjemahan dalam bahasa Inggeris.*

◊ *sepapan mercun* a firecracker

papar KATA ADJEKTIF
flat
◊ *permukaan yang papar* a flat surface

memaparkan KATA KERJA
to depict
◊ *Cerita itu memaparkan kesusahan hidup petani.* The story depicts the difficulty of a farmer's life.

pemaparan KATA NAMA
disclosure
◊ *Pemaparan kisah peribadinya telah merosakkan reputasinya.* Disclosures about his private life damaged his reputation.

terpapar KATA KERJA
to be displayed
◊ *Rencana yang terpapar di papan kenyataan itu sungguh menarik.* The article displayed on the notice board is very interesting.

para (1) KATA BILANGAN

> **para** *menunjukkan jamak dan tidak diterjemahkan ke dalam bahasa Inggeris jika hadir tanpa perkataan lain.*

◊ *para pelajar* students ◊ *para guru* teachers

para (2)
   para-para KATA NAMA
    shelf (JAMAK **shelves**)
parah KATA ADJEKTIF
   serious
♦ **cedera parah** seriously injured
paramedik KATA NAMA
   paramedic
parang KATA NAMA
   machete
parap KATA NAMA
   initials
   ◊ *Frank menjumpai sebatang pensel dengan parap Y.S.P. di atasnya.* Frank found a pencil with the initials Y.S.P. on it.
   memarap KATA KERJA
    to initial
    ◊ *Dia memarap baucar itu.* She initialled the voucher.
paras KATA ADJEKTIF
   rujuk juga **paras** KATA NAMA
   level
   ◊ *Kawasan itu tidak paras.* The area is not level.
   separas KATA ADJEKTIF
    level
    ◊ *Nick hampir separas dengan saya apabila dia duduk.* Nick was almost level with me when he sat down.
paras KATA NAMA
   rujuk juga **paras** KATA ADJEKTIF
   1 *face*
   ◊ *Ketiga-tiga orang gadis itu mempunyai paras yang menarik.* The three girls have pretty faces.
   2 *level*
   ◊ *Paras air di tasik itu telah naik.* The level of the lake has risen.
parasit KATA NAMA
   parasite
parau KATA ADJEKTIF
   hoarse
   ◊ *Suara Ian menjadi parau kerana dia selalu menjerit.* Ian's voice became hoarse because he always shouted.
pari (1) KATA NAMA
♦ **ikan pari** stingray
pari (2)
   pari-pari KATA NAMA
    fairy (JAMAK **fairies**)
parih
   memarih KATA KERJA
    1 *to throw the dice*
    2 *to deal*
    ◊ *Dalton memarih lima keping daun terup kepada setiap pemain.* Dalton dealt out five cards to each player.
parit KATA NAMA
   ditch (JAMAK **ditches**)

perparitan KATA NAMA
   drainage
   ◊ *sistem perparitan* drainage system
parlimen KATA NAMA
   parliament
parti KATA NAMA
   party (JAMAK **parties**)
   ◊ *parti politik* political party
partikel KATA NAMA
   particle
paru
   paru-paru KATA NAMA
    lungs
♦ **barah paru-paru** lung cancer
paruh (1) KATA NAMA
   beak
paruh (2)
   separuh KATA ADJEKTIF, KATA BILANGAN
    half
    ◊ *separuh harga* half price ◊ *Dia memberi adiknya separuh kek itu.* He gave his brother half the cake.
♦ **separuh akhir** semi-final
parut (1) KATA NAMA
   scar
   ◊ *Parut pada dahinya jelas kelihatan.* The scar on his forehead is clearly visible.
   berparut KATA KERJA
    to have a scar
    ◊ *Kakinya berparut.* He has scars on his leg.
♦ **Dahinya berparut selepas kemalangan itu.** His forehead was scarred after the accident.
parut (2) KATA NAMA
   grater
   memarut KATA KERJA
    to grate
    ◊ *Emak sedang memarut kelapa.* My mother is grating coconut.
   pemarut KATA NAMA
    grater
pas KATA NAMA
   pass (JAMAK **passes**)
pasak KATA NAMA
   wedge
   memasakkan KATA KERJA
    to wedge
    ◊ *Saya menutup pintu bangsal itu dan memasakkannya dengan kayu.* I shut the shed door and wedged it with a piece of wood.
pasang (1) KATA KERJA
♦ **air pasang** high tide
♦ **pasang surut** ebbing tide
pasang (2) KATA KERJA
   to switch on
   ◊ *Tolong pasang lampu itu.* Please

pasang (3) → patah

switch on the light.
memasang KATA KERJA
① *to switch on*
◊ *Karim memasang lampu.* Karim switched on the light.
② *to fit*
◊ *William memasang kipas dalam semua bilik di rumahnya.* William fitted fans in all the rooms in his house.
memasangkan KATA KERJA
① *to switch on*
◊ *Karina memasangkan ibunya lampu.* Karina switched on the light for her mother.
② *to attach*
◊ *Para angkasawan itu akan memasangkan satelit tersebut sebuah motor.* The astronauts will attach a motor to the satellite.
pemasangan KATA NAMA
installation
◊ *pemasangan kabel elektrik* the installation of electric cables
pasang (3) PENJODOH BILANGAN
pair
◊ *dua pasang kasut* two pairs of shoes
♦ **sepasang kekasih** a pair of lovers
berpasangan KATA KERJA
in pairs
◊ *Cawan-cawan itu dijual secara berpasangan.* Those cups are sold in pairs.
pasangan KATA NAMA
partner
♦ **Ronald ingin menjadikan Julia sebagai pasangan hidupnya.** Ronald wants Julia to be his wife.
♦ **pasangan pengantin** bride and groom
♦ **pasangan kekasih** a pair of lovers
pasar KATA NAMA
market
◊ *pasar borong* wholesale market
◊ *pasar gelap* black market ◊ *pasar malam* night market
♦ **pasar lambak** jumble sale
♦ **pasar raya** supermarket
♦ **pasar raya besar** hypermarket
memasarkan KATA KERJA
to market
◊ *Syarikat itu akan memasarkan kamus barunya tidak lama lagi.* The company will market its new dictionary soon.
pemasaran KATA NAMA
marketing
◊ *Kami sedang membincangkan cara-cara pemasaran buku itu.* We are discussing ways of marketing that book.
pasaran KATA NAMA
market

B. Melayu ~ B. Inggeris   900

◊ *pasaran buruh* labour market
pasif KATA ADJEKTIF
passive
pasir KATA NAMA
sand
♦ **pasir jerlus** quicksand
berpasir KATA KERJA
sandy
◊ *lorong berpasir* a sandy path
pasport KATA NAMA
passport
pasteur KATA ADJEKTIF
pasteurized
◊ *susu pasteur* pasteurized milk
pempasteuran KATA NAMA
pasteurization
◊ *pempasteuran susu* the pasteurization of milk
pasti KATA ADJEKTIF
sure
◊ *Saya pasti jawapan itu betul.* I am sure that the answer is correct.
kepastian KATA NAMA
assurance
◊ *Dia meminta kepastian.* He asked for an assurance.
memastikan KATA KERJA
to ensure
◊ *Eileen memastikan bahawa syarat-syarat itu terkandung dalam kontrak itu.* Eileen ensured that the conditions were included in the contract.
pastri KATA NAMA
pastry
pasu KATA NAMA
pot
pasuk
berpasukan KATA KERJA
in teams
pasukan KATA NAMA

| rujuk juga **pasukan** PENJODOH BILANGAN |

team
◊ *pasukan bola sepak* football team
pasukan PENJODOH BILANGAN

| rujuk juga **pasukan** KATA NAMA |

① *troop*
◊ *sepasukan tentera* a troop of soldiers
◊ *sepasukan pengakap* a troop of scouts
② *team*
◊ *sepasukan pemain* a team of players
♦ **sepasukan gajah** a herd of elephants
patah KATA ADJEKTIF

| rujuk juga **patah** PENJODOH BILANGAN |

to break
◊ *Ranting itu patah.* The twig broke.
♦ **Kakinya patah dalam kemalangan itu.**

He broke his leg in the accident.
- **patah hati** to be heartbroken
berpatah KATA KERJA
- **berpatah balik** to turn back ◊ *Harun tidak berpatah balik walaupun dia terlupa mengambil payungnya.* Harun didn't turn back even though he had forgotten to take his umbrella.
mematahkan KATA KERJA
to break
◊ *Wahid mematahkan ranting-ranting kayu untuk membuat unggun api.* Wahid broke some twigs to make a fire. ◊ *Kata-kata itu tidak dapat mematahkan semangat Keat.* Those words were unable to break Keat's spirit.

patah PENJODOH BILANGAN
rujuk juga **patah** KATA ADJEKTIF
patah tidak ada terjemahan dalam bahasa Inggeris.
◊ *tiga patah perkataan* three words

paten KATA NAMA
patent

pateri KATA NAMA
solder
memateri KATA KERJA
to solder
◊ *Lelaki itu mematerikan dawai itu pada terminal telefon.* The man soldered the wire to the telephone terminal.

pati KATA NAMA
essence
◊ *pati vanila* vanilla essence

patriotik KATA ADJEKTIF
patriotic

patuh KATA KERJA
to obey
◊ *Kita mesti patuh pada undang-undang.* We must obey the law. ◊ *patuh pada ajaran agama* to obey religious teachings
kepatuhan KATA NAMA
obedience
◊ *Kepatuhan pelajar akan memudahkan lagi proses pengajaran.* Obedience on the part of students facilitates the process of instruction.
mematuhi KATA KERJA
to obey
◊ *Para pelajar harus mematuhi peraturan sekolah.* Students must obey school rules.

patuk
mematuk KATA KERJA
1 *to bite*
◊ *Rina pengsan apabila ular itu mematuk kakinya.* Rina passed out when the snake bit her leg.
2 *to peck*
◊ *Burung itu mematuk cacing itu.* The bird pecked the worm.

patung KATA NAMA
statue

patut KATA BANTU
should
◊ *Ivan patut belajar lebih tekun lagi.* Ivan should study harder.
berpatutan KATA KERJA
reasonable
◊ *harga yang berpatutan* a reasonable price
sepatutnya KATA BANTU
should
◊ *Zurina sepatutnya datang awal.* Zurina should come early. ◊ *Gajinya sepatutnya dinaikkan.* His pay should be increased.

paun (1) KATA NAMA
pound (mata wang negara Britain)

paun (2) KATA NAMA
pound (ukuran berat)

paus KATA NAMA
- **ikan paus** whale

paut KATA NAMA
- **sangkut-paut** interconnection
berpaut KATA KERJA
to cling
◊ *Budak kecil itu berpaut pada tangan emaknya kerana takut.* The child clung on to her mother's hand because she was scared.
berpautan KATA KERJA
connected
◊ *Kes pembunuhan itu berpautan dengan penculikan itu.* The murder was connected with the kidnapping.
memaut KATA KERJA
to cling
◊ *Joe memaut tiang itu supaya dia tidak jatuh.* Joe clung to the pole so as not to fall.
terpaut KATA KERJA
to fix on
◊ *Mata budak kecil itu terpaut pada alat mainan itu.* The child's eyes were fixed on the toy.
- **Hatinya sudah terpaut pada gadis itu.** He has fallen in love with the girl.
pautan KATA NAMA
link (komputer)

pawagam KATA NAMA (= *panggung wayang gambar*)
cinema

pawang KATA NAMA
traditional healer

paya KATA NAMA
swamp

payah KATA ADJEKTIF
difficult
◊ *kehidupan yang payah* a difficult life

payau → pedal   B. Melayu ~ B. Inggeris   902

berpayah-payah KATA KERJA
to toil
◊ *Ali berpayah-payah di ladang setiap hari sedangkan abangnya bersenang-lenang di rumah.* Ali toils in the fields every day while his brother enjoys himself at home.
kepayahan KATA NAMA
difficulty (JAMAK **difficulties**)
◊ *Kami terharu apabila mendengar tentang kepayahan hidup orang tua itu.* We were touched when we heard about the difficulties that the old man faced.
payau KATA ADJEKTIF
brackish
◊ *air yang payau* brackish water
payudara KATA NAMA
breast
◊ *barah payudara* breast cancer
payung KATA NAMA
umbrella
- **payung terjun** parachute
berpayung KATA KERJA
to use an umbrella
◊ *Freddie tidak berpayung kerana hujan renyai-renyai sahaja.* Freddie didn't use an umbrella because it was only drizzling.
berpayungkan KATA KERJA
to use ... as an umbrella
◊ *Lim terpaksa berpayungkan failnya apabila hujan turun tiba-tiba.* Lim had to use his file as an umbrella when it suddenly started raining.
memayungi KATA KERJA
to shelter ... with umbrella
◊ *Guru itu memayungi Asmah ke perhentian bas.* The teacher sheltered Asmah with his umbrella as far as the bus stop.
PBB SINGKATAN (= *Pertubuhan Bangsa-bangsa Bersatu*)
UN (= *United Nations*)
pear KATA NAMA
pear
pecah KATA ADJEKTIF
1 *broken*
- **Mangkuk itu pecah berkecai.** The bowl broke into pieces.
2 *cracked*
◊ *bibir yang pecah* cracked lips
berpecah KATA KERJA
to break up into
◊ *Pelajar-pelajar itu berpecah kepada tiga kumpulan.* The students broke up into three groups.
- **Rakyat Malaysia dinasihatkan supaya jangan berpecah.** The Malaysian people were urged to be united.
memecah KATA KERJA

- **memecah masuk** to break into
◊ *Pencuri yang memecah masuk ke dalam rumah Daud telah ditangkap.* The thief who broke into Daud's house has been caught.
memecahkan KATA KERJA
to break
◊ *Faridah memecahkan gelas itu secara tidak sengaja.* Faridah broke the glass accidentally.
pemecahan KATA NAMA
breaking
◊ *pemecahan rekod* the breaking of the record
perpecahan KATA NAMA
break-up
◊ *perpecahan dalam keluarga* a family break-up
pecahan KATA NAMA
fraction
◊ *Berikan jawapan anda dalam bentuk pecahan.* Give your answers in fractions.
pecah belah
berpecah belah KATA KERJA
to disintegrate
◊ *Pada masa itu, empayar tersebut mula berpecah belah.* During that time, the empire began to disintegrate.
- **Persatuan itu sudah berpecah belah.** The society has broken up.
memecahbelahkan KATA KERJA
to divide
◊ *Pihak pemberontak gagal memecahbelahkan rakyat negara itu.* The rebels did not succeed in dividing the people of the country.
pecat KATA KERJA
to dismiss
◊ *Jangan pecat dia. Berilah dia satu peluang lagi.* Don't dismiss him. Give him another chance.
memecat KATA KERJA
to dismiss
◊ *Valerie memecat pekerja yang malas itu.* Valerie dismissed the lazy worker.
pemecatan KATA NAMA
dismissal
◊ *Pekerja-pekerja itu mogok kerana membantah pemecatan Leela.* The workers went on strike in protest at Leela's dismissal.
pecut
memecut KATA KERJA
to speed
- **Ayob didenda kerana memecut.** Ayob was fined for speeding.
pedal KATA NAMA
pedal (*basikal, kereta, mesin*)
- **pedal minyak** accelerator

pedang KATA NAMA
sword

pedap
memedap KATA KERJA
to dab
◊ *Dia memedap lukanya dengan sapu tangan.* He dabbed at the wound with a napkin.

pedas KATA ADJEKTIF
[1] *hot*
◊ *Masakan emaknya sangat pedas.* Her mother's cooking is very hot.
[2] *harsh*
◊ *Ibunya tersinggung dengan kata-katanya yang pedas itu.* His mother was hurt by his harsh words.
kepedasan KATA NAMA
hot
◊ *Ching tidak tahan dengan kepedasan makanan itu.* Ching couldn't stand the hot food.
memedaskan KATA KERJA
to make ... hot
◊ *Norzila memedaskan mi itu dengan memasukkan sedikit sos cili.* Norzila made the noodles hot by adding some chilli sauce.

pedati KATA NAMA
cart

pedih KATA ADJEKTIF
to sting
◊ *Mata saya pedih.* My eyes stung.
kepedihan KATA NAMA
smart
◊ *Joanne membiarkan sahaja luka itu walaupun masih terasa kepedihannya.* Joanne ignored her wound although she could still feel the smart.
memedihkan KATA KERJA
to sting
◊ *Syampu ini tidak memedihkan mata kanak-kanak.* This shampoo won't make children's eyes sting.
pemedih KATA NAMA
♦ **gas pemedih mata** tear gas

pedoman KATA NAMA
guide
◊ *Alex menjadikan nasihat itu sebagai pedomannya.* Alex takes the advice as his guide.

peduli KATA KERJA
to care
◊ *George tidak peduli akan perasaan kawannya.* George didn't care about his friend's feelings.
mempedulikan KATA KERJA
to care
◊ *Erica tidak mempedulikan kata-kata jirannya.* Erica didn't care about her neighbour's remarks.

pegaga KATA NAMA
a creeping herb (penjelasan umum)

pegang
berpegang KATA KERJA
to hold onto
◊ *Jaya berpegang pada tali itu untuk mengelakkan dirinya daripada terjatuh.* Jaya held onto the rope to prevent himself from falling.
♦ **Sharon berpegang teguh pada prinsipnya.** Sharon held firmly to her principles.
♦ **berpegang pada janji** to keep one's promises
berpegangan KATA KERJA
to hold
◊ *Murid-murid berpegangan tangan dan masuk ke dalam kelas.* The pupils held hands and walked into the classroom.
memegang KATA KERJA
to hold
◊ *Syarifah memegang tangan anak lelakinya semasa mereka melintas jalan.* Syarifah held her son's hand while they crossed the road. ◊ *Jane memegang jawatan itu selama tiga tahun.* Jane held the post for three years.
pemegang KATA NAMA
holder
◊ **pemegang saham** share holder
pegangan KATA NAMA
guide
◊ *Marie menjadikan falsafah itu sebagai pegangannya.* Marie uses that philosophy as her guide.

pegas KATA NAMA
spring

pegawai KATA NAMA
officer

peguam KATA NAMA
lawyer
♦ **peguam bela** defence counsel
♦ **peguam cara** solicitor

pegun
terpegun KATA KERJA
stunned
◊ *Oliver terpegun melihat kecantikan gadis itu.* Oliver was stunned by the girl's good looks.

pejal KATA ADJEKTIF
solid
♦ **batu pejal** granite
♦ **Bayi mula makan makanan pejal dalam usia empat hingga enam bulan.** A baby starts eating solids at the age of four to six months.
memejalkan KATA KERJA
to solidify

pejam → pelamin

◊ *Syarikat itu akan memejalkan bahan buangan itu di dalam sebuah kilang yang berteknologi tinggi.* The company will solidify the waste in a high-tech factory.

pejam KATA KERJA
to close
◊ *Kita tidak boleh pejam mata sahaja dengan sikap mereka yang keterlaluan ini.* We cannot simply close our eyes to their excesses.

♦ **Masa berlalu begitu pantas. Pejam celik! Pejam celik! Sudah tiga tahun kami belajar di sini.** Time passes so quickly. We've been studying here for three years but it seems like the twinkling of an eye.

memejamkan KATA KERJA
to shut
◊ *Annie memejamkan matanya kerana dia tidak mahu melihat babak itu.* Annie shut her eyes because she didn't want to watch that scene.

terpejam KATA KERJA
shut
◊ *Mata William terpejam dan dia kelihatan seperti sedang tidur.* William's eyes were shut and he seemed to have fallen asleep.

peka KATA ADJEKTIF
sensitive
◊ *Seorang guru perlu peka terhadap keperluan pelajar-pelajarnya.* A teacher must be sensitive to the needs of his students.

kepekaan KATA NAMA
sensitivity
◊ *Florence disukai ramai kerana kepekaannya terhadap perasaan orang lain.* Florence was well-liked because of her sensitivity towards the feelings of others.

pekak KATA ADJEKTIF
deaf
memekakkan KATA KERJA
to deafen
♦ **bunyi yang memekakkan telinga** a deafening noise

pekan KATA NAMA
town

pekasam KATA NAMA
pickled food

pekat KATA ADJEKTIF
thick
◊ *sos yang pekat* thick sauce
♦ **jus epal yang pekat** concentrated apple juice

kepekatan KATA NAMA
concentration

◊ *kepekatan asid* the concentration of acid

♦ **Air ditambah untuk mengurangkan kepekatan cecair itu.** Water is added to dilute the liquid.

memekat KATA KERJA
to thicken
◊ *Kacau sehingga sos itu memekat.* Stir the sauce until it thickens.

memekatkan KATA KERJA
to thicken
◊ *Sandy memekatkan campuran itu dengan memasukkan sedikit tepung jagung.* Sandy thickened the mixture with cornflour.

pekerti KATA NAMA
behaviour
◊ *Dia perlu mengubah pekertinya yang buruk.* He has to change his bad behaviour.

♦ **seorang yang berbudi pekerti mulia** a person with a fine character

pekik
memekik KATA KERJA
to yell
◊ *Budak lelaki yang nakal itu memekik dan menjerit sekuat hatinya.* The naughty boy yelled and shouted as loud as he could.

terpekik KATA KERJA
to give a sudden yell
◊ *Kami terkejut apabila mendengar dia terpekik.* We were startled when he gave a sudden yell.

♦ **Dia terpekik terlolong seperti orang yang tidak siuman.** He was yelling and screaming like a lunatic.

terpekik-pekik KATA KERJA
to yell and yell
◊ *Budak-budak itu terpekik-pekik apabila bapa mereka berpura-pura hendak memukul mereka.* The children yelled and yelled when their father pretended to hit them.

pekikan KATA NAMA
scream
◊ *Pekikan Susie mengejutkan kawan-kawannya.* Susie's screams startled her friends.

pelahang
terpelahang KATA KERJA
wide open
◊ *Nasri membiarkan pintu itu terpelahang.* Nasri left the door wide open.

pelam KATA NAMA
mango (JAMAK **mangoes** atau **mangos**)

pelamin KATA NAMA

bridal dais (JAMAK **bridal daises**)
pelampung KATA NAMA
float
- **pelampung keselamatan** lifebelt

pelan KATA NAMA
plan
◊ *pelan sebuah taman* a plan of a garden

pelana KATA NAMA
saddle

pelanduk KATA NAMA
mouse deer

pelangi KATA NAMA
rainbow

pelantar KATA NAMA
1. *long bench* (JAMAK **long benches**)
2. *platform* (untuk pekerja cari gali minyak)
- **pelantar minyak** oil rig

pelanting
terpelanting KATA KERJA
to be thrown off
◊ *Dia terpelanting dari kudanya.* He was thrown off the horse.
- **Dia terpelanting keluar dari keretanya ketika kemalangan itu berlaku.** He was thrown out of his car in the accident.
- **Pukulan itu menyebabkan budak itu terpelanting.** The blow sent the child flying.
- **Cincin Joey terpelanting ke dalam longkang.** Joey's ring fell into the drain.

pelat KATA NAMA
accent

pelawa
mempelawa KATA KERJA
to invite
◊ *Angeline mempelawa kawan-kawannya ke rumahnya.* Angeline invited her friends to her house.
pelawaan KATA NAMA
invitation
◊ *Dia menerima pelawaan kami.* He accepted our invitation.

pelbagai KATA ADJEKTIF
various

pelecok
terpelecok KATA KERJA
to sprain
◊ *Diana jatuh dan kakinya terpelecok.* Diana fell and sprained her ankle.

pelekat KATA NAMA
1. *gum*
2. *sticker*

pelepah KATA NAMA
frond

pelesir
berpelesiran KATA KERJA
to enjoy oneself
◊ *Henry berpelesiran di pusat membeli-belah setiap hari.* Henry enjoyed himself at the shopping centre every day.

pelihara
memelihara KATA KERJA
to look after
◊ *Kita harus memelihara alam sekitar.* We should look after the environment.
- **Kelly memelihara dua ekor kucing.** Kelly has two pet cats.
peliharaan KATA NAMA
1. *pet*
◊ *Anjing peliharaan Janice semakin gemuk.* Janice's pet dog is getting fatter.
2. *foster*
◊ *Anak peliharaan Lily sangat baik.* Lily's foster child is very good.
pemelihara KATA NAMA
breeder
◊ *Bapa Janet seorang pemelihara kuda yang terkenal.* Janet's father was a well-known horse breeder.
pemeliharaan KATA NAMA
1. *rearing*
◊ *pemeliharaan binatang* rearing of animals
2. *conservation*
◊ *pemeliharaan alam sekitar* conservation of the environment
terpelihara KATA KERJA
to be well-maintained
◊ *Kami berharap taman itu akan terus terpelihara.* We hope that the garden will always be well-maintained.

pelik KATA ADJEKTIF
strange
◊ *Satu perkara yang pelik telah berlaku.* A strange thing happened.
kepelikan KATA NAMA
peculiarity (JAMAK **peculiarities**)
◊ *Salah satu kepelikan yang ada pada dirinya ialah dia gemar memakai kasut berwarna jingga.* One of his peculiarities is that he likes to wear orange shoes.
memelikkan KATA KERJA
to puzzle
◊ *Perubahan sikapnya secara tiba-tiba itu memang memelikkan kami.* His sudden changes of attitude really puzzled us.

pelipis KATA NAMA
temple

pelita KATA NAMA
lamp

pelohong
terpelohong KATA KERJA
wide open
◊ *Nasri membiarkan pintu itu terpelohong.* Nasri left the door wide

pelopor → penat lelah

open.
- **Sebuah lubang terpelohong di bumbung itu.** A hole gaped in the roof.

pelopor KATA NAMA
pioneer
◊ *Mereka merupakan pelopor projek raksasa itu.* They were the pioneers of the huge project.
mempelopori KATA KERJA
to pioneer
◊ *Kami mempelopori projek itu.* We pioneered the project.

pelosok KATA NAMA
corner
◊ *Penyanyi itu terkenal di seluruh pelosok negara.* The singer is famous in every corner of the land.

peluang KATA NAMA
opportunity (JAMAK **opportunities**)
berpeluang KATA KERJA
to have the opportunity

peluh KATA NAMA
sweat
berpeluh KATA KERJA
to sweat
◊ *Viknes berpeluh selepas bermain badminton.* Viknes sweats after a game of badminton.

peluk KATA KERJA
to hug
- **bantal peluk** bolster
berpeluk KATA KERJA
to hug
◊ *Mereka saling berpeluk.* They were hugging each other.
- **Tidak elok berpeluk di khalayak ramai.** Hugging in public is impolite.
- **berpeluk tubuh (1)** to fold one's arms
- **berpeluk tubuh (2)** lazy
berpelukan KATA KERJA
to hug each other
◊ *Kami berpelukan dan menangis sebelum meninggalkan tempat itu.* We hugged each other and cried before leaving the place.
memeluk KATA KERJA
1 *to hug*
◊ *Beth memeluk kawannya.* Beth hugged her friend.
2 *to convert*
◊ *Dia memeluk agama Kristian pada tahun 1998.* He converted to Christianity in 1998.
pemeluk KATA NAMA
follower
- **pemeluk agama Buddha** Buddhist
- **pemeluk agama Hindu** Hindu
- **pemeluk agama Islam** Muslim
- **pemeluk agama Kristian** Christian

pelukan KATA NAMA
embrace
◊ *Yvonne gembira berada dalam pelukan emaknya.* Yvonne was happy to be in her mother's embrace.

peluru KATA NAMA
bullet

peluwap
memeluwap KATA KERJA
to condense (wap, gas)
pemeluwapan KATA NAMA
condensation

pelvis KATA NAMA
pelvis (JAMAK **pelvises**)

pemidang KATA NAMA
frame

pemiutang KATA NAMA
creditor

pempan
terpempan KATA KERJA
dumbfounded
◊ *Rosnah berdiri terpempan di situ sebaik sahaja dia menerima berita itu.* Rosnah stood there dumbfounded after receiving the news.

pen KATA NAMA
pen
- **pen penyerlah** highlighter

pena KATA NAMA
pen
- **pena mata bulat** ballpoint pen

penalti KATA NAMA
penalty (JAMAK **penalties**)

penat KATA ADJEKTIF
tired
◊ *Karim berehat sebentar kerana terlalu penat.* Karim rested for a while because he was very tired.
kepenatan KATA ADJEKTIF
rujuk juga **kepenatan** KATA NAMA
exhausted
◊ *Walaupun mereka kepenatan, mereka masih meneruskan kerja itu.* Although they are exhausted, they are still continuing to work.
kepenatan KATA NAMA
rujuk juga **kepenatan** KATA ADJEKTIF
tiredness
◊ *Minna terpaksa membatalkan semua rancangannya kerana kepenatan.* Minna had to cancel all her plans because of tiredness.
memenatkan KATA KERJA
to tire
◊ *Roy menaiki bus kerana memandu kereta memenatkannya.* Roy takes a bus because driving tires him.

penat lelah KATA NAMA
efforts

◊ *Lee gembira kerana penat lelahnya selama ini telah mendatangkan hasil.* Lee was happy because his efforts all that time had paid off.

berpenat lelah KATA KERJA
to work hard
◊ *Paman tidur selepas berpenat lelah di ladang sepanjang hari.* Paman slept after working hard on the farm all day.

penawar KATA NAMA
antidote

pencak KATA NAMA
self-defence
◊ *kursus-kursus pencak* self-defence courses
berpencak KATA KERJA
to practise martial arts
• **Hassan berpencak sejak kecil lagi.** Hassan has been learning martial arts since he was young.
• **Abdul suka berpencak.** Abdul likes martial arts.

pencar
berpencar KATA KERJA
scattered
◊ *Henry mengutip alat mainan yang berpencar di atas lantai.* Henry picked up the toys that were scattered over the floor.
memencar KATA KERJA
to disperse
◊ *Selepas majlis itu, semua orang mula memencar.* After the party, everyone began to disperse.
memencarkan KATA KERJA
to scatter
◊ *Nancy memencarkan kelopak bunga ros di atas kubur.* Nancy scattered rose petals over the grave.

pencen KATA NAMA
pension
berpencen KATA KERJA
pensionable
◊ *kerja yang berpencen* pensionable job

pencil
memencilkan KATA KERJA
to isolate
◊ *Rizman memencilkan dirinya di dalam bilik.* Rizman isolated himself in his room.
pemencilan KATA NAMA
isolating
◊ *Pemencilan diri daripada orang lain tidak dapat menyelesaikan masalah ini.* Isolating yourself from others will not solve this problem.
terpencil KATA KERJA
isolated
◊ *kawasan terpencil* isolated areas

pendam
memendamkan KATA KERJA
1 *to hide*
◊ *Zaridah memendamkan sahaja perasaan sedihnya.* Zaridah simply hid her sadness.
2 *to bury*
◊ *Ahmad memendamkan kotak itu di belakang rumahnya.* Ahmad buried the box behind his house.
terpendam KATA KERJA
suppressed
◊ *Linda berasa lega selepas meluahkan isi hatinya yang terpendam.* Linda felt relieved after pouring out her suppressed feelings.
• **bakat terpendam** hidden talent

pendap
memendap KATA KERJA
to shut oneself up
◊ *Dollah memendap di dalam biliknya sepanjang hari.* Dollah shut himself up in his room all day.
memendapkan KATA KERJA
to shut oneself up
◊ *Judy memendapkan dirinya di dalam bilik.* Judy shut herself up in her room.

pendek KATA ADJEKTIF
short
memendekkan KATA KERJA
to shorten
◊ *Julia akan memendekkan masa persembahan itu.* Julia will shorten the time of the presentation.
pemendekan KATA NAMA
shortening
• **Pemendekan tempoh percutiannya adalah di luar jangkaan saya.** I was surprised when she cut short her holiday.

pendekar KATA NAMA
warrior

pendeta KATA NAMA
scholar

penganan KATA NAMA
various Malaysian cakes

pengantin KATA NAMA
bridal couple
• **pengantin lelaki** bridegroom
• **pengantin perempuan** bride
• **pasangan pengantin** bridal couple
• **pengapit pengantin lelaki** best man
• **pengapit pengantin perempuan** bridesmaid

pengap KATA ADJEKTIF
stuffy
◊ *Bilik itu pengap.* The room is stuffy.
memengapkan KATA KERJA
to make ... feel suffocated
◊ *Bilik yang tidak bertingkap itu memengapkan kami.* The windowless

room made us feel suffocated.

pengaruh KATA NAMA
influence
◊ *Jaya mempunyai pengaruh yang kuat ke atas para pekerjanya.* Jaya has a strong influence over his workers.
berpengaruh KATA KERJA
influential
◊ *Osman mempunyai ramai kawan yang berpengaruh.* Osman has a lot of influential friends.
mempengaruhi KATA KERJA
to influence
◊ *Lucy cuba mempengaruhi kawannya supaya menyertai kumpulan itu.* Lucy tried to influence her friend to join that group.
terpengaruh KATA KERJA
to be influenced
◊ *Stella terpengaruh dengan kata-kata orang itu.* Stella was influenced by that person's words.

penggal KATA NAMA
> *rujuk juga* **penggal** PENJODOH BILANGAN

term
◊ *Sam sangat sibuk pada penggal ini.* Sam is very busy this term.
memenggal KATA KERJA
to behead
◊ *Dia diarahkan supaya memenggal kepala pengkhianat itu.* He was ordered to behead the traitor.

penggal PENJODOH BILANGAN
> *rujuk juga* **penggal** KATA NAMA

section
◊ *lima penggal tebu* five sections of sugar cane

penggawa KATA NAMA
headman (JAMAK **headmen**)

penghulu KATA NAMA
headman (JAMAK **headmen**)

pengsan KATA ADJEKTIF
to faint
◊ *Neneknya pengsan selepas mendengar berita itu.* Her grandmother fainted on hearing the news.

penguin KATA NAMA
penguin

peni KATA NAMA
penny (JAMAK **pence**) (*syiling Britain*)

pening KATA ADJEKTIF
> *rujuk juga* **pening** KATA NAMA

dizzy
◊ *Kepala Cindy masih sakit dan dia berasa pening.* Cindy's head still hurt and she felt dizzy.
kepeningan KATA NAMA
dizziness
◊ *Ubat ini juga boleh menyebabkan kepeningan.* This medicine can also cause dizziness.
memeningkan KATA KERJA
to give somebody a headache
◊ *Soalan itu memeningkannya.* The question gave him a headache.
♦ **memeningkan kepala** to give somebody a headache

pening KATA NAMA
> *rujuk juga* **pening** KATA ADJEKTIF

dizziness

penisilin KATA NAMA
penicillin

peniti KATA NAMA
pin

penjara KATA NAMA
prison
memenjarakan KATA KERJA
to imprison
◊ *Polis memenjarakan perompak-perompak itu.* The police imprisoned the robbers.
pemenjaraan KATA NAMA
imprisonment
◊ *pemenjaraan selama lima tahun* five years' imprisonment

penjuru KATA ARAH
corner
◊ *Tuliskan perkataan itu pada penjuru sebelah kiri bahagian atas kertas itu.* Write the word in the top left hand corner of the paper.

pensel KATA NAMA
pencil
♦ **kotak pensel** pencil case
♦ **pengasah pensel** pencil sharpener

pentas KATA NAMA
stage
◊ *Murid-murid sedang menghiaskan pentas.* The pupils are decorating the stage.
mementaskan KATA KERJA
to stage
◊ *Ahli-ahli Persatuan Bahasa Melayu akan mementaskan drama itu esok.* The members of the Malay Language Society will stage that play tomorrow.
pementasan KATA NAMA
staging
◊ *pementasan drama* the staging of a play

penting KATA ADJEKTIF
important
◊ *Maklumat itu penting.* The information is important.
kepentingan KATA NAMA
benefit
◊ *Wahab menyimpan wang demi*

kepentingan anak-anaknya. Wahab saves money for the benefit of his children.
mementingkan KATA KERJA
to care
◊ *Kadir lebih mementingkan isterinya daripada kawan-kawannya.* Kadir cares more about his wife than about his friends.
• **mementingkan diri** selfish
terpenting KATA ADJEKTIF
the most important
penuh KATA ADJEKTIF
full
◊ *Tangki itu sudah penuh.* The tank is full.
• **Dewan itu penuh sesak dengan orang.** The hall is packed with people.
memenuhi KATA KERJA
to fulfill
◊ *Mandy memenuhi semua keperluan kerja itu.* Mandy fulfilled all the requirements for the job.
memenuhkan KATA KERJA
to fill
◊ *Ani memenuhkan cawannya dengan kopi.* Ani filled her cup with coffee.
sepenuh KATA ADJEKTIF
• **sepenuh hati** wholeheartedly
◊ *Joanne menyokong keputusan itu dengan sepenuh hati.* Joanne supported the decision wholeheartedly.
• **sepenuh perhatian** undivided attention
• **kerja sepenuh masa** a full-time job
sepenuhnya KATA ADJEKTIF
fully
◊ *Ray menggunakan kemudahan-kemudahan yang disediakan dengan sepenuhnya.* Ray fully utilizes the facilities provided.
• **Lelaki itu memberikan maklumat yang sepenuhnya kepada pihak polis.** The man gave full details to the police.
penyangak KATA NAMA
villain
penyek KATA ADJEKTIF
flattened
◊ *tong dram minyak yang sudah penyek* flattened oil drums
menyekkan KATA KERJA
to flatten
◊ *Dia menyekkan tin itu sebelum memasukkannya ke dalam beg plastik.* He flattened the can before putting it into the plastic bag.
penyu KATA NAMA
turtle
pepah
memepah KATA KERJA
to hit with a stick
◊ *Larry memepah anjing itu.* Larry hit the dog with a stick.
pepak KATA ADJEKTIF
full
◊ *Almari itu pepak dengan pakaian.* The cupboard is full of clothes.
peparu KATA NAMA
lungs
pepat KATA ADJEKTIF
level
◊ *Buluh itu dipotong sehingga pepat.* The bamboo is cut until it is level.
memepat KATA KERJA
to trim
◊ *Kawan saya memepat rambut saya.* My friend trims my hair.
pepatah KATA NAMA
saying
pepatung KATA NAMA
dragonfly (JAMAK **dragonflies**)
pepejal KATA NAMA
solid
pepenjuru KATA NAMA
diagonal
pepijat KATA NAMA
bug
◊ **pepijat alaf** millennium bug
perabot KATA NAMA
furniture
perada KATA NAMA
glitter
peragawan KATA NAMA
male model
peragawati KATA NAMA
female model
perah
memerah KATA KERJA
to squeeze
◊ *Emak sedang memerah jus oren di dapur.* My mother is squeezing oranges in the kitchen.
• **Pekerja-pekerja itu memerah susu lembu dengan tangan.** The workers milked cows by hand.
• **memerah otak** to think hard
• **memerah tenaga** to work hard
perahan KATA NAMA
juice
◊ **perahan lemon** lemon juice
perahu KATA NAMA
boat (terjemahan umum)
• **perahu layar** sailing boat
perajurit KATA NAMA
soldier
perak KATA NAMA
silver
peram
memeram KATA KERJA
to ripen by storing
◊ **memeram buah** to ripen fruits by

storing them
terperam KATA KERJA
to be kept in one's heart
♦ **Rahsia itu sudah lama terperam di dalam hatinya.** She has kept the secret to herself for a long time.

peran KATA NAMA
clown
peranan KATA NAMA
role
◊ *Ibu bapa memainkan peranan yang penting dalam hal ini.* The parents played an important role in this matter.
berperanan KATA KERJA
to play the role
◊ *Jamilah juga berperanan sebagai pembimbing kepada pelajarnya.* Jamilah also played the role of a guide to her students.

perang KATA NAMA
war
◊ *perang dunia* world war ◊ *perang saudara* civil war
berperang KATA KERJA
to fight
◊ *Mereka berperang untuk membebaskan negara mereka daripada penjajahan.* They fought to free their country from colonization.
memerangi KATA KERJA
to fight
◊ *Askar-askar itu memerangi pihak musuh yang menyerang mereka.* The soldiers fought against the attacking enemy. ◊ *Pengurus itu berusaha memerangi rasuah dalam syarikatnya.* The manager worked hard to fight bribery in his company.
peperangan KATA NAMA
war
◊ *Peperangan mengorbankan banyak nyawa.* War destroys many lives.

pérang KATA ADJEKTIF
brown
keperang-perangan KATA ADJEKTIF
brownish

perangai KATA NAMA
behaviour
◊ *perangai yang baik* good behaviour
berperangai KATA KERJA
to behave
◊ *Budak nakal itu selalu berperangai buruk.* That naughty child is always behaving badly.

perangkap KATA NAMA
trap
memerangkap KATA KERJA
to trap
◊ *Charlie memerangkap seekor pelanduk.* Charlie trapped a mouse deer.
◊ *Pihak polis memerangkap pembunuh itu.* The police trapped the killer.
terperangkap KATA KERJA
to be trapped
◊ *Ghani melepaskan burung yang terperangkap di dalam jaring itu.* Ghani freed the bird that was trapped in the netting.

perangkawan KATA NAMA
statistician

peranjat
memeranjatkan KATA KERJA
to startle
◊ *Bunyi itu memeranjatkan saya.* The noise startled me. ◊ *Anda memeranjatkan saya!* You startled me!
terperanjat KATA KERJA
startled
◊ *Kelly terperanjat apabila melihat mereka berkucupan.* Kelly was startled when she saw them kissing.

peranti KATA NAMA
device
◊ *peranti elektronik* electronic device

perantis KATA NAMA
apprentice
◊ *perantis tukang kayu* an apprentice carpenter

perap
memerap KATA KERJA
to shut oneself up
◊ *Sally memerap di dalam bilik selepas pulang dari sekolah.* Sally shut herself up in her room after school.
memerapkan KATA KERJA
to marinate
◊ *Dia memerapkan ayam itu dengan sos tiram dan madu.* She marinated the chicken with oyster sauce and honey.
terperap KATA KERJA
to be shut up
◊ *Ben lebih suka keluar daripada terperap sahaja di dalam bilik.* Ben would rather go out than just be shut up in his room.

peras
memeras KATA KERJA
[1] *to exploit*
◊ *Penyelia itu didakwa kerana memeras pekerja-pekerjanya.* The supervisor was charged with exploiting his workers.
[2] *to extort*
◊ *Pegawai itu memeras wang daripada lelaki itu.* The officer extorted money from that man.
♦ **Para pelajar memeras otak untuk menjawab soalan itu dengan betul.** The students racked their brains to answer the

pemeras KATA NAMA
extortionist

perasan KATA KERJA
to notice
◊ *Sue tidak perasan yang mukanya kotor.* Sue didn't notice that her face was dirty.

peras ugut KATA NAMA
extortion
◊ *Lelaki itu didakwa melakukan peras ugut.* The man has been charged with extortion.
memeras ugut KATA KERJA
to extort money
◊ *Pelajar yang memeras ugut kawan-kawannya itu telah dibuang sekolah.* The student who extorted money from his friends has been expelled.

perawan KATA NAMA
virgin

perca KATA NAMA
remnants
♦ **perca kain** remnants ◊ *Kedai itu biasanya menjual perca kain dengan murah.* The shop usually sells remnants cheaply.

percaya KATA KERJA
1 *to believe*
◊ *Saya percaya usahanya akan mendatangkan hasil.* I believe his efforts will pay off.
2 *to trust*
◊ *Yusri percaya kepada bapanya.* Yusri trusts his father.
kepercayaan KATA NAMA
1 *belief*
◊ *kepercayaan agama* religious beliefs
2 *trust*
◊ *Anda telah mengkhianati kepercayaan mereka.* You've betrayed their trust.
mempercayai KATA KERJA
1 *to believe*
◊ *Saya mempercayai kata-katanya.* I believe what he says.
2 *to trust*
◊ *Dia mempercayai pekerja-pekerjanya.* He trusted his employees.

percik
berpercikan KATA KERJA
to splatter
◊ *Air dari lopak berpercikan apabila lori melalui jalan itu.* Water splattered out of potholes when lorries went along the road.
memercik KATA KERJA
to splash
◊ *Air daripada paip itu memercik di atas lantai.* Water from the tap splashed on to the floor.
memercikkan KATA KERJA
to splash
◊ *Carrie memercikkan air ke muka kawannya.* Carrie splashed water on her friend's face.
percikan KATA NAMA
splash (JAMAK **splashes**)
◊ *percikan darah* splashes of blood
terpercik KATA KERJA
to splash
◊ *Air daripada paip itu terpercik ke bajunya.* Water from the tap splashed onto his shirt.

percuma KATA ADJEKTIF
free
◊ *tiket percuma* free ticket

perdana KATA ADJEKTIF
first
◊ *Kilang perdana itu masih beroperasi.* The first factory is still in operation.
♦ **Perdana Menteri** Prime Minister

perdu KATA NAMA
base of a tree

perempuan KATA NAMA
woman (JAMAK **women**)
♦ **anak perempuan** daughter
♦ **adik perempuan** sister
♦ **perempuan simpanan** mistress (JAMAK **mistresses**)

perencah KATA NAMA
seasoning

perenggan KATA NAMA
paragraph

pergi KATA KERJA
to go
◊ *Hui Yee akan pergi ke Ipoh pada minggu hadapan.* Hui Yee will go to Ipoh next week.
pemergian KATA NAMA
departure
◊ *pemergian Presiden ke Helsinki* the President's departure for Helsinki

perhati
memerhatikan KATA KERJA
1 *to gaze*
◊ *Leela memerhatikan bangunan lama itu.* Leela gazed at the old building.
2 *to observe*
◊ *Polis memerhatikan gerak-geri lelaki itu.* The police observed the man's movements.
♦ **Perhatikan bangunan lama itu.** Look at that old building.
pemerhati KATA NAMA
observer
pemerhatian KATA NAMA
observation
◊ *Ahli sains itu membuat pemerhatian tentang pergerakan planet.* The scientist

made an observation of the movement of the planets.

perhatian KATA NAMA
attention
◊ *Para pelajar patut menumpukan perhatian dalam kelas.* Students should pay attention in class.

peri (1) KATA BANTU
how
◊ *Farid tidak tahu peri pentingnya isu itu.* Farid didn't know how important the issue was.

peri (2)
berperi-peri KATA KERJA
in earnest
◊ *Henry berperi-peri mengatakan bahawa dia akan membantu saya.* Henry was in earnest when he said he would help me.
memerikan KATA KERJA
to describe
◊ *Jenny memerikan kecantikan taman itu.* Jenny described the beauty of the garden.
pemeri KATA NAMA
narrator
pemerian KATA NAMA
description
◊ *Pemerian Joe tentang bangunan itu amat jelas.* Joe's description of that building was vivid.
terperi KATA KERJA
• **tidak terperi** beyond description
◊ *Kecantikannya tidak terperi.* Her beauty was beyond description.

peria KATA NAMA
bitter gourd

peribadi KATA ADJEKTIF
personal
◊ *pembantu peribadi* personal assistant
• **pengawal peribadi** bodyguard
• **Secara peribadi, saya tidak setuju.** Personally I don't agree.
keperibadian KATA NAMA
personality (JAMAK **personalities**)
◊ *keperibadian yang baik* pleasant personality

peribahasa KATA NAMA
proverb

peribumi KATA NAMA
native

perigi KATA NAMA
well

perihal KATA NAMA
rujuk juga **perihal** KATA HUBUNG
state
◊ *Zen bertanggungjawab ke atas perihal kewangan syarikat itu.* Zen is responsible for the financial state of the company.

memerihalkan KATA KERJA
to describe
◊ *Norhayati memerihalkan majlis itu kepada sahabat penanya.* Norhayati described the party to her penfriend.
pemerihalan KATA NAMA
description
◊ *Brenda mendengar pemerihalannya dengan sepenuh perhatian.* Brenda listened intently to his description.

perihal KATA HUBUNG
rujuk juga **perihal** KATA NAMA
about
◊ *Mereka sedang bercakap perihal rancangan mereka pada minggu hadapan.* They are talking about their plans for next week.

perikemanusiaan KATA NAMA
humanity
◊ *Ucapannya memperlihatkan kematangan dan perikemanusiaan.* Her speech showed maturity and humanity.
berperikemanusiaan KATA KERJA
humane
◊ *masyarakat yang berperikemanusiaan* humane society
• **tidak berperikemanusiaan** inhuman

periksa KATA KERJA
to check
◊ *Tolong periksa beg anda sebelum pulang.* Please check you bags before leaving.
memeriksa KATA KERJA
[1] *to examine*
◊ *Pegawai itu memeriksa pasport Nancy dan mengecapnya.* The officer examined Nancy's passport and stamped it.
[2] *to investigate*
◊ *Saya akan memeriksa hal itu.* I'll investigate the matter.
pemeriksa KATA NAMA
[1] *examiner*
◊ *Guru itu merupakan salah seorang pemeriksa kertas sejarah.* The teacher is one of the examiners for the history paper.
[2] *inspector*
◊ *pemeriksa kualiti* quality inspector
pemeriksaan KATA NAMA
examination
◊ *Tom dibenarkan keluar dari hospital selepas pemeriksaan yang selanjutnya dilakukan.* Tom was discharged from the hospital after further examination.
peperiksaan KATA NAMA
examination

perilaku KATA NAMA
action

perinci

memperincikan KATA KERJA
to scrutinize
◊ *Sam memperincikan laporan itu untuk membuat anggaran yang lebih tepat.* Sam scrutinized the report so as to make a more accurate estimate.

pemerincian KATA NAMA
detailed analysis
◊ *Alan berharap pemerincian kertas kerjanya boleh meyakinkan pelaburnya.* Alan hoped that the detailed analysis of his proposal would convince his investors.

perincian KATA NAMA
detail
◊ *Mereka akan membincangkan perincian syarat-syarat itu.* They will discuss the details of the conditions.

terperinci KATA ADJEKTIF
detailed
◊ *laporan yang terperinci* a detailed report

peringkat KATA NAMA

1. *level*
◊ *pertandingan catur peringkat kebangsaan* national level chess competition
2. *stage*
◊ *peringkat akhir proses itu* the final stage of the process

+ **peringkat separuh akhir** semi-finals

berperingkat KATA KERJA
in stages
◊ *Produk itu dibuat berperingkat.* The product was made in stages.

+ **secara berperingkat** in stages

meringkatkan KATA KERJA
to divide ... into different stages
◊ *Pengurus itu memeringkatkan kerja-kerja itu.* The manager divided the work into different stages.

pemeringkatan KATA NAMA
grading
◊ *sistem pemeringkatan tiga tingkat* a three-tier grading system

perintah KATA NAMA

order
◊ *Dia mengikut perintah leftenan itu.* He obeyed the lieutenant's orders.

memerintah KATA KERJA
1. *to rule*
◊ *Raja itu memerintah dalam tempoh yang singkat sahaja.* The king ruled for only a short time.
2. *to order*
◊ *En. Hashim tidak suka memerintah para pekerjanya.* Mr Hashim doesn't like to order his employees around.

memerintahkan KATA KERJA
to command
◊ *Dia memerintahkan tenteranya supaya melakukan serangan.* He commanded his troops to attack.

pemerintah KATA NAMA
ruler

pemerintahan KATA NAMA
government
◊ *sistem pemerintahan* system of government

+ **pemerintahan beraja** monarchy (JAMAK **monarchies**)

perisa KATA NAMA
flavour

perisai KATA NAMA
shield

peristiwa KATA NAMA
event

perit KATA ADJEKTIF
smarted
◊ *Luka pada tangan saya terasa perit apabila terkena air.* The cut on my hand smarted when it got wet.

+ **Peristiwa itu terlalu perit untuk dikenang.** The incident was too painful to remember.
+ **Mereka terpaksa menghadapi cabaran yang begitu perit.** They had to face a very difficult challenge.

keperitan KATA NAMA
difficulty (JAMAK **difficulties**)
◊ *William tabah menghadapi keperitan hidupnya.* William faced the difficulties in his life with determination.

memeritkan KATA KERJA
to sting
◊ *Krim itu memeritkan kulit saya yang sensitif.* The cream stung my sensitive skin.

+ **Dia mendapati latihan ketenteraan itu sangat mencabar dan memeritkan.** He found the military training very challenging and tough.

periuk KATA NAMA
pot
+ **periuk belanga** pots and pans
+ **periuk nasi** rice cooker
+ **periuk tanah** earthenware pot
+ **periuk api** land mine

perkakas KATA NAMA
tool

perkakasan KATA NAMA
1. *tools*
2. *hardware* (*komputer*)

perkara KATA NAMA
matter
◊ *satu perkara yang penting* an important matter

seperkara KATA HUBUNG

perkasa KATA ADJEKTIF
brave
◊ *lelaki yang perkasa* a brave man
♦ **gagah perkasa** brave

perkosa
memperkosa KATA KERJA
to rape
◊ *Lelaki yang memperkosa gadis itu telah ditangkap oleh polis.* The man who raped the girl has been arrested by the police.
perkosaan KATA NAMA
rape
◊ *Kes perkosaan semakin meningkat di negara ini.* Cases of rape are on the increase in this country.

perlahan KATA ADJEKTIF
[1] *slow*
◊ *pergerakan yang perlahan* a slow movement
[2] *soft*
◊ *suara yang perlahan* a soft voice
♦ **Karim bergerak dengan perlahan.** Karim moved slowly.
perlahan-lahan KATA ADJEKTIF
[1] *slowly*
◊ *Karim bergerak perlahan-lahan.* Karim moved slowly.
[2] *quietly*
◊ *Dia membuka pintu itu perlahan-lahan.* He quietly opened the door.
memperlahankan KATA KERJA
[1] *to slow ... down*
◊ *Ali memperlahankan keretanya.* Ali slowed his car down.
[2] *to lower*
◊ *Irene memperlahankan suaranya kerana teman sebiliknya sedang tidur.* Irene lowered her voice because her roommate was asleep.

perli KATA ADJEKTIF
♦ **kata-kata perli** teasing ◊ *Wendy tidak tahan dengan kata-kata perli kawannya.* Wendy couldn't tolerate her friend's teasing.
memerli, memperli KATA KERJA
to tease
◊ *Amy suka memerli kawannya yang malas itu.* Amy likes to tease her lazy friend.

perlu KATA BANTU
to have to
◊ *Anda perlu memfailkan semua dokumen ini.* You have to file all these documents.
♦ **Para tetamu perlu berpakaian formal.** Guests are required to wear formal attire.
♦ **Anda perlu faham masalah saya.** You should understand my problem.
♦ **Anda perlu menghadiri majlis itu.** You must attend the reception.
♦ **tidak perlu** unnecessary
keperluan KATA NAMA
necessity (JAMAK **necessities**)
◊ *keperluan asas* basic necessity
memerlukan KATA KERJA
to need
◊ *Billy memerlukan seorang pengasuh untuk menjaga anaknya.* Billy needed a babysitter to take care of his child.

permai KATA ADJEKTIF
beautiful
◊ *pemandangan tasik yang sungguh permai* a very beautiful view of the lake

permaidani KATA NAMA
carpet

permaisuri KATA NAMA
queen

permata KATA NAMA
gem

permatang KATA NAMA
ridge (di sawah)

permit KATA NAMA
permit

pernah KATA BANTU
[1] *have ... before*
◊ *Saya pernah pergi ke sana.* I have been there before. ◊ *Saya pernah mendengar lagu ini.* I've heard this song before.
[2] *have ever*
◊ *terbaik yang pernah saya lihat* the best I have ever seen
♦ **Dia tidak pernah mempercayai saya.** He never believed me.

peronyok
memperonyok KATA KERJA
to crumple
◊ *Felicia memperonyok nota itu lalu membuangnya.* Felicia crumpled the note and threw it away.
terperonyok KATA KERJA
crumpled
◊ *Pakaian seragamnya terperonyok.* His uniform was crumpled.

perosok
terperosok KATA KERJA
to slip into
◊ *Kaki Weng Ki terperosok ke dalam longkang.* Weng Ki's foot slipped into the drain.

Perpatih KATA NAMA

Malay ~ English — persada → pesisir

- **Adat Perpatih** Matrilineal Law

persada KATA NAMA
- **persada tanah air** motherland

persegi KATA NAMA
square
◊ *6000 kilometer persegi* 6000 square kilometres

persis KATA ADJEKTIF
exactly
◊ *Rupa Andy persis rupa abangnya.* Andy looks exactly like his brother.
◊ *Osman meninggalkan rumahnya persis pukul tiga petang.* Osman left his house at exactly three in the afternoon.

personaliti KATA NAMA
personality (JAMAK **personalities**)
◊ *personaliti yang baik* pleasant personality

personel KATA NAMA
personnel

perspektif KATA NAMA
perspective

pertama KATA ADJEKTIF
first
◊ *sekolah pertama di Malaysia* the first school in Malaysia

pertiwi KATA NAMA
motherland
- **ibu pertiwi** motherland

pertua
- **Yang Dipertua** Governor ◊ *Yang Dipertua Pulau Pinang* the Governor of Penang

peruk
memeruk KATA KERJA
to shove
◊ *Alex memeruk buku-bukunya itu ke dalam laci.* Alex shoved the books into the drawer.
terperuk KATA KERJA
to be shoved
◊ *Alat-alat mainannya terperuk di dalam kotak itu.* His toys were shoved into the box.
- **Elsie terperuk di dalam biliknya selepas pulang dari sekolah.** After school Elsie shut herself up in her room.

perungus KATA ADJEKTIF
hot-tempered
◊ *Dia seorang yang perungus.* He's a hot-tempered person.

perut KATA NAMA
stomach

perwira KATA NAMA
hero (JAMAK **heroes**)

pesan KATA NAMA
will
◊ *Mahmud akan menunaikan pesan datuknya yang baru meninggal dunia.* Mahmud will carry out the will of his recently deceased grandfather.
- **Halim selalu mengingati pesan ibunya supaya tidak bercakap bohong.** Halim always remembered his mother's exhortation not to tell lies.

berpesan KATA KERJA
to tell
◊ *Ina berpesan kepada anak lelakinya supaya jangan nakal.* Ina told her son that he mustn't be naughty.

memesan KATA KERJA
to order
◊ *Vincent memesan dua buah buku komputer dari kedai itu.* Vincent ordered two computer books from the shop.

pesanan KATA NAMA
1. *advice*
◊ *Alison mendengar pesanan gurunya.* Alison listened to her teacher's advice.
2. *order*
◊ *Saya membuat pesanan untuk kereta itu kelmarin.* I placed an order for that car yesterday.
3. *will*
◊ *Mahmud akan menunaikan pesanan datuknya yang baru meninggal dunia.* Mahmud will carry out the will of his recently deceased grandfather.
- **Halim selalu mengingati pesanan ibunya supaya tidak bercakap bohong.** Halim always remembered his mother's exhortation not to tell lies.

pesat KATA ADJEKTIF
rapid
◊ *perkembangan yang pesat* rapid development
- **Bandar itu berkembang dengan pesat.** The city is developing rapidly.

kepesatan KATA NAMA
rapidity
◊ *kepesatan pembangunan bandar itu* the rapidity of the town's development
- **kepesatan ekonomi** the rapid growth of the economy

memesatkan KATA KERJA
to speed up
◊ *usaha-usaha untuk memesatkan pertumbuhan ekonomi* efforts to speed up the growth of the economy

pesawat KATA NAMA
1. *machine*
2. *aeroplane*
- **pesawat pengebom** bomber

pesimis KATA NAMA
pessimist

pesimistik KATA ADJEKTIF
pessimistic

pesisir KATA NAMA

pesona → petik

shore
pesisiran KATA NAMA
shore

pesona KATA NAMA
spell
mempesona KATA KERJA
captivating
◊ *senyuman yang mempesona* a captivating smile
mempesonakan KATA KERJA
to captivate
◊ *Kecantikan penyanyi itu mempesonakan kami.* The singer's beauty captivated us.
terpesona KATA KERJA
to be captivated
◊ *Anda akan terpesona dengan keindahan lanskap di tempat ini.* You'll be captivated by the beauty of the landscape. ◊ *Saya terpesona dengan kecantikannya.* I was captivated by her beauty.

pesong
memesongkan KATA KERJA
1 *to turn*
◊ *Peter memesongkan keretanya ke sebelah kiri jalan itu.* Peter turned left off the road.
2 *to change*
◊ *Henry memesongkan tajuk perbualan kerana tidak mahu terus membincangkan soal itu.* Henry changed the subject because he didn't want to discuss the matter any further.
♦ **Mereka cuba memesongkan fikiran remaja dengan dakyah mereka.** They are trying to lead teenagers' minds astray with their propaganda.
pemesongan KATA NAMA
deviation
◊ *pemesongan dari topik asal* deviation from the original topic
terpesong KATA KERJA
1 *to deviate*
◊ *Rancangan pengurus itu telah terpesong daripada rancangan asalnya.* The manager has deviated from his original plan.
2 *to stray*
◊ *Karangan Jean terpesong daripada tajuk.* Jean's composition strayed from the topic.

pesta KATA NAMA
1 *fair*
♦ **tapak pesta** fairground
♦ **pesta ria** funfair
2 *festival*
◊ *pesta filem* film festival
berpesta KATA KERJA

B. Melayu ~ B. Inggeris 916

to celebrate
◊ *Kami berpesta sepanjang malam itu.* We celebrated the whole night.

pesuruhjaya KATA NAMA
commissioner

peta KATA NAMA
map
memetakan KATA KERJA
to draw a map
◊ *Hashim memetakan kawasan tempat tinggalnya.* Hashim drew a map of the area where he lived.
pemeta KATA NAMA
cartographer
pemetaan KATA NAMA
mapping
◊ *Pemetaan kawasan itu telah siap.* The mapping of that area has been done.

petah KATA ADJEKTIF
fluent
◊ *Lee Tin petah berbahasa Jepun.* Lee Tin is fluent in Japanese.
kepetahan KATA NAMA
fluency
◊ *Kepetahan Azlin berbahasa Jerman memudahkan dia mendapat kerja itu.* Azlin's fluency in German made it easy for her to get the job.

petak KATA NAMA
> rujuk juga **petak** PENJODOH BILANGAN

square
berpetak-petak KATA KERJA
checked
◊ *Dia memakai baju kuning dan skirt yang berpetak-petak.* She's wearing a yellow shirt and a checked skirt.

petak PENJODOH BILANGAN
> rujuk juga **petak** KATA NAMA

plot
◊ *sepetak sawah padi* a plot of paddy

petaka KATA NAMA
mishap

petang KATA NAMA
1 (*sebelum pukul 6*) *afternoon*
2 (*antara pukul 6-7*) *evening*

petas KATA NAMA
firecrackers

peti KATA NAMA
trunk
♦ **peti besi/simpanan** safe
♦ **peti sejuk** refrigerator
♦ **peti surat** post box (JAMAK **post boxes**)

petik KATA KERJA
to pick
◊ *Jangan petik bunga di taman saya.* Don't pick the flowers in my garden.
memetik KATA KERJA
1 *to pick*

◊ *Saya memetik sebiji mangga untuk isteri saya.* I picked a mango for my wife.
• **Lelaki itu duduk bersendirian di sudut itu sambil memetik gitarnya.** The man sat alone in the corner and plucked his guitar.
2 *to quote*
◊ *Seri memetik satu ayat daripada buku itu.* Seri quoted a sentence from the book.
3 *to snap*
◊ *Nora menyanyi sambil memetik jarinya.* Nora sang and snapped her fingers.
memetikkan KATA KERJA
to pick
◊ *Saya memetikkan isteri saya sebiji mangga.* I picked my wife a mango.
pemetik KATA NAMA
1 *trigger (untuk senapang)*
2 *switch* (JAMAK **switches**)
• **pemetik api** cigarette lighter
petikan KATA NAMA
passage
◊ *Baca petikan yang diberikan.* Read the passage given.
petir KATA NAMA
thunder and lightning
petisyen KATA NAMA
petition
petola KATA NAMA
sponge gourd
petrol KATA NAMA
petrol
• **petrol berplumbum** leaded petrol
• **petrol tanpa plumbum** unleaded petrol
petua KATA NAMA
tip
◊ *petua penjagaan kulit* skin care tips
berpetua KATA KERJA
to give a tip
◊ *Nenek Bibi berpetua kepadanya tentang cara-cara penjagaan muka.* Bibi's grandmother gave her a tip on facial care.
dipetuakan KATA KERJA
recommended
◊ *Ikutlah cara rawatan yang telah dipetuakan.* Follow the recommended treatment.
piagam KATA NAMA
charter
◊ *Fasal 50 Piagam Pertubuhan Bangsa-bangsa Bersatu* Article 50 of the United Nations Charter
memiagamkan KATA KERJA
to state in a charter
◊ *Organisasi itu telah memiagamkan semua fasal-fasalnya.* The organization has stated all its articles in the charter.
piala KATA NAMA

trophy (JAMAK **trophies**)
piano KATA NAMA
piano (JAMAK **pianos**)
piat (1)
memiat KATA KERJA
to twist
◊ *Larry memiat pemegang beg itu.* Larry twisted the handle of the bag.
piat (2) KATA NAMA
• **piat-piat** descendants
piatu KATA ADJEKTIF
orphan
piawai KATA ADJEKTIF
standard
◊ *suhu piawai* standard temperature
memiawaikan KATA KERJA
to standardize
◊ *Kilang itu telah memiawaikan komponen-komponen model tersebut.* The factory has standardized the components of the model.
pemiawaian KATA NAMA
standardization
◊ *pemiawaian kualiti barangan* standardization of the quality of goods
piawaian KATA NAMA
standard
◊ *sistem piawaian kualiti barangan* system of standards for the quality of goods
pic KATA NAMA
• **buah pic** peach (JAMAK **peaches**)
picagari KATA NAMA
syringe
picit KATA NAMA
squeeze
• **lampu picit** torch (JAMAK **torches**)
• **tukang picit (1)** masseur (*lelaki*)
• **tukang picit (2)** masseuse (*perempuan*)
memicit KATA KERJA
1 *to squeeze*
◊ *Kelly memicit jari kawannya.* Kelly squeezed her friend's finger.
2 *to press*
◊ *Richard memicit loceng pintu itu.* Richard pressed the doorbell.
3 *to knead*
◊ *Ah Ling memicit bahu kakaknya.* Ah Ling kneaded her sister's shoulder.
picitan KATA NAMA
squeeze
• **Picitan Lily yang kuat pada tangan saya menyebabkan saya menjerit.** Lily squeezed my hand so hard that I screamed.
picu KATA NAMA
trigger
◊ *Lelaki itu memetik picu pistolnya.* The man pulled the trigger of his pistol.

pidato KATA NAMA
speech (JAMAK **speeches**)
berpidato KATA KERJA
to make a speech
◊ *Kamariah berpidato dalam bahasa Inggeris.* Kamariah made a speech in English.
mempidatokan KATA KERJA
to make a speech
◊ *Pelajar itu mempidatokan tentang pencemaran alam sekitar.* The student made a speech about environmental pollution.
pemidato KATA NAMA
speaker

pihak KATA NAMA
party (JAMAK **parties**)
◊ *pihak ketiga* third party
♦ **pihak lawan** opponent
♦ **pihak media** the media
♦ **bagi pihak** on behalf
berpihak, memihak KATA KERJA
to side
◊ *Ibu saya selalu berpihak kepada adik lelaki saya.* My mother always sides with my younger brother.
♦ **Anda selalu memihak kepadanya.** You always take his side.
memihakkan KATA KERJA
to side
◊ *Henry selalu memihakkan anak perempuannya.* Henry always sides with his daughter.

pijak
pijak-pijak KATA NAMA
pedal
memijak KATA KERJA
to tread
◊ *Saya memijak kakinya secara tidak sengaja.* I accidentally trod on his foot.
memijakkan KATA KERJA
♦ **memijakkan kaki** to set foot ◊ *Neil Armstrong ialah orang yang pertama memijakkan kakinya di atas bulan.* Neil Armstrong was the first person to set foot on the moon.
terpijak KATA KERJA
to accidentally step
◊ *Saya terpijak kakinya.* I accidentally stepped on his foot.

pijama KATA NAMA
pyjamas

pijar KATA ADJEKTIF
hot
◊ *minyak yang pijar* hot oil ◊ *Tangan saya terasa pijar selepas memotong cili itu.* My hands feel hot after chopping those chillies.

pijat KATA NAMA
bedbug

pikat
memikat KATA KERJA
[1] *to attract*
◊ *Pakej percutian itu ditawarkan untuk memikat pelancong.* The holiday package was offered in order to attract tourists.
[2] *to snare*
◊ *Rahim memikat seekor burung kelmarin.* Rahim snared a bird yesterday.
[3] *to make advances*
◊ *Sammy mahu memikat gadis itu.* Sammy wanted to make advances to the girl.
pemikat KATA NAMA
admirer
◊ *Gadis itu mempunyai ramai pemikat.* The girl has many admirers.
terpikat KATA KERJA
attracted
◊ *Robert sudah terpikat pada gadis itu.* Robert was attracted to the girl.

piknik KATA NAMA
picnic
berpiknik KATA KERJA
to picnic
◊ *Kami berpiknik di tasik itu.* We picnicked at the lake.

pikul KATA NAMA
picul (ukuran berat)
bersamaan dengan kira-kira 62.5 kg
memikul KATA KERJA
[1] *to carry on the shoulder*
◊ *Lelaki itu memikul seguni beras.* The man was carrying a sack of rice on his shoulder.
[2] *to shoulder*
◊ *Dia memikul tanggungjawab menjaga adik lelakinya.* He shouldered the responsibility of caring for his brother.
memikulkan KATA KERJA
to carry
◊ *Karim memikulkan bapanya peti itu.* Karim carried the trunk for his father.
pikulan KATA NAMA
load
◊ *Pikulannya sangat berat.* His load is very heavy.

pil KATA NAMA
pill
◊ *pil tidur* sleeping pill

pili KATA NAMA
tap
◊ *air pili* tap water

pilih KATA KERJA
to choose
◊ *Pilihlah warna yang lebih terang.* Choose a brighter colour.
♦ **pilih kasih** to be biased

memilih KATA KERJA
1. *to elect*
◊ *Para pelajar memilih ketua darjah mereka sendiri.* The students elected their own monitor.
2. *to choose*
◊ *Dia memilih warna baju yang lebih terang untuk anak perempuannya.* She chose a blouse with brighter colours for her daughter.

memilihkan KATA KERJA
to choose
◊ *Guru itu memilihkan pelajar-pelajarnya buku rujukan.* The teacher chose the reference book for her students.

pemilih KATA NAMA
elector (dalam pilihan raya)
• **Dia seorang yang pemilih.** She's choosy.

pemilihan KATA NAMA
choice
◊ *Semua orang berpuas hati dengan pemilihan Sullivan sebagai bendahari.* Everyone was satisfied with the choice of Sullivan as treasurer.

terpilih KATA KERJA
to be elected
◊ *Dia terpilih sebagai wakil rakyat.* He was elected as the people's representative.
• **calon yang terpilih** the elected candidate

pilihan KATA NAMA
choice
◊ *berbagai warna pilihan* a wide choice of colours
• **pilihan raya** election

pilin KATA ADJEKTIF
spiral
◊ *Cindy menuruni tangga pilin itu.* Cindy went down the spiral staircase.

berpilin KATA KERJA
twisted
◊ *tali yang berpilin* a twisted rope

memilin KATA KERJA
to twine
◊ *Kamal memilin kain itu menjadi tali dan menggunakannya untuk turun ke bawah.* Kamal twined the cloth into a length of rope and used it to lower himself to the ground.

pilu KATA ADJEKTIF
sad
◊ *Saya menangis selepas mendengar cerita pilu lelaki itu.* I wept when I heard the man's sad story.

kepiluan KATA NAMA
sorrow
◊ *Kata-kata tidak dapat menggambarkan kepiluan saya.* Words cannot express my sorrow.

memilukan KATA KERJA
to sadden
◊ *Kekejaman di negara itu memilukan hatinya.* The cruelty in the country saddens her.

pimpin
memimpin KATA KERJA
1. *to lead somebody by the hand*
• **Vincent memimpin kawannya ke dalam biliknya.** Vincent led his friend to his room.
2. *to guide*
◊ *Seorang jurulatih yang berpengalaman akan memimpin pasukan kami.* An experienced coach will guide our team.

pemimpin KATA NAMA
leader

kepemimpinan KATA NAMA
leadership
◊ *ciri-ciri kepemimpinan* leadership qualities

pimpinan KATA NAMA
guidance
◊ *Wen Loong mendapat keputusan yang baik di bawah pimpinan guru itu.* Wen Loong got good results under the guidance of the teacher.

kepimpinan KATA NAMA
leadership
◊ *George memuji kepimpinannya semasa krisis itu.* George praised her leadership during the crisis.

pin KATA NAMA
pin

mengepin KATA KERJA
to pin
◊ *Linda mengepin bunga itu pada gaunnya.* Linda pinned the flower onto her dress.

pinang (1) KATA NAMA
areca nut

pinang (2)
meminang KATA KERJA
to propose
◊ *Keluarga Idham meminang Amelia kelmarin.* Idham's parents proposed to Amelia yesterday.

peminang KATA NAMA
suitor

peminangan KATA NAMA
proposal
◊ *Nenek Siti sangat gembira apabila dia mengetahui tentang peminangan itu.* Siti's grandmother was delighted when she heard about the proposal.

pinangan KATA NAMA
proposal
◊ *Junaidah menerima pinangan Rashidi.*

Junaidah accepted Rashidi's proposal.

pinar
berpinar-pinar KATA KERJA
to see stars
◊ *Matanya berpinar-pinar setelah kepalanya dipukul oleh seorang perompak.* He saw stars after being hit on the head by a robber.

pincang KATA ADJEKTIF
1 *lame*
◊ *Kaki orang tua itu pincang.* The old man is lame.
2 *spoiled*
◊ *Upacara penganugerahan hadiah itu akan pincang jika beliau tidak hadir.* The prize-giving ceremony will be spoiled if he's absent.
kepincangan KATA NAMA
shortcoming
◊ *Buku itu ada kepincangannya.* The book has its shortcomings.
◊ *kepincangan dalam sistem kewangan negara* shortcomings in the country's monetary system
♦ **Dia akan mendedahkan segala kepincangan yang berlaku dalam politik negara itu.** He will expose all the injustices that occur in the country's politics.
♦ **kepincangan ekonomi** imbalance in the economy

pinda
meminda KATA KERJA
to amend
◊ *Kerajaan telah meminda Akta itu.* The government has amended the Act.
pemindaan KATA NAMA
amendment
◊ *hak-hak untuk pemindaan* rights of amendment
pindaan KATA NAMA
amendment
◊ *pindaan pada rang undang-undang* an amendment to the bill

pindah
berpindah KATA KERJA
to move
◊ *Chui Fen telah berpindah ke Kuala Lumpur.* Chui Fen has moved to Kuala Lumpur.
♦ **berpindah-randah** to move frequently
memindah KATA KERJA
♦ **memindah naik** to upload
♦ **memindah turun** to download
memindahkan KATA KERJA
1 *to move*
◊ *Ranjit memindahkan meja itu ke dalam biliknya.* Ranjit moved the table into his room.
2 *to transfer*
◊ *Nick mahu memindahkan sedikit wang ke dalam akaun anak perempuannya.* Nick wanted to transfer some money to his daughter's account.
pemindahan KATA NAMA
transfer
◊ *pemindahan teknologi* technology transfer
♦ **pemindahan jantung** a heart transplant
perpindahan KATA NAMA
move
◊ *Pengurus itu telah mengumumkan perpindahan syarikatnya ke Ipoh.* The manager has announced his company's move to Ipoh.

pinga
terpinga-pinga KATA KERJA
dumbfounded
◊ *Jean terpinga-pinga apabila Kelvin memarahinya dengan tidak semena-mena.* Jean was dumbfounded when Kelvin scolded her for no reason.

pingat KATA NAMA
medal

pinggan KATA NAMA
plate
♦ **pinggan mangkuk** crockery

pinggang KATA NAMA
waist
♦ **buah pinggang** kidneys
♦ **tali pinggang** belt

pinggir KATA NAMA
edge
◊ *pinggir bandar* edge of town
meminggiri KATA KERJA
to be on the fringes
◊ *bandar kecil penduduk kulit hitam yang meminggiri bandar raya tersebut* black townships located on the fringes of the city
♦ **Rumput dan bunga-bunga liar meminggiri kolam itu.** There was grass and wild flowers by the edge of the pond.
meminggirkan KATA KERJA
to neglect
◊ *Mereka tidak sepatutnya meminggirkan masalah itu.* They should not neglect that problem.
peminggiran KATA NAMA
boundary (JAMAK **boundaries**)
◊ *peminggiran negara* national boundary
pinggiran KATA NAMA
rujuk juga **pinggiran** KATA ADJEKTIF
edge
◊ *pinggiran tasik* edge of a lake
pinggiran KATA ADJEKTIF
rujuk juga **pinggiran** KATA NAMA

unimportant
◊ *perkara-perkara pinggiran* unimportant matters

pinggul KATA NAMA
buttock

pingpong KATA NAMA
table tennis

pinjam
  meminjam KATA KERJA
  to borrow
  ◊ *Saya meminjam pen Phui Yin.* I borrowed Phui Yin's pen.
  meminjamkan KATA KERJA
  to lend
  ◊ *Phui Yin meminjamkan pennya kepada saya.* Phui Yin lent me her pen.
  peminjam KATA NAMA
  1 *borrower* (*orang yang meminjam*)
  2 *lender* (*orang yang memberikan pinjaman*)
  peminjaman KATA NAMA
  1 *borrowing*
  ◊ *James memenuhi semua syarat peminjaman itu.* James fulfilled all the borrowing requirements.
  2 *lending*
  ◊ *Jabatan itu menguruskan peminjaman wang kepada orang yang layak.* The department manages the lending of money to those qualified to borrow.
  pinjaman KATA NAMA
  loan
  ◊ *Billy memohon pinjaman daripada bank.* Billy applied for a loan from the bank.

pinta
  meminta KATA KERJA
  to request
  ◊ *Pengurus meminta supaya mesyuarat itu ditangguhkan.* The manager requested that the meeting be postponed.
  pintaan KATA NAMA
  request
  ◊ *Andrew menyanyi atas pintaan para jemputan.* Andrew sang at the request of the guests.

pintal KATA ADJEKTIF
♦ **roda pintal** spinning wheel
  berpintal-pintal KATA KERJA
  tangled
  ◊ *benang yang berpintal-pintal* a tangled thread
  memintal KATA KERJA
  to spin
  ◊ *Selina sedang memintal benang sayat.* Selina is spinning the wool.
  pemintal KATA NAMA
  1 *spindle* (*perkakas*)

  2 *spinner* (*orang*)

pintar KATA ADJEKTIF
clever
◊ *Cik Kartika sangat pintar.* Miss Kartika is very clever.
  kepintaran KATA NAMA
  intelligence
  ◊ *Masalah-masalah itu dapat diselesaikan kerana kepintaran Kamarul.* Thanks to Kamarul's intelligence it was possible to solve the problems.
  terpintar KATA ADJEKTIF
  cleverest
  ◊ *Syarifah ialah pelajar yang terpintar di dalam kelas.* Syarifah is the cleverest student in the class.

pintas KATA ADJEKTIF
♦ **jalan pintas** short cut
  memintas KATA KERJA
  1 *to take a short cut*
  ◊ *Jay sesat selepas memintas jalan itu.* Jay got lost after taking a short cut.
  2 *to overtake*
  ◊ *Kereta merah itu memintas kereta-kereta di hadapan.* The red car overtook the cars in front.
  3 *to interrupt*
  ◊ *Tommy sedang bercakap tetapi isterinya memintas.* Tommy was speaking but his wife interrupted.
  pemintasan KATA NAMA
  taking a short cut
  ◊ *Pemintasan jalan itu menjimatkan masa mereka.* They saved time by taking a short cut.
  sepintas KATA ADJEKTIF
♦ **sepintas lalu** briefly (*huraian, penjelasan*)
♦ *Veronica melihat lukisan-lukisan itu sepintas lalu.* Veronica took a glance at the paintings.
  pintasan KATA NAMA
  short cut

pintu KATA NAMA
  rujuk juga **pintu** PENJODOH BILANGAN
  door
  ◊ *pintu belakang* back door
♦ **pintu gerbang** archway
♦ **pintu keluar** exit
♦ **pintu masuk** entrance
♦ **pintu pagar** gate

pintu PENJODOH BILANGAN
  rujuk juga **pintu** KATA NAMA
  pintu *tidak ada terjemahan dalam bahasa Inggeris.*
  ◊ *sepintu kedai* one shop ◊ *dua pintu rumah* two houses

pipi KATA NAMA
cheek

pipih → plastik

pipih KATA ADJEKTIF
flat
◊ *papan yang pipih* a flat piece of plank
memipihkan KATA KERJA
to flatten
◊ *Budak lelaki itu memipihkan plastisinnya.* The boy flattened his plasticine.
pipit KATA NAMA
sparrow
piramid KATA NAMA
pyramid
piring KATA NAMA
saucer
• **piring satelit** satellite dish
• **piring terbang** flying saucer
piring hitam KATA NAMA
record
◊ *pemain piring hitam* record player
pisah
berpisah KATA KERJA
[1] *to be apart*
◊ *Mereka berjumpa setelah berpisah selama tiga tahun.* They met after being apart for three years.
• **Mereka berpisah selepas majlis itu.** They parted after the party.
[2] *to break up*
◊ *Willy telah berpisah dengan teman wanitanya.* Willy has broken up with his girlfriend.
memisahkan KATA KERJA
to separate
◊ *Guru itu memisahkan dua orang pelajar yang bergaduh itu.* The teacher separated the two students who were fighting.
pemisahan KATA NAMA
separation
◊ *Pemisahan dua jabatan itu bertujuan untuk memudahkan pentadbiran syarikat.* The separation of the two departments is to facilitate the administration of the company.
perpisahan KATA NAMA
[1] *separation*
◊ *Perpisahan mereka tidak diduga.* Their separation was unexpected.
[2] *farewell*
◊ *majlis perpisahan* farewell party
terpisah KATA KERJA
separate
◊ *Tempat duduk guru terpisah daripada tempat duduk pelajar.* The teacher's seat is separate from those of the pupils.
• **Akhirnya mereka terpisah juga.** They eventually separated.
pisang KATA NAMA
banana

B. Melayu ~ B. Inggeris 922

pisau KATA NAMA
knife (JAMAK **knives**)
• **pisau cukur** razor
• **pisau lipat** penknife
Pisces KATA NAMA
Pisces (bintang zodiak)
pistol KATA NAMA
pistol
pita KATA NAMA
tape
◊ *pita video* videotape ◊ *pita ukur* tape measure
• **pita suara** vocal cords
pitam KATA KERJA
to have a blackout
◊ *Pelajar itu pitam semasa hendak memasuki kelas.* The student had a blackout on her way into the classroom.
piuh
berpiuh KATA KERJA
twisted
◊ *tali yang berpiuh* a twisted rope
piut KATA NAMA
descendant of the fifth generation
• **piat-piut** descendants
piutang KATA NAMA
loan
◊ *Michael telah menjelaskan piutangnya.* Michael has paid back the loan.
pemiutang KATA NAMA
creditor
piuter KATA NAMA
pewter
◊ *pinggan piuter* pewter plate
piza KATA NAMA
pizza
plag KATA NAMA
plug
plagiat
memplagiat KATA KERJA
to plagiarize
◊ *Dia dituduh memplagiat novel orang lain.* He was accused of plagiarizing someone else's novel.
plak KATA NAMA
plaque
◊ *Plak terbentuk pada permukaan gigi.* Plaque forms on the surface of the teeth.
◊ *Plak itu dibuat sempena pembukaan bangunan itu.* The plaque was made to commemorate the opening of the building.
planet KATA NAMA
planet
plasma KATA NAMA
plasma
plaster KATA NAMA
plaster
plastik KATA NAMA
plastic

plastisin KATA NAMA
Plasticine®
plat KATA NAMA
plate
◊ **plat nombor** number plate
platform KATA NAMA
platform
platun KATA NAMA
platoon
playar KATA NAMA
pliers
plot KATA NAMA
plot
◊ *Plot drama itu sangat menarik.* The plot of the play is very interesting.
memplot KATA KERJA
to plot
◊ *Kami memplot lapan titik pada graf itu.* We plotted eight points on the graph.
memplotkan KATA KERJA
to create the plot
◊ *Henderson memplotkan filem itu.* Henderson created the plot of the film.
plumbum KATA NAMA
lead
• **tanpa plumbum** lead-free
berplumbum KATA KERJA
leaded
◊ **petrol berplumbum** leaded petrol
Pluto KATA NAMA
Pluto
pneumonia KATA NAMA
pneumonia
pohon (1) KATA NAMA
tree
pepohon KATA NAMA
trees
pohon (2) KATA KERJA *rujuk* **mohon**
pokai KATA ADJEKTIF
(tidak formal)
broke (tidak formal)
poker KATA NAMA
poker
pokok KATA NAMA
tree
• **Pokoknya, saya tidak menyukainya.** Basically, I just don't like him.
berpokok KATA KERJA
to stem
◊ *Masalah anak lelakinya berpokok daripada dadah.* His son's problems stem from drugs.
pola KATA NAMA
pattern
◊ *Pola baju Jimmy sangat istimewa.* The pattern on Jimmy's shirt is very unusual.
berpolakan KATA KERJA
to follow a pattern
◊ *Pembunuhan ini berpolakan pembunuhan-pembunuhan pada bulan yang lepas.* This murder follows the pattern of last month's murders.
polio KATA NAMA
polio
poligami KATA NAMA
polygamy
poliklinik KATA NAMA
polyclinic
polimer KATA NAMA
polymer
polis KATA NAMA
police
polisi KATA NAMA
policy (JAMAK **policies**)
politeknik KATA NAMA
polytechnic
politena KATA NAMA
polythene
politik KATA NAMA
politics
• **parti politik** political party
• **ahli politik** politician
berpolitik KATA KERJA
to take part in politics
◊ *Dia tidak menggalakkan anak perempuannya berpolitik.* She didn't encourage her daughter to take part in politics.
pondan KATA NAMA
transvestite
pondok KATA NAMA
hut
• **pondok telefon** telephone booth
ponteng KATA KERJA
to be absent without leave (pekerja)
• **Jangan ponteng sekolah.** Don't play truant.
memonteng KATA KERJA
[1] *to play truant*
◊ *Barbara didenda kerana memonteng sekolah.* Barbara was punished for playing truant from school.
[2] *to be absent without leave*
◊ *Pekerja itu dipecat kerana memonteng kerja.* The worker was dismissed because he was absent without leave from his job.
pop KATA ADJEKTIF
pop
popular KATA ADJEKTIF
popular
◊ **fesyen yang popular** a popular fashion
• **tidak popular** unpopular
kepopularan KATA NAMA
popularity
◊ *Lagu ini selalu dimainkan kerana kepopularan penyanyinya.* This song is

always played because of the popularity of the singer.
mempopularkan KATA KERJA
to popularize
◊ *Mereka cuba mempopularkan muzik klasik.* They tried to popularize classical music.
populasi KATA NAMA
population
porak-peranda KATA ADJEKTIF
chaotic
◊ *Kampung itu menjadi porak-peranda.* The village became chaotic.
- **Rumah tangga mereka porak-peranda kerana keganasannya.** Their marriage was on the rocks because of his violence.
memporak-perandakan KATA KERJA
to cause chaos
◊ *Berita itu boleh memporak-perandakan syarikat ini.* That news could cause chaos to this company.
- **Mereka menggunakan taktik itu untuk memporak-perandakan rakyat.** They used those tactics to create confusion among the population.
portal KATA NAMA
portal
porter KATA NAMA
porter
Portugis KATA NAMA
Portuguese
- **orang Portugis** Portuguese
pos KATA NAMA
post
◊ *Anda akan menerima buku anda melalui pos.* You will receive your book through the post.
- **bayaran pos** postage
mengepos KATA KERJA
to post
◊ *Saya mengepos sepucuk surat kepada Stanley.* I posted a letter to Stanley.
posisi KATA NAMA
position
- **posisi tubuh** posture
positif KATA ADJEKTIF
positive
poskad KATA NAMA
postcard
poskod KATA NAMA
postcode
posmen KATA NAMA
postman (JAMAK **postmen**)
poster KATA NAMA
poster
post-mortem KATA NAMA
post-mortem
postur KATA NAMA
posture

potensi KATA NAMA
potential
◊ *Sekolah itu membantu para pelajarnya mencapai potensi mereka yang sebenarnya.* The school helps the students to achieve their real potential.
berpotensi KATA KERJA
capable
◊ *pekerja yang berpotensi* a capable worker
potong KATA KERJA

> rujuk juga **potong** PENJODOH BILANGAN

to cut
◊ *Tolong potong tomato itu.* Please cut the tomato.
- **potong-memotong** to overtake each other
memotong KATA KERJA
1 *to cut*
◊ *memotong rambut seseorang* to cut somebody's hair
- **Lily memotong sehelai reben untuk anak perempuannya.** Lily cut off a length of ribbon for her daughter.
2 *to reduce*
◊ *Kedai itu memotong harga barangannya.* The shop reduced the prices of its goods.
3 *to overtake*
◊ *Kereta merah itu memotong kereta-kereta di hadapan.* The red car overtook the cars in front.
4 *to interrupt*
◊ *Budak lelaki yang nakal itu memotong percakapan emaknya.* The naughty boy interrupted his mother while she was talking.
memotongkan KATA KERJA
to cut
◊ *Lily memotongkan anak perempuannya reben.* Lily cut her daughter a length of ribbon.
pemotong KATA NAMA
cutter
pemotongan KATA NAMA
cut
◊ *Pemotongan gaji pekerja tidak dapat dielakkan.* A cut in the employees' salaries was unavoidable.
potongan KATA NAMA
slices
◊ *potongan kek* slices of cake
- **potongan badan** figure
- **potongan harga** discount
potong PENJODOH BILANGAN

> rujuk juga **potong** KATA KERJA

slice
◊ *sepotong daging* a slice of meat

potret KATA NAMA
portrait

pra AWALAN
pre-

praakhir KATA ADJEKTIF
penultimate

prakata KATA NAMA
preface

praktik KATA NAMA
practice
mempraktikkan KATA KERJA
to practise
◊ *Ken mempraktikkan perkara-perkara yang dipelajarinya.* Ken practised the things that he had learned.

praktikal KATA ADJEKTIF
practical
◊ *cadangan yang praktikal* a practical suggestion

praktis KATA ADJEKTIF
practical
◊ *cara yang praktis* a practical way

pramugara KATA NAMA
steward

pramugari KATA NAMA
air hostess (JAMAK **air hostesses**)

prasangka KATA NAMA
prejudice
◊ *Dia berharap pihak berkuasa akan menyiasat kes itu tanpa prasangka.* He hoped the authorities would investigate the case without prejudice.
berprasangka KATA KERJA
prejudiced
◊ *Saya tidak berprasangka terhadapnya.* I am not prejudiced against him.

prasejarah KATA ADJEKTIF
prehistoric

prasekolah KATA ADJEKTIF
pre-school

prasyarat KATA NAMA
prerequisite

prejudis KATA NAMA
prejudice

premis KATA NAMA
premises

presiden KATA NAMA
president

preskripsi KATA NAMA
prescription
mempreskripsikan KATA KERJA
to prescribe
◊ *Doktor itu mempreskripsikan antibiotik untuk saya.* The doctor prescribed a course of antibiotics for me.

prestasi KATA NAMA
performance
◊ *Kajian itu melihat prestasi 18 orang pakar bedah.* The study looked at the performance of 18 surgeons.

prestij KATA NAMA
prestige
berprestij KATA KERJA
prestigious
◊ *sekolah yang berprestij* a prestigious school

prihatin KATA KERJA
concerned
berprihatin KATA KERJA
concerned
◊ *Kami berprihatin terhadap keselamatan para pelajar.* We were concerned about the students' safety.
keprihatinan KATA NAMA
concern
◊ *keprihatinan seorang guru terhadap para pelajarnya* a teacher's concern for his students

primer KATA ADJEKTIF
primary
◊ *industri primer* primary industry

primitif KATA ADJEKTIF
primitive

prinsip KATA NAMA
principle

prisma KATA NAMA
prism

pro KATA NAMA
pro (JAMAK **pros**)
◊ *pro dan kontra* the pros and cons

produk KATA NAMA
product

produktiviti KATA NAMA
productivity

profesion KATA NAMA
profession

profesional KATA ADJEKTIF
professional
♦ *secara profesional* professionally

profesor KATA NAMA
professor

profil KATA NAMA
profile

program KATA NAMA
1 *programme* (radio, televisyen)
2 *program* (komputer)
memprogramkan KATA KERJA
to programme
◊ *Wayne memprogramkan mesin itu berhenti selepas dua jam.* Wayne programmed the machine to shut down after two hours.

progresif KATA ADJEKTIF
progressive

projek KATA NAMA
project

projektor KATA NAMA
projector

promosi → puasa

promosi KATA NAMA
promotion
mempromosikan KATA KERJA
to promote
◊ *Syarikat itu sedang mempromosikan barangannya.* The company is promoting its products.

propaganda KATA NAMA
propaganda
mempropagandakan KATA KERJA
to propagandize
◊ *Sekumpulan orang memasuki kampung itu untuk mempropagandakan ideologi mereka.* A group of people went into the village to propagandize their ideology.

prosa KATA NAMA
prose

prosedur KATA NAMA
procedure

proses KATA NAMA
process (JAMAK **processes**)
memproses KATA KERJA
to process
pemproses KATA NAMA
processor
♦ **pemproses kata** word processor
pemprosesan KATA NAMA
processing
◊ *Kemajuan dalam bidang komunikasi mengubah corak pemprosesan maklumat.* The advances in communications altered the nature of information processing.
♦ **pemprosesan kata** word processing

prospek KATA NAMA
prospect

prospektus KATA NAMA
prospectus (JAMAK **prospectuses**)

protein KATA NAMA
protein

protokol KATA NAMA
protocol

protraktor KATA NAMA
protractor

pruf KATA NAMA
proofs

psikoanalisis KATA NAMA
psychoanalysis
♦ **ahli psikoanalisis** psychoanalyst

psikologi KATA NAMA
psychology
♦ **ahli psikologi** psychologist

puak KATA NAMA
tribe

puaka KATA NAMA
evil spirit
berpuaka KATA KERJA
haunted
◊ *rumah berpuaka* a haunted house

puan KATA GANTI NAMA
> rujuk juga **puan** KATA NAMA
> untuk wanita yang sudah berkahwin yang tidak dikenali, baru dikenali dan yang perlu dihormati

1 *madam*
◊ *Boleh saya tolong puan?* Can I help you madam?
2 *you*
◊ *Puan hendak pergi ke mana?* Where would you like to go? ◊ *Puan tinggal di mana?* Where are you staying?
3 *your*
◊ *Adakah ini beg puan?* Is this your bag?

puan KATA NAMA
> rujuk juga **puan** KATA GANTI NAMA

Mrs
◊ *Puan Miles* Mrs Miles

puas KATA ADJEKTIF
1 *satisfied*
◊ *Mereka tidak pernah puas dengan segala yang dimiliki oleh mereka.* They are never satisfied with what they have.
♦ **Saya berasa puas kerana dapat mengalahkannya.** I am happy because I was able to defeat him.
2 *tired of*
◊ *Fiona sudah puas mencari anak patung kesayangan adik perempuannya itu.* Fiona was tired of looking for her sister's favourite doll. ◊ *Andrew mengatakan bahawa dia belum puas berlakon.* Andrew said he wasn't tired of acting yet.
berpuas KATA KERJA
♦ **berpuas hati** satisfied ◊ *Kami berpuas hati dengan layanan mereka.* We were satisfied with their service.
♦ **tidak berpuas hati** dissatisfied
kepuasan KATA NAMA
satisfaction
◊ *Larry menyatakan kepuasannya terhadap berita itu.* Larry expressed his satisfaction at the news.
memuaskan KATA KERJA
to satisfy
◊ *Dia ingin memuaskan kehendak mereka.* He wanted to satisfy their demands.
♦ **Layanan pekedai itu memuaskan hati pelanggan.** The customers were pleased with the service they got from the shopkeeper.
♦ **tidak memuaskan** unsatisfactory

puasa KATA NAMA
fast
berpuasa KATA KERJA
to fast

puas-puas KATA ADJEKTIF
as much as one wants
- **Herman bermain puas-puas pada hari itu.** Herman played as long as he wanted to that day.
- **Dorothy makan puas-puas di majlis itu.** Dorothy ate her fill at the party.
sepuas-puas KATA ADJEKTIF
- **sepuas-puasnya** as much as one wants
- **Roy tidur sepuas-puasnya pada hari Ahad.** Roy slept as long as he wanted to on Sunday.

pub KATA NAMA
pub

publisiti KATA NAMA
publicity

pucat KATA ADJEKTIF
pale
- **pucat lesi** very pale
kepucatan KATA NAMA
pallor
- **Emak Jenny bimbang melihat kepucatan pada muka Jenny.** Jenny's mother was worried by how pale she was.

pucuk KATA NAMA
> rujuk juga **pucuk** PENJODOH BILANGAN

shoot
- **Negara itu maju di bawah pucuk pimpinan beliau.** The country progressed with him as supreme leader.

pucuk PENJODOH BILANGAN
> rujuk juga **pucuk** KATA NAMA
> **pucuk** tidak ada terjemahan dalam bahasa Inggeris.

◊ *sepucuk surat* a letter ◊ *sepucuk senapang* a gun

pudar KATA ADJEKTIF
1. *dim*
   ◊ *cahaya yang pudar* a dim light
2. *to fade*
   ◊ *Warna skarfnya telah pudar.* The colour of her scarf has faded.
kepudaran KATA NAMA
dimness
   ◊ *Kepudaran lampu di dalam bilik itu menyebabkan kami sukar untuk membaca.* The dimness of the light in the room made it difficult for us to read.
memudar KATA KERJA
to fade
   ◊ *Bulan memudar ketika fajar menyingsing.* When dawn broke the moon faded.
- **Semangatnya memudar selepas mendengar kata-kata itu.** He was depressed when he heard these remarks.
memudarkan KATA KERJA
to fade
   ◊ *Cahaya matahari memudarkan warna bajunya.* The sunlight faded his clothes.

pudina KATA NAMA
peppermint

puding KATA NAMA
pudding

puing KATA NAMA
ruins
   ◊ *Gambar-gambar puing bangunan itu terdapat dalam buku ini.* There are pictures of the ruins of that building in this book.

puisi KATA NAMA
poetry
berpuisi KATA KERJA
to write poetry

puja KATA NAMA
worship
memuja KATA KERJA
to worship
   ◊ *Perayaan itu merupakan salah satu cara mereka memuja Tuhan mereka.* The festival is one of the ways in which they worship their God. ◊ *Sudah lama dia memuja gadis itu.* He had worshipped the girl for a long time.
- **Walaupun penyanyi itu sangat tua, masih ada peminat yang memujanya.** Although the singer is very old, there are still fans who idolize him.
pemuja KATA NAMA
worshipper
pemujaan KATA NAMA
worship
   ◊ *tempat pemujaan* place of worship
pujaan KATA NAMA
idol
   ◊ *penyanyi pujaan ramai* a singer who is a popular idol

pujangga KATA NAMA
great writer

puji KATA NAMA
praise
- **puji-pujian** compliments ◊ *Vincent memujuk Doris dengan puji-pujiannya.* Vincent got Doris into a good mood by showering her with compliments.
kepujian KATA NAMA
credit
   ◊ *Pelajar itu mendapat kepujian dalam mata pelajaran sejarah.* The student got a credit for history.
memuji KATA KERJA
to praise
   ◊ *Pengurus itu memuji para pekerjanya.* The manager praised his workers.
memuji-muji KATA KERJA
to sing somebody's praises
   ◊ *Sudah bertahun-tahun dia asyik*

pujuk → pulang B. Melayu ~ B. Inggeris

memuji-muji engkau. He's been singing your praises for years.
terpuji KATA ADJEKTIF
praiseworthy
◊ *perbuatan yang terpuji* praiseworthy deed
pujian KATA NAMA
compliment
◊ *Pamela tersenyum apabila mendengar pujian itu.* Pamela smiled when she heard the compliment.
• **Pekerja-pekerja itu menerima pujian daripada pengurus mereka.** The workers received commendations from their manager.
pujuk KATA NAMA
persuasion
memujuk KATA KERJA
to persuade
◊ *Kawan saya memujuk saya ke majlis itu.* My friend persuaded me to go to the party. ◊ *Anim memujuk budak perempuan itu supaya berhenti menangis.* Anim persuaded the girl to stop crying.
pemujukan KATA NAMA
persuasion
◊ *Pemujukan tidak berguna lagi apabila Ellis sudah membuat keputusan.* Attempts at persuasion are useless when Ellis has already made up her mind.
pujukan KATA NAMA
persuasion
• **Lisa tidak akan mendengar pujukan kawannya lagi.** Lisa would not listen to her friend's attempts to persuade her anymore.
pukal KATA NAMA
bulk
◊ *Peniaga itu membeli secara pukal daripada pemborong.* The trader buys in bulk from the wholesaler.
pukat KATA NAMA
drag net
memukat KATA KERJA
to fish with a drag net
pemukat KATA NAMA
fisherman (JAMAK **fishermen**)
pukau KATA NAMA
spell
◊ *Juruwang yang terkena pukau itu menyerahkan semua wang kepada lelaki itu.* The cashier surrendered all the money to the man who cast a spell on her.
memukau KATA KERJA
to cast a spell
◊ *Lelaki itu telah memukaunya.* He cast a spell on her.
• **Nyanyiannya sungguh memukau.** Her singing is really enchanting.

terpukau KATA KERJA
to be captivated
◊ *Wan terpukau dengan kejelitaan gadis itu.* Wan was captivated by the girl's beauty.
pukul KATA KERJA
  rujuk juga **pukul** KATA NAMA
to hit
◊ *Jangan pukul anak-anak anda.* Don't hit your children.
memukul KATA KERJA
1 *to hit*
◊ *Albert memukul bola itu dengan kuat.* Albert hit the ball hard.
2 *to beat*
◊ *Farid dan kawan-kawannya memukul gendang apabila penghulu mereka tiba.* Farid and his friends beat drums when their headman arrived.
pemukul KATA NAMA
1 *batsman* (JAMAK **batsmen**) (*pemain*)
2 *bat* (*alat*)
pemukulan KATA NAMA
hitting
◊ *Andrew belajar cara pemukulan bola yang betul.* Andrew learned the correct way of hitting a ball.
pukulan KATA NAMA
1 *blow*
◊ *Kenny pengsan selepas terkena pukulan itu.* Kenny fainted from the blow.
2 *beat*
◊ *Kanak-kanak itu suka mendengar bunyi pukulan gendang.* The child likes listening to the beat of the drum.
pukul KATA NAMA
  rujuk juga **pukul** KATA KERJA
o'clock
◊ *pukul enam* six o'clock
pula KATA PENEGAS
  Dalam kebanyakan kes, **pula** tidak diterjemahkan ke dalam bahasa Inggeris.
◊ *Kelmarin kakaknya datang. Hari ini dia pula yang akan datang.* Yesterday her sister came. Today she's coming.
◊ *Apa pula barang yang dibawanya pada hari ini?* I wonder what she's brought today.
pulang KATA KERJA
to return
◊ *...empat hari selepas pulang ke Malaysia* ...four days after returning to Malaysia
kepulangan KATA NAMA
return
◊ *John menunggu kepulangan anaknya.* John waited for his son's return.

memulangkan KATA KERJA
to return
◊ *Michael memulangkan raket itu kepada kawannya.* Michael returned the racket to his friend.
pemulangan KATA NAMA
returning
♦ *Pemulangan buku itu perlu dilakukan dalam jangka masa seminggu.* The book has to be returned within a week.
terpulang KATA KERJA
_up to_
◊ *Keputusan muktamad terpulang kepada anda.* The final decision is up to you.
pulangan KATA NAMA
return
◊ *pulangan ke atas modal* return on capital

pulas
memulas KATA KERJA
1 _to twist_
◊ *Guru itu memulas telinga budak lelaki yang nakal itu.* The teacher twisted the naughty boy's ears.
2 _to wring out_
◊ *Robert memulas baju yang basah itu.* Robert wrung out the wet shirt.
3 _to turn_
◊ *Mahmud memulas skru hingga rak itu rapat pada dinding.* Mahmud turned the screw until the shelf was tight against the wall.

pulau KATA NAMA
island
kepulauan KATA NAMA
archipelago (JAMAK **archipelagos** atau **archipelagoes**)
◊ *kepulauan Samui* Samui archipelago
♦ **Kepulauan Canary** the Canary Islands
memulaukan KATA KERJA
to boycott
◊ *Mereka memulaukan barangan yang mengandungi bahan-bahan yang menipiskan lapisan ozon.* They boycotted products containing substances that deplete the ozone layer.
♦ **Jangan memulaukannya.** Don't ostracize him.
pemulauan KATA NAMA
boycott
◊ *Penduduk telah menghentikan pemulauan ke atas barangan kedai itu.* The villagers ended their boycott of the shop's goods.
terpulau KATA KERJA
to be ostracized
◊ *Farid terpulau kerana sikapnya yang mementingkan diri sendiri.* Farid was ostracized because of his selfish behaviour.

Pulau Pinang KATA NAMA
Penang

pulih KATA KERJA
to recover
◊ *Selina pulih selepas makan ubat itu.* Selina recovered after taking the medicine.
memulihkan KATA KERJA
1 _to cure_
◊ *Doktor itu telah memulihkan penyakit jutawan itu.* The doctor has cured the millionaire's illness.
2 _to restore_
◊ *Askar-askar itu dibawa masuk untuk memulihkan ketenteraman.* The army has been brought in to restore order.
pemulihan KATA NAMA
recovery
◊ *Kami tidak menjangka pemulihannya begitu cepat.* We didn't expect that his recovery would be so speedy.
♦ **kelas pemulihan** remedial class (JAMAK **remedial classes**)

pulihara
memulihara KATA KERJA
to restore
◊ *Mereka sedang memulihara bangunan lama itu.* They are restoring the old building.
pemuliharaan KATA NAMA
conservation
◊ *projek pemuliharaan gajah* elephant conservation project

pulpa KATA NAMA
pulp

puluh KATA BILANGAN
♦ **sepuluh** ten
♦ **sepuluh hari bulan Mac** tenth of March
♦ **kesepuluh** tenth
berpuluh-puluh KATA BILANGAN
dozens
◊ *Berpuluh-puluh orang berkumpul di padang itu kelmarin.* Dozens of people gathered on the field yesterday.
♦ **berpuluh-puluh tahun** many decades
perpuluhan KATA NAMA
decimal
◊ *sistem perpuluhan* decimal system
♦ **tiga perpuluhan tujuh** three point seven
persepuluh KATA BILANGAN
tenth
◊ *tiga persepuluh* three-tenths
puluhan KATA NAMA
  puluhan *diterjemahkan mengikut konteks.*
◊ *dua puluhan* twenties ◊ *lima puluhan* fifties

pulun

berpulun-pulun KATA KERJA
to billow
◊ Saya nampak asap berpulun-pulun dari cerobong kilang. I saw smoke billowing from factory chimneys.

pulut KATA NAMA
glutinous rice

pun KATA PENEGAS
[1] *also*
◊ Adik lelaki saya pun mendapat keputusan yang baik dalam peperiksaannya. My brother also got good results in his examination.
[2] *even*
◊ Kerja yang senang pun dia tidak dapat buat. He couldn't even do an easy task.

punah KATA ADJEKTIF
all destroyed
◊ Bangunan-bangunan itu punah dalam peperangan. The buildings were all destroyed in the war.
• **punah-ranah** all completely destroyed

kepunahan KATA NAMA
destruction
◊ Kepunahan di bandar itu teruk. The destruction in that city is terrible.

memunahkan KATA KERJA
to destroy completely
◊ Letupan itu memunahkan bangunan-bangunan di sana. The explosion destroyed the buildings there completely.

pemunahan KATA NAMA
destruction
◊ Kerja-kerja pembinaan menyebabkan pemunahan pokok-pokok. The construction work resulted in the destruction of trees.

punai KATA NAMA
pigeon (padanan terdekat)

punat KATA NAMA
[1] *boil*
[2] *knob*

punca KATA NAMA
[1] *source*
◊ Surat khabar ialah punca maklumat yang utama bagi projek ini. The newspaper is the main source of information for this project.
[2] *cause*
◊ Punca perceraian mereka tidak diketahui orang. The cause of their divorce is unknown.

berpunca KATA KERJA
to stem
◊ Masalah-masalah itu berpunca daripada peraturan yang tidak ketat. The problems stem from not having strict rules.

puncak KATA NAMA
peak

memuncak KATA KERJA
to soar
◊ Harga buku-buku itu telah memuncak. The price of the books has soared.
• **Perasaan marah pekerja itu memuncak setelah mendengar kata-kata penyelia itu.** The worker's anger mounted when he heard the supervisor's words.

memuncakkan KATA KERJA
to increase
◊ Kata-kata guru itu memuncakkan semangat para pelajar. The teacher's words increased the student's enthusiasm.
• **Penindasan-penindasan itu memuncakkan kemarahan pekerja.** The oppressive conditions inflamed the workers' anger.

pundi KATA NAMA
pouch (JAMAK **pouches**)
• **pundi kencing** bladder

punggah
memunggah KATA KERJA
to unload
◊ Jamal memunggah barang-barang dari bot itu. Jamal unloaded the goods from the boat.

pemunggahan KATA NAMA
unloading
• **Kerja-kerja pemunggahan itu dilakukan pada waktu pagi.** The goods were unloaded in the morning.

punggahan KATA NAMA
[1] *dock* (tempat)
[2] *cargo* (JAMAK **cargoes**) (muatan)

pungguk KATA NAMA
owl

punggung KATA NAMA
buttocks

pungut
memungut KATA KERJA
[1] *to collect*
◊ Para pelajar memungut derma untuk kanak-kanak miskin. The students collected donations for poor children.
[2] *to pick up*
◊ Leng See memungut pemadamnya yang jatuh di atas lantai. Leng See picked up her rubber, which had fallen on the floor.
[3] *to harvest*
◊ Hassan menolong bapanya memungut hasil tanaman. Hassan helped his father to harvest the crops.

memungutkan KATA KERJA
to collect
◊ Para pelajar memungutkan kanak-kanak miskin derma. The students

collected donations for poor children.
pemungut KATA NAMA
collector
◊ *pemungut cukai* tax collector

pemungutan KATA NAMA
collecting
◊ *Pemungutan derma merupakan salah satu cara untuk membantu mangsa-mangsa kebakaran itu.* Collecting donations is one way to help the victims of the fire.

pungutan KATA NAMA
collection
◊ *pungutan tandatangan* collection of signatures

puntal
berpuntal-puntal KATA KERJA
twisted
◊ *benang yang berpuntal-puntal* twisted thread

memuntal KATA KERJA
to wind
◊ *Badut itu memuntal tali di sekeliling pinggangnya.* The clown wound the rope round his waist.

puntung KATA NAMA, PENJODOH BILANGAN
1 *butt*
◊ *puntung rokok* cigarette butt
2 *piece*
◊ *beberapa puntung kayu api* a few pieces of firewood

punya KATA NAMA
♦ **dia punya (1)** hers *(perempuan)*
◊ *Beg itu dia punya.* That bag is hers.
♦ **dia punya (2)** his *(lelaki)* ◊ *Beg itu dia punya.* That bag is his.
♦ **kami punya** ours ◊ *Kereta itu kami punya.* That car is ours.
♦ **mereka punya** theirs ◊ *Buku-buku itu mereka punya.* Those books are theirs.
♦ **saya punya** mine ◊ *Pen ini saya punya.* This pen is mine.
♦ **Kok Kin punya** Kok Kin's ◊ *Bola ini Kok Kin punya.* This is Kok Kin's ball.

kepunyaan KATA NAMA
♦ **kepunyaan kami** ours ◊ *Kereta itu kepunyaan kami.* That car is ours.
♦ **kepunyaan mereka** theirs ◊ *Buku-buku itu kepunyaan mereka.* Those books are theirs.
♦ **kepunyaannya (1)** hers *(perempuan)*
◊ *Beg itu kepunyaannya.* That bag is hers.
♦ **kepunyaannya (2)** his *(lelaki)*
◊ *Beg itu kepunyaannya.* That bag is his.
♦ **kepunyaan saya** mine ◊ *Pen ini kepunyaan saya.* This pen is mine.
♦ **kepunyaan Kok Kin** Kok Kin's ◊ *Bola ini kepunyaan Kok Kin.* This is Kok Kin's ball.

mempunyai KATA KERJA
to have
◊ *Saya mempunyai sebuah kereta.* I have a car. ◊ *Dia mempunyai seekor kucing.* She has a cat.

pemunya KATA NAMA
owner
◊ *Pemunya kedai itu baik hati.* The owner of the shop is kind.

pupa KATA NAMA
pupa (JAMAK **pupae**)

pupu
sepupu KATA NAMA
cousin

bersepupu KATA KERJA
related as cousins
♦ **Mereka bersepupu.** They are cousins.

pupuk
memupuk KATA KERJA
1 *to encourage*
◊ *Guru itu memupuk sikap bertanggungjawab di kalangan pelajar.* The teacher encouraged a sense of responsibility among the students.
2 *to fertilize*
◊ *Petani itu menggunakan baja untuk memupuk tanah.* The farmer used manure to fertilize the soil.

pemupukan KATA NAMA
promoting
◊ *Pemupukan sikap bekerjasama di kalangan pelajar merupakan matlamat aktiviti itu.* The activity aims at promoting co-operation among students.

pupus KATA ADJEKTIF
extinct
◊ *Spesies itu akan pupus jika langkah-langkah tidak diambil untuk melindunginya.* The species will become extinct if no steps are taken to protect it.

kepupusan KATA NAMA
extinction
◊ *Projek itu dirancang untuk mengelakkan kepupusan panda.* The project is designed to prevent the extinction of pandas.

memupuskan KATA KERJA
to cause the extinction
◊ *Pemburuan yang berleluasa akan memupuskan spesies itu.* Uncontrolled hunting will cause the extinction of that species.

pura-pura
berpura-pura KATA KERJA
to pretend
◊ *Florence berpura-pura tidur apabila emaknya memasuki biliknya.* Florence

pretended to be asleep when her mother came into her room.

purata KATA NAMA
average

purba KATA ADJEKTIF
ancient

purbakala KATA NAMA
ancient times

purdah KATA NAMA
veil

purnama KATA NAMA
1. *full moon*
2. *month*
◊ *tiga purnama* three months

pusaka KATA NAMA
1. *heirloom* (*barang kemas*)
2. *legacy* (*rumah, tanah*)
♦ **rumah pusaka** ancestral home
♦ **tanah pusaka** ancestral land

pusar
berpusar KATA KERJA
to revolve
◊ *Plot ini berpusar tentang kehidupan seorang pemuda.* This plot revolves around the life of a young man.
memusar KATA KERJA
to revolve
◊ *Kipas itu memusar dengan perlahan.* The fan revolved slowly.
pusaran KATA NAMA
♦ **pusaran air** whirlpool
♦ **pusaran angin** whirlwind

pusara KATA NAMA
cemetery (JAMAK **cemeteries**)

pusat KATA NAMA
1. *navel*
2. *centre*
◊ *pusat bandar* town centre ◊ *pusat rekreasi* leisure centre
♦ **pusat hiburan** amusement arcade
♦ **pusat jagaan kanak-kanak** nursery (JAMAK **nurseries**)
berpusat KATA KERJA
1. *based*
◊ *Pejabatnya berpusat di Kuala Lumpur.* Her office is based in Kuala Lumpur.
2. *to concentrate*
◊ *Perbincangan mereka berpusat pada isu kewangan.* Their discussion concentrated on the financial issue.
memusat KATA KERJA
to concentrate
◊ *Guru itu memusat pada soalan-soalan objektif.* The teacher concentrated on objective questions.
memusatkan KATA KERJA
to focus
◊ *Pekerja-pekerja memusatkan perhatian mereka pada projek utama itu.* The workers focused their attention on the main project.
pemusatan KATA NAMA
concentrating
♦ **Pemusatan masa kepada projek ini menyebabkan projek lain tergendala.** The allocation of extra time to this project caused a standstill in the other projects.

pusing KATA KERJA
to turn
◊ *Sekarang pusing kanan ke Jalan Bintang.* Now turn right into Jalan Bintang.
berpusing KATA KERJA
to turn
◊ *Tukang tembikar membentuk tanah liat sambil roda itu berpusing.* The potter shaped the clay as the wheel turned.
berpusing-pusing KATA KERJA
to spin
◊ *Lee memandang kipas yang berpusing-pusing itu.* Lee looked at the spinning fan.
memusingkan KATA KERJA
to turn
◊ *William menunggu wanita itu memusingkan mukanya.* William waited for the woman to turn her face.
♦ **Angka-angka itu memusingkan kepala saya.** All those figures make my head spin.
pusingan KATA NAMA
round
◊ *pusingan pertama* round one
♦ **piala pusingan** challenge trophy
♦ **membuat pusingan U** to do a U-turn

pustaka KATA NAMA
1. *book*
2. *library* (JAMAK **libraries**)
perpustakaan KATA NAMA
library (JAMAK **libraries**)
pustakawan KATA NAMA
librarian

pusu
berpusu-pusu KATA KERJA
to crowd
◊ *Beribu-ribu penunjuk perasaan berpusu-pusu di jalan raya.* Thousands of demonstrators crowded the streets.

putar
berputar KATA KERJA
1. *to rotate*
◊ *Bumi berputar mengelilingi matahari.* The Earth rotates round the sun.
2. *to spin*
◊ *Cakera itu berputar 3600 kali seminit.* The disc spins 3600 times a minute.
berputar-putar KATA KERJA

Malay ~ English — putar belit → puyuh

to spin
◊ *Kamal suka melihat gasing berputar-putar di atas tanah.* Kamal likes to watch the tops spinning on the ground.
memutar KATA KERJA
to turn
◊ *Lee memutar skru hingga rak itu rapat pada dinding.* Lee turned the screw until the shelf was tight against the wall.
memutarkan KATA KERJA
to turn
◊ *Enjin itu memutarkan kipas.* The engine turned a propeller.
pemutar KATA NAMA
♦ **pemutar skru** screwdriver
putaran KATA NAMA
rotation
◊ *putaran bumi pada paksinya* the rotation of the earth upon its axis
putar belit KATA NAMA
trick
◊ *Hati-hati dengan putar belitnya.* Beware of his tricks.
berputar belit KATA KERJA
to break one's word
◊ *Ann tidak boleh dipercayai, dia suka berputar belit.* You can't trust Ann, she's always breaking her word.
memutarbelitkan KATA KERJA
to twist
◊ *Elaine telah memutarbelitkan kata-kata saya.* Elaine has twisted my words.
putera KATA NAMA
prince
♦ **Putera Mahkota** Crown Prince
diputerakan KATA KERJA
to be born
◊ *Raja itu diputerakan pada tahun 1817.* The king was born in 1817.
keputeraan KATA NAMA
birth
♦ *Raja itu akan meraikan hari keputeraan baginda pada bulan hadapan.* The king will celebrate his birthday next month.
puteri KATA NAMA
princess (JAMAK **princesses**)
♦ **Puteri Mahkota** Crown Princess
putih KATA ADJEKTIF
1. *white*
♦ **putih melepak** white as snow
2. *fair*
◊ *kulit putih* fair skin
♦ **putih telur** egg white
keputihan KATA ADJEKTIF
whitish
◊ *debu yang keputihan* a whitish dust
memutih KATA KERJA
1. *to go grey*
◊ *Rambut Eddie memutih.* Eddie was going grey.
2. *to fade*
◊ *Bajunya memutih selepas dicuci beberapa kali.* Her blouse faded after a few washes.
memutihkan KATA KERJA
to whiten
◊ *Sally menggunakan ubat gigi itu untuk memutihkan giginya.* Sally uses the toothpaste to whiten her teeth.
putik KATA NAMA
young fruit
puting KATA NAMA
teat
♦ **puting beliung** tornado
(JAMAK **tornadoes** atau **tornados**)
putus KATA ADJEKTIF
1. *to snap*
◊ *Benang itu sudah putus.* The thread snapped.
2. *severed*
◊ *Jari pekerja itu putus dalam kemalangan itu.* The worker's finger was severed in the accident.
keputusan KATA NAMA
1. *decision*
◊ *keputusan muktamad* final decision
2. *result*
◊ *Dia berpuas hati dengan keputusan peperiksaannya.* He was satisfied with his examination results.
memutuskan KATA KERJA
1. *to cut*
◊ *Wahid memutuskan dawai itu.* Wahid cut the wire.
2. *to break off*
◊ *Robin ingin memutuskan hubungannya dengan teman wanitanya.* Robin wanted to break off his relationship with his girlfriend.
3. *to decide*
◊ *Saya memutuskan untuk belajar bahasa Jepun.* I decided to study Japanese.
pemutus KATA NAMA
♦ **kata pemutus** final say
♦ **kuasa pemutus** power to decide
terputus KATA KERJA
to be cut off
◊ *Talian telefon di rumahnya terputus.* The telephone line in his house was cut off.
putus asa
berputus asa KATA KERJA
to give up hope
◊ *Jangan berputus asa kerana anda akan berjaya.* Don't give up hope: you will succeed.
puyuh KATA NAMA
quail

Q

qadak KATA NAMA
  God's decree
qadar KATA NAMA
  destiny
qari KATA NAMA
(*lelaki*)
  Koran reader

qariah KATA NAMA
(*perempuan*)
  Koran reader
Quran KATA NAMA
  Koran

R

raba
  meraba, meraba-raba KATA KERJA
  <u>1 to touch</u>
  ◊ *Dia meraba tengkuknya yang sakit.* He touched the back of his neck where he felt the pain.
  <u>2 to grope</u>
  ◊ *Ali meraba-raba di dalam bilik yang gelap itu untuk mencari dompetnya.* Ali groped for his wallet in the dark room.
  teraba-raba KATA KERJA
  <u>to grope</u>
  ◊ *Kami teraba-raba dalam gelap apabila bekalan elektrik terputus.* We were groping around in the dark after the electricity was cut off.

rabak KATA ADJEKTIF
  <u>torn</u>
  ♦ **Seluarnya habis rabak digigit anjing itu.** His trousers have been ripped by the dog.
  ♦ **koyak rabak** badly torn
  merabak KATA KERJA
  <u>to tear</u>
  ◊ *Dia merabak pakaian itu.* He tore the clothes.

rabik KATA ADJEKTIF
  <u>tattered</u>
  ◊ *baju lamanya yang sudah rabik* his old tattered shirt

Rabu KATA NAMA
  <u>Wednesday</u>
  ◊ *pada hari Rabu* on Wednesday

rabun KATA ADJEKTIF
  <u>poor</u>
  ◊ *Dia sudah tua dan matanya sudah rabun.* He is old and his eyesight is poor.
  ♦ **rabun dekat** long-sighted
  ♦ **rabun jauh** short-sighted

rabung KATA NAMA
  <u>ridge of a roof</u>

racau
  meracau, meracau-racau KATA KERJA
  <u>delirious</u>
  ◊ *Datuknya yang demam itu mula meracau.* His grandfather, who had a fever, became delirious.
  ♦ **Fatimah meracau ketika tidur.** Fatimah was talking in her sleep.

racik
  meracik KATA KERJA
  <u>to shred</u>

racun KATA NAMA
  <u>poison</u>
  ♦ **racun serangga** insecticide
  beracun KATA KERJA
  <u>poisonous</u>
  ◊ *tumbuh-tumbuhan yang beracun* poisonous plants
  keracunan KATA KERJA
    rujuk juga **keracunan** KATA NAMA
  <u>to be poisoned</u>
  ◊ *Lima belas orang pelajar yang keracunan itu telah dikejarkan ke hospital.* The fifteen students who were poisoned have been rushed to hospital.
  keracunan KATA NAMA
    rujuk juga **keracunan** KATA KERJA
  <u>poisoning</u>
  ◊ *langkah-langkah untuk mencegah keracunan makanan* steps to prevent food poisoning
  meracun KATA KERJA
  <u>to poison</u>
  ◊ *Dia meracun tikus-tikus di dalam rumahnya.* He poisoned the rats in his house.
  meracuni KATA KERJA
  <u>to put poison on</u>
  ◊ *Dia meracuni makanan itu untuk membunuh tikus.* He puts poison on the food to kill rats.
  ♦ **meracuni fikiran seseorang** to poison somebody's mind
  peracun KATA NAMA
  <u>poisoner</u>

radak
  meradak KATA KERJA
  <u>to stab</u>
  ◊ *Pahlawan itu meradak perut musuhnya dengan tombak.* The warrior stabbed his enemy in the stomach with a lance.

radang KATA NAMA
  <u>inflammation</u>
  ◊ *radang kerongkong* throat inflammations
  ♦ **naik radang** to become furious
  ♦ **radang paru-paru** pneumonia
  ♦ **radang tonsil** tonsillitis
  meradang KATA KERJA
  <u>furious</u>
  ◊ *Dia meradang kerana anaknya bercakap bohong.* She was furious because her son told lies.

radar KATA NAMA
  <u>radar</u>

radas KATA NAMA
  <u>apparatus</u> (JAMAK **apparatuses**)
  ◊ *Radas di dalam makmal perlu dijaga dengan baik.* The apparatus in the laboratory should be looked after properly.

radiasi KATA NAMA
  <u>radiation</u>

radiator KATA NAMA
  <u>radiator</u>

radikal KATA ADJEKTIF
  <u>radical</u>

radio KATA NAMA
  <u>radio</u> (JAMAK **radios**)

radioaktif KATA ADJEKTIF
radioactive

rafia KATA NAMA
raffia
◊ *tali rafia* raffia string

raga (1) KATA NAMA
basket
◊ *Emak membawa raga ke pasar.* Mother takes a basket to the market.

raga (2) KATA NAMA
body (JAMAK **bodies**)
◊ *jiwa dan raga* body and soul
memperagakan KATA KERJA
to display
◊ *Amin memperagakan barang-barang antik itu dalam pameran tersebut.* Amin displayed the antiques in the exhibition.
♦ **memperagakan pakaian** to model clothes
peragaan KATA NAMA
display
◊ *Kami berpeluang melihat peragaan barang-barang purba di kompleks itu.* We have the opportunity to look at the display of ancient artefacts at the complex.
♦ **peragaan pakaian** modelling

ragam KATA NAMA
behaviour
◊ *Ragam setiap pelajar berbeza.* The behaviour of each student is different.
♦ **berbagai ragam manusia** all sorts of people
beragam, beragam-ragam KATA KERJA
all sorts of
◊ *Kita dapat melihat beragam-ragam pelajar di sekolah itu.* We could see all sorts of students in the school.
♦ **pakaian beragam** fancy dress
meragam KATA KERJA
to play up
◊ *Komputernya selalu meragam.* His computer is always playing up.
◊ *Keretanya meragam lagi.* His car's playing up again. ◊ *Anak perempuannya meragam dan tidak mahu makan.* His daughter was playing up and refusing to eat.
seragam KATA ADJEKTIF
unified
◊ *sistem cukai yang seragam* a unified system of taxation
♦ **pakaian seragam** uniform
keseragaman KATA NAMA
unanimity
◊ *Semua keputusan memerlukan keseragaman..* All decisions would require unanimity.
♦ **keseragaman sukatan pelajaran di sekolah** the uniformity of the school syllabus
menyeragamkan KATA KERJA
to unify
◊ *Mereka akan menyeragamkan sistem cukai yang ada sekarang.* They will unify the present system of taxation.
penyeragaman KATA NAMA
uniformity
♦ **Peraturan dalam syarikat itu memerlukan penyeragaman.** The regulations of the company need to be uniform.

ragbi KATA NAMA
rugby

ragi KATA NAMA
yeast

ragu
ragu-ragu KATA ADJEKTIF
doubtful
◊ *Guru itu ragu-ragu tentang tindakan yang patut diambil ke atas Roy.* The teacher is doubtful about what action should be taken against Roy.
♦ **Mereka tidak ragu-ragu melantik Hassan sebagai bendahari.** They have no doubts about choosing Hassan as the treasurer.
keraguan KATA NAMA
doubt
◊ *Selama ini, dia hidup dalam keraguan.* All this time, she lived in doubt.
meragui KATA KERJA
to doubt
◊ *Jangan meragui kesetiaannya.* Never doubt his loyalty.
meragukan KATA KERJA
to have doubts
◊ *Perkara itu masih meragukan saya.* I still have doubts about it.

ragum KATA NAMA
vice (*alat*)

ragut
meragut KATA KERJA
to snatch
◊ *Pencuri yang meragut beg Linda telah ditangkap.* The thief who snatched Linda's bag has been caught.
♦ **meragut rumput** to graze ◊ *Lembu-lembu sedang meragut rumput di padang.* Cows are grazing in the field.
♦ **Kemalangan tersebut meragut nyawa seorang budak lelaki.** The accident claimed a young boy's life.
peragut KATA NAMA
snatcher

rahang KATA NAMA
jaw

rahib KATA NAMA
[1] *Christian monk* (*lelaki*)

[2] *Christian nun* (*perempuan*)

rahim KATA NAMA
womb

rahmat KATA NAMA
blessing
◊ *Saya percaya, pasti ada rahmat di sebalik kejadian ini.* I believed that there must be some blessing in what had happened.
♦ **Semoga anda dilimpahi rahmat daripada Tuhan.** May God bless you abundantly.
merahmati KATA KERJA
to bless
◊ *Semoga Tuhan merahmati anda semua.* May God bless you all.

rahmatullah KATA NAMA
♦ **kembali ke rahmatullah** to pass away

rahsia KATA NAMA
secret
◊ *Rahsia Ali sudah terbongkar.* Ali's secret has been revealed.
berahsia KATA KERJA
to keep secrets
◊ *Sandy tidak pernah berahsia dengan ibu bapanya.* Sandy never kept secrets from her parents.
merahsiakan KATA KERJA
to conceal
◊ *Dia merahsiakan jumlah pendapatannya.* He concealed the amount of his salary.

rai
keraian KATA NAMA
celebration
◊ *Penny bercadang mengadakan keraian untuk hari jadinya.* Penny plans to have a celebration for her birthday.
meraikan KATA KERJA
to celebrate
◊ *Rita membuat persediaan untuk meraikan hari Krismas.* Rita made some preparations to celebrate Christmas.

raih
meraih KATA KERJA
[1] *to buy*
◊ *Dia meraih sayur daripada petani-petani.* He bought vegetables from farmers.
[2] *to win*
◊ *Lee meraih pingat emas dalam acara renang.* Lee won a gold medal in the swimming event.
♦ **Wanita itu meraih anak kecil itu ke dalam pelukannya.** The woman pulled the child into her arms.
peraih KATA NAMA
trader

rait KATA NAMA
tick
♦ **tanda rait** tick
♦ **menandakan rait** to tick ◊ *Tandakan rait di dalam kotak yang berkenaan.* Tick the appropriate box.

raja KATA NAMA
king
♦ **Raja Muda** Crown Prince
♦ **raja sehari** bridal couple
kerajaan KATA NAMA
government
merajai KATA KERJA
to rule
◊ *Putera Henry akan merajai negara itu.* Prince Henry will rule the country.

rajah KATA NAMA
diagram

rajin KATA ADJEKTIF
hardworking
kerajinan KATA NAMA
diligence
◊ *Joshua dipuji kerana kerajinannya.* Joshua was praised for his diligence.

rajuk
merajuk KATA KERJA
to sulk
◊ *Roy merajuk kerana kami tidak membantunya.* Roy sulked because we didn't help him.
perajuk KATA ADJEKTIF
sulky
◊ *Dia memang perajuk orangnya.* She's really a sulky person.

rak KATA NAMA
shelf (JAMAK **shelves**)
♦ **rak buku** bookshelf (JAMAK **bookshelves**)

rakam KATA KERJA
to record
◊ *Rakam suara anda sekarang.* Record your voice now.
merakamkan KATA KERJA
to record
◊ *Dia sedang merakamkan suaranya.* She's recording her voice.
perakam KATA NAMA
recorder
◊ *perakam video kaset* video cassette recorder ◊ *perakam pita* tape recorder
perakaman KATA NAMA
recording
◊ *Komputer amat berguna untuk perakaman data.* Computers are really useful for recording data.
rakaman KATA NAMA
recording
◊ *rakaman suara* voice recording

rakan KATA NAMA

friend
- **rakan kongsi** partner
- **rakan sekelas** classmate
- **rakan sekerja** colleague

raket KATA NAMA
racket
◊ *raket badminton* badminton racket

rakit KATA NAMA
raft
berakit KATA KERJA
to travel by raft
◊ *Dia berakit ke sebuah kampung yang berdekatan.* He travelled by raft to a nearby village.

raksa KATA NAMA
mercury

raksasa KATA ADJEKTIF
> rujuk juga **raksasa** KATA NAMA

mammoth
◊ *projek raksasa* a mammoth project

raksasa KATA NAMA
> rujuk juga **raksasa** KATA ADJEKTIF

monster

rakus KATA ADJEKTIF
greedy
◊ *Budak lelaki yang rakus itu cuba makan sebanyak yang boleh.* The greedy boy tried to eat as much as he could.
kerakusan KATA NAMA
greed
◊ *Wilson dimarahi kerana kerakusannya.* Wilson was scolded for his greed.
perakus KATA NAMA
greedy person

rakyat KATA NAMA
the citizens
kerakyatan KATA NAMA
citizenship
◊ *Jill sedang memohon kerakyatan Malaysia.* Jill is applying for Malaysian citizenship.

ralat KATA NAMA
error
◊ *Guru tersebut membetulkan ralat dalam kertas peperiksaan itu.* The teacher corrected the error in the examination paper.

ramah KATA ADJEKTIF
friendly
◊ *Mereka menegur kami dengan ramah.* They greeted us in a friendly way.
- **ramah pengguna** user-friendly
keramahan KATA NAMA
friendliness
◊ *Annie disukai kerana keramahannya.* Annie is well-liked because of her friendliness.
peramah KATA ADJEKTIF

friendly
◊ *Norizan seorang yang peramah.* Norizan is friendly.

ramah mesra KATA ADJEKTIF
- **dengan ramah mesra** amicably ◊ *Dia melayan kami dengan ramah mesra.* She treated us amicably.
beramah mesra KATA KERJA
to have a friendly conversation
◊ *Saya sempat beramah mesra dengannya sebelum berpisah.* I managed to have a friendly conversation with him before we parted.
- **Penyanyi itu menghabiskan masa dua jam untuk beramah mesra dengan peminatnya.** The singer spent two hours meeting with her fans.
- **Beliau mengadakan majlis beramah mesra bersama rakyat di dewan itu.** He held a welcoming reception for citizens in the hall.

ramah-tamah KATA ADJEKTIF
- **dengan ramah-tamah** amicably ◊ *Dia melayan kami dengan ramah-tamah.* She treated us amicably.
beramah-tamah KATA KERJA
to have a friendly conversation
◊ *Saya sempat beramah-tamah dengannya sebelum berpisah.* I managed to have a friendly conversation with him before we parted.
- **Dia dikenali di kampung itu kerana sikapnya yang suka beramah-tamah.** She's well-known in the village because she's very friendly.

ramai KATA ADJEKTIF
many
◊ *ramai orang* many people
beramai-ramai KATA BILANGAN
in groups
◊ *Mereka beramai-ramai datang ke rumahnya.* They went to his house in groups.
- **Datanglah beramai-ramai ke rumah saya.** Everyone is invited to my house.
keramaian KATA NAMA
celebration
◊ *Mereka mengadakan keramaian untuk menyambut kepulangan penghulu.* They held a celebration to welcome the headman home.
meramaikan KATA KERJA
to enliven
◊ *Para pelajar dijemput untuk meramaikan upacara pembukaan majlis itu.* Students are invited, so as to enliven the opening ceremony of the gathering.
seramai KATA ADJEKTIF

ramal

meramal KATA KERJA
to tell
◊ *meramal nasib seseorang* to tell somebody's fortune
- **Orang tua itu pandai meramal.** The old man is good at fortune telling.

meramalkan KATA KERJA
to predict
◊ *Dia meramalkan gajinya akan naik sebanyak sepuluh peratus.* He predicts that his salary will increase by ten per cent.

peramal KATA NAMA
fortune-teller

ramalan KATA NAMA
forecast
◊ *ramalan cuaca* weather forecast
- **Ramalannya sungguh tepat.** Her prediction was very accurate.
- **soalan ramalan peperiksaan** mock examination questions

rama-rama KATA NAMA
butterfly (JAMAK **butterflies**)

ramas

meramas KATA KERJA
[1] *to knead*
◊ *Aminah sedang meramas adunan di dapur.* Aminah is kneading dough in the kitchen.
[2] *to squash in the hand*
- **Andy dimarahi kerana meramas sepotong kek.** Andy was told off for squashing a piece of cake.

rambang KATA ADJEKTIF
- **secara rambang** at random
- **rambang mata (1)** bewildered ◊ *Para pembeli boleh menjadi rambang mata kerana terlalu banyak pilihan.* Shoppers may become bewildered because there is too much choice.
- **rambang mata (2)** (*sifat*) lecherous

rambu KATA NAMA
fringe
◊ *Mereka menjahit rambu pada langsir itu.* They sewed fringes on the curtains.

rambut KATA NAMA
hair

rambutan KATA NAMA
rambutan

rami KATA NAMA
jute

rampai KATA NAMA
- **bunga rampai** various kinds of sweet smelling flowers and leaves
- **rumput rampai** various kinds of grass

rampaian KATA NAMA
exercise
◊ *buku rampaian* exercise book
◊ *Biasanya guru itu memberikan rampaian yang lebih pada masa cuti.* The teacher usually gives more exercises during the holidays.

rampas

merampas KATA KERJA
[1] *to snatch*
◊ *Pencuri yang merampas wangnya kelmarin telah ditangkap.* The thief who snatched her money yesterday has been caught.
[2] *to seize*
◊ *Pihak polis merampas semua barang curian di dalam rumah itu.* The police seized all the stolen goods in the house.
◊ *merampas kuasa* to seize power
[3] *to hijack* (kapal terbang)

perampas KATA NAMA
[1] *snatcher*
[2] *hijacker* (kapal terbang)

perampasan KATA NAMA
seizure
◊ *Pemberita itu melaporkan perampasan barang-barang haram di sebuah gudang.* The reporter reported the seizure of illegal goods at the warehouse. ◊ *perampasan kuasa* seizure of power

rampasan KATA NAMA
the items seized
◊ *Rampasan pihak polis itu bernilai RM30,000.* The items seized by the police are worth RM30,000.
- **rampasan perang** the items seized during a war
- **rampasan kuasa** coup d'état

ramping KATA ADJEKTIF
slim
◊ *Badannya ramping.* She is slim.
- **Pinggang Aishah ramping.** Aishah has a small waist.

merampingkan KATA KERJA
- **merampingkan badan** to slim
◊ *Saya sedang cuba merampingkan badan.* I'm trying to slim.
- **Dia bersenam untuk merampingkan badannya.** She exercises in order to get slim.

ramu

meramu KATA KERJA
to collect
◊ *Dia masuk ke dalam hutan untuk meramu rotan.* He went into the jungle to collect rattan.

ramuan KATA NAMA
ingredients

ran KATA NAMA
tree-hut

rana
  merana KATA KERJA
  miserable
  ◊ *Jika ayah dan ibu tiada, meranalah saya.* If mum and dad go away, I'll be miserable.
• **hidup merana** to live in misery
  ◊ *Henry hidup merana semenjak anaknya diculik.* Henry has lived in misery ever since his child was kidnapped.

ranap KATA ADJEKTIF
flattened
◊ *Kedai Wahab ranap ditimpa sebatang pokok.* Wahab's shop was flattened when a tree fell on it.
  meranapkan KATA KERJA
  to flatten
  ◊ *Pokok kelapa yang tumbang itu meranapkan reban ayam tersebut.* The coconut tree that fell down flattened the chicken coop.

rancak KATA ADJEKTIF
lively
◊ *Ahmad suka mendengar lagu yang rancak.* Ahmad likes to listen to lively songs.
  kerancakan KATA NAMA
  liveliness
  ◊ *Kerancakan lagu itu menyebabkan Billy terasa ingin menari.* The liveliness of the song made Billy feel like dancing.

rancang
  merancang KATA KERJA
  to plan
  ◊ *Dia merancang untuk melanjutkan pelajarannya di universiti.* She plans to continue her studies at university.
  perancang KATA NAMA
  planner
  ◊ *Leon merupakan perancang utama projek itu.* Leon is the main planner of that project.
  perancangan KATA NAMA
  planning
  ◊ *Benny bertanggungjawab dalam perancangan projek itu.* Benny is responsible for the planning of that project.
  terancang KATA KERJA
  [1] *planned*
  ◊ *Kerja yang terancang itu sudah siap.* The planned work has been completed.
  [2] *organized*
  ◊ *jenayah terancang* organized crime
  rancangan KATA NAMA
  plan
  ◊ *Kenny telah membatalkan rancangannya untuk pergi berkelah.* Kenny cancelled his plan to go on a picnic.
• **rancangan televisyen** television programme

randuk
  meranduk KATA KERJA
  to wade
  ◊ *Askar-askar itu terpaksa meranduk sungai yang dalam itu.* The soldiers had to wade across the deep river.

rang KATA NAMA
• **rang undang-undang** bill

ranggi KATA NAMA
petal

rangka KATA NAMA
skeleton
◊ *rangka manusia* a human skeleton
• **rangka bangunan** framework of a building
• **rangka karangan** a draft of a composition
  merangka KATA KERJA
  to arrange
  ◊ *Pengurus itu merangka jadual kerja untuk pekerja-pekerjanya.* The manager arranged the work schedule for each of his employees.
  perangkaan KATA NAMA
  statistics

rangkai PENJODOH BILANGAN
bunch (JAMAK **bunches**)
◊ *beberapa rangkai buah langsat* several bunches of langsats
  berangkai-rangkai KATA BILANGAN
  bunches
  ◊ *Berangkai-rangkai buah rambutan dapat dilihat di atas pokok itu.* Bunches of rambutans can be seen on the tree.
  merangkaikan KATA KERJA
  to tie ... into a bunch
  ◊ *Lelaki itu sedang merangkaikan buah rambutannya.* The man is tying his rambutans into bunches.
  rangkaian KATA NAMA
  channel
• **rangkaian komputer** computer network

rangkak
  merangkak KATA KERJA
  to crawl
  ◊ *Kura-kura itu merangkak ke dalam kolam.* The tortoise crawled into the pond.

rangkap (1)
  merangkap KATA KERJA
  to catch ... with one's hands
  ◊ *Abu cuba merangkap nyamuk itu.* Abu tried to catch the mosquito with his hands.
  perangkap KATA NAMA
  trap

◊ *Pemburu itu telah memasang perangkap.* The hunter has set a trap.

rangkap (2) PENJODOH BILANGAN
stanza
◊ *tiga rangkap pantun* three stanzas of pantuns

merangkap KATA HUBUNG
cum
◊ *penyambut tetamu merangkap kerani* receptionist cum clerk

rangkul
merangkul KATA KERJA
1 *to win*
◊ *Keat merangkul pingat emas dalam pertandingan itu.* Keat won a gold medal in the competition.
2 *to embrace*
◊ *Wanita itu merangkul anak kecil yang sedang menangis itu.* The woman embraced the child who was crying.

rangkum
merangkum KATA KERJA
to carry ... in one's arms
◊ *Pelajar itu merangkum buku-buku teks ke pejabat.* The student carried the textbooks to the office in his arms.

merangkumi KATA KERJA
to comprise
◊ *Jumlah itu merangkumi semua perbelanjaan termasuk yuran.* The amount comprises all the expenses including the fees.

terangkum KATA KERJA
to be included
◊ *Pelepasan cukai terangkum dalam Belanjawan Malaysia 1998.* Tax exemption is included in the 1998 Malaysia budget.

rangsang
merangsang KATA KERJA
to stimulate
◊ *langkah-langkah untuk merangsang ekonomi negara* steps to stimulate the country's economy

perangsang KATA NAMA
1 *inspiration*
◊ *Ibu bapa perlu menjadi perangsang kepada anak-anak.* Parents should be an inspiration to their children.
2 *encouragement*
◊ *Kawan-kawan saya memberi banyak perangsang kepada saya untuk meneruskan pelajaran.* My friends gave me a lot of encouragement to continue my studies.

rangsangan KATA NAMA
stimulation
◊ *rangsangan fizikal* physical stimulation

rangup KATA ADJEKTIF
crispy

ranjang KATA NAMA
bed

ranjau KATA NAMA
spike
◊ *Dia meletakkan ranjau pada pagar di sekeliling rumahnya.* He placed spikes on the fence around his house.
♦ **ranjau hidup** the trials of life

rantai KATA NAMA
chain
◊ *Dia mengikat anjingnya dengan rantai.* He tied his dog up with a chain.
♦ **rantai leher** necklace
♦ **rantai tangan** bracelet

merantai KATA KERJA
to chain up
◊ *Dia merantai anjingnya di belakang rumah.* He chained up his dog behind the house.

rantau KATA NAMA
region
♦ **anak rantau (1)** a coastal dweller
♦ **anak rantau (2)** a foreigner

merantau KATA KERJA
to go abroad
◊ *Bapa Rashid merantau selama dua tahun.* Rashid's father went abroad for two years.

perantau KATA NAMA
traveller

perantauan KATA NAMA
abroad
♦ **Julie selalu menulis surat kepada kawannya yang berada di perantauan.** Julie writes often to her friend who lives abroad.

serantau KATA ADJEKTIF
regional
◊ *kerjasama serantau* regional co-operation

ranting KATA NAMA
twig

ranum KATA ADJEKTIF
overripe
◊ *Buah mangga itu ranum.* The mango is overripe.

rapat KATA ADJEKTIF
close
◊ *Hubungan mereka rapat.* Their relationship is close.

merapati KATA KERJA
to approach
◊ *Dia cuba merapati saya.* He tried to approach me.

merapatkan KATA KERJA
to strengthen
◊ *Aktiviti ini dapat merapatkan*

rapi KATA ADJEKTIF
1 *tidy*
◊ *Rambut Wilson masih rapi walaupun sudah berjam-jam dia berada di luar.* Wilson's hair is still tidy even though he's been outside for hours.
2 *neatly*
◊ *Dia menyikat rapi rambutnya.* He combed his hair neatly. ◊ *berpakaian rapi* neatly dressed
♦ **Istana itu dikawal rapi.** The castle is well guarded.
merapikan KATA KERJA
to tidy
◊ *Dia merapikan biliknya setiap pagi.* She tidies her room every morning.
perapi KATA NAMA
conditioner

rapuh KATA ADJEKTIF
brittle
◊ *tulang yang rapuh* brittle bones

ras KATA NAMA
race

rasa KATA KERJA
rujuk juga **rasa** KATA NAMA
1 *to think*
◊ *Saya rasa kesan ini tidak akan tanggal.* I think the stain will never come out. ◊ *Saya rasa dia akan datang.* I think he'll come.
2 *to feel*
◊ *Saya tidak rasa hendak keluar malam ini.* I don't feel like going out tonight.
♦ **Saya rasa, nama itu pernah saya dengar.** The name sounded familiar to me.
♦ **Saya rasa begitulah.** I think so.
♦ **Saya rasa tidak.** I don't think so.

berasa KATA KERJA
to feel
◊ *Dia berasa panas.* She feels hot.

merasa KATA KERJA
to taste
◊ *Gina merasa kek itu dan mendapati kek itu tidak cukup manis.* Gina tasted the cake and found that it was not sweet enough.

merasai KATA KERJA
to taste
◊ *Jonathan merasai makanan yang dimasak oleh kawannya.* Jonathan tasted the food cooked by his friend.

merasakan KATA KERJA
to feel
◊ *Ken dapat merasakan kegembiraan kawannya.* Ken can feel his friend's happiness.

perasa KATA NAMA
seasoning
◊ *Emak saya membubuh sedikit perasa dalam masakannya.* My mother puts some seasoning in her cooking.

perasaan KATA NAMA
feeling
◊ *Dia tidak memahami perasaan kawannya.* She doesn't understand her friend's feelings.

terasa KATA KERJA
to feel
◊ *Dia terasa bahang matahari yang panas.* He felt the heat of the hot sun.
◊ *Saya terasa hendak makan aiskrim.* I feel like eating ice cream.
♦ **seorang yang mudah terasa** a sensitive person

rasanya, rasa-rasanya KATA PENEGAS
suppose
◊ *Rasanya dia akan menghadiri mesyuarat itu.* I suppose he will attend the meeting.
♦ **Rasanya, nama itu pernah saya dengar.** The name sounded familiar to me.
♦ **Rasanya begitulah.**
♦ **Rasanya tidak.** I don't think so.

rasa KATA NAMA
rujuk juga **rasa** KATA KERJA
taste
◊ *deria rasa* sense of taste
♦ **rasa sakit** a feeling of pain

rasi
serasi KATA ADJEKTIF
1 *compatible*
◊ *Ahmad dan Aminah dapat hidup dengan gembira kerana mereka serasi.* Ahmad and Aminah can live happily together because they are compatible.
2 *suitable*
◊ *Ubat ini serasi dengan saya.* This medicine is suitable for me.

keserasian KATA NAMA
compatibility
◊ *Mereka dapat bekerja bersama kerana ada keserasian.* They were able to work together because of their compatibility.

rasialisme KATA NAMA
racism

rasional KATA ADJEKTIF
rational

rasmi KATA ADJEKTIF
1 *official*
◊ *bahasa rasmi* official language
2 *formal*
◊ *surat rasmi* formal letter
♦ **tidak rasmi** unofficial

merasmikan KATA KERJA
to officiate
◊ *Datuk Manaf dijemput untuk merasmikan upacara pembukaan itu.* Datuk Manaf was invited to officiate at the opening ceremony.
perasmian KATA NAMA
inauguration
◊ *upacara perasmian* inauguration ceremony

rasuah KATA NAMA
bribe
merasuahi KATA KERJA
to bribe
◊ *Ronald melakukan kesalahan dengan merasuahi polis.* Ronald committed a crime in bribing the police.

rasuk
merasuk KATA KERJA
to tempt
◊ *Mahmud cuba merasuk kawan-kawannya menghisap rokok.* Mahmud tried to tempt his friends to smoke.
♦ **Dia bermimpi dirasuk hantu.** He dreamt that he was possessed by spirits.

rasul KATA NAMA
messenger of God

rata KATA ADJEKTIF
flat
◊ *tanah yang rata* flat land
♦ **Dia membahagikan wangnya sama rata kepada anak-anaknya.** He divided up his money evenly among his children.
kerataan KATA NAMA
flatness
◊ *Dengan kerataan tanah itu, anda dapat melihat berbatu-batu jauhnya.* The flatness of the land means that you can see for miles. ◊ *Perhatikan kerataan dan kesuburan tanah merah itu.* Notice the flatness and fertility of the red soil.
meratakan KATA KERJA
to level
◊ *Pekerja-pekerja sedang meratakan jalan.* Workers are levelling the road.
merata-rata KATA ADJEKTIF
everywhere
◊ *Jangan buang sampah di merata-rata tempat.* Don't throw rubbish everywhere.
serata KATA ADJEKTIF
♦ **serata tempat** everywhere ◊ *Dia mencari kucingnya di serata tempat.* He searched for his cat everywhere.

ratah
meratah KATA KERJA
to eat ... without rice
◊ *Dia meratah ayam itu.* He ate the chicken without rice.

ratap
meratap KATA KERJA
to wail
◊ *Ibu Ani memujuknya supaya berhenti meratap.* Ani's mother coaxed her to stop wailing.
meratapi KATA KERJA
to bewail
◊ *Dia meratapi kematian datuknya.* She bewailed the death of her grandfather.

ratifikasi KATA NAMA
ratification
meratifikasi, meratifikasikan KATA KERJA
to ratify

ratu KATA NAMA
queen

ratus KATA BILANGAN
hundred
♦ **seratus** a hundred
♦ **keseratus** hundredth
beratus-ratus KATA BILANGAN
hundreds
◊ *Beratus-ratus orang berkumpul di padang itu kelmarin.* Hundreds of people gathered at the field yesterday.
peratus KATA NAMA
per cent
◊ *Gaji Nora meningkat sebanyak sepuluh peratus.* Nora's pay has increased by ten per cent.
peratusan KATA NAMA
percentage
◊ *Peratusan pelajar yang memasuki universiti telah meningkat.* The percentage of students entering university has increased.
ratusan KATA BILANGAN
hundreds
◊ *Beliau menderma ratusan ringgit kepada tabung itu.* He donated hundreds of ringgits to the fund.

raung
meraung KATA KERJA
to howl
◊ *Anjing itu meraung sepanjang malam.* The dog howled all night. ◊ *Dia meraung kesakitan.* He howled with pain.
meraung-raung KATA KERJA
to howl
◊ *Kenny meraung-raung apabila terjatuh dari basikalnya.* Kenny howled when he fell off his bicycle.
raungan KATA NAMA
howling
◊ *Raungan Ali mengejutkan jirannya.* Ali's howling frightened his neighbours.

raup KATA NAMA
scoop
◊ *seraup pasir* a scoop of sand

raut → rebah

meraup KATA KERJA
to scoop up
◊ *Dia meraup tepung dari guni itu.* He scooped up some flour from the sack.

raut
meraut KATA KERJA
to smooth
◊ *Dia meraut buluh itu dengan pisau.* He smoothed the bamboo with a knife.

rawak KATA ADJEKTIF
♦ **secara rawak** at random

rawan KATA ADJEKTIF

> rujuk juga **rawan** PENJODOH BILANGAN

melancholy
◊ *Hatinya rawan apabila mendengar berita itu.* She felt melancholy when she heard the news.
merawankan KATA KERJA
to fill with melancholy
◊ *Keadaan lelaki tua itu merawankan hati Lily.* The old man's condition filled Lily with melancholy.

rawan PENJODOH BILANGAN

> rujuk juga **rawan** KATA ADJEKTIF
> **rawan** tidak ada terjemahan dalam bahasa Inggeris.

◊ *serawan jala* a fishing net

rawat
merawat KATA KERJA
to treat
◊ *Doktor itu sedang merawat pesakitnya.* The doctor is treating his patient.
rawatan KATA NAMA
treatment
◊ *rawatan rambut* hair treatment
♦ **unit rawatan rapi** intensive care unit

raya KATA ADJEKTIF

> Biasanya **raya** hadir di belakang perkataan lain.

◊ *bandar raya* city ◊ *jalan raya* road
◊ *lebuh raya* highway
merayakan KATA KERJA
to celebrate
◊ *Mereka merayakan hari Krismas setiap tahun.* They celebrate Christmas every year.
perayaan KATA NAMA
celebration
◊ *Perayaan itu sangat meriah.* The celebration is very joyful.

rayap
merayap KATA KERJA
to crawl
◊ *Semut merayap di atas meja yang kotor itu.* Ants are crawling all over the dirty table.

rayau
merayau, merayau-rayau KATA KERJA
to wander around
◊ *Alice suka merayau di pusat membeli-belah selepas sekolah.* Alice likes to wander around the shopping centre after school.
perayau KATA NAMA
loiterer

rayu KATA KERJA
to plead
◊ *"Tolong jangan hukum saya," rayu Rizal.* "Please don't punish me," pleaded Rizal.
merayu KATA KERJA
1 *to appeal*
◊ *Aaron cuba merayu kepada gurunya.* Aaron tried to appeal to his teacher.
2 *to beg*
◊ *Saya merayu supaya dia pulang bersama saya.* I begged him to come home with me.
rayuan KATA NAMA
appeal
◊ *Rayuannya telah ditolak.* His appeal was rejected.
♦ **Mereka tidak mempedulikan rayuan ibu tua itu.** They ignored the old lady's pleas.

RDKS SINGKATAN (= *Rangkaian Perkhidmatan Digital Bersepadu*)
ISDN (= *Integrated Service Digital Network*)

reaksi KATA NAMA
reaction
◊ *Reaksinya biasa sahaja.* His reaction was normal.

reaktor KATA NAMA
reactor

realisasi KATA NAMA
realization
merealisasikan KATA KERJA
to realize
◊ *Rakyat perlu bekerjasama untuk merealisasikan Wawasan 2020.* Citizens should co-operate to realize Vision 2020.

realistik KATA ADJEKTIF
realistic
◊ *matlamat yang realistik* a realistic goal
♦ **tidak realistik** unrealistic

realiti KATA NAMA
reality (JAMAK **realities**)

rebah KATA KERJA
to collapse
◊ *Tiang itu telah rebah.* The pole has collapsed.
merebahkan KATA KERJA
♦ **merebahkan diri/badan** to collapse
◊ *Ann merebahkan badannya di atas*

katil kerana keletihan. Ann collapsed on the bed because she was so tired.

rebak
merebak KATA KERJA
to spread
◊ Berita itu merebak dengan cepat. The news spread fast.
• **Sekarang penyakit itu telah merebak ke kawasan tersebut.** The disease has now spread to that area.

reban KATA NAMA
coop

rebana KATA NAMA
drum with skin on one side only

reben KATA NAMA
ribbon

rebung KATA NAMA
bamboo shoot

rebus KATA ADJEKTIF
boiled
• **telur rebus** hard-boiled egg
merebus KATA KERJA
to boil
◊ Minah merebus ubi kayu untuk sarapan paginya. Minah boiled tapioca for her breakfast.
rebusan KATA NAMA
something that is boiled
• **Mandy membuang air rebusan itu.** Mandy poured away the boiled water.

rebut
berebut KATA KERJA
to scramble
◊ Pelajar-pelajar berebut tempat duduk di dalam dewan. The students scrambled for seats in the hall.
• **Dua beradik itu bergaduh kerana berebut kuasa.** The two siblings became enemies when they struggled for power.
• **berebut harta** to compete for wealth
berebut-rebut KATA KERJA
to scramble
◊ Para pelajar berebut-rebut hendak menaiki bas. The students were scrambling to get into the bus. ◊ Pelabur asing berebut-rebut untuk melabur di negara ini. Foreign investors were scrambling to invest in this country.
merebut KATA KERJA
to snatch
◊ Budak lelaki yang nakal itu merebut buku kawannya. The naughty boy snatched his friend's book.
• **Pasukan mereka berjaya merebut piala itu daripada pasukan lawan.** Their team succeeded in winning the cup from the opponent's team.
perebutan KATA NAMA
struggle

◊ Syarikat itu masih kucar-kacir akibat perebutan kuasa. The company is still torn by power struggles. ◊ perebutan takhta a struggle for the throne

reda KATA KERJA
to subside
◊ Hujan masih belum reda lagi. The rain has not subsided yet.
◊ Kemarahannya belum reda. His anger has not yet subsided.
meredakan KATA KERJA
to calm
◊ Kata-katanya tidak dapat meredakan kemarahan Amy. His words could not calm Amy's anger.

réda KATA ADJEKTIF
willing
◊ Ada anak yang reda untuk menjaga orang tua mereka dan ada juga yang sebaliknya. Some children are willing to take care of their parents and others are not.
• **dengan reda** willingly ◊ menerima sesuatu dengan reda to accept something willingly
• **Saya reda dengan segala yang berlaku.** I willingly accept what happened.
meredai KATA KERJA
to consent
◊ Ibu meredai pemergian saya. My mother consented to my leaving.
keredaan KATA NAMA
consent
◊ mencari keredaan Tuhan to look for God's consent
• **Saya menerima segala yang berlaku dengan penuh keredaan.** I willingly accept everything that has happened.

redah
meredah KATA KERJA
to wade through
◊ Askar-askar itu terpaksa meredah beberapa batang sungai. The soldiers had to wade through several rivers.
◊ meredah hujan to wade through the rain

redup KATA ADJEKTIF
cloudy
◊ Cuaca hari ini redup. It's cloudy today.

regang KATA ADJEKTIF
taut
◊ Dawai itu perlu ditarik sehingga regang. The wire needs to be pulled until it is taut.
meregangkan KATA KERJA
to tauten
◊ senaman untuk meregangkan otot muka exercises to tauten facial muscles

regu KATA NAMA

team
beregu KATA NAMA
doubles (tenis, badminton)
◊ *beregu campuran* mixed doubles

rehat KATA NAMA
rest
• **waktu rehat** interval
berehat KATA KERJA
to rest
◊ *Dia berehat pada waktu malam.* He rests at night.
merehatkan KATA KERJA
to rest
◊ *Dia perlu merehatkan lututnya.* He has to rest his knee.
• **Dia duduk di bawah pokok untuk merehatkan diri.** She sat under the tree to rest.

rejam KATA KERJA
• **rejam lembing** the javelin
merejam KATA KERJA
to stone
◊ *Di negara itu, orang yang berzina akan direjam sampai mati.* In that country people who commit adultery are stoned to death.

rejimen KATA NAMA
regiment

reka
mereka KATA KERJA
[1] *to make up*
◊ *Dia mereka sebuah cerita untuk menipu kawannya.* He made up a story to cheat his friend.
[2] *to invent*
◊ *Siapakah yang mereka kapal terbang?* Who invented the aeroplane?
mereka-reka KATA KERJA
to make up
◊ *Saya cuba mereka-reka satu alasan.* I tried to make up an excuse.
pereka KATA NAMA
designer
◊ *pereka fesyen* fashion designer
◊ *pereka dalaman* interior designer
rekaan KATA NAMA
invention
◊ *Cerita itu hanya rekaan.* The story is just an invention.

reka bentuk KATA NAMA
design
◊ *reka bentuk rumah* house design
mereka bentuk KATA KERJA
to design
◊ *Dia mereka bentuk bangunan itu.* He designed the building.
pereka bentuk KATA NAMA
designer

reka cipta KATA NAMA
invention
◊ *Reka ciptanya sangat berguna.* His invention is very useful.
mereka cipta KATA KERJA
to invent
◊ *Dia mereka cipta sebuah kamera yang canggih.* He invented a sophisticated camera.
pereka cipta KATA NAMA
inventor

rekah
merekah KATA KERJA
[1] *to crack*
◊ *Tanah itu kering sehingga merekah.* The land was so dry that it cracked.
[2] *to split open*
◊ *Dua biji durian yang dibelinya merekah.* Two of the durians that he bought have split open.
rekahan KATA NAMA
crack
◊ *Dia menyapu simen pada rekahan dinding itu.* He sealed the crack in the wall with cement.

reka letak KATA NAMA
layout (hasil penerbitan)

rekat
merekat KATA KERJA
to stick
◊ *Setem itu tidak merekat pada sampul surat.* The stamp won't stick to the envelope.
merekatkan KATA KERJA
[1] *to paste*
◊ *Dia merekatkan poster itu pada dinding.* She pasted the poster on to the wall.
[2] *to seal*
◊ *Ali merekatkan sampul surat itu.* Ali sealed the envelope.
perekat KATA NAMA
paste

rekod KATA NAMA
record
◊ *memecahkan rekod* to break the record
merekodkan KATA KERJA
to record
◊ *Dia perlu merekodkan semua bayaran yang dibuat.* She needs to record all the payments made.

rekoder KATA NAMA
recorder

rekreasi KATA NAMA
recreation
berekreasi KATA KERJA
to relax
• **bekerja sambil berekreasi** to combine work with relaxation

rekrut KATA NAMA
recruit

rel KATA NAMA
rail

rela KATA ADJEKTIF
willing
◊ *Dia rela melakukannya sendiri.* She is willing to do it herself.
kerelaan KATA NAMA
willingness
♦ *Nicole membantu mereka atas kerelaannya sendiri.* Nicole helped them of her own free will.
merelai KATA KERJA
to consent
◊ *Rosnah merelai pemergian anaknya ke bandar.* Rosnah consented to let her daughter move to the city.
merelakan KATA KERJA
to allow
◊ *Emak merelakan saya bekerja di bandar.* My mother allowed me to work in town.

relaks KATA ADJEKTIF
relaxed
◊ *Saya berasa lebih relaks.* I felt a lot more relaxed.
merelakskan KATA KERJA
to relax
♦ *Saya mendapati memasak merelakskan.* I find cooking relaxing.

relang KATA NAMA
ring
♦ **relang leher** (*anjing, kucing*) collar

relau KATA NAMA
furnace

relevan KATA ADJEKTIF
relevant
♦ **tidak relevan** irrelevant

remaja KATA ADJEKTIF, KATA NAMA
adolescent

remang
meremang KATA KERJA
♦ **bulu roma meremang** one's hair stands on end ◊ *Setiap kali dia lalu di hadapan rumah itu dia terasa bulu romanya meremang.* Every time he passes the house he feels his hair stand on end.
◊ *Bulu romanya meremang sebaik sahaja dia masuk ke dalam bilik itu.* As soon as she entered the room her hair stood on end.

rembang KATA NAMA
♦ **rembang tengah hari** exactly at noon
♦ **rembang petang** late afternoon

rembat
merembat KATA KERJA
to whip
◊ *Dia merembat kuda tua itu yang berhenti untuk minum air.* He whipped the old horse, which had stopped to drink.

rembes
merembes KATA KERJA
to ooze
◊ *Darah merembes keluar dari lukanya.* Blood is oozing from his wound.
rembesan KATA NAMA
trickle
◊ *rembesan air mata yang tidak henti-henti* the continual trickle of tears

remeh KATA ADJEKTIF
trivial
◊ *masalah yang remeh* a trivial problem
♦ **remeh-temeh** trivial

rempah KATA NAMA
spice
♦ **rempah-ratus** all kinds of spices
berempah KATA KERJA
spicy

rempuh
berempuh-rempuh KATA KERJA
to scramble
◊ *Pelajar berempuh-rempuh memasuki dewan.* Students are scrambling into the hall.
merempuh KATA KERJA
to push one's way
◊ *Mereka merempuh masuk ke dalam pasar raya yang baru dibuka itu.* They pushed their way into the new supermarket.
♦ **Kami terpaksa merempuh pintu itu.** We had to break the door open.

remuk KATA ADJEKTIF
smashed
◊ *Kereta itu remuk apabila dilanggar oleh sebuah lori.* The car was smashed when it was hit by a lorry.
meremukkan KATA KERJA
to crush
◊ *Andrew meremukkan tin kosong itu.* Andrew crushed the empty can.

renang KATA NAMA
swimming
♦ **kolam renang** swimming pool
berenang KATA KERJA
to swim
♦ *Dia suka berenang.* She likes swimming.
perenang KATA NAMA
swimmer

rencah
perencah KATA NAMA
seasoning

rencana KATA NAMA
1 *article*
◊ *Dia telah membaca rencana itu.* He has read the article.

rencat → rengek

2. *agenda*
◊ *Rancangan itu tidak termasuk dalam rencana kami.* The plan was not on our agenda.

3. *dictation*
◊ *latihan rencana* dictation exercises

merencanakan KATA KERJA

1. *to write an article*
◊ *Peterlah yang merencanakan sejarah bandar itu.* It was Peter who wrote an article about the history of the city.

2. *to plan*
◊ *Kami tidak merencanakan semua ini. Itu hanya satu kebetulan.* We didn't plan all this, it's just a coincidence.

perencana KATA NAMA
planner

perencanaan KATA NAMA

1. *planning*
◊ *Dia bertanggungjawab ke atas perencanaan projek itu.* She is responsible for the planning of the project.

2. *dictation*

rencat

kerencatan KATA NAMA
state of being stunted

* **Wanita yang hamil itu dinasihatkan mengambil ubat itu agar tumbesaran kandungannya tidak mengalami kerencatan.** The woman was advised to take the medicine so that the growth of the baby she was carrying would not be restricted.

merencatkan KATA KERJA
to stunt
◊ *Pemakanan yang tidak teratur boleh merencatkan pertumbuhan bayi dalam kandungan.* An unbalanced diet can stunt the development of the baby in the womb.

terencat KATA KERJA
stunted
◊ *Tumbesaran kanak-kanak itu terencat.* The child's growth was stunted.

* **kanak-kanak yang terencat akal** children with mental disability

rencong KATA ADJEKTIF
curved
◊ *Dia menggunakan sebatang buluh yang rencong untuk membunuh haiwan itu.* He used a curved bamboo stick to kill the animal.

renda KATA NAMA
lace
berenda KATA KERJA
with lace

* **alas berenda** a lace cover

rendah KATA ADJEKTIF

1. *low*
◊ *bangunan yang rendah* low building

2. *short*
◊ *Diana lebih rendah daripada Jenny.* Diana is shorter than Jenny.

* **rendah diri** humble
* **rendah hati** humble
* **rendah lemak** low-fat
* **sekolah rendah** primary school

kerendahan KATA NAMA
low
◊ *kerendahan akhlak* low morals

merendah KATA KERJA

* **merendah diri** humble

merendahkan KATA KERJA

1. *to lower*
◊ *Dia merendahkan nada suaranya.* He lowered his voice.

2. *to reduce*
◊ *Dia merendahkan harga kamera itu.* He reduced the price of the camera.

rendam KATA KERJA
to soak
◊ *Tolong rendam kain itu ke dalam air panas.* Please soak the cloth in hot water.

berendam KATA KERJA
to wallow
◊ *Badak air suka berendam di dalam lumpur.* The hippopotamus likes to wallow in the mud.

merendam, merendamkan KATA KERJA
to soak
◊ *Dia merendamkan pakaiannya ke dalam air.* She soaks her clothes in the water.

terendam KATA KERJA
soaking
◊ *Dia terlupa membasuh pakaiannya yang terendam sejak kelmarin.* She forgot to wash her clothes which had been soaking since the day before.

rendang KATA ADJEKTIF
fried
◊ *ayam rendang* fried chicken

merendang KATA KERJA
to fry
◊ *Emak sedang merendang ayam.* My mother is frying chicken.

reneh

mereneh KATA KERJA
to boil
◊ *Shila sedang mereneh sup.* Shila is boiling soup.

renek KATA ADJEKTIF
short

* **pokok renek** shrub

renga KATA NAMA
maggot

rengek

merengek, merengek-rengek KATA KERJA

to whine

◊ *Kanak-kanak itu asyik merengek meminta emaknya membeli alat mainan itu.* The child kept whining and asking her mother to buy the toy.

rengekan KATA NAMA

whining
◊ *Rengekan budak itu menjengkelkan saya.* The child's whining annoyed me.

renggang KATA ADJEKTIF

1. *ajar*
◊ *Pintu itu renggang.* The door was ajar.
2. *strained*
◊ *Hubungan Wendy dengan jirannya renggang.* Wendy's relationship with her neighbour is strained.

kerenggangan KATA NAMA

tension
◊ *kerenggangan antara kedua-dua buah negara itu* the tension between the two countries
♦ **Kerenggangan hubungan mereka berpunca daripada pertengkaran itu.** Their relationship is strained because of the fight.

merenggang KATA KERJA

to drift apart
◊ *Persahabatan Yvonne dengan Henry mulai merenggang.* Yvonne and Henry began to drift apart.

merenggangkan KATA KERJA

to strain
◊ *Pergaduhan itu merenggangkan lagi hubungan mereka.* The fight strained their relationship even more.

renggut

merenggut KATA KERJA

to snatch
◊ *Seorang pencuri telah merenggut beg tangan Lucy.* A thief has snatched Lucy's handbag.

rengsa KATA ADJEKTIF

listless
◊ *Dia berasa rengsa dan tidak bermaya.* He is listless and weak.

merengsakan KATA KERJA

to irritate
◊ *Cili boleh merengsakan kulit.* Chillies can irritate the skin.

kerengsaan KATA NAMA

listlessness
◊ *Ubat ini boleh menghilangkan kerengsaan.* This medicine can cure listlessness.

rengus

merengus KATA KERJA

to be angry
◊ *Sally merengus apabila emaknya menyuruhnya pergi ke kedai.* Sally became angry when her mother asked her to go to the shop.

perengus KATA ADJEKTIF

grumpy
◊ *seorang yang perengus* a grumpy person

renjat

renjatan KATA NAMA

shock
◊ *mangsa renjatan* a shock victim

renjer KATA NAMA

ranger

renjis

merenjis, merenjiskan KATA KERJA

to sprinkle
◊ *Dia merenjis air pada seluarnya.* She sprinkled some water on her trousers.

perenjis KATA NAMA

sprayer

renjisan KATA NAMA

sprinkling
◊ *renjisan air* a sprinkling of water

rentak KATA NAMA

1. *beat*
◊ *Mereka menari mengikut rentak muzik.* They danced to the beat of the music.
2. *stamp* (hentakan kaki)

serentak KATA ADJEKTIF

simultaneously
◊ *Mereka pulang serentak.* They left simultaneously. ◊ *Mereka menjawab serentak.* They answered simultaneously.

rentang

merentang KATA KERJA

to stretch
◊ *Kabel itu merentang sepanjang beberapa batu.* The cable stretched for several miles.

merentangi KATA KERJA

across
◊ *Penduduk kampung membina sebuah jambatan merentangi sungai itu.* The villagers built a bridge across the river.

merentangkan KATA KERJA

to stretch
◊ *Dia merentangkan dawai itu.* He stretched out the wire.

terentang KATA KERJA

1. *outstretched*
◊ *tangan yang terentang* outstretched hands
2. *to stretch*
◊ *Sawah-sawah padi itu terentang beberapa batu luasnya.* The paddy fields stretched for several miles.

rentap

berentap-rentap KATA KERJA

to fight
◊ *Mereka berentap-rentap untuk*

mendapatkan tiket. They are fighting for tickets.
merentap KATA KERJA
to grab
◊ *Kamal merentap tangan Molly lalu menariknya ke dalam kereta.* Kamal grabbed Molly's hand and dragged her into the car.

rentas KATA ADJEKTIF
horizontal
♦ **rentas desa** cross-country
merentas KATA KERJA
to cross
◊ *Askar-askar itu merentas hutan untuk pergi ke markas pihak musuh.* The soldiers crossed the jungle to get to the enemy base.

rentet
rentetan KATA NAMA
1 *string*
◊ *rentetan kata* a string of words
2 *series*
◊ *rentetan peristiwa yang pelik* a series of strange events

rentung KATA ADJEKTIF
burnt to ashes
◊ *Bangunan itu rentung dalam kebakaran tersebut.* The building was burnt to ashes in the fire.

renung (1)
merenung KATA KERJA
to stare at
◊ *Dia merenung bayi itu.* She stared at the baby.
merenungi KATA KERJA
to gaze at
◊ *Dia merenungi wajahnya dalam cermin.* She gazes at herself in the mirror.
renungan KATA NAMA
gaze
◊ *Renungan lelaki itu menakutkan Nicole.* The man's gaze scared Nicole.

renung (2)
merenung KATA KERJA
to ponder
◊ *Dia duduk di situ sambil merenung nasibnya.* She sits there and ponders her fate.
merenungkan KATA KERJA
to ponder
◊ *Dia berbaring di atas katil sambil merenungkan kata-kata emaknya.* She lay on the bed and pondered her mother's words.
renungan KATA NAMA
contemplation
◊ *Dia begitu asyik dalam renungannya.* He was lost in contemplation.

renyah KATA ADJEKTIF
taxing
◊ *kerja yang renyah* a taxing job

renyai KATA ADJEKTIF
♦ **hujan renyai** drizzle

renyuk KATA ADJEKTIF
crumpled
◊ *baju yang renyuk* a crumpled shirt
merenyukkan KATA KERJA
to crumple
◊ *Dia merenyukkan kertas itu dan membuangnya ke dalam tong sampah.* He crumpled the paper and threw it into the dustbin.

repek
merepek KATA KERJA
to talk nonsense
◊ *Jangan merepek.* Don't talk nonsense.

replika KATA NAMA
replica

reptilia KATA NAMA
reptile

republik KATA NAMA
republic

reput KATA ADJEKTIF
rotten
◊ *kayu reput* a rotten stick

reputasi KATA NAMA
reputation
♦ **mempunyai reputasi yang baik** reputable

rerambut KATA NAMA
capillary (JAMAK **capillaries**)

resah KATA ADJEKTIF
restless
◊ *Dia resah menantikan keputusan ujian itu.* She was restless while waiting for the test results.
keresahan KATA NAMA
restlessness
◊ *Keresahannya dapat dilihat dengan jelas.* His restlessness can be clearly seen.
meresahkan KATA KERJA
to make ... restless
◊ *Temu duga itu meresahkannya.* The interview made him restless.

resam KATA NAMA
custom

resap
meresap KATA KERJA
to soak
◊ *Air meresap ke dalam tanah yang kering itu.* Water soaked into the dry soil.
meresapi KATA KERJA
to soak into
◊ *Air hujan meresapi tanah itu dengan cepat.* Rain soaked into the soil so fast.

resapan KATA NAMA
absorption
◊ *resapan air* water absorption

resipi KATA NAMA
recipe

resit KATA NAMA
receipt

resmi KATA NAMA
innate character

respirasi KATA NAMA
respiration

respons KATA NAMA
response

restoran KATA NAMA
restaurant

restu KATA NAMA
blessing
◊ *Kami tidak akan berkahwin selagi ayah belum memberikan restunya.* We won't get married unless father gives his blessing.
merestui KATA KERJA
to bless
- **Ibu merestui perkahwinan saya dengan Manisha.** My mother gave her blessing to my marriage with Manisha.

retak KATA ADJEKTIF
rujuk juga **retak** KATA NAMA
cracked
◊ *Mangkuk itu sudah retak.* The bowl has cracked.
keretakan KATA NAMA
crack
◊ *Keretakan pada pinggan itu jelas kelihatan.* The crack on the plate is obvious.
- **keretakan rumah tangga** a rift between a married couple
meretak KATA KERJA
to crack
◊ *Dinding itu sudah mula meretak.* The wall had begun to crack.
retakan KATA NAMA
crack
◊ *Retakan pada dinding itu jelas.* The crack on the wall is obvious.

retak KATA NAMA rujuk **retakan**
rujuk juga **retak** KATA ADJEKTIF

retas KATA KERJA
to come undone
◊ *Beberapa jahitan pada bajunya sudah retas.* A few stitches on his shirt have come undone.
meretas KATA KERJA
to unpick stitches
◊ *Siti meretas jahitan pada seluarnya.* Siti unpicked the stitches on her trousers.

reumatisme KATA NAMA
rheumatism

revolusi KATA NAMA
revolution

revolver KATA NAMA
revolver

rewang
merewang KATA KERJA
to ramble

rezeki KATA NAMA
1 *livelihood*
◊ *Perempuan tua itu menganyam tikar untuk mencari rezeki.* The old lady weaves mats for her livelihood.
2 *good fortune*
◊ *"Janganlah anda iri hati dengan kejayaan Omar, itu rezekinya," kata Ali.* "Don't be jealous of Omar's success, that's his good fortune," said Ali.

ria KATA ADJEKTIF
happy
- **bersuka ria** to have fun.

riadah KATA NAMA
1 *exercise*
◊ *melakukan riadah* to do exercises
2 *recreation*
◊ *pusat riadah* recreation centre
beriadah KATA KERJA
to exercise
- **Setiap petang Ali beriadah di taman.** Every evening Ali does exercises in the garden.

riak KATA ADJEKTIF
rujuk juga **riak** KATA NAMA
proud
◊ *orang yang riak* a proud person

riak KATA NAMA
rujuk juga **riak** KATA ADJEKTIF
ripple
◊ *riak air* the ripple of the water

riang KATA ADJEKTIF
cheerful
keriangan KATA NAMA
joy
◊ *Dia tersenyum apabila melihat keriangan kanak-kanak itu.* She smiled when she saw the children's joy.
meriangkan KATA KERJA
- **meriangkan hati** joyful ◊ *muzik yang meriangkan hati* joyful music
- **meriangkan hati seseorang** to make somebody happy ◊ *Dia membeli hadiah itu untuk meriangkan hati anak perempuannya.* He bought the present to make his daughter happy.
periang KATA ADJEKTIF
cheerful
◊ *Dia seorang yang periang.* She's a cheerful person.

riba KATA NAMA

ribu → rintang

lap
meriba KATA KERJA
to place ... on one's lap
◊ *Emak meriba bayi itu.* Mother places the baby on her lap.

ribu KATA BILANGAN
thousand
- **seribu** a thousand
- **keseribu** thousandth
beribu-ribu KATA BILANGAN
thousands
◊ *Beribu-ribu orang berkumpul di padang kelmarin.* Thousands of people gathered at the field yesterday.
ribuan KATA BILANGAN
thousands
◊ *Dia menderma ribuan ringgit kepada tabung itu.* She donated thousands of ringgits to the fund.

ribut KATA NAMA
storm
- **ribut petir** thunderstorm
- **ribut salji** blizzard
- **ribut taufan** hurricane

ricau
mericau KATA KERJA
to twitter
◊ *Burung itu sedang mericau.* The bird is twittering.

ridip KATA NAMA
fin (sirip)

rimas KATA ADJEKTIF
uncomfortable
◊ *Dia rimas apabila berada di dalam bilik yang kecil itu.* He feels uncomfortable in the small room.
merimaskan KATA KERJA
to make ... uncomfortable
◊ *Bilik yang penuh sesak itu merimaskan saya.* The crowded room made me uncomfortable.

rimba KATA NAMA
jungle

rimbun KATA ADJEKTIF
leafy
◊ *pokok-pokok yang rimbun* leafy trees
rimbunan KATA NAMA
leafy tree

rindu KATA ADJEKTIF
to miss
◊ *Dia rindu akan emaknya.* She misses her mother.
- **rindu akan kampung halaman** to be homesick
kerinduan KATA NAMA
longing
◊ *Imelda bercakap tentang kerinduannya terhadap ibu bapanya.* Imelda spoke of her longing for her parents.
merindui, merindukan KATA KERJA
to miss
◊ *Johari sangat merindukan keluarganya.* Johari misses his family very much.

ringan KATA ADJEKTIF
1. *light*
◊ *Beg itu ringan.* The bag is light.
◊ *hukuman yang ringan* light punishment
2. *easy*
◊ *kerja yang ringan* easy work
- **makanan dan minuman ringan** light refreshments
- **ringan mulut** friendly
- **ringan tangan** helpful
- **ringan tulang** hardworking
meringankan KATA KERJA
1. *to ease*
◊ *Sekarang dia dapat meringankan beban hutang keluarganya.* Now he can ease the family's burden of debt.
2. *to mitigate*
◊ *Dia berharap hakim akan meringankan hukumannya.* He hopes that the judge will mitigate his punishment.

ringgit KATA NAMA
ringgit
◊ *lima ringgit* five ringgits

ringkas KATA ADJEKTIF
short
◊ *Jawapan itu ringkas dan tepat.* The answer is short and accurate.
- **secara ringkas** briefly
meringkaskan KATA KERJA
to summarize
◊ *Dia meringkaskan karangan itu menjadi seratus patah perkataan sahaja.* She summarized the composition in just a hundred words.
ringkasan KATA NAMA
summary (JAMAK **summaries**)
◊ *Pelajar-pelajar dikehendaki menulis ringkasan cerita itu.* The students are required to write a summary of the story.

ringkik KATA NAMA
neigh
meringkik KATA KERJA
to neigh
◊ *Kuda itu meringkik.* The horse neighed.

ringkuk
meringkuk KATA KERJA
to languish
◊ *meringkuk dalam penjara* to languish in jail

rintang

merintangi KATA KERJA
across
◊ *Mereka membina sebuah jambatan merintangi sungai itu.* They built a bridge across the river.

perintang KATA NAMA
barricade
◊ *Beberapa batang jalan di kawasan itu telah ditutup dengan perintang.* A few roads in that area have been closed off with barricades.

rintangan KATA NAMA
obstacle
◊ *Dia menghadapi banyak rintangan sebelum mencapai kejayaan.* He faced a lot of obstacles before achieving success.

rintih

merintih KATA KERJA
1 *to groan*
◊ *Chin merintih kesakitan apabila terjatuh dari basikalnya.* Chin groaned with pain when he fell off his bicycle.
2 *to complain about*
◊ *Para pekerja merintih tentang ketidakadilan dalam syarikat mereka.* The workers complained about the lack of justice in their company.

rintihan KATA NAMA
1 *groaning*
◊ *Rintihan Judy membimbangkan bapanya.* Judy's groaning worried her father.
2 *complaint*
◊ *Pemimpin harus mengambil tahu rintihan rakyat.* A leader should be concerned about the citizens' complaints.

rintik KATA NAMA
spot
◊ *Rintik-rintik merah mula kelihatan pada kulit Fiona.* Red spots started to appear on Fiona's skin.
• **rintik hujan** rain drops
• **hujan rintik-rintik** drizzle

berintik-rintik KATA KERJA
with spots
◊ *kain hitam berintik-rintik putih* black cloth with white spots

merintik-rintik KATA KERJA
to drip
◊ *Peluh merintik-rintik di dahinya.* Sweat was dripping from his forehead.
• *Hujan merintik-rintik sepanjang petang itu.* It drizzled the whole afternoon.

rintis

merintis KATA KERJA
1 *to clear a way*
◊ *Mereka merintis hutan untuk membuat jalan.* They cleared a way through the jungle to build a road.
2 *to pioneer*
◊ *Mereka merintis projek itu.* They pioneered the project.

perintis KATA NAMA
pioneer
◊ *Mereka merupakan perintis kepada projek itu.* They were the pioneers of the project.

risalah KATA NAMA
leaflet

risau KATA ADJEKTIF
worried
◊ *Dia risau kerana anak perempuannya masih belum pulang.* He is worried because his daughter still hasn't come back.

kerisauan KATA NAMA
worry (JAMAK **worries**)
◊ *Kerisauannya dapat dilihat dengan jelas dari air mukanya.* His worry could clearly be seen on his face.

merisaukan KATA KERJA
to worry
◊ *Masalah itu merisaukannya.* The problem worried him.

risik KATA NAMA *rujuk* **risikan**

merisik KATA KERJA
to investigate
◊ *Polis sedang merisik kes rompakan yang berlaku di Jalan Helang.* The police are investigating the robbery at Jalan Helang.
• *Kelmarin ada orang datang merisik kakak saya.* Yesterday someone came to our house to ask whether my sister was marriageable.

perisik KATA NAMA
spy (JAMAK **spies**)

perisikan KATA NAMA
spying
◊ *Mereka mengetahui projek itu secara terperinci melalui perisikan.* They found out details of the project by spying.

risikan KATA NAMA
investigation
◊ *risikan pihak polis* investigation by the police

risiko KATA NAMA
risk

berisiko KATA KERJA
risky
◊ *Pelaburan itu berisiko.* The investment is risky.
• **berisiko tinggi** high risk ◊ *projek yang berisiko tinggi* a high risk project

ritma KATA NAMA
rhythm

riuh KATA ADJEKTIF

riuh-rendah very noisy
keriuhan KATA NAMA
noise
◊ *Dia tidak mendengar keriuhan itu.* She didn't hear the noise.
meriuhkan KATA KERJA
to enliven
◊ *Lagu yang rancak itu meriuhkan suasana majlis tersebut.* The lively song enlivened the party.

riwayat KATA NAMA
legend
• **riwayat hidup** biography (JAMAK **biographies**)
meriwayatkan KATA KERJA
to narrate
◊ *Dia meriwayatkan kehidupan pahlawan itu kepada kami.* He narrated to us the life of the warrior.

rizab KATA NAMA
reserve
◊ *rizab tunai* cash reserve
• **hutan rizab** forest reserve
merizabkan KATA KERJA
to reserve
◊ *Kerajaan merizabkan tanah itu untuk membina kilang.* The government reserved the land to build factories.

RKL SINGKATAN (= *Rangkaian Kawasan Luas*)
WAN (= *Wide Area Network*)

RKS SINGKATAN (= *Rangkaian Kawasan Setempat*)
LAN (= *Local Area Network*)

roboh KATA KERJA
to collapse
◊ *Pondok itu telah roboh.* The hut has collapsed.
merobohkan KATA KERJA
to destroy
◊ *Ribut telah merobohkan pondok itu.* The storm has destroyed the hut.
perobohan KATA NAMA
demolition
◊ *perobohan bangunan-bangunan lama* the demolition of old buildings
robohan KATA NAMA
ruins
◊ *robohan bangunan* the ruins of a building

robot KATA NAMA
robot

rock KATA NAMA
rock

roda KATA NAMA
wheel

rodok
merodok KATA KERJA
1. *to stab*
2. *to gore* (*binatang yang bertanduk*)

rogol KATA KERJA
rape
merogol KATA KERJA
to rape
perogol KATA NAMA
rapist

roh KATA NAMA
1. *soul*
◊ *Dia berdoa untuk kesejahteraan roh suaminya yang telah meninggal dunia.* She prayed for the soul of her late husband.
2. *spirit*
◊ *roh jahat* evil spirit

rohani KATA NAMA
spiritual
◊ *nilai-nilai rohani* spiritual values
kerohanian KATA NAMA
spirituality

rohaniah KATA NAMA
spiritual
◊ *nilai-nilai rohaniah* spiritual values

roket KATA NAMA
rocket

rokok KATA NAMA
cigarette
merokok KATA KERJA
to smoke
◊ *Dia tidak merokok.* He doesn't smoke.
• **kawasan dilarang merokok** non-smoking area
perokok KATA NAMA
smoker

romantik KATA ADJEKTIF
romantic

rombak
merombak KATA KERJA
1. *to reform*
◊ *Pengurus baru itu merombak sistem pentadbiran syarikatnya.* The new manager reformed the company's administrative system.
2. *to reshuffle*
◊ *Beliau bercadang untuk merombak kabinetnya.* He plans to reshuffle his Cabinet.
perombakan KATA NAMA
reorganization
◊ *perombakan sistem perundangan* the reorganization of the legal system
rombakan KATA NAMA
reshuffle
◊ *rombakan kabinet* Cabinet reshuffle

rombong
rombongan KATA NAMA
excursion

rompak
merompak KATA KERJA
to rob
◊ *Mereka ditangkap kerana merompak sebuah bank.* They were arrested for robbing a bank.
perompak KATA NAMA
robber
rompakan KATA NAMA
robbery (JAMAK **robberies**)

ronda
meronda KATA KERJA
to patrol
◊ *Setiap petang polis akan meronda di kawasan itu.* Every evening the police will patrol the area.
peronda KATA NAMA
patrol
◊ *kapal peronda* patrol ship
rondaan KATA NAMA
patrolling
◊ *Rondaan polis dapat menjamin keselamatan penduduk di kawasan itu.* Patrolling by the police can guarantee the safety of residents in the area.
♦ **membuat rondaan** to be on patrol

rongak KATA ADJEKTIF
♦ **gigi rongak** missing tooth (JAMAK **missing teeth**)
♦ **Giginya rongak.** He has a tooth missing.

rongga KATA NAMA
cavity (JAMAK **cavities**)
◊ *rongga hidung* nasal cavity
berongga KATA KERJA
hollow
◊ *pokok yang berongga* a hollow tree

ronta
meronta-ronta KATA KERJA
to struggle
◊ *Dia meronta-ronta untuk melepaskan dirinya.* He struggled to free himself.

ronyok KATA ADJEKTIF
crumpled
◊ *kain yang ronyok* crumpled cloth
meronyokkan KATA KERJA
to crumple
◊ *Dia meronyokkan kertas itu dan membuangnya ke dalam tong sampah.* He crumpled the paper and threw it into the dustbin.

ropol KATA NAMA
frill
◊ *Dia menjahit ropol pada kain langsir.* She sewed some frills on to the curtain.
beropol KATA KERJA
frilled
◊ *baju yang beropol* a frilled shirt

ros KATA NAMA
rose

rosak KATA ADJEKTIF
[1] *to break down*
◊ *kereta yang rosak* a car that has broken down
[2] *rotten*
◊ *buah-buahan yang rosak* rotten fruit
[3] *wrecked*
◊ *kapal kargo yang rosak* a wrecked cargo ship
kerosakan KATA NAMA
breakdown (kereta, mesin)
♦ **kerosakan gigi** tooth decay
merosakkan KATA KERJA
[1] *to damage*
◊ *Sinaran matahari boleh merosakkan rambut anda.* Sunlight can damage your hair.
[2] *to spoil*
◊ *Jangan biarkan kesilapan merosakkan kehidupan anda.* Don't let mistakes spoil your life.
perosak KATA NAMA
destroyer
♦ **haiwan perosak** pest

rosot
kemerosotan KATA NAMA
decline
◊ *kemerosotan prestasi pelajar-pelajar* a decline in the performance of the students ◊ *kemerosotan ekonomi* a decline in the economy
merosot KATA KERJA
[1] *to fall*
◊ *Harga akan merosot lagi pada akhir tahun ini.* Prices will fall again at the end of this year.
[2] *to deteriorate*
◊ *Kesihatannya yang semakin merosot membimbangkan ibu bapanya.* Her deteriorating health worried her parents.

rotan KATA NAMA
[1] *rattan*
◊ *bakul rotan* rattan basket
[2] *cane*
merotan KATA KERJA
to cane
◊ *Dia merotan anak lelakinya yang nakal.* He caned his naughty son.

roti KATA NAMA
bread
♦ **roti bakar** toast

ru KATA NAMA
casuarina

ruam KATA NAMA
rash (JAMAK **rashes**)

ruang KATA NAMA

space
- **ruang tamu** living room
  ruangan KATA NAMA
  [1] *space*
  ◊ *ruangan kosong* empty space
  [2] *column*
  ◊ *ruangan hiburan* entertainment column

ruap
  meruap KATA KERJA
  to boil over
  ◊ *Sup itu telah meruap.* The soup has boiled over.

ruas KATA NAMA
  rujuk juga **ruas** PENJODOH BILANGAN
  the space between two joints
  ◊ *ruas buluh* the space between two joints in a length of bamboo ◊ *ruas tebu* the space between two joints in a length of sugar cane

ruas PENJODOH BILANGAN
  rujuk juga **ruas** KATA NAMA
  section
  ◊ *seruas tebu* a section of sugar cane

rubah KATA NAMA
  fox (JAMAK **foxes**)

rugi KATA KERJA
  to lose
  ◊ *Dia telah rugi sebanyak RM20,000 dalam perniagaannya.* He lost RM20,000 in his business.
- **Jika anda menolak tawaran itu, anda sendiri yang akan rugi.** If you reject the offer, it will be your loss.
  kerugian KATA KERJA
  rujuk juga **kerugian** KATA NAMA
  to lose
  ◊ *Syarikat kami kerugian sebanyak RM1 juta.* Our company lost the sum of RM1 million.
  kerugian KATA NAMA
  rujuk juga **kerugian** KATA KERJA
  loss (JAMAK **losses**)
  ◊ *Kerugian syarikat itu berjumlah RM10,000.* The company's losses totalled RM10,000.
  merugikan KATA KERJA
  to make ... lose money
  ◊ *Ketidakcekapannya telah merugikan syarikat itu.* His incompetence has made the company lose money.
- **Pelaburan itu telah merugikan Roy.** Roy suffered a loss in the investment.

ruji KATA ADJEKTIF
  staple
  ◊ *makanan ruji* staple food

rujuk KATA KERJA
  to refer
  ◊ *Sila rujuk muka surat 20.* Please refer to page 20.
  merujuk KATA KERJA
  to refer
  ◊ *Dia merujuk kepada buku notanya.* He referred to his notebook.
  rujukan KATA NAMA
  reference
  ◊ *bahan rujukan* reference material

rukun KATA NAMA
  principle
  ◊ *Doktrin itu berdasarkan tiga rukun yang asas.* The doctrine was based on three fundamental principles.
- **rukun negara** code of good citizenship
- **rukun tetangga** neighbourhood association
  kerukunan KATA NAMA
  peace

rum KATA NAMA
  rum (*minuman keras*)

rumah KATA NAMA
  house
- **rumah anjing** kennel
- **rumah api** lighthouse
- **rumah ibadat** temple
- **rumah kaca** greenhouse
- **rumah orang tua** old people's home
- **rumah pangsa** block of flats
- **rumah pemuliharaan** conservatory (JAMAK **conservatories**)
- **rumah penginapan** inn
- **rumah sakit** hospital
- **rumah sakit jiwa** mental hospital
- **rumah tetamu** guesthouse
  berumahkan KATA KERJA
  to live in
  ◊ *Lelaki itu berumahkan pondok buruk.* The man lives in an old hut.
  perumahan KATA NAMA
  housing
  ◊ *projek perumahan* housing project
  serumah KATA ADJEKTIF
  in the same house
  ◊ *Ah Ling tinggal serumah dengan neneknya.* Ah Ling lives in the same house as her grandmother.
- **kawan serumah** housemate

rumah tangga KATA NAMA
  [1] *household*
  ◊ *Suami saya memberikan wang kepada saya untuk menguruskan rumah tangga.* My husband gave me cash to manage the household.
  [2] *marriage*
  ◊ *keharmonian dalam rumah tangga* harmony in marriage
  berumah tangga KATA KERJA
  to get married
  ◊ *Ken akan berumah tangga pada*

hujung tahun ini. Ken will get married at the end of this year.

rumbia KATA NAMA
sago palm

Rumi KATA NAMA
Roman

rumit KATA ADJEKTIF
complicated
◊ *Perkara itu menjadi semakin rumit.* The matter has become more complicated.
kerumitan KATA NAMA
difficulty (JAMAK **difficulties**)
◊ *kerumitan mendapat maklumat yang tepat* the difficulty of getting accurate information
merumitkan KATA KERJA
to complicate
◊ *Campur tangannya hanya merumitkan lagi hal itu.* His interference only complicated the matter further.

rumpai KATA NAMA
weed
♦ **rumpai laut** seaweed

rumpair KATA NAMA
algae

rumpun KATA NAMA, PENJODOH BILANGAN
rumpun *mempunyai pelbagai terjemahan.*
◊ *dua rumpun buluh* two bamboo thickets ◊ *satu rumpun bahasa* a language family ◊ *satu rumpun bunga* a cluster of flowers
berumpun-rumpun KATA BILANGAN
clusters
◊ *Bunga yang berumpun-rumpun dapat dilihat di atas pokok itu.* Clusters of flowers could be seen on the tree.
serumpun KATA ADJEKTIF
of the same family
◊ *bahasa serumpun* language of the same family

rumput KATA NAMA
grass (JAMAK **grasses**)
♦ **rumput kering** hay
♦ **mesin rumput** lawnmower
berumput KATA KERJA
grassy

rumus KATA NAMA
formula
merumuskan KATA KERJA
to summarize
◊ *Jadual 3.1 merumuskan maklumat yang diberikan di atas.* Table 3.1 summarizes the information given above.
rumusan KATA NAMA
summary (JAMAK **summaries**)
◊ *Dia menulis rumusan cerita itu.* She wrote a summary of the story.

runcing KATA ADJEKTIF
sharpened
◊ *Dia membawa sebatang buluh runcing bersamanya ke dalam hutan.* He took a sharpened length of bamboo into the jungle with him.
♦ **keadaan yang runcing** a critical situation
meruncing KATA KERJA
to become critical (*keadaan*)
♦ **Hubungan mereka semakin meruncing.** Their relationship is getting strained.
meruncingkan KATA KERJA
to sharpen
◊ *Bapa sedang meruncingkan kayu itu.* Father is sharpening the stick.

runcit KATA ADJEKTIF
of all kinds
♦ **barang-barang runcit** groceries
peruncit KATA NAMA
retailer

runding KATA NAMA
♦ **pakar runding** consultant
berunding KATA KERJA
to negotiate
◊ *Mereka akan berunding tentang harga bangunan itu.* They will negotiate the price of the building.
merundingkan KATA KERJA
to negotiate
◊ *Mereka akan merundingkan syarat-syarat dalam perjanjian itu.* They will negotiate the conditions in the agreement.
perundingan KATA NAMA
negotiations
rundingan KATA NAMA
talk
◊ *rundingan damai* peace talks

runduk
merunduk KATA KERJA
to stoop
◊ *Dia merunduk untuk mengutip batu itu.* He stooped to pick up the stone.

rungkai
merungkaikan KATA KERJA
to untie
◊ *Dia merungkaikan tali bungkusan itu.* He untied the string of the parcel.

rungut KATA KERJA
to grumble
◊ *"Makanan di sini tidak sedap," rungut emak.* "The food here doesn't taste nice," mother grumbled.
merungut KATA KERJA
to grumble
◊ *Pelajar-pelajar merungut apabila guru itu memberi mereka kerja rumah.* The students grumbled when the teacher gave them homework.
perungut KATA NAMA

grumbler

rungutan KATA NAMA
complaint
◊ *Rungutannya tidak dipedulikan.* His complaint was disregarded.

runsing KATA ADJEKTIF
worried
◊ *Masalah itu menyebabkannya runsing.* The problem makes him worried.

kerunsingan KATA NAMA
worry (JAMAK **worries**)
◊ *Kerunsingan Kate menyebabkannya tidak tidur sepanjang malam.* Kate's worries gave her a sleepless night.

merunsingkan KATA KERJA
to worry
◊ *Jane yang selalu ponteng sekolah, merunsingkan ibu bapanya.* Jane, who always plays truant, worries her parents.

runtuh KATA KERJA
to collapse
◊ *Rumah itu runtuh dalam ribut taufan semalam.* The house collapsed in yesterday's hurricane.

- **tanah runtuh** landslide
- **runtuhan salji** avalanche

keruntuhan KATA NAMA
1 *collapse*
◊ *Berita keruntuhan bangunan lama itu mengejutkan orang ramai.* The news of the collapse of the old building shocked the public.
2 *fall*
◊ *Pemimpin yang tidak berkebolehan merupakan salah satu faktor keruntuhan kerajaan itu.* The incompetence of its leaders was one of the factors that caused the fall of the kingdom.

- **keruntuhan akhlak** a decline in morals
- **keruntuhan rumah tangga** a marital break-up

meruntuhkan KATA KERJA
to cause ... to collapse
◊ *Ribut telah meruntuhkan titi itu.* The storm caused the bridge to collapse.

rupa KATA NAMA
look
◊ *Dia menyambut Sally dengan rupa yang ceria.* He greeted Sally with a happy look.

- **Dave mengahwini Jessica hanya kerana paras rupanya.** Dave only married Jessica for her looks.
- **Rupa gadis itu cantik.** The girl is beautiful.

berupa KATA KERJA
to be shaped like
◊ *Logo syarikat itu berupa sebuah bintang.* The company's logo is shaped like a star.

- **Dia memberikan bantuan berupa makanan kepada mangsa-mangsa kebakaran itu.** She gave aid in the form of food to the fire victims.

keserupaan KATA NAMA
resemblance
◊ *Keserupaan wajah mereka mengejutkan Jane.* Their physical resemblance startled Jane.

menyerupai KATA KERJA
to resemble
◊ *Wajah Aminah menyerupai wajah emaknya.* Aminah resembles her mother.

merupai KATA KERJA
to resemble
◊ *Binatang yang dilukisnya itu merupai kucing.* The animal she drew resembles a cat.

merupakan KATA KERJA
to be
◊ *Jam tangan itu merupakan hadiah hari jadinya.* The watch was her birthday present.

serupa KATA ADJEKTIF
like
◊ *Wajah Amy kelihatan serupa dengan kawannya.* Amy looks like her friend.

rupanya KATA PENEGAS
apparently
◊ *Rupanya, dialah pencuri itu.* Apparently he is the thief.

rupa-rupanya KATA PENEGAS
actually
◊ *Jawapan yang disangka betul itu, rupa-rupanya salah.* The answer thought to be right was actually wrong.

rupawan KATA ADJEKTIF
pretty
◊ *Gadis rupawan itu ialah jiran saya.* That pretty girl is my neighbour.

rusa KATA NAMA
deer (JAMAK **deer**)

- **anak rusa** fawn
- **rusa kutub** reindeer

rusuh KATA ADJEKTIF
chaotic
◊ *Keadaan menjadi rusuh apabila pihak tentera mengambil alih pemerintahan negara itu.* The situation became chaotic when the military took over the country.

kerusuhan KATA NAMA
riot
◊ *Mereka cuba mengatasi masalah kerusuhan di kawasan itu.* They tried to put down the riot in that area.

merusuh KATA KERJA
to riot
◊ *Pelajar-pelajar yang merusuh itu*

telah ditangkap. The students who rioted were arrested.
merusuhkan KATA KERJA
to cause a disturbance
◊ *Penunjuk-penunjuk perasaan merusuhkan kawasan itu.* The demonstrators caused a disturbance in that area.
perusuh KATA NAMA
rioter
rusuhan KATA NAMA
riot
◊ *Mereka diberi amaran supaya tidak melibatkan diri dalam rusuhan itu.* They were warned not to take part in the riot.

rusuk KATA NAMA
rib
◊ *sangkar rusuk* rib cage
♦ **tulang rusuk** rib
merusuk KATA KERJA
to stab ... in the side
◊ *Fatimah merusuk pencuri itu dengan pisaunya.* Fatimah stabbed the burglar in the side with her knife.
rutin KATA NAMA
routine
◊ *rutin harian* daily routine
ruyung KATA NAMA
the thick outer bark of palms

S

saat KATA NAMA
second
- **saat yang paling menggembirakan** the happiest moment

saban KATA ADJEKTIF
every
◊ *Faridah datang ke tempat ini saban minggu.* Faridah comes to this place every week.

sabar KATA ADJEKTIF
patient
◊ *Dia tetap sabar walaupun ketika kanak-kanak itu nakal.* He remains patient even when the children misbehave.
- **dengan sabar** patiently ◊ *Rishma menunggu di situ dengan sabar.* Rishma waited there patiently.
- **Sabar! Sabar! Jangan panik.** Please calm down! Don't panic.
- **tidak sabar** impatient
- **tidak sabar-sabar** to look forward to

bersabar KATA KERJA
to be patient
◊ *Harap bersabar. Doktor akan merawat anda sebentar lagi.* Please be patient. The doctor will attend to you shortly.

kesabaran KATA NAMA
patience
◊ *Dia tidak mempunyai kesabaran untuk membuat kerja-kerja sebegitu.* He doesn't have the patience for such work.
- *Juliana menunggu dengan penuh kesabaran.* Juliana waited patiently.
- **ketidaksabaran** impatience

penyabar KATA ADJEKTIF
patient
◊ *Dia seorang yang penyabar.* He's a patient person.

sabit (1) KATA NAMA
sickle
◊ *Bapa menggunakan sabit untuk memotong rumput.* Father used a sickle to cut the grass.

menyabit KATA KERJA
to cut
◊ **menyabit rumput** to cut the grass

sabit (2)
menyabitkan KATA KERJA
- **menyabitkan bersalah** to convict
◊ *Dia disabitkan bersalah atas pembunuhan tersebut.* She was convicted of the murder.

Sabtu KATA NAMA
Saturday
◊ **pada hari Sabtu** on Saturday

sabun KATA NAMA
soap

bersabun KATA KERJA
soapy
◊ *Pinggan itu masih bersabun.* The plate is still soapy.

sabung KATA NAMA
fighting
◊ **sabung ayam** cock-fighting

sabung-menyabung KATA KERJA
to flash
◊ *Kilat sabung-menyabung di langit.* Lightning was flashing in the sky.

menyabung KATA KERJA
- **menyabung ayam** to hold a cock-fight
◊ *Mereka menyabung ayam di padang itu.* They are holding a cock-fight in the field.
- **menyabung nyawa** to sacrifice one's life ◊ *Dia sanggup menyabung nyawa demi ibunya.* He's willing to sacrifice his life for his mother.

sabut KATA NAMA
coir

sadai
bersadai KATA KERJA
to bask
◊ *Anthony bersadai di bawah cahaya matahari.* Anthony basked in the sun.

tersadai KATA KERJA
to be beached
◊ *Bot itu tersadai di tebing sungai.* The boat was beached on the river bank.

saderi KATA NAMA
- **daun saderi** celery

sadung
menyadung KATA KERJA
to trip
◊ *Dia cuba menyadung saya.* She tried to trip me.

tersadung KATA KERJA
to trip
◊ *Rama tersadung dan kakinya tercedera.* Rama tripped and hurt his leg.

sadur KATA NAMA
plating
- **tepung sadur** batter

bersadur KATA KERJA
-plated
◊ **cincin yang bersadur emas** a gold-plated ring

menyadur KATA KERJA
to coat
◊ **menyadur cincin dengan emas** to coat a ring with gold

penyaduran KATA NAMA
plating
◊ **proses penyaduran emas** gold-plating process

saduran KATA NAMA
plating

sagat KATA NAMA

Sagitarius → saing

grater
menyagat KATA KERJA
to grate

Sagitarius KATA NAMA
Sagittarius (bintang zodiak)

sagu KATA NAMA
sago

sagu hati KATA NAMA
1. *compensation* (sebagai ganti rugi)
2. *reward* (sebagai penghargaan)
- **hadiah sagu hati** consolation prize

sah KATA ADJEKTIF
1. *valid*
◊ *sah untuk tiga bulan* valid for three months
2. *legal*
◊ *isteri yang sah* legal wife

mengesahkan KATA KERJA
to confirm
◊ *Doktor mengesahkan bahawa keadaan pesakit itu sudah bertambah baik.* The doctor has confirmed that the patient's condition is improving.
- **Pastikan anda mengesahkan jumlahnya sebelum membayar bil.** Make sure you verify the amount before paying the bill.
- **Semua salinan sijil perlu disahkan.** All copies of certificates must be certified.

pengesahan KATA NAMA
confirmation
◊ *selepas dia menerima pengesahan tentang kenaikan pangkatnya* after he received confirmation of his promotion
- **Majikan boleh meminta pengesahan bertulis yang menyatakan bahawa saudara itu benar-benar sakit.** An employer can demand written certification that the relative is really ill.

sahabat KATA NAMA
friend
◊ *sahabat karib* best friend
- **sabahat pena** penfriend

bersahabat KATA KERJA
to be friends
◊ *Mereka bersahabat sejak kecil lagi.* They have been friends since they were very young.

persahabatan KATA NAMA
friendship

sahaja KATA PENEGAS
only
◊ *Saya memerlukan dua buah buku sahaja.* I only need two books.
  Kadang-kadang sahaja tidak diterjemahkan.
◊ *Ke mana sahaja saya pergi, saya pasti bertemu dengannya.* Wherever I go, I'm sure to meet him.

bersahaja KATA KERJA
1. *simple*
◊ *cara hidup yang bersahaja* a simple lifestyle
2. *natural*
◊ *Lakonannya amat bersahaja.* His acting was very natural.
- **"Saya tidak tahu," jawabnya bersahaja.** "I don't know," was his non-committal reply.

saham KATA NAMA
share
- **pemegang saham** shareholder

sahih KATA ADJEKTIF
proven
◊ *Memang sahih, dialah pencuri itu.* It has been proven that he is the thief.

kesahihan KATA NAMA
validity
◊ *kesahihan laporan itu* the validity of the report

sahsiah KATA NAMA
character
◊ *seorang wanita yang mempunyai sahsiah yang mulia* a woman of honourable character

sahut KATA KERJA
to reply
◊ *"Aku di sini," sahut Azmani.* "I'm here," replied Azmani.

menyahut KATA KERJA
to answer
◊ *Wai Yee tidak menyahut apabila dipanggil oleh bapanya.* Wai Yee didn't answer when her father called.
- **menyahut cabaran** to accept a challenge

saing KATA NAMA
- **daya saing** competitiveness
- **berdaya saing** competitive ◊ *seorang kanak-kanak yang berdaya saing* a competitive child

bersaing KATA KERJA
to compete
◊ *Kami bersaing dengan syarikat-syarikat lain untuk mendapatkan kontrak itu.* We competed with other companies to get the contract.

menyaingi KATA KERJA
to compete
◊ *Produk ini mampu menyaingi produk lain di pasaran.* This product is able to compete with other products on the market.

pesaing KATA NAMA
1. *rival*
◊ *Lelaki itu merupakan salah seorang pesaing saya dalam pertandingan ini.* The guy is one of my rivals in the contest.
2. *competitor*
◊ *Dialah pesaing yang paling saya*

geruni. He was the competitor I feared the most.
persaingan KATA NAMA
competition
◊ *persaingan hebat* stiff competition
saingan KATA NAMA
competitor
◊ *Bank itu ingin mengatasi saingannya.* The bank wants to outdo its competitor.
- **Kecantikannya memang tidak ada saingan.** Her beauty is unmatched.

sains KATA NAMA
science
◊ *sains gunaan* applied science
◊ *sains komputer* computer science
- **ahli sains** scientist

saintifik KATA ADJEKTIF
scientific

saintis KATA NAMA
scientist

saiz KATA NAMA
size

saja KATA PENEGAS *rujuk* **sahaja**

sajak KATA NAMA
poem
bersajak KATA KERJA
to recite a poem
penyajak KATA NAMA
poet

saji KATA NAMA
food
- **tudung saji** cover for food
menyajikan KATA KERJA
to serve
◊ *menyajikan makanan* to serve food
sajian KATA NAMA
food

saki KATA NAMA
- **saki-baki** remnant ◊ *saki-baki sebuah bangunan lama* the remnants of an old building
- **saki-baki makanan** leftovers

sakit KATA ADJEKTIF
[1] *to hurt*
◊ *Kaki saya sakit.* My leg hurts.
[2] *painful*
◊ *Sakitnya bukan kepalang.* It is extremely painful.
- **Hati saya sakit.** I'm hurt.
- **sakit dada** chest pain
- **sakit perut** stomach ache
- **Dia sakit.** He is ill.
- **jatuh sakit** to fall sick
kesakitan KATA NAMA
pain
◊ *membantu menghilangkan kesakitan* to ease the pain
menyakiti KATA KERJA
to hurt
◊ *Saya tidak berniat untuk menyakiti hatinya.* I didn't mean to hurt her feelings.
menyakitkan KATA KERJA
painful
◊ *kecederaan yang menyakitkan* a painful injury
- **menyakitkan hati (1)** to hurt ◊ *Kata-kata Adrian menyakitkan hati ibunya.* What Adrian said hurt his mother.
- **menyakitkan hati (2)** to spite ◊ *Dia melakukannya hanya untuk menyakitkan hati saya.* He did it just to spite me.
penyakit KATA NAMA
[1] *illness*
◊ *penyakit mental* mental illness
[2] *disease*
◊ *penyakit jantung* heart disease
pesakit KATA NAMA
patient
◊ *Pesakit itu memerlukan penjagaan rapi.* The patient needs a lot of care.

saksama KATA ADJEKTIF
fair
◊ *perbicaraan yang saksama* a fair trial
kesaksamaan KATA NAMA
justice
◊ *Undang-undang baru itu akan menjamin kesaksamaan untuk golongan kulit hitam.* The new legislation would guarantee justice for black people.
- **kurangnya kesaksamaan dalam perbicaraan** the lack of a fair trial

saksi KATA NAMA
witness (JAMAK **witnesses**)
menyaksikan KATA KERJA
[1] *to watch*
◊ *Ramai orang datang untuk menyaksikan persembahan beliau.* Many people came to watch his performance.
[2] *to witness*
◊ *Sesiapa yang menyaksikan kejadian itu diminta menghubungi polis.* Anyone who witnessed the incident is requested to contact the police.

saksofon KATA NAMA
saxophone

sakti KATA ADJEKTIF
supernatural
◊ *kuasa sakti* supernatural powers
kesaktian KATA NAMA
supernatural powers
◊ *Ramai orang percaya akan kesaktian ahli sihir itu.* Many people believe in the witch's supernatural powers.

saku KATA NAMA
pocket
◊ *Dia berdiri sambil menyeluk saku.* He stood with his hands in his pockets.

salad → salin

- **wang saku** pocket money
- **penyeluk saku** pickpocket

salad KATA NAMA
salad
- **daun salad** lettuce

salah KATA ADJEKTIF
wrong
◊ *jawapan yang salah* a wrong answer
- **Tentukan sama ada pernyataan-pernyataan di bawah "Betul" atau "Salah".** State whether the following statements are "True" or "False".
- **Semua ini salah kamu!** It was all your fault!
- **salah satu** one of ◊ *Salah satu daripada gambar itu sudah rosak.* One of the photos is spoilt.

bersalah KATA KERJA
guilty
◊ *Saya berasa bersalah atas perbuatan saya.* I felt guilty for what I had done.
- **perasaan bersalah** guilt
- **tidak bersalah** innocent

kesalahan KATA NAMA
[1] *offence*
◊ *satu kesalahan yang boleh membawa hukuman mati* an offence that carries the death penalty
[2] *mistake*
◊ *Jangan ulang kesalahan itu lagi.* Don't make that mistake again.
- **Dia sanggup memaafkan kesalahan Didi.** She is willing to forgive Didi's wrongdoing.

menyalahi KATA KERJA
against
◊ *Perbuatan anda ini menyalahi undang-undang.* What you are doing is against the law.

menyalahkan KATA KERJA
to blame
◊ *Saya cuma menyalahkan diri saya sendiri.* I'm just blaming myself.

mempersalahkan KATA KERJA
to blame
- **Dia harus dipersalahkan dalam hal ini.** He should get the blame for this.

pesalah KATA NAMA
offender

salah anggap KATA KERJA
to misjudge

salah faham KATA KERJA
rujuk juga **salah faham** KATA NAMA
to misunderstand
◊ *Mungkin saya salah faham terhadap anda.* Maybe I misunderstood you.

salah faham KATA NAMA
rujuk juga **salah faham** KATA KERJA
misunderstanding

salah guna
menyalahgunakan KATA KERJA
to misuse
◊ *Dia telah menyalahgunakan kedudukannya.* She misused her position.
- **Dia menyalahgunakan kuasanya.** He abused his power.

penyalahgunaan KATA NAMA
abuse
◊ *penyalahgunaan dadah* drug abuse

salah sangka KATA KERJA
to misjudge

salah tafsir KATA NAMA
misinterpretation
menyalahtafsirkan KATA KERJA
to misinterpret

salai KATA ADJEKTIF
smoked
◊ *ikan salai* smoked fish
menyalai KATA KERJA
to smoke
◊ *menyalai ikan* to smoke fish

salak KATA NAMA rujuk **salakan**
menyalak KATA KERJA
to bark
salakan KATA NAMA
bark

salam KATA NAMA
greetings
◊ *"Salam dari Malaysia"* "Greetings from Malaysia"
- **Sampaikan salam saya kepadanya.** Give him my regards.

bersalam KATA KERJA
to shake hands
◊ *Fairuz bersalam dengan pak ciknya.* Fairuz shook hands with his uncle.

bersalam-salaman KATA KERJA
to shake hands
◊ *Mereka bersalam-salaman.* They were shaking hands.

salap KATA NAMA
ointment
- **salap bibir** lip salve

salasilah KATA NAMA
family tree

salib KATA NAMA
cross (JAMAK **crosses**)
- **patung salib** crucifix (JAMAK **crucifixes**)

salin
bersalin KATA KERJA
to give birth
menyalin KATA KERJA
[1] *to change*
- **Dia mandi dan menyalin pakaiannya.** She showered and changed.
- **bilik menyalin pakaian** changing room
[2] *to copy down*

◊ *Murid-murid sedang menyalin nota.* The pupils are copying down notes.
penyalinan KATA NAMA
copying
persalinan KATA NAMA
a change of clothes
salinan KATA NAMA
copy (JAMAK **copies**)
◊ *Saya memerlukan lima salinan sijil anda.* I need five copies of your certificate.

saling KATA BANTU

> **saling** digunakan bersama kata kerja dan biasanya diterjemahkan dengan **each other** atau mengikut konteks.

◊ *Mereka saling membantu untuk menyiapkan kerja itu.* They helped each other to get the work finished. ◊ *Kami saling berutus surat.* We write to each other. ◊ *saling tolak-menolak* to push each other ◊ *Mereka saling memahami.* They have a mutual understanding.

salir
menyalir, menyalirkan KATA KERJA
to channel
◊ *menyalirkan air ke sawah padi* to channel water to the paddy fields
penyaliran KATA NAMA
drainage
saliran KATA NAMA
1 *drainage*
◊ *Sistem saliran itu tidak berfungsi akibat hujan yang terlalu lebat.* The drainage system has collapsed owing to excessively heavy rainfall.
2 *channel* (*saluran*)

salji KATA NAMA
snow
◊ *Apabila salji mulai cair,...* When the snow starts to melt,...
+ **ribut salji** blizzard

salmon KATA NAMA
+ **ikan salmon** salmon

salun KATA NAMA
salon
◊ *salun kecantikan* beauty salon

salur KATA NAMA
+ **salur darah** blood vessel
+ **salur kencing** urinary tract
+ **salur nadi** artery (JAMAK **arteries**)
menyalurkan KATA KERJA
to channel
◊ *keputusan untuk menyalurkan bantuan kewangan ke kawasan tersebut* the decision to channel financial aid into the region
penyaluran KATA NAMA
channelling

◊ *penyaluran bantuan makanan ke Korea Utara* the channelling of food aid to North Korea
saluran KATA NAMA
channel
◊ *saluran komunikasi* channel of communication

salut
bersalut KATA KERJA
-plated
◊ *bersalut perak* silver-plated
menyalut KATA KERJA
to coat
◊ *Saya menyalut ikan itu dengan tepung yang sudah dibubuh perasa.* I coated the fish with seasoned flour.
menyaluti KATA KERJA
to cover
◊ *habuk yang menyaluti meja* dust that covers the table

sama KATA ADJEKTIF
same
◊ *Kami belajar di sekolah yang sama.* We studied in the same school.
+ **hak yang sama** equal rights
+ **Perkara itu sama penting.** That matter is equally important.
sama-sama KATA PENEGAS
together
◊ *Kita akan sama-sama menghadapi cabaran ini.* We will face the challenge together.
+ **Kami sama-sama telah bersetuju untuk pergi ke Venice.** All of us had agreed to go to Venice.
+ **Terima kasih. - Sama-sama.** Thank you. - You're welcome.
bersama, bersama-sama KATA SENDI, KATA ADJEKTIF
with
◊ *Ila pergi ke sekolah bersama Rani.* Ila goes to school with Rani.
+ **Kami pergi menunggang basikal bersama-sama.** We go for bicycle rides together.
+ **usaha bersama** combined efforts
bersamaan KATA KERJA
to be equivalent to
◊ *Satu liter bersamaan dengan seribu mililiter.* One litre is equivalent to a thousand millilitres.
kesamaan KATA NAMA
equality (dari segi status)
menyamai KATA KERJA
similar
◊ *Jawapan Rachel menyamai jawapan saya.* Rachel's answer is similar to mine.
+ **Wajah Jamal menyamai wajah bapanya.** Jamal looks like his father.

menyamakan KATA KERJA
to equalize
◊ *menyamakan kadar upah antara negara* to equalize wages internationally
penyamaan KATA NAMA
standardization
◊ *penyamaan kadar bunga* standardization of interest rates
♦ **Rais berjaya mendapatkan mata penyamaan pada akhir perlawanan.** Rais scored a late equalizer.
persamaan KATA NAMA
resemblance
◊ *persamaan antara Johari dengan Zaidi* the resemblance between Johari and Zaidi
♦ **Tammy tidak dapat menyelesaikan persamaan matematik itu.** Tammy couldn't solve the mathematical equation.
♦ **Kami mempunyai banyak persamaan.** We've got a lot in common.
sesama KATA SENDI
among
◊ *Para menteri sedang berbincang sesama mereka tentang perkara tersebut.* The ministers are discussing the matter among themselves.

sama ada KATA HUBUNG
1 *whether*
◊ *Kami tidak pasti sama ada perkara itu benar atau tidak.* We are not sure whether it is true or not.
2 *if*
◊ *Saya tidak pasti sama ada saya boleh datang atau tidak.* I'm not sure if I can make it.

samak KATA NAMA
tanin
menyamak KATA KERJA
to tan
◊ *proses menyamak belulang haiwan* the process of tanning animal hides

saman KATA NAMA
summons
♦ **surat saman** (*letak kereta*) ticket
menyaman KATA KERJA
to sue
◊ *Penyanyi itu telah menyaman tabloid tersebut.* The singer sued the tabloid.
◊ *Jika saya mungkir janji dia akan menyaman saya.* If I break my promise he'll sue me.

samar KATA ADJEKTIF
dim
samar-samar KATA ADJEKTIF
dim
◊ *dalam cahaya yang samar-samar* in the dim light
♦ **Rumah itu nampak samar-samar dari jauh.** From a distance the house was only dimly visible.
menyamar KATA KERJA
to disguise
◊ *Mulan menyamar sebagai lelaki supaya dia dapat keluar berperang.* Mulan disguised herself as a man so that she could go out and fight.
penyamar KATA NAMA
imposter
penyamaran KATA NAMA
disguise
samaran KATA NAMA
camouflage
♦ **nama samaran** pseudonym

sama rata KATA ADJEKTIF
equally
◊ *membahagikan keuntungan sama rata* to divide the profits equally

sambal KATA NAMA
blended chilli

sambar
menyambar KATA KERJA
1 *to swoop and carry away*
◊ *Burung helang itu menyambar ayam Mak Timah.* The hawk swooped and carried away Mak Timah's chicken.
2 *to grab*
◊ *Dia menyambar bungkusan itu daripada saya.* He grabbed the parcel from me.
♦ **Guruh berdentum dan kilat pun menyambar.** Thunder boomed and lightning flashed.

sambil KATA HUBUNG
while
◊ *Ibu bercakap sambil memasak.* Mother talked while she was cooking.
sambilan KATA NAMA
part-time
◊ *kerja sambilan* part-time job
♦ **Dia bekerja secara sambilan.** She works part-time.
♦ **pekerja sambilan** casual worker

sambil lalu KATA ADJEKTIF
half-heartedly
◊ *Dia membuat kerja sambil lalu sahaja.* He did his job half-heartedly.
♦ **Zarina membaca buku itu sambil lalu.** Zarina glanced through the book.

sambung
bersambung KATA KERJA
1 *to be connected*
◊ *Pejabatnya bersambung dengan bangunan lama itu.* His office is connected to the old building.
♦ **Jalan ini bersambung dengan lebuh raya itu.** This road joins the highway.

sambut → samseng B. Melayu ~ B. Inggeris 966

[2] *to continue*
◊ *Perbicaraan tersebut bersambung hari ini.* The trial continues today.
- **"bersambung..."** "to be continued..."

menyambung KATA KERJA
to go on with
◊ *Beliau menyambung ucapannya.* He went on with his speech.

menyambungkan KATA KERJA
to join ... together
◊ *menyambungkan tali* to join ropes together

penyambung KATA NAMA
extension
◊ *wayar penyambung* extension lead

penyambungan KATA NAMA
joining
◊ *penyambungan ayat-ayat menjadi satu ayat yang kompleks* the joining of sentences to make a complex sentence

sambungan KATA NAMA
connection
◊ *Periksa sambungan paip itu untuk mencari kebocoran.* Check the connections in the pipe to find the leak.

sambut
menyambut KATA KERJA
to welcome
◊ *menyambut tetamu* to welcome one's guests
- **menyambut cabaran** to accept a challenge
- **menyambut Tahun Baru Cina** to celebrate Chinese New Year

penyambut KATA NAMA
- **penyambut tetamu** receptionist

sambutan KATA NAMA
celebration
◊ *sambutan Hari Kebangsaan* celebration of National Day
- **Filem itu mendapat sambutan hangat.** The film was very popular.

sami KATA NAMA
monk

sampah KATA NAMA
rubbish
menyampah KATA KERJA
disgusted
◊ *Saya sungguh menyampah dengan gelagatnya.* I'm disgusted with his behaviour.

sampai KATA KERJA
| *rujuk juga* **sampai** KATA HUBUNG |
to arrive
◊ *Dia sudah sampai di lapangan terbang.* He has arrived at the airport.
- **sampai hati** to have the heart ◊ *Saya tidak sampai hati hendak menolak.* I didn't have the heart to say no.

kesampaian KATA ADJEKTIF
fulfilled
- **tidak kesampaian** unfulfilled ◊ *matlamat yang tidak kesampaian* an unfulfilled objective

menyampaikan KATA KERJA
to deliver
◊ *menyampaikan ucapan* to deliver a speech
- **menyampaikan berita** to present the news

penyampai KATA NAMA
presenter
- **penyampai berita** newscaster

penyampaian KATA NAMA
presentation
◊ *penyampaian kertas cadangan* presentation of the proposal
- **majlis penyampaian anugerah** awards ceremony

sampai KATA HUBUNG
| *rujuk juga* **sampai** KATA KERJA |
until
◊ *Brian belajar sampai pukul 2 pagi.* Brian studied until 2 a.m.

sampan KATA NAMA
boat

sampang KATA NAMA
lacquer

sampel KATA NAMA
sample
◊ *sampel percuma* free sample

pensampelan KATA NAMA
sampling

samping KATA ARAH
beside
◊ *Saya berdiri di samping ibu saya.* I was standing beside my mother.
- **di samping itu** apart from that ◊ *Di samping itu, saya juga ingin membeli sebuah rumah.* Apart from that, I also want to buy a house.

sampingan KATA ADJEKTIF
side
◊ *kesan sampingan* side effects
- **kerja sampingan** sideline
- **hasil sampingan** by-products

sampuk
menyampuk KATA KERJA
to interrupt
◊ *Jangan menyampuk semasa orang lain bercakap.* Don't interrupt when other people are talking.
- **disampuk hantu** to be possessed by a spirit

sampul KATA NAMA
- **sampul surat** envelope

samseng KATA NAMA
gangster

samudera KATA NAMA
ocean

samun KATA NAMA
- **kena samun** to be mugged ◊ *Dia kena samun di pusat bandar.* He was mugged in the city centre.
- **kes samun** mugging
menyamun KATA KERJA
to mug
penyamun KATA NAMA
mugger
penyamunan KATA NAMA
mugging

sana KATA GANTI NAMA
there
◊ *"Duduk di sana."* "Sit there."
◊ *Saya pergi ke sana seminggu sekali.* I go there once a week.

sanak saudara KATA NAMA
relatives
◊ *melawat sanak saudara* to visit relatives

sandang
menyandang KATA KERJA
to hold
◊ *menyandang jawatan Presiden* to hold the office of President

sandar
bersandar KATA KERJA
to lean
◊ *bersandar pada dinding* to lean against the wall
menyandar KATA KERJA
to lean
◊ *Eileen menyandar pada meja itu.* Eileen is leaning against the table.
menyandarkan KATA KERJA
to lean
◊ *menyandarkan sesuatu pada dinding* to lean something against the wall
- **Dayana menyandarkan badannya pada dinding.** Dayana was leaning against the wall.
tersandar KATA KERJA
to be leaning against
◊ *Tangga itu tersandar pada dinding.* The ladder was leaning against the wall.
sandaran KATA NAMA
prop
- **sandaran pada kerusi** backrest
- **fail sandaran** a backup file (*komputer*)

sandiwara KATA NAMA
play

sandung
tersandung KATA KERJA
to trip
◊ *Dia tersandung lalu jatuh.* She tripped and fell.

sandwic KATA NAMA
sandwich (JAMAK **sandwiches**)

sangat KATA PENGUAT
very
◊ *Meja itu sangat besar.* The table is very big.
- **orang yang hidup dalam keadaan yang sangat miskin** people living in extreme poverty
tersangat KATA PENGUAT
extremely
◊ *Telefon bimbit ini tersangat mahal.* This mobile phone is extremely expensive.

sangga KATA NAMA
prop
penyangga KATA NAMA
prop

sanggul KATA NAMA
bun
◊ *Dia membuat sanggul pada rambutnya.* She wears her hair in a bun.

sanggup KATA BANTU
1 _willing_
◊ *Dia sanggup memikul tanggungjawab tersebut.* She's willing to take the responsibility.
2 _to have the heart_
◊ *Saya tidak menyangka bahawa dia sanggup melakukan perkara itu.* I never thought he would have the heart to do it.
kesanggupan KATA NAMA
willingness
◊ *Walaupun mereka tidak pernah bersekolah, mereka menunjukkan kesanggupan untuk belajar.* Although they have never been to school before, they show a willingness to study.
- **Dia menyatakan kesanggupannya untuk menjaga bayi itu.** She said that she's willing to take care of the baby.

sangka KATA KERJA
to think
◊ *Mereka sangka saya akan pergi ke Paris.* They think I'm going to Paris.
menyangka KATA KERJA
to think
◊ *Kami menyangka bahawa kerja ini dapat disiapkan lebih awal.* We thought the work could be finished earlier.
sangkaan KATA NAMA
guess (JAMAK **guesses**)
◊ *Sangkaan saya memang tepat.* My guess was correct.

sangkal KATA KERJA
to deny
- **"Saya tidak pernah bertemu dengannya," sangkal Margaret.** "I haven't seen her before," said Margaret.

> deny tidak boleh digunakan dengan cakap ajuk seperti dalam bahasa Melayu. Oleh itu perkataan yang lebih umum digunakan, iaitu **say** yang bermaksud **kata**.

menyangkal KATA KERJA
to deny
◊ *Menteri itu menyangkal laporan yang mengatakan bahawa beliau akan meletakkan jawatan.* The minister denied reports that he was going to resign.

sangkar KATA NAMA
cage

sangkut
  bersangkutan KATA KERJA
  related
  ◊ *Kedua-dua perkara itu tidak bersangkutan langsung.* The two matters are not at all related.
  menyangkut KATA KERJA
  to hang
  ◊ *Dia menyangkut gambar itu pada dinding.* She hung the picture on the wall.
  penyangkut KATA NAMA
  hanger
  tersangkut KATA KERJA
  to get caught
  ◊ *Baju saya tersangkut pada pintu.* My dress got caught on the door.
  ♦ **Projek kami tersangkut pada tahap itu.** Our project got stuck at that stage.

sangsi KATA KERJA
to doubt
◊ *Tidak ada sesiapa pun yang sangsi akan kejujurannya.* Nobody doubted her honesty.
♦ **rasa sangsi** doubt
kesangsian KATA NAMA
doubt
◊ *penuh kesangsian* full of doubts
penyangsi KATA NAMA
suspicious person

sanjung
  menyanjung KATA KERJA
  to respect
  ◊ *Mereka tetap menyanjungnya.* They still respect him.
  ♦ **pemimpin yang disanjung tinggi** a greatly respected leader
  sanjungan KATA NAMA
  esteem

santai
  bersantai KATA KERJA
  to relax
  ◊ *Angela bersantai di tepi pantai.* Angela is relaxing on the beach.
  ♦ **Saya tidak mempunyai masa untuk bersantai.** I don't have time for relaxation.

santan KATA NAMA
coconut milk

santun KATA ADJEKTIF
polite
♦ **sopan santun** polite
kesantunan KATA NAMA
politeness

sanubari KATA NAMA
soul

sapa KATA KERJA
to greet
♦ **Mereka tidak bertegur sapa.** They are not on speaking terms.
menyapa KATA KERJA
to greet
◊ *Dia menyapa saya sewaktu kami bertembung di luar dewan itu.* He greeted me when we bumped into each other outside the hall.
♦ **Saya enggan menyapanya.** I am unwilling to talk to him.
sapaan KATA NAMA
greeting
◊ *Dia tidak menjawab sapaan saya.* He didn't acknowledge my greeting.

sapu KATA NAMA
broom
♦ **sapu tangan** handkerchief
menyapu KATA KERJA
to sweep
◊ *Azmin sedang menyapu lantai.* Azmin is sweeping the floor.
♦ **menyapu bedak** to apply powder
♦ **menyapu cat pada dinding** to paint the wall
♦ **menyapu habuk** to dust
♦ **menyapu mentega pada roti** to butter bread
menyapukan KATA KERJA
to spread
◊ *Sapukan bahagian atas kek itu dengan krim putar.* Spread the top of the cake with whipped cream.
penyapu KATA NAMA
broom
sapuan KATA NAMA
spread
◊ *sapuan keju* cheese spread
◊ *sapuan coklat* chocolate spread

sara KATA NAMA
♦ **sara hidup** livelihood ◊ *Ayah saya terpaksa bekerja keras untuk mencari sara hidup.* My father had to work hard for his livelihood.
♦ **kos sara hidup** cost of living
bersara KATA KERJA
to retire
◊ *Bapa saya akan bersara pada tahun hadapan.* My father is going to retire next year.

menyara KATA KERJA
to support
◊ *menyara keluarga* to support one's family
pesara KATA NAMA
pensioner
persaraan KATA NAMA
retirement

saraf KATA NAMA
nerve

saran
menyarankan KATA KERJA
[1] *to suggest*
◊ *Saya menyarankan agar mereka bertolak awal.* I suggested they set off early.
[2] *to call on*
◊ *Pihak berkuasa menyarankan supaya orang ramai...* The authorities called on the people to...
saranan KATA NAMA
call
◊ *saranan Perdana Menteri untuk mengukuhkan ekonomi* the Prime Minister's call to strengthen the economy

sarang KATA NAMA
nest
◊ *sarang burung* bird's nest
- **sarang labah-labah** cobweb
- **sarang lebah** beehive
- **Pihak polis menyerbu sarang perompak itu.** The police raided the robbers' den.

sarap
sarapan KATA NAMA
breakfast
bersarapan KATA KERJA
to have breakfast

sarat KATA ADJEKTIF
to be loaded
◊ *Lori itu sarat dengan muatan.* The lorry is loaded with goods.
- **Dia sedang sarat mengandung.** She is due to give birth at any moment.

sardin KATA NAMA
sardine

sari KATA NAMA
[1] *essence*
[2] *sari*
- **sari kata** subtitles

saring
menyaring KATA KERJA
[1] *to filter*
◊ *menyaring air* to filter water
[2] *to screen*
◊ *Syarikat itu akan menyaring semua calon.* The company will screen all the candidates.
penyaring KATA NAMA
filter
◊ *penyaring air* water filter ◊ *penyaring kopi* coffee filter
penyaringan KATA NAMA
screening
◊ *proses penyaringan calon* the process of screening the candidates
saringan KATA NAMA
the heats
- **acara saringan** the heats

sarjan KATA NAMA
sergeant

sarjana KATA NAMA
scholar
- **Ijazah Sarjana** master's degree
- **Ijazah Sarjana Muda** bachelor's degree

sarkas KATA NAMA
circus (JAMAK **circuses**)

sarung KATA NAMA
[1] *sarong* (*kain*)
[2] *sheath* (*untuk pisau, parang*)
- **sarung bantal** pillowcase
- **sarung kaki** socks
- **sarung tangan** glove
menyarungkan KATA KERJA
[1] *to sheathe*
◊ *menyarungkan pisau* to sheathe a knife
[2] *to put on*
◊ *menyarungkan pakaian* to put on one's clothes ◊ *Dia menyarungkan seluarnya.* He put on his trousers.
◊ *Khairil menyarungkan cincin itu ke jari Amelia.* Khairil put the ring on Amelia's finger.

sasâr
sasaran KATA NAMA
target
◊ *Tembakannya menepati sasaran.* His shot was right on target.

saspens KATA NAMA
suspense

sastera KATA NAMA
literature
kesusasteraan KATA NAMA
literature

sasterawan KATA NAMA
laureate

sasul
tersasul KATA KERJA
to make a slip of the tongue
- **Maafkan saya, saya tersasul.** I'm sorry, that was a slip of the tongue.
- **Dia tersasul menyebut nama lelaki itu di hadapan kawannya.** She accidentally mentioned the man's name in front of her friend.

sate KATA NAMA

satay
satelit KATA NAMA
satellite
satu KATA BILANGAN

① *one*
- **satu hari bulan Januari** the first of January

② *a/an*
◊ *satu longgok sampah* a pile of rubbish ◊ *Ini bukanlah satu masalah yang mudah untuk diselesaikan.* This is not an easy problem to solve.
- **satu per satu/satu demi satu** one by one ◊ *Suziana mengambil tisu dari kotak itu satu demi satu.* Suziana took the tissues from the box one by one.

satu-satu KATA ADJEKTIF
one by one
◊ *Dia mengambil barang-barang itu satu-satu.* He took the things one by one.

satu-satunya KATA ADJEKTIF
the only
◊ *Inilah satu-satunya pilihan yang saya ada.* This is the only choice I have.

bersatu KATA KERJA
to unite
◊ *Kita harus bersatu dalam menghadapi segala cabaran.* We should unite to face the challenges.

kesatuan KATA NAMA
union
◊ *kesatuan sekerja* trade union
- **Kesatuan Eropah** European Union

menyatukan KATA KERJA
to unite
◊ *Rakyat Malaysia harus menyatukan tenaga mereka.* Malaysians should unite their efforts.

penyatuan KATA NAMA
unification
◊ *penyatuan Jerman Barat dengan Jerman Timur* the unification of West Germany and East Germany

persatuan KATA NAMA
① *society* (JAMAK **societies**)
◊ *ahli-ahli Persatuan Komputer* members of the Computer Society
② *association*
◊ *Persatuan Badminton* Badminton Association

satu padu
bersatu padu KATA KERJA
to unite
◊ *Kita mesti bersatu padu menentang musuh.* We must unite against our enemies.

menyatupadukan KATA KERJA
to unite

◊ *Kerajaan sedang berusaha untuk menyatupadukan rakyat.* The government is trying to unite the population.

saudagar KATA NAMA
merchant

saudara KATA NAMA

rujuk juga **saudara** KATA GANTI NAMA

relation
◊ *Diane bukan saudara saya.* Diane is no relation to me.
- **saudara-mara** relatives ◊ *Anda masih ada saudara-mara yang tinggal di Paris?* Do you still have relatives in Paris?
- **bapa saudara** uncle
- **ibu saudara** aunt
- **abang saudara** cousin
- **kakak saudara** cousin
- **adik saudara** cousin

persaudaraan KATA NAMA
relationship
◊ *Persaudaraan saya dengan Yen Lee terjalin sejak kami di bangku sekolah lagi.* My relationship with Yen Lee began when we were still at school.
- **tali persaudaraan** relationship

saudara KATA GANTI NAMA

rujuk juga **saudara** KATA NAMA

saudara *digunakan untuk lelaki yang tidak dikenali atau yang baru dikenali. Selain itu* **saudara** *juga digunakan dalam bahasa persuratan.*

① *you*
◊ *Saudara hendak pergi ke mana?* Where do you want to go?
② *your*
◊ *Adakah ini beg saudara?* Is this your bag?
- **Saudara, duit saudara tercicir!** Excuse me, you've dropped your money!
- **saudara-saudari sekalian** ladies and gentlemen

saudari KATA GANTI NAMA

saudari *digunakan untuk wanita yang tidak dikenali atau yang baru dikenali. Selain itu* **saudari** *juga digunakan dalam bahasa persuratan.*

① *you*
◊ *Saudari ingin pergi ke Paris atau ke Tokyo?* Where would you like to go, Paris or Tokyo?
② *your*
◊ *Adakah ini buku saudari?* Is this your book?
- **Saudari, dompet saudari tercicir!** Miss, you've dropped your purse!

sauh KATA NAMA
anchor
◊ *membuang sauh* to drop anchor

bersauh KATA KERJA
to anchor
◊ *Bot itu bersauh di pelabuhan itu.* The boat anchored in the harbour.

saujana KATA ADJEKTIF
- **saujana mata memandang** as far as the eye can see

sauk KATA NAMA
net
◊ *sauk ikan* fishing net ◊ *sauk rama-rama* butterfly net
menyauk KATA KERJA
to net
◊ *menyauk ikan* to net fish

sauna KATA NAMA
sauna

sawah KATA NAMA
paddy field
- **sawah padi** paddy field
bersawah KATA KERJA
to grow rice
◊ *Penduduk kampung itu mencari rezeki dengan bersawah.* The villagers earn their living by growing rice.
pesawah KATA NAMA
rice farmer

sawan KATA NAMA
epilepsy
- **sawan babi** epilepsy
- **kena sawan** to have an epileptic fit

sawang KATA NAMA
cobweb

sawat KATA NAMA
mechanical
◊ *tenaga sawat* mechanical energy
pesawat KATA NAMA
1. *machine*
2. *aeroplane*
- **pesawat pengebom** bomber

sawi KATA NAMA
mustard

sawit KATA NAMA
- **kelapa sawit** oil palm
- **minyak sawit** palm oil

saya KATA GANTI NAMA
1. *I*
   > I mesti ditulis dalam huruf besar.
   ◊ *Saya suka pergi melancong.* I like travelling.
   > Apabila lebih daripada satu orang disebut, I selalu hadir akhir sekali.
   ◊ *Saya dan Yati bermain badminton.* Yati and I play badminton. ◊ *Saya, Lili dan Hilda* Lili, Hilda and I
2. *me*
   ◊ *Beri buku itu kepada saya.* Give me the book.
3. *my*
   ◊ *Cita-cita saya adalah untuk belayar mengelilingi dunia.* My ambition is to sail round the world.

sayang KATA ADJEKTIF
> *rujuk juga* **sayang** KATA NAMA, KATA PENEGAS

to love
◊ *Frances begitu sayang akan ibu bapanya.* Frances loves her parents very much.
kesayangan KATA ADJEKTIF
pet
◊ *arnab kesayangan saya* my pet rabbit
◊ *pelajar kesayangan guru* teacher's pet
- **binatang kesayangan** pet
- **Anak tunggal Jenny merupakan anak kesayangannya.** Jenny's only son is the apple of her eye.
menyayangi KATA KERJA
to love
◊ *Anda tidak akan menyayangi orang lain sebagaimana anda menyayangi bayi anda.* You'll never love anyone the way you love your baby.
penyayang KATA ADJEKTIF
caring
◊ *Atikah seorang isteri yang penyayang lagi pengasih.* Atikah is a caring and loving wife. ◊ *masyarakat penyayang* caring society
sayangnya KATA PENEGAS
it's a pity
◊ *Sayangnya, saya tidak dapat berjumpa dengannya.* It's a pity that I didn't have the chance to meet him.
- **Sayangnya, dia sudah pergi buat selama-lamanya.** It's a shame that he's gone forever.
tersayang KATA ADJEKTIF
beloved
◊ *isteri saya yang tersayang* my beloved wife

sayang KATA NAMA
> *rujuk juga* **sayang** KATA ADJEKTIF, KATA PENEGAS

darling
◊ *Sayang, marilah makan bersama.* Darling, come and eat with me.

sayang KATA PENEGAS
> *rujuk juga* **sayang** KATA ADJEKTIF, KATA NAMA

it's a pity
◊ *Sayang, saya tidak dapat berjumpa dengannya.* It's a pity that I didn't have the chance to meet him. ◊ *Sayang sekali, anda tidak dapat menghadiri majlis makan malam itu.* It's a great pity that you couldn't go to the dinner that night.

sayap KATA NAMA
wing

sayat hati

menyayat hati KATA ADJEKTIF
heartbreaking
◊ *cerita yang menyayat hati* a heartbreaking story

sayu KATA ADJEKTIF
sad
◊ *Sayu rasanya hati saya hendak meninggalkan kampung ini.* I feel sad at leaving the village.

sayup KATA ADJEKTIF
unclear
♦ **Pemandangan Jambatan Pulau Pinang sayup mata memandang.** The Penang Bridge was dimly visible in the distance.

sayup-sayup KATA ADJEKTIF
unclear
◊ *Suara Hamid sayup-sayup kedengaran.* Hamid's voice was unclear.

sayur KATA NAMA
vegetable
♦ **sayur-mayur/sayur-sayuran** vegetables

Scorpio KATA NAMA
Scorpio (bintang zodiak)

se AWALAN

> *se yang bermaksud satu biasanya digunakan bersama penjodoh bilangan atau untuk menunjukkan tempoh.*

① *a/an*
◊ *sebuah buku* a book ◊ *sekaki payung* an umbrella ◊ *sepasang kasut* a pair of shoes ◊ *sebulan* a month ◊ *sehari* a day ◊ *seminggu* a week ◊ *setahun* a year

> *se juga biasanya bermaksud sama apabila menjadi awalan kepada kata adjektif.*

② *as ... as*
◊ *sekuat* as strong as ◊ *secantik* as pretty as

sebab KATA HUBUNG

> rujuk juga **sebab** KATA NAMA

because
◊ *Juan dihormati ramai sebab dia seorang yang baik hati.* Juan is highly respected because he's kind-hearted.
♦ **oleh sebab** because of

menyebabkan KATA KERJA
to cause
◊ *Angin yang kuat menyebabkan api merebak dengan cepat.* The strong wind caused the fire to spread very quickly.

penyebab KATA NAMA
cause

sebab KATA NAMA

> rujuk juga **sebab** KATA HUBUNG

reason
◊ *atas sebab-sebab keselamatan* for safety reasons

sebak KATA KERJA
to be grieved
◊ *Saya sebak melihat keadaan orang tua itu.* I was grieved to see the old man's condition.

sebal KATA ADJEKTIF
to irk
◊ *Hati saya sungguh sebal apabila melihat orang tua itu diperlakukan seperti itu oleh anaknya sendiri.* It irks me to see the old lady being treated like that by her own child.
♦ **Kami meninggalkan tempat itu dengan hati yang sebal.** We left the place feeling resentful.

sebar KATA KERJA
to spread
◊ *Jangan sebar khabar angin.* Don't spread rumours.

menyebarkan KATA KERJA
① *to scatter*
◊ *menyebarkan benih* to scatter the seeds
② *to spread*
◊ *Mereka datang ke negeri itu untuk menyebarkan agama Islam.* They came to the country to spread the Islamic religion. ◊ *menyebarkan fitnah* to spread slanderous reports

penyebaran KATA NAMA
propagation
◊ *penyebaran agama Buddha* the propagation of Buddhism

tersebar KATA KERJA
to spread
◊ *Berita itu sudah tersebar luas.* The news has spread far and wide.

sebaran KATA NAMA
♦ **surat sebaran** leaflet
♦ **sebaran am** mass media

sebat KATA KERJA
to cane
♦ **kena sebat** to be caned
♦ **hukuman sebat** corporal punishment

menyebat KATA KERJA
to cane
◊ *Pesalah itu disebat.* The offender was caned.
♦ **Sarah menyebat anaknya dengan tali pinggang.** Sarah whipped her son with a belt.

sebatan KATA NAMA
stroke
♦ **Pesalah itu dikenakan 10 sebatan.** The offender was given 10 strokes of the cane.

seberang KATA ARAH
across
◊ *Megat berada di seberang jalan.*

sebu → sedap

Megat was across the road.
menyeberang KATA KERJA
to cross
◊ *Kita harus berhati-hati semasa menyeberang jalan.* We have to be careful when crossing the road.
menyeberangi KATA KERJA
to cross
◊ *Bee Hua menyeberangi sungai itu dengan rakit.* Bee Hua crossed the river on a raft.
penyeberangan KATA NAMA
crossing
◊ *penyeberangan selama 10 jam* a 10-hour crossing

sebu KATA ADJEKTIF
very full
◊ *Perut saya terasa sebu selepas saya menghabiskan semua makanan itu.* I'm very full after finishing all the food.

sebut KATA KERJA
to pronounce
◊ *Sebut perkataan itu betul-betul.* Pronounce the word correctly.
♦ **sebut harga** quotation
menyebut KATA KERJA
1 *to mention*
◊ *Hazlina langsung tidak menyebut tentang ahli keluarganya.* ◊ Hazlina didn't even mention any of her relations.
2 *to pronounce*
◊ *Jayanthi cuba menyebut perkataan itu dengan tepat.* Jayanthi tried to pronounce the word correctly.
menyebut-nyebut KATA KERJA
to go on about
◊ *Dia asyik menyebut-nyebut tentang kawan-kawannya.* He is always going on about his friends.
tersebut KATA GANTI NAMA
1 *that* (JAMAK *those*)
◊ *Kapal tersebut datang dari New Zealand.* That ship comes from New Zealand. ◊ *Pelajar-pelajar tersebut tinggal di Kampung Gelam.* Those students live in Kampung Gelam.
2 *the*
◊ *Rumah-rumah tersebut dibina dua tahun yang lalu.* The houses were built two years ago.
sebutan KATA NAMA
pronunciation
◊ *Mereka belajar tentang sebutan perkataan "turquoise".* They learnt the pronunciation of the word "turquoise".

sedan (1)
tersedan-sedan KATA KERJA
to sob
♦ *Irene menangis tersedan-sedan.*

Irene was sobbing.
sédan (2) KATA NAMA
saloon car (AS **sedan**)

sedang (1) KATA BANTU
sedang *biasanya diwakili dengan* **present continuous tense** *dalam bahasa Inggeris kecuali apabila perkataan* **sedang** *diikuti dengan kata sendi.*
◊ *Sook Yee sedang membuat kerja rumahnya.* Sook Yee is doing her homework. ◊ *Ibu sedang membersihkan dapur.* Mother is cleaning the kitchen.
♦ **Revathy sedang dalam perjalanan ke Singapura.** Revathy is on her way to Singapore.
♦ **Produk itu sedang dalam proses pelabelan.** The product is in the process of being labelled.

sedang (2)
sedangkan KATA HUBUNG
1 *even though*
◊ *Teresa enggan membantu kami, sedangkan dia tahu kami sangat memerlukannya.* Teresa refused to help us, even though she knew that we really needed her.
2 *if*
◊ *Sedangkan nabi ampunkan umatnya, inikan pula kita manusia biasa.* If the prophet Muhammad could forgive his people, how much more forgiving should we ordinary mortals be. ◊ *Sedangkan orang yang susah seperti dia pun boleh menghulurkan derma, apatah lagi kita.* If a poor man like him can give money to charity, then we certainly should too.
♦ **Anda tidak patut meminta bantuan sedangkan anda sendiri boleh melakukannya.** You shouldn't ask for help, when you can do it yourself.
♦ **Sedangkan hendak berjalan pun dia tidak mampu, inikan pula hendak berlari.** He can't even walk, let alone run.

sedap KATA ADJEKTIF
delicious
◊ *Makanan ini sungguh sedap.* This food is really delicious.
♦ **sedap didengar** nice to hear
♦ **Kami berasa tidak sedap hati.** We don't like the look of it.
menyedapkan KATA KERJA
to make ... tasty
◊ *Masukkan lebih banyak rempah untuk menyedapkan masakan itu.* Add more spices to make the dish tasty.
♦ **Kata-kata itu menyedapkan hati bapanya.** The words comforted her father.

sedar KATA ADJEKTIF
1. *aware*
◊ *Kami sedar bahawa rokok membahayakan kesihatan.* We are aware that cigarettes are harmful to health.
♦ **Dia masih tidak sedar akan kesilapannya.** He is still unaware of his mistake.
2. *to realize*
◊ *Saya sedar, saya tidak layak untuk bertanding dengan orang seperti anda.* I realize I'm not qualified to compete with someone like you.
3. *conscious*
◊ *Dia masih sedar semasa doktor itu tiba.* He was still conscious when the doctor arrived.

kesedaran KATA NAMA
awareness
◊ *meningkatkan kesedaran tentang kepentingan pendidikan* to increase awareness of the importance of education

menyedari KATA KERJA
to realize
◊ *Saya mula menyedari betapa pentingnya pemakanan yang seimbang.* I am beginning to realize the importance of a balanced diet.

menyedarkan KATA KERJA
to make ... aware
◊ *satu kempen untuk menyedarkan masyarakat tentang kepentingan sungai kita* a campaign to make people aware of the importance of our river
♦ **Dia cuba menyedarkan kanak-kanak yang pengsan itu.** She tried to revive the child who had fainted.
♦ **tidak sedarkan diri** unconscious
◊ *Dia sudah tidak sedarkan diri semasa ambulans tiba.* He was unconscious by the time the ambulance arrived.

sedekah KATA NAMA
alms

sederhana KATA ADJEKTIF
medium
◊ *ketinggian yang sederhana* medium height
♦ **Kehidupan mereka sederhana sahaja.** They lead a simple life.
♦ **latihan yang sederhana** moderate exercise

kesederhanaan KATA NAMA
simplicity
◊ *kesederhanaan dalam kehidupan* simplicity in life

sedia KATA ADJEKTIF
ready
◊ *Saya sudah sedia untuk bertolak ke Pulau Pinang.* I'm ready to leave for Penang.
♦ **"Sedia berkhidmat"** "Ready to serve"
♦ **Saya sedia membantu.** I'm willing to help.

bersedia KATA KERJA
1. *to be prepared*
◊ *Kami bersedia untuk menghadapi segala cabaran.* We are prepared to face the challenges.
2. *ready*
◊ *Dia sudah bersedia untuk pergi ke sekolah.* He's ready to go to school.

menyediakan KATA KERJA
to prepare
◊ *menyediakan soalan peperiksaan* to prepare the examination questions
♦ **menyediakan tempat tinggal** to accommodate

persediaan KATA NAMA
preparation
◊ *persediaan seseorang untuk menghadapi peperiksaan* one's preparation for an examination

sedia kala KATA ADJEKTIF
normal
◊ *Jangan bimbang, keadaan akan kembali seperti sedia kala.* Don't worry, the situation will soon be back to normal.

sedih KATA ADJEKTIF
sad
◊ *Saya berasa sedih hendak meninggalkan tempat ini.* I feel sad to leave this place.
♦ **Saya tidak mahu membuatnya sedih lagi.** I don't want to upset her any more.
♦ **dengan sedih** sadly

bersedih KATA KERJA
to be sad
◊ *Janganlah bersedih.* Don't be sad.

kesedihan KATA NAMA
sadness
◊ *kesedihan yang terpancar pada wajahnya* the sadness that was visible on his face

menyedihkan KATA KERJA
1. *to sadden*
◊ *Tingkah lakunya itu menyedihkan saya.* His behaviour saddens me.
2. *saddening*
◊ *pengalaman yang menyedihkan* a saddening experience
♦ **keadaan sekeliling yang sungguh menyedihkan** a distressing scene

sedu KATA NAMA
hiccups
◊ *Minum air yang banyak untuk menghilangkan sedu.* Drink lots of water to get rid of hiccups.
♦ **sedu-sedan** sobbing

tersedu KATA KERJA
to have hiccups
◊ *Bayi itu tersedu.* The baby's got hiccups.

tersedu-sedu KATA KERJA
to sob
• **menangis tersedu-sedu** to sob

sedut
menyedut KATA KERJA
[1] *to suck in*
◊ *menyedut air* to suck in water
[2] *to inhale*
◊ *menyedut udara segar* to inhale fresh air

penyedut KATA NAMA
• **penyedut minuman** straw

tersedut KATA KERJA
to inhale
◊ *tersedut asap* to inhale smoke

sedutan KATA NAMA
[1] *extract* (buku, dokumen, dll)
[2] *clip* (filem)
◊ *sedutan filem "Batman"* a clip of the film "Batman"

segah KATA ADJEKTIF
bloated
◊ *Dia berasa segah selepas menghabiskan semua makanan di atas meja.* He felt bloated after he finished up all the food on the table.

segak KATA ADJEKTIF
smart
◊ *Dia kelihatan segak dengan sutnya.* He looked smart in his suit.
• **Raju berpakaian segak.** Raju dresses smartly.

segala KATA BILANGAN
all
◊ *Segala usahanya membuahkan hasil.* All his efforts have paid off.

segala-galanya KATA ADJEKTIF
everything
◊ *Dia telah kehilangan segala-galanya.* He lost everything.

segan KATA ADJEKTIF
shy
◊ *Jangan segan untuk menyatakan pendapat anda.* Don't be shy about giving your opinion.
• **Dia segan hendak memakai skirt yang pendek itu.** She felt self-conscious about wearing the short skirt.

menyegani KATA KERJA
to respect
◊ *Kami betul-betul menyegani wanita yang berani itu.* We really respect that courageous lady.
• **seorang guru yang disegani** a respected teacher

segar KATA ADJEKTIF
fresh
◊ *buah-buahan segar* fresh fruits
◊ *udara segar* fresh air ◊ *Peristiwa itu masih segar dalam ingatan Eleanor.* The incident is still fresh in Eleanor's mind.

kesegaran KATA NAMA
freshness

menyegarkan KATA KERJA
to refresh
◊ *Losen itu menyejukkan dan menyegarkan kulit.* The lotion cools and refreshes the skin.
• **minuman yang menyegarkan** refreshing drinks

segera KATA ADJEKTIF
prompt
◊ *Perkara itu memerlukan tindakan segera.* The matter needs prompt action.
• **mee segera** instant noodles
• **Lakukannya dengan segera.** Do it immediately.

menyegerakan KATA KERJA
to speed up
◊ *Beberapa langkah diambil untuk menyegerakan projek itu.* Several steps were taken to speed up the project.

segi KATA NAMA
[1] *side*
◊ *Lukiskan sebuah rajah yang mempunyai lima segi.* Draw a figure with five sides.
[2] *point of view*
◊ *Dari segi kewangan...* From the financial point of view... ◊ *Dari segi agama....* From religious point of view...
• **Dalam banyak segi...** In many respects...
• **dari segi undang-undang** legally

persegi KATA ADJEKTIF
square
◊ *lapan kaki persegi* eight square feet

segi empat KATA NAMA
square
• **segi empat panjang** oblong
• **segi empat sama** square
• **segi empat tepat** rectangle
• **meja yang berbentuk segi empat tepat** a rectangular table

segi tiga KATA NAMA
triangle

sejahtera KATA ADJEKTIF
prosperous

kesejahteraan KATA NAMA
prosperity
◊ *keamanan dan kesejahteraan* peace and prosperity

sejak KATA SENDI
since
◊ *Projek itu sudah bermula sejak*

tahun 1999. The project has been running since 1999.

sejarah KATA NAMA
history
- **Buku itu merupakan satu kajian sejarah mengenai...** The book is a historical study of...
  bersejarah KATA KERJA
  historic
  ◊ *bangunan bersejarah* historic building
  ◊ *hari yang bersejarah* a historic day

sejat KATA KERJA
to evaporate
◊ *Petrol lebih mudah sejat berbanding air.* Petrol evaporates more readily than water.
menyejatkan KATA KERJA
to cause ... to evaporate
◊ *Matahari boleh menyejatkan air.* The sun can cause water to evaporate.
penyejatan KATA NAMA
evaporation

sejuk KATA ADJEKTIF
cold
◊ *Bilik ini semakin sejuk.* The room is getting cold.
kesejukan KATA NAMA
rujuk juga **kesejukan** KATA KERJA
cold
◊ *Kesejukan itu semakin terasa.* I began to feel the cold.
kesejukan KATA KERJA
rujuk juga **kesejukan** KATA NAMA
cold
◊ *Dia kelaparan dan kesejukan.* He is hungry and cold.
menyejukkan KATA KERJA
[1] *to chill*
◊ *Sejukkan buah-buahan itu sehingga tiba masa hidangan.* Chill the fruit until serving time.
[2] *to cool*
◊ *Losen itu menyejukkan dan menyegarkan kulit.* The lotion cools and refreshes the skin.
penyejuk KATA NAMA
cooler
- **penyejuk beku** freezer

sekali KATA PENGUAT rujuk **kali**
sekali gus rujuk **kali**
sekalipun KATA HUBUNG, KATA PENEGAS rujuk **kali**
sekam KATA NAMA
husk (padi, dll)
sekarang KATA ADJEKTIF
now
sekat
  menyekat KATA KERJA
  to block

◊ *menyekat aliran sungai* to block the stream
- **Bapa cuba menyekat kebebasan kami.** Father tried to restrict our freedom.
- **menyekat perbelanjaan harian** to limit everyday expenses
  penyekatan KATA NAMA
  restriction
  ◊ *Penyekatan aliran wang yang dilaksanakan oleh kerajaan...* Government restrictions on cash flow...
  tersekat KATA KERJA
  to be stuck
  ◊ *Penutup ini tersekat.* This lid is stuck.
  ◊ *Laci ini tersekat.* This drawer is stuck.
- **sampah yang tersekat di dalam longkang itu** the rubbish that is blocking the drain
  tersekat-sekat KATA KERJA
  choked
  ◊ *"Kenapa Ben buat begitu?" tanya Ema dengan suara yang tersekat-sekat.* "Why did Ben do that?" Ema asked in a choked voice.
- **Pegawai itu menjawab dalam bahasa Jerman yang tersekat-sekat.** The officer replied in halting German.
  sekatan KATA NAMA
  barrier
  ◊ *Duti dan cukai merupakan sekatan yang paling jelas terhadap perdagangan bebas.* Duties and taxes are the most obvious barrier to free trade.
- **sekatan jalan raya** road block
- **sekatan ekonomi** economic sanctions

sekolah KATA NAMA
school
◊ *sekolah swasta* a private school
◊ *sekolah campur* a mixed school
bersekolah KATA KERJA
to go to school
◊ *Dia bersekolah di England.* He went to school in England.
- **... kanak-kanak di India, yang bersekolah dan yang tidak bersekolah.** ... Indian children, both schooled and unschooled.
  persekolahan KATA NAMA
  schooling
  ◊ *Zanita menyambung persekolahannya di luar negara.* Zanita continues her schooling abroad.
- **alam persekolahan** schooldays

sekongkol
  bersekongkol KATA KERJA
  to plot
  ◊ *Mereka bersekongkol untuk menggulingkan Presiden.* They plotted to bring down the President.

seks KATA NAMA
sex
◊ pendidikan seks sex education
♦ **hubungan seks** sexual intercourse
seksa
menyeksa KATA KERJA
to torture
penyeksaan KATA NAMA
torture
◊ Penantian itu satu penyeksaan. Waiting is torture.
seksaan KATA NAMA
torture
◊ mangsa seksaan victims of torture
seksi KATA ADJEKTIF
sexy
seksisme KATA NAMA
sexism
seksual KATA ADJEKTIF
sexual
◊ gangguan seksual sexual harassment
keseksualan KATA NAMA
sexuality
sektor KATA NAMA
sector
sekunder KATA ADJEKTIF
secondary
sekutu KATA NAMA
ally (JAMAK **allies**)
◊ Negara itu merupakan sekutu Amerika Syarikat. That country is an ally of the United States.
bersekutu KATA KERJA
to ally
◊ Negara itu bersekutu dengan Jerman. That country allied itself with Germany.
♦ **Negara-negara Bersekutu** the Allies
persekutuan KATA NAMA
federal
◊ kerajaan persekutuan federal government
sel KATA NAMA
cell
◊ sel-sel darah blood cells
selada KATA NAMA
cress
selak KATA NAMA
bolt
menyelak KATA KERJA
to bolt
◊ Dia mengunci dan menyelak pintu itu. He locked and bolted the door.
sélak
menyelak KATA KERJA
① *to draw*
◊ Siva menyelak langsir itu. Siva drew the curtain.
② *to flip through*

◊ menyelak muka surat sesebuah buku to flip through the pages of a book
menyelak-nyelak KATA KERJA
to leaf through
◊ Caroline sedang menyelak-nyelak majalah di ruang tamu. Caroline is leafing through the magazine in the living room.
terselak KATA KERJA
to open
◊ Semasa dia menaiki tangga, belah pada ceongsamnya terselak dan menampakkan kakinya. As she went upstairs, the slit in her ceongsam opened and revealed her leg.
♦ **Kain sarungnya terselak apabila ditiup angin yang kuat itu.** Her sarong came open in the strong wind.
selalu KATA BANTU
always
◊ Alasannya selalu sama sahaja. His excuse is always the same.
♦ **Mereka selalu pergi bercuti di New Zealand.** They often go to New Zealand for their holidays.
♦ **Ganesh selalu pergi ke restoran tersebut.** Ganesh goes to that restaurant regularly.
selam KATA NAMA
diving
◊ peralatan selam diving equipment
♦ **kapal selam** submarine
menyelam KATA KERJA
to dive
◊ menyelam ke dalam laut to dive into the sea
♦ **Ronald suka menyelam.** Ronald loves diving.
menyelami KATA KERJA
to understand
◊ Juliana cuba menyelami isi kandungan laporan itu. Juliana tried to understand the report.
♦ **Gere ingin menyelami isi hati teman wanitanya.** Gere would like to read his girlfriend's thoughts.
penyelam KATA NAMA
diver
penyelaman KATA NAMA
dive
selamat KATA ADJEKTIF
safe
◊ Adakah dia selamat? Is she safe?
♦ **Saya berasa selamat apabila berada di rumah.** I felt secure when I was at home.
♦ **Selamat jalan!** Have a good journey!
♦ **Selamat maju jaya!** Good luck!
♦ **Selamat tinggal!** Goodbye!

selamba → selenggara

- **Selamat petang!** Good evening!
  keselamatan KATA NAMA
  1. *safety*
  ◊ *keselamatan jalan raya* road safety
  2. *security*
  ◊ *langkah-langkah keselamatan* security measures
  menyelamat KATA KERJA
  rescue
  ◊ *operasi menyelamat* rescue operation
- **usaha menyelamat** rescue
  menyelamatkan KATA KERJA
  to save
  ◊ *Penduduk kampung menyelamatkan budak itu daripada dilanggar.* The villagers saved the child from being knocked down.
- **Ahli bomba menyelamatkan 10 orang dari bangunan yang sedang terbakar itu.** The firemen rescued 10 people from the burning building.
  penyelamat KATA NAMA
  saviour
  ◊ *penyelamat negaranya* the saviour of his country
- **Dia selalu menjadi penyelamat saya setiap kali saya dimarahi oleh ayah.** He always came to my rescue when I was reprimanded by my father.
- **pasukan penyelamat** rescue team
- **anggota penyelamat** lifeguard
  terselamat KATA KERJA
  to be saved
  ◊ *Nasib baik semua penumpang terselamat.* Luckily, all the passengers were saved.
- **Lima orang terselamat daripada kebakaran itu.** Five people were rescued from the fire.

selamba KATA ADJEKTIF
impassive
◊ *Wajah Suraya selamba sahaja.* Suraya's face was impassive.
- **"Saya tidak tahu," jawabnya selamba.** "I don't know," he replied impassively.
- **Dengan selamba, dia memberitahu saya bahawa saya dipecat.** With a poker face, he told me that I was fired.

selang KATA ADJEKTIF
every
◊ *Anda harus makan ubat itu selang empat jam.* You should take the medicine every four hours.
- **Trisha kembali ke Malaysia selang beberapa tahun selepas itu.** Trisha came back to Malaysia a few years after that.

selang-seli
berselang-seli KATA KERJA

B. Melayu ~ B. Inggeris   978

to alternate
◊ *corak segi empat berwarna hitam yang berselang-seli dengan bulatan berwarna putih* a pattern of black squares alternating with white circles

selaput KATA NAMA
membrane
menyelaputi KATA KERJA
to cover
◊ *salji yang menyelaputi puncak gunung itu* the snow that covers the mountain top

selar KATA NAMA
- **tanda selar** brand
  menyelar KATA KERJA
  1. *to brand*
  ◊ *menyelar lembu* to brand cattle
  2. *to criticize*
  ◊ *Beliau menyelar tindakan syarikat itu.* He criticized the company's action.

Selasa KATA NAMA
Tuesday
◊ *pada hari Selasa* on Tuesday

selasih KATA NAMA
basil

selat KATA NAMA
straits
◊ *Selat Melaka* the Straits of Malacca

selatan KATA ADJEKTIF
  rujuk juga **selatan** KATA ARAH
southern
◊ *daerah selatan* southern district

selatan KATA ARAH
  rujuk juga **selatan** KATA ADJEKTIF
south
◊ *di selatan London* in the south of London

selekeh KATA ADJEKTIF
untidy

selekoh KATA NAMA
corner
◊ *satu selekoh tajam* a sharp corner
- **jalan yang mempunyai banyak selekoh tajam** a twisty road

selendang KATA NAMA
shawl

selenggara
menyelenggarakan KATA KERJA
to maintain
◊ *Rumah-rumah lama memerlukan perbelanjaan yang banyak untuk diselenggarakan.* Old houses are expensive to maintain.
- **Kilang-kilang itu tidak diselenggarakan dengan baik.** The factories were badly managed.
- **menyelenggarakan pameran** to organize an exhibition
  penyelenggaraan KATA NAMA
  maintenance

◊ *penyelenggaraan bangunan-bangunan bersejarah* the maintenance of historic buildings

selera KATA NAMA
appetite
◊ *hilang selera* loss of appetite
• **pembuka selera** appetizer
menyelerakan KATA KERJA
appetizing
◊ *makanan yang menyelerakan* appetizing food

selerak
berselerak KATA KERJA
strewn
◊ *Surat khabar berselerak di dalam bilik itu.* Newspapers were strewn about the room. ◊ *Bilik itu berselerak dengan buku dan pakaian.* The room was strewn with books and clothes.
• **Bilik itu berselerak.** The room was very untidy.
menyelerakkan KATA KERJA
to scatter
◊ *Sandy menyelerakkan buku-bukunya di atas lantai.* Sandy scattered her books on the floor.

selesa KATA ADJEKTIF
comfortable
◊ *tempat yang selesa* somewhere comfortable
• **tidak selesa** uncomfortable
keselesaan KATA NAMA
comfort
◊ *Nikmatilah keselesaan tempat ini.* Enjoy the comfort of this place.
• **ketidakselesaan** discomfort

selesai KATA ADJEKTIF
completed
◊ *Projek itu sudah selesai.* The project has been completed.
menyelesaikan KATA KERJA
[1] *to settle*
◊ *Sudahkah anda menyelesaikan salah faham antara mereka?* Have you settled the misunderstanding between them?
[2] *to solve*
◊ *menyelesaikan masalah* to solve a problem
• **Saya tidak dapat menyelesaikan soalan itu.** I couldn't make sense of the question.
penyelesaian KATA NAMA
[1] *solution*
◊ *satu penyelesaian yang mudah dan berkesan* a simple and effective solution
[2] *settlement*
◊ *penyelesaian konflik sebelas tahun itu* a settlement of the eleven year conflict

selesema KATA NAMA
flu

seleweng
menyeleweng KATA KERJA
to deviate
◊ *menyeleweng dari tajuk* to deviate from the topic
• **urusan perniagaan yang menyeleweng** corrupt business practices
menyelewengkan KATA KERJA
to embezzle
◊ *Pengarah itu menyelewengkan wang sebanyak RM30 juta.* The director embezzled RM30 million.
penyelewengan KATA NAMA
corruption
◊ *Pengedaran makanan ke negara itu tergendala kerana ada penyelewengan.* Distribution of food throughout the country is being hampered by corruption.

selia
menyelia KATA KERJA
to supervise
◊ *Dia bertanggungjawab menyelia pekerja-pekerja di kilang itu.* He's responsible for supervising the workers at the factory.
penyelia KATA NAMA
supervisor
penyeliaan KATA NAMA
supervision
◊ *bekerja di bawah penyeliaan seseorang* to work under somebody's supervision

selidik
menyelidik, menyelidiki KATA KERJA
to research
◊ *Alice menghabiskan masa selama 12 tahun untuk menyelidik orang utan.* Alice spent 12 years researching the orang utan.
penyelidik KATA NAMA
researcher
◊ *penyelidik pasaran* market researcher
penyelidikan KATA NAMA
research
◊ *penyelidikan ke atas senjata nuklear* research on nuclear weapons
• **penyelidikan dan pembangunan** research and development

selimut KATA NAMA
blanket

selinap
menyelinap KATA KERJA
to slip
◊ *Dia menyelinap masuk ke dalam bilik itu.* He slipped into the room.
menyelinapkan KATA KERJA
to slip
• **Perompak itu menyelinapkan dirinya**

di celah-celah orang ramai. The robber slipped away into the crowd.

selindung
   berselindung KATA KERJA
   to hide
   ◊ *Mereka berselindung di sebalik pokok.* They hid behind the tree.
  ◆ **Usahlah anda berselindung lagi. Saya sudah tahu segala-galanya.** No point in your trying to cover up any more. I know everything.
   terselindung KATA KERJA
   to be hidden
   ◊ *Kesedihannya terselindung di sebalik senyumannya.* Her sadness was hidden by her smile.

selipar KATA NAMA
  slipper

selisih KATA NAMA
  difference
  ◊ *selisih antara dua jumlah* the difference between two amounts
  berselisih KATA KERJA
   1 _to disagree_
   ◊ *Mereka masih boleh berkomunikasi walaupun selalu berselisih.* They can still communicate even though they constantly disagree with each other.
   2 _to bump into_
   ◊ *Saya berselisih dengan beberapa orang rakan ketika hendak pulang.* I bumped into a few of my friends on my way back.
  perselisihan KATA NAMA
   disagreement
   ◊ *perselisihan antara negara-negara* disagreements between countries

selisih faham KATA NAMA
  disagreement
  berselisih faham KATA KERJA
   to disagree
   ◊ *Mereka masih boleh berkomunikasi walaupun selalu berselisih faham.* They can still communicate even though they constantly disagree with each other.
  ◆ **Mereka berselisih faham.** They had a disagreement.
  perselisihan faham KATA NAMA
   disagreement
   ◊ *Mereka cuba menyelesaikan perselisihan faham mereka.* They tried to settle their disagreements.

selit
  menyelitkan KATA KERJA
  to insert
  ◊ *Dia menyelitkan unsur-unsur jenaka dalam puisinya.* He inserted humorous elements into his poetry.
  ◆ **Dia menyelitkan surat itu di bawah pintu.** He put the letter under the door.

seliuh
  terseliuh KATA KERJA
  to sprain
  ◊ *Kakinya terseliuh.* He sprained his ankle.
  ◆ **kaki yang terseliuh** a sprained ankle

selo KATA NAMA
  cello (JAMAK **cellos**)

seloka KATA NAMA
> puisi yang mengandungi ajaran, sindiran atau jenaka

  didactic or satirical poem (terjemahan umum)

selok-belok KATA NAMA
  ins and outs
  ◊ *Dia cuba mempelajari selok-belok urusan perniagaan itu.* He tried to learn the ins and outs of running the business.

selongkar
  menyelongkar KATA KERJA
  to ransack
  ◊ *Pencuri itu menyelongkar biliknya untuk mencari benda-benda berharga.* The thief ransacked her room looking for valuables.
  ◆ **Dia menyelongkar bilik itu tetapi tidak dapat mencari kuncinya.** He scoured the room but couldn't find his keys.

seloroh KATA NAMA
  joke
  berseloroh KATA KERJA
   to joke
   ◊ *Trevor berseloroh dengan kawan-kawannya.* Trevor was joking with his friends.

seluar KATA NAMA
  trousers
  ◆ **seluar dalam** underwear
  ◆ **seluar jean** jeans
  ◆ **seluar panjang** trousers
  ◆ **seluar pendek** shorts
  ◆ **seluar renang** swimming trunks
  berseluar KATA KERJA
   to wear a pair of trousers
  ◆ **Dia memakai baju sejuk berwarna hijau dan berseluar jean.** She was dressed in a green sweater and jeans.

selubung KATA NAMA
  veil
  menyelubungi KATA KERJA
   to fill with
   ◊ *Hatinya diselubungi kebahagiaan.* Her heart was filled with happiness.

seludup
  menyeludup KATA KERJA
  to enter illegally
  ◊ *Dia ditangkap kerana cuba menyeludup ke dalam negara jiran.* He

was arrested for trying to enter a neighbouring country illegally.
- **Dia menyeludup ke dalam rumah itu.** He entered the house stealthily.
menyeludupkan KATA KERJA
to smuggle
◊ *menyeludupkan dadah ke dalam negara jiran* to smuggle drugs into a neighbouring country
penyeludup KATA NAMA
smuggler
◊ *penyeludup senjata api* arms smuggler
penyeludupan KATA NAMA
smuggling
◊ *penyeludupan dadah* drug smuggling

seluk
menyeluk KATA KERJA
- **menyeluk saku (1)** to put one's hand in one's pocket
- **Jonathan berdiri sambil menyeluk sakunya.** Jonathan stood with his hands in his pockets.
- **menyeluk saku (2)** to pick ◊ *Dia cuba menyeluk saku perempuan tersebut.* He is trying to pick the woman's pocket.
penyeluk KATA NAMA
penyeluk saku pickpocket

selumbar KATA NAMA
splinter

seluruh KATA ADJEKTIF
entire
◊ *Seluruh rumah ini penuh dengan semut!* The entire house is full of ants!
- **Seluruh badan saya dibasahi peluh.** I'm sweating all over.
- **di seluruh negara** nationwide
keseluruhan KATA ADJEKTIF
1. *whole*
◊ *Kami tidak memahami keseluruhan cerita itu.* We didn't understand the whole story.
2. *entire*
◊ *Keseluruhan projek itu dikendalikan olehnya.* The entire project was managed by her.
- **pada keseluruhannya** on the whole
menyeluruh KATA ADJEKTIF
full
◊ *Stesen televisyen itu membuat liputan yang menyeluruh tentang kejadian tersebut.* The TV station provided full coverage of the incident.

selusup
menyelusup KATA KERJA
to infiltrate
◊ *Pemberita itu menyelusup ke dalam syarikat itu untuk mendapatkan maklumat.* The reporter infiltrated the company to get information.
- **menyelusup ke kubu musuh** to enter an enemy fort by stealth

selut KATA NAMA
mud

semadi
bersemadi KATA KERJA
(sesudah meninggal dunia)
to rest
◊ *Dia berdoa agar kedua orang tuanya bersemadi dengan aman.* He prayed that his parents might rest in peace.

semai
menyemai KATA KERJA
to sow
◊ *menyemai benih* to sow seed
semaian KATA NAMA
seedling
- **tapak semaian** nursery (JAMAK **nurseries**)

semak KATA NAMA
undergrowth
◊ *Pencuri itu bersembunyi dalam semak.* The thief hid in the undergrowth. ◊ *Dia sedang membersihkan semak di belakang rumahnya.* He's clearing the undergrowth behind his house.

sémak
menyemak KATA KERJA
1. *to mark*
◊ *menyemak kertas peperiksaan* to mark exam papers
2. *to check*
◊ *menyemak untuk memastikan tiada kesilapan* to check to make sure there is no mistake
- **menyemak imbas** (*komputer*) to browse
penyemak KATA NAMA
examiner
penyemakan KATA NAMA
marking
◊ *Penyemakan kertas peperiksaan telah tertangguh.* The marking of the exam papers was delayed.
- **Penyemakan laporan itu dibuat oleh pengarah syarikat.** It was the company director who checked the report.
semakan KATA NAMA
reference
- **semakan semula** revision

semangat KATA NAMA
spirit
◊ *Saya mengagumi semangatnya.* I admired her spirit.
- **meningkatkan semangat** to boost morale
bersemangat KATA KERJA
motivated
◊ *Mereka begitu bersemangat untuk*

semarak → sembul

menang. They were very motivated to win.

semarak
bersemarak KATA KERJA
to grow stronger
◊ *Kasihnya terhadap gadis itu semakin hari semakin bersemarak.* His love towards her is growing stronger and stronger.
- **semangat yang bersemarak** a burning desire
- **Semangatnya untuk berjaya bersemarak.** He has a burning desire to succeed.

menyemarakkan KATA KERJA
to boost
◊ *Kemenangan itu telah menyemarakkan semangat pasukan kami.* The win boosted our team's morale.

semat KATA NAMA
pin
menyemat KATA KERJA
to pin

sembah KATA NAMA
respect
◊ *Sembah patik pada Tuanku!* My humble respects to Your Majesty!
menyembah KATA KERJA
to worship
◊ *menyembah Tuhan* to worship God
- **menyembah raja** to pay one's respects to the King

mempersembahkan KATA KERJA
to present
◊ *Teater Kebangsaan akan mempersembahkan teater Uda dan Dara versi baru.* The National Theater is going to present a new version of Uda and Dara.
- **mempersembahkan sebuah drama** to put on a play
- **Penari-penari itu mempersembahkan tarian tradisi India.** The dancers are performing an Indian traditional dance.

persembahan KATA NAMA
show
◊ *satu persembahan oleh Persatuan Bahasa Inggeris* a show by the English Language Society

sembahyang KATA NAMA
prayer
bersembahyang KATA KERJA
to pray

sembam
tersembam KATA KERJA
to lie prone
◊ *Bob terjatuh dari kerusi dan tersembam di atas lantai.* Bob fell from the chair and lay prone on the floor.
- **Dia jatuh tersembam.** He fell flat on his face.

sembang KATA NAMA
chat
bersembang KATA KERJA
to chat
◊ *Jui Yee sedang bersembang dengan ibunya.* Jui Yee is chatting with her mum.

sembap KATA ADJEKTIF
bloated
◊ *Mukanya sembap.* His face was bloated.

sembarang KATA ADJEKTIF
- **bukan sembarang** no ordinary ◊ *Dia bukan sembarang orang.* He's no ordinary man.

sembarangan KATA ADJEKTIF
arbitrary
◊ *Jangan buat keputusan sembarangan.* Don't make an arbitrary decision.

sembelih
menyembelih KATA KERJA
to slaughter
penyembelih KATA NAMA
butcher
penyembelihan KATA NAMA
slaughter
- **tempat penyembelihan** abattoir

sembelit KATA NAMA
constipation

sembilan KATA BILANGAN
nine
- **sembilan hari bulan Februari** the ninth of February

kesembilan KATA BILANGAN
ninth

sembilan belas KATA BILANGAN
nineteen
kesembilan belas KATA BILANGAN
nineteenth

sembilan puluh KATA BILANGAN
ninety
kesembilan puluh KATA BILANGAN
ninetieth

semboyan KATA NAMA
siren

sembuh KATA KERJA
to recover
◊ *Suziana sudah sembuh sepenuhnya.* Suziana is fully recovered.
- **Kami tidak tahu sama ada dia akan sembuh atau tidak.** We are not sure whether she will pull through or not.

menyembuhkan KATA KERJA
to cure
◊ *Doktor itu cuba menyembuhkan penyakitnya.* The doctor tried to cure his illness.

sembul

tersembul KATA KERJA
to bulge
◊ *Matanya tersembul.* His eyes were bulging.

sembunyi KATA KERJA
to hide

sembunyi-sembunyi KATA ADJEKTIF
♦ **secara sembunyi-sembunyi** stealthily
◊ *Dia masuk ke dalam rumah itu secara sembunyi-sembunyi.* He entered the house stealthily.
♦ **bermain sembunyi-sembunyi** to play hide-and-seek

bersembunyi KATA KERJA
to hide
◊ *Budak itu bersembunyi di belakang almari.* The child hid behind the cupboard.

menyembunyikan KATA KERJA
to hide
◊ *Mereka menyembunyikan diri di sebalik pokok.* They hid themselves behind a tree. ◊ *Saya tidak dapat menyembunyikan hal itu daripada bapa saya.* I couldn't hide that matter from my dad.

penyembunyian KATA NAMA
hiding
◊ *penyembunyian barang-barang kemas* the hiding of the jewellery

persembunyian KATA NAMA
hiding place
♦ **tempat persembunyian** hiding place

tersembunyi KATA KERJA
hidden
◊ *Rumah itu tersembunyi di sebalik pokok-pokok.* The house was hidden by trees.

sembur
menyembur KATA KERJA
to spray
◊ *menyembur tanaman dengan racun serangga* to spray the plants with insecticide ◊ *Dinding itu disembur dengan beberapa lapisan cat.* The wall was sprayed with several coats of paint.

menyemburkan KATA KERJA
to spray
◊ *menyemburkan racun serangga pada tanaman* to spray the plants with insecticide

penyembur KATA NAMA
spray
◊ *penyembur serangga* insect spray

semburan KATA NAMA
spray
◊ *semburan badan* body spray

semenanjung KATA NAMA
peninsula

semenjak KATA SENDI *rujuk* **sejak**

sementara KATA ADJEKTIF
> *rujuk juga* **sementara** KATA HUBUNG

temporary
◊ *kerja sementara* temporary job
♦ **Kedai itu ditutup buat sementara waktu.** The shop was temporarily closed.

sementara KATA HUBUNG
> *rujuk juga* **sementara** KATA ADJEKTIF

while
◊ *Saya akan cuba bereskan semua perkara ini, sementara saya masih ada di sini.* I will try to settle everything while I'm still here.
♦ **Pergilah mandi dahulu. Sementara itu, saya akan masak sarapan pagi.** Take your bath first. Meanwhile, I'll cook the breakfast.

semester KATA NAMA
semester

sempadan KATA NAMA
border
◊ *sempadan antara dua negara* border between two countries ◊ *Internet telah mencipta satu dunia tanpa sempadan.* The Internet has created a world without borders.
♦ **Kasih sayangnya terhadap gadis itu tidak ada sempadannya.** His love for her was boundless.

sempang KATA NAMA
hyphen

sempat KATA ADJEKTIF
in time
◊ *Saya sempat menonton konsert itu.* I was in time to attend the concert.
♦ **Saya sempat berbual dengannya kelmarin.** I managed to talk to him yesterday.

kesempatan KATA NAMA
[1] *opportunity* (JAMAK **opportunities**)
◊ *Saya ingin mengambil kesempatan ini untuk mengucapkan terima kasih...* I would like to take this opportunity to thank...
[2] *advantage*
◊ *Dia cuba mengambil kesempatan atas kelemahan gadis itu.* He tried to take advantage of the girl's weakness.

sempena KATA HUBUNG
in celebration of
◊ *Majlis itu diadakan sempena ulang tahun perkahwinan mereka.* The party was held in celebration of their wedding anniversary. ◊ *upacara penanaman pokok alaf baru yang diadakan sempena Hari Habitat Sedunia* the millennium tree planting event, held in celebration of World Habitat Day

- **Nama jalan ini diambil sempena nama Sultan Azlan Shah.** The road is named after Sultan Azlan Shah.
- **perarakan sempena memperingati Malcolm X** a march in commemoration of Malcom X

bersempena KATA HUBUNG
- **bersempena dengan** in celebration of
  ◊ *Majlis itu diadakan bersempena dengan ulang tahun perkahwinan mereka.* The party was held in celebration of their wedding anniversary. ◊ *upacara penanaman pokok alaf baru yang diadakan bersempena dengan Hari Habitat Sedunia* the millennium tree planting event, held in celebration of World Habitat Day

sempit KATA ADJEKTIF
narrow
◊ *jalan yang sempit* narrow street
- **berfikiran sempit** narrow-minded

kesempitan KATA NAMA
  rujuk juga **kesempitan** KATA KERJA
narrowness
◊ *kesempitan muara sungai itu* the narrowness of the river mouth
- **kesempitan wang** financial straits

kesempitan KATA KERJA
  rujuk juga **kesempitan** KATA NAMA
- **kesempitan wang** to be financially pressed ◊ *Saya kesempitan wang.* I'm financially pressed.

sempoa KATA NAMA
abacus (JAMAK **abacuses**)

sempurna KATA ADJEKTIF
perfect
◊ *sebuah keluarga yang sempurna* a perfect family
- **Anyaman itu dibuat dengan sempurna.** The weaving was perfectly executed.

kesempurnaan KATA NAMA
perfection
◊ *Semua orang mencari kesempurnaan dalam hidup.* Everyone looks for perfection in life.

menyempurnakan KATA KERJA
to complete
◊ *Ghani cuba menyempurnakan kajian yang ditinggalkan oleh bapanya.* Ghani tried to complete the research left unfinished by his father.
- **menyempurnakan tugas** to carry out one's duty
- **Sultan itu telah menyempurnakan majlis tersebut.** The Sultan officiated at the ceremony.

semua KATA BILANGAN
all

◊ *Semua buku itu ditulis dalam bahasa Inggeris.* All the books were in English.
- **Semua yang saya lakukan adalah untuk kebaikan anda.** Everything I have done is for your own good.

kesemua KATA BILANGAN
all
◊ *Kesemua buku itu dilabel dengan tanda merah.* All the books were labelled with red tags.

semula jadi KATA ADJEKTIF
natural
◊ *naluri semula jadi* natural instinct
- **alam semula jadi** nature

semut KATA NAMA
ant

kesemutan KATA ADJEKTIF
pins and needles

sen KATA NAMA
cent

senak KATA ADJEKTIF
bloated
◊ *Perut saya terasa senak selepas saya makan semua makanan itu.* I felt bloated after eating all the food.

senam
bersenam KATA KERJA
to exercise
senaman KATA NAMA
exercise

senang KATA ADJEKTIF
easy
◊ *satu tugas yang senang* an easy task
- **Saya tidak senang hari ini.** I'm not free today.
- **senang hati** happy
- **senang-lenang (1)** very happy
- **senang-lenang (2)** to enjoy oneself

bersenang-senang KATA KERJA
to rest
◊ *Dia sedang duduk bersenang-senang di ruang tamu.* He is resting in the sitting room.

kesenangan KATA NAMA
comfort
◊ *hidup dalam kesenangan* to live in comfort

menyenangi KATA KERJA
to like
◊ *Saya menyenanginya.* I like him.
- **Dia tidak menyenangi kehadiran saya.** He dislikes my presence.

menyenangkan KATA KERJA
[1] *to make ... easier*
◊ *Komputer dapat menyenangkan hidup kita.* Computers can make our life easier.
[2] *comfortable*
◊ *suasana yang menyenangkan* a

senantiasa → sendiri

comfortable environment
* **tidak menyenangkan** unpleasant

senantiasa KATA BANTU *rujuk* **sentiasa**

senapang KATA NAMA
gun
* **senapang patah** shotgun

senarai KATA NAMA
list
◊ *Kami sedang membuat senarai barang-barang yang ingin dibeli.* We are making a list of things that we want to buy.
* **senarai makanan** menu

menyenaraikan KATA KERJA
to list
◊ *Pelajar diminta menyenaraikan sukan yang digemari oleh mereka.* The students were asked to list the sports they liked.

penyenaraian KATA NAMA
listing
* **Penyenaraian nama peserta dibuat mengikut susunan abjad.** The contestants' names were listed alphabetically.

tersenarai KATA KERJA
to be listed
◊ *Namanya tersenarai dalam borang itu.* His name was listed in the form.

senarai hitam KATA NAMA
blacklist
menyenaraihitamkan KATA KERJA
to blacklist
◊ *Kami telah menyenaraihitamkan nama murid yang melanggar peraturan sekolah.* We have blacklisted the students who broke the school rules.

senario KATA NAMA
scenario (JAMAK **scenarios**)

senda KATA NAMA
* **gurau senda** joke

bersenda KATA KERJA
to joke

mempersendakan KATA KERJA
to tease
◊ *Natasha mempersendakan Jean di hadapan kawan-kawannya.* Natasha teased Jean in front of her friends.

sendat KATA ADJEKTIF
tight
◊ *Seluar jeannya terlalu sendat.* His jeans are too tight.
* **Beg itu sudah sendat kerana terlalu banyak benda di dalamnya.** The bag is bulging because there are too many things in it.

sendawa KATA NAMA
belch
bersendawa KATA KERJA
to belch
◊ *Alex bersendawa selepas makan.* Alex belched after his meal.

sendeng KATA ADJEKTIF
tilting
◊ *Meja itu sendeng.* The table was tilting.

menyendeng KATA KERJA
to tilt
◊ *Almari itu menyendeng ke arah dinding.* The cupboard tilts towards the wall.

menyendengkan KATA KERJA
to tilt
◊ *James menyendengkan kerusi ke belakang dan melunjurkan kakinya.* James tilted the chair back and stretched his legs.

sendi KATA NAMA
joint
◊ *Sendinya terasa sakit apabila dia bersenam.* His joints ache when he exercises.
* **sendi pintu** hinge
* **kata sendi** conjunction

sendiri KATA ADJEKTIF
1. *own*
◊ *Buat kerja anda sendiri. Jangan ganggu orang lain.* Get on with your own work, don't disturb the others.
2. *myself*
◊ *Saya sendiri yang akan bertanggungjawab ke atas apa-apa yang berlaku.* I will hold myself responsible for anything that might happen.
3. *herself* (perempuan)
◊ *Kakak saya membuat baju itu sendiri.* My sister made the clothes herself.
4. *himself* (lelaki)
◊ *Norman membuat kek itu sendiri.* Norman baked the cake himself.
5. *itself*
◊ *Hidup itu sendiri merupakan satu proses pembelajaran.* Life itself is a learning process.
6. *ourselves*
◊ *Kami menanam sayur-sayur itu sendiri.* We plant the vegetables ourselves.
7. *themselves*
◊ *Kanak-kanak itu tidak boleh hidup dengan sendiri.* The children can't live by themselves.
8. *yourself*
◊ *Anda sendiri yang akan memikul tanggungjawab itu.* You will bear the responsibility yourself.
* **Dia sendiri yang meminta untuk pergi ke Switzerland.** He is the one who wants to go to Switzerland.
* **Dia mahu menjawab telefon itu sendiri.**

He wants to answer the phone personally.
- **Mesin itu berjalan dengan sendiri.** The machine operates automatically.

  bersendirian KATA KERJA
  <u>to be alone</u>
  ◊ *Saya suka bersendirian.* I love to be alone.
- **hidup bersendirian** to live alone

  menyendiri KATA KERJA
  <u>to be alone</u>
  ◊ *Dia suka menyendiri.* He loves to be alone.

  persendirian KATA NAMA
  <u>private</u>
  ◊ *kawasan persendirian* private property

  tersendiri KATA ADJEKTIF
  <u>own</u>
  ◊ *Saya mempunyai cara saya yang tersendiri untuk berjaya.* I have my own ways of succeeding.
- **Dia mempunyai gayanya yang tersendiri.** She has her own individual style.

  sendirian KATA ADJEKTIF
  <u>alone</u>
  ◊ *Dia sendirian di dalam bilik itu.* He is alone in the room.

senduk KATA NAMA
<u>ladle</u>

sengaja KATA BANTU
<u>deliberately</u>
◊ *Dia sengaja memarahi saya.* He deliberately scolded me.
- **Dia sengaja berbuat begitu.** He did that on purpose.
- **Dia tidak sengaja menendang saya.** She had accidentally kicked me.
- **Perkara itu berlaku secara tidak sengaja.** It happened by accident.

  menyengajakan KATA KERJA
  menyengajakan biasanya digunakan dalam bentuk pasif.
  ◊ *wanita-wanita yang menjadi mangsa diskriminasi yang disengajakan* women who are the victims of intentional discrimination

sengal KATA NAMA
<u>painful</u>
◊ *Kaki saya terasa sengal.* My leg feels painful.
- **penyakit sengal tulang** rheumatism

sengap KATA ADJEKTIF
<u>silent</u>
◊ *Victoria sengap sahaja semasa berada di situ.* Victoria was silent while she was there.

penyengap KATA ADJEKTIF
<u>silent</u> (orang)

- **alat penyengap** silencer

sengat KATA NAMA
<u>sting</u>
◊ *sengat lebah* bee sting

menyengat KATA KERJA
<u>to sting</u>
◊ *Kala jengking itu menyengat kaki Jaime.* The scorpion stung Jaime's leg.

penyengat KATA NAMA
<u>stinging insect</u>

sengatan KATA NAMA
<u>sting</u>
◊ *mangsa sengatan lebah* victim of a bee sting

sengau KATA ADJEKTIF
<u>nasal</u>
◊ *suaranya yang sengau* his nasal voice

senget KATA ADJEKTIF
<u>tilting</u>
◊ *Meja itu senget.* The table was tilting.

senggang KATA ADJEKTIF
<u>free</u>
◊ *masa senggang* free time

senggara rujuk **selenggara**

sengguk
menyengguk KATA KERJA
<u>to nod</u>
◊ *Dave tidak berkata apa-apa, cuma menyengguk sahaja.* Dave said nothing but simply nodded.

tersengguk-sengguk KATA KERJA
<u>to nod off</u>
◊ *Pelajar-pelajar itu kelihatan tersenguk-sengguk dalam kelas geografi.* The students could be seen nodding off during the geography class.

sengih
tersengih KATA KERJA
<u>to grin</u>

sengit KATA ADJEKTIF
<u>fierce</u>
◊ *Syarikat itu menghadapi persaingan sengit daripada syarikat-syarikat lain.* The company faces fierce competition from other companies. ◊ *satu pertempuran yang sengit* a fierce battle

sengkak KATA ADJEKTIF
<u>bloated</u>
◊ *Perut saya sudah sengkak dan saya tidak dapat menghabiskan makanan ini lagi.* I feel bloated and can't finish this food.

sengkang KATA NAMA
<u>hyphen</u>

sengketa KATA NAMA
<u>dispute</u>
bersengketa KATA KERJA
<u>to feud</u>

◊ Kedua-dua keluarga itu sudah lama bersengketa. These two families have been feuding for a long time.
persengketaan KATA NAMA
dispute
◊ persengketaan antara dua kumpulan itu the dispute between the two groups

sengkuang KATA NAMA
yam bean

sengsara KATA ADJEKTIF
miserable
◊ kehidupan yang sengsara a miserable life
kesengsaraan KATA NAMA
misery (JAMAK **miseries**)
◊ kesengsaraan pada masa mudanya the miseries of his youth

seni KATA ADJEKTIF
> rujuk juga **seni** KATA NAMA

tiny
◊ Bakteria merupakan sejenis organisma seni. Bacteria are a kind of tiny organism.

seni KATA NAMA
> rujuk juga **seni** KATA ADJEKTIF

art
◊ karya-karya seni works of art
• **seni bina** architecture
• **seni lakon** acting
• **seni lukis** visual art
• **seni muzik** music
kesenian KATA NAMA
artistry
◊ keseniannya sebagai seorang penulis his artistry as a writer

seniman KATA NAMA
artist
• **seniman jalanan** busker

seniwati KATA NAMA
artist

senja KATA NAMA
dusk

senja kala KATA NAMA
dusk

senjata KATA NAMA
weapon
• **senjata api** firearm
bersenjata KATA KERJA
armed
bersenjatakan KATA KERJA
to use ... as a weapon
◊ Mereka bersenjatakan pisau semasa melakukan rompakan itu. For the robbery they used knives as weapons.

senonoh KATA ADJEKTIF
> senonoh biasanya digunakan bersama kata nafi **tidak**.

◊ pakaian yang tidak senonoh inappropriate clothes ◊ berkelakuan tidak senonoh to behave improperly

sensasi KATA ADJEKTIF
> rujuk juga **sensasi** KATA NAMA

sensational
◊ berita sensasi sensational news
◊ surat khabar yang sentiasa mempunyai cerita yang sensasi a newspaper whose stories are always sensational

sensasi KATA NAMA
> rujuk juga **sensasi** KATA ADJEKTIF

sensation

sensitif KATA ADJEKTIF
sensitive
◊ Ibu bapa mestilah sensitif terhadap keperluan anak mereka. Parents must be sensitive to their child's needs.
kesensitifan KATA NAMA
sensitivity

sentak
tersentak KATA KERJA
startled
◊ Saya tersentak apabila ada orang tiba-tiba menjerit di belakang saya. I was startled when I suddenly heard somebody shouting behind me.

sental
menyental KATA KERJA
to rub
◊ menyental badan dengan sabun to rub soap on one's body

sentap
menyentap KATA KERJA
to tug
◊ Nancy menyentap rambut kawannya. Nancy tugged her friend's hair.
• **menyentap nyawa** to cause death

senteng KATA ADJEKTIF
short
◊ skirt yang senteng a short skirt

sentiasa KATA BANTU
always
◊ Saya akan sentiasa mengingati pesanan ibu saya. I'll always remember my mother's advice.
• **Kami sentiasa diingatkan supaya mengurangkan pengambilan gula.** We are constantly being reminded to cut down on our sugar intake.

sentimental KATA ADJEKTIF
sentimental

sentimeter KATA NAMA
centimetre

sentosa KATA ADJEKTIF
peaceful

sentuh
bersentuh KATA KERJA
to touch
◊ Tangannya bersentuh dengan tangan

kanak-kanak itu. Her hand touches the hand of the child.
bersentuhan KATA KERJA
to touch
◊ *Apabila dua wayar itu bersentuhan, percikan api akan terhasil.* When the two wires touch, sparks appear.
menyentuh KATA KERJA
to touch
◊ *Budak itu cuba menyentuh arnab itu.* The child tried to touch the rabbit.
♦ **satu babak yang menyentuh perasaan** a touching scene
sentuhan KATA NAMA
1 *touching*
◊ *Virus itu tidak merebak melalui sentuhan.* The virus is not passed on through touching.
2 *touch*
◊ *sentuhan yang lembut* a gentle touch

senyap KATA ADJEKTIF
1 *silent*
◊ *Dia senyap sahaja semasa berada di situ.* She was silent while she was there.
2 *quiet*
◊ *Bilik itu betul-betul senyap.* The room is really quiet.
senyap-senyap KATA ADJEKTIF
quietly
◊ *Mereka masuk ke dalam bilik itu secara senyap-senyap.* They entered the room quietly.
kesenyapan KATA NAMA
quietness

senyum KATA KERJA
to smile
tersenyum KATA KERJA
to smile
senyuman KATA NAMA
smile

sepah
bersepah, bersepah-sepah KATA KERJA
scattered
◊ *Buku-buku itu bersepah di atas lantai.* The books were scattered across the floor.
♦ **barang-barang yang bersepah itu** the things which were scattered about
menyepahkan KATA KERJA
to scatter
◊ *Mereka menyepahkan majalah itu di atas meja.* They scattered the magazines on the table.

sepai
bersepai KATA KERJA
to shatter
◊ *Pinggan itu bersepai di atas lantai.* The plate shattered on the floor.
♦ **Cermin itu pecah bersepai.** The glass shattered into small pieces.

sepak
menyepak KATA KERJA
to slap
◊ *Saya menyepaknya dengan kuat.* I slapped him hard.

sépak KATA NAMA
kick
♦ **bola sepak** football
menyepak KATA KERJA
to kick
sepakan KATA NAMA
kick
◊ *sepakan penalti* penalty kick

sepana KATA NAMA
spanner

sepanduk KATA NAMA
1 *banner* (daripada kain)
2 *placard* (daripada papan, kadbod)

separa KATA ADJEKTIF
semi-
◊ *susu separa lemak* semi-skimmed milk

sepatu KATA NAMA
shoe

seperti KATA SENDI
1 *like*
◊ *Dia kelihatan seperti seorang pelakon terkenal.* He looks like a famous actor.
2 *such as*
◊ *buah-buahan import seperti buah anggur dan pic* imported fruits such as grapes and peaches

sepet KATA ADJEKTIF
♦ **mata sepet** narrow eyes
♦ **Matanya sepet.** She has narrow eyes.

sepi KATA ADJEKTIF
quiet
◊ *jalan yang sepi* quiet street
kesepian KATA KERJA
rujuk juga **kesepian** KATA NAMA
lonely
kesepian KATA NAMA
rujuk juga **kesepian** KATA KERJA
loneliness
◊ *Kesepian ialah sesuatu yang menakutkan.* Loneliness is a frightening thing.

sepit KATA NAMA
1 *chopsticks*
2 *claw* (ketam, kala jengking)
♦ **sepit rambut** hair clip
menyepit KATA KERJA
1 *to hold ... with chopsticks*
2 *to nip*
◊ *Ketam itu menyepit jari saya dengan sepitnya.* The crab nipped my finger with its claw.
penyepit KATA NAMA
chopsticks
♦ **penyepit baju** clothes peg

tersepit KATA KERJA
to get caught
◊ *Tumit kasutnya tersepit pada lubang kecil itu.* Her heel got caught in the little hole.
- **Saya tersepit antara dua orang kawan baik.** I was torn between two good friends.
- **Jarinya tersepit pada pintu.** His finger was pinched in the door.

sepoi KATA NAMA
- **angin sepoi-sepoi bahasa** a gentle breeze

September KATA NAMA
September
◊ *pada 20 September* on 20 September
- **pada bulan September** in September

sepuluh KATA BILANGAN
ten
- **sepuluh hari bulan Ogos** tenth of August
kesepuluh KATA BILANGAN
tenth

serabut KATA NAMA
fibre

serah
menyerah KATA KERJA
to yield
◊ *menyerah kepada nasib* to yield to one's fate
- **menyerah diri** to surrender
- **menyerah kalah** to surrender
menyerahkan KATA KERJA
1 _to hand over_
◊ *menyerahkan surat memohon maaf* to hand over a letter of apology
- **Dia menyerahkan buku itu kepada Nicholas.** He handed the book to Nicholas.
2 _to hand in_
◊ *Kami diminta supaya menyerahkan bungkusan itu kepada pihak polis.* We were asked to hand in the package to the police.
penyerahan KATA NAMA
handover
◊ *penyerahan Hong Kong kepada negara China pada tahun 1997* the handover of Hong Kong to China in 1997

serai KATA NAMA
lemongrass

serak KATA ADJEKTIF
hoarse
◊ *suara Zainal yang serak* Zainal's hoarse voice

seram KATA ADJEKTIF
one's hair stands on end
◊ *Setiap kali dia lalu di hadapan rumah itu dia terasa seram.* Every time he passes the house he feels his hair stand on end.
- **Filem itu membuat saya berasa seram sejuk.** The film makes my blood run cold.
- **Seram bulu romanya sebaik sahaja dia masuk ke dalam bilik itu.** As soon as she entered the room her hair stood on end.
- **cerita seram** thriller
- **filem seram** horror film
menyeramkan KATA KERJA
eerie
◊ *bunyi yang menyeramkan* an eerie sound

serambi KATA NAMA
veranda

serampang KATA NAMA
harpoon

seranah KATA NAMA
curse
menyeranah KATA KERJA
to curse

serang KATA NAMA
attack
- **serang balas** counter-attack
- **serang hendap** ambush (JAMAK **ambushes**)
menyerang KATA KERJA
to attack
◊ *Mereka cuba menyerang bandar itu.* They attempted to attack the town.
◊ *sejenis virus yang menyerang tanaman* a virus that attacks crops
- **Dapur kami diserang semut.** Our kitchen was invaded by ants.
penyerang KATA NAMA
1 _attacker_
2 _striker_ (bola sepak)
serangan KATA NAMA
attack
◊ *serangan mendadak* sudden attack
- **serangan udara** air raid

serangga KATA NAMA
insect
◊ *pencegah serangga* insect repellent

serap
menyerap KATA KERJA
to absorb
◊ *Tumbuh-tumbuhan menyerap karbon dioksida dari udara.* Plants absorb carbon dioxide from the air.
penyerapan KATA NAMA
absorption
◊ *Vitamin C meningkatkan penyerapan zat besi daripada makanan.* Vitamin C increases the absorption of iron from food.

serapah KATA NAMA rujuk **seranah**

serat KATA NAMA

fibre

serba KATA ADJEKTIF
all
◊ *Mereka memakai pakaian serba putih.* They dressed up all in white.
♦ **Mereka hidup dalam serba kekurangan.** They live in poverty.
♦ **serba-serbi** various kinds of
♦ **serba tahu** knowledgeable

serban KATA NAMA
turban

serbaneka KATA ADJEKTIF
various

serba salah KATA ADJEKTIF
to feel bad
◊ *Saya serba salah kerana membiarkan dia membuat semua kerja itu.* I feel bad about letting him do all the work.
♦ **Saya serba salah hendak memberitahu dia perkara itu.** I found it awkward to tell her about it.

serbu
menyerbu KATA KERJA
to raid
◊ *Askar-askar itu menyerbu ibu negara Bosnia.* The troops raided the capital of Bosnia.
♦ **Orang ramai menyerbu masuk ke dalam pasar raya itu.** The people rushed into the supermarket.
serbuan KATA NAMA
raid
◊ *serbuan oleh sepuluh orang anggota polis bersenjata* a raid by ten armed police

serbuk KATA NAMA
powder
◊ *serbuk kopi* coffee powder

serdak KATA NAMA
crumbs
◊ *serdak roti* bread crumbs

serempak
terserempak KATA KERJA
to run into
◊ *Dia terserempak dengan Nicole di pintu masuk sekolah.* He ran into Nicole at the school entrance.

seret
menyeret KATA KERJA
to drag
◊ *Sham menyeret kerusinya ke ruang tamu.* Sham dragged his chair to the living room.

sergah
menyergah KATA KERJA
to scare ... with a loud voice
◊ *menyergah seseorang* to scare somebody with a loud voice
sergahan KATA NAMA
startlingly loud voice
♦ **Saya terkejut mendengar sergahan Lina itu.** I was startled by Lina's loud voice.

sergam
tersergam KATA KERJA
to stand out
◊ *Bangunan itu tersergam megah di tengah bandar raya.* The building stood out majestically in the middle of the city.

seri KATA KERJA
| rujuk juga **seri** KATA NAMA |
to draw
◊ *Pahang dan Perak seri satu sama.* Pahang and Perak drew one-all.
♦ **Perlawanan pusingan kedua berakhir dengan keputusan seri.** The second round of the game ended in a tie.

seri KATA NAMA
| rujuk juga **seri** KATA KERJA |
brightness
◊ *Anda pasti kagum melihat seri warna-warna itu.* You'll be impressed with the brightness of the colours.
♦ **menambahkan seri** to brighten up
◊ *Warna merah jambu ini dapat menambahkan seri bilik ini.* This pink will brighten up the room. ◊ *Gincu dapat menambahkan seri pada wajah wanita.* Lipstick will brighten up a woman's face.
berseri, berseri-seri KATA KERJA
1 *radiant*
◊ *Wajah pengantin itu nampak berseri-seri pada hari perkahwinannya.* The bride looked truly radiant on her wedding day.
2 *to brighten*
◊ *'Oh, saya suka sekali!' jerit Nani dan wajahnya berseri-seri.* 'Oh, I'd love to!' cried Nani, her face brightening.
menyerikan KATA KERJA
to brighten up
◊ *Warna merah jambu ini dapat menyerikan bilik ini.* This pink will brighten up the room.
♦ **Persembahan daripada penyanyi terkenal itu telah menyerikan lagi majlis ini.** When the famous singer performed, the party became even livelier.

serigala KATA NAMA
wolf (JAMAK **wolves**)

serik KATA ADJEKTIF
to dare not
◊ *Shafril sudah serik menaiki lif kerana dia pernah terperangkap di dalamnya sekali.* Shafril dare not take the lift because he got stuck in it once.
♦ **Dia tidak serik bermain mercun.** He still dares to play with fireworks.

sering KATA BANTU
often

◊ *Saya sering pergi bercuti di Sepanyol.* I often go to Spain for my holidays.

sering kali KATA BANTU
frequently
◊ *Walaupun sudah sering kali dia mencuba, dia masih gagal melakukannya.* Although she had tried frequently, she still could not do it.

serius KATA ADJEKTIF
serious
◊ *Doktor mengatakan bahawa keadaannya serius.* The doctor said his condition was serious. ◊ *Saya menganggap ini satu perkara yang serius.* I regard this as a serious matter.

serkap KATA NAMA
fish trap (terjemahan umum)
+ **serkap jarang** wild guess

menyerkap KATA KERJA
to pounce
◊ *Dia menyerkap lelaki yang bersembunyi di dalam semak itu.* He pounced on the man hiding in the bushes.

serkup KATA NAMA
cover

menyerkup KATA KERJA
to cover
◊ *menyerkup makanan yang ada di atas meja* to cover the food that is on the table

serlah
menyerlah, terserlah KATA KERJA
outstanding
◊ *sumbangan beliau yang menyerlah* his outstanding contribution
+ **kecantikannya yang terserlah** her striking beauty
+ **bakatnya yang terserlah** his glowing talent

menyerlahkan KATA KERJA
to show
◊ *Isabel mendapat satu peluang untuk menyerlahkan bakatnya dalam bidang nyanyian.* Isabel got a chance to show her talent as a singer.

serokan KATA NAMA
inlet

serombong KATA NAMA
chimney

serong KATA ADJEKTIF
diagonal
+ **berfikiran serong** dirty-minded

seronok KATA ADJEKTIF
to enjoy
◊ *Saya seronok kerana dapat menghabiskan masa bersamanya.* I enjoyed being able to spend time with her.
+ **Sungguh seronok dapat berpesta beramai-ramai.** It's very enjoyable having a party.

berseronok KATA KERJA
to enjoy oneself
◊ *Mereka sedang berseronok di majlis hari jadi Lisa.* They are enjoying themselves at Lisa's birthday party.

keseronokan KATA NAMA
pleasure
◊ *Dia mendapat keseronokan dengan menonton cerita-cerita seram.* Watching horror movies gave him great pleasure.

menyeronokkan KATA KERJA
fun
◊ *masa yang menyeronokkan* a fun time
+ **Memasak memang sesuatu yang menyeronokkan.** Cooking is a pleasant pastime.

serpih
serpihan KATA NAMA
chip
◊ *serpihan-serpihan kayu* wood chips

serta KATA HUBUNG
and
◊ *Saya dan Lili serta beberapa orang kawan akan pergi ke Australia.* Lili and I and a few of our friends are going to Australia.

berserta KATA HUBUNG
and
◊ *Borang ini berserta dengan sijil hendaklah dihantar sekali.* The form and the certificates need to be sent together.

menyertai KATA KERJA
to join
◊ *Pei Ling ingin menyertai kelab renang.* Pei Ling would like to join the swimming club. ◊ *Dia menyertai syarikat itu tiga bulan yang lalu.* He joined the company three months ago.
+ **Dia ingin menyertai pertandingan itu.** He would like to participate in the competition.

menyertakan KATA KERJA
to enclose
◊ *Elizabeth menyertakan sekeping gambar bersama suratnya.* Elizabeth enclosed a photo with her letter.

penyertaan KATA NAMA
participation
◊ *penyertaan dalam aktiviti keagamaan* participation in religious activities

peserta KATA NAMA
contestant

serta-merta KATA ADJEKTIF
immediately
◊ *Pihak polis bergegas ke tempat kejadian dengan serta-merta.* The police

seru KATA NAMA
- **tanda seru** exclamation mark
  menyeru KATA KERJA
  [1] *to call*
  ◊ *Dia menoleh ke belakang apabila saya menyeru namanya.* She looked back when I called her name.
  [2] *to call on*
  ◊ *Kerajaan menyeru supaya rakyat membeli barangan buatan tempatan.* The government called on the people to buy local products.
  seruan KATA NAMA
  call
  ◊ *seruan oleh kerajaan supaya membeli barangan buatan tempatan* the call by the government to buy local products
- **kata seruan** exclamation

seruling KATA NAMA
flute

serunai KATA NAMA
flute

servis KATA NAMA
service
◊ *pusat servis kereta* car service centre
menservis KATA KERJA
to service
◊ *Pastikan bahawa mesin itu diservis setahun sekali.* Make sure the machine is serviced annually.

sesak KATA ADJEKTIF
congested
◊ *tempat yang penuh sesak dengan orang ramai* a place that was congested with people
- **Dadanya terasa sesak apabila dia berjalan terlalu cepat.** His chest felt tight from walking too fast.
- **Saya sedang sesak sekarang ini.** (*tidak formal*) I'm pressed for cash.
kesesakan KATA NAMA
congestion
◊ *kesesakan lalu lintas* traffic congestion

sesal KATA ADJEKTIF
regretful
◊ *Rajoo tidak berasa gementar atau sesal akan tindakannya.* Rajoo didn't feel nervous, or regretful about his actions.
menyesal KATA KERJA
to regret
◊ *Idris menyesal kerana tidak belajar bersungguh-sungguh.* Idris regretted that he hadn't studied hard.
menyesali KATA KERJA
to regret
◊ *Dia menyesali perbuatannya.* He regretted what he had done.
penyesalan KATA NAMA
regret
◊ *Dia menyatakan penyesalannya kerana memarahi ibunya.* He expressed his regret at having got angry with his mother.
sesalan KATA NAMA
regret
◊ *Satu-satunya sesalan dalam hidup saya ialah saya tidak memaafkan kesalahannya.* My only regret in life is that I didn't forgive him.

sesat KATA KERJA
to get lost
◊ *Dia sesat kerana jalan di bandar itu sudah berubah.* He got lost because the roads in the town had changed.
- **sesat jalan** to get lost
- **ajaran sesat** false teaching
menyesatkan KATA KERJA
to lead astray
◊ *Mereka cuba menyesatkan fikiran remaja dengan dakyah mereka.* They are trying to lead teenagers' minds astray with their propaganda.
tersesat KATA KERJA
to get lost
◊ *Kami takut tersesat.* We were afraid of getting lost.

sesi KATA NAMA
session

sesuai KATA ADJEKTIF
[1] *suitable*
◊ *pekerjaan yang sesuai* a suitable job
- **pakaian yang sesuai untuk ke majlis makan malam** appropriate dress for a dinner
[2] *to suit*
◊ *Potongan rambut itu tidak sesuai dengannya.* That hairstyle doesn't suit her.
- **tidak sesuai** unsuitable
bersesuaian KATA KERJA
to fit
◊ *Carilah kerja yang bersesuaian dengan kelayakan anda.* Look for a job which fits your qualifications.
kesesuaian KATA NAMA
suitability
menyesuaikan KATA KERJA
to suit
◊ *Restoran itu mengubah resipinya untuk menyesuaikannya dengan cita rasa tempatan.* The restaurant adapted its recipes to suit local tastes.
- **Anda harus belajar menyesuaikan diri dengan persekitaran yang baru.** You have to learn to adapt yourself to the

set → siar (1)

new environment.

set KATA NAMA
set
◊ *satu set kunci* a set of keys

setem KATA NAMA
stamp

seterika KATA NAMA
iron
menyeterika KATA KERJA
to iron

seteru KATA NAMA
enemy (JAMAK **enemies**)
berseteru KATA KERJA
to be enemies
◊ *Mereka sudah berseteru sejak sepuluh tahun yang lalu.* They have been enemies for the last ten years.
♦ **Maria berseteru dengan Ricky.** Maria was not on good terms with Ricky.

setia KATA ADJEKTIF
① *faithful*
◊ *seorang suami yang setia* a faithful husband
② *loyal*
◊ *seorang pekerja yang setia* a loyal employee
kesetiaan KATA NAMA
loyalty
◊ *"kesetiaan kepada raja dan negara"* "loyalty to king and country"
♦ **ketidaksetiaan** disloyalty

setiausaha KATA NAMA
secretary (JAMAK **secretaries**)

setinggan KATA NAMA
squatter
♦ **rumah setinggan** squat

setuju *rujuk* **tuju**

sewa KATA NAMA
rent
♦ **sewa beli** hire purchase
menyewa KATA KERJA
to rent
◊ *Dia menyewa sebuah rumah di Taman Pelangi.* He rents a house in Taman Pelangi.
menyewakan KATA KERJA
to rent
◊ *Dia menyewakan bilik itu kepada pelajar universiti.* He rented the room to university students.
penyewa KATA NAMA
tenant
penyewaan KATA NAMA
lease
◊ *Penyewaan rumah ini hanya untuk satu tahun sahaja.* The lease of the house is only for one year.

sfera KATA NAMA
sphere

Siam KATA NAMA
Siam
♦ **orang Siam** Siamese
♦ **kembar Siam** Siamese twins

siang (1) KATA NAMA
daytime
siang-siang KATA ADJEKTIF
from the start
◊ *Siang-siang lagi saya sudah beritahu anda supaya jangan mempercayainya.* I told you right from the start not to trust him.
♦ **Siang-siang lagi dia sudah sampai.** He arrived very early.

siang (2)
menyiang KATA KERJA
to clean
◊ *menyiang ikan* to clean the fish

siap KATA ADJEKTIF
① *complete*
◊ *Kerja-kerja membaik pulih gereja itu sudah siap.* The work of restoring the church is complete.
② *ready*
◊ *"Makan malam sudah siap,"* kata Aishah. "Dinner is ready," said Aishah.
bersiap KATA KERJA
to be ready
◊ *Mereka sudah bersiap untuk bertolak ke Las Vegas.* They are ready to leave for Las Vegas.
menyiapkan KATA KERJA
to finish
◊ *Clairol cuba menyiapkan laporan itu minggu ini.* Clairol is trying to finish the report this week.
♦ **Dia sedang menyiapkan makan malam di dapur.** She is preparing dinner in the kitchen.
persiapan KATA NAMA
preparation

siapa KATA TANYA
who
◊ *Siapakah yang memenangi pertandingan itu?* Who won the competition?
♦ **Saya hendak mengirim telegram. - Kepada siapa?** I want to send a telegram. - To whom?
♦ **Pen ini milik siapa?** Whose pen is this?
sesiapa KATA GANTI NAMA
anybody atau *anyone*
◊ *Dia tidak mahu bercakap dengan sesiapa.* She doesn't want to talk to anybody.

siar (1)
menyiarkan KATA KERJA
① *to broadcast*
◊ *Konsert itu akan disiarkan secara*

langsung di televisyen. The concert will be broadcast live on television.
[2] *to publish*
◊ *Majalah tersebut menyiarkan gambar itu di muka depan.* The magazine published the photo on its cover.
penyiar KATA NAMA
(juruhebah)
broadcaster
penyiaran KATA NAMA
broadcasting
◊ *jadual penyiaran* broadcasting schedule
siaran KATA NAMA
broadcast
◊ *Siaran itu tergendala.* The broadcast was interrupted.

siar (2)
bersiar-siar KATA KERJA
to go for a walk
◊ *Kami pergi bersiar-siar selepas makan malam.* We went for a walk after dinner.
• **Mereka pergi bersiar-siar dengan kereta baru Amy.** They went for a drive in Amy's new car.
• **Mereka ingin pergi bersiar-siar di Melaka.** They would like to go sightseeing in Malacca.
persiar KATA NAMA
• **kapal persiar** yacht
persiaran KATA NAMA
• **bas persiaran** coach (JAMAK **coaches**)
• **pelayaran persiaran** cruise

siasat
menyiasat KATA KERJA
to investigate
◊ *Pihak polis sedang menyiasat punca letupan itu.* Police are investigating the cause of the explosion.
penyiasat KATA NAMA
detective
penyiasatan, siasatan KATA NAMA
investigation
◊ *Dia menjalankan penyiasatan ke atas kes itu.* He carried out an investigation into the case.

sia-sia KATA ADJEKTIF
[1] *useless*
◊ *Sia-sia sahaja bertanya kepadanya soalan itu.* It's useless asking her that question.
[2] *wasted*
◊ *usaha yang sia-sia* wasted effort
• **Semua bantahannya sia-sia sahaja.** All her complaints were in vain.
mensia-siakan KATA KERJA
[1] *to waste*
◊ *Dia tidak akan mensia-siakan masanya.* He won't waste his time.

[2] *to neglect*
◊ *Saya tidak akan mensia-siakan anak saya.* I won't neglect my child.

siat
menyiat KATA KERJA
to skin
◊ *menyiat kulit lembu* to skin a cow

sibuk KATA ADJEKTIF
busy
◊ *Phil sibuk dengan kerjanya.* Phil is busy with his work. ◊ *jalan raya yang sibuk* a busy road
kesibukan KATA NAMA
bustle
◊ *kesibukan bandar raya itu* the bustle of the city
menyibuk KATA KERJA
nosy
• **jiran mereka yang suka menyibuk** their nosy neighbours
penyibuk KATA NAMA
busybody (JAMAK **busybodies**)

sidai
menyidai KATA KERJA
to hang ... out
◊ *menyidai baju* to hang the washing out
penyidai KATA NAMA
clothes line

sidang KATA NAMA
session
◊ *sidang pertama* first session
• **sidang akhbar** press conference
bersidang KATA KERJA
to be in conference
◊ *Menteri-menteri itu sudah bersidang selama empat jam.* The ministers were in conference for four hours.
persidangan KATA NAMA
conference
◊ *Persidangan itu dihadiri oleh 150 orang delegasi.* The conference was attended by 150 delegates.

sifar KATA BILANGAN
zero

sifat KATA NAMA
character
◊ *Setiap orang mempunyai sifat yang tersendiri.* Everybody has their own character.
• **sifat-sifat fizikal** physical characteristics
• **sifat kepemimpinan** leadership qualities
menyifatkan KATA KERJA
to describe
◊ *Dia menyifatkan perbuatan itu sebagai perbuatan yang kejam.* He described the action as cruel.

sifir KATA NAMA

multiplication table

sihat KATA ADJEKTIF
healthy
- **tidak sihat** unhealthy
kesihatan KATA NAMA
health
menyihatkan KATA KERJA
- **menyihatkan badan** good for one's health ◊ *Senaman dapat menyihatkan badan.* Exercise is good for your health. ◊ *Makanan yang seimbang dapat menyihatkan badan.* A balanced diet is good for your health.

sihir KATA NAMA
black magic
- **ahli sihir** witch (JAMAK **witches**)
menyihirkan KATA KERJA
to use black magic
◊ *Pak Ali menyihirkan anak perempuan Pak Hamad.* Pak Ali used black magic on Pak Hamad's daughter.

sijil KATA NAMA
certificate

sikap KATA NAMA
attitude
◊ *Sikapnya menjengkelkan saya.* His attitude irritates me.

sikat KATA NAMA
> rujuk juga **sikat** PENJODOH BILANGAN

comb
menyikat KATA KERJA
to comb

sikat PENJODOH BILANGAN
> rujuk juga **sikat** KATA NAMA

bunch (JAMAK **bunches**)
◊ *dua sikat pisang* two bunches of bananas

siku KATA NAMA
elbow
sesiku KATA NAMA
set square

sila (1) KATA PERINTAH
please
◊ *Sila masuk.* Please come in.
mempersilakan KATA KERJA
to invite
◊ *Zita mempersilakan tetamunya duduk.* Zita invited the guests to take their seats.
◊ *Dengan segala hormatnya, saya ingin mempersilakan Tuan Chong untuk memberikan ucapannya.* I would like very respectfully to invite Mr Chong to deliver his speech.

sila (2)
bersila KATA KERJA
to sit cross-legged
◊ *Mereka duduk bersila di atas lantai.* They sat cross-legged on the floor.

silam KATA ADJEKTIF
bygone
◊ *zaman silam* a bygone age
- **belajar daripada kesilapan masa silam** to learn from the mistakes of the past
- **kisah silam** past ◊ *Dia cuba melupakan kisah silamnya.* He tried to forget his past.

silang KATA NAMA
cross (JAMAK **crosses**)
- **silang kata** crossword
menyilangkan KATA KERJA
to cross
- **Jamali duduk sambil menyilangkan kakinya.** Jamali sits with his legs crossed.
persilangan KATA NAMA
intersection
◊ *titik persilangan* point of intersection

silap KATA ADJEKTIF
1. *mistaken*
◊ *Kalau tidak silap saya, dia akan datang pada pukul empat.* If I'm not mistaken, he will come at four.
2. *wrong*
◊ *"Sangkaan anda silap," kata Nancy.* "You thought wrong," Nancy said.
kesilapan KATA NAMA
mistake
◊ *Jangan ulang kesilapan itu lagi.* Don't make that mistake again.
tersilap KATA KERJA
to make a mistake
◊ *Maafkan saya. Saya tersilap.* I'm sorry, I made a mistake.

silap mata KATA NAMA
magic
- **ahli silap mata** magician

silat KATA NAMA
type of Malay martial art (penjelasan umum)

silau KATA ADJEKTIF
dazzled
◊ *Mata saya silau terkena pancaran cahaya.* I was dazzled by the lights.
menyilaukan KATA KERJA
- **menyilaukan mata** to dazzle
◊ *Cahaya matahari menyilaukan mata saya.* The sun dazzled me.

silih ganti
bersilih ganti KATA KERJA
to take turns
◊ *Mereka bersilih ganti menjaga ibu mereka.* They take turns to look after their mother.
- **Masalah datang bersilih ganti.** Problems kept on appearing one after another.

silinder KATA NAMA
cylinder

siling KATA NAMA
ceiling

simbah
  menyimbah KATA KERJA
  to splash
  ◊ *menyimbah air pada muka* to splash water on one's face

simbol KATA NAMA
symbol

simen KATA NAMA
cement
  bersimen KATA KERJA
  in plaster
  ◊ *Kakinya bersimen.* Her leg's in plaster.

simis KATA NAMA
underskirt

simpan KATA KERJA
to keep
◊ *Anda boleh simpan bakinya.* You can keep the change.
- **hutan simpan** forest reserve
  menyimpan KATA KERJA
  1 *to save*
  ◊ *Ibu bapa digalakkan menyimpan wang untuk anak-anak.* Parents are encouraged to save money for their children.
  2 *to put*
  ◊ *Julie menyimpan buku itu di dalam almari.* Julie put the book in the cupboard.
  3 *to keep*
  ◊ *menyimpan rahsia* to keep a secret
  4 *to grow*
  ◊ *menyimpan rambut* to grow one's hair
- **Dia menyimpan daging itu di dalam peti sejuk.** She stored the meat in the fridge.
- **menyimpan dendam terhadap seseorang** to bear a grudge against somebody
  menyimpankan KATA KERJA
  to save
  ◊ *Ibu menyimpankan saya wang saku itu.* Mother saved the pocket money for me.
- **Saya menyimpankan ayah sup itu.** I kept the soup for my father.
  penyimpanan KATA NAMA
  storage
  ◊ *penyimpanan sisa toksik* the storage of toxic waste
  tersimpan KATA KERJA
  to be kept
- **Rahsia itu sudah lama tersimpan dalam hatinya.** She has kept the secret to herself for a long time.
  simpanan KATA NAMA
  savings

◊ *Dia menggunakan simpanannya untuk membeli sebuah rumah.* He used his savings to buy a house.
- **Semua barang kemas anaknya ada dalam simpanannya.** All her child's jewellery was kept by her.
- **simpanan tetap** fixed deposit
- **perempuan simpanan** mistress (JAMAK **mistresses**)
- **peti simpanan** safe

simpang KATA NAMA
junction
  menyimpang KATA KERJA
  to turn off
  ◊ *Haslina tidak terus ke pejabat, sebaliknya dia menyimpang ke pusat membeli-belah.* Haslina didn't go straight to her office, instead she turned off for the shopping centre.
- **Karangannya telah menyimpang dari tajuk.** His essay deviated from the topic.
  penyimpangan KATA NAMA
  deviation
  persimpangan KATA NAMA
  intersection (jalan, lebuh raya)
- **persimpangan jalan** crossroads

simpang-siur KATA NAMA
lots of turnings
◊ *Jalan besar itu mempunyai simpang-siur.* The main road has lots of turnings.
bersimpang-siur KATA KERJA
to have lots of turnings

simpati KATA NAMA
sympathy
◊ *Dia tidak mendapat simpati daripada orang ramai.* She didn't receive any sympathy from the public.
- **berasa simpati terhadap seseorang** to feel sorry for somebody
  bersimpati KATA KERJA
  to sympathize
  ◊ *Saya bersimpati dengan anda.* I sympathize with you.

simpuh
  bersimpuh KATA KERJA
  to sit with one's legs drawn up beside one

simpul KATA NAMA
knot
  kesimpulan KATA NAMA
  conclusion
  ◊ *Murid-murid itu sedang menulis kesimpulan untuk karangan mereka.* The pupils are writing the conclusion of their composition. ◊ *Saya membuat kesimpulan bahawa...* I've come to the conclusion that...
  menyimpul KATA KERJA
  to knot

menyimpulkan KATA KERJA
1. _to knot_
2. _to conclude_
◊ *Pada dasarnya, saya dapat menyimpulkan bahawa ucapannya sangat membosankan.* Basically I concluded that his speech was very boring.

simpulan KATA NAMA
knot
• **simpulan bahasa** idiom

sinambung
kesinambungan KATA NAMA
continuity
◊ *Setiap perenggan harus ada kesinambungan dengan perenggan sebelumnya.* Every paragraph should show some continuity with the previous paragraph.

sinar KATA NAMA *rujuk* **sinaran**
bersinar, menyinar KATA KERJA
to shine
◊ *Awal pagi lagi, matahari sudah bersinar dengan terang.* The sun shone brightly early in the morning.
• **Matanya bersinar penuh minat.** Her eyes brightened with interest.
• **Mata Jacquelyn yang bersinar itu menawan hati saya.** I was captivated by the radiance in Jacquelyn's eyes.

bersinar-sinar KATA KERJA
to shine
• **Lampu yang berwarna-warni bersinar-sinar menerangi kegelapan malam itu.** Multicoloured lamps lit up the darkness of the night.

menyinari KATA KERJA
to illuminate
◊ *lampu-lampu yang menyinari jalan raya* lamps that illuminate the road

sinaran KATA NAMA
beam
◊ *sinaran cahaya daripada sebuah kereta* a beam of light from a car
• **sinaran matahari** sunshine

sinar-x KATA NAMA
X-ray

sindiket KATA NAMA
syndicate

sindir KATA NAMA *rujuk* **sindiran**
menyindir KATA KERJA
to insinuate
◊ *Adakah anda menyindir saya bahawa saya ini berbau?* Are you insinuating that I smell?

sindiran KATA NAMA
insinuation

sindrom KATA NAMA
syndrome

singa KATA NAMA
lion
• **singa betina** lioness (JAMAK **lionesses**)

Singapura KATA NAMA
Singapore
• **orang Singapura** Singaporean

singgah KATA KERJA
1. _to call at_
◊ *Kapal itu singgah di Pelabuhan Klang untuk mengisi minyak.* The ship called at Port Klang to take on oil.
2. _to stop by_
◊ *Casey singgah di rumah kawannya dalam perjalanan ke perpustakaan.* Casey stopped by her friend's house on the way to the library.

persinggahan KATA NAMA
stopover
◊ *Kapal terbang itu akan membuat persinggahan di Denver.* The flight will make a stopover in Denver.

singgahsana KATA NAMA
throne

singgung
menyinggung KATA KERJA
to hurt
◊ *Dia takut kata-katanya akan menyinggung perasaan Alicia.* He is afraid that his words will hurt Alicia's feelings.

tersinggung KATA KERJA
1. _to be hurt_
◊ *Jess tersinggung dengan kata-katanya.* Jess was hurt by his words.
2. _offended_
◊ *Nadia seorang yang mudah tersinggung.* Nadia is easily offended.

singkap
menyingkap KATA KERJA
to discover
◊ *menyingkap rahsia kecantikannya* to discover the secret of her beauty
◊ *Dia ingin menyingkap rahsia di sebalik kejayaan usahawan itu.* He wants to discover the secret of the businessman's success.

singkat KATA ADJEKTIF
short
◊ *Bagaimanakah anda dapat melakukannya dalam masa yang begitu singkat?* How could you do it in such a short time?

singkatan KATA NAMA
abbreviation
◊ *Singkatan untuk United Kingdom ialah UK.* The abbreviation for United Kingdom is UK.
• **AIDS ialah singkatan untuk "Acquired Immune Deficiency Syndrome".** AIDS stands for Acquired Immune Deficiency

Syndrome.

singki KATA NAMA
sink

singkir
menyingkirkan KATA KERJA
to expel
◊ *Pihak sekolah menyingkirkan pelajar itu kerana meniru.* The school expelled the student for cheating.
♦ **Dia disingkirkan dari pasukan itu.** He was thrown out of the team.
penyingkiran KATA NAMA
expulsion
◊ *Penyingkirannya dari sekolah menaikkan kemarahan ibu bapanya.* His expulsion from the school angered his parents.

singsing
menyingsing KATA KERJA
to roll
◊ *menyingsing lengan baju* to roll up one's sleeves
♦ **fajar menyingsing** dawn

sini KATA GANTI NAMA
here
◊ *Sila bayar di sini.* Please pay here.

sinis KATA ADJEKTIF
cynical
◊ *pandangan yang sinis* a cynical expression
♦ **sebuah novel yang mengandungi unsur-unsur sinis** a satirical novel

sinonim KATA NAMA
synonym

sinopsis KATA NAMA
synopsis

sinus KATA NAMA
sine (matematik)

sipi KATA ADJEKTIF
to miss narrowly
♦ **Tumbukannya yang sipi itu tidak kena kepala saya.** His blow narrowly missed my head.

sipu
tersipu-sipu KATA KERJA
embarrassed
◊ *Dia tersipu-sipu apabila kami mengusiknya dengan pemuda itu.* She was embarrassed when we teased her about him.

siput KATA NAMA
snail
♦ **siput sudu** mussel

siram
menyiram KATA KERJA
to water

sirap KATA NAMA
syrup

sirat
tersirat KATA KERJA
implied
◊ *makna tersirat* implied meaning

siren KATA NAMA
siren

siri KATA NAMA
series
◊ *Perdana Menteri akan mengadakan satu siri lawatan ke Eropah.* The Prime Minister will make a series of visits to Europe.

sirih KATA NAMA
betel

sirip KATA NAMA
fin
◊ *sirip yu* shark's fin

sisa KATA NAMA
waste
◊ *sisa toksik* toxic waste
♦ **sisa makanan** leftovers

sisi KATA ARAH
side
◊ *Sita duduk di sisi saya.* Sita sat by my side.
♦ **Di sesetengah negara, perbuatan ini salah di sisi undang-undang.** In some countries this is against the law.

sisih
menyisih KATA KERJA
to shun
◊ *Penduduk kampung menyisihnya kerana perangainya yang pelik itu.* The villagers shunned him because of his weird ways.
tersisih KATA KERJA
to be isolated
◊ *Dia benci kerana dirinya begitu tersisih daripada rakan-rakan sekerjanya.* He hates being so isolated from his colleagues.

sisik KATA NAMA
scales

sisip
menyisipkan KATA KERJA
to insert
◊ *menyisipkan 'er' pada perkataan 'sabut' untuk membentuk perkataan 'serabut'* to insert 'er' into the word 'sabut' to form the word 'serabut'
♦ **Dia sedang menyisipkan bajunya ke dalam seluar.** He is tucking in his shirt.
sisipan KATA NAMA
infix (JAMAK **infixes**)

sisir (1) KATA NAMA

| rujuk juga **sisir** PENJODOH BILANGAN |

comb
♦ **sisir sikat** teeth of a comb
menyisir KATA KERJA
to comb

sisir PENJODOH BILANGAN
rujuk juga **sisir** KATA NAMA
bunch (JAMAK **bunches**)
◊ *dua sisir pisang* two bunches of bananas

sisir (2)
persisiran KATA NAMA
shore

sistem KATA NAMA
system

siswa KATA NAMA
undergraduate

siswazah KATA NAMA
graduate

situ KATA GANTI NAMA
there
◊ *"Duduk di situ."* "Sit there." ◊ *Saya pergi ke situ seminggu sekali.* I go there once a week.

situasi KATA NAMA
situation

siul KATA NAMA
whistle
bersiul KATA KERJA
to whistle
siulan KATA NAMA
whistle

siuman KATA ADJEKTIF
sane
♦ **tidak siuman** insane

sivik KATA NAMA
civics

sivil KATA ADJEKTIF
civil
◊ *undang-undang sivil* civil law

skala KATA NAMA
scale
◊ *gempa bumi yang berukuran 5.5 pada skala Richter* an earthquake measuring 5.5 on the Richter scale ◊ *Peta itu pada skala 1:10,000.* The map is on a scale of 1:10,000.
berskala KATA KERJA
-scale
◊ *berskala besar* large-scale
◊ *berskala penuh* full-scale ◊ *berskala kecil* small-scale

skandal KATA NAMA
scandal

skarf KATA NAMA
scarf (JAMAK **scarfs** atau **scarves**)

sketsa KATA NAMA
sketch (JAMAK **sketches**)

ski KATA NAMA
ski

skim KATA NAMA
scheme

skirt KATA NAMA
skirt

skop KATA NAMA
scope
◊ *Kami akan meluaskan skop buku ini pada edisi kedua.* We will extend the scope of this book in the second edition.

skor KATA NAMA
score
◊ *Malaysia menang dalam perlawanan itu dengan skor 15-7, 15-8.* The match was won by Malaysia with a score of 15-7, 15-8.

skrin KATA NAMA
screen

skrip KATA NAMA
script

skru KATA NAMA
screw

skuasy KATA NAMA
squash

skuter KATA NAMA
scooter

slaid KATA NAMA
slide

slanga KATA NAMA
slang

slogan KATA NAMA
slogan
◊ *Penunjuk perasaan melaung-laungkan pelbagai slogan.* The demonstrators were shouting slogans.

snek KATA NAMA
snack

snekbar KATA NAMA
snack bar

snuker KATA NAMA
snooker

soal KATA NAMA
matter
◊ *soal kewangan* financial matters
♦ **soal selidik** questionnaire
mempersoalkan KATA KERJA
to question
◊ *Jangan mempersoalkan tindakannya.* Don't question his actions.
menyoal KATA KERJA
to question
◊ *Pihak polis menyoal lelaki yang terlibat dalam rompakan itu.* The police questioned the man who was involved in the robbery.
persoalan KATA NAMA
question
◊ *Persoalannya sekarang, adakah ini yang benar-benar kita hendaki?* The question now is: is this what we really want?
soalan KATA NAMA
question
◊ *Soalan ini pernah keluar suatu ketika*

dahulu. This question has come up before, some time ago.

soal jawab KATA NAMA
question and answer
◊ *sesi soal jawab* question and answer session
bersoal jawab KATA KERJA
[1] *to debate*
◊ *Para menteri sedang bersoal jawab tentang keberkesanan sistem pentadbiran.* The ministers were debating the efficiency of the administrative system.
[2] *to argue*
◊ *Tidak ada orang mahu bersoal jawab dengan Zaiman.* Nobody felt inclined to argue with Zaiman.

soal siasat KATA NAMA
interrogation
◊ *Carl hanya mendiamkan diri semasa soal siasat itu dijalankan.* Carl remained silent during the interrogation.
menyoal siasat KATA KERJA
to interrogate

soda KATA NAMA
soda

sodok
menyodok KATA KERJA
to shovel
◊ *menyodok salji* to shovel snow
penyodok KATA NAMA
shovel

sofa KATA NAMA
sofa

sogok KATA NAMA *rujuk* **sogokan**
menyogok KATA KERJA
to bribe
◊ *Dia dituduh menyogok pegawai itu.* He was accused of bribing the official.
sogokan KATA NAMA
bribe
◊ *Pegawai itu menerima sogokan daripada peniaga itu.* The officer received bribes from the businessman.

soket KATA NAMA
socket

sokong KATA NAMA
prop
menyokong KATA KERJA
to support
◊ *Dia menyokong pasukan itu.* He supports that team.
♦ *Pekerja-pekerjanya akan sentiasa menyokongnya.* His employees will always back him up.
penyokong KATA NAMA
supporter
◊ *penyokong pasukan badminton negara* supporters of the national badminton team

sokongan KATA NAMA
support
◊ *Kami akan sentiasa memberikan sokongan padu kepada anda.* We will always give you our full support.

solek KATA NAMA
♦ **alat solek** make-up
♦ **meja solek** dressing table
bersolek KATA KERJA
to make oneself up
◊ *Dia mengambil masa berjam-jam lamanya untuk bersolek.* She spends hours making herself up.
menyolekkan KATA KERJA
to make ... up
◊ *Maria membantu menyolekkan pengantin itu.* Maria helped to make the bride up.
solekan KATA NAMA
make-up
◊ *Biasanya dia hanya mengenakan solekan yang nipis.* Normally she doesn't wear much make-up.

solo KATA ADJEKTIF
solo
◊ *penyanyi solo* a solo singer

sombong KATA ADJEKTIF
proud
◊ *Dia menuduh lelaki itu sombong dan bongkak.* She accused him of being proud and arrogant.
kesombongan KATA NAMA
arrogance
penyombong KATA NAMA
snob

sondol
menyondol KATA KERJA
[1] *to gore*
◊ *Budak lelaki itu disondol oleh seekor badak sumbu.* The boy was gored by a rhinoceros.
[2] *to head*
◊ *Dia menyondol bola itu kepada Ali.* He headed the ball to Ali.

songket KATA NAMA
a cloth woven with silver or gold thread

songkok KATA NAMA
Malay headdress (JAMAK **Malay headdresses**) (*terjemahan umum*)

songsang KATA ADJEKTIF
inverse
◊ *imej songsang* an inverse image
menyongsangkan KATA KERJA
to invert
◊ *Saya menyongsangkan nombor 6 menjadi nombor 9.* I inverted the number 6 to make a number 9.
penyongsangan KATA NAMA
inversion

songsangan KATA NAMA
inverse (*matematik*)

sopan KATA ADJEKTIF
polite
◊ *budak yang sopan* a polite child
• **Bolehkah anda berpakaian lebih sopan?** Can't you dress more decently?
• **sopan santun** polite
• **tidak sopan** impolite
bersopan KATA KERJA
to be polite
◊ *Kita mesti bersopan ketika bercakap dengan orang yang lebih tua.* We should be polite when we talk to elderly people.
kesopanan KATA NAMA
politeness

soprano KATA NAMA
soprano (JAMAK **sopranos**)

sorak KATA NAMA
cheering
◊ *Sorak mereka memekakkan telinga saya.* Their cheering deafened me.
• **sorak-sorai** cheer
bersorak KATA KERJA
to cheer
◊ *Kanak-kanak itu bersorak dan menyanyi.* The children cheered and sang.
sorakan KATA NAMA *rujuk* **sorak**

sorok
menyorok KATA KERJA
to hide
◊ *Anak kucing itu menyorok di bawah meja.* The kitten hid under the table.
menyorokkan KATA KERJA
to hide
◊ *Penjenayah itu menyorokkan mukanya dengan tapak tangannya.* The criminal hid his face in his hands. ◊ *Elaine cuba menyorokkan perasaan sedihnya.* Elaine tried to hide her sadness.
tersorok KATA KERJA
hidden
◊ *Rumah itu tersorok di sebalik pokok-pokok.* The house was hidden by trees.

sorong KATA NAMA
• **kereta sorong** wheelbarrow
menyorong KATA KERJA
to push
◊ *menyorong troli* to push a trolley

sos KATA NAMA
sauce
• **sos biji sawi** mustard

sosej KATA NAMA
sausage

sosial KATA ADJEKTIF
social
◊ *masalah sosial* social problem
bersosial KATA KERJA
to socialize
◊ *Dia selalu keluar dan bersosial dengan kawan-kawannya.* He always goes out and socializes with his friends.

sosialis KATA ADJEKTIF, KATA NAMA
socialist

sosialisme KATA NAMA
socialism

sosiologi KATA NAMA
sociology

sotong KATA NAMA
squid
• **sotong kurita** octopus (JAMAK **octopuses**)

soya KATA NAMA
soya
◊ *kacang soya* soya beans

span KATA NAMA
sponge

spektrum KATA NAMA
spectrum

spekulasi KATA NAMA
speculation

sperma KATA NAMA
sperm

spesies KATA NAMA
species

spesimen KATA NAMA
specimen

SPM KATA NAMA (= *Sijil Pelajaran Malaysia*)
MCE (= *Malaysian Certificate of Education*) (*padanan terdekat*)

spontan KATA ADJEKTIF
spontaneous
◊ *reaksi spontan* spontaneous reaction
• **secara spontan** spontaneously

spora KATA NAMA
spore

spring KATA NAMA
spring
◊ *Spring pada tilam akan menyokong tulang belakang anda.* The springs in the mattress will support your spine.

stabil KATA ADJEKTIF
stable
◊ *kedudukan kewangan yang stabil* stable financial situation
• **tidak stabil** unstable
kestabilan KATA NAMA
stability
◊ *kestabilan politik* political stability
• **ketidakstabilan** instability
menstabilkan KATA KERJA
to stabilize
◊ *Langkah ini akan menstabilkan kadar tukaran wang.* This measure will stabilize exchange rates.
penstabilan KATA NAMA
stabilization

stadium KATA NAMA
stadium

stalagmit KATA NAMA
stalagmite

stalaktit KATA NAMA
stalactite

stamina KATA NAMA
stamina

stapler KATA NAMA
stapler

statistik KATA NAMA
statistics
◊ *Statistik rasmi menunjukkan bahawa...* Official statistics show that...

status KATA NAMA
status

stereng KATA NAMA
steering wheel

stereo KATA NAMA
stereo (JAMAK **stereos**)

steril KATA ADJEKTIF
sterile
mensteril KATA KERJA
to sterilize
◊ *Susu itu disteril dan kemudian dibotolkan.* The milk was sterilized and sealed in bottles.
pensterilan KATA NAMA
sterilization
◊ *pempasteuran dan pensterilan susu* the pasteurization and sterilization of milk

stesen KATA NAMA
station
◊ *stesen radio* radio station ◊ *stesen jana kuasa* power station ◊ *stesen minyak* petrol station
♦ **stesen kerja** workstation (*komputer*)

stetoskop KATA NAMA
stethoscope

stim KATA NAMA
steam
◊ *enjin stim* steam engine

stok KATA NAMA
stock
◊ *Dia menyimpan stok itu di belakang kedai.* He keeps the stock at the back of the shop.

stoking KATA NAMA
stocking

ston KATA NAMA
stone
| Satu ston adalah lebih kurang 6.3 kg. |

stor KATA NAMA
store

STPM KATA NAMA (= *Sijil Tinggi Persekolahan Malaysia*)
HSC (= *Higher School Certificate*) (*padanan terdekat*)

strategi KATA NAMA
strategy
◊ *Strategi pemasaran syarikat itu memang berkesan.* The company's marketing strategy works well.

strategik KATA ADJEKTIF
strategic
◊ *lokasi yang strategik* a strategic location

straw KATA NAMA
straw

strawberi KATA NAMA
strawberry (JAMAK **strawberries**)

strok KATA NAMA
stroke

struktur KATA NAMA
structure

studio KATA NAMA
studio (JAMAK **studios**)

sua
bersua KATA KERJA
to meet
◊ *Saya bersua dengan Alex kelmarin.* I met Alex yesterday.
♦ **bersua muka** to meet
♦ **Dalam perjalanan ke Gunung Kinabalu, kami bersua dengan banyak masalah.** On our way to Mount Kinabalu, we encountered a lot of problems.

suai kenal KATA NAMA
orientation
◊ *minggu suai kenal* orientation week

suam KATA ADJEKTIF
warm
♦ **suam-suam kuku** lukewarm

suami KATA NAMA
husband
mempersuami KATA KERJA
to marry
◊ *Dia ingin mempersuami lelaki itu.* She would like to marry him.
mempersuamikan KATA KERJA
to marry ... off
◊ *En. Lee akan mempersuamikan Kathryn dengan lelaki kaya itu.* Mr Lee will marry Kathryn off to the rich man.

suap PENJODOH BILANGAN
♦ **sesuap nasi** a little ball of rice held in the fingers
♦ **makan suap** to receive bribes
menyuap KATA KERJA
to feed
◊ *Dia menyuap anaknya biskut.* She fed her child a biscuit.
♦ **Dia cuba menyuap pegawai itu.** He tried to bribe the officer.
menyuapkan KATA KERJA
to feed
◊ *Dia menyuapkan bubur ke mulut anaknya.* She fed the child porridge.

suara KATA NAMA
voice
◊ *Cecilia merendahkan suaranya apabila bercakap dengan ibunya.* Cecilia lowered her voice when talking to her mother.
♦ **suara hati** conscience
bersuara KATA KERJA
to speak
◊ *Dia cuba bersuara, tetapi...* He tried to speak, but...
♦ **kebebasan bersuara** freedom of speech
menyuarakan KATA KERJA
to voice
◊ *Kita harus berani menyuarakan pendapat.* We should have the courage to voice our opinion.

suasana KATA NAMA
atmosphere
◊ *suasana yang tenang* a peaceful atmosphere

suatu KATA BILANGAN
1 *one*
◊ *Suatu hari...* One day...
2 *a/an*
◊ *Ini bukanlah suatu masalah!* This is not a problem! ◊ *Ini bukanlah suatu masalah yang mudah untuk diselesaikan.* This is not an easy problem to solve.
♦ **Pada suatu ketika dahulu,...** Once upon a time,....

sesuatu KATA GANTI NAMA
something
◊ *Dia menyedari bahawa ada sesuatu yang tidak kena.* He realized there was something wrong.

subahat KATA NAMA
accomplice
bersubahat KATA KERJA
1 *to collaborate*
◊ *Dia dituduh bersubahat dengan pihak komunis.* He was accused of having collaborated with the communists.
2 *to abet*
◊ *Isterinya dihukum penjara tujuh tahun kerana bersubahat dengannya.* His wife was sentenced to seven years imprisonment for abetting him.

subang KATA NAMA
earrings

subjek KATA NAMA
subject

subsidi KATA NAMA
subsidy (JAMAK **subsidies**)

subuh KATA NAMA
dawn
♦ **sembahyang subuh** dawn prayers

subur KATA ADJEKTIF
fertile
kesuburan KATA NAMA
fertility
menyuburkan KATA KERJA
to fertilize

suci KATA ADJEKTIF
sacred
◊ *tempat-tempat suci* sacred sites
kesucian KATA NAMA
purity

sudah KATA BANTU
already
◊ *Dia sudah pergi.* He had already gone.

Kadang-kadang sudah hanya diterjemahkan dengan menggunakan **present perfect tense** *atau* **past perfect tense.**

◊ *Frankie sudah lulus ujian memandu.* Frankie has passed his driving test. ◊ *Dia sudah berbincang dengan pekerjanya.* He had spoken to his employees.
♦ **Sudahlah tu, jangan cakap lagi.** That's enough now, don't talk about it any more.
kesudahan KATA NAMA
ending
♦ **Bagaimanakah kesudahan cerita itu?** How does the story end?
menyudahi KATA KERJA
to end
◊ *Dia menyudahi ucapannya dengan mengucapkan selamat maju jaya kepada para penonton.* He ended his speech by wishing the audience success.
menyudahkan KATA KERJA
to finish
◊ *Azwin ingin menyudahkan kerja rumahnya malam ini.* Azwin would like to finish his homework tonight.

sesudah KATA HUBUNG
after
◊ *Sila pulangkan borang itu sesudah anda menandatanganinya.* Please return the form after signing it.

sudi KATA ADJEKTIF
willing
◊ *Saya sudi menjawab sebarang pertanyaan anda.* I'm willing to answer all your questions.
kesudian KATA NAMA
willingness
◊ *Walaupun dia sangat sibuk, dia menunjukkan kesudiannya untuk membantu.* Although he's very busy, he showed a willingness to help.
♦ **Terima kasih di atas kesudian anda menghadiri majlis ini.** Thanks for agreeing to attend this party.

sudu KATA NAMA
spoon

sudut KATA ARAH

sudut → sukat

sudut KATA NAMA
rujuk juga **sudut** KATA NAMA
corner
◊ *Tuliskan perkataan itu pada sudut sebelah kiri bahagian atas kertas itu.* Write the word in the top left hand corner of the paper.
♦ **Dari sudut pandangan saya, ...** From my point of view, ...

sudut KATA NAMA
rujuk juga **sudut** KATA ARAH
angle
◊ *pada sudut 30 darjah* at a 30 degree angle
♦ **sudut 90 darjah** right angle

sugi KATA NAMA
toothpick

sugul KATA ADJEKTIF
downhearted
◊ *Dia nampak sugul.* He looks downhearted.

suhu KATA NAMA
temperature

suis KATA NAMA
switch (JAMAK **switches**)

sujud
bersujud KATA KERJA
to prostrate oneself
◊ *Semasa bersembahyang, Abdullah sujud beberapa kali.* While praying, Abdullah prostrated himself several times.

suka KATA ADJEKTIF
to like
◊ *Amanda tidak suka bergantung pada orang lain.* Amanda doesn't like relying on others.
♦ **Gina suka membaca majalah.** Gina loves reading magazines.
♦ **Gary suka akan gadis itu.** Gary is fond of the girl.
kesukaan KATA NAMA
favourite
◊ *makanan kesukaan saya* my favourite food
menyukai KATA KERJA
to like
◊ *Saya menyukainya kerana dia cantik.* I like her because she's beautiful.
♦ **Dia memang disukai ramai.** She is well-liked.
♦ **Keputusan itu tidak disukai ramai.** It was an unpopular decision.
♦ **tidak menyukai seseorang** to dislike somebody
sesuka KATA ADJEKTIF
as one likes
♦ **Buatlah sesuka hati anda**. Do as you like.

sukacita KATA ADJEKTIF
glad
◊ *Dengan sukacitanya dimaklumkan bahawa...* We are glad to inform you that...

sukan KATA NAMA
sport
♦ **ahli sukan (1)** sportsman (JAMAK **sportsmen**) (*lelaki*)
♦ **ahli sukan (2)** sportswoman (JAMAK **sportswomen**) (*perempuan*)
kesukaan KATA NAMA
♦ **semangat kesukanan** sportsmanship

sukar KATA ADJEKTIF
① *difficult*
◊ *Keputusan itu merupakan keputusan yang sangat sukar untuk dibuat.* It was a very difficult decision to make.
② *hard*
◊ *Herba ini sukar didapati.* This herb is hard to find.
♦ **Mendaki bukit merupakan aktiviti yang sukar.** Hill-walking is a tough activity.
kesukaran KATA NAMA
difficulty (JAMAK **difficulties**)
◊ *kesukaran mendapatkan maklumat yang tepat* the difficulty of getting accurate information
menyukarkan KATA KERJA
to complicate
◊ *Tindakan ini akan menyukarkan tugas kami.* This action will complicate our task.

sukarela KATA ADJEKTIF
voluntary
◊ *kerja-kerja sukarela* voluntary work

sukarelawan KATA NAMA
(*lelaki*)
volunteer

sukarelawati KATA NAMA
(*perempuan*)
volunteer

suka ria
bersuka ria KATA KERJA
to enjoy oneself
◊ *Mereka sedang bersuka ria di majlis itu.* They are enjoying themselves at the party.

suka-suka KATA ADJEKTIF
for fun
◊ *Saya mengambil ujian itu hanya kerana suka-suka.* I took the test just for fun.
bersuka-suka, bersuka-sukaan KATA KERJA
to have fun
◊ *Mereka semua pergi bersuka-suka.* They have all gone out to have fun.

sukat
menyukat KATA KERJA
to measure
sukatan KATA NAMA

suku → sumber

measurement
◊ *sukatan tekanan darah* measurement of blood pressure
♦ **sukatan pelajaran** syllabus (JAMAK **syllabuses**)

suku KATA NAMA
quarter
◊ *Keuntungan akan diagihkan pada suku tahun pertama.* The profits will be distributed in the first quarter of the year.
◊ *suku akhir* quarter-final
♦ **suku kata** syllable

sulam KATA NAMA *rujuk* **sulaman**
menyulam KATA KERJA
to embroider
◊ *Vanessa menyulam sekuntum bunga pada sapu tangan itu.* Vanessa embroidered a flower on the handkerchief.
sulaman
embroidery (JAMAK **embroideries**)
◊ *Sulaman pada saku seluar jean itu sangat menarik.* The embroidery on the pocket of the jeans is very pretty.

sulfur KATA NAMA
sulphur

suling KATA ADJEKTIF
distilled
◊ *air suling* distilled water
penyulingan KATA NAMA
distillation

sulit KATA ADJEKTIF
confidential
♦ **hubungan sulit** illicit affair
kesulitan KATA NAMA
inconvenience
◊ *Kami meminta maaf di atas segala kesulitan.* We apologize for the inconvenience.
menyulitkan KATA KERJA
to complicate
◊ *Tindakan ini akan menyulitkan tugas kami.* This action will complicate our task.

sultan KATA NAMA
sultan
kesultanan KATA NAMA
sultanate

sultanah KATA NAMA
sultana (*permaisuri*)

suluh KATA NAMA
♦ **lampu suluh** torchlight
menyuluh KATA KERJA
to shine
◊ *Junaidah menyuluh muka kawannya dengan lampu picit.* Junaidah shone a torch in her friend's face.

sulung KATA ADJEKTIF
eldest

sulur
menyulur KATA KERJA
to twine around
◊ *Tumbuhan itu menyulur pada pagar.* The plant twined around the fence.

sumbang KATA ADJEKTIF
rujuk juga **sumbang** KATA NAMA
1 *improper*
◊ *kelakuan yang sumbang* improper behaviour
♦ **berkelakuan sumbang** to behave improperly
2 *off-key*
◊ *Nyanyiannya sumbang.* His singing was off-key.
menyumbang KATA KERJA
to contribute
◊ *menyumbang ke arah masa depan negara* to contribute to the future of the country
menyumbangkan KATA KERJA
to contribute
◊ *Mereka digalakkan supaya menyumbangkan idea-idea baru.* They are encouraged to contribute new ideas.
♦ **Mereka semua menyumbangkan tenaga untuk menjayakan projek itu.** They all pooled their energy to make the project a success.
penyumbang KATA NAMA
contributor
sumbangan KATA NAMA
contribution
◊ *sumbangan kepada masyarakat* contribution to society

sumbang KATA NAMA
rujuk juga **sumbang** KATA ADJEKTIF
♦ **sumbang saran** think-tank

sumbat KATA NAMA *rujuk* **penyumbat**
menyumbat KATA KERJA
to stuff
◊ *Ibu menyumbat bantal itu dengan kapas.* Mother stuffed the pillow with cotton.
♦ **Dia menyumbat botol itu dengan gabus.** He corked the bottle.
penyumbat KATA NAMA
plug
◊ *Lubang itu telah ditutup dengan penyumbat.* A plug had been inserted in the hole.
tersumbat KATA KERJA
to be blocked
◊ *Paip itu tersumbat.* The pipe is blocked.

sumber KATA NAMA
1 *source*
◊ *sumber pendapatan utama* a major source of income
2 *resource*
◊ *sumber-sumber alam seperti*

petroleum natural resources such as petroleum

sumbing KATA ADJEKTIF
chipped
◊ *cawan yang sumbing* a chipped cup
♦ **bibir yang sumbing** hare-lipped

sumpah KATA NAMA
1 *oath*
◊ *Akmar mengangkat sumpah di dalam kandang saksi.* Akmar took the oath in the witness box.
2 *curse*
♦ **sumpah seranah** curses
bersumpah KATA KERJA
to swear
◊ *Saya bersumpah bahawa saya tidak melakukannya.* I swear that I didn't do it.
menyumpah KATA KERJA
to curse
◊ *Ahli sihir itu menyumpah putera raja itu menjadi seekor monyet.* The witch cursed the prince and turned him into a monkey.
sumpahan KATA NAMA
curse
◊ *Putera itu menjadi katak akibat sumpahan ahli sihir itu.* The prince turned into a frog as a result of the witch's curse.

sumpit KATA NAMA
blowpipe
menyumpit KATA KERJA
to shoot ... with a blowpipe

sumsum KATA NAMA
marrow

sunat KATA NAMA
circumcision (khatan)
bersunat KATA KERJA
to be circumcised
◊ *Dia bersunat mengikut agama Islam.* He had been circumcised as required by Islamic law.
♦ **Upacara bersunat akan diadakan pada petang ini.** The circumcision ceremony will be held this evening.
menyunat KATA KERJA
to circumcise
◊ *Doktor itu menyunat beberapa orang budak lelaki di kliniknya.* The doctor circumcised several boys in his clinic.

sungai KATA NAMA
river
◊ *tebing sungai* river bank
♦ **anak sungai** stream

sungguh KATA PENGUAT
very
◊ *Saya sungguh gembira hari ini.* I'm very happy today.
♦ **Anda sungguh berani!** You're really brave!

bersungguh-sungguh KATA KERJA
1 *earnest*
◊ *usaha yang bersungguh-sungguh* earnest efforts
2 *in earnest*
◊ *Henry bersungguh-sungguh apabila dia mengatakan bahawa dia akan membantu saya.* Henry was in earnest when he said he would help me.
3 *hard*
◊ *Mereka belajar dengan bersungguh-sungguh.* They study hard.
kesungguhan KATA NAMA
seriousness
◊ *Keikhlasan dan kesungguhannya dikagumi ramai.* He was admired for his sincerity and seriousness.
sesungguhnya KATA PENEGAS
indeed
◊ *Sesungguhnya Perdana Menteri Ireland memang jarang melawat ke Belfast.* It's rare indeed for an Irish Prime Minister to visit Belfast.
♦ **Sesungguhnya, segala usahanya itu tidak sia-sia.** His efforts were certainly not wasted.

sungguhpun KATA HUBUNG
although
◊ *Sungguhpun dia sibuk, dia tetap melawat ibunya setiap hari.* Although he is busy, he still visits his mother every day.

sungkur
tersungkur KATA KERJA
to fall flat on one's face
◊ *Lelaki itu tergelincir lalu tersungkur.* The man slipped and fell flat on his face.

sungut (1)
sesungut KATA NAMA
(pada serangga)
feeler

sungut (2)
bersungut KATA KERJA
to complain
◊ *Dia selalu bersungut tentang suaminya.* She's always complaining about her husband.
sungutan KATA NAMA
complaint

sunti KATA ADJEKTIF
♦ **anak dara sunti/gadis sunti** young girl

suntik
menyuntik KATA KERJA
to inject
◊ *Doktor itu menyuntik pesakit itu dengan ubat bius.* The doctor injected the patient with anaesthetic.
menyuntikkan KATA KERJA
to inject

◊ *Doktor itu menyuntikkan ubat bius kepada pesakit itu.* The doctor injected anaesthetic into the patient.
suntikan KATA NAMA
injection
◊ *Jururawat itu memberikan satu suntikan kepada kanak-kanak itu.* The nurse gave the child an injection.

sunting
menyunting KATA KERJA
to edit
◊ *menyunting artikel* to edit an article
- **menyunting bunga** to pluck flowers
penyunting KATA NAMA
editor
penyuntingan KATA NAMA
editing

suntuk KATA ADJEKTIF
late
◊ *Masa sudah suntuk, kita harus berkemas.* It's late, we should pack our things.
- **sehari suntuk** a whole day
kesuntukan KATA KERJA
pressed
◊ *Saya kesuntukan masa.* I'm pressed for time.

sunyi KATA ADJEKTIF
quiet
◊ *jalan yang sunyi* a quiet street
- **Kehidupan kita tidak sunyi daripada masalah.** Our lives are not free from problems.
- **berasa sunyi** to feel lonely
kesunyian KATA NAMA
1. *silence*
◊ *Dia menarik nafas dalam-dalam sambil menikmati kesunyian itu.* She breathed deeply, savouring the silence.
2. *loneliness*
◊ *Saya takut akan kesunyian.* I have a fear of loneliness.

sup KATA NAMA
soup

supaya KATA HUBUNG
so that
◊ *Dia bekerja keras supaya tidak dipandang rendah.* She works hard so that people won't look down on her.

superlatif KATA ADJEKTIF
superlative

surai (1) KATA NAMA
mane (bulu pada tengkuk kuda, singa)

surai (2)
bersurai KATA KERJA
to disperse
◊ *Penunjuk perasaan bersurai dengan aman.* The demonstrators dispersed peacefully.

- **Mesyuarat bersurai!** The meeting is adjourned!
menyuraikan KATA KERJA
to disperse
◊ *Pihak polis menggunakan gas pemedih mata untuk menyuraikan penunjuk perasaan.* The police used tear gas to disperse the demonstrators.

suram KATA ADJEKTIF
1. *gloomy*
◊ *bilik yang suram* a gloomy room
2. *dim* (cahaya)
kesuraman KATA NAMA
gloom
◊ *Rumah itu diselubungi kesuraman.* The house was wrapped in gloom.
- **kesuraman ekonomi** economic depression

surat KATA NAMA
letter
- **surat beranak** birth certificate
- **surat khabar** newspaper
- **surat layang** anonymous letter
- **surat sakit** sick note
- **surat-menyurat** correspondence
- **alamat surat-menyurat** postal address
bersurat KATA KERJA
- **batu bersurat** tablet
persuratan KATA NAMA
literature
◊ *persuratan bahasa Inggeris* English literature
tersurat KATA KERJA
1. *preordained*
◊ *Segala yang berlaku sudah tersurat.* Everything that happens has been preordained.
2. *explicit*
◊ *makna yang tersurat* explicit meaning

surau KATA NAMA
Muslim chapel (padanan terdekat)

suria KATA NAMA
sun
- **kereta yang menggunakan kuasa suria** solar-powered car

surih KATA NAMA
- **kertas surih** tracing paper
menyurih KATA KERJA
to trace
◊ *Kathy menyurih gambar-gambar dalam buku cerita itu.* Kathy traced the pictures from the storybook.

suri rumah KATA NAMA
housewife (JAMAK **housewives**)

suruh
menyuruh KATA KERJA
to tell
◊ *Ibu menyuruh saya mencuci pinggan mangkuk.* Mother told me to wash the

dishes.
suruhan KATA NAMA
command
- **orang suruhan** minion

suruhanjaya KATA NAMA
commission

surut KATA ADJEKTIF
1 *to subside*
◊ *Kami menunggu sehingga banjir surut.* We waited for the flood to subside.
2 *to ebb* (*air laut*)
- **air surut** low tide
- **pasang surut** ebbing tide

susah KATA ADJEKTIF
difficult
◊ *soalan yang susah* difficult question
- **Tingkah lakunya susah untuk dijelaskan.** His behaviour is hard to explain.
- **susah hati** upset

bersusah KATA KERJA
- **bersusah payah** to try hard ◊ *Dia bersusah payah untuk memperbaiki kehidupannya sekarang.* He is trying hard to improve his life.
- **bersusah hati** upset ◊ *Dia masih bersusah hati.* She's still upset.

kesusahan KATA NAMA
difficulty (JAMAK **difficulties**)
◊ *Kami terharu apabila mendengar tentang kesusahan yang dihadapi oleh orang tua itu.* We were touched when we heard about the difficulties that the old man faced.
- **hidup dalam kesusahan** to live in poverty

menyusahkan KATA KERJA
to trouble
◊ *Jangan menyusahkan ibu kamu dengan benda-benda sebegitu.* Don't trouble your mother with such things.

susastera
kesusasteraan KATA NAMA
literature

susila
kesusilaan KATA NAMA
courtesy
◊ *kesopanan dan kesusilaan* politeness and courtesy

susu KATA NAMA
milk
menyusu KATA KERJA
to feed
◊ *Apabila seseorang bayi dahaga, ia akan menyusu dengan lebih kerap.* When a baby is thirsty, it feeds more often.
menyusui, menyusukan KATA KERJA
to breast-feed
◊ *Ibu-ibu patut belajar cara menyusukan bayi mereka.* Mothers need to learn how to breast-feed their babies.
penyusuan KATA NAMA
feeding
◊ *Saya tidak tahu langsung mengenai penjagaan atau penyusuan bayi.* I knew absolutely nothing about handling or feeding a baby.
- **kebaikan penyusuan ibu** the benefits of breast-feeding

susuk KATA NAMA
figure (*lembaga*)
- **susuk tubuh** figure

susul
menyusul KATA KERJA
to follow
◊ *Berita bahasa Inggeris akan menyusul selepas ini.* The English news will follow.
◊ *Anda pergilah dulu, saya akan menyusul kemudian.* You go first and I'll follow.
menyusuli KATA KERJA
to follow
◊ *Kata kerja transitif harus disusuli dengan objek.* A transitive verb must be followed by an object.
susulan KATA NAMA
sequel

susun
menyusun KATA KERJA
to arrange
◊ *menyusun tempat duduk* to arrange the chairs
penyusun KATA NAMA
compiler
◊ *penyusun kamus* compiler of a dictionary
penyusunan KATA NAMA
arrangement
◊ *penyusunan buku mengikut susunan abjad* the arrangement of books in alphabetical order
tersusun KATA KERJA
to be arranged
◊ *Buku-buku itu tersusun rapi.* The books were neatly arranged.
susunan KATA NAMA
order
◊ *mengikut susunan menaik* in ascending order
- **susunan kerusi di sekeliling meja makan** the arrangement of chairs around a dining table

susun atur KATA NAMA
layout (*bangunan, dll*)

susup
menyusup KATA KERJA
1 *to slip*

◊ *Perompak itu menyusup di celah-celah orang ramai.* The thief slipped into the crowd.
2 *to infiltrate*
◊ *Seorang pengintip telah menyusup ke dalam syarikat ini.* A spy has infiltrated the company.
penyusupan KATA NAMA
infiltration

susur KATA ADJEKTIF
edge
◊ *Mereka berjalan di susur pantai.* They were walking along the edge of the shore.
♦ **susur bandar** outskirts
♦ **susur tangga** banister
menyusur, menyusuri KATA KERJA
to go along the edge of
♦ *Mereka berjalan menyusuri pantai itu pada waktu senja.* At dusk they walked along the beach at the water's edge.
♦ *Perahu yang menyusur pantai...* A boat sailing close to the shoreline...

susur galur KATA NAMA
genealogy
menyusur galur KATA KERJA
to trace

susut KATA KERJA
to lose
◊ *Berat badannya semakin susut.* He is losing weight.
♦ **susut nilai** depreciation
menyusut KATA KERJA
to decrease
◊ *Nilai rumah itu semakin menyusut.* The value of the house is decreasing.
penyusutan KATA NAMA
devaluation
◊ *penyusutan nilai mata wang* devaluation of a currency

sut KATA NAMA
suit

sutera KATA NAMA
silk

swasta KATA ADJEKTIF
private
◊ *Sektor swasta harus bekerjasama dengan kerajaan.* The private sector should co-operate with the government.
menswastakan KATA KERJA
to privatize
◊ *Kerajaan ingin menswastakan beberapa buah hospital.* The government would like to privatize several hospitals.
penswastaan KATA NAMA
privatization
◊ *penswastaan perkhidmatan pos* the privatization of postal services

syabas KATA SERUAN
♦ **Syabas!** Well done!

syair KATA NAMA
poem
bersyair KATA KERJA
to recite a poem
◊ *Dia bersyair.* He recited a poem.
penyair KATA NAMA
poet

syaitan KATA NAMA
devil

syak KATA KERJA
rujuk juga **syak** KATA NAMA
to suspect
◊ *Saya syak dia yang mengambil barang itu.* I suspect that he's the one who took it.
♦ **Tidak syak lagi, dialah pencuri itu.** There's no doubt about it, he's the thief.
mengesyaki KATA KERJA
to suspect
◊ *Pihak polis mengesyaki bahawa lelaki itu mungkin seorang pengedar dadah.* The police suspect him of being a drug trafficker.

syak KATA NAMA
rujuk juga **syak** KATA KERJA
doubt
◊ *Saya tidak menaruh sebarang syak terhadapnya.* I don't have any doubts about him.

syampu KATA NAMA
shampoo
bersyampu KATA KERJA
to shampoo
◊ *memakai perapi selepas bersyampu* to use conditioner after shampooing
mensyampu KATA KERJA
to shampoo

syarah
bersyarah KATA KERJA
1 *to give a talk*
2 *to lecture*
pensyarah KATA NAMA
1 *speaker*
2 *lecturer* (di kolej, universiti)
syarahan KATA NAMA
talk
◊ *Pegawai daerah itu akan mengadakan syarahan di kampung ini.* The district officer will hold a talk in the village.

syarat KATA NAMA
condition
◊ *tertakluk kepada syarat-syarat tertentu* subject to certain conditions
bersyarat KATA KERJA
conditional
◊ *satu tawaran bersyarat* a conditional offer
mensyaratkan KATA KERJA
to stipulate
◊ *Kerajaan telah mensyaratkan*

syariah → syurga

bahawa... The government has stipulated that...

syariah KATA NAMA
Islamic law
- **mahkamah syariah** Islamic court
- **hukum syariah** Islamic law

syarikat KATA NAMA
company (JAMAK **companies**)
persyarikatan KATA NAMA
consolidation

syer KATA NAMA
share

syif KATA NAMA
shift

syiling KATA NAMA
coin

syor KATA NAMA
suggestion
mengesyorkan KATA KERJA
to suggest
◊ *Saya mengesyorkan agar mereka bertolak awal.* I suggested they set off early.

syukur KATA NAMA
thanks to God
- **Syukur kepada Tuhan...** Thank God...
bersyukur KATA KERJA
to be thankful
◊ *Kita harus bersyukur.* We should be thankful.
kesyukuran KATA NAMA
gratitude
◊ *Dia menyatakan kesyukurannya kerana pembedahan itu berjalan lancar.* He expressed his gratitude for the successful operation.
mensyukuri KATA KERJA
to be thankful for
◊ *Kita patut mensyukuri keamanan yang kita nikmati.* We should be thankful for the peace we are enjoying.

syurga KATA NAMA
1. *heaven*
2. *paradise*

T

taakul KATA NAMA
reason
menaakul KATA KERJA
to reason
◊ *Dia menaakul bahawa kesimpulan itu benar.* He reasoned that the conclusion was true.
penaakulan KATA NAMA
reasoning
◊ *daya penaakulan seorang kanak-kanak* the reasoning power of a child

taat KATA ADJEKTIF
1 _loyal_
◊ *Rakyat sangat taat kepada raja mereka.* The people are very loyal to their king.
2 _faithful_
◊ *taat kepada Tuhan* faithful to God
♦ **taat setia** loyal
ketaatan KATA NAMA
loyalty
◊ *Kami ada sebab untuk meragui ketaatannya.* We have reasons to doubt his loyalty.

tab KATA NAMA
♦ **tab mandi** bath (AS **bathtub**)

tabah KATA ADJEKTIF
to persevere
◊ *Kita mesti tabah ketika menghadapi kesukaran.* We must persevere in the face of difficulties.
♦ **tabah hati** resolute ◊ *orang yang tabah hati* a resolute person
ketabahan KATA NAMA
fortitude
◊ *Ketabahan Nathan melawan penyakit kanser menjadi inspirasi kepada semua orang.* Nathan's fortitude in fighting cancer was an inspiration to everybody.

tabal
menabalkan KATA KERJA
to install
◊ *Sultan Selangor ditabalkan sebagai Yang di-Pertuan Agong pada 23 September 1999.* The Sultan of Selangor was installed as the Yang di-Pertuan Agong on 23 September 1999.
penabalan KATA NAMA
installation
◊ *Istiadat penabalan Yang di-Pertuan Agong diadakan di Istana Negara.* The installation ceremony of the Yang di-Pertuan Agong was held at Istana Negara.
pertabalan KATA NAMA
installation
◊ *Ahli-ahli kabinet menyaksikan pertabalan Sultan Salahuddin sebagai Yang di-Pertuan Agong yang kesebelas.* Members of the Cabinet witnessed Sultan Salahuddin's installation as the eleventh Yang di-Pertuan Agong.

tabiat KATA NAMA
habit

tabib KATA NAMA
healer

tabik KATA NAMA
salute
◊ *tabik pengakap* the scouts' salute
♦ **memberikan tabik hormat** to salute
menabik KATA KERJA
to salute
◊ *Askar itu menabik kepada pegawai atasannya.* The soldier saluted his superior officer.

tabika KATA NAMA (= *taman bimbingan kanak-kanak*)
playgroup

tabir KATA NAMA
curtain

tablet KATA NAMA
tablet

tabloid KATA NAMA
tabloid

tabu KATA NAMA
taboo

tabung KATA NAMA
1 _money box_
2 _fund_
◊ *tabung kebajikan* welfare fund
♦ **tabung amanah** trust
♦ **tabung uji** test tube
menabung KATA KERJA
to save up
◊ *Mereka sedang menabung untuk membeli sebuah rumah.* They are saving up to buy a house.
menabungkan KATA KERJA
to deposit
◊ *Betty menabungkan RM100 untuk anaknya.* Betty deposited RM100 for her child.
tabungan KATA NAMA
savings
◊ *Tabungannya sudah berjumlah sepuluh ribu ringgit.* His savings amount to ten thousand ringgits.

tabur
bertaburan KATA KERJA
scattered
◊ *Gambar-gambar itu bertaburan di atas meja.* The photos were scattered on the table.
menabur, menaburkan KATA KERJA
to scatter
◊ *Eva menaburkan cebisan kertas berwarna-warni ke atas pentas.* Eva scattered small pieces of coloured paper

on the stage.
- **Mereka menabur bunga pada pasangan pengantin itu.** They threw flowers over the bridal couple.

penaburan KATA NAMA
sowing
◊ *penaburan biji benih* the sowing of seeds

taburan KATA NAMA
distribution
◊ *taburan penduduk* population distribution

tadah KATA NAMA
receptacle

menadah KATA KERJA
to catch
◊ *Dia meletakkan sebuah baldi di bawah pili itu untuk menadah air yang menitis keluar.* She put a bucket under the tap to catch the drips.

tadahan KATA NAMA
catchment
◊ *kawasan tadahan hujan* rain catchment area

tadbir
mentadbirkan KATA KERJA
to administer
◊ *badan yang mentadbirkan negara* the body that administers the country

pentadbir KATA NAMA
administrator

pentadbiran KATA NAMA
administration
◊ *Pentadbiran jabatan itu amat efisien.* The administration of the department is very efficient.
- **kerja-kerja pentadbiran** administrative work

tadi KATA ADJEKTIF
just now
◊ *Saya berjumpa dengannya tadi.* I met him just now.
- **pagi tadi** this morning
- **petang tadi** this afternoon
- **malam tadi** last night

tadika KATA NAMA (= *taman didikan kanak-kanak*)
kindergarten

tafakur KATA NAMA
meditation
bertafakur KATA KERJA
to meditate

tafsir KATA NAMA
interpretation
- **salah tafsir** misinterpretation

mentafsirkan KATA KERJA
1 *to explain*
◊ *Peguam itu mentafsirkan undang-undang tersebut kepada pelanggannya.* The lawyer explained the law to his client.
2 *to interpret*
◊ *Dia cuba mentafsirkan puisi itu.* He tried to interpret the poem.

pentafsir KATA NAMA
interpreter
◊ *Dia terkenal sebagai pentafsir utama karya Mozart.* She's well-known as the foremost interpreter of Mozart.

pentafsiran KATA NAMA
interpretation
◊ *pentafsiran ayat-ayat al-Quran* the interpretation of Koranic verses

tafsiran KATA NAMA
interpretation
◊ *satu tafsiran yang tepat* an accurate interpretation

tagak
bertagak-tagak KATA KERJA
to dawdle
◊ *Dia bertagak-tagak untuk menulis esei bagi pertandingan itu.* He dawdled over writing an essay for the competition.

tagan KATA NAMA
bet

tagih
ketagih KATA ADJEKTIF
addicted
◊ *Dia ketagih dadah.* He's addicted to drugs.

ketagihan KATA ADJEKTIF
rujuk juga **ketagihan** KATA NAMA
addicted
◊ *Dia ketagihan dadah.* He's addicted to drugs.

ketagihan KATA NAMA
rujuk juga **ketagihan** KATA ADJEKTIF
addiction
◊ *Dia membantu Asrul melawan ketagihan dadahnya.* She helped Asrul fight his drug addiction.

menagih KATA KERJA
to crave
◊ *Gadis itu menagih perhatiannya.* The girl craves his attention.
- **Dia menagih dadah.** He's addicted to drugs.
- **menagih hutang** to demand payment of a debt

penagih KATA NAMA
addict
◊ *penagih dadah* drug addict

penagihan KATA NAMA
addiction
◊ *penagihan dadah di kalangan remaja* drug addiction among teenagers

tahan KATA ADJEKTIF
1 *to last*
◊ *Bateri ini tahan dua kali lebih lama*

daripada bateri lain. This battery lasts twice as long as other batteries.
- **tahan lama** durable ◊ *barangan yang tahan lama* durable goods
- **tahan lasak** hardy ◊ *haiwan yang tahan lasak* a hardy animal

[2] *to stand*
◊ *Saya tidak tahan lagi dengan perangainya itu.* I can't stand his attitude any more.

bertahan KATA KERJA
to hang on
◊ *Mereka bertahan demi memenangi piala itu.* They hung on to win the Cup.
- **juara bertahan** defending champion

ketahanan KATA NAMA
endurance
◊ *daya ketahanan seorang atlit* an athlete's power of endurance
- **daya ketahanan badan terhadap penyakit** the body's resistance to disease

menahan KATA KERJA
[1] *to stop*
◊ *Dia tidak dapat menahan air matanya daripada mengalir.* She couldn't stop her tears from flowing.
[2] *to prevent*
◊ *Benteng dibina untuk menahan air sungai daripada melimpah.* Embankments were built to prevent the river from overflowing its banks.
[3] *to support*
◊ *Kayu tebal digunakan untuk menahan pentas itu.* Thick pieces of wood were used to support the stage.
- **menahan nafas** to hold one's breath
- **Polis telah menahan tiga orang lelaki semalam.** The police detained three men last night.
- **Debra tidak dapat menahan kepanasan matahari lalu pengsan.** Debra couldn't withstand the heat of the sun and fainted.

mempertahankan KATA KERJA
to defend
◊ *Askar-askar itu berjuang untuk mempertahankan negara mereka.* The soldiers fought to defend their country.

penahanan KATA NAMA
detention
◊ *penahanan pendatang tanpa izin* the detention of illegal immigrants

pertahanan KATA NAMA
defence
◊ *Menteri Pertahanan* the Defence Minister
- **pemain pertahanan** defender
- **pertahanan diri** self-defence

tertahan-tahan KATA KERJA
halting
◊ *Janet menceritakan kisahnya yang sedih dengan suara yang tertahan-tahan.* Janet related her sad story in a halting voice.

tahanan KATA NAMA
[1] *prisoner*
◊ *Pengganas itu mengambil empat orang tahanan.* The terrorist took four prisoners.
- **tahanan politik** political detainee
[2] *detention*
◊ *Dia diseksa semasa dalam tahanan.* He was tortured while in detention.
- **Dia berada dalam tahanan polis.** He's in police custody.

tahap KATA NAMA
stage
◊ *tahap pertama* the first stage

bertahap-tahap KATA KERJA
in stages
◊ *Projek itu dilaksanakan bertahap-tahap.* The project was implemented in stages.

tahi KATA NAMA
faeces
- **tahi lalat** mole
- **tahi telinga** ear wax

tahniah KATA NAMA
congratulations
◊ *Tahniah atas kejayaan anda.* Congratulations on your success.
- **kad ucapan tahniah** a congratulatory card
- **mengucapkan tahniah** to congratulate

tahu KATA KERJA
to know
◊ *Saya tahu jawapannya.* I know the answer.
- **Saya tidak tahu-menahu langsung.** I haven't the least idea.

mengetahui KATA KERJA
to know
◊ *Sudah lama saya mengetahui perkara itu.* I've known that for a long time.

pengetahuan KATA NAMA
knowledge
◊ *pengetahuan am* general knowledge

berpengetahuan KATA KERJA
knowledgeable
◊ *orang yang berpengetahuan* a knowledgeable person

setahu KATA ADJEKTIF
- **setahu saya** as far as I know

tahun KATA NAMA
year
◊ *tahun lompat* leap year
- **setahun sekali** annually ◊ *Syarikat-syarikat mengemukakan laporan kepada*

taip → takik

pemegang saham setahun sekali. Companies report to their shareholders annually.
- **bertahun-tahun** KATA BILANGAN
  for years
  ◊ *Sudah bertahun-tahun kami tinggal di sini.* We've lived here for years.
- **tahunan** KATA ADJEKTIF
  annual
  ◊ *sukan tahunan sekolah* the annual school sports

taip KATA NAMA
- **mesin taip** typewriter
- **menaip** KATA KERJA
  to type
  ◊ *Setiausaha itu mampu menaip 100 patah perkataan seminit.* The secretary can type 100 words per minute.
- **menaipkan** KATA KERJA
  to type
  ◊ *Frank menaipkan kakaknya sepucuk surat.* Frank typed a letter for his sister.
- **penaip** KATA NAMA
  typist

taja
- **menaja** KATA KERJA
  to sponsor
  ◊ *Datin Irena akan menaja pakaian untuk pertunjukan fesyen itu.* Datin Irena will sponsor the clothes for the fashion show.
- **penaja** KATA NAMA
  sponsor
- **penajaan** KATA NAMA
  sponsorship
  ◊ *Penajaan sesuatu acara, ada kalanya lebih berkesan daripada pengiklanan.* The sponsorship of an event can be more effective than advertising.
- **tajaan** KATA NAMA
  sponsorship
  ◊ *Badan-badan sukan memerlukan tajaan untuk menjalankan program latihan mereka.* Sports bodies need sponsorship to run their training programmes.
- ◆ **"tajaan NST"** "sponsored by NST"

tajak KATA NAMA
hoe
- **menajak** KATA KERJA
  to hoe
  ◊ *Petani itu sedang menajak di ladang anggur itu.* The farmer is hoeing in the vineyard.

tajam KATA ADJEKTIF
sharp
- **ketajaman** KATA NAMA
  sharpness
  ◊ *Ramai orang mengagumi ketajaman fikirannya.* Many people admire the sharpness of his mind.
- **menajamkan** KATA KERJA
  to sharpen
  ◊ *Dia menajamkan pensel itu dengan sebilah pisau.* He sharpened the pencil with a knife.

tajuk KATA NAMA
title
◊ *tajuk sebuah lagu* the title of a song
- ◆ **tajuk berita** headline
- **bertajuk** KATA KERJA
  entitled
  ◊ *Buku itu bertajuk 'Air'.* The book is entitled 'Air'.

takal KATA NAMA
pulley

takat KATA NAMA
level
◊ *Air sungai itu sudah naik sehingga takat berbahaya.* The river has risen to a dangerous level.
- ◆ **takat lebur** melting point
- **setakat** KATA HUBUNG
  up to
  ◊ *Setakat ini, kami masih belum menerima sebarang berita daripadanya.* Up to now, we haven't received any news from him.
- ◆ **Buatlah setakat yang boleh.** Do what you can.

takbir KATA NAMA
praises to God
- **bertakbir** KATA KERJA
  to praise God

takbur KATA ADJEKTIF
arrogant
◊ *Budak yang takbur itu kalah dalam pertandingan itu.* The arrogant child lost the competition.
- **ketakburan** KATA NAMA
  pride
  ◊ *Ketakburannya akan menyebabkan kejatuhannya.* His pride will be his downfall.

takdir KATA NAMA
fate
◊ *Kita tidak dapat melawan takdir.* We cannot go against fate.
- ◆ **takdir Tuhan** God's will
- **mentakdirkan** KATA KERJA
  to determine
  ◊ *Tuhanlah yang mentakdirkan segala-galanya.* God determines everything.
- ◆ **Mereka sudah ditakdirkan hidup dalam kemiskinan.** They were fated to live in poverty.

takhta KATA NAMA
throne

takik KATA NAMA

notch (JAMAK **notches**)
◊ *Takik pada batang pokok itu sedalam 5 cm.* The notch in the tree trunk is 5 cm deep.
menakik KATA KERJA
to cut a notch
◊ *Ayah saya menakik dahan pokok itu untuk mengikat buaian.* My father cut a notch in the branch of the tree so he could tie a swing to it.
takikan KATA NAMA
notch (JAMAK **notches**)
◊ *Vicky terkejut apabila dia melihat ada takikan pada meja barunya.* Vicky was shocked to see notches in her new table.

takjub KATA ADJEKTIF
amazed
◊ *Kanak-kanak itu begitu takjub dengan pertunjukan silap mata itu.* The children were amazed by the magic show.
menakjubkan KATA KERJA
to amaze
◊ *Dia menakjubkan semua orang dengan kekuatan fizikalnya.* He amazed everybody with his physical strength.
♦ **Saiz kasut lelaki itu sungguh menakjubkan.** The size of that man's shoes is amazing.

taklimat KATA NAMA
briefing

takluk KATA KERJA
to bow to
◊ *Melaka akhirnya takluk kepada kuasa Barat.* Malacca finally bowed to the power of the West.
♦ **negeri takluk British** British colony
menakluki KATA KERJA
to conquer
◊ *Orang Belanda menakluki negeri Melaka pada tahun 1641.* The Dutch conquered Malacca in 1641.
penakluk KATA NAMA
conqueror
penaklukan KATA NAMA
conquest
◊ *penaklukan Eropah oleh Napoleon* the conquest of Europe by Napoleon
tertakluk KATA KERJA
subject to
◊ *Tarikh ini tertakluk kepada perubahan.* This date is subject to alteration.

takrif KATA NAMA
definition
mentakrifkan KATA KERJA
to define
◊ *Dia tidak dapat mentakrifkan makna perkataan 'fotosintesis'.* She couldn't define the meaning of the word 'photosynthesis'.

pentakrifan KATA NAMA
defining
◊ *Cara pentakrifan anda tidak betul.* Your way of defining is incorrect.

taksa KATA ADJEKTIF
ambiguous
ketaksaan KATA NAMA
ambiguity (JAMAK **ambiguities**)

taksir KATA KERJA
to assess
◊ **salah taksir** to assess wrongly
menaksir KATA KERJA
to assess
◊ *Mereka sedang menaksir jumlah perbelanjaan yang dikeluarkan untuk pameran itu.* They are assessing expenditure on the exhibition. ◊ *Guru itu akan menaksir pencapaian pelajar pada akhir tahun.* The teacher will assess the achievements of the students at the end of the year.
penaksiran KATA NAMA
assessment
◊ *Penaksiran itu dijalankan mengikut panduan yang disediakan.* The assessment was carried out according to the guidelines provided.
taksiran KATA NAMA
assessment
◊ *Juruukur itu membuat taksiran untuk nilai tanah itu.* The surveyor made an assessment of the value of the land.
♦ **cukai taksiran** assessment tax

taktik KATA NAMA
tactic

takuk KATA NAMA
[1] *deep notch*
◊ *Takuk pada batang pokok itu membolehkan Joe memanjatnya.* The deep notch in the tree trunk enabled Joe to climb it.
[2] *stage*
◊ *Mereka masih berada di takuk lama, walaupun sudah bertahun-tahun belajar dengan guru itu.* They are still at the same stage as before, despite studying with that teacher for years.
menakuk KATA KERJA
to cut a deep notch
◊ *Ayah saya menakuk dahan pokok itu untuk dijadikan tangga.* My father cut deep notches in the branch of the tree to make steps.

takung KATA NAMA
container
◊ *Penoreh getah itu menggunakan takung untuk mengumpul susu getah.* The rubber tapper used a container to collect the latex.

takut → tali

bertakung KATA KERJA
stagnant
◊ *Nyamuk membiak di dalam air yang bertakung.* Mosquitoes breed in stagnant water.

menakung KATA KERJA
to collect
◊ *Dia menakung air hujan untuk mencuci keretanya.* He collected rainwater to wash his car with.

penakungan KATA NAMA
collecting
◊ *Tayar-tayar lama perlu dibakar untuk mengelakkan penakungan air.* Old tyres should be burnt to prevent water from collecting in them.

takungan KATA NAMA
container
◊ *takungan air* water container

takut KATA ADJEKTIF
afraid
◊ *Jangan takut!* Don't be afraid!
◊ *Budak itu takut hendak tidur seorang.* The child was afraid to sleep alone.

ketakutan KATA KERJA
rujuk juga **ketakutan** KATA NAMA
frightened
◊ *Dia masih lagi ketakutan, walaupun peristiwa ngeri itu sudah berakhir.* She's still frightened, even though the terrifying incident is over now.

ketakutan KATA NAMA
rujuk juga **ketakutan** KATA KERJA
fear
◊ *Pelarian-pelarian itu hidup dalam ketakutan.* The refugees lived in fear.

menakutkan KATA KERJA
[1] *to frighten*
◊ *Jangan menakutkan saya.* Don't frighten me.
[2] *frightening*
◊ *pengalaman yang menakutkan* a frightening experience

penakut KATA NAMA
coward

takut-takut KATA ADJEKTIF
worried
◊ *Dia takut-takut hendak melintas jalan sejak kemalangan itu.* He's worried about crossing the road since the accident.

menakut-nakutkan KATA KERJA
to scare
◊ *Dia menakut-nakutkan kanak-kanak itu dengan cerita hantu.* He scared the children with ghost stories.

takwim KATA NAMA
calendar

takziah KATA NAMA
condolence
◊ *Kim menghantar surat takziah kepada Hank yang baru kehilangan isterinya.* Kim sent a letter of condolence to Hank, who had just lost his wife.
♦ **mengucapkan takziah** to express condolences

takzim KATA ADJEKTIF
respectful
◊ *salam takzim* respectful greetings
♦ **Dia berucap dengan penuh takzim.** She spoke respectfully.

tala (1) KATA NAMA
reverberation
◊ *Jason mendengar bunyi tala pintu yang ditutup dengan kuat.* Jason heard the reverberation of the door being slammed.
♦ **tala bunyi** tuning fork

menala KATA KERJA
to tune
◊ *Phoebe menala tali-tali biola itu supaya sama dengan nada E, A, D dan G.* Phoebe tuned the strings of the violin to E, A, D and G.

menyetalakan KATA KERJA
to get ... in tune
◊ *Pemain-pemain orkestra perlu menyetalakan alat-alat muzik mereka sebelum membuat persembahan.* The players in the orchestra have to get their instruments in tune before a performance.

penala KATA NAMA
tuning fork

penalaan KATA NAMA
tuning
♦ **Penalaan piano konsert itu dibuat setiap bulan.** The concert piano is tuned every month.

setala KATA ADJEKTIF
in tune
◊ *Bunyi klarinet itu tidak setala dengan bunyi biola itu.* The clarinet is not in tune with the violin.

tala (2)
menala KATA KERJA
to punch
◊ *Dia menala dinding itu untuk melepaskan kemarahannya.* He punched the wall to vent his anger.

talak KATA NAMA
divorce for Muslims
♦ **menjatuhkan talak** to divorce ◊ *Hassan menjatuhkan talak ke atas isterinya selepas berkahwin selama dua tahun.* Hassan divorced his wife after two years of marriage.

talam KATA NAMA
tray

tali KATA NAMA

Malay ~ English — talkum → tambah

1. *rope*
2. *string*
◊ *Penjual sayur itu mengikat sayur dengan tali rafia.* The grocer tied the vegetables with raffia string.
3. *strap* (pada baju, beg, jam tangan)
- **tarik tali** tug-of-war
- **tali air** canal
- **tali kasut** shoelace
- **tali leher** tie
- **tali leher kupu-kupu** bow tie
- **tali pinggang** belt
- **tali pinggang keledar** seat belt

bertali KATA KERJA
with straps
◊ *sehelai baju luar bertali* a pair of overalls with straps

pertalian KATA NAMA
relationship
◊ *Pertalian mereka menjadi renggang selepas pertengkaran itu.* Their relationship became less close after the quarrel.
- **pertalian antara ibu dengan anak** the bond between mother and child
- **Dia mempunyai banyak pertalian dengan orang yang berkuasa.** He has many connections with powerful people.

talian KATA NAMA
line
◊ *Semua talian telefon terputus.* All the telephone lines went dead.
- **dalam talian** online

talkum KATA NAMA
talcum
◊ *bedak talkum* talcum powder

talu
bertalu-talu KATA KERJA
repeatedly
◊ *Dia memukul saya bertalu-talu.* He hit me repeatedly.

talun
bertalun-talun KATA KERJA
to echo
◊ *Suaranya bertalun-talun di lembah itu.* Her voice echoed in the valley.

tamadun KATA NAMA
civilization
bertamadun KATA KERJA
civilized
- **tidak bertamadun** uncivilized

tamak KATA ADJEKTIF
greedy
ketamakan KATA NAMA
greed

taman KATA NAMA
1. *garden* (di rumah)
2. *park* (tempat awam)
◊ *taman tema* theme park
- **taman permainan** playground

tamat KATA KERJA
to end
◊ *Wayang itu tamat pada pukul sembilan.* The film ended at nine o'clock.
menamatkan KATA KERJA
to end
◊ *Dia menamatkan ucapannya dengan sebuah sajak.* He ended his speech with a poem.
- **Beliau menamatkan perlumbaan itu dalam masa dua jam.** He completed the race in two hours.
- **Dia sudah menamatkan pengajiannya di universiti.** She has graduated from the university.

penamat KATA NAMA
ending
- **garisan penamat** finishing line
- **mata penamat** match point

penamatan KATA NAMA
termination
◊ *penamatan kontrak* the termination of a contract

tambah KATA KERJA
plus
◊ *satu tambah satu* one plus one
bertambah KATA KERJA
to increase
◊ *Jumlah ahli persatuan itu sudah bertambah.* The society's membership has increased.
- **bertambah baik** to improve

menambah, menambahkan KATA KERJA
to add
◊ *Mereka menambahkan air untuk mencairkan larutan itu.* They added water to dilute the solution.
- **menambahkan pengetahuan seseorang** to increase somebody's knowledge

penambahan KATA NAMA
increase
◊ *Penambahan jumlah tayangan pada hari Rabu hanya dilakukan untuk filem ini.* The increase in the number of showings on Wednesday is for this movie only.

pertambahan KATA NAMA
increase
◊ *pertambahan jumlah penduduk bandar* the increase in the urban population

tambahan KATA NAMA
addition
◊ *Pita ini ialah tambahan kepada buku itu.* This cassette is an addition to the book.
- **bahan bacaan tambahan** additional reading materials
- **Tambahan pula,...** Furthermore,...

tambak KATA NAMA
embankment
◊ *Mereka membina sebuah tambak di tebing sungai itu.* They built an embankment on the river bank.
• **Tambak Johor** the Johore Causeway

tambang KATA NAMA
fare

tambat
bertambat KATA KERJA
[1] *to be tethered*
• **Lembu-lembu yang tidak bertambat itu berkeliaran di merata tempat.** The cows, which were untethered, roamed everywhere.
[2] *to be moored*
◊ *Sampan itu bertambat di jeti itu.* The boat was moored at the jetty.
menambat KATA KERJA
[1] *to tether* (*haiwan*)
[2] *to moor* (*perahu*)
• **wanita yang telah menambat hatinya** the woman who captured his heart
• **Kecantikan puteri itu menambat hati masyarakat dunia.** The princess's beauty captivated the world.
penambat KATA NAMA
a means of tying things
• **tali penambat** rope
tertambat KATA KERJA
[1] *to be tethered*
◊ *Seekor lembu tertambat pada sebatang pokok di belakang rumah Pak Kassim.* A cow was tethered to a tree behind Pak Kassim's house.
[2] *to be moored*
◊ *Sampan itu masih tertambat di jeti tersebut.* The boat is still moored to the jetty.
• **Hatinya sudah tertambat pada gadis itu.** He has fallen in love with that girl.

tamborin KATA NAMA
tambourine

tambun KATA ADJEKTIF
plump

tambur KATA NAMA
bass drum

tampak KATA KERJA
to look
◊ *Dia tampak hebat.* She looks fantastic.
menampakkan KATA KERJA
to show
◊ *Dia tidak menampakkan ketakutannya.* He didn't show his fear.
tampaknya KATA PENEGAS
to seem
◊ *Tampaknya semua orang sedang sibuk.* Everybody seems to be busy.

tampal KATA NAMA
patch (JAMAK **patches**)
◊ *Dia meletakkan tampal pada lubang itu.* He put a patch over the hole.
bertampal KATA KERJA
patched
◊ *sehelai seluar jean yang bertampal* a pair of patched jeans
• **Dahinya bertampal dengan plaster.** He had some sticking-plaster on his forehead.
• **Dinding itu bertampal dengan poster.** The wall had posters stuck on it.
menampal KATA KERJA
[1] *to patch*
◊ *Dia menampal selimut yang koyak itu.* She patched the torn blanket.
[2] *to stick*
◊ *Deena menampal setem pada sampul surat itu.* Deena stuck a stamp on the envelope.
penampalan KATA NAMA
sticking
◊ *Dilarang melakukan kerja-kerja penampalan poster.* The sticking of posters is prohibited.
tampalan KATA NAMA
patch (JAMAK **patches**)
◊ *Dia menggunting perca kain itu untuk membuat tampalan pada seluar jeannya.* He cut the scraps of cloth to make patches for his jeans.

tampan KATA ADJEKTIF
> rujuk juga **tampan** KATA KERJA

handsome

tampan KATA KERJA
> rujuk juga **tampan** KATA ADJEKTIF

to block
◊ *Tampan bola itu!* Block the ball!
menampan KATA KERJA
to block
◊ *Pemain itu menampan bola itu dengan tangannya.* The player blocked the ball with his hands.

tampang KATA NAMA
slice
◊ *Dia makan dua tampang roti untuk sarapan pagi.* He ate two slices of bread for breakfast.
menampang KATA KERJA
to slice
◊ *Helen menampang lobak merah itu.* Helen sliced the carrots.

tampar KATA NAMA
• **kena tampar** to be slapped
• **bola tampar** volleyball
menampar KATA KERJA
to slap
◊ *Saya menampar mukanya dengan kuat.* I slapped him hard across the face.

penampar KATA NAMA
slap
◊ *Saya akan beri kamu penampar jika kamu masih biadab.* I'll give you a slap if you continue to be rude.

tamparan KATA NAMA
slap
◊ *Kelly menerima satu tamparan daripada abangnya.* Kelly got a slap from her brother.
♦ **Perceraian itu merupakan tamparan yang hebat kepadanya.** The divorce was a big blow to him.

tampi
menampi KATA KERJA
(padi, gandum)
to winnow
penampi KATA NAMA
sieve

tampil KATA KERJA
to step forward
◊ *Dia tampil untuk menerima pingatnya.* He stepped forward to receive his medal.
♦ **tampil ke hadapan** to step forward
menampilkan KATA KERJA
to show
◊ *Dia tidak berani menampilkan dirinya di majlis itu.* She didn't dare to show herself at the party.
penampilan KATA NAMA
appearance
◊ *penampilan yang bergaya* a stylish appearance

tampon KATA NAMA
tampon

tampuk KATA NAMA
calyx (JAMAK **calyxes**)
♦ **tampuk pimpinan** the highest position
◊ *Beliau memegang tampuk pimpinan negara.* He holds the highest position in the country.

tampung (1) KATA NAMA
patch (JAMAK **patches**)
◊ *Emak saya menjahit tampung pada lengan kemeja yang koyak itu.* My mother sewed a patch on the torn sleeve of the shirt.
menampung KATA KERJA
to patch
◊ *Kakak saya menampung selimut yang koyak itu dengan secebis kain.* My sister patched the torn blanket with a piece of cloth.

tampung (2)
menampung KATA KERJA
[1] *to collect*
◊ *Bekas ini adalah untuk menampung air yang menitis dari kepala paip itu.* This container is to collect water that drips from the tap.
[2] *to accommodate*
◊ *Bas itu dapat menampung seramai 30 orang penumpang.* The bus can accommodate 30 passengers.
[3] *to support*
◊ *Dia terpaksa bekerja siang dan malam untuk menampung keluarganya.* He had to work night and day to support his family.
◊ *Kotak ini tidak dapat menampung berat buku-buku tersebut.* This box cannot support the weight of the books.
♦ **Syarikat itu menampung kerugian yang besar pada tahun pertama.** The company suffered great losses in its first year.

tamu KATA NAMA
guest
bertamu KATA KERJA
to visit
◊ *Wilson dan keluarganya bertamu ke rumah saya.* Wilson and his family visited my house.

tan KATA NAMA
ton

tanah KATA NAMA
[1] *soil*
◊ *tanah yang subur* fertile soil
[2] *land*
◊ *Dia membeli sebidang tanah untuk membina sebuah rumah.* He bought a piece of land to build a house.
[3] *ground*
◊ *Mereka duduk di atas tanah.* They sat on the ground.
♦ **tanah air** motherland
♦ **tanah pusaka** ancestral land

tanak KATA NAMA
♦ **tukang tanak** cook
♦ **minyak tanak** coconut oil
menanak KATA KERJA
to cook rice

tanam KATA KERJA
♦ **bercucuk tanam** to cultivate the land
◊ *Penduduk kampung itu mencari rezeki dengan bercucuk tanam.* The villagers earn their living by cultivating the land.
◊ *Dia suka bercucuk tanam pada waktu lapang.* He likes to spend his free time cultivating his land.
♦ **tanam-menanam** planting
menanam KATA KERJA
[1] *to plant*
◊ *Kavita menanam pokok bunga di halaman rumahnya.* Kavita plants flowers in her garden.
[2] *to bury*
◊ *Anjing itu menanam seketul tulang di dalam tanah.* The dog buried a bone in

the ground.
penanaman KATA NAMA
cultivation
◊ *penanaman buah-buahan dan sayur-sayuran* the cultivation of fruit and vegetables
tanaman KATA NAMA
crop
- **hasil tanaman** crop
- **tanaman tutup bumi** cover crop
- **tanam-tanaman** plants

tanda KATA NAMA
1 *mark*
◊ *Letakkan tanda merah pada kertas itu.* Put a red mark on the paper.
2 *sign*
◊ *tanda bahagi dalam matematik* the division sign in mathematics
- **tanda baca** punctuation
- **tanda nama** name tag
- **tanda petikan** quotation marks
- **tanda sengkang** hyphen
- **tanda seru** exclamation mark
- **tanda soal** question mark
- **papan tanda** sign

menandai KATA KERJA
to mark
◊ *Edna menandai kotak itu dengan tanda pangkah.* Edna marked the box with a cross.

menandakan KATA KERJA
to mark
◊ *Shelly menandakan tanda pangkah pada kotak itu.* Shelly marked the box with a cross. ◊ *Bunyi gendang itu menandakan ketibaan tetamu kehormat itu.* The sound of the drum marked the arrival of the guest of honour.

penanda KATA NAMA
marker

petanda KATA NAMA
sign
◊ *petanda buruk* bad sign

tandan PENJODOH BILANGAN
bunch (JAMAK **bunches**)
◊ *dua tandan pisang* two bunches of bananas

tandang
bertandang KATA KERJA
to visit
◊ *Mereka bertandang ke rumah saya.* They visited my house.

tandas KATA NAMA
toilet
- **tandas lelaki** gents
- **tandas perempuan** ladies

tandatangan KATA NAMA
signature
menandatangani KATA KERJA
to sign
◊ *Mereka akan menandatangani perjanjian itu esok.* They will sign the agreement tomorrow.

tanding
bertanding KATA KERJA
to compete
◊ *Mereka akan bertanding dalam acara 100m.* They will compete in the 100m event.

menandingi KATA KERJA
to match
◊ *Arnold cuba menandingi kehebatan abangnya dalam permainan catur.* Arnold tried to match his brother's excellence in chess.

mempertandingkan KATA KERJA
to enter ... for a competition
◊ *Orang ramai dipelawa mempertandingkan kucing Siam mereka.* The public are invited to enter their Siamese cats for the competition. ◊ *Setiap komposer mempertandingkan dua buah lagu dalam pertandingan itu.* Each composer entered two songs for the competition.

pertandingan KATA NAMA
competition
- **pertandingan akhir** final

setanding KATA ADJEKTIF
on a par
◊ *Taraf permainan Larry tidak setanding dengan taraf permainan juara dunia itu.* Larry's game is not on a par with the world champion's.

tandingan KATA NAMA
match
◊ *Akhirnya juara itu menemui tandingannya.* Finally the champion met his match.
- **Kecantikannya tiada tandingan.** Her beauty is unmatched.

tandu KATA NAMA
1 *litter* (untuk golongan bangsawan pada masa dahulu)
2 *stretcher* (untuk orang sakit)
menandu KATA KERJA
1 *to carry ... in a litter*
2 *to carry ... on a stretcher*
◊ *Mereka menandu pemain yang cedera itu ke luar padang.* They carried the injured player off the field on a stretcher.

tanduk KATA NAMA
horn
menanduk KATA KERJA
1 *to gore*
◊ *Budak itu ditanduk oleh seekor lembu jantan.* The boy was gored by a bull.
2 *to head* (dalam permainan)

tandus KATA ADJEKTIF
barren
◊ *kawasan pergunungan yang tandus* barren mountain areas
ketandusan KATA NAMA
barrenness
◊ *ketandusan kawasan itu* the barrenness of the area

tangan KATA NAMA
hand
menangani KATA KERJA
to handle
◊ *Dia menangani masalah itu dengan baik.* She handled the problem well.
penangan KATA NAMA
slap
◊ *Dia menerima penangan daripada emaknya kerana biadab.* He received a slap from his mother for being rude.
penanganan KATA NAMA
handling
◊ *Penanganan hal ini memerlukan kemahiran.* The handling of this matter requires skill.

tangen KATA NAMA
tangent (matematik)

tangga KATA NAMA
1. *stairs (dalam bangunan)*
2. *steps*
◊ *Tangga rumah Pak Kasim dibuat daripada batang pokok yang ditakuk.* The steps of Pak Kasim's house consist of a tree trunk with notches cut in it.
3. *ladder*
◊ *Pekerja itu menggunakan tangga untuk memanjat ke atas bumbung.* The worker used a ladder to climb onto the roof.
♦ **tangga bergerak** escalator
♦ **tangga kecemasan** fire escape

tanggak rujuk **tagak**

tanggal KATA KERJA
> rujuk juga **tanggal** KATA NAMA

to peel
◊ *Kertas hias dinding itu sudah mula tanggal.* The wallpaper has begun to peel.
menanggalkan KATA KERJA
to take off
◊ *Dia menanggalkan topinya.* She took her hat off.

tanggal KATA NAMA
> rujuk juga **tanggal** KATA KERJA

♦ **Beliau meninggal dunia pada tanggal 22 Februari 1990.** He passed away on 22 February 1990.

tanggam KATA NAMA
dovetail

tanggap KATA KERJA
♦ **salah tanggap** to misunderstand
◊ *Jangan salah tanggap.* Don't misunderstand.
menanggap KATA KERJA
to perceive
◊ *Mereka tidak dapat menanggap bahawa iklan itu ialah satu tipu helah.* They failed to perceive that the advertisement was a trick.
tanggapan KATA NAMA
perception
◊ *tanggapan mereka terhadap orang asing* their perception of foreigners
♦ **tanggapan pertama saya** my first impression

tangguh KATA NAMA
postponement
◊ *Eddy meminta tangguh dua hari untuk menyiapkan projek itu.* Eddy asked for a two-day postponement of the deadline to complete the project.
bertangguh KATA KERJA
to delay
◊ *Jangan bertangguh lagi.* Don't delay any longer.
menangguhkan KATA KERJA
to postpone
◊ *Mereka menangguhkan mesyuarat itu sehingga minggu hadapan.* They postponed the meeting until next week.
penangguhan KATA NAMA
postponement
◊ *Penangguhan itu disebabkan oleh hujan.* The postponement was due to rain.

tangguk KATA NAMA
fishing scoop (terjemahan umum)
menangguk KATA KERJA
to catch with a fishing scoop

tanggung
menanggung KATA KERJA
1. *to shoulder*
◊ *Dia terpaksa menanggung beban menjaga semua ahli keluarganya.* She had to shoulder the burden of caring for her entire family.
2. *to bear*
◊ *Dia tidak dapat menanggung kesunyian itu.* He couldn't bear the loneliness.
3. *to support*
◊ *Dia terpaksa bekerja keras untuk menanggung adik-beradiknya.* He has to work hard to support his siblings.
♦ **menanggung hutang yang banyak** to incur huge debts
tanggungan KATA NAMA
dependant
◊ *Dia mempunyai tiga orang tanggungan.* He has three dependants.

tanggungjawab → tangkup

tanggungjawab KATA NAMA
responsibility
bertanggungjawab KATA KERJA
responsible
◊ *seorang pelajar yang bertanggungjawab* a responsible student
◊ *Adnan bertanggungjawab menjalankan tugas itu.* Adnan is responsible for carrying out that task.
♦ **tidak bertanggungjawab** irresponsible
mempertanggungjawabkan KATA KERJA
to entrust
◊ *Guru itu mempertanggungjawabkan tugas itu kepada ketua kelas tersebut.* The teacher entrusted the duty to the class monitor. ◊ *Pengurus itu mempertanggungjawabkan setiausahanya dengan tugas menyediakan kad jemputan.* The manager entrusted his secretary with the task of preparing the invitation cards.

tangis KATA NAMA *rujuk* **tangisan**
menangis KATA KERJA
to cry
tangisan KATA NAMA
crying
◊ *Dia tidak dapat tidur kerana diganggu oleh tangisan bayinya.* She couldn't sleep because of her baby's crying.

tangkai KATA NAMA

> *rujuk juga* **tangkai** PENJODOH BILANGAN

[1] *stem*
◊ *Michelle memotong tangkai bunga itu dengan gunting.* Michelle cut the stem of the flower with a pair of scissors.
[2] *handle*
◊ *tangkai cawan* the handle of a cup

tangkai PENJODOH BILANGAN

> *rujuk juga* **tangkai** KATA NAMA
> **tangkai** tidak ada terjemahan dalam bahasa Inggeris.

◊ *Tiga tangkai bunga ros berharga enam ringgit.* Three roses cost six ringgits.

tangkal KATA NAMA
amulet

tangkap
menangkap KATA KERJA
[1] *to catch*
◊ *Dia tidak dapat menangkap bola itu.* He couldn't catch the ball.
♦ **menangkap ikan** to fish
[2] *to arrest*
◊ *Polis telah menangkap pencuri itu.* The police have arrested the thief.
penangkapan KATA NAMA
arrest
◊ *Berita penangkapan perogol itu melegakan penduduk kampung.* The news of the arrest of the rapist came as a great relief to the villagers.
♦ **penangkapan ikan di laut dalam** deep-sea fishing
tertangkap KATA KERJA
able to be caught
♦ **Arnab itu tidak tertangkap oleh helang tersebut.** The eagle couldn't catch the rabbit.
♦ **Dengan tertangkapnya ketua lanun itu, perairan Malaysia kembali aman.** With the arrest of the pirate captain, Malaysian waters are peaceful again.
tangkapan KATA NAMA
catch
♦ **hasil tangkapan nelayan** the fisherman's catch

tangkas KATA ADJEKTIF
agile
◊ *Dia sungguh tangkas, walaupun badannya besar.* He's very agile although he's heavily built.
ketangkasan KATA NAMA
agility
◊ *Serena terpegun melihat ketangkasannya.* Serena was surprised at his agility.

tangki KATA NAMA
tank

tangkis
menangkis KATA KERJA
to fend off
◊ *Dia mengangkat tangannya untuk menangkis pukulan itu.* He raised his hand to fend off the blow.
tangkisan KATA NAMA
deflection
◊ *Tangkisan penjaga gol itu memberikan kemenangan kepada Arsenal.* The deflection by the goalkeeper ensured Arsenal's victory.

tangkup
menangkup KATA KERJA
[1] *to close*
◊ *Pintu lif itu menangkup sebelum kami sempat keluar.* The door of the lift closed before we could get out.
[2] *to cover*
◊ *Dia menangkup mukanya dengan tangan sambil menangis.* She covered her face with her hands while she cried.
menangkupkan KATA KERJA
to put ... face-down
◊ *Dia menangkupkan bukunya ke atas meja.* She put her book face-down on the table.
tertangkup KATA KERJA
to overturn

◊ Beberapa kotak buku telah tertangkup. Several cartons of books had overturned.

tanglung KATA NAMA
lantern

tangsi KATA NAMA
barracks
- **tali tangsi** catgut

tani
bertani KATA KERJA
to farm
◊ Mereka sudah bertani di kawasan itu selama 45 tahun. They have farmed in the area for 45 years.
petani KATA NAMA
farmer
pertanian KATA NAMA
agriculture

tanjak KATA NAMA
headdress (JAMAK **headdresses**) (*terjemahan umum*)
tanjakan KATA NAMA
ramp

tanjung KATA NAMA
cape

tanpa KATA SENDI
without

tanya KATA KERJA
to ask
◊ "Anda hendak ke mana?" tanya En. Talib. "Where are you going?" asked Mr Talib.
bertanya KATA KERJA
to ask
◊ "Apakah tema kempen itu?" Ravi bertanya. "What is the theme of the campaign?" Ravi asked.
- **bertanya khabar** to ask after ◊ Nenek itu selalu bertanya khabar Halim. The old lady always asks after Halim.
bertanyakan KATA KERJA
to ask
◊ bertanyakan arah kepada seseorang to ask somebody for directions
menanya KATA KERJA
to ask
◊ Elizabeth menanya Ying Ying sama ada dia nampak anjingnya atau tidak. Elizabeth asked Ying Ying if she had seen her dog.
menanyakan KATA KERJA
to ask
◊ Guru itu menanyakan sebab pelajar itu tidak hadir. The teacher asked why the student was absent.
pertanyaan KATA NAMA
question
tertanya-tanya KATA KERJA
to wonder
◊ Mereka tertanya-tanya tentang kesan sampingan ubat itu. They wondered about the side-effects of the drug.

tapa KATA NAMA
meditation
bertapa KATA KERJA
to meditate in seclusion
pertapa KATA NAMA
hermit

tapai KATA NAMA
fermented rice (*terjemahan umum*)
menapai KATA KERJA
to ferment
penapaian KATA NAMA
fermentation

tapak KATA NAMA
site
◊ tapak perkhemahan camp site
- **tapak kaki** sole
- **bunyi tapak kaki** footstep
- **kesan tapak kaki** footprint
- **tapak semaian** nursery (JAMAK **nurseries**)
- **tapak sulaiman** starfish
- **tapak tangan** palm
- **tapak Web** website
bertapak KATA KERJA
to settle
◊ Ramai pelarian bertapak di negara itu. Many refugees settled in that country.
- **Syarikat itu sudah lama bertapak di Malaysia.** The company has been in Malaysia for a long time.

tapis
bertapis KATA KERJA
refined
menapis KATA KERJA
[1] *to filter*
◊ Emak saya menapis air itu sebelum memasaknya. My mother filtered the water before boiling it.
[2] *to strain*
◊ Dia menapis kopi itu sebelum menghidangkannya. She strained the coffee before serving it.
[3] *to censor*
◊ menapis adegan-adegan ganas dalam filem to censor violent scenes in a movie
penapis KATA NAMA
[1] *filter*
◊ penapis air water filter
[2] *strainer*
◊ penapis teh a tea strainer
penapisan KATA NAMA
[1] *filtering*
◊ penapisan air the filtering of water
- **kilang penapisan minyak** oil refinery
[2] *censorship*
◊ penapisan filem film censorship

tar → taring

tapisan KATA NAMA
1. *strained*
   ◊ *tapisan kopi* strained coffee
2. *filtered*
   ◊ *tapisan air* filtered water
- **tapisan minyak petroleum** refined petroleum

tar KATA NAMA
tar
- **minyak tar** tar
- **batu tar** Tarmac ®

tara KATA NAMA
- **tiada taranya** unmatched ◊ *Kecantikan puteri itu tiada taranya.* The beauty of the princess was unmatched.

setara KATA ADJEKTIF
equivalent
◊ *Jawatannya sekarang setara dengan jawatan penyelia.* His position now is equivalent to that of a supervisor.

taraf KATA NAMA
1. *standard*
   ◊ *taraf hidup* standard of living
2. *status*
   ◊ *Percy hanya bergaul dengan orang yang sama taraf dengannya.* Percy only mixes with people of the same status as him.

bertaraf KATA KERJA
of ... standard
◊ *bertaraf antarabangsa* of international standard
- **kualiti yang bertaraf tinggi** high quality

setaraf KATA ADJEKTIF
1. *equivalent*
   ◊ *kelulusan profesional yang setaraf dengan Ijazah Sarjana Muda* a professional qualification that is equivalent to a first degree
2. *of the same status*
   ◊ *golongan yang setaraf* people of the same status

tarah KATA ADJEKTIF
smooth
◊ *kayu yang tarah* a smooth stick

menarah KATA KERJA
to smooth
◊ *Pak Pandir menarah kayu itu supaya tidak ada selumbar.* Pak Pandir smoothed the wood so that there wouldn't be any splinters on it.

tari KATA NAMA
dance
- **tari-menari** various dances
- **majlis tari-menari** a dance

menari KATA KERJA
to dance
◊ *Dia sedang menari dengan abangnya.* She's dancing with her brother.

menari-nari KATA KERJA
to dance
◊ *Dia menari-nari di tepi jalan itu.* He danced by the roadside.

penari KATA NAMA
dancer

tarian KATA NAMA
dance

tarif KATA NAMA
tariff
◊ *Kerajaan mengenakan tarif ke atas barangan import.* The government imposes tariffs on imported goods.

tarik KATA KERJA
to pull
- **tarik tali** tug-of-war

menarik KATA ADJEKTIF
> rujuk juga **menarik** KATA KERJA

1. *interesting*
   ◊ *perwatakan yang menarik* an interesting character ◊ *cerita yang menarik* an interesting story
2. *attractive*
   ◊ *Dia mempunyai rupa yang menarik.* She has an attractive face.

menarik KATA KERJA
> rujuk juga **menarik** KATA ADJEKTIF

to pull
◊ *Nancy menarik rambut kawannya.* Nancy pulled her friend's hair.
- **menarik diri** to pull out
- **menarik nafas** to breathe in
- **menarik perhatian** to attract attention

penarikan KATA NAMA
withdrawal
◊ *penarikan dirinya daripada perlawanan itu* his withdrawal from the match

tertarik KATA KERJA
attracted
◊ *Saya amat tertarik dengan keikhlasannya.* I was very attracted by her sincerity.

tarikan KATA NAMA
attraction
◊ *Tempat itu terkenal sebagai tempat tarikan pelancong.* That place is a well-known tourist attraction.
- **daya tarikan** charm
- **tarikan graviti** the pull of gravity

tarikh KATA NAMA
date
- **tarikh lahir** date of birth

bertarikh KATA KERJA
dated
◊ *sepucuk surat yang bertarikh 31 Mei 1975* a letter dated 31 May 1975

taring KATA NAMA
1. *fang*
   ◊ *Anjing yang garang itu menunjukkan*

Malay ~ English

tartan → tatih

taringnya. The fierce dog showed its fangs.
2. *tusk*
◊ *taring babi hutan* a wild boar's tusk
• **gigi taring** canine tooth

tartan KATA NAMA
tartan

taruh KATA NAMA
bet
◊ *Taruh minimum bagi permainan itu ialah tiga puluh ringgit.* The minimum bet for the game is thirty ringgits.
bertaruh KATA KERJA
to bet
◊ *Tom bertaruh bahawa Jerry akan sampai dahulu.* Tom bet that Jerry would arrive first.
menaruh KATA KERJA
to place
◊ *Doris menaruh segala harapannya pada anak tunggalnya.* Doris placed all her hopes on her only child.
• **Khairil menaruh hati padanya.** Khairil is fond of her.
mempertaruhkan KATA KERJA
to bet
◊ *Dia mempertaruhkan sebanyak RM500 ke atas kuda itu.* He bet RM500 on the horse.
pertaruhan KATA NAMA
bet
◊ *Dia kalah dalam pertaruhan itu.* He lost the bet.
taruhan KATA NAMA
bet

tarung
bertarung KATA KERJA
1. *to fight*
◊ *Pahlawan itu bertarung untuk mempertahankan negaranya.* The warrior fought to defend his country.
2. *to compete*
◊ *Dia akan bertarung dengan juara dunia itu esok.* He will compete with the world champion tomorrow.
mempertarungkan KATA KERJA
to lay down
◊ *Dia sanggup mempertarungkan nyawanya untuk menyelamatkan anaknya.* She's willing to lay down her life to save her child.
pertarungan KATA NAMA
clash (JAMAK **clashes**)
◊ *Pertarungan antara dua bekas juara dunia itu akan diadakan pada malam ini.* The clash between the two former world champions will take place tonight.

tas KATA NAMA
• **tas tangan** handbag

tasik KATA NAMA
lake

taska KATA NAMA (= *taman asuhan kanak-kanak*)
nursery (JAMAK **nurseries**)

tataacara KATA NAMA
programme
◊ *tataacara majlis itu* the programme for the ceremony

tatabahasa KATA NAMA
grammar

tatacara KATA NAMA
procedure

tatah KATA NAMA
stud
bertatah, bertatahkan KATA KERJA
studded
◊ *gelang tangan emas yang bertatahkan berlian* a gold bracelet studded with diamonds

tatakerja KATA NAMA
rules of work

tatalatar KATA NAMA
settings

tatanegara KATA NAMA
governance

tatang
bertatang, menatang KATA KERJA
to carry ... on the palm
◊ *Pelayan itu boleh menatang dulang sambil berjalan dengan cepat.* The waiter can walk quickly while carrying a tray on his palm.

tatap
menatap KATA KERJA
to scrutinize
◊ *Rosita menatap wajah pemuda itu.* Rosita scrutinized the young man's face.
tatapan KATA NAMA
1. *look*
◊ *Tatapan emaknya cukup untuk mendiamkannya.* His mother's look was enough to shut him up.
2. *scrutiny*
◊ *Kehidupan peribadinya menjadi tatapan pihak media.* His private life came under media scrutiny.

tatarakyat KATA NAMA
civics

tatasusila KATA NAMA
etiquette

tatatertib KATA NAMA
rules
◊ *Mengikut tatatertib syarikat, anda tidak dibenarkan merokok di kawasan itu.* According to company rules, you are not allowed to smoke in that area.
• **tindakan tatatertib** disciplinary action

tatih

bertatih-tatih KATA KERJA
to toddle
◊ *Kanak-kanak itu bertatih-tatih di sekeliling bilik.* The child toddled around the room.

tatu KATA NAMA
tattoo

taubat KATA NAMA
repentance
bertaubat KATA KERJA
to repent

taufan KATA NAMA
typhoon

tauge KATA NAMA
bean sprouts

tauhu KATA NAMA
bean curd

taulan KATA NAMA
friend

tauliah KATA NAMA
letter of appointment
◊ *Duta itu menerima tauliah daripada Sultan.* The ambassador received his letter of appointment from the Sultan.
bertauliah KATA KERJA
certified
◊ *penyelam yang bertauliah* a certified diver
♦ **akauntan yang bertauliah** chartered accountant
mentauliahkan KATA KERJA
to authorize
◊ *Menteri itu mentauliahkan timbalannya untuk membuat keputusan bagi pihaknya.* The minister authorized his deputy to make decisions on his behalf.

taun KATA NAMA
cholera

Taurus KATA NAMA
Taurus (bintang zodiak)

taut
bertaut KATA KERJA
① *to close*
◊ *Pintu lif itu bertaut sebelum saya sempat masuk.* The door of the lift closed before I could get in.
② *to hold onto*
◊ *Pendaki itu bertaut pada tali yang dilemparkan kepadanya.* The climber held onto the rope that was thrown to him.
menautkan KATA KERJA
to close
◊ *Dia menautkan kelopak matanya.* She closed her eyes.
pertautan KATA NAMA
union
◊ *Persatuan baru itu tertubuh hasil daripada pertautan dua buah kelab itu.* The new society was formed as a result of the union of the two clubs.
tautan KATA NAMA
relation
◊ *Kes kecurian itu tidak ada tautannya dengan Joko.* The theft case has no relation to Joko.

tawa
mengetawakan, mentertawakan KATA KERJA
to laugh at
◊ *Jangan mentertawakan orang.* Don't laugh at others.
tertawa KATA KERJA
to laugh
◊ *Dia tertawa apabila mendengar khabar angin tentang dirinya itu.* He laughed when he heard the rumour about himself.

tawan
menawan KATA KERJA
to capture
◊ *Orang Belanda menawan negeri Melaka pada tahun 1641.* The Dutch captured Malacca in 1641. ◊ *Pemidato itu gagal menawan perhatian pendengarnya.* The speaker failed to capture the attention of his listeners.
♦ **seorang gadis yang menawan** a charming young lady
♦ **menawan hati** to captivate ◊ *Kecantikan puteri itu menawan hati masyarakat dunia.* The princess's beauty captivated the world.
penawanan KATA NAMA
capture
◊ *Penawanan bandar itu oleh pemberontak-pemberontak tersebut...* The capture of the town by the rebels...
tertawan KATA KERJA
① *to be controlled*
◊ *Tanah Melayu tertawan oleh tentera Jepun semasa Perang Dunia Kedua.* Malaya was controlled by the Japanese army during World War Two.
② *smitten*
◊ *Fred tertawan dengan anak perempuan jirannya.* Fred was smitten with his neighbour's daughter.
tawanan KATA NAMA
prisoner

tawar (1) KATA ADJEKTIF
tasteless
◊ *makanan yang tawar* tasteless food
♦ **tawar hati** to get discouraged
menawarkan KATA KERJA
to dilute
◊ *Nirmala menambahkan air untuk menawarkan minuman itu kerana terlalu manis.* Nirmala added water to dilute

the drink because it was too sweet.
- **menawarkan hati** to discourage
penawar KATA NAMA
antidote

tawar (2)
tawar-menawar KATA KERJA
to haggle
- **"Tidak boleh tawar-menawar"** "No haggling"
menawar KATA KERJA
to make an offer
◊ *Dia menawar untuk membeli baju itu dengan harga dua puluh ringgit.* She made an offer of twenty ringgits for the dress.
menawarkan KATA KERJA
to offer
◊ *Syarikat itu menawarkan perkhidmatan penterjemahan.* The company offers translation services.
penawaran KATA NAMA
supply
◊ *permintaan dan penawaran* demand and supply
tawaran KATA NAMA
offer
◊ *tawaran yang baik* a good offer

tayang
menayang-nayang KATA KERJA
to show off
◊ *Dia suka menayang-nayang cincin berliannya.* She likes to show off her diamond ring.
menayangkan KATA KERJA
to show
◊ *Pawagam itu sedang menayangkan sebuah filem seram.* The cinema is showing a horror film.
penayangan KATA NAMA
screening
◊ *Penayangan filem itu tidak sesuai diadakan pada waktu petang.* The film is unsuitable for screening in the early evening.
tayangan KATA NAMA
show
◊ *tayangan larut malam* late night show

tayar KATA NAMA
tyre

teater KATA NAMA
theatre

tebal KATA ADJEKTIF
thick
◊ *buku yang tebal* a thick book
◊ *kabut yang tebal* thick fog
menebal KATA KERJA
to thicken
◊ *Cuaca yang sejuk itu menyebabkan kabut menebal.* The cold weather caused the fog to thicken.
menebalkan KATA KERJA
to make ... thicker
◊ *Pelajar itu menebalkan buku projeknya dengan memasukkan kertas-kertas kosong.* The student made his project book thicker by inserting blank sheets of paper.

tebang
menebang KATA KERJA
to cut down
◊ *Pihak berkuasa menebang pokok-pokok di situ untuk projek pembangunan.* The authorities cut down the trees there for a development project.
penebang KATA NAMA
lumberjack (orang)
penebangan KATA NAMA
felling
◊ *penebangan pokok* the felling of trees

tebar
bertebar, bertebaran KATA KERJA
scattered
◊ *Munira mengutip alat mainan yang bertebaran itu.* Munira picked up the scattered toys.
menebar, menebarkan KATA KERJA
1 *to cast*
◊ *Nelayan itu menebar jalanya ke laut.* The fisherman cast his fishing net into the sea.
2 *to scatter*
◊ *Mahmud menebar makanan ayam ke atas tanah.* Mahmud scattered chicken feed on the ground.

tebas
menebas KATA KERJA
to clear
◊ *Mereka menebas hutan untuk bercucuk tanam.* They cleared the forest for agriculture.

tebat
menebat KATA KERJA
to insulate
◊ *Wayar itu ditebat dengan getah.* The wire is insulated with rubber.
penebat KATA NAMA
insulator

tebing KATA NAMA
bank
◊ *tebing sungai* river bank

tebu KATA NAMA
sugar cane

tebuan KATA NAMA
1 *wasp* (kecil)
2 *hornet* (besar)

tebuk KATA NAMA
hole
menebuk KATA KERJA

tebus

to punch holes in
◊ *Dia menebuk kertas itu sebelum memasukkannya ke dalam fail.* She punched holes in the paper before putting it into the file.

penebuk KATA NAMA
punch (JAMAK **punches**)
◊ *Buat dua lubang dengan menggunakan penebuk lubang itu.* Make two holes with the hole punch.

tebukan KATA NAMA
perforation
◊ *tebukan pada bahagian tepi kertas* perforation at the edge of the paper

tebus

menebus KATA KERJA
[1] *to redeem*
◊ *Pastikan anda mengetahui jumlah wang yang diperlukan untuk menebus barang itu.* Make sure you know the amount of money needed to redeem the item.
[2] *to ransom*
◊ *Dia menebus anak lelakinya dengan wang berjumlah RM1 juta.* He ransomed his son for RM1 million.
♦ **melakukan sesuatu untuk menebus dosa** to do something as a penance

penebusan KATA NAMA
redemption
◊ *penebusan pinjaman itu* the redemption of the loan

tebusan KATA NAMA
hostage
♦ **wang tebusan** ransom

tebus guna

menebus guna KATA KERJA
to reclaim
◊ *Mereka menebus guna banyak tanah dari laut.* They have reclaimed a lot of land from the sea.

teduh KATA ADJEKTIF

shady
◊ *Tempat itu teduh.* The place is shady.
♦ **tempat teduh** shade ◊ *Suhu di tempat teduh boleh mencapai sehingga 34 darjah Celsius.* Temperatures in the shade can reach 34 degrees Celsius.

berteduh KATA KERJA
to shelter
◊ *Kami berteduh di bawah sebatang pokok yang besar.* We sheltered under a big tree.
♦ **tempat berteduh** shelter ◊ *Pertubuhan itu menyediakan tempat berteduh untuk isteri yang didera.* The organization provides shelter for battered wives.

meneduhi KATA KERJA
to shade (daripada cahaya matahari)

tega KATA BANTU

to have the heart
◊ *Saya tidak menyangka bahawa dia tega melakukan perkara itu.* I never thought he would have the heart to do it.

tegah

menegah KATA KERJA
to forbid
◊ *Ibu bapa Brenda menegahnya pulang ke rumah lewat dari pukul sepuluh malam.* Brenda's parents forbade her to come home later than ten o'clock.
♦ **"Ditegah meludah"** "Please do not spit"

tegak KATA ADJEKTIF

upright
◊ *berdiri tegak* to stand upright
♦ **sudut tegak** right angle

menegak KATA KERJA
vertical
◊ *garis menegak* vertical line

menegakkan KATA KERJA
to erect
◊ *Baharom menegakkan pagar di sekeliling rumahnya.* Baharom erected a fence around his house.
♦ **menegakkan keadilan** to uphold justice

penegak KATA NAMA
defender
◊ *penegak keadilan* defender of justice

tegang KATA ADJEKTIF

[1] *taut*
◊ *Ampaian itu ditarik sehingga tegang dan diikat kuat.* The clothes line is pulled taut and secured. ◊ *Kulitnya masih tegang sungguhpun dia sudah berusia 50 tahun.* Her skin is still taut although she's 50 years old.
[2] *stiff*
◊ *Rawatan ini baik untuk otot-otot yang tegang.* This treatment is good for stiff muscles.
[3] *tense*
◊ *suasana yang tegang* a tense atmosphere
♦ **Keadaan menjadi tegang apabila menteri itu mengumumkan perletakan jawatan beliau.** The situation became critical when the minister announced his resignation.

bertegang KATA KERJA
♦ **bertegang leher** to quarrel ◊ *Saya tidak mahu bertegang leher dengannya.* I don't want to quarrel with him.

ketegangan KATA NAMA
tension

menegang KATA KERJA

to tense
◊ *Ototnya menegang.* His muscles tensed.
♦ **Hubungan kedua-dua buah negara itu mula menegang.** The relationship between the two countries is becoming tense.
♦ **Perhubungan mereka semakin menegang.** Their relationship is getting strained.
menegangkan KATA KERJA
to tighten
◊ *krim yang menegangkan kulit* a cream that tightens the skin
♦ **Nathalie menegangkan tali itu untuk dijadikan ampaian.** Nathalie pulled the rope tight to make a clothes line.

tegap KATA ADJEKTIF
well-built
◊ *Atlit itu berbadan tegap.* The athlete is well-built.
♦ **tegap dan cergas** athletic

tegar KATA ADJEKTIF
hard
ketegaran KATA NAMA
stubbornness
◊ *ketegaran orang kampung yang enggan berpindah* the stubbornness of the villagers who refuse to move
menegarkan KATA KERJA
to harden
◊ *Catkan kadbod itu dengan dua atau tiga lapis varnis untuk menegarkannya.* Give the cardboard two or three coats of varnish to harden it.

tegas KATA ADJEKTIF
firm
◊ *Suaranya tegas.* His voice was firm.
◊ *Tindakan tegas akan diambil ke atas pesalah.* Firm action will be taken against the offender.
bertegas KATA KERJA
to be firm
◊ *Dia terpaksa bertegas dengan budak lelaki yang nakal itu.* She had to be firm with the naughty boy.
ketegasan KATA NAMA
strictness
◊ *Ketegasan guru itu menakutkan murid-murid.* The teacher's strictness frightened the pupils.
menegaskan KATA KERJA
1 *to emphasize*
◊ *Vicky menegaskan perbezaan antara dua buah negara itu.* Vicky emphasized the difference between the two countries.
2 *to insist*
◊ *Dia menegaskan bahawa dia tidak bersalah.* She insisted she was innocent.
penegasan KATA NAMA
emphasis
◊ *Ujian ini memberikan penegasan pada tatabahasa.* This test places the emphasis on grammar.

teguh KATA ADJEKTIF
strong
keteguhan KATA NAMA
strength
meneguhkan KATA KERJA
to strengthen
peneguhan KATA NAMA
strengthening

teguk PENJODOH BILANGAN
gulp
◊ *beberapa teguk air* a few gulps of water
meneguk KATA KERJA
to gulp down
◊ *Imran meneguk tiga gelas air setelah berlari sejauh 10 kilometer.* Imran gulped down three glasses of water after running 10 kilometres.

tegun KATA KERJA
to stop for a moment
tertegun KATA KERJA
stunned

tegur
menegur KATA KERJA
1 *to greet*
◊ *Dia tidak menegur saya.* She didn't greet me.
2 *to admonish*
◊ *Guru itu menegur pelajar itu kerana ponteng kelas.* The teacher admonished the student for playing truant.
3 *to correct*
◊ *Kawan-kawan saya selalu menegur saya apabila saya membuat kesilapan.* My friends always correct me when I make mistakes.
teguran KATA NAMA
1 *greeting*
◊ *Dia tidak membalas teguran saya.* He didn't return my greeting.
2 *rebuke*
◊ *Pelajar yang nakal itu tidak menghiraukan teguran gurunya.* The naughty student ignored his teacher's rebuke.
3 *correction*
◊ *Ibu bapa harus memberikan tunjuk ajar dan teguran kepada anak-anak.* Parents should give their children guidance and correction.

tegur sapa KATA NAMA
greeting
bertegur sapa KATA KERJA
on speaking terms

T

◊ *Mereka tidak bertegur sapa.* They're not on speaking terms.
menegur sapa KATA KERJA
to greet
◊ *Claudia selalu menegur sapa pelanggan-pelanggannya dengan ramah.* Claudia always greets her customers in a friendly manner.

teh KATA NAMA
tea

teka KATA KERJA
to guess
◊ *"Teka jawapannya dan menangilah hadiah yang lumayan!"* "Guess the answer and win fantastic prizes!"
meneka KATA KERJA
to guess
◊ *Dia tidak dapat meneka isi kandungan kotak hitam itu.* She couldn't guess what was in the black box.
tekaan KATA NAMA
guess (JAMAK **guesses**)
◊ *tekaan yang tepat* an accurate guess

tekad KATA NAMA
determination
◊ *Anda memerlukan tekad untuk berjaya.* You need determination in order to succeed.
bertekad KATA KERJA
determined
◊ *Dia bertekad hendak melanjutkan pelajarannya.* She's determined to continue her studies.

tekak KATA NAMA
1 *soft palate*
◊ *bunyi yang dihasilkan pada bahagian tekak* sounds produced at the soft palate
2 *throat*
◊ *sakit tekak* sore throat
bertekak KATA KERJA
to quarrel
◊ *adik-beradik yang selalu bertekak* siblings who are always quarrelling

tekan KATA KERJA
to press
♦ **tekan tubi** press-ups
menekan KATA KERJA
to press
menekankan KATA KERJA
to stress
◊ *Ibu bapa harus menekankan kepentingan pendidikan.* Parents should stress the importance of education.
penekanan KATA NAMA
stress
◊ *Penekanan terhadap peperiksaan jelas kelihatan dalam sistem pendidikan hari ini.* The stress on examinations can be seen clearly in the education system today.
tertekan KATA KERJA
pressured
◊ *berasa tertekan* to feel pressured
tekanan KATA NAMA
pressure
◊ *tekanan darah* blood pressure

tekap KATA NAMA
♦ **kertas tekap** tracing paper
menekap KATA KERJA
1 *to cover*
◊ *Dia menekap mukanya dengan tangannya.* She covered her face with her hands.
2 *to trace*
◊ *Helena menekap gambar-gambar dalam buku cerita itu.* Helena traced pictures out of the storybook.
menekapkan KATA KERJA
to cover
◊ *Dia menekapkan tangannya pada telinganya.* She covered her ears with her hands.

tekat KATA NAMA
embroidery
menekat KATA KERJA
to embroider

teka-teki KATA NAMA
riddle
berteka-teki KATA KERJA
to play riddles
◊ *Guru itu berteka-teki dengan pelajar-pelajarnya selepas peperiksaan.* The teacher played riddles with his students after the exams.
♦ **Anak perempuan Anna suka berteka-teki.** Anna's daughter loves riddles.

teknik KATA NAMA
technique

teknikal KATA ADJEKTIF
technical

teknologi KATA ADJEKTIF
> rujuk juga **teknologi** KATA NAMA

technological
◊ *masalah teknologi* a technological problem

teknologi KATA NAMA
> rujuk juga **teknologi** KATA ADJEKTIF

technology
♦ **teknologi maklumat** information technology

teko KATA NAMA
pot
♦ **teko kopi** coffee pot
♦ **teko teh** teapot

teks KATA NAMA
text

teksi KATA NAMA
taxi

tekstil → telanjur

tekstil KATA NAMA
textile

tekun KATA ADJEKTIF
diligent
ketekunan KATA NAMA
diligence

tekup
menekup KATA KERJA
to cover
◊ *Dia menekup mukanya dengan tangannya.* She covered her face with her hands.
menekupkan KATA KERJA
to cover
◊ *Dia menekupkan tangannya pada telinganya.* She covered her ears with her hands.

telaah KATA NAMA
study
menelaah KATA KERJA
to revise
◊ *Thiaga menelaah sebelum menghadapi peperiksaan.* Thiaga revised before the exams.
penelaah KATA NAMA
researcher

teladan KATA NAMA
example
◊ *"Kepimpinan Melalui Teladan"* "Leadership by Example"
meneladani KATA KERJA
to follow ... example
◊ *Kanak-kanak biasanya akan meneladani ibu bapa mereka.* Children will usually follow their parents' example.

telaga KATA NAMA
well

telagah
bertelagah KATA KERJA
1 *to argue*
◊ *Mereka bertelagah dengan pengadil.* They argued with the referee.
2 *to feud*
◊ *Kedua-dua keluarga ini sudah lama bertelagah.* These two families have been feuding for a long time.
pertelagahan KATA NAMA
1 *argument*
◊ *Pertelagahan antara Paul dengan Pauline berlaku di kantin.* The argument between Paul and Pauline took place in the canteen.
2 *feud*
◊ *pertelagahan antara dua buah negara* a feud between the two countries

telah (1) KATA BANTU
already
◊ *Dia telah memberitahu suaminya tentang kejadian itu.* She had already told her husband about the incident.
Kadang-kadang **telah** *hanya diterjemahkan dengan menggunakan* **present perfect tense** *atau* **past perfect tense.**
◊ *Saya telah menjumpai tempat itu.* I've found the place. ◊ *Emak saya telah berbincang dengan mereka pada hujung minggu yang lalu.* My mother had spoken to them last weekend.
setelah KATA HUBUNG
after
◊ *Setelah bekerja selama 5 tahun, Minnie mampu membeli sebuah rumah.* After working for 5 years, Minnie could afford to buy a house.

telah (2)
menelah KATA KERJA
to predict
◊ *Kami tidak dapat menelah reaksi guru itu.* We couldn't predict the teacher's reaction.
penelah KATA NAMA
fortune-teller
telahan KATA NAMA
prediction
◊ *Telahannya tidak tepat.* His prediction was inaccurate.

telan KATA KERJA
to swallow
◊ *Jangan telan!* Don't swallow it!
menelan KATA KERJA
to swallow
◊ *Dia menelan makanan itu tanpa mengunyahnya.* He swallowed the food without chewing it.
♦ **menelan belanja** to cost ◊ *Projek itu menelan belanja berjuta-juta ringgit.* The project cost millions of ringgits.

telangkup KATA ADJEKTIF
upside down
◊ *Kotak itu telangkup di atas lantai.* The box was upside down on the floor.
menelangkupkan KATA KERJA
to turn ... upside down
◊ *Dia menelangkupkan gelas itu selepas mencucinya.* He turned the glass upside down after washing it.

telanjang
bertelanjang KATA KERJA
naked

telanjur KATA KERJA
to overdo
◊ *Dia sudah telanjur melakukannya.* He has overdone it.
♦ **Dia telanjur mengatakan perkara itu.** He made a slip of the tongue.
♦ **Percakapannya sudah telanjur.** He said too much.

ketelanjuran KATA NAMA
doing something to excess
- **Ketelanjuran anda kali ini tidak dapat dimaafkan.** This time you have gone too far and your behaviour is unpardonable.

telap KATA ADJEKTIF
porous
- **tanah yang telap air** porous soil

telapak KATA NAMA
- **telapak tangan** palm
- **telapak kaki** sole

telatah KATA NAMA
behaviour

telefon KATA NAMA
telephone
- **telefon awam** public phone
- **telefon bimbit** mobile phone

menelefon KATA KERJA
to telephone

telefonis KATA NAMA
telephonist

telegraf KATA NAMA
telegraph

telegram KATA NAMA
telegram

telekomunikasi KATA NAMA
telecommunications

teleku
berteleku KATA KERJA
to rest one's chin on one's hands

telekung KATA NAMA
long prayer veil

teleng KATA ADJEKTIF
tilted
menelengkan KATA KERJA
to tilt
◊ *Idah menelengkan kepala anaknya untuk melihat luka itu.* Idah tilted her child's head to look at the wound.

telentang KATA KERJA
to lie supine
◊ *Dia telentang di atas katilnya.* He lay supine on his bed.

teleskop KATA NAMA
telescope

televisyen KATA NAMA
television
◊ *televisyen kabel* cable television

telinga KATA NAMA
ear

telingkah
bertelingkah KATA KERJA
to quarrel
◊ *Mereka bertelingkah dengan pekedai itu.* They quarrelled with the shopkeeper.
pertelingkahan KATA NAMA
quarrel
◊ *Khairel tidak mahu terlibat dalam pertelingkahan mereka.* Khairel doesn't want to get involved in their quarrel.
- **pertelingkahan adik-beradik** sibling rivalry

teliti KATA ADJEKTIF
careful
- **dengan teliti** carefully
- **orang yang teliti** a meticulous person
- **pemeriksaan yang teliti** a thorough examination

meneliti KATA KERJA
to scrutinize
◊ *Mereka meneliti lukisan itu selama dua hari.* They scrutinized the painting for two days.
penelitian KATA NAMA
observation
◊ *Dari penelitian saya,...* From my observation,...

telor KATA NAMA
accent

teluk KATA NAMA
bay

teluki KATA NAMA
- **bunga teluki** carnation

telungkup
menelungkup KATA KERJA
to lie prone
◊ *Budak perempuan itu menelungkup di atas lantai.* The girl lay prone on the floor.
menelungkupkan KATA KERJA
to turn ... upside down
◊ *Dia menelungkupkan gelas itu selepas mencucinya.* He turned the glass upside down after washing it.
tertelungkup KATA KERJA
to lie prone
◊ *Budak lelaki itu tertelungkup di atas tanah.* The boy lay prone on the ground.
- **Dia jatuh tertelungkup di atas lantai.** She fell face-down on the floor.

telunjuk KATA NAMA
- **jari telunjuk** index finger

telur KATA NAMA
egg
bertelur KATA KERJA
to lay an egg
- **Ramai orang pergi ke Terengganu untuk melihat penyu bertelur.** A lot of people go to Terengganu to watch turtles lay their eggs.

telus KATA ADJEKTIF
to pass through
- **Cahaya matahari telus menerusi langsir itu.** The sun shines through the curtain.

telut
bertelut KATA KERJA
to kneel

tema KATA NAMA
theme

teman KATA NAMA
companion
- **teman lelaki** boyfriend
- **teman wanita** girlfriend

menemani KATA KERJA
to accompany

temasya KATA NAMA
event
◊ *Temasya sukan itu berlangsung kelmarin.* The sporting event took place yesterday.

bertemasya KATA KERJA
to party
◊ *Kami bertemasya hingga larut malam.* We partied late into the night.

tembaga KATA NAMA
copper

tembak KATA KERJA
to shoot
- **tembak-menembak** exchange of fire
- **peristiwa tembak-menembak** exchange of fire

bertembak-tembakan KATA KERJA
to shoot at one another
◊ *Polis dan perompak itu bertembak-tembakan di tengah-tengah jalan raya.* The police and the robber were shooting at one another in the middle of the road.

menembak KATA KERJA
to shoot

menembakkan KATA KERJA
to fire
◊ *menembakkan peluru berpandu* to fire a guided missile

penembak KATA NAMA
shooter

penembakan KATA NAMA
shooting
◊ *Peristiwa penembakan anggota polis itu masih menimbulkan tanda tanya.* The shooting of that policeman has still not been cleared up.

tertembak KATA KERJA
to be shot
◊ *Dua orang polis tertembak dalam kejadian itu.* Two policemen were shot in the incident.

tembakan KATA NAMA
shot
◊ *Tembakannya tidak mengenai sasaran.* His shot missed the target.

tembakau KATA NAMA
tobacco

tembam KATA ADJEKTIF
chubby
◊ *pipi yang tembam* chubby cheeks

temberang KATA KERJA

rujuk juga **temberang** KATA NAMA
to lie
◊ *Dia asyik temberang sahaja.* He's always lying.

temberang KATA NAMA

rujuk juga **temberang** KATA KERJA
lie
◊ *Jangan dengar temberangnya.* Don't listen to his lies.

tembikai KATA NAMA
watermelon

tembikar KATA NAMA
pottery
- **cawan-cawan tembikar** china cups

tembok KATA NAMA
wall
- **Tembok Besar China** the Great Wall of China

tembuk
menembuk KATA KERJA
to punch holes in
◊ *Dia menembuk kertas itu sebelum memasukkannya ke dalam fail.* She punched holes in the paper before putting it into the file.

tembung
bertembung KATA KERJA
1 *to bump into*
◊ *Kami bertembung dengan bekas guru kami di pasar raya.* We bumped into our former teacher at the supermarket.
2 *to collide*
◊ *Dua buah kereta api bertembung di Gemas awal pagi tadi.* Two trains collided at Gemas early this morning.

pertembungan KATA NAMA
crash (JAMAK **crashes**)
◊ *Tiada orang yang tercedera dalam pertembungan itu.* Nobody was injured in the crash.
- **pertembungan jadual waktu** a clash in the timetable

tembus
menembusi KATA KERJA
to penetrate
◊ *X-ray dapat menembusi banyak objek.* X-rays can penetrate many objects.
◊ *Syarikat itu sedang cuba menembusi pasaran antarabangsa.* The company is trying to penetrate the international market.
- **Senjata itu menembusi paru-parunya.** The weapon pierced his lung.

penembusan KATA NAMA
penetration
◊ *Tembok itu dibina untuk menghalang penembusan pihak musuh.* The wall was built to block enemy penetration.

tempa KATA NAMA

tempah → tempias

- **besi tempa** wrought iron
  menempa KATA KERJA
  to forge
  ◊ *Kemahiran diperlukan untuk menempa pedang.* Skill is needed to forge a sword.
  penempa KATA NAMA
  blacksmith

tempah KATA NAMA
- **wang tempah** deposit
  menempah KATA KERJA
  [1] *to book*
  ◊ *Dia menempah sebuah bilik di hotel mewah itu.* She booked a room at the luxury hotel.
  [2] *to order*
  ◊ *Orang kaya itu menempah sebuah meja antik dari negara China.* The rich man ordered an antique table from China.
  penempahan KATA NAMA
  booking
- **Penempahan tiket hanya boleh dibuat mulai minggu hadapan.** Tickets can only be booked next week.
  tempahan KATA NAMA
  [1] *booking*
  ◊ *tempahan awal* advance booking
  [2] *order*
  ◊ *Tempahan itu diterima kelmarin.* The order was received yesterday.

tempang KATA ADJEKTIF
lame
◊ *Sebelah kakinya tempang.* She was lame in one leg.

tempat KATA NAMA
place
- **tempat kejadian** scene
- **tempat letak kereta** car park
  bertempat KATA KERJA
  to take place
  ◊ *Pameran tersebut bertempat di muzium itu.* The exhibition took place at the museum.
  menempatkan KATA KERJA
  to place
  ◊ *Dia menempatkan anaknya di sebuah sekolah berasrama.* He placed his child in a boarding school.
- **menempatkan semula** to relocate
  menyetempatkan KATA KERJA
  to localize
  ◊ *Mereka sedang cuba untuk menyetempatkan konflik tersebut.* They are attempting to localize the conflict.
  penempatan KATA NAMA
  settlement
  ◊ *penempatan orang Portugis* settlement by the Portuguese
  tempatan KATA ADJEKTIF
  local

◊ *panggilan tempatan* local call

tempayan KATA NAMA
large earthenware vessel
(penjelasan umum)

tempek
bertempek-tempek KATA KERJA
plastered
◊ *Kemejanya bertempek-tempek dengan lumpur.* His shirt was plastered with mud.
menempek KATA KERJA
to spread
◊ *Dia menempek krim pada mukanya.* She spread cream over her face.
- **menempek bedak** to powder

tempel
bertempel KATA KERJA
to be stuck
◊ *Label itu bertempel pada mata pisau.* The label is stuck to the blade.
menempelkan KATA KERJA
to stick
◊ *Kami menempelkan poster itu pada tingkap.* We stuck the poster on the window.
penempelan KATA NAMA
sticking
- **Kerja-kerja penempelan poster dilakukan oleh pihak penganjur.** The posters were put up by the organizers.
  tempelan KATA NAMA

  > tempelan *merujuk kepada semua benda yang ditempelkan dan tidak ada terjemahan yang khusus dalam bahasa Inggeris.* **tempelan** *perlu diterjemahkan mengikut konteks.*

  ◊ *Ada banyak tempelan pada dinding bangunan itu semasa kempen pilihan raya diadakan.* A lot of posters were stuck on the wall of the building during the election campaign. ◊ *Emaknya terkejut melihat tempelan pada dahinya.* His mother was surprised to see the dressing on his forehead.

tempeleng KATA NAMA
slap
menempeleng KATA KERJA
to slap

tempiar
bertempiaran KATA KERJA
to scatter
◊ *Orang ramai bertempiaran apabila mereka mendengar bunyi satu das tembakan.* The crowd scattered when they heard a shot being fired.
- **Mereka lari bertempiaran.** They ran helter-skelter.

tempias KATA NAMA
spray
◊ *tempias daripada air terjun* the

spray from the waterfall
bertempias, bertempiasan KATA KERJA
to fly into
◊ *Air bertempiasan ke udara apabila ombak memukul batu itu.* Spray flew into the air when the waves hit the rock.
menempiasi KATA KERJA
to blow into
◊ *Hujan menempiasi anjung rumah.* The rain was blowing into the porch.
menempiaskan KATA KERJA
to make ... spray
◊ *Ribut taufan itu menempiaskan air hujan ke dalam bangunan itu.* The typhoon made the rain spray into the building.

tempik
bertempik KATA KERJA
to shout
◊ *Dia bertempik supaya suaranya dapat didengari.* He shouted so that he could be heard.
menempikkan KATA KERJA
to shout
◊ *Shelby menempikkan nama abangnya.* Shelby shouted her brother's name.
tempikan KATA NAMA
shout
◊ *Tempikan itu menakutkan saya.* The shout frightened me.

tempoh KATA NAMA
period

tempuh
menempuh, menempuhi KATA KERJA
to face
◊ *Kita mesti tabah menempuhi segala cabaran hidup.* We must face life's challenges with perseverance.

tempuling KATA NAMA
harpoon

tempur
bertempur KATA KERJA
to battle
◊ *Beribu-ribu orang bertempur dengan pihak polis.* Thousands of people battled with the police.
menempur KATA KERJA
to attack
◊ *Pengganas-pengganas itu menempur kampung itu.* The terrorists attacked the village.
pertempuran KATA NAMA
battle
◊ *Ayahnya terkorban dalam pertempuran itu.* Her father lost his life in that battle.
♦ **Beberapa pertempuran telah berlaku antara pihak polis dengan penunjuk perasaan.** There have been a number of clashes between police and demonstrators.

tempurung KATA NAMA
shell
◊ *tempurung kelapa* coconut shell

temu
bertemu KATA KERJA
to meet
◊ *Awang berpeluang bertemu dengan pemimpin terkenal itu.* Awang had a chance to meet the famous leader.
menemui KATA KERJA
[1] *to meet*
◊ *Pengarah itu bersetuju untuk menemui wartawan-wartawan tersebut.* The director agreed to meet the reporters.
[2] *to discover*
◊ *Para saintis masih belum menemui penawar untuk penyakit AIDS.* Scientists still haven't discovered a cure for AIDS.
mempertemukan KATA KERJA
to bring together
◊ *Persidangan itu telah mempertemukan pakar-pakar perubatan dari seluruh dunia.* The conference brought together medical specialists from all over the world.
penemuan KATA NAMA
discovery (JAMAK **discoveries**)
pertemuan KATA NAMA
meeting

temu bual KATA NAMA
interview
bertemu bual KATA KERJA
to interview
◊ *Wartawan itu akan bertemu bual dengan salah seorang pensyarah universiti.* The reporter is going to interview one of the university lecturers.
menemu bual KATA KERJA
to interview
◊ *Wartawan itu akan menemu bual salah seorang pensyarah universiti.* The reporter is going to interview one of the university lecturers.
penemu bual KATA NAMA
interviewer

temu duga KATA NAMA
interview
bertemu duga KATA KERJA
to interview
◊ *Pengurus itu akan bertemu duga dengan pemohon-pemohon kerja itu.* The manager will interview the applicants for the job.
menemu duga KATA KERJA
to interview
◊ *Pengurus itu akan menemu duga pemohon-pemohon kerja itu.* The manager will interview the applicants for the job.

temu janji → tengah

penemu duga KATA NAMA
interviewer
temu janji KATA NAMA
appointment
temu ramah KATA NAMA
interview
- **bertemu ramah** KATA KERJA
to interview
◊ *Wartawan itu akan bertemu ramah dengan salah seorang saintis itu.* The reporter is going to interview one of the scientists.
menemu ramah KATA KERJA
to interview
◊ *Mereka akan menemu ramah salah seorang pensyarah universiti itu.* They are going to interview one of the university lecturers.
penemu ramah KATA NAMA
interviewer
tenaga KATA NAMA
- *energy*
- **tenaga kerja** workforce
bertenaga KATA KERJA
energetic
◊ *Dia sangat bertenaga.* She's very energetic.
tenang KATA ADJEKTIF
calm
bertenang KATA KERJA
to keep calm
◊ *Cubalah bertenang supaya anda dapat berfikir dengan jelas.* Try to keep calm so that you can think clearly.
- **Bertenang!** Calm down!
ketenangan KATA NAMA
calmness
◊ *ketenangan air laut* the calmness of the sea
- **ketenangan jiwa** inner peace
menenangkan KATA KERJA
to calm
◊ *Dia cuba menenangkan dirinya.* She tried to calm herself.
penenang KATA NAMA
- **ubat penenang** tranquillizer
tenat KATA ADJEKTIF
critical
◊ *Penyakit barahnya semakin tenat.* His cancer is getting critical.
- **sakit tenat** critically ill
- **Pesakit itu sedang tenat.** The patient is critically ill.
tenda KATA NAMA
[1] *canvas* (JAMAK **canvases**)
[2] *(pada katil) canopy*
(JAMAK **canopies**)
tendang KATA KERJA
to kick

◊ *Tendang bola itu!* Kick the ball!
menendang KATA KERJA
to kick
◊ *Zahid menendang bola itu.* Zahid kicked the ball.
tendangan KATA NAMA
kick
◊ *tendangan sudut* corner kick
tengadah
menengadah KATA KERJA
to look up
◊ *Kanak-kanak itu menengadah ke arah ibunya.* The child looked up at his mother.
menengadahkan KATA KERJA
to lift
◊ *Budak lelaki itu menengadahkan mukanya untuk memandang bapanya.* The boy lifted his face to look at his father.
tengah KATA ADJEKTIF

> rujuk juga **tengah** KATA ARAH

middle
◊ *Butang tengah pada kemejanya sudah tanggal.* The middle button on his shirt has come off.
- **bahagian tengah** middle
- **tengah hari (1)** noon *(pukul 12)*
- **tengah hari (2)** afternoon *(selepas pukul 12)*
- **tengah malam** midnight
menengah KATA ADJEKTIF
- **kelas menengah** intermediate class
- **sekolah menengah** secondary school
mengetengahkan KATA KERJA
[1] *to raise*
◊ *En. Khoo mengetengahkan isu itu dalam mesyuarat tersebut.* Mr Khoo raised the issue at the meeting.
[2] *to put forward (cadangan, idea)*
pertengahan KATA NAMA
middle
- **pertengahan jalan** halfway
- **pertengahan umur** middle-aged
- **cuti pertengahan semester**
mid-semester holiday
setengah KATA ADJEKTIF, KATA BILANGAN
half
◊ *setengah daripada harga itu* half the price ◊ *setengah buku roti* half a loaf of bread
setengah-setengah, sesetengah
KATA BILANGAN
some
◊ *Sesetengah orang kerap jatuh sakit.* Some people often fall ill.
tengah KATA ARAH

> rujuk juga **tengah** KATA ADJEKTIF

middle
◊ *Jangan berhenti di tengah jalan.*

Don't stop in the middle of the road.
◊ *Vivian mengalihkan bakul itu ke tengah.* Vivian moved the basket to the middle.
tengah-tengah KATA ARAH
very middle
◊ *Dia berdiri di tengah-tengah padang.* She stood in the very middle of the field.

tenggak
menenggak KATA KERJA
to swallow

tenggala KATA NAMA
plough
menenggala KATA KERJA
to plough

tenggara KATA NAMA
south-east

tenggek
bertenggek, menenggek KATA KERJA
to perch
◊ *Seekor burung bertenggek di atas dawai elektrik itu.* A bird perched on the electricity cable.
menenggekkan KATA KERJA
to perch
◊ *Evelyn menenggekkan lampu itu pada sebuah tin di atas almari.* Evelyn perched the lamp on a tin on top of the cupboard.
tertenggek KATA KERJA
perched
◊ *Lilin itu tertenggek di atas rak.* The candle was perched on the shelf.

tenggelam KATA KERJA
to sink
◊ *Kapal itu tenggelam.* The ship sank.
menenggelami KATA KERJA
to submerge
◊ *Air bah telah menenggelami seluruh kampung itu.* The flood water submerged the whole village.
menenggelamkan KATA KERJA
to sink
◊ *Ribut yang kencang itu telah menenggelamkan kapal itu.* The storm sank the ship.

tenggiling KATA NAMA
armadillo (JAMAK **armadillos**)

tengik KATA ADJEKTIF
rancid (bau)

tengkar
bertengkar KATA KERJA
to argue
pertengkaran KATA NAMA
argument

tengking KATA NAMA
shout
menengking KATA KERJA
to shout at
◊ *Rani terkejut apabila kakaknya menengkingnya.* Rani was startled when her sister shouted at her.

tengkolok KATA NAMA
headdress (JAMAK **headdresses**) (*terjemahan umum*)

tengkorak KATA NAMA
skull

tengkujuh KATA NAMA
rainy season
♦ *musim tengkujuh* rainy season

tengkuk KATA NAMA
nape

tengok KATA KERJA
to look at
◊ *Tengok rumah itu!* Look at that house!
menengok KATA KERJA
1 *to look at*
◊ *Kogila menengok anjing itu.* Kogila looked at the dog.
2 *to visit*

tenis KATA NAMA
tennis

tenor KATA NAMA
tenor (*penyanyi lelaki bersuara tinggi*)

tentang KATA SENDI
about
bertentang KATA KERJA
opposite
◊ *Jennie duduk bertentang dengan Joe ketika bersarapan.* Jennie sat opposite Joe during breakfast.
♦ *bertentang mata* to stare at each other
bertentangan KATA KERJA
1 *opposite*
◊ *Rumah itu bertentangan dengan sebuah pasar raya.* The house is opposite a supermarket.
2 *contrary*
◊ *Keputusannya bertentangan dengan kehendak ibu bapanya.* His decision is contrary to his parents' wishes.
menentang KATA KERJA
to go against
◊ *Ramlah selalu menentang kehendak ibu bapanya.* Ramlah always goes against her parents' wishes.
♦ *Askar-askar itu berperang untuk menentang musuh negara mereka.* The soldiers fought against their country's enemy.
♦ *Mary akan menentang Martina dalam perlawanan esok.* Mary will compete against Martina in tomorrow's match.
penentang KATA NAMA
opponent
◊ *penentang-penentang ujian nuklear* opponents of nuclear tests
penentangan KATA NAMA
resistance

tentera → tenyeh

◊ *penentangan terhadap perubahan* resistance to change

tentangan KATA NAMA
opposition
◊ *Pihak pemaju menerima tentangan hebat daripada penghuni di situ.* The developer met strong opposition from the local residents.
♦ **Pemain itu memberikan tentangan yang hebat sebelum tewas.** The player put up a good fight before losing.

tentera KATA NAMA
1 *military* (*pasukan*)
2 *soldier* (*orang*)
♦ **tentera darat** army (JAMAK **armies**)
♦ **tentera laut** navy (JAMAK **navies**)
♦ **tentera udara** air force

ketenteraan KATA NAMA
military
◊ *tindakan ketenteraan* military action

tenteram KATA ADJEKTIF
peaceful
◊ *Waktu pagi di kampung biasanya sunyi dan tenteram.* Mornings in the village are usually quiet and peaceful.
♦ **Hatinya tenteram ketika berada di kampung itu.** She feels at peace in the village.

ketenteraman KATA NAMA
peace
◊ *Mereka berusaha mengembalikan ketenteraman di situ.* They worked hard to restore peace there.

menenteramkan KATA KERJA
to calm
◊ *Dia cuba menenteramkan keadaan.* He tried to calm the situation.

tentu KATA ADJEKTIF
sure
◊ *Dia tentu akan marah.* She's sure to be angry.
♦ **Sudah tentu!** Of course!
♦ **tidak tentu** uncertain

ketentuan KATA NAMA
♦ **ketentuan hidup** one's lot in life ◊ *Kita mesti tabah menghadapi ketentuan hidup.* We must face our lot in life with perseverance.
♦ **ketidaktentuan** uncertainty (JAMAK **uncertainties**)

menentu KATA KERJA
♦ **tidak menentu** uncertain ◊ *keadaan yang tidak menentu* an uncertain situation

menentukan KATA KERJA
to decide
◊ *Ayah merekalah yang menentukan tempat percutian mereka.* Their father decides where they go on holiday.

penentu KATA NAMA
determinant
♦ **penentu masa** timer

penentuan KATA NAMA
determination
◊ *penentuan polisi syarikat* the determination of the company's policy
♦ **Dia percaya bahawa hidup dan mati ialah penentuan Tuhan.** He believes that life and death are in God's hands.

tertentu KATA ADJEKTIF
1 *specific*
◊ *cara memasak yang tertentu* a specific method of cooking
2 *certain*
◊ *Anak patung itu hanya dijual di kedai-kedai tertentu.* The doll is only sold in certain shops.

tenuk KATA NAMA
tapir

tenun
menenun KATA KERJA
to weave

penenun KATA NAMA
weaver

penenunan KATA NAMA
weaving
◊ *Kerja-kerja penenunan biasanya dilakukan oleh kaum wanita.* Weaving is usually done by the womenfolk.

tenunan KATA NAMA
weave
◊ *kain dengan tenunan yang halus* fabrics with a close weave

tenung
menenung KATA KERJA
to stare
◊ *Juliana menenung wajah kawannya.* Juliana stared at her friend.
♦ **menenung nasib seseorang** to tell somebody's fortune ◊ *Pak Husin menenung nasib anak orang kaya itu.* Pak Husin told the fortune of the rich man's child.

tenusu KATA NAMA
dairy
◊ *hasil tenusu* dairy products

tenyeh
menyeh KATA KERJA
to knead
◊ *Dia menyeh bahu emaknya.* She kneaded her mother's shoulders.

menyehkan KATA KERJA
1 *to squash*
◊ *Bayi itu menyehkan kek itu ke mukanya.* The baby squashed the cake on to its face.
2 *to stub out*
◊ *menyehkan puntung rokok* to

stub out a cigarette

teori KATA NAMA
theory (JAMAK **theories**)

tepat KATA ADJEKTIF
1 *exact*
◊ *Beritahu saya jumlah yang tepat.* Tell me the exact figure.
♦ **Waktu sekarang tepat pukul empat.** The time now is exactly four o'clock.
2 *correct*
◊ *Sangkaan saya memang tepat.* My guess was correct.
3 *accurate*
◊ *ukuran yang tepat* accurate measurement
♦ **tidak tepat** inaccurate
bertepatan KATA KERJA
to match
◊ *fesyen yang bertepatan dengan cita rasa remaja* fashion that matches the taste of teenagers
ketepatan KATA NAMA
accuracy
menepati KATA KERJA
to fulfil
◊ *Para peserta mesti menepati syarat pertandingan.* Participants must fulfil the conditions of the competition.
♦ **Balingan pemain itu menepati sasaran.** The player's throw was right on target.
♦ **Kita mesti menepati masa.** We must be punctual.

tepi KATA ADJEKTIF
rujuk juga **tepi** KATA ARAH
♦ **bahagian tepi** side ◊ *Label itu dilekatkan pada bahagian tepi kotak itu.* The label is stuck on the side of the box.
mengetepikan KATA KERJA
to put aside
◊ *Sarah menutup buku itu dan mengetepikannya.* Sarah closed the book and put it aside. ◊ *Saya mengetepikan perasaan peribadi saya.* I put my personal feelings aside.
♦ **Jangan mengetepikan pelajar itu.** Don't ostracize the student.
♦ **Cindy berjaya mengetepikan pemain tersebut.** Cindy succeeded in eliminating the player.

tepi KATA ARAH
rujuk juga **tepi** KATA ADJEKTIF
side
◊ *Jalan di tepi.* Walk at the side of the road. ◊ *Dia mengalihkan bakul itu ke tepi.* He moved the basket to one side. ◊ *Dia duduk di tepi.* She sat to one side.
♦ **"Ke tepi," kata pegawai itu.** "Move aside," said the officer.
♦ **Dia duduk di tepi emaknya.** She sat beside her mother.

tepis
menepis KATA KERJA
to deflect
◊ *Penjaga gol mereka menepis bola itu.* Their goalkeeper deflected the ball.

tepu KATA ADJEKTIF
saturated

tepuk KATA KERJA
to clap
◊ *Tepuk tangan anda.* Clap your hands.
bertepuk KATA KERJA
♦ **bertepuk tangan** to applaud
menepuk KATA KERJA
1 *to clap*
◊ *Margaret menepuk tangannya.* Margaret clapped her hands.
2 *to pat*
◊ *Dia menepuk bahu kawannya.* He patted his friend on the shoulder.
tepukan KATA NAMA
applause

tepung KATA NAMA
flour
menepung KATA KERJA
to grind
◊ *Mereka menggunakan mesin itu untuk menepung lada hitam.* They use the machine to grind pepper.

tera KATA NAMA
seal
◊ *dokumen yang mempunyai tera rasmi syarikat* a document bearing the official seal of the company
tertera KATA KERJA
to be printed
◊ *Namanya tertera pada kad itu.* His name was printed on the card.

terajang KATA NAMA
kick
menerajang KATA KERJA
to kick
◊ *Nancy menerajang kaki perompak itu.* Nancy kicked the robber's leg.

teraju KATA NAMA
top leadership
♦ **teraju pemerintahan** highest authority
menerajui KATA KERJA
to lead

terampil KATA ADJEKTIF
skilful
◊ *Mereka terampil dan cerdik.* They are skilful and intelligent.
keterampilan KATA NAMA
skill
◊ *Dia menunjukkan keterampilannya dalam bidang sukan.* She showed her skill in sports.

terang

terang KATA ADJEKTIF
bright
◊ *cahaya matahari yang terang* bright sunlight ◊ *baju merah yang terang* a bright red shirt
- **tulisan yang terang** clear handwriting
- **terang hati** quick to learn
- **terang-benderang** very bright

terang-terang, terang-terangan KATA ADJEKTIF
openly
◊ *Sekarang, kita boleh bercakap secara terang-terang tentang penyakit AIDS.* We can now talk openly about AIDS.
- **secara terang-terangan** blatant
◊ *diskriminasi secara terang-terangan* blatant discrimination

keterangan KATA NAMA
[1] *statement*
[2] *testimony* (di mahkamah)

menerangi KATA KERJA
to illuminate
◊ *Tidak ada lampu jalan yang menerangi jalan itu.* No streetlights illuminated the street.

menerangkan KATA KERJA
to explain

penerangan KATA NAMA
explanation
◊ *Penerangannya jelas sekali.* His explanation was very clear.

terap

menerapkan KATA KERJA
to apply
◊ *Guru besar itu telah menerapkan idea-idea baru ini di sekolahnya.* The headmaster has applied these new ideas to his school.

penerapan KATA NAMA
application
◊ *penerapan sesuatu konsep* the application of a concept

terapi KATA NAMA
therapy (JAMAK **therapies**)

teras KATA NAMA
essence
◊ *Kerajinan itu teras kejayaan.* Diligence is the essence of success.
- **teras bumi** the earth's core

berteraskan KATA KERJA
based on
◊ *Kesimpulan mereka berteraskan keputusan eksperimen tersebut.* Their conclusion is based on the results of the experiment.

teratai KATA NAMA
lotus (JAMAK **lotuses**)

teratak KATA NAMA
hut

terbang KATA KERJA
to fly
◊ *Kapal terbang itu terbang menembusi awan.* The plane flew through the clouds.

berterbangan KATA KERJA
to fly
◊ *Burung-burung berterbangan di udara.* Birds are flying in the sky.
- **Cebisan-cebisan kertas berterbangan ditiup angin kencang.** Pieces of paper were flying about in the strong wind.

menerbangkan KATA KERJA
to fly
◊ *PBB akan menerbangkan bantuan makanan ke Somalia dengan segera.* The UN will fly food aid to Somalia immediately.

penerbangan KATA NAMA
flight
- **syarikat penerbangan** airline

terbit KATA KERJA
to rise
◊ *Matahari sudah terbit.* The sun has risen.

menerbitkan KATA KERJA
[1] *to arouse*
◊ *Kata-kata itu menerbitkan rasa sedih di hatinya.* Those words aroused feelings of sadness in her.
[2] *to publish*
◊ *Syarikat itu akan menerbitkan sebuah majalah baru.* The company is going to publish a new magazine.

penerbit KATA NAMA
publisher

penerbitan KATA NAMA
publication
◊ *Penerbitan buku itu menelan belanja yang banyak.* The publication of the book costs a lot.

terbitan KATA NAMA
published
◊ *buku terbitan tempatan* a locally published book

terendak KATA NAMA
- **terendak lampu** lampshade

teres KATA NAMA
terrace
- **rumah teres** terraced house

teriak KATA NAMA *rujuk* **teriakan**

berteriak KATA KERJA
[1] *to shout*
◊ *Dia terpaksa berteriak supaya suaranya dapat didengari.* She had to shout to make herself heard.
[2] *to cry*
◊ *"Awak silap!" dia berteriak.* "You are wrong!" he cried.

meneriak KATA KERJA

to cry
◊ *Dia meneriak 'tidak' apabila mendengar berita itu.* He cried 'no' when he heard the news.
• **Kelly meneriak memanggil kawannya yang berada di seberang jalan.** Kelly called to her friend who was across the road.
meneriakkan KATA KERJA
to shout out
◊ *Mereka meneriakkan nama-nama orang yang ditahan.* They shouted out the names of those detained.
teriakan KATA NAMA
call
◊ *Saya terdengar teriakannya dari bilik saya.* I heard her call from my room.

terik KATA ADJEKTIF
[1] *scorching*
◊ *hari panas terik* a scorching hot day
[2] *tight*
◊ *seluar jean yang terik* tight jeans
menerikkan KATA KERJA
to tighten
◊ *Dia menerikkan simpul itu.* She tightened the knot.

terima
menerima KATA KERJA
[1] *to receive*
◊ *Saya telah menerima surat anda yang bertarikh 7 November.* I have received your letter of November 7.
[2] *to accept*
◊ *June menerima nasihat saya.* June accepted my advice.
• **tidak dapat diterima** unacceptable
penerima KATA NAMA
[1] *recipient* (orang)
[2] *receiver* (alat)
penerimaan KATA NAMA
acceptance
◊ *penerimaan tawaran kerja* the acceptance of a job offer

terima kasih KATA NAMA
thank you
berterima kasih KATA KERJA
grateful
◊ *Dia berterima kasih kepada penyokong-penyokongnya.* He was grateful to his supporters.

terima pakai
menerima pakai KATA KERJA
to adopt
◊ *Syarikat itu telah menerima pakai sistem yang baru itu.* The company has adopted the new system.

terjang KATA NAMA
attack
menerjang KATA KERJA

to attack
◊ *Lanun-lanun menerjang kampung itu.* Pirates attacked the village.

terjemah
menterjemah KATA KERJA
to translate
◊ *menterjemah secara hurufiah* to translate literally
menterjemahkan KATA KERJA
to translate
◊ *Lee Tin menterjemahkan buku itu daripada bahasa Inggeris kepada bahasa Jepun.* Lee Tin translated the book from English into Japanese.
penterjemah KATA NAMA
translator
penterjemahan KATA NAMA
translation
◊ *Kami mengkhusus dalam bidang penterjemahan.* We specialized in translation.
terjemahan KATA NAMA
translation
◊ *terjemahan yang bermutu* a good quality translation

terjun KATA KERJA
[1] *to plunge*
◊ *Dia terjun ke dalam air.* He plunged into the water.
[2] *to jump*
◊ *"Jangan terjun!" jerit Carrie.* "Don't jump!" shouted Carrie.
• **air terjun** waterfall
• **terjun air** diving
penerjun KATA NAMA
[1] *parachutist* (dengan payung terjun)
[2] *diver* (ke dalam air)
terjunan KATA NAMA
jump
◊ *Dia seorang penerjun yang telah melakukan lebih daripada 150 terjunan.* He was a parachutist who had done over 150 jumps.

terkam
menerkam KATA KERJA
to pounce
◊ *Kucing itu menerkam ke arah burung merpati tersebut.* The cat pounced on the pigeon.
• **Saya terkejut apabila Ling menerkam ke arah saya.** I had a shock when Ling leapt at me.
terkaman KATA NAMA
the act of pouncing
• **Pelanduk itu mati akibat terkaman harimau itu.** The mouse deer died when the tiger pounced on it.

terkup
menerkup KATA KERJA

terminal KATA NAMA
terminal

termometer KATA NAMA
thermometer

termos KATA NAMA
Thermos ® (JAMAK **Thermoses**)

ternak KATA NAMA *rujuk* **ternakan**

menternak KATA KERJA
to breed
◊ *Abidin menyara hidupnya dengan menternak ikan.* Abidin breeds fish for a living.

penternak KATA NAMA
breeder

penternakan KATA NAMA
breeding
◊ *Dia dapat menambahkan pendapatannya melalui penternakan ayam.* He supplements his income with chicken breeding.

ternakan KATA NAMA
livestock

teroka

meneroka KATA KERJA
1 *to clear*
◊ *Mereka meneroka hutan itu untuk membuat penempatan.* They cleared the forest for settlement.
2 *to explore*
◊ *Kami akan meneroka kawasan itu.* We will explore the area.

peneroka KATA NAMA
settler

penerokaan KATA NAMA
exploration
◊ *penerokaan teori-teori mereka* the exploration of their theories

teropong KATA NAMA
binoculars

meneropong KATA KERJA
to look at ... through a pair of binoculars
◊ *Vincent meneropong rumah itu.* Vincent looked at the house through a pair of binoculars.

terowong KATA NAMA
tunnel

terpa

menerpa KATA KERJA
to rush
◊ *Mereka menerpa ke pintu apabila mendengar bunyi loceng.* They rushed to the door when they heard the bell.
♦ **Saya terkejut apabil Wai Ling menerpa ke arah saya.** I had a shock when Wai Ling leapt at me.

to catch
◊ *Jack menerkup semut itu dengan mangkuk.* Jack caught the ant under a bowl.

tertib KATA ADJEKTIF
well-mannered
◊ *pelajar yang tertib* a well-mannered student
♦ **Rancangan itu berjalan dengan tertib.** The plan was carried out in an orderly manner.
♦ **tertib menaik** ascending order
♦ **tertib menurun** descending order

teruk KATA ADJEKTIF
1 *bad*
◊ *hari yang teruk* a bad day
2 *serious*
◊ *kecederaan yang teruk* a serious injury
♦ **lebih teruk** worse ◊ *Kerjanya lebih teruk daripada kerja saya.* His work was even worse than mine.

terumbu KATA NAMA
reef

teruna KATA NAMA
young man (JAMAK **young men**)

terung KATA NAMA
brinjal
♦ **terung ungu** aubergine

terup KATA NAMA
card game
♦ **daun terup** playing card

terus KATA BANTU
1 *straight*
◊ *Saya terus pergi berjumpa doktor.* I went straight to the doctor.
2 *to keep on*
◊ *Dia terus mencuba.* He kept on trying.
3 *immediately*
◊ *Dia sungguh kacak. Saya terus jatuh hati padanya.* He was so handsome, I fell for him immediately.
♦ **Mereka berazam untuk terus bekerja apabila sampai masa untuk mereka bersara.** They are determined to continue working when they reach retirement age.

terus-menerus KATA ADJEKTIF
1 *continuously*
◊ *Jamuna bercakap terus-menerus selama satu jam.* Jamuna talked continuously for an hour.
2 *away*
◊ *Dia masih bekerja terus-menerus di perpustakaan.* He was still working away in the library.
♦ **Rancangan televisyen itu disiarkan secara terus-menerus.** The television programme was screened live.
♦ **Dia terus-menerus menyalahkan saya.** He kept blaming me.

berterusan KATA KERJA

terus terang → tetas

1 *to persist*
◊ *Masalah itu akan berterusan jika tidak ada langkah diambil untuk menyelesaikannya.* The problem will persist if no steps are taken to solve it.
2 *continuous*
◊ *penilaian yang berterusan* a continuous assessment

menerusi KATA KERJA
through
◊ *Kami berjalan menerusi padang itu untuk sampai ke rumahnya.* We walked through the field to get to her house.

meneruskan KATA KERJA
to continue
◊ *Kami meneruskan perbincangan kami.* We continued our discussion.

seterusnya KATA ADJEKTIF
next
◊ *dua jam yang seterusnya* the next two hours

terusan KATA NAMA
canal

terus terang KATA ADJEKTIF, KATA KERJA
1 *frankly*
◊ *Anda boleh bercakap terus terang dengan saya.* You can talk frankly to me.
• **menjawab dengan terus terang** to give a straight answer
2 *frank*
◊ *Biar saya terus terang dengan anda.* Let me be frank with you.

berterus terang KATA KERJA
frank
◊ *Biar saya berterus terang dengan anda.* Let me be frank with you.
• **Dia berterus terang dengan saya tentang perkara itu.** He told me about the matter frankly.

tesaurus KATA NAMA
thesaurus (JAMAK **thesauruses**)

testimoni KATA NAMA
testimony (JAMAK **testimonies**)

tetak
menetak KATA KERJA
to chop
◊ *Ben menetak kayu di belakang rumahnya.* Ben chopped wood behind his house.

tetamu KATA NAMA
guest

tetangga KATA NAMA
neighbour
• **rukun tetangga** neighbourhood association

tetanus KATA NAMA
tetanus

tetap KATA ADJEKTIF
rujuk juga **tetap** KATA BANTU

1 *permanent*
◊ *kerja tetap* a permanent job
2 *fixed*
◊ *bilangan tempat duduk yang tetap* a fixed number of seats
• **secara tetap** regularly ◊ *bernafas secara tetap* to breathe regularly

ketetapan KATA NAMA
resolution
◊ *ketetapan PBB* the UN resolution

menetap KATA KERJA
to settle
◊ *Karim menetap di Kuala Lumpur.* Karim settled in Kuala Lumpur.

menetapi KATA KERJA
to fulfil
◊ *Jamal menetapi syarat-syarat peraduan itu.* Jamal fulfilled the conditions of the contest.

menetapkan KATA KERJA
1 *to fix*
◊ *Sekolah itu telah menetapkan tarikh peperiksaan akhirnya.* The school has fixed the date of the final examination.
2 *to assign*
◊ *Pengurus itu menetapkan tugas untuk pekerja-pekerjanya.* The manager assigned tasks to his staff.

penetapan KATA NAMA
determination
◊ *penetapan polisi syarikat* the determination of the company's policy
• **penetapan harga barang-barang** to fix the price of goods

tetap KATA BANTU
rujuk juga **tetap** KATA ADJEKTIF

still
◊ *Daud tetap mempercayai Ani walaupun sudah beberapa kali Ani menipunya.* Daud still trusts Ani even though she has lied to him several times.

tetapi KATA HUBUNG
but
◊ *Dia malas tetapi bijak.* He is lazy but clever.

tetas
menetas KATA KERJA
1 *to unpick stitches*
◊ *Latifah menetas jahitan pada seluarnya.* Latifah unpicked the stitches on her trousers.
2 *to hatch*
◊ *Telur-telur itu akan menetas selepas seminggu.* The eggs will hatch after a week.

menetaskan KATA KERJA
to incubate
◊ *Burung-burung itu pulang ke sarang untuk menetaskan telur.* The birds

returned to their nests to incubate the eggs.
penetasan KATA NAMA
incubation
◊ *penetasan telur* the incubation of eggs

tetikus KATA NAMA
mouse (komputer)

tetingkap KATA NAMA
window (komputer)

tetua KATA NAMA
freckles

tewas KATA ADJEKTIF
defeated
◊ *Judith tewas dalam pertandingan itu.* Judith was defeated in the competition.
ketewasan KATA NAMA
defeat
◊ *Ketewasan pasukan kami adalah di luar jangkaan.* The defeat of our team was unexpected.
menewaskan KATA KERJA
to defeat
◊ *Pasukan bola sepak kami berjaya menewaskan pasukan mereka.* Our football team succeeded in defeating theirs.

Thailand KATA NAMA
Thailand

tiada KATA ADJEKTIF
1 *no*
◊ *Saya tiada masa untuk berjumpa dengannya.* I have no time to see him.
2 *to pass away*
◊ *"Dia sudah tiada," kata Jamal dengan suara yang perlahan.* "She has passed away," said Jamal quietly.
ketiadaan KATA NAMA
absence
◊ *Mereka hanya berkelakuan begitu semasa ketiadaan saya.* They only behave that way in my absence.

tiang KATA NAMA
1 *pillar* (pada bangunan)
2 *pole*
♦ **tiang gol** goalpost
♦ **tiang lampu** lamppost

tiap
setiap, tiap-tiap KATA BILANGAN
1 *each*
◊ *Pinggan-pinggan itu berharga RM2 setiap satu.* The plates cost RM2 each.
2 *every*
◊ *Kami pergi ke Kuala Lumpur setiap tahun.* We go to Kuala Lumpur every year.

tiarap
meniarap KATA KERJA
to lie prone
◊ *Bob meniarap di atas lantai.* Bob lay prone on the floor.
meniarapkan KATA KERJA
to turn ... upside down
◊ *Dia meniarapkan gelas itu selepas mencucinya.* He turned the glass upside down after washing it.
tertiarap KATA KERJA
to fall face-down
◊ *Dia tertiarap di atas lantai.* She fell face-down on the floor.

tiba (1) KATA KERJA
to arrive
◊ *Saya tiba di rumah Suet Si pada pukul lapan.* I arrived at Suet Si's house at eight o'clock.
ketibaan KATA NAMA
arrival
◊ *Penduduk kampung itu menunggu ketibaan penghulu mereka.* The villagers are waiting for the arrival of their headman.
setiba KATA HUBUNG
♦ **setibanya** with the arrival ◊ *Setibanya musim peperiksaan para pelajar mengulang kaji setiap hari.* With the arrival of the examination season, the students spend every day revising.

tiba (2)
tiba-tiba KATA ADJEKTIF
suddenly
◊ *Tiba-tiba sahaja dia menangis.* She suddenly burst out crying. ◊ *Dia memberhentikan keretanya dengan tiba-tiba.* He stopped his car suddenly.

tibi KATA NAMA
tuberculosis

tidak KATA NAFI
1 *not*
◊ *Saya tidak akan pergi ke majlis itu.* I will not go to the party.
2 *no*
◊ *Anda hendak pergi? - Tidak.* Do you want to go? - No.
menidakkan KATA KERJA
to deny
◊ *Jeremy menidakkan dakwaan itu.* Jeremy denied the accusation.

tidak-tidak KATA ADJEKTIF
absurd
◊ *Jangan beritahu ibu anda perkara yang tidak-tidak itu.* Don't tell your mother those absurd things.
setidak, setidak-tidaknya KATA ADJEKTIF
at least
◊ *Setidak-tidaknya, dengarlah nasihatnya.* At least listen to her advice.

tidur KATA KERJA
to sleep
◊ *Jamal sedang tidur.* Jamal is sleeping.
berseketiduran KATA KERJA

tiga → timang

to make love
menidurkan KATA KERJA
to put ... to bed
◊ *Fatin menidurkan bayinya sebelum keluar.* Fatin put her baby to bed before going out.
meniduri KATA KERJA
to sleep with
tertidur KATA KERJA
to fall asleep
◊ *Adrian tertidur di atas sofa itu.* Adrian fell asleep on the sofa.

tiga KATA BILANGAN
three
• **tiga hari bulan Jun** the third of June
bertiga KATA BILANGAN
three of
◊ *Mereka bertiga kawan baik.* The three of them are good friends.
ketiga KATA BILANGAN
third
ketiga-tiga KATA BILANGAN
all three
◊ *Ketiga-tiga orang pelajar itu mendapat biasiswa.* All three students received scholarships.
sepertiga KATA BILANGAN
one third
◊ *sepertiga kek itu* one third of the cake

tiga belas KATA BILANGAN
thirteen
• **tiga belas hari bulan Julai** the thirteenth of July
ketiga belas KATA BILANGAN
thirteenth

tiga puluh KATA BILANGAN
thirty
• **tiga puluh hari bulan Ogos** the thirtieth of August
ketiga puluh KATA BILANGAN
thirtieth

tiga segi KATA ADJEKTIF
triangular
• **bekas yang berbentuk tiga segi** a triangular container

tikai
bertikai KATA KERJA
to quarrel
◊ *Mereka bertikai tentang perkara-perkara yang remeh.* They quarrelled about unimportant things.
mempertikaikan KATA KERJA
to dispute
◊ *Fauzi mempertikaikan dakwaan-dakwaan itu.* Fauzi disputed the allegations.
pertikaian KATA NAMA
dispute
◊ *Dia telah menyelesaikan pertikaian antara mereka berdua.* He has resolved the dispute between them.

tikam
bertikam, bertikaman KATA KERJA
to stab at each other
◊ *Hang Tuah dan Hang Jebat saling bertikaman.* Hang Tuah and Hang Jebat were stabbing at each other.
menikam KATA KERJA
to stab
◊ *Pencuri itu menikam perutnya.* The thief stabbed him in the stomach.
pertikaman KATA NAMA
duel
◊ *Peristiwa pertikaman antara Hang Jebat dengan Hang Tuah masih diperkatakan sehingga ke hari ini.* The duel between Hang Jebat and Hang Tuah is still discussed to this day.
tertikam KATA KERJA
to be stabbed
◊ *Polis yang tertikam itu telah meninggal dunia.* The policeman who was stabbed has died.
tikaman KATA NAMA
thrust
◊ *Dia cuba mengelakkan tikaman itu.* He tried to avoid the thrust.
• **Dia mati akibat tikaman itu.** He died from that stab wound.

tikar KATA NAMA
mat

tiket KATA NAMA
ticket

tikus KATA NAMA
[1] *mouse* (JAMAK **mice**) (*kecil*)
[2] *rat* (*besar*)
• **tikus belanda** guinea pig

tilam KATA NAMA
mattress (JAMAK **mattresses**)

tilik KATA NAMA
• **tukang tilik** fortune-teller
menilik KATA KERJA
[1] *to observe*
[2] *to predict*
• **menilik nasib seseorang** to tell somebody's fortune
• **Dia menilik nasib di Taiping.** He does fortune telling in Taiping.
penilik KATA NAMA
fortune-teller
tilikan KATA NAMA
[1] *observation*
[2] *prediction*
◊ *Tilikannya sangat tepat.* Her predictions are very accurate.

timah KATA NAMA
tin

timang

timba → timbun   B. Melayu ~ B. Inggeris   1046

menimang, menimang-nimang KATA KERJA
to dandle
◊ *Pak Ali menimang cucunya.* Pak Ali dandled his grandchild.
♦ **Mereka baru sahaja menimang cahaya mata.** They've just got a new baby.
timangan, timang-timangan KATA NAMA
♦ **anak timang-timangan** a favourite child
♦ **nama timang-timangan** pet name

timba KATA NAMA
water dipper
menimba KATA KERJA
to draw (padanan terdekat)
◊ *Munirah menimba air dari perigi.* Munirah drew water from the well.
♦ **Kami pergi ke sekolah untuk menimba ilmu.** We go to school to gain knowledge.

timbal
menimbal, menimbali KATA KERJA
to make ... commensurate
◊ *Hakim menimbal hukuman dengan kesalahan yang dilakukan oleh penjenayah itu.* The judge made the punishment commensurate with the criminal's offence.
setimbal KATA ADJEKTIF
just
◊ *ganjaran yang setimbal* a just reward
♦ **Hukuman itu harus setimbal dengan kesalahan.** The punishment should be commensurate with the offence.
timbalan KATA NAMA
deputy (JAMAK **deputies**)
◊ *Timbalan Perdana Menteri* Deputy Prime Minister

timbang
menimbang KATA KERJA
to weigh
◊ *Ken menimbang bungkusan itu.* Ken weighed the parcel. ◊ *Garry menimbang pendapat kawannya.* Garry weighed his friend's opinion.
mempertimbangkan KATA KERJA
[1] *to consider*
◊ *Pengurus itu mempertimbangkan cadangan pekerjanya.* The manager considered her employee's suggestion.
[2] *to weigh*
◊ *Garry mempertimbangkan pendapat kawannya.* Garry weighed his friend's opinion.
penimbang KATA NAMA
scales
pertimbangan KATA NAMA
consideration
◊ *Cadangannya masih dalam pertimbangan lembaga pengarah.* His suggestion is still under consideration by the board of directors.
timbang rasa KATA NAMA
consideration
◊ *Sesetengah orang langsung tidak mempunyai timbang rasa.* Some people have absolutely no consideration.
bertimbang rasa KATA KERJA
considerate
◊ *pelajar yang bertimbang rasa* a considerate student
♦ **tidak bertimbang rasa** thoughtless
timbang tara KATA NAMA
arbitration
penimbang tara KATA NAMA
arbitrator

timbul KATA KERJA
[1] *to float*
◊ *Saya nampak sekeping wang kertas lima puluh ringgit timbul di atas air.* I saw a fifty-ringgit note floating in the water.
[2] *to come up*
◊ *Perkara itu timbul semasa mesyuarat hari ini.* The subject came up at the meeting today.
♦ **Perselisihan faham itu timbul kerana...** The misunderstanding occurred because...
menimbulkan KATA KERJA
[1] *to arouse*
◊ *Kejadian itu menimbulkan kemarahan ramai orang.* The incident aroused a lot of anger.
♦ **Pembatalan mesyuarat itu menimbulkan tanda tanya.** The cancellation of the meeting raised questions.
[2] *to cause*
◊ *Percubaan-percubaan itu mungkin akan menimbulkan masalah.* The attempts are likely to cause problems.

timbun KATA NAMA, PENJODOH BILANGAN
pile
◊ *setimbun pasir* a pile of sand
bertimbunan, bertimbun-timbun KATA BILANGAN
[1] *piles*
◊ *Sampah sarap bertimbun-timbun di belakang rumahnya.* There are piles of rubbish behind his house.
[2] *to pile up*
◊ *Kerja-kerjanya bertimbunan selepas dia balik dari cuti.* Her work had piled up when she came back from the holidays.
menimbunkan KATA KERJA
to pile ... up
◊ *Leena menimbunkan buku-bukunya di dalam stor.* Leena piled her books up in the storeroom.
penimbunan KATA NAMA
piling up

tertimbun KATA KERJA
to be buried
◊ *Rumah-rumah itu tertimbun oleh tanah runtuh.* The houses were buried by the landslide.
timbunan KATA NAMA, PENJODOH BILANGAN
pile
◊ *satu timbunan pasir* a pile of sand

timbus
menimbus KATA KERJA
to fill
◊ *Pekerja-pekerja itu menimbus lubang di jalan itu.* The workers filled the holes on the road.
tertimbus KATA KERJA
to be buried
◊ *Rumah-rumah itu tertimbus oleh tanah runtuh.* The houses were buried by the landslide.

timpa
bertimpa-timpa KATA KERJA
to come one after another
◊ *Masalahnya datang bertimpa-timpa.* His problems came one after another.
menimpa KATA KERJA
to fall on
◊ *Dahan itu menimpa kereta Sam.* The branch fell on Sam's car.
♦ **Kehidupan rakyat menjadi sukar apabila musim kemarau menimpa.** The people faced difficulties when they were hit by the dry season.
♦ **Nasib malang menimpa dirinya.** Misfortune befell him.

timpal
setimpal KATA ADJEKTIF
just
◊ *ganjaran yang setimpal* a just reward
♦ **Hukuman itu harus setimpal dengan kesalahan.** The punishment should be commensurate with the offence.

timpuh
bertimpuh KATA KERJA
to sit with one's legs drawn up beside one

timun KATA NAMA
cucumber

timur KATA ADJEKTIF
> rujuk juga **timur** KATA ARAH

eastern
◊ *negara-negara Timur* Eastern countries
ketimuran KATA NAMA
eastern
◊ *nilai-nilai ketimuran* eastern values

timur KATA ARAH
> rujuk juga **timur** KATA ADJEKTIF

east
◊ *beberapa batu ke timur* a few miles to the east
♦ **timur laut** north-east
♦ **Timur Tengah** the Middle East

tin KATA NAMA
tin
◊ *pembuka tin* tin opener
♦ **makanan di dalam tin** tinned food
mengetinkan KATA KERJA
to tin
◊ *Kilang itu mengetinkan sardin.* The factory tins sardines.
pengetinan KATA NAMA
the work of tinning something
♦ **Pengetinan sardin dijalankan di kilang itu.** Sardines are tinned at the factory.

tindak
bertindak KATA KERJA
to act
◊ *Jangan bertindak terburu-buru.* Don't act in haste.
tindakan KATA NAMA
action
◊ *Tindakan Kok Kin dipuji oleh guru.* Kok Kin's action was praised by the teacher.
♦ **Itu satu tindakan yang bijak!** That was a good move!

tindak balas KATA NAMA
reaction
◊ *tindak balas kimia* chemical reaction
bertindak balas KATA KERJA
to react
◊ *Kalsium bertindak balas dengan air.* Calcium reacts with water.

tindan
bertindan KATA KERJA
to overlap
◊ *Kajian dua orang pelajar itu bertindan.* The research of the two students overlapped.
♦ **Buku-buku bertindan di atas meja.** Books were heaped on the table.
menindankan KATA KERJA
to pile ... up
◊ *Zurina menindankan fail-failnya di atas meja.* Zurina piled her files up on the table.

tindas
menindas KATA KERJA
to oppress
◊ *Dia menuduh kerajaan menindas golongan minoriti.* He accused the government of oppressing minority groups.
penindas KATA NAMA
oppressor
penindasan KATA NAMA
oppression
◊ *penindasan politik* political oppression
◊ *Ada negara yang masih melakukan*

tindih → tinggi

penindasan terhadap kaum wanita. There are still countries that practise the oppression of women.
tertindas KATA KERJA
oppressed
◊ *pekerja-pekerja yang tertindas* oppressed workers

tindih
  bertindih KATA KERJA
  1 *one on top of the other*
  ◊ *Kotak-kotak itu disusun bertindih di atas meja.* The boxes were arranged one on top of the other on the table.
  2 *to overlap*
  ◊ *Kajian dua orang pelajar itu bertindih.* The research of the two students overlapped.
  menindih KATA KERJA
  1 *to put on top*
  ◊ *David menindih kertas-kertas itu dengan sebuah buku.* David put a book on top of the papers.
  2 *to pin*
  ◊ *Karim menindih adik lelakinya di atas tanah semasa mereka bergaduh.* Karim pinned his brother to the ground while they were fighting.
  3 *to oppress*
  ◊ *Majikan yang jahat itu menindih pekerja-pekerjanya.* The bad employer oppressed his workers.
  penindih KATA NAMA
  ♦ **penindih kertas** paperweight
  pertindihan KATA NAMA
  overlap
  ◊ *pertindihan tugas* an overlap of duties

tindik
  bertindik KATA KERJA
  pierced
  ◊ *Telinga Chui Fen bertindik.* Chui Fen's ears are pierced.
  menindik KATA KERJA
  to have one's ... pierced
  ◊ *Lee Ann menindik telinga semasa dia berumur sembilan tahun.* Lee Ann had her ears pierced when she was nine years old.

tinggal KATA KERJA
  1 *to live*
  ◊ *Ina tinggal di Kuala Lumpur.* Ina lives in Kuala Lumpur.
  2 *left*
  ◊ *Ema menghabiskan makanan yang tinggal di atas meja.* Ema finished the food left on the table.
  3 *to stay*
  ◊ *Janice tinggal di rumah apabila kami pergi bekerja.* Janice stayed at home when we went to work.
  4 *to forget*
  ◊ *Dia tidak pernah tinggal sembahyang.* He has never forgotten to pray.
  ketinggalan KATA KERJA
  1 *to be left behind*
  ◊ *Dia mengulang kaji setiap hari supaya tidak ketinggalan dalam pelajarannya.* She revised every day so that she wouldn't be left behind in her studies.
  2 *to miss*
  ◊ *Billy ketinggalan bas kerana dia bangun lewat.* Billy missed the bus because he woke up late.
  ♦ **ketinggalan zaman** outdated
  meninggal KATA KERJA
  to die
  ♦ **meninggal dunia** to die
  meninggalkan KATA KERJA
  1 *to leave*
  ◊ *Kami akan meninggalkan tempat ini esok.* We will leave this place tomorrow.
  2 *to neglect*
  ◊ *Lisa terlalu sibuk bekerja sehingga meninggalkan tanggungjawabnya sebagai seorang ibu.* Lisa was so busy working she neglected her duties as a mother.
  peninggalan KATA NAMA
  1 *heirloom* (*barang kemas*)
  2 *legacy* (JAMAK **legacies**) (*rumah, dll*)
  ◊ *Kubu itu merupakan peninggalan Portugis.* The fort is a legacy of the Portuguese.
  tertinggal KATA KERJA
  to be left behind
  ◊ *Pelari itu tertinggal jauh di belakang.* The runner was left far behind. ◊ *Penny mengambil payungnya yang tertinggal itu.* Penny fetched her umbrella, which she had left behind.
  ♦ **Kerjanya tertinggal kerana masalah kesihatan.** Her work was held up because she was ill.
  tinggalan KATA NAMA *rujuk* **peninggalan**

tinggi KATA ADJEKTIF
  1 *tall*
  ◊ *lelaki yang tinggi* a tall man
  2 *high*
  ◊ *pangkat yang tinggi* a high rank
  ♦ **Harga barangan di kedai itu terlalu tinggi.** The prices in that shop were extortionate.
  ketinggian KATA NAMA
  height
  ◊ *Ramai orang kagum melihat ketinggian bangunan itu.* Many people were impressed by the height of the

Malay ~ English — tinggung → tinjau

building.

meninggi KATA KERJA
1. *to grow taller*
◊ *Pokok itu sudah meninggi.* The tree has grown taller.
2. *to rise*
◊ *Suara Zidah meninggi kerana dia marah.* Zidah's voice rose because she was angry.

meninggikan KATA KERJA
to raise
◊ *Kilang itu telah meninggikan mutu barangannya.* The factory raised the quality of its goods. ◊ *Guru itu meninggikan suaranya.* The teacher raised her voice.

• **meninggikan diri** to boast ◊ *Mereka tidak menyukai Raja kerana dia selalu meninggikan diri.* They don't like Raja because he's always boasting.

setinggi KATA ADJEKTIF
as tall as

• **setinggi dua meter** to be two metres tall
• **suhu setinggi 30 darjah** a temperature of 30 degrees

tertinggi KATA ADJEKTIF
highest

• **Majlis Tertinggi** the Supreme Council

tinggung
bertinggung, meninggung KATA KERJA
to squat
◊ *Vincent bertinggung di tepi kolam.* Vincent squatted beside the pond.

tingkah (1) KATA NAMA
strange behaviour
◊ *Rosnah berasa takut apabila melihat tingkah perempuan itu.* Rosnah was scared when she saw the woman's strange behaviour.

• **tingkah laku** behaviour

tingkah (2)
meningkah KATA KERJA
to dispute
◊ *Leong meningkah kata-kata ketuanya.* Leong disputed what his leader had said.

tingkap KATA NAMA
window

tingkat KATA NAMA
1. *floor*
• **tingkat satu** the ground floor (AS **the first floor**)
• **tingkat dua** the first floor (AS **the second floor**)
• **tingkat atas** upstairs
• **tingkat bawah** downstairs ◊ *Dia pergi ke tingkat bawah.* He went downstairs.
2. *storey*
◊ *Bangunan itu mempunyai tiga tingkat.* The building has three storeys.

• **rumah teres dua tingkat** a two-storey terraced house

bertingkat KATA KERJA
multi-storey
◊ *tempat letak kereta bertingkat* a multy-storey car park

bertingkat-tingkat KATA KERJA
multi-storey
◊ *bangunan yang bertingkat-tingkat* a multi-storey building

meningkat KATA KERJA
to increase
◊ *Jumlah penduduk di kampung itu telah meningkat.* The population of the village has increased.

meningkatkan KATA KERJA
to increase
◊ *Pengurus itu meningkatkan jumlah pekerja dalam syarikatnya.* The manager increased the number of workers in his company.

• **Penghulu itu mahu meningkatkan taraf hidup penduduknya.** The headman wanted to raise the standard of living of the villagers.

mempertingkatkan KATA KERJA
1. *to increase*
◊ *Syarikat itu ingin mempertingkatkan jualannya.* The company wanted to increase its sales.
2. *to improve*
◊ *Mereka telah mempertingkatkan mutu perkhidmatan mereka.* They have improved their service.

peningkatan KATA NAMA
increase
◊ *Peningkatan kes kecurian membimbangkan penduduk di kawasan itu.* The increase in cases of theft worried residents of the area.

• **Peningkatan kualiti barangan memuaskan hati pengguna.** The improvement in the quality of goods satisfied the consumers.

tingkatan KATA NAMA
form
◊ *tingkatan lima* form five

tinjau
meninjau KATA KERJA
1. *to check up on*
◊ *Guru itu meninjau aktiviti-aktiviti persatuan itu.* The teacher checked up on the activities of the society.
2. *to visit*
◊ *Menteri itu akan meninjau kampung kami.* The minister will visit our village.
3. *to monitor*
◊ *Pihak polis meninjau kegiatan kongsi gelap itu.* The police monitored the

tinju → tiru | B. Melayu ~ B. Inggeris

activities of the secret society.
- **Kami akan meninjau pendapat para pekerja sebelum melaksanakan rancangan itu.** We will survey the workers before implementing the plan.

meninjau-ninjau KATA KERJA
to look out for
◊ *Ben meninjau-ninjau mencari kawannya di pusat membeli-belah yang sesak itu.* Ben looked out for his friend among the crowds in the shopping centre.

peninjau KATA NAMA
market researcher

peninjauan KATA NAMA
survey
◊ *Peninjauan masalah itu perlu dilakukan dengan segera.* A survey of the problem must be done immediately.

tinjauan KATA NAMA
survey
◊ *membuat satu tinjauan* to conduct a survey
- **tinjauan pendapat** opinion poll

tinju KATA NAMA
1 *fist*
- **kena tinju** to be punched
2 *boxing* (sukan)

bertinju KATA KERJA
to box
◊ *William bertinju dan bermain ragbi di sekolah.* William boxed and played rugby at school.

meninju KATA KERJA
to punch
◊ *Thomas meninju pencuri itu.* Thomas punched the thief.

peninju KATA NAMA
boxer

tip KATA NAMA
tip
- **memberikan tip** to tip

tipikal KATA ADJEKTIF
typical

tipis KATA ADJEKTIF
1 *thin*
◊ *kain yang tipis* a thin material
2 *slim*
◊ *peluang yang tipis* a slim chance

menipis KATA KERJA
to get thinner
◊ *Guru itu memarahi Yusuf kerana buku latihannya semakin menipis.* The teacher scolded Yusuf because his exercise book was getting thinner.
- **Lapisan ozon semakin menipis.** The ozone layer is becoming depleted.

menipiskan KATA KERJA
to thin
◊ *Dahlia menipiskan sup itu dengan menambahkan air ke dalamnya.* Dahlia thinned the soup with water.
- **CFC boleh menipiskan lapisan ozon.** CFCs can deplete the ozone layer.

tipu KATA NAMA
deceit
- **tipu daya/helah/muslihat (1)** trickery
◊ *Dia menggunakan tipu daya untuk memenangi perlawanan itu.* He won the competition using trickery.
- **tipu daya/helah/muslihat (2)** tricks
◊ *Jangan terpedaya dengan tipu muslihatnya.* Don't fall for his tricks.

menipu KATA KERJA
to cheat
◊ *Lelaki itu menipu wang isterinya.* The man cheated his wife out of her money.

penipu KATA NAMA
cheat

penipuan KATA NAMA
deception
◊ *Dia telah melaporkan penipuan tersebut.* She has reported the deception.

tertipu KATA KERJA
to be cheated
◊ *Wendy tidak sedar bahawa dia sudah tertipu.* Wendy didn't realize that she had been cheated.

tirai KATA NAMA
curtain

tiram KATA NAMA
oyster

tiri KATA ADJEKTIF
- **ayah tiri** stepfather
- **ibu tiri** stepmother
- **abang tiri** stepbrother
- **kakak tiri** stepsister
- **adik tiri (1)** stepbrother (*lelaki*)
- **adik tiri (2)** stepsister (*perempuan*)

tiris KATA KERJA
to leak
◊ *Botol itu tiris.* The bottle leaks.

tiru
meniru KATA KERJA
1 *to copy*
◊ *Guru itu mendenda Khalid kerana meniru dalam peperiksaan.* The teacher punished Khalid for copying in the examination.
2 *to imitate*
◊ *Joshua meniru cara lelaki itu bercakap.* Joshua imitated the way the man spoke.

tertiru-tiru KATA KERJA
to copy unconsciously
◊ *Dia tertiru-tiru tabiat buruk kawannya.* He copied his friend's bad habits unconsciously.

peniru KATA NAMA
1. *copycat*
2. *cheat* (dalam peperiksaan)
3. *forger* (lukisan)

peniruan KATA NAMA
copying
◊ *Peniruan idea orang lain tidak dibenarkan.* Copying other people's ideas is not allowed.

tiruan KATA NAMA
imitation
◊ *kulit tiruan* imitation leather
- **getah tiruan** synthetic rubber

tirus KATA ADJEKTIF
pointed
◊ *kayu yang tirus* a pointed stick

tisu KATA NAMA
tissue

titah KATA NAMA
(untuk raja, sultan)
1. *command*
◊ *Tun Perak terpaksa akur pada titah Sultan.* Tun Perak had to obey the Sultan's command.
2. *speech* (JAMAK **speeches**)
◊ *Ratu Elizabeth akan menyampaikan titah baginda esok.* Queen Elizabeth will deliver her speech tomorrow.

bertitah KATA KERJA
to speak
◊ *Putera Alias bertitah di hadapan rakyat baginda kelmarin.* Prince Alias spoke in front of his people yesterday.

menitahkan KATA KERJA
to command
◊ *Raja itu menitahkan pahlawan baginda berjuang menentang musuh.* The king commanded his warriors to fight the enemy.

titi KATA NAMA
narrow bridge

meniti KATA KERJA
to walk across
◊ *Dia meniti titian yang berdekatan dengan rumahnya.* She walked across the bridge near her house.

titian KATA NAMA
narrow bridge

titik (1) KATA NAMA
1. *dot*
◊ *Dia menyambung titik-titik pada rajah itu.* She joined up the dots on the diagram.
2. *drop*
◊ *beberapa titik air* a few drops of water

menitik KATA KERJA
to drip
◊ *Air itu tumpah lalu menitik ke atas lantai.* The water spilt and dripped on to the floor.
- **Air matanya menitik.** She wept.

menitikkan KATA KERJA
to drip
◊ *Budak lelaki itu menitikkan lilin ke atas meja.* The boy dripped candle wax onto the table.
- **Ibu menitikkan ubat ke dalam telinga Mat.** Mother put ear drops into Mat's ears.

titik (2) KATA NAMA
1. *full stop*
2. *point*
◊ *titik peralihan* turning point ◊ *titik permulaan* starting point ◊ *titik perpuluhan* decimal point

titik berat
menitikberatkan KATA KERJA
to emphasize
◊ *Kita perlu menitikberatkan disiplin di kalangan pelajar.* We need to emphasize discipline on the part of students.

titik tolak KATA NAMA
starting point
◊ *Titik tolak sesuatu perbincangan...* The starting point of a discussion...
◊ *Titik tolak kepada masalah yang lebih besar...* The starting point of a bigger problem...

bertitik tolak KATA KERJA
1. *to begin*
◊ *Didikan anak-anak mestilah bertitik tolak dari rumah.* Children's education should begin at home.
2. *to stem*
◊ *Masalah itu bertitik tolak daripada sikap kamu sendiri.* The problem stems from your own attitude.

titis KATA NAMA
drop
◊ *beberapa titis air* a few drops of water
- **ubat titis** drop

menitis KATA KERJA
to drip
◊ *Air itu tumpah lalu menitis ke atas lantai.* The water spilt and dripped on to the floor.
- **Air matanya menitis.** She wept.

menitiskan KATA KERJA
to drip
◊ *Budak nakal itu menitiskan lilin ke atas meja.* The naughty boy dripped candle wax onto the table.
- **Ibu menitiskan ubat ke dalam telinga Ken.** Mother put ear drops into Ken's ears.

titisan KATA NAMA
drops
◊ *titisan air* drops of water

- **titisan air mata** teardrops
- **tiub** KATA NAMA
  - *tube*
- **tiup**
  - **bertiup** KATA KERJA
    - *to blow*
    - ◊ *Angin bertiup dari arah timur.* The wind blew from the east.
  - **meniup** KATA KERJA
    - 1 *to blow*
    - ◊ *meniup wisel* to blow a whistle
  - • **Kertas-kertas itu ditiup angin.** The papers were blown by the wind.
    - 2 *to blow out*
    - ◊ *Dia meniup lilin itu.* She blew out the candle.
  - **meniupkan** KATA KERJA
    - *to blow*
    - ◊ *Angin yang kencang itu meniupkan topinya ke dalam sungai.* The strong wind blew his hat into the river.
  - **peniup** KATA NAMA
  - • **peniup saksofon** saxophonist
  - • **peniup trompet** trumpeter
  - **tiupan** KATA NAMA
    - *blowing*
    - ◊ *tiupan angin* the blowing of the wind
  - • **Saya dapat merasakan tiupan angin.** I could feel the wind.
  - • **tiupan trompet** the blast of a trumpet
  - • **Saya dapat mendengar tiupan saksofon itu.** I could hear the sound of the saxophone.
  - • **alat tiupan** wind instrument
- **tocang** KATA NAMA
  - 1 *plait* (yang didandan)
  - 2 *ponytail* (tidak didandan)
- **tohmah**
  - **tohmahan** KATA NAMA
    - *unfounded accusations*
    - ◊ *Dia marah kerana dirinya sering menjadi bahan tohmahan.* He is angry about being the object of unfounded accusations.
  - **mentohmah** KATA KERJA
    - *to accuse wrongfully*
    - ◊ *Saya ditohmah oleh kawan saya sendiri.* I was wrongfully accused by my own friend.
- **tohor** KATA ADJEKTIF
  - *shallow*
  - ◊ *Kolam kanak-kanak itu agak tohor.* The children's pool is quite shallow.
- **toko** KATA NAMA
  - *shop*
- • **toko buku** bookshop
- **tokoh** KATA NAMA
  - *figure*
  - ◊ *Majlis itu dihadiri oleh beberapa orang tokoh politik.* The reception was attended by a number of political figures.
- **ketokohan** KATA NAMA
  - *quality* (JAMAK **qualities**)
  - ◊ *Ketokohannya sebagai seorang pemimpin diketahui ramai.* His qualities as a leader are well-known.
- **tokok**
  - **menokok** KATA KERJA
    - 1 *to add*
    - ◊ *Dia menokok sedikit gula ke dalam kopi itu.* She added a little sugar to the coffee.
    - 2 *to increase*
    - ◊ *menokok ilmu pengetahuan* to increase knowledge
  - **tokok tambah** KATA NAMA
    - *exaggeration*
    - ◊ *Seperti kebanyakan cerita mengenai beliau, cerita ini juga mempunyai unsur-unsur tokok tambah.* Like many stories about him, it smacks of exaggeration.
  - **bertokok tambah** KATA KERJA
    - *to grow*
    - ◊ *Wang yang dilaburkannya telah bertokok tambah.* The money he invested has grown.
  - • **Kesakitan itu semakin bertokok tambah.** The pain is getting worse.
  - **menokok tambah** KATA KERJA
    - *to exaggerate*
    - ◊ *Dia hanya menokok tambah.* He's just exaggerating.
- **toksik** KATA ADJEKTIF
  - *toxic*
- **tol** KATA NAMA
  - *toll*
- **tolak** KATA KERJA
  - 1 *minus*
  - ◊ *satu ribu tolak tiga ratus* one thousand minus three hundred
  - 2 *to push*
- • **saling tolak-menolak** to push each other
  - **bertolak** KATA KERJA
    - *to leave*
    - ◊ *Kami akan bertolak ke Paris pada minggu hadapan.* We are leaving for Paris next week.
  - **bertolak-tolakan** KATA KERJA
    - *to push each other*
    - ◊ *Para pelajar bertolak-tolakan di kantin.* The pupils were pushing each other in the canteen.
  - **menolak** KATA KERJA
    - 1 *to push*
    - ◊ *Mereka menolaknya masuk ke dalam kereta.* They pushed him into the car.
    - 2 *to reject*

◊ *Dia menolak tawaran saya.* He rejected my offer.

penolakan KATA NAMA
rejection
◊ *penolakan permohonan* the rejection of an application

tolakan KATA NAMA
push (JAMAK **pushes**)
◊ *Dia terjatuh akibat tolakan yang kuat.* She fell because she was given a hard push.

tolak ansur KATA NAMA
compromise
◊ *Mereka menyelesaikan masalah itu dengan tolak ansur.* They solved the problem by coming to a compromise.
- **bertolak ansur** KATA KERJA
to compromise
◊ *Kita harus bertolak ansur sedikit.* We should compromise a little.

toleh
menoleh KATA KERJA
to turn
◊ *Miller menoleh ke arah Sarah dan mengenyitkan matanya.* Miller turned towards Sarah and winked.
- **menoleh ke belakang** to look back
◊ *Dia menoleh ke belakang apabila saya memanggil namanya.* She looked back when I called her name.

menolehkan KATA KERJA
to turn
◊ *menolehkan muka* to turn one's face

toleran KATA ADJEKTIF
tolerant
◊ *Mereka perlu lebih toleran.* They need to be more tolerant.

toleransi KATA NAMA
tolerance
◊ *toleransi dan pemahaman beliau terhadap sifat semula jadi manusia yang pelbagai* his tolerance and understanding of diverse human nature

bertoleransi KATA KERJA
tolerant
◊ *Mereka perlu lebih bertoleransi.* They need to be more tolerant.
- **Mereka tidak bertoleransi dengan kami.** They did not behave tolerantly towards us.

tolok KATA ADJEKTIF
- **tidak ada tolok bandingnya** unmatched
◊ *Kecantikannya tidak ada tolok bandingnya.* Her beauty is unmatched.
- **Kemahiran mengukirnya tidak ada tolok bandingnya.** His carving skill is unrivalled.

tolong KATA KERJA

> *rujuk juga* **tolong** KATA NAMA, KATA PERINTAH

to help
◊ *Tolonglah saya.* Please help me.
- **Tolong! Tolong!** Help! Help!
- **tolong-menolong** to help each other

menolong KATA KERJA
to help
◊ *Dia banyak menolong saya.* He helps me a lot.

penolong KATA NAMA
assistant

pertolongan KATA NAMA
help
◊ *Terima kasih atas pertolongan anda.* Thank you for your help.
- **pertolongan cemas** first aid

tolong KATA NAMA

> *rujuk juga* **tolong** KATA KERJA, KATA PERINTAH

help
◊ *Saya terdengar ada orang menjerit meminta tolong.* I heard someone screaming for help.

tolong KATA PERINTAH

> *rujuk juga* **tolong** KATA KERJA, KATA NAMA

please
◊ *Tolong senyap.* Please be quiet.

tomato KATA NAMA
tomato (JAMAK **tomatoes**)

tombak KATA NAMA
lance
menombak KATA KERJA
to stab ... with a lance
◊ *Dia menombak musuhnya.* He stabbed his enemy with a lance.

tomboi KATA NAMA
tomboy

tombol KATA NAMA
knob

tompok KATA NAMA
spot
◊ *Mereka cuba membersihkan tompok-tompok hitam pada dinding itu.* They tried to clean the black spots off the wall.
- **beberapa tompok gam** a few blobs of glue

bertompok, bertompok-tompok KATA KERJA
to have patches
◊ *Badan kucing itu bertompok-tompok hitam dan kuning.* The cat has black and yellow patches.

tong KATA NAMA
barrel
- **tong gas** gas cylinder
- **tong sampah** dustbin

tonggeng

tongkang → topeng

menonggeng KATA KERJA
to bend over
◊ *Budak itu menonggeng.* The boy bent over.

menonggengkan KATA KERJA
to turn ... upside down
◊ *Dia menonggengkan gelas itu selepas mencucinya.* He turned the glass upside down after washing it.

tertonggeng KATA KERJA
upside down
◊ *imej tertonggeng* upside down image

tongkang KATA NAMA
barge

tongkat KATA NAMA
cane

bertongkat KATA KERJA
to use a walking stick to walk
◊ *Selepas kemalangan itu Dania terpaksa bertongkat ke sekolah.* After the accident Dania had to use a walking stick to walk to school.

tongkol KATA NAMA

> *rujuk juga* **tongkol** PENJODOH BILANGAN

block of wood
♦ **tongkol jagung** corn cob

tongkol PENJODOH BILANGAN

> *rujuk juga* **tongkol** KATA NAMA

head
◊ *tiga tongkol jagung* three heads of maize

tonik KATA NAMA
tonic

tonjol KATA NAMA
swelling

menonjol KATA KERJA
[1] *to bulge*
◊ *Otot-ototnya menonjol apabila dia mengangkat besi angkat berat itu.* His muscles bulged when he lifted the weight.
[2] *to be obvious*
◊ *Hanya setelah dia mendapat jawatan itu, barulah niat jahatnya mula menonjol.* It was only after he obtained the position that his evil intentions began to be obvious.

♦ **Ardiana ialah peserta yang paling menonjol antara semua peserta itu.** Ardiana is the most outstanding amongst all the contestants.

♦ **Ciri-ciri kepemimpinannya menonjol sejak di sekolah menengah lagi.** His leadership qualities have been apparent ever since he was at secondary school.

menonjolkan KATA KERJA
[1] *to show off*
◊ *Dia cuba menonjolkan bakatnya dalam penulisan novel.* She tried to show off her talent for novel writing.
[2] *to project*
◊ *Dia berjaya menonjolkan dirinya sebagai seorang pemimpin yang baik.* He succeeded in projecting himself as a good leader.
[3] *to stick out*
◊ *Adik menonjolkan kepalanya ke luar tingkap.* My brother stuck his head out of the window.

tonsil KATA NAMA
tonsils

tonton

menonton KATA KERJA
to watch
◊ *menonton televisyen* to watch television

mempertontonkan KATA KERJA
to perform
◊ *Pelajar-pelajar itu akan mempertontonkan sebuah drama di Panggung Negara.* The students will perform a play at the National Theatre.

penonton KATA NAMA
audience

tontonan KATA NAMA
viewing
♦ **"untuk tontonan umum"** "for general viewing"

topang KATA NAMA
support
◊ *Letakkan topang itu di bawah siling.* Put the support under the ceiling.
♦ **topang ketiak** crutch (JAMAK **crutches**)

bertopang KATA KERJA
♦ **bertopang dagu** to rest one's chin on one's hand

menopang KATA KERJA
to support
◊ *Kami menggunakan tiang kayu itu untuk menopang siling.* We used the wooden post to support the ceiling.

penopang KATA NAMA
support
◊ *sebatang kayu tebal yang dijadikan penopang* a thick wooden bar which was used as a support

topeng KATA NAMA
mask

bertopeng KATA KERJA
to wear a mask
◊ *Pencuri itu bertopeng ketika kejadian itu.* The thief wore a mask during the incident.
♦ **orang yang bertopeng** a masked man

bertopengkan KATA KERJA
to hide behind a mask

♦ **Dia hanya bertopengkan kebaikan untuk menutup kejahatannya.** He's just using a mask of virtue to hide his evil deeds.

topi KATA NAMA
1. *hat*
2. *cap*
◊ *topi besbol* a baseball cap
- **topi keledar** crash helmet (*motosikal*)
- **topi keselamatan** safety helmet

toreh
menoreh KATA KERJA
1. *to tap*
◊ *Pak Abu menoreh getah di kebun itu.* Pak Abu taps rubber in the plantation.
2. *to scratch*
◊ *Budak yang nakal itu menoreh anak patung itu dengan pisau tajam.* The naughty boy scratched the doll with a sharp knife.
penoreh KATA NAMA
rubber tapper
- **penoreh getah** rubber tapper
torehan KATA NAMA
incision
◊ *Torehan pada pokok getah itu agak dalam.* The incision on the rubber tree is quite deep.

tradisi KATA NAMA
tradition

tradisional KATA ADJEKTIF
traditional

trafik KATA NAMA
traffic

tragedi KATA NAMA
tragedy (JAMAK **tragedies**)

tragik KATA ADJEKTIF
tragic

trak KATA NAMA
truck

traktor KATA NAMA
tractor

transformasi KATA NAMA
transformation

transistor KATA NAMA
transistor

trek KATA NAMA
track

trem KATA NAMA
tram

trend KATA NAMA
trend

trengkas KATA NAMA
shorthand

trofi KATA NAMA
trophy (JAMAK **trophies**)

troli KATA NAMA
trolley

trombon KATA NAMA
trombone

trompet KATA NAMA
trumpet

tropika KATA ADJEKTIF
tropical

tua KATA ADJEKTIF
old
◊ *lelaki tua* old man
♦ **Abang saya dua tahun lebih tua daripada saya.** My brother is two years older than I am.
- **isteri tua** first wife
♦ **Dia kelihatan semakin tua sejak beberapa tahun ini.** He seemed to have aged in the last few years.
penuaan KATA NAMA
ageing
◊ *proses penuaan* ageing process
tertua KATA ADJEKTIF
oldest

tuah KATA NAMA
luck
◊ *membawa tuah* to bring luck
bertuah KATA KERJA
lucky

tuai KATA NAMA
reaping knife (JAMAK **reaping knives**)
menuai KATA KERJA
to harvest
◊ *Penduduk kampung itu menuai padi dua kali setahun.* The villagers harvest the paddy twice a year.
penuai KATA NAMA
harvester
penuaian KATA NAMA
harvesting
tuaian KATA NAMA
harvest
◊ *tuaian yang tidak memuaskan* poor harvest
- **satu tan padi tuaian** a ton of harvested paddy

tuala KATA NAMA
towel
◊ *tuala wanita* sanitary towel
- **tuala makan** serviette

tualang
petualang KATA NAMA
1. *backpacker* (*pengembara*)
2. *opportunist*

tuam KATA NAMA
poultice
menuam KATA KERJA
to put a poultice on

tuan KATA GANTI NAMA
> rujuk juga **tuan** KATA NAMA
> untuk orang lelaki yang dihormati

1. *sir*
◊ *Terima kasih tuan.* Thank you sir.

◊ *Tuan, ada panggilan telefon untuk tuan.* Sir, there's a phone call for you.

[2] *you*
◊ *Tuan hendak pergi ke mana?* Where would you like to go? ◊ *Tuan tinggal di mana?* Where are you staying?

[3] *your*
◊ *Adakah ini beg tuan?* Is this your bag?

- **Tuan-tuan dan puan-puan.** Ladies and gentlemen.

bertuankan KATA KERJA
to serve
◊ *Mereka tidak mahu bertuankan lelaki kaya itu.* They don't want to serve that rich man.

pertuanan KATA NAMA
(*zaman dahulu*)
aristocrat

- **Dewan Pertuanan** the House of Lords

tuan KATA NAMA

> rujuk juga **tuan** KATA GANTI NAMA

master
◊ *Tuan saya tidak membenarkan saya keluar.* My master does not allow me to go out.

- **Tuan Rezza tidak ada di dalam pejabat.** Mr Rezza is not in his office.
- **tuan punya** owner
- **tuan rumah (1)** host
- **tuan rumah (2)** landlord (*lelaki*)
- **tuan rumah (3)** landlady (JAMAK **landladies**) (*wanita*)

tuang
menuang, menuangkan KATA KERJA
to pour
◊ *Salmahani menuang teh ke dalam gelas.* Salmahani poured tea into the glass.

menuangi KATA KERJA
to pour
◊ *Tiara menuangi cawan itu dengan air mineral.* Tiara poured mineral water into the cup.

tuanku KATA GANTI NAMA
[1] *Your Majesty* (untuk raja, permaisuri)
[2] *Your Highness* (untuk kerabat diraja)

tuba KATA NAMA
fish poison
menuba KATA KERJA
to poison
◊ *Pemuda itu ditangkap kerana menuba ikan di dalam kolam itu.* The young man was arrested for poisoning the fish in the pond.

penuba KATA NAMA
- **penuba ikan** a fish poisoner

tubi

bertubi-tubi KATA KERJA
[1] *repeatedly*
◊ *Dia memukul anaknya bertubi-tubi.* He beat his son repeatedly.
[2] *persistently*
◊ *bertanya bertubi-tubi* to ask persistently

- **soalan yang bertubi-tubi** persistent questions

tubuh KATA NAMA
body (JAMAK **bodies**)
bersetubuh KATA KERJA
to make love
menubuhkan KATA KERJA
[1] *to form*
◊ *menubuhkan sebuah syarikat* to form a company
[2] *to build*
◊ *Universiti itu akan menubuhkan sebuah pusat kaunseling.* The university will build a counselling centre.

- **Syarikat itu telah ditubuhkan oleh...** The company was founded by...

penubuhan KATA NAMA
formation
◊ *penubuhan kerajaan baru di Pakistan* the formation of the new government of Pakistan

pertubuhan KATA NAMA
organization

tertubuh KATA KERJA
to be formed
◊ *Persatuan itu tertubuh hasil daripada penyatuan dua buah kelab itu.* The society was formed as a result of the union of the two clubs.

- **dengan tertubuhnya** with the establishment ◊ *Dengan tertubuhnya hospital ini...* With the establishment of this hospital...

tuding
menuding KATA KERJA
to point
◊ *Mereka menuding ke arah saya.* They pointed at me.

menudingkan KATA KERJA
to point
◊ *menudingkan jari* to point one's finger

tuduh KATA KERJA
to accuse
menuduh KATA KERJA
to accuse
◊ *Dia menuduh saya mencuri ayamnya.* He accused me of stealing his chicken.

- **tuduh-menuduh** to blame each other

penuduh KATA NAMA
accuser

tertuduh KATA NAMA

accused
◊ *yang tertuduh* the accused
tuduhan KATA NAMA
accusation
◊ *Bill menafikan tuduhan yang dibuat terhadapnya.* Bill denied the accusation made against him.
tudung KATA NAMA
[1] *headscarf* (JAMAK **headscarves**) (terjemahan umum)
◊ *Gadis itu memakai tudung.* The girl wears a headscarf.
[2] *cover*
◊ *tudung jag* jug cover
• **tudung botol** bottle top
• **tudung kepala** headscarf
• **tudung meja** tablecloth
• **tudung saji** food cover
bertudung KATA KERJA
to wear a headscarf
◊ *Gadis itu bertudung.* The girl wears a headscarf.
• **gadis-gadis yang bertudung** girls who cover their heads
menudung KATA KERJA
to cover
◊ *Mereka menudung makanan itu dengan pinggan yang besar.* They covered the food with a big plate.
menudungi KATA KERJA
to cover
◊ *Dia membuka selendang yang menudungi wajahnya.* She took off the veil that covered her face.
menudungkan KATA KERJA
to cover
◊ *Dia menudungkan kepalanya dengan topi.* She covered her head with a cap.
tertudung KATA KERJA
to be covered
◊ *Kami tidak dapat melihat rantainya kerana tertudung oleh selendangnya.* We couldn't see her necklace because it was covered by her veil.
tugas KATA NAMA
[1] *duty* (JAMAK **duties**)
◊ *tugasnya sebagai seorang doktor* her duty as a doctor
[2] *task*
◊ *Saya ada satu tugas penting untuk anda.* I have an important task for you.
bertugas KATA KERJA
[1] *to work*
◊ *Shah bertugas di sebuah syarikat penerbitan.* Shah works in a publishing company.
[2] *on duty*
◊ *Pegawai polis itu ditembak ketika sedang bertugas.* The police officer was shot while on duty.
• **tidak bertugas** off duty
menugaskan KATA KERJA
to assign
• **Guru itu menugaskan kami menulis sebuah esei.** The teacher set us an essay to write.
petugas KATA NAMA
staff on duty
◊ *Sila lapor diri kepada petugas di bilik itu.* Please report to the staff on duty in the room.
• **petugas sukarela** volunteer
tugasan KATA NAMA
assignment
tugu KATA NAMA
monument
• **tugu peringatan** memorial
tuhan KATA NAMA

Perkataan **tuhan** *atau* **god** *bermula dengan huruf besar sekiranya merujuk kepada tuhan dalam agama.*

[1] *Allah* (Islam)
[2] *God* (Kristian, Yahudi, umum)
◊ *Saya percaya adanya Tuhan.* I believe in God.
bertuhan KATA KERJA
to believe in God
◊ *masyarakat yang bertuhan* a society which believes in God
bertuhankan KATA KERJA
to have ... as one's God
• **Dia bertuhankan wang dan kuasa.** Money and power are his god.
ketuhanan KATA NAMA
divinity
mempertuhankan KATA KERJA
to deify
◊ *orang yang mempertuhankan kekayaan* people who deify wealth
tuil KATA NAMA
lever
◊ *Mereka menggunakan tuil untuk mengangkat benda yang berat itu.* They used a lever to lift the heavy object.
menuil KATA KERJA
to lever
◊ *Akhirnya mereka berjaya menuil batu yang besar itu ke tepi jalan.* Finally they managed to lever the rock to the side of the road.
tuisyen KATA NAMA
tuition
tujah
menujah KATA KERJA
[1] *to poke*
◊ *Dia menujah meja itu dengan garpu.* He poked the table with a fork.
[2] *to stab*

tuju → tukar   B. Melayu ~ B. Inggeris   1058

◊ *Tertuduh menujah perut si mati dengan sebilah pisau.* The accused stabbed the victim in the stomach with a knife.

tuju

menuju, menujui KATA KERJA

1. *to head*

◊ *Kereta itu menuju ke arah saya.* The car was heading towards me.

2. *towards*

◊ *berjalan menuju matahari terbit* to walk towards the sunrise

3. *to lead*

◊ *jalan yang menuju ke lebuh raya* the street that leads to the highway

- *Akhirnya mereka tiba ke tempat yang dituju.* Finally they arrived at their destination.

menujukan KATA KERJA

1. *to dedicate*

◊ *Saya ingin menujukan lagu ini kepada ibu dan bapa saya.* I'd like to dedicate this song to my parents.

2. *to address*

◊ *Surat itu ditujukan kepada saya.* The letter is addressed to me.

- **Kata-katanya itu ditujukan kepada saya.** What he said was aimed at me.

setuju, bersetuju KATA KERJA

to agree

◊ *Jika kamu hendak hidup, kamu harus bersetuju dengan rancangan saya.* If you want to go on living, you'd better agree with my plan.

- **tidak bersetuju** to disagree

menyetujui, mempersetujui KATA KERJA

to agree with

◊ *Jika kamu hendak hidup, kamu harus menyetujui rancangan saya.* If you want to go on living, you'd better agree with my plan.

- **pada waktu yang dipersetujui** at the agreed time

persetujuan KATA NAMA

agreement

◊ *Kami memerlukan persetujuan pengantin perempuan.* We need the bride's agreement.

tertuju KATA KERJA

1. *to be directed*

◊ *Soalan itu tertuju kepada ahli panel yang kedua.* The question was directed to the second panellist.

2. *on*

◊ *Fikirannya sentiasa tertuju kepada isu tersebut.* His mind was always on that issue.

tujuan KATA NAMA

1. *purpose*

◊ *Kami tidak tahu tujuan mesyuarat ini diadakan.* We don't know the purpose of the meeting.

2. *intention*

◊ *Tujuannya baik.* His intentions are good.

bertujuan KATA KERJA

to intend

◊ *Saya tidak pernah bertujuan untuk menentang ayah saya sendiri.* I never intended to go against my own father.

tujuh KATA BILANGAN

seven

- **tujuh hari bulan Januari** the seventh of January

ketujuh KATA BILANGAN

seventh

tujuh belas KATA BILANGAN

seventeen

- **tujuh belas hari bulan Julai** the seventeenth of July

ketujuh belas KATA BILANGAN

seventeenth

tujuh puluh KATA BILANGAN

seventy

ketujuh puluh KATA BILANGAN

seventieth

tukang KATA NAMA

craftsman (JAMAK **craftsmen**)

- **tukang cuci** cleaner
- **tukang emas** goldsmith
- **tukang gunting rambut** barber
- **tukang jahit** tailor
- **tukang kasut** cobbler
- **tukang kayu** carpenter
- **tukang kebun** gardener
- **tukang masak** cook

bertukang KATA KERJA

to work as a craftsman

◊ *Dia suka bertukang.* He enjoys working as a craftsman.

ketukangan KATA NAMA

craftsmanship

◊ *Kreativiti dan ketukangan orang zaman purba...* The creativity and craftsmanship of the people of ancient times...

pertukangan KATA NAMA

craftwork

◊ *Walaupun ayahnya seorang tukang, Khalil tidak tahu langsung tentang pertukangan.* Although his father is a craftsman, Khalil doesn't know anything about craftwork.

- **pertukangan kayu** woodwork
- **seni pertukangan** craftsmanship

tukar

bertukar KATA KERJA

1. *to exchange*

◊ *Kami berjabat tangan dan bertukar senyuman.* We shook hands and exchanged smiles.
② *to change*
◊ *Keretanya selalu bertukar.* He is always changing his car. ◊ *Saya perlu mandi dan bertukar pakaian.* I need to have a bath and change my clothes.
③ *to turn*
◊ *Kegembiraannya bertukar menjadi duka apabila suaminya meninggal dunia.* Her happiness turned to sadness when her husband died.
④ *to be transferred*
◊ *Guru itu akan bertukar ke Sarawak pada minggu hadapan.* The teacher will be transferred to Sarawak next week.
bertukar-tukar KATA KERJA
to exchange
◊ *Kami gemar bertukar-tukar fikiran.* We like to exchange ideas.
menukar KATA KERJA
to change
◊ *menukar pekerjaan* to change jobs
- **bahagian-bahagian yang boleh ditukar ganti** interchangeable parts
menukarkan KATA KERJA
① *to transfer*
◊ *Ibu saya menukarkan pemilikan tanah itu kepada abangnya.* My mother transferred the ownership of the land to her brother. ◊ *Pengurus itu menukarkan pekerjanya ke Pulau Pinang.* The manager transferred his employee to Penang.
② *to exchange*
◊ *Saya menukarkan buku itu dengan sekeping cakera padat.* I exchanged the book for a CD.
penukaran KATA NAMA
① *change*
◊ *PBB mengalu-alukan penukaran sistem perundangan di negara itu.* The UN welcomed the change in the country's legal system.
② *conversion*
◊ *penukaran landasan kereta api lama kepada laluan basikal* the conversion of disused rail lines into cycle routes
pertukaran KATA NAMA
① *exchange*
◊ *program pertukaran pelajar* student exchange programme
② *transfer*
- **Pekerja itu tidak bersetuju dengan pertukarannya ke tempat itu.** The employee didn't agree to being transferred to that place.
③ *change*

◊ *Ketibaan musim hujan membawa pertukaran cuaca yang besar.* The coming of the rainy season brings a big change in the weather.
tukaran KATA NAMA
substitute
- **tukaran wang kecil** loose change
tukul KATA NAMA
hammer
penukul KATA NAMA
hammer
tulang KATA NAMA
bone
- **tulang belakang** backbone
- **tulang kering** shin
- **tulang rusuk** rib
- **tulang selangka** collarbone
- **tulang sumsum** bone marrow
tular
menular KATA KERJA
to spread
◊ *Virus penyakit itu menular ke kampung-kampung.* The virus spread to the villages. ◊ *Kita tidak patut membiarkan budaya tidak sihat menular dalam masyarakat kita.* We must not allow unhealthy culture to spread in our society.
penularan KATA NAMA
spread
◊ *Penularan ideologi Karl Marx...* The spread of Karl Marx's ideology...
tulen KATA ADJEKTIF
pure
ketulenan KATA NAMA
purity
◊ *Ketulenan air ini telah dijamin.* The purity of this water is guaranteed.
menulenkan KATA KERJA
to purify
◊ *menulenkan air* to purify water
penulenan KATA NAMA
purification
◊ *penulenan emas* the purification of gold
tuli KATA ADJEKTIF
deaf
tulis KATA KERJA
to write
- **kapur tulis** chalk
bertulis KATA KERJA
written
◊ *sepucuk surat yang bertulis dengan dakwat hitam* a letter written in black ink
- **sepucuk surat yang bertulis tangan** a handwritten letter
- **secara bertulis** in writing
menulis KATA KERJA
to write
◊ *Saya sedang menulis sebuah novel.*

tulus → tumit   B. Melayu ~ B. Inggeris   1060

I'm writing a novel.
menuliskan KATA KERJA
to write
◊ *Nenek meminta saya menuliskannya sepucuk surat.* Grandmother asked me to write a letter for her.
penulis KATA NAMA
writer
penulisan KATA NAMA
writing
◊ *Dia sudah mula berasa sedikit bosan dengan penulisan novel.* She had begun to be a little bored with novel writing.
tertulis KATA KERJA
to be written
◊ *Namanya tertulis di kulit buku itu.* His name is written on the cover of the book.
tulisan KATA NAMA
writing
◊ *Saya tidak dapat membaca tulisannya.* I can't read his writing.
tulus KATA ADJEKTIF
1 *sincere*
◊ *Surat itu diakhiri dengan ucapan terima kasih yang tulus ikhlas.* The letter ended with expressions of sincere gratitude.
2 *honest*
◊ *Dia menderma wang itu dengan hati yang tulus.* He donated the money with honest motives.
ketulusan KATA NAMA
sincerity
◊ *Saya kagum dengan ketulusannya.* I was impressed with his sincerity.
tumbang KATA KERJA
to fall
◊ *Pokok itu tumbang di tengah jalan.* The tree fell into the middle of the road.
◊ *Kerajaan itu tumbang pada abad ke-13.* That kingdom fell in the 13th century.
♦ **pokok yang tumbang itu** the fallen tree
menumbangkan KATA KERJA
1 *to overthrow*
◊ *Pihak revolusi cuba menumbangkan kerajaan.* The revolutionaries tried to overthrow the government.
2 *to defeat*
◊ *Jeremy menumbangkan Daniel dalam perlawanan itu.* Jeremy defeated Daniel in the fight.
tumbesar
tumbesaran KATA NAMA
growth
◊ *Kalsium penting untuk tumbesaran kanak-kanak.* Calcium is important for children's growth.

tumbuh KATA KERJA
to grow
◊ *Pokok itu sudah tumbuh.* The plant has grown.
♦ **tumbuh gigi** to teethe
ketumbuhan KATA NAMA
growth
◊ *Doktor mengesahkan bahawa ada ketumbuhan dalam otaknya.* The doctor confirmed that there was a growth in his brain.
menumbuhi KATA KERJA
to grow on
♦ **Halaman rumahnya sudah ditumbuhi lalang.** His compound was overgrown with weeds.
menumbuhkan KATA KERJA
to make ... grow
◊ *Ubat ini boleh menumbuhkan semula rambut anda.* This preparation can make your hair grow again.
pertumbuhan KATA NAMA
growth
◊ *pertumbuhan ekonomi* economic growth
tumbuhan KATA NAMA
plant
tumbuk
bertumbuk KATA KERJA
to fight
◊ *Pelajar-pelajar itu bertumbuk di dalam kelas.* The students were fighting in the class.
menumbuk KATA KERJA
1 *to punch*
◊ *Kamal menumbuk perut Kamil.* Kamal punched Kamil in the stomach.
2 *to pound*
◊ *menumbuk cili* to pound chili
menumbukkan KATA KERJA
to pound
◊ *Saya menumbukkan ibu bawang putih.* I pounded some garlic for mother.
penumbuk KATA NAMA
fist
tumbukan KATA NAMA
blow
◊ *Ali mengalahkan lawannya dengan satu tumbukan.* Ali defeated his opponent with one blow.
tumis KATA ADJEKTIF
fried
◊ *bawang tumis* fried onion
menumis KATA KERJA
to fry
◊ *Biasanya ibu akan menumis bawang putih dahulu.* Normally mother fries the garlic first.
tumit KATA NAMA

tumpah → tunas

heel
bertumit KATA KERJA
- **bertumit tinggi** high-heeled ◊ *kasut bertumit tinggi* high-heeled shoes

tumpah KATA KERJA
to spill
◊ *Minuman itu tumpah di atas lantai.* The drinks spilled onto the floor.
menumpahkan KATA KERJA
to spill
◊ *Dia sengaja menumpahkan kuah itu ke baju saya.* She purposely spilled the gravy on my dress.
tertumpah KATA KERJA
to be spilt
◊ *Air di dalam baldi itu tertumpah ke atas lantai.* The water in the pail was spilt on the floor.
tumpahan KATA NAMA
spillage
◊ *tumpahan minyak* oil spillage

tumpang KATA KERJA
- **"Tumpang lalu"** "Excuse me"
menumpang KATA KERJA
1 *to put up*
◊ *Saya akan menumpang di rumah bapa saudara saya.* I'll be putting up at my uncle's house.
2 *to get a lift*
◊ *Kamal menumpang kereta kawannya ke pejabat.* Kamal got a lift to the office in his friend's car.
menumpangkan KATA KERJA
1 *to put ... up*
◊ *Dia enggan menumpangkan kami di rumahnya.* He refused to put us up at his house.
2 *to give ... a lift*
◊ *Clark menumpangkan Kent ke tempat kerjanya.* Clark gave Kent a lift to his office.
penumpang KATA NAMA
passenger
tumpangan KATA NAMA
- **tempat tumpangan** lodging
- **rumah tumpangan** budget hotel

tumpas KATA KERJA
to be defeated
◊ *Walaupun dia bijak, akhirnya dia tumpas juga.* For all his cleverness, he was defeated in the end.
menumpaskan KATA KERJA
to defeat
◊ *Saya menumpaskan dia di gelanggang itu.* I defeated him in the ring.

tumpat KATA ADJEKTIF
solid
◊ *Cincin ini lebih tumpat daripada yang itu.* This ring is more solid than that one.

ketumpatan KATA NAMA
density
◊ *ketumpatan bulan* the density of the moon

tumpu
menumpukan KATA KERJA
to concentrate
- **menumpukan perhatian** to concentrate
penumpuan KATA NAMA
concentration
◊ *Kerja ini memerlukan banyak penumpuan.* This work needs a lot of concentration.
tertumpu KATA KERJA
to be concentrated
◊ *Perhatian saya tertumpu pada perkara itu sahaja sepanjang hari.* My attention was concentrated on that subject the whole day.
tumpuan KATA NAMA
focus (JAMAK **focuses**)
◊ *Sistem baru itu merupakan tumpuan perbincangan kami.* The new system was the focus of our discussion.
- **mengganggu tumpuan** to distract
◊ *Bermain permainan video kadang-kadang mengganggu tumpuannya daripada membuat kerja rumah.* Playing video games sometimes distracts him from his homework.

tumpul KATA ADJEKTIF
blunt
◊ *pisau tumpul* blunt knife

tunai KATA NAMA
cash
◊ *kad tunai* cash card
- **bayar tunai** to pay cash
- **wang tunai** cash
menunaikan KATA KERJA
1 *to carry out*
◊ *Saya akan menunaikan kewajipan saya.* I'll carry out my obligation.
2 *to fulfil*
◊ *menunaikan janji* to fulfil a promise

tunang KATA NAMA
1 *fiancé* (lelaki)
2 *fiancée* (perempuan)
bertunang KATA KERJA
engaged
◊ *Mereka sudah bertunang.* They were engaged.
pertunangan KATA NAMA
engagement
tunangan KATA NAMA *rujuk* **tunang**

tunas KATA NAMA
shoot
- **Tunas Puteri** Brownie
bertunas KATA KERJA
to sprout

◊ *Pokok itu sudah mula bertunas.* The tree is beginning to sprout.

tunda (1)
menunda KATA KERJA
to tow
◊ *Pihak polis menunda kereta itu ke balai polis.* The police towed the car to the police station.
penunda KATA NAMA
- **kapal penunda** tug boat
- **trak penunda** tow truck
- **penunda kereta** tow truck driver

tunda (2)
menunda KATA KERJA
to put off
◊ *menunda mesyuarat* to put off a meeting
menunda-nunda KATA KERJA
to procrastinate
◊ *Orang yang suka menunda-nunda dalam kerjanya akan ketinggalan.* People who are always procrastinating get left behind.
penundaan KATA NAMA
postponement
◊ *Penundaan program itu tidak dapat dielakkan.* The postponement of the programme is inevitable.
tertunda KATA KERJA
to be postponed
◊ *Rancangannya tertunda.* His plan was postponed.

tunduk KATA KERJA
[1] *to bow*
[2] *to surrender*
◊ *Iraq terpaksa tunduk kepada PBB setelah tewas dalam perang Teluk.* Iraq had to surrender to the United Nations after being defeated in the Gulf War.
menunduk KATA KERJA *rujuk* **tunduk**
menundukkan KATA KERJA
[1] *to bow*
◊ *menundukkan kepala* to bow one's head
[2] *to defeat*
◊ *Tentera British telah menundukkan tentera Jepun dalam peperangan itu.* The British army defeated the Japanese in that battle.

tunggak KATA NAMA
foundation
◊ *tunggak kejayaan* the foundation of success
menunggak KATA KERJA
- **menunggak hutang** to be in arrears
tunggakan KATA NAMA
arrears

tunggal KATA NAMA
sole
◊ *waris tunggal* sole heir ◊ *ejen tunggal* sole agent
- **anak tunggal dalam keluarga** the only child in the family
- **ibu tunggal** a single mother

tunggang (1)
menunggangkan KATA KERJA
to pour
◊ *Emak menunggangkan kuah di dalam mangkuk itu ke dalam periuk.* Mother poured the gravy that was in the bowl into the pot.

tunggang (2)
menunggang KATA KERJA
to ride
◊ *menunggang kuda* to ride a horse
◊ *menunggang basikal* to ride a bicycle
- **Kami pergi menunggang kuda.** We went horse riding.
penunggang KATA NAMA
rider
- **penunggang kuda** horse-rider
- **penunggang basikal** cyclist
- **penunggang motosikal** motorcyclist

tunggang-langgang KATA ADJEKTIF
[1] *helter-skelter*
◊ *berlari tunggang-langgang* to run helter-skelter
[2] *topsy-turvy*
◊ *Dunia ini sudah menjadi tunggang-langgang.* The world has turned topsy-turvy.

tunggu KATA KERJA
to wait
◊ *"Tunggu saya!"* "Wait for me!"
menunggu KATA KERJA
to wait
◊ *Saya akan menunggu anda di sini.* I'll wait for you here.
- **bilik menunggu** waiting room
penunggu KATA NAMA
spirit
◊ *penunggu pokok besar* spirit of the big tree
- **Rumah itu ada penunggu.** The house is haunted.
penungguan KATA NAMA
waiting

tunggul KATA NAMA
stump

tunjal
menunjal KATA KERJA
to poke (*dengan jari*)
◊ *Dia menunjal kepala saya.* He poked me in the head.

tunjang KATA NAMA
- **akar tunjang** taproot
bertunjang KATA KERJA
- **bertunjang pada** based on ◊ *Kritikan*

ini bertunjang pada analisis yang teliti. This criticism is based on careful analysis.
bertunjangkan KATA KERJA
based on
◊ *Kesimpulan ini bertunjangkan bukti-bukti yang kukuh.* This conclusion is based on firm evidence.

tunjuk KATA KERJA
- **tunjuk ajar** guidance
menunjuk KATA KERJA
to point
◊ *Dilla menunjuk ke arah lelaki itu.* Dilla pointed at the man.
menunjukkan KATA KERJA
[1] *to point*
◊ *Dia menunjukkan jarinya ke arah saya.* He pointed his finger at me.
[2] *to show*
◊ *Gina tidak menunjukkan sebarang tanda ketakutan.* Gina did not show any sign of fear.
menunjuk-nunjuk KATA KERJA
to show off
◊ *Dia suka menunjuk-nunjuk.* He likes to show off.
penunjuk KATA NAMA
indicator
petunjuk KATA NAMA
clue
◊ *Dia tidak memberikan sebarang petunjuk kepada kami.* He didn't give us any clue.
- **Saya mendapat petunjuk dalam mimpi saya semalam.** I received guidance in a dream last night.
pertunjukan KATA NAMA
show
◊ *pertunjukan udara* air show
tunjuk perasaan KATA NAMA
demonstration
menunjuk perasaan KATA KERJA
to demonstrate
penunjuk perasaan KATA NAMA
demonstrator

tuntun
menuntun KATA KERJA
to take ... by the hand and lead
◊ *Dia menuntun Dickens ke dalam rumah.* He took Dickens by the hand and led him into the house.

tuntut
menuntut KATA KERJA
[1] *to demand*
◊ *menuntut hak* to demand rights
[2] *to study*
◊ *Dia menuntut di sebuah kolej swasta.* He is studying at a private college.
penuntut KATA NAMA
student

tuntutan KATA NAMA
demand
◊ *Tuntutan mereka tidak dapat dipenuhi.* Their demands cannot be fulfilled.
- **Tuntutan insurans wanita itu masih sah.** The woman's insurance claim is still valid.

tunu
penunu KATA NAMA
- **penunu Bunsen** bunsen burner

tupai KATA NAMA
squirrel

turap KATA NAMA
plaster
berturap KATA KERJA
surfaced
◊ *jalan berturap* surfaced road
menurap KATA KERJA
[1] *to plaster*
◊ *menurap tembok* to plaster the wall
[2] *to surface*
◊ *menurap jalan* to surface the road

turas KATA ADJEKTIF
filter
◊ *kertas turas* filter paper
menuras KATA KERJA
to filter
◊ *Para pelajar dikehendaki menuras campuran itu.* The students are required to filter the mixture.
penuras KATA NAMA
filter
◊ *penuras kopi* coffee filter
penurasan KATA NAMA
filtration
◊ *Enzim ini akan memudahkan proses penurasan.* This enzyme would make filtration easier.
turasan KATA NAMA
filtered substance

turun KATA KERJA
[1] *to drop*
◊ *Suhu di bilik turun kepada 21 darjah Celsius.* The temperature in the room dropped to 21 degrees Celsius.
[2] *to get down*
◊ *Turun dari situ!* Get down from there!
- **Kami akan turun di stesen kereta api Tanjung Malim.** We'll get off at Tanjung Malim railway station.
- **Dia turun ke bawah.** He went downstairs.
- **turun-temurun** from generation to generation
keturunan KATA NAMA
descendants
menurun KATA KERJA
to decline
◊ *Jumlah pekerja telah menurun*

turut → tutup

sebanyak 10%. The number of staff has declined by 10%.
menuruni KATA KERJA
to go down
◊ *menuruni bukit* to go down the hill
menurunkan KATA KERJA
[1] *to take down*
◊ *Wai Ling menurunkan kotak dari atas almari itu.* Wai Ling took down the box from the cupboard.
[2] *to lower*
◊ *menurunkan harga* to lower the price
[3] *to drop*
◊ *Teksi itu menurunkan kami di simpang jalan.* The taxi dropped us at the corner of the road.
♦ **Dia menurunkan tandatangannya.** He signed his name.
♦ **menurunkan ilmu** to pass on one's knowledge
penurunan KATA NAMA
[1] *reduction*
◊ *penurunan harga minyak* the reduction of oil prices
[2] *decrease*
◊ *penurunan dalam bilangan orang muda yang menganggur* a decrease in the number of young people out of work
♦ **penurunan nilai** devaluation

turut KATA KERJA
also
◊ *Kamu turut terlibat dalam hal ini.* You were also involved in this matter.
Biasanya turut tidak diterjemahkan ke dalam bahasa Inggeris.
◊ *Cynthia turut menyanyi bersama kami.* Cynthia sang along with us. ◊ *Saya turut bersimpati dengan anda.* I sympathize with you.
♦ **Mereka turut serta dalam perarakan itu.** They took part in the procession.
berturut-turut KATA KERJA
consecutive
◊ *dua hari berturut-turut* two consecutive days
menurut KATA KERJA
[1] *to obey*
◊ *Kamu tidak menurut arahan saya.* You didn't obey my instructions. ◊ *Kalau saya menurut kata hati saya...* If I obeyed my feelings...
[2] *according to*
◊ *Menurut En. Smith...* According to Mr Smith...
menuruti KATA KERJA
to follow
◊ *Hamidah menuruti kami ke kereta.* Hamidah followed us to the car.
turutan KATA NAMA

sequence
tus
mengetus, mengetuskan KATA KERJA
to drain (*sayur, beras*)
tusuk
menusuk KATA KERJA
[1] *to pierce*
◊ *Mereka menusuk kadbod itu dengan gunting.* They pierced the cardboard with scissors.
[2] *to stab*
◊ *Dia menusuk tangan lawannya dengan pisau.* He stabbed his opponent in the hand with a knife.
tertusuk KATA KERJA
to be stabbed
◊ *Polis yang tertusuk itu telah meninggal dunia.* The policeman who was stabbed has died.
tusukan KATA NAMA
thrust
◊ *Dia cuba mengelakkan tusukan itu.* He tried to avoid the thrust.
♦ **Dia mati akibat tusukan itu.** He died from that stab wound.

tutup KATA KERJA
to close
◊ *Tolong tutup pintu itu.* Please close the door.
bertutup KATA KERJA
covered
◊ *bekas yang bertutup* covered container
menutup KATA KERJA
[1] *to close*
◊ *Kamisah menutup kedainya pada hari Jumaat.* Kamisah closes her shop on Fridays.
[2] *to cover*
◊ *Dia menutup mukanya dengan surat khabar.* She covered her face with a newspaper.
[3] *to turn off*
◊ *menutup lampu* to turn off the light
♦ **menutup rahsia** to keep a secret
penutup KATA NAMA
[1] *cover*
[2] *closing*
◊ *ucapan penutup* closing remarks
♦ **penutup cerita** ending of a story
♦ **Sebagai penutup saya ingin mempersilakan...** To round things off I'd like to call upon...
penutupan KATA NAMA
closing
◊ *Sejak penutupan kilang keluli tersebut....* Since the closing of the steelworks... ◊ *upacara penutupan Sukan Komanwel 1998* the closing

ceremony of the Commonwealth Games 1998
tertutup KATA KERJA
closed
◊ *Pintu itu sudah tertutup.* The door was closed.

tutor KATA NAMA
tutor

tutur KATA NAMA
utterance
bertutur KATA KERJA
to speak
◊ *bertutur dalam bahasa asing* to speak a foreign language

menuturkan KATA KERJA
to utter
◊ *Mereka berpisah tanpa menuturkan sepatah perkataan pun.* They parted without uttering a word.

penutur KATA NAMA
speaker

pertuturan KATA NAMA
speech
◊ *Doktor itu mengkaji perkembangan pertuturan kanak-kanak.* The doctor studied the development of speech in children.

TV KATA NAMA
_TV_

U

ubah

berubah KATA KERJA
to change
◊ *Didi sudah banyak berubah sejak dia belajar di luar negara.* Didi has changed a lot since she studied overseas. ◊ *Dia sesat kerana jalan di bandar itu sudah berubah.* He got lost because the roads in the town had changed.

berubah-ubah KATA KERJA
changeable
◊ *Cuaca yang berubah-ubah menyebabkan ramai orang jatuh sakit.* The changeable weather caused many people to fall ill.

- **ekonomi yang tidak berubah-ubah** stagnant economies

mengubah KATA KERJA
to change
◊ *Anda perlu mengubah sikap anda jika anda hendak berjaya.* You have to change your attitude if you want to succeed.

pengubahan KATA NAMA
turning
◊ *kerja-kerja pengubahan rumah P. Ramlee menjadi sebuah muzium* the work of turning P. Ramlee's house into a museum

perubahan KATA NAMA
change
◊ *Perubahan pada jadual waktu peperiksaan telah menimbulkan kekeliruan.* Changes in the exam timetable caused some confusion.

ubahsuai

mengubahsuai, mengubahsuaikan KATA KERJA
to modify
◊ *Ahli-ahli kelab memang bersetuju untuk mengubahsuai polisi pengambilan ahli baru mereka.* The club members did agree to modify their recruitment policy.

- **Mereka membelanjakan beribu-ribu ringgit untuk mengubahsuaikan rumah mereka.** They spent thousands of ringgits on adapting their house.

pengubahsuaian KATA NAMA
modification
◊ *pengubahsuaian yang dibuat pada sesebuah bangunan* modification of a building

uban KATA NAMA
grey hair

beruban KATA KERJA
to go grey
◊ *Emak saudara saya sudah beruban.* My aunt has already gone grey.

ubat KATA NAMA
medicine

- **ubat yang dimakan** oral medication
- **ubat batuk** cough mixture
- **ubat gigi** toothpaste
- **ubat penahan sakit** painkiller
- **ubat penenang** tranquillizer
- **ubat-ubatan** medications ◊ *Farmasi itu membekalkan ubat-ubatan terkini.* That pharmacy supplies the latest medications.

berubat KATA KERJA
to undergo treatment
◊ *Bapa saya lebih suka berubat di kampung.* My father prefers to undergo treatment in the village.

- **bedak berubat** medicated powder

mengubat, mengubati KATA KERJA
to treat
◊ *Doktor haiwan itu cuba mengubati luka pada kaki gajah itu.* The vet tried to treat the wound on the elephant's leg.

- **penyakit yang tidak dapat diubati** an incurable disease

pengubatan KATA NAMA
treatment
◊ *Pengubatan tradisional sungguh berkesan.* Traditional treatment is very effective.

perubatan KATA NAMA
medicine
◊ *Dia memilih perubatan sebagai bidang kerjayanya.* He pursued a career in medicine.

- **sekolah perubatan** medical school

ubatan KATA NAMA
magic spell

ubi KATA NAMA
tuber

- **ubi kayu** tapioca
- **ubi kentang** potato (JAMAK **potatoes**)

ubin KATA NAMA
tile

- **batu ubin** tile

ubur-ubur KATA NAMA
jellyfish (JAMAK **jellyfish**)

ucap KATA NAMA
utterance

- **ucap selamat** good wishes

berucap KATA KERJA
to speak
◊ *Guru besar selalu berucap semasa perhimpunan sekolah.* The headmaster always speaks during the school assembly.

mengucap KATA KERJA
to pronounce the Islamic profession of faith

mengucapkan KATA KERJA
to wish
◊ *Pelajar-pelajar mengucapkan*

"Selamat Pagi" kepada guru kelas mereka. The students wished their class teacher "Good Morning".
- **mengucapkan terima kasih** to thank
  pengucap KATA NAMA
  speaker
  ◊ *Pengucap itu pandai berjenaka.* The speaker has a good sense of humour.
  ucapan KATA NAMA
  speech (JAMAK **speeches**)
  ◊ *ucapan yang membosankan* a boring speech
- **kad ucapan** greetings card

udang KATA NAMA
prawn
- **udang karang** lobster
- **udang kering** dried shrimps

udara KATA NAMA
1 *air*
◊ *udara yang tercemar* polluted air
2 *sky*
◊ *Burung-burung berterbangan di udara.* Birds are flying in the sky.
- **ke udara** to go on the air ◊ *Rancangan itu akan ke udara pada pukul empat.* The programme will go on the air at four o'clock.

ufti KATA NAMA
tribute

ufuk KATA NAMA
horizon
mengufuk KATA KERJA
horizontal

ugut KATA KERJA
to threaten
◊ *Jangan ugut saya!* Don't threaten me!
mengugut KATA KERJA
to threaten
◊ *Lelaki itu mengugut gadis itu dengan sebilah pisau.* The man threatened the girl with a knife. ◊ *Oliver mengugut akan membongkarkan rahsia kawannya.* Oliver threatened to expose his friend's secret.
pengugut KATA NAMA
person who threatens
ugutan KATA NAMA
threat
◊ *Saya tidak takut akan ugutannya.* I'm not afraid of his threats.

ujar KATA KERJA
> rujuk juga **ujar** KATA NAMA

to say
◊ *"Berhati-hati,"* ujar Pak Din kepada Haris. "Be careful," said Pak Din to Haris.
mengujarkan KATA KERJA
to utter
◊ *Mereka beredar tanpa mengujarkan sepatah perkataan pun.* They departed without uttering a word.
ujaran KATA NAMA
utterance
◊ *Peminat-peminatnya mempercayai setiap ujarannya.* Her fans believed her every utterance.

ujar KATA NAMA
> rujuk juga **ujar** KATA KERJA

utterance
- **Saya tidak dapat mendengar ujarnya.** I couldn't hear what he was saying.

uji KATA KERJA
to test
◊ *Ujilah kepanasan air itu.* Test the temperature of the water.
menguji KATA KERJA
to test
◊ *Latihan itu bertujuan untuk menguji pemahaman pelajar tentang subjek tersebut.* The exercise was meant to test the students' understanding of the subject.
penguji KATA NAMA
tester
teruji KATA KERJA
tested
◊ *kaedah yang telah dicuba dan teruji* a tried and tested method
ujian KATA NAMA
test
◊ *ujian memandu* driving test ◊ *ujian lisan* oral test

uji bakat KATA NAMA
audition
menguji bakat KATA KERJA
to audition

uji kaji KATA NAMA
experiment
◊ *melakukan uji kaji* to carry out an experiment

ukir KATA NAMA
- **seni ukir** sculpture
- **tukang ukir** sculptor
  mengukir KATA KERJA
  to carve
  ◊ *Pak Dollah suka mengukir buluh.* Pak Dollah likes to carve in bamboo.
  mengukirkan KATA KERJA
  to carve
  ◊ *Tukang masak hotel itu mengukirkan seekor kuda daripada ais.* The hotel chef carved a horse out of ice.
  pengukir KATA NAMA
  sculptor
  terukir KATA KERJA
  carved
  ◊ *Tetamunya selalu mengagumi lukisan pemandangan yang terukir pada dinding rumahnya.* His visitors always admire the scene carved on the wall of his house.

- senyuman manis yang terukir pada wajahnya the sweet smile that was etched on her face
  ukiran KATA NAMA
  carving
  ◊ *Pasu itu dihias dengan ukiran yang halus.* The vase is decorated with fine carving.

ukur KATA NAMA
- **pita ukur** tape measure
  mengukur KATA KERJA
  to measure
  ◊ *Kamala mengukur lebar rekahan itu.* Kamala measured the width of the crack.
  pengukur KATA NAMA
  surveyor
- **kayu pengukur** yardstick
  pengukuran KATA NAMA
  measurement
- **Pengukuran ketinggian pelajar dilakukan setiap tahun.** The students' height is measured every year.
  ukuran KATA NAMA
  measurement
  ◊ *Beri saya ukuran berat badan anda yang tepat.* Give me an accurate measurement of your weight.

ulam KATA NAMA
raw leaves or fruits eaten with rice

ulama KATA NAMA
Muslim scholar

ulang KATA KERJA
to repeat
◊ *Ini panggilan terakhir. Saya ulang, ini panggilan terakhir.* This is the last call. I repeat: This is the last call.
- **ulang tahun** anniversary (JAMAK **anniversaries**)
  berulang KATA KERJA
  to repeat
  ◊ *Kami tidak mahu tragedi itu berulang.* We don't want that tragedy to be repeated.
- **berulang kali** repeatedly
  berulang-ulang KATA KERJA
  repetitive
  ◊ *kerja yang berulang-ulang* repetitive work ◊ *Muzik yang berulang-ulang itu sungguh membosankan.* That repetitive music is very boring.
  mengulang, mengulangi KATA KERJA
  to repeat
  ◊ *Pelajar yang gagal dalam mata pelajaran matematik dikehendaki mengulang seluruh peperiksaan itu.* Students who fail mathematics are required to repeat the whole exam.
  ◊ *Anda perlu mengulangi senaman ini sebanyak 8 kali.* You have to repeat this exercise 8 times.

pengulangan KATA NAMA
repetition
◊ *Karangan yang mempunyai terlalu banyak pengulangan...* Compositions containing too many repetitions...
ulangan KATA NAMA
repetition
- **siaran ulangan** repeat

ulang-alik KATA ADJEKTIF
to go there and back repeatedly
◊ *Perjalanan ulang-alik itu sungguh memenatkan.* Going there and back repeatedly was very tiring.
- **bas ulang-alik** shuttle bus
- **tiket ulang-alik** return ticket
  berulang-alik KATA KERJA
  [1] _to commute_
  [2] _to travel to and from_
  ◊ *Perahu itu berulang-alik ke pulau itu.* The boat travels to and from the island.

ulang kaji KATA NAMA
revision
mengulang kaji KATA KERJA
to revise
◊ *Mereka sedang mengulang kaji untuk menghadapi peperiksaan.* They are revising for their exam.

ular KATA NAMA
snake
- **ular sawa** python
- **ular tedung** cobra

ulas (1) PENJODOH BILANGAN
segment
◊ *dua ulas oren* two segments of orange
- **seulas bawang putih** a clove of garlic

ulas (2)
mengulas KATA KERJA
[1] _to commentate_
◊ *Dia mengulas untuk TV3.* He commentates for TV3.
[2] _to comment_
◊ *Pihak polis enggan mengulas lanjut tentang kes itu.* The police refused to comment further on the case.
pengulas KATA NAMA
commentator
pengulasan KATA NAMA
commentary (JAMAK **commentaries**)
◊ *Gaya pengulasan Lalitha berbeza daripada orang lain.* Lalitha's style of commentary is different from other people's.
ulasan KATA NAMA
[1] _commentary_ (JAMAK **commentaries**)
◊ *Dia memberikan ulasan yang berterusan.* He gave a running commentary. ◊ *En. Vishnu akan menulis satu ulasan tentang masyarakat dan*

budaya India. Mr Vishnu will be writing a commentary on Indian society and culture.
② *comment*
◊ *Saya sedang menunggu ulasan anda tentang topik ini.* I'm waiting for your comments on this topic.
③ *review* (buku, filem)

ulat KATA NAMA
caterpillar

uli
menguli KATA KERJA
to knead
◊ *Punita menunjukkan cara menguli adunan itu kepada anak perempuannya.* Punita showed her daughter how to knead the dough.

ulir KATA NAMA
thread
◊ *ulir pada skru* the thread on a screw

ulser KATA NAMA
ulcer

ultralembayung KATA NAMA
ultraviolet
◊ *cahaya ultralembayung* ultraviolet light

ulung KATA ADJEKTIF
outstanding
◊ *pemimpin yang ulung* an outstanding leader
terulung KATA ADJEKTIF
the most outstanding
◊ *atlit yang terulung sehingga kini* the most outstanding athlete so far

umat KATA NAMA
followers of a religion
- **umat Islam** Muslims
- **umat Kristian** Christians
- **umat manusia** mankind

umbang-ambing
terumbang-ambing KATA KERJA
to bob up and down
◊ *Rakit itu terumbang-ambing di sungai.* The raft was bobbing up and down on the river.
- **Kapal itu terumbang-ambing dipukul ombak.** The ship was tossed up and down by the waves.

umbi KATA NAMA
tuber

umpama KATA SENDI
as ... as
◊ *Wajahnya cantik umpama bidadari.* She is as beautiful as an angel.
- **umpama kata** supposing ◊ *Umpama kata anda memenangi RM1 juta...* Supposing you won RM1 million...
mengumpamakan KATA KERJA
to liken
◊ *Dia mengumpamakan perkahwinan sebagai perhambaan.* She likens marriage to slavery.
perumpamaan KATA NAMA
idiom
seumpama KATA ADJEKTIF
similar
◊ *Sikap Cathy seumpama sikap abangnya.* Cathy's attitude is similar to her brother's.
- **dan yang seumpamanya** and the like
- **Pak Mahat tidak dapat bersabar lagi dengan hinaan seumpama itu.** Pak Mahat couldn't tolerate such humiliation any longer.
- **Perbuatan seumpama ini tidak digalakkan dalam Islam.** Such action is not encouraged in Islam.
umpamanya KATA SENDI
for example
◊ *Pilihlah warna yang terang umpamanya warna merah.* Pick bright colours, for example red.

umpan KATA NAMA
bait
berumpankan KATA KERJA
with ... as bait
◊ *Amin memancing ikan dengan berumpankan udang.* Amin went fishing with prawns as bait.
mengumpan KATA KERJA
to lure
◊ *Dia cuba mengumpan tupai itu dari pokok itu dengan kacang tanah.* He tried to lure the squirrel from the tree with peanuts.

umpat KATA NAMA
gossip
- **umpat-umpatan** gossiping ◊ *Umpat-umpatan itu menyebabkan hubungannya dengan jirannya menjadi renggang.* All the gossiping strained her relationship with her neighbour.
mengumpat KATA KERJA
to gossip
◊ *Jiran-jirannya selalu mengumpat tentang dirinya.* Her neighbours are always gossiping about her.
pengumpat KATA NAMA
gossip
◊ *Mereka menjauhkan diri daripada pengumpat itu.* They kept their distance from the gossip.
umpatan KATA NAMA
gossip
◊ *Saya benar-benar marah apabila mendengar umpatan itu.* I was really angry when I heard the gossip.

umpil
mengumpil KATA KERJA

umrah → unggul

to lever
◊ *Pekebun itu mengumpil keluar seketul batu dari tanah.* The farmer levered a rock out of the ground.
pengumpil KATA NAMA
lever

umrah KATA NAMA
short pilgrimage to Mecca (penjelasan umum)

umum KATA ADJEKTIF
general
mengumumkan KATA KERJA
to announce
◊ *Jurulatih itu mengumumkan nama pemain-pemain yang terpilih untuk mewakili sekolah.* The coach announced the name of the players selected to represent the school.
♦ **"Mengumumkan ketibaan..."** "Announcing the arrival of..."
pengumuman KATA NAMA
announcement

umur KATA NAMA
age
◊ *semasa umur tiga tahun* at the age of three
♦ **Umur datuk saya 90 tahun.** My grandfather is 90 years old.
♦ **di bawah umur** under age
berumur KATA KERJA
aged
◊ *Hanya orang yang berumur 18 tahun ke atas layak menyertai peraduan ini.* Only those aged 18 years and over are eligible to enter the contest.
♦ **Saya berumur 14 tahun.** I'm 14 years old.
♦ **seorang kanak-kanak yang berumur 10 tahun** a 10-year-old child
♦ **sudah berumur (1)** aged ◊ *Dia sudah berumur.* She has aged.
♦ **sudah berumur (2)** elderly ◊ *seorang lelaki yang sudah berumur* an elderly man
seumur KATA ADJEKTIF
same age
◊ *Karen seumur dengan sepupunya.* Karen is the same age as her cousin.
♦ **jaminan seumur hidup** lifetime guarantee
♦ **Saya akan mengenang jasa anda seumur hidup.** I'll be grateful to you for the rest of my life.
♦ **hukuman penjara seumur hidup** life imprisonment

uncang KATA NAMA
pouch (JAMAK **pouches**)
♦ **uncang teh** tea bag

undan KATA NAMA
♦ **burung undan** pelican

undang (1)
mengundang KATA KERJA
to invite
◊ *Dia mengundang kami ke majlis perkahwinannya.* She invited us to her wedding.
undangan KATA NAMA
1 *guest*
2 *invitation*

undang (2)
undang-undang KATA NAMA
law
perundangan KATA NAMA
legislation
♦ **badan perundangan** legislative body

undi KATA NAMA
vote
mengundi KATA KERJA
to vote
◊ *Ramai orang tidak keluar mengundi semasa pilihan raya yang lepas.* Many people did not vote at the last election.
pengundi KATA NAMA
voter
pengundian KATA NAMA
voting
◊ *Calon tidak dibenarkan berada di dalam dewan semasa pengundian dijalankan.* Candidates are not allowed in the hall during voting.

undur KATA KERJA
to move back
◊ *Sila undur ke belakang.* Please move back.
berundur, mengundur KATA KERJA
to move back
◊ *Dia berundur untuk memberikan laluan kepada ibunya.* He moved back to let his mother pass.
♦ **Askar-askar itu berundur.** The soldiers retreated.
mengundurkan KATA KERJA
to reverse (kenderaan)
◊ *Dia mengundurkan kereta.* He reversed the car.
pengunduran KATA NAMA
withdrawal (tentera)

unggas KATA NAMA
birds

unggis
mengunggis KATA KERJA
to nibble
◊ *Arnab itu sedang mengunggis sebiji lobak merah.* The rabbit was nibbling a carrot.

unggul KATA ADJEKTIF
excellent
keunggulan KATA NAMA

excellence
unggun KATA NAMA
a pile of firewood
- **unggun api** bonfire
  mengunggunkan KATA KERJA
  to build a pile of
  ◊ *Pengakap-pengakap itu mengunggunkan kayu di padang sekolah.* The scouts built a pile of wood on the school field.
  unggunan KATA NAMA *rujuk* **unggun**

ungkai
  mengungkai KATA KERJA
  1 *to untie*
  ◊ *Dia mengungkai ikatan pada rambutnya.* She untied her hair.
  2 *to undo*
  ◊ *Rosnah mengungkai beg plastik itu lalu mengeluarkan sebungkus kacang tanah.* Rosnah undid the plastic bag and took out a packet of peanuts.
  terungkai KATA KERJA
  to come undone
  ◊ *Tali kasut anda sudah terungkai.* Your shoelaces have come undone.
- **Dia membiarkan rambutnya terungkai.** She let her hair hang loose.

ungkap
  mengungkap, mengungkapkan KATA KERJA
  to express
  ◊ *Dia tidak dapat mengungkapkan pendapatnya dengan jelas.* He couldn't express his opinion clearly.
  pengungkapan KATA NAMA
  expression
  ◊ *Dia mempunyai gaya pengungkapan yang tersendiri.* He has a unique style of expression.
  terungkap KATA KERJA
  to be expressed
- **Rasa gembiranya tidak terungkap dengan kata-kata.** Words could not express her happiness.
  ungkapan KATA NAMA
  expression
  ◊ *Jangan gunakan ungkapan yang kasar.* Don't use coarse expressions.

ungkil
  mengungkil KATA KERJA
  to lever
  ◊ *Pekebun itu mengungkil keluar seketul batu dari tanah.* The farmer levered a rock out of the ground.
  pengungkil KATA NAMA
  lever

ungkit
  mengungkit, mengungkit-ungkit KATA KERJA
  to drag ... up
  ◊ *Saya tidak mahu mengungkit kejadian itu lagi.* I don't want to drag that incident up again.

ungu KATA ADJEKTIF
  purple
  keungu-unguan KATA ADJEKTIF
  purplish
  ◊ *bunga yang berwarna biru keungu-unguan* purplish-blue flowers

uniform KATA NAMA
  uniform
  beruniform KATA KERJA
  to wear a uniform
  ◊ *Pelajar-pelajar mesti beruniform ke sekolah.* Students must wear uniforms to school.
- **unit beruniform** uniformed units

unik KATA ADJEKTIF
  unique
  keunikan KATA NAMA
  uniqueness

unit KATA NAMA
  unit

universiti KATA NAMA
  university (JAMAK **universities**)

unjur
  mengunjurkan KATA KERJA
  to stretch out
  ◊ *Penumpang-penumpang kelas pertama dapat mengunjurkan kaki mereka dengan selesa.* First-class passengers can stretch out their legs in comfort.
  terunjur KATA KERJA
  to stretch out
  ◊ *Helmi duduk di atas sofa itu dengan kakinya terunjur.* Helmi sat on the sofa with his legs stretched out.

unsur KATA NAMA
  element
  berunsur KATA KERJA
  to contain elements of
  ◊ *Laporan ini jelas berunsur fitnah dan propaganda.* This report clearly contains elements of slander and propaganda.
  Ada kalanya **berunsur** *tidak diterjemahkan ke dalam bahasa Inggeris.*
  ◊ *teks berunsur sastera* literary text
  ◊ *teks berunsur sains* scientific text
  berunsurkan KATA KERJA
  to contain elements of
  ◊ *Ideanya berunsurkan Marxisme.* His ideas contain elements of Marxism.

unta KATA NAMA
  camel

untai KATA NAMA
  rujuk juga **untai** PENJODOH BILANGAN

untai → upaya

thread for stringing beads

beruntai-untai KATA BILANGAN
strings
◊ *Jalan raya itu dihias dengan lampu yang beruntai-untai menjelang musim perayaan.* The street was decorated with strings of lights as the festive season approached.

teruntai KATA KERJA
to dangle
◊ *Anting-anting berlian teruntai pada telinganya.* Diamond earrings dangled from her ears.

untaian KATA NAMA
chain
◊ *untaian peristiwa yang pelik* a bizarre chain of events

untai PENJODOH BILANGAN

> rujuk juga **untai** KATA NAMA

string
◊ *seuntai manik* a string of beads
Kadang-kadang *untai* tidak diterjemahkan.
◊ *Dia memakai seuntai rantai berlian ke majlis makan malam itu.* She wore a diamond necklace to the dinner.

unting (1) KATA NAMA
1. *bundle*
2. *hank* (*untuk tali*)

unting-unting KATA NAMA
tail of a kite

unting (2)
unting-unting KATA NAMA
plumb line
♦ **tali unting-unting** plumb line

untuk KATA HUBUNG

> rujuk juga **untuk** KATA SENDI

to
◊ *Emak saya pergi ke bandar untuk membeli makanan.* My mother went to town to buy some food.

memperuntukkan KATA KERJA
to allocate
◊ *Pihak sekolah telah memperuntukkan wang berjumlah RM3000 untuk membantu pelajar-pelajar miskin.* The school authorities have allocated RM3000 to help poor students.

peruntukan KATA NAMA
allocation
◊ *Semua sekolah akan menerima peruntukan sumber-sumber baru.* All schools will receive an allocation of new resources.

untuk KATA SENDI

> rujuk juga **untuk** KATA HUBUNG

for
◊ *Devi menjahit sehelai baju untuk kawannya.* Devi made a dress for her friend.

untung KATA NAMA
profit
◊ *untung bersih* net profit ◊ *untung kasar* gross profit

beruntung KATA KERJA
fortunate
◊ *Kami sangat beruntung kerana mendapat tiket percuma ke konsert itu.* We were very fortunate to get free tickets for the concert.

keuntungan KATA NAMA
profit
◊ *Syarikat itu mendapat keuntungan sebanyak RM5 juta.* The company made a profit of RM5 million.

menguntungkan KATA KERJA
1. *to benefit*
◊ *Projek ini akan menguntungkan seluruh masyarakat.* This project will benefit the whole of society.
2. *profitable*
◊ *perniagaan yang menguntungkan* a profitable business
3. *beneficial*
◊ *aktiviti-aktiviti yang menguntungkan* beneficial activities

upacara KATA NAMA
ceremony (JAMAK **ceremonies**)
◊ *upacara pembukaan* opening ceremony
♦ **upacara pengebumian** burial

upah KATA NAMA
wage
◊ *Para pekerja akan dibayar upah.* Workers will be paid a wage.

mengupah KATA KERJA
to hire
◊ *Puan Wong mengupah seorang pembantu rumah.* Mrs Wong hired a maid.

pengupah KATA NAMA
employer

upahan KATA ADJEKTIF
hired
◊ *buruh upahan* hired labourer
◊ *pembunuh upahan* hired killer

upaya KATA NAMA
way
◊ *Kami sudah habis upaya untuk menyelesaikan masalah itu.* We've tried every way we know to solve the problem.
♦ **Dia hilang upaya setelah ditimpa kemalangan.** He became incapacitated after having an accident.
♦ **Saya akan mencuba sedaya upaya saya untuk menyiapkan lukisan itu esok.** I will try my best to complete the painting by tomorrow.

urai

berupaya KATA KERJA
to be capable of
◊ *Dia berupaya makan tiga mangkuk nasi sehari.* He's capable of eating three bowls of rice a day.
♦ **tidak berupaya** incapable
keupayaan KATA NAMA
capability (JAMAK **capabilities**)
◊ *Semua orang mempunyai keupayaan fizikal dan mental yang berbeza.* Everybody has different physical and mental capabilities.
♦ **ketidakupayaan** inability
berkeupayaan KATA KERJA
capable
◊ *Mesin itu berkeupayaan mengangkat beban seberat 5 tan.* The machine is capable of lifting a 5-ton load.
♦ **berkeupayaan tinggi** powerful ◊ *sistem komputer yang berkeupayaan tinggi* a powerful computer system

urai
mengurai KATA KERJA
to hang loose
◊ *rambutnya yang panjang mengurai* her long hair which was hanging loose
menguraikan KATA KERJA
to untie
◊ *Pekerja itu menguraikan sepanduk yang tergantung di pintu masuk dewan.* The worker untied the banner hanging at the entrance to the hall.
♦ **menguraikan perjanjian** to terminate an agreement
penguraian KATA NAMA
separation
◊ *penguraian molekul kepada atom-atom* the separation of molecules into atoms
terurai KATA KERJA
[1] *to be untied*
◊ *Tali pada bungkusan itu sudah terurai.* The string of the parcel has been untied.
[2] *loose*
◊ *Dia kelihatan jelita dengan rambutnya terurai.* She looks beautiful with her hair loose.

Uranus KATA NAMA
Uranus

urat (1) KATA NAMA
vein
♦ **urat saraf** nerve

urat (2) PENJODOH BILANGAN
piece
◊ *dua urat benang* two pieces of thread
♦ **dua urat rambut** two hairs

urat (3)
mengurat KATA KERJA
to chase
◊ *Tony sedang mengurat Mary.* Tony is chasing Mary.

ura-ura KATA NAMA
proposal
◊ *Ada ura-ura untuk membina sebuah taman permainan di situ.* There is a proposal to build a playground there.
berura-ura KATA KERJA
to plan
◊ *Mereka berura-ura hendak mengadakan jamuan perpisahan di Hotel Hilton.* They plan to have a farewell party at the Hilton Hotel.

urbanisasi KATA NAMA
urbanization
mengurbanisasikan KATA KERJA
to urbanize

urup
mengurup KATA KERJA
to exchange
◊ *Anda boleh mengurup mata wang asing di bank.* You can exchange foreign currency at the bank.
pengurup KATA NAMA
money changer
♦ **pengurup wang** money changer

urus KATA KERJA
to manage
◊ *Uruslah masa anda dengan baik dan anda akan berjaya.* Manage your time well and you will succeed.
mengurus, menguruskan KATA KERJA
to manage
◊ *Isterinya sangat pandai mengurus rumah.* His wife manages the home well.
◊ *Chee Seng akan menguruskan projek itu.* Chee Seng will manage the project.
♦ **Saya akan menguruskan hal ini.** I'll handle this.
pengurus KATA NAMA
manager
♦ **pengurus mayat** undertaker
pengurusan KATA NAMA
management
◊ *Dia bertanggungjawab terhadap pengurusan zoo itu.* He is responsible for the management of the zoo.
terurus KATA KERJA
organized
◊ *Pastikan semua hal terurus dengan baik.* Make sure everything is well organized.
♦ **tidak terurus** disorganized
♦ **Dia menyikat rambutnya yang tidak terurus itu.** He combed his untidy hair.
♦ **Rumah Aini tidak terurus sejak dia pergi bercuti beberapa bulan di Paris.** Aini's house has been neglected since she went for a few months' holiday in Paris.

urus janji → usap

urusan KATA NAMA
matter
◊ *Saya hendak membincangkan satu urusan penting dengan anda.* I have an important matter to discuss with you.
• **urusan perniagaan** business matters
• **En. Ramesh berada di Pahang kerana urusan perniagaan.** Mr Ramesh is in Pahang on business.
berurusan KATA KERJA
to deal
◊ *Dia perlu berurusan dengan ramai pelanggan.* She has to deal with many clients.
urus janji KATA NAMA
deal
urus niaga KATA NAMA
transaction
urus setia KATA NAMA
secretariat
urut (1) KATA KERJA
to massage
• **tukang urut (1)** masseur (*lelaki*)
• **tukang urut (2)** masseuse (*perempuan*)
berurut KATA KERJA
to have a massage
• **Vicky pergi berurut di kampung untuk merawat kakinya yang terseliuh.** Vicky went for a massage in the village to treat her sprained ankle.
mengurut KATA KERJA
to massage
◊ *Dia mengurut kakinya yang sakit.* She massaged her aching feet.
pengurutan KATA NAMA
massage
◊ *Pengurutan bukanlah rawatan jangka panjang untuk mengatasi masalah tekanan.* Massage isn't a long-term cure for stress.
urut (2)
urutan KATA NAMA
sequence
◊ *urutan nombor* a sequence of numbers
usah KATA PERINTAH
don't
◊ *Usah bimbang.* Don't worry.
• **Tak usahlah anda pergi.** Don't go.
usahkan KATA HUBUNG
let alone
◊ *Usahkan belajar, hendak membuka buku pun dia malas.* He doesn't even open his books, let alone study.
usaha KATA NAMA
effort
◊ *Kejayaannya itu dicapai atas usahanya sendiri.* His success was achieved through his own efforts.

• **daya usaha** initiative
• **usaha mencari** search ◊ *Usaha mencari gadis itu telah dihentikan.* The search for the girl was abandoned.
berusaha KATA KERJA
to make an effort
◊ *Saya akan berusaha menghubunginya hari ini.* I'll make an effort to contact her today.
• **berusaha bersungguh-sungguh** to work hard
mengusahakan KATA KERJA
to work
◊ *Suhaila menghabiskan banyak masa mengusahakan kraf tangannya.* Suhaila spends a lot of time working on her handicraft. ◊ *Dia mengupah mereka untuk mengusahakan ladangnya.* He hired them to work his field.
• **mengusahakan kedai** to run a shop
pengusaha KATA NAMA
entrepreneur
• **pengusaha kilang** manufacturer
pengusahaan KATA NAMA
management
◊ *En. Muthu berpengalaman dalam pengusahaan ladang getah.* Mr Muthu is experienced in the management of rubber plantations.
perusahaan KATA NAMA
industry (JAMAK **industries**)
◊ *perusahaan tempatan* local industry
usaha sama KATA NAMA
joint venture
◊ *Perniagaan ini merupakan usaha sama antara Cherie dengan kakaknya.* The business is a joint venture between Cherie and her sister.
usahawan KATA NAMA
entrepreneur
keusahawanan KATA NAMA
entrepreneurship
◊ *perdagangan dan keusahawanan* commerce and entrepreneurship
• **ciri-ciri keusahawanan** entrepreneurial qualities
usang KATA ADJEKTIF
1 _shabby_
◊ *rumah yang usang* a shabby house
◊ *pakaian yang usang* shabby clothes
2 _obsolete_
◊ *perkataan yang usang* obsolete word
◊ *komputer yang usang* obsolete computers
keusangan KATA NAMA
shabbiness
◊ *keusangan bangunan itu* the shabbiness of the building
usap

usia → utama

mengusap KATA KERJA
to wipe
◊ *Miranda mengusap air matanya dengan tisu.* Miranda wiped away her tears with a tissue. ◊ *Timothy mengusap peluh dari mukanya.* Timothy wiped the sweat from his face.

mengusapi KATA KERJA
to stroke
◊ *Aishah mengusapi tangan neneknya.* Aishah stroked her grandmother's hand. ◊ *Rogayah menonton televisyen sambil mengusapi kucingnya.* Rogayah was watching TV and stroking her cat.

usapan KATA NAMA
caress (JAMAK **caresses**)
◊ *Usapan emaknya menenangkan perasaannya.* Her mother's caresses calmed her.

usia KATA NAMA
age
◊ *semasa usia tiga tahun* at the age of three
- **Usia datuk saya 90 tahun.** My grandfather is 90 years old.
- **Apabila usia kita semakin lanjut,...** As we get older,...

berusia KATA KERJA
aged
◊ *Hanya orang yang berusia 18 tahun ke atas layak menyertai peraduan ini.* Only those aged 18 years and over are eligible to enter the contest.
- **Saya berusia 14 tahun.** I'm 14 years old.
- **seorang kanak-kanak yang berusia 10 tahun** a 10-year-old child

usik KATA KERJA
to disturb
◊ *Jangan usik barang-barang saya.* Don't disturb my things.

mengusik, mengusik-usik KATA KERJA
[1] *to tease*
◊ *Dia suka mengusik sepupunya.* He likes to tease his cousin.
[2] *to touch*
◊ *Saya melarangnya mengusik komputer saya.* I told him not to touch my computer.

pengusik KATA NAMA
teaser

usikan KATA NAMA
teasing
◊ *Dia tidak tahan dengan usikan rakan-rakan sekelasnya.* She couldn't stand the teasing of her classmates.

usir
mengusir KATA KERJA
[1] *to chase*
◊ *Nasir mengusir anjing liar itu.* Nasir chased the stray dog away.
- **Anak yang tidak mengenang jasa itu telah mengusir ayahnya dari rumah.** The ungrateful child drove his father out of the house.
[2] *to evict*
◊ *Pemaju itu mengusir penyewa-penyewa dari rumah mereka.* The developer evicted the tenants from their homes.

ustaz KATA NAMA
(*lelaki*)
religious teacher

ustazah KATA NAMA
(*perempuan*)
religious teacher

usul KATA NAMA
proposal
◊ *Dia mengemukakan usul itu kepada penyelianya.* He put the proposal to his supervisor.

mengusulkan KATA KERJA
to propose
◊ *Saya mengusulkan agar lawatan itu diadakan pada 24 Oktober.* I propose that the visit be held on 24 October.

pengusul KATA NAMA
proposer

usung
mengusung KATA KERJA
to carry ... on a stretcher
◊ *Ahli pertolongan cemas mengusung pemain yang tercedera itu keluar dari padang.* First-aiders carried the injured player off the field on a stretcher.

pengusung KATA NAMA
stretcher-bearer

usungan KATA NAMA
[1] *stretcher* (*untuk pesakit*)
[2] *litter* (*untuk golongan bangsawan pada masa dahulu*)

usus KATA NAMA
intestine

utama KATA ADJEKTIF
main
◊ *Tarikan utama pelancong ialah pantai yang indah.* The main tourist attraction is the beautiful beaches.
- **watak utama** leading character

keutamaan KATA NAMA
priority
◊ *lorong keutamaan* priority lane
◊ *Warga tua akan diberi keutamaan.* Senior citizens will be given priority.

mengutamakan KATA KERJA
to give priority to
◊ *Ibu bapa harus mengutamakan keperluan anak-anak mereka.* Parents should give priority to the needs of their

children.
terutama KATA HUBUNG
especially
◊ *Maureen suka akan haiwan terutama arnab.* Maureen likes animals, especially rabbits.
• **terutama sekali** especially
• **Tuan Yang Terutama** His Excellency
utara (1) KATA ADJEKTIF
> rujuk juga **utara** KATA ARAH

northern
◊ *kawasan utara* northern region
utara KATA ARAH
> rujuk juga **utara** KATA ADJEKTIF

north
◊ *beberapa ratus batu ke utara* several hundred miles to the north
utara (2)
mengutarakan KATA KERJA
1 _to voice_
◊ *Ramai penghuni mengutarakan rasa tidak puas hati mereka.* Many residents voiced their dissatisfaction.
2 _to suggest_
◊ *Guru itu mengutarakan agar Jeya diberi peluang mewakili sekolah.* The teacher suggested that Jeya be given a chance to represent the school.
Utarid KATA NAMA
Mercury
utas KATA NAMA
> rujuk juga **utas** PENJODOH BILANGAN

thread for stringing beads
utas PENJODOH BILANGAN
> rujuk juga **utas** KATA NAMA
> **utas** tidak ada terjemahan dalam bahasa Inggeris.

◊ *tiga utas kalung berlian* three diamond necklaces ◊ *seutas jam tangan* a watch

utuh KATA ADJEKTIF
sound
◊ *hujah yang utuh* a sound argument
keutuhan KATA NAMA
strength
◊ *keutuhan persahabatan mereka* the strength of their friendship
• **keutuhan negara** the country's integrity
mengutuhkan KATA KERJA
to strengthen
◊ *polisi-polisi yang akan mengutuhkan ekonomi negara* policies that will strengthen the country's economy
utus
berutus KATA KERJA
• **berutus surat** to correspond ◊ *Kami kerap berutus surat.* We correspond frequently.
mengutus KATA KERJA
to send
◊ *Saya baru sahaja mengutus surat kepada datuk saya kelmarin.* I sent a letter to my grandfather only yesterday.
◊ *Dia selalu mengutus berita tentang anak-anaknya.* She always sends news about her children.
perutusan KATA NAMA
1 _delegation_
◊ *perutusan Malaysia ke Afrika Selatan* Malaysia's delegation to South Africa
2 _message_
◊ *Beliau membaca perutusan Ratu Elizabeth semasa upacara pembukaan itu.* He read Queen Elizabeth's message during the opening ceremony.
utusan KATA NAMA
delegate
uzur KATA ADJEKTIF
infirm

V

vagina KATA NAMA
vagina

vaksin KATA NAMA
vaccine
  memvaksin KATA KERJA
  to vaccinate
  pemvaksinan KATA NAMA
  vaccination

vakum KATA NAMA
vacuum
  memvakum KATA KERJA
  to vacuum

van KATA NAMA
van

vandalisme KATA NAMA
vandalism
◊ *Polis menangkap pemuda yang melakukan vandalisme itu.* The police arrested the young man who had committed the vandalism.

vanila KATA NAMA
vanilla

variasi KATA NAMA
variety
◊ *koleksi CDnya yang kurang variasi* the lack of variety in his CD collection

varnis KATA NAMA
varnish
◊ *menyapu varnis pada meja* to apply varnish to a table

vas KATA NAMA
vase

vegetarian KATA NAMA
vegetarian

vektor KATA NAMA
carrier
♦ **vektor pembawa penyakit** the organism carrying the disease

velodrom KATA NAMA
racetrack (*lumba basikal*)

versi KATA NAMA
version
◊ *Filem animasi 'Tarzan' mempunyai versi bahasa Melayu.* There's a Malay version of the animated film 'Tarzan'.

vertebra KATA NAMA
vertebra

vertikal KATA ADJEKTIF
vertical

veteran KATA NAMA
veteran

veto KATA NAMA
veto
◊ *kuasa veto* power of veto

video KATA NAMA
video (JAMAK **videos**)

vila KATA NAMA
villa

viola KATA NAMA
viola

violet KATA NAMA
violet

Virgo KATA NAMA
Virgo (*bintang zodiak*)

virus KATA NAMA
virus (JAMAK **viruses**)

visa KATA NAMA
visa

visi KATA NAMA
vision

visual KATA ADJEKTIF
visual

vitamin KATA NAMA
vitamin

vodka KATA NAMA
vodka (*minuman keras*)

vokal KATA NAMA
vowel
♦ **huruf vokal** vowels

vokalis KATA NAMA
vocalist

vokasional KATA ADJEKTIF
vocational
◊ *sekolah vokasional* vocational school

volt KATA NAMA
volt

voltan KATA NAMA
voltage

volum KATA NAMA
volume

W

wabak KATA NAMA
 epidemic
 ◊ *Wabak demam kuning sedang merebak di kawasan itu.* A yellow fever epidemic is spreading through the area.
 ◊ *Jenayah di kalangan pelajar merupakan wabak yang berbahaya.* Student crime constitutes a dangerous epidemic.

wacana KATA NAMA
 discourse (linguistik)

wad KATA NAMA
 ward
 • **wad kecemasan** casualty (JAMAK **casualties**)

wadah KATA NAMA
 1. *container*
 2. *means*
 ◊ *Kamus boleh digunakan sebagai wadah untuk menambahkan perbendaharaan kata seseorang.* A dictionary can be used as a means of expanding a person's vocabulary.

wafat KATA KERJA
 (untuk nabi, rasul)
 to pass away
 kewafatan KATA NAMA
 death
 ◊ *kewafatan Nabi Muhammad* the death of the Prophet Muhammad

wah KATA SERUAN
 wow
 ◊ *'Wah, cantiknya rumah itu!'* 'Wow! What a beautiful house.'

wahai KATA SERUAN
 wahai *tidak ada terjemahan dalam bahasa Inggeris.*
 ◊ *Wahai pelajar-pelajar sekalian,...* Students,... ◊ *Wahai anak-anakku,...* My children,...

wahana KATA NAMA
 medium
 ◊ *Filem boleh digunakan sebagai wahana untuk menyampaikan mesej.* Films can be used as a medium for conveying messages.

wahyu KATA NAMA
 revelation
 ◊ *Dia mendakwa mendapat wahyu daripada Tuhan melalui mimpinya.* He claimed to have received a divine revelation through his dream.

wain KATA NAMA
 wine (minuman keras)

waja KATA ADJEKTIF
 • **besi waja** steel
 • **hati waja** a stout heart
 • **semangat waja** a resolute spirit

wajadiri KATA NAMA
 self-defence

wajah KATA NAMA
 face

wajar KATA ADJEKTIF
 should
 ◊ *Orang muda wajar menghormati orang yang lebih tua.* Young people should respect their elders.
 • **Tindakan pihak polis menahan perusuh-perusuh itu memang wajar.** The police did the right thing when they arrested the demonstrators.
 • **Tindakan anda itu memang wajar.** You did the right thing.
 • **tidak wajar** unreasonable
 kewajaran KATA NAMA
 appropriateness
 ◊ *Saya meragui kewajaran di sebalik tindakannya itu.* I doubted the appropriateness of his action.
 sewajar KATA ADJEKTIF
 1. *in accordance with*
 ◊ *Perkara yang diajar oleh guru harus sewajar dengan sukatan pelajaran.* What is taught by the teacher should be in accordance with the school syllabus.
 2. *appropriate*
 ◊ *Saya patut mendapat jawatan yang sewajar dengan kelayakan saya.* I should have been given a position appropriate to my qualifications.
 sewajarnya KATA ADJEKTIF
 1. *accordingly*
 ◊ *Mereka patut mendapat layanan yang sewajarnya.* They should be treated accordingly.
 2. *naturally*
 ◊ *Apabila sesuatu yang tidak diingini berlaku, sewajarnya kita akan berasa kecewa.* When things go wrong, we naturally feel disappointed.
 3. *proper*
 ◊ *Orang cacat harus diberi hak yang sewajarnya dalam masyarakat.* The disabled should be given proper rights in society.
 • **Sewajarnya anda berfikir dahulu sebelum bertindak.** You ought to think before you act.

wajib KATA ADJEKTIF
 1. *compulsory*
 ◊ *mata pelajaran wajib* compulsory subject
 2. *obliged*
 ◊ *Para pelajar wajib mengambil kursus ini.* Students are obliged to take this course.
 berwajib KATA KERJA
 • **pihak yang berwajib** those in charge

◊ *Mereka akan meminta bantuan daripada pihak yang berwajib.* They will ask assistance from those in charge.

kewajipan KATA NAMA
obligation
◊ *Kamu mempunyai kewajipan untuk menyiapkan kerja ini pada masanya.* You have an obligation to finish the work on time.

berkewajipan KATA KERJA
responsible
◊ *Ibu bapa berkewajipan untuk membesarkan anak-anak mereka.* Parents are responsible for bringing up their children.

mewajibkan KATA KERJA
to oblige
◊ *peraturan untuk mewajibkan pelajar mengikuti program orientasi* a rule obliging students to follow the orientation programme

wakaf KATA NAMA
[1] *donation*
[2] *Muslim religious body*

mewakafkan KATA KERJA
to donate
◊ *Pak Salman mewakafkan tanahnya untuk mendirikan masjid.* Pak Salman donated his land towards the building of a mosque.

wakil KATA NAMA
representative
♦ **wakil jualan** sales representative

mewakili KATA KERJA
to represent
◊ *Mereka akan mewakili Malaysia dalam pertandingan itu.* They will represent Malaysia in the competition.

mewakilkan KATA KERJA
to appoint ... as representative
◊ *Anda tidak dibenarkan mewakilkan orang lain dalam mesyuarat itu.* You are not allowed to appoint anyone else as your representative at the meeting.

perwakilan KATA NAMA
[1] *representation*
◊ *Filipina tidak mempunyai perwakilan dalam mesyuarat itu.* The Philippines have no representation at the meeting.
[2] *delegation*
◊ *perwakilan Malaysia ke Amerika Syarikat* the Malaysian delegation to the United States

berperwakilan KATA KERJA
representative
◊ *kerajaan berperwakilan* representative government

waktu KATA NAMA
time

sewaktu KATA HUBUNG
when
◊ *Dia pulang sewaktu kami hendak keluar.* He came home when we were about to go out.

walau KATA HUBUNG
even
◊ *Aku akan mencari engkau walau dalam mimpi.* I'll look for you even in my dreams.
♦ **Walau apa pun yang terjadi saya tidak akan mengalah.** No matter what happens, I will not give up.

walau bagaimanapun KATA HUBUNG
however
◊ *Gempa bumi kali ini agak kuat. Walau bagaimanapun tidak ramai orang yang tercedera.* The earthquake was quite powerful. However, not many people were injured.

walaupun KATA HUBUNG
[1] *even*
◊ *Charmaine selalu menelefon saya, walaupun selepas waktu tengah malam.* Charmaine kept phoning me, even after midnight.
[2] *although*
◊ *Walaupun dia buta dia tidak pernah meminta simpati.* Although he is blind, he never asks for sympathy.
♦ **walaupun begitu** nevertheless
◊ *Mereka sangat miskin. Walaupun begitu, anak-anak mereka selalu berpakaian kemas.* They were very poor. Nevertheless their children were always well dressed.

walhal KATA HUBUNG
[1] *but in fact*
◊ *Dia menyangka kerja kami mudah, walhal kerja itu begitu susah.* He thinks our job is simple, but in fact it's very difficult.
[2] *even though*
◊ *Dia masih suka membaca buku itu, walhal sudah dua kali dia membacanya.* He still enjoys reading the book, even though he has already read it twice.

wali KATA NAMA
[1] *bride's guardian, who gives her in marriage*
[2] *guardian* (*penjaga anak yatim*)
[3] *saint*

berwalikan KATA KERJA
to have ... as the person who gives one away at one's wedding
♦ **Kamalia berwalikan abangnya semasa perkahwinannya.** Kamalia's brother gave her away at her wedding.

mewalikan KATA KERJA
to give somebody away at a wedding

walimatulurus → warna

◊ *Pak Mahat mewalikan perkahwinan anaknya.* Pak Mahat gave his daughter away at her wedding.

walimatulurus KATA NAMA
wedding reception

wang KATA NAMA
money
- **wang kecil** change
- **wang kertas** banknote
- **wang simpanan** savings
- **wang tebusan** ransom
- **wang tunai** cash

kewangan KATA NAMA
financial
◊ *hal-hal kewangan* financial matters
- **Menteri Kewangan** Finance Minister

wangi KATA ADJEKTIF
fragrant
◊ *bau yang wangi* fragrant smell

mewangi KATA KERJA
fragrant
◊ *Udara di situ mewangi dengan haruman bunga melur.* The air was fragrant with the scent of jasmine.

mewangikan KATA KERJA
to scent
◊ *Haruman bunga mawar mewangikan taman itu.* Roses scent the garden.

pewangi KATA NAMA
perfume

wangian KATA NAMA
fragrance

wanita KATA NAMA
woman (JAMAK **women**)

kewanitaan KATA NAMA
feminity
- **sifat-sifat kewanitaan** feminine characteristics

wap KATA NAMA
steam

berwap KATA KERJA
to steam
◊ *Kopi itu masih panas dan berwap.* The coffee is still hot and steaming.

mengewap KATA KERJA
1. *to vaporize*
◊ *Cecair itu mengewap dan membentuk sejenis gas.* The liquid vaporized and formed a kind of gas.
2. *to boil over*
◊ *Sup itu telah mengewap.* The soup has boiled over.

warak KATA ADJEKTIF
pious
◊ *Dia seorang yang warak.* He's a pious person.

kewarakan KATA NAMA
piety
◊ *Pemuda itu terkenal kerana kebaikan dan kewarakannya.* The young man is known for his goodness and piety.

waran KATA NAMA
warrant

waras KATA ADJEKTIF
1. *sane*
2. *rational*
◊ *tindakan yang waras* a rational act
- **tidak waras** insane

kewarasan KATA NAMA
sanity
◊ *Dia masih dapat mengekalkan kewarasannya dalam keadaan begitu.* He was still able to preserve his sanity in that situation.
- **ketidakwarasan** insanity

warden KATA NAMA
warden

warga KATA NAMA
member
- **warga kota** city dweller
- **warga tua** the elderly

warganegara KATA NAMA
citizen atau *national*

kewarganegaraan KATA NAMA
citizenship

waris KATA NAMA
1. *heir*
◊ *Imran ialah satu-satunya waris Pak Salleh.* Imran is Pak Salleh's sole heir.
2. *guardian*
◊ *Anda dikehendaki meminta tandatangan waris anda.* You are required to obtain your guardian's signature.

mewarisi KATA KERJA
to inherit
◊ *Dia tidak mempunyai anak untuk mewarisi hartanya.* He has no children to inherit his wealth.

mewariskan KATA KERJA
to bequeath
◊ *Pak Salleh mewariskan semua kekayaannya kepada Imran.* Pak Salleh bequeathed all his wealth to Imran.

pewaris KATA NAMA
heir

warisan KATA NAMA
inheritance

warkah KATA NAMA
letter

warna KATA NAMA
colour

berwarna KATA KERJA
in colour
◊ *Baju itu berwarna putih.* The shirt is white in colour.

> Biasanya **berwarna** tidak diterjemahkan ke dalam bahasa Inggeris.

warna-warni → wawancara

◊ *Pen ini berwarna merah.* This pen is red. ◊ *beg berwarna merah* a red bag

mewarna KATA KERJA
to colour in
♦ **peraduan mewarna** colouring competition

mewarnai, mewarnakan KATA KERJA
to colour in
◊ *Adik saya sedang mewarnakan lukisannya.* My brother is colouring in his drawing.
♦ **mewarnakan rambut** to dye one's hair

pewarna KATA NAMA
colouring
◊ *pewarna tiruan* artificial colouring

warna-warni KATA ADJEKTIF
multicoloured

berwarna-warni KATA KERJA
multicoloured

warta KATA NAMA
news
♦ **warta berita** *(di televisyen, radio)* various items of news

mewartakan KATA KERJA
to report

pewarta KATA NAMA
reporter

pewartaan KATA NAMA
reporting

wartawan KATA NAMA
journalist

kewartawanan KATA NAMA
journalism

warung KATA NAMA
stall
◊ *warung kopi* coffee stall

wasap KATA NAMA
fumes
◊ *wasap ekzos kereta* car exhaust fumes

wasi KATA NAMA
executor *(orang yang menunaikan wasiat)*

wasiat KATA NAMA
will

berwasiat KATA KERJA
to leave a final message
◊ *Dia berwasiat kepada anak-anaknya sebelum dia meninggal dunia.* He left a final message for his children before he died.

mewasiatkan KATA KERJA
to bequeath
◊ *Frank telah mewasiatkan hartanya kepada isterinya.* Frank bequeathed his property to his wife.

waspada KATA KERJA
cautious
◊ *Para saintis perlu waspada ketika menggunakan bahan kimia.* Scientists need to be cautious in their use of chemicals.

berwaspada KATA KERJA *rujuk* **waspada**

wassalam KATA SERUAN
1. *with best wishes* *(di akhir surat)*
2. *thank you* *(di akhir ucapan)*

waswas KATA ADJEKTIF
> *rujuk juga* **waswas** KATA NAMA

1. *to doubt*
◊ *Kamu tidak perlu waswas dengan kata-kata saya.* You shouldn't doubt what I say.
2. *worried*
◊ *Saya masih berasa waswas selagi lelaki itu tidak ditangkap.* I'm still worried while that man remains at large.

waswas KATA NAMA
> *rujuk juga* **waswas** KATA ADJEKTIF

hesitation
◊ *Mereka menandatangani perjanjian itu tanpa waswas.* They signed the contract without hesitation.

watak KATA NAMA
character
◊ *Saya menghormatinya kerana wataknya yang warak.* I respect him for his pious character. ◊ *Erna memegang watak Wati dalam filem itu.* Erna played the character of Wati in the film.

perwatakan KATA NAMA
character
◊ *Dia mempunyai perwatakan sebagai seorang pemimpin.* He has the character of a leader.

watan KATA NAMA
homeland

watikah KATA NAMA
(rasmi)
letter of authorization
♦ **watikah pelantikan** letter of appointment

watt KATA NAMA
watt

wau KATA NAMA
> *rujuk juga* **wau** KATA SERUAN

kite

wau KATA SERUAN
> *rujuk juga* **wau** KATA NAMA

wow
◊ *Wau, cantiknya rantai ini!* Wow, that's a lovely necklace.

wawancara KATA NAMA
interview

berwawancara KATA KERJA
to have an interview

mewawancara KATA KERJA
to interview

wawasan → WWW

pewawancara KATA NAMA
interviewer
wawasan KATA NAMA
vision
wayang KATA NAMA
movie
• **wayang Cina** Chinese opera
• **wayang gambar** film
wayar KATA NAMA
wire
Web KATA NAMA (= *the World Wide Web*)
the Web (= *the World Wide Web*)
wenang
   sewenang-wenang KATA ADJEKTIF
arbitrary
◊ *Jangan buat keputusan sewenang-wenang sahaja.* Don't make an arbitrary decision.
weskot KATA NAMA
waistcoat
wibawa
   berwibawa, berkewibawaan KATA KERJA
authoritative
◊ *seorang pemimpin yang berwibawa* an authoritative leader
   kewibawaan KATA NAMA
authority
◊ *Kewibawaannya sebagai pengarah bersandar pada pengalamannya yang luas.* His authority as director is based on his wide experience.
wilayah KATA NAMA
territory (JAMAK **territories**)
◊ *wilayah Rusia* Russian territory
Wilayah Persekutuan KATA NAMA
Federal Territory

wira KATA NAMA
hero (JAMAK **heroes**)
keperwiraan KATA NAMA
heroism
wirawan KATA NAMA
hero (JAMAK **heroes**)
wirawati KATA NAMA
heroine
wisel KATA NAMA
whistle
wiski KATA NAMA
whisky (*minuman keras*)
wisma KATA NAMA
building
wizurai KATA NAMA
viceroy
writ KATA NAMA
writ (*undang-undang*)
wuduk KATA NAMA
water to purify oneself with before performing a religious duty
berwuduk KATA KERJA
to purify oneself before performing a religious duty
wujud KATA ADJEKTIF
exist
kewujudan KATA NAMA
existence
mewujudkan KATA KERJA
to create
◊ *Pergaduhan mereka mewujudkan masalah di sekolah itu.* Their quarrel created problems in the school.
WWW KATA NAMA (= *Jaringan Sejagat*)
WWW (= *World Wide Web*)

X

xilofon KATA NAMA
xylophone (alat muzik)

x-ray KATA NAMA
X-ray
◊ *Dia dinasihatkan supaya menjalani x-ray pada bahagian abdomennya.* She was advised to have an X-ray taken of her abdomen.

mengx-ray KATA KERJA
to X-ray
◊ *Mereka mengx-ray lengan saya.* They X-rayed my arm.

Y

ya KATA PEMBENAR
yes

Y.A.B. SINGKATAN (= *Yang Amat Berhormat*)
The Most Honourable

Yahudi KATA ADJEKTIF
> rujuk juga **Yahudi** KATA NAMA

Jewish
◊ *pesta Yahudi* Jewish festival

Yahudi KATA NAMA
> rujuk juga **Yahudi** KATA ADJEKTIF

Jew
◆ **agama Yahudi** Judaism
◆ **orang Yahudi** Jew

yakin KATA ADJEKTIF
confident
◊ *Yusniza yakin dia akan berjaya dalam peperiksaan itu.* Yusniza is confident that she'll pass the examination.
◆ **Saya tidak yakin.** I'm not convinced.

keyakinan KATA NAMA
confidence
◊ *Saya telah hilang semua keyakinan padanya.* I have lost all confidence in him.
◆ **keyakinan diri** self-confidence

berkeyakinan KATA KERJA
confident
◊ *Dia seorang yang berkeyakinan.* He's a confident person.

meyakini KATA KERJA
convinced
◊ *Saya meyakini keupayaannya.* I am convinced of his ability.

meyakinkan KATA KERJA
to convince
◊ *Saya akan cuba meyakinkannya.* I'll try to convince him.
◆ **Kata-katanya sungguh meyakinkan.** She spoke very convincingly.

yakni KATA HUBUNG
that is
◊ *Buku ini akan dijual terus kepada pembaca, yakni pelajar.* The book will be sold directly to its readers, that is students.

Y.A.M. SINGKATAN (= *Yang Amat Mulia*)
His Royal Highness

Yamtuan KATA NAMA
the Ruler of Negeri Sembilan

yang KATA HUBUNG
1. *that*
◊ *Kami telah membuat keputusan tentang nama yang hendak kami berikan kepadanya.* We've already decided on the name that we want to give her. ◊ *Saya terlupa membawa buku yang saya pinjam daripada kamu.* I forgot to bring the book that I borrowed from you.
◆ **"Yang mana satu?"** "Which one?"
2. *who*
◊ *Guru yang mengajar kita bahasa Inggeris itu sudah meletakkan jawatan.* The teacher who taught us English has resigned.
3. *whom*
◊ *Salah seorang penulis yang sangat menarik minat saya ialah Jeffrey Archer.* One writer in whom I am very interested is Jeffrey Archer.
4. *whose*
◊ *gadis yang namanya Sharifah Nora* the girl whose name is Sharifah Nora

Kadang-kadang yang tidak ada terjemahan dalam bahasa Inggeris.
◊ *Dia seorang pelajar yang rajin.* He's a hardworking pupil. ◊ *kereta yang mahal* an expensive car

yatim KATA NAMA
orphan
◆ **anak yatim** orphan
◆ **yatim piatu** orphan

yayasan KATA NAMA
foundation

Y.B. SINGKATAN (= *Yang Berhormat*)
the Honourable

Y.Bhg SINGKATAN (= *Yang Berbahagia*)
the Honourable

Y.B.M. SINGKATAN (= *Yang Berhormat Mulia*)
the Honourable

Y.D.P. SINGKATAN (= *Yang Dipertua*)
governor

yis KATA NAMA
yeast

Y.M. SINGKATAN (= *Yang Mulia*)
1. *His Highness* (lelaki)
2. *Her Highness* (perempuan)

yoga KATA NAMA
yoga
◆ **senaman yoga** yoga

beryoga KATA KERJA
to practise yoga

yogurt KATA NAMA
yogurt

yoyo KATA NAMA
yo-yo (JAMAK **yo-yos**)

yu KATA NAMA
◆ **ikan yu** shark

Yunani KATA ADJEKTIF
> rujuk juga **Yunani** KATA NAMA

Greek
◊ *tamadun Yunani* Greek civilization

Yunani KATA NAMA
> rujuk juga **Yunani** KATA ADJEKTIF

Greek
◆ **bahasa Yunani** Greek
◆ **orang Yunani** the Greeks

yuran KATA NAMA
fee

Z

zahir KATA NAMA
outside
◊ *Jika dilihat dari zahirnya, buku ini nampak menarik.* From the outside this book looks interesting.
♦ **pada zahirnya** on the face of it ◊ *Pada zahirnya perkara itu nampak seperti masuk akal.* On the face of it that seems to make sense.

zaitun KATA NAMA
olive
◊ *minyak zaitun* olive oil

zakar KATA NAMA
penis (JAMAK **penises**)

zakat KATA NAMA
tithe (padanan terdekat)

zalim KATA ADJEKTIF
wicked
kezaliman KATA NAMA
cruelty
◊ *kezaliman para firaun* the cruelty of the pharaohs
menzalimi KATA KERJA
to oppress
◊ *Raja itu menzalimi rakyatnya.* The king is oppressing his people.

zaman KATA NAMA
[1] *age*
◊ *Wang sangat penting pada zaman moden ini.* Money is very important in this modern age.
[2] *period*
◊ *zaman yang paling banyak peperangan dalam sejarah* the period with the most wars in history
♦ **zaman purba** ancient times
♦ **zaman ais** Ice Age
♦ **zaman batu** Stone Age
♦ **zaman pertengahan** the Middle Ages
♦ **zaman penjajahan British** the period of British colonization
♦ **ketinggalan zaman (1)** out of date (benda, fesyen)
♦ **ketinggalan zaman (2)** behind the times (mengenai orang)
zaman-berzaman KATA BILANGAN
through the ages
◊ *Kain sarung sudah digunakan sejak zaman-berzaman.* The sarong has been used through the ages.
berzaman-zaman KATA BILANGAN
for ages
◊ *Rumah itu dibiarkan kosong berzaman-zaman lamanya.* The house has been left empty for ages.

zamrud KATA NAMA
emerald

zarah KATA NAMA
particle
◊ *zarah elektron* electron particles
♦ **Saya tidak akan mengampunkan dosanya walau sebesar zarah sekalipun.** I will never forgive his wrongdoings, no matter how small.

zat KATA NAMA
nutrient
◊ *Vitamin dan protein merupakan zat yang paling penting.* Vitamins and proteins are the most essential nutrients.
♦ **zat makanan** vitamin
berzat KATA KERJA
nutritious
◊ *Kanak-kanak memerlukan makanan yang berzat setiap hari.* Children need nutritious food every day.

ziarah KATA NAMA
visit
◊ *ziarah ke makam Mahsuri* a visit to Mahsuri's grave
berziarah KATA KERJA
to visit
◊ *Mereka berziarah ke Taj Mahal.* They visited the Taj Mahal.
♦ **Guru saya akan berziarah ke rumah saya esok.** My teacher is coming to my house tomorrow.
menziarahi KATA KERJA
to visit
◊ *Mereka menziarahi saya di hospital kelmarin.* They visited me in hospital yesterday.
penziarah KATA NAMA
visitor

zigot KATA NAMA
zygote

zikir KATA NAMA
Muslim chant
berzikir KATA KERJA
to chant
◊ *Orang Islam berzikir dan bersembahyang.* Muslims chant and pray.

zina KATA NAMA
fornication
◊ *Zina merupakan kesalahan yang berat di negara-negara Islam.* Fornication is a serious offence in Islamic countries.
♦ **melakukan zina selepas berkahwin** to commit adultery
berzina KATA KERJA
[1] *to fornicate* (pasangan yang belum berkahwin)
[2] *to commit adultery*

zink KATA NAMA
zinc

zip KATA NAMA
zip
mengezip KATA KERJA
to zip

mengezipkan KATA KERJA
to zip (fail komputer)

zirafah KATA NAMA
giraffe

zodiak KATA NAMA
zodiac

zohor KATA NAMA
midday
• **sembahyang zohor** midday prayers

zon KATA NAMA
zone
◊ *zon waktu* time zone

zoo KATA NAMA
zoo (JAMAK **zoos**)

zoologi KATA NAMA
zoology

Zuhal KATA NAMA
Saturn

Zuhrah KATA NAMA
Venus

zuriat KATA NAMA
descendant
◊ *Fariz merupakan satu-satunya zuriat Pak Leman.* Fariz is the only descendant of Pak Leman.

Abbreviations/*Singkatan*

Abbreviations in this dictionary/*Singkatan dalam kamus ini*

- **dll** dan lain-lain ~ etc (et cetera)
- **dsb** dan sebagainya ~ etc (et cetera)
- **AS** Amerika Syarikat ~ US (United States)

ABIM Angkatan Belia Islam Malaysia
ABU Asian Broadcasting Union (Kesatuan Penyiaran Asia)
ADB Asian Development Bank (Bank Pembangunan Asia)
ADUN Ahli Dewan Undangan Negeri
AFNP Applied Food and Nutrition Programme (Program Amalan Makanan dan Pemakanan)
AIDS Acquired Immune Deficiency Syndrome (Sindrom Kurang Daya Tahan Penyakit)
AMN Ahli Mangku Negara
ANGKASA Angkatan Kerjasama Kebangsaan
ANM Arkib Negara Malaysia
ASAS 50 Angkatan Sasterawan 1950
ASEAN Association of Southeast Asian Nations (Pertubuhan Negara-negara Asia Tenggara)
ASN Amanah Saham Nasional
ATPC Association of Tin Producing Countries (Persatuan Negara-negara Pengeluar Bijih Timah)
BA Bachelor of Arts (Sarjana Muda Sastera)
BAM Badminton Association of Malaysia (Persatuan Badminton Malaysia)
BBC British Broadcasting Corporation
BCBB Bumiputra Commerce Bank Berhad
BERNAMA Berita Nasional Malaysia
BGP Bintang Gagah Perkasa
BHMF Borneo Housing Mortgage Finance (Syarikat Permodalan Bercagar Borneo Berhad)
BKPMB Bank Kemajuan Perusahaan Malaysia Berhad
BNM Bank Negara Malaysia
BPMB Bank Pembangunan Malaysia Berhad
BPM Bank Pertanian Malaysia
BSN Bank Simpanan Nasional
CAP Consumer Association of Penang (Persatuan Pengguna Pulau Pinang)
CCITT Co-ordinating Council for Industrial Technology Transfer (Majlis Penyelarasan untuk Pemindahan Teknologi Industri)
CFTC Commonwealth Fund for Technical Co-operation (Tabung Komanwel untuk Kerjasama Teknikal)
CGC Credit Guarantee Corporation (Perbadanan Jaminan Kredit)
CIAST Centre for Instructor and Advanced Skill Training (Pusat Latihan Pengajar dan Ketukangan Lanjutan)
CUEPACS Congress of Unions of Employees in the Public and Civil Services (Kongres Kesatuan Sekerja dalam Perkhidmatan Awam)
DARA Pahang Tenggara Development Authority (Lembaga Kemajuan Pahang Tenggara)
DEB Dasar Ekonomi Baru
DK Darjah yang Maha Utama Kerabat Diraja Malaysia
DMN Darjah Utama Seri Mahkota Negara
DO District Officer (Pegawai Daerah)
DPN Dewan Perancang Nasional; Dasar Pertanian Negara
DPR Dewan Perwakilan Rakyat
DSLB Domestic Shipping Licensing Board (Lembaga Pelesenan Perkapalan Dalam Negeri)
DYMM Duli Yang Maha Mulia
DYTM Duli Yang Teramat Mulia
ECAFE Economic Commission for Asia and the Far East (Suruhanjaya Ekonomi bagi Asia dan Timur Jauh)
EEZ Exclusive Economic Zone (Zon Ekonomi Eksklusif)
EN. Encik
EON Edaran Otomobil Nasional
EPF Employees Provident Fund (Kumpulan Wang Simpanan Pekerja)
EPU Economic Planning Unit (Unit Perancang Ekonomi)
EU European Union (Kesatuan Eropah)
FAM Football Association of Malaysia (Persatuan Bola Sepak Malaysia)
FAMA Federal Agricultural Marketing Authority (Lembaga Pemasaran Pertanian Persekutuan)
FAO Food and Agriculture Organisation (Pertubuhan Makanan dan Pertanian)
FELCRA Federal Land Consolidation and Rehabilitation Authority (Lembaga Pemulihan dan Penyatuan Tanah Persekutuan)
FELDA Federal Land Development Authority (Lembaga Kemajuan Tanah Persekutuan)
FIC Foreign Investment Committee (Jawatankuasa Pelaburan Asing)
FIFA Federation of International Football Associations (Persekutuan Persatuan Bola Sepak Antarabangsa)
FIMA Food Industries of Malaysia

(Perindustrian Makanan Malaysia)
FINAS Perbadanan Filem Nasional
FMC Federation Military College
FRIM Forest Research Institute of Malaysia (Institut Penyelidikan Perhutanan Malaysia)
FRS Fellow of the Royal Society
FRU Federal Reserve Unit
GAPENA Gabungan Persatuan Penulis Nasional
GATT General Agreement on Tariffs and Trade (Perjanjian Am Mengenai Perdagangan dan Tarif)
GCE General Certificate of Education
GPIM Gabungan Pelajar-pelajar Islam Malaysia
GPMS Gabungan Pelajar-pelajar Melayu Semenanjung
HICOM Heavy Industries Corporation of Malaysia (Perbadanan Industri Berat Malaysia)
HIV Human Immunodeficiency Virus
HMO Health Management Organization (Pertubuhan Pengurusan Kesihatan)
HMS Her (His) Majesty's Ship
Hon. The Honourable, Honorary (Yang Berhormat (YB); Kehormat)
Hon. Sec. Honorary Secretary (Setiausaha Kehormat)
HTML hypertext mark-up language (bahasa penanda hiperteks)
HTTP hypertext transfer protocol (protokol pemindahan hiperteks)
IBF International Badminton Federation (Persatuan Badminton Antarabangsa)
IBRD International Bank for Reconstruction and Development (Bank Antarabangsa untuk Pembangunan dan Pembangunan Semula)
IsDB Islamic Development Bank (Bank Pembangunan Islam)
IKM Institut Kemahiran MARA
ILO International Labour Organisation (Pertubuhan Buruh Antarabangsa)
ILP Institut Latihan Perindustrian
IMF International Monetary Fund (Dana Kewangan Antarabangsa)
IMR Institut Penyelidikan Perubatan (Institut Penyelidikan Perubatan)
INTAN Institut Tadbiran Awam Negara
IPTAR Institut Penyiaran Tun Abdul Razak
ISA Internal Security Act (Akta Keselamatan Dalam Negeri)
ISDN Integrated Services Digital Network (Rangkaian Perkhidmatan Digital Bersepadu)
ISIS Institute of Strategic and International Studies (Institut Kajian Strategi dan Antarabangsa)
ISP Internet Service Provider (Pembekal Khidmat Internet)
ITC International Tin Council (Majlis Timah Antarabangsa)
ITU International Telecommunication Union
JKR Jabatan Kerja Raya
JMN Johan Mangku Negara

JOA Jabatan Orang Asli
JP Jaksa Pendamai (Justice of the Peace)
JPA Jabatan Perkhidmatan Awam; Jabatan Penerbangan Awam
JPJ Jabatan Pengangkutan Jalan
KBSM Kurikulum Bersepadu Sekolah Menengah
KBSR Kurikulum Bersepadu Sekolah Rendah
KDN Kementerian Dalam Negeri
KDNK Keluaran Dalam Negara Kasar
KEDA Kedah Regional Development Authority (Lembaga Kemajuan Wilayah Kedah)
KEJORA Johor Tenggara Development Authority (Lembaga Kemajuan Johor Tenggara)
KEMENTAH Kementerian Pertahanan
KESEDAR South Kelantan Development Authority (Lembaga Kemajuan Kelantan Selatan)
KETENGAH Terengganu Tengah Regional Development Authority (Lembaga Kemajuan Terengganu Tengah)
KKMB Kompleks Kewangan Malaysia Berhad
KKGSK Kesatuan Kebangsaan Guru-guru Sekolah Kebangsaan
KLSE Kuala Lumpur Stock Exchange (Bursa Saham Kuala Lumpur)
KMN Kesateria Mangku Negara
KOBENA Koperasi Belia Nasional
K.P. kad pengenalan
KPPMS Kesatuan Pelajar-pelajar Melayu Selangor
KWSG Kumpulan Wang Simpanan Guru
KWSP Kumpulan Wang Simpanan Pekerja
LAN Local Area Network (Rangkaian Kawasan Setempat)
LKM Lembaga Kraftangan Malaysia
LKIM Lembaga Kemajuan Ikan Malaysia
LKTP Lembaga Kemajuan Tanah Persekutuan
LKW Lembaga Kemajuan Wilayah
LLM Lembaga Lebuh raya Malaysia
LPN Lembaga Padi dan Beras Negara
LPP Lembaga Pertubuhan Peladang
LPPKN Lembaga Penduduk & Pembangunan Keluarga Negara
LTN Lembaga Tembakau Negara
LUTH Lembaga Urusan dan Tabung Haji
MA Master of Arts (Sarjana Sastera)
MADA Muda Agricultural Development Authority (Lembaga Kemajuan Pertanian Muda)
MAGERAN Majlis Gerakan Rakyat
MAHA Malaysian Agri-Horticultural Association
MAJUIKAN Lembaga Kemajuan Ikan Malaysia
MAJUTERNAK Lembaga Kemajuan Ternakan Negara
MAMPU Manpower Administrative Modernization and Planning Unit (Unit Perancangan dan Pemodenan Pentadbiran Tenaga Manusia)
MARA Majlis Amanah Rakyat
MARDEC Malaysian Rubber Development Corporation (Perbadanan Kemajuan Getah

Malaysia Berhad)
MARDI Malaysian Agriculture Research and Development Institute (Institut Penyelidikan dan Kemajuan Pertanian Malaysia)
MATTRA Malaysian Transnational Trading Corporation (Perbadanan Perdagangan Antarabangsa Malaysia)
MB Menteri Besar
MBM Majlis Belia Malaysia
MBSB Malaysian Buildings Society Berhad (Persatuan Pembinaan Malaysia Berhad)
MCC Milk Collecting Centre (Pusat Pengumpulan Susu)
MD Doctor of Medicine
MECIB Malaysia Export Credit Insurance Berhad (Insurans Kredit Eksport Malaysia Berhad)
MEXPO Malaysia Export Trade Centre (Pusat Dagangan Eksport Malaysia)
MIDA Malaysian Industrial Development Authority (Lembaga Kemajuan Perindustrian Malaysia)
MIDF Malaysian Industrial Development Finance (Syarikat Permodalan Kemajuan Perusahaan Malaysia Berhad)
MIMOS Malaysian Institute of Microelectronics System (Institut Sistem Elektronik Mikro Malaysia)
MINDEF Ministry of Defence (Kementerian Pertahanan)
MISC Malaysian International Shipping Corporation (Syarikat Perkapalan Antarabangsa Malaysia)
MKSAK Majlis Kebajikan dan Sukan Anggota-anggota Kerajaan
MMC Malaysia Mining Corporation (Perbadanan Perlombongan Malaysia)
MNRB Malaysian National Reinsurance Berhad (Syarikat Insurans Semula Negara Malaysia Berhad)
MNSC Malaysia National Shippers Council (Majlis Pemilik-pemilik Kapal Malaysia)
MOM Majlis Olimpik Malaysia
MPIB Malayan Pineapple Industry Board (Lembaga Perusahaan Nanas Tanah Melayu)
MPIK Maktab Perguruan Ilmu Khas
MPPM Maktab Perguruan Perempuan Melaka
MPTI Maktab Perguruan Temenggung Ibrahim
MRSM Maktab Rendah Sains MARA
MSC Multimedia Super Corridor (Koridor Raya Multimedia)
MSN Majlis Sukan Negara
MSSM Majlis Sukan Sekolah-sekolah Malaysia
MTCP Malaysian Technical Co-operation Programme (Program Kerjasama Teknikal Malaysia)
MTN Multilateral Trade Negotiation (Perundingan Perdagangan Berbagai Hala)
Mus. B. Bachelor of Music (Sarjana Sastera Muzik)
NATO North Atlantic Treaty Organization (Pakatan Atlantik Utara)
NCO Non-commanding Officer
NCSRD National Council for Scientific Research and Development (Majlis Kemajuan Penyelidikan Sains Malaysia)
NGO Non-Governmental Organization (Organisasi Bukan Kerajaan)
NIEM National Institute of Education Management (Institut Pengurusan Pendidikan Negara)
NITTCB National Industrial Training and Trade Certification Board (Lembaga Latihan Perindustrian dan Persijilan Ketukangan Kebangsaan)
NPC National Productivity Centre (Pusat Produktiviti Nasional)
NUT National Union of Teachers (Kesatuan Guru-guru Nasional)
OCM Olympic Council of Malaysia (Majlis Olimpik Malaysia)
OCPD Officer-in-Charge Police District
OECD Organization for Economic Co-operation and Development (Pertubuhan Kerjasama Ekonomi dan Pembangunan)
OHMS On Her (His) Majesty(s) Service
OIC Organization of Islamic Countries (Pertubuhan Negara-negara Islam)
PABK Perusahaan Awam Bukan Kewangan
PATA Pacific Area Travel Association (Persatuan Pelancongan Kawasan Pasifik)
PBA Perbadanan Bekalan Air
PBB Pertubuhan Bangsa-bangsa Bersatu
PBMUM Persatuan Bahasa Malaysia Universiti Malaya
PBMUSM Persatuan Bahasa Malaysia Universiti Sains Malaysia
PBMUKM Persatuan Bahasa Malaysia Universiti Kebangsaan Malaysia
PBSM Persatuan Bulan Sabit Malaysia
PDPN Pusat Daya Pengeluaran Negara
PEMADAM Persatuan Mencegah Penyalahgunaan Dadah Malaysia
PENA Persatuan Penulis Nasional
PERDA Penang Regional Development Authority (Lembaga Kemajuan Wilayah Pulau Pinang)
PERKESO Pertubuhan Keselamatan Sosial
PERKIM Pertubuhan Kebajikan Islam Malaysia
PERNAS Perbadanan Nasional Berhad
PETRONAS Petroleum Nasional Berhad
PIBG Persatuan Ibu Bapa dan Guru
PJK Pingat Jasa Kebaktian
PKBM Persatuan Kelab-kelab Belia Malaysia
PKEN Perbadanan Kemajuan Ekonomi Negeri
PKNS Perbadanan Kemajuan Negeri Selangor
PKPIPTM Persatuan Kebangsaan Pelajar-pelajar Islam Persekutuan Tanah Melayu
PLD Pusat Latihan Daerah
PLH Pusat Latihan Harian
PM Perdana Menteri, Prime Minister
PMG Postmaster-General
PMN Panglima Mangku Negara
PMR Penilaian Menengah Rendah
PNB Perbadanan Nasional Berhad
PNSL Perbadanan Nasional Shipping Line

Berhad
PPG Pusat Penyelidikan Getah
PPK Pertubuhan Peladang Kawasan
PPMPB Persatuan Pelajar Maktab Perguruan Bahasa
PPN Pingat Pangkuan Negara
PPN Pusat Pembangunan Nelayan
PPP People's Progressive Party, Pusat Penyelidikan Perubatan
PROTON Perusahaan Otomobil Nasional
PSD Panglima Setia Diraja
PSM Panglima Setia Mahkota
PTA Preferential Trading Arrangement (Peraturan Perdagangan Istimewa)
PULADA Pusat Latihan Tentera Darat
PULAPOL Pusat Latihan Polis
PUSPATI Pusat Penyelidikan Atom Tun Dr. Ismail
RDKS Rangkaian Perkhidmatan Digital Bersepadu
RIDA Rural and Industrial Development Authority (Lembaga Kemajuan Perusahaan dan Kampung)
RIMV Registrar and Inspector of Motor Vehicles (Pendaftar dan Pemeriksa Kenderaan Bermotor)
RISDA Rubber Industry Smallholders Development Authority (Pihak Berkuasa Kemajuan Pekebun Kecil Getah)
RKL Rangkaian Kawasan Luas
RKS Rangkaian Kawasan Setempat
RMAF Royal Malaysian Air Force
RMN Royal Malaysian Navy
RRIM Rubber Research Institute of Malaysia (Institut Penyelidikan Getah Malaysia)
RTDC Regional Training and Development Centre (Pusat Pembangunan dan Latihan Wilayah)
SADC State Agriculture Development Corporation (Perbadanan Kemajuan Pertanian Negeri)
SAFODA Sabah Forestry Development Authority (Lembaga Kemajuan Perhutanan Sabah)
SALCRA Sarawak Land Consolidation and Rehabilitation Authority (Lembaga Pemulihan dan Penyatuan Tanah Sarawak)
SAM Sahabat Alam Malaysia
SEAP Southeast Asia Peninsula
SEATRAD Southeast Asia Tin Research and Development (Penyelidikan dan Pembangunan Bijih Timah Asia Tenggara)
SEB Sabah Electricity Board (Lembaga Letrik Sabah)
SEDAR Socio-economic and Attitude Reorientation Institute (Institut Pembangunan Sikap dan Sosioekonomi)
SERU Sosio-economic Research Unit (Unit Penyelidikan Sosioekonomi)
SESCO Sarawak Electricity Supply Corporation (Perbadanan Bekalan Letrik Sarawak)
SETIA Integrated Project Management Information System (Sistem Maklumat Pengurusan Projek Bersepadu)
SIRIM Standards and Industrial Research Institute of Malaysia (Institut Piawaian dan Penyelidikan Perindustrian Malaysia)
SLDB Sarawak Land Development Board (Lembaga Kemajuan Tanah Sarawak)
SMJK Sekolah Menengah Jenis Kebangsaan
SMK Sekolah Menengah Kebangsaan
SMN Seri Maharaja Mangku Negara
SMR Standard Malaysian Rubber (Getah Mutu Malaysia)
SOCSO Social Security Organization (Pertubuhan Keselamatan Sosial)
SPA Suruhanjaya Perkhidmatan Awam
SPM Sijil Pelajaran Malaysia
SPPK Syarikat Perumahan Pegawai-pegawai Kerajaan
SPR Suruhanjaya Pilihan Raya
SPVM Sijil Pelajaran Vokasional Malaysia
SSM Seri Setia Mahkota
STPM Sijil Tinggi Persekolahan Malaysia
TCS Trade Commissioners Service (Perkhidmatan Suruhanjaya Perdagangan)
TDC Tourist Development Corporation (Perbadanan Kemajuan Pelancongan)
TLDM Tentera Laut Diraja Malaysia
TNB Tenaga Nasional Berhad
TUDM Tentera Udara Diraja Malaysia
TYT Tuan Yang Terutama
UDA Urban Development Authority (Perbadanan Pembangunan Bandar)
UIA Universiti Islam Antarabangsa
UiTM Universiti Teknologi MARA
UKM Universiti Kebangsaan Malaysia
UM Universiti Malaya
UMSU University of Malaya Student's Union
UN The United Nations (Pertubuhan Bangsa-bangsa Bersatu)
UNCTAD United Nations Conference on Trade and Development (Persidangan Pembangunan dan Perdagangan Bangsa-bangsa Bersatu)
UNDP United Nations Development Programme (Program Pembangunan Bangsa-bangsa Bersatu)
UNESCO United Nations Educational Scientific and Cultural Organization (Pertubuhan Pelajaran, Sains dan Kebudayaan Bangsa-bangsa Bersatu)
UNICEF United Nations International Children's Emergency Fund (Tabung Kecemasan Kanak-kanak Antarabangsa Bangsa-bangsa Bersatu)
UNIMAS Universiti Malaysia Sarawak
UNO United Nations Organization (Pertubuhan Bangsa-bangsa Bersatu)
UPM Universiti Putra Malaysia
UPP Unit Penyelarasan Pelaksanaan
UPSI Universiti Perguruan Sultan Idris
UPSR Ujian Pencapaian Sekolah Rendah
USM Universiti Sains Malaysia
USIS United States Information Service
UTM Universiti Teknologi Malaysia
UUM Universiti Utara Malaysia
WHO World Health Organization

(Pertubuhan Kesihatan Sedunia)
WTO World Trade Organization
(Pertubuhan Perdagangan Sedunia)
WWF World Wildlife Fund
(Tabung Hidupan Liar Sedunia)
WWW World Wide Web
(Jaringan Sejagat)
Y.A.B. Yang Amat Berhormat
Y.A.M. Yang Amat Mulia
Y.B. Yang Berhormat
Y. Bhg Yang Berbahagia
Y.B.M. Yang Berhormat Mulia
Y.D.P. Yang Dipertua
Y.M. Yang Mulia
Y.T.M. Yang Teramat Mulia